2014 Collector Car PRICE GUIDE

From the editors of *Old Cars Report Price Guide*

250,000 PRICES FROM THE INDUSTRY LEADER

Published by

kp fw media

Krause Publications, a division of F+W Media, Inc.
700 East State Street • Iola, WI 54990-0001
715-445-2214 • 888-457-2873
www.krausebooks.com

To order books or other products call toll-free 1-800-258-0929
or visit us online at www.krausebooks.com

ISSN 1931-9819
ISBN-13: 978-1-4402-3615-0
ISBN-10: 1-4402-3615-1

Designed by Sandi Carpenter
Edited by Brian Earnest

Printed in the United States of America

TABLE OF CONTENTS

DOMESTIC CARS

IMPORT CARS

DOMESTIC TRUCKS

IMPORT TRUCKS

HOW OLD CAR PRICES ARE GATHERED

Thousands of old cars change hands each year. People who follow these transactions include collectors, collector car dealers and auctioneers. They can often estimate the value of an old car, within a range of plus or minus 10 percent, with amazing accuracy.

Collector Car Price Guide has been produced by F+W Publications of Iola, Wis., a company involved in publishing specialized books and magazines upon which collectors, dealers and auctioneers regularly rely.

Figures listed in this book should be taken as "ballpark" prices. They are amounts that fall within a reasonable range of each car's value to buyers and sellers. The figures are not to be interpreted as "wholesale" or "retail." Rather, they reflect what an informed buyer might pay a knowledgeable seller for his car in an arm's length transaction without duress to either party. Special cases, where nostalgia or other factors enter into the picture, must be judged on an individual basis.

This guide can help you to decide which old car you'd like to own and how much to pay for it based on year, make, model and condition. It provides a consensus of old car values determined by careful research.

Research sources used to compile these data include:

- Advertised asking prices
- Documented private sales
- Professional appraisers
- Collector car auction results
- *Old Cars Report Price Guide* advisors
- Contact with dealers
- Contact with collectors
- Networking with value sources

ABBREVIATIONS

ALPHABETICAL

A/C .... Air Conditioning
Aero .... Aerodynamic
Auto .... Automatic Transmission
A/W or A-W .... All-Weather
Berl .... Berline
Brgm .... Brougham
Brn .... Brunn
BT .... Boattail
Bus .... Business (as in Bus Cpe)
Cabr .... Cabriolet
C.C. .... Close-Coupled
cid .... Cubic Inch Displacement
Clb .... Club (as in Clb Cpe/Clb Cab)
Cpe .... Coupe
Coll .... Collapsible (as in Semi-Coll)
Cont .... Continental
Conv .... Convertible
Ctry .... Country
Cus .... Custom
DC .... Dual-Cowl
Darr .... Darrin
DeL .... Deluxe
Der .... Derham
deV .... deVille
DHC .... Drop Head Coupe
Dly .... Delivery (as in Sed Dly)
Dtrch .... Dietrich
DuW .... Dual Windshield
DW .... Division Window
Encl .... Enclosed
FBk .... Fastback
FHC .... Fixed Head Coupe
FI .... Fuel Injection
FmL .... Formal
FWD .... Front-Wheel Drive
GT .... Gran Turismo (Grand Touring)
GW .... Gull-Wing
HBk .... Hatchback
Hemi .... Hemispherical-head engine
Hlbrk .... Holbrook
hp .... Horsepower
HT .... Hardtop
Imp .... Imperial
IPC .... Indy (Indianapolis) Pace Car
IROC .... International Race of Champions
Jud .... Judkins
Lan .... Landau
Lan'let .... Landaulet
LBx .... Long Box (pickup truck bed)
LeB or Leb .... LeBaron
LHD .... Left-Hand Drive
Limo .... Limousine
Ltd .... Limited
Lke .... Locke
LWB .... Long-Wheelbase
Mk .... Mark (I, II, III, etc)
O/D .... Overdrive
Opt .... Option(s)
OW .... Opera Window
P .... Passenger (as in 3P Cpe)
Phae .... Phaeton
PU .... Pickup Truck
R/A .... Ram Air (Pontiac)
Rbt .... Runabout
Rds .... Roadster
Ret .... Retractable
RHD .... Right-Hand Drive
Rlstn or Roll .... Rollston
R/S .... Rumbleseat
Saloon .... British for sedan
SMt(s) .... Sidemount(s)
Sednt .... Sedanet
Spds .... Speedster
Spec or Spl .... Special
Spt .... Sport
S/R .... Sunroof
Sta Wag .... Station Wagon
Std .... Standard
Sub .... Suburban
Sup .... Super
SWB .... Short-Wheelbase
T-bird .... Thunderbird
T-top .... T-Top Roof
Trg .... Touring Car (not Targa)
Turbo .... Equipped with turbocharger(s)
Twn .... Town (as in Twn Sed)
V-4, -6, -8 .... V-block engine
Vic .... Victoria
W .... Window (as in 3W Cpe)
WW .... Wire Wheels
W'by .... Willoughby
Woodie .... Wood-bodied Car
Wtrhs .... Waterhouse

NUMERICAL

1/2T .... One-Half Ton Truck
2d .... Two-Door (also 4d, 6d, etc.)
2P .... Two-Passenger (also 3P, 4P, etc.)
2S .... Two-Seat (also 3S, 4S, etc.)
2x4V .... Two Four-barrel Carbs
3x2V .... Three Two-barrel Carbs/Tri-Power
3W .... Three-Window (also 4W, 5W, etc.)
4-cyl .... In-Line Four Engine (also 6-, 8-, etc.)
4-Spd .... 4-Speed Transmission (also 3-, 5-, etc.)
4V .... Four-barrel Carburetor
4x4 .... Four-wheel drive (not FWD)
8/9P .... Eight or Nine Passenger

HOW TO USE THIS PRICE GUIDE

Price estimates are listed for cars in six different states of condition. These conditions (1-6) are illustrated and explained in the **VEHICLE CONDITION SCALE** on the following three pages.

Prices are for complete vehicles; not parts cars, except as noted. Modified-car prices are not included, but can be estimated by figuring the cost of restoring to original condition and adjusting the figures shown here.

Appearing below is a section of chart taken from the **Collector Car Price Guide** price estimate listings to illustrate the following elements:

A. MAKE: The make of car, or marque name, appears in large, boldface type at the beginning of each price section.

B. DESCRIPTION: The extreme left-hand column indicates vehicle year, model name, body type, engine configuration and, in some cases, wheelbase.

C. CONDITION CODE: The six columns to the right are headed by the numbers one through six (1-6) that correspond to the conditions described in the VEHICLE CONDITION SCALE on the following two pages.

D. PRICE: The price estimates, in dollars, appear below their respective condition code headings and across from the vehicle descriptions.

C. CONDITION CODE

A. MAKE

	6	5	4	3	2	1
CADILLAC						
1920-21 Type 59, V-8						
Rds	2,340	7,030	11,720	26,370	41,020	58,600
Phae	2,390	7,180	11,960	26,910	41,860	59,800
Tr	2,290	6,880	11,460	25,790	40,110	57,300
Vic	2,080	6,240	10,400	23,400	36,400	52,000
Sed	2,040	6,120	10,200	22,950	35,700	51,000
Cpe	2,080	6,240	10,400	23,400	36,400	52,000
Sub	2,080	6,240	10,400	23,400	36,400	52,000
Limo	2,080	6,240	10,400	23,400	36,400	52,000
Twn Brgm	2,100	6,300	10,500	23,630	36,750	52,500
Imp Limo	2,150	6,440	10,740	24,170	37,590	53,700

NOTE: Coupe and Town Brougham dropped for 1921.

B. DESCRIPTION

D. PRICE

VEHICLE CONDITION SCALE

1) EXCELLENT: Restored to current maximum professional standards of quality in every area, or perfect original with components operating and appearing as new. A 95-plus point show vehicle that is not driven.

2) FINE: Well-restored, or a combination of superior restoration and excellent original. Also, an *extremely* well-maintained original showing very minimal wear.

3) VERY GOOD: Completely operable original or "older restoration" showing wear. Also, a good amateur restoration, all presentable and serviceable inside and out. Plus, combinations of well-done restoration and good operable components or a partially restored vehicle with all parts necessary to complete and/or valuable NOS parts.

VEHICLE CONDITION SCALE

4) GOOD: A drivable vehicle needing no or pnly minorj work to be functional. Also, a deteriorated restoration or a very poor amateur restoration. All components may need restoration to be "excellent," but the vehicle is mostly usable "as is."

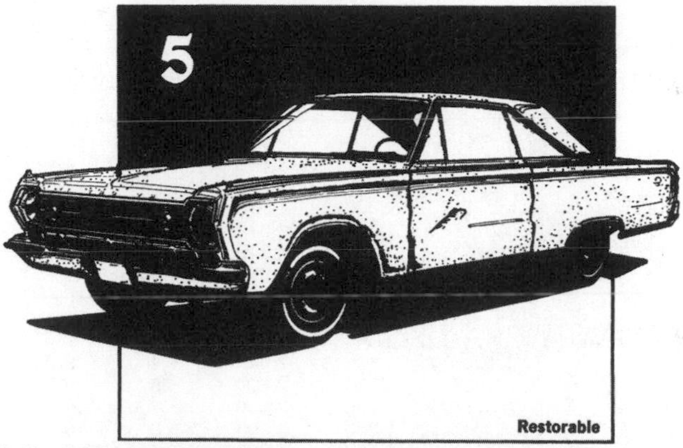

5) RESTORABLE: Needs *complete* restoration of body, chassis and interior. May or may not be running, but isn't weathered, wrecked or stripped to the point of being useful only for parts.

6) PARTS VEHICLE: May or may not be running, but is weathered, wrecked and/or stripped to the point of being useful primarily for parts.

	6	5	4	3	2	1

DOMESTIC CARS
AMC

NOTE: AMC listings follow NASH listings.

AMERICAN AUSTIN-BANTAM

	6	5	4	3	2	1
1930-31 American Austin 4-cyl., 15 hp, 75" wb						
2d Rds	1,860	5,580	9,300	20,930	32,550	46,500
2d Cpe	840	2,520	4,200	9,450	14,700	21,000
2d DeL Cpe	920	2,760	4,600	10,350	16,100	23,000
1932 American Austin 4-cyl., 15 hp, 75" wb						
2d Rbt.	1,140	3,420	5,700	12,830	19,950	28,500
2d Bus Cpe	800	2,400	4,000	9,000	14,000	20,000
2d Cabr	1,140	3,420	5,700	12,830	19,950	28,500
2d Std Cpe	840	2,520	4,200	9,450	14,700	21,000
2d DeL Cpe	920	2,760	4,600	10,350	16,100	23,000
1933 American Austin 4-cyl., 15 hp, 75" wb						
2d Rds	1,140	3,420	5,700	12,830	19,950	28,500
2d Bus Cpe	800	2,400	4,000	9,000	14,000	20,000
2d Spl Cpe	880	2,640	4,400	9,900	15,400	22,000
2d Cpe	840	2,520	4,200	9,450	14,700	21,000
1934 American Austin 4-cyl., 15 hp, 75" wb						
2d Bus Cpe	800	2,400	4,000	9,000	14,000	20,000
2d Std Cpe	840	2,520	4,200	9,450	14,700	21,000
2d DeL Cpe	920	2,760	4,600	10,350	16,100	23,000
1935 American Austin 4-cyl., 15 hp, 75" wb						
2d Bus Cpe	780	2,340	3,900	8,780	13,650	19,500
2d Std Cpe	820	2,460	4,100	9,230	14,350	20,500
2d DeL Cpe	900	2,700	4,500	10,130	15,750	22,500
1938 American Bantam Model 60, 4-cyl., 19 hp, 75" wb						
2d Rds	1,280	3,840	6,400	14,400	22,400	32,000
2d Cpe	880	2,640	4,400	9,900	15,400	22,000
1939 American Bantam Model 60, 4-cyl., 20 hp, 75" wb						
2d Std Cpe	960	2,880	4,800	10,800	16,800	24,000
2d Std Rds	1,280	3,840	6,400	14,400	22,400	32,000
2d Spl Cpe	1,000	3,000	5,000	11,250	17,500	25,000
2d Spl Rds	1,360	4,080	6,800	15,300	23,800	34,000
2d Spds	1,440	4,320	7,200	16,200	25,200	36,000
2d DeL Cpe	1,080	3,240	5,400	12,150	18,900	27,000
2d DeL Rds	1,320	3,960	6,600	14,850	23,100	33,000
2d DeL Spds	1,640	4,920	8,200	18,450	28,700	41,000
2d Sta Wag	1,800	5,400	9,000	20,250	31,500	45,000
1940-41 American Bantam Model 65, 4-cyl., 22 hp, 75" wb						
2d Std Cpe	880	2,640	4,400	9,900	15,400	22,000
2d Master Cpe	960	2,880	4,800	10,800	16,800	24,000
2d Master Rds	1,280	3,840	6,400	14,400	22,400	32,000
2d Conv Cpe	1,200	3,600	6,000	13,500	21,000	30,000
2d Conv Sed	1,360	4,080	6,800	15,300	23,800	34,000
2d Sta Wag	1,800	5,400	9,000	20,250	31,500	45,000

AUBURN

	6	5	4	3	2	1
1904 Model A						
Tr	1,920	5,760	9,600	21,600	33,600	48,000
1905 Model B, 2-cyl.						
Tr	1,990	5,980	9,960	22,410	34,860	49,800
1906 Model C, 2-cyl.						
Tr	1,870	5,620	9,360	21,060	32,760	46,800
1907 Model D, 2-cyl.						
Tr	1,870	5,620	9,360	21,060	32,760	46,800
1908 Model G, 2-cyl., 24 hp						
Tr	1,870	5,620	9,360	21,060	32,760	46,800
1908 Model H, 2-cyl.						
Tr	1,910	5,740	9,560	21,510	33,460	47,800
1908 Model K, 2-cyl.						
Rbt	1,940	5,820	9,700	21,830	33,950	48,500
1909 Model G, 2-cyl., 24 hp						
Tr	1,960	5,870	9,780	22,010	34,230	48,900
1909 Model H, 2-cyl.						
Tr	1,920	5,750	9,580	21,560	33,530	47,900
1909 Model K						
Rbt	1,870	5,620	9,360	21,060	32,760	46,800
1909 Model B, 4-cyl., 25-30 hp						
Tr	1,870	5,620	9,360	21,060	32,760	46,800
1909 Model C, 4-cyl.						
Tr	1,940	5,820	9,700	21,830	33,950	48,500

	6	5	4	3	2	1
1909 Model D, 4-cyl.						
Rbt.	1,950	5,860	9,760	21,960	34,160	48,800
1910 Model G, 2-cyl., 24 hp						
Tr.	1,940	5,830	9,720	21,870	34,020	48,600
1910 Model H, 2-cyl.						
Tr.	1,980	5,940	9,900	22,280	34,650	49,500
1910 Model K, 2-cyl.						
Rbt.	1,920	5,760	9,600	21,600	33,600	48,000
1910 Model B, 4-cyl., 25-30 hp						
Tr.	1,880	5,640	9,400	21,150	32,900	47,000
1910 Model C, 4-cyl.						
Tr.	1,990	5,980	9,960	22,410	34,860	49,800
1910 Model D, 4-cyl.						
Rbt.	2,010	6,020	10,040	22,590	35,140	50,200
1910 Model X, 4-cyl., 35-40 hp						
Tr.	2,000	6,010	10,020	22,550	35,070	50,100
1910 Model R, 4-cyl.						
Tr.	1,940	5,820	9,700	21,830	33,950	48,500
1910 Model S, 4-cyl.						
Rds	1,940	5,820	9,700	21,830	33,950	48,500
1911 Model G, 2-cyl., 24 hp						
Tr.	1,780	5,350	8,920	20,070	31,220	44,600
1911 Model K, 2-cyl.						
Rbt.	1,840	5,520	9,200	20,700	32,200	46,000
1911 Model L, 4-cyl., 25-30 hp						
Tr.	1,830	5,500	9,160	20,610	32,060	45,800
1911 Model F, 4-cyl.						
Tr.	1,830	5,500	9,160	20,610	32,060	45,800
1911 Model N, 4-cyl., 40 hp						
Tr.	1,900	5,700	9,500	21,380	33,250	47,500
1911 Model Y, 4-cyl.						
Tr.	1,830	5,500	9,160	20,610	32,060	45,800
1911 Model T, 4-cyl.						
Tr.	1,830	5,500	9,160	20,610	32,060	45,800
1911 Model M, 4-cyl.						
Rds	1,900	5,700	9,500	21,380	33,250	47,500
1912 Model 6-50, 6-cyl.						
Tr.	1,920	5,770	9,620	21,650	33,670	48,100
1912 Model 40H, 4-cyl., 35-40 hp						
Tr.	1,830	5,500	9,160	20,610	32,060	45,800
1912 Model 40M, 4-cyl., 35-40 hp						
Rds	1,870	5,620	9,360	21,060	32,760	46,800
1912 Model 40N, 4-cyl., 35-40 hp						
Tr.	1,880	5,630	9,380	21,110	32,830	46,900
1912 Model 35L, 4-cyl., 30 hp						
Tr.	1,780	5,350	8,920	20,070	31,220	44,600
1912 Model 30L, 4-cyl., 30 hp						
Rds	1,860	5,580	9,300	20,930	32,550	46,500
Tr.	1,880	5,630	9,380	21,110	32,830	46,900
1913 Model 33M, 4-cyl., 33 hp						
Rds	1,900	5,700	9,500	21,380	33,250	47,500
1913 Model 33L, 4-cyl., 33 hp						
Tr.	1,920	5,770	9,620	21,650	33,670	48,100
1913 Model 40A, 4-cyl., 40 hp						
Rds	1,940	5,830	9,720	21,870	34,020	48,600
1913 Model 40L, 4-cyl.						
Tr.	1,970	5,920	9,860	22,190	34,510	49,300
1913 Model 45, 6-cyl., 45 hp						
Tr.	1,970	5,920	9,860	22,190	34,510	49,300
1913 Model 45B, 6-cyl., 45 hp						
Rds	1,940	5,830	9,720	21,870	34,020	48,600
T&C.	1,820	5,470	9,120	20,520	31,920	45,600
Cpe	1,740	5,210	8,680	19,530	30,380	43,400
1913 Model 50, 6-cyl., 50 hp						
Tr.	2,020	6,060	10,100	22,730	35,350	50,500
1914 Model 4-40, 4-cyl., 40 hp						
Rds	1,940	5,830	9,720	21,870	34,020	48,600
Tr.	1,830	5,500	9,160	20,610	32,060	45,800
Cpe	1,600	4,790	7,980	17,960	27,930	39,900
1914 Model 4-41, 4-cyl., 40 hp						
Tr.	1,880	5,630	9,380	21,110	32,830	46,900
1914 Model 6-45, 6-cyl., 45 hp						
Rds	1,840	5,520	9,200	20,700	32,200	46,000
Tr.	1,920	5,770	9,620	21,650	33,670	48,100
1914 Model 6-46, 6-cyl., 45 hp						
Tr.	1,970	5,920	9,860	22,190	34,510	49,300

	6	5	4	3	2	1
1915 Model 4-36, 4-cyl., 36 hp						
Rds	1,660	4,980	8,300	18,680	29,050	41,500
Tr	1,690	5,080	8,460	19,040	29,610	42,300
1915 Model 4-43, 4-cyl., 43 hp						
Rds	1,700	5,100	8,500	19,130	29,750	42,500
Tr	1,740	5,210	8,680	19,530	30,380	43,400
1915 Model 6-40, 6-cyl., 50 hp						
Rds	1,800	5,400	9,000	20,250	31,500	45,000
Tr	1,830	5,500	9,160	20,610	32,060	45,800
Cpe	1,500	4,500	7,500	16,880	26,250	37,500
1915 Model 6-47, 6-cyl., 47 hp						
Rds	1,740	5,220	8,700	19,580	30,450	43,500
Tr	1,780	5,350	8,920	20,070	31,220	44,600
1916 Model 4-38, 4-cyl., 38 hp						
Rds	1,700	5,100	8,500	19,130	29,750	42,500
Tr	1,740	5,210	8,680	19,530	30,380	43,400
1916 Model 6-38						
Rds	1,790	5,360	8,940	20,120	31,290	44,700
Tr	1,780	5,350	8,920	20,070	31,220	44,600
1916 Model 6-40, 6-cyl., 40 hp						
Rds	1,890	5,680	9,460	21,290	33,110	47,300
Tr	1,880	5,640	9,400	21,150	32,900	47,000
1916 Model Union 4-36, 6-cyl., 36 hp						
Tr	1,830	5,500	9,160	20,610	32,060	45,800
1917 Model 6-39, 6-cyl., 39 hp						
Rds	1,660	4,970	8,280	18,630	28,980	41,400
Tr	1,640	4,930	8,220	18,500	28,770	41,100
1917 Model 6-44, 6-cyl., 44 hp						
Rds	1,660	4,970	8,280	18,630	28,980	41,400
Tr	1,690	5,080	8,460	19,040	29,610	42,300
1917 Model 4-36, 4-cyl., 36 hp						
Rds	1,620	4,860	8,100	18,230	28,350	40,500
Tr	1,600	4,790	7,980	17,960	27,930	39,900
1918 Model 6-39, 6-cyl.						
Tr	1,500	4,500	7,500	16,880	26,250	37,500
Rds	1,580	4,740	7,900	17,780	27,650	39,500
Spt Tr	1,620	4,860	8,100	18,230	28,350	40,500
1918 Model 6-44, 6-cyl.						
Tr	1,500	4,500	7,500	16,880	26,250	37,500
Rds	1,540	4,620	7,700	17,330	26,950	38,500
Spt Tr	1,580	4,740	7,900	17,780	27,650	39,500
Sed	1,060	3,190	5,320	11,970	18,620	26,600
1919 Model 6-39						
Tr	1,580	4,740	7,900	17,780	27,650	39,500
Rds	1,540	4,620	7,700	17,330	26,950	38,500
Cpe	970	2,900	4,840	10,890	16,940	24,200
Sed	1,020	3,050	5,080	11,430	17,780	25,400
1920 Model 6-39, 6-cyl.						
Tr	1,580	4,740	7,900	17,780	27,650	39,500
Spt Tr	1,580	4,740	7,900	17,780	27,650	39,500
Rds	1,530	4,580	7,640	17,190	26,740	38,200
Sed	1,110	3,340	5,560	12,510	19,460	27,800
Cpe	1,160	3,480	5,800	13,050	20,300	29,000
1921 Model 6-39						
Tr	1,480	4,440	7,400	16,650	25,900	37,000
Spt Tr	1,600	4,800	8,000	18,000	28,000	40,000
Rds	1,610	4,820	8,040	18,090	28,140	40,200
Cabr	1,610	4,820	8,040	18,090	28,140	40,200
Sed	1,110	3,340	5,560	12,510	19,460	27,800
Cpe	1,160	3,480	5,800	13,050	20,300	29,000
1922 Model 6-51, 6-cyl.						
Tr	1,530	4,580	7,640	17,190	26,740	38,200
Rds	1,600	4,800	8,000	18,000	28,000	40,000
Spt Tr	1,560	4,680	7,800	17,550	27,300	39,000
Sed	1,110	3,340	5,560	12,510	19,460	27,800
Cpe	1,160	3,480	5,800	13,050	20,300	29,000
1923 Model 6-43, 6-cyl.						
Tr	1,580	4,730	7,880	17,730	27,580	39,400
Sed	1,060	3,190	5,320	11,970	18,620	26,600
1923 Model 6-63, 6-cyl.						
Tr	1,620	4,870	8,120	18,270	28,420	40,600
Spt Tr	1,670	5,020	8,360	18,810	29,260	41,800
Brgm	1,110	3,340	5,560	12,510	19,460	27,800
Sed	1,060	3,190	5,320	11,970	18,620	26,600
1923 Model 6-51, 6-cyl.						
Phae	1,670	5,020	8,360	18,810	29,260	41,800

	6	5	4	3	2	1
Tr.	1,620	4,870	8,120	18,270	28,420	40,600
Spt Tr	1,720	5,150	8,580	19,310	30,030	42,900
Brgm	1,160	3,480	5,800	13,050	20,300	29,000
Sed	1,110	3,340	5,560	12,510	19,460	27,800
1924 Model 6-43, 6-cyl.						
Tr.	1,580	4,730	7,880	17,730	27,580	39,400
Spt Tr	1,620	4,870	8,120	18,270	28,420	40,600
Sed	1,060	3,190	5,320	11,970	18,620	26,600
Cpe	1,110	3,340	5,560	12,510	19,460	27,800
2d	1,060	3,190	5,320	11,970	18,620	26,600
1924 Model 6-63, 6-cyl.						
Tr.	1,620	4,870	8,120	18,270	28,420	40,600
Spt Tr	1,720	5,150	8,580	19,310	30,030	42,900
Sed	1,110	3,340	5,560	12,510	19,460	27,800
Brgm	1,160	3,480	5,800	13,050	20,300	29,000
1925 Model 8-36, 8-cyl.						
Tr.	1,860	5,580	9,300	20,930	32,550	46,500
2d Brgm.	1,080	3,240	5,400	12,150	18,900	27,000
4d Sed.	1,080	3,240	5,400	12,150	18,900	27,000
1925 Model 6-43, 6-cyl.						
Phae	1,800	5,400	9,000	20,250	31,500	45,000
Spt Phae	1,840	5,520	9,200	20,700	32,200	46,000
Cpe	1,160	3,480	5,800	13,050	20,300	29,000
4d Sed.	1,110	3,340	5,560	12,510	19,460	27,800
2d Sed.	1,060	3,190	5,320	11,970	18,620	26,600
1925 Model 6-66, 6-cyl.						
Rds	1,720	5,170	8,620	19,400	30,170	43,100
Brgm	1,020	3,050	5,080	11,430	17,780	25,400
4d	1,060	3,190	5,320	11,970	18,620	26,600
Tr.	1,770	5,320	8,860	19,940	31,010	44,300
1925 Model 8-88, 8-cyl.						
Rds	1,930	5,800	9,660	21,740	33,810	48,300
4d Sed 5P	1,270	3,820	6,360	14,310	22,260	31,800
4d Sed 7P	1,270	3,820	6,360	14,310	22,260	31,800
Brgm	1,220	3,670	6,120	13,770	21,420	30,600
Tr.	1,930	5,800	9,660	21,740	33,810	48,300
1926 Model 4-44, 4-cyl., 42 hp						
Tr.	1,680	5,030	8,380	18,860	29,330	41,900
Rds	1,720	5,170	8,620	19,400	30,170	43,100
Cpe	1,350	4,040	6,740	15,170	23,590	33,700
4d Sed.	1,300	3,900	6,500	14,630	22,750	32,500
1926 Model 6-66, 6-cyl., 48 hp						
Rds	1,880	5,640	9,400	21,150	32,900	47,000
Tr.	1,840	5,520	9,200	20,700	32,200	46,000
Brgm	1,300	3,900	6,500	14,630	22,750	32,500
4d Sed.	1,350	4,040	6,740	15,170	23,590	33,700
Cpe	1,400	4,190	6,980	15,710	24,430	34,900
1926 Model 8-88, 8-cyl., 88 hp, 129" wb						
Rds	2,140	6,420	10,700	24,080	37,450	53,500
Tr.	2,080	6,240	10,400	23,400	36,400	52,000
Cpe	1,600	4,800	8,000	18,000	28,000	40,000
Brgm	1,510	4,520	7,540	16,970	26,390	37,700
5P Sed	1,510	4,520	7,540	16,970	26,390	37,700
7P Sed	1,530	4,600	7,660	17,240	26,810	38,300
1926 Model 8-88, 8-cyl., 88 hp, 146" wb						
7P Sed	1,400	4,190	6,980	15,710	24,430	34,900
1927 Model 6-66, 6-cyl., 66 hp						
Rds	1,870	5,600	9,340	21,020	32,690	46,700
Tr.	1,840	5,520	9,200	20,700	32,200	46,000
Brgm	1,350	4,040	6,740	15,170	23,590	33,700
Sed	1,400	4,190	6,980	15,710	24,430	34,900
1927 Model 8-77, 8-cyl., 77 hp						
Rds	1,920	5,760	9,600	21,600	33,600	48,000
Tr.	1,880	5,640	9,400	21,150	32,900	47,000
Brgm	1,400	4,190	6,980	15,710	24,430	34,900
Sed	1,400	4,190	6,980	15,710	24,430	34,900
1927 Model 8-88, 8-cyl., 88 hp, 129" wb						
Tr.	2,170	6,500	10,840	24,390	37,940	54,200
Rds	2,220	6,650	11,080	24,930	38,780	55,400
Cpe	1,650	4,940	8,240	18,540	28,840	41,200
Brgm	1,510	4,520	7,540	16,970	26,390	37,700
Sed	1,510	4,520	7,540	16,970	26,390	37,700
Spt Sed	1,580	4,740	7,900	17,780	27,650	39,500
1927 Model 8-88, 8-cyl., 88 hp, 146" wb						
7P Sed	1,570	4,700	7,840	17,640	27,440	39,200
Tr.	2,230	6,700	11,160	25,110	39,060	55,800

	6	5	4	3	2	1
1928 Model 6-66, 6-cyl., 66 hp						
Rds	2,100	6,290	10,480	23,580	36,680	52,400
Cabr	2,050	6,140	10,240	23,040	35,840	51,200
Sed	1,430	4,280	7,140	16,070	24,990	35,700
Spt Sed	1,480	4,430	7,380	16,610	25,830	36,900
1928 Model 8-77, 8-cyl., 77 hp						
Rds	2,300	6,900	11,500	25,880	40,250	57,500
Cabr	2,260	6,780	11,300	25,430	39,550	56,500
Sed	1,610	4,820	8,040	18,090	28,140	40,200
Spt Sed	1,660	4,980	8,300	18,680	29,050	41,500
1928 Model 8-88, 8-cyl., 88 hp						
Rds	2,340	7,020	11,700	26,330	40,950	58,500
Tr	2,300	6,900	11,500	25,880	40,250	57,500
Cabr	2,300	6,900	11,500	25,880	40,250	57,500
Sed	1,610	4,820	8,040	18,090	28,140	40,200
Spt Sed	1,660	4,980	8,300	18,680	29,050	41,500
1928 Model 8-88, 8-cyl., 88 hp, 136" wb						
7P Sed	1,940	5,820	9,700	21,830	33,950	48,500
1928 SECOND SERIES Model 76, 6-cyl.						
Rds	2,360	7,080	11,800	26,550	41,300	59,000
Cabr	2,280	6,840	11,400	25,650	39,900	57,000
Sed	1,460	4,380	7,300	16,430	25,550	36,500
Spt Sed	1,520	4,560	7,600	17,100	26,600	38,000
1928 Model 88, 8-cyl.						
Spds	5,440	16,320	27,200	61,200	95,200	136,000
Rds	2,900	8,700	14,500	32,630	50,750	72,500
Cabr	2,460	7,380	12,300	27,680	43,050	61,500
Sed	1,740	5,220	8,700	19,580	30,450	43,500
Spt Sed	1,780	5,340	8,900	20,030	31,150	44,500
Phae	2,900	8,700	14,500	32,630	50,750	72,500
1928 Model 115, 8-cyl.						
Spds	5,520	16,560	27,600	62,100	96,600	138,000
Rds	3,200	9,600	16,000	36,000	56,000	80,000
Cabr	3,120	9,360	15,600	35,100	54,600	78,000
Sed	1,820	5,460	9,100	20,480	31,850	45,500
Spt Sed	1,860	5,580	9,300	20,930	32,550	46,500
Phae	3,200	9,600	16,000	36,000	56,000	80,000
1929 Model 76, 6-cyl.						
Rds	2,600	7,800	13,000	29,250	45,500	65,000
Tr	2,480	7,440	12,400	27,900	43,400	62,000
Cabr	2,400	7,200	12,000	27,000	42,000	60,000
Vic	1,680	5,040	8,400	18,900	29,400	42,000
Sed	1,480	4,440	7,400	16,650	25,900	37,000
Spt Sed	1,520	4,560	7,600	17,100	26,600	38,000
1929 Model 88, 8-cyl.						
Spds	6,480	19,440	32,400	72,900	113,400	162,000
Rds	4,800	14,400	24,000	54,000	84,000	120,000
Tr	3,400	10,200	17,000	38,250	59,500	85,000
Cabr	3,560	10,680	17,800	40,050	62,300	89,000
Vic	1,990	5,980	9,960	22,410	34,860	49,800
Sed	1,720	5,160	8,600	19,350	30,100	43,000
Spt Sed	1,760	5,280	8,800	19,800	30,800	44,000
Phae	3,920	11,760	19,600	44,100	68,600	98,000
1929 Model 115, 8-cyl.						
Spds	7,400	22,200	37,000	83,250	129,500	185,000
Rds	5,000	15,000	25,000	56,250	87,500	125,000
Cabr	3,680	11,040	18,400	41,400	64,400	92,000
Vic	2,050	6,160	10,260	23,090	35,910	51,300
Sed	1,720	5,160	8,600	19,350	30,100	43,000
Spt Sed	1,800	5,400	9,000	20,250	31,500	45,000
Phae	4,200	12,600	21,000	47,250	73,500	105,000
1929 Model 6-80, 6-cyl.						
Tr	3,100	9,300	15,500	34,880	54,250	77,500
Cabr	3,140	9,420	15,700	35,330	54,950	78,500
Vic	1,600	4,800	8,000	18,000	28,000	40,000
Sed	1,480	4,440	7,400	16,650	25,900	37,000
Spt Sed	1,520	4,560	7,600	17,100	26,600	38,000
1929 Model 8-90, 8-cyl.						
Spds	7,400	22,200	37,000	83,250	129,500	185,000
Tr	5,000	15,000	25,000	56,250	87,500	125,000
Cabr	4,320	12,960	21,600	48,600	75,600	108,000
Phae	4,600	13,800	23,000	51,750	80,500	115,000
Vic	2,260	6,780	11,300	25,430	39,550	56,500
Sed	1,790	5,360	8,940	20,120	31,290	44,700
Spt Sed	1,840	5,510	9,180	20,660	32,130	45,900

	6	5	4	3	2	1
1929 Model 120, 8-cyl.						
Spds	7,400	22,200	37,000	83,250	129,500	185,000
Cabr	5,000	15,000	25,000	56,250	87,500	125,000
Phae	4,600	13,800	23,000	51,750	80,500	115,000
Vic	2,160	6,480	10,800	24,300	37,800	54,000
Sed	1,840	5,520	9,200	20,700	32,200	46,000
7P Sed	1,930	5,800	9,660	21,740	33,810	48,300
Spt Sed	1,880	5,650	9,420	21,200	32,970	47,100
1930 Model 6-85, 6-cyl.						
Cabr	6,800	20,400	34,000	76,500	119,000	170,000
Sed	1,620	4,860	8,100	18,230	28,350	40,500
Spt Sed	1,670	5,000	8,340	18,770	29,190	41,700
1930 Model 8-95, 8-cyl.						
Cabr	7,400	22,200	37,000	83,250	129,500	185,000
Phae	5,000	15,000	25,000	56,250	87,500	125,000
Sed	1,980	5,940	9,900	22,280	34,650	49,500
Spt Sed	2,020	6,060	10,100	22,730	35,350	50,500
1930 Model 125, 8-cyl.						
Cabr	7,400	22,200	37,000	83,250	129,500	185,000
Phae	5,000	15,000	25,000	56,250	87,500	125,000
Sed	2,020	6,060	10,100	22,730	35,350	50,500
Spt Sed	2,070	6,200	10,340	23,270	36,190	51,700
1931 Model 8-98, 8-cyl., Standard, 127" wb						
Spds	7,600	22,800	38,000	85,500	133,000	190,000
Cabr	5,200	15,600	26,000	58,500	91,000	130,000
Phae	5,200	15,600	26,000	58,500	91,000	130,000
Cpe	2,000	6,000	10,000	22,500	35,000	50,000
2d Brgm	1,920	5,760	9,600	21,600	33,600	48,000
5P Sed	1,980	5,930	9,880	22,230	34,580	49,400
1931 Model 8-98, 8-cyl., 136" wb						
7P Sed	1,760	5,280	8,800	19,800	30,800	44,000
1931 Model 8-98A, 8-cyl., Custom, 127" wb						
Spds	8,000	24,000	40,000	90,000	140,000	200,000
Cabr	5,400	16,200	27,000	60,750	94,500	135,000
Phae	5,400	16,200	27,000	60,750	94,500	135,000
Cpe	2,080	6,240	10,400	23,400	36,400	52,000
2d Brgm	1,940	5,810	9,680	21,780	33,880	48,400
4d Sed	1,860	5,580	9,300	20,930	32,550	46,500
1931 Model 8-98, 8-cyl., 136" wb						
7P Sed	2,000	6,000	10,000	22,500	35,000	50,000
1932 Model 8-100, 8-cyl., Custom, 127" wb						
Spds	8,400	25,200	42,000	94,500	147,000	210,000
Cabr	5,600	16,800	28,000	63,000	98,000	140,000
Phae	5,600	16,800	28,000	63,000	98,000	140,000
Cpe	2,150	6,440	10,740	24,170	37,590	53,700
2d Brgm	2,400	7,210	12,020	27,050	42,070	60,100
4d Sed	2,070	6,200	10,340	23,270	36,190	51,700
1932 Model 8-100, 8-cyl., 136" wb						
7P Sed	2,280	6,830	11,380	25,610	39,830	56,900
1932 Model 8-100A, 8-cyl., Custom Dual Ratio, 127" wb						
Spds	9,000	27,000	45,000	101,250	157,500	225,000
Cabr	6,600	19,800	33,000	74,250	115,500	165,000
Phae	6,600	19,800	33,000	74,250	115,500	165,000
Cpe	2,300	6,900	11,500	25,880	40,250	57,500
2d Brgm	2,100	6,300	10,500	23,630	36,750	52,500
4d Sed	2,140	6,420	10,700	24,080	37,450	53,500
1932 Model 8-100A, 8-cyl., 136" wb						
7P Sed	2,290	6,860	11,440	25,740	40,040	57,200
1932 Model 12-160, 12-cyl., Standard						
Spds	11,200	33,600	56,000	126,000	196,000	280,000
Cabr	7,680	23,040	38,400	86,400	134,400	192,000
Phae	7,680	23,040	38,400	86,400	134,400	192,000
Cpe	2,680	8,040	13,400	30,150	46,900	67,000
2d Brgm	2,100	6,300	10,500	23,630	36,750	52,500
4d Sed	2,180	6,540	10,900	24,530	38,150	54,500
1932 Model 12-160A, 12-cyl., Custom Dual Ratio						
Spds	12,400	37,200	62,000	139,500	217,000	310,000
Cabr	8,400	25,200	42,000	94,500	147,000	210,000
Phae	8,400	25,200	42,000	94,500	147,000	210,000
Cpe	3,100	9,300	15,500	34,880	54,250	77,500
2d Brgm	2,380	7,140	11,900	26,780	41,650	59,500
4d Sed	2,440	7,320	12,200	27,450	42,700	61,000
1933 Model 8-101, 8-cyl., Standard, 127" wb						
Spds	7,600	22,800	38,000	85,500	133,000	190,000
Cabr	5,200	15,600	26,000	58,500	91,000	130,000
Phae	5,200	15,600	26,000	58,500	91,000	130,000

	6	5	4	3	2	1
Cpe.	2,040	6,120	10,200	22,950	35,700	51,000
2d Brgm	1,780	5,340	8,900	20,030	31,150	44,500
4d Sed	1,780	5,330	8,880	19,980	31,080	44,400
1933 Model 8-101, 8-cyl., 136" wb						
7P Sed	1,840	5,520	9,200	20,700	32,200	46,000
1933 Model 8-101A, 8-cyl., Custom Dual Ratio, 127" wb						
Spds.	7,680	23,040	38,400	86,400	134,400	192,000
Cabr	5,200	15,600	26,000	58,500	91,000	130,000
Phae.	5,200	15,600	26,000	58,500	91,000	130,000
Cpe.	2,220	6,660	11,100	24,980	38,850	55,500
2d Brgm	1,880	5,640	9,400	21,150	32,900	47,000
4d Sed	1,890	5,680	9,460	21,290	33,110	47,300
1933 Model 8-101A, 8-cyl., 136" wb						
7P Sed	1,850	5,560	9,260	20,840	32,410	46,300
1933 Model 8-105, 8-cyl., Salon Dual Ratio						
Spds.	7,800	23,400	39,000	87,750	136,500	195,000
Cabr	6,000	18,000	30,000	67,500	105,000	150,000
Phae.	6,000	18,000	30,000	67,500	105,000	150,000
2d Brgm	2,130	6,390	10,650	23,960	37,280	53,250
4d Sed	2,000	6,010	10,010	22,520	35,040	50,050
1933 Model 12-161, 12-cyl., Standard						
Spds.	8,000	24,000	40,000	90,000	140,000	200,000
Cabr	7,120	21,360	35,600	80,100	124,600	178,000
Phae.	7,120	21,360	35,600	80,100	124,600	178,000
Cpe.	2,420	7,260	12,100	27,230	42,350	60,500
2d Brgm	2,160	6,480	10,800	24,300	37,800	54,000
4d Sed	2,180	6,540	10,900	24,530	38,150	54,500
1933 Model 12-161A, 12-cyl., Custom Dual Ratio						
Spds.	9,200	27,600	46,000	103,500	161,000	230,000
Cabr	7,200	21,600	36,000	81,000	126,000	180,000
Phae.	7,200	21,600	36,000	81,000	126,000	180,000
Cpe.	2,620	7,860	13,100	29,480	45,850	65,500
2d Brgm	2,460	7,380	12,300	27,680	43,050	61,500
4d Sed	2,480	7,440	12,400	27,900	43,400	62,000
1933 Model 12-165, 12-cyl., Salon Dual Ratio						
Spds.	9,800	29,400	49,000	110,250	171,500	245,000
Cabr	7,680	23,040	38,400	86,400	134,400	192,000
Phae.	7,680	23,040	38,400	86,400	134,400	192,000
2d Brgm	2,500	7,500	12,500	28,130	43,750	62,500
4d Sed	2,520	7,560	12,600	28,350	44,100	63,000
1934 Model 652X, 6-cyl., Standard						
Cabr	3,500	10,500	17,500	39,380	61,250	87,500
2d Brgm	1,520	4,560	7,600	17,100	26,600	38,000
4d Sed	1,600	4,800	8,000	18,000	28,000	40,000
1934 Model 652Y, 6-cyl., Custom						
Cabr	4,400	13,200	22,000	49,500	77,000	110,000
Phae.	4,400	13,200	22,000	49,500	77,000	110,000
2d Brgm	2,100	6,300	10,500	23,630	36,750	52,500
4d Sed	2,060	6,180	10,300	23,180	36,050	51,500
1934 Model 850X, 8-cyl., Standard						
Cabr	4,600	13,800	23,000	51,750	80,500	115,000
2d Brgm	2,160	6,480	10,800	24,300	37,800	54,000
4d Sed	2,140	6,420	10,700	24,080	37,450	53,500
1934 Model 850Y, 8-cyl., Dual Ratio						
Cabr	5,600	16,800	28,000	63,000	98,000	140,000
Phae.	5,400	16,200	27,000	60,750	94,500	135,000
2d Brgm	2,470	7,410	12,350	27,790	43,230	61,750
4d Sed	2,540	7,630	12,710	28,600	44,490	63,550
1934 Model 1250, 12-cyl., Salon Dual Ratio						
Cabr	8,800	26,400	44,000	99,000	154,000	220,000
Phae.	8,400	25,200	42,000	94,500	147,000	210,000
2d Brgm	2,570	7,710	12,850	28,910	44,980	64,250
4d Sed	2,590	7,770	12,950	29,140	45,330	64,750
1935 Model 6-653, 6-cyl., Standard						
Cabr	4,000	12,000	20,000	45,000	70,000	100,000
Phae.	4,200	12,600	21,000	47,250	73,500	105,000
Cpe.	2,020	6,060	10,100	22,730	35,350	50,500
2d Brgm	2,080	6,240	10,400	23,400	36,400	52,000
4d Sed	2,090	6,260	10,440	23,490	36,540	52,200
1935 Model 6-653, 6-cyl., Custom Dual Ratio						
Cabr	4,600	13,800	23,000	51,750	80,500	115,000
Phae.	4,720	14,160	23,600	53,100	82,600	118,000
Cpe.	2,890	8,670	14,450	32,510	50,580	72,250
2d Brgm	2,110	6,320	10,540	23,720	36,890	52,700
4d Sed	2,160	6,480	10,800	24,300	37,800	54,000

	6	5	4	3	2	1
1935 Model 6-653, 6-cyl., Salon Dual Ratio						
Cabr	4,800	14,400	24,000	54,000	84,000	120,000
Phae	5,120	15,360	25,600	57,600	89,600	128,000
Cpe	2,290	6,860	11,440	25,740	40,040	57,200
2d Brgm.	2,150	6,460	10,760	24,210	37,660	53,800
4d Sed.	2,140	6,420	10,700	24,080	37,450	53,500
1935 Model 8-851, 8-cyl., Standard						
Cabr	4,720	14,160	23,600	53,100	82,600	118,000
Phae	4,840	14,520	24,200	54,450	84,700	121,000
Cpe	2,260	6,780	11,300	25,430	39,550	56,500
2d Brgm.	2,200	6,600	11,000	24,750	38,500	55,000
4d Sed.	2,250	6,740	11,240	25,290	39,340	56,200
1935 Model 8-851, 8-cyl., Custom Dual Ratio						
Cabr	5,120	15,360	25,600	57,600	89,600	128,000
Phae	5,320	15,960	26,600	59,850	93,100	133,000
Cpe	2,460	7,380	12,300	27,680	43,050	61,500
2d Brgm.	2,260	6,780	11,300	25,430	39,550	56,500
4d Sed.	2,310	6,940	11,560	26,010	40,460	57,800
1935 Model 8-851, 8-cyl., Salon Dual Ratio						
Cabr	5,240	15,720	26,200	58,950	91,700	131,000
Phae	5,400	16,200	27,000	60,750	94,500	135,000
Cpe	2,510	7,530	12,550	28,240	43,930	62,750
2d Brgm.	2,310	6,930	11,550	25,990	40,430	57,750
4d Sed.	2,350	7,040	11,730	26,390	41,060	58,650
1935 Model 8-851, 8-cyl., Supercharged Dual Ratio						
Spds	6,800	20,400	34,000	76,500	119,000	170,000
Cabr	6,320	18,960	31,600	71,100	110,600	158,000
Phae	6,400	19,200	32,000	72,000	112,000	160,000
Cpe	2,600	7,800	13,000	29,250	45,500	65,000
2d Brgm.	2,380	7,140	11,900	26,780	41,650	59,500
4d Sed.	2,320	6,960	11,600	26,100	40,600	58,000
1936 Model 6-654, 6-cyl., Standard						
Cabr	4,320	12,960	21,600	48,600	75,600	108,000
Phae	4,600	13,800	23,000	51,750	80,500	115,000
Cpe	2,140	6,420	10,700	24,080	37,450	53,500
2d Brgm.	2,060	6,180	10,300	23,180	36,050	51,500
4d Sed.	2,110	6,320	10,540	23,720	36,890	52,700
1936 Model 6-654, 6-cyl., Custom Dual Ratio						
Cabr	4,720	14,160	23,600	53,100	82,600	118,000
Phae	4,840	14,520	24,200	54,450	84,700	121,000
Cpe	2,260	6,780	11,300	25,430	39,550	56,500
2d Brgm.	2,100	6,300	10,500	23,630	36,750	52,500
4d Sed.	2,140	6,420	10,700	24,080	37,450	53,500
1936 Model 6-654, 6-cyl., Salon Dual Ratio						
Cabr	5,600	16,800	28,000	63,000	98,000	140,000
Phae	5,800	17,400	29,000	65,250	101,500	145,000
Cpe	2,280	6,840	11,400	25,650	39,900	57,000
2d Brgm.	2,140	6,420	10,700	24,080	37,450	53,500
4d Sed.	2,170	6,500	10,840	24,390	37,940	54,200
1936 Model 8-852, 8-cyl., Standard						
Cabr	6,200	18,600	31,000	69,750	108,500	155,000
Phae	6,400	19,200	32,000	72,000	112,000	160,000
Cpe	2,340	7,020	11,700	26,330	40,950	58,500
2d Brgm.	2,130	6,380	10,640	23,940	37,240	53,200
4d Sed.	2,160	6,480	10,800	24,300	37,800	54,000
1936 Model 8-852, 8-cyl., Custom Dual Ratio						
Cabr	6,160	18,480	30,800	69,300	107,800	154,000
Phae	6,320	18,960	31,600	71,100	110,600	158,000
Cpe	2,380	7,140	11,900	26,780	41,650	59,500
2d Brgm.	2,040	6,120	10,200	22,950	35,700	51,000
4d Sed.	2,060	6,180	10,300	23,180	36,050	51,500
1936 Model 8-852, 8-cyl., Salon Dual Ratio						
Cabr	6,160	18,480	30,800	69,300	107,800	154,000
Phae	6,360	19,080	31,800	71,550	111,300	159,000
Cpe	2,490	7,480	12,470	28,060	43,650	62,350
2d Brgm.	2,300	6,890	11,490	25,850	40,220	57,450
4d Sed.	2,350	7,040	11,730	26,390	41,060	58,650
1936 Model 8-852, 8-cyl., Supercharged Dual Ratio						
Spds	14,000	42,000	70,000	157,500	245,000	350,000
Cabr	6,360	19,080	31,800	71,550	111,300	159,000
Phae	6,600	19,800	33,000	74,250	115,500	165,000
Cpe	2,600	7,800	13,000	29,250	45,500	65,000
2d Brgm.	2,360	7,070	11,780	26,510	41,230	58,900
4d Sed.	2,400	7,210	12,020	27,050	42,070	60,100

BUICK

	6	5	4	3	2	1
1904 Model B, 2-cyl.						
Tr	1,240	3,720	6,200	13,950	21,700	31,000
1905 Model C, 2-cyl.						
Tr	2,400	7,200	12,000	27,000	42,000	60,000
1906 Model F & G, 2-cyl.						
Tr	2,340	7,020	11,700	26,330	40,950	58,500
Rds	2,280	6,840	11,400	25,650	39,900	57,000
1907 Model F & G, 2-cyl.						
Tr	2,340	7,020	11,700	26,330	40,950	58,500
Rds	2,280	6,840	11,400	25,650	39,900	57,000
1907 Model D, S, K & H, 4-cyl.						
Tr	2,400	7,200	12,000	27,000	42,000	60,000
Rds	2,300	6,900	11,500	25,880	40,250	57,500
1908 Model F & G, 2-cyl.						
Tr	2,620	7,860	13,100	29,480	45,850	65,500
Rds	2,520	7,560	12,600	28,350	44,100	63,000
1908 Model D & S, 4-cyl.						
Rds	2,520	7,560	12,600	28,350	44,100	63,000
1908 Model 10, 4-cyl.						
Tr	2,520	7,560	12,600	28,350	44,100	63,000
1908 Model 5, 4-cyl.						
Tr	2,640	7,920	13,200	29,700	46,200	66,000
1909 Model G, (only 6 built in 1909)						
Rds	2,760	8,280	13,800	31,050	48,300	69,000
1909 Model F & G						
Tr	2,560	7,680	12,800	28,800	44,800	64,000
Rds	2,620	7,860	13,100	29,480	45,850	65,500
1909 Model 10, 4-cyl.						
Tr	2,560	7,680	12,800	28,800	44,800	64,000
Rds	2,620	7,860	13,100	29,480	45,850	65,500
1909 Model 16 & 17, 4-cyl.						
Rds	2,600	7,800	13,000	29,250	45,500	65,000
Tr	2,620	7,860	13,100	29,480	45,850	65,500
1910 Model 6, 2-cyl.						
Tr	2,360	7,080	11,800	26,550	41,300	59,000
1910 Model F, 2-cyl.						
Tr	2,260	6,790	11,320	25,470	39,620	56,600
1910 Model 14, 2-cyl.						
Rds	2,240	6,720	11,200	25,200	39,200	56,000
1910 Model 10, 4-cyl.						
Tr	2,130	6,380	10,640	23,940	37,240	53,200
Rds	2,170	6,520	10,860	24,440	38,010	54,300
1910 Model 19, 4-cyl.						
Tr	2,400	7,200	12,000	27,000	42,000	60,000
1910 Model 16 & 17, 4-cyl.						
Rds	2,380	7,140	11,900	26,780	41,650	59,500
Tr	2,320	6,950	11,580	26,060	40,530	57,900
1910 Model 7, 4-cyl.						
Tr	2,280	6,840	11,400	25,650	39,900	57,000
1910 Model 41, 4-cyl.						
Limo	2,320	6,960	11,600	26,100	40,600	58,000
1911 Model 14, 2-cyl.						
Rds	2,080	6,240	10,400	23,400	36,400	52,000
1911 Model 21, 4-cyl.						
Tr	2,120	6,360	10,600	23,850	37,100	53,000
1911 Model 26 & 27, 4-cyl.						
Rds	2,160	6,480	10,800	24,300	37,800	54,000
Tr	2,100	6,300	10,500	23,630	36,750	52,500
1911 Model 32 & 33						
Rds	2,140	6,420	10,700	24,080	37,450	53,500
Tr	2,100	6,300	10,500	23,630	36,750	52,500
1911 Model 38 & 39, 4-cyl.						
Rds	2,100	6,310	10,520	23,670	36,820	52,600
Tr	2,060	6,170	10,280	23,130	35,980	51,400
Limo	2,810	8,440	14,060	31,640	49,210	70,300
1912 Model 34, 35 & 36, 4-cyl.						
Rds	2,140	6,420	10,700	24,080	37,450	53,500
Tr	2,100	6,300	10,500	23,630	36,750	52,500
1912 Model 28 & 29, 4-cyl.						
Rds	2,150	6,460	10,760	24,210	37,660	53,800
Tr	2,110	6,320	10,540	23,720	36,890	52,700
1912 Model 43, 4-cyl.						
Tr	2,150	6,460	10,760	24,210	37,660	53,800

	6	5	4	3	2	1
1913 Model 30 & 31, 4-cyl.						
Rds	2,100	6,300	10,500	23,630	36,750	52,500
Tr.	2,050	6,160	10,260	23,090	35,910	51,300
1913 Model 40, 4-cyl.						
Tr.	2,110	6,320	10,540	23,720	36,890	52,700
1913 Model 24 & 25, 4-cyl.						
Rds	2,220	6,650	11,080	24,930	38,780	55,400
Tr.	2,150	6,460	10,760	24,210	37,660	53,800
1914 Model B-24 & B-25, 4-cyl.						
Rds	2,110	6,320	10,540	23,720	36,890	52,700
Tr.	2,060	6,180	10,300	23,180	36,050	51,500
1914 Model B-36, B-37 & B-38, 4-cyl.						
Rds	2,150	6,460	10,760	24,210	37,660	53,800
Tr.	2,110	6,320	10,540	23,720	36,890	52,700
Cpe	1,960	5,890	9,820	22,100	34,370	49,100
1914 Model B-55, 6-cyl.						
7P Tr	2,150	6,460	10,760	24,210	37,660	53,800
1915 Model C-24 & C-25, 4-cyl.						
Rds	2,150	6,460	10,760	24,210	37,660	53,800
Tr.	2,110	6,320	10,540	23,720	36,890	52,700
1915 Model C-36 & C-37, 4-cyl.						
Rds	2,220	6,650	11,080	24,930	38,780	55,400
Tr.	2,150	6,460	10,760	24,210	37,660	53,800
1915 Model C-54 & C-55, 6-cyl.						
Rds	2,250	6,740	11,240	25,290	39,340	56,200
Tr.	2,220	6,650	11,080	24,930	38,780	55,400
1916 Model D-54 & D-55, 6-cyl.						
Rds	1,870	5,620	9,360	21,060	32,760	46,800
Tr.	1,830	5,480	9,140	20,570	31,990	45,700
1916-17 Model D-34 & D-35, 4-cyl.						
Rds	1,780	5,340	8,900	20,030	31,150	44,500
Tr.	1,730	5,200	8,660	19,490	30,310	43,300
1916-17 Model D-44 & D-45, 6-cyl.						
Rds	1,730	5,200	8,660	19,490	30,310	43,300
Tr.	1,780	5,340	8,900	20,030	31,150	44,500
1916-17 Model D-46 & D-47, 6-cyl.						
Conv Cpe	1,700	5,100	8,500	19,130	29,750	42,500
Sed	1,320	3,960	6,600	14,850	23,100	33,000
1918 Model E-34 & E-35, 4-cyl.						
Rds	1,640	4,910	8,180	18,410	28,630	40,900
Tr.	1,590	4,780	7,960	17,910	27,860	39,800
1918 Model E-37, 4-cyl.						
Sed	1,280	3,840	6,400	14,400	22,400	32,000
1918 Model E-44, E-45 & E-49, 6-cyl.						
Rds	1,680	5,050	8,420	18,950	29,470	42,100
Tr.	1,640	4,910	8,180	18,410	28,630	40,900
7P Tr	1,730	5,200	8,660	19,490	30,310	43,300
1918 Model E-46, E-47 & E-50, 6-cyl.						
Conv Cpe	1,500	4,490	7,480	16,830	26,180	37,400
Sed	1,300	3,900	6,500	14,630	22,750	32,500
7P Sed	1,360	4,080	6,800	15,300	23,800	34,000
1919 Model H-44, H-45 & H-49, 6-cyl.						
2d Rds	1,640	4,910	8,180	18,410	28,630	40,900
4d Tr	1,590	4,780	7,960	17,910	27,860	39,800
4d 7P Tr	1,680	5,050	8,420	18,950	29,470	42,100
1919 Model H-46, H-47 & H-50, 6-cyl.						
2d Cpe	1,310	3,920	6,540	14,720	22,890	32,700
4d Sed	1,220	3,660	6,100	13,730	21,350	30,500
4d 7P Sed	1,260	3,780	6,300	14,180	22,050	31,500
1920 Model K, 6-cyl.						
2d Cpe K-46	1,280	3,840	6,400	14,400	22,400	32,000
4d Sed K-47	1,100	3,300	5,500	12,380	19,250	27,500
2d Rds K-44	1,560	4,680	7,800	17,550	27,300	39,000
4d Tr K-49	1,520	4,560	7,600	17,100	26,600	38,000
4d Tr K-45	1,480	4,440	7,400	16,650	25,900	37,000
4d 7P Sed K-50	1,180	3,540	5,900	13,280	20,650	29,500
1921 Series 40, 6-cyl.						
2d Rds	1,540	4,630	7,720	17,370	27,020	38,600
4d Tr	1,500	4,490	7,480	16,830	26,180	37,400
4d 7P Tr	1,540	4,630	7,720	17,370	27,020	38,600
2d Cpe	2,400	7,200	12,000	27,000	42,000	60,000
4d Sed	2,360	7,080	11,800	26,550	41,300	59,000
2d Ewb Cpe	2,440	7,320	12,200	27,450	42,700	61,000
4d 7P Sed	1,140	3,420	5,700	12,830	19,950	28,500
1921-22 Series 30, 4-cyl.						
2d Rds	1,450	4,340	7,240	16,290	25,340	36,200

	6	5	4	3	2	1
4d Tr	1,400	4,200	7,000	15,750	24,500	35,000
2d Cpe OS	1,040	3,120	5,200	11,700	18,200	26,000
4d Sed	920	2,760	4,600	10,350	16,100	23,000
1921-22 Series 40, 6-cyl.						
2d Rds	1,540	4,630	7,720	17,370	27,020	38,600
4d Tr	1,500	4,490	7,480	16,830	26,180	37,400
4d 7P Tr	1,540	4,630	7,720	17,370	27,020	38,600
4d Sed	920	2,760	4,600	10,350	16,100	23,000
2d Cpe	1,160	3,480	5,800	13,050	20,300	29,000
4d 7P Sed	1,140	3,420	5,700	12,830	19,950	28,500
4d 50 7P Limo	1,220	3,660	6,100	13,730	21,350	30,500
1923 Series 30, 4-cyl.						
2d Rds	1,360	4,080	6,800	15,300	23,800	34,000
2d Spt Rds	1,400	4,200	7,000	15,750	24,500	35,000
4d Tr	1,360	4,080	6,800	15,300	23,800	34,000
2d Cpe	1,120	3,360	5,600	12,600	19,600	28,000
4d Sed	920	2,760	4,600	10,350	16,100	23,000
4d Tr Sed	1,080	3,240	5,400	12,150	18,900	27,000
1923 Series 40, 6-cyl.						
2d Rds	1,440	4,320	7,200	16,200	25,200	36,000
4d Tr	1,340	4,020	6,700	15,080	23,450	33,500
4d 7P Tr	1,400	4,200	7,000	15,750	24,500	35,000
2d Cpe	1,100	3,310	5,520	12,420	19,320	27,600
4d Sed	1,080	3,240	5,400	12,150	18,900	27,000
1923 Master Series 50, 6-cyl.						
2d Spt Rds	1,450	4,340	7,240	16,290	25,340	36,200
4d Spt Tr	1,500	4,490	7,480	16,830	26,180	37,400
4d 7P Sed	1,100	3,310	5,520	12,420	19,320	27,600
1924 Standard Series 30, 4-cyl.						
2d Rds	1,500	4,490	7,480	16,830	26,180	37,400
4d Tr	1,450	4,340	7,240	16,290	25,340	36,200
2d Cpe	1,100	3,290	5,480	12,330	19,180	27,400
4d Sed	1,000	3,010	5,020	11,300	17,570	25,100
1924 Master Series 40, 6-cyl.						
2d Rds	1,540	4,630	7,720	17,370	27,020	38,600
4d Tr	1,500	4,490	7,480	16,830	26,180	37,400
4d 7P Tr	1,540	4,630	7,720	17,370	27,020	38,600
2d Cpe	1,140	3,430	5,720	12,870	20,020	28,600
4d Sed	1,050	3,140	5,240	11,790	18,340	26,200
4d Demi Sed	1,070	3,220	5,360	12,060	18,760	26,800
1924 Master Series 50, 6-cyl.						
2d Spt Rds	1,500	4,490	7,480	16,830	26,180	37,400
4d Spt Tr	1,540	4,630	7,720	17,370	27,020	38,600
2d Cabr Cpe	1,450	4,340	7,240	16,290	25,340	36,200
4d Town Car	1,280	3,850	6,420	14,450	22,470	32,100
4d 7P Sed	1,190	3,580	5,960	13,410	20,860	29,800
4d Brgm Sed	1,240	3,720	6,200	13,950	21,700	31,000
4d Limo	1,330	4,000	6,660	14,990	23,310	33,300
1925 Standard Series 20, 6-cyl.						
2d Rds	1,400	4,190	6,980	15,710	24,430	34,900
2d Spt Rds	1,440	4,320	7,200	16,200	25,200	36,000
2d Encl Rds	1,490	4,460	7,440	16,740	26,040	37,200
4d Tr	1,350	4,040	6,740	15,170	23,590	33,700
4d Encl Tr	1,440	4,320	7,200	16,200	25,200	36,000
2d Bus Cpe	1,240	3,720	6,200	13,950	21,700	31,000
2d Cpe	1,260	3,780	6,300	14,180	22,050	31,500
4d Sed	1,140	3,430	5,720	12,870	20,020	28,600
4d Demi Sed	1,150	3,440	5,740	12,920	20,090	28,700
1925 Master Series 40, 6-cyl.						
2d Rds	1,450	4,340	7,240	16,290	25,340	36,200
2d Encl Rds	1,500	4,490	7,480	16,830	26,180	37,400
4d Tr	1,400	4,200	7,000	15,750	24,500	35,000
4d Encl Tr	1,500	4,490	7,480	16,830	26,180	37,400
2d Cpe	1,280	3,850	6,420	14,450	22,470	32,100
2d Sed	1,140	3,430	5,720	12,870	20,020	28,600
4d Sed	1,190	3,580	5,960	13,410	20,860	29,800
1925 Master Series 50, 6-cyl.						
2d Spt Rds	1,480	4,440	7,400	16,650	25,900	37,000
4d Spt Tr	1,540	4,620	7,700	17,330	26,950	38,500
2d Cabr Cpe	1,540	4,620	7,700	17,330	26,950	38,500
4d 7P Sed	1,280	3,840	6,400	14,400	22,400	32,000
4d Limo	1,320	3,960	6,600	14,850	23,100	33,000
4d Brgm Sed	1,380	4,140	6,900	15,530	24,150	34,500
4d Town Car	1,480	4,440	7,400	16,650	25,900	37,000
1926 Standard Series, 6-cyl.						
2d Rds	1,460	4,380	7,300	16,430	25,550	36,500

	6	5	4	3	2	1
4d Tr	1,420	4,250	7,080	15,930	24,780	35,400
2d 2P Cpe	1,320	3,960	6,600	14,850	23,100	33,000
2d 4P Cpe	1,270	3,820	6,360	14,310	22,260	31,800
2d Sed	1,130	3,400	5,660	12,740	19,810	28,300
4d Sed	1,180	3,540	5,900	13,280	20,650	29,500
1926 Master Series, 6-cyl.						
2d Rds	1,320	3,950	6,580	14,810	23,030	32,900
4d Tr	1,460	4,380	7,300	16,430	25,550	36,500
2d Spt Rds	1,560	4,670	7,780	17,510	27,230	38,900
4d Spt Tr	1,600	4,810	8,020	18,050	28,070	40,100
2d 4P Cpe	1,370	4,100	6,840	15,390	23,940	34,200
2d Spt Cpe	1,420	4,250	7,080	15,930	24,780	35,400
2d Sed	1,270	3,820	6,360	14,310	22,260	31,800
4d Sed	1,320	3,960	6,600	14,850	23,100	33,000
4d Brgm	1,370	4,100	6,840	15,390	23,940	34,200
4d 7P Sed	1,420	4,250	7,080	15,930	24,780	35,400
1927 Series 115, 6-cyl.						
2d Rds	1,460	4,380	7,300	16,430	25,550	36,500
4d Tr	1,420	4,250	7,080	15,930	24,780	35,400
2d 2P Cpe	1,270	3,820	6,360	14,310	22,260	31,800
2d 4P RS Cpe	1,320	3,960	6,600	14,850	23,100	33,000
2d Spt Cpe	1,670	5,020	8,360	18,810	29,260	41,800
2d Sed	1,130	3,400	5,660	12,740	19,810	28,300
4d Sed	1,180	3,540	5,900	13,280	20,650	29,500
4d Brgm	1,220	3,670	6,120	13,770	21,420	30,600
1927 Series 120, 6-cyl.						
2d 4P Cpe	1,320	3,960	6,600	14,850	23,100	33,000
2d Sed	1,180	3,540	5,900	13,280	20,650	29,500
4d Sed	1,220	3,670	6,120	13,770	21,420	30,600
1927 Series 128, 6-cyl.						
2d Spt Rds	1,600	4,810	8,020	18,050	28,070	40,100
4d Spt Tr	1,650	4,960	8,260	18,590	28,910	41,300
2d Conv	1,510	4,520	7,540	16,970	26,390	37,700
2d 5P Cpe	1,370	4,100	6,840	15,390	23,940	34,200
2d Spt Cpe RS	1,420	4,250	7,080	15,930	24,780	35,400
4d 7P Sed	1,270	3,820	6,360	14,310	22,260	31,800
4d Brgm	1,320	3,960	6,600	14,850	23,100	33,000
1928 Series 115, 6-cyl.						
2d Rds	1,460	4,380	7,300	16,430	25,550	36,500
4d Tr	1,420	4,250	7,080	15,930	24,780	35,400
2d 2P Cpe	1,180	3,540	5,900	13,280	20,650	29,500
2d Spt Cpe	1,220	3,670	6,120	13,770	21,420	30,600
2d Sed	1,080	3,250	5,420	12,200	18,970	27,100
4d Sed	1,130	3,400	5,660	12,740	19,810	28,300
4d Brgm	1,180	3,540	5,900	13,280	20,650	29,500
1928 Series 120, 6-cyl.						
2d Cpe	1,220	3,670	6,120	13,770	21,420	30,600
4d Sed	1,130	3,400	5,660	12,740	19,810	28,300
4d Brgm	1,180	3,540	5,900	13,280	20,650	29,500
1928 Series 128, 6-cyl.						
2d Spt Rds	1,650	4,960	8,260	18,590	28,910	41,300
4d Spt Tr	1,700	5,090	8,480	19,080	29,680	42,400
2d 5P Cpe	1,220	3,670	6,120	13,770	21,420	30,600
2d Spt Cpe	1,270	3,820	6,360	14,310	22,260	31,800
4d 7P Sed	1,180	3,540	5,900	13,280	20,650	29,500
4d Brgm	1,220	3,670	6,120	13,770	21,420	30,600
1929 Series 116, 6-cyl.						
4d Spt Tr	1,770	5,320	8,860	19,940	31,010	44,300
2d Bus Cpe	1,300	3,900	6,500	14,630	22,750	32,500
2d RS Cpe	1,400	4,190	6,980	15,710	24,430	34,900
2d Sed	1,060	3,190	5,320	11,970	18,620	26,600
4d Sed	1,180	3,540	5,900	13,280	20,650	29,500
1929 Series 121, 6-cyl.						
2d Spt Rds	1,820	5,460	9,100	20,480	31,850	45,500
2d Bus Cpe	1,350	4,040	6,740	15,170	23,590	33,700
2d RS Cpe	1,440	4,320	7,200	16,200	25,200	36,000
2d 4P Cpe	1,400	4,190	6,980	15,710	24,430	34,900
4d Sed	1,150	3,440	5,740	12,920	20,090	28,700
4d CC Sed	1,180	3,540	5,900	13,280	20,650	29,500
1929 Series 129, 6-cyl.						
2d Conv	2,010	6,020	10,040	22,590	35,140	50,200
4d Spt Tr	1,910	5,740	9,560	21,510	33,460	47,800
4d 7P Tr	1,770	5,320	8,860	19,940	31,010	44,300
2d 5P Cpe	1,400	4,190	6,980	15,710	24,430	34,900
4d CC Sed	1,300	3,900	6,500	14,630	22,750	32,500
4d 7P Sed	1,350	4,040	6,740	15,170	23,590	33,700

	6	5	4	3	2	1
4d Limo	1,440	4,310	7,180	16,160	25,130	35,900
1930 Series 40, 6-cyl.						
2d Rds	2,280	6,850	11,420	25,700	39,970	57,100
4d Phae	2,240	6,710	11,180	25,160	39,130	55,900
2d Bus Cpe	1,500	4,490	7,480	16,830	26,180	37,400
2d RS Cpe	1,640	4,930	8,220	18,500	28,770	41,100
2d Sed	1,280	3,840	6,400	14,400	22,400	32,000
4d Sed	1,360	4,080	6,800	15,300	23,800	34,000
1930 Series 50, 6-cyl.						
2d 4P Cpe	1,550	4,640	7,740	17,420	27,090	38,700
4d Sed	1,320	3,960	6,600	14,850	23,100	33,000
1930 Series 60, 6-cyl.						
2d RS Rds	2,480	7,440	12,400	27,900	43,400	62,000
4d 7P Tr	2,190	6,560	10,940	24,620	38,290	54,700
2d RS Spt Cpe	1,890	5,680	9,460	21,290	33,110	47,300
2d 5P Cpe	1,790	5,380	8,960	20,160	31,360	44,800
4d Sed	1,450	4,340	7,240	16,290	25,340	36,200
4d 7P Sed	1,500	4,490	7,480	16,830	26,180	37,400
4d Limo	1,550	4,640	7,740	17,420	27,090	38,700
1930 Marquette - Series 30, 6-cyl.						
2d Spt Rds	1,960	5,880	9,800	22,050	34,300	49,000
4d Phae	1,920	5,760	9,600	21,600	33,600	48,000
2d Bus Cpe	1,360	4,080	6,800	15,300	23,800	34,000
2d RS Cpe	1,440	4,320	7,200	16,200	25,200	36,000
2d Sed	1,080	3,240	5,400	12,150	18,900	27,000
4d Sed	1,160	3,480	5,800	13,050	20,300	29,000
1931 Series 50, 8-cyl.						
2d Spt Rds	2,340	7,030	11,720	26,370	41,020	58,600
4d Phae	2,300	6,890	11,480	25,830	40,180	57,400
2d Bus Cpe	1,620	4,860	8,100	18,230	28,350	40,500
2d RS Cpe	1,700	5,100	8,500	19,130	29,750	42,500
2d Sed	1,320	3,960	6,600	14,850	23,100	33,000
4d Sed	1,360	4,080	6,800	15,300	23,800	34,000
2d Conv	2,240	6,730	11,220	25,250	39,270	56,100
1931 Series 60, 8-cyl.						
2d Spt Rds	2,490	7,480	12,460	28,040	43,610	62,300
4d Phae	2,440	7,320	12,200	27,450	42,700	61,000
2d Bus Cpe	1,640	4,930	8,220	18,500	28,770	41,100
2d RS Cpe	1,700	5,090	8,480	19,080	29,680	42,400
4d Sed	1,350	4,060	6,760	15,210	23,660	33,800
1931 Series 80, 8-cyl.						
2d Cpe	1,760	5,280	8,800	19,800	30,800	44,000
4d Sed	1,480	4,440	7,400	16,650	25,900	37,000
4d 7P Sed	1,520	4,560	7,600	17,100	26,600	38,000
1931 Series 90, 8-cyl.						
2d Spt Rds	3,080	9,240	15,400	34,650	53,900	77,000
4d 7P Tr	2,690	8,060	13,440	30,240	47,040	67,200
2d 5P Cpe	2,240	6,720	11,200	25,200	39,200	56,000
2d RS Cpe	2,200	6,600	11,000	24,750	38,500	55,000
2d Conv	2,980	8,950	14,920	33,570	52,220	74,600
4d 5P Sed	1,920	5,760	9,600	21,600	33,600	48,000
4d 7P Sed	1,960	5,880	9,800	22,050	34,300	49,000
4d Limo	2,040	6,120	10,200	22,950	35,700	51,000
1932 Series 50, 8-cyl.						
4d Spt Phae	2,380	7,150	11,920	26,820	41,720	59,600
2d Conv	2,430	7,300	12,160	27,360	42,560	60,800
2d Phae	2,480	7,440	12,400	27,900	43,400	62,000
2d Bus Cpe	1,350	4,060	6,760	15,210	23,660	33,800
2d RS Cpe	1,400	4,200	7,000	15,750	24,500	35,000
2d Vic Cpe	1,450	4,340	7,240	16,290	25,340	36,200
4d Sed	1,200	3,600	6,000	13,500	21,000	30,000
4d Spt Sed	1,240	3,720	6,200	13,950	21,700	31,000
1932 Series 60, 8-cyl.						
4d Spt Phae	2,430	7,300	12,160	27,360	42,560	60,800
2d Conv	2,480	7,440	12,400	27,900	43,400	62,000
2d Phae	2,530	7,600	12,660	28,490	44,310	63,300
2d Bus Cpe	1,400	4,200	7,000	15,750	24,500	35,000
2d RS Cpe	1,450	4,340	7,240	16,290	25,340	36,200
2d Vic Cpe	1,500	4,490	7,480	16,830	26,180	37,400
4d Sed	1,320	3,960	6,600	14,850	23,100	33,000
1932 Series 80, 8-cyl.						
2d Vic Cpe	1,440	4,320	7,200	16,200	25,200	36,000
4d Sed	1,360	4,080	6,800	15,300	23,800	34,000
1932 Series 90, 8-cyl.						
4d 7P Sed	1,960	5,880	9,800	22,050	34,300	49,000
4d Limo	2,040	6,120	10,200	22,950	35,700	51,000

	6	5	4	3	2	1
4d Clb Sed	2,010	6,020	10,040	22,590	35,140	50,200
4d Spt Phae	3,090	9,280	15,460	34,790	54,110	77,300
2d Phae.	3,140	9,420	15,700	35,330	54,950	78,500
2d Conv Cpe	3,200	9,600	16,000	36,000	56,000	80,000
2d RS Cpe.	2,200	6,600	11,000	24,750	38,500	55,000
2d Vic Cpe.	2,120	6,360	10,600	23,850	37,100	53,000
4d 5P Sed	1,960	5,880	9,800	22,050	34,300	49,000
1933 Series 50, 8-cyl.						
2d Conv.	2,340	7,020	11,700	26,330	40,950	58,500
2d Bus Cpe	1,600	4,800	8,000	18,000	28,000	40,000
2d RS Spt Cpe	1,650	4,960	8,260	18,590	28,910	41,300
2d Vic Cpe.	1,750	5,260	8,760	19,710	30,660	43,800
4d Sed.	1,440	4,320	7,200	16,200	25,200	36,000
1933 Series 60, 8-cyl.						
2d Conv Cpe	2,490	7,460	12,440	27,990	43,540	62,200
4d Phae.	2,680	8,030	13,380	30,110	46,830	66,900
2d Spt Cpe	1,750	5,260	8,760	19,710	30,660	43,800
2d Vic Cpe.	1,830	5,480	9,140	20,570	31,990	45,700
4d Sed.	1,540	4,620	7,700	17,330	26,950	38,500
1933 Series 80, 8-cyl.						
2d Conv.	2,780	8,350	13,920	31,320	48,720	69,600
4d Phae.	2,930	8,800	14,660	32,990	51,310	73,300
2d Spt Cpe	2,040	6,130	10,220	23,000	35,770	51,100
2d Vic	1,980	5,930	9,880	22,230	34,580	49,400
4d Sed.	1,640	4,920	8,200	18,450	28,700	41,000
1933 Series 90, 8-cyl.						
2d Vic	2,400	7,200	12,000	27,000	42,000	60,000
4d 5P Sed	2,160	6,480	10,800	24,300	37,800	54,000
4d 7P Sed	2,200	6,600	11,000	24,750	38,500	55,000
4d Clb Sed	2,120	6,360	10,600	23,850	37,100	53,000
4d Limo	2,240	6,720	11,200	25,200	39,200	56,000
1934 Special Series 40, 8-cyl.						
2d Bus Cpe	1,650	4,960	8,260	18,590	28,910	41,300
2d RS Cpe.	1,700	5,100	8,500	19,130	29,750	42,500
2d Tr Sed	1,430	4,300	7,160	16,110	25,060	35,800
4d Tr Sed	1,450	4,360	7,260	16,340	25,410	36,300
4d Sed.	1,400	4,200	7,000	15,750	24,500	35,000
1934 Series 50, 8-cyl.						
2d Conv.	2,740	8,210	13,680	30,780	47,880	68,400
2d Bus Cpe	1,800	5,400	9,000	20,250	31,500	45,000
2d Spt Cpe	1,900	5,690	9,480	21,330	33,180	47,400
2d Vic Cpe.	1,880	5,630	9,380	21,110	32,830	46,900
4d Sed.	1,450	4,360	7,260	16,340	25,410	36,300
1934 Series 60, 8-cyl.						
2d Conv.	2,780	8,350	13,920	31,320	48,720	69,600
4d Phae.	2,830	8,500	14,160	31,860	49,560	70,800
2d Spt Cpe	1,950	5,840	9,740	21,920	34,090	48,700
2d Vic	1,920	5,770	9,620	21,650	33,670	48,100
4d Sed.	1,500	4,500	7,500	16,880	26,250	37,500
4d Clb Sed	1,880	5,640	9,400	21,150	32,900	47,000
1934 Series 90, 8-cyl.						
2d Conv.	2,790	8,380	13,960	31,410	48,860	69,800
4d Phae.	2,880	8,640	14,400	32,400	50,400	72,000
4d Spt Cpe	2,400	7,200	12,000	27,000	42,000	60,000
4d 5P Sed	2,160	6,480	10,800	24,300	37,800	54,000
4d 7P Sed	2,200	6,600	11,000	24,750	38,500	55,000
4d Clb Sed	2,120	6,360	10,600	23,850	37,100	53,000
4d Limo	2,240	6,720	11,200	25,200	39,200	56,000
2d Vic	2,400	7,200	12,000	27,000	42,000	60,000
1935 Special Series 40, 8-cyl.						
2d Conv.	2,460	7,380	12,300	27,680	43,050	61,500
2d Bus Cpe	1,720	5,160	8,600	19,350	30,100	43,000
2d RS Spt Cpe	2,040	6,120	10,200	22,950	35,700	51,000
2d Sed.	1,440	4,320	7,200	16,200	25,200	36,000
2d Tr Sed	1,480	4,440	7,400	16,650	25,900	37,000
4d Sed.	1,440	4,320	7,200	16,200	25,200	36,000
4d Tr Sed	1,480	4,440	7,400	16,650	25,900	37,000
1935 Series 50, 8-cyl.						
2d Conv.	2,700	8,110	13,520	30,420	47,320	67,600
2d Bus Cpe	1,820	5,460	9,100	20,480	31,850	45,500
2d Spt Cpe	1,940	5,820	9,700	21,830	33,950	48,500
2d Vic	1,820	5,460	9,100	20,480	31,850	45,500
4d Sed.	1,540	4,620	7,700	17,330	26,950	38,500
1935 Series 60, 8-cyl.						
2d Conv.	2,760	8,270	13,780	31,010	48,230	68,900
4d Phae.	2,800	8,410	14,020	31,550	49,070	70,100

	6	5	4	3	2	1
2d Vic	1,900	5,690	9,480	21,330	33,180	47,400
4d Sed	1,540	4,620	7,700	17,330	26,950	38,500
4d Clb Sed	1,620	4,860	8,100	18,230	28,350	40,500
2d Spt Cpe	1,970	5,900	9,840	22,140	34,440	49,200
1935 Series 90, 8-cyl.						
2d Conv	2,860	8,580	14,300	32,180	50,050	71,500
4d Phae	2,880	8,640	14,400	32,400	50,400	72,000
2d Spt Cpe	2,400	7,200	12,000	27,000	42,000	60,000
2d Vic	2,400	7,200	12,000	27,000	42,000	60,000
4d 5P Sed	2,160	6,480	10,800	24,300	37,800	54,000
4d 7P Sed	2,200	6,600	11,000	24,750	38,500	55,000
4d Limo	2,240	6,720	11,200	25,200	39,200	56,000
4d Clb Sed	2,120	6,360	10,600	23,850	37,100	53,000
1936 Special Series 40, 8-cyl.						
2d Conv	2,290	6,860	11,440	25,740	40,040	57,200
2d Bus Cpe	1,450	4,340	7,240	16,290	25,340	36,200
2d RS Cpe	1,500	4,490	7,480	16,830	26,180	37,400
2d Sed	1,380	4,140	6,900	15,530	24,150	34,500
4d Sed	1,300	3,900	6,500	14,630	22,750	32,500
1936 Century Series 60, 8-cyl.						
2d Conv	2,540	7,630	12,720	28,620	44,520	63,600
2d RS Cpe	1,600	4,810	8,020	18,050	28,070	40,100
2d Sed	1,400	4,200	7,000	15,750	24,500	35,000
4d Sed	1,630	4,880	8,140	18,320	28,490	40,700
1936 Roadmaster Series 80, 8-cyl.						
4d Phae	2,590	7,780	12,960	29,160	45,360	64,800
4d Sed	1,680	5,040	8,400	18,900	29,400	42,000
1936 Limited Series 90, 8-cyl.						
4d Sed	1,960	5,880	9,800	22,050	34,300	49,000
4d 7P Sed	2,000	6,000	10,000	22,500	35,000	50,000
4d Fml Sed	2,160	6,480	10,800	24,300	37,800	54,000
4d 7P Limo	2,040	6,120	10,200	22,950	35,700	51,000
1937 Special Series 40, 8-cyl.						
2d Conv	2,190	6,560	10,940	24,620	38,290	54,700
4d Phae	2,430	7,300	12,160	27,360	42,560	60,800
2d Bus Cpe	1,440	4,310	7,180	16,160	25,130	35,900
2d Spt Cpe	1,360	4,070	6,790	15,280	23,770	33,950
2d FBk	1,400	4,200	7,000	15,750	24,500	35,000
2d Sed	1,360	4,080	6,800	15,300	23,800	34,000
4d FBk Sed	1,320	3,960	6,600	14,850	23,100	33,000
4d Sed	1,280	3,840	6,400	14,400	22,400	32,000
1937 Century Series 60, 8-cyl.						
2d Conv	2,280	6,840	11,400	25,650	39,900	57,000
4d Phae	2,530	7,580	12,640	28,440	44,240	63,200
2d Spt Cpe	1,580	4,730	7,880	17,730	27,580	39,400
2d FBk	1,400	4,200	7,000	15,750	24,500	35,000
2d Sed	1,360	4,080	6,800	15,300	23,800	34,000
4d FBk Sed	1,320	3,960	6,600	14,850	23,100	33,000
4d Sed	1,280	3,840	6,400	14,400	22,400	32,000
1937 Roadmaster Series 80, 8-cyl.						
4d Sed	1,620	4,870	8,120	18,270	28,420	40,600
4d Fml Sed	1,670	5,020	8,360	18,810	29,260	41,800
4d Phae	2,680	8,040	13,400	30,150	46,900	67,000
1937 Limited Series 90, 8-cyl.						
4d Sed	1,960	5,880	9,800	22,050	34,300	49,000
4d 7P Sed	2,000	6,000	10,000	22,500	35,000	50,000
4d Fml Sed	2,160	6,480	10,800	24,300	37,800	54,000
4d Limo	2,040	6,120	10,200	22,950	35,700	51,000
1938 Special Series 40, 8-cyl.						
2d Conv	2,630	7,900	13,160	29,610	46,060	65,800
4d Phae	2,680	8,040	13,400	30,150	46,900	67,000
2d Bus Cpe	1,440	4,310	7,180	16,160	25,130	35,900
2d Spt Cpe	1,480	4,450	7,420	16,700	25,970	37,100
2d FBk	1,400	4,200	7,000	15,750	24,500	35,000
2d Sed	1,360	4,080	6,800	15,300	23,800	34,000
4d FBk Sed	1,320	3,960	6,600	14,850	23,100	33,000
4d Sed	1,280	3,840	6,400	14,400	22,400	32,000
1938 Century Series 60, 8-cyl.						
2d Conv	2,770	8,320	13,860	31,190	48,510	69,300
4d Phae	2,820	8,460	14,100	31,730	49,350	70,500
2d Spt Cpe	1,640	4,920	8,200	18,450	28,700	41,000
2d Sed	1,440	4,320	7,200	16,200	25,200	36,000
4d FBk Sed	1,440	4,320	7,200	16,200	25,200	36,000
4d Sed	1,280	3,840	6,400	14,400	22,400	32,000
1938 Roadmaster Series 80, 8-cyl.						
4d Phae	2,920	8,760	14,600	32,850	51,100	73,000

	6	5	4	3	2	1
4d FBk Sed	1,520	4,560	7,600	17,100	26,600	38,000
4d Sed	1,400	4,200	7,000	15,750	24,500	35,000
4d Fml Sed	1,880	5,640	9,400	21,150	32,900	47,000
1938 Limited Series 90, 8-cyl.						
4d Sed	1,960	5,880	9,800	22,050	34,300	49,000
4d 7P Sed	2,000	6,000	10,000	22,500	35,000	50,000
4d Limo	2,040	6,120	10,200	22,950	35,700	51,000
1939 Special Series 40, 8-cyl.						
2d Conv	2,610	7,840	13,060	29,390	45,710	65,300
4d Phae	2,660	7,980	13,300	29,930	46,550	66,500
2d Bus Cpe	1,430	4,300	7,160	16,110	25,060	35,800
2d Spt Cpe	1,480	4,430	7,380	16,610	25,830	36,900
2d Sed	1,340	4,010	6,680	15,030	23,380	33,400
4d Sed	1,200	3,600	6,000	13,500	21,000	30,000
1939 Century Series 60, 8-cyl.						
2d Conv	2,750	8,260	13,760	30,960	48,160	68,800
4d Phae	2,800	8,400	14,000	31,500	49,000	70,000
2d Spt Cpe	1,570	4,720	7,860	17,690	27,510	39,300
2d Sed	1,430	4,300	7,160	16,110	25,060	35,800
4d Sed	1,320	3,960	6,600	14,850	23,100	33,000
1939 Roadmaster Series 80, 8-cyl.						
4d Phae FBk	2,710	8,120	13,540	30,470	47,390	67,700
4d Phae	2,570	7,700	12,840	28,890	44,940	64,200
4d FBk Sed	1,350	4,060	6,760	15,210	23,660	33,800
4d Sed	1,380	4,150	6,920	15,570	24,220	34,600
4d Fml Sed	1,520	4,570	7,620	17,150	26,670	38,100
1939 Limited Series 90, 8-cyl.						
4d Sed	1,960	5,880	9,800	22,050	34,300	49,000
4d 8P Sed	2,000	6,000	10,000	22,500	35,000	50,000
4d Limo	2,040	6,120	10,200	22,950	35,700	51,000
1940 Special Series 40, 8-cyl.						
2d Conv	2,330	7,000	11,660	26,240	40,810	58,300
4d Phae	2,380	7,140	11,900	26,780	41,650	59,500
2d Bus Cpe	1,360	4,090	6,820	15,350	23,870	34,100
2d Spt Cpe	1,460	4,370	7,280	16,380	25,480	36,400
2d Sed	1,320	3,950	6,580	14,810	23,030	32,900
4d Sed	1,180	3,540	5,900	13,280	20,650	29,500
1940 Super Series 50, 8-cyl.						
2d Conv	2,380	7,140	11,900	26,780	41,650	59,500
4d Phae	2,430	7,280	12,140	27,320	42,490	60,700
2d Cpe	1,460	4,370	7,280	16,380	25,480	36,400
4d Sed	1,180	3,530	5,880	13,230	20,580	29,400
4d Estate Sta Wag	3,060	9,180	15,300	34,430	53,550	76,500
1940 Century Series 60, 8-cyl.						
2d Conv	2,630	7,880	13,140	29,570	45,990	65,700
4d Phae	2,680	8,030	13,380	30,110	46,830	66,900
2d Bus Cpe	1,550	4,660	7,760	17,460	27,160	38,800
2d Spt Cpe	1,600	4,790	7,980	17,960	27,930	39,900
4d Sed	1,270	3,820	6,360	14,310	22,260	31,800
1940 Roadmaster Series 70, 8-cyl.						
2d Conv	2,800	8,400	14,000	31,500	49,000	70,000
2d Cpe	1,640	4,930	8,220	18,500	28,770	41,100
4d Sed	1,360	4,090	6,820	15,350	23,870	34,100
4d Phae	3,600	10,800	18,000	40,500	63,000	90,000
1940 Limited Series 80, 8-cyl.						
4d FBk Phae	3,060	9,180	15,300	34,430	53,550	76,500
4d Phae	3,800	11,400	19,000	42,750	66,500	95,000
4d FBk Sed	1,740	5,220	8,700	19,580	30,450	43,500
4d Sed	1,580	4,740	7,900	17,780	27,650	39,500
4d Fml Sed	1,860	5,580	9,300	20,930	32,550	46,500
4d Fml FBk	1,980	5,940	9,900	22,280	34,650	49,500
1940 Limited Series 90, 8-cyl.						
4d 7P Sed	1,940	5,820	9,700	21,830	33,950	48,500
4d Fml Sed	2,020	6,060	10,100	22,730	35,350	50,500
4d Limo	1,980	5,940	9,900	22,280	34,650	49,500
1941 Special Series 40-A, 8-cyl.						
2d Conv	2,570	7,720	12,860	28,940	45,010	64,300
2d Bus Cpe	1,480	4,450	7,420	16,700	25,970	37,100
2d Spt Cpe	1,530	4,600	7,660	17,240	26,810	38,300
4d Sed	1,220	3,650	6,080	13,680	21,280	30,400
1941 Special Series 40-B, 8-cyl.						
2d Bus Cpe	1,580	4,740	7,900	17,780	27,650	39,500
2d S'net	1,860	5,580	9,300	20,930	32,550	46,500
4d Trg Sed	1,300	3,900	6,500	14,630	22,750	32,500
4d Estate Sta Wag	3,260	9,780	16,300	36,680	57,050	81,500

	6	5	4	3	2	1
1941 Super Series 50, 8-cyl.						
2d Conv	2,670	8,000	13,340	30,020	46,690	66,700
4d Phae	2,880	8,640	14,400	32,400	50,400	72,000
2d Cpe	1,650	4,940	8,240	18,540	28,840	41,200
4d Sed	1,340	4,020	6,700	15,080	23,450	33,500
1941 Century Series 60, 8-cyl.						
2d Bus Cpe	1,620	4,860	8,100	18,230	28,350	40,500
2d S'net	1,940	5,820	9,700	21,830	33,950	48,500
4d Sed	1,320	3,970	6,620	14,900	23,170	33,100
1941 Roadmaster Series 70, 8-cyl.						
2d Conv	3,260	9,770	16,280	36,630	56,980	81,400
4d Phae	3,300	9,910	16,520	37,170	57,820	82,600
2d Cpe	1,760	5,290	8,820	19,850	30,870	44,100
4d Sed	1,450	4,360	7,260	16,340	25,410	36,300
1941 Limited Series 90, 8-cyl.						
4d 7P Sed	1,920	5,760	9,600	21,600	33,600	48,000
4d Sed	1,840	5,520	9,200	20,700	32,200	46,000
4d Fml Sed	1,960	5,880	9,800	22,050	34,300	49,000
4d Limo	1,920	5,760	9,600	21,600	33,600	48,000
1942 Special Series 40-A, 8-cyl.						
2d Bus Cpe	1,280	3,840	6,400	14,400	22,400	32,000
2d S'net	1,440	4,320	7,200	16,200	25,200	36,000
2d 3P S'net	1,440	4,320	7,200	16,200	25,200	36,000
2d Conv	2,120	6,360	10,600	23,850	37,100	53,000
4d Sed	1,280	3,840	6,400	14,400	22,400	32,000
1942 Special Series 40-B, 8-cyl.						
2d 3P S'net	1,480	4,440	7,400	16,650	25,900	37,000
2d S'net	1,460	4,380	7,300	16,430	25,550	36,500
4d Sed	1,300	3,900	6,500	14,630	22,750	32,500
4d Estate Sta Wag	3,240	9,720	16,200	36,450	56,700	81,000
1942 Super Series 50, 8-cyl.						
2d Conv	2,470	7,420	12,360	27,810	43,260	61,800
2d S'net	1,520	4,560	7,600	17,100	26,600	38,000
4d Sed	1,320	3,960	6,600	14,850	23,100	33,000
1942 Century Series 60, 8-cyl.						
2d S'net	1,560	4,680	7,800	17,550	27,300	39,000
4d Sed	1,360	4,080	6,800	15,300	23,800	34,000
1942 Roadmaster Series 70, 8-cyl.						
2d Conv	2,800	8,400	14,000	31,500	49,000	70,000
2d S'net	1,600	4,800	8,000	18,000	28,000	40,000
4d Sed	1,400	4,200	7,000	15,750	24,500	35,000
1942 Limited Series 90, 8-cyl.						
4d 8P Sed	1,920	5,760	9,600	21,600	33,600	48,000
4d Sed	1,840	5,520	9,200	20,700	32,200	46,000
4d Fml Sed	2,000	6,000	10,000	22,500	35,000	50,000
4d Limo	1,960	5,880	9,800	22,050	34,300	49,000
1946-48 Special Series 40, 8-cyl.						
2d S'net	1,040	3,120	5,200	11,700	18,200	26,000
4d Sed	920	2,760	4,600	10,350	16,100	23,000
1946-48 Super Series 50, 8-cyl.						
2d Conv	2,200	6,600	11,000	24,750	38,500	55,000
2d S'net	1,080	3,240	5,400	12,150	18,900	27,000
4d Sed	980	2,940	4,900	11,030	17,150	24,500
4d Estate Sta Wag	3,860	11,580	19,300	43,430	67,550	96,500
1946-48 Roadmaster Series 70, 8-cyl.						
2d Conv	2,560	7,680	12,800	28,800	44,800	64,000
2d S'net	1,200	3,600	6,000	13,500	21,000	30,000
4d Sed	1,120	3,360	5,600	12,600	19,600	28,000
4d Estate Sta Wag (1947-48 only)	4,060	12,180	20,300	45,680	71,050	101,500
1949 Special Series 40, 8-cyl.						
2d S'net	1,280	3,840	6,400	14,400	22,400	32,000
4d Sed	960	2,880	4,800	10,800	16,800	24,000
1949 Super Series 50, 8-cyl.						
2d Conv	2,400	7,200	12,000	27,000	42,000	60,000
2d S'net	1,280	3,840	6,400	14,400	22,400	32,000
4d Sed	1,040	3,120	5,200	11,700	18,200	26,000
4d Estate Sta Wag	3,660	10,980	18,300	41,180	64,050	91,500
1949 Roadmaster Series 70, 8-cyl.						
2d Conv	2,720	8,160	13,600	30,600	47,600	68,000
2d Riv HT	1,760	5,280	8,800	19,800	30,800	44,000
2d S'net	1,400	4,200	7,000	15,750	24,500	35,000
4d Sed	1,160	3,480	5,800	13,050	20,300	29,000
4d Estate Sta Wag	3,860	11,580	19,300	43,430	67,550	96,500
NOTE: Add 10 percent for sweap spear side trim on late 1949 Roadmaster models.						
1950 Special Series 40, 8-cyl., 121-1/2" wb						
2d Bus Cpe	880	2,640	4,400	9,900	15,400	22,000

	6	5	4	3	2	1
2d S'net	1,000	3,000	5,000	11,250	17,500	25,000
4d S'net	840	2,520	4,200	9,450	14,700	21,000
4d Tr Sed	800	2,400	4,000	9,000	14,000	20,000
1950 Special DeLuxe Series 40, 8-cyl., 121-1/2" wb						
2d S'net	1,040	3,120	5,200	11,700	18,200	26,000
4d S'net	880	2,640	4,400	9,900	15,400	22,000
4d Tr Sed	840	2,520	4,200	9,450	14,700	21,000
1950 Super Series 50, 8-cyl.						
2d Conv.	1,880	5,640	9,400	21,150	32,900	47,000
2d Riv HT	1,160	3,480	5,800	13,050	20,300	29,000
2d S'net	1,080	3,240	5,400	12,150	18,900	27,000
4d Sed.	880	2,640	4,400	9,900	15,400	22,000
4d Estate Sta Wag	3,660	10,980	18,300	41,180	64,050	91,500
1950 Roadmaster Series 70, 8-cyl.						
2d Conv.	2,280	6,840	11,400	25,650	39,900	57,000
2d Riv HT	1,440	4,320	7,200	16,200	25,200	36,000
2d S'net	1,200	3,600	6,000	13,500	21,000	30,000
4d Sed 71	920	2,760	4,600	10,350	16,100	23,000
4d Sed 72	960	2,880	4,800	10,800	16,800	24,000
4d Estate Sta Wag	3,860	11,580	19,300	43,430	67,550	96,500
4d Riv Sed DeL.	960	2,880	4,800	10,800	16,800	24,000
1951-52 Special Series 40, 8-cyl., 121-1/2" wb						
2d Bus Cpe (1951 only)	840	2,520	4,200	9,450	14,700	21,000
2d Sed (1951 only)	800	2,400	4,000	9,000	14,000	20,000
4d Sed.	760	2,280	3,800	8,550	13,300	19,000
2d Spt Cpe	800	2,400	4,000	9,000	14,000	20,000
1951-52 Special DeLuxe Series 40, 8-cyl., 121-1/2" wb						
4d Sed.	800	2,400	4,000	9,000	14,000	20,000
2d Sed.	840	2,520	4,200	9,450	14,700	21,000
2d Riv HT	1,160	3,480	5,800	13,050	20,300	29,000
2d Conv.	1,800	5,400	9,000	20,250	31,500	45,000
1951-52 Super Series 50, 8-cyl.						
2d Conv.	1,880	5,640	9,400	21,150	32,900	47,000
2d Riv HT	1,280	3,840	6,400	14,400	22,400	32,000
4d Estate Sta Wag	3,660	10,980	18,300	41,180	64,050	91,500
2d S'net (1951 only)	960	2,880	4,800	10,800	16,800	24,000
4d Sed.	880	2,640	4,400	9,900	15,400	22,000
1951-52 Roadmaster Series 70, 8-cyl.						
2d Conv.	2,000	6,000	10,000	22,500	35,000	50,000
2d Riv HT	1,440	4,320	7,200	16,200	25,200	36,000
4d Estate Sta Wag	3,860	11,580	19,300	43,430	67,550	96,500
4d Riv Sed.	960	2,880	4,800	10,800	16,800	24,000
1953 Special Series 40, 8-cyl.						
4d Sed.	840	2,520	4,200	9,450	14,700	21,000
2d Sed.	860	2,580	4,300	9,680	15,050	21,500
2d Riv HT	1,160	3,480	5,800	13,050	20,300	29,000
2d Conv.	2,280	6,840	11,400	25,650	39,900	57,000
1953 Super Series 50, V-8						
2d Riv HT	1,320	3,960	6,600	14,850	23,100	33,000
2d Conv.	2,400	7,200	12,000	27,000	42,000	60,000
4d Estate Sta Wag	3,740	11,220	18,700	42,080	65,450	93,500
4d Riv Sed.	880	2,640	4,400	9,900	15,400	22,000
1953 Roadmaster Series 70, V-8						
2d Riv HT	1,480	4,440	7,400	16,650	25,900	37,000
2d Skylark	7,180	21,540	35,900	80,780	125,650	179,500
2d Conv.	2,520	7,560	12,600	28,350	44,100	63,000
4d Estate Sta Wag	3,940	11,820	19,700	44,330	68,950	98,500
4d Riv Sed.	960	2,880	4,800	10,800	16,800	24,000
1954 Special Series 40, V-8						
4d Sed.	760	2,280	3,800	8,550	13,300	19,000
2d Sed.	800	2,400	4,000	9,000	14,000	20,000
2d Riv HT	1,240	3,720	6,200	13,950	21,700	31,000
2d Conv.	2,320	6,960	11,600	26,100	40,600	58,000
4d Sta Wag	1,040	3,120	5,200	11,700	18,200	26,000
1954 Century Series 60, V-8						
4d DeL.	800	2,400	4,000	9,000	14,000	20,000
2d Riv HT	1,360	4,080	6,800	15,300	23,800	34,000
2d Conv.	2,640	7,920	13,200	29,700	46,200	66,000
4d Sta Wag	1,080	3,240	5,400	12,150	18,900	27,000
1954 Super Series 50, V-8						
4d Sed.	760	2,280	3,800	8,550	13,300	19,000
2d Riv HT	1,280	3,840	6,400	14,400	22,400	32,000
2d Conv.	2,440	7,320	12,200	27,450	42,700	61,000
1954 Roadmaster Series 70, V-8						
4d Sed.	800	2,400	4,000	9,000	14,000	20,000
2d Riv HT	1,480	4,440	7,400	16,650	25,900	37,000

	6	5	4	3	2	1
2d Conv	2,640	7,920	13,200	29,700	46,200	66,000
1954 Skylark Series, V-8						
2d Spt Conv	6,540	19,620	32,700	73,580	114,450	163,500
1955 Special Series 40, V-8						
4d Sed	760	2,280	3,800	8,550	13,300	19,000
4d Riv HT	880	2,640	4,400	9,900	15,400	22,000
2d Sed	800	2,400	4,000	9,000	14,000	20,000
2d Riv HT	1,320	3,960	6,600	14,850	23,100	33,000
2d Conv	2,680	8,040	13,400	30,150	46,900	67,000
4d Sta Wag	960	2,880	4,800	10,800	16,800	24,000
1955 Century Series 60, V-8						
4d Sed	800	2,400	4,000	9,000	14,000	20,000
4d Riv HT	920	2,760	4,600	10,350	16,100	23,000
2d Riv HT	1,400	4,200	7,000	15,750	24,500	35,000
2d Conv	2,760	8,280	13,800	31,050	48,300	69,000
4d Sta Wag	1,000	3,000	5,000	11,250	17,500	25,000
1955 Super Series 50, V-8						
4d Sed	800	2,400	4,000	9,000	14,000	20,000
2d Riv HT	1,360	4,080	6,800	15,300	23,800	34,000
2d Conv	2,680	8,040	13,400	30,150	46,900	67,000
1955 Roadmaster Series 70, V-8						
4d Sed	880	2,640	4,400	9,900	15,400	22,000
2d Riv HT	2,880	8,640	14,400	32,400	50,400	72,000
2d Conv	2,080	6,240	10,400	23,400	36,400	52,000
1956 Special Series 40, V-8						
4d Sed	760	2,280	3,800	8,550	13,300	19,000
4d Riv HT	880	2,640	4,400	9,900	15,400	22,000
2d Sed	800	2,400	4,000	9,000	14,000	20,000
2d Riv HT	1,320	3,960	6,600	14,850	23,100	33,000
2d Conv	2,640	7,920	13,200	29,700	46,200	66,000
4d Sta Wag	1,120	3,360	5,600	12,600	19,600	28,000
1956 Century Series 60, V-8						
4d Sed	800	2,400	4,000	9,000	14,000	20,000
4d Riv HT	1,000	3,000	5,000	11,250	17,500	25,000
2d Riv HT	1,400	4,200	7,000	15,750	24,500	35,000
2d Conv	2,720	8,160	13,600	30,600	47,600	68,000
4d Sta Wag	1,160	3,480	5,800	13,050	20,300	29,000
1956 Super Series 50						
4d Sed	800	2,400	4,000	9,000	14,000	20,000
4d Riv HT	1,080	3,240	5,400	12,150	18,900	27,000
2d Riv HT	1,360	4,080	6,800	15,300	23,800	34,000
2d Conv	2,640	7,920	13,200	29,700	46,200	66,000
1956 Roadmaster Series 70, V-8						
4d Sed	840	2,520	4,200	9,450	14,700	21,000
4d Riv HT	1,160	3,480	5,800	13,050	20,300	29,000
2d Riv HT	1,440	4,320	7,200	16,200	25,200	36,000
2d Conv	2,840	8,520	14,200	31,950	49,700	71,000
1957 Special Series 40, V-8						
4d Sed	920	2,760	4,600	10,350	16,100	23,000
4d Riv HT	1,320	3,960	6,600	14,850	23,100	33,000
2d Sed	920	2,760	4,600	10,350	16,100	23,000
2d Riv HT	1,600	4,800	8,000	18,000	28,000	40,000
2d Conv	2,520	7,560	12,600	28,350	44,100	63,000
4d Sta Wag	1,160	3,480	5,800	13,050	20,300	29,000
4d HT Wag	2,160	6,480	10,800	24,300	37,800	54,000
1957 Century Series 60, V-8						
4d Sed	960	2,880	4,800	10,800	16,800	24,000
4d Riv HT	1,360	4,080	6,800	15,300	23,800	34,000
2d Riv HT	1,720	5,160	8,600	19,350	30,100	43,000
2d Conv	2,600	7,800	13,000	29,250	45,500	65,000
4d HT Wag	2,160	6,480	10,800	24,300	37,800	54,000
1957 Super Series 50, V-8						
4d Riv HT	1,400	4,200	7,000	15,750	24,500	35,000
2d Riv HT	1,720	5,160	8,600	19,350	30,100	43,000
2d Conv	2,560	7,680	12,800	28,800	44,800	64,000
1957 Roadmaster Series 70, V-8						
4d Riv HT	1,440	4,320	7,200	16,200	25,200	36,000
2d Riv HT	1,800	5,400	9,000	20,250	31,500	45,000
2d Conv	2,680	8,040	13,400	30,150	46,900	67,000
NOTE: Add 5 percent for 75 Series.						
1958 Special Series 40, V-8						
4d Sed	880	2,640	4,400	9,900	15,400	22,000
4d Riv HT	1,200	3,600	6,000	13,500	21,000	30,000
2d Sed	880	2,640	4,400	9,900	15,400	22,000
2d Riv HT	1,440	4,320	7,200	16,200	25,200	36,000
2d Conv	2,040	6,120	10,200	22,950	35,700	51,000

	6	5	4	3	2	1
4d Sta Wag	920	2,760	4,600	10,350	16,100	23,000
4d HT Wag	1,520	4,560	7,600	17,100	26,600	38,000
1958 Century Series 60, V-8						
4d Sed.	920	2,760	4,600	10,350	16,100	23,000
4d Riv HT	1,240	3,720	6,200	13,950	21,700	31,000
2d Riv HT	1,560	4,680	7,800	17,550	27,300	39,000
2d Conv.	2,120	6,360	10,600	23,850	37,100	53,000
4d HT Wag	1,600	4,800	8,000	18,000	28,000	40,000
1958 Super Series 50, V-8						
4d Riv HT	1,280	3,840	6,400	14,400	22,400	32,000
2d Riv HT	1,600	4,800	8,000	18,000	28,000	40,000
1958 Roadmaster Series 75, V-8						
4d Riv HT	1,320	3,960	6,600	14,850	23,100	33,000
2d Riv HT	1,640	4,920	8,200	18,450	28,700	41,000
2d Conv.	2,280	6,840	11,400	25,650	39,900	57,000
1958 Limited Series 700, V-8						
4d Riv HT	1,600	4,800	8,000	18,000	28,000	40,000
2d Riv HT	1,960	5,880	9,800	22,050	34,300	49,000
2d Conv.	3,120	9,360	15,600	35,100	54,600	78,000
1959 LeSabre Series 4400, V-8						
4d Sed.	1,080	3,240	5,400	12,150	18,900	27,000
4d HT	1,160	3,480	5,800	13,050	20,300	29,000
2d Sed.	900	2,700	4,500	10,130	15,750	22,500
2d HT	1,280	3,840	6,400	14,400	22,400	32,000
2d Conv.	1,640	4,920	8,200	18,450	28,700	41,000
4d Sta Wag	1,360	4,080	6,800	15,300	23,800	34,000
1959 Invicta Series 4600, V-8						
4d Sed.	920	2,760	4,600	10,350	16,100	23,000
4d HT	1,200	3,600	6,000	13,500	21,000	30,000
2d HT	1,320	3,960	6,600	14,850	23,100	33,000
2d Conv.	1,760	5,280	8,800	19,800	30,800	44,000
4d Sta Wag	1,400	4,200	7,000	15,750	24,500	35,000
1959 Electra Series 4700, V-8						
4d Sed.	960	2,880	4,800	10,800	16,800	24,000
4d HT	1,240	3,720	6,200	13,950	21,700	31,000
2d HT	1,400	4,200	7,000	15,750	24,500	35,000
1959 Electra 225 Series 4800, V-8						
4d Riv HT 6W	1,200	3,600	6,000	13,500	21,000	30,000
4d HT 4W	1,240	3,720	6,200	13,950	21,700	31,000
2d Conv.	1,880	5,640	9,400	21,150	32,900	47,000
1960 LeSabre Series 4400, V-8						
4d Sed.	880	2,640	4,400	9,900	15,400	22,000
4d HT	1,160	3,480	5,800	13,050	20,300	29,000
2d Sed.	900	2,700	4,500	10,130	15,750	22,500
2d HT	1,320	3,960	6,600	14,850	23,100	33,000
2d Conv.	1,680	5,040	8,400	18,900	29,400	42,000
4d Sta Wag	1,320	3,960	6,600	14,850	23,100	33,000
1960 Invicta Series 4600, V-8						
4d Sed.	920	2,760	4,600	10,350	16,100	23,000
4d HT	1,200	3,600	6,000	13,500	21,000	30,000
2d HT	1,360	4,080	6,800	15,300	23,800	34,000
2d Conv.	1,800	5,400	9,000	20,250	31,500	45,000
4d Sta Wag	1,360	4,080	6,800	15,300	23,800	34,000
1960 Electra Series 4700, V-8						
4d Riv HT 6W	1,240	3,720	6,200	13,950	21,700	31,000
4d HT 4W	1,280	3,840	6,400	14,400	22,400	32,000
2d HT	1,400	4,200	7,000	15,750	24,500	35,000
1960 Electra 225 Series 4800, V-8						
4d Riv HT 6W	1,280	3,840	6,400	14,400	22,400	32,000
4d HT 4W	1,320	3,960	6,600	14,850	23,100	33,000
2d Conv.	1,880	5,640	9,400	21,150	32,900	47,000
NOTE: Add 5 percent for bucket seat option.						
1961 Special Series 4000, V-8, 112" wb						
4d Sed.	640	1,920	3,200	7,200	11,200	16,000
2d Cpe.	680	2,040	3,400	7,650	11,900	17,000
4d Sta Wag	680	2,040	3,400	7,650	11,900	17,000
1961 Special DeLuxe Series 4100, V-8, 112" wb						
4d Sed.	660	1,980	3,300	7,430	11,550	16,500
2d Skylark Cpe	720	2,160	3,600	8,100	12,600	18,000
4d Sta Wag	720	2,160	3,600	8,100	12,600	18,000
NOTE: Deduct 5 percent for V-6.						
1961 LeSabre Series 4400, V-8						
4d Sed.	680	2,040	3,400	7,650	11,900	17,000
4d HT	720	2,160	3,600	8,100	12,600	18,000
2d Sed.	680	2,040	3,400	7,650	11,900	17,000
2d HT	1,160	3,480	5,800	13,050	20,300	29,000

	6	5	4	3	2	1
2d Conv	1,320	3,960	6,600	14,850	23,100	33,000
4d Sta Wag	720	2,160	3,600	8,100	12,600	18,000
1961 Invicta Series 4600, V-8						
4d HT	720	2,160	3,600	8,100	12,600	18,000
2d HT	1,200	3,600	6,000	13,500	21,000	30,000
2d Conv	1,400	4,200	7,000	15,750	24,500	35,000
1961 Electra Series 4700, V-8						
4d Sed	700	2,100	3,500	7,880	12,250	17,500
4d HT	720	2,160	3,600	8,100	12,600	18,000
2d HT	1,160	3,480	5,800	13,050	20,300	29,000
1961 Electra 225 Series 4800, V-8						
4d Riv HT 6W	720	2,160	3,600	8,100	12,600	18,000
2d Conv	1,560	4,680	7,800	17,550	27,300	39,000
1962 Special Series 4000, V-6, 112.1" wb						
4d Sed	640	1,920	3,200	7,200	11,200	16,000
2d Cpe	700	2,100	3,500	7,880	12,250	17,500
2d Conv	920	2,760	4,600	10,350	16,100	23,000
4d Sta Wag	680	2,040	3,400	7,650	11,900	17,000
1962 Special DeLuxe Series 4100, V-8, 112.1" wb						
4d Sed	680	2,040	3,400	7,650	11,900	17,000
2d Conv	960	2,880	4,800	10,800	16,800	24,000
4d Sta Wag	720	2,160	3,600	8,100	12,600	18,000
1962 Special Skylark Series 4300, V-8, 112.1" wb						
2d HT	740	2,220	3,700	8,330	12,950	18,500
2d Conv	1,040	3,120	5,200	11,700	18,200	26,000
1962 LeSabre Series 4400, V-8						
4d Sed	680	2,040	3,400	7,650	11,900	17,000
4d HT	720	2,160	3,600	8,100	12,600	18,000
2d Sed	680	2,040	3,400	7,650	11,900	17,000
2d HT	800	2,400	4,000	9,000	14,000	20,000
1962 Invicta Series 4600, V-8						
4d HT	720	2,160	3,600	8,100	12,600	18,000
2d HT	840	2,520	4,200	9,450	14,700	21,000
2d HT Wildcat	1,120	3,360	5,600	12,600	19,600	28,000
2d Conv	1,400	4,200	7,000	15,750	24,500	35,000
4d Sta Wag*	720	2,160	3,600	8,100	12,600	18,000
NOTE: Add 10 percent for bucket seat option where offered.						
1962 Electra 225 Series 4800, V-8						
4d Sed	680	2,040	3,400	7,650	11,900	17,000
4d Riv HT 6W	760	2,280	3,800	8,550	13,300	19,000
4d HT 4W	800	2,400	4,000	9,000	14,000	20,000
2d HT	1,120	3,360	5,600	12,600	19,600	28,000
2d Conv	1,560	4,680	7,800	17,550	27,300	39,000
1963 Special Series 4000, V-6, 112" wb						
4d Sed	664	1,992	3,320	7,470	11,620	16,600
2d Cpe	668	2,004	3,340	7,520	11,690	16,700
2d Conv	840	2,520	4,200	9,450	14,700	21,000
4d Sta Wag	680	2,040	3,400	7,650	11,900	17,000
1963 Special DeLuxe Series 4100, V-6, 112" wb						
4d Sed	668	2,004	3,340	7,520	11,690	16,700
4d Sta Wag	700	2,100	3,500	7,880	12,250	17,500
1963 Special DeLuxe Series 4100, V-8, 112" wb						
4d Sed	672	2,016	3,360	7,560	11,760	16,800
4d Sta Wag	712	2,136	3,560	8,010	12,460	17,800
1963 Special Skylark Series 4300, V-8, 112" wb						
2d HT	740	2,220	3,700	8,330	12,950	18,500
2d Conv	880	2,640	4,400	9,900	15,400	22,000
1963 LeSabre Series 4400, V-8						
4d Sed	668	2,004	3,340	7,520	11,690	16,700
4d HT	720	2,160	3,600	8,100	12,600	18,000
2d Sed	660	1,980	3,300	7,430	11,550	16,500
2d HT	800	2,400	4,000	9,000	14,000	20,000
4d Sta Wag	680	2,040	3,400	7,650	11,900	17,000
2d Conv	1,000	3,000	5,000	11,250	17,500	25,000
1963 Invicta Series 4600, V-8						
4d Sta Wag	740	2,220	3,700	8,330	12,950	18,500
1963 Wildcat Series 4600, V-8						
4d HT	740	2,220	3,700	8,330	12,950	18,500
2d HT	960	2,880	4,800	10,800	16,800	24,000
2d Conv	1,280	3,840	6,400	14,400	22,400	32,000
1963 Electra 225 Series 4800, V-8						
4d Sed	660	1,980	3,300	7,430	11,550	16,500
4d HT 6W	720	2,160	3,600	8,100	12,600	18,000
4d HT 4W	740	2,220	3,700	8,330	12,950	18,500
2d HT	880	2,640	4,400	9,900	15,400	22,000
2d Conv	1,200	3,600	6,000	13,500	21,000	30,000

	6	5	4	3	2	1
1963 Riviera Series 4700, V-8						
2d HT	1,360	4,080	6,800	15,300	23,800	34,000
1964 Special Series 4000, V-6, 115" wb						
4d Sed	600	1,800	3,000	6,750	10,500	15,000
2d Cpe	608	1,824	3,040	6,840	10,640	15,200
2d Conv	840	2,520	4,200	9,450	14,700	21,000
4d Sta Wag	620	1,860	3,100	6,980	10,850	15,500
1964 Special Deluxe Series 4100, V-6, 115" wb						
4d Sed	612	1,836	3,060	6,890	10,710	15,300
2d Cpe	620	1,860	3,100	6,980	10,850	15,500
4d Sta Wag	640	1,920	3,200	7,200	11,200	16,000
1964 Special Skylark Series 4300, V-6, 115" wb						
4d Sed	620	1,860	3,100	6,980	10,850	15,500
2d HT	640	1,920	3,200	7,200	11,200	16,000
2d Conv	920	2,760	4,600	10,350	16,100	23,000
1964 Special Series 4000, V-8, 115" wb						
4d Sed	620	1,860	3,100	6,980	10,850	15,500
2d Cpe	624	1,872	3,120	7,020	10,920	15,600
2d Conv	920	2,760	4,600	10,350	16,100	23,000
4d Sta Wag	648	1,944	3,240	7,290	11,340	16,200
1964 Special DeLuxe Series 4100, V-8, 115" wb						
4d Sed	628	1,884	3,140	7,070	10,990	15,700
2d Cpe	632	1,896	3,160	7,110	11,060	15,800
4d Sta Wag	660	1,980	3,300	7,430	11,550	16,500
1964 Skylark Series 4300, V-8, 115" wb						
4d Sed	600	1,800	3,000	6,750	10,500	15,000
2d HT	640	1,920	3,200	7,200	11,200	16,000
2d Conv	960	2,880	4,800	10,800	16,800	24,000
1964 Skylark Series 4200, V-8, 120" wb						
4d Spt Wag	680	2,040	3,400	7,650	11,900	17,000
4d Cus Spt Wag	760	2,280	3,800	8,550	13,300	19,000
1964 LeSabre Series 4400, V-8						
4d Sed	648	1,944	3,240	7,290	11,340	16,200
4d HT	660	1,980	3,300	7,430	11,550	16,500
2d HT	800	2,400	4,000	9,000	14,000	20,000
2d Conv	1,040	3,120	5,200	11,700	18,200	26,000
4d Spt Wag	720	2,160	3,600	8,100	12,600	18,000
1964 Wildcat Series 4600, V-8						
4d Sed	652	1,956	3,260	7,340	11,410	16,300
4d HT	740	2,220	3,700	8,330	12,950	18,500
2d HT	1,000	3,000	5,000	11,250	17,500	25,000
2d Conv	1,240	3,720	6,200	13,950	21,700	31,000
1964 Electra 225 Series 4800, V-8						
4d Sed	656	1,968	3,280	7,380	11,480	16,400
4d HT 6W	700	2,100	3,500	7,880	12,250	17,500
4d HT 4W	720	2,160	3,600	8,100	12,600	18,000
2d HT	840	2,520	4,200	9,450	14,700	21,000
2d Conv	1,120	3,360	5,600	12,600	19,600	28,000
1964 Riviera Series 4700, V-8						
2d HT	1,360	4,080	6,800	15,300	23,800	34,000
1965 Special, V-6, 115" wb						
4d Sed	460	1,380	2,300	5,180	8,050	11,500
2d Cpe	464	1,392	2,320	5,220	8,120	11,600
2d Conv	800	2,400	4,000	9,000	14,000	20,000
4d Sta Wag	500	1,500	2,500	5,630	8,750	12,500
1965 Special DeLuxe, V-6, 115" wb						
4d Sed	508	1,524	2,540	5,720	8,890	12,700
4d Sta Wag	516	1,548	2,580	5,810	9,030	12,900
1965 Skylark, V-6, 115" wb						
4d Sed	600	1,800	3,000	6,750	10,500	15,000
2d Cpe	612	1,836	3,060	6,890	10,710	15,300
2d HT	652	1,956	3,260	7,340	11,410	16,300
2d Conv	920	2,760	4,600	10,350	16,100	23,000
1965 Special, V-8, 115" wb						
4d Sed	508	1,524	2,540	5,720	8,890	12,700
2d Cpe	512	1,536	2,560	5,760	8,960	12,800
2d Conv	960	2,880	4,800	10,800	16,800	24,000
4d Sta Wag	508	1,524	2,540	5,720	8,890	12,700
1965 Special DeLuxe, V-8, 115" wb						
4d Sed	516	1,548	2,580	5,810	9,030	12,900
4d Sta Wag	600	1,800	3,000	6,750	10,500	15,000
1965 Skylark, V-8, 115" wb						
4d Sed	532	1,596	2,660	5,990	9,310	13,300
2d Cpe	580	1,740	2,900	6,530	10,150	14,500
2d HT	620	1,860	3,100	6,980	10,850	15,500

	6	5	4	3	2	1
2d Conv	880	2,640	4,400	9,900	15,400	22,000

NOTE: Add 45 percent for Skylark Gran Sport Series (400 cid/325hp V-8). Deduct 5 percent for V-6.

	6	5	4	3	2	1
1965 Sport Wagon, V-8, 120" wb						
4d 2S Sta Wag	680	2,040	3,400	7,650	11,900	17,000
4d 3S Sta Wag	700	2,100	3,500	7,880	12,250	17,500
1965 Custom Sport Wagon, V-8, 120" wb						
4d 2S Sta Wag	740	2,220	3,700	8,330	12,950	18,500
4d 3S Sta Wag	760	2,280	3,800	8,550	13,300	19,000
1965 LeSabre, V-8, 123" wb						
4d Sed	484	1,452	2,420	5,450	8,470	12,100
4d HT	492	1,476	2,460	5,540	8,610	12,300
2d HT	612	1,836	3,060	6,890	10,710	15,300
1965 LeSabre Custom, V-8, 123" wb						
4d Sed	492	1,476	2,460	5,540	8,610	12,300
4d HT	516	1,548	2,580	5,810	9,030	12,900
2d HT	680	2,040	3,400	7,650	11,900	17,000
2d Conv	840	2,520	4,200	9,450	14,700	21,000
1965 Wildcat, V-8, 126" wb						
4d Sed	512	1,536	2,560	5,760	8,960	12,800
4d HT	612	1,836	3,060	6,890	10,710	15,300
2d HT	880	2,640	4,400	9,900	15,400	22,000
1965 Wildcat DeLuxe, V-8, 126" wb						
4d Sed	600	1,800	3,000	6,750	10,500	15,000
4d HT	620	1,860	3,100	6,980	10,850	15,500
2d HT	900	2,700	4,500	10,130	15,750	22,500
2d Conv	960	2,880	4,800	10,800	16,800	24,000
1965 Wildcat Custom, V-8, 126" wb						
4d HT	632	1,896	3,160	7,110	11,060	15,800
2d HT	920	2,760	4,600	10,350	16,100	23,000
2d Conv	1,040	3,120	5,200	11,700	18,200	26,000
1965 Electra 225, V-8, 126" wb						
4d Sed	612	1,836	3,060	6,890	10,710	15,300
4d HT	652	1,956	3,260	7,340	11,410	16,300
2d HT	780	2,340	3,900	8,780	13,650	19,500
1965 Electra 225 Custom, V-8, 126" wb						
4d Sed	620	1,860	3,100	6,980	10,850	15,500
4d HT	664	1,992	3,320	7,470	11,620	16,600
2d HT	708	2,124	3,540	7,970	12,390	17,700
2d Conv	920	2,760	4,600	10,350	16,100	23,000
1965 Riviera, V-8, 117" wb						
2d HT	1,320	3,960	6,600	14,850	23,100	33,000
2d HT GS	1,480	4,440	7,400	16,650	25,900	37,000

NOTE: Add 25 percent for 425.

	6	5	4	3	2	1
1966 Special, V-6, 115" wb						
4d Sed	440	1,320	2,200	4,950	7,700	11,000
2d Cpe	444	1,332	2,220	5,000	7,770	11,100
2d Conv	840	2,520	4,200	9,450	14,700	21,000
4d Sta Wag	440	1,320	2,200	4,950	7,700	11,000
1966 Special DeLuxe, V-6, 115" wb						
4d Sed	444	1,332	2,220	5,000	7,770	11,100
2d Cpe	448	1,344	2,240	5,040	7,840	11,200
2d HT	492	1,476	2,460	5,540	8,610	12,300
4d Sta Wag	444	1,332	2,220	5,000	7,770	11,100
1966 Skylark, V-6, 115" wb						
4d HT	456	1,368	2,280	5,130	7,980	11,400
2d Cpe	460	1,380	2,300	5,180	8,050	11,500
2d HT	512	1,536	2,560	5,760	8,960	12,800
2d Conv	880	2,640	4,400	9,900	15,400	22,000
1966 Special, V-8, 115" wb						
4d Sed	452	1,356	2,260	5,090	7,910	11,300
2d Cpe	456	1,368	2,280	5,130	7,980	11,400
2d Conv	840	2,520	4,200	9,450	14,700	21,000
4d Sta Wag	452	1,356	2,260	5,090	7,910	11,300
1966 Special DeLuxe, V-8, 115" wb						
4d Sed	460	1,380	2,300	5,180	8,050	11,500
2d Cpe	470	1,420	2,360	5,310	8,260	11,800
2d HT	510	1,540	2,560	5,760	8,960	12,800
4d Sta Wag	460	1,380	2,300	5,180	8,050	11,500
1966 Skylark, V-8, 115" wb						
4d HT	500	1,500	2,500	5,630	8,750	12,500
2d Cpe	500	1,510	2,520	5,670	8,820	12,600
2d HT	610	1,840	3,060	6,890	10,710	15,300
2d Conv	920	2,760	4,600	10,350	16,100	23,000
1966 Skylark Gran Sport, V-8, 115" wb						
2d Cpe	800	2,400	4,000	9,000	14,000	20,000
2d HT	1,040	3,120	5,200	11,700	18,200	26,000

	6	5	4	3	2	1
2d Conv.	1,360	4,080	6,800	15,300	23,800	34,000
1966 Sport Wagon, V-8, 120" wb						
4d 2S Sta Wag	680	2,040	3,400	7,650	11,900	17,000
4d 3S Sta Wag	700	2,100	3,500	7,880	12,250	17,500
4d 2S Cus Sta Wag.	740	2,220	3,700	8,330	12,950	18,500
4d 3S Cus Sta Wag.	760	2,280	3,800	8,550	13,300	19,000
1966 LeSabre, V-8, 123" wb						
4d Sed.	452	1,356	2,260	5,090	7,910	11,300
4d HT	492	1,476	2,460	5,540	8,610	12,300
2d HT	640	1,920	3,200	7,200	11,200	16,000
1966 LeSabre Custom, V-8, 123" wb						
4d Sed.	468	1,404	2,340	5,270	8,190	11,700
4d HT	492	1,476	2,460	5,540	8,610	12,300
2d HT	660	1,980	3,300	7,430	11,550	16,500
2d Conv.	920	2,760	4,600	10,350	16,100	23,000
1966 Wildcat, V-8, 126" wb						
4d Sed.	472	1,416	2,360	5,310	8,260	11,800
4d HT	512	1,536	2,560	5,760	8,960	12,800
2d HT	800	2,400	4,000	9,000	14,000	20,000
2d Conv.	960	2,880	4,800	10,800	16,800	24,000
1966 Wildcat Custom, V-8, 126" wb						
4d Sed.	476	1,428	2,380	5,360	8,330	11,900
4d HT	528	1,584	2,640	5,940	9,240	13,200
2d HT	820	2,460	4,100	9,230	14,350	20,500
2d Conv.	1,000	3,000	5,000	11,250	17,500	25,000
NOTE: Add 25 percent for Wildcat Gran Sport Series.						
1966 Electra 225, V-8, 126" wb						
4d Sed.	512	1,536	2,560	5,760	8,960	12,800
4d HT	612	1,836	3,060	6,890	10,710	15,300
2d HT	720	2,160	3,600	8,100	12,600	18,000
1966 Electra 225 Custom, V-8						
4d Sed.	512	1,536	2,560	5,760	8,960	12,800
4d HT	632	1,896	3,160	7,110	11,060	15,800
2d HT	740	2,220	3,700	8,330	12,950	18,500
2d Conv.	1,040	3,120	5,200	11,700	18,200	26,000
1966 Riviera, V-8						
2d HT GS	960	2,880	4,800	10,800	16,800	24,000
2d HT	920	2,760	4,600	10,350	16,100	23,000
NOTE: Add 25 percent for 425 when optional.						
1967 Special, V-6, 115" wb						
4d Sed.	356	1,068	1,780	4,010	6,230	8,900
2d Cpe.	440	1,320	2,200	4,950	7,700	11,000
4d Sta Wag	352	1,056	1,760	3,960	6,160	8,800
1967 Special DeLuxe, V-6, 115" wb						
4d Sed.	440	1,320	2,200	4,950	7,700	11,000
2d HT	480	1,440	2,400	5,400	8,400	12,000
1967 Skylark, V-6, 115" wb						
2d Cpe.	472	1,416	2,360	5,310	8,260	11,800
1967 Special, V-8, 115" wb						
4d Sed.	444	1,332	2,220	5,000	7,770	11,100
2d Cpe.	460	1,380	2,300	5,180	8,050	11,500
4d Sta Wag	448	1,344	2,240	5,040	7,840	11,200
1967 Special DeLuxe, V-8, 115" wb						
4d Sed.	448	1,344	2,240	5,040	7,840	11,200
2d HT	500	1,500	2,500	5,630	8,750	12,500
4d Sta Wag	452	1,356	2,260	5,090	7,910	11,300
1967 Skylark, V-8, 115" wb						
4d Sed.	452	1,356	2,260	5,090	7,910	11,300
4d HT	460	1,380	2,300	5,180	8,050	11,500
2d Cpe.	480	1,440	2,400	5,400	8,400	12,000
2d HT	600	1,800	3,000	6,750	10,500	15,000
2d Conv.	880	2,640	4,400	9,900	15,400	22,000
1967 Sport Wagon, V-8, 120" wb						
4d 2S Sta Wag	680	2,040	3,400	7,650	11,900	17,000
4d 3S Sta Wag	700	2,100	3,500	7,880	12,250	17,500
1967 Gran Sport 340, V-8, 115" wb						
2d HT	920	2,760	4,600	10,350	16,100	23,000
1967 Gran Sport 400, V-8, 115" wb						
2d Cpe.	880	2,640	4,400	9,900	15,400	22,000
2d HT	1,080	3,240	5,400	12,150	18,900	27,000
2d Conv.	1,400	4,200	7,000	15,750	24,500	35,000
1967 LeSabre, V-8, 123" wb						
4d Sed.	456	1,368	2,280	5,130	7,980	11,400
4d HT	464	1,392	2,320	5,220	8,120	11,600
2d HT	600	1,800	3,000	6,750	10,500	15,000

	6	5	4	3	2	1
1967 LeSabre Custom, V-8, 123" wb						
4d Sed	464	1,392	2,320	5,220	8,120	11,600
4d HT	472	1,416	2,360	5,310	8,260	11,800
2d HT	620	1,860	3,100	6,980	10,850	15,500
2d Conv	840	2,520	4,200	9,450	14,700	21,000
1967 Wildcat, V-8, 126" wb						
4d Sed	472	1,416	2,360	5,310	8,260	11,800
4d HT	480	1,440	2,400	5,400	8,400	12,000
2d HT	640	1,920	3,200	7,200	11,200	16,000
2d Conv	880	2,640	4,400	9,900	15,400	22,000
1967 Wildcat Custom, V-8, 126" wb						
4d HT	500	1,500	2,500	5,630	8,750	12,500
2d HT	660	1,980	3,300	7,430	11,550	16,500
2d Conv	960	2,880	4,800	10,800	16,800	24,000
1967 Electra 225, V-8, 126" wb						
4d Sed	468	1,404	2,340	5,270	8,190	11,700
4d HT	520	1,560	2,600	5,850	9,100	13,000
2d HT	680	2,040	3,400	7,650	11,900	17,000
1967 Electra 225 Custom, V-8, 126" wb						
4d Sed	484	1,452	2,420	5,450	8,470	12,100
4d HT	540	1,620	2,700	6,080	9,450	13,500
2d HT	700	2,100	3,500	7,880	12,250	17,500
2d Conv	1,040	3,120	5,200	11,700	18,200	26,000
1967 Riviera Series, V-8						
2d HT GS	920	2,760	4,600	10,350	16,100	23,000
2d HT	880	2,640	4,400	9,900	15,400	22,000
NOTE: Add 25 percent for 400. Not available in Riviera.						
1968 Special DeLuxe, 6-cyl, 116" wb, 2d 112" wb						
4d Sed	350	1,040	1,740	3,920	6,090	8,700
2d Sed	430	1,300	2,160	4,860	7,560	10,800
1968 Skylark, 6-cyl, 116" wb, 2d 112" wb						
4d Sed	350	1,060	1,760	3,960	6,160	8,800
2d HT	460	1,380	2,300	5,180	8,050	11,500
1968 Special DeLuxe, V-8, 116" wb, 2d 112" wb						
4d Sed	352	1,056	1,760	3,960	6,160	8,800
2d Sed	760	2,270	3,780	8,510	13,230	18,900
4d Sta Wag	356	1,068	1,780	4,010	6,230	8,900
1968 Skylark, V-8, 116" wb, 2d 112" wb						
4d Sed	356	1,068	1,780	4,010	6,230	8,900
4d HT	440	1,320	2,200	4,950	7,700	11,000
1968 Skylark Custom, V-8, 116" wb, 2d 112" wb						
4d Sed	440	1,320	2,200	4,950	7,700	11,000
4d HT	452	1,356	2,260	5,090	7,910	11,300
2d HT	600	1,800	3,000	6,750	10,500	15,000
1968 Skylark, V-8, 116" wb, 2d 112" wb						
2d HT	520	1,560	2,600	5,850	9,100	13,000
1968 Skylark Custom, V-8, 116" wb, 2d 112" wb						
2d Conv	840	2,520	4,200	9,450	14,700	21,000
1968 Sport Wagon, V-8, 121" wb						
4d 2S Sta Wag	640	1,920	3,200	7,200	11,200	16,000
4d 3S Sta Wag	660	1,980	3,300	7,430	11,550	16,500
1968 Gran Sport GS 350, V-8, 112" wb						
2d HT	1,120	3,360	5,600	12,600	19,600	28,000
1968 Gran Sport GS 400, V-8, 112" wb						
2d HT	1,440	4,320	7,200	16,200	25,200	36,000
2d Conv	1,680	5,040	8,400	18,900	29,400	42,000
NOTE: Add 20 percent for Skylark GS Calif. Spl.						
1968 LeSabre, V-8, 123" wb						
4d Sed	452	1,356	2,260	5,090	7,910	11,300
4d HT	464	1,392	2,320	5,220	8,120	11,600
2d HT	620	1,860	3,100	6,980	10,850	15,500
1968 LeSabre Custom, V-8, 123" wb						
4d Sed	456	1,368	2,280	5,130	7,980	11,400
4d HT	468	1,404	2,340	5,270	8,190	11,700
2d HT	640	1,920	3,200	7,200	11,200	16,000
2d Conv	880	2,640	4,400	9,900	15,400	22,000
1968 Wildcat, V-8, 126" wb						
4d Sed	460	1,380	2,300	5,180	8,050	11,500
4d HT	472	1,416	2,360	5,310	8,260	11,800
2d HT	660	1,980	3,300	7,430	11,550	16,500
1968 Wildcat Custom, V-8, 126" wb						
4d HT	484	1,452	2,420	5,450	8,470	12,100
2d HT	680	2,040	3,400	7,650	11,900	17,000
2d Conv	960	2,880	4,800	10,800	16,800	24,000
1968 Electra 225, V-8, 126" wb						
4d Sed	480	1,440	2,400	5,400	8,400	12,000

	6	5	4	3	2	1
4d HT	496	1,488	2,480	5,580	8,680	12,400
2d HT	700	2,100	3,500	7,880	12,250	17,500
1968 Electra 225 Custom, V-8, 126" wb						
4d Sed	484	1,452	2,420	5,450	8,470	12,100
4d HT	500	1,500	2,500	5,630	8,750	12,500
2d HT	720	2,160	3,600	8,100	12,600	18,000
2d Conv	1,040	3,120	5,200	11,700	18,200	26,000
1968 Riviera Series, V-8						
2d HT GS	920	2,760	4,600	10,350	16,100	23,000
2d HT	880	2,640	4,400	9,900	15,400	22,000
NOTE: Add 25 percent for 400. Not available in Riviera.						
1968 Gran Sport GS 350, V-8, 112" wb						
2d Calif GS			value not estimable			
1969 Special DeLuxe, 6-cyl, 116" wb, 2d 112" wb						
4d Sed	350	1,040	1,740	3,920	6,090	8,700
2d Sed	420	1,270	2,120	4,770	7,420	10,600
1969 Skylark, 6-cyl, 116" wb, 2d 112" wb						
4d Sed	350	1,060	1,760	3,960	6,160	8,800
2d HT	440	1,320	2,200	4,950	7,700	11,000
1969 Special DeLuxe, V-8, 116" wb, 2d 112" wb						
4d Sed	352	1,056	1,760	3,960	6,160	8,800
2d Sed	430	1,280	2,140	4,820	7,490	10,700
4d Sta Wag	352	1,056	1,760	3,960	6,160	8,800
1969 Skylark, V-8, 116" wb, 2d 112" wb						
4d Sed	356	1,068	1,780	4,010	6,230	8,900
2d HT	520	1,560	2,600	5,850	9,100	13,000
1969 Skylark Custom, V-8, 116" wb, 2d 112" wb						
4d Sed	440	1,320	2,200	4,950	7,700	11,000
4d HT	444	1,332	2,220	5,000	7,770	11,100
2d HT	640	1,920	3,200	7,200	11,200	16,000
2d Conv	800	2,400	4,000	9,000	14,000	20,000
1969 Gran Sport GS 350, V-8, 112" wb						
2d Calif GS	1,040	3,120	5,200	11,700	18,200	26,000
2d HT	1,120	3,360	5,600	12,600	19,600	28,000
1969 Gran Sport GS 400, V-8, 112" wb						
2d HT	1,520	4,560	7,600	17,100	26,600	38,000
2d Conv	1,760	5,280	8,800	19,800	30,800	44,000
NOTE: Add 75 percent for Stage I option.						
1969 Sport Wagon, V-8, 121" wb						
4d 2S Sta Wag	640	1,920	3,200	7,200	11,200	16,000
4d 3S Sta Wag	660	1,980	3,300	7,430	11,550	16,500
1969 LeSabre, V-8, 123.2" wb						
4d Sed	448	1,344	2,240	5,040	7,840	11,200
4d HT	452	1,356	2,260	5,090	7,910	11,300
2d HT	500	1,500	2,500	5,630	8,750	12,500
1969 LeSabre Custom, V-8, 123.2" wb						
4d Sed	452	1,356	2,260	5,090	7,910	11,300
4d HT	456	1,368	2,280	5,130	7,980	11,400
2d HT	600	1,800	3,000	6,750	10,500	15,000
2d Conv	800	2,400	4,000	9,000	14,000	20,000
1969 Wildcat, V-8, 123.2" wb						
4d Sed	460	1,380	2,300	5,180	8,050	11,500
4d HT	468	1,404	2,340	5,270	8,190	11,700
2d HT	620	1,860	3,100	6,980	10,850	15,500
1969 Wildcat Custom, V-8, 123.2" wb						
4d HT	476	1,428	2,380	5,360	8,330	11,900
2d HT	640	1,920	3,200	7,200	11,200	16,000
2d Conv	840	2,520	4,200	9,450	14,700	21,000
1969 Electra 225, V-8, 126.2" wb						
4d Sed	464	1,392	2,320	5,220	8,120	11,600
4d HT	468	1,404	2,340	5,270	8,190	11,700
2d HT	660	1,980	3,300	7,430	11,550	16,500
1969 Electra 225 Custom, V-8, 126.2" wb						
4d Sed	472	1,416	2,360	5,310	8,260	11,800
4d HT	484	1,452	2,420	5,450	8,470	12,100
2d HT	680	2,040	3,400	7,650	11,900	17,000
2d Conv	1,000	3,000	5,000	11,250	17,500	25,000
1969 Riviera Series, V-8						
2d GS HT	920	2,760	4,600	10,350	16,100	23,000
2d HT	880	2,640	4,400	9,900	15,400	22,000
NOTE: Add 25 percent for 400.						
1970 Skylark, 6-cyl, 116" wb, 2d 112" wb						
4d Sed	350	1,040	1,740	3,920	6,090	8,700
2d Sed	430	1,300	2,160	4,860	7,560	10,800
1970 Skylark 350, 6-cyl, 116" wb, 2d 112" wb						
4d Sed	360	1,070	1,780	4,010	6,230	8,900

	6	5	4	3	2	1
2d HT	460	1,380	2,300	5,180	8,050	11,500
1970 Skylark, V-8, 116" wb, 2d 112" wb						
4d Sed	352	1,056	1,760	3,960	6,160	8,800
2d Sed	440	1,310	2,180	4,910	7,630	10,900
1970 Skylark 350, V-8, 116" wb, 2d 112.2" wb						
4d Sed	440	1,320	2,200	4,950	7,700	11,000
2d HT	580	1,740	2,900	6,530	10,150	14,500
1970 Skylark Custom, V-8, 116" wb, 2d 112" wb						
4d Sed	444	1,332	2,220	5,000	7,770	11,100
4d HT	448	1,344	2,240	5,040	7,840	11,200
2d HT	700	2,100	3,500	7,880	12,250	17,500
2d Conv	960	2,880	4,800	10,800	16,800	24,000
1970 Gran Sport GS 350, V-8, 112" wb						
2d HT	1,120	3,360	5,600	12,600	19,600	28,000
1970 Gran Sport GS 455, V-8, 112" wb						
2d HT	1,640	4,920	8,200	18,450	28,700	41,000
2d Conv	2,320	6,960	11,600	26,100	40,600	58,000
1970 GSX, V-8, 455, 112" wb						
2d HT	3,580	10,740	17,900	40,280	62,650	89,500
NOTE: Add 75 percent for Stage I 455.						
1970 Sport Wagon, V-8, 116" wb						
2S Sta Wag	480	1,440	2,400	5,400	8,400	12,000
1970 LeSabre, V-8, 124" wb						
4d Sed	456	1,368	2,280	5,130	7,980	11,400
4d HT	464	1,392	2,320	5,220	8,120	11,600
2d HT	600	1,800	3,000	6,750	10,500	15,000
1970 LeSabre Custom, V-8, 124" wb						
4d Sed	460	1,380	2,300	5,180	8,050	11,500
4d HT	468	1,404	2,340	5,270	8,190	11,700
2d HT	620	1,860	3,100	6,980	10,850	15,500
2d Conv	800	2,400	4,000	9,000	14,000	20,000
1970 LeSabre Custom 455, V-8, 124" wb						
4d Sed	468	1,404	2,340	5,270	8,190	11,700
4d HT	480	1,440	2,400	5,400	8,400	12,000
2d HT	632	1,896	3,160	7,110	11,060	15,800
1970 Estate Wagon, V-8, 124" wb						
4d 2S Sta Wag	540	1,620	2,700	6,080	9,450	13,500
4d 3S Sta Wag	560	1,680	2,800	6,300	9,800	14,000
1970 Wildcat Custom, V-8, 124" wb						
4d HT	476	1,428	2,380	5,360	8,330	11,900
2d HT	640	1,920	3,200	7,200	11,200	16,000
2d Conv	840	2,520	4,200	9,450	14,700	21,000
1970 Electra 225, V-8, 127" wb						
4d Sed	472	1,416	2,360	5,310	8,260	11,800
4d HT	488	1,464	2,440	5,490	8,540	12,200
2d HT	660	1,980	3,300	7,430	11,550	16,500
1970 Electra Custom 225, V-8, 127" wb						
4d Sed	476	1,428	2,380	5,360	8,330	11,900
4d HT	496	1,488	2,480	5,580	8,680	12,400
2d HT	680	2,040	3,400	7,650	11,900	17,000
2d Conv	1,000	3,000	5,000	11,250	17,500	25,000
1970 Riviera Series, V-8						
2d GS Cpe	720	2,160	3,600	8,100	12,600	18,000
2d HT Cpe	700	2,100	3,500	7,880	12,250	17,500
NOTE: Add 40 percent for 455, except in Riviera.						
1971-72 Skylark, V-8, 116" wb, 2d 112" wb						
4d Sed	324	972	1,620	3,650	5,670	8,100
2d Sed	410	1,220	2,040	4,590	7,140	10,200
2d HT	520	1,560	2,600	5,850	9,100	13,000
1971-72 Skylark 350, V-8, 116" wb, 2d 112" wb						
4d Sed	336	1,008	1,680	3,780	5,880	8,400
2d HT	560	1,680	2,800	6,300	9,800	14,000
1971-72 Skylark Custom, V-8						
4d Sed	332	996	1,660	3,740	5,810	8,300
4d HT	340	1,020	1,700	3,830	5,950	8,500
2d HT	680	2,040	3,400	7,650	11,900	17,000
2d Conv	800	2,400	4,000	9,000	14,000	20,000
1971-72 Gran Sport, 350, V-8						
2d HT	1,200	3,600	6,000	13,500	21,000	30,000
2d Conv	1,520	4,560	7,600	17,100	26,600	38,000
2d HT GSX	3,340	10,020	16,700	37,580	58,450	83,500
NOTE: Add 70 percent for Stage I & 35 percent for GS-455 options. Add 15 percent for Sun Coupe folding sunroof (1972).						
1971-72 Sport Wagon, V-8, 116" wb						
4d 2S Sta Wag	360	1,080	1,800	4,050	6,300	9,000
1971-72 LeSabre						
4d Sed	312	936	1,560	3,510	5,460	7,800

	6	5	4	3	2	1
4d HT	320	960	1,600	3,600	5,600	8,000
2d HT	328	984	1,640	3,690	5,740	8,200
1971-72 LeSabre Custom, V-8						
4d Sed.	316	948	1,580	3,560	5,530	7,900
4d HT	324	972	1,620	3,650	5,670	8,100
2d HT	336	1,008	1,680	3,780	5,880	8,400
2d Conv.	760	2,280	3,800	8,550	13,300	19,000
1971-72 Centurion, V-8						
4d HT	332	996	1,660	3,740	5,810	8,300
2d HT	344	1,032	1,720	3,870	6,020	8,600
2d Conv.	800	2,400	4,000	9,000	14,000	20,000
1971-72 Estate Wagon, V-8, 124" wb						
4d 2S Sta Wag	380	1,140	1,900	4,280	6,650	9,500
4d 3S Sta Wag	400	1,200	2,000	4,500	7,000	10,000
1971-72 Electra 225, V-8, 127" wb						
4d HT	336	1,008	1,680	3,780	5,880	8,400
2d HT	348	1,044	1,740	3,920	6,090	8,700
1971-72 Electra Custom 225, V-8						
4d HT	340	1,020	1,700	3,830	5,950	8,500
2d HT	440	1,320	2,200	4,950	7,700	11,000
1971-72 Riviera, V-8						
2d HT GS	500	1,500	2,500	5,630	8,750	12,500
2d HT	460	1,380	2,300	5,180	8,050	11,500
1973 Apollo, 6-cyl., 111" wb						
4d Sed.	268	804	1,340	3,020	4,690	6,700
2d Sed.	276	828	1,380	3,110	4,830	6,900
2d HBk	284	852	1,420	3,200	4,970	7,100
1973 Apollo, V-8						
4d Sed.	272	816	1,360	3,060	4,760	6,800
2d Sed.	284	852	1,420	3,200	4,970	7,100
2d HBk	288	864	1,440	3,240	5,040	7,200
1973 Century, V-8, 116" wb, 2d 112" wb						
2d Cpe.	284	852	1,420	3,200	4,970	7,100
4d Sed.	280	840	1,400	3,150	4,900	7,000
4d 3S Sta Wag	276	828	1,380	3,110	4,830	6,900
1973 Century Luxus, V-8						
4d HT	284	852	1,420	3,200	4,970	7,100
2d Cpe.	288	864	1,440	3,240	5,040	7,200
4d 3S Wag	280	840	1,400	3,150	4,900	7,000
1973 Century Regal, V-8						
2d HT	320	960	1,600	3,600	5,600	8,000
NOTE: Add 30 percent for Gran Sport Package. Add 70 percent for GS Stage I, 455 option.						
1973 LeSabre, V-8, 124" wb						
4d Sed.	264	792	1,320	2,970	4,620	6,600
4d HT	268	804	1,340	3,020	4,690	6,700
2d HT	280	840	1,400	3,150	4,900	7,000
1973 LeSabre Custom, V-8						
4d Sed.	288	864	1,440	3,240	5,040	7,200
4d HT	292	876	1,460	3,290	5,110	7,300
2d HT	312	936	1,560	3,510	5,460	7,800
4d 3S Est Wag	288	864	1,440	3,240	5,040	7,200
1973 Centurion, V-8						
4d HT	296	888	1,480	3,330	5,180	7,400
2d HT	316	948	1,580	3,560	5,530	7,900
2d Conv.	640	1,920	3,200	7,200	11,200	16,000
1973 Electra 225, V-8, 127" wb						
4d HT	300	900	1,500	3,380	5,250	7,500
2d HT	328	984	1,640	3,690	5,740	8,200
1973 Electra Custom 225, V-8						
4d HT	304	912	1,520	3,420	5,320	7,600
2d HT	332	996	1,660	3,740	5,810	8,300
1973 Riviera, V-8						
2d HT GS	460	1,380	2,300	5,180	8,050	11,500
2d HT	420	1,260	2,100	4,730	7,350	10,500
1974 Apollo, 6-cyl., 111" wb						
4d Sed.	264	792	1,320	2,970	4,620	6,600
2d Sed.	264	792	1,320	2,970	4,620	6,600
2d HBk	268	804	1,340	3,020	4,690	6,700
1974 Apollo, V-8, 111" wb						
4d Sed.	308	924	1,540	3,470	5,390	7,700
2d Sed.	308	924	1,540	3,470	5,390	7,700
2d HBk	312	936	1,560	3,510	5,460	7,800
1974 Century, V-8						
2d Cpe.	284	852	1,420	3,200	4,970	7,100
4d HT	280	840	1,400	3,150	4,900	7,000
4d Sta Wag	280	840	1,400	3,150	4,900	7,000

	6	5	4	3	2	1
1974 Century Luxus, V-8, 112" wb						
2d HT	280	840	1,400	3,150	4,900	7,000
4d HT	276	828	1,380	3,110	4,830	6,900
4d Sta Wag	276	828	1,380	3,110	4,830	6,900
1974 Gran Sport, V-8 (350-cid)						
2d Cpe	320	960	1,600	3,600	5,600	8,000
1974 Century Regal, V-8, 112" wb						
2d HT	304	912	1,520	3,420	5,320	7,600
4d HT	292	876	1,460	3,290	5,110	7,300
1974 LeSabre						
4d Sed	288	864	1,440	3,240	5,040	7,200
4d HT	292	876	1,460	3,290	5,110	7,300
2d HT	296	888	1,480	3,330	5,180	7,400
1974 LeSabre, V-8, 123" wb						
4d Sed	324	972	1,620	3,650	5,670	8,100
4d HT	328	984	1,640	3,690	5,740	8,200
2d HT	336	1,008	1,680	3,780	5,880	8,400
1974 LeSabre Luxus, V-8, 123" wb						
4d Sed	328	984	1,640	3,690	5,740	8,200
4d HT	332	996	1,660	3,740	5,810	8,300
2d HT	340	1,020	1,700	3,830	5,950	8,500
2d Conv	620	1,860	3,100	6,980	10,850	15,500
1974 Estate Wagon, V-8						
4d Sta Wag	332	996	1,660	3,740	5,810	8,300
1974 Electra 225, V-8						
2d HT	428	1,284	2,140	4,820	7,490	10,700
4d HT	328	984	1,640	3,690	5,740	8,200
1974 Electra 225 Custom, V-8						
2d HT	436	1,308	2,180	4,910	7,630	10,900
4d HT	336	1,008	1,680	3,780	5,880	8,400
1974 Electra Limited, V-8						
2d HT	444	1,332	2,220	5,000	7,770	11,100
4d HT	424	1,272	2,120	4,770	7,420	10,600
1974 Riviera, V-8						
2d HT	440	1,320	2,200	4,950	7,700	11,000
NOTE: Add 10 percent for Apollo GSX. Add 15 percent for Century GS-455. Add 20 percent for GS-455 Stage I. Add 5 percent for sunroof. Add 15 percent for Riviera GS or Stage I.						
1975 Skyhawk, V-6						
2d "S" HBk	250	700	1,150	2,610	4,050	5,800
1975 Apollo, 6-cyl./V-8						
4d Sed (6-cyl. only)	270	800	1,340	3,020	4,690	6,700
4d "SR" Sed (V-8 only)	270	820	1,360	3,060	4,760	6,800
1975 Skylark, V-8						
2d Cpe	276	828	1,380	3,110	4,830	6,900
2d HBk	280	840	1,400	3,150	4,900	7,000
2d "SR" Cpe	280	840	1,400	3,150	4,900	7,000
2d "SR" HBk	284	852	1,420	3,200	4,970	7,100
1975 Century, V-8						
4d Sed	264	792	1,320	2,970	4,620	6,600
2d Cpe	264	792	1,320	2,970	4,620	6,600
4d Cus Sed	276	828	1,380	3,110	4,830	6,900
2d Cus Cpe	280	840	1,400	3,150	4,900	7,000
4d 2S Sta Wag	264	792	1,320	2,970	4,620	6,600
4d 3S Sta Wag	268	804	1,340	3,020	4,690	6,700
NOTE: Add 20 percent for Indy pace car edition.						
1975 Regal, V-8						
4d Sed	272	816	1,360	3,060	4,760	6,800
2d Cpe	272	816	1,360	3,060	4,760	6,800
1975 LeSabre, V-8						
4d Sed	276	828	1,380	3,110	4,830	6,900
4d HT	284	852	1,420	3,200	4,970	7,100
2d Cpe	280	840	1,400	3,150	4,900	7,000
1975 LeSabre Custom, V-8						
4d Sed	284	852	1,420	3,200	4,970	7,100
4d HT	296	888	1,480	3,330	5,180	7,400
2d Cpe	296	888	1,480	3,330	5,180	7,400
2d Conv	620	1,860	3,100	6,980	10,850	15,500
1975 Estate Wagon, V-8						
4d 2S Sta Wag	288	864	1,440	3,240	5,040	7,200
4d 3S Sta Wag	296	888	1,480	3,330	5,180	7,400
1975 Electra 225 Custom, V-8						
4d HT	300	900	1,500	3,380	5,250	7,500
2d Cpe	308	924	1,540	3,470	5,390	7,700
1975 Electra 225 Limited, V-8						
4d HT	304	912	1,520	3,420	5,320	7,600
2d Cpe	316	948	1,580	3,560	5,530	7,900

	6	5	4	3	2	1
1975 Riviera, V-8						
2d HT	320	960	1,600	3,600	5,600	8,000
NOTE: Add 15 percent for Park Avenue DeLuxe. Add 5 percent for Park Avenue, Century, GS or Riviera GS options.						
1976 Skyhawk, V-6						
2d HBk	200	600	1,000	2,210	3,450	4,900
1976 Skylark S, V-8						
2d Cpe	244	732	1,220	2,750	4,270	6,100
1976 Skylark, V-8						
4d Sed	244	732	1,220	2,750	4,270	6,100
2d Cpe	248	744	1,240	2,790	4,340	6,200
2d HBk	252	756	1,260	2,840	4,410	6,300
1976 Skylark SR, V-8						
4d Sed	248	744	1,240	2,790	4,340	6,200
2d Cpe	252	756	1,260	2,840	4,410	6,300
2d HBk	256	768	1,280	2,880	4,480	6,400
1976 Century Special, V-6						
2d Cpe	240	720	1,200	2,700	4,200	6,000
1976 Century, V-8						
4d Sed	260	780	1,300	2,930	4,550	6,500
2d Cpe	248	744	1,240	2,790	4,340	6,200
1976 Century Custom, V-8						
4d Sed	268	804	1,340	3,020	4,690	6,700
2d Cpe	252	756	1,260	2,840	4,410	6,300
4d 2S Sta Wag	244	732	1,220	2,750	4,270	6,100
4d 3S Sta Wag	248	744	1,240	2,790	4,340	6,200
NOTE: Add 20 percent for Indy pace car edition.						
1976 Regal, V-8						
4d Sed	272	816	1,360	3,060	4,760	6,800
2d Cpe	256	768	1,280	2,880	4,480	6,400
1976 LeSabre, V-6						
4d Sed	276	828	1,380	3,110	4,830	6,900
4d HT	260	780	1,300	2,930	4,550	6,500
2d Cpe	264	792	1,320	2,970	4,620	6,600
1976 LeSabre Custom, V-8						
4d Sed	280	840	1,400	3,150	4,900	7,000
4d HT	268	804	1,340	3,020	4,690	6,700
2d Cpe	272	816	1,360	3,060	4,760	6,800
1976 Estate, V-8						
4d 2S Sta Wag	280	840	1,400	3,150	4,900	7,000
4d 3S Sta Wag	284	852	1,420	3,200	4,970	7,100
1976 Electra 225, V-8						
4d HT	288	864	1,440	3,240	5,040	7,200
2d Cpe	280	840	1,400	3,150	4,900	7,000
1976 Electra 225 Custom, V-8						
4d HT	296	888	1,480	3,330	5,180	7,400
2d Cpe	288	864	1,440	3,240	5,040	7,200
1976 Riviera, V-8						
2d Spt Cpe	300	900	1,500	3,380	5,250	7,500
NOTE: Deduct 5 percent for 6-cylinder.						
1977 Skyhawk, V-6						
2d HBk	150	400	700	1,580	2,450	3,500
1977 Skylark S, V-8						
2d Cpe	150	450	750	1,670	2,600	3,700
1977 Skylark, V-8						
4d Sed	150	450	750	1,670	2,600	3,700
2d Cpe	150	450	750	1,710	2,650	3,800
2d HBk	150	450	800	1,760	2,750	3,900
1977 Skylark SR, V-8						
4d Sed	150	450	750	1,710	2,650	3,800
2d Cpe	150	450	800	1,760	2,750	3,900
2d HBk	150	500	800	1,800	2,800	4,000
1977 Century, V-8						
4d Sed	200	550	900	2,030	3,150	4,500
2d Cpe	200	550	900	2,070	3,200	4,600
1977 Century Special, V-6						
2d Cpe	200	550	950	2,120	3,300	4,700
1977 Century Custom, V-8						
4d Sed	200	550	900	2,070	3,200	4,600
2d Cpe	200	550	950	2,120	3,300	4,700
4d 2S Sta Wag	200	550	900	1,980	3,100	4,400
4d 3S Sta Wag	200	550	900	2,030	3,150	4,500
1977 Regal, V-8						
4d Sed	200	600	950	2,160	3,350	4,800
2d Cpe	200	600	1,000	2,210	3,450	4,900
1977 LeSabre, V-8						
4d Sed	210	640	1,060	2,390	3,710	5,300

	6	5	4	3	2	1
2d Cpe	220	650	1,080	2,430	3,780	5,400
1977 LeSabre Custom, V-8						
4d Sed	220	650	1,080	2,430	3,780	5,400
2d Cpe	220	660	1,100	2,480	3,850	5,500
2d Spt Cpe	220	670	1,120	2,520	3,920	5,600
1977 Electra 225, V-8						
4d Sed	220	670	1,120	2,520	3,920	5,600
2d Cpe	230	680	1,140	2,570	3,990	5,700
1977 Electra Limited, V-8						
4d Sed	230	700	1,160	2,610	4,060	5,800
2d Cpe	240	720	1,200	2,700	4,200	6,000
NOTE: Add 5 percent for Electra Park Avenue trim option.						
1977 Riviera, V-8						
2d Cpe	200	650	1,100	2,430	3,800	5,400
NOTE: Deduct 5 percent for V-6.						
1978 Skyhawk						
2d "S" HBk	150	400	650	1,440	2,250	3,200
2d HBk	136	408	680	1,530	2,380	3,400
1978 Skylark						
2d "S" Cpe	250	760	1,260	2,840	4,410	6,300
4d Sed	160	480	800	1,800	2,800	4,000
2d Cpe	260	770	1,280	2,880	4,480	6,400
2d HBk	260	780	1,300	2,930	4,550	6,500
1978 Skylark Custom						
4d Sed	160	490	820	1,850	2,870	4,100
2d Cpe	260	780	1,300	2,930	4,550	6,500
2d HBk	260	790	1,320	2,970	4,620	6,600
1978 Century Special						
4d Sed	140	420	700	1,580	2,450	3,500
2d Cpe	144	432	720	1,620	2,520	3,600
Sta Wag	136	408	680	1,530	2,380	3,400
1978 Century Custom						
4d Sed	144	432	720	1,620	2,520	3,600
2d Cpe	148	444	740	1,670	2,590	3,700
Sta Wag	140	420	700	1,580	2,450	3,500
1978 Century Sport						
2d Cpe	156	468	780	1,760	2,730	3,900
1978 Century Limited						
4d Sed	152	456	760	1,710	2,660	3,800
2d Cpe	156	468	780	1,760	2,730	3,900
1978 Regal						
2d Cpe	230	680	1,140	2,570	3,990	5,700
Spt Cpe	230	700	1,160	2,610	4,060	5,800
1978 Regal Limited						
2d Cpe	240	720	1,200	2,700	4,200	6,000
1978 LeSabre						
4d Sed	180	530	880	1,980	3,080	4,400
2d Cpe	180	540	900	2,030	3,150	4,500
2d Spt Turbo Cpe	230	700	1,160	2,610	4,060	5,800
1978 LeSabre Custom						
4d Sed	180	540	900	2,030	3,150	4,500
2d Cpe	180	550	920	2,070	3,220	4,600
1978 Estate Wagon						
4d Sta Wag	180	530	880	1,980	3,080	4,400
1978 Electra 225						
4d Sed	180	550	920	2,070	3,220	4,600
2d Cpe	200	590	980	2,210	3,430	4,900
1978 Electra Limited						
4d Sed	190	560	940	2,120	3,290	4,700
2d Cpe	210	620	1,040	2,340	3,640	5,200
1978 Electra Park Avenue						
4d Sed	200	590	980	2,210	3,430	4,900
2d Cpe	220	660	1,100	2,480	3,850	5,500
1978 Riviera						
2d Cpe	250	740	1,240	2,790	4,340	6,200
NOTE: Deduct 5 percent for 6-cyl.						
1979 Skyhawk, V-6						
2d HBk	140	420	700	1,580	2,450	3,500
2d "S" HBk	150	400	700	1,530	2,400	3,400
1979 Skylark "S", V-8						
2d "S" Cpe	250	760	1,260	2,840	4,410	6,300
1979 Skylark, V-8						
4d Sed	160	480	800	1,800	2,800	4,000
2d Cpe	260	780	1,300	2,930	4,550	6,500
2d HBk	260	790	1,320	2,970	4,620	6,600

	6	5	4	3	2	1
1979 Skylark Custom, V-8						
4d Sed.	160	490	820	1,850	2,870	4,100
2d Cpe.	260	790	1,320	2,970	4,620	6,600
1979 Century Special, V-8						
4d Sed.	144	432	720	1,620	2,520	3,600
2d Cpe.	140	420	700	1,580	2,450	3,500
4d Sta Wag	144	432	720	1,620	2,520	3,600
1979 Century Custom, V-8						
4d Sed.	148	444	740	1,670	2,590	3,700
2d Cpe.	144	432	720	1,620	2,520	3,600
4d Sta Wag	148	444	740	1,670	2,590	3,700
1979 Century Sport, V-8						
2d Cpe.	160	480	800	1,800	2,800	4,000
1979 Century Limited, V-8						
4d Sed.	156	468	780	1,760	2,730	3,900
NOTE: Deduct 7 percent for 6-cyl.						
1979 Regal, V-6						
2d Cpe.	220	650	1,080	2,430	3,780	5,400
1979 Regal Sport Turbo, V-6						
2d Cpe.	300	890	1,480	3,330	5,180	7,400
1979 Regal, V-8						
2d Cpe.	240	720	1,200	2,700	4,200	6,000
1979 Regal Limited, V-8 & V-6						
2d Cpe V-6	240	710	1,180	2,660	4,130	5,900
2d Cpe V-8	250	740	1,240	2,790	4,340	6,200
1979 LeSabre, V-8						
4d Sed.	180	550	920	2,070	3,220	4,600
2d Cpe.	180	540	900	2,030	3,150	4,500
1979 LeSabre Limited, V-8						
4d Sed.	190	560	940	2,120	3,290	4,700
2d Cpe.	180	550	920	2,070	3,220	4,600
NOTE: Deduct 7 percent for V-6.						
1979 LeSabre Sport Turbo, V-6						
2d Cpe.	250	740	1,240	2,790	4,340	6,200
1979 LeSabre Estate Wagon						
4d Sta Wag	190	560	940	2,120	3,290	4,700
1979 Electra 225, V-8						
4d Sed.	190	580	960	2,160	3,360	4,800
2d Cpe.	200	600	1,000	2,250	3,500	5,000
1979 Electra Limited, V-8						
4d Sed.	200	600	1,000	2,250	3,500	5,000
2d Cpe.	210	640	1,060	2,390	3,710	5,300
1979 Electra Park Avenue, V-8						
4d Sed.	210	640	1,060	2,390	3,710	5,300
2d Cpe.	220	670	1,120	2,520	3,920	5,600
1979 Riviera, V-8						
2d "S" Cpe.	400	1,200	2,000	4,500	7,000	10,000
NOTE: Deduct 10 percent for V-6.						
1980 Skyhawk, V-6						
2d HBk S.	148	444	740	1,670	2,590	3,700
2d HBk	152	456	760	1,710	2,660	3,800
1980 Skylark, V-6						
4d Sed.	160	490	820	1,850	2,870	4,100
2d Cpe.	280	830	1,380	3,110	4,830	6,900
4d Sed LTD.	170	500	840	1,890	2,940	4,200
2d Cpe LTD.	280	840	1,400	3,150	4,900	7,000
4d Sed Spt	180	530	880	1,980	3,080	4,400
2d Cpe Spt	290	860	1,440	3,240	5,040	7,200
NOTE: Deduct 10 percent for 4-cyl.						
1980 Century, V-8						
4d Sed.	144	432	720	1,620	2,520	3,600
2d Cpe.	152	456	760	1,710	2,660	3,800
4d Sta Wag Est.	148	444	740	1,670	2,590	3,700
2d Cpe Spt	156	468	780	1,760	2,730	3,900
NOTE: Deduct 12 percent for V-6.						
1980 Regal, V-8						
2d Cpe.	240	710	1,180	2,660	4,130	5,900
2d Cpe LTD.	240	720	1,200	2,700	4,200	6,000
NOTE: Deduct 12 percent for V-6.						
1980 Regal Turbo, V-6						
2d Cpe.	300	900	1,500	3,380	5,250	7,500
1980 LeSabre, V-8						
4d Sed.	190	580	960	2,160	3,360	4,800
2d Cpe.	200	590	980	2,210	3,430	4,900
4d Sed LTD.	200	600	1,000	2,250	3,500	5,000
2d Cpe LTD.	200	610	1,020	2,300	3,570	5,100

	6	5	4	3	2	1
4d Sta Wag Est	240	720	1,200	2,700	4,200	6,000
1980 LeSabre Turbo, V-6						
2d Cpe Spt	260	790	1,320	2,970	4,620	6,600
1980 Electra, V-8						
4d Sed Ltd	210	640	1,060	2,390	3,710	5,300
2d Cpe Ltd	220	650	1,080	2,430	3,780	5,400
4d Sed Park Ave	220	650	1,080	2,430	3,780	5,400
2d Cpe Park Ave	220	660	1,100	2,480	3,850	5,500
4d Sta Wag Est	220	670	1,120	2,520	3,920	5,600
1980 Riviera S Turbo, V-6						
2d Cpe	370	1,100	1,840	4,140	6,440	9,200
1980 Riviera, V-8						
2d Cpe	400	1,200	2,000	4,500	7,000	10,000
1981 Skylark, V-6						
4d Sed Spt	168	504	840	1,890	2,940	4,200
2d Cpe Spt	172	516	860	1,940	3,010	4,300
NOTE: Deduct 10 percent for 4-cyl. Deduct 5 percent for lesser models.						
1981 Century, V-8						
4d Sed Ltd	152	456	760	1,710	2,660	3,800
4d Sta Wag Est	156	468	780	1,760	2,730	3,900
NOTE: Deduct 12 percent for V-6. Deduct 5 percent for lesser models.						
1981 Regal, V-8						
2d Cpe	280	830	1,380	3,110	4,830	6,900
2d Cpe Ltd	280	840	1,400	3,150	4,900	7,000
NOTE: Deduct 12 percent for V-6.						
1981 Regal Turbo, V-6						
2d Cpe Spt	360	1,080	1,800	4,050	6,300	9,000
1981 LeSabre, V-8						
4d Sed Ltd	200	600	1,000	2,250	3,500	5,000
2d Cpe Ltd	200	610	1,020	2,300	3,570	5,100
4d Sta Wag Est	210	620	1,040	2,340	3,640	5,200
NOTE: Deduct 12 percent for V-6 except Estate Wag. Deduct 5 percent for lesser models.						
1981 Electra, V-8						
4d Sed Ltd	200	610	1,020	2,300	3,570	5,100
2d Cpe Ltd	210	620	1,040	2,340	3,640	5,200
4d Sed Park Ave	210	640	1,060	2,390	3,710	5,300
2d Cpe Park Ave	220	650	1,080	2,430	3,780	5,400
4d Sta Wag Est	220	650	1,080	2,430	3,780	5,400
NOTE: Deduct 15 percent for V-6 except Estate Wag.						
1981 Riviera, V-8						
2d Cpe	400	1,200	2,000	4,500	7,000	10,000
1981 Riviera, V-6						
2d Cpe	380	1,140	1,900	4,280	6,650	9,500
2d Cpe Turbo T-Type	400	1,190	1,980	4,460	6,930	9,900
1982 Skyhawk, 4-cyl.						
4d Sed Ltd	156	468	780	1,760	2,730	3,900
2d Cpe Ltd	160	480	800	1,800	2,800	4,000
NOTE: Deduct 5 percent for lesser models.						
1982 Skylark, V-6						
4d Sed Spt	176	528	880	1,980	3,080	4,400
2d Cpe Spt	180	540	900	2,030	3,150	4,500
NOTE: Deduct 10 percent for 4-cyl. Deduct 5 percent for lesser models.						
1982 Regal, V-6						
4d Sed	180	550	920	2,070	3,220	4,600
2d Cpe	300	900	1,500	3,380	5,250	7,500
2d Cpe Turbo	400	1,200	2,000	4,500	7,000	10,000
2d Grand Natl	1,120	3,360	5,600	12,600	19,600	28,000
4d Sed Ltd	190	580	960	2,160	3,360	4,800
2d Cpe Ltd	310	940	1,560	3,510	5,460	7,800
4d Sta Wag	200	590	980	2,210	3,430	4,900
NOTE: Add 10 percent for T-top option. Add 15 percent for Turbo GN option.						
1982 Century, V-6						
4d Sed Ltd	196	588	980	2,210	3,430	4,900
2d Cpe Ltd	200	600	1,000	2,250	3,500	5,000
NOTE: Deduct 10 percent for 4-cyl. Deduct 5 percent for lesser models.						
1982 LeSabre, V-8						
4d Sed Ltd	220	670	1,120	2,520	3,920	5,600
2d Cpe Ltd	230	680	1,140	2,570	3,990	5,700
4d Sta Wag Est	230	680	1,140	2,570	3,990	5,700
NOTE: Deduct 12 percent for V-6 except Estate Wag. Deduct 5 percent for lesser models.						
1982 Electra, V-8						
4d Sed Ltd	220	670	1,120	2,520	3,920	5,600
2d Cpe Ltd	230	700	1,160	2,610	4,060	5,800
4d Sed Park Ave	240	710	1,180	2,660	4,130	5,900
2d Cpe Park Ave	240	730	1,220	2,750	4,270	6,100
4d Sta Wag Est	240	730	1,220	2,750	4,270	6,100
NOTE: Deduct 15 percent for V-6 except Estate Wag.						

	6	5	4	3	2	1
1982 Riviera, V-6						
2d Cpe	380	1,140	1,900	4,280	6,650	9,500
2d Cpe T-Type	392	1,176	1,960	4,410	6,860	9,800
2d Conv	840	2,520	4,200	9,450	14,700	21,000
1982 Riviera, V-8						
2d Cpe	400	1,200	2,000	4,500	7,000	10,000
2d Conv	880	2,640	4,400	9,900	15,400	22,000
1983 Skyhawk, 4-cyl.						
4d Sed Ltd	168	504	840	1,890	2,940	4,200
2d Cpe Ltd	172	516	860	1,940	3,010	4,300
4d Sta Wag Ltd	172	516	860	1,940	3,010	4,300
2d Cpe T-Type	220	650	1,080	2,430	3,780	5,400
NOTE: Deduct 5 percent for lesser models.						
1983 Skylark, V-6						
4d Sed Ltd	168	504	840	1,890	2,940	4,200
2d Cpe Ltd	172	516	860	1,940	3,010	4,300
2d Cpe T-Type	220	670	1,120	2,520	3,920	5,600
NOTE: Deduct 10 percent for 4-cyl except T-Type. Deduct 5 percent for lesser models.						
1983 Century, V-6						
4d Sed T-Type	220	660	1,100	2,480	3,850	5,500
2d Cpe T-Type	240	720	1,200	2,700	4,200	6,000
NOTE: Deduct 12 percent for 4-cyl except T-Type. Deduct 5 percent for lesser models.						
1983 Regal, V-6						
4d Sed	240	720	1,200	2,700	4,200	6,000
2d Cpe T-Type	620	1,860	3,100	6,980	10,850	15,500
4d Sta Wag	200	590	980	2,210	3,430	4,900
NOTE: Add 10 percent for T-top option. Deduct 5 percent for lesser models.						
1983 LeSabre, V-8						
4d Sed Ltd	240	710	1,180	2,660	4,130	5,900
2d Cpe Ltd	240	720	1,200	2,700	4,200	6,000
4d Sta Wag	240	720	1,200	2,700	4,200	6,000
NOTE: Deduct 12 percent for V-6 except Estate. Deduct 5 percent for lesser models.						
1983 Electra, V-8						
4d Sed Ltd	240	710	1,180	2,660	4,130	5,900
2d Cpe Ltd	240	720	1,200	2,700	4,200	6,000
4d Sed Park Ave	240	730	1,220	2,750	4,270	6,100
2d Cpe Park Ave	250	740	1,240	2,790	4,340	6,200
4d Sta Wag Est	250	740	1,240	2,790	4,340	6,200
NOTE: Deduct 15 percent for V-6.						
1983 Riviera, V-6						
2d Cpe	380	1,140	1,900	4,280	6,650	9,500
2d Conv	840	2,520	4,200	9,450	14,700	21,000
2d T-Type	420	1,260	2,100	4,730	7,350	10,500
1983 Riviera, V-8						
2d Cpe	424	1,272	2,120	4,770	7,420	10,600
2d Conv	880	2,640	4,400	9,900	15,400	22,000
NOTE: Add 20 percent for XX option.						
1984 Skyhawk Limited, 4-cyl.						
4d Sed	172	516	860	1,940	3,010	4,300
2d Sed	172	516	860	1,940	3,010	4,300
4d Sta Wag	172	516	860	1,940	3,010	4,300
NOTE: Deduct 5 percent for lesser models.						
1984 Skyhawk T-Type, 4-cyl.						
2d Sed	220	660	1,100	2,480	3,850	5,500
1984 Skylark Limited, V-6						
4d Sed	176	528	880	1,980	3,080	4,400
2d Sed	180	540	900	2,030	3,150	4,500
NOTE: Deduct 5 percent for lesser models. Deduct 8 percent for 4-cyl.						
1984 Skylark T-Type, V-6						
2d Sed	230	680	1,140	2,570	3,990	5,700
1984 Century Limited, 4-cyl.						
NOTE: Deduct 5 percent for lesser models. Deduct 8 percent for 4-cyl.						
1984 Century Limited, V-6						
4d Sed	180	540	900	2,030	3,150	4,500
2d Sed	184	552	920	2,070	3,220	4,600
4d Sta Wag Est	184	552	920	2,070	3,220	4,600
1984 Century T-Type, V-6						
4d Sed	220	670	1,120	2,520	3,920	5,600
2d Sed	240	730	1,220	2,750	4,270	6,100
1984 Regal, V-6						
4d Sed	180	550	920	2,070	3,220	4,600
2d Sed	300	900	1,500	3,380	5,250	7,500
2d Grand Natl	1,000	3,000	5,000	11,250	17,500	25,000
1984 Regal Limited, V-6						
4d Sed	190	560	940	2,120	3,290	4,700
2d Sed	300	910	1,520	3,420	5,320	7,600

	6	5	4	3	2	1
1984 Regal T-Type, V-6						
2d Sed	640	1,920	3,200	7,200	11,200	16,000
1984 LeSabre Custom, V-8						
4d Sed	240	710	1,180	2,660	4,130	5,900
2d Sed	240	710	1,180	2,660	4,130	5,900
1984 LeSabre Limited, V-8						
4d Sed	240	720	1,200	2,700	4,200	6,000
2d Sed	240	720	1,200	2,700	4,200	6,000
NOTE: Deduct 10 percent for V-6.						
1984 Electra Limited, V-8						
4d Sed	250	760	1,260	2,840	4,410	6,300
2d Sed	260	770	1,280	2,880	4,480	6,400
4d Est Wag	260	770	1,280	2,880	4,480	6,400
1984 Electra Park Avenue, V-8						
4d Sed	250	760	1,260	2,840	4,410	6,300
2d Sed	260	770	1,280	2,880	4,480	6,400
NOTE: Deduct 10 percent for V-6.						
1984 Riviera, V-6						
2d Cpe	384	1,152	1,920	4,320	6,720	9,600
2d Conv	860	2,580	4,300	9,680	15,050	21,500
NOTE: Add 20 percent for GN V-6 option.						
1984 Riviera, V-8						
2d Cpe	400	1,200	2,000	4,500	7,000	10,000
2d Conv	900	2,700	4,500	10,130	15,750	22,500
1984 Riviera T-Type, V-6 Turbo						
2d Cpe	396	1,188	1,980	4,460	6,930	9,900
1985 Skyhawk, 4-cyl.						
4d Sed Ltd	176	528	880	1,980	3,080	4,400
2d Ltd	176	528	880	1,980	3,080	4,400
4d Sta Wag Ltd	176	528	880	1,980	3,080	4,400
2d T-Type	220	670	1,120	2,520	3,920	5,600
NOTE: Deduct 5 percent for lesser models.						
1985 Skylark, V-6						
4d Cus Sed	176	528	880	1,980	3,080	4,400
4d Sed Ltd	180	540	900	2,030	3,150	4,500
NOTE: Deduct 10 percent for 4-cyl.						
1985 Century, V-6						
4d Sed Ltd	184	552	920	2,070	3,220	4,600
2d Ltd	184	552	920	2,070	3,220	4,600
4d Sta Wag Est	192	576	960	2,160	3,360	4,800
4d Sed T-Type	240	720	1,200	2,700	4,200	6,000
2d T-Type	250	740	1,240	2,790	4,340	6,200
NOTE: Deduct 10 percent for 4-cyl. where available. Deduct 5 percent for lesser models.						
1985 Somerset Regal, V-6						
2d Cus	188	564	940	2,120	3,290	4,700
2d Ltd	192	576	960	2,160	3,360	4,800
NOTE: Deduct 10 percent for 4-cyl.						
1985 Regal, V-6						
2d	300	910	1,520	3,420	5,320	7,600
2d Ltd	310	920	1,540	3,470	5,390	7,700
2d T-Type	640	1,920	3,200	7,200	11,200	16,000
2d T-Type Grand Natl	1,040	3,120	5,200	11,700	18,200	26,000
1985 LeSabre, V-8						
4d Sed Ltd	240	730	1,220	2,750	4,270	6,100
2d Ltd	260	770	1,280	2,880	4,480	6,400
4d Sta Wag Est	260	770	1,280	2,880	4,480	6,400
4d Electra Sta Wag Est	260	780	1,300	2,930	4,550	6,500
NOTE: Add 20 percent for Ltd Collectors Ed. Deduct 20 percent for V-6. Deduct 5 percent for lesser models.						
1985 Electra, V-6						
4d Sed	220	660	1,100	2,480	3,850	5,500
2d Sed	220	670	1,120	2,520	3,920	5,600
1985 Electra Park Avenue, V-6						
4d Sed	224	672	1,120	2,520	3,920	5,600
2d Sed	228	684	1,140	2,570	3,990	5,700
1985 Electra T-Type, V-6						
4d Sed	250	760	1,260	2,840	4,410	6,300
2d Sed	260	770	1,280	2,880	4,480	6,400
1985 Riviera T-Type, V-6						
2d Turbo	396	1,188	1,980	4,460	6,930	9,900
1985 Riviera, V-8						
2d Cpe	400	1,200	2,000	4,500	7,000	10,000
2d Conv	920	2,760	4,600	10,350	16,100	23,000
NOTE: Deduct 30 percent for diesel where available.						
1986 Skyhawk, 4-cyl.						
4d Cus Sed	176	528	880	1,980	3,080	4,400
2d Cus Cpe	172	516	860	1,940	3,010	4,300

	6	5	4	3	2	1
4d Cus Sta Wag	180	540	900	2,030	3,150	4,500
4d Ltd Sed.	180	540	900	2,030	3,150	4,500
2d Cpe Ltd.	176	528	880	1,980	3,080	4,400
4d Sta Wag Ltd	184	552	920	2,070	3,220	4,600
2d Spt HBk	188	564	940	2,120	3,290	4,700
2d T-Type HBk	210	640	1,060	2,390	3,710	5,300
2d T-Type Cpe	210	620	1,040	2,340	3,640	5,200
1986 Skylark, V-6						
2d Cus Cpe	176	528	880	1,980	3,080	4,400
4d Sed Ltd.	180	540	900	2,030	3,150	4,500
1986 Somerset, V-6						
2d Cus Cpe	192	576	960	2,160	3,360	4,800
2d Cpe T-Type	230	680	1,140	2,570	3,990	5,700
1986 Century Custom						
2d Cpe.	196	588	980	2,210	3,430	4,900
4d Sed.	192	576	960	2,160	3,360	4,800
4d Sta Wag	200	600	1,000	2,250	3,500	5,000
NOTE: Add 20 percent for GS package.						
1986 Century Limited, V-6						
2d Cpe.	200	600	1,000	2,250	3,500	5,000
4d Sed.	196	588	980	2,210	3,430	4,900
4d Sta Wag	204	612	1,020	2,300	3,570	5,100
4d Sed T-Type	240	710	1,180	2,660	4,130	5,900
1986 Regal, V-6						
2d Cpe, V-8.	310	920	1,540	3,470	5,390	7,700
2d Cpe Ltd, V-8.	320	950	1,580	3,560	5,530	7,900
2d Cpe T-Type	740	2,220	3,700	8,330	12,950	18,500
2d T-Type Grand Natl	1,240	3,720	6,200	13,950	21,700	31,000
1986 LeSabre Custom, V-6						
2d Cpe.	220	660	1,100	2,480	3,850	5,500
4d Sed.	216	648	1,080	2,430	3,780	5,400
1986 LeSabre Limited						
2d Cpe Grand Natl	760	2,280	3,800	8,550	13,300	19,000
2d Cpe.	224	672	1,120	2,520	3,920	5,600
4d Sed.	220	660	1,100	2,480	3,850	5,500
4d Sta Wag Est, V-8	240	720	1,200	2,700	4,200	6,000
1986 Electra, V-6						
2d Cpe.	224	672	1,120	2,520	3,920	5,600
4d Sed.	224	672	1,120	2,520	3,920	5,600
1986 Electra Park Avenue, V-6						
2d Cpe.	228	684	1,140	2,570	3,990	5,700
4d Sed.	228	684	1,140	2,570	3,990	5,700
4d Sed T-Type	240	730	1,220	2,750	4,270	6,100
4d Sta Wag Est.	248	744	1,240	2,790	4,340	6,200
1986 Riviera, V-6						
2d Cpe.	392	1,176	1,960	4,410	6,860	9,800
2d Cpe T-Type	400	1,200	2,000	4,500	7,000	10,000
NOTE: Add 10 percent for deluxe models. Deduct 5 percent for smaller engines where available.						
1987 Skyhawk, 4-cyl.						
4d Cus Sed	176	528	880	1,980	3,080	4,400
2d Cus Cpe	172	516	860	1,940	3,010	4,300
4d Cus Sta Wag	180	540	900	2,030	3,150	4,500
4d Sed Ltd.	180	540	900	2,030	3,150	4,500
2d Cpe Ltd.	176	528	880	1,980	3,080	4,400
4d Sta Wag Ltd	184	552	920	2,070	3,220	4,600
Spt HBk.	188	564	940	2,120	3,290	4,700
NOTE: Add 5 percent for Turbo.						
1987 Somerset, 4-cyl.						
2d Cus Cpe	196	588	980	2,210	3,430	4,900
2d Cpe Ltd.	200	600	1,000	2,250	3,500	5,000
NOTE: Add 10 percent for V-6.						
1987 Skylark						
4d Cus Sed	188	564	940	2,120	3,290	4,700
4d Sed Ltd.	192	576	960	2,160	3,360	4,800
NOTE: Add 10 percent for V-6.						
1987 Century, 4-cyl.						
4d Cus Sed	196	588	980	2,210	3,430	4,900
2d Cus Cpe	192	576	960	2,160	3,360	4,800
4d Cus Sta Wag	200	600	1,000	2,250	3,500	5,000
4d Sed Ltd.	200	600	1,000	2,250	3,500	5,000
2d Cpe Ltd.	196	588	980	2,210	3,430	4,900
4d Sta Wag Est.	204	612	1,020	2,300	3,570	5,100
NOTE: Add 10 percent for V-6.						
1987 Regal, V-6						
2d Cpe.	320	960	1,600	3,600	5,600	8,000
2d Cpe Ltd.	320	970	1,620	3,650	5,670	8,100

	6	5	4	3	2	1
1987 Regal, Turbo V-6						
2d Cpe T	960	2,880	4,800	10,800	16,800	24,000
2d Cpe T Ltd	1,040	3,120	5,200	11,700	18,200	26,000
2d Cpe Grand Natl	1,340	4,020	6,700	15,080	23,450	33,500
2d Cpe GNX	3,700	11,100	18,500	41,630	64,750	92,500
NOTE: Add 30 percent for turbo option on base Regal.						
1987 Regal, V-8						
2d Cpe	350	1,060	1,760	3,960	6,160	8,800
2d Cpe Ltd	360	1,070	1,780	4,010	6,230	8,900
1987 LeSabre, V-6						
4d Sed	220	660	1,100	2,480	3,850	5,500
4d Cus Sed	224	672	1,120	2,520	3,920	5,600
2d Cus Cpe	220	660	1,100	2,480	3,850	5,500
2d Cpe T-Type	250	740	1,240	2,790	4,340	6,200
1987 LeSabre, V-8						
4d Sta Wag	244	732	1,220	2,750	4,270	6,100
1987 Electra, V-6						
4d Sed Ltd	232	696	1,160	2,610	4,060	5,800
4d Sed Park Ave	240	720	1,200	2,700	4,200	6,000
2d Cpe Park Ave	236	708	1,180	2,660	4,130	5,900
4d Sed T-Type	260	780	1,300	2,930	4,550	6,500
1987 Electra, V-8						
4d Sta Wag Est	248	744	1,240	2,790	4,340	6,200
1987 Riviera, V-6						
2d Cpe	400	1,200	2,000	4,500	7,000	10,000
2d Cpe T-Type	408	1,224	2,040	4,590	7,140	10,200
1988 Skyhawk, 4-cyl.						
4d Sed	184	552	920	2,070	3,220	4,600
2d Cpe	180	540	900	2,030	3,150	4,500
2d Cpe SE	192	576	960	2,160	3,360	4,800
4d Sta Wag	188	564	940	2,120	3,290	4,700
1988 Skylark, 4-cyl.						
4d Cus Sed	188	564	940	2,120	3,290	4,700
2d Cus Cpe	192	576	960	2,160	3,360	4,800
4d Sed Ltd	192	576	960	2,160	3,360	4,800
2d Cpe Ltd	196	588	980	2,210	3,430	4,900
NOTE: Add 10 percent for V-6.						
1988 Century, 4-cyl.						
4d Cus Sed	188	564	940	2,120	3,290	4,700
2d Cus Cpe	192	576	960	2,160	3,360	4,800
4d Cus Sta Wag	196	588	980	2,210	3,430	4,900
4d Sed Ltd	192	576	960	2,160	3,360	4,800
2d Cpe Ltd	196	588	980	2,210	3,430	4,900
4d Sta Wag Ltd	200	600	1,000	2,250	3,500	5,000
NOTE: Add 10 percent for V-6.						
1988 Regal, V-6						
2d Cus Cpe	240	720	1,200	2,700	4,200	6,000
2d Cpe Ltd	260	780	1,300	2,930	4,550	6,500
1988 LeSabre, V-6						
2d Cpe	220	660	1,100	2,480	3,850	5,500
4d Cus Sed	240	720	1,200	2,700	4,200	6,000
2d Cpe Ltd	252	756	1,260	2,840	4,410	6,300
4d Sed Ltd	248	744	1,240	2,790	4,340	6,200
2d Cpe T-Type	260	780	1,300	2,930	4,550	6,500
4d Sta Wag, V-8	264	792	1,320	2,970	4,620	6,600
1988 Electra, V-6						
4d Sed Ltd	260	780	1,300	2,930	4,550	6,500
4d Sed Park Ave	368	1,104	1,840	4,140	6,440	9,200
4d Sed T-Type	380	1,150	1,920	4,320	6,720	9,600
4d Sta Wag, V-8	388	1,164	1,940	4,370	6,790	9,700
1988 Riviera, V-6						
2d Cpe	376	1,128	1,880	4,230	6,580	9,400
2d Cpe T-Type	408	1,224	2,040	4,590	7,140	10,200
1988 Reatta, V-6						
2d Cpe	600	1,800	3,000	6,750	10,500	15,000
1989 Skyhawk, 4-cyl.						
4d Sed	192	576	960	2,160	3,360	4,800
2d Cpe	188	564	940	2,120	3,290	4,700
2d SE Cpe	208	624	1,040	2,340	3,640	5,200
4d Sta Wag	200	600	1,000	2,250	3,500	5,000
1989 Skylark, 4-cyl.						
2d Cus Cpe	200	600	1,000	2,250	3,500	5,000
2d Cpe Ltd	208	624	1,040	2,340	3,640	5,200
4d Cus Sed	216	648	1,080	2,430	3,780	5,400
4d Sed Ltd	224	672	1,120	2,520	3,920	5,600

	6	5	4	3	2	1
1989 Skylark, V-6						
2d Cus Cpe	204	612	1,020	2,300	3,570	5,100
2d Cpe Ltd	212	636	1,060	2,390	3,710	5,300
4d Cus Sed	220	660	1,100	2,480	3,850	5,500
4d Sed Ltd	228	684	1,140	2,570	3,990	5,700
1989 Century, 4-cyl.						
4d Cus Sed	208	624	1,040	2,340	3,640	5,200
4d Sed Ltd	216	648	1,080	2,430	3,780	5,400
2d Cus	212	636	1,060	2,390	3,710	5,300
4d Cus Sta Wag	224	672	1,120	2,520	3,920	5,600
4d Sta Wag Ltd	228	684	1,140	2,570	3,990	5,700
1989 Century, V-6						
4d Cus Sed	212	636	1,060	2,390	3,710	5,300
4d Sed Ltd	220	660	1,100	2,480	3,850	5,500
2d Cus	216	648	1,080	2,430	3,780	5,400
4d Cus Sta Wag	228	684	1,140	2,570	3,990	5,700
4d Sta Wag Ltd	232	696	1,160	2,610	4,060	5,800
1989 Regal, V-6						
2d Cus	272	816	1,360	3,060	4,760	6,800
2d Ltd	276	828	1,380	3,110	4,830	6,900
1989 LeSabre, V-6						
2d Cpe	270	820	1,360	3,060	4,760	6,800
2d Ltd	276	828	1,380	3,110	4,830	6,900
2d T-Type	380	1,140	1,900	4,280	6,650	9,500
4d Cus	268	804	1,340	3,020	4,690	6,700
4d Ltd	272	816	1,360	3,060	4,760	6,800
4d Sta Wag, V-8	380	1,150	1,920	4,320	6,720	9,600
1989 Electra, V-6						
4d Sed Ltd	396	1,188	1,980	4,460	6,930	9,900
4d Park Ave	436	1,308	2,180	4,910	7,630	10,900
4d Park Ave Ultra	600	1,800	3,000	6,750	10,500	15,000
4d T-Type	440	1,320	2,200	4,950	7,700	11,000
4d Sta Wag, V-8	540	1,620	2,700	6,080	9,450	13,500
1989 Riviera, V-6						
2d Cpe	520	1,560	2,600	5,850	9,100	13,000
1989 Reatta, V-6						
2d Cpe	600	1,800	3,000	6,750	10,500	15,000
1990 Skylark, 4-cyl.						
2d Cpe	220	660	1,100	2,480	3,850	5,500
4d Sed	224	672	1,120	2,520	3,920	5,600
2d Cus Cpe	228	684	1,140	2,570	3,990	5,700
4d Cus Sed	232	696	1,160	2,610	4,060	5,800
2d Gran Spt Cpe	250	740	1,240	2,790	4,340	6,200
4d LE Sed	240	720	1,200	2,700	4,200	6,000
NOTE: Add 10 percent for V-6 where available.						
1990 Century, 4-cyl.						
2d Cus	260	780	1,300	2,930	4,550	6,500
4d Cus	264	792	1,320	2,970	4,620	6,600
4d Cus Sta Wag	272	816	1,360	3,060	4,760	6,800
4d Ltd Sed	272	816	1,360	3,060	4,760	6,800
4d Ltd Sta Wag	360	1,080	1,800	4,050	6,300	9,000
NOTE: Add 10 percent for V-6 where available.						
1990 Regal, V-6						
2d Cus Cpe	380	1,140	1,900	4,280	6,650	9,500
2d Ltd Cpe	400	1,200	2,000	4,500	7,000	10,000
1990 LeSabre, V-6						
2d Cpe	400	1,200	2,000	4,500	7,000	10,000
4d Cus Sed	404	1,212	2,020	4,550	7,070	10,100
2d Ltd Cpe	420	1,260	2,100	4,730	7,350	10,500
4d Ltd Sed	424	1,272	2,120	4,770	7,420	10,600
1990 Estate, V-8						
4d Sta Wag	520	1,560	2,600	5,850	9,100	13,000
1990 Electra, V-6						
4d Ltd Sed	520	1,560	2,600	5,850	9,100	13,000
4d Park Ave	550	1,650	2,750	6,190	9,630	13,750
4d Ultra Sed	640	1,920	3,200	7,200	11,200	16,000
4d T-Type Sed	540	1,620	2,700	6,080	9,450	13,500
1990 Riviera, V-6						
2d Cpe	540	1,620	2,700	6,080	9,450	13,500
1990 Reatta, V-6						
2d Cpe	600	1,800	3,000	6,750	10,500	15,000
2d Conv	800	2,400	4,000	9,000	14,000	20,000
1991 Skylark, 4-cyl.						
2d Cpe	200	600	1,000	2,250	3,500	5,000
4d Sed	204	612	1,020	2,300	3,570	5,100
2d Cus Cpe	204	612	1,020	2,300	3,570	5,100

	6	5	4	3	2	1
4d Cus Sed	208	624	1,040	2,340	3,640	5,200
2d Gran Spt Cpe	230	700	1,160	2,610	4,060	5,800
4d LE Sed	224	672	1,120	2,520	3,920	5,600
NOTE: Add 10 percent for V-6 where available.						
1991 Century, 4-cyl.						
4d Spl Sed	204	612	1,020	2,300	3,570	5,100
4d Cus Sed	208	624	1,040	2,340	3,640	5,200
2d Cus Cpe	204	612	1,020	2,300	3,570	5,100
4d Cus Sta Wag	216	648	1,080	2,430	3,780	5,400
4d Ltd Sed	212	636	1,060	2,390	3,710	5,300
4d Ltd Sta Wag	224	672	1,120	2,520	3,920	5,600
NOTE: Add 10 percent for V-6 where available.						
1991 Regal, V-6						
4d Cus Sed	256	768	1,280	2,880	4,480	6,400
2d Cus Cpe	252	756	1,260	2,840	4,410	6,300
4d Ltd Sed	264	792	1,320	2,970	4,620	6,600
2d Ltd Cpe	260	780	1,300	2,930	4,550	6,500
1991 LeSabre, V-6						
2d Cpe	272	816	1,360	3,060	4,760	6,800
4d Cus Sed	276	828	1,380	3,110	4,830	6,900
4d Ltd Sed	376	1,128	1,880	4,230	6,580	9,400
2d Ltd Cpe	372	1,116	1,860	4,190	6,510	9,300
1991 Roadmaster, V-8						
4d Est Sta Wag	540	1,620	2,700	6,080	9,450	13,500
1991 Park Avenue, V-6						
4d Sed	370	1,100	1,840	4,140	6,440	9,200
4d Ultra Sed	380	1,150	1,920	4,320	6,720	9,600
1991 Riviera, V-6						
2d Cpe	540	1,620	2,700	6,080	9,450	13,500
1991 Reatta, V-6						
2d Cpe	680	2,040	3,400	7,650	11,900	17,000
2d Conv	840	2,520	4,200	9,450	14,700	21,000
1992 Skylark, 4-cyl.						
2d Quad 4 Cpe	220	660	1,100	2,480	3,850	5,500
4d Quad 4 Sed	220	660	1,100	2,480	3,850	5,500
2d Cpe	240	720	1,200	2,700	4,200	6,000
4d Sed	240	720	1,200	2,700	4,200	6,000
2d Gran Spt Cpe	260	790	1,320	2,970	4,620	6,600
4d Gran Spt Sed	260	780	1,300	2,930	4,550	6,500
NOTE: Add 10 percent for V-6 where available.						
1992 Century, 4-cyl.						
4d Spl Sed	240	720	1,200	2,700	4,200	6,000
4d Cus Sed	248	744	1,240	2,790	4,340	6,200
2d Cus Cpe	260	780	1,300	2,930	4,550	6,500
4d Sed Ltd	360	1,080	1,800	4,050	6,300	9,000
4d Cus Sta Wag	368	1,104	1,840	4,140	6,440	9,200
4d Ltd Sta Wag	380	1,140	1,900	4,280	6,650	9,500
NOTE: Add 10 percent for V-6 where available.						
1992 Regal, V-6						
4d Cus Sed	360	1,080	1,800	4,050	6,300	9,000
2d Cus Cpe	360	1,080	1,800	4,050	6,300	9,000
4d Ltd Sed	380	1,140	1,900	4,280	6,650	9,500
2d Ltd Cpe	380	1,140	1,900	4,280	6,650	9,500
4d Gran Spt Sed	400	1,200	2,000	4,500	7,000	10,000
2d Gran Spt Cpe	400	1,210	2,020	4,550	7,070	10,100
1992 LeSabre, V-6						
4d Cus Sed	400	1,200	2,000	4,500	7,000	10,000
4d Ltd Sed	420	1,260	2,100	4,730	7,350	10,500
1992 Roadmaster, V-8						
4d Sed	520	1,560	2,600	5,850	9,100	13,000
4d Ltd Sed	540	1,620	2,700	6,080	9,450	13,500
4d Est Sta Wag	560	1,680	2,800	6,300	9,800	14,000
1992 Park Avenue, V-6						
4d Sed	370	1,100	1,840	4,140	6,440	9,200
4d Ultra Sed	380	1,150	1,920	4,320	6,720	9,600
1992 Riviera, V-6						
2d Cpe	600	1,800	3,000	6,750	10,500	15,000
1993 Skylark, 4-cyl. & V-6						
2d Cus Cpe	228	684	1,140	2,570	3,990	5,700
4d Cus Sed	228	684	1,140	2,570	3,990	5,700
2d Ltd Cpe	232	696	1,160	2,610	4,060	5,800
4d Ltd Sed	232	696	1,160	2,610	4,060	5,800
2d Gran Spt Cpe (V-6 only)	240	720	1,200	2,700	4,200	6,000
4d Gran Spt Sed (V-6 only)	236	708	1,180	2,660	4,130	5,900
1993 Century, 4-cyl.						
2d Cus Cpe	244	732	1,220	2,750	4,270	6,100

	6	5	4	3	2	1
4d Spl Sed	244	732	1,220	2,750	4,270	6,100
4d Cus Sed	248	744	1,240	2,790	4,340	6,200
4d Ltd Sed	252	756	1,260	2,840	4,410	6,300
4d Ltd Sta Wag	260	780	1,300	2,930	4,550	6,500
1993 Century, V-6						
2d Cus Cpe	252	756	1,260	2,840	4,410	6,300
4d Spl Sed	252	756	1,260	2,840	4,410	6,300
4d Cus Sed	256	768	1,280	2,880	4,480	6,400
4d Ltd Sed	260	780	1,300	2,930	4,550	6,500
4d Ltd Sta Wag	268	804	1,340	3,020	4,690	6,700
1993 Regal, V-6						
2d Cus Cpe	364	1,092	1,820	4,100	6,370	9,100
2d Ltd Cpe	368	1,104	1,840	4,140	6,440	9,200
2d Gran Spt Cpe	380	1,130	1,880	4,230	6,580	9,400
4d Cus Sed	364	1,092	1,820	4,100	6,370	9,100
4d Ltd Sed	368	1,104	1,840	4,140	6,440	9,200
4d Gran Spt Sed	372	1,116	1,860	4,190	6,510	9,300
1993 LeSabre, V-6						
4d Cus Sed	408	1,224	2,040	4,590	7,140	10,200
4d Ltd Sed	424	1,272	2,120	4,770	7,420	10,600
1993 Roadmaster, V-8						
4d Sed	528	1,584	2,640	5,940	9,240	13,200
4d Ltd Sed	548	1,644	2,740	6,170	9,590	13,700
4d Est Sta Wag	580	1,740	2,900	6,530	10,150	14,500
1993 Park Avenue, V-6						
4d Sed	370	1,100	1,840	4,140	6,440	9,200
4d Ultra Sed	380	1,150	1,920	4,320	6,720	9,600
1993 Riviera, V-6						
2d Cpe	608	1,824	3,040	6,840	10,640	15,200
1994 Skylark, 4-cyl. & V-6						
2d Cus Cpe	228	684	1,140	2,570	3,990	5,700
4d Cus Sed	232	696	1,160	2,610	4,060	5,800
4d Ltd	240	720	1,200	2,700	4,200	6,000
2d Gran Spt Cpe	270	820	1,360	3,060	4,760	6,800
4d Gran Spt Sed	268	804	1,340	3,020	4,690	6,700
1994 Century, 4-cyl. & V-6						
4d Special	260	780	1,300	2,930	4,550	6,500
4d Sta Wag Special	280	840	1,400	3,150	4,900	7,000
4d Cus	264	792	1,320	2,970	4,620	6,600
2d Cus	260	780	1,300	2,930	4,550	6,500
4d Ltd	280	840	1,400	3,150	4,900	7,000
4d Ltd Sta Wag	288	864	1,440	3,240	5,040	7,200
1994 Regal, V-6						
4d Cus Sed	324	972	1,620	3,650	5,670	8,100
2d Cus Sed	320	960	1,600	3,600	5,600	8,000
4d Ltd Sed	340	1,020	1,700	3,830	5,950	8,500
2d Ltd Cpe	336	1,008	1,680	3,780	5,880	8,400
4d Gran Spt Sed	380	1,140	1,900	4,280	6,650	9,500
2d Gran Spt Cpe	380	1,150	1,920	4,320	6,720	9,600
1994 LeSabre, V-6						
4d Cus Sed	328	984	1,640	3,690	5,740	8,200
4d Ltd Sed	336	1,008	1,680	3,780	5,880	8,400
1994 Roadmaster, V-8						
4d Sed	360	1,080	1,800	4,050	6,300	9,000
4d Ltd Sed	380	1,130	1,880	4,230	6,580	9,400
4d Est Sta Wag	580	1,740	2,900	6,530	10,150	14,500
1994 Park Avenue, V-6						
4d Sed	368	1,104	1,840	4,140	6,440	9,200
4d Ultra Sed	384	1,152	1,920	4,320	6,720	9,600
1994 Riviera, V-6 (Spring 1994 launch of 1995 model)						
2d Cpe	400	1,250	2,100	4,730	7,350	10,500
1995 Skylark, 4-cyl. & V-6						
2d Cus Cpe	250	700	1,150	2,570	4,000	5,700
4d Cus Sed	250	700	1,150	2,610	4,050	5,800
2d Ltd Cpe	250	700	1,200	2,660	4,150	5,900
4d Ltd Sed	250	700	1,200	2,700	4,200	6,000
2d Gran Spt Cpe (V-6 only)	270	820	1,360	3,060	4,760	6,800
4d Gran Spt Sed (V-6 only)	250	800	1,350	3,020	4,700	6,700
1995 Century, 4-cyl. & V-6						
4d Spl Sed	250	800	1,300	2,930	4,550	6,500
4d Spl Sta Wag	300	850	1,400	3,150	4,900	7,000
4d Cus Sed (V-6 only)	260	790	1,320	2,970	4,620	6,600
4d Ltd Sed (V-6 only)	280	840	1,400	3,150	4,900	7,000
1995 Regal, V-6						
2d Cus Cpe	300	950	1,600	3,600	5,600	8,000
4d Cus Cpe	300	950	1,600	3,650	5,650	8,100

	6	5	4	3	2	1
4d Ltd Sed	350	1,000	1,700	3,830	5,950	8,500
2d Gran Spt Cpe	380	1,150	1,920	4,320	6,720	9,600
4d Gran Spt Sed	400	1,150	1,900	4,280	6,650	9,500
1995 LeSabre, V-6						
4d Cus Sed	350	1,000	1,650	3,690	5,750	8,200
4d Ltd Sed	350	1,000	1,700	3,780	5,900	8,400
1995 Roadmaster, V-8						
4d Sed	350	1,100	1,800	4,050	6,300	9,000
4d Ltd Sed	400	1,150	1,900	4,230	6,600	9,400
4d Estate Sta Wag	500	1,450	2,400	5,450	8,450	12,100
4d Estate Ltd Sta Wag	520	1,560	2,600	5,850	9,100	13,000
1995 Park Avenue, V-6						
4d Sed	350	1,100	1,850	4,140	6,450	9,200
4d Ultra Sed	400	1,150	1,900	4,320	6,700	9,600
1995 Riviera, V-6						
2d Cpe	400	1,250	2,100	4,730	7,350	10,500
1996 Skylark, 4-cyl. & V-6						
2d Cus Cpe	250	700	1,150	2,570	4,000	5,700
4d Cus Sed	250	700	1,150	2,610	4,050	5,800
2d Ltd Cpe	250	700	1,200	2,660	4,150	5,900
4d Ltd Sed	250	700	1,200	2,700	4,200	6,000
2d Gran Spt Cpe (V-6 only)	270	820	1,360	3,060	4,760	6,800
4d Gran Spt Sed (V-6 only)	250	800	1,350	3,020	4,700	6,700
1996 Century, 4-cyl. & V-6						
4d Spl Sed	250	800	1,300	2,930	4,550	6,500
4d Spl Sta Wag (V-6 only)	300	850	1,400	3,150	4,900	7,000
4d Cus Sed (V-6 only)	260	790	1,320	2,970	4,620	6,600
4d Ltd Sed (V-6 only)	280	840	1,400	3,150	4,900	7,000
1996 Regal, V-6						
2d Cus Cpe	300	950	1,600	3,600	5,600	8,000
4d Cus Cpe	300	950	1,600	3,650	5,650	8,100
4d Ltd Sed	350	1,000	1,700	3,830	5,950	8,500
2d Gran Spt Cpe	380	1,150	1,920	4,320	6,720	9,600
4d Gran Spt Sed	400	1,150	1,900	4,280	6,650	9,500
1996 LeSabre, V-6						
4d Cus Sed	350	1,000	1,650	3,690	5,750	8,200
4d Ltd Sed	350	1,000	1,700	3,780	5,900	8,400
1996 Roadmaster, V-8						
4d Sed	350	1,100	1,800	4,050	6,300	9,000
4d Ltd Sed	400	1,150	1,900	4,230	6,600	9,400
4d Estate Sta Wag	500	1,510	2,520	5,670	8,820	12,600
4d Estate Ltd Sta Wag	540	1,620	2,700	6,080	9,450	13,500
1996 Park Avenue, V-6						
4d Sed	350	1,100	1,850	4,140	6,450	9,200
4d Ultra Sed	400	1,150	1,900	4,320	6,700	9,600
1996 Riviera, V-6						
2d Cpe	420	1,260	2,100	4,730	7,350	10,500
NOTE: Add 5 percent for supercharged V-6.						
1997 Skylark, 4-cyl. & V-6						
2d Cus Cpe	228	684	1,140	2,570	3,990	5,700
4d Cus Sed	232	696	1,160	2,610	4,060	5,800
2d Ltd Cpe	236	708	1,180	2,660	4,130	5,900
4d Ltd Sed	240	720	1,200	2,700	4,200	6,000
2d Gran Spt Cpe (V-6 only)	270	820	1,360	3,060	4,760	6,800
4d Gran Spt Sed (V-6 only)	268	804	1,340	3,020	4,690	6,700
1997 Century, V-6						
4d Cus Sed	264	792	1,320	2,970	4,620	6,600
4d Ltd Sed	280	840	1,400	3,150	4,900	7,000
1997 Regal, V-6						
4d Cus Sed	324	972	1,620	3,650	5,670	8,100
4d Ltd Sed	340	1,020	1,700	3,830	5,950	8,500
4d Gran Spt Sed	380	1,140	1,900	4,280	6,650	9,500
NOTE: Regals were carried over from '96 until the launch of the '97-1/2 - '98 models in the fall.						
1997 LeSabre, V-6						
4d Cus Sed	328	984	1,640	3,690	5,740	8,200
4d Ltd Sed	336	1,008	1,680	3,780	5,880	8,400
1997 Park Avenue, V-6						
4d Sed	368	1,104	1,840	4,140	6,440	9,200
4d Ultra Sed	384	1,152	1,920	4,320	6,720	9,600
1997 Riviera, V-6						
2d Cpe	420	1,260	2,100	4,730	7,350	10,500
NOTE: Add 5 percent for supercharged V-6.						
1998 Skylark, V-6						
4d Cus Sed	230	700	1,160	2,610	4,060	5,800
1998 Century, V-6						
4d Cus Sed	260	790	1,320	2,970	4,620	6,600

	6	5	4	3	2	1
4d Ltd Sed	280	840	1,400	3,150	4,900	7,000
1998 Regal, V-6						
4d LS Sed	320	970	1,620	3,650	5,670	8,100
4d GS Sed	340	1,020	1,700	3,830	5,950	8,500
NOTE: Add 10 percent for 25th Anv Pkg.						
1998 LeSabre, V-6						
4d Cus Sed	330	1,000	1,660	3,740	5,810	8,300
4d Ltd Sed	340	1,030	1,720	3,870	6,020	8,600
1998 Park Avenue, V-6						
4d Sed	370	1,100	1,840	4,140	6,440	9,200
4d Ultra Sed	380	1,150	1,920	4,320	6,720	9,600
1998 Riviera, Supercharged V-6						
2d Cpe	460	1,380	2,300	5,180	8,050	11,500
1999 Century, V-6						
4d Cus Sed	270	820	1,360	3,060	4,760	6,800
4d Ltd Sed	290	860	1,440	3,240	5,040	7,200
1999 Regal, V-6						
4d LS Sed	330	1,000	1,660	3,740	5,810	8,300
4d GS Sed	350	1,040	1,740	3,920	6,090	8,700
4d LSE Sed	360	1,070	1,780	4,010	6,230	8,900
4d GSE Sed	360	1,090	1,820	4,100	6,370	9,100
1999 LeSabre, V-6						
4d Cus Sed	340	1,010	1,680	3,780	5,880	8,400
4d Ltd Sed	350	1,060	1,760	3,960	6,160	8,800
NOTE: Add 5 percent for Gran Touring pkg.						
1999 Park Avenue, V-6						
4d Sed	370	1,100	1,840	4,140	6,440	9,200
4d Ultra Sed	380	1,150	1,920	4,320	6,720	9,600
1999 Riviera, Supercharged V-6						
2d Cpe	480	1,440	2,400	5,400	8,400	12,000
2000 Century, V-6						
4d Cus Sed	270	820	1,360	3,060	4,760	6,800
4d Ltd Sed	290	860	1,440	3,240	5,040	7,200
NOTE: Add 10 percent for Century 2000 Special Edition pkg.						
2000 Regal, V-6						
4d LS Sed	330	1,000	1,660	3,740	5,810	8,300
4d GS Sed	350	1,040	1,740	3,920	6,090	8,700
2000 LeSabre, V-6						
4d Cus Sed	340	1,010	1,680	3,780	5,880	8,400
4d Ltd Sed	350	1,060	1,760	3,960	6,160	8,800
NOTE: Add 5 percent for Gran Touring pkg.						
2000 Park Avenue, V-6						
4d Sed	370	1,100	1,840	4,140	6,440	9,200
4d Ultra Sed	380	1,150	1,920	4,320	6,720	9,600
NOTE: Add 5 percent for Gran Touring pkg.						
2001 Century, V-6						
4d Cus Sed	280	830	1,380	3,450	4,830	6,900
4d Ltd Sed	290	880	1,460	3,650	5,110	7,300
NOTE: Add 10 percent for Century 2001 Special Ed pkg.						
2001 Regal, V-6						
4d LS Sed	340	1,010	1,680	4,200	5,880	8,400
4d GS Sed	350	1,060	1,760	4,400	6,160	8,800
NOTE: Add 10 percent for Regal Olympic Ed pkg.						
2001 LeSabre, V-6						
4d Cus Sed	340	1,020	1,700	4,250	5,950	8,500
4d Ltd Sed	360	1,070	1,780	4,450	6,230	8,900
2001 Park Avenue, V-6						
4d Sed	370	1,120	1,860	4,650	6,510	9,300
4d Ultra Sed	390	1,160	1,940	4,850	6,790	9,700
NOTE: Add 10 percent for mid-year Ultra model in Laguna Green w/walnut int trim.						
2002 Century, V-6						
4d Cus Sed	280	830	1,380	3,450	4,830	6,900
4d Ltd Sed	290	880	1,460	3,650	5,110	7,300
NOTE: Add 5 percent for Touring pkg.						
2002 Regal, V-6						
4d LS Sed	340	1,010	1,680	4,200	5,880	8,400
4d GS Sed	350	1,060	1,760	4,400	6,160	8,800
NOTE: Add 10 percent for Joseph Abboud Ed.						
2002 LeSabre, V-6						
4d Cus Sed	340	1,020	1,700	4,250	5,950	8,500
4d Ltd Sed	360	1,070	1,780	4,450	6,230	8,900
2002 Park Avenue, V-6						
4d Sed	370	1,120	1,860	4,650	6,510	9,300
4d Ultra Sed	390	1,160	1,940	4,850	6,790	9,700
NOTE: Add 5 percent for Gran Touring pkg.						
2003 Century, V-6						
4d Cus Sed	280	830	1,380	3,450	4,830	6,900

BUICK

	6	5	4	3	2	1
4d Ltd Sed	290	880	1,460	3,650	5,110	7,300
2003 Regal, V-6						
4d LS Sed	340	1,010	1,680	4,200	5,880	8,400
4d GS Sed	350	1,060	1,760	4,400	6,160	8,800
2003 LeSabre, V-6						
4d Cus Sed	340	1,020	1,700	4,250	5,950	8,500
4d Ltd Sed	360	1,070	1,780	4,450	6,230	8,900
2003 Park Avenue, V-6						
4d Sed	370	1,120	1,860	4,650	6,510	9,300
4d Ultra Sed	390	1,160	1,940	4,850	6,790	9,700
2004 Century, V-6						
4d Sed	270	800	1,340	3,350	4,690	6,700
4d Cus Sed	280	840	1,400	3,500	4,900	7,000
4d Ltd Sed	300	890	1,480	3,700	5,180	7,400
4d Spl Ed Sed	320	960	1,600	4,000	5,600	8,000
2004 Regal, V-6						
4d LS Sed	340	1,010	1,680	4,200	5,880	8,400
4d GS Sed	350	1,060	1,760	4,400	6,160	8,800
2004 LeSabre, V-6						
4d Cus Sed	340	1,020	1,700	4,250	5,950	8,500
4d Ltd Sed	360	1,070	1,780	4,450	6,230	8,900
2004 Park Avenue, V-6						
4d Sed	370	1,120	1,860	4,650	6,510	9,300
4d Ultra Sed	390	1,160	1,940	4,850	6,790	9,700
2005 Century, V-6						
4d Sed	270	800	1,340	3,350	4,690	6,700
4d Cus Sed	280	840	1,400	3,500	4,900	7,000
4d Ltd Sed	300	890	1,480	3,700	5,180	7,400
4d Spl Ed Sed	320	960	1,600	4,000	5,600	8,000
2005 LaCrosse, V-6						
4d CX Sed	320	970	1,620	4,050	5,670	8,100
4d CXL Sed	330	980	1,640	4,100	5,740	8,200
4d CXS Sed	340	1,010	1,680	4,200	5,880	8,400
2005 LeSabre, V-6						
4d Cus Sed	340	1,020	1,700	4,250	5,950	8,500
4d Ltd Sed	360	1,070	1,780	4,450	6,230	8,900
2005 Park Avenue, V-6						
4d Sed	370	1,120	1,860	4,650	6,510	9,300
4d Ultra Sed	390	1,160	1,940	4,850	6,790	9,700
2006 LaCrosse, V-6						
4d CX Sed	370	1,100	1,840	4,140	6,440	9,200
4d CXL Sed	420	1,260	2,100	4,730	7,350	10,500
4d CXS Sed	440	1,320	2,200	5,500	7,700	11,000
2006 Lucerne, V-6						
4d CX Sed	380	1,140	1,900	4,750	6,650	9,500
4d CXL Sed	450	1,360	2,260	5,090	7,910	11,300
NOTE: Add 5 percent for 4.6L V-8						
2006 Lucerne, V-8						
4d CXS Sed	500	1,510	2,520	6,300	8,820	12,600

CADILLAC

1903 Model A, 1-cyl.						
Rbt	3,240	9,720	16,200	36,450	56,700	81,000
Tonn Rbt	3,200	9,600	16,000	36,000	56,000	80,000
1904 Model A, 1-cyl.						
Rbt	3,200	9,600	16,000	36,000	56,000	80,000
Tonn Rbt	3,160	9,480	15,800	35,550	55,300	79,000
1904 Model B, 1-cyl.						
Rbt	3,200	9,600	16,000	36,000	56,000	80,000
Tr	3,240	9,720	16,200	36,450	56,700	81,000
1905 Models B-E						
Rbt	3,200	9,600	16,000	36,000	56,000	80,000
Tonn Rbt	3,160	9,480	15,800	35,550	55,300	79,000
1905 Model D, 4-cyl.						
Rbt	3,240	9,720	16,200	36,450	56,700	81,000
Tonn Rbt	3,280	9,840	16,400	36,900	57,400	82,000
1905 Model F, 1-cyl.						
Tr	3,120	9,360	15,600	35,100	54,600	78,000
1906 Model K-M, 1-cyl.						
Rbt	3,120	9,360	15,600	35,100	54,600	78,000
Tr	3,160	9,480	15,800	35,550	55,300	79,000
1906 Model H, 4-cyl.						
Rbt	3,120	9,360	15,600	35,100	54,600	78,000
Tr	3,160	9,480	15,800	35,550	55,300	79,000
1906 Model L, 4-cyl.						
7P Tr	3,240	9,720	16,200	36,450	56,700	81,000

	6	5	4	3	2	1
Limo	3,160	9,480	15,800	35,550	55,300	79,000
1907 Model G, 4-cyl., 20 hp						
Rbt.	2,400	7,200	12,000	27,000	42,000	60,000
Tr.	2,440	7,320	12,200	27,450	42,700	61,000
Limo	2,320	6,960	11,600	26,100	40,600	58,000
1907 Model H, 4-cyl., 30 hp						
Tr.	2,480	7,440	12,400	27,900	43,400	62,000
Limo	2,440	7,320	12,200	27,450	42,700	61,000
1907 Model K-M, 1-cyl.						
Rbt.	2,320	6,960	11,600	26,100	40,600	58,000
Tr.	2,360	7,080	11,800	26,550	41,300	59,000
1908 Model G, 4-cyl., 25 hp						
Rbt.	2,360	7,080	11,800	26,550	41,300	59,000
Tr.	2,400	7,200	12,000	27,000	42,000	60,000
1908 Model H, 4-cyl., 30 hp						
Rbt.	2,520	7,560	12,600	28,350	44,100	63,000
Tr.	2,600	7,800	13,000	29,250	45,500	65,000
Cpe	2,040	6,120	10,200	22,950	35,700	51,000
Limo	2,310	6,940	11,560	26,010	40,460	57,800
1908 Model S-T, 1-cyl.						
Rbt.	2,310	6,940	11,560	26,010	40,460	57,800
Tr.	2,370	7,100	11,840	26,640	41,440	59,200
Cpe	2,610	7,820	13,040	29,340	45,640	65,200
1909 Model 30, 4-cyl.						
Rds	2,670	8,020	13,360	30,060	46,760	66,800
demi T&C	2,680	8,050	13,420	30,200	46,970	67,100
Tr.	2,740	8,210	13,680	30,780	47,880	68,400
1909 Model T, 1-cyl.						
Tr.	2,480	7,450	12,420	27,950	43,470	62,100
1910 Model 30, 4-cyl.						
Rds	2,790	8,360	13,940	31,370	48,790	69,700
demi T&C	2,840	8,520	14,200	31,950	49,700	71,000
Tr.	2,580	7,730	12,880	28,980	45,080	64,400
Limo	2,470	7,420	12,360	27,810	43,260	61,800
1911 Model 30, 4-cyl.						
Rds	2,790	8,360	13,940	31,370	48,790	69,700
demi T&C	2,840	8,520	14,200	31,950	49,700	71,000
Tr.	3,180	9,550	15,920	35,820	55,720	79,600
Cpe	2,520	7,570	12,620	28,400	44,170	63,100
Limo	2,630	7,900	13,160	29,610	46,060	65,800
1912 Model 30, 4-cyl.						
Rds	3,050	9,160	15,260	34,340	53,410	76,300
4P Phae	3,100	9,310	15,520	34,920	54,320	77,600
5P Tr	3,160	9,480	15,800	35,550	55,300	79,000
Cpe	2,580	7,730	12,880	28,980	45,080	64,400
Limo	2,740	8,210	13,680	30,780	47,880	68,400
1913 Model 30, 4-cyl.						
Rds	3,050	9,160	15,260	34,340	53,410	76,300
Phae	3,100	9,310	15,520	34,920	54,320	77,600
Torp.	3,160	9,480	15,800	35,550	55,300	79,000
5P Tr	3,210	9,640	16,060	36,140	56,210	80,300
6P Tr	3,180	9,550	15,920	35,820	55,720	79,600
Cpe	2,520	7,570	12,620	28,400	44,170	63,100
Limo	2,680	8,050	13,420	30,200	46,970	67,100
1914 Model 30, 4-cyl.						
Rds	3,100	9,310	15,520	34,920	54,320	77,600
Phae	3,160	9,480	15,800	35,550	55,300	79,000
5P Tr	3,380	10,140	16,900	38,030	59,150	84,500
7P Tr	3,260	9,790	16,320	36,720	57,120	81,600
Lan Cpe.	2,580	7,730	12,880	28,980	45,080	64,400
Encl dr Limo	2,680	8,050	13,420	30,200	46,970	67,100
Limo	2,740	8,210	13,680	30,780	47,880	68,400
1915 Model 51, V-8						
Rds	3,080	9,240	15,400	34,650	53,900	77,000
Sal Tr.	3,130	9,400	15,660	35,240	54,810	78,300
7P Tr	3,180	9,550	15,920	35,820	55,720	79,600
3P Cpe	2,550	7,660	12,760	28,710	44,660	63,800
Sed Brgm	2,420	7,250	12,080	27,180	42,280	60,400
7P Limo	2,680	8,040	13,400	30,150	46,900	67,000
Berl Limo	2,790	8,360	13,940	31,370	48,790	69,700
1916 Model 53, V-8						
Rds	2,780	8,330	13,880	31,230	48,580	69,400
5P Tr	2,820	8,470	14,120	31,770	49,420	70,600
7P Tr	2,880	8,630	14,380	32,360	50,330	71,900
3P Cpe	2,340	7,020	11,700	26,330	40,950	58,500
Sed Brgm	2,210	6,620	11,040	24,840	38,640	55,200

	6	5	4	3	2	1
7P Limo	2,450	7,360	12,260	27,590	42,910	61,300
Berl Limo	2,550	7,660	12,760	28,710	44,660	63,800
1917 Model 55, V-8						
Rds	2,820	8,450	14,080	31,680	49,280	70,400
Clb Rds	2,460	7,390	12,320	27,720	43,120	61,600
Conv	2,770	8,300	13,840	31,140	48,440	69,200
Cpe	2,330	6,980	11,640	26,190	40,740	58,200
Vic	2,380	7,140	11,900	26,780	41,650	59,500
Brgm	2,210	6,620	11,040	24,840	38,640	55,200
Limo	2,360	7,070	11,780	26,510	41,230	58,900
Imp Limo	2,450	7,360	12,260	27,590	42,910	61,300
7P Lan'let	2,550	7,660	12,760	28,710	44,660	63,800
1918-19 Type 57, V-8						
Rds	2,770	8,300	13,840	31,140	48,440	69,200
Phae	2,820	8,450	14,080	31,680	49,280	70,400
Tr	2,720	8,160	13,600	30,600	47,600	68,000
Conv Vic	2,670	8,020	13,360	30,060	46,760	66,800
Brgm	2,140	6,420	10,700	24,080	37,450	53,500
Limo	2,190	6,560	10,940	24,620	38,290	54,700
Twn Limo	2,230	6,700	11,160	25,110	39,060	55,800
Lan'let	2,560	7,680	12,800	28,800	44,800	64,000
Twn Lan'let	2,540	7,620	12,700	28,580	44,450	63,500
Imp Limo	2,380	7,150	11,920	26,820	41,720	59,600
1920-21 Type 59, V-8						
Rds	3,070	9,220	15,360	34,560	53,760	76,800
Phae	2,660	7,980	13,300	29,930	46,550	66,500
Tr	2,570	7,720	12,860	28,940	45,010	64,300
Vic	2,360	7,080	11,800	26,550	41,300	59,000
Sed	2,160	6,480	10,800	24,300	37,800	54,000
Cpe	2,200	6,600	11,000	24,750	38,500	55,000
Sub	2,200	6,600	11,000	24,750	38,500	55,000
Limo	2,200	6,600	11,000	24,750	38,500	55,000
Twn Brgm	2,220	6,660	11,100	24,980	38,850	55,500
Imp Limo	2,270	6,800	11,340	25,520	39,690	56,700
NOTE: Coupe and Town Brougham dropped for 1921.						
1922-23 Type 61, V-8						
Rds	2,440	7,310	12,180	27,410	42,630	60,900
Phae	2,480	7,450	12,420	27,950	43,470	62,100
Tr	2,440	7,310	12,180	27,410	42,630	60,900
Cpe	2,100	6,290	10,480	23,580	36,680	52,400
Vic	1,980	5,950	9,920	22,320	34,720	49,600
5P Cpe	1,840	5,510	9,180	20,660	32,130	45,900
Sed	1,790	5,360	8,940	20,120	31,290	44,700
Sub	2,030	6,100	10,160	22,860	35,560	50,800
7P Limo	2,080	6,240	10,400	23,400	36,400	52,000
Imp Limo	2,130	6,380	10,640	23,940	37,240	53,200
Lan'let Sed	2,560	7,680	12,800	28,800	44,800	64,000
1924-25 V-63, V-8						
Rds	2,380	7,150	11,920	26,820	41,720	59,600
Phae	2,430	7,300	12,160	27,360	42,560	60,800
Tr	2,240	6,710	11,180	25,160	39,130	55,900
Vic	1,900	5,690	9,480	21,330	33,180	47,400
Cpe	1,840	5,530	9,220	20,750	32,270	46,100
Limo	1,770	5,320	8,860	19,940	31,010	44,300
Twn Brgm	1,800	5,390	8,980	20,210	31,430	44,900
Imp Sed	1,750	5,240	8,740	19,670	30,590	43,700
Custom models, (V-8 introduced Oct., 1924).						
Cpe	1,840	5,520	9,200	20,700	32,200	46,000
5P Cpe	1,890	5,660	9,440	21,240	33,040	47,200
5P Sed	1,880	5,640	9,400	21,150	32,900	47,000
Sub	1,840	5,520	9,200	20,700	32,200	46,000
Imp Sub	1,880	5,640	9,400	21,150	32,900	47,000
Other models, V-8.						
7P Sed	1,840	5,520	9,200	20,700	32,200	46,000
Vic	1,880	5,640	9,400	21,150	32,900	47,000
Lan Sed	2,520	7,560	12,600	28,350	44,100	63,000
2d Sed	1,760	5,280	8,800	19,800	30,800	44,000
8P Imp Sed	1,820	5,460	9,100	20,480	31,850	45,500
(All Custom and post-Dec. 1924 models have scrolled radiators).						
1926-27 Series 314, V-8						
Cpe	2,300	6,900	11,500	25,880	40,250	57,500
Vic	2,350	7,040	11,740	26,420	41,090	58,700
5P Brgm	2,300	6,900	11,500	25,880	40,250	57,500
5P Sed	1,920	5,760	9,600	21,600	33,600	48,000
7P Sed	2,600	7,800	13,000	29,250	45,500	65,000
Imp Sed	1,980	5,940	9,900	22,280	34,650	49,500

	6	5	4	3	2	1
1926-27 Custom Line, V-8						
Rds	4,520	13,560	22,600	50,850	79,100	113,000
Tr.	4,350	13,040	21,740	48,920	76,090	108,700
Phae	4,440	13,330	22,220	50,000	77,770	111,100
Cpe	2,590	7,780	12,960	29,160	45,360	64,800
Sed	2,250	6,740	11,240	25,290	39,340	56,200
Sub	2,300	6,900	11,500	25,880	40,250	57,500
Imp Sed.	2,490	7,480	12,460	28,040	43,610	62,300
1927 Series 314 Std., V-8, 132" wb						
Spt Cpe	2,400	7,200	12,000	27,000	42,000	60,000
Cpe	2,280	6,840	11,400	25,650	39,900	57,000
Sed 5P	1,880	5,640	9,400	21,150	32,900	47,000
Sed 7P	1,920	5,760	9,600	21,600	33,600	48,000
Victoria 4P.	2,240	6,720	11,200	25,200	39,200	56,000
Spt Sed	1,920	5,760	9,600	21,600	33,600	48,000
Brgm	1,840	5,520	9,200	20,700	32,200	46,000
Imp	1,900	5,700	9,500	21,380	33,250	47,500
1927 Std. Series, V-8, 132" wb						
7P Sed	1,840	5,520	9,200	20,700	32,200	46,000
1927 Custom, 138" wb						
RS Rds	4,000	12,000	20,000	45,000	70,000	100,000
RS Conv	3,320	9,960	16,600	37,350	58,100	83,000
Phae	4,320	12,960	21,600	48,600	75,600	108,000
Spt Phae	4,480	13,440	22,400	50,400	78,400	112,000
Tr.	4,120	12,360	20,600	46,350	72,100	103,000
Conv	3,240	9,720	16,200	36,450	56,700	81,000
Cpe	2,440	7,320	12,200	27,450	42,700	61,000
5P Sed	2,120	6,360	10,600	23,850	37,100	53,000
Sub	2,000	6,000	10,000	22,500	35,000	50,000
Imp Sed.	2,160	6,480	10,800	24,300	37,800	54,000
Brn Twn Cabr	2,800	8,400	14,000	31,500	49,000	70,000
Wilby Twn Cabr.	2,640	7,920	13,200	29,700	46,200	66,000
1927 Fleetwood Bodies						
Limo Brgm.	2,600	7,800	13,000	29,250	45,500	65,000
Twn Cabr.	2,680	8,040	13,400	30,150	46,900	67,000
Trans Twn Cabr	2,920	8,760	14,600	32,850	51,100	73,000
Coll Twn Cabr	2,960	8,880	14,800	33,300	51,800	74,000
Vic	2,600	7,800	13,000	29,250	45,500	65,000
1928 Fisher Custom Line, V-8, 140" wb						
Rds	5,680	17,040	28,400	63,900	99,400	142,000
Tr.	5,760	17,280	28,800	64,800	100,800	144,000
Phae	5,840	17,520	29,200	65,700	102,200	146,000
Spt Phae	6,160	18,480	30,800	69,300	107,800	154,000
Conv RS	5,160	15,480	25,800	58,050	90,300	129,000
2P Cpe	2,250	6,740	11,240	25,290	39,340	56,200
5P Cpe	2,210	6,620	11,040	24,840	38,640	55,200
Twn Sed	2,000	6,010	10,020	22,550	35,070	50,100
Sed	1,960	5,870	9,780	22,010	34,230	48,900
7P Sed	2,080	6,240	10,400	23,400	36,400	52,000
5P Imp Sed	2,120	6,360	10,600	23,850	37,100	53,000
Imp Cabr	5,360	16,080	26,800	60,300	93,800	134,000
7P Imp Sed	3,320	9,960	16,600	37,350	58,100	83,000
7P Imp Cabr	5,560	16,680	27,800	62,550	97,300	139,000
1928 Fisher Fleetwood Line, V-8, 140" wb						
Sed	2,280	6,840	11,400	25,650	39,900	57,000
5P Cabr.	5,760	17,280	28,800	64,800	100,800	144,000
5P Imp Cabr	5,920	17,760	29,600	66,600	103,600	148,000
7P Sed	2,400	7,200	12,000	27,000	42,000	60,000
7P Cabr.	5,800	17,400	29,000	65,250	101,500	145,000
7P Imp Cabr	6,080	18,240	30,400	68,400	106,400	152,000
Trans Twn Cabr	5,920	17,760	29,600	66,600	103,600	148,000
Trans Limo Brgm.	4,280	12,840	21,400	48,150	74,900	107,000
1929 Series 341-B, V-8, 140" wb						
Rds	5,720	17,150	28,580	64,310	100,030	142,900
Phae	5,910	17,720	29,540	66,470	103,390	147,700
Spt Phae	6,400	19,190	31,980	71,960	111,930	159,900
Tr.	5,240	15,720	26,200	58,950	91,700	131,000
Conv	5,280	15,840	26,400	59,400	92,400	132,000
2P Cpe	3,620	10,850	18,080	40,680	63,280	90,400
5P Cpe	2,880	8,650	14,420	32,450	50,470	72,100
5P Sed	2,400	7,190	11,980	26,960	41,930	59,900
7P Sed	2,350	7,040	11,740	26,420	41,090	58,700
Twn Sed	2,440	7,330	12,220	27,500	42,770	61,100
7P Imp Sed	2,490	7,480	12,460	28,040	43,610	62,300
1929 Fleetwood Custom Line, V-8, 140" wb						
Sed	2,480	7,430	12,380	27,860	43,330	61,900

	6	5	4	3	2	1
Sed Cabr	6,090	18,260	30,440	68,490	106,540	152,200
5P Imp Sed	2,820	8,450	14,080	31,680	49,280	70,400
7P Imp Sed	2,860	8,590	14,320	32,220	50,120	71,600
Trans Twn Cabr	5,310	15,920	26,540	59,720	92,890	132,700
Trans Limo Brgm	4,140	12,410	20,680	46,530	72,380	103,400
Clb Cabr	5,600	16,800	28,000	63,000	98,000	140,000
A/W Phae	6,620	19,870	33,120	74,520	115,920	165,600
A/W State Imp	6,580	19,730	32,880	73,980	115,080	164,400
1930 Series 353, V-8, 140" wb Fisher Custom Line						
Conv	5,960	17,880	29,800	67,050	104,300	149,000
2P Cpe	4,400	13,200	22,000	49,500	77,000	110,000
Twn Sed	2,640	7,920	13,200	29,700	46,200	66,000
Sed	2,590	7,780	12,960	29,160	45,360	64,800
7P Sed	2,690	8,060	13,440	30,240	47,040	67,200
7P Imp Sed	2,980	8,940	14,900	33,530	52,150	74,500
5P Cpe	3,080	9,240	15,400	34,650	53,900	77,000
1930 Fleetwood Line, V-8						
Rds	6,820	20,460	34,100	76,730	119,350	170,500
5P Sed	2,740	8,210	13,680	30,780	47,880	68,400
Sed Cabr	6,040	18,120	30,200	67,950	105,700	151,000
5P Imp	3,060	9,180	15,300	34,430	53,550	76,500
7P Sed	2,820	8,450	14,080	31,680	49,280	70,400
7P Imp	3,060	9,180	15,300	34,430	53,550	76,500
Trans Cabr	6,920	20,760	34,600	77,850	121,100	173,000
Trans Limo Brgm	6,620	19,870	33,120	74,520	115,920	165,600
Clb Cabr	6,820	20,460	34,100	76,730	119,350	170,500
A/W Phae	7,310	21,920	36,540	82,220	127,890	182,700
A/W State Imp	7,500	22,510	37,520	84,420	131,320	187,600
1930 Fleetwood Custom Line, V-16, 148" wb						
Rds	18,000	54,000	90,000	202,500	315,000	450,000
Phae	18,720	56,160	93,600	210,600	327,600	468,000
1930 "Flat Windshield" Models						
A/W Phae	18,400	55,200	92,000	207,000	322,000	460,000
Conv	17,000	51,000	85,000	191,250	297,500	425,000
Cpe	15,200	45,600	76,000	171,000	266,000	380,000
Clb Sed	6,800	20,400	34,000	76,500	119,000	170,000
5P OS Sed	6,400	19,200	32,000	72,000	112,000	160,000
5P Sed Cabr	14,200	42,600	71,000	159,750	248,500	355,000
Imp Cabr	14,200	42,600	71,000	159,750	248,500	355,000
7P Sed	6,400	19,200	32,000	72,000	112,000	160,000
7P Imp Sed	6,600	19,800	33,000	74,250	115,500	165,000
Twn Cabr 4212	13,920	41,760	69,600	156,600	243,600	348,000
Twn Cabr 4220	13,920	41,760	69,600	156,600	243,600	348,000
Twn Cabr 4225	13,920	41,760	69,600	156,600	243,600	348,000
Limo Brgm	10,200	30,600	51,000	114,750	178,500	255,000
Twn Brgm 05	10,200	30,600	51,000	114,750	178,500	255,000
1930 Madame X Models, V-16						
5P OS Imp	9,120	27,360	45,600	102,600	159,600	228,000
5P Imp	8,960	26,880	44,800	100,800	156,800	224,000
Twn Cabr 4312	16,400	49,200	82,000	184,500	287,000	410,000
Twn Cabr 4320	16,400	49,200	82,000	184,500	287,000	410,000
Twn Cabr 4325	16,400	49,200	82,000	184,500	287,000	410,000
Limo Brgm	12,240	36,720	61,200	137,700	214,200	306,000
1931 Series 355, V-8, 134" wb Fisher Bodies						
Rds	6,800	20,400	34,000	76,500	119,000	170,000
Phae	6,800	20,400	34,000	76,500	119,000	170,000
2P Cpe	3,900	11,690	19,480	43,830	68,180	97,400
5P Cpe	3,800	11,390	18,980	42,710	66,430	94,900
Sed	2,580	7,730	12,880	28,980	45,080	64,400
Twn Sed	2,680	8,030	13,380	30,110	46,830	66,900
7P Sed	2,770	8,320	13,860	31,190	48,510	69,300
Imp Limo	2,820	8,460	14,100	31,730	49,350	70,500
1931 Fleetwood Bodies, V-8						
Rds	7,000	21,000	35,000	78,750	122,500	175,000
Conv	7,000	21,000	35,000	78,750	122,500	175,000
Phae	7,400	22,200	37,000	83,250	129,500	185,000
A/W Phae	7,800	23,400	39,000	87,750	136,500	195,000
1931 Series 370, V-12, 140" wb						
Rds	11,440	34,320	57,200	128,700	200,200	286,000
Phae	11,440	34,320	57,200	128,700	200,200	286,000
Conv	10,800	32,400	54,000	121,500	189,000	270,000
A/W Phae	11,800	35,400	59,000	132,750	206,500	295,000
2P Cpe	7,400	22,200	37,000	83,250	129,500	185,000
5P Cpe	7,120	21,360	35,600	80,100	124,600	178,000
Sed	6,200	18,600	31,000	69,750	108,500	155,000
Twn Sed	6,400	19,200	32,000	72,000	112,000	160,000

	6	5	4	3	2	1
1931 Series 370, V-12, 143" wb						
7P Sed	6,880	20,640	34,400	77,400	120,400	172,000
Imp Sed.	7,040	21,120	35,200	79,200	123,200	176,000
1931 Series V-16, 148" wb						
2P Rds	18,440	55,320	92,200	207,450	322,700	461,000
Phae	18,680	56,040	93,400	210,150	326,900	467,000
A/W Phae	6,520	19,560	32,600	73,350	114,100	163,000
4476 Cpe.	7,680	23,040	38,400	86,400	134,400	192,000
4276 Cpe.	7,680	23,040	38,400	86,400	134,400	192,000
5P Cpe	7,440	22,320	37,200	83,700	130,200	186,000
Conv	18,680	56,040	93,400	210,150	326,900	467,000
4361 Clb Sed	8,680	26,040	43,400	97,650	151,900	217,000
4161 Clb Sed	8,680	26,040	43,400	97,650	151,900	217,000
4330 Imp.	8,920	26,760	44,600	100,350	156,100	223,000
4330 Sed.	5,080	15,240	25,400	57,150	88,900	127,000
4130 Sed.	5,240	15,720	26,200	58,950	91,700	131,000
4130 Imp.	5,240	15,720	26,200	58,950	91,700	131,000
4335 Sed Cabr	15,520	46,560	77,600	174,600	271,600	388,000
4355 Imp Cabr	16,000	48,000	80,000	180,000	280,000	400,000
4155 Sed Cabr	16,000	48,000	80,000	180,000	280,000	400,000
4155 Imp Cabr	16,720	50,160	83,600	188,100	292,600	418,000
4375 Sed.	5,080	15,240	25,400	57,150	88,900	127,000
4175 Sed.	5,240	15,720	26,200	58,950	91,700	131,000
4375 Imp.	5,560	16,680	27,800	62,550	97,300	139,000
4175 Imp.	5,760	17,280	28,800	64,800	100,800	144,000
4312 Twn Cabr	16,000	48,000	80,000	180,000	280,000	400,000
4320 Twn Cabr	16,000	48,000	80,000	180,000	280,000	400,000
4220 Twn Cabr	16,000	48,000	80,000	180,000	280,000	400,000
4325 Twn Cabr	15,520	46,560	77,600	174,600	271,600	388,000
4225 Twn Cabr	15,520	46,560	77,600	174,600	271,600	388,000
4391 Limo Brgm	11,360	34,080	56,800	127,800	198,800	284,000
4291 Limo Brgm	11,840	35,520	59,200	133,200	207,200	296,000
4264 Twn Brgm.	12,080	36,240	60,400	135,900	211,400	302,000
4264B Twn Brgm C/N.	12,320	36,960	61,600	138,600	215,600	308,000
1932 Series 355B, V-8, 134" wb						
Rds	5,520	16,560	27,600	62,100	96,600	138,000
Conv	4,160	12,480	20,800	46,800	72,800	104,000
2P Cpe	2,720	8,160	13,600	30,600	47,600	68,000
Sed	2,280	6,840	11,400	25,650	39,900	57,000
1932 Fisher Line, 140" wb						
Std Phae	5,120	15,360	25,600	57,600	89,600	128,000
DW Phae.	5,120	15,360	25,600	57,600	89,600	128,000
DC Spt Phae	5,360	16,080	26,800	60,300	93,800	134,000
A/W Phae	5,360	16,080	26,800	60,300	93,800	134,000
Cpe	2,840	8,520	14,200	31,950	49,700	71,000
Spec Sed.	2,320	6,960	11,600	26,100	40,600	58,000
Twn Sed	2,360	7,080	11,800	26,550	41,300	59,000
Imp Sed.	2,440	7,320	12,200	27,450	42,700	61,000
1932 Fleetwood Bodies, 140" wb						
Sed	2,600	7,800	13,000	29,250	45,500	65,000
Twn Cpe	3,040	9,120	15,200	34,200	53,200	76,000
7P Sed	2,800	8,400	14,000	31,500	49,000	70,000
7P Limo.	3,000	9,000	15,000	33,750	52,500	75,000
5P Twn Car.	4,840	14,520	24,200	54,450	84,700	121,000
Twn Cabr.	5,000	15,000	25,000	56,250	87,500	125,000
Limo Brgm.	3,200	9,600	16,000	36,000	56,000	80,000
1932 Series 370B, V-12, 134" wb						
Rds	8,360	25,080	41,800	94,050	146,300	209,000
Conv	7,960	23,880	39,800	89,550	139,300	199,000
2P Cpe	3,360	10,080	16,800	37,800	58,800	84,000
Std Sed.	2,720	8,160	13,600	30,600	47,600	68,000
1932 Series 370B, V-12, 140" wb Fisher Bodies						
Std Phae.	8,120	24,360	40,600	91,350	142,100	203,000
Spl Phae	8,320	24,960	41,600	93,600	145,600	208,000
Spt Phae.	8,720	26,160	43,600	98,100	152,600	218,000
A/W Phae	8,520	25,560	42,600	95,850	149,100	213,000
5P Cpe	3,680	11,040	18,400	41,400	64,400	92,000
Spl Sed	3,520	10,560	17,600	39,600	61,600	88,000
Twn Sed	3,080	9,240	15,400	34,650	53,900	77,000
7P Sed	3,200	9,600	16,000	36,000	56,000	80,000
7P Imp.	3,280	9,840	16,400	36,900	57,400	82,000
1932 Series 370B, V-12, 140" wb Fleetwood Bodies						
Tr.	9,720	29,160	48,600	109,350	170,100	243,000
Conv	9,920	29,760	49,600	111,600	173,600	248,000
Sed	4,200	12,600	21,000	47,250	73,500	105,000
Twn Cpe	4,280	12,840	21,400	48,150	74,900	107,000

	6	5	4	3	2	1
7P Sed	3,880	11,640	19,400	43,650	67,900	97,000
Limo	4,200	12,600	21,000	47,250	73,500	105,000
5P Twn Cabr	9,520	28,560	47,600	107,100	166,600	238,000
7P Twn Cabr	9,720	29,160	48,600	109,350	170,100	243,000
Limo Brgm	7,920	23,760	39,600	89,100	138,600	198,000
1932 Series 452B, V-16, 143" wb Fisher Bodies						
Rds	13,320	39,960	66,600	149,850	233,100	333,000
Conv	11,920	35,760	59,600	134,100	208,600	298,000
Cpe	9,120	27,360	45,600	102,600	159,600	228,000
Std Sed	7,760	23,280	38,800	87,300	135,800	194,000
1932 Series 452B, V-16, 149" wb Fisher Bodies						
Std Phae	14,920	44,760	74,600	167,850	261,100	373,000
Spl Phae	15,120	45,360	75,600	170,100	264,600	378,000
Spt Phae	14,920	44,760	74,600	167,850	261,100	373,000
A/W Phae	14,320	42,960	71,600	161,100	250,600	358,000
1932 Fleetwood Bodies, V-16						
5P Sed	9,520	28,560	47,600	107,100	166,600	238,000
Imp Limo	6,320	18,960	31,600	71,100	110,600	158,000
Twn Cpe	10,520	31,560	52,600	118,350	184,100	263,000
7P Sed	10,320	30,960	51,600	116,100	180,600	258,000
7P Twn Cabr	14,720	44,160	73,600	165,600	257,600	368,000
5P Twn Cabr	14,520	43,560	72,600	163,350	254,100	363,000
Limo Brgm	9,640	28,920	48,200	108,450	168,700	241,000
1933 Series 355C, V-8, 134" wb Fisher Bodies						
Rds	4,920	14,760	24,600	55,350	86,100	123,000
Conv	4,800	14,390	23,980	53,960	83,930	119,900
Cpe	2,700	8,090	13,480	30,330	47,180	67,400
1933 Series 355C, V-8, 140" wb Fisher Bodies						
Phae	4,440	13,320	22,200	49,950	77,700	111,000
A/W Phae	4,800	14,400	24,000	54,000	84,000	120,000
5P Cpe	2,560	7,680	12,800	28,800	44,800	64,000
Sed	2,480	7,440	12,400	27,900	43,400	62,000
Twn Sed	2,560	7,680	12,800	28,800	44,800	64,000
7P Sed	2,600	7,800	13,000	29,250	45,500	65,000
Imp Sed	2,720	8,160	13,600	30,600	47,600	68,000
1933 Series 355C, V-8, 140" wb Fleetwood Line						
5P Sed	2,600	7,800	13,000	29,250	45,500	65,000
7P Sed	2,720	8,160	13,600	30,600	47,600	68,000
Limo	2,840	8,520	14,200	31,950	49,700	71,000
5P Twn Cabr	4,520	13,560	22,600	50,850	79,100	113,000
7P Twn Cabr	4,880	14,640	24,400	54,900	85,400	122,000
Limo Brgm	3,040	9,120	15,200	34,200	53,200	76,000
1933 Series 370C, V-12, 134" wb Fisher Bodies						
Rds	6,210	18,640	31,060	69,890	108,710	155,300
Conv	6,020	18,050	30,080	67,680	105,280	150,400
Cpe	3,600	10,800	18,000	40,500	63,000	90,000
1933 Series, 370C, V-12, 140" wb Fisher Bodies						
Phae	6,110	18,340	30,560	68,760	106,960	152,800
A/W Phae	6,210	18,640	31,060	69,890	108,710	155,300
5P Cpe	3,440	10,320	17,200	38,700	60,200	86,000
Sed	3,120	9,360	15,600	35,100	54,600	78,000
Twn Sed	3,120	9,360	15,600	35,100	54,600	78,000
7P Sed	3,360	10,080	16,800	37,800	58,800	84,000
Imp Sed	3,200	9,600	16,000	36,000	56,000	80,000
1933 Series 370C, V-12, 140" wb Fleetwood Line						
Sed	3,200	9,600	16,000	36,000	56,000	80,000
7P Sed	3,200	9,600	16,000	36,000	56,000	80,000
Limo	3,280	9,840	16,400	36,900	57,400	82,000
5P Twn Cabr	6,210	18,640	31,060	69,890	108,710	155,300
7P Twn Cabr	6,310	18,920	31,540	70,970	110,390	157,700
7P Limo Brgm	3,880	11,640	19,400	43,650	67,900	97,000
1933 Series 452C, V-16, 154" wb						
DC Spt Phae	15,160	45,480	75,800	170,550	265,300	379,000
1933 Fleetwood Bodies, 149" wb						
Conv	13,040	39,130	65,220	146,750	228,270	326,100
A/W Phae	13,290	39,860	66,440	149,490	232,540	332,200
Sed	8,620	25,870	43,120	97,020	150,920	215,600
7P Sed	8,620	25,870	43,120	97,020	150,920	215,600
Twn Cab	10,920	32,770	54,620	122,900	191,170	273,100
7P Twn Cab	10,700	32,090	53,480	120,330	187,180	267,400
7P Limo	8,860	26,570	44,280	99,630	154,980	221,400
Limo Brgm	8,860	26,570	44,280	99,630	154,980	221,400
5P Twn Cpe	8,400	25,190	41,980	94,460	146,930	209,900
Imp Cab	11,160	33,470	55,780	125,510	195,230	278,900
1934 Series 355D, V-8, 128" wb Fisher Bodies						
Conv	4,020	12,050	20,080	45,180	70,280	100,400

	6	5	4	3	2	1
Conv Sed	4,110	12,340	20,560	46,260	71,960	102,800
2P Cpe	2,700	8,090	13,480	30,330	47,180	67,400
Twn Cpe	2,450	7,360	12,260	27,590	42,910	61,300
Sed	2,680	8,040	13,400	30,150	46,900	67,000
Twn Sed	2,320	6,960	11,600	26,100	40,600	58,000
1934 Series 355D, V-8, 136" wb Fisher Bodies						
Conv	4,200	12,600	21,000	47,250	73,500	105,000
Conv Sed	4,310	12,920	21,540	48,470	75,390	107,700
Cpe	2,520	7,560	12,600	28,350	44,100	63,000
Sed	2,720	8,160	13,600	30,600	47,600	68,000
Twn Sed	2,200	6,600	11,000	24,750	38,500	55,000
7P Sed	2,440	7,320	12,200	27,450	42,700	61,000
Imp Sed	2,640	7,920	13,200	29,700	46,200	66,000
1934 Series 355D, V-8, 146" wb Fleetwood bodies with straight windshield						
Sed	2,880	8,640	14,400	32,400	50,400	72,000
Twn Sed	2,370	7,120	11,860	26,690	41,510	59,300
7P Sed	2,630	7,900	13,160	29,610	46,060	65,800
7P Limo	2,480	7,440	12,400	27,900	43,400	62,000
Imp Cab	4,080	12,240	20,400	45,900	71,400	102,000
7P Imp Cab	4,160	12,480	20,800	46,800	72,800	104,000
1934 Series 355D, V-8, 146" wb Fleetwood bodies with modified "V" windshield						
Conv	5,400	16,200	27,000	60,750	94,500	135,000
Aero Cpe	5,120	15,360	25,600	57,600	89,600	128,000
Cpe	2,920	8,760	14,600	32,850	51,100	73,000
Spl Sed	2,620	7,850	13,080	29,430	45,780	65,400
Spl Twn Sed	2,820	8,470	14,120	31,770	49,420	70,600
Conv Sed Div	4,960	14,880	24,800	55,800	86,800	124,000
7P Spl Sed	2,880	8,630	14,380	32,360	50,330	71,900
Spl Limo	2,680	8,040	13,400	30,150	46,900	67,000
Sp Twn Cab	4,200	12,600	21,000	47,250	73,500	105,000
7P Twn Cab	4,200	12,600	21,000	47,250	73,500	105,000
5P Spl Imp Cab	4,200	12,600	21,000	47,250	73,500	105,000
7P Spl Imp Cab	4,990	14,980	24,960	56,160	87,360	124,800
Limo Brgm	3,560	10,680	17,800	40,050	62,300	89,000
1934 Series 370D, V-12, 146" wb Fleetwood bodies with straight windshield						
Sed	3,080	9,240	15,400	34,650	53,900	77,000
Twn Sed	2,880	8,640	14,400	32,400	50,400	72,000
7P Sed	2,920	8,760	14,600	32,850	51,100	73,000
7P Limo	3,040	9,120	15,200	34,200	53,200	76,000
5P Imp Cab	4,880	14,640	24,400	54,900	85,400	122,000
7P Imp Cab	4,960	14,880	24,800	55,800	86,800	124,000
1934 Series 370D, V-12, 146" wb Fleetwood bodies with modified "V" windshield						
Conv	4,890	14,680	24,460	55,040	85,610	122,300
Aero Cpe	4,500	13,510	22,520	50,670	78,820	112,600
RS Cpe	3,040	9,120	15,200	34,200	53,200	76,000
Spl Sed	2,880	8,640	14,400	32,400	50,400	72,000
Spl Twn Sed	2,960	8,880	14,800	33,300	51,800	74,000
Conv Sed	5,040	15,120	25,200	56,700	88,200	126,000
7P Spl Sed	3,040	9,120	15,200	34,200	53,200	76,000
Spec Limo	3,120	9,360	15,600	35,100	54,600	78,000
5P Twn Cab	4,880	14,640	24,400	54,900	85,400	122,000
7P Twn Cab	4,960	14,880	24,800	55,800	86,800	124,000
5P Spl Imp Cab	5,040	15,120	25,200	56,700	88,200	126,000
7P Spl Imp Cab	5,360	16,080	26,800	60,300	93,800	134,000
1934 Series 452D, V-16, 154" wb Fleetwood bodies with straight windshield						
Sed	6,960	20,880	34,800	78,300	121,800	174,000
Twn Sed	7,040	21,120	35,200	79,200	123,200	176,000
7P Sed	7,040	21,120	35,200	79,200	123,200	176,000
Limo	7,400	22,200	37,000	83,250	129,500	185,000
5P Imp Cab	8,960	26,880	44,800	100,800	156,800	224,000
1934 Series 452D, V-16, 154" wb Fleetwood bodies with modified "V" windshield						
4P Conv	9,460	28,390	47,320	106,470	165,620	236,600
Aero Cpe	9,000	27,010	45,020	101,300	157,570	225,100
RS Cpe	11,060	33,180	55,300	124,430	193,550	276,500
Spl Sed	10,600	31,810	53,020	119,300	185,570	265,100
Spl Twn Sed	7,410	22,240	37,060	83,390	129,710	185,300
Conv Sed	10,830	32,500	54,160	121,860	189,560	270,800
7P Spl Sed	7,180	21,550	35,920	80,820	125,720	179,600
Spl Limo	7,640	22,920	38,200	85,950	133,700	191,000
5P Twn Cab	8,780	26,340	43,900	98,780	153,650	219,500
7P Twn Cab	9,000	27,010	45,020	101,300	157,570	225,100
5P Spl Imp Cab	9,240	27,710	46,180	103,910	161,630	230,900
7P Spl Imp Cab	9,460	28,390	47,320	106,470	165,620	236,600
Limo Brgm	8,100	24,290	40,480	91,080	141,680	202,400
1935 Series 355E, V-8, 128" wb Fisher Bodies						
RS Conv	3,600	10,800	18,000	40,500	63,000	90,000

	6	5	4	3	2	1
Conv Sed	4,800	14,400	24,000	54,000	84,000	120,000
RS Cpe	2,440	7,320	12,200	27,450	42,700	61,000
5P Twn Cpe	2,200	6,600	11,000	24,750	38,500	55,000
Sed	2,160	6,470	10,780	24,260	37,730	53,900
Twn Sed	2,160	6,480	10,800	24,300	37,800	54,000
1935 Series 355E, V-8, 136" wb Fisher Bodies						
RS Conv	3,360	10,080	16,800	37,800	58,800	84,000
Conv Sed	5,200	15,600	26,000	58,500	91,000	130,000
RS Cpe	2,800	8,400	14,000	31,500	49,000	70,000
Sed	2,280	6,840	11,400	25,650	39,900	57,000
Twn Sed	2,360	7,080	11,800	26,550	41,300	59,000
7P Sed	2,440	7,320	12,200	27,450	42,700	61,000
Imp Sed	2,640	7,920	13,200	29,700	46,200	66,000
1935 Series 355E, V-8, 146" wb Fleetwood bodies with straight windshield						
Sed	2,280	6,840	11,400	25,650	39,900	57,000
Twn Sed	2,320	6,960	11,600	26,100	40,600	58,000
7P Sed	2,360	7,080	11,800	26,550	41,300	59,000
Limo	2,480	7,440	12,400	27,900	43,400	62,000
5P Imp Cabr	4,240	12,720	21,200	47,700	74,200	106,000
7P Imp Cabr	4,320	12,960	21,600	48,600	75,600	108,000
1935 Series 355E, V-8, 146" wb Fleetwood bodies with modified "V" windshield						
4P Conv	4,040	12,120	20,200	45,450	70,700	101,000
4P Cpe	2,880	8,640	14,400	32,400	50,400	72,000
Spl Sed	2,520	7,560	12,600	28,350	44,100	63,000
Spl Twn Sed	2,560	7,680	12,800	28,800	44,800	64,000
Conv Sed	4,320	12,960	21,600	48,600	75,600	108,000
7P Spl Sed	2,520	7,560	12,600	28,350	44,100	63,000
Spl Limo	2,600	7,800	13,000	29,250	45,500	65,000
5P Twn Cabr	4,320	12,960	21,600	48,600	75,600	108,000
7P Twn Cabr	4,400	13,200	22,000	49,500	77,000	110,000
5P Imp Cabr	4,400	13,200	22,000	49,500	77,000	110,000
7P Imp Cabr	4,480	13,440	22,400	50,400	78,400	112,000
Limo Brgm	3,680	11,040	18,400	41,400	64,400	92,000
1935 Series 370E, V-12, 146" wb Fleetwood bodies with straight windshield						
Sed	2,880	8,640	14,400	32,400	50,400	72,000
Twn Sed	2,920	8,760	14,600	32,850	51,100	73,000
7P Sed	2,960	8,880	14,800	33,300	51,800	74,000
Limo	3,080	9,240	15,400	34,650	53,900	77,000
5P Imp Cabr	5,000	15,000	25,000	56,250	87,500	125,000
7P Imp Cabr	5,080	15,240	25,400	57,150	88,900	127,000
1935 Series 370E, V-12, 146" wb Fleetwood bodies with modified "V" windshield						
Conv	4,650	13,940	23,240	52,290	81,340	116,200
4P Cpe	3,110	9,320	15,540	34,970	54,390	77,700
Spl Sed	2,760	8,270	13,780	31,010	48,230	68,900
Spl Twn Sed	3,020	9,060	15,100	33,980	52,850	75,500
Conv Sed	5,180	15,530	25,880	58,230	90,580	129,400
7P Spl Sed	3,110	9,320	15,540	34,970	54,390	77,700
7P Spl Limo	3,200	9,590	15,980	35,960	55,930	79,900
5P Twn Cabr	5,530	16,580	27,640	62,190	96,740	138,200
7P Twn Cabr	5,090	15,260	25,440	57,240	89,040	127,200
5P Spl Imp Cabr	5,180	15,530	25,880	58,230	90,580	129,400
7P Spl Imp Cabr	5,530	16,580	27,640	62,190	96,740	138,200
Limo Brgm	4,340	13,020	21,700	48,830	75,950	108,500
1935 Series 452E, V-16, 154" wb Fleetwood bodies with straight windshield						
Sed	6,760	20,270	33,780	76,010	118,230	168,900
Twn Sed	6,980	20,930	34,880	78,480	122,080	174,400
7P Sed	6,980	20,930	34,880	78,480	122,080	174,400
7P Limo	7,200	21,590	35,980	80,960	125,930	179,900
5P Imp Cabr	8,740	26,210	43,680	98,280	152,880	218,400
7P Imp Cabr	8,960	26,870	44,780	100,760	156,730	223,900
1935 Series 452D, V-16, 154" wb Fleetwood bodies with modified "V" windshield						
2-4P Cpe	10,240	30,710	51,180	115,160	179,130	255,900
4P Cpe	10,460	31,370	52,280	117,630	182,980	261,400
Spl Sed	10,240	30,710	51,180	115,160	179,130	255,900
Spl Twn Sed	7,380	22,130	36,880	82,980	129,080	184,400
7P Spl Sed	6,940	20,810	34,680	78,030	121,380	173,400
Spl Limo	7,380	22,130	36,880	82,980	129,080	184,400
5P Twn Cabr	8,480	25,430	42,380	95,360	148,330	211,900
7P Twn Cab	8,700	26,090	43,480	97,830	152,180	217,400
5P Spl Imp Cabr	8,920	26,750	44,580	100,310	156,030	222,900
7P Spl Imp Cabr	9,140	27,410	45,680	102,780	159,880	228,400
Limo Brgm	7,820	23,450	39,080	87,930	136,780	195,400
5P Conv	9,800	29,390	48,980	110,210	171,430	244,900
Conv Sed	10,020	30,050	50,080	112,680	175,280	250,400
1936 Series 60, V-8, 121" wb						
2d Conv	3,240	9,720	16,200	36,450	56,700	81,000

	6	5	4	3	2	1
2d 2P Cpe	1,920	5,760	9,600	21,600	33,600	48,000
4d Tr Sed	1,800	5,400	9,000	20,250	31,500	45,000
1936 Series 70, V-8, 131" wb, Fleetwood bodies						
2d Conv	3,330	10,000	16,660	37,490	58,310	83,300
2d 2P Cpe	1,960	5,880	9,800	22,050	34,300	49,000
4d Conv Sed	3,420	10,260	17,100	38,480	59,850	85,500
4d Tr Sed	1,760	5,280	8,800	19,800	30,800	44,000
1936 Series 75, V-8, 138" wb, Fleetwood bodies						
4d Sed	2,100	6,300	10,500	23,630	36,750	52,500
4d Tr Sed	2,140	6,430	10,720	24,120	37,520	53,600
4d Conv Sed	3,600	10,790	17,980	40,460	62,930	89,900
4d Fml Sed	2,100	6,300	10,500	23,630	36,750	52,500
4d Twn Sed	2,140	6,430	10,720	24,120	37,520	53,600
4d 7P Sed	2,190	6,560	10,940	24,620	38,290	54,700
4d 7P Tr Sed	2,320	6,960	11,600	26,100	40,600	58,000
4d Imp Sed	2,360	7,090	11,820	26,600	41,370	59,100
4d Imp Tr Sed	2,410	7,220	12,040	27,090	42,140	60,200
4d Twn Car	2,630	7,880	13,140	29,570	45,990	65,700
1936 Series 80, V-12, 131" wb, Fleetwood bodies						
2d Conv	3,940	11,820	19,700	44,330	68,950	98,500
4d Conv Sed	4,030	12,100	20,160	45,360	70,560	100,800
2d Cpe	2,510	7,540	12,560	28,260	43,960	62,800
4d Tr Sed	2,380	7,130	11,880	26,730	41,580	59,400
1936 Series 85, V-12, 138" wb, Fleetwood bodies						
4d Sed	2,580	7,740	12,900	29,030	45,150	64,500
4d Tr Sed	2,630	7,880	13,140	29,570	45,990	65,700
4d Conv Sed	3,760	11,270	18,780	42,260	65,730	93,900
4d Fml Sed	2,720	8,170	13,620	30,650	47,670	68,100
4d Twn Sed	2,770	8,320	13,860	31,190	48,510	69,300
4d 7P Sed	2,720	8,170	13,620	30,650	47,670	68,100
4d 7P Tr Sed	2,770	8,320	13,860	31,190	48,510	69,300
4d Imp Sed	2,860	8,590	14,320	32,220	50,120	71,600
4d Imp Tr Sed	2,960	8,870	14,780	33,260	51,730	73,900
4d Twn Car	3,200	9,610	16,020	36,050	56,070	80,100
1936 Series 90, V-16, 154" wb, Fleetwood bodies						
2d 2P Conv	7,200	21,600	36,000	81,000	126,000	180,000
4d Conv Sed	8,000	24,000	40,000	90,000	140,000	200,000
2d 2P Cpe	4,980	14,950	24,920	56,070	87,220	124,600
2d Aero Cpe	5,630	16,880	28,140	63,320	98,490	140,700
4d Sed	4,800	14,400	24,000	54,000	84,000	120,000
4d Twn Sed	4,800	14,400	24,000	54,000	84,000	120,000
4d 7P Sed	4,890	14,680	24,460	55,040	85,610	122,300
4d 5P Imp Cabr	6,820	20,470	34,120	76,770	119,420	170,600
4d 7P Imp Cabr	6,820	20,470	34,120	76,770	119,420	170,600
4d Imp Sed	7,060	21,170	35,280	79,380	123,480	176,400
4d Twn Cabr	7,280	21,850	36,420	81,950	127,470	182,100
4d Twn Lan	6,640	19,920	33,200	74,700	116,200	166,000
4d 5P Conv	6,820	20,470	34,120	76,770	119,420	170,600
1937 Series 60, V-8, 124" wb						
2d Conv	2,850	8,540	14,240	32,040	49,840	71,200
4d Conv Sed	2,940	8,810	14,680	33,030	51,380	73,400
2d 2P Cpe	2,060	6,180	10,300	23,180	36,050	51,500
4d Tr Sed	1,900	5,700	9,500	21,380	33,250	47,500
1937 Series 65, V-8, 131" wb						
4d Tr Sed	2,040	6,120	10,200	22,950	35,700	51,000
1937 Series 70, V-8, 131" wb, Fleetwood bodies						
2d Conv	3,070	9,200	15,340	34,520	53,690	76,700
4d Conv Sed	2,980	8,940	14,900	33,530	52,150	74,500
2d Spt Cpe	2,140	6,420	10,700	24,080	37,450	53,500
4d Tr Sed	2,460	7,380	12,300	27,680	43,050	61,500
1937 Series 75, V-8, 138" wb, Fleetwood bodies						
4d Tr Sed	2,140	6,420	10,700	24,080	37,450	53,500
4d Twn Sed	2,220	6,660	11,100	24,980	38,850	55,500
4d Conv Sed	3,430	10,300	17,160	38,610	60,060	85,800
4d Fml Sed	2,740	8,220	13,700	30,830	47,950	68,500
4d Spl Tr Sed	2,660	7,980	13,300	29,930	46,550	66,500
4d Spl Imp Tr Sed	2,700	8,100	13,500	30,380	47,250	67,500
4d 7P Tr Sed	2,700	8,100	13,500	30,380	47,250	67,500
4d 7P Imp	2,920	8,760	14,600	32,850	51,100	73,000
4d Bus Tr Sed	2,160	6,480	10,800	24,300	37,800	54,000
4d Bus Imp	2,510	7,520	12,540	28,220	43,890	62,700
4d Twn Car	3,260	9,770	16,280	36,630	56,980	81,400
1937 4d Series 85, V-12, 138" wb, Fleetwood bodies						
4d Tr Sed	2,610	7,840	13,060	29,390	45,710	65,300
4d Twn Sed	2,600	7,800	13,000	29,250	45,500	65,000
4d Conv Sed	5,000	15,000	25,000	56,250	87,500	125,000

	6	5	4	3	2	1
4d 7P Tr Sed	2,650	7,960	13,260	29,840	46,410	66,300
4d Imp Tr Sed	2,880	8,640	14,400	32,400	50,400	72,000
4d Twn Car.	3,660	10,990	18,310	41,200	64,090	91,550
1937 Series 90, V-16, 154" wb, Fleetwood bodies						
2d 2P Conv	7,640	22,910	38,180	85,910	133,630	190,900
2d 5P Conv	7,640	22,910	38,180	85,910	133,630	190,900
4d Conv Sed	7,720	23,160	38,600	86,850	135,100	193,000
2d Cpe	5,560	16,690	27,820	62,600	97,370	139,100
4d Twn Sed	5,100	15,310	25,520	57,420	89,320	127,600
4d 7P Sed	5,200	15,590	25,980	58,460	90,930	129,900
4d Limo	5,470	16,420	27,360	61,560	95,760	136,800
4d 5P Imp Cabr	7,400	22,210	37,020	83,300	129,570	185,100
4d 5P Twn Cabr	7,640	22,910	38,180	85,910	133,630	190,900
4d 7P Imp Cabr	7,640	22,910	38,180	85,910	133,630	190,900
4d 7P Twn Cabr	7,860	23,590	39,320	88,470	137,620	196,600
2d Aero Cpe	5,930	17,800	29,660	66,740	103,810	148,300
4d Limo Brgm	5,560	16,690	27,820	62,600	97,370	139,100
4d Fml Sed	5,840	17,520	29,200	65,700	102,200	146,000
1938 Series 60, V-8, 124" wb						
2d Conv	2,980	8,940	14,900	33,530	52,150	74,500
4d Conv Sed	3,020	9,070	15,120	34,020	52,920	75,600
2d 2P Cpe	2,040	6,120	10,200	22,950	35,700	51,000
4d Tr Sed	1,960	5,880	9,800	22,050	34,300	49,000
1938 Series 60 Special, V-8, 127" wb						
4d Tr Sed	2,320	6,960	11,600	26,100	40,600	58,000
1938 Series 65, V-8, 132" wb						
4d Tr Sed	1,880	5,640	9,400	21,150	32,900	47,000
4d Div Tr Sed	2,120	6,360	10,600	23,850	37,100	53,000
4d Conv Sed	3,480	10,440	17,400	39,150	60,900	87,000
1938 Series 75, V-8, 141" wb, Fleetwood bodies						
2d Conv	3,420	10,260	17,100	38,480	59,850	85,500
4d Conv Sed	3,510	10,520	17,540	39,470	61,390	87,700
2d 2P Cpe	2,410	7,220	12,040	27,090	42,140	60,200
2d 5P Cpe	2,340	7,020	11,700	26,330	40,950	58,500
4d Tr Sed	1,970	5,900	9,840	22,140	34,440	49,200
4d Div Tr Sed	2,060	6,170	10,280	23,130	35,980	51,400
4d Twn Sed	2,010	6,040	10,060	22,640	35,210	50,300
4d Fml Sed	2,010	6,040	10,060	22,640	35,210	50,300
4d 7P Fml Sed	2,190	6,560	10,940	24,620	38,290	54,700
4d 7P Tr Sed	2,100	6,300	10,500	23,630	36,750	52,500
4d Imp Tr Sed	2,140	6,430	10,720	24,120	37,520	53,600
4d 8P Tr Sed	2,140	6,430	10,720	24,120	37,520	53,600
4d 8P Imp Tr Sed	2,190	6,560	10,940	24,620	38,290	54,700
4d Twn Car.	2,890	8,680	14,460	32,540	50,610	72,300
1938 Series 90, V-16, 141" wb, Fleetwood bodies						
2d Conv	5,440	16,320	27,200	61,200	95,200	136,000
4d Conv Sed Trk	5,640	16,920	28,200	63,450	98,700	141,000
2d 2P Cpe	4,100	12,310	20,520	46,170	71,820	102,600
2d 5P Cpe	3,970	11,900	19,840	44,640	69,440	99,200
4d Tr Sed	3,600	10,800	18,000	40,500	63,000	90,000
4d Twn Sed	3,450	10,360	17,260	38,840	60,410	86,300
4d Div Tr Sed	3,880	11,630	19,380	43,610	67,830	96,900
4d 7P Tr Sed	3,780	11,350	18,920	42,570	66,220	94,600
4d Imp Tr Sed	3,730	11,180	18,640	41,940	65,240	93,200
4d Fml Sed	3,970	11,900	19,840	44,640	69,440	99,200
4d Fml Sed Trk	4,060	12,180	20,300	45,680	71,050	101,500
4d Twn Car.	4,610	13,840	23,060	51,890	80,710	115,300
1939 Series 61, V-8, 126" wb						
2d Conv	3,160	9,470	15,780	35,510	55,230	78,900
4d Conv Sed	3,240	9,730	16,220	36,500	56,770	81,100
2d Cpe	1,650	4,940	8,240	18,540	28,840	41,200
4d Tr Sed	1,600	4,790	7,980	17,960	27,930	39,900
1939 Series 60 Special, V-8, 127" wb, Fleetwood						
4d Sed	2,170	6,500	10,840	24,390	37,940	54,200
4d S/R Sed	2,260	6,770	11,280	25,380	39,480	56,400
4d S/R Imp Sed	2,190	6,560	10,940	24,620	38,290	54,700
1939 Series 75, V-8, 141" wb, Fleetwood bodies						
2d Conv	3,560	10,690	17,820	40,100	62,370	89,100
4d Conv Sed Trk	4,160	12,480	20,800	46,800	72,800	104,000
2d 4P Cpe	2,160	6,480	10,800	24,300	37,800	54,000
2d 5P Cpe	2,200	6,600	11,000	24,750	38,500	55,000
4d Tr Sed	2,080	6,240	10,400	23,400	36,400	52,000
4d Div Tr Sed	2,120	6,370	10,620	23,900	37,170	53,100
4d Twn Sed Trk	2,170	6,500	10,840	24,390	37,940	54,200
4d Fml Sed Trk	2,450	7,360	12,260	27,590	42,910	61,300
4d 7P Fml Sed Trk	2,360	7,080	11,800	26,550	41,300	59,000

	6	5	4	3	2	1
4d 7P Tr Sed	2,320	6,950	11,580	26,060	40,530	57,900
4d 7P Tr Imp Sed	2,360	7,080	11,800	26,550	41,300	59,000
4d Bus Tr Sed	2,230	6,680	11,140	25,070	38,990	55,700
4d 8P Tr Imp Sed	2,450	7,340	12,240	27,540	42,840	61,200
4d Twn Car Trk	2,490	7,480	12,460	28,040	43,610	62,300
1939 Series 90, V-16, 141" wb, Fleetwood bodies						
2d Conv	5,840	17,520	29,200	65,700	102,200	146,000
4d Conv Sed	5,920	17,760	29,600	66,600	103,600	148,000
2d 4P Cpe	4,340	13,010	21,680	48,780	75,880	108,400
2d 5P Cpe	4,240	12,730	21,220	47,750	74,270	106,100
4d 5P Tr Sed	3,600	10,800	18,000	40,500	63,000	90,000
4d Twn Sed Trk	3,690	11,080	18,460	41,540	64,610	92,300
4d Div Tr Sed	3,690	11,080	18,460	41,540	64,610	92,300
4d 7P Tr Sed	3,690	11,080	18,460	41,540	64,610	92,300
4d 7P Imp Tr Sed	3,780	11,350	18,920	42,570	66,220	94,600
4d Fml Sed Trk	3,780	11,350	18,920	42,570	66,220	94,600
4d 7P Fml Sed Trk	3,880	11,630	19,380	43,610	67,830	96,900
4d Twn Car Trk	4,340	13,010	21,680	48,780	75,880	108,400
1940 Series 62, V-8, 129" wb						
2d Conv	3,150	9,460	15,760	35,460	55,160	78,800
4d Conv Sed	3,080	9,240	15,400	34,650	53,900	77,000
2d Cpe	1,920	5,760	9,600	21,600	33,600	48,000
4d Sed	1,480	4,440	7,400	16,650	25,900	37,000
1940 Series 60 Special, V-8, 127" wb, Fleetwood						
4d Sed	2,240	6,720	11,200	25,200	39,200	56,000
4d S/R Sed	2,320	6,960	11,600	26,100	40,600	58,000
4d Imp Sed	2,320	6,960	11,600	26,100	40,600	58,000
4d S/R Imp Sed	2,400	7,200	12,000	27,000	42,000	60,000
4d MB Twn Car	2,520	7,560	12,600	28,350	44,100	63,000
4d LB Twn Car	2,520	7,560	12,600	28,350	44,100	63,000
1940 Series 72, V-8, 138" wb, Fleetwood						
4d Sed	2,180	6,540	10,900	24,530	38,150	54,500
4d 4P Imp Sed	2,220	6,670	11,120	25,020	38,920	55,600
4d 7P Sed	2,270	6,800	11,340	25,520	39,690	56,700
4d 7P Bus Sed	2,180	6,540	10,900	24,530	38,150	54,500
4d 7P Imp Sed	2,270	6,800	11,340	25,520	39,690	56,700
4d 7P Fml Sed	2,350	7,060	11,760	26,460	41,160	58,800
4d 7P Bus Imp	2,220	6,670	11,120	25,020	38,920	55,600
4d 5P Fml Sed	2,360	7,070	11,780	26,510	41,230	58,900
1940 Series 75, V-8, 141" wb, Fleetwood						
2d Conv	3,770	11,320	18,860	42,440	66,010	94,300
4d Conv Sed	3,860	11,580	19,300	43,430	67,550	96,500
2d 2P Cpe	2,670	8,020	13,360	30,060	46,760	66,800
2d 5P Cpe	2,630	7,880	13,140	29,570	45,990	65,700
4d Sed	2,540	7,620	12,700	28,580	44,450	63,500
4d 5P Imp Sed	2,630	7,880	13,140	29,570	45,990	65,700
4d 7P Sed	2,580	7,750	12,920	29,070	45,220	64,600
4d 7P Imp Sed	2,550	7,660	12,760	28,710	44,660	63,800
4d 5P Fml Sed	2,630	7,880	13,140	29,570	45,990	65,700
4d 7P Fml Sed	2,720	8,150	13,580	30,560	47,530	67,900
4d Twn Sed	3,070	9,200	15,340	34,520	53,690	76,700
4d Twn Car	3,070	9,200	15,340	34,520	53,690	76,700
1940 Series 90, V-16, 141" wb, Fleetwood						
2d Conv	6,200	18,600	31,000	69,750	108,500	155,000
4d Conv Sed	6,280	18,840	31,400	70,650	109,900	157,000
2d 2P Cpe	4,300	12,890	21,480	48,330	75,180	107,400
2d 5P Cpe	4,200	12,610	21,020	47,300	73,570	105,100
4d Sed	4,110	12,340	20,560	46,260	71,960	102,800
4d 7P Sed	4,200	12,610	21,020	47,300	73,570	105,100
4d 7P Imp Sed	4,200	12,610	21,020	47,300	73,570	105,100
4d 5P Fml Sed	4,390	13,160	21,940	49,370	76,790	109,700
4d 7P Fml Sed	4,390	13,160	21,940	49,370	76,790	109,700
4d 5P Twn Sed	4,480	13,440	22,400	50,400	78,400	112,000
4d 7P Twn Car	4,480	13,440	22,400	50,400	78,400	112,000
1941 Series 61, V-8, 126" wb						
2d FBk	1,720	5,160	8,600	19,350	30,100	43,000
2d DeL FBk	1,680	5,040	8,400	18,900	29,400	42,000
4d Sed FBk	1,640	4,920	8,200	18,450	28,700	41,000
4d DeL Sed FBk	1,720	5,160	8,600	19,350	30,100	43,000
1941 Series 62, V-8, 126" wb						
2d Conv	4,200	12,600	21,000	47,250	73,500	105,000
4d Conv Sed	4,400	13,200	22,000	49,500	77,000	110,000
2d Cpe	1,720	5,160	8,600	19,350	30,100	43,000
2d DeL Cpe	1,760	5,280	8,800	19,800	30,800	44,000
4d Sed	1,400	4,200	7,000	15,750	24,500	35,000
4d DeL Sed	1,480	4,440	7,400	16,650	25,900	37,000

	6	5	4	3	2	1
1941 Series 63, V-8, 126" wb						
4d Sed	1,580	4,740	7,900	17,780	27,650	39,500
1941 Series 60 Special, V-8, 126" wb, Fleetwood						
4d Sed	2,070	6,200	10,340	23,270	36,190	51,700
4d S/R Sed	2,190	6,580	10,960	24,660	38,360	54,800
NOTE: Add $1,500 for division window.						
1941 Series 67, V-8, 138" wb						
4d 5P Sed	1,720	5,160	8,600	19,350	30,100	43,000
4d Imp Sed	1,800	5,400	9,000	20,250	31,500	45,000
4d 7P Sed	1,760	5,280	8,800	19,800	30,800	44,000
4d 7P Imp Sed	1,800	5,400	9,000	20,250	31,500	45,000
1941 Series 75, V-8, 136- 1/2" wb						
4d 5P Sed	1,720	5,160	8,600	19,350	30,100	43,000
4d 5P Imp Sed	1,800	5,400	9,000	20,250	31,500	45,000
4d 7P Sed	1,760	5,280	8,800	19,800	30,800	44,000
4d 9P Bus Sed	1,720	5,160	8,600	19,350	30,100	43,000
4d 7P Imp Sed	1,760	5,280	8,800	19,800	30,800	44,000
4d Bus Imp Sed	1,760	5,280	8,800	19,800	30,800	44,000
4d 5P Fml Sed	1,880	5,640	9,400	21,150	32,900	47,000
4d 7P Fml Sed	1,960	5,880	9,800	22,050	34,300	49,000
1942 Series 61, V-8, 126" wb						
2d FBk	1,780	5,340	8,900	20,030	31,150	44,500
4d FBk	1,700	5,100	8,500	19,130	29,750	42,500
1942 Series 62, V-8, 129" wb						
2d DeL FBk	1,820	5,460	9,100	20,480	31,850	45,500
2d FBk	1,780	5,340	8,900	20,030	31,150	44,500
2d DeL Conv Cpe	2,530	7,600	12,660	28,490	44,310	63,300
4d Sed	1,560	4,680	7,800	17,550	27,300	39,000
4d DeL Sed	1,600	4,800	8,000	18,000	28,000	40,000
1942 Series 63, V-8, 126" wb						
4d FBk	1,720	5,160	8,600	19,350	30,100	43,000
1942 Series 60 Special, V-8, 133" wb, Fleetwood						
4d Sed	1,600	4,800	8,000	18,000	28,000	40,000
4d Imp Sed	1,640	4,920	8,200	18,450	28,700	41,000
1942 Series 67, V-8, 139" wb						
4d 5P Sed	1,680	5,040	8,400	18,900	29,400	42,000
4d 5P Sed Div	1,720	5,160	8,600	19,350	30,100	43,000
4d 7P Sed	1,740	5,220	8,700	19,580	30,450	43,500
4d 7P Sed Imp	1,740	5,220	8,700	19,580	30,450	43,500
1942 Series 75, V-8, 136" wb, Fleetwood						
4d 5P Sed	1,760	5,280	8,800	19,800	30,800	44,000
4d 5P Imp Sed	1,760	5,280	8,800	19,800	30,800	44,000
4d 7P Sed	1,800	5,400	9,000	20,250	31,500	45,000
4d 9P Bus Sed	1,720	5,160	8,600	19,350	30,100	43,000
4d 7P Imp Sed	1,840	5,520	9,200	20,700	32,200	46,000
4d 9P Bus Imp	1,760	5,280	8,800	19,800	30,800	44,000
4d 5P Fml Sed	1,880	5,640	9,400	21,150	32,900	47,000
4d 7P Fml Sed	1,920	5,760	9,600	21,600	33,600	48,000
1946-47 Series 61, V-8, 126" wb						
2d FBk	1,240	3,720	6,200	13,950	21,700	31,000
4d FBk	1,040	3,120	5,200	11,700	18,200	26,000
1946-47 Series 62, V-8, 129" wb						
2d Conv	3,600	10,800	18,000	40,500	63,000	90,000
2d FBk	1,280	3,840	6,400	14,400	22,400	32,000
4d 5P Sed	1,080	3,240	5,400	12,150	18,900	27,000
1946-47 Series 60 Special, V-8, 133" wb, Fleetwood						
4d 6P Sed	1,160	3,480	5,800	13,050	20,300	29,000
1946-47 Series 75, V-8, 136" wb, Fleetwood						
4d 5P Sed	1,240	3,720	6,200	13,950	21,700	31,000
4d 7P Sed	1,280	3,840	6,400	14,400	22,400	32,000
4d 7P Imp Sed	1,440	4,320	7,200	16,200	25,200	36,000
4d 9P Bus Sed	1,280	3,840	6,400	14,400	22,400	32,000
4d 9P Bus Imp	1,360	4,080	6,800	15,300	23,800	34,000
1948 Series 61, V-8, 126" wb						
2d FBk	1,400	4,200	7,000	15,750	24,500	35,000
4d 5P Sed	1,080	3,240	5,400	12,150	18,900	27,000
1948 Series 62, V-8, 126" wb						
2d Conv	3,100	9,300	15,500	34,880	54,250	77,500
2d Clb Cpe	1,440	4,320	7,200	16,200	25,200	36,000
4d 5P Sed	1,160	3,480	5,800	13,050	20,300	29,000
1948 Series 60 Special, V-8, 133" wb, Fleetwood						
4d Sed	1,640	4,920	8,200	18,450	28,700	41,000
1948 Series 75, V-8, 136" wb, Fleetwood						
4d 5P Sed	1,240	3,720	6,200	13,950	21,700	31,000
4d 7P Sed	1,280	3,840	6,400	14,400	22,400	32,000
4d 7P Imp Sed	1,440	4,320	7,200	16,200	25,200	36,000

	6	5	4	3	2	1
4d 9P Bus Sed	1,280	3,840	6,400	14,400	22,400	32,000
4d 9P Bus Imp.	1,360	4,080	6,800	15,300	23,800	34,000
1949 Series 61, V-8, 126" wb						
2d FBk.	1,520	4,560	7,600	17,100	26,600	38,000
4d Sed.	1,120	3,360	5,600	12,600	19,600	28,000
1949 Series 62, V-8, 126" wb						
2d FBk.	1,560	4,680	7,800	17,550	27,300	39,000
4d 5P Sed	1,200	3,600	6,000	13,500	21,000	30,000
2d HT Cpe DeV.	1,800	5,400	9,000	20,250	31,500	45,000
2d Conv.	3,100	9,300	15,500	34,880	54,250	77,500
1949 Series 60 Special, V-8, 133" wb, Fleetwood						
4d 5P Sed	1,680	5,040	8,400	18,900	29,400	42,000
1949 Series 75, V-8, 136" wb, Fleetwood						
4d 5P Sed	1,280	3,840	6,400	14,400	22,400	32,000
4d 7P Sed	1,320	3,960	6,600	14,850	23,100	33,000
4d 7P Imp Sed	1,480	4,440	7,400	16,650	25,900	37,000
4d 9P Bus Sed	1,320	3,960	6,600	14,850	23,100	33,000
4d 9P Bus Imp.	1,400	4,200	7,000	15,750	24,500	35,000
1950-51 Series 61, V-8						
4d 5P Sed	960	2,880	4,800	10,800	16,800	24,000
2d HT Cpe.	1,440	4,320	7,200	16,200	25,200	36,000
1950-51 Series 62, V-8						
4d 5P Sed	1,000	3,000	5,000	11,250	17,500	25,000
2d HT Cpe.	1,200	3,600	6,000	13,500	21,000	30,000
2d HT Cpe DeV.	1,680	5,040	8,400	18,900	29,400	42,000
2d Conv.	3,400	10,200	17,000	38,250	59,500	85,000
1950-51 Series 60S, V-8						
4d Sed.	1,200	3,600	6,000	13,500	21,000	30,000
1950-51 Series 75, Fleetwood						
4d 8P Sed	1,240	3,720	6,200	13,950	21,700	31,000
1950-51 Series 75 Fleetwood						
4d 8P Imp	1,320	3,960	6,600	14,850	23,100	33,000
1952 Series 62, V-8						
4d Sed.	1,000	3,000	5,000	11,250	17,500	25,000
2d HT	1,160	3,480	5,800	13,050	20,300	29,000
2d HT Cpe DeV.	1,680	5,040	8,400	18,900	29,400	42,000
2d Conv.	3,400	10,200	17,000	38,250	59,500	85,000
1952 Series 60S, V-8						
4d Sed.	1,200	3,600	6,000	13,500	21,000	30,000
1952 Series 75, V-8, Fleetwood						
4d Sed.	1,240	3,720	6,200	13,950	21,700	31,000
4d Imp Sed	1,320	3,960	6,600	14,850	23,100	33,000
1953 Series 62, V-8						
4d Sed.	960	2,880	4,800	10,800	16,800	24,000
2d HT	1,400	4,200	7,000	15,750	24,500	35,000
2d HT Cpe DeV.	1,760	5,280	8,800	19,800	30,800	44,000
2d Conv.	3,500	10,500	17,500	39,380	61,250	87,500
2d Eldo Conv.	8,000	24,000	40,000	90,000	140,000	200,000
1953 Series 60S, V-8						
4d Sed.	1,440	4,320	7,200	16,200	25,200	36,000
1953 Series 75, V-8, Fleetwood						
4d 7P Sed	1,480	4,440	7,400	16,650	25,900	37,000
4d Imp Sed	1,560	4,680	7,800	17,550	27,300	39,000
1954 Series 62, V-8						
4d Sed.	960	2,880	4,800	10,800	16,800	24,000
2d HT	1,560	4,680	7,800	17,550	27,300	39,000
2d HT Cpe DeV.	1,600	4,800	8,000	18,000	28,000	40,000
2d Conv.	3,400	10,200	17,000	38,250	59,500	85,000
2d Eldo Conv.	3,960	11,880	19,800	44,550	69,300	99,000
1954 Series 60S, V-8						
4d Sed.	1,480	4,440	7,400	16,650	25,900	37,000
1954 Series 75, V-8, Fleetwood						
4d 7P Sed	1,600	4,800	8,000	18,000	28,000	40,000
4d 7P Imp Sed	1,680	5,040	8,400	18,900	29,400	42,000
1955 Series 62, V-8						
4d Sed.	960	2,880	4,800	10,800	16,800	24,000
2d HT	1,600	4,800	8,000	18,000	28,000	40,000
2d HT Cpe DeV.	1,640	4,920	8,200	18,450	28,700	41,000
2d Conv.	3,400	10,200	17,000	38,250	59,500	85,000
2d Eldo Conv.	3,700	11,100	18,500	41,630	64,750	92,500
1955 Series 60S, V-8						
4d Sed.	1,280	3,840	6,400	14,400	22,400	32,000
1955 Series 75, V-8, Fleetwood						
4d 7P Sed	1,400	4,200	7,000	15,750	24,500	35,000
4d 7P Imp Sed	1,480	4,440	7,400	16,650	25,900	37,000

	6	5	4	3	2	1
1956 Series 62, V-8						
4d Sed	960	2,880	4,800	10,800	16,800	24,000
2d HT	1,640	4,920	8,200	18,450	28,700	41,000
4d HT Sed DeV	1,400	4,200	7,000	15,750	24,500	35,000
2d HT Cpe DeV	1,680	5,040	8,400	18,900	29,400	42,000
2d Conv	3,500	10,500	17,500	39,380	61,250	87,500
2d HT Eldo Sev	1,880	5,640	9,400	21,150	32,900	47,000
2d Brtz Eldo Conv	5,800	17,400	29,000	65,250	101,500	145,000
1956 Series 60S, V-8						
4d Sed	1,480	4,440	7,400	16,650	25,900	37,000
1956 Series 75, V-8, Fleetwood						
4d 7P Sed	1,600	4,800	8,000	18,000	28,000	40,000
4d 7P Imp Sed	1,680	5,040	8,400	18,900	29,400	42,000
1957 Series 62, V-8						
4d HT	800	2,400	4,000	9,000	14,000	20,000
2d HT	1,560	4,680	7,800	17,550	27,300	39,000
2d HT Cpe DeV	1,680	5,040	8,400	18,900	29,400	42,000
4d HT Sed DeV	1,400	4,200	7,000	15,750	24,500	35,000
2d Conv	3,140	9,420	15,700	35,330	54,950	78,500
1957 Eldorado, V-8						
2d HT Sev	1,720	5,160	8,600	19,350	30,100	43,000
2d Brtz Conv	5,980	17,940	29,900	67,280	104,650	149,500
1957 Fleetwood 60 Special, V-8						
4d HT	1,240	3,720	6,200	13,950	21,700	31,000
1957 Eldorado Brougham, V-8						
4d HT	5,140	15,420	25,700	57,830	89,950	128,500
NOTE: Add 75 percent for complete vanity pkg.						
1957 Series 75						
4d 8P Sed	1,280	3,840	6,400	14,400	22,400	32,000
4d 8P Imp Sed	1,360	4,080	6,800	15,300	23,800	34,000
1958 Series 62, V-8 & Series 63, V-8						
4d HT Sh Dk.	720	2,160	3,600	8,100	12,600	18,000
4d 6W Sed	1,000	3,000	5,000	11,250	17,500	25,000
4d Sed DeV	1,040	3,120	5,200	11,700	18,200	26,000
2d HT	1,400	4,200	7,000	15,750	24,500	35,000
2d HT Cpe DeV	1,480	4,440	7,400	16,650	25,900	37,000
2d Conv	3,140	9,420	15,700	35,330	54,950	78,500
1958 Eldorado, V-8						
2d HT Sev	1,520	4,560	7,600	17,100	26,600	38,000
2d Brtz Conv	5,980	17,940	29,900	67,280	104,650	149,500
1958 Fleetwood 60 Special, V-8						
4d HT	1,400	4,200	7,000	15,750	24,500	35,000
1958 Eldorado Brougham, V-8						
4d HT	5,140	15,420	25,700	57,830	89,950	128,500
NOTE: Add 75 percent for complete vanity pkg.						
1958 Series 75						
4d 8P Sed	1,200	3,600	6,000	13,500	21,000	30,000
4d 8P Imp Sed	1,280	3,840	6,400	14,400	22,400	32,000
1959 Series 62, V-8						
4d 4W HT	1,000	3,000	5,000	11,250	17,500	25,000
4d 6W HT	960	2,880	4,800	10,800	16,800	24,000
2d HT	1,320	3,960	6,600	14,850	23,100	33,000
2d Conv	4,700	14,100	23,500	52,880	82,250	117,500
1959 Series 63 DeVille, V-8						
2d HT Cpe DeV	1,600	4,800	8,000	18,000	28,000	40,000
4d 4W HT	1,080	3,240	5,400	12,150	18,900	27,000
4d 6W HT	1,040	3,120	5,200	11,700	18,200	26,000
1959 Series Eldorado, V-8						
4d HT Brgm	2,960	8,880	14,800	33,300	51,800	74,000
2d HT Sev	2,300	6,900	11,500	25,880	40,250	57,500
2d Brtz Conv	6,940	20,820	34,700	78,080	121,450	173,500
1959 Fleetwood 60 Special, V-8						
4d 6P Sed	2,040	6,120	10,200	22,950	35,700	51,000
1959 Fleetwood Series 75, V-8						
4d 9P Sed	2,120	6,360	10,600	23,850	37,100	53,000
4d Limo	2,200	6,600	11,000	24,750	38,500	55,000
1960 Series 62, V-8						
4d 4W HT	1,000	3,000	5,000	11,250	17,500	25,000
4d 6W HT	960	2,880	4,800	10,800	16,800	24,000
2d HT	1,400	4,200	7,000	15,750	24,500	35,000
2d Conv	2,700	8,100	13,500	30,380	47,250	67,500
1960 Series 63 DeVille, V-8						
4d 4W Sed	1,040	3,120	5,200	11,700	18,200	26,000
4d 6W Sed	1,000	3,000	5,000	11,250	17,500	25,000
2d HT Cpe DeV	1,480	4,440	7,400	16,650	25,900	37,000

	6	5	4	3	2	1
1960 Eldorado Series, V-8						
4d HT Brgm	2,840	8,520	14,200	31,950	49,700	71,000
2d HT Sev	2,140	6,420	10,700	24,080	37,450	53,500
2d Brtz Conv	5,100	15,300	25,500	57,380	89,250	127,500
1960 Fleetwood 60 Special, V-8						
4d 6P HT	1,720	5,160	8,600	19,350	30,100	43,000
1960 Fleetwood Series 75, V-8						
4d 9P Sed	1,640	4,920	8,200	18,450	28,700	41,000
4d Limo	1,720	5,160	8,600	19,350	30,100	43,000
1961 Series 62, V-8						
4d 4W HT	860	2,580	4,300	9,680	15,050	21,500
4d 6W HT	860	2,570	4,280	9,630	14,980	21,400
2d HT	1,120	3,360	5,600	12,600	19,600	28,000
2d Conv	1,580	4,740	7,900	17,780	27,650	39,500
1961 Series 63 DeVille, V-8						
4d 4W HT	870	2,600	4,340	9,770	15,190	21,700
4d 6W HT	860	2,590	4,320	9,720	15,120	21,600
4d HT Sh Dk	860	2,580	4,300	9,680	15,050	21,500
2d HT Cpe DeV	1,240	3,720	6,200	13,950	21,700	31,000
1961 Eldorado Series, V-8						
2d Brtz Conv	3,060	9,180	15,300	34,430	53,550	76,500
1961 Fleetwood 60 Special, V-8						
4d 6P HT	1,360	4,080	6,800	15,300	23,800	34,000
1961 Fleetwood Series 75, V-8						
4d 9P Sed	1,320	3,960	6,600	14,850	23,100	33,000
4d 9P Limo	1,520	4,560	7,600	17,100	26,600	38,000
1962 Series 62, V-8						
4d 4W HT	870	2,600	4,340	9,770	15,190	21,700
4d 6W HT	860	2,580	4,300	9,680	15,050	21,500
4d HT Sh Dk	860	2,580	4,300	9,680	15,050	21,500
2d HT	1,160	3,480	5,800	13,050	20,300	29,000
2d Conv	1,580	4,740	7,900	17,780	27,650	39,500
1962 Series 63 DeVille, V-8						
4d 4W HT	1,040	3,120	5,200	11,700	18,200	26,000
4d 6W HT	980	2,940	4,900	11,030	17,150	24,500
4d HT Pk Ave	1,020	3,060	5,100	11,480	17,850	25,500
2d HT Cpe DeV	1,240	3,720	6,200	13,950	21,700	31,000
1962 Eldorado Series, V-8						
2d Brtz Conv	2,920	8,760	14,600	32,850	51,100	73,000
1962 Fleetwood 60 Special, V-8						
4d 6P HT	1,320	3,960	6,600	14,850	23,100	33,000
1962 Fleetwood 75 Series, V-8						
4d 9P Sed	1,360	4,080	6,800	15,300	23,800	34,000
4d 9P Limo	1,520	4,560	7,600	17,100	26,600	38,000
1963 Series 62, V-8						
4d 4W HT	880	2,640	4,400	9,900	15,400	22,000
4d 6W HT	860	2,590	4,320	9,720	15,120	21,600
2d HT	1,000	3,000	5,000	11,250	17,500	25,000
2d Conv	1,200	3,600	6,000	13,500	21,000	30,000
1963 Series 63 DeVille, V-8						
4d 4W HT	920	2,760	4,600	10,350	16,100	23,000
4d 6W HT	900	2,710	4,520	10,170	15,820	22,600
4d HT Pk Ave	900	2,700	4,500	10,130	15,750	22,500
2d HT Cpe DeV	1,200	3,600	6,000	13,500	21,000	30,000
1963 Eldorado Series, V-8						
2d Brtz Conv	1,720	5,160	8,600	19,350	30,100	43,000
1963 Fleetwood 60 Special, V-8						
4d 6P HT	1,160	3,480	5,800	13,050	20,300	29,000
1963 Fleetwood 75 Series, V-8						
4d 9P Sed	1,240	3,720	6,200	13,950	21,700	31,000
4d 9P Limo	1,400	4,200	7,000	15,750	24,500	35,000
1964 Series 62, V-8						
4d 4W HT	720	2,160	3,600	8,100	12,600	18,000
4d 6W HT	712	2,136	3,560	8,010	12,460	17,800
2d HT	880	2,640	4,400	9,900	15,400	22,000
1964 Series 63 DeVille, V-8						
4d 4W HT	728	2,184	3,640	8,190	12,740	18,200
4d 6W HT	720	2,160	3,600	8,100	12,600	18,000
2d HT Cpe DeV	1,040	3,120	5,200	11,700	18,200	26,000
2d Conv	1,240	3,720	6,200	13,950	21,700	31,000
1964 Eldorado Series, V-8						
2d Conv	1,840	5,520	9,200	20,700	32,200	46,000
1964 Fleetwood 60 Special, V-8						
4d 6P HT	1,280	3,840	6,400	14,400	22,400	32,000
1964 Fleetwood 75 Series, V-8						
4d 9P Sed	1,280	3,840	6,400	14,400	22,400	32,000

	6	5	4	3	2	1
4d 9P Limo	1,400	4,200	7,000	15,750	24,500	35,000
1965 Calais Series, V-8						
4d Sed	632	1,896	3,160	7,110	11,060	15,800
4d HT	640	1,920	3,200	7,200	11,200	16,000
2d HT	720	2,160	3,600	8,100	12,600	18,000
1965 DeVille Series, V-8						
6P Sed	640	1,920	3,200	7,200	11,200	16,000
4d HT	656	1,968	3,280	7,380	11,480	16,400
2d HT	800	2,400	4,000	9,000	14,000	20,000
2d Conv	1,200	3,600	6,000	13,500	21,000	30,000
1965 Fleetwood 60 Special, V-8						
4d 6P Sed	1,140	3,420	5,700	12,830	19,950	28,500
4d Brgm Sed	1,160	3,480	5,800	13,050	20,300	29,000
1965 Fleetwood Eldorado, V-8						
2d Conv	1,400	4,200	7,000	15,750	24,500	35,000
1965 Fleetwood 75 Series, V-8						
4d 9P Sed	1,280	3,840	6,400	14,400	22,400	32,000
4d 9P Limo	1,400	4,200	7,000	15,750	24,500	35,000
1966 Calais Series, V-8						
4d Sed	632	1,896	3,160	7,110	11,060	15,800
4d HT	640	1,920	3,200	7,200	11,200	16,000
2d HT	720	2,160	3,600	8,100	12,600	18,000
1966 DeVille Series, V-8						
4d Sed	640	1,920	3,200	7,200	11,200	16,000
4d HT	648	1,944	3,240	7,290	11,340	16,200
2d HT	800	2,400	4,000	9,000	14,000	20,000
2d Conv	1,200	3,600	6,000	13,500	21,000	30,000
1966 Eldorado, V-8						
2d Conv	1,400	4,200	7,000	15,750	24,500	35,000
1966 Fleetwood Brougham, V-8						
4d Sed	1,120	3,360	5,600	12,600	19,600	28,000
1966 Sixty Special, V-8						
4d Sed	1,120	3,360	5,600	12,600	19,600	28,000
1966 Seventy Five, V-8						
4d Sed	1,240	3,720	6,200	13,950	21,700	31,000
4d Limo	1,400	4,200	7,000	15,750	24,500	35,000
1967 Calais, V-8, 129.5" wb						
4d HT	640	1,920	3,200	7,200	11,200	16,000
2d HT	700	2,100	3,500	7,880	12,250	17,500
1967 DeVille, V-8, 129.5" wb						
4d HT	664	1,992	3,320	7,470	11,620	16,600
2d HT	760	2,280	3,800	8,550	13,300	19,000
2d Conv	1,000	3,000	5,000	11,250	17,500	25,000
1967 Fleetwood Eldorado, V-8, 120" wb						
2d HT	760	2,280	3,800	8,550	13,300	19,000
1967 Sixty-Special, V-8, 133" wb						
4d Sed	1,080	3,240	5,400	12,150	18,900	27,000
1967 Fleetwood Brougham, V-8, 133" wb						
4d Sed	1,080	3,240	5,400	12,150	18,900	27,000
1967 Seventy-Five Series, V-8, 149.8" wb						
4d Sed	1,120	3,360	5,600	12,600	19,600	28,000
4d Limo	1,160	3,480	5,800	13,050	20,300	29,000
1968 Calais, V-8, 129.5" wb						
2d HT	700	2,100	3,500	7,880	12,250	17,500
4d HT	644	1,932	3,220	7,250	11,270	16,100
1968 DeVille, V-8, 129.5" wb						
4d Sed	648	1,944	3,240	7,290	11,340	16,200
4d HT	664	1,992	3,320	7,470	11,620	16,600
2d HT	760	2,280	3,800	8,550	13,300	19,000
2d Conv	1,000	3,000	5,000	11,250	17,500	25,000
1968 Fleetwood Eldorado, V-8, 120" wb						
2d HT	760	2,280	3,800	8,550	13,300	19,000
1968 Sixty-Special, V-8, 133" wb						
4d Sed	1,080	3,240	5,400	12,150	18,900	27,000
1968 Fleetwood Brougham, V-8, 133" wb						
4d Sed	1,080	3,240	5,400	12,150	18,900	27,000
1968 Series 75, V-8, 149.8" wb						
4d Sed	1,120	3,360	5,600	12,600	19,600	28,000
4d Limo	1,160	3,480	5,800	13,050	20,300	29,000
1969-70 Calais, V-8, 129.5" wb						
2d HT	620	1,860	3,100	6,980	10,850	15,500
4d HT	500	1,500	2,500	5,630	8,750	12,500
1969-70 DeVille, V-8, 129.5" wb						
4d Sed	504	1,512	2,520	5,670	8,820	12,600
4d HT	516	1,548	2,580	5,810	9,030	12,900
2d HT	620	1,860	3,100	6,980	10,850	15,500

	6	5	4	3	2	1
2d Conv.	880	2,640	4,400	9,900	15,400	22,000
1969-70 Fleetwood Eldorado, V-8, 120" wb						
2d HT	720	2,160	3,600	8,100	12,600	18,000
1969-70 Sixty-Special, V-8, 133" wb						
4d Sed.	1,040	3,120	5,200	11,700	18,200	26,000
4d Brgm.	1,060	3,180	5,300	11,930	18,550	26,500
1969-70 Series 75, V-8, 149.8" wb						
4d Sed.	1,060	3,180	5,300	11,930	18,550	26,500
4d Limo	1,080	3,240	5,400	12,150	18,900	27,000
1971-72 Calais						
2d HT	632	1,896	3,160	7,110	11,060	15,800
4d HT	508	1,524	2,540	5,720	8,890	12,700
1971-72 DeVille						
2d HT	660	1,980	3,300	7,430	11,550	16,500
4d HT	608	1,824	3,040	6,840	10,640	15,200
1971-72 Fleetwood 60 Special						
4d Brgm.	1,060	3,180	5,300	11,930	18,550	26,500
1971-72 Fleetwood 75						
4d 9P Sed	1,030	3,100	5,160	11,610	18,060	25,800
4d Limo	1,050	3,160	5,260	11,840	18,410	26,300
1971-72 Fleetwood Eldorado						
2d HT	680	2,040	3,400	7,650	11,900	17,000
2d Conv.	840	2,520	4,200	9,450	14,700	21,000
1973 Calais, V-8						
2d HT	500	1,500	2,500	5,630	8,750	12,500
4d HT	492	1,476	2,460	5,540	8,610	12,300
1973 DeVille, V-8						
2d HT	600	1,800	3,000	6,750	10,500	15,000
4d HT	512	1,536	2,560	5,760	8,960	12,800
1973 Fleetwood 60S, V-8						
4d Brgm Sed	1,040	3,120	5,200	11,700	18,200	26,000
1973 Fleetwood Eldorado, V-8						
2d HT	640	1,920	3,200	7,200	11,200	16,000
2d Conv.	840	2,520	4,200	9,450	14,700	21,000
NOTE: Add 20 percent for Pace Car Edition.						
1973 Fleetwood 75, V-8						
4d Sed.	1,020	3,060	5,100	11,480	17,850	25,500
4d Limo	1,040	3,120	5,200	11,700	18,200	26,000
1974 Calais, V-8						
2d HT	496	1,488	2,480	5,580	8,680	12,400
4d HT	488	1,464	2,440	5,490	8,540	12,200
1974 DeVille, V-8						
2d HT	516	1,548	2,580	5,810	9,030	12,900
4d HT	508	1,524	2,540	5,720	8,890	12,700
1974 Fleetwood Brougham, V-8						
4d Sed.	1,040	3,120	5,200	11,700	18,200	26,000
1974 Fleetwood Eldorado, V-8						
2d HT	640	1,920	3,200	7,200	11,200	16,000
2d Conv.	880	2,640	4,400	9,900	15,400	22,000
1974 Fleetwood 75, V-8						
4d Sed.	1,020	3,060	5,100	11,480	17,850	25,500
4d Limo	1,040	3,120	5,200	11,700	18,200	26,000
NOTE: Add 20 percent for Talisman Brougham. Add 10 percent for padded top on Series 75. Add 10 percent for sunroof on DeVille/60/Eldorado.						
1975 Calais, V-8						
2d HT	508	1,524	2,540	5,720	8,890	12,700
4d HT	492	1,476	2,460	5,540	8,610	12,300
1975 DeVille, V-8						
2d HT	516	1,548	2,580	5,810	9,030	12,900
4d HT	500	1,500	2,500	5,630	8,750	12,500
1975 Fleetwood Brougham, V-8						
4d Sed.	1,020	3,060	5,100	11,480	17,850	25,500
1975 Fleetwood Eldorado, V-8						
2d HT	640	1,920	3,200	7,200	11,200	16,000
2d Conv.	880	2,640	4,400	9,900	15,400	22,000
1975 Fleetwood 75, V-8						
4d Sed.	1,020	3,060	5,100	11,480	17,850	25,500
4d Limo	1,040	3,120	5,200	11,700	18,200	26,000
1976 Calais, V-8						
2d HT	480	1,440	2,400	5,400	8,400	12,000
4d HT	472	1,416	2,360	5,310	8,260	11,800
1976 DeVille, V-8						
2d HT	492	1,476	2,460	5,540	8,610	12,300
4d HT	480	1,440	2,400	5,400	8,400	12,000
1976 Seville, V-8						
4d Sed.	600	1,850	3,050	6,890	10,700	15,300

	6	5	4	3	2	1
1976 Eldorado, V-8						
2d Cpe	680	2,040	3,400	7,650	11,900	17,000
2d Brtz Cpe	720	2,160	3,600	8,100	12,600	18,000
2d Conv	1,300	3,900	6,500	14,630	22,750	32,500
NOTE: Add 20 percent for Bicent. Edit.						
1976 Fleetwood Brougham, V-8						
4d Sed	1,020	3,060	5,100	11,480	17,850	25,500
1976 Fleetwood 75, V-8						
4d Sed	860	2,580	4,300	9,680	15,050	21,500
4d Limo	880	2,640	4,400	9,900	15,400	22,000
NOTE: Add 5 percent for Talisman on Fleetwood Brougham.						
1977 DeVille, V-8						
2d Cpe	440	1,330	2,220	5,000	7,770	11,100
4d Sed	320	960	1,600	3,600	5,600	8,000
1977 Seville, V-8						
4d Sed	480	1,440	2,400	5,400	8,400	12,000
1977 Eldorado, V-8						
2d Cpe	600	1,800	3,000	6,750	10,500	15,000
2d Brtz Cpe	720	2,160	3,600	8,100	12,600	18,000
1977 Fleetwood Brougham, V-8						
4d Sed	480	1,440	2,400	5,400	8,400	12,000
1977 Fleetwood 75, V-8						
4d Sed	490	1,460	2,440	5,490	8,540	12,200
4d Limo	500	1,500	2,500	5,630	8,750	12,500
1978 Seville						
4d Sed	460	1,390	2,320	5,220	8,120	11,600
1978 DeVille						
2d Cpe	440	1,330	2,220	5,000	7,770	11,100
4d Sed	320	960	1,600	3,600	5,600	8,000
1978 Eldorado						
2d Cpe	640	1,920	3,200	7,200	11,200	16,000
2d Brtz Cpe	760	2,280	3,800	8,550	13,300	19,000
1978 Fleetwood Brougham						
4d Sed	470	1,420	2,360	5,310	8,260	11,800
1978 Fleetwood Limo						
4d	470	1,400	2,340	5,270	8,190	11,700
4d Fml	480	1,430	2,380	5,360	8,330	11,900
1979 Seville, V-8						
4d Sed	480	1,440	2,400	5,400	8,400	12,000
NOTE: Add 10 percent for Elegant'e.						
1979 DeVille, V-8						
2d Cpe	440	1,330	2,220	5,000	7,770	11,100
4d Sed	320	960	1,600	3,600	5,600	8,000
NOTE: Add 5 percent for Phaeton Special Edition.						
1979 Eldorado, V-8						
2d Cpe	560	1,680	2,800	6,300	9,800	14,000
NOTE: Add 15 percent for Biarritz.						
1979 Fleetwood Brougham, V-8						
4d Sed	480	1,440	2,400	5,400	8,400	12,000
1979 Fleetwood Limo						
4d Sed	470	1,400	2,340	5,270	8,190	11,700
4d Fml Sed	480	1,430	2,380	5,360	8,330	11,900
NOTE: Deduct 12 percent for diesel.						
1980 Seville, V-8						
4d Sed	376	1,128	1,880	4,230	6,580	9,400
1980 DeVille, V-8						
2d Cpe	360	1,080	1,800	4,050	6,300	9,000
4d Sed	256	768	1,280	2,880	4,480	6,400
1980 Eldorado, V-8						
2d Cpe	560	1,680	2,800	6,300	9,800	14,000
NOTE: Add 15 percent for Biarritz.						
1980 Fleetwood Brougham, V-8						
2d Cpe	380	1,140	1,900	4,280	6,650	9,500
4d Sed	276	828	1,380	3,110	4,830	6,900
1980 Fleetwood, V-8						
4d Limo	396	1,188	1,980	4,460	6,930	9,900
4d Fml	364	1,092	1,820	4,100	6,370	9,100
1981 Seville, V-8						
4d Sed	260	780	1,300	2,930	4,550	6,500
1981 DeVille, V-8						
2d Cpe	244	732	1,220	2,750	4,270	6,100
4d Sed	220	660	1,100	2,480	3,850	5,500
1981 Eldorado, V-8						
2d Cpe	520	1,560	2,600	5,850	9,100	13,000
NOTE: Add 15 percent for Biarritz.						

CADILLAC

	6	5	4	3	2	1
1981 Fleetwood Brougham, V-8						
2d Cpe.	264	792	1,320	2,970	4,620	6,600
4d Sed.	240	720	1,200	2,700	4,200	6,000
1981 Fleetwood, V-8						
4d Limo	360	1,080	1,800	4,050	6,300	9,000
4d Fml	368	1,104	1,840	4,140	6,440	9,200
NOTE: Deduct 10 percent for V-6 where available.						
1982 Cimarron, 4-cyl.						
4d Sed.	208	624	1,040	2,340	3,640	5,200
1982 Seville, V-8						
4d Sed.	264	792	1,320	2,970	4,620	6,600
1982 DeVille, V-8						
2d Cpe.	252	756	1,260	2,840	4,410	6,300
4d Sed.	228	684	1,140	2,570	3,990	5,700
1982 Eldorado, V-8						
2d Cpe.	520	1,560	2,600	5,850	9,100	13,000
NOTE: Add 15 percent for Biarritz.						
1982 Fleetwood Brougham, V-8						
2d Cpe.	272	816	1,360	3,060	4,760	6,800
4d Sed.	248	744	1,240	2,790	4,340	6,200
1982 Fleetwood, V-8						
4d Limo	368	1,104	1,840	4,140	6,440	9,200
4d Fml	376	1,128	1,880	4,230	6,580	9,400
NOTE: Deduct 10 percent for V-6 where available.						
1983 Cimarron, 4-cyl.						
4d Sed.	220	660	1,100	2,480	3,850	5,500
1983 Seville, V-8						
4d Sed.	268	804	1,340	3,020	4,690	6,700
1983 DeVille, V-8						
2d Cpe.	260	780	1,300	2,930	4,550	6,500
4d Sed.	236	708	1,180	2,660	4,130	5,900
1983 Eldorado, V-8						
2d Cpe.	520	1,560	2,600	5,850	9,100	13,000
NOTE: Add 15 percent for Biarritz.						
1983 Fleetwood Brougham, V-8						
2d Cpe.	360	1,080	1,800	4,050	6,300	9,000
4d Sed.	256	768	1,280	2,880	4,480	6,400
1983 Fleetwood, V-8						
4d Limo	376	1,128	1,880	4,230	6,580	9,400
4d Fml	384	1,152	1,920	4,320	6,720	9,600
1984 Cimarron, 4-cyl.						
4d Sed.	224	672	1,120	2,520	3,920	5,600
1984 Seville, V-8						
4d Sed.	272	816	1,360	3,060	4,760	6,800
1984 DeVille, V-8						
2d Sed.	264	792	1,320	2,970	4,620	6,600
4d Sed.	240	720	1,200	2,700	4,200	6,000
1984 Eldorado, V-8						
2d Cpe.	520	1,560	2,600	5,850	9,100	13,000
2d Conv.	960	2,880	4,800	10,800	16,800	24,000
NOTE: Add 15 percent for Biarritz.						
1984 Fleetwood Brougham, V-8						
2d Sed.	360	1,080	1,800	4,050	6,300	9,000
4d Sed.	260	780	1,300	2,930	4,550	6,500
1984 Fleetwood, V-8						
4d Sed.	380	1,140	1,900	4,280	6,650	9,500
4d Fml Limo	388	1,164	1,940	4,370	6,790	9,700
1985 Cimarron, V-6						
4d Sed.	228	684	1,140	2,570	3,990	5,700
NOTE: Deduct 15 percent for 4-cyl.						
1985 Seville, V-8						
4d Sed.	276	828	1,380	3,110	4,830	6,900
1985 DeVille, V-8						
2d Cpe.	264	792	1,320	2,970	4,620	6,600
4d Sed.	244	732	1,220	2,750	4,270	6,100
1985 Eldorado, V-8						
2d Cpe.	520	1,560	2,600	5,850	9,100	13,000
Conv	960	2,880	4,800	10,800	16,800	24,000
NOTE: Add 15 percent for Biarritz.						
1985 Fleetwood, V-8						
2d Cpe.	276	828	1,380	3,110	4,830	6,900
4d Sed.	268	804	1,340	3,020	4,690	6,700
1985 Fleetwood Brougham, V-8						
2d Cpe.	388	1,164	1,940	4,370	6,790	9,700
4d Sed.	392	1,176	1,960	4,410	6,860	9,800

	6	5	4	3	2	1
1985 Fleetwood 75, V-8						
4d Limo	420	1,260	2,100	4,730	7,350	10,500
NOTE: Deduct 30 percent for diesel where available.						
1986 Cimarron						
4d Sed	232	696	1,160	2,610	4,060	5,800
1986 Seville						
4d Sed	360	1,080	1,800	4,050	6,300	9,000
1986 DeVille						
2d Cpe	248	744	1,240	2,790	4,340	6,200
4d Sed	244	732	1,220	2,750	4,270	6,100
1986 Fleetwood						
2d Cpe	392	1,176	1,960	4,410	6,860	9,800
4d Sed	388	1,164	1,940	4,370	6,790	9,700
1986 Fleetwood 75						
4d Limo	420	1,260	2,100	4,730	7,350	10,500
4d Fml Limo	436	1,308	2,180	4,910	7,630	10,900
1986 Fleetwood Brougham						
4d Sed	392	1,176	1,960	4,410	6,860	9,800
1986 Eldorado						
2d Cpe	528	1,584	2,640	5,940	9,240	13,200
1987 Cimarron						
4d Sed, 4-cyl.	236	708	1,180	2,660	4,130	5,900
4d Sed, V-6	240	720	1,200	2,700	4,200	6,000
1987 Seville, V-8						
4d Sed	364	1,092	1,820	4,100	6,370	9,100
1987 DeVille, V-8						
4d Sed	252	756	1,260	2,840	4,410	6,300
2d Cpe	248	744	1,240	2,790	4,340	6,200
1987 Fleetwood, V-8						
4d Sed d'Elegance	396	1,188	1,980	4,460	6,930	9,900
4d Sed 60 Spl.	400	1,200	2,000	4,500	7,000	10,000
1987 Eldorado, V-8						
2d Cpe	524	1,572	2,620	5,900	9,170	13,100
1987 Brougham, V-8						
4d Sed	416	1,248	2,080	4,680	7,280	10,400
1987 Fleetwood 75 Series, V-8						
4d Limo	580	1,740	2,900	6,530	10,150	14,500
4d Fml	560	1,680	2,800	6,300	9,800	14,000
1987 Allante, V-8						
2d Conv	800	2,400	4,000	9,000	14,000	20,000
1988 Cimarron, V-6						
4d Sed	220	660	1,100	2,480	3,850	5,500
1988 Seville, V-8						
4d Sed	540	1,620	2,700	6,080	9,450	13,500
1988 DeVille, V-8						
2d Cpe	424	1,272	2,120	4,770	7,420	10,600
4d Sed	424	1,272	2,120	4,770	7,420	10,600
1988 Fleetwood, V-8						
4d Sed d'Elegance	540	1,620	2,700	6,080	9,450	13,500
4d Sed 60 Spl.	580	1,740	2,900	6,530	10,150	14,500
1988 Brougham, V-8						
4d Sed	600	1,800	3,000	6,750	10,500	15,000
1988 Eldorado, V-8						
2d Cpe	540	1,620	2,700	6,080	9,450	13,500
1988 Allante, V-8						
2d Conv	840	2,520	4,200	9,450	14,700	21,000
1989 Seville, V-8						
4d Sed	640	1,920	3,200	7,200	11,200	16,000
1989 DeVille, V-8						
2d Cpe	648	1,944	3,240	7,290	11,340	16,200
4d Sed	644	1,932	3,220	7,250	11,270	16,100
1989 Fleetwood, V-8						
2d Cpe	700	2,100	3,500	7,880	12,250	17,500
4d Sed	696	2,088	3,480	7,830	12,180	17,400
4d Sed 60 Spl.	660	1,970	3,280	7,380	11,480	16,400
1989 Brougham, V-8						
4d Sed	600	1,800	3,000	6,750	10,500	15,000
1989 Eldorado, V-8						
2d Cpe	672	2,016	3,360	7,560	11,760	16,800
1989 Allante, V-8						
2d Conv	840	2,520	4,200	9,450	14,700	21,000
1990 Seville, V-8						
4d Sed	560	1,680	2,800	6,300	9,800	14,000
4d Sed STS	640	1,920	3,200	7,200	11,200	16,000
1990 DeVille, V-8						
2d Cpe	580	1,740	2,900	6,530	10,150	14,500

	6	5	4	3	2	1
4d Sed	568	1,704	2,840	6,390	9,940	14,200
1990 Fleetwood, V-8						
2d Cpe	620	1,860	3,100	6,980	10,850	15,500
4d Sed	628	1,884	3,140	7,070	10,990	15,700
4d Sed 60 Spl	680	2,040	3,400	7,650	11,900	17,000
1990 Eldorado, V-8						
2d Cpe	640	1,920	3,200	7,200	11,200	16,000
1990 Brougham, V-8						
4d Sed	640	1,920	3,200	7,200	11,200	16,000
1990 Allante						
2d Conv	840	2,520	4,200	9,450	14,700	21,000
NOTE: Add $3,000 for hardtop.						
1991 Seville, V-8						
4d Sed	560	1,680	2,800	6,300	9,800	14,000
4d Trg Sed	600	1,800	3,000	6,750	10,500	15,000
1991 DeVille, V-8						
4d Sed	540	1,620	2,700	6,080	9,450	13,500
4d Trg Sed	580	1,740	2,900	6,530	10,150	14,500
2d Cpe	536	1,608	2,680	6,030	9,380	13,400
1991 Fleetwood, V-8						
2d Cpe	580	1,740	2,900	6,530	10,150	14,500
4d Sed	590	1,760	2,940	6,620	10,290	14,700
4d Sed 60 Spl	680	2,040	3,400	7,650	11,900	17,000
1991 Eldorado, V-8						
2d Cpe	600	1,800	3,000	6,750	10,500	15,000
1991 Brougham, V-8						
4d Sed	600	1,800	3,000	6,750	10,500	15,000
1991 Allante, V-8						
2d Conv	840	2,520	4,200	9,450	14,700	21,000
NOTE: Add $3,000 for hardtop.						
1992 Seville, V-8						
4d Sed	680	2,040	3,400	7,650	11,900	17,000
4d STS Sed	720	2,160	3,600	8,100	12,600	18,000
1992 DeVille, V-8						
4d Sed	600	1,800	3,000	6,750	10,500	15,000
2d Cpe	600	1,800	3,000	6,750	10,500	15,000
4d Trg Sed	640	1,920	3,200	7,200	11,200	16,000
1992 Fleetwood, V-8						
4d Sed	640	1,920	3,200	7,200	11,200	16,000
2d Cpe	640	1,920	3,200	7,200	11,200	16,000
4d Sed 60 Spl	680	2,040	3,400	7,650	11,900	17,000
1992 Eldorado, V-8						
2d Cpe	720	2,160	3,600	8,100	12,600	18,000
1992 Brougham, V-8						
4d Sed	680	2,040	3,400	7,650	11,900	17,000
1992 Allante, V-8						
2d Conv	1,000	3,000	5,000	11,250	17,500	25,000
NOTE: Add $1,500 for hardtop.						
1993 Seville, V-8						
4d Sed	680	2,040	3,400	7,650	11,900	17,000
4d STS Sed	720	2,160	3,600	8,100	12,600	18,000
1993 DeVille, V-8						
2d Cpe	608	1,824	3,040	6,840	10,640	15,200
4d Sed	620	1,860	3,100	6,980	10,850	15,500
4d Trg Sed	640	1,920	3,200	7,200	11,200	16,000
1993 Fleetwood, V-8						
4d Sed	700	2,100	3,500	7,880	12,250	17,500
1993 Sixty Special, V-8						
4d Sed	680	2,040	3,400	7,650	11,900	17,000
1993 Eldorado, V-8						
2d Cpe	728	2,184	3,640	8,190	12,740	18,200
1993 Allante, V-8						
2d Conv	1,040	3,120	5,200	11,700	18,200	26,000
1994 Seville, V-8						
4d Sed SLS	660	1,980	3,300	7,430	11,550	16,500
4d Sed STS	700	2,100	3,500	7,880	12,250	17,500
1994 DeVille, V-8						
4d Sed	560	1,680	2,800	6,300	9,800	14,000
4d Sed Concours	620	1,860	3,100	6,980	10,850	15,500
1994 Fleetwood, V-8						
4d Sed	640	1,920	3,200	7,200	11,200	16,000
1994 Eldorado, V-8						
2d Cpe	640	1,920	3,200	7,200	11,200	16,000
2d Cpe Trg	660	1,980	3,300	7,430	11,550	16,500
1995 Seville, V-8						
4d SLS Sed	650	2,000	3,300	7,430	11,600	16,500

CADILLAC

	6	5	4	3	2	1
4d STS Sed	700	2,100	3,500	7,880	12,300	17,500
1995 Deville, V-8						
4d Sed	550	1,700	2,800	6,300	9,800	14,000
4d Concours Sed	600	1,850	3,100	6,980	10,900	15,500
1995 Fleetwood, V-8						
4d Sed	650	1,900	3,200	7,200	11,200	16,000
1995 Eldorado, V-8						
2d Cpe	650	1,900	3,200	7,200	11,200	16,000
2d Trg Cpe	650	2,000	3,300	7,430	11,600	16,500
1996 Seville, V-8						
4d SLS Sed	650	2,000	3,300	7,430	11,600	16,500
4d STS Sed	700	2,100	3,500	7,880	12,300	17,500
1996 Deville, V-8						
4d Sed	550	1,700	2,800	6,300	9,800	14,000
4d Concours Sed	600	1,850	3,100	6,980	10,900	15,500
1996 Fleetwood, V-8						
4d Sed	650	1,900	3,200	7,200	11,200	16,000
1996 Eldorado, V-8						
2d Cpe	650	1,900	3,200	7,200	11,200	16,000
2d Trg Cpe	650	2,000	3,300	7,430	11,600	16,500
1997 Catera, V-6						
4d Sed	400	1,200	2,000	4,500	7,000	10,000
1997 Seville, V-8						
4d SLS Sed	660	1,980	3,300	7,430	11,550	16,500
4d STS Sed	700	2,100	3,500	7,880	12,250	17,500
1997 Deville, V-8						
4d Sed	560	1,680	2,800	6,300	9,800	14,000
4d d'Elegance Sed	600	1,800	3,000	6,750	10,500	15,000
4d Concours Sed	620	1,860	3,100	6,980	10,850	15,500
1997 Eldorado, V-8						
2d Cpe	640	1,920	3,200	7,200	11,200	16,000
2d Trg Cpe	660	1,980	3,300	7,430	11,550	16,500
1998 Catera, V-6						
4d Sed	400	1,200	2,000	4,500	7,000	10,000
1998 Seville, V-8						
4d SLS Sed	670	2,000	3,340	7,520	11,690	16,700
4d STS Sed	710	2,120	3,540	7,970	12,390	17,700
1998 Deville, V-8						
4d Sed	560	1,680	2,800	6,300	9,800	14,000
4d d'Elegance Sed	600	1,800	3,000	6,750	10,500	15,000
4d Concours Sed	620	1,860	3,100	6,980	10,850	15,500
1998 Eldorado, V-8						
2d Cpe	640	1,920	3,200	7,200	11,200	16,000
2d Trg Cpe	660	1,980	3,300	7,430	11,550	16,500
1999 Catera, V-6						
4d Sed	400	1,200	2,000	4,500	7,000	10,000
NOTE: Add 10 percent for Sport pkg.						
1999 Seville, V-8						
4d SLS Sed	670	2,000	3,340	7,520	11,690	16,700
4d STS Sed	710	2,120	3,540	7,970	12,390	17,700
1999 Deville, V-8						
4d Sed	560	1,680	2,800	6,300	9,800	14,000
4d d'Elegance Sed	600	1,800	3,000	6,750	10,500	15,000
4d Concours Sed	620	1,860	3,100	6,980	10,850	15,500
1999 Eldorado, V-8						
2d Cpe	640	1,920	3,200	7,200	11,200	16,000
2d ETC Trg Cpe	680	2,050	3,420	7,700	11,970	17,100
2000 Catera, V-6						
4d Sed	400	1,210	2,020	4,550	7,070	10,100
NOTE: Add 10 percent for Sport pkg.						
2000 Seville, V-8						
4d SLS Sed	670	2,000	3,340	7,520	11,690	16,700
4d STS Sed	710	2,120	3,540	7,970	12,390	17,700
2000 Deville, V-8						
4d Sed	570	1,720	2,860	6,440	10,010	14,300
4d DHS Sed	620	1,850	3,080	6,930	10,780	15,400
4d DTS Sed	630	1,900	3,160	7,110	11,060	15,800
2000 Eldorado, V-8						
2d ESC Cpe	640	1,930	3,220	7,250	11,270	16,100
2d ETC Trg Cpe	690	2,060	3,440	7,740	12,040	17,200
2001 Catera, V-6						
4d Sed	410	1,220	2,040	5,100	7,140	10,200
2001 Seville, V-8						
4d SLS Sed	670	2,020	3,360	8,400	11,760	16,800
4d STS Sed	710	2,140	3,560	8,900	12,460	17,800

NOTE: Add 5 percent for STS Sport pkg.

	6	5	4	3	2	1
2001 Deville, V-8						
4d Sed	580	1,730	2,880	6,480	10,080	14,400
4d DHS Sed	620	1,860	3,100	7,750	10,850	15,500
4d DTS Sed	640	1,910	3,180	7,950	11,130	15,900
2001 Eldorado, V-8						
2d ESC Cpe	650	1,940	3,240	8,100	11,340	16,200
2d ETC Trg Cpe	690	2,080	3,460	8,650	12,110	17,300
2002 Seville, V-8						
4d SLS Sed	670	2,020	3,360	8,400	11,760	16,800
4d STS Sed	710	2,140	3,560	8,900	12,460	17,800
NOTE: Add 5 percent for STS Performance pkg.						
2002 Deville, V-8						
4d Sed	580	1,730	2,880	7,200	10,080	14,400
4d DHS Sed	620	1,860	3,100	7,750	10,850	15,500
4d DTS Sed	640	1,910	3,180	7,950	11,130	15,900
2002 Eldorado, V-8						
2d ESC Cpe	650	1,940	3,240	8,100	11,340	16,200
2d ETC Trg Cpe	690	2,080	3,460	8,650	12,110	17,300
NOTE: The CTS debuted in the 2002 model year as a 2003 to replace the Eldorado. Add 10 percent for Collector's Edition (1,596 produced).						
2003 Seville, V-8						
4d SLS Sed	670	2,020	3,360	8,400	11,760	16,800
4d STS Sed	710	2,140	3,560	8,900	12,460	17,800
2003 Deville, V-8						
4d Sed	580	1,730	2,880	7,200	10,080	14,400
4d DHS Sed	620	1,860	3,100	7,750	10,850	15,500
4d DTS Sed	640	1,910	3,180	7,950	11,130	15,900
2003 CTS, V-6						
4d Sed	660	1,980	3,300	8,250	11,550	16,500
NOTE: Add 5 percent for Sport pkg. Deduct 5 percent for five-speed manual transmission.						
2004 Seville, V-8						
4d LS Sed	680	2,030	3,380	8,450	11,830	16,900
2004 Deville, V-8						
4d Sed	580	1,740	2,900	7,250	10,150	14,500
4d DHS Sed	620	1,870	3,120	7,800	10,920	15,600
4d DTS Sed	640	1,920	3,200	8,000	11,200	16,000
2004 CTS, V-6						
4d Sed 3.2L	660	1,980	3,300	8,250	11,550	16,500
4d Sed 3.6L	720	2,170	3,620	9,050	12,670	18,100
4d Sed V Series (V-8)	940	2,820	4,700	11,750	16,450	23,500
NOTE: Add 5 percent for Sport pkg on V-6. Deduct 5 percent for five-speed manual transmission.						
2004 XLR, V-8						
2d Rds	1,000	3,000	5,000	12,500	17,500	25,000
2005 DeVille, V-8						
4d Sed	580	1,740	2,900	7,250	10,150	14,500
4d DHS Sed	620	1,870	3,120	7,800	10,920	15,600
4d DTS Sed	640	1,920	3,200	8,000	11,200	16,000
2005 CTS, V-6						
4d 2.8L Sed	650	1,940	3,240	7,290	11,340	16,200
4d 3.6L Sed	720	2,170	3,620	9,050	12,670	18,100
4d V Series Sed (V-8)	940	2,820	4,700	11,750	16,450	23,500
NOTE: Add 5 percent for Sport pkg on V-6. Deduct 5 percent for manual transmission.						
2005 STS, V-6 & V-8						
4d Sed	1,000	3,000	5,000	12,500	17,500	25,000
NOTE: Add 10 percent for AWD. Deduct 5 percent for V-6.						
2005 XLR, V-8						
2d Rds	1,060	3,180	5,300	13,250	18,550	26,500
2006 CTS, 2.8L V-6						
4d Sed	500	1,510	2,520	6,300	8,820	12,600
NOTE: Add 5 percent for Luxury pkg. Add 5 percent for 3.6L V-6						
2006 CTS-V, 6.0L V-8						
4d Sed	840	2,530	4,220	10,550	14,770	21,100
2006 STS V-6						
4d Sed	540	1,610	2,680	6,700	9,380	13,400
NOTE: Add 10 percent for AWD. Add 5 percent for 4.6L V-8.						
2006 STS 4.4L Supercharged V-8						
4d Sed	790	2,370	3,950	9,880	13,830	19,750
NOTE: Add 10 percent for AWD. Add 5 percent for 4.6L V-8.						
2006 DTS 4.6L V-8						
4d Sed	520	1,560	2,600	6,500	9,100	13,000
NOTE: Add 15 percent for Luxury pkg.						
2006 XLR 4.6L V-8						
2d HT Conv	1,020	3,060	5,100	12,750	17,850	25,500
2d Star Black Ltd	1,060	3,180	5,300	13,250	18,550	26,500
2006 XLR 4.4L Supercharged V-8						
2d HT Conv	1,260	3,780	6,300	15,750	22,050	31,500

	6	5	4	3	2	1
LASALLE						
1927 Series 303, V-8, 125" wb						
2d RS Rds	3,790	11,360	18,940	42,620	66,290	94,700
4d Phae	3,890	11,660	19,440	43,740	68,040	97,200
4d Spt Phae	3,980	11,950	19,920	44,820	69,720	99,600
2d 2P Conv Cpe	3,400	10,190	16,980	38,210	59,430	84,900
2d RS Cpe	2,080	6,240	10,400	23,400	36,400	52,000
2d 4P Vic	1,880	5,640	9,400	21,150	32,900	47,000
4d Sed	1,640	4,920	8,200	18,450	28,700	41,000
4d Twn Sed	1,680	5,040	8,400	18,900	29,400	42,000
1927 Series 303, V-8, 134" wb						
4d Imp Sed	1,720	5,160	8,600	19,350	30,100	43,000
4d 7P Sed	1,680	5,040	8,400	18,900	29,400	42,000
4d 7P Imp Sed	1,840	5,520	9,200	20,700	32,200	46,000
1928 Series 303, V-8, 125" wb						
2d Rds	3,790	11,360	18,940	42,620	66,290	94,700
4d Phae	3,890	11,660	19,440	43,740	68,040	97,200
4d Spt Phae	3,980	11,950	19,920	44,820	69,720	99,600
2d Conv	3,400	10,190	16,980	38,210	59,430	84,900
2d Bus Cpe	1,750	5,260	8,760	19,710	30,660	43,800
2d RS Cpe	2,040	6,120	10,200	22,950	35,700	51,000
2d Vic	2,040	6,120	10,200	22,950	35,700	51,000
4d 5P Sed	1,720	5,160	8,600	19,350	30,100	43,000
4d Fam Sed	1,640	4,920	8,200	18,450	28,700	41,000
4d Twn Sed	1,680	5,040	8,400	18,900	29,400	42,000
1928 Series 303, V-8, 134" wb						
2d 5P Cpe	1,940	5,830	9,720	21,870	34,020	48,600
4d Cabr Sed	3,690	11,080	18,460	41,540	64,610	92,300
4d Imp Sed	2,090	6,260	10,440	23,490	36,540	52,200
4d 7P Sed	2,040	6,120	10,200	22,950	35,700	51,000
4d Fam Sed	1,850	5,540	9,240	20,790	32,340	46,200
4d Imp Fam Sed	2,090	6,260	10,440	23,490	36,540	52,200
1928 Series 303, V-8, 125" wb Fleetwood Line						
2d Bus Cpe	1,990	5,980	9,960	22,410	34,860	49,800
4d Sed	1,850	5,540	9,240	20,790	32,340	46,200
4d Twn Cabr	3,690	11,080	18,460	41,540	64,610	92,300
4d Trans Twn Cabr	3,790	11,360	18,940	42,620	66,290	94,700
1929 Series 328, V-8, 125" wb						
2d Rds	3,790	11,360	18,940	42,620	66,290	94,700
4d Phae	3,890	11,660	19,440	43,740	68,040	97,200
4d Spt Phae	3,980	11,950	19,920	44,820	69,720	99,600
4d Trans FW Twn Cabr	3,400	10,190	16,980	38,210	59,430	84,900
1929 Series 328, V-8, 134" wb						
2d Conv	3,690	11,080	18,460	41,540	64,610	92,300
2d RS Cpe	2,230	6,690	11,150	25,080	39,020	55,740
2d 5P Cpe	2,090	6,260	10,440	23,490	36,540	52,200
4d Sed	1,940	5,830	9,720	21,870	34,020	48,600
4d Fam Sed	1,990	5,980	9,960	22,410	34,860	49,800
4d Twn Sed	2,040	6,120	10,200	22,950	35,700	51,000
4d 7P Sed	2,040	6,120	10,200	22,950	35,700	51,000
4d 7P Imp Sed	2,090	6,260	10,440	23,490	36,540	52,200
4d Conv Lan Cabr	4,400	13,200	22,000	49,500	77,000	110,000
4d FW Trans Twn Cabr 1	4,480	13,440	22,400	50,400	78,400	112,000
1930 Series 340, V-8, 134" wb Fisher Line						
2d Conv	3,790	11,360	18,940	42,620	66,290	94,700
2d RS Cpe	2,700	8,110	13,520	30,420	47,320	67,600
2d Cpe	2,470	7,400	12,340	27,770	43,190	61,700
4d Sed	2,190	6,560	10,940	24,620	38,290	54,700
4d Imp Sed	2,280	6,830	11,380	25,610	39,830	56,900
4d 7P Sed	2,320	6,970	11,620	26,150	40,670	58,100
4d 7P Imp Sed	2,470	7,400	12,340	27,770	43,190	61,700
1930 Series 340, V-8, 134" wb Fleetwood Line						
2d RS Rds	4,330	12,980	21,640	48,690	75,740	108,200
1930 Fleetcliffe						
4d Phae	4,230	12,690	21,160	47,600	74,050	105,780
4d 7P Tr	3,550	10,660	17,760	39,960	62,160	88,800
1930 Fleetlands						
4d A/W Phae	4,480	13,430	22,380	50,360	78,330	111,900
1930 Fleetway						
4d S'net Cabr 4081	3,590	10,780	17,960	40,410	62,860	89,800
1930 Fleetwind						
4d S'net Cabr 4082	3,590	10,780	17,960	40,410	62,860	89,800
1931 Series 345A, V-8, 134" wb Fisher Line						
2d RS Cpe	2,940	8,830	14,720	33,120	51,520	73,600
2d Cpe	2,800	8,400	14,000	31,500	49,000	70,000

	6	5	4	3	2	1
4d Sed.	2,280	6,830	11,380	25,610	39,830	56,900
4d Twn Sed.	2,320	6,970	11,620	26,150	40,670	58,100
4d 7P Sed	2,370	7,120	11,860	26,690	41,510	59,300
4d 7P Imp Sed	2,420	7,260	12,100	27,230	42,350	60,500
1931 Series 345A, V-8, 134" wb Fleetwood Line						
2d RS Rds.	4,330	12,980	21,640	48,690	75,740	108,200
2d Conv.	3,980	11,950	19,920	44,820	69,720	99,600
4d Tr	3,980	11,950	19,920	44,820	69,720	99,600
4d A/W Phae	4,580	13,730	22,880	51,480	80,080	114,400
4d S'net Cabr 4081	3,590	10,780	17,960	40,410	62,860	89,800
4d S'net Cabr 4082	3,590	10,780	17,960	40,410	62,860	89,800
1932 Series 345B, V-8, 130" wb						
2d Conv.	3,550	10,660	17,760	39,960	62,160	88,800
2d RS Cpe.	2,660	7,990	13,320	29,970	46,620	66,600
2d Twn Cpe.	2,470	7,400	12,340	27,770	43,190	61,700
4d Sed.	1,990	5,980	9,960	22,410	34,860	49,800
1932 Series 345B, V-8, 136" wb						
4d 7P Sed	2,040	6,120	10,200	22,950	35,700	51,000
4d 7P Imp Sed	2,470	7,400	12,340	27,770	43,190	61,700
4d 7P Twn Sed	2,520	7,550	12,580	28,310	44,030	62,900
1933 Series 345C, V-8, 130" wb						
2d Conv.	3,200	9,590	15,980	35,960	55,930	79,900
2d RS Cpe.	2,280	6,830	11,380	25,610	39,830	56,900
2d Twn Cpe.	2,140	6,410	10,680	24,030	37,380	53,400
4d Sed.	1,990	5,980	9,960	22,410	34,860	49,800
1933 Series 345C, V-8, 136" wb						
4d Twn Sed.	2,470	7,400	12,340	27,770	43,190	61,700
4d Sed.	2,090	6,260	10,440	23,490	36,540	52,200
4d 7P Imp Sed	2,040	6,120	10,200	22,950	35,700	51,000
1934 Series 350, 8-cyl., 119" wb						
2d Conv.	2,800	8,410	14,020	31,550	49,070	70,100
2d Cpe.	2,020	6,060	10,100	22,730	35,350	50,500
4d Clb Sed	1,820	5,460	9,100	20,480	31,850	45,500
4d Sed.	1,780	5,340	8,900	20,030	31,150	44,500
1935 Series 50, 8-cyl., 120" wb						
2d Conv.	2,950	8,860	14,760	33,210	51,660	73,800
2d Cpe.	1,860	5,580	9,300	20,930	32,550	46,500
2d Sed.	1,820	5,460	9,100	20,480	31,850	45,500
4d Sed.	1,780	5,340	8,900	20,030	31,150	44,500
1936 Series 50, 8-cyl., 120" wb, LaSalle						
2d Conv.	2,710	8,120	13,540	30,470	47,390	67,700
2d RS Cpe.	2,240	6,720	11,200	25,200	39,200	56,000
2d Sed.	1,820	5,460	9,100	20,480	31,850	45,500
4d Sed.	1,780	5,340	8,900	20,030	31,150	44,500
1937 Series 50, V-8, 124" wb, LaSalle						
2d Conv.	2,800	8,410	14,020	31,550	49,070	70,100
2d Conv Sed	3,000	9,000	15,000	33,750	52,500	75,000
4P Cpe	1,940	5,820	9,700	21,830	33,950	48,500
2d Sed.	1,820	5,460	9,100	20,480	31,850	45,500
4d Sed.	1,780	5,340	8,900	20,030	31,150	44,500
1938 Series 50, V-8, 124" wb, LaSalle						
2d Conv.	2,800	8,410	14,020	31,550	49,070	70,100
4d Conv Sed	3,000	9,000	15,000	33,750	52,500	75,000
4P Cpe	1,940	5,820	9,700	21,830	33,950	48,500
2d Sed.	1,820	5,460	9,100	20,480	31,850	45,500
4d Sed.	1,780	5,340	8,900	20,030	31,150	44,500
1939 Series 50, V-8, 120" wb						
2d Conv.	2,800	8,410	14,020	31,550	49,070	70,100
4d Conv Sed	2,900	8,710	14,520	32,670	50,820	72,600
2d Cpe.	1,920	5,760	9,600	21,600	33,600	48,000
2d Sed.	1,800	5,400	9,000	20,250	31,500	45,000
2d S/R Sed	1,840	5,520	9,200	20,700	32,200	46,000
4d Sed.	1,760	5,280	8,800	19,800	30,800	44,000
4d S/R Sed	1,800	5,400	9,000	20,250	31,500	45,000
1940 Series 50, V-8, 123" wb						
2d Conv.	2,800	8,410	14,020	31,550	49,070	70,100
4d Conv Sed	2,900	8,710	14,520	32,670	50,820	72,600
2d Cpe.	1,400	4,200	7,000	15,750	24,500	35,000
2d Sed.	1,360	4,080	6,800	15,300	23,800	34,000
2d S/R Sed	1,400	4,200	7,000	15,750	24,500	35,000
4d Sed.	1,320	3,960	6,600	14,850	23,100	33,000
4d S/R Sed	1,360	4,080	6,800	15,300	23,800	34,000
1940 "Special" Series 52 LaSalle, V-8, 123" wb						
2d Conv.	2,800	8,410	14,020	31,550	49,070	70,100
4d Conv Sed	2,900	8,710	14,520	32,670	50,820	72,600
2d Cpe.	1,440	4,320	7,200	16,200	25,200	36,000

	6	5	4	3	2	1
4d Sed	1,360	4,080	6,800	15,300	23,800	34,000

CHECKER

	6	5	4	3	2	1
1960 Checker Superba Std.						
Sed	670	2,020	3,360	7,560	11,760	16,800
Sta Wag	680	2,030	3,380	7,610	11,830	16,900
1960 Checker Superba Spl.						
Sed	680	2,030	3,380	7,610	11,830	16,900
Sta Wag	680	2,040	3,400	7,650	11,900	17,000
1961 Checker Superba						
Sed	670	2,020	3,360	7,560	11,760	16,800
Sta Wag	680	2,030	3,380	7,610	11,830	16,900
1961 Checker Marathon						
Sed	680	2,030	3,380	7,610	11,830	16,900
Sta Wag	680	2,040	3,400	7,650	11,900	17,000
1962 Checker Superba						
Sed	670	2,020	3,360	7,560	11,760	16,800
Sta Wag	680	2,030	3,380	7,610	11,830	16,900
1962 Checker Marathon						
Sed	680	2,030	3,380	7,610	11,830	16,900
Sta Wag	680	2,040	3,400	7,650	11,900	17,000
1963 Checker Superba						
Sed	680	2,030	3,380	7,610	11,830	16,900
Sta Wag	680	2,040	3,400	7,650	11,900	17,000
1963 Checker Marathon						
Sed	680	2,030	3,380	7,610	11,830	16,900
Sta Wag	680	2,040	3,400	7,650	11,900	17,000
Limo	690	2,080	3,460	7,790	12,110	17,300
1964 Checker Marathon						
Sed	680	2,030	3,380	7,610	11,830	16,900
Sta Wag	680	2,040	3,400	7,650	11,900	17,000
Limo	700	2,090	3,480	7,830	12,180	17,400
Aerobus	770	2,300	3,840	8,640	13,440	19,200
1965 Marathon Series						
Sed	680	2,030	3,380	7,610	11,830	16,900
DeL Sed	680	2,040	3,400	7,650	11,900	17,000
Sta Wag	680	2,040	3,400	7,650	11,900	17,000
Limo	700	2,090	3,480	7,830	12,180	17,400
1966 Marathon Series						
Sed	680	2,030	3,380	7,610	11,830	16,900
DeL Sed	680	2,040	3,400	7,650	11,900	17,000
Sta Wag	680	2,040	3,400	7,650	11,900	17,000
Limo	700	2,090	3,480	7,830	12,180	17,400
1967 Marathon Series						
Sed	680	2,030	3,380	7,610	11,830	16,900
Sta Wag	680	2,040	3,400	7,650	11,900	17,000
1968 Marathon Series						
Sed	680	2,030	3,380	7,610	11,830	16,900
DeL Sed	680	2,040	3,400	7,650	11,900	17,000
Sta Wag	680	2,040	3,400	7,650	11,900	17,000
1969 Marathon Series						
Sed	680	2,030	3,380	7,610	11,830	16,900
DeL Sed	680	2,040	3,400	7,650	11,900	17,000
Sta Wag	680	2,040	3,400	7,650	11,900	17,000
Limo	700	2,090	3,480	7,830	12,180	17,400
1970 Marathon Series						
Sed	680	2,030	3,380	7,610	11,830	16,900
Sta Wag	680	2,040	3,400	7,650	11,900	17,000
DeL Sed	680	2,040	3,400	7,650	11,900	17,000
Limo	700	2,090	3,480	7,830	12,180	17,400
1971 Marathon Series						
Sed	680	2,030	3,380	7,610	11,830	16,900
Sta Wag	680	2,040	3,400	7,650	11,900	17,000
DeL Sed	680	2,040	3,400	7,650	11,900	17,000
Limo	700	2,090	3,480	7,830	12,180	17,400
NOTE: Add 5 percent for V-8.						
1972 Marathon Series						
Sed	660	1,990	3,320	7,470	11,620	16,600
Sta Wag	670	2,020	3,360	7,560	11,760	16,800
DeL Sed	670	2,020	3,360	7,560	11,760	16,800
NOTE: Add 5 percent for V-8.						
1973 Marathon Series						
Sed	660	1,990	3,320	7,470	11,620	16,600
Sta Wag	670	2,020	3,360	7,560	11,760	16,800
DeL Sed	670	2,020	3,360	7,560	11,760	16,800
NOTE: Add 5 percent for V-8.						

	6	5	4	3	2	1
1974 Marathon Series						
Sed	660	1,990	3,320	7,470	11,620	16,600
Sta Wag	670	2,020	3,360	7,560	11,760	16,800
DeL Sed	670	2,020	3,360	7,560	11,760	16,800
NOTE: Add 5 percent for V-8.						
1975 Marathon Series						
Sed	660	1,980	3,300	7,430	11,550	16,500
Sta Wag	670	2,000	3,340	7,520	11,690	16,700
DeL Sed	670	2,000	3,340	7,520	11,690	16,700
1976 Marathon Series						
4d Sed	660	1,980	3,300	7,430	11,550	16,500
4d Sed DeL	670	2,000	3,340	7,520	11,690	16,700
1977 Marathon Series						
4d Sed	660	1,980	3,300	7,430	11,550	16,500
4d Sed DeL	670	2,000	3,340	7,520	11,690	16,700
1978 Marathon Series						
4d Sed	660	1,990	3,320	7,470	11,620	16,600
4d Sed DeL	670	2,020	3,360	7,560	11,760	16,800
1979 Marathon Series						
4d Sed	660	1,990	3,320	7,470	11,620	16,600
4d Sed DeL	670	2,020	3,360	7,560	11,760	16,800
1980 Marathon Series						
4d Sed	670	2,000	3,340	7,520	11,690	16,700
4d Sed DeL	680	2,030	3,380	7,610	11,830	16,900
1981 Marathon Series						
4d Sed	670	2,000	3,340	7,520	11,690	16,700
4d Sed DeL	680	2,030	3,380	7,610	11,830	16,900
1982 Marathon Series						
4d Sed	670	2,000	3,340	7,520	11,690	16,700
4d Sed DeL	680	2,030	3,380	7,610	11,830	16,900

CHEVROLET

	6	5	4	3	2	1
1912 Classic Series, 6-cyl.						
Tr	2,600	7,800	13,000	29,250	45,500	65,000
1913 Classic Series, 6-cyl.						
Tr	2,600	7,800	13,000	29,250	45,500	65,000
1914 Series H2 & H4, 4-cyl.						
Rds	1,520	4,560	7,600	17,100	26,600	38,000
Tr	1,560	4,680	7,800	17,550	27,300	39,000
1914 Series C, 6-cyl.						
Tr	2,600	7,800	13,000	29,250	45,500	65,000
1914 Series L, 6-cyl.						
Tr	2,320	6,960	11,600	26,100	40,600	58,000
1915 Series H2 & H4, 4-cyl.						
Rds	1,520	4,560	7,600	17,100	26,600	38,000
Tr	1,500	4,500	7,500	16,880	26,250	37,500
1915 Series H3, 4-cyl.						
2P Rds	1,510	4,540	7,560	17,010	26,460	37,800
1915 Series L, 6-cyl.						
Tr	2,320	6,960	11,600	26,100	40,600	58,000
1916 Series 490, 4-cyl.						
Tr	1,160	3,480	5,800	13,050	20,300	29,000
1916 Series H2, 4-cyl.						
Rds	1,220	3,660	6,100	13,730	21,350	30,500
Torp Rds	1,260	3,780	6,300	14,180	22,050	31,500
1916 Series H4, 4-cyl.						
Tr	1,220	3,660	6,100	13,730	21,350	30,500
1917 Series F2 & F5, 4-cyl.						
Rds	1,180	3,540	5,900	13,280	20,650	29,500
Tr	1,220	3,660	6,100	13,730	21,350	30,500
1917 Series 490, 4-cyl.						
Rds	1,120	3,360	5,600	12,600	19,600	28,000
Tr	1,280	3,840	6,400	14,400	22,400	32,000
HT Tr	1,160	3,480	5,800	13,050	20,300	29,000
1917 Series D2 & D5, V-8						
Rds	2,560	7,680	12,800	28,800	44,800	64,000
Tr	2,480	7,440	12,400	27,900	43,400	62,000
1918 Series 490, 4-cyl.						
Tr	1,190	3,580	5,960	13,410	20,860	29,800
Rds	1,220	3,660	6,100	13,730	21,350	30,500
Cpe	800	2,400	4,000	9,000	14,000	20,000
Sed	720	2,160	3,600	8,100	12,600	18,000
1918 Series FA, 4-cyl.						
Rds	1,260	3,780	6,300	14,180	22,050	31,500
Tr	1,300	3,900	6,500	14,630	22,750	32,500
Sed	740	2,220	3,700	8,330	12,950	18,500

	6	5	4	3	2	1
1918 Series D, V-8						
4P Rds	2,560	7,680	12,800	28,800	44,800	64,000
Tr	2,480	7,440	12,400	27,900	43,400	62,000
1919 Series 490, 4-cyl.						
Rds	1,220	3,660	6,100	13,730	21,350	30,500
Tr	1,340	4,020	6,700	15,080	23,450	33,500
Sed	700	2,100	3,500	7,880	12,250	17,500
Cpe	740	2,220	3,700	8,330	12,950	18,500
1919 Series FB, 4-cyl.						
Rds	1,240	3,720	6,200	13,950	21,700	31,000
Tr	1,260	3,780	6,300	14,180	22,050	31,500
Cpe	780	2,340	3,900	8,780	13,650	19,500
2d Sed	740	2,220	3,700	8,330	12,950	18,500
4d Sed	700	2,100	3,500	7,880	12,250	17,500
1920 Series 490, 4-cyl.						
Rds	1,180	3,540	5,900	13,280	20,650	29,500
Tr	1,240	3,720	6,200	13,950	21,700	31,000
Sed	760	2,280	3,800	8,550	13,300	19,000
Cpe	800	2,400	4,000	9,000	14,000	20,000
1920 Series FB, 4-cyl.						
Rds	1,220	3,660	6,100	13,730	21,350	30,500
Tr	1,260	3,780	6,300	14,180	22,050	31,500
Sed	780	2,340	3,900	8,780	13,650	19,500
Cpe	820	2,460	4,100	9,230	14,350	20,500
1921 Series 490, 4-cyl.						
Rds	1,180	3,540	5,900	13,280	20,650	29,500
Tr	1,240	3,720	6,200	13,950	21,700	31,000
Cpe	760	2,280	3,800	8,550	13,300	19,000
C-D Sed	800	2,400	4,000	9,000	14,000	20,000
1921 Series FB, 4-cyl.						
Rds	1,220	3,660	6,100	13,730	21,350	30,500
Tr	1,260	3,780	6,300	14,180	22,050	31,500
Cpe	780	2,340	3,900	8,780	13,650	19,500
4d Sed	740	2,220	3,700	8,330	12,950	18,500
1922 Series 490, 4-cyl.						
Rds	1,200	3,600	6,000	13,500	21,000	30,000
Tr	1,260	3,780	6,300	14,180	22,050	31,500
Cpe	780	2,340	3,900	8,780	13,650	19,500
Utl Cpe	860	2,580	4,300	9,680	15,050	21,500
Sed	760	2,280	3,800	8,550	13,300	19,000
1922 Series FB, 4-cyl.						
Rds	1,220	3,660	6,100	13,730	21,350	30,500
Tr	1,260	3,780	6,300	14,180	22,050	31,500
Sed	740	2,220	3,700	8,330	12,950	18,500
Cpe	780	2,340	3,900	8,780	13,650	19,500
1923 Superior B, 4-cyl.						
Rds	1,220	3,660	6,100	13,730	21,350	30,500
Tr	1,260	3,780	6,300	14,180	22,050	31,500
Sed	740	2,220	3,700	8,330	12,950	18,500
2d Sed	760	2,280	3,800	8,550	13,300	19,000
Utl Cpe	780	2,340	3,900	8,780	13,650	19,500
DeL Tr	1,300	3,900	6,500	14,630	22,750	32,500
1923 Mercury Sportabout (Mercury Body Co.)						
	1,600	4,800	8,000	20,000	28,000	40,000
1924 Superior, 4-cyl.						
Rds	1,220	3,660	6,100	13,730	21,350	30,500
Tr	1,260	3,780	6,300	14,180	22,050	31,500
DeL Tr	1,300	3,900	6,500	14,630	22,750	32,500
Sed	740	2,220	3,700	8,330	12,950	18,500
DeL Sed	760	2,280	3,800	8,550	13,300	19,000
2P Cpe	780	2,340	3,900	8,780	13,650	19,500
4P Cpe	780	2,340	3,900	8,780	13,650	19,500
DeL Cpe	800	2,400	4,000	9,000	14,000	20,000
2d Sed	780	2,340	3,900	8,780	13,650	19,500
1925 Superior K, 4-cyl.						
Rds	1,260	3,780	6,300	14,180	22,050	31,500
Tr	1,300	3,900	6,500	14,630	22,750	32,500
Cpe	1,180	3,540	5,900	13,280	20,650	29,500
Sed	820	2,460	4,100	9,230	14,350	20,500
2d Sed	840	2,520	4,200	9,450	14,700	21,000
1926 Superior V, 4-cyl.						
Rds	1,260	3,780	6,300	14,180	22,050	31,500
Tr	1,300	3,900	6,500	14,630	22,750	32,500
Cpe	1,180	3,540	5,900	13,280	20,650	29,500
Sed	820	2,460	4,100	9,230	14,350	20,500
2d Sed	840	2,520	4,200	9,450	14,700	21,000

	6	5	4	3	2	1
Lan Sed	1,100	3,300	5,500	12,380	19,250	27,500
1927 Model AA, 4-cyl.						
Rds	1,260	3,780	6,300	14,180	22,050	31,500
Tr	1,300	3,900	6,500	14,630	22,750	32,500
Utl Cpe	1,180	3,540	5,900	13,280	20,650	29,500
2d Sed	840	2,520	4,200	9,450	14,700	21,000
Sed	820	2,460	4,100	9,230	14,350	20,500
Lan Sed	1,100	3,300	5,500	12,380	19,250	27,500
Cabr	1,300	3,900	6,500	14,630	22,750	32,500
Imp Lan	1,140	3,420	5,700	12,830	19,950	28,500
1928 Model AB, 4-cyl.						
Rds	1,260	3,780	6,300	14,180	22,050	31,500
Tr	1,300	3,900	6,500	14,630	22,750	32,500
Utl Cpe	1,180	3,540	5,900	13,280	20,650	29,500
Sed	820	2,460	4,100	9,230	14,350	20,500
2d Sed	840	2,520	4,200	9,450	14,700	21,000
Cabr	1,300	3,900	6,500	14,630	22,750	32,500
Imp Lan	1,140	3,420	5,700	12,830	19,950	28,500
Conv Cabr	1,380	4,140	6,900	15,530	24,150	34,500
1929 Model AC, 6-cyl.						
Rds	1,420	4,260	7,100	15,980	24,850	35,500
Tr	1,460	4,380	7,300	16,430	25,550	36,500
Cpe	1,220	3,650	6,080	13,680	21,280	30,400
Spt Cpe	1,320	3,960	6,600	14,850	23,100	33,000
Sed	1,000	3,000	5,000	11,250	17,500	25,000
Imp Sed	1,020	3,060	5,100	11,480	17,850	25,500
Conv Lan	1,380	4,140	6,900	15,530	24,150	34,500
2d Sed	1,020	3,060	5,100	11,480	17,850	25,500
Conv Cabr	1,460	4,380	7,300	16,430	25,550	36,500
1930 Model AD, 6-cyl.						
Rds	1,460	4,380	7,300	16,430	25,550	36,500
Spt Rds	1,540	4,620	7,700	17,330	26,950	38,500
Phae	1,880	5,640	9,400	21,150	32,900	47,000
2d Sed	980	2,940	4,900	11,030	17,150	24,500
Cpe	1,020	3,060	5,100	11,480	17,850	25,500
Spt Cpe	1,060	3,180	5,300	11,930	18,550	26,500
Clb Sed	1,060	3,180	5,300	11,930	18,550	26,500
Spec Sed	1,020	3,060	5,100	11,480	17,850	25,500
Sed	940	2,820	4,700	10,580	16,450	23,500
Con Lan	1,140	3,420	5,700	12,830	19,950	28,500
1931 Model AE, 6-cyl.						
Rds	1,500	4,500	7,500	16,880	26,250	37,500
Spt Rds	1,580	4,740	7,900	17,780	27,650	39,500
Cabr	1,620	4,860	8,100	18,230	28,350	40,500
Phae	1,960	5,880	9,800	22,050	34,300	49,000
2d Sed	980	2,940	4,900	11,030	17,150	24,500
5P Cpe	1,060	3,180	5,300	11,930	18,550	26,500
5W Cpe	1,100	3,300	5,500	12,380	19,250	27,500
Spt Cpe	1,140	3,420	5,700	12,830	19,950	28,500
Cpe	1,060	3,180	5,300	11,930	18,550	26,500
2d DeL Sed	1,060	3,180	5,300	11,930	18,550	26,500
Sed	980	2,940	4,900	11,030	17,150	24,500
Spl Sed	1,020	3,060	5,100	11,480	17,850	25,500
Lan Phae	1,500	4,500	7,500	16,880	26,250	37,500
1932 Model BA Standard, 6-cyl.						
Rds	1,960	5,880	9,800	22,050	34,300	49,000
Phae	1,960	5,880	9,800	22,050	34,300	49,000
Lan Phae	1,920	5,760	9,600	21,600	33,600	48,000
3W Cpe	1,100	3,300	5,500	12,380	19,250	27,500
5W Cpe	1,160	3,480	5,800	13,050	20,300	29,000
Spt Cpe	1,240	3,720	6,200	13,950	21,700	31,000
2d Sed	1,060	3,180	5,300	11,930	18,550	26,500
Sed	980	2,940	4,900	11,030	17,150	24,500
5P Cpe	1,060	3,180	5,300	11,930	18,550	26,500
1932 Model BA DeLuxe, 6-cyl.						
Spt Rds	2,000	6,000	10,000	22,500	35,000	50,000
Lan Phae	2,000	6,000	10,000	22,500	35,000	50,000
Cabr	2,000	6,000	10,000	22,500	35,000	50,000
3W Bus Cpe	1,120	3,360	5,600	12,600	19,600	28,000
5W Cpe	1,160	3,480	5,800	13,050	20,300	29,000
Spt Cpe	1,200	3,600	6,000	13,500	21,000	30,000
2d Sed	1,000	3,000	5,000	11,250	17,500	25,000
Sed	1,000	3,000	5,000	11,250	17,500	25,000
Spl Sed	1,040	3,120	5,200	11,700	18,200	26,000
5P Cpe	1,060	3,180	5,300	11,930	18,550	26,500

	6	5	4	3	2	1
1933 Mercury, 6-cyl.						
2P Cpe	1,100	3,300	5,500	12,380	19,250	27,500
RS Cpe	1,360	4,080	6,800	15,300	23,800	34,000
2d Sed	1,000	3,000	5,000	11,250	17,500	25,000
1933 Master Eagle, 6-cyl.						
Spt Rds	1,920	5,760	9,600	21,600	33,600	48,000
Phae	2,000	6,000	10,000	22,500	35,000	50,000
2P Cpe	1,300	3,900	6,500	14,630	22,750	32,500
Spt Cpe	1,340	4,020	6,700	15,080	23,450	33,500
2d Sed	1,000	3,000	5,000	11,250	17,500	25,000
2d Trk Sed	1,020	3,060	5,100	11,480	17,850	25,500
Sed	980	2,940	4,900	11,030	17,150	24,500
Conv	1,820	5,460	9,100	20,480	31,850	45,500
1934 Standard, 6-cyl.						
Sed	980	2,940	4,900	11,030	17,150	24,500
Spt Rds	1,920	5,760	9,600	21,600	33,600	48,000
Phae	2,000	6,000	10,000	22,500	35,000	50,000
Cpe	1,240	3,720	6,200	13,950	21,700	31,000
2d Sed	1,020	3,060	5,100	11,480	17,850	25,500
1934 Master, 6-cyl.						
Spt Rds	1,860	5,580	9,300	20,930	32,550	46,500
Bus Cpe	1,220	3,660	6,100	13,730	21,350	30,500
Spt Cpe	1,340	4,020	6,700	15,080	23,450	33,500
2d Sed	1,060	3,180	5,300	11,930	18,550	26,500
Twn Sed	1,100	3,300	5,500	12,380	19,250	27,500
Sed	1,040	3,120	5,200	11,700	18,200	26,000
Conv	1,820	5,460	9,100	20,480	31,850	45,500
1935 Standard, 6-cyl.						
Rds	1,640	4,920	8,200	18,450	28,700	41,000
Phae	1,640	4,920	8,200	18,450	28,700	41,000
Cpe	1,260	3,780	6,300	14,180	22,050	31,500
2d Sed	1,000	3,000	5,000	11,250	17,500	25,000
Sed	960	2,880	4,800	10,800	16,800	24,000
1935 Master, 6-cyl.						
5W Cpe	1,320	3,960	6,600	14,850	23,100	33,000
Spt Cpe	1,280	3,840	6,400	14,400	22,400	32,000
2d Sed	1,040	3,120	5,200	11,700	18,200	26,000
Sed	1,020	3,060	5,100	11,480	17,850	25,500
Spt Sed	1,220	3,660	6,100	13,730	21,350	30,500
Twn Sed	1,160	3,480	5,800	13,050	20,300	29,000
1936 Standard, 6-cyl.						
Cpe	1,160	3,480	5,800	13,050	20,300	29,000
Sed	960	2,880	4,800	10,800	16,800	24,000
Spt Sed	1,140	3,420	5,700	12,830	19,950	28,500
2d Sed	1,000	3,000	5,000	11,250	17,500	25,000
Cpe PU	1,160	3,480	5,800	13,050	20,300	29,000
Conv	1,640	4,920	8,200	18,450	28,700	41,000
1936 Master, 6-cyl.						
5W Cpe	1,200	3,600	6,000	13,500	21,000	30,000
Spt Cpe	1,240	3,720	6,200	13,950	21,700	31,000
2d Sed	1,040	3,120	5,200	11,700	18,200	26,000
Twn Sed	1,160	3,480	5,800	13,050	20,300	29,000
Sed	1,020	3,060	5,100	11,480	17,850	25,500
Spt Sed	1,220	3,660	6,100	13,730	21,350	30,500
1937 Master, 6-cyl.						
Conv	1,640	4,920	8,200	18,450	28,700	41,000
Cpe	1,160	3,480	5,800	13,050	20,300	29,000
Cpe PU	1,160	3,480	5,800	13,050	20,300	29,000
2d Sed	1,040	3,120	5,200	11,700	18,200	26,000
2d Twn Sed	1,160	3,480	5,800	13,050	20,300	29,000
4d Trk Sed	1,180	3,540	5,900	13,280	20,650	29,500
4d Spt Sed	1,220	3,660	6,100	13,730	21,350	30,500
1937 Master DeLuxe, 6-cyl.						
Cpe	1,160	3,480	5,800	13,050	20,300	29,000
Spt Cpe	1,240	3,720	6,200	13,950	21,700	31,000
2d Sed	1,040	3,120	5,200	11,700	18,200	26,000
2d Twn Sed	1,160	3,480	5,800	13,050	20,300	29,000
4d Trk Sed	1,180	3,540	5,900	13,280	20,650	29,500
4d Spt Sed	1,220	3,660	6,100	13,730	21,350	30,500
1938 Master, 6-cyl.						
Conv	1,620	4,860	8,100	18,230	28,350	40,500
Cpe	1,140	3,420	5,700	12,830	19,950	28,500
Cpe PU	1,140	3,420	5,700	12,830	19,950	28,500
2d Sed	1,020	3,060	5,100	11,480	17,850	25,500
2d Twn Sed	1,160	3,480	5,800	13,050	20,300	29,000
4d Sed	1,100	3,300	5,500	12,380	19,250	27,500

	6	5	4	3	2	1
4d Spt Sed	1,180	3,540	5,900	13,280	20,650	29,500
1938 Master DeLuxe, 6-cyl.						
Cpe	1,140	3,420	5,700	12,830	19,950	28,500
Spt Cpe	1,180	3,540	5,900	13,280	20,650	29,500
2d Sed	1,020	3,060	5,100	11,480	17,850	25,500
2d Twn Sed	1,160	3,480	5,800	13,050	20,300	29,000
4d Sed	1,100	3,300	5,500	12,380	19,250	27,500
4d Spt Sed	1,180	3,540	5,900	13,280	20,650	29,500
1939 Master 85, 6-cyl.						
Cpe	1,140	3,420	5,700	12,830	19,950	28,500
2d Sed	1,020	3,060	5,100	11,480	17,850	25,500
2d Twn Sed	1,160	3,480	5,800	13,050	20,300	29,000
4d Sed	1,100	3,300	5,500	12,380	19,250	27,500
4d Spt Sed	1,180	3,540	5,900	13,280	20,650	29,500
Sta Wag	2,800	8,400	14,000	31,500	49,000	70,000
1939 Master DeLuxe, 6-cyl.						
Cpe	1,140	3,420	5,700	12,830	19,950	28,500
Spt Cpe	1,180	3,540	5,900	13,280	20,650	29,500
2d Sed	1,020	3,060	5,100	11,480	17,850	25,500
2d Twn Sed	1,160	3,480	5,800	13,050	20,300	29,000
4d Sed	1,100	3,300	5,500	12,380	19,250	27,500
4d Spt Sed	1,180	3,540	5,900	13,280	20,650	29,500
Sta Wag	2,800	8,400	14,000	31,500	49,000	70,000
1940 Master 85, 6-cyl.						
2d Cpe	1,140	3,420	5,700	12,830	19,950	28,500
2d Twn Sed	1,160	3,480	5,800	13,050	20,300	29,000
4d Spt Sed	1,180	3,540	5,900	13,280	20,650	29,500
4d Sta Wag	2,800	8,400	14,000	31,500	49,000	70,000
1940 Master DeLuxe, 6-cyl.						
2d Cpe	1,140	3,420	5,700	12,830	19,950	28,500
Spt Cpe	1,180	3,540	5,900	13,280	20,650	29,500
2d Twn Sed	1,160	3,480	5,800	13,050	20,300	29,000
4d Spt Sed	1,180	3,540	5,900	13,280	20,650	29,500
1940 Special DeLuxe, 6-cyl.						
2d Cpe	1,140	3,420	5,700	12,830	19,950	28,500
2d Spt Cpe	1,180	3,540	5,900	13,280	20,650	29,500
2d Twn Sed	1,160	3,480	5,800	13,050	20,300	29,000
4d Spt Sed	1,180	3,540	5,900	13,280	20,650	29,500
2d Conv	1,720	5,160	8,600	19,350	30,100	43,000
4d Sta Wag	2,880	8,640	14,400	32,400	50,400	72,000
1941 Master DeLuxe, 6-cyl.						
2P Cpe	1,120	3,360	5,600	12,600	19,600	28,000
4P Cpe	1,160	3,480	5,800	13,050	20,300	29,000
2d Twn Sed	1,160	3,480	5,800	13,050	20,300	29,000
4d Spt Sed	1,180	3,540	5,900	13,280	20,650	29,500
1941 Special DeLuxe, 6-cyl.						
2P Cpe	1,180	3,540	5,900	13,280	20,650	29,500
4P Cpe	1,200	3,600	6,000	13,500	21,000	30,000
2d Twn Sed	1,200	3,600	6,000	13,500	21,000	30,000
4d Spt Sed	1,220	3,660	6,100	13,730	21,350	30,500
4d Flt Sed	1,180	3,540	5,900	13,280	20,650	29,500
2d Conv	1,940	5,820	9,700	21,830	33,950	48,500
4d Sta Wag	2,920	8,760	14,600	32,850	51,100	73,000
2d Cpe PU	1,180	3,540	5,900	13,280	20,650	29,500
1942 Master DeLuxe, 6-cyl.						
2P Cpe	1,180	3,540	5,900	13,280	20,650	29,500
4P Cpe	1,200	3,600	6,000	13,500	21,000	30,000
2d Cpe PU	1,160	3,480	5,800	13,050	20,300	29,000
2d Twn Sed	1,200	3,600	6,000	13,500	21,000	30,000
1942 Special DeLuxe, 6-cyl.						
2P Cpe	1,180	3,540	5,900	13,280	20,650	29,500
2d 5P Cpe	1,200	3,600	6,000	13,500	21,000	30,000
2d Twn Sed	1,200	3,600	6,000	13,500	21,000	30,000
4d Spt Sed	1,220	3,660	6,100	13,730	21,350	30,500
2d Conv	1,900	5,700	9,500	21,380	33,250	47,500
4d Sta Wag	2,920	8,760	14,600	32,850	51,100	73,000
1942 Fleetline, 6-cyl.						
2d Aero	1,220	3,660	6,100	13,730	21,350	30,500
4d Spt Mstr	1,160	3,480	5,800	13,050	20,300	29,000
1946-48 Stylemaster, 6-cyl.						
2d Bus Cpe	780	2,340	3,900	8,780	13,650	19,500
2d Spt Cpe	800	2,400	4,000	9,000	14,000	20,000
2d Twn Sed	680	2,040	3,400	7,650	11,900	17,000
4d Spt Sed	680	2,050	3,420	7,700	11,970	17,100
1946-48 Fleetmaster, 6-cyl.						
2d Spt Cpe	800	2,400	4,000	9,000	14,000	20,000

	6	5	4	3	2	1
2d Twn Sed	700	2,090	3,480	7,830	12,180	17,400
4d Spt Sed	700	2,100	3,500	7,880	12,250	17,500
2d Conv	1,560	4,680	7,800	17,550	27,300	39,000
4d Sta Wag	2,800	8,400	14,000	31,500	49,000	70,000
1946-48 Fleetline, 6-cyl.						
2d Aero	760	2,280	3,800	8,550	13,300	19,000
4d Spt Mstr	720	2,160	3,600	8,100	12,600	18,000
NOTE: Country Club wood kit is not a GM/Chevrolet option, but rather an aftermarket offering installed by Chevy dealers, on Aero sedans beginning in 1947 and '48.						
1949-50 Styleline Special, 6-cyl.						
2d Bus Cpe	800	2,400	4,000	9,000	14,000	20,000
2d Spt Cpe	820	2,460	4,100	9,230	14,350	20,500
2d Sed	760	2,290	3,820	8,600	13,370	19,100
4d Sed	770	2,300	3,840	8,640	13,440	19,200
1949-50 Fleetline Special, 6-cyl.						
2d Sed	770	2,300	3,840	8,640	13,440	19,200
4d Sed	730	2,200	3,660	8,240	12,810	18,300
1949-50 Styleline DeLuxe, 6-cyl.						
Spt Cpe	840	2,520	4,200	9,450	14,700	21,000
2d Sed	770	2,320	3,860	8,690	13,510	19,300
4d Sed	780	2,330	3,880	8,730	13,580	19,400
2d HT Bel Air (1950 only)	1,140	3,420	5,700	12,830	19,950	28,500
2d Conv	1,840	5,520	9,200	20,700	32,200	46,000
4d Woodie Wag (1949 only)	2,680	8,040	13,400	30,150	46,900	67,000
4d Mtl Sta Wag	1,520	4,560	7,600	17,100	26,600	38,000
1949-50 Fleetline DeLuxe, 6-cyl.						
2d Sed	820	2,450	4,080	9,180	14,280	20,400
4d Sed	820	2,460	4,100	9,230	14,350	20,500
1951-52 Styleline Special, 6-cyl.						
2d Bus Cpe	780	2,340	3,900	8,780	13,650	19,500
2d Spt Cpe	788	2,364	3,940	8,870	13,790	19,700
2d Sed	732	2,196	3,660	8,240	12,810	18,300
4d Sed	728	2,184	3,640	8,190	12,740	18,200
1951-52 Styleline DeLuxe, 6-cyl.						
2d Spt Cpe	840	2,520	4,200	9,450	14,700	21,000
2d Sed	752	2,256	3,760	8,460	13,160	18,800
4d Sed	752	2,256	3,760	8,460	13,160	18,800
2d HT Bel Air	1,120	3,360	5,600	12,600	19,600	28,000
2d Conv	1,600	4,800	8,000	18,000	28,000	40,000
1951-52 Fleetline Special, 6-cyl.						
2d Sed	696	2,088	3,480	7,830	12,180	17,400
4d Sed (1951 only)	692	2,076	3,460	7,790	12,110	17,300
4d Sta Wag	1,080	3,240	5,400	12,150	18,900	27,000
1951-52 Fleetline DeLuxe, 6-cyl.						
2d Sed	764	2,292	3,820	8,600	13,370	19,100
4d Sed (1951 only)	760	2,280	3,800	8,550	13,300	19,000
1953 Special 150, 6-cyl.						
2d Bus Cpe	760	2,280	3,800	8,550	13,300	19,000
2d Clb Cpe	770	2,320	3,860	8,690	13,510	19,300
2d Sed	730	2,180	3,640	8,190	12,740	18,200
4d Sed	684	2,052	3,420	7,700	11,970	17,100
4d Sta Wag	800	2,400	4,000	9,000	14,000	20,000
1953 DeLuxe 210, 6-cyl.						
2d Clb Cpe	840	2,520	4,200	9,450	14,700	21,000
2d Sed	780	2,340	3,900	8,780	13,650	19,500
4d Sed	736	2,208	3,680	8,280	12,880	18,400
2d HT	1,080	3,240	5,400	12,150	18,900	27,000
2d Conv	1,600	4,800	8,000	18,000	28,000	40,000
4d Sta Wag	1,160	3,480	5,800	13,050	20,300	29,000
4d 210 Townsman Sta Wag	1,180	3,540	5,900	13,280	20,650	29,500
1953 Bel Air						
2d Sed	840	2,530	4,220	9,500	14,770	21,100
4d Sed	780	2,340	3,900	8,780	13,650	19,500
2d HT	1,260	3,780	6,300	14,180	22,050	31,500
2d Conv	1,760	5,280	8,800	19,800	30,800	44,000
1954 Special 150, 6-cyl.						
2d Utl Sed	720	2,160	3,600	8,100	12,600	18,000
2d Sed	730	2,180	3,640	8,190	12,740	18,200
4d Sed	684	2,052	3,420	7,700	11,970	17,100
4d Sta Wag	800	2,400	4,000	9,000	14,000	20,000
1954 Special 210, 6-cyl.						
2d Sed	780	2,340	3,900	8,780	13,650	19,500
2d Sed Delray	840	2,520	4,200	9,450	14,700	21,000
4d Sed	736	2,208	3,680	8,280	12,880	18,400
4d Sta Wag	1,040	3,120	5,200	11,700	18,200	26,000

	6	5	4	3	2	1
1954 Bel Air, 6-cyl.						
2d Sed	830	2,480	4,140	9,320	14,490	20,700
4d Sed	784	2,352	3,920	8,820	13,720	19,600
2d HT	1,400	4,200	7,000	15,750	24,500	35,000
2d Conv	1,960	5,880	9,800	22,050	34,300	49,000
4d Sta Wag	1,120	3,360	5,600	12,600	19,600	28,000
1955 Model 150, V-8						
2d Utl Sed	1,080	3,240	5,400	12,150	18,900	27,000
2d Sed	1,160	3,480	5,800	13,050	20,300	29,000
4d Sed	800	2,400	4,000	9,000	14,000	20,000
2d Sta Wag	1,120	3,360	5,600	12,600	19,600	28,000
1955 Model 210, V-8						
2d Sed	1,200	3,600	6,000	13,500	21,000	30,000
2d Sed Delray	1,240	3,720	6,200	13,950	21,700	31,000
4d Sed	800	2,400	4,000	9,000	14,000	20,000
2d HT	1,580	4,740	7,900	17,780	27,650	39,500
2d Sta Wag	1,320	3,960	6,600	14,850	23,100	33,000
4d Sta Wag	1,140	3,420	5,700	12,830	19,950	28,500
1955 Bel Air, V-8						
2d Sed	1,240	3,720	6,200	13,950	21,700	31,000
4d Sed	880	2,640	4,400	9,900	15,400	22,000
2d HT	2,000	6,000	10,000	22,500	35,000	50,000
2d Conv	3,680	11,040	18,400	41,400	64,400	92,000
2d Nomad	3,120	9,360	15,600	35,100	54,600	78,000
4d Sta Wag	1,500	4,500	7,500	16,880	26,250	37,500
NOTE: Add 10 percent for A/C; 25 percent for "Power-Pack". Deduct 10 percent for 6-cyl.						
1956 Model 150, V-8						
2d Utl Sed	1,080	3,240	5,400	12,150	18,900	27,000
2d Sed	1,160	3,480	5,800	13,050	20,300	29,000
4d Sed	800	2,400	4,000	9,000	14,000	20,000
2d Sta Wag	1,120	3,360	5,600	12,600	19,600	28,000
1956 Model 210, V-8						
2d Sed	1,200	3,600	6,000	13,500	21,000	30,000
2d Sed Delray	1,240	3,720	6,200	13,950	21,700	31,000
4d Sed	800	2,400	4,000	9,000	14,000	20,000
4d HT	1,160	3,480	5,800	13,050	20,300	29,000
2d HT	1,440	4,320	7,200	16,200	25,200	36,000
2d Sta Wag	1,280	3,840	6,400	14,400	22,400	32,000
4d Sta Wag	1,120	3,360	5,600	12,600	19,600	28,000
4d 9P Sta Wag	1,140	3,420	5,700	12,830	19,950	28,500
1956 Bel Air, V-8						
2d Sed	1,500	4,500	7,500	16,880	26,250	37,500
4d Sed	880	2,640	4,400	9,900	15,400	22,000
4d HT	1,200	3,600	6,000	13,500	21,000	30,000
2d HT	1,840	5,520	9,200	20,700	32,200	46,000
2d Conv	3,640	10,920	18,200	40,950	63,700	91,000
2d Nomad	3,080	9,240	15,400	34,650	53,900	77,000
4d 9P Sta Wag	1,440	4,320	7,200	16,200	25,200	36,000
NOTE: Add 10 percent for A/C; 25 percent for "Power-Pack". Deduct 10 percent for 6-cyl. Add 50 percent for dual 4 barrel carbs.						
1957 Model 150, V-8						
2d Utl Sed	1,380	4,140	6,900	15,530	24,150	34,500
2d Sed	1,500	4,500	7,500	16,880	26,250	37,500
4d Sed	820	2,460	4,100	9,230	14,350	20,500
2d Sta Wag	1,240	3,720	6,200	13,950	21,700	31,000
1957 Model 210, V-8						
2d Sed	1,520	4,560	7,600	17,100	26,600	38,000
2d Sed Delray	1,640	4,920	8,200	18,450	28,700	41,000
4d Sed	900	2,700	4,500	10,130	15,750	22,500
4d HT	1,240	3,720	6,200	13,950	21,700	31,000
2d HT	2,040	6,120	10,200	22,950	35,700	51,000
2d Sta Wag	1,360	4,080	6,800	15,300	23,800	34,000
4d Sta Wag	1,240	3,720	6,200	13,950	21,700	31,000
4d 9P Sta Wag	1,300	3,900	6,500	14,630	22,750	32,500
1957 Bel Air, V-8						
2d Sed	1,580	4,740	7,900	17,780	27,650	39,500
4d Sed	920	2,760	4,600	10,350	16,100	23,000
4d HT	1,280	3,840	6,400	14,400	22,400	32,000
2d HT	2,500	7,500	12,500	28,130	43,750	62,500
2d Conv	3,860	11,580	19,300	43,430	67,550	96,500
2d Nomad	3,220	9,660	16,100	36,230	56,350	80,500
4d Sta Wag	1,540	4,620	7,700	17,330	26,950	38,500
NOTE: Add 10 percent for A/C; 15 percent for "Power-Pack" and 75 percent for F.I. Deduct 10 percent for 6-cyl. Add 25 percent for dual 4 barrel carbs.						
1958 Delray, V-8						
2d Utl Sed	920	2,760	4,600	10,350	16,100	23,000

	6	5	4	3	2	1
2d Sed	940	2,820	4,700	10,580	16,450	23,500
4d Sed	740	2,220	3,700	8,330	12,950	18,500
1958 Biscayne, V-8						
2d Sed	920	2,760	4,600	10,350	16,100	23,000
4d Sed	740	2,230	3,720	8,370	13,020	18,600
1958 Bel Air, V-8						
2d Sed	1,000	3,000	5,000	11,250	17,500	25,000
4d Sed	820	2,460	4,100	9,230	14,350	20,500
4d HT	880	2,640	4,400	9,900	15,400	22,000
2d HT	1,520	4,560	7,600	17,100	26,600	38,000
2d Impala	2,740	8,220	13,700	30,830	47,950	68,500
2d Imp Conv	3,540	10,620	17,700	39,830	61,950	88,500
1958 Station Wagons, V-8						
2d Yeo	1,060	3,180	5,300	11,930	18,550	26,500
4d Yeo	1,000	3,000	5,000	11,250	17,500	25,000
4d 6P Brookwood	1,040	3,120	5,200	11,700	18,200	26,000
4d 9P Brookwood	1,060	3,180	5,300	11,930	18,550	26,500
4d Nomad	1,120	3,360	5,600	12,600	19,600	28,000

NOTE: Add 10 percent for "Power-Pack" & dual exhaust on 283 V-8. Add 75 percent for F.I. Add 20 percent for 348. Add 50 percent for 348 Tri-Power set up. Add 15 percent for A/C. Deduct 10 percent for 6-cyl.

	6	5	4	3	2	1
1959 Biscayne, V-8						
2d Utl Sed	880	2,640	4,400	9,900	15,400	22,000
2d Sed	890	2,680	4,460	10,040	15,610	22,300
4d Sed	730	2,180	3,640	8,190	12,740	18,200
1959 Bel Air, V-8						
2d Sed	910	2,740	4,560	10,260	15,960	22,800
4d Sed	750	2,240	3,740	8,420	13,090	18,700
4d HT	800	2,400	4,000	9,000	14,000	20,000
1959 Impala, V-8						
4d Sed	760	2,280	3,800	8,550	13,300	19,000
4d HT	840	2,520	4,200	9,450	14,700	21,000
2d HT	2,120	6,360	10,600	23,850	37,100	53,000
2d Conv	3,300	9,900	16,500	37,130	57,750	82,500
1959 Station Wagons, V-8						
2d Brookwood	920	2,760	4,600	10,350	16,100	23,000
4d Brookwood	800	2,400	4,000	9,000	14,000	20,000
4d Parkwood	980	2,940	4,900	11,030	17,150	24,500
4d Kingswood	1,000	3,000	5,000	11,250	17,500	25,000
4d Nomad	1,120	3,360	5,600	12,600	19,600	28,000

NOTE: Add 10 percent for A/C. Add 10 percent for 4-speed transmission. Add 75 percent for F.I. Deduct 10 percent for 6-cyl. Add 50 percent for 348 Tri-Power set up.

	6	5	4	3	2	1
1960 Biscayne, V-8						
2d Utl Sed	770	2,320	3,860	8,690	13,510	19,300
2d Sed	790	2,360	3,940	8,870	13,790	19,700
4d Sed	620	1,870	3,120	7,020	10,920	15,600
1960 Biscayne Fleetmaster, V-8						
2d Sed	800	2,390	3,980	8,960	13,930	19,900
4d Sed	630	1,900	3,160	7,110	11,060	15,800
1960 Bel Air, V-8						
2d Sed	900	2,690	4,480	10,080	15,680	22,400
4d Sed	730	2,200	3,660	8,240	12,810	18,300
4d HT	780	2,340	3,900	8,780	13,650	19,500
2d HT	1,360	4,080	6,800	15,300	23,800	34,000
1960 Impala, V-8						
4d Sed	750	2,260	3,760	8,460	13,160	18,800
4d HT	840	2,520	4,200	9,450	14,700	21,000
2d HT	1,840	5,520	9,200	20,700	32,200	46,000
2d Conv	2,540	7,620	12,700	28,580	44,450	63,500
1960 Station Wagons, V-8						
2d Brookwood	880	2,640	4,400	9,900	15,400	22,000
4d Brookwood	760	2,280	3,800	8,550	13,300	19,000
4d Kingswood	940	2,820	4,700	10,580	16,450	23,500
4d Parkwood	880	2,640	4,400	9,900	15,400	22,000
4d Nomad	1,040	3,120	5,200	11,700	18,200	26,000

NOTE: Add 10 percent for A/C. Add 15 percent for 4-Speed transmission. Deduct 10 percent for 6-cyl. Add 50 percent for 348 Tri-Power set up.

	6	5	4	3	2	1
1961 Biscayne, V-8						
2d Utl Sed	720	2,150	3,580	8,060	12,530	17,900
2d Sed	740	2,230	3,720	8,370	13,020	18,600
4d Sed	620	1,860	3,100	6,980	10,850	15,500
1961 Bel Air, V-8						
2d Sed	790	2,360	3,940	8,870	13,790	19,700
4d Sed	620	1,870	3,120	7,020	10,920	15,600
4d HT	770	2,300	3,840	8,640	13,440	19,200
2d HT	1,600	4,800	8,000	18,000	28,000	40,000

1961 Impala, V-8

	6	5	4	3	2	1
2d Sed	800	2,410	4,020	9,050	14,070	20,100
4d Sed	720	2,160	3,600	8,100	12,600	18,000
4d HT	860	2,580	4,300	9,680	15,050	21,500
2d HT	1,720	5,160	8,600	19,350	30,100	43,000
2d Conv	2,120	6,360	10,600	23,850	37,100	53,000

1961 Station Wagons, V-8

	6	5	4	3	2	1
4d Brookwood	760	2,280	3,800	8,550	13,300	19,000
4d Parkwood	800	2,400	4,000	9,000	14,000	20,000
4d Nomad	1,000	3,000	5,000	11,250	17,500	25,000

NOTE: Add 10 percent for "Power-Pack" & dual exhaust on 283 V-8. Add 10 percent for 4-Speed transmission. Add 15 percent for A/C. Add 35 percent for 348 cid. Add 40 percent for Super Sport option. Add 75 percent for 409 V-8. Deduct 10 percent for 6-cyl.

1962 Chevy II, 4 & 6-cyl.

	6	5	4	3	2	1
2d Sed	720	2,170	3,620	8,150	12,670	18,100
4d Sed	520	1,560	2,600	5,850	9,100	13,000
2d HT	840	2,520	4,200	9,450	14,700	21,000
2d Conv	1,000	3,000	5,000	11,250	17,500	25,000
4d Sta Wag	740	2,220	3,700	8,330	12,950	18,500

1962 Biscayne, V-8

	6	5	4	3	2	1
2d Sed	780	2,340	3,900	8,780	13,650	19,500
4d Sed	620	1,850	3,080	6,930	10,780	15,400
4d Sta Wag	730	2,200	3,660	8,240	12,810	18,300

1962 Bel Air, V-8

	6	5	4	3	2	1
2d Sed	790	2,360	3,940	8,870	13,790	19,700
4d Sed	620	1,870	3,120	7,020	10,920	15,600
2d HT	1,640	4,920	8,200	18,450	28,700	41,000
4d Sta Wag	800	2,400	4,000	9,000	14,000	20,000

NOTE: Add 10 percent for "Power-Pack" & dual exhaust on 283 V-8. Add 15 percent for A/C. Add 40 percent for Super Sport option. Add 75 percent for 409 V-8. Deduct 10 percent for 6-cyl.

1962 Impala, V-8

	6	5	4	3	2	1
4d Sed	720	2,160	3,600	8,100	12,600	18,000
4d HT	800	2,400	4,000	9,000	14,000	20,000
2d HT	1,400	4,200	7,000	15,750	24,500	35,000
2d Conv	2,000	6,000	10,000	22,500	35,000	50,000
4d Sta Wag	840	2,520	4,200	9,450	14,700	21,000

NOTE: Add 25 percent for Super Sport option. Add 15 percent for Power-Pack & dual exhaust. Add 15 percent for A/C. Add 75 percent for 409 cid. Deduct 10 percent for 6-cyl. except Chevy II.

1963 Chevy II and Nova, 4 & 6-cyl.

	6	5	4	3	2	1
2d Sed	510	1,540	2,560	5,760	8,960	12,800
4d Sed	508	1,524	2,540	5,720	8,890	12,700
2d HT	800	2,400	4,000	9,000	14,000	20,000
2d Conv	960	2,880	4,800	10,800	16,800	24,000
4d Sta Wag	640	1,920	3,200	7,200	11,200	16,000

NOTE: Add 15 percent for Super Sport option.

1963 Biscayne, V-8

	6	5	4	3	2	1
2d Sed	700	2,110	3,520	7,920	12,320	17,600
4d Sed	580	1,740	2,900	6,530	10,150	14,500
4d Sta Wag	620	1,860	3,100	6,980	10,850	15,500

1963 Bel Air, V-8

	6	5	4	3	2	1
2d Sed	750	2,240	3,740	8,420	13,090	18,700
4d Sed	580	1,750	2,920	6,570	10,220	14,600
4d Sta Wag	720	2,160	3,600	8,100	12,600	18,000

1963 Impala, V-8

	6	5	4	3	2	1
4d Sed	720	2,160	3,600	8,100	12,600	18,000
4d HT	800	2,400	4,000	9,000	14,000	20,000
2d HT	1,300	3,900	6,500	14,630	22,750	32,500
2d Conv	1,800	5,400	9,000	20,250	31,500	45,000
4d Sta Wag	800	2,400	4,000	9,000	14,000	20,000

NOTE: Add 15 percent for "Power-Pack" & dual exhaust. Add 15 percent for A/C. Add 75 percent for 409 cid. Add 25 percent for Super Sport option. Deduct 10 percent for 6-cyl. except Chevy II.

1964 Chevy II and Nova, 4 & 6-cyl.

	6	5	4	3	2	1
2d Sed	516	1,548	2,580	5,810	9,030	12,900
4d Sed	512	1,536	2,560	5,760	8,960	12,800
2d HT	880	2,640	4,400	9,900	15,400	22,000
4d Sta Wag	648	1,944	3,240	7,290	11,340	16,200

NOTE: Add 10 percent for 8-cyl.

1964 Nova Super Sport Series, 6-cyl.

	6	5	4	3	2	1
2d HT	1,060	3,180	5,300	11,930	18,550	26,500

NOTE: Add 25 percent for V-8. Add 10 percent for 4-speed transmission.

1964 Chevelle

	6	5	4	3	2	1
2d Sed	800	2,410	4,020	9,050	14,070	20,100
4d Sed	500	1,500	2,500	5,630	8,750	12,500
2d Sta Wag	1,060	3,170	5,280	11,880	18,480	26,400
4d Sta Wag	648	1,944	3,240	7,290	11,340	16,200

1964 Malibu Series, V-8

	6	5	4	3	2	1
4d Sed	504	1,512	2,520	5,670	8,820	12,600

	6	5	4	3	2	1
2d HT	1,120	3,360	5,600	12,600	19,600	28,000
2d Conv	1,360	4,080	6,800	15,300	23,800	34,000
4d Sta Wag	640	1,920	3,200	7,200	11,200	16,000
NOTE: Add 25 percent for Super Sport option. Deduct 10 percent for 6-cyl.						
1964 Biscayne, V-8						
2d Sed	700	2,110	3,520	7,920	12,320	17,600
4d Sed	580	1,740	2,900	6,530	10,150	14,500
4d Sta Wag	620	1,860	3,100	6,980	10,850	15,500
1964 Bel Air, V-8						
2d Sed	740	2,220	3,700	8,330	12,950	18,500
4d Sed	580	1,750	2,920	6,570	10,220	14,600
4d Sta Wag	760	2,280	3,800	8,550	13,300	19,000
1964 Impala, V-8						
4d Sed	620	1,860	3,100	6,980	10,850	15,500
4d HT	780	2,340	3,900	8,780	13,650	19,500
2d HT	1,180	3,540	5,900	13,280	20,650	29,500
2d Conv	1,520	4,560	7,600	17,100	26,600	38,000
4d Sta Wag	840	2,520	4,200	9,450	14,700	21,000
NOTE: Add 25 percent for Super Sport option. Add 15 percent for Power-Pack & dual exhaust. Add 15 percent for A/C. Add 75 percent for 409 cid. Deduct 10 percent for 6-cyl.						
1965 Chevy II, V-8						
4d Sed	504	1,512	2,520	5,670	8,820	12,600
2d Sed	508	1,524	2,540	5,720	8,890	12,700
4d Sta Wag	512	1,536	2,560	5,760	8,960	12,800
1965 Nova Series, V-8						
4d Sed	508	1,524	2,540	5,720	8,890	12,700
2d HT	840	2,520	4,200	9,450	14,700	21,000
4d Sta Wag	640	1,920	3,200	7,200	11,200	16,000
1965 Nova Super Sport, V-8						
2d Spt Cpe	1,020	3,060	5,100	11,480	17,850	25,500
1965 Chevelle						
2d Sed	800	2,400	4,000	9,000	14,000	20,000
4d Sed	496	1,488	2,480	5,580	8,680	12,400
2d Sta Wag	1,060	3,180	5,300	11,930	18,550	26,500
4d Sta Wag	660	1,980	3,300	7,430	11,550	16,500
1965 Malibu, V-8						
4d Sed	512	1,536	2,560	5,760	8,960	12,800
2d HT	1,160	3,480	5,800	13,050	20,300	29,000
2d Conv	1,400	4,200	7,000	15,750	24,500	35,000
4d Sta Wag	644	1,932	3,220	7,250	11,270	16,100
1965 Malibu Super Sport, V-8						
2d HT	1,400	4,200	7,000	15,750	24,500	35,000
2d Conv	1,680	5,040	8,400	18,900	29,400	42,000
NOTE: Add 150 percent for RPO Z16 SS-396 option on hardtop only. Add 50 percent for 396 cid, 325 hp.						
1965 Biscayne, V-8						
2d Sed	700	2,100	3,500	7,880	12,250	17,500
4d Sed	580	1,730	2,880	6,480	10,080	14,400
4d Sta Wag	590	1,760	2,940	6,620	10,290	14,700
1965 Bel Air, V-8						
2d Sed	720	2,150	3,580	8,060	12,530	17,900
4d Sed	590	1,780	2,960	6,660	10,360	14,800
4d Sta Wag	620	1,860	3,100	6,980	10,850	15,500
1965 Impala, V-8						
4d Sed	720	2,160	3,600	8,100	12,600	18,000
4d HT	780	2,340	3,900	8,780	13,650	19,500
2d HT	960	2,880	4,800	10,800	16,800	24,000
2d Conv	1,280	3,840	6,400	14,400	22,400	32,000
4d Sta Wag	740	2,220	3,700	8,330	12,950	18,500
1965 Impala Super Sport, V-8						
2d HT	1,160	3,480	5,800	13,050	20,300	29,000
2d Conv	1,400	4,200	7,000	15,750	24,500	35,000
NOTE: Add 20 percent for "Power-Pack" & dual exhaust. Add 15 percent for A/C. Add 50 percent for 396 cid, 325 hp. Add 75 percent for 396 cid, 425 hp. Add 50 percent for 409 cid, 340 hp. Add 75 percent for 409 cid, 400 hp. Deduct 10 percent for 6-cyl. Add 10 percent for Caprice models.						
1966 Chevy II Series 100						
2d Sed	508	1,524	2,540	5,720	8,890	12,700
4d Sed	504	1,512	2,520	5,670	8,820	12,600
4d Sta Wag	516	1,548	2,580	5,810	9,030	12,900
1966 Nova Series, V-8						
2d HT	680	2,040	3,400	7,650	11,900	17,000
4d Sed	512	1,536	2,560	5,760	8,960	12,800
4d Sta Wag	520	1,560	2,600	5,850	9,100	13,000
1966 Nova Super Sport						
2d HT	1,580	4,740	7,900	17,780	27,650	39,500
NOTE: Add 60 percent for High Performance Package.						

	6	5	4	3	2	1
1966 Chevelle						
2d Sed.	800	2,400	4,000	9,000	14,000	20,000
4d Sed.	580	1,730	2,880	6,480	10,080	14,400
4d Sta Wag	508	1,524	2,540	5,720	8,890	12,700
1966 Malibu, V-8						
4d Sed.	630	1,900	3,160	7,110	11,060	15,800
4d HT	800	2,400	4,000	9,000	14,000	20,000
2d HT	1,160	3,480	5,800	13,050	20,300	29,000
2d Conv.	1,420	4,260	7,100	15,980	24,850	35,500
4d Sta Wag	780	2,340	3,900	8,780	13,650	19,500
1966 Super Sport, "396" V-8						
2d HT	2,320	6,960	11,600	26,100	40,600	58,000
2d Conv.	2,800	8,400	14,000	31,500	49,000	70,000
NOTE: Deduct 10 percent for 6-cyl Chevelle. Add 25 percent for 396 cid, 360 hp. Add 50 percent for 396 cid, 375 hp.						
1966 Biscayne, V-8						
2d Sed.	700	2,110	3,520	7,920	12,320	17,600
4d Sed.	580	1,740	2,900	6,530	10,150	14,500
4d Sta Wag	590	1,780	2,960	6,660	10,360	14,800
1966 Bel Air, V-8						
2d Sed.	720	2,170	3,620	8,150	12,670	18,100
4d Sed.	600	1,800	3,000	6,750	10,500	15,000
4d 3S Wag	720	2,160	3,600	8,100	12,600	18,000
1966 Impala, V-8						
4d Sed.	620	1,860	3,100	6,980	10,850	15,500
4d HT	780	2,340	3,900	8,780	13,650	19,500
2d HT	1,000	3,000	5,000	11,250	17,500	25,000
2d Conv.	1,320	3,960	6,600	14,850	23,100	33,000
4d Sta Wag	800	2,400	4,000	9,000	14,000	20,000
1966 Impala Super Sport, V-8						
2d HT	1,120	3,360	5,600	12,600	19,600	28,000
2d Conv.	1,680	5,040	8,400	18,900	29,400	42,000
1966 Caprice, V-8						
4d HT	880	2,640	4,400	9,900	15,400	22,000
2d HT	1,080	3,240	5,400	12,150	18,900	27,000
4d Sta Wag	840	2,520	4,200	9,450	14,700	21,000
NOTE: Add 50 percent for 396 cid. Add 60 percent for 427 cid, 390 hp. Add 75 percent for 427 cid, 425 hp. Add approx. 40 percent for 427 cid engine when available. Add 15 percent for A/C.						
1967 Chevy II, 100, V-8, 110" wb						
2d Sed.	496	1,488	2,480	5,580	8,680	12,400
4d Sed.	492	1,476	2,460	5,540	8,610	12,300
4d Sta Wag	504	1,512	2,520	5,670	8,820	12,600
1967 Chevy II Nova, V-8, 110" wb						
4d Sed.	500	1,500	2,500	5,630	8,750	12,500
2d HT	780	2,340	3,900	8,780	13,650	19,500
4d Sta Wag	540	1,620	2,700	6,080	9,450	13,500
1967 Chevy II Nova SS, V-8, 110" wb						
2d HT	1,580	4,740	7,900	17,780	27,650	39,500
NOTE: Add 60 percent for High Performance Package.						
1967 Chevelle 300, V-8, 115" wb						
2d Sed.	700	2,100	3,500	7,880	12,250	17,500
4d Sed.	496	1,488	2,480	5,580	8,680	12,400
1967 Chevelle 300 DeLuxe, V-8, 115" wb						
2d Sed.	710	2,140	3,560	8,010	12,460	17,800
4d Sed.	508	1,524	2,540	5,720	8,890	12,700
4d Sta Wag	640	1,920	3,200	7,200	11,200	16,000
1967 Chevelle Malibu, V-8, 115" wb						
4d Sed.	560	1,670	2,780	6,260	9,730	13,900
4d HT	760	2,280	3,800	8,550	13,300	19,000
2d HT	1,200	3,600	6,000	13,500	21,000	30,000
2d Conv.	1,460	4,380	7,300	16,430	25,550	36,500
4d Sta Wag	820	2,460	4,100	9,230	14,350	20,500
NOTE: Add 50 percent for 327 cid, 325 hp.						
1967 Chevelle Concours, V-8, 115" wb						
4d Sta Wag	740	2,220	3,700	8,330	12,950	18,500
1967 Chevelle Super Sport 396, 115" wb						
2d HT	2,360	7,080	11,800	26,550	41,300	59,000
2d Conv.	2,840	8,520	14,200	31,950	49,700	71,000
NOTE: Add 35 percent for 396 cid, 350 hp. Add 50 percent for 396 cid, 375 hp.						
1967 Biscayne, V-8, 119" wb						
2d Sed.	700	2,110	3,520	7,920	12,320	17,600
4d Sed.	700	2,100	3,500	7,880	12,250	17,500
4d Sta Wag	620	1,860	3,100	6,980	10,850	15,500
1967 Bel Air, V-8, 119" wb						
2d Sed.	730	2,200	3,660	8,240	12,810	18,300
4d Sed.	610	1,820	3,040	6,840	10,640	15,200
4d 3S Sta Wag	720	2,160	3,600	8,100	12,600	18,000

	6	5	4	3	2	1
1967 Impala, V-8, 119" wb						
4d Sed	620	1,860	3,100	6,980	10,850	15,500
4d HT	720	2,160	3,600	8,100	12,600	18,000
2d HT	960	2,880	4,800	10,800	16,800	24,000
2d Conv	1,280	3,840	6,400	14,400	22,400	32,000
4d 3S Sta Wag	760	2,280	3,800	8,550	13,300	19,000
1967 Impala SS, V-8, 119" wb						
2d HT	1,080	3,240	5,400	12,150	18,900	27,000
2d Conv	1,640	4,920	8,200	18,450	28,700	41,000
1967 Caprice, V-8, 119" wb						
2d HT	1,000	3,000	5,000	11,250	17,500	25,000
4d HT	840	2,520	4,200	9,450	14,700	21,000
4d 3S Sta Wag	800	2,400	4,000	9,000	14,000	20,000

NOTE: Add 200 percent for Impala SS 427 option. Add 50 percent for SS-396 option. Add 15 percent for A/C.

	6	5	4	3	2	1
1967 Camaro, V-8						
2d IPC	2,600	7,800	13,000	29,250	45,500	65,000
2d Cpe	1,400	4,200	7,000	15,750	24,500	35,000
2d Conv	1,840	5,520	9,200	20,700	32,200	46,000
2d Z28 Cpe	3,000	9,000	15,000	33,750	52,500	75,000

NOTE: Deduct 5 percent for Six, (when available). Add 15 percent for Rally Sport Package, (when available; except incl. w/ Indy Pace Car). Add 25 percent for SS-350 (when available; except incl. w/Indy Pace Car). Add 30 percent for SS-396 (L-35/325 hp; when available). Add 40 percent for SS-396 (L-78/375 hp; when available). Add 15 percent for A/C. Due to rarity, Yenko Camaro value inestimable.

	6	5	4	3	2	1
1968 Nova 307, V8						
2d Cpe	720	2,150	3,580	8,060	12,530	17,900
4d Sed	512	1,536	2,560	5,760	8,960	12,800

NOTE: Deduct 5 percent for 4 or 6-cyl. Add 25 percent for SS package. Add 25 percent for 327 cid. Add 30 percent for 350 cid. Add 35 percent for 396 cid engine. Only 1,270 Nova 4's were built in 1968.

	6	5	4	3	2	1
1968 Chevelle 300						
2d Sed	376	1,128	1,880	4,230	6,580	9,400
4d Sta Wag	380	1,140	1,900	4,280	6,650	9,500
1968 Chevelle 300 DeLuxe						
4d Sed	580	1,730	2,880	6,480	10,080	14,400
4d HT	800	2,390	3,980	8,960	13,930	19,900
2d Cpe	780	2,340	3,900	8,780	13,650	19,500
4d Sta Wag	680	2,040	3,400	7,650	11,900	17,000
1968 Chevelle Malibu						
4d Sed	580	1,740	2,900	6,530	10,150	14,500
4d HT	900	2,700	4,500	10,130	15,750	22,500
2d HT	1,200	3,600	6,000	13,500	21,000	30,000
2d Conv	1,800	5,400	9,000	20,250	31,500	45,000
4d Sta Wag	700	2,100	3,500	7,880	12,250	17,500

NOTE: Add 20 percent for 396 cid, 350 hp. Add 30 percent for 396 cid, 375 hp. Add 5 percent for Concourse Package.

	6	5	4	3	2	1
1968 Chevelle Concours Estate						
4d Sta Wag	840	2,520	4,200	9,450	14,700	21,000
1968 Chevelle SS-396						
2d HT	2,200	6,600	11,000	24,750	38,500	55,000
2d Conv	2,720	8,160	13,600	30,600	47,600	68,000
1968 Biscayne						
2d Sed	580	1,740	2,900	6,530	10,150	14,500
4d Sed	460	1,370	2,280	5,130	7,980	11,400
4d Sta Wag	560	1,680	2,800	6,300	9,800	14,000
1968 Bel Air						
2d Sed	580	1,750	2,920	6,570	10,220	14,600
4d Sed	460	1,380	2,300	5,180	8,050	11,500
4d 2S Sta Wag	580	1,740	2,900	6,530	10,150	14,500
4d 3S Sta Wag	600	1,800	3,000	6,750	10,500	15,000
1968 Impala						
4d Sed	580	1,740	2,900	6,530	10,150	14,500
4d HT	610	1,820	3,040	6,840	10,640	15,200
2d HT	840	2,520	4,200	9,450	14,700	21,000
2d Cus Cpe	860	2,580	4,300	9,680	15,050	21,500
2d Conv	1,160	3,480	5,800	13,050	20,300	29,000
4d 2S Sta Wag	720	2,160	3,600	8,100	12,600	18,000
4d 3S Sta Wag	720	2,170	3,620	8,150	12,670	18,100

NOTE: Add 200 percent for Impala SS 427 option.

	6	5	4	3	2	1
1968 Caprice						
4d HT	720	2,160	3,600	8,100	12,600	18,000
2d HT	920	2,760	4,600	10,350	16,100	23,000
4d 2S Sta Wag	740	2,220	3,700	8,330	12,950	18,500
4d 3S Sta Wag	760	2,280	3,800	8,550	13,300	19,000
1968 Camaro, V-8						
2d Cpe	1,320	3,960	6,600	14,850	23,100	33,000
2d Conv	1,760	5,280	8,800	19,800	30,800	44,000
2d Z28	2,480	7,440	12,400	27,900	43,400	62,000

NOTE: Deduct 5 percent for Six (when available). Add 10 percent for A/C. Add 15 percent for Rally Sport Package (when available). Add 25 percent for SS package. Add 15 percent for SS-350 (when available; except Z-28). Add 25 percent for

	6	5	4	3	2	1
SS-396 (L35/325 hp; when available). Add 25 percent for SS-396 (L34/350 hp; when available). Add 35 percent for SS-396 (L78/375 hp; when available). Add 40 percent for SS-396 (L89; when available). Add approx. 40 percent for 427 engine options when available. Due to rarity, Yenko Camaro value inestimable.						
1969 Nova Four						
2d Cpe.	690	2,080	3,460	7,790	12,110	17,300
4d Sed.	410	1,240	2,060	4,640	7,210	10,300
1969 Nova Six						
2d Cpe.	700	2,090	3,480	7,830	12,180	17,400
4d Sed.	420	1,250	2,080	4,680	7,280	10,400
1969 Chevy II, Nova V-8						
2d Cpe.	700	2,100	3,500	7,880	12,250	17,500
4d Sed.	420	1,260	2,100	4,730	7,350	10,500
2d Yenko 396 CID Cpe	3,800	11,400	19,000	42,750	66,500	95,000
NOTE: Add 50 percent for Nova SS. Add 30 percent for 350 cid. Add 35 percent for 396 cid. Add 25 percent for other "SS" equipment pkgs. Add 150 percent for Yenko 427 cid.						
1969 Chevelle 300 DeLuxe						
4d Sed.	520	1,560	2,600	5,850	9,100	13,000
2d HT	900	2,700	4,500	10,130	15,750	22,500
2d Cpe.	740	2,220	3,700	8,330	12,950	18,500
4d Nomad Wag	840	2,520	4,200	9,450	14,700	21,000
4d GB Wag	860	2,580	4,300	9,680	15,050	21,500
NOTE: Add 20 percent for 396-cid. Add 5 percent for dual-action tailgate.						
1969 Chevelle Malibu, Concours, V-8						
4d Sed.	540	1,620	2,700	6,080	9,450	13,500
4d HT	760	2,280	3,800	8,550	13,300	19,000
2d HT	1,160	3,480	5,800	13,050	20,300	29,000
2d Conv.	1,880	5,640	9,400	21,150	32,900	47,000
4d Concours HT	700	2,100	3,500	7,880	12,250	17,500
4d 9P Estate	940	2,820	4,700	10,580	16,450	23,500
4d 6P Estate	920	2,760	4,600	10,350	16,100	23,000
NOTE: Add 30 percent for 396 cid, 350 hp. Add 40 percent for 396 cid, 375 hp.						
1969 Chevelle Malibu SS-396						
2d HT	2,200	6,600	11,000	24,750	38,500	55,000
2d Conv.	2,800	8,400	14,000	31,500	49,000	70,000
NOTE: Add 150 percent for Yenko Hardtop.						
1969 Biscayne						
2d Sed.	520	1,560	2,600	5,850	9,100	13,000
4d Sed.	400	1,190	1,980	4,460	6,930	9,900
4d Sta Wag	410	1,220	2,040	4,590	7,140	10,200
NOTE: Add 300 percent for 427 cid.						
1969 Bel Air						
2d Sed.	540	1,620	2,700	6,080	9,450	13,500
4d Sed.	420	1,250	2,080	4,680	7,280	10,400
4d 6P Sta Wag	420	1,270	2,120	4,770	7,420	10,600
4d 9P Sta Wag	430	1,300	2,160	4,860	7,560	10,800
NOTE: Add 300 percent for 427 cid.						
1969 Impala, V-8						
4d Sed.	420	1,260	2,100	4,730	7,350	10,500
4d HT	560	1,680	2,800	6,300	9,800	14,000
2d HT	800	2,400	4,000	9,000	14,000	20,000
2d Cus Cpe	840	2,520	4,200	9,450	14,700	21,000
2d Conv.	960	2,880	4,800	10,800	16,800	24,000
4d 6P Sta Wag	430	1,300	2,160	4,860	7,560	10,800
4d 9P Sta Wag	440	1,320	2,200	4,950	7,700	11,000
NOTE: Add 200 percent for Impala SS 427 option.						
1969 Caprice, V-8						
4d HT	600	1,800	3,000	6,750	10,500	15,000
2d Cus Cpe	880	2,640	4,400	9,900	15,400	22,000
4d 6P Sta Wag	440	1,320	2,200	4,950	7,700	11,000
4d 9P Sta Wag	560	1,680	2,800	6,300	9,800	14,000
NOTE: Add 100 percent for 427 CID.						
1969 Camaro, V-8						
2d Spt Cpe	1,440	4,320	7,200	16,200	25,200	36,000
2d Conv.	1,920	5,760	9,600	21,600	33,600	48,000
2d Z28	2,840	8,520	14,200	31,950	49,700	71,000
2d IPC	2,520	7,560	12,600	28,350	44,100	63,000
2d ZL-1*	17,200	51,600	86,000	193,500	301,000	430,000
2d Yenko	12,000	36,000	60,000	135,000	210,000	300,000
*NOTE: Deduct 5 percent for Six, (when available). Add 10 percent for A/C. Add 10 percent for Rally Sport (except incl. w/ Indy Pace Car). Add 25 percent for SS-350 (when available; except incl. w/Indy Pace Car). Add 35 percent for SS-396 (L78/375 hp; when available). Add 25 percent for SS-396 (L35/325 hp; when available). Add 25 percent for SS-396 (L34/ 350 hp; when available). Add 40 percent for SS-396 (L89/375 hp; alum. heads; when available). *Add approx. 40 percent for all-aluminum 427 engine options when available.*						
1970 Nova Four						
2d Cpe.	680	2,040	3,400	7,650	11,900	17,000
4d Sed.	400	1,200	2,000	4,500	7,000	10,000

CHEVROLET

	6	5	4	3	2	1
1970 Nova Six						
2d Cpe	680	2,050	3,420	7,700	11,970	17,100
4d Sed	400	1,210	2,020	4,550	7,070	10,100
1970 Nova, V-8						
2d Cpe	690	2,060	3,440	7,740	12,040	17,200
4d Sed	410	1,220	2,040	4,590	7,140	10,200
2d Yenko Deuce Cpe	3,800	11,400	19,000	42,750	66,500	95,000
NOTE: Add 50 percent for SS option.						
1970 Chevelle						
2d HT	860	2,580	4,300	9,680	15,050	21,500
4d Sed	340	1,020	1,700	3,830	5,950	8,500
4d Nomad	560	1,680	2,800	6,300	9,800	14,000
1970 Greenbrier						
4d 6P Sta Wag	540	1,620	2,700	6,080	9,450	13,500
4d 8P Sta Wag	540	1,620	2,700	6,080	9,450	13,500
1970 Malibu, V-8						
4d Sed	344	1,032	1,720	3,870	6,020	8,600
4d HT	360	1,080	1,800	4,050	6,300	9,000
2d HT	1,260	3,780	6,300	14,180	22,050	31,500
2d Conv	1,960	5,880	9,800	22,050	34,300	49,000
4d Concours Est Wag	580	1,750	2,920	6,570	10,220	14,600
1970 Chevelle Malibu SS 396						
2d HT	2,040	6,120	10,200	22,950	35,700	51,000
2d Conv	2,620	7,860	13,100	29,480	45,850	65,500
1970 Chevelle Malibu SS 454						
2d HT	2,400	7,200	12,000	27,000	42,000	60,000
2d Conv	3,000	9,000	15,000	33,750	52,500	75,000
NOTE: Add 35 percent for 396 cid, 375 hp. Add 70 percent for LS6 engine option.						
1970 Monte Carlo						
2d HT	840	2,520	4,200	9,450	14,700	21,000
NOTE: Add 40 percent for SS 454.						
1970 Biscayne						
4d Sed	390	1,160	1,940	4,370	6,790	9,700
4d Sta Wag	390	1,180	1,960	4,410	6,860	9,800
1970 Bel Air						
4d Sed	400	1,210	2,020	4,550	7,070	10,100
4d 6P Sta Wag	410	1,240	2,060	4,640	7,210	10,300
4d 9P Sta Wag	420	1,260	2,100	4,730	7,350	10,500
1970 Impala, V-8						
4d Sed	430	1,300	2,160	4,860	7,560	10,800
4d HT	580	1,740	2,900	6,530	10,150	14,500
2d Spt Cpe	760	2,280	3,800	8,550	13,300	19,000
2d Cus Cpe	800	2,400	4,000	9,000	14,000	20,000
2d Conv	920	2,760	4,600	10,350	16,100	23,000
4d 6P Sta Wag	460	1,380	2,300	5,180	8,050	11,500
4d 9P Sta Wag	560	1,680	2,800	6,300	9,800	14,000
1970 Caprice, V-8						
4d HT	600	1,800	3,000	6,750	10,500	15,000
2d Cus Cpe	840	2,520	4,200	9,450	14,700	21,000
4d 6P Sta Wag	570	1,700	2,840	6,390	9,940	14,200
4d 9P Sta Wag	580	1,740	2,900	6,530	10,150	14,500
NOTE: Add 35 percent for SS 454 option. Add 25 percent for Rally Sport and/or Super Sport options.						
1970 Camaro, V-8						
2d Cpe	760	2,280	3,800	8,550	13,300	19,000
2d Z28	1,640	4,920	8,200	18,450	28,700	41,000
NOTE: Deduct 5 percent for Six, (except Z28). Add 35 percent for the 375 hp 396, (L78 option). Add 35 percent for Rally Sport and/or Super Sport options.						
1971 Vega						
2d Sed	320	960	1,600	3,600	5,600	8,000
2d HBk	324	972	1,620	3,650	5,670	8,100
2d Kammback	328	984	1,640	3,690	5,740	8,200
NOTE: Add 5 percent for GT.						
1971 Nova, V-8						
4d Sed	400	1,200	2,000	4,500	7,000	10,000
2d Sed	730	2,180	3,640	8,190	12,740	18,200
2d SS	980	2,940	4,900	11,030	17,150	24,500
1971 Chevelle						
2d HT	920	2,760	4,600	10,350	16,100	23,000
2d Malibu HT	1,120	3,360	5,600	12,600	19,600	28,000
2d Malibu Conv	1,840	5,520	9,200	20,700	32,200	46,000
4d HT	720	2,160	3,600	8,100	12,600	18,000
4d Sed	340	1,020	1,700	3,830	5,950	8,500
4d Concours Est Wag	680	2,040	3,400	7,650	11,900	17,000
1971 Chevelle Malibu SS						
2d HT	2,040	6,120	10,200	22,950	35,700	51,000
2d Conv	2,580	7,740	12,900	29,030	45,150	64,500

	6	5	4	3	2	1
1971 Chevelle Malibu SS-454						
2d HT	2,120	6,360	10,600	23,850	37,100	53,000
2d Conv.	2,660	7,980	13,300	29,930	46,550	66,500
1971 Monte Carlo						
2d HT	840	2,520	4,200	9,450	14,700	21,000
NOTE: Add 40 percent for SS 454. Add 25 percent for SS 402 engine option.						
1971 Biscayne, V-8, 121" wb						
4d Sed.	312	936	1,560	3,510	5,460	7,800
1971 Bel Air, V-8, 121" wb						
4d Sed.	328	984	1,640	3,690	5,740	8,200
1971 Impala, V-8, 121" wb						
4d Sed.	340	1,020	1,700	3,830	5,950	8,500
4d HT	368	1,104	1,840	4,140	6,440	9,200
2d HT	520	1,560	2,600	5,850	9,100	13,000
2d HT Cus.	528	1,584	2,640	5,940	9,240	13,200
2d Conv.	880	2,640	4,400	9,900	15,400	22,000
1971 Caprice, V-8, 121" wb						
4d HT	480	1,440	2,400	5,400	8,400	12,000
2d HT	540	1,620	2,700	6,080	9,450	13,500
1971 Station Wagons, V-8, 125" wb						
4d Brookwood 2-S.	376	1,128	1,880	4,230	6,580	9,400
4d Townsman 3-S.	388	1,164	1,940	4,370	6,790	9,700
4d Kingswood 3-S.	396	1,188	1,980	4,460	6,930	9,900
4d Est 3-S	400	1,200	2,000	4,500	7,000	10,000
NOTE: Add 35 percent for SS 454 option.						
1971 Camaro, V-8						
2d Cpe.	760	2,280	3,800	8,550	13,300	19,000
2d Z28	1,460	4,380	7,300	16,430	25,550	36,500
NOTE: Add 35 percent for Rally Sport and/or Super Sport options. Add 25 percent for 402 ("396") engine option.						
1972 Vega						
2d Sed.	320	960	1,600	3,600	5,600	8,000
2d HBk	324	972	1,620	3,650	5,670	8,100
2d Kammback	328	984	1,640	3,690	5,740	8,200
NOTE: Add 15 percent for GT.						
1972 Nova						
4d Sed.	380	1,140	1,900	4,280	6,650	9,500
2d Sed.	670	2,000	3,340	7,520	11,690	16,700
NOTE: Add 50 percent for SS. Add 15 percent for folding vinyl sunroof.						
1972 Chevelle						
2d Malibu HT	1,240	3,720	6,200	13,950	21,700	31,000
2d Malibu Conv	1,760	5,280	8,800	19,800	30,800	44,000
4d HT	720	2,160	3,600	8,100	12,600	18,000
4d Sed.	340	1,020	1,700	3,830	5,950	8,500
4d Concours Est Wag	680	2,040	3,400	7,650	11,900	17,000
1972 Chevelle Malibu SS						
2d HT	1,520	4,560	7,600	17,100	26,600	38,000
2d Conv.	2,080	6,240	10,400	23,400	36,400	52,000
1972 Chevelle Malibu SS-454						
2d HT	1,600	4,800	8,000	18,000	28,000	40,000
2d Conv.	2,160	6,480	10,800	24,300	37,800	54,000
1972 Monte Carlo						
2d HT	840	2,520	4,200	9,450	14,700	21,000
NOTE: Add 35 percent for 454 cid engine. Add 25 percent for 402 engine option.						
1972 Biscayne, V-8, 121" wb						
4d Sed.	312	936	1,560	3,510	5,460	7,800
1972 Bel Air, V-8, 121" wb						
4d Sed.	316	948	1,580	3,560	5,530	7,900
1972 Impala, V-8, 121" wb						
4d Sed.	328	984	1,640	3,690	5,740	8,200
4d HT	368	1,104	1,840	4,140	6,440	9,200
2d HT Cus.	520	1,560	2,600	5,850	9,100	13,000
2d HT	500	1,500	2,500	5,630	8,750	12,500
2d Conv.	800	2,400	4,000	9,000	14,000	20,000
1972 Caprice, V-8, 121" wb						
4d Sed.	340	1,020	1,700	3,830	5,950	8,500
4d HT	500	1,500	2,500	5,630	8,750	12,500
2d HT	540	1,620	2,700	6,080	9,450	13,500
1972 Station Wagons, V-8, 125" wb						
4d Brookwood 2-S.	388	1,164	1,940	4,370	6,790	9,700
4d Townsman 3-S.	396	1,188	1,980	4,460	6,930	9,900
4d Kingswood 3-S.	400	1,200	2,000	4,500	7,000	10,000
4d Est 3-S	420	1,260	2,100	4,730	7,350	10,500
NOTE: Add 35 percent for 454 option. Add 30 percent for 402 option.						
1972 Camaro, V-8						
2d Cpe.	760	2,280	3,800	8,550	13,300	19,000

	6	5	4	3	2	1
2d Z28	1,460	4,380	7,300	16,430	25,550	36,500
NOTE: Add 35 percent for Rally Sport and/or Super Sport options.						
1973 Vega						
2d Sed	344	1,032	1,720	3,870	6,020	8,600
2d HBk	324	972	1,620	3,650	5,670	8,100
2d Sta Wag	328	984	1,640	3,690	5,740	8,200
1973 Nova Custom V8						
2d Cpe	336	1,008	1,680	3,780	5,880	8,400
4d Sed	332	996	1,660	3,740	5,810	8,300
2d HBk	340	1,020	1,700	3,830	5,950	8,500
NOTE: Add 15 percent for folding vinyl sunroof.						
1973 Chevelle Malibu V8						
2d Cpe	344	1,032	1,720	3,870	6,020	8,600
4d Sed	340	1,020	1,700	3,830	5,950	8,500
NOTE: Add 15 percent for SS option.						
1973 Laguna V8						
4d Sed	344	1,032	1,720	3,870	6,020	8,600
2d Cpe	500	1,500	2,500	5,630	8,750	12,500
4d 3S DeL Sta Wag	320	960	1,600	3,600	5,600	8,000
4d 3S Malibu Sta Wag	320	970	1,620	3,650	5,670	8,100
4d 3S Malibu Est Wag	330	980	1,640	3,690	5,740	8,200
4d 3S Laguna Sta Wag	340	1,020	1,700	3,830	5,950	8,500
4d 3S Laguna Est Wag	350	1,040	1,740	3,920	6,090	8,700
1973 Monte Carlo V8						
2d Cpe	520	1,560	2,600	5,850	9,100	13,000
2d Cpe Lan	540	1,620	2,700	6,080	9,450	13,500
1973 Bel Air						
4d Sed	344	1,032	1,720	3,870	6,020	8,600
4d 2S Bel Air Sta Wag	380	1,130	1,880	4,230	6,580	9,400
4d 3S Bel Air Sta Wag	380	1,140	1,900	4,280	6,650	9,500
1973 Impala V8						
2d Cpe Spt	380	1,140	1,900	4,280	6,650	9,500
2d Cpe Cus	388	1,164	1,940	4,370	6,790	9,700
4d Sed	348	1,044	1,740	3,920	6,090	8,700
4d HT	360	1,080	1,800	4,050	6,300	9,000
4d 3S Impala Wag	400	1,200	2,000	4,500	7,000	10,000
1973 Caprice Classic V8						
2d Cpe	480	1,440	2,400	5,400	8,400	12,000
4d Sed	348	1,044	1,740	3,920	6,090	8,700
4d HT	380	1,140	1,900	4,280	6,650	9,500
2d Conv	920	2,760	4,600	10,350	16,100	23,000
4d 3S Caprice Est Wag	420	1,260	2,100	4,730	7,350	10,500
1973 Camaro, V-8						
2d Cpe	760	2,280	3,800	8,550	13,300	19,000
2d Z28	1,100	3,300	5,500	12,380	19,250	27,500
NOTE: Add 35 percent for Rally Sport and/or Super Sport options. Add 35 percent for 454 option.						
1974 Vega						
2d Cpe	320	960	1,600	3,600	5,600	8,000
2d HBk	324	972	1,620	3,650	5,670	8,100
2d Sta Wag	328	984	1,640	3,690	5,740	8,200
1974 Nova						
2d Cpe	336	1,008	1,680	3,780	5,880	8,400
2d HBk	344	1,032	1,720	3,870	6,020	8,600
4d Sed	336	1,008	1,680	3,780	5,880	8,400
1974 Nova Custom						
2d Cpe	340	1,020	1,700	3,830	5,950	8,500
2d HBk	344	1,032	1,720	3,870	6,020	8,600
4d Sed	340	1,020	1,700	3,830	5,950	8,500
NOTE: Add 10 percent for Spirit of America option where applied.						
1974 Malibu						
2d Col Cpe	360	1,080	1,800	4,050	6,300	9,000
4d Col Sed	344	1,032	1,720	3,870	6,020	8,600
4d Sta Wag	328	984	1,640	3,690	5,740	8,200
1974 Malibu Classic						
2d Col Cpe	348	1,044	1,740	3,920	6,090	8,700
2d Lan Cpe	336	1,008	1,680	3,780	5,880	8,400
4d Col Sed	324	972	1,620	3,650	5,670	8,100
4d Sta Wag	320	960	1,600	3,600	5,600	8,000
1974 Malibu Classic Estate						
4d Sta Wag	324	972	1,620	3,650	5,670	8,100
1974 Laguna Type S-3, V-8						
2d Cpe	600	1,800	3,000	6,750	10,500	15,000
1974 Monte Carlo						
2d "S" Cpe	520	1,560	2,600	5,850	9,100	13,000
2d Lan	540	1,620	2,700	6,080	9,450	13,500

	6	5	4	3	2	1
1974 Bel Air						
4d Sed	320	960	1,600	3,600	5,600	8,000
4d Sta Wag	360	1,080	1,800	4,050	6,300	9,000
1974 Impala						
4d Sed	332	996	1,660	3,740	5,810	8,300
4d HT Sed	352	1,056	1,760	3,960	6,160	8,800
2d Spt Cpe	380	1,140	1,900	4,280	6,650	9,500
2d Cus Cpe	392	1,176	1,960	4,410	6,860	9,800
4d Sta Wag	364	1,092	1,820	4,100	6,370	9,100
1974 Caprice Classic						
4d Sed	336	1,008	1,680	3,780	5,880	8,400
4d HT Sed	360	1,080	1,800	4,050	6,300	9,000
2d Cus Cpe	488	1,464	2,440	5,490	8,540	12,200
2d Conv	960	2,880	4,800	10,800	16,800	24,000
4d Sta Wag	380	1,140	1,900	4,280	6,650	9,500

NOTE: Add 20 percent for Nova SS package. Add 12 percent for Malibu with canopy roof. Add 35 percent for 454 V-8. Add 15 percent for Nova with 185 horsepower V-8. Add 25 percent for Impala "Spirit of America" Sport Coupe.

	6	5	4	3	2	1
1974 Camaro, V-8						
2d Cpe	740	2,220	3,700	8,330	12,950	18,500
2d LT Cpe	760	2,280	3,800	8,550	13,300	19,000

NOTE: Add 10 percent for Z28 option.

	6	5	4	3	2	1
1975 Vega						
2d Cpe	320	960	1,600	3,600	5,600	8,000
2d HBk	324	972	1,620	3,650	5,670	8,100
2d Lux Cpe	324	972	1,620	3,650	5,670	8,100
4d Sta Wag	328	984	1,640	3,690	5,740	8,200
4d Est Wag	332	996	1,660	3,740	5,810	8,300
2d Cosworth	440	1,320	2,200	4,950	7,700	11,000
1975 Nova						
2d "S" Cpe	324	972	1,620	3,650	5,670	8,100
2d Cpe	324	972	1,620	3,650	5,670	8,100
2d HBk	328	984	1,640	3,690	5,740	8,200
4d Sed	328	984	1,640	3,690	5,740	8,200
1975 Nova Custom						
2d Cpe	328	984	1,640	3,690	5,740	8,200
2d HBk	332	996	1,660	3,740	5,810	8,300
4d Sed	328	984	1,640	3,690	5,740	8,200
1975 Nova LN, V-8						
4d Sed	332	996	1,660	3,740	5,810	8,300
2d Cpe	336	1,008	1,680	3,780	5,880	8,400
1975 Monza						
2d 2 plus 2	260	780	1,300	2,930	4,550	6,500
2d Twn Cpe	248	744	1,240	2,790	4,340	6,200
1975 Malibu						
2d Col Cpe	340	1,020	1,700	3,830	5,950	8,500
2d Col Sed	320	960	1,600	3,600	5,600	8,000
4d Sta Wag	324	972	1,620	3,650	5,670	8,100
1975 Malibu Classic						
2d Col Cpe	360	1,080	1,800	4,050	6,300	9,000
2d Lan	368	1,104	1,840	4,140	6,440	9,200
4d Col Sed	328	984	1,640	3,690	5,740	8,200
4d Sta Wag	324	972	1,620	3,650	5,670	8,100
4d Est Wag	328	984	1,640	3,690	5,740	8,200
1975 Laguna Type S-3, V-8						
2d Cpe	660	1,980	3,300	7,430	11,550	16,500
1975 Monte Carlo						
2d "S" Cpe	520	1,560	2,600	5,850	9,100	13,000
2d Lan	550	1,600	2,700	6,080	9,450	13,500
1975 Bel Air						
4d Sed	324	972	1,620	3,650	5,670	8,100
4d Sta Wag	360	1,080	1,800	4,050	6,300	9,000
1975 Impala						
4d Sed	332	996	1,660	3,740	5,810	8,300
4d HT	336	1,008	1,680	3,780	5,880	8,400
2d Spt Cpe	360	1,080	1,800	4,050	6,300	9,000
2d Cus Cpe	364	1,092	1,820	4,100	6,370	9,100
2d Lan	380	1,140	1,900	4,280	6,650	9,500
4d Sta Wag	376	1,128	1,880	4,230	6,580	9,400
1975 Caprice Classic						
4d Sed	336	1,008	1,680	3,780	5,880	8,400
4d HT	340	1,020	1,700	3,830	5,950	8,500
2d Cus Cpe	380	1,140	1,900	4,280	6,650	9,500
2d Lan	380	1,140	1,900	4,280	6,650	9,500
2d Conv	1,040	3,120	5,200	11,700	18,200	26,000

	6	5	4	3	2	1
4d Sta Wag	400	1,200	2,000	4,500	7,000	10,000

NOTE: Add 10 percent for Nova SS. Add 15 percent for SS option on Chevelle wagon. Add 20 percent for Monte Carlo or Laguna 454. Add 15 percent for 454 Caprice. Add 15 percent for canopy top options. Add 10 percent for Monza V-8.

	6	5	4	3	2	1
1975 Camaro, V-8						
Cpe	680	2,040	3,400	7,650	11,900	17,000
Type LT	720	2,160	3,600	8,100	12,600	18,000

NOTE: Add 30 percent for Camaro R/S.

	6	5	4	3	2	1
1976 Chevette, 4-cyl.						
2d Scooter	228	684	1,140	2,570	3,990	5,700
2d HBk	236	708	1,180	2,660	4,130	5,900
1976 Vega, 4-cyl.						
2d Sed	320	960	1,600	3,600	5,600	8,000
2d HBk	324	972	1,620	3,650	5,670	8,100
2d Cosworth HBk	500	1,450	2,400	5,400	8,400	12,000
2d Sta Wag	328	984	1,640	3,690	5,740	8,200
2d Est Sta Wag	332	996	1,660	3,740	5,810	8,300
1976 Nova, V-8						
2d Cpe	324	972	1,620	3,650	5,670	8,100
2d HBk	328	984	1,640	3,690	5,740	8,200
4d Sed	320	960	1,600	3,600	5,600	8,000
1976 Nova Concours, V-8						
2d Cpe	328	984	1,640	3,690	5,740	8,200
2d HBk	332	996	1,660	3,740	5,810	8,300
4d Sed	324	972	1,620	3,650	5,670	8,100
1976 Monza, 4-cyl.						
2d Twn Cpe	236	708	1,180	2,660	4,130	5,900
2d HBk	236	708	1,180	2,660	4,130	5,900
1976 Malibu, V-8						
2d Sed	324	972	1,620	3,650	5,670	8,100
4d Sed	320	960	1,600	3,600	5,600	8,000
4d 2S Sta Wag ES	320	960	1,600	3,600	5,600	8,000
4d 3S Sta Wag ES	324	972	1,620	3,650	5,670	8,100
1976 Malibu Classic, V-8						
2d Sed	340	1,020	1,700	3,830	5,950	8,500
2d Lan Cpe	348	1,044	1,740	3,920	6,090	8,700
4d Sed	320	960	1,600	3,600	5,600	8,000
1976 Laguna Type S-3, V-8						
2d Cpe	660	1,980	3,300	7,430	11,550	16,500
1976 Monte Carlo, V-8						
2d Cpe	520	1,560	2,600	5,850	9,100	13,000
2d Lan Cpe	540	1,620	2,700	6,080	9,450	13,500
1976 Impala, V-8						
4d Sed	352	1,056	1,760	3,960	6,160	8,800
4d Spt Sed	356	1,068	1,780	4,010	6,230	8,900
2d Cus Cpe	380	1,140	1,900	4,280	6,650	9,500
4d 2S Sta Wag	356	1,068	1,780	4,010	6,230	8,900
4d 3S Sta Wag	360	1,080	1,800	4,050	6,300	9,000
1976 Caprice Classic, V-8						
4d Sed	360	1,080	1,800	4,050	6,300	9,000
4d Spt Sed	364	1,092	1,820	4,100	6,370	9,100
2d Cpe	420	1,260	2,100	4,730	7,350	10,500
2d Lan Cpe	428	1,284	2,140	4,820	7,490	10,700
4d 2S Sta Wag	360	1,080	1,800	4,050	6,300	9,000
4d 3S Sta Wag	364	1,092	1,820	4,100	6,370	9,100
1976 Camaro, V-8						
2d Cpe	640	1,920	3,200	7,200	11,200	16,000
2d Cpe LT	680	2,040	3,400	7,650	11,900	17,000
1977 Chevette, 4-cyl.						
2d HBk	204	612	1,020	2,300	3,570	5,100
1977 Vega, 4-cyl.						
2d Spt Cpe	292	876	1,460	3,290	5,110	7,300
2d HBk	296	888	1,480	3,330	5,180	7,400
2d Sta Wag	300	900	1,500	3,380	5,250	7,500
2d Est Wag	304	912	1,520	3,420	5,320	7,600
1977 Nova, V-8						
2d Cpe	300	900	1,500	3,380	5,250	7,500
2d HBk	304	912	1,520	3,420	5,320	7,600
4d Sed	296	888	1,480	3,330	5,180	7,400
1977 Nova Concours, V-8						
2d Cpe	304	912	1,520	3,420	5,320	7,600
2d HBk	308	924	1,540	3,470	5,390	7,700
4d Sed	300	900	1,500	3,380	5,250	7,500
1977 Monza, 4-cyl.						
2d Twn Cpe	220	660	1,100	2,480	3,850	5,500
2d HBk	220	660	1,100	2,480	3,850	5,500

	6	5	4	3	2	1
1977 Malibu, V-8						
2d Cpe.	296	888	1,480	3,330	5,180	7,400
4d Sed.	300	900	1,500	3,380	5,250	7,500
4d 2S Sta Wag	284	852	1,420	3,200	4,970	7,100
3S Sta Wag	288	864	1,440	3,240	5,040	7,200
1977 Malibu Classic, V-8						
2d Cpe.	300	900	1,500	3,380	5,250	7,500
2d Lan Cpe	320	960	1,600	3,600	5,600	8,000
4d Sed.	304	912	1,520	3,420	5,320	7,600
4d 2S Sta Wag	292	876	1,460	3,290	5,110	7,300
4d 3S Sta Wag	296	888	1,480	3,330	5,180	7,400
1977 Monte Carlo, V-8						
2d Cpe.	520	1,560	2,600	5,850	9,100	13,000
2d Lan Cpe	540	1,620	2,700	6,080	9,450	13,500
1977 Impala, V-8						
2d Cpe.	390	1,160	1,940	4,370	6,790	9,700
4d Sed.	340	1,020	1,700	3,830	5,950	8,500
4d 2S Sta Wag	250	800	1,300	2,930	4,550	6,500
4d 3S Sta Wag	250	800	1,300	2,970	4,600	6,600
1977 Caprice Classic, V-8						
2d Cpe.	400	1,190	1,980	4,460	6,930	9,900
2d Lan Cpe	400	1,210	2,020	4,550	7,070	10,100
4d Sed.	350	1,040	1,740	3,920	6,090	8,700
4d 2S Sta Wag	250	800	1,300	2,970	4,600	6,600
4d 3S Sta Wag	250	800	1,350	3,020	4,700	6,700
1977 Camaro, V-8						
2d Spt Cpe	520	1,560	2,600	5,850	9,100	13,000
2d Spt Cpe LT	540	1,620	2,700	6,080	9,450	13,500
2d Spt Cpe Z28	640	1,920	3,200	7,200	11,200	16,000
1978 Chevette						
2d Scooter	152	456	760	1,710	2,660	3,800
2d HBk	152	456	760	1,710	2,660	3,800
4d HBk	156	468	780	1,760	2,730	3,900
1978 Nova						
2d Cpe.	250	750	1,300	2,880	4,500	6,400
2d HBk	250	750	1,300	2,880	4,500	6,400
4d Sed.	250	750	1,250	2,840	4,400	6,300
1978 Nova Custom						
2d Cpe.	250	800	1,300	2,930	4,550	6,500
4d Sed.	250	750	1,300	2,880	4,500	6,400
1978 Monza						
2d Cpe 2 plus 2	184	552	920	2,070	3,220	4,600
2d "S" Cpe.	200	550	900	2,030	3,150	4,500
2d Cpe.	176	528	880	1,980	3,080	4,400
2d Sta Wag	160	490	820	1,850	2,870	4,100
2d Est Wag	170	500	840	1,890	2,940	4,200
2d Spt Cpe 2 plus 2.	200	600	1,000	2,250	3,500	5,000
2d Spt Cpe	192	576	960	2,160	3,360	4,800
1978 Malibu						
2d Spt Cpe	304	912	1,520	3,420	5,320	7,600
4d Sed.	220	660	1,100	2,480	3,850	5,500
4d Sta Wag	220	660	1,100	2,480	3,850	5,500
1978 Malibu Classic						
2d Spt Cpe	308	924	1,540	3,470	5,390	7,700
4d Sed.	224	672	1,120	2,520	3,920	5,600
4d Sta Wag	224	672	1,120	2,520	3,920	5,600
1978 Monte Carlo, V-8						
2d Cpe.	350	1,000	1,700	3,830	5,950	8,500
1978 Impala						
2d Cpe.	380	1,140	1,900	4,280	6,650	9,500
4d Sed.	300	890	1,480	3,330	5,180	7,400
4d Sta Wag	216	648	1,080	2,430	3,780	5,400
1978 Caprice Classic						
2d Cpe.	390	1,180	1,960	4,410	6,860	9,800
2d Lan Cpe	400	1,200	2,000	4,500	7,000	10,000
4d Sed.	310	920	1,540	3,470	5,390	7,700
4d Sta Wag	232	696	1,160	2,610	4,060	5,800
1978 Camaro, V-8						
2d Cpe.	520	1,560	2,600	5,850	9,100	13,000
2d LT Cpe	540	1,620	2,700	6,080	9,450	13,500
2d Z28 Cpe	640	1,920	3,200	7,200	11,200	16,000
1979 Chevette, 4-cyl.						
4d HBk	156	468	780	1,760	2,730	3,900
2d HBk	156	468	780	1,760	2,730	3,900
2d Scooter	152	456	760	1,710	2,660	3,800

	6	5	4	3	2	1
1979 Nova, V-8						
4d Sed	250	750	1,300	2,880	4,500	6,400
2d Sed	250	750	1,250	2,840	4,400	6,300
2d HBk	250	800	1,300	2,930	4,550	6,500
1979 Nova Custom, V-8						
4d Sed	250	800	1,300	2,930	4,550	6,500
2d Sed	250	750	1,300	2,880	4,500	6,400
NOTE: Deduct 5 percent for 6-cyl.						
1979 Monza, 4-cyl.						
2d 2 plus 2 HBk	188	564	940	2,120	3,290	4,700
2d	184	552	920	2,070	3,220	4,600
2d Sta Wag	170	500	840	1,890	2,940	4,200
2d Spt 2 plus 2 HBk	192	576	960	2,160	3,360	4,800
1979 Malibu, V-8						
4d Sed	224	672	1,120	2,520	3,920	5,600
2d Spt Cpe	312	936	1,560	3,510	5,460	7,800
4d Sta Wag	228	684	1,140	2,570	3,990	5,700
1979 Malibu Classic, V-8						
4d Sed	228	684	1,140	2,570	3,990	5,700
2d Spt Cpe	316	948	1,580	3,560	5,530	7,900
2d Lan Cpe	320	960	1,600	3,600	5,600	8,000
4d Sta Wag	232	696	1,160	2,610	4,060	5,800
NOTE: Deduct 5 percent for 6-cyl.						
1979 Monte Carlo, V-8						
2d Spt Cpe	350	1,000	1,700	3,830	5,950	8,500
2d Lan Cpe	350	1,100	1,800	4,050	6,300	9,000
NOTE: Deduct 10 percent for 6-cyl.						
1979 Impala, V-8						
4d Sed	300	900	1,500	3,380	5,250	7,500
2d Sed	370	1,100	1,840	4,140	6,440	9,200
2d Lan Cpe	380	1,130	1,880	4,230	6,580	9,400
4d 2S Sta Wag	216	648	1,080	2,430	3,780	5,400
4d 3S Sta Wag	220	660	1,100	2,480	3,850	5,500
1979 Caprice Classic, V-8						
4d Sed	310	920	1,540	3,470	5,390	7,700
2d Sed	380	1,150	1,920	4,320	6,720	9,600
2d Lan Cpe	390	1,160	1,940	4,370	6,790	9,700
4d 2S Sta Wag	232	696	1,160	2,610	4,060	5,800
4d 3S Sta Wag	236	708	1,180	2,660	4,130	5,900
NOTE: Deduct 15 percent for 6-cyl.						
1979 Camaro, V-8						
2d Spt Cpe	480	1,440	2,400	5,400	8,400	12,000
2d Rally Cpe	520	1,560	2,600	5,850	9,100	13,000
2d Berlinetta Cpe	580	1,740	2,900	6,530	10,150	14,500
2d Z28 Cpe	660	1,980	3,300	7,430	11,550	16,500
NOTE: Deduct 20 percent for 6-cyl.						
1980 Chevette, 4-cyl.						
2d HBk Scooter	120	360	600	1,350	2,100	3,000
2d HBk	124	372	620	1,400	2,170	3,100
4d HBk	128	384	640	1,440	2,240	3,200
1980 Citation, 6-cyl.						
4d HBk	140	420	700	1,580	2,450	3,500
2d HBk	136	408	680	1,530	2,380	3,400
2d Cpe	144	432	720	1,620	2,520	3,600
2d Cpe Clb	148	444	740	1,670	2,590	3,700
NOTE: Deduct 10 percent for 4-cyl.						
1980 Monza, 4-cyl.						
2d HBk 2 plus 2	136	408	680	1,530	2,380	3,400
2d HBk Spt 2 plus 2	144	432	720	1,620	2,520	3,600
2d Cpe	140	420	700	1,580	2,450	3,500
NOTE: Add 10 percent for V-6.						
1980 Malibu, V-8						
4d Sed	184	552	920	2,070	3,220	4,600
2d Cpe Spt	272	816	1,360	3,060	4,760	6,800
4d Sta Wag	188	564	940	2,120	3,290	4,700
NOTE: Deduct 10 percent for V-6.						
1980 Malibu Classic, V-8						
4d Sed	188	564	940	2,120	3,290	4,700
2d Cpe Spt	276	828	1,380	3,110	4,830	6,900
2d Cpe Lan	280	840	1,400	3,150	4,900	7,000
4d Sta Wag	192	576	960	2,160	3,360	4,800
NOTE: Deduct 10 percent for 6-cyl.						
1980 Camaro, 6-cyl.						
2d Cpe Spt	400	1,200	2,000	4,500	7,000	10,000
2d Cpe RS	440	1,320	2,200	4,950	7,700	11,000
2d Cpe Berlinetta	540	1,620	2,700	6,080	9,450	13,500

	6	5	4	3	2	1
1980 Camaro, V-8						
2d Cpe Spt	480	1,440	2,400	5,400	8,400	12,000
2d Cpe RS	520	1,560	2,600	5,850	9,100	13,000
2d Cpe Berlinetta	580	1,740	2,900	6,530	10,150	14,500
2d Cpe Z28	660	1,980	3,300	7,430	11,550	16,500
1980 Monte Carlo, 6-cyl.						
2d Cpe Spt	244	732	1,220	2,750	4,270	6,100
2d Cpe Lan	248	744	1,240	2,790	4,340	6,200
1980 Monte Carlo, V-8						
2d Cpe Spt	300	900	1,500	3,380	5,250	7,500
2d Cpe Lan	304	912	1,520	3,420	5,320	7,600
1980 Impala, V-8						
4d Sed	260	790	1,320	2,970	4,620	6,600
2d Cpe	400	1,200	2,000	4,500	7,000	10,000
4d 2S Sta Wag	188	564	940	2,120	3,290	4,700
4d 3S Sta Wag	192	576	960	2,160	3,360	4,800
NOTE: Deduct 12 percent for 6-cyl. sedan and coupe only.						
1980 Caprice Classic, V-8						
4d Sed	270	800	1,340	3,020	4,690	6,700
2d Cpe	410	1,220	2,040	4,590	7,140	10,200
2d Cpe Lan	420	1,250	2,080	4,680	7,280	10,400
4d 2S Sta Wag	192	576	960	2,160	3,360	4,800
4d 3S Sta Wag	196	588	980	2,210	3,430	4,900
1981 Chevette, 4-cyl.						
2d HBk Scooter	124	372	620	1,400	2,170	3,100
2d HBk	128	384	640	1,440	2,240	3,200
4d HBk	132	396	660	1,490	2,310	3,300
1981 Citation, 6-cyl.						
4d HBk	144	432	720	1,620	2,520	3,600
2d HBk	140	420	700	1,580	2,450	3,500
NOTE: Deduct 10 percent for 4-cyl.						
1981 Malibu, V-8						
4d Sed Spt	188	564	940	2,120	3,290	4,700
2d Cpe Spt	272	816	1,360	3,060	4,760	6,800
4d Sta Wag	192	576	960	2,160	3,360	4,800
NOTE: Deduct 10 percent for 6-cyl.						
1981 Malibu Classic, V-8						
4d Sed Spt	192	576	960	2,160	3,360	4,800
2d Cpe Spt	276	828	1,380	3,110	4,830	6,900
2d Cpe Lan	280	840	1,400	3,150	4,900	7,000
4d Sta Wag	196	588	980	2,210	3,430	4,900
1981 Camaro, 6-cyl.						
2d Cpe Spt	400	1,200	2,000	4,500	7,000	10,000
2d Cpe Berlinetta	540	1,620	2,700	6,080	9,450	13,500
1981 Camaro, V-8						
2d Cpe Spt	480	1,440	2,400	5,400	8,400	12,000
2d Cpe Berlinetta	580	1,740	2,900	6,530	10,150	14,500
2d Cpe Z28	660	1,980	3,300	7,430	11,550	16,500
1981 Monte Carlo, 6-cyl.						
2d Cpe Spt	288	864	1,440	3,240	5,040	7,200
2d Cpe Lan	292	876	1,460	3,290	5,110	7,300
1981 Monte Carlo, V-8						
2d Cpe Spt	304	912	1,520	3,420	5,320	7,600
2d Cpe Lan	360	1,080	1,800	4,050	6,300	9,000
1981 Impala, V-8						
4d Sed	270	800	1,340	3,020	4,690	6,700
2d Cpe	400	1,210	2,020	4,550	7,070	10,100
4d 2S Sta Wag	192	576	960	2,160	3,360	4,800
4d 3S Sta Wag	196	588	980	2,210	3,430	4,900
NOTE: Deduct 12 percent for 6-cyl. sedan and coupe only.						
1981 Caprice Classic, V-8						
4d Sed	280	830	1,380	3,110	4,830	6,900
2d Cpe	410	1,240	2,060	4,640	7,210	10,300
2d Cpe Lan	420	1,260	2,100	4,730	7,350	10,500
4d 2S Sta Wag	200	600	1,000	2,250	3,500	5,000
4d 3S Sta Wag	204	612	1,020	2,300	3,570	5,100
NOTE: Deduct 15 percent for 6-cyl. sedan and coupe only.						
1982 Chevette, 4-cyl.						
2d HBk	136	408	680	1,530	2,380	3,400
4d HBk	140	420	700	1,580	2,450	3,500
NOTE: Deduct 5 percent for lesser models.						
1982 Cavalier, 4-cyl.						
4d Sed CL	160	480	800	1,800	2,800	4,000
2d Cpe CL	164	492	820	1,850	2,870	4,100
2d Hatch CL	168	504	840	1,890	2,940	4,200

	6	5	4	3	2	1
4d Sta Wag CL	168	504	840	1,890	2,940	4,200
NOTE: Deduct 5 percent for lesser models.						
1982 Citation, 6-cyl.						
4d HBk	152	456	760	1,710	2,660	3,800
2d HBk	148	444	740	1,670	2,590	3,700
2d Cpe	152	456	760	1,710	2,660	3,800
NOTE: Deduct 10 percent for 4-cyl.						
1982 Malibu, V-8						
4d Sed	164	492	820	1,850	2,870	4,100
4d Sta Wag	168	504	840	1,890	2,940	4,200
NOTE: Deduct 10 percent for 6-cyl.						
1982 Celebrity, 6-cyl.						
4d Sed	168	504	840	1,890	2,940	4,200
2d Cpe	172	516	860	1,940	3,010	4,300
NOTE: Deduct 10 percent for 6-cyl.						
1982 Camaro, 6-cyl.						
2d Cpe Spt	380	1,140	1,900	4,280	6,650	9,500
2d Cpe Berlinetta	520	1,560	2,600	5,850	9,100	13,000
1982 Camaro, V-8						
2d Cpe Spt	460	1,380	2,300	5,180	8,050	11,500
2d Cpe Berlinetta	560	1,680	2,800	6,300	9,800	14,000
2d Cpe Z28	640	1,920	3,200	7,200	11,200	16,000
NOTE: Add 20 percent for Indy Pace Car.						
1982 Monte Carlo, 6-cyl.						
2d Cpe Spt	292	876	1,460	3,290	5,110	7,300
1982 Monte Carlo, V-8						
2d Cpe Spt	364	1,092	1,820	4,100	6,370	9,100
1982 Impala, V-8						
4d Sed	280	850	1,420	3,200	4,970	7,100
4d 2S Sta Wag	204	612	1,020	2,300	3,570	5,100
4d 3S Sta Wag	208	624	1,040	2,340	3,640	5,200
NOTE: Deduct 12 percent for 6-cyl. on sedan only.						
1982 Caprice Classic, V-8						
4d Sed	290	880	1,460	3,290	5,110	7,300
2d Spt Cpe	430	1,300	2,160	4,860	7,560	10,800
4d 3S Sta Wag	216	648	1,080	2,430	3,780	5,400
NOTE: Deduct 15 percent for 6-cyl. sedan and coupe only.						
1983 Chevette, 4-cyl.						
2d HBk	140	420	700	1,580	2,450	3,500
4d HBk	144	432	720	1,620	2,520	3,600
NOTE: Deduct 5 percent for lesser models.						
1983 Cavalier, 4-cyl.						
4d Sed CS	156	468	780	1,760	2,730	3,900
2d Cpe CS	160	480	800	1,800	2,800	4,000
2d HBk CS	164	492	820	1,850	2,870	4,100
4d Sta Wag CS	164	492	820	1,850	2,870	4,100
NOTE: Deduct 5 percent for lesser models.						
1983 Citation, 6-cyl.						
4d HBk	152	456	760	1,710	2,660	3,800
2d HBk	148	444	740	1,670	2,590	3,700
2d Cpe	152	456	760	1,710	2,660	3,800
NOTE: Deduct 10 percent for 4-cyl.						
1983 Malibu, V-8						
4d Sed	168	504	840	1,890	2,940	4,200
4d Sta Wag	172	516	860	1,940	3,010	4,300
NOTE: Deduct 10 percent for 6-cyl.						
1983 Celebrity, V-6						
4d Sed	172	516	860	1,940	3,010	4,300
2d Cpe	176	528	880	1,980	3,080	4,400
NOTE: Deduct 10 percent for 4-cyl.						
1983 Camaro, 6-cyl.						
2d Cpe Spt	380	1,140	1,900	4,280	6,650	9,500
2d Cpe Berlinetta	520	1,560	2,600	5,850	9,100	13,000
1983 Camaro, V-8						
2d Cpe Spt	460	1,380	2,300	5,180	8,050	11,500
2d Cpe Berlinetta	560	1,680	2,800	6,300	9,800	14,000
2d Cpe Z28	640	1,920	3,200	7,200	11,200	16,000
1983 Monte Carlo, 6-cyl.						
2d Cpe Spt	292	876	1,460	3,290	5,110	7,300
1983 Monte Carlo, V-8						
2d Cpe Spt SS	580	1,740	2,900	6,530	10,150	14,500
2d Cpe Spt	300	900	1,500	3,380	5,250	7,500
1983 Impala, V-8						
4d Sed	290	860	1,440	3,240	5,040	7,200
NOTE: Deduct 12 percent for 6-cyl.						
1983 Caprice Classic, V-8						
4d Sed	300	890	1,480	3,330	5,180	7,400

	6	5	4	3	2	1
4d Sta Wag	216	648	1,080	2,430	3,780	5,400
NOTE: Deduct 15 percent for 6-cyl.						
1984 Chevette CS, 4-cyl.						
2d HBk	144	432	720	1,620	2,520	3,600
NOTE: Deduct 10 percent for V-6 cyl. Deduct 5 percent for lesser models.						
1984 Cavalier, 4-cyl.						
4d Sed	148	444	740	1,670	2,590	3,700
4d Sta Wag	160	480	800	1,800	2,800	4,000
1984 Cavalier Type 10, 4-cyl.						
2d Sed	152	456	760	1,710	2,660	3,800
2d HBk	156	468	780	1,760	2,730	3,900
2d Conv	260	780	1,300	2,930	4,550	6,500
1984 Cavalier CS, 4-cyl.						
4d Sed	156	468	780	1,760	2,730	3,900
4d Sta Wag	160	480	800	1,800	2,800	4,000
1984 Citation, V-6						
4d HBk	164	492	820	1,850	2,870	4,100
2d HBk	164	492	820	1,850	2,870	4,100
2d Cpe	168	504	840	1,890	2,940	4,200
NOTE: Deduct 5 percent for 4-cyl.						
1984 Celebrity, V-6						
4d Sed	160	480	800	1,800	2,800	4,000
2d Sed	160	480	800	1,800	2,800	4,000
4d Sta Wag	164	492	820	1,850	2,870	4,100
NOTE: Deduct 5 percent for 4-cyl.						
1984 Camaro, V-8						
2d Cpe	460	1,380	2,300	5,180	8,050	11,500
2d Cpe Berlinetta	560	1,680	2,800	6,300	9,800	14,000
2d Cpe Z28	640	1,920	3,200	7,200	11,200	16,000
NOTE: Deduct 10 percent for V-6 cyl.						
1984 Monte Carlo, V-8						
2d Cpe	292	876	1,460	3,290	5,110	7,300
2d Cpe SS	540	1,620	2,700	6,080	9,450	13,500
NOTE: Deduct 15 percent for V-6 cyl.						
1984 Impala, V-8						
4d Sed	300	890	1,480	3,330	5,180	7,400
NOTE: Deduct 10 percent for V-6 cyl.						
1984 Caprice Classic, V-8						
4d Sed	300	910	1,520	3,420	5,320	7,600
2d Sed	440	1,330	2,220	5,000	7,770	11,100
4d Sta Wag	224	672	1,120	2,520	3,920	5,600
NOTE: Deduct 10 percent for V-6 cyl.						
1985 Caprice Classic, V-8						
2d Landau	460	1,380	2,300	5,180	8,050	11,500
1985 Sprint, 3-cyl.						
2d HBk	140	420	700	1,580	2,450	3,500
1985 Chevette, 4-cyl.						
4d HBk	144	432	720	1,620	2,520	3,600
2d HBk	140	420	700	1,580	2,450	3,500
NOTE: Deduct 20 percent for diesel.						
1985 Spectrum, 4-cyl.						
4d HBk	144	432	720	1,620	2,520	3,600
2d HBk	144	432	720	1,620	2,520	3,600
1985 Nova, 4-cyl.						
4d HBk	144	432	720	1,620	2,520	3,600
1985 Cavalier						
2d T Type Cpe	168	504	840	1,890	2,940	4,200
2d T Type HBk	172	516	860	1,940	3,010	4,300
2d T Type Conv	260	780	1,300	2,930	4,550	6,500
NOTE: Deduct 10 percent for 4-cyl. Deduct 5 percent for lesser models.						
1985 Citation, V-6						
4d HBk	168	504	840	1,890	2,940	4,200
2d HBk	168	504	840	1,890	2,940	4,200
NOTE: Deduct 10 percent for 4-cyl.						
1985 Celebrity, V-6						
4d Sed	172	516	860	1,940	3,010	4,300
2d Cpe	172	516	860	1,940	3,010	4,300
4d Sta Wag	176	528	880	1,980	3,080	4,400
NOTE: Deduct 10 percent for 4-cyl. Deduct 30 percent for diesel.						
1985 Camaro, V-8						
2d Cpe Spt	460	1,380	2,300	5,180	8,050	11,500
2d Cpe Berlinetta	560	1,680	2,800	6,300	9,800	14,000
2d Cpe Z28	640	1,920	3,200	7,200	11,200	16,000
2d Cpe IROC-Z	740	2,220	3,700	8,330	12,950	18,500
NOTE: Deduct 30 percent for 4-cyl. Deduct 20 percent for V-6.						
1985 Monte Carlo, V-8						
2d Cpe Spt	296	888	1,480	3,330	5,180	7,400

	6	5	4	3	2	1
2d Cpe SS	540	1,620	2,700	6,080	9,450	13,500
NOTE: Deduct 20 percent for V-6 where available.						
1985 Impala, V-8						
4d Sed	300	900	1,500	3,380	5,250	7,500
NOTE: Deduct 20 percent for V-6.						
1985 Caprice Classic, V-8						
4d Sed	310	920	1,540	3,470	5,390	7,700
2d Cpe	440	1,330	2,220	5,000	7,770	11,100
4d Sta Wag	236	708	1,180	2,660	4,130	5,900
2d Landau	460	1,380	2,300	5,180	8,050	11,500
NOTE: Deduct 20 percent for V-6. Deduct 30 percent for diesel.						
1986 Caprice Classic						
2d Landau	480	1,440	2,400	6,000	8,400	12,000
2d Landau	480	1,440	2,400	6,000	8,400	12,000
1986 Chevette						
2d Cpe	144	432	720	1,620	2,520	3,600
4d Sed	148	444	740	1,670	2,590	3,700
1986 Nova						
4d Sed	148	444	740	1,670	2,590	3,700
4d HBk	152	456	760	1,710	2,660	3,800
1986 Cavalier						
2d Cpe	160	480	800	1,800	2,800	4,000
4d Sed	164	492	820	1,850	2,870	4,100
4d Sta Wag	168	504	840	1,890	2,940	4,200
2d Conv	270	800	1,340	3,020	4,690	6,700
1986 Cavalier Z24						
2d Cpe	240	720	1,200	2,700	4,200	6,000
2d HBk	240	710	1,180	2,660	4,130	5,900
1986 Camaro						
2d Cpe	480	1,440	2,400	5,400	8,400	12,000
2d Cpe Berlinetta	560	1,680	2,800	6,300	9,800	14,000
2d Cpe Z28	640	1,920	3,200	7,200	11,200	16,000
2d Cpe IROC-Z	740	2,220	3,700	8,330	12,950	18,500
1986 Celebrity						
2d Cpe	176	528	880	1,980	3,080	4,400
4d Sed	180	540	900	2,030	3,150	4,500
4d Sta Wag	184	552	920	2,070	3,220	4,600
1986 Monte Carlo						
2d Cpe	320	960	1,600	3,600	5,600	8,000
2d Cpe LS	340	1,020	1,700	3,830	5,950	8,500
1986 Monte Carlo SS						
2d Cpe	500	1,500	2,500	5,630	8,750	12,500
2d Cpe Aero	660	1,980	3,300	7,430	11,550	16,500
1986 Caprice						
4d Sed	320	970	1,620	3,650	5,670	8,100
1986 Caprice Classic						
2d Cpe	470	1,420	2,360	5,310	8,260	11,800
4d Sed	330	1,000	1,660	3,740	5,810	8,300
4d Sta Wag	268	804	1,340	3,020	4,690	6,700
1986 Caprice Classic Brougham						
4d Sed	340	1,030	1,720	3,870	6,020	8,600
4d Sed LS	268	804	1,340	3,020	4,690	6,700
1987 Sprint, 3-cyl.						
2d HBk	144	432	720	1,620	2,520	3,600
4d HBk	148	444	740	1,670	2,590	3,700
2d HBk ER	148	444	740	1,670	2,590	3,700
2d HBk Turbo	160	480	800	1,800	2,800	4,000
1987 Chevette, 4-cyl.						
2d HBk	144	432	720	1,620	2,520	3,600
4d HBk	148	444	740	1,670	2,590	3,700
1987 Spectrum, 4-cyl.						
2d HBk	156	468	780	1,760	2,730	3,900
4d HBk	156	468	780	1,760	2,730	3,900
2d HBk EX	152	456	760	1,710	2,660	3,800
4d HBk Turbo	170	500	840	1,890	2,940	4,200
1987 Nova, 4-cyl.						
4d HBk	152	456	760	1,710	2,660	3,800
4d Sed	156	468	780	1,760	2,730	3,900
1987 Cavalier, 4-cyl.						
4d Sed	160	480	800	1,800	2,800	4,000
2d Cpe	156	468	780	1,760	2,730	3,900
4d Sta Wag	164	492	820	1,850	2,870	4,100
4d Sed GS	164	492	820	1,850	2,870	4,100
2d HBk GS	160	480	800	1,800	2,800	4,000
4d Sta Wag GS	168	504	840	1,890	2,940	4,200
4d Sed RS	168	504	840	1,890	2,940	4,200

	6	5	4	3	2	1
2d Cpe RS.	164	492	820	1,850	2,870	4,100
2d HBk RS	164	492	820	1,850	2,870	4,100
2d Conv RS.	280	830	1,380	3,110	4,830	6,900
4d Sta Wag	168	504	840	1,890	2,940	4,200
NOTE: Add 10 percent for V-6.						
1987 Cavalier Z24, V-6						
2d Spt Cpe	240	720	1,200	2,700	4,200	6,000
2d Spt HBk	240	710	1,180	2,660	4,130	5,900
1987 Beretta						
2d Cpe, 4-cyl.	188	564	940	2,120	3,290	4,700
2d Cpe, V-6.	200	600	1,000	2,250	3,500	5,000
1987 Corsica						
4d Sed, 4-cyl.	192	576	960	2,160	3,360	4,800
4d Sed, V-6.	204	612	1,020	2,300	3,570	5,100
1987 Celebrity						
4d Sed, 4-cyl.	184	552	920	2,070	3,220	4,600
2d Cpe, 4-cyl.	180	540	900	2,030	3,150	4,500
4d Sta Wag, 4-cyl.	188	564	940	2,120	3,290	4,700
4d Sed, V-6.	192	576	960	2,160	3,360	4,800
2d Cpe, V-6.	188	564	940	2,120	3,290	4,700
4d Sta Wag, V-6	196	588	980	2,210	3,430	4,900
1987 Camaro						
2d Cpe, V-6.	380	1,140	1,900	4,280	6,650	9,500
2d Cpe LT, V-6	400	1,200	2,000	4,500	7,000	10,000
2d Cpe, V-8.	480	1,440	2,400	5,400	8,400	12,000
2d Cpe LT, V-8	540	1,620	2,700	6,080	9,450	13,500
2d Cpe Z28, V-8	640	1,920	3,200	7,200	11,200	16,000
2d Cpe IROC-Z, V-8	740	2,220	3,700	8,330	12,950	18,500
2d Conv IROC-Z, V-8	800	2,400	4,000	9,000	14,000	20,000
NOTE: Add 20 percent for 350 V-8 where available. Add 10 percent for Anniversary Edition.						
1987 Monte Carlo						
2d Cpe LS, V-6	324	972	1,620	3,650	5,670	8,100
2d Cpe LS, V-8	332	996	1,660	3,740	5,810	8,300
2d Cpe SS, V-8.	500	1,500	2,500	5,630	8,750	12,500
2d Cpe Aero, V-8	660	1,980	3,300	7,430	11,550	16,500
1987 Caprice, V-6						
4d Sed.	330	980	1,640	3,690	5,740	8,200
1987 Caprice Classic, V-6						
4d Sed.	340	1,010	1,680	3,780	5,880	8,400
2d Cpe.	410	1,240	2,060	4,640	7,210	10,300
4d Sed Brgm	340	1,020	1,700	3,830	5,950	8,500
2d Cpe Landau	420	1,250	2,080	4,680	7,280	10,400
1987 Caprice, V-8						
4d Sed.	340	1,020	1,700	3,830	5,950	8,500
4d Sta Wag	272	816	1,360	3,060	4,760	6,800
1987 Caprice Classic, V-8						
4d Sed.	350	1,040	1,740	3,920	6,090	8,700
2d Cpe.	480	1,440	2,400	5,400	8,400	12,000
4d Sta Wag	280	840	1,400	3,150	4,900	7,000
4d Sed Brgm	350	1,060	1,760	3,960	6,160	8,800
2d Cpe Landau	500	1,510	2,520	5,670	8,820	12,600
1988 Sprint, 3-cyl.						
2d HBk	120	360	600	1,350	2,100	3,000
4d HBk	128	384	640	1,440	2,240	3,200
2d Metro	112	336	560	1,260	1,960	2,800
2d Turbo	140	420	700	1,580	2,450	3,500
1988 Spectrum, 4-cyl.						
2d HBk Express	108	324	540	1,220	1,890	2,700
4d Sed.	116	348	580	1,310	2,030	2,900
2d HBk	112	336	560	1,260	1,960	2,800
4d Turbo Sed	160	490	820	1,850	2,870	4,100
1988 Nova, 4-cyl.						
5d HBk	140	420	700	1,580	2,450	3,500
4d Sed.	136	408	680	1,530	2,380	3,400
4d Sed Twin Cam	180	540	900	2,030	3,150	4,500
1988 Cavalier						
4d Sed.	136	408	680	1,530	2,380	3,400
2d Cpe.	144	432	720	1,620	2,520	3,600
4d Sta Wag	136	408	680	1,530	2,380	3,400
4d RS Sed.	156	468	780	1,760	2,730	3,900
2d RS Cpe.	160	480	800	1,800	2,800	4,000
2d Z24 Cpe, V-6	260	770	1,280	2,880	4,480	6,400
2d Z24 Conv, V-6	280	840	1,400	3,150	4,900	7,000
1988 Beretta, 4-cyl.						
2d Cpe.	168	504	840	1,890	2,940	4,200
2d Cpe, V-6.	180	540	900	2,030	3,150	4,500

	6	5	4	3	2	1
1988 Corsica, V-4						
4d Sed	160	480	800	1,800	2,800	4,000
4d Sed, V-6	172	516	860	1,940	3,010	4,300
1988 Celebrity, 4-cyl.						
4d Sed	144	432	720	1,620	2,520	3,600
2d Cpe	140	420	700	1,580	2,450	3,500
4d Sta Wag	156	468	780	1,760	2,730	3,900
4d Sed, V-6	156	468	780	1,760	2,730	3,900
2d Cpe, V-6	152	456	760	1,710	2,660	3,800
4d Sta Wag, V-6	164	492	820	1,850	2,870	4,100
1988 Monte Carlo						
2d LS Cpe, V-6	320	970	1,620	3,650	5,670	8,100
2d LS Cpe, V-8	330	1,000	1,660	3,740	5,810	8,300
2d SS Cpe, V-8	520	1,560	2,600	5,850	9,100	13,000
1988 Caprice, V-6						
4d Sed	280	840	1,400	3,150	4,900	7,000
4d Classic Sed	300	900	1,500	3,380	5,250	7,500
4d Brgm Sed	320	960	1,600	3,600	5,600	8,000
4d LS Brgm Sed	340	1,020	1,700	3,830	5,950	8,500
1988 Caprice, V-8						
4d Sed	320	960	1,600	3,600	5,600	8,000
4d Classic Sed	340	1,020	1,700	3,830	5,950	8,500
4d Sta Wag	360	1,080	1,800	4,050	6,300	9,000
4d Brgm Sed	450	1,340	2,240	5,040	7,840	11,200
4d LS Brgm Sed	460	1,380	2,300	5,180	8,050	11,500
1988 Camaro, V-6						
2d Cpe	400	1,200	2,000	4,500	7,000	10,000
1988 Camaro, V-8						
2d Cpe	500	1,500	2,500	5,630	8,750	12,500
2d Conv	600	1,800	3,000	6,750	10,500	15,000
2d IROC-Z Cpe	740	2,220	3,700	8,330	12,950	18,500
2d IROC-Z Conv	800	2,400	4,000	9,000	14,000	20,000
1989 Cavalier, 4-cyl.						
4d Sed	184	552	920	2,070	3,220	4,600
2d VL Cpe	168	504	840	1,890	2,940	4,200
2d Cpe	180	540	900	2,030	3,150	4,500
4d Sta Wag	192	576	960	2,160	3,360	4,800
2d Z24 Cpe, V-6	276	828	1,380	3,110	4,830	6,900
2d Z24 Conv, V-6	300	900	1,500	3,380	5,250	7,500
1989 Beretta						
2d Cpe, 4-cyl.	208	624	1,040	2,340	3,640	5,200
2d Cpe, V-6	244	732	1,220	2,750	4,270	6,100
2d GT Cpe, V-6	260	780	1,300	2,930	4,550	6,500
1989 Corsica 4-cyl.						
4d NBk	188	564	940	2,120	3,290	4,700
4d HBk	192	576	960	2,160	3,360	4,800
1989 Corsica, V-6						
4d NBk	210	620	1,040	2,340	3,640	5,200
4d NBk LTZ	230	700	1,160	2,610	4,060	5,800
4d HBk	210	640	1,060	2,390	3,710	5,300
1989 Celebrity 4-cyl.						
4d Sed	180	540	900	2,030	3,150	4,500
4d Sta Wag	188	564	940	2,120	3,290	4,700
1989 Caprice, V-6						
4d Sed	260	790	1,320	2,970	4,620	6,600
4d Sta Wag	200	590	980	2,210	3,430	4,900
1989 Caprice, V-8						
4d Sed	330	980	1,640	3,690	5,740	8,200
4d Sed Classic	340	1,030	1,720	3,870	6,020	8,600
4d Classic Brgm Sed	370	1,100	1,840	4,140	6,440	9,200
4d Classic Sta Wag	400	1,250	2,100	4,730	7,350	10,500
4d LS Sed	490	1,460	2,440	5,490	8,540	12,200
1989 Camaro, V-6						
2d RS Cpe	400	1,200	2,000	4,500	7,000	10,000
1989 Camaro, V-8						
2d RS Cpe	520	1,560	2,600	5,850	9,100	13,000
2d RS Conv	640	1,920	3,200	7,200	11,200	16,000
2d IROC-Z Cpe	740	2,220	3,700	8,330	12,950	18,500
2d IROC-Z Conv	800	2,400	4,000	9,000	14,000	20,000
1990 Cavalier, 4-cyl.						
2d Cpe	168	504	840	1,890	2,940	4,200
4d Sed	172	516	860	1,940	3,010	4,300
4d Sta Wag	176	528	880	1,980	3,080	4,400
2d Z24 Cpe, V-6	260	780	1,300	2,930	4,550	6,500
1990 Beretta, 4-cyl.						
2d Cpe	208	624	1,040	2,340	3,640	5,200

	6	5	4	3	2	1
2d GTZ Cpe	270	800	1,340	3,020	4,690	6,700
NOTE: Add 10 percent for V-6. Add 10 percent for Pace car.						
1990 Corsica, 4-cyl.						
4d LT	192	576	960	2,160	3,360	4,800
4d LT HBk	196	588	980	2,210	3,430	4,900
4d LTZ	240	720	1,200	2,700	4,200	6,000
NOTE: Add 10 percent for V-6.						
1990 Celebrity, 4-cyl.						
4d Sta Wag	200	600	1,000	2,250	3,500	5,000
NOTE: Add 10 percent for V-6.						
1990 Lumina, 4-cyl.						
2d Cpe	220	660	1,100	2,480	3,850	5,500
4d Sed	220	660	1,100	2,480	3,850	5,500
2d Euro Cpe	260	790	1,320	2,970	4,620	6,600
4d Euro Sed	260	780	1,300	2,930	4,550	6,500
1990 Caprice, V-8						
4d Sed	340	1,020	1,700	3,830	5,950	8,500
4d Classic Sed	480	1,440	2,400	5,400	8,400	12,000
4d Classic Sta Wag	420	1,260	2,100	4,730	7,350	10,500
4d Brgm Sed	500	1,500	2,500	5,630	8,750	12,500
4d LS Sed	600	1,800	3,000	6,750	10,500	15,000
1990 Camaro, V-6						
2d RS Cpe	400	1,200	2,000	4,500	7,000	10,000
1990 Camaro, V-8						
2d RS Cpe	520	1,560	2,600	5,850	9,100	13,000
2d RS Conv	640	1,920	3,200	7,200	11,200	16,000
2d IROC-Z Cpe	740	2,220	3,700	8,330	12,950	18,500
2d IROC-Z Conv	800	2,400	4,000	9,000	14,000	20,000
1991 Cavalier, 4-cyl.						
4d VL Sed	140	420	700	1,580	2,450	3,500
2d VL Cpe	136	408	680	1,530	2,380	3,400
4d VL Sta Wag	144	432	720	1,620	2,520	3,600
4d RS Sed	180	550	920	2,070	3,220	4,600
2d RS Cpe	190	560	940	2,120	3,290	4,700
2d RS Conv, V-6	280	840	1,400	3,150	4,900	7,000
4d RS Sta Wag	200	590	980	2,210	3,430	4,900
2d Z24 Cpe, V-6	240	720	1,200	2,700	4,200	6,000
NOTE: Add 10 percent for V-6.						
1991 Beretta, 4-cyl.						
2d Cpe	180	540	900	2,030	3,150	4,500
2d GT Cpe, V-6	272	816	1,360	3,060	4,760	6,800
2d GTZ Cpe	270	800	1,340	3,020	4,690	6,700
4d NBk Corsica	160	480	800	1,800	2,800	4,000
4d HBk Corsica	168	504	840	1,890	2,940	4,200
NOTE: Add 10 percent for V-6.						
1991 Lumina, 4-cyl.						
4d Sed	188	564	940	2,120	3,290	4,700
2d Cpe	192	576	960	2,160	3,360	4,800
NOTE: Add 10 percent for V-6.						
4d Euro Sed, V-6	228	684	1,140	2,570	3,990	5,700
2d Euro Sed, V-6	240	710	1,180	2,660	4,130	5,900
2d Z34 Cpe, V-6	380	1,140	1,900	4,280	6,650	9,500
1991 Camaro, V-6						
2d Cpe	420	1,260	2,100	4,730	7,350	10,500
2d Conv	600	1,800	3,000	6,750	10,500	15,000
1991 Camaro, V-8						
2d RS Cpe	520	1,560	2,600	5,850	9,100	13,000
2d RS Conv	640	1,920	3,200	7,200	11,200	16,000
2d Z28 Cpe	700	2,100	3,500	7,880	12,250	17,500
2d Z28 Conv	760	2,280	3,800	8,550	13,300	19,000
1991 Caprice, V-8						
4d Sed	236	708	1,180	2,660	4,130	5,900
4d Sta Wag	380	1,140	1,900	4,280	6,650	9,500
4d Sed Classic	372	1,116	1,860	4,190	6,510	9,300
NOTE: Add 15 percent LTZ Sed option.						
1992 Cavalier, 4-cyl.						
4d VL Sed	200	600	1,000	2,250	3,500	5,000
2d VL Cpe	200	610	1,020	2,300	3,570	5,100
4d VL Sta Wag	210	620	1,040	2,340	3,640	5,200
4d RS Sed	208	624	1,040	2,340	3,640	5,200
2d RS Cpe	210	640	1,060	2,390	3,710	5,300
2d RS Conv	300	900	1,500	3,380	5,250	7,500
4d RS Sta Wag	220	650	1,080	2,430	3,780	5,400
2d Z24 Cpe, V-6	260	780	1,300	2,930	4,550	6,500
2d Z24 Conv, V-6	340	1,020	1,700	3,830	5,950	8,500
NOTE: Add 10 percent for V-6 where available.						

CHEVROLET

	6	5	4	3	2	1
1992 Beretta, 4-cyl.						
2d Cpe	220	660	1,100	2,480	3,850	5,500
2d GT Cpe	240	720	1,200	2,700	4,200	6,000
2d GTZ Cpe	270	800	1,340	3,020	4,690	6,700
NOTE: Add 10 percent for V-6 where available.						
1992 Corsica						
4d LT Sed	208	624	1,040	2,340	3,640	5,200
NOTE: Add 10 percent for V-6 where available.						
1992 Lumina, 4-cyl.						
4d Sed	220	660	1,100	2,480	3,850	5,500
2d Cpe	220	660	1,100	2,480	3,850	5,500
4d Euro Sed, V-6	230	700	1,160	2,610	4,060	5,800
2d Euro Cpe, V-6	240	720	1,200	2,700	4,200	6,000
2d Z34 Cpe, V-6	380	1,150	1,920	4,320	6,720	9,600
NOTE: Add 10 percent for V-6 where available.						
1992 Camaro, V-6						
2d RS Cpe	480	1,440	2,400	5,400	8,400	12,000
2d RS Conv	600	1,800	3,000	6,750	10,500	15,000
2d Z28 Cpe	660	1,980	3,300	7,430	11,550	16,500
2d Z28 Conv	720	2,160	3,600	8,100	12,600	18,000
NOTE: Add 10 percent for V-8 where available. Add 5 percent for Heritage Edition (25th Anniversary model).						
1992 Caprice, V-8						
4d Sed	240	720	1,200	2,700	4,200	6,000
4d Classic Sed	380	1,130	1,880	4,230	6,580	9,400
4d Sta Wag	380	1,150	1,920	4,320	6,720	9,600
NOTE: Add 15 percent for LTZ Sed option.						
1993 Cavalier, 4-cyl.						
2d VL Cpe	210	620	1,040	2,340	3,640	5,200
4d VL Sed	200	610	1,020	2,300	3,570	5,100
4d VL Sta Wag	210	640	1,060	2,390	3,710	5,300
2d RS Cpe	240	730	1,220	2,750	4,270	6,100
2d RS Conv	310	940	1,560	3,510	5,460	7,800
4d RS Sed	210	640	1,060	2,390	3,710	5,300
4d RS Sta Wag	220	660	1,100	2,480	3,850	5,500
1993 Cavalier, V-6						
2d Z24 Cpe	260	790	1,320	2,970	4,620	6,600
2d Z24 Conv	340	1,030	1,720	3,870	6,020	8,600
1993 Beretta, 4-cyl.						
2d Cpe	248	744	1,240	2,790	4,340	6,200
2d GT Cpe	252	756	1,260	2,840	4,410	6,300
2d GTZ Cpe	260	780	1,300	2,930	4,550	6,500
1993 Beretta, V-6						
2d Cpe	252	756	1,260	2,840	4,410	6,300
2d GT Cpe	256	768	1,280	2,880	4,480	6,400
2d GTZ Cpe	260	790	1,320	2,970	4,620	6,600
1993 Corsica, 4-cyl.						
4d NBk	212	636	1,060	2,390	3,710	5,300
4d HBk	220	660	1,100	2,480	3,850	5,500
1993 Corsica, V-6						
4d NBk	216	648	1,080	2,430	3,780	5,400
4d HBk	224	672	1,120	2,520	3,920	5,600
1993 Lumina, 4-cyl. & V-6						
2d Cpe	224	672	1,120	2,520	3,920	5,600
4d Sed, 4-cyl.	232	696	1,160	2,610	4,060	5,800
4d Sed	240	720	1,200	2,700	4,200	6,000
4d Euro Sed	248	744	1,240	2,790	4,340	6,200
2d Euro Cpe	260	770	1,280	2,880	4,480	6,400
2d Z34 Cpe	400	1,200	2,000	4,500	7,000	10,000
1993 Camaro						
2d Cpe, V-6	420	1,260	2,100	4,730	7,350	10,500
2d Cpe Z28, V-8	540	1,620	2,700	6,080	9,450	13,500
NOTE: Add 10 percent for Pace Car.						
1993 Caprice, V-8						
4d Sed	248	744	1,240	2,790	4,340	6,200
4d LS Sed	370	1,100	1,840	4,140	6,440	9,200
4d Sta Wag	380	1,150	1,920	4,320	6,720	9,600
NOTE: Add 15 percent for LTZ Sed option.						
1994 Cavalier, 4-cyl.						
4d VL Sed	180	540	900	2,030	3,150	4,500
2d VL Cpe	168	504	840	1,890	2,940	4,200
4d RS Sed	200	600	1,000	2,250	3,500	5,000
2d RS Cpe	192	576	960	2,160	3,360	4,800
4d RS Sta Wag	204	612	1,020	2,300	3,570	5,100
2d RS Conv	280	840	1,400	3,150	4,900	7,000
2d Z24 Cpe, V-6	244	732	1,220	2,750	4,270	6,100
2d Z24 Conv, V-6	320	970	1,620	3,650	5,670	8,100

	6	5	4	3	2	1
1994 Beretta & Corsica, 4-cyl. & V-6						
2d Cpe	220	660	1,100	2,480	3,850	5,500
2d Cpe Z26	260	780	1,300	2,930	4,550	6,500
4d Sed	208	624	1,040	2,340	3,640	5,200
1994 Lumina, V-6						
4d Sed	260	780	1,300	2,930	4,550	6,500
4d Euro Sed	260	770	1,280	2,880	4,480	6,400
2d Euro Cpe	260	780	1,300	2,930	4,550	6,500
2d Z34 Cpe	400	1,200	2,000	4,500	7,000	10,000
1994 Camaro						
2d Cpe, V-6	420	1,260	2,100	4,730	7,350	10,500
2d Conv, V-6	500	1,500	2,500	5,630	8,750	12,500
2d Z28 Cpe, V-8	540	1,620	2,700	6,080	9,450	13,500
2d Z28 Conv, V-8	620	1,860	3,100	6,980	10,850	15,500
1994 Caprice Classic, V-8						
4d Sed	340	1,020	1,700	3,830	5,950	8,500
4d LS Sed	380	1,140	1,900	4,280	6,650	9,500
4d Sta Wag	420	1,260	2,100	4,730	7,350	10,500
4d Impala SS Sed	1,120	3,360	5,600	12,600	19,600	28,000
1995 Cavalier, 4-cyl.						
2d Cpe	190	560	940	2,120	3,290	4,700
4d Sed	190	580	960	2,160	3,360	4,800
2d LS Conv	280	850	1,420	3,200	4,970	7,100
4d LS Sed	200	610	1,020	2,300	3,570	5,100
2d Z24 Cpe	250	740	1,240	2,790	4,340	6,200
1995 Beretta & Corsica, 4-cyl. & V-6						
2d Beretta Cpe	200	650	1,100	2,480	3,850	5,500
2d Beretta Z26 Cpe (V-6 only)	250	800	1,300	2,930	4,550	6,500
4d Corsica Sed	200	600	1,050	2,340	3,650	5,200
1995 Lumina, V-6						
4d Sed	250	800	1,300	2,930	4,550	6,500
4d LS Sed	300	850	1,400	3,150	4,900	7,000
1995 Monte Carlo, V-6						
2d LS Cpe	280	840	1,400	3,150	4,900	7,000
2d Z34 Cpe	340	1,020	1,700	3,830	5,950	8,500
1995 Camaro, V-6 & V-8						
2d Cpe, V-6	420	1,260	2,100	4,730	7,350	10,500
2d Conv, V-6	500	1,500	2,500	5,630	8,750	12,500
2d Z28 Cpe, V-8	540	1,620	2,700	6,080	9,450	13,500
2d Z28 Conv, V-8	620	1,860	3,100	6,980	10,850	15,500
1995 Caprice Classic, V-8						
4d Sed	350	1,000	1,700	3,830	5,950	8,500
4d Sta Wag	400	1,250	2,100	4,730	7,350	10,500
4d Impala SS Sed	1,120	3,360	5,600	12,600	19,600	28,000
1996 Cavalier, 4-cyl.						
2d Cpe	190	560	940	2,120	3,290	4,700
4d Sed	190	580	960	2,160	3,360	4,800
2d LS Conv	280	850	1,420	3,200	4,970	7,100
4d LS Sed	200	610	1,020	2,300	3,570	5,100
2d Z24 Cpe	250	740	1,240	2,790	4,340	6,200
1996 Beretta & Corsica, 4-cyl. & V-6						
2d Beretta Cpe	200	650	1,100	2,480	3,850	5,500
2d Beretta Z26 Cpe (V-6 only)	250	800	1,300	2,930	4,550	6,500
4d Corsica Sed	200	600	1,050	2,340	3,650	5,200
1996 Lumina, V-6						
4d Sed	250	800	1,300	2,930	4,550	6,500
4d LS Sed	300	850	1,400	3,150	4,900	7,000
1996 Monte Carlo, V-6						
2d LS Cpe	280	840	1,400	3,150	4,900	7,000
2d Z34 Cpe	340	1,020	1,700	3,830	5,950	8,500
1996 Camaro, V-6 & V-8						
2d Cpe, V-6	420	1,260	2,100	4,730	7,350	10,500
2d Conv, V-6	500	1,500	2,500	5,630	8,750	12,500
2d RS Cpe, V-6	460	1,380	2,300	5,180	8,050	11,500
2d RS Conv, V-6	520	1,560	2,600	5,850	9,100	13,000
2d Z28 Cpe, V-8	540	1,620	2,700	6,080	9,450	13,500
2d Z28 Conv, V-8	620	1,860	3,100	6,980	10,850	15,500
NOTE: Add 25 percent for SS option pkg.						
1996 Caprice Classic, V-8						
4d Sed	350	1,000	1,700	3,830	5,950	8,500
4d Sta Wag	400	1,250	2,100	4,730	7,350	10,500
4d Impala SS Sed	1,160	3,480	5,800	13,050	20,300	29,000
1997 Cavalier, 4-cyl.						
2d Cpe	190	560	940	2,120	3,290	4,700
4d Sed	190	580	960	2,160	3,360	4,800
2d RS Cpe	196	588	980	2,210	3,430	4,900

	6	5	4	3	2	1
2d LS Conv	280	850	1,420	3,200	4,970	7,100
4d LS Sed	200	610	1,020	2,300	3,570	5,100
2d Z24 Cpe	250	740	1,240	2,790	4,340	6,200
1997 Malibu, 4-cyl. & V-6						
4d Sed	256	768	1,280	2,880	4,480	6,400
4d LS Sed (V-6 only)	280	830	1,380	3,110	4,830	6,900
1997 Lumina, V-6						
4d Sed	260	780	1,300	2,930	4,550	6,500
4d LS Sed	280	840	1,400	3,150	4,900	7,000
4d LTZ Sed	300	900	1,500	3,380	5,250	7,500
1997 Monte Carlo, V-6						
2d LS Cpe	280	840	1,400	3,150	4,900	7,000
2d Z34 Cpe	340	1,020	1,700	3,830	5,950	8,500
1997 Camaro, V-6 & V-8						
2d Cpe, V-6	420	1,260	2,100	4,730	7,350	10,500
2d Conv, V-6	500	1,500	2,500	5,630	8,750	12,500
2d RS Cpe, V-6	460	1,380	2,300	5,180	8,050	11,500
2d RS Conv, V-6	520	1,560	2,600	5,850	9,100	13,000
2d Z28 Cpe, V-8	540	1,620	2,700	6,080	9,450	13,500
2d Z28 Conv, V-8	620	1,860	3,100	6,980	10,850	15,500
NOTE: Add 10 percent for Z28 30th Anv Pkg.						
1998 Metro, 4-cyl.						
2d HBk (3-cyl.)	120	360	600	1,350	2,100	3,000
2d LSi HBk	130	400	660	1,490	2,310	3,300
4d LSi Sed	140	430	720	1,620	2,520	3,600
1998 Prism, 4-cyl.						
4d Sed	150	440	740	1,670	2,590	3,700
4d LSi Sed	160	480	800	1,800	2,800	4,000
1998 Cavalier, 4-cyl.						
2d Cpe	190	560	940	2,120	3,290	4,700
4d Sed	190	580	960	2,160	3,360	4,800
2d RS Cpe	200	590	980	2,210	3,430	4,900
4d LS Sed	200	610	1,020	2,300	3,570	5,100
2d Z24 Cpe	250	740	1,240	2,790	4,340	6,200
2d Z24 Conv.	290	860	1,440	3,240	5,040	7,200
1998 Malibu, 4-cyl. & V-6						
4d Sed	260	770	1,280	2,880	4,480	6,400
4d LS Sed (V-6 only)	280	830	1,380	3,110	4,830	6,900
1998 Lumina, V-6						
4d Sed	260	780	1,300	2,930	4,550	6,500
4d LS Sed	280	840	1,400	3,150	4,900	7,000
4d LTZ Sed	300	900	1,500	3,380	5,250	7,500
NOTE: Add 5 percent for LTZ 3.8L V-6.						
1998 Monte Carlo, V-6						
2d LS Cpe	280	840	1,400	3,150	4,900	7,000
2d Z34 Cpe	340	1,020	1,700	3,830	5,950	8,500
1998 Camaro, V-6 & V-8						
2d Cpe, V-6	420	1,260	2,100	4,730	7,350	10,500
2d Conv, V-6	500	1,500	2,500	5,630	8,750	12,500
2d Z28 Cpe, V-8	540	1,620	2,700	6,080	9,450	13,500
2d Z28 Conv, V-8	620	1,860	3,100	6,980	10,850	15,500
2d SS Cpe, V-8	600	1,800	3,000	6,750	10,500	15,000
2d SS Conv, V-8	660	1,980	3,300	7,430	11,550	16,500
1999 Metro, 4-cyl.						
2d HBk (3-cyl.)	120	360	600	1,350	2,100	3,000
2d LSi HBk	130	400	660	1,490	2,310	3,300
4d LSi Sed	140	430	720	1,620	2,520	3,600
1999 Prism, 4-cyl.						
4d Sed	150	440	740	1,670	2,590	3,700
4d LSi Sed	160	480	800	1,800	2,800	4,000
1999 Cavalier, 4-cyl.						
2d Cpe	190	560	940	2,120	3,290	4,700
4d Sed	190	580	960	2,160	3,360	4,800
2d RS Cpe	200	590	980	2,210	3,430	4,900
4d LS Sed	200	610	1,020	2,300	3,570	5,100
2d Z24 Cpe	250	740	1,240	2,790	4,340	6,200
2d Z24 Conv.	290	860	1,440	3,240	5,040	7,200
NOTE: Add 5 percent for bi-fuel (compressed natural gas) Sed.						
1999 Malibu, 4-cyl. & V-6						
4d Sed	260	770	1,280	2,880	4,480	6,400
4d LS Sed (V-6 only)	280	830	1,380	3,110	4,830	6,900
1999 Lumina, V-6						
4d Sed	260	780	1,300	2,930	4,550	6,500
4d LS Sed	280	840	1,400	3,150	4,900	7,000
4d LTZ Sed	300	900	1,500	3,380	5,250	7,500

NOTE: Add 5 percent for Police pkg 3.8L V-6.

	6	5	4	3	2	1
1999 Monte Carlo, V-6						
2d LS Cpe	280	840	1,400	3,150	4,900	7,000
2d Z34 Cpe	340	1,020	1,700	3,830	5,950	8,500
1999 Camaro, V-6 & V-8						
2d Cpe, V-6	420	1,260	2,100	4,730	7,350	10,500
2d Conv, V-6	500	1,500	2,500	5,630	8,750	12,500
2d Z28 Cpe, V-8	540	1,620	2,700	6,080	9,450	13,500
2d Z28 Conv, V-8	620	1,860	3,100	6,980	10,850	15,500
2d SS Cpe, V-8	600	1,800	3,000	6,750	10,500	15,000
2d SS Conv, V-8	660	1,980	3,300	7,430	11,550	16,500
NOTE: Add 5 percent for optional 6-Spd on Z28.						
2000 Metro, 4-cyl.						
2d HBk (3-cyl.)	120	360	600	1,350	2,100	3,000
2d LSi HBk	130	400	660	1,490	2,310	3,300
4d LSi Sed	140	430	720	1,620	2,520	3,600
2000 Prism, 4-cyl.						
4d Sed	150	440	740	1,670	2,590	3,700
4d LSi Sed	160	480	800	1,800	2,800	4,000
2000 Cavalier, 4-cyl.						
2d Cpe	190	560	940	2,120	3,290	4,700
4d Sed	190	580	960	2,160	3,360	4,800
4d LS Sed	200	610	1,020	2,300	3,570	5,100
2d Z24 Cpe	250	740	1,240	2,790	4,340	6,200
2d Z24 Conv	290	860	1,440	3,240	5,040	7,200
2000 Malibu, V-6						
4d Sed	260	770	1,280	2,880	4,480	6,400
4d LS Sed	280	830	1,380	3,110	4,830	6,900
2000 Lumina, V-6						
4d Sed	260	780	1,300	2,930	4,550	6,500
2000 Monte Carlo, V-6						
2d LS Cpe	280	840	1,400	3,150	4,900	7,000
2d SS Cpe	360	1,080	1,800	4,050	6,300	9,000
2000 Camaro, V-6 & V-8						
2d Cpe, V-6	420	1,260	2,100	4,730	7,350	10,500
2d Conv, V-6	500	1,500	2,500	5,630	8,750	12,500
2d Z28 Cpe, V-8	540	1,620	2,700	6,080	9,450	13,500
2d Z28 Conv, V-8	620	1,860	3,100	6,980	10,850	15,500
2d SS Cpe, V-8	600	1,800	3,000	6,750	10,500	15,000
2d SS Conv, V-8	660	1,980	3,300	7,430	11,550	16,500
2000 Impala, V-6						
4d Sed	280	840	1,400	3,150	4,900	7,000
4d LS Sed	300	900	1,500	3,380	5,250	7,500
2001 Metro, 4-cyl.						
4d LSi Sed	140	430	720	1,800	2,520	3,600
2001 Prism, 4-cyl.						
4d Sed	150	440	740	1,850	2,590	3,700
4d LSi Sed	160	480	800	2,000	2,800	4,000
2001 Cavalier, 4-cyl.						
2d Cpe	190	560	940	2,120	3,290	4,700
4d Sed	190	580	960	2,160	3,360	4,800
4d LS Sed	200	610	1,020	2,300	3,570	5,100
2d Z24 Cpe	250	740	1,240	2,790	4,340	6,200
2001 Malibu, V-6						
4d Sed	260	770	1,280	3,200	4,480	6,400
4d LS Sed	280	830	1,380	3,450	4,830	6,900
2001 Lumina, V-6						
4d Sed	260	780	1,300	3,250	4,550	6,500
2001 Monte Carlo, V-6						
2d LS Cpe	280	840	1,400	3,150	4,900	7,000
2d SS Cpe	360	1,080	1,800	4,050	6,300	9,000
2001 Camaro, V-6 & V-8						
2d Cpe, V-6	420	1,260	2,100	4,730	7,350	10,500
2d Conv, V-6	500	1,500	2,500	5,630	8,750	12,500
2d Z28 Cpe, V-8	540	1,620	2,700	6,080	9,450	13,500
2d Z28 Conv, V-8	620	1,860	3,100	6,980	10,850	15,500
2d SS Cpe, V-8	600	1,800	3,000	6,750	10,500	15,000
2d SS Conv, V-8	660	1,980	3,300	7,430	11,550	16,500
2001 Impala, V-8						
4d Sed	280	840	1,400	3,500	4,900	7,000
4d LS Sed	300	900	1,500	3,750	5,250	7,500
2002 Prism, 4-cyl.						
4d Sed	150	440	740	1,850	2,590	3,700
4d LSi Sed	160	480	800	2,000	2,800	4,000
2002 Cavalier, 4-cyl.						
2d Cpe	190	560	940	2,120	3,290	4,700
2d LS Cpe	190	580	960	2,160	3,360	4,800

	6	5	4	3	2	1
2d LS Sport Cpe	200	590	980	2,210	3,430	4,900
2d Z24 Cpe	250	740	1,240	2,790	4,340	6,200
4d Sed	180	550	920	2,070	3,220	4,600
4d LS Sed	200	610	1,020	2,300	3,570	5,100
4d LS Sport Sed	210	620	1,040	2,340	3,640	5,200
4d Z24 Sed	240	730	1,220	2,750	4,270	6,100
NOTE: Both the Z24 cpe and sed were discontinued mid-model year.						
2002 Malibu, V-6						
4d Sed	260	770	1,280	3,200	4,480	6,400
4d LS Sed	280	830	1,380	3,450	4,830	6,900
2002 Monte Carlo, V-6						
2d LS Cpe	280	840	1,400	3,150	4,900	7,000
2d SS Cpe	360	1,080	1,800	4,050	6,300	9,000
NOTE: Add 50 percent for SS Dale Earnhardt Signature Ed. Add 5 percent for LS Sport Appearance pkg.						
2002 Camaro, V-6 & V-8						
2d Cpe, V-6	420	1,260	2,100	4,730	7,350	10,500
2d Conv, V-6	500	1,500	2,500	5,630	8,750	12,500
2d Z28 Cpe, V-8	540	1,620	2,700	6,080	9,450	13,500
2d Z28 Conv, V-8	620	1,860	3,100	6,980	10,850	15,500
2d SS Cpe, V-8	600	1,800	3,000	6,750	10,500	15,000
2d SS Conv, V-8	660	1,980	3,300	7,430	11,550	16,500
NOTE: Add 5 percent for SS 35th Anv Ed.						
2002 Impala, V-6						
4d Sed	280	840	1,400	3,500	4,900	7,000
4d LS Sed	300	900	1,500	3,750	5,250	7,500
2003 Cavalier, 4-cyl.						
2d Cpe	190	560	940	2,120	3,290	4,700
2d LS Cpe	190	580	960	2,160	3,360	4,800
2d LS Sport Cpe	200	590	980	2,210	3,430	4,900
4d Sed	180	550	920	2,070	3,220	4,600
4d LS Sed	200	610	1,020	2,300	3,570	5,100
4d LS Sport Sed	210	620	1,040	2,340	3,640	5,200
NOTE: Deduct 5 percent for manual transmission.						
2003 Malibu, V-6						
4d Sed	260	770	1,280	3,200	4,480	6,400
4d LS Sed	280	830	1,380	3,450	4,830	6,900
2003 Monte Carlo, V-6						
2d LS Cpe	280	840	1,400	3,150	4,900	7,000
2d SS Cpe	360	1,080	1,800	4,050	6,300	9,000
NOTE: Add 5 percent for SS High Sport Apperance pkg.						
2003 Impala, V-6						
4d Sed	280	840	1,400	3,500	4,900	7,000
4d LS Sed	300	900	1,500	3,750	5,250	7,500
NOTE: Add 5 percent for 3.8L V-6 in base sed. Add 5 percent for Sport Appearance pkg in LS.						
2004 Aveo, 4-cyl.						
4d HBk	140	430	720	1,800	2,520	3,600
4d LS HBk	150	440	740	1,850	2,590	3,700
4d Sed	150	460	760	1,900	2,660	3,800
4d LS Sed	160	480	800	2,000	2,800	4,000
NOTE: Deduct 5 percent for manual transmission.						
2004 Cavalier, 4-cyl.						
2d Cpe	190	560	940	2,120	3,290	4,700
2d LS Cpe	190	580	960	2,160	3,360	4,800
2d LS Sport Cpe	200	590	980	2,210	3,430	4,900
4d Sed	180	550	920	2,070	3,220	4,600
4d LS Sed	200	610	1,020	2,300	3,570	5,100
4d LS Sport Sed	210	620	1,040	2,340	3,640	5,200
NOTE: Deduct 5 percent for manual transmission.						
2004 Classic, 4-cyl.						
4d Sed	170	520	860	2,150	3,010	4,300
2004 Malibu, V-6						
4d Sed	260	770	1,280	3,200	4,480	6,400
4d LS Sed	280	830	1,380	3,450	4,830	6,900
4d LT Sed	290	880	1,460	3,650	5,110	7,300
4d Maxx HBk	280	850	1,420	3,550	4,970	7,100
4d Maxx LS HBk	290	880	1,460	3,650	5,110	7,300
4d Maxx LT HBk	300	900	1,500	3,750	5,250	7,500
NOTE: Deduct 10 percent for 4-cyl. on base sed.						
2004 Monte Carlo, V-6						
2d LS Cpe	280	840	1,400	3,150	4,900	7,000
2d SS Cpe	360	1,080	1,800	4,050	6,300	9,000
NOTE: Add 15 percent for supercharged SS.						
2004 Impala, V-6						
4d Sed	280	840	1,400	3,500	4,900	7,000
4d LS Sed	300	900	1,500	3,750	5,250	7,500
4d SS Sed	330	1,000	1,660	4,150	5,810	8,300
NOTE: Add 5 percent for 3.8L V-6 in base sed. Add 5 percent for Sport Appearance pkg in LS.						

	6	5	4	3	2	1
2005 Aveo, 4-cyl.						
4d HBk	140	430	720	1,800	2,520	3,600
4d LS HBk	150	440	740	1,850	2,590	3,700
4d LT HBk	150	460	760	1,710	2,660	3,800
4d Sed	150	460	760	1,900	2,660	3,800
4d LS Sed	160	480	800	2,000	2,800	4,000
4d LT Sed	160	490	820	2,050	2,870	4,100
NOTE: Deduct 5 percent for manual transmission.						
2005 Cavalier, 4-cyl.						
2d Cpe	170	500	840	2,100	2,940	4,200
2d LS Cpe	170	520	860	2,150	3,010	4,300
2d LS Sport Cpe	190	560	940	2,350	3,290	4,700
4d Sed	180	540	900	2,250	3,150	4,500
4d LS Sed	200	600	1,000	2,500	3,500	5,000
4d LS Sport Sed	220	650	1,080	2,700	3,780	5,400
NOTE: Deduct 5 percent for manual transmission.						
2005 Classic, 4-cyl.						
4d Sed	170	520	860	2,150	3,010	4,300
2005 Cobalt, 4-cyl.						
2d Cpe	180	530	880	2,200	3,080	4,400
2d LS Cpe	180	550	920	2,300	3,220	4,600
2d SS Cpe (Supercharged)	310	920	1,540	3,470	5,390	7,700
4d Sed	170	520	860	2,150	3,010	4,300
4d LS Sed	180	530	880	2,200	3,080	4,400
4d LT Sed	180	540	900	2,250	3,150	4,500
NOTE: Deduct 5 percent for manual transmission.						
2005 Malibu, V-6						
4d Sed	260	770	1,280	3,200	4,480	6,400
4d LS Sed	280	830	1,380	3,450	4,830	6,900
4d LT Sed	290	880	1,460	3,650	5,110	7,300
4d Maxx HBk	280	850	1,420	3,550	4,970	7,100
4d Maxx LS HBk	290	880	1,460	3,650	5,110	7,300
4d Maxx LT HBk	300	900	1,500	3,750	5,250	7,500
NOTE: Deduct 10 percent for 4-cyl. on base sed.						
2005 Monte Carlo, V-6						
2d LS Cpe	270	800	1,340	3,350	4,690	6,700
2d LT Cpe	270	820	1,360	3,400	4,760	6,800
2d SS Cpe (Supercharged)	340	1,020	1,700	4,250	5,950	8,500
2005 Impala, V-6						
4d Sed	280	840	1,400	3,500	4,900	7,000
4d LS Sed	300	900	1,500	3,750	5,250	7,500
4d SS Sed	330	1,000	1,660	4,150	5,810	8,300
NOTE: Add 5 percent for 3.8L V-6 in base sed. Add 5 percent for Sport Appearance pkg in LS.						
2006 Aveo, 4-cyl.						
4d SVM Sed	170	500	840	2,100	2,940	4,200
4d SVM HBk	170	520	860	2,150	3,010	4,300
4d LS Sed	210	640	1,060	2,650	3,710	5,300
4d LS HBk	220	650	1,080	2,700	3,780	5,400
4d LT Sed	220	660	1,100	2,750	3,850	5,500
4d LT HBk	220	670	1,120	2,800	3,920	5,600
2006 Cobalt, 4-cyl.						
4d LS Sed	270	820	1,360	3,060	4,760	6,800
2d LS Cpe	270	800	1,340	3,350	4,690	6,700
4d LT Sed	280	840	1,400	3,500	4,900	7,000
2d LT Cpe	280	830	1,380	3,450	4,830	6,900
4d LTZ Sed	300	900	1,500	3,750	5,250	7,500
4d SS Sed	310	920	1,540	3,850	5,390	7,700
2d SS Cpe	320	970	1,620	4,050	5,670	8,100
2006 Cobalt, 4-cyl. Supercharged						
2d SS Cpe	350	1,060	1,760	4,400	6,160	8,800
2006 HHR, 4-cyl.						
4d LS Spt Wagon	310	920	1,540	3,850	5,390	7,700
4d LT Spt Wagon	340	1,020	1,700	4,250	5,950	8,500
2006 Malibu, 4-cyl.						
4d LS Sed	300	900	1,500	3,750	5,250	7,500
4d LT Sed	320	970	1,620	4,050	5,670	8,100
NOTE: Add 5 percent for 3.5L V-6.						
2006 Malibu, V-6						
4d LS Maxx HBk	320	950	1,580	3,950	5,530	7,900
4d LT Maxx HBk	330	1,000	1,660	4,150	5,810	8,300
4d SS Sed	380	1,130	1,880	4,700	6,580	9,400
4d SS Maxx HBk	380	1,150	1,920	4,800	6,720	9,600
4d LTZ Sed	380	1,140	1,900	4,750	6,650	9,500
4d LTZ Maxx HBk	390	1,160	1,940	4,850	6,790	9,700
2006 Impala, V-6						
4d LS Sed	370	1,100	1,840	4,600	6,440	9,200

	6	5	4	3	2	1
4d LT Sed.	380	1,140	1,900	4,750	6,650	9,500
4d LTZ Sed	420	1,250	2,080	5,200	7,280	10,400
2006 Impala, V-8						
4d SS Sed	470	1,400	2,340	5,850	8,190	11,700
2006 Monte Carlo, V-6						
2d LS Cpe	320	960	1,600	4,000	5,600	8,000
2d LT Cpe	360	1,070	1,780	4,450	6,230	8,900
2d LTZ Cpe	370	1,100	1,840	4,600	6,440	9,200
2006 Monte Carlo, V-8						
2d Cpe	480	1,430	2,380	5,950	8,330	11,900

CORVAIR

1960 Standard, 6-cyl.						
4d Sed	360	1,080	1,800	4,050	6,300	9,000
2d Cpe	380	1,140	1,900	4,280	6,650	9,500
1960 DeLuxe, 6-cyl.						
4d Sed	364	1,092	1,820	4,100	6,370	9,100
2d Cpe	388	1,164	1,940	4,370	6,790	9,700
1960 Monza, 6-cyl.						
2d Cpe	568	1,704	2,840	6,390	9,940	14,200
1961 Series 500, 6-cyl.						
4d Sed	360	1,080	1,800	4,050	6,300	9,000
2d Cpe	380	1,140	1,900	4,280	6,650	9,500
4d Sta Wag	372	1,116	1,860	4,190	6,510	9,300
1961 Series 700, 6-cyl.						
4d Sed	376	1,128	1,880	4,230	6,580	9,400
2d Cpe	480	1,440	2,400	5,400	8,400	12,000
4d Sta Wag	388	1,164	1,940	4,370	6,790	9,700
1961 Monza, 6-cyl.						
4d Sed	384	1,152	1,920	4,320	6,720	9,600
2d Cpe	540	1,620	2,700	6,080	9,450	13,500
NOTE: Add $1,200 for A/C.						
1962-63 Series 500, 6-cyl.						
2d Cpe	384	1,152	1,920	4,320	6,720	9,600
1962-63 Series 700, 6-cyl.						
4d Sed	384	1,152	1,920	4,320	6,720	9,600
2d Cpe	484	1,452	2,420	5,450	8,470	12,100
4d Sta Wag (1962 only)	420	1,260	2,100	4,730	7,350	10,500
1962-63 Series 900 Monza, 6-cyl.						
4d Sed	484	1,452	2,420	5,450	8,470	12,100
2d Cpe	544	1,632	2,720	6,120	9,520	13,600
2d Conv	600	1,800	3,000	6,750	10,500	15,000
4d Sta Wag (1962 only)	490	1,460	2,440	5,490	8,540	12,200
1962-63 Monza Spyder, 6-cyl.						
2d Cpe	564	1,692	2,820	6,350	9,870	14,100
2d Conv	720	2,160	3,600	8,100	12,600	18,000
NOTE: Add $1,600 for K.O. wire wheels. Add $1,000 for A/C.						
1964 Series 500, 6-cyl.						
2d Cpe	372	1,116	1,860	4,190	6,510	9,300
1964 Series 700, 6-cyl.						
4d Sed	384	1,152	1,920	4,320	6,720	9,600
1964 Series 900 Monza, 6-cyl.						
4d Sed	480	1,440	2,400	5,400	8,400	12,000
2d Cpe	552	1,656	2,760	6,210	9,660	13,800
2d Conv	580	1,740	2,900	6,530	10,150	14,500
1964 Monza Spyder, 6-cyl.						
2d Cpe	580	1,740	2,900	6,530	10,150	14,500
2d Conv	720	2,160	3,600	8,100	12,600	18,000
NOTE: Add $1,600 for K.O. wire wheels. Add $1,000 for A/C except Spyder.						
1965 Series 500, 6-cyl.						
4d HT	332	996	1,660	3,740	5,810	8,300
2d HT	368	1,104	1,840	4,140	6,440	9,200
1965 Monza Series, 6-cyl.						
4d HT	360	1,080	1,800	4,050	6,300	9,000
2d HT	520	1,560	2,600	5,850	9,100	13,000
2d Conv	660	1,980	3,300	7,430	11,550	16,500
NOTE: Add 20 percent for 140 hp engine.						
1965 Corsa Series, 6-cyl.						
2d HT	540	1,620	2,700	6,080	9,450	13,500
2d Conv	740	2,220	3,700	8,330	12,950	18,500
NOTE: Add 30 percent for 180 hp engine. Add $1,000 for A/C.						
1966 Series 500, 6-cyl.						
4d HT	340	1,020	1,700	3,830	5,950	8,500
2d HT	376	1,128	1,880	4,230	6,580	9,400
1966 Monza Series, 6-cyl.						
4d HT	368	1,104	1,840	4,140	6,440	9,200

CHEVROLET

	6	5	4	3	2	1
2d HT	530	1,580	2,640	5,940	9,240	13,200
2d Conv	670	2,010	3,350	7,540	11,730	16,750
NOTE: Add 20 percent for 140 hp engine.						
1966 Corsa Series, 6-cyl.						
2d HT	544	1,632	2,720	6,120	9,520	13,600
2d Conv	750	2,240	3,740	8,420	13,090	18,700
NOTE: Add 30 percent for 180 hp engine. Add $1,000 for A/C.						
1967 Series 500, 6-cyl.						
2d HT	360	1,080	1,800	4,050	6,300	9,000
4d HT	340	1,020	1,700	3,830	5,950	8,500
1967 Monza, 6-cyl.						
4d HT	368	1,104	1,840	4,140	6,440	9,200
2d HT	530	1,580	2,640	5,940	9,240	13,200
2d Conv	670	2,010	3,350	7,540	11,730	16,750
NOTE: Add $1,000 for A/C. Add 20 percent for 140 hp engine.						
1968 Series 500, 6-cyl.						
2d HT	380	1,140	1,900	4,280	6,650	9,500
1968 Monza, 6-cyl.						
2d HT	580	1,740	2,900	6,530	10,150	14,500
2d Conv	700	2,100	3,500	7,880	12,250	17,500
NOTE: Add 20 percent for 140 hp engine.						
1969 Series 500, 6-cyl.						
2d HT	480	1,440	2,400	5,400	8,400	12,000
1969 Monza						
2d HT	600	1,800	3,000	6,750	10,500	15,000
2d Conv	720	2,160	3,600	8,100	12,600	18,000
NOTE: Add 20 percent for 140 hp engine.						

CORVETTE

	6	5	4	3	2	1
1953						
6-cyl. Conv	9,500	28,500	47,500	106,880	166,250	237,500
1954						
6-cyl. Conv	3,980	11,940	19,900	44,780	69,650	99,500
NOTE: Add $3,000 for hardtop.						
1955						
6-cyl. Conv	4,600	13,800	23,000	51,750	80,500	115,000
8-cyl. Conv	5,440	16,320	27,200	61,200	95,200	136,000
NOTE: Add $3,000 for hardtop.						
1956						
Conv	3,480	10,440	17,400	39,150	60,900	87,000
NOTE: All post-1955 Corvettes are V-8 powered. Add $3,000 for removable hardtop. Add 20 percent for two 4 barrel carbs.						
1957						
Conv	3,560	10,680	17,800	40,050	62,300	89,000
NOTE: Add $3,000 for hardtop. Add 50 percent for F.I., 250 hp. Add 75 percent for F.I., 283 hp. Add 25 percent for two 4 barrel carbs, 245 hp. Add 35 percent for two 4 barrel carbs, 270 hp. Add 15 percent for 4-speed transmission. Add 150 percent for 579E option.						
1958						
Conv	3,300	9,900	16,500	37,130	57,750	82,500
NOTE: Add $3,000 for hardtop. Add 25 percent for two 4 barrel carbs, 245 hp. Add 35 percent for two 4 barrel carbs, 270 hp. Add 40 percent for F.I., 250 hp. Add 60 percent for F.I., 290 hp.						
1959						
Conv	3,060	9,180	15,300	34,430	53,550	76,500
NOTE: Add $3,000 for hardtop. Add 40 percent for F.I., 250 hp. Add 60 percent for F.I., 290 hp. Add 25 percent for two 4 barrel carbs, 245 hp. Add 35 percent for two 4 barrel carbs, 270 hp.						
1960						
Conv	3,020	9,060	15,100	33,980	52,850	75,500
NOTE: Add $3,000 for hardtop. Add 40 percent for F.I., 275 hp. Add 60 percent for F.I., 315 hp. Add 25 percent for two 4 barrel carbs, 245 hp. Add 35 percent for two 4 barrel carbs, 270 hp.						
1961						
Conv	3,060	9,180	15,300	34,430	53,550	76,500
NOTE: Add $3,000 for hardtop. Add 40 percent for F.I., 275 hp. Add 60 percent for F.I., 315 hp. Add 25 percent for two 4 barrel carbs, 245 hp. Add 35 percent for two 4 barrel carbs, 270 hp.						
1962						
Conv	3,140	9,420	15,700	35,330	54,950	78,500
NOTE: Add $3,000 for hardtop; 30 percent for F.I.						
1963						
Spt Cpe	3,120	9,360	15,600	35,100	54,600	78,000
Conv	2,920	8,760	14,600	32,850	51,100	73,000
GS			value not estimable			
NOTE: Add 30 percent for F.I.; $4,500 for A/C. Add 25 percent for 327 cid, 340 hp. Add $3,000 for hardtop; $3,000 for knock off wheels. Z06 option, value not estimable.						
1964						
Spt Cpe	2,580	7,740	12,900	29,030	45,150	64,500
Conv	2,900	8,700	14,500	32,630	50,750	72,500
NOTE: Add 30 percent for F.I.; $4,500 for A/C. Add 30 percent for 327 cid, 365 hp. Add $3,000 for hardtop; $3,000 for knock off wheels.						

	6	5	4	3	2	1
1965						
Spt Cpe	2,700	8,100	13,500	30,380	47,250	67,500
Conv.	3,100	9,300	15,500	34,880	54,250	77,500
NOTE: Add 40 percent for F.I.; $4,500 for A/C. Add 60 percent for 396 cid. Add $3,000 for knock off wheels. Add $3,000 for hardtop.						
1966						
Spt Cpe	2,700	8,100	13,500	30,380	47,250	67,500
Conv.	3,100	9,300	15,500	34,880	54,250	77,500
NOTE: Add $4,500 for A/C.; 30 percent for 427 engine - 390 hp. Add 50 percent for 427 engine - 425 hp (L72 listed by Chevrolet as having 425 hp, but, is believed to have more). Add $3,000 for knock off wheels; $3,000 for hardtop.						
1967						
Spt Cpe	3,120	9,360	15,600	35,100	54,600	78,000
Conv.	3,680	11,040	18,400	41,400	64,400	92,000
NOTE: Add $4,500 for A/C. L88 & L89 option not estimable, 30 percent for 427 engine - 390 hp. Add 50 percent for 427 engine - 400 hp, 75 percent for 427 engine - 435 hp; $4,000 for aluminum wheels; $3,000 for hardtop.						
1968						
Spt Cpe	1,640	4,920	8,200	18,450	28,700	41,000
Conv.	2,000	6,000	10,000	22,500	35,000	50,000
NOTE: Add 80 percent for L89 427 - 435 hp aluminum head option. L88 engine option not estimable. Add 30 percent for 427-390 hp. Add 40 percent for 427, 400 hp. Add 30 percent for L71 427-435 hp cast head.						
1969						
Spt Cpe	1,560	4,680	7,800	17,550	27,300	39,000
Conv.	1,920	5,760	9,600	21,600	33,600	48,000
NOTE: Add 80 percent for L89 427 - 435 hp aluminum head option. L88 engine option not estimable. Add 30 percent for 427-390 hp. Add 40 percent for 427, 400 hp. Add 30 percent for L71 427-435 hp cast head.						
1970						
Spt Cpe	1,520	4,560	7,600	17,100	26,600	38,000
Conv.	1,880	5,640	9,400	21,150	32,900	47,000
NOTE: Add 70 percent for LT-1 option. ZR1 option not estimable. Add 30 percent for LS5 option.						
1971						
Spt Cpe	1,480	4,440	7,400	16,650	25,900	37,000
Conv.	1,840	5,520	9,200	20,700	32,200	46,000
NOTE: Add 50 percent for LT-1 option; 30 percent for LS5 option; 75 percent for LS6 option.						
1972						
Spt Cpe	1,480	4,440	7,400	16,650	25,900	37,000
Conv.	1,840	5,520	9,200	20,700	32,200	46,000
NOTE: Add 50 percent for LT-1 option. Add 30 percent for LS5 option. Add 25 percent for air on LT-1.						
1973						
Spt Cpe	1,440	4,320	7,200	16,200	25,200	36,000
Conv.	1,800	5,400	9,000	20,250	31,500	45,000
NOTE: Add 10 percent for L82. Add 25 percent for LS4.						
1974						
Spt Cpe	1,240	3,720	6,200	13,950	21,700	31,000
Conv.	1,520	4,560	7,600	17,100	26,600	38,000
NOTE: Add 10 percent for L82. Add 25 percent for LS4.						
1975						
Spt Cpe	1,160	3,480	5,800	13,050	20,300	29,000
Conv.	1,440	4,320	7,200	16,200	25,200	36,000
NOTE: Add 10 percent for L82.						
1976						
Cpe.	840	2,520	4,200	9,450	14,700	21,000
NOTE: Add 10 percent for L82.						
1977						
Cpe.	880	2,640	4,400	9,900	15,400	22,000
NOTE: Add 10 percent for L82.						
1978						
Cpe.	1,000	3,000	5,000	11,250	17,500	25,000
NOTE: Add 10 percent for anniversary model. Add 25 percent for Pace Car. Add 10 percent for L82 engine option.						
1979						
Cpe.	880	2,640	4,400	9,900	15,400	22,000
NOTE: Add 10 percent for L82 engine option.						
1980						
Cpe.	880	2,640	4,400	9,900	15,400	22,000
NOTE: Add 20 percent for L82 engine option.						
1981						
Cpe.	880	2,640	4,400	9,900	15,400	22,000
1982						
2d Cpe	920	2,760	4,600	10,350	16,100	23,000
NOTE: Add 20 percent for Collector Edition.						
1983						
NOTE: None manufactured.						
1984						
2d HBk	1,080	3,240	5,400	12,150	18,900	27,000
1985						
2d HBk	1,080	3,240	5,400	12,150	18,900	27,000
1986						
2d HBk	1,120	3,360	5,600	12,600	19,600	28,000

	6	5	4	3	2	1
Conv Pace Car	1,410	4,220	7,040	15,840	24,640	35,200
1987						
2d HBk	1,120	3,360	5,600	12,600	19,600	28,000
Conv	1,280	3,840	6,400	14,400	22,400	32,000
1988						
2d Cpe.	1,100	3,300	5,500	12,380	19,250	27,500
Conv	1,200	3,600	6,000	13,500	21,000	30,000
1989						
2d Cpe.	1,120	3,360	5,600	12,600	19,600	28,000
Conv	1,240	3,720	6,200	13,950	21,700	31,000
1990						
2d HBk	1,080	3,240	5,400	12,150	18,900	27,000
Conv	1,240	3,720	6,200	13,950	21,700	31,000
2d HBk ZR1	1,960	5,880	9,800	22,050	34,300	49,000
1991						
2d HBk	1,320	3,960	6,600	14,850	23,100	33,000
Conv	1,440	4,320	7,200	16,200	25,200	36,000
2d HBk ZR1	2,080	6,240	10,400	23,400	36,400	52,000
1992						
2d HBk Cpe.	1,360	4,080	6,800	15,300	23,800	34,000
2d Conv.	1,480	4,440	7,400	16,650	25,900	37,000
2d ZR1 Cpe.	2,120	6,360	10,600	23,850	37,100	53,000
1993						
2d Cpe.	1,400	4,200	7,000	15,750	24,500	35,000
2d ZR1 Cpe.	2,160	6,480	10,800	24,300	37,800	54,000
2d Conv.	1,520	4,560	7,600	17,100	26,600	38,000
NOTE: Add 10 percent for Anniversary model.						
1994						
2d Cpe.	1,400	4,200	7,000	15,750	24,500	35,000
2d Conv.	1,560	4,680	7,800	17,550	27,300	39,000
2d ZR1 Cpe.	2,200	6,600	11,000	24,750	38,500	55,000
1995						
2d Cpe.	1,400	4,200	7,000	15,750	24,500	35,000
2d Conv.	1,560	4,680	7,800	17,550	27,300	39,000
2d ZR1 Cpe.	2,200	6,600	11,000	24,750	38,500	55,000
NOTE: Add 10 percent for Pace Car.						
1996						
2d Cpe.	1,400	4,200	7,000	15,750	24,500	35,000
2d Conv.	1,560	4,680	7,800	17,550	27,300	39,000
NOTE: Add 10 percent for Grand Sport/Collector Ed. Add 5 percent for LT4 V-8 in base model.						
1997						
2d Cpe.	1,480	4,440	7,400	16,650	25,900	37,000
1998 V-8						
2d Cpe.	1,480	4,440	7,400	16,650	25,900	37,000
2d Conv.	1,600	4,800	8,000	18,000	28,000	40,000
NOTE: Add 10 percent for Pace Car Ed.						
1999 V-8						
2d HT	1,440	4,320	7,200	16,200	25,200	36,000
2d Cpe.	1,500	4,500	7,500	16,880	26,250	37,500
2d Conv.	1,620	4,860	8,100	18,230	28,350	40,500
2000 V-8						
2d Cpe.	1,500	4,500	7,500	16,880	26,250	37,500
2d Conv.	1,620	4,860	8,100	18,230	28,350	40,500
2001 V-8						
2d HT Z06	1,560	4,680	7,800	19,500	27,300	39,000
2d Cpe.	1,500	4,500	7,500	18,750	26,250	37,500
2d Conv.	1,620	4,860	8,100	20,250	28,350	40,500
NOTE: Add $500 for removable HT.						
2002 V-8						
2d HT Z06	1,560	4,680	7,800	19,500	27,300	39,000
2d Cpe.	1,500	4,500	7,500	18,750	26,250	37,500
2d Conv.	1,620	4,860	8,100	20,250	28,350	40,500
NOTE: Add $500 for removable HT. Add 5 percent for Z51 Performance Handling pkg. Add 10 percent for Selective Real-Time Damping pkg.						
2003 V-8						
2d HT Z06	1,560	4,680	7,800	19,500	27,300	39,000
2d Cpe.	1,500	4,500	7,500	18,750	26,250	37,500
2d Conv.	1,620	4,860	8,100	20,250	28,350	40,500
NOTE: Add $500 for removable HT. Add 10 percent for 50th Anv pkg (excluding Z06).						
2004 V-8						
2d HT Z06	1,560	4,680	7,800	19,500	27,300	39,000
2d Cpe.	1,500	4,500	7,500	18,750	26,250	37,500
2d Conv.	1,620	4,860	8,100	20,250	28,350	40,500
NOTE: Add $500 for removable HT. Add 5 percent for Commemorative Ed pkg.						
2005 V-8						
2d Cpe.	1,520	4,560	7,600	19,000	26,600	38,000

	6	5	4	3	2	1
2d Conv	1,640	4,920	8,200	20,500	28,700	41,000
NOTE: Add $1,000 for power conv top. Add $500 for removable HT.						
2006 V-8						
2d Cpe	1,060	3,180	5,300	13,250	18,550	26,500
2d Conv	1,100	3,300	5,500	13,750	19,250	27,500
2d Z06 Cpe	1,760	5,280	8,800	22,000	30,800	44,000
NOTE: Add 5 percent each for Glass Roof; Dual Roof; Suspension pkg; Z51 handling and 6-speed manual trans.						

CHRYSLER

	6	5	4	3	2	1
1924 Model B, 6-cyl., 112.75" wb						
2d Rds	1,560	4,680	7,800	17,550	27,300	39,000
4d Phae	1,600	4,800	8,000	18,000	28,000	40,000
4d Tr.	1,560	4,680	7,800	17,550	27,300	39,000
2d RS Cpe	1,320	3,960	6,600	14,850	23,100	33,000
4d Sed	1,240	3,720	6,200	13,950	21,700	31,000
2d Brgm	1,280	3,840	6,400	14,400	22,400	32,000
4d Imp Sed.	1,440	4,320	7,200	16,200	25,200	36,000
4d Crw Imp.	1,520	4,560	7,600	17,100	26,600	38,000
4d Twn Car.	1,600	4,800	8,000	18,000	28,000	40,000
1925 Model B-70, 6-cyl., 112.75" wb						
2d Rds	1,560	4,680	7,800	17,550	27,300	39,000
4d Phae	1,600	4,800	8,000	18,000	28,000	40,000
4d Tr.	1,560	4,680	7,800	17,550	27,300	39,000
2d Roy Cpe	1,280	3,840	6,400	14,400	22,400	32,000
4d Sed	1,240	3,720	6,200	13,950	21,700	31,000
2d Brgm	1,280	3,840	6,400	14,400	22,400	32,000
4d Imp Sed.	1,440	4,320	7,200	16,200	25,200	36,000
4d Crw Imp.	1,520	4,560	7,600	17,100	26,600	38,000
4d Twn Car.	1,600	4,800	8,000	18,000	28,000	40,000
1926 Series 58, 4-cyl., 109" wb						
2d Rds	1,560	4,680	7,800	17,550	27,300	39,000
4d Tr.	1,560	4,680	7,800	17,550	27,300	39,000
2d Clb Cpe	1,280	3,840	6,400	14,400	22,400	32,000
2d Sed	1,200	3,600	6,000	13,500	21,000	30,000
4d Sed	1,170	3,500	5,840	13,140	20,440	29,200
1926 Series 60, 6-cyl., 109"wbIntroduced: May, 1926.						
2d Rds	1,280	3,840	6,400	14,400	22,400	32,000
4d Tr.	1,320	3,960	6,600	14,850	23,100	33,000
2d Cpe	880	2,640	4,400	9,900	15,400	22,000
2d Sed	800	2,400	4,000	9,000	14,000	20,000
4d Lthr Tr Sed	820	2,460	4,100	9,230	14,350	20,500
4d Sed	800	2,400	4,000	9,000	14,000	20,000
4d Lan Sed.	800	2,400	4,000	9,000	14,000	20,000
1926 Series G-70, 6-cyl., 112.75" wb						
2d Rds	1,240	3,720	6,200	13,950	21,700	31,000
4d Phae	1,280	3,840	6,400	14,400	22,400	32,000
2d Roy Cpe	880	2,640	4,400	9,900	15,400	22,000
2d Sed	960	2,880	4,800	10,800	16,800	24,000
4d Lthr Trm Sed	900	2,700	4,500	10,130	15,750	22,500
2d Brgm	920	2,760	4,600	10,350	16,100	23,000
4d Sed	910	2,730	4,550	10,240	15,930	22,750
4d Roy Sed	920	2,760	4,600	10,350	16,100	23,000
4d Crw Sed	950	2,850	4,750	10,690	16,630	23,750
1926 Series E-80 Imperial, 6-cyl., 120" wb						
2d RS Rds	2,200	6,600	11,000	24,750	38,500	55,000
4d Phae	2,080	6,240	10,400	23,400	36,400	52,000
2d Cpe	1,280	3,840	6,400	14,400	22,400	32,000
4d 5P Sed	1,200	3,600	6,000	13,500	21,000	30,000
4d 7P Sed	1,280	3,840	6,400	14,400	22,400	32,000
4d Berl	1,400	4,200	7,000	15,750	24,500	35,000
1927 Series I-50, 4-cyl., 106" wb						
2d 2P Rds	1,320	3,960	6,600	14,850	23,100	33,000
2d RS Rds	1,400	4,200	7,000	15,750	24,500	35,000
4d Tr.	1,320	3,960	6,600	14,850	23,100	33,000
2d Cpe	910	2,730	4,550	10,240	15,930	22,750
2d Sed	850	2,560	4,260	9,590	14,910	21,300
4d Lthr Trm Sed	870	2,620	4,360	9,810	15,260	21,800
4d Sed	840	2,530	4,220	9,500	14,770	21,100
4d Lan Sed.	850	2,560	4,260	9,590	14,910	21,300
1927 Series H-60, 6-cyl., 109" wb						
2d 2P Rds	1,480	4,440	7,400	16,650	25,900	37,000
2d RS Rds	1,520	4,560	7,600	17,100	26,600	38,000
4d Tr.	1,360	4,080	6,800	15,300	23,800	34,000
2d 2P Cpe	940	2,830	4,720	10,620	16,520	23,600
2d RS Cpe	970	2,900	4,840	10,890	16,940	24,200
2d Sed	870	2,620	4,360	9,810	15,260	21,800

	6	5	4	3	2	1
4d Lthr Trm Sed	920	2,770	4,620	10,400	16,170	23,100
4d Sed.	830	2,500	4,160	9,360	14,560	20,800
1927 Series "Finer" 70, 6-cyl., 112.75" wb						
2d RS Rds.	1,450	4,360	7,260	16,340	25,410	36,300
4d Phae.	1,500	4,500	7,500	16,880	26,250	37,500
4d Spt Phae	1,550	4,640	7,740	17,420	27,090	38,700
4d Cus Spt Phae	1,600	4,790	7,980	17,960	27,930	39,900
2d RS Cabr	1,400	4,210	7,020	15,800	24,570	35,100
2d 2P Cpe	960	2,890	4,820	10,850	16,870	24,100
2d RS Cpe.	990	2,960	4,940	11,120	17,290	24,700
2d 4P Cpe	940	2,830	4,720	10,620	16,520	23,600
2d Brgm.	920	2,760	4,600	10,350	16,100	23,000
4d Lan Brgm	920	2,770	4,620	10,400	16,170	23,100
4d Roy Sed	930	2,780	4,640	10,440	16,240	23,200
4d Crw Sed	930	2,800	4,660	10,490	16,310	23,300
1927-Early 1928 Series E-80 Imperial, 6-cyl., 120" & 127" wb						
2d RS Rds.	2,400	7,200	12,000	27,000	42,000	60,000
2d Spt Rds	2,440	7,320	12,200	27,450	42,700	61,000
4d 5P Phae	2,480	7,440	12,400	27,900	43,400	62,000
4d Spt Phae	2,520	7,560	12,600	28,350	44,100	63,000
4d 7P Phae	2,500	7,500	12,500	28,130	43,750	62,500
2d RS Cabr	2,460	7,380	12,300	27,680	43,050	61,500
2d Bus Cpe	1,200	3,600	6,000	13,500	21,000	30,000
2d 4P Cpe	1,280	3,840	6,400	14,400	22,400	32,000
2d 5P Cpe	1,280	3,840	6,400	14,400	22,400	32,000
4d Std Sed	1,200	3,600	6,000	13,500	21,000	30,000
4d Sed.	1,240	3,720	6,200	13,950	21,700	31,000
4d Lan Sed	1,520	4,560	7,600	17,100	26,600	38,000
4d 7P Sed	1,320	3,960	6,600	14,850	23,100	33,000
4d Limo	1,360	4,080	6,800	15,300	23,800	34,000
4d Twn Car	1,600	4,800	8,000	18,000	28,000	40,000
1928 Series 52, 4-cyl., 106" wb						
2d RS Rds.	1,280	3,840	6,400	14,400	22,400	32,000
4d Tr	1,140	3,410	5,680	12,780	19,880	28,400
2d Clb Cpe	840	2,520	4,200	9,450	14,700	21,000
2d DeL Cpe.	910	2,720	4,540	10,220	15,890	22,700
2d Sed.	830	2,500	4,160	9,360	14,560	20,800
4d Sed.	820	2,460	4,100	9,230	14,350	20,500
4d DeL Sed	810	2,440	4,060	9,140	14,210	20,300
1928 Series 62, 6-cyl., 109" wb						
2d RS Rds.	1,330	3,980	6,640	14,940	23,240	33,200
4d Tr	1,280	3,840	6,400	14,400	22,400	32,000
2d Bus Cpe	880	2,650	4,420	9,950	15,470	22,100
2d RS Cpe.	930	2,780	4,640	10,440	16,240	23,200
2d Sed.	840	2,510	4,180	9,410	14,630	20,900
4d Sed.	820	2,470	4,120	9,270	14,420	20,600
4d Lan Sed	840	2,510	4,180	9,410	14,630	20,900
1928 Series 72, 6-cyl., 120.5" wb						
2d RS Rds.	1,320	3,960	6,600	14,850	23,100	33,000
2d Spt Rds	1,420	4,250	7,080	15,930	24,780	35,400
2d Conv.	1,220	3,670	6,120	13,770	21,420	30,600
2d RS Cpe.	990	2,980	4,960	11,160	17,360	24,800
2d 4P Cpe	950	2,840	4,740	10,670	16,590	23,700
4d CC Sed.	950	2,840	4,740	10,670	16,590	23,700
4d Roy Sed	870	2,620	4,360	9,810	15,260	21,800
4d Crw Sed	950	2,840	4,740	10,670	16,590	23,700
4d Twn Sed.	970	2,900	4,840	10,890	16,940	24,200
4d LeB Imp Twn Cabr	1,760	5,280	8,800	19,800	30,800	44,000
1928 Series 80 L Imperial, 6-cyl., 136" wb						
2d RS Rds.	2,320	6,960	11,600	26,100	40,600	58,000
4d Sed.	1,310	3,930	6,550	14,740	22,930	32,750
4d Twn Sed.	1,390	4,170	6,950	15,640	24,330	34,750
4d 7P Sed	1,400	4,200	7,000	15,750	24,500	35,000
4d Limo	1,360	4,080	6,800	15,300	23,800	34,000
1928 Series 80 L Imperial, 6-cyl., 136" wb,Custom Bodies						
4d LeB DC Phae	2,840	8,520	14,200	31,950	49,700	71,000
4d LeB CC Conv Sed	2,560	7,680	12,800	28,800	44,800	64,000
2d LeB RS Conv	2,440	7,320	12,200	27,450	42,700	61,000
2d LeB Clb Cpe.	1,800	5,400	9,000	20,250	31,500	45,000
2d LeB Twn Cpe	1,720	5,160	8,600	19,350	30,100	43,000
4d LeB Lan Limo	2,280	6,840	11,400	25,650	39,900	57,000
4d Der Conv Sed.	2,560	7,680	12,800	28,800	44,800	64,000
4d Dtrch Conv Sed	2,720	8,160	13,600	30,600	47,600	68,000
4d 4P Dtrch Phae	2,840	8,520	14,200	31,950	49,700	71,000
4d 7P Dtrch Phae	2,880	8,640	14,400	32,400	50,400	72,000
4d Dtrch Sed	1,800	5,400	9,000	20,250	31,500	45,000

	6	5	4	3	2	1
4d Lke Phae	2,240	6,720	11,200	25,200	39,200	56,000
1929 Series 65, 6-cyl., 112.75" wb						
2d RS Rds	1,560	4,680	7,800	17,550	27,300	39,000
4d Tr.	1,630	4,900	8,160	18,360	28,560	40,800
2d Bus Cpe	1,130	3,380	5,640	12,690	19,740	28,200
2d RS Cpe	1,170	3,520	5,860	13,190	20,510	29,300
2d Sed	960	2,880	4,800	10,800	16,800	24,000
4d Sed	1,000	3,000	5,000	11,250	17,500	25,000
1929 Series 75, 6-cyl.						
2d RS Rds	1,880	5,640	9,400	21,150	32,900	47,000
4d 5P Phae	1,920	5,760	9,600	21,600	33,600	48,000
4d DC Phae	1,960	5,880	9,800	22,050	34,300	49,000
4d 7P Phae	1,880	5,640	9,400	21,150	32,900	47,000
2d RS Conv	1,840	5,520	9,200	20,700	32,200	46,000
4d Conv Sed	1,800	5,400	9,000	20,250	31,500	45,000
2d RS Cpe	1,240	3,720	6,200	13,950	21,700	31,000
2d Cpe	1,120	3,360	5,600	12,600	19,600	28,000
4d Roy Sed	1,000	3,000	5,000	11,250	17,500	25,000
4d Crw Sed	1,040	3,120	5,200	11,700	18,200	26,000
4d Twn Sed	1,060	3,180	5,300	11,930	18,550	26,500
1929-30 Series 80 L Imperial, 6-cyl., 136" wb						
2d RS Rds	3,600	10,800	18,000	40,500	63,000	90,000
4d Lke DC Spt Phae	3,560	10,680	17,800	40,050	62,300	89,000
4d Lke 7P Phae	3,440	10,320	17,200	38,700	60,200	86,000
4d Lke Conv Sed	3,360	10,080	16,800	37,800	58,800	84,000
2d Lke RS Conv	3,040	9,120	15,200	34,200	53,200	76,000
2d 2P Cpe	1,560	4,680	7,800	17,550	27,300	39,000
2d RS Cpe	1,710	5,120	8,540	19,220	29,890	42,700
4d Sed	1,410	4,220	7,040	15,840	24,640	35,200
4d Twn Sed	1,460	4,380	7,300	16,430	25,550	36,500
4d 7P Sed	1,410	4,240	7,060	15,890	24,710	35,300
4d Limo	1,610	4,840	8,060	18,140	28,210	40,300
1930-31 (through December) Series Six, 6-cyl., 109" wb						
(Continued through Dec. 1930.)						
2d RS Rds	1,600	4,800	8,000	18,000	28,000	40,000
4d Tr.	1,520	4,560	7,600	17,100	26,600	38,000
2d RS Conv	1,520	4,560	7,600	17,100	26,600	38,000
2d Bus Cpe	1,030	3,100	5,160	11,610	18,060	25,800
2d Roy Cpe	1,080	3,230	5,380	12,110	18,830	26,900
4d Roy Sed	1,230	3,680	6,140	13,820	21,490	30,700
1930-31 Series 66, 6-cyl., 112-3/4" wb						
(Continued through May 1931).						
2d RS Rds	1,520	4,560	7,600	17,100	26,600	38,000
4d Phae	1,580	4,730	7,880	17,730	27,580	39,400
2d Bus Cpe	1,080	3,230	5,380	12,110	18,830	26,900
2d Roy Cpe	1,100	3,290	5,480	12,330	19,180	27,400
2d Brgm	990	2,960	4,940	11,120	17,290	24,700
4d Roy Sed	1,030	3,100	5,160	11,610	18,060	25,800
1930-31 Series 70, 6 cyl., 116-1/2" wb						
(Continued through Feb. 1931.)						
2d RS Rds	1,630	4,880	8,140	18,320	28,490	40,700
2d RS Conv	1,680	5,040	8,400	18,900	29,400	42,000
4d Phae	1,800	5,400	9,000	20,250	31,500	45,000
2d Bus Cpe	1,040	3,120	5,200	11,700	18,200	26,000
2d Roy Cpe	1,100	3,290	5,480	12,330	19,180	27,400
2d Brgm	1,040	3,110	5,180	11,660	18,130	25,900
4d Roy Sed	1,080	3,230	5,380	12,110	18,830	26,900
1930-31 Series 77, 6-cyl., 124.5" wb						
2d RS Rds	2,160	6,470	10,780	24,260	37,730	53,900
4d DC Phae	1,940	5,810	9,680	21,780	33,880	48,400
2d RS Conv	1,720	5,150	8,580	19,310	30,030	42,900
2d Bus Cpe	1,120	3,360	5,600	12,600	19,600	28,000
2d Roy RS Cpe	1,230	3,680	6,140	13,820	21,490	30,700
2d Crw Cpe	1,120	3,360	5,600	12,600	19,600	28,000
4d Roy Sed	1,080	3,240	5,400	12,150	18,900	27,000
4d Crw Sed	1,120	3,360	5,600	12,600	19,600	28,000
1931-32 New Series Six, CM, 6-cyl., 116" wb						
(Produced Jan. - Dec. 1931.)						
2d RS Rds	1,720	5,160	8,600	19,350	30,100	43,000
4d Tr.	1,680	5,040	8,400	18,900	29,400	42,000
2d RS Conv	1,640	4,920	8,200	18,450	28,700	41,000
2d Bus Cpe	1,080	3,240	5,400	12,150	18,900	27,000
2d Roy Cpe	1,160	3,480	5,800	13,050	20,300	29,000
4d Roy Sed	1,020	3,060	5,100	11,480	17,850	25,500
1931-32 Series 70, 6-cyl., 116-1/2" wb						
2d Bus Cpe	1,200	3,600	6,000	13,500	21,000	30,000

	6	5	4	3	2	1
2d Roy Cpe	1,160	3,480	5,800	13,050	20,300	29,000
2d Brgm.	1,120	3,360	5,600	12,600	19,600	28,000
4d Roy Sed	1,120	3,360	5,600	12,600	19,600	28,000
1931-32 First Series, CD, 8-cyl., 80 hp, 124" wb						
(Built 7/17/30 - 1/31.)						
2d RS Rds.	1,760	5,280	8,800	19,800	30,800	44,000
2d Spt Rds	1,890	5,680	9,460	21,290	33,110	47,300
2d Conv.	1,720	5,150	8,580	19,310	30,030	42,900
2d Cpe.	1,220	3,650	6,080	13,680	21,280	30,400
2d Spl Cpe	1,170	3,520	5,860	13,190	20,510	29,300
4d Roy Sed	1,120	3,360	5,600	12,600	19,600	28,000
4d Spl Roy Sed.	1,120	3,350	5,580	12,560	19,530	27,900
1931-32 Second Series, CD, 8-cyl., 88 hp, 124" wb						
(Built 2/2/31 - 5/18/31.)						
2d RS Spt Rds	2,360	7,080	11,800	26,550	41,300	59,000
4d Lke DC Phae	2,240	6,720	11,200	25,200	39,200	56,000
2d RS Conv.	1,920	5,760	9,600	21,600	33,600	48,000
2d Roy Cpe	1,360	4,080	6,800	15,300	23,800	34,000
2d Spl Roy Cpe.	1,320	3,960	6,600	14,850	23,100	33,000
4d Roy Sed	1,120	3,360	5,600	12,600	19,600	28,000
1931-32 Second Series CD						
4d Spl Roy Sed.	1,160	3,480	5,800	13,050	20,300	29,000
1931-32 DeLuxe Series, CD, 8-cyl., 100 hp, 124" wb						
(Built 5/19/31 - 11/31.)						
2d RS Rds.	2,400	7,200	12,000	27,000	42,000	60,000
4d Lke DC Phae	2,280	6,840	11,400	25,650	39,900	57,000
2d RS Conv.	2,020	6,050	10,080	22,680	35,280	50,400
2d RS Cpe.	1,430	4,280	7,140	16,070	24,990	35,700
2d Roy Cpe	1,380	4,150	6,920	15,570	24,220	34,600
4d Sed.	1,120	3,360	5,600	12,600	19,600	28,000
1931-32 Imperial, CG, 8-cyl., 125 hp, 145" wb						
(Built July 17, 1930 thru Dec . 1931.)						
1931-32 Standard Line						
4d CC Sed.	2,220	6,650	11,080	24,930	38,780	55,400
4d 5P Sed	1,600	4,790	7,980	17,960	27,930	39,900
4d 7P Sed	1,600	4,790	7,980	17,960	27,930	39,900
4d Limo	1,820	5,460	9,100	20,480	31,850	45,500
1931-32 Custom Line						
2d LeB RS Rds	12,720	38,160	63,600	143,100	222,600	318,000
4d LeB DC Phae	12,520	37,560	62,600	140,850	219,100	313,000
4d LeB Conv Sed	12,320	36,960	61,600	138,600	215,600	308,000
2d LeB RS Cpe.	4,560	13,680	22,800	51,300	79,800	114,000
2d Wths Conv Vic	11,440	34,320	57,200	128,700	200,200	286,000
2d LeB Conv Spds	11,000	33,000	55,000	123,750	192,500	275,000
1932 Second Series, CI, 6-cyl., 116-1/2" wb						
(Begun 1/1/32).						
2d RS Rds.	1,600	4,800	8,000	18,000	28,000	40,000
4d Phae.	1,570	4,720	7,860	17,690	27,510	39,300
2d RS Conv.	1,530	4,580	7,640	17,190	26,740	38,200
4d Conv Sed	1,570	4,720	7,860	17,690	27,510	39,300
2d Bus Cpe	1,280	3,840	6,400	14,400	22,400	32,000
2d RS Cpe.	1,320	3,960	6,600	14,850	23,100	33,000
4d Sed.	1,160	3,480	5,800	13,050	20,300	29,000
1932 Series CP, 8-cyl., 125" wb, 100 hp						
(Began 1/1/32).						
2d RS Conv.	2,480	7,440	12,400	27,900	43,400	62,000
4d Conv Sed	2,580	7,740	12,900	29,030	45,150	64,500
2d RS Cpe.	1,680	5,040	8,400	18,900	29,400	42,000
2d Cpe.	1,400	4,200	7,000	15,750	24,500	35,000
4d Sed.	1,240	3,720	6,200	13,950	21,700	31,000
4d LeB Twn Car	1,600	4,800	8,000	18,000	28,000	40,000
1932 Imperial Series, CH, 8-cyl., 135" wb, 125 hp						
(Began 1/1/32.)						
1932 Standard Line						
4d Conv Sed	8,400	25,200	42,000	94,500	147,000	210,000
2d RS Cpe.	2,800	8,400	14,000	31,500	49,000	70,000
4d Sed.	2,000	6,000	10,000	22,500	35,000	50,000
1932 Imperial Series, CL, 8-cyl., 146" wb, 125 hp						
(Began 1/1/32.)						
1932 Custom Line - LeBaron bodies						
2d RS Conv.	11,920	35,760	59,600	134,100	208,600	298,000
4d DC Phae.	13,040	39,120	65,200	146,700	228,200	326,000
4d Conv Sed	12,880	38,640	64,400	144,900	225,400	322,000
1933 Series CO, 6-cyl., 116.5" wb						
2d RS Conv.	2,200	6,600	11,000	24,750	38,500	55,000
4d Conv Sed	2,320	6,960	11,600	26,100	40,600	58,000

	6	5	4	3	2	1
2d Bus Cpe	1,200	3,600	6,000	13,500	21,000	30,000
2d RS Cpe	1,440	4,320	7,200	16,200	25,200	36,000
2d Brgm	1,280	3,840	6,400	14,400	22,400	32,000
4d Sed	1,280	3,840	6,400	14,400	22,400	32,000
1933 Royal Series CT, 8-cyl., 119.5" wb						
2d RS Conv	2,480	7,440	12,400	27,900	43,400	62,000
4d Conv Sed	2,580	7,740	12,900	29,030	45,150	64,500
2d Bus Cpe	1,240	3,720	6,200	13,950	21,700	31,000
2d RS Cpe	1,440	4,320	7,200	16,200	25,200	36,000
4d Sed	1,280	3,840	6,400	14,400	22,400	32,000
4d 7P Sed	1,320	3,960	6,600	14,850	23,100	33,000
1933 Imperial Series CQ, 8-cyl., 126" wb						
2d RS Conv	2,480	7,440	12,400	27,900	43,400	62,000
4d Conv Sed	4,600	13,800	23,000	51,750	80,500	115,000
2d RS Cpe	1,760	5,280	8,800	19,800	30,800	44,000
2d 5P Cpe	1,520	4,560	7,600	17,100	26,600	38,000
4d Sed	1,440	4,320	7,200	16,200	25,200	36,000
1933 Imperial Custom, Series CL, 8-cyl., 146" wb						
2d RS Conv	11,200	33,600	56,000	126,000	196,000	280,000
4d WS Phae	11,400	34,200	57,000	128,250	199,500	285,000
4d CC Sed	3,040	9,120	15,200	34,200	53,200	76,000
1934 Series CA, 6-cyl., 117" wb						
2d RS Conv	1,800	5,400	9,000	20,250	31,500	45,000
2d Bus Cpe	1,240	3,720	6,200	13,950	21,700	31,000
2d RS Cpe	1,280	3,840	6,400	14,400	22,400	32,000
2d Brgm	1,120	3,360	5,600	12,600	19,600	28,000
4d Sed	1,080	3,240	5,400	12,150	18,900	27,000
1934 Series CB, 6-cyl., 121" wb						
4d Conv Sed	1,960	5,880	9,800	22,050	34,300	49,000
4d CC Sed	1,280	3,840	6,400	14,400	22,400	32,000
1934 Airflow, Series CU, 8-cyl., 123" wb						
2d Cpe	2,100	6,300	10,500	23,630	36,750	52,500
2d Brgm	1,970	5,900	9,840	22,140	34,440	49,200
4d Sed	1,880	5,640	9,400	21,150	32,900	47,000
4d Twn Sed	1,920	5,770	9,620	21,650	33,670	48,100
1934 Imperial Airflow, Series CV, 8-cyl., 128" wb						
2d Cpe	2,280	6,830	11,380	25,610	39,830	56,900
4d Sed	1,920	5,770	9,620	21,650	33,670	48,100
4d Twn Sed	2,010	6,040	10,060	22,640	35,210	50,300
1934 Imperial Custom Airflow, Series CX, 8-cyl., 137.5" wb						
4d Sed	2,500	7,500	12,500	28,130	43,750	62,500
4d Twn Sed	2,580	7,740	12,900	29,030	45,150	64,500
4d Limo	3,060	9,180	15,300	34,430	53,550	76,500
4d Twn Limo	3,220	9,660	16,100	36,230	56,350	80,500
1934 Imperial Custom Airflow, Series CW, 8-cyl., 146.5" wb						
4d Sed	6,180	18,540	30,900	69,530	108,150	154,500
4d Twn Sed	6,430	19,280	32,140	72,320	112,490	160,700
4d Limo	6,520	19,550	32,580	73,310	114,030	162,900
1935 Airstream Series C-6, 6-cyl., 118" wb						
2d RS Conv	1,640	4,920	8,200	18,450	28,700	41,000
2d Bus Cpe	1,160	3,480	5,800	13,050	20,300	29,000
2d RS Cpe	1,200	3,600	6,000	13,500	21,000	30,000
4d Tr Brgm	1,080	3,240	5,400	12,150	18,900	27,000
4d Sed	1,040	3,120	5,200	11,700	18,200	26,000
4d Tr Sed	1,040	3,120	5,200	11,700	18,200	26,000
1935 Airstream Series CZ, 8-cyl., 121" wb						
2d Bus Cpe	1,160	3,480	5,800	13,050	20,300	29,000
2d RS Cpe	1,240	3,720	6,200	13,950	21,700	31,000
2d Tr Brgm	1,080	3,240	5,400	12,150	18,900	27,000
4d Sed	1,040	3,120	5,200	11,700	18,200	26,000
4d Tr Sed	1,040	3,120	5,200	11,700	18,200	26,000
1935 Airstream DeLuxe Series CZ, 121" wb						
2d RS Conv	1,640	4,920	8,200	18,450	28,700	41,000
2d Bus Cpe	1,200	3,600	6,000	13,500	21,000	30,000
2d RS Cpe	10,640	31,920	53,200	119,700	186,200	266,000
2d Tr Brgm	1,140	3,420	5,700	12,830	19,950	28,500
4d Sed	1,060	3,180	5,300	11,930	18,550	26,500
4d Tr Sed	1,060	3,180	5,300	11,930	18,550	26,500
1935 Airstream DeLuxe, Series CZ, 8-cyl., 133" wb						
4d Trav Sed	1,100	3,300	5,500	12,380	19,250	27,500
4d 7P Sed	1,100	3,300	5,500	12,380	19,250	27,500
1935 Airflow Series C-1, 8-cyl., 123" wb						
2d Bus Cpe	2,060	6,180	10,300	23,180	36,050	51,500
2d Cpe	2,060	6,180	10,300	23,180	36,050	51,500
4d Sed	1,820	5,460	9,100	20,480	31,850	45,500

	6	5	4	3	2	1
1935 Imperial Airflow Series C-2, 8-cyl., 128" wb						
2d Cpe	2,300	6,910	11,520	25,920	40,320	57,600
4d Sed	2,010	6,040	10,060	22,640	35,210	50,300
1935 Imperial Custom Airflow Series C-3, 8-cyl., 137" wb						
4d Sed	2,140	6,410	10,680	24,030	37,380	53,400
4d Twn Sed	2,180	6,530	10,880	24,480	38,080	54,400
4d Sed Limo	2,510	7,540	12,560	28,260	43,960	62,800
4d Twn Limo	2,600	7,790	12,980	29,210	45,430	64,900
1935 Imperial Custom Airflow Series C-W, 8-cyl., 146.5" wb						
4d Sed	4,960	14,880	24,800	55,800	86,800	124,000
4d Sed Limo	5,040	15,130	25,220	56,750	88,270	126,100
4d Twn Limo	5,130	15,380	25,640	57,690	89,740	128,200
1936 Airstream Series C-7, 6-cyl., 118" wb						
2d RS Conv	1,480	4,440	7,400	16,650	25,900	37,000
4d Conv Sed	1,520	4,560	7,600	17,100	26,600	38,000
2d Bus Cpe	1,120	3,360	5,600	12,600	19,600	28,000
2d RS Cpe	1,160	3,480	5,800	13,050	20,300	29,000
2d Tr Brgm	1,040	3,120	5,200	11,700	18,200	26,000
4d Tr Sed	1,080	3,240	5,400	12,150	18,900	27,000
1936 Airstream DeLuxe Series C-8, 8-cyl., 121" wb						
2d RS Conv	1,600	4,800	8,000	18,000	28,000	40,000
4d Conv Sed	1,640	4,920	8,200	18,450	28,700	41,000
2d Bus Cpe	1,160	3,480	5,800	13,050	20,300	29,000
2d RS Cpe	1,200	3,600	6,000	13,500	21,000	30,000
2d Tr Brgm	1,200	3,600	6,000	13,500	21,000	30,000
4d Tr Sed	1,080	3,240	5,400	12,150	18,900	27,000
1936 Airstream DeLuxe, Series C-8, 8-cyl., 133" wb						
4d Trav Sed	1,100	3,300	5,500	12,380	19,250	27,500
4d Sed	1,080	3,240	5,400	12,150	18,900	27,000
4d Sed Limo	1,120	3,360	5,600	12,600	19,600	28,000
4d LeB Twn Sed	1,520	4,560	7,600	17,100	26,600	38,000
1936 Airflow, 8-cyl., 123" wb						
2d Cpe	1,900	5,700	9,500	21,380	33,250	47,500
4d Sed	1,700	5,100	8,500	19,130	29,750	42,500
1936 Imperial Airflow, 8-cyl., 128" wb						
2d Cpe	2,020	6,060	10,100	22,730	35,350	50,500
4d Sed	1,860	5,580	9,300	20,930	32,550	46,500
1936 Imperial Custom Airflow, 8-cyl., 137" wb						
4d Sed	2,060	6,180	10,300	23,180	36,050	51,500
4d Sed Limo	2,140	6,420	10,700	24,080	37,450	53,500
1936 Imperial Custom Airflow, 8-cyl., 146.5" wb						
4d 8P Sed	5,740	17,220	28,700	64,580	100,450	143,500
4d Sed Limo	5,860	17,580	29,300	65,930	102,550	146,500
1937 Royal, 6-cyl., 116" wb						
2d RS Conv	1,520	4,560	7,600	17,100	26,600	38,000
4d Conv Sed	1,600	4,800	8,000	18,000	28,000	40,000
2d Bus Cpe	1,100	3,300	5,500	12,380	19,250	27,500
2d RS Cpe	1,140	3,420	5,700	12,830	19,950	28,500
2d Brgm	1,020	3,060	5,100	11,480	17,850	25,500
2d Tr Brgm	1,060	3,180	5,300	11,930	18,550	26,500
4d Sed	1,020	3,060	5,100	11,480	17,850	25,500
4d Tr Sed	1,030	3,080	5,140	11,570	17,990	25,700
1937 Royal, 6-cyl., 133" wb						
4d Sed	1,040	3,120	5,200	11,700	18,200	26,000
4d Sed Limo	1,080	3,240	5,400	12,150	18,900	27,000
4d Der Twn Car	1,520	4,560	7,600	17,100	26,600	38,000
1937 Airflow, 8-cyl., 128" wb						
2d Cpe	1,900	5,700	9,500	21,380	33,250	47,500
4d Sed	1,740	5,220	8,700	19,580	30,450	43,500
1937 Imperial, 8-cyl., 121" wb						
2d RS Conv	1,720	5,160	8,600	19,350	30,100	43,000
4d Conv Sed	1,800	5,400	9,000	20,250	31,500	45,000
2d Bus Cpe	1,200	3,600	6,000	13,500	21,000	30,000
2d RS Cpe	1,240	3,720	6,200	13,950	21,700	31,000
2d Tr Brgm	1,240	3,720	6,200	13,950	21,700	31,000
4d Tr Sed	1,200	3,600	6,000	13,500	21,000	30,000
1937 Imperial Custom, 8-cyl., 140" wb						
4d 5P Sed	1,440	4,320	7,200	16,200	25,200	36,000
4d 7P Sed	1,520	4,560	7,600	17,100	26,600	38,000
4d Sed Limo	1,960	5,880	9,800	22,050	34,300	49,000
4d Twn Limo	2,000	6,000	10,000	22,500	35,000	50,000
1937 Custom Built Models						
4d Der Fml Conv Twn Car	3,760	11,280	18,800	42,300	65,800	94,000
4d Der Conv Vic	3,650	10,960	18,260	41,090	63,910	91,300
1937 Imperial Custom Airflow, 8-cyl., 146.5" wb						
4d Sed Limo	5,760	17,280	28,800	64,800	100,800	144,000

	6	5	4	3	2	1
1938 Royal, 6-cyl., 119" wb						
2d RS Conv	1,440	4,320	7,200	16,200	25,200	36,000
4d Conv Sed	1,480	4,440	7,400	16,650	25,900	37,000
2d Bus Cpe	1,120	3,360	5,600	12,600	19,600	28,000
2d RS Cpe	1,160	3,480	5,800	13,050	20,300	29,000
2d Brgm	1,000	3,000	5,000	11,250	17,500	25,000
2d Tr Brgm	1,120	3,360	5,600	12,600	19,600	28,000
4d Sed	1,000	3,000	5,000	11,250	17,500	25,000
4d Tr Sed	1,040	3,120	5,200	11,700	18,200	26,000
1938 4d Royal, 6-cyl., 136" wb						
4d 7P Sed	1,080	3,240	5,400	12,150	18,900	27,000
4d 7P Limo Sed	1,120	3,360	5,600	12,600	19,600	28,000
1938 Imperial, 8-cyl., 125" wb						
2d RS Conv	1,680	5,040	8,400	18,900	29,400	42,000
4d Conv Sed	1,740	5,220	8,700	19,580	30,450	43,500
2d Bus Cpe	1,340	4,020	6,700	15,080	23,450	33,500
2d RS Cpe	1,380	4,140	6,900	15,530	24,150	34,500
4d Tr Brgm	1,260	3,780	6,300	14,180	22,050	31,500
4d Tr Sed	1,300	3,900	6,500	14,630	22,750	32,500
1938 New York Special, 8-cyl., 125" wb						
4d Tr Sed	1,120	3,360	5,600	12,600	19,600	28,000
1938 Imperial Custom, 8-cyl., 144" wb						
4d 5P Sed	1,660	4,980	8,300	18,680	29,050	41,500
4d Sed	1,620	4,860	8,100	18,230	28,350	40,500
4d Limo Sed	1,780	5,340	8,900	20,030	31,150	44,500
1938 Derham customs on C-20 chassis						
4d Twn Sed	1,920	5,760	9,600	21,600	33,600	48,000
4d Twn Limo	2,120	6,360	10,600	23,850	37,100	53,000
2d Conv Vic	4,200	12,600	21,000	47,250	73,500	105,000
4d Conv Sed	4,280	12,840	21,400	48,150	74,900	107,000
1939 Royal, 6-cyl., 119" wb						
2d Cpe	1,120	3,360	5,600	12,600	19,600	28,000
2d Vic Cpe	1,160	3,480	5,800	13,050	20,300	29,000
2d Brgm	1,000	3,000	5,000	11,250	17,500	25,000
4d Sed	1,040	3,120	5,200	11,700	18,200	26,000
1939 Royal, 6-cyl., 136" wb						
4d 7P Sed	1,080	3,240	5,400	12,150	18,900	27,000
4d Limo	1,120	3,360	5,600	12,600	19,600	28,000
1939 Royal Windsor, 6-cyl., 119" wb						
2d Cpe	1,160	3,480	5,800	13,050	20,300	29,000
2d Vic Cpe	1,200	3,600	6,000	13,500	21,000	30,000
2d Clb Cpe	1,240	3,720	6,200	13,950	21,700	31,000
4d Sed	1,000	3,000	5,000	11,250	17,500	25,000
1939 Imperial, 8-cyl., 125" wb						
2d Cpe	1,540	4,620	7,700	17,330	26,950	38,500
2d Vic Cpe	1,580	4,740	7,900	17,780	27,650	39,500
2d Brgm	1,180	3,540	5,900	13,280	20,650	29,500
4d Sed	1,260	3,780	6,300	14,180	22,050	31,500
1939 New Yorker, 8-cyl., 125" wb						
2d Cpe	1,340	4,020	6,700	15,080	23,450	33,500
2d Vic Cpe	1,380	4,140	6,900	15,530	24,150	34,500
2d Clb Cpe	1,360	4,080	6,800	15,300	23,800	34,000
4d Sed	1,340	4,020	6,700	15,080	23,450	33,500
1939 Saratoga, 8-cyl., 125" wb						
2d Clb Cpe	1,260	3,780	6,300	14,180	22,050	31,500
4d Sed	1,140	3,420	5,700	12,830	19,950	28,500
1939 Imperial Custom, 8-cyl., 144" wb						
4d 5P Sed	1,640	4,920	8,200	18,450	28,700	41,000
4d 7P Sed	1,680	5,040	8,400	18,900	29,400	42,000
4d Limo	1,760	5,280	8,800	19,800	30,800	44,000
1939 Special Derham customs on C-24 chassis						
4d 7P Tr	2,160	6,480	10,800	24,300	37,800	54,000
4d Conv Sed	3,480	10,440	17,400	39,150	60,900	87,000
4d Conv Twn Car	3,700	11,100	18,500	41,630	64,750	92,500
1940 Royal, 6-cyl., 122.5" wb						
2d 3P Cpe	1,120	3,360	5,600	12,600	19,600	28,000
2d 6P Cpe	1,140	3,420	5,700	12,830	19,950	28,500
2d Vic Sed	1,050	3,160	5,260	11,840	18,410	26,300
4d Sed	1,040	3,120	5,200	11,700	18,200	26,000
1940 Royal, 6-cyl., 139.5" wb						
4d 8P Sed	1,080	3,240	5,400	12,150	18,900	27,000
4d 8P Limo	1,120	3,360	5,600	12,600	19,600	28,000
1940 Windsor, 6-cyl., 122.5" wb						
2d Conv Cpe	1,560	4,680	7,800	17,550	27,300	39,000
2d 3P Cpe	1,160	3,480	5,800	13,050	20,300	29,000
2d 6P Cpe	1,180	3,540	5,900	13,280	20,650	29,500

	6	5	4	3	2	1
2d Vic Sed	1,050	3,160	5,260	11,840	18,410	26,300
4d Sed	1,060	3,180	5,300	11,930	18,550	26,500
1940 Windsor, 6-cyl., 139.5" wb						
4d 8P Sed	1,080	3,240	5,400	12,150	18,900	27,000
4d 8P Limo	1,120	3,360	5,600	12,600	19,600	28,000
1940 Traveler, 8-cyl., 128" wb						
2d 3P Cpe	1,200	3,600	6,000	13,500	21,000	30,000
2d 6P Cpe	1,240	3,720	6,200	13,950	21,700	31,000
2d Vic Sed	1,090	3,280	5,460	12,290	19,110	27,300
4d Sed	1,080	3,240	5,400	12,150	18,900	27,000
1940 Saratoga, 8-cyl., 128.5" wb						
4d Sed	1,160	3,480	5,800	13,050	20,300	29,000
4d Fml Sed Div	1,680	5,040	8,400	18,900	29,400	42,000
4d Twn Car Der	1,840	5,520	9,200	20,700	32,200	46,000
1940 New Yorker, 8-cyl., 128.5" wb						
2d Conv Cpe	1,880	5,640	9,400	21,150	32,900	47,000
2d 3P Cpe	1,280	3,840	6,400	14,400	22,400	32,000
2d 6P Cpe	1,320	3,960	6,600	14,850	23,100	33,000
2d Vic Sed	1,130	3,400	5,660	12,740	19,810	28,300
4d Sed	1,120	3,360	5,600	12,600	19,600	28,000
4d Fml Sed Div	1,760	5,280	8,800	19,800	30,800	44,000
1940 Crown Imperial, 8-cyl., 145.5" wb						
4d 6P Sed	1,480	4,440	7,400	16,650	25,900	37,000
4d 6P Twn Limo	1,600	4,800	8,000	18,000	28,000	40,000
4d 8P Twn Limo	1,600	4,800	8,000	18,000	28,000	40,000
4d 8P Sed	1,520	4,560	7,600	17,100	26,600	38,000
4d 8P Sed Limo	1,600	4,800	8,000	18,000	28,000	40,000
4d 8P Limo	1,640	4,920	8,200	18,450	28,700	41,000
4d Nwpt Parade Phae		value not estimable				
2d Thunderbolt		value not estimable				
1941 Royal, 6-cyl., 121.5" wb						
2d 3P Cpe	1,060	3,180	5,300	11,930	18,550	26,500
2d 6P Clb Cpe	1,080	3,240	5,400	12,150	18,900	27,000
2d Brgm	960	2,880	4,800	10,800	16,800	24,000
4d Sed	980	2,940	4,900	11,030	17,150	24,500
4d Twn Sed	1,000	3,000	5,000	11,250	17,500	25,000
4d 6P T&C Wag	15,500	46,500	77,500	174,380	271,250	387,500
4d 9P T&C Wag	16,380	49,140	81,900	184,280	286,650	409,500
1941 Royal, 6-cyl., 139.5" wb						
4d 8P Sed	1,020	3,060	5,100	11,480	17,850	25,500
4d 8P Limo Sed	1,060	3,180	5,300	11,930	18,550	26,500
1941 Windsor, 6-cyl., 121.5" wb						
2d Conv Cpe	1,680	5,040	8,400	18,900	29,400	42,000
2d 3P Cpe	1,200	3,600	6,000	13,500	21,000	30,000
2d 6P Clb Cpe	1,220	3,660	6,100	13,730	21,350	30,500
2d Brgm	1,060	3,180	5,300	11,930	18,550	26,500
4d Sed	1,100	3,300	5,500	12,380	19,250	27,500
4d Twn Sed	1,140	3,420	5,700	12,830	19,950	28,500
1941 Windsor, 6-cyl., 139.5" wb						
4d 8P Sed	1,140	3,420	5,700	12,830	19,950	28,500
4d 8P Sed Limo	1,180	3,540	5,900	13,280	20,650	29,500
1941 Saratoga, 8-cyl., 127.5" wb						
2d 3P Cpe	1,240	3,720	6,200	13,950	21,700	31,000
2d 6P Clb Cpe	1,260	3,780	6,300	14,180	22,050	31,500
2d Brgm	1,080	3,240	5,400	12,150	18,900	27,000
4d Sed	1,120	3,360	5,600	12,600	19,600	28,000
4d Twn Sed	1,140	3,420	5,700	12,830	19,950	28,500
1941 New Yorker, 8-cyl., 127.5" wb						
2d Conv Cpe	1,920	5,760	9,600	21,600	33,600	48,000
3P Cpe	1,320	3,960	6,600	14,850	23,100	33,000
2d 6P Cpe	1,360	4,080	6,800	15,300	23,800	34,000
2d Brgm	1,120	3,360	5,600	12,600	19,600	28,000
4d Sed	1,160	3,480	5,800	13,050	20,300	29,000
4d Twn Sed	1,180	3,540	5,900	13,280	20,650	29,500
4d 6P Sed	1,200	3,600	6,000	13,500	21,000	30,000
4d 8P Sed	1,240	3,720	6,200	13,950	21,700	31,000
4d 8P Sedan Limo	1,360	4,080	6,800	15,300	23,800	34,000
4d 8P Limo	1,400	4,200	7,000	15,750	24,500	35,000
4d Laudalet Limo	1,880	5,640	9,400	21,150	32,900	47,000
4d LeB Twn Limo	1,960	5,880	9,800	22,050	34,300	49,000
1941 New Yorker Special/Crown Imperial, 8-cyl., 127.5" wb						
4d Twn Sed	1,760	5,280	8,800	19,800	30,800	44,000
C-33 Series.						
1942 Royal, 6-cyl., 121.5" wb						
2d 3P Cpe	1,160	3,480	5,800	13,050	20,300	29,000
2d 6P Clb Cpe	1,180	3,540	5,900	13,280	20,650	29,500

	6	5	4	3	2	1
2d Brgm	1,060	3,180	5,300	11,930	18,550	26,500
4d Sed	1,080	3,240	5,400	12,150	18,900	27,000
4d Twn Sed	1,100	3,300	5,500	12,380	19,250	27,500
1942 Royal, 6-cyl., 139.5" wb						
4d 8P Sed	1,090	3,280	5,460	12,290	19,110	27,300
4d 8P Limo	1,110	3,340	5,560	12,510	19,460	27,800
1942 Windsor, 6-cyl., 121.5" wb						
2d Conv Cpe	1,560	4,680	7,800	17,550	27,300	39,000
2d 3P Cpe	1,260	3,780	6,300	14,180	22,050	31,500
2d 6P Cpe	1,280	3,840	6,400	14,400	22,400	32,000
2d Brgm	1,120	3,360	5,600	12,600	19,600	28,000
4d Sed	1,140	3,420	5,700	12,830	19,950	28,500
4d Twn Sed	1,120	3,360	5,600	12,600	19,600	28,000
4d 6P T&C Wag	16,260	48,780	81,300	182,930	284,550	406,500
4d 9P T&C Wag	16,420	49,260	82,100	184,730	287,350	410,500
1942 Windsor, 6-cyl., 139.5" wb						
4d 8P Sed	1,090	3,280	5,460	12,290	19,110	27,300
4d 8P Limo	1,130	3,400	5,660	12,740	19,810	28,300
1942 Saratoga, 8-cyl., 127.5" wb						
2d 6P Cpe	1,340	4,020	6,700	15,080	23,450	33,500
2d 3P Cpe	1,320	3,960	6,600	14,850	23,100	33,000
2d Brgm	1,130	3,400	5,660	12,740	19,810	28,300
4d Sed	1,140	3,410	5,680	12,780	19,880	28,400
4d Twn Sed	1,190	3,580	5,960	13,410	20,860	29,800
1942 New Yorker, 8-cyl., 127.5" wb						
2d Conv Cpe	1,760	5,280	8,800	19,800	30,800	44,000
2d Der Conv Cpe	2,120	6,360	10,600	23,850	37,100	53,000
2d 6P Cpe	1,380	4,140	6,900	15,530	24,150	34,500
2d 3P Cpe	1,360	4,080	6,800	15,300	23,800	34,000
2d Brgm	1,190	3,580	5,960	13,410	20,860	29,800
4d Sed	1,190	3,580	5,960	13,410	20,860	29,800
4d Twn Sed	1,210	3,640	6,060	13,640	21,210	30,300
1942 Crown Imperial, 8-cyl., 145.5" wb						
4d 6P Sed	1,680	5,040	8,400	18,900	29,400	42,000
4d 8P Sed	1,720	5,160	8,600	19,350	30,100	43,000
4d 8P Sed Limo	1,800	5,400	9,000	20,250	31,500	45,000
1942 Derham Customs						
4d Conv Sed	2,160	6,480	10,800	24,300	37,800	54,000
4d Twn Car.	1,840	5,520	9,200	20,700	32,200	46,000
4d Fml Twn Car	1,920	5,760	9,600	21,600	33,600	48,000
1946-48 Royal Series, 6-cyl., 121.5" wb						
2d Cpe	880	2,640	4,400	9,900	15,400	22,000
2d Clb Cpe	900	2,700	4,500	10,130	15,750	22,500
2d Sed	780	2,340	3,900	8,780	13,650	19,500
4d Sed	760	2,280	3,800	8,550	13,300	19,000
1946-48 Royal Series, 6-cyl., 139.5" wb						
4d Sed	960	2,880	4,800	10,800	16,800	24,000
4d Limo	1,040	3,120	5,200	11,700	18,200	26,000
1946-48 Windsor Series, 6-cyl., 121.5" wb						
2d Conv	1,320	3,960	6,600	14,850	23,100	33,000
2d Cpe	920	2,760	4,600	10,350	16,100	23,000
2d Clb Cpe	940	2,820	4,700	10,580	16,450	23,500
2d Sed	760	2,280	3,800	8,550	13,300	19,000
4d Sed	780	2,340	3,900	8,780	13,650	19,500
4d Trav Sed	840	2,520	4,200	9,450	14,700	21,000
1946-48 Windsor Series, 6-cyl., 139.5" wb						
4d Sed	980	2,940	4,900	11,030	17,150	24,500
4d Limo	960	2,880	4,800	10,800	16,800	24,000
1946-48 Saratoga Series, 8-cyl., 127.5" wb						
2d 3P Cpe	940	2,820	4,700	10,580	16,450	23,500
2d Clb Cpe	960	2,880	4,800	10,800	16,800	24,000
2d Sed	780	2,340	3,900	8,780	13,650	19,500
4d Sed	760	2,280	3,800	8,550	13,300	19,000
1946-48 New Yorker, 8-cyl., 127.5" wb						
2d Conv	1,440	4,320	7,200	16,200	25,200	36,000
2d Cpe	920	2,760	4,600	10,350	16,100	23,000
2d Clb Cpe	940	2,820	4,700	10,580	16,450	23,500
2d Sed	840	2,520	4,200	9,450	14,700	21,000
4d Sed	860	2,580	4,300	9,680	15,050	21,500
1946-48 Town & Country						
2d Conv	9,000	27,000	45,000	101,250	157,500	225,000
4d Sed	6,000	18,000	30,000	67,500	105,000	150,000
1946-48 Imperial C-40						
4d Limo	1,120	3,360	5,600	12,600	19,600	28,000
4d 8P Sed	1,080	3,240	5,400	12,150	18,900	27,000

	6	5	4	3	2	1
1949 Royal - Second Series, 6-cyl., 125.5" wb						
First Series 1949 is the same as 1948.						
2d Clb Cpe	800	2,400	4,000	9,000	14,000	20,000
4d Sed.	740	2,220	3,700	8,330	12,950	18,500
4d Sta Wag (wood body).	3,180	9,540	15,900	35,780	55,650	79,500
1949 Royal - Second Series, 6-cyl., 139.5" wb						
4d Sed.	752	2,256	3,760	8,460	13,160	18,800
1949 Windsor - Second Series, 6-cyl., 125.5" wb						
2d Conv.	1,160	3,480	5,800	13,050	20,300	29,000
2d Clb Cpe	820	2,460	4,100	9,230	14,350	20,500
4d Sed.	748	2,244	3,740	8,420	13,090	18,700
1949 Windsor - Second Series, 6-cyl., 139.5" wb						
4d Sed.	800	2,400	4,000	9,000	14,000	20,000
4d Limo	840	2,520	4,200	9,450	14,700	21,000
1949 Saratoga - Second Series, 8-cyl., 131.5" wb						
2d Clb Cpe	820	2,460	4,100	9,230	14,350	20,500
4d Sed.	720	2,160	3,600	8,100	12,600	18,000
1949 New Yorker - Second Series, 8-cyl., 131.5" wb						
2d Conv.	1,240	3,720	6,200	13,950	21,700	31,000
2d Clb Cpe	840	2,520	4,200	9,450	14,700	21,000
4d Sed.	760	2,280	3,800	8,550	13,300	19,000
1949 Town & Country - Second Series, 8-cyl., 131.5" wb						
2d Conv.	5,620	16,860	28,100	63,230	98,350	140,500
1949 Imperial - Second Series, 8-cyl., 131.5" wb						
4d Sed Der	920	2,760	4,600	10,350	16,100	23,000
1949 Crown Imperial, 8-cyl., 145.5" wb						
4d 8P Sed	960	2,880	4,800	10,800	16,800	24,000
4d Limo	1,040	3,120	5,200	11,700	18,200	26,000
1950 Royal Series, 6-cyl., 125.5" wb						
4d Sed.	712	2,136	3,560	8,010	12,460	17,800
2d Clb Cpe	760	2,280	3,800	8,550	13,300	19,000
4d T&C Sta Wag	3,200	9,600	16,000	36,000	56,000	80,000
4d Sta Wag	1,240	3,720	6,200	13,950	21,700	31,000
1950 Royal Series, 6-cyl., 139.5" wb						
4d Sed.	760	2,280	3,800	8,550	13,300	19,000
1950 Windsor Series, 6-cyl., 125.5" wb						
2d Conv.	1,200	3,600	6,000	13,500	21,000	30,000
2d Newport HT	960	2,880	4,800	10,800	16,800	24,000
2d Clb Cpe	820	2,460	4,100	9,230	14,350	20,500
4d Sed.	720	2,160	3,600	8,100	12,600	18,000
4d Trav Sed.	724	2,172	3,620	8,150	12,670	18,100
1950 Windsor Series, 6-cyl., 139.5" wb						
4d Sed.	800	2,400	4,000	9,000	14,000	20,000
4d Limo	880	2,640	4,400	9,900	15,400	22,000
1950 Saratoga, 8-cyl., 131.5" wb						
2d Clb Cpe	800	2,400	4,000	9,000	14,000	20,000
4d Sed.	728	2,184	3,640	8,190	12,740	18,200
1950 New Yorker, 8-cyl., 131.5" wb						
2d Conv.	1,360	4,080	6,800	15,300	23,800	34,000
2d Newport HT	1,120	3,360	5,600	12,600	19,600	28,000
2d Clb Cpe	800	2,400	4,000	9,000	14,000	20,000
4d Sed.	760	2,280	3,800	8,550	13,300	19,000
1950 Town & Country, 8-cyl., 131.5" wb						
2d Newport HT	3,700	11,100	18,500	41,630	64,750	92,500
1950 Imperial, 8-cyl., 131.5" wb						
4d Sed.	840	2,520	4,200	9,450	14,700	21,000
1950 Crown Imperial, 8-cyl., 145.5" wb						
4d Sed.	880	2,640	4,400	9,900	15,400	22,000
4d Limo	960	2,880	4,800	10,800	16,800	24,000
1951-52 Windsor Series, 6-cyl., 125.5" wb						
2d Clb Cpe	800	2,400	4,000	9,000	14,000	20,000
4d Sed.	700	2,100	3,500	7,880	12,250	17,500
4d T&C Sta Wag	1,160	3,480	5,800	13,050	20,300	29,000
1951-52 Windsor Series, 6-cyl., 139.5" wb						
4d Sed.	700	2,100	3,500	7,880	12,250	17,500
1951-52 Windsor DeLuxe, 6-cyl., 125.5" wb						
2d Conv.	1,120	3,360	5,600	12,600	19,600	28,000
2d Newport HT	960	2,880	4,800	10,800	16,800	24,000
2d Clb Cpe (1951 only)	800	2,400	4,000	9,000	14,000	20,000
4d Sed.	704	2,112	3,520	7,920	12,320	17,600
4d Trav Sed (1951 only)	720	2,160	3,600	8,100	12,600	18,000
1951-52 Windsor DeLuxe, 6-cyl., 139.5" wb						
4d Sed.	740	2,220	3,700	8,330	12,950	18,500
4d Limo	760	2,280	3,800	8,550	13,300	19,000
1951-52 Saratoga, V-8, 125.5" wb						
2d Clb Cpe	840	2,520	4,200	9,450	14,700	21,000

	6	5	4	3	2	1
4d Sed	780	2,340	3,900	8,780	13,650	19,500
4d T&C Sta Wag (1951 only)	1,200	3,600	6,000	13,500	21,000	30,000
1951-52 Saratoga, V-8, 139.5" wb						
4d Sed	780	2,340	3,900	8,780	13,650	19,500
4d Limo (1951 only)	800	2,400	4,000	9,000	14,000	20,000
1951-52 New Yorker, V-8, 131.5" wb						
2d Conv	1,240	3,720	6,200	13,950	21,700	31,000
2d HT	1,040	3,120	5,200	11,700	18,200	26,000
2d Clb Cpe (1951 only)	900	2,700	4,500	10,130	15,750	22,500
4d Sed	860	2,580	4,300	9,680	15,050	21,500
4d T&C Sta Wag (1951 only)	1,200	3,600	6,000	13,500	21,000	30,000
1951-52 Imperial, V-8, 131.5" wb						
2d Conv (1951 only)	1,200	3,600	6,000	13,500	21,000	30,000
2d HT	1,080	3,240	5,400	12,150	18,900	27,000
2d Clb Cpe	920	2,760	4,600	10,350	16,100	23,000
4d Sed	900	2,700	4,500	10,130	15,750	22,500
1951-52 Crown Imperial, V-8, 145.5" wb						
4d Sed	880	2,640	4,400	9,900	15,400	22,000
4d Limo	1,000	3,000	5,000	11,250	17,500	25,000
1953 Windsor Series, 6-cyl., 125.5" wb						
2d Clb Cpe	760	2,280	3,800	8,550	13,300	19,000
4d Sed	720	2,160	3,600	8,100	12,600	18,000
4d T&C Sta Wag	1,120	3,360	5,600	12,600	19,600	28,000
1953 Windsor Series, 6-cyl., 139.5" wb						
4d Sed	724	2,172	3,620	8,150	12,670	18,100
1953 Windsor DeLuxe Series, 6-cyl., 125.5" wb						
2d Conv	1,000	3,000	5,000	11,250	17,500	25,000
2d HT	920	2,760	4,600	10,350	16,100	23,000
4d Sed	732	2,196	3,660	8,240	12,810	18,300
1953 New Yorker, V-8, 125.5" wb						
2d Clb Cpe	820	2,460	4,100	9,230	14,350	20,500
2d HT	1,000	3,000	5,000	11,250	17,500	25,000
4d Sed	752	2,256	3,760	8,460	13,160	18,800
4d T&C Sta Wag	1,160	3,480	5,800	13,050	20,300	29,000
4d Sed	772	2,316	3,860	8,690	13,510	19,300
1953 New Yorker Deluxe, V-8, 125.5" wb						
2d Conv	1,200	3,600	6,000	13,500	21,000	30,000
2d HT	1,040	3,120	5,200	11,700	18,200	26,000
2d Clb Cpe	840	2,520	4,200	9,450	14,700	21,000
4d Sed	764	2,292	3,820	8,600	13,370	19,100
1953 Custom Imperial Series, V-8, 133.5" wb						
4d Sed	840	2,520	4,200	9,450	14,700	21,000
4d Twn Limo	920	2,760	4,600	10,350	16,100	23,000
1953 Custom Imperial, V-8, 131.5" wb						
2d HT	1,240	3,720	6,200	13,950	21,700	31,000
1953 Crown Imperial, V-8, 145.5" wb						
4d Sed	900	2,700	4,500	10,130	15,750	22,500
4d Limo	1,020	3,060	5,100	11,480	17,850	25,500
1954 Windsor DeLuxe Series, 6-cyl., 125.5" wb						
2d Conv	1,200	3,600	6,000	13,500	21,000	30,000
2d HT	1,040	3,120	5,200	11,700	18,200	26,000
2d Clb Cpe	780	2,340	3,900	8,780	13,650	19,500
4d Sed	720	2,160	3,600	8,100	12,600	18,000
4d T&C Sta Wag	1,040	3,120	5,200	11,700	18,200	26,000
1954 Windsor DeLuxe Series, 6-cyl., 139.5" wb						
4d Sed	780	2,340	3,900	8,780	13,650	19,500
1954 New Yorker Series, V-8, 125.5" wb						
2d HT	1,120	3,360	5,600	12,600	19,600	28,000
2d Clb Cpe	840	2,520	4,200	9,450	14,700	21,000
4d Sed	780	2,340	3,900	8,780	13,650	19,500
4d T&C Sta Wag	1,080	3,240	5,400	12,150	18,900	27,000
1954 New Yorker Series, V-8, 139.5" wb						
4d Sed	800	2,400	4,000	9,000	14,000	20,000
1954 New Yorker DeLuxe Series, V-8, 125.5" wb						
2d Conv	1,440	4,320	7,200	16,200	25,200	36,000
2d HT	1,160	3,480	5,800	13,050	20,300	29,000
2d Clb Cpe	800	2,400	4,000	9,000	14,000	20,000
4d Sed	820	2,460	4,100	9,230	14,350	20,500
1954 Custom Imperial, V-8, 133.5" wb						
4d Sed	920	2,760	4,600	10,350	16,100	23,000
4d Limo	1,000	3,000	5,000	11,250	17,500	25,000
1954 Custom Imperial, V-8, 131" wb						
2d HT Newport	1,240	3,720	6,200	13,950	21,700	31,000
1954 Crown Imperial, V-8, 145.5" wb						
4d Sed	940	2,820	4,700	10,580	16,450	23,500

	6	5	4	3	2	1
4d Limo	1,040	3,120	5,200	11,700	18,200	26,000

NOTE: In 1955, Imperial became a separate division of Chrysler Corporation, and was no longer just a model of Chrysler. 1955-1975 Imperial listings directly follow Chrysler\Eagle listings.

	6	5	4	3	2	1
1955 Windsor DeLuxe Series, V-8, 126" wb						
2d Conv	1,760	5,280	8,800	19,800	30,800	44,000
2d HT Newport	1,280	3,840	6,400	14,400	22,400	32,000
2d HT Nassau	1,240	3,720	6,200	13,950	21,700	31,000
4d Sed	960	2,880	4,800	10,800	16,800	24,000
4d T&C Sta Wag	1,080	3,240	5,400	12,150	18,900	27,000
1955 New Yorker Deluxe Series, V-8, 126" wb						
2d Conv	1,880	5,640	9,400	21,150	32,900	47,000
2d HT St. Regis	1,320	3,960	6,600	14,850	23,100	33,000
2d HT Newport	1,280	3,840	6,400	14,400	22,400	32,000
4d Sed	1,000	3,000	5,000	11,250	17,500	25,000
4d T&C Sta Wag	1,240	3,720	6,200	13,950	21,700	31,000
1955 300 Series, V-8, 126" wb						
2d Spt Cpe	3,320	9,960	16,600	37,350	58,100	83,000
1956 Windsor Series, V-8						
2d Conv	1,720	5,160	8,600	19,350	30,100	43,000
2d HT Newport	1,320	3,960	6,600	14,850	23,100	33,000
2d HT Nassau	1,280	3,840	6,400	14,400	22,400	32,000
4d HT	1,040	3,120	5,200	11,700	18,200	26,000
4d Sed	960	2,880	4,800	10,800	16,800	24,000
4d T&C Sta Wag	1,200	3,600	6,000	13,500	21,000	30,000
1956 New Yorker Series, V-8						
2d Conv	1,840	5,520	9,200	20,700	32,200	46,000
2d HT St. Regis	1,400	4,200	7,000	15,750	24,500	35,000
2d HT Newport	1,360	4,080	6,800	15,300	23,800	34,000
4d HT	1,160	3,480	5,800	13,050	20,300	29,000
4d Sed	1,000	3,000	5,000	11,250	17,500	25,000
4d T&C Sta Wag	1,240	3,720	6,200	13,950	21,700	31,000
1956 300 Letter Series "B", V-8						
2d HT	3,360	10,080	16,800	37,800	58,800	84,000
1957 Windsor Series, V-8						
2d HT	1,440	4,320	7,200	16,200	25,200	36,000
4d HT	1,240	3,720	6,200	13,950	21,700	31,000
4d Sed	1,120	3,360	5,600	12,600	19,600	28,000
4d T&C Sta Wag	1,400	4,200	7,000	15,750	24,500	35,000
1957 Saratoga Series, V-8						
2d HT	1,520	4,560	7,600	17,100	26,600	38,000
4d HT	1,320	3,960	6,600	14,850	23,100	33,000
4d Sed	1,140	3,420	5,700	12,830	19,950	28,500
1957 New Yorker Series, V-8						
2d Conv	3,040	9,120	15,200	34,200	53,200	76,000
2d HT	1,640	4,920	8,200	18,450	28,700	41,000
4d HT	1,360	4,080	6,800	15,300	23,800	34,000
4d Sed	1,160	3,480	5,800	13,050	20,300	29,000
4d T&C Sta Wag	1,440	4,320	7,200	16,200	25,200	36,000
1957 300 Letter Series "C", V-8						
2d Conv	6,140	18,420	30,700	69,080	107,450	153,500
2d HT	3,680	11,040	18,400	41,400	64,400	92,000
1958 Windsor Series, V-8						
2d HT	1,400	4,200	7,000	15,750	24,500	35,000
4d HT	1,200	3,600	6,000	13,500	21,000	30,000
4d Sed	1,120	3,360	5,600	12,600	19,600	28,000
4d T&C Sta Wag	1,420	4,260	7,100	15,980	24,850	35,500
1958 Saratoga Series, V-8						
2d HT	1,440	4,320	7,200	16,200	25,200	36,000
4d HT	1,240	3,720	6,200	13,950	21,700	31,000
4d Sed	1,160	3,480	5,800	13,050	20,300	29,000
1958 New Yorker Series, V-8						
2d Conv	3,040	9,120	15,200	34,200	53,200	76,000
2d HT	1,520	4,560	7,600	17,100	26,600	38,000
4d HT	1,280	3,840	6,400	14,400	22,400	32,000
4d Sed	1,200	3,600	6,000	13,500	21,000	30,000
4d 6P T&C Sta Wag	1,420	4,260	7,100	15,980	24,850	35,500
4d 9P T&C Sta Wag	1,430	4,280	7,140	16,070	24,990	35,700
1958 300 Letter Series "D"						
2d Conv	6,060	18,180	30,300	68,180	106,050	151,500
2d HT	3,600	10,800	18,000	40,500	63,000	90,000

NOTE: With EFI, value inestimable.

	6	5	4	3	2	1
1959 Windsor Series, V-8						
2d Conv	2,320	6,960	11,600	26,100	40,600	58,000
2d HT	1,320	3,960	6,600	14,850	23,100	33,000
4d HT	1,160	3,480	5,800	13,050	20,300	29,000
4d Sed	1,080	3,240	5,400	12,150	18,900	27,000

	6	5	4	3	2	1
1959 Town & Country Series, V-8						
4d 6P Sta Wag	1,340	4,020	6,700	15,080	23,450	33,500
4d 9P Sta Wag	1,310	3,920	6,540	14,720	22,890	32,700
1959 Saratoga Series, V-8						
4d Sed	1,080	3,240	5,400	12,150	18,900	27,000
4d HT	1,200	3,600	6,000	13,500	21,000	30,000
2d HT	1,360	4,080	6,800	15,300	23,800	34,000
1959 New Yorker Series, V-8						
2d Conv	2,960	8,880	14,800	33,300	51,800	74,000
2d HT	1,440	4,320	7,200	16,200	25,200	36,000
4d HT	1,240	3,720	6,200	13,950	21,700	31,000
4d Sed	1,100	3,300	5,500	12,380	19,250	27,500
1959 Town & Country, V-8						
4d 6P Sta Wag	1,400	4,200	7,000	15,750	24,500	35,000
4d 9P Sta Wag	1,410	4,220	7,040	15,840	24,640	35,200
1959 300 Letter Series "E", V-8						
2d Conv	6,020	18,060	30,100	67,730	105,350	150,500
2d HT	3,560	10,680	17,800	40,050	62,300	89,000
1960 Windsor Series, V-8						
2d Conv	1,800	5,400	9,000	20,250	31,500	45,000
2d HT	920	2,760	4,600	10,350	16,100	23,000
4d HT	880	2,640	4,400	9,900	15,400	22,000
4d Sed	840	2,520	4,200	9,450	14,700	21,000
1960 Town & Country Series, V-8						
4d 9P Sta Wag	1,090	3,260	5,440	12,240	19,040	27,200
4d 6P Sta Wag	1,080	3,240	5,400	12,150	18,900	27,000
1960 Saratoga Series, V-8						
2d HT	960	2,880	4,800	10,800	16,800	24,000
4d HT	920	2,760	4,600	10,350	16,100	23,000
4d Sed	850	2,540	4,240	9,540	14,840	21,200
1960 New Yorker Series, V-8						
2d Conv	2,400	7,200	12,000	27,000	42,000	60,000
2d HT	1,040	3,120	5,200	11,700	18,200	26,000
4d HT	960	2,880	4,800	10,800	16,800	24,000
4d Sed	860	2,580	4,300	9,680	15,050	21,500
1960 Town & Country Series, V-8, 126" wb						
4d 9P Sta Wag	1,130	3,380	5,640	12,690	19,740	28,200
4d 6P Sta Wag	1,120	3,360	5,600	12,600	19,600	28,000
1960 300 Letter Series "F", V-8						
2d Conv	6,100	18,300	30,500	68,630	106,750	152,500
2d HT	3,640	10,920	18,200	40,950	63,700	91,000
NOTE: 300 Letter Series cars containing the Pont-A-Mousson 4-speed transmission, the value is not estimable.						
1961 Newport Series, V-8						
2d Conv	1,600	4,800	8,000	18,000	28,000	40,000
2d HT	1,080	3,240	5,400	12,150	18,900	27,000
4d HT	1,060	3,180	5,300	11,930	18,550	26,500
4d Sed	1,020	3,060	5,100	11,480	17,850	25,500
4d 6P Sta Wag	1,240	3,720	6,200	13,950	21,700	31,000
4d 9P Sta Wag	1,240	3,730	6,220	14,000	21,770	31,100
1961 Windsor Series, V-8						
2d HT	1,100	3,300	5,500	12,380	19,250	27,500
4d HT	1,080	3,240	5,400	12,150	18,900	27,000
4d Sed	1,040	3,120	5,200	11,700	18,200	26,000
1961 New Yorker Series, V-8						
2d Conv	2,000	6,000	10,000	22,500	35,000	50,000
2d HT	1,120	3,360	5,600	12,600	19,600	28,000
4d HT	1,080	3,240	5,400	12,150	18,900	27,000
4d Sed	1,060	3,180	5,300	11,930	18,550	26,500
4d 6P Sta Wag	1,280	3,840	6,400	14,400	22,400	32,000
4d 9P Sta Wag	1,280	3,850	6,420	14,450	22,470	32,100
1961 300 Letter Series "G", V-8						
2d Conv	6,180	18,540	30,900	69,530	108,150	154,500
2d HT	3,720	11,160	18,600	41,850	65,100	93,000
NOTE: Add 20 percent for 400 hp engine.						
1962 Newport Series, V-8						
4d Sed	624	1,872	3,120	7,020	10,920	15,600
4d HT	640	1,920	3,200	7,200	11,200	16,000
2d Conv	960	2,880	4,800	10,800	16,800	24,000
2d HT	700	2,100	3,500	7,880	12,250	17,500
4d 6P HT Wag	680	2,040	3,400	7,650	11,900	17,000
4d 9P HT Wag	688	2,064	3,440	7,740	12,040	17,200
1962 300 Series						
2d Conv	1,080	3,240	5,400	12,150	18,900	27,000
2d HT	720	2,160	3,600	8,100	12,600	18,000
4d HT	680	2,040	3,400	7,650	11,900	17,000

	6	5	4	3	2	1
1962 300 Letter Series "H", V-8						
2d Conv.	5,780	17,340	28,900	65,030	101,150	144,500
2d HT	3,320	9,960	16,600	37,350	58,100	83,000
1962 New Yorker Series, V-8						
4d Sed.	640	1,920	3,200	7,200	11,200	16,000
4d HT	700	2,100	3,500	7,880	12,250	17,500
4d 6P HT Wag.	720	2,160	3,600	8,100	12,600	18,000
4d 9P HT Wag.	728	2,184	3,640	8,190	12,740	18,200
1963 Newport Series, V-8						
2d Conv.	800	2,400	4,000	9,000	14,000	20,000
2d HT	700	2,100	3,500	7,880	12,250	17,500
4d HT	640	1,920	3,200	7,200	11,200	16,000
4d Sed.	624	1,872	3,120	7,020	10,920	15,600
4d 6P Sta Wag	680	2,040	3,400	7,650	11,900	17,000
4d 9P Sta Wag	688	2,064	3,440	7,740	12,040	17,200
1963 300 Series, "383" V-8						
2d Conv.	880	2,640	4,400	9,900	15,400	22,000
2d HT	740	2,220	3,700	8,330	12,950	18,500
4d HT	660	1,980	3,300	7,430	11,550	16,500
1963 300 "Pacesetter" Series, "383" V-8						
2d Conv.	1,280	3,840	6,400	14,400	22,400	32,000
2d HT	720	2,160	3,600	8,100	12,600	18,000
1963 300 Letter Series "J", "413" V-8						
2d HT	1,320	3,960	6,600	14,850	23,100	33,000
1963 New Yorker Series, V-8						
4d Sed.	640	1,920	3,200	7,200	11,200	16,000
4d HT	660	1,980	3,300	7,430	11,550	16,500
4d HT Salon	668	2,004	3,340	7,520	11,690	16,700
4d 6P Sta Wag	708	2,124	3,540	7,970	12,390	17,700
4d 9P Sta Wag	708	2,124	3,540	7,970	12,390	17,700
1964 Newport Series, V-8						
2d Conv.	760	2,280	3,800	8,550	13,300	19,000
2d HT	680	2,040	3,400	7,650	11,900	17,000
4d HT	640	1,920	3,200	7,200	11,200	16,000
4d Sed.	624	1,872	3,120	7,020	10,920	15,600
1964 Town & Country Series, V-8						
4d 9P Sta Wag	660	1,980	3,300	7,430	11,550	16,500
4d 6P Sta Wag	660	1,980	3,300	7,430	11,550	16,500
1964 300 Series						
2d Conv.	880	2,640	4,400	9,900	15,400	22,000
2d HT	700	2,100	3,500	7,880	12,250	17,500
4d HT	660	1,980	3,300	7,430	11,550	16,500
1964 300 Letter Series "K", V-8						
2d Conv.	1,520	4,560	7,600	17,100	26,600	38,000
2d HT	1,280	3,840	6,400	14,400	22,400	32,000
NOTE: Add 10 percent for two 4-barrel carbs. Add 25 percent for Silver Edition introduced in Spring 1964.						
1964 New Yorker Series, V-8						
4d Sed.	660	1,980	3,300	7,430	11,550	16,500
4d HT	680	2,040	3,400	7,650	11,900	17,000
4d HT Salon	700	2,100	3,500	7,880	12,250	17,500
1964 Town & Country Series, V-8						
4d 9P HT Wag.	728	2,184	3,640	8,190	12,740	18,200
4d 6P HT Wag.	720	2,160	3,600	8,100	12,600	18,000
1965 Newport Series, V-8						
2d Conv.	780	2,340	3,900	8,780	13,650	19,500
2d HT	700	2,100	3,500	7,880	12,250	17,500
4d HT	660	1,980	3,300	7,430	11,550	16,500
4d Sed.	624	1,872	3,120	7,020	10,920	15,600
4d 6W Sed	612	1,836	3,060	6,890	10,710	15,300
1965 Town & Country Series, V-8						
4d 6P Wag	680	2,040	3,400	7,650	11,900	17,000
4d 9P Wag	688	2,064	3,440	7,740	12,040	17,200
1965 300 Series						
2d Conv.	840	2,520	4,200	9,450	14,700	21,000
2d HT	720	2,160	3,600	8,100	12,600	18,000
4d HT	660	1,980	3,300	7,430	11,550	16,500
1965 300 Letter Series "L", V-8						
2d Conv.	1,400	4,200	7,000	15,750	24,500	35,000
2d HT	1,240	3,720	6,200	13,950	21,700	31,000
1965 New Yorker Series, V-8						
2d HT	740	2,220	3,700	8,330	12,950	18,500
4d HT	680	2,040	3,400	7,650	11,900	17,000
4d 6W Sed	640	1,920	3,200	7,200	11,200	16,000
1965 Town & Country Series, V-8						
4d 6P Wag	720	2,160	3,600	8,100	12,600	18,000
4d 9P Wag	728	2,184	3,640	8,190	12,740	18,200

	6	5	4	3	2	1
1966 Newport Series, V-8						
2d Conv	840	2,520	4,200	9,450	14,700	21,000
2d HT	720	2,160	3,600	8,100	12,600	18,000
4d HT	680	2,040	3,400	7,650	11,900	17,000
4d Sed	640	1,920	3,200	7,200	11,200	16,000
4d 6W Sed	640	1,920	3,200	7,200	11,200	16,000
1966 Town & Country Series, V-8						
4d 6P Sta Wag	720	2,160	3,600	8,100	12,600	18,000
4d 9P Sta Wag	728	2,184	3,640	8,190	12,740	18,200
1966 Chrysler 300, V-8						
2d Conv	1,040	3,120	5,200	11,700	18,200	26,000
2d HT	840	2,520	4,200	9,450	14,700	21,000
4d HT	720	2,160	3,600	8,100	12,600	18,000
1966 New Yorker, V-8						
2d HT	740	2,220	3,700	8,330	12,950	18,500
4d HT	720	2,160	3,600	8,100	12,600	18,000
4d 6W Sed	700	2,100	3,500	7,880	12,250	17,500
1967 Newport, V-8, 124" wb						
2d Conv	840	2,520	4,200	9,450	14,700	21,000
2d HT	740	2,220	3,700	8,330	12,950	18,500
4d HT	700	2,100	3,500	7,880	12,250	17,500
4d Sed	644	1,932	3,220	7,250	11,270	16,100
4d Sta Wag	740	2,220	3,700	8,330	12,950	18,500
1967 Newport Custom, V-8, 124" wb						
2d HT	740	2,220	3,700	8,330	12,950	18,500
4d HT	700	2,100	3,500	7,880	12,250	17,500
4d Sed	648	1,944	3,240	7,290	11,340	16,200
1967 300, V-8, 124" wb						
2d Conv	960	2,880	4,800	10,800	16,800	24,000
2d HT	780	2,340	3,900	8,780	13,650	19,500
4d HT	720	2,160	3,600	8,100	12,600	18,000
1967 New Yorker, V-8, 124" wb						
2d HT	760	2,280	3,800	8,550	13,300	19,000
4d HT	720	2,160	3,600	8,100	12,600	18,000
4d Sed	660	1,980	3,300	7,430	11,550	16,500
1968 Newport, V-8, 124" wb						
2d Conv	840	2,520	4,200	9,450	14,700	21,000
2d HT	760	2,280	3,800	8,550	13,300	19,000
4d HT	720	2,160	3,600	8,100	12,600	18,000
4d Sed	680	2,040	3,400	7,650	11,900	17,000
1968 Newport Custom, V-8, 124" wb						
2d HT	760	2,280	3,800	8,550	13,300	19,000
4d HT	680	2,040	3,400	7,650	11,900	17,000
4d Sed	668	2,004	3,340	7,520	11,690	16,700
1968 300, V-8, 124" wb						
2d Conv	1,000	3,000	5,000	11,250	17,500	25,000
2d HT	780	2,340	3,900	8,780	13,650	19,500
4d HT	720	2,160	3,600	8,100	12,600	18,000
1968 Town & Country, V-8, 122" wb						
4d Sta Wag	740	2,220	3,700	8,330	12,950	18,500
1968 New Yorker, V-8, 124" wb						
2d HT	780	2,340	3,900	8,780	13,650	19,500
4d HT	740	2,220	3,700	8,330	12,950	18,500
4d Sed	680	2,040	3,400	7,650	11,900	17,000
1969 Newport, V-8, 124" wb						
2d Conv	760	2,280	3,800	8,550	13,300	19,000
2d HT	400	1,200	2,000	4,500	7,000	10,000
4d HT	348	1,044	1,740	3,920	6,090	8,700
4d Sed	328	984	1,640	3,690	5,740	8,200
1969 Newport Custom, V-8, 124" wb						
2d HT	408	1,224	2,040	4,590	7,140	10,200
4d HT	352	1,056	1,760	3,960	6,160	8,800
4d Sed	332	996	1,660	3,740	5,810	8,300
1969 300, V-8, 124" wb						
2d Conv	800	2,400	4,000	9,000	14,000	20,000
2d HT	600	1,800	3,000	6,750	10,500	15,000
4d HT	460	1,380	2,300	5,180	8,050	11,500
1969 New Yorker, V-8, 124" wb						
2d HT	600	1,800	3,000	6,750	10,500	15,000
4d HT	440	1,320	2,200	4,950	7,700	11,000
4d Sed	352	1,056	1,760	3,960	6,160	8,800
1969 Town & Country, V-8, 122" wb						
4d Sta Wag	440	1,320	2,200	4,950	7,700	11,000
1970 Newport, V-8, 124" wb						
2d HT	500	1,500	2,500	5,630	8,750	12,500
2d Conv	700	2,100	3,500	7,880	12,250	17,500

	6	5	4	3	2	1
4d HT	440	1,320	2,200	4,950	7,700	11,000
4d Sed.	348	1,044	1,740	3,920	6,090	8,700
1970 Newport Custom						
2d HT	480	1,440	2,400	5,400	8,400	12,000
4d HT	468	1,404	2,340	5,270	8,190	11,700
4d Sed.	440	1,320	2,200	4,950	7,700	11,000
1970 300, V-8, 124" wb						
2d Conv.	880	2,640	4,400	9,900	15,400	22,000
2d HT Hurst	1,560	4,680	7,800	17,550	27,300	39,000
2d HT	600	1,800	3,000	6,750	10,500	15,000
4d HT	500	1,500	2,500	5,630	8,750	12,500
1970 New Yorker, V-8, 124" wb						
2d HT	620	1,860	3,100	6,980	10,850	15,500
4d HT	480	1,440	2,400	5,400	8,400	12,000
4d Sed.	460	1,380	2,300	5,180	8,050	11,500
1970 Town & Country, V-8, 122" wb						
4d Sta Wag	460	1,380	2,300	5,180	8,050	11,500
1971 Newport Royal, V-8, 124" wb						
2d HT	320	960	1,600	3,600	5,600	8,000
4d HT	276	828	1,380	3,110	4,830	6,900
4d Sed.	272	816	1,360	3,060	4,760	6,800
1971 Newport, V-8, 124" wb						
2d HT	440	1,320	2,200	4,950	7,700	11,000
4d HT	288	864	1,440	3,240	5,040	7,200
4d Sed.	276	828	1,380	3,110	4,830	6,900
1971 Newport Custom						
2d HT	460	1,380	2,300	5,180	8,050	11,500
4d HT	300	900	1,500	3,380	5,250	7,500
4d Sed.	280	840	1,400	3,150	4,900	7,000
1971 300						
2d HT	480	1,440	2,400	5,400	8,400	12,000
4d HT	288	864	1,440	3,240	5,040	7,200
1971 New Yorker						
2d HT	480	1,440	2,400	5,400	8,400	12,000
4d HT	300	900	1,500	3,380	5,250	7,500
4d Sed.	284	852	1,420	3,200	4,970	7,100
1971 Town & Country						
4d Sta Wag	300	900	1,500	3,380	5,250	7,500
1972 Newport Royal						
2d HT	320	960	1,600	3,600	5,600	8,000
4d HT	260	780	1,300	2,930	4,550	6,500
4d Sed.	236	708	1,180	2,660	4,130	5,900
1972 Newport Custom						
2d HT	420	1,260	2,100	4,730	7,350	10,500
4d HT	280	840	1,400	3,150	4,900	7,000
4d Sed.	240	720	1,200	2,700	4,200	6,000
1972 New Yorker Brougham						
2d HT	440	1,320	2,200	4,950	7,700	11,000
4d HT	300	900	1,500	3,380	5,250	7,500
4d Sed.	260	780	1,300	2,930	4,550	6,500
1972 Town & Country						
4d Sta Wag	280	840	1,400	3,150	4,900	7,000
1973 Newport, V-8, 124" wb						
2d HT	280	840	1,400	3,150	4,900	7,000
4d HT	220	660	1,100	2,480	3,850	5,500
4d Sed.	212	636	1,060	2,390	3,710	5,300
1973 Newport Custom, V-8						
2d HT	288	864	1,440	3,240	5,040	7,200
4d HT	224	672	1,120	2,520	3,920	5,600
4d Sed.	220	660	1,100	2,480	3,850	5,500
1973 New Yorker Brougham, V-8						
2d HT	300	900	1,500	3,380	5,250	7,500
4d HT	240	720	1,200	2,700	4,200	6,000
4d Sed.	224	672	1,120	2,520	3,920	5,600
1973 Town & Country, V-8						
4d 3S Sta Wag	212	636	1,060	2,390	3,710	5,300
1974 Newport, V-8						
2d HT	252	756	1,260	2,840	4,410	6,300
4d HT	200	600	1,000	2,250	3,500	5,000
4d Sed.	196	588	980	2,210	3,430	4,900
1974 Newport Custom, V-8						
2d HT	260	780	1,300	2,930	4,550	6,500
4d HT	208	624	1,040	2,340	3,640	5,200
4d Sed.	204	612	1,020	2,300	3,570	5,100
1974 New Yorker, V-8						
4d Sed.	208	624	1,040	2,340	3,640	5,200

	6	5	4	3	2	1
4d HT	228	684	1,140	2,570	3,990	5,700
1974 New Yorker Brougham, V-8						
2d HT	268	804	1,340	3,020	4,690	6,700
4d HT	220	660	1,100	2,480	3,850	5,500
4d Sed	216	648	1,080	2,430	3,780	5,400
1974 Town & Country, V-8						
4d 3S Sta Wag	216	648	1,080	2,430	3,780	5,400
1975 Cordoba, V-8						
2d HT	280	840	1,400	3,150	4,900	7,000
1975 Newport, V-8						
2d HT	240	720	1,200	2,700	4,200	6,000
4d HT	200	600	1,000	2,250	3,500	5,000
4d Sed	196	588	980	2,210	3,430	4,900
1975 Newport Custom, V-8						
2d HT	244	732	1,220	2,750	4,270	6,100
4d HT	204	612	1,020	2,300	3,570	5,100
4d Sed	200	600	1,000	2,250	3,500	5,000
1975 New Yorker Brougham, V-8						
2d HT	252	756	1,260	2,840	4,410	6,300
4d HT	212	636	1,060	2,390	3,710	5,300
4d Sed	204	612	1,020	2,300	3,570	5,100
1975 Town & Country, V-8						
4d 3S Sta Wag	204	612	1,020	2,300	3,570	5,100
1976 Cordoba, V-8						
2d HT	300	900	1,500	3,380	5,250	7,500
1976 Newport, V-8						
2d HT	248	744	1,240	2,790	4,340	6,200
4d HT	216	648	1,080	2,430	3,780	5,400
4d Sed	200	600	1,000	2,250	3,500	5,000
1976 Newport Custom, V-8						
2d HT	260	780	1,300	2,930	4,550	6,500
4d HT	212	636	1,060	2,390	3,710	5,300
4d Sed	204	612	1,020	2,300	3,570	5,100
1976 Town & Country, V-8						
4d 2S Sta Wag	204	612	1,020	2,300	3,570	5,100
4d 3S Sta Wag	208	624	1,040	2,340	3,640	5,200
1976 New Yorker Brougham, V-8						
2d HT	268	804	1,340	3,020	4,690	6,700
4d HT	212	636	1,060	2,390	3,710	5,300
1977 LeBaron, V-8						
2d Cpe	200	550	900	2,030	3,150	4,500
4d Sed	150	500	850	1,940	3,000	4,300
1977 LeBaron Medallion, V-8						
2d Cpe	200	550	950	2,120	3,300	4,700
4d Sed	200	550	900	2,030	3,150	4,500
1977 Cordoba, V-8						
2d HT	250	700	1,200	2,700	4,200	6,000
1977 Newport, V-8						
2d HT	200	600	1,000	2,250	3,500	5,000
4d HT	150	500	850	1,940	3,000	4,300
4d Sed	150	500	800	1,850	2,850	4,100
1977 Town & Country, V-8						
4d 2S Sta Wag	150	500	850	1,890	2,950	4,200
4d 3S Sta Wag	150	500	850	1,940	3,000	4,300
1977 New Yorker Brougham, V-8						
2d HT	200	600	1,050	2,340	3,650	5,200
4d HT	200	550	900	1,980	3,100	4,400
1978 LeBaron						
2d Cpe	144	432	720	1,620	2,520	3,600
2d "S" Cpe	150	400	700	1,580	2,450	3,500
4d "S" Cpe	150	400	700	1,580	2,450	3,500
4d Sed	140	420	700	1,580	2,450	3,500
1978 Town & Country						
4d Sta Wag	140	420	700	1,580	2,450	3,500
1978 LeBaron Medallion						
2d Cpe	148	444	740	1,670	2,590	3,700
4d Sed	144	432	720	1,620	2,520	3,600
1978 Cordoba						
2d Cpe	220	660	1,100	2,480	3,850	5,500
1978 Newport						
2d Cpe	150	500	850	1,940	3,000	4,300
4d Sed	150	500	850	1,890	2,950	4,200
1978 New Yorker Brougham						
2d Cpe	200	550	900	2,030	3,150	4,500
4d Sed	200	550	900	1,980	3,100	4,400

	6	5	4	3	2	1
1979 LeBaron, V-8						
2d Cpe	144	432	720	1,620	2,520	3,600
4d Sed	140	420	700	1,580	2,450	3,500
1979 LeBaron Salon, V-8						
2d Cpe	148	444	740	1,670	2,590	3,700
4d Sed	144	432	720	1,620	2,520	3,600
1979 LeBaron Medallion, V-8						
2d Cpe	156	468	780	1,760	2,730	3,900
4d Sed	152	456	760	1,710	2,660	3,800
1979 LeBaron Town & Country						
4d Sta Wag	152	456	760	1,710	2,660	3,800
NOTE: Deduct 5 percent for 6-cyl.						
1979 Cordoba, V-8						
2d Cpe	208	624	1,040	2,340	3,640	5,200
NOTE: Add 20 percent for 300 option.						
1979 Newport, V-8						
4d Sed	156	468	780	1,760	2,730	3,900
NOTE: Deduct 7 percent for 6-cyl.						
1979 New Yorker, V-8						
4d Sed	164	492	820	1,850	2,870	4,100
1980 LeBaron, V-8						
2d Cpe Medallion	160	480	800	1,800	2,800	4,000
4d Sed Medallion	156	468	780	1,760	2,730	3,900
4d Sta Wag T&C	160	480	800	1,800	2,800	4,000
NOTE: Deduct 5 percent for lesser models.						
1980 Cordoba, V-8						
2d Cpe Specialty	240	720	1,200	2,700	4,200	6,000
2d Cpe Spl Crown	260	780	1,300	2,930	4,550	6,500
2d Cpe Spl LS	236	708	1,180	2,660	4,130	5,900
NOTE: Deduct 12 percent for 6-cyl.						
1980 Newport, V-8						
4d Sed	172	516	860	1,940	3,010	4,300
1980 New Yorker, V-8						
4d Sed	180	540	900	2,030	3,150	4,500
1981 LeBaron, V-8						
2d Cpe Medallion	164	492	820	1,850	2,870	4,100
4d Sed Medallion	160	480	800	1,800	2,800	4,000
4d Sta Wag T&C	164	492	820	1,850	2,870	4,100
NOTE: Deduct 12 percent for 6-cyl. Deduct 5 percent for lesser models.						
1981 Cordoba, V-8						
2d Cpe Specialty LS	240	720	1,200	2,700	4,200	6,000
2d Cpe Specialty	244	732	1,220	2,750	4,270	6,100
NOTE: Deduct 12 percent for 6-cyl.						
1981 Newport, V-8						
4d Sed	176	528	880	1,980	3,080	4,400
NOTE: Deduct 10 percent for 6-cyl.						
1981 New Yorker, V-8						
4d Sed	184	552	920	2,070	3,220	4,600
1981 Imperial, V-8						
2d Cpe	350	1,050	1,750	3,940	6,130	8,750
NOTE; Add 20 percent for (Frank) Sinatra package.						
1982 LeBaron, 4-cyl.						
2d Conv	240	720	1,200	2,700	4,200	6,000
2d Cpe Specialty	160	480	800	1,800	2,800	4,000
4d Sed Medallion	164	492	820	1,850	2,870	4,100
4d Sed	160	480	800	1,800	2,800	4,000
2d Conv Medallion	240	720	1,200	2,700	4,200	6,000
2d Cpe Spec Medallion	160	490	820	1,850	2,870	4,100
4d Sta Wag T&C	176	528	880	1,980	3,080	4,400
1982 Cordoba, V-8						
2d Cpe Specialty LS	240	730	1,220	2,750	4,270	6,100
2d Cpe Specialty	248	744	1,240	2,790	4,340	6,200
NOTE: Deduct 12 percent for 6-cyl.						
1982 New Yorker, V-8						
4d Sed	196	588	980	2,210	3,430	4,900
NOTE: Deduct 11 percent for 6-cyl.						
1982 Imperial, V-8						
2d Cpe Luxury	350	1,050	1,750	3,940	6,130	8,750
NOTE; Add 20 percent for (Frank) Sinatra package.						
1983 LeBaron, 4-cyl.						
2d Conv	244	732	1,220	2,750	4,270	6,100
2d Conv T&C Marc Cross	260	790	1,320	2,970	4,620	6,600
2d Cpe	164	492	820	1,850	2,870	4,100
4d Sed	164	492	820	1,850	2,870	4,100
4d Sta Wag T&C	180	540	900	2,030	3,150	4,500
4d Limo	196	588	980	2,210	3,430	4,900

	6	5	4	3	2	1
1983 E Class, 4-cyl.						
4d Sed	180	540	900	2,030	3,150	4,500
1983 Cordoba, V-8						
2d Cpe	252	756	1,260	2,840	4,410	6,300
NOTE: Deduct 12 percent for 6-cyl.						
1983 New Yorker, 4-cyl.						
4d Sed	192	576	960	2,160	3,360	4,800
1983 New Yorker Fifth Avenue, V-8						
4d Sed	196	588	980	2,210	3,430	4,900
4d Sed Luxury	200	600	1,000	2,250	3,500	5,000
NOTE: Deduct 12 percent for 6-cyl.						
1983 Executive						
4d Limo (131" wb)	220	660	1,100	2,480	3,850	5,500
4d Sed (124" wb)	200	600	1,000	2,500	3,500	5,000
1983 Imperial, V-8						
2d Cpe	350	1,050	1,750	3,940	6,130	8,750
1984 LeBaron, 4-cyl.						
2d Conv	248	744	1,240	2,790	4,340	6,200
2d Conv Marc Cross	270	800	1,340	3,020	4,690	6,700
2d Conv T&C Marc Cross	260	790	1,320	2,970	4,620	6,600
2d Sed	164	492	820	1,850	2,870	4,100
4d Sed	164	492	820	1,850	2,870	4,100
4d Sta Wag T&C	168	504	840	1,890	2,940	4,200
1984 Laser, 4-cyl.						
2d HBk	168	504	840	1,890	2,940	4,200
2d HBk XE	172	516	860	1,940	3,010	4,300
1984 E Class, 4-cyl.						
4d Sed	180	540	900	2,030	3,150	4,500
1984 New Yorker, 4-cyl.						
4d Sed	192	576	960	2,160	3,360	4,800
1984 New Yorker Fifth Avenue, V-8						
4d Sed	200	600	1,000	2,250	3,500	5,000
1984 Executive						
4d Limo (131" wb)	220	660	1,100	2,480	3,850	5,500
4d Sed (124" wb)	200	600	1,000	2,500	3,500	5,000
1985 LeBaron, 4-cyl.						
2d Conv	248	744	1,240	2,790	4,340	6,200
2d Conv Marc Cross	270	800	1,340	3,020	4,690	6,700
2d Conv T&C Marc Cross	270	820	1,360	3,060	4,760	6,800
2d Cpe	164	492	820	1,850	2,870	4,100
4d Sed	168	504	840	1,890	2,940	4,200
4d Sta Wag T&C	172	516	860	1,940	3,010	4,300
1985 Laser, 4-cyl.						
2d HBk	172	516	860	1,940	3,010	4,300
2d HBk XE	176	528	880	1,980	3,080	4,400
1985 LeBaron GTS, 4-cyl.						
4d Spt.	184	552	920	2,070	3,220	4,600
4d Spt Premium	188	564	940	2,120	3,290	4,700
1985 New Yorker, 4-cyl.						
4d Sed	200	590	980	2,210	3,430	4,900
1985 Fifth Avenue, V-8						
4d Sed	204	612	1,020	2,300	3,570	5,100
1985 Executive						
4d Limo	220	660	1,100	2,480	3,850	5,500
1985 LeBaron GTS, 4-cyl.						
4d Spt.	184	552	920	2,070	3,220	4,600
4d Spt Premium	188	564	940	2,120	3,290	4,700
1986 Laser						
2d HBk	172	516	860	1,940	3,010	4,300
1986 LeBaron						
2d Conv	248	744	1,240	2,790	4,340	6,200
2d Marc Cross Conv	280	840	1,400	3,150	4,900	7,000
2d Conv T&C Marc Cross	270	820	1,360	3,060	4,760	6,800
2d Cpe	184	552	920	2,070	3,220	4,600
4d Sed	188	564	940	2,120	3,290	4,700
4d T&C Sta Wag	192	576	960	2,160	3,360	4,800
1986 New Yorker						
4d Sed	200	600	1,000	2,250	3,500	5,000
1986 Fifth Avenue						
4d Sed	208	624	1,040	2,340	3,640	5,200
1986 Executive						
4d Limo	220	660	1,100	2,480	3,850	5,500
NOTE: Add 10 percent for deluxe models. Deduct 5 percent for smaller engines.						
1987 LeBaron						
2d Conv	260	780	1,300	2,930	4,550	6,500
2d Cpe	168	504	840	1,890	2,940	4,200

	6	5	4	3	2	1
2d Cpe Premium	172	516	860	1,940	3,010	4,300
4d Sed	172	516	860	1,940	3,010	4,300
4d HBk Spt GTS	180	540	900	2,030	3,150	4,500
4d HBk Spt Prem GTS	180	550	920	2,070	3,220	4,600
4d Sta Wag	176	528	880	1,980	3,080	4,400
NOTE: Add 5 percent for 2.2 Turbo engine.						
1987 Conquest, 4-cyl. Turbo						
2d HBk	172	516	860	1,940	3,010	4,300
1987 New Yorker, 4-cyl.						
4d Sed	220	660	1,100	2,480	3,850	5,500
1987 New Yorker, V-6						
4d Sed	188	564	940	2,120	3,290	4,700
4d Sed Lan	196	588	980	2,210	3,430	4,900
NOTE: Add 5 percent for 2.2 Turbo engine. Add 10 percent for V-6.						
1987 Fifth Avenue, V-8						
4d Sed	240	720	1,200	2,700	4,200	6,000
1988 LeBaron, 4-cyl.						
2d Conv	272	816	1,360	3,060	4,760	6,800
2d Cpe	152	456	760	1,710	2,660	3,800
2d Cpe Prem	180	540	900	2,030	3,150	4,500
4d Sed	132	396	660	1,490	2,310	3,300
4d HBk GTS	128	384	640	1,440	2,240	3,200
4d HBk Prem GTS	140	420	700	1,580	2,450	3,500
4d Sta Wag T&C	168	504	840	1,890	2,940	4,200
1988 Conquest, 4-cyl.						
2d HBk	160	480	800	1,800	2,800	4,000
1988 New Yorker, 4-cyl., Turbo						
4d Sed	184	552	920	2,070	3,220	4,600
1988 New Yorker, V-6						
4d Sed	208	624	1,040	2,340	3,640	5,200
4d Sed Landau	224	672	1,120	2,520	3,920	5,600
1988 Fifth Avenue,V-8						
4d Sed	272	816	1,360	3,060	4,760	6,800
1989 LeBaron, 4-cyl.						
2d Conv	360	1,080	1,800	4,050	6,300	9,000
2d Conv Prem	400	1,200	2,000	4,500	7,000	10,000
2d Cpe	224	672	1,120	2,520	3,920	5,600
2d Prem	232	696	1,160	2,610	4,060	5,800
4d HBk	220	660	1,100	2,480	3,850	5,500
4d HBk Prem	228	684	1,140	2,570	3,990	5,700
2d Conv	360	1,080	1,800	4,050	6,300	9,000
1989 Conquest, 4-cyl.						
2d HBk	240	720	1,200	2,700	4,200	6,000
1989 New Yorker, V-6						
4d Sed	264	792	1,320	2,970	4,620	6,600
4d Lan Sed	272	816	1,360	3,060	4,760	6,800
1989 Fifth Avenue, V-8						
4d Sed	368	1,104	1,840	4,140	6,440	9,200
1989 TC, 4-cyl. Turbo by Maserati						
2d Conv	600	1,800	3,000	6,750	10,500	15,000
1990 LeBaron 4-cyl.						
2d Conv	260	780	1,300	2,930	4,550	6,500
2d Cpe	200	600	1,000	2,250	3,500	5,000
1990 V-6						
2d Conv	360	1,080	1,800	4,050	6,300	9,000
2d Prem Conv	380	1,140	1,900	4,280	6,650	9,500
2d Cpe	220	660	1,100	2,480	3,850	5,500
2d Prem Cpe	240	720	1,200	2,700	4,200	6,000
4d Sed	220	660	1,100	2,480	3,850	5,500
1990 New Yorker, V-6						
4d Sed	260	780	1,300	2,930	4,550	6,500
4d Lan Sed	360	1,080	1,800	4,050	6,300	9,000
4d Fifth Ave Sed	400	1,200	2,000	4,500	7,000	10,000
1990 Imperial, V-6						
4d Sed	520	1,560	2,600	5,850	9,100	13,000
1990 TC, V-6 by Maserati						
2d Conv	600	1,800	3,000	6,750	10,500	15,000
1991 TC, V-6 by Maserati						
2d Conv	600	1,800	3,000	6,750	10,500	15,000
1991 LeBaron, 4-cyl.						
2d Conv	260	780	1,300	2,930	4,550	6,500
2d Cpe	180	540	900	2,030	3,150	4,500
1991 V-6						
2d LX Conv	360	1,080	1,800	4,050	6,300	9,000
2d LX Cpe	200	600	1,000	2,250	3,500	5,000
4d Sed	220	660	1,100	2,480	3,850	5,500

	6	5	4	3	2	1
1991 New Yorker & Imperial, V-6						
4d Salon Sed	248	744	1,240	2,790	4,340	6,200
4d Fifth Ave Sed	260	780	1,300	2,930	4,550	6,500
4d Imperial Sed	368	1,104	1,840	4,140	6,440	9,200
1992 LeBaron, 4-cyl.						
2d Cpe	220	660	1,100	2,480	3,850	5,500
2d Conv	360	1,080	1,800	4,050	6,300	9,000
4d Sed	216	648	1,080	2,430	3,780	5,400
4d Lan Sed	220	660	1,100	2,480	3,850	5,500
2d LX Cpe	380	1,140	1,900	4,280	6,650	9,500
2d LX Conv	240	720	1,200	2,700	4,200	6,000
4d LX Sed	260	780	1,300	2,930	4,550	6,500
NOTE: Add 10 percent for V-6 where available.						
1992 New Yorker, V-6						
4d Salom Sed	360	1,080	1,800	4,050	6,300	9,000
4d Fifth Ave Sed	380	1,140	1,900	4,280	6,650	9,500
1992 Imperial, V-6						
4d Sed	420	1,260	2,100	4,730	7,350	10,500
1993 LeBaron, 4-cyl.						
4d Sed	224	672	1,120	2,520	3,920	5,600
2d Cpe	200	650	1,100	2,480	3,850	5,500
2d LE Conv	364	1,092	1,820	4,100	6,370	9,100
1993 LeBaron, V-6						
4d LE Sed	228	684	1,140	2,570	3,990	5,700
4d Landau Sed	232	696	1,160	2,610	4,060	5,800
2d Cpe	232	696	1,160	2,610	4,060	5,800
2d LX Cpe	236	708	1,180	2,660	4,130	5,900
2d Conv	376	1,128	1,880	4,230	6,580	9,400
2d LX Conv	384	1,152	1,920	4,320	6,720	9,600
1993 Concorde, V-6						
4d Sed	260	780	1,300	2,930	4,550	6,500
1993 New Yorker, V-6						
4d Salom Sed	364	1,092	1,820	4,100	6,370	9,100
4d Fifth Ave Sed	380	1,140	1,900	4,280	6,650	9,500
1993 Imperial, V-6						
4d Sed	424	1,272	2,120	4,770	7,420	10,600
1994 LeBaron						
4d LE Sed, 4-cyl.	240	720	1,200	2,700	4,200	6,000
4d LE Sed, V-6	260	780	1,300	2,930	4,550	6,500
4d Landau Sed, V-6	280	840	1,400	3,150	4,900	7,000
2d GTC Conv, V-6	288	864	1,440	3,240	5,040	7,200
1994 Concorde, V-6						
4d Sed	300	900	1,500	3,380	5,250	7,500
1994 New Yorker, V-6						
4d Sed	320	960	1,600	3,600	5,600	8,000
1994 LHS, V-6						
4d Sed	360	1,080	1,800	4,050	6,300	9,000
1995 LeBaron, V-6						
2d GTC Conv	300	850	1,450	3,240	5,050	7,200
1995 Cirrus, V-6						
4d LX Sed	250	750	1,200	2,750	4,250	6,100
4d LXi Sed	250	750	1,300	2,880	4,500	6,400
1995 Sebring, 4-cyl. & V-6						
2d LX Cpe	300	850	1,400	3,150	4,900	7,000
2d LXi Cpe (V-6 only)	320	960	1,600	3,600	5,600	8,000
1995 Concorde, V-6						
4d Sed	300	900	1,500	3,380	5,250	7,500
1995 New Yorker, V-6						
4d Sed	300	950	1,600	3,600	5,600	8,000
1995 LHS, V-6						
4d Sed	350	1,100	1,800	4,050	6,300	9,000
1996 Cirrus, 4-cyl. & V-6						
4d LX Sed	250	750	1,200	2,750	4,250	6,100
4d LXi Sed (V-6 only)	260	770	1,280	2,880	4,480	6,400
1996 Sebring, 4-cyl. & V-6						
2d LX Cpe	300	850	1,400	3,150	4,900	7,000
2d LXi Cpe (V-6 only)	320	960	1,600	3,600	5,600	8,000
2d JX Conv	350	1,000	1,700	3,830	5,950	8,500
2d JXi Conv (V-6 only)	360	1,080	1,800	4,050	6,300	9,000
1996 Concorde, V-6						
4d LX Sed	300	900	1,500	3,380	5,250	7,500
4d LXi Sed	300	950	1,600	3,600	5,600	8,000
1996 New Yorker, V-6						
4d Sed	300	950	1,600	3,600	5,600	8,000
1996 LHS, V-6						
4d Sed	350	1,100	1,800	4,050	6,300	9,000

	6	5	4	3	2	1
1997 Cirrus, 4-cyl. & V-6						
4d LX Sed	244	732	1,220	2,750	4,270	6,100
4d LXi Sed	256	768	1,280	2,880	4,480	6,400
1997 Sebring, 4-cyl. & V-6						
2d LX Cpe	280	840	1,400	3,150	4,900	7,000
2d LXi Cpe (V-6 only)	320	960	1,600	3,600	5,600	8,000
2d JX Conv	340	1,020	1,700	3,830	5,950	8,500
2d JXi Conv	360	1,080	1,800	4,050	6,300	9,000
1997 Concorde, V-6						
4d LX Sed	300	900	1,500	3,380	5,250	7,500
4d LXi Sed	320	960	1,600	3,600	5,600	8,000
1997 LHS, V-6						
4d Sed	360	1,080	1,800	4,050	6,300	9,000
1998 Cirrus, V-6						
4d LXi Sed	260	770	1,280	2,880	4,480	6,400
1998 Sebring, 4-cyl. & V-6						
2d LX Cpe	280	840	1,400	3,150	4,900	7,000
2d LXi Cpe (V-6 only)	320	960	1,600	3,600	5,600	8,000
2d JX Conv	340	1,020	1,700	3,830	5,950	8,500
2d JXi Conv	360	1,080	1,800	4,050	6,300	9,000
2d Limited Conv (V-6 only)	380	1,140	1,900	4,280	6,650	9,500
1998 Concorde, V-6						
4d LX Sed	300	900	1,500	3,380	5,250	7,500
4d LXi Sed	320	960	1,600	3,600	5,600	8,000
NOTE: The LHS was not offered in 1998. The 1999 LHS debuted in mid-year 1998.						
1999 Cirrus, V-6						
4d LXi Sed	260	770	1,280	2,880	4,480	6,400
1999 Sebring, 4-cyl. & V-6						
2d LX Cpe	280	840	1,400	3,150	4,900	7,000
2d LXi Cpe (V-6 only)	320	960	1,600	3,600	5,600	8,000
2d JX Conv	340	1,020	1,700	3,830	5,950	8,500
2d JXi Conv	360	1,080	1,800	4,050	6,300	9,000
2d Limited Conv (V-6 only)	380	1,140	1,900	4,280	6,650	9,500
1999 Concorde, V-6						
4d LX Sed	300	900	1,500	3,380	5,250	7,500
4d LXi Sed	320	960	1,600	3,600	5,600	8,000
1999 LHS, V-6						
4d Sed	340	1,020	1,700	3,830	5,950	8,500
1999 300M, V-6						
4d Sed	350	1,040	1,740	3,920	6,090	8,700
2000 Cirrus, V-6						
4d LXi Sed	260	770	1,280	2,880	4,480	6,400
2000 Sebring, V-6						
2d LX Cpe	290	860	1,440	3,240	5,040	7,200
2d LXi Cpe	320	960	1,600	3,600	5,600	8,000
2d JX Conv	340	1,020	1,700	3,830	5,950	8,500
2d JXi Conv	360	1,080	1,800	4,050	6,300	9,000
2d Limited Conv	390	1,160	1,940	4,370	6,790	9,700
2000 Concorde, V-6						
4d LX Sed	300	900	1,500	3,380	5,250	7,500
4d LXi Sed	320	960	1,600	3,600	5,600	8,000
2000 LHS, V-6						
4d Sed	340	1,020	1,700	3,830	5,950	8,500
2000 300M, V-6						
4d Sed	350	1,040	1,740	3,920	6,090	8,700
2001 PT Cruiser, 4-cyl.						
4d Sed	280	830	1,380	3,450	4,830	6,900
4d Touring Sed	280	850	1,420	3,550	4,970	7,100
4d Limited Sed	320	960	1,600	4,000	5,600	8,000
2001 Sebring, 4-cyl. & V-6						
2d LX Cpe	290	880	1,460	3,650	5,110	7,300
4d LX Sed	290	860	1,440	3,240	5,040	7,200
2d LXi Cpe (V-6 only)	330	1,000	1,660	4,150	5,810	8,300
4d LXi Sed (V-6 only)	330	980	1,640	4,100	5,740	8,200
2d LX Conv (V-6 only)	350	1,040	1,740	4,350	6,090	8,700
2d LXi Conv (V-6 only)	370	1,100	1,840	4,600	6,440	9,200
2d Limited Conv (V-6 only)	390	1,160	1,940	4,850	6,790	9,700
2001 Concorde, V-6						
4d LX Sed	310	920	1,540	3,850	5,390	7,700
4d LXi Sed	330	980	1,640	4,100	5,740	8,200
2001 LHS, V-6						
4d Sed	340	1,030	1,720	4,300	6,020	8,600
NOTE: Add 5 percent for Luxury Group pkg.						
2001 300M, V-6						
4d Sed	350	1,060	1,760	4,400	6,160	8,800

	6	5	4	3	2	1
2001 Prowler, V-6						
2d Rds	1,440	4,320	7,200	16,200	25,200	36,000
NOTE: With the demise of Plymouth during the 2001 model year, Prowler became a product of Chrysler.						
2002 PT Cruiser, 4-cyl.						
4d Sed	280	830	1,380	3,450	4,830	6,900
4d Touring Sed	280	850	1,420	3,550	4,970	7,100
4d Limited Sed	320	960	1,600	4,000	5,600	8,000
NOTE: Add 10 percent for Dream Cruiser Ed. Add 15 percent for Woodie Ed.						
2002 Sebring, 4-cyl. & V-6						
2d LX Cpe	290	880	1,460	3,650	5,110	7,300
4d LX Sed	290	860	1,440	3,240	5,040	7,200
2d LXi Cpe (V-6 only)	330	1,000	1,660	4,150	5,810	8,300
4d LXi Sed (V-6 only)	330	980	1,640	4,100	5,740	8,200
2d LX Conv	350	1,040	1,740	4,350	6,090	8,700
2d GTC Conv (V-6 only)	350	1,060	1,760	4,400	6,160	8,800
2d LXi Conv (V-6 only)	370	1,100	1,840	4,600	6,440	9,200
2d Limited Conv (V-6 only)	390	1,160	1,940	4,850	6,790	9,700
2002 Concorde, V-6						
4d LX Sed	310	920	1,540	3,850	5,390	7,700
4d LXi Sed	330	980	1,640	4,100	5,740	8,200
4d Limited Sed	340	1,020	1,700	4,250	5,950	8,500
NOTE: Add 5 percent for Limited Pro-Am Ed.						
2002 300M, V-6						
4d Sed	350	1,060	1,760	4,400	6,160	8,800
4d Special Sed	370	1,100	1,840	4,600	6,440	9,200
2002 Prowler, V-6						
2d Rds	1,440	4,320	7,200	16,200	25,200	36,000
NOTE: The Prowler was discontinued in mid-model year.						
2003 PT Cruiser, 4-cyl.						
4d Sed	280	830	1,380	3,110	4,830	6,900
4d Touring Sed	280	850	1,420	3,550	4,970	7,100
4d Limited Sed	320	960	1,600	4,000	5,600	8,000
4d GT Turbo Sed	340	1,020	1,700	4,250	5,950	8,500
2003 Sebring, 4-cyl. & V-6						
2d LX Cpe	290	880	1,460	3,650	5,110	7,300
4d LX Sed	290	860	1,440	3,600	5,040	7,200
2d LXi Cpe (V-6 only)	330	1,000	1,660	4,150	5,810	8,300
4d LXi Sed (V-6 only)	330	980	1,640	4,100	5,740	8,200
2d LX Conv	350	1,040	1,740	4,350	6,090	8,700
2d GTC Conv (V-6 only)	350	1,060	1,760	4,400	6,160	8,800
2d LXi Conv (V-6 only)	370	1,100	1,840	4,600	6,440	9,200
2d Limited Conv (V-6 only)	390	1,160	1,940	4,850	6,790	9,700
2003 Concorde, V-6						
4d LX Sed	310	920	1,540	3,850	5,390	7,700
4d LXi Sed	330	980	1,640	4,100	5,740	8,200
4d Limited Sed	340	1,020	1,700	4,250	5,950	8,500
2003 300M, V-6						
4d Sed	350	1,060	1,760	4,400	6,160	8,800
4d Special Sed	370	1,100	1,840	4,600	6,440	9,200
2004 PT Cruiser, 4-cyl.						
4d Sed	280	830	1,380	3,450	4,830	6,900
4d Touring Sed	280	850	1,420	3,550	4,970	7,100
4d Limited Sed	320	960	1,600	4,000	5,600	8,000
4d GT Turbo Sed	340	1,020	1,700	3,830	5,950	8,500
NOTE: Deduct 5 percent for manual transmission. Add 5 percent for turbocharged Touring and Limited models. Add 10 percent for turbocharged Limited Platinum Ed.						
2004 Sebring, 4-cyl. & V-6						
2d Cpe (4-cyl. only)	290	860	1,440	3,600	5,040	7,200
4d Sed (4-cyl. only)	280	850	1,420	3,550	4,970	7,100
2d Conv (4-cyl. only)	330	1,000	1,660	4,150	5,810	8,300
4d LX Sed	290	860	1,440	3,600	5,040	7,200
4d LX Touring Sed (V-6 only)	300	890	1,480	3,700	5,180	7,400
4d LX Touring Platinum Sed (V-6 only)	300	910	1,520	3,800	5,320	7,600
2d Touring Conv (V-6 only)	370	1,120	1,860	4,650	6,510	9,300
2d Touring Platinum Conv (V-6 only)	380	1,150	1,920	4,800	6,720	9,600
4d LXi Sed (V-6 only)	330	980	1,640	4,100	5,740	8,200
2d LX Conv	350	1,040	1,740	4,350	6,090	8,700
2d GTC Conv (V-6 only)	350	1,060	1,760	4,400	6,160	8,800
2d LXi Conv (V-6 only)	370	1,100	1,840	4,600	6,440	9,200
2d Limited Cpe (V-6 only)	340	1,030	1,720	4,300	6,020	8,600
4d Limited Sed (V-6 only)	340	1,020	1,700	4,250	5,950	8,500
2d Limited Platinum Cpe (V-6 only)	370	1,120	1,860	4,650	6,510	9,300
2d Limited Conv (V-6 only)	390	1,160	1,940	4,850	6,790	9,700
NOTE: Deduct 5 percent for manual transmission.						
2004 Concorde, V-6						
4d LX Sed	310	920	1,540	3,850	5,390	7,700

	6	5	4	3	2	1
4d LXi Sed	330	980	1,640	4,100	5,740	8,200
4d Limited Sed	340	1,020	1,700	4,250	5,950	8,500
2004 300M, V-6						
4d Sed	350	1,060	1,760	4,400	6,160	8,800
4d Platinum Sed	360	1,080	1,800	4,500	6,300	9,000
4d Special Sed	370	1,100	1,840	4,600	6,440	9,200
2004 Crossfire, V-6						
2d Cpe	410	1,240	2,060	5,150	7,210	10,300
2005 PT Cruiser, 4-cyl.						
4d Sed	280	830	1,380	3,110	4,830	6,900
4d Touring Sed	280	850	1,420	3,550	4,970	7,100
4d Limited Sed	320	960	1,600	4,000	5,600	8,000
4d GT Turbo Sed	340	1,020	1,700	4,250	5,950	8,500
2d Conv	330	980	1,640	4,100	5,740	8,200
2d Touring Conv	340	1,010	1,680	4,200	5,880	8,400
2d GT Turbo Conv	370	1,100	1,840	4,600	6,440	9,200
NOTE: Deduct 5 percent for manual transmission. Add 5 percent for turbocharged Touring and Limited models.						
2005 Sebring, 4-cyl. & V-6						
2d Cpe (4-cyl. only)	290	860	1,440	3,600	5,040	7,200
4d Sed (4-cyl. only)	280	850	1,420	3,550	4,970	7,100
2d Conv	350	1,040	1,740	4,350	6,090	8,700
2d Limited Cpe (V-6 only)	340	1,030	1,720	4,300	6,020	8,600
4d Touring Sed (V-6 only)	340	1,010	1,680	4,200	5,880	8,400
4d Limited Sed (V-6 only)	340	1,020	1,700	4,250	5,950	8,500
4d TSi Sed (V-6 only)	340	1,030	1,720	4,300	6,020	8,600
2d GTC Conv (V-6 only)	350	1,060	1,760	4,400	6,160	8,800
2d Touring Conv (V-6 only)	380	1,150	1,920	4,800	6,720	9,600
2d Limited Conv (V-6 only)	390	1,160	1,940	4,850	6,790	9,700
NOTE: Deduct 5 percent for 4-cyl. in base conv.						
2005 300, V-6						
4d Sed	360	1,090	1,820	4,550	6,370	9,100
4d Touring Sed	390	1,160	1,940	4,850	6,790	9,700
4d Limited Sed	390	1,180	1,960	4,900	6,860	9,800
4d 300C Sed (V-8)	510	1,520	2,540	6,350	8,890	12,700
4d 300C SRT-8 Sed (V-8)	700	2,100	3,500	8,750	12,250	17,500
NOTE: Add 10 percent for AWD.						
2005 Crossfire, V-6						
2d Cpe	400	1,210	2,020	5,050	7,070	10,100
2d Limited Cpe	410	1,220	2,040	5,100	7,140	10,200
2d SRT-6 Cpe	460	1,370	2,280	5,700	7,980	11,400
2d Rds	450	1,340	2,240	5,600	7,840	11,200
2d Limited Rds	450	1,360	2,260	5,650	7,910	11,300
2d SRT-6 Rds	640	1,910	3,180	7,950	11,130	15,900
NOTE: Deduct 5 percent for manual transmission, except base cpe.						
2006 PT Cruiser, 4-cyl.						
4d Spt Wag	270	800	1,340	3,350	4,690	6,700
2d Conv	280	840	1,400	3,500	4,900	7,000
4d Touring Spt Wag	270	820	1,360	3,060	4,760	6,800
4d Limited Spt Wag	280	830	1,380	3,450	4,830	6,900
NOTE: Add 5 percent for RT 66 or Signature Editions; add 10 percent for Turbo 2.4L, 4-cyl.						
2006 PT Cruiser, 4-cyl. Turbo						
2d Touring Conv	300	910	1,520	3,800	5,320	7,600
4d GT Spt Wag	300	900	1,500	3,750	5,250	7,500
2d GT Conv	350	1,040	1,740	4,350	6,090	8,700
2006 Sebring, 4-cyl.						
4d Sed (4-cyl. only)	260	780	1,300	2,930	4,550	6,500
2d Conv	270	800	1,340	3,350	4,690	6,700
NOTE: Add 10 percent for 2.7L, V-6.						
2006 Sebring, V-6						
4d TSi Sed	340	1,010	1,680	4,200	5,880	8,400
2d GTC Conv	280	840	1,400	3,500	4,900	7,000
4d Touring Sed	280	840	1,400	3,500	4,900	7,000
2d Touring Conv	290	860	1,440	3,600	5,040	7,200
4d Limited Sed	300	900	1,500	3,750	5,250	7,500
2d Limited Conv	320	970	1,620	4,050	5,670	8,100
2006 Chrysler 300, V-6						
4d Sed	460	1,380	2,300	5,750	8,050	11,500
4d Touring Sed	480	1,440	2,400	6,000	8,400	12,000
NOTE: Add 10 percent for Limited or AWD. Add 5 percent for Signature Series.						
2006 Chrysler 300C, Hemi V-8						
4d Sed	600	1,800	3,000	7,500	10,500	15,000
NOTE: Add 10 percent for AWD.						
2006 Chrysler 300, Hemi V-8						
4d SRTS Sed	790	2,370	3,950	9,880	13,830	19,750
2006 Crossfire, (Mercedes V-6)						
2d Cpe	420	1,270	2,120	5,300	7,420	10,600

	6	5	4	3	2	1
2d Roadster	480	1,450	2,420	6,050	8,470	12,100
2d Limited Cpe	480	1,440	2,400	6,000	8,400	12,000
2d Limited Rds	520	1,560	2,600	6,500	9,100	13,000
2006 Crossfire, (Mercedes V-6 Supercharged)						
2d SRT-6 Cpe	620	1,860	3,100	7,750	10,850	15,500
2d SRT-6 Roadster	660	1,980	3,300	8,250	11,550	16,500

EAGLE

	6	5	4	3	2	1
1988 Medallion, 4-cyl.						
4d Sed	170	500	840	1,890	2,940	4,200
4d Sta Wag	180	530	880	1,980	3,080	4,400
4d LX Sed	180	540	900	2,030	3,150	4,500
1988 Premier, V-6						
4d LX Sed	200	600	1,000	2,250	3,500	5,000
4d ES Sed	220	660	1,100	2,480	3,850	5,500
1988 Eagle, 6-cyl.						
4d Ltd Sta Wag	300	900	1,500	3,380	5,250	7,500
1989 Jeep Summit, 4-cyl.						
4d DL Sed	200	600	1,000	2,250	3,500	5,000
4d LX Sed	220	660	1,100	2,480	3,850	5,500
4d LX Sed DOHC	230	680	1,140	2,570	3,990	5,700
1989 Medallion, 4-cyl.						
4d DL Sed	180	550	920	2,070	3,220	4,600
4d DL Sta Wag	190	560	940	2,120	3,290	4,700
4d LX Sed	190	580	960	2,160	3,360	4,800
4d LX Sta Wag	200	590	980	2,210	3,430	4,900
1989 Premier, V-6						
4d LX Sed, 4-cyl.	200	590	980	2,210	3,430	4,900
4d LX Sed	210	640	1,060	2,390	3,710	5,300
4d ES Sed	220	650	1,080	2,430	3,780	5,400
4d ES Sed Ltd	240	720	1,200	2,700	4,200	6,000
1990 Jeep Summit, 4-cyl.						
4d Sed	200	600	1,000	2,250	3,500	5,000
4d DL Sed	210	620	1,040	2,340	3,640	5,200
4d LX Sed	220	660	1,100	2,480	3,850	5,500
4d ES Sed	230	680	1,140	2,570	3,990	5,700
1990 Talon, 4-cyl.						
2d Cpe	340	1,020	1,700	3,830	5,950	8,500
2d Cpe Turbo	380	1,140	1,900	4,280	6,650	9,500
2d Cpe Turbo 4x4	580	1,740	2,900	6,530	10,150	14,500
1990 Premier, V-6						
4d LX Sed	220	660	1,100	2,480	3,850	5,500
4d ES Sed	240	720	1,200	2,700	4,200	6,000
4d ES Sed Ltd	260	780	1,300	2,930	4,550	6,500
1991 Summit, 4-cyl.						
2d HBk	200	600	1,000	2,250	3,500	5,000
2d ES HBk	200	610	1,020	2,300	3,570	5,100
4d Sed	200	610	1,020	2,300	3,570	5,100
4d ES Sed	210	620	1,040	2,340	3,640	5,200
1991 Talon, 4-cyl.						
2d Cpe	280	840	1,400	3,150	4,900	7,000
2d Cpe TSi Turbo	320	960	1,600	3,600	5,600	8,000
2d Cpe TSi Turbo 4x4	360	1,080	1,800	4,050	6,300	9,000
1991 Premier, V-6						
4d LX Sed	200	610	1,020	2,300	3,570	5,100
4d ES Sed	230	680	1,140	2,570	3,990	5,700
4d ES Sed Ltd	240	720	1,200	2,700	4,200	6,000
1992 Summit, 4-cyl.						
2d HBk	210	640	1,060	2,390	3,710	5,300
2d ES HBk	220	650	1,080	2,430	3,780	5,400
4d Sed	210	620	1,040	2,340	3,640	5,200
4d ES Sed	210	640	1,060	2,390	3,710	5,300
4d DL Sta Wag	210	640	1,060	2,390	3,710	5,300
4d LX Sta Wag	220	650	1,080	2,430	3,780	5,400
4d Sta Wag 4x4	240	720	1,200	2,700	4,200	6,000
1992 Talon, 4-cyl.						
2d Liftback	260	780	1,300	2,930	4,550	6,500
2d Liftback TSi Turbo	300	900	1,500	3,380	5,250	7,500
2d Liftback TSi Turbo 4x4	340	1,020	1,700	3,830	5,950	8,500
1992 Premier, V-6						
4d LX Sed	260	780	1,300	2,930	4,550	6,500
4d ES Sed	270	800	1,340	3,020	4,690	6,700
4d ES Ltd Sed	280	840	1,400	3,150	4,900	7,000
1993 Summit, 4-cyl.						
2d DL Cpe	210	640	1,060	2,390	3,710	5,300
2d ES Cpe	220	650	1,080	2,430	3,780	5,400

	6	5	4	3	2	1
4d DL Sed	220	650	1,080	2,430	3,780	5,400
4d ES Sed	220	660	1,100	2,480	3,850	5,500
2d DL Sta Wag	220	670	1,120	2,520	3,920	5,600
2d LX Sta Wag	230	680	1,140	2,570	3,990	5,700
2d Sta Wag 4x4	270	800	1,340	3,020	4,690	6,700
1993 Talon, 4-cyl.						
2d DL HBk	220	670	1,120	2,520	3,920	5,600
2d ES HBk	230	680	1,140	2,570	3,990	5,700
2d Turbo	280	840	1,400	3,150	4,900	7,000
2d Turbo 4x4	320	960	1,600	3,600	5,600	8,000
1993 Vision, V-6						
4d ESi Sed	230	680	1,140	2,570	3,990	5,700
4d TSi Sed	230	700	1,160	2,610	4,060	5,800
1994 Summit, 4-cyl.						
2d DL Cpe	210	640	1,060	2,390	3,710	5,300
2d ES Cpe	240	720	1,200	2,700	4,200	6,000
4d ES Sed	260	780	1,300	2,930	4,550	6,500
4d LX Sed	250	740	1,240	2,790	4,340	6,200
2d DL Sta Wag	320	960	1,600	3,600	5,600	8,000
2d LX Sta Wag	340	1,020	1,700	3,830	5,950	8,500
2d Sta Wag 4x4	360	1,080	1,800	4,050	6,300	9,000
1994 Talon, 4-cyl.						
2d DL HBk	280	840	1,400	3,150	4,900	7,000
2d ES HBk	300	900	1,500	3,380	5,250	7,500
2d HBk TSi Turbo	320	960	1,600	3,600	5,600	8,000
2d HBk TSi Turbo 4x4	380	1,140	1,900	4,280	6,650	9,500
1994 Vision, V-6						
4d ESi Sed	340	1,020	1,700	3,830	5,950	8,500
4d TSi Sed	380	1,140	1,900	4,280	6,650	9,500
1995 Summit, 4-cyl.						
2d DL Cpe	210	640	1,060	2,390	3,710	5,300
2d ESi Cpe	260	780	1,300	2,930	4,550	6,500
4d ESi Sed	280	840	1,400	3,150	4,900	7,000
4d LX Sed	250	740	1,240	2,790	4,340	6,200
2d DL Sta Wag	320	960	1,600	3,600	5,600	8,000
2d LX Sta Wag	340	1,020	1,700	3,830	5,950	8,500
2d Sta Wag 4x4	360	1,080	1,800	4,050	6,300	9,000
1995 Talon, 4-cyl.						
2d ESi HBk	300	900	1,500	3,380	5,250	7,500
2d TSi HBk Turbo	340	1,020	1,700	3,830	5,950	8,500
2d TSi HBk Turbo 4x4	420	1,260	2,100	4,730	7,350	10,500
1995 Vision, V-6						
4d ESi Sed	340	1,020	1,700	3,830	5,950	8,500
4d TSi Sed	380	1,140	1,900	4,280	6,650	9,500
1996 Summit, 4-cyl.						
2d DL Cpe	200	600	1,000	2,250	3,500	5,000
2d DL Sta Wag	240	720	1,200	2,700	4,200	6,000
2d ESi Cpe	210	640	1,060	2,390	3,710	5,300
4d ESi Sed	220	660	1,100	2,480	3,850	5,500
4d LX Sed	210	620	1,040	2,340	3,640	5,200
2d LX Sta Wag	250	760	1,260	2,840	4,410	6,300
2d Sta Wag 4x4	260	780	1,300	2,930	4,550	6,500
1996 Talon, 4-cyl.						
2d HBk	280	840	1,400	3,150	4,900	7,000
2d ESi HBk	300	900	1,500	3,380	5,250	7,500
2d TSi Turbo HBk	340	1,020	1,700	3,830	5,950	8,500
2d TSi Turbo HBx 4x4	360	1,080	1,800	4,050	6,300	9,000
1996 Vision, V-6						
4d ESi Sed	280	840	1,400	3,150	4,900	7,000
4d TSi Sed	300	900	1,500	3,380	5,250	7,500
1997 Talon, 4-cyl.						
2d HBk	260	780	1,300	2,930	4,550	6,500
2d ESi HBk	280	840	1,400	3,150	4,900	7,000
2d TSi Turbo HBk	320	960	1,600	3,600	5,600	8,000
2d TSi Turbo HBk AWD	340	1,020	1,700	3,830	5,950	8,500
1997 Vision, V-6						
4d ESi Sed	260	780	1,300	2,930	4,550	6,500
4d TSi Sed	280	840	1,400	3,150	4,900	7,000
1998 Talon, 4-cyl.						
2d HBk	260	780	1,300	2,930	4,550	6,500
2d ESi HBk	280	840	1,400	3,150	4,900	7,000
2d TSi Turbo HBk	320	960	1,600	3,600	5,600	8,000
2d TSi Turbo HBk AWD	340	1,020	1,700	3,830	5,950	8,500

NOTE: Eagle production ended at the conclusion of the 1998 model year.

IMPERIAL

	6	5	4	3	2	1
1955 Imperial, V-8						
4d Sed	840	2,520	4,200	9,450	14,700	21,000
2d HT Newport	1,240	3,720	6,200	13,950	21,700	31,000
1955 Crown Imperial, V-8						
4d 8P Sed	1,000	3,000	5,000	11,250	17,500	25,000
4d 8P Limo	1,160	3,480	5,800	13,050	20,300	29,000
1956 Imperial, V-8						
4d Sed	840	2,520	4,200	9,450	14,700	21,000
4d HT S Hamp	960	2,880	4,800	10,800	16,800	24,000
2d HT S Hamp	1,240	3,720	6,200	13,950	21,700	31,000
1956 Crown Imperial, V-8						
4d 8P Sed	1,040	3,120	5,200	11,700	18,200	26,000
4d 8P Limo	1,120	3,360	5,600	12,600	19,600	28,000
1957 Imperial Custom, V-8						
2d HT S Hamp	1,280	3,840	6,400	14,400	22,400	32,000
4d HT S Hamp	1,040	3,120	5,200	11,700	18,200	26,000
4d Sed	960	2,880	4,800	10,800	16,800	24,000
1957 Imperial Crown, V-8						
2d Conv	4,000	12,000	20,000	45,000	70,000	100,000
2d HT S Hamp	1,320	3,960	6,600	14,850	23,100	33,000
4d HT S Hamp	1,080	3,240	5,400	12,150	18,900	27,000
4d Sed	1,000	3,000	5,000	11,250	17,500	25,000
1957 Imperial LeBaron, V-8						
4d Sed	1,040	3,120	5,200	11,700	18,200	26,000
4d HT S Hamp	1,120	3,360	5,600	12,600	19,600	28,000
1957 Crown Imperial Ghia, V-8						
4d 8P Limo	1,680	5,040	8,400	18,900	29,400	42,000
1958 Imperial Custom, V-8						
2d HT S Hamp	1,280	3,840	6,400	14,400	22,400	32,000
4d HT S Hamp	1,040	3,120	5,200	11,700	18,200	26,000
4d Sed	960	2,880	4,800	10,800	16,800	24,000
1958 Imperial Crown, V-8						
2d Conv	4,000	12,000	20,000	45,000	70,000	100,000
2d HT S Hamp	1,320	3,960	6,600	14,850	23,100	33,000
4d HT S Hamp	1,080	3,240	5,400	12,150	18,900	27,000
4d Sed	1,000	3,000	5,000	11,250	17,500	25,000
1958 Imperial LeBaron, V-8						
4d Sed	1,040	3,120	5,200	11,700	18,200	26,000
4d HT S Hamp	1,120	3,360	5,600	12,600	19,600	28,000
1958 Crown Imperial Ghia, V-8						
4d Limo	1,680	5,040	8,400	18,900	29,400	42,000
1959 Imperial Custom, V-8						
4d Sed	800	2,400	4,000	9,000	14,000	20,000
4d HT S Hamp	920	2,760	4,600	10,350	16,100	23,000
2d HT S Hamp	1,200	3,600	6,000	13,500	21,000	30,000
1959 Imperial Crown, V-8						
2d Conv	4,400	13,200	22,000	49,500	77,000	110,000
2d HT S Hamp	1,400	4,200	7,000	15,750	24,500	35,000
4d Sed	840	2,520	4,200	9,450	14,700	21,000
4d HT S Hamp	960	2,880	4,800	10,800	16,800	24,000
1959 Imperial LeBaron, V-8						
4d Sed	880	2,640	4,400	9,900	15,400	22,000
4d HT S Hamp	1,000	3,000	5,000	11,250	17,500	25,000
1959 Crown Imperial Ghia, V-8						
4d Limo	1,840	5,520	9,200	20,700	32,200	46,000
1960 Imperial Custom, V-8						
2d HT S Hamp	1,040	3,120	5,200	11,700	18,200	26,000
4d HT S Hamp	760	2,280	3,800	8,550	13,300	19,000
4d Sed	680	2,040	3,400	7,650	11,900	17,000
1960 Imperial Crown, V-8						
2d Conv	3,920	11,760	19,600	44,100	68,600	98,000
2d HT S Hamp	1,120	3,360	5,600	12,600	19,600	28,000
4d HT S Hamp	920	2,760	4,600	10,350	16,100	23,000
4d Sed	800	2,400	4,000	9,000	14,000	20,000
1960 Imperial LeBaron, V-8						
4d Sed	820	2,460	4,100	9,230	14,350	20,500
4d HT S Hamp	940	2,820	4,700	10,580	16,450	23,500
1960 Crown Imperial Ghia, V-8						
4d Limo	1,760	5,280	8,800	19,800	30,800	44,000
1961 Imperial Custom, V-8						
2d HT S Hamp	740	2,220	3,700	8,330	12,950	18,500
4d HT S Hamp	680	2,040	3,400	7,650	11,900	17,000
1961 Imperial Crown, V-8						
2d Conv	3,200	9,600	16,000	36,000	56,000	80,000

	6	5	4	3	2	1
2d HT S Hamp	880	2,640	4,400	9,900	15,400	22,000
4d HT S Hamp	720	2,160	3,600	8,100	12,600	18,000
1961 Imperial LeBaron, V-8						
4d HT S Hamp	720	2,160	3,600	8,100	12,600	18,000
1961 Crown Imperial Ghia, V-8						
4d Limo	1,520	4,560	7,600	17,100	26,600	38,000
1962 Imperial Custom, V-8						
2d HT S Hamp	760	2,280	3,800	8,550	13,300	19,000
4d HT S Hamp	680	2,040	3,400	7,650	11,900	17,000
1962 Imperial Crown, V-8						
2d Conv	3,200	9,600	16,000	36,000	56,000	80,000
2d HT S Hamp	880	2,640	4,400	9,900	15,400	22,000
4d HT S Hamp	720	2,160	3,600	8,100	12,600	18,000
1962 Imperial LeBaron, V-8						
4d HT S Hamp	720	2,160	3,600	8,100	12,600	18,000
1963 Imperial Custom, V-8						
2d HT S Hamp	740	2,220	3,700	8,330	12,950	18,500
4d HT S Hamp	680	2,040	3,400	7,650	11,900	17,000
1963 Imperial Crown, V-8						
2d Conv	3,120	9,360	15,600	35,100	54,600	78,000
2d HT S Hamp	800	2,400	4,000	9,000	14,000	20,000
4d HT S Hamp	720	2,160	3,600	8,100	12,600	18,000
1963 Imperial LeBaron, V-8						
4d HT S Hamp	720	2,160	3,600	8,100	12,600	18,000
1963 Crown Imperial Ghia, V-8						
4d 8P Sed	1,240	3,720	6,200	13,950	21,700	31,000
4d 8P Limo	1,440	4,320	7,200	16,200	25,200	36,000
1964 Imperial Crown, V-8						
2d Conv	1,840	5,520	9,200	20,700	32,200	46,000
2d HT	760	2,280	3,800	8,550	13,300	19,000
4d HT	700	2,100	3,500	7,880	12,250	17,500
1964 Imperial LeBaron, V-8						
4d HT	780	2,340	3,900	8,780	13,650	19,500
1964 Crown Imperial Ghia, V-8						
4d Limo	1,360	4,080	6,800	15,300	23,800	34,000
1965 Imperial Crown, V-8						
2d Conv	1,800	5,400	9,000	20,250	31,500	45,000
2d HT	760	2,280	3,800	8,550	13,300	19,000
4d HT	720	2,160	3,600	8,100	12,600	18,000
1965 Imperial LeBaron, V-8						
4d HT	780	2,340	3,900	8,780	13,650	19,500
1965 Crown Imperial Ghia, V-8						
4d Limo	1,040	3,120	5,200	11,700	18,200	26,000
1966 Imperial Crown, V-8						
2d Conv	1,800	5,400	9,000	20,250	31,500	45,000
2d HT	800	2,400	4,000	9,000	14,000	20,000
4d HT	760	2,280	3,800	8,550	13,300	19,000
1966 Imperial LeBaron, V-8						
4d HT	840	2,520	4,200	9,450	14,700	21,000
1967 Imperial, V-8						
2d Conv	1,120	3,360	5,600	12,600	19,600	28,000
4d Sed	780	2,340	3,900	8,780	13,650	19,500
1967 Imperial Crown, V-8						
4d HT	800	2,400	4,000	9,000	14,000	20,000
2d HT	900	2,700	4,500	10,130	15,750	22,500
1967 Imperial LeBaron, V-8						
4d HT	820	2,460	4,100	9,230	14,350	20,500
1968 Imperial Crown, V-8						
2d Conv	1,120	3,360	5,600	12,600	19,600	28,000
2d HT	900	2,700	4,500	10,130	15,750	22,500
4d HT	800	2,400	4,000	9,000	14,000	20,000
4d Sed	740	2,220	3,700	8,330	12,950	18,500
1968 Imperial LeBaron, V-8						
4d HT	860	2,580	4,300	9,680	15,050	21,500
1969 Imperial Crown, V-8						
2d HT	600	1,800	3,000	6,750	10,500	15,000
4d HT	460	1,380	2,300	5,180	8,050	11,500
4d Sed	440	1,320	2,200	4,950	7,700	11,000
1969 Imperial LeBaron, V-8						
2d HT	620	1,860	3,100	6,980	10,850	15,500
4d HT	460	1,380	2,300	5,180	8,050	11,500
1970 Imperial Crown, V-8						
2d HT	640	1,920	3,200	7,200	11,200	16,000
4d HT	500	1,500	2,500	5,630	8,750	12,500
1970 Imperial LeBaron, V-8						
2d HT	660	1,980	3,300	7,430	11,550	16,500

	6	5	4	3	2	1
4d HT	600	1,800	3,000	6,750	10,500	15,000
1971 Imperial LeBaron, V-8						
2d HT	480	1,440	2,400	5,400	8,400	12,000
4d HT	320	960	1,600	3,600	5,600	8,000
1972 Imperial LeBaron, V-8						
2d HT	380	1,140	1,900	4,280	6,650	9,500
4d HT	320	960	1,600	3,600	5,600	8,000
1973 Imperial LeBaron, V-8						
2d HT	308	924	1,540	3,470	5,390	7,700
4d HT	248	744	1,240	2,790	4,340	6,200
1974 Imperial LeBaron, V-8						
2d HT	276	828	1,380	3,110	4,830	6,900
4d HT	232	696	1,160	2,610	4,060	5,800
1975 Imperial LeBaron, V-8						
2d HT	264	792	1,320	2,970	4,620	6,600
4d HT	220	660	1,100	2,480	3,850	5,500

NOTE: Add 20 percent for Crown Coupe package (Orig. price $569.).

CORD

	6	5	4	3	2	1
1930 Series L-29, 8-cyl., 137.5" wb						
4d 5P Sed	4,220	12,660	21,100	47,480	73,850	105,500
4d 5P Brgm	4,400	13,200	22,000	49,500	77,000	110,000
2d 4P Conv 2-4 Pas	9,800	29,400	49,000	110,250	171,500	245,000
4d Conv Sed	10,160	30,480	50,800	114,300	177,800	254,000
1931 Series L-29, 8-cyl., 137.5" wb						
4d 5P Sed	4,260	12,780	21,300	47,930	74,550	106,500
4d 5P Brgm	4,440	13,320	22,200	49,950	77,700	111,000
2d 2-4P Cabr	12,600	37,800	63,000	141,750	220,500	315,000
4d Conv Sed	10,160	30,480	50,800	114,300	177,800	254,000
1932 Series L-29, 8-cyl., 137.5" wb						
4d 5P Sed	4,260	12,780	21,300	47,930	74,550	106,500
4d 5P Brgm	4,440	13,320	22,200	49,950	77,700	111,000
2d 2-4P Conv	9,800	29,400	49,000	110,250	171,500	245,000
4d Conv Sed	10,160	30,480	50,800	114,300	177,800	254,000
1936 Model 810, 8-cyl., 125" wb						
4d West Sed	3,190	9,580	15,960	35,910	55,860	79,800
4d Bev Sed	3,220	9,660	16,100	36,230	56,350	80,500
2d Sportsman	9,200	27,600	46,000	103,500	161,000	230,000
2d Phae	8,520	25,560	42,600	95,850	149,100	213,000
1937 Model 812, 8-cyl., 125" wb						
4d West Sed	5,600	16,800	28,000	63,000	98,000	140,000
4d Bev Sed	3,220	9,660	16,100	36,230	56,350	80,500
2d Sportsman	12,000	36,000	60,000	135,000	210,000	300,000
2d Phae	7,800	23,400	39,000	87,750	136,500	195,000
1937 Model 812, 8-cyl., 132" wb						
4d Cus Bev	3,470	10,420	17,360	39,060	60,760	86,800
4d Cus Berline	3,580	10,740	17,900	40,280	62,650	89,500

NOTE: Add 40 percent for S/C Models.
Values for custom-bodied cars are inestimable.

CROSLEY

	6	5	4	3	2	1
1939 2-cyl., 80" wb						
Conv	640	1,920	3,200	7,200	11,200	16,000
1940 2-cyl., 80" wb						
Conv	640	1,920	3,200	7,200	11,200	16,000
Sed	560	1,680	2,800	6,300	9,800	14,000
Sta Wag	580	1,740	2,900	6,530	10,150	14,500
1941 2-cyl., 80" wb						
Conv	640	1,920	3,200	7,200	11,200	16,000
Sed	560	1,680	2,800	6,300	9,800	14,000
Sta Wag	580	1,740	2,900	6,530	10,150	14,500
1942 4-cyl., 80" wb						
Conv	640	1,920	3,200	7,200	11,200	16,000
Sed	560	1,680	2,800	6,300	9,800	14,000
Sta Wag	580	1,740	2,900	6,530	10,150	14,500
1946-47-48 4-cyl., 80" wb						
Conv	420	1,260	2,100	4,730	7,350	10,500
Sed	340	1,020	1,700	3,830	5,950	8,500
Sta Wag	350	1,060	1,760	3,960	6,160	8,800
1949 4-cyl., 80" wb						
Conv	420	1,260	2,100	4,730	7,350	10,500
Sed	340	1,020	1,700	3,830	5,950	8,500
Sta Wag	350	1,060	1,760	3,960	6,160	8,800
1950 Standard, 4-cyl., 80" wb						
Conv	420	1,260	2,100	4,730	7,350	10,500
Sed	340	1,020	1,700	3,830	5,950	8,500

	6	5	4	3	2	1
Sta Wag	350	1,060	1,760	3,960	6,160	8,800
1950 Super, 4-cyl., 80" wb						
Conv	420	1,270	2,120	4,770	7,420	10,600
Sed	340	1,030	1,720	3,870	6,020	8,600
Sta Wag	360	1,070	1,780	4,010	6,230	8,900
1950 Hot Shot, 4-cyl., 85" wb						
Rds	680	2,040	3,400	7,650	11,900	17,000
1951 Standard, 4-cyl., 80" wb						
Cpe	340	1,020	1,700	3,830	5,950	8,500
Sta Wag	350	1,060	1,760	3,960	6,160	8,800
1951 Super, 4-cyl., 80" wb						
Conv	420	1,270	2,120	4,770	7,420	10,600
Sed	340	1,030	1,720	3,870	6,020	8,600
Sta Wag	360	1,070	1,780	4,010	6,230	8,900
1951 Hot Shot, 4-cyl., 85" wb						
Rds	680	2,040	3,400	7,650	11,900	17,000
1952 Standard, 4-cyl., 80" wb						
Cpe	340	1,020	1,700	3,830	5,950	8,500
Sta Wag	350	1,060	1,760	3,960	6,160	8,800
1952 Super, 4-cyl., 80" wb						
Conv	420	1,270	2,120	4,770	7,420	10,600
Sed	340	1,030	1,720	3,870	6,020	8,600
Sta Wag	360	1,070	1,780	4,010	6,230	8,900
1952 Hot Shot, 4-cyl., 85" wb						
Rds	680	2,040	3,400	7,650	11,900	17,000

DELOREAN

	6	5	4	3	2	1
1981-83 DMC-12, V-6						
2d Gullwing Cpe	1,560	4,680	7,800	19,500	27,300	39,000

DESOTO

	6	5	4	3	2	1
1929 Model K, 6-cyl.						
2d Rds.	2,040	6,120	10,200	22,950	35,700	51,000
4d Phae.	2,120	6,360	10,600	23,850	37,100	53,000
2d Bus Cpe	1,000	3,000	5,000	11,250	17,500	25,000
2d DeL Cpe	980	2,940	4,900	11,030	17,150	24,500
2d Sed.	900	2,700	4,500	10,130	15,750	22,500
4d Sed.	910	2,730	4,550	10,240	15,930	22,750
4d DeL Sed	920	2,760	4,600	10,350	16,100	23,000
1930 Model CK, 6-cyl.						
2d Rds.	2,000	6,000	10,000	22,500	35,000	50,000
4d Phae.	2,080	6,240	10,400	23,400	36,400	52,000
2d Bus Cpe	980	2,940	4,900	11,030	17,150	24,500
2d DeL Cpe	1,000	3,000	5,000	11,250	17,500	25,000
2d Sed.	880	2,650	4,420	9,950	15,470	22,100
4d Sed.	920	2,760	4,600	10,350	16,100	23,000
1930 Model CF, 8-cyl.						
2d Rds.	2,080	6,240	10,400	23,400	36,400	52,000
4d Phae.	2,200	6,600	11,000	24,750	38,500	55,000
2d Bus Cpe	1,000	3,000	5,000	11,250	17,500	25,000
2d DeL Cpe	1,020	3,060	5,100	11,480	17,850	25,500
4d Sed.	920	2,760	4,600	10,350	16,100	23,000
4d DeL Sed	860	2,580	4,300	9,680	15,050	21,500
2d Conv.	2,080	6,240	10,400	23,400	36,400	52,000
1931 Model SA, 6-cyl.						
2d Rds.	2,120	6,360	10,600	23,850	37,100	53,000
4d Phae.	2,200	6,600	11,000	24,750	38,500	55,000
2d Cpe.	980	2,940	4,900	11,030	17,150	24,500
2d DeL Cpe.	1,040	3,120	5,200	11,700	18,200	26,000
2d Sed.	900	2,700	4,500	10,130	15,750	22,500
4d Sed.	910	2,720	4,540	10,220	15,890	22,700
4d Sed.	920	2,760	4,600	10,350	16,100	23,000
2d Conv.	1,720	5,160	8,600	19,350	30,100	43,000
1931 Model CF, 8-cyl.						
2d Rds.	2,160	6,480	10,800	24,300	37,800	54,000
2d Bus Cpe	1,060	3,180	5,300	11,930	18,550	26,500
2d DeL Cpe.	1,080	3,240	5,400	12,150	18,900	27,000
4d Sed.	930	2,800	4,660	10,490	16,310	23,300
4d DeL Sed	940	2,820	4,700	10,580	16,450	23,500
2d Conv.	1,720	5,160	8,600	19,350	30,100	43,000
1932 SA, 6-cyl., 109" wb						
4d Phae.	2,160	6,480	10,800	24,300	37,800	54,000
2d Rds.	2,120	6,360	10,600	23,850	37,100	53,000
2d Cpe.	1,080	3,240	5,400	12,150	18,900	27,000
2d DeL Cpe.	1,060	3,180	5,300	11,930	18,550	26,500
2d Conv.	1,640	4,920	8,200	18,450	28,700	41,000

	6	5	4	3	2	1
2d Sed	900	2,700	4,500	10,130	15,750	22,500
4d Sed	910	2,720	4,540	10,220	15,890	22,700
4d DeL Sed	1,000	3,000	5,000	11,250	17,500	25,000
1932 SC, 6-cyl., 112" wb						
2d Conv Sed	2,080	6,240	10,400	23,400	36,400	52,000
2d Rds	2,120	6,360	10,600	23,850	37,100	53,000
4d Phae	2,160	6,480	10,800	24,300	37,800	54,000
2d Conv	2,000	6,000	10,000	22,500	35,000	50,000
2d Bus Cpe	1,060	3,180	5,300	11,930	18,550	26,500
2d RS Cpe	1,080	3,240	5,400	12,150	18,900	27,000
4d Sed	940	2,820	4,700	10,580	16,450	23,500
4d DeL Sed	960	2,880	4,800	10,800	16,800	24,000
1932 CF, 8-cyl., 114" wb						
2d Rds	2,160	6,480	10,800	24,300	37,800	54,000
2d Bus Cpe	1,080	3,240	5,400	12,150	18,900	27,000
2d DeL Cpe	1,100	3,300	5,500	12,380	19,250	27,500
4d Brgm	940	2,820	4,700	10,580	16,450	23,500
4d Sed	1,200	3,600	6,000	13,500	21,000	30,000
4d DeL Sed	1,220	3,660	6,100	13,730	21,350	30,500
1933 SD, 6-cyl.						
2d Conv	2,160	6,480	10,800	24,300	37,800	54,000
2d Conv Sed	2,240	6,720	11,200	25,200	39,200	56,000
2d 2P Cpe	1,380	4,140	6,900	15,530	24,150	34,500
2d RS Cpe	1,400	4,200	7,000	15,750	24,500	35,000
2d DeL Cpe	1,400	4,200	7,000	15,750	24,500	35,000
2d Std Brgm	1,110	3,320	5,540	12,470	19,390	27,700
4d Cus Brgm	900	2,700	4,500	10,130	15,750	22,500
4d Sed	880	2,640	4,400	9,900	15,400	22,000
4d Cus Sed	890	2,680	4,460	10,040	15,610	22,300
1934 Airflow SE, 6-cyl.						
2d Cpe	2,020	6,060	10,100	22,730	35,350	50,500
4d Brgm	1,940	5,820	9,700	21,830	33,950	48,500
4d Sed	1,780	5,340	8,900	20,030	31,150	44,500
4d Twn Sed	1,820	5,460	9,100	20,480	31,850	45,500
1935 Airstream, 6-cyl.						
2d Bus Cpe	1,160	3,480	5,800	13,050	20,300	29,000
2d Cpe	1,180	3,540	5,900	13,280	20,650	29,500
2d Conv	1,840	5,520	9,200	20,700	32,200	46,000
2d Sed	1,020	3,060	5,100	11,480	17,850	25,500
2d Tr Sed	1,020	3,070	5,120	11,520	17,920	25,600
4d Sed	810	2,440	4,060	9,140	14,210	20,300
4d Tr Sed	820	2,460	4,100	9,230	14,350	20,500
1935 Airflow, 6-cyl.						
2d Bus Cpe	1,920	5,760	9,600	21,600	33,600	48,000
2d Cpe	2,000	6,000	10,000	22,500	35,000	50,000
4d Sed	1,720	5,160	8,600	19,350	30,100	43,000
4d Twn Sed	1,800	5,400	9,000	20,250	31,500	45,000
1936 DeLuxe Airstream S-1, 6-cyl.						
2d Bus Cpe	1,160	3,480	5,800	13,050	20,300	29,000
4d Tr Brgm	850	2,560	4,260	9,590	14,910	21,300
4d Tr Sed	840	2,520	4,200	9,450	14,700	21,000
1936 Custom Airstream S-1, 6-cyl.						
2d Bus Cpe	1,180	3,540	5,900	13,280	20,650	29,500
2d Cpe	1,200	3,600	6,000	13,500	21,000	30,000
2d Conv	2,000	6,000	10,000	22,500	35,000	50,000
4d Tr Brgm	870	2,600	4,340	9,770	15,190	21,700
4d Tr Sed	880	2,630	4,380	9,860	15,330	21,900
4d Conv Sed	1,640	4,920	8,200	18,450	28,700	41,000
4d Trv Sed	890	2,660	4,440	9,990	15,540	22,200
4d 7P Sed	890	2,680	4,460	10,040	15,610	22,300
1936 Airflow III S-2, 6-cyl.						
2d Cpe	1,940	5,820	9,700	21,830	33,950	48,500
4d Sed	1,700	5,100	8,500	19,130	29,750	42,500
1937 S-3, 6-cyl.						
2d Conv	2,080	6,240	10,400	23,400	36,400	52,000
4d Conv Sed	2,120	6,360	10,600	23,850	37,100	53,000
2d Bus Cpe	9,000	27,000	45,000	101,250	157,500	225,000
2d Cpe	920	2,760	4,600	10,350	16,100	23,000
4d Brgm	800	2,390	3,980	8,960	13,930	19,900
4d Tr Brgm	800	2,400	4,000	9,000	14,000	20,000
4d Sed	800	2,410	4,020	9,050	14,070	20,100
4d Tr Sed	810	2,420	4,040	9,090	14,140	20,200
4d 7P Sed	810	2,440	4,060	9,140	14,210	20,300
4d Limo	860	2,580	4,300	9,680	15,050	21,500
1938 S-5, 6-cyl.						
2d Conv	2,080	6,240	10,400	23,400	36,400	52,000

	6	5	4	3	2	1
4d Conv Sed	2,120	6,360	10,600	23,850	37,100	53,000
2d Bus Cpe	9,000	27,000	45,000	101,250	157,500	225,000
2d Cpe	1,160	3,480	5,800	13,050	20,300	29,000
4d Tr Brgm	810	2,440	4,060	9,140	14,210	20,300
4d Sed	820	2,460	4,100	9,230	14,350	20,500
4d Tr Sed	820	2,470	4,120	9,270	14,420	20,600
4d 7P Sed	840	2,530	4,220	9,500	14,770	21,100
4d Limo	900	2,700	4,500	10,130	15,750	22,500
1939 S-6 DeLuxe, 6-cyl.						
2d Bus Cpe	920	2,760	4,600	10,350	16,100	23,000
2d Cpe	940	2,820	4,700	10,580	16,450	23,500
4d Tr Sed	810	2,440	4,060	9,140	14,210	20,300
4d Tr Sed	820	2,460	4,100	9,230	14,350	20,500
4d Limo	900	2,700	4,500	10,130	15,750	22,500
1939 S-6 Custom, 6-cyl.						
2d Cpe	940	2,820	4,700	10,580	16,450	23,500
2d Cus Cpe	960	2,880	4,800	10,800	16,800	24,000
2d Cus Clb Cpe	980	2,940	4,900	11,030	17,150	24,500
2d Tr Sed	840	2,520	4,200	9,450	14,700	21,000
4d Tr Sed	840	2,530	4,220	9,500	14,770	21,100
4d 7P Sed	850	2,540	4,240	9,540	14,840	21,200
4d Limo	940	2,820	4,700	10,580	16,450	23,500
1940 S-7 DeLuxe, 6-cyl.						
2d Bus Cpe	900	2,700	4,500	10,130	15,750	22,500
2d Cpe	960	2,880	4,800	10,800	16,800	24,000
2d Tr Sed	850	2,540	4,240	9,540	14,840	21,200
4d Tr Sed	860	2,580	4,300	9,680	15,050	21,500
4d 7P Sed	880	2,640	4,400	9,900	15,400	22,000
1940 S-7 Custom, 6-cyl.						
2d Conv	1,920	5,760	9,600	21,600	33,600	48,000
2d 2P Cpe	980	2,940	4,900	11,030	17,150	24,500
2d Clb Cpe	1,000	3,000	5,000	11,250	17,500	25,000
2d Sed	860	2,580	4,300	9,680	15,050	21,500
4d Sed	820	2,460	4,100	9,230	14,350	20,500
4d 7P Sed	840	2,520	4,200	9,450	14,700	21,000
4d Limo	900	2,700	4,500	10,130	15,750	22,500
1941 S-8 DeLuxe, 6-cyl.						
2d Bus Cpe	940	2,820	4,700	10,580	16,450	23,500
2d Cpe	960	2,880	4,800	10,800	16,800	24,000
2d Sed	860	2,580	4,300	9,680	15,050	21,500
4d Sed	860	2,590	4,320	9,720	15,120	21,600
2d 7P Sed	920	2,760	4,600	10,350	16,100	23,000
1941 S-8 Custom, 6-cyl.						
2d Conv	1,960	5,880	9,800	22,050	34,300	49,000
2d Cpe	1,000	3,000	5,000	11,250	17,500	25,000
2d Clb Cpe	1,020	3,060	5,100	11,480	17,850	25,500
2d Brgm	870	2,620	4,360	9,810	15,260	21,800
4d Sed	880	2,630	4,380	9,860	15,330	21,900
4d Twn Sed	880	2,640	4,400	9,900	15,400	22,000
4d 7P Sed	920	2,760	4,600	10,350	16,100	23,000
4d Limo	940	2,820	4,700	10,580	16,450	23,500
1942 S-10 DeLuxe, 6-cyl.						
2d Bus Cpe	960	2,880	4,800	10,800	16,800	24,000
2d Cpe	980	2,940	4,900	11,030	17,150	24,500
2d Sed	900	2,710	4,520	10,170	15,820	22,600
4d Sed	910	2,720	4,540	10,220	15,890	22,700
4d Twn Sed	910	2,740	4,560	10,260	15,960	22,800
4d 7P Sed	960	2,890	4,820	10,850	16,870	24,100
1942 2d S-10 Custom, 6-cyl.						
2d Conv	1,600	4,800	8,000	18,000	28,000	40,000
2d Cpe	980	2,940	4,900	11,030	17,150	24,500
2d Clb Cpe	1,000	3,000	5,000	11,250	17,500	25,000
4d Brgm	920	2,760	4,600	10,350	16,100	23,000
4d Sed	920	2,770	4,620	10,400	16,170	23,100
4d Twn Sed	940	2,820	4,700	10,580	16,450	23,500
4d 7P Sed	980	2,940	4,900	11,030	17,150	24,500
4d Limo	990	2,960	4,940	11,120	17,290	24,700
1946-48 S-11 DeLuxe, 6-cyl.						
2d Cpe	700	2,100	3,500	7,880	12,250	17,500
2d Clb Cpe	760	2,280	3,800	8,550	13,300	19,000
2d Sed	640	1,920	3,200	7,200	11,200	16,000
4d Sed	652	1,956	3,260	7,340	11,410	16,300
1946-48 S-11 Custom, 6-cyl.						
2d Conv	1,600	4,800	8,000	18,000	28,000	40,000
2d Clb Cpe	780	2,340	3,900	8,780	13,650	19,500
2d Sed	652	1,956	3,260	7,340	11,410	16,300

	6	5	4	3	2	1
4d Sed	660	1,980	3,300	7,430	11,550	16,500
4d 7P Sed	680	2,040	3,400	7,650	11,900	17,000
4d Limo	840	2,520	4,200	9,450	14,700	21,000
4d Sub	940	2,820	4,700	10,580	16,450	23,500
1949 S-13 DeLuxe, 6-cyl.						
First Series values and same as 1947-48.						
2d Clb Cpe	760	2,280	3,800	8,550	13,300	19,000
4d Sed	700	2,100	3,500	7,880	12,250	17,500
4d C-A Sed	708	2,124	3,540	7,970	12,390	17,700
4d Sta Wag	3,080	9,240	15,400	34,650	53,900	77,000
1949 S-13 Custom, 6-cyl.						
2d Conv	1,480	4,440	7,400	16,650	25,900	37,000
2d Clb Cpe	780	2,340	3,900	8,780	13,650	19,500
4d Sed	720	2,160	3,600	8,100	12,600	18,000
4d 8P Sed	740	2,220	3,700	8,330	12,950	18,500
4d Sub	840	2,520	4,200	9,450	14,700	21,000
1950 S-14 DeLuxe, 6-cyl.						
2d Clb Cpe	740	2,220	3,700	8,330	12,950	18,500
4d Sed	700	2,100	3,500	7,880	12,250	17,500
4d C-A Sed	708	2,124	3,540	7,970	12,390	17,700
4d 8P Sed	720	2,160	3,600	8,100	12,600	18,000
1950 S-14 Custom, 6-cyl.						
2d Conv	1,520	4,560	7,600	17,100	26,600	38,000
2d HT Sptman	920	2,760	4,600	10,350	16,100	23,000
2d Clb Cpe	760	2,280	3,800	8,550	13,300	19,000
4d Sed	720	2,160	3,600	8,100	12,600	18,000
4d 6P Sta Wag	3,080	9,240	15,400	34,650	53,900	77,000
4d Stl Sta Wag	880	2,640	4,400	9,900	15,400	22,000
4d 8P Sed	752	2,256	3,760	8,460	13,160	18,800
4d Sub Sed	740	2,220	3,700	8,330	12,950	18,500
1951-52 DeLuxe, 6-cyl., 125.5" wb						
4d Sed	692	2,076	3,460	7,790	12,110	17,300
2d Clb Cpe	740	2,220	3,700	8,330	12,950	18,500
4d C-A Sed	692	2,076	3,460	7,790	12,110	17,300
1951-52 DeLuxe, 6-cyl., 139.5" wb						
4d Sed	696	2,088	3,480	7,830	12,180	17,400
1951-52 Custom, 6-cyl., 125.5" wb						
4d Sed	700	2,100	3,500	7,880	12,250	17,500
2d Clb Cpe	760	2,280	3,800	8,550	13,300	19,000
2d HT Sptman	1,000	3,000	5,000	11,250	17,500	25,000
2d Conv	1,520	4,560	7,600	17,100	26,600	38,000
4d Sta Wag	920	2,760	4,600	10,350	16,100	23,000
1951-52 Custom, 6-cyl., 139.5" wb						
4d Sed	708	2,124	3,540	7,970	12,390	17,700
4d Sub	720	2,160	3,600	8,100	12,600	18,000
1951-52 Firedome, V-8, 125.5" wb (1952 only)						
4d Sed	720	2,160	3,600	8,100	12,600	18,000
2d Clb Cpe	840	2,520	4,200	9,450	14,700	21,000
2d HT Sptman	1,040	3,120	5,200	11,700	18,200	26,000
2d Conv	1,640	4,920	8,200	18,450	28,700	41,000
4d Sta Wag	920	2,760	4,600	10,350	16,100	23,000
1951-52 Firedome, V-8, 139.5" wb (1952 only)						
4d 8P Sed	740	2,220	3,700	8,330	12,950	18,500
1953-54 Powermaster Six, 6-cyl., 125.5" wb						
4d Sed	680	2,040	3,400	7,650	11,900	17,000
2d Clb Cpe	700	2,100	3,500	7,880	12,250	17,500
4d Sta Wag	900	2,690	4,480	10,080	15,680	22,400
2d HT Sptman (1953 only)	920	2,760	4,600	10,350	16,100	23,000
1953-54 Powermaster Six, 6-cyl., 139.5" wb						
4d Sed	672	2,016	3,360	7,560	11,760	16,800
1953-54 Firedome, V-8, 125.5" wb						
4d Sed	704	2,112	3,520	7,920	12,320	17,600
2d Clb Cpe	740	2,220	3,700	8,330	12,950	18,500
2d HT Sptman	1,040	3,120	5,200	11,700	18,200	26,000
2d Conv	1,640	4,920	8,200	18,450	28,700	41,000
4d Sta Wag	920	2,760	4,600	10,350	16,100	23,000
1953-54 Firedome, V-8, 139.5" wb						
4d Sed	720	2,160	3,600	8,100	12,600	18,000
1955 Firedome, V-8						
4d Sed	890	2,680	4,460	10,040	15,610	22,300
2d HT	1,200	3,600	6,000	13,500	21,000	30,000
2d HT Sptman	1,320	3,960	6,600	14,850	23,100	33,000
2d Conv	2,480	7,440	12,400	27,900	43,400	62,000
4d Sta Wag	1,480	4,440	7,400	16,650	25,900	37,000
1955 Fireflite, V-8						
4d Sed	910	2,740	4,560	10,260	15,960	22,800

	6	5	4	3	2	1
2d HT Sptman	1,360	4,080	6,800	15,300	23,800	34,000
2d Conv	3,480	10,440	17,400	39,150	60,900	87,000
1956 Firedome, V-8						
4d Sed	860	2,580	4,300	9,680	15,050	21,500
4d HT Sev	960	2,880	4,800	10,800	16,800	24,000
4d HT Sptman	1,120	3,360	5,600	12,600	19,600	28,000
2d HT Sev	1,240	3,720	6,200	13,950	21,700	31,000
2d HT Sptman	1,320	3,960	6,600	14,850	23,100	33,000
2d Conv	2,480	7,440	12,400	27,900	43,400	62,000
4d Sta Wag	1,480	4,440	7,400	16,650	25,900	37,000
1956 Fireflite, V-8						
4d Sed	880	2,640	4,400	9,900	15,400	22,000
4d HT Sptman	1,080	3,240	5,400	12,150	18,900	27,000
2d HT Sptman	1,400	4,200	7,000	15,750	24,500	35,000
2d Conv	3,740	11,220	18,700	42,080	65,450	93,500
2d Conv IPC	3,940	11,820	19,700	44,330	68,950	98,500
1956 Adventurer						
2d HT	2,080	6,240	10,400	23,400	36,400	52,000
1957 Firesweep, V-8, 122" wb						
4d Sed	1,040	3,120	5,200	11,700	18,200	26,000
4d HT Sptman	1,160	3,480	5,800	13,050	20,300	29,000
2d HT Sptman	1,560	4,680	7,800	17,550	27,300	39,000
4d 2S Sta Wag	1,700	5,100	8,500	19,130	29,750	42,500
4d 3S Sta Wag	1,780	5,340	8,900	20,030	31,150	44,500
1957 Firedome, V-8, 126" wb						
4d Sed	1,050	3,140	5,240	11,790	18,340	26,200
4d HT Sptman	1,240	3,720	6,200	13,950	21,700	31,000
2d HT Sptman	1,640	4,920	8,200	18,450	28,700	41,000
2d Conv	3,600	10,800	18,000	40,500	63,000	90,000
1957 Fireflite, V-8, 126" wb						
4d Sed	1,140	3,420	5,700	12,830	19,950	28,500
4d HT Sptman	1,320	3,960	6,600	14,850	23,100	33,000
2d HT Sptman	1,680	5,040	8,400	18,900	29,400	42,000
2d Conv	3,680	11,040	18,400	41,400	64,400	92,000
4d 2S Sta Wag	1,780	5,340	8,900	20,030	31,150	44,500
4d 3S Sta Wag	1,860	5,580	9,300	20,930	32,550	46,500
1957 Fireflite Adventurer, 126" wb						
2d HT	2,520	7,560	12,600	28,350	44,100	63,000
2d Conv	5,220	15,660	26,100	58,730	91,350	130,500
1958 Firesweep, V-8						
4d Sed	1,040	3,120	5,200	11,700	18,200	26,000
4d HT Sptman	1,160	3,480	5,800	13,050	20,300	29,000
2d HT Sptman	1,560	4,680	7,800	17,550	27,300	39,000
2d Conv	3,160	9,480	15,800	35,550	55,300	79,000
4d 2S Sta Wag	1,700	5,100	8,500	19,130	29,750	42,500
4d 3S Sta Wag	1,780	5,340	8,900	20,030	31,150	44,500
1958 Firedome, V-8						
4d Sed	1,050	3,140	5,240	11,790	18,340	26,200
4d HT Sptman	1,240	3,720	6,200	13,950	21,700	31,000
2d HT Sptman	1,640	4,920	8,200	18,450	28,700	41,000
2d Conv	3,600	10,800	18,000	40,500	63,000	90,000
1958 Fireflite, V-8						
4d Sed	1,140	3,420	5,700	12,830	19,950	28,500
4d HT Sptman	1,320	3,960	6,600	14,850	23,100	33,000
2d HT Sptman	1,680	5,040	8,400	18,900	29,400	42,000
2d Conv	3,680	11,040	18,400	41,400	64,400	92,000
4d 2S Sta Wag	1,780	5,340	8,900	20,030	31,150	44,500
4d 3S Sta Wag	1,860	5,580	9,300	20,930	32,550	46,500
1958 Adventurer, V-8						
2d HT	2,520	7,560	12,600	28,350	44,100	63,000
2d Conv	5,220	15,660	26,100	58,730	91,350	130,500
NOTE: With EFI, value inestimable.						
1959 Firesweep, V-8						
4d Sed	1,000	3,000	5,000	11,250	17,500	25,000
4d HT Sptman	1,120	3,360	5,600	12,600	19,600	28,000
2d HT Sptman	1,520	4,560	7,600	17,100	26,600	38,000
2d Conv	3,120	9,360	15,600	35,100	54,600	78,000
4d 2S Sta Wag	1,660	4,980	8,300	18,680	29,050	41,500
4d 3S Sta Wag	1,740	5,220	8,700	19,580	30,450	43,500
1959 Firedome, V-8						
4d Sed	1,020	3,060	5,100	11,480	17,850	25,500
4d HT Sptman	1,200	3,600	6,000	13,500	21,000	30,000
2d HT Sptman	1,600	4,800	8,000	18,000	28,000	40,000
2d Conv	3,760	11,280	18,800	42,300	65,800	94,000
1959 Fireflite, V-8						
4d Sed	1,060	3,180	5,300	11,930	18,550	26,500

	6	5	4	3	2	1
4d HT Sptman	1,240	3,720	6,200	13,950	21,700	31,000
2d HT Sptman	1,600	4,800	8,000	18,000	28,000	40,000
2d Conv	3,600	10,800	18,000	40,500	63,000	90,000
4d 2S Sta Wag	1,700	5,100	8,500	19,130	29,750	42,500
4d 3S Sta Wag	1,780	5,340	8,900	20,030	31,150	44,500
1959 Adventurer, V-8						
2d HT	2,400	7,200	12,000	27,000	42,000	60,000
2d Conv	5,100	15,300	25,500	57,380	89,250	127,500
1960 Fireflite, V-8						
4d Sed	820	2,460	4,100	9,230	14,350	20,500
4d HT	860	2,580	4,300	9,680	15,050	21,500
2d HT	1,160	3,480	5,800	13,050	20,300	29,000
1960 Adventurer, V-8						
4d Sed	840	2,520	4,200	9,450	14,700	21,000
4d HT	920	2,760	4,600	10,350	16,100	23,000
2d HT	1,240	3,720	6,200	13,950	21,700	31,000
1961 Fireflite, V-8						
4d HT	940	2,820	4,700	10,580	16,450	23,500
2d HT	1,280	3,840	6,400	14,400	22,400	32,000

DODGE

1914 4-cyl., 110" wb						
(Serial # 1-249.)						
4d Tr	1,100	3,300	5,500	12,380	19,250	27,500
1915 4-cyl., 110" wb						
2d Rds	1,060	3,180	5,300	11,930	18,550	26,500
4d Tr	1,100	3,300	5,500	12,380	19,250	27,500
1916 4-cyl., 110" wb						
2d Rds	1,060	3,180	5,300	11,930	18,550	26,500
2d W.T. Rds	1,100	3,300	5,500	12,380	19,250	27,500
4d Tr	1,140	3,420	5,700	12,830	19,950	28,500
4d W.T. Tr	1,180	3,540	5,900	13,280	20,650	29,500
1917 4-cyl., 114" wb						
2d Rds	1,090	3,280	5,460	12,290	19,110	27,300
2d W.T. Rds	1,060	3,180	5,300	11,930	18,550	26,500
4d Tr	1,100	3,300	5,500	12,380	19,250	27,500
4d W.T. Tr	1,140	3,420	5,700	12,830	19,950	28,500
2d Cpe	760	2,280	3,800	8,550	13,300	19,000
4d C.D. Sed	740	2,220	3,700	8,330	12,950	18,500
1918 4-cyl., 114" wb						
2d Rds	1,020	3,060	5,100	11,480	17,850	25,500
2d W.T. Rds	1,060	3,180	5,300	11,930	18,550	26,500
4d Tr	1,100	3,300	5,500	12,380	19,250	27,500
4d W.T. Tr	1,140	3,420	5,700	12,830	19,950	28,500
2d Cpe	820	2,460	4,100	9,230	14,350	20,500
4d Sed	780	2,340	3,900	8,780	13,650	19,500
1919 4-cyl., 114" wb						
2d Rds	980	2,940	4,900	11,030	17,150	24,500
4d Tr	1,020	3,060	5,100	11,480	17,850	25,500
2d Cpe	820	2,460	4,100	9,230	14,350	20,500
2d Rex Cpe	840	2,520	4,200	9,450	14,700	21,000
4d Rex Sed	800	2,390	3,980	8,960	13,930	19,900
4d Sed	800	2,400	4,000	9,000	14,000	20,000
4d Dep Hk	780	2,340	3,900	8,780	13,650	19,500
2d Sed Dely	820	2,460	4,100	9,230	14,350	20,500
1920 4-cyl., 114" wb						
2d Rds	940	2,820	4,700	10,580	16,450	23,500
4d Tr	980	2,940	4,900	11,030	17,150	24,500
2d Cpe	660	1,980	3,300	7,430	11,550	16,500
4d Sed	640	1,920	3,200	7,200	11,200	16,000
1921 4-cyl., 114" wb						
2d Rds	940	2,820	4,700	10,580	16,450	23,500
4d Tr	1,200	3,600	6,000	13,500	21,000	30,000
2d Cpe	660	1,980	3,300	7,430	11,550	16,500
4d Sed	640	1,920	3,200	7,200	11,200	16,000
1922 1st series, 4-cyl., 114" wb, (low hood models)						
2d Rds	940	2,820	4,700	10,580	16,450	23,500
4d Tr	960	2,880	4,800	10,800	16,800	24,000
2d Cpe	660	1,980	3,300	7,430	11,550	16,500
4d Sed	640	1,920	3,200	7,200	11,200	16,000
1922 2nd series, 4-cyl., 114" wb, (high hood models)						
2d Rds	960	2,880	4,800	10,800	16,800	24,000
4d Tr	980	2,940	4,900	11,030	17,150	24,500
2d Bus Cpe	640	1,920	3,200	7,200	11,200	16,000
4d Bus Sed	620	1,860	3,100	6,980	10,850	15,500
4d Sed	600	1,800	3,000	6,750	10,500	15,000

	6	5	4	3	2	1
1923 4-cyl., 114" wb						
2d Rds	900	2,700	4,500	10,130	15,750	22,500
4d Tr	880	2,640	4,400	9,900	15,400	22,000
2d Bus Cpe	640	1,920	3,200	7,200	11,200	16,000
4d Bus Sed	620	1,860	3,100	6,980	10,850	15,500
4d Sed	600	1,800	3,000	6,750	10,500	15,000
1924 4-cyl., 116" wb						
2d Rds	940	2,820	4,700	10,580	16,450	23,500
4d Tr	960	2,880	4,800	10,800	16,800	24,000
2d Bus Cpe	660	1,980	3,300	7,430	11,550	16,500
2d 4P Cpe	680	2,040	3,400	7,650	11,900	17,000
4d Bus Sed	660	1,980	3,300	7,430	11,550	16,500
4d Sed	660	1,990	3,320	7,470	11,620	16,600
1924 Special Series (deluxe equip. - introduced Jan. 1924)						
2d Rds	940	2,820	4,700	10,580	16,450	23,500
4d Tr	980	2,940	4,900	11,030	17,150	24,500
2d Bus Cpe	700	2,100	3,500	7,880	12,250	17,500
2d 4P Cpe	720	2,160	3,600	8,100	12,600	18,000
4d Bus Sed	700	2,100	3,500	7,880	12,250	17,500
4d Sed	700	2,110	3,520	7,920	12,320	17,600
1925 4-cyl., 116" wb						
2d Rds	940	2,820	4,700	10,580	16,450	23,500
2d Spl Rds	960	2,880	4,800	10,800	16,800	24,000
4d Tr	980	2,940	4,900	11,030	17,150	24,500
4d Spl Tr	1,000	3,000	5,000	11,250	17,500	25,000
2d Bus Cpe	720	2,160	3,600	8,100	12,600	18,000
2d Spl Bus Cpe	740	2,220	3,700	8,330	12,950	18,500
2d 4P Cpe	720	2,160	3,600	8,100	12,600	18,000
2d Sp Cpe	720	2,160	3,600	8,100	12,600	18,000
4d Bus Sed	700	2,100	3,500	7,880	12,250	17,500
4d Spl Bus Sed	700	2,100	3,500	7,880	12,250	17,500
4d Sed	880	2,640	4,400	9,900	15,400	22,000
4d Spl Sed	710	2,120	3,540	7,970	12,390	17,700
2d Sed	700	2,100	3,500	7,880	12,250	17,500
2d Spl Sed	700	2,110	3,520	7,920	12,320	17,600
1926 4-cyl., 116" wb						
2d Rds	920	2,760	4,600	10,350	16,100	23,000
2d Spl Rds	940	2,820	4,700	10,580	16,450	23,500
2d Spt Rds	950	2,840	4,740	10,670	16,590	23,700
4d Tr	920	2,760	4,600	10,350	16,100	23,000
4d Spl Tr	940	2,820	4,700	10,580	16,450	23,500
4d Spt Tr	980	2,940	4,900	11,030	17,150	24,500
2d Cpe	700	2,100	3,500	7,880	12,250	17,500
2d Spl Cpe	720	2,160	3,600	8,100	12,600	18,000
2d Sed	700	2,100	3,500	7,880	12,250	17,500
2d Spl Sed	700	2,110	3,520	7,920	12,320	17,600
4d Bus Sed	700	2,100	3,500	7,880	12,250	17,500
4d Spl Bus Sed	700	2,110	3,520	7,920	12,320	17,600
4d Sed	700	2,100	3,500	7,880	12,250	17,500
4d Spl Sed	700	2,110	3,520	7,920	12,320	17,600
4d DeL Sed	710	2,120	3,540	7,970	12,390	17,700
1927-28 4-cyl., 116" wb						
2d Rds	1,220	3,660	6,100	13,730	21,350	30,500
2d Spl Rds	1,240	3,720	6,200	13,950	21,700	31,000
2d Spt Rds	1,260	3,780	6,300	14,180	22,050	31,500
2d Cabr	1,200	3,600	6,000	13,500	21,000	30,000
4d Tr	1,200	3,600	6,000	13,500	21,000	30,000
4d Spl Tr	1,220	3,660	6,100	13,730	21,350	30,500
4d Spt Tr	1,240	3,720	6,200	13,950	21,700	31,000
2d Cpe	700	2,100	3,500	7,880	12,250	17,500
2d Spl Cpe	720	2,160	3,600	8,100	12,600	18,000
4d Sed	700	2,100	3,500	7,880	12,250	17,500
4d Spl Sed	700	2,110	3,520	7,920	12,320	17,600
4d DeL Sed	710	2,140	3,560	8,010	12,460	17,800
4d A-P Sed	720	2,160	3,600	8,100	12,600	18,000
1928 "Fast Four", 4-cyl., 108" wb						
2d Cabr	1,240	3,720	6,200	13,950	21,700	31,000
2d Cpe	750	2,240	3,740	8,420	13,090	18,700
4d Sed	740	2,220	3,700	8,330	12,950	18,500
4d DeL Sed	740	2,230	3,720	8,370	13,020	18,600
1928 Standard Series, 6-cyl., 110" wb						
2d Cabr	1,220	3,660	6,100	13,730	21,350	30,500
2d Cpe	780	2,340	3,900	8,780	13,650	19,500
4d Sed	760	2,280	3,800	8,550	13,300	19,000
4d DeL Sed	780	2,340	3,900	8,780	13,650	19,500

	6	5	4	3	2	1
1928 Victory Series, 6-cyl., 112" wb						
4d Tr.	1,360	4,080	6,800	15,300	23,800	34,000
2d Cpe	800	2,400	4,000	9,000	14,000	20,000
2d RS Cpe	860	2,580	4,300	9,680	15,050	21,500
4d Brgm	840	2,520	4,200	9,450	14,700	21,000
1928 Series 2249, Standard 6-cyl., 116" wb						
2d Cabr	1,320	3,960	6,600	14,850	23,100	33,000
4d Brgm	800	2,390	3,980	8,960	13,930	19,900
4d Sed	720	2,160	3,600	8,100	12,600	18,000
4d DeL Sed	780	2,340	3,900	8,780	13,650	19,500
1928 Series 2251, Senior 6-cyl., 116" wb						
2d Cabr	1,400	4,200	7,000	15,750	24,500	35,000
2d Spt Cabr	1,220	3,660	6,100	13,730	21,350	30,500
2d RS Cpe	800	2,400	4,000	9,000	14,000	20,000
2d Spt Cpe	820	2,460	4,100	9,230	14,350	20,500
4d Sed	780	2,340	3,900	8,780	13,650	19,500
4d Spt Sed	800	2,400	4,000	9,000	14,000	20,000
1929 Standard Series, 6-cyl., 110" wb						
2d Bus Cpe	940	2,820	4,700	10,580	16,450	23,500
2d Cpe	960	2,880	4,800	10,800	16,800	24,000
4d Sed	900	2,700	4,500	10,130	15,750	22,500
4d DeL Sed	920	2,760	4,600	10,350	16,100	23,000
4d Spt DeL Sed	940	2,820	4,700	10,580	16,450	23,500
4d A-P Sed	950	2,840	4,740	10,670	16,590	23,700
1929 Victory Series, 6-cyl., 112" wb						
2d Rds	1,800	5,400	9,000	20,250	31,500	45,000
2d Spt Rds	1,840	5,520	9,200	20,700	32,200	46,000
4d Tr.	1,140	3,420	5,700	12,830	19,950	28,500
4d Spt Tr	1,580	4,740	7,900	17,780	27,650	39,500
2d Cpe	980	2,940	4,900	11,030	17,150	24,500
2d DeL Cpe	960	2,880	4,800	10,800	16,800	24,000
4d Sed	920	2,760	4,600	10,350	16,100	23,000
4d Spt Sed	940	2,820	4,700	10,580	16,450	23,500
1929 Standard Series DA, 6-cyl., 63 hp, 112" wb						
(Introduced Jan. 1, 1929.)						
2d Rds	1,880	5,640	9,400	21,150	32,900	47,000
2d Spt Rds	1,920	5,760	9,600	21,600	33,600	48,000
4d Phae	1,960	5,880	9,800	22,050	34,300	49,000
4d Spt Phae	2,000	6,000	10,000	22,500	35,000	50,000
2d Bus Cpe	1,040	3,120	5,200	11,700	18,200	26,000
2d DeL RS Cpe	1,060	3,180	5,300	11,930	18,550	26,500
2d Vic	1,020	3,060	5,100	11,480	17,850	25,500
4d Brgm	960	2,880	4,800	10,800	16,800	24,000
4d Sed	940	2,820	4,700	10,580	16,450	23,500
4d DeL Sed	950	2,860	4,760	10,710	16,660	23,800
4d DeL Spt Sed	960	2,880	4,800	10,800	16,800	24,000
1929 Senior Series, 6-cyl., 120" wb						
2d Rds	1,960	5,880	9,800	22,050	34,300	49,000
2d 2P Cpe	1,100	3,300	5,500	12,380	19,250	27,500
2d RS Spt Cpe	1,140	3,420	5,700	12,830	19,950	28,500
2d Vic Brgm	1,100	3,300	5,500	12,380	19,250	27,500
4d Sed	1,060	3,180	5,300	11,930	18,550	26,500
4d Spt Sed	1,080	3,240	5,400	12,150	18,900	27,000
4d Lan Sed	1,100	3,300	5,500	12,380	19,250	27,500
4d Spt Lan Sed	1,120	3,360	5,600	12,600	19,600	28,000
1930 Series DA, 6-cyl., 112" wb						
2d Rds	1,960	5,880	9,800	22,050	34,300	49,000
4d Phae	2,000	6,000	10,000	22,500	35,000	50,000
2d Bus Cpe	840	2,520	4,200	9,450	14,700	21,000
2d DeL Cpe	860	2,580	4,300	9,680	15,050	21,500
2d Vic	870	2,600	4,340	9,770	15,190	21,700
4d Brgm	840	2,520	4,200	9,450	14,700	21,000
2d Sed	830	2,480	4,140	9,320	14,490	20,700
4d Sed	830	2,500	4,160	9,360	14,560	20,800
4d DeL Sed	860	2,580	4,300	9,680	15,050	21,500
2d RS Rds	2,000	6,000	10,000	22,500	35,000	50,000
2d RS Cpe	940	2,820	4,700	10,580	16,450	23,500
4d Lan Sed	860	2,580	4,300	9,680	15,050	21,500
1930 Series DD, 6-cyl., 109" wb						
(Introduced Jan. 1, 1930.)						
2d RS Rds	1,920	5,760	9,600	21,600	33,600	48,000
4d Phae	1,960	5,880	9,800	22,050	34,300	49,000
2d RS Conv	2,040	6,120	10,200	22,950	35,700	51,000
2d Bus Cpe	960	2,880	4,800	10,800	16,800	24,000
2d RS Cpe	1,000	3,000	5,000	11,250	17,500	25,000
4d Sed	820	2,460	4,100	9,230	14,350	20,500

	6	5	4	3	2	1
1930 Series DC, 8-cyl., 114" wb						
(Introduced Jan. 1, 1930.)						
2d Rds.	1,960	5,880	9,800	22,050	34,300	49,000
2d RS Conv.	1,920	5,760	9,600	21,600	33,600	48,000
4d Phae.	2,000	6,000	10,000	22,500	35,000	50,000
2d Bus Cpe	980	2,940	4,900	11,030	17,150	24,500
2d RS Cpe.	1,020	3,060	5,100	11,480	17,850	25,500
4d Sed.	840	2,520	4,200	9,450	14,700	21,000
1931 Series DH, 6-cyl., 114" wb						
(Introduced Dec. 1, 1930.)						
2d Rds.	2,000	6,000	10,000	22,500	35,000	50,000
2d RS Conv.	1,960	5,880	9,800	22,050	34,300	49,000
2d Bus Cpe	960	2,880	4,800	10,800	16,800	24,000
2d RS Cpe.	1,000	3,000	5,000	11,250	17,500	25,000
4d Sed.	780	2,340	3,900	8,780	13,650	19,500
1931 Series DG, 8-cyl., 118.3" wb						
(Introduced Jan. 1, 1931.)						
2d RS Rds.	2,040	6,120	10,200	22,950	35,700	51,000
2d RS Conv.	2,000	6,000	10,000	22,500	35,000	50,000
4d Phae.	2,080	6,240	10,400	23,400	36,400	52,000
2d RS Cpe.	1,040	3,120	5,200	11,700	18,200	26,000
4d Sed.	920	2,760	4,600	10,350	16,100	23,000
2d 5P Cpe	1,040	3,120	5,200	11,700	18,200	26,000
1932 Series DL, 6-cyl., 114.3" wb						
(Introduced Jan. 1, 1932.)						
2d RS Conv.	1,920	5,760	9,600	21,600	33,600	48,000
2d Bus Cpe	1,000	3,000	5,000	11,250	17,500	25,000
2d RS Cpe.	1,040	3,120	5,200	11,700	18,200	26,000
4d Sed.	860	2,580	4,300	9,680	15,050	21,500
1932 Series DK, 8-cyl., 122" wb						
(Introduced Jan. 1, 1932.)						
2d Conv.	1,960	5,880	9,800	22,050	34,300	49,000
4d Conv Sed	2,040	6,120	10,200	22,950	35,700	51,000
2d RS Cpe.	1,120	3,360	5,600	12,600	19,600	28,000
2d 5P Cpe	1,080	3,240	5,400	12,150	18,900	27,000
4d Sed.	860	2,580	4,300	9,680	15,050	21,500
1933 Series DP, 6-cyl., 111.3" wb						
2d RS Conv.	2,240	6,720	11,200	25,200	39,200	56,000
2d Bus Cpe	1,440	4,320	7,200	16,200	25,200	36,000
2d RS Cpe.	1,460	4,380	7,300	16,430	25,550	36,500
4d Sed.	1,120	3,360	5,600	12,600	19,600	28,000
4d Brgm.	1,130	3,380	5,640	12,690	19,740	28,200
4d DeL Brgm.	1,140	3,420	5,700	12,830	19,950	28,500
NOTE: Second Series DP introduced April 5, 1933 increasing wb from 111" to 115" included in above.						
1933 Series DO, 8-cyl., 122" wb						
2d RS Conv.	2,320	6,960	11,600	26,100	40,600	58,000
4d Conv Sed	2,360	7,080	11,800	26,550	41,300	59,000
2d RS Cpe.	1,560	4,680	7,800	17,550	27,300	39,000
2d Cpe.	1,540	4,620	7,700	17,330	26,950	38,500
4d Sed.	1,220	3,660	6,100	13,730	21,350	30,500
1934 DeLuxe Series DR, 6-cyl., 117" wb						
2d RS Conv.	2,200	6,600	11,000	24,750	38,500	55,000
2d Bus Cpe	1,500	4,500	7,500	16,880	26,250	37,500
2d RS Cpe.	1,520	4,560	7,600	17,100	26,600	38,000
2d Sed.	1,140	3,420	5,700	12,830	19,950	28,500
4d Sed.	1,130	3,380	5,640	12,690	19,740	28,200
1934 Series DS, 6-cyl., 121" wb						
4d Conv Sed	2,240	6,720	11,200	25,200	39,200	56,000
4d Brgm.	1,160	3,480	5,800	13,050	20,300	29,000
1934 DeLuxe Series DRXX, 6-cyl., 117" wb						
(Introduced June 2, 1934.)						
2d Conv.	2,200	6,600	11,000	24,750	38,500	55,000
2d Bus Cpe	1,520	4,560	7,600	17,100	26,600	38,000
2d Cpe.	1,540	4,620	7,700	17,330	26,950	38,500
2d Sed.	1,120	3,370	5,620	12,650	19,670	28,100
4d Sed.	1,120	3,360	5,600	12,600	19,600	28,000
1935 Series DU, 6-cyl., 116" wb - 128" wb, (*)						
2d RS Conv.	2,080	6,240	10,400	23,400	36,400	52,000
2d Cpe.	920	2,760	4,600	10,350	16,100	23,000
2d RS Cpe.	980	2,940	4,900	11,030	17,150	24,500
2d Sed.	840	2,530	4,220	9,500	14,770	21,100
2d Tr Sed	850	2,540	4,240	9,540	14,840	21,200
4d Sed.	850	2,560	4,260	9,590	14,910	21,300
4d Tr Sed	860	2,580	4,300	9,680	15,050	21,500
4d Car Sed (*)	870	2,620	4,360	9,810	15,260	21,800
4d 7P Sed (*)	890	2,680	4,460	10,040	15,610	22,300

	6	5	4	3	2	1
1936 Series D2, 6-cyl., 116" wb - 128" wb, (*)						
2d RS Conv	2,080	6,240	10,400	23,400	36,400	52,000
4d Conv Sed	2,000	6,000	10,000	22,500	35,000	50,000
2d 2P Cpe	960	2,880	4,800	10,800	16,800	24,000
2d RS Cpe	980	2,940	4,900	11,030	17,150	24,500
2d Sed	870	2,620	4,360	9,810	15,260	21,800
2d Tr Sed	880	2,630	4,380	9,860	15,330	21,900
4d Sed	880	2,630	4,380	9,860	15,330	21,900
4d Tr Sed	880	2,640	4,400	9,900	15,400	22,000
4d 7P Sed (*)	890	2,680	4,460	10,040	15,610	22,300
1937 Series D5, 6-cyl., 115" wb - 132" wb, (*)						
2d RS Conv	2,080	6,240	10,400	23,400	36,400	52,000
4d Conv Sed	2,000	6,000	10,000	22,500	35,000	50,000
2d Bus Cpe	980	2,940	4,900	11,030	17,150	24,500
2d RS Cpe	1,000	3,000	5,000	11,250	17,500	25,000
2d Sed	850	2,560	4,260	9,590	14,910	21,300
2d Tr Sed	1,100	3,310	5,520	12,420	19,320	27,600
4d Sed	860	2,590	4,320	9,720	15,120	21,600
4d Tr Sed	870	2,620	4,360	9,810	15,260	21,800
4d 7P Sed (*)	900	2,700	4,500	10,130	15,750	22,500
4d Limo (*)	920	2,760	4,600	10,350	16,100	23,000
1938 Series D8, 6-cyl., 115" wb - 132" wb, (*)						
2d Conv Cpe	2,080	6,240	10,400	23,400	36,400	52,000
4d Conv Sed	2,000	6,000	10,000	22,500	35,000	50,000
2d Bus Cpe	940	2,820	4,700	10,580	16,450	23,500
2d Cpe 2-4	980	2,940	4,900	11,030	17,150	24,500
2d Sed	840	2,520	4,200	9,450	14,700	21,000
2d Tr Sed	850	2,540	4,240	9,540	14,840	21,200
4d Sed	860	2,580	4,300	9,680	15,050	21,500
4d Tr Sed	860	2,590	4,320	9,720	15,120	21,600
4d Sta Wag	910	2,740	4,560	10,260	15,960	22,800
4d 7P Sed (*)	900	2,700	4,500	10,130	15,750	22,500
4d Limo	920	2,770	4,620	10,400	16,170	23,100
1939 Special Series D11S, 6-cyl., 117" wb						
2d Cpe	990	2,980	4,960	11,160	17,360	24,800
2d Sed	870	2,620	4,360	9,810	15,260	21,800
4d Sed	880	2,640	4,400	9,900	15,400	22,000
1939 DeLuxe Series D11, 6-cyl., 117" wb - 134" wb, (*)						
2d Cpe	1,020	3,060	5,100	11,480	17,850	25,500
2d A/S Cpe	1,100	3,300	5,500	12,380	19,250	27,500
2d Twn Cpe	1,060	3,180	5,300	11,930	18,550	26,500
2d Sed	880	2,640	4,400	9,900	15,400	22,000
4d Sed	890	2,660	4,440	9,990	15,540	22,200
4d Ewb Sed (*)	1,050	3,160	5,260	11,840	18,410	26,300
4d Limo (*)	980	2,940	4,900	11,030	17,150	24,500
1940 Special Series D17, 6-cyl., 119.5" wb						
2d Cpe	1,000	3,000	5,000	11,250	17,500	25,000
2d Sed	900	2,700	4,500	10,130	15,750	22,500
4d Sed	910	2,720	4,540	10,220	15,890	22,700
1940 DeLuxe Series D14, 6-cyl., 119.5" wb - 139.5" wb, (*)						
2d Conv	2,080	6,240	10,400	23,400	36,400	52,000
2d Cpe	1,020	3,060	5,100	11,480	17,850	25,500
2d 4P Cpe	1,040	3,120	5,200	11,700	18,200	26,000
2d Sed	920	2,760	4,600	10,350	16,100	23,000
4d Sed	920	2,760	4,600	10,350	16,100	23,000
4d Ewb Sed (*)	940	2,810	4,680	10,530	16,380	23,400
4d Limo (*)	940	2,820	4,700	10,580	16,450	23,500
1941 DeLuxe Series D19, 6-cyl., 119.5" wb						
2d Cpe	1,060	3,180	5,300	11,930	18,550	26,500
2d Sed	890	2,660	4,440	9,990	15,540	22,200
4d Sed	940	2,810	4,680	10,530	16,380	23,400
1941 Custom Series D19, 6-cyl., 119.5" wb - 137.5" wb, (*)						
2d Conv	2,080	6,240	10,400	23,400	36,400	52,000
2d Clb Cpe	1,080	3,240	5,400	12,150	18,900	27,000
2d Brgm	930	2,780	4,640	10,440	16,240	23,200
4d Sed	940	2,820	4,700	10,580	16,450	23,500
4d Twn Sed	950	2,840	4,740	10,670	16,590	23,700
4d 7P Sed (*)	980	2,930	4,880	10,980	17,080	24,400
4d Limo (*)	1,000	3,000	5,000	11,250	17,500	25,000
1942 DeLuxe Series D22, 6-cyl., 119.5" wb						
2d Cpe	970	2,920	4,860	10,940	17,010	24,300
2d Clb Cpe	980	2,940	4,900	11,030	17,150	24,500
2d Sed	900	2,700	4,500	10,130	15,750	22,500
4d Sed	900	2,710	4,520	10,170	15,820	22,600
1942 Custom Series D22, 6-cyl., 119.5" wb - 137.5" wb, (*)						
2d Conv	2,080	6,240	10,400	23,400	36,400	52,000

	6	5	4	3	2	1
2d Clb Cpe	1,020	3,060	5,100	11,480	17,850	25,500
2d Brgm	960	2,880	4,800	10,800	16,800	24,000
4d Sed	950	2,860	4,760	10,710	16,660	23,800
4d Twn Sed	960	2,870	4,780	10,760	16,730	23,900
4d 7P Sed (*)	970	2,920	4,860	10,940	17,010	24,300
4d Limo (*)	1,040	3,120	5,200	11,700	18,200	26,000
1946-48 DeLuxe Series D24, 6-cyl., 119.5" wb						
2d Cpe	676	2,028	3,380	7,610	11,830	16,900
2d Sed	608	1,824	3,040	6,840	10,640	15,200
4d Sed	612	1,836	3,060	6,890	10,710	15,300
1946-48 Custom Series D24, 6-cyl., 119.5" wb - 137.5" wb, (*)						
2d Conv	1,160	3,480	5,800	13,050	20,300	29,000
2d Clb Cpe	660	1,980	3,300	7,430	11,550	16,500
4d Sed	620	1,860	3,100	6,980	10,850	15,500
4d Twn Sed	624	1,872	3,120	7,020	10,920	15,600
4d 7P Sed (*)	628	1,884	3,140	7,070	10,990	15,700
1949 Series D29 Wayfarer, 6-cyl., 115" wb						
First Series 1949 is the same as 1948.						
2d Rds	1,240	3,720	6,200	13,950	21,700	31,000
2d Bus Cpe	660	1,980	3,300	7,430	11,550	16,500
2d Sed	644	1,932	3,220	7,250	11,270	16,100
1949 Series D30 Meadowbrook, 6-cyl., 123.5" wb						
4d Sed	640	1,920	3,200	7,200	11,200	16,000
1949 Series D30 Coronet, 6-cyl., 123.5" wb - 137.5" wb, (*)						
2d Conv	1,160	3,480	5,800	13,050	20,300	29,000
2d Clb Cpe	680	2,040	3,400	7,650	11,900	17,000
4d Sed	652	1,956	3,260	7,340	11,410	16,300
4d Twn Sed	660	1,980	3,300	7,430	11,550	16,500
4d Sta Wag	2,680	8,040	13,400	30,150	46,900	67,000
4d 8P Sed (*)	700	2,100	3,500	7,880	12,250	17,500
1950 Series D33 Wayfarer, 6-cyl., 115" wb						
2d Rds	1,240	3,720	6,200	13,950	21,700	31,000
2d Cpe	680	2,040	3,400	7,650	11,900	17,000
2d Sed	648	1,944	3,240	7,290	11,340	16,200
1950 Series D34 Meadowbrook, 6-cyl., 123.5" wb						
4d Sed	640	1,920	3,200	7,200	11,200	16,000
1950 Series D34 Coronet, 123.5" wb - 137.5" wb, (*)						
2d Conv	1,240	3,720	6,200	13,950	21,700	31,000
2d Clb Cpe	680	2,040	3,400	7,650	11,900	17,000
2d HT Dipl	840	2,520	4,200	9,450	14,700	21,000
4d Sed	648	1,944	3,240	7,290	11,340	16,200
4d Twn Sed	656	1,968	3,280	7,380	11,480	16,400
4d Sta Wag	2,680	8,040	13,400	30,150	46,900	67,000
4d Mtl Sta Wag	760	2,280	3,800	8,550	13,300	19,000
4d 8P Sed (*)	704	2,112	3,520	7,920	12,320	17,600
1951-52 Wayfarer Series D41, 6-cyl., 115" wb						
2d Rds (1951 only)	1,160	3,480	5,800	13,050	20,300	29,000
2d Sed	600	1,800	3,000	6,750	10,500	15,000
2d Cpe	640	1,920	3,200	7,200	11,200	16,000
1951-52 Meadowbrook Series D42, 6-cyl., 123.5" wb						
4d Sed	620	1,860	3,100	6,980	10,850	15,500
1951-52 Coronet Series D42, 6-cyl., 123.5" wb						
4d Sed	628	1,884	3,140	7,070	10,990	15,700
2d Clb Cpe	664	1,992	3,320	7,470	11,620	16,600
2d HT Dipl	920	2,760	4,600	10,350	16,100	23,000
2d Conv	1,160	3,480	5,800	13,050	20,300	29,000
4d Mtl Sta Wag	760	2,280	3,800	8,550	13,300	19,000
4d 8P Sed	644	1,932	3,220	7,250	11,270	16,100
1953 Meadowbrook Special, 6-cyl., disc 4/53						
4d Sed	652	1,956	3,260	7,340	11,410	16,300
2d Clb Cpe	660	1,980	3,300	7,430	11,550	16,500
1953 Series D46 Meadowbrook, 6-cyl., 119" wb						
4d Sed	660	1,980	3,300	7,430	11,550	16,500
2d Clb Cpe	660	1,980	3,300	7,430	11,550	16,500
2d Sub	660	1,980	3,300	7,430	11,550	16,500
1953 Coronet, 6-cyl., 119" wb						
4d Sed	668	2,004	3,340	7,520	11,690	16,700
2d Clb Cpe	672	2,016	3,360	7,560	11,760	16,800
1953 Series D44 Coronet, V-8, 119" wb						
4d Sed	680	2,040	3,400	7,650	11,900	17,000
2d Clb Cpe	684	2,052	3,420	7,700	11,970	17,100
1953 Series D48 Coronet, V-8, 119" wb - 114" wb, (*)						
2d HT Dipl	880	2,640	4,400	9,900	15,400	22,000
2d Conv	1,160	3,480	5,800	13,050	20,300	29,000
2d Sta Wag (*)	720	2,160	3,600	8,100	12,600	18,000

	6	5	4	3	2	1
1954 Series D51-1 Meadowbrook, 6-cyl., 119" wb						
4d Sed	672	2,016	3,360	7,560	11,760	16,800
2d Clb Cpe	672	2,016	3,360	7,560	11,760	16,800
1954 Series D51-2 Coronet, 6-cyl., 119" wb						
4d Sed	676	2,028	3,380	7,610	11,830	16,900
2d Clb Cpe	680	2,040	3,400	7,650	11,900	17,000
1954 Series D52 Coronet, 6-cyl., 114" wb						
2d Sub	700	2,100	3,500	7,880	12,250	17,500
4d 6P Sta Wag	760	2,280	3,800	8,550	13,300	19,000
4d 8P Sta Wag	800	2,400	4,000	9,000	14,000	20,000
1954 Series D50-1 Meadowbrook, V-8, 119" wb						
4d Sed	672	2,016	3,360	7,560	11,760	16,800
2d Clb Cpe	680	2,040	3,400	7,650	11,900	17,000
1954 Series D50-2 Coronet, V-8, 119" wb						
4d Sed	692	2,076	3,460	7,790	12,110	17,300
2d Clb Cpe	700	2,100	3,500	7,880	12,250	17,500
1954 Series D53-2 Coronet, V-8, 114" wb						
2d Sub	692	2,076	3,460	7,790	12,110	17,300
4d 2S Sta Wag	780	2,340	3,900	8,780	13,650	19,500
4d 3S Sta Wag	820	2,460	4,100	9,230	14,350	20,500
1954 Series D50-3 Royal, V-8, 119" wb						
4d Sed	760	2,280	3,800	8,550	13,300	19,000
2d Clb Cpe	760	2,280	3,800	8,550	13,300	19,000
1954 Series D53-3 Royal, V-8, 114" wb						
2d HT	1,000	3,000	5,000	11,250	17,500	25,000
2d Conv	1,200	3,600	6,000	13,500	21,000	30,000
2d Pace Car Replica Conv	2,380	7,140	11,900	26,780	41,650	59,500
1955 Coronet, V-8, 120" wb						
4d Sed	870	2,620	4,360	9,810	15,260	21,800
2d Sed	870	2,600	4,340	9,770	15,190	21,700
2d HT	1,400	4,200	7,000	15,750	24,500	35,000
2d Sub Sta Wag	920	2,760	4,600	10,350	16,100	23,000
4d 6P Sta Wag	940	2,820	4,700	10,580	16,450	23,500
4d 8P Sta Wag	1,000	3,000	5,000	11,250	17,500	25,000
NOTE: Deduct 5 percent for 6-cyl. models.						
1955 Royal, V-8, 120" wb						
4d Sed	870	2,620	4,360	9,810	15,260	21,800
2d HT	1,440	4,320	7,200	16,200	25,200	36,000
4d 6P Sta Wag	960	2,880	4,800	10,800	16,800	24,000
4d 8P Sta Wag	1,040	3,120	5,200	11,700	18,200	26,000
1955 Custom Royal, V-8, 120" wb						
4d Sed	920	2,760	4,600	10,350	16,100	23,000
4d Lancer	1,040	3,120	5,200	11,700	18,200	26,000
2d HT	1,480	4,440	7,400	16,650	25,900	37,000
2d Conv	2,360	7,080	11,800	26,550	41,300	59,000
NOTE: Deduct 5 percent for 6-cyl. models. Add 25 percent for La-Femme.						
1956 Coronet, V-8, 120" wb						
4d Sed	860	2,580	4,300	9,680	15,050	21,500
4d HT	920	2,760	4,600	10,350	16,100	23,000
2d Clb Sed	1,080	3,240	5,400	12,150	18,900	27,000
2d HT	1,360	4,080	6,800	15,300	23,800	34,000
2d Conv	2,120	6,360	10,600	23,850	37,100	53,000
2d Sub Sta Wag	920	2,760	4,600	10,350	16,100	23,000
4d 6P Sta Wag	930	2,780	4,640	10,440	16,240	23,200
4d 8P Sta Wag	980	2,940	4,900	11,030	17,150	24,500
NOTE: Deduct 5 percent for 6-cyl. models.						
1956 Royal, V-8, 120" wb						
4d Sed	900	2,710	4,520	10,170	15,820	22,600
4d HT	960	2,880	4,800	10,800	16,800	24,000
2d HT	1,420	4,260	7,100	15,980	24,850	35,500
2d Sub Sta Wag	940	2,820	4,700	10,580	16,450	23,500
4d 6P Sta Wag	950	2,840	4,740	10,670	16,590	23,700
4d 8P Sta Wag	1,020	3,060	5,100	11,480	17,850	25,500
1956 Custom Royal, V-8, 120" wb						
4d Sed	910	2,720	4,540	10,220	15,890	22,700
4d HT	1,040	3,120	5,200	11,700	18,200	26,000
2d HT	1,440	4,320	7,200	16,200	25,200	36,000
2d Conv	2,320	6,960	11,600	26,100	40,600	58,000
NOTE: Add 30 percent for D500 option. Add 20 percent for Golden Lancer. Add 25 percent for La-Femme or Texan options.						
1957 Coronet, V-8, 122" wb						
4d Sed	750	2,240	3,740	8,420	13,090	18,700
4d HT	820	2,460	4,100	9,230	14,350	20,500
2d Sed	1,070	3,220	5,360	12,060	18,760	26,800
2d HT	1,160	3,480	5,800	13,050	20,300	29,000
NOTE: Deduct 5 percent for 6-cyl. models.						

DODGE

	6	5	4	3	2	1
1957 Coronet Lancer						
2d Conv.	2,120	6,360	10,600	23,850	37,100	53,000
1957 Royal, V-8, 122" wb						
4d Sed.	1,000	3,000	5,000	11,250	17,500	25,000
4d HT	1,100	3,300	5,500	12,380	19,250	27,500
2d HT	1,600	4,800	8,000	18,000	28,000	40,000
1957 Royal Lancer						
2d Conv.	2,760	8,280	13,800	31,050	48,300	69,000
1957 Custom Royal, V-8, 122" wb						
4d Sed.	1,040	3,120	5,200	11,700	18,200	26,000
4d HT	1,120	3,360	5,600	12,600	19,600	28,000
2d HT	1,640	4,920	8,200	18,450	28,700	41,000
4d 6P Sta Wag	1,400	4,200	7,000	15,750	24,500	35,000
4d 9P Sta Wag	1,500	4,500	7,500	16,880	26,250	37,500
2d Sub Sta Wag	1,340	4,020	6,700	15,080	23,450	33,500
1957 Custom Royal Lancer						
2d Conv.	2,880	8,640	14,400	32,400	50,400	72,000
NOTE: Add 30 percent for D500 option.						
1958 Coronet, V-8, 122" wb						
4d Sed.	950	2,840	4,740	10,670	16,590	23,700
4d HT	1,020	3,060	5,100	11,480	17,850	25,500
2d Sed.	1,270	3,820	6,360	14,310	22,260	31,800
2d HT	1,360	4,080	6,800	15,300	23,800	34,000
2d Conv.	2,760	8,280	13,800	31,050	48,300	69,000
NOTE: Deduct 5 percent for 6-cyl. models.						
1958 Royal						
4d Sed.	1,000	3,000	5,000	11,250	17,500	25,000
4d HT	1,100	3,300	5,500	12,380	19,250	27,500
2d HT	1,600	4,800	8,000	18,000	28,000	40,000
1958 Custom Royal						
4d Sed.	1,040	3,120	5,200	11,700	18,200	26,000
4d HT	1,120	3,360	5,600	12,600	19,600	28,000
2d HT	1,640	4,920	8,200	18,450	28,700	41,000
2d Conv.	2,760	8,280	13,800	31,050	48,300	69,000
4d 6P Sta Wag	1,320	3,960	6,600	14,850	23,100	33,000
4d 9P Sta Wag	1,420	4,260	7,100	15,980	24,850	35,500
4d 6P Cus Wag.	1,400	4,200	7,000	15,750	24,500	35,000
4d 9P Cus Wag.	1,500	4,500	7,500	16,880	26,250	37,500
2d Sub Sta Wag	1,340	4,020	6,700	15,080	23,450	33,500
NOTE: Add 30 percent for D500 option. Super D500 with EFI, value inestimable. Add 20 percent for Regal Lancer.						
1959 Coronet, V-8						
4d Sed.	950	2,840	4,740	10,670	16,590	23,700
4d HT	1,020	3,060	5,100	11,480	17,850	25,500
2d Sed.	1,270	3,820	6,360	14,310	22,260	31,800
2d HT	1,360	4,080	6,800	15,300	23,800	34,000
2d Conv.	2,760	8,280	13,800	31,050	48,300	69,000
1959 Royal, V-8						
4d Sed.	1,000	3,000	5,000	11,250	17,500	25,000
4d HT	1,100	3,300	5,500	12,380	19,250	27,500
2d HT	1,600	4,800	8,000	18,000	28,000	40,000
1959 Custom Royal, V-8						
4d Sed.	1,040	3,120	5,200	11,700	18,200	26,000
4d HT	1,120	3,360	5,600	12,600	19,600	28,000
2d HT	1,640	4,920	8,200	18,450	28,700	41,000
2d Conv.	2,760	8,280	13,800	31,050	48,300	69,000
1959 Sierra, V-8						
4d 6P Sta Wag	1,320	3,960	6,600	14,850	23,100	33,000
4d 9P Sta Wag	1,420	4,260	7,100	15,980	24,850	35,500
4d 6P Cus Wag.	1,400	4,200	7,000	15,750	24,500	35,000
4d 9P Cus Wag.	1,500	4,500	7,500	16,880	26,250	37,500
NOTE: Add 30 percent for D500 option. Deduct 10 percent for 6-cyl. models.						
1960 Seneca, V-8, 118" wb						
4d Sed.	484	1,452	2,420	5,450	8,470	12,100
2d Sed.	690	2,060	3,440	7,740	12,040	17,200
4d Sta Wag	620	1,860	3,100	6,980	10,850	15,500
1960 Pioneer, V-8, 118" wb						
4d Sed.	504	1,512	2,520	5,670	8,820	12,600
2d Sed.	710	2,120	3,540	7,970	12,390	17,700
2d HT	1,110	3,320	5,540	12,470	19,390	27,700
4d 6P Sta Wag	1,040	3,120	5,200	11,700	18,200	26,000
4d 9P Sta Wag	1,050	3,140	5,240	11,790	18,340	26,200
1960 Phoenix, V-8, 118" wb						
4d Sed.	608	1,824	3,040	6,840	10,640	15,200
4d HT	720	2,160	3,600	8,100	12,600	18,000

	6	5	4	3	2	1
2d HT	1,200	3,600	6,000	13,500	21,000	30,000
2d Conv	1,880	5,640	9,400	21,150	32,900	47,000
1960 Matador						
4d Sed	612	1,836	3,060	6,890	10,710	15,300
4d HT	740	2,220	3,700	8,330	12,950	18,500
2d HT	1,240	3,720	6,200	13,950	21,700	31,000
4d 6P Sta Wag	1,060	3,170	5,280	11,880	18,480	26,400
4d 9P Sta Wag	1,060	3,190	5,320	11,970	18,620	26,600
1960 Polara						
4d Sed	620	1,860	3,100	6,980	10,850	15,500
4d HT	708	2,124	3,540	7,970	12,390	17,700
2d HT	1,240	3,720	6,200	13,950	21,700	31,000
2d Conv	2,520	7,560	12,600	28,350	44,100	63,000
4d 6P Sta Wag	1,060	3,190	5,320	11,970	18,620	26,600
4d 9P Sta Wag	1,070	3,220	5,360	12,060	18,760	26,800
NOTE: Deduct 5 percent for 6-cyl. models. Add 30 percent for D500 option.						
1961 Lancer, 6-cyl., 106.5" wb						
4d Sed	480	1,440	2,400	5,400	8,400	12,000
2d HT	608	1,824	3,040	6,840	10,640	15,200
2d Spt Cpe	496	1,488	2,480	5,580	8,680	12,400
1961 Lancer 770						
NOTE: Add 10 percent for Hyper Pak 170-180 hp engine option, and 20 percent for Hyper Pak 225-200 hp.						
4d Sta Wag	480	1,440	2,400	5,400	8,400	12,000
1961 Seneca, V-8, 118" wb						
4d Sed	484	1,452	2,420	5,450	8,470	12,100
2d Sed	690	2,060	3,440	7,740	12,040	17,200
4d Sta Wag	800	2,400	4,000	9,000	14,000	20,000
1961 Pioneer, V-8, 118" wb						
4d Sed	484	1,452	2,420	5,450	8,470	12,100
2d Sed	690	2,080	3,460	7,790	12,110	17,300
2d HT	820	2,460	4,100	9,230	14,350	20,500
4d 6P Sta Wag	840	2,510	4,180	9,410	14,630	20,900
4d 9P Sta Wag	840	2,520	4,200	9,450	14,700	21,000
1961 Phoenix, V-8, 118" wb						
4d Sed	492	1,476	2,460	5,540	8,610	12,300
4d HT	640	1,920	3,200	7,200	11,200	16,000
2d HT	880	2,640	4,400	9,900	15,400	22,000
2d Conv	1,520	4,560	7,600	17,100	26,600	38,000
1961 Polara						
4d Sed	508	1,524	2,540	5,720	8,890	12,700
4d HT	660	1,980	3,300	7,430	11,550	16,500
2d HT	940	2,820	4,700	10,580	16,450	23,500
2d Conv	1,600	4,800	8,000	18,000	28,000	40,000
4d 6P Sta Wag	820	2,460	4,100	9,230	14,350	20,500
4d 9P Sta Wag	820	2,470	4,120	9,270	14,420	20,600
NOTE: Deduct 5 percent for 6-cyl. models. Add 30 percent for D500 option. Add 75 percent for Ram Charger "413".						
1962 Lancer, 6-cyl., 106.5" wb						
4d Sed	468	1,404	2,340	5,270	8,190	11,700
2d Sed	472	1,416	2,360	5,310	8,260	11,800
4d Sta Wag	480	1,440	2,400	5,400	8,400	12,000
1962 Lancer 770, 6-cyl., 106.5" wb						
4d Sed	472	1,416	2,360	5,310	8,260	11,800
2d Sed	476	1,428	2,380	5,360	8,330	11,900
4d Sta Wag	488	1,464	2,440	5,490	8,540	12,200
2d GT Cpe	600	1,800	3,000	6,750	10,500	15,000
1962 Dart, V-8, 116" wb						
4d Sed	480	1,440	2,400	5,400	8,400	12,000
2d Sed	484	1,452	2,420	5,450	8,470	12,100
2d HT	500	1,500	2,500	5,630	8,750	12,500
4d 6P Sta Wag	516	1,548	2,580	5,810	9,030	12,900
4d 9P Sta Wag	500	1,500	2,500	5,630	8,750	12,500
1962 Dart 440, V-8, 116" wb						
4d Sed	488	1,464	2,440	5,490	8,540	12,200
4d HT	508	1,524	2,540	5,720	8,890	12,700
2d HT	600	1,800	3,000	6,750	10,500	15,000
2d Conv	920	2,760	4,600	10,350	16,100	23,000
4d 6P Sta Wag	500	1,500	2,500	5,630	8,750	12,500
4d 9P Sta Wag	504	1,512	2,520	5,670	8,820	12,600
1962 Polara 500, V-8, 116" wb						
4d HT	600	1,800	3,000	6,750	10,500	15,000
2d HT	620	1,860	3,100	6,980	10,850	15,500
2d Conv	1,280	3,840	6,400	14,400	22,400	32,000
NOTE: Add 20 percent for Daytona 500 Pace Car.						
1962 Custom 880, V-8, 122" wb						
4d Sed	492	1,476	2,460	5,540	8,610	12,300
4d HT	620	1,860	3,100	6,980	10,850	15,500

	6	5	4	3	2	1
2d HT	640	1,920	3,200	7,200	11,200	16,000
2d Conv.	1,200	3,600	6,000	13,500	21,000	30,000
4d 6P Sta Wag	500	1,500	2,500	5,630	8,750	12,500
4d 9P Sta Wag	508	1,524	2,540	5,720	8,890	12,700

NOTE: Deduct 5 percent for 6-cyl. models. For Ramcharger 413 (Max Wedge cars), value inestimable.

1963 Dart 170, 6-cyl., 111" wb

	6	5	4	3	2	1
4d Sed.	444	1,332	2,220	5,000	7,770	11,100
2d Sed.	448	1,344	2,240	5,040	7,840	11,200
4d Sta Wag	460	1,380	2,300	5,180	8,050	11,500

1963 Dart 270, 6-cyl., 111" wb

	6	5	4	3	2	1
4d Sed.	448	1,344	2,240	5,040	7,840	11,200
2d Sed.	452	1,356	2,260	5,090	7,910	11,300
2d Conv.	640	1,920	3,200	7,200	11,200	16,000
4d Sta Wag	468	1,404	2,340	5,270	8,190	11,700

1963 Dart GT

	6	5	4	3	2	1
2d HT	680	2,040	3,400	7,650	11,900	17,000
2d Conv.	840	2,520	4,200	9,450	14,700	21,000

1963 Dodge, 330/440, V-8, 119" wb

	6	5	4	3	2	1
4d Sed.	468	1,404	2,340	5,270	8,190	11,700
2d Sed.	464	1,392	2,320	5,220	8,120	11,600
2d HT	600	1,800	3,000	6,750	10,500	15,000
4d 6P Sta Wag	500	1,500	2,500	5,630	8,750	12,500
4d 9P Sta Wag	504	1,512	2,520	5,670	8,820	12,600

1963 Polara, 318 cid V-8, 119" wb

	6	5	4	3	2	1
4d Sed.	476	1,428	2,380	5,360	8,330	11,900
4d HT	496	1,488	2,480	5,580	8,680	12,400
2d HT	620	1,860	3,100	6,980	10,850	15,500
2d Conv.	1,040	3,120	5,200	11,700	18,200	26,000

1963 Polara 500, 383 cid V-8, 119" wb

	6	5	4	3	2	1
2d HT	660	1,980	3,300	7,430	11,550	16,500
2d Conv.	1,180	3,540	5,900	13,280	20,650	29,500

1963 880, V-8, 122" wb

	6	5	4	3	2	1
4d Sed.	496	1,488	2,480	5,580	8,680	12,400
4d HT	600	1,800	3,000	6,750	10,500	15,000
2d HT	640	1,920	3,200	7,200	11,200	16,000
2d Conv.	1,080	3,240	5,400	12,150	18,900	27,000
4d 6P Sta Wag	504	1,512	2,520	5,670	8,820	12,600
4d 9P Sta Wag	508	1,524	2,540	5,720	8,890	12,700

NOTE: Deduct 5 percent for 6-cyl. models. For Ramcharger 426 (Max Wedge cars), value inestimable.

1964 Dart 170, 6-cyl., 111" wb

	6	5	4	3	2	1
4d Sed.	444	1,332	2,220	5,000	7,770	11,100
2d Sed.	448	1,344	2,240	5,040	7,840	11,200
4d Sta Wag	460	1,380	2,300	5,180	8,050	11,500

1964 Dart 270, 6-cyl., 106" wb

	6	5	4	3	2	1
4d Sed.	448	1,344	2,240	5,040	7,840	11,200
2d Sed.	452	1,356	2,260	5,090	7,910	11,300
2d Conv.	760	2,280	3,800	8,550	13,300	19,000
4d Sta Wag	464	1,392	2,320	5,220	8,120	11,600

1964 Dart GT

	6	5	4	3	2	1
2d HT	700	2,100	3,500	7,880	12,250	17,500
2d Conv.	960	2,880	4,800	10,800	16,800	24,000

1964 Dodge 330/440, V-8, 119" wb

	6	5	4	3	2	1
4d Sed.	464	1,392	2,320	5,220	8,120	11,600
2d Sed.	468	1,404	2,340	5,270	8,190	11,700
2d HT	600	1,800	3,000	6,750	10,500	15,000
4d 6P Sta Wag	500	1,500	2,500	5,630	8,750	12,500
4d 9P Sta Wag	504	1,512	2,520	5,670	8,820	12,600

1964 Polara, V-8, 119" wb

	6	5	4	3	2	1
4d Sed.	492	1,476	2,460	5,540	8,610	12,300
4d HT	496	1,488	2,480	5,580	8,680	12,400
2d HT	660	1,980	3,300	7,430	11,550	16,500
2d Conv.	920	2,760	4,600	10,350	16,100	23,000

1964 880, V-8, 122" wb

	6	5	4	3	2	1
4d Sed.	508	1,524	2,540	5,720	8,890	12,700
4d HT	512	1,536	2,560	5,760	8,960	12,800
2d HT	680	2,040	3,400	7,650	11,900	17,000
2d Conv.	960	2,880	4,800	10,800	16,800	24,000
4d 6P Sta Wag	504	1,512	2,520	5,670	8,820	12,600
4d 9P Sta Wag	508	1,524	2,540	5,720	8,890	12,700

NOTE: Add 75 percent for 426 street wedge. For Ramcharger 426 (Max Wedge cars), value inestimable. Autos equipped with 426 Hemi, value inestimable.

1965 Dart, V8, 106" wb

	6	5	4	3	2	1
4d Sed.	444	1,332	2,220	5,000	7,770	11,100
2d Sed.	448	1,344	2,240	5,040	7,840	11,200
4d Sta Wag	460	1,380	2,300	5,180	8,050	11,500

	6	5	4	3	2	1
1965 Dart 270, V-8, 106" wb						
4d Sed	448	1,344	2,240	5,040	7,840	11,200
2d Sed	452	1,356	2,260	5,090	7,910	11,300
2d HT	600	1,800	3,000	6,750	10,500	15,000
2d Conv	840	2,520	4,200	9,450	14,700	21,000
4d Sta Wag	464	1,392	2,320	5,220	8,120	11,600
1965 Dart GT						
2d HT	780	2,340	3,900	8,780	13,650	19,500
2d Conv	1,080	3,240	5,400	12,150	18,900	27,000
1965 Coronet, V-8, 117" wb						
4d Sed	452	1,356	2,260	5,090	7,910	11,300
2d Sed	456	1,368	2,280	5,130	7,980	11,400
1965 Coronet Deluxe, V-8, 117" wb						
4d Sed	460	1,380	2,300	5,180	8,050	11,500
2d Sed	464	1,392	2,320	5,220	8,120	11,600
4d Sta Wag	480	1,440	2,400	5,400	8,400	12,000
1965 Coronet 440, V-8, 117" wb						
4d Sed	468	1,404	2,340	5,270	8,190	11,700
2d HT	680	2,040	3,400	7,650	11,900	17,000
2d Conv	1,000	3,000	5,000	11,250	17,500	25,000
4d 6P Sta Wag	500	1,500	2,500	5,630	8,750	12,500
4d 9P Sta Wag	504	1,512	2,520	5,670	8,820	12,600
1965 Coronet 500, V-8, 117" wb						
2d HT	700	2,100	3,500	7,880	12,250	17,500
2d Conv	1,120	3,360	5,600	12,600	19,600	28,000
1965 Polara, V-8, 121" wb						
4d Sed	468	1,404	2,340	5,270	8,190	11,700
4d HT	476	1,428	2,380	5,360	8,330	11,900
2d HT	620	1,860	3,100	6,980	10,850	15,500
2d Conv	900	2,700	4,500	10,130	15,750	22,500
4d 6P Sta Wag	504	1,512	2,520	5,670	8,820	12,600
4d 9P Sta Wag	508	1,524	2,540	5,720	8,890	12,700
1965 Custom 880, V-8, 121" wb						
4d Sed	472	1,416	2,360	5,310	8,260	11,800
4d HT	460	1,380	2,300	5,180	8,050	11,500
2d HT	660	1,980	3,300	7,430	11,550	16,500
2d Conv	960	2,880	4,800	10,800	16,800	24,000
4d 6P Sta Wag	508	1,524	2,540	5,720	8,890	12,700
4d 9P Sta Wag	512	1,536	2,560	5,760	8,960	12,800
1965 Monaco, V-8, 121" wb						
2d HT	640	1,920	3,200	7,200	11,200	16,000
NOTE: Deduct 5 percent for 6-cyl. models. Autos equipped with 426 Hemi, value inestimable.						
1966 Dart, 6-cyl., 111" wb						
4d Sed	448	1,344	2,240	5,040	7,840	11,200
2d Sed	452	1,356	2,260	5,090	7,910	11,300
4d Sta Wag	460	1,380	2,300	5,180	8,050	11,500
1966 Dart 270, V-8, 111" wb						
4d Sed	452	1,356	2,260	5,090	7,910	11,300
2d Sed	456	1,368	2,280	5,130	7,980	11,400
2d HT	624	1,872	3,120	7,020	10,920	15,600
2d Conv	920	2,760	4,600	10,350	16,100	23,000
4d Sta Wag	464	1,392	2,320	5,220	8,120	11,600
1966 Dart GT, V-8, 111" wb						
2d HT	720	2,160	3,600	8,100	12,600	18,000
2d Conv	1,040	3,120	5,200	11,700	18,200	26,000
NOTE: Add 30 percent for 273 V-8, 275 hp engine option.						
1966 Coronet, V-8, 117" wb						
4d Sed	440	1,320	2,200	4,950	7,700	11,000
2d Sed	444	1,332	2,220	5,000	7,770	11,100
1966 Coronet DeLuxe, V-8, 117" wb						
4d Sed	444	1,332	2,220	5,000	7,770	11,100
2d Sed	448	1,344	2,240	5,040	7,840	11,200
4d Sta Wag	400	1,200	2,000	4,500	7,000	10,000
1966 Coronet 440, V-8, 117" wb						
4d Sed	452	1,356	2,260	5,090	7,910	11,300
2d HT	640	1,920	3,200	7,200	11,200	16,000
2d Conv	960	2,880	4,800	10,800	16,800	24,000
4d Sta Wag	460	1,380	2,300	5,180	8,050	11,500
1966 Coronet 500, V-8, 117" wb						
4d Sed	452	1,356	2,260	5,090	7,910	11,300
2d HT	660	1,980	3,300	7,430	11,550	16,500
2d Conv	1,040	3,120	5,200	11,700	18,200	26,000
1966 Polara, V-8, 121" wb						
4d Sed	456	1,368	2,280	5,130	7,980	11,400
4d HT	476	1,428	2,380	5,360	8,330	11,900
2d HT	620	1,860	3,100	6,980	10,850	15,500

	6	5	4	3	2	1
2d Conv.	680	2,040	3,400	7,650	11,900	17,000
4d Sta Wag	508	1,524	2,540	5,720	8,890	12,700
NOTE: Add 10 percent for Polara 500 option.						
1966 Monaco, V-8, 121" wb						
4d Sed.	456	1,368	2,280	5,130	7,980	11,400
4d HT	600	1,800	3,000	6,750	10,500	15,000
2d HT	624	1,872	3,120	7,020	10,920	15,600
4d Sta Wag	512	1,536	2,560	5,760	8,960	12,800
1966 Monaco 500						
2d HT	644	1,932	3,220	7,250	11,270	16,100
1966 Charger, 117" wb						
2d HT	1,040	3,120	5,200	11,700	18,200	26,000
NOTE: Autos equipped with 426 Hemi, value inestimable. Deduct 5 percent for all Dodge 6-cyl.						
1967 Dart, 6-cyl., 111" wb						
4d Sed.	444	1,332	2,220	5,000	7,770	11,100
2d Sed.	448	1,344	2,240	5,040	7,840	11,200
1967 Dart 270, 6-cyl., 111" wb						
4d Sed.	452	1,356	2,260	5,090	7,910	11,300
2d HT	480	1,440	2,400	5,400	8,400	12,000
1967 Dart GT, V-8						
2d HT	720	2,160	3,600	8,100	12,600	18,000
2d Conv.	1,080	3,240	5,400	12,150	18,900	27,000
1967 Coronet DeLuxe, V-8, 117" wb						
4d Sed.	440	1,320	2,200	4,950	7,700	11,000
2d Sed.	444	1,332	2,220	5,000	7,770	11,100
4d Sta Wag	464	1,392	2,320	5,220	8,120	11,600
1967 Coronet 440, V-8, 117" wb						
4d Sed.	452	1,356	2,260	5,090	7,910	11,300
2d HT	640	1,920	3,200	7,200	11,200	16,000
2d Conv.	1,040	3,120	5,200	11,700	18,200	26,000
4d Sta Wag	468	1,404	2,340	5,270	8,190	11,700
1967 Coronet 500, V-8, 117" wb						
4d Sed.	456	1,368	2,280	5,130	7,980	11,400
2d HT	680	2,040	3,400	7,650	11,900	17,000
2d Conv.	1,080	3,240	5,400	12,150	18,900	27,000
1967 Coronet R/T, V-8, 117" wb						
2d HT	1,280	3,840	6,400	14,400	22,400	32,000
2d Conv.	1,640	4,920	8,200	18,450	28,700	41,000
1967 Charger, V-8, 117 " wb						
2d HT	1,080	3,240	5,400	12,150	18,900	27,000
1967 Polara, V-8, 122" wb						
4d Sed.	452	1,356	2,260	5,090	7,910	11,300
4d HT	460	1,380	2,300	5,180	8,050	11,500
2d HT	500	1,500	2,500	5,630	8,750	12,500
2d Conv.	740	2,220	3,700	8,330	12,950	18,500
4d Sta Wag	480	1,440	2,400	5,400	8,400	12,000
1967 Polara 500, V-8, 122" wb						
2d HT	600	1,800	3,000	6,750	10,500	15,000
2d Conv.	760	2,280	3,800	8,550	13,300	19,000
1967 Monaco, V-8, 122" wb						
4d Sed.	480	1,440	2,400	5,400	8,400	12,000
4d HT	484	1,452	2,420	5,450	8,470	12,100
2d HT	620	1,860	3,100	6,980	10,850	15,500
4d Sta Wag	500	1,500	2,500	5,630	8,750	12,500
1967 Monaco 500, V-8, 122" wb						
2d HT	660	1,980	3,300	7,430	11,550	16,500
NOTE: Add 30 percent for 440 Magnum when optional. Autos equipped with 426 Hemi, value inestimable.						
1968 Dart, 6-cyl., 111" wb						
4d Sed.	452	1,356	2,260	5,090	7,910	11,300
2d Sed.	456	1,368	2,280	5,130	7,980	11,400
1968 Dart 270, 6-cyl., 111" wb						
2d HT	480	1,440	2,400	5,400	8,400	12,000
4d Sed.	460	1,380	2,300	5,180	8,050	11,500
1968 Dart, V-8, 111" wb						
4d Sed.	468	1,404	2,340	5,270	8,190	11,700
2d HT	604	1,812	3,020	6,800	10,570	15,100
1968 Dart GT						
2d HT	700	2,100	3,500	7,880	12,250	17,500
2d Conv.	1,060	3,180	5,300	11,930	18,550	26,500
1968 Dart GT Sport 340, 111" wb						
2d HT	840	2,520	4,200	9,450	14,700	21,000
2d Conv.	1,280	3,840	6,400	14,400	22,400	32,000
1968 Dart GT Sport 383, 111" wb						
2d HT	920	2,760	4,600	10,350	16,100	23,000
2d Conv.	1,320	3,960	6,600	14,850	23,100	33,000

	6	5	4	3	2	1
1968 Coronet DeLuxe, V-8, 117" wb						
4d Sed	448	1,344	2,240	5,040	7,840	11,200
2d Sed	452	1,356	2,260	5,090	7,910	11,300
4d Sta Wag	480	1,440	2,400	5,400	8,400	12,000
1968 Coronet 440						
2d Sed	456	1,368	2,280	5,130	7,980	11,400
2d HT	700	2,100	3,500	7,880	12,250	17,500
4d Sed	460	1,380	2,300	5,180	8,050	11,500
4d Sta Wag	492	1,476	2,460	5,540	8,610	12,300
1968 Coronet 500						
4d Sed	460	1,380	2,300	5,180	8,050	11,500
2d HT	720	2,160	3,600	8,100	12,600	18,000
2d Conv	1,120	3,360	5,600	12,600	19,600	28,000
4d Sta Wag	500	1,500	2,500	5,630	8,750	12,500
1968 Coronet Super Bee, V-8, 117" wb						
2d Cpe	1,480	4,440	7,400	16,650	25,900	37,000
1968 Coronet R/T						
2d HT	1,680	5,040	8,400	18,900	29,400	42,000
2d Conv	2,040	6,120	10,200	22,950	35,700	51,000
1968 Charger						
2d HT	1,480	4,440	7,400	16,650	25,900	37,000
1968 Charger R/T						
2d HT	1,840	5,520	9,200	20,700	32,200	46,000
1968 Polara, V-8, 122" wb						
4d Sed	456	1,368	2,280	5,130	7,980	11,400
2d HT	604	1,812	3,020	6,800	10,570	15,100
4d HT	504	1,512	2,520	5,670	8,820	12,600
2d Conv	780	2,340	3,900	8,780	13,650	19,500
4d Sta Wag	512	1,536	2,560	5,760	8,960	12,800
1968 Polara 500						
2d HT	620	1,860	3,100	6,980	10,850	15,500
2d Conv	800	2,400	4,000	9,000	14,000	20,000
1968 Monaco						
2d HT	688	2,064	3,440	7,740	12,040	17,200
4d HT	600	1,800	3,000	6,750	10,500	15,000
4d Sed	480	1,440	2,400	5,400	8,400	12,000
4d Sta Wag	600	1,800	3,000	6,750	10,500	15,000
1968 Monaco 500						
2d HT	700	2,100	3,500	7,880	12,250	17,500
NOTE: Add 30 percent for 440 Magnum when optional. Autos equipped with 426 Hemi, value inestimable.						
1969 Dart V-8						
2d HT	360	1,080	1,800	4,050	6,300	9,000
4d Sed	352	1,056	1,760	3,960	6,160	8,800
1969 Dart Swinger						
2d HT	472	1,416	2,360	5,310	8,260	11,800
1969 Dart Swinger 340						
2d HT	860	2,580	4,300	9,680	15,050	21,500
1969 Dart Custom, V-8, 111" wb						
4d Sed	440	1,320	2,200	4,950	7,700	11,000
2d HT	496	1,488	2,480	5,580	8,680	12,400
1969 Dart GT						
2d HT	960	2,880	4,800	10,800	16,800	24,000
2d Conv	1,240	3,720	6,200	13,950	21,700	31,000
1969 Dart GT Sport 340						
2d HT	1,080	3,240	5,400	12,150	18,900	27,000
2d Conv	1,400	4,200	7,000	15,750	24,500	35,000
1969 Dart GT Sport 383, 111" wb						
2d HT (383 hp)	1,240	3,720	6,200	13,950	21,700	31,000
2d Conv (330 hp)	1,360	4,080	6,800	15,300	23,800	34,000
1969 Dart GT Sport 440, 111" wb						
2d HT	1,760	5,280	8,800	19,800	30,800	44,000
1969 Coronet DeLuxe, V-8, 117" wb						
4d Sed	344	1,032	1,720	3,870	6,020	8,600
2d Sed	360	1,080	1,800	4,050	6,300	9,000
4d Sta Wag	356	1,068	1,780	4,010	6,230	8,900
1969 Coronet 440						
2d Sed	364	1,092	1,820	4,100	6,370	9,100
2d HT	820	2,460	4,100	9,230	14,350	20,500
4d Sed	348	1,044	1,740	3,920	6,090	8,700
4d Sta Wag	356	1,068	1,780	4,010	6,230	8,900
1969 Coronet 500						
2d HT	840	2,520	4,200	9,450	14,700	21,000
2d Conv	1,240	3,720	6,200	13,950	21,700	31,000
4d Sta Wag	396	1,188	1,980	4,460	6,930	9,900
4d Sed	400	1,200	2,000	4,500	7,000	10,000

	6	5	4	3	2	1
1969 Coronet Super Bee, V-8						
2d HT	1,480	4,440	7,400	16,650	25,900	37,000
2d Cpe (base 440/375)	1,440	4,320	7,200	16,200	25,200	36,000
NOTE: Add 75 percent for Super Bee six pack.						
1969 Coronet R/T						
2d HT	1,640	4,920	8,200	18,450	28,700	41,000
2d Conv.	1,960	5,880	9,800	22,050	34,300	49,000
1969 Charger						
2d HT	1,520	4,560	7,600	17,100	26,600	38,000
1969 Charger SE						
2d HT	1,560	4,680	7,800	17,550	27,300	39,000
1969 Charger 500						
2d HT	1,920	5,760	9,600	21,600	33,600	48,000
1969 Charger R/T						
2d HT	2,080	6,240	10,400	23,400	36,400	52,000
1969 Charger Daytona						
2d HT	4,940	14,820	24,700	55,580	86,450	123,500
1969 Polara, V-8						
4d Sed.	328	984	1,640	3,690	5,740	8,200
2d HT	444	1,332	2,220	5,000	7,770	11,100
4d HT	336	1,008	1,680	3,780	5,880	8,400
2d Conv.	664	1,992	3,320	7,470	11,620	16,600
4d Sta Wag	340	1,020	1,700	3,830	5,950	8,500
1969 Polara 500						
2d HT	464	1,392	2,320	5,220	8,120	11,600
2d Conv.	684	2,052	3,420	7,700	11,970	17,100
1969 Monaco						
2d HT	468	1,404	2,340	5,270	8,190	11,700
4d HT	352	1,056	1,760	3,960	6,160	8,800
4d Sed.	328	984	1,640	3,690	5,740	8,200
4d Sta Wag	332	996	1,660	3,740	5,810	8,300
NOTE: Add 30 percent for Magnum when optional. Autos equipped with 426 Hemi, value inestimable. Add 20 percent for 383 engine. Add 75 percent for 440/3x2V. Add 10 percent for SE option.						
1970 Dart, V-8, 111" wb						
4d Sed.	312	936	1,560	3,510	5,460	7,800
2d HT Swinger	480	1,440	2,400	5,400	8,400	12,000
1970 Dart Custom						
4d Sed.	316	948	1,580	3,560	5,530	7,900
2d HT	440	1,320	2,200	4,950	7,700	11,000
1970 Dart Swinger 340						
2d HT	800	2,400	4,000	9,000	14,000	20,000
1970 Challenger, V-8, 110" wb						
2d HT	1,200	3,600	6,000	13,500	21,000	30,000
2d HT SE Fml	1,160	3,480	5,800	13,050	20,300	29,000
2d Conv.	2,200	6,600	11,000	24,750	38,500	55,000
1970 Challenger R/T						
2d HT	2,240	6,720	11,200	25,200	39,200	56,000
2d HT SE Fml	2,100	6,300	10,500	23,630	36,750	52,500
2d Conv.	2,740	8,220	13,700	30,830	47,950	68,500
1970 Challenger T/A						
2d Cpe.	3,000	9,000	15,000	33,750	52,500	75,000
1970 Coronet, V-8, 117" wb						
4d Sed.	308	924	1,540	3,470	5,390	7,700
2d Sed.	316	948	1,580	3,560	5,530	7,900
4d Sta Wag	312	936	1,560	3,510	5,460	7,800
1970 Coronet 440						
2d HT	720	2,160	3,600	8,100	12,600	18,000
4d Sed.	320	960	1,600	3,600	5,600	8,000
2d Sed.	328	984	1,640	3,690	5,740	8,200
4d Sta Wag	324	972	1,620	3,650	5,670	8,100
1970 Coronet 500						
4d Sed.	340	1,020	1,700	3,830	5,950	8,500
2d HT	800	2,400	4,000	9,000	14,000	20,000
2d Conv.	1,160	3,480	5,800	13,050	20,300	29,000
4d Sta Wag	320	960	1,600	3,600	5,600	8,000
1970 Coronet Super Bee						
2d HT	1,280	3,840	6,400	14,400	22,400	32,000
2d Cpe.	1,200	3,600	6,000	13,500	21,000	30,000
1970 Coronet R/T						
2d HT	1,560	4,680	7,800	17,550	27,300	39,000
2d Conv.	1,880	5,640	9,400	21,150	32,900	47,000
1970 Charger						
2d HT	1,360	4,080	6,800	15,300	23,800	34,000
2d HT 500	1,600	4,800	8,000	18,000	28,000	40,000
2d HT R/T	1,800	5,400	9,000	20,250	31,500	45,000

DODGE

	6	5	4	3	2	1
1970 Polara, V-8, 122" wb						
2d HT	440	1,320	2,200	4,950	7,700	11,000
4d HT	324	972	1,620	3,650	5,670	8,100
2d Conv	640	1,920	3,200	7,200	11,200	16,000
4d Sed	320	960	1,600	3,600	5,600	8,000
1970 Polara Custom						
4d Sed	328	984	1,640	3,690	5,740	8,200
2d HT	460	1,380	2,300	5,180	8,050	11,500
4d HT	332	996	1,660	3,740	5,810	8,300
1970 Monaco						
4d Sed	320	960	1,600	3,600	5,600	8,000
2d HT	360	1,080	1,800	4,050	6,300	9,000
4d HT	324	972	1,620	3,650	5,670	8,100
4d Sta Wag	328	984	1,640	3,690	5,740	8,200
NOTE: Add 30 percent for 440 Magnum when optional. Autos equipped with 426 Hemi, value inestimable. Add 20 percent for 383 engine. Add 75 percent for 440/3x2V. Add 50 percent for 340/3x2V. Add 10 percent for SE option.						
1971 Demon						
2d Cpe	340	1,020	1,700	3,830	5,950	8,500
2d 340 Cpe	600	1,800	3,000	6,750	10,500	15,000
1971 Dart						
4d Cus Sed	292	876	1,460	3,290	5,110	7,300
1971 Swinger						
2d HT	480	1,440	2,400	5,400	8,400	12,000
1971 Challenger						
2d HT	1,160	3,480	5,800	13,050	20,300	29,000
2d Conv	2,120	6,360	10,600	23,850	37,100	53,000
2d HT R/T	2,000	6,000	10,000	22,500	35,000	50,000
1971 Coronet Brougham						
4d Sed	264	792	1,320	2,970	4,620	6,600
4d Sta Wag	268	804	1,340	3,020	4,690	6,700
1971 Charger						
2d HT 500	1,160	3,480	5,800	13,050	20,300	29,000
2d HT	1,080	3,240	5,400	12,150	18,900	27,000
2d Super Bee HT	1,200	3,600	6,000	13,500	21,000	30,000
2d HT R/T	1,280	3,840	6,400	14,400	22,400	32,000
2d HT SE	1,240	3,720	6,200	13,950	21,700	31,000
1971 Polara Brougham						
4d HT	268	804	1,340	3,020	4,690	6,700
2d HT	272	816	1,360	3,060	4,760	6,800
1971 Monaco						
4d HT	268	804	1,340	3,020	4,690	6,700
2d HT	276	828	1,380	3,110	4,830	6,900
4d Sta Wag	272	816	1,360	3,060	4,760	6,800
NOTE: Add 30 percent for 440 Magnum when optional. Autos equipped with 426 Hemi, value inestimable. Add 75 percent for 440/3x2V.						
1972 Colt						
4d Sed	220	660	1,100	2,480	3,850	5,500
2d Cpe	224	672	1,120	2,520	3,920	5,600
2d HT	240	720	1,200	2,700	4,200	6,000
4d Sta Wag	220	660	1,100	2,480	3,850	5,500
1972 Dart						
4d Sed	296	888	1,480	3,330	5,180	7,400
2d Demon 340 Cpe	600	1,800	3,000	6,750	10,500	15,000
1972 Swinger						
2d HT	480	1,440	2,400	5,400	8,400	12,000
1972 Challenger						
2d HT	1,000	3,000	5,000	11,250	17,500	25,000
2d HT Rallye	1,120	3,360	5,600	12,600	19,600	28,000
1972 Coronet						
4d Sed	268	804	1,340	3,020	4,690	6,700
4d Sta Wag	272	816	1,360	3,060	4,760	6,800
1972 Charger						
2d Sed	680	2,040	3,400	7,650	11,900	17,000
2d HT	688	2,064	3,440	7,740	12,040	17,200
2d HT SE	760	2,280	3,800	8,550	13,300	19,000
NOTE: Add 20 percent for Rallye.						
1972 Polara, V-8						
4d Sed	260	780	1,300	2,930	4,550	6,500
4d HT	272	816	1,360	3,060	4,760	6,800
2d HT	280	840	1,400	3,150	4,900	7,000
4d Sta Wag	268	804	1,340	3,020	4,690	6,700
1972 Polara Custom						
4d Sed	268	804	1,340	3,020	4,690	6,700
4d HT	276	828	1,380	3,110	4,830	6,900
2d HT	300	900	1,500	3,380	5,250	7,500
4d 2S Sta Wag	288	864	1,440	3,240	5,040	7,200

	6	5	4	3	2	1
4d 3S Sta Wag	292	876	1,460	3,290	5,110	7,300
1972 Monaco						
4d Sed.	272	816	1,360	3,060	4,760	6,800
4d HT	276	828	1,380	3,110	4,830	6,900
2d HT	312	936	1,560	3,510	5,460	7,800
4d 2S Sta Wag	296	888	1,480	3,330	5,180	7,400
4d 3S Sta Wag	300	900	1,500	3,380	5,250	7,500
NOTE: Add 75 percent for 440/3x2V.						
1973 Colt						
4d Sed.	220	660	1,100	2,480	3,850	5,500
2d Cpe.	216	648	1,080	2,430	3,780	5,400
2d HT	228	684	1,140	2,570	3,990	5,700
4d Sta Wag	220	660	1,100	2,480	3,850	5,500
2d HT GT	240	720	1,200	2,700	4,200	6,000
1973 Dart						
4d Sed.	264	792	1,320	2,970	4,620	6,600
2d Cpe.	284	852	1,420	3,200	4,970	7,100
1973 Dart Sport						
2d Cpe.	304	912	1,520	3,420	5,320	7,600
1973 Dart Sport "340"						
2d Cpe.	340	1,020	1,700	3,830	5,950	8,500
1973 Dart Custom						
2d Cpe.	288	864	1,440	3,240	5,040	7,200
1973 Swinger						
2d HT	352	1,056	1,760	3,960	6,160	8,800
2d Spl HT	336	1,008	1,680	3,780	5,880	8,400
1973 Challenger						
2d HT	920	2,760	4,600	10,350	16,100	23,000
2d Rallye HT	1,040	3,120	5,200	11,700	18,200	26,000
1973 Coronet						
4d Sed.	244	732	1,220	2,750	4,270	6,100
4d Sta Wag	248	744	1,240	2,790	4,340	6,200
1973 Coronet Custom						
4d Sed.	256	768	1,280	2,880	4,480	6,400
4d Sta Wag	260	780	1,300	2,930	4,550	6,500
1973 Crestwood						
4d 6P Sta Wag	264	792	1,320	2,970	4,620	6,600
4d 9P Sta Wag	268	804	1,340	3,020	4,690	6,700
1973 Charger						
2d Cpe.	620	1,860	3,100	6,980	10,850	15,500
2d HT	640	1,920	3,200	7,200	11,200	16,000
2d "SE" HT	648	1,944	3,240	7,290	11,340	16,200
2d Rallye	660	1,980	3,300	7,430	11,550	16,500
1973 Polara						
4d Sed.	248	744	1,240	2,790	4,340	6,200
2d HT	264	792	1,320	2,970	4,620	6,600
4d Sta Wag	252	756	1,260	2,840	4,410	6,300
1973 Polara Custom						
4d Sed.	256	768	1,280	2,880	4,480	6,400
2d HT	272	816	1,360	3,060	4,760	6,800
4d HT	268	804	1,340	3,020	4,690	6,700
4d 2S Sta Wag	260	780	1,300	2,930	4,550	6,500
4d 3S Sta Wag	264	792	1,320	2,970	4,620	6,600
1973 Monaco						
4d Sed.	260	780	1,300	2,930	4,550	6,500
4d HT	268	804	1,340	3,020	4,690	6,700
2d HT	284	852	1,420	3,200	4,970	7,100
4d 2S Sta Wag	272	816	1,360	3,060	4,760	6,800
4d 3S Sta Wag	276	828	1,380	3,110	4,830	6,900
1974 Colt						
4d Sed.	200	600	1,000	2,250	3,500	5,000
2d Cpe.	196	588	980	2,210	3,430	4,900
2d HT	208	624	1,040	2,340	3,640	5,200
2d Sta Wag	200	600	1,000	2,250	3,500	5,000
2d HT GT	220	660	1,100	2,480	3,850	5,500
4d Sta Wag	200	600	1,000	2,250	3,500	5,000
1974 Dart						
4d Sed.	268	804	1,340	3,020	4,690	6,700
2d Spt Cpe	288	864	1,440	3,240	5,040	7,200
1974 Dart Sport "360"						
2d Cpe.	304	912	1,520	3,420	5,320	7,600
1974 Dart Special Edition						
2d HT	284	852	1,420	3,200	4,970	7,100
4d Sed.	280	840	1,400	3,150	4,900	7,000
1974 Dart Custom						
4d Sed.	232	696	1,160	2,610	4,060	5,800

	6	5	4	3	2	1
1974 Swinger						
2d HT	236	708	1,180	2,660	4,130	5,900
1974 Swinger Special						
2d HT	240	720	1,200	2,700	4,200	6,000
1974 Challenger						
2d HT	1,000	3,000	5,000	11,250	17,500	25,000
1974 Coronet						
4d Sta Wag	260	780	1,300	2,930	4,550	6,500
1974 Coronet Custom						
4d Sed	256	768	1,280	2,880	4,480	6,400
4d Sta Wag	260	780	1,300	2,930	4,550	6,500
1974 Coronet Crestwood						
4d Sta Wag	264	792	1,320	2,970	4,620	6,600
1974 Charger						
2d Cpe	344	1,032	1,720	3,870	6,020	8,600
2d HT	380	1,140	1,900	4,280	6,650	9,500
2d "SE" HT	400	1,200	2,000	4,500	7,000	10,000
1974 Monaco						
4d Sed	252	756	1,260	2,840	4,410	6,300
2d HT Cpe	260	780	1,300	2,930	4,550	6,500
4d Sta Wag	256	768	1,280	2,880	4,480	6,400
1974 Monaco Custom						
4d Sed	260	780	1,300	2,930	4,550	6,500
2d HT	272	816	1,360	3,060	4,760	6,800
4d HT	268	804	1,340	3,020	4,690	6,700
4d 2S Sta Wag	264	792	1,320	2,970	4,620	6,600
4d 3S Sta Wag	268	804	1,340	3,020	4,690	6,700
1974 Monaco Brougham						
4d Sed	264	792	1,320	2,970	4,620	6,600
2d HT	280	840	1,400	3,150	4,900	7,000
4d HT	272	816	1,360	3,060	4,760	6,800
4d 2S Sta Wag	268	804	1,340	3,020	4,690	6,700
4d 3S Sta Wag	272	816	1,360	3,060	4,760	6,800
1975 Dart						
4d Sed	208	624	1,040	2,340	3,640	5,200
1975 Dart Sport						
2d Cpe	224	672	1,120	2,520	3,920	5,600
1975 Swinger						
2d HT	272	816	1,360	3,060	4,760	6,800
2d Spl HT	252	756	1,260	2,840	4,410	6,300
1975 Dart Custom						
4d Sed	232	696	1,160	2,610	4,060	5,800
2d "360" Cpe	264	792	1,320	2,970	4,620	6,600
1975 Dart S.E.						
2d HT	244	732	1,220	2,750	4,270	6,100
4d Sed	224	672	1,120	2,520	3,920	5,600
1975 Coronet						
2d HT	232	696	1,160	2,610	4,060	5,800
4d Sed	208	624	1,040	2,340	3,640	5,200
4d Sta Wag	216	648	1,080	2,430	3,780	5,400
1975 Coronet Custom						
2d HT	240	720	1,200	2,700	4,200	6,000
4d Sed	212	636	1,060	2,390	3,710	5,300
4d Sta Wag	216	648	1,080	2,430	3,780	5,400
1975 Coronet Brougham						
2d HT	244	732	1,220	2,750	4,270	6,100
1975 Crestwood						
4d Sta Wag	220	660	1,100	2,480	3,850	5,500
1975 Charger S.E.						
2d HT	272	816	1,360	3,060	4,760	6,800
1975 Monaco						
2d HT	248	744	1,240	2,790	4,340	6,200
4d Sed	212	636	1,060	2,390	3,710	5,300
4d Sta Wag	216	648	1,080	2,430	3,780	5,400
1975 Royal Monaco						
2d HT	256	768	1,280	2,880	4,480	6,400
4d Sed	220	660	1,100	2,480	3,850	5,500
4d HT	244	732	1,220	2,750	4,270	6,100
4d 2S Sta Wag	224	672	1,120	2,520	3,920	5,600
4d 3S Sta Wag	228	684	1,140	2,570	3,990	5,700
1975 Royal Monaco Brougham						
2d Cpe	260	780	1,300	2,930	4,550	6,500
4d Sed	224	672	1,120	2,520	3,920	5,600
4d HT	248	744	1,240	2,790	4,340	6,200
4d 2S Sta Wag	228	684	1,140	2,570	3,990	5,700
4d 3S Sta Wag	232	696	1,160	2,610	4,060	5,800

	6	5	4	3	2	1
1976 Colt, 4-cyl.						
4d Sed.	164	492	820	1,850	2,870	4,100
2d Cpe.	168	504	840	1,890	2,940	4,200
2d HT Carousel	180	540	900	2,030	3,150	4,500
4d Sta Wag	168	504	840	1,890	2,940	4,200
2d HT GT	176	528	880	1,980	3,080	4,400
1976 Dart Sport, 6-cyl.						
2d Spt Cpe	196	588	980	2,210	3,430	4,900
1976 Dart Swinger Special, 6-cyl.						
2d HT	200	600	1,000	2,250	3,500	5,000
1976 Dart, 6-cyl.						
4d Sed.	192	576	960	2,160	3,360	4,800
2d Swinger	196	588	980	2,210	3,430	4,900
2d HT	204	612	1,020	2,300	3,570	5,100
1976 Aspen, V-8						
4d Sed.	196	588	980	2,210	3,430	4,900
2d Spt Cpe	204	612	1,020	2,300	3,570	5,100
4d Sta Wag	200	600	1,000	2,250	3,500	5,000
1976 Aspen Custom, V-8						
4d Sed.	200	600	1,000	2,250	3,500	5,000
2d Spt Cpe	208	624	1,040	2,340	3,640	5,200
1976 Aspen Special Edition, V-8						
4d Sed.	204	612	1,020	2,300	3,570	5,100
2d Spt Cpe	212	636	1,060	2,390	3,710	5,300
4d Sta Wag	208	624	1,040	2,340	3,640	5,200
1976 Coronet, V-8						
4d Sed.	196	588	980	2,210	3,430	4,900
4d 2S Sta Wag	200	600	1,000	2,250	3,500	5,000
4d 3S Sta Wag	204	612	1,020	2,300	3,570	5,100
1976 Coronet Brougham, V-8						
4d Sed.	200	600	1,000	2,250	3,500	5,000
1976 Crestwood Coronet, V-8						
4d 2S Sta Wag	212	636	1,060	2,390	3,710	5,300
4d 3S Sta Wag	216	648	1,080	2,430	3,780	5,400
1976 Charger, V-8						
2d HT	248	744	1,240	2,790	4,340	6,200
2d HT Spt	252	756	1,260	2,840	4,410	6,300
1976 Charger Special Edition, V-8						
2d HT	256	768	1,280	2,880	4,480	6,400
1976 Monaco, V-8						
4d Sed.	216	648	1,080	2,430	3,780	5,400
4d Sta Wag	220	660	1,100	2,480	3,850	5,500
1976 Royal Monaco, V-8						
4d Sed.	220	660	1,100	2,480	3,850	5,500
2d HT	228	684	1,140	2,570	3,990	5,700
4d 2S Sta Wag	224	672	1,120	2,520	3,920	5,600
4d 3S Sta Wag	228	684	1,140	2,570	3,990	5,700
1976 Royal Monaco Brougham, V-8						
4d Sed.	204	612	1,020	2,300	3,570	5,100
2d HT	228	684	1,140	2,570	3,990	5,700
4d Sta Wag	224	672	1,120	2,520	3,920	5,600
1977 Colt, 4-cyl.						
4d Sed.	168	504	840	1,890	2,940	4,200
2d Cpe.	172	516	860	1,940	3,010	4,300
2d Cus Cpe	176	528	880	1,980	3,080	4,400
2d HT Carousel	184	552	920	2,070	3,220	4,600
4d Sta Wag	172	516	860	1,940	3,010	4,300
2d HT GT	180	540	900	2,030	3,150	4,500
1977 Aspen, V-8						
4d Sed.	196	588	980	2,210	3,430	4,900
2d Spt Cpe	204	612	1,020	2,300	3,570	5,100
4d Sta Wag	200	600	1,000	2,250	3,500	5,000
1977 Aspen Custom, V-8						
4d Sed.	200	600	1,000	2,250	3,500	5,000
2d Spt Cpe	208	624	1,040	2,340	3,640	5,200
1977 Aspen Special Edition, V-8						
4d Sed.	204	612	1,020	2,300	3,570	5,100
2d Spt Cpe	212	636	1,060	2,390	3,710	5,300
4d Sta Wag	208	624	1,040	2,340	3,640	5,200
1977 Monaco, V-8						
4d Sed.	180	540	900	2,030	3,150	4,500
2d HT	192	576	960	2,160	3,360	4,800
4d 2S Sta Wag	184	552	920	2,070	3,220	4,600
4d 3S Sta Wag	188	564	940	2,120	3,290	4,700
1977 Monaco Brougham, V-8						
4d Sed.	188	564	940	2,120	3,290	4,700

	6	5	4	3	2	1
2d HT	200	600	1,000	2,250	3,500	5,000
1977 Monaco Crestwood, V-8						
4d 2S Sta Wag	192	576	960	2,160	3,360	4,800
4d 3S Sta Wag	196	588	980	2,210	3,430	4,900
1977 Charger Special Edition, V-8						
2d HT	256	768	1,280	2,880	4,480	6,400
1977 Diplomat, V-8						
4d Sed	208	624	1,040	2,340	3,640	5,200
2d Cpe	216	648	1,080	2,430	3,780	5,400
1977 Diplomat Medallion, V-8						
4d Sed	216	648	1,080	2,430	3,780	5,400
2d Cpe	224	672	1,120	2,520	3,920	5,600
1977 Royal Monaco, V-8						
4d Sed	220	660	1,100	2,480	3,850	5,500
2d HT	228	684	1,140	2,570	3,990	5,700
4d Sta Wag	224	672	1,120	2,520	3,920	5,600
1977 Royal Monaco Brougham, V-8						
4d Sed	204	612	1,020	2,300	3,570	5,100
2d HT	228	684	1,140	2,570	3,990	5,700
4d 2S Sta Wag	220	660	1,100	2,480	3,850	5,500
4d 3S Sta Wag	224	672	1,120	2,520	3,920	5,600
1978 Omni						
4d HBk	132	396	660	1,490	2,310	3,300
1978 Colt						
4d Sed	128	384	640	1,440	2,240	3,200
2d Cpe	132	396	660	1,490	2,310	3,300
2d Cus Cpe	136	408	680	1,530	2,380	3,400
4d Sta Wag	128	384	640	1,440	2,240	3,200
1978 Aspen						
4d Sed	140	420	700	1,580	2,450	3,500
2d Cpe	144	432	720	1,620	2,520	3,600
4d Sta Wag	140	420	700	1,580	2,450	3,500
1978 Monaco						
4d Sed	144	432	720	1,620	2,520	3,600
2d Cpe	148	444	740	1,670	2,590	3,700
4d 3S Sta Wag	148	444	740	1,670	2,590	3,700
4d 2S Sta Wag	144	432	720	1,620	2,520	3,600
1978 Monaco Brougham						
4d Sed	148	444	740	1,670	2,590	3,700
2d Cpe	152	456	760	1,710	2,660	3,800
4d 3S Sta Wag	152	456	760	1,710	2,660	3,800
4d 2S Sta Wag	148	444	740	1,670	2,590	3,700
1978 Charger SE						
2d Cpe	208	624	1,040	2,340	3,640	5,200
1978 Magnum XE						
2d Cpe	350	1,000	1,650	3,740	5,800	8,300
1978 Challenger						
2d Cpe	224	672	1,120	2,520	3,920	5,600
1978 Diplomat						
4d "S" Sed	150	450	800	1,760	2,750	3,900
2d "S" Cpe	150	500	800	1,800	2,800	4,000
4d Sed	160	480	800	1,800	2,800	4,000
2d Cpe	164	492	820	1,850	2,870	4,100
4d Sta Wag	160	480	800	1,800	2,800	4,000
1978 Diplomat Medallion						
4d Sed	164	492	820	1,850	2,870	4,100
2d Cpe	168	504	840	1,890	2,940	4,200
1979 Omni, 4-cyl.						
4d HBk	128	384	640	1,440	2,240	3,200
2d HBk	132	396	660	1,490	2,310	3,300
1979 Colt, 4-cyl.						
2d HBk	124	372	620	1,400	2,170	3,100
2d Cus HBk	128	384	640	1,440	2,240	3,200
2d Cpe	132	396	660	1,490	2,310	3,300
4d Sed	128	384	640	1,440	2,240	3,200
4d Sta Wag	132	396	660	1,490	2,310	3,300
1979 Aspen, V-8						
4d Sed	144	432	720	1,620	2,520	3,600
2d Cpe	148	444	740	1,670	2,590	3,700
4d Sta Wag	144	432	720	1,620	2,520	3,600
NOTE: Deduct 5 percent for 6-cyl.						
1979 Magnum XE, V-8						
2d Cpe	350	1,000	1,700	3,830	5,950	8,500
1979 Challenger, 4-cyl.						
2d Cpe	228	684	1,140	2,570	3,990	5,700

	6	5	4	3	2	1
1979 Diplomat, V-8						
4d Sed.	156	468	780	1,760	2,730	3,900
2d Cpe.	160	480	800	1,800	2,800	4,000
1979 Diplomat Salon, V-8						
4d Sed.	160	480	800	1,800	2,800	4,000
2d Cpe.	164	492	820	1,850	2,870	4,100
4d Sta Wag	160	480	800	1,800	2,800	4,000
1979 Diplomat Medallion, V-8						
4d Sed.	168	504	840	1,890	2,940	4,200
2d Cpe.	172	516	860	1,940	3,010	4,300
NOTE: Deduct 5 percent for 6-cyl.						
1979 St. Regis, V-8						
4d Sed.	176	528	880	1,980	3,080	4,400
NOTE: Deduct 5 percent for 6-cyl.						
1980 Omni, 4-cyl.						
4d HBk	140	420	700	1,580	2,450	3,500
2d HBk 2 plus 2 024	156	468	780	1,760	2,730	3,900
1980 Colt, 4-cyl.						
2d HBk	136	408	680	1,530	2,380	3,400
2d HBk Cus	140	420	700	1,580	2,450	3,500
4d Sta Wag	144	432	720	1,620	2,520	3,600
1980 Aspen, 6-cyl.						
4d Sed Spl.	152	456	760	1,710	2,660	3,800
2d Cpe Spl	156	468	780	1,760	2,730	3,900
1980 Aspen, V-8						
4d Sed.	160	480	800	1,800	2,800	4,000
2d Cpe.	164	492	820	1,850	2,870	4,100
4d Sta Wag	164	492	820	1,850	2,870	4,100
NOTE: Deduct 10 percent for 6-cyl.						
1980 Challenger						
2d Cpe.	184	552	920	2,070	3,220	4,600
1980 Diplomat, V-8						
4d Sed Salon.	144	432	720	1,620	2,520	3,600
2d Cpe Salon	148	444	740	1,670	2,590	3,700
4d Sta Wag Salon	156	468	780	1,760	2,730	3,900
NOTE: Deduct 5 percent for lesser models.						
4d Sed Medallion	148	444	740	1,670	2,590	3,700
2d Cpe Medallion	152	456	760	1,710	2,660	3,800
NOTE: Deduct 10 percent for 6-cyl.						
1980 Mirada, V-8						
2d Cpe Specialty S	236	708	1,180	2,660	4,130	5,900
2d Cpe Specialty	244	732	1,220	2,750	4,270	6,100
NOTE: Deduct 12 percent for 6-cyl.						
1980 St. Regis, V-8						
4d Sed.	164	492	820	1,850	2,870	4,100
NOTE: Deduct 12 percent for 6-cyl.						
1981 Omni, 4-cyl.						
4d HBk	152	456	760	1,710	2,660	3,800
2d HBk 024	164	492	820	1,850	2,870	4,100
NOTE: Deduct 5 percent for lesser models.						
1981 Colt, 4-cyl.						
2d HBk	140	420	700	1,580	2,450	3,500
2d HBk DeL.	144	432	720	1,620	2,520	3,600
2d HBk Cus	148	444	740	1,670	2,590	3,700
1981 Aries, 4-cyl.						
4d Sed SE	156	468	780	1,760	2,730	3,900
2d Sed SE	160	480	800	1,800	2,800	4,000
4d Sta Wag SE	168	504	840	1,890	2,940	4,200
NOTE: Deduct 5 percent for lesser models.						
1981 Challenger, 4-cyl.						
2d Cpe.	180	540	900	2,030	3,150	4,500
1981 Diplomat, V-8						
4d Sed Medallion	156	468	780	1,760	2,730	3,900
2d Cpe Medallion	160	480	800	1,800	2,800	4,000
4d Sta Wag	164	492	820	1,850	2,870	4,100
NOTE: Deduct 5 percent for lesser models. Deduct 10 percent for 6-cyl.						
1981 Mirada, V-8						
2d Cpe.	240	720	1,200	2,700	4,200	6,000
NOTE: Deduct 12 percent for 6-cyl.						
1981 St. Regis, V-8						
4d Sed.	168	504	840	1,890	2,940	4,200
NOTE: Deduct 12 percent for 6-cyl.						
1982 Colt, 4-cyl.						
2d HBk Cus	160	480	800	1,800	2,800	4,000
4d HBk Cus	156	468	780	1,760	2,730	3,900
NOTE: Deduct 5 percent for lesser models.						

	6	5	4	3	2	1
1982 Omni, 4-cyl.						
4d HBk Euro	172	516	860	1,940	3,010	4,300
2d HBk 024 Charger	180	540	900	2,030	3,150	4,500
NOTE: Deduct 5 percent for lesser models.						
1982 Aries, 4-cyl.						
4d Sed SE	156	468	780	1,760	2,730	3,900
2d Cpe SE	168	504	840	1,890	2,940	4,200
4d Sta Wag SE	176	528	880	1,980	3,080	4,400
NOTE: Deduct 5 percent for lesser models.						
1982 400, 4-cyl.						
2d Cpe Specialty LS	168	504	840	1,890	2,940	4,200
4d Sed LS	172	516	860	1,940	3,010	4,300
2d Conv	220	660	1,100	2,480	3,850	5,500
NOTE: Deduct 5 percent for lesser models.						
1982 Challenger, 4-cyl.						
2d Cpe	188	564	940	2,120	3,290	4,700
1982 Diplomat, V-8						
4d Sed	164	492	820	1,850	2,870	4,100
4d Sed Medallion	172	516	860	1,940	3,010	4,300
NOTE: Deduct 10 percent for 6-cyl.						
1982 Mirada, V-8						
2d Cpe Specialty	244	732	1,220	2,750	4,270	6,100
NOTE: Deduct 12 percent for 6-cyl.						
1983 Colt, 4-cyl.						
4d HBk Cus	156	468	780	1,760	2,730	3,900
2d HBk Cus	168	504	840	1,890	2,940	4,200
NOTE: Deduct 5 percent for lesser models.						
1983 Omni, 4-cyl.						
4d HBk	160	480	800	1,800	2,800	4,000
4d HBk Cus	172	516	860	1,940	3,010	4,300
1983 Charger, 4-cyl.						
2d HBk	176	528	880	1,980	3,080	4,400
2d HBk 2 plus 2	184	552	920	2,070	3,220	4,600
2d HBk Shelby	220	660	1,100	2,480	3,850	5,500
1983 Aries, 4-cyl.						
4d Sed SE	160	480	800	1,800	2,800	4,000
2d Sed SE	156	468	780	1,760	2,730	3,900
4d Sta Wag SE	180	540	900	2,030	3,150	4,500
NOTE: Deduct 5 percent for lesser models.						
1983 Challenger, 4-cyl.						
2d Cpe	192	576	960	2,160	3,360	4,800
1983 400, 4-cyl.						
4d Sed	168	504	840	1,890	2,940	4,200
2d Cpe	164	492	820	1,850	2,870	4,100
2d Conv	228	684	1,140	2,570	3,990	5,700
1983 600, 4-cyl.						
4d Sed	176	528	880	1,980	3,080	4,400
4d Sed ES	184	552	920	2,070	3,220	4,600
1983 Diplomat, V-8						
4d Sed	168	504	840	1,890	2,940	4,200
4d Sed Medallion	176	528	880	1,980	3,080	4,400
NOTE: Deduct 10 percent for 6-cyl.						
1983 Mirada, V-8						
2d Cpe Specialty	248	744	1,240	2,790	4,340	6,200
NOTE: Deduct 12 percent for 6-cyl.						
1984 Colt, 4-cyl.						
4d HBk DL	168	504	840	1,890	2,940	4,200
2d HBk DL	164	492	820	1,850	2,870	4,100
4d Sta Wag	160	480	800	1,800	2,800	4,000
NOTE: Deduct 5 percent for lesser models.						
1984 Omni, 4-cyl.						
4d HBk GLH	168	504	840	1,890	2,940	4,200
NOTE: Deduct 5 percent for lesser models.						
1984 Charger, 4-cyl.						
2d HBk	176	528	880	1,980	3,080	4,400
2d HBk 2 plus 2	184	552	920	2,070	3,220	4,600
2d HBk Shelby	220	660	1,100	2,480	3,850	5,500
1984 Aries, 4-cyl.						
4d Sed SE	164	492	820	1,850	2,870	4,100
2d Sed SE	168	504	840	1,890	2,940	4,200
4d Sta Wag SE	172	516	860	1,940	3,010	4,300
NOTE: Deduct 5 percent for lesser models.						
1984 Conquest, 4-cyl. Turbo						
2d HBk	180	540	900	2,030	3,150	4,500
1984 Daytona, 4-cyl.						
2d HBk	180	540	900	2,030	3,150	4,500
2d HBk Turbo	188	564	940	2,120	3,290	4,700

	6	5	4	3	2	1
2d HBk Turbo Z	196	588	980	2,210	3,430	4,900
1984 600, 4-cyl.						
4d Sed	176	528	880	1,980	3,080	4,400
2d Sed	176	528	880	1,980	3,080	4,400
4d Sed ES	180	540	900	2,030	3,150	4,500
2d Conv	232	696	1,160	2,610	4,060	5,800
2d Conv ES	248	744	1,240	2,790	4,340	6,200
1984 Diplomat, V-8						
4d Sed	176	528	880	1,980	3,080	4,400
4d Sed SE	184	552	920	2,070	3,220	4,600
1985 Colt, 4-cyl.						
4d Sed DL	156	468	780	1,760	2,730	3,900
2d HBk DL	160	480	800	1,800	2,800	4,000
4d Sed Premiere	160	480	800	1,800	2,800	4,000
4d Sta Wag Vista	180	540	900	2,030	3,150	4,500
4d Sta Wag Vista 4WD	220	660	1,100	2,480	3,850	5,500
NOTE: Deduct 5 percent for lesser models.						
1985 Omni, 4-cyl.						
4d HBk GLH	172	516	860	1,940	3,010	4,300
NOTE: Deduct 5 percent for lesser models.						
1985 Charger, 4-cyl.						
2d HBk	196	588	980	2,210	3,430	4,900
2d HBk 2 plus 2	204	612	1,020	2,300	3,570	5,100
2d HBk Shelby	220	660	1,100	2,480	3,850	5,500
1985 Aries, 4-cyl.						
4d Sed LE	168	504	840	1,890	2,940	4,200
2d Sed LE	168	504	840	1,890	2,940	4,200
4d Sta Wag LE	176	528	880	1,980	3,080	4,400
NOTE: Deduct 5 percent for lesser models.						
1985 Conquest, 4-cyl.						
2d HBk Turbo	184	552	920	2,070	3,220	4,600
1985 Daytona, 4-cyl.						
2d HBk	184	552	920	2,070	3,220	4,600
2d HBk Turbo	192	576	960	2,160	3,360	4,800
2d HBk Turbo Z	200	600	1,000	2,250	3,500	5,000
1985 600, 4-cyl.						
4d Sed SE	180	540	900	2,030	3,150	4,500
2d Sed	184	552	920	2,070	3,220	4,600
Conv	232	696	1,160	2,610	4,060	5,800
Conv ES Turbo	248	744	1,240	2,790	4,340	6,200
1985 Lancer						
4d HBk	192	576	960	2,160	3,360	4,800
4d HBk ES	196	588	980	2,210	3,430	4,900
1985 Diplomat, V-8						
4d Sed	180	540	900	2,030	3,150	4,500
4d Sed SE	188	564	940	2,120	3,290	4,700
1986 Colt						
4d E Sed	164	492	820	1,850	2,870	4,100
2d E HBk	160	480	800	1,800	2,800	4,000
4d DL Sed	168	504	840	1,890	2,940	4,200
2d DL HBk	164	492	820	1,850	2,870	4,100
4d Premiere Sed	172	516	860	1,940	3,010	4,300
4d Vista Sta Wag	184	552	920	2,070	3,220	4,600
4d Vista Sta Wag 4WD	220	670	1,120	2,520	3,920	5,600
1986 Omni						
4d HBk	168	504	840	1,890	2,940	4,200
4d HBk GLH	180	540	900	2,030	3,150	4,500
2d HBk Charger Shelby	200	600	1,000	2,500	3,500	5,000
1986 Charger						
2d HBk	200	600	1,000	2,250	3,500	5,000
2d HBk 2 plus 2	212	636	1,060	2,390	3,710	5,300
2d HBk Shelby	228	684	1,140	2,570	3,990	5,700
2d HBk Daytona	216	648	1,080	2,430	3,780	5,400
HBk Daytona Turbo	224	672	1,120	2,520	3,920	5,600
1986 Aries						
2d Sed	172	516	860	1,940	3,010	4,300
4d Sed	172	516	860	1,940	3,010	4,300
1986 Lancer						
4d HBk	196	588	980	2,210	3,430	4,900
1986 600						
2d Cpe	180	540	900	2,030	3,150	4,500
2d Conv	240	720	1,200	2,700	4,200	6,000
2d ES Conv	256	768	1,280	2,880	4,480	6,400
4d Sed	184	552	920	2,070	3,220	4,600
1986 Conquest						
2d HBk	236	708	1,180	2,660	4,130	5,900

	6	5	4	3	2	1
1986 Diplomat						
4d Sed	192	576	960	2,160	3,360	4,800
NOTE: Add 10 percent for deluxe models. Deduct 5 percent for smaller engines.						
1987 Colt, 4-cyl.						
4d E Sed	168	504	840	1,890	2,940	4,200
2d E HBk	164	492	820	1,850	2,870	4,100
4d DL Sed	172	516	860	1,940	3,010	4,300
2d DL HBk	168	504	840	1,890	2,940	4,200
4d Sed Premiere	176	528	880	1,980	3,080	4,400
4d Vista Sta Wag	188	564	940	2,120	3,290	4,700
4d Vista Sta Wag 4WD	230	680	1,140	2,570	3,990	5,700
1987 Omni, 4-cyl.						
4d HBk America	168	504	840	1,890	2,940	4,200
2d HBk Charger	180	540	900	2,030	3,150	4,500
2d HBk Charger Shelby	200	600	1,000	2,250	3,500	5,000
1987 Aries, 4-cyl.						
2d Sed	168	504	840	1,890	2,940	4,200
4d Sed	172	516	860	1,940	3,010	4,300
2d LE Sed	172	516	860	1,940	3,010	4,300
4d Sed LE	176	528	880	1,980	3,080	4,400
4d LE Sta Wag	176	528	880	1,980	3,080	4,400
1987 Shadow, 4-cyl.						
2d LBk	172	516	860	1,940	3,010	4,300
4d LBk	176	528	880	1,980	3,080	4,400
NOTE: Add 5 percent for 2.2 Turbo.						
1987 Daytona, 4-cyl.						
2d HBk	192	576	960	2,160	3,360	4,800
2d HBk Pacifica	228	684	1,140	2,570	3,990	5,700
2d HBk Shelby 2	248	744	1,240	2,790	4,340	6,200
1987 600, 4-cyl.						
4d Sed	180	540	900	2,030	3,150	4,500
4d Sed SE	184	552	920	2,070	3,220	4,600
NOTE: Add 5 percent for 2.2 Turbo.						
1987 Lancer, 4-cyl.						
4d HBk	188	564	940	2,120	3,290	4,700
4d HBk ES	192	576	960	2,160	3,360	4,800
NOTE: Add 5 percent for 2.2 Turbo. Add 15 percent for Shelby package.						
1987 Diplomat, V-8						
4d Sed	224	672	1,120	2,520	3,920	5,600
4d Sed SE	232	696	1,160	2,610	4,060	5,800
1988 Colt, 4-cyl.						
3d HBk	88	264	440	990	1,540	2,200
4d E Sed	112	336	560	1,260	1,960	2,800
3d E HBk	104	312	520	1,170	1,820	2,600
4d DL Sed	116	348	580	1,310	2,030	2,900
3d DL HBk	112	336	560	1,260	1,960	2,800
4d DL Sta Wag	120	360	600	1,350	2,100	3,000
4d Sed Premiere	140	420	700	1,580	2,450	3,500
4d Vista Sta Wag	160	480	800	1,800	2,800	4,000
4d Vista Sta Wag 4x4	200	600	1,000	2,250	3,500	5,000
1988 Omni, 4-cyl.						
4d HBk	112	336	560	1,260	1,960	2,800
1988 Aries, 4-cyl.						
2d Sed	112	336	560	1,260	1,960	2,800
4d Sed	112	336	560	1,260	1,960	2,800
4d Sta Wag	132	396	660	1,490	2,310	3,300
1988 Shadow, 4-cyl.						
2d HBk	128	384	640	1,440	2,240	3,200
4d HBk	136	408	680	1,530	2,380	3,400
1988 Daytona, 4-cyl.						
2d HBk	180	540	900	2,030	3,150	4,500
2d HBk Pacifica	224	672	1,120	2,520	3,920	5,600
2d HBk Shelby Z	240	720	1,200	2,700	4,200	6,000
1988 600, 4-cyl.						
4d Sed	140	420	700	1,580	2,450	3,500
4d SE Sed	156	468	780	1,760	2,730	3,900
1988 Lancer, 4-cyl.						
4d Spt HBk	168	504	840	1,890	2,940	4,200
4d Spt ES HBk	200	600	1,000	2,250	3,500	5,000
NOTE: Add 5 percent for 2.2 Turbo. Add 15 percent for Shelby package.						
1988 Dynasty						
4d Sed 4-cyl.	160	480	800	1,800	2,800	4,000
4d Sed Prem 4-cyl.	172	516	860	1,940	3,010	4,300
4d Sed V-6	180	540	900	2,030	3,150	4,500
4d Sed Prem V-6	184	552	920	2,070	3,220	4,600

	6	5	4	3	2	1
1988 Diplomat, V-8						
4d Sed Salon	152	456	760	1,710	2,660	3,800
4d Sed	132	396	660	1,490	2,310	3,300
4d SE Sed	168	504	840	1,890	2,940	4,200
1989 Colt, 4-cyl.						
2d HBk	152	456	760	1,710	2,660	3,800
2d HBk E	156	468	780	1,760	2,730	3,900
2d HBk GT	164	492	820	1,850	2,870	4,100
4d DL Sta Wag	200	600	1,000	2,250	3,500	5,000
4d DL Sta Wag 4x4	216	648	1,080	2,430	3,780	5,400
4d Vista Sta Wag	208	624	1,040	2,340	3,640	5,200
4d Vista Sta Wag 4x4	220	670	1,120	2,520	3,920	5,600
1989 Omni, 4-cyl.						
4d HBk	144	432	720	1,620	2,520	3,600
1989 Aries, 4-cyl.						
4d Sed	140	420	700	1,580	2,450	3,500
2d Sed	136	408	680	1,530	2,380	3,400
1989 Shadow, 4-cyl.						
4d HBk	168	504	840	1,890	2,940	4,200
2d HBk	164	492	820	1,850	2,870	4,100
1989 Daytona, 4-cyl.						
2d HBk	184	552	920	2,070	3,220	4,600
2d ES HBk	200	600	1,000	2,250	3,500	5,000
2d ES HBk Turbo	220	660	1,100	2,480	3,850	5,500
2d HBk Shelby	248	744	1,240	2,790	4,340	6,200
1989 Spirit, 4-cyl.						
4d Sed	168	504	840	1,890	2,940	4,200
4d LE Sed	180	540	900	2,030	3,150	4,500
4d ES Sed Turbo	204	612	1,020	2,300	3,570	5,100
4d ES Sed V-6	204	612	1,020	2,300	3,570	5,100
1989 Lancer, 4-cyl.						
4d Spt HBk	204	612	1,020	2,300	3,570	5,100
4d Spt HBk ES	212	636	1,060	2,390	3,710	5,300
4d Spt HBk Shelby	260	780	1,300	2,930	4,550	6,500
NOTE: Add 5 percent for 2.2 Turbo. Add 15 percent for Shelby package.						
1989 Dynasty, 4-cyl.						
4d Sed	184	552	920	2,070	3,220	4,600
1989 V-6						
4d Sed	192	576	960	2,160	3,360	4,800
4d LE Sed	216	648	1,080	2,430	3,780	5,400
1989 Diplomat, V-8						
4d Sed Salon	220	660	1,100	2,480	3,850	5,500
4d SE Sed	224	672	1,120	2,520	3,920	5,600
1990 Colt, 4-cyl.						
2d HBk	152	456	760	1,710	2,660	3,800
2d GL HBk	160	480	800	1,800	2,800	4,000
2d GT HBk	168	504	840	1,890	2,940	4,200
4d DL Sta Wag	184	552	920	2,070	3,220	4,600
4d DL Sta Wag 4x4	200	650	1,100	2,480	3,850	5,500
4d Vista	208	624	1,040	2,340	3,640	5,200
4d Vista 4x4	248	744	1,240	2,790	4,340	6,200
1990 Omni, 4-cyl.						
4d HBk	140	420	700	1,580	2,450	3,500
1990 Shadow, 4-cyl.						
2d HBk	164	492	820	1,850	2,870	4,100
4d HBk	168	504	840	1,890	2,940	4,200
1990 Daytona, 4-cyl.						
2d HBk	200	600	1,000	2,250	3,500	5,000
2d ES HBk	220	660	1,100	2,480	3,850	5,500
2d ES HBk Turbo	240	720	1,200	2,700	4,200	6,000
2d Shelby HBk	260	780	1,300	2,930	4,550	6,500
NOTE: Add 10 percent for V-6 where available.						
1990 Spirit, 4-cyl.						
4d Sed	160	480	800	1,800	2,800	4,000
4d LE Sed	180	540	900	2,030	3,150	4,500
4d ES Sed Turbo	200	600	1,000	2,250	3,500	5,000
NOTE: Add 10 percent for V-6 where available.						
1990 Monaco, V-6						
4d LE Sed	160	480	800	1,800	2,800	4,000
4d ES Sed	176	528	880	1,980	3,080	4,400
1990 Dynasty, 4-cyl.						
4d Sed	192	576	960	2,160	3,360	4,800
1990 V-6						
4d Sed	220	660	1,100	2,480	3,850	5,500
4d LE Sed	240	720	1,200	2,700	4,200	6,000

DODGE

	6	5	4	3	2	1
1991 Colt, 4-cyl.						
2d HBk	120	360	600	1,350	2,100	3,000
2d GL HBk	140	420	700	1,580	2,450	3,500
4d Vista Sta Wag	180	540	900	2,030	3,150	4,500
4d Vista Sta Wag 4x4	220	660	1,100	2,480	3,850	5,500
1991 Shadow, 4-cyl.						
2d America HBk	140	420	700	1,580	2,450	3,500
4d America HBk	140	420	700	1,580	2,450	3,500
2d HBk	148	444	740	1,670	2,590	3,700
4d HBk	148	444	740	1,670	2,590	3,700
2d Conv	240	720	1,200	2,700	4,200	6,000
2d ES HBk	168	504	840	1,890	2,940	4,200
4d ES HBk	168	504	840	1,890	2,940	4,200
2d ES Conv	260	780	1,300	2,930	4,550	6,500
1991 Daytona, 4-cyl.						
2d HBk	180	540	900	2,030	3,150	4,500
2d ES HBk	184	552	920	2,070	3,220	4,600
1991 Daytona, V-6						
2d HBk	200	600	1,000	2,250	3,500	5,000
2d ES HBk	200	600	1,000	2,250	3,500	5,000
2d IROC HBk	240	720	1,200	2,700	4,200	6,000
1991 Sprint, 4-cyl.						
4d Sed	160	480	800	1,800	2,800	4,000
4d LE Sed	172	516	860	1,940	3,010	4,300
4d ES Sed Turbo	200	600	1,000	2,250	3,500	5,000
4d R/T Turbo Sed	208	624	1,040	2,340	3,640	5,200
1991 Sprint, V-6						
4d Sed	172	516	860	1,940	3,010	4,300
4d LE Sed	184	552	920	2,070	3,220	4,600
4d ES Sed	192	576	960	2,160	3,360	4,800
1991 Monaco, V-6						
4d LE Sed	140	420	700	1,580	2,450	3,500
4d ES Sed	160	480	800	1,800	2,800	4,000
1991 Dynasty						
4d Sed 4-cyl.	180	540	900	2,030	3,150	4,500
4d Sed V-6	200	600	1,000	2,250	3,500	5,000
4d LE Sed V-6	216	648	1,080	2,430	3,780	5,400
1991 Stealth, V-6						
2d LBk	450	1,400	2,300	5,180	8,050	11,500
2d ES LBk	600	1,750	2,900	6,530	10,200	14,500
2d R/T LBk	700	2,150	3,600	8,100	12,600	18,000
2d R/T LBk Turbo 4x4	800	2,400	4,000	9,000	14,000	20,000
1992 Colt, 4-cyl.						
2d HBk	144	432	720	1,620	2,520	3,600
2d GL HBk	160	480	800	1,800	2,800	4,000
1992 Shadow						
4d America HBk	160	480	800	1,800	2,800	4,000
2d America HBk	160	480	800	1,800	2,800	4,000
4d HBk	168	504	840	1,890	2,940	4,200
2d HBk	168	504	840	1,890	2,940	4,200
2d Conv	220	660	1,100	2,480	3,850	5,500
4d ES HBk	200	600	1,000	2,250	3,500	5,000
2d ES HBk	200	600	1,000	2,250	3,500	5,000
2d ES Conv	240	720	1,200	2,700	4,200	6,000
1992 Daytona, 4-cyl.						
2d HBk	200	600	1,000	2,250	3,500	5,000
2d ES HBk	208	624	1,040	2,340	3,640	5,200
2d IROC HBk	260	780	1,300	2,930	4,550	6,500
2d IROC R/T HBk	280	840	1,400	3,150	4,900	7,000
NOTE: Add 10 percent for V-6 where available.						
1992 Spirit, 4-cyl.						
4d Sed	180	540	900	2,030	3,150	4,500
4d LE Sed	188	564	940	2,120	3,290	4,700
4d ES Turbo Sed	200	600	1,000	2,250	3,500	5,000
NOTE: Add 10 percent for V-6 where available.						
1992 Monaco, V-6						
4d LE Sed	160	480	800	1,800	2,800	4,000
4d ES Sed	180	540	900	2,030	3,150	4,500
1992 Dynasty, V-6						
4d Sed 4-cyl.	180	540	900	2,030	3,150	4,500
4d Sed	220	660	1,100	2,480	3,850	5,500
1992 Stealth, V-6						
2d Cpe	450	1,400	2,300	5,180	8,050	11,500
2d ES Cpe	550	1,700	2,800	6,300	9,800	14,000
2d R/T Cpe	650	1,900	3,200	7,200	11,200	16,000
2d R/T Cpe Turbo 4x4	800	2,400	4,000	9,000	14,000	20,000

	6	5	4	3	2	1
1992 Viper, V-10						
2d RT/10 Rds	2,000	6,000	10,000	22,500	35,000	50,000
1993 Colt						
2d Cpe	152	456	760	1,710	2,660	3,800
4d Sed	156	468	780	1,760	2,730	3,900
2d GL Cpe	156	468	780	1,760	2,730	3,900
4d GL Sed	160	480	800	1,800	2,800	4,000
1993 Shadow						
2d HBk	164	492	820	1,850	2,870	4,100
4d HBk	168	504	840	1,890	2,940	4,200
2d ES HBk	168	504	840	1,890	2,940	4,200
4d ES HBk	172	516	860	1,940	3,010	4,300
2d Conv	220	660	1,100	2,480	3,850	5,500
2d ES Conv	240	720	1,200	2,700	4,200	6,000
1993 Daytona, 4-cyl.						
2d HBk	208	624	1,040	2,340	3,640	5,200
2d ES HBk	212	636	1,060	2,390	3,710	5,300
1993 Daytona, V-6						
2d HBk	216	648	1,080	2,430	3,780	5,400
2d ES HBk	220	660	1,100	2,480	3,850	5,500
2d IROC HBk	260	780	1,300	2,930	4,550	6,500
2d IROC R/T HBk	280	840	1,400	3,150	4,900	7,000
1993 Spirit, 4-cyl.						
4d Sed	184	552	920	2,070	3,220	4,600
4d ES Sed	188	564	940	2,120	3,290	4,700
1993 Spirit, V-6						
4d Sed	188	564	940	2,120	3,290	4,700
4d ES Sed	192	576	960	2,160	3,360	4,800
1993 Dynasty						
4d Sed, 4-cyl.	192	576	960	2,160	3,360	4,800
4d Sed, V-6	196	588	980	2,210	3,430	4,900
4d LE Sed, V-6	200	600	1,000	2,250	3,500	5,000
1993 Intrepid, V-6						
4d Sed	208	624	1,040	2,340	3,640	5,200
4d ES Sed	216	648	1,080	2,430	3,780	5,400
1993 Stealth, V-6						
2d HBk	450	1,400	2,300	5,220	8,100	11,600
2d ES HBk	550	1,700	2,800	6,350	9,850	14,100
*2d R/T HBk	650	2,000	3,300	7,430	11,600	16,500
*2d R/T HBk, Turbo, 4x4	820	2,460	4,100	9,230	14,350	20,500
1993 Viper, V-10						
2d RT/10 Rds	2,000	6,000	10,000	22,500	35,000	50,000
1994 Colt, 4-cyl.						
2d Sed	180	540	900	2,030	3,150	4,500
4d Sed	200	600	1,000	2,250	3,500	5,000
2d ES Sed	192	576	960	2,160	3,360	4,800
4d ES Sed	208	624	1,040	2,340	3,640	5,200
1994 Shadow, 4-cyl.						
4d HBk	200	600	1,000	2,250	3,500	5,000
2d HBk	196	588	980	2,210	3,430	4,900
4d ES HBk	216	648	1,080	2,430	3,780	5,400
2d ES HBk	212	636	1,060	2,390	3,710	5,300
1994 Spirit, 4-cyl. & V-6						
4d Sed	208	624	1,040	2,340	3,640	5,200
1994 Intrepid, V-6						
4d Sed	280	840	1,400	3,150	4,900	7,000
4d ES Sed	300	900	1,500	3,380	5,250	7,500
1994 Stealth, V-6						
2d HBk	500	1,550	2,600	5,850	9,100	13,000
2d R/T HBk	600	1,750	2,900	6,530	10,200	14,500
2d R/T HBK, Turbo, 4x4	640	1,920	3,200	7,200	11,200	16,000
1994 Viper, V-10						
2d RT/10 Rds	2,000	6,000	10,000	22,500	35,000	50,000
1995 Neon, 4-cyl.						
4d Sed	150	500	800	1,800	2,800	4,000
2d Highline Cpe	150	500	850	1,890	2,950	4,200
4d Highline Sed	150	500	850	1,940	3,000	4,300
2d Spt Cpe	200	550	900	2,030	3,150	4,500
4d Spt Sed	200	550	900	2,070	3,200	4,600
1995 Spirit, 4-cyl. & V-6						
4d Sed	200	600	1,050	2,340	3,650	5,200
1995 Avenger, 4-cyl. & V-6						
2d Cpe, 4-cyl.	250	700	1,150	2,570	4,000	5,700
2d ES Cpe, V-6	250	800	1,350	3,020	4,700	6,700
1995 Stratus, 4-cyl. & V-6						
4d Sed (4-cyl. only)	200	550	900	2,030	3,150	4,500

	6	5	4	3	2	1
4d ES Sed	200	600	1,050	2,340	3,650	5,200
1995 Intrepid, V-6						
4d Sed	300	850	1,400	3,150	4,900	7,000
4d ES Sed	300	900	1,500	3,380	5,250	7,500
1995 Stealth, V-6						
2d HBk	500	1,550	2,600	5,850	9,100	13,000
2d R/T HBk.	600	1,750	2,900	6,530	10,200	14,500
2d R/T Turbo HBK, 4x4	640	1,920	3,200	7,200	11,200	16,000
1995 Viper, V-10						
2d RT/10 Rds.	2,000	6,000	10,000	22,500	35,000	50,000
1996 Neon, 4-cyl.						
2d Cpe	150	450	800	1,760	2,750	3,900
4d Sed	150	500	800	1,800	2,800	4,000
2d Highline Cpe	150	500	850	1,890	2,950	4,200
4d Highline Sed	150	500	850	1,940	3,000	4,300
2d Spt Cpe	200	550	900	2,030	3,150	4,500
4d Spt Sed	200	550	900	2,070	3,200	4,600
1996 Avenger, 4-cyl. & V-6						
2d Cpe (4-cyl. only)	250	700	1,150	2,570	4,000	5,700
2d ES Cpe	250	800	1,350	3,020	4,700	6,700
1996 Stratus, 4-cyl. & V-6						
4d Sed (4-cyl. only)	200	600	1,050	2,340	3,650	5,200
1996 Intrepid, V-6						
4d Sed	300	850	1,400	3,150	4,900	7,000
4d ES Sed	300	900	1,500	3,380	5,250	7,500
1996 Stealth, V-6						
2d HBk	500	1,450	2,400	5,400	8,400	12,000
2d R/T HBk.	550	1,600	2,700	6,080	9,450	13,500
2d R/T Turbo HBk, 4x4	600	1,800	3,000	6,750	10,500	15,000
1996 Viper, V-10						
2d RT/10 Rds.	2,000	6,000	10,000	22,500	35,000	50,000
2d GTS Cpe.	2,080	6,240	10,400	23,400	36,400	52,000
1997 Neon, 4-cyl.						
2d Cpe	156	468	780	1,760	2,730	3,900
4d Sed	160	480	800	1,800	2,800	4,000
2d Highline Cpe	168	504	840	1,890	2,940	4,200
4d Highline Sed	172	516	860	1,940	3,010	4,300
NOTE: Add 5 percent for Sport Pkg on Highline models.						
1997 Avenger, 4-cyl. & V-6						
2d Cpe	228	684	1,140	2,570	3,990	5,700
2d ES Cpe	268	804	1,340	3,020	4,690	6,700
1997 Stratus, 4-cyl. & V-6						
4d Sed (4-cyl. only)	180	540	900	2,030	3,150	4,500
4d ES Sed	208	624	1,040	2,340	3,640	5,200
1997 Intrepid, V-6						
4d Sed	280	840	1,400	3,150	4,900	7,000
4d ES Sed	300	900	1,500	3,380	5,250	7,500
1997 Viper, V-10						
2d RT/10 Rds.	2,000	6,000	10,000	22,500	35,000	50,000
2d GTS Cpe.	2,080	6,240	10,400	23,400	36,400	52,000
1998 Neon, 4-cyl.						
2d Highline Cpe	170	520	860	1,940	3,010	4,300
4d Highline Sed	180	530	880	1,980	3,080	4,400
NOTE: Add 5 percent for Sport Pkg or R/T Pkg. Add 10 percent for ARC Competition Pkg.						
1998 Avenger, 4-cyl. & V-6						
2d Cpe	230	680	1,140	2,570	3,990	5,700
2d ES Cpe	270	800	1,340	3,020	4,690	6,700
NOTE: Add 5 percent for Sport Pkg on base model.						
1998 Stratus, 4-cyl. & V-6						
4d Sed (4-cyl. only)	180	540	900	2,030	3,150	4,500
4d ES Sed	210	620	1,040	2,340	3,640	5,200
1998 Intrepid, V-6						
4d Sed	280	850	1,420	3,200	4,970	7,100
4d ES Sed	300	910	1,520	3,420	5,320	7,600
1998 Viper, V-10						
2d RT/10 Rds.	2,000	6,000	10,000	22,500	35,000	50,000
2d GTS Cpe.	2,080	6,240	10,400	23,400	36,400	52,000
1999 Neon, 4-cyl.						
2d Highline Cpe	170	520	860	1,940	3,010	4,300
4d Highline Sed	180	530	880	1,980	3,080	4,400
NOTE: Add 5 percent for Sport Pkg or R/T Pkg. Add 10 percent for ARC Competition Pkg.						
1999 Avenger, 4-cyl. & V-6						
2d Cpe	230	680	1,140	2,570	3,990	5,700
2d ES Cpe	270	800	1,340	3,020	4,690	6,700
NOTE: Add 5 percent for Sport Pkg on base model.						

	6	5	4	3	2	1
1999 Stratus, 4-cyl. & V-6						
4d Sed (4-cyl. only)	190	560	940	2,120	3,290	4,700
4d ES Sed (V-6 only)	220	660	1,100	2,480	3,850	5,500
1999 Intrepid, V-6						
4d Sed	280	850	1,420	3,200	4,970	7,100
4d ES Sed	300	910	1,520	3,420	5,320	7,600
1999 Viper, V-10						
2d RT/10 Rds	2,000	6,000	10,000	22,500	35,000	50,000
2d GTS Cpe	2,080	6,240	10,400	23,400	36,400	52,000
NOTE: Add 5 percent for Cognac Pkg. Add 10 percent for ARC Competition Pkg.						
2000 Neon, 4-cyl.						
4d Highline Sed	190	560	940	2,120	3,290	4,700
4d ES Sed	200	590	980	2,210	3,430	4,900
NOTE: Add 5 percent for R/T pkg.						
2000 Avenger, V-6						
2d Cpe	230	680	1,140	2,570	3,990	5,700
2d ES Cpe	270	800	1,340	3,020	4,690	6,700
2000 Stratus, 4-cyl. & V-6						
4d SE Sed (4-cyl. only)	190	580	960	2,160	3,360	4,800
4d ES Sed (V-6 only)	220	660	1,100	2,480	3,850	5,500
2000 Intrepid, V-6						
4d Sed	280	850	1,420	3,200	4,970	7,100
4d ES Sed	300	910	1,520	3,420	5,320	7,600
4d R/T Sed	320	960	1,600	3,600	5,600	8,000
2000 Viper, V-10						
2d RT/10 Rds	2,000	6,000	10,000	22,500	35,000	50,000
2d GTS Cpe	2,080	6,240	10,400	23,400	36,400	52,000
NOTE: Add 10 percent for ARC Competition pkg.						
2001 Neon, 4-cyl.						
4d SE Sed	190	560	940	2,350	3,290	4,700
4d ES Sed	200	590	980	2,450	3,430	4,900
4d R/T Sed	400	1,200	2,000	4,500	7,000	10,000
4d ACR Competition Sed	440	1,320	2,200	4,950	7,700	11,000
2001 Stratus, 4-cyl. & V-6						
2d SE Cpe	200	590	980	2,450	3,430	4,900
4d SE Sed	190	580	960	2,400	3,360	4,800
4d ES Sed (V-6 only)	220	670	1,120	2,800	3,920	5,600
2d R/T Cpe (V-6 only)	300	910	1,520	3,800	5,320	7,600
2001 Intrepid, V-6						
4d SE Sed	290	860	1,440	3,600	5,040	7,200
4d ES Sed	310	920	1,540	3,850	5,390	7,700
4d R/T Sed	320	970	1,620	4,050	5,670	8,100
NOTE: Add 5 percent for 3.2L V-6 option on ES.						
2001 Viper, V-10						
2d RT/10 Rds	2,000	6,000	10,000	22,500	35,000	50,000
2d GTS Cpe	2,080	6,240	10,400	23,400	36,400	52,000
NOTE: Add 10 percent for ACR Competition pkg.						
2002 Neon, 4-cyl.						
4d Sed	180	540	900	2,250	3,150	4,500
4d SE Sed	190	560	940	2,350	3,290	4,700
4d ES Sed	200	590	980	2,450	3,430	4,900
4d SXT Sed	210	620	1,040	2,600	3,640	5,200
4d R/T Sed	400	1,200	2,000	4,500	7,000	10,000
4d ACR Competition Sed	480	1,440	2,400	5,400	8,400	12,000
2002 Stratus, 4-cyl. & V-6						
2d SE Cpe	200	590	980	2,450	3,430	4,900
4d SE Sed	190	580	960	2,400	3,360	4,800
4d SE Plus Sed	190	580	960	2,400	3,360	4,800
4d ES Sed (V-6 only)	220	670	1,120	2,520	3,920	5,600
2d SXT Cpe (4-cyl. only)	220	650	1,080	2,700	3,780	5,400
4d SXT Sed (4-cyl. only)	210	640	1,060	2,650	3,710	5,300
2d R/T Cpe (V-6 only)	300	910	1,520	3,800	5,320	7,600
4d R/T Sed (V-6 only)	300	900	1,500	3,750	5,250	7,500
NOTE: Add 5 percent for AutoStick on ES Sed.						
2002 Intrepid, V-6						
4d SE Sed	290	860	1,440	3,600	5,040	7,200
4d ES Sed	310	920	1,540	3,850	5,390	7,700
4d SXT Sed	310	940	1,560	3,900	5,460	7,800
4d R/T Sed	320	970	1,620	4,050	5,670	8,100
2002 Viper, V-10						
2d RT/10 Rds	2,000	6,000	10,000	22,500	35,000	50,000
2d GTS Cpe	2,080	6,240	10,400	23,400	36,400	52,000
NOTE: Add 10 percent for ACR Competition pkg. Add 20 percent for GTS Final Ed.						
2003 Neon, 4-cyl.						
4d SE Sed	190	560	940	2,350	3,290	4,700
4d SXT Sed	210	620	1,040	2,600	3,640	5,200

	6	5	4	3	2	1
4d R/T Sed	400	1,200	2,000	4,500	7,000	10,000
4d SRT-4 Sed	440	1,320	2,200	4,950	7,700	11,000
2003 Stratus, 4-cyl. & V-6						
2d SE Cpe	200	590	980	2,450	3,430	4,900
4d SE Sed	190	580	960	2,400	3,360	4,800
4d ES Sed (V-6 only)	220	670	1,120	2,800	3,920	5,600
2d SXT Cpe (4-cyl. only)	220	650	1,080	2,700	3,780	5,400
4d SXT Sed (4-cyl. only)	210	640	1,060	2,650	3,710	5,300
2d R/T Cpe (V-6 only)	300	910	1,520	3,800	5,320	7,600
4d R/T Sed (V-6 only)	300	900	1,500	3,750	5,250	7,500
2003 Intrepid, V-6						
4d SE Sed	290	860	1,440	3,600	5,040	7,200
4d ES Sed	310	920	1,540	3,850	5,390	7,700
4d SXT Sed	310	940	1,560	3,900	5,460	7,800
2003 Viper, V-10						
2d SRT/10 Conv.	2,080	6,240	10,400	23,400	36,400	52,000
NOTE: The Viper Competition Coupe was offered beginning in 2003, but was not for highway use.						
2004 Neon, 4-cyl.						
4d SE Sed	190	560	940	2,350	3,290	4,700
4d SXT Sed	210	620	1,040	2,600	3,640	5,200
4d R/T Sed	220	670	1,120	2,800	3,920	5,600
4d SRT-4 Sed	440	1,320	2,200	5,500	7,700	11,000
NOTE: Deduct 5 percent for manual transmission, except SRT-4.						
2004 Stratus, 4-cyl. & V-6						
2d SXT Cpe (4-cyl. only)	200	590	980	2,450	3,430	4,900
4d SE Sed	190	580	960	2,400	3,360	4,800
4d ES Sed (V-6 only)	220	670	1,120	2,800	3,920	5,600
2d SXT Cpe (4-cyl. only)	220	650	1,080	2,700	3,780	5,400
4d SXT Sed	210	640	1,060	2,650	3,710	5,300
2d R/T Cpe (V-6 only)	300	910	1,520	3,800	5,320	7,600
4d R/T Cpe (V-6 only)	300	900	1,500	3,750	5,250	7,500
NOTE: Deduct 5 percent for manual transmission.						
2004 Intrepid, V-6						
4d SE Sed	290	860	1,440	3,600	5,040	7,200
4d ES Sed	310	920	1,540	3,850	5,390	7,700
4d SXT Sed	310	940	1,560	3,900	5,460	7,800
2004 Viper, V-10						
2d SRT/10 Conv.	2,080	6,240	10,400	23,400	36,400	52,000
2005 Neon, 4-cyl.						
4d SE Sed	190	560	940	2,350	3,290	4,700
4d SRT-4 Sed	440	1,320	2,200	5,500	7,700	11,000
4d SXT Sed	210	620	1,040	2,600	3,640	5,200
NOTE: Add 5 percent for SRT Design pkg on SXT. Deduct 5 percent for manual transmission, except SRT-4 sed.						
2005 Stratus, V-6						
2d SXT Cpe (4-cyl.)	200	590	980	2,450	3,430	4,900
2d R/T Cpe	300	910	1,520	3,800	5,320	7,600
4d SXT Sed	210	640	1,060	2,650	3,710	5,300
2005 Stratus, V-8						
4d R/T Sed	300	900	1,500	3,380	5,250	7,500
2005 Stratus, V-6						
NOTE: Deduct 5 percent for manual transmission.						
2005 Magnum, V-6						
4d SE HBk Sed	390	1,180	1,960	4,900	6,860	9,800
4d SXT HBk Sed	440	1,310	2,180	5,450	7,630	10,900
4d R/T HBk Sed (V-8)	600	1,810	3,020	6,800	10,570	15,100
NOTE: Add 10 percent for AWD.						
2005 Viper, V-10						
2d SRT/10 Conv.	3,200	9,600	16,000	40,000	56,000	80,000
2006 Stratus, 4-cyl.						
4d SXT Sed	280	840	1,400	3,500	4,900	7,000
2006 Stratus, V-6						
4d R/T Sed	310	920	1,540	3,850	5,390	7,700
2006 Magnum, V-6						
4d Spt Wag	420	1,260	2,100	5,250	7,350	10,500
4d SXT Spt Wag	430	1,280	2,140	5,350	7,490	10,700
NOTE: Add 10 percent for AWD.						
2006 Magnum, Hemi V-8						
4d R/T Spt Wag	560	1,680	2,800	7,000	9,800	14,000
4d SRT-8 Spt Wag	640	1,920	3,200	8,000	11,200	16,000
NOTE: Add 10 percent for AWD.						
2006 Charger, V-6						
4d Sed	450	1,360	2,260	5,650	7,910	11,300
4d SXT Sed	480	1,440	2,400	6,000	8,400	12,000
NOTE: Add 15 percent for Hemi V-8.						
2006 Charger, Hemi V-8						
4d R/T Sed	600	1,800	3,000	7,500	10,500	15,000

	6	5	4	3	2	1
4d SRT-8 Sed	840	2,520	4,200	10,500	14,700	21,000

NOTE: Add 5 percent for Daytona. Add 5 percent for Performance Group.

	6	5	4	3	2	1
2006 Viper, V-10						
2d SRTS-10 Cpe	2,280	6,840	11,400	28,500	39,900	57,000
2d SRTS-10 Conv	2,000	6,000	10,000	25,000	35,000	50,000
2d Competition Cpe	8,400	25,200	42,000	105,000	147,000	210,000

EDSEL

	6	5	4	3	2	1
1958 Ranger Series, V-8, 118" wb						
2d Sed	660	1,990	3,320	7,470	11,620	16,600
4d Sed	660	1,980	3,300	7,430	11,550	16,500
4d HT	700	2,100	3,500	7,880	12,250	17,500
2d HT	1,080	3,240	5,400	12,150	18,900	27,000
1958 Pacer Series, V-8, 118" wb						
4d Sed	680	2,040	3,400	7,650	11,900	17,000
4d HT	720	2,160	3,600	8,100	12,600	18,000
2d HT	1,120	3,360	5,600	12,600	19,600	28,000
2d Conv	2,260	6,780	11,300	25,430	39,550	56,500
1958 Corsair Series, V-8, 124" wb						
4d HT	760	2,280	3,800	8,550	13,300	19,000
2d HT	1,180	3,540	5,900	13,280	20,650	29,500
1958 Citation Series, V-8, 124" wb						
4d HT	840	2,520	4,200	9,450	14,700	21,000
2d HT	1,240	3,720	6,200	13,950	21,700	31,000
2d Conv	3,540	10,620	17,700	39,830	61,950	88,500
1958 Station Wagons, V-8						
4d Vill	1,200	3,600	6,000	13,500	21,000	30,000
4d Ber	1,860	5,580	9,300	20,930	32,550	46,500
4d 9P Vill	1,260	3,780	6,300	14,180	22,050	31,500
4d 9P Ber	1,900	5,700	9,500	21,380	33,250	47,500
2d Rdup	1,320	3,960	6,600	14,850	23,100	33,000
1959 Ranger Series, V-8, 120" wb						
2d Sed	650	1,940	3,240	7,290	11,340	16,200
4d Sed	640	1,930	3,220	7,250	11,270	16,100
4d HT	680	2,050	3,420	7,700	11,970	17,100
2d HT	940	2,820	4,700	10,580	16,450	23,500
1959 Corsair Series, V-8, 120" wb						
4d Sed	660	1,980	3,300	7,430	11,550	16,500
4d HT	720	2,160	3,600	8,100	12,600	18,000
2d HT	1,000	3,000	5,000	11,250	17,500	25,000
2d Conv	1,740	5,220	8,700	19,580	30,450	43,500
1959 Station Wagons, V-8, 118" wb						
4d Vill	1,000	3,000	5,000	11,250	17,500	25,000
4d 9P Vill	1,060	3,180	5,300	11,930	18,550	26,500

NOTE: Deduct 5 percent for 6-cyl.

	6	5	4	3	2	1
1960 Ranger Series, V-8, 120" wb						
2d Sed	670	2,000	3,340	7,520	11,690	16,700
4d Sed	660	1,990	3,320	7,470	11,620	16,600
4d HT	940	2,820	4,700	10,580	16,450	23,500
2d HT	1,560	4,680	7,800	17,550	27,300	39,000
2d Conv	3,980	11,940	19,900	44,780	69,650	99,500
1960 Station Wagons, V-8, 120" wb						
4d 6P Vill	1,100	3,300	5,500	12,380	19,250	27,500
4d 9P Vill	1,120	3,360	5,600	12,600	19,600	28,000

NOTE: Deduct 5 percent for 6-cyl.

FORD

	6	5	4	3	2	1
Model A 1903, 2-cyl., Ser. No. 1-670, 8 hp1904, 2-cyl., Ser. No. 671-1708, 10 hp						
Rbt	1,840	5,520	9,200	20,700	32,200	46,000
Rbt W/ton	1,880	5,640	9,400	21,150	32,900	47,000
Model B 10 hp, 4-cyl.						
Tr	value not estimable					
Model C 10 hp, 2-cyl., Ser. No. 1709-2700						
Rbt	1,840	5,520	9,200	20,700	32,200	46,000
Rbt W/ton	1,880	5,640	9,400	21,150	32,900	47,000
Dr's Mdl	1,920	5,760	9,600	21,600	33,600	48,000
Model F 16 hp, 2-cyl., (Produced 1904-05-06)						
Tr	1,920	5,760	9,600	21,600	33,600	48,000
Model K 40 hp, 6-cyl., (Produced 1905-06-07-08)						
Tr	2,960	8,880	14,800	33,300	51,800	74,000
Rds	2,960	8,880	14,800	33,300	51,800	74,000
Model N 18 hp, 4-cyl., (Produced 1906-07-08)						
Rbt	1,880	5,640	9,400	21,150	32,900	47,000
Model R 4-cyl., (Produced 1907-08)						
Rbt	1,880	5,640	9,400	21,150	32,900	47,000

FORD

	6	5	4	3	2	1
Model S 4-cyl.						
Rbt	1,800	5,400	9,000	20,250	31,500	45,000
1908 Model T, 4-cyl., 2 levers, 2 foot pedals (1,000 produced)						
Tr	1,880	5,640	9,400	21,150	32,900	47,000
1909 Model T, 4-cyl.						
Rbt	1,420	4,260	7,100	15,980	24,850	35,500
Tr	1,380	4,140	6,900	15,530	24,150	34,500
Trbt	1,300	3,900	6,500	14,630	22,750	32,500
Cpe	1,060	3,180	5,300	11,930	18,550	26,500
Twn Car	1,260	3,780	6,300	14,180	22,050	31,500
Lan'let	1,140	3,420	5,700	12,830	19,950	28,500
1910 Model T, 4-cyl.						
Rbt	1,360	4,080	6,800	15,300	23,800	34,000
Tr	1,720	5,160	8,600	19,350	30,100	43,000
Cpe	1,020	3,060	5,100	11,480	17,850	25,500
Twn Car	1,060	3,180	5,300	11,930	18,550	26,500
C'ml Rds	1,020	3,060	5,100	11,480	17,850	25,500
1911 Model T, 4-cyl.						
Rbt	1,320	3,960	6,600	14,850	23,100	33,000
Tor Rds	2,000	6,000	10,000	22,500	35,000	50,000
Tr	1,280	3,840	6,400	14,400	22,400	32,000
Trbt	1,100	3,300	5,500	12,380	19,250	27,500
Cpe	940	2,820	4,700	10,580	16,450	23,500
Twn Car	1,100	3,300	5,500	12,380	19,250	27,500
C'ml Rds	980	2,940	4,900	11,030	17,150	24,500
Dely Van	900	2,700	4,500	10,130	15,750	22,500
1912 Model T, 4-cyl.						
Rds	1,640	4,920	8,200	18,450	28,700	41,000
Tor Rds	1,600	4,800	8,000	18,000	28,000	40,000
Tr	1,680	5,040	8,400	18,900	29,400	42,000
Twn Car	1,100	3,300	5,500	12,380	19,250	27,500
Dely Van	940	2,820	4,700	10,580	16,450	23,500
C'ml Rds	1,020	3,060	5,100	11,480	17,850	25,500
1913 Model T, 4-cyl.						
Rds	1,240	3,720	6,200	13,950	21,700	31,000
Tr	1,280	3,840	6,400	14,400	22,400	32,000
Twn Car	1,020	3,060	5,100	11,480	17,850	25,500
1914 Model T, 4-cyl.						
Rds	1,240	3,720	6,200	13,950	21,700	31,000
Tr	1,280	3,840	6,400	14,400	22,400	32,000
Twn Car	1,060	3,180	5,300	11,930	18,550	26,500
Cpe	820	2,460	4,100	9,230	14,350	20,500
1915 & early 1916 Model T, 4-cyl., (brass rad.)						
Rds	1,240	3,720	6,200	13,950	21,700	31,000
Tr	1,280	3,840	6,400	14,400	22,400	32,000
Conv Cpe	1,320	3,960	6,600	14,850	23,100	33,000
Ctr dr Sed	860	2,580	4,300	9,680	15,050	21,500
Twn Car	1,020	3,060	5,100	11,480	17,850	25,500
1916 Model T, 4-cyl., (steel rad.)						
Rds	1,040	3,120	5,200	11,700	18,200	26,000
Tr	1,000	3,000	5,000	11,250	17,500	25,000
Conv Cpe	1,040	3,120	5,200	11,700	18,200	26,000
Ctr dr Sed	800	2,400	4,000	9,000	14,000	20,000
Twn Car	880	2,640	4,400	9,900	15,400	22,000
1917 Model T, 4-cyl.						
Rds	1,020	3,060	5,100	11,480	17,850	25,500
Tr	960	2,880	4,800	10,800	16,800	24,000
Conv Cpe	840	2,520	4,200	9,450	14,700	21,000
Twn Car	820	2,460	4,100	9,230	14,350	20,500
Ctr dr Sed	760	2,280	3,800	8,550	13,300	19,000
Cpe	680	2,040	3,400	7,650	11,900	17,000
1918 Model T, 4-cyl.						
Rds	940	2,820	4,700	10,580	16,450	23,500
Tr	880	2,640	4,400	9,900	15,400	22,000
Cpe	580	1,740	2,900	6,530	10,150	14,500
Ctr dr Sed	540	1,620	2,700	6,080	9,450	13,500
1919 Model T, 4-cyl.						
Rds	940	2,820	4,700	10,580	16,450	23,500
Tr	920	2,760	4,600	10,350	16,100	23,000
Cpe	580	1,740	2,900	6,530	10,150	14,500
Ctr dr Sed	580	1,740	2,900	6,530	10,150	14,500
1920-21 Model T, 4-cyl.						
Rds	880	2,640	4,400	9,900	15,400	22,000
Tr	920	2,760	4,600	10,350	16,100	23,000
Cpe	540	1,620	2,700	6,080	9,450	13,500
Ctr dr Sed	1,120	3,360	5,600	12,600	19,600	28,000

	6	5	4	3	2	1
1922-23 Model T, 4-cyl.						
Rds	920	2,760	4,600	10,350	16,100	23,000
'22 Tr	780	2,340	3,900	8,780	13,650	19,500
'23 Tr	800	2,400	4,000	9,000	14,000	20,000
Cpe	540	1,620	2,700	6,080	9,450	13,500
4d Sed	480	1,440	2,400	5,400	8,400	12,000
2d Sed	500	1,500	2,500	5,630	8,750	12,500
Ctr dr Sed	560	1,680	2,800	6,300	9,800	14,000
1924 Model T, 4-cyl.						
Rds	800	2,400	4,000	9,000	14,000	20,000
Tr	800	2,400	4,000	9,000	14,000	20,000
Cpe	580	1,740	2,900	6,530	10,150	14,500
4d Sed	480	1,440	2,400	5,400	8,400	12,000
2d Sed	500	1,500	2,500	5,630	8,750	12,500
Rds PU	620	1,860	3,100	6,980	10,850	15,500
1925 Model T, 4-cyl.						
Rds	780	2,340	3,900	8,780	13,650	19,500
Tr	780	2,340	3,900	8,780	13,650	19,500
Cpe	580	1,740	2,900	6,530	10,150	14,500
2d	480	1,440	2,400	5,400	8,400	12,000
4d	500	1,500	2,500	5,630	8,750	12,500
1926 Model T, 4-cyl.						
Rds	820	2,460	4,100	9,230	14,350	20,500
Tr	820	2,460	4,100	9,230	14,350	20,500
Cpe	580	1,740	2,900	6,530	10,150	14,500
2d	500	1,500	2,500	5,630	8,750	12,500
4d	500	1,510	2,520	5,670	8,820	12,600
1927 Model T, 4-cyl.						
Rds	860	2,580	4,300	9,680	15,050	21,500
Tr	860	2,580	4,300	9,680	15,050	21,500
Cpe	600	1,800	3,000	6,750	10,500	15,000
2d	520	1,560	2,600	5,850	9,100	13,000
4d	500	1,500	2,500	5,630	8,750	12,500
1928 Model A, 4-cyl.						
NOTE: Add 20 percent average for early "AR" features.						
2d Rds	1,380	4,140	6,900	15,530	24,150	34,500
4d Phae	1,460	4,380	7,300	16,430	25,550	36,500
2d Cpe	620	1,860	3,100	6,980	10,850	15,500
2d Spl Cpe	640	1,920	3,200	7,200	11,200	16,000
2d Bus Cpe	580	1,740	2,900	6,530	10,150	14,500
2d Spt Cpe	660	1,980	3,300	7,430	11,550	16,500
2d Sed	540	1,620	2,700	6,080	9,450	13,500
4d Sed	720	2,160	3,600	8,100	12,600	18,000
1929 Model A, 4-cyl.						
2d Rds	1,420	4,260	7,100	15,980	24,850	35,500
4d Phae	1,440	4,320	7,200	16,200	25,200	36,000
2d Cabr	1,340	4,020	6,700	15,080	23,450	33,500
2d Cpe	660	1,980	3,300	7,430	11,550	16,500
2d Bus Cpe	620	1,860	3,100	6,980	10,850	15,500
2d Spl Cpe	680	2,040	3,400	7,650	11,900	17,000
2d Spt Cpe	700	2,100	3,500	7,880	12,250	17,500
2d Sed	540	1,620	2,700	6,080	9,450	13,500
4d 3W Sed	560	1,680	2,800	6,300	9,800	14,000
4d 5W Sed	580	1,740	2,900	6,530	10,150	14,500
4d DeL Sed	660	1,980	3,300	7,430	11,550	16,500
4d Twn Sed	720	2,160	3,600	8,100	12,600	18,000
4d Taxi	1,800	5,400	9,000	20,250	31,500	45,000
4d Twn Car	2,600	7,800	13,000	29,250	45,500	65,000
4d Sta Wag	1,840	5,520	9,200	20,700	32,200	46,000
1930 Model A, 4-cyl.						
2d Rds	1,460	4,380	7,300	16,430	25,550	36,500
2d DeL Rds	1,440	4,320	7,200	16,200	25,200	36,000
4d Phae	1,540	4,620	7,700	17,330	26,950	38,500
2d DeL Phae	1,580	4,740	7,900	17,780	27,650	39,500
2d Cabr	1,380	4,140	6,900	15,530	24,150	34,500
2d Cpe	700	2,100	3,500	7,880	12,250	17,500
2d DeL Cpe	740	2,220	3,700	8,330	12,950	18,500
2d Spt Cpe	700	2,100	3,500	7,880	12,250	17,500
2d Std Sed	580	1,740	2,900	6,530	10,150	14,500
2d DeL Sed	740	2,220	3,700	8,330	12,950	18,500
2d 3W Cpe	700	2,100	3,500	7,880	12,250	17,500
2d 5W Cpe	720	2,160	3,600	8,100	12,600	18,000
4d DeL Sed	700	2,100	3,500	7,880	12,250	17,500
4d Twn Sed	740	2,220	3,700	8,330	12,950	18,500
2d Vic	900	2,700	4,500	10,130	15,750	22,500
4d Sta Wag	1,880	5,640	9,400	21,150	32,900	47,000

	6	5	4	3	2	1
1931 Model A, 4-cyl.						
2d Rds	1,520	4,560	7,600	17,100	26,600	38,000
2d DeL Rds	1,500	4,500	7,500	16,880	26,250	37,500
4d Phae	1,540	4,620	7,700	17,330	26,950	38,500
2d DeL Phae	1,580	4,740	7,900	17,780	27,650	39,500
2d Cabr	1,380	4,140	6,900	15,530	24,150	34,500
2d Conv Sed	1,660	4,980	8,300	18,680	29,050	41,500
2d Cpe	700	2,100	3,500	7,880	12,250	17,500
2d DeL Cpe	740	2,220	3,700	8,330	12,950	18,500
2d Spt Cpe	720	2,160	3,600	8,100	12,600	18,000
2d Sed	580	1,740	2,900	6,530	10,150	14,500
2d DeL Sed	740	2,220	3,700	8,330	12,950	18,500
4d Sed	620	1,860	3,100	6,980	10,850	15,500
4d DeL Sed	660	1,980	3,300	7,430	11,550	16,500
4d Twn Sed	740	2,220	3,700	8,330	12,950	18,500
2d Vic	1,200	3,600	6,000	13,500	21,000	30,000
4d Sta Wag	1,880	5,640	9,400	21,150	32,900	47,000
1932 Model B, 4-cyl.						
2d Rds	3,200	9,600	16,000	36,000	56,000	80,000
4d Phae	2,280	6,840	11,400	25,650	39,900	57,000
2d Cabr	2,680	8,040	13,400	30,150	46,900	67,000
4d Conv Sed	2,160	6,480	10,800	24,300	37,800	54,000
2d Cpe	2,400	7,200	12,000	27,000	42,000	60,000
2d Spt Cpe	2,440	7,320	12,200	27,450	42,700	61,000
2d Sed	1,280	3,840	6,400	14,400	22,400	32,000
4d Sed	880	2,640	4,400	9,900	15,400	22,000
2d Vic	1,720	5,160	8,600	19,350	30,100	43,000
4d Sta Wag	3,200	9,600	16,000	36,000	56,000	80,000
1932 Model 18, V-8						
2d Rds	3,400	10,200	17,000	38,250	59,500	85,000
2d DeL Rds	3,400	10,200	17,000	38,250	59,500	85,000
4d Phae	2,920	8,760	14,600	32,850	51,100	73,000
4d DeL Phae	3,280	9,840	16,400	36,900	57,400	82,000
2d Cabr	3,120	9,360	15,600	35,100	54,600	78,000
4d Conv Sed	3,000	9,000	15,000	33,750	52,500	75,000
2d Cpe	3,200	9,600	16,000	36,000	56,000	80,000
2d DeL Cpe	3,300	9,900	16,500	37,130	57,750	82,500
2d Spt Cpe	2,940	8,820	14,700	33,080	51,450	73,500
2d Sed	2,200	6,600	11,000	24,750	38,500	55,000
2d DeL Sed	2,300	6,900	11,500	25,880	40,250	57,500
4d Sed	1,800	5,400	9,000	20,250	31,500	45,000
4d DeL Sed	1,900	5,700	9,500	21,380	33,250	47,500
2d Vic	2,560	7,680	12,800	28,800	44,800	64,000
4d Sta Wag	3,480	10,440	17,400	39,150	60,900	87,000
1933 Model 40, V-8						
4d Phae	2,240	6,720	11,200	25,200	39,200	56,000
4d DeL Phae	2,280	6,840	11,400	25,650	39,900	57,000
2d Rds	2,720	8,160	13,600	30,600	47,600	68,000
2d DeL Rds	3,400	10,200	17,000	38,250	59,500	85,000
2d 3W Cpe	2,620	7,860	13,100	29,480	45,850	65,500
2d 3W DeL Cpe	2,740	8,220	13,700	30,830	47,950	68,500
2d 5W Cpe	2,340	7,020	11,700	26,330	40,950	58,500
2d 5W DeL Cpe	2,380	7,140	11,900	26,780	41,650	59,500
2d Cabr	2,840	8,520	14,200	31,950	49,700	71,000
2d Sed	1,320	3,960	6,600	14,850	23,100	33,000
2d DeL Sed	1,420	4,260	7,100	15,980	24,850	35,500
4d Sed	1,000	3,000	5,000	11,250	17,500	25,000
4d DeL Sed	1,400	4,200	7,000	15,750	24,500	35,000
2d Vic	2,280	6,840	11,400	25,650	39,900	57,000
4d Sta Wag	3,620	10,860	18,100	40,730	63,350	90,500
1933 Model 40, 4-cyl.						
NOTE: All models deduct 20 percent average from V-8 models.						
1934 Model 40, V-8						
2d Rds	2,760	8,280	13,800	31,050	48,300	69,000
4d Phae	2,320	6,960	11,600	26,100	40,600	58,000
2d Cabr	2,680	8,040	13,400	30,150	46,900	67,000
5W Cpe	2,360	7,080	11,800	26,550	41,300	59,000
2d 3W DeL Cpe	2,560	7,680	12,800	28,800	44,800	64,000
2d 5W DeL Cpe	2,400	7,200	12,000	27,000	42,000	60,000
2d Sed	1,360	4,080	6,800	15,300	23,800	34,000
2d DeL Sed	1,460	4,380	7,300	16,430	25,550	36,500
4d Sed	1,040	3,120	5,200	11,700	18,200	26,000
4d DeL Sed	1,440	4,320	7,200	16,200	25,200	36,000
2d Vic	2,320	6,960	11,600	26,100	40,600	58,000
4d Sta Wag	3,640	10,920	18,200	40,950	63,700	91,000

	6	5	4	3	2	1
1935 Model 48, V-8						
4d Phae	2,240	6,720	11,200	25,200	39,200	56,000
2d Rds	2,520	7,560	12,600	28,350	44,100	63,000
2d Cabr	2,360	7,080	11,800	26,550	41,300	59,000
4d Conv Sed	2,440	7,320	12,200	27,450	42,700	61,000
2d 3W DeL Cpe	1,680	5,040	8,400	18,900	29,400	42,000
2d 5W Cpe	1,520	4,560	7,600	17,100	26,600	38,000
2d 5W DeL Cpe	1,560	4,680	7,800	17,550	27,300	39,000
2d Sed	1,000	3,000	5,000	11,250	17,500	25,000
2d DeL Sed	1,040	3,120	5,200	11,700	18,200	26,000
4d Sed	960	2,880	4,800	10,800	16,800	24,000
4d DeL Sed	980	2,940	4,900	11,030	17,150	24,500
4d Sta Wag	3,400	10,200	17,000	38,250	59,500	85,000
4d C'ham Twn Car	3,000	9,000	15,000	33,750	52,500	75,000
1936 Model 68, V-8						
2d Rds	2,680	8,040	13,400	30,150	46,900	67,000
4d Phae	2,600	7,800	13,000	29,250	45,500	65,000
2d Cabr	2,400	7,200	12,000	27,000	42,000	60,000
2d Clb Cabr	2,440	7,320	12,200	27,450	42,700	61,000
4d Conv Trk Sed	2,520	7,560	12,600	28,350	44,100	63,000
4d Conv Sed	2,480	7,440	12,400	27,900	43,400	62,000
2d 3W Cpe	1,640	4,920	8,200	18,450	28,700	41,000
2d 5W Cpe	1,600	4,800	8,000	18,000	28,000	40,000
2d 5W DeL Cpe	1,640	4,920	8,200	18,450	28,700	41,000
2d Sed	1,000	3,000	5,000	11,250	17,500	25,000
2d Tr Sed	1,020	3,060	5,100	11,480	17,850	25,500
2d DeL Sed	1,120	3,360	5,600	12,600	19,600	28,000
4d Sed	960	2,880	4,800	10,800	16,800	24,000
4d Tr Sed	980	2,940	4,900	11,030	17,150	24,500
4d DeL Sed	1,000	3,000	5,000	11,250	17,500	25,000
4d DeL Tr Sed	1,320	3,960	6,600	14,850	23,100	33,000
4d Sta Wag	3,400	10,200	17,000	38,250	59,500	85,000
1937 Model 74, V-8, 60 hp						
2d Sed	820	2,470	4,120	9,270	14,420	20,600
2d Tr Sed	840	2,530	4,220	9,500	14,770	21,100
4d Sed	820	2,460	4,100	9,230	14,350	20,500
4d Tr Sed	840	2,520	4,200	9,450	14,700	21,000
2d Cpe	1,320	3,960	6,600	14,850	23,100	33,000
2d Cpe PU	1,360	4,080	6,800	15,300	23,800	34,000
4d Sta Wag	3,600	10,800	18,000	40,500	63,000	90,000
1937 Model 78, V-8, 85 hp						
2d Rds	2,760	8,280	13,800	31,050	48,300	69,000
4d Phae	2,400	7,200	12,000	27,000	42,000	60,000
2d Cabr	2,480	7,440	12,400	27,900	43,400	62,000
2d Clb Cabr	2,520	7,560	12,600	28,350	44,100	63,000
4d Conv Sed	2,560	7,680	12,800	28,800	44,800	64,000
2d Cpe	1,400	4,200	7,000	15,750	24,500	35,000
2d Clb Cpe	1,440	4,320	7,200	16,200	25,200	36,000
2d Sed	880	2,650	4,420	9,950	15,470	22,100
2d Tr Sed	900	2,710	4,520	10,170	15,820	22,600
4d Sed	880	2,640	4,400	9,900	15,400	22,000
4d Tr Sed	880	2,640	4,400	9,900	15,400	22,000
4d Sta Wag	3,800	11,400	19,000	42,750	66,500	95,000
1938 Model 81A Standard, V-8						
2d Cpe	1,260	3,780	6,300	14,180	22,050	31,500
2d Sed	800	2,410	4,020	9,050	14,070	20,100
4d Sed	800	2,400	4,000	9,000	14,000	20,000
1938 Model 81A DeLuxe, V-8						
4d Phae	2,360	7,080	11,800	26,550	41,300	59,000
2d Conv	2,400	7,200	12,000	27,000	42,000	60,000
2d Clb Conv	2,440	7,320	12,200	27,450	42,700	61,000
4d Conv Sed	2,520	7,560	12,600	28,350	44,100	63,000
2d Cpe	1,360	4,080	6,800	15,300	23,800	34,000
2d Clb Cpe	1,400	4,200	7,000	15,750	24,500	35,000
2d Sed	840	2,530	4,220	9,500	14,770	21,100
4d Sed	840	2,520	4,200	9,450	14,700	21,000
4d Sta Wag	3,800	11,400	19,000	42,750	66,500	95,000
NOTE: Deduct 10 percent average for 60 hp 82A Ford.						
1939 Standard, V-8						
2d Cpe	1,560	4,680	7,800	17,550	27,300	39,000
2d Sed	800	2,410	4,020	9,050	14,070	20,100
4d Sed	800	2,400	4,000	9,000	14,000	20,000
4d Sta Wag	3,560	10,680	17,800	40,050	62,300	89,000
1939 DeLuxe, V-8						
2d Conv	3,120	9,360	15,600	35,100	54,600	78,000
4d Conv Sed	3,240	9,720	16,200	36,450	56,700	81,000

	6	5	4	3	2	1
2d Cpe	1,800	5,400	9,000	20,250	31,500	45,000
2d Sed	850	2,560	4,260	9,590	14,910	21,300
4d Sed	1,000	3,000	5,000	11,250	17,500	25,000
4d Sta Wag	3,920	11,760	19,600	44,100	68,600	98,000
NOTE: Deduct 10 percent average for V-8, 60 hp models.						
1940 Standard & DeLuxe, V-8						
2d Conv	3,160	9,480	15,800	35,550	55,300	79,000
2d Cpe	1,640	4,920	8,200	18,450	28,700	41,000
2d DeL Cpe	1,920	5,760	9,600	21,600	33,600	48,000
2d Sed	1,040	3,130	5,220	11,750	18,270	26,100
2d DeL Sed	1,060	3,190	5,320	11,970	18,620	26,600
4d Sed	1,240	3,720	6,200	13,950	21,700	31,000
4d DeL Sed	1,260	3,780	6,300	14,180	22,050	31,500
4d Sta Wag	4,320	12,960	21,600	48,600	75,600	108,000
NOTE: Deduct 10 percent average for V-8, 60 hp models.						
1941 Model 11A Special, V-8						
2d Cpe	1,360	4,080	6,800	15,300	23,800	34,000
2d Sed	760	2,290	3,820	8,600	13,370	19,100
4d Sed	760	2,280	3,800	8,550	13,300	19,000
1941 DeLuxe						
3P Cpe	1,480	4,440	7,400	16,650	25,900	37,000
5P Cpe	1,440	4,320	7,200	16,200	25,200	36,000
2d Sed	800	2,410	4,020	9,050	14,070	20,100
4d Sed	800	2,400	4,000	9,000	14,000	20,000
4d Sta Wag	4,400	13,200	22,000	49,500	77,000	110,000
1941 Super DeLuxe						
2d Conv	2,360	7,080	11,800	26,550	41,300	59,000
3P Cpe	1,520	4,560	7,600	17,100	26,600	38,000
5P Cpe	1,560	4,680	7,800	17,550	27,300	39,000
2d Sed	820	2,470	4,120	9,270	14,420	20,600
4d Sed	820	2,460	4,100	9,230	14,350	20,500
4d Sta Wag	4,600	13,800	23,000	51,750	80,500	115,000
NOTE: Deduct 10 percent average for 6-cyl.						
1942 Model 2GA Special, 6-cyl.						
3P Cpe	1,240	3,720	6,200	13,950	21,700	31,000
2d Sed	720	2,170	3,620	8,150	12,670	18,100
4d Sed	720	2,160	3,600	8,100	12,600	18,000
1942 Model 21A DeLuxe, V-8						
2d Cpe	1,280	3,840	6,400	14,400	22,400	32,000
5P Cpe	1,320	3,960	6,600	14,850	23,100	33,000
2d Sed	740	2,230	3,720	8,370	13,020	18,600
4d Sed	740	2,220	3,700	8,330	12,950	18,500
4d Sta Wag	3,160	9,480	15,800	35,550	55,300	79,000
1942 Super DeLuxe						
2d Conv	2,400	7,200	12,000	27,000	42,000	60,000
3P Cpe	1,400	4,200	7,000	15,750	24,500	35,000
5P Cpe	1,360	4,080	6,800	15,300	23,800	34,000
2d Sed	750	2,260	3,760	8,460	13,160	18,800
4d Sed	740	2,220	3,700	8,330	12,950	18,500
4d Sta Wag	3,560	10,680	17,800	40,050	62,300	89,000
NOTE: Deduct 10 percent average for 6-cyl.						
1946-48 Model 89A DeLuxe, V-8						
3P Cpe	1,240	3,720	6,200	13,950	21,700	31,000
2d Sed	684	2,052	3,420	7,700	11,970	17,100
4d Sed	680	2,040	3,400	7,650	11,900	17,000
1946-48 Model 89A Super DeLuxe, V-8						
2d Conv	2,080	6,240	10,400	23,400	36,400	52,000
2d Sptman Conv	8,380	25,140	41,900	94,280	146,650	209,500
2d 3P Cpe	1,280	3,840	6,400	14,400	22,400	32,000
2d 5P Cpe	1,320	3,960	6,600	14,850	23,100	33,000
2d Sed	704	2,112	3,520	7,920	12,320	17,600
4d Sed	700	2,100	3,500	7,880	12,250	17,500
4d Sta Wag	3,720	11,160	18,600	41,850	65,100	93,000
NOTE: Deduct 5 percent average for 6-cyl.						
1949-50 DeLuxe, V-8, 114" wb						
2d Bus Cpe	1,040	3,120	5,200	11,700	18,200	26,000
2d Sed	880	2,640	4,400	9,900	15,400	22,000
4d Sed	800	2,400	4,000	9,000	14,000	20,000
1949-50 Custom DeLuxe, V-8, 114" wb						
2d Clb Cpe	1,080	3,240	5,400	12,150	18,900	27,000
2d Sed	920	2,760	4,600	10,350	16,100	23,000
4d Sed	840	2,520	4,200	9,450	14,700	21,000
2d Crest (1950 only)	1,120	3,360	5,600	12,600	19,600	28,000
2d Conv	1,880	5,640	9,400	21,150	32,900	47,000
2d Sta Wag	2,600	7,800	13,000	29,250	45,500	65,000
NOTE: Deduct 5 percent average for 6-cyl.						

	6	5	4	3	2	1
1951 DeLuxe, V-8, 114" wb						
2d Bus Cpe	1,080	3,240	5,400	12,150	18,900	27,000
2d Sed.	920	2,760	4,600	10,350	16,100	23,000
4d Sed.	840	2,520	4,200	9,450	14,700	21,000
1951 Custom DeLuxe, V-8, 114" wb						
2d Clb Cpe	1,120	3,360	5,600	12,600	19,600	28,000
2d Sed.	960	2,880	4,800	10,800	16,800	24,000
4d Sed.	880	2,640	4,400	9,900	15,400	22,000
2d Crest.	1,160	3,480	5,800	13,050	20,300	29,000
2d HT	1,200	3,600	6,000	13,500	21,000	30,000
2d Conv.	1,720	5,160	8,600	19,350	30,100	43,000
2d Ctry Sq Sta Wag	2,840	8,520	14,200	31,950	49,700	71,000
NOTE: Deduct 5 percent average for 6-cyl.						
1952-53 Mainline, V-8, 115" wb						
2d Bus Cpe	760	2,280	3,800	8,550	13,300	19,000
2d Sed.	684	2,052	3,420	7,700	11,970	17,100
4d Sed.	680	2,040	3,400	7,650	11,900	17,000
2d Sta Wag	760	2,280	3,800	8,550	13,300	19,000
1952-53 Customline, V-8, 115" wb						
2d Clb Cpe	840	2,520	4,200	9,450	14,700	21,000
2d Sed.	780	2,340	3,900	8,780	13,650	19,500
4d Sed.	776	2,328	3,880	8,730	13,580	19,400
4d Sta Wag	840	2,520	4,200	9,450	14,700	21,000
1952-53 Crestline, 8-cyl., 115" wb						
2d HT	980	2,940	4,900	11,030	17,150	24,500
2d Conv.	1,200	3,600	6,000	13,500	21,000	30,000
4d Ctry Sq Sta Wag	1,060	3,180	5,300	11,930	18,550	26,500
NOTE: Deduct 5 percent average for 6-cyl. Add 50 percent for 1953 Indy Pace Car replica convertible.						
1954 Mainline, 8-cyl., 115.5" wb						
2d Bus Cpe	720	2,160	3,600	8,100	12,600	18,000
2d Sed.	684	2,052	3,420	7,700	11,970	17,100
4d Sed.	680	2,040	3,400	7,650	11,900	17,000
2d Sta Wag	760	2,280	3,800	8,550	13,300	19,000
1954 Customline, V-8, 115.5" wb						
2d Clb Cpe	860	2,580	4,300	9,680	15,050	21,500
2d Sed.	820	2,460	4,100	9,230	14,350	20,500
4d Sed.	816	2,448	4,080	9,180	14,280	20,400
2/4d Sta Wag	880	2,640	4,400	9,900	15,400	22,000
1954 Crestline, V-8, 115.5" wb						
4d Sed.	820	2,460	4,100	9,230	14,350	20,500
2d HT	1,040	3,120	5,200	11,700	18,200	26,000
2d Sky Cpe	1,480	4,440	7,400	16,650	25,900	37,000
2d Conv.	1,360	4,080	6,800	15,300	23,800	34,000
4d Ctry Sq Sta Wag	1,100	3,300	5,500	12,380	19,250	27,500
NOTE: Deduct 5 percent average for 6-cyl.						
1955 Mainline, V-8, 115.5" wb						
2d Bus Sed	664	1,992	3,320	7,470	11,620	16,600
2d Sed.	672	2,016	3,360	7,560	11,760	16,800
4d Sed.	668	2,004	3,340	7,520	11,690	16,700
1955 Customline, V-8, 115.5" wb						
2d Sed.	696	2,088	3,480	7,830	12,180	17,400
4d Sed.	692	2,076	3,460	7,790	12,110	17,300
1955 Fairlane, V-8, 115.5" wb						
2d Sed.	752	2,256	3,760	8,460	13,160	18,800
4d Sed.	748	2,244	3,740	8,420	13,090	18,700
2d HT Vic	1,200	3,600	6,000	13,500	21,000	30,000
2d Crn Vic	1,760	5,280	8,800	19,800	30,800	44,000
2d Crn Vic Plexi-top	2,400	7,200	12,000	27,000	42,000	60,000
2d Conv.	2,340	7,020	11,700	26,330	40,950	58,500
1955 Station Wagon, V-8, 115.5" wb						
2d Custom Ran Wag.	800	2,400	4,000	9,000	14,000	20,000
2d Ran Wag	780	2,340	3,900	8,780	13,650	19,500
4d Ctry Sed Customline	800	2,400	4,000	9,000	14,000	20,000
4d Ctry Sed Fairlane	840	2,520	4,200	9,450	14,700	21,000
4d Ctry Sq.	880	2,640	4,400	9,900	15,400	22,000
NOTE: Deduct 5 percent average for 6-cyl.						
1956 Mainline, V-8, 115.5" wb						
2d Bus Sed	668	2,004	3,340	7,520	11,690	16,700
2d Sed.	676	2,028	3,380	7,610	11,830	16,900
4d Sed.	672	2,016	3,360	7,560	11,760	16,800
1956 Customline, V-8, 115.5" wb						
2d Sed.	700	2,100	3,500	7,880	12,250	17,500
4d Sed.	696	2,088	3,480	7,830	12,180	17,400
2d HT Vic	920	2,760	4,600	10,350	16,100	23,000
1956 Fairlane, V-8, 115.5" wb						
2d Sed.	752	2,256	3,760	8,460	13,160	18,800

	6	5	4	3	2	1
4d Sed	748	2,244	3,740	8,420	13,090	18,700
4d HT Vic	1,000	3,000	5,000	11,250	17,500	25,000
2d HT Vic	1,400	4,200	7,000	15,750	24,500	35,000
2d Crn Vic	1,940	5,820	9,700	21,830	33,950	48,500
2d Crn Vic Plexi-top	2,440	7,320	12,200	27,450	42,700	61,000
2d Conv	2,380	7,140	11,900	26,780	41,650	59,500
1956 Station Wagons, V-8, 115.5" wb						
2d Ran Wag	760	2,280	3,800	8,550	13,300	19,000
2d Parklane	1,540	4,620	7,700	17,330	26,950	38,500
4d Ctry Sed Customline	800	2,400	4,000	9,000	14,000	20,000
4d Ctry Sed Fairlane	840	2,520	4,200	9,450	14,700	21,000
4d Ctry Sq	880	2,640	4,400	9,900	15,400	22,000
NOTE: Deduct 5 percent average for 6-cyl. Add 10 percent for "T-Bird Special" V-8. Add 30 percent for 312-cid with dual four-barrel carbs.						
1957 Custom, V-8, 116" wb						
2d Bus Cpe	640	1,930	3,220	7,250	11,270	16,100
2d Sed	660	1,970	3,280	7,380	11,480	16,400
4d Sed	610	1,840	3,060	6,890	10,710	15,300
1957 Custom 300, V-8, 116" wb						
2d Sed	760	2,280	3,800	8,550	13,300	19,000
4d Sed	620	1,870	3,120	7,020	10,920	15,600
1957 Fairlane, V-8, 118" wb						
2d Sed	760	2,290	3,820	8,600	13,370	19,100
4d Sed	720	2,160	3,600	8,100	12,600	18,000
4d HT Vic	1,000	3,000	5,000	11,250	17,500	25,000
2d Vic HT	1,160	3,480	5,800	13,050	20,300	29,000
1957 Fairlane 500, V-8, 118" wb						
2d Sed	770	2,320	3,860	8,690	13,510	19,300
4d Sed	730	2,180	3,640	8,190	12,740	18,200
4d HT Vic	1,000	3,000	5,000	11,250	17,500	25,000
2d HT Vic	1,240	3,720	6,200	13,950	21,700	31,000
2d Sun Conv	1,960	5,880	9,800	22,050	34,300	49,000
2d Sky HT Conv	2,320	6,960	11,600	26,100	40,600	58,000
1957 Station Wagons, 8-cyl., 116" wb						
2d Ran Wag	880	2,640	4,400	9,900	15,400	22,000
2d DeL Rio Ran	1,300	3,900	6,500	14,630	22,750	32,500
4d Ctry Sed	1,000	3,000	5,000	11,250	17,500	25,000
4d Ctry Sq	960	2,880	4,800	10,800	16,800	24,000
NOTE: Deduct 5 percent average for 6-cyl. Add 20 percent for "T-Bird Special" V-8 (Code E). Add 30 percent for Supercharged V-8 (Code F).						
1958 Custom 300, V-8, 116.03" wb						
2d Bus Cpe	510	1,520	2,540	5,720	8,890	12,700
2d Sed	640	1,920	3,200	7,200	11,200	16,000
4d Sed	570	1,720	2,860	6,440	10,010	14,300
1958 Fairlane, V-8, 116.03" wb						
2d Sed	620	1,860	3,100	6,980	10,850	15,500
4d Sed	580	1,730	2,880	6,480	10,080	14,400
4d HT	920	2,760	4,600	10,350	16,100	23,000
2d HT	960	2,880	4,800	10,800	16,800	24,000
1958 Fairlane 500, V-8, 118.04" wb						
2d Sed	650	1,960	3,260	7,340	11,410	16,300
4d Sed	610	1,820	3,040	6,840	10,640	15,200
4d HT	960	2,880	4,800	10,800	16,800	24,000
2d HT	1,040	3,120	5,200	11,700	18,200	26,000
2d Sun Conv	1,880	5,640	9,400	21,150	32,900	47,000
2d Sky HT Conv	2,240	6,720	11,200	25,200	39,200	56,000
1958 Station Wagons, V-8, 116.03" wb						
2d Ran	870	2,600	4,340	9,770	15,190	21,700
4d Ran	860	2,580	4,300	9,680	15,050	21,500
4d Ctry Sed	900	2,700	4,500	10,130	15,750	22,500
2d DeL Rio Ran	1,320	3,960	6,600	14,850	23,100	33,000
4d Ctry Sq	940	2,820	4,700	10,580	16,450	23,500
NOTE: Deduct 5 percent average for 6-cyl.						
1959 Custom 300, V-8, 118" wb						
2d Bus Cpe	620	1,860	3,100	6,980	10,850	15,500
2d Sed	620	1,870	3,120	7,020	10,920	15,600
4d Sed	580	1,730	2,880	6,480	10,080	14,400
1959 Fairlane, V-8, 118" wb						
2d Sed	520	1,550	2,580	5,810	9,030	12,900
4d Sed	510	1,540	2,560	5,760	8,960	12,800
1959 Fairlane 500, V-8, 118" wb						
2d Sed	600	1,810	3,020	6,800	10,570	15,100
4d Sed	560	1,680	2,800	6,300	9,800	14,000
4d HT	900	2,700	4,500	10,130	15,750	22,500
2d HT	1,020	3,060	5,100	11,480	17,850	25,500
2d Sun Conv	1,920	5,760	9,600	21,600	33,600	48,000

	6	5	4	3	2	1
2d Sky HT Conv	2,280	6,840	11,400	25,650	39,900	57,000
1959 Galaxie, V-8, 118" wb						
2d Sed	610	1,840	3,060	6,890	10,710	15,300
4d Sed	570	1,700	2,840	6,390	9,940	14,200
4d HT	940	2,820	4,700	10,580	16,450	23,500
2d HT	1,060	3,180	5,300	11,930	18,550	26,500
2d Sun Conv	1,920	5,760	9,600	21,600	33,600	48,000
2d Sky HT Conv	2,280	6,840	11,400	25,650	39,900	57,000
1959 Station Wagons, V-8, 118" wb						
2d Ran	740	2,220	3,700	8,330	12,950	18,500
4d Ran	880	2,640	4,400	9,900	15,400	22,000
2d Ctry Sed	920	2,760	4,600	10,350	16,100	23,000
4d Ctry Sed	900	2,700	4,500	10,130	15,750	22,500
4d Ctry Sq	920	2,760	4,600	10,350	16,100	23,000
NOTE: Deduct 5 percent average for 6-cyl.						
1960 Falcon, 6-cyl., 109.5" wb						
2d Sed	368	1,104	1,840	4,140	6,440	9,200
4d Sed	364	1,092	1,820	4,100	6,370	9,100
2d Sta Wag	372	1,116	1,860	4,190	6,510	9,300
4d Sta Wag	368	1,104	1,840	4,140	6,440	9,200
1960 Fairlane, V-8, 119" wb						
2d Bus Cpe	372	1,116	1,860	4,190	6,510	9,300
2d Sed	384	1,152	1,920	4,320	6,720	9,600
4d Sed	380	1,140	1,900	4,280	6,650	9,500
1960 Fairlane 500, V-8, 119" wb						
2d Sed	388	1,164	1,940	4,370	6,790	9,700
4d Sed	384	1,152	1,920	4,320	6,720	9,600
1960 Galaxie, V-8, 119" wb						
2d Sed	500	1,500	2,500	5,630	8,750	12,500
4d Sed	496	1,488	2,480	5,580	8,680	12,400
4d HT	720	2,160	3,600	8,100	12,600	18,000
2d HT	960	2,880	4,800	10,800	16,800	24,000
1960 Galaxie Special, V-8, 119" wb						
2d Starliner HT	1,360	4,080	6,800	15,300	23,800	34,000
2d Sun Conv	1,480	4,440	7,400	16,650	25,900	37,000
1960 Station Wagons, V-8, 119" wb						
2d Ran	652	1,956	3,260	7,340	11,410	16,300
4d Ran	640	1,920	3,200	7,200	11,200	16,000
4d Ctry Sed	660	1,980	3,300	7,430	11,550	16,500
4d Ctry Sq	680	2,040	3,400	7,650	11,900	17,000
NOTE: Deduct 5 percent average for 6-cyl. Add 100 percent for 352-cid, 360-hp.						
1961 Falcon, 6-cyl., 109.5" wb						
2d Sed	392	1,176	1,960	4,410	6,860	9,800
4d Sed	388	1,164	1,940	4,370	6,790	9,700
2d Futura Sed	640	1,920	3,200	7,200	11,200	16,000
2d Sta Wag	396	1,188	1,980	4,460	6,930	9,900
4d Sta Wag	392	1,176	1,960	4,410	6,860	9,800
1961 Fairlane, V-8, 119" wb						
2d Sed	396	1,188	1,980	4,460	6,930	9,900
4d Sed	392	1,176	1,960	4,410	6,860	9,800
1961 Galaxie, V-8, 119" wb						
2d Sed	500	1,500	2,500	5,630	8,750	12,500
4d Sed	496	1,488	2,480	5,580	8,680	12,400
4d Vic HT	680	2,040	3,400	7,650	11,900	17,000
2d Vic HT	760	2,280	3,800	8,550	13,300	19,000
2d Star HT	1,440	4,320	7,200	16,200	25,200	36,000
2d Sun Conv	1,560	4,680	7,800	17,550	27,300	39,000
1961 Station Wagons, V-8, 119" wb						
4d Ran	620	1,860	3,100	6,980	10,850	15,500
2d Ran	628	1,884	3,140	7,070	10,990	15,700
4d 6P Ctry Sed	720	2,160	3,600	8,100	12,600	18,000
4d Ctry Sq	740	2,220	3,700	8,330	12,950	18,500
NOTE: Deduct 5 percent average for 6-cyl. Add 30 percent for 390 cid, 401 hp. Add 25 percent for 390 cid, 375 hp. Add 50 percent for 4-Speed on either 390-cid, 375-hp or 390-cid, 401-hp.						
1962 Falcon, 6-cyl., 109.5" wb						
4d Sed	336	1,008	1,680	3,780	5,880	8,400
2d Sed	340	1,020	1,700	3,830	5,950	8,500
2d Fut Spt Cpe	680	2,040	3,400	7,650	11,900	17,000
4d Sq Wag	392	1,176	1,960	4,410	6,860	9,800
1962 Falcon Station Bus, 6-cyl., 109.5" wb						
Sta Bus	332	996	1,660	3,740	5,810	8,300
Clb Wag	336	1,008	1,680	3,780	5,880	8,400
DeL Wag	340	1,020	1,700	3,830	5,950	8,500
1962 Fairlane, V-8, 115.5" wb						
4d Sed	332	996	1,660	3,740	5,810	8,300
2d Sed	336	1,008	1,680	3,780	5,880	8,400

	6	5	4	3	2	1
2d Spt Cpe	352	1,056	1,760	3,960	6,160	8,800

1962 Galaxie 500, V-8, 119" wb

	6	5	4	3	2	1
4d Sed	348	1,044	1,740	3,920	6,090	8,700
4d HT	640	1,920	3,200	7,200	11,200	16,000
2d Sed	392	1,176	1,960	4,410	6,860	9,800
2d HT	720	2,160	3,600	8,100	12,600	18,000
2d Sun Conv	1,080	3,240	5,400	12,150	18,900	27,000

1962 Galaxie 500 XL, V-8, 119" wb

	6	5	4	3	2	1
2d HT	800	2,400	4,000	9,000	14,000	20,000
2d Sun Conv	1,200	3,600	6,000	13,500	21,000	30,000

1962 Station Wagons, V-8, 119" wb

	6	5	4	3	2	1
4d Ranch	580	1,740	2,900	6,530	10,150	14,500
4d Ctry Sed	600	1,800	3,000	6,750	10,500	15,000
4d Ctry Sq	620	1,860	3,100	6,980	10,850	15,500

NOTE: Deduct 5 percent for 6-cyl. Add 30 percent for 406 V-8. Add 20 percent for 390 cid, 330 hp. Add 20 percent for 390 cid, 300 hp.

1963 Falcon/Falcon Futura, 6-cyl., 109.5" wb

	6	5	4	3	2	1
4d Sed	344	1,032	1,720	3,870	6,020	8,600
2d Sed	348	1,044	1,740	3,920	6,090	8,700
2d Spt Sed	360	1,080	1,800	4,050	6,300	9,000
2d HT	640	1,920	3,200	7,200	11,200	16,000
2d Spt HT	680	2,040	3,400	7,650	11,900	17,000
2d Conv	800	2,400	4,000	9,000	14,000	20,000
2d Spt Conv	840	2,520	4,200	9,450	14,700	21,000
4d Sq Wag	420	1,260	2,100	4,730	7,350	10,500
4d Sta Wag	400	1,200	2,000	4,500	7,000	10,000
2d Sta Wag	404	1,212	2,020	4,550	7,070	10,100

NOTE: Add 10 percent for V-8 models.

1963 Station Buses, 6-cyl., 90" wb

	6	5	4	3	2	1
Sta Bus	372	1,116	1,860	4,190	6,510	9,300
Clb Wag	376	1,128	1,880	4,230	6,580	9,400
DeL Clb Wag	384	1,152	1,920	4,320	6,720	9,600

1963 Sprint, V-8, 109.5" wb

	6	5	4	3	2	1
2d HT	760	2,280	3,800	8,550	13,300	19,000
2d Conv	880	2,640	4,400	9,900	15,400	22,000

1963 Fairlane, V-8, 115.5" wb

	6	5	4	3	2	1
4d Sed	332	996	1,660	3,740	5,810	8,300
2d Sed	336	1,008	1,680	3,780	5,880	8,400
2d HT	420	1,260	2,100	4,730	7,350	10,500
2d Spt Cpe	440	1,320	2,200	4,950	7,700	11,000
4d Sq Wag	580	1,740	2,900	6,530	10,150	14,500
4d Cus Ran	576	1,728	2,880	6,480	10,080	14,400

NOTE: Add 20 percent for 271 hp V-8.

1963 Ford 300, V-8, 119" wb

	6	5	4	3	2	1
4d Sed	336	1,008	1,680	3,780	5,880	8,400
2d Sed	340	1,020	1,700	3,830	5,950	8,500

1963 Galaxie 500, V-8, 119" wb

	6	5	4	3	2	1
4d Sed	340	1,020	1,700	3,830	5,950	8,500
4d HT	720	2,160	3,600	8,100	12,600	18,000
2d Sed	344	1,032	1,720	3,870	6,020	8,600
2d HT	800	2,400	4,000	9,000	14,000	20,000
2d FBk	880	2,640	4,400	9,900	15,400	22,000
2d Sun Conv	1,120	3,360	5,600	12,600	19,600	28,000

1963 Galaxie 500 XL, V-8, 119" wb

	6	5	4	3	2	1
4d HT	760	2,280	3,800	8,550	13,300	19,000
2d HT	840	2,520	4,200	9,450	14,700	21,000
2d FBk	920	2,760	4,600	10,350	16,100	23,000
2d Sun Conv	1,240	3,720	6,200	13,950	21,700	31,000

1963 Station Wagons, V-8, 119" wb

	6	5	4	3	2	1
4d Ctry Sed	600	1,800	3,000	6,750	10,500	15,000
4d Ctry Sq	620	1,860	3,100	6,980	10,850	15,500

NOTE: Deduct 5 percent average for 6-cyl. Add 30 percent for 406 & add 40 percent for 427. Add 5 percent for V-8 except Sprint. Add 20 percent for 390 cid, 330 hp. Add 20 percent for 390 cid, 300 hp.

1964 Falcon/Falcon Futura, 6-cyl., 109.5" wb

	6	5	4	3	2	1
4d Sed	340	1,020	1,700	3,830	5,950	8,500
2d Sed	344	1,032	1,720	3,870	6,020	8,600
2d HT	540	1,620	2,700	6,080	9,450	13,500
2d Spt HT	700	2,100	3,500	7,880	12,250	17,500
2d Conv	720	2,160	3,600	8,100	12,600	18,000
2d Spt Conv	760	2,280	3,800	8,550	13,300	19,000
4d Sq Wag	420	1,260	2,100	4,730	7,350	10,500
4d DeL Wag	400	1,200	2,000	4,500	7,000	10,000
4d Sta	400	1,200	2,000	4,500	7,000	10,000
2d Sta	404	1,212	2,020	4,550	7,070	10,100

NOTE: Add 10 percent for V-8 models.

	6	5	4	3	2	1
1964 Station Bus, 6-cyl., 90" wb						
Sta Bus	360	1,080	1,800	4,050	6,300	9,000
Clb Wag	364	1,092	1,820	4,100	6,370	9,100
DeL Clb	372	1,116	1,860	4,190	6,510	9,300
1964 Sprint, V-8, 109.5" wb						
2d HT	740	2,220	3,700	8,330	12,950	18,500
2d Conv	800	2,400	4,000	9,000	14,000	20,000
1964 Fairlane, V-8, 115.5" wb						
4d Sed	324	972	1,620	3,650	5,670	8,100
2d Sed	328	984	1,640	3,690	5,740	8,200
2d HT	660	1,980	3,300	7,430	11,550	16,500
2d Spt HT	700	2,100	3,500	7,880	12,250	17,500
4d Sta Wag	524	1,572	2,620	5,900	9,170	13,100
NOTE: Add 20 percent for 271 hp V-8.						
1964 Fairlane Thunderbolt						
2d Sed			value not estimable			
1964 Custom, V-8, 119" wb						
4d Sed	324	972	1,620	3,650	5,670	8,100
2d Sed	328	984	1,640	3,690	5,740	8,200
1964 Custom 500, V-8, 119" wb						
4d Sed	328	984	1,640	3,690	5,740	8,200
2d Sed	332	996	1,660	3,740	5,810	8,300
1964 Galaxie 500, V-8, 119" wb						
4d Sed	376	1,128	1,880	4,230	6,580	9,400
4d HT	800	2,400	4,000	9,000	14,000	20,000
2d Sed	380	1,140	1,900	4,280	6,650	9,500
2d HT	880	2,640	4,400	9,900	15,400	22,000
2d Sun Conv	1,080	3,240	5,400	12,150	18,900	27,000
1964 Galaxie 500XL, V-8, 119" wb						
4d HT	840	2,520	4,200	9,450	14,700	21,000
2d HT	920	2,760	4,600	10,350	16,100	23,000
2d Sun Conv	1,200	3,600	6,000	13,500	21,000	30,000
1964 Station Wagons, V-8, 119" wb						
4d Ctry Sed	720	2,160	3,600	8,100	12,600	18,000
4d Ctry Sq	740	2,220	3,700	8,330	12,950	18,500
NOTE: Add 40 percent for 427 V-8. Add 20 percent for 390 cid, 330 hp. Add 20 percent for 390 cid, 300 hp. Add 10 percent for 390 cid, 275 hp.						
1965 Falcon/Falcon Futura, 6-cyl., 109.5" wb						
4d Sed	316	948	1,580	3,560	5,530	7,900
2d Sed	320	960	1,600	3,600	5,600	8,000
2d HT	480	1,440	2,400	5,400	8,400	12,000
2d Conv	760	2,280	3,800	8,550	13,300	19,000
4d Sq Wag	400	1,200	2,000	4,500	7,000	10,000
4d DeL Wag	380	1,140	1,900	4,280	6,650	9,500
4d Sta	360	1,080	1,800	4,050	6,300	9,000
2d Sta	368	1,104	1,840	4,140	6,440	9,200
NOTE: Add 10 percent for V-8 models.						
1965 Sprint, V-8, 109.5" wb						
2d HT	720	2,160	3,600	8,100	12,600	18,000
2d Conv	800	2,400	4,000	9,000	14,000	20,000
1965 Falcon Station Buses, 6-cyl., 90" wb						
Sta Bus	324	972	1,620	3,650	5,670	8,100
Clb Wag	332	996	1,660	3,740	5,810	8,300
DeL Wag	340	1,020	1,700	3,830	5,950	8,500
1965 Fairlane, V-8, 116" wb						
4d Sed	328	984	1,640	3,690	5,740	8,200
2d Sed	332	996	1,660	3,740	5,810	8,300
2d HT	480	1,440	2,400	5,400	8,400	12,000
2d Spt HT	660	1,980	3,300	7,430	11,550	16,500
4d Sta Wag	340	1,020	1,700	3,830	5,950	8,500
NOTE: Add 10 percent for 271 hp V-8.						
1965 Custom, V-8, 119" wb						
4d Sed	316	948	1,580	3,560	5,530	7,900
2d Sed	320	960	1,600	3,600	5,600	8,000
1965 Custom 500, V-8, 119" wb						
4d Sed	320	960	1,600	3,600	5,600	8,000
2d Sed	324	972	1,620	3,650	5,670	8,100
1965 Galaxie 500, V-8, 119" wb						
4d Sed	360	1,080	1,800	4,050	6,300	9,000
4d HT	600	1,800	3,000	6,750	10,500	15,000
2d HT	680	2,040	3,400	7,650	11,900	17,000
2d Conv	760	2,280	3,800	8,550	13,300	19,000
1965 Galaxie 500 XL, V-8, 119" wb						
2d HT	720	2,160	3,600	8,100	12,600	18,000
2d Conv	800	2,400	4,000	9,000	14,000	20,000

	6	5	4	3	2	1
1965 Galaxie 500 LTD, V-8, 119" wb						
4d HT	700	2,100	3,500	7,880	12,250	17,500
2d HT	780	2,340	3,900	8,780	13,650	19,500
1965 Station Wagons, V-8, 119" wb						
4d Ran	560	1,680	2,800	6,300	9,800	14,000
4d 9P Ctry Sed	580	1,740	2,900	6,530	10,150	14,500
4d 9P Ctry Sq	600	1,800	3,000	6,750	10,500	15,000
NOTE: Add 40 percent for 427 V-8. Add 20 percent for 390 cid, 330 hp. Add 20 percent for 390 cid, 300 hp.						
1966 Falcon/Falcon Futura, 6-cyl., 110.9" wb						
4d Sed	320	960	1,600	3,600	5,600	8,000
2d Clb Cpe	320	970	1,620	3,650	5,670	8,100
2d Spt Cpe	330	1,000	1,660	3,740	5,810	8,300
4d 6P Wag	400	1,190	1,980	4,460	6,930	9,900
4d Sq Wag	400	1,200	2,000	4,500	7,000	10,000
1966 Falcon Station Bus, 6-cyl., 90" wb						
Clb Wag	312	936	1,560	3,510	5,460	7,800
Cus Clb Wag	316	948	1,580	3,560	5,530	7,900
DeL Clb Wag	320	960	1,600	3,600	5,600	8,000
1966 Fairlane, V-8, 116" wb						
4d Sed	320	960	1,600	3,600	5,600	8,000
2d Clb Cpe	324	972	1,620	3,650	5,670	8,100
1966 Fairlane 500, V-8						
4d Sed	350	1,060	1,760	3,960	6,160	8,800
2d Cpe	380	1,140	1,900	4,280	6,650	9,500
2d HT	580	1,740	2,900	6,530	10,150	14,500
2d Conv	880	2,640	4,400	9,900	15,400	22,000
1966 Fairlane 500 XL, V-8, 116" wb						
2d HT	660	1,980	3,300	7,430	11,550	16,500
2d Conv	960	2,880	4,800	10,800	16,800	24,000
1966 Fairlane 500 GT, V-8, 116" wb						
2d HT	800	2,400	4,000	9,000	14,000	20,000
2d Conv	1,000	3,000	5,000	11,250	17,500	25,000
1966 Station Wagons, V-8, 113" wb						
6P DeL	320	960	1,600	3,600	5,600	8,000
2d Sq Wag	368	1,104	1,840	4,140	6,440	9,200
1966 Custom, V-8, 119" wb						
4d Sed	324	972	1,620	3,650	5,670	8,100
2d Sed	328	984	1,640	3,690	5,740	8,200
1966 Galaxie 500, V-8, 119" wb						
4d Sed	360	1,080	1,800	4,050	6,300	9,000
4d HT	500	1,500	2,500	5,630	8,750	12,500
2d HT	540	1,620	2,700	6,080	9,450	13,500
2d Conv	760	2,280	3,800	8,550	13,300	19,000
1966 Galaxie 500 XL, V-8, 119" wb						
2d HT	660	1,980	3,300	7,430	11,550	16,500
2d Conv	800	2,400	4,000	9,000	14,000	20,000
1966 LTD, V-8, 119" wb						
4d HT	600	1,800	3,000	6,750	10,500	15,000
2d HT	680	2,040	3,400	7,650	11,900	17,000
1966 Galaxie 500, 7-litre V-8, 119" wb						
2d HT	920	2,760	4,600	10,350	16,100	23,000
2d Conv	1,320	3,960	6,600	14,850	23,100	33,000
NOTE: Add 50 percent for 427 engine option on 7-litre models.						
1966 Station Wagons, V-8, 119" wb						
4d Ran Wag	580	1,740	2,900	6,530	10,150	14,500
4d Ctry Sed	600	1,800	3,000	6,750	10,500	15,000
4d Ctry Sq	620	1,860	3,100	6,980	10,850	15,500
NOTE: Add 40 percent for 427 or 30 percent for 428 engine option.						
1967 Falcon, 6-cyl., 111" wb						
4d Sed	316	948	1,580	3,560	5,530	7,900
2d Sed	320	960	1,600	3,600	5,600	8,000
4d Sta Wag	360	1,080	1,800	4,050	6,300	9,000
1967 Futura						
4d Sed	320	960	1,600	3,600	5,600	8,000
2d Clb Cpe	324	972	1,620	3,650	5,670	8,100
2d HT	380	1,140	1,900	4,280	6,650	9,500
1967 Fairlane						
4d Sed	316	948	1,580	3,560	5,530	7,900
2d Cpe	320	960	1,600	3,600	5,600	8,000
1967 Fairlane 500, V-8, 116" wb						
4d Sed	320	960	1,600	3,600	5,600	8,000
2d Cpe	324	972	1,620	3,650	5,670	8,100
2d HT	500	1,500	2,500	5,630	8,750	12,500
2d Conv	880	2,640	4,400	9,900	15,400	22,000
4d Wag	380	1,140	1,900	4,280	6,650	9,500

	6	5	4	3	2	1
1967 Fairlane 500 XL, V-8						
2d HT	660	1,980	3,300	7,430	11,550	16,500
2d Conv.	960	2,880	4,800	10,800	16,800	24,000
2d HT GT	800	2,400	4,000	9,000	14,000	20,000
2d Conv GT.	1,000	3,000	5,000	11,250	17,500	25,000
NOTE: When fitted with automatic transmission, the GT was named GTA.						
1967 Fairlane Wagons						
4d Sta Wag	360	1,080	1,800	4,050	6,300	9,000
4d 500 Wag.	364	1,092	1,820	4,100	6,370	9,100
4d Sq Wag	372	1,116	1,860	4,190	6,510	9,300
1967 Ford Custom						
4d Sed.	316	948	1,580	3,560	5,530	7,900
2d Sed.	320	960	1,600	3,600	5,600	8,000
1967 Ford Custom 500						
4d Sed.	320	960	1,600	3,600	5,600	8,000
2d Sed.	324	972	1,620	3,650	5,670	8,100
1967 Galaxie 500, V-8, 119" wb						
4d Sed.	332	996	1,660	3,740	5,810	8,300
4d HT	580	1,740	2,900	6,530	10,150	14,500
2d HT	660	1,980	3,300	7,430	11,550	16,500
2d Conv.	800	2,400	4,000	9,000	14,000	20,000
1967 Galaxie 500 XL						
2d HT	700	2,100	3,500	7,880	12,250	17,500
2d Conv.	840	2,520	4,200	9,450	14,700	21,000
1967 LTD, V-8, 119" wb						
4d HT	640	1,920	3,200	7,200	11,200	16,000
2d HT	720	2,160	3,600	8,100	12,600	18,000
1967 Station Wagons						
4d Ranch.	560	1,680	2,800	6,300	9,800	14,000
4d Ctry Sed	580	1,740	2,900	6,530	10,150	14,500
4d Ctry Sq.	600	1,800	3,000	6,750	10,500	15,000
NOTE: Add 5 percent for V-8. Add 40 percent for 427 or 428 engine option.						
1968 Standard Falcon						
4d Sed.	296	888	1,480	3,330	5,180	7,400
2d Sed.	300	900	1,500	3,380	5,250	7,500
4d Sta Wag	340	1,020	1,700	3,830	5,950	8,500
1968 Falcon Futura, 6-cyl., 110.0" wb						
4d Sed.	300	900	1,500	3,380	5,250	7,500
2d Sed.	304	912	1,520	3,420	5,320	7,600
2d Spt Cpe	312	936	1,560	3,510	5,460	7,800
4d Sta Wag	344	1,032	1,720	3,870	6,020	8,600
1968 Fairlane						
4d Sed.	304	912	1,520	3,420	5,320	7,600
2d HT	380	1,140	1,900	4,280	6,650	9,500
4d Sta Wag	352	1,056	1,760	3,960	6,160	8,800
1968 Fairlane 500, V-8, 116" wb						
4d Sed.	308	924	1,540	3,470	5,390	7,700
2d HT	440	1,320	2,200	4,950	7,700	11,000
2d FBk.	560	1,680	2,800	6,300	9,800	14,000
2d Conv.	720	2,160	3,600	8,100	12,600	18,000
4d Sta Wag	356	1,068	1,780	4,010	6,230	8,900
1968 Torino, V-8, 116" wb						
4d Sed.	292	876	1,460	3,290	5,110	7,300
2d HT	500	1,500	2,500	5,630	8,750	12,500
4d Wag	360	1,080	1,800	4,050	6,300	9,000
1968 Torino GT, V-8						
2d HT	880	2,640	4,400	9,900	15,400	22,000
2d FBk.	960	2,880	4,800	10,800	16,800	24,000
2d Conv.	1,120	3,360	5,600	12,600	19,600	28,000
1968 Custom						
4d Sed.	296	888	1,480	3,330	5,180	7,400
2d Sed.	300	900	1,500	3,380	5,250	7,500
1968 Custom 500						
4d Sed.	300	900	1,500	3,380	5,250	7,500
2d Sed.	304	912	1,520	3,420	5,320	7,600
1968 Galaxie 500, V-8, 119" wb						
4d Sed.	308	924	1,540	3,470	5,390	7,700
4d HT	440	1,320	2,200	4,950	7,700	11,000
2d HT	520	1,560	2,600	5,850	9,100	13,000
2d FBk.	680	2,040	3,400	7,650	11,900	17,000
2d Conv.	760	2,280	3,800	8,550	13,300	19,000
1968 XL						
2d FBk.	720	2,160	3,600	8,100	12,600	18,000
2d Conv.	800	2,400	4,000	9,000	14,000	20,000
1968 LTD						
4d Sed.	320	960	1,600	3,600	5,600	8,000

	6	5	4	3	2	1
4d HT	460	1,380	2,300	5,180	8,050	11,500
2d HT	540	1,620	2,700	6,080	9,450	13,500
1968 Ranch Wagon						
4d Std Wag	520	1,560	2,600	5,850	9,100	13,000
4d 500 Wag	528	1,584	2,640	5,940	9,240	13,200
4d DeL 500 Wag	532	1,596	2,660	5,990	9,310	13,300
1968 Country Sedan						
4d Std Wag	560	1,680	2,800	6,300	9,800	14,000
DeL Wag	568	1,704	2,840	6,390	9,940	14,200
1968 Country Squire						
4d Sta Wag	600	1,800	3,000	6,750	10,500	15,000
4d DeL Wag	616	1,848	3,080	6,930	10,780	15,400
NOTE: Add 50 percent for 429 engine option. Add 40 percent for 427 or 428 engine option.						
1969 Falcon Futura, 6-cyl., 111" wb						
2d Spt Cpe	284	852	1,420	3,200	4,970	7,100
2d Sed	268	804	1,340	3,020	4,690	6,700
1969 Fairlane 500, V-8, 116" wb						
4d Sed	264	792	1,320	2,970	4,620	6,600
2d HT	360	1,080	1,800	4,050	6,300	9,000
2d FBk	380	1,140	1,900	4,280	6,650	9,500
2d Conv	640	1,920	3,200	7,200	11,200	16,000
1969 Torino, V-8, 116" wb						
4d Sed	280	840	1,400	3,150	4,900	7,000
2d HT	480	1,440	2,400	5,400	8,400	12,000
1969 Torino GT, V-8						
2d HT	880	2,640	4,400	9,900	15,400	22,000
2d FBk	960	2,880	4,800	10,800	16,800	24,000
2d Conv	1,120	3,360	5,600	12,600	19,600	28,000
1969 Cobra						
2d HT	1,440	4,320	7,200	16,200	25,200	36,000
2d FBk	1,680	5,040	8,400	18,900	29,400	42,000
1969 Galaxie 500, V-8, 121" wb						
4d HT	340	1,020	1,700	3,830	5,950	8,500
2d HT	380	1,140	1,900	4,280	6,650	9,500
2d FBk	520	1,560	2,600	5,850	9,100	13,000
2d Conv	720	2,160	3,600	8,100	12,600	18,000
1969 XL						
2d FBk	660	1,980	3,300	7,430	11,550	16,500
2d Conv	760	2,280	3,800	8,550	13,300	19,000
NOTE: Add 10 percent for GT option.						
1969 LTD						
4d HT	360	1,080	1,800	4,050	6,300	9,000
2d HT	460	1,380	2,300	5,180	8,050	11,500
1969 Falcon Wagon, 6-cyl.						
4d Wag	280	840	1,400	3,150	4,900	7,000
4d Futura Sta Wag	324	972	1,620	3,650	5,670	8,100
1969 Fairlane, 6-cyl.						
4d Wag	364	1,092	1,820	4,100	6,370	9,100
4d 500 Sta Wag	388	1,164	1,940	4,370	6,790	9,700
4d Torino Sta Wag	372	1,116	1,860	4,190	6,510	9,300
NOTE: Add 30 percent for V-8 where available.						
1969 Custom Ranch Wagon, V-8						
4d Wag	440	1,320	2,200	4,950	7,700	11,000
4d 500 Sta Wag 2S	444	1,332	2,220	5,000	7,770	11,100
4d 500 Sta Wag 4S	448	1,344	2,240	5,040	7,840	11,200
NOTE: Deduct 30 percent for 6-cyl.						
1969 Galaxie 500 Country Sedan, V-8						
4d Wag 2S	448	1,344	2,240	5,040	7,840	11,200
4d Wag 4S	452	1,356	2,260	5,090	7,910	11,300
1969 LTD Country Squire, V-8						
4d Wag 2S	500	1,500	2,500	5,630	8,750	12,500
4d Wag 4S	504	1,512	2,520	5,670	8,820	12,600
NOTE: Add 40 percent for 428 engine option. Add 50 percent for 429 engine option.						
1970 Falcon, 6-cyl., 110" wb						
4d Sed	292	876	1,460	3,290	5,110	7,300
2d Sed	296	888	1,480	3,330	5,180	7,400
4d Sta Wag	332	996	1,660	3,740	5,810	8,300
1970 Futura, 6-cyl., 110" wb						
4d Sed	300	900	1,500	3,380	5,250	7,500
2d Sed	304	912	1,520	3,420	5,320	7,600
4d Sta Wag	340	1,020	1,700	3,830	5,950	8,500
NOTE: Add 10 percent for V-8.						
1970 Maverick						
2d Sed	288	864	1,440	3,240	5,040	7,200
1970 Fairlane 500, V-8, 117" wb						
4d Sed	312	936	1,560	3,510	5,460	7,800

	6	5	4	3	2	1
2d HT	360	1,080	1,800	4,050	6,300	9,000
4d Sta Wag	348	1,044	1,740	3,920	6,090	8,700
1970 Torino, V-8, 117" wb						
4d Sed.	316	948	1,580	3,560	5,530	7,900
4d HT	360	1,080	1,800	4,050	6,300	9,000
2d HT	420	1,260	2,100	4,730	7,350	10,500
2d Sports Roof HT	540	1,620	2,700	6,080	9,450	13,500
4d Sta Wag	360	1,080	1,800	4,050	6,300	9,000
1970 Torino Brougham, V-8, 117" wb						
4d HT	380	1,140	1,900	4,280	6,650	9,500
2d HT	500	1,500	2,500	5,630	8,750	12,500
4d Sta Wag	352	1,056	1,760	3,960	6,160	8,800
1970 Torino GT, V-8, 117" wb						
2d HT	800	2,400	4,000	9,000	14,000	20,000
2d Conv.	1,040	3,120	5,200	11,700	18,200	26,000
1970 Cobra, V-8, 117" wb						
2d HT	1,440	4,320	7,200	16,200	25,200	36,000
1970 Custom, V-8, 121" wb						
4d Sed.	280	840	1,400	3,150	4,900	7,000
4d Sta Wag	348	1,044	1,740	3,920	6,090	8,700
1970 Custom 500, V-8, 121" wb						
4d Sed.	284	852	1,420	3,200	4,970	7,100
4d Sta Wag	352	1,056	1,760	3,960	6,160	8,800
1970 Galaxie 500, V-8, 121" wb						
4d Sed.	288	864	1,440	3,240	5,040	7,200
4d HT	340	1,020	1,700	3,830	5,950	8,500
2d HT	380	1,140	1,900	4,280	6,650	9,500
4d Sta Wag	356	1,068	1,780	4,010	6,230	8,900
2d FBk.	520	1,560	2,600	5,850	9,100	13,000
1970 XL, V-8, 121" wb						
2d FBk.	540	1,620	2,700	6,080	9,450	13,500
2d Conv.	700	2,100	3,500	7,880	12,250	17,500
1970 LTD, V-8, 121" wb						
4d Sed.	292	876	1,460	3,290	5,110	7,300
4d HT	308	924	1,540	3,470	5,390	7,700
2d HT	340	1,020	1,700	3,830	5,950	8,500
4d Sta Wag	360	1,080	1,800	4,050	6,300	9,000
1970 LTD Brougham, V-8, 121" wb						
4d Sed.	296	888	1,480	3,330	5,180	7,400
4d HT	320	960	1,600	3,600	5,600	8,000
2d HT	360	1,080	1,800	4,050	6,300	9,000
NOTE: Add 40 percent for 428 engine option. Add 50 percent for 429 engine option.						
1970-1/2 Falcon, 6-cyl., 117" wb						
4d Sed.	296	888	1,480	3,330	5,180	7,400
2d Sed.	300	900	1,500	3,380	5,250	7,500
4d Sta Wag	340	1,020	1,700	3,830	5,950	8,500
1971 Pinto						
2d Rbt	288	864	1,440	3,240	5,040	7,200
1971 Maverick, 6-cyl.						
2d Sed.	310	940	1,560	3,510	5,460	7,800
4d Sed.	310	920	1,540	3,470	5,390	7,700
2d Grabber Sed.	390	1,170	1,950	4,390	6,830	9,750
NOTE: Add 20 percent for V-8.						
1971 Torino, V-8, 114" wb, Sta Wag 117" wb						
4d Sed.	316	948	1,580	3,560	5,530	7,900
2d HT	380	1,140	1,900	4,280	6,650	9,500
4d Sta Wag	356	1,068	1,780	4,010	6,230	8,900
1971 Torino 500, V-8, 114" wb, Sta Wag 117" wb						
4d Sed.	320	960	1,600	3,600	5,600	8,000
4d HT	364	1,092	1,820	4,100	6,370	9,100
2d Formal HT	640	1,920	3,200	7,200	11,200	16,000
2d Sports Roof HT	660	1,980	3,300	7,430	11,550	16,500
4d Sta Wag	320	960	1,600	3,600	5,600	8,000
4d HT Brougham.	364	1,092	1,820	4,100	6,370	9,100
2d HT Brougham.	500	1,500	2,500	5,630	8,750	12,500
4d Sq Sta Wag	404	1,212	2,020	4,550	7,070	10,100
2d HT Cobra	1,320	3,960	6,600	14,850	23,100	33,000
2d HT GT	760	2,280	3,800	8,550	13,300	19,000
2d GT Conv.	1,000	3,000	5,000	11,250	17,500	25,000
1971 Custom, V-8, 121" wb						
4d Sed.	304	912	1,520	3,420	5,320	7,600
4d Sta Wag	400	1,200	2,000	4,500	7,000	10,000
1971 Custom 500, V-8, 121" wb						
4d Sed.	308	924	1,540	3,470	5,390	7,700
4d Sta Wag	404	1,212	2,020	4,550	7,070	10,100

	6	5	4	3	2	1
1971 Galaxie 500, V-8, 121" wb						
4d Sed	316	948	1,580	3,560	5,530	7,900
4d HT	320	960	1,600	3,600	5,600	8,000
2d HT	340	1,020	1,700	3,830	5,950	8,500
4d Sta Wag	416	1,248	2,080	4,680	7,280	10,400
1971 LTD						
4d Sed	320	960	1,600	3,600	5,600	8,000
4d HT	324	972	1,620	3,650	5,670	8,100
2d HT	344	1,032	1,720	3,870	6,020	8,600
2d Conv	660	1,980	3,300	7,430	11,550	16,500
4d Ctry Sq Sta Wag	560	1,680	2,800	6,300	9,800	14,000
1971 LTD Brougham, V-8, 121" wb						
4d Sed	324	972	1,620	3,650	5,670	8,100
4d HT	340	1,020	1,700	3,830	5,950	8,500
2d HT	380	1,140	1,900	4,280	6,650	9,500
NOTE: Add 40 percent for 429 engine option.						
1972 Pinto						
2d Sed	296	888	1,480	3,330	5,180	7,400
3d HBk	300	900	1,500	3,380	5,250	7,500
2d Sta Wag	304	912	1,520	3,420	5,320	7,600
1972 Maverick						
4d Sed	296	888	1,480	3,330	5,180	7,400
2d Sed	300	900	1,500	3,380	5,250	7,500
2d Grabber Sed	390	1,170	1,950	4,390	6,830	9,750
NOTE: Deduct 20 percent for 6-cyl. Add 20 percent for Sprint pkg.						
1972 Torino, V-8, 118" wb, 2d 114" wb						
4d Sed	296	888	1,480	3,330	5,180	7,400
2d HT	380	1,140	1,900	4,280	6,650	9,500
4d Sta Wag	348	1,044	1,740	3,920	6,090	8,700
1972 Gran Torino						
4d Pillared HT	300	900	1,500	3,380	5,250	7,500
2d HT	440	1,320	2,200	4,950	7,700	11,000
1972 Gran Torino Sport, V-8						
2d Formal HT	480	1,440	2,400	5,400	8,400	12,000
2d Sports Roof HT	620	1,860	3,100	6,980	10,850	15,500
4d Sta Wag	340	1,020	1,700	3,830	5,950	8,500
1972 Custom, V-8, 121" wb						
4d Sed	304	912	1,520	3,420	5,320	7,600
4d Sta Wag	360	1,080	1,800	4,050	6,300	9,000
1972 Custom 500, V-8, 121" wb						
4d Sed	308	924	1,540	3,470	5,390	7,700
4d Sta Wag	380	1,140	1,900	4,280	6,650	9,500
1972 Galaxie 500, V-8, 121" wb						
4d Sed	312	936	1,560	3,510	5,460	7,800
4d HT	360	1,080	1,800	4,050	6,300	9,000
2d HT	440	1,320	2,200	4,950	7,700	11,000
4d Sta Wag	400	1,200	2,000	4,500	7,000	10,000
1972 LTD, V-8, 121" wb						
4d Sed	330	980	1,640	3,690	5,740	8,200
4d HT	330	1,000	1,660	3,740	5,810	8,300
2d HT	350	1,060	1,760	3,960	6,160	8,800
2d Conv	670	2,000	3,340	7,520	11,690	16,700
4d Sta Wag	570	1,700	2,840	6,390	9,940	14,200
1972 LTD Brougham, V-8, 121" wb						
4d Sed	330	1,000	1,660	3,740	5,810	8,300
4d HT	350	1,040	1,740	3,920	6,090	8,700
2d HT	390	1,160	1,940	4,370	6,790	9,700
NOTE: Add 40 percent for 429 engine option. Add 30 percent for 460 engine option.						
1973 Pinto, 4-cyl.						
2d Sed	212	636	1,060	2,390	3,710	5,300
2d Rbt.	216	648	1,080	2,430	3,780	5,400
2d Sta Wag	220	660	1,100	2,480	3,850	5,500
1973 Maverick, V-8						
2d Sed	224	672	1,120	2,520	3,920	5,600
4d Sed	228	684	1,140	2,570	3,990	5,700
2d Grabber Sed	300	900	1,500	3,380	5,250	7,500
1973 Torino, V-8						
4d Sed	216	648	1,080	2,430	3,780	5,400
2d HT	300	900	1,500	3,380	5,250	7,500
4d Sta Wag	224	672	1,120	2,520	3,920	5,600
1973 Gran Torino, V-8						
4d Pillared HT	220	660	1,100	2,480	3,850	5,500
2d HT	320	960	1,600	3,600	5,600	8,000
4d Sta Wag	268	804	1,340	3,020	4,690	6,700
1973 Gran Torino Sport, V-8						
2d Sports Roof HT	560	1,680	2,800	6,300	9,800	14,000

	6	5	4	3	2	1
2d Formal HT	480	1,440	2,400	5,400	8,400	12,000
4d Sq Sta Wag	320	960	1,600	3,600	5,600	8,000
1973 Gran Torino Brgm, V-8						
4d Pillared HT	224	672	1,120	2,520	3,920	5,600
2d HT	460	1,380	2,300	5,180	8,050	11,500
1973 Custom 500, V-8						
4d Pillared HT	224	672	1,120	2,520	3,920	5,600
4d Sta Wag	300	900	1,500	3,380	5,250	7,500
1973 Galaxie 500, V-8						
4d Pillared HT	228	684	1,140	2,570	3,990	5,700
2d HT	288	864	1,440	3,240	5,040	7,200
4d HT	232	696	1,160	2,610	4,060	5,800
4d Sta Wag	320	960	1,600	3,600	5,600	8,000
1973 LTD, V-8						
4d Sed	232	696	1,160	2,610	4,060	5,800
2d HT	300	900	1,500	3,380	5,250	7,500
4d HT	240	720	1,200	2,700	4,200	6,000
4d Sta Wag	340	1,020	1,700	3,830	5,950	8,500
1973 LTD Brgm, V-8						
4d Sed	236	708	1,180	2,660	4,130	5,900
2d HT	320	960	1,600	3,600	5,600	8,000
4d HT	280	840	1,400	3,150	4,900	7,000
NOTE: Add 30 percent for 429 engine option. Add 30 percent for 460 engine option.						
1974 Pinto						
2d Sed	212	636	1,060	2,390	3,710	5,300
3d HBk	216	648	1,080	2,430	3,780	5,400
2d Sta Wag	220	660	1,100	2,480	3,850	5,500
1974 Maverick, V-8						
2d Sed	224	672	1,120	2,520	3,920	5,600
4d Sed	228	684	1,140	2,570	3,990	5,700
2d Grabber Sed	300	900	1,500	3,380	5,250	7,500
1974 Torino, V-8						
4d Sed	224	672	1,120	2,520	3,920	5,600
2d HT	288	864	1,440	3,240	5,040	7,200
4d Sta Wag	260	780	1,300	2,930	4,550	6,500
1974 Gran Torino, V-8						
4d Sed	228	684	1,140	2,570	3,990	5,700
2d HT	304	912	1,520	3,420	5,320	7,600
4d Sta Wag	264	792	1,320	2,970	4,620	6,600
1974 Gran Torino Sport, V-8						
2d HT	360	1,080	1,800	4,050	6,300	9,000
1974 Gran Torino Brgm, V-8						
4d Sed	232	696	1,160	2,610	4,060	5,800
2d HT	300	900	1,500	3,380	5,250	7,500
1974 Gran Torino Elite, V-8						
2d HT	320	960	1,600	3,600	5,600	8,000
1974 Gran Torino Squire, V-8						
4d Sta Wag	284	852	1,420	3,200	4,970	7,100
1974 Custom 500						
4d Sed	220	660	1,100	2,480	3,850	5,500
4d Sta Wag	280	840	1,400	3,150	4,900	7,000
1974 Galaxie 500, V-8						
4d Sed	224	672	1,120	2,520	3,920	5,600
2d HT	248	744	1,240	2,790	4,340	6,200
4d HT	236	708	1,180	2,660	4,130	5,900
4d Sta Wag	284	852	1,420	3,200	4,970	7,100
1974 LTD, V-8						
2d HT	260	780	1,300	2,930	4,550	6,500
4d Sed	228	684	1,140	2,570	3,990	5,700
4d HT	240	720	1,200	2,700	4,200	6,000
4d Sta Wag	320	960	1,600	3,600	5,600	8,000
1974 LTD Brgm, V-8						
4d Sed	228	684	1,140	2,570	3,990	5,700
2d HT	280	840	1,400	3,150	4,900	7,000
4d HT	260	780	1,300	2,930	4,550	6,500
NOTE: Add 30 percent for 460 engine option.						
1975 Pinto						
2d Sed	220	660	1,100	2,480	3,850	5,500
3d HBk	224	672	1,120	2,520	3,920	5,600
2d Sta Wag	240	720	1,200	2,700	4,200	6,000
1975 Maverick						
2d Sed	240	720	1,200	2,700	4,200	6,000
4d Sed	236	708	1,180	2,660	4,130	5,900
2d Grabber Sed	300	900	1,500	3,380	5,250	7,500
1975 Torino						
2d Cpe	240	720	1,200	2,700	4,200	6,000

	6	5	4	3	2	1
4d Sed	220	660	1,100	2,480	3,850	5,500
4d Sta Wag	224	672	1,120	2,520	3,920	5,600
1975 Gran Torino						
2d Cpe	244	732	1,220	2,750	4,270	6,100
4d Sed	228	684	1,140	2,570	3,990	5,700
4d Sta Wag	232	696	1,160	2,610	4,060	5,800
1975 Gran Torino Brougham						
2d Cpe	252	756	1,260	2,840	4,410	6,300
4d Sed	248	744	1,240	2,790	4,340	6,200
1975 Gran Torino Sport						
2d HT	280	830	1,380	3,110	4,830	6,900
1975 Torino Squire						
4d Sta Wag	280	840	1,400	3,150	4,900	7,000
1975 Elite						
2d HT	280	840	1,400	3,150	4,900	7,000
1975 Granada						
2d Cpe	212	636	1,060	2,390	3,710	5,300
4d Sed	188	564	940	2,120	3,290	4,700
2d Ghia Cpe	224	672	1,120	2,520	3,920	5,600
4d Ghia Sed	220	660	1,100	2,480	3,850	5,500
1975 Custom 500						
4d Sed	224	672	1,120	2,520	3,920	5,600
4d Sta Wag	228	684	1,140	2,570	3,990	5,700
1975 LTD						
2d Cpe	236	708	1,180	2,660	4,130	5,900
4d Sed	228	684	1,140	2,570	3,990	5,700
1975 LTD Brougham						
2d Cpe	240	720	1,200	2,700	4,200	6,000
4d Sed	232	696	1,160	2,610	4,060	5,800
1975 LTD Landau						
2d Cpe	248	744	1,240	2,790	4,340	6,200
4d Sed	236	708	1,180	2,660	4,130	5,900
1975 LTD Station Wagon						
4d Sta Wag	268	804	1,340	3,020	4,690	6,700
4d Ctry Sq	288	864	1,440	3,240	5,040	7,200
NOTE: Add 30 percent for 460 engine option.						
1976 Pinto, 4-cyl.						
2d Sed	200	600	1,000	2,250	3,500	5,000
2d Rbt.	204	612	1,020	2,300	3,570	5,100
2d Sta Wag	208	624	1,040	2,340	3,640	5,200
2d Sq Wag	212	636	1,060	2,390	3,710	5,300
NOTE: Add 10 percent for V-6.						
1976 Maverick, V-8						
4d Sed	192	576	960	2,160	3,360	4,800
2d Sed	196	588	980	2,210	3,430	4,900
NOTE: Deduct 5 percent for 6-cyl.						
1976 Torino, V-8						
4d Sed	200	600	1,000	2,250	3,500	5,000
2d HT	204	612	1,020	2,300	3,570	5,100
1976 Gran Torino, V-8						
4d Sed	204	612	1,020	2,300	3,570	5,100
2d HT	208	624	1,040	2,340	3,640	5,200
NOTE: Add 20 percent for "Starsky & Hutch" Ed.						
1976 Gran Torino Brougham, V-8						
4d Sed	208	624	1,040	2,340	3,640	5,200
2d HT	212	636	1,060	2,390	3,710	5,300
1976 Station Wagons, V-8						
4d 2S Torino.	240	720	1,200	2,700	4,200	6,000
4d 2S Gran Torino	244	732	1,220	2,750	4,270	6,100
4d 2S Gran Torino Sq	250	740	1,240	2,790	4,340	6,200
1976 Granada, V-8						
4d Sed	188	564	940	2,120	3,290	4,700
2d Sed	212	636	1,060	2,390	3,710	5,300
1976 Granada Ghia, V-8						
4d Sed	220	660	1,100	2,480	3,850	5,500
2d Sed	224	672	1,120	2,520	3,920	5,600
1976 Elite, V-8						
2d HT	208	624	1,040	2,340	3,640	5,200
1976 Custom, V-8						
4d Sed	196	588	980	2,210	3,430	4,900
1976 LTD, V-8						
4d Sed	204	612	1,020	2,300	3,570	5,100
2d Sed	212	636	1,060	2,390	3,710	5,300
1976 LTD Brougham, V-8						
4d Sed	212	636	1,060	2,390	3,710	5,300
2d Sed	220	660	1,100	2,480	3,850	5,500

	6	5	4	3	2	1
1976 LTD Landau, V-8						
4d Sed	220	660	1,100	2,480	3,850	5,500
2d Sed	228	684	1,140	2,570	3,990	5,700
1976 Station Wagons, V-8						
4d Ranch Wag	256	768	1,280	2,880	4,480	6,400
4d LTD Wag	268	804	1,340	3,020	4,690	6,700
4d Ctry Sq Wag	288	864	1,440	3,240	5,040	7,200
1977 Pinto, 4-cyl.						
2d Sed	204	612	1,020	2,300	3,570	5,100
2d Rbt	208	624	1,040	2,340	3,640	5,200
2d Sta Wag	228	684	1,140	2,570	3,990	5,700
2d Sq Wag	232	696	1,160	2,610	4,060	5,800
NOTE: Add 5 percent for V-6.						
1977 Maverick, V-8						
4d Sed	196	588	980	2,210	3,430	4,900
2d Sed	200	600	1,000	2,250	3,500	5,000
NOTE: Deduct 5 percent for 6-cyl.						
1977 Granada, V-8						
4d Sed	188	564	940	2,120	3,290	4,700
2d Sed	212	636	1,060	2,390	3,710	5,300
1977 Granada Ghia, V-8						
4d Sed	220	660	1,100	2,480	3,850	5,500
2d Sed	224	672	1,120	2,520	3,920	5,600
1977 LTD II "S", V-8						
4d Sed	132	396	660	1,490	2,310	3,300
2d Sed	136	408	680	1,530	2,380	3,400
1977 LTD II, V-8						
4d Sed	136	408	680	1,530	2,380	3,400
2d Sed	140	420	700	1,580	2,450	3,500
1977 LTD II Brougham, V-8						
4d Sed	144	432	720	1,620	2,520	3,600
2d Sed	148	444	740	1,670	2,590	3,700
1977 Station Wagons, V-8						
4d 2S LTD II	200	550	900	2,030	3,150	4,500
4d 3S LTD II	200	550	900	2,070	3,200	4,600
4d 3S LTD II Sq	200	600	950	2,160	3,350	4,800
1977 LTD, V-8						
4d Sed	208	624	1,040	2,340	3,640	5,200
2d Sed	212	636	1,060	2,390	3,710	5,300
1977 LTD Landau, V-8						
4d Sed	216	648	1,080	2,430	3,780	5,400
2d Sed	220	660	1,100	2,480	3,850	5,500
1977 Station Wagons, V-8						
4d 2S LTD	292	876	1,460	3,290	5,110	7,300
4d 3S LTD	296	888	1,480	3,330	5,180	7,400
4d 3S Ctry Sq	300	900	1,500	3,380	5,250	7,500
1978 Fiesta						
2d HBk	112	336	560	1,260	1,960	2,800
1978 Pinto						
2d Sed	200	600	1,000	2,250	3,500	5,000
3d Rbt	204	612	1,020	2,300	3,570	5,100
2d Sta Wag	224	672	1,120	2,520	3,920	5,600
2d Sq Wag	228	684	1,140	2,570	3,990	5,700
1978 Fairmont						
4d Sed	124	372	620	1,400	2,170	3,100
2d Sed	120	360	600	1,350	2,100	3,000
2d Cpe Futura	150	450	700	1,620	2,500	3,600
4d Sta Wag	150	400	700	1,580	2,450	3,500
1978 Granada						
4d Sed	188	564	940	2,120	3,290	4,700
2d Sed	212	636	1,060	2,390	3,710	5,300
1978 LTD II "S"						
4d Sed	100	350	600	1,400	2,150	3,100
2d Cpe	100	350	600	1,350	2,100	3,000
1978 LTD II						
4d Sed	128	384	640	1,440	2,240	3,200
2d Cpe	124	372	620	1,400	2,170	3,100
1978 LTD II Brougham						
4d Sed	132	396	660	1,490	2,310	3,300
2d Cpe	128	384	640	1,440	2,240	3,200
1978 LTD						
4d Sed	208	624	1,040	2,340	3,640	5,200
2d Cpe	212	636	1,060	2,390	3,710	5,300
4d 2S Sta Wag	292	876	1,460	3,290	5,110	7,300
1978 LTD Landau						
4d Sed	216	648	1,080	2,430	3,780	5,400

	6	5	4	3	2	1
2d Cpe	220	660	1,100	2,480	3,850	5,500
1979 Fiesta, 4-cyl.						
3d HBk	116	348	580	1,310	2,030	2,900
1979 Pinto, V-6						
2d Sed	150	450	800	1,760	2,750	3,900
2d Rbt.	150	500	800	1,800	2,800	4,000
2d Sta Wag	200	550	900	2,030	3,150	4,500
2d Sq Wag	200	550	900	2,070	3,200	4,600
NOTE: Deduct 5 percent for 4-cyl.						
1979 Fairmont, 6-cyl.						
4d Sed	128	384	640	1,440	2,240	3,200
2d Sed	124	372	620	1,400	2,170	3,100
2d Cpe	144	432	720	1,620	2,520	3,600
4d Sta Wag	132	396	660	1,490	2,310	3,300
4d Sq Wag	136	408	680	1,530	2,380	3,400
NOTE: Deduct 5 percent for 4-cyl. Add 5 percent for V-8.						
1979 Granada, V-8						
4d Sed	150	500	850	1,940	3,000	4,300
2d Sed	150	450	750	1,670	2,600	3,700
NOTE: Deduct 5 percent for 6-cyl.						
1979 LTD II, V-8						
4d Sed	128	384	640	1,440	2,240	3,200
2d Sed	124	372	620	1,400	2,170	3,100
1979 LTD II Brougham, V-8						
4d Sed	132	396	660	1,490	2,310	3,300
2d Sed	128	384	640	1,440	2,240	3,200
1979 LTD, V-8						
4d Sed	144	432	720	1,620	2,520	3,600
2d Sed	136	408	680	1,530	2,380	3,400
4d 2S Sta Wag	140	420	700	1,580	2,450	3,500
4d 3S Sta Wag	144	432	720	1,620	2,520	3,600
4d 2S Sq Wag	148	444	740	1,670	2,590	3,700
4d 3S Sq Wag	152	456	760	1,710	2,660	3,800
1979 LTD Landau						
4d Sed	152	456	760	1,710	2,660	3,800
2d Sed	144	432	720	1,620	2,520	3,600
1980 Fiesta, 4-cyl.						
2d HBk	124	372	620	1,400	2,170	3,100
1980 Pinto, 4-cyl.						
2d Cpe Pony	150	450	750	1,670	2,600	3,700
2d Sta Wag Pony	150	450	800	1,760	2,750	3,900
2d Cpe	150	450	750	1,710	2,650	3,800
2d HBk	150	450	750	1,710	2,650	3,800
2d Sta Wag	200	550	900	1,980	3,100	4,400
2d Sta Wag Sq	200	550	900	2,030	3,150	4,500
1980 Fairmont, 6-cyl.						
4d Sed	136	408	680	1,530	2,380	3,400
2d Sed	132	396	660	1,490	2,310	3,300
4d Sed Futura	144	432	720	1,620	2,520	3,600
2d Cpe Futura	164	492	820	1,850	2,870	4,100
4d Sta Wag	152	456	760	1,710	2,660	3,800
NOTE: Deduct 10 percent for 4-cyl. Add 12 percent for V-8.						
1980 Granada, V-8						
4d Sed	156	468	780	1,760	2,730	3,900
2d Sed	152	456	760	1,710	2,660	3,800
4d Sed Ghia	164	492	820	1,850	2,870	4,100
2d Sed Ghia	160	480	800	1,800	2,800	4,000
4d Sed ESS	168	504	840	1,890	2,940	4,200
2d Sed ESS	164	492	820	1,850	2,870	4,100
NOTE: Deduct 10 percent for 6-cyl.						
1980 LTD, V-8						
4d Sed S	168	504	840	1,890	2,940	4,200
4d Sta Wag	176	528	880	1,980	3,080	4,400
4d Sed	172	516	860	1,940	3,010	4,300
2d Sed	168	504	840	1,890	2,940	4,200
4d Sta Wag	180	540	900	2,030	3,150	4,500
4d Sta Wag CS	188	564	940	2,120	3,290	4,700
1980 LTD Crown Victoria, V-8						
4d Sed	184	552	920	2,070	3,220	4,600
2d Sed	180	540	900	2,030	3,150	4,500
1981 Escort, 4-cyl.						
2d HBk SS	144	432	720	1,620	2,520	3,600
4d HBk SS	148	444	740	1,670	2,590	3,700
NOTE: Deduct 5 percent for lesser models.						
1981 Fairmont, 6-cyl.						
2d Sed S	136	408	680	1,530	2,380	3,400

	6	5	4	3	2	1
4d Sed	140	420	700	1,580	2,450	3,500
2d Sed	140	420	700	1,580	2,450	3,500
4d Futura	144	432	720	1,620	2,520	3,600
2d Cpe Futura	168	504	840	1,890	2,940	4,200
4d Sta Wag	156	468	780	1,760	2,730	3,900
4d Sta Wag Futura	160	480	800	1,800	2,800	4,000
NOTE: Deduct 10 percent for 4-cyl. Add 12 percent for V-8.						
1981 Granada, 6-cyl.						
4d Sed GLX	160	480	800	1,800	2,800	4,000
2d Sed GLX	156	468	780	1,760	2,730	3,900
NOTE: Deduct 5 percent for lesser models. Deduct 10 percent for 4-cyl. Add 12 percent for V-8.						
1981 LTD, V-8						
4d Sed S	172	516	860	1,940	3,010	4,300
4d Sta Wag S	180	540	900	2,030	3,150	4,500
4d Sed	176	528	880	1,980	3,080	4,400
2d Sed	172	516	860	1,940	3,010	4,300
4d Sta Wag	184	552	920	2,070	3,220	4,600
4d Sta Wag CS	192	576	960	2,160	3,360	4,800
1981 LTD Crown Victoria, V-8						
4d Sed	192	576	960	2,160	3,360	4,800
2d Sed	188	564	940	2,120	3,290	4,700
NOTE: Deduct 15 percent for 6-cyl.						
1982 Escort, 4-cyl.						
2d HBk GLX	144	432	720	1,620	2,520	3,600
4d HBk GLX	148	444	740	1,670	2,590	3,700
4d Sta Wag GLX	152	456	760	1,710	2,660	3,800
2d HBk GT	156	468	780	1,760	2,730	3,900
NOTE: Deduct 5 percent for lesser models.						
1982 EXP, 4-cyl.						
2d Cpe	180	540	900	2,030	3,150	4,500
1982 Fairmont Futura, 4-cyl.						
4d Sed	120	360	600	1,350	2,100	3,000
2d Sed	140	430	720	1,620	2,520	3,600
2d Cpe Futura	132	396	660	1,490	2,310	3,300
1982 Fairmont Futura, 6-cyl.						
4d Sed	148	444	740	1,670	2,590	3,700
2d Cpe Futura	172	516	860	1,940	3,010	4,300
1982 Granada, 6-cyl.						
4d Sed GLX	164	492	820	1,850	2,870	4,100
2d Sed GLX	160	480	800	1,800	2,800	4,000
NOTE: Deduct 10 percent for 4-cyl. Deduct 5 percent for lesser models.						
1982 Granada Wagon, 6-cyl.						
4d Sta Wag GL	172	516	860	1,940	3,010	4,300
1982 LTD, V-8						
4d Sed S	176	528	880	1,980	3,080	4,400
4d Sed	180	540	900	2,030	3,150	4,500
2d Sed	176	528	880	1,980	3,080	4,400
1982 LTD Crown Victoria, V-8						
4d Sed	196	588	980	2,210	3,430	4,900
2d Sed	192	576	960	2,160	3,360	4,800
1982 LTD Station Wagon, V-8						
4d Sta Wag S	184	552	920	2,070	3,220	4,600
4d Sta Wag	188	564	940	2,120	3,290	4,700
4d Sta Wag CS	196	588	980	2,210	3,430	4,900
NOTE: Deduct 15 percent for V-6.						
1983 Escort, 4-cyl.						
2d HBk GLX	144	432	720	1,620	2,520	3,600
4d HBk GLX	148	444	740	1,670	2,590	3,700
4d Sta Wag GLX	152	456	760	1,710	2,660	3,800
2d HBk GT	148	444	740	1,670	2,590	3,700
NOTE: Deduct 5 percent for lesser models.						
1983 EXP, 4-cyl.						
2d Cpe	180	540	900	2,030	3,150	4,500
1983 Fairmont Futura, 6-cyl.						
4d Sed	148	444	740	1,670	2,590	3,700
2d Sed	144	432	720	1,620	2,520	3,600
2d Cpe	172	516	860	1,940	3,010	4,300
NOTE: Deduct 5 percent for 4-cyl.						
1983 LTD, 6-cyl.						
4d Sed	168	504	840	1,890	2,940	4,200
4d Sed Brgm	176	528	880	1,980	3,080	4,400
4d Sta Wag	184	552	920	2,070	3,220	4,600
NOTE: Deduct 10 percent for 4-cyl.						
1983 LTD Crown Victoria, V-8						
4d Sed	200	600	1,000	2,250	3,500	5,000
2d Sed	196	588	980	2,210	3,430	4,900

FORD

	6	5	4	3	2	1
4d Sta Wag	204	612	1,020	2,300	3,570	5,100
1984 Escort, 4-cyl.						
4d HBk LX	140	420	700	1,580	2,450	3,500
2d HBk LX	140	420	700	1,580	2,450	3,500
4d Sta Wag LX	144	432	720	1,620	2,520	3,600
2d HBk GT	144	432	720	1,620	2,520	3,600
2d HBk Turbo GT	152	456	760	1,710	2,660	3,800
NOTE: Deduct 5 percent for lesser models.						
1984 EXP, 4-cyl.						
2d Cpe	160	480	800	1,800	2,800	4,000
2d Cpe L	168	504	840	1,890	2,940	4,200
2d Cpe Turbo	184	552	920	2,070	3,220	4,600
1984 Tempo, 4-cyl.						
2d Sed GLX	140	420	700	1,580	2,450	3,500
4d Sed GLX	140	420	700	1,580	2,450	3,500
NOTE: Deduct 5 percent for lesser models.						
1984 LTD, V-6						
4d Sed	168	504	840	1,890	2,940	4,200
4d Sed Brgm	172	516	860	1,940	3,010	4,300
4d Sta Wag	172	516	860	1,940	3,010	4,300
4d Sed LX, (V-8)	184	552	920	2,070	3,220	4,600
NOTE: Deduct 8 percent for 4-cyl.						
1984 LTD Crown Victoria, V-8						
4d Sed S	188	564	940	2,120	3,290	4,700
4d Sed	196	588	980	2,210	3,430	4,900
2d Sed	196	588	980	2,210	3,430	4,900
4d Sta Wag S	200	600	1,000	2,250	3,500	5,000
4d Sta Wag	204	612	1,020	2,300	3,570	5,100
4d Sta Wag Sq	208	624	1,040	2,340	3,640	5,200
1985 Escort, 4-cyl.						
4d HBk LX	144	432	720	1,620	2,520	3,600
4d Sta Wag LX	144	432	720	1,620	2,520	3,600
2d HBk GT	148	444	740	1,670	2,590	3,700
2d HBk Turbo GT	156	468	780	1,760	2,730	3,900
NOTE: Deduct 5 percent for lesser models.						
1985 EXP, 4-cyl.						
2d Cpe HBk	164	492	820	1,850	2,870	4,100
2d Cpe HBk Luxury	172	516	860	1,940	3,010	4,300
2d Cpe HBk Turbo	188	564	940	2,120	3,290	4,700
NOTE: Deduct 20 percent for diesel.						
1985 Tempo, 4-cyl.						
2d Sed GLX	140	420	700	1,580	2,450	3,500
4d Sed GLX	140	420	700	1,580	2,450	3,500
NOTE: Deduct 5 percent for lesser models. Deduct 20 percent for diesel.						
1985 LTD						
4d V-6 Sed	172	516	860	1,940	3,010	4,300
4d V-6 Sed Brgm	176	528	880	1,980	3,080	4,400
4d V-6 Sta Wag	176	528	880	1,980	3,080	4,400
4d V-8 Sed LX	188	564	940	2,120	3,290	4,700
NOTE: Deduct 20 percent for 4-cyl. where available.						
1985 LTD Crown Victoria, V-8						
4d Sed S	192	576	960	2,160	3,360	4,800
4d Sed	200	600	1,000	2,250	3,500	5,000
2d Sed	196	588	980	2,210	3,430	4,900
4d Sta Wag S	204	612	1,020	2,300	3,570	5,100
4d Sta Wag	208	624	1,040	2,340	3,640	5,200
4d Sta Wag Ctry Sq	216	648	1,080	2,430	3,780	5,400
1986 Escort						
2d HBk	144	432	720	1,620	2,520	3,600
4d HBk	140	420	700	1,580	2,450	3,500
4d Sta Wag	148	444	740	1,670	2,590	3,700
2d GT HBk	160	480	800	1,800	2,800	4,000
1986 EXP						
2d Cpe	184	552	920	2,070	3,220	4,600
1986 Tempo						
2d Sed	144	432	720	1,620	2,520	3,600
4d Sed	144	432	720	1,620	2,520	3,600
1986 Taurus						
4d Sed	188	564	940	2,120	3,290	4,700
4d Sta Wag	192	576	960	2,160	3,360	4,800
1986 LTD						
4d Sed	208	624	1,040	2,340	3,640	5,200
4d Brgm Sed	208	624	1,040	2,340	3,640	5,200
4d Sta Wag	216	648	1,080	2,430	3,780	5,400
1986 LTD Crown Victoria						
2d Sed	216	648	1,080	2,430	3,780	5,400

	6	5	4	3	2	1
4d Sed	216	648	1,080	2,430	3,780	5,400
4d Sta Wag	220	660	1,100	2,480	3,850	5,500
NOTE: Add 10 percent for deluxe models. Deduct 5 percent for smaller engines.						
1987 Escort, 4-cyl.						
2d HBk Pony	148	444	740	1,670	2,590	3,700
2d HBk GL	152	456	760	1,710	2,660	3,800
4d HBk GL	156	468	780	1,760	2,730	3,900
4d Sta Wag GL	156	468	780	1,760	2,730	3,900
2d HBk GT	160	480	800	1,800	2,800	4,000
1987 EXP, 4-cyl.						
2d HBk LX	188	564	940	2,120	3,290	4,700
2d HBk Spt	192	576	960	2,160	3,360	4,800
1987 Tempo						
2d Sed GL	148	444	740	1,670	2,590	3,700
4d Sed GL	152	456	760	1,710	2,660	3,800
2d Sed GL Spt	152	456	760	1,710	2,660	3,800
4d Sed GL Spt	156	468	780	1,760	2,730	3,900
2d Sed LX	156	468	780	1,760	2,730	3,900
4d Sed LX	160	480	800	1,800	2,800	4,000
2d Sed 4WD	180	540	900	2,030	3,150	4,500
4d Sed 4WD	184	552	920	2,070	3,220	4,600
1987 Taurus, 4-cyl.						
4d Sed	192	576	960	2,160	3,360	4,800
4d Sta Wag	196	588	980	2,210	3,430	4,900
1987 Taurus, V-6						
4d Sed L	196	588	980	2,210	3,430	4,900
4d Sta Wag L	200	600	1,000	2,250	3,500	5,000
4d Sed GL	200	600	1,000	2,250	3,500	5,000
4d Sta Wag GL	204	612	1,020	2,300	3,570	5,100
4d Sed LX	204	612	1,020	2,300	3,570	5,100
4d Sta Wag LX	208	624	1,040	2,340	3,640	5,200
1987 LTD Crown Victoria, V-8						
4d Sed S	220	660	1,100	2,480	3,850	5,500
4d Sta Wag S	224	672	1,120	2,520	3,920	5,600
4d Sed	224	672	1,120	2,520	3,920	5,600
2d Cpe	220	660	1,100	2,480	3,850	5,500
4d Sta Wag	224	672	1,120	2,520	3,920	5,600
4d Sta Wag Ctry Sq	230	700	1,160	2,610	4,060	5,800
4d Sed LX	228	684	1,140	2,570	3,990	5,700
2d Cpe LX	224	672	1,120	2,520	3,920	5,600
4d Sta Wag LX	228	684	1,140	2,570	3,990	5,700
4d Sta Wag Ctry Sq LX	240	710	1,180	2,660	4,130	5,900
1988 Festiva, 4-cyl.						
2d HBk L	130	380	640	1,440	2,240	3,200
2d HBk L Plus	130	400	660	1,490	2,310	3,300
2d HBk LX	140	410	680	1,530	2,380	3,400
1988 Escort, 4-cyl.						
2d HBk Pony	130	380	640	1,440	2,240	3,200
2d HBk GL	140	420	700	1,580	2,450	3,500
4d HBk GL	140	430	720	1,620	2,520	3,600
4d Sta Wag GL	160	470	780	1,760	2,730	3,900
2d HBk GT	140	420	700	1,580	2,450	3,500
2d HBk LX	150	440	740	1,670	2,590	3,700
4d HBk LX	150	460	760	1,710	2,660	3,800
4d Sta Wag LX	160	470	780	1,760	2,730	3,900
1988 EXP, 4-cyl.						
2d HBk	160	480	800	1,800	2,800	4,000
1988 Tempo, 4-cyl.						
2d Sed GL	132	396	660	1,490	2,310	3,300
4d Sed GL	140	420	700	1,580	2,450	3,500
2d Sed GLS	140	420	700	1,580	2,450	3,500
4d Sed GLS	144	432	720	1,620	2,520	3,600
4d Sed LX	148	444	740	1,670	2,590	3,700
4d Sed 4x4	180	540	900	2,030	3,150	4,500
1988 Taurus, 4-cyl., V-6						
4d Sed	168	504	840	1,890	2,940	4,200
4d Sed L	176	528	880	1,980	3,080	4,400
4d Sta Wag L	184	552	920	2,070	3,220	4,600
4d Sed GL	180	540	900	2,030	3,150	4,500
4d Sta Wag GL	200	600	1,000	2,250	3,500	5,000
4d Sed LX	220	660	1,100	2,480	3,850	5,500
4d Sta Wag LX	228	684	1,140	2,570	3,990	5,700
1988 LTD Crown Victoria, V-8						
4d Sed	204	612	1,020	2,300	3,570	5,100
4d Sta Wag	212	636	1,060	2,390	3,710	5,300
4d Ctry Sq Sta Wag	230	700	1,160	2,610	4,060	5,800

	6	5	4	3	2	1
4d Sed S	212	636	1,060	2,390	3,710	5,300
4d Sed LX	216	648	1,080	2,430	3,780	5,400
4d Sta Wag LX	220	660	1,100	2,480	3,850	5,500
4d Ctry Sq Sta Wag	240	720	1,200	2,700	4,200	6,000
1989 Festiva, 4-cyl.						
2d HBk L	128	384	640	1,440	2,240	3,200
2d HBk L Plus	132	396	660	1,490	2,310	3,300
2d HBk LX	136	408	680	1,530	2,380	3,400
1989 Escort, 4-cyl.						
2d HBk Pony	132	396	660	1,490	2,310	3,300
2d HBk LX	136	408	680	1,530	2,380	3,400
2d HBk GT	152	456	760	1,710	2,660	3,800
4d HBk LX	140	420	700	1,580	2,450	3,500
4d Sta Wag LX	144	432	720	1,620	2,520	3,600
1989 Tempo, 4-cyl.						
2d Sed GL	140	420	700	1,580	2,450	3,500
4d Sed GL	144	432	720	1,620	2,520	3,600
2d Sed GLS	152	456	760	1,710	2,660	3,800
4d Sed GLS	156	468	780	1,760	2,730	3,900
4d Sed LX	168	504	840	1,890	2,940	4,200
4d Sed 4x4	192	576	960	2,160	3,360	4,800
1989 Probe, 4-cyl.						
2d GL HBk	200	600	1,000	2,250	3,500	5,000
2d LX HBk	220	660	1,100	2,480	3,850	5,500
2d GT Turbo HBk	240	720	1,200	2,700	4,200	6,000
1989 Taurus, 4-cyl.						
4d Sed L	184	552	920	2,070	3,220	4,600
4d Sed GL	188	564	940	2,120	3,290	4,700
1989 Taurus, V-6						
4d Sed L	190	580	960	2,160	3,360	4,800
4d Sta Wag L	200	600	1,000	2,250	3,500	5,000
4d Sed GL	200	610	1,020	2,300	3,570	5,100
4d Sta Wag GL	240	720	1,200	2,700	4,200	6,000
4d Sed LX	230	700	1,160	2,610	4,060	5,800
4d Sta Wag LX	360	1,080	1,800	4,050	6,300	9,000
4d Sed SHO	400	1,200	2,000	4,500	7,000	10,000
1989 LTD Crown Victoria, V-8						
4d Sed S	220	660	1,100	2,480	3,850	5,500
4d Sed	228	684	1,140	2,570	3,990	5,700
4d Sed LX	252	756	1,260	2,840	4,410	6,300
4d Sta Wag	256	768	1,280	2,880	4,480	6,400
4d Sta Wag LX	260	780	1,300	2,930	4,550	6,500
4d Ctry Sq Sta Wag	260	790	1,320	2,970	4,620	6,600
4d Ctry Sq LX Sta Wag	270	800	1,340	3,020	4,690	6,700
1990 Festiva, 4-cyl.						
2d	120	360	600	1,350	2,100	3,000
2d L	130	380	640	1,440	2,240	3,200
2d LX	140	420	700	1,580	2,450	3,500
1990 Escort, 4-cyl.						
2d Pony HBk	120	360	600	1,350	2,100	3,000
2d LX HBk	140	420	700	1,580	2,450	3,500
4d LX HBk	144	432	720	1,620	2,520	3,600
4d LX Sta Wag	152	456	760	1,710	2,660	3,800
2d GT HBk	164	492	820	1,850	2,870	4,100
1990 Tempo, 4-cyl.						
2d GL Sed	144	432	720	1,620	2,520	3,600
4d GL Sed	148	444	740	1,670	2,590	3,700
2d GLS Sed	160	480	800	1,800	2,800	4,000
4d GLS Sed	164	492	820	1,850	2,870	4,100
4d LX Sed	168	504	840	1,890	2,940	4,200
4d Sed 4x4	220	660	1,100	2,480	3,850	5,500
1990 Probe						
2d GL HBk, 4-cyl.	220	660	1,100	2,480	3,850	5,500
2d LX HBk, V-6	260	780	1,300	2,930	4,550	6,500
2d GT HBk, Turbo	360	1,080	1,800	4,050	6,300	9,000
1990 Taurus, 4-cyl.						
4d L Sed	160	480	800	1,800	2,800	4,000
4d GL Sed	168	504	840	1,890	2,940	4,200
1990 Taurus, V-6						
4d L Sed	190	560	940	2,120	3,290	4,700
4d L Sta Wag	200	600	1,000	2,250	3,500	5,000
4d GL Sed	200	590	980	2,210	3,430	4,900
4d GL Sta Wag	210	620	1,040	2,340	3,640	5,200
4d LX Sed	230	700	1,160	2,610	4,060	5,800
4d LX Sta Wag	260	770	1,280	2,880	4,480	6,400
4d SHO Sed	360	1,080	1,800	4,050	6,300	9,000

	6	5	4	3	2	1
1990 LTD Crown Victoria, V-8						
4d S Sed	220	660	1,100	2,480	3,850	5,500
4d Sed	240	720	1,200	2,700	4,200	6,000
4d LX Sed	260	780	1,300	2,930	4,550	6,500
4d Sta Wag	232	696	1,160	2,610	4,060	5,800
4d LX Sta Wag	248	744	1,240	2,790	4,340	6,200
4d Ctry Sq Sta Wag	260	780	1,300	2,930	4,550	6,500
4d LX Ctry Sq Sta Wag	270	820	1,360	3,060	4,760	6,800
1991 Festiva, 4-cyl.						
2d HBk	124	372	620	1,400	2,170	3,100
2d GL HBk	132	396	660	1,490	2,310	3,300
1991 Escort, 4-cyl.						
2d Pony HBk	140	420	700	1,580	2,450	3,500
2d LX HBk	148	444	740	1,670	2,590	3,700
4d LX HBk	148	444	740	1,670	2,590	3,700
4d LX Sta Wag	156	468	780	1,760	2,730	3,900
2d GT HBk	164	492	820	1,850	2,870	4,100
1991 Tempo, 4-cyl.						
2d L Sed	144	432	720	1,620	2,520	3,600
4d L Sed	144	432	720	1,620	2,520	3,600
2d GL Sed	152	456	760	1,710	2,660	3,800
4d GL Sed	152	456	760	1,710	2,660	3,800
2d GLS Sed	160	480	800	1,800	2,800	4,000
4d GLS Sed	160	480	800	1,800	2,800	4,000
4d LX Sed	168	504	840	1,890	2,940	4,200
4d Sed 4x4	200	600	1,000	2,250	3,500	5,000
1991 Probe, 4-cyl.						
2d GL HBk	188	564	940	2,120	3,290	4,700
2d LX HBk	220	660	1,100	2,480	3,850	5,500
2d GT HBk Turbo	240	720	1,200	2,700	4,200	6,000
1991 Taurus, 4-cyl.						
4d L Sed	144	432	720	1,620	2,520	3,600
4d GL Sed	152	456	760	1,710	2,660	3,800
1991 Taurus, V-6						
4d L Sed	152	456	760	1,710	2,660	3,800
4d L Sta Wag	180	540	900	2,030	3,150	4,500
4d GL Sed	168	504	840	1,890	2,940	4,200
4d GL Sta Wag	220	660	1,100	2,480	3,850	5,500
4d LX Sed	208	624	1,040	2,340	3,640	5,200
4d LX Sta Wag	260	780	1,300	2,930	4,550	6,500
4d SHO Sed	380	1,140	1,900	4,280	6,650	9,500
1991 LTD Crown Victoria, V-8						
4d S Sed	180	540	900	2,030	3,150	4,500
4d Sed	220	660	1,100	2,480	3,850	5,500
4d LX Sed	240	720	1,200	2,700	4,200	6,000
4d 3S Sta Wag	196	588	980	2,210	3,430	4,900
4d 2S Sta Wag	236	708	1,180	2,660	4,130	5,900
4d LX 3S Sta Wag	256	768	1,280	2,880	4,480	6,400
4d Ctry Sq 3S Sta Wag	210	620	1,040	2,340	3,640	5,200
4d Ctry Sq 2S Sta Wag	250	740	1,240	2,790	4,340	6,200
4d Ctry Sq LX 3S Sta Wag	250	800	1,350	3,020	4,700	6,700
1992 Festiva, 4-cyl.						
2d L HBk	140	420	700	1,580	2,450	3,500
2d GL HBk	152	456	760	1,710	2,660	3,800
1992 Escort, 4-cyl.						
2d HBk	168	504	840	1,890	2,940	4,200
2d LX HBk	168	504	840	1,890	2,940	4,200
4d LX HBk	168	504	840	1,890	2,940	4,200
4d LX Sed	160	480	800	1,800	2,800	4,000
4d LX Sta Wag	176	528	880	1,980	3,080	4,400
4d LX-E Sta Wag	180	540	900	2,030	3,150	4,500
2d GT HBk	200	600	1,000	2,250	3,500	5,000
1992 Tempo, 4-cyl.						
2d GL Cpe	152	456	760	1,710	2,660	3,800
4d GL Sed	156	468	780	1,760	2,730	3,900
4d LX Sed	160	480	800	1,800	2,800	4,000
2d GLS Sed V-6	220	660	1,100	2,480	3,850	5,500
4d GLS Sed V-6	220	660	1,100	2,480	3,850	5,500
1992 Probe, 4-cyl.						
2d GL HBk	220	660	1,100	2,480	3,850	5,500
2d LX HBk V-6	256	768	1,280	2,880	4,480	6,400
2d GT HBk Turbo	260	780	1,300	2,930	4,550	6,500
1992 Taurus, V-6						
4d L Sed	200	600	1,000	2,250	3,500	5,000
4d L Sta Wag	200	600	1,000	2,250	3,500	5,000
4d GL Sed	220	660	1,100	2,480	3,850	5,500

	6	5	4	3	2	1
4d GL Sta Wag	220	660	1,100	2,480	3,850	5,500
4d LX Sed	240	720	1,200	2,700	4,200	6,000
4d LX Sta Wag	240	720	1,200	2,700	4,200	6,000
4d SHO Sed	420	1,260	2,100	4,730	7,350	10,500
1992 Crown Victoria, V-8						
4d S Sed	240	720	1,200	2,700	4,200	6,000
4d Sed	260	780	1,300	2,930	4,550	6,500
4d LX Sed	380	1,140	1,900	4,280	6,650	9,500
4d Trg Sed	320	960	1,600	3,600	5,600	8,000
1993 Festiva, 4-cyl.						
2d Sed	144	432	720	1,620	2,520	3,600
1993 Escort, 4-cyl.						
2d HBk	172	516	860	1,940	3,010	4,300
2d LX HBk	176	528	880	1,980	3,080	4,400
2d GT HBk	180	540	900	2,030	3,150	4,500
4d HBk	176	528	880	1,980	3,080	4,400
4d LX Sed	180	540	900	2,030	3,150	4,500
4d LXE Sed	184	552	920	2,070	3,220	4,600
4d LX Sta Wag	188	564	940	2,120	3,290	4,700
1993 Tempo, 4-cyl.						
2d GL Sed	168	504	840	1,890	2,940	4,200
4d GL Sed	172	516	860	1,940	3,010	4,300
4d LX Sed	180	540	900	2,030	3,150	4,500
1993 Probe						
2d HBk, 4-cyl.	244	732	1,220	2,750	4,270	6,100
2d GT HBk, V-6	256	768	1,280	2,880	4,480	6,400
1993 Taurus, V-6						
4d GL Sed	248	744	1,240	2,790	4,340	6,200
4d LX Sed	252	756	1,260	2,840	4,410	6,300
4d GL Sta Wag	264	792	1,320	2,970	4,620	6,600
4d LX Sta Wag	268	804	1,340	3,020	4,690	6,700
4d SHO Sed	380	1,140	1,900	4,280	6,650	9,500
1993 Crown Victoria, V-8						
4d Sed S	284	852	1,420	3,200	4,970	7,100
4d Sed	292	876	1,460	3,290	5,110	7,300
4d LX Sed	296	888	1,480	3,330	5,180	7,400
1994 Aspire, 4-cyl.						
2d HBk	128	384	640	1,440	2,240	3,200
2d SE HBk	140	420	700	1,580	2,450	3,500
4d HBk	136	408	680	1,530	2,380	3,400
1994 Escort, 4-cyl.						
2d HBk	156	468	780	1,760	2,730	3,900
2d LX HBk	180	540	900	2,030	3,150	4,500
4d LX HBk	180	540	900	2,030	3,150	4,500
2d GT HBk	200	600	1,000	2,250	3,500	5,000
4d LX Sed	188	564	940	2,120	3,290	4,700
4d LX Sta Wag	192	576	960	2,160	3,360	4,800
1994 Tempo, 4-cyl.						
2d GL Sed	168	504	840	1,890	2,940	4,200
4d GL Sed	172	516	860	1,940	3,010	4,300
4d LX Sed	180	540	900	2,030	3,150	4,500
1994 Probe						
2d HbK, 4-cyl.	250	750	1,200	2,750	4,250	6,100
2d GT HBk, V-6	250	750	1,300	2,880	4,500	6,400
1994 Taurus, V-6						
4d GL Sed	250	750	1,250	2,790	4,350	6,200
4d LX Sed	250	750	1,250	2,840	4,400	6,300
4d GL Sta Wag	250	800	1,300	2,970	4,600	6,600
4d LX Sta Wag	250	800	1,350	3,020	4,700	6,700
4d SHO Sed	400	1,150	1,900	4,280	6,650	9,500
1994 Crown Victoria, V-8						
4d Sed S	288	864	1,440	3,240	5,040	7,200
4d Sed	300	900	1,500	3,380	5,250	7,500
4d LX Sed	320	960	1,600	3,600	5,600	8,000
1995 Aspire, 4-cyl.						
2d HBk	150	400	650	1,440	2,250	3,200
2d SE HBk	150	400	700	1,580	2,450	3,500
4d HBk	150	400	700	1,530	2,400	3,400
1995 Escort, 4-cyl.						
2d HBk	150	450	800	1,760	2,750	3,900
2d LX HBk	200	550	900	2,030	3,150	4,500
4d LX HBk	200	550	900	2,030	3,150	4,500
4d LX Sed	200	550	950	2,120	3,300	4,700
4d LX Sta Wag	200	600	950	2,160	3,350	4,800
2d GT HBk	200	600	1,000	2,250	3,500	5,000

	6	5	4	3	2	1
1995 Contour, 4-cyl. & V-6						
4d GL Sed	200	600	1,050	2,340	3,650	5,200
4d LX Sed	200	650	1,050	2,390	3,700	5,300
4d SE Sed (V-6 only)	220	670	1,120	2,520	3,920	5,600
1995 Probe, 4-cyl. & V-6						
2d HBk, 4-cyl.	250	750	1,200	2,750	4,250	6,100
2d GT HBk, V-6	250	750	1,300	2,880	4,500	6,400
1995 Taurus, V-6						
4d GL Sed	250	750	1,250	2,790	4,350	6,200
4d GL Sta Wag	250	800	1,300	2,970	4,600	6,600
4d LX Sed	250	750	1,250	2,840	4,400	6,300
4d LX Sta Wag	250	800	1,350	3,020	4,700	6,700
4d SE Sed	250	750	1,300	2,880	4,500	6,400
4d SHO Sed	400	1,150	1,900	4,280	6,650	9,500
1995 Crown Victoria, V-8						
4d S Sed	300	850	1,450	3,240	5,050	7,200
4d Sed	300	900	1,500	3,380	5,250	7,500
4d LX Sed	300	950	1,600	3,600	5,600	8,000
1996 Aspire, 4-cyl.						
2d HBk	150	400	650	1,440	2,250	3,200
4d HBk	150	400	700	1,530	2,400	3,400
1996 Escort, 4-cyl.						
2d HBk	150	450	800	1,760	2,750	3,900
2d LX HBk	200	550	900	2,030	3,150	4,500
4d LX HBk	200	550	900	2,030	3,150	4,500
4d LX Sed	200	550	950	2,120	3,300	4,700
4d LX Sta Wag	200	600	950	2,160	3,350	4,800
2d GT HBk	200	600	1,000	2,250	3,500	5,000
1996 Contour, 4-cyl. & V-6						
4d GL Sed	200	600	1,050	2,340	3,650	5,200
4d LX Sed	200	650	1,050	2,390	3,700	5,300
4d SE Sed (V-6 only)	220	670	1,120	2,520	3,920	5,600
1996 Probe, 4-cyl. & V-6						
2d HBk, 4-cyl.	250	750	1,200	2,750	4,250	6,100
2d GT HBk, V-6	250	750	1,300	2,880	4,500	6,400
1996 Taurus, V-6						
4d G Sed	250	700	1,200	2,700	4,200	6,000
4d GL Sed	250	750	1,250	2,790	4,350	6,200
4d GL Sta Wag	250	800	1,300	2,970	4,600	6,600
4d LX Sed	250	750	1,250	2,840	4,400	6,300
4d LX Sta Wag	250	800	1,350	3,020	4,700	6,700
1996 Crown Victoria, V-8						
4d S Sed	300	850	1,450	3,240	5,050	7,200
4d Sed	300	900	1,500	3,380	5,250	7,500
4d LX Sed	300	950	1,600	3,600	5,600	8,000
1997 Aspire, 4-cyl.						
2d HBk	128	384	640	1,440	2,240	3,200
4d HBk	136	408	680	1,530	2,380	3,400
1997 Escort, 4-cyl.						
4d Sed	180	540	900	2,030	3,150	4,500
4d LX Sed	188	564	940	2,120	3,290	4,700
4d LX Sta Wag	192	576	960	2,160	3,360	4,800
1997 Contour, 4-cyl. & V-6						
4d Sed (4-cyl. only)	200	600	1,000	2,250	3,500	5,000
4d GL Sed	208	624	1,040	2,340	3,640	5,200
4d LX Sed	212	636	1,060	2,390	3,710	5,300
4d SE Sed (V-6 only)	220	670	1,120	2,520	3,920	5,600
NOTE: Add 5 percent for Sport Pkg on GL or LX models.						
1997 Probe, 4-cyl. & V-6						
2d HBK, 4-cyl.	244	732	1,220	2,750	4,270	6,100
2d GT HBk, V-6	256	768	1,280	2,880	4,480	6,400
NOTE: Add 5 percent for GTS Sport Pkg on GT model.						
1997 Taurus, V-6						
4d G Sed	240	720	1,200	2,700	4,200	6,000
4d GL Sed	248	744	1,240	2,790	4,340	6,200
4d GL Sta Wag	264	792	1,320	2,970	4,620	6,600
4d LX Sed	252	756	1,260	2,840	4,410	6,300
4d LX Sta Wag	268	804	1,340	3,020	4,690	6,700
1997 Taurus, V-8						
4d SHO Sed	420	1,260	2,100	4,730	7,350	10,500
1997 Crown Victoria, V-8						
4d S Sed	288	864	1,440	3,240	5,040	7,200
4d Sed	300	900	1,500	3,380	5,250	7,500
4d LX Sed	320	960	1,600	3,600	5,600	8,000
1998 Escort, 4-cyl.						
4d LX Sed	180	550	920	2,070	3,220	4,600

	6	5	4	3	2	1
4d SE Sed	190	580	960	2,160	3,360	4,800
4d SE Sta Wag	200	590	980	2,210	3,430	4,900
2d ZX2 "Cool" Cpe	200	610	1,020	2,300	3,570	5,100
2d ZX2 "Hot" Cpe	210	620	1,040	2,340	3,640	5,200
NOTE: Add 5 percent for ZX2 Spt Pkg.						
1998 Contour, 4-cyl. & V-6						
4d LX Sed	210	640	1,060	2,390	3,710	5,300
4d SE Sed	220	670	1,120	2,520	3,920	5,600
4d SVT Spt Sed (V-6 only)	420	1,260	2,100	4,730	7,350	10,500
1998 Taurus, V-6						
4d LX Sed	250	760	1,260	2,840	4,410	6,300
4d SE Sed	260	780	1,300	2,930	4,550	6,500
4d SE Sta Wag	270	800	1,340	3,020	4,690	6,700
1998 Taurus, V-8						
4d SHO Sed	420	1,260	2,100	4,730	7,350	10,500
NOTE: Add 10 percent for Spt Pkg on SE Sed.						
1998 Crown Victoria, V-8						
4d S Sed	290	860	1,440	3,240	5,040	7,200
4d Sed	300	900	1,500	3,380	5,250	7,500
4d LX Sed	320	960	1,600	3,600	5,600	8,000
NOTE: Add 5 percent for 41G Handling & Performance Pkg.						
1999 Escort, 4-cyl.						
4d LX Sed	180	550	920	2,070	3,220	4,600
4d SE Sed	190	580	960	2,160	3,360	4,800
4d SE Sta Wag	200	590	980	2,210	3,430	4,900
2d ZX2 "Cool" Cpe	200	610	1,020	2,300	3,570	5,100
2d ZX2 "Hot" Cpe	210	620	1,040	2,340	3,640	5,200
NOTE: Add 5 percent for ZX2 Spt Pkg.						
1999 Contour, 4-cyl. & V-6						
4d LX Sed	210	640	1,060	2,390	3,710	5,300
4d SE Sed	220	670	1,120	2,520	3,920	5,600
4d SVT Spt Sed (V-6 only)	420	1,260	2,100	4,730	7,350	10,500
1999 Taurus, V-6						
4d LX Sed	250	760	1,260	2,840	4,410	6,300
4d SE Sed	260	780	1,300	2,930	4,550	6,500
4d SE Sta Wag	270	800	1,340	3,020	4,690	6,700
NOTE: Add 10 percent for Sport Pkg on SE Sed.						
1999 Taurus, V-8						
4d SHO Sed	440	1,320	2,200	4,950	7,700	11,000
1999 Crown Victoria, V-8						
4d S Sed	290	860	1,440	3,240	5,040	7,200
4d Sed	300	900	1,500	3,380	5,250	7,500
4d LX Sed	320	960	1,600	3,600	5,600	8,000
NOTE: Add 5 percent for 41G Handling & Performance Pkg. Add 5 percent for natural gas-fueled Sed.						
2000 Focus, 4-cyl.						
4d LX Sed	190	560	940	2,120	3,290	4,700
4d SE Sed	200	590	980	2,210	3,430	4,900
4d ZTS Sed	210	640	1,060	2,390	3,710	5,300
4d SE Sta Wag	210	620	1,040	2,340	3,640	5,200
2d ZX3 HBk	200	610	1,020	2,300	3,570	5,100
2000 Escort, 4-cyl.						
4d SE Sed	190	580	960	2,160	3,360	4,800
2d ZX2 Cpe	200	610	1,020	2,300	3,570	5,100
NOTE: Add 5 percent for ZX2 S/R pkg.						
2000 Contour, 4-cyl. & V-6						
4d SE Sed	220	670	1,120	2,520	3,920	5,600
4d Spt Sed (V-6 only)	250	740	1,240	2,790	4,340	6,200
4d SVT Sed (V-6 only)	420	1,260	2,100	4,730	7,350	10,500
2000 Taurus, V-6						
4d LX Sed	250	760	1,260	2,840	4,410	6,300
4d SE Sed	260	780	1,300	2,930	4,550	6,500
4d SES Sed	260	790	1,320	2,970	4,620	6,600
4d SEL Sed	270	800	1,340	3,020	4,690	6,700
4d SE Sta Wag	270	800	1,340	3,020	4,690	6,700
4d SES Sta Wag	270	820	1,360	3,060	4,760	6,800
NOTE: Add 5 percent for flex-fuel SE Sed.						
2000 Crown Victoria, V-8						
4d S Sed	290	860	1,440	3,240	5,040	7,200
4d Sed	300	900	1,500	3,380	5,250	7,500
4d LX Sed	320	960	1,600	3,600	5,600	8,000
NOTE: Add 5 percent for 41G Handling & Performance Pkg. Add 5 percent for natural gas-fueled Sed.						
2001 Focus, 4-cyl.						
4d LX Sed	190	560	940	2,350	3,290	4,700
4d SE Sed	200	590	980	2,450	3,430	4,900
4d ZTS Sed	210	640	1,060	2,650	3,710	5,300
4d SE Sta Wag	210	620	1,040	2,600	3,640	5,200

	6	5	4	3	2	1
2d ZX3 HBk	200	610	1,020	2,550	3,570	5,100
NOTE: Add 5 percent for Sony or Kona pkgs.						
2001 Escort, 4-cyl.						
2d ZX2 Cpe	200	610	1,020	2,550	3,570	5,100
NOTE: The 4d SE Sed was now available only to fleet service.						
2001 Taurus, V-6						
4d LX Sed	250	760	1,260	3,150	4,410	6,300
4d SE Sed	260	780	1,300	3,250	4,550	6,500
4d SES Sed	260	790	1,320	3,300	4,620	6,600
4d SEL Sed	270	800	1,340	3,350	4,690	6,700
4d SE Sta Wag	270	800	1,340	3,350	4,690	6,700
NOTE: Add 5 percent for flex-fuel SE Sed.						
2001 Crown Victoria, V-8						
4d S Sed	290	860	1,440	3,600	5,040	7,200
4d Sed	300	910	1,520	3,800	5,320	7,600
4d LX Sed	320	970	1,620	4,050	5,670	8,100
NOTE: Add 5 percent for 41G Handling & Performance Pkg. Add 5 percent for natural gas-fueled Sed.						
2002 Focus, 4-cyl.						
4d LX Sed	190	560	940	2,350	3,290	4,700
4d SE Sed	200	590	980	2,450	3,430	4,900
4d ZTS Sed	210	640	1,060	2,650	3,710	5,300
4d SE Sta Wag	210	620	1,040	2,600	3,640	5,200
4d ZTW Sta Wag	220	670	1,120	2,800	3,920	5,600
2d ZX3 HBk	200	610	1,020	2,550	3,570	5,100
4d ZX5 HBk	230	700	1,160	2,900	4,060	5,800
2d SVT HBk	270	820	1,360	3,400	4,760	6,800
NOTE: Add 5 percent for AdvanceTrac on all Z models.						
2002 Escort, 4-cyl.						
2d ZX2 Cpe	200	610	1,020	2,550	3,570	5,100
4d Sed	180	550	920	2,300	3,220	4,600
2002 Taurus, V-6						
4d LX Sed	250	760	1,260	3,150	4,410	6,300
4d SE Sed	260	780	1,300	3,250	4,550	6,500
4d SES Sed	260	790	1,320	3,300	4,620	6,600
4d SEL Sed	270	800	1,340	3,350	4,690	6,700
4d SE Sta Wag	270	800	1,340	3,350	4,690	6,700
4d SEL Sta Wag	300	900	1,500	3,750	5,250	7,500
NOTE: Add 5 percent for Duratec V-6 (except SEL Sed).						
2002 Crown Victoria, V-8						
4d S Sed	290	860	1,440	3,600	5,040	7,200
4d S Ext Sed	300	900	1,500	3,750	5,250	7,500
4d Sed	300	910	1,520	3,800	5,320	7,600
4d LX Sed	320	970	1,620	4,050	5,670	8,100
4d LX Sport Sed	360	1,080	1,800	4,500	6,300	9,000
NOTE: Add 5 percent for 41G Handling & Performance Pkg.						
2003 Focus, 4-cyl.						
4d LX Sed	190	560	940	2,350	3,290	4,700
4d SE Sed	200	590	980	2,450	3,430	4,900
4d ZTS Sed	210	640	1,060	2,650	3,710	5,300
4d SE Sta Wag	210	620	1,040	2,600	3,640	5,200
4d ZTW Sta Wag	220	670	1,120	2,800	3,920	5,600
2d ZX3 HBk	200	610	1,020	2,550	3,570	5,100
4d ZX5 HBk	230	700	1,160	2,900	4,060	5,800
2d SVT HBk	270	820	1,360	3,400	4,760	6,800
4d SVT HBk	280	840	1,400	3,500	4,900	7,000
NOTE: Add 5 percent for European Appearance pkg on SVT models.						
2003 ZX2, 4-cyl.						
2d Cpe	200	610	1,020	2,550	3,570	5,100
2003 Taurus, V-6						
4d LX Sed	250	760	1,260	3,150	4,410	6,300
4d SE Sed	260	780	1,300	3,250	4,550	6,500
4d SES Sed	260	790	1,320	3,300	4,620	6,600
4d SEL Sed	270	800	1,340	3,350	4,690	6,700
4d SE Sta Wag	270	800	1,340	3,350	4,690	6,700
4d SEL Sta Wag	300	900	1,500	3,750	5,250	7,500
NOTE: Add 5 percent for Duratec V-6 (except SEL Sed).						
2003 Crown Victoria, V-8						
4d S Sed	290	860	1,440	3,600	5,040	7,200
4d S Ext Sed	300	900	1,500	3,750	5,250	7,500
4d Sed	300	910	1,520	3,800	5,320	7,600
4d LX Sed	320	970	1,620	4,050	5,670	8,100
4d LX Sport Sed	360	1,080	1,800	4,500	6,300	9,000
NOTE: Add 5 percent for 41G Handling & Performance Pkg.						
2004 Focus, 4-cyl.						
4d LX Sed	190	560	940	2,350	3,290	4,700
4d SE Sed	200	590	980	2,450	3,430	4,900
4d ZTS Sed	210	640	1,060	2,650	3,710	5,300

FORD

	6	5	4	3	2	1
4d SE Sta Wag	210	620	1,040	2,600	3,640	5,200
4d ZTW Sta Wag	220	670	1,120	2,800	3,920	5,600
2d ZX3 HBk	200	610	1,020	2,550	3,570	5,100
4d ZX5 HBk	230	700	1,160	2,900	4,060	5,800
2d SVT HBk	270	820	1,360	3,400	4,760	6,800
4d SVT HBk	280	840	1,400	3,500	4,900	7,000

NOTE: Add 5 percent for European Appearance pkg on SVT models. Deduct 5 percent for manual transmission, except SVT.

2004 Taurus, V-6

	6	5	4	3	2	1
4d LX Sed	250	760	1,260	3,150	4,410	6,300
4d SE Sed	260	780	1,300	3,250	4,550	6,500
4d SES Sed	260	790	1,320	3,300	4,620	6,600
4d SEL Sed	270	800	1,340	3,350	4,690	6,700
4d SE Sta Wag	270	800	1,340	3,350	4,690	6,700
4d SEL Sta Wag	300	900	1,500	3,750	5,250	7,500

NOTE: Add 5 percent for Duratec V-6, except SEL Sed.

2004 Crown Victoria, V-8

	6	5	4	3	2	1
4d S Sed	290	860	1,440	3,600	5,040	7,200
4d S Ext Sed	300	900	1,500	3,750	5,250	7,500
4d Sed	300	910	1,520	3,800	5,320	7,600
4d LX Sed	320	970	1,620	4,050	5,670	8,100
4d LX Sport Sed	360	1,080	1,800	4,500	6,300	9,000

NOTE: Police Interceptor sed value equal to 4d Sed. Add 5 percent for Handling pkg, except LX Sport Sed.

2005 Focus, 4-cyl.

	6	5	4	3	2	1
2d ZX3 S HBk	210	620	1,040	2,600	3,640	5,200
2d ZX3 SE HBk	210	640	1,060	2,650	3,710	5,300
2d ZX3 SES HBk	220	650	1,080	2,700	3,780	5,400
4d ZX5 S HBk	210	640	1,060	2,650	3,710	5,300
4d ZX5 SE HBk	220	650	1,080	2,700	3,780	5,400
4d ZX5 SES HBk	220	660	1,100	2,750	3,850	5,500
4d ZX4 S Sed	220	650	1,080	2,700	3,780	5,400
4d ZX4 SE Sed	220	660	1,100	2,750	3,850	5,500
4d ZX4 SES Sed	220	670	1,120	2,800	3,920	5,600
4d ZX4 ST Sed	230	680	1,140	2,850	3,990	5,700
4d ZXW SE Sta Wag	240	720	1,200	3,000	4,200	6,000
4d ZXW SES Sta Wag	240	730	1,220	3,050	4,270	6,100

NOTE: Deduct 5 percent for manual transmission, except ZX3 S HBk and ZX4 ST Sed.

2005 Taurus, V-6

	6	5	4	3	2	1
4d SE Sed	260	780	1,300	3,250	4,550	6,500
4d SEL Sed	260	790	1,320	3,300	4,620	6,600
4d SE Sta Wag	270	820	1,360	3,400	4,760	6,800
4d SEL Sta Wag	270	820	1,360	3,400	4,760	6,800

NOTE: Add 5 percent for Duratec V-6.

2005 Five Hundred, V-6

	6	5	4	3	2	1
4d SE Sed	380	1,140	1,900	4,750	6,650	9,500
4d SEL Sed	380	1,150	1,920	4,800	6,720	9,600
4d Limited Sed	400	1,190	1,980	4,460	6,930	9,900

NOTE: Add 10 percent for AWD.

2005 Crown Victoria, V-8

	6	5	4	3	2	1
4d S Sed	290	860	1,440	3,600	5,040	7,200
4d S Ext Sed	300	900	1,500	3,750	5,250	7,500
4d Sed	300	910	1,520	3,800	5,320	7,600
4d LX Sed	320	970	1,620	4,050	5,670	8,100
4d LX Sport Sed	360	1,080	1,800	4,500	6,300	9,000

NOTE: Police Interceptor sed value equal to 4d sed. Add 5 percent for Handling pkg, except LX Sport sed.

2006 Focus, 4-cyl.

	6	5	4	3	2	1
2d ZX3 S HBk	240	720	1,200	2,700	4,200	6,000
2d ZX3 SE HBk	240	730	1,220	3,050	4,270	6,100
2d ZX3 SES HBk	260	790	1,320	3,300	4,620	6,600
4d ZX4 S Sed	250	760	1,260	3,150	4,410	6,300
4d ZX4 SE Sed	260	780	1,300	3,250	4,550	6,500
4d ZX4 SES Sed	270	820	1,360	3,400	4,760	6,800
4d ZX4 ST Sed	290	860	1,440	3,240	5,040	7,200
4d ZX5 S HBk	260	790	1,320	3,300	4,620	6,600
4d ZX5 SE HBk	270	800	1,340	3,350	4,690	6,700
4d ZX5 SES HBk	280	830	1,380	3,450	4,830	6,900
4d ZXW SES Wag	310	920	1,540	3,850	5,390	7,700

2006 Fusion, 4-cyl.

	6	5	4	3	2	1
4d S Sed	370	1,100	1,840	4,600	6,440	9,200
4d SE Sed	380	1,130	1,880	4,700	6,580	9,400
4d SEL Sed	380	1,140	1,900	4,750	6,650	9,500

NOTE: Add 8 percent for V-6.

2006 Taurus, 4-cyl.

	6	5	4	3	2	1
4d SE Sed	280	840	1,400	3,500	4,900	7,000
4d SEL Sed	300	900	1,500	3,750	5,250	7,500

2006 Five Hundred, V-6

	6	5	4	3	2	1
4d SE Sed	320	960	1,600	4,000	5,600	8,000

	6	5	4	3	2	1
4d SEL Sed	340	1,010	1,680	4,200	5,880	8,400
4d Limited Sed	400	1,190	1,980	4,950	6,930	9,900

NOTE: Add 8 percent for AWD.

2006 Crown Victoria, V-8

4d Sed	380	1,140	1,900	4,750	6,650	9,500
4d LX Sed	420	1,260	2,100	5,250	7,350	10,500
4d LX Spt Sed	430	1,280	2,140	5,350	7,490	10,700

2006 GT, V-8 Supercharged

2d Cpe	8,400	25,200	42,000	105,000	147,000	210,000
2d Heritage Cpe	9,000	27,000	45,000	112,500	157,500	225,000

MUSTANG

1964

2d HT	1,020	3,060	5,100	11,480	17,850	25,500
Conv	1,520	4,560	7,600	17,100	26,600	38,000

NOTE: Deduct 20 percent for 6-cyl. Add 20 percent for Challenger Code "K" V-8. First Mustang introduced April 17, 1964 at N.Y. World's Fair. Add 20 percent for Indianapolis 500 pace car edition.

1965

2d HT	1,020	3,060	5,100	11,480	17,850	25,500
Conv	1,520	4,560	7,600	17,100	26,600	38,000
FBk	1,560	4,680	7,800	17,550	27,300	39,000

NOTE: Add 30 percent for 271 hp Hi-perf engine. Add 20 percent for "GT" Package. Add 10 percent for "original pony interior". Deduct 20 percent for 6-cyl.

1965 Shelby GT

350 FBk	10,000	30,000	50,000	112,500	175,000	250,000

1966

2d HT	1,020	3,060	5,100	11,480	17,850	25,500
Conv	1,560	4,680	7,800	17,550	27,300	39,000
FBk	1,600	4,800	8,000	18,000	28,000	40,000

NOTE: Same as 1965.

1966 Shelby GT

350 FBk	6,320	18,960	31,600	71,100	110,600	158,000
350H FBk	6,620	19,860	33,100	74,480	115,850	165,500
350 Conv	value not estimable					

1967

2d HT	940	2,820	4,700	10,580	16,450	23,500
Conv	1,600	4,800	8,000	18,000	28,000	40,000
FBk	1,640	4,920	8,200	18,450	28,700	41,000

NOTE: Same as 1964-65 plus. Add 10 percent for 390 cid V-8 (code "S"). Deduct 15 percent for 6-cyl.

1967 Shelby GT

350 FBk	5,680	17,040	28,400	63,900	99,400	142,000
500 FBk	6,600	19,800	33,000	74,250	115,500	165,000

1968

2d HT	940	2,820	4,700	10,580	16,450	23,500
Conv	1,400	4,200	7,000	15,750	24,500	35,000
FBk	1,360	4,080	6,800	15,300	23,800	34,000

NOTE: Same as 1964-67 plus. Add 10 percent for GT-390. Add 30 percent for 428 cid V-8 (code "R"). Add 15 percent for "California Special" trim. Add 200 percent for 135 Series.

1968 Shelby GT

350 Conv	5,520	16,560	27,600	62,100	96,600	138,000
350 FBk	4,200	12,600	21,000	47,250	73,500	105,000
500 Conv	6,880	20,640	34,400	77,400	120,400	172,000
500 FBk	5,520	16,560	27,600	62,100	96,600	138,000

NOTE: Add 35 percent for KR models.

1969

2d HT	900	2,700	4,500	10,130	15,750	22,500
Conv	1,300	3,900	6,500	14,630	22,750	32,500
FBk	1,240	3,720	6,200	13,950	21,700	31,000

NOTE: Deduct 20 percent for 6-cyl.

Mach 1	2,440	7,320	12,200	27,450	42,700	61,000
Boss 302	3,520	10,560	17,600	39,600	61,600	88,000
Boss 429	8,400	25,200	42,000	94,500	147,000	210,000
Grande	940	2,820	4,700	10,580	16,450	23,500

NOTE: Same as 1968; plus. Add 30 percent for Cobra Jet V-8. Add 40 percent for "Super Cobra Jet" engine.

1969 Shelby GT

350 Conv	5,240	15,720	26,200	58,950	91,700	131,000
350 FBk	3,920	11,760	19,600	44,100	68,600	98,000
500 Conv	6,600	19,800	33,000	74,250	115,500	165,000
500 FBk	5,240	15,720	26,200	58,950	91,700	131,000

1970

2d HT	820	2,460	4,100	9,230	14,350	20,500
Conv	1,220	3,660	6,100	13,730	21,350	30,500
FBk	1,160	3,480	5,800	13,050	20,300	29,000
Mach 1	2,240	6,720	11,200	25,200	39,200	56,000
Boss 302	3,320	9,960	16,600	37,350	58,100	83,000
Boss 429	8,200	24,600	41,000	92,250	143,500	205,000

	6	5	4	3	2	1
Grande	940	2,820	4,700	10,580	16,450	23,500

NOTE: Add 30 percent for Cobra Jet V-8. Add 40 percent for "Super Cobra Jet". Deduct 20 percent for 6-cyl.

1970 Shelby GT

	6	5	4	3	2	1
350 Conv	5,240	15,720	26,200	58,950	91,700	131,000
350 FBk	3,920	11,760	19,600	44,100	68,600	98,000
500 Conv	6,600	19,800	33,000	74,250	115,500	165,000
500 FBk	5,240	15,720	26,200	58,950	91,700	131,000

1971

	6	5	4	3	2	1
2d HT	680	2,040	3,400	7,650	11,900	17,000
Grande	700	2,100	3,500	7,880	12,250	17,500
Conv	1,080	3,240	5,400	12,150	18,900	27,000
FBk	1,000	3,000	5,000	11,250	17,500	25,000
Mach 1	1,420	4,260	7,100	15,980	24,850	35,500
Boss 351	2,420	7,260	12,100	27,230	42,350	60,500

NOTE: Same as 1970. Deduct 20 percent for 6-cyl. Add 20 percent for HO option where available.

1972

	6	5	4	3	2	1
2d HT	680	2,040	3,400	7,650	11,900	17,000
Grande	700	2,100	3,500	7,880	12,250	17,500
FBk	880	2,640	4,400	9,900	15,400	22,000
Mach 1	1,280	3,840	6,400	14,400	22,400	32,000
Conv	1,040	3,120	5,200	11,700	18,200	26,000

NOTE: Deduct 20 percent for 6-cyl. Add 20 percent for HO option where available.

1973

	6	5	4	3	2	1
2d HT	660	1,980	3,300	7,430	11,550	16,500
Grande	680	2,040	3,400	7,650	11,900	17,000
FBk	840	2,520	4,200	9,450	14,700	21,000
Mach 1	1,240	3,720	6,200	13,950	21,700	31,000
Conv	1,000	3,000	5,000	11,250	17,500	25,000

1974 Mustang II, Mustang Four

	6	5	4	3	2	1
HT Cpe	240	720	1,200	2,700	4,200	6,000
FBk	252	756	1,260	2,840	4,410	6,300
Ghia	252	756	1,260	2,840	4,410	6,300

1974 Mustang II, Six

	6	5	4	3	2	1
HT Cpe	250	700	1,200	2,700	4,200	6,000
FBk	250	750	1,300	2,880	4,500	6,400
Ghia	250	750	1,300	2,880	4,500	6,400

1974 Mach 1, Six

	6	5	4	3	2	1
FBk	400	1,150	1,900	4,280	6,650	9,500

1975 Mustang II

	6	5	4	3	2	1
HT Cpe	250	700	1,200	2,700	4,200	6,000
FBk	250	750	1,250	2,840	4,400	6,300
Ghia	250	750	1,250	2,840	4,400	6,300

1975 Mustang II, Six

	6	5	4	3	2	1
HT Cpe	250	750	1,200	2,750	4,250	6,100
FBk	250	750	1,300	2,880	4,500	6,400
Ghia	250	750	1,300	2,880	4,500	6,400
Mach 1	400	1,150	1,900	4,280	6,650	9,500

1975 Mustang II, V-8

	6	5	4	3	2	1
HT Cpe	350	1,100	1,800	4,100	6,350	9,100
FBk Cpe	350	1,100	1,850	4,140	6,450	9,200
Ghia	400	1,150	1,900	4,280	6,650	9,500
Mach 1	400	1,250	2,100	4,730	7,350	10,500

1976 Mustang II, V-6

	6	5	4	3	2	1
2d	252	756	1,260	2,840	4,410	6,300
3d 2 plus 2	256	768	1,280	2,880	4,480	6,400
2d Ghia	268	804	1,340	3,020	4,690	6,700

NOTE: Deduct 20 percent for 4-cyl. Add 20 percent for V-8. Add 20 percent for Cobra II.

1976 Mach 1, V-6

	6	5	4	3	2	1
3d	360	1,080	1,800	4,050	6,300	9,000

1977 Mustang II, V-6

	6	5	4	3	2	1
2d	260	780	1,300	2,930	4,550	6,500
3d 2 plus 2	268	804	1,340	3,020	4,690	6,700
2d Ghia	276	828	1,380	3,110	4,830	6,900

NOTE: Deduct 20 percent for 4-cyl. Add 30 percent for Cobra II option. Add 20 percent for V-8.

1977 Mach 1, V-6

	6	5	4	3	2	1
2d	368	1,104	1,840	4,140	6,440	9,200

1978 Mustang II

	6	5	4	3	2	1
Cpe	244	732	1,220	2,750	4,270	6,100
3d 2 plus 2	252	756	1,260	2,840	4,410	6,300
Ghia Cpe	256	768	1,280	2,880	4,480	6,400

1978 Mach 1, V-6

	6	5	4	3	2	1
Cpe	360	1,080	1,800	4,050	6,300	9,000

NOTE: Add 20 percent for V-8. Add 30 percent for Cobra II option. Add 50 percent for King Cobra option. Deduct 20 percent for 4-cyl.

1979 V-6

	6	5	4	3	2	1
2d Cpe	248	744	1,240	2,790	4,340	6,200

	6	5	4	3	2	1
3d Cpe	252	756	1,260	2,840	4,410	6,300
2d Ghia Cpe	260	780	1,300	2,930	4,550	6,500
3d Ghia Cpe	264	792	1,320	2,970	4,620	6,600
NOTE: Add 30 percent for Pace Car package. Add 30 percent for Cobra option. Add 20 percent for V-8.						
1980 6-cyl.						
2d Cpe	212	636	1,060	2,390	3,710	5,300
2d HBk	216	648	1,080	2,430	3,780	5,400
2d Ghia Cpe	224	672	1,120	2,520	3,920	5,600
2d Ghia HBk	228	684	1,140	2,570	3,990	5,700
NOTE: Deduct 20 percent for 4-cyl. Add 30 percent for V-8.						
1981 6-cyl.						
2d S Cpe	196	588	980	2,210	3,430	4,900
2d Cpe	204	612	1,020	2,300	3,570	5,100
2d HBk	208	624	1,040	2,340	3,640	5,200
2d Ghia Cpe	208	624	1,040	2,340	3,640	5,200
2d Ghia HBk	212	636	1,060	2,390	3,710	5,300
NOTE: Deduct 20 percent for 4-cyl. Add 35 percent for V-8.						
1982 4-cyl.						
2d L Cpe	180	540	900	2,030	3,150	4,500
2d GL Cpe	184	552	920	2,070	3,220	4,600
2d GL HBk	188	564	940	2,120	3,290	4,700
2d GLX Cpe	196	588	980	2,210	3,430	4,900
2d GLX HBk	200	600	1,000	2,250	3,500	5,000
1982 6-cyl.						
2d L Cpe	196	588	980	2,210	3,430	4,900
2d GL Cpe	200	600	1,000	2,250	3,500	5,000
2d GL HBk	204	612	1,020	2,300	3,570	5,100
2d GLX Cpe	212	636	1,060	2,390	3,710	5,300
2d GLX HBk	216	648	1,080	2,430	3,780	5,400
1982 V-8						
2d GT HBk	390	1,170	1,950	4,390	6,830	9,750
1983 4-cyl.						
2d L Cpe	184	552	920	2,070	3,220	4,600
2d GL Cpe	188	564	940	2,120	3,290	4,700
2d GL HBk	196	588	980	2,210	3,430	4,900
2d GLX Cpe	200	600	1,000	2,250	3,500	5,000
2d GLX HBk	204	612	1,020	2,300	3,570	5,100
1983 6-cyl.						
2d GL Cpe	204	612	1,020	2,300	3,570	5,100
2d GL HBk	208	624	1,040	2,340	3,640	5,200
2d GLX Cpe	216	648	1,080	2,430	3,780	5,400
2d GLX HBk	220	660	1,100	2,480	3,850	5,500
2d GLX Conv	300	900	1,500	3,380	5,250	7,500
NOTE: Add 30 percent for V-8.						
1983 V-8						
2d GT HBk	390	1,170	1,950	4,390	6,830	9,750
2d GT Conv	440	1,330	2,220	5,000	7,770	11,100
1984 4-cyl.						
2d L Cpe	188	564	940	2,120	3,290	4,700
2d L HBk	192	576	960	2,160	3,360	4,800
2d LX Cpe	192	576	960	2,160	3,360	4,800
2d LX HBk	196	588	980	2,210	3,430	4,900
2d GT Turbo HBk	250	760	1,260	2,840	4,410	6,300
2d GT Turbo Conv	290	880	1,460	3,290	5,110	7,300
1984 V-6						
2d L Cpe	192	576	960	2,160	3,360	4,800
2d L HBk	196	588	980	2,210	3,430	4,900
2d LX Cpe	196	588	980	2,210	3,430	4,900
2d LX HBk	200	600	1,000	2,250	3,500	5,000
LX 2d Conv	300	900	1,500	3,380	5,250	7,500
1984 V-8						
2d L HBk	200	600	1,000	2,250	3,500	5,000
2d LX Cpe	204	612	1,020	2,300	3,570	5,100
2d LX HBk	204	612	1,020	2,300	3,570	5,100
2d LX Conv	340	1,020	1,700	3,830	5,950	8,500
2d GT HBk	390	1,170	1,950	4,390	6,830	9,750
2d GT Conv	440	1,330	2,220	5,000	7,770	11,100
NOTE: Add 20 percent for 20th Anniversary Edition. Add 40 percent for SVO Model.						
1985 4-cyl.						
2d LX	196	588	980	2,210	3,430	4,900
2d LX HBk	200	600	1,000	2,250	3,500	5,000
2d SVO Turbo	280	840	1,400	3,150	4,900	7,000
1985 V-6						
2d LX	204	612	1,020	2,300	3,570	5,100
2d LX HBk	208	624	1,040	2,340	3,640	5,200
2d LX Conv	396	1,188	1,980	4,460	6,930	9,900

	6	5	4	3	2	1
1985 V-8						
2d LX	220	660	1,100	2,480	3,850	5,500
2d LX HBk	224	672	1,120	2,520	3,920	5,600
2d LX Conv	420	1,260	2,100	4,730	7,350	10,500
2d GT HBk	400	1,200	2,000	4,500	7,000	10,000
2d GT Conv	560	1,680	2,800	6,300	9,800	14,000
NOTE: Add 40 percent for SVO Model.						
1986 Mustang, 4-cyl.						
2d Cpe	200	600	1,000	2,250	3,500	5,000
2d HBk	200	600	1,000	2,250	3,500	5,000
2d Conv	380	1,140	1,900	4,280	6,650	9,500
2d Turbo HBk	280	840	1,400	3,150	4,900	7,000
1986 V-8						
2d HBk	240	720	1,200	2,700	4,200	6,000
2d Conv	420	1,260	2,100	4,730	7,350	10,500
2d GT HBk	400	1,200	2,000	4,500	7,000	10,000
2d GT Conv	560	1,680	2,800	6,300	9,800	14,000
NOTE: Add 40 percent for SVO Model.						
1987 4-cyl.						
2d LX Sed	200	600	1,000	2,250	3,500	5,000
2d LX HBk	204	612	1,020	2,300	3,570	5,100
2d LX Conv	360	1,080	1,800	4,050	6,300	9,000
1987 V-8						
2d LX Sed	200	600	1,000	2,250	3,500	5,000
2d LX HBk	204	612	1,020	2,300	3,570	5,100
2d LX Conv	424	1,272	2,120	4,770	7,420	10,600
2d GT HBk	390	1,160	1,940	4,370	6,790	9,700
2d GT Conv	560	1,680	2,800	6,300	9,800	14,000
1988 V-6						
2d LX Sed	160	480	800	1,800	2,800	4,000
2d LX HBk	168	504	840	1,890	2,940	4,200
2d LX Conv	360	1,080	1,800	4,050	6,300	9,000
1988 V-8						
2d LX Sed	200	600	1,000	2,250	3,500	5,000
2d LX HBk	220	660	1,100	2,480	3,850	5,500
2d LX Conv	400	1,200	2,000	4,500	7,000	10,000
2d GT HBk	380	1,140	1,900	4,280	6,650	9,500
2d GT Conv	560	1,680	2,800	6,300	9,800	14,000
1989 4-cyl.						
2d LX Cpe	180	540	900	2,030	3,150	4,500
2d LX HBk	188	564	940	2,120	3,290	4,700
2d LX Conv	420	1,260	2,100	4,730	7,350	10,500
1989 V-8						
2d LX Spt Cpe	236	708	1,180	2,660	4,130	5,900
2d LX Spt HBk	240	720	1,200	2,700	4,200	6,000
2d LX Spt Conv	560	1,680	2,800	6,300	9,800	14,000
2d GT HBk	388	1,164	1,940	4,370	6,790	9,700
2d GT Conv	680	2,040	3,400	7,650	11,900	17,000
1990 4-cyl.						
2d LX	184	552	920	2,070	3,220	4,600
2d LX HBk	192	576	960	2,160	3,360	4,800
2d LX Conv	380	1,140	1,900	4,280	6,650	9,500
1990 V-8						
2d LX Spt	240	720	1,200	2,700	4,200	6,000
2d LX HBk Spt	248	744	1,240	2,790	4,340	6,200
2d LX Conv Spt	520	1,560	2,600	5,850	9,100	13,000
2d GT HBk	400	1,200	2,000	4,500	7,000	10,000
2d GT Conv	560	1,680	2,800	6,300	9,800	14,000
1991 4-cyl.						
2d LX Cpe	180	540	900	2,030	3,150	4,500
2d LX HBk	200	600	1,000	2,250	3,500	5,000
2d LX Conv	360	1,080	1,800	4,050	6,300	9,000
1991 V-8						
2d LX Cpe	220	660	1,100	2,480	3,850	5,500
2d LX HBk	240	720	1,200	2,700	4,200	6,000
2d LX Conv	400	1,200	2,000	4,500	7,000	10,000
2d GT HBk	380	1,140	1,900	4,280	6,650	9,500
2d GT Conv	540	1,620	2,700	6,080	9,450	13,500
1992 4-cyl.						
2d LX Cpe	200	600	1,000	2,250	3,500	5,000
2d LX HBk	220	660	1,100	2,480	3,850	5,500
2d LX Conv	400	1,200	2,000	4,500	7,000	10,000
1992 V-8						
2d LX Sed	360	1,080	1,800	4,050	6,300	9,000
2d LX HBk	380	1,140	1,900	4,280	6,650	9,500
2d LX Conv	520	1,560	2,600	5,850	9,100	13,000

	6	5	4	3	2	1
2d GT HBk	420	1,260	2,100	4,730	7,350	10,500
2d GT Conv.	600	1,800	3,000	6,750	10,500	15,000
NOTE: Add 5 percent for LX convertible Summer Special edition released mid model year.						
1993 4-cyl.						
2d LX Cpe	220	660	1,100	2,480	3,850	5,500
2d LX HBk	224	672	1,120	2,520	3,920	5,600
2d LX Conv	408	1,224	2,040	4,590	7,140	10,200
1993 V-8						
2d LX Cpe	360	1,080	1,800	4,050	6,300	9,000
2d LX HBk	368	1,104	1,840	4,140	6,440	9,200
2d LX Conv	552	1,656	2,760	6,210	9,660	13,800
2d GT HBk	400	1,200	2,000	4,500	7,000	10,000
2d GT Conv.	620	1,860	3,100	6,980	10,850	15,500
1993 Cobra						
2d HBk	700	2,100	3,500	7,880	12,250	17,500
NOTE: Add 40 percent for Code R.						
1994 V-6						
2d Cpe.	320	960	1,600	3,600	5,600	8,000
2d Conv.	440	1,320	2,200	4,950	7,700	11,000
1994 GT, V-8						
2d GT Cpe.	420	1,260	2,100	4,730	7,350	10,500
2d GT Conv.	480	1,440	2,400	5,400	8,400	12,000
1994 Cobra, V-8						
2d Cpe.	560	1,680	2,800	6,300	9,800	14,000
2d Conv.	640	1,920	3,200	7,200	11,200	16,000
1995 V-6						
2d Cpe.	300	950	1,600	3,600	5,600	8,000
2d Conv.	450	1,300	2,200	4,950	7,700	11,000
1995 V-8						
2d GTS Cpe	400	1,200	2,000	4,500	7,000	10,000
2d GT Cpe.	400	1,250	2,100	4,730	7,350	10,500
2d GT Conv.	500	1,450	2,400	5,400	8,400	12,000
2d Cobra Cpe	550	1,700	2,800	6,300	9,800	14,000
2d Cobra Conv	650	1,900	3,200	7,200	11,200	16,000
1996 V-6						
2d Cpe.	300	950	1,600	3,600	5,600	8,000
2d Conv.	450	1,300	2,200	4,950	7,700	11,000
1996 V-8						
2d GT Cpe.	400	1,250	2,100	4,730	7,350	10,500
2d GT Conv.	500	1,450	2,400	5,400	8,400	12,000
2d Cobra Cpe	550	1,700	2,800	6,300	9,800	14,000
2d Cobra Conv	650	1,900	3,200	7,200	11,200	16,000
1997 V-6						
2d Cpe.	320	960	1,600	3,600	5,600	8,000
2d Conv.	440	1,320	2,200	4,950	7,700	11,000
1997 V-8						
2d GT Cpe.	420	1,260	2,100	4,730	7,350	10,500
2d GT Conv.	480	1,440	2,400	5,400	8,400	12,000
2d Cobra Cpe	560	1,680	2,800	6,300	9,800	14,000
2d Cobra Conv	640	1,920	3,200	7,200	11,200	16,000
1998 V-6						
2d Cpe.	320	960	1,600	3,600	5,600	8,000
2d Conv.	440	1,320	2,200	4,950	7,700	11,000
1998 V-8						
2d GT Cpe.	420	1,260	2,100	4,730	7,350	10,500
2d GT Conv.	480	1,440	2,400	5,400	8,400	12,000
2d Cobra Cpe	560	1,680	2,800	6,300	9,800	14,000
2d Cobra Conv	640	1,920	3,200	7,200	11,200	16,000
NOTE: Add 10 percent for SVT Pkg.						
1999 V-6						
2d Cpe.	320	960	1,600	3,600	5,600	8,000
2d Conv.	440	1,320	2,200	4,950	7,700	11,000
1999 V-8						
2d GT Cpe.	420	1,260	2,100	4,730	7,350	10,500
2d GT Conv.	480	1,440	2,400	5,400	8,400	12,000
2d SVT Cobra Cpe	580	1,740	2,900	6,530	10,150	14,500
2d SVT Cobra Conv	660	1,980	3,300	7,430	11,550	16,500
NOTE: Add 10 percent for 35th Anv Pkg on GT models.						
2000 V-6						
2d Cpe.	320	970	1,620	3,650	5,670	8,100
2d Conv.	440	1,330	2,220	5,000	7,770	11,100
2000 V-8						
2d GT Cpe.	430	1,280	2,140	4,820	7,490	10,700
2d GT Conv.	490	1,460	2,440	5,490	8,540	12,200
2d SVT Cobra R Cpe (300 built)	2,400	7,200	12,000	27,000	42,000	60,000

NOTE: Cobra SVT coupe and convertible not available as 2000 models.

	6	5	4	3	2	1
2001 V-6						
2d Cpe	320	970	1,620	4,050	5,670	8,100
2d Conv	440	1,330	2,220	5,550	7,770	11,100
2001 V-8						
2d GT Cpe	430	1,280	2,140	5,350	7,490	10,700
2d GT Conv	490	1,460	2,440	6,100	8,540	12,200
2d Cobra Cpe	660	1,980	3,300	8,250	11,550	16,500
2d Cobra Conv	700	2,100	3,500	8,750	12,250	17,500
2d GT Bullitt Cpe	960	2,880	4,800	10,800	16,800	24,000
2002 V-6						
2d Cpe	320	970	1,620	4,050	5,670	8,100
2d Conv	440	1,330	2,220	5,550	7,770	11,100
NOTE: Add 5 percent for Sport Appearance pkg.						
2002 V-8						
2d GT Cpe	430	1,280	2,140	5,350	7,490	10,700
2d GT Conv	490	1,460	2,440	6,100	8,540	12,200
NOTE: A revised Cobra was introduced mid-model year as a 2003 model.						
2003 V-6						
2d Cpe	320	970	1,620	4,050	5,670	8,100
2d Conv	440	1,330	2,220	5,550	7,770	11,100
NOTE: Add 5 percent for Pony pkg.						
2003 V-8						
2d GT Cpe	430	1,280	2,140	5,350	7,490	10,700
2d GT Conv	490	1,460	2,440	6,100	8,540	12,200
2d Mach I Cpe	550	1,640	2,740	6,850	9,590	13,700
2d Cobra Cpe	760	2,270	3,780	9,450	13,230	18,900
2d Cobra Conv	800	2,410	4,020	10,050	14,070	20,100
NOTE: Add 5 percent for 10th Anv pkg on Cobra models.						
2004 V-6						
2d Cpe	320	970	1,620	4,050	5,670	8,100
2d Conv	440	1,330	2,220	5,550	7,770	11,100
NOTE: Add 5 percent for Pony pkg. Deduct 5 percent for manual transmission.						
2004 V-8						
2d GT Cpe	430	1,280	2,140	5,350	7,490	10,700
2d GT Conv	490	1,460	2,440	6,100	8,540	12,200
2d Mach 1 Cpe	550	1,640	2,740	6,850	9,590	13,700
2d Cobra Cpe	760	2,270	3,780	9,450	13,230	18,900
2d Cobra Conv	800	2,410	4,020	10,050	14,070	20,100
2005 V-6						
2d Cpe	480	1,430	2,380	5,360	8,330	11,900
2d Conv	530	1,580	2,640	6,600	9,240	13,200
NOTE: Deduct 5 percent for manual transmission.						
2005 V-8						
2d GT Cpe	690	2,060	3,440	8,600	12,040	17,200
2d GT Conv	780	2,340	3,900	9,750	13,650	19,500
2006 Mustang, 4.0L V-8						
2d Cpe	440	1,320	2,200	5,500	7,700	11,000
2d Conv	500	1,510	2,520	6,300	8,820	12,600
2006 Mustang GT, 4.6L V-8						
2d Cpe	640	1,920	3,200	8,000	11,200	16,000
2d Conv	720	2,160	3,600	9,000	12,600	18,000

THUNDERBIRD

1955 102" wb						
Conv	2,200	6,600	11,000	24,750	38,500	55,000
NOTE: Add $1,800 for hardtop.						
1956 102" wb						
Conv	2,520	7,560	12,600	28,350	44,100	63,000
NOTE: Add $1,800 for hardtop. Add 10 percent for 312 engine.						
1957 102" wb						
Conv	2,600	7,800	13,000	29,250	45,500	65,000
NOTE: Add $1,800 for hardtop. Add 100 percent for supercharged V-8 (Code F). Add 50 percent for "T-Bird Special" V-8 (Code E).						
1958 113" wb						
2d HT	1,240	3,720	6,200	13,950	21,700	31,000
Conv	2,040	6,120	10,200	22,950	35,700	51,000
1959 113" wb						
2d HT	1,200	3,600	6,000	13,500	21,000	30,000
Conv	2,000	6,000	10,000	22,500	35,000	50,000
NOTE: Add 30 percent for 430 engine option.						
1960 113" wb						
SR HT	1,360	4,080	6,800	15,300	23,800	34,000
2d HT	1,200	3,600	6,000	13,500	21,000	30,000
Conv	2,000	6,000	10,000	22,500	35,000	50,000
NOTE: Add 30 percent for 430 engine option Code J.						
1961 113" wb						
2d HT	1,000	3,000	5,000	11,250	17,500	25,000

	6	5	4	3	2	1
Conv	1,440	4,320	7,200	16,200	25,200	36,000
NOTE: Add 25 percent for Indy Pace Car.						
1962 113" wb						
2d HT	1,000	3,000	5,000	11,250	17,500	25,000
2d Lan HT	1,040	3,120	5,200	11,700	18,200	26,000
Conv	1,400	4,200	7,000	15,750	24,500	35,000
Spt Rds	2,780	8,340	13,900	31,280	48,650	69,500
NOTE: Add 40 percent for M Series option.						
1963 113" wb						
2d HT	1,000	3,000	5,000	11,250	17,500	25,000
2d Lan HT	1,040	3,120	5,200	11,700	18,200	26,000
Conv	1,400	4,200	7,000	15,750	24,500	35,000
Spt Rds	2,820	8,460	14,100	31,730	49,350	70,500
NOTE: Add 12 percent for Monaco option. Add 40 percent for M Series option. Add 10 percent for 390-330 hp engine.						
1964 113" wb						
2d HT	840	2,520	4,200	9,450	14,700	21,000
2d Lan HT	880	2,640	4,400	9,900	15,400	22,000
Conv	1,320	3,960	6,600	14,850	23,100	33,000
NOTE: Add 10 percent for Tonneau convertible option. Add 30 percent for tonneau option and wire wheels.						
1965 113" wb						
2d HT	840	2,520	4,200	9,450	14,700	21,000
2d Lan HT	880	2,640	4,400	9,900	15,400	22,000
Conv	1,360	4,080	6,800	15,300	23,800	34,000
NOTE: Add 5 percent for Special Landau option.						
1966 113" wb						
2d HT Cpe	880	2,640	4,400	9,900	15,400	22,000
2d Twn Lan	960	2,880	4,800	10,800	16,800	24,000
2d HT Twn	920	2,760	4,600	10,350	16,100	23,000
Conv	1,400	4,200	7,000	15,750	24,500	35,000
NOTE: Add 20 percent for 428 engine.						
1967 117" wb						
4d Lan	600	1,800	3,000	6,750	10,500	15,000
1967 115" wb						
2d Lan	640	1,920	3,200	7,200	11,200	16,000
2d HT	648	1,944	3,240	7,290	11,340	16,200
NOTE: Add 30 percent for 428 engine option.						
1968 117" wb						
4d Lan Sed	600	1,800	3,000	6,750	10,500	15,000
1968 115" wb						
2d HT	620	1,860	3,100	6,980	10,850	15,500
2d Lan HT	628	1,884	3,140	7,070	10,990	15,700
NOTE: Add 30 percent for 429 engine option, Code K or 428 engine.						
1969 117" wb						
4d Lan	600	1,800	3,000	6,750	10,500	15,000
1969 115" wb						
2d HT	620	1,860	3,100	6,980	10,850	15,500
2d Lan HT	630	1,880	3,140	7,070	10,990	15,700
1970 117" wb						
4d Lan	600	1,800	3,000	6,750	10,500	15,000
1970 115" wb						
2d HT	620	1,860	3,100	6,980	10,850	15,500
2d Lan HT	630	1,880	3,140	7,070	10,990	15,700
1971 117" wb						
4d HT	600	1,800	3,000	6,750	10,500	15,000
1971 115" wb						
2d HT	620	1,860	3,100	6,980	10,850	15,500
2d Lan HT	628	1,884	3,140	7,070	10,990	15,700
1972 120" wb						
2d HT	580	1,740	2,900	6,530	10,150	14,500
NOTE: Add 20 percent for 460 engine option.						
1973 120" wb						
2d HT	560	1,680	2,800	6,300	9,800	14,000
1974 120" wb						
2d HT	560	1,680	2,800	6,300	9,800	14,000
1975 120" wb						
2d HT	472	1,416	2,360	5,310	8,260	11,800
1976 120" wb						
2d HT	452	1,356	2,260	5,090	7,910	11,300
1977 114" wb						
2d HT	364	1,092	1,820	4,100	6,370	9,100
2d Lan	368	1,104	1,840	4,140	6,440	9,200
1978 114" wb						
2d HT	380	1,140	1,900	4,280	6,650	9,500
2d Twn Lan	420	1,260	2,100	4,730	7,350	10,500
2d Diamond Jubilee	520	1,560	2,600	5,850	9,100	13,000
NOTE: Add 5 percent for T-tops.						

	6	5	4	3	2	1
1979 V-8, 114" wb						
2d HT	360	1,080	1,800	4,050	6,300	9,000
2d HT Lan	380	1,140	1,900	4,280	6,650	9,500
2d HT Heritage	400	1,200	2,000	4,500	7,000	10,000
NOTE: Add 5 percent for T-tops.						
1980 V-8, 108" wb						
2d Cpe	240	720	1,200	2,700	4,200	6,000
2d Twn Lan Cpe	252	756	1,260	2,840	4,410	6,300
2d Silver Anniv. Cpe	260	780	1,300	2,930	4,550	6,500
1981 V-8, 108" wb						
2d Cpe	224	672	1,120	2,520	3,920	5,600
2d Twn Lan Cpe	232	696	1,160	2,610	4,060	5,800
2d Heritage Cpe	236	708	1,180	2,660	4,130	5,900
NOTE: Deduct 15 percent for 6-cyl.						
1982 V-8, 108" wb						
2d Cpe	232	696	1,160	2,610	4,060	5,800
2d Twn Lan Cpe	240	720	1,200	2,700	4,200	6,000
2d Heritage Cpe	248	744	1,240	2,790	4,340	6,200
NOTE: Deduct 15 percent for V-6.						
1983 V-6						
2d Cpe	364	1,092	1,820	4,100	6,370	9,100
2d Cpe Heritage	376	1,128	1,880	4,230	6,580	9,400
1983 V-8						
2d Cpe	376	1,128	1,880	4,230	6,580	9,400
2d Cpe Heritage	392	1,176	1,960	4,410	6,860	9,800
1983 4-cyl.						
2d Cpe Turbo	380	1,140	1,900	4,280	6,650	9,500
1984 V-6						
2d Cpe	276	828	1,380	3,110	4,830	6,900
2d Cpe Elan	368	1,104	1,840	4,140	6,440	9,200
2d Cpe Fila	372	1,116	1,860	4,190	6,510	9,300
1984 V-8						
2d Cpe	376	1,128	1,880	4,230	6,580	9,400
2d Cpe Elan	384	1,152	1,920	4,320	6,720	9,600
2d Cpe Fila	388	1,164	1,940	4,370	6,790	9,700
NOTE: Deduct 10 percent for V-6 non turbo.						
1984 4-cyl.						
2d Cpe Turbo	376	1,128	1,880	4,230	6,580	9,400
1985 V-8, 104" wb						
2d Cpe	256	768	1,280	2,880	4,480	6,400
2d Elan Cpe	272	816	1,360	3,060	4,760	6,800
2d Fila Cpe	276	828	1,380	3,110	4,830	6,900
1985 4-cyl. Turbo						
2d Cpe	360	1,080	1,800	4,050	6,300	9,000
NOTE: Deduct 10 percent for V-6 non-turbo. Add 5 percent for 30th Anv. Ed.						
1986 104" wb						
2d Cpe	256	768	1,280	2,880	4,480	6,400
2d Elan Cpe	264	792	1,320	2,970	4,620	6,600
2d Turbo Cpe	368	1,104	1,840	4,140	6,440	9,200
1987 V-6, 104" wb						
2d Cpe	260	780	1,300	2,930	4,550	6,500
2d LX Cpe	264	792	1,320	2,970	4,620	6,600
1987 V-8, 104" wb						
2d Cpe	360	1,080	1,800	4,050	6,300	9,000
2d Spt Cpe	368	1,104	1,840	4,140	6,440	9,200
2d LX Cpe	372	1,116	1,860	4,190	6,510	9,300
1987 4-cyl. Turbo						
2d Cpe	368	1,104	1,840	4,140	6,440	9,200
1988 V-6						
2d Cpe	260	780	1,300	2,930	4,550	6,500
2d LX Cpe	260	790	1,320	2,970	4,620	6,600
1988 V-8						
2d Spt Cpe	360	1,090	1,820	4,100	6,370	9,100
1988 4-cyl. Turbo						
2d Cpe	350	1,100	1,850	4,140	6,450	9,200
NOTE: Add 20 percent for V-8 where available.						
1989 V-6						
2d Cpe	272	816	1,360	3,060	4,760	6,800
2d LX Cpe	360	1,080	1,800	4,050	6,300	9,000
2d Sup Cpe	520	1,560	2,600	5,850	9,100	13,000
1990 V-6						
2d Cpe	260	780	1,300	2,930	4,550	6,500
2d LX Cpe	360	1,080	1,800	4,050	6,300	9,000
2d Sup Cpe	520	1,560	2,600	5,850	9,100	13,000
NOTE: Add 10 percent for Anniversary model.						

	6	5	4	3	2	1
1991 V-6						
2d Cpe.	240	720	1,200	2,700	4,200	6,000
2d LX Cpe	260	780	1,300	2,930	4,550	6,500
2d Sup Cpe	340	1,020	1,700	3,830	5,950	8,500
1991 V-8						
2d Cpe.	360	1,080	1,800	4,050	6,300	9,000
2d LX Cpe	380	1,140	1,900	4,280	6,650	9,500
1992 V-6						
2d Cpe.	360	1,080	1,800	4,050	6,300	9,000
2d LX Cpe	368	1,104	1,840	4,140	6,440	9,200
2d Sup Cpe	380	1,140	1,900	4,280	6,650	9,500
1992 V-8						
2d Cpe.	364	1,092	1,820	4,100	6,370	9,100
2d Spt Cpe	392	1,176	1,960	4,410	6,860	9,800
2d LX Cpe	380	1,140	1,900	4,280	6,650	9,500
1993 V-6						
2d LX Cpe	372	1,116	1,860	4,190	6,510	9,300
2d Sup Cpe	380	1,140	1,900	4,280	6,650	9,500
1993 V-8						
2d LX Cpe	404	1,212	2,020	4,550	7,070	10,100
1994 V-6						
2d LX Cpe	300	900	1,500	3,380	5,250	7,500
2d Sup Cpe	360	1,080	1,800	4,050	6,300	9,000
1994 V-8						
2d LX Cpe	320	960	1,600	3,600	5,600	8,000
1995 V-6						
2d LX Cpe	300	900	1,500	3,380	5,250	7,500
2d Sup Cpe	350	1,100	1,800	4,050	6,300	9,000
1995 V-8						
2d LX Cpe	300	950	1,600	3,600	5,600	8,000
1996 V-6						
2d LX Cpe	300	900	1,500	3,380	5,250	7,500
NOTE: Add 10 percent for V-8.						
1997 V-6						
2d LX Cpe	300	900	1,500	3,380	5,250	7,500
NOTE: Add 10 percent for V-8. Add 5 percent for Sport Pkg. Thunderbird production ceased until 2002.						
2002 V-8						
2d Conv.	860	2,580	4,300	10,750	15,050	21,500
NOTE: Add $500 for removable HT. Add 10 percent for Nieman Marcus Ed.						
2003 V-8						
2d Conv.	860	2,580	4,300	10,750	15,050	21,500
NOTE: Add $500 for removable HT.						
2004 V-8						
2d Conv.	860	2,580	4,300	10,750	15,050	21,500
NOTE: Add $500 for removable HT.						
2005 V-8						
2d Conv.	900	2,700	4,500	11,250	15,750	22,500
NOTE: Add $500 for removable HT. Thunderbird production was discontinued after 2005 model year.						

FRANKLIN

	6	5	4	3	2	1
1903 Four, 10 hp, 72" wb						
Rbt.	2,520	7,560	12,600	28,350	44,100	63,000
1904 Type A, 4-cyl., 12 hp, 82" wb						
2/4P Light Rbt	2,480	7,440	12,400	27,900	43,400	62,000
1904 Type B, 4-cyl., 12 hp, 82" wb						
4P Light Ton	2,480	7,440	12,400	27,900	43,400	62,000
1904 Type C, 4-cyl., 30 hp, 110" wb						
5P Side Entrance Ton	2,480	7,440	12,400	27,900	43,400	62,000
1904 Type D, 4-cyl., 20 hp, 100" wb						
5P Light Tr.	2,400	7,200	12,000	27,000	42,000	60,000
1904 Type E, 4-cyl., 12 hp, 74" wb						
2P Gentleman's Rbt	2,360	7,080	11,800	26,550	41,300	59,000
1904 Type F, 4-cyl., 12 hp, 82" wb						
4P Light Ton	2,400	7,200	12,000	27,000	42,000	60,000
1905 Type A, 4-cyl., 12 hp, 80" wb						
Rbt.	2,320	6,960	11,600	26,100	40,600	58,000
Detachable Ton.	2,360	7,080	11,800	26,550	41,300	59,000
1905 Type B, 4-cyl., 12 hp, 80" wb						
Tr.	2,360	7,080	11,800	26,550	41,300	59,000
1905 Type C, 4-cyl., 30 hp, 107" wb						
Tr.	2,480	7,440	12,400	27,900	43,400	62,000
1905 Type D, 4-cyl., 20 hp, 100" wb						
Tr.	2,440	7,320	12,200	27,450	42,700	61,000
1905 Type E, 4-cyl., 12 hp, 80" wb						
Rbt.	2,320	6,960	11,600	26,100	40,600	58,000

	6	5	4	3	2	1
1906 Type E, 4-cyl., 12 hp, 81-1						
2P Rbt	2,240	6,720	11,200	25,200	39,200	56,000
1906 Type G, 4-cyl., 12 hp, 88" wb						
5P Tr	2,280	6,840	11,400	25,650	39,900	57,000
1906 Type D, 4-cyl., 20 hp, 100" wb						
5P Tr	1,920	5,760	9,600	21,600	33,600	48,000
5P Limo (115" wb)	1,720	5,160	8,600	19,350	30,100	43,000
1906 Type H, 6-cyl., 30 hp, 114" wb						
5P Tr	2,000	6,000	10,000	22,500	35,000	50,000
1907 Model G, 4-cyl., 12 hp, 90" wb						
2P Rbt	1,960	5,880	9,800	22,050	34,300	49,000
4P Tr	1,720	5,160	8,600	19,350	30,100	43,000
1907 Model D, 4-cyl., 20 hp, 105" wb						
5P Tr	2,040	6,120	10,200	22,950	35,700	51,000
2P Rbt	2,000	6,000	10,000	22,500	35,000	50,000
5P Lan'let	1,920	5,760	9,600	21,600	33,600	48,000
1907 Model H, 6-cyl., 30 hp, 127" wb						
7P Tr	2,080	6,240	10,400	23,400	36,400	52,000
2P Rbt	2,040	6,120	10,200	22,950	35,700	51,000
5P Limo	1,840	5,520	9,200	20,700	32,200	46,000
1908 Model G, 4-cyl., 16 hp, 90" wb						
Tr	1,920	5,760	9,600	21,600	33,600	48,000
Rbt	1,960	5,880	9,800	22,050	34,300	49,000
Brgm	1,640	4,920	8,200	18,450	28,700	41,000
Lan'let	1,680	5,040	8,400	18,900	29,400	42,000
1908 Model D, 4-cyl., 28 hp, 105" wb						
Tr	1,960	5,880	9,800	22,050	34,300	49,000
Surrey-Seat Rbt	1,920	5,760	9,600	21,600	33,600	48,000
Lan'let	1,720	5,160	8,600	19,350	30,100	43,000
1908 Model H, 6-cyl., 42 hp, 127" wb						
Tr	2,040	6,120	10,200	22,950	35,700	51,000
Limo	1,880	5,640	9,400	21,150	32,900	47,000
Rbt	2,000	6,000	10,000	22,500	35,000	50,000
1909 Model G, 4-cyl., 18 hp, 91-1						
4P Tr	1,920	5,760	9,600	21,600	33,600	48,000
4P Cape Top Tr	1,960	5,880	9,800	22,050	34,300	49,000
Brgm	1,640	4,920	8,200	18,450	28,700	41,000
Lan'let	1,680	5,040	8,400	18,900	29,400	42,000
1909 Model D, 4-cyl., 28 hp, 106" wb						
5P Tr	1,960	5,880	9,800	22,050	34,300	49,000
5P Cape Top Tr	2,000	6,000	10,000	22,500	35,000	50,000
Rbt, Single Rumble	2,040	6,120	10,200	22,950	35,700	51,000
Rbt, Double Rumble	2,080	6,240	10,400	23,400	36,400	52,000
Lan'let	1,800	5,400	9,000	20,250	31,500	45,000
1909 Model H, 6-cyl., 42 hp, 127" wb						
7P Tr	2,000	6,000	10,000	22,500	35,000	50,000
7P Cape Top Tr	2,040	6,120	10,200	22,950	35,700	51,000
Limo	2,160	6,480	10,800	24,300	37,800	54,000
1910 Model G, 4-cyl., 18 hp, 91-1						
5P Tr	2,000	6,000	10,000	22,500	35,000	50,000
4P Rbt	1,960	5,880	9,800	22,050	34,300	49,000
2P Rbt	1,920	5,760	9,600	21,600	33,600	48,000
1910 Model K, 4-cyl., 18 hp, 91-1						
Twn Car	1,880	5,640	9,400	21,150	32,900	47,000
Taxicab	1,800	5,400	9,000	20,250	31,500	45,000
1910 Model D, 4-cyl., 28 hp, 106" wb						
5P Tr	2,040	6,120	10,200	22,950	35,700	51,000
4P Surrey	1,880	5,640	9,400	21,150	32,900	47,000
6P Limo (111-1/2" wb)	1,800	5,400	9,000	20,250	31,500	45,000
Lan'let 6P (111-1/2" wb)	1,840	5,520	9,200	20,700	32,200	46,000
1910 Model H, 6-cyl., 42 hp, 127" wb						
7P Tr	2,080	6,240	10,400	23,400	36,400	52,000
4P Surrey	1,920	5,760	9,600	21,600	33,600	48,000
7P Limo	1,840	5,520	9,200	20,700	32,200	46,000
1911 Model G, 4-cyl., 18 hp, 100" wb						
5P Tr	1,960	5,880	9,800	22,050	34,300	49,000
Torp Phae (108" wb)	2,000	6,000	10,000	22,500	35,000	50,000
1911 Model M, 4-cyl., 25 hp, 108" wb						
5P Tr	2,000	6,000	10,000	22,500	35,000	50,000
7P Limo	1,840	5,520	9,200	20,700	32,200	46,000
7P Lan'let	1,880	5,640	9,400	21,150	32,900	47,000
1911 Model D, 6-cyl., 38 hp, 123" wb						
4P Torp Phae	2,080	6,240	10,400	23,400	36,400	52,000
5P Tr	2,040	6,120	10,200	22,950	35,700	51,000
6P Limo	1,880	5,640	9,400	21,150	32,900	47,000
6P Lan'let	1,920	5,760	9,600	21,600	33,600	48,000

	6	5	4	3	2	1
1911 Model H, 6-cyl., 48 hp, 133" wb						
7P Tr	2,120	6,360	10,600	23,850	37,100	53,000
Torp Phae (126" wb)	2,160	6,480	10,800	24,300	37,800	54,000
1912 Model G, 4-cyl., 18 hp, 100" wb						
Rbt.	2,000	6,000	10,000	22,500	35,000	50,000
1912 Model G, 4-cyl., 25 hp, 103" wb						
Tr.	2,040	6,120	10,200	22,950	35,700	51,000
1912 Model M, 6-cyl., 30 hp, 116" wb						
Tr.	2,120	6,360	10,600	23,850	37,100	53,000
Torp Phae	2,160	6,480	10,800	24,300	37,800	54,000
Rds	2,240	6,720	11,200	25,200	39,200	56,000
1912 Model K-6, 4-cyl., 18 hp, 100" wb						
Taxicab	2,280	6,840	11,400	25,650	39,900	57,000
1912 Model D, 6-cyl., 38 hp, 123" wb						
Tr.	2,120	6,360	10,600	23,850	37,100	53,000
Torp Phae	2,160	6,480	10,800	24,300	37,800	54,000
1912 Model H, 6-cyl., 38 hp, 126" wb						
Tr.	2,160	6,480	10,800	24,300	37,800	54,000
Limo	2,200	6,600	11,000	24,750	38,500	55,000
1913 Model G, 4-cyl., 18 hp, 100" wb						
2P Rbt	2,120	6,360	10,600	23,850	37,100	53,000
1913 Model G, 4-cyl., 25 hp, 103" wb						
5P Tr	2,120	6,360	10,600	23,850	37,100	53,000
1913 Model M, 6-cyl., 30 hp, 116" wb						
5P Little Six Tr.	2,160	6,480	10,800	24,300	37,800	54,000
2P Little Six Vic	2,080	6,240	10,400	23,400	36,400	52,000
1913 Model D, 6-cyl., 38 hp, 123" wb						
5P Tr	2,240	6,720	11,200	25,200	39,200	56,000
4P Torp Phae	2,280	6,840	11,400	25,650	39,900	57,000
1913 Model H, 4-cyl., 38 hp, 126" wb						
7P Tr	2,280	6,840	11,400	25,650	39,900	57,000
7P Limo	2,200	6,600	11,000	24,750	38,500	55,000
1914 Model Six-30, 6-cyl., 31.6 hp, 120" wb						
5P Tr	2,120	6,360	10,600	23,850	37,100	53,000
Rds	2,200	6,600	11,000	24,750	38,500	55,000
Cpe	1,960	5,880	9,800	22,050	34,300	49,000
Sed	1,920	5,760	9,600	21,600	33,600	48,000
Limo	2,040	6,120	10,200	22,950	35,700	51,000
Berlin	2,120	6,360	10,600	23,850	37,100	53,000
1915 Model Six-30, 6-cyl., 31.6 hp, 120" wb						
2P Rds	2,240	6,720	11,200	25,200	39,200	56,000
5P Tr	2,200	6,600	11,000	24,750	38,500	55,000
Cpe	1,960	5,880	9,800	22,050	34,300	49,000
Sed	1,920	5,760	9,600	21,600	33,600	48,000
Berlin	2,120	6,360	10,600	23,850	37,100	53,000
1916 Model Six-30, 6-cyl., 31.6 hp, 120" wb						
5P Tr	2,000	6,000	10,000	22,500	35,000	50,000
3P Rds	2,040	6,120	10,200	22,950	35,700	51,000
5P Sed	1,720	5,160	8,600	19,350	30,100	43,000
4P Doctor's Car	1,760	5,280	8,800	19,800	30,800	44,000
7P Berlin	1,920	5,760	9,600	21,600	33,600	48,000
1917 Series 9, 6-cyl., 25.35 hp, 115" wb						
5P Tr	2,040	6,120	10,200	22,950	35,700	51,000
4P Rds	2,080	6,240	10,400	23,400	36,400	52,000
2P Rbt	1,880	5,640	9,400	21,150	32,900	47,000
7P Limo	1,840	5,520	9,200	20,700	32,200	46,000
5P Sed	1,720	5,160	8,600	19,350	30,100	43,000
7P Twn Car	1,880	5,640	9,400	21,150	32,900	47,000
4P Brgm	1,800	5,400	9,000	20,250	31,500	45,000
4P Cabr	2,000	6,000	10,000	22,500	35,000	50,000
1918 Series 9, 6-cyl., 25.35 hp, 115" wb						
5P Tr	2,040	6,120	10,200	22,950	35,700	51,000
2P Rds	2,080	6,240	10,400	23,400	36,400	52,000
4P Rds	2,080	6,240	10,400	23,400	36,400	52,000
Sed	1,640	4,920	8,200	18,450	28,700	41,000
Brgm	1,680	5,040	8,400	18,900	29,400	42,000
Limo	1,840	5,520	9,200	20,700	32,200	46,000
Twn Car.	1,880	5,640	9,400	21,150	32,900	47,000
Cabr	2,000	6,000	10,000	22,500	35,000	50,000
1919 Series 9, 6-cyl., 25.35 hp, 115" wb						
5P Tr	2,040	6,120	10,200	22,950	35,700	51,000
Rbt.	2,040	6,120	10,200	22,950	35,700	51,000
4P Rds	2,080	6,240	10,400	23,400	36,400	52,000
Brgm	1,680	5,040	8,400	18,900	29,400	42,000
Sed	1,640	4,920	8,200	18,450	28,700	41,000
Limo	1,880	5,640	9,400	21,150	32,900	47,000

	6	5	4	3	2	1
1920 Model 9-B, 6-cyl., 25.3 hp, 115" wb						
5P Tr	2,080	6,240	10,400	23,400	36,400	52,000
4P Rds	2,080	6,240	10,400	23,400	36,400	52,000
2P Rds	1,960	5,880	9,800	22,050	34,300	49,000
5P Sed	1,600	4,800	8,000	18,000	28,000	40,000
4P Brgm	1,640	4,920	8,200	18,450	28,700	41,000
1921 Model 9-B, 6-cyl., 25 hp, 115" wb						
2P Rbt	2,000	6,000	10,000	22,500	35,000	50,000
4P Rds	2,000	6,000	10,000	22,500	35,000	50,000
5P Tr	2,000	6,000	10,000	22,500	35,000	50,000
2P Conv Rbt	2,080	6,240	10,400	23,400	36,400	52,000
5P Conv Tr	2,120	6,360	10,600	23,850	37,100	53,000
4P Brgm	1,640	4,920	8,200	18,450	28,700	41,000
5P Sed	1,600	4,800	8,000	18,000	28,000	40,000
1922 Model 9-B, 6-cyl., 25 hp, 115" wb						
2P Rds	1,960	5,880	9,800	22,050	34,300	49,000
5P Tr	1,920	5,760	9,600	21,600	33,600	48,000
2P Demi Cpe	1,680	5,040	8,400	18,900	29,400	42,000
5P Demi Cpe	1,680	5,040	8,400	18,900	29,400	42,000
4P Brgm	1,640	4,920	8,200	18,450	28,700	41,000
5P Sed	1,600	4,800	8,000	18,000	28,000	40,000
5P Limo	1,760	5,280	8,800	19,800	30,800	44,000
1923 Model 10, 6-cyl., 25 hp, 115" wb						
5P Tr	1,840	5,520	9,200	20,700	32,200	46,000
2P Rds	1,920	5,760	9,600	21,600	33,600	48,000
5P Demi Sed	1,640	4,920	8,200	18,450	28,700	41,000
4P Brgm	1,680	5,040	8,400	18,900	29,400	42,000
4P Cpe	1,720	5,160	8,600	19,350	30,100	43,000
5P Sed	1,680	5,040	8,400	18,900	29,400	42,000
5P Tr Limo	1,840	5,520	9,200	20,700	32,200	46,000
1924 Model 10-B, 6-cyl., 25 hp, 115" wb						
5P Tr	1,720	5,160	8,600	19,350	30,100	43,000
5P Demi Sed	1,520	4,560	7,600	17,100	26,600	38,000
4P Cpe	1,560	4,680	7,800	17,550	27,300	39,000
5P Brgm	1,560	4,680	7,800	17,550	27,300	39,000
5P Sed	1,480	4,440	7,400	16,650	25,900	37,000
Tr Limo	1,720	5,160	8,600	19,350	30,100	43,000
1925 Model 10-C, 6-cyl., 32 hp, 115" wb						
5P Tr	1,700	5,100	8,500	19,130	29,750	42,500
5P Demi Sed	1,500	4,500	7,500	16,880	26,250	37,500
4P Cpe	1,540	4,620	7,700	17,330	26,950	38,500
4P Brgm	1,500	4,500	7,500	16,880	26,250	37,500
5P Sed	1,380	4,140	6,900	15,530	24,150	34,500
NOTE: Series II introduced spring of 1925.						
1926 Model 11-A, 6-cyl., 32 hp, 119" wb						
5P Sed	1,380	4,140	6,900	15,530	24,150	34,500
5P Spt Sed	1,560	4,680	7,800	17,550	27,300	39,000
4P Cpe	1,500	4,500	7,500	16,880	26,250	37,500
5P Encl Dr Limo	1,660	4,980	8,300	18,680	29,050	41,500
4P Cabr	1,700	5,100	8,500	19,130	29,750	42,500
5P Tr	1,780	5,340	8,900	20,030	31,150	44,500
2P Spt Rbt	1,740	5,220	8,700	19,580	30,450	43,500
5P Cpe Rumble	1,580	4,740	7,900	17,780	27,650	39,500
1927 Model 11-B, 6-cyl., 32 hp, 119" wb						
4P Vic	1,580	4,740	7,900	17,780	27,650	39,500
2P Spt Cpe	1,620	4,860	8,100	18,230	28,350	40,500
4P Tandem Spt	1,780	5,340	8,900	20,030	31,150	44,500
5P Sed	1,380	4,140	6,900	15,530	24,150	34,500
5P Spt Sed	1,540	4,620	7,700	17,330	26,950	38,500
3P Cpe	1,540	4,620	7,700	17,330	26,950	38,500
5P Encl Dr Limo	1,660	4,980	8,300	18,680	29,050	41,500
5P Cabr	2,060	6,180	10,300	23,180	36,050	51,500
5P Tr	2,020	6,060	10,100	22,730	35,350	50,500
2P Spt Rbt	2,060	6,180	10,300	23,180	36,050	51,500
5P Cpe Rumble	1,580	4,740	7,900	17,780	27,650	39,500
1928 Airman, 6-cyl., 46 hp, 119" wb						
3P Cpe	1,620	4,860	8,100	18,230	28,350	40,500
4P Vic	1,620	4,860	8,100	18,230	28,350	40,500
5P Sed	1,460	4,380	7,300	16,430	25,550	36,500
5P Oxford Sed	1,500	4,500	7,500	16,880	26,250	37,500
5P Spt Sed	1,500	4,500	7,500	16,880	26,250	37,500
3/5P Conv	2,260	6,780	11,300	25,430	39,550	56,500
1928 Airman, 6-cyl., 46 hp, 128" wb						
Spt Rbt	2,340	7,020	11,700	26,330	40,950	58,500
Spt Tr	2,300	6,900	11,500	25,880	40,250	57,500
7P Sed	1,660	4,980	8,300	18,680	29,050	41,500

	6	5	4	3	2	1
Oxford Sed	1,700	5,100	8,500	19,130	29,750	42,500
7P Tr	2,100	6,300	10,500	23,630	36,750	52,500
7P Limo	1,740	5,220	8,700	19,580	30,450	43,500
1929 Model 130, 6-cyl., 46 hp, 120" wb						
3/5P Cpe	1,800	5,400	9,000	20,250	31,500	45,000
5P Sed	1,640	4,920	8,200	18,450	28,700	41,000
1929 Model 135, 6-cyl., 60 hp, 125" wb						
3P Cpe	1,560	4,680	7,800	17,550	27,300	39,000
5P Sed	1,600	4,800	8,000	18,000	28,000	40,000
3/5P Conv Cpe	2,120	6,360	10,600	23,850	37,100	53,000
4P Vic Brgm	1,680	5,040	8,400	18,900	29,400	42,000
5P Oxford Sed	1,820	5,460	9,100	20,480	31,850	45,500
5P Spt Sed	1,640	4,920	8,200	18,450	28,700	41,000
1929 Model 137, 6-cyl., 60 hp, 132" wb						
5P Spt Tr	2,280	6,840	11,400	25,650	39,900	57,000
4P Spt Rbt	2,320	6,960	11,600	26,100	40,600	58,000
7P Tr	2,120	6,360	10,600	23,850	37,100	53,000
7P Sed	1,800	5,400	9,000	20,250	31,500	45,000
7P Oxford Sed	1,830	5,490	9,150	20,590	32,030	45,750
7P Limo	1,880	5,640	9,400	21,150	32,900	47,000
1930 Model 145, 6-cyl., 87 hp, 125" wb						
Sed	1,360	4,080	6,800	15,300	23,800	34,000
Cpe	1,440	4,320	7,200	16,200	25,200	36,000
Clb Sed	1,440	4,320	7,200	16,200	25,200	36,000
DeL Sed	1,400	4,200	7,000	15,750	24,500	35,000
Vic Brgm	1,480	4,440	7,400	16,650	25,900	37,000
Conv Cpe	2,080	6,240	10,400	23,400	36,400	52,000
Tr Sed	1,440	4,320	7,200	16,200	25,200	36,000
Pursuit	1,880	5,640	9,400	21,150	32,900	47,000
1930 Model 147, 6-cyl., 87 hp, 132" wb						
Rds	2,640	7,920	13,200	29,700	46,200	66,000
Pirate Tr	2,720	8,160	13,600	30,600	47,600	68,000
Pirate Phae	2,800	8,400	14,000	31,500	49,000	70,000
5P Sed	1,440	4,320	7,200	16,200	25,200	36,000
7P Sed	1,480	4,440	7,400	16,650	25,900	37,000
Limo	1,600	4,800	8,000	18,000	28,000	40,000
Sed Limo	1,640	4,920	8,200	18,450	28,700	41,000
Spds	4,600	13,800	23,000	51,750	80,500	115,000
Conv Spds	3,040	9,120	15,200	34,200	53,200	76,000
Deauville Sed	2,120	6,360	10,600	23,850	37,100	53,000
Twn Car	1,720	5,160	8,600	19,350	30,100	43,000
Cabr	2,720	8,160	13,600	30,600	47,600	68,000
Conv Sed	2,800	8,400	14,000	31,500	49,000	70,000
1931 Series 15, 6-cyl., 100 hp, 125" wb						
Pursuit	2,040	6,120	10,200	22,950	35,700	51,000
5P Sed	1,480	4,440	7,400	16,650	25,900	37,000
Cpe	1,600	4,800	8,000	18,000	28,000	40,000
Oxford Sed	1,500	4,500	7,500	16,880	26,250	37,500
Vic Brgm	1,560	4,680	7,800	17,550	27,300	39,000
Conv Cpe	2,200	6,600	11,000	24,750	38,500	55,000
Twn Sed	1,600	4,800	8,000	18,000	28,000	40,000
1931 Series 15, 6-cyl., 100 hp, 132" wb						
Rds	2,960	8,880	14,800	33,300	51,800	74,000
7P Sed	1,640	4,920	8,200	18,450	28,700	41,000
Spt Salon	1,680	5,040	8,400	18,900	29,400	42,000
Limo	1,760	5,280	8,800	19,800	30,800	44,000
1931 Series 15 DeLuxe, 6-cyl., 100 hp, 132" wb						
5P Tr	2,800	8,400	14,000	31,500	49,000	70,000
7P Tr	2,800	8,400	14,000	31,500	49,000	70,000
Spds	2,160	6,480	10,800	24,300	37,800	54,000
5P Sed	1,680	5,040	8,400	18,900	29,400	42,000
Clb Sed	1,720	5,160	8,600	19,350	30,100	43,000
Conv Cpe	2,920	8,760	14,600	32,850	51,100	73,000
Twn Sed	1,760	5,280	8,800	19,800	30,800	44,000
7P Sed	1,680	5,040	8,400	18,900	29,400	42,000
Limo	1,800	5,400	9,000	20,250	31,500	45,000
1932 Airman, 6-cyl., 100 hp, 132" wb						
Spds	2,800	8,400	14,000	31,500	49,000	70,000
5P Sed	1,600	4,800	8,000	18,000	28,000	40,000
Cpe	1,640	4,920	8,200	18,450	28,700	41,000
Clb Sed	1,620	4,860	8,100	18,230	28,350	40,500
Vic Brgm	1,640	4,920	8,200	18,450	28,700	41,000
Conv Cpe	2,640	7,920	13,200	29,700	46,200	66,000
7P Sed	1,640	4,920	8,200	18,450	28,700	41,000
Limo	1,680	5,040	8,400	18,900	29,400	42,000
Sed Oxford	1,600	4,800	8,000	18,000	28,000	40,000

	6	5	4	3	2	1
1933 Olympic, 6-cyl., 100 hp, 118" wb						
5P Sed	1,220	3,660	6,100	13,730	21,350	30,500
4P Cpe	1,300	3,900	6,500	14,630	22,750	32,500
4P Conv Cpe	1,940	5,820	9,700	21,830	33,950	48,500
1933 Airman, 6-cyl., 100 hp, 132" wb						
4P Spds	1,380	4,140	6,900	15,530	24,150	34,500
5P Sed	1,340	4,020	6,700	15,080	23,450	33,500
5P Cpe	1,420	4,260	7,100	15,980	24,850	35,500
5P Clb Sed	1,380	4,140	6,900	15,530	24,150	34,500
5P Vic Brgm	1,420	4,260	7,100	15,980	24,850	35,500
7P Sed	1,300	3,900	6,500	14,630	22,750	32,500
6P Oxford Sed	1,340	4,020	6,700	15,080	23,450	33,500
7P Limo	1,380	4,140	6,900	15,530	24,150	34,500
1933 Twelve, V-12, 150 hp, 144" wb						
5P Sed	2,520	7,560	12,600	28,350	44,100	63,000
5P Clb Brgm	2,600	7,800	13,000	29,250	45,500	65,000
7P Sed	2,320	6,960	11,600	26,100	40,600	58,000
7P Limo	2,720	8,160	13,600	30,600	47,600	68,000
1934 Olympic, 6-cyl., 100 hp, 118" wb						
Sed	1,180	3,540	5,900	13,280	20,650	29,500
Cpe	1,260	3,780	6,300	14,180	22,050	31,500
Conv Cpe	2,100	6,300	10,500	23,630	36,750	52,500
1934 Airman, 6-cyl., 100 hp, 132" wb						
Sed	1,300	3,900	6,500	14,630	22,750	32,500
Clb Sed	1,340	4,020	6,700	15,080	23,450	33,500
Sed	1,320	3,960	6,600	14,850	23,100	33,000
Oxford Sed	1,360	4,080	6,800	15,300	23,800	34,000
Limo	1,540	4,620	7,700	17,330	26,950	38,500
1934 Twelve, V-12, 150 hp, 144" wb						
Sed	2,560	7,680	12,800	28,800	44,800	64,000
Clb Brgm	2,640	7,920	13,200	29,700	46,200	66,000
Sed	2,360	7,080	11,800	26,550	41,300	59,000
Limo	2,760	8,280	13,800	31,050	48,300	69,000

GARDNER

1920 Model G, 4-cyl., 35 hp, 112" wb						
5P Tr	960	2,880	4,800	10,800	16,800	24,000
3P Rds	1,080	3,240	5,400	12,150	18,900	27,000
5P Sed	680	2,040	3,400	7,650	11,900	17,000
1921 Model G, 4-cyl., 35 hp, 112" wb						
3P Rds	760	2,280	3,800	8,550	13,300	19,000
5P Tr	960	2,880	4,800	10,800	16,800	24,000
5P Sed	680	2,040	3,400	7,650	11,900	17,000
1922 Four, 35 hp, 112" wb						
3P Rds	1,080	3,240	5,400	12,150	18,900	27,000
5P Tr	960	2,880	4,800	10,800	16,800	24,000
5P Sed	680	2,040	3,400	7,650	11,900	17,000
1923 Model 5, 4-cyl., 43 hp, 112" wb						
5P Tr	960	2,880	4,800	10,800	16,800	24,000
2P Rds	1,080	3,240	5,400	12,150	18,900	27,000
2P Cpe	840	2,520	4,200	9,450	14,700	21,000
5P Sed	680	2,040	3,400	7,650	11,900	17,000
1924 Model 5, 4-cyl., 43 hp, 112" wb						
3P Rds	1,080	3,240	5,400	12,150	18,900	27,000
5P Tr	960	2,880	4,800	10,800	16,800	24,000
5P Spt Tr	1,000	3,000	5,000	11,250	17,500	25,000
3P Cpe	840	2,520	4,200	9,450	14,700	21,000
5P Brgm	720	2,160	3,600	8,100	12,600	18,000
5P Sed	680	2,040	3,400	7,650	11,900	17,000
1925 Model 5, 4-cyl., 44 hp, 112" wb						
5P Tr	960	2,880	4,800	10,800	16,800	24,000
3P Rds	1,080	3,240	5,400	12,150	18,900	27,000
5P Std Tr	1,000	3,000	5,000	11,250	17,500	25,000
5P DeL Tr	1,040	3,120	5,200	11,700	18,200	26,000
5P Sed	680	2,040	3,400	7,650	11,900	17,000
4P Cpe	840	2,520	4,200	9,450	14,700	21,000
5P Radio Sed	800	2,400	4,000	9,000	14,000	20,000
1925 Six, 57 hp, 117" wb						
5P Tr	1,000	3,000	5,000	11,250	17,500	25,000
1925 Line 8, 8-cyl., 65 hp, 125" wb						
5P Tr	1,040	3,120	5,200	11,700	18,200	26,000
5P Brgm	760	2,280	3,800	8,550	13,300	19,000
1926 Six, 57 hp, 117" wb						
5P Tr	1,120	3,360	5,600	12,600	19,600	28,000
4P Rds	1,280	3,840	6,400	14,400	22,400	32,000
4P Cabr	1,080	3,240	5,400	12,150	18,900	27,000

	6	5	4	3	2	1
5P 4d Brgm	800	2,400	4,000	9,000	14,000	20,000
5P Sed	720	2,160	3,600	8,100	12,600	18,000
DeL Sed	760	2,280	3,800	8,550	13,300	19,000
1926 Line 8, 65 hp, 125" wb						
5P Tr	1,520	4,560	7,600	17,100	26,600	38,000
4P Rds	1,680	5,040	8,400	18,900	29,400	42,000
4P Cabr	1,480	4,440	7,400	16,650	25,900	37,000
5P 4d Brgm	1,120	3,360	5,600	12,600	19,600	28,000
5P Sed	1,040	3,120	5,200	11,700	18,200	26,000
5P DeL Sed	1,080	3,240	5,400	12,150	18,900	27,000
1927 Model 6-B, 6-cyl., 55 hp, 117" wb						
5P Tr	1,120	3,360	5,600	12,600	19,600	28,000
4P Rds	1,280	3,840	6,400	14,400	22,400	32,000
4P Cabr	1,160	3,480	5,800	13,050	20,300	29,000
5P 4d Brgm	800	2,400	4,000	9,000	14,000	20,000
5P Sed	720	2,160	3,600	8,100	12,600	18,000
1927 Model 8-80, 8-cyl., 70 hp, 122" wb						
4P Rds	1,600	4,800	8,000	18,000	28,000	40,000
5P Sed	1,040	3,120	5,200	11,700	18,200	26,000
Vic Cpe	1,160	3,480	5,800	13,050	20,300	29,000
1927 Model 8-90, 8-cyl., 84 hp, 130" wb						
4P Rds	1,680	5,040	8,400	18,900	29,400	42,000
5P Sed	760	2,280	3,800	8,550	13,300	19,000
5P Brgm	840	2,520	4,200	9,450	14,700	21,000
5P Vic	840	2,520	4,200	9,450	14,700	21,000
1928 Model 8-75, 8-cyl., 65 hp, 122" wb						
4P Rds	1,640	4,920	8,200	18,450	28,700	41,000
Vic	1,160	3,480	5,800	13,050	20,300	29,000
Cpe	1,120	3,360	5,600	12,600	19,600	28,000
5P Clb Sed	1,080	3,240	5,400	12,150	18,900	27,000
5P Sed	1,000	3,000	5,000	11,250	17,500	25,000
1928 Model 8-85, 8-cyl., 74 hp, 125" wb						
4P Rds	1,680	5,040	8,400	18,900	29,400	42,000
5P Brgm	1,160	3,480	5,800	13,050	20,300	29,000
5P Sed	1,040	3,120	5,200	11,700	18,200	26,000
4P Cus Cpe	1,200	3,600	6,000	13,500	21,000	30,000
1928 Model 8-95, 8-cyl., 115 hp, 130" wb						
4P Rds	1,800	5,400	9,000	20,250	31,500	45,000
5P Brgm	1,200	3,600	6,000	13,500	21,000	30,000
5P Sed	1,080	3,240	5,400	12,150	18,900	27,000
4P Cus Cpe	1,240	3,720	6,200	13,950	21,700	31,000
1929-30 Model 120, 8-cyl., 65 hp, 122" wb						
4P Rds	1,680	5,040	8,400	18,900	29,400	42,000
5P Spt Sed	1,200	3,600	6,000	13,500	21,000	30,000
4P Cpe	1,240	3,720	6,200	13,950	21,700	31,000
5P Sed	1,040	3,120	5,200	11,700	18,200	26,000
1929-30 Model 125, 8-cyl., 85 hp, 125" wb						
4P Rds	1,800	5,400	9,000	20,250	31,500	45,000
4P Cabr	1,520	4,560	7,600	17,100	26,600	38,000
5P Brgm	1,160	3,480	5,800	13,050	20,300	29,000
5P Sed	1,080	3,240	5,400	12,150	18,900	27,000
4P Vic	1,120	3,360	5,600	12,600	19,600	28,000
Cpe	1,240	3,720	6,200	13,950	21,700	31,000
1929-30 Model 130, 8-cyl., 115 hp, 130" wb						
4P Rds	1,840	5,520	9,200	20,700	32,200	46,000
4P Cpe	1,280	3,840	6,400	14,400	22,400	32,000
5P Brgm	1,240	3,720	6,200	13,950	21,700	31,000
5P Sed	1,160	3,480	5,800	13,050	20,300	29,000
5P Vic	1,280	3,840	6,400	14,400	22,400	32,000
1930 Model 136, 6-cyl., 70 hp, 122" wb						
Rds	1,720	5,160	8,600	19,350	30,100	43,000
5P Spt Phae	1,640	4,920	8,200	18,450	28,700	41,000
7P Spt Phae	1,680	5,040	8,400	18,900	29,400	42,000
Spt Sed	1,160	3,480	5,800	13,050	20,300	29,000
Cpe	1,280	3,840	6,400	14,400	22,400	32,000
Brgm	1,160	3,480	5,800	13,050	20,300	29,000
5P Sed	1,040	3,120	5,200	11,700	18,200	26,000
7P Sed	1,080	3,240	5,400	12,150	18,900	27,000
1930 Model 140, 8-cyl., 90 hp, 125" wb						
Rds	1,800	5,400	9,000	20,250	31,500	45,000
5P Spt Phae	1,680	5,040	8,400	18,900	29,400	42,000
7P Spt Phae	1,720	5,160	8,600	19,350	30,100	43,000
Spt Sed	1,240	3,720	6,200	13,950	21,700	31,000
Cpe	1,320	3,960	6,600	14,850	23,100	33,000
Brgm	1,200	3,600	6,000	13,500	21,000	30,000
5P Sed	1,080	3,240	5,400	12,150	18,900	27,000

	6	5	4	3	2	1
7P Sed	1,120	3,360	5,600	12,600	19,600	28,000
1930 Model 150, 8-cyl., 126 hp, 130" wb						
Rds	1,880	5,640	9,400	21,150	32,900	47,000
5P Spt Phae	1,800	5,400	9,000	20,250	31,500	45,000
7P Spt Phae	1,840	5,520	9,200	20,700	32,200	46,000
Spt Sed	1,280	3,840	6,400	14,400	22,400	32,000
Cpe	1,360	4,080	6,800	15,300	23,800	34,000
Brgm	1,240	3,720	6,200	13,950	21,700	31,000
5P Sed	1,120	3,360	5,600	12,600	19,600	28,000
7P Sed	1,160	3,480	5,800	13,050	20,300	29,000
1931 Model 136, 6-cyl., 70 hp, 122" wb						
Rds	1,760	5,280	8,800	19,800	30,800	44,000
Spt Sed	1,240	3,720	6,200	13,950	21,700	31,000
Cpe	1,280	3,840	6,400	14,400	22,400	32,000
Sed	1,120	3,360	5,600	12,600	19,600	28,000
1931 Model 148, 6-cyl., 100 hp, 125" wb						
Rds	1,800	5,400	9,000	20,250	31,500	45,000
Phae	1,760	5,280	8,800	19,800	30,800	44,000
Spt Sed	1,320	3,960	6,600	14,850	23,100	33,000
Cpe	1,360	4,080	6,800	15,300	23,800	34,000
Brgm	1,320	3,960	6,600	14,850	23,100	33,000
Sed	1,160	3,480	5,800	13,050	20,300	29,000
1931 Model 158, 8-cyl., 130 hp, 130" wb						
Rds	1,840	5,520	9,200	20,700	32,200	46,000
Cpe	1,400	4,200	7,000	15,750	24,500	35,000
Brgm	1,360	4,080	6,800	15,300	23,800	34,000
Sed	1,280	3,840	6,400	14,400	22,400	32,000

GRAHAM-PAIGE

1928 Model 610, 6-cyl., 111" wb						
Cpe	580	1,740	2,900	6,530	10,150	14,500
4d Sed	510	1,540	2,560	5,760	8,960	12,800
1928 Model 614, 6-cyl., 114" wb						
Cpe	600	1,800	3,000	6,750	10,500	15,000
4d Sed	520	1,560	2,600	5,850	9,100	13,000
1928 Model 619, 6-cyl., 119" wb						
Cpe	620	1,860	3,100	6,980	10,850	15,500
4d Sed	560	1,680	2,800	6,300	9,800	14,000
DeL Cpe	640	1,920	3,200	7,200	11,200	16,000
DeL 4d Sed	500	1,500	2,500	5,630	8,750	12,500
1928 Model 629, 6-cyl., 129" wb						
2P Cpe	640	1,920	3,200	7,200	11,200	16,000
5P Cpe	660	1,980	3,300	7,430	11,550	16,500
Cabr	1,040	3,120	5,200	11,700	18,200	26,000
5P 4d Sed	600	1,810	3,020	6,800	10,570	15,100
4d Twn Sed	570	1,700	2,840	6,390	9,940	14,200
7P 4d Sed	610	1,840	3,060	6,890	10,710	15,300
1928 Model 835, 8-cyl., 137" wb						
Cpe 2P	660	1,980	3,300	7,430	11,550	16,500
Cpe 5P	680	2,040	3,400	7,650	11,900	17,000
Cabr	1,120	3,360	5,600	12,600	19,600	28,000
5P 4d Sed	650	1,960	3,260	7,340	11,410	16,300
7P 4d Sed	660	1,970	3,280	7,380	11,480	16,400
4d Twn Sed	650	1,960	3,260	7,340	11,410	16,300
Limo	670	2,000	3,340	7,520	11,690	16,700
1929 Model 612, 6-cyl., 112" wb						
Rds	1,180	3,540	5,900	13,280	20,650	29,500
Tr	1,200	3,600	6,000	13,500	21,000	30,000
Cpe	600	1,800	3,000	6,750	10,500	15,000
Cabr	1,080	3,240	5,400	12,150	18,900	27,000
2d Sed	560	1,680	2,800	6,300	9,800	14,000
4d Sed	560	1,690	2,820	6,350	9,870	14,100
1929 Model 615, 6-cyl., 115" wb						
Rds	1,200	3,600	6,000	13,500	21,000	30,000
Tour	1,220	3,660	6,100	13,730	21,350	30,500
Cpe	640	1,920	3,200	7,200	11,200	16,000
Cabr	1,120	3,360	5,600	12,600	19,600	28,000
2d Sed	580	1,740	2,900	6,530	10,150	14,500
4d Sed	580	1,750	2,920	6,570	10,220	14,600
1929 Model 621, 6-cyl., 121" wb						
Rds	1,220	3,660	6,100	13,730	21,350	30,500
Tr	1,240	3,720	6,200	13,950	21,700	31,000
Cpe	620	1,860	3,100	6,980	10,850	15,500
Cabr	1,140	3,420	5,700	12,830	19,950	28,500
4d Sed	590	1,780	2,960	6,660	10,360	14,800

	6	5	4	3	2	1
1929 Model 827, 8-cyl., 127" wb						
Rds	1,400	4,200	7,000	15,750	24,500	35,000
Tr.	1,440	4,320	7,200	16,200	25,200	36,000
Cpe	720	2,160	3,600	8,100	12,600	18,000
Cabr	1,320	3,960	6,600	14,850	23,100	33,000
4d Sed.	640	1,920	3,200	7,200	11,200	16,000
1929 Model 837, 8-cyl., 137" wb						
Tr.	1,600	4,800	8,000	18,000	28,000	40,000
Cpe	880	2,640	4,400	9,900	15,400	22,000
5P 4d Sed	800	2,400	4,000	9,000	14,000	20,000
7P 4d Sed	840	2,520	4,200	9,450	14,700	21,000
4d Twn Sed.	880	2,640	4,400	9,900	15,400	22,000
Limo	960	2,880	4,800	10,800	16,800	24,000
LeB Limo.	1,040	3,120	5,200	11,700	18,200	26,000
LeB Twn Car.	1,080	3,240	5,400	12,150	18,900	27,000

GRAHAM

	6	5	4	3	2	1
1930 Standard, 6-cyl., 115" wb						
Rds	1,740	5,220	8,700	19,580	30,450	43,500
Phae	1,700	5,100	8,500	19,130	29,750	42,500
Cabr	1,580	4,740	7,900	17,780	27,650	39,500
Cpe	820	2,460	4,100	9,230	14,350	20,500
DeL Cpe	880	2,640	4,400	9,900	15,400	22,000
2d Sed.	750	2,240	3,740	8,420	13,090	18,700
4d Sed.	750	2,260	3,760	8,460	13,160	18,800
4d DeL Sed	760	2,280	3,800	8,550	13,300	19,000
4d Twn Sed.	760	2,280	3,800	8,550	13,300	19,000
DeL Twn Sed	770	2,300	3,840	8,640	13,440	19,200
1930 Special, 6-cyl., 115" wb						
Cpe	900	2,700	4,500	10,130	15,750	22,500
R/S Cpe.	900	2,700	4,500	10,130	15,750	22,500
4d Sed.	780	2,340	3,900	8,780	13,650	19,500
1930 Standard, 8-cyl., 122" and *134" wb						
Cpe	960	2,880	4,800	10,800	16,800	24,000
4d Sed.	880	2,640	4,400	9,900	15,400	22,000
Conv Sed	1,860	5,580	9,300	20,930	32,550	46,500
*7P 4d Sed	920	2,760	4,600	10,350	16,100	23,000
1930 Special, 8-cyl., 122" and *134" wb						
Cpe	980	2,940	4,900	11,030	17,150	24,500
4d Sed.	960	2,880	4,800	10,800	16,800	24,000
Conv Sed	1,980	5,940	9,900	22,280	34,650	49,500
*7P 4d Sed	900	2,700	4,500	10,130	15,750	22,500
1930 Custom, 8-cyl., 127" wb						
Rds	1,860	5,580	9,300	20,930	32,550	46,500
Phae	1,820	5,460	9,100	20,480	31,850	45,500
Cpe	1,040	3,120	5,200	11,700	18,200	26,000
Cabr	1,740	5,220	8,700	19,580	30,450	43,500
4d Sed.	920	2,760	4,600	10,350	16,100	23,000
1930 Custom, 8-cyl., 137" wb						
Phae	1,940	5,820	9,700	21,830	33,950	48,500
5P 4d Sed	1,020	3,060	5,100	11,480	17,850	25,500
4d Twn Sed.	1,040	3,120	5,200	11,700	18,200	26,000
7P 4d Sed	1,060	3,180	5,300	11,930	18,550	26,500
Limo	1,120	3,360	5,600	12,600	19,600	28,000
LeB Limo.	1,280	3,840	6,400	14,400	22,400	32,000
LeB Twn Car.	1,200	3,600	6,000	13,500	21,000	30,000
1931 Standard, 6-cyl., 115" wb						
Rds	1,680	5,040	8,400	18,900	29,400	42,000
Phae	1,640	4,920	8,200	18,450	28,700	41,000
Bus Cpe	820	2,460	4,100	9,230	14,350	20,500
Cpe	840	2,520	4,200	9,450	14,700	21,000
Spt Cpe.	860	2,580	4,300	9,680	15,050	21,500
2d Sed.	750	2,260	3,760	8,460	13,160	18,800
4d Twn Sed.	760	2,270	3,780	8,510	13,230	18,900
4d Univ Sed.	760	2,280	3,800	8,550	13,300	19,000
4d DeL Sed	770	2,300	3,840	8,640	13,440	19,200
4d DeL Twn Sed	780	2,340	3,900	8,780	13,650	19,500
1931 Special, 6-cyl., 115" wb						
Bus Cpe	820	2,470	4,120	9,270	14,420	20,600
Cpe	860	2,580	4,300	9,680	15,050	21,500
4d Sed.	800	2,390	3,980	8,960	13,930	19,900
1931 Model 621, 6-cyl., 121" wb						
Rds	1,520	4,560	7,600	17,100	26,600	38,000
Phae	1,560	4,680	7,800	17,550	27,300	39,000
Vic.	860	2,580	4,300	9,680	15,050	21,500
Cpe	900	2,700	4,500	10,130	15,750	22,500

	6	5	4	3	2	1
4d Sed	840	2,520	4,200	9,450	14,700	21,000
1931 Standard, 8-cyl., 122" and *134" wb						
Cpe	940	2,820	4,700	10,580	16,450	23,500
4d Sed	880	2,640	4,400	9,900	15,400	22,000
Conv Sed	1,640	4,920	8,200	18,450	28,700	41,000
7P 4d Sed	900	2,700	4,500	10,130	15,750	22,500
5P 4d Sed	880	2,640	4,400	9,900	15,400	22,000
*Limo	940	2,820	4,700	10,580	16,450	23,500
1931 Special 822, 8-cyl., 122" and *134" wb						
Cpe	980	2,940	4,900	11,030	17,150	24,500
4d Sed	900	2,700	4,500	10,130	15,750	22,500
Conv Sed	1,680	5,040	8,400	18,900	29,400	42,000
7P 4d Sed	980	2,940	4,900	11,030	17,150	24,500
5P 4d Sed	940	2,820	4,700	10,580	16,450	23,500
*Limo	1,020	3,060	5,100	11,480	17,850	25,500
1931 Custom, 8-cyl., 127" wb						
Rds	1,800	5,400	9,000	20,250	31,500	45,000
Phae	1,760	5,280	8,800	19,800	30,800	44,000
Vic	940	2,820	4,700	10,580	16,450	23,500
Cabr	1,800	5,400	9,000	20,250	31,500	45,000
4d Sed	920	2,760	4,600	10,350	16,100	23,000
1931 Custom, 8-cyl., 137" wb						
7P Phae	2,320	6,960	11,600	26,100	40,600	58,000
4d Sed	980	2,940	4,900	11,030	17,150	24,500
LeB Limo	1,180	3,540	5,900	13,280	20,650	29,500
1931 Prosperity, 6-cyl., 113" wb						
Cpe	820	2,460	4,100	9,230	14,350	20,500
Cpe 2-4	860	2,580	4,300	9,680	15,050	21,500
4d Sed	750	2,260	3,760	8,460	13,160	18,800
4d Twn Sed	760	2,280	3,800	8,550	13,300	19,000
1931 Special 820, 8-cyl., 120" wb						
Bus Cpe	920	2,760	4,600	10,350	16,100	23,000
Cpe 2-4	940	2,820	4,700	10,580	16,450	23,500
4d Spt Sed	880	2,640	4,400	9,900	15,400	22,000
4d Sed	860	2,580	4,300	9,680	15,050	21,500
1931 Custom 834, 8-cyl., 134" wb						
4d Sed	920	2,760	4,600	10,350	16,100	23,000
7P 4d Sed	940	2,820	4,700	10,580	16,450	23,500
Limo	980	2,940	4,900	11,030	17,150	24,500
1932 Prosperity, 6-cyl., 113" wb						
Cpe	900	2,700	4,500	10,130	15,750	22,500
Cpe 2-4	940	2,820	4,700	10,580	16,450	23,500
4d Sed	790	2,380	3,960	8,910	13,860	19,800
4d Twn Sed	800	2,400	4,000	9,000	14,000	20,000
1932 Graham, 6-cyl., 113" wb						
Bus Cpe	940	2,820	4,700	10,580	16,450	23,500
Cpe 2-4	980	2,940	4,900	11,030	17,150	24,500
Cabr	1,320	3,960	6,600	14,850	23,100	33,000
4d Sed	820	2,460	4,100	9,230	14,350	20,500
1932 Standard, 6-cyl., 115" wb						
Rds	1,400	4,200	7,000	15,750	24,500	35,000
Bus Cpe	960	2,880	4,800	10,800	16,800	24,000
Cpe 2-4	1,000	3,000	5,000	11,250	17,500	25,000
4d Sed	840	2,520	4,200	9,450	14,700	21,000
4d Twn Sed	860	2,580	4,300	9,680	15,050	21,500
1932 Special, 6-cyl., 115" wb						
Rds	1,440	4,320	7,200	16,200	25,200	36,000
Bus Cpe	1,000	3,000	5,000	11,250	17,500	25,000
Cpe 2-4	1,020	3,060	5,100	11,480	17,850	25,500
4d Sed	820	2,460	4,100	9,230	14,350	20,500
4d Twn Sed	900	2,700	4,500	10,130	15,750	22,500
1932 Model 57, 8-cyl., 123" wb						
Cpe	1,020	3,060	5,100	11,480	17,850	25,500
Cpe 2-4	1,040	3,120	5,200	11,700	18,200	26,000
4d Sed	920	2,760	4,600	10,350	16,100	23,000
DeL Cpe	1,060	3,180	5,300	11,930	18,550	26,500
DeL Cpe 2-4	1,100	3,300	5,500	12,380	19,250	27,500
Conv Cpe	1,720	5,160	8,600	19,350	30,100	43,000
4d DeL Sed	940	2,820	4,700	10,580	16,450	23,500
1932 Special 820, 8-cyl., 120" wb						
Bus Cpe	1,080	3,240	5,400	12,150	18,900	27,000
Cpe 2-4	1,120	3,360	5,600	12,600	19,600	28,000
4d Spt Sed	960	2,880	4,800	10,800	16,800	24,000
4d Sed	950	2,840	4,740	10,670	16,590	23,700
1932 Special 822, 8-cyl., 122" wb						
4d Sed	980	2,940	4,900	11,030	17,150	24,500

	6	5	4	3	2	1
Conv Sed	1,920	5,760	9,600	21,600	33,600	48,000
1932 Custom 834, 8-cyl., 134" wb						
4d Sed	1,140	3,420	5,700	12,830	19,950	28,500
7P 4d Sed	1,180	3,540	5,900	13,280	20,650	29,500
Limo	1,300	3,900	6,500	14,630	22,750	32,500
1933 Graham, 6-cyl., 113" wb						
4d Sed	760	2,290	3,820	8,600	13,370	19,100
4d Twn Sed	770	2,320	3,860	8,690	13,510	19,300
1933 Model 65, 6-cyl., 113" wb						
Bus Cpe	800	2,400	4,000	9,000	14,000	20,000
Cpe 2-4	820	2,460	4,100	9,230	14,350	20,500
Conv Cpe	1,720	5,160	8,600	19,350	30,100	43,000
4d Sed	780	2,330	3,880	8,730	13,580	19,400
1933 Graham, 6-cyl., 118" wb						
Bus Cpe	820	2,460	4,100	9,230	14,350	20,500
Cpe 2-4	840	2,520	4,200	9,450	14,700	21,000
Cabr	1,440	4,320	7,200	16,200	25,200	36,000
4d Sed	780	2,340	3,900	8,780	13,650	19,500
1933 Model 64, 8-cyl., 119" wb						
Bus Cpe	840	2,520	4,200	9,450	14,700	21,000
Cpe 2-4	860	2,580	4,300	9,680	15,050	21,500
Conv Cpe	1,800	5,400	9,000	20,250	31,500	45,000
4d Sed	790	2,360	3,940	8,870	13,790	19,700
1933 Model 57A, 8-cyl., 123" wb						
Cpe	860	2,580	4,300	9,680	15,050	21,500
Cpe 2-4	880	2,640	4,400	9,900	15,400	22,000
4d Sed	800	2,390	3,980	8,960	13,930	19,900
DeL Cpe	900	2,700	4,500	10,130	15,750	22,500
DeL Cpe 2-4	920	2,760	4,600	10,350	16,100	23,000
DeL Conv Cpe	1,560	4,680	7,800	17,550	27,300	39,000
4d DeL Sed	810	2,420	4,040	9,090	14,140	20,200
1933 Custom 57A, 8-cyl., 123" wb						
Cpe	920	2,760	4,600	10,350	16,100	23,000
Cpe 2-4	940	2,820	4,700	10,580	16,450	23,500
4d Sed	820	2,460	4,100	9,230	14,350	20,500
1934 Model 65, 6-cyl., 113" wb						
Cpe	820	2,460	4,100	9,230	14,350	20,500
Cpe 2-4	840	2,520	4,200	9,450	14,700	21,000
Conv Cpe	1,400	4,200	7,000	15,750	24,500	35,000
4d Sed	740	2,210	3,680	8,280	12,880	18,400
1934 Model 64, 6-cyl., 119" wb						
Cpe	820	2,460	4,100	9,230	14,350	20,500
Cpe 2-4	840	2,520	4,200	9,450	14,700	21,000
Conv Cpe	1,440	4,320	7,200	16,200	25,200	36,000
4d Sed	740	2,220	3,700	8,330	12,950	18,500
1934 Model 68, 6-cyl., 116" wb						
Bus Cpe	840	2,520	4,200	9,450	14,700	21,000
Cpe 2-4	860	2,580	4,300	9,680	15,050	21,500
Conv Cpe	1,520	4,560	7,600	17,100	26,600	38,000
4d Sed	740	2,230	3,720	8,370	13,020	18,600
4d Sed Trunk	750	2,240	3,740	8,420	13,090	18,700
1934 Model 67, 8-cyl., 123" wb						
Bus Cpe	860	2,580	4,300	9,680	15,050	21,500
Cpe 2-4	880	2,640	4,400	9,900	15,400	22,000
Conv Cpe	1,560	4,680	7,800	17,550	27,300	39,000
4d Sed	680	2,040	3,400	7,650	11,900	17,000
4d Sed Trunk	770	2,300	3,840	8,640	13,440	19,200
1934 Model 69, 8-cyl., 123" wb						
Bus Cpe	880	2,640	4,400	9,900	15,400	22,000
Cpe 2-4	900	2,700	4,500	10,130	15,750	22,500
Conv Cpe	1,560	4,680	7,800	17,550	27,300	39,000
4d Sed	770	2,300	3,840	8,640	13,440	19,200
4d Sed Trunk	780	2,330	3,880	8,730	13,580	19,400
1934 Custom 8-71, 8-cyl., 138" wb						
7P 4d Sed	820	2,460	4,100	9,230	14,350	20,500
7P 4d Sed Trunk	840	2,520	4,200	9,450	14,700	21,000
1935 Model 74, 6-cyl., 111" wb						
2d Sed	730	2,180	3,640	8,190	12,740	18,200
4d Sed	730	2,200	3,660	8,240	12,810	18,300
2d DeL Sed	730	2,200	3,660	8,240	12,810	18,300
4d DeL Sed	740	2,210	3,680	8,280	12,880	18,400
1935 Model 68, 6-cyl., 116" wb						
Bus Cpe	820	2,460	4,100	9,230	14,350	20,500
Cpe 3-5	840	2,520	4,200	9,450	14,700	21,000
Conv Cpe	1,440	4,320	7,200	16,200	25,200	36,000
4d Sed	740	2,210	3,680	8,280	12,880	18,400

	6	5	4	3	2	1
4d Sed Trunk	740	2,220	3,700	8,330	12,950	18,500
1935 Model 67, 8-cyl., 123" wb						
Cpe	840	2,520	4,200	9,450	14,700	21,000
Cpe 3-5	860	2,580	4,300	9,680	15,050	21,500
Conv Cpe	1,480	4,440	7,400	16,650	25,900	37,000
4d Sed	750	2,240	3,740	8,420	13,090	18,700
4d Sed Trunk	750	2,260	3,760	8,460	13,160	18,800
1935 Model 72, 8-cyl., 123" wb						
Cpe	840	2,520	4,200	9,450	14,700	21,000
Cpe 2-4	860	2,580	4,300	9,680	15,050	21,500
Conv Cpe	1,520	4,560	7,600	17,100	26,600	38,000
4d Sed	750	2,260	3,760	8,460	13,160	18,800
1935 Custom Model 69, Supercharged, 8-cyl., 123" wb						
Cpe	1,000	3,000	5,000	11,250	17,500	25,000
Cpe 3-5	1,020	3,060	5,100	11,480	17,850	25,500
Conv Cpe	1,600	4,800	8,000	18,000	28,000	40,000
4d Sed	940	2,820	4,700	10,580	16,450	23,500
4d Sed Trunk	950	2,840	4,740	10,670	16,590	23,700
1935 Model 75, Supercharged, 8-cyl., 123" wb						
Cpe	1,020	3,060	5,100	11,480	17,850	25,500
Cpe 2-4	1,060	3,180	5,300	11,930	18,550	26,500
Conv Cpe	1,600	4,800	8,000	18,000	28,000	40,000
4d Sed	980	2,940	4,900	11,030	17,150	24,500
1936 Crusader Model 80, 6-cyl., 111" wb						
2d Sed	760	2,290	3,820	8,600	13,370	19,100
2d Sed Trunk	770	2,300	3,840	8,640	13,440	19,200
4d Sed	770	2,300	3,840	8,640	13,440	19,200
4d Sed Trunk	770	2,320	3,860	8,690	13,510	19,300
1936 Cavalier Model 90, 6-cyl., 115" wb						
Bus Cpe	810	2,440	4,060	9,140	14,210	20,300
Cpe 2-4	820	2,460	4,100	9,230	14,350	20,500
2d Sed	770	2,300	3,840	8,640	13,440	19,200
2d Sed Trunk	770	2,320	3,860	8,690	13,510	19,300
4d Sed	770	2,300	3,840	8,640	13,440	19,200
4d Sed Trunk	780	2,330	3,880	8,730	13,580	19,400
1936 Model 110, Supercharged, 6-cyl., 115" wb						
Cpe	980	2,940	4,900	11,030	17,150	24,500
Cpe 2-4	1,000	3,000	5,000	11,250	17,500	25,000
2d Sed	920	2,760	4,600	10,350	16,100	23,000
2d Sed Trunk	920	2,770	4,620	10,400	16,170	23,100
4d Sed	920	2,760	4,600	10,350	16,100	23,000
4d Sed Trunk	920	2,770	4,620	10,400	16,170	23,100
4d Cus Sed	940	2,820	4,700	10,580	16,450	23,500
1937 Crusader, 6-cyl., 111" wb						
2d Sed	760	2,280	3,800	8,550	13,300	19,000
2d Sed Trunk	760	2,290	3,820	8,600	13,370	19,100
4d Sed	770	2,300	3,840	8,640	13,440	19,200
4d Sed Trunk	770	2,320	3,860	8,690	13,510	19,300
1937 Cavalier, 6-cyl., 116" wb						
Bus Cpe	880	2,640	4,400	9,900	15,400	22,000
Cpe 3-5	920	2,760	4,600	10,350	16,100	23,000
Conv Cpe	1,480	4,440	7,400	16,650	25,900	37,000
2d Sed	760	2,290	3,820	8,600	13,370	19,100
2d Sed Trunk	770	2,300	3,840	8,640	13,440	19,200
4d Sed	770	2,320	3,860	8,690	13,510	19,300
4d Sed Trunk	780	2,330	3,880	8,730	13,580	19,400
1937 Series 116, Supercharged, 6-cyl., 116" wb						
Bus Cpe	980	2,940	4,900	11,030	17,150	24,500
Cpe 3-5	990	2,980	4,960	11,160	17,360	24,800
Conv Cpe	1,560	4,680	7,800	17,550	27,300	39,000
2d Sed	920	2,760	4,600	10,350	16,100	23,000
2d Sed Trunk	920	2,770	4,620	10,400	16,170	23,100
4d Sed	920	2,770	4,620	10,400	16,170	23,100
4d Sed Trunk	930	2,780	4,640	10,440	16,240	23,200
1937 Series 120, Custom Supercharged, 6-cyl., 116" and 120" wb						
Bus Cpe	990	2,960	4,940	11,120	17,290	24,700
Cpe 3-5	1,000	3,000	5,000	11,250	17,500	25,000
Conv Cpe	1,600	4,800	8,000	18,000	28,000	40,000
4d Sed	940	2,820	4,700	10,580	16,450	23,500
4d Sed Trunk	910	2,720	4,540	10,220	15,890	22,700
1938 Standard Model 96, 6-cyl., 120" wb						
4d Sed	910	2,720	4,540	10,220	15,890	22,700
1938 Special Model 96, 6-cyl., 120" wb						
4d Sed	920	2,760	4,600	10,350	16,100	23,000
1938 Model 97, Supercharged, 6-cyl., 120" wb						
4d Sed	1,360	4,080	6,800	15,300	23,800	34,000

	6	5	4	3	2	1
1938 Custom Model 97, Supercharged, 6-cyl., 120" wb						
4d Sed	1,440	4,320	7,200	16,200	25,200	36,000
1939 Special Model 96, 6-cyl., 120" wb						
Cpe	1,000	3,000	5,000	11,250	17,500	25,000
2d Sed	950	2,840	4,740	10,670	16,590	23,700
4d Sed	980	2,940	4,900	11,030	17,150	24,500
1939 Custom Special 96, 6-cyl., 120" wb						
Cpe	1,030	3,090	5,150	11,590	18,030	25,750
2d Sed	960	2,890	4,810	10,820	16,840	24,050
4d Sed	970	2,900	4,830	10,870	16,910	24,150
1939 Model 97, Supercharged, 6-cyl., 120" wb						
Cpe	1,360	4,080	6,800	15,300	23,800	34,000
2d Sed	1,360	4,080	6,800	15,300	23,800	34,000
4d Sed	1,320	3,960	6,600	14,850	23,100	33,000
1939 Custom Model 97, Supercharged, 6-cyl., 120" wb						
Cpe	1,360	4,080	6,800	15,300	23,800	34,000
2d Sed	1,360	4,080	6,800	15,300	23,800	34,000
4d Sed	1,320	3,960	6,600	14,850	23,100	33,000
1940 DeLuxe Model 108, 6-cyl., 120" wb						
Cpe	1,060	3,180	5,300	11,930	18,550	26,500
2d Sed	1,020	3,050	5,080	11,430	17,780	25,400
4d Sed	1,020	3,060	5,100	11,480	17,850	25,500
1940 Custom Model 108, 6-cyl., 120" wb						
Cpe	1,080	3,240	5,400	12,150	18,900	27,000
2d Sed	1,020	3,060	5,100	11,480	17,850	25,500
4d Sed	1,030	3,080	5,140	11,570	17,990	25,700
1940 DeLuxe Model 107, Supercharged, 6-cyl., 120" wb						
Cpe	1,260	3,780	6,300	14,180	22,050	31,500
2d Sed	1,240	3,720	6,200	13,950	21,700	31,000
4d Sed	1,250	3,740	6,240	14,040	21,840	31,200
1940 Custom Model 107, Supercharged, 6-cyl., 120" wb						
Cpe	1,440	4,320	7,200	16,200	25,200	36,000
2d Sed	1,380	4,130	6,880	15,480	24,080	34,400
4d Sed	1,390	4,180	6,960	15,660	24,360	34,800
1941 Custom Hollywood Model 113, 6-cyl., 115" wb						
4d Sed	1,680	5,040	8,400	18,900	29,400	42,000
1941 Custom Hollywood Model 113, Supercharged, 6-cyl., 115" wb						
4d Sed	1,840	5,520	9,200	20,700	32,200	46,000

HUDSON

1909 Model 20, 4-cyl.						
2d Rds	1,960	5,880	9,800	22,050	34,300	49,000
1910 Model 20, 4-cyl.						
2d Rds	1,720	5,160	8,600	19,350	30,100	43,000
4d Tr	1,720	5,160	8,600	19,350	30,100	43,000
1911 Model 33, 4-cyl.						
2d Rds	1,600	4,800	8,000	18,000	28,000	40,000
2d Tor Rds	1,640	4,920	8,200	18,450	28,700	41,000
4d Pony Ton	1,680	5,040	8,400	18,900	29,400	42,000
4d Tr	1,720	5,160	8,600	19,350	30,100	43,000
1912 Model 33, 4-cyl.						
2d Rds	1,800	5,400	9,000	20,250	31,500	45,000
2d Tor Rds	1,840	5,520	9,200	20,700	32,200	46,000
4d Tr	1,920	5,760	9,600	21,600	33,600	48,000
2d Cpe	1,440	4,320	7,200	16,200	25,200	36,000
4d Limo	1,560	4,680	7,800	17,550	27,300	39,000
1913 Model 37, 4-cyl.						
2d Rds	1,680	5,040	8,400	18,900	29,400	42,000
2d Tor Rds	1,720	5,160	8,600	19,350	30,100	43,000
4d Tr	1,760	5,280	8,800	19,800	30,800	44,000
2d Cpe	1,400	4,200	7,000	15,750	24,500	35,000
4d Limo	1,560	4,680	7,800	17,550	27,300	39,000
1913 Model 54, 6-cyl.						
2d 2P Rds	1,720	5,160	8,600	19,350	30,100	43,000
2d 5P Rds	1,760	5,280	8,800	19,800	30,800	44,000
2d Tor Rds	1,800	5,400	9,000	20,250	31,500	45,000
4d Tr	1,840	5,520	9,200	20,700	32,200	46,000
4d 7P Tr	1,880	5,640	9,400	21,150	32,900	47,000
2d Cpe	1,480	4,440	7,400	16,650	25,900	37,000
4d Limo	1,560	4,680	7,800	17,550	27,300	39,000
1914 Model 40, 6-cyl.						
2d Rbt	1,560	4,680	7,800	17,550	27,300	39,000
4d Tr	1,640	4,920	8,200	18,450	28,700	41,000
2d Cabr	1,600	4,800	8,000	18,000	28,000	40,000
1914 Model 54, 6-cyl.						
4d 7P Tr	1,680	5,040	8,400	18,900	29,400	42,000

	6	5	4	3	2	1
1915 Model 40, 6-cyl.						
2d Rds	1,520	4,560	7,600	17,100	26,600	38,000
4d Phae	1,600	4,800	8,000	18,000	28,000	40,000
4d Tr	1,560	4,680	7,800	17,550	27,300	39,000
2d Cabr	1,560	4,680	7,800	17,550	27,300	39,000
2d Cpe	1,120	3,360	5,600	12,600	19,600	28,000
4d Limo	1,200	3,600	6,000	13,500	21,000	30,000
4d Lan Limo	1,240	3,720	6,200	13,950	21,700	31,000
1915 Model 54, 6-cyl.						
4d Phae	1,680	5,040	8,400	18,900	29,400	42,000
4d 7P Tr	1,680	5,040	8,400	18,900	29,400	42,000
4d Sed	1,160	3,480	5,800	13,050	20,300	29,000
4d Limo	1,280	3,840	6,400	14,400	22,400	32,000
1916 Super Six, 6-cyl.						
2d Rds	1,320	3,960	6,600	14,850	23,100	33,000
2d Cabr	1,360	4,080	6,800	15,300	23,800	34,000
4d Phae	1,400	4,200	7,000	15,750	24,500	35,000
4d Tr Sed	960	2,880	4,800	10,800	16,800	24,000
4d T&C	1,000	3,000	5,000	11,250	17,500	25,000
1916 Model 54, 6-cyl.						
4d 7P Phae	1,560	4,680	7,800	17,550	27,300	39,000
1917 Super Six, 6-cyl.						
2d Rds	1,480	4,440	7,400	16,650	25,900	37,000
2d Cabr	1,520	4,560	7,600	17,100	26,600	38,000
4d 7P Phae	1,560	4,680	7,800	17,550	27,300	39,000
4d Tr Sed	880	2,640	4,400	9,900	15,400	22,000
4d T&C	1,000	3,000	5,000	11,250	17,500	25,000
4d Twn Lan	960	2,880	4,800	10,800	16,800	24,000
4d Limo Lan	1,000	3,000	5,000	11,250	17,500	25,000
1918 Super Six, 6-cyl.						
2d Rds	1,400	4,200	7,000	15,750	24,500	35,000
2d Cabr	1,440	4,320	7,200	16,200	25,200	36,000
4d 4P Phae	1,440	4,320	7,200	16,200	25,200	36,000
4d 5P Phae	1,480	4,440	7,400	16,650	25,900	37,000
2d 4P Cpe	880	2,640	4,400	9,900	15,400	22,000
4d Tr Sed	920	2,760	4,600	10,350	16,100	23,000
4d Sed	920	2,760	4,600	10,350	16,100	23,000
4d Tr Limo	960	2,880	4,800	10,800	16,800	24,000
4d T&C	960	2,880	4,800	10,800	16,800	24,000
4d Limo	1,000	3,000	5,000	11,250	17,500	25,000
4d Twn Limo	1,000	3,000	5,000	11,250	17,500	25,000
4d Limo Lan	1,000	3,000	5,000	11,250	17,500	25,000
4d F F Lan	1,010	3,040	5,060	11,390	17,710	25,300
1919 Super Six Series O, 6-cyl.						
2d Cabr	1,280	3,840	6,400	14,400	22,400	32,000
4d 4P Phae	1,320	3,960	6,600	14,850	23,100	33,000
4d 7P Phae	1,360	4,080	6,800	15,300	23,800	34,000
2d 4P Cpe	760	2,280	3,800	8,550	13,300	19,000
4d Sed	720	2,160	3,600	8,100	12,600	18,000
4d Tr Limo	760	2,280	3,800	8,550	13,300	19,000
4d T&C	800	2,400	4,000	9,000	14,000	20,000
4d Twn Lan	800	2,400	4,000	9,000	14,000	20,000
4d Limo Lan	840	2,520	4,200	9,450	14,700	21,000
1920 Super Six Series 10-12, 6-cyl.						
4d 4P Phae	1,320	3,960	6,600	14,850	23,100	33,000
4d 7P Phae	1,360	4,080	6,800	15,300	23,800	34,000
2d Cabr	1,160	3,480	5,800	13,050	20,300	29,000
2d Cpe	720	2,160	3,600	8,100	12,600	18,000
4d Sed	680	2,040	3,400	7,650	11,900	17,000
4d Tr Limo	760	2,280	3,800	8,550	13,300	19,000
4d Limo	800	2,400	4,000	9,000	14,000	20,000
1921 Super Six, 6-cyl.						
4d 4P Phae	1,320	3,960	6,600	14,850	23,100	33,000
4d 7P Phae	1,360	4,080	6,800	15,300	23,800	34,000
2d Cabr	1,160	3,480	5,800	13,050	20,300	29,000
2d 4P Cpe	680	2,040	3,400	7,650	11,900	17,000
4d Sed	640	1,920	3,200	7,200	11,200	16,000
4d Tr Limo	680	2,040	3,400	7,650	11,900	17,000
4d Limo	720	2,160	3,600	8,100	12,600	18,000
1922 Super Six, 6-cyl.						
2d Spds	1,560	4,680	7,800	17,550	27,300	39,000
4d Phae	1,280	3,840	6,400	14,400	22,400	32,000
2d Cabr	1,160	3,480	5,800	13,050	20,300	29,000
2d Cpe	660	1,980	3,300	7,430	11,550	16,500
2d Sed	580	1,740	2,900	6,530	10,150	14,500
4d Sed	560	1,680	2,800	6,300	9,800	14,000

	6	5	4	3	2	1
4d Tr Limo	720	2,160	3,600	8,100	12,600	18,000
4d Limo	680	2,040	3,400	7,650	11,900	17,000
1923 Super Six, 6-cyl.						
2d Spds	1,560	4,680	7,800	17,550	27,300	39,000
4d Phae	1,280	3,840	6,400	14,400	22,400	32,000
2d Cpe	660	1,980	3,300	7,430	11,550	16,500
2d Sed	580	1,740	2,900	6,530	10,150	14,500
4d Sed	560	1,680	2,800	6,300	9,800	14,000
4d 7P Sed	640	1,920	3,200	7,200	11,200	16,000
1924 Super Six, 6-cyl.						
2d Spds	1,560	4,680	7,800	17,550	27,300	39,000
4d Phae	1,280	3,840	6,400	14,400	22,400	32,000
2d Sed	540	1,620	2,700	6,080	9,450	13,500
4d Sed	520	1,560	2,600	5,850	9,100	13,000
4d 7P Sed	600	1,800	3,000	6,750	10,500	15,000
1925 Super Six, 6-cyl.						
2d Spds	1,600	4,800	8,000	18,000	28,000	40,000
4d Phae	1,320	3,960	6,600	14,850	23,100	33,000
2d Sed	620	1,860	3,100	6,980	10,850	15,500
4d Brgm	680	2,040	3,400	7,650	11,900	17,000
4d Sed	580	1,740	2,900	6,530	10,150	14,500
4d 7P Sed	680	2,040	3,400	7,650	11,900	17,000
1926 Super Six, 6-cyl.						
4d Phae	1,360	4,080	6,800	15,300	23,800	34,000
2d Sed	620	1,860	3,100	6,980	10,850	15,500
4d Brgm	680	2,040	3,400	7,650	11,900	17,000
4d 7P Sed	640	1,920	3,200	7,200	11,200	16,000
1927 Standard Six, 6-cyl.						
4d Phae	1,240	3,720	6,200	13,950	21,700	31,000
2d Sed	620	1,860	3,100	6,980	10,850	15,500
2d Spl Sed	680	2,040	3,400	7,650	11,900	17,000
4d Brgm	680	2,040	3,400	7,650	11,900	17,000
4d 7P Sed	640	1,920	3,200	7,200	11,200	16,000
1927 Super Six						
2d Cus Rds	1,440	4,320	7,200	16,200	25,200	36,000
4d Cus Phae	1,480	4,440	7,400	16,650	25,900	37,000
2d Sed	640	1,920	3,200	7,200	11,200	16,000
4d Sed	680	2,040	3,400	7,650	11,900	17,000
4d Cus Brgm	840	2,520	4,200	9,450	14,700	21,000
4d Cus Sed	880	2,640	4,400	9,900	15,400	22,000
1928 First Series, 6-cyl., (Start June, 1927)						
2d Std Sed	660	1,980	3,300	7,430	11,550	16,500
4d Std Sed	550	1,640	2,740	6,170	9,590	13,700
2d Sed	670	2,000	3,340	7,520	11,690	16,700
4d Sed	700	2,100	3,500	7,880	12,250	17,500
2d Rds	1,080	3,240	5,400	12,150	18,900	27,000
4d Cus Phae	1,440	4,320	7,200	16,200	25,200	36,000
4d Cus Brgm	840	2,520	4,200	9,450	14,700	21,000
4d Cus Sed	880	2,640	4,400	9,900	15,400	22,000
1928 Second Series, 6-cyl., (Start Jan. 1928)						
2d Sed	680	2,040	3,400	7,650	11,900	17,000
4d Sed	700	2,100	3,500	7,880	12,250	17,500
2d RS Cpe	720	2,160	3,600	8,100	12,600	18,000
2d Rds	1,440	4,320	7,200	16,200	25,200	36,000
4d EWB Sed	720	2,160	3,600	8,100	12,600	18,000
4d Lan Sed	740	2,220	3,700	8,330	12,950	18,500
2d Vic	760	2,280	3,800	8,550	13,300	19,000
4d 7P Sed	720	2,160	3,600	8,100	12,600	18,000
1929 Series Greater Hudson, 6-cyl., 122" wb						
2d RS Rds	1,920	5,760	9,600	21,600	33,600	48,000
4d Phae	1,960	5,880	9,800	22,050	34,300	49,000
2d Cpe	800	2,400	4,000	9,000	14,000	20,000
2d Sed	760	2,280	3,800	8,550	13,300	19,000
2d Conv	1,600	4,800	8,000	18,000	28,000	40,000
2d Vic	880	2,640	4,400	9,900	15,400	22,000
4d Sed	780	2,340	3,900	8,780	13,650	19,500
4d Twn Sed	790	2,370	3,950	8,890	13,830	19,750
4d Lan Sed	840	2,520	4,200	9,450	14,700	21,000
1929 Series Greater Hudson, 6-cyl., 139" wb						
4d Spt Sed	920	2,760	4,600	10,350	16,100	23,000
4d 7P Sed	1,000	3,000	5,000	11,250	17,500	25,000
4d Limo	1,080	3,240	5,400	12,150	18,900	27,000
4d DC Phae	2,000	6,000	10,000	22,500	35,000	50,000
1930 Great Eight, 8-cyl., 119" wb						
2d Rds	1,960	5,880	9,800	22,050	34,300	49,000
4d Phae	2,040	6,120	10,200	22,950	35,700	51,000

	6	5	4	3	2	1
2d RS Cpe	1,040	3,120	5,200	11,700	18,200	26,000
2d Sed	840	2,520	4,200	9,450	14,700	21,000
4d Sed	860	2,580	4,300	9,680	15,050	21,500
4d Conv Sed	2,080	6,240	10,400	23,400	36,400	52,000
1930 Great Eight, 8-cyl., 126" wb						
4d Phae	2,040	6,120	10,200	22,950	35,700	51,000
4d Tr Sed	860	2,580	4,300	9,680	15,050	21,500
4d 7P Sed	880	2,640	4,400	9,900	15,400	22,000
4d Brgm	880	2,640	4,400	9,900	15,400	22,000
1931 Greater Eight, 8-cyl., 119" wb						
2d Rds	2,040	6,120	10,200	22,950	35,700	51,000
4d Phae	2,120	6,360	10,600	23,850	37,100	53,000
2d Cpe	800	2,400	4,000	9,000	14,000	20,000
2d Spl Cpe	900	2,700	4,500	10,130	15,750	22,500
2d RS Cpe	920	2,760	4,600	10,350	16,100	23,000
2d Sed	760	2,280	3,800	8,550	13,300	19,000
4d Sed	770	2,300	3,840	8,640	13,440	19,200
4d Twn Sed	800	2,400	4,000	9,000	14,000	20,000
1931 Great Eight, LWB, 8-cyl., 126" wb						
4d Spt Phae	2,200	6,600	11,000	24,750	38,500	55,000
4d Brgm	1,000	3,000	5,000	11,250	17,500	25,000
4d Fam Sed	1,000	3,000	5,000	11,250	17,500	25,000
4d 7P Sed	980	2,940	4,900	11,030	17,150	24,500
4d Clb Sed	980	2,940	4,900	11,030	17,150	24,500
4d Tr Sed	880	2,640	4,400	9,900	15,400	22,000
4d Spl Sed	900	2,700	4,500	10,130	15,750	22,500
1932 (Standard) Greater, 8-cyl., 119" wb						
2d 2P Cpe	780	2,340	3,900	8,780	13,650	19,500
2d 4P Cpe	800	2,400	4,000	9,000	14,000	20,000
2d Spl Cpe	840	2,520	4,200	9,450	14,700	21,000
2d Conv	1,560	4,680	7,800	17,550	27,300	39,000
2d Sed	760	2,280	3,800	8,550	13,300	19,000
4d 5P Sed	780	2,340	3,900	8,780	13,650	19,500
4d Twn Sed	780	2,340	3,900	8,780	13,650	19,500
1932 (Sterling) Series, 8-cyl., 132" wb						
4d Spl Sed	840	2,520	4,200	9,450	14,700	21,000
4d Sub	800	2,400	4,000	9,000	14,000	20,000
1932 Major Series, 8-cyl., 132" wb						
4d Phae	1,680	5,040	8,400	18,900	29,400	42,000
4d Tr Sed	840	2,520	4,200	9,450	14,700	21,000
4d Clb Sed	860	2,580	4,300	9,680	15,050	21,500
4d Brgm	900	2,700	4,500	10,130	15,750	22,500
4d 7P Sed	880	2,640	4,400	9,900	15,400	22,000
1933 Pacemaker Super Six, 6-cyl., 113" wb						
2d Conv	1,320	3,960	6,600	14,850	23,100	33,000
4d Phae	1,360	4,080	6,800	15,300	23,800	34,000
2d Bus Cpe	740	2,220	3,700	8,330	12,950	18,500
2d RS Cpe	780	2,340	3,900	8,780	13,650	19,500
2d Sed	680	2,040	3,400	7,650	11,900	17,000
4d Sed	700	2,100	3,500	7,880	12,250	17,500
1933 Pacemaker Standard, 8-cyl., 119" wb						
2d Conv	1,400	4,200	7,000	15,750	24,500	35,000
2d RS Cpe	740	2,220	3,700	8,330	12,950	18,500
2d Sed	700	2,100	3,500	7,880	12,250	17,500
4d Sed	780	2,340	3,900	8,780	13,650	19,500
1933 Pacemaker Major, 8-cyl., 132" wb						
4d Phae	1,400	4,200	7,000	15,750	24,500	35,000
4d Tr Sed	780	2,340	3,900	8,780	13,650	19,500
4d Brgm	780	2,340	3,900	8,780	13,650	19,500
2d Clb Sed	800	2,400	4,000	9,000	14,000	20,000
4d 7P Sed	820	2,460	4,100	9,230	14,350	20,500
1934 Special, 8-cyl., 116" wb						
2d Conv	1,440	4,320	7,200	16,200	25,200	36,000
2d Bus Cpe	730	2,180	3,640	8,190	12,740	18,200
2d Cpe	740	2,220	3,700	8,330	12,950	18,500
2d RS Cpe	800	2,400	4,000	9,000	14,000	20,000
2d Comp Vic.	750	2,240	3,740	8,420	13,090	18,700
2d Sed	740	2,220	3,700	8,330	12,950	18,500
4d Sed	720	2,160	3,600	8,100	12,600	18,000
4d Comp Sed	760	2,280	3,800	8,550	13,300	19,000
1934 DeLuxe Series, 8-cyl., 116" wb						
2d 2P Cpe	740	2,220	3,700	8,330	12,950	18,500
2d RS Cpe	780	2,340	3,900	8,780	13,650	19,500
2d Comp Vic.	760	2,280	3,800	8,550	13,300	19,000
2d Sed	750	2,260	3,760	8,460	13,160	18,800
4d Sed	730	2,200	3,660	8,240	12,810	18,300

	6	5	4	3	2	1
4d Comp Sed	740	2,230	3,720	8,370	13,020	18,600
1934 Challenger Series, 8-cyl., 116" wb						
2d 2P Cpe	740	2,230	3,720	8,370	13,020	18,600
2d RS Cpe	790	2,380	3,960	8,910	13,860	19,800
2d Conv	1,680	5,040	8,400	18,900	29,400	42,000
2d Sed	740	2,230	3,720	8,370	13,020	18,600
4d Sed	750	2,240	3,740	8,420	13,090	18,700
1934 Major Series, 8-cyl., 123" wb (Special)						
4d Tr Sed	800	2,400	4,000	9,000	14,000	20,000
4d Comp Trs	810	2,420	4,040	9,090	14,140	20,200
1934 (DeLuxe)						
4d Clb Sed	820	2,460	4,100	9,230	14,350	20,500
4d Brgm	810	2,420	4,040	9,090	14,140	20,200
4d Comp Clb Sed	800	2,410	4,020	9,050	14,070	20,100
1935 Big Six, 6-cyl., 116" wb						
2d Conv	1,360	4,080	6,800	15,300	23,800	34,000
2d Cpe	740	2,220	3,700	8,330	12,950	18,500
2d RS Cpe	720	2,160	3,600	8,100	12,600	18,000
4d Tr Brgm	720	2,160	3,600	8,100	12,600	18,000
2d Sed	700	2,100	3,500	7,880	12,250	17,500
4d Sed	720	2,160	3,600	8,100	12,600	18,000
4d Sub Sed	740	2,210	3,680	8,280	12,880	18,400
1935 Eight Special, 8-cyl., 117" wb						
2d Conv	1,600	4,800	8,000	18,000	28,000	40,000
2d Cpe	750	2,240	3,740	8,420	13,090	18,700
2d RS Cpe	780	2,340	3,900	8,780	13,650	19,500
4d Tr Brgm	730	2,180	3,640	8,190	12,740	18,200
2d Sed	720	2,170	3,620	8,150	12,670	18,100
4d Sed	740	2,230	3,720	8,370	13,020	18,600
4d Sub Sed	750	2,240	3,740	8,420	13,090	18,700
1935 Eight DeLuxe Eight Special, 8-cyl., 124" wb						
4d Brgm	740	2,230	3,720	8,370	13,020	18,600
4d Tr Brgm	750	2,240	3,740	8,420	13,090	18,700
4d Clb Sed	740	2,220	3,700	8,330	12,950	18,500
4d Sub Sed	740	2,230	3,720	8,370	13,020	18,600
1935 Eight DeLuxe, 8-cyl., 117" wb						
2d 2P Cpe	750	2,260	3,760	8,460	13,160	18,800
2d RS Cpe	780	2,350	3,920	8,820	13,720	19,600
2d Conv	1,640	4,920	8,200	18,450	28,700	41,000
4d Tr Brgm	730	2,200	3,660	8,240	12,810	18,300
2d Sed	730	2,180	3,640	8,190	12,740	18,200
4d Sed	750	2,240	3,740	8,420	13,090	18,700
4d Sub Sed	750	2,260	3,760	8,460	13,160	18,800
1935 Eight Custom, 8-cyl., 124" wb						
4d Brgm	750	2,240	3,740	8,420	13,090	18,700
4d Tr Brgm	750	2,260	3,760	8,460	13,160	18,800
4d Sed	740	2,220	3,700	8,330	12,950	18,500
Sub Sed	750	2,260	3,760	8,460	13,160	18,800
1935 Late Special, 8-cyl., 124" wb						
4d Brgm	730	2,180	3,640	8,190	12,740	18,200
4d Tr Brgm	730	2,200	3,660	8,240	12,810	18,300
4d Clb Sed	720	2,170	3,620	8,150	12,670	18,100
4d Sub Sed	750	2,260	3,760	8,460	13,160	18,800
1935 Late DeLuxe, 8-cyl., 124" wb						
4d Brgm	730	2,200	3,660	8,240	12,810	18,300
4d Tr Brgm	740	2,210	3,680	8,280	12,880	18,400
4d Clb Sed	730	2,180	3,640	8,190	12,740	18,200
4d Sub Sed	760	2,270	3,780	8,510	13,230	18,900
1936 Custom Six, 6-cyl., 120" wb						
2d Conv	1,520	4,560	7,600	17,100	26,600	38,000
2d Cpe	740	2,220	3,700	8,330	12,950	18,500
2d RS Cpe	800	2,400	4,000	9,000	14,000	20,000
4d Brgm	720	2,160	3,600	8,100	12,600	18,000
4d Tr Brgm	720	2,170	3,620	8,150	12,670	18,100
4d Sed	720	2,160	3,600	8,100	12,600	18,000
4d Tr Sed	740	2,220	3,700	8,330	12,950	18,500
1936 DeLuxe Eight, Series 64, 8-cyl., 120" wb						
2d Conv	1,600	4,800	8,000	18,000	28,000	40,000
2d Cpe	750	2,240	3,740	8,420	13,090	18,700
2d RS Cpe	740	2,210	3,680	8,280	12,880	18,400
4d Brgm	730	2,180	3,640	8,190	12,740	18,200
4d Tr Brgm	730	2,200	3,660	8,240	12,810	18,300
1936 DeLuxe Eight, Series 66, 8-cyl., 127" wb						
4d Sed	750	2,240	3,740	8,420	13,090	18,700
4d Tr Sed	760	2,280	3,800	8,550	13,300	19,000

	6	5	4	3	2	1
1936 Custom Eight, Series 65, 120" wb						
2d 2P Cpe	750	2,260	3,760	8,460	13,160	18,800
2d RS Cpe	780	2,340	3,900	8,780	13,650	19,500
2d Conv	1,640	4,920	8,200	18,450	28,700	41,000
4d Brgm	730	2,200	3,660	8,240	12,810	18,300
4d Tr Brgm	740	2,210	3,680	8,280	12,880	18,400
1936 Custom Eight, Series 67, 127" wb						
4d Sed	740	2,230	3,720	8,370	13,020	18,600
4d Tr Sed	750	2,240	3,740	8,420	13,090	18,700
1937 Custom Six, Series 73, 6-cyl., 122" wb						
2d Conv	1,600	4,800	8,000	18,000	28,000	40,000
2d Conv Brgm	1,640	4,920	8,200	18,450	28,700	41,000
2d Bus Cpe	740	2,220	3,700	8,330	12,950	18,500
2d 3P Cpe	760	2,280	3,800	8,550	13,300	19,000
2d Vic Cpe	780	2,340	3,900	8,780	13,650	19,500
2d Brgm	940	2,820	4,700	10,580	16,450	23,500
2d Tr Brgm	750	2,240	3,740	8,420	13,090	18,700
4d Sed	760	2,280	3,800	8,550	13,300	19,000
4d Tr Sed	760	2,290	3,820	8,600	13,370	19,100
1937 DeLuxe Eight, Series 74, 8-cyl., 122" wb						
2d Cpe	800	2,400	4,000	9,000	14,000	20,000
2d Vic Cpe	820	2,460	4,100	9,230	14,350	20,500
2d Conv	1,640	4,920	8,200	18,450	28,700	41,000
2d Brgm	820	2,470	4,120	9,270	14,420	20,600
2d Tr Brgm	830	2,480	4,140	9,320	14,490	20,700
4d Sed	830	2,480	4,140	9,320	14,490	20,700
4d Tr Sed	830	2,500	4,160	9,360	14,560	20,800
2d Conv Brgm	1,680	5,040	8,400	18,900	29,400	42,000
1937 DeLuxe Eight, Series 76, 8-cyl., 129" wb						
4d Sed	840	2,520	4,200	9,450	14,700	21,000
4d Tr Sed	860	2,580	4,300	9,680	15,050	21,500
1937 Custom Eight, Series 75, 8-cyl., 122" wb						
2d Cpe	800	2,400	4,000	9,000	14,000	20,000
2d Vic Cpe	810	2,420	4,040	9,090	14,140	20,200
2d Conv Cpe	1,680	5,040	8,400	18,900	29,400	42,000
2d Brgm	790	2,380	3,960	8,910	13,860	19,800
2d Tr Brgm	800	2,400	4,000	9,000	14,000	20,000
4d Sed	790	2,380	3,960	8,910	13,860	19,800
4d Tr Sed	800	2,390	3,980	8,960	13,930	19,900
2d Conv Brgm	1,720	5,160	8,600	19,350	30,100	43,000
1937 Custom Eight, Series 77, 8-cyl., 129" wb						
4d Sed	800	2,400	4,000	9,000	14,000	20,000
4d Tr Sed	810	2,420	4,040	9,090	14,140	20,200
1938 Standard Series 89, 6-cyl., 112" wb						
2d Conv	1,600	4,800	8,000	18,000	28,000	40,000
2d Conv Brgm	1,640	4,920	8,200	18,450	28,700	41,000
2d 3P Cpe	800	2,400	4,000	9,000	14,000	20,000
2d Vic Cpe	820	2,460	4,100	9,230	14,350	20,500
4d Brgm	780	2,330	3,880	8,730	13,580	19,400
4d Tr Brgm	780	2,340	3,900	8,780	13,650	19,500
4d Sed	780	2,350	3,920	8,820	13,720	19,600
4d Tr Sed	790	2,360	3,940	8,870	13,790	19,700
1938 Utility Series 89, 6-cyl., 112" wb						
2d Cpe	760	2,280	3,800	8,550	13,300	19,000
2d Sed	730	2,200	3,660	8,240	12,810	18,300
2d Tr Sed	740	2,210	3,680	8,280	12,880	18,400
1938 DeLuxe Series 89, 6-cyl., 112" wb						
2d Conv	1,640	4,920	8,200	18,450	28,700	41,000
2d Conv Brgm	1,680	5,040	8,400	18,900	29,400	42,000
2d 3P Cpe	820	2,460	4,100	9,230	14,350	20,500
2d Vic Cpe	840	2,520	4,200	9,450	14,700	21,000
4d Brgm	780	2,340	3,900	8,780	13,650	19,500
4d Tr Brgm	790	2,360	3,940	8,870	13,790	19,700
4d Sed	790	2,380	3,960	8,910	13,860	19,800
4d Tr Sed	800	2,390	3,980	8,960	13,930	19,900
1938 Custom Series 83, 6-cyl., 122" wb						
2d Conv	1,680	5,040	8,400	18,900	29,400	42,000
2d Conv Brgm	1,720	5,160	8,600	19,350	30,100	43,000
2d 3P Cpe	840	2,520	4,200	9,450	14,700	21,000
2d Vic Cpe	860	2,580	4,300	9,680	15,050	21,500
4d Brgm	800	2,400	4,000	9,000	14,000	20,000
4d Tr Brgm	800	2,410	4,020	9,050	14,070	20,100
4d Sed	780	2,340	3,900	8,780	13,650	19,500
4d Tr Sed	800	2,400	4,000	9,000	14,000	20,000
1938 DeLuxe Series 84, 8-cyl., 122" wb						
2d Conv	1,720	5,160	8,600	19,350	30,100	43,000

	6	5	4	3	2	1
2d Conv Brgm	1,760	5,280	8,800	19,800	30,800	44,000
2d 3P Cpe	860	2,580	4,300	9,680	15,050	21,500
2d Vic Cpe	880	2,640	4,400	9,900	15,400	22,000
4d Brgm	830	2,480	4,140	9,320	14,490	20,700
4d Tr Brgm	800	2,400	4,000	9,000	14,000	20,000
4d Tr Sed	780	2,340	3,900	8,780	13,650	19,500
1938 Custom Series 85, 8-cyl., 122" wb						
2d 3P Cpe	900	2,700	4,500	10,130	15,750	22,500
2d Vic Cpe	920	2,760	4,600	10,350	16,100	23,000
4d Brgm	860	2,580	4,300	9,680	15,050	21,500
4d Tr Brgm	880	2,640	4,400	9,900	15,400	22,000
4d Sed	840	2,520	4,200	9,450	14,700	21,000
4d Tr Sed	840	2,530	4,220	9,500	14,770	21,100
1938 Country Club Series 87, 8-cyl., 129" wb						
4d Sed	900	2,700	4,500	10,130	15,750	22,500
4d Tr Sed	910	2,720	4,540	10,220	15,890	22,700
1939 DeLuxe Series 112, 6-cyl., 112" wb						
2d Conv	1,600	4,800	8,000	18,000	28,000	40,000
2d Conv Brgm	1,640	4,920	8,200	18,450	28,700	41,000
2d Trav Cpe	780	2,340	3,900	8,780	13,650	19,500
2d Utl Cpe	800	2,400	4,000	9,000	14,000	20,000
2d 3P Cpe	810	2,420	4,040	9,090	14,140	20,200
2d Vic Cpe	820	2,460	4,100	9,230	14,350	20,500
2d Utl Sed	760	2,280	3,800	8,550	13,300	19,000
4d Tr Brgm	780	2,330	3,880	8,730	13,580	19,400
4d Tr Sed	780	2,340	3,900	8,780	13,650	19,500
4d Sta Wag	2,480	7,440	12,400	27,900	43,400	62,000
1939 Pacemaker Series 91, 6-cyl., 118" wb						
2d 3P Cpe	840	2,520	4,200	9,450	14,700	21,000
2d Vic Cpe	860	2,580	4,300	9,680	15,050	21,500
4d Tr Brgm	830	2,480	4,140	9,320	14,490	20,700
4d Tr Sed	820	2,460	4,100	9,230	14,350	20,500
1939 Series 92, 6-cyl., 118" wb						
2d Conv	1,640	4,920	8,200	18,450	28,700	41,000
2d Conv Brgm	1,680	5,040	8,400	18,900	29,400	42,000
2d 3P Cpe	900	2,700	4,500	10,130	15,750	22,500
2d Vic Cpe	920	2,760	4,600	10,350	16,100	23,000
4d Tr Brgm	880	2,640	4,400	9,900	15,400	22,000
4d Tr Sed	860	2,580	4,300	9,680	15,050	21,500
1939 Country Club Series 93, 6-cyl., 122" wb						
2d Conv	1,680	5,040	8,400	18,900	29,400	42,000
2d Conv Brgm	1,720	5,160	8,600	19,350	30,100	43,000
2d 3P Cpe	920	2,760	4,600	10,350	16,100	23,000
2d Vic Cpe	940	2,820	4,700	10,580	16,450	23,500
4d Tr Brgm	920	2,760	4,600	10,350	16,100	23,000
4d Tr Sed	900	2,700	4,500	10,130	15,750	22,500
1939 Big Boy Series 96, 6-cyl., 129" wb						
4d 6P Sed	940	2,820	4,700	10,580	16,450	23,500
4d 7P Sed	950	2,860	4,760	10,710	16,660	23,800
1939 Country Club Series 95, 8-cyl., 122" wb						
2d Conv	1,760	5,280	8,800	19,800	30,800	44,000
2d Conv Brgm	1,800	5,400	9,000	20,250	31,500	45,000
2d 3P Cpe	940	2,820	4,700	10,580	16,450	23,500
2d Vic Cpe	960	2,880	4,800	10,800	16,800	24,000
4d Tr Brgm	930	2,800	4,660	10,490	16,310	23,300
4d Tr Sed	920	2,760	4,600	10,350	16,100	23,000
1939 Custom Series 97, 8-cyl., 129" wb						
4d 5P Tr Sed	950	2,840	4,740	10,670	16,590	23,700
4d 7P Sed	960	2,880	4,800	10,800	16,800	24,000
1940 Traveler Series 40-T, 6-cyl., 113" wb						
2d Cpe	780	2,340	3,900	8,780	13,650	19,500
2d Vic Cpe	800	2,390	3,980	8,960	13,930	19,900
2d Tr Sed	780	2,340	3,900	8,780	13,650	19,500
4d Tr Sed	780	2,350	3,920	8,820	13,720	19,600
1940 DeLuxe Series, 40-P, 6-cyl., 113" wb						
2d 6P Conv	1,560	4,680	7,800	17,550	27,300	39,000
2d Cpe	800	2,410	4,020	9,050	14,070	20,100
2d Vic Cpe	810	2,420	4,040	9,090	14,140	20,200
2d Tr Sed	790	2,360	3,940	8,870	13,790	19,700
4d Sed	790	2,380	3,960	8,910	13,860	19,800
1940 Super Series 41, 6-cyl., 118" wb						
2d 5P Conv	1,600	4,800	8,000	18,000	28,000	40,000
2d 6P Conv	1,640	4,920	8,200	18,450	28,700	41,000
2d Cpe	860	2,580	4,300	9,680	15,050	21,500
2d Vic Cpe	880	2,640	4,400	9,900	15,400	22,000
2d Tr Sed	780	2,340	3,900	8,780	13,650	19,500

	6	5	4	3	2	1
4d Tr Sed	790	2,360	3,940	8,870	13,790	19,700
1940 Country Club Series 43, 6-cyl., 125" wb						
4d 6P Sed	820	2,460	4,100	9,230	14,350	20,500
4d 7P Sed	840	2,520	4,200	9,450	14,700	21,000
1940 Series 44, 8-cyl., 118" wb						
2d 5P Conv	1,640	4,920	8,200	18,450	28,700	41,000
2d 6P Conv	1,680	5,040	8,400	18,900	29,400	42,000
2d Cpe	940	2,820	4,700	10,580	16,450	23,500
2d Vic Cpe	960	2,880	4,800	10,800	16,800	24,000
2d Tr Sed	920	2,770	4,620	10,400	16,170	23,100
4d Tr Sed	930	2,780	4,640	10,440	16,240	23,200
1940 DeLuxe Series 45, 8-cyl., 118" wb						
2d Tr Sed	1,010	3,040	5,060	11,390	17,710	25,300
4d Tr Sed	940	2,810	4,680	10,530	16,380	23,400
1940 Country Club Eight Series 47, 8-cyl., 125" wb						
4d Tr Sed	940	2,830	4,720	10,620	16,520	23,600
4d 7P Sed	950	2,840	4,740	10,670	16,590	23,700
1940 Big Boy Series 48, 6-cyl., 125" wb						
4d C-A Sed	920	2,760	4,600	10,350	16,100	23,000
4d 7P Sed	910	2,720	4,540	10,220	15,890	22,700
1941 Utility Series 10-C, 6-cyl., 116" wb						
2d Cpe	800	2,400	4,000	9,000	14,000	20,000
2d Sed	760	2,280	3,800	8,550	13,300	19,000
1941 Traveler Series 10-T, 6-cyl., 116" wb						
2d Cpe	820	2,460	4,100	9,230	14,350	20,500
2d Clb Cpe	840	2,520	4,200	9,450	14,700	21,000
2d Sed	770	2,300	3,840	8,640	13,440	19,200
4d Sed	780	2,330	3,880	8,730	13,580	19,400
1941 DeLuxe Series 10-P, 6-cyl., 116" wb						
2d Conv	1,600	4,800	8,000	18,000	28,000	40,000
2d Cpe	860	2,580	4,300	9,680	15,050	21,500
2d Clb Cpe	880	2,640	4,400	9,900	15,400	22,000
2d Sed	780	2,350	3,920	8,820	13,720	19,600
4d Sed	790	2,360	3,940	8,870	13,790	19,700
1941 Super Series 11, 6-cyl., 121" wb						
2d Conv	1,680	5,040	8,400	18,900	29,400	42,000
2d Cpe	900	2,700	4,500	10,130	15,750	22,500
2d Clb Cpe	920	2,760	4,600	10,350	16,100	23,000
2d Sed	820	2,450	4,080	9,180	14,280	20,400
4d Sed	820	2,460	4,100	9,230	14,350	20,500
4d Sta Wag	2,800	8,400	14,000	31,500	49,000	70,000
1941 Commodore Series 12, 6-cyl., 121" wb						
2d Conv	1,720	5,160	8,600	19,350	30,100	43,000
2d Cpe	910	2,720	4,540	10,220	15,890	22,700
2d Clb Cpe	920	2,750	4,580	10,310	16,030	22,900
2d Sed	820	2,460	4,100	9,230	14,350	20,500
4d Sed	820	2,470	4,120	9,270	14,420	20,600
1941 Commodore Series 14, 8-cyl., 121" wb						
2d Conv	1,760	5,280	8,800	19,800	30,800	44,000
2d Cpe	920	2,760	4,600	10,350	16,100	23,000
2d Clb Cpe	930	2,780	4,640	10,440	16,240	23,200
2d Sed	880	2,650	4,420	9,950	15,470	22,100
4d Sed	890	2,660	4,440	9,990	15,540	22,200
4d Sta Wag	3,080	9,240	15,400	34,650	53,900	77,000
1941 Commodore Custom Series 15, 8-cyl., 121" wb						
2d Cpe	930	2,800	4,660	10,490	16,310	23,300
2d Clb Cpe	940	2,820	4,700	10,580	16,450	23,500
1941 Commodore Custom Series 17, 8-cyl., 128" wb						
4d Sed	890	2,680	4,460	10,040	15,610	22,300
4d 7P Sed	900	2,700	4,500	10,130	15,750	22,500
1941 Big Boy Series 18, 6-cyl., 128" wb						
4d C-A Sed	900	2,700	4,500	10,130	15,750	22,500
4d 7P Sed	880	2,640	4,400	9,900	15,400	22,000
1942 Traveler Series 20-T, 6-cyl., 116" wb						
2d Cpe	800	2,400	4,000	9,000	14,000	20,000
2d Clb Cpe	810	2,420	4,040	9,090	14,140	20,200
2d Sed	760	2,290	3,820	8,600	13,370	19,100
4d Sed	770	2,300	3,840	8,640	13,440	19,200
1942 DeLuxe Series 20-P, 6-cyl., 116" wb						
2d Conv	1,640	4,920	8,200	18,450	28,700	41,000
2d Cpe	850	2,540	4,240	9,540	14,840	21,200
2d Clb Cpe	860	2,580	4,300	9,680	15,050	21,500
2d Sed	780	2,340	3,900	8,780	13,650	19,500
4d Sed	780	2,350	3,920	8,820	13,720	19,600
1942 Super Series 21, 6-cyl., 121" wb						
2d Conv	1,680	5,040	8,400	18,900	29,400	42,000

	6	5	4	3	2	1
2d Cpe	860	2,580	4,300	9,680	15,050	21,500
2d Clb Cpe	870	2,600	4,340	9,770	15,190	21,700
2d Sed	800	2,410	4,020	9,050	14,070	20,100
4d Sed	810	2,420	4,040	9,090	14,140	20,200
4d Sta Wag	2,840	8,520	14,200	31,950	49,700	71,000
1942 Commodore Series 22, 6-cyl., 121" wb						
2d Conv	1,760	5,280	8,800	19,800	30,800	44,000
2d Cpe	880	2,640	4,400	9,900	15,400	22,000
2d Clb Cpe	900	2,700	4,500	10,130	15,750	22,500
2d Sed	800	2,400	4,000	9,000	14,000	20,000
4d Sed	810	2,420	4,040	9,090	14,140	20,200
1942 Commodore Series 24, 8-cyl., 121" wb						
2d Conv	1,800	5,400	9,000	20,250	31,500	45,000
2d Cpe	940	2,820	4,700	10,580	16,450	23,500
2d Clb Cpe	960	2,880	4,800	10,800	16,800	24,000
2d Sed	790	2,360	3,940	8,870	13,790	19,700
4d Sed	870	2,620	4,360	9,810	15,260	21,800
1942 Commodore Custom Series 25, 8-cyl., 121" wb						
2d Clb Cpe	960	2,890	4,820	10,850	16,870	24,100
1942 Commodore Series 27, 8-cyl., 128" wb						
4d Sed	880	2,640	4,400	9,900	15,400	22,000
1946-47 Super Series, 6-cyl., 121" wb						
2d Cpe	840	2,510	4,180	9,410	14,630	20,900
2d Clb Cpe	760	2,280	3,800	8,550	13,300	19,000
2d Conv	1,720	5,160	8,600	19,350	30,100	43,000
2d Sed	670	2,020	3,360	7,560	11,760	16,800
4d Sed	680	2,030	3,380	7,610	11,830	16,900
1946-47 Commodore Series, 6-cyl., 121" wb						
2d Clb Cpe	780	2,350	3,920	8,820	13,720	19,600
4d Sed	720	2,160	3,600	8,100	12,600	18,000
1946-47 Super Series, 8-cyl., 121" wb						
2d Clb Cpe	790	2,360	3,940	8,870	13,790	19,700
4d Sed	730	2,180	3,640	8,190	12,740	18,200
1946-47 Commodore Series, 8-cyl., 121" wb						
2d Clb Cpe	810	2,440	4,060	9,140	14,210	20,300
2d Conv	1,840	5,520	9,200	20,700	32,200	46,000
4d Sed	750	2,260	3,760	8,460	13,160	18,800
1948-49 Super Series, 6-cyl., 124" wb						
2d Cpe	840	2,520	4,200	9,450	14,700	21,000
2d Clb Cpe	850	2,560	4,260	9,590	14,910	21,300
2d Conv	2,080	6,240	10,400	23,400	36,400	52,000
2d Sed	760	2,290	3,820	8,600	13,370	19,100
4d Sed	760	2,280	3,800	8,550	13,300	19,000
1948-49 Commodore Series, 6-cyl., 124" wb						
2d Clb Cpe	880	2,640	4,400	9,900	15,400	22,000
2d Conv	2,240	6,720	11,200	25,200	39,200	56,000
4d Sed	820	2,460	4,100	9,230	14,350	20,500
1948-49 Super Series, 8-cyl., 124" wb						
2d Clb Cpe	900	2,700	4,500	10,130	15,750	22,500
2d Sed (1949 only)	820	2,470	4,120	9,270	14,420	20,600
4d Sed	820	2,460	4,100	9,230	14,350	20,500
1948-49 Commodore Series, 8-cyl., 124" wb						
2d Clb Cpe	920	2,760	4,600	10,350	16,100	23,000
2d Conv	2,320	6,960	11,600	26,100	40,600	58,000
4d Sed	860	2,580	4,300	9,680	15,050	21,500
1950 Pacemaker Series 500, 6-cyl., 119" wb						
2d Bus Cpe	800	2,400	4,000	9,000	14,000	20,000
2d Clb Cpe	840	2,520	4,200	9,450	14,700	21,000
2d Conv	2,200	6,600	11,000	24,750	38,500	55,000
2d Sed	770	2,300	3,840	8,640	13,440	19,200
4d Sed	770	2,320	3,860	8,690	13,510	19,300
1950 DeLuxe Series 50A, 6-cyl., 119" wb						
2d Clb Cpe	890	2,660	4,440	9,990	15,540	22,200
2d Conv	2,240	6,720	11,200	25,200	39,200	56,000
2d Sed	780	2,350	3,920	8,820	13,720	19,600
4d Sed	780	2,340	3,900	8,780	13,650	19,500
1950 Super Six Series 501, 6-cyl., 124" wb						
2d Clb Cpe	900	2,700	4,500	10,130	15,750	22,500
2d Conv	2,280	6,840	11,400	25,650	39,900	57,000
2d Sed	810	2,420	4,040	9,090	14,140	20,200
4d Sed	800	2,410	4,020	9,050	14,070	20,100
1950 Commodore Series 502, 6-cyl., 124" wb						
2d Clb Cpe	920	2,760	4,600	10,350	16,100	23,000
2d Conv	2,320	6,960	11,600	26,100	40,600	58,000
4d Sed	840	2,520	4,200	9,450	14,700	21,000

	6	5	4	3	2	1
1950 Super Series 503, 8-cyl., 124" wb						
2d Sed	840	2,520	4,200	9,450	14,700	21,000
2d Clb Cpe	940	2,820	4,700	10,580	16,450	23,500
4d Sed	830	2,480	4,140	9,320	14,490	20,700
1950 Commodore Series 504, 8-cyl., 124" wb						
2d Clb Cpe	960	2,880	4,800	10,800	16,800	24,000
2d Conv	2,400	7,200	12,000	27,000	42,000	60,000
4d Sed	840	2,520	4,200	9,450	14,700	21,000
1951 Pacemaker Custom Series 4A, 6-cyl., 119" wb						
2d Cpe	860	2,580	4,300	9,680	15,050	21,500
2d Clb Cpe	900	2,700	4,500	10,130	15,750	22,500
2d Conv	2,200	6,600	11,000	24,750	38,500	55,000
2d Sed	800	2,410	4,020	9,050	14,070	20,100
4d Sed	800	2,400	4,000	9,000	14,000	20,000
1951 Super Custom Series 5A, 6-cyl., 124" wb						
2d Clb Cpe	920	2,760	4,600	10,350	16,100	23,000
2d Hlywd HT	1,360	4,080	6,800	15,300	23,800	34,000
2d Conv	2,240	6,720	11,200	25,200	39,200	56,000
2d Sed	820	2,460	4,100	9,230	14,350	20,500
4d Sed	830	2,480	4,140	9,320	14,490	20,700
1951 Commodore Custom Series 6A, 6-cyl., 124" wb						
2d Clb Cpe	940	2,820	4,700	10,580	16,450	23,500
2d Hlywd HT	1,400	4,200	7,000	15,750	24,500	35,000
2d Conv	2,280	6,840	11,400	25,650	39,900	57,000
4d Sed	900	2,710	4,520	10,170	15,820	22,600
1951 Hornet Series 7A, 6-cyl., 124" wb						
2d Clb Cpe	960	2,880	4,800	10,800	16,800	24,000
2d Hlywd HT	1,440	4,320	7,200	16,200	25,200	36,000
2d Conv	2,560	7,680	12,800	28,800	44,800	64,000
4d Sed	920	2,770	4,620	10,400	16,170	23,100
1951 Commodore Custom Series 8A, 8-cyl., 124" wb						
2d Clb Cpe	980	2,940	4,900	11,030	17,150	24,500
2d Hlywd HT	1,480	4,440	7,400	16,650	25,900	37,000
2d Conv	2,400	7,200	12,000	27,000	42,000	60,000
4d Sed	940	2,830	4,720	10,620	16,520	23,600
1952 Pacemaker Series 4B, 6-cyl., 119" wb						
2d Cpe	870	2,600	4,340	9,770	15,190	21,700
2d Clb Cpe	870	2,620	4,360	9,810	15,260	21,800
2d Sed	820	2,470	4,120	9,270	14,420	20,600
4d Sed	820	2,460	4,100	9,230	14,350	20,500
1952 Wasp Series 5B, 6-cyl., 119" wb						
2d Clb Cpe	880	2,640	4,400	9,900	15,400	22,000
2d Hlywd HT	1,280	3,840	6,400	14,400	22,400	32,000
2d Conv	2,200	6,600	11,000	24,750	38,500	55,000
2d Sed	830	2,480	4,140	9,320	14,490	20,700
4d Sed	820	2,470	4,120	9,270	14,420	20,600
1952 Commodore Series 6B, 6-cyl., 124" wb						
2d Clb Cpe	880	2,650	4,420	9,950	15,470	22,100
2d Hlywd HT	1,320	3,960	6,600	14,850	23,100	33,000
2d Conv	2,440	7,320	12,200	27,450	42,700	61,000
4d Sed	840	2,520	4,200	9,450	14,700	21,000
1952 Hornet Series 7B, 6-cyl., 124" wb						
2d Clb Cpe	890	2,680	4,460	10,040	15,610	22,300
2d Hlywd HT	1,360	4,080	6,800	15,300	23,800	34,000
2d Conv	2,480	7,440	12,400	27,900	43,400	62,000
4d Sed	840	2,530	4,220	9,500	14,770	21,100
1952 Commodore Series 8B, 8-cyl., 124" wb						
2d Clb Cpe	900	2,690	4,480	10,080	15,680	22,400
2d Hlywd HT	1,400	4,200	7,000	15,750	24,500	35,000
2d Conv	2,520	7,560	12,600	28,350	44,100	63,000
4d Sed	840	2,530	4,220	9,500	14,770	21,100
1953 Jet Series 1C, 6-cyl., 105" wb						
4d Sed	680	2,040	3,400	7,650	11,900	17,000
1953 Super Jet Series 2C, 6-cyl., 105" wb						
2d Clb Sed	700	2,100	3,500	7,880	12,250	17,500
4d Sed	704	2,112	3,520	7,920	12,320	17,600
1953 Wasp Series 4C, 6-cyl., 119" wb						
2d Clb Cpe	830	2,500	4,160	9,360	14,560	20,800
2d Sed	780	2,350	3,920	8,820	13,720	19,600
4d Sed	780	2,340	3,900	8,780	13,650	19,500
1953 Super Wasp Series 5C, 6-cyl., 119" wb						
2d Clb Cpe	840	2,520	4,200	9,450	14,700	21,000
2d Hlywd HT	1,280	3,840	6,400	14,400	22,400	32,000
2d Conv	2,200	6,600	11,000	24,750	38,500	55,000
2d Sed	790	2,360	3,940	8,870	13,790	19,700
4d Sed	780	2,350	3,920	8,820	13,720	19,600

	6	5	4	3	2	1
1953 Hornet Series 7C, 6-cyl., 124" wb						
2d Clb Cpe	880	2,640	4,400	9,900	15,400	22,000
2d Hlywd HT	1,340	4,030	6,720	15,120	23,520	33,600
2d Conv	2,520	7,560	12,600	28,350	44,100	63,000
4d Sed	840	2,520	4,200	9,450	14,700	21,000
1954 Jet Series 1D, 6-cyl., 105" wb						
2d Utl Sed	760	2,280	3,800	8,550	13,300	19,000
2d Clb Sed	780	2,340	3,900	8,780	13,650	19,500
4d Sed	780	2,330	3,880	8,730	13,580	19,400
1954 Super Jet Series 2D, 6-cyl., 105" wb						
2d Clb Sed	720	2,160	3,600	8,100	12,600	18,000
4d Sed	716	2,148	3,580	8,060	12,530	17,900
1954 Jet Liner Series 3D, 6-cyl., 105" wb						
2d Clb Sed	728	2,184	3,640	8,190	12,740	18,200
4d Sed	724	2,172	3,620	8,150	12,670	18,100
1954 Wasp Series 4D, 6-cyl., 119" wb						
2d Clb Cpe	820	2,460	4,100	9,230	14,350	20,500
2d Clb Sed	780	2,330	3,880	8,730	13,580	19,400
4d Sed	770	2,320	3,860	8,690	13,510	19,300
1954 Super Wasp Series 5D, 6-cyl., 119" wb						
2d Clb Cpe	830	2,480	4,140	9,320	14,490	20,700
2d Hlywd HT	1,240	3,720	6,200	13,950	21,700	31,000
2d Conv	2,240	6,720	11,200	25,200	39,200	56,000
2d Clb Sed	780	2,350	3,920	8,820	13,720	19,600
4d Sed	780	2,340	3,900	8,780	13,650	19,500
1954 Hornet Special Series 6D, 6-cyl., 124" wb						
2d Clb Cpe	880	2,640	4,400	9,900	15,400	22,000
2d Clb Sed	820	2,450	4,080	9,180	14,280	20,400
4d Sed	810	2,440	4,060	9,140	14,210	20,300
1954 Hornet Series 7D, 6-cyl., 124" wb						
2d Clb Cpe	920	2,760	4,600	10,350	16,100	23,000
2d Hlywd HT	1,320	3,960	6,600	14,850	23,100	33,000
2d Brgm Conv	2,800	8,400	14,000	31,500	49,000	70,000
4d Sed	820	2,470	4,120	9,270	14,420	20,600
1954 Italia, 6-cyl.						
2d Cpe	13,100	39,300	65,500	147,380	229,250	327,500
1955 Super Wasp, 6-cyl., 114" wb						
4d Sed	660	1,980	3,300	7,430	11,550	16,500
1955 Custom Wasp, 6-cyl., 114" wb						
2d Hlywd HT	840	2,520	4,200	9,450	14,700	21,000
4d Sed	664	1,992	3,320	7,470	11,620	16,600
1955 Hornet Super, 6-cyl., 121" wb						
4d Sed	680	2,040	3,400	7,650	11,900	17,000
1955 Hornet Custom, 6-cyl., 121" wb						
2d Hlywd HT	880	2,640	4,400	9,900	15,400	22,000
4d Sed	700	2,100	3,500	7,880	12,250	17,500
1955 Italia, 6-cyl.						
2d Cpe	13,100	39,300	65,500	147,380	229,250	327,500
NOTE: Add 5 percent for V-8. For Hudson Rambler prices see Nash section same year.						
1956 Super Wasp, 6-cyl., 114" wb						
4d Sed	640	1,920	3,200	7,200	11,200	16,000
1956 Super Hornet, 6-cyl., 121" wb						
4d Sed	680	2,040	3,400	7,650	11,900	17,000
1956 Custom Hornet, 6-cyl., 121" wb						
2d Hlywd HT	920	2,760	4,600	10,350	16,100	23,000
4d Sed	720	2,160	3,600	8,100	12,600	18,000
1956 Hornet Super Special, 8-cyl., 114" wb						
2d Hlywd HT	960	2,880	4,800	10,800	16,800	24,000
4d Sed	728	2,184	3,640	8,190	12,740	18,200
1956 Hornet Custom, 8-cyl., 121" wb						
2d Hlywd HT	1,000	3,000	5,000	11,250	17,500	25,000
4d Sed	740	2,220	3,700	8,330	12,950	18,500
NOTE: For Hudson Rambler prices see Nash section same year.						
1957 Hornet Super, 8-cyl., 121" wb						
2d Hlywd HT	960	2,880	4,800	10,800	16,800	24,000
4d Sed	780	2,340	3,900	8,780	13,650	19,500
1957 Hornet Custom, 8-cyl., 121" wb						
2d Hlywd HT	1,000	3,000	5,000	11,250	17,500	25,000
4d Sed	820	2,460	4,100	9,230	14,350	20,500
NOTE: For Hudson Rambler prices see Nash section same year.						

ESSEX

1919 Model A, 4-cyl.						
2d Rds	600	1,800	3,000	6,750	10,500	15,000
4d Tr	580	1,740	2,900	6,530	10,150	14,500
4d Sed	520	1,560	2,600	5,850	9,100	13,000

ESSEX

	6	5	4	3	2	1
1920 4-cyl.						
2d Rds	600	1,800	3,000	6,750	10,500	15,000
4d Tr.	580	1,740	2,900	6,530	10,150	14,500
4d Sed	520	1,560	2,600	5,850	9,100	13,000
1921 4-cyl.						
2d Rds	620	1,860	3,100	6,980	10,850	15,500
4d Tr.	560	1,680	2,800	6,300	9,800	14,000
2d Cabr	600	1,800	3,000	6,750	10,500	15,000
2d Sed	460	1,380	2,300	5,180	8,050	11,500
4d Sed	460	1,390	2,320	5,220	8,120	11,600
1922 4-cyl.						
4d Tr.	560	1,680	2,800	6,300	9,800	14,000
2d Cabr	600	1,800	3,000	6,750	10,500	15,000
2d Sed	460	1,380	2,300	5,180	8,050	11,500
4d Sed	460	1,390	2,320	5,220	8,120	11,600
1923 4-cyl.						
2d Cabr	600	1,800	3,000	6,750	10,500	15,000
4d Phae	560	1,680	2,800	6,300	9,800	14,000
2d Sed	440	1,320	2,200	4,950	7,700	11,000
1924 Six, 6-cyl.						
4d Tr.	600	1,800	3,000	6,750	10,500	15,000
2d Sed	440	1,320	2,200	4,950	7,700	11,000
1925 Six, 6-cyl.						
4d Tr.	600	1,800	3,000	6,750	10,500	15,000
2d Sed	350	1,060	1,760	3,960	6,160	8,800
1926 Six, 6-cyl.						
4d Tr.	600	1,800	3,000	6,750	10,500	15,000
2d Sed	460	1,380	2,300	5,180	8,050	11,500
4d Sed	460	1,390	2,320	5,220	8,120	11,600
1927 Six, 6-cyl.						
4d Tr.	680	2,040	3,400	7,650	11,900	17,000
2d Sed	320	960	1,600	3,600	5,600	8,000
4d Sed	330	980	1,640	3,690	5,740	8,200
1927 Super Six, 6-cyl.						
2d BT Spds	1,080	3,240	5,400	12,150	18,900	27,000
4d Tr.	720	2,160	3,600	8,100	12,600	18,000
2d 4P Spds.	920	2,760	4,600	10,350	16,100	23,000
2d Cpe	460	1,380	2,300	5,180	8,050	11,500
2d Sed	340	1,020	1,700	3,830	5,950	8,500
4d Sed	340	1,030	1,720	3,870	6,020	8,600
4d DeL Sed	480	1,440	2,400	5,400	8,400	12,000
1928 First Series, 6-cyl.						
2d BT Spds	1,000	3,000	5,000	11,250	17,500	25,000
2d 4P Spds.	920	2,760	4,600	10,350	16,100	23,000
2d Cpe	460	1,370	2,280	5,130	7,980	11,400
2d Sed	340	1,030	1,720	3,870	6,020	8,600
4d Sed	350	1,060	1,760	3,960	6,160	8,800
1928 Second Series, 6-cyl.						
2d Spt Rds	920	2,760	4,600	10,350	16,100	23,000
4d Phae	960	2,880	4,800	10,800	16,800	24,000
2d 2P Cpe	480	1,440	2,400	5,400	8,400	12,000
2d RS Cpe	520	1,560	2,600	5,850	9,100	13,000
2d Sed	340	1,030	1,720	3,870	6,020	8,600
4d Sed	350	1,060	1,760	3,960	6,160	8,800
1929 Challenger Series, 6-cyl.						
2d Rds	1,280	3,840	6,400	14,400	22,400	32,000
2d Phae	520	1,560	2,600	5,850	9,100	13,000
2d 2P Cpe	560	1,680	2,800	6,300	9,800	14,000
2d 4P Cpe	480	1,430	2,380	5,360	8,330	11,900
2d Sed	360	1,070	1,780	4,010	6,230	8,900
4d Sed	460	1,370	2,280	5,130	7,980	11,400
2d RS Rds	1,280	3,840	6,400	14,400	22,400	32,000
4d Phae	1,240	3,720	6,200	13,950	21,700	31,000
2d Conv	1,200	3,600	6,000	13,500	21,000	30,000
2d RS Cpe	480	1,440	2,400	5,400	8,400	12,000
4d Twn Sed	480	1,450	2,420	5,450	8,470	12,100
4d DeL Sed	490	1,480	2,460	5,540	8,610	12,300
1930 First Series, Standard, 6-cyl.						
2d Rds	1,400	4,200	7,000	15,750	24,500	35,000
2d Conv	1,240	3,720	6,200	13,950	21,700	31,000
4d Phae	1,280	3,840	6,400	14,400	22,400	32,000
2d 2P Cpe	460	1,370	2,280	5,130	7,980	11,400
2d RS Cpe	480	1,440	2,400	5,400	8,400	12,000
2d Sed	450	1,340	2,240	5,040	7,840	11,200
4d Std Sed	450	1,360	2,260	5,090	7,910	11,300
4d Twn Sed	460	1,370	2,280	5,130	7,980	11,400

	6	5	4	3	2	1
1930 Second Series, Standard, 6-cyl.						
2d RS Rds.	1,480	4,440	7,400	16,650	25,900	37,000
4d Phae.	1,440	4,320	7,200	16,200	25,200	36,000
4d Sun Sed	600	1,800	3,000	6,750	10,500	15,000
4d Tr	1,360	4,080	6,800	15,300	23,800	34,000
2d 2P Cpe.	460	1,370	2,280	5,130	7,980	11,400
2d RS Cpe.	500	1,490	2,480	5,580	8,680	12,400
2d Sed.	320	960	1,600	3,600	5,600	8,000
4d Sed.	320	970	1,620	3,650	5,670	8,100
4d Twn Sed	440	1,320	2,200	4,950	7,700	11,000
4d DeL Sed	460	1,370	2,280	5,130	7,980	11,400
4d Brgm.	480	1,440	2,400	5,400	8,400	12,000
1931 Standard, 6-cyl.						
2d BT Rds	1,960	5,880	9,800	22,050	34,300	49,000
4d Phae.	1,320	3,960	6,600	14,850	23,100	33,000
2d RS Cpe.	560	1,680	2,800	6,300	9,800	14,000
2d 2P Cpe	520	1,560	2,600	5,850	9,100	13,000
4d Sed.	460	1,370	2,280	5,130	7,980	11,400
2d Sed.	450	1,360	2,260	5,090	7,910	11,300
4d Tr Sed	460	1,380	2,300	5,180	8,050	11,500
1932 Pacemaker, 6-cyl.						
2d Conv.	1,200	3,600	6,000	13,500	21,000	30,000
4d Phae.	1,280	3,840	6,400	14,400	22,400	32,000
2d 2P Cpe	560	1,680	2,800	6,300	9,800	14,000
2d RS Cpe.	640	1,910	3,180	7,160	11,130	15,900
2d Sed.	540	1,610	2,680	6,030	9,380	13,400
4d Sed.	540	1,620	2,700	6,080	9,450	13,500

TERRAPLANE

	6	5	4	3	2	1
1933 Six, 6-cyl., 106" wb						
2d Rds.	1,720	5,160	8,600	19,350	30,100	43,000
4d Phae.	1,760	5,280	8,800	19,800	30,800	44,000
2d 2P Cpe	780	2,340	3,900	8,780	13,650	19,500
2d RS Cpe.	840	2,510	4,180	9,410	14,630	20,900
2d Sed.	800	2,390	3,980	8,960	13,930	19,900
4d Sed.	800	2,410	4,020	9,050	14,070	20,100
1933 Special Six, 6-cyl., 113" wb						
2d Spt Rds	1,800	5,400	9,000	20,250	31,500	45,000
4d Phae.	1,840	5,520	9,200	20,700	32,200	46,000
2d Conv.	1,560	4,680	7,800	17,550	27,300	39,000
2d Bus Cpe	830	2,500	4,160	9,360	14,560	20,800
2d RS Cpe.	840	2,530	4,220	9,500	14,770	21,100
2d Sed.	800	2,410	4,020	9,050	14,070	20,100
4d Sed.	810	2,440	4,060	9,140	14,210	20,300
1933 DeLuxe Six, 6-cyl., 113" wb						
2d Conv.	1,760	5,280	8,800	19,800	30,800	44,000
2d 2P Cpe	800	2,400	4,000	9,000	14,000	20,000
2d RS Cpe.	860	2,580	4,300	9,680	15,050	21,500
2d Sed.	810	2,420	4,040	9,090	14,140	20,200
4d Sed.	820	2,460	4,100	9,230	14,350	20,500
1933 Terraplane, 8-cyl.						
2d 2P Rds	1,760	5,280	8,800	19,800	30,800	44,000
2d RS Rds.	1,800	5,400	9,000	20,250	31,500	45,000
2d 2P Cpe	850	2,560	4,260	9,590	14,910	21,300
2d RS Cpe.	900	2,700	4,500	10,130	15,750	22,500
2d Conv.	1,720	5,160	8,600	19,350	30,100	43,000
2d Sed.	850	2,560	4,260	9,590	14,910	21,300
4d Sed.	860	2,580	4,300	9,680	15,050	21,500
1933 Terraplane DeLuxe Eight, 8-cyl.						
2d Conv.	1,760	5,280	8,800	19,800	30,800	44,000
2P Cpe	860	2,580	4,300	9,680	15,050	21,500
2d RS Cpe.	920	2,760	4,600	10,350	16,100	23,000
2d Sed.	850	2,560	4,260	9,590	14,910	21,300
4d Sed.	860	2,580	4,300	9,680	15,050	21,500
1934 Terraplane Challenger KS, 6-cyl., 112" wb						
2P Cpe	800	2,390	3,980	8,960	13,930	19,900
2d RS Cpe.	840	2,510	4,180	9,410	14,630	20,900
2d Sed.	770	2,300	3,840	8,640	13,440	19,200
4d Sed.	780	2,340	3,900	8,780	13,650	19,500
1934 Major Line KU, 6-cyl.						
2P Cpe	800	2,400	4,000	9,000	14,000	20,000
2d RS Cpe.	840	2,520	4,200	9,450	14,700	21,000
2d Conv.	1,680	5,040	8,400	18,900	29,400	42,000
2d Comp Vic	800	2,400	4,000	9,000	14,000	20,000
2d Sed.	740	2,220	3,700	8,330	12,950	18,500
4d Sed.	780	2,350	3,920	8,820	13,720	19,600

	6	5	4	3	2	1
4d Comp Sed	790	2,380	3,960	8,910	13,860	19,800
1934 Special Line K, 8-cyl.						
2P Cpe	820	2,460	4,100	9,230	14,350	20,500
2d RS Cpe	860	2,580	4,300	9,680	15,050	21,500
2d Conv	1,720	5,160	8,600	19,350	30,100	43,000
2d Comp Vic.	800	2,410	4,020	9,050	14,070	20,100
2d Sed	780	2,340	3,900	8,780	13,650	19,500
4d Sed	780	2,350	3,920	8,820	13,720	19,600
4d Comp Sed	790	2,380	3,960	8,910	13,860	19,800
1935 Special G, 6-cyl.						
2P Cpe	800	2,390	3,980	8,960	13,930	19,900
2d RS Cpe	810	2,420	4,040	9,090	14,140	20,200
4d Tr Brgm	790	2,360	3,940	8,870	13,790	19,700
2d Sed	780	2,350	3,920	8,820	13,720	19,600
4d Sed	790	2,360	3,940	8,870	13,790	19,700
4d Sub Sed	790	2,380	3,960	8,910	13,860	19,800
1935 DeLuxe GU, 6-cyl., Big Six						
2d 2P Cpe	800	2,400	4,000	9,000	14,000	20,000
2d RS Cpe	820	2,460	4,100	9,230	14,350	20,500
2d Conv	1,760	5,280	8,800	19,800	30,800	44,000
4d Tr Brgm	800	2,410	4,020	9,050	14,070	20,100
2d Sed	800	2,390	3,980	8,960	13,930	19,900
4d Sed	800	2,400	4,000	9,000	14,000	20,000
4d Sub Sed	810	2,420	4,040	9,090	14,140	20,200
1936 DeLuxe 61, 6-cyl.						
2d Conv	1,680	5,040	8,400	18,900	29,400	42,000
2d 2P Cpe	780	2,340	3,900	8,780	13,650	19,500
2d RS Cpe	820	2,460	4,100	9,230	14,350	20,500
4d Brgm	720	2,170	3,620	8,150	12,670	18,100
2d Tr Brgm	780	2,340	3,900	8,780	13,650	19,500
4d Sed	770	2,300	3,840	8,640	13,440	19,200
4d Tr Sed	770	2,320	3,860	8,690	13,510	19,300
1936 Custom 62, 6-cyl.						
2d Conv	1,760	5,280	8,800	19,800	30,800	44,000
2d 2P Cpe	800	2,410	4,020	9,050	14,070	20,100
2d RS Cpe	860	2,580	4,300	9,680	15,050	21,500
4d Brgm	800	2,390	3,980	8,960	13,930	19,900
2d Tr Brgm	800	2,410	4,020	9,050	14,070	20,100
4d Sed	800	2,390	3,980	8,960	13,930	19,900
4d Tr Sed	800	2,400	4,000	9,000	14,000	20,000
1937 DeLuxe 71, 6-cyl.						
2d Bus Cpe	780	2,340	3,900	8,780	13,650	19,500
2d 3P Cpe	780	2,350	3,920	8,820	13,720	19,600
2d Vic Cpe	800	2,390	3,980	8,960	13,930	19,900
2d Conv	1,680	5,040	8,400	18,900	29,400	42,000
2d Brgm	780	2,340	3,900	8,780	13,650	19,500
1938 Terraplane Utility Series 80, 6-cyl., 117" wb						
2d 3P Cpe	700	2,090	3,480	7,830	12,180	17,400
2d Sed	680	2,050	3,420	7,700	11,970	17,100
4d Twn Sed	690	2,060	3,440	7,740	12,040	17,200
4d Sed	680	2,050	3,420	7,700	11,970	17,100
2d Tr Sed	690	2,060	3,440	7,740	12,040	17,200
4d Sta Wag	2,640	7,920	13,200	29,700	46,200	66,000
1938 Terraplane Deluxe Series 81, 6-cyl., 117" wb						
2d 3P Conv	1,680	5,040	8,400	18,900	29,400	42,000
2d Conv Brgm	1,760	5,280	8,800	19,800	30,800	44,000
2d 3P Cpe	740	2,230	3,720	8,370	13,020	18,600
2d Vic Cpe	800	2,400	4,000	9,000	14,000	20,000
4d Brgm	730	2,200	3,660	8,240	12,810	18,300
2d Tr Brgm	720	2,170	3,620	8,150	12,670	18,100
4d Sed	730	2,180	3,640	8,190	12,740	18,200
4d Tr Sed	730	2,200	3,660	8,240	12,810	18,300
1938 Terraplane Super Series 82, 6-cyl., 117" wb						
2d Conv	1,800	5,400	9,000	20,250	31,500	45,000
2d Conv Brgm	1,840	5,520	9,200	20,700	32,200	46,000
2d Vic Cpe	800	2,400	4,000	9,000	14,000	20,000
2d Brgm	780	2,330	3,880	8,730	13,580	19,400
2d Tr Brgm	770	2,300	3,840	8,640	13,440	19,200
4d Sed	770	2,320	3,860	8,690	13,510	19,300
4d Tr Sed	780	2,330	3,880	8,730	13,580	19,400

HUPMOBILE

1909 Model 20, 4-cyl., 16.9 hp, 86" wb						
2d 2P Rbt	1,840	5,520	9,200	20,700	32,200	46,000
1910 Model 20, 4-cyl., 18/20 hp, 86" wb						
2d 2P B Rbt	1,800	5,400	9,000	20,250	31,500	45,000

	6	5	4	3	2	1
1911 Model 20, 4-cyl., 20 hp, 86" wb						
2d 2P C Rbt.	1,760	5,280	8,800	19,800	30,800	44,000
2d 2P T Torp	1,860	5,580	9,300	20,930	32,550	46,500
4d 4P D Tr.	1,820	5,460	9,100	20,480	31,850	45,500
2d 4P F Cpe	1,520	4,560	7,600	17,100	26,600	38,000
1912 Model 20, 4-cyl., 20 hp, 86" wb						
2d 2P Rbt	1,760	5,280	8,800	19,800	30,800	44,000
2d 2P Rds	1,780	5,340	8,900	20,030	31,150	44,500
2d 2P Cpe	1,520	4,560	7,600	17,100	26,600	38,000
1912 Model 32, 4-cyl., 32 hp, 106" wb						
4d 4P Torp Tr	1,860	5,580	9,300	20,930	32,550	46,500
1913 Model 20-C, 4-cyl., 20 hp, 86" wb						
2d 2P Rbt	1,760	5,280	8,800	19,800	30,800	44,000
1913 Model 20-E, 4-cyl., 20 hp, 110" wb						
2d Rds	1,780	5,340	8,900	20,030	31,150	44,500
1913 Model 32, 4-cyl., 32 hp, 106" wb						
4d 5P H Tr.	1,720	5,160	8,600	19,350	30,100	43,000
2d 2P H Rds	1,740	5,220	8,700	19,580	30,450	43,500
2d H L Cpe	1,520	4,560	7,600	17,100	26,600	38,000
1913 Model 32, 4-cyl., 32 hp, 126" wb						
4d 6P Tr	1,760	5,280	8,800	19,800	30,800	44,000
1914 Model 32, 4-cyl., 32 hp, 106" wb						
4d 6P HM Tr	1,680	5,040	8,400	18,900	29,400	42,000
2d 2P HR Rds	1,680	5,040	8,400	18,900	29,400	42,000
4d 5P H Tr.	1,640	4,920	8,200	18,450	28,700	41,000
2d 3P HAK Cpe.	1,520	4,560	7,600	17,100	26,600	38,000
1915 Model 32, 4-cyl., 32 hp, 106" wb						
4d 4P Tr	1,680	5,040	8,400	18,900	29,400	42,000
2d 2P Rds	1,680	5,040	8,400	18,900	29,400	42,000
1915 Model K, 4-cyl., 36 hp, 119" wb						
2d 2P Rds	1,760	5,280	8,800	19,800	30,800	44,000
4d 5P Tr	1,760	5,280	8,800	19,800	30,800	44,000
2d 2P Cpe	1,580	4,740	7,900	17,780	27,650	39,500
4d Limo	1,680	5,040	8,400	18,900	29,400	42,000
1916 Model N, 4-cyl., 22.5 hp, 119" wb						
4d 5P Tr	1,400	4,200	7,000	15,750	24,500	35,000
2d 2P Rds	1,360	4,080	6,800	15,300	23,800	34,000
4d 5P Sed	1,160	3,480	5,800	13,050	20,300	29,000
4d 5P Year-'Round Tr	1,440	4,320	7,200	16,200	25,200	36,000
2d Year-'Round Cpe	1,200	3,600	6,000	13,500	21,000	30,000
1916 Model N, 4-cyl., 22.5 hp, 134" wb						
4d 7P Tr	1,560	4,680	7,800	17,550	27,300	39,000
4d 7P Limo	1,280	3,840	6,400	14,400	22,400	32,000
1917 Model N, 4-cyl., 22 hp, 119" wb						
4d 5P Tr	1,320	3,960	6,600	14,850	23,100	33,000
2d 6P Rds	1,360	4,080	6,800	15,300	23,800	34,000
4d 5P Year-'Round Tr	1,400	4,200	7,000	15,750	24,500	35,000
2d 2P Year-'Round Cpe	1,120	3,360	5,600	12,600	19,600	28,000
4d 5P Sed	1,000	3,000	5,000	11,250	17,500	25,000
1917 Model N, 4-cyl., 22.5 hp, 134" wb						
4d 7P Tr	1,520	4,560	7,600	17,100	26,600	38,000
NOTE: Series R introduced October 1917.						
1918 Series R-1, 4-cyl., 16.9 hp, 112" wb						
4d 5P Tr	1,120	3,360	5,600	12,600	19,600	28,000
2d 2P Rds	1,080	3,240	5,400	12,150	18,900	27,000
1919 Series R-1,2,3, 4-cyl., 16.9 hp, 112" wb						
4d 5P Tr	1,160	3,480	5,800	13,050	20,300	29,000
2d 2P Rds	1,120	3,360	5,600	12,600	19,600	28,000
4d 5P Sed	880	2,640	4,400	9,900	15,400	22,000
2d 4P Cpe	960	2,880	4,800	10,800	16,800	24,000
1920 Series R-3,4,5, 4-cyl., 35 hp, 112" wb						
4d 5P Tr	1,160	3,480	5,800	13,050	20,300	29,000
2d 2P Rds	1,120	3,360	5,600	12,600	19,600	28,000
2d 4P Cpe	960	2,880	4,800	10,800	16,800	24,000
4d 5P Sed	880	2,640	4,400	9,900	15,400	22,000
1921 Series R-4,5,6, 4-cyl., 35 hp, 112" wb						
4d 5P Tr	1,160	3,480	5,800	13,050	20,300	29,000
2d 2P Rds	1,120	3,360	5,600	12,600	19,600	28,000
2d 4P Cpe	960	2,880	4,800	10,800	16,800	24,000
4d 5P Sed	880	2,640	4,400	9,900	15,400	22,000
1922 Series R-7,8,9,10, 4-cyl., 35 hp, 112" wb						
4d 5P Tr	1,160	3,480	5,800	13,050	20,300	29,000
2d 2P Cpe Rds	1,120	3,360	5,600	12,600	19,600	28,000
2d 2P Cpe	960	2,880	4,800	10,800	16,800	24,000
2d 4P Cpe	980	2,940	4,900	11,030	17,150	24,500
4d 5P Sed	880	2,640	4,400	9,900	15,400	22,000

	6	5	4	3	2	1
1923 Series R-10,11,12, 4-cyl., 35 hp, 112" wb						
4d 5P Tr	1,120	3,360	5,600	12,600	19,600	28,000
4d 5P Spl Tr	1,360	4,080	6,800	15,300	23,800	34,000
2d 2P Rds	1,160	3,480	5,800	13,050	20,300	29,000
2d Spl Rds	1,200	3,600	6,000	13,500	21,000	30,000
4d 5P Sed	880	2,640	4,400	9,900	15,400	22,000
2d 4P Cpe	960	2,880	4,800	10,800	16,800	24,000
2d 2P Cpe	920	2,760	4,600	10,350	16,100	23,000
1924 Series R-12,13, 4-cyl., 39 hp, 115" wb						
4d 5P Tr	1,080	3,240	5,400	12,150	18,900	27,000
4d 5P Spl Tr	1,360	4,080	6,800	15,300	23,800	34,000
2d 2P Spl Rds	1,360	4,080	6,800	15,300	23,800	34,000
2d 2P Cpe	960	2,880	4,800	10,800	16,800	24,000
2d 4P Cpe	1,000	3,000	5,000	11,250	17,500	25,000
4d 5P Sed	880	2,640	4,400	9,900	15,400	22,000
4d 5P Clb Sed	920	2,760	4,600	10,350	16,100	23,000
1925 Model R-14,15, 4-cyl., 39 hp, 115" wb						
4d 5P Tr	1,080	3,240	5,400	12,150	18,900	27,000
2d 2P Rds	1,120	3,360	5,600	12,600	19,600	28,000
2d 2P Cpe	920	2,760	4,600	10,350	16,100	23,000
4d 5P Clb Sed	920	2,760	4,600	10,350	16,100	23,000
4d 5P Sed	880	2,640	4,400	9,900	15,400	22,000
1925 Model E-1, 8-cyl., 60 hp, 118-1/4" wb						
4d 5P Tr	1,400	4,200	7,000	15,750	24,500	35,000
2d 2P Rds	1,440	4,320	7,200	16,200	25,200	36,000
2d 4P Cpe	1,200	3,600	6,000	13,500	21,000	30,000
4d 5P Sed	1,120	3,360	5,600	12,600	19,600	28,000
1926 Model A-1, 6-cyl., 50 hp, 114" wb						
4d 5P Tr	1,280	3,840	6,400	14,400	22,400	32,000
4d 5P Sed	1,120	3,360	5,600	12,600	19,600	28,000
1926 Model E-2, 8-cyl., 63 hp, 118-1/4" wb						
2d 4P Rds	1,440	4,320	7,200	16,200	25,200	36,000
4d 5P Tr	1,480	4,440	7,400	16,650	25,900	37,000
2d 2P Cpe	1,240	3,720	6,200	13,950	21,700	31,000
2d 4P Cpe	1,260	3,780	6,300	14,180	22,050	31,500
4d 5P Sed	1,160	3,480	5,800	13,050	20,300	29,000
1927 Series A, 6-cyl., 50 hp, 114" wb						
4d 5P Tr	1,280	3,840	6,400	14,400	22,400	32,000
2d 2P Rds	1,260	3,780	6,300	14,180	22,050	31,500
4d 5P Sed	1,120	3,360	5,600	12,600	19,600	28,000
2d 4P Cpe	1,200	3,600	6,000	13,500	21,000	30,000
4d 5P Brgm	1,220	3,660	6,100	13,730	21,350	30,500
1927 Series E-3, 8-cyl., 67 hp, 125" wb						
2d 4P Rds	1,360	4,080	6,800	15,300	23,800	34,000
4d 5P Tr	1,320	3,960	6,600	14,850	23,100	33,000
4d 5P Spt Tr	1,360	4,080	6,800	15,300	23,800	34,000
2d 2P Cpe	1,080	3,240	5,400	12,150	18,900	27,000
4d 7P Tr	1,280	3,840	6,400	14,400	22,400	32,000
4d 5P Sed	960	2,880	4,800	10,800	16,800	24,000
4d 7P Sed	980	2,940	4,900	11,030	17,150	24,500
4d 5P Berl	1,000	3,000	5,000	11,250	17,500	25,000
4d 5P Brgm	980	2,940	4,900	11,030	17,150	24,500
2d 5P Vic	1,000	3,000	5,000	11,250	17,500	25,000
4d Limo Sed	1,040	3,120	5,200	11,700	18,200	26,000
1928 Century Series A, 6-cyl., 57 hp, 114" wb						
4d 5P Phae	1,240	3,720	6,200	13,950	21,700	31,000
4d 7P Phae	1,200	3,600	6,000	13,500	21,000	30,000
4d 4P Cpe	920	2,760	4,600	10,350	16,100	23,000
4d 5P Sed	880	2,640	4,400	9,900	15,400	22,000
2d 5P Sed	800	2,400	4,000	9,000	14,000	20,000
1928 Century Series M, 8-cyl., 80 hp, 120" wb						
2d Rds	1,520	4,560	7,600	17,100	26,600	38,000
4d 5P Tr	1,480	4,440	7,400	16,650	25,900	37,000
4d 7P Tr	1,440	4,320	7,200	16,200	25,200	36,000
2d 2P Cpe	1,240	3,720	6,200	13,950	21,700	31,000
4d Brgm	1,160	3,480	5,800	13,050	20,300	29,000
2d Vic	1,200	3,600	6,000	13,500	21,000	30,000
4d 5P Sed	1,040	3,120	5,200	11,700	18,200	26,000
4d 7P Sed	1,000	3,000	5,000	11,250	17,500	25,000
4d Sed Limo	1,080	3,240	5,400	12,150	18,900	27,000
1928 Century Series 125 (E-4), 8-cyl., 80 hp, 125" wb						
2d R.S. Rds	1,600	4,800	8,000	18,000	28,000	40,000
4d 5P Tr	1,560	4,680	7,800	17,550	27,300	39,000
4d 7P Tr	1,520	4,560	7,600	17,100	26,600	38,000
2d R.S. Cpe	1,280	3,840	6,400	14,400	22,400	32,000
4d 5P Brgm	1,240	3,720	6,200	13,950	21,700	31,000

	6	5	4	3	2	1
4d 5P Sed	1,120	3,360	5,600	12,600	19,600	28,000
4d 7P Sed	1,080	3,240	5,400	12,150	18,900	27,000
2d Vic	1,240	3,720	6,200	13,950	21,700	31,000
4d Sed-Limo	1,200	3,600	6,000	13,500	21,000	30,000
NOTE: Series A and Series E-3 of 1927 carried over as 1928 models. Both Century Series A and M available in custom line.						
1929 Series A, 6-cyl., 57 hp, 114" wb						
4d 5P Tr	1,320	3,960	6,600	14,850	23,100	33,000
2d 4P Rds	1,360	4,080	6,800	15,300	23,800	34,000
4d 7P Tr	1,280	3,840	6,400	14,400	22,400	32,000
4d 5P Brgm	960	2,880	4,800	10,800	16,800	24,000
2d 4P Cpe	1,000	3,000	5,000	11,250	17,500	25,000
4d 5P Sed	840	2,520	4,200	9,450	14,700	21,000
2d 2P Cabr	1,240	3,720	6,200	13,950	21,700	31,000
2d 4P Cabr	1,280	3,840	6,400	14,400	22,400	32,000
1929 Series M, 8-cyl., 80 hp, 120" wb						
4d 5P Tr	1,360	4,080	6,800	15,300	23,800	34,000
2d 4P Rds	1,400	4,200	7,000	15,750	24,500	35,000
4d 7P Tr	1,320	3,960	6,600	14,850	23,100	33,000
4d 5P Brgm	1,000	3,000	5,000	11,250	17,500	25,000
2d 4P Cpe	1,040	3,120	5,200	11,700	18,200	26,000
4d 5P Sed	880	2,640	4,400	9,900	15,400	22,000
2d 5P Cabr	1,360	4,080	6,800	15,300	23,800	34,000
4d 5P Twn Sed	960	2,880	4,800	10,800	16,800	24,000
4d 7P Sed (130" wb)	1,000	3,000	5,000	11,250	17,500	25,000
4d 7P Limo (130" wb)	1,200	3,600	6,000	13,500	21,000	30,000
NOTE: Both series available in custom line models.						
1930 Model S, 6-cyl., 70 hp, 114" wb						
4d Phae	1,560	4,680	7,800	17,550	27,300	39,000
2d Cpe	1,160	3,480	5,800	13,050	20,300	29,000
4d Sed	1,000	3,000	5,000	11,250	17,500	25,000
2d Conv Cabr	1,540	4,620	7,700	17,330	26,950	38,500
1930 Model C, 8-cyl., 100 hp, 121" wb						
2d Cpe	1,160	3,480	5,800	13,050	20,300	29,000
4d Sed	1,040	3,120	5,200	11,700	18,200	26,000
2d Cabr	1,600	4,800	8,000	18,000	28,000	40,000
4d Tr Sed	1,080	3,240	5,400	12,150	18,900	27,000
1930 Model H, 8-cyl., 133 hp, 125" wb						
4d Sed	1,200	3,600	6,000	13,500	21,000	30,000
2d Cpe	1,280	3,840	6,400	14,400	22,400	32,000
2d Cabr	1,640	4,920	8,200	18,450	28,700	41,000
4d Tr Sed	1,200	3,600	6,000	13,500	21,000	30,000
1930 Model U, 8-cyl., 133 hp, 137" wb						
4d Sed	1,200	3,600	6,000	13,500	21,000	30,000
4d Sed Limo	1,280	3,840	6,400	14,400	22,400	32,000
NOTE: All models available in custom line.						
1931 Century Six, Model S, 70 hp, 114" wb						
4d Phae	1,640	4,920	8,200	18,450	28,700	41,000
2d 2P Cpe	1,160	3,480	5,800	13,050	20,300	29,000
2d 4P Cpe	1,200	3,600	6,000	13,500	21,000	30,000
2d Rds	1,680	5,040	8,400	18,900	29,400	42,000
4d Sed	1,000	3,000	5,000	11,250	17,500	25,000
2d Cabr	1,440	4,320	7,200	16,200	25,200	36,000
1931 Century Eight, Model L, 90 hp, 118" wb						
4d Phae	1,720	5,160	8,600	19,350	30,100	43,000
2d Rds	1,760	5,280	8,800	19,800	30,800	44,000
2d 2P Cpe	1,160	3,480	5,800	13,050	20,300	29,000
2d 4P Cpe	1,200	3,600	6,000	13,500	21,000	30,000
4d Sed	1,040	3,120	5,200	11,700	18,200	26,000
2d Cabr	1,480	4,440	7,400	16,650	25,900	37,000
1931 Model C, 8-cyl., 100 hp, 121" wb						
4d Spt Phae	1,880	5,640	9,400	21,150	32,900	47,000
2d 4P Cpe	1,240	3,720	6,200	13,950	21,700	31,000
4d Sed	1,080	3,240	5,400	12,150	18,900	27,000
2d Vic Cpe	1,200	3,600	6,000	13,500	21,000	30,000
2d Cabr	1,520	4,560	7,600	17,100	26,600	38,000
4d Twn Sed	1,160	3,480	5,800	13,050	20,300	29,000
1931 Model H, 8-cyl., 133 hp, 125" wb						
2d Cpe	1,280	3,840	6,400	14,400	22,400	32,000
4d Sed	1,120	3,360	5,600	12,600	19,600	28,000
4d Twn Sed	1,160	3,480	5,800	13,050	20,300	29,000
4d Phae	2,000	6,000	10,000	22,500	35,000	50,000
2d Vic Cpe	1,240	3,720	6,200	13,950	21,700	31,000
2d Cabr	1,560	4,680	7,800	17,550	27,300	39,000
1931 Model U, 8-cyl., 133 hp, 137" wb						
2d Vic Cpe	1,240	3,720	6,200	13,950	21,700	31,000

	6	5	4	3	2	1
4d Sed	1,200	3,600	6,000	13,500	21,000	30,000
4d Sed Limo	1,280	3,840	6,400	14,400	22,400	32,000
NOTE: All models available in custom line.						
1932 Series S-214, 6-cyl., 70 hp, 114" wb						
2d Rds	1,720	5,160	8,600	19,350	30,100	43,000
2d Cpe	1,200	3,600	6,000	13,500	21,000	30,000
4d Sed	1,040	3,120	5,200	11,700	18,200	26,000
2d Cabr	1,640	4,920	8,200	18,450	28,700	41,000
1932 Series B-216, 6-cyl., 75 hp, 116" wb						
4d Phae	1,800	5,400	9,000	20,250	31,500	45,000
2d Rds	1,840	5,520	9,200	20,700	32,200	46,000
2d 2P Cpe	1,200	3,600	6,000	13,500	21,000	30,000
2d 4P Cpe	1,240	3,720	6,200	13,950	21,700	31,000
4d Sed	1,080	3,240	5,400	12,150	18,900	27,000
2d Conv Cabr	1,760	5,280	8,800	19,800	30,800	44,000
1932 Series L-218, 8-cyl., 90 hp, 118" wb						
2d Rds	1,760	5,280	8,800	19,800	30,800	44,000
2d Cpe	1,240	3,720	6,200	13,950	21,700	31,000
4d Sed	1,120	3,360	5,600	12,600	19,600	28,000
2d Cabr	1,720	5,160	8,600	19,350	30,100	43,000
1932 Series C-221, 8-cyl., 100 hp, 121" wb						
4d Sed	1,160	3,480	5,800	13,050	20,300	29,000
2d Vic	1,240	3,720	6,200	13,950	21,700	31,000
4d Twn Sed	1,120	3,360	5,600	12,600	19,600	28,000
1932 Series F-222, 8-cyl., 93 hp, 122" wb						
2d Cabr	1,800	5,400	9,000	20,250	31,500	45,000
2d Cpe	1,240	3,720	6,200	13,950	21,700	31,000
4d Sed	1,160	3,480	5,800	13,050	20,300	29,000
2d Vic	1,280	3,840	6,400	14,400	22,400	32,000
1932 Series H-225, 8-cyl., 133 hp, 125" wb						
4d Sed	1,200	3,600	6,000	13,500	21,000	30,000
1932 Series I-226, 8-cyl., 103 hp, 126" wb						
2d Cpe	1,280	3,840	6,400	14,400	22,400	32,000
2d Cabr Rds	1,880	5,640	9,400	21,150	32,900	47,000
4d Sed	1,200	3,600	6,000	13,500	21,000	30,000
2d Vic	1,320	3,960	6,600	14,850	23,100	33,000
1932 Series V-237, 8-cyl., 133 hp, 137" wb						
2d Vic	1,280	3,840	6,400	14,400	22,400	32,000
4d Sed	1,200	3,600	6,000	13,500	21,000	30,000
NOTE: Series S-214, L-218, C-221, H-225 and V-237 were carryovers of 1931 models. Horsepower of Series F-222 raised to 96 mid-year.						
1933 Series K-321, 6-cyl., 90 hp, 121" wb						
2d Cpe	1,040	3,120	5,200	11,700	18,200	26,000
4d Sed	920	2,760	4,600	10,350	16,100	23,000
2d Vic	1,200	3,600	6,000	13,500	21,000	30,000
2d Cabr	1,680	5,040	8,400	18,900	29,400	42,000
1933 Series KK-321A, 6-cyl., 90 hp, 121" wb						
2d Cpe	1,080	3,240	5,400	12,150	18,900	27,000
4d Sed	1,000	3,000	5,000	11,250	17,500	25,000
2d Vic	1,200	3,600	6,000	13,500	21,000	30,000
1933 Series F-322, 8-cyl., 96 hp, 122" wb						
2d Cpe	1,160	3,480	5,800	13,050	20,300	29,000
4d Sed	1,000	3,000	5,000	11,250	17,500	25,000
2d Vic	1,200	3,600	6,000	13,500	21,000	30,000
2d Cabr	1,720	5,160	8,600	19,350	30,100	43,000
1933 Series I-326, 8-cyl., 109 hp, 126" wb						
2d Cpe	1,120	3,360	5,600	12,600	19,600	28,000
4d Sed	1,040	3,120	5,200	11,700	18,200	26,000
2d Vic	1,200	3,600	6,000	13,500	21,000	30,000
2d Cabr	1,760	5,280	8,800	19,800	30,800	44,000
1934 Series 417-W, 6-cyl., 80 hp, 117" wb						
2d Cpe	1,080	3,240	5,400	12,150	18,900	27,000
4d Sed	920	2,760	4,600	10,350	16,100	23,000
1934 Series KK-421A, 6-cyl., 90 hp, 121" wb						
4d DeL Sed	1,040	3,120	5,200	11,700	18,200	26,000
4d Sed	1,000	3,000	5,000	11,250	17,500	25,000
4d Tr Sed	1,040	3,120	5,200	11,700	18,200	26,000
2d Cpe	1,240	3,720	6,200	13,950	21,700	31,000
2d Cabr	1,760	5,280	8,800	19,800	30,800	44,000
2d Vic	1,200	3,600	6,000	13,500	21,000	30,000
1934 Series K-421, 6-cyl., 90 hp, 121" wb						
2d Cpe	1,000	3,000	5,000	11,250	17,500	25,000
4d Sed	960	2,880	4,800	10,800	16,800	24,000
2d Vic	1,040	3,120	5,200	11,700	18,200	26,000
2d Cabr	1,600	4,800	8,000	18,000	28,000	40,000

	6	5	4	3	2	1
1934 Series 421-J, 6-cyl., 93 hp, 121" wb						
2d Cpe	1,240	3,720	6,200	13,950	21,700	31,000
4d Sed	1,080	3,240	5,400	12,150	18,900	27,000
2d Vic	1,240	3,720	6,200	13,950	21,700	31,000
1934 Series F-442, 8-cyl., 96 hp, 122" wb						
2d Cpe	1,280	3,840	6,400	14,400	22,400	32,000
4d Sed	1,120	3,360	5,600	12,600	19,600	28,000
2d Vic	1,280	3,840	6,400	14,400	22,400	32,000
2d Cabr	1,640	4,920	8,200	18,450	28,700	41,000
1934 Series I-426, 8-cyl., 109 hp, 126" wb						
2d Cpe	1,320	3,960	6,600	14,850	23,100	33,000
4d Sed	1,160	3,480	5,800	13,050	20,300	29,000
2d Vic	1,320	3,960	6,600	14,850	23,100	33,000
2d Cabr	1,680	5,040	8,400	18,900	29,400	42,000
1934 Series 427-T, 8-cyl., 115 hp, 127" wb						
2d Cpe	1,360	4,080	6,800	15,300	23,800	34,000
4d Sed	1,200	3,600	6,000	13,500	21,000	30,000
2d Vic	1,360	4,080	6,800	15,300	23,800	34,000
NOTE: Series KK-421A, K-421, F-422, I-426 were carryover 1933 models.						
1935 Series 517-W, 6-cyl., 91 hp, 117" wb						
4d Sed	1,000	3,000	5,000	11,250	17,500	25,000
4d Sed Tr	1,020	3,060	5,100	11,480	17,850	25,500
1935 Series 518-D, 6-cyl., 91 hp, 118" wb						
4d Sed	1,020	3,060	5,100	11,480	17,850	25,500
1935 Series 521-J, 6-cyl., 101 hp, 121" wb						
4d Sed	1,060	3,180	5,300	11,930	18,550	26,500
2d Cpe	1,100	3,300	5,500	12,380	19,250	27,500
2d Vic	1,100	3,300	5,500	12,380	19,250	27,500
1935 Series 521-O, 8-cyl., 120 hp, 121" wb						
2d Cpe	1,100	3,300	5,500	12,380	19,250	27,500
2d Vic	1,100	3,300	5,500	12,380	19,250	27,500
2d Vic Tr	1,100	3,300	5,500	12,380	19,250	27,500
4d Sed	940	2,820	4,700	10,580	16,450	23,500
4d Sed Tr	1,040	3,120	5,200	11,700	18,200	26,000
1935 Series 527-T, 8-cyl., 120 hp, 127-1/2" wb						
4d Sed	1,100	3,300	5,500	12,380	19,250	27,500
2d Cpe	1,160	3,480	5,800	13,050	20,300	29,000
2d Vic	1,000	3,000	5,000	11,250	17,500	25,000
NOTE: All series except 517-W available in deluxe models.						
1936 Series 618-D, 6-cyl., 101 hp, 118" wb						
4d Sed	960	2,880	4,800	10,800	16,800	24,000
4d Tr Sed	980	2,940	4,900	11,030	17,150	24,500
1936 Series 618-G, 6-cyl., 101 hp, 118" wb						
2d Bus Cpe	1,040	3,120	5,200	11,700	18,200	26,000
2d Cpe	1,080	3,240	5,400	12,150	18,900	27,000
4d Sed	1,000	3,000	5,000	11,250	17,500	25,000
2d Sed	960	2,880	4,800	10,800	16,800	24,000
4d Tr Sed	1,020	3,060	5,100	11,480	17,850	25,500
2d Tr Sed	980	2,940	4,900	11,030	17,150	24,500
1936 Series 621-N, 8-cyl., 120 hp, 121" wb						
2d Cpe	1,100	3,300	5,500	12,380	19,250	27,500
2d Sed	1,000	3,000	5,000	11,250	17,500	25,000
4d Sed	1,020	3,060	5,100	11,480	17,850	25,500
4d Tr Sed	1,040	3,120	5,200	11,700	18,200	26,000
2d Tr Sed	1,020	3,060	5,100	11,480	17,850	25,500
1936 Series 621-O, 8-cyl., 120 hp, 121" wb						
2d Cpe	1,120	3,360	5,600	12,600	19,600	28,000
4d Vic	1,160	3,480	5,800	13,050	20,300	29,000
4d Tr Vic	1,180	3,540	5,900	13,280	20,650	29,500
4d Sed	1,040	3,120	5,200	11,700	18,200	26,000
4d Tr Sed	1,060	3,180	5,300	11,930	18,550	26,500
NOTE: Series 618-G and 621-N available in custom models. Series 618-D and 621-O available in deluxe models.						
1937 Series 621-O, 8-cyl., 120 hp, 121" wb						
Although ostensibly there were no 1937 Hupmobiles beginning July 1937, some 1936 style 618-G and 621-N models were run off to use up parts. Some of these cars may have been sold in the U.S. as 1937 models.						
1938 Series 822-ES, 6-cyl., 101 hp, 122" wb						
4d Std Sed	900	2,700	4,500	10,130	15,750	22,500
1938 Series 822-E, 6-cyl., 101 hp, 122" wb						
4d Sed	920	2,760	4,600	10,350	16,100	23,000
4d DeL Sed	940	2,820	4,700	10,580	16,450	23,500
4d Cus Sed	960	2,880	4,800	10,800	16,800	24,000
1938 Series 825-H, 8-cyl., 120 hp, 125" wb						
4d Sed	980	2,940	4,900	11,030	17,150	24,500
4d DeL Sed	1,000	3,000	5,000	11,250	17,500	25,000
4d Cus Sed	1,020	3,060	5,100	11,480	17,850	25,500

	6	5	4	3	2	1
1939 Model R, 6-cyl., 101 hp, 115" wb						
4d Spt Sed	940	2,820	4,700	10,580	16,450	23,500
4d Cus Sed	950	2,840	4,740	10,670	16,590	23,700
1939 Model E, 6-cyl., 101 hp, 122" wb						
4d DeL Sed	920	2,760	4,600	10,350	16,100	23,000
4d Cus Sed	930	2,780	4,640	10,440	16,240	23,200
1939 Model H, 8-cyl., 120 hp, 125" wb						
4d DeL Sed	1,000	3,000	5,000	11,250	17,500	25,000
4d Cus Sed	1,010	3,020	5,040	11,340	17,640	25,200
NOTE: The first pilot models of the Skylark were built April, 1939.						
1940 Skylark, 6-cyl., 101 hp, 115" wb						
4d Sed	1,990	5,960	9,940	22,370	34,790	49,700
1941 Series 115-R Skylark, 6-cyl., 101 hp, 115" wb						
4d Sed	2,020	6,060	10,100	22,730	35,350	50,500

KAISER

	6	5	4	3	2	1
1947-48 Special, 6-cyl.						
4d Sed	780	2,340	3,900	8,780	13,650	19,500
1947-48 Custom, 6-cyl.						
4d Sed	800	2,400	4,000	9,000	14,000	20,000
1949-50 Special, 6-cyl.						
4d Sed	812	2,436	4,060	9,140	14,210	20,300
1949-50 Traveler, 6-cyl.						
4d Sed	820	2,460	4,100	9,230	14,350	20,500
1949-50 DeLuxe, 6-cyl.						
4d Sed	832	2,496	4,160	9,360	14,560	20,800
4d Conv Sed	2,720	8,160	13,600	30,600	47,600	68,000
1949-50 Vagabond, 6-cyl.						
4d Sed	980	2,940	4,900	11,030	17,150	24,500
1949-50 Virginian, 6-cyl.						
4d Sed HT	1,300	3,900	6,500	14,630	22,750	32,500
1951 Special, 6-cyl.						
4d Sed	820	2,460	4,100	9,230	14,350	20,500
4d Trav Sed	832	2,496	4,160	9,360	14,560	20,800
2d Sed	824	2,472	4,120	9,270	14,420	20,600
2d Trav Sed	840	2,520	4,200	9,450	14,700	21,000
2d Bus Cpe	900	2,700	4,500	10,130	15,750	22,500
1951 DeLuxe						
4d Sed	836	2,508	4,180	9,410	14,630	20,900
4d Trav Sed	844	2,532	4,220	9,500	14,770	21,100
2d Sed	840	2,520	4,200	9,450	14,700	21,000
2d Trav Sed	848	2,544	4,240	9,540	14,840	21,200
2d Clb Cpe	980	2,940	4,900	11,030	17,150	24,500
1952 Kaiser DeLuxe, 6-cyl.						
4d Sed	820	2,460	4,100	9,230	14,350	20,500
Ta Sed	840	2,520	4,200	9,450	14,700	21,000
2d Sed	820	2,460	4,100	9,230	14,350	20,500
2d Trav	860	2,580	4,300	9,680	15,050	21,500
2d Bus Cpe	960	2,880	4,800	10,800	16,800	24,000
1952 Kaiser Manhattan, 6-cyl.						
4d Sed	880	2,640	4,400	9,900	15,400	22,000
2d Sed	900	2,700	4,500	10,130	15,750	22,500
2d Clb Cpe	1,160	3,480	5,800	13,050	20,300	29,000
1952 Virginian, 6-cyl.						
4d Sed	840	2,520	4,200	9,450	14,700	21,000
2d Sed	844	2,532	4,220	9,500	14,770	21,100
2d Clb Cpe	940	2,820	4,700	10,580	16,450	23,500
1953 Carolina, 6-cyl.						
2d Sed	832	2,496	4,160	9,360	14,560	20,800
4d Sed	828	2,484	4,140	9,320	14,490	20,700
1953 Deluxe						
2d Clb Sed	840	2,520	4,200	9,450	14,700	21,000
4d Trav Sed	844	2,532	4,220	9,500	14,770	21,100
4d Sed	836	2,508	4,180	9,410	14,630	20,900
1953 Manhattan, 6-cyl.						
2d Clb Sed	1,080	3,240	5,400	12,150	18,900	27,000
4d Sed	884	2,652	4,420	9,950	15,470	22,100
1953 Dragon 4d Sed, 6-cyl.						
4d Sed	1,460	4,380	7,300	16,430	25,550	36,500
1954 Early Special, 6-cyl.						
4d Sed	884	2,652	4,420	9,950	15,470	22,100
2d Clb Sed	888	2,664	4,440	9,990	15,540	22,200
1954 Late Special, 6-cyl.						
4d Sed	880	2,640	4,400	9,900	15,400	22,000
2d Clb Sed	884	2,652	4,420	9,950	15,470	22,100

	6	5	4	3	2	1
1954 Manhattan, 6-cyl.						
4d Sed	900	2,700	4,500	10,130	15,750	22,500
2d Clb Sed	1,100	3,300	5,500	12,380	19,250	27,500
1954 Kaiser Darrin Spts Car, 6-cyl.						
2d Spt Car	5,500	16,500	27,500	61,880	96,250	137,500
1955 Manhattan, 6-cyl.						
4d Sed	920	2,760	4,600	10,350	16,100	23,000
2d Clb Sed	924	2,772	4,620	10,400	16,170	23,100

FRAZER

	6	5	4	3	2	1
1947-48						
4d Sed	800	2,400	4,000	9,000	14,000	20,000
1947-48 Manhattan, 6-cyl.						
4d Sed	820	2,460	4,100	9,230	14,350	20,500
1949-50 Manhattan, 6-cyl.						
4d Sed	840	2,520	4,200	9,450	14,700	21,000
4d Conv Sed	2,240	6,720	11,200	25,200	39,200	56,000
1951 Manhattan, 6-cyl.						
4d Sed	780	2,340	3,900	8,780	13,650	19,500
4d Vag	860	2,580	4,300	9,680	15,050	21,500
4d Sed HT	1,100	3,300	5,500	12,380	19,250	27,500
4d Conv Sed	2,240	6,720	11,200	25,200	39,200	56,000

HENRY J

	6	5	4	3	2	1
1951 Four						
2d Sed	704	2,112	3,520	7,920	12,320	17,600
1951 DeLuxe Six						
2d Sed	790	2,380	3,960	8,910	13,860	19,800
1952 Vagabond, 4-cyl.						
2d Sed	720	2,160	3,600	8,100	12,600	18,000
1952 Vagabond, 6-cyl.						
2d Sed	810	2,420	4,040	9,090	14,140	20,200
1952 Corsair, 4-cyl.						
2d Sed	740	2,220	3,700	8,330	12,950	18,500
1952 Corsair, 6-cyl.						
2d Sed	830	2,480	4,140	9,320	14,490	20,700
1952 Allstate						
2d 4-cyl	744	2,232	3,720	8,370	13,020	18,600
2d DeL Six	830	2,500	4,160	9,360	14,560	20,800
1953 Corsair, 4-cyl.						
2d Sed	720	2,160	3,600	8,100	12,600	18,000
1953 Corsair, 6-cyl.						
2d DeL Sed	810	2,420	4,040	9,090	14,140	20,200
1953 Allstate						
2d Sed 4-cyl	724	2,172	3,620	8,150	12,670	18,100
2d Sed DeL Six	810	2,440	4,060	9,140	14,210	20,300
1954 Corsair, 4-cyl.						
2d Sed	728	2,184	3,640	8,190	12,740	18,200
1954 Corsair Deluxe, 6-cyl.						
2d Sed	810	2,440	4,060	9,140	14,210	20,300

LINCOLN

	6	5	4	3	2	1
1920 V-8, 130" - 136" wb						
3P Rds	2,220	6,660	11,100	24,980	38,850	55,500
5P Phae	2,340	7,020	11,700	26,330	40,950	58,500
7P Tr	2,260	6,780	11,300	25,430	39,550	56,500
4P Cpe	1,760	5,280	8,800	19,800	30,800	44,000
5P Sed	1,720	5,160	8,600	19,350	30,100	43,000
Sub Sed	1,720	5,160	8,600	19,350	30,100	43,000
7P Town Car	1,800	5,400	9,000	20,250	31,500	45,000
1921 V-8, 130" - 136" wb						
3P Rds	2,180	6,540	10,900	24,530	38,150	54,500
5P Phae	2,260	6,780	11,300	25,430	39,550	56,500
7P Tr	2,220	6,660	11,100	24,980	38,850	55,500
4P Cpe	1,760	5,280	8,800	19,800	30,800	44,000
4P Sed	1,680	5,040	8,400	18,900	29,400	42,000
5P Sed	1,720	5,160	8,600	19,350	30,100	43,000
Sub Sed	1,720	5,160	8,600	19,350	30,100	43,000
Town Car	1,800	5,400	9,000	20,250	31,500	45,000
1922 V-8, 130" wb						
3P Rds	2,300	6,900	11,500	25,880	40,250	57,500
5P Phae	2,220	6,660	11,100	24,980	38,850	55,500
7P Tr	2,180	6,540	10,900	24,530	38,150	54,500
Conv Tr	2,220	6,660	11,100	24,980	38,850	55,500
4P Cpe	1,800	5,400	9,000	20,250	31,500	45,000
5P Sed	1,760	5,280	8,800	19,800	30,800	44,000

	6	5	4	3	2	1
1922 V-8, 136" wb						
Spt Rds	2,180	6,540	10,900	24,530	38,150	54,500
DeL Phae	2,220	6,660	11,100	24,980	38,850	55,500
DeL Tr	2,140	6,420	10,700	24,080	37,450	53,500
Std Sed	1,800	5,400	9,000	20,250	31,500	45,000
Jud Sed	1,840	5,520	9,200	20,700	32,200	46,000
FW Sed	1,840	5,520	9,200	20,700	32,200	46,000
York Sed	1,840	5,520	9,200	20,700	32,200	46,000
4P Jud Sed	1,880	5,640	9,400	21,150	32,900	47,000
7P Jud Limo	1,980	5,940	9,900	22,280	34,650	49,500
Sub Limo	2,100	6,300	10,500	23,630	36,750	52,500
Town Car	2,140	6,420	10,700	24,080	37,450	53,500
FW Limo	2,180	6,540	10,900	24,530	38,150	54,500
Std Limo	2,100	6,300	10,500	23,630	36,750	52,500
FW Cabr	2,380	7,140	11,900	26,780	41,650	59,500
FW Coll Cabr	2,580	7,740	12,900	29,030	45,150	64,500
FW Lan'let	2,180	6,540	10,900	24,530	38,150	54,500
FW Town Car	2,180	6,540	10,900	24,530	38,150	54,500
Holbrk Cabr	2,380	7,140	11,900	26,780	41,650	59,500
Brn Town Car	2,180	6,540	10,900	24,530	38,150	54,500
Brn OD Limo	2,260	6,780	11,300	25,430	39,550	56,500
1923 Model L, V-8						
Tr	2,180	6,540	10,900	24,530	38,150	54,500
Phae	2,220	6,660	11,100	24,980	38,850	55,500
Rds	2,180	6,540	10,900	24,530	38,150	54,500
Cpe	1,880	5,640	9,400	21,150	32,900	47,000
5P Sed	1,840	5,520	9,200	20,700	32,200	46,000
7P Sed	1,880	5,640	9,400	21,150	32,900	47,000
Limo	2,060	6,180	10,300	23,180	36,050	51,500
OD Limo	2,100	6,300	10,500	23,630	36,750	52,500
Town Car	2,140	6,420	10,700	24,080	37,450	53,500
4P Sed	1,800	5,400	9,000	20,250	31,500	45,000
Berl	1,840	5,520	9,200	20,700	32,200	46,000
FW Cabr	2,140	6,420	10,700	24,080	37,450	53,500
FW Limo	2,100	6,300	10,500	23,630	36,750	52,500
FW Town Car	2,140	6,420	10,700	24,080	37,450	53,500
Jud Cpe	1,880	5,640	9,400	21,150	32,900	47,000
Brn Town Car	2,140	6,420	10,700	24,080	37,450	53,500
Brn OD Limo	2,180	6,540	10,900	24,530	38,150	54,500
Jud 2W Berl	1,880	5,640	9,400	21,150	32,900	47,000
Jud 3W Berl	1,880	5,640	9,400	21,150	32,900	47,000
Holbrk Cabr	2,380	7,140	11,900	26,780	41,650	59,500
1924 Model L, V-8						
Tr	2,180	6,540	10,900	24,530	38,150	54,500
Phae	2,220	6,660	11,100	24,980	38,850	55,500
Rds	2,180	6,540	10,900	24,530	38,150	54,500
Cpe	1,920	5,760	9,600	21,600	33,600	48,000
5P Sed	1,840	5,520	9,200	20,700	32,200	46,000
7P Sed	1,800	5,400	9,000	20,250	31,500	45,000
Limo	1,880	5,640	9,400	21,150	32,900	47,000
4P Sed	1,800	5,400	9,000	20,250	31,500	45,000
Town Car	1,980	5,940	9,900	22,280	34,650	49,500
Twn Limo	2,020	6,060	10,100	22,730	35,350	50,500
FW Limo	2,060	6,180	10,300	23,180	36,050	51,500
Jud Cpe	1,840	5,520	9,200	20,700	32,200	46,000
Jud Berl	1,900	5,700	9,500	21,380	33,250	47,500
Brn Cabr	2,140	6,420	10,700	24,080	37,450	53,500
Brn Cpe	1,840	5,520	9,200	20,700	32,200	46,000
Brn OD Limo	2,060	6,180	10,300	23,180	36,050	51,500
Leb Sed	2,100	6,300	10,500	23,630	36,750	52,500
1925 Model L, V-8						
Tr	2,380	7,140	11,900	26,780	41,650	59,500
Spt Tr	2,540	7,620	12,700	28,580	44,450	63,500
Phae	2,420	7,260	12,100	27,230	42,350	60,500
Rds	2,100	6,300	10,500	23,630	36,750	52,500
Cpe	2,020	6,060	10,100	22,730	35,350	50,500
4P Sed	2,120	6,360	10,600	23,850	37,100	53,000
5P Sed	2,080	6,240	10,400	23,400	36,400	52,000
7P Sed	2,080	6,240	10,400	23,400	36,400	52,000
Limo	2,400	7,200	12,000	27,000	42,000	60,000
FW Limo	2,060	6,180	10,300	23,180	36,050	51,500
Jud Cpe	1,880	5,640	9,400	21,150	32,900	47,000
Jud Berl	1,920	5,760	9,600	21,600	33,600	48,000
Brn Cabr	2,420	7,260	12,100	27,230	42,350	60,500
FW Coll Clb Rds	2,380	7,140	11,900	26,780	41,650	59,500
FW Sed	2,180	6,540	10,900	24,530	38,150	54,500

	6	5	4	3	2	1
FW Brgm	2,220	6,660	11,100	24,980	38,850	55,500
FW Cabr	2,340	7,020	11,700	26,330	40,950	58,500
3W Jud Berl	2,260	6,780	11,300	25,430	39,550	56,500
4P Jud Cpe	2,260	6,780	11,300	25,430	39,550	56,500
Jud Brgm	2,220	6,660	11,100	24,980	38,850	55,500
Mur OD Limo	2,340	7,020	11,700	26,330	40,950	58,500
Holbrk Brgm	2,260	6,780	11,300	25,430	39,550	56,500
Holbrk Coll	2,260	6,780	11,300	25,430	39,550	56,500
Brn OD Limo	2,260	6,780	11,300	25,430	39,550	56,500
Brn Spt Phae	2,540	7,620	12,700	28,580	44,450	63,500
Brn Lan Sed	2,300	6,900	11,500	25,880	40,250	57,500
Brn Town Car	2,340	7,020	11,700	26,330	40,950	58,500
Brn Pan Brgm	2,300	6,900	11,500	25,880	40,250	57,500
Hume Limo	2,380	7,140	11,900	26,780	41,650	59,500
Hume Cpe	2,220	6,660	11,100	24,980	38,850	55,500
5P Leb Sed	2,340	7,020	11,700	26,330	40,950	58,500
4P Leb Sed	2,260	6,780	11,300	25,430	39,550	56,500
Leb DC Phae	2,980	8,940	14,900	33,530	52,150	74,500
Leb Clb Rds	2,660	7,980	13,300	29,930	46,550	66,500
Leb Limo	2,260	6,780	11,300	25,430	39,550	56,500
Leb Brgm	2,300	6,900	11,500	25,880	40,250	57,500
Leb Twn Brgm	2,340	7,020	11,700	26,330	40,950	58,500
Leb Cabr	2,460	7,380	12,300	27,680	43,050	61,500
Leb Coll Spt Cabr	2,660	7,980	13,300	29,930	46,550	66,500
Lke Cabr	2,580	7,740	12,900	29,030	45,150	64,500
Dtrch Coll Cabr	2,620	7,860	13,100	29,480	45,850	65,500
1926 Model L, V-8						
Tr	2,540	7,620	12,700	28,580	44,450	63,500
Spt Tr	2,740	8,220	13,700	30,830	47,950	68,500
Phae	2,660	7,980	13,300	29,930	46,550	66,500
Rds	2,580	7,740	12,900	29,030	45,150	64,500
Cpe	1,840	5,520	9,200	20,700	32,200	46,000
4P Sed	2,160	6,480	10,800	24,300	37,800	54,000
5P Sed	2,120	6,360	10,600	23,850	37,100	53,000
7P Sed	2,120	6,360	10,600	23,850	37,100	53,000
Limo	2,320	6,960	11,600	26,100	40,600	58,000
FW Limo	1,920	5,760	9,600	21,600	33,600	48,000
Jud Cpe	2,540	7,620	12,700	28,580	44,450	63,500
Jud Berl	2,500	7,500	12,500	28,130	43,750	62,500
Brn Cabr	3,020	9,060	15,100	33,980	52,850	75,500
Holbrk Coll Cabr	3,060	9,180	15,300	34,430	53,550	76,500
Hume Limo	2,500	7,500	12,500	28,130	43,750	62,500
W'by Limo	2,500	7,500	12,500	28,130	43,750	62,500
W'by Lan'let	2,540	7,620	12,700	28,580	44,450	63,500
Dtrch Sed	2,420	7,260	12,100	27,230	42,350	60,500
Dtrch Coll Cabr	3,100	9,300	15,500	34,880	54,250	77,500
Dtrch Brgm	2,620	7,860	13,100	29,480	45,850	65,500
Dtrch Cpe Rds	3,060	9,180	15,300	34,430	53,550	76,500
3W Jud Berl	2,460	7,380	12,300	27,680	43,050	61,500
Jud Brgm	2,420	7,260	12,100	27,230	42,350	60,500
Brn Phae	3,020	9,060	15,100	33,980	52,850	75,500
Brn Sed	2,380	7,140	11,900	26,780	41,650	59,500
Brn Brgm	2,420	7,260	12,100	27,230	42,350	60,500
Brn Semi-Coll Cabr	3,020	9,060	15,100	33,980	52,850	75,500
2W LeB Sed	2,380	7,140	11,900	26,780	41,650	59,500
3W LeB Sed	2,380	7,140	11,900	26,780	41,650	59,500
LeB Cpe	2,460	7,380	12,300	27,680	43,050	61,500
LeB Spt Cabr	3,060	9,180	15,300	34,430	53,550	76,500
LeB A-W Cabr	2,060	6,180	10,300	23,180	36,050	51,500
LeB Limo	2,540	7,620	12,700	28,580	44,450	63,500
LeB Clb Rds	3,100	9,300	15,500	34,880	54,250	77,500
Lke Rds	3,220	9,660	16,100	36,230	56,350	80,500
Lke Semi-Coll Cabr	2,940	8,820	14,700	33,080	51,450	73,500
Lke Cabr	3,100	9,300	15,500	34,880	54,250	77,500
LeB Conv Phae	3,220	9,660	16,100	36,230	56,350	80,500
LeB Conv	3,220	9,660	16,100	36,230	56,350	80,500
1927 Model L, V-8						
Spt Rds	3,140	9,420	15,700	35,330	54,950	78,500
Spt Tr	3,060	9,180	15,300	34,430	53,550	76,500
Phae	3,220	9,660	16,100	36,230	56,350	80,500
Cpe	2,060	6,180	10,300	23,180	36,050	51,500
2W Sed	2,200	6,600	11,000	24,750	38,500	55,000
3W Sed	2,160	6,480	10,800	24,300	37,800	54,000
Sed	2,160	6,480	10,800	24,300	37,800	54,000
FW Limo	2,360	7,080	11,800	26,550	41,300	59,000
Jud Cpe	2,140	6,420	10,700	24,080	37,450	53,500

	6	5	4	3	2	1
Brn Cabr	3,740	11,220	18,700	42,080	65,450	93,500
Holbrk Cabr	3,980	11,940	19,900	44,780	69,650	99,500
Brn Brgm	2,980	8,940	14,900	33,530	52,150	74,500
Dtrch Conv Sed	4,060	12,180	20,300	45,680	71,050	101,500
Dtrch Conv Vic	4,060	12,180	20,300	45,680	71,050	101,500
Brn Conv	3,860	11,580	19,300	43,430	67,550	96,500
Brn Semi-Coll Cabr	3,980	11,940	19,900	44,780	69,650	99,500
Holbrk Coll Cabr	4,060	12,180	20,300	45,680	71,050	101,500
LeB A-W Cabr	4,060	12,180	20,300	45,680	71,050	101,500
LeB A-W Brgm	4,060	12,180	20,300	45,680	71,050	101,500
W'by Semi-Coll Cabr	3,980	11,940	19,900	44,780	69,650	99,500
Jud Brgm	2,740	8,220	13,700	30,830	47,950	68,500
Clb Rds	2,940	8,820	14,700	33,080	51,450	73,500
2W Jud Berl	2,460	7,380	12,300	27,680	43,050	61,500
3W Jud Berl	2,460	7,380	12,300	27,680	43,050	61,500
7P E d Limo	2,220	6,660	11,100	24,980	38,850	55,500
LeB Spt Cabr	4,060	12,180	20,300	45,680	71,050	101,500
W'by Lan'let	3,740	11,220	18,700	42,080	65,450	93,500
W'by Limo	2,700	8,100	13,500	30,380	47,250	67,500
LeB Cpe	2,620	7,860	13,100	29,480	45,850	65,500
Der Spt Sed	2,540	7,620	12,700	28,580	44,450	63,500
Lke Conv Sed	4,060	12,180	20,300	45,680	71,050	101,500
Dtrch Cpe Rds	3,980	11,940	19,900	44,780	69,650	99,500
Dtrch Spt Phae	4,060	12,180	20,300	45,680	71,050	101,500
1928 Model L, V-8						
164 Spt Tr	3,620	10,860	18,100	40,730	63,350	90,500
163 Lke Spt Phae	3,780	11,340	18,900	42,530	66,150	94,500
151 Lke Spt Rds	3,700	11,100	18,500	41,630	64,750	92,500
154 Clb Rds	3,540	10,620	17,700	39,830	61,950	88,500
156 Cpe	2,620	7,860	13,100	29,480	45,850	65,500
144W 2W Sed	2,360	7,080	11,800	26,550	41,300	59,000
144B Sed	2,360	7,080	11,800	26,550	41,300	59,000
152 Sed	2,320	6,960	11,600	26,100	40,600	58,000
147A Sed	2,320	6,960	11,600	26,100	40,600	58,000
147B Limo	2,520	7,560	12,600	28,350	44,100	63,000
161 Jud Berl	2,660	7,980	13,300	29,930	46,550	66,500
161C Jud Berl	2,660	7,980	13,300	29,930	46,550	66,500
Jud Cpe	2,820	8,460	14,100	31,730	49,350	70,500
159 Brn Cabr	3,780	11,340	18,900	42,530	66,150	94,500
145 Brn Brgm	3,220	9,660	16,100	36,230	56,350	80,500
155A Hlbrk Coll Cabr	3,780	11,340	18,900	42,530	66,150	94,500
155 LeB Spt Cabr	4,180	12,540	20,900	47,030	73,150	104,500
157 W'by Lan'let Berl	3,780	11,340	18,900	42,530	66,150	94,500
160 W'by Limo	4,020	12,060	20,100	45,230	70,350	100,500
162A LeB A-W Cabr	3,860	11,580	19,300	43,430	67,550	96,500
162 LeB A-W Lan'let	3,700	11,100	18,500	41,630	64,750	92,500
Jud Spt Cpe	3,460	10,380	17,300	38,930	60,550	86,500
LeB Cpe	3,620	10,860	18,100	40,730	63,350	90,500
Dtrch Conv Vic	4,020	12,060	20,100	45,230	70,350	100,500
Dtrch Cpe Rds	4,100	12,300	20,500	46,130	71,750	102,500
Dtrch Conv Sed	4,180	12,540	20,900	47,030	73,150	104,500
Holbrk Cabr	4,100	12,300	20,500	46,130	71,750	102,500
W'by Spt Sed	2,540	7,620	12,700	28,580	44,450	63,500
Der Spt Sed	2,540	7,620	12,700	28,580	44,450	63,500
Brn Spt Conv	3,700	11,100	18,500	41,630	64,750	92,500
1929 Model L, V-8 Standard Line						
Lke Spt Rds	4,020	12,060	20,100	45,230	70,350	100,500
Clb Rds	3,940	11,820	19,700	44,330	68,950	98,500
Lke Spt Phae	4,260	12,780	21,300	47,930	74,550	106,500
Lke TWS Spt Phae	4,660	13,980	23,300	52,430	81,550	116,500
Lke Spt Phae TC & WS	4,820	14,460	24,100	54,230	84,350	120,500
Lke Spt Tr	4,100	12,300	20,500	46,130	71,750	102,500
Lke Clb Rds	4,420	13,260	22,100	49,730	77,350	110,500
4P Cpe	2,460	7,380	12,300	27,680	43,050	61,500
Twn Sed	2,360	7,080	11,800	26,550	41,300	59,000
5P Sed	2,320	6,960	11,600	26,100	40,600	58,000
7P Sed	2,360	7,080	11,800	26,550	41,300	59,000
7P Limo	2,520	7,560	12,600	28,350	44,100	63,000
2W Jud Berl	2,580	7,740	12,900	29,030	45,150	64,500
3W Jud Berl	2,540	7,620	12,700	28,580	44,450	63,500
Brn A-W Brgm	3,780	11,340	18,900	42,530	66,150	94,500
Brn Cabr	3,940	11,820	19,700	44,330	68,950	98,500
Brn Non-Coll Cabr	3,780	11,340	18,900	42,530	66,150	94,500
Holbrk Coll Cabr	4,180	12,540	20,900	47,030	73,150	104,500
LeB A-W Cabr	4,260	12,780	21,300	47,930	74,550	106,500
LeB Semi-Coll Cabr	3,780	11,340	18,900	42,530	66,150	94,500

	6	5	4	3	2	1
LeB Coll Cabr	4,180	12,540	20,900	47,030	73,150	104,500
W'by Lan'let	3,220	9,660	16,100	36,230	56,350	80,500
W'by Limo	3,060	9,180	15,300	34,430	53,550	76,500
Dtrch Cpe	3,620	10,860	18,100	40,730	63,350	90,500
Dtrch Sed	3,620	10,860	18,100	40,730	63,350	90,500
Dtrch Conv	4,820	14,460	24,100	54,230	84,350	120,500
LeB Spt Sed	3,700	11,100	18,500	41,630	64,750	92,500
LeB Aero Phae	4,020	12,060	20,100	45,230	70,350	100,500
LeB Sal Cabr	3,940	11,820	19,700	44,330	68,950	98,500
Brn Spt Conv	4,020	12,060	20,100	45,230	70,350	100,500
Dtrch Conv Sed	4,180	12,540	20,900	47,030	73,150	104,500
Dtrch Conv Vic	4,260	12,780	21,300	47,930	74,550	106,500
1930 Model L, V-8 Standard Line						
Conv Rds	4,000	12,000	20,000	45,000	70,000	100,000
5P Lke Spt Phae	7,200	21,600	36,000	81,000	126,000	180,000
5P Lke Spt Phae TC & WS	7,600	22,800	38,000	85,500	133,000	190,000
7P Lke Spt Phae	6,800	20,400	34,000	76,500	119,000	170,000
Lke Rds	7,600	22,800	38,000	85,500	133,000	190,000
4P Cpe	2,280	6,840	11,400	25,650	39,900	57,000
Twn Sed	2,360	7,080	11,800	26,550	41,300	59,000
5P Sed	2,320	6,960	11,600	26,100	40,600	58,000
7P Sed	2,360	7,080	11,800	26,550	41,300	59,000
7P Limo	2,480	7,440	12,400	27,900	43,400	62,000
1930 Custom Line						
Jud Cpe	2,840	8,520	14,200	31,950	49,700	71,000
2W Jud Berl	3,240	9,720	16,200	36,450	56,700	81,000
3W Jud Berl	3,240	9,720	16,200	36,450	56,700	81,000
Brn A-W Cabr	3,880	11,640	19,400	43,650	67,900	97,000
Brn Non-Coll Cabr	3,320	9,960	16,600	37,350	58,100	83,000
LeB A-W Cabr	7,200	21,600	36,000	81,000	126,000	180,000
LeB Semi-Coll Cabr	7,600	22,800	38,000	85,500	133,000	190,000
W'by Limo	3,440	10,320	17,200	38,700	60,200	86,000
Dtrch Cpe	4,000	12,000	20,000	45,000	70,000	100,000
Dtrch Sed	4,000	12,000	20,000	45,000	70,000	100,000
2W W'by Twn Sed	3,200	9,600	16,000	36,000	56,000	80,000
3W W'by Twn Sed	3,360	10,080	16,800	37,800	58,800	84,000
W'by Pan Brgm	3,520	10,560	17,600	39,600	61,600	88,000
LeB Cpe	3,200	9,600	16,000	36,000	56,000	80,000
LeB Conv Rds	7,200	21,600	36,000	81,000	126,000	180,000
LeB Spt Sed	4,400	13,200	22,000	49,500	77,000	110,000
Der Spt Conv	6,160	18,480	30,800	69,300	107,800	154,000
Der Conv Phae	6,240	18,720	31,200	70,200	109,200	156,000
Brn Semi-Coll Cabr	6,080	18,240	30,400	68,400	106,400	152,000
Dtrch Conv Cpe	6,640	19,920	33,200	74,700	116,200	166,000
Dtrch Conv Sed	6,720	20,160	33,600	75,600	117,600	168,000
Wolf Conv Sed	6,720	20,160	33,600	75,600	117,600	168,000
1931 Model K, V-8 Type 201, V-8, 145" wb						
202B Spt Phae	5,540	16,620	27,700	62,330	96,950	138,500
202A Spt Phae	5,620	16,860	28,100	63,230	98,350	140,500
203 Spt Tr	5,140	15,420	25,700	57,830	89,950	128,500
214 Conv Rds	4,980	14,940	24,900	56,030	87,150	124,500
206 Cpe	3,060	9,180	15,300	34,430	53,550	76,500
204 Twn Sed	2,780	8,340	13,900	31,280	48,650	69,500
205 Sed	2,700	8,100	13,500	30,380	47,250	67,500
207A Sed	2,700	8,100	13,500	30,380	47,250	67,500
207B Limo	2,880	8,640	14,400	32,400	50,400	72,000
212 Conv Phae	6,400	19,200	32,000	72,000	112,000	160,000
210 Conv Cpe	5,000	15,000	25,000	56,250	87,500	125,000
211 Conv Sed	6,400	19,200	32,000	72,000	112,000	160,000
216 W'by Pan Brgm	3,320	9,960	16,600	37,350	58,100	83,000
213A Jud Berl	3,260	9,780	16,300	36,680	57,050	81,500
213B Jud Berl	3,260	9,780	16,300	36,680	57,050	81,500
Jud Cpe	3,260	9,780	16,300	36,680	57,050	81,500
Brn Cabr	4,980	14,940	24,900	56,030	87,150	124,500
LeB Cabr	4,980	14,940	24,900	56,030	87,150	124,500
W'by Limo	3,580	10,740	17,900	40,280	62,650	89,500
Lke Spt Rds	6,080	18,240	30,400	68,400	106,400	152,000
Der Conv Sed	6,400	19,200	32,000	72,000	112,000	160,000
LeB Conv Rds	6,160	18,480	30,800	69,300	107,800	154,000
Mur DC Phae	6,560	19,680	32,800	73,800	114,800	164,000
Dtrch Conv Sed	6,560	19,680	32,800	73,800	114,800	164,000
Dtrch Conv Cpe	6,480	19,440	32,400	72,900	113,400	162,000
Wtrhs Conv Vic	6,560	19,680	32,800	73,800	114,800	164,000
1932 Model KA, V-8, 8-cyl., 136" wb						
Rds	5,760	17,280	28,800	64,800	100,800	144,000
Phae	6,480	19,440	32,400	72,900	113,400	162,000

	6	5	4	3	2	1
Twn Sed	2,560	7,680	12,800	28,800	44,800	64,000
Sed	2,740	8,220	13,700	30,830	47,950	68,500
Cpe	3,300	9,900	16,500	37,130	57,750	82,500
Vic	3,220	9,660	16,100	36,230	56,350	80,500
7P Sed	3,220	9,660	16,100	36,230	56,350	80,500
Limo	3,380	10,140	16,900	38,030	59,150	84,500
1932 Model KB, V-12 Standard, 12-cyl., 145" wb						
Phae	7,200	21,600	36,000	81,000	126,000	180,000
Spt Phae	7,520	22,560	37,600	84,600	131,600	188,000
Cpe	3,300	9,900	16,500	37,130	57,750	82,500
2W Tr Sed	2,980	8,940	14,900	33,530	52,150	74,500
3W Tr Sed	2,940	8,820	14,700	33,080	51,450	73,500
5P Sed	2,900	8,700	14,500	32,630	50,750	72,500
7P Sed	2,860	8,580	14,300	32,180	50,050	71,500
Limo	3,200	9,600	16,000	36,000	56,000	80,000
1932 Custom, 145" wb						
LeB Conv Cpe	7,520	22,560	37,600	84,600	131,600	188,000
2P Dtrch Cpe	3,760	11,280	18,800	42,300	65,800	94,000
4P Dtrch Cpe	3,680	11,040	18,400	41,400	64,400	92,000
Jud Cpe	3,720	11,160	18,600	41,850	65,100	93,000
Jud Berl	3,600	10,800	18,000	40,500	63,000	90,000
W'by Limo	3,680	11,040	18,400	41,400	64,400	92,000
Wtrhs Conv Vic	7,360	22,080	36,800	82,800	128,800	184,000
Dtrch Conv Sed	7,520	22,560	37,600	84,600	131,600	188,000
W'by Twn Brgm	4,440	13,320	22,200	49,950	77,700	111,000
Brn Brgm	4,040	12,120	20,200	45,450	70,700	101,000
Brn Non-Coll Cabr	6,240	18,720	31,200	70,200	109,200	156,000
Brn Semi-Coll Cabr	7,120	21,360	35,600	80,100	124,600	178,000
LeB Twn Cabr	7,520	22,560	37,600	84,600	131,600	188,000
Dtrch Spt Berl	5,920	17,760	29,600	66,600	103,600	148,000
5P Rlstn TwnC	5,760	17,280	28,800	64,800	100,800	144,000
7P Rlstn TwnC	5,760	17,280	28,800	64,800	100,800	144,000
Brn Phae	6,560	19,680	32,800	73,800	114,800	164,000
Brn dbl-entry Spt Sed	5,040	15,120	25,200	56,700	88,200	126,000
Brn A-W Brgm	5,760	17,280	28,800	64,800	100,800	144,000
Brn Clb Sed	4,640	13,920	23,200	52,200	81,200	116,000
Mur Conv Rds	8,120	24,360	40,600	91,350	142,100	203,000
1933 Model KA, V-12, 12-cyl., 136" wb						
512B Cpe	3,840	11,520	19,200	43,200	67,200	96,000
512A RS Cpe	3,920	11,760	19,600	44,100	68,600	98,000
513A Conv Rds	5,520	16,560	27,600	62,100	96,600	138,000
514 Twn Sed	3,440	10,320	17,200	38,700	60,200	86,000
515 Sed	3,400	10,200	17,000	38,250	59,500	85,000
516 Cpe	3,840	11,520	19,200	43,200	67,200	96,000
517 Sed	3,400	10,200	17,000	38,250	59,500	85,000
517B Limo	3,760	11,280	18,800	42,300	65,800	94,000
518A DC Phae	6,880	20,640	34,400	77,400	120,400	172,000
518B Phae	6,400	19,200	32,000	72,000	112,000	160,000
519 7P Tr	6,400	19,200	32,000	72,000	112,000	160,000
520B RS Rds	6,000	18,000	30,000	67,500	105,000	150,000
520A Rds	6,000	18,000	30,000	67,500	105,000	150,000
1933 Model KB, V-8, 12-cyl., 145" wb						
252A DC Phae	6,720	20,160	33,600	75,600	117,600	168,000
252B Phae	6,480	19,440	32,400	72,900	113,400	162,000
253 7P Tr	6,480	19,440	32,400	72,900	113,400	162,000
Twn Sed	2,480	7,440	12,400	27,900	43,400	62,000
255 5P Sed	2,720	8,160	13,600	30,600	47,600	68,000
256 5P Cpe	3,040	9,120	15,200	34,200	53,200	76,000
257 7P Sed	2,640	7,920	13,200	29,700	46,200	66,000
257B Limo	3,120	9,360	15,600	35,100	54,600	78,000
258C Brn Semi-Coll Cabr	6,320	18,960	31,600	71,100	110,600	158,000
258D Brn Non-Coll Cabr	5,920	17,760	29,600	66,600	103,600	148,000
259 Brn Brgm	3,920	11,760	19,600	44,100	68,600	98,000
260 Brn Conv Cpe	7,880	23,640	39,400	88,650	137,900	197,000
Dtrch Conv Sed	8,080	24,240	40,400	90,900	141,400	202,000
2P Dtrch Cpe	3,840	11,520	19,200	43,200	67,200	96,000
4P Dtrch Cpe	3,840	11,520	19,200	43,200	67,200	96,000
Jud Berl	3,360	10,080	16,800	37,800	58,800	84,000
2P Jud Cpe	3,520	10,560	17,600	39,600	61,600	88,000
4P Jud Cpe	3,520	10,560	17,600	39,600	61,600	88,000
Jud Limo	3,680	11,040	18,400	41,400	64,400	92,000
LeB Conv Rds	7,280	21,840	36,400	81,900	127,400	182,000
W'by Limo	3,680	11,040	18,400	41,400	64,400	92,000
W'by Brgm	3,840	11,520	19,200	43,200	67,200	96,000
1934 Series K, V-12, 12-cyl., 136" wb						
4P Conv Rds	4,960	14,880	24,800	55,800	86,800	124,000

	6	5	4	3	2	1
4P Twn Sed	2,520	7,560	12,600	28,350	44,100	63,000
5P Sed	2,880	8,640	14,400	32,400	50,400	72,000
5P Cpe	3,280	9,840	16,400	36,900	57,400	82,000
7P Sed	2,880	8,640	14,400	32,400	50,400	72,000
7P Limo	3,360	10,080	16,800	37,800	58,800	84,000
2P Cpe	3,360	10,080	16,800	37,800	58,800	84,000
5P Conv Phae	4,880	14,640	24,400	54,900	85,400	122,000
4P Cpe	3,120	9,360	15,600	35,100	54,600	78,000
1934 V-12, 145" wb						
Tr	4,960	14,880	24,800	55,800	86,800	124,000
Sed	3,040	9,120	15,200	34,200	53,200	76,000
Limo	3,360	10,080	16,800	37,800	58,800	84,000
2W Jud Berl	3,680	11,040	18,400	41,400	64,400	92,000
3W Jud Berl	3,520	10,560	17,600	39,600	61,600	88,000
Jud Sed Limo	3,440	10,320	17,200	38,700	60,200	86,000
Brn Brgm	3,680	11,040	18,400	41,400	64,400	92,000
Brn Semi-Coll Cabr	5,600	16,800	28,000	63,000	98,000	140,000
Brn Conv Cpe	6,080	18,240	30,400	68,400	106,400	152,000
W'by Limo	3,360	10,080	16,800	37,800	58,800	84,000
LeB Rds	6,080	18,240	30,400	68,400	106,400	152,000
Dtrch Conv Sed	6,480	19,440	32,400	72,900	113,400	162,000
Brn Conv Vic	6,480	19,440	32,400	72,900	113,400	162,000
LeB Cpe	3,520	10,560	17,600	39,600	61,600	88,000
Dtrch Conv Rds	6,080	18,240	30,400	68,400	106,400	152,000
W'by Spt Sed	3,360	10,080	16,800	37,800	58,800	84,000
LeB Conv Cpe	6,080	18,240	30,400	68,400	106,400	152,000
Brn Conv Sed	6,080	18,240	30,400	68,400	106,400	152,000
Brn Cus Phae	6,480	19,440	32,400	72,900	113,400	162,000
Brwstr Non-Coll Cabr	4,880	14,640	24,400	54,900	85,400	122,000
1935 Series K, V-12, 136" wb						
LeB Conv Rds	5,120	15,360	25,600	57,600	89,600	128,000
LeB Cpe	2,920	8,760	14,600	32,850	51,100	73,000
Cpe	2,840	8,520	14,200	31,950	49,700	71,000
Brn Conv Vic	5,200	15,600	26,000	58,500	91,000	130,000
2W Sed	2,480	7,440	12,400	27,900	43,400	62,000
3W Sed	2,440	7,320	12,200	27,450	42,700	61,000
LeB Conv Phae	5,280	15,840	26,400	59,400	92,400	132,000
1935 V-12, 145" wb						
7P Tr	4,980	14,940	24,900	56,030	87,150	124,500
7P Sed	2,460	7,380	12,300	27,680	43,050	61,500
7P Limo	2,860	8,580	14,300	32,180	50,050	71,500
LeB Conv Sed	6,660	19,980	33,300	74,930	116,550	166,500
Brn Semi-Coll Cabr	4,740	14,220	23,700	53,330	82,950	118,500
Brn Non-Coll Cabr	4,380	13,140	21,900	49,280	76,650	109,500
Brn Brgm	2,860	8,580	14,300	32,180	50,050	71,500
W'by Limo	2,820	8,460	14,100	31,730	49,350	70,500
W'by Spt Sed	2,860	8,580	14,300	32,180	50,050	71,500
2W Jud Berl	2,820	8,460	14,100	31,730	49,350	70,500
3W Jud Berl	2,860	8,580	14,300	32,180	50,050	71,500
Jud Sed Limo	2,900	8,700	14,500	32,630	50,750	72,500
1936 Zephyr, V-12, 122" wb						
4d Sed	1,820	5,460	9,100	20,480	31,850	45,500
2d Sed	1,860	5,580	9,300	20,930	32,550	46,500
1936 12-cyl., 136" wb						
LeB Rds Cabr	4,800	14,400	24,000	54,000	84,000	120,000
2P LeB Cpe	2,680	8,040	13,400	30,150	46,900	67,000
5P Cpe	2,120	6,360	10,600	23,850	37,100	53,000
Brn Conv Vic	4,120	12,360	20,600	46,350	72,100	103,000
2W Sed	1,920	5,760	9,600	21,600	33,600	48,000
3W Sed	1,880	5,640	9,400	21,150	32,900	47,000
LeB Conv Sed	5,600	16,800	28,000	63,000	98,000	140,000
1936 V-12, 145" wb						
7P Tr	7,400	22,200	37,000	83,250	129,500	185,000
7P Sed	2,380	7,140	11,900	26,780	41,650	59,500
7P Limo	2,460	7,380	12,300	27,680	43,050	61,500
LeB Conv Sed w/part	6,020	18,060	30,100	67,730	105,350	150,500
Brn Semi-Coll Cabr	4,220	12,660	21,100	47,480	73,850	105,500
Brn Non-Coll Cabr	3,420	10,260	17,100	38,480	59,850	85,500
Brn Brgm	2,500	7,500	12,500	28,130	43,750	62,500
W'by Limo	2,580	7,740	12,900	29,030	45,150	64,500
W'by Spt Sed	2,420	7,260	12,100	27,230	42,350	60,500
2W Jud Berl	2,500	7,500	12,500	28,130	43,750	62,500
3W Jud Berl	2,540	7,620	12,700	28,580	44,450	63,500
Jud Limo	2,620	7,860	13,100	29,480	45,850	65,500
1937 Zephyr, V-12						
3P Cpe	1,860	5,580	9,300	20,930	32,550	46,500

	6	5	4	3	2	1
2d Sed	1,800	5,400	9,000	20,250	31,500	45,000
4d Sed	1,760	5,280	8,800	19,800	30,800	44,000
Twn Sed	1,800	5,400	9,000	20,250	31,500	45,000
1937 Series K, V-12, 136" wb						
LeB Conv Rds	4,800	14,400	24,000	54,000	84,000	120,000
LeB Cpe	2,260	6,780	11,300	25,430	39,550	56,500
W'by Cpe	2,340	7,020	11,700	26,330	40,950	58,500
Brn Conv Vic	4,180	12,540	20,900	47,030	73,150	104,500
2W Sed	2,100	6,300	10,500	23,630	36,750	52,500
3W Sed	2,060	6,180	10,300	23,180	36,050	51,500
1937 V-12, 145" wb						
7P Sed	2,400	7,200	12,000	27,000	42,000	60,000
7P Limo	2,320	6,960	11,600	26,100	40,600	58,000
LeB Conv Sed	4,280	12,840	21,400	48,150	74,900	107,000
LeB Conv Sed w/part	4,440	13,320	22,200	49,950	77,700	111,000
Brn Semi-Coll Cabr	4,040	12,120	20,200	45,450	70,700	101,000
Brn Non-Coll Cabr	3,320	9,960	16,600	37,350	58,100	83,000
Brn Brgm	2,760	8,280	13,800	31,050	48,300	69,000
Brn Tr Cabr	4,200	12,600	21,000	47,250	73,500	105,000
2W Jud Berl	2,720	8,160	13,600	30,600	47,600	68,000
3W Jud Berl	2,680	8,040	13,400	30,150	46,900	67,000
Jud Limo	2,920	8,760	14,600	32,850	51,100	73,000
W'by Tr	3,120	9,360	15,600	35,100	54,600	78,000
W'by Limo	2,880	8,640	14,400	32,400	50,400	72,000
W'by Spt Sed	2,680	8,040	13,400	30,150	46,900	67,000
W'by Cpe	2,760	8,280	13,800	31,050	48,300	69,000
W'by Pan Brgm	2,800	8,400	14,000	31,500	49,000	70,000
Jud Cpe	2,760	8,280	13,800	31,050	48,300	69,000
1938 Zephyr, V-12						
3P Cpe	1,820	5,460	9,100	20,480	31,850	45,500
3P Conv Cpe	2,780	8,340	13,900	31,280	48,650	69,500
4d Sed	1,720	5,160	8,600	19,350	30,100	43,000
2d Sed	1,760	5,280	8,800	19,800	30,800	44,000
Conv Sed	3,180	9,540	15,900	35,780	55,650	79,500
Twn Sed	1,760	5,280	8,800	19,800	30,800	44,000
1938 Series K, V-12, 136" wb						
LeB Conv Rds	3,960	11,880	19,800	44,550	69,300	99,000
LeB Cpe	2,360	7,080	11,800	26,550	41,300	59,000
W'by Cpe	2,400	7,200	12,000	27,000	42,000	60,000
2W Sed	2,200	6,600	11,000	24,750	38,500	55,000
3W Sed	2,160	6,480	10,800	24,300	37,800	54,000
Brn Conv Vic	3,840	11,520	19,200	43,200	67,200	96,000
1938 V-12, 145" wb						
7P Sed	2,280	6,840	11,400	25,650	39,900	57,000
Sed Limo	2,360	7,080	11,800	26,550	41,300	59,000
LeB Conv Sed	4,360	13,080	21,800	49,050	76,300	109,000
LeB Conv Sed w/part	4,520	13,560	22,600	50,850	79,100	113,000
2W Jud Berl	2,600	7,800	13,000	29,250	45,500	65,000
3W Jud Berl	2,560	7,680	12,800	28,800	44,800	64,000
Jud Limo	2,800	8,400	14,000	31,500	49,000	70,000
Brn Tr Cabr	4,440	13,320	22,200	49,950	77,700	111,000
W'by Tr	3,000	9,000	15,000	33,750	52,500	75,000
W'by Spt Sed	2,560	7,680	12,800	28,800	44,800	64,000
Brn Non-Coll Cabr	3,160	9,480	15,800	35,550	55,300	79,000
Brn Semi-Coll Cabr	3,960	11,880	19,800	44,550	69,300	99,000
Brn Brgm	2,640	7,920	13,200	29,700	46,200	66,000
W'by Pan Brgm	2,680	8,040	13,400	30,150	46,900	67,000
W'by Limo	2,760	8,280	13,800	31,050	48,300	69,000
1939 Zephyr, V-12						
3P Cpe	1,820	5,460	9,100	20,480	31,850	45,500
Conv Cpe	2,820	8,460	14,100	31,730	49,350	70,500
2d Sed	1,760	5,280	8,800	19,800	30,800	44,000
5P Sed	1,720	5,160	8,600	19,350	30,100	43,000
Conv Sed	3,180	9,540	15,900	35,780	55,650	79,500
Twn Sed	1,760	5,280	8,800	19,800	30,800	44,000
1939 Series K, V-12, 136" wb						
LeB Conv Rds	3,600	10,800	18,000	40,500	63,000	90,000
LeB Cpe	2,280	6,840	11,400	25,650	39,900	57,000
W'by Cpe	2,360	7,080	11,800	26,550	41,300	59,000
2W Sed	2,160	6,480	10,800	24,300	37,800	54,000
3W Sed	2,160	6,480	10,800	24,300	37,800	54,000
Brn Conv Vic	3,480	10,440	17,400	39,150	60,900	87,000
1939 V-12, 145" wb						
2W Jud Berl	2,200	6,600	11,000	24,750	38,500	55,000
3W Jud Berl	2,160	6,480	10,800	24,300	37,800	54,000
Jud Limo	2,280	6,840	11,400	25,650	39,900	57,000

	6	5	4	3	2	1
Brn Tr Cabr	3,040	9,120	15,200	34,200	53,200	76,000
7P Sed	2,200	6,600	11,000	24,750	38,500	55,000
7P Limo	2,280	6,840	11,400	25,650	39,900	57,000
LeB Conv Sed	4,200	12,600	21,000	47,250	73,500	105,000
LeB Conv Sed w/part	4,360	13,080	21,800	49,050	76,300	109,000
W'by Spt Sed	2,440	7,320	12,200	27,450	42,700	61,000
1939 V-12, 145" wb, 6 wheels						
Brn Non-Coll Cabr	3,800	11,400	19,000	42,750	66,500	95,000
Brn Semi-Coll Cabr	4,200	12,600	21,000	47,250	73,500	105,000
Brn Brgm	2,560	7,680	12,800	28,800	44,800	64,000
W'by Limo	2,680	8,040	13,400	30,150	46,900	67,000
1940 Zephyr, V-12						
3P Cpe	1,940	5,820	9,700	21,830	33,950	48,500
OS Cpe	1,880	5,640	9,400	21,150	32,900	47,000
Clb Cpe	1,910	5,730	9,550	21,490	33,430	47,750
Conv Clb Cpe	2,940	8,820	14,700	33,080	51,450	73,500
6P Sed	1,840	5,520	9,200	20,700	32,200	46,000
Twn Limo	1,880	5,640	9,400	21,150	32,900	47,000
Cont Clb Cpe	3,020	9,060	15,100	33,980	52,850	75,500
Cont Conv Cabr	3,200	9,600	16,000	36,000	56,000	80,000
1940 Series K, V-12						
NOTE: Available on special request, black emblems rather than blue.						
1941 Zephyr, V-12						
3P Cpe	1,940	5,820	9,700	21,830	33,950	48,500
OS Cpe	1,880	5,640	9,400	21,150	32,900	47,000
Clb Cpe	1,910	5,730	9,550	21,490	33,430	47,750
Conv Cpe	2,940	8,820	14,700	33,080	51,450	73,500
Cont Cpe	3,020	9,060	15,100	33,980	52,850	75,500
Cont Conv Cabr	3,320	9,960	16,600	37,350	58,100	83,000
6P Sed	1,840	5,520	9,200	20,700	32,200	46,000
Cus Sed	1,920	5,760	9,600	21,600	33,600	48,000
8P Limo	2,600	7,800	13,000	29,250	45,500	65,000
1942 Zephyr, V-12						
3P Cpe	1,940	5,820	9,700	21,830	33,950	48,500
Clb Cpe	1,910	5,730	9,550	21,490	33,430	47,750
Conv Clb Cpe	2,940	8,820	14,700	33,080	51,450	73,500
Cont Cpe	3,020	9,060	15,100	33,980	52,850	75,500
Cont Conv Cabr	3,360	10,080	16,800	37,800	58,800	84,000
6P Sed	1,840	5,520	9,200	20,700	32,200	46,000
Cus Sed	1,920	5,760	9,600	21,600	33,600	48,000
8P Limo	2,600	7,800	13,000	29,250	45,500	65,000
1946-48 8th Series, V-12, 125" wb						
2d Clb Cpe	2,600	7,800	13,000	29,250	45,500	65,000
2d Conv	3,000	9,000	15,000	33,750	52,500	75,000
4d Sed	960	2,880	4,800	10,800	16,800	24,000
2d Cont Cpe	2,200	6,600	11,000	24,750	38,500	55,000
2d Cont Conv	3,520	10,560	17,600	39,600	61,600	88,000
1949-50 Model 9EL/OEL, V-8, 121" wb						
4d Spt Sed	960	2,880	4,800	10,800	16,800	24,000
2d Cpe	1,120	3,360	5,600	12,600	19,600	28,000
2d Lido Cpe (1950 only)	1,320	3,960	6,600	14,850	23,100	33,000
2d Conv (1949 only)	3,100	9,300	15,500	34,880	54,250	77,500
1949-50 Cosmopolitan, V-8, 125" wb						
4d Town Sed (1949 only)	1,000	3,000	5,000	11,250	17,500	25,000
4d Spt Sed	1,020	3,060	5,100	11,480	17,850	25,500
2d Cpe	1,120	3,360	5,600	12,600	19,600	28,000
2d Capri (1950 only)	1,280	3,840	6,400	14,400	22,400	32,000
2d Conv	3,160	9,480	15,800	35,550	55,300	79,000
1951 Model 1EL, V-8, 121" wb						
4d Spt Sed	1,000	3,000	5,000	11,250	17,500	25,000
2d Cpe	1,160	3,480	5,800	13,050	20,300	29,000
2d Lido Cpe	1,380	4,140	6,900	15,530	24,150	34,500
1951 Cosmopolitan, V-8, 125" wb						
4d Spt Sed	1,040	3,120	5,200	11,700	18,200	26,000
2d Cpe	1,200	3,600	6,000	13,500	21,000	30,000
2d Capri	1,360	4,080	6,800	15,300	23,800	34,000
2d Conv	3,240	9,720	16,200	36,450	56,700	81,000
1952-53 Cosmopolitan Model BH, V-8, 123" wb						
4d Sed	760	2,280	3,800	8,550	13,300	19,000
2d HT	1,160	3,480	5,800	13,050	20,300	29,000
1952-53 Capri, V-8, 123" wb						
4d Sed	800	2,400	4,000	9,000	14,000	20,000
2d HT	1,160	3,480	5,800	13,050	20,300	29,000
2d Conv	2,480	7,440	12,400	27,900	43,400	62,000
1954 Cosmopolitan, V-8, 123" wb						
4d Sed	800	2,400	4,000	9,000	14,000	20,000

	6	5	4	3	2	1
2d HT	1,200	3,600	6,000	13,500	21,000	30,000
1954 Capri, V-8, 123" wb						
4d Sed	840	2,520	4,200	9,450	14,700	21,000
2d HT	1,200	3,600	6,000	13,500	21,000	30,000
2d Conv	2,560	7,680	12,800	28,800	44,800	64,000
1955 Cosmopolitan, V-8, 123" wb						
4d Sed	880	2,640	4,400	9,900	15,400	22,000
2d HT	1,240	3,720	6,200	13,950	21,700	31,000
1955 Capri, V-8, 123" wb						
4d Sed	980	2,940	4,900	11,030	17,150	24,500
2d HT	1,260	3,780	6,300	14,180	22,050	31,500
2d Conv	2,640	7,920	13,200	29,700	46,200	66,000
1956 Capri, V-8, 126" wb						
4d Sed	920	2,760	4,600	10,350	16,100	23,000
2d HT	1,200	3,600	6,000	13,500	21,000	30,000
1956 Premiere, V-8, 126" wb						
4d Sed	1,000	3,000	5,000	11,250	17,500	25,000
2d HT	1,280	3,840	6,400	14,400	22,400	32,000
2d Conv	3,400	10,200	17,000	38,250	59,500	85,000
1956 Continental Mk II, V-8, 126" wb						
2d HT	3,600	10,800	18,000	40,500	63,000	90,000
1957 Capri, V-8, 126" wb						
4d Sed	840	2,520	4,200	9,450	14,700	21,000
4d HT	960	2,880	4,800	10,800	16,800	24,000
2d HT	1,240	3,720	6,200	13,950	21,700	31,000
1957 Premiere, V-8, 126" wb						
4d Sed	920	2,760	4,600	10,350	16,100	23,000
4d HT	960	2,880	4,800	10,800	16,800	24,000
2d HT	1,320	3,960	6,600	14,850	23,100	33,000
2d Conv	3,440	10,320	17,200	38,700	60,200	86,000
1957 Continental Mk II, V-8, 126" wb						
2d HT	3,600	10,800	18,000	40,500	63,000	90,000
1958-59 Capri, V-8, 131" wb						
4d Sed	720	2,160	3,600	8,100	12,600	18,000
4d HT	800	2,400	4,000	9,000	14,000	20,000
2d HT	920	2,760	4,600	10,350	16,100	23,000
1958-59 Premiere, V-8, 131" wb						
4d Sed	760	2,280	3,800	8,550	13,300	19,000
4d HT	840	2,520	4,200	9,450	14,700	21,000
2d HT	960	2,880	4,800	10,800	16,800	24,000
1958-59 Continental Mk III and IV, V-8, 131" wb						
4d Sed	840	2,520	4,200	9,450	14,700	21,000
4d HT	920	2,760	4,600	10,350	16,100	23,000
2d HT	1,040	3,120	5,200	11,700	18,200	26,000
2d Conv	3,500	10,500	17,500	39,380	61,250	87,500
4d Town Car (1959 only)	1,240	3,720	6,200	13,950	21,700	31,000
4d Limo (1959 only)	1,480	4,440	7,400	16,650	25,900	37,000
1960 Lincoln, V-8, 131" wb						
4d Sed	760	2,280	3,800	8,550	13,300	19,000
4d HT	840	2,520	4,200	9,450	14,700	21,000
2d HT	920	2,760	4,600	10,350	16,100	23,000
1960 Premiere, V-8, 131" wb						
4d Sed	800	2,400	4,000	9,000	14,000	20,000
4d HT	880	2,640	4,400	9,900	15,400	22,000
2d HT	960	2,880	4,800	10,800	16,800	24,000
1960 Continental Mk V, V-8, 131" wb						
4d Sed	880	2,640	4,400	9,900	15,400	22,000
4d HT	960	2,880	4,800	10,800	16,800	24,000
2d HT	1,120	3,360	5,600	12,600	19,600	28,000
2d Conv	3,540	10,620	17,700	39,830	61,950	88,500
4d Town Car	1,280	3,840	6,400	14,400	22,400	32,000
4d Limo	1,520	4,560	7,600	17,100	26,600	38,000
1961-63 Continental, V-8, 123" wb						
4d Sed	1,000	3,000	5,000	11,250	17,500	25,000
4d Conv	2,360	7,080	11,800	26,550	41,300	59,000
1964-65 Continental, V-8, 126" wb						
4d Sed	1,040	3,120	5,200	11,700	18,200	26,000
4d Conv	2,400	7,200	12,000	27,000	42,000	60,000
4d Exec Limo	1,600	4,800	8,000	18,000	28,000	40,000
1966 Continental, V-8, 126" wb						
4d Sed	720	2,160	3,600	8,100	12,600	18,000
2d HT	840	2,520	4,200	9,450	14,700	21,000
4d Conv	2,000	6,000	10,000	22,500	35,000	50,000
1967 Continental, V-8, 126" wb						
4d Sed	720	2,160	3,600	8,100	12,600	18,000
2d HT	840	2,520	4,200	9,450	14,700	21,000

	6	5	4	3	2	1
4d Conv.	2,000	6,000	10,000	22,500	35,000	50,000
1968 Continental, V-8, 126" wb						
4d Sed.	680	2,040	3,400	7,650	11,900	17,000
2d HT	800	2,400	4,000	9,000	14,000	20,000
1968 Continental Mk III, V-8, 117" wb						
2d HT	840	2,520	4,200	9,450	14,700	21,000
1969 Continental, V-8, 126" wb						
4d Sed.	640	1,920	3,200	7,200	11,200	16,000
2d HT	680	2,040	3,400	7,650	11,900	17,000
1969 Continental Mk III, V-8, 117" wb						
2d HT	1,000	3,000	5,000	11,250	17,500	25,000
1970 Continental						
4d Sed.	640	1,920	3,200	7,200	11,200	16,000
2d HT	680	2,040	3,400	7,650	11,900	17,000
1970 Continental Mk III, V-8, 117" wb						
2d HT	1,020	3,060	5,100	11,480	17,850	25,500
1971 Continental						
4d Sed.	640	1,920	3,200	7,200	11,200	16,000
2d HT	680	2,040	3,400	7,650	11,900	17,000
1971 Mk III						
2d HT	1,020	3,060	5,100	11,480	17,850	25,500
1972 Continental						
4d Sed.	640	1,920	3,200	7,200	11,200	16,000
2d HT	680	2,040	3,400	7,650	11,900	17,000
1972 Mk IV						
2d HT	760	2,280	3,800	8,550	13,300	19,000
1973 Continental, V-8						
2d HT	660	1,980	3,300	7,430	11,550	16,500
4d HT	620	1,860	3,100	6,980	10,850	15,500
1973 Mk IV, V-8						
2d HT	760	2,280	3,800	8,550	13,300	19,000
1974 Continental, V-8						
4d Sed.	600	1,800	3,000	6,750	10,500	15,000
2d Cpe.	620	1,860	3,100	6,980	10,850	15,500
1974 Mk IV, V-8						
2d HT	720	2,160	3,600	8,100	12,600	18,000
1975 Continental, V-8						
4d Sed.	612	1,836	3,060	6,890	10,710	15,300
2d Cpe.	620	1,860	3,100	6,980	10,850	15,500
1975 Mk IV, V-8						
2d HT	720	2,160	3,600	8,100	12,600	18,000
1976 Continental, V-8						
4d Sed.	600	1,800	3,000	6,750	10,500	15,000
2d Cpe.	620	1,860	3,100	6,980	10,850	15,500
1976 Mk IV, V-8						
2d Cpe.	720	2,160	3,600	8,100	12,600	18,000
NOTE: Add 10 percent for 460 cid engine. Add 5 percent for Designer Series.						
1977 Versailles, V-8						
4d Sed.	400	1,200	2,000	4,500	7,000	10,000
1977 Continental, V-8						
4d Sed.	412	1,236	2,060	4,640	7,210	10,300
2d Cpe.	420	1,260	2,100	4,730	7,350	10,500
1977 Mk V, V-8						
2d Cpe.	600	1,800	3,000	6,750	10,500	15,000
NOTE: Add 10 percent for 460 cid engine. Add 5 percent for Designer Series.						
1978 Versailles						
4d Sed.	360	1,080	1,800	4,050	6,300	9,000
1978 Continental						
4d Sed.	400	1,200	2,000	4,500	7,000	10,000
2d Cpe.	440	1,320	2,200	4,950	7,700	11,000
1978 Mk V						
2d Cpe.	600	1,800	3,000	6,750	10,500	15,000
NOTE: Add 10 percent for Diamond Jubilee. Add 5 percent for Collector Series. Add 5 percent for Designer Series. Add 10 percent for 460 cid engine.						
1979 Versailles, V-8						
4d Sed.	360	1,080	1,800	4,050	6,300	9,000
1979 Continental, V-8						
4d Sed.	400	1,200	2,000	4,500	7,000	10,000
2d Cpe.	440	1,320	2,200	4,950	7,700	11,000
1979 Mk V, V-8						
2d Cpe.	560	1,680	2,800	6,300	9,800	14,000
NOTE: Add 5 percent for Collector Series. Add 5 percent for Designer Series.						
1980 Versailles, V-8						
4d Sed.	360	1,080	1,800	4,050	6,300	9,000
1980 Continental, V-8						
4d Sed.	400	1,200	2,000	4,500	7,000	10,000

	6	5	4	3	2	1
2d Cpe	440	1,320	2,200	4,950	7,700	11,000
1980 Mk VI, V-8						
4d Sed	520	1,560	2,600	5,850	9,100	13,000
2d Cpe	560	1,680	2,800	6,300	9,800	14,000
NOTE: Add 30 percent for Signature Series. Add 10 percent for Signature Series w/351-cid options.						
1981 Town Car, V-8						
4d Sed	300	900	1,450	3,290	5,100	7,300
2d Cpe	300	950	1,550	3,510	5,450	7,800
1981 Mk VI						
4d Sed	420	1,260	2,100	4,730	7,350	10,500
2d Cpe	460	1,380	2,300	5,180	8,050	11,500
NOTE: Add 20 percent for Signature Series.						
1982 Town Car, V-8						
4d Sed	260	780	1,300	2,930	4,550	6,500
1982 Mk VI, V-8						
4d Sed	400	1,200	2,000	4,500	7,000	10,000
2d Cpe	440	1,320	2,200	4,950	7,700	11,000
NOTE: Add 5 percent for Designer Series.						
1982 Continental, V-8						
4d Sed	520	1,560	2,600	5,850	9,100	13,000
1983 Town Car, V-8						
4d Sed	272	816	1,360	3,060	4,760	6,800
1983 Mk VI, V-8						
4d Sed	360	1,080	1,800	4,050	6,300	9,000
2d Cpe	400	1,200	2,000	4,500	7,000	10,000
NOTE: Add 5 percent for Designer Series.						
1983 Continental, V-8						
4d Sed	520	1,560	2,600	5,850	9,100	13,000
1984 Town Car, V-8						
4d Sed	276	828	1,380	3,110	4,830	6,900
1984 Mk VII, V-8						
2d Cpe	360	1,080	1,800	4,050	6,300	9,000
2d LSC Cpe	540	1,620	2,700	6,080	9,450	13,500
NOTE: Add 10 percent for BMW 2.4 liter turbo diesel option.						
1984 Continental, V-8						
4d Sed	520	1,560	2,600	5,850	9,100	13,000
1985 Town Car, V-8						
4d Sed	360	1,080	1,800	4,050	6,300	9,000
1985 Mk VII, V-8						
2d Cpe	368	1,104	1,840	4,140	6,440	9,200
2d LSC Cpe	540	1,620	2,700	6,080	9,450	13,500
NOTE: Add 10 percent for BMW 2.4 liter turbo diesel option.						
1985 Continental, V-8						
4d Sed	536	1,608	2,680	6,030	9,380	13,400
1986 Town Car						
4d Sed	380	1,140	1,900	4,280	6,650	9,500
1986 Mk VII						
2d Cpe	520	1,560	2,600	5,850	9,100	13,000
2d LSC Cpe	540	1,620	2,700	6,080	9,450	13,500
2d Cpe Bill Blass	550	1,700	2,800	6,300	9,800	14,000
1986 Continental						
4d Sed	552	1,656	2,760	6,210	9,660	13,800
NOTE: Add 20 percent for Designer Series.						
1987 Town Car, V-8						
4d Sed	392	1,176	1,960	4,410	6,860	9,800
4d Sed Signature	420	1,260	2,100	4,730	7,350	10,500
4d Sed Cartier	540	1,620	2,700	6,080	9,450	13,500
1987 Mk VII, V-8						
2d Cpe	420	1,260	2,100	4,730	7,350	10,500
2d Cpe LSC	540	1,620	2,700	6,080	9,450	13,500
2d Cpe Bill Blass	560	1,680	2,800	6,300	9,800	14,000
1987 Continental, V-8						
4d Sed	380	1,140	1,900	4,280	6,650	9,500
4d Sed Givenchy	420	1,260	2,100	4,730	7,350	10,500
1988 Town Car, V-8						
4d Sed	400	1,200	2,000	4,500	7,000	10,000
4d Sed Signature	520	1,560	2,600	5,850	9,100	13,000
4d Sed Cartier	540	1,620	2,700	6,080	9,450	13,500
1988 Mk VII, V-8						
2d Cpe LSC	552	1,656	2,760	6,210	9,660	13,800
2d Cpe Bill Blass	556	1,668	2,780	6,260	9,730	13,900
1988 Continental,V-6						
4d Sed	412	1,236	2,060	4,640	7,210	10,300
4d Sed Signature	532	1,596	2,660	5,990	9,310	13,300
1989 Town Car, V-8						
4d Sed	540	1,620	2,700	6,080	9,450	13,500

	6	5	4	3	2	1
4d Sed Signature	560	1,680	2,800	6,300	9,800	14,000
4d Sed Cartier	600	1,800	3,000	6,750	10,500	15,000
1989 Mk VII, V-8						
2d Cpe LSC	560	1,680	2,800	6,300	9,800	14,000
2d Cpe Bill Blass	560	1,680	2,800	6,300	9,800	14,000
1989 Continental, V-6						
4d Sed	420	1,260	2,100	4,730	7,350	10,500
4d Sed Signature	540	1,620	2,700	6,080	9,450	13,500
1990 Town Car, V-8						
4d Sed	600	1,800	3,000	6,750	10,500	15,000
4d Sed Signature	640	1,920	3,200	7,200	11,200	16,000
4d Sed Cartier	660	1,980	3,300	7,430	11,550	16,500
1990 Mk VII, V-8						
2d LSC Cpe	560	1,680	2,800	6,300	9,800	14,000
2d Cpe Bill Blass	580	1,740	2,900	6,530	10,150	14,500
1990 Continental, V-6						
4d Sed	520	1,560	2,600	5,850	9,100	13,000
4d Sed Signature	540	1,620	2,700	6,080	9,450	13,500
1991 Town Car, V-8						
4d Sed	520	1,560	2,600	5,850	9,100	13,000
4d Sed Signature	540	1,620	2,700	6,080	9,450	13,500
4d Sed Cartier	580	1,740	2,900	6,530	10,150	14,500
1991 Mk VII, V-8						
2d Cpe LSC	560	1,680	2,800	6,300	9,800	14,000
2d Cpe Bill Blass	580	1,740	2,900	6,530	10,150	14,500
1991 Continental, V-6						
4d Sed	420	1,260	2,100	4,730	7,350	10,500
4d Sed Signature	520	1,560	2,600	5,850	9,100	13,000
1992 Town Car, V-8						
4d Sed Executive	592	1,776	2,960	6,660	10,360	14,800
4d Sed Signature	600	1,800	3,000	6,750	10,500	15,000
4d Sed Cartier	620	1,860	3,100	6,980	10,850	15,500
1992 Mk VII, V-8						
2d Cpe LSC	640	1,920	3,200	7,200	11,200	16,000
2d Cpe Bill Blass	640	1,920	3,200	7,200	11,200	16,000
1992 Continental, V-6						
4d Executive	400	1,200	2,000	4,500	7,000	10,000
4d Signature	420	1,260	2,100	4,730	7,350	10,500
1993 Town Car, V-8						
4d Sed Executive	600	1,800	3,000	6,750	10,500	15,000
4d Sed Signature	640	1,920	3,200	7,200	11,200	16,000
4d Sed Cartier	660	1,980	3,300	7,430	11,550	16,500
1993 Mk VIII, V-8						
2d Sed Executive	648	1,944	3,240	7,290	11,340	16,200
2d Sed Signature	652	1,956	3,260	7,340	11,410	16,300
1993 Continental, V-6						
4d Sed Executive	600	1,800	3,000	6,750	10,500	15,000
4d Sed Signature	604	1,812	3,020	6,800	10,570	15,100
1994 Town Car, V-8						
4d Sed Executive	520	1,560	2,600	5,850	9,100	13,000
4d Sed Signature	540	1,620	2,700	6,080	9,450	13,500
4d Sed Cartier	580	1,740	2,900	6,530	10,150	14,500
1994 Mark VIII, V-8						
2d Cpe	520	1,560	2,600	5,850	9,100	13,000
1994 Continental, V-6						
4d Sed Executive	440	1,320	2,200	4,950	7,700	11,000
4d Sed Signature	480	1,440	2,400	5,400	8,400	12,000
1995 Town Car, V-8						
4d Executive Sed	500	1,550	2,600	5,850	9,100	13,000
4d Signature Sed	550	1,600	2,700	6,080	9,450	13,500
4d Cartier Sed	600	1,750	2,900	6,530	10,200	14,500
1995 Mark VIII, V-8						
2d Cpe	500	1,550	2,600	5,850	9,100	13,000
1995 Continental V-8						
4d Sed	500	1,500	2,500	5,630	8,750	12,500
1996 Town Car, V-8						
4d Executive Sed	500	1,550	2,600	5,850	9,100	13,000
4d Signature Sed	550	1,600	2,700	6,080	9,450	13,500
4d Cartier Sed	600	1,750	2,900	6,530	10,200	14,500
1996 Mark VIII, V-8						
2d Cpe	500	1,550	2,600	5,850	9,100	13,000
1996 Continental, V-8						
4d Sed	500	1,500	2,500	5,630	8,750	12,500
1997 Town Car, V-8						
4d Executive Sed	520	1,560	2,600	5,850	9,100	13,000
4d Signature Sed	540	1,620	2,700	6,080	9,450	13,500

	6	5	4	3	2	1
4d Cartier Sed	580	1,740	2,900	6,530	10,150	14,500
1997 Mark VIII, V-8						
2d Cpe	520	1,560	2,600	5,850	9,100	13,000
2d LSC Cpe	560	1,680	2,800	6,300	9,800	14,000
1997 Continental, V-8						
4d Sed	500	1,500	2,500	5,630	8,750	12,500
1998 Town Car, V-8						
4d Executive Sed	530	1,580	2,640	5,940	9,240	13,200
4d Signature Sed	550	1,640	2,740	6,170	9,590	13,700
4d Cartier Sed	590	1,760	2,940	6,620	10,290	14,700
1998 Mark VIII, V-8						
2d Cpe	520	1,560	2,600	5,850	9,100	13,000
2d LSC Cpe	560	1,680	2,800	6,300	9,800	14,000
1998 Continental, V-8						
4d Sed	510	1,520	2,540	5,720	8,890	12,700
1999 Town Car, V-8						
4d Executive Sed	530	1,580	2,640	5,940	9,240	13,200
4d Signature Sed	550	1,640	2,740	6,170	9,590	13,700
4d Cartier Sed	590	1,760	2,940	6,620	10,290	14,700
1999 Continental, V-8						
4d Sed	510	1,540	2,560	5,760	8,960	12,800
2000 LS, V-6 & V-8						
4d Sed	360	1,080	1,800	4,050	6,300	9,000
NOTE: Deduct 5 percent for manual transmission.						
2000 Town Car, V-8						
4d Executive Sed	530	1,600	2,660	5,990	9,310	13,300
4d Signature Sed	550	1,660	2,760	6,210	9,660	13,800
4d Cartier Sed	590	1,780	2,960	6,660	10,360	14,800
NOTE: Add 5 percent for Signature Touring pkg.						
2000 Continental, V-8						
4d Sed	510	1,540	2,560	5,760	8,960	12,800
2001 LS, V-6 & V-8						
4d Sed	360	1,090	1,820	4,550	6,370	9,100
NOTE: Add 5 percent for Sport pkg. Deduct 5 percent for manual transmission.						
2001 Town Car, V-8						
4d Executive Sed	540	1,610	2,680	6,700	9,380	13,400
4d Signature Sed	560	1,670	2,780	6,950	9,730	13,900
4d Cartier Sed	600	1,790	2,980	7,450	10,430	14,900
NOTE: Add 5 percent for L pkg. (N/A on Signature Sed). Add 5 percent for Signature Touring pkg.						
2001 Continental, V-8						
4d Sed	520	1,550	2,580	6,450	9,030	12,900
2002 LS, V-6 & V-8						
4d Sed	360	1,090	1,820	4,550	6,370	9,100
NOTE: Add 5 percent for LSE, Sport or All-Season pkgs. Deduct 5 percent for manual transmission.						
2002 Town Car, V-8						
4d Executive Sed	540	1,610	2,680	6,700	9,380	13,400
4d Signature Sed	560	1,670	2,780	6,950	9,730	13,900
4d Cartier Sed	600	1,790	2,980	7,450	10,430	14,900
NOTE: Add 5 percent for L pkg. (N/A on Signature Sed). Add 5 percent for Signature Touring pkg.						
2002 Continental, V-8						
4d Sed	520	1,550	2,580	6,450	9,030	12,900
2003 LS, V-6 & V-8						
4d Sed (V-6 only)	360	1,090	1,820	4,550	6,370	9,100
4d Sport Sed (V-8 only)	450	1,340	2,240	5,600	7,840	11,200
2003 Town Car, V-8						
4d Executive Sed	540	1,610	2,680	6,700	9,380	13,400
4d Signature Sed	560	1,670	2,780	6,950	9,730	13,900
4d Cartier Sed	600	1,790	2,980	7,450	10,430	14,900
NOTE: Add 5 percent for L pkg.						
2004 LS, V-6 & V-8						
4d Sed (V-6 only)	360	1,090	1,820	4,550	6,370	9,100
4d Sport Sed (V-8 only)	450	1,340	2,240	5,600	7,840	11,200
NOTE: Add 5 percent for LSE pkg.						
2004 Town Car, V-8						
4d Executive Sed	540	1,610	2,680	6,700	9,380	13,400
4d Signature Sed	560	1,670	2,780	6,950	9,730	13,900
4d Ultimate Sed	600	1,790	2,980	7,450	10,430	14,900
4d Ultimate Limited Sed	620	1,860	3,100	7,750	10,850	15,500
2005 LS, V-6						
4d Sed	360	1,090	1,820	4,550	6,370	9,100
4d Sport Sed (V-8)	450	1,340	2,240	5,600	7,840	11,200
NOTE: Add 5 percent for LSE pkg.						
2005 Town Car, V-8						
4d Executive Sed	540	1,620	2,700	6,750	9,450	13,500
4d Signature Sed	560	1,680	2,800	7,000	9,800	14,000
4d Signature Limited Sed	570	1,700	2,840	7,100	9,940	14,200

	6	5	4	3	2	1
4d Executive L Sed	590	1,780	2,960	7,400	10,360	14,800
4d Signature L Sed	620	1,870	3,120	7,800	10,920	15,600
2006 Zephyr, V-6						
4d Sed.	480	1,440	2,400	6,000	8,400	12,000
2006 Town Car Sedan 4.6L V-8						
4d Signature	480	1,450	2,420	6,050	8,470	12,100
4d Signature LTD	520	1,560	2,600	6,500	9,100	13,000
4d Designer.	560	1,680	2,800	7,000	9,800	14,000
Executive L	580	1,740	2,900	7,250	10,150	14,500
Signature L	600	1,800	3,000	7,500	10,500	15,000
2006 LS, 3.9L V-8						
4d Sed.	420	1,250	2,080	5,200	7,280	10,400

LOCOMOBILE

1901						
Style 2 Steam Rbt	1,560	4,680	7,800	17,550	27,300	39,000
Style 02 Steam Rbt	1,600	4,800	8,000	18,000	28,000	40,000
Style 3 Buggy Top Rbt	1,640	4,920	8,200	18,450	28,700	41,000
Style 03 Vic Top Rbt	1,640	4,920	8,200	18,450	28,700	41,000
Style 003 Vic Top Rbt	1,640	4,920	8,200	18,450	28,700	41,000
Style 5 Locosurrey	1,680	5,040	8,400	18,900	29,400	42,000
Style 05 Locosurrey	1,720	5,160	8,600	19,350	30,100	43,000
1902						
4P Model A Steam Tr	1,640	4,920	8,200	18,450	28,700	41,000
2/4P Model B Steam Tr.	1,680	5,040	8,400	18,900	29,400	42,000
2P Steam Vic	1,560	4,680	7,800	17,550	27,300	39,000
Style No. 2 Std Steam Rbt	1,520	4,560	7,600	17,100	26,600	38,000
Style No. 02 Steam Rbt.	1,560	4,680	7,800	17,550	27,300	39,000
4P Style No. 5 Steam Locosurrey	1,640	4,920	8,200	18,450	28,700	41,000
4P Style No. 05 Steam Locosurrey	1,680	5,040	8,400	18,900	29,400	42,000
Style No. 3 Steam Physician's Car	1,560	4,680	7,800	17,550	27,300	39,000
Style No. 03 Steam Stanhope	1,480	4,440	7,400	16,650	25,900	37,000
Style No. 003 Stanhope	1,520	4,560	7,600	17,100	26,600	38,000
Steam Locotrap	1,520	4,560	7,600	17,100	26,600	38,000
Steam Locodelivery	1,560	4,680	7,800	17,550	27,300	39,000
1903 Steam Cars						
Dos-a-Dos	1,600	4,800	8,000	18,000	28,000	40,000
Locosurrey	1,640	4,920	8,200	18,450	28,700	41,000
Rbt.	1,560	4,680	7,800	17,550	27,300	39,000
1903 Gasoline Car, 2-cyl., 9 hp, 76" wb						
5P Tonn.	1,600	4,800	8,000	18,000	28,000	40,000
1903 Gasoline Car, 4-cyl., 16 hp, 86" wb						
5P Tonn.	1,720	5,160	8,600	19,350	30,100	43,000
1904 Steam Cars						
Tr, 85" wb	1,680	5,040	8,400	18,900	29,400	42,000
Tr, 79" wb	1,720	5,160	8,600	19,350	30,100	43,000
Stanhope, 79" wb	1,560	4,680	7,800	17,550	27,300	39,000
Dos-a-Dos, 79" wb	1,640	4,920	8,200	18,450	28,700	41,000
LWB Rbt	1,600	4,800	8,000	18,000	28,000	40,000
Locosurrey, 75" wb	1,720	5,160	8,600	19,350	30,100	43,000
Spl Surrey, 93" wb	1,760	5,280	8,800	19,800	30,800	44,000
1904 Gasoline Model C, 2-cyl., 9/12 hp, 76" wb						
5P Tonn.	1,680	5,040	8,400	18,900	29,400	42,000
5P Canopy Top Tonn	1,840	5,520	9,200	20,700	32,200	46,000
1904 Gasoline Model D, 4-cyl., 16/22 hp, 86" wb						
6/8P Limo	1,440	4,320	7,200	16,200	25,200	36,000
6P King of Belgian Tonn	1,560	4,680	7,800	17,550	27,300	39,000
6P DeL Tonn	1,400	4,200	7,000	15,750	24,500	35,000
1905 Model E, 4-cyl., 15/20 hp, 92" wb						
5P Tr	1,720	5,160	8,600	19,350	30,100	43,000
5P Lan'let	1,640	4,920	8,200	18,450	28,700	41,000
1905 Model D, 4-cyl., 20/25 hp, 96" wb						
7P Tr	1,760	5,280	8,800	19,800	30,800	44,000
1905 Model H, 4-cyl., 30/35 hp, 106" wb						
7P Tr	1,800	5,400	9,000	20,250	31,500	45,000
7P Limo	1,480	4,440	7,400	16,650	25,900	37,000
1905 Model F, 4-cyl., 40/45 hp, 110" wb						
7P Limo	1,520	4,560	7,600	17,100	26,600	38,000
1906 Model E, 4-cyl., 15/20 hp, 93" wb						
5P Tr	1,720	5,160	8,600	19,350	30,100	43,000
2P Fishtail Rbt.	1,760	5,280	8,800	19,800	30,800	44,000
5P Limo	1,440	4,320	7,200	16,200	25,200	36,000
1906 Model H, 4-cyl., 30/35 hp, 106" wb						
5/7P Tr	1,800	5,400	9,000	20,250	31,500	45,000
5/7P Limo	1,480	4,440	7,400	16,650	25,900	37,000

LOCOMOBILE

	6	5	4	3	2	1
1906 Special, 4-cyl., 90 hp, 110" wb						
Vanderbilt Racer			value not estimable			
1907 Model E, 4-cyl., 20 hp, 96" wb						
5P Tr	1,760	5,280	8,800	19,800	30,800	44,000
2P Fishtail Rbt	1,800	5,400	9,000	20,250	31,500	45,000
5P Limo	1,480	4,440	7,400	16,650	25,900	37,000
1907 Model H, 4-cyl., 35 hp, 120" wb						
7P Tr	1,840	5,520	9,200	20,700	32,200	46,000
7P Limo	1,520	4,560	7,600	17,100	26,600	38,000
1907 Special, 4-cyl., 90 hp, 120" wb						
Vanderbilt Racer			value not estimable			
1908 Model E, 4-cyl., 20 hp, 102" wb						
Std Tr	1,800	5,400	9,000	20,250	31,500	45,000
1908 Model E, 4-cyl., 20 hp, 116" wb						
6P Limo	1,480	4,440	7,400	16,650	25,900	37,000
6P Lan'let	1,600	4,800	8,000	18,000	28,000	40,000
1908 Model I, 4-cyl., 40 hp, 123" wb						
3P Rbt	1,880	5,640	9,400	21,150	32,900	47,000
1909 Model 30, 4-cyl., 32 hp, 120" wb						
5P Tr	1,840	5,520	9,200	20,700	32,200	46,000
4P Rbt	1,880	5,640	9,400	21,150	32,900	47,000
1909 Model 40, 4-cyl., 40 hp, 123" wb						
7P Tr	1,920	5,760	9,600	21,600	33,600	48,000
4P Baby Tonn	1,960	5,880	9,800	22,050	34,300	49,000
7P Limo	1,480	4,440	7,400	16,650	25,900	37,000
1910 Model 30(L), 4-cyl., 30 hp, 120" wb						
4P Rds	1,920	5,760	9,600	21,600	33,600	48,000
4P Baby Tonn	1,880	5,640	9,400	21,150	32,900	47,000
5P Tr	1,840	5,520	9,200	20,700	32,200	46,000
Limo	1,480	4,440	7,400	16,650	25,900	37,000
1910 Model 40(I), 4-cyl., 40 hp, 123" wb						
7P Tr	2,160	6,480	10,800	24,300	37,800	54,000
Rbt	2,120	6,360	10,600	23,850	37,100	53,000
7P Limo	1,760	5,280	8,800	19,800	30,800	44,000
7P Lan'let	1,880	5,640	9,400	21,150	32,900	47,000
4P Baby Tonn	2,120	6,360	10,600	23,850	37,100	53,000
1911 Model 30(L), 4-cyl., 32 hp, 120" wb						
5P Tr	1,920	5,760	9,600	21,600	33,600	48,000
4P Baby Tonn	2,000	6,000	10,000	22,500	35,000	50,000
4P Torp	2,040	6,120	10,200	22,950	35,700	51,000
6P Limo	1,560	4,680	7,800	17,550	27,300	39,000
6P Lan'let	1,680	5,040	8,400	18,900	29,400	42,000
1911 Model 48(M), 6-cyl., 48 hp, 125" wb						
7P Tr	2,200	6,600	11,000	24,750	38,500	55,000
4P Baby Tonn	2,320	6,960	11,600	26,100	40,600	58,000
7P Limo	1,840	5,520	9,200	20,700	32,200	46,000
7P Lan'let	1,960	5,880	9,800	22,050	34,300	49,000
1912 Model 30(L), 4-cyl., 30 hp, 120" wb						
Tr	1,920	5,760	9,600	21,600	33,600	48,000
Baby Tonn	1,960	5,880	9,800	22,050	34,300	49,000
Torp	2,000	6,000	10,000	22,500	35,000	50,000
Limo	1,560	4,680	7,800	17,550	27,300	39,000
Berl	1,720	5,160	8,600	19,350	30,100	43,000
Lan'let	1,840	5,520	9,200	20,700	32,200	46,000
1912 Model 48(M), 6-cyl., 48 hp, 135" wb						
Tr	2,200	6,600	11,000	24,750	38,500	55,000
4P Torp	2,240	6,720	11,200	25,200	39,200	56,000
5P Torp	2,280	6,840	11,400	25,650	39,900	57,000
Limo	1,800	5,400	9,000	20,250	31,500	45,000
Berl	1,960	5,880	9,800	22,050	34,300	49,000
Lan'let	2,080	6,240	10,400	23,400	36,400	52,000
1913 Model 30(L), 4-cyl., 32.4 hp, 120" wb						
4P Torp	2,040	6,120	10,200	22,950	35,700	51,000
5P Tr	2,080	6,240	10,400	23,400	36,400	52,000
Rds	2,040	6,120	10,200	22,950	35,700	51,000
1913 Model 38(R), 6-cyl., 43.8 hp, 128" wb						
4P Torp	2,480	7,440	12,400	27,900	43,400	62,000
5P Tr	2,440	7,320	12,200	27,450	42,700	61,000
Rds	2,480	7,440	12,400	27,900	43,400	62,000
Limo	1,840	5,520	9,200	20,700	32,200	46,000
Lan'let	1,920	5,760	9,600	21,600	33,600	48,000
Berl Limo	2,040	6,120	10,200	22,950	35,700	51,000
Berl Lan'let	2,120	6,360	10,600	23,850	37,100	53,000
1914 Model 38, 6-cyl., 43.8 hp, 132" wb						
4P Torp	2,720	8,160	13,600	30,600	47,600	68,000
5P Tr	2,800	8,400	14,000	31,500	49,000	70,000

	6	5	4	3	2	1
2P Rds	2,880	8,640	14,400	32,400	50,400	72,000
7P Limo	2,160	6,480	10,800	24,300	37,800	54,000
7P Lan'let	2,200	6,600	11,000	24,750	38,500	55,000
7P Berl	2,280	6,840	11,400	25,650	39,900	57,000
1914 Model 48, 6-cyl., 48.6 hp, 136 & 140" wb						
7P Tr	2,800	8,400	14,000	31,500	49,000	70,000
6P Torp	2,880	8,640	14,400	32,400	50,400	72,000
2P Rds	2,960	8,880	14,800	33,300	51,800	74,000
7P Limo	2,280	6,840	11,400	25,650	39,900	57,000
7P Lan'let	2,360	7,080	11,800	26,550	41,300	59,000
7P Berl	2,440	7,320	12,200	27,450	42,700	61,000
1915 Model 38, 6-cyl., 43.3 hp, 132" wb						
5P Tr	2,800	8,400	14,000	31,500	49,000	70,000
2P Rds	2,880	8,640	14,400	32,400	50,400	72,000
4P Torp	2,800	8,400	14,000	31,500	49,000	70,000
7P Limo	1,560	4,680	7,800	17,550	27,300	39,000
7P Lan'let	1,600	4,800	8,000	18,000	28,000	40,000
7P Berl	1,640	4,920	8,200	18,450	28,700	41,000
1915 Model 48, 6-cyl., 48.6 hp, 140" wb						
7P Tr	2,880	8,640	14,400	32,400	50,400	72,000
2P Rds	2,960	8,880	14,800	33,300	51,800	74,000
6P Torp	2,880	8,640	14,400	32,400	50,400	72,000
7P Limo	1,600	4,800	8,000	18,000	28,000	40,000
7P Lan'let	1,640	4,920	8,200	18,450	28,700	41,000
7P Berl	1,680	5,040	8,400	18,900	29,400	42,000
1916 Model 38, 6-cyl., 43.35 hp, 140" wb						
7P Tr	3,040	9,120	15,200	34,200	53,200	76,000
6P Tr	3,120	9,360	15,600	35,100	54,600	78,000
7P Limo	1,560	4,680	7,800	17,550	27,300	39,000
7P Lan'let	1,600	4,800	8,000	18,000	28,000	40,000
7P Berl	1,640	4,920	8,200	18,450	28,700	41,000
1916 Model 48, 6-cyl., 48.6 hp, 143" wb						
6P Tr	3,760	11,280	18,800	42,300	65,800	94,000
7P Tr	3,440	10,320	17,200	38,700	60,200	86,000
7P Lan'let	1,720	5,160	8,600	19,350	30,100	43,000
7P Berl	1,760	5,280	8,800	19,800	30,800	44,000
7P Limo	1,680	5,040	8,400	18,900	29,400	42,000
1917 Model 38, 6-cyl., 43.34 hp, 139" wb						
7P Tr	3,600	10,800	18,000	40,500	63,000	90,000
6P Tr	3,760	11,280	18,800	42,300	65,800	94,000
4P Tr	3,840	11,520	19,200	43,200	67,200	96,000
7P Limo	1,680	5,040	8,400	18,900	29,400	42,000
7P Lan'let	1,720	5,160	8,600	19,350	30,100	43,000
7P Berl	1,800	5,400	9,000	20,250	31,500	45,000
1917 Model 48, 6-cyl., 48.6 hp, 142" wb						
Sportif	5,920	17,760	29,600	66,600	103,600	148,000
6P Tr	3,840	11,520	19,200	43,200	67,200	96,000
7P Tr	3,760	11,280	18,800	42,300	65,800	94,000
7P Lan'let	1,800	5,400	9,000	20,250	31,500	45,000
7P Berl	1,880	5,640	9,400	21,150	32,900	47,000
7P Limo	1,760	5,280	8,800	19,800	30,800	44,000
1918 Model 38, Series Two, 6-cyl., 43.35 hp, 139" wb						
7P Tr	3,600	10,800	18,000	40,500	63,000	90,000
6P Tr	3,680	11,040	18,400	41,400	64,400	92,000
4P Tr	3,760	11,280	18,800	42,300	65,800	94,000
7P Lan'let	1,680	5,040	8,400	18,900	29,400	42,000
7P Berl	1,800	5,400	9,000	20,250	31,500	45,000
7P Limo	1,640	4,920	8,200	18,450	28,700	41,000
1918 Model 48, Series Two, 6-cyl., 48.6 hp, 142" wb						
Sportif	5,920	17,760	29,600	66,600	103,600	148,000
7P Tr	3,760	11,280	18,800	42,300	65,800	94,000
6P Tr	3,840	11,520	19,200	43,200	67,200	96,000
4P Tr	3,840	11,520	19,200	43,200	67,200	96,000
7P Limo	1,760	5,280	8,800	19,800	30,800	44,000
7P Lan'let	1,800	5,400	9,000	20,250	31,500	45,000
7P Berl	1,880	5,640	9,400	21,150	32,900	47,000
1919 Model 48, 6-cyl., 48.6 hp, 142" wb						
7P Tr	3,840	11,520	19,200	43,200	67,200	96,000
Torp	3,840	11,520	19,200	43,200	67,200	96,000
Sportif	5,920	17,760	29,600	66,600	103,600	148,000
Limo	2,080	6,240	10,400	23,400	36,400	52,000
Lan'let	2,160	6,480	10,800	24,300	37,800	54,000
Berl	2,280	6,840	11,400	25,650	39,900	57,000
1920 Model 48, 6-cyl., 142" wb						
4P Spl Tr	3,920	11,760	19,600	44,100	68,600	98,000
4P Tr	3,760	11,280	18,800	42,300	65,800	94,000

	6	5	4	3	2	1
7P Tr	3,520	10,560	17,600	39,600	61,600	88,000
7P Limo	2,280	6,840	11,400	25,650	39,900	57,000
7P Lan'let	2,360	7,080	11,800	26,550	41,300	59,000
7P Sed	1,360	4,080	6,800	15,300	23,800	34,000
4P Cabr	1,880	5,640	9,400	21,150	32,900	47,000
5P Semi-Tr	2,280	6,840	11,400	25,650	39,900	57,000
1921 Model 48, 6-cyl., 95 hp, 142" wb						
7P Tr	3,520	10,560	17,600	39,600	61,600	88,000
Sportif	5,720	17,160	28,600	64,350	100,100	143,000
7P Limo	2,280	6,840	11,400	25,650	39,900	57,000
7P Lan	2,360	7,080	11,800	26,550	41,300	59,000
1922 Model 48, 6-cyl., 95 hp, 142" wb						
7P Tr	3,520	10,560	17,600	39,600	61,600	88,000
4P Sportif	5,720	17,160	28,600	64,350	100,100	143,000
6P Limo	2,280	6,840	11,400	25,650	39,900	57,000
Lan'let	2,360	7,080	11,800	26,550	41,300	59,000
DC Phae	5,520	16,560	27,600	62,100	96,600	138,000
Cpe-Limo	2,480	7,440	12,400	27,900	43,400	62,000
Cabr	2,560	7,680	12,800	28,800	44,800	64,000
Sed	1,880	5,640	9,400	21,150	32,900	47,000
1923 Model 48, 6-cyl., 95 hp, 142" wb						
4P Sportif	5,720	17,160	28,600	64,350	100,100	143,000
7P Tr	3,520	10,560	17,600	39,600	61,600	88,000
4P Tr	3,760	11,280	18,800	42,300	65,800	94,000
7P Limo	2,480	7,440	12,400	27,900	43,400	62,000
4P DC Phae	5,520	16,560	27,600	62,100	96,600	138,000
5P Cpe	1,880	5,640	9,400	21,150	32,900	47,000
5P Cabr	2,560	7,680	12,800	28,800	44,800	64,000
7P Sed	1,680	5,040	8,400	18,900	29,400	42,000
1924 Model 48, 6-cyl., 95 hp, 142" wb						
4P Sportif	5,520	16,560	27,600	62,100	96,600	138,000
7P Tr	3,760	11,280	18,800	42,300	65,800	94,000
7P Tr Limo	2,560	7,680	12,800	28,800	44,800	64,000
5P Brgm	2,480	7,440	12,400	27,900	43,400	62,000
Encl Dr Limo	2,400	7,200	12,000	27,000	42,000	60,000
Vic Sed	1,880	5,640	9,400	21,150	32,900	47,000
5P Cabr	2,720	8,160	13,600	30,600	47,600	68,000
1925 Junior 8, 8-cyl., 66 hp, 124" wb						
5P Tr	3,040	9,120	15,200	34,200	53,200	76,000
5P Sed	1,520	4,560	7,600	17,100	26,600	38,000
5P Brgm	1,920	5,760	9,600	21,600	33,600	48,000
4P Rds	3,200	9,600	16,000	36,000	56,000	80,000
4P Cpe	1,720	5,160	8,600	19,350	30,100	43,000
1925 Model 48, 6-cyl., 103 hp, 142" wb						
4P Sportif	5,720	17,160	28,600	64,350	100,100	143,000
7P Tr	3,840	11,520	19,200	43,200	67,200	96,000
7P Tr Limo	2,640	7,920	13,200	29,700	46,200	66,000
6P Brgm	2,400	7,200	12,000	27,000	42,000	60,000
5P Vic Sed	1,920	5,760	9,600	21,600	33,600	48,000
7P Encl Limo	2,480	7,440	12,400	27,900	43,400	62,000
7P Cabr	2,800	8,400	14,000	31,500	49,000	70,000
1926 Junior 8, 8-cyl., 66 hp, 124" wb						
5P Tr	3,120	9,360	15,600	35,100	54,600	78,000
5P Sed	1,520	4,560	7,600	17,100	26,600	38,000
5P Brgm	1,720	5,160	8,600	19,350	30,100	43,000
4P Rds	3,200	9,600	16,000	36,000	56,000	80,000
4P Cpe	1,800	5,400	9,000	20,250	31,500	45,000
1926 Model 90, 6-cyl., 86 hp, 138" wb						
4P Sportif	5,200	15,600	26,000	58,500	91,000	130,000
4P Rds	5,040	15,120	25,200	56,700	88,200	126,000
5P Vic Cpe	1,800	5,400	9,000	20,250	31,500	45,000
5P Vic Sed	1,720	5,160	8,600	19,350	30,100	43,000
5P Vic Div Sed	1,920	5,760	9,600	21,600	33,600	48,000
7P Brgm	2,000	6,000	10,000	22,500	35,000	50,000
7P Sub Limo	2,040	6,120	10,200	22,950	35,700	51,000
7P Cabr	2,560	7,680	12,800	28,800	44,800	64,000
1926 Model 48, 6-cyl., 103 hp, 138" wb						
4P Sportif	5,440	16,320	27,200	61,200	95,200	136,000
7P Tr	3,840	11,520	19,200	43,200	67,200	96,000
7P Cabr	2,640	7,920	13,200	29,700	46,200	66,000
5P Vic Sed	1,920	5,760	9,600	21,600	33,600	48,000
7P Encl Dr Limo	2,320	6,960	11,600	26,100	40,600	58,000
7P Tr Limo	2,120	6,360	10,600	23,850	37,100	53,000
6P Twn Brgm	2,080	6,240	10,400	23,400	36,400	52,000
1927 Junior 8, 8-cyl., 66 hp, 124" wb						
5P Tr	3,440	10,320	17,200	38,700	60,200	86,000

	6	5	4	3	2	1
5P Sed	1,920	5,760	9,600	21,600	33,600	48,000
5P Brgm	2,320	6,960	11,600	26,100	40,600	58,000
4P Rds	3,280	9,840	16,400	36,900	57,400	82,000
4P Cpe	2,400	7,200	12,000	27,000	42,000	60,000
1927 Model 8-80, 8-cyl., 90 hp, 130" wb						
5P Sed	1,720	5,160	8,600	19,350	30,100	43,000
1927 Model 90, 6-cyl., 86 hp, 138" wb						
4P Tr	3,600	10,800	18,000	40,500	63,000	90,000
4P Sportif	5,200	15,600	26,000	58,500	91,000	130,000
4P Rds	3,920	11,760	19,600	44,100	68,600	98,000
5P Vic Cpe	2,400	7,200	12,000	27,000	42,000	60,000
5P Sed	2,120	6,360	10,600	23,850	37,100	53,000
5P Div Sed	2,200	6,600	11,000	24,750	38,500	55,000
7P Sed	2,160	6,480	10,800	24,300	37,800	54,000
7P Brgm	2,400	7,200	12,000	27,000	42,000	60,000
7P Cabr	2,800	8,400	14,000	31,500	49,000	70,000
1927 Model 48, 6-cyl., 103 hp, 138" wb						
4P Sportif	5,440	16,320	27,200	61,200	95,200	136,000
7P Tr	3,680	11,040	18,400	41,400	64,400	92,000
4P Rds	4,000	12,000	20,000	45,000	70,000	100,000
5P Cabr	3,040	9,120	15,200	34,200	53,200	76,000
5P Vic Sed	1,920	5,760	9,600	21,600	33,600	48,000
7P Encl Dr Limo	2,320	6,960	11,600	26,100	40,600	58,000
7P Tr Limo	2,200	6,600	11,000	24,750	38,500	55,000
6P Twn Brgm	2,400	7,200	12,000	27,000	42,000	60,000
1928 Model 8-70, 8-cyl., 70 hp, 122" wb						
5P Sed	1,520	4,560	7,600	17,100	26,600	38,000
5P Brgm	1,600	4,800	8,000	18,000	28,000	40,000
5P DeL Brgm	1,680	5,040	8,400	18,900	29,400	42,000
4P Vic Cpe	1,800	5,400	9,000	20,250	31,500	45,000
1928 Model 8-80, 8-cyl., 90 hp, 130" wb						
5P Spt Phae	2,640	7,920	13,200	29,700	46,200	66,000
5P Sed	1,600	4,800	8,000	18,000	28,000	40,000
5P Brgm	1,680	5,040	8,400	18,900	29,400	42,000
4P Vic Cpe	1,920	5,760	9,600	21,600	33,600	48,000
Spl Rds	2,720	8,160	13,600	30,600	47,600	68,000
4P Collegiate Cpe	2,040	6,120	10,200	22,950	35,700	51,000
7P Tr	2,640	7,920	13,200	29,700	46,200	66,000
Vic Sed	1,680	5,040	8,400	18,900	29,400	42,000
7P Sed, 140" wb	1,600	4,800	8,000	18,000	28,000	40,000
7P Sub, 140" wb	1,680	5,040	8,400	18,900	29,400	42,000
1928 Model 90, 6-cyl., 86 hp, 138" wb						
4P Sportif	3,440	10,320	17,200	38,700	60,200	86,000
4P Rds	3,040	9,120	15,200	34,200	53,200	76,000
7P Tr	2,960	8,880	14,800	33,300	51,800	74,000
Cpe	2,000	6,000	10,000	22,500	35,000	50,000
5P Vic Sed	1,800	5,400	9,000	20,250	31,500	45,000
5P Div Vic Sed	1,920	5,760	9,600	21,600	33,600	48,000
7P Sub	1,960	5,880	9,800	22,050	34,300	49,000
7P Twn Brgm	1,960	5,880	9,800	22,050	34,300	49,000
7P Cabr	2,640	7,920	13,200	29,700	46,200	66,000
7P Semi-Collapsible Cabr	2,560	7,680	12,800	28,800	44,800	64,000
1928 Model 48, 6-cyl., 103 hp, 142" wb						
4P Sportif	3,600	10,800	18,000	40,500	63,000	90,000
7P Tr	3,440	10,320	17,200	38,700	60,200	86,000
Rds	3,520	10,560	17,600	39,600	61,600	88,000
7P Cabr	2,720	8,160	13,600	30,600	47,600	68,000
5P Vic Sed	2,720	8,160	13,600	30,600	47,600	68,000
7P Encl Dr Limo	2,640	7,920	13,200	29,700	46,200	66,000
7P Tr Limo	2,800	8,400	14,000	31,500	49,000	70,000
6P Twn Brgm	2,800	8,400	14,000	31,500	49,000	70,000
1929 Model 88, 8-cyl., 115 hp, 130" wb						
4P Phae	3,040	9,120	15,200	34,200	53,200	76,000
5P Sed	1,720	5,160	8,600	19,350	30,100	43,000
Vic Cpe	2,320	6,960	11,600	26,100	40,600	58,000
5P Brgm	2,120	6,360	10,600	23,850	37,100	53,000
4P Collegiate Cpe	2,400	7,200	12,000	27,000	42,000	60,000
7P Sed	1,640	4,920	8,200	18,450	28,700	41,000
7P Sub	1,680	5,040	8,400	18,900	29,400	42,000
7P A/W Cabr	2,400	7,200	12,000	27,000	42,000	60,000
1929 Model 90, 6-cyl., 86 hp, 138" wb						
4P Sportif	3,480	10,440	17,400	39,150	60,900	87,000
4P Rds	3,200	9,600	16,000	36,000	56,000	80,000
7P Tr	3,120	9,360	15,600	35,100	54,600	78,000
5P Vic Sed	2,320	6,960	11,600	26,100	40,600	58,000
5P Vic Div Sed	2,400	7,200	12,000	27,000	42,000	60,000

	6	5	4	3	2	1
6P Twn Brgm	2,480	7,440	12,400	27,900	43,400	62,000
7P Cabr	2,800	8,400	14,000	31,500	49,000	70,000
Semi-Collapsible Cabr	2,720	8,160	13,600	30,600	47,600	68,000
1929 Model 48, 6-cyl., 103 hp, 142" wb						
4P Sportif	3,680	11,040	18,400	41,400	64,400	92,000
7P Tr	3,440	10,320	17,200	38,700	60,200	86,000
Rds.	3,600	10,800	18,000	40,500	63,000	90,000
7P Cabr	3,040	9,120	15,200	34,200	53,200	76,000
5P Vic Sed	2,400	7,200	12,000	27,000	42,000	60,000
7P Encl Dr Limo	2,560	7,680	12,800	28,800	44,800	64,000
7P Tr Limo	2,640	7,920	13,200	29,700	46,200	66,000
6P Twn Brgm	2,640	7,920	13,200	29,700	46,200	66,000

MARMON

NOTE: Marmon production started in 1902 but the earliest car known to exist is a 1909 speedster. Therefore ballpark values on pre-1909 models are inestimable.

	6	5	4	3	2	1
1909-12 Model 32, 4-cyl., 32 hp, 120" wb						
Rds.	2,760	8,280	13,800	31,050	48,300	69,000
4P Tr	2,800	8,400	14,000	31,500	49,000	70,000
5P Tr	2,840	8,520	14,200	31,950	49,700	71,000
Spds.	4,040	12,120	20,200	45,450	70,700	101,000
Limo	2,720	8,160	13,600	30,600	47,600	68,000
1913 Model 32, 4-cyl., 32 hp, 120" wb						
Rds.	2,760	8,280	13,800	31,050	48,300	69,000
5P Tr	2,800	8,400	14,000	31,500	49,000	70,000
7P Tr	2,720	8,160	13,600	30,600	47,600	68,000
Spds.	4,160	12,480	20,800	46,800	72,800	104,000
Limo	2,740	8,220	13,700	30,830	47,950	68,500
1913 Model 48, 6-cyl., 48 hp, 145" wb						
Rds.	3,280	9,840	16,400	36,900	57,400	82,000
4P Tr	3,320	9,960	16,600	37,350	58,100	83,000
5P Tr	3,360	10,080	16,800	37,800	58,800	84,000
7P Tr	3,400	10,200	17,000	38,250	59,500	85,000
Spds.	4,360	13,080	21,800	49,050	76,300	109,000
Limo	3,160	9,480	15,800	35,550	55,300	79,000
1914 Model 32, 4-cyl., 32 hp, 120" wb						
Rds.	2,760	8,280	13,800	31,050	48,300	69,000
4P Tr	2,800	8,400	14,000	31,500	49,000	70,000
5P Tr	2,820	8,460	14,100	31,730	49,350	70,500
Spds.	4,160	12,480	20,800	46,800	72,800	104,000
Limo	2,740	8,220	13,700	30,830	47,950	68,500
1914 Model 41, 6-cyl., 41 hp, 132" wb						
Rds.	2,760	8,280	13,800	31,050	48,300	69,000
4P Tr	2,800	8,400	14,000	31,500	49,000	70,000
5P Tr	2,840	8,520	14,200	31,950	49,700	71,000
7P Tr	2,880	8,640	14,400	32,400	50,400	72,000
Spds.	4,260	12,780	21,300	47,930	74,550	106,500
1914 Model 48, 6-cyl., 48 hp, 145" wb						
Rds.	3,120	9,360	15,600	35,100	54,600	78,000
4P Tr	3,160	9,480	15,800	35,550	55,300	79,000
5P Tr	3,200	9,600	16,000	36,000	56,000	80,000
7P Tr	3,240	9,720	16,200	36,450	56,700	81,000
Spds.	4,360	13,080	21,800	49,050	76,300	109,000
Limo	3,160	9,480	15,800	35,550	55,300	79,000
Ber Limo	3,200	9,600	16,000	36,000	56,000	80,000
1915 Model 41, 6-cyl., 41 hp, 132" wb						
Rds.	2,760	8,280	13,800	31,050	48,300	69,000
4P Tr	2,800	8,400	14,000	31,500	49,000	70,000
5P Tr	2,820	8,460	14,100	31,730	49,350	70,500
7P Tr	2,840	8,520	14,200	31,950	49,700	71,000
Spds.	4,260	12,780	21,300	47,930	74,550	106,500
1915 Model 48, 6-cyl., 48 hp, 145" wb						
7P Tr	2,960	8,880	14,800	33,300	51,800	74,000
1916 Model 41, 6-cyl., 41 hp, 132" wb						
Rds.	2,520	7,560	12,600	28,350	44,100	63,000
4P Tr	2,560	7,680	12,800	28,800	44,800	64,000
5P Tr	2,600	7,800	13,000	29,250	45,500	65,000
5P Tr	2,640	7,920	13,200	29,700	46,200	66,000
Spds.	4,100	12,300	20,500	46,130	71,750	102,500
1916 Model 34, 6-cyl., 34 hp, 136" wb						
Clb Rds	2,480	7,440	12,400	27,900	43,400	62,000
5P Tr	2,520	7,560	12,600	28,350	44,100	63,000
7P Tr	2,560	7,680	12,800	28,800	44,800	64,000
Limo	2,440	7,320	12,200	27,450	42,700	61,000
Lan'let.	2,480	7,440	12,400	27,900	43,400	62,000

	6	5	4	3	2	1
Sed	2,160	6,480	10,800	24,300	37,800	54,000
Twn Car.	2,280	6,840	11,400	25,650	39,900	57,000
1917 Model 34, 6-cyl., 34 hp, 136" wb						
5P Tr	2,160	6,480	10,800	24,300	37,800	54,000
4P Rds	2,120	6,360	10,600	23,850	37,100	53,000
7P Tr	2,200	6,600	11,000	24,750	38,500	55,000
Limo	1,800	5,400	9,000	20,250	31,500	45,000
Lan'let	1,840	5,520	9,200	20,700	32,200	46,000
Sed	1,600	4,800	8,000	18,000	28,000	40,000
Twn Car.	1,880	5,640	9,400	21,150	32,900	47,000
1918 Model 34, 6-cyl., 34 hp, 136" wb						
5P Tr	2,160	6,480	10,800	24,300	37,800	54,000
4P Rds	2,120	6,360	10,600	23,850	37,100	53,000
7P Tr	2,240	6,720	11,200	25,200	39,200	56,000
Sed	1,800	5,400	9,000	20,250	31,500	45,000
Limo-Twn Car	1,960	5,880	9,800	22,050	34,300	49,000
Lan'let	2,000	6,000	10,000	22,500	35,000	50,000
Rubay Twn Car	2,080	6,240	10,400	23,400	36,400	52,000
Rubay Limo	2,120	6,360	10,600	23,850	37,100	53,000
1919 Model 34, 6-cyl., 34 hp, 136" wb						
5P Tr	2,240	6,720	11,200	25,200	39,200	56,000
4P Rds	2,200	6,600	11,000	24,750	38,500	55,000
7P Tr	2,320	6,960	11,600	26,100	40,600	58,000
Sed	1,880	5,640	9,400	21,150	32,900	47,000
Limo	2,000	6,000	10,000	22,500	35,000	50,000
Twn Car.	2,040	6,120	10,200	22,950	35,700	51,000
Lan'let	2,080	6,240	10,400	23,400	36,400	52,000
1920 Model 34, 6-cyl., 34 hp, 136" wb						
4P Rds	2,280	6,840	11,400	25,650	39,900	57,000
4P 4d Tr	2,320	6,960	11,600	26,100	40,600	58,000
4P Cpe	1,920	5,760	9,600	21,600	33,600	48,000
7P Sed	1,960	5,880	9,800	22,050	34,300	49,000
Twn Car.	2,040	6,120	10,200	22,950	35,700	51,000
7P Tr	2,320	6,960	11,600	26,100	40,600	58,000
1921 Model 34, 6-cyl., 34 hp, 136" wb						
4P Rds	2,320	6,960	11,600	26,100	40,600	58,000
7P Tr	2,400	7,200	12,000	27,000	42,000	60,000
2P Spds.	2,960	8,880	14,800	33,300	51,800	74,000
4P Cpe	1,960	5,880	9,800	22,050	34,300	49,000
4P Tr	2,360	7,080	11,800	26,550	41,300	59,000
7P Sed	2,000	6,000	10,000	22,500	35,000	50,000
Limo	2,040	6,120	10,200	22,950	35,700	51,000
Twn Car.	2,080	6,240	10,400	23,400	36,400	52,000
1922 Model 34, 6-cyl., 34 hp, 136" wb						
4P Rds	2,320	6,960	11,600	26,100	40,600	58,000
4P Tr	2,360	7,080	11,800	26,550	41,300	59,000
7P Tr	2,400	7,200	12,000	27,000	42,000	60,000
2P Spds.	2,960	8,880	14,800	33,300	51,800	74,000
4P Spds.	2,960	8,880	14,800	33,300	51,800	74,000
W'by Cpe.	2,320	6,960	11,600	26,100	40,600	58,000
N & M Cpe.	2,260	6,780	11,300	25,430	39,550	56,500
7P N & M Sed	2,240	6,720	11,200	25,200	39,200	56,000
Rubay Limo	2,160	6,480	10,800	24,300	37,800	54,000
4P N & M Sed	2,160	6,480	10,800	24,300	37,800	54,000
7P Sub	2,240	6,720	11,200	25,200	39,200	56,000
Spt Sed	2,280	6,840	11,400	25,650	39,900	57,000
N & H Sed.	2,160	6,480	10,800	24,300	37,800	54,000
Rubay Twn Car	2,240	6,720	11,200	25,200	39,200	56,000
W'by Limo	2,240	6,720	11,200	25,200	39,200	56,000
W'by Twn Car	2,320	6,960	11,600	26,100	40,600	58,000
NOTE: N & M bodies by Nordyke Marmon Co. (factory custom).						
1923 Model 34, 6-cyl., 34 hp, 132" wb						
4P Phae	2,500	7,500	12,500	28,130	43,750	62,500
2P Rds	2,480	7,440	12,400	27,900	43,400	62,000
4P Rds	2,460	7,380	12,300	27,680	43,050	61,500
7P Phae	2,540	7,620	12,700	28,580	44,450	63,500
4P Tr	2,460	7,380	12,300	27,680	43,050	61,500
2P Spds.	3,200	9,600	16,000	36,000	56,000	80,000
4P Spds.	3,120	9,360	15,600	35,100	54,600	78,000
4P Cpe	2,060	6,180	10,300	23,180	36,050	51,500
4P Sed	2,060	6,180	10,300	23,180	36,050	51,500
7P Sed	2,100	6,300	10,500	23,630	36,750	52,500
7P Limo	2,180	6,540	10,900	24,530	38,150	54,500
Twn Car.	2,220	6,660	11,100	24,980	38,850	55,500
Sub Sed	2,380	7,140	11,900	26,780	41,650	59,500

	6	5	4	3	2	1
1924 Model 34, 6-cyl., 34 hp, 132" wb						
Spt Spds	2,960	8,880	14,800	33,300	51,800	74,000
4P Spds	2,960	8,880	14,800	33,300	51,800	74,000
4P Phae	2,600	7,800	13,000	29,250	45,500	65,000
4P Conv Phae	2,400	7,200	12,000	27,000	42,000	60,000
7P Conv Phae	2,400	7,200	12,000	27,000	42,000	60,000
4P Cpe	2,060	6,180	10,300	23,180	36,050	51,500
4P Sed	2,060	6,180	10,300	23,180	36,050	51,500
7P Sed	2,100	6,300	10,500	23,630	36,750	52,500
Sub Sed	2,300	6,900	11,500	25,880	40,250	57,500
Limo	2,180	6,540	10,900	24,530	38,150	54,500
Twn Car	2,220	6,660	11,100	24,980	38,850	55,500

NOTE: The Phaeton (Phae) is a touring car; the convertible Phaeton (Conv Phae) is a convertible sedan with glass slide-in windows.

NOTE: The following Marmon models are authentic Classic Cars: all 16-cyl., all Models 74 (1925-26); all Models 75 (1927); all Models E75 (1928), 1930 "Big Eight" and 1931 Model "88" and "Big Eight".

	6	5	4	3	2	1
1925 Model D-74, 6-cyl., 34 hp, 136" wb						
R/S Rds	3,160	9,480	15,800	35,550	55,300	79,000
5P Phae	3,360	10,080	16,800	37,800	58,800	84,000
7P Tr	3,000	9,000	15,000	33,750	52,500	75,000
Std Sed	2,280	6,840	11,400	25,650	39,900	57,000
Brgm Cpe	2,320	6,960	11,600	26,100	40,600	58,000
DeL Cpe	2,340	7,020	11,700	26,330	40,950	58,500
DeL Sed	2,320	6,960	11,600	26,100	40,600	58,000
7P DeL Sed	2,360	7,080	11,800	26,550	41,300	59,000
5P Sed Limo	2,360	7,080	11,800	26,550	41,300	59,000
7P Sed Limo	2,400	7,200	12,000	27,000	42,000	60,000
7P Std Sed	2,360	7,080	11,800	26,550	41,300	59,000
4P Vic Cpe	2,320	6,960	11,600	26,100	40,600	58,000
2P Std Cpe	2,320	6,960	11,600	26,100	40,600	58,000
1926 Model D-74, 6-cyl., 34 hp, 136" wb						
2P Spds	3,280	9,840	16,400	36,900	57,400	82,000
5P Phae	3,360	10,080	16,800	37,800	58,800	84,000
7P Tr	3,000	9,000	15,000	33,750	52,500	75,000
Std Cpe	2,320	6,960	11,600	26,100	40,600	58,000
Std Sed	2,320	6,960	11,600	26,100	40,600	58,000
5P DeL Sed	2,320	6,960	11,600	26,100	40,600	58,000
7P Del Sed	2,360	7,080	11,800	26,550	41,300	59,000
Std Vic	2,320	6,960	11,600	26,100	40,600	58,000
Std Brgm	2,320	6,960	11,600	26,100	40,600	58,000
5P DeL Limo	2,360	7,080	11,800	26,550	41,300	59,000
7P DeL Limo	2,400	7,200	12,000	27,000	42,000	60,000
Spl Brgm	2,440	7,320	12,200	27,450	42,700	61,000
7P Spl Sed	2,420	7,260	12,100	27,230	42,350	60,500
5P Spl Sed	2,320	6,960	11,600	26,100	40,600	58,000
1927 Little Marmon Series, 8-cyl., 24 hp						
2P Spds	2,240	6,720	11,200	25,200	39,200	56,000
4P Spds	2,200	6,600	11,000	24,750	38,500	55,000
4d Sed	1,880	5,640	9,400	21,150	32,900	47,000
2d Sed	1,840	5,520	9,200	20,700	32,200	46,000
R/S Cpe	1,920	5,760	9,600	21,600	33,600	48,000
Coll Rds Cpe	2,080	6,240	10,400	23,400	36,400	52,000
4P Brgm	1,900	5,700	9,500	21,380	33,250	47,500
1927 E-75 Series (Factory Body), 6-cyl., 34 hp, 136" wb						
5P Sed	2,520	7,560	12,600	28,350	44,100	63,000
7P Sed	2,560	7,680	12,800	28,800	44,800	64,000
5P Brgm	2,600	7,800	13,000	29,250	45,500	65,000
R/M Cpe	2,640	7,920	13,200	29,700	46,200	66,000
Twn Cpe	2,680	8,040	13,400	30,150	46,900	67,000
Vic	2,720	8,160	13,600	30,600	47,600	68,000
4P Spds	4,240	12,720	21,200	47,700	74,200	106,000
2P Spds	4,640	13,920	23,200	52,200	81,200	116,000
1927 E-75 Series (Custom Body), 6-cyl., 136" wb						
7P Sed	2,960	8,880	14,800	33,300	51,800	74,000
5P Sed	2,880	8,640	14,400	32,400	50,400	72,000
Limo	2,920	8,760	14,600	32,850	51,100	73,000
7P Spds	5,200	15,600	26,000	58,500	91,000	130,000
1928 Series 68, 8-cyl., 24 hp, 114" wb						
Rds	2,320	6,960	11,600	26,100	40,600	58,000
Sed	2,000	6,000	10,000	22,500	35,000	50,000
Cpe	2,020	6,060	10,100	22,730	35,350	50,500
Vic	2,000	6,000	10,000	22,500	35,000	50,000
1928 Series 78, 8-cyl., 28 hp, 120" wb						
Cpe	2,080	6,240	10,400	23,400	36,400	52,000
Sed	1,980	5,940	9,900	22,280	34,650	49,500
Rds	2,400	7,200	12,000	27,000	42,000	60,000

	6	5	4	3	2	1
Spds	2,520	7,560	12,600	28,350	44,100	63,000
Coll Cpe	2,160	6,480	10,800	24,300	37,800	54,000
Vic Cpe	2,080	6,240	10,400	23,400	36,400	52,000
1928 Series 75 Standard Line, 6-cyl., 34 hp						
Twn Cpe	2,120	6,360	10,600	23,850	37,100	53,000
2P Spds.	2,680	8,040	13,400	30,150	46,900	67,000
Cpe	2,040	6,120	10,200	22,950	35,700	51,000
Vic.	2,080	6,240	10,400	23,400	36,400	52,000
Cpe Rds	2,180	6,540	10,900	24,530	38,150	54,500
Brgm	2,040	6,120	10,200	22,950	35,700	51,000
5P Sed	2,100	6,300	10,500	23,630	36,750	52,500
7P Sed	2,020	6,060	10,100	22,730	35,350	50,500
1928 Series 75 Custom Line, 6-cyl., 34 hp						
4P Spds.	3,280	9,840	16,400	36,900	57,400	82,000
7P Spds.	3,240	9,720	16,200	36,450	56,700	81,000
5P Sed	2,040	6,120	10,200	22,950	35,700	51,000
7P Sed	2,060	6,180	10,300	23,180	36,050	51,500
Limo	2,120	6,360	10,600	23,850	37,100	53,000
1929 Marmon Roosevelt, 8-cyl., 24 hp, 112.75" wb						
Sed	1,440	4,320	7,200	16,200	25,200	36,000
Cpe	1,560	4,680	7,800	17,550	27,300	39,000
Vic Cpe	1,520	4,560	7,600	17,100	26,600	38,000
Coll Cpe	1,560	4,680	7,800	17,550	27,300	39,000
1929 Series 68, 8-cyl., 28 hp, 114" wb						
Sed	1,880	5,640	9,400	21,150	32,900	47,000
Coll Cpe	2,120	6,360	10,600	23,850	37,100	53,000
Cpe	1,940	5,820	9,700	21,830	33,950	48,500
Rds	2,560	7,680	12,800	28,800	44,800	64,000
Vic Cpe	1,980	5,940	9,900	22,280	34,650	49,500
1929 Series 78, 8-cyl., 28 hp, 120" wb						
Sed	2,040	6,120	10,200	22,950	35,700	51,000
Cpe	2,120	6,360	10,600	23,850	37,100	53,000
Vic Cpe	2,160	6,480	10,800	24,300	37,800	54,000
Coll Cpe	2,360	7,080	11,800	26,550	41,300	59,000
Rds	2,760	8,280	13,800	31,050	48,300	69,000
6P Spds.	3,040	9,120	15,200	34,200	53,200	76,000
1930 Marmon Roosevelt, 8-cyl., 24 hp, 112.75" wb						
Sed	1,520	4,560	7,600	17,100	26,600	38,000
R/S Cpe.	1,600	4,800	8,000	18,000	28,000	40,000
Vic Cpe	1,560	4,680	7,800	17,550	27,300	39,000
Conv	2,200	6,600	11,000	24,750	38,500	55,000
1930 Model 8-69, 8-cyl., 25.5 hp, 118" wb						
Sed	1,960	5,880	9,800	22,050	34,300	49,000
Cpe	2,020	6,060	10,100	22,730	35,350	50,500
Phae	2,840	8,520	14,200	31,950	49,700	71,000
Conv	2,920	8,760	14,600	32,850	51,100	73,000
Brgm	2,040	6,120	10,200	22,950	35,700	51,000
Clb Sed	2,000	6,000	10,000	22,500	35,000	50,000
1930 Model 8-79, 8-cyl., 32.5 hp, 125" wb						
Sed	2,120	6,360	10,600	23,850	37,100	53,000
R/S Cpe.	2,240	6,720	11,200	25,200	39,200	56,000
Phae	3,160	9,480	15,800	35,550	55,300	79,000
Conv	3,120	9,360	15,600	35,100	54,600	78,000
Brgm	2,200	6,600	11,000	24,750	38,500	55,000
Clb Sed	2,120	6,360	10,600	23,850	37,100	53,000
1930 Model "Big Eight", 8-cyl., 34 hp, 136" wb						
5P Sed	3,280	9,840	16,400	36,900	57,400	82,000
R/S Cpe.	4,080	12,240	20,400	45,900	71,400	102,000
7P Tr	5,040	15,120	25,200	56,700	88,200	126,000
Conv Sed	5,840	17,520	29,200	65,700	102,200	146,000
7P Sed	3,360	10,080	16,800	37,800	58,800	84,000
Limo	3,440	10,320	17,200	38,700	60,200	86,000
Brgm	3,280	9,840	16,400	36,900	57,400	82,000
Clb Sed	3,360	10,080	16,800	37,800	58,800	84,000
1931 Model "Big Eight" (First Series), 8-cyl., 33.8 hp, 136" wb						
5P Sed	3,200	9,600	16,000	36,000	56,000	80,000
Cpe	4,000	12,000	20,000	45,000	70,000	100,000
Tr.	4,640	13,920	23,200	52,200	81,200	116,000
Conv Sed	5,600	16,800	28,000	63,000	98,000	140,000
Weyman Sed.	value not estimable					
7P Sed	3,280	9,840	16,400	36,900	57,400	82,000
Limo	3,360	10,080	16,800	37,800	58,800	84,000
Brgm	3,280	9,840	16,400	36,900	57,400	82,000
Clb Sed	3,360	10,080	16,800	37,800	58,800	84,000
1931 Model 8-79 (First Series), 8-cyl., 32.5 hp, 125" wb						
5P Sed	1,680	5,040	8,400	18,900	29,400	42,000

	6	5	4	3	2	1
Cpe.	1,800	5,400	9,000	20,250	31,500	45,000
Phae.	2,680	8,040	13,400	30,150	46,900	67,000
Conv Cpe	2,400	7,200	12,000	27,000	42,000	60,000
Brgm.	1,720	5,160	8,600	19,350	30,100	43,000
Clb Sed	1,680	5,040	8,400	18,900	29,400	42,000
1931 Model 8-69 (First Series), 8-cyl., 25.3 hp, 118" wb						
Sed.	1,560	4,680	7,800	17,550	27,300	39,000
Cpe.	1,680	5,040	8,400	18,900	29,400	42,000
Phae.	2,600	7,800	13,000	29,250	45,500	65,000
Conv Cpe	2,280	6,840	11,400	25,650	39,900	57,000
Brgm.	1,440	4,320	7,200	16,200	25,200	36,000
Clb Sed	1,480	4,440	7,400	16,650	25,900	37,000
1931 Marmon Roosevelt (First Series), 8-cyl., 25.3 hp, 112.75" wb						
Sed.	1,520	4,560	7,600	17,100	26,600	38,000
Cpe.	1,560	4,680	7,800	17,550	27,300	39,000
Vic Cpe.	1,560	4,680	7,800	17,550	27,300	39,000
Conv Cpe	2,200	6,600	11,000	24,750	38,500	55,000
1931 Model 70 (Second Series), 8-cyl., 25.3 hp, 112.75" wb						
Sed.	1,440	4,320	7,200	16,200	25,200	36,000
Cpe.	1,520	4,560	7,600	17,100	26,600	38,000
Vic Cpe.	1,480	4,440	7,400	16,650	25,900	37,000
Conv Cpe	2,120	6,360	10,600	23,850	37,100	53,000

NOTE: Effective with release of the Second Series on January 1, 1931, the Roosevelt became the Marmon Model 70.

	6	5	4	3	2	1
1931 Model 88 (Second Series), 8-cyl., 33.8 hp, 130"-136" wb						
5P Sed	3,200	9,600	16,000	36,000	56,000	80,000
Cpe.	3,360	10,080	16,800	37,800	58,800	84,000
Conv Cpe	4,800	14,400	24,000	54,000	84,000	120,000
Spl Sed.	3,280	9,840	16,400	36,900	57,400	82,000
Clb Sed	3,200	9,600	16,000	36,000	56,000	80,000
Tr	4,800	14,400	24,000	54,000	84,000	120,000
Spl Cpe	3,440	10,320	17,200	38,700	60,200	86,000
7P Sed	3,280	9,840	16,400	36,900	57,400	82,000
Limo	3,520	10,560	17,600	39,600	61,600	88,000
1931 Series 16 (Second Series), 16-cyl., 62.5 hp, 145" wb						
5P Sed	4,600	13,800	23,000	51,750	80,500	115,000
2P Cpe	5,520	16,560	27,600	62,100	96,600	138,000
5P Cpe	5,600	16,800	28,000	63,000	98,000	140,000
Conv Cpe	14,640	43,920	73,200	164,700	256,200	366,000
Conv Sed	14,880	44,640	74,400	167,400	260,400	372,000
7P Sed	5,000	15,000	25,000	56,250	87,500	125,000
Limo	5,080	15,240	25,400	57,150	88,900	127,000
C.C. Sed.	4,880	14,640	24,400	54,900	85,400	122,000
1932 Series 70, 8-cyl., 25.3 hp, 112.75" wb						
Sed.	2,560	7,680	12,800	28,800	44,800	64,000
Cpe.	2,720	8,160	13,600	30,600	47,600	68,000
1932 Series 125, 8-cyl., 33.8 hp, 125" wb						
Sed.	2,640	7,920	13,200	29,700	46,200	66,000
Cpe.	2,880	8,640	14,400	32,400	50,400	72,000
Conv Cpe	4,080	12,240	20,400	45,900	71,400	102,000
1932 Series 16, 16-cyl., 62.5 hp, 145" wb						
Sed.	5,080	15,240	25,400	57,150	88,900	127,000
2d Cpe	5,960	17,880	29,800	67,050	104,300	149,000
5P Cpe	6,080	18,240	30,400	68,400	106,400	152,000
Conv Cpe	15,680	47,040	78,400	176,400	274,400	392,000
Conv Sed	16,000	48,000	80,000	180,000	280,000	400,000
Sed.	5,040	15,120	25,200	56,700	88,200	126,000
Limo	5,400	16,200	27,000	60,750	94,500	135,000
C.C. Sed.	5,200	15,600	26,000	58,500	91,000	130,000
1933 Series 16, 16-cyl., 62.5 hp, 145" wb						
Sed.	5,080	15,240	25,400	57,150	88,900	127,000
2P Cpe	5,960	17,880	29,800	67,050	104,300	149,000
5P Cpe	6,080	18,240	30,400	68,400	106,400	152,000
Conv Cpe	15,680	47,040	78,400	176,400	274,400	392,000
Conv Sed	16,000	48,000	80,000	180,000	280,000	400,000
Sed.	5,040	15,120	25,200	56,700	88,200	126,000
Limo	5,400	16,200	27,000	60,750	94,500	135,000
C.C. Sed.	5,200	15,600	26,000	58,500	91,000	130,000

NOTE: Marmon was discontinued after the close of 1933 model year.

MERCURY

	6	5	4	3	2	1
1939 Series 99A, V-8, 116" wb						
2d Conv	2,400	7,200	12,000	27,000	42,000	60,000
2d Cpe	1,600	4,800	8,000	18,000	28,000	40,000
2d Sed	1,480	4,440	7,400	16,650	25,900	37,000
4d Sed	1,560	4,680	7,800	17,550	27,300	39,000

	6	5	4	3	2	1
1940 Series O9A, V-8, 116" wb						
2d Conv	2,400	7,200	12,000	27,000	42,000	60,000
4d Conv Sed	2,520	7,560	12,600	28,350	44,100	63,000
2d Cpe	1,600	4,800	8,000	18,000	28,000	40,000
2d Sed	1,480	4,440	7,400	16,650	25,900	37,000
4d Sed	1,560	4,680	7,800	17,550	27,300	39,000
1941 Series 19A, V-8, 118" wb						
2d Conv	2,520	7,560	12,600	28,350	44,100	63,000
2d Bus Cpe	1,600	4,800	8,000	18,000	28,000	40,000
2d 5P Cpe	1,640	4,920	8,200	18,450	28,700	41,000
2d 6P Cpe	1,660	4,980	8,300	18,680	29,050	41,500
2d Sed	1,560	4,680	7,800	17,550	27,300	39,000
4d Sed	1,520	4,560	7,600	17,100	26,600	38,000
4d Sta Wag	6,640	19,920	33,200	74,700	116,200	166,000
1942 Series 29A, V-8, 118" wb						
2d Conv	2,520	7,560	12,600	28,350	44,100	63,000
2d Bus Cpe	1,600	4,800	8,000	18,000	28,000	40,000
2d 6P Cpe	1,660	4,980	8,300	18,680	29,050	41,500
2d Sed	1,560	4,680	7,800	17,550	27,300	39,000
4d Sed	1,520	4,560	7,600	17,100	26,600	38,000
4d Sta Wag	6,680	20,040	33,400	75,150	116,900	167,000
NOTE: Add 10 percent for liquamatic drive models.						
1946-48 Series 69M, V-8, 118" wb						
2d Conv	1,960	5,880	9,800	22,050	34,300	49,000
2d 6P Cpe	860	2,580	4,300	9,680	15,050	21,500
2d Sed	748	2,244	3,740	8,420	13,090	18,700
4d Sed	744	2,232	3,720	8,370	13,020	18,600
4d Sta Wag	3,520	10,560	17,600	39,600	61,600	88,000
2d Sptsman Conv (1946 only)	11,500	34,500	57,500	129,380	201,250	287,500
1949-50 Series OCM, V-8, 118" wb						
2d Conv	1,920	5,760	9,600	21,600	33,600	48,000
2d Cpe	1,200	3,600	6,000	13,500	21,000	30,000
2d Clb Cpe	1,240	3,720	6,200	13,950	21,700	31,000
2d Mon Cpe (1950 only)	1,280	3,840	6,400	14,400	22,400	32,000
4d Sed	840	2,520	4,200	9,450	14,700	21,000
2d Sta Wag	3,400	10,200	17,000	38,250	59,500	85,000
NOTE: A Mercury convertible was the official pacecar of the 1950 Indianapolis 500.						
1951 Mercury, V-8, 118" wb						
4d Sed	860	2,580	4,300	9,680	15,050	21,500
2d Cpe	1,240	3,720	6,200	13,950	21,700	31,000
2d Conv	1,860	5,580	9,300	20,930	32,550	46,500
2d Sta Wag	3,400	10,200	17,000	38,250	59,500	85,000
1951 Monterey, V-8, 118" wb						
2d Clth Cpe	1,320	3,960	6,600	14,850	23,100	33,000
2d Lthr Cpe	1,360	4,080	6,800	15,300	23,800	34,000
1952-53 Mercury Custom, V-8, 118" wb						
4d Sta Wag (1952 only)	1,000	3,000	5,000	11,250	17,500	25,000
4d Sed	740	2,220	3,700	8,330	12,950	18,500
2d Sed	744	2,232	3,720	8,370	13,020	18,600
2d HT	1,080	3,240	5,400	12,150	18,900	27,000
1952-53 Monterey Special Custom, V-8, 118" wb						
4d Sed	732	2,196	3,660	8,240	12,810	18,300
2d HT	1,120	3,360	5,600	12,600	19,600	28,000
2d Conv	1,520	4,560	7,600	17,100	26,600	38,000
4d Sta Wag (1953 only)	1,080	3,240	5,400	12,150	18,900	27,000
1954 Mercury Custom, V-8, 118" wb						
4d Sed	780	2,340	3,900	8,780	13,650	19,500
2d Sed	784	2,352	3,920	8,820	13,720	19,600
2d HT	1,080	3,240	5,400	12,150	18,900	27,000
1954 Monterey Special Custom, V-8, 118" wb						
4d Sed	792	2,376	3,960	8,910	13,860	19,800
2d HT SV	2,400	7,200	12,000	27,000	42,000	60,000
2d HT	1,120	3,360	5,600	12,600	19,600	28,000
2d Conv	1,600	4,800	8,000	18,000	28,000	40,000
4d Sta Wag	1,000	3,000	5,000	11,250	17,500	25,000
1955 Custom Series, V-8, 119" wb						
4d Sed	736	2,208	3,680	8,280	12,880	18,400
2d Sed	740	2,220	3,700	8,330	12,950	18,500
2d HT	960	2,880	4,800	10,800	16,800	24,000
4d Sta Wag	760	2,280	3,800	8,550	13,300	19,000
1955 Monterey Series, V-8, 119" wb						
4d Sed	760	2,280	3,800	8,550	13,300	19,000
2d HT	1,000	3,000	5,000	11,250	17,500	25,000
4d Sta Wag	880	2,640	4,400	9,900	15,400	22,000
1955 Montclair Series, V-8, 119" wb						
4d Sed	780	2,340	3,900	8,780	13,650	19,500

	6	5	4	3	2	1
2d HT	1,080	3,240	5,400	12,150	18,900	27,000
2d HT SV	2,480	7,440	12,400	27,900	43,400	62,000
2d Conv	1,640	4,920	8,200	18,450	28,700	41,000
1956 Medalist Series, V-8, 119" wb						
4d Sed	696	2,088	3,480	7,830	12,180	17,400
2d Sed	700	2,100	3,500	7,880	12,250	17,500
2d HT	880	2,640	4,400	9,900	15,400	22,000
4d Phae HT	800	2,400	4,000	9,000	14,000	20,000
1956 Custom Series, V-8, 119" wb						
4d Sed	720	2,160	3,600	8,100	12,600	18,000
2d Sed	728	2,184	3,640	8,190	12,740	18,200
2d HT	920	2,760	4,600	10,350	16,100	23,000
4d Phae HT	840	2,520	4,200	9,450	14,700	21,000
2d Conv	1,560	4,680	7,800	17,550	27,300	39,000
4d Sta Wag 8P	820	2,460	4,100	9,230	14,350	20,500
4d Sta Wag 9P	840	2,520	4,200	9,450	14,700	21,000
1956 Monterey Series, V-8, 119" wb						
4d Sed	740	2,220	3,700	8,330	12,950	18,500
4d Spt Sed	760	2,280	3,800	8,550	13,300	19,000
2d HT	1,000	3,000	5,000	11,250	17,500	25,000
4d Phae HT	860	2,580	4,300	9,680	15,050	21,500
4d Sta Wag	860	2,580	4,300	9,680	15,050	21,500
1956 Montclair Series, V-8, 119" wb						
4d Spt Sed	780	2,340	3,900	8,780	13,650	19,500
2d HT	1,080	3,240	5,400	12,150	18,900	27,000
4d Phae HT	960	2,880	4,800	10,800	16,800	24,000
2d Conv	1,680	5,040	8,400	18,900	29,400	42,000
1957 Monterey Series, V-8, 122" wb						
4d Sed	696	2,088	3,480	7,830	12,180	17,400
2d Sed	700	2,100	3,500	7,880	12,250	17,500
4d HT	840	2,520	4,200	9,450	14,700	21,000
2d HT	960	2,880	4,800	10,800	16,800	24,000
2d Conv	1,280	3,840	6,400	14,400	22,400	32,000
1957 Montclair Series, V-8, 122" wb						
4d Sed	720	2,160	3,600	8,100	12,600	18,000
4d HT	880	2,640	4,400	9,900	15,400	22,000
2d HT	1,000	3,000	5,000	11,250	17,500	25,000
2d Conv	1,440	4,320	7,200	16,200	25,200	36,000
1957 Turnpike Cruiser, V-8, 122" wb						
4d HT	1,120	3,360	5,600	12,600	19,600	28,000
2d HT	1,240	3,720	6,200	13,950	21,700	31,000
2d Conv	1,680	5,040	8,400	18,900	29,400	42,000
NOTE: Add 60 percent for pace car edition.						
1957 Station Wagons, V-8, 122" wb						
2d Voy HT	1,080	3,240	5,400	12,150	18,900	27,000
4d Voy HT	1,140	3,420	5,700	12,830	19,950	28,500
2d Com HT	1,100	3,300	5,500	12,380	19,250	27,500
4d Com HT	1,160	3,480	5,800	13,050	20,300	29,000
4d Col Pk HT	1,200	3,600	6,000	13,500	21,000	30,000
1958 Mercury, V-8, 122" wb						
4d Sed	640	1,920	3,200	7,200	11,200	16,000
2d Sed	648	1,944	3,240	7,290	11,340	16,200
1958 Monterey, V-8, 122" wb						
4d Sed	648	1,944	3,240	7,290	11,340	16,200
2d Sed	652	1,956	3,260	7,340	11,410	16,300
4d HT	720	2,160	3,600	8,100	12,600	18,000
2d HT	800	2,400	4,000	9,000	14,000	20,000
2d Conv	1,280	3,840	6,400	14,400	22,400	32,000
1958 Montclair, V-8, 122" wb						
4d Sed	640	1,920	3,200	7,200	11,200	16,000
4d HT	840	2,520	4,200	9,450	14,700	21,000
2d HT	1,000	3,000	5,000	11,250	17,500	25,000
2d Conv	1,360	4,080	6,800	15,300	23,800	34,000
1958 Turnpike Cruiser, V-8, 122" wb						
4d HT	960	2,880	4,800	10,800	16,800	24,000
2d HT	1,120	3,360	5,600	12,600	19,600	28,000
1958 Station Wagons, V-8, 122" wb						
2d Voy HT	1,060	3,180	5,300	11,930	18,550	26,500
4d Voy HT	1,120	3,360	5,600	12,600	19,600	28,000
2d Com HT	1,080	3,240	5,400	12,150	18,900	27,000
4d Com HT	1,140	3,420	5,700	12,830	19,950	28,500
4d Col Pk HT	1,180	3,540	5,900	13,280	20,650	29,500
1958 Park Lane, V-8, 125" wb						
4d HT	880	2,640	4,400	9,900	15,400	22,000
2d HT	1,040	3,120	5,200	11,700	18,200	26,000
2d Conv	1,640	4,920	8,200	18,450	28,700	41,000

	6	5	4	3	2	1
1959 Monterey, V-8, 126" wb						
4d Sed.	620	1,860	3,100	6,980	10,850	15,500
2d Sed.	624	1,872	3,120	7,020	10,920	15,600
4d HT	680	2,040	3,400	7,650	11,900	17,000
2d HT	800	2,400	4,000	9,000	14,000	20,000
2d Conv.	1,320	3,960	6,600	14,850	23,100	33,000
1959 Montclair, V-8, 126" wb						
4d Sed.	640	1,920	3,200	7,200	11,200	16,000
4d HT	720	2,160	3,600	8,100	12,600	18,000
2d HT	880	2,640	4,400	9,900	15,400	22,000
1959 Park Lane, V-8, 128" wb						
4d HT	760	2,280	3,800	8,550	13,300	19,000
2d HT	920	2,760	4,600	10,350	16,100	23,000
2d Conv.	1,360	4,080	6,800	15,300	23,800	34,000
1959 Country Cruiser Station Wagons, V-8, 126" wb						
2d Com HT	1,000	3,000	5,000	11,250	17,500	25,000
4d Com HT	1,060	3,180	5,300	11,930	18,550	26,500
4d Voy HT	1,080	3,240	5,400	12,150	18,900	27,000
4d Col Pk HT	1,140	3,420	5,700	12,830	19,950	28,500
1960 Comet, 6-cyl., 114" wb						
4d Sed.	332	996	1,660	3,740	5,810	8,300
2d Sed.	336	1,008	1,680	3,780	5,880	8,400
4d Sta Wag	540	1,620	2,700	6,080	9,450	13,500
2d Sta Wag	540	1,630	2,720	6,120	9,520	13,600
1960 Monterey, V-8, 126" wb						
4d Sed.	456	1,368	2,280	5,130	7,980	11,400
2d Sed.	460	1,380	2,300	5,180	8,050	11,500
4d HT	580	1,740	2,900	6,530	10,150	14,500
2d HT	820	2,460	4,100	9,230	14,350	20,500
2d Conv.	1,200	3,600	6,000	13,500	21,000	30,000
1960 Country Cruiser Station Wagons, V-8, 126" wb						
4d Com HT	1,200	3,600	6,000	13,500	21,000	30,000
4d Col Pk HT	1,240	3,720	6,200	13,950	21,700	31,000
1960 Montclair, V-8, 126" wb						
4d Sed.	472	1,416	2,360	5,310	8,260	11,800
4d HT	680	2,040	3,400	7,650	11,900	17,000
2d HT	960	2,880	4,800	10,800	16,800	24,000
1960 Park Lane, V-8, 126" wb						
4d HT	720	2,160	3,600	8,100	12,600	18,000
2d HT	1,040	3,120	5,200	11,700	18,200	26,000
2d Conv.	1,400	4,200	7,000	15,750	24,500	35,000
1961 Comet, 6-cyl., 114" wb						
4d Sed.	350	1,060	1,760	3,960	6,160	8,800
2d Sed.	360	1,070	1,780	4,010	6,230	8,900
2d S-22 Cpe	700	2,100	3,500	7,880	12,250	17,500
4d Sta Wag	580	1,750	2,920	6,570	10,220	14,600
2d Sta Wag	590	1,760	2,940	6,620	10,290	14,700
1961 Meteor 600, V-8, 120" wb						
4d Sed.	390	1,160	1,940	4,370	6,790	9,700
2d Sed.	390	1,180	1,960	4,410	6,860	9,800
1961 Meteor 800, V-8, 120" wb						
4d Sed.	400	1,190	1,980	4,460	6,930	9,900
4d HT	400	1,210	2,020	4,550	7,070	10,100
2d Sed.	400	1,200	2,000	4,500	7,000	10,000
2d HT	540	1,620	2,700	6,080	9,450	13,500
1961 Monterey, V-8, 120" wb						
4d Sed.	420	1,250	2,080	4,680	7,280	10,400
4d HT	420	1,260	2,100	4,730	7,350	10,500
2d HT	580	1,740	2,900	6,530	10,150	14,500
2d Conv.	920	2,760	4,600	10,350	16,100	23,000
1961 Station Wagon, V-8, 120" wb						
4d Com	900	2,700	4,500	10,130	15,750	22,500
4d Col Pk.	920	2,760	4,600	10,350	16,100	23,000
1962 Comet, 6-cyl.						
4d Sed.	292	876	1,460	3,290	5,110	7,300
2d Sed.	340	1,010	1,680	3,780	5,880	8,400
4d Sta Wag	370	1,120	1,860	4,190	6,510	9,300
2d Sta Wag	400	1,200	2,000	4,500	7,000	10,000
2d S-22 Cpe	700	2,100	3,500	7,880	12,250	17,500
4d Vill Sta Wag	410	1,220	2,040	4,590	7,140	10,200
NOTE: Add 10 percent for Custom line.						
1962 Meteor, 8-cyl.						
4d Sed.	340	1,010	1,680	3,780	5,880	8,400
2d Sed.	340	1,020	1,700	3,830	5,950	8,500
2d S-33 Cpe	540	1,620	2,700	6,080	9,450	13,500

NOTE: Deduct 10 percent for 6-cyl. Add 10 percent for Custom line.

MERCURY

	6	5	4	3	2	1
1962 Monterey, V-8						
4d Sed	340	1,030	1,720	3,870	6,020	8,600
4d HT Sed	350	1,040	1,740	3,920	6,090	8,700
2d Sed	380	1,150	1,920	4,320	6,720	9,600
2d HT	400	1,200	2,000	4,500	7,000	10,000
2d Conv	840	2,520	4,200	9,450	14,700	21,000
4d Sta Wag	640	1,920	3,200	7,200	11,200	16,000
NOTE: Add 10 percent for Custom line.						
1962 Custom S-55 Sport Series, V-8						
2d HT	1,060	3,180	5,300	11,930	18,550	26,500
2d Conv	1,420	4,260	7,100	15,980	24,850	35,500
NOTE: Add 40 percent for 406 cid.						
1963 Comet, 6-cyl.						
4d Sed	292	876	1,460	3,290	5,110	7,300
2d Sed	296	888	1,480	3,330	5,180	7,400
4d Cus Sed	380	1,140	1,900	4,280	6,650	9,500
2d Cus Sed	384	1,152	1,920	4,320	6,720	9,600
2d Cus HT	540	1,620	2,700	6,080	9,450	13,500
2d Cus Conv	720	2,160	3,600	8,100	12,600	18,000
2d S-22 Cpe	620	1,860	3,100	6,980	10,850	15,500
2d S-22 HT	740	2,220	3,700	8,330	12,950	18,500
2d S-22 Conv	1,140	3,420	5,700	12,830	19,950	28,500
4d Sta Wag	368	1,104	1,840	4,140	6,440	9,200
2d Cus Sta Wag	372	1,116	1,860	4,190	6,510	9,300
4d Cus Sta Wag	380	1,140	1,900	4,280	6,650	9,500
4d Vill Sta Wag	392	1,176	1,960	4,410	6,860	9,800
1963 Meteor, V-8						
4d Sed	296	888	1,480	3,330	5,180	7,400
2d Sed	300	900	1,500	3,380	5,250	7,500
4d Sta Wag	400	1,200	2,000	4,500	7,000	10,000
2d Cus HT	420	1,260	2,100	4,730	7,350	10,500
2d S-33 HT	540	1,620	2,700	6,080	9,450	13,500
NOTE: Deduct 10 percent for 6-cyl. Add 10 percent for Custom line.						
1963 Monterey, V-8						
4d Sed	340	1,030	1,720	3,870	6,020	8,600
4d HT	360	1,080	1,800	4,050	6,300	9,000
2d Sed	350	1,040	1,740	3,920	6,090	8,700
2d HT	360	1,090	1,820	4,100	6,370	9,100
2d Cus Conv	1,180	3,540	5,900	13,280	20,650	29,500
4d S-55 HT	760	2,280	3,800	8,550	13,300	19,000
2d S-55 Conv	1,680	5,040	8,400	18,900	29,400	42,000
2d Marauder FBk	800	2,400	4,000	9,000	14,000	20,000
2d Mar S-55 FBk	1,160	3,480	5,800	13,050	20,300	29,000
4d Col Pk	800	2,400	4,000	9,000	14,000	20,000
NOTE: Add 10 percent for Custom line. Add 40 percent for 406 cid. Add 80 percent for 427 cid.						
1964 Comet, 6-cyl., 114" wb						
4d Sed	316	948	1,580	3,560	5,530	7,900
2d Sed	320	960	1,600	3,600	5,600	8,000
4d Sta Wag	368	1,104	1,840	4,140	6,440	9,200
1964 Comet 404, 6-cyl., 114" wb						
4d Sed	320	960	1,600	3,600	5,600	8,000
2d Sed	324	972	1,620	3,650	5,670	8,100
2d HT	460	1,380	2,300	5,180	8,050	11,500
4d DeL Wag	410	1,220	2,040	4,590	7,140	10,200
4d Sta Wag	400	1,210	2,020	4,550	7,070	10,100
1964 Comet Caliente, V-8 cyl., 114" wb						
4d Sed	328	984	1,640	3,690	5,740	8,200
2d HT	640	1,920	3,200	7,200	11,200	16,000
2d Conv	800	2,400	4,000	9,000	14,000	20,000
1964 Comet Cyclone, V-8 cyl., 114" wb						
2d HT	920	2,760	4,600	10,350	16,100	23,000
NOTE: Deduct 25 percent for 6-cyl. Caliente.						
1964 Monterey, V-8						
4d Sed	312	936	1,560	3,510	5,460	7,800
4d HT	324	972	1,620	3,650	5,670	8,100
2d Sed	316	948	1,580	3,560	5,530	7,900
2d HT	332	996	1,660	3,740	5,810	8,300
2d FBk	460	1,380	2,300	5,180	8,050	11,500
2d Conv	860	2,580	4,300	9,680	15,050	21,500
1964 Montclair, V-8, 120" wb						
4d Sed	320	960	1,600	3,600	5,600	8,000
4d FBk	340	1,020	1,700	3,830	5,950	8,500
2d HT	440	1,320	2,200	4,950	7,700	11,000
2d FBk	460	1,380	2,300	5,180	8,050	11,500
1964 Park Lane, V-8, 120" wb						
4d Sed	328	984	1,640	3,690	5,740	8,200

	6	5	4	3	2	1
4d HT	420	1,260	2,100	4,730	7,350	10,500
4d FBk	460	1,380	2,300	5,180	8,050	11,500
2d HT	600	1,800	3,000	6,750	10,500	15,000
2d FBk	640	1,920	3,200	7,200	11,200	16,000
2d Conv	960	2,880	4,800	10,800	16,800	24,000
1964 Station Wagon, V-8, 120" wb						
4d Col Pk	910	2,720	4,540	10,220	15,890	22,700
4d Com	700	2,100	3,500	7,880	12,250	17,500
NOTE: Add 10 percent for Marauder. Add 5 percent for bucket seat option where available. 427 Super Marauder, value inestimable.						
1965 Comet 202, V-8, 114" wb						
4d Sed	320	960	1,600	3,600	5,600	8,000
2d Sed	324	972	1,620	3,650	5,670	8,100
4d Sta Wag	372	1,116	1,860	4,190	6,510	9,300
NOTE: Deduct 20 percent for 6-cyl.						
1965 Comet 404						
4d Sed	324	972	1,620	3,650	5,670	8,100
2d Sed	328	984	1,640	3,690	5,740	8,200
4d Vill Wag	376	1,128	1,880	4,230	6,580	9,400
4d Sta Wag	372	1,116	1,860	4,190	6,510	9,300
1965 Comet Caliente, V-8, 114" wb						
4d Sed	332	996	1,660	3,740	5,810	8,300
2d HT	480	1,440	2,400	5,400	8,400	12,000
2d Conv	840	2,520	4,200	9,450	14,700	21,000
1965 Comet Cyclone, V-8, 114" wb						
2d HT	960	2,880	4,800	10,800	16,800	24,000
1965 Monterey, V-8, 123" wb						
4d Sed	336	1,008	1,680	3,780	5,880	8,400
4d HT	440	1,320	2,200	4,950	7,700	11,000
4d Brzwy	460	1,380	2,300	5,180	8,050	11,500
2d Sed	340	1,020	1,700	3,830	5,950	8,500
2d HT	472	1,416	2,360	5,310	8,260	11,800
2d Conv	920	2,760	4,600	10,350	16,100	23,000
1965 Montclair, V-8, 123" wb						
4d Brzwy	472	1,416	2,360	5,310	8,260	11,800
4d HT	440	1,320	2,200	4,950	7,700	11,000
2d HT	480	1,440	2,400	5,400	8,400	12,000
1965 Park Lane, V-8, 123" wb						
4d Brzwy	476	1,428	2,380	5,360	8,330	11,900
4d HT	480	1,440	2,400	5,400	8,400	12,000
2d HT	500	1,500	2,500	5,630	8,750	12,500
2d Conv	960	2,880	4,800	10,800	16,800	24,000
1965 Station Wagon, V-8, 119" wb						
4d Col Pk	770	2,300	3,840	8,640	13,440	19,200
4d Com	548	1,644	2,740	6,170	9,590	13,700
NOTE: Add 80 percent for 427 cid engine.						
1966 Comet Capri, V-8, 116" wb						
4d Sed	328	984	1,640	3,690	5,740	8,200
2d HT	440	1,320	2,200	4,950	7,700	11,000
4d Sta Wag	380	1,140	1,900	4,280	6,650	9,500
1966 Comet Caliente, V-8, 116" wb						
4d Sed	332	996	1,660	3,740	5,810	8,300
2d HT	600	1,800	3,000	6,750	10,500	15,000
2d Conv	840	2,520	4,200	9,450	14,700	21,000
1966 Comet Cyclone, V-8, 116" wb						
2d HT	840	2,520	4,200	9,450	14,700	21,000
2d Conv	1,080	3,240	5,400	12,150	18,900	27,000
1966 Comet Cyclone GT/GTA, V-8, 116" wb						
2d HT	920	2,760	4,600	10,350	16,100	23,000
2d Conv	1,400	4,200	7,000	15,750	24,500	35,000
NOTE: Add 40 percent for pace car edition.						
1966 Comet 202, V-8, 116" wb						
4d Sed	320	960	1,600	3,600	5,600	8,000
2d Sed	328	984	1,640	3,690	5,740	8,200
4d Sta Wag	324	972	1,620	3,650	5,670	8,100
1966 Monterey, V-8, 123" wb						
4d Sed	332	996	1,660	3,740	5,810	8,300
4d Brzwy Sed	440	1,320	2,200	4,950	7,700	11,000
4d HT	460	1,380	2,300	5,180	8,050	11,500
2d Sed	336	1,008	1,680	3,780	5,880	8,400
2d FBk	600	1,800	3,000	6,750	10,500	15,000
2d Conv	860	2,580	4,300	9,680	15,050	21,500
1966 Montclair, V-8, 123" wb						
4d Sed	340	1,020	1,700	3,830	5,950	8,500
4d HT	468	1,404	2,340	5,270	8,190	11,700
2d HT	480	1,440	2,400	5,400	8,400	12,000

	6	5	4	3	2	1
1966 Park Lane, V-8, 123" wb						
4d Brzwy Sed	480	1,440	2,400	5,400	8,400	12,000
4d HT	492	1,476	2,460	5,540	8,610	12,300
2d HT	520	1,560	2,600	5,850	9,100	13,000
2d Conv	920	2,760	4,600	10,350	16,100	23,000
1966 S-55, V-8, 123" wb						
2d HT	800	2,400	4,000	9,000	14,000	20,000
2d Conv	1,040	3,120	5,200	11,700	18,200	26,000
NOTE: Add 70 percent for 428-cid.						
1966 Station Wagons, V-8, 123" wb						
4d Comm	520	1,560	2,600	5,850	9,100	13,000
4d Col Pk	740	2,220	3,700	8,330	12,950	18,500
NOTE: Add 20 percent for 410 cid engine.						
1967 Comet 202, V-8, 116" wb						
2d Sed	336	1,008	1,680	3,780	5,880	8,400
4d Sed	332	996	1,660	3,740	5,810	8,300
1967 Capri, V-8, 116" wb						
2d HT	348	1,044	1,740	3,920	6,090	8,700
4d Sed	332	996	1,660	3,740	5,810	8,300
1967 Caliante, V-8, 116" wb						
4d Sed	352	1,056	1,760	3,960	6,160	8,800
2d HT	500	1,500	2,500	5,630	8,750	12,500
2d Conv	840	2,520	4,200	9,450	14,700	21,000
1967 Cyclone, V-8, 116" wb						
2d HT	880	2,640	4,400	9,900	15,400	22,000
2d Conv	1,040	3,120	5,200	11,700	18,200	26,000
1967 Station Wagons, V-8, 113" wb						
4d Voyager	420	1,270	2,120	4,770	7,420	10,600
4d Villager	470	1,400	2,340	5,270	8,190	11,700
1967 Cougar, V-8, 111" wb						
2d HT	840	2,520	4,200	9,450	14,700	21,000
2d XR-7 HT	1,020	3,060	5,100	11,480	17,850	25,500
1967 Monterey, V-8, 123" wb						
4d Sed	332	996	1,660	3,740	5,810	8,300
4d Brzwy	400	1,200	2,000	4,500	7,000	10,000
2d Conv	840	2,520	4,200	9,450	14,700	21,000
2d HT	420	1,260	2,100	4,730	7,350	10,500
4d HT	340	1,020	1,700	3,830	5,950	8,500
1967 Montclair, V-8, 123" wb						
4d Sed	336	1,008	1,680	3,780	5,880	8,400
4d Brzwy	420	1,260	2,100	4,730	7,350	10,500
2d HT	480	1,440	2,400	5,400	8,400	12,000
4d HT	440	1,320	2,200	4,950	7,700	11,000
1967 Park Lane, V-8, 123" wb						
4d Brzwy	460	1,380	2,300	5,180	8,050	11,500
2d Conv	920	2,760	4,600	10,350	16,100	23,000
2d HT	500	1,500	2,500	5,630	8,750	12,500
4d HT	480	1,440	2,400	5,400	8,400	12,000
1967 Brougham, V-8, 123" wb						
4d Brzwy	520	1,560	2,600	5,850	9,100	13,000
4d HT	540	1,620	2,700	6,080	9,450	13,500
1967 Marquis, V-8, 123" wb						
2d HT	600	1,800	3,000	6,750	10,500	15,000
1967 Station Wagons, 119" wb						
4d Commuter	560	1,680	2,800	6,300	9,800	14,000
4d Col Park	780	2,340	3,900	8,780	13,650	19,500
NOTE: Add 10 percent for GT option. Add 60 percent for S-55 performance package. Add 80 percent for 427 cid engine.						
1968 Comet, V-8						
2d HT	440	1,320	2,200	4,950	7,700	11,000
1968 Montego, V-8						
4d Sed	300	900	1,500	3,380	5,250	7,500
2d HT	320	960	1,600	3,600	5,600	8,000
1968 Montego MX						
4d Sta Wag	340	1,020	1,700	3,830	5,950	8,500
4d Sed	292	876	1,460	3,290	5,110	7,300
2d HT	440	1,320	2,200	4,950	7,700	11,000
2d Conv	740	2,220	3,700	8,330	12,950	18,500
1968 Cyclone, V-8						
2d FBk	960	2,880	4,800	10,800	16,800	24,000
2d HT	840	2,520	4,200	9,450	14,700	21,000
1968 Cyclone GT, V-8						
2d FBk	1,160	3,480	5,800	13,050	20,300	29,000
2d HT	1,040	3,120	5,200	11,700	18,200	26,000
1968 Cougar, V-8						
2d HT	800	2,400	4,000	9,000	14,000	20,000

	6	5	4	3	2	1
2d XR-7 HT	980	2,940	4,900	11,030	17,150	24,500

NOTE: Add 120 percent for GTE package. Add 40 percent for XR-7G.

	6	5	4	3	2	1
1968 Monterey, V-8						
4d Sed.	292	876	1,460	3,290	5,110	7,300
2d Conv.	760	2,280	3,800	8,550	13,300	19,000
2d HT	340	1,020	1,700	3,830	5,950	8,500
4d HT	320	960	1,600	3,600	5,600	8,000
1968 Montclair, V-8						
4d Sed.	296	888	1,480	3,330	5,180	7,400
2d HT	348	1,044	1,740	3,920	6,090	8,700
4d HT	328	984	1,640	3,690	5,740	8,200
1968 Park Lane, V-8						
4d Sed.	312	936	1,560	3,510	5,460	7,800
2d Conv.	780	2,340	3,900	8,780	13,650	19,500
2d HT	460	1,380	2,300	5,180	8,050	11,500
4d HT	356	1,068	1,780	4,010	6,230	8,900
1968 Marquis, V-8						
2d HT	480	1,440	2,400	5,400	8,400	12,000
1968 Station Wagons, V-8						
4d Commuter	580	1,740	2,900	6,530	10,150	14,500
4d Col Pk.	800	2,400	4,000	9,000	14,000	20,000

NOTE: Deduct 5 percent for six-cylinder engine. Add 5 percent for Brougham package. Add 5 percent for "yacht paneling". Add 80 percent for 427 cid engine. Add 50 percent for 428 cid engine.

	6	5	4	3	2	1
1969 Comet, 6-cyl.						
2d HT	320	960	1,600	3,600	5,600	8,000
1969 Montego, 6-cyl.						
4d Sed.	272	816	1,360	3,060	4,760	6,800
2d HT	280	840	1,400	3,150	4,900	7,000
1969 Montego MX, V8						
4d Sed.	276	828	1,380	3,110	4,830	6,900
2d HT	320	960	1,600	3,600	5,600	8,000
2d Conv.	680	2,040	3,400	7,650	11,900	17,000
4d Sta Wag	380	1,140	1,900	4,280	6,650	9,500
1969 Cyclone, V-8						
2d HT	840	2,520	4,200	9,450	14,700	21,000
1969 Cyclone CJ, V-8						
2d HT	1,800	5,400	9,000	20,250	31,500	45,000
1969 Cougar, V-8						
2d HT	780	2,340	3,900	8,780	13,650	19,500
2d Conv.	1,040	3,120	5,200	11,700	18,200	26,000
2d XR-7 HT	960	2,880	4,800	10,800	16,800	24,000
2d XR-7 Conv	1,220	3,660	6,100	13,730	21,350	30,500
2d Eliminator HT	1,720	5,160	8,600	19,350	30,100	43,000

NOTE: Add 50 percent for Boss 302. Add 70 percent for 428 CJ.

	6	5	4	3	2	1
1969 Monterey, V-8						
4d Sed.	312	936	1,560	3,510	5,460	7,800
4d HT	316	948	1,580	3,560	5,530	7,900
2d HT	328	984	1,640	3,690	5,740	8,200
2d Conv.	640	1,920	3,200	7,200	11,200	16,000
4d Sta Wag	540	1,620	2,700	6,080	9,450	13,500
1969 Marauder, V-8						
2d HT	520	1,560	2,600	5,850	9,100	13,000
2d X-100 HT	760	2,280	3,800	8,550	13,300	19,000
1969 Marquis, V-8						
4d Sed.	316	948	1,580	3,560	5,530	7,900
4d HT	360	1,080	1,800	4,050	6,300	9,000
2d HT	460	1,380	2,300	5,180	8,050	11,500
2d Conv.	760	2,280	3,800	8,550	13,300	19,000
4d Sta Wag	560	1,680	2,800	6,300	9,800	14,000
1969 Marquis Brougham, V-8						
4d Sed.	320	960	1,600	3,600	5,600	8,000
4d HT	380	1,140	1,900	4,280	6,650	9,500
2d HT	500	1,500	2,500	5,630	8,750	12,500

NOTE: Add 10 percent for Montego/Comet V-8. Add 15 percent for GT option. Add 100 percent for GT Spoiler II. Add 10 percent for bucket seats (except Cougar). Add 10 percent for bench seats (Cougar only). Add 70 percent for "CJ" 428 V-8. Add 70 percent for 429 cid engine.

	6	5	4	3	2	1
1970 Montego						
4d Sed.	316	948	1,580	3,560	5,530	7,900
2d HT	320	960	1,600	3,600	5,600	8,000
1970 Montego MX, V-8						
4d Sed.	332	996	1,660	3,740	5,810	8,300
2d HT	400	1,200	2,000	4,500	7,000	10,000
4d Sta Wag	380	1,140	1,900	4,280	6,650	9,500
1970 Montego MX Brougham, V-8						
4d Sed.	328	984	1,640	3,690	5,740	8,200
4d HT	380	1,140	1,900	4,280	6,650	9,500

	6	5	4	3	2	1
2d HT	420	1,260	2,100	4,730	7,350	10,500
4d Vill Sta Wag	480	1,440	2,400	5,400	8,400	12,000
1970 Cyclone, V-8						
2d HT	900	2,700	4,500	10,130	15,750	22,500
1970 Cyclone GT, V-8						
2d HT	1,180	3,540	5,900	13,280	20,650	29,500
1970 Cyclone Spoiler, V-8						
2d HT	1,420	4,260	7,100	15,980	24,850	35,500
NOTE: Add 70 percent for 429 V-8 GT. Add 50 percent for Gurney or Yarborough Editions.						
1970 Cougar, V-8						
2d HT	760	2,280	3,800	8,550	13,300	19,000
2d Conv	1,020	3,060	5,100	11,480	17,850	25,500
1970 Cougar XR-7, V-8						
2d HT	940	2,820	4,700	10,580	16,450	23,500
2d Conv	1,200	3,600	6,000	13,500	21,000	30,000
2d Eliminator HT	1,680	5,040	8,400	18,900	29,400	42,000
NOTE: Add 50 percent for Boss 302. Add 70 percent for 428 CJ.						
1970 Monterey, V-8						
4d Sed	320	960	1,600	3,600	5,600	8,000
4d HT	352	1,056	1,760	3,960	6,160	8,800
2d HT	412	1,236	2,060	4,640	7,210	10,300
2d Conv	620	1,860	3,100	6,980	10,850	15,500
4d Sta Wag	520	1,560	2,600	5,850	9,100	13,000
1970 Monterey Custom, V-8						
4d Sed	328	984	1,640	3,690	5,740	8,200
4d HT	440	1,320	2,200	4,950	7,700	11,000
2d HT	460	1,380	2,300	5,180	8,050	11,500
1970 Marauder, V-8						
2d HT	500	1,500	2,500	5,630	8,750	12,500
2d X-100 HT	740	2,220	3,700	8,330	12,950	18,500
1970 Marquis, V-8						
4d Sed	316	948	1,580	3,560	5,530	7,900
4d HT	360	1,080	1,800	4,050	6,300	9,000
2d HT	460	1,380	2,300	5,180	8,050	11,500
2d Conv	740	2,220	3,700	8,330	12,950	18,500
4d Sta Wag	520	1,560	2,600	5,850	9,100	13,000
4d Col Pk	540	1,620	2,700	6,080	9,450	13,500
1970 Marquis Brougham, V-8						
4d Sed	320	960	1,600	3,600	5,600	8,000
4d HT	380	1,140	1,900	4,280	6,650	9,500
2d HT	500	1,500	2,500	5,630	8,750	12,500
NOTE: Add 70 percent for any 429 engine option.						
1971 Comet, V-8						
4d Sed	264	792	1,320	2,970	4,620	6,600
2d Sed	268	804	1,340	3,020	4,690	6,700
2d HT GT	420	1,260	2,100	4,730	7,350	10,500
1971 Montego, V-8						
4d Sed	296	888	1,480	3,330	5,180	7,400
2d HT	308	924	1,540	3,470	5,390	7,700
1971 Montego MX						
4 Sed	312	936	1,560	3,510	5,460	7,800
2d HT	376	1,128	1,880	4,230	6,580	9,400
4d Sta Wag	384	1,152	1,920	4,320	6,720	9,600
1971 Montego MX Brougham						
4d Sed	308	924	1,540	3,470	5,390	7,700
4d HT	360	1,080	1,800	4,050	6,300	9,000
2d HT	400	1,200	2,000	4,500	7,000	10,000
4d Villager Sta Wag	420	1,260	2,100	4,730	7,350	10,500
1971 Cyclone, V-8						
2d HT	800	2,400	4,000	9,000	14,000	20,000
1971 Cyclone GT, V-8						
2d HT	1,080	3,240	5,400	12,150	18,900	27,000
1971 Cyclone Spoiler, V-8						
2d HT	1,320	3,960	6,600	14,850	23,100	33,000
NOTE: Add 80 percent for 429 V-8 GT.						
1971 Cougar, V-8						
2d HT	640	1,920	3,200	7,200	11,200	16,000
2d Conv	880	2,640	4,400	9,900	15,400	22,000
1971 Cougar XR-7, V-8						
2d HT	760	2,280	3,800	8,550	13,300	19,000
2d Conv	1,140	3,420	5,700	12,830	19,950	28,500
1971 Monterey, V-8						
4d Sed	300	900	1,500	3,380	5,250	7,500
4d HT	332	996	1,660	3,740	5,810	8,300
2d HT	392	1,176	1,960	4,410	6,860	9,800
4d Sta Wag	424	1,272	2,120	4,770	7,420	10,600

	6	5	4	3	2	1
1971 Monterey Custom, V-8						
4d Sed.	320	960	1,600	3,600	5,600	8,000
4d HT	424	1,272	2,120	4,770	7,420	10,600
2d HT	432	1,296	2,160	4,860	7,560	10,800
1971 Marquis, V-8						
4d Sed.	292	876	1,460	3,290	5,110	7,300
4d HT	352	1,056	1,760	3,960	6,160	8,800
2d HT	440	1,320	2,200	4,950	7,700	11,000
4d Sta Wag	500	1,500	2,500	5,630	8,750	12,500
1971 Marquis Brougham						
4d Sed.	300	900	1,500	3,380	5,250	7,500
4d HT	360	1,080	1,800	4,050	6,300	9,000
2d HT	480	1,440	2,400	5,400	8,400	12,000
4d Col Pk.	520	1,560	2,600	5,850	9,100	13,000
NOTE: Add 70 percent for 429.						
1972 Comet, V-8						
4d Sed.	264	792	1,320	2,970	4,620	6,600
2d Sed.	268	804	1,340	3,020	4,690	6,700
1972 Montego, V-8						
4d Sed.	280	840	1,400	3,150	4,900	7,000
2d HT	308	924	1,540	3,470	5,390	7,700
1972 Montego MX, V-8						
4d Sed.	292	876	1,460	3,290	5,110	7,300
2d HT	368	1,104	1,840	4,140	6,440	9,200
4d Sta Wag	376	1,128	1,880	4,230	6,580	9,400
1972 Montego Brougham, V-8						
4d Sed.	300	900	1,500	3,380	5,250	7,500
2d HT	380	1,140	1,900	4,280	6,650	9,500
4d Sta Wag	400	1,200	2,000	4,500	7,000	10,000
1972 Montego GT, V-8						
2d HT FBk.	580	1,740	2,900	6,530	10,150	14,500
1972 Cougar, V-8						
2d HT	600	1,800	3,000	6,750	10,500	15,000
2d Conv.	800	2,400	4,000	9,000	14,000	20,000
1972 Cougar XR-7, V-8						
2d HT	720	2,160	3,600	8,100	12,600	18,000
2d Conv.	1,060	3,180	5,300	11,930	18,550	26,500
1972 Monterey, V-8						
4d Sed.	300	900	1,500	3,380	5,250	7,500
4d HT	332	996	1,660	3,740	5,810	8,300
2d HT	392	1,176	1,960	4,410	6,860	9,800
4d Sta Wag	424	1,272	2,120	4,770	7,420	10,600
1972 Monterey Custom, V-8						
4d Sed.	320	960	1,600	3,600	5,600	8,000
4d HT	424	1,272	2,120	4,770	7,420	10,600
2d HT	432	1,296	2,160	4,860	7,560	10,800
1972 Marquis, V-8						
4d Sed.	292	876	1,460	3,290	5,110	7,300
4d HT	352	1,056	1,760	3,960	6,160	8,800
2d HT	440	1,320	2,200	4,950	7,700	11,000
4d Sta Wag	500	1,500	2,500	5,630	8,750	12,500
1972 Marquis Brougham, V-8						
4d Sed.	300	900	1,500	3,380	5,250	7,500
4d HT	360	1,080	1,800	4,050	6,300	9,000
2d HT	480	1,440	2,400	5,400	8,400	12,000
4d Col Pk.	520	1,560	2,600	5,850	9,100	13,000
1973 Comet, V-8						
4d Sed.	256	768	1,280	2,880	4,480	6,400
2d Sed.	260	780	1,300	2,930	4,550	6,500
1973 Montego, V-8						
4d Sed.	260	780	1,300	2,930	4,550	6,500
2d HT	288	864	1,440	3,240	5,040	7,200
1973 Montego MX, V-8						
4d Sed.	272	816	1,360	3,060	4,760	6,800
2d HT	332	996	1,660	3,740	5,810	8,300
1973 Montego MX Brougham, V-8						
4d Sed.	272	816	1,360	3,060	4,760	6,800
2d HT	348	1,044	1,740	3,920	6,090	8,700
1973 Montego GT, V-8						
2d HT	400	1,200	2,000	4,500	7,000	10,000
1973 Montego MX						
4d Village Wag	372	1,116	1,860	4,190	6,510	9,300
1973 Cougar, V-8						
2d HT	500	1,500	2,500	5,630	8,750	12,500
2d Conv.	720	2,160	3,600	8,100	12,600	18,000

	6	5	4	3	2	1
1973 Cougar XR-7, V-8						
2d HT	620	1,860	3,100	6,980	10,850	15,500
2d Conv	980	2,940	4,900	11,030	17,150	24,500
1973 Monterey, V-8						
4d Sed	260	780	1,300	2,930	4,550	6,500
2d HT	280	840	1,400	3,150	4,900	7,000
1973 Monterey Custom, V-8						
4d Sed	280	840	1,400	3,150	4,900	7,000
2d HT	300	900	1,500	3,380	5,250	7,500
1973 Marquis, V-8						
4d Sed	288	864	1,440	3,240	5,040	7,200
4d HT	292	876	1,460	3,290	5,110	7,300
2d HT	420	1,260	2,100	4,730	7,350	10,500
1973 Marquis Brougham, V-8						
4d Sed	292	876	1,460	3,290	5,110	7,300
4d HT	300	900	1,500	3,380	5,250	7,500
2d HT	420	1,260	2,100	4,730	7,350	10,500
1973 Station Wagon, V-8						
4d Monterey	276	828	1,380	3,110	4,830	6,900
4d Marquis	280	840	1,400	3,150	4,900	7,000
4d Col Pk	420	1,260	2,100	4,730	7,350	10,500
1974 Comet, V-8						
4d Sed	256	768	1,280	2,880	4,480	6,400
2d Sed	260	780	1,300	2,930	4,550	6,500
1974 Montego, V-8						
4d Sed	260	780	1,300	2,930	4,550	6,500
2d HT	288	864	1,440	3,240	5,040	7,200
1974 Montego MX, V-8						
4d Sed	272	816	1,360	3,060	4,760	6,800
2d HT	332	996	1,660	3,740	5,810	8,300
1974 Montego MX Brougham, V-8						
4d Sed	272	816	1,360	3,060	4,760	6,800
2d HT	348	1,044	1,740	3,920	6,090	8,700
4d Villager	372	1,116	1,860	4,190	6,510	9,300
1974 Cougar XR-7, V-8						
2d HT	400	1,200	2,000	4,500	7,000	10,000
1974 Monterey, V-8						
4d Sed	260	780	1,300	2,930	4,550	6,500
2d HT	280	840	1,400	3,150	4,900	7,000
1974 Monterey Custom, V-8						
4d Sed	280	840	1,400	3,150	4,900	7,000
2d HT	300	900	1,500	3,380	5,250	7,500
1974 Marquis, V-8						
4d Sed	288	864	1,440	3,240	5,040	7,200
4d HT	292	876	1,460	3,290	5,110	7,300
2d HT	420	1,260	2,100	4,730	7,350	10,500
1974 Marquis Brougham, V-8						
4d Sed	292	876	1,460	3,290	5,110	7,300
4d HT	300	900	1,500	3,380	5,250	7,500
2d HT	420	1,260	2,100	4,730	7,350	10,500
1974 Station Wagons, V-8						
4d Monterey	276	828	1,380	3,110	4,830	6,900
4d Marquis	280	840	1,400	3,150	4,900	7,000
4d Col Pk	420	1,260	2,100	4,730	7,350	10,500
1975 Bobcat 4-cyl.						
2d HBk	248	744	1,240	2,790	4,340	6,200
4d Sta Wag	244	732	1,220	2,750	4,270	6,100
1975 Comet, V-8						
4d Sed	256	768	1,280	2,880	4,480	6,400
2d Sed	260	780	1,300	2,930	4,550	6,500
1975 Monarch, V-8						
4d Sed	240	720	1,200	2,700	4,200	6,000
2d Cpe	244	732	1,220	2,750	4,270	6,100
1975 Monarch Ghia, V-8						
4d Sed	244	732	1,220	2,750	4,270	6,100
2d Cpe	248	744	1,240	2,790	4,340	6,200
1975 Monarch Grand Ghia, V-8						
4d Sed	252	756	1,260	2,840	4,410	6,300
1975 Montego, V-8						
4d Sed	260	780	1,300	2,930	4,550	6,500
2d HT	288	864	1,440	3,240	5,040	7,200
1975 Montego MX, V-8						
4d Sed	272	816	1,360	3,060	4,760	6,800
2d HT	332	996	1,660	3,740	5,810	8,300
1975 Montego Brougham, V-8						
4d Sed	276	828	1,380	3,110	4,830	6,900

	6	5	4	3	2	1
2d HT	352	1,056	1,760	3,960	6,160	8,800
1975 Station Wagons, V-8						
4d Villager	368	1,104	1,840	4,140	6,440	9,200
1975 Cougar XR-7, V-8						
2d HT	360	1,080	1,800	4,050	6,300	9,000
1975 Marquis, V-8						
4d Sed	280	840	1,400	3,150	4,900	7,000
2d HT	400	1,200	2,000	4,500	7,000	10,000
1975 Marquis Brougham, V-8						
4d Sed	288	864	1,440	3,240	5,040	7,200
2d HT	408	1,224	2,040	4,590	7,140	10,200
1975 Grand Marquis, V-8						
4d Sed	292	876	1,460	3,290	5,110	7,300
2d HT	412	1,236	2,060	4,640	7,210	10,300
1975 Station Wagons, V-8						
4d Marquis	284	852	1,420	3,200	4,970	7,100
4d Col Pk	424	1,272	2,120	4,770	7,420	10,600
1976 Bobcat, 4-cyl.						
3d HBk	248	744	1,240	2,790	4,340	6,200
4d Sta Wag	244	732	1,220	2,750	4,270	6,100
1976 Comet, V-8						
4d Sed	256	768	1,280	2,880	4,480	6,400
2d Sed	260	780	1,300	2,930	4,550	6,500
1976 Monarch, V-8						
4d Sed	240	720	1,200	2,700	4,200	6,000
2d Sed	244	732	1,220	2,750	4,270	6,100
1976 Monarch Ghia, V-8						
4d Sed	244	732	1,220	2,750	4,270	6,100
2d Sed	248	744	1,240	2,790	4,340	6,200
1976 Monarch Grand Ghia, V-8						
4d Sed	252	756	1,260	2,840	4,410	6,300
1976 Montego, V-8						
4d Sed	260	780	1,300	2,930	4,550	6,500
2d Cpe	288	864	1,440	3,240	5,040	7,200
1976 Montego MX, V-8						
4d Sed	272	816	1,360	3,060	4,760	6,800
2d Cpe	332	996	1,660	3,740	5,810	8,300
1976 Montego Brougham, V-8						
4d Sed	256	768	1,280	2,880	4,480	6,400
2d Cpe	352	1,056	1,760	3,960	6,160	8,800
1976 Station Wagons, V-8						
4d Montego MX	320	960	1,600	3,600	5,600	8,000
4d Montego Vill	360	1,080	1,800	4,050	6,300	9,000
1976 Cougar XR7, V-8						
2d HT	280	840	1,400	3,150	4,900	7,000
1976 Marquis, V-8						
4d Sed	280	840	1,400	3,150	4,900	7,000
2d Cpe	400	1,200	2,000	4,500	7,000	10,000
1976 Marquis Brougham, V-8						
4d Sed	288	864	1,440	3,240	5,040	7,200
2d Cpe	408	1,224	2,040	4,590	7,140	10,200
1976 Grand Marquis, V-8						
4d Sed	292	876	1,460	3,290	5,110	7,300
2d Cpe	412	1,236	2,060	4,640	7,210	10,300
1976 Station Wagons, V-8						
4d Marquis	284	852	1,420	3,200	4,970	7,100
4d Col Pk	424	1,272	2,120	4,770	7,420	10,600
1977 Bobcat, 4-cyl.						
3d HBk	248	744	1,240	2,790	4,340	6,200
4d Sta Wag	244	732	1,220	2,750	4,270	6,100
4d Vill Wag	252	756	1,260	2,840	4,410	6,300
NOTE: Add 5 percent for V-6.						
1977 Comet, V-8						
4d Sed	256	768	1,280	2,880	4,480	6,400
2d Sed	260	780	1,300	2,930	4,550	6,500
1977 Monarch, V-8						
4d Sed	240	720	1,200	2,700	4,200	6,000
2d Sed	244	732	1,220	2,750	4,270	6,100
1977 Monarch Ghia, V-8						
4d Sed	244	732	1,220	2,750	4,270	6,100
2d Sed	248	744	1,240	2,790	4,340	6,200
1977 Cougar, V-8						
4d Sed	220	660	1,100	2,480	3,850	5,500
2d Sed	224	672	1,120	2,520	3,920	5,600
1977 Cougar Brougham, V-8						
4d Sed	228	684	1,140	2,570	3,990	5,700

	6	5	4	3	2	1
2d Sed	232	696	1,160	2,610	4,060	5,800
1977 Cougar XR7, V-8						
2d HT	280	840	1,400	3,150	4,900	7,000
1977 Station Wagons, V-8						
4d Cougar	248	744	1,240	2,790	4,340	6,200
4d Vill	320	960	1,600	3,600	5,600	8,000
1977 Marquis, V-8						
4d Sed	280	840	1,400	3,150	4,900	7,000
2d Sed	400	1,200	2,000	4,500	7,000	10,000
1977 Marquis Brougham, V-8						
4d Sed	288	864	1,440	3,240	5,040	7,200
2d Sed	408	1,224	2,040	4,590	7,140	10,200
1977 Grand Marquis, V-8						
4d HT	292	876	1,460	3,290	5,110	7,300
2d HT	412	1,236	2,060	4,640	7,210	10,300
1977 Station Wagons, V-8						
4d 2S Marquis	284	852	1,420	3,200	4,970	7,100
4d 3S Marquis	300	900	1,500	3,380	5,250	7,500
1978 Bobcat						
3d Rbt.	200	600	1,050	2,340	3,650	5,200
4d Sta Wag	200	600	1,000	2,300	3,550	5,100
1978 Zephyr						
4d Sed	150	450	750	1,710	2,650	3,800
2d Sed	150	450	750	1,670	2,600	3,700
2d Cpe	150	500	800	1,800	2,800	4,000
4d Sta Wag	150	500	850	1,890	2,950	4,200
1978 Monarch						
4d Sed	200	600	1,000	2,250	3,500	5,000
2d Sed	200	600	1,000	2,300	3,550	5,100
1978 Cougar						
4d Sed	200	550	900	2,030	3,150	4,500
2d HT	200	550	900	2,070	3,200	4,600
1978 Cougar XR7						
2d HT	250	700	1,200	2,700	4,200	6,000
1978 Marquis						
4d Sed	250	700	1,200	2,700	4,200	6,000
2d HT	350	1,100	1,800	4,050	6,300	9,000
4d Sta Wag	300	850	1,400	3,150	4,900	7,000
1978 Marquis Brougham						
4d Sed	250	750	1,250	2,790	4,350	6,200
2d HT	350	1,100	1,850	4,140	6,450	9,200
1978 Grand Marquis						
4d Sed	250	750	1,250	2,840	4,400	6,300
2d HT	350	1,100	1,850	4,190	6,500	9,300
1979 Bobcat, 4-cyl.						
3d Rbt.	148	444	740	1,670	2,590	3,700
4d Wag.	144	432	720	1,620	2,520	3,600
4d Villager Wag	148	444	740	1,670	2,590	3,700
1979 Capri, 4-cyl.						
2d Cpe	152	456	760	1,710	2,660	3,800
2d Ghia Cpe	160	480	800	1,800	2,800	4,000
NOTE: Add 5 percent for 6-cyl. Add 8 percent for V-8.						
1979 Zephyr, 6-cyl.						
4d Sed	136	408	680	1,530	2,380	3,400
2d Cpe	144	432	720	1,620	2,520	3,600
2d Spt Cpe	152	456	760	1,710	2,660	3,800
4d Sta Wag	140	420	700	1,580	2,450	3,500
NOTE: Deduct 10 percent for 4-cyl.						
1979 Monarch, V-8						
4d Sed	136	408	680	1,530	2,380	3,400
2d Cpe	144	432	720	1,620	2,520	3,600
NOTE: Deduct 5 percent for 6-cyl.						
1979 Cougar, V-8						
4d Sed	144	432	720	1,620	2,520	3,600
2d HT	148	444	740	1,670	2,590	3,700
2d HT XR7	250	700	1,150	2,610	4,050	5,800
1979 Marquis, V-8						
4d Sed	152	456	760	1,710	2,660	3,800
2d HT	156	468	780	1,760	2,730	3,900
1979 Marquis Brougham, V-8						
4d Sed	156	468	780	1,760	2,730	3,900
2d HT	160	480	800	1,800	2,800	4,000
1979 Grand Marquis, V-8						
4d Sed	160	480	800	1,800	2,800	4,000
2d HT	164	492	820	1,850	2,870	4,100

	6	5	4	3	2	1
1979 Station Wagons, V-8						
4d 3S Marquis	152	456	760	1,710	2,660	3,800
4d 3S Colony Park	160	480	800	1,800	2,800	4,000
1980 Bobcat, 4-cyl.						
2d HBk	140	420	700	1,580	2,450	3,500
2d Sta Wag	144	432	720	1,620	2,520	3,600
2d Sta Wag Villager	152	456	760	1,710	2,660	3,800
1980 Capri, 6-cyl.						
2d HBk	188	564	940	2,120	3,290	4,700
2d HBk Ghia	200	600	1,000	2,250	3,500	5,000
NOTE: Deduct 10 percent for 4-cyl.						
1980 Zephyr, 6-cyl.						
4d Sed	140	420	700	1,580	2,450	3,500
2d Sed	136	408	680	1,530	2,380	3,400
2d Cpe Z-7	168	504	840	1,890	2,940	4,200
4d Sta Wag	156	468	780	1,760	2,730	3,900
NOTE: Deduct 10 percent for 4-cyl.						
1980 Monarch, V-8						
4d Sed	168	504	840	1,890	2,940	4,200
2d Cpe	164	492	820	1,850	2,870	4,100
NOTE: Deduct 10 percent for 4-cyl.						
1980 Cougar XR7, V-8						
2d Cpe	232	696	1,160	2,610	4,060	5,800
1980 Marquis, V-8						
4d Sed	176	528	880	1,980	3,080	4,400
2d Sed	172	516	860	1,940	3,010	4,300
1980 Marquis Brougham, V-8						
4d Sed	184	552	920	2,070	3,220	4,600
2d Sed	180	540	900	2,030	3,150	4,500
1980 Grand Marquis, V-8						
4d Sed	188	564	940	2,120	3,290	4,700
2d Sed	184	552	920	2,070	3,220	4,600
4d Sta Wag	192	576	960	2,160	3,360	4,800
4d Sta Wag CP	200	600	1,000	2,250	3,500	5,000
1981 Lynx, 4-cyl.						
2d HBk RS	148	444	740	1,670	2,590	3,700
4d HBk RS	152	456	760	1,710	2,660	3,800
2d HBk LS	152	456	760	1,710	2,660	3,800
NOTE: Deduct 5 percent for lesser models.						
1981 Zephyr, 6-cyl.						
4d Sed S	140	420	700	1,580	2,450	3,500
4d Sed	144	432	720	1,620	2,520	3,600
2d Sed	140	420	700	1,580	2,450	3,500
2d Cpe Z-7	172	516	860	1,940	3,010	4,300
4d Sta Wag	160	480	800	1,800	2,800	4,000
NOTE: Deduct 10 percent for 4-cyl.						
1981 Capri, 6-cyl.						
2d HBk	180	540	900	2,030	3,150	4,500
2d HBk GS	188	564	940	2,120	3,290	4,700
NOTE: Deduct 10 percent for 4-cyl.						
1981 Cougar, 6-cyl.						
4d Sed	168	504	840	1,890	2,940	4,200
2d Sed	164	492	820	1,850	2,870	4,100
NOTE: Deduct 10 percent for 4-cyl.						
1981 Cougar XR7, V-8						
2d Cpe	236	708	1,180	2,660	4,130	5,900
NOTE: Deduct 12 percent for 6-cyl.						
1981 Marquis, V-8						
4d Sed	176	528	880	1,980	3,080	4,400
1981 Marquis Brougham, V-8						
4d Sed	184	552	920	2,070	3,220	4,600
2d Sed	180	540	900	2,030	3,150	4,500
1981 Grand Marquis, V-8						
4d Sed	192	576	960	2,160	3,360	4,800
2d Sed	188	564	940	2,120	3,290	4,700
4d Sta Wag	196	588	980	2,210	3,430	4,900
4d Sta Wag CP	196	588	980	2,210	3,430	4,900
1982 Lynx, 4-cyl.						
2d HBk LS	152	456	760	1,710	2,660	3,800
4d HBk LS	156	468	780	1,760	2,730	3,900
4d Sta Wag LS	160	480	800	1,800	2,800	4,000
2d HBk RS	156	468	780	1,760	2,730	3,900
NOTE: Deduct 5 percent for lesser models.						
1982 LN7, 4-cyl.						
2d HBk	184	552	920	2,070	3,220	4,600

	6	5	4	3	2	1
1982 Zephyr, 6-cyl.						
4d Sed	148	444	740	1,670	2,590	3,700
2d Cpe Z-7	172	516	860	1,940	3,010	4,300
4d Sed GS	152	456	760	1,710	2,660	3,800
2d Cpe Z-7 GS	180	540	900	2,030	3,150	4,500
1982 Capri, 6-cyl.						
2d HBk L	212	636	1,060	2,390	3,710	5,300
2d HBk GS	220	660	1,100	2,480	3,850	5,500
1982 Capri, V-8						
2d HBk RS	224	672	1,120	2,520	3,920	5,600
NOTE: Deduct 10 percent for 4-cyl.						
1982 Cougar, 6-cyl.						
4d Sed GS	160	480	800	1,800	2,800	4,000
2d Sed GS	156	468	780	1,760	2,730	3,900
4d Sta Wag GS	168	504	840	1,890	2,940	4,200
4d Sed LS	164	492	820	1,850	2,870	4,100
2d Sed LS	160	480	800	1,800	2,800	4,000
1982 Cougar XR7, V-8						
2d Cpe	240	720	1,200	2,700	4,200	6,000
2d Cpe LS	248	744	1,240	2,790	4,340	6,200
NOTE: Deduct 10 percent for 6-cyl.						
1982 Marquis, V-8						
4d Sed	180	540	900	2,030	3,150	4,500
1982 Marquis Brougham, V-8						
4d Sed	188	564	940	2,120	3,290	4,700
2d Cpe	184	552	920	2,070	3,220	4,600
1982 Grand Marquis, V-8						
4d Sed	196	588	980	2,210	3,430	4,900
2d Cpe	192	576	960	2,160	3,360	4,800
4d Sta Wag	196	588	980	2,210	3,430	4,900
4d Sta Wag CP	200	600	1,000	2,250	3,500	5,000
1983 Lynx, 4-cyl.						
2d HBk LS	152	456	760	1,710	2,660	3,800
4d HBk LS	156	468	780	1,760	2,730	3,900
4d Sta Wag LS	160	480	800	1,800	2,800	4,000
2d HBk RS	156	468	780	1,760	2,730	3,900
4d HBk LTS	160	480	800	1,800	2,800	4,000
NOTE: Deduct 5 percent for lesser models.						
1983 LN7, 4-cyl.						
2d HBk	188	564	940	2,120	3,290	4,700
2d HBk Spt	192	576	960	2,160	3,360	4,800
2d HBk GS	200	600	1,000	2,250	3,500	5,000
2d HBk RS	208	624	1,040	2,340	3,640	5,200
1983 Zephyr, V-6						
4d Sed	152	456	760	1,710	2,660	3,800
2d Cpe Z-7	176	528	880	1,980	3,080	4,400
4d Sed GS	156	468	780	1,760	2,730	3,900
2d Cpe Z-7 GS	184	552	920	2,070	3,220	4,600
NOTE: Deduct 10 percent for 4-cyl.						
1983 Capri, 6-cyl.						
2d HBk L	216	648	1,080	2,430	3,780	5,400
2d HBk GS	224	672	1,120	2,520	3,920	5,600
1983 Capri, V-8						
2d HBk RS	228	684	1,140	2,570	3,990	5,700
NOTE: Deduct 10 percent for 4-cyl.						
1983 Cougar, V-8						
2d Cpe	260	780	1,300	2,930	4,550	6,500
2d Cpe LS	268	804	1,340	3,020	4,690	6,700
NOTE: Deduct 15 percent for V-6.						
1983 Marquis, 4-cyl.						
4d Sed	168	504	840	1,890	2,940	4,200
4d Brgm	176	528	880	1,980	3,080	4,400
1983 Marquis, 6-cyl.						
4d Sed	176	528	880	1,980	3,080	4,400
4d Sta Wag	188	564	940	2,120	3,290	4,700
4d Sed Brgm	192	576	960	2,160	3,360	4,800
4d Sta Wag Brgm	196	588	980	2,210	3,430	4,900
1983 Grand Marquis, V-8						
4d Sed	208	624	1,040	2,340	3,640	5,200
2d Cpe	204	612	1,020	2,300	3,570	5,100
4d Sed LS	216	648	1,080	2,430	3,780	5,400
2d Cpe LS	212	636	1,060	2,390	3,710	5,300
4d Sta Wag	220	660	1,100	2,480	3,850	5,500
1984 Lynx, 4-cyl.						
4d HBk LTS	140	420	700	1,580	2,450	3,500
2d HBk RS	144	432	720	1,620	2,520	3,600

	6	5	4	3	2	1
2d HBk RS Turbo	152	456	760	1,710	2,660	3,800
NOTE: Deduct 5 percent for lesser models.						
1984 Topaz, 4-cyl.						
2d Sed.	132	396	660	1,490	2,310	3,300
4d Sed.	132	396	660	1,490	2,310	3,300
2d Sed GS.	136	408	680	1,530	2,380	3,400
4d Sed GS.	136	408	680	1,530	2,380	3,400
1984 Capri, 4-cyl.						
2d HBk GS	176	528	880	1,980	3,080	4,400
2d HBk RS Turbo	192	576	960	2,160	3,360	4,800
2d HBk GS, V-6.	184	552	920	2,070	3,220	4,600
2d HBk GS, V-8.	192	576	960	2,160	3,360	4,800
2d HBk RS, V-8.	200	600	1,000	2,250	3,500	5,000
1984 Cougar, V-6						
2d Cpe.	168	504	840	1,890	2,940	4,200
2d Cpe LS.	172	516	860	1,940	3,010	4,300
1984 Cougar, V-8						
2d Cpe.	180	540	900	2,030	3,150	4,500
2d Cpe LS.	192	576	960	2,160	3,360	4,800
2d Cpe XR7.	220	660	1,100	2,480	3,850	5,500
1984 Marquis, 4-cyl.						
4d Sed.	164	492	820	1,850	2,870	4,100
4d Sed Brgm	168	504	840	1,890	2,940	4,200
1984 Marquis, V-6						
4d Sed.	168	504	840	1,890	2,940	4,200
4d Sed Brgm	172	516	860	1,940	3,010	4,300
4d Sta Wag	172	516	860	1,940	3,010	4,300
4d Sta Wag Brgm	176	528	880	1,980	3,080	4,400
1984 Grand Marquis, V-8						
4d Sed.	196	588	980	2,210	3,430	4,900
2d Sed.	196	588	980	2,210	3,430	4,900
4d Sed LS	200	600	1,000	2,250	3,500	5,000
2d Sed LS	200	600	1,000	2,250	3,500	5,000
4d Sta Wag Colony Park.	200	600	1,000	2,250	3,500	5,000
1985 Lynx, 4-cyl.						
2d HBk GS	136	408	680	1,530	2,380	3,400
4d HBk GS	140	420	700	1,580	2,450	3,500
4d Sta Wag GS.	140	420	700	1,580	2,450	3,500
NOTE: Deduct 20 percent for diesel. Deduct 5 percent for lesser models.						
1985 Topaz, 4-cyl.						
2d Sed.	136	408	680	1,530	2,380	3,400
4d Sed.	136	408	680	1,530	2,380	3,400
2d Sed LS	136	408	680	1,530	2,380	3,400
4d Sed LS	140	420	700	1,580	2,450	3,500
NOTE: Deduct 20 percent for diesel.						
1985 Capri, 4-cyl.						
2d HBk GS	180	540	900	2,030	3,150	4,500
2d HBk GS, V-6.	184	552	920	2,070	3,220	4,600
2d HBk GS, V-8.	196	588	980	2,210	3,430	4,900
2d HBk 5.0 liter, V-8	210	620	1,040	2,340	3,640	5,200
1985 Cougar, V-6						
2d Cpe.	172	516	860	1,940	3,010	4,300
2d Cpe LS.	176	528	880	1,980	3,080	4,400
2d Cpe, V-8.	184	552	920	2,070	3,220	4,600
2d Cpe LS, V-8	196	588	980	2,210	3,430	4,900
2d Cpe XR7 Turbo, 4-cyl.	220	670	1,120	2,520	3,920	5,600
1985 Marquis, V-6						
4d Sed.	172	516	860	1,940	3,010	4,300
4d Sed Brgm	176	528	880	1,980	3,080	4,400
4d Sta Wag	176	528	880	1,980	3,080	4,400
4d Sta Wag Brgm	180	540	900	2,030	3,150	4,500
NOTE: Deduct 20 percent for 4-cyl. where available.						
1985 Grand Marquis, V-8						
4d Sed.	200	600	1,000	2,250	3,500	5,000
2d Sed.	196	588	980	2,210	3,430	4,900
4d Sed LS	204	612	1,020	2,300	3,570	5,100
2d Sed LS	200	600	1,000	2,250	3,500	5,000
4d Sta Wag Colony Park.	210	620	1,040	2,340	3,640	5,200
1986 Lynx						
2d HBk	140	420	700	1,580	2,450	3,500
4d HBk	148	444	740	1,670	2,590	3,700
4d Sta Wag	148	444	740	1,670	2,590	3,700
1986 Capri						
2d HBk	184	552	920	2,070	3,220	4,600
1986 Topaz						
2d Sed.	144	432	720	1,620	2,520	3,600

	6	5	4	3	2	1
4d Sed	144	432	720	1,620	2,520	3,600
1986 Marquis						
4d Sed	176	528	880	1,980	3,080	4,400
4d Sta Wag	180	540	900	2,030	3,150	4,500
1986 Marquis Brougham						
4d Sed	180	540	900	2,030	3,150	4,500
4d Sta Wag	184	552	920	2,070	3,220	4,600
1986 Cougar						
2d Cpe	192	576	960	2,160	3,360	4,800
2d LS Cpe	200	600	1,000	2,250	3,500	5,000
XR7 2d Cpe	228	684	1,140	2,570	3,990	5,700
1986 Sable, V-6						
4d Sed GS	200	600	1,000	2,250	3,500	5,000
4d Sed LS	200	610	1,020	2,300	3,570	5,100
4d Sta Wag GS	200	610	1,020	2,300	3,570	5,100
4d Sta Wag LS	210	620	1,040	2,340	3,640	5,200
1986 Grand Marquis						
2d Sed	204	612	1,020	2,300	3,570	5,100
4d Sed	208	624	1,040	2,340	3,640	5,200
4d Sta Wag	220	660	1,100	2,480	3,850	5,500
NOTE: Add 10 percent for deluxe models. Deduct 5 percent for smaller engines.						
1987 Lynx, 4-cyl.						
2d HBk L	148	444	740	1,670	2,590	3,700
2d HBk GS	152	456	760	1,710	2,660	3,800
4d HBk GS	156	468	780	1,760	2,730	3,900
4d Sta Wag GS	156	468	780	1,760	2,730	3,900
2d HBk XR3	160	480	800	1,800	2,800	4,000
1987 Topaz, 4-cyl.						
2d Sed GS	152	456	760	1,710	2,660	3,800
4d Sed GS	156	468	780	1,760	2,730	3,900
2d Sed GS Spt	156	468	780	1,760	2,730	3,900
4d Sed GS Spt	160	480	800	1,800	2,800	4,000
4d Sed LS	164	492	820	1,850	2,870	4,100
1987 Cougar						
2d Cpe LS, V-6	256	768	1,280	2,880	4,480	6,400
2d Cpe LS, V-8	360	1,080	1,800	4,050	6,300	9,000
2d Cpe XR7, V-8	368	1,104	1,840	4,140	6,440	9,200
NOTE: Add 10 percent for Anniversary Model.						
1987 Sable, V-6						
4d Sed GS	200	600	1,000	2,250	3,500	5,000
4d Sed LS	204	612	1,020	2,300	3,570	5,100
4d Sta Wag GS	204	612	1,020	2,300	3,570	5,100
4d Sta Wag LS	208	624	1,040	2,340	3,640	5,200
1987 Grand Marquis, V-8						
4d Sed GS	228	684	1,140	2,570	3,990	5,700
4d Sta Wag Col Park GS	240	710	1,180	2,660	4,130	5,900
2d Sed LS	228	684	1,140	2,570	3,990	5,700
4d Sed LS	232	696	1,160	2,610	4,060	5,800
4d Sta Wag Col Park LS	240	720	1,200	2,700	4,200	6,000
1988 Tracer, 4-cyl.						
2d HBk	120	360	600	1,350	2,100	3,000
4d HBk	124	372	620	1,400	2,170	3,100
4d Sta Wag	132	396	660	1,490	2,310	3,300
1988 Topaz, 4-cyl.						
2d Sed	128	384	640	1,440	2,240	3,200
4d Sed	132	396	660	1,490	2,310	3,300
4d Sed LS	144	432	720	1,620	2,520	3,600
4d Sed LTS	152	456	760	1,710	2,660	3,800
2d Sed XR5	160	480	800	1,800	2,800	4,000
1988 Cougar						
2d LS V-6	232	696	1,160	2,610	4,060	5,800
2d LS V-8	248	744	1,240	2,790	4,340	6,200
2d XR7 V-8	272	816	1,360	3,060	4,760	6,800
1988 Sable, V-6						
4d Sed GS	184	552	920	2,070	3,220	4,600
4d Sta Wag GS	208	624	1,040	2,340	3,640	5,200
4d Sed LS	192	576	960	2,160	3,360	4,800
4d Sta Wag LS	232	696	1,160	2,610	4,060	5,800
1988 Grand Marquis, V-8						
4d Sed GS	220	660	1,100	2,480	3,850	5,500
4d Sta Wag Col Park GS	230	700	1,160	2,610	4,060	5,800
4d Sed LS	224	672	1,120	2,520	3,920	5,600
4d Sta Wag Col Park LS	240	730	1,220	2,750	4,270	6,100
1989 Tracer, 4-cyl.						
4d HBk	156	468	780	1,760	2,730	3,900
2d HBk	152	456	760	1,710	2,660	3,800

	6	5	4	3	2	1
4d Sta Wag	160	480	800	1,800	2,800	4,000
1989 Topaz, 4-cyl.						
2d Sed GS	144	432	720	1,620	2,520	3,600
4d Sed GS	148	444	740	1,670	2,590	3,700
4d Sed LS	156	468	780	1,760	2,730	3,900
4d Sed LTS	172	516	860	1,940	3,010	4,300
2d Sed XR5	196	588	980	2,210	3,430	4,900
1989 Cougar, V-6						
2d Cpe LS	360	1,080	1,800	4,050	6,300	9,000
2d Cpe XR7	400	1,200	2,000	4,500	7,000	10,000
1989 Sable, V-6						
4d Sed GS	212	636	1,060	2,390	3,710	5,300
4d Sta Wag GS	248	744	1,240	2,790	4,340	6,200
4d Sed LS	236	708	1,180	2,660	4,130	5,900
4d Sta Wag LS	368	1,104	1,840	4,140	6,440	9,200
1989 Grand Marquis, V-8						
4d Sed GS	252	756	1,260	2,840	4,410	6,300
4d Sed LS	256	768	1,280	2,880	4,480	6,400
4d Sta Wag Col Park GS	270	800	1,340	3,020	4,690	6,700
4d Sta Wag Col Park LS	280	830	1,380	3,110	4,830	6,900
1990 Topaz, 4-cyl.						
2d Sed GS	156	468	780	1,760	2,730	3,900
4d Sed GS	160	480	800	1,800	2,800	4,000
4d Sed LS	168	504	840	1,890	2,940	4,200
4d Sed LTS	184	552	920	2,070	3,220	4,600
2d Sed XR5	168	504	840	1,890	2,940	4,200
1990 Cougar, V-6						
2d Cpe LS	260	780	1,300	2,930	4,550	6,500
2d Cpe XR7	360	1,080	1,800	4,050	6,300	9,000
1990 Sable, V-6						
4d Sed GS	220	660	1,100	2,480	3,850	5,500
4d Sed LS	240	720	1,200	2,700	4,200	6,000
4d Sta Wag GS	240	720	1,200	2,700	4,200	6,000
4d Sta Wag LS	260	780	1,300	2,930	4,550	6,500
1990 Grand Marquis, V-8						
4d Sed GS	260	780	1,300	2,930	4,550	6,500
4d Sed LS	260	790	1,320	2,970	4,620	6,600
4d Sta Wag GS	270	800	1,340	3,020	4,690	6,700
4d Sta Wag LS	280	830	1,380	3,110	4,830	6,900
NOTE: Mercury suspended production of the Tracer for 1990. It would return the following year.						
1991 Tracer, 4-cyl.						
4d NBk	140	420	700	1,580	2,450	3,500
4d NBk LTS	148	444	740	1,670	2,590	3,700
4d Sta Wag	156	468	780	1,760	2,730	3,900
1991 Topaz, 4-cyl.						
2d Sed GS	148	444	740	1,670	2,590	3,700
4d Sed GS	148	444	740	1,670	2,590	3,700
4d Sed LS	156	468	780	1,760	2,730	3,900
4d Sed LTS	160	480	800	1,800	2,800	4,000
2d Sed XR5	168	504	840	1,890	2,940	4,200
1991 Capri, 4-cyl.						
2d Conv	200	600	1,000	2,250	3,500	5,000
2d Conv XR2 Turbo	220	660	1,100	2,480	3,850	5,500
1991 Cougar						
2d Cpe LS, V-6	240	720	1,200	2,700	4,200	6,000
2d Cpe LS, V-8	360	1,080	1,800	4,050	6,300	9,000
2d Cpe XR7, V-8	380	1,140	1,900	4,280	6,650	9,500
1991 Sable, V-6						
4d Sed GS	148	444	740	1,670	2,590	3,700
4d Sta Wag GS	156	468	780	1,760	2,730	3,900
4d Sed LS	152	456	760	1,710	2,660	3,800
4d Sta Wag LS	160	480	800	1,800	2,800	4,000
1991 Grand Marquis, V-8						
4d Sed GS	184	552	920	2,070	3,220	4,600
4d Sed LS	192	576	960	2,160	3,360	4,800
1991 Grand Marquis Colony Park, V-8						
4d Sta Wag GS3S	220	660	1,100	2,480	3,850	5,500
4d Sta Wag GS2S	220	650	1,080	2,430	3,780	5,400
4d Sta Wag LS3S	220	670	1,120	2,520	3,920	5,600
4d Sta Wag LS2S	220	660	1,100	2,480	3,850	5,500
1992 Tracer, 4-cyl.						
4d Sed	164	492	820	1,850	2,870	4,100
4d Sed LTS	168	504	840	1,890	2,940	4,200
4d Sta Wag	184	552	920	2,070	3,220	4,600
1992 Topaz, 4-cyl. & V-6						
2d Cpe GS	156	468	780	1,760	2,730	3,900

	6	5	4	3	2	1
4d Sed GS	160	480	800	1,800	2,800	4,000
4d Sed LS	168	504	840	1,890	2,940	4,200
4d Sed LTS V-6	224	672	1,120	2,520	3,920	5,600
2d Cpe XR5 V-6	224	672	1,120	2,520	3,920	5,600
1992 Capri, 4-cyl.						
2d Conv	240	720	1,200	2,700	4,200	6,000
2d Conv XR2 Turbo	248	744	1,240	2,790	4,340	6,200
1992 Cougar						
2d Cpe LS, V-6	292	876	1,460	3,290	5,110	7,300
2d Cpe LS, V-8	308	924	1,540	3,470	5,390	7,700
2d Cpe XR7 V-8	316	948	1,580	3,560	5,530	7,900
1992 Sable, V-6						
4d Sed GS	240	720	1,200	2,700	4,200	6,000
4d Sta Wag GS	240	720	1,200	2,700	4,200	6,000
4d Sed LS	248	744	1,240	2,790	4,340	6,200
4d Sta Wag LS	248	744	1,240	2,790	4,340	6,200
1992 Grand Marquis, V-8						
4d Sed GS	280	840	1,400	3,150	4,900	7,000
4d Sed LS	288	864	1,440	3,240	5,040	7,200
1993 Tracer, 4-cyl.						
4d Sed	172	516	860	1,940	3,010	4,300
4d Sta Wag	184	552	920	2,070	3,220	4,600
4d Sed LTS	180	540	900	2,030	3,150	4,500
1993 Topaz, 4-cyl.						
2d Sed GS	168	504	840	1,890	2,940	4,200
4d Sed GS	176	528	880	1,980	3,080	4,400
1993 Capri, 4-cyl.						
2d Conv	280	840	1,400	3,150	4,900	7,000
2d Conv XR2 Turbo	288	864	1,440	3,240	5,040	7,200
1993 Cougar						
2d Cpe XR7, V-6	292	876	1,460	3,290	5,110	7,300
2d Cpe XR7, V-8	302	906	1,510	3,400	5,285	7,550
1993 Sable, V-6						
4d Sed GS	248	744	1,240	2,790	4,340	6,200
4d Sed LS	252	756	1,260	2,840	4,410	6,300
4d Sta Wag GS	260	780	1,300	2,930	4,550	6,500
4d Sta Wag LS	264	792	1,320	2,970	4,620	6,600
1993 Grand Marquis, V-8						
4d Sed GS	288	864	1,440	3,240	5,040	7,200
4d Sed LS	296	888	1,480	3,330	5,180	7,400
1994 Tracer, 4-cyl.						
4d Sed	200	600	1,000	2,250	3,500	5,000
4d Sed LTS	220	660	1,100	2,480	3,850	5,500
4d Sta Wag	240	720	1,200	2,700	4,200	6,000
1994 Topaz, 4-cyl.						
2d Sed GS	212	636	1,060	2,390	3,710	5,300
4d Sed GS	216	648	1,080	2,430	3,780	5,400
1994 Capri, 4-cyl.						
2d Conv	260	780	1,300	2,930	4,550	6,500
2d Conv XR2 Turbo	288	864	1,440	3,240	5,040	7,200
1994 Cougar						
2d Cpe XR7, V-6	260	780	1,300	2,930	4,550	6,500
2d Cpe XR7, V-8	280	840	1,400	3,150	4,900	7,000
1994 Sable, V-6						
4d Sed GS	220	660	1,100	2,480	3,850	5,500
4d Sed LS	240	720	1,200	2,700	4,200	6,000
4d Sta Wag GS	240	720	1,200	2,700	4,200	6,000
4d Sta Wag LS	260	780	1,300	2,930	4,550	6,500
1994 Grand Marquis, V-8						
4d Sed GS	300	900	1,500	3,380	5,250	7,500
4d Sed LS	320	960	1,600	3,600	5,600	8,000
1995 Tracer, 4-cyl.						
4d Sed	200	600	1,000	2,250	3,500	5,000
4d Sta Wag	250	700	1,200	2,700	4,200	6,000
4d LTS Sed	200	650	1,100	2,480	3,850	5,500
1995 Mystique, 4-cyl. & V-6						
4d GS Sed	200	650	1,050	2,390	3,700	5,300
4d LS Sed	200	650	1,100	2,480	3,850	5,500
1995 Cougar, V-6 & V-8						
2d XR7 Cpe, V-6	250	800	1,300	2,930	4,550	6,500
2d XR7 Cpe, V-8	280	840	1,400	3,150	4,900	7,000
1995 Sable, V-6						
4d GS Sed	200	650	1,100	2,480	3,850	5,500
4d GS Sta Wag	250	700	1,200	2,700	4,200	6,000
4d LS Sed	250	700	1,200	2,700	4,200	6,000
4d LS Sta Wag	250	800	1,300	2,930	4,550	6,500

	6	5	4	3	2	1
4d LTS Sed	250	800	1,300	2,970	4,600	6,600
1995 Grand Marquis, V-8						
4d GS Sed.	300	900	1,500	3,380	5,250	7,500
4d LS Sed	300	950	1,600	3,600	5,600	8,000
1996 Tracer, 4-cyl.						
4d Sed.	200	600	1,000	2,250	3,500	5,000
4d Sta Wag	250	700	1,200	2,700	4,200	6,000
4d LTS Sed	200	650	1,100	2,480	3,850	5,500
1996 Mystique, 4-cyl. & V-6						
4d GS Sed.	200	650	1,050	2,390	3,700	5,300
4d LS Sed	200	650	1,100	2,480	3,850	5,500
1996 Cougar, V-6						
2d XR7 Cpe, V-6.	250	800	1,300	2,930	4,550	6,500
NOTE: Add 10 percent for V-8.						
1996 Sable, V-6						
4d G Sed	200	650	1,050	2,390	3,700	5,300
4d GS Sed.	200	650	1,100	2,480	3,850	5,500
4d GS Sta Wag.	250	700	1,200	2,700	4,200	6,000
4d LS Sed	250	700	1,200	2,700	4,200	6,000
4d LS Sta Wag	250	800	1,300	2,930	4,550	6,500
1996 Grand Marquis, V-8						
4d GS Sed.	300	900	1,500	3,380	5,250	7,500
4d LS Sed	300	950	1,600	3,600	5,600	8,000
1997 Tracer, 4-cyl.						
4d GS Sed.	200	600	1,000	2,250	3,500	5,000
4d LS Sed	240	720	1,200	2,700	4,200	6,000
4d LS Sta Wag	220	660	1,100	2,480	3,850	5,500
NOTE: Add 5 percent for Trio Pkg on LS Sed.						
1997 Mystique, 4-cyl. & V-6						
4d Sed (4-cyl. only)	200	600	1,000	2,250	3,500	5,000
4d GS Sed.	212	636	1,060	2,390	3,710	5,300
4d LS Sed	220	660	1,100	2,480	3,850	5,500
NOTE: Add 5 percent for either Sport or Spree Pkg on GS Sed.						
1997 Cougar, V-6						
2d XR7 Cpe, V-6.	260	780	1,300	2,930	4,550	6,500
NOTE: Add 10 percent for V-8. Add 10 percent for 30th Anv Pkg.						
1997 Sable, V-6						
4d G Sed	212	636	1,060	2,390	3,710	5,300
4d GS Sed.	220	660	1,100	2,480	3,850	5,500
4d GS Sta Wag.	240	720	1,200	2,700	4,200	6,000
4d LS Sed	240	720	1,200	2,700	4,200	6,000
4d LS Sta Wag	260	780	1,300	2,930	4,550	6,500
1997 Grand Marquis, V-8						
4d GS Sed.	300	900	1,500	3,380	5,250	7,500
4d LS Sed	320	960	1,600	3,600	5,600	8,000
1998 Tracer, 4-cyl.						
4d GS Sed.	200	600	1,000	2,250	3,500	5,000
4d LS Sed	240	720	1,200	2,700	4,200	6,000
4d LS Sta Wag	260	780	1,300	2,930	4,550	6,500
NOTE: Add 5 percent for Trio Pkg on GS Sed.						
1998 Mystique, 4-cyl. & V-6						
4d GS Sed.	210	640	1,060	2,390	3,710	5,300
4d LS Sed (V-6 only)	220	660	1,100	2,480	3,850	5,500
NOTE: Add 5 percent for Sport Pkg on GS Sed.						
1998						
NOTE: The Cougar was not available in 1998. The 1999 Cougar debuted mid-year in 1998.						
1998 Sable, V-6						
4d GS Sed.	220	660	1,100	2,480	3,850	5,500
4d LS Sed	240	720	1,200	2,700	4,200	6,000
4d LS Sta Wag	260	780	1,300	2,930	4,550	6,500
1998 Grand Marquis, V-8						
4d GS Sed.	300	910	1,520	3,420	5,320	7,600
4d LS Sed	320	970	1,620	3,650	5,670	8,100
NOTE: Add 5 percent for Handling Pkg.						
1999 Tracer, 4-cyl.						
4d GS Sed.	200	600	1,000	2,250	3,500	5,000
4d LS Sed	240	720	1,200	2,700	4,200	6,000
4d LS Sta Wag	260	780	1,300	2,930	4,550	6,500
NOTE: Add 5 percent for Trio Pkg on GS Sed.						
1999 Mystique, 4-cyl. & V-6						
4d GS Sed.	210	640	1,060	2,390	3,710	5,300
4d LS Sed (V-6 only)	220	660	1,100	2,480	3,850	5,500
NOTE: Add 5 percent for Sport Pkg on GS Sed.						
1999 Sable, V-6						
4d GS Sed.	220	660	1,100	2,480	3,850	5,500
4d GS Sta Wag.	240	720	1,200	2,700	4,200	6,000

	6	5	4	3	2	1
4d LS Sed	240	720	1,200	2,700	4,200	6,000
4d LS Sta Wag	260	780	1,300	2,930	4,550	6,500
1999 Cougar, 4-cyl. & V-6						
2d Cpe	260	780	1,300	2,930	4,550	6,500
NOTE: Add 5 percent for Sport Pkg on V-6 Cpe.						
1999 Grand Marquis, V-8						
4d GS Sed	300	910	1,520	3,420	5,320	7,600
4d LS Sed	320	970	1,620	3,650	5,670	8,100
NOTE: Add 5 percent for 41G Handling & Performance Pkg.						
2000 Mystique, 4-cyl. & V-6						
4d GS Sed (4-cyl. only)	210	640	1,060	2,390	3,710	5,300
4d LS Sed (V-6 only)	220	660	1,100	2,480	3,850	5,500
NOTE: Add 5 percent for Sport Pkg on GS Sed.						
2000 Sable, V-6						
4d GS Sed	220	670	1,120	2,520	3,920	5,600
4d GS Sta Wag	240	730	1,220	2,750	4,270	6,100
4d LS Sed	240	730	1,220	2,750	4,270	6,100
4d LS Sta Wag	260	790	1,320	2,970	4,620	6,600
NOTE: Add 10 percent for LS Premium pkg.						
2000 Cougar, 4-cyl. & V-6						
2d Cpe	260	780	1,300	2,930	4,550	6,500
2000 Grand Marquis, V-8						
4d GS Sed	300	910	1,520	3,420	5,320	7,600
4d LS Sed	320	970	1,620	3,650	5,670	8,100
NOTE: Add 5 percent for 41G Handling & Performance Pkg.						
2001 Sable, V-6						
4d GS Sed	230	680	1,140	2,850	3,990	5,700
4d GS Sta Wag	250	740	1,240	3,100	4,340	6,200
4d LS Sed	250	740	1,240	3,100	4,340	6,200
4d LS Premium Sed	270	800	1,340	3,350	4,690	6,700
4d LS Premium Sta Wag	270	820	1,360	3,400	4,760	6,800
2001 Cougar, 4-cyl. & V-6						
2d Cpe	280	830	1,380	3,450	4,830	6,900
NOTE: Add 5 percent for C2 or ZN pkgs. Add 5 percent for mid-year Sport Ed.						
2001 Grand Marquis, V-8						
4d GS Sed	310	920	1,540	3,850	5,390	7,700
4d LS Sed	330	980	1,640	4,100	5,740	8,200
4d LSE Sed	350	1,060	1,760	4,400	6,160	8,800
NOTE: Add 5 percent for Limited Ed.						
2002 Sable, V-6						
4d GS Sed	230	680	1,140	2,850	3,990	5,700
4d GS Sta Wag	250	740	1,240	3,100	4,340	6,200
4d LS Premium Sed	270	800	1,340	3,350	4,690	6,700
4d LS Premium Sta Wag	270	820	1,360	3,400	4,760	6,800
2002 Cougar, 4-cyl. & V-6						
2d Cpe	280	830	1,380	3,450	4,830	6,900
2d Sport Cpe (V-6 only)	310	920	1,540	3,850	5,390	7,700
NOTE: Add 5 percent for C2 or XR pkgs.						
2002 Grand Marquis, V-8						
4d GS Sed	310	920	1,540	3,850	5,390	7,700
4d LS Sed	330	980	1,640	4,100	5,740	8,200
4d LSE Sed	350	1,060	1,760	4,400	6,160	8,800
2003 Sable, V-6						
4d GS Sed	230	680	1,140	2,850	3,990	5,700
4d GS Sta Wag	250	740	1,240	3,100	4,340	6,200
4d LS Premium Sed	270	800	1,340	3,350	4,690	6,700
4d LS Platinum Sed	290	860	1,440	3,600	5,040	7,200
4d LS Premium Sta Wag	270	820	1,360	3,400	4,760	6,800
4d LS Platinum Sta Wag	290	880	1,460	3,650	5,110	7,300
2003 Grand Marquis, V-8						
4d GS Sed	310	920	1,540	3,850	5,390	7,700
4d LS Sed	330	980	1,640	4,100	5,740	8,200
4d LS Ultimate Sed	340	1,020	1,700	4,250	5,950	8,500
4d LSE Sed	350	1,060	1,760	4,400	6,160	8,800
NOTE: Add 5 percent for Handling pkg (excluding LSE).						
2003 Marauder, V-8						
4d Sed	670	2,020	3,360	7,560	11,760	16,800
2004 Sable, V-6						
4d GS Sed	230	680	1,140	2,850	3,990	5,700
4d GS Sta Wag	250	740	1,240	3,100	4,340	6,200
4dLS Premium Sed	270	800	1,340	3,350	4,690	6,700
4dLS Platinum Sed	290	860	1,440	3,600	5,040	7,200
4d LS Premium Sta Wag	270	820	1,360	3,400	4,760	6,800
2004 Grand Marquis, V-8						
4d GS Sed	310	920	1,540	3,850	5,390	7,700
4d LS Sed	330	980	1,640	4,100	5,740	8,200

	6	5	4	3	2	1
4d LS Ultimate Sed	340	1,020	1,700	4,250	5,950	8,500
4d Limited Sed	350	1,060	1,760	4,400	6,160	8,800
NOTE: Add 5 percent for Handling pkg.						
2004 Marauder, V-8						
4d Sed	670	2,020	3,360	7,560	11,760	16,800
2005 Sable, V-6						
4d GS Sed	230	680	1,140	2,850	3,990	5,700
4d LS Sed	230	700	1,160	2,900	4,060	5,800
4d LS Platinum Sed	290	860	1,440	3,600	5,040	7,200
4d LS Sta Wag	290	880	1,460	3,650	5,110	7,300
2005 Montego, V-6						
4d Luxury Sed	380	1,140	1,900	4,750	6,650	9,500
4d Premier Sed	380	1,150	1,920	4,800	6,720	9,600
NOTE: Add 10 percent for AWD.						
2005 Grand Marquis, V-8						
4d GS Sed	310	920	1,540	3,850	5,390	7,700
4d LS Sed	330	980	1,640	4,100	5,740	8,200
4d LS Ultimate Sed	340	1,020	1,700	4,250	5,950	8,500
4d LSE Sed	360	1,090	1,820	4,550	6,370	9,100
NOTE: Add 5 percent for Handling pkg, except LSE sed.						
2006 Milan, 2.3L 4-cyl.						
4d Sed	360	1,070	1,780	4,450	6,230	8,900
4d Premier Sed	380	1,130	1,880	4,700	6,580	9,400
NOTE: Add 8 percent for 3.0L 4-cyl.						
2006 Montego V-6						
4d Luxury Sed	340	1,020	1,700	4,250	5,950	8,500
4d Premier Sed	380	1,130	1,880	4,700	6,580	9,400
NOTE: Add 8 percent for AWD.						
2006 Grand Marquis, V-8						
4d GS Sed	400	1,190	1,980	4,950	6,930	9,900
4d GL Sedan	430	1,280	2,140	5,350	7,490	10,700
NOTE: Add 5 percent for Limited Edition.						

RAMBLER

	6	5	4	3	2	1
1902 1-cyl., 4 hp						
2P Rbt	1,560	4,680	7,800	17,550	27,300	39,000
1903 1-cyl., 6 hp						
2/4P Lt Tr	1,520	4,560	7,600	17,100	26,600	38,000
1904 Model E, 1-cyl., 7 hp, 78" wb						
Rbt	1,360	4,080	6,800	15,300	23,800	34,000
1904 Model G, 1-cyl., 7 hp, 81" wb						
Rbt	1,400	4,200	7,000	15,750	24,500	35,000
1904 Model H, 1-cyl., 7 hp, 81" wb						
Tonn	1,400	4,200	7,000	15,750	24,500	35,000
1904 Model J, 2-cyl., 16 hp, 84" wb						
Rbt	1,440	4,320	7,200	16,200	25,200	36,000
1904 Model K, 2-cyl., 16 hp, 84" wb						
Tonn	1,440	4,320	7,200	16,200	25,200	36,000
1904 Model L, 2-cyl., 16 hp, 84" wb						
Canopy Tonn	1,480	4,440	7,400	16,650	25,900	37,000
1905 Model G, 1-cyl., 8 hp, 81" wb						
Rbt	1,360	4,080	6,800	15,300	23,800	34,000
1905 Model H, 1-cyl., 8 hp, 81" wb						
Tr	1,360	4,080	6,800	15,300	23,800	34,000
1905 Type One, 2-cyl., 18 hp, 90" wb						
Tr	1,400	4,200	7,000	15,750	24,500	35,000
1905 Type Two, 2-cyl., 20 hp, 100" wb						
Surrey	1,440	4,320	7,200	16,200	25,200	36,000
Limo	1,520	4,560	7,600	17,100	26,600	38,000
1906 Model 17, 2-cyl., 10/12 hp, 88" wb						
2P Rbt	1,320	3,960	6,600	14,850	23,100	33,000
1906 Type One, 2-cyl., 18/20 hp, 90" wb						
5P Surrey	1,360	4,080	6,800	15,300	23,800	34,000
1906 Type Two, 2-cyl., 20 hp, 100" wb						
5P Surrey	1,400	4,200	7,000	15,750	24,500	35,000
1906 Type Three, 2-cyl., 18/20 hp, 96" wb						
5P Surrey	1,440	4,320	7,200	16,200	25,200	36,000
1906 Model 14, 4-cyl., 25 hp, 106" wb						
5P Tr	1,480	4,440	7,400	16,650	25,900	37,000
1906 Model 15, 4-cyl., 35/40 hp, 112" wb						
5P Tr	1,560	4,680	7,800	17,550	27,300	39,000
1906 Model 16, 4-cyl., 35/40 hp, 112" wb						
5P Limo	1,440	4,320	7,200	16,200	25,200	36,000
1907 Model 27, 2-cyl., 14/16 hp, 90" wb						
2P Rbt	1,320	3,960	6,600	14,850	23,100	33,000

	6	5	4	3	2	1
1907 Model 22, 2-cyl., 20/22 hp, 100" wb						
2P Rbt	1,360	4,080	6,800	15,300	23,800	34,000
1907 Model 21, 2-cyl., 20/22 hp, 100" wb						
5P Tr	1,400	4,200	7,000	15,750	24,500	35,000
1907 Model 24, 4-cyl., 25/30 hp, 108" wb						
5P Tr	1,440	4,320	7,200	16,200	25,200	36,000
1907 Model 25, 4-cyl., 35/40 hp, 112" wb						
5P Tr	1,520	4,560	7,600	17,100	26,600	38,000
1908 Model 31, 2-cyl., 22 hp, 106" wb						
Det Tonneau	1,440	4,320	7,200	16,200	25,200	36,000
1908 Model 34, 4-cyl., 32 hp, 112" wb						
3P Rds	1,480	4,440	7,400	16,650	25,900	37,000
5P Tr	1,520	4,560	7,600	17,100	26,600	38,000
1909 Model 47, 2-cyl., 22 hp, 106" wb						
2P Rbt	1,440	4,320	7,200	16,200	25,200	36,000
1909 Model 41, 2-cyl., 22 hp, 106" wb						
5P Tr	1,480	4,440	7,400	16,650	25,900	37,000
1909 Model 44, 4-cyl., 34 hp, 112" wb						
5P Tr	1,520	4,560	7,600	17,100	26,600	38,000
4P C.C. Tr	1,560	4,680	7,800	17,550	27,300	39,000
1909 Model 45, 4-cyl., 45 hp, 123" wb						
7P Tr	1,760	5,280	8,800	19,800	30,800	44,000
4P C.C. Tr	1,800	5,400	9,000	20,250	31,500	45,000
3P Rds	1,720	5,160	8,600	19,350	30,100	43,000
1910 Model 53, 4-cyl., 34 hp, 109" wb						
Tr	1,640	4,920	8,200	18,450	28,700	41,000
1910 Model 54, 4-cyl., 45 hp, 117" wb						
Tr	1,720	5,160	8,600	19,350	30,100	43,000
1910 Model 55, 4-cyl., 45 hp, 123" wb						
Tr	1,800	5,400	9,000	20,250	31,500	45,000
Limo	1,440	4,320	7,200	16,200	25,200	36,000
1911 Model 63, 4-cyl., 34 hp, 112" wb						
Tr	1,600	4,800	8,000	18,000	28,000	40,000
Rds	1,560	4,680	7,800	17,550	27,300	39,000
Cpe	920	2,760	4,600	10,350	16,100	23,000
Twn Car	1,000	3,000	5,000	11,250	17,500	25,000
1911 Model 64, 4-cyl., 34 hp, 120" wb						
Tr	1,680	5,040	8,400	18,900	29,400	42,000
Toy Tonn	1,720	5,160	8,600	19,350	30,100	43,000
Lan'let	1,320	3,960	6,600	14,850	23,100	33,000
1911 Model 65, 4-cyl., 34 hp, 128" wb						
Tr	1,760	5,280	8,800	19,800	30,800	44,000
Toy Tonn	1,800	5,400	9,000	20,250	31,500	45,000
Limo	1,320	3,960	6,600	14,850	23,100	33,000
1912 Four, 38 hp, 120" wb						
5P Cr Ctry Tr	1,720	5,160	8,600	19,350	30,100	43,000
4P Sub Ctry Clb	1,680	5,040	8,400	18,900	29,400	42,000
2P Rds	1,680	5,040	8,400	18,900	29,400	42,000
4P Sed	920	2,760	4,600	10,350	16,100	23,000
7P Gotham Limo	1,120	3,360	5,600	12,600	19,600	28,000
1912 Four, 50 hp, 120" wb						
Ctry Clb	1,760	5,280	8,800	19,800	30,800	44,000
Valkyrie	1,720	5,160	8,600	19,350	30,100	43,000
1912 Four, 50 hp, 128" wb						
Morraine Tr.	1,840	5,520	9,200	20,700	32,200	46,000
Metropolitan	1,880	5,640	9,400	21,150	32,900	47,000
Greyhound	1,880	5,640	9,400	21,150	32,900	47,000
Knickerbocker	2,400	7,200	12,000	27,000	42,000	60,000
1913 Four, 42 hp, 120" wb						
2/3P Cr Ctry Rds	1,680	5,040	8,400	18,900	29,400	42,000
4/5P Cr Ctry Tr.	1,720	5,160	8,600	19,350	30,100	43,000
4P Inside Drive Cpe	1,040	3,120	5,200	11,700	18,200	26,000
7P Gotham Limo	1,160	3,480	5,800	13,050	20,300	29,000

JEFFERY

	6	5	4	3	2	1
1914 Four, 40 hp, 116" wb						
4d 5P Tr.	1,760	5,280	8,800	19,800	30,800	44,000
4d 5P Sed	1,360	4,080	6,800	15,300	23,800	34,000
1914 Four, 27 hp, 120" wb						
2d 2P Rds	1,840	5,520	9,200	20,700	32,200	46,000
4d 4P/5P/7P Tr.	1,880	5,640	9,400	21,150	32,900	47,000
1914 Six, 48 hp, 128" wb						
4d 5P Tr.	2,280	6,840	11,400	25,650	39,900	57,000
4d 6P Tr.	2,320	6,960	11,600	26,100	40,600	58,000
4d 7P Limo	1,480	4,440	7,400	16,650	25,900	37,000

	6	5	4	3	2	1
1915 Four, 40 hp, 116" wb						
4d 5P Tr	1,680	5,040	8,400	18,900	29,400	42,000
2d 2P Rds	1,640	4,920	8,200	18,450	28,700	41,000
2d 2P A/W	1,200	3,600	6,000	13,500	21,000	30,000
4d 7P Limo	1,040	3,120	5,200	11,700	18,200	26,000
4d 4P Sed	880	2,640	4,400	9,900	15,400	22,000
1915 Chesterfield Six, 48 hp, 122" wb						
4d 5P Tr	2,080	6,240	10,400	23,400	36,400	52,000
2d 2P Rds	2,000	6,000	10,000	22,500	35,000	50,000
2d 2P A/W	1,960	5,880	9,800	22,050	34,300	49,000
1916 Four, 40 hp, 116" wb						
4d 7P Tr	1,840	5,520	9,200	20,700	32,200	46,000
4d 5P Tr	1,800	5,400	9,000	20,250	31,500	45,000
4d 7P Sed	920	2,760	4,600	10,350	16,100	23,000
4d 5P Sed	880	2,640	4,400	9,900	15,400	22,000
2d 3P Rds	1,720	5,160	8,600	19,350	30,100	43,000
1916 Chesterfield Six, 48 hp, 122" wb						
4d 5P Tr	2,160	6,480	10,800	24,300	37,800	54,000
1917 Model 472, 4-cyl., 40 hp, 116" wb						
4d 7P Tr	1,720	5,160	8,600	19,350	30,100	43,000
2d 2P Rds	1,680	5,040	8,400	18,900	29,400	42,000
4d 7P Sed	880	2,640	4,400	9,900	15,400	22,000
1917 Model 671, 6-cyl., 48 hp, 125" wb						
4d 7P Tr	2,080	6,240	10,400	23,400	36,400	52,000
2d 3P Rds	2,040	6,120	10,200	22,950	35,700	51,000
4d 5P Sed	1,160	3,480	5,800	13,050	20,300	29,000

NASH

1918 Series 680, 6-cyl.						
4d 7P Tr	1,500	4,500	7,500	16,880	26,250	37,500
4d 5P Tr	1,460	4,380	7,300	16,430	25,550	36,500
4d 4P Rds	1,540	4,620	7,700	17,330	26,950	38,500
4d Sed	1,100	3,300	5,500	12,380	19,250	27,500
2d Cpe	1,100	3,300	5,500	12,380	19,250	27,500
1919 Series 680, 6-cyl.						
2d Rds	1,500	4,500	7,500	16,880	26,250	37,500
2d Spt Rds	1,460	4,380	7,300	16,430	25,550	36,500
4d 5P Tr	1,540	4,620	7,700	17,330	26,950	38,500
4d 7P Tr	1,580	4,740	7,900	17,780	27,650	39,500
2d 4P Rds	1,540	4,620	7,700	17,330	26,950	38,500
4d Sed	1,140	3,420	5,700	12,830	19,950	28,500
2d Cpe	1,160	3,480	5,800	13,050	20,300	29,000
1920 Series 680, 6-cyl.						
4d 5P Tr	1,460	4,380	7,300	16,430	25,550	36,500
2d Rds	1,420	4,260	7,100	15,980	24,850	35,500
4d 7P Tr	1,500	4,500	7,500	16,880	26,250	37,500
2d Cpe	1,160	3,480	5,800	13,050	20,300	29,000
4d Sed	1,140	3,420	5,700	12,830	19,950	28,500
4d Spt Tr	1,540	4,620	7,700	17,330	26,950	38,500
1921 Series 680, 6-cyl.						
4d 5P Tr	1,380	4,140	6,900	15,530	24,150	34,500
2d Rds	1,420	4,260	7,100	15,980	24,850	35,500
4d Spt Tr	1,580	4,740	7,900	17,780	27,650	39,500
4d Tr	1,420	4,260	7,100	15,980	24,850	35,500
2d Cpe	1,160	3,480	5,800	13,050	20,300	29,000
4d Sed	1,100	3,300	5,500	12,380	19,250	27,500
1921 Series 40, 4-cyl.						
4d Tr	1,380	4,140	6,900	15,530	24,150	34,500
2d Rds	1,380	4,140	6,900	15,530	24,150	34,500
2d Cpe	1,060	3,180	5,300	11,930	18,550	26,500
4d Sed	980	2,940	4,900	11,030	17,150	24,500
2d Cabr	1,300	3,900	6,500	14,630	22,750	32,500
1922 Series 680, 6-cyl.						
4d 5P Tr	1,380	4,140	6,900	15,530	24,150	34,500
4d 7P Tr	1,420	4,260	7,100	15,980	24,850	35,500
4d 7P Sed	1,060	3,180	5,300	11,930	18,550	26,500
2d Cpe	1,140	3,420	5,700	12,830	19,950	28,500
2d Rds	1,460	4,380	7,300	16,430	25,550	36,500
2d Spt	1,620	4,860	8,100	18,230	28,350	40,500
4d 5P Sed	1,100	3,300	5,500	12,380	19,250	27,500
1922 Series 40, 4-cyl.						
4d Tr	1,340	4,020	6,700	15,080	23,450	33,500
2d Rds	1,380	4,140	6,900	15,530	24,150	34,500
2d Cpe	1,100	3,300	5,500	12,380	19,250	27,500
4d Sed	940	2,820	4,700	10,580	16,450	23,500
2d Cabr	1,140	3,420	5,700	12,830	19,950	28,500

	6	5	4	3	2	1
Ca'ole	1,020	3,060	5,100	11,480	17,850	25,500
1923 Series 690, 6-cyl., 121" wb						
2d Rds	1,380	4,140	6,900	15,530	24,150	34,500
4d Tr	1,460	4,380	7,300	16,430	25,550	36,500
4d Spt Tr	1,620	4,860	8,100	18,230	28,350	40,500
4d Sed	940	2,820	4,700	10,580	16,450	23,500
2d Cpe	1,020	3,060	5,100	11,480	17,850	25,500
1923 Series 690, 6-cyl., 127" wb						
4d Tr	1,460	4,380	7,300	16,430	25,550	36,500
4d Sed	920	2,760	4,600	10,350	16,100	23,000
2d Cpe	1,000	3,000	5,000	11,250	17,500	25,000
1923 Series 40, 4-cyl.						
4d Tr	1,380	4,140	6,900	15,530	24,150	34,500
2d Rds	1,420	4,260	7,100	15,980	24,850	35,500
4d Spt Tr	1,620	4,860	8,100	18,230	28,350	40,500
Ca'ole	980	2,940	4,900	11,030	17,150	24,500
4d Sed	940	2,820	4,700	10,580	16,450	23,500
1924 Series 690, 6-cyl., 121" wb						
2d Rds	1,420	4,260	7,100	15,980	24,850	35,500
4d Tr	1,380	4,140	6,900	15,530	24,150	34,500
4d Spl DeL	860	2,580	4,300	9,680	15,050	21,500
2d Cpe	900	2,700	4,500	10,130	15,750	22,500
4d Spl Sed	880	2,640	4,400	9,900	15,400	22,000
1924 Series 690, 6-cyl., 127" wb						
4d 7P Tr	1,460	4,380	7,300	16,430	25,550	36,500
4d 7P Sed	840	2,520	4,200	9,450	14,700	21,000
2d Vic	860	2,580	4,300	9,680	15,050	21,500
1924 4-cyl.						
4d Tr	1,420	4,260	7,100	15,980	24,850	35,500
2d Rds	1,460	4,380	7,300	16,430	25,550	36,500
2d Cab	1,380	4,140	6,900	15,530	24,150	34,500
4d 5P Sed	860	2,580	4,300	9,680	15,050	21,500
4d Sed	820	2,460	4,100	9,230	14,350	20,500
4d Spt Sed	900	2,700	4,500	10,130	15,750	22,500
2d Cpe	940	2,820	4,700	10,580	16,450	23,500
1925 Advanced models, 6-cyl.						
4d Tr	1,300	3,900	6,500	14,630	22,750	32,500
4d 7P Tr	1,340	4,020	6,700	15,080	23,450	33,500
4d Sed	820	2,460	4,100	9,230	14,350	20,500
2d Vic Cpe	860	2,580	4,300	9,680	15,050	21,500
4d 7P Sed	920	2,760	4,600	10,350	16,100	23,000
2d Rds	940	2,820	4,700	10,580	16,450	23,500
2d Cpe	900	2,700	4,500	10,130	15,750	22,500
2d Sed	820	2,460	4,100	9,230	14,350	20,500
1925 Special models, 6-cyl.						
4d Tr	1,260	3,780	6,300	14,180	22,050	31,500
4d Sed	860	2,580	4,300	9,680	15,050	21,500
2d Rds	1,340	4,020	6,700	15,080	23,450	33,500
2d Sed	850	2,560	4,260	9,590	14,910	21,300
1925 Light Six, (Ajax), 6-cyl.						
4d Tr	1,140	3,420	5,700	12,830	19,950	28,500
4d Sed	860	2,580	4,300	9,680	15,050	21,500
1926 Advanced models, 6-cyl.						
4d 5P Tr	1,380	4,140	6,900	15,530	24,150	34,500
4d 7P Tr	1,420	4,260	7,100	15,980	24,850	35,500
2d Sed	900	2,700	4,500	10,130	15,750	22,500
4d Sed	910	2,720	4,540	10,220	15,890	22,700
4d 7P Sed	920	2,760	4,600	10,350	16,100	23,000
2d Cpe	1,160	3,480	5,800	13,050	20,300	29,000
2d Rds	1,420	4,260	7,100	15,980	24,850	35,500
2d Vic Cpe	1,020	3,060	5,100	11,480	17,850	25,500
1926 Special models, 6-cyl.						
2d Rds	1,460	4,380	7,300	16,430	25,550	36,500
2d Sed	960	2,880	4,800	10,800	16,800	24,000
4d 7P Sed	970	2,900	4,840	10,890	16,940	24,200
2d Cpe	1,200	3,600	6,000	13,500	21,000	30,000
4d Sed	960	2,890	4,820	10,850	16,870	24,100
2d Spl Rds	1,500	4,500	7,500	16,880	26,250	37,500
1926 Light Six (formerly Ajax)						
4d Tr	1,180	3,540	5,900	13,280	20,650	29,500
2d Sed	900	2,700	4,500	10,130	15,750	22,500
1927 Standard, 6-cyl.						
4d Tr	1,340	4,020	6,700	15,080	23,450	33,500
2d Cpe	1,280	3,840	6,400	14,400	22,400	32,000
2d Sed	960	2,890	4,820	10,850	16,870	24,100
4d Sed	920	2,770	4,620	10,400	16,170	23,100

	6	5	4	3	2	1
4d DeL Sed	970	2,900	4,840	10,890	16,940	24,200
1927 Special, 6-cyl.						
2d Rds	1,460	4,380	7,300	16,430	25,550	36,500
4d Tr	1,340	4,020	6,700	15,080	23,450	33,500
2d Cpe	1,280	3,840	6,400	14,400	22,400	32,000
2d Sed	980	2,940	4,900	11,030	17,150	24,500
4d Sed	990	2,960	4,940	11,120	17,290	24,700
NOTE: Begin September 1926.						
4d Cav Sed	1,000	2,990	4,980	11,210	17,430	24,900
4d Sed	990	2,980	4,960	11,160	17,360	24,800
2d RS Cab	1,400	4,200	7,000	15,750	24,500	35,000
2d RS Rds	1,460	4,380	7,300	16,430	25,550	36,500
NOTE: Begin January 1927.						
1927 Advanced, 6-cyl.						
2d Rds	1,460	4,380	7,300	16,430	25,550	36,500
4d 5P Tr	1,340	4,020	6,700	15,080	23,450	33,500
4d 7P Tr	1,380	4,140	6,900	15,530	24,150	34,500
2d Cpe	1,280	3,840	6,400	14,400	22,400	32,000
2d Vic	1,100	3,300	5,500	12,380	19,250	27,500
2d Sed	980	2,940	4,900	11,030	17,150	24,500
4d Sed	990	2,960	4,940	11,120	17,290	24,700
4d 7P Sed	1,040	3,120	5,200	11,700	18,200	26,000
NOTE: Begin August 1926.						
2d RS Cpe	1,460	4,380	7,300	16,430	25,550	36,500
4d Spl Sed	1,000	3,000	5,000	11,250	17,500	25,000
4d Amb Sed	1,010	3,020	5,040	11,340	17,640	25,200
NOTE: Begin January 1927.						
1928 Standard, 6-cyl.						
4d Tr	1,340	4,020	6,700	15,080	23,450	33,500
2d Cpe	1,020	3,060	5,100	11,480	17,850	25,500
2d Conv Cabr	1,460	4,380	7,300	16,430	25,550	36,500
2d Sed	960	2,880	4,800	10,800	16,800	24,000
4d Sed	960	2,890	4,820	10,850	16,870	24,100
4d Lan Sed	970	2,900	4,840	10,890	16,940	24,200
1928 Special, 6-cyl.						
4d Tr	1,300	3,900	6,500	14,630	22,750	32,500
2d RS Rds	1,440	4,320	7,200	16,200	25,200	36,000
2d Cpe	980	2,940	4,900	11,030	17,150	24,500
2d Conv Cabr	1,440	4,320	7,200	16,200	25,200	36,000
2d Vic	1,100	3,300	5,500	12,380	19,250	27,500
2d Sed	1,020	3,060	5,100	11,480	17,850	25,500
4d Sed	1,030	3,080	5,140	11,570	17,990	25,700
4d Cpe	1,040	3,120	5,200	11,700	18,200	26,000
1928 Advanced, 6-cyl.						
4d Spt Tr	1,460	4,380	7,300	16,430	25,550	36,500
4d Tr	1,420	4,260	7,100	15,980	24,850	35,500
2d RS Rds	1,100	3,300	5,500	12,380	19,250	27,500
2d Cpe	1,060	3,180	5,300	11,930	18,550	26,500
2d Vic	1,080	3,240	5,400	12,150	18,900	27,000
2d Sed	950	2,860	4,760	10,710	16,660	23,800
4d Sed	960	2,890	4,820	10,850	16,870	24,100
4d Cpe	980	2,940	4,900	11,030	17,150	24,500
4d 7P Sed	960	2,870	4,780	10,760	16,730	23,900
1929 Standard, 6-cyl.						
4d Sed	910	2,720	4,540	10,220	15,890	22,700
4d Tr	1,340	4,020	6,700	15,080	23,450	33,500
2d Cabr	1,440	4,320	7,200	16,200	25,200	36,000
2d Sed	910	2,720	4,540	10,220	15,890	22,700
2P Cpe	900	2,710	4,520	10,170	15,820	22,600
4P Cpe	920	2,750	4,580	10,310	16,030	22,900
4d Lan Sed	980	2,940	4,900	11,030	17,150	24,500
1929 Special, 6-cyl.						
2d Sed	940	2,820	4,700	10,580	16,450	23,500
2d 2P Cpe	960	2,880	4,800	10,800	16,800	24,000
2d 4P Cpe	980	2,940	4,900	11,030	17,150	24,500
2d Rds	1,500	4,500	7,500	16,880	26,250	37,500
4d Sed	940	2,820	4,700	10,580	16,450	23,500
2d Cabr	1,440	4,320	7,200	16,200	25,200	36,000
2d Vic	960	2,870	4,780	10,760	16,730	23,900
1929 Advanced, 6-cyl.						
2d Cpe	980	2,940	4,900	11,030	17,150	24,500
2d Cabr	1,440	4,320	7,200	16,200	25,200	36,000
2d Sed	960	2,870	4,780	10,760	16,730	23,900
4d 7P Sed	980	2,940	4,900	11,030	17,150	24,500
4d Amb Sed	1,020	3,060	5,100	11,480	17,850	25,500
4d Sed	960	2,880	4,800	10,800	16,800	24,000

	6	5	4	3	2	1
1930 Single, 6-cyl.						
2d Rds	1,500	4,500	7,500	16,880	26,250	37,500
4d Tr	1,460	4,380	7,300	16,430	25,550	36,500
2P Cpe	960	2,880	4,800	10,800	16,800	24,000
2d Sed	940	2,820	4,700	10,580	16,450	23,500
4P Cpe	1,000	2,990	4,980	11,210	17,430	24,900
2d Cabr	1,440	4,320	7,200	16,200	25,200	36,000
4d Sed	940	2,830	4,720	10,620	16,520	23,600
4d DeL Sed	950	2,860	4,760	10,710	16,660	23,800
4d Lan'let	980	2,940	4,900	11,030	17,150	24,500
1930 Twin-Ign, 6-cyl.						
2d Rds	1,620	4,860	8,100	18,230	28,350	40,500
4d 7P Tr	1,580	4,740	7,900	17,780	27,650	39,500
4d 5P Tr	1,540	4,620	7,700	17,330	26,950	38,500
2d 2P Cpe	980	2,940	4,900	11,030	17,150	24,500
2d 4P Cpe	1,020	3,060	5,100	11,480	17,850	25,500
2d Sed	940	2,820	4,700	10,580	16,450	23,500
2d Cabr	1,540	4,620	7,700	17,330	26,950	38,500
2d Vic	1,100	3,300	5,500	12,380	19,250	27,500
4d Sed	1,000	2,990	4,980	11,210	17,430	24,900
4d 7P Sed	1,010	3,020	5,040	11,340	17,640	25,200
1930 Twin-Ign, 8-cyl.						
2d Sed	1,040	3,110	5,180	11,660	18,130	25,900
2d 2P Cpe	1,160	3,480	5,800	13,050	20,300	29,000
2d 4P Cpe	1,180	3,540	5,900	13,280	20,650	29,500
2d Vic	1,260	3,780	6,300	14,180	22,050	31,500
2d Cabr	1,980	5,940	9,900	22,280	34,650	49,500
4d Sed	1,040	3,120	5,200	11,700	18,200	26,000
4d Amb Sed	1,080	3,240	5,400	12,150	18,900	27,000
4d 7P Sed	1,060	3,180	5,300	11,930	18,550	26,500
4d 7P Limo	1,100	3,300	5,500	12,380	19,250	27,500
1931 Series 660, 6-cyl.						
4d 5P Tr	1,400	4,200	7,000	15,750	24,500	35,000
2d 2P Cpe	940	2,820	4,700	10,580	16,450	23,500
2d 4P Cpe	950	2,840	4,740	10,670	16,590	23,700
2d Sed	920	2,760	4,600	10,350	16,100	23,000
4d Sed	920	2,760	4,600	10,350	16,100	23,000
1931 Series 870, 8-cyl.						
2d 2P Cpe	1,040	3,120	5,200	11,700	18,200	26,000
2d 4P Cpe	1,050	3,140	5,240	11,790	18,340	26,200
2d Conv Sed	2,560	7,680	12,800	28,800	44,800	64,000
2d Sed	1,010	3,020	5,040	11,340	17,640	25,200
4d Spl Sed	1,020	3,050	5,080	11,430	17,780	25,400
1931 Series 880 - Twin-Ign, 8-cyl.						
2d 2P Cpe	1,120	3,360	5,600	12,600	19,600	28,000
2d 4P Cpe	1,140	3,420	5,700	12,830	19,950	28,500
2d Conv Sed	2,600	7,800	13,000	29,250	45,500	65,000
2d Sed	1,040	3,120	5,200	11,700	18,200	26,000
4d Twn Sed	1,060	3,180	5,300	11,930	18,550	26,500
1931 Series 890 - Twin-Ign, 8-cyl.						
4d 7P Tr	2,360	7,080	11,800	26,550	41,300	59,000
2d 2P Cpe	1,400	4,200	7,000	15,750	24,500	35,000
2d 4P Cpe	1,440	4,320	7,200	16,200	25,200	36,000
2d Cabr	2,560	7,680	12,800	28,800	44,800	64,000
2d Vic	1,320	3,960	6,600	14,850	23,100	33,000
2d Sed	1,240	3,720	6,200	13,950	21,700	31,000
4d Amb Sed	1,280	3,840	6,400	14,400	22,400	32,000
4d 7P Sed	1,320	3,960	6,600	14,850	23,100	33,000
4d 7P Limo	960	2,880	4,800	10,800	16,800	24,000
1932 Series 960, 6-cyl.						
4d 5P Tr	1,640	4,920	8,200	18,450	28,700	41,000
2d 2P Cpe	920	2,760	4,600	10,350	16,100	23,000
2d 4P Cpe	940	2,820	4,700	10,580	16,450	23,500
2d Sed	840	2,520	4,200	9,450	14,700	21,000
4d Sed	860	2,580	4,300	9,680	15,050	21,500
1932 Series 970, 8-cyl., 116.5" wb						
2d 2P Cpe	1,040	3,120	5,200	11,700	18,200	26,000
2d 4P Cpe	1,060	3,180	5,300	11,930	18,550	26,500
2d Conv Sed	2,680	8,040	13,400	30,150	46,900	67,000
2d Sed	940	2,820	4,700	10,580	16,450	23,500
4d Spl Sed	1,000	3,000	5,000	11,250	17,500	25,000
1932 Series 980 - Twin-Ign, 8-cyl., 121" wb						
2d 2P Cpe	1,440	4,320	7,200	16,200	25,200	36,000
2d 4P Cpe	1,480	4,440	7,400	16,650	25,900	37,000
2d Conv Sed	2,640	7,920	13,200	29,700	46,200	66,000
4d Sed	1,320	3,960	6,600	14,850	23,100	33,000

	6	5	4	3	2	1
4d Twn Sed	1,360	4,080	6,800	15,300	23,800	34,000
1932 Series 990 - Twin-Ign, 8-cyl., 124"-133" wb						
4d 7P Tr	2,480	7,440	12,400	27,900	43,400	62,000
2d 2P Cpe	1,520	4,560	7,600	17,100	26,600	38,000
2d 4P Cpe	1,560	4,680	7,800	17,550	27,300	39,000
2d Cabr	2,640	7,920	13,200	29,700	46,200	66,000
2d Vic	1,680	5,040	8,400	18,900	29,400	42,000
2d Sed	1,360	4,080	6,800	15,300	23,800	34,000
4d Spl Sed	1,440	4,320	7,200	16,200	25,200	36,000
4d Amb Sed	1,480	4,440	7,400	16,650	25,900	37,000
4d 7P Sed	1,440	4,320	7,200	16,200	25,200	36,000
4d Limo	1,640	4,920	8,200	18,450	28,700	41,000
1933 Standard Series, 8-cyl.						
2d Rds	1,680	5,040	8,400	18,900	29,400	42,000
2d 2P Cpe	860	2,580	4,300	9,680	15,050	21,500
2d 4P Cpe	840	2,520	4,200	9,450	14,700	21,000
4d Sed	800	2,400	4,000	9,000	14,000	20,000
4d Twn Sed	820	2,460	4,100	9,230	14,350	20,500
1933 Special Series, 8-cyl.						
2d Rds	1,720	5,160	8,600	19,350	30,100	43,000
2d 2P Cpe	940	2,820	4,700	10,580	16,450	23,500
2d 4P Cpe	960	2,880	4,800	10,800	16,800	24,000
4d Sed	920	2,760	4,600	10,350	16,100	23,000
4d Conv Sed	2,320	6,960	11,600	26,100	40,600	58,000
4d Twn Sed	960	2,880	4,800	10,800	16,800	24,000
1933 Advanced Series, 8-cyl.						
2d Cabr	1,920	5,760	9,600	21,600	33,600	48,000
2d 2P Cpe	980	2,940	4,900	11,030	17,150	24,500
2d 4P Cpe	1,000	3,000	5,000	11,250	17,500	25,000
4d Sed	910	2,720	4,540	10,220	15,890	22,700
4d Conv Sed	2,600	7,800	13,000	29,250	45,500	65,000
2d Vic	1,020	3,060	5,100	11,480	17,850	25,500
1933 Ambassador Series, 8-cyl.						
2d Cabr	2,320	6,960	11,600	26,100	40,600	58,000
2d Cpe	1,060	3,180	5,300	11,930	18,550	26,500
4d Sed	1,020	3,060	5,100	11,480	17,850	25,500
4d Conv Sed	2,720	8,160	13,600	30,600	47,600	68,000
2d Vic	1,680	5,040	8,400	18,900	29,400	42,000
4d 142" Brgm	1,400	4,200	7,000	15,750	24,500	35,000
4d 142" Sed	1,320	3,960	6,600	14,850	23,100	33,000
4d 142" Limo	1,560	4,680	7,800	17,550	27,300	39,000
1934 Big Six, 6-cyl.						
2d Bus Cpe	920	2,760	4,600	10,350	16,100	23,000
2d Cpe	940	2,820	4,700	10,580	16,450	23,500
4d Brgm	880	2,640	4,400	9,900	15,400	22,000
2d Sed	860	2,580	4,300	9,680	15,050	21,500
4d Twn Sed	880	2,640	4,400	9,900	15,400	22,000
4d Tr Sed	880	2,630	4,380	9,860	15,330	21,900
1934 Advanced, 8-cyl.						
2d Bus Cpe	940	2,820	4,700	10,580	16,450	23,500
2d Cpe	960	2,880	4,800	10,800	16,800	24,000
4d Brgm	940	2,820	4,700	10,580	16,450	23,500
2d Sed	960	2,880	4,800	10,800	16,800	24,000
4d Twn Sed	960	2,880	4,800	10,800	16,800	24,000
4d Tr Sed	940	2,820	4,700	10,580	16,450	23,500
1934 Ambassador, 8-cyl.						
4d Brgm	960	2,880	4,800	10,800	16,800	24,000
2d Sed	940	2,820	4,700	10,580	16,450	23,500
4d Tr Sed	950	2,840	4,740	10,670	16,590	23,700
4d 7P Sed	980	2,940	4,900	11,030	17,150	24,500
4d Limo	1,060	3,180	5,300	11,930	18,550	26,500
1934 Lafayette, 6-cyl.						
2d Sed	760	2,280	3,800	8,550	13,300	19,000
4d Twn Sed	760	2,290	3,820	8,600	13,370	19,100
4d Brgm	770	2,320	3,860	8,690	13,510	19,300
2d Spl Cpe	820	2,460	4,100	9,230	14,350	20,500
2d Spl 4P Cpe	840	2,520	4,200	9,450	14,700	21,000
4d Spl Tr Sed	780	2,340	3,900	8,780	13,650	19,500
4d Spl Sed	790	2,360	3,940	8,870	13,790	19,700
4d Brgm	800	2,400	4,000	9,000	14,000	20,000
1935 Lafayette, 6-cyl.						
2d Bus Cpe	780	2,340	3,900	8,780	13,650	19,500
2d Sed	750	2,240	3,740	8,420	13,090	18,700
4d Brgm	760	2,280	3,800	8,550	13,300	19,000
4d Tr Sed	750	2,260	3,760	8,460	13,160	18,800
4d Twn Sed	760	2,270	3,780	8,510	13,230	18,900

	6	5	4	3	2	1
2d Spl Cpe	820	2,460	4,100	9,230	14,350	20,500
4d Spl 6W Sed	780	2,340	3,900	8,780	13,650	19,500
4d 6W Brgm	780	2,350	3,920	8,820	13,720	19,600
1935 Advanced, 6-cyl.						
2d Vic	840	2,520	4,200	9,450	14,700	21,000
4d 6W Sed	800	2,400	4,000	9,000	14,000	20,000
1935 Advanced, 8-cyl.						
2d Vic	930	2,780	4,640	10,440	16,240	23,200
4d 6W Sed	890	2,660	4,440	9,990	15,540	22,200
1935 Ambassador, 8-cyl.						
2d Vic	940	2,820	4,700	10,580	16,450	23,500
4d 6W Sed	900	2,700	4,500	10,130	15,750	22,500
1936 Lafayette, 6-cyl.						
2d Bus Cpe	800	2,400	4,000	9,000	14,000	20,000
2d Cpe	810	2,420	4,040	9,090	14,140	20,200
2d Cabr	1,300	3,900	6,500	14,630	22,750	32,500
4d Sed	760	2,280	3,800	8,550	13,300	19,000
2d Vic	800	2,400	4,000	9,000	14,000	20,000
4d Tr Sed	760	2,290	3,820	8,600	13,370	19,100
1936 400 Series, 6-cyl.						
2d Bus Cpe	810	2,420	4,040	9,090	14,140	20,200
2d Cpe	820	2,460	4,100	9,230	14,350	20,500
2d Vic	800	2,400	4,000	9,000	14,000	20,000
4d Tr Vic	820	2,460	4,100	9,230	14,350	20,500
4d Sed	760	2,290	3,820	8,600	13,370	19,100
4d Tr Sed	770	2,300	3,840	8,640	13,440	19,200
2d Spl Bus Cpe	810	2,420	4,040	9,090	14,140	20,200
2d Spl Cpe	850	2,540	4,240	9,540	14,840	21,200
2d Spl Spt Cabr	1,420	4,260	7,100	15,980	24,850	35,500
2d Spl Vic	800	2,400	4,000	9,000	14,000	20,000
2d Spl Tr Vic	820	2,460	4,100	9,230	14,350	20,500
4d Spl Sed	760	2,290	3,820	8,600	13,370	19,100
4d Spl Tr Sed	770	2,300	3,840	8,640	13,440	19,200
1936 Ambassador Series, 6-cyl.						
2d Vic	860	2,580	4,300	9,680	15,050	21,500
4d Tr Sed	820	2,460	4,100	9,230	14,350	20,500
1936 Ambassador Series, 8-cyl.						
4d Tr Sed	860	2,580	4,300	9,680	15,050	21,500
1937 Lafayette 400, 6-cyl.						
2d Bus Cpe	820	2,460	4,100	9,230	14,350	20,500
2d Cpe	840	2,520	4,200	9,450	14,700	21,000
2d A-P Cpe	840	2,520	4,200	9,450	14,700	21,000
2d Cabr	1,320	3,960	6,600	14,850	23,100	33,000
2d Vic Sed	760	2,280	3,800	8,550	13,300	19,000
4d Tr Sed	760	2,290	3,820	8,600	13,370	19,100
1937 Ambassador, 6-cyl.						
2d Bus Cpe	840	2,520	4,200	9,450	14,700	21,000
2d Cpe	860	2,580	4,300	9,680	15,050	21,500
2d A-P Cpe	870	2,600	4,340	9,770	15,190	21,700
2d Cabr	1,600	4,800	8,000	18,000	28,000	40,000
2d Vic Sed	800	2,400	4,000	9,000	14,000	20,000
4d Tr Sed	800	2,410	4,020	9,050	14,070	20,100
1937 Ambassador, 8-cyl.						
2d Bus Cpe	900	2,700	4,500	10,130	15,750	22,500
2d Cpe	920	2,760	4,600	10,350	16,100	23,000
2d A-P Cpe	940	2,810	4,680	10,530	16,380	23,400
2d Cabr	1,640	4,920	8,200	18,450	28,700	41,000
2d Vic Sed	860	2,580	4,300	9,680	15,050	21,500
4d Tr Sed	860	2,590	4,320	9,720	15,120	21,600
1938 Lafayette Master, 6-cyl.						
2d Bus Cpe	820	2,470	4,120	9,270	14,420	20,600
2d Vic	820	2,450	4,080	9,180	14,280	20,400
4d Tr Sed	780	2,350	3,920	8,820	13,720	19,600
1938 DeLuxe, 6-cyl.						
2d Bus Cpe	830	2,500	4,160	9,360	14,560	20,800
2d A-P Cpe	840	2,520	4,200	9,450	14,700	21,000
2d Cabr	1,280	3,840	6,400	14,400	22,400	32,000
2d Vic	820	2,460	4,100	9,230	14,350	20,500
4d Tr Sed	780	2,350	3,920	8,820	13,720	19,600
1938 Ambassador, 6-cyl.						
2d Bus Cpe	820	2,460	4,100	9,230	14,350	20,500
2d A-P Cpe	840	2,520	4,200	9,450	14,700	21,000
2d Cabr	1,520	4,560	7,600	17,100	26,600	38,000
2d Vic	800	2,400	4,000	9,000	14,000	20,000
4d Tr Sed	760	2,290	3,820	8,600	13,370	19,100

	6	5	4	3	2	1
1938 Ambassador, 8-cyl.						
2d Bus Cpe	840	2,520	4,200	9,450	14,700	21,000
2d A-P Cpe	860	2,580	4,300	9,680	15,050	21,500
2d Cabr	1,560	4,680	7,800	17,550	27,300	39,000
2d Vic	840	2,530	4,220	9,500	14,770	21,100
4d Tr Sed	840	2,520	4,200	9,450	14,700	21,000
1939 Lafayette, 6-cyl.						
2d Bus Cpe	800	2,400	4,000	9,000	14,000	20,000
2d Sed	780	2,340	3,900	8,780	13,650	19,500
4d Sed	740	2,220	3,700	8,330	12,950	18,500
4d Tr Sed	750	2,240	3,740	8,420	13,090	18,700
2d A-P Cpe	840	2,520	4,200	9,450	14,700	21,000
2d A-P Cabr	1,300	3,900	6,500	14,630	22,750	32,500
NOTE: Add 10 percent for DeLuxe.						
1939 Ambassador, 6-cyl.						
2d Bus Cpe	860	2,590	4,320	9,720	15,120	21,600
2d A-P Cpe	880	2,640	4,400	9,900	15,400	22,000
2d A-P Cabr	1,600	4,800	8,000	18,000	28,000	40,000
2d Sed	790	2,360	3,940	8,870	13,790	19,700
4d Sed	790	2,380	3,960	8,910	13,860	19,800
4d Tr Sed	800	2,400	4,000	9,000	14,000	20,000
1939 Ambassador, 8-cyl.						
2d Bus Cpe	940	2,820	4,700	10,580	16,450	23,500
2d A-P Cpe	940	2,830	4,720	10,620	16,520	23,600
2d A-P Cabr	1,800	5,400	9,000	20,250	31,500	45,000
2d Sed	860	2,580	4,300	9,680	15,050	21,500
4d Sed	860	2,590	4,320	9,720	15,120	21,600
4d Tr Sed	870	2,600	4,340	9,770	15,190	21,700
1940 DeLuxe Lafayette, 6-cyl.						
2d Bus Cpe	840	2,520	4,200	9,450	14,700	21,000
2d A-P Cpe	840	2,530	4,220	9,500	14,770	21,100
2d A-P Cabr	1,620	4,860	8,100	18,230	28,350	40,500
2d FBk	790	2,360	3,940	8,870	13,790	19,700
4d FBk	780	2,350	3,920	8,820	13,720	19,600
4d Trk Sed	790	2,380	3,960	8,910	13,860	19,800
1940 Ambassador, 6-cyl.						
2d Bus Cpe	880	2,650	4,420	9,950	15,470	22,100
2d A-P Cpe	900	2,700	4,500	10,130	15,750	22,500
2d A-P Cabr	1,860	5,580	9,300	20,930	32,550	46,500
2d FBk	840	2,530	4,220	9,500	14,770	21,100
4d FBk	840	2,520	4,200	9,450	14,700	21,000
4d Trk Sed	850	2,560	4,260	9,590	14,910	21,300
1940 Ambassador, 8-cyl.						
2d Bus Cpe	960	2,880	4,800	10,800	16,800	24,000
2d A-P Cpe	960	2,890	4,820	10,850	16,870	24,100
2d A-P Cabr	1,980	5,940	9,900	22,280	34,650	49,500
2d FBk	920	2,760	4,600	10,350	16,100	23,000
4d FBk	900	2,690	4,480	10,080	15,680	22,400
4d Trk Sed	900	2,700	4,500	10,130	15,750	22,500
1941 Ambassador 600, 6-cyl.						
2d Bus Cpe	860	2,580	4,300	9,680	15,050	21,500
2d FBk	800	2,410	4,020	9,050	14,070	20,100
4d FBk	800	2,400	4,000	9,000	14,000	20,000
2d DeL Bus Cpe	900	2,700	4,500	10,130	15,750	22,500
4d DeL Brgm	1,020	3,060	5,100	11,480	17,850	25,500
2d DeL FBk	1,020	3,050	5,080	11,430	17,780	25,400
4d DeL FBk	980	2,930	4,880	10,980	17,080	24,400
4d Tr Sed	830	2,480	4,140	9,320	14,490	20,700
1941 Ambassador, 6-cyl.						
2d Bus Cpe	920	2,770	4,620	10,400	16,170	23,100
2d Spl Bus Cpe	930	2,780	4,640	10,440	16,240	23,200
2d A-P Cabr	1,700	5,100	8,500	19,130	29,750	42,500
2d Brgm	880	2,630	4,380	9,860	15,330	21,900
4d Spl Sed	880	2,640	4,400	9,900	15,400	22,000
4d Spl FBk	880	2,630	4,380	9,860	15,330	21,900
4d DeL FBk	880	2,640	4,400	9,900	15,400	22,000
4d Tr Sed	880	2,650	4,420	9,950	15,470	22,100
1941 Ambassador, 8-cyl.						
2d A-P Cabr	1,740	5,220	8,700	19,580	30,450	43,500
2d DeL Brgm	960	2,880	4,800	10,800	16,800	24,000
4d Spl FBk	960	2,890	4,820	10,850	16,870	24,100
4d DeL FBk	970	2,900	4,840	10,890	16,940	24,200
4d Tr Sed	970	2,920	4,860	10,940	17,010	24,300
1942 Ambassador 600, 6-cyl.						
2d Bus Cpe	910	2,720	4,540	10,220	15,890	22,700
2d Brgm	860	2,590	4,320	9,720	15,120	21,600

	6	5	4	3	2	1
2d Sed	860	2,580	4,300	9,680	15,050	21,500
4d Sed	860	2,590	4,320	9,720	15,120	21,600
4d Tr Sed	870	2,600	4,340	9,770	15,190	21,700
1942 Ambassador, 6-cyl.						
2d Bus Cpe	960	2,880	4,800	10,800	16,800	24,000
2d Brgm	910	2,740	4,560	10,260	15,960	22,800
2d Sed	910	2,720	4,540	10,220	15,890	22,700
4d Sed	910	2,740	4,560	10,260	15,960	22,800
4d Tr Sed	920	2,750	4,580	10,310	16,030	22,900
1942 Ambassador, 8-cyl.						
2d Bus Cpe	940	2,820	4,700	10,580	16,450	23,500
2d Brgm	920	2,760	4,600	10,350	16,100	23,000
2d Sed	910	2,740	4,560	10,260	15,960	22,800
4d Sed	920	2,750	4,580	10,310	16,030	22,900
4d Tr Sed	920	2,760	4,600	10,350	16,100	23,000
1946 600, 6-cyl.						
2d Brgm	664	1,992	3,320	7,470	11,620	16,600
4d Sed	660	1,980	3,300	7,430	11,550	16,500
4d Trk Sed	672	2,016	3,360	7,560	11,760	16,800
1946 Ambassador, 6-cyl.						
2d Brgm	720	2,160	3,600	8,100	12,600	18,000
4d Sed	724	2,172	3,620	8,150	12,670	18,100
4d Trk Sed	728	2,184	3,640	8,190	12,740	18,200
4d Sed Suburban	4,060	12,180	20,300	45,680	71,050	101,500
1947 600, 6-cyl.						
2d Brgm	664	1,992	3,320	7,470	11,620	16,600
4d Sed	660	1,980	3,300	7,430	11,550	16,500
4d Trk Sed	672	2,016	3,360	7,560	11,760	16,800
1947 Ambassador, 6-cyl.						
2d Brgm	720	2,160	3,600	8,100	12,600	18,000
4d Sed	724	2,172	3,620	8,150	12,670	18,100
4d Trk Sed	728	2,184	3,640	8,190	12,740	18,200
4d Sed Suburban	4,060	12,180	20,300	45,680	71,050	101,500
1948 600, 6-cyl.						
DeL Bus Cpe	732	2,196	3,660	8,240	12,810	18,300
4d Sup Sed	684	2,052	3,420	7,700	11,970	17,100
4d Sup Trk Sed	688	2,064	3,440	7,740	12,040	17,200
2d Sup Brgm	688	2,064	3,440	7,740	12,040	17,200
4d Cus Sed	692	2,076	3,460	7,790	12,110	17,300
4d Cus Trk Sed	696	2,088	3,480	7,830	12,180	17,400
2d Cus Brgm	700	2,100	3,500	7,880	12,250	17,500
1948 Ambassador, 6-cyl.						
4d Sed	708	2,124	3,540	7,970	12,390	17,700
4d Trk Sed	712	2,136	3,560	8,010	12,460	17,800
2d Brgm	712	2,136	3,560	8,010	12,460	17,800
4d Sed Suburban	4,100	12,300	20,500	46,130	71,750	102,500
1948 Custom Ambassador, 6-cyl.						
4d Sed	760	2,280	3,800	8,550	13,300	19,000
4d Trk Sed	740	2,220	3,700	8,330	12,950	18,500
2d Brgm	760	2,280	3,800	8,550	13,300	19,000
2d Cabr	2,240	6,720	11,200	25,200	39,200	56,000
1949 600 Super, 6-cyl.						
4d Sed	660	1,980	3,300	7,430	11,550	16,500
2d Sed	664	1,992	3,320	7,470	11,620	16,600
2d Brgm	668	2,004	3,340	7,520	11,690	16,700
1949 600 Super Special, 6-cyl.						
4d Sed	664	1,992	3,320	7,470	11,620	16,600
2d Sed	668	2,004	3,340	7,520	11,690	16,700
2d Brgm	672	2,016	3,360	7,560	11,760	16,800
1949 600 Custom, 6-cyl.						
4d Sed	672	2,016	3,360	7,560	11,760	16,800
2d Sed	676	2,028	3,380	7,610	11,830	16,900
2d Brgm	680	2,040	3,400	7,650	11,900	17,000
1949 Ambassador Super, 6-cyl.						
4d Sed	704	2,112	3,520	7,920	12,320	17,600
2d Sed	708	2,124	3,540	7,970	12,390	17,700
2d Brgm	712	2,136	3,560	8,010	12,460	17,800
1949 Ambassador Super Special, 6-cyl.						
4d Sed	708	2,124	3,540	7,970	12,390	17,700
2d Sed	712	2,136	3,560	8,010	12,460	17,800
2d Brgm	716	2,148	3,580	8,060	12,530	17,900
1949 Ambassador Custom, 6-cyl.						
4d Sed	716	2,148	3,580	8,060	12,530	17,900
2d Sed	720	2,160	3,600	8,100	12,600	18,000
2d Brgm	724	2,172	3,620	8,150	12,670	18,100

NASH

	6	5	4	3	2	1
1950 Rambler Custom, 6-cyl.						
2d Conv Lan	1,200	3,600	6,000	13,500	21,000	30,000
2d Sta Wag	680	2,040	3,400	7,650	11,900	17,000
1950 Nash Super Statesman, 6-cyl.						
2d DeL Cpe	672	2,016	3,360	7,560	11,760	16,800
4d Sed	664	1,992	3,320	7,470	11,620	16,600
2d Sed	668	2,004	3,340	7,520	11,690	16,700
2d Clb Cpe	672	2,016	3,360	7,560	11,760	16,800
1950 Nash Custom Statesman, 6-cyl.						
4d Sed	676	2,028	3,380	7,610	11,830	16,900
2d Sed	680	2,040	3,400	7,650	11,900	17,000
2d Clb Cpe	684	2,052	3,420	7,700	11,970	17,100
1950 Ambassador, 6-cyl.						
4d Sed	700	2,100	3,500	7,880	12,250	17,500
2d Sed	708	2,124	3,540	7,970	12,390	17,700
2d Clb Cpe	712	2,136	3,560	8,010	12,460	17,800
1950 Ambassador Custom, 6-cyl.						
4d Sed	716	2,148	3,580	8,060	12,530	17,900
2d Sed	720	2,160	3,600	8,100	12,600	18,000
2d Clb Cpe	724	2,172	3,620	8,150	12,670	18,100
1951 Rambler, 6-cyl.						
2d Utl Wag	680	2,040	3,400	7,650	11,900	17,000
2d Sta Wag	688	2,064	3,440	7,740	12,040	17,200
2d Cus Clb Sed	676	2,028	3,380	7,610	11,830	16,900
2d Cus Conv	1,200	3,600	6,000	13,500	21,000	30,000
2d Ctry Clb HT	740	2,220	3,700	8,330	12,950	18,500
2d Cus Sta Wag	700	2,100	3,500	7,880	12,250	17,500
1951 Nash Statesman, 6-cyl.						
2d DeL Bus Cpe	680	2,040	3,400	7,650	11,900	17,000
4d Sup Sed	672	2,016	3,360	7,560	11,760	16,800
2d Sup	668	2,004	3,340	7,520	11,690	16,700
2d Sup Cpe	680	2,040	3,400	7,650	11,900	17,000
2d Cus Cpe	690	2,080	3,460	7,790	12,110	17,300
2d Cus Sed	680	2,050	3,420	8,550	11,970	17,100
4d Cus Sed	690	2,060	3,440	7,740	12,040	17,200
1951 Ambassador, 6-cyl.						
4d Sup Sed	708	2,124	3,540	7,970	12,390	17,700
2d Sup	704	2,112	3,520	7,920	12,320	17,600
2d Sup Cpe	712	2,136	3,560	8,010	12,460	17,800
4d Cus Sed	716	2,148	3,580	8,060	12,530	17,900
2d Cus Sed	710	2,120	3,540	7,970	12,390	17,700
2d Cus Cpe	712	2,136	3,560	8,010	12,460	17,800
1951 Nash-Healey						
Spt Rds	4,800	14,400	24,000	54,000	84,000	120,000
1952-53 Rambler, 6-cyl.						
2d Utl Wag	680	2,040	3,400	7,650	11,900	17,000
2d Sta Wag	688	2,064	3,440	7,740	12,040	17,200
2d Cus Clb Sed	680	2,040	3,400	7,650	11,900	17,000
2d Cus Conv	1,200	3,600	6,000	13,500	21,000	30,000
2d Cus Ctry Clb HT	740	2,220	3,700	8,330	12,950	18,500
2d Cus Sta Wag	700	2,100	3,500	7,880	12,250	17,500
1952-53 Nash Statesman, 6-cyl.						
2d Sed	688	2,064	3,440	7,740	12,040	17,200
4d Sed	684	2,052	3,420	7,700	11,970	17,100
2d Cus Ctry Clb	780	2,340	3,900	8,780	13,650	19,500
NOTE: Add 10 percent for Custom.						
1952-53 Ambassador, 6-cyl.						
2d Sed	700	2,100	3,500	7,880	12,250	17,500
4d Sed	700	2,100	3,500	7,880	12,250	17,500
2d Cus Ctry Clb	940	2,820	4,700	10,580	16,450	23,500
NOTE: Add 10 percent for Custom.						
1952-53 Nash-Healey						
2d Cpe (1953 only)	3,680	11,040	18,400	41,400	64,400	92,000
2d Spt Rds	5,200	15,600	26,000	58,500	91,000	130,000
1954 Rambler, 6-cyl.						
2d DeL Clb Sed	680	2,040	3,400	7,650	11,900	17,000
2d Sup Clb Sed	684	2,052	3,420	7,700	11,970	17,100
2d Sup Ctry Clb HT	720	2,160	3,600	8,100	12,600	18,000
2d Sup Suburban Sta Wag	692	2,076	3,460	7,790	12,110	17,300
4d Sup Sed (108")	684	2,052	3,420	7,700	11,970	17,100
2d Cus Ctry Clb HT	760	2,280	3,800	8,550	13,300	19,000
2d Cus Conv	1,120	3,360	5,600	12,600	19,600	28,000
2d Cus Sta Wag	720	2,160	3,600	8,100	12,600	18,000
4d Cus Sed (108")	688	2,064	3,440	7,740	12,040	17,200
4d Cus Wag (108")	724	2,172	3,620	8,150	12,670	18,100
2d Cus Wag (108")	740	2,220	3,700	8,330	12,950	18,500

	6	5	4	3	2	1
1954 Nash Statesman, 6-cyl.						
4d Sup Sed	660	1,980	3,300	7,430	11,550	16,500
2d Sup Sed	664	1,992	3,320	7,470	11,620	16,600
4d Cus Sed	668	2,004	3,340	7,520	11,690	16,700
2d Cus Ctry Clb HT	820	2,460	4,100	9,230	14,350	20,500
1954 Nash Ambassador, 6-cyl.						
4d Sup Sed	708	2,124	3,540	7,970	12,390	17,700
2d Sup Sed	712	2,136	3,560	8,010	12,460	17,800
4d Cus Sed	720	2,160	3,600	8,100	12,600	18,000
2d Cus Ctry Clb HT	940	2,820	4,700	10,580	16,450	23,500
1954 Nash-Healey						
2d Cpe	3,680	11,040	18,400	41,400	64,400	92,000
NOTE: Add 5 percent for LeMans option.						
1955 Rambler, 6-cyl.						
2d DeL Clb Sed	680	2,040	3,400	7,650	11,900	17,000
2d DeL Bus Sed	676	2,028	3,380	7,610	11,830	16,900
4d DeL Sed (108")	684	2,052	3,420	7,700	11,970	17,100
2d Sup Clb Sed	684	2,052	3,420	7,700	11,970	17,100
2d Sup Sta Wag	676	2,028	3,380	7,610	11,830	16,900
4d Sup Sed (108")	684	2,052	3,420	7,700	11,970	17,100
4d Sup Crs Ctry (108")	720	2,160	3,600	8,100	12,600	18,000
2d Cus Ctry Clb HT	780	2,340	3,900	8,780	13,650	19,500
4d Cus Sed (108")	688	2,064	3,440	7,740	12,040	17,200
4d Cus Crs Ctry (108")	760	2,280	3,800	8,550	13,300	19,000
1955 Nash Statesman, 6-cyl.						
4d Sup Sed	680	2,040	3,400	7,650	11,900	17,000
4d Cus Sed	684	2,052	3,420	7,700	11,970	17,100
2d Cus Ctry Clb	800	2,400	4,000	9,000	14,000	20,000
1955 Nash Ambassador, 6-cyl.						
4d Sup Sed	724	2,172	3,620	8,150	12,670	18,100
4d Cus Sed	728	2,184	3,640	8,190	12,740	18,200
2d Cus Ctry Clb	900	2,700	4,500	10,130	15,750	22,500
1955 Nash Ambassador, 8-cyl.						
4d Sup Sed	728	2,184	3,640	8,190	12,740	18,200
4d Cus Sed	768	2,304	3,840	8,640	13,440	19,200
2d Cus Ctry Clb	980	2,940	4,900	11,030	17,150	24,500
1956 Rambler, 6-cyl.						
4d DeL Sed	628	1,884	3,140	7,070	10,990	15,700
4d Sup Sed	632	1,896	3,160	7,110	11,060	15,800
4d Sup Crs Ctry	664	1,992	3,320	7,470	11,620	16,600
4d Cus Sed	668	2,004	3,340	7,520	11,690	16,700
4d Cus HT	860	2,580	4,300	9,680	15,050	21,500
4d Cus Crs Ctry	684	2,052	3,420	7,700	11,970	17,100
4d HT Wag	900	2,700	4,500	10,130	15,750	22,500
1956 Nash Statesman, 6-cyl.						
4d Sup Sed	680	2,040	3,400	7,650	11,900	17,000
1956 Nash Ambassador, 6-cyl.						
4d Sup Sed	700	2,100	3,500	7,880	12,250	17,500
1956 Nash Ambassador, 8-cyl.						
4d Sup Sed	708	2,124	3,540	7,970	12,390	17,700
4d Cus Sed	720	2,160	3,600	8,100	12,600	18,000
2d Cus HT	980	2,940	4,900	11,030	17,150	24,500
1957 Rambler, 6-cyl.						
4d DeL Sed	592	1,776	2,960	6,660	10,360	14,800
4d Sup Sed	600	1,800	3,000	6,750	10,500	15,000
4d Sup HT	620	1,860	3,100	6,980	10,850	15,500
4d Sup Crs Ctry	628	1,884	3,140	7,070	10,990	15,700
4d Cus Sed	596	1,788	2,980	6,710	10,430	14,900
4d Cus Crs Ctry	628	1,884	3,140	7,070	10,990	15,700
1957 Rambler, 8-cyl.						
4d Sup Sed	600	1,800	3,000	6,750	10,500	15,000
4d Sup Crs Ctry Wag	630	1,880	3,140	7,070	10,990	15,700
4d Cus Sed	604	1,812	3,020	6,800	10,570	15,100
4d Cus HT	640	1,920	3,200	7,200	11,200	16,000
4d Cus Crs Ctry Wag	640	1,910	3,180	7,160	11,130	15,900
4d Cus HT Crs Ctry	760	2,280	3,800	8,550	13,300	19,000
1957 Rebel, 8-cyl.						
4d HT	1,270	3,800	6,340	14,270	22,190	31,700
1957 Nash Ambassador, 8-cyl.						
4d Sup Sed	730	2,180	3,640	8,190	12,740	18,200
2d Sup HT	900	2,700	4,500	10,130	15,750	22,500
4d Cus Sed	740	2,220	3,700	8,330	12,950	18,500
2d Cus HT	980	2,940	4,900	11,030	17,150	24,500

AMC

	6	5	4	3	2	1
1958-59 American DeLuxe, 6-cyl.						
2d Sed	328	984	1,640	3,690	5,740	8,200
2d Sta Wag (1959 only)	370	1,120	1,860	4,190	6,510	9,300
1958-59 American Super, 6-cyl.						
2d Sed	332	996	1,660	3,740	5,810	8,300
2d Sta Wag (1959 only)	380	1,130	1,880	4,230	6,580	9,400
1958-59 Rambler DeLuxe, 6-cyl.						
4d Sed	328	984	1,640	3,690	5,740	8,200
4d Sta Wag	410	1,240	2,060	4,640	7,210	10,300
1958-59 Rambler Super, 6-cyl.						
4d Sed	332	996	1,660	3,740	5,810	8,300
4d HT	340	1,020	1,700	3,830	5,950	8,500
4d Sta Wag	420	1,250	2,080	4,680	7,280	10,400
1958-59 Rambler Custom, 6-cyl.						
4d Sed	348	1,044	1,740	3,920	6,090	8,700
4d HT	356	1,068	1,780	4,010	6,230	8,900
4d Sta Wag	420	1,260	2,100	4,730	7,350	10,500
1958-59 Rebel Super V-8						
4d Sed DeL (1958 only)	430	1,280	2,140	4,820	7,490	10,700
4d Sed	432	1,296	2,160	4,860	7,560	10,800
4d Sta Wag	520	1,550	2,580	5,810	9,030	12,900
1958-59 Rebel Custom, V-8						
4d Sed	436	1,308	2,180	4,910	7,630	10,900
4d HT	444	1,332	2,220	5,000	7,770	11,100
4d Sta Wag	520	1,560	2,600	5,850	9,100	13,000
1958-59 Ambassador Super, V-8						
4d Sed	468	1,404	2,340	5,270	8,190	11,700
4d Sta Wag	550	1,660	2,760	6,210	9,660	13,800
1958-59 Ambassador Custom, V-8						
4d Sed	472	1,416	2,360	5,310	8,260	11,800
4d HT	480	1,430	2,380	5,360	8,330	11,900
4d Sta Wag	560	1,670	2,780	6,260	9,730	13,900
4d HT Sta Wag	640	1,930	3,220	7,250	11,270	16,100
1960 American DeLuxe, 6-cyl.						
2d Sed	364	1,092	1,820	4,100	6,370	9,100
4d Sed	360	1,080	1,800	4,050	6,300	9,000
2d Sta Wag	368	1,104	1,840	4,140	6,440	9,200
1960 American Super, 6-cyl.						
2d Sed	368	1,104	1,840	4,140	6,440	9,200
4d Sed	364	1,092	1,820	4,100	6,370	9,100
2d Sta Wag	372	1,116	1,860	4,190	6,510	9,300
1960 American Custom, 6-cyl.						
2d Sed	372	1,116	1,860	4,190	6,510	9,300
4d Sed	368	1,104	1,840	4,140	6,440	9,200
2d Sta Wag	376	1,128	1,880	4,230	6,580	9,400
1960 Rambler DeLuxe, 6-cyl.						
4d Sed	364	1,092	1,820	4,100	6,370	9,100
4d Sta Wag	450	1,340	2,240	5,040	7,840	11,200
1960 Rambler Super, 6-cyl.						
4d Sed	368	1,104	1,840	4,140	6,440	9,200
4d 6P Sta Wag	450	1,360	2,260	5,090	7,910	11,300
4d 8P Sta Wag	460	1,370	2,280	5,130	7,980	11,400
1960 Rambler Custom, 6-cyl.						
4d Sed	372	1,116	1,860	4,190	6,510	9,300
4d HT	376	1,128	1,880	4,230	6,580	9,400
4d 6P Sta Wag	460	1,370	2,280	5,130	7,980	11,400
4d 8P Sta Wag	460	1,380	2,300	5,180	8,050	11,500
1960 Rebel Super, V-8						
4d Sed	460	1,370	2,280	5,130	7,980	11,400
4d 6P Sta Wag	540	1,620	2,700	6,080	9,450	13,500
4d 8P Sta Wag	540	1,630	2,720	6,120	9,520	13,600
1960 Rebel Custom, V-8						
4d Sed	460	1,380	2,300	5,180	8,050	11,500
4d HT	464	1,392	2,320	5,220	8,120	11,600
4d 6P Sta Wag	540	1,630	2,720	6,120	9,520	13,600
4d 8P Sta Wag	550	1,640	2,740	6,170	9,590	13,700
1960 Ambassador Super, V-8						
4d Sed	464	1,392	2,320	5,220	8,120	11,600
4d 6P Sta Wag	550	1,640	2,740	6,170	9,590	13,700
4d 8P Sta Wag	550	1,660	2,760	6,210	9,660	13,800
1960 Ambassador Custom, V-8						
4d Sed	468	1,404	2,340	5,270	8,190	11,700
4d HT	476	1,428	2,380	5,360	8,330	11,900
4d 6P Sta Wag	550	1,660	2,760	6,210	9,660	13,800

	6	5	4	3	2	1
4d HT Sta Wag	640	1,920	3,200	7,200	11,200	16,000
4d 8P Sta Wag	560	1,670	2,780	6,260	9,730	13,900
1961 American						
4d DeL Sed	320	960	1,600	3,600	5,600	8,000
2d DeL Sed	324	972	1,620	3,650	5,670	8,100
4d DeL Sta Wag	370	1,100	1,840	4,140	6,440	9,200
2d DeL Sta Wag	360	1,090	1,820	4,100	6,370	9,100
4d Sup Sed	324	972	1,620	3,650	5,670	8,100
2d Sup Sed	328	984	1,640	3,690	5,740	8,200
4d Sup Sta Wag	370	1,120	1,860	4,190	6,510	9,300
2d Sup Sta Wag	360	1,090	1,820	4,100	6,370	9,100
4d Cus Sed	324	972	1,620	3,650	5,670	8,100
2d Cus Sed	330	980	1,640	3,690	5,740	8,200
2d Cus Conv	560	1,680	2,800	6,300	9,800	14,000
4d Cus Sta Wag	370	1,100	1,840	4,140	6,440	9,200
2d Cus Sta Wag	370	1,120	1,860	4,190	6,510	9,300
4d 400 Sed	328	984	1,640	3,690	5,740	8,200
2d 400 Conv	568	1,704	2,840	6,390	9,940	14,200
1961 Rambler Classic						
4d DeL Sed	320	960	1,600	3,600	5,600	8,000
4d DeL Sta Wag	360	1,090	1,820	4,100	6,370	9,100
4d Sup Sed	324	972	1,620	3,650	5,670	8,100
4d Sup Sta Wag	370	1,100	1,840	4,140	6,440	9,200
4d Cus Sed	328	984	1,640	3,690	5,740	8,200
4d Cus Sta Wag	370	1,120	1,860	4,190	6,510	9,300
4d 400 Sed	332	996	1,660	3,740	5,810	8,300
NOTE: Add 5 percent for V-8.						
1961 Ambassador						
4d DeL Sed	324	972	1,620	3,650	5,670	8,100
4d Sup Sed	328	984	1,640	3,690	5,740	8,200
5d Sup Sta Wag	332	996	1,660	3,740	5,810	8,300
4d Sup Sta Wag	328	984	1,640	3,690	5,740	8,200
4d Cus Sed	332	996	1,660	3,740	5,810	8,300
5d Cus Sta Wag	420	1,260	2,100	4,730	7,350	10,500
4d Cus Sta Wag	420	1,250	2,080	4,680	7,280	10,400
4d 400 Sed	336	1,008	1,680	3,780	5,880	8,400
1962 American						
4d DeL Sed	280	840	1,400	3,150	4,900	7,000
2d DeL Sed	284	852	1,420	3,200	4,970	7,100
4d DeL Sta Wag	320	970	1,620	3,650	5,670	8,100
2d DeL Sta Wag	320	960	1,600	3,600	5,600	8,000
4d Cus Sed	284	852	1,420	3,200	4,970	7,100
2d Cus Sed	284	852	1,420	3,200	4,970	7,100
4d Cus Sta Wag	330	980	1,640	3,690	5,740	8,200
2d Cus Sta Wag	320	970	1,620	3,650	5,670	8,100
4d 400	284	852	1,420	3,200	4,970	7,100
2d 400	288	864	1,440	3,240	5,040	7,200
2d 400 Conv	568	1,704	2,840	6,390	9,940	14,200
4d 400 Sta Wag	340	1,020	1,700	3,830	5,950	8,500
1962 Classic						
4d DeL Sed	280	840	1,400	3,150	4,900	7,000
2d DeL	284	852	1,420	3,200	4,970	7,100
4d DeL Sta Wag	330	980	1,640	3,690	5,740	8,200
4d Cus Sed	292	876	1,460	3,290	5,110	7,300
2d Cus	296	888	1,480	3,330	5,180	7,400
4d Cus Sta Wag	330	1,000	1,660	3,740	5,810	8,300
5d Cus Sta Wag	340	1,010	1,680	3,780	5,880	8,400
4d 400 Sed	296	888	1,480	3,330	5,180	7,400
2d 400	300	900	1,500	3,380	5,250	7,500
4d 400 Sta Wag	340	1,030	1,720	3,870	6,020	8,600
NOTE: Add 5 percent for V-8.						
1962 Ambassador						
4d Cus Sed	288	864	1,440	3,240	5,040	7,200
2d Cus Sed	292	876	1,460	3,290	5,110	7,300
4d Cus Sta Wag	350	1,040	1,740	3,920	6,090	8,700
4d 400 Sed	300	900	1,500	3,380	5,250	7,500
2d 400 Sed	304	912	1,520	3,420	5,320	7,600
4d 400 Sta Wag	350	1,040	1,740	3,920	6,090	8,700
5d 400 Sta Wag	350	1,060	1,760	3,960	6,160	8,800
1963 American						
4d 220 Sed	264	792	1,320	2,970	4,620	6,600
2d 220 Sed	268	804	1,340	3,020	4,690	6,700
4d 220 Bus Sed	260	780	1,300	2,930	4,550	6,500
4d 220 Sta Wag	310	920	1,540	3,470	5,390	7,700
2d 220 Sta Wag	300	910	1,520	3,420	5,320	7,600
4d 330 Sed	268	804	1,340	3,020	4,690	6,700

	6	5	4	3	2	1
2d 330 Sed	264	792	1,320	2,970	4,620	6,600
4d 330 Sta Wag	320	950	1,580	3,560	5,530	7,900
2d 330 Sta Wag	320	960	1,600	3,600	5,600	8,000
4d 440 Sed	276	828	1,380	3,110	4,830	6,900
2d 440 Sed	280	840	1,400	3,150	4,900	7,000
2d 440 HT	330	1,000	1,660	3,740	5,810	8,300
2d 440-H HT	400	1,200	2,000	4,500	7,000	10,000
2d 440 Conv	460	1,380	2,300	5,180	8,050	11,500
4d 440 Sta Wag	320	970	1,620	3,650	5,670	8,100
1963 Classic						
4d 550 Sed	260	780	1,300	2,930	4,550	6,500
2d 550 Sed	264	792	1,320	2,970	4,620	6,600
4d 550 Sta Wag	260	780	1,300	2,930	4,550	6,500
4d 660 Sed	260	780	1,300	2,930	4,550	6,500
2d 660 Sed	264	792	1,320	2,970	4,620	6,600
4d 660 Sta Wag	310	920	1,540	3,470	5,390	7,700
4d 770 Sed	276	828	1,380	3,110	4,830	6,900
2d 770 Sed	272	816	1,360	3,060	4,760	6,800
4d 770 Sta Wag	320	970	1,620	3,650	5,670	8,100
NOTE: Add 5 percent for V-8 models.						
1963 Ambassador						
4d 800 Sed	272	816	1,360	3,060	4,760	6,800
2d 800 Sed	276	828	1,380	3,110	4,830	6,900
4d 880 Sta Wag	320	960	1,600	3,600	5,600	8,000
4d 880 Sed	276	828	1,380	3,110	4,830	6,900
2d 880 Sed	280	840	1,400	3,150	4,900	7,000
4d 880 Sta Wag	320	970	1,620	3,650	5,670	8,100
4d 990 Sed	280	840	1,400	3,150	4,900	7,000
2d 990 Sed	284	852	1,420	3,200	4,970	7,100
5d 990 Sta Wag	330	1,000	1,660	3,740	5,810	8,300
4d 990 Sta Wag	330	980	1,640	3,690	5,740	8,200
1964 American						
4d 220 Sed	264	792	1,320	2,970	4,620	6,600
2d 220 Sed	270	800	1,340	3,020	4,690	6,700
4d 220 Sta Wag	310	940	1,560	3,510	5,460	7,800
4d 330 Sed	272	816	1,360	3,060	4,760	6,800
2d 330 Sed	280	830	1,380	3,110	4,830	6,900
4d 330 Sta Wag	320	950	1,580	3,560	5,530	7,900
4d 440 Sed	272	816	1,360	3,060	4,760	6,800
2d 440 HT	330	1,000	1,660	3,740	5,810	8,300
2d 440-H HT	400	1,200	2,000	4,500	7,000	10,000
2d Conv	460	1,380	2,300	5,180	8,050	11,500
1964 Classic						
4d 550 Sed	260	780	1,300	2,930	4,550	6,500
2d 550 Sed	260	790	1,320	2,970	4,620	6,600
4d 550 Sta Wag	310	920	1,540	3,470	5,390	7,700
4d 660 Sed	264	792	1,320	2,970	4,620	6,600
2d 660 Sed	270	800	1,340	3,020	4,690	6,700
4d 660 Sta Wag	310	940	1,560	3,510	5,460	7,800
4d 770 Sed	268	804	1,340	3,020	4,690	6,700
2d 770 Sed	270	820	1,360	3,060	4,760	6,800
2d 770 HT	412	1,236	2,060	4,640	7,210	10,300
2d 770 Typhoon HT	500	1,500	2,500	5,630	8,750	12,500
4d 770 Sta Wag	320	950	1,580	3,560	5,530	7,900
NOTE: Add 5 percent for V-8 models.						
1964 Ambassador						
4d 990 Sed	330	980	1,640	3,690	5,740	8,200
2d 990 HT	330	1,000	1,660	3,740	5,810	8,300
2d 990-H HT	600	1,800	3,000	6,750	10,500	15,000
4d 990 Sta Wag	350	1,060	1,760	3,960	6,160	8,800
1965 American						
4d 220 Sed	268	804	1,340	3,020	4,690	6,700
2d 220 Sed	270	820	1,360	3,060	4,760	6,800
4d 220 Sta Wag	310	940	1,560	3,510	5,460	7,800
4d 330 Sed	272	816	1,360	3,060	4,760	6,800
2d 330 Sed	280	840	1,400	3,150	4,900	7,000
4d 330 Sta Wag	320	970	1,620	3,650	5,670	8,100
4d 440 Sed	280	840	1,400	3,150	4,900	7,000
2d 440 HT	340	1,010	1,680	3,780	5,880	8,400
2d 440-H HT	400	1,210	2,020	4,550	7,070	10,100
2d 440 Conv	460	1,390	2,320	5,220	8,120	11,600
1965 Classic						
4d 550 Sed	264	792	1,320	2,970	4,620	6,600
2d 550 Sed	270	800	1,340	3,020	4,690	6,700
4d 550 Sta Wag	310	920	1,540	3,470	5,390	7,700
4d 660 Sed	276	828	1,380	3,110	4,830	6,900

	6	5	4	3	2	1
2d 660 Sed	280	840	1,400	3,150	4,900	7,000
4d 660 Sta Wag	320	970	1,620	3,650	5,670	8,100
4d 770 Sed	276	828	1,380	3,110	4,830	6,900
2d 770 HT	420	1,250	2,080	4,680	7,280	10,400
2d 770-H HT	480	1,440	2,400	5,400	8,400	12,000
2d 770 Conv	568	1,704	2,840	6,390	9,940	14,200
4d 770 Sta Wag	330	980	1,640	3,690	5,740	8,200
NOTE: Add 5 percent for V-8 models.						
1965 Ambassador						
4d 880 Sed	280	840	1,400	3,150	4,900	7,000
2d 880 Sed	280	850	1,420	3,200	4,970	7,100
4d 880 Sta Wag	330	980	1,640	3,690	5,740	8,200
4d 990 Sed	330	980	1,640	3,690	5,740	8,200
2d 990 HT	330	1,000	1,660	3,740	5,810	8,300
2d 990-H HT	600	1,800	3,000	6,750	10,500	15,000
2d 990 Conv	570	1,720	2,860	6,440	10,010	14,300
4d 990 Sta Wag	350	1,060	1,760	3,960	6,160	8,800
1965 Marlin						
2d FBk	920	2,760	4,600	10,350	16,100	23,000
NOTE: Deduct 5 percent for 6-cyl.						
1966 American						
4d 220 Sed	280	840	1,400	3,150	4,900	7,000
2d 220 Sed	280	850	1,420	3,200	4,970	7,100
4d 220 Wag	290	860	1,440	3,240	5,040	7,200
4d 440 Sed	310	940	1,560	3,510	5,460	7,800
2d 440 Sed	320	950	1,580	3,560	5,530	7,900
2d 440 Conv	520	1,570	2,620	5,900	9,170	13,100
4d 440 Wag	310	920	1,540	3,470	5,390	7,700
2d 440 HT	380	1,140	1,900	4,280	6,650	9,500
2d Rogue HT	460	1,380	2,300	5,180	8,050	11,500
1966 Classic						
4d 550 Sed	280	850	1,420	3,200	4,970	7,100
2d 550 Sed	290	860	1,440	3,240	5,040	7,200
4d 550 Sta Wag	310	920	1,540	3,470	5,390	7,700
4d 770 Sed	290	880	1,460	3,290	5,110	7,300
2d 770 HT	380	1,150	1,920	4,320	6,720	9,600
2d 770 Conv	560	1,690	2,820	6,350	9,870	14,100
4d 770 Sta Wag	350	1,040	1,740	3,920	6,090	8,700
1966 Rebel						
2d HT	540	1,620	2,700	6,080	9,450	13,500
1966 Marlin						
2d FBk	920	2,760	4,600	10,350	16,100	23,000
1966 Ambassador						
4d 880 Sed	276	828	1,380	3,110	4,830	6,900
2d 880 Sed	280	840	1,400	3,150	4,900	7,000
4d 880 Sta Wag	320	970	1,620	3,650	5,670	8,100
4d 990 Sed	320	970	1,620	3,650	5,670	8,100
2d 990 HT	340	1,020	1,700	3,830	5,950	8,500
2d 990 Conv	580	1,740	2,900	6,530	10,150	14,500
4d 990 Sta Wag	350	1,040	1,740	3,920	6,090	8,700
1966 DPL (Diplomat)						
2d DPL HT	470	1,420	2,360	5,310	8,260	11,800
1967 American 220						
4d Sed	280	840	1,400	3,150	4,900	7,000
2d Sed	280	850	1,420	3,200	4,970	7,100
4d Sta Wag	300	910	1,520	3,420	5,320	7,600
1967 American 440						
4d Sed	280	850	1,420	3,200	4,970	7,100
2d Sed	290	860	1,440	3,240	5,040	7,200
2d HT	360	1,080	1,800	4,050	6,300	9,000
4d Sta Wag	310	920	1,540	3,470	5,390	7,700
1967 American Rogue						
2d HT	480	1,440	2,400	5,400	8,400	12,000
2d Conv	700	2,100	3,500	7,880	12,250	17,500
1967 Rebel 550						
4d Sed	290	860	1,440	3,240	5,040	7,200
2d Sed	290	880	1,460	3,290	5,110	7,300
4d Sta Wag	350	1,060	1,760	3,960	6,160	8,800
1967 Rebel 770						
4d Sed	290	880	1,460	3,290	5,110	7,300
2d HT	360	1,090	1,820	4,100	6,370	9,100
4d Sta Wag	360	1,070	1,780	4,010	6,230	8,900
1967 Rebel SST						
2d HT	510	1,520	2,540	5,720	8,890	12,700
2d Conv	650	1,940	3,240	7,290	11,340	16,200

	6	5	4	3	2	1
1967 Rambler Marlin						
2d FBk	880	2,640	4,400	9,900	15,400	22,000
1967 Ambassador 880						
4d Sed	290	880	1,460	3,290	5,110	7,300
2d Sed	300	890	1,480	3,330	5,180	7,400
4d Sta Wag	360	1,080	1,800	4,050	6,300	9,000
1967 Ambassador 990						
4d Sed	300	890	1,480	3,330	5,180	7,400
2d HT	340	1,030	1,720	3,870	6,020	8,600
4d Sta Wag	360	1,090	1,820	4,100	6,370	9,100
1967 Ambassador DPL						
2d HT	480	1,430	2,380	5,360	8,330	11,900
2d Conv	700	2,100	3,500	7,880	12,250	17,500
1968 American 220						
4d Sed	280	850	1,420	3,200	4,970	7,100
2d Sed	290	860	1,440	3,240	5,040	7,200
1968 American 440						
4d Sed	290	880	1,460	3,290	5,110	7,300
4d Sta Wag	320	950	1,580	3,560	5,530	7,900
1968 Rogue						
2d HT	580	1,740	2,900	6,530	10,150	14,500
1968 Rebel 550						
4d Sed	300	890	1,480	3,330	5,180	7,400
2d Conv	580	1,740	2,900	6,530	10,150	14,500
4d Sta Wag	320	960	1,600	3,600	5,600	8,000
2d HT	370	1,100	1,840	4,140	6,440	9,200
1968 Rebel 770						
4d Sed	300	910	1,520	3,420	5,320	7,600
4d Sta Wag	360	1,090	1,820	4,100	6,370	9,100
2d HT	370	1,120	1,860	4,190	6,510	9,300
1968 Rebel SST						
2d Conv	650	1,940	3,240	7,290	11,340	16,200
2d HT	510	1,520	2,540	5,720	8,890	12,700
1968 Ambassador						
4d Sed	310	920	1,540	3,470	5,390	7,700
2d HT	400	1,200	2,000	4,500	7,000	10,000
1968 Ambassador DPL						
4d Sed	310	940	1,560	3,510	5,460	7,800
2d HT	480	1,440	2,400	5,400	8,400	12,000
4d Sta Wag	400	1,210	2,020	4,550	7,070	10,100
1968 Ambassador SST						
4d Sed	320	950	1,580	3,560	5,530	7,900
2d HT	500	1,500	2,500	5,630	8,750	12,500
1968 Javelin						
2d FBk	1,000	3,000	5,000	11,250	17,500	25,000
1968 Javelin SST						
2d FBk	1,080	3,240	5,400	12,150	18,900	27,000
NOTE: Add 25 percent for GO Package. Add 30 percent for Big Bad Package.						
1968 AMX						
2d FBk	1,380	4,140	6,900	15,530	24,150	34,500
NOTE: Add 30 percent for Craig Breedlove Edit.						
1969 Rambler						
4d Sed	280	850	1,420	3,200	4,970	7,100
2d Sed	290	860	1,440	3,240	5,040	7,200
1969 Rambler 440						
4d Sed	290	860	1,440	3,240	5,040	7,200
2d Sed	290	880	1,460	3,290	5,110	7,300
1969 Rambler Rogue						
2d HT	600	1,800	3,000	6,750	10,500	15,000
1969 Rambler Hurst S/C						
2d HT	1,560	4,670	7,780	17,510	27,230	38,900
1969 Rebel						
4d Sed	300	890	1,480	3,330	5,180	7,400
2d HT	370	1,120	1,860	4,190	6,510	9,300
4d Sta Wag	320	970	1,620	3,650	5,670	8,100
1969 Rebel SST						
4d Sed	300	900	1,500	3,380	5,250	7,500
2d HT	510	1,540	2,560	5,760	8,960	12,800
4d Sta Wag	370	1,100	1,840	4,140	6,440	9,200
1969 AMX						
2d FBk	1,400	4,200	7,000	15,750	24,500	35,000
NOTE: Add 30 percent for Big Bad Package. Add 300 percent for Hurst-built SS/AMX.						
1969 Javelin						
2d FBk	1,020	3,060	5,100	11,480	17,850	25,500

	6	5	4	3	2	1
1969 Javelin SST						
2d FBk	1,100	3,300	5,500	12,380	19,250	27,500
NOTE: Add 25 percent for GO Package. Add 30 percent for Big Bad Package.						
1969 Ambassador						
4d Sed	310	940	1,560	3,510	5,460	7,800
1969 Ambassador DPL						
4d Sed	320	950	1,580	3,560	5,530	7,900
4d Sta Wag	410	1,220	2,040	4,590	7,140	10,200
2d HT	480	1,450	2,420	5,450	8,470	12,100
1969 Ambassador SST						
4d Sed	320	960	1,600	3,600	5,600	8,000
2d HT	500	1,510	2,520	5,670	8,820	12,600
1970 Hornet						
4d Sed	260	780	1,300	2,930	4,550	6,500
2d Sed	260	790	1,320	2,970	4,620	6,600
1970 Hornet SST						
4d Sed	260	790	1,320	2,970	4,620	6,600
2d Sed	270	800	1,340	3,020	4,690	6,700
1970 Rebel						
4d Sed	300	890	1,480	3,330	5,180	7,400
2d HT	370	1,120	1,860	4,190	6,510	9,300
4d Sta Wag	320	970	1,620	3,650	5,670	8,100
1970 Rebel SST						
4d Sed	300	900	1,500	3,380	5,250	7,500
2d HT	510	1,540	2,560	5,760	8,960	12,800
4d Sta Wag	370	1,100	1,840	4,140	6,440	9,200
1970 Rebel "Machine"						
2d HT	1,600	4,800	8,000	18,000	28,000	40,000
1970 AMX						
2d FBk	1,400	4,200	7,000	15,750	24,500	35,000
1970 Gremlin						
2d Comm	300	900	1,500	3,380	5,250	7,500
2d Sed	300	910	1,520	3,420	5,320	7,600
1970 Javelin						
2d FBk	1,020	3,060	5,100	11,480	17,850	25,500
1970 Javelin SST						
2d FBk	1,100	3,300	5,500	12,380	19,250	27,500
NOTE: Add 25 percent for GO Package. Add 30 percent for Big Bad Package.						
1970 "Trans Am"						
2d FBk	1,720	5,160	8,600	19,350	30,100	43,000
1970 "Mark Donohue"						
2d FBk	1,760	5,280	8,800	19,800	30,800	44,000
1970 Ambassador						
4d Sed	310	940	1,560	3,510	5,460	7,800
1970 Ambassador DPL						
4d Sed	320	950	1,580	3,560	5,530	7,900
2d HT	480	1,450	2,420	5,450	8,470	12,100
4d Sta Wag	410	1,220	2,040	4,590	7,140	10,200
1970 Ambassador SST						
4d Sed	320	960	1,600	3,600	5,600	8,000
2d HT	500	1,510	2,520	5,670	8,820	12,600
4d Sta Wag	410	1,240	2,060	4,640	7,210	10,300
1971 Gremlin						
2d Comm	300	900	1,500	3,380	5,250	7,500
2d Sed	300	910	1,520	3,420	5,320	7,600
NOTE: Add 10 percent for X Package.						
1971 Hornet						
2d Sed	260	780	1,300	2,930	4,550	6,500
4d Sed	260	790	1,320	2,970	4,620	6,600
1971 Hornet SST						
2d Sed	270	800	1,340	3,020	4,690	6,700
4d Sed	270	820	1,360	3,060	4,760	6,800
4d SportAbout Sta Wag	290	880	1,460	3,290	5,110	7,300
1971 Hornet SC/360						
2d HT	740	2,220	3,700	8,330	12,950	18,500
1971 Javelin						
2d HT	900	2,700	4,500	10,130	15,750	22,500
2d SST HT	980	2,940	4,900	11,030	17,150	24,500
NOTE: Add 40 percent for 401 V-8. Add 40 percent for Police Special 401 V-8.						
1971 Javelin AMX						
2d HT	1,200	3,600	6,000	13,500	21,000	30,000
NOTE: Add 25 percent for GO Package. Add 40 percent for 401 V-8.						
1971 Matador						
4d Sed	310	920	1,540	3,470	5,390	7,700
2d HT	390	1,180	1,960	4,410	6,860	9,800
4d Sta Wag	340	1,030	1,720	3,870	6,020	8,600

	6	5	4	3	2	1
1971 Ambassador DPL						
4d Sed	320	950	1,580	3,560	5,530	7,900
1971 Ambassador SST						
4d Sed	320	960	1,600	3,600	5,600	8,000
2d HT	450	1,340	2,240	5,040	7,840	11,200
4d Sta Wag	370	1,120	1,860	4,190	6,510	9,300
NOTE: Add 10 percent to Ambassador SST for Broughams.						
1972 Hornet SST						
2d Sed	240	720	1,200	2,700	4,200	6,000
4d Sed	240	730	1,220	2,750	4,270	6,100
4d Sta Wag	250	740	1,240	2,790	4,340	6,200
2d Gucci	280	840	1,400	3,150	4,900	7,000
4d DeL Wag	250	760	1,260	2,840	4,410	6,300
4d "X" Wag	260	780	1,300	2,930	4,550	6,500
1972 Matador						
4d Sed	300	900	1,500	3,380	5,250	7,500
2d HT	390	1,160	1,940	4,370	6,790	9,700
4d Sta Wag	380	1,140	1,900	4,280	6,650	9,500
1972 Gremlin						
2d Sed	300	900	1,500	3,380	5,250	7,500
NOTE: Add 10 percent for X Package. Add 20 percent for V-8.						
1972 Javelin						
2d SST	780	2,340	3,900	8,780	13,650	19,500
2d Go "360"	840	2,520	4,200	9,450	14,700	21,000
2d Go "401"	880	2,640	4,400	9,900	15,400	22,000
2d Cardin	800	2,400	4,000	9,000	14,000	20,000
NOTE: Add 40 percent for 401 V-8. Add 40 percent for 401 Police Special V-8. Add 25 percent for GO Package.						
1972 Javelin AMX, V-8						
2d HT	1,000	3,000	5,000	11,250	17,500	25,000
NOTE: Add 25 percent for GO Package. Add 40 percent for 401 V-8.						
1972 Ambassador SST						
4d Sed	310	940	1,560	3,510	5,460	7,800
2d HT	420	1,270	2,120	4,770	7,420	10,600
4d Sta Wag	360	1,080	1,800	4,050	6,300	9,000
1972 Ambassador Brougham, V-8						
4d Sed	320	950	1,580	3,560	5,530	7,900
2d HT	430	1,280	2,140	4,820	7,490	10,700
4d Sta Wag	360	1,090	1,820	4,100	6,370	9,100
1973 Gremlin, V-8						
2d Sed	290	860	1,440	3,240	5,040	7,200
NOTE: Add 10 percent for X Package. Deduct 20 percent for 6-cyl.						
1973 Hornet, V-8						
2d Sed	230	680	1,140	2,570	3,990	5,700
4d Sed	220	670	1,120	2,520	3,920	5,600
2d HBk	230	700	1,160	2,610	4,060	5,800
4d Sta Wag	240	710	1,180	2,660	4,130	5,900
1973 Javelin, V-8						
2d HT	640	1,920	3,200	7,200	11,200	16,000
NOTE: Add 20 percent for Trans Am Victory Javelin. Add 40 percent for 401 V-8.						
1973 Javelin AMX, V-8						
2d HT	760	2,280	3,800	8,550	13,300	19,000
NOTE: Add 40 percent for 401 V-8.						
1973 Matador, V-8						
4d Sed	300	890	1,480	3,330	5,180	7,400
2d HT	380	1,150	1,920	4,320	6,720	9,600
4d Sta Wag	380	1,130	1,880	4,230	6,580	9,400
1973 Ambassador Brougham, V-8						
4d Sed	300	900	1,500	3,380	5,250	7,500
2d HT	390	1,160	1,940	4,370	6,790	9,700
4d Sta Wag	380	1,140	1,900	4,280	6,650	9,500
1974 Gremlin, V-8						
2d Sed	280	840	1,400	3,150	4,900	7,000
NOTE: Add 10 percent for X Package. Deduct 20 percent for 6-cyl.						
1974 Hornet						
4d Sed	220	650	1,080	2,430	3,780	5,400
2d Sed	220	660	1,100	2,480	3,850	5,500
2d HBk	220	670	1,120	2,520	3,920	5,600
4d Sta Wag	230	680	1,140	2,570	3,990	5,700
1974 Javelin						
2d FBk	600	1,800	3,000	6,750	10,500	15,000
NOTE: Add 30 percent for 401 V-8. Add 15 percent for GO Package.						
1974 Javelin AMX						
2d FBk	720	2,160	3,600	8,100	12,600	18,000
NOTE: Add 30 percent for 401 V-8.						
1974 Matador						
4d Sed	280	850	1,420	3,200	4,970	7,100

	6	5	4	3	2	1
2d Sed	290	860	1,440	3,240	5,040	7,200
4d Sta Wag	360	1,080	1,800	4,050	6,300	9,000
1974 Matador Brougham						
2d Cpe	320	960	1,600	3,600	5,600	8,000
NOTE: Add 10 percent for Oleg Cassini coupe.						
1974 Matador "X"						
2d Cpe	370	1,100	1,840	4,140	6,440	9,200
1974 Ambassador Brougham						
4d Sed	320	950	1,580	3,560	5,530	7,900
4d Sta Wag	360	1,090	1,820	4,100	6,370	9,100
1975 Gremlin, V-8						
2d Sed	280	840	1,400	3,150	4,900	7,000
NOTE: Add 10 percent for Levis Package. Add 15 percent for X Package. Deduct 20 percent for 6-cyl.						
1975 Hornet						
4d Sed	180	540	900	2,030	3,150	4,500
2d Sed	184	552	920	2,070	3,220	4,600
2d HBk	188	564	940	2,120	3,290	4,700
4d Sta Wag	192	576	960	2,160	3,360	4,800
1975 Pacer						
2d Sed	280	830	1,380	3,110	4,830	6,900
NOTE: Add 15 percent for X Package. Add 20 percent for D/L Package.						
1975 Matador						
4d Sed	180	540	900	2,030	3,150	4,500
2d Cpe	184	552	920	2,070	3,220	4,600
4d Sta Wag	188	564	940	2,120	3,290	4,700
1976 Gremlin, V-8						
2d Sed	260	780	1,300	2,930	4,550	6,500
NOTE: Add 10 percent for Levis Package. Add 15 percent for X Package. Deduct 20 percent for 6-cyl.						
1976 Hornet, V-8						
4d Sed	156	468	780	1,760	2,730	3,900
2d Sed	160	480	800	1,800	2,800	4,000
2d HBk	168	504	840	1,890	2,940	4,200
4d Sptabt	172	516	860	1,940	3,010	4,300
1976 Pacer, 6-cyl.						
2d Sed	280	830	1,380	3,110	4,830	6,900
NOTE: Add 15 percent for X Package. Add 20 percent for D/L Package.						
1976 Matador, V-8						
4d Sed	164	492	820	1,850	2,870	4,100
2d Cpe	168	504	840	1,890	2,940	4,200
4d Sta Wag	172	516	860	1,940	3,010	4,300
NOTE: Deduct 10 percent for 6-cylinder.						
1977 Gremlin, V-8						
2d Sed	256	768	1,280	2,880	4,480	6,400
NOTE: Add 15 percent for X Package. Deduct 20 percent for 6-cyl.						
1977 Hornet, V-8						
4d Sed	160	480	800	1,800	2,800	4,000
2d Sed	164	492	820	1,850	2,870	4,100
2d HBk	172	516	860	1,940	3,010	4,300
4d Sta Wag	176	528	880	1,980	3,080	4,400
NOTE: Add 10 percent for AMX Package.						
1977 Pacer, 6-cyl.						
2d Sed	260	780	1,300	2,930	4,550	6,500
4d Sta Wag	260	790	1,320	2,970	4,620	6,600
1977 Matador, V-8						
4d Sed	164	492	820	1,850	2,870	4,100
2d Cpe	168	504	840	1,890	2,940	4,200
4d Sta Wag	172	516	860	1,940	3,010	4,300
NOTE: Deduct 10 percent for 6-cylinder. Add 10 percent for AMX package.						
1978 Gremlin, V-8						
2d Sed	256	768	1,280	2,880	4,480	6,400
NOTE: Add 15 percent for X Package. Add 20 percent for GT Package. Deduct 20 percent for 6-cyl.						
1978 Concord						
4d Sed	100	350	600	1,400	2,150	3,100
2d Sed	150	400	650	1,440	2,250	3,200
2d HBk	150	400	650	1,440	2,250	3,200
4d Sta Wag	150	400	650	1,440	2,250	3,200
1978 Pacer						
2d HBk	170	520	860	1,940	3,010	4,300
4d Sta Wag	180	530	880	1,980	3,080	4,400
1978 AMX						
2d HBk	250	760	1,260	2,840	4,410	6,300
1978 Matador						
4d Sed	164	492	820	1,850	2,870	4,100
2d Cpe	168	504	840	1,890	2,940	4,200
4d Sta Wag	172	516	860	1,940	3,010	4,300

	6	5	4	3	2	1
1979 Spirit, 6-cyl.						
2d HBk	140	420	700	1,580	2,450	3,500
2d Sed.	136	408	680	1,530	2,380	3,400
1979 Spirit DL, 6-cyl.						
2d HBk	144	432	720	1,620	2,520	3,600
2d Sed.	140	420	700	1,580	2,450	3,500
1979 Spirit Ltd, 6-cyl.						
2d HBk	148	444	740	1,670	2,590	3,700
2d Sed.	144	432	720	1,620	2,520	3,600
NOTE: Deduct 10 percent for 4-cyl.						
1979 Concord, V-8						
4d Sed.	124	372	620	1,400	2,170	3,100
2d Sed.	150	400	650	1,440	2,250	3,200
2d HBk	128	384	640	1,440	2,240	3,200
4d Sta Wag	128	384	640	1,440	2,240	3,200
1979 Concord DL, V-8						
4d Sed.	128	384	640	1,440	2,240	3,200
2d Sed.	124	372	620	1,400	2,170	3,100
2d HBk	132	396	660	1,490	2,310	3,300
4d Sta Wag	132	396	660	1,490	2,310	3,300
1979 Concord Ltd, V-8						
4d Sed.	132	396	660	1,490	2,310	3,300
2d Sed.	128	384	640	1,440	2,240	3,200
4d Sta Wag	136	408	680	1,530	2,380	3,400
NOTE: Deduct 5 percent for 6-cyl.						
1979 Pacer DL, V-8						
2d HBk	170	520	860	1,940	3,010	4,300
2d Sta Wag	180	530	880	1,980	3,080	4,400
1979 Pacer Ltd, V-8						
2d HBk	180	530	880	1,980	3,080	4,400
2d Sta Wag	180	540	900	2,030	3,150	4,500
NOTE: Deduct 5 percent for 6-cyl.						
1979 AMX, V-8						
2d HBk	250	760	1,260	2,840	4,410	6,300
NOTE: Deduct 7 percent for 6-cyl.						
1980 Spirit, 6-cyl.						
2d HBk	160	480	800	1,800	2,800	4,000
2d Cpe.	156	468	780	1,760	2,730	3,900
2d HBk DL.	164	492	820	1,850	2,870	4,100
2d Cpe DL.	160	480	800	1,800	2,800	4,000
2d HBk Ltd	172	516	860	1,940	3,010	4,300
2d Cpe Ltd.	168	504	840	1,890	2,940	4,200
NOTE: Deduct 10 percent for 4-cyl.						
1980 Concord, 6-cyl.						
4d Sed.	144	432	720	1,620	2,520	3,600
2d Cpe.	140	420	700	1,580	2,450	3,500
4d Sta Wag	148	444	740	1,670	2,590	3,700
4d Sed DL.	148	444	740	1,670	2,590	3,700
2d Cpe DL.	144	432	720	1,620	2,520	3,600
4d Sta Wag DL	152	456	760	1,710	2,660	3,800
4d Sed Ltd.	156	468	780	1,760	2,730	3,900
2d Cpe Ltd.	152	456	760	1,710	2,660	3,800
4d Sta Wag Ltd	156	468	780	1,760	2,730	3,900
1980 Pacer, 6-cyl.						
2d HBk DL.	144	432	720	1,620	2,520	3,600
2d Sta Wag DL	148	444	740	1,670	2,590	3,700
2d HBk Ltd	152	456	760	1,710	2,660	3,800
2d Sta Wag Ltd	156	468	780	1,760	2,730	3,900
1980 AMX, 6-cyl.						
2d HBk	168	504	840	1,890	2,940	4,200
1980 Eagle 4x4, 6-cyl.						
4d Sed.	200	600	1,000	2,250	3,500	5,000
2d Cpe.	196	588	980	2,210	3,430	4,900
4d Sta Wag	208	624	1,040	2,340	3,640	5,200
4d Sed Ltd.	208	624	1,040	2,340	3,640	5,200
2d Cpe Ltd.	204	612	1,020	2,300	3,570	5,100
4d Sta Wag Ltd	216	648	1,080	2,430	3,780	5,400
1981 Spirit, 4-cyl.						
2d HBk	148	444	740	1,670	2,590	3,700
2d Cpe.	144	432	720	1,620	2,520	3,600
2d HBk DL.	156	468	780	1,760	2,730	3,900
2d Cpe DL.	152	456	760	1,710	2,660	3,800
1981 Spirit, 6-cyl.						
2d HBk	164	492	820	1,850	2,870	4,100
2d Cpe.	160	480	800	1,800	2,800	4,000
2d HBk DL.	172	516	860	1,940	3,010	4,300

	6	5	4	3	2	1
2d Cpe DL	168	504	840	1,890	2,940	4,200
1981 Concord, 6-cyl.						
4d Sed	148	444	740	1,670	2,590	3,700
2d Cpe	144	432	720	1,620	2,520	3,600
4d Sta Wag	152	456	760	1,710	2,660	3,800
4d Sed DL	152	456	760	1,710	2,660	3,800
2d Cpe DL	148	444	740	1,670	2,590	3,700
4d Sta Wag DL	156	468	780	1,760	2,730	3,900
4d Sed Ltd	156	468	780	1,760	2,730	3,900
2d Cpe Ltd	152	456	760	1,710	2,660	3,800
4d Sta Wag Ltd	160	480	800	1,800	2,800	4,000
NOTE: Deduct 12 percent for 4-cyl.						
1981 Eagle 50 4x4, 4-cyl.						
2d HBk SX4	200	600	1,000	2,250	3,500	5,000
2d HBk	196	588	980	2,210	3,430	4,900
2d HBk SX4 DL	208	624	1,040	2,340	3,640	5,200
2d HBk DL	204	612	1,020	2,300	3,570	5,100
1981 Eagle 50 4x4, 6-cyl.						
2d HBk SX4	216	648	1,080	2,430	3,780	5,400
2d HBk	212	636	1,060	2,390	3,710	5,300
2d HBk SX4 DL	224	672	1,120	2,520	3,920	5,600
2d HBk DL	220	660	1,100	2,480	3,850	5,500
1982 Spirit, 6-cyl.						
2d HBk	168	504	840	1,890	2,940	4,200
2d Cpe	164	492	820	1,850	2,870	4,100
2d HBk DL	176	528	880	1,980	3,080	4,400
2d Cpe DL	172	516	860	1,940	3,010	4,300
NOTE: Deduct 10 percent for 4-cyl.						
1982 Concord, 6-cyl.						
4d Sed	152	456	760	1,710	2,660	3,800
2d Cpe	148	444	740	1,670	2,590	3,700
4d Sta Wag	156	468	780	1,760	2,730	3,900
4d Sed DL	156	468	780	1,760	2,730	3,900
2d Cpe DL	152	456	760	1,710	2,660	3,800
4d Sta Wag DL	160	480	800	1,800	2,800	4,000
4d Sed Ltd	160	480	800	1,800	2,800	4,000
2d Cpe Ltd	156	468	780	1,760	2,730	3,900
4d Sta Wag Ltd	164	492	820	1,850	2,870	4,100
NOTE: Deduct 12 percent for 4-cyl.						
1982 Eagle 50 4x4, 4-cyl.						
2d HBk SX4	204	612	1,020	2,300	3,570	5,100
2d HBk	200	600	1,000	2,250	3,500	5,000
2d HBk SX4 DL	212	636	1,060	2,390	3,710	5,300
2d HBk DL	208	624	1,040	2,340	3,640	5,200
1982 Eagle 50 4x4, 6-cyl.						
2d HBk SX4	220	660	1,100	2,480	3,850	5,500
2d HBk	216	648	1,080	2,430	3,780	5,400
2d HBk SX4 DL	228	684	1,140	2,570	3,990	5,700
2d HBk DL	224	672	1,120	2,520	3,920	5,600
1982 Eagle 30 4x4, 4-cyl.						
4d Sed	196	588	980	2,210	3,430	4,900
2d Cpe	192	576	960	2,160	3,360	4,800
4d Sta Wag	200	600	1,000	2,250	3,500	5,000
4d Sed Ltd	200	600	1,000	2,250	3,500	5,000
2d Cpe Ltd	196	588	980	2,210	3,430	4,900
4d Sta Wag Ltd	208	624	1,040	2,340	3,640	5,200
1982 Eagle 30 4x4, 6-cyl.						
4d Sed	212	636	1,060	2,390	3,710	5,300
2d Cpe	208	624	1,040	2,340	3,640	5,200
4d Sta Wag	220	660	1,100	2,480	3,850	5,500
4d Sed Ltd	220	660	1,100	2,480	3,850	5,500
2d Cpe Ltd	216	648	1,080	2,430	3,780	5,400
4d Sta Wag Ltd	228	684	1,140	2,570	3,990	5,700
1983 Spirit, 6-cyl.						
2d HBk DL	172	516	860	1,940	3,010	4,300
2d HBk GT	176	528	880	1,980	3,080	4,400
1983 Concord, 6-cyl.						
4d Sed	156	468	780	1,760	2,730	3,900
4d Sta Wag	160	480	800	1,800	2,800	4,000
4d Sed DL	160	480	800	1,800	2,800	4,000
4d Sta Wag DL	164	492	820	1,850	2,870	4,100
4d Sta Wag Ltd	172	516	860	1,940	3,010	4,300
1983 Alliance, 4-cyl.						
2d Sed	144	432	720	1,620	2,520	3,600
4d Sed L	148	444	740	1,670	2,590	3,700
2d Sed L	148	444	740	1,670	2,590	3,700

	6	5	4	3	2	1
4d Sed DL	152	456	760	1,710	2,660	3,800
2d Sed DL	152	456	760	1,710	2,660	3,800
4d Sed Ltd	156	468	780	1,760	2,730	3,900
1983 Eagle 50 4x4, 4-cyl.						
2d HBk SX4	208	624	1,040	2,340	3,640	5,200
2d HBk SX4 DL	216	648	1,080	2,430	3,780	5,400
1983 Eagle 50 4x4, 6-cyl.						
2d HBk SX4	224	672	1,120	2,520	3,920	5,600
2d HBk SX4 DL	232	696	1,160	2,610	4,060	5,800
1983 Eagle 30 4x4, 4-cyl.						
4d Sed	200	600	1,000	2,250	3,500	5,000
4d Sta Wag	208	624	1,040	2,340	3,640	5,200
4d Sta Wag Ltd	216	648	1,080	2,430	3,780	5,400
1983 Eagle 30 4x4, 6-cyl.						
4d Sed	216	648	1,080	2,430	3,780	5,400
4d Sta Wag	224	672	1,120	2,520	3,920	5,600
4d Sta Wag Ltd	232	696	1,160	2,610	4,060	5,800
1984 Alliance, 4-cyl.						
2d Sed	150	440	740	1,670	2,590	3,700
1984 L						
4d Sed	150	460	760	1,710	2,660	3,800
2d Sed	150	460	760	1,710	2,660	3,800
1984 DL						
4d Sed	160	470	780	1,760	2,730	3,900
2d Sed	160	470	780	1,760	2,730	3,900
1984 Ltd						
4d Sed	160	480	800	1,800	2,800	4,000
1984 Encore, 4-cyl.						
2d Liftback	136	408	680	1,530	2,380	3,400
1984 S						
2d Liftback	140	420	700	1,580	2,450	3,500
4d Liftback	140	420	700	1,580	2,450	3,500
1984 LS						
2d Liftback	144	432	720	1,620	2,520	3,600
4d Liftback	144	432	720	1,620	2,520	3,600
1984 GS						
2d Liftback	148	444	740	1,670	2,590	3,700
1984 Eagle 4WD, 4-cyl.						
4d Sed	204	612	1,020	2,300	3,570	5,100
4d Sta Wag	212	636	1,060	2,390	3,710	5,300
4d Sta Wag Ltd	220	660	1,100	2,480	3,850	5,500
1984 Eagle 4WD, 6-cyl.						
4d Sed	220	660	1,100	2,480	3,850	5,500
4d Sta Wag	228	684	1,140	2,570	3,990	5,700
4d Sta Wag Ltd	236	708	1,180	2,660	4,130	5,900
1985 Alliance						
2d Sed	104	312	520	1,170	1,820	2,600
4d Sed L	112	336	560	1,260	1,960	2,800
2d Sed L	116	348	580	1,310	2,030	2,900
Conv L	148	444	740	1,670	2,590	3,700
4d Sed DL	128	384	640	1,440	2,240	3,200
2d Sed DL	140	420	700	1,580	2,450	3,500
Conv DL	164	492	820	1,850	2,870	4,100
4d Ltd Sed	156	468	780	1,760	2,730	3,900
1985 Eagle 4WD						
4d Sed	224	672	1,120	2,520	3,920	5,600
4d Sta Wag	232	696	1,160	2,610	4,060	5,800
4d Ltd Sta Wag	240	720	1,200	2,700	4,200	6,000
1986 Encore 90						
2d HBk	140	420	700	1,580	2,450	3,500
4d HBk	144	432	720	1,620	2,520	3,600
1986 Alliance						
2d Sed	144	432	720	1,620	2,520	3,600
4d Sed	148	444	740	1,670	2,590	3,700
Conv	220	660	1,100	2,480	3,850	5,500
1986 Eagle						
4d Sed	228	684	1,140	2,570	3,990	5,700
4d Sta Wag	232	696	1,160	2,610	4,060	5,800
4d Ltd Sta Wag	240	720	1,200	2,700	4,200	6,000
NOTE: Add 10 percent for deluxe models. Deduct 5 percent for smaller engines.						
1987 Eagle						
4d Sed	260	780	1,300	2,930	4,550	6,500
4d Sta Wag	268	804	1,340	3,020	4,690	6,700
4d Sta Wag Ltd	300	850	1,400	3,110	4,850	6,900

	6	5	4	3	2	1

METROPOLITAN

	6	5	4	3	2	1
1954 Series E, (Nash), 4-cyl., 85" wb, 42 hp						
HT	740	2,220	3,700	8,330	12,950	18,500
Conv	940	2,820	4,700	10,580	16,450	23,500
1955 Series A & B, Nash/Hudson, 4-cyl., 85" wb, 42 hp						
HT	740	2,220	3,700	8,330	12,950	18,500
Conv	940	2,820	4,700	10,580	16,450	23,500
1956 Series 1500, Nash/Hudson, 4-cyl., 85" wb, 52 hp						
HT	750	2,240	3,740	8,420	13,090	18,700
Conv	950	2,840	4,740	10,670	16,590	23,700
1956 Series A, Nash/Hudson, 4-cyl., 85" wb, 42 hp						
HT	740	2,220	3,700	8,330	12,950	18,500
Conv	940	2,820	4,700	10,580	16,450	23,500
1957 Series 1500, Nash/Hudson, 4-cyl., 85" wb, 52 hp						
HT	750	2,240	3,740	8,420	13,090	18,700
Conv	950	2,840	4,740	10,670	16,590	23,700
1957 Series A-85, Nash/Hudson, 4-cyl., 85" wb, 42 hp						
HT	740	2,220	3,700	8,330	12,950	18,500
Conv	940	2,820	4,700	10,580	16,450	23,500
1958 Series 1500, (AMC), 4-cyl., 85" wb, 55 hp						
HT	740	2,220	3,700	8,330	12,950	18,500
Conv	940	2,820	4,700	10,580	16,450	23,500
1959 Series 1500, (AMC), 4-cyl., 85" wb, 55 hp						
HT	750	2,240	3,740	8,420	13,090	18,700
Conv	950	2,840	4,740	10,670	16,590	23,700
1960 Series 1500, (AMC), 4-cyl., 85" wb, 55 hp						
HT	750	2,240	3,740	8,420	13,090	18,700
Conv	950	2,840	4,740	10,670	16,590	23,700
1961 Series 1500, (AMC), 4-cyl., 85" wb, 55 hp						
HT	750	2,240	3,740	8,420	13,090	18,700
Conv	950	2,840	4,740	10,670	16,590	23,700
1962 Series 1500, (AMC), 4-cyl., 85" wb, 55 hp						
HT	750	2,240	3,740	8,420	13,090	18,700
Conv	950	2,840	4,740	10,670	16,590	23,700

OLDSMOBILE

	6	5	4	3	2	1
1901 Curved Dash, 1-cyl.						
Rbt	2,200	6,600	11,000	24,750	38,500	55,000
1902 Curved Dash, 1-cyl.						
Rbt	2,160	6,480	10,800	24,300	37,800	54,000
1903 Curved Dash, 1-cyl.						
Rbt	2,160	6,480	10,800	24,300	37,800	54,000
1904 Curved Dash, 1-cyl.						
Rbt	2,160	6,480	10,800	24,300	37,800	54,000
1904 French Front, 1-cyl., 7 hp						
Rbt	2,040	6,120	10,200	22,950	35,700	51,000
1904 Light Tonneau, 1-cyl., 10 hp						
Tonn	2,320	6,960	11,600	26,100	40,600	58,000
1905 Curved Dash, 1-cyl.						
Rbt	2,160	6,480	10,800	24,300	37,800	54,000
1905 French Front, 1-cyl., 7 hp						
Rbt	2,040	6,120	10,200	22,950	35,700	51,000
1905 Touring Car, 2-cyl.						
Tr	2,000	6,000	10,000	22,500	35,000	50,000
1906 Straight Dash B, 1-cyl.						
Rbt	1,920	5,760	9,600	21,600	33,600	48,000
1906 Curved Dash B, 1-cyl.						
Rbt	2,160	6,480	10,800	24,300	37,800	54,000
1906 Model L, 2-cyl.						
Tr	1,960	5,880	9,800	22,050	34,300	49,000
1906 Model S, 4-cyl.						
Tr	2,040	6,120	10,200	22,950	35,700	51,000
1907 Straight Dash F, 2-cyl.						
Rbt	1,920	5,760	9,600	21,600	33,600	48,000
1907 Model H, 4-cyl.						
Fly Rds	2,320	6,960	11,600	26,100	40,600	58,000
1907 Model A, 4-cyl.						
Pal Tr	2,120	6,360	10,600	23,850	37,100	53,000
Limo	2,080	6,240	10,400	23,400	36,400	52,000
1908 Model X, 4-cyl.						
Tr	2,320	6,960	11,600	26,100	40,600	58,000
1908 Model M-MR, 4-cyl.						
Rds	2,040	6,120	10,200	22,950	35,700	51,000
Tr	2,320	6,960	11,600	26,100	40,600	58,000

	6	5	4	3	2	1
1908 Model Z, 6-cyl.						
Tr.	2,600	7,800	13,000	29,250	45,500	65,000
1909 Model D, 4-cyl.						
Tr.	2,680	8,040	13,400	30,150	46,900	67,000
Limo	2,600	7,800	13,000	29,250	45,500	65,000
Lan	2,560	7,680	12,800	28,800	44,800	64,000
1909 Model DR, 4-cyl.						
Rds	2,640	7,920	13,200	29,700	46,200	66,000
Cpe	2,520	7,560	12,600	28,350	44,100	63,000
1909 Model X, 4-cyl.						
Rbt.	2,320	6,960	11,600	26,100	40,600	58,000
1909 Model Z, 6-cyl.						
Rbt.	2,920	8,760	14,600	32,850	51,100	73,000
Tr.	3,000	9,000	15,000	33,750	52,500	75,000
1910 Special, 4-cyl.						
Rbt.	2,320	6,960	11,600	26,100	40,600	58,000
Tr.	2,080	6,240	10,400	23,400	36,400	52,000
Limo	2,160	6,480	10,800	24,300	37,800	54,000
1910 Limited, 6-cyl.						
Rbt.	3,920	11,760	19,600	44,100	68,600	98,000
Tr.	value not estimable					
Limo	3,320	9,960	16,600	37,350	58,100	83,000
1911 Special, 4-cyl.						
Rbt.	2,320	6,960	11,600	26,100	40,600	58,000
Tr.	2,080	6,240	10,400	23,400	36,400	52,000
Limo	2,160	6,480	10,800	24,300	37,800	54,000
1911 Autocrat, 4-cyl.						
Rbt.	3,280	9,840	16,400	36,900	57,400	82,000
Tr.	3,320	9,960	16,600	37,350	58,100	83,000
Limo	3,360	10,080	16,800	37,800	58,800	84,000
1911 Limited, 6-cyl.						
Rbt.	3,920	11,760	19,600	44,100	68,600	98,000
Tr.	value not estimable					
Limo	3,320	9,960	16,600	37,350	58,100	83,000
1912 Autocrat, 4-cyl., 40 hp						
2d Rds.	3,360	10,080	16,800	37,800	58,800	84,000
4d Tr	3,360	10,080	16,800	37,800	58,800	84,000
4d Limo	3,440	10,320	17,200	38,700	60,200	86,000
1912 Despatch, 4-cyl., 26 hp						
2d Rds.	1,920	5,760	9,600	21,600	33,600	48,000
4d Tr	2,040	6,120	10,200	22,950	35,700	51,000
2d Cpe.	1,840	5,520	9,200	20,700	32,200	46,000
1912 Defender, 4-cyl., 35 hp						
2d 2P Tr	2,000	6,000	10,000	22,500	35,000	50,000
4d 4P Tr	2,040	6,120	10,200	22,950	35,700	51,000
2d 2P Rds	1,920	5,760	9,600	21,600	33,600	48,000
2d 3P Cpe	1,840	5,520	9,200	20,700	32,200	46,000
2d 5P Cpe	1,800	5,400	9,000	20,250	31,500	45,000
1912 Limited, 6-cyl.						
2d Rds.	3,840	11,520	19,200	43,200	67,200	96,000
4d Tr	value not estimable					
4d Limo	3,320	9,960	16,600	37,350	58,100	83,000
1913 Light Six, 6-cyl.						
4d 4P Tr	1,760	5,280	8,800	19,800	30,800	44,000
4d Phae.	1,800	5,400	9,000	20,250	31,500	45,000
4d 7P Tr	1,720	5,160	8,600	19,350	30,100	43,000
4d Limo	1,760	5,280	8,800	19,800	30,800	44,000
1913 6-cyl., 60 hp						
4d Tr	3,320	9,960	16,600	37,350	58,100	83,000
1913 4-cyl., 35 hp						
4d Tr	1,960	5,880	9,800	22,050	34,300	49,000
1914 Model 54, 6-cyl.						
4d Phae.	2,080	6,240	10,400	23,400	36,400	52,000
4d 5P Tr	2,040	6,120	10,200	22,950	35,700	51,000
4d 7P Tr	2,080	6,240	10,400	23,400	36,400	52,000
4d Limo	1,760	5,280	8,800	19,800	30,800	44,000
1914 Model 42, 4-cyl.						
4d 5P Tr	1,720	5,160	8,600	19,350	30,100	43,000
1915 Model 42, 4-cyl.						
2d Rds.	1,640	4,920	8,200	18,450	28,700	41,000
4d Tr	1,680	5,040	8,400	18,900	29,400	42,000
1915 Model 55, 6-cyl.						
4d Tr	2,520	7,560	12,600	28,350	44,100	63,000
1916 Model 43, 4-cyl.						
2d Rds.	1,440	4,320	7,200	16,200	25,200	36,000
4d 5P Tr	1,480	4,440	7,400	16,650	25,900	37,000

	6	5	4	3	2	1
1916 Model 44, V-8						
2d Rds	1,920	5,760	9,600	21,600	33,600	48,000
4d Tr.	1,960	5,880	9,800	22,050	34,300	49,000
4d Sed	1,160	3,480	5,800	13,050	20,300	29,000
2d Cabr	1,880	5,640	9,400	21,150	32,900	47,000
1917 Model 37, 6-cyl.						
4d Tr.	1,360	4,080	6,800	15,300	23,800	34,000
2d Rds	1,320	3,960	6,600	14,850	23,100	33,000
2d Cabr	1,280	3,840	6,400	14,400	22,400	32,000
4d Sed	1,000	3,000	5,000	11,250	17,500	25,000
1917 Model 45, V-8						
4d 5P Tr	1,880	5,640	9,400	21,150	32,900	47,000
4d 7P Tr	1,920	5,760	9,600	21,600	33,600	48,000
4d Conv Sed	1,880	5,640	9,400	21,150	32,900	47,000
2d Rds	1,800	5,400	9,000	20,250	31,500	45,000
1917 Model 44-B, V-8						
2d Rds	1,840	5,520	9,200	20,700	32,200	46,000
4d Tr.	1,800	5,400	9,000	20,250	31,500	45,000
1918 Model 37, 6-cyl.						
2d Rds	1,120	3,360	5,600	12,600	19,600	28,000
4d Tr.	1,160	3,480	5,800	13,050	20,300	29,000
2d Cabr	1,080	3,240	5,400	12,150	18,900	27,000
2d Cpe	920	2,760	4,600	10,350	16,100	23,000
4d Sed	840	2,520	4,200	9,450	14,700	21,000
1918 Model 45-A, V-8						
4d 5P Tr	1,760	5,280	8,800	19,800	30,800	44,000
4d 7P Tr	1,800	5,400	9,000	20,250	31,500	45,000
2d Rds	1,720	5,160	8,600	19,350	30,100	43,000
4d Spt Tr	1,760	5,280	8,800	19,800	30,800	44,000
2d Cabr	1,680	5,040	8,400	18,900	29,400	42,000
4d Sed	1,400	4,200	7,000	15,750	24,500	35,000
1919 Model 37-A, 6-cyl.						
2d Rds	1,080	3,240	5,400	12,150	18,900	27,000
4d Tr.	1,120	3,360	5,600	12,600	19,600	28,000
4d Sed	840	2,520	4,200	9,450	14,700	21,000
2d Cpe	920	2,760	4,600	10,350	16,100	23,000
1919 Model 45-A, V-8						
2d Rds	1,600	4,800	8,000	18,000	28,000	40,000
4d Tr.	1,640	4,920	8,200	18,450	28,700	41,000
1919 Model 45-B, V-8						
4d 4P Tr	1,640	4,920	8,200	18,450	28,700	41,000
4d 7P Tr	1,680	5,040	8,400	18,900	29,400	42,000
1920 Model 37-A, 6-cyl.						
2d Rds	1,000	3,000	5,000	11,250	17,500	25,000
4d Tr.	1,040	3,120	5,200	11,700	18,200	26,000
1920 Model 37-B, 6-cyl.						
2d Cpe	840	2,520	4,200	9,450	14,700	21,000
4d Sed	760	2,280	3,800	8,550	13,300	19,000
1920 Model 45-B, V-8						
4d 4P Tr	1,220	3,660	6,100	13,730	21,350	30,500
4d 5P Tr	1,260	3,780	6,300	14,180	22,050	31,500
4d 7P Sed	1,060	3,180	5,300	11,930	18,550	26,500
1921 Model 37, 6-cyl.						
2d Rds	1,020	3,060	5,100	11,480	17,850	25,500
4d Tr.	980	2,940	4,900	11,030	17,150	24,500
2d Cpe	740	2,220	3,700	8,330	12,950	18,500
4d Sed	660	1,980	3,300	7,430	11,550	16,500
1921 Model 43-A, 4-cyl.						
2d Rds	860	2,580	4,300	9,680	15,050	21,500
4d Tr.	900	2,700	4,500	10,130	15,750	22,500
2d Cpe	740	2,220	3,700	8,330	12,950	18,500
1921 Model 46, V-8						
4d 4P Tr	1,140	3,420	5,700	12,830	19,950	28,500
4d Tr.	1,180	3,540	5,900	13,280	20,650	29,500
4d 7P Sed	940	2,820	4,700	10,580	16,450	23,500
1921 Model 47, V-8						
4d Spt Tr	1,300	3,900	6,500	14,630	22,750	32,500
2d 4P Cpe	1,060	3,180	5,300	11,930	18,550	26,500
4d 5P Sed	1,020	3,060	5,100	11,480	17,850	25,500
1922 Model 46, V-8						
4d Spt Tr	1,220	3,660	6,100	13,730	21,350	30,500
4d 4P Tr	1,100	3,300	5,500	12,380	19,250	27,500
4d 7P Tr	1,140	3,420	5,700	12,830	19,950	28,500
4d 7P Sed	900	2,700	4,500	10,130	15,750	22,500
1922 Model 47, V-8						
2d Rds	1,260	3,780	6,300	14,180	22,050	31,500

	6	5	4	3	2	1
4d Tr	1,340	4,020	6,700	15,080	23,450	33,500
4d 4P Spt	1,300	3,900	6,500	14,630	22,750	32,500
2d 4P Cpe	980	2,940	4,900	11,030	17,150	24,500
4d 5P Sed	860	2,580	4,300	9,680	15,050	21,500
1923 Model M30-A, 6-cyl.						
2d Rds	1,060	3,180	5,300	11,930	18,550	26,500
4d Tr	1,100	3,300	5,500	12,380	19,250	27,500
2d Cpe	780	2,340	3,900	8,780	13,650	19,500
4d Sed	700	2,100	3,500	7,880	12,250	17,500
4d Spt Tr	1,100	3,300	5,500	12,380	19,250	27,500
1923 Model 43-A, 4-cyl.						
2d Rds	1,100	3,300	5,500	12,380	19,250	27,500
4d Tr	1,140	3,420	5,700	12,830	19,950	28,500
2d Cpe	780	2,340	3,900	8,780	13,650	19,500
4d Sed	700	2,100	3,500	7,880	12,250	17,500
4d Brgm	740	2,220	3,700	8,330	12,950	18,500
4d Cal Tp Sed	780	2,340	3,900	8,780	13,650	19,500
1923 Model 47, V-8						
4d 4P Tr	1,260	3,780	6,300	14,180	22,050	31,500
4d 5P Tr	1,300	3,900	6,500	14,630	22,750	32,500
2d Rds	1,220	3,660	6,100	13,730	21,350	30,500
4d Sed	860	2,580	4,300	9,680	15,050	21,500
2d Cpe	980	2,940	4,900	11,030	17,150	24,500
4d Spt Tr	1,300	3,900	6,500	14,630	22,750	32,500
1924 Model 30-B, 6-cyl.						
2d Rds	900	2,700	4,500	10,130	15,750	22,500
4d Tr	940	2,820	4,700	10,580	16,450	23,500
2d Spt Rds	940	2,820	4,700	10,580	16,450	23,500
4d Spt Tr	980	2,940	4,900	11,030	17,150	24,500
2d Cpe	740	2,220	3,700	8,330	12,950	18,500
4d Sed	700	2,100	3,500	7,880	12,250	17,500
2d Sed	680	2,040	3,400	7,650	11,900	17,000
4d DeL Sed	700	2,100	3,500	7,880	12,250	17,500
1925 Series 30-C, 6-cyl.						
2d Rds	900	2,700	4,500	10,130	15,750	22,500
4d Tr	940	2,820	4,700	10,580	16,450	23,500
2d Spt Rds	940	2,820	4,700	10,580	16,450	23,500
4d Spt Tr	980	2,940	4,900	11,030	17,150	24,500
2d Cpe	700	2,100	3,500	7,880	12,250	17,500
4d Sed	680	2,040	3,400	7,650	11,900	17,000
4d DeL Sed	690	2,080	3,460	7,790	12,110	17,300
2d DeL	660	1,980	3,300	7,430	11,550	16,500
1926 Model 30-D, 6-cyl.						
2d DeL Rds	1,030	3,080	5,140	11,570	17,990	25,700
4d Tr	990	2,960	4,940	11,120	17,290	24,700
4d DeL Tr	1,010	3,020	5,040	11,340	17,640	25,200
2d Cpe	750	2,240	3,740	8,420	13,090	18,700
2d DeL Cpe	770	2,300	3,840	8,640	13,440	19,200
2d Sed	690	2,060	3,440	7,740	12,040	17,200
2d DeL Sed	710	2,120	3,540	7,970	12,390	17,700
4d Sed	710	2,120	3,540	7,970	12,390	17,700
4d DeL Sed	730	2,180	3,640	8,190	12,740	18,200
4d Lan Sed	830	2,480	4,140	9,320	14,490	20,700
1927 Series 30-E, 6-cyl.						
2d DeL Rds	910	2,720	4,540	10,220	15,890	22,700
4d Tr	870	2,600	4,340	9,770	15,190	21,700
4d DeL Tr	870	2,600	4,340	9,770	15,190	21,700
2d Cpe	790	2,360	3,940	8,870	13,790	19,700
2d DeL Cpe	810	2,420	4,040	9,090	14,140	20,200
2d Spt Cpe	830	2,480	4,140	9,320	14,490	20,700
2d Sed	730	2,180	3,640	8,190	12,740	18,200
2d DeL Sed	750	2,240	3,740	8,420	13,090	18,700
4d Sed	750	2,240	3,740	8,420	13,090	18,700
4d DeL Sed	770	2,300	3,840	8,640	13,440	19,200
4d Lan	750	2,240	3,740	8,420	13,090	18,700
1928 Model F-28, 6-cyl.						
2d Rds	910	2,720	4,540	10,220	15,890	22,700
2d DeL Rds	990	2,960	4,940	11,120	17,290	24,700
4d Tr	990	2,960	4,940	11,120	17,290	24,700
4d DeL Tr	1,030	3,080	5,140	11,570	17,990	25,700
2d Cpe	830	2,480	4,140	9,320	14,490	20,700
2d Spl Cpe	850	2,540	4,240	9,540	14,840	21,200
2d Spt Cpe	870	2,600	4,340	9,770	15,190	21,700
2d DeL Spt Cpe	890	2,660	4,440	9,990	15,540	22,200
2d Sed	750	2,240	3,740	8,420	13,090	18,700
4d Sed	760	2,270	3,780	8,510	13,230	18,900

	6	5	4	3	2	1
4d DeL Sed	770	2,300	3,840	8,640	13,440	19,200
4d Lan	830	2,480	4,140	9,320	14,490	20,700
4d DeL Lan	870	2,600	4,340	9,770	15,190	21,700
1929 Model F-29, 6-cyl.						
2d Rds	1,150	3,440	5,740	12,920	20,090	28,700
2d Conv	1,070	3,200	5,340	12,020	18,690	26,700
4d Tr	1,110	3,320	5,540	12,470	19,390	27,700
2d Cpe	1,130	3,380	5,640	12,690	19,740	28,200
2d Spt Cpe	900	2,690	4,480	10,080	15,680	22,400
2d Sed	790	2,360	3,940	8,870	13,790	19,700
4d Sed	800	2,390	3,980	8,960	13,930	19,900
4d Lan	810	2,420	4,040	9,090	14,140	20,200
1929 Viking, V-8						
2d Conv Cpe	1,420	4,260	7,100	15,980	24,850	35,500
4d Sed	1,100	3,300	5,500	12,380	19,250	27,500
4d CC Sed	1,140	3,420	5,700	12,830	19,950	28,500
1930 Model F-30, 6-cyl.						
2d Conv	1,220	3,660	6,100	13,730	21,350	30,500
4d Tr	1,240	3,720	6,200	13,950	21,700	31,000
2d Cpe	880	2,640	4,400	9,900	15,400	22,000
2d Spt Cpe	920	2,760	4,600	10,350	16,100	23,000
2d Sed	840	2,520	4,200	9,450	14,700	21,000
4d Sed	1,160	3,480	5,800	13,050	20,300	29,000
4d Pat Sed	1,200	3,600	6,000	13,500	21,000	30,000
1930 Viking, V-8						
2d Conv Cpe	1,380	4,140	6,900	15,530	24,150	34,500
4d Sed	920	2,760	4,600	10,350	16,100	23,000
4d CC Sed	960	2,880	4,800	10,800	16,800	24,000
1931 Model F-31, 6-cyl.						
2d Conv	1,340	4,020	6,700	15,080	23,450	33,500
2d Cpe	940	2,820	4,700	10,580	16,450	23,500
2d Spt Cpe	1,080	3,240	5,400	12,150	18,900	27,000
2d Sed	1,040	3,120	5,200	11,700	18,200	26,000
4d Sed	1,020	3,060	5,100	11,480	17,850	25,500
4d Pat Sed	1,060	3,180	5,300	11,930	18,550	26,500
1932 Model F-32, 6-cyl.						
2d Conv	1,380	4,140	6,900	15,530	24,150	34,500
2d Cpe	1,040	3,120	5,200	11,700	18,200	26,000
2d Spt Cpe	1,080	3,240	5,400	12,150	18,900	27,000
2d Sed	940	2,820	4,700	10,580	16,450	23,500
4d Sed	960	2,880	4,800	10,800	16,800	24,000
4d Pat Sed	1,000	3,000	5,000	11,250	17,500	25,000
1932 Model L-32, 8-cyl.						
2d Conv	1,500	4,500	7,500	16,880	26,250	37,500
2d Cpe	1,040	3,120	5,200	11,700	18,200	26,000
2d Spt Cpe	1,080	3,240	5,400	12,150	18,900	27,000
2d Sed	940	2,820	4,700	10,580	16,450	23,500
4d Sed	1,020	3,060	5,100	11,480	17,850	25,500
4d Pat Sed	1,040	3,120	5,200	11,700	18,200	26,000
1933 Model F-33, 6-cyl.						
2d Conv	1,540	4,620	7,700	17,330	26,950	38,500
2d Bus Cpe	1,140	3,420	5,700	12,830	19,950	28,500
2d Spt Cpe	1,200	3,600	6,000	13,500	21,000	30,000
2d 5P Cpe	1,060	3,180	5,300	11,930	18,550	26,500
2d Tr Cpe	1,020	3,060	5,100	11,480	17,850	25,500
4d Sed	1,010	3,020	5,040	11,340	17,640	25,200
4d Trk Sed	1,020	3,050	5,080	11,430	17,780	25,400
1933 Model L-33, 8-cyl.						
2d Conv	1,580	4,740	7,900	17,780	27,650	39,500
2d Bus Cpe	1,120	3,360	5,600	12,600	19,600	28,000
2d Spt Cpe	1,240	3,720	6,200	13,950	21,700	31,000
2d 5P Cpe	1,100	3,300	5,500	12,380	19,250	27,500
4d Sed	1,020	3,060	5,100	11,480	17,850	25,500
4d Trk Sed	1,040	3,120	5,200	11,700	18,200	26,000
1934 Model F-34, 6-cyl.						
2d Bus Cpe	1,060	3,180	5,300	11,930	18,550	26,500
2d Spt Cpe	1,200	3,600	6,000	13,500	21,000	30,000
2d 5P Cpe	1,040	3,120	5,200	11,700	18,200	26,000
4d SB Sed	940	2,820	4,700	10,580	16,450	23,500
4d Trk Sed	950	2,840	4,740	10,670	16,590	23,700
1934 Model L-34, 8-cyl.						
2d Conv	1,580	4,740	7,900	17,780	27,650	39,500
2d Bus Cpe	1,120	3,360	5,600	12,600	19,600	28,000
2d Spt Cpe	1,200	3,600	6,000	13,500	21,000	30,000
2d 5P Cpe	1,100	3,300	5,500	12,380	19,250	27,500
2d Tr Cpe	1,040	3,120	5,200	11,700	18,200	26,000

	6	5	4	3	2	1
4d Sed.	960	2,880	4,800	10,800	16,800	24,000
4d Trk Sed.	970	2,920	4,860	10,940	17,010	24,300
1935 F-35, 6-cyl.						
2d Conv.	1,500	4,500	7,500	16,880	26,250	37,500
2d Clb Cpe	1,040	3,120	5,200	11,700	18,200	26,000
2d Bus Cpe	1,060	3,170	5,280	11,880	18,480	26,400
2d Spt Cpe	1,160	3,480	5,800	13,050	20,300	29,000
2d Tr Cpe	1,000	3,000	5,000	11,250	17,500	25,000
4d Sed.	880	2,650	4,420	9,950	15,470	22,100
4d Trk Sed.	890	2,660	4,440	9,990	15,540	22,200
1935 L-35, 8-cyl.						
2d Conv.	1,580	4,740	7,900	17,780	27,650	39,500
2d Clb Cpe	1,080	3,240	5,400	12,150	18,900	27,000
2d Bus Cpe	1,040	3,130	5,220	11,750	18,270	26,100
2d Spt Cpe	1,180	3,540	5,900	13,280	20,650	29,500
2d Sed.	910	2,720	4,540	10,220	15,890	22,700
2d Trk Sed.	920	2,760	4,600	10,350	16,100	23,000
4d Sed.	920	2,760	4,600	10,350	16,100	23,000
4d Trk Sed.	920	2,770	4,620	10,400	16,170	23,100
1936 F-36, 6-cyl.						
2d Conv.	1,580	4,740	7,900	17,780	27,650	39,500
2d Bus Cpe	980	2,940	4,900	11,030	17,150	24,500
2d Spt Cpe	1,080	3,240	5,400	12,150	18,900	27,000
2d Sed.	870	2,620	4,360	9,810	15,260	21,800
2d Trk Sed.	880	2,640	4,400	9,900	15,400	22,000
4d Sed.	880	2,650	4,420	9,950	15,470	22,100
4d Trk Sed.	890	2,660	4,440	9,990	15,540	22,200
1936 L-36, 8-cyl.						
2d Conv.	1,660	4,980	8,300	18,680	29,050	41,500
2d Bus Cpe	1,040	3,120	5,200	11,700	18,200	26,000
2d Spt Cpe	1,120	3,360	5,600	12,600	19,600	28,000
2d Sed.	930	2,780	4,640	10,440	16,240	23,200
2d Trk Sed.	940	2,820	4,700	10,580	16,450	23,500
4d Sed.	950	2,840	4,740	10,670	16,590	23,700
4d Trk Sed.	960	2,880	4,800	10,800	16,800	24,000
1937 F-37, 6-cyl.						
2d Conv.	1,700	5,100	8,500	19,130	29,750	42,500
2d Bus Cpe	1,060	3,170	5,280	11,880	18,480	26,400
2d Clb Cpe	1,280	3,840	6,400	14,400	22,400	32,000
2d Sed.	1,000	3,000	5,000	11,250	17,500	25,000
2d Trk Sed.	960	2,890	4,820	10,850	16,870	24,100
4d Sed.	1,000	3,000	5,000	11,250	17,500	25,000
4d Trk Sed.	970	2,900	4,840	10,890	16,940	24,200
1937 L-37, 8-cyl.						
2d Conv.	1,820	5,460	9,100	20,480	31,850	45,500
2d Bus Cpe	1,090	3,260	5,440	12,240	19,040	27,200
2d Clb Cpe	1,080	3,240	5,400	12,150	18,900	27,000
2d Sed.	980	2,930	4,880	10,980	17,080	24,400
2d Trk Sed.	980	2,940	4,900	11,030	17,150	24,500
4d Sed.	980	2,930	4,880	10,980	17,080	24,400
4d Trk Sed.	980	2,950	4,920	11,070	17,220	24,600
1938 F-38, 6-cyl.						
2d Conv.	1,780	5,340	8,900	20,030	31,150	44,500
2d Bus Cpe	1,080	3,230	5,380	12,110	18,830	26,900
2d Clb Cpe	1,100	3,290	5,480	12,330	19,180	27,400
2d Sed.	1,000	3,000	5,000	11,250	17,500	25,000
2d Tr Sed	980	2,940	4,900	11,030	17,150	24,500
4d Sed.	980	2,930	4,880	10,980	17,080	24,400
4d Tr Sed	980	2,940	4,900	11,030	17,150	24,500
1938 L-38, 8-cyl.						
2d Conv.	1,920	5,760	9,600	21,600	33,600	48,000
2d Bus Cpe	1,100	3,290	5,480	12,330	19,180	27,400
2d Clb Cpe	1,120	3,350	5,580	12,560	19,530	27,900
2d Sed.	980	2,940	4,900	11,030	17,150	24,500
2d Tr Sed	1,000	3,000	5,000	11,250	17,500	25,000
4d Sed.	990	2,980	4,960	11,160	17,360	24,800
4d Tr Sed	1,000	3,000	5,000	11,250	17,500	25,000
1939 F-39 "60" Series, 6-cyl.						
2d Bus Cpe	1,030	3,100	5,160	11,610	18,060	25,800
2d Clb Cpe	1,040	3,110	5,180	11,660	18,130	25,900
2d Sed.	950	2,840	4,740	10,670	16,590	23,700
4d Sed.	960	2,870	4,780	10,760	16,730	23,900
1939 G-39 "70" Series, 6-cyl.						
2d Conv.	1,720	5,160	8,600	19,350	30,100	43,000
2d Bus Sed	1,080	3,240	5,400	12,150	18,900	27,000
2d Clb Cpe	1,090	3,260	5,440	12,240	19,040	27,200

	6	5	4	3	2	1
2d Sed	1,000	2,990	4,980	11,210	17,430	24,900
2d SR Sed	1,000	3,010	5,020	11,300	17,570	25,100
4d Sed	1,000	3,000	5,000	11,250	17,500	25,000
4d SR Sed	1,000	3,010	5,020	11,300	17,570	25,100
1939 L-39 "80" Series, 8-cyl.						
2d Conv	1,800	5,400	9,000	20,250	31,500	45,000
2d Bus Cpe	1,100	3,300	5,500	12,380	19,250	27,500
2d Clb Cpe	1,120	3,350	5,580	12,560	19,530	27,900
2d Sed	1,010	3,020	5,040	11,340	17,640	25,200
2d SR Sed	1,020	3,060	5,100	11,480	17,850	25,500
4d Sed	1,020	3,070	5,120	11,520	17,920	25,600
4d SR Sed	1,010	3,040	5,060	11,390	17,710	25,300
1940 Series 60, 6-cyl.						
2d Conv	1,640	4,920	8,200	18,450	28,700	41,000
2d Bus Cpe	900	2,700	4,500	10,130	15,750	22,500
2d Clb Cpe	920	2,770	4,620	10,400	16,170	23,100
4d Sta Wag	3,220	9,660	16,100	36,230	56,350	80,500
2d Sed	870	2,620	4,360	9,810	15,260	21,800
2d SR Sed	880	2,650	4,420	9,950	15,470	22,100
4d Sed	880	2,630	4,380	9,860	15,330	21,900
4d SR Sed	890	2,660	4,440	9,990	15,540	22,200
1940 Series 70, 6-cyl.						
2d Conv	1,720	5,160	8,600	19,350	30,100	43,000
2d Bus Cpe	1,040	3,130	5,220	11,750	18,270	26,100
2d Clb Cpe	1,020	3,070	5,120	11,520	17,920	25,600
2d Sed	900	2,700	4,500	10,130	15,750	22,500
4d Sed	910	2,720	4,540	10,220	15,890	22,700
1940 Series 90, 8-cyl.						
2d Conv Cpe	2,160	6,480	10,800	24,300	37,800	54,000
4d Conv Sed	2,220	6,660	11,100	24,980	38,850	55,500
2d Clb Cpe	1,080	3,250	5,420	12,200	18,970	27,100
4d Tr Sed	1,000	3,010	5,020	11,300	17,570	25,100
1941 Series 66, 6-cyl.						
2d Conv Cpe	1,600	4,800	8,000	18,000	28,000	40,000
2d Bus Cpe	1,060	3,190	5,320	11,970	18,620	26,600
2d Clb Cpe	1,080	3,250	5,420	12,200	18,970	27,100
2d Sed	920	2,760	4,600	10,350	16,100	23,000
4d Sed	930	2,780	4,640	10,440	16,240	23,200
4d Twn Sed	930	2,800	4,660	10,490	16,310	23,300
4d Sta Wag	2,820	8,460	14,100	31,730	49,350	70,500
1941 Series 68, 8-cyl.						
2d Conv Cpe	1,680	5,040	8,400	18,900	29,400	42,000
2d Bus Cpe	1,080	3,250	5,420	12,200	18,970	27,100
2d Clb Cpe	1,100	3,310	5,520	12,420	19,320	27,600
2d Sed	930	2,780	4,640	10,440	16,240	23,200
4d Sed	920	2,750	4,580	10,310	16,030	22,900
4d Twn Sed	940	2,830	4,720	10,620	16,520	23,600
4d Sta Wag	2,880	8,640	14,400	32,400	50,400	72,000
1941 Series 76, 6-cyl.						
2d Bus Cpe	1,100	3,310	5,520	12,420	19,320	27,600
2d Clb Sed	940	2,830	4,720	10,620	16,520	23,600
4d Sed	940	2,830	4,720	10,620	16,520	23,600
1941 Series 78, 8-cyl.						
2d Bus Sed	1,070	3,200	5,340	12,020	18,690	26,700
2d Clb Sed	960	2,880	4,800	10,800	16,800	24,000
4d Sed	960	2,890	4,820	10,850	16,870	24,100
1941 Series 96, 6-cyl.						
2d Conv Cpe	2,000	6,000	10,000	22,500	35,000	50,000
2d Clb Cpe	1,230	3,680	6,140	13,820	21,490	30,700
4d Sed	1,030	3,080	5,140	11,570	17,990	25,700
1941 Series 98, 8-cyl.						
2d Conv Cpe	2,280	6,840	11,400	25,650	39,900	57,000
4d Conv Sed	2,320	6,960	11,600	26,100	40,600	58,000
2d Clb Cpe	1,270	3,800	6,340	14,270	22,190	31,700
4d Sed	1,070	3,200	5,340	12,020	18,690	26,700
1942 Special Series 66 & 68						
2d Conv	1,400	4,200	7,000	15,750	24,500	35,000
2d Bus Cpe	820	2,470	4,120	9,270	14,420	20,600
2d Clb Cpe	840	2,530	4,220	9,500	14,770	21,100
2d Clb Sed	830	2,480	4,140	9,320	14,490	20,700
2d Sed	820	2,450	4,080	9,180	14,280	20,400
4d Sed	820	2,470	4,120	9,270	14,420	20,600
4d Twn Sed	830	2,500	4,160	9,360	14,560	20,800
4d Sta Wag	2,800	8,400	14,000	31,500	49,000	70,000

NOTE: Add 10 percent for 8-cyl.

	6	5	4	3	2	1
1942 Dynamic Series 76-78						
2d Clb Sed	860	2,590	4,320	9,720	15,120	21,600
4d Sed	840	2,530	4,220	9,500	14,770	21,100
NOTE: Add 10 percent for 8-cyl.						
1942 Custom Series 98, 8-cyl.						
2d Conv	1,630	4,880	8,140	18,320	28,490	40,700
2d Clb Sed	950	2,840	4,740	10,670	16,590	23,700
4d Sed	940	2,810	4,680	10,530	16,380	23,400
1946-47 Special Series 66, 6-cyl.						
2d Conv	1,680	5,040	8,400	18,900	29,400	42,000
2d Clb Cpe	824	2,472	4,120	9,270	14,420	20,600
2d Clb Sed	816	2,448	4,080	9,180	14,280	20,400
4d Sed	812	2,436	4,060	9,140	14,210	20,300
4d Sta Wag	2,800	8,400	14,000	31,500	49,000	70,000
1946-47 Special Series 68, 8-cyl.						
2d Conv	1,720	5,160	8,600	19,350	30,100	43,000
2d Clb Cpe	864	2,592	4,320	9,720	15,120	21,600
2d Clb Sed	856	2,568	4,280	9,630	14,980	21,400
4d Sed	852	2,556	4,260	9,590	14,910	21,300
4d Sta Wag	2,860	8,580	14,300	32,180	50,050	71,500
1946-47 Dynamic Cruiser, Series 76, 6-cyl.						
2d Clb Sed	828	2,484	4,140	9,320	14,490	20,700
2d DeL Clb Sed (1947 only)	832	2,496	4,160	9,360	14,560	20,800
4d Sed	824	2,472	4,120	9,270	14,420	20,600
4d DeL Sed (1947 only)	830	2,480	4,140	9,320	14,490	20,700
1946-47 Dynamic Cruiser Series 78, 8-cyl.						
2d Clb Sed	868	2,604	4,340	9,770	15,190	21,700
2d DeL Clb Sed (1947 only)	872	2,616	4,360	9,810	15,260	21,800
4d Sed	864	2,592	4,320	9,720	15,120	21,600
4d DeL Sed (1947 only)	870	2,600	4,340	9,770	15,190	21,700
1946-47 Custom Cruiser Series 98, 8-cyl.						
2d Conv	1,720	5,160	8,600	19,350	30,100	43,000
2d Clb Sed	900	2,700	4,500	10,130	15,750	22,500
4d Sed	888	2,664	4,440	9,990	15,540	22,200
1948 Dynamic Series 66, 6-cyl., 119" wb						
2d Conv	1,640	4,920	8,200	18,450	28,700	41,000
2d Clb Cpe	820	2,460	4,100	9,230	14,350	20,500
2d Clb Sed	812	2,436	4,060	9,140	14,210	20,300
4d Sed	808	2,424	4,040	9,090	14,140	20,200
4d Sta Wag	2,880	8,640	14,400	32,400	50,400	72,000
1948 Dynamic Series 68, 8-cyl., 119" wb						
2d Conv	1,680	5,040	8,400	18,900	29,400	42,000
2d Clb Cpe	860	2,580	4,300	9,680	15,050	21,500
2d Clb Sed	852	2,556	4,260	9,590	14,910	21,300
4d Sed	848	2,544	4,240	9,540	14,840	21,200
4d Sta Wag	2,920	8,760	14,600	32,850	51,100	73,000
1948 Dynamic Series 76, 6-cyl., 125" wb						
2d Clb Sed	824	2,472	4,120	9,270	14,420	20,600
4d Sed	820	2,460	4,100	9,230	14,350	20,500
1948 Dynamic Series 78, 8-cyl., 125" wb						
2d Clb Sed	860	2,580	4,300	9,680	15,050	21,500
4d Sed	848	2,544	4,240	9,540	14,840	21,200
1948 Futuramic Series 98, 8-cyl., 125" wb						
2d Conv	1,720	5,160	8,600	19,350	30,100	43,000
2d Clb Sed	900	2,700	4,500	10,130	15,750	22,500
4d Sed	880	2,640	4,400	9,900	15,400	22,000
1949 Futuramic 76, 6-cyl., 119.5" wb						
2d Conv	1,760	5,280	8,800	19,800	30,800	44,000
2d Clb Cpe	1,040	3,120	5,200	11,700	18,200	26,000
2d Sed	960	2,890	4,820	10,850	16,870	24,100
4d Sed	760	2,280	3,800	8,550	13,300	19,000
4d Sta Wag	2,360	7,080	11,800	26,550	41,300	59,000
NOTE: Deduct 25 percent for all-steel station wagon introduced late in the model year.						
1949 Futuramic Series 88, V-8, 119.5" wb						
2d Conv	2,000	6,000	10,000	22,500	35,000	50,000
2d Clb Cpe	1,320	3,960	6,600	14,850	23,100	33,000
2d Clb Sed	1,240	3,720	6,200	13,950	21,700	31,000
4d Sed	1,080	3,240	5,400	12,150	18,900	27,000
4d Sta Wag	2,440	7,320	12,200	27,450	42,700	61,000
NOTE: Deduct 25 percent for all-steel station wagon introduced late in the model year.						
1949 Futuramic Series 98, V-8, 125" wb						
2d Conv	1,840	5,520	9,200	20,700	32,200	46,000
2d Holiday HT	1,360	4,080	6,800	15,300	23,800	34,000
2d Clb Sed	1,140	3,420	5,700	12,830	19,950	28,500
4d Sed	920	2,760	4,600	10,350	16,100	23,000

	6	5	4	3	2	1
1950 Futuramic 76, 6-cyl., 119.5" wb						
2d Conv	1,600	4,800	8,000	18,000	28,000	40,000
2d Holiday HT	1,440	4,320	7,200	16,200	25,200	36,000
2d Clb Cpe	1,200	3,600	6,000	13,500	21,000	30,000
2d Sed	970	2,900	4,840	10,890	16,940	24,200
2d Clb Sed	1,160	3,480	5,800	13,050	20,300	29,000
4d Sed	764	2,292	3,820	8,600	13,370	19,100
4d Sta Wag	1,620	4,860	8,100	18,230	28,350	40,500
1950 Futuramic 88, V-8, 119.5" wb						
2d Conv	1,960	5,880	9,800	22,050	34,300	49,000
2d DeL Holiday HT	1,600	4,800	8,000	18,000	28,000	40,000
2d DeL Clb Cpe	1,320	3,960	6,600	14,850	23,100	33,000
2d DeL	1,240	3,720	6,200	13,950	21,700	31,000
2d DeL Clb Sed	1,200	3,600	6,000	13,500	21,000	30,000
4d DeL Sed	960	2,880	4,800	10,800	16,800	24,000
4d DeL Sta Wag	1,660	4,980	8,300	18,680	29,050	41,500
1950 Futuramic 98, V-8, 122" wb						
2d DeL Conv	2,120	6,360	10,600	23,850	37,100	53,000
2d DeL Holiday HT	1,440	4,320	7,200	16,200	25,200	36,000
2d Holiday HT	1,400	4,200	7,000	15,750	24,500	35,000
2d DeL Clb Sed	1,140	3,420	5,700	12,830	19,950	28,500
2d DeL FBk	1,130	3,380	5,640	12,690	19,740	28,200
4d DeL FBk	924	2,772	4,620	10,400	16,170	23,100
4d DeL Sed	904	2,712	4,520	10,170	15,820	22,600
4d DeL Twn Sed	960	2,880	4,800	10,800	16,800	24,000
NOTE: Deduct 10 percent for 6-cyl.						
1951-52 Standard 88, V-8, 119.5" wb						
2d Sed (1951 only)	940	2,820	4,700	10,580	16,450	23,500
4d Sed (1951 only)	936	2,808	4,680	10,530	16,380	23,400
1951-52 DeLuxe 88, V-8, 120" wb						
2d Sed	864	2,592	4,320	9,720	15,120	21,600
4d Sed	860	2,580	4,300	9,680	15,050	21,500
1951-52 Super 88, V-8, 120" wb						
2d Conv	1,680	5,040	8,400	18,900	29,400	42,000
2d Holiday HT	1,120	3,360	5,600	12,600	19,600	28,000
2d Clb Cpe	960	2,880	4,800	10,800	16,800	24,000
2d Sed	872	2,616	4,360	9,810	15,260	21,800
4d Sed	868	2,604	4,340	9,770	15,190	21,700
1951-52 Series 98, V-8, 122" wb						
2d Conv	1,760	5,280	8,800	19,800	30,800	44,000
2d DeL Holiday HT ('51)	1,200	3,600	6,000	13,500	21,000	30,000
2d Holiday HT	1,160	3,480	5,800	13,050	20,300	29,000
4d Sed	880	2,640	4,400	9,900	15,400	22,000
1953 Series 88, V-8, 120" wb						
2d Sed	804	2,412	4,020	9,050	14,070	20,100
4d Sed	800	2,400	4,000	9,000	14,000	20,000
1953 Series Super 88, V-8, 120" wb						
2d Conv	2,560	7,680	12,800	28,800	44,800	64,000
2d Holiday HT	1,280	3,840	6,400	14,400	22,400	32,000
2d Sed	808	2,424	4,040	9,090	14,140	20,200
4d Sed	804	2,412	4,020	9,050	14,070	20,100
1953 Classic 98, V-8, 124" wb						
2d Conv	2,740	8,220	13,700	30,830	47,950	68,500
2d Holiday HT	1,320	3,960	6,600	14,850	23,100	33,000
4d Sed	860	2,580	4,300	9,680	15,050	21,500
1953 Fiesta 98, V-8, 124" wb						
2d Conv	7,140	21,420	35,700	80,330	124,950	178,500
1954 Series 88, V-8, 122" wb						
2d Holiday HT	1,160	3,480	5,800	13,050	20,300	29,000
2d Sed	784	2,352	3,920	8,820	13,720	19,600
4d Sed	780	2,340	3,900	8,780	13,650	19,500
1954 Series Super 88, V-8, 122" wb						
2d Conv	2,520	7,560	12,600	28,350	44,100	63,000
2d Holiday HT	1,240	3,720	6,200	13,950	21,700	31,000
2d Sed	808	2,424	4,040	9,090	14,140	20,200
4d Sed	800	2,400	4,000	9,000	14,000	20,000
1954 Classic 98, V-8, 126" wb						
2d Starfire Conv	3,020	9,060	15,100	33,980	52,850	75,500
2d DeL Holiday HT	1,400	4,200	7,000	15,750	24,500	35,000
2d Holiday HT	1,360	4,080	6,800	15,300	23,800	34,000
4d Sed	880	2,640	4,400	9,900	15,400	22,000
1955 Series 88, V-8, 122" wb						
2d DeL Holiday HT	1,200	3,600	6,000	13,500	21,000	30,000
4d Holiday HT	1,000	3,000	5,000	11,250	17,500	25,000
2d Sed	900	2,710	4,520	10,170	15,820	22,600
4d Sed	780	2,340	3,900	8,780	13,650	19,500

	6	5	4	3	2	1
1955 Series Super 88, V-8, 122" wb						
2d Conv.	3,440	10,320	17,200	38,700	60,200	86,000
2d DeL Holiday HT	1,280	3,840	6,400	14,400	22,400	32,000
4d Holiday HT	1,040	3,120	5,200	11,700	18,200	26,000
2d Sed.	920	2,770	4,620	10,400	16,170	23,100
4d Sed.	800	2,400	4,000	9,000	14,000	20,000
1955 Classic 98, V-8, 126" wb						
2d Starfire Conv	4,200	12,600	21,000	47,250	73,500	105,000
2d DeL Holiday HT	1,440	4,320	7,200	16,200	25,200	36,000
4d DeL Holiday HT	1,120	3,360	5,600	12,600	19,600	28,000
4d Sed.	1,000	3,000	5,000	11,250	17,500	25,000
1956 Series 88, V-8, 122" wb						
2d Holiday HT	1,280	3,840	6,400	14,400	22,400	32,000
4d Holiday HT	1,120	3,360	5,600	12,600	19,600	28,000
2d Sed.	1,000	3,000	5,000	11,250	17,500	25,000
4d Sed.	860	2,580	4,300	9,680	15,050	21,500
1956 Series Super 88, V-8, 122" wb						
2d Conv.	3,440	10,320	17,200	38,700	60,200	86,000
2d Holiday HT	1,360	4,080	6,800	15,300	23,800	34,000
4d Holiday HT	1,160	3,480	5,800	13,050	20,300	29,000
2d Sed.	1,080	3,240	5,400	12,150	18,900	27,000
4d Sed.	900	2,700	4,500	10,130	15,750	22,500
1956 Series 98, V-8, 126" wb						
2d Starfire Conv	4,200	12,600	21,000	47,250	73,500	105,000
2d DeL Holiday HT	1,400	4,200	7,000	15,750	24,500	35,000
4d DeL Holiday HT	1,200	3,600	6,000	13,500	21,000	30,000
4d Sed.	1,040	3,120	5,200	11,700	18,200	26,000
1957 Series 88, V-8, 122" wb						
2d Conv.	2,600	7,800	13,000	29,250	45,500	65,000
2d Holiday HT	1,520	4,560	7,600	17,100	26,600	38,000
4d Holiday HT	1,200	3,600	6,000	13,500	21,000	30,000
2d Sed.	920	2,760	4,600	10,350	16,100	23,000
4d Sed.	880	2,640	4,400	9,900	15,400	22,000
4d HT Sta Wag	1,480	4,440	7,400	16,650	25,900	37,000
4d Sta Wag	1,240	3,720	6,200	13,950	21,700	31,000
1957 Series Super 88, V-8, 122" wb						
2d Conv.	3,000	9,000	15,000	33,750	52,500	75,000
2d Holiday HT	1,600	4,800	8,000	18,000	28,000	40,000
4d Holiday HT	1,280	3,840	6,400	14,400	22,400	32,000
2d Sed.	960	2,880	4,800	10,800	16,800	24,000
4d Sed.	920	2,760	4,600	10,350	16,100	23,000
4d HT Sta Wag	2,120	6,360	10,600	23,850	37,100	53,000
1957 Series 98, V-8, 126" wb						
2d Starfire Conv	4,900	14,700	24,500	55,130	85,750	122,500
2d Holiday HT	1,720	5,160	8,600	19,350	30,100	43,000
4d Holiday HT	1,360	4,080	6,800	15,300	23,800	34,000
4d Sed.	980	2,940	4,900	11,030	17,150	24,500
NOTE: Add 40 percent for J-2 option.						
1958 Series 88, V-8, 122.5" wb						
2d Conv.	2,040	6,120	10,200	22,950	35,700	51,000
2d Holiday HT	1,120	3,360	5,600	12,600	19,600	28,000
4d Holiday HT	920	2,760	4,600	10,350	16,100	23,000
2d Sed.	780	2,340	3,900	8,780	13,650	19,500
4d Sed.	776	2,328	3,880	8,730	13,580	19,400
4d HT Sta Wag	1,260	3,780	6,300	14,180	22,050	31,500
4d Sta Wag	1,040	3,120	5,200	11,700	18,200	26,000
1958 Series Super 88, V-8, 122.5" wb						
2d Conv.	2,740	8,220	13,700	30,830	47,950	68,500
2d Holiday HT	1,240	3,720	6,200	13,950	21,700	31,000
4d Holiday HT	1,000	3,000	5,000	11,250	17,500	25,000
4d Sed.	800	2,400	4,000	9,000	14,000	20,000
4d HT Sta Wag	1,420	4,260	7,100	15,980	24,850	35,500
1958 Series 98, V-8, 126.5" wb						
2d Conv.	3,520	10,560	17,600	39,600	61,600	88,000
2d Holiday HT	1,200	3,600	6,000	13,500	21,000	30,000
4d Holiday HT	1,080	3,240	5,400	12,150	18,900	27,000
4d Sed.	840	2,520	4,200	9,450	14,700	21,000
NOTE: Add 30 percent for J-2 option.						
1959 Series 88, V-8, 123" wb						
2d Conv.	1,480	4,440	7,400	16,650	25,900	37,000
2d Holiday HT	1,040	3,120	5,200	11,700	18,200	26,000
4d Holiday HT	920	2,760	4,600	10,350	16,100	23,000
4d Sed.	720	2,160	3,600	8,100	12,600	18,000
4d Sta Wag	920	2,760	4,600	10,350	16,100	23,000
1959 Series Super 88, V-8, 123" wb						
2d Conv.	1,600	4,800	8,000	18,000	28,000	40,000

	6	5	4	3	2	1
2d Holiday HT	1,120	3,360	5,600	12,600	19,600	28,000
4d Holiday HT	1,000	3,000	5,000	11,250	17,500	25,000
4d Sed	740	2,220	3,700	8,330	12,950	18,500
4d Sta Wag	1,000	3,000	5,000	11,250	17,500	25,000
1959 Series 98, V-8, 126.3" wb						
2d Conv	1,960	5,880	9,800	22,050	34,300	49,000
2d Holiday HT	1,200	3,600	6,000	13,500	21,000	30,000
4d Holiday HT	1,080	3,240	5,400	12,150	18,900	27,000
4d Sed	760	2,280	3,800	8,550	13,300	19,000
NOTE: Add 10 percent for hp option.						
1960 Series Dynamic 88, V-8, 123" wb						
2d Conv	1,240	3,720	6,200	13,950	21,700	31,000
2d Sed	760	2,280	3,800	8,550	13,300	19,000
2d Holiday HT	1,040	3,120	5,200	11,700	18,200	26,000
4d Holiday HT	880	2,640	4,400	9,900	15,400	22,000
4d Sed	720	2,160	3,600	8,100	12,600	18,000
4d Sta Wag	740	2,220	3,700	8,330	12,950	18,500
1960 Series Super 88, V-8, 123" wb						
2d Conv	1,360	4,080	6,800	15,300	23,800	34,000
2d Holiday HT	1,040	3,120	5,200	11,700	18,200	26,000
4d Holiday HT	960	2,880	4,800	10,800	16,800	24,000
4d Sed	740	2,220	3,700	8,330	12,950	18,500
4d Sta Wag	760	2,280	3,800	8,550	13,300	19,000
1960 Series 98, V-8, 126.3" wb						
2d Conv	1,520	4,560	7,600	17,100	26,600	38,000
2d Holiday HT	1,120	3,360	5,600	12,600	19,600	28,000
4d Holiday HT	1,000	3,000	5,000	11,250	17,500	25,000
4d Sed	760	2,280	3,800	8,550	13,300	19,000
1961 F-85, V-8, 112" wb						
4d Sed	356	1,068	1,780	4,010	6,230	8,900
2d Clb Cpe	440	1,320	2,200	4,950	7,700	11,000
4d Sta Wag	460	1,380	2,300	5,180	8,050	11,500
1961 Dynamic 88, V-8, 123" wb						
2d Sed	500	1,500	2,500	5,630	8,750	12,500
4d Sed	496	1,488	2,480	5,580	8,680	12,400
2d Holiday HT	840	2,520	4,200	9,450	14,700	21,000
4d Holiday HT	680	2,040	3,400	7,650	11,900	17,000
2d Conv	1,120	3,360	5,600	12,600	19,600	28,000
4d Sta Wag	660	1,980	3,300	7,430	11,550	16,500
1961 Super 88, V-8, 123" wb						
4d Sed	600	1,800	3,000	6,750	10,500	15,000
4d Holiday HT	720	2,160	3,600	8,100	12,600	18,000
2d Holiday HT	920	2,760	4,600	10,350	16,100	23,000
2d Conv	1,240	3,720	6,200	13,950	21,700	31,000
4d Sta Wag	680	2,040	3,400	7,650	11,900	17,000
2d Starfire Conv	1,520	4,560	7,600	17,100	26,600	38,000
1961 Series 98, V-8, 126" wb						
4d Twn Sed	700	2,100	3,500	7,880	12,250	17,500
4d Spt Sed	708	2,124	3,540	7,970	12,390	17,700
4d Holiday HT	760	2,280	3,800	8,550	13,300	19,000
2d Holiday HT	960	2,880	4,800	10,800	16,800	24,000
2d Conv	1,320	3,960	6,600	14,850	23,100	33,000
NOTE: Deduct 10 percent for std. line values; add 10 percent for Cutlass.						
1962 F-85 Series, V-8, 112" wb						
4d Sed	440	1,320	2,200	4,950	7,700	11,000
2d Cutlass Cpe	480	1,440	2,400	5,400	8,400	12,000
2d Cutlass Conv	640	1,920	3,200	7,200	11,200	16,000
4d Sta Wag	440	1,320	2,200	4,950	7,700	11,000
1962 Jetfire Turbo-charged, V-8, 112" wb						
2d HT	720	2,160	3,600	8,100	12,600	18,000
1962 Dynamic 88, V-8, 123" wb						
4d Sed	500	1,500	2,500	5,630	8,750	12,500
4d Holiday HT	680	2,040	3,400	7,650	11,900	17,000
2d Holiday HT	880	2,640	4,400	9,900	15,400	22,000
2d Conv	1,120	3,360	5,600	12,600	19,600	28,000
4d Sta Wag	660	1,980	3,300	7,430	11,550	16,500
1962 Super 88, V-8, 123" wb						
4d Sed	600	1,800	3,000	6,750	10,500	15,000
4d Holiday HT	720	2,160	3,600	8,100	12,600	18,000
2d Holiday HT	920	2,760	4,600	10,350	16,100	23,000
4d Sta Wag	680	2,040	3,400	7,650	11,900	17,000
1962 Starfire, 345 hp V-8, 123" wb						
2d HT	1,160	3,480	5,800	13,050	20,300	29,000
2d Conv	1,400	4,200	7,000	15,750	24,500	35,000
1962 Series 98, V-8, 126" wb						
4d Twn Sed	660	1,980	3,300	7,430	11,550	16,500

	6	5	4	3	2	1
4d Spt Sed	668	2,004	3,340	7,520	11,690	16,700
4d Holiday HT	800	2,400	4,000	9,000	14,000	20,000
2d Holiday Spt HT	1,000	3,000	5,000	11,250	17,500	25,000
2d Conv	1,240	3,720	6,200	13,950	21,700	31,000
1963 F-85 Series, V-8, 112" wb						
4d Sed	440	1,320	2,200	4,950	7,700	11,000
2d Cutlass Cpe	480	1,440	2,400	5,400	8,400	12,000
2d Cutlass Conv	680	2,040	3,400	7,650	11,900	17,000
4d Sta Wag	460	1,380	2,300	5,180	8,050	11,500
NOTE: Deduct 5 percent for V-6 engine.						
1963 Jetfire Series, V-8, 112" wb						
2d HT	720	2,160	3,600	8,100	12,600	18,000
1963 Dynamic 88, V-8, 123" wb						
4d Sed	620	1,860	3,100	6,980	10,850	15,500
4d Holiday HT	680	2,040	3,400	7,650	11,900	17,000
2d Holiday HT	840	2,520	4,200	9,450	14,700	21,000
2d Conv	1,000	3,000	5,000	11,250	17,500	25,000
4d Sta Wag	640	1,920	3,200	7,200	11,200	16,000
1963 Super 88, V-8, 123" wb						
4d Sed	640	1,920	3,200	7,200	11,200	16,000
4d Holiday HT	720	2,160	3,600	8,100	12,600	18,000
2d Holiday HT	880	2,640	4,400	9,900	15,400	22,000
4d Sta Wag	660	1,980	3,300	7,430	11,550	16,500
1963 Starfire, V-8, 123" wb						
2d Cpe	1,040	3,120	5,200	11,700	18,200	26,000
2d Conv	1,400	4,200	7,000	15,750	24,500	35,000
1963 Series 98, V-8, 126" wb						
4d Sed	660	1,980	3,300	7,430	11,550	16,500
4d 4W Holiday HT	760	2,280	3,800	8,550	13,300	19,000
4d 6W Holiday HT	700	2,100	3,500	7,880	12,250	17,500
2d Holiday HT	920	2,760	4,600	10,350	16,100	23,000
2d Cus Spt HT	940	2,820	4,700	10,580	16,450	23,500
2d Conv	1,280	3,840	6,400	14,400	22,400	32,000
1964 F-85 Series, V-8, 115" wb						
2d Cpe	448	1,344	2,240	5,040	7,840	11,200
4d Sed	440	1,320	2,200	4,950	7,700	11,000
4d Sta Wag	452	1,356	2,260	5,090	7,910	11,300
NOTE: Deduct 5 percent for V-6 engine.						
1964 Cutlass Series, V-8						
2d Spt Cpe	480	1,440	2,400	5,400	8,400	12,000
2d HT	620	1,860	3,100	6,980	10,850	15,500
2d Conv	720	2,160	3,600	8,100	12,600	18,000
1964 Cutlass 4-4-2						
2d Sed	1,360	4,080	6,800	15,300	23,800	34,000
2d HT	1,520	4,560	7,600	17,100	26,600	38,000
2d Conv	2,040	6,120	10,200	22,950	35,700	51,000
1964 Vista Cruiser, V-8, 120" wb						
4d Sta Wag	600	1,800	3,000	6,750	10,500	15,000
4d Cus Wag	608	1,824	3,040	6,840	10,640	15,200
1964 Jetstar, V-8, 123" wb						
4d Sed	600	1,800	3,000	6,750	10,500	15,000
4d HT	660	1,980	3,300	7,430	11,550	16,500
2d HT	720	2,160	3,600	8,100	12,600	18,000
2d Conv	1,080	3,240	5,400	12,150	18,900	27,000
1964 Jetstar I, V-8, 123" wb						
2d HT	880	2,640	4,400	9,900	15,400	22,000
1964 Dynamic 88, V-8, 123" wb						
4d Sed	620	1,860	3,100	6,980	10,850	15,500
4d HT	680	2,040	3,400	7,650	11,900	17,000
2d HT	840	2,520	4,200	9,450	14,700	21,000
2d Conv	1,160	3,480	5,800	13,050	20,300	29,000
4d Sta Wag	640	1,920	3,200	7,200	11,200	16,000
1964 Super 88, V-8, 123" wb						
4d Sed	640	1,920	3,200	7,200	11,200	16,000
4d HT	720	2,160	3,600	8,100	12,600	18,000
1964 Starfire, 123" wb						
2d HT	1,040	3,120	5,200	11,700	18,200	26,000
2d Conv	1,320	3,960	6,600	14,850	23,100	33,000
NOTE: Add 20 percent for J code engine. Deduct 10 percent for 3 speed trans.						
1964 Series 98, V-8, 126" wb						
4d Sed	660	1,980	3,300	7,430	11,550	16,500
4d 6W HT	760	2,280	3,800	8,550	13,300	19,000
4d 4W HT	780	2,340	3,900	8,780	13,650	19,500
2d HT	920	2,760	4,600	10,350	16,100	23,000
2d Cus Spt HT	940	2,820	4,700	10,580	16,450	23,500
2d Conv	1,280	3,840	6,400	14,400	22,400	32,000

	6	5	4	3	2	1
1965 F-85 Series, V-8, 115" wb						
4d Sed	444	1,332	2,220	5,000	7,770	11,100
2d Cpe	456	1,368	2,280	5,130	7,980	11,400
4d Sta Wag	448	1,344	2,240	5,040	7,840	11,200
4d DeL Sed	452	1,356	2,260	5,090	7,910	11,300
4d DeL Sta Wag	460	1,380	2,300	5,180	8,050	11,500
1965 Cutlass Series, V-8, 115" wb						
2d Cpe	500	1,500	2,500	5,630	8,750	12,500
2d HT	660	1,980	3,300	7,430	11,550	16,500
2d Conv	700	2,100	3,500	7,880	12,250	17,500
1965 Cutlass 4-4-2						
2d Sed	1,400	4,200	7,000	15,750	24,500	35,000
2d HT	1,560	4,680	7,800	17,550	27,300	39,000
2d Conv	2,080	6,240	10,400	23,400	36,400	52,000
1965 Vista Cruiser, V-8, 120" wb						
4d Sta Wag	480	1,440	2,400	5,400	8,400	12,000
1965 Jetstar Series, V-8, 123" wb						
4d Sed	472	1,416	2,360	5,310	8,260	11,800
4d HT	620	1,860	3,100	6,980	10,850	15,500
2d HT	700	2,100	3,500	7,880	12,250	17,500
2d Conv	760	2,280	3,800	8,550	13,300	19,000
1965 Dynamic 88, V-8, 123" wb						
4d Sed	480	1,440	2,400	5,400	8,400	12,000
4d HT	660	1,980	3,300	7,430	11,550	16,500
2d HT	700	2,100	3,500	7,880	12,250	17,500
2d Conv	840	2,520	4,200	9,450	14,700	21,000
1965 Delta 88, V-8, 123" wb						
4d Sed	500	1,500	2,500	5,630	8,750	12,500
4d HT	660	1,980	3,300	7,430	11,550	16,500
2d HT	740	2,220	3,700	8,330	12,950	18,500
1965 Jetstar I, V-8, 123" wb						
2d HT	760	2,280	3,800	8,550	13,300	19,000
1965 Starfire, 123" wb						
2d HT	840	2,520	4,200	9,450	14,700	21,000
2d Conv	920	2,760	4,600	10,350	16,100	23,000
1965 Series 98, V-8, 126" wb						
4d Twn Sed	600	1,800	3,000	6,750	10,500	15,000
4d Lux Sed	608	1,824	3,040	6,840	10,640	15,200
4d HT	640	1,920	3,200	7,200	11,200	16,000
2d HT	760	2,280	3,800	8,550	13,300	19,000
2d Conv	920	2,760	4,600	10,350	16,100	23,000
1966 F-85 Series, Standard V-8, 115" wb						
4d Sed	444	1,332	2,220	5,000	7,770	11,100
2d Cpe	460	1,380	2,300	5,180	8,050	11,500
4d Sta Wag	464	1,392	2,320	5,220	8,120	11,600
1966 F-85 Series, Deluxe, V-8, 115" wb						
4d Sed	448	1,344	2,240	5,040	7,840	11,200
4d HT	464	1,392	2,320	5,220	8,120	11,600
2d HT	600	1,800	3,000	6,750	10,500	15,000
4d Sta Wag	468	1,404	2,340	5,270	8,190	11,700
1966 Cutlass, V-8, 115" wb						
4d Sed	452	1,356	2,260	5,090	7,910	11,300
4d HT	468	1,404	2,340	5,270	8,190	11,700
2d Cpe	464	1,392	2,320	5,220	8,120	11,600
2d HT	620	1,860	3,100	6,980	10,850	15,500
2d Conv	800	2,400	4,000	9,000	14,000	20,000
1966 Cutlass 4-4-2						
2d Sed	1,400	4,200	7,000	15,750	24,500	35,000
2d HT	1,560	4,680	7,800	17,550	27,300	39,000
2d Conv	2,080	6,240	10,400	23,400	36,400	52,000
NOTE: Add 30 percent for triple two-barrel carbs. Add 90 percent for W-30.						
1966 Vista Cruiser, V-8, 120" wb						
4d 3S Sta Wag	500	1,500	2,500	5,630	8,750	12,500
4d 2S Sta Wag	492	1,476	2,460	5,540	8,610	12,300
4d 3S Cus Sta Wag	508	1,524	2,540	5,720	8,890	12,700
4d 2S Cus Sta Wag	500	1,500	2,500	5,630	8,750	12,500
1966 Jetstar 88, V-8, 123" wb						
4d Sed	460	1,380	2,300	5,180	8,050	11,500
4d HT	480	1,440	2,400	5,400	8,400	12,000
2d HT	640	1,920	3,200	7,200	11,200	16,000
1966 Dynamic 88, V-8, 123" wb						
4d Sed	468	1,404	2,340	5,270	8,190	11,700
4d HT	500	1,500	2,500	5,630	8,750	12,500
2d HT	668	2,004	3,340	7,520	11,690	16,700
2d Conv	720	2,160	3,600	8,100	12,600	18,000

	6	5	4	3	2	1
1966 Delta 88, V-8, 123" wb						
4d Sed	480	1,440	2,400	5,400	8,400	12,000
4d HT	600	1,800	3,000	6,750	10,500	15,000
2d HT	680	2,040	3,400	7,650	11,900	17,000
2d Conv	720	2,160	3,600	8,100	12,600	18,000
1966 Starfire, V-8, 123" wb						
2d HT	760	2,280	3,800	8,550	13,300	19,000
1966 Ninety-Eight, V-8, 126" wb						
4d Twn Sed	488	1,464	2,440	5,490	8,540	12,200
4d Lux Sed	492	1,476	2,460	5,540	8,610	12,300
4d HT	620	1,860	3,100	6,980	10,850	15,500
2d HT	720	2,160	3,600	8,100	12,600	18,000
2d Conv	800	2,400	4,000	9,000	14,000	20,000
1966 Toronado, FWD V-8, 119" wb						
2d Spt HT	720	2,160	3,600	8,100	12,600	18,000
2d Cus HT	740	2,220	3,700	8,330	12,950	18,500
1967 F-85 Series, Standard, V-8, 115" wb						
4d Sed	444	1,332	2,220	5,000	7,770	11,100
2d Cpe	460	1,380	2,300	5,180	8,050	11,500
4d 2S Sta Wag	448	1,344	2,240	5,040	7,840	11,200
1967 Cutlass, V-8, 115" wb						
4d Sed	452	1,356	2,260	5,090	7,910	11,300
4d HT	460	1,380	2,300	5,180	8,050	11,500
2d HT	620	1,860	3,100	6,980	10,850	15,500
2d Conv	920	2,760	4,600	10,350	16,100	23,000
4d 2S Sta Wag	460	1,380	2,300	5,180	8,050	11,500
NOTE: Deduct 20 percent for 6-cyl.						
1967 Cutlass Supreme, V-8, 115" wb						
4d Sed	460	1,380	2,300	5,180	8,050	11,500
4d HT	476	1,428	2,380	5,360	8,330	11,900
2d Cpe	484	1,452	2,420	5,450	8,470	12,100
2d HT	720	2,160	3,600	8,100	12,600	18,000
2d Conv	960	2,880	4,800	10,800	16,800	24,000
1967 Cutlass 4-4-2						
2d Sed	1,440	4,320	7,200	16,200	25,200	36,000
2d HT	1,600	4,800	8,000	18,000	28,000	40,000
2d Conv	2,120	6,360	10,600	23,850	37,100	53,000
NOTE: Add 70 percent for W-30.						
1967 Vista Cruiser, V-8, 120" wb						
4d 3S Sta Wag	480	1,440	2,400	5,400	8,400	12,000
4d 2S Cus Sta Wag	500	1,500	2,500	5,630	8,750	12,500
4d 3S Cus Sta Wag	508	1,524	2,540	5,720	8,890	12,700
1967 Delmont 88, 330 V-8, 123" wb						
4d Sed	440	1,320	2,200	4,950	7,700	11,000
4d HT	460	1,380	2,300	5,180	8,050	11,500
2d HT	600	1,800	3,000	6,750	10,500	15,000
1967 Delmont 88, 425 V-8, 123" wb						
4d Sed	460	1,380	2,300	5,180	8,050	11,500
4d HT	480	1,440	2,400	5,400	8,400	12,000
2d HT	620	1,860	3,100	6,980	10,850	15,500
2d Conv	800	2,400	4,000	9,000	14,000	20,000
1967 Delta 88, V-8, 123" wb						
4d Sed	472	1,416	2,360	5,310	8,260	11,800
4d HT	492	1,476	2,460	5,540	8,610	12,300
2d HT	660	1,980	3,300	7,430	11,550	16,500
2d Conv	880	2,640	4,400	9,900	15,400	22,000
1967 Delta 88, Custom V-8, 123" wb						
4d HT	500	1,500	2,500	5,630	8,750	12,500
2d HT	672	2,016	3,360	7,560	11,760	16,800
1967 Ninety-Eight, V-8, 126" wb						
4d Twn Sed	500	1,500	2,500	5,630	8,750	12,500
4d Lux Sed	504	1,512	2,520	5,670	8,820	12,600
4d HT	612	1,836	3,060	6,890	10,710	15,300
2d HT	680	2,040	3,400	7,650	11,900	17,000
2d Conv	920	2,760	4,600	10,350	16,100	23,000
1967 Toronado, V-8, 119" wb						
2d HT	700	2,100	3,500	7,880	12,250	17,500
2d Cus HT	720	2,160	3,600	8,100	12,600	18,000
NOTE: Add 10 percent for "425" Delmont Series. Add 30 percent for W-30.						
1968 F-85, V-8, 116" wb, 2d 112" wb						
4d Sed	690	2,060	3,440	7,740	12,040	17,200
2d Cpe	700	2,100	3,500	7,880	12,250	17,500
1968 Cutlass, V-8, 116" wb, 2d 112" wb						
4d Sed	690	2,080	3,460	7,790	12,110	17,300
4d HT	700	2,090	3,480	7,830	12,180	17,400
2d Cpe S	710	2,120	3,540	7,970	12,390	17,700

	6	5	4	3	2	1
2d HT S	840	2,520	4,200	9,450	14,700	21,000
2d Conv S	1,160	3,480	5,800	13,050	20,300	29,000
4d Sta Wag	700	2,100	3,500	7,880	12,250	17,500
1968 Cutlass Supreme, V-8, 116" wb, 2d 112" wb						
4d Sed	700	2,100	3,500	7,880	12,250	17,500
4d HT	720	2,150	3,580	8,060	12,530	17,900
2d HT	900	2,700	4,500	10,130	15,750	22,500
NOTE: Deduct 5 percent for 6-cyl.						
1968 4-4-2, V-8, 112" wb						
2d Cpe	1,840	5,520	9,200	20,700	32,200	46,000
2d HT	2,000	6,000	10,000	22,500	35,000	50,000
2d Conv	2,320	6,960	11,600	26,100	40,600	58,000
1968 Hurst/Olds						
2d HT	2,840	8,520	14,200	31,950	49,700	71,000
2d Sed	2,680	8,040	13,400	30,150	46,900	67,000
1968 Vista Cruiser, V-8, 121" wb						
4d 2S Sta Wag	790	2,360	3,940	8,870	13,790	19,700
4d 3S Sta Wag	800	2,400	4,000	9,000	14,000	20,000
1968 Delmont 88, V-8, 123" wb						
4d Sed	460	1,380	2,300	5,180	8,050	11,500
4d HT	468	1,404	2,340	5,270	8,190	11,700
2d HT	620	1,860	3,100	6,980	10,850	15,500
2d Conv	840	2,520	4,200	9,450	14,700	21,000
1968 Delta 88, V-8, 123" wb						
4d Sed	468	1,404	2,340	5,270	8,190	11,700
2d HT	640	1,920	3,200	7,200	11,200	16,000
4d HT	480	1,440	2,400	5,400	8,400	12,000
1968 Delta 88, Custom V-8, 123" wb						
4d HT	500	1,500	2,500	5,630	8,750	12,500
2d HT	670	2,020	3,360	7,560	11,760	16,800
1968 Ninety-Eight, V-8, 126" wb						
4d Sed	488	1,464	2,440	5,490	8,540	12,200
4d Lux Sed	496	1,488	2,480	5,580	8,680	12,400
4d HT	600	1,800	3,000	6,750	10,500	15,000
2d HT	680	2,040	3,400	7,650	11,900	17,000
2d Conv	880	2,640	4,400	9,900	15,400	22,000
1968 Toronado, V-8, 119" wb						
2d Cus Cpe	660	1,980	3,300	7,430	11,550	16,500
NOTE: Add 30 percent for W-30. Add 20 percent for 455 when not standard. Add 20 percent for W-34 option on Toronado.						
1969 F-85, V-8, 116" wb, 2d 112" wb						
2d Cpe	680	2,040	3,400	7,650	11,900	17,000
1969 Cutlass, V-8, 116" wb, 2d 112" wb						
4d Sed	620	1,870	3,120	7,020	10,920	15,600
4d HT	630	1,880	3,140	7,070	10,990	15,700
4d Sta Wag	630	1,880	3,140	7,070	10,990	15,700
1969 Cutlass S						
2d Cpe	700	2,100	3,500	7,880	12,250	17,500
2d HT	880	2,640	4,400	9,900	15,400	22,000
2d Conv	1,120	3,360	5,600	12,600	19,600	28,000
1969 Cutlass Supreme, V-8, 116" wb, 2d 112" wb						
4d Sed	680	2,050	3,420	7,700	11,970	17,100
4d HT	700	2,100	3,500	7,880	12,250	17,500
2d HT	1,040	3,120	5,200	11,700	18,200	26,000
1969 4-4-2, V-8, 112" wb						
2d Cpe	1,680	5,040	8,400	18,900	29,400	42,000
2d HT	1,840	5,520	9,200	20,700	32,200	46,000
2d Conv	2,360	7,080	11,800	26,550	41,300	59,000
1969 Hurst/Olds						
2d HT	3,080	9,240	15,400	34,650	53,900	77,000
1969 Vista Cruiser						
4d 2S Sta Wag	770	2,300	3,840	8,640	13,440	19,200
4d 3S Sta Wag	770	2,320	3,860	8,690	13,510	19,300
1969 Delta 88, V-8, 124" wb						
4d Sed	480	1,440	2,400	5,400	8,400	12,000
2d Conv	720	2,160	3,600	8,100	12,600	18,000
4d HT	500	1,500	2,500	5,630	8,750	12,500
2d HT	640	1,920	3,200	7,200	11,200	16,000
1969 Delta 88 Custom, V-8, 124" wb						
4d Sed	472	1,416	2,360	5,310	8,260	11,800
4d HT	600	1,800	3,000	6,750	10,500	15,000
2d HT	660	1,980	3,300	7,430	11,550	16,500
1969 Delta 88 Royale, V-8, 124" wb						
2d HT	680	2,040	3,400	7,650	11,900	17,000
1969 Ninety-Eight, V-8, 127" wb						
4d Sed	500	1,500	2,500	5,630	8,750	12,500
4d Lux Sed	504	1,512	2,520	5,670	8,820	12,600

	6	5	4	3	2	1
4d Lux HT	624	1,872	3,120	7,020	10,920	15,600
4d HT	620	1,860	3,100	6,980	10,850	15,500
2d HT	720	2,160	3,600	8,100	12,600	18,000
2d Conv	800	2,400	4,000	9,000	14,000	20,000
2d Cus Cpe	628	1,884	3,140	7,070	10,990	15,700
1969 Toronado, V-8, 119" wb						
2d HT	660	1,980	3,300	7,430	11,550	16,500
NOTE: Add 30 percent for W-30. Add 25 percent for W-31. Add 20 percent for W-34 option on Toronado. Add 20 percent for 455 when not standard.						
1970 F-85, V-8, 116" wb, 2d 112" wb						
2d Cpe	700	2,100	3,500	7,880	12,250	17,500
1970 Cutlass, V-8, 116" wb, 2d 112" wb						
4d Sed	680	2,040	3,400	7,650	11,900	17,000
4d HT	700	2,100	3,500	7,880	12,250	17,500
4d Sta Wag	690	2,060	3,440	7,740	12,040	17,200
NOTE: Deduct 5 percent for 6-cyl.						
1970 Cutlass S, V-8, 112" wb						
2d Cpe	840	2,520	4,200	9,450	14,700	21,000
2d HT	1,000	3,000	5,000	11,250	17,500	25,000
NOTE: Add 30 percent for W45-W30-W31.						
1970 Cutlass Supreme, V-8, 112" wb						
4d HT	700	2,100	3,500	7,880	12,250	17,500
2d HT	1,080	3,240	5,400	12,150	18,900	27,000
2d Conv	1,240	3,720	6,200	13,950	21,700	31,000
1970 4-4-2, V-8, 112" wb						
2d Cpe	1,720	5,160	8,600	19,350	30,100	43,000
2d HT	1,880	5,640	9,400	21,150	32,900	47,000
2d Conv	2,400	7,200	12,000	27,000	42,000	60,000
1970 Rallye 350, 112" wb						
2d HT	1,400	4,200	7,000	15,750	24,500	35,000
1970 Vista Cruiser, V-8, 121" wb						
4d 2S Sta Wag	770	2,300	3,840	8,640	13,440	19,200
4d 3S Sta Wag	770	2,320	3,860	8,690	13,510	19,300
1970 Delta 88, V-8, 124" wb						
4d Sed	452	1,356	2,260	5,090	7,910	11,300
4d HT	460	1,380	2,300	5,180	8,050	11,500
2d HT	620	1,860	3,100	6,980	10,850	15,500
2d Conv	760	2,280	3,800	8,550	13,300	19,000
1970 Delta 88 Custom, V-8, 124" wb						
4d Sed	460	1,380	2,300	5,180	8,050	11,500
4d HT	464	1,392	2,320	5,220	8,120	11,600
2d HT	640	1,920	3,200	7,200	11,200	16,000
1970 Delta 88 Royale, V-8, 124" wb						
2d HT	660	1,980	3,300	7,430	11,550	16,500
1970 Ninety-Eight, V-8, 127" wb						
4d Sed	464	1,392	2,320	5,220	8,120	11,600
4d Lux Sed	472	1,416	2,360	5,310	8,260	11,800
4d Lux HT	484	1,452	2,420	5,450	8,470	12,100
4d HT	480	1,440	2,400	5,400	8,400	12,000
2d HT	680	2,040	3,400	7,650	11,900	17,000
2d Conv	800	2,400	4,000	9,000	14,000	20,000
1970 Toronado, V-8, 119" wb						
2d Std Cpe	620	1,860	3,100	6,980	10,850	15,500
2d Cus Cpe	640	1,920	3,200	7,200	11,200	16,000
NOTE: Add 20 percent for SX Cutlass Supreme option. Add 25 percent for SX option with W-32. Add 35 percent for Y-74 Indy Pace Car option. Add 30 percent for W-30. Add 25 percent for W-31. Add 20 percent for 455 when not standard. Add 15 percent for Toronado GT W-34 option.						
1971 F-85, V-8, 116" wb						
4d Sed	540	1,610	2,680	6,030	9,380	13,400
1971 Cutlass, V-8, 116" wb, 2d 112" wb						
4d Sed	540	1,620	2,700	6,080	9,450	13,500
2d HT	900	2,700	4,500	10,130	15,750	22,500
4d Sta Wag	540	1,630	2,720	6,120	9,520	13,600
1971 Cutlass S, V-8, 112" wb						
2d Cpe	720	2,160	3,600	8,100	12,600	18,000
2d HT	840	2,520	4,200	9,450	14,700	21,000
NOTE: Deduct 5 percent for 6-cyl.						
1971 Cutlass Supreme, V-8, 116" wb, 2d 112" wb						
4d Sed	620	1,870	3,120	7,020	10,920	15,600
2d HT	1,000	3,000	5,000	11,250	17,500	25,000
2d Conv	1,200	3,600	6,000	13,500	21,000	30,000
NOTE: Add 15 percent for SX Cutlass Supreme option.						
1971 4-4-2, V-8, 112" wb						
2d HT	1,800	5,400	9,000	20,250	31,500	45,000
2d Conv	2,320	6,960	11,600	26,100	40,600	58,000

	6	5	4	3	2	1
1971 Vista Cruiser, 121" wb						
4d 2S Sta Wag	660	1,980	3,300	7,430	11,550	16,500
4d 3S Sta Wag	660	1,990	3,320	7,470	11,620	16,600
1971 Delta 88, V-8, 124" wb						
4d Sed	300	900	1,500	3,380	5,250	7,500
4d HT	360	1,080	1,800	4,050	6,300	9,000
2d HT	480	1,440	2,400	5,400	8,400	12,000
1971 Delta 88 Custom, V-8, 124" wb						
4d Sed	304	912	1,520	3,420	5,320	7,600
4d HT	328	984	1,640	3,690	5,740	8,200
2d HT	500	1,500	2,500	5,630	8,750	12,500
1971 Delta 88 Royale, V-8, 124" wb						
2d HT	600	1,800	3,000	6,750	10,500	15,000
2d Conv	720	2,160	3,600	8,100	12,600	18,000
1971 Ninety-Eight, V-8, 127" wb						
2d HT	660	1,980	3,300	7,430	11,550	16,500
4d HT	380	1,140	1,900	4,280	6,650	9,500
4d Lux HT	388	1,164	1,940	4,370	6,790	9,700
2d Lux HT	640	1,920	3,200	7,200	11,200	16,000
1971 Custom Cruiser, V-8, 127" wb						
4d 2S Sta Wag	420	1,260	2,100	4,730	7,350	10,500
4d 3S Sta Wag	428	1,284	2,140	4,820	7,490	10,700
1971 Toronado, 122" wb						
2d HT	640	1,920	3,200	7,200	11,200	16,000
NOTE: Add 30 percent for W-30. Add 25 percent for SX option. Add 20 percent for 455 when not standard.						
1972 F-85, V-8, 116" wb						
4d Sed	296	888	1,480	3,330	5,180	7,400
1972 Cutlass, V-8, 116" wb, 2d 112" wb						
4d Sed	540	1,620	2,700	6,080	9,450	13,500
2d HT	920	2,760	4,600	10,350	16,100	23,000
4d Sta Wag	540	1,630	2,720	6,120	9,520	13,600
1972 Cutlass S, V-8, 112" wb						
2d Cpe	720	2,160	3,600	8,100	12,600	18,000
2d HT	920	2,760	4,600	10,350	16,100	23,000
NOTE: Deduct 5 percent for 6-cyl. Add 100 percent for 4-4-2 option.						
1972 Cutlass Supreme, V-8, 116" wb, 2d 112" wb						
4d HT	700	2,100	3,500	7,880	12,250	17,500
2d HT	1,040	3,120	5,200	11,700	18,200	26,000
2d Conv	1,200	3,600	6,000	13,500	21,000	30,000
NOTE: Add 100 percent for Hurst option.						
1972 Vista Cruiser, 121" wb						
4d 2S Sta Wag	660	1,980	3,300	7,430	11,550	16,500
4d 3S Sta Wag	660	1,990	3,320	7,470	11,620	16,600
1972 Delta 88, V-8, 124" wb						
4d Sed	292	876	1,460	3,290	5,110	7,300
4d HT	360	1,080	1,800	4,050	6,300	9,000
2d HT	640	1,920	3,200	7,200	11,200	16,000
1972 Delta 88 Royale, 124" wb						
4d Sed	296	888	1,480	3,330	5,180	7,400
4d HT	368	1,104	1,840	4,140	6,440	9,200
2d HT	660	1,980	3,300	7,430	11,550	16,500
2d Conv	720	2,160	3,600	8,100	12,600	18,000
1972 Custom Cruiser, 127" wb						
4d 2S Sta Wag	400	1,200	2,000	4,500	7,000	10,000
4d 3S Sta Wag	408	1,224	2,040	4,590	7,140	10,200
1972 Ninety-Eight, 127" wb						
4d HT	368	1,104	1,840	4,140	6,440	9,200
2d HT	640	1,920	3,200	7,200	11,200	16,000
1972 Ninety-Eight Luxury, 127" wb						
4d HT	380	1,140	1,900	4,280	6,650	9,500
2d HT	660	1,980	3,300	7,430	11,550	16,500
1972 Toronado, 122" wb						
2d HT	640	1,920	3,200	7,200	11,200	16,000
NOTE: Add 30 percent for W-30. Add 20 percent for 455 when not standard. Add 35 percent for Indy Pace Car option.						
1973 Omega, V-8, 111" wb						
4d Sed	256	768	1,280	2,880	4,480	6,400
2d Cpe	264	792	1,320	2,970	4,620	6,600
2d HBk	276	828	1,380	3,110	4,830	6,900
1973 Cutlass, 112" - 116" wb						
2d Col HT	344	1,032	1,720	3,870	6,020	8,600
4d Col HT	288	864	1,440	3,240	5,040	7,200
1973 Cutlass S, 112" wb						
2d Cpe	356	1,068	1,780	4,010	6,230	8,900
NOTE: Add 100 percent for 4-4-2 option. Add 100 percent for Hurst option.						
1973 Cutlass Supreme, 112" - 116" wb						
2d Col HT	360	1,080	1,800	4,050	6,300	9,000

	6	5	4	3	2	1
4d Col HT	292	876	1,460	3,290	5,110	7,300
1973 Vista Cruiser, 116" wb						
4d 2S Sta Wag	340	1,020	1,700	3,830	5,950	8,500
4d 3S Sta Wag	344	1,032	1,720	3,870	6,020	8,600
1973 Delta 88, 124" wb						
4d Sed.	272	816	1,360	3,060	4,760	6,800
4d HT	340	1,020	1,700	3,830	5,950	8,500
2d HT	460	1,380	2,300	5,180	8,050	11,500
1973 Delta 88 Royale, 124" wb						
4d Sed.	276	828	1,380	3,110	4,830	6,900
4d HT	348	1,044	1,740	3,920	6,090	8,700
2d HT	480	1,440	2,400	5,400	8,400	12,000
2d Conv.	640	1,920	3,200	7,200	11,200	16,000
1973 Custom Cruiser, 127" wb						
3S Sta Wag.	388	1,164	1,940	4,370	6,790	9,700
2S Sta Wag.	380	1,140	1,900	4,280	6,650	9,500
3S Roy Wag	396	1,188	1,980	4,460	6,930	9,900
2S Roy Wag	388	1,164	1,940	4,370	6,790	9,700
1973 Ninety-Eight, 127" wb						
4d HT	340	1,020	1,700	3,830	5,950	8,500
2d HT	460	1,380	2,300	5,180	8,050	11,500
4d Lux HT	356	1,068	1,780	4,010	6,230	8,900
2d Lux HT	480	1,440	2,400	5,400	8,400	12,000
4d HT Reg.	360	1,080	1,800	4,050	6,300	9,000
1973 Toronado, 122" wb						
2d HT Cpe.	480	1,440	2,400	5,400	8,400	12,000
1974 Omega, 111" wb						
2d Cpe.	248	744	1,240	2,790	4,340	6,200
2d HBk	260	780	1,300	2,930	4,550	6,500
4d Sed.	240	720	1,200	2,700	4,200	6,000
1974 Cutlass, 112" - 116" wb						
2d Cpe.	284	852	1,420	3,200	4,970	7,100
4d Sed.	260	780	1,300	2,930	4,550	6,500
1974 Cutlass S, 112" wb						
2d Cpe.	284	852	1,420	3,200	4,970	7,100
1974 Cutlass Supreme, 112" - 116" wb						
4d Sed.	268	804	1,340	3,020	4,690	6,700
2d Cpe.	292	876	1,460	3,290	5,110	7,300
NOTE: Add 100 percent for 4-4-2 option. Add 100 percent for Hurst/Olds.						
1974 Vista Cruiser, 116" wb						
4d 6P Sta Wag	252	756	1,260	2,840	4,410	6,300
4d 8P Sta Wag	256	768	1,280	2,880	4,480	6,400
1974 Delta 88, 124" wb						
2d HT	340	1,020	1,700	3,830	5,950	8,500
4d HT	276	828	1,380	3,110	4,830	6,900
4d Sed.	260	780	1,300	2,930	4,550	6,500
1974 Custom Cruiser, 127" wb						
4d 6P Sta Wag	360	1,080	1,800	4,050	6,300	9,000
4d 8P Sta Wag	368	1,104	1,840	4,140	6,440	9,200
1974 Delta 88 Royale, 124" wb						
2d HT	480	1,440	2,400	5,400	8,400	12,000
4d HT	348	1,044	1,740	3,920	6,090	8,700
4d Sed.	276	828	1,380	3,110	4,830	6,900
2d Conv.	640	1,920	3,200	7,200	11,200	16,000
NOTE: Add 20 percent for Indy PaceCar.						
1974 Ninety-Eight, 127" wb						
4d HT	340	1,020	1,700	3,830	5,950	8,500
2d Lux HT	480	1,440	2,400	5,400	8,400	12,000
4d Lux HT	356	1,068	1,780	4,010	6,230	8,900
2d HT Reg.	460	1,380	2,300	5,180	8,050	11,500
4d Sed Reg	332	996	1,660	3,740	5,810	8,300
1974 Toronado, 122" wb						
2d Cpe.	480	1,440	2,400	5,400	8,400	12,000
1975 Starfire, 97" wb						
2d Cpe "S".	204	612	1,020	2,300	3,570	5,100
2d Cpe.	208	624	1,040	2,340	3,640	5,200
1975 Omega, 111" wb						
2d Cpe.	204	612	1,020	2,300	3,570	5,100
2d HBk	220	660	1,100	2,480	3,850	5,500
4d Sed.	208	624	1,040	2,340	3,640	5,200
1975 Omega Salon, 111" wb						
2d Cpe.	216	648	1,080	2,430	3,780	5,400
2d HBk	224	672	1,120	2,520	3,920	5,600
4d Sed.	220	660	1,100	2,480	3,850	5,500
1975 Cutlass, 112" - 116" wb						
2d Cpe.	248	744	1,240	2,790	4,340	6,200

	6	5	4	3	2	1
4d Sed	228	684	1,140	2,570	3,990	5,700
2d Cpe "S"	252	756	1,260	2,840	4,410	6,300
1975 Cutlass Supreme, 112" - 116" wb						
2d Cpe	256	768	1,280	2,880	4,480	6,400
4d Sed	240	720	1,200	2,700	4,200	6,000
1975 Cutlass Salon, 112" - 116" wb						
2d Cpe	260	780	1,300	2,930	4,550	6,500
4d Sed	240	720	1,200	2,700	4,200	6,000
NOTE: Add 25 percent for 4-4-2 option. Add 75 percent for Hurst/Olds.						
1975 Vista Cruiser, 116" wb						
4d Sta Wag	236	708	1,180	2,660	4,130	5,900
1975 Delta 88, 124" wb						
2d Cpe	240	720	1,200	2,700	4,200	6,000
4d Twn Sed	224	672	1,120	2,520	3,920	5,600
4d HT	260	780	1,300	2,930	4,550	6,500
1975 Delta 88 Royale, 124" wb						
2d Cpe	244	732	1,220	2,750	4,270	6,100
4d Twn Sed	228	684	1,140	2,570	3,990	5,700
4d HT	268	804	1,340	3,020	4,690	6,700
2d Conv	600	1,800	3,000	6,750	10,500	15,000
1975 Ninety-Eight, 127" wb						
2d Lux Cpe	292	876	1,460	3,290	5,110	7,300
4d Lux HT	280	840	1,400	3,150	4,900	7,000
2d Reg Cpe	296	888	1,480	3,330	5,180	7,400
4d Reg HT	288	864	1,440	3,240	5,040	7,200
1975 Toronado, 122" wb						
2d Cus Cpe	420	1,260	2,100	4,730	7,350	10,500
2d Brgm Cpe	440	1,320	2,200	4,950	7,700	11,000
1975 Custom Cruiser, 127" wb						
4d Sta Wag	324	972	1,620	3,650	5,670	8,100
1976 Starfire, V-6						
2d Spt Cpe	192	576	960	2,160	3,360	4,800
2d Spt Cpe SX	196	588	980	2,210	3,430	4,900
NOTE: Add 5 percent for V-8.						
1976 Omega F-85, V-8						
2d Cpe	184	552	920	2,070	3,220	4,600
1976 Omega, V-8						
4d Sed	188	564	940	2,120	3,290	4,700
2d Cpe	192	576	960	2,160	3,360	4,800
2d HBk	196	588	980	2,210	3,430	4,900
1976 Omega Brougham, V-8						
4d Sed	192	576	960	2,160	3,360	4,800
2d Cpe	196	588	980	2,210	3,430	4,900
2d HBk	200	600	1,000	2,250	3,500	5,000
1976 Cutlass S, V-8						
4d Sed	204	612	1,020	2,300	3,570	5,100
2d Cpe	228	684	1,140	2,570	3,990	5,700
NOTE: Add 25 percent for 4-4-2 option.						
1976 Cutlass Supreme, V-8						
4d Sed	208	624	1,040	2,340	3,640	5,200
2d Cpe	232	696	1,160	2,610	4,060	5,800
1976 Cutlass Salon, V-8						
4d Sed	216	648	1,080	2,430	3,780	5,400
2d Cpe	236	708	1,180	2,660	4,130	5,900
1976 Cutlass Supreme Brougham, V-8						
2d Cpe	240	720	1,200	2,700	4,200	6,000
1976 Station Wagons, V-8						
4d 2S Cruiser	220	660	1,100	2,480	3,850	5,500
4d 3S Cruiser	224	672	1,120	2,520	3,920	5,600
4d 2S Vista Cruiser	224	672	1,120	2,520	3,920	5,600
4d 3S Vista Cruiser	228	684	1,140	2,570	3,990	5,700
4d 2S Cus Cruiser	280	840	1,400	3,150	4,900	7,000
4d 3S Cus Cruiser	284	852	1,420	3,200	4,970	7,100
1976 Delta 88, V-8						
4d Sed	216	648	1,080	2,430	3,780	5,400
4d HT	232	696	1,160	2,610	4,060	5,800
2d Sed	220	660	1,100	2,480	3,850	5,500
1976 Delta 88 Royale, V-8						
4d Sed	224	672	1,120	2,520	3,920	5,600
4d HT	240	720	1,200	2,700	4,200	6,000
2d Sed	228	684	1,140	2,570	3,990	5,700
1976 Ninety-Eight, V-8						
4d Lux HT	268	804	1,340	3,020	4,690	6,700
2d Lux Cpe	284	852	1,420	3,200	4,970	7,100
4d Reg HT	280	840	1,400	3,150	4,900	7,000
2d Reg Cpe	288	864	1,440	3,240	5,040	7,200

	6	5	4	3	2	1
1976 Toronado, V-8						
2d Cus Cpe	340	1,020	1,700	3,830	5,950	8,500
2d Brgm Cpe	400	1,200	2,000	4,500	7,000	10,000
NOTE: Deduct 5 percent for V-6.						
1977 Starfire, V-6						
2d Spt Cpe	156	468	780	1,760	2,730	3,900
2d Spt Cpe SX	164	492	820	1,850	2,870	4,100
NOTE: Add 5 percent for V-8.						
1977 Omega F85, V-8						
2d Cpe	148	444	740	1,670	2,590	3,700
1977 Omega, V-8						
4d Sed	176	528	880	1,980	3,080	4,400
2d Cpe	180	540	900	2,030	3,150	4,500
2d HBk	184	552	920	2,070	3,220	4,600
1977 Omega Brougham, V-8						
4d Sed	180	540	900	2,030	3,150	4,500
2d Cpe	184	552	920	2,070	3,220	4,600
2d HBk	188	564	940	2,120	3,290	4,700
NOTE: Deduct 5 percent for V-6.						
1977 Cutlass S, V-8						
4d Sed	168	504	840	1,890	2,940	4,200
2d Cpe	170	520	860	1,940	3,010	4,300
NOTE: Add 25 percent for 4-4-2 option.						
1977 Cutlass Supreme, V-8						
4d Sed	176	528	880	1,980	3,080	4,400
2d Cpe	180	540	900	2,030	3,150	4,500
1977 Cutlass Salon, V-8						
2d Cpe	180	540	900	2,030	3,150	4,500
1977 Cutlass Supreme Brougham, V-8						
4d Sed	184	552	920	2,070	3,220	4,600
2d Cpe	190	580	960	2,160	3,360	4,800
1977 Station Wagons, V-8						
4d 3S Cruiser	180	540	900	2,030	3,150	4,500
1977 Delta 88, V-8						
4d Sed	190	580	960	2,160	3,360	4,800
2d Cpe	300	910	1,520	3,420	5,320	7,600
1977 Delta 88 Royale, V-8						
4d Sed	200	600	1,000	2,250	3,500	5,000
2d Cpe	310	940	1,560	3,510	5,460	7,800
NOTE: Add 20 percent for Indy pace car edition.						
1977 Station Wagons, V-8						
4d 2S Cus Cruiser	200	610	1,020	2,300	3,570	5,100
4d 3S Cus Cruiser	210	620	1,040	2,340	3,640	5,200
1977 Ninety-Eight, V-8						
4d Lux Sed	200	610	1,020	2,300	3,570	5,100
2d Lux Cpe	320	960	1,600	3,600	5,600	8,000
4d Regency Sed	210	620	1,040	2,340	3,640	5,200
2d Regency Cpe	320	970	1,620	3,650	5,670	8,100
1977 Toronado Brougham, V-8						
2d Cpe XS	380	1,140	1,900	4,280	6,650	9,500
2d Cpe	330	980	1,640	3,690	5,740	8,200
NOTE: Deduct 5 percent for V-6.						
1978 Starfire						
2d Cpe	120	360	600	1,350	2,100	3,000
2d Cpe SX	128	384	640	1,440	2,240	3,200
1978 Omega						
4d Sed	140	420	700	1,580	2,450	3,500
2d Cpe	144	432	720	1,620	2,520	3,600
2d HBk	148	444	740	1,670	2,590	3,700
1978 Omega Brougham						
4d Sed	144	432	720	1,620	2,520	3,600
2d Cpe	148	444	740	1,670	2,590	3,700
1978 Cutlass Salon						
4d Sed	132	396	660	1,490	2,310	3,300
2d Cpe	180	530	880	1,980	3,080	4,400
1978 Cutlass Salon Brougham						
4d Sed	136	408	680	1,530	2,380	3,400
2d Cpe	180	540	900	2,030	3,150	4,500
1978 Cutlass Supreme						
2d Cpe	260	790	1,320	2,970	4,620	6,600
1978 Cutlass Calais						
2d Cpe	270	800	1,340	3,020	4,690	6,700
1978 Cutlass Supreme Brougham						
2d Cpe	270	820	1,360	3,060	4,760	6,800
NOTE: Add 25 percent for 4-4-2 option.						

	6	5	4	3	2	1
1978 Cutlass Cruiser						
4d 2S Sta Wag	160	480	800	1,800	2,800	4,000
1978 Delta 88						
4d Sed	160	470	780	1,760	2,730	3,900
2d Cpe	270	800	1,340	3,020	4,690	6,700
1978 Delta 88 Royale						
4d Sed	160	480	800	1,800	2,800	4,000
2d Cpe	270	820	1,360	3,060	4,760	6,800
1978 Custom Cruiser						
4d Sta Wag	200	600	1,000	2,250	3,500	5,000
1978 Ninety-Eight						
4d Lux Sed	160	490	820	1,850	2,870	4,100
2d Lux Cpe	280	840	1,400	3,150	4,900	7,000
4d Regency Sed	170	500	840	1,890	2,940	4,200
2d Regency Cpe	280	850	1,420	3,200	4,970	7,100
1978 Toronado Brougham, V-8						
2d Cpe XS	380	1,140	1,900	4,280	6,650	9,500
2d Cpe	330	980	1,640	3,690	5,740	8,200
1979 Starfire, 4-cyl.						
2d Spt Cpe	124	372	620	1,400	2,170	3,100
2d Spt Cpe SX	128	384	640	1,440	2,240	3,200
1979 Omega, V-8						
4d Sed	144	432	720	1,620	2,520	3,600
2d Cpe	148	444	740	1,670	2,590	3,700
2d HBk	152	456	760	1,710	2,660	3,800
1979 Omega Brougham, V-8						
4d Sed	148	444	740	1,670	2,590	3,700
2d Cpe	152	456	760	1,710	2,660	3,800
1979 Cutlass Salon, V-8						
4d Sed	140	430	720	1,620	2,520	3,600
2d Cpe	180	540	900	2,030	3,150	4,500
NOTE: Add 25 percent for 4-4-2 option.						
1979 Cutlass Salon Brougham, V-8						
4d Sed	150	440	740	1,670	2,590	3,700
2d Cpe	180	550	920	2,070	3,220	4,600
1979 Cutlass Supreme, V-8						
2d Cpe	270	800	1,340	3,020	4,690	6,700
1979 Cutlass Calais, V-8						
2d Cpe	270	820	1,360	3,060	4,760	6,800
Add 75 percent for Hurst/Olds.						
1979 Cutlass Supreme Brougham, V-8						
2d Cpe	280	830	1,380	3,110	4,830	6,900
1979 Cutlass Cruiser, V-8						
4d Sta Wag	160	480	800	1,800	2,800	4,000
1979 Cutlass Cruiser Brougham, V-8						
4d Sta Wag	170	500	840	1,890	2,940	4,200
1979 Delta 88, V-8						
4d Sed	160	470	780	1,760	2,730	3,900
2d Cpe	280	830	1,380	3,110	4,830	6,900
1979 Delta 88 Royale, V-8						
4d Sed	160	480	800	1,800	2,800	4,000
2d Cpe	280	840	1,400	3,150	4,900	7,000
1979 Custom Cruiser, V-8						
4d 2S Sta Wag	200	590	980	2,210	3,430	4,900
4d 3S Sta Wag	200	600	1,000	2,250	3,500	5,000
1979 Ninety-Eight						
4d Lux Sed	170	520	860	1,940	3,010	4,300
2d Lux Cpe	290	860	1,440	3,240	5,040	7,200
4d Regency Sed	180	540	900	2,030	3,150	4,500
2d Regency Cpe	300	890	1,480	3,330	5,180	7,400
1979 Toronado						
2d Cpe	200	600	1,000	3,380	3,500	7,500
NOTE: Deduct 5 percent for V-6. Deduct 10 percent for diesel.						
1980 Starfire, 4-cyl.						
2d Cpe	152	456	760	1,710	2,660	3,800
2d Cpe SX	156	468	780	1,760	2,730	3,900
1980 Omega, V-6						
4d Sed	152	456	760	1,710	2,660	3,800
2d Cpe	156	468	780	1,760	2,730	3,900
NOTE: Deduct 10 percent for 4-cyl.						
1980 Omega Brougham, V-6						
4d Sed	156	468	780	1,760	2,730	3,900
2d Cpe	160	480	800	1,800	2,800	4,000
NOTE: Deduct 10 percent for 4-cyl.						

	6	5	4	3	2	1
1980 Cutlass, V-8						
4d Sed.	150	440	740	1,670	2,590	3,700
NOTE: Deduct 12 percent for V-6.						
1980 Cutlass Salon, V-8						
2d Cpe.	200	590	980	2,210	3,430	4,900
NOTE: Deduct 12 percent for V-6.						
1980 Cutlass Salon Brougham, V-8						
2d Cpe.	200	600	1,000	2,250	3,500	5,000
NOTE: Deduct 12 percent for V-6.						
1980 Cutlass Supreme, V-8						
2d Cpe.	280	850	1,420	3,200	4,970	7,100
NOTE: Deduct 12 percent for V-6.						
1980 Cutlass LS, V-8						
4d Sed.	150	460	760	1,710	2,660	3,800
NOTE: Deduct 12 percent for V-6.						
1980 Cutlass Calais, V-8						
2d Cpe.	290	860	1,440	3,240	5,040	7,200
NOTE: Deduct 12 percent for V-6. Add 25 percent for 4-4-2 option.						
1980 Cutlass Brougham, V-8						
4d Sed.	160	470	780	1,760	2,730	3,900
2d Cpe Supreme	290	860	1,440	3,240	5,040	7,200
NOTE: Deduct 12 percent for V-6.						
1980 Cutlass Cruiser, V-8						
4d Sta Wag	160	480	800	1,800	2,800	4,000
4d Sta Wag Brgm	160	490	820	1,850	2,870	4,100
NOTE: Deduct 12 percent for V-6.						
1980 Delta 88, V-8						
4d Sed.	390	1,180	1,960	4,410	6,860	9,800
2d Cpe.	450	1,340	2,240	5,040	7,840	11,200
NOTE: Deduct 12 percent for V-6.						
1980 Delta 88 Royale, V-8						
4d Sed.	400	1,190	1,980	4,460	6,930	9,900
2d Cpe.	450	1,360	2,260	5,090	7,910	11,300
NOTE: Deduct 12 percent for V-6.						
1980 Delta 88 Royale Brougham, V-8						
4d Sed.	400	1,210	2,020	4,550	7,070	10,100
2d Cpe.	460	1,380	2,300	5,180	8,050	11,500
NOTE: Deduct 12 percent for V-6.						
1980 Custom Cruiser, V-8						
4d 2S Sta Wag	400	1,200	2,000	4,500	7,000	10,000
4d 3S Sta Wag	200	610	1,020	2,300	3,570	5,100
1980 Ninety-Eight, V-8						
4d Lux Sed	410	1,240	2,060	4,640	7,210	10,300
4d Regency Sed	420	1,270	2,120	4,770	7,420	10,600
2d Regency Cpe	480	1,450	2,420	5,450	8,470	12,100
1980 Toronado Brougham, V-8						
2d Cpe.	300	900	1,500	3,380	5,250	7,500
NOTE: Add 10 percent for XSC Package.						
1981 Omega, V-6						
4d Sed.	156	468	780	1,760	2,730	3,900
2d Cpe.	160	480	800	1,800	2,800	4,000
NOTE: Deduct 10 percent for 4-cyl.						
1981 Omega Brougham, V-6						
4d Sed.	160	480	800	1,800	2,800	4,000
2d Cpe.	164	492	820	1,850	2,870	4,100
NOTE: Deduct 10 percent for 4-cyl.						
1981 Cutlass, V-8						
4d Sed.	350	1,060	1,760	3,960	6,160	8,800
NOTE: Deduct 12 percent for V-6.						
1981 Cutlass Supreme, V-8						
2d Cpe.	490	1,460	2,440	5,490	8,540	12,200
NOTE: Deduct 12 percent for V-6.						
1981 Cutlass LS, V-8						
4d Sed.	360	1,070	1,780	4,010	6,230	8,900
NOTE: Deduct 12 percent for V-6.						
1981 Cutlass Calais, V-8						
2d Cpe.	500	1,490	2,480	5,580	8,680	12,400
NOTE: Deduct 12 percent for V-6.						
1981 Cutlass Supreme Brougham, V-8						
2d Cpe.	490	1,480	2,460	5,540	8,610	12,300
NOTE: Deduct 12 percent for V-6.						
1981 Cutlass Brougham, V-8						
4d Sed.	360	1,080	1,800	4,050	6,300	9,000
NOTE: Deduct 12 percent for V-6.						
1981 Cutlass Cruiser, V-8						
4d Sta Wag	360	1,080	1,800	4,050	6,300	9,000

	6	5	4	3	2	1
4d Brgm Sta Wag	360	1,090	1,820	4,100	6,370	9,100
NOTE: Deduct 12 percent for V-6.						
1981 Delta 88, V-8						
4d Sed	400	1,190	1,980	4,460	6,930	9,900
2d Cpe	450	1,360	2,260	5,090	7,910	11,300
NOTE: Deduct 12 percent for V-6.						
1981 Delta 88 Royale, V-8						
4d Sed	400	1,200	2,000	4,500	7,000	10,000
2d Cpe	460	1,370	2,280	5,130	7,980	11,400
NOTE: Deduct 12 percent for V-6.						
1981 Delta 88 Royale Brougham, V-8						
4d Sed	410	1,220	2,040	4,590	7,140	10,200
2d Cpe	460	1,390	2,320	5,220	8,120	11,600
1981 Custom Cruiser, V-8						
4d 2S Sta Wag	400	1,210	2,020	4,550	7,070	10,100
4d 3S Sta Wag	410	1,220	2,040	4,590	7,140	10,200
1981 Ninety-Eight, V-8						
4d Lux Sed	420	1,250	2,080	4,680	7,280	10,400
4d Regency Sed	420	1,260	2,100	4,730	7,350	10,500
2d Regency Cpe	480	1,430	2,380	5,360	8,330	11,900
NOTE: Deduct 12 percent for V-6.						
1981 Toronado Brougham, V-8						
2d Cpe	308	924	1,540	3,470	5,390	7,700
NOTE: Deduct 12 percent for V-6. Add 10 percent for XSC Package.						
1982 Firenza, 4-cyl.						
2d Cpe	168	504	840	1,890	2,940	4,200
4d Sed	172	516	860	1,940	3,010	4,300
4d Sta Wag	180	540	900	2,030	3,150	4,500
1982 Cutlass Calais, 4-cyl.						
2d Cpe	176	528	880	1,980	3,080	4,400
4d Sed	180	540	900	2,030	3,150	4,500
2d Cpe SL	192	576	960	2,160	3,360	4,800
2d Cpe Int.	220	660	1,100	2,480	3,850	5,500
4d Sed Int.	224	672	1,120	2,520	3,920	5,600
2d Cpe V-6	208	624	1,040	2,340	3,640	5,200
4d Sed V-6	212	636	1,060	2,390	3,710	5,300
2d Cpe SL V-6	216	648	1,080	2,430	3,780	5,400
4d Sed SL V-6	220	660	1,100	2,480	3,850	5,500
1982 Cutlass Ciera, 4-cyl.						
2d Cpe	196	588	980	2,210	3,430	4,900
4d Sed	200	600	1,000	2,250	3,500	5,000
4d Sta Wag	204	612	1,020	2,300	3,570	5,100
2d Cpe Brgm	200	600	1,000	2,250	3,500	5,000
4d Sed Brgm SL	208	624	1,040	2,340	3,640	5,200
4d Sta Wag Brgm	208	624	1,040	2,340	3,640	5,200
2d Cpe V-6	204	612	1,020	2,300	3,570	5,100
4d Sed V-6	208	624	1,040	2,340	3,640	5,200
4d Sta Wag V-6	212	636	1,060	2,390	3,710	5,300
2d Cpe SL V-6	216	648	1,080	2,430	3,780	5,400
4d Sed V-6	220	660	1,100	2,480	3,850	5,500
4d Sta Wag V-6	224	672	1,120	2,520	3,920	5,600
2d Cpe Int V-6	232	696	1,160	2,610	4,060	5,800
4d Sed Int V-6	236	708	1,180	2,660	4,130	5,900
1982 Cutlass Supreme						
2d Cpe V-6	480	1,450	2,420	5,450	8,470	12,100
2d Cpe SL V-6	500	1,500	2,500	5,630	8,750	12,500
2d Cpe Int V-6	510	1,520	2,540	5,720	8,890	12,700
2d Cpe V-8	500	1,510	2,520	5,670	8,820	12,600
2d Cpe Brgm V-8	500	1,500	2,500	5,630	8,750	12,500
1982 Delta 88 Royale						
2d Cpe V-6	420	1,260	2,100	4,730	7,350	10,500
4d Sed V-6	380	1,150	1,920	4,320	6,720	9,600
2d Cpe Brgm V-6	440	1,310	2,180	4,910	7,630	10,900
4d Sed Brgm V-6	440	1,320	2,200	4,950	7,700	11,000
1982 Cutlass Cruiser, V-8						
4d Sta Wag	220	660	1,100	2,480	3,850	5,500
1982 Ninety-Eight, V-6						
4d Sed Regency	420	1,260	2,100	4,730	7,350	10,500
4d Sed Regency Brgm	460	1,380	2,300	5,180	8,050	11,500
4d Sed Touring Sed	460	1,380	2,300	5,180	8,050	11,500
1982 Toronado, V-8						
2d Cpe	380	1,140	1,900	4,280	6,650	9,500
2d Cpe Brgm	420	1,260	2,100	4,730	7,350	10,500
1982 Custom Cruiser, V-8						
4d Sta Wag	440	1,320	2,200	4,950	7,700	11,000

	6	5	4	3	2	1
1982 Ninety-Eight Regency, V-8						
4d Sed	230	700	1,160	2,610	4,060	5,800
2d Cpe	290	860	1,440	3,240	5,040	7,200
4d Brgm Sed	240	710	1,180	2,660	4,130	5,900
NOTE: Deduct 12 percent for V-6.						
1982 Toronado Brougham, V-8						
2d Cpe	312	936	1,560	3,510	5,460	7,800
NOTE: Deduct 12 percent for V-6.						
1983 Firenza, 4-cyl.						
4d LX Sed	164	492	820	1,850	2,870	4,100
2d SX Cpe	168	504	840	1,890	2,940	4,200
4d LX Sta Wag	172	516	860	1,940	3,010	4,300
NOTE: Deduct 5 percent for lesser models.						
1983 Omega, V-6						
4d Sed	164	492	820	1,850	2,870	4,100
2d Cpe	168	504	840	1,890	2,940	4,200
NOTE: Deduct 10 percent for 4-cyl.						
1983 Omega Brougham, V-6						
4d Sed	168	504	840	1,890	2,940	4,200
2d Cpe	172	516	860	1,940	3,010	4,300
NOTE: Deduct 10 percent for 4-cyl.						
1983 Cutlass Supreme, V-8						
4d Sed	390	1,180	1,960	4,410	6,860	9,800
2d Cpe	550	1,640	2,740	6,170	9,590	13,700
NOTE: Deduct 12 percent for V-6.						
1983 Cutlass Supreme Brougham, V-8						
4d Sed	400	1,190	1,980	4,460	6,930	9,900
2d Cpe	550	1,660	2,760	6,210	9,660	13,800
NOTE: Deduct 12 percent for V-6.						
1983 Cutlass Calais, V-8						
2d Cpe Hurst/Olds	790	2,370	3,950	8,890	13,830	19,750
2d Cpe	560	1,670	2,780	6,260	9,730	13,900
NOTE: Deduct 12 percent for V-6.						
1983 Cutlass Cruiser, V-8						
4d Sta Wag	192	576	960	2,160	3,360	4,800
NOTE: Deduct 12 percent for V-6.						
1983 Cutlass Ciera, V-6						
4d Sed	184	552	920	2,070	3,220	4,600
2d Cpe	188	564	940	2,120	3,290	4,700
NOTE: Deduct 10 percent for 4-cyl.						
1983 Cutlass Ciera Brougham, V-6						
4d Sed	188	564	940	2,120	3,290	4,700
2d Cpe	192	576	960	2,160	3,360	4,800
NOTE: Deduct 10 percent for 4-cyl.						
1983 Delta 88, V-8						
4d Sed	390	1,180	1,960	4,410	6,860	9,800
NOTE: Deduct 12 percent for V-6.						
1983 Delta 88 Royale, V-8						
4d Sed	400	1,190	1,980	4,460	6,930	9,900
2d Cpe	440	1,320	2,200	4,950	7,700	11,000
NOTE: Deduct 12 percent for V-6.						
1983 Delta 88 Royale Brougham, V-8						
4d Sed	400	1,210	2,020	4,550	7,070	10,100
2d Cpe	450	1,340	2,240	5,040	7,840	11,200
NOTE: Deduct 12 percent for V-6.						
1983 Custom Cruiser, V-8						
4d Sta Wag	400	1,210	2,020	4,550	7,070	10,100
1983 Ninety-Eight Regency, V-8						
4d Sed	450	1,360	2,260	5,090	7,910	11,300
2d Cpe	500	1,500	2,500	5,630	8,750	12,500
4d Sed Brgm	460	1,370	2,280	5,130	7,980	11,400
NOTE: Deduct 13 percent for V-6.						
1983 Toronado Brougham, V-8						
2d Cus Cpe	316	948	1,580	3,560	5,530	7,900
NOTE: Deduct 13 percent for V-6.						
1984 Firenza, 4-cyl.						
4d LX Sed	164	492	820	1,850	2,870	4,100
2d LX Sed	164	492	820	1,850	2,870	4,100
4d LX Sta Wag Cruiser	170	520	860	1,940	3,010	4,300
NOTE: Deduct 5 percent for lesser models.						
1984 Omega, V-6						
2d Sed	160	490	820	1,850	2,870	4,100
4d Sed	160	490	820	1,850	2,870	4,100
2d Cpe	170	500	840	1,890	2,940	4,200
NOTE: Deduct 10 percent for 4-cyl.						
1984 Omega Brougham, V-6						
4d Sed Brgm	170	500	840	1,890	2,940	4,200

	6	5	4	3	2	1
2d Sed Brgm	170	520	860	1,940	3,010	4,300
NOTE: Deduct 8 percent for 4-cyl.						
1984 Cutlass, V-8						
4d Sed Supreme Brgm	400	1,190	1,980	4,460	6,930	9,900
2d Cpe Supreme Brgm	510	1,540	2,560	5,760	8,960	12,800
2d Sed Calais	520	1,550	2,580	5,810	9,030	12,900
2d Sed Calais Hurst/Olds	990	2,970	4,950	11,140	17,330	24,750
NOTE: Deduct 10 percent for V-6.						
1984 Cutlass Ciera, V-6						
4d Sed	184	552	920	2,070	3,220	4,600
2d Sed	184	552	920	2,070	3,220	4,600
4d Sta Wag Cruiser	184	552	920	2,070	3,220	4,600
4d Sed Brgm	188	564	940	2,120	3,290	4,700
2d Sed Brgm	188	564	940	2,120	3,290	4,700
NOTE: Deduct 8 percent for 4-cyl.						
1984 Cutlass Ciera, V-8						
4d Sed	192	576	960	2,160	3,360	4,800
2d Sed	192	576	960	2,160	3,360	4,800
4d Sta Wag	192	576	960	2,160	3,360	4,800
4d Sed Brgm	196	588	980	2,210	3,430	4,900
2d Sed Brgm	196	588	980	2,210	3,430	4,900
1984 Delta 88 Royale, V-8						
4d Sed	400	1,200	2,000	4,500	7,000	10,000
2d Sed	440	1,320	2,200	4,950	7,700	11,000
4d Sed Brgm	410	1,220	2,040	4,590	7,140	10,200
2d Sed Brgm	450	1,340	2,240	5,040	7,840	11,200
4d Cus Sta Wag Cruiser	420	1,260	2,100	4,730	7,350	10,500
4d LS Sed	410	1,240	2,060	4,640	7,210	10,300
NOTE: Deduct 10 percent for V-6 cyl.						
1984 Ninety-Eight Regency, V-8						
4d Sed	420	1,260	2,100	4,730	7,350	10,500
2d Sed	500	1,500	2,500	5,630	8,750	12,500
4d Sed Brgm	420	1,270	2,120	4,770	7,420	10,600
1984 Toronado Brougham						
2d V-6 Cpe	300	900	1,500	3,380	5,250	7,500
2d V-8 Cpe	360	1,080	1,800	4,050	6,300	9,000
NOTE: Add 5 percent for Caliente Package.						
1985 Firenza, V-6						
4d LX Sed	172	516	860	1,940	3,010	4,300
2d LX Sed	172	516	860	1,940	3,010	4,300
4d LX Sta Wag	176	528	880	1,980	3,080	4,400
NOTE: Deduct 8 percent for 4-cyl. Deduct 5 percent for lesser models.						
1985 Cutlass Supreme, V-8						
4d Sed	400	1,190	1,980	4,460	6,930	9,900
2d Sed	510	1,540	2,560	5,760	8,960	12,800
1985 Cutlass Supreme Brougham, V-8						
4d Sed	400	1,200	2,000	4,500	7,000	10,000
2d Cpe	520	1,550	2,580	5,810	9,030	12,900
1985 Cutlass Salon, V-8						
2d Cpe	520	1,550	2,580	5,810	9,030	12,900
2d 4-4-2 Cpe	690	2,080	3,460	7,790	12,110	17,300
NOTE: Deduct 10 percent for 6-cyl. Deduct 30 percent for diesel.						
1985 Calais, V-6						
2d Sed	196	588	980	2,210	3,430	4,900
2d Sed Brgm	196	588	980	2,210	3,430	4,900
NOTE: Deduct 8 percent for 4-cyl.						
1985 Cutlass Ciera, V-6						
4d Sed	184	552	920	2,070	3,220	4,600
2d Sed	184	552	920	2,070	3,220	4,600
4d Sta Wag	188	564	940	2,120	3,290	4,700
1985 Cutlass Ciera Brougham, V-6						
4d Sed	188	564	940	2,120	3,290	4,700
2d Sed	188	564	940	2,120	3,290	4,700
NOTE: Deduct 8 percent for 4-cyl. Deduct 30 percent for diesel.						
1985 Delta 88 Royale, V-8						
4d Sed	400	1,210	2,020	4,550	7,070	10,100
2d Sed	440	1,330	2,220	5,000	7,770	11,100
4d Sed Brgm	410	1,240	2,060	4,640	7,210	10,300
2d Sed Brgm	450	1,360	2,260	5,090	7,910	11,300
4d Sta Wag	420	1,270	2,120	4,770	7,420	10,600
NOTE: Deduct 10 percent for V-6 where available. Deduct 30 percent for diesel.						
1985 Ninety-Eight Regency, V-6						
4d Sed	224	672	1,120	2,520	3,920	5,600
2d Sed	224	672	1,120	2,520	3,920	5,600
4d Sed Brgm	228	684	1,140	2,570	3,990	5,700
2d Sed Brgm	228	684	1,140	2,570	3,990	5,700

	6	5	4	3	2	1
1985 Toronado, V-8						
2d Cpe	364	1,092	1,820	4,100	6,370	9,100
NOTE: Deduct 30 percent for diesel. Add 5 percent for Caliente Package.						
1986 Firenza, 4-cyl.						
4d Sed	180	540	900	2,030	3,150	4,500
2d Cpe	176	528	880	1,980	3,080	4,400
2d HBk	180	540	900	2,030	3,150	4,500
4d Sed LX	184	552	920	2,070	3,220	4,600
2d Cpe LC	180	540	900	2,030	3,150	4,500
4d Sta Wag	184	552	920	2,070	3,220	4,600
2d HBk GT V-6	200	600	1,000	2,250	3,500	5,000
1986 Cutlass Supreme V-6						
4d Sed	390	1,160	1,940	4,370	6,790	9,700
2d Cpe	510	1,520	2,540	5,720	8,890	12,700
4d Sed Brgm	390	1,180	1,960	4,410	6,860	9,800
2d Cpe Brgm	510	1,540	2,560	5,760	8,960	12,800
1986 Cutlass Salon, V-6						
2d Cpe	520	1,550	2,580	5,810	9,030	12,900
2d Cpe 4-4-2-V-8	690	2,080	3,460	7,790	12,110	17,300
NOTE: Add 20 percent for V-8.						
1986 Calais, 4-cyl.						
4d Sed	204	612	1,020	2,300	3,570	5,100
2d Cpe	204	612	1,020	2,300	3,570	5,100
4d Sed Supreme	208	624	1,040	2,340	3,640	5,200
2d Cpe Supreme	208	624	1,040	2,340	3,640	5,200
NOTE: Add 10 percent for V-6.						
1986 Cutlass Ciera, V-6						
4d Sed LS	208	624	1,040	2,340	3,640	5,200
2d Cpe LS	208	624	1,040	2,340	3,640	5,200
2d Cpe S LS	212	636	1,060	2,390	3,710	5,300
4d Sta Wag LS	216	648	1,080	2,430	3,780	5,400
4d Sed Brgm	216	648	1,080	2,430	3,780	5,400
2d Cpe Brgm	216	648	1,080	2,430	3,780	5,400
2d Cpe Brgm SL	220	660	1,100	2,480	3,850	5,500
1986 Delta 88						
4d Sed	216	648	1,080	2,430	3,780	5,400
2d Cpe	216	648	1,080	2,430	3,780	5,400
4d Sed Brgm	220	660	1,100	2,480	3,850	5,500
2d Cpe Brgm	220	660	1,100	2,480	3,850	5,500
1986 Custom Cruiser, V-8						
4d Sta Wag	490	1,460	2,440	5,490	8,540	12,200
1986 Ninety-Eight Regency						
4d Sed	228	684	1,140	2,570	3,990	5,700
2d Cpe	228	684	1,140	2,570	3,990	5,700
4d Sed Brgm	232	696	1,160	2,610	4,060	5,800
2d Cpe Brgm	232	696	1,160	2,610	4,060	5,800
1986 Toronado						
2d Cpe	380	1,140	1,900	4,280	6,650	9,500
1987 Firenza, 4-cyl.						
4d Sed	180	540	900	2,030	3,150	4,500
2d Cpe	176	528	880	1,980	3,080	4,400
2d HBk S	180	540	900	2,030	3,150	4,500
4d Sed LX	184	552	920	2,070	3,220	4,600
2d Cpe LC	180	540	900	2,030	3,150	4,500
4d Sta Wag	184	552	920	2,070	3,220	4,600
2d HBk GT	190	580	960	2,160	3,360	4,800
1987 Cutlass Supreme, V-6						
4d Sed	390	1,180	1,960	4,410	6,860	9,800
2d Cpe	510	1,520	2,540	5,720	8,890	12,700
1987 Cutlass Supreme, V-8						
4d Sed	400	1,200	2,000	4,500	7,000	10,000
2d Cpe	520	1,550	2,580	5,810	9,030	12,900
2d Cpe 4-4-2	690	2,080	3,460	7,790	12,110	17,300
1987 Cutlass Supreme Brougham, V-6						
4d Sed	400	1,190	1,980	4,460	6,930	9,900
2d Cpe	510	1,540	2,560	5,760	8,960	12,800
1987 Cutlass Supreme Brougham, V-8						
4d Sed	400	1,210	2,020	4,550	7,070	10,100
2d Cpe	520	1,560	2,600	5,850	9,100	13,000
1987 Cutlass Salon						
2d Cpe V-6	520	1,570	2,620	5,900	9,170	13,100
2d Cpe V-8	530	1,580	2,640	5,940	9,240	13,200
1987 Calais, 4-cyl.						
4d Sed	208	624	1,040	2,340	3,640	5,200
2d Cpe	204	612	1,020	2,300	3,570	5,100

OLDSMOBILE

	6	5	4	3	2	1
1987 Calais, V-6						
4d Sed	212	636	1,060	2,390	3,710	5,300
2d Cpe	208	624	1,040	2,340	3,640	5,200
1987 Calais Supreme, 4-cyl.						
4d Sed	212	636	1,060	2,390	3,710	5,300
2d Cpe	208	624	1,040	2,340	3,640	5,200
1987 Calais Supreme, V-6						
4d Sed	216	648	1,080	2,430	3,780	5,400
2d Cpe	212	636	1,060	2,390	3,710	5,300
1987 Cutlass Ciera, 4-cyl.						
4d Sed	216	648	1,080	2,430	3,780	5,400
2d Cpe	212	636	1,060	2,390	3,710	5,300
4d Sta Wag	220	660	1,100	2,480	3,850	5,500
1987 Cutlass Ciera, V-6						
4d Sed	220	660	1,100	2,480	3,850	5,500
2d Cpe	216	648	1,080	2,430	3,780	5,400
4d Sta Wag	224	672	1,120	2,520	3,920	5,600
1987 Cutlass Ciera Brougham, 4-cyl.						
4d Sed	220	660	1,100	2,480	3,850	5,500
2d Cpe SL	216	648	1,080	2,430	3,780	5,400
4d Sta Wag	224	672	1,120	2,520	3,920	5,600
1987 Cutlass Ciera Brougham, V-6						
4d Sed	224	672	1,120	2,520	3,920	5,600
2d Cpe SL	220	660	1,100	2,480	3,850	5,500
4d Sta Wag	228	684	1,140	2,570	3,990	5,700
1987 Delta 88 Royale, V-6						
4d Sed	216	648	1,080	2,430	3,780	5,400
2d Cpe	212	636	1,060	2,390	3,710	5,300
4d Sed Brgm	224	672	1,120	2,520	3,920	5,600
2d Cpe Brgm	220	660	1,100	2,480	3,850	5,500
1987 Custom Cruiser, V-8						
4d Sta Wag	420	1,260	2,100	4,730	7,350	10,500
1987 Ninety-Eight, V-6						
4d Sed	224	672	1,120	2,520	3,920	5,600
4d Sed Regency Brgm	230	680	1,140	2,570	3,990	5,700
2d Sed Regency Brgm	220	670	1,120	2,520	3,920	5,600
1987 Toronado, V-6						
2d Cpe Brgm	376	1,128	1,880	4,230	6,580	9,400
NOTE: Add 25 percent for Trofeo option.						
1988 Firenza, 4-cyl.						
2d Cpe	168	504	840	1,890	2,940	4,200
4d Sed	172	516	860	1,940	3,010	4,300
4d Sta Wag	180	540	900	2,030	3,150	4,500
1988 Cutlass Calais, 4-cyl.						
2d Cpe	176	528	880	1,980	3,080	4,400
4d Sed	180	540	900	2,030	3,150	4,500
2d SL Cpe	192	576	960	2,160	3,360	4,800
4d SL Sed	196	588	980	2,210	3,430	4,900
2d Int'l Cpe	220	660	1,100	2,480	3,850	5,500
4d Int'l Sed	224	672	1,120	2,520	3,920	5,600
2d Cpe, V-6	208	624	1,040	2,340	3,640	5,200
4d Sed, V-6	212	636	1,060	2,390	3,710	5,300
2d SL Cpe, V-6	216	648	1,080	2,430	3,780	5,400
4d SL Sed, V-6	220	660	1,100	2,480	3,850	5,500
1988 Cutlass Ciera, 4-cyl.						
2d Cpe	196	588	980	2,210	3,430	4,900
4d Sed	200	600	1,000	2,250	3,500	5,000
4d Sta Wag	204	612	1,020	2,300	3,570	5,100
1988 Cutlass Ciera Brougham, 4-cyl.						
2d Cpe	200	600	1,000	2,250	3,500	5,000
4d SL Sed	204	612	1,020	2,300	3,570	5,100
4d Sta Wag	208	624	1,040	2,340	3,640	5,200
1988 Cutlass Ciera, V-6						
2d Cpe	204	612	1,020	2,300	3,570	5,100
4d Sed	208	624	1,040	2,340	3,640	5,200
4d Sta Wag	212	636	1,060	2,390	3,710	5,300
1988 Cutlass Ciera Brougham, V-6						
2d Cpe SL	216	648	1,080	2,430	3,780	5,400
4d Sed	220	660	1,100	2,480	3,850	5,500
4d Sta Wag	224	672	1,120	2,520	3,920	5,600
2d Int'l Cpe	232	696	1,160	2,610	4,060	5,800
4d Int'l Cpe	236	708	1,180	2,660	4,130	5,900
1988 Cutlass Supreme, V-6						
2d Cpe	480	1,450	2,420	5,450	8,470	12,100
2d SL Cpe	500	1,500	2,500	5,630	8,750	12,500
2d Int'l Cpe	510	1,520	2,540	5,720	8,890	12,700

	6	5	4	3	2	1
1988 Cutlass Supreme, V-8						
2d Cpe	570	1,720	2,860	6,440	10,010	14,300
2d Cpe Brgm	580	1,740	2,900	6,530	10,150	14,500
1988 Delta 88 Royale, V-6						
2d Cpe	220	660	1,100	2,480	3,850	5,500
4d Sed	224	672	1,120	2,520	3,920	5,600
2d Cpe Brgm	236	708	1,180	2,660	4,130	5,900
4d Sed Brgm	280	840	1,400	3,150	4,900	7,000
1988 Custom Cruiser, V-8						
4d Sta Wag	500	1,500	2,500	5,630	8,750	12,500
1988 Ninety-Eight, V-6						
4d Sed Regency	300	900	1,500	3,380	5,250	7,500
4d Sed Regency Brgm	360	1,080	1,800	4,050	6,300	9,000
4d Trg Sed	400	1,200	2,000	4,500	7,000	10,000
1988 Toronado, V-6						
2d Cpe	380	1,140	1,900	4,280	6,650	9,500
2d Cpe Trofeo	500	1,500	2,500	5,630	8,750	12,500
1989 Cutlass Calais, 4-cyl.						
4d Sed	180	540	900	2,030	3,150	4,500
2d Cpe	176	528	880	1,980	3,080	4,400
4d Sed S	192	576	960	2,160	3,360	4,800
2d Cpe S	188	564	940	2,120	3,290	4,700
4d Sed SL	212	636	1,060	2,390	3,710	5,300
2d Cpe SL	208	624	1,040	2,340	3,640	5,200
4d Sed Int'l Series	260	780	1,300	2,930	4,550	6,500
2d Cpe Int'l Series	250	750	1,300	2,880	4,500	6,400
1989 Cutlass Calais, V-6						
4d Sed S	200	650	1,050	2,390	3,700	5,300
2d Cpe S	200	600	1,050	2,340	3,650	5,200
4d Sed SL	200	650	1,100	2,520	3,900	5,600
2d Cpe SL	200	650	1,100	2,480	3,850	5,500
1989 Cutlass Ciera, 4-cyl.						
4d Sed	200	600	1,000	2,210	3,450	4,900
2d Cpe	200	600	950	2,160	3,350	4,800
4d Sta Wag	250	700	1,200	2,700	4,200	6,000
4d Sed SL	250	700	1,150	2,570	4,000	5,700
2d Cpe SL	200	650	1,100	2,520	3,900	5,600
4d Sta Wag SL	250	750	1,250	2,790	4,350	6,200
1989 Cutlass Ciera, V-6						
4d Sed	200	650	1,100	2,480	3,850	5,500
2d Cpe	200	650	1,100	2,430	3,800	5,400
4d Sta Wag	250	750	1,250	2,840	4,400	6,300
4d Sed SL	250	700	1,150	2,570	4,000	5,700
2d Cpe SL	200	650	1,100	2,520	3,900	5,600
4d Sta Wag SL	250	800	1,300	2,930	4,550	6,500
4d Sed Int'l Series	250	800	1,300	2,970	4,600	6,600
2d Cpe Int'l Series	250	800	1,300	2,930	4,550	6,500
1989 Cutlass Supreme, V-6						
2d Cpe	280	840	1,400	3,150	4,900	7,000
2d Cpe SL	300	900	1,500	3,380	5,250	7,500
2d Cpe Int'l Series	320	960	1,600	3,600	5,600	8,000
1989 Eighty-Eight Royale, V-6						
4d Sed	280	840	1,400	3,150	4,900	7,000
2d Cpe	276	828	1,380	3,110	4,830	6,900
4d Sed Brgm	300	900	1,500	3,380	5,250	7,500
2d Cpe Brgm	296	888	1,480	3,330	5,180	7,400
1989 Custom Cruiser, V-8						
4d Sta Wag	500	1,500	2,500	5,630	8,750	12,500
1989 Ninety-Eight, V-6						
4d Sed Regency	300	900	1,500	3,380	5,250	7,500
4d Sed Regency Brgm	340	1,020	1,700	3,830	5,950	8,500
4d Sed Trg	540	1,620	2,700	6,080	9,450	13,500
1989 Toronado, V-6						
2d Cpe	420	1,260	2,100	4,730	7,350	10,500
2d Cpe Trofeo	540	1,620	2,700	6,080	9,450	13,500
1990 Cutlass Calais, 4-cyl.						
2d Cpe	192	576	960	2,160	3,360	4,800
4d Sed	196	588	980	2,210	3,430	4,900
2d Cpe S	196	588	980	2,210	3,430	4,900
4d Sed S	200	600	1,000	2,250	3,500	5,000
2d Cpe SL Quad	220	660	1,100	2,480	3,850	5,500
4d Sed SL Quad	224	672	1,120	2,520	3,920	5,600
2d Cpe Int'l Quad	224	672	1,120	2,520	3,920	5,600
4d Sed Int'l Quad	228	684	1,140	2,570	3,990	5,700
1990 Cutlass Calais, V-6						
2d Cpe SL	250	700	1,150	2,610	4,050	5,800

	6	5	4	3	2	1
4d Sed SL	250	700	1,200	2,660	4,150	5,900
1990 Cutlass Ciera, 4-cyl.						
4d Sed	200	600	1,000	2,250	3,500	5,000
2d Cpe S	204	612	1,020	2,300	3,570	5,100
4d Sed S	208	624	1,040	2,340	3,640	5,200
4d Sta Wag S	220	660	1,100	2,480	3,850	5,500
1990 Cutlass Ciera, V-6						
4d Sed	200	600	1,050	2,340	3,650	5,200
2d Cpe S	200	650	1,100	2,480	3,850	5,500
4d Sed S	200	650	1,100	2,520	3,900	5,600
4d Sta Wag S	250	700	1,150	2,570	4,000	5,700
4d Sed SL	250	700	1,150	2,610	4,050	5,800
4d Sta Wag SL	250	700	1,200	2,660	4,150	5,900
2d Cpe Int'l	250	700	1,200	2,700	4,200	6,000
4d Sed Int'l	250	750	1,200	2,750	4,250	6,100
1990 Cutlass Supreme, 4-cyl.						
2d Cpe Quad	260	780	1,300	2,930	4,550	6,500
4d Sed Quad	264	792	1,320	2,970	4,620	6,600
2d Cpe Int'l Quad	300	900	1,500	3,380	5,250	7,500
4d Sed Int'l Quad	308	924	1,540	3,470	5,390	7,700
1990 Cutlass Supreme, V-6						
2d Cpe	250	800	1,350	3,020	4,700	6,700
4d Sed	250	800	1,350	3,060	4,750	6,800
2d Cpe SL	300	850	1,400	3,110	4,850	6,900
2d Conv	300	950	1,600	3,600	5,600	8,000
4d Sed SL	300	850	1,400	3,150	4,900	7,000
2d Cpe Int'l	300	900	1,500	3,380	5,250	7,500
4d Sed Int'l	300	900	1,500	3,420	5,300	7,600
1990 Eighty-Eight Royale, V-6						
4d Sed	280	840	1,400	3,150	4,900	7,000
2d Cpe Brgm	300	900	1,500	3,380	5,250	7,500
4d Sed Brgm	304	912	1,520	3,420	5,320	7,600
1990 Custom Cruiser, V-8						
4d Sta Wag	500	1,500	2,500	5,630	8,750	12,500
1990 Ninety-Eight, V-6						
4d Sed Regency	320	960	1,600	3,600	5,600	8,000
4d Sed Regency Brgm	340	1,020	1,700	3,830	5,950	8,500
4d Sed Trg	380	1,140	1,900	4,280	6,650	9,500
1990 Toronado, V-6						
2d Cpe	340	1,020	1,700	3,830	5,950	8,500
2d Cpe Trofeo	460	1,380	2,300	5,180	8,050	11,500
1991 Cutlass Calais, 4-cyl.						
2d Cpe	184	552	920	2,070	3,220	4,600
4d Sed	184	552	920	2,070	3,220	4,600
2d Cpe S	196	588	980	2,210	3,430	4,900
4d Sed S	196	588	980	2,210	3,430	4,900
2d Cpe SL	220	660	1,100	2,480	3,850	5,500
4d Sed SL	220	660	1,100	2,480	3,850	5,500
2d Cpe Int'l Quad	244	732	1,220	2,750	4,270	6,100
4d Sed Int'l Quad	244	732	1,220	2,750	4,270	6,100
1991 Cutlass Calais, V-6						
2d Cpe SL	228	684	1,140	2,570	3,990	5,700
4d Sed SL	228	684	1,140	2,570	3,990	5,700
1991 Cutlass Ciera, 4-cyl.						
4d Sed	192	576	960	2,160	3,360	4,800
2d Cpe S	200	600	1,000	2,250	3,500	5,000
4d Sed S	200	600	1,000	2,250	3,500	5,000
4d Sta Wag S	220	660	1,100	2,480	3,850	5,500
1991 Cutlass Ciera, V-6						
4d Sed	200	600	1,000	2,250	3,500	5,000
2d Cpe S	220	660	1,100	2,480	3,850	5,500
4d Sed S	220	660	1,100	2,480	3,850	5,500
4d Sta Wag S	228	684	1,140	2,570	3,990	5,700
4d Sed SL	228	684	1,140	2,570	3,990	5,700
4d Sta Wag SL	236	708	1,180	2,660	4,130	5,900
1991 Cutlass Supreme, 4-cyl.						
2d Cpe Quad	240	720	1,200	2,700	4,200	6,000
4d Sed Quad	240	720	1,200	2,700	4,200	6,000
1991 Cutlass Supreme, V-6						
2d Cpe	248	744	1,240	2,790	4,340	6,200
4d Sed	248	744	1,240	2,790	4,340	6,200
2d Conv	580	1,740	2,900	6,530	10,150	14,500
2d Cpe SL	280	840	1,400	3,150	4,900	7,000
4d Sed SL	280	840	1,400	3,150	4,900	7,000
2d Cpe Int'l	300	900	1,500	3,380	5,250	7,500
4d Sed Int'l	300	900	1,500	3,380	5,250	7,500

	6	5	4	3	2	1
1991 Eighty-Eight Royale, V-6						
2d Cpe	272	816	1,360	3,060	4,760	6,800
4d Sed	272	816	1,360	3,060	4,760	6,800
2d Cpe Brgm	288	864	1,440	3,240	5,040	7,200
4d Sed Brgm	288	864	1,440	3,240	5,040	7,200
1991 Custom Cruiser, V-8						
4d Sta Wag	380	1,140	1,900	4,280	6,650	9,500
1991 Ninety-Eight, V-6						
4d Sed	340	1,020	1,700	3,830	5,950	8,500
4d Sed Trg	380	1,140	1,900	4,280	6,650	9,500
1991 Toronado, V-6						
2d Cpe	320	960	1,600	3,600	5,600	8,000
2d Cpe Trofeo	460	1,380	2,300	5,180	8,050	11,500
1992 Achieva, 4-cyl.						
4d Sed S	220	660	1,100	2,480	3,850	5,500
2d Cpe S	220	660	1,100	2,480	3,850	5,500
4d Sed SL	236	708	1,180	2,660	4,130	5,900
2d Cpe SL	236	708	1,180	2,660	4,130	5,900
NOTE: Add 10 percent for V-6.						
1992 Cutlass Ciera, V-6						
4d Sed S	256	768	1,280	2,880	4,480	6,400
4d Sta Wag S	260	780	1,300	2,930	4,550	6,500
4d Sed SL	276	828	1,380	3,110	4,830	6,900
4d Sta Wag SL	280	840	1,400	3,150	4,900	7,000
NOTE: Deduct 10 percent for 4-cyl.						
1992 Cutlass Supreme, V-6						
4d Sed S	300	900	1,500	3,380	5,250	7,500
2d Cpe S	300	900	1,500	3,380	5,250	7,500
4d Sed Int'l	360	1,080	1,800	4,050	6,300	9,000
2d Cpe Int'l	360	1,080	1,800	4,050	6,300	9,000
2d Conv	480	1,440	2,400	5,400	8,400	12,000
1992 Eighty-Eight, V-6						
4d Sed	320	960	1,600	3,600	5,600	8,000
4d Sed LS	340	1,020	1,700	3,830	5,950	8,500
4d Sta Wag	380	1,140	1,900	4,280	6,650	9,500
1992 Ninety-Eight, V-6						
4d Sed Regency	360	1,080	1,800	4,050	6,300	9,000
4d Sed Regency Elite	380	1,140	1,900	4,280	6,650	9,500
4d Sed Trg	400	1,200	2,000	4,500	7,000	10,000
1992 Toronado, V-6						
2d Cpe	420	1,260	2,100	4,730	7,350	10,500
2d Cpe Trofeo	480	1,440	2,400	5,400	8,400	12,000
1993 Achieva, 4-cyl.						
2d Cpe S	220	660	1,100	2,480	3,850	5,500
4d Sed S	220	660	1,100	2,480	3,850	5,500
2d Cpe SL	224	672	1,120	2,520	3,920	5,600
4d Sed SL	224	672	1,120	2,520	3,920	5,600
1993 Achieva, V-6						
2d Cpe S	228	684	1,140	2,570	3,990	5,700
4d Sed S	228	684	1,140	2,570	3,990	5,700
2d Cpe SL	232	696	1,160	2,610	4,060	5,800
4d Sed SL	232	696	1,160	2,610	4,060	5,800
1993 Cutlass Ciera, 4-cyl.						
4d Sed	224	672	1,120	2,520	3,920	5,600
4d Sta Wag	232	696	1,160	2,610	4,060	5,800
1993 Cutlass Ciera, V-6						
4d Sed S	228	684	1,140	2,570	3,990	5,700
4d Sta Wag S	236	708	1,180	2,660	4,130	5,900
4d Sed SL	232	696	1,160	2,610	4,060	5,800
4d Sta Wag SL	240	720	1,200	2,700	4,200	6,000
1993 Cutlass Supreme, V-6						
2d Cpe S	248	744	1,240	2,790	4,340	6,200
4d Sed S	244	732	1,220	2,750	4,270	6,100
4d Sed Int'l	248	744	1,240	2,790	4,340	6,200
2d Cpe Int'l	252	756	1,260	2,840	4,410	6,300
2d Conv	500	1,450	2,400	5,400	8,400	12,000
1993 Eighty Eight, V-6						
4d Sed	300	900	1,500	3,380	5,250	7,500
4d Sed LS	304	912	1,520	3,420	5,320	7,600
1993 Ninety-Eight						
4d Sed Regency	344	1,032	1,720	3,870	6,020	8,600
4d Sed Regency Elite	350	1,040	1,740	3,920	6,090	8,700
4d Sed Trg	352	1,056	1,760	3,960	6,160	8,800
1994 Achieva, 4-cyl. & V-6						
2d Cpe S	228	684	1,140	2,570	3,990	5,700
4d Sed S	232	696	1,160	2,610	4,060	5,800

OLDSMOBILE

	6	5	4	3	2	1
2d Cpe SC	244	732	1,220	2,750	4,270	6,100
4d Sed SL	248	744	1,240	2,790	4,340	6,200
1994 Cutlass Ciera						
4d Sed S, 4-cyl.	260	780	1,300	2,930	4,550	6,500
4d Sed S, V-6	268	804	1,340	3,020	4,690	6,700
4d Sta Wag S, V-6	272	816	1,360	3,060	4,760	6,800
1994 Cutlass Supreme, V-6						
2d Cpe S	300	900	1,500	3,380	5,250	7,500
4d Sed S	304	912	1,520	3,420	5,320	7,600
2d Conv	480	1,440	2,400	5,400	8,400	12,000
1994 Eighty Eight Royale, V-6						
4d Sed	300	950	1,600	3,600	5,600	8,000
4d Sed LS	350	1,000	1,700	3,830	5,950	8,500
1994 Ninety-Eight, V-6						
4d Sed Regency	420	1,260	2,100	4,730	7,350	10,500
4d Sed Regency Elite	440	1,320	2,200	4,950	7,700	11,000
1995 Achieva, 4-cyl. & V-6						
2d S Cpe	250	700	1,150	2,570	4,000	5,700
4d S Sed	250	700	1,150	2,610	4,050	5,800
1995 Ciera, 4-cyl. & V-6						
4d SL Sed	250	800	1,350	3,020	4,700	6,700
4d SL Cruiser Sta Wag (V-6 only)	300	850	1,450	3,240	5,050	7,200
1995 Cutlass Supreme, V-6						
2d SL Cpe	300	900	1,500	3,420	5,300	7,600
4d SL Sed	300	900	1,550	3,470	5,400	7,700
2d Conv	500	1,450	2,400	5,400	8,400	12,000
1995 Eighty-Eight Royale, V-6						
4d Sed	300	950	1,600	3,600	5,600	8,000
4d LS Sed	350	1,000	1,700	3,830	5,950	8,500
1995 Ninety-Eight, V-6						
4d Regency Elite Sed	440	1,320	2,200	4,950	7,700	11,000
1995 Aurora, V-8						
4d Sed	500	1,500	2,500	5,630	8,750	12,500
1996 Achieva, 4-cyl. & V-6						
2d SC Cpe	250	700	1,150	2,570	4,000	5,700
4d SL Sed	250	700	1,150	2,610	4,050	5,800
1996 Ciera, 4-cyl. & V-6						
4d SL Sed	250	800	1,350	3,020	4,700	6,700
4d SL Cruiser Sta Wag (V-6 only)	300	850	1,450	3,240	5,050	7,200
1996 Cutlass Supreme, V-6						
2d SL Cpe	300	900	1,500	3,420	5,300	7,600
4d SL Sed	300	900	1,550	3,470	5,400	7,700
1996 Eighty-Eight, V-6						
4d Sed	300	950	1,600	3,600	5,600	8,000
4d LS Sed	350	1,000	1,700	3,830	5,950	8,500
1996 LSS, V-6						
4d Sed	350	1,050	1,750	3,920	6,100	8,700
NOTE: Add 5 percent for supercharged V-6.						
1996 Ninety-Eight, V-6						
4d Regency Elite Sed	440	1,320	2,200	4,950	7,700	11,000
1996 Aurora, V-8						
4d Sed	500	1,500	2,500	5,630	8,750	12,500
1997 Achieva, 4-cyl. & V-6						
2d SC Cpe	228	684	1,140	2,570	3,990	5,700
4d SL Sed	232	696	1,160	2,610	4,060	5,800
1997 Cutlass, V-6						
4d Sed	300	900	1,500	3,380	5,250	7,500
4d GLS Sed	320	960	1,600	3,600	5,600	8,000
1997 Cutlass Supreme, V-6						
2d SL Cpe	304	912	1,520	3,420	5,320	7,600
4d SL Sed	308	924	1,540	3,470	5,390	7,700
1997 Eighty-Eight, V-6						
4d Sed	320	960	1,600	3,600	5,600	8,000
4d LS Sed	340	1,020	1,700	3,830	5,950	8,500
1997 LSS, V-6						
4d Sed	348	1,044	1,740	3,920	6,090	8,700
NOTE: Add 5 percent for supercharged V-6.						
1997 Regency, V-6						
4d Regency Elite Sed	440	1,320	2,200	4,950	7,700	11,000
1997 Aurora, V-8						
4d Sed	500	1,500	2,500	5,630	8,750	12,500
1998 Achieva, V-6						
4d SL Sed	230	700	1,160	2,610	4,060	5,800
1998 Cutlass, V-6						
4d GL Sed	300	900	1,500	3,380	5,250	7,500
4d GLS Sed	320	960	1,600	3,600	5,600	8,000

	6	5	4	3	2	1
1998 Intrigue, V-6						
4d Sed.	300	910	1,520	3,420	5,320	7,600
4d GL Sed.	310	920	1,540	3,470	5,390	7,700
4d GLS Sed.	320	950	1,580	3,560	5,530	7,900
1998 Eighty-Eight, V-6						
4d Sed.	320	960	1,600	3,600	5,600	8,000
4d LS Sed	340	1,020	1,700	3,830	5,950	8,500
1998 LSS, V-6						
4d Sed.	350	1,040	1,740	3,920	6,090	8,700
NOTE: Add 5 percent for supercharged V-6.						
1998 Regency, V-6						
4d Sed.	440	1,320	2,200	4,950	7,700	11,000
1998 Aurora, V-8						
4d Sed.	500	1,500	2,500	5,630	8,750	12,500
NOTE: Add 5 percent for either Autobahn Pkg or Gold Pkg.						
1999 Alero, 4-cyl. & V-6						
2d GX Cpe (4-cyl. only).	200	600	1,000	2,250	3,500	5,000
2d GL Cpe.	210	620	1,040	2,340	3,640	5,200
2d GLS Cpe (V-6 only)	230	700	1,160	2,610	4,060	5,800
4d GX Sed (4-cyl. only).	210	640	1,060	2,390	3,710	5,300
4d GL Sed.	220	660	1,100	2,480	3,850	5,500
4d GLS Sed (V-6 only)	240	720	1,200	2,700	4,200	6,000
NOTE: Add 5 percent for Sport Pkg on GL Sed. Add 5 percent for Performance Suspension Pkg on GLS Cpe.						
1999 Cutlass, V-6						
4d GL Sed.	300	900	1,500	3,380	5,250	7,500
4d GLS Sed.	320	960	1,600	3,600	5,600	8,000
NOTE: Add 5 percent for Gold Pkg.						
1999 Intrigue, V-6						
4d GX Sed.	300	910	1,520	3,420	5,320	7,600
4d GL Sed.	310	940	1,560	3,510	5,460	7,800
4d GLS Sed.	320	970	1,620	3,650	5,670	8,100
NOTE: Add 5 percent for Autobahn Pkg.						
1999 Eighty-Eight, V-6						
4d Sed.	320	960	1,600	3,600	5,600	8,000
4d LS Sed	340	1,020	1,700	3,830	5,950	8,500
NOTE: Add 5 percent for 50th Anv Ed.						
1999 LSS, V-6						
4d Sed.	350	1,040	1,740	3,920	6,090	8,700
NOTE: Add 5 percent for supercharged V-6.						
1999 Aurora, V-8						
4d Sed.	500	1,500	2,500	5,630	8,750	12,500
NOTE: Add 5 percent for either Autobahn Pkg or Gold Pkg.						
2000 Alero, 4-cyl. & V-6						
2d GX Cpe (4-cyl. only).	200	600	1,000	2,250	3,500	5,000
2d GL Cpe.	210	620	1,040	2,340	3,640	5,200
2d GLS Cpe (V-6 only)	230	700	1,160	2,610	4,060	5,800
4d GX Sed (4-cyl. only).	210	640	1,060	2,390	3,710	5,300
4d GL Sed.	220	660	1,100	2,480	3,850	5,500
4d GLS Sed (V-6 only)	240	720	1,200	2,700	4,200	6,000
NOTE: Add 5 percent for Sport Pkg on GL Sed. Add 5 percent for Performance Suspension Pkg on GLS Cpe.						
2000 Intrigue, V-6						
4d GX Sed.	300	910	1,520	3,420	5,320	7,600
4d GL Sed.	310	940	1,560	3,510	5,460	7,800
4d GLS Sed.	320	970	1,620	3,650	5,670	8,100
NOTE: Add 5 percent for Autobahn Pkg.						
NOTE: Aurora was re-introduced in 2000 as a 2001 model.						
2001 Alero, 4-cyl. & V-6						
2d GX Cpe (4-cyl. only).	200	600	1,000	2,500	3,500	5,000
2d GL Cpe.	210	620	1,040	2,600	3,640	5,200
2d GLS Cpe (V-6 only)	230	700	1,160	2,900	4,060	5,800
4d GX Sed (4-cyl. only).	210	640	1,060	2,390	3,710	5,300
4d GL Sed.	220	660	1,100	2,750	3,850	5,500
4d GLS Sed (V-6 only)	240	720	1,200	3,000	4,200	6,000
NOTE: Add 5 percent for Sport pkg. on GL. Add 5 percent for Performance Suspension pkg. on GLS.						
2001 Intrigue, V-6						
4d GX Sed.	300	910	1,520	3,800	5,320	7,600
4d GL Sed.	310	940	1,560	3,900	5,460	7,800
4d GLS Sed.	320	970	1,620	4,050	5,670	8,100
NOTE: Add 5 percent for Precision Control System pkg. (except GLS).						
2001 Aurora, V-6 & V-8						
4d Sed.	340	1,030	1,720	4,300	6,020	8,600
2002 Alero, 4-cyl. & V-6						
2d GX Cpe (4-cyl. only).	200	600	1,000	2,500	3,500	5,000
2d GL Cpe.	210	620	1,040	2,600	3,640	5,200
2d GLS Cpe (V-6 only)	230	700	1,160	2,900	4,060	5,800
4d GX Sed (4-cyl. only).	210	640	1,060	2,650	3,710	5,300
4d GL Sed.	220	660	1,100	2,750	3,850	5,500

	6	5	4	3	2	1
4d GLS Sed (V-6 only)	240	720	1,200	3,000	4,200	6,000
NOTE: Add 5 percent for GLS Performance Suspension pkg.						
2002 Intrigue, V-6						
4d GX Sed	300	910	1,520	3,800	5,320	7,600
4d GL Sed	310	940	1,560	3,900	5,460	7,800
4d GLS Sed	320	970	1,620	4,050	5,670	8,100
NOTE: Add 5 percent for Collector's Ed.						
2002 Aurora, V-6 & V-8						
4d Sed	340	1,030	1,720	4,300	6,020	8,600
NOTE: V-6 was phased out at mid-model year.						
2003 Alero, 4-cyl. & V-6						
2d GX Cpe (4-cyl only)	200	600	1,000	2,500	3,500	5,000
2d GL Cpe	210	620	1,040	2,600	3,640	5,200
2d GLS Cpe (V-6 only)	230	700	1,160	2,900	4,060	5,800
4d GX Sed (4-cyl only)	210	640	1,060	2,650	3,710	5,300
4d GL Sed	220	660	1,100	2,750	3,850	5,500
4d GLS Sed (V-6 only)	240	720	1,200	3,000	4,200	6,000
2003 Aurora, V-8						
4d 4.0L Sed	380	1,140	1,900	4,750	6,650	9,500
2004 Alero, 4-cyl. & V-6						
2d GX Cpe (4-cyl. only)	200	600	1,000	2,500	3,500	5,000
2d GL Cpe	210	620	1,040	2,600	3,640	5,200
2d GLS Cpe (V-6 only)	230	700	1,160	2,900	4,060	5,800
4d GX Sed (4-cyl. only)	210	640	1,060	2,650	3,710	5,300
4d GL Sed	220	660	1,100	2,750	3,850	5,500
4d GLS Sed (V-6 only)	240	720	1,200	3,000	4,200	6,000
NOTE: Oldsmobile was discontinued at the end of the 2004 model year.						

PACKARD

	6	5	4	3	2	1
1899 Model A, 1-cyl.						
Rds	value not estimable					
1900 Model B, 1-cyl.						
Rds	value not estimable					
1901 Model C, 1-cyl.						
Rds	value not estimable					
1902-03 Model F, 4-cyl.						
Tr	value not estimable					
1904 Model L, 4-cyl.						
Tr	value not estimable					
1904 Model M, 4-cyl.						
Tr	value not estimable					
1905 Model N, 4-cyl.						
Tr	value not estimable					
1906 Model S, 4-cyl., 24 hp						
Tr	3,440	10,320	17,200	38,700	60,200	86,000
1907 Model U, 4-cyl., 30 hp						
Tr	3,440	10,320	17,200	38,700	60,200	86,000
1908 Model UA, 4-cyl., 30 hp						
Tr	3,440	10,320	17,200	38,700	60,200	86,000
Rds	3,240	9,720	16,200	36,450	56,700	81,000
1909 Model UB UBS, 4-cyl., 30 hp						
Tr	3,440	10,320	17,200	38,700	60,200	86,000
Rbt	3,240	9,720	16,200	36,450	56,700	81,000
1909 Model NA, 4-cyl., 18 hp						
Tr	2,760	8,280	13,800	31,050	48,300	69,000
1910-11 Model UC UCS, 4-cyl., 30 hp						
Tr	3,440	10,320	17,200	38,700	60,200	86,000
Rbt	3,360	10,080	16,800	37,800	58,800	84,000
1910-11 Model NB, 4-cyl., 18 hp						
Tr	2,760	8,280	13,800	31,050	48,300	69,000
1911-12 Model UE, 4-cyl., 30 hp						
Tr	3,240	9,720	16,200	36,450	56,700	81,000
Phae	3,280	9,840	16,400	36,900	57,400	82,000
Rbt	2,840	8,520	14,200	31,950	49,700	71,000
Cpe	2,840	8,520	14,200	31,950	49,700	71,000
Brgm	2,640	7,920	13,200	29,700	46,200	66,000
Limo	2,760	8,280	13,800	31,050	48,300	69,000
Imp Limo	2,800	8,400	14,000	31,500	49,000	70,000
1912 Model NE, 4-cyl., 18 hp						
Tr	3,360	10,080	16,800	37,800	58,800	84,000
Rbt	3,320	9,960	16,600	37,350	58,100	83,000
Cpe	3,360	10,080	16,800	37,800	58,800	84,000
Limo	2,960	8,880	14,800	33,300	51,800	74,000
Imp Limo	3,080	9,240	15,400	34,650	53,900	77,000
1912 Model 12-48, 6-cyl., 36 hp						
Tr	3,520	10,560	17,600	39,600	61,600	88,000

	6	5	4	3	2	1
Phae	3,400	10,200	17,000	38,250	59,500	85,000
Rbt.	3,360	10,080	16,800	37,800	58,800	84,000
Cpe	2,920	8,760	14,600	32,850	51,100	73,000
Brgm	2,840	8,520	14,200	31,950	49,700	71,000
Limo	2,920	8,760	14,600	32,850	51,100	73,000
Imp Limo	3,000	9,000	15,000	33,750	52,500	75,000
1912 Model 1-38, 6-cyl., 38 hp						
Tr.	3,640	10,920	18,200	40,950	63,700	91,000
Phae	3,480	10,440	17,400	39,150	60,900	87,000
4P Phae	3,520	10,560	17,600	39,600	61,600	88,000
Rbt.	3,400	10,200	17,000	38,250	59,500	85,000
Cpe	3,000	9,000	15,000	33,750	52,500	75,000
Imp Cpe.	2,920	8,760	14,600	32,850	51,100	73,000
Lan'let	3,000	9,000	15,000	33,750	52,500	75,000
Imp Lan'let.	3,320	9,960	16,600	37,350	58,100	83,000
Limo	3,480	10,440	17,400	39,150	60,900	87,000
Imp Limo	3,400	10,200	17,000	38,250	59,500	85,000
1913 Model 13-48, 6-cyl.						
Tr.	3,720	11,160	18,600	41,850	65,100	93,000
1914 Model 2-38, 6-cyl.						
Tr.	3,640	10,920	18,200	40,950	63,700	91,000
Sal Tr.	3,680	11,040	18,400	41,400	64,400	92,000
Spl Tr.	3,680	11,040	18,400	41,400	64,400	92,000
Phae	3,640	10,920	18,200	40,950	63,700	91,000
4P Phae	3,640	10,920	18,200	40,950	63,700	91,000
Cpe	3,640	10,920	18,200	40,950	63,700	91,000
Brgm	3,640	10,920	18,200	40,950	63,700	91,000
4P Brgm	3,640	10,920	18,200	40,950	63,700	91,000
1914 Model 2-38						
Lan'let	3,640	10,920	18,200	40,950	63,700	91,000
Cabr Lan'let.	3,720	11,160	18,600	41,850	65,100	93,000
Limo	3,480	10,440	17,400	39,150	60,900	87,000
Cabr Limo	3,640	10,920	18,200	40,950	63,700	91,000
Imp Limo	3,520	10,560	17,600	39,600	61,600	88,000
Sal Limo	3,560	10,680	17,800	40,050	62,300	89,000
1914 Model 14-48, 6-cyl.						
Tr.	3,720	11,160	18,600	41,850	65,100	93,000
1914 Model 4-48, 6-cyl., 48 hp						
Tr.	3,760	11,280	18,800	42,300	65,800	94,000
Sal Tr.	3,760	11,280	18,800	42,300	65,800	94,000
Phae	3,920	11,760	19,600	44,100	68,600	98,000
4P Phae	3,960	11,880	19,800	44,550	69,300	99,000
Cpe	3,560	10,680	17,800	40,050	62,300	89,000
Brgm	3,520	10,560	17,600	39,600	61,600	88,000
Sal Brgm	3,560	10,680	17,800	40,050	62,300	89,000
Lan'let	3,600	10,800	18,000	40,500	63,000	90,000
Cabr Lan'let.	3,720	11,160	18,600	41,850	65,100	93,000
Limo	3,600	10,800	18,000	40,500	63,000	90,000
Imp Limo	3,680	11,040	18,400	41,400	64,400	92,000
Sal Limo	3,720	11,160	18,600	41,850	65,100	93,000
1915 Model 3-38, 6-cyl.						
Tr.	3,680	11,040	18,400	41,400	64,400	92,000
Sal Tr.	3,600	10,800	18,000	40,500	63,000	90,000
Spl Tr.	3,720	11,160	18,600	41,850	65,100	93,000
Phae	3,520	10,560	17,600	39,600	61,600	88,000
4P Phae	3,560	10,680	17,800	40,050	62,300	89,000
1915 Model 3-38, 38 hp						
Brgm	3,680	11,040	18,400	41,400	64,400	92,000
4P Brgm	3,680	11,040	18,400	41,400	64,400	92,000
Cpe	3,680	11,040	18,400	41,400	64,400	92,000
Lan'let	3,760	11,280	18,800	42,300	65,800	94,000
Cabr Lan'let.	3,840	11,520	19,200	43,200	67,200	96,000
Limo	3,920	11,760	19,600	44,100	68,600	98,000
Limo Cabr	3,680	11,040	18,400	41,400	64,400	92,000
Imp Limo	3,560	10,680	17,800	40,050	62,300	89,000
Sal Limo	3,600	10,800	18,000	40,500	63,000	90,000
1915 Model 5-48, 6-cyl., 48 hp						
Tr.	3,720	11,160	18,600	41,850	65,100	93,000
Sal Tr.	3,760	11,280	18,800	42,300	65,800	94,000
Phae	3,800	11,400	19,000	42,750	66,500	95,000
4P Phae	3,840	11,520	19,200	43,200	67,200	96,000
Rbt.	4,000	12,000	20,000	45,000	70,000	100,000
Cpe	3,280	9,840	16,400	36,900	57,400	82,000
Brgm	3,240	9,720	16,200	36,450	56,700	81,000
Sal Brgm	3,280	9,840	16,400	36,900	57,400	82,000
Lan'let	3,680	11,040	18,400	41,400	64,400	92,000

	6	5	4	3	2	1
Cabr Lan'let	3,840	11,520	19,200	43,200	67,200	96,000
Limo	3,960	11,880	19,800	44,550	69,300	99,000
Cabr Limo	4,000	12,000	20,000	45,000	70,000	100,000
Imp Limo	4,000	12,000	20,000	45,000	70,000	100,000
1916 Twin Six, 12-cyl., 125" wb						
Tr	3,120	9,360	15,600	35,100	54,600	78,000
Sal Tr	3,160	9,480	15,800	35,550	55,300	79,000
Phae	3,200	9,600	16,000	36,000	56,000	80,000
Sal Phae	3,240	9,720	16,200	36,450	56,700	81,000
Rbt	3,160	9,480	15,800	35,550	55,300	79,000
Brgm	2,680	8,040	13,400	30,150	46,900	67,000
Cpe	2,720	8,160	13,600	30,600	47,600	68,000
Lan'let	2,800	8,400	14,000	31,500	49,000	70,000
Limo	2,840	8,520	14,200	31,950	49,700	71,000
1916 Twin Six, 12-cyl., 135" wb						
Tr	3,240	9,720	16,200	36,450	56,700	81,000
Sal Tr	3,280	9,840	16,400	36,900	57,400	82,000
Phae	3,240	9,720	16,200	36,450	56,700	81,000
Sal Phae	3,320	9,960	16,600	37,350	58,100	83,000
Brgm	2,800	8,400	14,000	31,500	49,000	70,000
Lan'let	2,880	8,640	14,400	32,400	50,400	72,000
Sal Lan'let	2,920	8,760	14,600	32,850	51,100	73,000
Cabr Lan'let	3,200	9,600	16,000	36,000	56,000	80,000
Limo	2,920	8,760	14,600	32,850	51,100	73,000
Cabr Limo	3,240	9,720	16,200	36,450	56,700	81,000
Imp Limo	3,200	9,600	16,000	36,000	56,000	80,000
1917 Series II Twin Six, 12-cyl., 126" wb						
Tr	2,920	8,760	14,600	32,850	51,100	73,000
Phae	2,960	8,880	14,800	33,300	51,800	74,000
Sal Phae	3,000	9,000	15,000	33,750	52,500	75,000
2P Rbt	2,880	8,640	14,400	32,400	50,400	72,000
4P Rbt	2,920	8,760	14,600	32,850	51,100	73,000
Brgm	2,440	7,320	12,200	27,450	42,700	61,000
Cpe	2,520	7,560	12,600	28,350	44,100	63,000
Lan'let	2,800	8,400	14,000	31,500	49,000	70,000
Limo	2,840	8,520	14,200	31,950	49,700	71,000
1917 Series II Twin Six, 12-cyl., 135" wb						
Tr	3,400	10,200	17,000	38,250	59,500	85,000
Sal Tr	3,080	9,240	15,400	34,650	53,900	77,000
Phae	3,120	9,360	15,600	35,100	54,600	78,000
Sal Phae	3,160	9,480	15,800	35,550	55,300	79,000
Brgm	3,080	9,240	15,400	34,650	53,900	77,000
Lan'let	2,720	8,160	13,600	30,600	47,600	68,000
Cabr Lan'let	2,840	8,520	14,200	31,950	49,700	71,000
Limo	2,800	8,400	14,000	31,500	49,000	70,000
Cabr Limo	2,840	8,520	14,200	31,950	49,700	71,000
Imp Limo	2,880	8,640	14,400	32,400	50,400	72,000
1918-20 Twin Six, 12-cyl., 128" wb						
Tr	2,800	8,400	14,000	31,500	49,000	70,000
Sal Tr	2,680	8,040	13,400	30,150	46,900	67,000
Phae	2,760	8,280	13,800	31,050	48,300	69,000
Sal Phae	2,840	8,520	14,200	31,950	49,700	71,000
Rbt	2,800	8,400	14,000	31,500	49,000	70,000
2d Brgm	2,160	6,480	10,800	24,300	37,800	54,000
Cpe	2,240	6,720	11,200	25,200	39,200	56,000
Lan'let	2,560	7,680	12,800	28,800	44,800	64,000
Limo	2,640	7,920	13,200	29,700	46,200	66,000
1918-23 Twin Six, 12-cyl., 136" wb						
Tr	3,400	10,200	17,000	38,250	59,500	85,000
Sal Tr	2,920	8,760	14,600	32,850	51,100	73,000
Brgm	2,200	6,600	11,000	24,750	38,500	55,000
Lan'let	2,640	7,920	13,200	29,700	46,200	66,000
Limo	2,680	8,040	13,400	30,150	46,900	67,000
Imp Limo	2,760	8,280	13,800	31,050	48,300	69,000
1921-22 Single Six (1st Series), 116" wb						
5P Tr	1,840	5,520	9,200	20,700	32,200	46,000
Rbt	1,800	5,400	9,000	20,250	31,500	45,000
7P Tr	1,880	5,640	9,400	21,150	32,900	47,000
Cpe	1,640	4,920	8,200	18,450	28,700	41,000
Sed	1,560	4,680	7,800	17,550	27,300	39,000
1921-22 Single Six, 6-cyl., 126" wb						
Rbt	1,920	5,760	9,600	21,600	33,600	48,000
Rds	2,000	6,000	10,000	22,500	35,000	50,000
Tr	1,960	5,880	9,800	22,050	34,300	49,000
Cpe	1,680	5,040	8,400	18,900	29,400	42,000
5P Cpe	1,640	4,920	8,200	18,450	28,700	41,000

	6	5	4	3	2	1
Sed	1,600	4,800	8,000	18,000	28,000	40,000
Limo Sed	1,720	5,160	8,600	19,350	30,100	43,000
1921-22 Single Six, 6-cyl., 133" wb						
Tr.	2,000	6,000	10,000	22,500	35,000	50,000
Sed	1,600	4,800	8,000	18,000	28,000	40,000
Limo	1,720	5,160	8,600	19,350	30,100	43,000
1923-24 Single Six, 6-cyl., 126" wb						
Rbt.	1,800	5,400	9,000	20,250	31,500	45,000
Spt Rds	1,840	5,520	9,200	20,700	32,200	46,000
Tr.	1,800	5,400	9,000	20,250	31,500	45,000
Sed	1,440	4,320	7,200	16,200	25,200	36,000
Tr Sed	1,480	4,440	7,400	16,650	25,900	37,000
Limo Sed	1,600	4,800	8,000	18,000	28,000	40,000
1923-24 Single Six, 6-cyl., 133" wb						
Tr.	1,880	5,640	9,400	21,150	32,900	47,000
Sed	1,480	4,440	7,400	16,650	25,900	37,000
Sed Limo	1,640	4,920	8,200	18,450	28,700	41,000
1923-24 Single Eight, 8-cyl., 136" wb						
Tr.	2,060	6,180	10,300	23,180	36,050	51,500
Rbt.	2,140	6,420	10,700	24,080	37,450	53,500
Spt Rds	2,260	6,780	11,300	25,430	39,550	56,500
Cpe	1,580	4,740	7,900	17,780	27,650	39,500
5P Cpe	1,540	4,620	7,700	17,330	26,950	38,500
Sed	1,500	4,500	7,500	16,880	26,250	37,500
Sed Limo	1,660	4,980	8,300	18,680	29,050	41,500
1923-24 Single Eight, 8-cyl., 143" wb						
Tr.	2,140	6,420	10,700	24,080	37,450	53,500
Sed	1,540	4,620	7,700	17,330	26,950	38,500
Clb Sed	1,580	4,740	7,900	17,780	27,650	39,500
Sed Limo	1,700	5,100	8,500	19,130	29,750	42,500
1925-26 Single Six (3rd Series), 6-cyl., 126" wb						
Rbt.	1,720	5,160	8,600	19,350	30,100	43,000
Spt Rds	1,840	5,520	9,200	20,700	32,200	46,000
Phae	1,880	5,640	9,400	21,150	32,900	47,000
2P Cpe	1,400	4,200	7,000	15,750	24,500	35,000
Cpe	1,360	4,080	6,800	15,300	23,800	34,000
5P Cpe	1,320	3,960	6,600	14,850	23,100	33,000
Sed	1,240	3,720	6,200	13,950	21,700	31,000
Sed Limo	1,440	4,320	7,200	16,200	25,200	36,000
1925-26 Single Six (3rd Series), 6-cyl., 133" wb						
Tr.	1,640	4,920	8,200	18,450	28,700	41,000
Sed	1,280	3,840	6,400	14,400	22,400	32,000
Clb Sed	1,320	3,960	6,600	14,850	23,100	33,000
Sed Limo	1,480	4,440	7,400	16,650	25,900	37,000
1927 Single Six (4th Series), 6-cyl., 126" wb						
Rds	1,800	5,400	9,000	20,250	31,500	45,000
Phae	1,840	5,520	9,200	20,700	32,200	46,000
Sed	1,320	3,960	6,600	14,850	23,100	33,000
1927 Single Six (4th Series), 6-cyl., 133" wb						
Tr.	1,840	5,520	9,200	20,700	32,200	46,000
Cpe	1,400	4,200	7,000	15,750	24,500	35,000
Sed	1,360	4,080	6,800	15,300	23,800	34,000
Clb Sed	1,400	4,200	7,000	15,750	24,500	35,000
Sed Limo	1,520	4,560	7,600	17,100	26,600	38,000
1927 Single Eight (3rd Series), 8-cyl., 136" wb						
Rbt.	2,220	6,660	11,100	24,980	38,850	55,500
Phae	2,260	6,780	11,300	25,430	39,550	56,500
Sed	1,420	4,260	7,100	15,980	24,850	35,500
1927 Single Eight (3rd Series), 8-cyl., 143" wb						
Tr.	2,300	6,900	11,500	25,880	40,250	57,500
Cpe	1,580	4,740	7,900	17,780	27,650	39,500
Sed	1,460	4,380	7,300	16,430	25,550	36,500
Clb Sed	1,500	4,500	7,500	16,880	26,250	37,500
Sed Limo	1,620	4,860	8,100	18,230	28,350	40,500
1928 Single Six (5th Series), 6-cyl., 126" wb						
Phae	3,800	11,400	19,000	42,750	66,500	95,000
Rbt.	3,800	11,400	19,000	42,750	66,500	95,000
Conv	1,760	5,280	8,800	19,800	30,800	44,000
RS Cpe	1,520	4,560	7,600	17,100	26,600	38,000
Sed	1,320	3,960	6,600	14,850	23,100	33,000
1928 Single Six (5th Series), 6-cyl., 133" wb						
Phae	5,200	15,600	26,000	58,500	91,000	130,000
7P Tr.	5,080	15,240	25,400	57,150	88,900	127,000
Rbt.	5,160	15,480	25,800	58,050	90,300	129,000
Sed	1,480	4,440	7,400	16,650	25,900	37,000
Clb Sed	1,520	4,560	7,600	17,100	26,600	38,000

	6	5	4	3	2	1
Sed Limo	1,560	4,680	7,800	17,550	27,300	39,000
1928 Standard, Single Eight (4th Series), 8-cyl., 143" wb						
Rbt	7,600	22,800	38,000	85,500	133,000	190,000
Phae	7,200	21,600	36,000	81,000	126,000	180,000
Conv	7,000	21,000	35,000	78,750	122,500	175,000
7P Tr	7,200	21,600	36,000	81,000	126,000	180,000
4P Cpe	2,000	6,000	10,000	22,500	35,000	50,000
5P Cpe	2,200	6,600	11,000	24,750	38,500	55,000
Sed	2,000	6,000	10,000	22,500	35,000	50,000
Clb Sed	2,200	6,600	11,000	24,750	38,500	55,000
Sed Limo	2,600	7,800	13,000	29,250	45,500	65,000
1928 Custom, Single Eight (4th Series), 8-cyl., 143" wb						
7P Tr	7,600	22,800	38,000	85,500	133,000	190,000
Phae	8,000	24,000	40,000	90,000	140,000	200,000
Rbt	8,400	25,200	42,000	94,500	147,000	210,000
Conv Cpe	7,200	21,600	36,000	81,000	126,000	180,000
RS Cpe	3,200	9,600	16,000	36,000	56,000	80,000
7P Sed	2,600	7,800	13,000	29,250	45,500	65,000
Sed	2,520	7,560	12,600	28,350	44,100	63,000
Sed Limo	2,600	7,800	13,000	29,250	45,500	65,000
1929 Model 626, Standard Eight (6th Series), 8-cyl.						
Conv	2,600	7,800	13,000	29,250	45,500	65,000
Cpe	1,760	5,280	8,800	19,800	30,800	44,000
Sed	1,680	5,040	8,400	18,900	29,400	42,000
1929 Model 633, Standard Eight (6th Series), 8-cyl.						
Phae	5,000	15,000	25,000	56,250	87,500	125,000
Rbt	5,400	16,200	27,000	60,750	94,500	135,000
7P Tr	4,200	12,600	21,000	47,250	73,500	105,000
Cpe	1,880	5,640	9,400	21,150	32,900	47,000
Sed	1,680	5,040	8,400	18,900	29,400	42,000
Clb Sed	1,720	5,160	8,600	19,350	30,100	43,000
Limo Sed	1,760	5,280	8,800	19,800	30,800	44,000
1929 Model 626, Speedster Eight (6th Series), 8-cyl.						
Phae			value not estimable			
Rds			value not estimable			
1929 Model 640, Custom Eight (6th Series), 8-cyl.						
DC Phae	7,200	21,600	36,000	81,000	126,000	180,000
7P Tr	5,840	17,520	29,200	65,700	102,200	146,000
Rbt	6,800	20,400	34,000	76,500	119,000	170,000
Conv	6,000	18,000	30,000	67,500	105,000	150,000
RS Cpe	2,680	8,040	13,400	30,150	46,900	67,000
4P Cpe	2,080	6,240	10,400	23,400	36,400	52,000
Sed	2,000	6,000	10,000	22,500	35,000	50,000
Clb Sed	2,040	6,120	10,200	22,950	35,700	51,000
Limo	2,120	6,360	10,600	23,850	37,100	53,000
1929 Model 645, DeLuxe Eight (6th Series), 8-cyl.						
Phae	9,000	27,000	45,000	101,250	157,500	225,000
Spt Phae	9,200	27,600	46,000	103,500	161,000	230,000
7P Tr	7,200	21,600	36,000	81,000	126,000	180,000
Rbt	9,000	27,000	45,000	101,250	157,500	225,000
RS Cpe	2,800	8,400	14,000	31,500	49,000	70,000
5P Cpe	2,480	7,440	12,400	27,900	43,400	62,000
Sed	2,240	6,720	11,200	25,200	39,200	56,000
Clb Sed	2,280	6,840	11,400	25,650	39,900	57,000
Limo	2,360	7,080	11,800	26,550	41,300	59,000
1930 Model 726, Standard 8 (7th Series), 8-cyl.						
Sed	1,520	4,560	7,600	17,100	26,600	38,000
1930 Model 733, Standard 8 (7th Series), 8-cyl., 134" wb						
Phae	5,040	15,120	25,200	56,700	88,200	126,000
Spt Phae	5,520	16,560	27,600	62,100	96,600	138,000
Rds	5,440	16,320	27,200	61,200	95,200	136,000
7P Tr	4,560	13,680	22,800	51,300	79,800	114,000
RS Cpe	2,680	8,040	13,400	30,150	46,900	67,000
4P Cpe	1,600	4,800	8,000	18,000	28,000	40,000
Conv	4,200	12,600	21,000	47,250	73,500	105,000
Sed	2,480	7,440	12,400	27,900	43,400	62,000
Clb Sed	1,760	5,280	8,800	19,800	30,800	44,000
Limo Sed	2,600	7,800	13,000	29,250	45,500	65,000
1930 Model 734, Speedster Eight (7th Series), 8-cyl.						
Boat			value not estimable			
RS Rds			value not estimable			
Phae			value not estimable			
Vic			value not estimable			
Sed			value not estimable			
1930 Model 740, Custom Eight (7th Series), 8-cyl.						
Phae	5,920	17,760	29,600	66,600	103,600	148,000

	6	5	4	3	2	1
Spt Phae	8,800	26,400	44,000	99,000	154,000	220,000
7P Tr	5,840	17,520	29,200	65,700	102,200	146,000
Rds	7,320	21,960	36,600	82,350	128,100	183,000
Conv	6,320	18,960	31,600	71,100	110,600	158,000
RS Cpe	2,920	8,760	14,600	32,850	51,100	73,000
5P Cpe	2,280	6,840	11,400	25,650	39,900	57,000
Sed	2,000	6,000	10,000	22,500	35,000	50,000
7P Sed	2,040	6,120	10,200	22,950	35,700	51,000
Clb Sed	2,080	6,240	10,400	23,400	36,400	52,000
Limo	2,240	6,720	11,200	25,200	39,200	56,000
1930 Model 745, DeLuxe Eight (7th Series)						
Phae	9,520	28,560	47,600	107,100	166,600	238,000
Spt Phae	9,920	29,760	49,600	111,600	173,600	248,000
Rds	9,320	27,960	46,600	104,850	163,100	233,000
Conv	10,920	32,760	54,600	122,850	191,100	273,000
7P Tr	9,520	28,560	47,600	107,100	166,600	238,000
RS Cpe	2,960	8,880	14,800	33,300	51,800	74,000
5P Cpe	2,560	7,680	12,800	28,800	44,800	64,000
Sed	2,280	6,840	11,400	25,650	39,900	57,000
7P Sed	2,360	7,080	11,800	26,550	41,300	59,000
Clb Sed	2,440	7,320	12,200	27,450	42,700	61,000
Limo	2,640	7,920	13,200	29,700	46,200	66,000
1931 Model 826, Standard Eight (8th Series)						
Sed	1,680	5,040	8,400	18,900	29,400	42,000
1931 Model 833, Standard Eight (8th Series)						
Phae	5,520	16,560	27,600	62,100	96,600	138,000
Spt Phae	5,200	15,600	26,000	58,500	91,000	130,000
7P Tr	4,640	13,920	23,200	52,200	81,200	116,000
Conv Sed	5,400	16,200	27,000	60,750	94,500	135,000
Rds	5,520	16,560	27,600	62,100	96,600	138,000
Conv	5,520	16,560	27,600	62,100	96,600	138,000
RS Cpe	3,400	10,200	17,000	38,250	59,500	85,000
5P Cpe	2,400	7,200	12,000	27,000	42,000	60,000
7P Sed	1,680	5,040	8,400	18,900	29,400	42,000
Clb Sed	1,720	5,160	8,600	19,350	30,100	43,000
NOTE: Add 45 percent for 845 models.						
1931 Model 840, Custom						
A/W Cabr.	6,520	19,560	32,600	73,350	114,100	163,000
A/W Spt Cabr	6,720	20,160	33,600	75,600	117,600	168,000
A/W Lan'let	6,920	20,760	34,600	77,850	121,100	173,000
A/W Spt Lan'let	7,120	21,360	35,600	80,100	124,600	178,000
Dtrch Cv Sed.	7,320	21,960	36,600	82,350	128,100	183,000
Limo Cabr	7,320	21,960	36,600	82,350	128,100	183,000
A/W Twn Car.	7,120	21,360	35,600	80,100	124,600	178,000
Dtrch Cv Vic	7,520	22,560	37,600	84,600	131,600	188,000
Conv	7,720	23,160	38,600	86,850	135,100	193,000
Spt Phae	9,120	27,360	45,600	102,600	159,600	228,000
Phae	8,920	26,760	44,600	100,350	156,100	223,000
Rds	7,920	23,760	39,600	89,100	138,600	198,000
Tr.	7,720	23,160	38,600	86,850	135,100	193,000
RS Cpe	3,040	9,120	15,200	34,200	53,200	76,000
5P Cpe	2,480	7,440	12,400	27,900	43,400	62,000
Sed	2,080	6,240	10,400	23,400	36,400	52,000
Clb Sed	2,200	6,600	11,000	24,750	38,500	55,000
1931 Model 840, Individual Custom						
A/W Cabr.	10,120	30,360	50,600	113,850	177,100	253,000
A/W Spt Cabr	10,320	30,960	51,600	116,100	180,600	258,000
A/W Lan'let	8,720	26,160	43,600	98,100	152,600	218,000
A/W Spt Lan'let	8,920	26,760	44,600	100,350	156,100	223,000
Dtrch Conv Sed.	9,720	29,160	48,600	109,350	170,100	243,000
Cabr Sed Limo	8,920	26,760	44,600	100,350	156,100	223,000
A/W Twn Car.	9,520	28,560	47,600	107,100	166,600	238,000
Lan'let Twn Car.	8,320	24,960	41,600	93,600	145,600	208,000
Conv Vic	9,920	29,760	49,600	111,600	173,600	248,000
Sed	2,560	7,680	12,800	28,800	44,800	64,000
Sed Limo.	3,120	9,360	15,600	35,100	54,600	78,000
1932 Model 900, Light Eight (9th Series)						
Rds	4,400	13,200	22,000	49,500	77,000	110,000
Cpe	2,400	7,200	12,000	27,000	42,000	60,000
Cpe Sed	2,320	6,960	11,600	26,100	40,600	58,000
Sed	2,240	6,720	11,200	25,200	39,200	56,000
1932 Model 901, Standard Eight (9th Series) 129" wb						
Sed	1,560	4,680	7,800	17,550	27,300	39,000
1932 Model 902, Standard Eight (9th Series) 136" wb						
Rds	5,720	17,160	28,600	64,350	100,100	143,000
Phae	5,200	15,600	26,000	58,500	91,000	130,000

	6	5	4	3	2	1
Spt Phae	5,280	15,840	26,400	59,400	92,400	132,000
RS Cpe.	2,400	7,200	12,000	27,000	42,000	60,000
5P Cpe	2,320	6,960	11,600	26,100	40,600	58,000
Sed.	1,760	5,280	8,800	19,800	30,800	44,000
7P Sed	1,840	5,520	9,200	20,700	32,200	46,000
Clb Sed	1,880	5,640	9,400	21,150	32,900	47,000
Limo	1,920	5,760	9,600	21,600	33,600	48,000
Tr	4,720	14,160	23,600	53,100	82,600	118,000
Conv Sed	5,360	16,080	26,800	60,300	93,800	134,000
Conv Vic.	5,680	17,040	28,400	63,900	99,400	142,000
1932 Model 903, DeLuxe Eight, 142" wb						
Conv.	5,200	15,600	26,000	58,500	91,000	130,000
Phae.	5,280	15,840	26,400	59,400	92,400	132,000
Spt Phae	5,360	16,080	26,800	60,300	93,800	134,000
Conv Sed	5,440	16,320	27,200	61,200	95,200	136,000
Conv Vic.	7,200	21,600	36,000	81,000	126,000	180,000
7P Tr	4,800	14,400	24,000	54,000	84,000	120,000
RS Cpe.	3,000	9,000	15,000	33,750	52,500	75,000
5P Cpe.	2,560	7,680	12,800	28,800	44,800	64,000
Sed.	2,400	7,200	12,000	27,000	42,000	60,000
Clb Sed	3,040	9,120	15,200	34,200	53,200	76,000
1932 Model 904, DeLuxe Eight, 147" wb						
Sed.	3,000	9,000	15,000	33,750	52,500	75,000
Limo	3,000	9,000	15,000	33,750	52,500	75,000
1932 Model 904, Individual Custom, 147" wb						
Dtrch Conv Cpe	10,120	30,360	50,600	113,850	177,100	253,000
Dtrch Cpe.	6,520	19,560	32,600	73,350	114,100	163,000
Cabr	10,320	30,960	51,600	116,100	180,600	258,000
Spt Cabr.	10,720	32,160	53,600	120,600	187,600	268,000
A/W Brgm.	10,920	32,760	54,600	122,850	191,100	273,000
Dtrch Spt Phae.	10,920	32,760	54,600	122,850	191,100	273,000
Dtrch Conv Sed	11,120	33,360	55,600	125,100	194,600	278,000
Spt Sed	6,520	19,560	32,600	73,350	114,100	163,000
Limo Cabr.	10,720	32,160	53,600	120,600	187,600	268,000
Dtrch Limo	7,520	22,560	37,600	84,600	131,600	188,000
A-W Twn Car	11,120	33,360	55,600	125,100	194,600	278,000
Dtrch Conv Vic.	11,520	34,560	57,600	129,600	201,600	288,000
Lan'let.	7,120	21,360	35,600	80,100	124,600	178,000
Spt Lan.	7,520	22,560	37,600	84,600	131,600	188,000
Twn Car Lan'let	7,920	23,760	39,600	89,100	138,600	198,000
1932 Model 905, Twin Six, (9th Series), 142" wb						
Conv.	10,920	32,760	54,600	122,850	191,100	273,000
Phae.	10,720	32,160	53,600	120,600	187,600	268,000
Spt Phae	10,520	31,560	52,600	118,350	184,100	263,000
7P Tr	10,120	30,360	50,600	113,850	177,100	253,000
Conv Sed	10,920	32,760	54,600	122,850	191,100	273,000
Conv Vic.	11,120	33,360	55,600	125,100	194,600	278,000
RS Cpe.	3,840	11,520	19,200	43,200	67,200	96,000
5P Cpe.	3,600	10,800	18,000	40,500	63,000	90,000
Sed.	2,880	8,640	14,400	32,400	50,400	72,000
Clb Sed	3,000	9,000	15,000	33,750	52,500	75,000
1932 Model 906, Twin Six, 147" wb						
7P Sed	3,600	10,800	18,000	40,500	63,000	90,000
Limo	4,160	12,480	20,800	46,800	72,800	104,000
1932 Model 906, Individual Custom, Twin Six, 147" wb						
Conv.	value not estimable					
Cabr	value not estimable					
Dtrch Spt Phae.	value not estimable					
Dtrch Conv Vic.	value not estimable					
Dtrch Sed	value not estimable					
Dtrch Cpe.	value not estimable					
Lan'let.	value not estimable					
Twn Car Lan'let	value not estimable					
A/W Twn Car	value not estimable					
1933 Model 1001, Eight, (10th Series), 127" wb						
10th Series						
Conv.	4,560	13,680	22,800	51,300	79,800	114,000
RS Cpe.	1,880	5,640	9,400	21,150	32,900	47,000
Cpe Sed	1,800	5,400	9,000	20,250	31,500	45,000
Sed.	1,720	5,160	8,600	19,350	30,100	43,000
1933 Model 1002, Eight, 136" wb						
Phae.	5,720	17,160	28,600	64,350	100,100	143,000
Conv Sed	5,920	17,760	29,600	66,600	103,600	148,000
Conv Vic.	6,120	18,360	30,600	68,850	107,100	153,000
7P Tr	5,120	15,360	25,600	57,600	89,600	128,000
RS Cpe.	2,080	6,240	10,400	23,400	36,400	52,000

	6	5	4	3	2	1
5P Cpe	2,000	6,000	10,000	22,500	35,000	50,000
Sed	1,920	5,760	9,600	21,600	33,600	48,000
7P Sed	2,000	6,000	10,000	22,500	35,000	50,000
Clb Sed	2,040	6,120	10,200	22,950	35,700	51,000
Limo	2,080	6,240	10,400	23,400	36,400	52,000
1933 Model 1003, Super Eight, 135" wb						
Sed	2,040	6,120	10,200	22,950	35,700	51,000
1933 Model 1004, Super Eight, 142" wb						
Conv	7,200	21,600	36,000	81,000	126,000	180,000
Phae	6,720	20,160	33,600	75,600	117,600	168,000
Spt Phae	7,320	21,960	36,600	82,350	128,100	183,000
Conv Vic	7,720	23,160	38,600	86,850	135,100	193,000
Conv Sed	7,320	21,960	36,600	82,350	128,100	183,000
7P Tr	6,920	20,760	34,600	77,850	121,100	173,000
RS Cpe	2,480	7,440	12,400	27,900	43,400	62,000
5P Cpe	2,200	6,600	11,000	24,750	38,500	55,000
Sed	1,880	5,640	9,400	21,150	32,900	47,000
Clb Sed	2,000	6,000	10,000	22,500	35,000	50,000
Limo	2,040	6,120	10,200	22,950	35,700	51,000
Fml Sed	2,400	7,200	12,000	27,000	42,000	60,000
1933 Model 1005, Twelve, 142" wb						
Conv	12,800	38,400	64,000	144,000	224,000	320,000
Spt Phae	9,920	29,760	49,600	111,600	173,600	248,000
Conv Sed	9,920	29,760	49,600	111,600	173,600	248,000
Conv Vic	10,120	30,360	50,600	113,850	177,100	253,000
RS Cpe	3,520	10,560	17,600	39,600	61,600	88,000
5P Cpe	2,680	8,040	13,400	30,150	46,900	67,000
Sed	2,360	7,080	11,800	26,550	41,300	59,000
Fml Sed	2,800	8,400	14,000	31,500	49,000	70,000
Clb Sed	2,440	7,320	12,200	27,450	42,700	61,000
1933 Model 1006, Standard, 147" wb						
7P Sed	3,160	9,480	15,800	35,550	55,300	79,000
Limo	3,400	10,200	17,000	38,250	59,500	85,000
1933 Model 1006, Custom Twelve, 147" wb, Dietrich						
Conv	10,320	30,960	51,600	116,100	180,600	258,000
Conv Vic	10,720	32,160	53,600	120,600	187,600	268,000
Spt Phae	10,520	31,560	52,600	118,350	184,100	263,000
Conv Sed	10,720	32,160	53,600	120,600	187,600	268,000
Cpe	3,560	10,680	17,800	40,050	62,300	89,000
Fml Sed	3,400	10,200	17,000	38,250	59,500	85,000
1933 Model 1006, LeBaron Custom, Twelve, 147" wb						
A/W Cabr	value not estimable					
A/W Twn Car	value not estimable					
1933 Model 1006, Packard Custom, Twelve, 147" wb						
A/W Cabr	value not estimable					
A/W Lan'let	value not estimable					
Spt Sed	value not estimable					
A/W Twn Car	value not estimable					
Twn Car Lan'let	value not estimable					
Limo	value not estimable					
Lan'let Limo	value not estimable					
A/W Cabr	value not estimable					
A/W Twn Car	value not estimable					
1934 Model 1100, Eight, (11th Series), 129" wb						
11th Series						
Sed	1,920	5,760	9,600	21,600	33,600	48,000
1934 Model 1101, Eight, 136" wb						
Conv	5,600	16,800	28,000	63,000	98,000	140,000
Phae	5,760	17,280	28,800	64,800	100,800	144,000
Conv Vic	6,080	18,240	30,400	68,400	106,400	152,000
Conv Sed	5,960	17,880	29,800	67,050	104,300	149,000
RS Cpe	2,040	6,120	10,200	22,950	35,700	51,000
5P Cpe	1,960	5,880	9,800	22,050	34,300	49,000
Sed	1,880	5,640	9,400	21,150	32,900	47,000
Clb Sed	2,120	6,360	10,600	23,850	37,100	53,000
Fml Sed	2,400	7,200	12,000	27,000	42,000	60,000
1934 Model 1102, Eight, 141" wb						
7P Sed	2,120	6,360	10,600	23,850	37,100	53,000
Limo	2,200	6,600	11,000	24,750	38,500	55,000
1934 Model 1103, Super Eight, 135" wb						
Sed	2,040	6,120	10,200	22,950	35,700	51,000
1934 Model 1104, Super Eight, 142" wb						
Conv	4,960	14,880	24,800	55,800	86,800	124,000
Phae	5,040	15,120	25,200	56,700	88,200	126,000
Spt Phae	7,320	21,960	36,600	82,350	128,100	183,000
Conv Vic	7,720	23,160	38,600	86,850	135,100	193,000

	6	5	4	3	2	1
Conv Sed	7,320	21,960	36,600	82,350	128,100	183,000
RS Cpe	2,440	7,320	12,200	27,450	42,700	61,000
5P Cpe	2,160	6,480	10,800	24,300	37,800	54,000
Clb Sed	2,200	6,600	11,000	24,750	38,500	55,000
Fml Sed	2,440	7,320	12,200	27,450	42,700	61,000
1934 Model 1105, Super Eight, Standard, 147" wb						
7P Sed	3,000	9,000	15,000	33,750	52,500	75,000
Limo	3,160	9,480	15,800	35,550	55,300	79,000
1934 Model 1105, Dietrich, Super Eight, 147" wb						
Conv	5,720	17,160	28,600	64,350	100,100	143,000
Conv Vic	6,920	20,760	34,600	77,850	121,100	173,000
Conv Sed	6,720	20,160	33,600	75,600	117,600	168,000
Cpe	3,680	11,040	18,400	41,400	64,400	92,000
Spt Sed	3,600	10,800	18,000	40,500	63,000	90,000
1934 Model 1105, LeBaron, Super Eight, 147" wbModel 1106, Twelve, LeBaron, 135" wb						
Spds	value not estimable					
Spt Phae	value not estimable					
1934 Model 1107, Twelve, 142" wb						
Conv	value not estimable					
Phae	value not estimable					
Spt Phae	6,800	20,400	34,000	76,500	119,000	170,000
Conv Vic	value not estimable					
Conv Sed	value not estimable					
7P Tr	value not estimable					
RS Cpe	value not estimable					
5P Cpe	value not estimable					
Sed	value not estimable					
Clb Sed	value not estimable					
Fml Sed	value not estimable					
1934 Model 1108, Twelve, Standard, 147" wb						
7P Sed	3,560	10,680	17,800	40,050	62,300	89,000
Limo	3,760	11,280	18,800	42,300	65,800	94,000
1934 Model 1108, Twelve, Dietrich, 147" wb						
Conv	value not estimable					
Spt Phae	value not estimable					
Conv Sed	value not estimable					
Vic Conv	value not estimable					
Cpe	value not estimable					
Spt Sed	value not estimable					
1934 Model 1108, Twelve, LeBaron, 147" wb						
Cabr	value not estimable					
Spt Phae	value not estimable					
A/W Twn Car	value not estimable					
1935 120-A, 8-cyl., 120" wb						
Conv	2,320	6,960	11,600	26,100	40,600	58,000
Bus Cpe	1,640	4,920	8,200	18,450	28,700	41,000
Spt Cpe	1,720	5,160	8,600	19,350	30,100	43,000
Tr Cpe	1,720	5,160	8,600	19,350	30,100	43,000
Sed	1,280	3,840	6,400	14,400	22,400	32,000
Clb Sed	1,360	4,080	6,800	15,300	23,800	34,000
Tr Sed	1,320	3,960	6,600	14,850	23,100	33,000
1935 Series 1200, 8-cyl., 127" wb						
Sed	1,320	3,960	6,600	14,850	23,100	33,000
1935 Series 1201, 8-cyl., 134" wb						
Cpe Rds	2,600	7,800	13,000	29,250	45,500	65,000
Phae	3,600	10,800	18,000	40,500	63,000	90,000
Conv Vic	3,920	11,760	19,600	44,100	68,600	98,000
LeB A/W Cabr	4,120	12,360	20,600	46,350	72,100	103,000
RS Cpe	2,200	6,600	11,000	24,750	38,500	55,000
5P Cpe	2,160	6,480	10,800	24,300	37,800	54,000
Sed	1,640	4,920	8,200	18,450	28,700	41,000
Fml Sed	2,400	7,200	12,000	27,000	42,000	60,000
Clb Sed	1,760	5,280	8,800	19,800	30,800	44,000
1935 Series 1202, 8-cyl., 139" wb						
7P Sed	1,960	5,880	9,800	22,050	34,300	49,000
Limo	2,280	6,840	11,400	25,650	39,900	57,000
Conv Sed	3,720	11,160	18,600	41,850	65,100	93,000
LeB A/W Twn Car	4,120	12,360	20,600	46,350	72,100	103,000
1935 Series 1203, Super 8, 132" wb						
5P Sed	2,200	6,600	11,000	24,750	38,500	55,000
1935 Series 1204, Super 8, 139" wb						
Rds	3,720	11,160	18,600	41,850	65,100	93,000
Phae	5,920	17,760	29,600	66,600	103,600	148,000
Spt Phae	6,600	19,800	33,000	74,250	115,500	165,000
Conv Vic	4,400	13,200	22,000	49,500	77,000	110,000
RS Cpe	2,600	7,800	13,000	29,250	45,500	65,000

	6	5	4	3	2	1
5P Cpe	2,400	7,200	12,000	27,000	42,000	60,000
Clb Sed	2,080	6,240	10,400	23,400	36,400	52,000
Fml Sed	2,440	7,320	12,200	27,450	42,700	61,000
LeB A/W Cabr	3,720	11,160	18,600	41,850	65,100	93,000
1935 Series 1205, Super 8, 144" wb						
Tr Sed	3,200	9,600	16,000	36,000	56,000	80,000
Conv Sed	4,120	12,360	20,600	46,350	72,100	103,000
7P Sed	2,280	6,840	11,400	25,650	39,900	57,000
Limo	2,560	7,680	12,800	28,800	44,800	64,000
LeB A/W Twn Car	3,960	11,880	19,800	44,550	69,300	99,000
1935 Series 1207, V-12, 139" wb						
Rds	6,240	18,720	31,200	70,200	109,200	156,000
Phae	6,400	19,200	32,000	72,000	112,000	160,000
Spt Phae	6,800	20,400	34,000	76,500	119,000	170,000
RS Cpe	3,120	9,360	15,600	35,100	54,600	78,000
5P Cpe	2,880	8,640	14,400	32,400	50,400	72,000
Clb Sed	2,560	7,680	12,800	28,800	44,800	64,000
Sed	2,640	7,920	13,200	29,700	46,200	66,000
Fml Sed	3,120	9,360	15,600	35,100	54,600	78,000
Conv Vic	5,920	17,760	29,600	66,600	103,600	148,000
LeB A/W Cabr	6,120	18,360	30,600	68,850	107,100	153,000
1935 Series 1208, V-12, 144" wb						
Conv Sed	7,320	21,960	36,600	82,350	128,100	183,000
7P Sed	2,720	8,160	13,600	30,600	47,600	68,000
Limo	3,120	9,360	15,600	35,100	54,600	78,000
LeB A/W Twn Car	6,720	20,160	33,600	75,600	117,600	168,000
1936 14th Series Series 120-B, 8-cyl., 120" wb						
Conv	2,280	6,840	11,400	25,650	39,900	57,000
Conv Sed	2,400	7,200	12,000	27,000	42,000	60,000
Bus Cpe	1,600	4,800	8,000	18,000	28,000	40,000
Spt Cpe	1,680	5,040	8,400	18,900	29,400	42,000
Tr Cpe	1,680	5,040	8,400	18,900	29,400	42,000
2d Sed	1,360	4,080	6,800	15,300	23,800	34,000
Sed	1,320	3,960	6,600	14,850	23,100	33,000
Clb Sed	1,400	4,200	7,000	15,750	24,500	35,000
Tr Sed	1,360	4,080	6,800	15,300	23,800	34,000
1936 14th Series Series 1400, 8-cyl., 127" wb						
Sed	1,400	4,200	7,000	15,750	24,500	35,000
1936 14th Series Series 1401, 8-cyl., 134" wb						
Rds	3,560	10,680	17,800	40,050	62,300	89,000
Phae	3,640	10,920	18,200	40,950	63,700	91,000
Conv Vic	4,040	12,120	20,200	45,450	70,700	101,000
LeB A/W Cabr	3,720	11,160	18,600	41,850	65,100	93,000
RS Cpe	2,080	6,240	10,400	23,400	36,400	52,000
5P Cpe	2,000	6,000	10,000	22,500	35,000	50,000
Clb Sed	1,840	5,520	9,200	20,700	32,200	46,000
Sed	1,760	5,280	8,800	19,800	30,800	44,000
Fml Sed	2,200	6,600	11,000	24,750	38,500	55,000
1936 14th Series Series 1402, 8-cyl., 139" wb						
Conv Sed	6,400	19,200	32,000	72,000	112,000	160,000
7P Tr	4,400	13,200	22,000	49,500	77,000	110,000
7P Sed	2,080	6,240	10,400	23,400	36,400	52,000
Bus Sed	2,000	6,000	10,000	22,500	35,000	50,000
Limo	2,320	6,960	11,600	26,100	40,600	58,000
Bus Limo	2,240	6,720	11,200	25,200	39,200	56,000
LeB Twn Car	4,160	12,480	20,800	46,800	72,800	104,000
1936 14th Series Series 1403, Super 8, 132" wb						
Sed	2,000	6,000	10,000	22,500	35,000	50,000
1936 14th Series Series 1404, Super 8, 139" wb						
Cpe Rds	3,800	11,400	19,000	42,750	66,500	95,000
Phae	5,920	17,760	29,600	66,600	103,600	148,000
Spt Phae	6,600	19,800	33,000	74,250	115,500	165,000
Conv Vic	4,400	13,200	22,000	49,500	77,000	110,000
LeB A/W Cabr	4,160	12,480	20,800	46,800	72,800	104,000
RS Cpe	2,640	7,920	13,200	29,700	46,200	66,000
5P Cpe	2,440	7,320	12,200	27,450	42,700	61,000
Clb Sed	2,160	6,480	10,800	24,300	37,800	54,000
Fml Sed	2,480	7,440	12,400	27,900	43,400	62,000
1936 14th Series Series 1405, Super 8, 144" wb						
7P Tr	4,400	13,200	22,000	49,500	77,000	110,000
Conv Sed	4,560	13,680	22,800	51,300	79,800	114,000
1936 14th Series Series 1407, V-12, 139" wb						
Cpe Rds	6,720	20,160	33,600	75,600	117,600	168,000
Phae	7,000	21,000	35,000	78,750	122,500	175,000
Spt Phae	7,280	21,840	36,400	81,900	127,400	182,000
LeB A/W Cabr	7,000	21,000	35,000	78,750	122,500	175,000

	6	5	4	3	2	1
Conv Vic	6,720	20,160	33,600	75,600	117,600	168,000
RS Cpe	3,120	9,360	15,600	35,100	54,600	78,000
5P Cpe	2,880	8,640	14,400	32,400	50,400	72,000
Clb Sed	2,560	7,680	12,800	28,800	44,800	64,000
Sed	2,640	7,920	13,200	29,700	46,200	66,000
Fml Sed	3,120	9,360	15,600	35,100	54,600	78,000
1936 14th Series Series 1408, V-12, 144" wb						
7P Tr	6,480	19,440	32,400	72,900	113,400	162,000
Conv Sed	7,800	23,400	39,000	87,750	136,500	195,000
7P Sed	2,720	8,160	13,600	30,600	47,600	68,000
Limo	3,120	9,360	15,600	35,100	54,600	78,000
LeB A/W Twn Car	6,720	20,160	33,600	75,600	117,600	168,000
1937 15th Series Model 115-C, 6-cyl., 115" wb						
Conv	3,000	9,000	15,000	33,750	52,500	75,000
Bus Cpe	1,440	4,320	7,200	16,200	25,200	36,000
Spt Cpe	1,520	4,560	7,600	17,100	26,600	38,000
2d Sed	1,240	3,720	6,200	13,950	21,700	31,000
Sed	1,200	3,600	6,000	13,500	21,000	30,000
Clb Sed	1,280	3,840	6,400	14,400	22,400	32,000
Tr Sed	1,240	3,720	6,200	13,950	21,700	31,000
Sta Wag	3,000	9,000	15,000	33,750	52,500	75,000
1937 15th Series Model 120-C, 8-cyl., 120" wb						
Conv	3,120	9,360	15,600	35,100	54,600	78,000
Conv Sed	2,400	7,200	12,000	27,000	42,000	60,000
Bus Cpe	1,640	4,920	8,200	18,450	28,700	41,000
Spt Cpe	1,720	5,160	8,600	19,350	30,100	43,000
2d Sed	1,320	3,960	6,600	14,850	23,100	33,000
Sed	1,280	3,840	6,400	14,400	22,400	32,000
Clb Sed	1,360	4,080	6,800	15,300	23,800	34,000
Tr Sed	1,320	3,960	6,600	14,850	23,100	33,000
Sta Wag	3,120	9,360	15,600	35,100	54,600	78,000
1937 15th Series Model 120-CD, 8-cyl., 120" wb						
2d Sed	1,440	4,320	7,200	16,200	25,200	36,000
Clb Sed	1,480	4,440	7,400	16,650	25,900	37,000
Tr Sed	1,400	4,200	7,000	15,750	24,500	35,000
1937 15th Series Model 138-CD, 8-cyl., 138" wb						
Tr Sed	1,440	4,320	7,200	16,200	25,200	36,000
Tr Limo	1,560	4,680	7,800	17,550	27,300	39,000
1937 15th Series Model 1500, Super 8, 127" wb						
Sed	3,040	9,120	15,200	34,200	53,200	76,000
1937 15th Series Model 1501, Super 8, 134" wb						
Conv	3,720	11,160	18,600	41,850	65,100	93,000
LeB A/W Cabr	3,960	11,880	19,800	44,550	69,300	99,000
RS Cpe	2,240	6,720	11,200	25,200	39,200	56,000
5P Cpe	2,200	6,600	11,000	24,750	38,500	55,000
Clb Sed	1,920	5,760	9,600	21,600	33,600	48,000
Tr Sed	1,960	5,880	9,800	22,050	34,300	49,000
Fml Sed	2,400	7,200	12,000	27,000	42,000	60,000
Vic	3,000	9,000	15,000	33,750	52,500	75,000
1937 15th Series Model 1502, Super 8, 139" wb						
Conv Sed	4,120	12,360	20,600	46,350	72,100	103,000
Bus Sed	1,880	5,640	9,400	21,150	32,900	47,000
Tr Sed	2,040	6,120	10,200	22,950	35,700	51,000
Tr Limo	2,040	6,120	10,200	22,950	35,700	51,000
Bus Limo	2,000	6,000	10,000	22,500	35,000	50,000
LeB A/W Twn Car	4,320	12,960	21,600	48,600	75,600	108,000
1937 15th Series Model 1506, V-12, 132" wb						
Tr Sed	2,040	6,120	10,200	22,950	35,700	51,000
1937 15th Series Model 1507, V-12, 139" wb						
Conv	6,720	20,160	33,600	75,600	117,600	168,000
LeB A/W Cabr	6,920	20,760	34,600	77,850	121,100	173,000
RS Cpe	6,200	18,600	31,000	69,750	108,500	155,000
5P Cpe	2,880	8,640	14,400	32,400	50,400	72,000
Clb Sed	2,800	8,400	14,000	31,500	49,000	70,000
Fml Sed	3,400	10,200	17,000	38,250	59,500	85,000
Tr Sed	2,760	8,280	13,800	31,050	48,300	69,000
Conv Vic	6,000	18,000	30,000	67,500	105,000	150,000
1937 15th Series Model 1508, V-12, 144" wb						
Conv Sed	7,320	21,960	36,600	82,350	128,100	183,000
Tr Sed	3,120	9,360	15,600	35,100	54,600	78,000
Tr Limo	3,360	10,080	16,800	37,800	58,800	84,000
LeB A/W Twn Car	6,720	20,160	33,600	75,600	117,600	168,000
1938 16th Series Model 1600, 6-cyl., 122" wb						
Conv	1,760	5,280	8,800	19,800	30,800	44,000
Bus Cpe	1,280	3,840	6,400	14,400	22,400	32,000
Clb Cpe	1,320	3,960	6,600	14,850	23,100	33,000

	6	5	4	3	2	1
2d Sed	1,000	3,000	5,000	11,250	17,500	25,000
Sed	920	2,760	4,600	10,350	16,100	23,000
1938 16th Series Model 1601, 8-cyl., 127" wb						
Conv	2,080	6,240	10,400	23,400	36,400	52,000
Conv Sed	2,160	6,480	10,800	24,300	37,800	54,000
Bus Cpe	1,360	4,080	6,800	15,300	23,800	34,000
Clb Cpe	1,400	4,200	7,000	15,750	24,500	35,000
2d Sed	1,080	3,240	5,400	12,150	18,900	27,000
Sed	1,040	3,120	5,200	11,700	18,200	26,000
1938 16th Series Model 1601-D, 8-cyl., 127" wb						
Tr Sed	1,720	5,160	8,600	19,350	30,100	43,000
1938 16th Series Model 1601, 8-cyl., 139" wb						
Roll A/W Cabr	4,320	12,960	21,600	48,600	75,600	108,000
Roll A/W Twn Car	4,160	12,480	20,800	46,800	72,800	104,000
Roll Brgm	3,760	11,280	18,800	42,300	65,800	94,000
1938 16th Series Model 1602, 8-cyl., 148" wb						
Tr Sed	1,760	5,280	8,800	19,800	30,800	44,000
Tr Limo	1,880	5,640	9,400	21,150	32,900	47,000
1938 16th Series Model 1603, Super 8, 127" wb						
Tr Sed	1,680	5,040	8,400	18,900	29,400	42,000
1938 16th Series Model 1604, Super 8, 134" wb						
Conv	3,720	11,160	18,600	41,850	65,100	93,000
RS Cpe	1,720	5,160	8,600	19,350	30,100	43,000
5P Cpe	1,680	5,040	8,400	18,900	29,400	42,000
Clb Sed	1,400	4,200	7,000	15,750	24,500	35,000
Tr Sed	1,320	3,960	6,600	14,850	23,100	33,000
Fml Sed	2,320	6,960	11,600	26,100	40,600	58,000
Vic	3,560	10,680	17,800	40,050	62,300	89,000
1938 16th Series Model 1605, Super 8, 139" wb						
Bus Sed	1,800	5,400	9,000	20,250	31,500	45,000
Conv Sed	4,120	12,360	20,600	46,350	72,100	103,000
Bus Limo	2,120	6,360	10,600	23,850	37,100	53,000
1938 16th Series Model 1605, Super 8, Customs						
Brn A/W Cabr			value not estimable			
Brn Tr Cabr			value not estimable			
Roll A/W Cabr			value not estimable			
Roll A/W Twn Car			value not estimable			
1938 16th Series Model 1607, V-12, 134" wb						
Conv Cpe	7,320	21,960	36,600	82,350	128,100	183,000
2-4P Cpe	2,680	8,040	13,400	30,150	46,900	67,000
5P Cpe	2,600	7,800	13,000	29,250	45,500	65,000
Clb Sed	2,320	6,960	11,600	26,100	40,600	58,000
Conv Vic	7,320	21,960	36,600	82,350	128,100	183,000
Tr Sed	2,200	6,600	11,000	24,750	38,500	55,000
Fml Sed	3,280	9,840	16,400	36,900	57,400	82,000
1938 16th Series Model 1608, V-12, 139" wb						
Conv Sed	7,520	22,560	37,600	84,600	131,600	188,000
Tr Sed	2,680	8,040	13,400	30,150	46,900	67,000
Tr Limo	2,840	8,520	14,200	31,950	49,700	71,000
1938 16th Series Model 1607-8, V-12, 139" wb						
Brn A/W Cabr			value not estimable			
Brn Tr Cabr			value not estimable			
Roll A/W Cabr			value not estimable			
Roll A/W Twn Car			value not estimable			
1939 17th Series Model 1700, 6-cyl., 122" wb						
Conv	1,840	5,520	9,200	20,700	32,200	46,000
Bus Cpe	1,320	3,960	6,600	14,850	23,100	33,000
Clb Cpe	1,360	4,080	6,800	15,300	23,800	34,000
2d Sed	1,040	3,120	5,200	11,700	18,200	26,000
Tr Sed	960	2,880	4,800	10,800	16,800	24,000
Sta Wag	4,200	12,600	21,000	47,250	73,500	105,000
1939 17th Series Model 1701, 8-cyl., 127" wb						
Conv	2,400	7,200	12,000	27,000	42,000	60,000
Conv Sed	2,440	7,320	12,200	27,450	42,700	61,000
Clb Cpe	1,480	4,440	7,400	16,650	25,900	37,000
Bus Cpe	1,440	4,320	7,200	16,200	25,200	36,000
2d Sed	1,160	3,480	5,800	13,050	20,300	29,000
Sed	1,120	3,360	5,600	12,600	19,600	28,000
Sta Wag	4,400	13,200	22,000	49,500	77,000	110,000
1939 17th Series Model 1702, 8-cyl., 148" wb						
Tr Sed	1,640	4,920	8,200	18,450	28,700	41,000
Tr Limo	1,840	5,520	9,200	20,700	32,200	46,000
1939 17th Series Model 1703, Super 8, 127" wb						
Tr Sed	1,680	5,040	8,400	18,900	29,400	42,000
Conv	2,560	7,680	12,800	28,800	44,800	64,000
Conv Sed	2,640	7,920	13,200	29,700	46,200	66,000

	6	5	4	3	2	1
Clb Cpe	1,720	5,160	8,600	19,350	30,100	43,000
1939 17th Series Model 1705, Super 8, 148" wb						
Tr Sed	1,920	5,760	9,600	21,600	33,600	48,000
Tr Limo	2,120	6,360	10,600	23,850	37,100	53,000
1939 17th Series Model 1707, V-12, 134" wb						
Conv Cpe	7,320	21,960	36,600	82,350	128,100	183,000
Conv Vic	7,320	21,960	36,600	82,350	128,100	183,000
Roll A/W Cabr	7,600	22,800	38,000	85,500	133,000	190,000
2-4P Cpe	2,680	8,040	13,400	30,150	46,900	67,000
5P Cpe	2,600	7,800	13,000	29,250	45,500	65,000
Sed	2,200	6,600	11,000	24,750	38,500	55,000
Clb Sed	2,600	7,800	13,000	29,250	45,500	65,000
Fml Sed	3,360	10,080	16,800	37,800	58,800	84,000
1939 17th Series Model 1708, V-12, 139" wb						
Conv Sed			value not estimable			
Brn Tr Cabr			value not estimable			
Brn A/W Cabr			value not estimable			
Tr Sed	2,960	8,880	14,800	33,300	51,800	74,000
Tr Limo	3,040	9,120	15,200	34,200	53,200	76,000
Roll A/W Twn Car			value not estimable			
1940 18th Series Model 1800, 6-cyl., 122" wb, (110)						
Conv	1,840	5,520	9,200	20,700	32,200	46,000
Bus Cpe	1,440	4,320	7,200	16,200	25,200	36,000
Clb Cpe	1,520	4,560	7,600	17,100	26,600	38,000
2d Sed	1,200	3,600	6,000	13,500	21,000	30,000
Sed	1,160	3,480	5,800	13,050	20,300	29,000
Sta Wag	4,600	13,800	23,000	51,750	80,500	115,000
1940 18th Series Model 1801, Std., 8-cyl., 127" wb, (120)						
Conv	2,800	8,400	14,000	31,500	49,000	70,000
Conv Sed	2,920	8,760	14,600	32,850	51,100	73,000
Bus Cpe	1,360	4,080	6,800	15,300	23,800	34,000
Clb Cpe	1,560	4,680	7,800	17,550	27,300	39,000
2d Sed	1,240	3,720	6,200	13,950	21,700	31,000
Clb Sed	1,280	3,840	6,400	14,400	22,400	32,000
Sed	1,240	3,720	6,200	13,950	21,700	31,000
Darr Vic	6,400	19,200	32,000	72,000	112,000	160,000
Sta Wag	5,800	17,400	29,000	65,250	101,500	145,000
1940 18th Series Model 1801, DeLuxe, 8-cyl., 127" wb, (120)						
Conv	2,600	7,800	13,000	29,250	45,500	65,000
Clb Cpe	1,600	4,800	8,000	18,000	28,000	40,000
Clb Sed	1,320	3,960	6,600	14,850	23,100	33,000
Tr Sed	1,280	3,840	6,400	14,400	22,400	32,000
1940 18th Series Model 1803, Super 8, 127" wb, (160)						
Conv	3,400	10,200	17,000	38,250	59,500	85,000
Conv Sed	3,520	10,560	17,600	39,600	61,600	88,000
Bus Cpe	1,520	4,560	7,600	17,100	26,600	38,000
Clb Cpe	2,160	6,480	10,800	24,300	37,800	54,000
Clb Sed	1,960	5,880	9,800	22,050	34,300	49,000
Sed	1,920	5,760	9,600	21,600	33,600	48,000
1940 18th Series Model 1804, Super 8, 138" wb, (160)						
Sed	1,800	5,400	9,000	20,250	31,500	45,000
1940 18th Series Model 1805, Super 8, 148" wb, (160)						
Tr Sed	2,000	6,000	10,000	22,500	35,000	50,000
Tr Limo	2,200	6,600	11,000	24,750	38,500	55,000
1940 18th Series Model 1806, Custom, Super 8, 127" wb, (180)						
Clb Sed	1,680	5,040	8,400	18,900	29,400	42,000
Darr Conv Vic	10,400	31,200	52,000	117,000	182,000	260,000
1940 18th Series Model 1807, Custom, Super 8, 138" wb, (180)						
Darr Conv Sed	13,200	39,600	66,000	148,500	231,000	330,000
Roll A/W Cabr	4,520	13,560	22,600	50,850	79,100	113,000
Darr Spt Sed	6,600	19,800	33,000	74,250	115,500	165,000
Fml Sed	2,800	8,400	14,000	31,500	49,000	70,000
Tr Sed	2,400	7,200	12,000	27,000	42,000	60,000
1940 18th Series Model 1808, Custom, Super 8, 148" wb, (180)						
Roll A/W Twn Car	3,720	11,160	18,600	41,850	65,100	93,000
Tr Sed	2,800	8,400	14,000	31,500	49,000	70,000
Tr Limo	2,880	8,640	14,400	32,400	50,400	72,000
1941 19th Series Model 1900, Std., 6-cyl., 122" wb, (110)						
Conv	2,000	6,000	10,000	22,500	35,000	50,000
Bus Cpe	1,440	4,320	7,200	16,200	25,200	36,000
Clb Cpe	1,520	4,560	7,600	17,100	26,600	38,000
2d Sed	1,200	3,600	6,000	13,500	21,000	30,000
Tr Sed	1,160	3,480	5,800	13,050	20,300	29,000
Sta Wag	4,600	13,800	23,000	51,750	80,500	115,000
1941 19th Series Model 1900, DeLuxe, 6-cyl., 122" wb, (110)						
Conv	2,080	6,240	10,400	23,400	36,400	52,000

	6	5	4	3	2	1
Clb Cpe	1,560	4,680	7,800	17,550	27,300	39,000
2d Sed	1,240	3,720	6,200	13,950	21,700	31,000
Sed	1,200	3,600	6,000	13,500	21,000	30,000
Sta Wag	5,000	15,000	25,000	56,250	87,500	125,000
1941 19th Series Model 1901, 8-cyl., 127" wb, (120)						
Conv	2,600	7,800	13,000	29,250	45,500	65,000
Conv Sed	2,720	8,160	13,600	30,600	47,600	68,000
Bus Cpe	1,440	4,320	7,200	16,200	25,200	36,000
Clb Cpe	1,600	4,800	8,000	18,000	28,000	40,000
2d Sed	1,320	3,960	6,600	14,850	23,100	33,000
Sed	1,280	3,840	6,400	14,400	22,400	32,000
Sta Wag	4,400	13,200	22,000	49,500	77,000	110,000
DeL Sta Wag	5,000	15,000	25,000	56,250	87,500	125,000
1941 19th Series Model 1903, Super 8, 127" wb, (160)						
Conv	3,400	10,200	17,000	38,250	59,500	85,000
DeL Conv	3,480	10,440	17,400	39,150	60,900	87,000
Conv Sed	3,600	10,800	18,000	40,500	63,000	90,000
DeL Conv Sed	3,600	10,800	18,000	40,500	63,000	90,000
Clb Cpe	1,720	5,160	8,600	19,350	30,100	43,000
Bus Cpe	1,640	4,920	8,200	18,450	28,700	41,000
Sed	1,600	4,800	8,000	18,000	28,000	40,000
1941 19th Series Model 1904, Super 8, 138" wb, (160)						
Sed	1,840	5,520	9,200	20,700	32,200	46,000
1941 19th Series Model 1905, Super 8, 148" wb, (160)						
Tr Sed	2,160	6,480	10,800	24,300	37,800	54,000
Tr Limo	2,320	6,960	11,600	26,100	40,600	58,000
1941 19th Series Model 1906, Custom, Super 8, 127" wb, (180)						
Darr Conv Vic	9,600	28,800	48,000	108,000	168,000	240,000
1941 19th Series Model 1907, Custom, Super 8, 138" wb, (180)						
Leb Spt Brgm	4,400	13,200	22,000	49,500	77,000	110,000
Roll A/W Cabr	4,800	14,400	24,000	54,000	84,000	120,000
Darr Spt Sed	8,000	24,000	40,000	90,000	140,000	200,000
Tr Sed	2,600	7,800	13,000	29,250	45,500	65,000
Fml Sed	2,800	8,400	14,000	31,500	49,000	70,000
1941 19th Series Model 1908, Custom, Super 8, 148" wb, (180)						
Roll A/W Twn Car	3,680	11,040	18,400	41,400	64,400	92,000
Tr Sed	2,720	8,160	13,600	30,600	47,600	68,000
LeB Tr Sed	4,200	12,600	21,000	47,250	73,500	105,000
Tr Limo	2,800	8,400	14,000	31,500	49,000	70,000
LeB Tr Limo	3,080	9,240	15,400	34,650	53,900	77,000
1941 19th Series Model 1951, Clipper, 8-cyl., 127" wb						
Sed	1,280	3,840	6,400	14,400	22,400	32,000
1942 20th Series Clipper Series - (6-cyl.) Series 2000, Special, 120" wb						
Bus Cpe	1,280	3,840	6,400	14,400	22,400	32,000
Clb Sed	1,240	3,720	6,200	13,950	21,700	31,000
Tr Sed	1,200	3,600	6,000	13,500	21,000	30,000
1942 20th Series Model 2010, Custom, 120" wb						
Clb Sed	1,200	3,600	6,000	13,500	21,000	30,000
Tr Sed	1,160	3,480	5,800	13,050	20,300	29,000
1942 20th Series Model 2020, Custom, 122" wb						
Conv	2,320	6,960	11,600	26,100	40,600	58,000
1942 20th Series Clipper Series - (8-cyl.) Series 2001, Special, 120" wb						
Bus Cpe	1,200	3,600	6,000	13,500	21,000	30,000
Clb Sed	1,240	3,720	6,200	13,950	21,700	31,000
Tr Sed	1,200	3,600	6,000	13,500	21,000	30,000
1942 20th Series Model 2011, Custom, 120" wb						
Clb Sed	1,440	4,320	7,200	16,200	25,200	36,000
Tr Sed	1,400	4,200	7,000	15,750	24,500	35,000
1942 20th Series Model 2021, Custom, 127" wb						
Conv	2,000	6,000	10,000	22,500	35,000	50,000
1942 20th Series Super 8, 160 Series, Clipper, 127" wb, 2003						
Clb Sed	1,480	4,440	7,400	16,650	25,900	37,000
Tr Sed	1,440	4,320	7,200	16,200	25,200	36,000
1942 20th Series Super 8, 160, 127" wb, 2023						
Conv	2,680	8,040	13,400	30,150	46,900	67,000
1942 20th Series Super 8, 160, 138" wb, 2004						
Tr Sed	1,520	4,560	7,600	17,100	26,600	38,000
1942 20th Series Super 8, 160, 148" wb, 2005						
7P Sed	1,840	5,520	9,200	20,700	32,200	46,000
Limo	2,000	6,000	10,000	22,500	35,000	50,000
1942 20th Series Super 8, 160, 148" wb, 2055						
Bus Sed	1,760	5,280	8,800	19,800	30,800	44,000
Bus Limo	1,840	5,520	9,200	20,700	32,200	46,000
1942 20th Series Super 8, 180, Clipper, 127" wb, 2006						
Clb Sed	1,640	4,920	8,200	18,450	28,700	41,000
Tr Sed	1,600	4,800	8,000	18,000	28,000	40,000

	6	5	4	3	2	1
1942 20th Series Super 8, 180, Special, 127" wb, 2006						
Darr Conv Vic	7,600	22,800	38,000	85,500	133,000	190,000
1942 20th Series Super 8, 180, 138" wb, 2007						
Tr Sed	1,560	4,680	7,800	17,550	27,300	39,000
Fml Sed	2,680	8,040	13,400	30,150	46,900	67,000
Roll A/W Cabr	3,720	11,160	18,600	41,850	65,100	93,000
1942 20th Series Super 8, 180, 148" wb, 2008						
Tr Sed	2,720	8,160	13,600	30,600	47,600	68,000
Limo	2,800	8,400	14,000	31,500	49,000	70,000
LeB Sed	2,920	8,760	14,600	32,850	51,100	73,000
LeB Limo	3,080	9,240	15,400	34,650	53,900	77,000
Roll A/W Twn Car	3,680	11,040	18,400	41,400	64,400	92,000
1946 21st Series Clipper, 6-cyl., 120" wb, 2100						
Clb Sed	800	2,400	4,000	9,000	14,000	20,000
Sed	760	2,280	3,800	8,550	13,300	19,000
1946 21st Series Clipper, 6-cyl., 120" wb, 2130						
4d Taxi	880	2,640	4,400	9,900	15,400	22,000
1946 21st Series Clipper, 8-cyl., 120" wb, 2101						
Tr Sed	760	2,280	3,800	8,550	13,300	19,000
1946 21st Series Clipper, DeLuxe, 8-cyl., 120" wb, 2111						
Clb Sed	840	2,520	4,200	9,450	14,700	21,000
Tr Sed	800	2,400	4,000	9,000	14,000	20,000
1946 21st Series Clipper, Super 8, 127" wb, 2103						
Clb Sed	880	2,640	4,400	9,900	15,400	22,000
Tr Sed	840	2,520	4,200	9,450	14,700	21,000
1946 21st Series Clipper, Super 8, 127" wb, 2106 Custom						
Clb Sed	960	2,880	4,800	10,800	16,800	24,000
Tr Sed	920	2,760	4,600	10,350	16,100	23,000
1946 21st Series Clipper, Super, 148" wb, 2126 Custom						
8P Sed	1,120	3,360	5,600	12,600	19,600	28,000
Limo	1,320	3,960	6,600	14,850	23,100	33,000
1947 21st Series Clipper, 6-cyl., 120" wb, 2100						
Clb Sed	800	2,400	4,000	9,000	14,000	20,000
Tr Sed	760	2,280	3,800	8,550	13,300	19,000
1947 21st Series Clipper, DeLuxe, 8-cyl., 120" wb, 2111						
Clb Sed	800	2,400	4,000	9,000	14,000	20,000
Tr Sed	760	2,280	3,800	8,550	13,300	19,000
1947 21st Series Clipper, Super 8, 127" wb, 2103						
Clb Sed	960	2,880	4,800	10,800	16,800	24,000
Tr Sed	880	2,640	4,400	9,900	15,400	22,000
1947 21st Series Clipper, Super 8, 127" wb, 2106 Custom						
Clb Sed	1,040	3,120	5,200	11,700	18,200	26,000
Tr Sed	960	2,880	4,800	10,800	16,800	24,000
1947 21st Series Clipper, Super 8, 148" wb, 2126 Custom						
7P Sed	1,120	3,360	5,600	12,600	19,600	28,000
Limo	1,320	3,960	6,600	14,850	23,100	33,000
1948 & Early 1949 22nd Series Model 2201, 8-cyl., 120" wb						
Clb Sed	760	2,280	3,800	8,550	13,300	19,000
Sed	720	2,160	3,600	8,100	12,600	18,000
Sta Sed	3,000	9,000	15,000	33,750	52,500	75,000
1948 & Early 1949 22nd Series Model 2211, DeLuxe, 8-cyl., 120" wb						
Clb Sed	840	2,520	4,200	9,450	14,700	21,000
Tr Sed	800	2,400	4,000	9,000	14,000	20,000
1948 & Early 1949 22nd Series Super 8, 120" wb, 2202						
Clb Sed	960	2,880	4,800	10,800	16,800	24,000
Sed	920	2,760	4,600	10,350	16,100	23,000
1948 & Early 1949 22nd Series Super 8, 120" wb, 2232						
Conv	2,560	7,680	12,800	28,800	44,800	64,000
1948 & Early 1949 22nd Series Super 8, 141" wb, 2222						
Sed	1,080	3,240	5,400	12,150	18,900	27,000
Limo	1,280	3,840	6,400	14,400	22,400	32,000
1948 & Early 1949 22nd Series Super 8, DeLuxe, 141" wb						
Sed	1,120	3,360	5,600	12,600	19,600	28,000
Limo	1,320	3,960	6,600	14,850	23,100	33,000
1948 & Early 1949 22nd Series Custom 8, 127" wb, 2206						
Clb Sed	1,080	3,240	5,400	12,150	18,900	27,000
Tr Sed	1,040	3,120	5,200	11,700	18,200	26,000
1948 & Early 1949 22nd Series Custom 8, 127" wb, 2233						
Conv	2,760	8,280	13,800	31,050	48,300	69,000
1948 & Early 1949 22nd Series Custom 8, 148" wb, 2226						
7P Sed	1,320	3,960	6,600	14,850	23,100	33,000
Limo	1,360	4,080	6,800	15,300	23,800	34,000
1949-50 23rd Series Model 2301, 120" wb						
Clb Sed	800	2,400	4,000	9,000	14,000	20,000
Sed	760	2,280	3,800	8,550	13,300	19,000
Sta Sed	3,000	9,000	15,000	33,750	52,500	75,000

	6	5	4	3	2	1
1949-50 23rd Series 2301 DeLuxe, 120" wb						
Clb Sed	840	2,520	4,200	9,450	14,700	21,000
Sed	800	2,400	4,000	9,000	14,000	20,000
1949-50 23rd Series Super 8, 127" wb, 2302						
Clb Sed	920	2,760	4,600	10,350	16,100	23,000
Sed	880	2,640	4,400	9,900	15,400	22,000
1949-50 23rd Series Super 8, 2302 DeLuxe						
Clb Sed	960	2,880	4,800	10,800	16,800	24,000
Sed	920	2,760	4,600	10,350	16,100	23,000
1949-50 23rd Series Super 8, Super DeLuxe, 127" wb, 2332						
Conv	2,560	7,680	12,800	28,800	44,800	64,000
1949-50 23rd Series Super 8, 141" wb, 2322						
7P Sed	1,160	3,480	5,800	13,050	20,300	29,000
Limo	1,320	3,960	6,600	14,850	23,100	33,000
1949-50 23rd Series Custom 8, 127" wb, 2306						
Sed	1,040	3,120	5,200	11,700	18,200	26,000
1949-50 23rd Series Custom 8, 127" wb, 2333						
Conv	2,760	8,280	13,800	31,050	48,300	69,000
1951 24th Series 200, Standard, 122" wb, 2401						
Bus Cpe	680	2,040	3,400	7,650	11,900	17,000
2d Sed	720	2,160	3,600	8,100	12,600	18,000
Sed	680	2,040	3,400	7,650	11,900	17,000
1951 24th Series 200, DeLuxe						
2d Sed	760	2,280	3,800	8,550	13,300	19,000
Sed	720	2,160	3,600	8,100	12,600	18,000
1951 24th Series 122" wb, 2402						
Mayfair HT	840	2,520	4,200	9,450	14,700	21,000
Conv	1,840	5,520	9,200	20,700	32,200	46,000
1951 24th Series 300, 127" wb, 2402						
Sed	800	2,400	4,000	9,000	14,000	20,000
1951 24th Series Patrician, 400, 127" wb, 2406						
Sed	840	2,520	4,200	9,450	14,700	21,000
1952 25th Series 200, Std., 122" wb, 2501						
2d Sed	720	2,160	3,600	8,100	12,600	18,000
Sed	680	2,040	3,400	7,650	11,900	17,000
1952 25th Series 200, DeLuxe						
2d Sed	760	2,280	3,800	8,550	13,300	19,000
Sed	720	2,160	3,600	8,100	12,600	18,000
1952 25th Series 122" wb, 2531						
Conv	1,880	5,640	9,400	21,150	32,900	47,000
Mayfair HT	880	2,640	4,400	9,900	15,400	22,000
1952 25th Series 300, 122" wb, 2502						
Sed	800	2,400	4,000	9,000	14,000	20,000
1952 25th Series Patrician, 400, 127" wb, 2506						
Sed	840	2,520	4,200	9,450	14,700	21,000
Der Cus Sed	880	2,640	4,400	9,900	15,400	22,000
1953 26th Series Clipper, 122" wb, 2601						
2d HT	840	2,520	4,200	9,450	14,700	21,000
2d Sed	760	2,280	3,800	8,550	13,300	19,000
Sed	720	2,160	3,600	8,100	12,600	18,000
1953 26th Series Clipper DeLuxe						
2d Sed	800	2,400	4,000	9,000	14,000	20,000
Sed	760	2,280	3,800	8,550	13,300	19,000
1953 26th Series Cavalier, 127" wb, 2602						
Cav Sed	800	2,400	4,000	9,000	14,000	20,000
1953 26th Series Packard 8, 122" wb, 2631						
Conv	1,920	5,760	9,600	21,600	33,600	48,000
Caribbean Conv	5,500	16,500	27,500	61,880	96,250	137,500
Mayfair HT	920	2,760	4,600	10,350	16,100	23,000
1953 26th Series Patrician, 127" wb, 2606						
Sed	840	2,520	4,200	9,450	14,700	21,000
Der Fml Sed	920	2,760	4,600	10,350	16,100	23,000
1953 26th Series 149" wb, 2626						
Exec Sed	1,040	3,120	5,200	11,700	18,200	26,000
Corp Limo	1,120	3,360	5,600	12,600	19,600	28,000
1954 54th Series Clipper, 122" wb, DeLuxe 5401						
2d HT	840	2,520	4,200	9,450	14,700	21,000
Clb Sed	760	2,280	3,800	8,550	13,300	19,000
Sed	720	2,160	3,600	8,100	12,600	18,000
1954 54th Series Clipper Super 5411						
Pan HT	1,000	3,000	5,000	11,250	17,500	25,000
Clb Sed	800	2,400	4,000	9,000	14,000	20,000
Sed	760	2,280	3,800	8,550	13,300	19,000
1954 54th Series Cavalier, 127" wb, 5402						
Sed	800	2,400	4,000	9,000	14,000	20,000

	6	5	4	3	2	1
1954 54th Series Packard 8, 122" wb, 5431						
Pac HT	1,000	3,000	5,000	11,250	17,500	25,000
Conv	1,940	5,820	9,700	21,830	33,950	48,500
Caribbean Conv	5,540	16,620	27,700	62,330	96,950	138,500
1954 54th Series Patrician, 127" wb, 5406						
Sed	840	2,520	4,200	9,450	14,700	21,000
Der Cus Sed	920	2,760	4,600	10,350	16,100	23,000
1954 54th Series 149" wb, 5426						
8P Sed	1,040	3,120	5,200	11,700	18,200	26,000
Limo	1,120	3,360	5,600	12,600	19,600	28,000
1955 55th Series Clipper, DeLuxe, 122" wb, 5540						
Sed	640	1,920	3,200	7,200	11,200	16,000
1955 55th Series Clipper, Super, 5540						
Pan HT	1,000	3,000	5,000	11,250	17,500	25,000
Sed	680	2,040	3,400	7,650	11,900	17,000
1955 55th Series Clipper Custom 5560 (352 cid V-8)						
Con HT	1,080	3,240	5,400	12,150	18,900	27,000
Sed	720	2,160	3,600	8,100	12,600	18,000
1955 55th Series Packard, 400, 127" wb, 5580						
"400" HT	1,160	3,480	5,800	13,050	20,300	29,000
1955 55th Series Caribbean 5580						
Conv	5,900	17,700	29,500	66,380	103,250	147,500
1955 55th Series Patrician 5580						
Sed	920	2,760	4,600	10,350	16,100	23,000
1956 56th Series Clipper, DeLuxe, 122" wb, 5640						
Sed	680	2,040	3,400	7,650	11,900	17,000
1956 56th Series Clipper, Super, 5640						
HT	1,040	3,120	5,200	11,700	18,200	26,000
Sed	720	2,160	3,600	8,100	12,600	18,000
1956 56th Series Clipper, Custom, 5660						
Con HT	1,120	3,360	5,600	12,600	19,600	28,000
Sed	720	2,160	3,600	8,100	12,600	18,000
1956 56th Series Clipper Executive						
HT	1,160	3,480	5,800	13,050	20,300	29,000
Sed	760	2,280	3,800	8,550	13,300	19,000
1956 56th Series Packard, 400, 127" wb, 5680						
"400" HT	1,200	3,600	6,000	13,500	21,000	30,000
1956 56th Series Caribbean, 5688						
Conv	6,000	18,000	30,000	67,500	105,000	150,000
HT	1,520	4,560	7,600	17,100	26,600	38,000
1956 56th Series Patrician, 5680						
Sed	880	2,640	4,400	9,900	15,400	22,000
1957 57th L Series Clipper						
Sed	640	1,920	3,200	7,200	11,200	16,000
Sta Wag	1,360	4,080	6,800	15,300	23,800	34,000
1958 58th L Series Clipper						
HT	1,640	4,920	8,200	18,450	28,700	41,000
Sed	640	1,920	3,200	7,200	11,200	16,000
Sta Wag	1,360	4,080	6,800	15,300	23,800	34,000
Hawk	2,320	6,960	11,600	26,100	40,600	58,000

PIERCE-ARROW

1901 1-cyl., 2-3/4 hp						
Motorette	value not estimable					
1901 1-cyl., 3-3/4 hp						
Motorette	value not estimable					
1902 1-cyl., 3-1/2 hp, 58" wb						
Motorette	value not estimable					
1903 1-cyl., 5 hp						
Rbt	value not estimable					
1903 1-cyl., 6-1/2 hp						
Stanhope	value not estimable					
1903 2-cyl., 15 hp						
5P Tr	value not estimable					
1904 1-cyl., 8 hp, 70" wb						
Stanhope	3,520	10,560	17,600	39,600	61,600	88,000
2P Stanhope	3,440	10,320	17,200	38,700	60,200	86,000
1904 4 cyl., 24/28 hp, 93" wb						
5P Great Arrow Tr	4,320	12,960	21,600	48,600	75,600	108,000
1904 2-cyl., 15 hp, 81" wb						
5P Tr	3,200	9,600	16,000	36,000	56,000	80,000
1904 4-cyl., 24/28 hp, 93" wb						
Great Arrow Tr	3,920	11,760	19,600	44,100	68,600	98,000
1905 1-cyl., 8 hp, 70" wb						
2P Stanhope	3,000	9,000	15,000	33,750	52,500	75,000
Stanhope	3,080	9,240	15,400	34,650	53,900	77,000

	6	5	4	3	2	1
1905 Great Arrow, 4-cyl., 24/28 hp, 100" wb						
5P Tonn	3,600	10,800	18,000	40,500	63,000	90,000
5P Canopy Tonn	3,680	11,040	18,400	41,400	64,400	92,000
5P Vic	3,520	10,560	17,600	39,600	61,600	88,000
5P Cape Tonn	3,560	10,680	17,800	40,050	62,300	89,000
1905 Great Arrow, 4-cyl., 28/32 hp, 104" wb						
5P Tonn	3,560	10,680	17,800	40,050	62,300	89,000
5P Canopy Tonn	3,480	10,440	17,400	39,150	60,900	87,000
5P Vic	3,400	10,200	17,000	38,250	59,500	85,000
5P Cape Tonn	3,480	10,440	17,400	39,150	60,900	87,000
1905 Great Arrow, 4-cyl., 28/32 hp, 109" wb						
7P Lan'let	3,600	10,800	18,000	40,500	63,000	90,000
7P Sub	3,560	10,680	17,800	40,050	62,300	89,000
8P Opera Coach	3,760	11,280	18,800	42,300	65,800	94,000
1905 4-cyl., 24/28 hp, 100" wb						
Great Arrow Tr	3,280	9,840	16,400	36,900	57,400	82,000
Great Arrow Lan'let	3,240	9,720	16,200	36,450	56,700	81,000
Great Arrow Sub	3,080	9,240	15,400	34,650	53,900	77,000
1905 4-cyl., 24/32 hp, 104" wb						
Great Arrow Opera Ch	3,600	10,800	18,000	40,500	63,000	90,000
1906 Motorette, 1-cyl., 8 hp, 70" wb						
Stanhope	1,840	5,520	9,200	20,700	32,200	46,000
1906 Great Arrow, 4-cyl., 28/32 hp, 107" wb						
5P Tr	3,040	9,120	15,200	34,200	53,200	76,000
5P Vic	2,760	8,280	13,800	31,050	48,300	69,000
8P Open Coach	3,200	9,600	16,000	36,000	56,000	80,000
7P Sub	3,120	9,360	15,600	35,100	54,600	78,000
7P Lan'let	2,880	8,640	14,400	32,400	50,400	72,000
1906 Great Arrow, 4-cyl., 40/45 hp, 109" wb						
7P Tr	3,280	9,840	16,400	36,900	57,400	82,000
8P Open Coach	3,360	10,080	16,800	37,800	58,800	84,000
7P Sub	3,280	9,840	16,400	36,900	57,400	82,000
7P Lan'let	3,040	9,120	15,200	34,200	53,200	76,000
1907 Great Arrow, 4-cyl., 28/32 hp, 112" wb						
5P Tr	3,360	10,080	16,800	37,800	58,800	84,000
5P Limo	3,040	9,120	15,200	34,200	53,200	76,000
7P Sub	3,120	9,360	15,600	35,100	54,600	78,000
1907 Great Arrow, 4-cyl., 40/45 hp, 124" wb						
7P Tr	3,440	10,320	17,200	38,700	60,200	86,000
7P Limo	3,280	9,840	16,400	36,900	57,400	82,000
7P Sub	3,360	10,080	16,800	37,800	58,800	84,000
1907 Great Arrow, 6-cyl., 65 hp, 135" wb						
7P Tr	3,440	10,320	17,200	38,700	60,200	86,000
1908 Great Arrow, 4-cyl., 30 hp, 112" wb						
Tr	3,200	9,600	16,000	36,000	56,000	80,000
1908 Great Arrow, 4-cyl., 40 hp, 124" wb						
Tr	3,440	10,320	17,200	38,700	60,200	86,000
Sub	3,280	9,840	16,400	36,900	57,400	82,000
1908 Great Arrow, 6-cyl., 40 hp, 130" wb						
Tr	3,680	11,040	18,400	41,400	64,400	92,000
Sub	3,440	10,320	17,200	38,700	60,200	86,000
Rds	3,600	10,800	18,000	40,500	63,000	90,000
1908 Great Arrow, 6-cyl., 60 hp, 135" wb						
Tr	4,000	12,000	20,000	45,000	70,000	100,000
Sub	3,600	10,800	18,000	40,500	63,000	90,000
Rds	3,840	11,520	19,200	43,200	67,200	96,000
1909 Model 24, 4-cyl., 24 hp, 111-1/2" wb						
3P Rbt	2,200	6,600	11,000	24,750	38,500	55,000
3P Vic Top Rbt	2,280	6,840	11,400	25,650	39,900	57,000
2P Rbt	2,160	6,480	10,800	24,300	37,800	54,000
4P Tr Car	2,320	6,960	11,600	26,100	40,600	58,000
5P Lan'let	2,240	6,720	11,200	25,200	39,200	56,000
5P Brgm	2,280	6,840	11,400	25,650	39,900	57,000
1909 Model 36, 6-cyl., 36 hp, 119" wb						
5P Tr	2,440	7,320	12,200	27,450	42,700	61,000
5P Cape Top Tr	2,480	7,440	12,400	27,900	43,400	62,000
2P Rbt	2,240	6,720	11,200	25,200	39,200	56,000
3P Rbt	2,260	6,780	11,300	25,430	39,550	56,500
4P Tr	2,400	7,200	12,000	27,000	42,000	60,000
5P Brgm	2,280	6,840	11,400	25,650	39,900	57,000
5P Lan'let	2,360	7,080	11,800	26,550	41,300	59,000
1909 Model 40, 4-cyl., 40 hp, 124" wb						
7P Sub	2,680	8,040	13,400	30,150	46,900	67,000
4P Tr Car	2,640	7,920	13,200	29,700	46,200	66,000
7P Tr	2,680	8,040	13,400	30,150	46,900	67,000
7P Lan	2,480	7,440	12,400	27,900	43,400	62,000

	6	5	4	3	2	1
1909 Model 48, 6-cyl., 48 hp, 130" wb						
4P Tr	2,960	8,880	14,800	33,300	51,800	74,000
4P Cape Top Tr	3,040	9,120	15,200	34,200	53,200	76,000
2P Tr	2,880	8,640	14,400	32,400	50,400	72,000
3P Tr	2,960	8,880	14,800	33,300	51,800	74,000
7P Tr	3,000	9,000	15,000	33,750	52,500	75,000
7P Lan	2,880	8,640	14,400	32,400	50,400	72,000
7P Sub	3,000	9,000	15,000	33,750	52,500	75,000
1909 Model 60, 6-cyl., 60 hp, 135" wb						
7P Tr	3,560	10,680	17,800	40,050	62,300	89,000
7P Cape Top Tr	3,640	10,920	18,200	40,950	63,700	91,000
7P Sub	3,640	10,920	18,200	40,950	63,700	91,000
7P Lan	3,320	9,960	16,600	37,350	58,100	83,000
1910 Model 60, 6-cyl., 60 hp, 135" wb						
5P Lan'let	3,000	9,000	15,000	33,750	52,500	75,000
1910 Model 36, 6-cyl., 36 hp, 125" wb						
4P Miniature Tonn	2,360	7,080	11,800	26,550	41,300	59,000
5P Tr	2,440	7,320	12,200	27,450	42,700	61,000
5P Brgm	2,280	6,840	11,400	25,650	39,900	57,000
Rbt (119" wb)	2,280	6,840	11,400	25,650	39,900	57,000
1910 Model 48, 6-cyl., 48 hp, 134-1/2" wb						
7P Lan'let	2,280	6,840	11,400	25,650	39,900	57,000
Miniature Tonn	2,600	7,800	13,000	29,250	45,500	65,000
7P Tr	2,880	8,640	14,400	32,400	50,400	72,000
7P Sub	2,880	8,640	14,400	32,400	50,400	72,000
Rbt (128" wb)	2,680	8,040	13,400	30,150	46,900	67,000
1910 Model 66, 6-cyl., 66 hp, 140" wb						
7P Tr	7,000	21,000	35,000	78,750	122,500	175,000
4P Miniature Tonn	4,680	14,040	23,400	52,650	81,900	117,000
7P Sub	4,920	14,760	24,600	55,350	86,100	123,000
7P Lan'let	4,680	14,040	23,400	52,650	81,900	117,000
Rbt (133-1/2" wb)	4,600	13,800	23,000	51,750	80,500	115,000
1911 Model 36T, 6-cyl., 38 hp, 125" wb						
5P Tr	2,960	8,880	14,800	33,300	51,800	74,000
3P Rbt	2,800	8,400	14,000	31,500	49,000	70,000
4P Miniature Tonn	2,800	8,400	14,000	31,500	49,000	70,000
5P Brgm	2,680	8,040	13,400	30,150	46,900	67,000
5P Lan'let	2,720	8,160	13,600	30,600	47,600	68,000
1911 Model 48T, 6-cyl., 48 hp, 134-1/2" wb						
7P Tr	3,200	9,600	16,000	36,000	56,000	80,000
Rbt	2,880	8,640	14,400	32,400	50,400	72,000
Miniature Tonn	2,960	8,880	14,800	33,300	51,800	74,000
5P Close Coupled	2,600	7,800	13,000	29,250	45,500	65,000
5P Protected Tr	2,960	8,880	14,800	33,300	51,800	74,000
Sub	3,120	9,360	15,600	35,100	54,600	78,000
Lan	3,120	9,360	15,600	35,100	54,600	78,000
1911 Model 66T, 6-cyl., 66 hp, 140" wb						
7P Tr	7,000	21,000	35,000	78,750	122,500	175,000
Rbt	4,600	13,800	23,000	51,750	80,500	115,000
Miniature Tonn	4,720	14,160	23,600	53,100	82,600	118,000
5P Protected Tr	4,640	13,920	23,200	52,200	81,200	116,000
Close Coupled	4,240	12,720	21,200	47,700	74,200	106,000
Sub	4,800	14,400	24,000	54,000	84,000	120,000
Lan	4,800	14,400	24,000	54,000	84,000	120,000
1912 Model 36T, 6 cyl., 36 hp, 127-1/2" wb						
4P Tr	2,880	8,640	14,400	32,400	50,400	72,000
5P Tr	2,880	8,640	14,400	32,400	50,400	72,000
Brgm	2,720	8,160	13,600	30,600	47,600	68,000
Lan'let	2,720	8,160	13,600	30,600	47,600	68,000
Rbt (119" wb)	2,800	8,400	14,000	31,500	49,000	70,000
1912 Model 48, 6-cyl., 48 hp, 134-1/2" wb						
4P Tr	3,120	9,360	15,600	35,100	54,600	78,000
5P Tr	3,120	9,360	15,600	35,100	54,600	78,000
7P Tr	3,200	9,600	16,000	36,000	56,000	80,000
Brgm	2,880	8,640	14,400	32,400	50,400	72,000
Lan'let	2,880	8,640	14,400	32,400	50,400	72,000
Sub	3,040	9,120	15,200	34,200	53,200	76,000
Lan	3,040	9,120	15,200	34,200	53,200	76,000
Vestibule Sub	2,960	8,880	14,800	33,300	51,800	74,000
Rbt (128" wb)	2,960	8,880	14,800	33,300	51,800	74,000
1912 Model 66, 6-cyl., 66 hp, 140" wb						
4P Tr	7,000	21,000	35,000	78,750	122,500	175,000
5P Tr	4,880	14,640	24,400	54,900	85,400	122,000
7P Tr	4,960	14,880	24,800	55,800	86,800	124,000
Sub	4,880	14,640	24,400	54,900	85,400	122,000
Lan	4,800	14,400	24,000	54,000	84,000	120,000

	6	5	4	3	2	1
Vestibule Sub	4,800	14,400	24,000	54,000	84,000	120,000
Rbt (133-1/2" wb)	4,800	14,400	24,000	54,000	84,000	120,000
1913 Model 38-C, 6-cyl., 38.4 hp, 119" wb						
3P Rbt	2,600	7,800	13,000	29,250	45,500	65,000
4P Tr	2,680	8,040	13,400	30,150	46,900	67,000
5P Tr	2,760	8,280	13,800	31,050	48,300	69,000
6P Brgm	2,520	7,560	12,600	28,350	44,100	63,000
6P Lan'let	2,560	7,680	12,800	28,800	44,800	64,000
1913 Model 48-B, 6-cyl., 48.6 hp, 134-1/2" wb						
5P Tr	3,120	9,360	15,600	35,100	54,600	78,000
Rbt.	3,040	9,120	15,200	34,200	53,200	76,000
4P Tr	3,120	9,360	15,600	35,100	54,600	78,000
7P Tr	3,200	9,600	16,000	36,000	56,000	80,000
Brgm	2,640	7,920	13,200	29,700	46,200	66,000
Lan'let	2,680	8,040	13,400	30,150	46,900	67,000
7P Sub	2,720	8,160	13,600	30,600	47,600	68,000
7P Lan.	1,560	4,680	7,800	17,550	27,300	39,000
Vestibule Sub	2,800	8,400	14,000	31,500	49,000	70,000
Vestibule Lan	2,800	8,400	14,000	31,500	49,000	70,000
1913 Model 66-A, 6-cyl., 60 hp, 147-1/2" wb						
7P Tr	7,200	21,600	36,000	81,000	126,000	180,000
Rbt.	4,800	14,400	24,000	54,000	84,000	120,000
4P Tr	5,040	15,120	25,200	56,700	88,200	126,000
5P Tr	5,040	15,120	25,200	56,700	88,200	126,000
Brgm	4,400	13,200	22,000	49,500	77,000	110,000
Lan'let	4,400	13,200	22,000	49,500	77,000	110,000
7P Sub	4,640	13,920	23,200	52,200	81,200	116,000
7P Lan.	4,640	13,920	23,200	52,200	81,200	116,000
Vestibule Sub	4,720	14,160	23,600	53,100	82,600	118,000
Vestibule Lan	4,720	14,160	23,600	53,100	82,600	118,000
1914 Model 38-C, 6-cyl., 38.4 hp, 132" wb						
5P Tr	2,760	8,280	13,800	31,050	48,300	69,000
4P Tr	2,680	8,040	13,400	30,150	46,900	67,000
7P Brgm	2,520	7,560	12,600	28,350	44,100	63,000
7P Lan'let	2,560	7,680	12,800	28,800	44,800	64,000
Vestibule Brgm	2,600	7,800	13,000	29,250	45,500	65,000
Vestibule Lan	2,600	7,800	13,000	29,250	45,500	65,000
3P Rbt (127-1/2" wb).	2,680	8,040	13,400	30,150	46,900	67,000
1914 Model 48-B, 6-cyl., 48.6 hp, 142" wb						
4P Tr	3,120	9,360	15,600	35,100	54,600	78,000
5P Tr	3,200	9,600	16,000	36,000	56,000	80,000
7P Tr	3,280	9,840	16,400	36,900	57,400	82,000
7P Sub	3,200	9,600	16,000	36,000	56,000	80,000
7P Lan.	2,960	8,880	14,800	33,300	51,800	74,000
Vestibule Sub	2,880	8,640	14,400	32,400	50,400	72,000
Vestibule Lan	2,880	8,640	14,400	32,400	50,400	72,000
Brgm	2,880	8,640	14,400	32,400	50,400	72,000
Lan	2,960	8,880	14,800	33,300	51,800	74,000
Vestibule Brgm	2,960	8,880	14,800	33,300	51,800	74,000
Vestibule Lan'let	2,960	8,880	14,800	33,300	51,800	74,000
3P Rbt (134-1/2 " wb)	2,960	8,880	14,800	33,300	51,800	74,000
1914 Model 66-A, 6-cyl., 60 hp, 147-1/2" wb						
4P Tr	7,120	21,360	35,600	80,100	124,600	178,000
5P Tr	5,040	15,120	25,200	56,700	88,200	126,000
7P Tr	5,120	15,360	25,600	57,600	89,600	128,000
7P Sub	4,960	14,880	24,800	55,800	86,800	124,000
7P Lan.	4,800	14,400	24,000	54,000	84,000	120,000
Vestibule Lan	4,800	14,400	24,000	54,000	84,000	120,000
7P Brgm	4,800	14,400	24,000	54,000	84,000	120,000
7P Lan.	4,800	14,400	24,000	54,000	84,000	120,000
Vestibule Brgm	4,880	14,640	24,400	54,900	85,400	122,000
Vestibule Lan	4,880	14,640	24,400	54,900	85,400	122,000
3P Rbt.	4,880	14,640	24,400	54,900	85,400	122,000
1915 Model 38-C, 6-cyl., 38.4 hp, 134" wb						
5P Tr	2,720	8,160	13,600	30,600	47,600	68,000
4P Tr	2,800	8,400	14,000	31,500	49,000	70,000
2P Rbt.	2,680	8,040	13,400	30,150	46,900	67,000
2P Cpe Rbt	2,600	7,800	13,000	29,250	45,500	65,000
7P Brgm	2,560	7,680	12,800	28,800	44,800	64,000
7P Lan'let	2,560	7,680	12,800	28,800	44,800	64,000
7P Sed	2,400	7,200	12,000	27,000	42,000	60,000
7P Brgm Lan'let.	2,600	7,800	13,000	29,250	45,500	65,000
Vestibule Brgm	2,680	8,040	13,400	30,150	46,900	67,000
Vestibule Lan'let	2,680	8,040	13,400	30,150	46,900	67,000
Vestibule Brgm Lan'let	2,680	8,040	13,400	30,150	46,900	67,000

	6	5	4	3	2	1
1915 Model 48-B, 6-cyl., 48.6 hp, 142" wb						
5P Tr	3,200	9,600	16,000	36,000	56,000	80,000
4P Tr	3,200	9,600	16,000	36,000	56,000	80,000
7P Tr	3,280	9,840	16,400	36,900	57,400	82,000
2P Rbt	3,120	9,360	15,600	35,100	54,600	78,000
2P Cpe Rbt	3,040	9,120	15,200	34,200	53,200	76,000
Cpe	2,960	8,880	14,800	33,300	51,800	74,000
7P Sub	2,880	8,640	14,400	32,400	50,400	72,000
7P Lan	2,880	8,640	14,400	32,400	50,400	72,000
7P Brgm	2,880	8,640	14,400	32,400	50,400	72,000
Sub Lan	2,880	8,640	14,400	32,400	50,400	72,000
Vestibule Sub	2,960	8,880	14,800	33,300	51,800	74,000
Vestibule Lan	2,880	8,640	14,400	32,400	50,400	72,000
Vestibule Brgm	2,880	8,640	14,400	32,400	50,400	72,000
Vestibule Sub Lan	2,880	8,640	14,400	32,400	50,400	72,000
1915 Model 66-A, 6-cyl., 60 hp, 147-1/2" wb						
7P Tr	7,200	21,600	36,000	81,000	126,000	180,000
4P Tr	4,960	14,880	24,800	55,800	86,800	124,000
5P Tr	5,040	15,120	25,200	56,700	88,200	126,000
2P Rbt	4,880	14,640	24,400	54,900	85,400	122,000
2P Cpe Rbt	4,800	14,400	24,000	54,000	84,000	120,000
7P Sub	4,960	14,880	24,800	55,800	86,800	124,000
7P Lan	4,960	14,880	24,800	55,800	86,800	124,000
7P Brgm	4,960	14,880	24,800	55,800	86,800	124,000
7P Sub Lan	4,960	14,880	24,800	55,800	86,800	124,000
Vestibule Lan	5,040	15,120	25,200	56,700	88,200	126,000
Vestibule Sub	5,040	15,120	25,200	56,700	88,200	126,000
Vestibule Brgm	4,960	14,880	24,800	55,800	86,800	124,000
Vestibule Sub Lan	5,040	15,120	25,200	56,700	88,200	126,000
1916 Model 38-C, 6-cyl., 38.4 hp, 134" wb						
5P Tr	2,720	8,160	13,600	30,600	47,600	68,000
4P Tr	2,720	8,160	13,600	30,600	47,600	68,000
2P Rbt	2,640	7,920	13,200	29,700	46,200	66,000
3P Rbt	2,640	7,920	13,200	29,700	46,200	66,000
3P Cpe	2,320	6,960	11,600	26,100	40,600	58,000
2P Cpe	2,320	6,960	11,600	26,100	40,600	58,000
7P Brgm	2,280	6,840	11,400	25,650	39,900	57,000
7P Lan'let	2,280	6,840	11,400	25,650	39,900	57,000
7P Sed	2,200	6,600	11,000	24,750	38,500	55,000
Brgm Lan'let	2,320	6,960	11,600	26,100	40,600	58,000
Vestibule Brgm	2,400	7,200	12,000	27,000	42,000	60,000
Vestibule Lan'let	2,400	7,200	12,000	27,000	42,000	60,000
Vestibule Brgm Lan'let	2,400	7,200	12,000	27,000	42,000	60,000
1916 Model 48-B, 6-cyl., 48.6 hp, 142" wb						
7P Tr	7,200	21,600	36,000	81,000	126,000	180,000
4P Tr	3,040	9,120	15,200	34,200	53,200	76,000
5P Tr	3,120	9,360	15,600	35,100	54,600	78,000
2P Rbt	3,040	9,120	15,200	34,200	53,200	76,000
3P Rbt	3,040	9,120	15,200	34,200	53,200	76,000
2P Cpe	2,640	7,920	13,200	29,700	46,200	66,000
3P Cpe	2,640	7,920	13,200	29,700	46,200	66,000
7P Sub	2,800	8,400	14,000	31,500	49,000	70,000
7P Lan	2,800	8,400	14,000	31,500	49,000	70,000
7P Brgm	2,720	8,160	13,600	30,600	47,600	68,000
Sub Lan	2,800	8,400	14,000	31,500	49,000	70,000
Vestibule Sub	2,800	8,400	14,000	31,500	49,000	70,000
Vestibule Lan	2,800	8,400	14,000	31,500	49,000	70,000
Vestibule Brgm	2,720	8,160	13,600	30,600	47,600	68,000
Vestibule Sub Lan	2,800	8,400	14,000	31,500	49,000	70,000
1916 Model 66-A, 6-cyl., 60 hp, 147-1/2" wb						
7P Tr	7,200	21,600	36,000	81,000	126,000	180,000
4P Tr	4,880	14,640	24,400	54,900	85,400	122,000
5P Tr	4,880	14,640	24,400	54,900	85,400	122,000
2P Rbt	4,800	14,400	24,000	54,000	84,000	120,000
3P Rbt	4,880	14,640	24,400	54,900	85,400	122,000
2P Cpe	4,560	13,680	22,800	51,300	79,800	114,000
3P Cpe	4,560	13,680	22,800	51,300	79,800	114,000
7P Sub	4,720	14,160	23,600	53,100	82,600	118,000
7P Lan	4,640	13,920	23,200	52,200	81,200	116,000
7P Brgm	4,640	13,920	23,200	52,200	81,200	116,000
Sub Lan	4,640	13,920	23,200	52,200	81,200	116,000
Vestibule Lan	4,640	13,920	23,200	52,200	81,200	116,000
Vestibule Sub	4,640	13,920	23,200	52,200	81,200	116,000
Vestibule Brgm	4,640	13,920	23,200	52,200	81,200	116,000
Vestibule Sub Lan	4,640	13,920	23,200	52,200	81,200	116,000

	6	5	4	3	2	1
1917 Model 38, 6-cyl., 38.4 hp, 134" wb						
5P Tr	2,580	7,740	12,900	29,030	45,150	64,500
2P Rbt	2,100	6,300	10,500	23,630	36,750	52,500
3P Rbt	2,500	7,500	12,500	28,130	43,750	62,500
2P Cpe	1,980	5,940	9,900	22,280	34,650	49,500
3P Cpe	2,020	6,060	10,100	22,730	35,350	50,500
4P Tr	2,540	7,620	12,700	28,580	44,450	63,500
Brgm	1,940	5,820	9,700	21,830	33,950	48,500
Lan'let	1,940	5,820	9,700	21,830	33,950	48,500
Sed	2,220	6,660	11,100	24,980	38,850	55,500
Vestibule Brgm	1,980	5,940	9,900	22,280	34,650	49,500
Brgm Lan'let	1,980	5,940	9,900	22,280	34,650	49,500
Vestibule Brgm Lan'let	2,060	6,180	10,300	23,180	36,050	51,500
Fr Brgm	2,060	6,180	10,300	23,180	36,050	51,500
Fr Brgm Lan'let	2,060	6,180	10,300	23,180	36,050	51,500
1917 Model 48, 6-cyl., 48.6 hp, 142" wb						
7P Tr	2,860	8,580	14,300	32,180	50,050	71,500
2P Rbt	2,700	8,100	13,500	30,380	47,250	67,500
3P Rbt	2,780	8,340	13,900	31,280	48,650	69,500
2P Cpe	2,380	7,140	11,900	26,780	41,650	59,500
3P Cpe	2,380	7,140	11,900	26,780	41,650	59,500
5P Tr	2,860	8,580	14,300	32,180	50,050	71,500
4P Tr	2,780	8,340	13,900	31,280	48,650	69,500
Brgm	2,340	7,020	11,700	26,330	40,950	58,500
Sub	2,380	7,140	11,900	26,780	41,650	59,500
Lan	2,380	7,140	11,900	26,780	41,650	59,500
Sub Lan	2,380	7,140	11,900	26,780	41,650	59,500
Vestibule Sub	2,460	7,380	12,300	27,680	43,050	61,500
Vestibule Lan	2,460	7,380	12,300	27,680	43,050	61,500
Vestibule Brgm	2,420	7,260	12,100	27,230	42,350	60,500
Vestibule Sub Lan	2,460	7,380	12,300	27,680	43,050	61,500
1917 Model 66, 6-cyl., 60 hp, 147-1/2" wb						
7P Tr	7,200	21,600	36,000	81,000	126,000	180,000
2P Rbt	4,800	14,400	24,000	54,000	84,000	120,000
3P Rbt	4,800	14,400	24,000	54,000	84,000	120,000
2P Cpe	4,560	13,680	22,800	51,300	79,800	114,000
3P Cpe	4,560	13,680	22,800	51,300	79,800	114,000
4P Tr	4,880	14,640	24,400	54,900	85,400	122,000
5P Tr	4,880	14,640	24,400	54,900	85,400	122,000
Brgm	4,240	12,720	21,200	47,700	74,200	106,000
Sub	4,320	12,960	21,600	48,600	75,600	108,000
Lan	4,320	12,960	21,600	48,600	75,600	108,000
Sub Lan	4,320	12,960	21,600	48,600	75,600	108,000
Vestibule Sub	4,320	12,960	21,600	48,600	75,600	108,000
Vestibule Lan	4,320	12,960	21,600	48,600	75,600	108,000
Vestibule Brgm	4,320	12,960	21,600	48,600	75,600	108,000
Vestibule Sub Lan	4,320	12,960	21,600	48,600	75,600	108,000
1918 Model 38, 6-cyl., 38.4 hp, 134" wb						
5P Tr	2,860	8,580	14,300	32,180	50,050	71,500
2P Rbt	2,780	8,340	13,900	31,280	48,650	69,500
3P Rbt	2,780	8,340	13,900	31,280	48,650	69,500
2P Cpe	2,540	7,620	12,700	28,580	44,450	63,500
3P Cpe	2,540	7,620	12,700	28,580	44,450	63,500
2P Conv Rds	2,780	8,340	13,900	31,280	48,650	69,500
3P Conv Rds	2,780	8,340	13,900	31,280	48,650	69,500
4P Rds	2,860	8,580	14,300	32,180	50,050	71,500
4P Tr	2,780	8,340	13,900	31,280	48,650	69,500
Brgm	2,580	7,740	12,900	29,030	45,150	64,500
Lan'let	2,580	7,740	12,900	29,030	45,150	64,500
Sed	2,380	7,140	11,900	26,780	41,650	59,500
Vestibule Brgm	2,460	7,380	12,300	27,680	43,050	61,500
Brgm Lan'let	2,420	7,260	12,100	27,230	42,350	60,500
Vestibule Lan'let	2,540	7,620	12,700	28,580	44,450	63,500
Vestibule Brgm Lan'let	2,540	7,620	12,700	28,580	44,450	63,500
Fr Brgm	2,500	7,500	12,500	28,130	43,750	62,500
Fr Brgm Lan'let	2,540	7,620	12,700	28,580	44,450	63,500
Twn Brgm	2,500	7,500	12,500	28,130	43,750	62,500
1918 Model 48, 6-cyl., 48.6 hp, 142" wb						
2P Rbt	4,040	12,120	20,200	45,450	70,700	101,000
4P Rbt	4,040	12,120	20,200	45,450	70,700	101,000
3P Rbt	4,040	12,120	20,200	45,450	70,700	101,000
2P Cpe	3,840	11,520	19,200	43,200	67,200	96,000
3P Cpe	3,840	11,520	19,200	43,200	67,200	96,000
2P Conv Rds	4,040	12,120	20,200	45,450	70,700	101,000
3P Conv Rds	4,120	12,360	20,600	46,350	72,100	103,000
4P Tr	4,200	12,600	21,000	47,250	73,500	105,000

	6	5	4	3	2	1
5P Tr	4,200	12,600	21,000	47,250	73,500	105,000
Brgm	3,880	11,640	19,400	43,650	67,900	97,000
Sub	3,880	11,640	19,400	43,650	67,900	97,000
Lan	3,880	11,640	19,400	43,650	67,900	97,000
Sub Lan	3,880	11,640	19,400	43,650	67,900	97,000
Vestibule Sub	3,880	11,640	19,400	43,650	67,900	97,000
Vestibule Lan	3,880	11,640	19,400	43,650	67,900	97,000
Vestibule Brgm	3,960	11,880	19,800	44,550	69,300	99,000
Vestibule Sub Lan	4,040	12,120	20,200	45,450	70,700	101,000
Fr Brgm	3,880	11,640	19,400	43,650	67,900	97,000
7P Tr	4,280	12,840	21,400	48,150	74,900	107,000
7P Sub Lan	4,040	12,120	20,200	45,450	70,700	101,000
1918 Model 66, 6-cyl., 60 hp, 147-1/2" wb						
2P Rbt	4,720	14,160	23,600	53,100	82,600	118,000
3P Rbt	4,720	14,160	23,600	53,100	82,600	118,000
2P Cpe	4,560	13,680	22,800	51,300	79,800	114,000
3P Cpe	4,560	13,680	22,800	51,300	79,800	114,000
2P Con Rds	4,720	14,160	23,600	53,100	82,600	118,000
3P Con Rds	4,800	14,400	24,000	54,000	84,000	120,000
4P Tr	4,880	14,640	24,400	54,900	85,400	122,000
5P Tr	4,960	14,880	24,800	55,800	86,800	124,000
7P Tr	5,040	15,120	25,200	56,700	88,200	126,000
Brgm	4,320	12,960	21,600	48,600	75,600	108,000
Sub	4,400	13,200	22,000	49,500	77,000	110,000
Lan	4,480	13,440	22,400	50,400	78,400	112,000
Sub Lan	4,480	13,440	22,400	50,400	78,400	112,000
Vestibule Lan	4,640	13,920	23,200	52,200	81,200	116,000
Vestibule Brgm	4,640	13,920	23,200	52,200	81,200	116,000
Vestibule Sub	4,640	13,920	23,200	52,200	81,200	116,000
Vestibule Sub Lan	4,640	13,920	23,200	52,200	81,200	116,000
1919 Model 48-B-5, 6-cyl., 48.6 hp, 142" wb						
7P Tr	4,320	12,960	21,600	48,600	75,600	108,000
2P Rbt	4,000	12,000	20,000	45,000	70,000	100,000
3P Rbt	4,000	12,000	20,000	45,000	70,000	100,000
4P Tr	4,160	12,480	20,800	46,800	72,800	104,000
4P Rds	6,000	18,000	30,000	67,500	105,000	150,000
5P Tr	4,120	12,360	20,600	46,350	72,100	103,000
2P Cpe	3,600	10,800	18,000	40,500	63,000	90,000
3P Cpe	3,640	10,920	18,200	40,950	63,700	91,000
2P Con Rds	3,920	11,760	19,600	44,100	68,600	98,000
3P Con Rds	3,960	11,880	19,800	44,550	69,300	99,000
Brgm	3,880	11,640	19,400	43,650	67,900	97,000
Brgm Lan'let	3,920	11,760	19,600	44,100	68,600	98,000
Fr Brgm	3,780	11,340	18,900	42,530	66,150	94,500
Fr Brgm Lan'let	3,840	11,520	19,200	43,200	67,200	96,000
Sub	3,880	11,640	19,400	43,650	67,900	97,000
Sub Lan	3,880	11,640	19,400	43,650	67,900	97,000
Vestibule Brgm	3,760	11,280	18,800	42,300	65,800	94,000
Vestibule Brgm Lan	3,800	11,400	19,000	42,750	66,500	95,000
Vestibule Sub	3,760	11,280	18,800	42,300	65,800	94,000
Vestibule Lan	3,800	11,400	19,000	42,750	66,500	95,000
Vestibule Sub Lan	3,840	11,520	19,200	43,200	67,200	96,000
1920 Model 31, 6 cyl., 38 hp, 134" wb						
2P & 3P Rbt	2,580	7,740	12,900	29,030	45,150	64,500
4P Tr	2,620	7,860	13,100	29,480	45,850	65,500
4P Rds	2,660	7,980	13,300	29,930	46,550	66,500
5P Tr	2,700	8,100	13,500	30,380	47,250	67,500
7P Tr	2,780	8,340	13,900	31,280	48,650	69,500
2P & 3P Cpe	2,180	6,540	10,900	24,530	38,150	54,500
4P Sed	1,580	4,740	7,900	17,780	27,650	39,500
7P Sed	1,660	4,980	8,300	18,680	29,050	41,500
Brgm	1,780	5,340	8,900	20,030	31,150	44,500
Fr Brgm	1,860	5,580	9,300	20,930	32,550	46,500
1920 Model 31, 6 cyl., 38 hp, 134" wbb						
Brgm Lan'let	1,900	5,700	9,500	21,380	33,250	47,500
1920 Model 31, 6 cyl., 38 hp, 134" wb						
Tourer Brgm	1,940	5,820	9,700	21,830	33,950	48,500
Vestibule Brgm	1,980	5,940	9,900	22,280	34,650	49,500
1920 Model 48, 6-cyl., 48 hp, 142" wb						
2P & 4P Rbt	3,900	11,700	19,500	43,880	68,250	97,500
4P Tr	3,980	11,940	19,900	44,780	69,650	99,500
4P Rds	3,980	11,940	19,900	44,780	69,650	99,500
5P Tr	3,900	11,700	19,500	43,880	68,250	97,500
6P Tr	4,060	12,180	20,300	45,680	71,050	101,500
2P & 3P Cpe	3,580	10,740	17,900	40,280	62,650	89,500
5P Brgm	3,740	11,220	18,700	42,080	65,450	93,500

	6	5	4	3	2	1
7P Fr Brgm	3,740	11,220	18,700	42,080	65,450	93,500
7P Sub	3,820	11,460	19,100	42,980	66,850	95,500
7P Vestibule Sub.	3,900	11,700	19,500	43,880	68,250	97,500
7P Fr Sub	3,740	11,220	18,700	42,080	65,450	93,500
1921 Model 32, 6-cyl., 38 hp, 138" wb						
4P Tr	2,540	7,620	12,700	28,580	44,450	63,500
6P Tr	2,540	7,620	12,700	28,580	44,450	63,500
7P Tr	2,700	8,100	13,500	30,380	47,250	67,500
3P Rds	2,700	8,100	13,500	30,380	47,250	67,500
4P Cpe	21,800	65,400	109,000	245,250	381,500	545,000
7P Brgm	1,980	5,940	9,900	22,280	34,650	49,500
7P Limo	2,060	6,180	10,300	23,180	36,050	51,500
6P Sed	1,980	5,940	9,900	22,280	34,650	49,500
6P Vestibule Sed.	2,060	6,180	10,300	23,180	36,050	51,500
7P Lan.	2,140	6,420	10,700	24,080	37,450	53,500
1922 Model 33, 6-cyl., 38 hp, 138" wb						
4P Tr	2,620	7,860	13,100	29,480	45,850	65,500
7P Tr	2,700	8,100	13,500	30,380	47,250	67,500
3P Rds	2,620	7,860	13,100	29,480	45,850	65,500
7P Brgm	1,980	5,940	9,900	22,280	34,650	49,500
Cpe Sed	1,980	5,940	9,900	22,280	34,650	49,500
3P Cpe	2,180	6,540	10,900	24,530	38,150	54,500
4P Sed	2,220	6,660	11,100	24,980	38,850	55,500
Lan'let	1,980	5,940	9,900	22,280	34,650	49,500
Limo	2,060	6,180	10,300	23,180	36,050	51,500
Fml Limo	2,140	6,420	10,700	24,080	37,450	53,500
Vestibule Sed	2,180	6,540	10,900	24,530	38,150	54,500
Sed	2,140	6,420	10,700	24,080	37,450	53,500
1923 Model 33, 6-cyl., 138" wb						
7P Tr	2,580	7,740	12,900	29,030	45,150	64,500
4P Tr	2,500	7,500	12,500	28,130	43,750	62,500
2P Rbt	2,420	7,260	12,100	27,230	42,350	60,500
3P Cpe	2,100	6,300	10,500	23,630	36,750	52,500
4P Cpe Sed.	2,020	6,060	10,100	22,730	35,350	50,500
6P Brgm	1,980	5,940	9,900	22,280	34,650	49,500
4P Sed	1,860	5,580	9,300	20,930	32,550	46,500
7P Sed	1,940	5,820	9,700	21,830	33,950	48,500
6P Lan'let	2,180	6,540	10,900	24,530	38,150	54,500
7P Limo	2,260	6,780	11,300	25,430	39,550	56,500
7P Encl Drive Limo	2,340	7,020	11,700	26,330	40,950	58,500
7P Fml Limo	2,380	7,140	11,900	26,780	41,650	59,500
1924 Model 33, 6-cyl., 138" wb						
7P Tr	2,580	7,740	12,900	29,030	45,150	64,500
6P Tr	2,500	7,500	12,500	28,130	43,750	62,500
4P Tr	2,420	7,260	12,100	27,230	42,350	60,500
Rbt.	2,260	6,780	11,300	25,430	39,550	56,500
6P Brgm	2,180	6,540	10,900	24,530	38,150	54,500
3P Cpe	2,220	6,660	11,100	24,980	38,850	55,500
4P Cpe Sed.	2,220	6,660	11,100	24,980	38,850	55,500
4d 4P Sed	2,100	6,300	10,500	23,630	36,750	52,500
7P Encl Drive Limo	2,460	7,380	12,300	27,680	43,050	61,500
7P Fml Limo	2,500	7,500	12,500	28,130	43,750	62,500
6P Lan'let	2,540	7,620	12,700	28,580	44,450	63,500
7P Limo	2,580	7,740	12,900	29,030	45,150	64,500
7P Sed	2,500	7,500	12,500	28,130	43,750	62,500
7P Fml Lan	2,580	7,740	12,900	29,030	45,150	64,500
7P Limo Lan	2,620	7,860	13,100	29,480	45,850	65,500
4P Sed Lan	2,580	7,740	12,900	29,030	45,150	64,500
3P Cpe Lan	2,780	8,340	13,900	31,280	48,650	69,500
7P Encl Drive Lan	2,780	8,340	13,900	31,280	48,650	69,500
7P Sed Lan	2,740	8,220	13,700	30,830	47,950	68,500
1925 Model 80, 6-cyl., 130" wb						
7P Tr	2,840	8,520	14,200	31,950	49,700	71,000
4P Tr	2,800	8,400	14,000	31,500	49,000	70,000
5P Sed	2,680	8,040	13,400	30,150	46,900	67,000
4P Cpe	2,840	8,520	14,200	31,950	49,700	71,000
7P Sed	2,720	8,160	13,600	30,600	47,600	68,000
Encl Drive Limo	2,920	8,760	14,600	32,850	51,100	73,000
2P Rbt	2,680	8,040	13,400	30,150	46,900	67,000
1925 Model 33, 6-cyl., 138" wb						
2P Rbt	2,860	8,580	14,300	32,180	50,050	71,500
4P Tr	2,900	8,700	14,500	32,630	50,750	72,500
6P Tr	2,940	8,820	14,700	33,080	51,450	73,500
7P Tr	2,980	8,940	14,900	33,530	52,150	74,500
Brgm	2,660	7,980	13,300	29,930	46,550	66,500
Cpe	2,780	8,340	13,900	31,280	48,650	69,500

	6	5	4	3	2	1
4P Sed	2,620	7,860	13,100	29,480	45,850	65,500
Cpe Sed	2,620	7,860	13,100	29,480	45,850	65,500
Lan'let	2,660	7,980	13,300	29,930	46,550	66,500
7P Sed	2,660	7,980	13,300	29,930	46,550	66,500
Encl Drive Sed	2,700	8,100	13,500	30,380	47,250	67,500
Limo	2,820	8,460	14,100	31,730	49,350	70,500
Lan	2,860	8,580	14,300	32,180	50,050	71,500
Encl Drive Lan	2,900	8,700	14,500	32,630	50,750	72,500
1926 Model 80, 6-cyl., 70 hp, 130" wb						
7P Tr	2,760	8,280	13,800	31,050	48,300	69,000
4P Tr	2,720	8,160	13,600	30,600	47,600	68,000
2P Rds	2,560	7,680	12,800	28,800	44,800	64,000
4P Cpe	2,760	8,280	13,800	31,050	48,300	69,000
7P Sed	2,640	7,920	13,200	29,700	46,200	66,000
7P Encl Drive Limo	2,840	8,520	14,200	31,950	49,700	71,000
5P Sed	2,600	7,800	13,000	29,250	45,500	65,000
4P Cpe Lan	2,520	7,560	12,600	28,350	44,100	63,000
5P Coach	2,120	6,360	10,600	23,850	37,100	53,000
1926 Model 33, 6-cyl., 100 hp, 138" wb						
4P Tr	3,260	9,780	16,300	36,680	57,050	81,500
2P Rbt	3,180	9,540	15,900	35,780	55,650	79,500
6P Tr	3,340	10,020	16,700	37,580	58,450	83,500
7P Tr	3,500	10,500	17,500	39,380	61,250	87,500
6P Brgm	3,180	9,540	15,900	35,780	55,650	79,500
3P Cpe	2,860	8,580	14,300	32,180	50,050	71,500
4P Sed	2,780	8,340	13,900	31,280	48,650	69,500
4P Cpe Sed	2,860	8,580	14,300	32,180	50,050	71,500
4P Encl Drive Limo	3,100	9,300	15,500	34,880	54,250	77,500
7P Sed	3,060	9,180	15,300	34,430	53,550	76,500
6P Lan'let	3,100	9,300	15,500	34,880	54,250	77,500
7P Fr Limo	3,100	9,300	15,500	34,880	54,250	77,500
7P Sed Lan'let	3,060	9,180	15,300	34,430	53,550	76,500
4P Sed Lan'let	3,060	9,180	15,300	34,430	53,550	76,500
3P Cpe Lan'let	3,180	9,540	15,900	35,780	55,650	79,500
7P Limo	3,220	9,660	16,100	36,230	56,350	80,500
7P Encl Drive Limo	3,260	9,780	16,300	36,680	57,050	81,500
7P Encl Drive Lan'let	3,340	10,020	16,700	37,580	58,450	83,500
1927 Model 80, 6-cyl., 70 hp, 130" wb						
7P Tr	2,720	8,160	13,600	30,600	47,600	68,000
4P Tr	2,680	8,040	13,400	30,150	46,900	67,000
2P Rds	2,640	7,930	13,220	29,750	46,270	66,100
4P Cpe	2,520	7,560	12,600	28,350	44,100	63,000
7P Sed	2,280	6,840	11,400	25,650	39,900	57,000
7P Encl Drive Limo	2,800	8,400	14,000	31,500	49,000	70,000
5P Sed	2,240	6,720	11,200	25,200	39,200	56,000
2d 5P Coach	2,280	6,840	11,400	25,650	39,900	57,000
4d 5P Coach	2,400	7,200	12,000	27,000	42,000	60,000
4P Cpe	2,560	7,680	12,800	28,800	44,800	64,000
2P Cpe	2,480	7,440	12,400	27,900	43,400	62,000
4d 7P Coach	2,480	7,440	12,400	27,900	43,400	62,000
7P Limo Coach	2,680	8,040	13,400	30,150	46,900	67,000
1927 Model 36, 6-cyl., 100 hp, 138" wb						
2P Rbt	2,840	8,520	14,200	31,950	49,700	71,000
4P Tr	2,920	8,760	14,600	32,850	51,100	73,000
7P Tr	3,080	9,240	15,400	34,650	53,900	77,000
3P Cpe	2,880	8,640	14,400	32,400	50,400	72,000
4d 4P Sed	2,520	7,560	12,600	28,350	44,100	63,000
4P Cpe Sed	2,600	7,800	13,000	29,250	45,500	65,000
4P Encl Drive Limo	2,800	8,400	14,000	31,500	49,000	70,000
7P Encl Drive Lan	2,800	8,400	14,000	31,500	49,000	70,000
7P Sed	2,720	8,160	13,600	30,600	47,600	68,000
7P Fr Lan	2,760	8,280	13,800	31,050	48,300	69,000
7P Sed Lan	2,760	8,280	13,800	31,050	48,300	69,000
4P Sed Lan	2,720	8,160	13,600	30,600	47,600	68,000
7P Encl Drive Limo	2,880	8,640	14,400	32,400	50,400	72,000
7P Fr Limo	2,800	8,400	14,000	31,500	49,000	70,000
4P Encl Drive Limo	2,840	8,520	14,200	31,950	49,700	71,000
1928 Model 81, 6-cyl., 75 hp, 130" wb						
4P Rbt	3,400	10,200	17,000	38,250	59,500	85,000
4P Tr	2,800	8,400	14,000	31,500	49,000	70,000
4P Rds	2,880	8,640	14,400	32,400	50,400	72,000
5P Brgm	2,640	7,920	13,200	29,700	46,200	66,000
2P Cpe	2,680	8,040	13,400	30,150	46,900	67,000
5P Clb Sed	2,640	7,920	13,200	29,700	46,200	66,000
4P Cpe	2,720	8,160	13,600	30,600	47,600	68,000
5P Sed	2,560	7,680	12,800	28,800	44,800	64,000

	6	5	4	3	2	1
Spt Sed Lan	2,600	7,800	13,000	29,250	45,500	65,000
Clb Sed Lan	2,640	7,920	13,200	29,700	46,200	66,000
7P Sed	2,640	7,920	13,200	29,700	46,200	66,000
4P Cpe DeL.	2,760	8,280	13,800	31,050	48,300	69,000
7P Encl Drive Limo	2,840	8,520	14,200	31,950	49,700	71,000
1928 Model 36, 6-cyl., 100 hp, 138" wb						
4P Rbt	3,280	9,840	16,400	36,900	57,400	82,000
4P Tr	3,360	10,080	16,800	37,800	58,800	84,000
7P Tr	3,440	10,320	17,200	38,700	60,200	86,000
Encl Drive Limo	3,040	9,120	15,200	34,200	53,200	76,000
7P Sed	3,000	9,000	15,000	33,750	52,500	75,000
7P Encl Drive Lan'let	3,040	9,120	15,200	34,200	53,200	76,000
7P Sed Lan	2,880	8,640	14,400	32,400	50,400	72,000
3P Cpe	2,880	8,640	14,400	32,400	50,400	72,000
4P Cpe Sed	2,880	8,640	14,400	32,400	50,400	72,000
4P Encl Drive Sed	3,120	9,360	15,600	35,100	54,600	78,000
4P Sed	2,800	8,400	14,000	31,500	49,000	70,000
6P Encl Drive Limo	3,280	9,840	16,400	36,900	57,400	82,000
4P CC Sed	2,960	8,880	14,800	33,300	51,800	74,000
4P Sed Lan	3,040	9,120	15,200	34,200	53,200	76,000
4P Encl Drive Lan	3,000	9,000	15,000	33,750	52,500	75,000
6P Fml Limo	3,280	9,840	16,400	36,900	57,400	82,000
6P Fr Lan	3,360	10,080	16,800	37,800	58,800	84,000
1929 Model 125, 8-cyl., 125 hp, 133" wb						
4P Rds	4,020	12,060	20,100	45,230	70,350	100,500
4P Tr	3,740	11,220	18,700	42,080	65,450	93,500
5P Brgm	7,040	21,120	35,200	79,200	123,200	176,000
4P Cpe	2,940	8,820	14,700	33,080	51,450	73,500
5P Sed	2,700	8,100	13,500	30,380	47,250	67,500
5P Twn Sed.	2,780	8,340	13,900	31,280	48,650	69,500
7P Sed	2,780	8,340	13,900	31,280	48,650	69,500
7P Encl Drive Limo	3,020	9,060	15,100	33,980	52,850	75,500
1929 Model 126, 8-cyl., 125 hp, 143" wb						
7P Tr	4,260	12,780	21,300	47,930	74,550	106,500
4P Conv Cpe	4,600	13,800	23,000	51,750	80,500	115,000
7P Sed	3,180	9,540	15,900	35,780	55,650	79,500
7P Encl Drive Limo	3,260	9,780	16,300	36,680	57,050	81,500
4P Sed	3,020	9,060	15,100	33,980	52,850	75,500
1930 Model C, 8-cyl., 115 hp, 132" wb						
Clb Brgm	2,280	6,840	11,400	25,650	39,900	57,000
Cpe	2,360	7,080	11,800	26,550	41,300	59,000
Sed	2,160	6,480	10,800	24,300	37,800	54,000
1930 Model B, 8-cyl., 125 hp, 134" wb						
Rds	4,020	12,060	20,100	45,230	70,350	100,500
Tr	4,020	12,060	20,100	45,230	70,350	100,500
Spt Phae	4,660	13,980	23,300	52,430	81,550	116,500
Conv Cpe	4,340	13,020	21,700	48,830	75,950	108,500
1930 Model B, 8-cyl., 125 hp, 139" wb						
5P Sed	2,800	8,400	14,000	31,500	49,000	70,000
Vic Cpe	2,880	8,640	14,400	32,400	50,400	72,000
7P Sed	2,800	8,400	14,000	31,500	49,000	70,000
Clb Sed	2,880	8,640	14,400	32,400	50,400	72,000
Encl Drive Limo	3,280	9,840	16,400	36,900	57,400	82,000
1930 Model A, 8-cyl., 132 hp, 144" wb						
Tr	4,400	13,200	22,000	49,500	77,000	110,000
Conv Cpe	4,640	13,920	23,200	52,200	81,200	116,000
Sed	3,040	9,120	15,200	34,200	53,200	76,000
Encl Drive Limo	3,840	11,520	19,200	43,200	67,200	96,000
Twn Car	3,520	10,560	17,600	39,600	61,600	88,000
1931 Model 43, 8-cyl., 125 hp, 134" wb						
Rds	4,400	13,200	22,000	49,500	77,000	110,000
Tourer	4,000	12,000	20,000	45,000	70,000	100,000
Cpe	2,800	8,400	14,000	31,500	49,000	70,000
1931 Model 43, 8-cyl., 125 hp, 137" wb						
5P Sed	2,280	6,840	11,400	25,650	39,900	57,000
Clb Sed	2,480	7,440	12,400	27,900	43,400	62,000
7P Sed	2,560	7,680	12,800	28,800	44,800	64,000
Encl Drive Limo	2,680	8,040	13,400	30,150	46,900	67,000
1931 Model 42, 8-cyl., 132 hp, 142" wb						
Rds	4,400	13,200	22,000	49,500	77,000	110,000
Tourer	4,400	13,200	22,000	49,500	77,000	110,000
Spt Tourer	4,640	13,920	23,200	52,200	81,200	116,000
Conv Cpe	4,480	13,440	22,400	50,400	78,400	112,000
5P Sed	2,440	7,320	12,200	27,450	42,700	61,000
Clb Sed	2,560	7,680	12,800	28,800	44,800	64,000
7P Sed	2,520	7,560	12,600	28,350	44,100	63,000

	6	5	4	3	2	1
Clb Berl	2,640	7,920	13,200	29,700	46,200	66,000
Encl Drive Limo	2,880	8,640	14,400	32,400	50,400	72,000
1931 Model 41, 8-cyl., 132 hp, 147" wb						
Tr	4,400	13,200	22,000	49,500	77,000	110,000
Conv Cpe	7,400	22,200	37,000	83,250	129,500	185,000
Sed	2,680	8,040	13,400	30,150	46,900	67,000
Encl Drive Limo	2,920	8,760	14,600	32,850	51,100	73,000
Twn Car	2,920	8,760	14,600	32,850	51,100	73,000
1932 Model 54, 8-cyl., 125 hp, 137" wb						
Conv Cpe Rds	4,540	13,620	22,700	51,080	79,450	113,500
5P Tr	3,980	11,940	19,900	44,780	69,650	99,500
Phae	4,140	12,420	20,700	46,580	72,450	103,500
Brgm	2,420	7,260	12,100	27,230	42,350	60,500
Cpe	2,700	8,100	13,500	30,380	47,250	67,500
5P Sed	2,380	7,140	11,900	26,780	41,650	59,500
Clb Sed	2,420	7,260	12,100	27,230	42,350	60,500
Clb Berl	2,460	7,380	12,300	27,680	43,050	61,500
Con Sed	4,060	12,180	20,300	45,680	71,050	101,500
1932 Model 54, 8-cyl., 125 hp, 142" wb						
7P Tr	4,220	12,660	21,100	47,480	73,850	105,500
7P Sed	2,460	7,380	12,300	27,680	43,050	61,500
Limo	2,660	7,980	13,300	29,930	46,550	66,500
1932 Model 53, 12-cyl., 140 hp, 137" wb						
Conv Cpe Rds	4,980	14,940	24,900	56,030	87,150	124,500
5P Tr	4,500	13,500	22,500	50,630	78,750	112,500
Phae	4,740	14,220	23,700	53,330	82,950	118,500
Clb Brgm	2,940	8,820	14,700	33,080	51,450	73,500
Cpe	2,860	8,580	14,300	32,180	50,050	71,500
5P Sed	2,820	8,460	14,100	31,730	49,350	70,500
Clb Sed	2,900	8,700	14,500	32,630	50,750	72,500
Clb Berl	3,020	9,060	15,100	33,980	52,850	75,500
Con Sed	4,660	13,980	23,300	52,430	81,550	116,500
1932 Model 53, 12-cyl., 140 hp, 142" wb						
7P Tr	4,580	13,740	22,900	51,530	80,150	114,500
7P Sed	3,020	9,060	15,100	33,980	52,850	75,500
Limo	3,260	9,780	16,300	36,680	57,050	81,500
1932 Model 51, 12-cyl., 150 hp, 147" wb						
Cpe	3,180	9,540	15,900	35,780	55,650	79,500
Conv Vic Cpe	5,220	15,660	26,100	58,730	91,350	130,500
Clb Sed	3,100	9,300	15,500	34,880	54,250	77,500
Conv Sed	4,380	13,140	21,900	49,280	76,650	109,500
Encl Drive Limo	3,660	10,980	18,300	41,180	64,050	91,500
A/W Twn Brgm	4,220	12,660	21,100	47,480	73,850	105,500
A/W Twn Cabr	4,460	13,380	22,300	50,180	78,050	111,500
Encl Drive Brgm	3,860	11,580	19,300	43,430	67,550	96,500
1933 Model 836, 8-cyl., 135 hp, 136" wb						
5P Clb Brgm	2,100	6,300	10,500	23,630	36,750	52,500
5P Sed	2,140	6,420	10,700	24,080	37,450	53,500
5P Clb Sed	2,300	6,900	11,500	25,880	40,250	57,500
7P Sed	2,180	6,540	10,900	24,530	38,150	54,500
7P Encl Drive Limo	2,460	7,380	12,300	27,680	43,050	61,500
1933 Model 1236, 12-cyl., 160 hp, 136" wb						
5P Clb Brgm	2,540	7,620	12,700	28,580	44,450	63,500
5P Sed	2,580	7,740	12,900	29,030	45,150	64,500
5P Clb Sed	2,740	8,220	13,700	30,830	47,950	68,500
7P Sed (139" wb)	2,620	7,860	13,100	29,480	45,850	65,500
7P Encl Drive Limo	2,900	8,700	14,500	32,630	50,750	72,500
1933 Model 1242, 12-cyl., 175 hp, 137" wb						
5P Tr	4,020	12,060	20,100	45,230	70,350	100,500
5P Spt Phae	4,660	13,980	23,300	52,430	81,550	116,500
7P Tourer (142" wb)	4,100	12,300	20,500	46,130	71,750	102,500
5P Clb Brgm	2,620	7,860	13,100	29,480	45,850	65,500
5P Sed	2,660	7,980	13,300	29,930	46,550	66,500
5P Clb Sed	2,820	8,460	14,100	31,730	49,350	70,500
5P Clb Berl	2,900	8,700	14,500	32,630	50,750	72,500
4P Cpe	2,580	7,740	12,900	29,030	45,150	64,500
4P Cus Rds	4,740	14,220	23,700	53,330	82,950	118,500
5P Conv Sed	4,220	12,660	21,100	47,480	73,850	105,500
7P Sed (142" wb)	2,700	8,100	13,500	30,380	47,250	67,500
7P Encl Drive Limo	3,020	9,060	15,100	33,980	52,850	75,500
1933 Model 1247, 12-cyl., 175 hp, 142" wb						
5P Sed	3,020	9,060	15,100	33,980	52,850	75,500
5P Clb Sed	3,100	9,300	15,500	34,880	54,250	77,500
7P Sed (147" wb)	3,100	9,300	15,500	34,880	54,250	77,500
5P Clb Berl	3,100	9,300	15,500	34,880	54,250	77,500
7P Encl Drive Limo	3,260	9,780	16,300	36,680	57,050	81,500

	6	5	4	3	2	1
5P Conv Sed	4,420	13,260	22,100	49,730	77,350	110,500
4P Cpe (147" wb)	3,420	10,260	17,100	38,480	59,850	85,500
5P Conv Sed (147" wb)	5,220	15,660	26,100	58,730	91,350	130,500
5P Clb Sed (147" wb)	3,260	9,780	16,300	36,680	57,050	81,500
Encl Drive Limo (147" wb)	3,420	10,260	17,100	38,480	59,850	85,500
7P Twn Brgm (147" wb)	3,500	10,500	17,500	39,380	61,250	87,500
7P Twn Car (147" wb)	3,660	10,980	18,300	41,180	64,050	91,500
7P Twn Cabr (147" wb)	5,460	16,380	27,300	61,430	95,550	136,500
7P Encl Drive Brgm	3,660	10,980	18,300	41,180	64,050	91,500
1934 Model 836A, 136" wb						
Clb Brgm	2,260	6,780	11,300	25,430	39,550	56,500
Clb Brgm Salon	2,340	7,020	11,700	26,330	40,950	58,500
4d Sed	2,340	7,020	11,700	26,330	40,950	58,500
4d Sed Salon	2,420	7,260	12,100	27,230	42,350	60,500
1934 Model 840A, 8-cyl., 139" wb						
Rds	3,220	9,660	16,100	36,230	56,350	80,500
Brgm	2,380	7,140	11,900	26,780	41,650	59,500
Sed	2,420	7,260	12,100	27,230	42,350	60,500
Clb Sed	2,460	7,380	12,300	27,680	43,050	61,500
Cpe	2,580	7,740	12,900	29,030	45,150	64,500
1934 Model 840A, 8-cyl., 144" wb						
Silver Arrow	6,860	20,580	34,300	77,180	120,050	171,500
Sed	2,500	7,500	12,500	28,130	43,750	62,500
Encl Drive Limo	2,980	8,940	14,900	33,530	52,150	74,500
1934 Model 1240A, 12-cyl., 139" wb						
Rds	4,400	13,200	22,000	49,500	77,000	110,000
Brgm	3,160	9,480	15,800	35,550	55,300	79,000
Sed	3,200	9,600	16,000	36,000	56,000	80,000
Clb Sed	3,240	9,720	16,200	36,450	56,700	81,000
Cpe	3,360	10,080	16,800	37,800	58,800	84,000
1934 Model 1250A, 12-cyl., 144" wb						
Silver Arrow	7,400	22,200	37,000	83,250	129,500	185,000
Sed	3,360	10,080	16,800	37,800	58,800	84,000
1934 Model 1248A, 12-cyl., 147" wb						
Sed	3,640	10,920	18,200	40,950	63,700	91,000
Encl Drive Limo	4,040	12,120	20,200	45,450	70,700	101,000
1935 Model 845, 8-cyl., 140 hp, 138" wb						
Conv Rds	3,560	10,680	17,800	40,050	62,300	89,000
Clb Brgm	2,720	8,160	13,600	30,600	47,600	68,000
Cpe	2,920	8,760	14,600	32,850	51,100	73,000
5P Sed	2,720	8,160	13,600	30,600	47,600	68,000
Clb Sed	2,760	8,280	13,800	31,050	48,300	69,000
1935 Model 845, 8-cyl., 140 hp, 144" wb						
7P Sed	2,840	8,520	14,200	31,950	49,700	71,000
Encl Drive Limo	3,320	9,960	16,600	37,350	58,100	83,000
Silver Arrow	6,800	20,400	34,000	76,500	119,000	170,000
1935 Model 1245, 12-cyl., 175 hp, 138" wb						
Conv Rds	3,880	11,640	19,400	43,650	67,900	97,000
Clb Brgm	3,160	9,480	15,800	35,550	55,300	79,000
Cpe	3,360	10,080	16,800	37,800	58,800	84,000
5P Sed	3,200	9,600	16,000	36,000	56,000	80,000
Clb Sed	3,240	9,720	16,200	36,450	56,700	81,000
1935 Model 1245, 12-cyl., 175 hp, 144" wb						
7P Sed	3,280	9,840	16,400	36,900	57,400	82,000
Encl Drive Limo	3,440	10,320	17,200	38,700	60,200	86,000
Silver Arrow	7,400	22,200	37,000	83,250	129,500	185,000
1935 Model 1255, 12-cyl., 175 hp, 147" wb						
7P Sed	2,960	8,880	14,800	33,300	51,800	74,000
Encl Drive Limo	3,200	9,600	16,000	36,000	56,000	80,000
1936 Deluxe 8, 150 hp, 139" wb						
Cpe	2,360	7,080	11,800	26,550	41,300	59,000
Ctry Club Rds	2,920	8,760	14,600	32,850	51,100	73,000
Clb Sed	2,120	6,360	10,600	23,850	37,100	53,000
5P Sed	2,080	6,240	10,400	23,400	36,400	52,000
Clb Berl	2,240	6,720	11,200	25,200	39,200	56,000
1936 Deluxe 8, 150 hp, 144" wb						
7P Sed	2,200	6,600	11,000	24,750	38,500	55,000
Limo	2,520	7,560	12,600	28,350	44,100	63,000
Metropolitan Twn Car	2,640	7,920	13,200	29,700	46,200	66,000
Conv Sed	2,960	8,880	14,800	33,300	51,800	74,000
1936 Salon Twelve, 185 hp, 139" wb						
Cpe	2,760	8,280	13,800	31,050	48,300	69,000
Ctry Club Rds	3,560	10,680	17,800	40,050	62,300	89,000
Clb Sed	2,520	7,560	12,600	28,350	44,100	63,000
5P Sed	2,480	7,440	12,400	27,900	43,400	62,000
Clb Berl	2,720	8,160	13,600	30,600	47,600	68,000

	6	5	4	3	2	1
1936 Salon Twelve, 185 hp, 144" wb						
7P Sed	2,680	8,040	13,400	30,150	46,900	67,000
Limo	2,880	8,640	14,400	32,400	50,400	72,000
Metropolitan Twn Car	2,960	8,880	14,800	33,300	51,800	74,000
Conv Sed	4,000	12,000	20,000	45,000	70,000	100,000
7P Sed (147" wb)	2,880	8,640	14,400	32,400	50,400	72,000
7P Encl Drive Limo	3,040	9,120	15,200	34,200	53,200	76,000
1937 Pierce-Arrow 8, 150 hp, 138" wb						
Cpe	2,280	6,840	11,400	25,650	39,900	57,000
5P Sed	2,040	6,120	10,200	22,950	35,700	51,000
Conv Rds	2,840	8,520	14,200	31,950	49,700	71,000
Clb Sed	2,120	6,360	10,600	23,850	37,100	53,000
Clb Berl	1,720	5,160	8,600	19,350	30,100	43,000
Fml Sed	2,360	7,080	11,800	26,550	41,300	59,000
1937 Pierce-Arrow 8, 150 hp, 144" wb						
7P Fml Sed	2,520	7,560	12,600	28,350	44,100	63,000
7P Sed	2,400	7,200	12,000	27,000	42,000	60,000
Limo	2,720	8,160	13,600	30,600	47,600	68,000
Conv Sed	3,520	10,560	17,600	39,600	61,600	88,000
Brunn Metro Twn Car	2,800	8,400	14,000	31,500	49,000	70,000
Twn Brgm	2,640	7,920	13,200	29,700	46,200	66,000
5P Encl Drive Limo (147" wb)	2,640	7,920	13,200	29,700	46,200	66,000
1937 Pierce-Arrow 12, 185 hp, 139" wb						
Cpe	2,560	7,680	12,800	28,800	44,800	64,000
5P Sed	2,400	7,200	12,000	27,000	42,000	60,000
Conv Rds	3,520	10,560	17,600	39,600	61,600	88,000
Clb Sed	3,680	11,040	18,400	41,400	64,400	92,000
Clb Berl	2,480	7,440	12,400	27,900	43,400	62,000
5P Fml Sed	2,720	8,160	13,600	30,600	47,600	68,000
1937 Pierce-Arrow 12, 185 hp, 144" wb						
7P Sed	2,520	7,560	12,600	28,350	44,100	63,000
Limo	2,720	8,160	13,600	30,600	47,600	68,000
Conv Sed	3,960	11,880	19,800	44,550	69,300	99,000
Brunn Metro Twn Brgm	3,320	9,960	16,600	37,350	58,100	83,000
1937 Pierce-Arrow 12, 185 hp, 147" wb						
7P Sed	2,920	8,760	14,600	32,850	51,100	73,000
Encl Drive Limo	3,080	9,240	15,400	34,650	53,900	77,000
Metro Twn Car	34,840	104,520	174,200	391,950	609,700	871,000
1938 Pierce-Arrow 8, 150 hp, 139" wb						
5P Sed	1,960	5,880	9,800	22,050	34,300	49,000
Clb Sed	2,040	6,120	10,200	22,950	35,700	51,000
Cpe	2,240	6,720	11,200	25,200	39,200	56,000
Conv Cpe	3,000	9,000	15,000	33,750	52,500	75,000
Clb Berl	2,200	6,600	11,000	24,750	38,500	55,000
Fml Sed	2,080	6,240	10,400	23,400	36,400	52,000
1938 Pierce-Arrow 8, 150 hp, 144" wb						
Brunn Metro Twn Brgm	2,640	7,920	13,200	29,700	46,200	66,000
7P Sed	2,440	7,320	12,200	27,450	42,700	61,000
Encl Drive Limo	2,600	7,800	13,000	29,250	45,500	65,000
Con Sed	3,520	10,560	17,600	39,600	61,600	88,000
Spl Sed	2,400	7,200	12,000	27,000	42,000	60,000
Fml Sed	2,520	7,560	12,600	28,350	44,100	63,000
1938 Pierce-Arrow 12, 185 hp, 139" wb						
5P Sed	2,720	8,160	13,600	30,600	47,600	68,000
Clb Sed	2,400	7,200	12,000	27,000	42,000	60,000
Cpe	2,920	8,760	14,600	32,850	51,100	73,000
Conv Cpe	3,760	11,280	18,800	42,300	65,800	94,000
Clb Berl	2,520	7,560	12,600	28,350	44,100	63,000
Fml Sed	2,520	7,560	12,600	28,350	44,100	63,000
1938 Pierce-Arrow 12, 185 hp, 144" wb						
Spl Sed	2,920	8,760	14,600	32,850	51,100	73,000
7P Sed	2,840	8,520	14,200	31,950	49,700	71,000
Encl Drive Limo	3,160	9,480	15,800	35,550	55,300	79,000
Conv Sed	3,960	11,880	19,800	44,550	69,300	99,000
Brunn Metro Twn Brgm	3,240	9,720	16,200	36,450	56,700	81,000
1938 Pierce-Arrow 12, 147" wb						
7P Sed	2,960	8,880	14,800	33,300	51,800	74,000
Encl Drive Limo	3,440	10,320	17,200	38,700	60,200	86,000

PLYMOUTH

1928 Model Q, 4-cyl.						
2d Rds	1,480	4,440	7,400	16,650	25,900	37,000
4d Tr	1,520	4,560	7,600	17,100	26,600	38,000
2d Cpe	1,040	3,120	5,200	11,700	18,200	26,000
2d DeL Cpe	1,160	3,480	5,800	13,050	20,300	29,000
2d Sed	960	2,880	4,800	10,800	16,800	24,000

	6	5	4	3	2	1
4d Sed	900	2,700	4,500	10,130	15,750	22,500
4d DeL Sed	980	2,940	4,900	11,030	17,150	24,500
1929-30 Model U, 4-cyl.						
2d Rds	1,480	4,440	7,400	16,650	25,900	37,000
4d Tr	1,520	4,560	7,600	17,100	26,600	38,000
2d Cpe	920	2,760	4,600	10,350	16,100	23,000
2d DeL Cpe	900	2,700	4,500	10,130	15,750	22,500
2d Sed	820	2,460	4,100	9,230	14,350	20,500
4d Sed	880	2,640	4,400	9,900	15,400	22,000
4d DeL Sed	810	2,430	4,050	9,110	14,180	20,250
NOTE: Factory prices reduced app. 40 percent for 1930 model year.						
1931 Model PA, 4-cyl.						
2d Rds	1,480	4,440	7,400	16,650	25,900	37,000
4d Tr	1,520	4,560	7,600	17,100	26,600	38,000
2d Conv	1,480	4,440	7,400	16,650	25,900	37,000
2d Cpe	800	2,400	4,000	9,000	14,000	20,000
2d Sed	740	2,220	3,700	8,330	12,950	18,500
4d Sed	720	2,160	3,600	8,100	12,600	18,000
4d DeL Sed	760	2,280	3,800	8,550	13,300	19,000
1932 Model PA, 4-cyl., 109" wb						
2d Rds	1,440	4,320	7,200	16,200	25,200	36,000
2d Conv	1,480	4,440	7,400	16,650	25,900	37,000
2d Cpe	820	2,460	4,100	9,230	14,350	20,500
2d RS Cpe	960	2,880	4,800	10,800	16,800	24,000
2d Sed	760	2,280	3,800	8,550	13,300	19,000
4d Sed	760	2,280	3,800	8,550	13,300	19,000
4d Phae	1,440	4,320	7,200	16,200	25,200	36,000
1932 Model PB, 4-cyl., 112" wb						
2d Rds	1,440	4,320	7,200	16,200	25,200	36,000
2d Conv	1,480	4,440	7,400	16,650	25,900	37,000
4d Conv Sed	1,520	4,560	7,600	17,100	26,600	38,000
2d RS Cpe	960	2,880	4,800	10,800	16,800	24,000
2d Sed	780	2,340	3,900	8,780	13,650	19,500
4d Sed	780	2,340	3,900	8,780	13,650	19,500
4d DeL Sed	790	2,360	3,940	8,870	13,790	19,700
1933 Model PC, 6-cyl., 108" wb						
2d Conv	1,480	4,440	7,400	16,650	25,900	37,000
2d Cpe	920	2,760	4,600	10,350	16,100	23,000
2d RS Cpe	960	2,880	4,800	10,800	16,800	24,000
2d Sed	840	2,520	4,200	9,450	14,700	21,000
4d Sed	800	2,400	4,000	9,000	14,000	20,000
1933 Model PD, 6-cyl.						
NOTE: Deduct 4 percent for PCXX models.						
2d Conv	1,640	4,920	8,200	18,450	28,700	41,000
2d Cpe	1,320	3,960	6,600	14,850	23,100	33,000
2d RS Cpe	1,400	4,200	7,000	15,750	24,500	35,000
2d Sed	960	2,880	4,800	10,800	16,800	24,000
4d Sed	1,040	3,120	5,200	11,700	18,200	26,000
1934 Standard PG Model, 6-cyl., 108" wb						
2d Bus Cpe	1,190	3,560	5,940	13,370	20,790	29,700
2d Sed	1,020	3,070	5,120	11,520	17,920	25,600
1934 Standard PF Model, 6-cyl., 108" wb						
2d Bus Cpe	1,190	3,560	5,940	13,370	20,790	29,700
2d RS Cpe	1,400	4,200	7,000	15,750	24,500	35,000
2d Sed	1,000	3,010	5,020	11,300	17,570	25,100
4d Sed	1,000	2,990	4,980	11,210	17,430	24,900
1934 DeLuxe PE Model, 6-cyl., 114" wb						
2d Conv	1,600	4,800	8,000	18,000	28,000	40,000
2d Cpe	1,200	3,600	6,000	13,500	21,000	30,000
2d RS Cpe	1,280	3,840	6,400	14,400	22,400	32,000
2d Sed	1,040	3,120	5,200	11,700	18,200	26,000
4d Sed	1,040	3,130	5,220	11,750	18,270	26,100
4d Twn Sed	1,060	3,180	5,300	11,930	18,550	26,500
1935 Model PJ, 6-cyl., 113" wb						
2P Cpe	880	2,640	4,400	9,900	15,400	22,000
2d Bus Cpe	840	2,530	4,220	9,500	14,770	21,100
2d Sed	730	2,200	3,660	8,240	12,810	18,300
4d Bus Sed	830	2,500	4,160	9,360	14,560	20,800
1935 DeLuxe PJ Model, 6-cyl., 113" wb						
2d Conv	1,480	4,440	7,400	16,650	25,900	37,000
2d Bus Cpe	900	2,700	4,500	10,130	15,750	22,500
2d RS Cpe	1,040	3,120	5,200	11,700	18,200	26,000
2d Sed	830	2,500	4,160	9,360	14,560	20,800
2d Tr Sed	840	2,520	4,200	9,450	14,700	21,000
4d Sed	850	2,560	4,260	9,590	14,910	21,300
4d Tr Sed	870	2,620	4,360	9,810	15,260	21,800

	6	5	4	3	2	1
4d 7P Sed	890	2,680	4,460	10,040	15,610	22,300
4d Trav Sed	900	2,690	4,480	10,080	15,680	22,400
1936 P1 Business Line, 6-cyl., 113" wb						
2d Bus Cpe	840	2,520	4,200	9,450	14,700	21,000
2d Bus Sed	790	2,380	3,960	8,910	13,860	19,800
4d Bus Sed	800	2,390	3,980	8,960	13,930	19,900
4d Sta Wag	3,400	10,200	17,000	38,250	59,500	85,000
1936 P2 DeLuxe, 6-cyl., 113"-125" wb						
2d Conv	1,340	4,020	6,700	15,080	23,450	33,500
2d Cpe	860	2,580	4,300	9,680	15,050	21,500
2d RS Cpe	990	2,980	4,960	11,160	17,360	24,800
2d Sed	810	2,440	4,060	9,140	14,210	20,300
2d Tr Sed	830	2,500	4,160	9,360	14,560	20,800
4d Sed	810	2,440	4,060	9,140	14,210	20,300
4d Tr Sed	830	2,500	4,160	9,360	14,560	20,800
4d 7P Sed	840	2,520	4,200	9,450	14,700	21,000
1937 Roadking, 6-cyl., 112" wb						
2d Cpe	840	2,520	4,200	9,450	14,700	21,000
2d Sed	760	2,280	3,800	8,550	13,300	19,000
4d Sed	740	2,220	3,700	8,330	12,950	18,500
1937 DeLuxe, 6-cyl., 112"-132" wb						
2d Conv	1,260	3,780	6,300	14,180	22,050	31,500
2d Cpe	860	2,580	4,300	9,680	15,050	21,500
2d RS Cpe	990	2,980	4,960	11,160	17,360	24,800
2d Sed	780	2,340	3,900	8,780	13,650	19,500
2d Tr Sed	790	2,360	3,940	8,870	13,790	19,700
4d Sed	740	2,210	3,680	8,280	12,880	18,400
4d Tr Sed	780	2,340	3,900	8,780	13,650	19,500
4d Limo	730	2,200	3,660	8,240	12,810	18,300
4d Westchester Sub	3,400	10,200	17,000	38,250	59,500	85,000
NOTE: For 1937 only, the Westchester Suburban was built on a commercial chassis and was considered a truck.						
1938 Roadking, 6-cyl., 112" wb						
2d Cpe	860	2,580	4,300	9,680	15,050	21,500
2d Sed	700	2,110	3,520	7,920	12,320	17,600
4d Sed	710	2,140	3,560	8,010	12,460	17,800
2d Tr Sed	720	2,160	3,600	8,100	12,600	18,000
4d Tr Sed	680	2,030	3,380	7,610	11,830	16,900
1938 DeLuxe, 6-cyl., 112"-132" wb						
2d Conv	1,280	3,840	6,400	14,400	22,400	32,000
2d Cpe	880	2,640	4,400	9,900	15,400	22,000
2d RS Cpe	1,010	3,040	5,060	11,390	17,710	25,300
2d Sed	800	2,400	4,000	9,000	14,000	20,000
2d Tr Sed	800	2,410	4,020	9,050	14,070	20,100
4d Sed	720	2,150	3,580	8,060	12,530	17,900
4d Tr Sed	800	2,400	4,000	9,000	14,000	20,000
4d 7P Sed	850	2,560	4,260	9,590	14,910	21,300
4d Limo	900	2,700	4,500	10,130	15,750	22,500
4d Westchester Sub	3,400	10,200	17,000	38,250	59,500	85,000
1939 P7 Roadking, 6-cyl., 114" wb						
2d Cpe	840	2,520	4,200	9,450	14,700	21,000
2d Sed	680	2,040	3,400	7,650	11,900	17,000
2d Tr Sed	680	2,050	3,420	7,700	11,970	17,100
4d Sed	690	2,060	3,440	7,740	12,040	17,200
4d Tr Sed	690	2,080	3,460	7,790	12,110	17,300
4d Utl Sed	690	2,060	3,440	7,740	12,040	17,200
1939 P8 DeLuxe, 6-cyl., 114"-134" wb						
2d Conv	1,280	3,840	6,400	14,400	22,400	32,000
4d Conv Sed	1,280	3,840	6,400	14,400	22,400	32,000
2P Cpe	840	2,520	4,200	9,450	14,700	21,000
2d RS Cpe	980	2,940	4,900	11,030	17,150	24,500
2d Sed	760	2,280	3,800	8,550	13,300	19,000
2d Tr Sed	760	2,290	3,820	8,600	13,370	19,100
4d Sed	760	2,280	3,800	8,550	13,300	19,000
4d Tr Sed	770	2,300	3,840	8,640	13,440	19,200
4d Sta Wag W/C	3,360	10,080	16,800	37,800	58,800	84,000
4d Sta Wag W/G	3,440	10,320	17,200	38,700	60,200	86,000
4d 7P Ewb Sed	800	2,400	4,000	9,000	14,000	20,000
4d Ewb Limo	840	2,520	4,200	9,450	14,700	21,000
1940 P9 Roadking, 6-cyl., 117" wb						
2d Cpe	840	2,520	4,200	9,450	14,700	21,000
2d Tr Sed	780	2,340	3,900	8,780	13,650	19,500
4d Tr Sed	780	2,330	3,880	8,730	13,580	19,400
4d Utl Sed	650	1,960	3,260	7,340	11,410	16,300
1940 P10 DeLuxe, 6-cyl., 117"-137" wb						
2d Conv	1,280	3,840	6,400	14,400	22,400	32,000
2d DeL Cpe	840	2,520	4,200	9,450	14,700	21,000

	6	5	4	3	2	1
2d 4P Cpe	860	2,580	4,300	9,680	15,050	21,500
2d Sed	780	2,340	3,900	8,780	13,650	19,500
4d Sed	720	2,150	3,580	8,060	12,530	17,900
4d Sta Wag	3,280	9,840	16,400	36,900	57,400	82,000
4d 7P Sed	810	2,440	4,060	9,140	14,210	20,300
4d Sed Limo	880	2,640	4,400	9,900	15,400	22,000
1941 P11 Standard, 6-cyl., 117" wb						
2d Cpe	820	2,460	4,100	9,230	14,350	20,500
2d Sed	740	2,220	3,700	8,330	12,950	18,500
4d Sed	740	2,210	3,680	8,280	12,880	18,400
4d Utl Sed	620	1,860	3,100	6,980	10,850	15,500
1941 P11 DeLuxe, 6-cyl., 117" wb						
2d Cpe	830	2,480	4,140	9,320	14,490	20,700
2d Sed	750	2,240	3,740	8,420	13,090	18,700
4d Sed	740	2,230	3,720	8,370	13,020	18,600
1941 P12 Special DeLuxe, 6 cyl., 117"-137" wb						
2d Conv	1,280	3,840	6,400	14,400	22,400	32,000
2d DeL Cpe	840	2,520	4,200	9,450	14,700	21,000
2d 4P Cpe	860	2,580	4,300	9,680	15,050	21,500
2d Sed	740	2,220	3,700	8,330	12,950	18,500
4d Sed	740	2,230	3,720	8,370	13,020	18,600
4d Sta Wag	3,280	9,840	16,400	36,900	57,400	82,000
4d 7P Sed	750	2,260	3,760	8,460	13,160	18,800
4d Limo	860	2,580	4,300	9,680	15,050	21,500
1942 P14S DeLuxe, 6-cyl., 117" wb						
2d Cpe	880	2,640	4,400	9,900	15,400	22,000
2d Sed	680	2,030	3,380	7,610	11,830	16,900
4d Utl Sed	660	1,990	3,320	7,470	11,620	16,600
2d Clb Cpe	900	2,700	4,500	10,130	15,750	22,500
4d Sed	670	2,000	3,340	7,520	11,690	16,700
1942 P14C Special DeLuxe, 6-cyl., 117" wb						
2d Conv	1,480	4,440	7,400	16,650	25,900	37,000
2d Cpe	920	2,760	4,600	10,350	16,100	23,000
2d Sed	680	2,050	3,420	7,700	11,970	17,100
4d Sed	680	2,040	3,400	7,650	11,900	17,000
4d Twn Sed	680	2,050	3,420	7,700	11,970	17,100
2d Clb Cpe	940	2,820	4,700	10,580	16,450	23,500
4d Sta Wag	3,280	9,840	16,400	36,900	57,400	82,000
1946-48 P15 DeLuxe, 6-cyl., 117" wb						
2d Cpe	680	2,040	3,400	7,650	11,900	17,000
2d Clb Cpe	700	2,100	3,500	7,880	12,250	17,500
2d Sed	640	1,920	3,200	7,200	11,200	16,000
4d Sed	640	1,910	3,180	7,160	11,130	15,900
1946-48 P15 Special DeLuxe, 6-cyl., 117" wb						
2d Conv	1,280	3,840	6,400	14,400	22,400	32,000
2d Cpe	700	2,100	3,500	7,880	12,250	17,500
2d Clb Cpe	720	2,160	3,600	8,100	12,600	18,000
2d Sed	660	1,980	3,300	7,430	11,550	16,500
4d Sed	660	1,970	3,280	7,380	11,480	16,400
4d Sta Wag	3,280	9,840	16,400	36,900	57,400	82,000
1949 DeLuxe, 6-cyl., 111" wb						
First Series 1949 is the same as 1948 Second Series.						
2d Cpe	600	1,800	3,000	6,750	10,500	15,000
2d Sed	500	1,500	2,500	5,630	8,750	12,500
2d Sta Wag	640	1,920	3,200	7,200	11,200	16,000
1949 DeLuxe, 6-cyl., 118.5" wb						
2d Clb Cpe	620	1,860	3,100	6,980	10,850	15,500
4d Sed	416	1,248	2,080	4,680	7,280	10,400
1949 Special DeLuxe, 6-cyl., 118.5" wb						
2d Conv	1,120	3,360	5,600	12,600	19,600	28,000
2d Clb Cpe	628	1,884	3,140	7,070	10,990	15,700
4d Sed	504	1,512	2,520	5,670	8,820	12,600
4d Sta Wag	3,200	9,600	16,000	36,000	56,000	80,000
1950 DeLuxe, 6-cyl., 111" wb						
2d Cpe	620	1,860	3,100	6,980	10,850	15,500
2d Sed	600	1,800	3,000	6,750	10,500	15,000
2d Sta Wag	640	1,920	3,200	7,200	11,200	16,000
1950 DeLuxe, 6-cyl., 118.5" wb						
2d Clb Cpe	624	1,872	3,120	7,020	10,920	15,600
4d Sed	608	1,824	3,040	6,840	10,640	15,200
1950 Special DeLuxe, 6-cyl., 118.5" wb						
2d Conv	1,080	3,240	5,400	12,150	18,900	27,000
2d Clb Cpe	628	1,884	3,140	7,070	10,990	15,700
4d Sed	620	1,860	3,100	6,980	10,850	15,500
4d Sta Wag	3,200	9,600	16,000	36,000	56,000	80,000

NOTE: Add 5 percent for P-19 Special DeLuxe Suburban.

	6	5	4	3	2	1
1951-52 P22 Concord, 6-cyl., 111" wb						
2d Sed	480	1,440	2,400	5,400	8,400	12,000
2d Cpe	500	1,500	2,500	5,630	8,750	12,500
2d Sta Wag	640	1,920	3,200	7,200	11,200	16,000
1951-52 P23 Cambridge, 6-cyl., 118.5" wb						
4d Sed	488	1,464	2,440	5,490	8,540	12,200
2d Clb Cpe	600	1,800	3,000	6,750	10,500	15,000
1951-52 P23 Cranbrook, 6-cyl., 118.5" wb						
4d Sed	496	1,488	2,480	5,580	8,680	12,400
2d Clb Cpe	620	1,860	3,100	6,980	10,850	15,500
2d HT	800	2,400	4,000	9,000	14,000	20,000
2d Conv	1,080	3,240	5,400	12,150	18,900	27,000
1953 P24-1 Cambridge, 6-cyl., 114" wb						
4d Sed	464	1,392	2,320	5,220	8,120	11,600
2d Sed	468	1,404	2,340	5,270	8,190	11,700
2d Bus Cpe	472	1,416	2,360	5,310	8,260	11,800
2d Sta Wag	680	2,040	3,400	7,650	11,900	17,000
1953 P24-2 Cranbrook, 6-cyl., 114" wb						
4d Sed	480	1,440	2,400	5,400	8,400	12,000
2d Clb Cpe	500	1,500	2,500	5,630	8,750	12,500
2d HT	840	2,520	4,200	9,450	14,700	21,000
2d Sta Wag	640	1,920	3,200	7,200	11,200	16,000
2d Conv	1,160	3,480	5,800	13,050	20,300	29,000
1954 P25-1 Plaza, 6-cyl., 114" wb						
4d Sed	512	1,536	2,560	5,760	8,960	12,800
2d Sed	516	1,548	2,580	5,810	9,030	12,900
2d Bus Cpe	600	1,800	3,000	6,750	10,500	15,000
2d Sta Wag	700	2,100	3,500	7,880	12,250	17,500
1954 P25-2 Savoy, 6-cyl., 114" wb						
4d Sed	600	1,800	3,000	6,750	10,500	15,000
2d Sed	604	1,812	3,020	6,800	10,570	15,100
2d Clb Cpe	620	1,860	3,100	6,980	10,850	15,500
2d Sta Wag	640	1,920	3,200	7,200	11,200	16,000
1954 P25-3 Belvedere, 6-cyl., 114" wb						
4d Sed	620	1,860	3,100	6,980	10,850	15,500
2d HT	920	2,760	4,600	10,350	16,100	23,000
2d Conv	1,200	3,600	6,000	13,500	21,000	30,000
2d Sta Wag	680	2,040	3,400	7,650	11,900	17,000
1955 Plaza, V-8, 115" wb						
4d Sed	800	2,400	4,000	9,000	14,000	20,000
2d Sed	800	2,410	4,020	9,050	14,070	20,100
2d Sta Wag	880	2,640	4,400	9,900	15,400	22,000
4d Sta Wag	920	2,760	4,600	10,350	16,100	23,000
1955 Savoy, V-8, 115" wb						
4d Sed	800	2,410	4,020	9,050	14,070	20,100
2d Sed	810	2,420	4,040	9,090	14,140	20,200
1955 Belvedere, V-8, 115" wb						
4d Sed	820	2,450	4,080	9,180	14,280	20,400
2d Sed	820	2,460	4,100	9,230	14,350	20,500
2d HT	1,240	3,720	6,200	13,950	21,700	31,000
2d Conv	2,040	6,120	10,200	22,950	35,700	51,000
4d Sta Wag	1,160	3,480	5,800	13,050	20,300	29,000
NOTE: Deduct 10 percent for 6-cyl. models.						
1956 Plaza, V-8, 115" wb						
4d Sed	700	2,090	3,480	7,830	12,180	17,400
2d Sed	700	2,100	3,500	7,880	12,250	17,500
2d Bus Cpe	690	2,060	3,440	7,740	12,040	17,200
1956 Savoy, V-8, 115" wb						
4d Sed	700	2,100	3,500	7,880	12,250	17,500
2d Sed	700	2,110	3,520	7,920	12,320	17,600
2d HT	1,160	3,480	5,800	13,050	20,300	29,000
1956 Belvedere, V-8, 115" wb						
4d Sed	800	2,400	4,000	9,000	14,000	20,000
4d HT	880	2,640	4,400	9,900	15,400	22,000
2d Sed	800	2,410	4,020	9,050	14,070	20,100
2d HT	1,320	3,960	6,600	14,850	23,100	33,000
1956 Belvedere, V-8, 115" wb (conv. avail. as8-cyl. only)						
2d Conv	2,220	6,660	11,100	24,980	38,850	55,500
1956 Suburban, V-8, 115" wb						
4d DeL Sta Wag	1,000	3,000	5,000	11,250	17,500	25,000
2d Cus Sta Wag	1,120	3,360	5,600	12,600	19,600	28,000
4d Cus Sta Wag	1,100	3,300	5,500	12,380	19,250	27,500
4d Spt Sta Wag	1,200	3,600	6,000	13,500	21,000	30,000
1956 Fury, V-8, (avail. as V-8 only)						
2d HT	2,480	7,440	12,400	27,900	43,400	62,000

NOTE: Add 60 percent for V-8 equipped with optional dual four-barrel carbs.

	6	5	4	3	2	1
1957-58 Plaza, V-8, 118" wb						
4d Sed	850	2,540	4,240	9,540	14,840	21,200
2d Sed	940	2,820	4,700	10,580	16,450	23,500
2d Bus Cpe	880	2,640	4,400	9,900	15,400	22,000
1957-58 Savoy, V-8						
4d Sed	860	2,570	4,280	9,630	14,980	21,400
4d HT	1,020	3,060	5,100	11,480	17,850	25,500
2d Sed	960	2,880	4,800	10,800	16,800	24,000
2d HT	1,520	4,560	7,600	17,100	26,600	38,000
1957-58 Belvedere, V-8, 118" wb						
4d Sed	880	2,640	4,400	9,900	15,400	22,000
4d Spt HT	1,140	3,420	5,700	12,830	19,950	28,500
2d Sed	980	2,940	4,900	11,030	17,150	24,500
2d HT	2,160	6,480	10,800	24,300	37,800	54,000
1957-58 Belvedere, V-8, 118" wb (conv. avail. as 8-cyl. only)						
2d Conv	3,340	10,020	16,700	37,580	58,450	83,500
1957-58 Suburban, V-8, 122" wb						
4d Cus Sta Wag	1,480	4,440	7,400	16,650	25,900	37,000
2d Cus Sta Wag	1,500	4,500	7,500	16,880	26,250	37,500
4d Spt Sta Wag	1,680	5,040	8,400	18,900	29,400	42,000
1957-58 Fury, V-8, 118" wb						
2d HT	3,400	10,200	17,000	38,250	59,500	85,000
NOTE: Deduct 10 percent for 6-cyl. models. Add 25 percent for 318 cid/290 hp V-8 (except Fury) or 350 cid/305 hp V-8 (1958). 1958 Furys equipped with Bendix EFI, value inestimable.						
1959 Savoy, 6-cyl., 118" wb						
4d Sed	640	1,920	3,200	7,200	11,200	16,000
2d Sed	720	2,160	3,600	8,100	12,600	18,000
1959 Belvedere, V-8, 118" wb						
4d Sed	640	1,930	3,220	7,250	11,270	16,100
4d HT	780	2,340	3,900	8,780	13,650	19,500
2d Sed	740	2,220	3,700	8,330	12,950	18,500
2d HT	1,480	4,440	7,400	16,650	25,900	37,000
2d Conv	2,940	8,820	14,700	33,080	51,450	73,500
1959 Fury, V-8, 118" wb						
4d Sed	660	1,980	3,300	7,430	11,550	16,500
4d HT	800	2,400	4,000	9,000	14,000	20,000
2d HT	1,680	5,040	8,400	18,900	29,400	42,000
1959 Sport Fury, V-8, 118" wb (260 hp, V-8 offered)						
2d HT	1,560	4,680	7,800	17,550	27,300	39,000
2d Conv	2,640	7,920	13,200	29,700	46,200	66,000
1959 Suburban, V-8, 122" wb						
4d Spt Sta Wag	1,280	3,840	6,400	14,400	22,400	32,000
2d Cus Sta Wag	1,060	3,180	5,300	11,930	18,550	26,500
4d Cus Sta Wag	1,040	3,120	5,200	11,700	18,200	26,000
NOTE: Deduct 10 percent for 6-cyl. models. Add 30 percent for Golden Commando V-8.						
1960 Valiant 100, 6-cyl., 106.5" wb						
4d Sed	448	1,344	2,240	5,040	7,840	11,200
4d Sta Wag	452	1,356	2,260	5,090	7,910	11,300
1960 Valiant 200, 6-cyl., 106" wb						
4d Sed	452	1,356	2,260	5,090	7,910	11,300
4d Sta Wag	456	1,368	2,280	5,130	7,980	11,400
1960 Fleet Special, V8, 118" wb						
4d Sed	448	1,344	2,240	5,040	7,840	11,200
2d Sed	452	1,356	2,260	5,090	7,910	11,300
1960 Savoy, V-8, 118" wb						
4d Sed	468	1,404	2,340	5,270	8,190	11,700
2d Sed	472	1,416	2,360	5,310	8,260	11,800
1960 Belvedere, V-8, 118" wb						
4d Sed	472	1,416	2,360	5,310	8,260	11,800
2d Sed	476	1,428	2,380	5,360	8,330	11,900
2d HT	920	2,760	4,600	10,350	16,100	23,000
1960 Fury, V-8, 118" wb						
4d Sed	500	1,500	2,500	5,630	8,750	12,500
4d HT	640	1,920	3,200	7,200	11,200	16,000
2d HT	1,040	3,120	5,200	11,700	18,200	26,000
1960 Fury, V-8, 118" wb (conv. avail. as V-8 only)						
2d Conv	1,800	5,400	9,000	20,250	31,500	45,000
1960 Suburban, V-8, 122" wb						
4d DeL Sta Wag	750	2,240	3,740	8,420	13,090	18,700
2d DeL Sta Wag	740	2,230	3,720	8,370	13,020	18,600
4d 9P Cus Sta Wag	750	2,260	3,760	8,460	13,160	18,800
4d 9P Spt Sta Wag	760	2,270	3,780	8,510	13,230	18,900
NOTE: Deduct 20 percent for 6-cyl. model except Valiant.						
1961 Valiant 100, 6-cyl., 106.5" wb						
4d Sed	432	1,296	2,160	4,860	7,560	10,800
2d Sed	436	1,308	2,180	4,910	7,630	10,900

	6	5	4	3	2	1
4d Sta Wag	432	1,296	2,160	4,860	7,560	10,800
1961 Valiant 200, 6-cyl., 106.5" wb						
4d Sed	440	1,320	2,200	4,950	7,700	11,000
2d HT	640	1,920	3,200	7,200	11,200	16,000
4d Sta Wag	428	1,284	2,140	4,820	7,490	10,700
NOTE: Add 20 percent for Hyper Pak 170 cid/148 hp and 30 percent for Hyper Pak 225 cid/220 hp engines.						
1961 Fleet Special, V8, 118" wb						
4d Sed	424	1,272	2,120	4,770	7,420	10,600
2d Sed	428	1,284	2,140	4,820	7,490	10,700
1961 Savoy, V-8, 118" wb						
4d Sed	428	1,284	2,140	4,820	7,490	10,700
2d Sed	432	1,296	2,160	4,860	7,560	10,800
1961 Belvedere, V-8, 118" wb						
4d Sed	428	1,284	2,140	4,820	7,490	10,700
2d Clb Sed	432	1,296	2,160	4,860	7,560	10,800
2d HT	830	2,480	4,140	9,320	14,490	20,700
1961 Fury, V-8, 118" wb						
4d Sed	436	1,308	2,180	4,910	7,630	10,900
4d HT	600	1,800	3,000	6,750	10,500	15,000
2d HT	960	2,880	4,800	10,800	16,800	24,000
2d Conv	1,600	4,800	8,000	18,000	28,000	40,000
1961 Suburban, V-8, 122" wb						
4d 6P DeL Sta Wag	690	2,060	3,440	7,740	12,040	17,200
2d 6P DeL Sta Wag	680	2,050	3,420	7,700	11,970	17,100
4d 6P Cus Sta Wag	690	2,080	3,460	7,790	12,110	17,300
4d 9P Spt Sta Wag	700	2,090	3,480	7,830	12,180	17,400
NOTE: Deduct 10 percent for 6-cyl. models. Add 30 percent for 330, 340, 350, 375 hp engines.						
1962 Valiant 100, 6-cyl., 106.5" wb						
4d Sed	384	1,152	1,920	4,320	6,720	9,600
2d Sed	388	1,164	1,940	4,370	6,790	9,700
4d Sta Wag	392	1,176	1,960	4,410	6,860	9,800
1962 Valiant 200, 6-cyl., 106.5" wb						
4d Sed	388	1,164	1,940	4,370	6,790	9,700
2d Sed	392	1,176	1,960	4,410	6,860	9,800
4d Sta Wag	396	1,188	1,980	4,460	6,930	9,900
1962 Valiant Signet, 6-cyl., 106.5" wb						
2d HT	460	1,380	2,300	5,180	8,050	11,500
NOTE: Add 30 percent for Hyper Pak 170 cid/148 hp and 50 percent for Hyper Pak 225 cid/200 hp engines.						
1962 Fleet Special, V8, 116" wb						
4d Sed	380	1,140	1,900	4,280	6,650	9,500
2d Sed	384	1,152	1,920	4,320	6,720	9,600
1962 Savoy, V-8, 116" wb						
4d Sed	384	1,152	1,920	4,320	6,720	9,600
2d Sed	388	1,164	1,940	4,370	6,790	9,700
1962 Belvedere, V-8, 116" wb						
4d Sed	388	1,164	1,940	4,370	6,790	9,700
2d Sed	392	1,176	1,960	4,410	6,860	9,800
2d HT	820	2,460	4,100	9,230	14,350	20,500
1962 Fury, V-8, 116" wb						
4d Sed	396	1,188	1,980	4,460	6,930	9,900
4d HT	420	1,260	2,100	4,730	7,350	10,500
2d HT	840	2,520	4,200	9,450	14,700	21,000
2d Conv	1,080	3,240	5,400	12,150	18,900	27,000
1962 Sport Fury, V-8, 116" wb						
2d HT	920	2,760	4,600	10,350	16,100	23,000
2d Conv	1,360	4,080	6,800	15,300	23,800	34,000
1962 Suburban, V-8, 116" wb						
4d 6P Savoy Sta Wag	490	1,460	2,440	5,490	8,540	12,200
4d 6P Belv Sta Wag	490	1,480	2,460	5,540	8,610	12,300
4d 9P Fury Sta Wag	500	1,490	2,480	5,580	8,680	12,400
NOTE: Deduct 10 percent for 6-cyl. models. Add 30 percent for Golden Commando 361 ci. Add 50 percent for Golden Commando 383 ci. Autos equipped with Super Stock 413 (Max Wedge cars), value inestimable.						
1963 Valiant 100, 6-cyl., 106.5" wb						
4d Sed	360	1,080	1,800	4,050	6,300	9,000
2d Sed	364	1,092	1,820	4,100	6,370	9,100
4d Sta Wag	364	1,092	1,820	4,100	6,370	9,100
1963 Valiant 200, 6-cyl., 106.5" wb						
4d Sed	364	1,092	1,820	4,100	6,370	9,100
2d Sed	368	1,104	1,840	4,140	6,440	9,200
2d Conv	660	1,980	3,300	7,430	11,550	16,500
4d Sta Wag	364	1,092	1,820	4,100	6,370	9,100
1963 Valiant Signet, 6-cyl., 106.5" wb						
2d HT	660	1,980	3,300	7,430	11,550	16,500
2d Conv	700	2,100	3,500	7,880	12,250	17,500
1963 Savoy, V-8, 116" wb						
4d Sed	380	1,140	1,900	4,280	6,650	9,500

	6	5	4	3	2	1
2d Sed	384	1,152	1,920	4,320	6,720	9,600
4d 6P Sta Wag	460	1,370	2,280	5,130	7,980	11,400
1963 Belvedere, V-8, 116" wb						
4d Sed	380	1,140	1,900	4,280	6,650	9,500
2d Sed	384	1,152	1,920	4,320	6,720	9,600
2d HT	610	1,820	3,040	6,840	10,640	15,200
4d 6P Sta Wag	480	1,440	2,400	5,400	8,400	12,000
1963 Fury, V-8, 116" wb						
4d Sed	388	1,164	1,940	4,370	6,790	9,700
4d HT	420	1,260	2,100	4,730	7,350	10,500
2d HT	860	2,580	4,300	9,680	15,050	21,500
2d Conv	1,120	3,360	5,600	12,600	19,600	28,000
4d 9P Sta Wag	480	1,450	2,420	5,450	8,470	12,100
1963 Sport Fury, V-8, 116" wb						
2d HT	840	2,520	4,200	9,450	14,700	21,000
2d Conv	1,060	3,180	5,300	11,930	18,550	26,500
NOTE: Deduct 10 percent for 6-cyl. models. Add 75 percent for Max Wedge II 426 engine. Value inestimable on autos equipped at factory with Max Wedge engine option.						
1964 Valiant 100, 6-cyl., 106.5" wb						
4d Sed	360	1,080	1,800	4,050	6,300	9,000
2d Sed	364	1,092	1,820	4,100	6,370	9,100
4d Sta Wag	360	1,080	1,800	4,050	6,300	9,000
1964 Valiant 200, 6 or V-8, 106.5" wb						
4d Sed	364	1,092	1,820	4,100	6,370	9,100
2d Sed	368	1,104	1,840	4,140	6,440	9,200
2d Conv	800	2,400	4,000	9,000	14,000	20,000
4d Sta Wag	364	1,092	1,820	4,100	6,370	9,100
1964 Valiant Signet, V-8, 106.5" wb						
2d HT	760	2,280	3,800	8,550	13,300	19,000
2d Barracuda	1,000	3,000	5,000	11,250	17,500	25,000
2d Conv	1,280	3,840	6,400	14,400	22,400	32,000
1964 Savoy, V-8, 116" wb						
4d Sed	380	1,140	1,900	4,280	6,650	9,500
2d Sed	384	1,152	1,920	4,320	6,720	9,600
4d 6P Sta Wag	428	1,284	2,140	4,820	7,490	10,700
1964 Belvedere, V-8, 116" wb						
2d HT	640	1,920	3,200	7,200	11,200	16,000
4d Sed	384	1,152	1,920	4,320	6,720	9,600
2d Sed	388	1,164	1,940	4,370	6,790	9,700
4d 6P Sta Wag	436	1,308	2,180	4,910	7,630	10,900
1964 Fury, V-8, 116" wb						
4d Sed	388	1,164	1,940	4,370	6,790	9,700
4d HT	404	1,212	2,020	4,550	7,070	10,100
2d HT	680	2,040	3,400	7,650	11,900	17,000
2d Conv	960	2,880	4,800	10,800	16,800	24,000
4d 9P Sta Wag	444	1,332	2,220	5,000	7,770	11,100
1964 Sport Fury, V-8, 116" wb						
2d HT	800	2,400	4,000	9,000	14,000	20,000
Conv	1,000	3,000	5,000	11,250	17,500	25,000
NOTE: Deduct 10 percent for 6-cyl. models. Add 75 percent for 426-415 Max Wedge III. Add 75 percent for 426 street wedge. Autos equipped with 426 Hemi, value inestimable. Value inestimable on autos equipped at factory with Max Wedge engine option.						
1965 Valiant 100, V-8, 106" wb						
4d Sed	360	1,080	1,800	4,050	6,300	9,000
2d Sed	364	1,092	1,820	4,100	6,370	9,100
4d Sta Wag	364	1,092	1,820	4,100	6,370	9,100
1965 Valiant 200, V-8, 106" wb						
4d Sed	364	1,092	1,820	4,100	6,370	9,100
2d Sed	368	1,104	1,840	4,140	6,440	9,200
2d Conv	720	2,160	3,600	8,100	12,600	18,000
4d Sta Wag	364	1,092	1,820	4,100	6,370	9,100
1965 Valiant Signet, V-8, 106" wb						
2d HT	760	2,280	3,800	8,550	13,300	19,000
2d Conv	1,120	3,360	5,600	12,600	19,600	28,000
1965 Barracuda, V-8, 106" wb						
2d HT	1,080	3,240	5,400	12,150	18,900	27,000
NOTE: Add 10 percent for Formula S option.						
1965 Belvedere I, V-8, 116" wb						
4d Sed	364	1,092	1,820	4,100	6,370	9,100
2d Sed	368	1,104	1,840	4,140	6,440	9,200
4d Sta Wag	408	1,224	2,040	4,590	7,140	10,200
1965 Belvedere II, V-8, 116" wb						
4d Sed	376	1,128	1,880	4,230	6,580	9,400
2d HT	720	2,160	3,600	8,100	12,600	18,000
2d Conv	920	2,760	4,600	10,350	16,100	23,000
4d 9P Sta Wag	380	1,140	1,900	4,280	6,650	9,500

	6	5	4	3	2	1
4d 6P Sta Wag	416	1,248	2,080	4,680	7,280	10,400
1965 Satellite, V-8, 116"wb						
2d HT	840	2,520	4,200	9,450	14,700	21,000
2d Conv	1,240	3,720	6,200	13,950	21,700	31,000
1965 Fury, V-8, 119" wb						
4d Sed	380	1,140	1,900	4,280	6,650	9,500
2d Sed	384	1,152	1,920	4,320	6,720	9,600
1965 Fury, V-8, 119" wb, Sta Wag 121" wb						
4d Sta Wag	424	1,272	2,120	4,770	7,420	10,600
1965 Fury II, V-8, 119" wb						
4d Sed	388	1,164	1,940	4,370	6,790	9,700
2d Sed	392	1,176	1,960	4,410	6,860	9,800
1965 Fury II, V-8, 119" wb, Sta Wag 121" wb						
4d 9P Sta Wag	432	1,296	2,160	4,860	7,560	10,800
4d 6P Sta Wag	428	1,284	2,140	4,820	7,490	10,700
1965 Fury III, V-8, 119" wb						
4d Sed	392	1,176	1,960	4,410	6,860	9,800
4d HT	440	1,320	2,200	4,950	7,700	11,000
2d HT	760	2,280	3,800	8,550	13,300	19,000
2d Conv	1,200	3,600	6,000	13,500	21,000	30,000
1965 Fury III, V-8, 119" wb, Sta Wag 121" wb						
4d 9P Sta Wag	436	1,308	2,180	4,910	7,630	10,900
4d 6P Sta Wag	432	1,296	2,160	4,860	7,560	10,800
1965 Sport Fury, V-8						
2d HT	840	2,520	4,200	9,450	14,700	21,000
2d Conv	1,080	3,240	5,400	12,150	18,900	27,000
NOTE: Deduct 5 percent for 6-cyl. models. Add 60 percent for 383 Commando engine option. Autos equipped with 426 Hemi, value inestimable.						
1966 Valiant 100, V-8, 106" wb						
4d Sed	364	1,092	1,820	4,100	6,370	9,100
2d Sed	368	1,104	1,840	4,140	6,440	9,200
4d Sta Wag	376	1,128	1,880	4,230	6,580	9,400
1966 Valiant 200, V-8, 106" wb						
4d Sed	372	1,116	1,860	4,190	6,510	9,300
4d Sta Wag	380	1,140	1,900	4,280	6,650	9,500
1966 Valiant Signet, V-8, 106" wb						
2d HT	800	2,400	4,000	9,000	14,000	20,000
2d Conv	1,000	3,000	5,000	11,250	17,500	25,000
1966 Barracuda, V-8, 106" wb						
2d HT	1,000	3,000	5,000	11,250	17,500	25,000
NOTE: Add 10 percent for Formula S.						
1966 Belvedere I, V-8, 116" wb						
4d Sed	368	1,104	1,840	4,140	6,440	9,200
2d Sed	372	1,116	1,860	4,190	6,510	9,300
4d Sta Wag	424	1,272	2,120	4,770	7,420	10,600
1966 Belvedere II, V-8, 116" wb						
4d Sed	376	1,128	1,880	4,230	6,580	9,400
2d HT	840	2,520	4,200	9,450	14,700	21,000
2d Conv	1,040	3,120	5,200	11,700	18,200	26,000
4d Sta Wag	428	1,284	2,140	4,820	7,490	10,700
1966 Satellite, V-8, 116" wb						
2d HT	960	2,880	4,800	10,800	16,800	24,000
2d Conv	1,240	3,720	6,200	13,950	21,700	31,000
1966 Fury I, V-8, 119" wb						
4d Sed	376	1,128	1,880	4,230	6,580	9,400
2d Sed	380	1,140	1,900	4,280	6,650	9,500
4d 6P Sta Wag	432	1,296	2,160	4,860	7,560	10,800
NOTE: Deduct 5 percent for 6-cyl. models.						
1966 Fury II, V-8, 119" wb						
4d Sed	380	1,140	1,900	4,280	6,650	9,500
2d Sed	384	1,152	1,920	4,320	6,720	9,600
4d 9P Sta Wag	436	1,308	2,180	4,910	7,630	10,900
1966 Fury III, V-8, 119" wb						
4d Sed	388	1,164	1,940	4,370	6,790	9,700
2d HT	760	2,280	3,800	8,550	13,300	19,000
4d HT	520	1,560	2,600	5,850	9,100	13,000
2d Conv	1,160	3,480	5,800	13,050	20,300	29,000
4d 9P Sta Wag	480	1,440	2,400	5,400	8,400	12,000
1966 Sport Fury, V-8, 119" wb						
2d HT	840	2,520	4,200	9,450	14,700	21,000
2d Conv	1,200	3,600	6,000	13,500	21,000	30,000
1966 VIP, V-8, 119" wb						
4d HT	560	1,680	2,800	6,300	9,800	14,000
2d HT	800	2,400	4,000	9,000	14,000	20,000
NOTE: Autos equipped with 426 Street Hemi or Race Hemi, value inestimable.						

	6	5	4	3	2	1
1967 Valiant 100, V-8, 108" wb						
4d Sed	364	1,092	1,820	4,100	6,370	9,100
2d Sed	368	1,104	1,840	4,140	6,440	9,200
1967 Valiant Signet, V-8, 108" wb						
4d Sed	368	1,104	1,840	4,140	6,440	9,200
2d Sed	372	1,116	1,860	4,190	6,510	9,300
1967 Barracuda, V-8, 108" wb						
2d HT	920	2,760	4,600	10,350	16,100	23,000
2d FBk	960	2,880	4,800	10,800	16,800	24,000
2d Conv	1,040	3,120	5,200	11,700	18,200	26,000
NOTE: Add 10 percent for Formula S and 40 percent for 383 cid.						
1967 Belvedere I, V-8, 116" wb						
4d Sed	368	1,104	1,840	4,140	6,440	9,200
2d Sed	372	1,116	1,860	4,190	6,510	9,300
4d 6P Sta Wag	408	1,224	2,040	4,590	7,140	10,200
1967 Belvedere II, V-8, 116" wb						
4d Sed	376	1,128	1,880	4,230	6,580	9,400
2d HT	800	2,400	4,000	9,000	14,000	20,000
2d Conv	1,000	3,000	5,000	11,250	17,500	25,000
4d 9P Sta Wag	416	1,248	2,080	4,680	7,280	10,400
1967 Satellite, V-8, 116" wb						
2d HT	1,080	3,240	5,400	12,150	18,900	27,000
2d Conv	1,320	3,960	6,600	14,850	23,100	33,000
1967 GTX, V-8, 116" wb						
2d HT	1,200	3,600	6,000	13,500	21,000	30,000
2d Conv	1,800	5,400	9,000	20,250	31,500	45,000
1967 Fury I, V-8, 122" wb						
4d Sed	380	1,140	1,900	4,280	6,650	9,500
2d Sed	384	1,152	1,920	4,320	6,720	9,600
4d 6P Sta Wag	428	1,284	2,140	4,820	7,490	10,700
1967 Fury II, V-8, 122" wb						
4d Sed	384	1,152	1,920	4,320	6,720	9,600
2d Sed	388	1,164	1,940	4,370	6,790	9,700
4d 9P Sta Wag	440	1,320	2,200	4,950	7,700	11,000
1967 Fury III, V-8, 122" wb						
4d Sed	392	1,176	1,960	4,410	6,860	9,800
4d HT	480	1,440	2,400	5,400	8,400	12,000
2d HT	640	1,920	3,200	7,200	11,200	16,000
2d Conv	840	2,520	4,200	9,450	14,700	21,000
4d 9P Sta Wag	440	1,320	2,200	4,950	7,700	11,000
1967 Sport Fury, V-8, 119" wb						
2d HT	680	2,040	3,400	7,650	11,900	17,000
2d FBk	700	2,100	3,500	7,880	12,250	17,500
2d Conv	960	2,880	4,800	10,800	16,800	24,000
1967 VIP, V-8, 119" wb						
4d HT	600	1,800	3,000	6,750	10,500	15,000
2d HT	680	2,040	3,400	7,650	11,900	17,000
NOTE: Add 50 percent for 440 engine. Autos equipped with 426 Hemi, value inestimable.						
1968 Valiant 100, V-8, 108" wb						
4d Sed	368	1,104	1,840	4,140	6,440	9,200
2d Sed	372	1,116	1,860	4,190	6,510	9,300
1968 Valiant Signet, V-8, 108" wb						
4d Sed	376	1,128	1,880	4,230	6,580	9,400
2d Sed	380	1,140	1,900	4,280	6,650	9,500
1968 Barracuda, V-8, 108" wb						
2d HT	880	2,640	4,400	9,900	15,400	22,000
2d FBk	920	2,760	4,600	10,350	16,100	23,000
2d Conv	1,000	3,000	5,000	11,250	17,500	25,000
NOTE: Add 20 percent for Barracuda/Formula S and 40 percent for 383 cid.						
1968 Belvedere, V-8, 116" wb						
4d Sed	372	1,116	1,860	4,190	6,510	9,300
2d Sed	376	1,128	1,880	4,230	6,580	9,400
4d 6P Sta Wag	420	1,260	2,100	4,730	7,350	10,500
1968 Satellite, V-8, 116" wb						
4d Sed	380	1,140	1,900	4,280	6,650	9,500
2d HT	840	2,520	4,200	9,450	14,700	21,000
2d Conv	1,160	3,480	5,800	13,050	20,300	29,000
4d Sta Wag	424	1,272	2,120	4,770	7,420	10,600
1968 Sport Satellite, V-8, 116" wb						
2d HT	1,000	3,000	5,000	11,250	17,500	25,000
2d Conv	1,280	3,840	6,400	14,400	22,400	32,000
4d Sta Wag	468	1,404	2,340	5,270	8,190	11,700
1968 Road Runner, V-8, 116" wb						
2d Cpe	1,720	5,160	8,600	19,350	30,100	43,000
2d HT	1,800	5,400	9,000	20,250	31,500	45,000

	6	5	4	3	2	1
1968 GTX, V-8, 116" wb						
2d HT	1,840	5,520	9,200	20,700	32,200	46,000
2d Conv	2,640	7,920	13,200	29,700	46,200	66,000
1968 Fury I, V-8, 119" & 122" wb						
4d Sed	384	1,152	1,920	4,320	6,720	9,600
2d Sed	388	1,164	1,940	4,370	6,790	9,700
4d 6P Sta Wag	432	1,296	2,160	4,860	7,560	10,800
1968 Fury II, V-8, 119" & 122" wb						
4d Sed	388	1,164	1,940	4,370	6,790	9,700
2d Sed	392	1,176	1,960	4,410	6,860	9,800
4d 6P Sta Wag	436	1,308	2,180	4,910	7,630	10,900
1968 Fury III, V-8, 119" & 122" wb						
4d Sed	396	1,188	1,980	4,460	6,930	9,900
4d HT	520	1,560	2,600	5,850	9,100	13,000
2d HT	760	2,280	3,800	8,550	13,300	19,000
2d FBk	920	2,760	4,600	10,350	16,100	23,000
2d Conv	1,160	3,480	5,800	13,050	20,300	29,000
4d 6P Sta Wag	440	1,320	2,200	4,950	7,700	11,000
1968 Suburban, V-8, 121" wb						
4d 6P Cus Sta Wag	428	1,284	2,140	4,820	7,490	10,700
4d 9P Cus Sta Wag	432	1,296	2,160	4,860	7,560	10,800
4d 6P Spt Sta Wag	436	1,308	2,180	4,910	7,630	10,900
4d 9P Spt Sta Wag	440	1,320	2,200	4,950	7,700	11,000
1968 Sport Fury, V-8, 119" wb						
2d HT	800	2,400	4,000	9,000	14,000	20,000
2d FBk	840	2,520	4,200	9,450	14,700	21,000
2d Conv	960	2,880	4,800	10,800	16,800	24,000
1968 VIP, V-8, 119" wb						
4d HT	620	1,860	3,100	6,980	10,850	15,500
2d FBk	700	2,100	3,500	7,880	12,250	17,500
NOTE: Add 50 percent for 440 engine. Autos equipped with 426 Hemi, value inestimable.						
1969 Valiant 100, V-8, 108" wb						
4d Sed	352	1,056	1,760	3,960	6,160	8,800
2d Sed	356	1,068	1,780	4,010	6,230	8,900
1969 Valiant Signet, V-8, 108" wb						
4d Sed	356	1,068	1,780	4,010	6,230	8,900
2d Sed	360	1,080	1,800	4,050	6,300	9,000
1969 Barracuda, V-8, 108" wb						
2d HT	1,080	3,240	5,400	12,150	18,900	27,000
2d FBk	1,120	3,360	5,600	12,600	19,600	28,000
2d Conv	1,200	3,600	6,000	13,500	21,000	30,000
NOTE: Add 40 percent for Formula S 383 cid option. Add 50 percent for Barracuda 440.						
1969 Belvedere, V-8, 117" wb						
4d Sed	364	1,092	1,820	4,100	6,370	9,100
2d Sed	368	1,104	1,840	4,140	6,440	9,200
4d 6P Sta Wag	408	1,224	2,040	4,590	7,140	10,200
1969 Satellite, V-8, 116" & 117" wb						
4d Sed	372	1,116	1,860	4,190	6,510	9,300
2d HT	920	2,760	4,600	10,350	16,100	23,000
2d Conv	1,080	3,240	5,400	12,150	18,900	27,000
4d 6P Sta Wag	416	1,248	2,080	4,680	7,280	10,400
1969 Sport Satellite, V-8, 116" & 117" wb						
4d Sed	376	1,128	1,880	4,230	6,580	9,400
2d HT	960	2,880	4,800	10,800	16,800	24,000
2d Conv	1,160	3,480	5,800	13,050	20,300	29,000
4d 9P Sta Wag	420	1,260	2,100	4,730	7,350	10,500
1969 Road Runner, V-8, 116" wb						
2d Sed	1,720	5,160	8,600	19,350	30,100	43,000
2d HT	1,800	5,400	9,000	20,250	31,500	45,000
2d Conv	2,200	6,600	11,000	24,750	38,500	55,000
1969 GTX, V-8, 116" wb						
2d HT	1,840	5,520	9,200	20,700	32,200	46,000
2d Conv	2,640	7,920	13,200	29,700	46,200	66,000
1969 Fury I, V-8, 120" & 122" wb						
4d Sed	380	1,140	1,900	4,280	6,650	9,500
2d Sed	384	1,152	1,920	4,320	6,720	9,600
4d 6P Sta Wag	428	1,284	2,140	4,820	7,490	10,700
1969 Fury II, V-8, 120" & 122" wb						
4d Sed	384	1,152	1,920	4,320	6,720	9,600
2d Sed	388	1,164	1,940	4,370	6,790	9,700
4d 6P Sta Wag	432	1,296	2,160	4,860	7,560	10,800
1969 Fury III, V-8, 120" & 122" wb						
4d Sed	392	1,176	1,960	4,410	6,860	9,800
4d HT	532	1,596	2,660	5,990	9,310	13,300
2d HT	800	2,400	4,000	9,000	14,000	20,000
2d Conv	1,200	3,600	6,000	13,500	21,000	30,000

	6	5	4	3	2	1
4d 9P Sta Wag	440	1,320	2,200	4,950	7,700	11,000
1969 Sport Fury						
2d HT	680	2,040	3,400	7,650	11,900	17,000
2d Conv.	800	2,400	4,000	9,000	14,000	20,000
1969 VIP						
4d HT	440	1,320	2,200	4,950	7,700	11,000
2d HT	680	2,040	3,400	7,650	11,900	17,000
NOTE: Add 75 percent for 440 6 pack. Autos equipped with 426 Hemi, value inestimable.						
1970 Valiant						
4d Sed.	352	1,056	1,760	3,960	6,160	8,800
1970 Valiant Duster						
2d Cpe.	400	1,200	2,000	4,500	7,000	10,000
1970 Duster "340"						
2d Cpe.	760	2,280	3,800	8,550	13,300	19,000
1970 Barracuda						
2d HT	1,360	4,080	6,800	15,300	23,800	34,000
2d Conv.	1,960	5,880	9,800	22,050	34,300	49,000
1970 Gran Coupe						
2d HT	1,400	4,200	7,000	15,750	24,500	35,000
2d Conv.	2,000	6,000	10,000	22,500	35,000	50,000
1970 'Cuda						
2d HT	2,200	6,600	11,000	24,750	38,500	55,000
2d Conv.	2,800	8,400	14,000	31,500	49,000	70,000
2d Hemi Cuda Conv			value not estimable			
1970 'Cuda AAR						
2d HT	3,000	9,000	15,000	33,750	52,500	75,000
1970 Belvedere						
4d Sed.	364	1,092	1,820	4,100	6,370	9,100
2d Cpe.	368	1,104	1,840	4,140	6,440	9,200
4d Wag	412	1,236	2,060	4,640	7,210	10,300
1970 Road Runner						
2d Cpe.	1,560	4,680	7,800	17,550	27,300	39,000
2d HT	1,680	5,040	8,400	18,900	29,400	42,000
2d Superbird	4,800	14,400	24,000	54,000	84,000	120,000
2d Conv.	2,160	6,480	10,800	24,300	37,800	54,000
1970 Satellite						
4d Sed.	372	1,116	1,860	4,190	6,510	9,300
2d HT	880	2,640	4,400	9,900	15,400	22,000
2d Conv.	1,240	3,720	6,200	13,950	21,700	31,000
4d 6P Wag	416	1,248	2,080	4,680	7,280	10,400
4d 9P Wag	420	1,260	2,100	4,730	7,350	10,500
1970 Sport Satellite						
4d Sed.	380	1,140	1,900	4,280	6,650	9,500
2d HT	1,000	3,000	5,000	11,250	17,500	25,000
4d 6P Wag	420	1,260	2,100	4,730	7,350	10,500
4d 9P Wag	424	1,272	2,120	4,770	7,420	10,600
1970 GTX						
2d HT	1,840	5,520	9,200	20,700	32,200	46,000
1970 Fury I						
4d Sed.	380	1,140	1,900	4,280	6,650	9,500
2d Sed.	384	1,152	1,920	4,320	6,720	9,600
1970 Fury II						
4d Sed.	384	1,152	1,920	4,320	6,720	9,600
2d Sed.	388	1,164	1,940	4,370	6,790	9,700
4d 6P Wag	428	1,284	2,140	4,820	7,490	10,700
4d 9P Wag	432	1,296	2,160	4,860	7,560	10,800
1970 Gran Coupe						
2d Sed.	516	1,548	2,580	5,810	9,030	12,900
1970 Fury III						
4d Sed.	392	1,176	1,960	4,410	6,860	9,800
2d HT	740	2,220	3,700	8,330	12,950	18,500
4d HT	520	1,560	2,600	5,850	9,100	13,000
2d Fml.	748	2,244	3,740	8,420	13,090	18,700
2d Conv.	1,080	3,240	5,400	12,150	18,900	27,000
4d 6P Wag	440	1,320	2,200	4,950	7,700	11,000
4d 9P Wag	444	1,332	2,220	5,000	7,770	11,100
1970 Sport Fury						
4d Sed.	396	1,188	1,980	4,460	6,930	9,900
2d HT	780	2,340	3,900	8,780	13,650	19,500
4d HT	540	1,620	2,700	6,080	9,450	13,500
2d Fml.	668	2,004	3,340	7,520	11,690	16,700
4d Wag	448	1,344	2,240	5,040	7,840	11,200
1970 Fury S-23						
2d HT	1,000	3,000	5,000	11,250	17,500	25,000

	6	5	4	3	2	1
1970 Fury GT						
2d HT	1,040	3,120	5,200	11,700	18,200	26,000

NOTE: Add 75 percent for 440 6 pack. Autos equipped with 426 Hemi, value inestimable. Add 20 percent for 'Cuda 340 package. Add 40 percent for 'Cuda 383.

	6	5	4	3	2	1
1971 Valiant						
4d Sed	348	1,044	1,740	3,920	6,090	8,700
1971 Duster						
2d Cpe	360	1,080	1,800	4,050	6,300	9,000
1971 Duster "340"						
2d Cpe	664	1,992	3,320	7,470	11,620	16,600
1971 Scamp						
2d HT	460	1,380	2,300	5,180	8,050	11,500
1971 Barracuda						
2d Cpe	1,320	3,960	6,600	14,850	23,100	33,000
2d HT	1,400	4,200	7,000	15,750	24,500	35,000
2d Conv	2,000	6,000	10,000	22,500	35,000	50,000
1971 Gran Coupe						
2d HT	1,240	3,720	6,200	13,950	21,700	31,000
1971 'Cuda						
2d HT	2,240	6,720	11,200	25,200	39,200	56,000
2d Conv	2,840	8,520	14,200	31,950	49,700	71,000
1971 Satellite						
4d Sed	352	1,056	1,760	3,960	6,160	8,800
2d Cpe	420	1,260	2,100	4,730	7,350	10,500
4d Sta Wag	428	1,284	2,140	4,820	7,490	10,700
1971 Satellite Sebring						
2d HT	740	2,220	3,700	8,330	12,950	18,500
1971 Satellite Custom						
4d Sed	356	1,068	1,780	4,010	6,230	8,900
4d 6P Sta Wag	392	1,176	1,960	4,410	6,860	9,800
4d 9P Sta Wag	396	1,188	1,980	4,460	6,930	9,900
1971 Road Runner						
2d HT	1,420	4,260	7,100	15,980	24,850	35,500
1971 Sebring Plus						
2d HT	800	2,400	4,000	9,000	14,000	20,000
1971 Satellite Brougham						
4d Sed	360	1,080	1,800	4,050	6,300	9,000
1971 Regent Wagon						
4d 6P Sta Wag	400	1,200	2,000	4,500	7,000	10,000
4d 9P Sta Wag	404	1,212	2,020	4,550	7,070	10,100
1971 GTX						
2d HT	1,600	4,800	8,000	18,000	28,000	40,000
1971 Fury I						
4d Sed	364	1,092	1,820	4,100	6,370	9,100
2d Sed	368	1,104	1,840	4,140	6,440	9,200
1971 Fury Custom						
4d Sed	368	1,104	1,840	4,140	6,440	9,200
2d Sed	372	1,116	1,860	4,190	6,510	9,300
1971 Fury II						
4d Sed	376	1,128	1,880	4,230	6,580	9,400
2d HT	640	1,920	3,200	7,200	11,200	16,000
4d 6P Sta Wag	416	1,248	2,080	4,680	7,280	10,400
4d 9P Sta Wag	420	1,260	2,100	4,730	7,350	10,500
1971 Fury III						
4d Sed	380	1,140	1,900	4,280	6,650	9,500
2d HT	580	1,740	2,900	6,530	10,150	14,500
4d HT	460	1,380	2,300	5,180	8,050	11,500
2d Fml Cpe	672	2,016	3,360	7,560	11,760	16,800
4d 6P Sta Wag	380	1,140	1,900	4,280	6,650	9,500
4d 9P Sta Wag	384	1,152	1,920	4,320	6,720	9,600
1971 Sport Fury						
4d Sed	388	1,164	1,940	4,370	6,790	9,700
4d HT	480	1,440	2,400	5,400	8,400	12,000
2d Fml Cpe	600	1,800	3,000	6,750	10,500	15,000
2d HT	620	1,860	3,100	6,980	10,850	15,500
4d 9P Sta Wag	432	1,296	2,160	4,860	7,560	10,800
4d 6P Sta Wag	428	1,284	2,140	4,820	7,490	10,700
1971 Sport Fury "GT"						
2d HT	780	2,340	3,900	8,780	13,650	19,500

NOTE: Add 30 percent for 440 engine. Deduct 20 percent for 'Cuda 340 package. Add 75 percent for 440 6 pack. Autos equipped with 426 Hemi, value inestimable.

	6	5	4	3	2	1
1972 Valiant						
4d Sed	348	1,044	1,740	3,920	6,090	8,700
1972 Duster						
2d Cpe	420	1,260	2,100	4,730	7,350	10,500

	6	5	4	3	2	1
2d "340" Cpe	680	2,040	3,400	7,650	11,900	17,000
NOTE: Add 10 percent for Gold Duster.						
1972 Scamp						
2d HT	640	1,920	3,200	7,200	11,200	16,000
1972 Barracuda						
2d HT	1,000	3,000	5,000	11,250	17,500	25,000
1972 'Cuda						
2d HT	1,800	5,400	9,000	20,250	31,500	45,000
1972 Satellite						
4d Sed	356	1,068	1,780	4,010	6,230	8,900
2d Cpe	420	1,260	2,100	4,730	7,350	10,500
4d 6P Wag	396	1,188	1,980	4,460	6,930	9,900
1972 Satellite Sebring						
2d HT	740	2,220	3,700	8,330	12,950	18,500
1972 Satellite Custom						
4d Sed	360	1,080	1,800	4,050	6,300	9,000
4d 6P Wag	444	1,332	2,220	5,000	7,770	11,100
4d 9P Wag	440	1,320	2,200	4,950	7,700	11,000
1972 Sebring-Plus						
2d HT	760	2,280	3,800	8,550	13,300	19,000
1972 Regent						
4d 6P Wag	448	1,344	2,240	5,040	7,840	11,200
4d 9P Wag	452	1,356	2,260	5,090	7,910	11,300
1972 Road Runner						
2d HT	1,360	4,080	6,800	15,300	23,800	34,000
NOTE: Add 25 percent for GTX Package.						
1972 Fury I						
4d Sed	344	1,032	1,720	3,870	6,020	8,600
1972 Fury II						
4d Sed	348	1,044	1,740	3,920	6,090	8,700
2d HT	620	1,860	3,100	6,980	10,850	15,500
1972 Fury III						
4d Sed	352	1,056	1,760	3,960	6,160	8,800
4d HT	380	1,140	1,900	4,280	6,650	9,500
2d Fml Cpe	628	1,884	3,140	7,070	10,990	15,700
2d HT	624	1,872	3,120	7,020	10,920	15,600
1972 Gran Fury						
4d HT	408	1,224	2,040	4,590	7,140	10,200
2d Fml Cpe	632	1,896	3,160	7,110	11,060	15,800
1972 Suburban						
4d 6P Sta Wag	404	1,212	2,020	4,550	7,070	10,100
4d 9P Sta Wag	408	1,224	2,040	4,590	7,140	10,200
4d 6P Cus Wag	408	1,224	2,040	4,590	7,140	10,200
4d 9P Cus Wag	412	1,236	2,060	4,640	7,210	10,300
4d 6P Spt Wag	416	1,248	2,080	4,680	7,280	10,400
4d 9P Spt Wag	420	1,260	2,100	4,730	7,350	10,500
NOTE: Add 25 percent for 440 engine where available.						
1973 Valiant, V-8						
4d Sed	304	912	1,520	3,420	5,320	7,600
1973 Duster, V-8						
2d Cpe Sport	364	1,092	1,820	4,100	6,370	9,100
2d 340 Cpe Spt	420	1,260	2,100	4,730	7,350	10,500
NOTE: Add 10 percent for Gold Duster.						
1973 Scamp, V-8						
2d HT	428	1,284	2,140	4,820	7,490	10,700
1973 Barracuda, V-8						
2d HT	1,000	3,000	5,000	11,250	17,500	25,000
2d 'Cuda HT	1,600	4,800	8,000	18,000	28,000	40,000
1973 Satellite Custom, V-8						
4d Sed	336	1,008	1,680	3,780	5,880	8,400
4d 3S Sta Wag	400	1,200	2,000	4,500	7,000	10,000
4d 3S Sta Wag Regent	400	1,210	2,020	4,550	7,070	10,100
2d Cpe	392	1,176	1,960	4,410	6,860	9,800
1973 Road Runner, V-8						
2d Cpe	720	2,160	3,600	8,100	12,600	18,000
NOTE: Add 25 percent for GTX Package.						
1973 Satellite-Plus, V-8						
2d HT	640	1,920	3,200	7,200	11,200	16,000
1973 Satellite Sebring, V-8						
2d HT	620	1,860	3,100	6,980	10,850	15,500
1973 Fury I, V-8						
4d Sed	340	1,020	1,700	3,830	5,950	8,500
1973 Fury II, V-8						
4d Sed	344	1,032	1,720	3,870	6,020	8,600
1973 Fury III, V-8						
4d Sed	348	1,044	1,740	3,920	6,090	8,700

PLYMOUTH

	6	5	4	3	2	1
2d HT	580	1,740	2,900	6,530	10,150	14,500
4d HT	380	1,140	1,900	4,280	6,650	9,500
1973 Gran Fury, V-8						
2d HT	600	1,800	3,000	6,750	10,500	15,000
4d HT	392	1,176	1,960	4,410	6,860	9,800
1973 Fury Suburban, V-8						
4d 3S Spt Sta Wag	380	1,140	1,900	4,280	6,650	9,500
NOTE: Add 25 percent for 440 engine where available.						
1974 Valiant						
4d Sed	300	900	1,500	3,380	5,250	7,500
1974 Duster						
2d Cpe	304	912	1,520	3,420	5,320	7,600
NOTE: Add 10 percent for Gold Duster.						
1974 Scamp						
2d HT	364	1,092	1,820	4,100	6,370	9,100
1974 Duster "360"						
2d Cpe	428	1,284	2,140	4,820	7,490	10,700
1974 Valiant Brougham						
4d Sed	308	924	1,540	3,470	5,390	7,700
2d HT	400	1,200	2,000	4,500	7,000	10,000
1974 Barracuda						
2d Spt Cpe	920	2,760	4,600	10,350	16,100	23,000
1974 'Cuda						
2d Spt Cpe	1,520	4,560	7,600	17,100	26,600	38,000
1974 Satellite						
4d Sed	304	912	1,520	3,420	5,320	7,600
2d Cpe	308	924	1,540	3,470	5,390	7,700
1974 Satellite Custom						
4d Sed	312	936	1,560	3,510	5,460	7,800
1974 Sebring						
2d HT	452	1,356	2,260	5,090	7,910	11,300
1974 Sebring-Plus						
2d HT	584	1,752	2,920	6,570	10,220	14,600
1974 Road Runner						
2d Cpe	664	1,992	3,320	7,470	11,620	16,600
NOTE: Add 25 percent for GTX Package.						
1974 Satellite Wagon						
4d Std Wag	356	1,068	1,780	4,010	6,230	8,900
4d 6P Cus Wag	360	1,080	1,800	4,050	6,300	9,000
4d 9P Cus Wag	364	1,092	1,820	4,100	6,370	9,100
4d 6P Regent	360	1,080	1,800	4,050	6,300	9,000
4d 9P Regent	364	1,092	1,820	4,100	6,370	9,100
1974 Fury I						
4d Sed	308	924	1,540	3,470	5,390	7,700
1974 Fury II						
4d Sed	312	936	1,560	3,510	5,460	7,800
1974 Fury III						
4d Sed	316	948	1,580	3,560	5,530	7,900
2d HT	348	1,044	1,740	3,920	6,090	8,700
4d HT	328	984	1,640	3,690	5,740	8,200
1974 Gran Fury						
2d HT	368	1,104	1,840	4,140	6,440	9,200
4d HT	332	996	1,660	3,740	5,810	8,300
1974 Suburban						
4d Std Wag	344	1,032	1,720	3,870	6,020	8,600
4d 6P Cus	348	1,044	1,740	3,920	6,090	8,700
4d 9P Cus	352	1,056	1,760	3,960	6,160	8,800
4d 6P Spt	352	1,056	1,760	3,960	6,160	8,800
4d 9P Spt	356	1,068	1,780	4,010	6,230	8,900
1975 Valiant						
4d Sed	220	660	1,100	2,480	3,850	5,500
4d Cus Sed	184	552	920	2,070	3,220	4,600
1975 Brougham						
4d Sed	224	672	1,120	2,520	3,920	5,600
2d HT	268	804	1,340	3,020	4,690	6,700
1975 Duster						
2d Cpe	244	732	1,220	2,750	4,270	6,100
2d Cus	248	744	1,240	2,790	4,340	6,200
2d "360" Cpe	320	960	1,600	3,600	5,600	8,000
NOTE: Add 10 percent for Gold Duster.						
1975 Scamp						
2d HT	236	708	1,180	2,660	4,130	5,900
2d Brghm	244	732	1,220	2,750	4,270	6,100
1975 Fury						
2d HT	260	780	1,300	2,930	4,550	6,500
2d Cus HT	280	840	1,400	3,150	4,900	7,000

	6	5	4	3	2	1
2d Spt HT	288	864	1,440	3,240	5,040	7,200
4d Sed.	228	684	1,140	2,570	3,990	5,700
4d Cus Sed	232	696	1,160	2,610	4,060	5,800
1975 Suburban						
4d Std Wag	244	732	1,220	2,750	4,270	6,100
4d 6P Cus	248	744	1,240	2,790	4,340	6,200
4d 9P Cus	256	768	1,280	2,880	4,480	6,400
4d 6P Spt	252	756	1,260	2,840	4,410	6,300
4d 9P Spt	260	780	1,300	2,930	4,550	6,500
1975 Road Runner						
2d HT	272	816	1,360	3,060	4,760	6,800
1975 Gran Fury						
4d Sed.	228	684	1,140	2,570	3,990	5,700
1975 Gran Fury Custom						
4d Sed.	236	708	1,180	2,660	4,130	5,900
4d HT	268	804	1,340	3,020	4,690	6,700
2d HT	280	840	1,400	3,150	4,900	7,000
1975 Gran Fury Brougham						
4d HT	272	816	1,360	3,060	4,760	6,800
2d HT	288	864	1,440	3,240	5,040	7,200
1975 Suburban						
4d Std Wag	276	828	1,380	3,110	4,830	6,900
4d 6P Cus	280	840	1,400	3,150	4,900	7,000
4d 9P Cus	284	852	1,420	3,200	4,970	7,100
4d 6P Spt	284	852	1,420	3,200	4,970	7,100
4d 9P Spt	288	864	1,440	3,240	5,040	7,200
1976 Arrow, 4-cyl.						
2d HBk	132	396	660	1,490	2,310	3,300
2d GT HBk	136	408	680	1,530	2,380	3,400
1976 Valiant, 6-cyl.						
2d Duster Spt Cpe.	136	408	680	1,530	2,380	3,400
4d Sed Valiant.	128	384	640	1,440	2,240	3,200
2d HT Scamp Spec.	132	396	660	1,490	2,310	3,300
2d HT Scamp	140	420	700	1,580	2,450	3,500
1976 Volare, V-8						
4d Sed.	148	444	740	1,670	2,590	3,700
2d Spt Cpe	164	492	820	1,850	2,870	4,100
4d Sta Wag	152	456	760	1,710	2,660	3,800
NOTE: Add 25 percent for optional Road Runner pkg.						
1976 Volare Custom, V-8						
4d Sed.	152	456	760	1,710	2,660	3,800
2d Spt Cpe	168	504	840	1,890	2,940	4,200
1976 Volare Premier, V-8						
4d Sed.	156	468	780	1,760	2,730	3,900
2d Spt Cpe	176	528	880	1,980	3,080	4,400
4d Sta Wag	160	480	800	1,800	2,800	4,000
1976 Fury, V-8						
4d Sed.	172	516	860	1,940	3,010	4,300
2d HT	204	612	1,020	2,300	3,570	5,100
4d Sed Salon.	176	528	880	1,980	3,080	4,400
2d HT Spt	212	636	1,060	2,390	3,710	5,300
4d 2S Suburban	216	648	1,080	2,430	3,780	5,400
4d 3S Suburban	220	660	1,100	2,480	3,850	5,500
4d 2S Spt Suburban	224	672	1,120	2,520	3,920	5,600
4d 3S Spt Suburban	232	696	1,160	2,610	4,060	5,800
1976 Gran Fury, V-8						
4d Sed.	176	528	880	1,980	3,080	4,400
1976 Gran Fury Custom, V-8						
4d Sed.	180	540	900	2,030	3,150	4,500
2d HT	192	576	960	2,160	3,360	4,800
1976 Gran Fury Brougham, V-8						
4d Sed.	180	540	900	2,030	3,150	4,500
2d HT	204	612	1,020	2,300	3,570	5,100
4d 2S Gran Fury Sta Wag.	230	700	1,160	2,610	4,060	5,800
4d 3S Gran Fury Sta Wag.	240	720	1,200	2,700	4,200	6,000
1977 Arrow, 4-cyl.						
2d HBk	132	396	660	1,490	2,310	3,300
2d GS HBk	136	408	680	1,530	2,380	3,400
2d GT HBk	140	420	700	1,580	2,450	3,500
1977 Volare, V-8						
4d Sed.	132	396	660	1,490	2,310	3,300
2d Spt Cpe	140	420	700	1,580	2,450	3,500
4d Sta Wag	136	408	680	1,530	2,380	3,400
NOTE: Add 25 percent for optional Road Runner pkg.						
1977 Volare Custom, V-8						
4d Sed.	136	408	680	1,530	2,380	3,400

	6	5	4	3	2	1
2d Spt Cpe	144	432	720	1,620	2,520	3,600
1977 Volare Premier, V-8						
4d Sed	140	420	700	1,580	2,450	3,500
2d Spt Cpe	148	444	740	1,670	2,590	3,700
4d Sta Wag	144	432	720	1,620	2,520	3,600
1977 Fury, V-8						
4d Spt Sed	176	528	880	1,980	3,080	4,400
2d Spt HT	208	624	1,040	2,340	3,640	5,200
4d 3S Sub	208	624	1,040	2,340	3,640	5,200
4d 3S Spt Sub	212	636	1,060	2,390	3,710	5,300
1977 Gran Fury, V-8						
4d Sed	180	540	900	2,030	3,150	4,500
2d HT	200	600	1,000	2,250	3,500	5,000
1977 Gran Fury Brougham, V-8						
4d Sed	184	552	920	2,070	3,220	4,600
2d HT	208	624	1,040	2,340	3,640	5,200
1977 Station Wagons, V-8						
2S Gran Fury	216	648	1,080	2,430	3,780	5,400
3S Gran Fury Spt	224	672	1,120	2,520	3,920	5,600
1978 Horizon						
4d HBk	136	408	680	1,530	2,380	3,400
1978 Arrow						
2d HBk	140	420	700	1,580	2,450	3,500
2d GS HBk	144	432	720	1,620	2,520	3,600
2d GT HBk	148	444	740	1,670	2,590	3,700
1978 Volare						
4d Sed	144	432	720	1,620	2,520	3,600
Spt Cpe	152	456	760	1,710	2,660	3,800
Sta Wag	148	444	740	1,670	2,590	3,700
NOTE: Add 25 percent for optional Road Runner pkg.						
1978 Sapporo						
Cpe	152	456	760	1,710	2,660	3,800
1978 Fury						
4d Sed	144	432	720	1,620	2,520	3,600
2d	148	444	740	1,670	2,590	3,700
4d Salon	148	444	740	1,670	2,590	3,700
2d Spt	152	456	760	1,710	2,660	3,800
1978 Station Wagons						
3S Fury Sub	148	444	740	1,670	2,590	3,700
2S Fury Sub	144	432	720	1,620	2,520	3,600
3S Spt Fury Sub	152	456	760	1,710	2,660	3,800
2S Spt Fury Sub	148	444	740	1,670	2,590	3,700
1979 Champ, 4-cyl.						
2d HBk	136	408	680	1,530	2,380	3,400
2d Cus HBk	140	420	700	1,580	2,450	3,500
1979 Horizon, 4-cyl.						
4d HBk	140	420	700	1,580	2,450	3,500
TC 3 HBk	148	444	740	1,670	2,590	3,700
1979 Fire-Arrow, 4-cyl.						
2d HBk	144	432	720	1,620	2,520	3,600
2d GS HBk	148	444	740	1,670	2,590	3,700
2d GT HBk	152	456	760	1,710	2,660	3,800
1979 Volare, V-8						
Sed	152	456	760	1,710	2,660	3,800
Spt Cpe	160	480	800	1,800	2,800	4,000
Sta Wag	156	468	780	1,760	2,730	3,900
NOTE: Add 25 percent for optional Road Runner pkg.						
1979 Sapporo, 4-cyl.						
Cpe	156	468	780	1,760	2,730	3,900
1980 Champ, 4-cyl.						
2d HBk	132	396	660	1,490	2,310	3,300
2d Cus HBk	136	408	680	1,530	2,380	3,400
1980 Horizon, 4-cyl.						
4d HBk	136	408	680	1,530	2,380	3,400
2d HBk 2 plus 2 TC3	152	456	760	1,710	2,660	3,800
1980 Arrow, 4-cyl.						
2d HBk	180	540	900	2,030	3,150	4,500
1980 Fire Arrow, 4-cyl.						
2d HBk	184	552	920	2,070	3,220	4,600
1980 Volare, V-8						
4d Sed	136	408	680	1,530	2,380	3,400
2d Cpe	140	420	700	1,580	2,450	3,500
4d Sta Wag	148	444	740	1,670	2,590	3,700
NOTE: Deduct 10 percent for 6-cyl. Add 25 percent for optional Road Runner pkg.						
1980 Sapporo, 4-cyl.						
2d Cpe	156	468	780	1,760	2,730	3,900

	6	5	4	3	2	1
1980 Gran Fury, V-8						
4d Sed	152	456	760	1,710	2,660	3,800
NOTE: Deduct 10 percent for 6-cyl.						
1980 Gran Fury Salon, V-8						
4d Sed	160	480	800	1,800	2,800	4,000
NOTE: Deduct 10 percent for 6-cyl.						
1981 Champ, 4-cyl.						
2d HBk	136	408	680	1,530	2,380	3,400
2d DeL HBk	140	420	700	1,580	2,450	3,500
2d Cus HBk	144	432	720	1,620	2,520	3,600
1981 Horizon, 4-cyl.						
4d Miser HBk	140	420	700	1,580	2,450	3,500
4d Miser HBk TC3	152	456	760	1,710	2,660	3,800
4d HBk	148	444	740	1,670	2,590	3,700
2d HBk TC3	160	480	800	1,800	2,800	4,000
1981 Reliant, 4-cyl.						
4d Sed	136	408	680	1,530	2,380	3,400
2d Cpe	140	420	700	1,580	2,450	3,500
1981 Reliant Custom, 4-cyl.						
4d Sed	140	420	700	1,580	2,450	3,500
2d Cpe	144	432	720	1,620	2,520	3,600
4d Sta Wag	152	456	760	1,710	2,660	3,800
1981 Reliant SE, 4-cyl.						
4d Sed	144	432	720	1,620	2,520	3,600
2d Cpe	148	444	740	1,670	2,590	3,700
4d Sta Wag	156	468	780	1,760	2,730	3,900
1981 Sapporo, 4-cyl.						
2d HT	160	480	800	1,800	2,800	4,000
1981 Gran Fury, V-8						
4d Sed	164	492	820	1,850	2,870	4,100
NOTE: Deduct 10 percent for 6-cyl.						
1982 Champ, 4-cyl.						
4d Cus HBk	144	432	720	1,620	2,520	3,600
2d Cus HBk	148	444	740	1,670	2,590	3,700
NOTE: Deduct 5 percent for lesser models.						
1982 Horizon, 4-cyl.						
4d Miser HBk	144	432	720	1,620	2,520	3,600
2d Miser HBk TC3	156	468	780	1,760	2,730	3,900
4d Cus HBk	148	444	740	1,670	2,590	3,700
2d Cus HBk	152	456	760	1,710	2,660	3,800
4d E-Type HBk	156	468	780	1,760	2,730	3,900
1982 Turismo, 4-cyl.						
2d HBk TC3	180	540	900	2,030	3,150	4,500
1982 Reliant, 4-cyl.						
4d Sed	144	432	720	1,620	2,520	3,600
2d Cpe	148	444	740	1,670	2,590	3,700
1982 Reliant Custom, 4-cyl.						
4d Sed	148	444	740	1,670	2,590	3,700
2d Cpe	152	456	760	1,710	2,660	3,800
4d Sta Wag	156	468	780	1,760	2,730	3,900
1982 Reliant SE, 4-cyl.						
4d Sed	152	456	760	1,710	2,660	3,800
2d Cpe	156	468	780	1,760	2,730	3,900
4d Sta Wag	160	480	800	1,800	2,800	4,000
1982 Sapporo						
2d HT	188	564	940	2,120	3,290	4,700
1982 Gran Fury, V-8						
4d Sed	160	480	800	1,800	2,800	4,000
NOTE: Deduct 10 percent for 6-cyl.						
1983 Colt, 4-cyl.						
4d Cus HBk	160	480	800	1,800	2,800	4,000
2d Cus HBk	164	492	820	1,850	2,870	4,100
NOTE: Deduct 5 percent for lesser models.						
1983 Horizon, 4-cyl.						
4d HBk	152	456	760	1,710	2,660	3,800
4d Cus HBk	156	468	780	1,760	2,730	3,900
1983 Turismo, 4-cyl.						
2d HBk	180	540	900	2,030	3,150	4,500
2d HBk 2 plus 2	192	576	960	2,160	3,360	4,800
1983 Reliant, 4-cyl.						
4d Sed	148	444	740	1,670	2,590	3,700
2d Cpe	152	456	760	1,710	2,660	3,800
4d Sta Wag	160	480	800	1,800	2,800	4,000
1983 Reliant SE, 4-cyl.						
4d Sed	152	456	760	1,710	2,660	3,800
2d Cpe	156	468	780	1,760	2,730	3,900

	6	5	4	3	2	1
4d Sta Wag	164	492	820	1,850	2,870	4,100
1983 Sapporo, 4-cyl.						
2d HT	192	576	960	2,160	3,360	4,800
1983 Gran Fury, V-8						
4d Sed	164	492	820	1,850	2,870	4,100
NOTE: Deduct 10 percent for 6-cyl.						
1984 Colt, 4-cyl.						
4d HBk DL	148	444	740	1,670	2,590	3,700
2d HBk DL	148	444	740	1,670	2,590	3,700
4d Sta Wag Vista	148	444	740	1,670	2,590	3,700
NOTE: Deduct 5 percent for lesser models.						
1984 Horizon, 4-cyl.						
4d HBk	152	456	760	1,710	2,660	3,800
4d HBk SE	156	468	780	1,760	2,730	3,900
1984 Turismo, 4-cyl.						
2d HBk	188	564	940	2,120	3,290	4,700
2d HBk 2 plus 2	192	576	960	2,160	3,360	4,800
1984 Reliant, 4-cyl.						
4d Sed	144	432	720	1,620	2,520	3,600
2d Sed	144	432	720	1,620	2,520	3,600
4d Sta Wag	148	444	740	1,670	2,590	3,700
1984 Conquest, 4-cyl.						
2d HBk	180	540	900	2,030	3,150	4,500
1984 Gran Fury, V-8						
4d Sed	168	504	840	1,890	2,940	4,200
1985 Colt, 4-cyl.						
4d HBk E	148	444	740	1,670	2,590	3,700
2d HBk E	148	444	740	1,670	2,590	3,700
4d Sed DL	152	456	760	1,710	2,660	3,800
2d HBk DL	152	456	760	1,710	2,660	3,800
4d Sed Premier	152	456	760	1,710	2,660	3,800
4d Sta Wag Vista	156	468	780	1,760	2,730	3,900
4d Sta Wag Vista 4WD	190	560	940	2,120	3,290	4,700
1985 Horizon, 4-cyl.						
4d HBk	156	468	780	1,760	2,730	3,900
4d HBk SE	160	480	800	1,800	2,800	4,000
1985 Turismo, 4-cyl.						
2d HBk	192	576	960	2,160	3,360	4,800
2d HBk 2 plus 2	196	588	980	2,210	3,430	4,900
1985 Reliant, 4-cyl.						
4d Sed	148	444	740	1,670	2,590	3,700
2d Sed	148	444	740	1,670	2,590	3,700
4d Sed SE	152	456	760	1,710	2,660	3,800
2d Sed SE	152	456	760	1,710	2,660	3,800
4d Sta Wag SE	152	456	760	1,710	2,660	3,800
4d Sed LE	156	468	780	1,760	2,730	3,900
2d Sed LE	156	468	780	1,760	2,730	3,900
4d Sta Wag LE	156	468	780	1,760	2,730	3,900
1985 Conquest, 4-cyl.						
2d HBk Turbo	188	564	940	2,120	3,290	4,700
1985 Caravelle, 4-cyl.						
4d Sed SE	164	492	820	1,850	2,870	4,100
NOTE: Add 10 percent for turbo.						
1985 Gran Fury, V-8						
4d Sed Salon	170	520	860	1,940	3,010	4,300
1986 Colt						
4d Sed E	164	492	820	1,850	2,870	4,100
2d HBk E	160	480	800	1,800	2,800	4,000
4d Sed DL	168	504	840	1,890	2,940	4,200
2d HBk DL	164	492	820	1,850	2,870	4,100
4d Sed Premier	172	516	860	1,940	3,010	4,300
4d Vista Sta Wag	184	552	920	2,070	3,220	4,600
4d Vista Sta Wag 4WD	220	670	1,120	2,520	3,920	5,600
1986 Horizon						
4d HBk	160	480	800	1,800	2,800	4,000
1986 Turismo						
2d HBk	196	588	980	2,210	3,430	4,900
1986 Reliant						
2d Sed	152	456	760	1,710	2,660	3,800
4d Sed	156	468	780	1,760	2,730	3,900
1986 Conquest, 4-cyl.						
2d HBk Turbo	190	560	940	2,120	3,290	4,700
1986 Caravelle						
4d Sed	168	504	840	1,890	2,940	4,200

	6	5	4	3	2	1
1986 Gran Fury						
4d Salon Sed.	190	560	940	2,120	3,290	4,700
NOTE: Add 10 percent for deluxe models. Deduct 5 percent for smaller engines.						
1987 Colt, 4-cyl.						
4d Sed E	168	504	840	1,890	2,940	4,200
2d HBk E	164	492	820	1,850	2,870	4,100
4d Sed DL	172	516	860	1,940	3,010	4,300
2d HBk DL	168	504	840	1,890	2,940	4,200
4d Sed Premier	176	528	880	1,980	3,080	4,400
4d Vista Sta Wag	188	564	940	2,120	3,290	4,700
4d Vista Sta Wag 4WD	230	680	1,140	2,570	3,990	5,700
1987 Horizon, 4-cyl.						
4d HBk	168	504	840	1,890	2,940	4,200
1987 Turismo, 4-cyl.						
2d HBk	180	540	900	2,030	3,150	4,500
1987 Sundance, 4-cyl.						
2d LBk	172	516	860	1,940	3,010	4,300
4d LBk	176	528	880	1,980	3,080	4,400
NOTE: Add 5 percent for 2.2 Turbo.						
1987 Reliant, 4-cyl.						
2d Sed	168	504	840	1,890	2,940	4,200
4d Sed	172	516	860	1,940	3,010	4,300
2d Sed LE	172	516	860	1,940	3,010	4,300
4d Sed LE	176	528	880	1,980	3,080	4,400
4d Sta Wag LE	176	528	880	1,980	3,080	4,400
1987 Caravelle, 4-cyl.						
4d Sed	180	540	900	2,030	3,150	4,500
4d Sed SE	184	552	920	2,070	3,220	4,600
NOTE: Add 5 percent for 2.2 Turbo.						
1987 Gran Fury, V-8						
4d Sed	220	660	1,100	2,480	3,850	5,500
1988 Colt, 4-cyl.						
3d HBk	88	264	440	990	1,540	2,200
4d Sed E	112	336	560	1,260	1,960	2,800
3d HBk E	104	312	520	1,170	1,820	2,600
4d Sed DL	116	348	580	1,310	2,030	2,900
3d HBk DL	112	336	560	1,260	1,960	2,800
4d Sta Wag DL	120	360	600	1,350	2,100	3,000
4d Sed Premier	140	420	700	1,580	2,450	3,500
4d Sta Wag Vista	160	480	800	1,800	2,800	4,000
4d Sta Wag Vista 4x4	200	600	1,000	2,250	3,500	5,000
1988 Horizon, 4-cyl.						
4d HBk	112	336	560	1,260	1,960	2,800
1988 Reliant, 4-cyl.						
2d Sed	112	336	560	1,260	1,960	2,800
4d Sed	116	348	580	1,310	2,030	2,900
4d Sta Wag	132	396	660	1,490	2,310	3,300
1988 Sundance, 4-cyl.						
2d HBk	128	384	640	1,440	2,240	3,200
4d HBk	136	408	680	1,530	2,380	3,400
1988 Caravelle, 4-cyl.						
4d Sed	140	420	700	1,580	2,450	3,500
4d Sed SE	156	468	780	1,760	2,730	3,900
1988 Gran Fury, V-8						
4d Salon	152	456	760	1,710	2,660	3,800
4d SE	168	504	840	1,890	2,940	4,200
1989 Colt, 4-cyl.						
2d HBk	152	456	760	1,710	2,660	3,800
2d HBk E	156	468	780	1,760	2,730	3,900
2d HBk GT	164	492	820	1,850	2,870	4,100
4d Sta Wag DL	200	600	1,000	2,250	3,500	5,000
4d Sta Wag DL 4x4	216	648	1,080	2,430	3,780	5,400
4d Sta Wag Vista	208	624	1,040	2,340	3,640	5,200
4d Sta Wag Vista 4x4	220	670	1,120	2,520	3,920	5,600
1989 Horizon, 4-cyl.						
4d HBk	144	432	720	1,620	2,520	3,600
1989 Reliant, 4-cyl.						
4d Sed	140	420	700	1,580	2,450	3,500
2d Sed	136	408	680	1,530	2,380	3,400
1989 Sundance, 4-cyl.						
4d HBk	168	504	840	1,890	2,940	4,200
2d HBk	164	492	820	1,850	2,870	4,100
1989 Acclaim, 4-cyl.						
4d Sed	208	624	1,040	2,340	3,640	5,200
4d Sed LE	212	636	1,060	2,390	3,710	5,300

	6	5	4	3	2	1
1989 Gran Fury, V-8						
4d Sed Salon	216	648	1,080	2,430	3,780	5,400
1990 Colt, 4-cyl.						
2d HBk	152	456	760	1,710	2,660	3,800
2d HBk GL	160	480	800	1,800	2,800	4,000
2d HBk GT	168	504	840	1,890	2,940	4,200
4d Sta Wag DL	184	552	920	2,070	3,220	4,600
4d Sta Wag DL 4x4	220	660	1,100	2,480	3,850	5,500
4d Vista	208	624	1,040	2,340	3,640	5,200
4d Vista 4x4	248	744	1,240	2,790	4,340	6,200
1990 Horizon, 4-cyl.						
4d HBk	140	420	700	1,580	2,450	3,500
1990 Sundance, 4-cyl.						
2d HBk	168	504	840	1,890	2,940	4,200
4d HBk	164	492	820	1,850	2,870	4,100
1990 Laser, 4-cyl.						
2d HBk	200	600	1,000	2,250	3,500	5,000
2d HBk RS	220	660	1,100	2,480	3,850	5,500
2d HBk Turbo RS	240	720	1,200	2,700	4,200	6,000
1990 Acclaim 4-cyl.						
4d Sed	160	480	800	1,800	2,800	4,000
4d Sed LE	180	540	900	2,030	3,150	4,500
1990 V-6						
4d Sed	176	528	880	1,980	3,080	4,400
4d Sed LE	200	600	1,000	2,250	3,500	5,000
4d Sed LX	220	660	1,100	2,480	3,850	5,500
1991 Colt, 4-cyl.						
2d HBk	120	360	600	1,350	2,100	3,000
2d HBk GL	140	420	700	1,580	2,450	3,500
1991 Sundance, 4-cyl.						
2d HBk America	140	420	700	1,580	2,450	3,500
4d HBk America	140	420	700	1,580	2,450	3,500
2d HBk	148	444	740	1,670	2,590	3,700
4d HBk	148	444	740	1,670	2,590	3,700
2d HBk RS	168	504	840	1,890	2,940	4,200
4d HBk RS	168	504	840	1,890	2,940	4,200
1991 Laser, 4-cyl.						
2d HBk	180	540	900	2,030	3,150	4,500
2d HBk RS	184	552	920	2,070	3,220	4,600
2d HBk Turbo RS	192	576	960	2,160	3,360	4,800
1991 Acclaim, 4-cyl.						
4d Sed	160	480	800	1,800	2,800	4,000
4d Sed LE	172	516	860	1,940	3,010	4,300
1991 V-6						
4d Sed	172	516	860	1,940	3,010	4,300
4d Sed LE	184	552	920	2,070	3,220	4,600
4d LX Sed	192	576	960	2,160	3,360	4,800
1992 Colt, 4-cyl.						
2d HBk	144	432	720	1,620	2,520	3,600
2d GL HBk	160	480	800	1,800	2,800	4,000
3d Sta Wag	180	540	900	2,030	3,150	4,500
3d SE Sta Wag	184	552	920	2,070	3,220	4,600
3d Sta Wag 4x4	220	660	1,100	2,480	3,850	5,500
1992 Sundance, 4-cyl. & V-6						
4d HBk America	160	480	800	1,800	2,800	4,000
2d HBk America	160	480	800	1,800	2,800	4,000
4d HBk	168	504	840	1,890	2,940	4,200
2d HBk	168	504	840	1,890	2,940	4,200
4d Duster HBk, V-6	200	600	1,000	2,250	3,500	5,000
2d Duster HBk, V-6	200	600	1,000	2,250	3,500	5,000
1992 Laser, 4-cyl.						
2d HBk	200	600	1,000	2,250	3,500	5,000
2d RS HBk	220	660	1,100	2,480	3,850	5,500
2d RS HBk Turbo	240	720	1,200	2,700	4,200	6,000
2d RS HBk Turbo 4x4	300	900	1,500	3,380	5,250	7,500
1992 Acclaim, 4-cyl. & V-6						
4d Sed	200	600	1,000	2,250	3,500	5,000
4d Sed, V-6	220	660	1,100	2,480	3,850	5,500
1993 Colt, 4-cyl.						
2d Sed	152	456	760	1,710	2,660	3,800
2d GL Sed	156	468	780	1,760	2,730	3,900
4d Sed	152	456	760	1,710	2,660	3,800
4d GL Sed	156	468	780	1,760	2,730	3,900
3d Vista	182	546	910	2,050	3,185	4,550
3d SE Vista	184	552	920	2,070	3,220	4,600
3d Vista 4x4	224	672	1,120	2,520	3,920	5,600

	6	5	4	3	2	1
1993 Sundance						
2d, 4-cyl.	184	552	920	2,070	3,220	4,600
2d Duster HBk, V-6	164	492	820	1,850	2,870	4,100
4d HBk, 4-cyl.	160	480	800	1,800	2,800	4,000
4d Duster HBk, V-6	164	492	820	1,850	2,870	4,100
1993 Laser						
2d HBk	224	672	1,120	2,520	3,920	5,600
2d RS HBk	204	612	1,020	2,300	3,570	5,100
2d HBk Turbo	212	636	1,060	2,390	3,710	5,300
2d HBk, 4x4	260	780	1,300	2,930	4,550	6,500
1993 Acclaim						
4d Sed, 4-cyl.	208	624	1,040	2,340	3,640	5,200
4d Sed, V-6	216	648	1,080	2,430	3,780	5,400
1994 Sundance, 4-cyl.						
2d HBk	192	576	960	2,160	3,360	4,800
4d HBk	196	588	980	2,210	3,430	4,900
1994 Duster, V-6						
2d HBk	200	600	1,000	2,250	3,500	5,000
4d HBk	204	612	1,020	2,300	3,570	5,100
1994 Laser						
2d HBk	220	660	1,100	2,480	3,850	5,500
2d HBk RS	240	720	1,200	2,700	4,200	6,000
2d HBk RS Turbo	260	780	1,300	2,930	4,550	6,500
2d HBk RS Turbo 4x4	300	900	1,500	3,380	5,250	7,500
1994 Acclaim						
4d Sed, 4-cyl.	200	600	1,000	2,250	3,500	5,000
4d Sed, V-6	220	660	1,100	2,480	3,850	5,500
1995 Neon, 4-cyl.						
4d Sed	150	500	800	1,800	2,800	4,000
2d Highline Cpe	150	500	850	1,890	2,950	4,200
4d Highline Sed	150	500	850	1,940	3,000	4,300
2d Spt Cpe	200	550	900	2,030	3,150	4,500
4d Spt Sed	200	550	900	2,070	3,200	4,600
1995 Acclaim, 4-cyl. & V-6						
4d Sed, 4-cyl.	200	600	1,000	2,250	3,500	5,000
4d Sed, V-6	200	650	1,100	2,480	3,850	5,500
1996 Neon, 4-cyl.						
2d Cpe	150	450	800	1,760	2,750	3,900
4d Sed	150	500	800	1,800	2,800	4,000
2d Highline Cpe	150	500	850	1,890	2,950	4,200
4d Highline Sed	150	500	850	1,940	3,000	4,300
2d Spt Cpe	200	550	900	2,030	3,150	4,500
4d Spt Sed	200	550	900	2,070	3,200	4,600
1996 Breeze, 4-cyl.						
4d Sed	200	600	1,000	2,250	3,500	5,000
1997 Neon, 4-cyl.						
2d Cpe	156	468	780	1,760	2,730	3,900
4d Sed	160	480	800	1,800	2,800	4,000
2d Highline Cpe	168	504	840	1,890	2,940	4,200
4d Highline Sed	172	516	860	1,940	3,010	4,300
NOTE: Add 5 percent for Sport Pkg on Highline models.						
1997 Breeze, 4-cyl.						
4d Sed	200	600	1,000	2,250	3,500	5,000
1997 Prowler, V-6						
2d Rds	1,400	4,200	7,000	15,750	24,500	35,000
1998 Neon, 4-cyl.						
2d Highline Cpe	160	480	800	1,800	2,800	4,000
4d Highline Sed	160	490	820	1,850	2,870	4,100
2d Expresso Cpe	170	520	860	1,940	3,010	4,300
4d Expresso Sed	180	540	900	2,030	3,150	4,500
4d Style Sed	190	560	940	2,120	3,290	4,700
1998 Breeze, 4-cyl.						
4d Sed	200	600	1,000	2,250	3,500	5,000
NOTE: Add 5 percent for Expresso Pkg.						
1998 Prowler, V-6						
2d Rds	1,400	4,200	7,000	15,750	24,500	35,000
NOTE: Prowler was a carry-over model from the previous year. The second-generation, 1999 Prowler debuted in mid 1998.						
1999 Neon, 4-cyl.						
2d Highline Cpe	160	480	800	1,800	2,800	4,000
4d Highline Sed	160	490	820	1,850	2,870	4,100
2d Expresso Cpe	170	520	860	1,940	3,010	4,300
4d Expresso Sed	180	540	900	2,030	3,150	4,500
4d Style Sed	190	560	940	2,120	3,290	4,700
1999 Breeze, 4-cyl.						
4d Sed	200	600	1,000	2,250	3,500	5,000

NOTE: Add 5 percent for Expresso Pkg.

	6	5	4	3	2	1
1999 Prowler, V-6						
2d Rds	1,440	4,320	7,200	16,200	25,200	36,000
2000 Neon, 4-cyl.						
4d Highline Sed	190	560	940	2,120	3,290	4,700
4d LX Sed	200	590	980	2,210	3,430	4,900
2000 Breeze, 4-cyl.						
4d Sed	200	600	1,000	2,250	3,500	5,000
2000 Prowler, V-6						
2d Rds	1,440	4,320	7,200	16,200	25,200	36,000
2001 Neon, 4-cyl.						
4d Sed	190	580	960	2,400	3,360	4,800
4d LX Sed	200	600	1,000	2,500	3,500	5,000

NOTE: Plymouth was discontinued during the 2001 model year, and the Prowler was transferred to Chrysler.

PONTIAC

	6	5	4	3	2	1
1926 Model 6-27, 6-cyl.						
2d Cpe	840	2,520	4,200	9,450	14,700	21,000
2d Sed	800	2,400	4,000	9,000	14,000	20,000
1927 Model 6-27, 6-cyl.						
2d Spt Rds	1,180	3,540	5,900	13,280	20,650	29,500
2d Spt Cabr	1,140	3,420	5,700	12,830	19,950	28,500
2d Cpe	780	2,340	3,900	8,780	13,650	19,500
2d DeL Cpe	800	2,400	4,000	9,000	14,000	20,000
2d Sed	740	2,220	3,700	8,330	12,950	18,500
4d Lan Sed	780	2,340	3,900	8,780	13,650	19,500
1928 Model 6-28, 6-cyl.						
2d Rds	1,180	3,540	5,900	13,280	20,650	29,500
2d Cabr	1,140	3,420	5,700	12,830	19,950	28,500
4d Phae	1,140	3,420	5,700	12,830	19,950	28,500
2d Sed	700	2,100	3,500	7,880	12,250	17,500
4d Sed	680	2,040	3,400	7,650	11,900	17,000
4d Trs	720	2,160	3,600	8,100	12,600	18,000
2d Cpe	760	2,280	3,800	8,550	13,300	19,000
2d Spt Cpe	800	2,400	4,000	9,000	14,000	20,000
4d Lan Sed	820	2,460	4,100	9,230	14,350	20,500
1929 Model 6-29A, 6-cyl.						
2d Rds	1,300	3,900	6,500	14,630	22,750	32,500
4d Phae	1,660	4,980	8,300	18,680	29,050	41,500
2d Conv	1,140	3,420	5,700	12,830	19,950	28,500
2d Cpe	760	2,280	3,800	8,550	13,300	19,000
2d Sed	700	2,100	3,500	7,880	12,250	17,500
4d Sed	700	2,100	3,500	7,880	12,250	17,500
4d Spt Lan Sed	720	2,160	3,600	8,100	12,600	18,000
NOTE: Add 5 percent for horizontal louvers on early year cars.						
1930 Model 6-30B, 6-cyl.						
2d Spt Rds	1,480	4,440	7,400	16,650	25,900	37,000
4d Phae	1,440	4,320	7,200	16,200	25,200	36,000
2d Cpe	720	2,160	3,600	8,100	12,600	18,000
2d Spt Cpe	740	2,220	3,700	8,330	12,950	18,500
2d Sed	680	2,040	3,400	7,650	11,900	17,000
4d Sed	680	2,040	3,400	7,650	11,900	17,000
4d Cus Sed	700	2,100	3,500	7,880	12,250	17,500
1931 Model 401, 6-cyl.						
2d Conv	1,520	4,560	7,600	17,100	26,600	38,000
2P Cpe	820	2,460	4,100	9,230	14,350	20,500
2d Spt Cpe	840	2,520	4,200	9,450	14,700	21,000
2d Sed	730	2,180	3,640	8,190	12,740	18,200
4d Sed	740	2,220	3,700	8,330	12,950	18,500
4d Cus Sed	760	2,280	3,800	8,550	13,300	19,000
1932 Model 402, 6-cyl.						
2d Conv	1,640	4,920	8,200	18,450	28,700	41,000
2d Cpe	860	2,580	4,300	9,680	15,050	21,500
2d RS Cpe	880	2,640	4,400	9,900	15,400	22,000
2d Sed	740	2,220	3,700	8,330	12,950	18,500
4d Cus Sed	760	2,280	3,800	8,550	13,300	19,000
1932 Model 302, V-8						
2d Conv	1,760	5,280	8,800	19,800	30,800	44,000
2d Cpe	940	2,820	4,700	10,580	16,450	23,500
2d Spt Cpe	960	2,880	4,800	10,800	16,800	24,000
2d Sed	780	2,340	3,900	8,780	13,650	19,500
4d Sed	800	2,400	4,000	9,000	14,000	20,000
4d Cus Sed	840	2,520	4,200	9,450	14,700	21,000
1933 Model 601, 8-cyl.						
2d Rds	1,840	5,520	9,200	20,700	32,200	46,000
2d Conv	1,760	5,280	8,800	19,800	30,800	44,000
2d Cpe	1,240	3,720	6,200	13,950	21,700	31,000

	6	5	4	3	2	1
2d Spt Cpe	1,280	3,840	6,400	14,400	22,400	32,000
2d Sed	940	2,820	4,700	10,580	16,450	23,500
2d Trg Sed	950	2,840	4,740	10,670	16,590	23,700
4d Sed	960	2,880	4,800	10,800	16,800	24,000
1934 Model 603, 8-cyl.						
2d Conv	1,720	5,160	8,600	19,350	30,100	43,000
2d Cpe	1,280	3,840	6,400	14,400	22,400	32,000
2d Spt Cpe	1,300	3,900	6,500	14,630	22,750	32,500
2d Sed	900	2,700	4,500	10,130	15,750	22,500
2d Trg Sed	920	2,760	4,600	10,350	16,100	23,000
4d Sed	920	2,770	4,620	10,400	16,170	23,100
4d Trg Sed	920	2,760	4,600	10,350	16,100	23,000
1935 Standard Series 701, 6-cyl.						
2d Cpe	1,180	3,540	5,900	13,280	20,650	29,500
2d Sed	880	2,630	4,380	9,860	15,330	21,900
2d Trg Sed	880	2,640	4,400	9,900	15,400	22,000
4d Sed	900	2,700	4,500	10,130	15,750	22,500
4d Trg Sed	920	2,760	4,600	10,350	16,100	23,000
1935 DeLuxe Series 701, 6-cyl.						
2d Cpe	1,200	3,600	6,000	13,500	21,000	30,000
2d Spt Cpe	1,220	3,660	6,100	13,730	21,350	30,500
2d Cabr	1,580	4,740	7,900	17,780	27,650	39,500
2d Sed	880	2,640	4,400	9,900	15,400	22,000
2d Trg Sed	880	2,650	4,420	9,950	15,470	22,100
4d Sed	890	2,660	4,440	9,990	15,540	22,200
4d Trg Sed	900	2,700	4,500	10,130	15,750	22,500
1935 Series 605, 8-cyl.						
2d Cpe	1,220	3,660	6,100	13,730	21,350	30,500
2d Spt Cpe	1,240	3,720	6,200	13,950	21,700	31,000
2d Cabr	1,700	5,100	8,500	19,130	29,750	42,500
2d Sed	880	2,650	4,420	9,950	15,470	22,100
2d Trg Sed	900	2,700	4,500	10,130	15,750	22,500
4d Sed	940	2,820	4,700	10,580	16,450	23,500
4d Trg Sed	960	2,880	4,800	10,800	16,800	24,000
1936 DeLuxe Series Silver Streak, 6-cyl.						
2d Cpe	860	2,580	4,300	9,680	15,050	21,500
2d Spt Cpe	880	2,640	4,400	9,900	15,400	22,000
2d Cabr	1,480	4,440	7,400	16,650	25,900	37,000
2d Sed	700	2,090	3,480	7,830	12,180	17,400
2d Trg Sed	700	2,110	3,520	7,920	12,320	17,600
4d Sed	710	2,120	3,540	7,970	12,390	17,700
4d Trg Sed	720	2,160	3,600	8,100	12,600	18,000
1936 DeLuxe Series Silver Streak, 8-cyl.						
2d Cpe	880	2,640	4,400	9,900	15,400	22,000
2d Spt Cpe	900	2,700	4,500	10,130	15,750	22,500
2d Cabr	1,400	4,200	7,000	15,750	24,500	35,000
2d Sed	720	2,160	3,600	8,100	12,600	18,000
2d Trg Sed	730	2,180	3,640	8,190	12,740	18,200
4d Sed	720	2,170	3,620	8,150	12,670	18,100
4d Trg Sed	730	2,200	3,660	8,240	12,810	18,300
1937-38 DeLuxe Model 6DA, 6-cyl.						
2d Conv	1,680	5,040	8,400	18,900	29,400	42,000
4d Conv Sed	1,720	5,160	8,600	19,350	30,100	43,000
2d Bus Cpe	840	2,520	4,200	9,450	14,700	21,000
2d Spt Cpe	880	2,640	4,400	9,900	15,400	22,000
2d Sed	700	2,090	3,480	7,830	12,180	17,400
2d Trg Sed	700	2,100	3,500	7,880	12,250	17,500
4d Sed	720	2,160	3,600	8,100	12,600	18,000
4d Trg Sed	720	2,170	3,620	8,150	12,670	18,100
4d Sta Wag	3,320	9,960	16,600	37,350	58,100	83,000
1937-38 DeLuxe Model 8DA, 8-cyl.						
2d Conv	1,760	5,280	8,800	19,800	30,800	44,000
4d Conv Sed	1,800	5,400	9,000	20,250	31,500	45,000
2d Bus Cpe	900	2,700	4,500	10,130	15,750	22,500
2d Spt Cpe	920	2,760	4,600	10,350	16,100	23,000
2d Sed	740	2,220	3,700	8,330	12,950	18,500
2d Trg Sed	740	2,230	3,720	8,370	13,020	18,600
4d Sed	740	2,230	3,720	8,370	13,020	18,600
4d Trg Sed	750	2,240	3,740	8,420	13,090	18,700
1939 Special Series 25, 6-cyl.						
2d Bus Cpe	780	2,340	3,900	8,780	13,650	19,500
2d Spt Cpe	820	2,460	4,100	9,230	14,350	20,500
2d Trg Sed	700	2,100	3,500	7,880	12,250	17,500
4d Trg Sed	700	2,100	3,500	7,880	12,250	17,500
4d Sta Wag	3,300	9,900	16,500	37,130	57,750	82,500

	6	5	4	3	2	1
1939 DeLuxe Series 26, 6-cyl.						
2d Conv	1,620	4,860	8,100	18,230	28,350	40,500
2d Bus Cpe	800	2,400	4,000	9,000	14,000	20,000
2d Spt Cpe	840	2,520	4,200	9,450	14,700	21,000
2d Sed	700	2,100	3,500	7,880	12,250	17,500
4d Sed	700	2,110	3,520	7,920	12,320	17,600
1939 DeLuxe Series 28, 8-cyl.						
2d Conv	1,660	4,980	8,300	18,680	29,050	41,500
2d Bus Cpe	820	2,460	4,100	9,230	14,350	20,500
2d Spt Cpe	860	2,580	4,300	9,680	15,050	21,500
2d Sed	720	2,160	3,600	8,100	12,600	18,000
4d Trg Sed	720	2,170	3,620	8,150	12,670	18,100
1940 Special Series 25, 6-cyl., 117" wb						
2d Bus Cpe	840	2,520	4,200	9,450	14,700	21,000
2d Spt Cpe	880	2,640	4,400	9,900	15,400	22,000
2d Sed	740	2,210	3,680	8,280	12,880	18,400
4d Sed	740	2,220	3,700	8,330	12,950	18,500
4d Sta Wag	3,260	9,780	16,300	36,680	57,050	81,500
1940 DeLuxe Series 26, 6-cyl., 120" wb						
2d Conv	1,680	5,040	8,400	18,900	29,400	42,000
2d Bus Cpe	860	2,580	4,300	9,680	15,050	21,500
2d Spt Cpe	900	2,700	4,500	10,130	15,750	22,500
2d Sed	720	2,160	3,600	8,100	12,600	18,000
4d Sed	750	2,240	3,740	8,420	13,090	18,700
1940 DeLuxe Series 28, 8-cyl., 120" wb						
2d Conv	1,720	5,160	8,600	19,350	30,100	43,000
2d Bus Cpe	880	2,640	4,400	9,900	15,400	22,000
2d Spt Cpe	920	2,760	4,600	10,350	16,100	23,000
2d Sed	750	2,240	3,740	8,420	13,090	18,700
4d Sed	750	2,260	3,760	8,460	13,160	18,800
1940 Torpedo Series 29, 8-cyl., 122" wb						
2d Spt Cpe	940	2,820	4,700	10,580	16,450	23,500
4d Sed	860	2,580	4,300	9,680	15,050	21,500
1941 DeLuxe Torpedo, 8-cyl.						
2d Bus Cpe	820	2,460	4,100	9,230	14,350	20,500
2d Spt Cpe	840	2,520	4,200	9,450	14,700	21,000
2d Conv	1,720	5,160	8,600	19,350	30,100	43,000
2d Sed	740	2,210	3,680	8,280	12,880	18,400
4d 4W Sed	740	2,230	3,720	8,370	13,020	18,600
4d 6W Sed	740	2,220	3,700	8,330	12,950	18,500
1941 Streamliner, 8-cyl.						
2d Cpe	860	2,580	4,300	9,680	15,050	21,500
4d Sed	760	2,280	3,800	8,550	13,300	19,000
1941 Super Streamliner, 8-cyl.						
2d Cpe	920	2,760	4,600	10,350	16,100	23,000
4d Sed	860	2,580	4,300	9,680	15,050	21,500
1941 Custom, 8-cyl.						
2d Spt Cpe	1,000	3,000	5,000	11,250	17,500	25,000
4d Sed	940	2,820	4,700	10,580	16,450	23,500
4d Sta Wag	1,520	4,560	7,600	17,100	26,600	38,000
4d DeL Sta Wag	3,360	10,080	16,800	37,800	58,800	84,000
NOTE: Deduct 10 percent for 6-cyl. models.						
1942 Torpedo, 8-cyl.						
2d Conv	1,640	4,920	8,200	18,450	28,700	41,000
2d Bus Cpe	800	2,400	4,000	9,000	14,000	20,000
2d Spt Cpe	820	2,460	4,100	9,230	14,350	20,500
2d 5P Cpe	840	2,520	4,200	9,450	14,700	21,000
2d Sed	740	2,220	3,700	8,330	12,950	18,500
4d Sed	740	2,210	3,680	8,280	12,880	18,400
4d Metro Sed	750	2,260	3,760	8,460	13,160	18,800
1942 Streamliner, 8-cyl.						
2d Cpe	800	2,400	4,000	9,000	14,000	20,000
4d Sed	780	2,340	3,900	8,780	13,650	19,500
4d Sta Wag	3,360	10,080	16,800	37,800	58,800	84,000
1942 Chieftain, 8-cyl.						
2d Cpe	860	2,580	4,300	9,680	15,050	21,500
4d Sed	790	2,360	3,940	8,870	13,790	19,700
4d Sta Wag	3,360	10,080	16,800	37,800	58,800	84,000
NOTE: Deduct 10 percent for 6-cyl. models.						
1946 Torpedo, 8-cyl.						
2d Conv	1,980	5,940	9,900	22,280	34,650	49,500
2d Bus Cpe	700	2,100	3,500	7,880	12,250	17,500
2d Spt Cpe	720	2,160	3,600	8,100	12,600	18,000
2d 5P Cpe	740	2,220	3,700	8,330	12,950	18,500
2d Sed	640	1,920	3,200	7,200	11,200	16,000
4d Sed	644	1,932	3,220	7,250	11,270	16,100

	6	5	4	3	2	1
1946 Streamliner, 8-cyl.						
5P Cpe	780	2,340	3,900	8,780	13,650	19,500
4d Sed	652	1,956	3,260	7,340	11,410	16,300
4d Sta Wag	3,120	9,360	15,600	35,100	54,600	78,000
4d DeL Sta Wag	3,200	9,600	16,000	36,000	56,000	80,000
NOTE: Deduct 5 percent for 6-cyl. models.						
1947 Torpedo, 8-cyl.						
2d Conv	1,980	5,940	9,900	22,280	34,650	49,500
2d DeL Conv	2,040	6,120	10,200	22,950	35,700	51,000
2d Bus Cpe	740	2,220	3,700	8,330	12,950	18,500
2d Spt Cpe	760	2,280	3,800	8,550	13,300	19,000
2d 5P Cpe	760	2,280	3,800	8,550	13,300	19,000
2d Sed	640	1,920	3,200	7,200	11,200	16,000
4d Sed	684	2,052	3,420	7,700	11,970	17,100
1947 Streamliner, 8-cyl.						
2d Cpe	780	2,340	3,900	8,780	13,650	19,500
4d Sed	700	2,100	3,500	7,880	12,250	17,500
4d Sta Wag	3,120	9,360	15,600	35,100	54,600	78,000
4d DeL Sta Wag	3,200	9,600	16,000	36,000	56,000	80,000
NOTE: Deduct 5 percent for 6-cyl. models.						
1948 Torpedo, 8-cyl.						
2d Bus Cpe	720	2,160	3,600	8,100	12,600	18,000
2d Spt Cpe	740	2,220	3,700	8,330	12,950	18,500
2d 5P Cpe	760	2,280	3,800	8,550	13,300	19,000
2d Sed	640	1,920	3,200	7,200	11,200	16,000
4d Sed	620	1,860	3,100	6,980	10,850	15,500
1948 DeLuxe Torpedo, 8-cyl.						
2d Conv	2,020	6,060	10,100	22,730	35,350	50,500
2d Spt Cpe	760	2,280	3,800	8,550	13,300	19,000
2d 5P Cpe	780	2,340	3,900	8,780	13,650	19,500
4d Sed	688	2,064	3,440	7,740	12,040	17,200
1948 DeLuxe Streamliner, 8-cyl.						
2d Cpe	780	2,340	3,900	8,780	13,650	19,500
4d Sed	700	2,100	3,500	7,880	12,250	17,500
4d Sta Wag	3,200	9,600	16,000	36,000	56,000	80,000
NOTE: Deduct 5 percent for 6-cyl. models.						
1949-50 Streamliner, 8-cyl.						
2d Cpe Sed	628	1,884	3,140	7,070	10,990	15,700
4d Sed	624	1,872	3,120	7,020	10,920	15,600
4d Sta Wag	680	2,040	3,400	7,650	11,900	17,000
4d Wood Sta Wag ('49 only)	2,560	7,680	12,800	28,800	44,800	64,000
1949-50 Streamliner DeLuxe, 8-cyl.						
4d Sed	632	1,896	3,160	7,110	11,060	15,800
2d Cpe Sed	636	1,908	3,180	7,160	11,130	15,900
4d Stl Sta Wag	660	1,980	3,300	7,430	11,550	16,500
4d Woodie (1949 only)	2,640	7,920	13,200	29,700	46,200	66,000
2d Sed Dely	1,580	4,740	7,900	17,780	27,650	39,500
1949-50 Chieftain, 8-cyl.						
4d Sed	628	1,884	3,140	7,070	10,990	15,700
2d Sed	636	1,908	3,180	7,160	11,130	15,900
2d Cpe Sed	644	1,932	3,220	7,250	11,270	16,100
2d Bus Cpe	680	2,040	3,400	7,650	11,900	17,000
1949-50 Chieftain DeLuxe, 8-cyl.						
4d Sed	632	1,896	3,160	7,110	11,060	15,800
2d Sed	640	1,920	3,200	7,200	11,200	16,000
2d Bus Cpe (1949 only)	720	2,160	3,600	8,100	12,600	18,000
2d HT (1950 only)	840	2,520	4,200	9,450	14,700	21,000
2d Cpe Sed	648	1,944	3,240	7,290	11,340	16,200
2d Sup HT (1950 only)	900	2,700	4,500	10,130	15,750	22,500
2d Conv	1,660	4,980	8,300	18,680	29,050	41,500
NOTE: Deduct 5 percent for 6-cyl. models.						
1951-52 Streamliner, 8-cyl. (1951 only)						
2d Cpe Sed	632	1,896	3,160	7,110	11,060	15,800
4d Sta Wag	680	2,040	3,400	7,650	11,900	17,000
1951-52 Streamliner DeLuxe, 8-cyl. (1951 only)						
2d Cpe Sed	640	1,920	3,200	7,200	11,200	16,000
4d Sta Wag	700	2,100	3,500	7,880	12,250	17,500
2d Sed Dely	1,580	4,740	7,900	17,780	27,650	39,500
1951-52 Chieftain, 8-cyl.						
4d Sed	632	1,896	3,160	7,110	11,060	15,800
2d Sed	640	1,920	3,200	7,200	11,200	16,000
2d Cpe Sed	644	1,932	3,220	7,250	11,270	16,100
2d Bus Cpe	680	2,040	3,400	7,650	11,900	17,000
1951-52 Chieftain DeLuxe, 8-cyl.						
4d Sed	640	1,920	3,200	7,200	11,200	16,000
2d Sed	644	1,932	3,220	7,250	11,270	16,100

	6	5	4	3	2	1
2d Cpe Sed	660	1,980	3,300	7,430	11,550	16,500
2d HT	920	2,760	4,600	10,350	16,100	23,000
2d HT Sup	960	2,880	4,800	10,800	16,800	24,000
2d Conv	1,660	4,980	8,300	18,680	29,050	41,500
NOTE: Deduct 5 percent for 6-cyl. models.						
1953 Chieftain, 8-cyl., 122" wb						
4d Sed	640	1,920	3,200	7,200	11,200	16,000
2d Sed	644	1,932	3,220	7,250	11,270	16,100
4d Paint Sta Wag	680	2,040	3,400	7,650	11,900	17,000
4d Woodgrain Sta Wag	700	2,100	3,500	7,880	12,250	17,500
2d Sed Dely	1,600	4,800	8,000	18,000	28,000	40,000
1953 Chieftain DeLuxe, 8-cyl.						
4d Sed	644	1,932	3,220	7,250	11,270	16,100
2d Sed	648	1,944	3,240	7,290	11,340	16,200
2d HT	900	2,700	4,500	10,130	15,750	22,500
2d Conv	1,560	4,680	7,800	17,550	27,300	39,000
4d Mtl Sta Wag.	660	1,980	3,300	7,430	11,550	16,500
4d Sim W Sta Wag.	700	2,100	3,500	7,880	12,250	17,500
1953 Custom Catalina, 8-cyl.						
2d HT	920	2,760	4,600	10,350	16,100	23,000
NOTE: Deduct 5 percent for 6-cyl. models.						
1954 Chieftain, 8-cyl., 122" wb						
4d Sed	648	1,944	3,240	7,290	11,340	16,200
2d Sed	652	1,956	3,260	7,340	11,410	16,300
4d Sta Wag	700	2,100	3,500	7,880	12,250	17,500
1954 Chieftain DeLuxe, 8-cyl.						
4d Sed	652	1,956	3,260	7,340	11,410	16,300
2d Sed	660	1,980	3,300	7,430	11,550	16,500
2d HT	900	2,700	4,500	10,130	15,750	22,500
4d Sta Wag	720	2,160	3,600	8,100	12,600	18,000
1954 Custom Catalina, 8-cyl.						
2d HT	980	2,940	4,900	11,030	17,150	24,500
1954 Star Chief DeLuxe, 8-cyl.						
4d Sed	700	2,100	3,500	7,880	12,250	17,500
2d Conv	1,400	4,200	7,000	15,750	24,500	35,000
1954 Star Custom Chief, 8-cyl.						
4d Sed	740	2,220	3,700	8,330	12,950	18,500
1954 Star Chief Custom Catalina						
2d HT	1,020	3,060	5,100	11,480	17,850	25,500
NOTE: Deduct 5 percent for 6-cyl. models.						
1955 Chieftain 860, V-8						
4d Sed	760	2,280	3,800	8,550	13,300	19,000
2d Sed	760	2,290	3,820	8,600	13,370	19,100
2d Sta Wag	840	2,520	4,200	9,450	14,700	21,000
4d Sta Wag	860	2,580	4,300	9,680	15,050	21,500
1955 Chieftain 870, V-8, 122" wb						
4d Sed	780	2,340	3,900	8,780	13,650	19,500
2d Sed	780	2,350	3,920	8,820	13,720	19,600
2d HT	1,560	4,680	7,800	17,550	27,300	39,000
4d Sta Wag	880	2,640	4,400	9,900	15,400	22,000
1955 Star Chief Custom Safari, 122" wb						
2d Sta Wag	2,480	7,440	12,400	27,900	43,400	62,000
1955 Star Chief, V-8, 124" wb						
4d Sed	820	2,460	4,100	9,230	14,350	20,500
2d Conv	2,900	8,700	14,500	32,630	50,750	72,500
1955 Star Chief Custom, V-8, 124" wb						
4d Sed	860	2,580	4,300	9,680	15,050	21,500
1955 Star Chief Custom Catalina						
2d HT	1,640	4,920	8,200	18,450	28,700	41,000
1956 Chieftain 860, V-8, 122" wb						
4d Sed	760	2,280	3,800	8,550	13,300	19,000
4d HT	800	2,400	4,000	9,000	14,000	20,000
2d Sed	760	2,290	3,820	8,600	13,370	19,100
2d HT	1,520	4,560	7,600	17,100	26,600	38,000
2d Sta Wag	920	2,760	4,600	10,350	16,100	23,000
4d Sta Wag	900	2,700	4,500	10,130	15,750	22,500
1956 Chieftain 870, V-8, 122" wb						
4d Sed	770	2,320	3,860	8,690	13,510	19,300
4d HT	840	2,520	4,200	9,450	14,700	21,000
2d HT	1,560	4,680	7,800	17,550	27,300	39,000
4d Sta Wag	1,120	3,360	5,600	12,600	19,600	28,000
1956 Star Chief Custom Safari, V-8, 122" wb						
2d Sta Wag	2,480	7,440	12,400	27,900	43,400	62,000
1956 Star Chief, V-8, 124" wb						
4d Sed	800	2,400	4,000	9,000	14,000	20,000
2d Conv	2,900	8,700	14,500	32,630	50,750	72,500

	6	5	4	3	2	1
1956 Star Chief Custom Catalina, V-8, 124" wb						
4d HT	920	2,760	4,600	10,350	16,100	23,000
2d HT	1,680	5,040	8,400	18,900	29,400	42,000
NOTE: Add 100 percent for dual four-barrel carbs (limited production late in 1956 model year).						
1957 Chieftain, V-8, 122" wb						
4d Sed	760	2,280	3,800	8,550	13,300	19,000
4d HT	800	2,400	4,000	9,000	14,000	20,000
2d Sed	780	2,340	3,900	8,780	13,650	19,500
2d HT	1,560	4,680	7,800	17,550	27,300	39,000
4d Sta Wag	880	2,640	4,400	9,900	15,400	22,000
2d Sta Wag	900	2,700	4,500	10,130	15,750	22,500
1957 Super Chief, V-8, 122" wb						
4d Sed	800	2,400	4,000	9,000	14,000	20,000
4d HT	880	2,640	4,400	9,900	15,400	22,000
2d HT	1,640	4,920	8,200	18,450	28,700	41,000
4d Sta Wag	960	2,880	4,800	10,800	16,800	24,000
1957 Star Chief Custom Safari, V-8, 122" wb						
4d Sta Wag	1,240	3,720	6,200	13,950	21,700	31,000
2d Sta Wag	2,700	8,100	13,500	30,380	47,250	67,500
1957 Star Chief, V-8, 124" wb						
4d Sed	840	2,520	4,200	9,450	14,700	21,000
2d Conv	3,180	9,540	15,900	35,780	55,650	79,500
2d Bonneville Conv*	7,180	21,540	35,900	80,780	125,650	179,500
1957 Star Chief Custom, V-8, 124" wb						
4d Sed	860	2,580	4,300	9,680	15,050	21,500
4d HT	1,000	3,000	5,000	11,250	17,500	25,000
2d HT	1,720	5,160	8,600	19,350	30,100	43,000
**Available on one-to-a-dealer basis.*						
NOTE: Add 25 percent for tri-power option.						
1958 Chieftain, V-8, 122" wb						
4d Sed	404	1,212	2,020	4,550	7,070	10,100
4d HT	660	1,980	3,300	7,430	11,550	16,500
2d Sed	600	1,800	3,000	6,750	10,500	15,000
2d HT	840	2,520	4,200	9,450	14,700	21,000
2d Conv	2,600	7,800	13,000	29,250	45,500	65,000
4d 9P Safari	720	2,160	3,600	8,100	12,600	18,000
1958 Super-Chief, V-8, 122" wb						
4d Sed	424	1,272	2,120	4,770	7,420	10,600
4d HT	720	2,160	3,600	8,100	12,600	18,000
2d HT	880	2,640	4,400	9,900	15,400	22,000
1958 Star Chief, V-8, 124" wb						
4d Cus Sed	600	1,800	3,000	6,750	10,500	15,000
4d HT	760	2,280	3,800	8,550	13,300	19,000
2d HT	1,000	3,000	5,000	11,250	17,500	25,000
4d Cus Safari	840	2,520	4,200	9,450	14,700	21,000
1958 Bonneville, V-8, 122" wb						
2d HT	2,680	8,040	13,400	30,150	46,900	67,000
2d Conv	4,860	14,580	24,300	54,680	85,050	121,500
NOTE: Add 30 percent for fuel-injection Bonneville. Add 25 percent for tri-power option.						
1959 Catalina, V-8, 122" wb						
4d Sed	360	1,080	1,800	4,050	6,300	9,000
4d HT	600	1,800	3,000	6,750	10,500	15,000
2d Sed	580	1,740	2,900	6,530	10,150	14,500
2d HT	1,000	3,000	5,000	11,250	17,500	25,000
2d Conv	1,720	5,160	8,600	19,350	30,100	43,000
1959 Safari, V-8, 124" wb						
4d 6P Sta Wag	680	2,040	3,400	7,650	11,900	17,000
4d 9P Sta Wag	688	2,064	3,440	7,740	12,040	17,200
1959 Star Chief, V-8, 124" wb						
4d Sed	600	1,800	3,000	6,750	10,500	15,000
4d HT	680	2,040	3,400	7,650	11,900	17,000
2d Sed	700	2,100	3,500	7,880	12,250	17,500
1959 Bonneville, V-8, 124" wb						
4d HT	720	2,160	3,600	8,100	12,600	18,000
2d HT	1,120	3,360	5,600	12,600	19,600	28,000
2d Conv	2,160	6,480	10,800	24,300	37,800	54,000
1959 Custom Safari, V-8, 122" wb						
4d Sta Wag	780	2,340	3,900	8,780	13,650	19,500
NOTE: Add 25 percent for tri-power option.						
1960 Catalina, V-8, 122" wb						
4d Sed	384	1,152	1,920	4,320	6,720	9,600
4d HT	600	1,800	3,000	6,750	10,500	15,000
2d Sed	600	1,800	3,000	6,750	10,500	15,000
2d HT	1,000	3,000	5,000	11,250	17,500	25,000
2d Conv	1,720	5,160	8,600	19,350	30,100	43,000

	6	5	4	3	2	1
1960 Safari, V-8, 122" wb						
4d Sta Wag	720	2,160	3,600	8,100	12,600	18,000
4d 6P Sta Wag	740	2,220	3,700	8,330	12,950	18,500
1960 Ventura, V-8, 122" wb						
4d HT	640	1,920	3,200	7,200	11,200	16,000
2d HT	1,040	3,120	5,200	11,700	18,200	26,000
1960 Star Chief, V-8, 124" wb						
4d Sed	620	1,860	3,100	6,980	10,850	15,500
4d HT	680	2,040	3,400	7,650	11,900	17,000
2d Sed	720	2,160	3,600	8,100	12,600	18,000
1960 Bonneville, V-8, 124" wb						
4d HT	720	2,160	3,600	8,100	12,600	18,000
2d HT	1,160	3,480	5,800	13,050	20,300	29,000
2d Conv	2,120	6,360	10,600	23,850	37,100	53,000
1960 Bonneville Safari, V-8, 122" wb						
4d Sta Wag	800	2,400	4,000	9,000	14,000	20,000
NOTE: Add 10 percent for alum wheel option. Add 25 percent for tri-power option. Add 50 percent for 4-Speed.						
1961 Tempest Compact, 4-cyl.						
4d Sed	388	1,164	1,940	4,370	6,790	9,700
2d Cpe	392	1,176	1,960	4,410	6,860	9,800
2d Cus Cpe	440	1,320	2,200	4,950	7,700	11,000
4d Safari Wag	440	1,320	2,200	4,950	7,700	11,000
NOTE: Add 20 percent for Tempest V-8.						
1961 Catalina, V-8, 119" wb						
4d Sed	460	1,380	2,300	5,180	8,050	11,500
4d HT	500	1,500	2,500	5,630	8,750	12,500
2d Sed	660	1,990	3,320	7,470	11,620	16,600
2d HT	1,120	3,360	5,600	12,600	19,600	28,000
2d Conv	1,320	3,960	6,600	14,850	23,100	33,000
4d Safari Wag	680	2,040	3,400	7,650	11,900	17,000
NOTE: Add 200 percent for "421" S-D models.						
1961 Ventura, V-8, 119" wb						
4d HT	620	1,860	3,100	6,980	10,850	15,500
2d HT	1,200	3,600	6,000	13,500	21,000	30,000
1961 Star Chief, V-8, 123" wb						
4d Sed	500	1,500	2,500	5,630	8,750	12,500
4d HT	640	1,920	3,200	7,200	11,200	16,000
1961 Bonneville, V-8, 123" wb						
4d HT	660	1,980	3,300	7,430	11,550	16,500
2d HT	1,200	3,600	6,000	13,500	21,000	30,000
2d Conv	1,380	4,140	6,900	15,530	24,150	34,500
1961 Bonneville Safari, V-8, 119" wb						
4d Sta Wag	720	2,160	3,600	8,100	12,600	18,000
NOTE: Add 10 percent for alum wheel option. Add 30 percent for 4-Speed.						
1962 Tempest, 4-cyl., 122" wb						
4d Sed	348	1,044	1,740	3,920	6,090	8,700
2d Cpe	352	1,056	1,760	3,960	6,160	8,800
2d HT	600	1,800	3,000	6,750	10,500	15,000
2d Conv	720	2,160	3,600	8,100	12,600	18,000
4d Safari	440	1,320	2,200	4,950	7,700	11,000
NOTE: Add 20 percent for Tempest V-8.						
1962 Catalina, V-8, 120" wb						
4d Sed	460	1,380	2,300	5,180	8,050	11,500
4d HT	500	1,500	2,500	5,630	8,750	12,500
2d Sed	660	1,990	3,320	7,470	11,620	16,600
2d HT	1,120	3,360	5,600	12,600	19,600	28,000
2d Conv	1,200	3,600	6,000	13,500	21,000	30,000
4d Sta Wag	660	1,980	3,300	7,430	11,550	16,500
2d HT (421/405)	3,900	11,700	19,500	43,880	68,250	97,500
2d Sed (421/405)	3,800	11,400	19,000	42,750	66,500	95,000
1962 Star Chief, V-8, 123" wb						
4d Sed	480	1,440	2,400	5,400	8,400	12,000
4d HT	620	1,860	3,100	6,980	10,850	15,500
1962 Bonneville, V-8, 123" wb, Sta Wag 119" wb						
4d HT	640	1,920	3,200	7,200	11,200	16,000
2d HT	1,200	3,600	6,000	13,500	21,000	30,000
2d Conv	1,280	3,840	6,400	14,400	22,400	32,000
4d Sta Wag	700	2,100	3,500	7,880	12,250	17,500
1962 Grand Prix, V-8, 120" wb						
2d HT	1,280	3,840	6,400	14,400	22,400	32,000
NOTE: Add 30 percent for 421. Add 10 percent for alum wheel option.						
1963 Tempest (Compact), 4-cyl., 112" wb						
4d Sed	340	1,020	1,700	3,830	5,950	8,500
2d Cpe	440	1,320	2,200	4,950	7,700	11,000
2d HT	500	1,500	2,500	5,630	8,750	12,500
2d Conv	720	2,160	3,600	8,100	12,600	18,000

	6	5	4	3	2	1
4d Sta Wag	440	1,320	2,200	4,950	7,700	11,000
NOTE: Add 20 percent for Tempest V-8.						
1963 LeMans, V-8, 112" wb						
2d HT	640	1,920	3,200	7,200	11,200	16,000
2d Conv	800	2,400	4,000	9,000	14,000	20,000
1963 Catalina, V-8, 119" wb						
4d Sed	444	1,332	2,220	5,000	7,770	11,100
4d HT	504	1,512	2,520	5,670	8,820	12,600
2d Sed	660	1,990	3,320	7,470	11,620	16,600
2d HT	1,160	3,480	5,800	13,050	20,300	29,000
2d Conv	1,200	3,600	6,000	13,500	21,000	30,000
4d Sta Wag	680	2,040	3,400	7,650	11,900	17,000
1963 Catalina Super-Duty						
2d HT (421/405)	3,900	11,700	19,500	43,880	68,250	97,500
2d HT (421/410)	4,000	12,000	20,000	45,000	70,000	100,000
2d Sed (421/405)	3,800	11,400	19,000	42,750	66,500	95,000
2d Sed (421/410)	3,900	11,700	19,500	43,880	68,250	97,500
NOTE: Add 5 percent for 4-speed.						
1963 Star Chief, V-8, 123" wb						
4d Sed	460	1,380	2,300	5,180	8,050	11,500
4d HT	620	1,860	3,100	6,980	10,850	15,500
1963 Bonneville, V-8, 123" wb						
2d HT	1,200	3,600	6,000	13,500	21,000	30,000
4d HT	660	1,980	3,300	7,430	11,550	16,500
2d Conv	1,240	3,720	6,200	13,950	21,700	31,000
4d Sta Wag	700	2,100	3,500	7,880	12,250	17,500
1963 Grand Prix, V-8, 120" wb						
2d HT	1,320	3,960	6,600	14,850	23,100	33,000
NOTE: Add 5 percent for Catalina Ventura. Add 30 percent for "421" engine option. Add 10 percent for alum wheel option.						
1964 Tempest Custom 21, V-8, 115" wb						
4d Sed	550	1,640	2,740	6,170	9,590	13,700
2d HT	700	2,100	3,500	7,880	12,250	17,500
2d Conv	920	2,760	4,600	10,350	16,100	23,000
4d Sta Wag	640	1,920	3,200	7,200	11,200	16,000
NOTE: Deduct 10 percent for 6-cyl. where available.						
1964 LeMans, V-8, 115" wb						
2d HT	920	2,760	4,600	10,350	16,100	23,000
2d Cpe	860	2,580	4,300	9,680	15,050	21,500
2d Conv	960	2,880	4,800	10,800	16,800	24,000
2d GTO Cpe	1,840	5,520	9,200	20,700	32,200	46,000
2d GTO Conv	2,320	6,960	11,600	26,100	40,600	58,000
2d GTO HT	1,880	5,640	9,400	21,150	32,900	47,000
NOTE: Deduct 20 percent for Tempest 6-cyl.						
1964 Catalina, V-8, 120" wb						
4d Sed	460	1,380	2,300	5,180	8,050	11,500
4d HT	500	1,500	2,500	5,630	8,750	12,500
2d Sed	660	1,990	3,320	7,470	11,620	16,600
2d HT	1,120	3,360	5,600	12,600	19,600	28,000
2d Conv	1,240	3,720	6,200	13,950	21,700	31,000
4d Sta Wag	640	1,920	3,200	7,200	11,200	16,000
1964 Star Chief, V-8, 123" wb						
4d Sed	460	1,380	2,300	5,180	8,050	11,500
4d HT	620	1,860	3,100	6,980	10,850	15,500
1964 Bonneville, V-8, 123" wb						
4d HT	660	1,980	3,300	7,430	11,550	16,500
2d HT	1,160	3,480	5,800	13,050	20,300	29,000
2d Conv	1,280	3,840	6,400	14,400	22,400	32,000
4d Sta Wag	700	2,100	3,500	7,880	12,250	17,500
1964 Grand Prix, V-8, 120" wb						
2d HT	1,280	3,840	6,400	14,400	22,400	32,000
NOTE: Add 30 percent for tri power. Add 5 percent for Catalina-Ventura option. Add 10 percent for 2 plus 2. Add 10 percent for alum wheel option.						
1965 Tempest, 6-cyl., 115" wb						
4d Sed	580	1,750	2,920	6,570	10,220	14,600
2d Spt Cpe	640	1,930	3,220	7,250	11,270	16,100
2d HT	700	2,100	3,500	7,880	12,250	17,500
2d Conv	840	2,520	4,200	9,450	14,700	21,000
4d Sta Wag	640	1,920	3,200	7,200	11,200	16,000
NOTE: Add 20 percent for V-8.						
1965 LeMans, V-8, 115" wb						
4d Sed	640	1,920	3,200	7,200	11,200	16,000
2d Cpe	700	2,100	3,500	7,880	12,250	17,500
2d HT	860	2,580	4,300	9,680	15,050	21,500
2d Conv	1,040	3,120	5,200	11,700	18,200	26,000
2d GTO Conv	2,360	7,080	11,800	26,550	41,300	59,000
2d GTO HT	1,920	5,760	9,600	21,600	33,600	48,000

	6	5	4	3	2	1
2d GTO Cpe	1,880	5,640	9,400	21,150	32,900	47,000
NOTE: Deduct 20 percent for 6-cyl. where available. Add 5 percent for 4-speed.						
1965 Catalina, V-8, 121" wb						
4d Sed	392	1,176	1,960	4,410	6,860	9,800
4d HT	480	1,440	2,400	5,400	8,400	12,000
2d Sed	660	1,980	3,300	7,430	11,550	16,500
2d HT	860	2,580	4,300	9,680	15,050	21,500
2d Conv	840	2,520	4,200	9,450	14,700	21,000
4d Sta Wag	700	2,100	3,500	7,880	12,250	17,500
1965 Star Chief, V-8, 123" wb						
4d Sed	440	1,320	2,200	4,950	7,700	11,000
4d HT	500	1,500	2,500	5,630	8,750	12,500
1965 Bonneville, V-8, 123" wb						
4d HT	620	1,860	3,100	6,980	10,850	15,500
2d HT	920	2,760	4,600	10,350	16,100	23,000
2d Conv	1,000	3,000	5,000	11,250	17,500	25,000
4d 2S Sta Wag	700	2,100	3,500	7,880	12,250	17,500
1965 Grand Prix, 120" wb						
2d HT	1,000	3,000	5,000	11,250	17,500	25,000
NOTE: Add 30 percent for "421" H.O. tri power V-8. Add 30 percent for tri power. Add 60 percent for 2 plus 2. Add 10 percent for Catalina-Ventura option. Add 10 percent for Ram Air. Add 20 percent for alum wheel option.						
1966 Tempest Custom, OHC-6, 115" wb						
4d Sed	580	1,750	2,920	6,570	10,220	14,600
4d HT	630	1,880	3,140	7,070	10,990	15,700
2d HT	810	2,440	4,060	9,140	14,210	20,300
2d Cpe	680	2,040	3,400	7,650	11,900	17,000
2d Conv	840	2,520	4,200	9,450	14,700	21,000
4d Sta Wag	580	1,740	2,900	6,530	10,150	14,500
NOTE: Add 20 percent for V-8.						
1966 Lemans, OHC-6, 115" wb						
4d HT	640	1,920	3,200	7,200	11,200	16,000
2d Cpe	670	2,020	3,360	7,560	11,760	16,800
2d HT	840	2,520	4,200	9,450	14,700	21,000
2d Conv	900	2,700	4,500	10,130	15,750	22,500
NOTE: Add 20 percent for V-8.						
1966 GTO, V-8, 115" wb						
2d HT	2,000	6,000	10,000	22,500	35,000	50,000
2d Cpe	1,960	5,880	9,800	22,050	34,300	49,000
2d Conv	2,440	7,320	12,200	27,450	42,700	61,000
NOTE: Add 5 percent for 4-speed. Add 30 percent for tri power option.						
1966 Catalina, V-8, 121" wb						
4d Sed	388	1,164	1,940	4,370	6,790	9,700
4d HT	480	1,440	2,400	5,400	8,400	12,000
2d Sed	660	1,980	3,300	7,430	11,550	16,500
2d HT	900	2,700	4,500	10,130	15,750	22,500
2d Conv	960	2,880	4,800	10,800	16,800	24,000
4d Sta Wag	680	2,040	3,400	7,650	11,900	17,000
1966 2 Plus 2, V-8, 121" wb						
2d HT	1,140	3,420	5,700	12,830	19,950	28,500
2d Conv	1,560	4,680	7,800	17,550	27,300	39,000
1966 Executive, V-8, 124" wb						
4d Sed	460	1,380	2,300	5,180	8,050	11,500
4d HT	500	1,500	2,500	5,630	8,750	12,500
2d HT	900	2,700	4,500	10,130	15,750	22,500
1966 Bonneville, V-8, 124" wb						
4d HT	620	1,860	3,100	6,980	10,850	15,500
2d HT	940	2,820	4,700	10,580	16,450	23,500
2d Conv	1,040	3,120	5,200	11,700	18,200	26,000
4d Sta Wag	700	2,100	3,500	7,880	12,250	17,500
1966 Grand Prix, V-8, 121" wb						
2d HT	840	2,520	4,200	9,450	14,700	21,000
NOTE: Add 30 percent for 421. Add 20 percent for Ram Air. Add 30 percent for tri power. Add 10 percent for Ventura Custom trim option. Add 10 percent for alum wheel option.						
1967 Tempest, 6-cyl., 115" wb						
4d Sed	580	1,740	2,900	6,530	10,150	14,500
2d Cpe	640	1,920	3,200	7,200	11,200	16,000
4d Sta Wag	660	1,990	3,320	7,470	11,620	16,600
NOTE: Add 20 percent for V-8.						
1967 Tempest Custom, 6-cyl., 115" wb						
2d Cpe	640	1,930	3,220	7,250	11,270	16,100
2d HT	700	2,110	3,520	7,920	12,320	17,600
2d Conv	840	2,520	4,200	9,450	14,700	21,000
4d HT	650	1,940	3,240	7,290	11,340	16,200
4d Sed	580	1,750	2,920	6,570	10,220	14,600
4d Sta Wag	640	1,920	3,200	7,200	11,200	16,000
NOTE: Add 20 percent for V-8.						

	6	5	4	3	2	1
1967 Lemans, 6-cyl., 115" wb						
4d HT	640	1,920	3,200	7,200	11,200	16,000
2d Cpe	650	1,940	3,240	7,290	11,340	16,200
2d HT	800	2,400	4,000	9,000	14,000	20,000
2d Conv	900	2,700	4,500	10,130	15,750	22,500
NOTE: Add 20 percent for V-8.						
1967 Tempest Safari, 6-cyl., 115" wb						
4d Sta Wag	680	2,040	3,400	7,650	11,900	17,000
NOTE: Add 20 percent for V-8.						
1967 GTO, V-8, 115" wb						
2d Cpe	1,960	5,880	9,800	22,050	34,300	49,000
2d HT	2,000	6,000	10,000	22,500	35,000	50,000
2d Conv	2,440	7,320	12,200	27,450	42,700	61,000
NOTE: Add 25 percent for Ram Air 400 GTO.						
1967 Catalina, V-8, 121" wb						
4d Sed	388	1,164	1,940	4,370	6,790	9,700
4d HT	480	1,440	2,400	5,400	8,400	12,000
2d Sed	660	1,990	3,320	7,470	11,620	16,600
2d HT	860	2,580	4,300	9,680	15,050	21,500
2d Conv	920	2,760	4,600	10,350	16,100	23,000
1967 2 Plus 2, V-8, 121" Wb						
2d HT	1,220	3,660	6,100	13,730	21,350	30,500
2d Conv	1,520	4,560	7,600	17,100	26,600	38,000
4d 3S Sta Wag	780	2,340	3,900	8,780	13,650	19,500
1967 Executive, V-8, 124" wb, Sta Wag 121" wb						
4d Sed	440	1,320	2,200	4,950	7,700	11,000
4d HT	500	1,500	2,500	5,630	8,750	12,500
2d HT	900	2,700	4,500	10,130	15,750	22,500
4d 3S Sta Wag	680	2,040	3,400	7,650	11,900	17,000
1967 Bonneville, V-8, 124" wb						
4d HT	600	1,800	3,000	6,750	10,500	15,000
2d HT	900	2,700	4,500	10,130	15,750	22,500
2d Conv	920	2,760	4,600	10,350	16,100	23,000
4d Sta Wag	680	2,040	3,400	7,650	11,900	17,000
1967 Grand Prix, V-8, 121" wb						
2d HT	920	2,760	4,600	10,350	16,100	23,000
Conv	1,120	3,360	5,600	12,600	19,600	28,000
NOTE: Add 30 percent for 428. Add 10 percent for Sprint option. Add 15 percent for 2 plus 2 option. Add 10 percent for Ventura Custom trim option. Add 10 percent for alum wheel option.						
1967 Firebird, V-8, 108" wb						
2d Cpe	960	2,880	4,800	10,800	16,800	24,000
2d Conv	1,120	3,360	5,600	12,600	19,600	28,000
NOTE: Deduct 25 percent for 6-cyl. Add 20 percent for 326 HO. Add 10 percent for 4-speed. Add 20 percent for 400 /4V carb. Add 30 percent for the Ram Air 400 Firebird.						
1968 Tempest, 6-cyl., 112" wb						
2d Spt Cpe	640	1,920	3,200	7,200	11,200	16,000
2d Cus "S" Cpe	660	1,980	3,300	7,430	11,550	16,500
2d Cus "S" HT	800	2,400	4,000	9,000	14,000	20,000
2d Cus "S" Conv	840	2,520	4,200	9,450	14,700	21,000
2d LeMans	640	1,920	3,200	7,200	11,200	16,000
2d LeMans Spt Cpe	680	2,040	3,400	7,650	11,900	17,000
2d LeMans Conv	1,000	3,000	5,000	11,250	17,500	25,000
NOTE: Add 20 percent for V-8.						
1968 GTO, V-8, 112" wb						
2d HT	1,640	4,920	8,200	18,450	28,700	41,000
2d Conv	2,200	6,600	11,000	24,750	38,500	55,000
NOTE: Add 25 percent for Ram Air I, 40 percent for Ram Air II.						
1968 Catalina, V-8, 122" wb						
4d Sed	380	1,140	1,900	4,280	6,650	9,500
4d HT	440	1,320	2,200	4,950	7,700	11,000
2d Sed	670	2,000	3,340	7,520	11,690	16,700
2d HT	800	2,400	4,000	9,000	14,000	20,000
2d Conv	880	2,640	4,400	9,900	15,400	22,000
4d Sta Wag	640	1,920	3,200	7,200	11,200	16,000
1968 Executive, V-8, 124" wb, Sta Wag 121" wb						
4d Sed	460	1,380	2,300	5,180	8,050	11,500
4d HT	480	1,440	2,400	5,400	8,400	12,000
2d HT	860	2,580	4,300	9,680	15,050	21,500
4d 3S Sta Wag	680	2,040	3,400	7,650	11,900	17,000
1968 Bonneville, V-8, 125" wb						
4d Sed	468	1,404	2,340	5,270	8,190	11,700
4d HT	500	1,500	2,500	5,630	8,750	12,500
2d HT	880	2,640	4,400	9,900	15,400	22,000
2d Conv	960	2,880	4,800	10,800	16,800	24,000
4d Sta Wag	700	2,100	3,500	7,880	12,250	17,500

	6	5	4	3	2	1
1968 Grand Prix, V-8, 118" wb						
2d HT	920	2,760	4,600	10,350	16,100	23,000
NOTE: Add 10 percent for Sprint option. Add 30 percent for 428. Add 25 percent for Ram Air I, 40 percent for Ram Air II. Add 10 percent for Ventura Custom trim option. Add 10 percent for alum wheel option.						
1968 Firebird, V-8, 108" wb						
2d Cpe	960	2,880	4,800	10,800	16,800	24,000
2d Conv	1,120	3,360	5,600	12,600	19,600	28,000
NOTE: Deduct 25 percent for 6-cyl. Add 20 percent for 350 HO. Add 10 percent for 4-speed. Add 25 percent for the Ram Air 400 Firebird.						
1969 Tempest, 6-cyl., 116" wb, 2d 112" wb						
4d Sed	560	1,690	2,820	6,350	9,870	14,100
2d Cpe	570	1,700	2,840	6,390	9,940	14,200
NOTE: Add 20 percent for V-8.						
1969 Tempest "S" Custom, 6-cyl., 116" wb, 2d 112" wb						
4d Sed	570	1,700	2,840	6,390	9,940	14,200
4d HT	580	1,730	2,880	6,480	10,080	14,400
2d Cpe	570	1,720	2,860	6,440	10,010	14,300
2d HT	680	2,040	3,400	7,650	11,900	17,000
2d Conv	800	2,400	4,000	9,000	14,000	20,000
4d Sta Wag	620	1,860	3,100	6,980	10,850	15,500
NOTE: Add 20 percent for V-8.						
1969 Tempest Lemans, 6-cyl., 116" wb, 2d 112" wb						
4d HT	580	1,740	2,900	6,530	10,150	14,500
2d Cpe	580	1,730	2,880	6,480	10,080	14,400
2d HT	700	2,100	3,500	7,880	12,250	17,500
2d Conv	860	2,580	4,300	9,680	15,050	21,500
NOTE: Add 20 percent for V-8.						
1969 Tempest Safari, 6-cyl., 116" wb						
4d Sta Wag	630	1,880	3,140	7,070	10,990	15,700
NOTE: Add 20 percent for V-8.						
1969 GTO, V-8, 112" wb						
2d HT	1,600	4,800	8,000	18,000	28,000	40,000
2d Conv	2,160	6,480	10,800	24,300	37,800	54,000
NOTE: Add 80 percent for GTO Judge option.						
1969 Catalina, V-8, 122" wb						
4d Sed	380	1,140	1,900	4,280	6,650	9,500
4d HT	388	1,164	1,940	4,370	6,790	9,700
2d HT	700	2,100	3,500	7,880	12,250	17,500
2d Conv	860	2,580	4,300	9,680	15,050	21,500
4d 3S Sta Wag	520	1,560	2,600	5,850	9,100	13,000
1969 Executive, V-8, 125" wb, Sta Wag 122" wb						
4d Sed	384	1,152	1,920	4,320	6,720	9,600
4d HT	432	1,296	2,160	4,860	7,560	10,800
2d HT	800	2,400	4,000	9,000	14,000	20,000
4d 3S Sta Wag	528	1,584	2,640	5,940	9,240	13,200
1969 Bonneville, V-8, 125" wb						
4d Sed	384	1,152	1,920	4,320	6,720	9,600
4d HT	440	1,320	2,200	4,950	7,700	11,000
2d HT	820	2,460	4,100	9,230	14,350	20,500
2d Conv	900	2,700	4,500	10,130	15,750	22,500
4d Sta Wag	540	1,620	2,700	6,080	9,450	13,500
1969 Grand Prix, V-8, 118" wb						
2d HT	840	2,520	4,200	9,450	14,700	21,000
NOTE: Add 10 percent for LeMans Rally E Package. Add 30 percent for 428 cid V-8. Add 25 percent for Ram Air III. Add 40 percent for Ram Air IV.						
1969 Firebird, V-8, 108" wb						
2d Cpe	960	2,880	4,800	10,800	16,800	24,000
2d Conv	1,120	3,360	5,600	12,600	19,600	28,000
2d Trans Am Cpe	4,140	12,420	20,700	46,580	72,450	103,500
2d Trans Am Conv (8 produced)			value not estimable			
NOTE: Deduct 25 percent for 6-cyl. Add 25 percent for "HO" 400 Firebird. Add 10 percent for 4-speed. Add 20 percent for Ram Air IV Firebird. Add 50 percent for "303" V-8 SCCA race engine.						
1970 Tempest, 6-cyl., 116" wb, 2d 112" wb						
4d Sed	570	1,720	2,860	6,440	10,010	14,300
2d HT	680	2,040	3,400	7,650	11,900	17,000
2d Cpe	580	1,740	2,900	6,530	10,150	14,500
NOTE: Add 20 percent for V-8.						
1970 LeMans, 6 cyl., 116" wb, 2d 112" wb						
4d Sed	580	1,730	2,880	6,480	10,080	14,400
4d HT	640	1,920	3,200	7,200	11,200	16,000
2d Cpe	580	1,750	2,920	6,570	10,220	14,600
2d HT	700	2,100	3,500	7,880	12,250	17,500
4d Sta Wag	630	1,900	3,160	7,110	11,060	15,800
NOTE: Add 20 percent for V-8.						
1970 LeMans Sport, 6-cyl., 116" wb, 2d 112" wb						
4d HT	650	1,940	3,240	7,290	11,340	16,200
2d Cpe	660	1,980	3,300	7,430	11,550	16,500

	6	5	4	3	2	1
2d HT	800	2,400	4,000	9,000	14,000	20,000
2d Conv.	820	2,460	4,100	9,230	14,350	20,500
4d Sta Wag	680	2,040	3,400	7,650	11,900	17,000
NOTE: Add 20 percent for V-8.						
1970 LeMans GT 37, V-8, 112" wb						
2d Cpe.	1,000	3,000	5,000	11,250	17,500	25,000
2d HT	1,060	3,180	5,300	11,930	18,550	26,500
1970 GTO, V-8, 112" wb						
2d HT	1,640	4,920	8,200	18,450	28,700	41,000
2d Conv.	2,200	6,600	11,000	24,750	38,500	55,000
NOTE: Add 80 percent for GTO Judge option.						
1970 Catalina, V-8, 122" wb						
4d Sed.	380	1,140	1,900	4,280	6,650	9,500
4d HT	460	1,380	2,300	5,180	8,050	11,500
2d HT	600	1,800	3,000	6,750	10,500	15,000
2d Conv.	640	1,920	3,200	7,200	11,200	16,000
4d 3S Sta Wag	520	1,560	2,600	5,850	9,100	13,000
1970 Executive, V-8, 125" wb, Sta Wag 122" wb						
4d Sed.	384	1,152	1,920	4,320	6,720	9,600
4d HT	480	1,440	2,400	5,400	8,400	12,000
2d HT	620	1,860	3,100	6,980	10,850	15,500
4d 3S Sta Wag	488	1,464	2,440	5,490	8,540	12,200
1970 Bonneville, V-8, 125" wb, Sta Wag 122" wb						
4d Sed.	440	1,320	2,200	4,950	7,700	11,000
4d HT	500	1,500	2,500	5,630	8,750	12,500
2d HT	640	1,920	3,200	7,200	11,200	16,000
2d Conv.	700	2,100	3,500	7,880	12,250	17,500
4d 3S Sta Wag	500	1,500	2,500	5,630	8,750	12,500
1970 Grand Prix, V-8, 118" wb						
2d Hurst "SSJ" HT.	940	2,820	4,700	10,580	16,450	23,500
2d HT	660	1,980	3,300	7,430	11,550	16,500
NOTE: Add 10 percent for V-8 LeMans Rally Package. Add 40 percent for 455 HO V-8. Add 10 percent for Grand Prix S.J. Add 25 percent for Ram Air III. Add 10 percent for 4-speed trans.						
1970 Firebird, V-8, 108" wb						
2d Firebird	720	2,160	3,600	8,100	12,600	18,000
2d Esprit	740	2,220	3,700	8,330	12,950	18,500
2d Formula 400	1,160	3,480	5,800	13,050	20,300	29,000
2d Trans Am	1,520	4,560	7,600	17,100	26,600	38,000
NOTE: Deduct 25 percent for 6-cyl. Add 10 percent for Trans Am with 4-speed. Add 25 percent for Ram Air IV Firebird.						
1971 Ventura II, 6-cyl., 111" wb						
2d Cpe.	580	1,750	2,920	6,570	10,220	14,600
4d Sed.	970	2,900	4,840	10,890	16,940	24,200
1971 Ventura II, V-8, 111" wb						
2d Cpe.	590	1,780	2,960	6,660	10,360	14,800
4d Sed.	580	1,750	2,920	6,570	10,220	14,600
1971 LeMans T37, 6-cyl., 116" wb, 2d 112" wb						
2d Sed.	580	1,740	2,900	6,530	10,150	14,500
4d Sed.	560	1,680	2,800	6,300	9,800	14,000
2d HT	680	2,040	3,400	7,650	11,900	17,000
1971 LeMans, 6-cyl., 116" wb, 2d 112" wb						
2d Sed.	560	1,690	2,820	6,350	9,870	14,100
4d Sed.	560	1,680	2,800	6,300	9,800	14,000
4d HT	620	1,850	3,080	6,930	10,780	15,400
2d HT	800	2,400	4,000	9,000	14,000	20,000
4d 3S Sta Wag	660	1,980	3,300	7,430	11,550	16,500
1971 LeMans Sport, 6-cyl., 116" wb, 2d 112" wb						
4d HT	620	1,860	3,100	6,980	10,850	15,500
2d HT	820	2,460	4,100	9,230	14,350	20,500
2d Conv.	880	2,640	4,400	9,900	15,400	22,000
NOTE: Add 20 percent for V-8.						
1971 LeMans GT 37, V-8, 112" wb						
2d HT	1,080	3,240	5,400	12,150	18,900	27,000
1971 GTO						
2d HT	1,600	4,800	8,000	18,000	28,000	40,000
2d Conv.	2,160	6,480	10,800	24,300	37,800	54,000
NOTE: Add 80 percent for GTO Judge option.						
1971 Catalina						
4d Sed.	384	1,152	1,920	4,320	6,720	9,600
4d HT	428	1,284	2,140	4,820	7,490	10,700
2d HT	460	1,380	2,300	5,180	8,050	11,500
2d Conv.	640	1,920	3,200	7,200	11,200	16,000
1971 Safari, V-8, 127" wb						
4d 2S Sta Wag	428	1,284	2,140	4,820	7,490	10,700
4d 3S Sta Wag	432	1,296	2,160	4,860	7,560	10,800
1971 Catalina Brougham, V-8, 123" wb						
4d Sed.	392	1,176	1,960	4,410	6,860	9,800

PONTIAC

	6	5	4	3	2	1
4d HT	440	1,320	2,200	4,950	7,700	11,000
2d HT	468	1,404	2,340	5,270	8,190	11,700
1971 Grand Safari, V-8, 127" wb						
4d 2S Sta Wag	400	1,200	2,000	4,500	7,000	10,000
4d 3S Sta Wag	404	1,212	2,020	4,550	7,070	10,100
1971 Bonneville						
4d Sed	396	1,188	1,980	4,460	6,930	9,900
4d HT	440	1,320	2,200	4,950	7,700	11,000
2d HT	480	1,440	2,400	5,400	8,400	12,000
1971 Grandville						
4d HT	440	1,320	2,200	4,950	7,700	11,000
2d HT	480	1,440	2,400	5,400	8,400	12,000
2d Conv	760	2,280	3,800	8,550	13,300	19,000
1971 Grand Prix						
2d HT	640	1,920	3,200	7,200	11,200	16,000
2d Hurst "SSJ" Cpe	1,140	3,420	5,700	12,830	19,950	28,500
1971 Firebird, V-8, 108" wb						
2d Firebird	740	2,220	3,700	8,330	12,950	18,500
2d Esprit	720	2,160	3,600	8,100	12,600	18,000
2d Formula	1,160	3,480	5,800	13,050	20,300	29,000
2d Trans Am	1,520	4,560	7,600	17,100	26,600	38,000
NOTE: Add 25 percent for Formula 455. Deduct 25 percent for 6-cyl. Add 40 percent for 455 HO V-8. Add 10 percent for 4-speed. (Formula Series - 350, 400, 455).						
1972 Ventura, 6-cyl., 111" wb						
4d Sed	530	1,580	2,640	5,940	9,240	13,200
2d Cpe	520	1,560	2,600	5,850	9,100	13,000
NOTE: Add 20 percent for V-8.						
1972 LeMans, 6-cyl., 116" wb, 2d 112" wb						
2d Cpe	540	1,620	2,700	6,080	9,450	13,500
4d Sed	530	1,600	2,660	5,990	9,310	13,300
2d HT	800	2,400	4,000	9,000	14,000	20,000
2d Conv	860	2,580	4,300	9,680	15,050	21,500
4d 3S Sta Wag	540	1,620	2,700	6,080	9,450	13,500
1972 GTO						
2d HT	1,340	4,020	6,700	15,080	23,450	33,500
2d Sed	1,220	3,660	6,100	13,730	21,350	30,500
1972 Luxury LeMans, V-8						
4d HT	550	1,640	2,740	6,170	9,590	13,700
2d HT	820	2,460	4,100	9,230	14,350	20,500
NOTE: Add 10 percent for Endura option on LeMans models. Add 20 percent for V-8.						
1972 Catalina, V-8, 123" wb						
4d Sed	320	960	1,600	3,600	5,600	8,000
4d HT	328	984	1,640	3,690	5,740	8,200
2d HT	440	1,320	2,200	4,950	7,700	11,000
2d Conv	640	1,920	3,200	7,200	11,200	16,000
1972 Catalina Brougham, V-8, 123" wb						
4d Sed	324	972	1,620	3,650	5,670	8,100
4d HT	340	1,020	1,700	3,830	5,950	8,500
2d HT	460	1,380	2,300	5,180	8,050	11,500
1972 Bonneville						
4d Sed	328	984	1,640	3,690	5,740	8,200
4d HT	360	1,080	1,800	4,050	6,300	9,000
2d HT	480	1,440	2,400	5,400	8,400	12,000
1972 Grandville						
4d HT	360	1,080	1,800	4,050	6,300	9,000
2d HT	488	1,464	2,440	5,490	8,540	12,200
2d Conv	700	2,100	3,500	7,880	12,250	17,500
1972 Safari, V-8, 127" wb						
4d 2S Sta Wag	324	972	1,620	3,650	5,670	8,100
4d 3S Sta Wag	328	984	1,640	3,690	5,740	8,200
1972 Grand Safari, V-8, 127" wb						
4d 2S Sta Wag	332	996	1,660	3,740	5,810	8,300
4d 3S Sta Wag	336	1,008	1,680	3,780	5,880	8,400
1972 Grand Prix						
2d HT	628	1,884	3,140	7,070	10,990	15,700
2d Hurst "SSJ" HT	1,080	3,240	5,400	12,150	18,900	27,000
1972 Firebird, V-8, 108" wb						
2d Firebird	640	1,920	3,200	7,200	11,200	16,000
2d Esprit	620	1,860	3,100	6,980	10,850	15,500
2d Formula	1,060	3,180	5,300	11,930	18,550	26,500
2d Trans Am	1,460	4,380	7,300	16,430	25,550	36,500
NOTE: Add 10 percent for Trans Am with 4-speed. Deduct 25 percent for 6-cyl. Add 40 percent for 455 HO V-8.						
1973 Ventura						
4d Sed	308	924	1,540	3,470	5,390	7,700
2d Cpe	296	888	1,480	3,330	5,180	7,400
2d HBk Cpe	312	936	1,560	3,510	5,460	7,800

	6	5	4	3	2	1
1973 Ventura Custom						
4d Sed	312	936	1,560	3,510	5,460	7,800
2d Cpe	316	948	1,580	3,560	5,530	7,900
2d HBk Cpe	304	912	1,520	3,420	5,320	7,600
NOTE: Deduct 5 percent for 6-cyl.						
1973 LeMans						
4d Sed	320	960	1,600	3,600	5,600	8,000
2d HT	368	1,104	1,840	4,140	6,440	9,200
1973 LeMans Spt						
2d Cpe	340	1,020	1,700	3,830	5,950	8,500
1973 Luxury LeMans						
2d Cpe	348	1,044	1,740	3,920	6,090	8,700
4d HT	340	1,020	1,700	3,830	5,950	8,500
1973 LeMans Safari, V-8, 116" wb						
4d 2S Sta Wag	320	960	1,600	3,600	5,600	8,000
4d 3S Sta Wag	324	972	1,620	3,650	5,670	8,100
1973 Grand Am						
2d HT	580	1,740	2,900	6,530	10,150	14,500
4d HT	360	1,080	1,800	4,050	6,300	9,000
2d GTO Spt Cpe	580	1,740	2,900	6,530	10,150	14,500
NOTE: Deduct 5 percent for 6-cyl.						
1973 Catalina						
4d HT	304	912	1,520	3,420	5,320	7,600
2d HT	360	1,080	1,800	4,050	6,300	9,000
1973 Bonneville						
4d Sed	308	924	1,540	3,470	5,390	7,700
4d HT	320	960	1,600	3,600	5,600	8,000
2d HT	376	1,128	1,880	4,230	6,580	9,400
1973 Safari, V-8, 127" wb						
4d 2S Sta Wag	320	960	1,600	3,600	5,600	8,000
4d 3S Sta Wag	324	972	1,620	3,650	5,670	8,100
1973 Grand Safari, V-8, 127" wb						
4d 2S Sta Wag	328	984	1,640	3,690	5,740	8,200
4d 3S Sta Wag	332	996	1,660	3,740	5,810	8,300
1973 Grandville						
4d HT	328	984	1,640	3,690	5,740	8,200
2d HT	384	1,152	1,920	4,320	6,720	9,600
2d Conv	700	2,100	3,500	7,880	12,250	17,500
1973 Grand Prix						
2d HT	600	1,800	3,000	6,750	10,500	15,000
2d "SJ" HT	608	1,824	3,040	6,840	10,640	15,200
1973 Firebird, V-8, 108" wb						
2d Cpe	620	1,860	3,100	6,980	10,850	15,500
2d Esprit	640	1,920	3,200	7,200	11,200	16,000
2d Formula	980	2,940	4,900	11,030	17,150	24,500
2d Trans Am	1,380	4,140	6,900	15,530	24,150	34,500
NOTE: Add 75 percent for 455 SD V-8 (Formula & Trans Am only). Deduct 25 percent for 6-cyl. Add 10 percent for 4-speed.						
1974 Ventura						
4d Sed	248	744	1,240	2,790	4,340	6,200
2d Cpe	236	708	1,180	2,660	4,130	5,900
2d HBk	252	756	1,260	2,840	4,410	6,300
1974 Ventura Custom						
4d Sed	252	756	1,260	2,840	4,410	6,300
2d Cpe	240	720	1,200	2,700	4,200	6,000
2d HBk	256	768	1,280	2,880	4,480	6,400
2d GTO	320	960	1,600	3,600	5,600	8,000
NOTE: Deduct 5 percent for 6-cyl.						
1974 LeMans						
4d HT	228	684	1,140	2,570	3,990	5,700
2d HT	288	864	1,440	3,240	5,040	7,200
4d Sta Wag	240	720	1,200	2,700	4,200	6,000
1974 LeMans Sport						
2d Cpe	260	780	1,300	2,930	4,550	6,500
1974 Luxury LeMans						
4d HT	252	756	1,260	2,840	4,410	6,300
2d HT	308	924	1,540	3,470	5,390	7,700
4d Safari	260	780	1,300	2,930	4,550	6,500
NOTE: Add 10 percent for GT option.						
1974 Grand Am						
2d HT	380	1,140	1,900	4,280	6,650	9,500
4d HT	292	876	1,460	3,290	5,110	7,300
1974 Catalina						
4d HT	252	756	1,260	2,840	4,410	6,300
2d HT	300	900	1,500	3,380	5,250	7,500
4d Sed	220	660	1,100	2,480	3,850	5,500

	6	5	4	3	2	1
4d Safari	252	756	1,260	2,840	4,410	6,300
1974 Bonneville						
4d Sed	228	684	1,140	2,570	3,990	5,700
4d HT	260	780	1,300	2,930	4,550	6,500
2d HT	316	948	1,580	3,560	5,530	7,900
1974 Grandville						
4d HT	264	792	1,320	2,970	4,620	6,600
2d HT	320	960	1,600	3,600	5,600	8,000
2d Conv	660	1,980	3,300	7,430	11,550	16,500
4d 2S Grand Safari Wag	290	860	1,440	3,600	5,040	7,200
4d 3S Grand Safari Wag	290	880	1,460	3,650	5,110	7,300
1974 Grand Prix						
2d HT	580	1,740	2,900	6,530	10,150	14,500
2d "SJ" Cpe	588	1,764	2,940	6,620	10,290	14,700
1974 Firebird, V-8, 108" wb						
2d Cpe	560	1,680	2,800	6,300	9,800	14,000
2d Esprit	580	1,740	2,900	6,530	10,150	14,500
2d Formula	900	2,700	4,500	10,130	15,750	22,500
2d Trans Am	1,300	3,900	6,500	14,630	22,750	32,500
NOTE: Add 75 percent for 455-SD V-8 (Formula & Trans Am only). Deduct 25 percent for 6-cyl. Add 10 percent for 4-speed.						
1975 Astre S						
2d Cpe	212	636	1,060	2,390	3,710	5,300
2d HBk	216	648	1,080	2,430	3,780	5,400
2d Safari	220	660	1,100	2,480	3,850	5,500
1975 Astre						
2d HBk	216	648	1,080	2,430	3,780	5,400
2d Safari	220	660	1,100	2,480	3,850	5,500
NOTE: Add 10 percent for Astre "SJ".						
1975 Ventura						
4d Sed	216	648	1,080	2,430	3,780	5,400
2d Cpe	220	660	1,100	2,480	3,850	5,500
2d HBk	224	672	1,120	2,520	3,920	5,600
NOTE: Deduct 5 percent for Ventura "S". Add 15 percent for Ventura "SJ". Add 5 percent for Ventura Custom.						
1975 LeMans						
4d HT	220	660	1,100	2,480	3,850	5,500
2d HT	260	780	1,300	2,930	4,550	6,500
4d Safari	224	672	1,120	2,520	3,920	5,600
NOTE: Add 10 percent for Grand LeMans.						
1975 LeMans Sport						
2d HT Cpe	268	804	1,340	3,020	4,690	6,700
1975 Grand Am						
4d HT	288	864	1,440	3,240	5,040	7,200
2d HT	376	1,128	1,880	4,230	6,580	9,400
NOTE: Add 5 percent for 4-speed. Add 20 percent for 455 HO V-8.						
1975 Catalina						
4d Sed	204	612	1,020	2,300	3,570	5,100
2d Cpe	220	660	1,100	2,480	3,850	5,500
4d Safari	200	600	1,000	2,250	3,500	5,000
1975 Bonneville						
4d HT	212	636	1,060	2,390	3,710	5,300
2d Cpe	224	672	1,120	2,520	3,920	5,600
4d Gr Safari Wag	220	650	1,080	2,430	3,780	5,400
1975 Grand Ville Brougham						
4d HT	216	648	1,080	2,430	3,780	5,400
2d Cpe	232	696	1,160	2,610	4,060	5,800
2d Conv	720	2,160	3,600	8,100	12,600	18,000
NOTE: Add 20 percent for 455 V-8.						
1975 Grand Prix						
2d Cpe	360	1,080	1,800	4,050	6,300	9,000
2d "LJ" Cpe	364	1,092	1,820	4,100	6,370	9,100
2d "SJ" Cpe	368	1,104	1,840	4,140	6,440	9,200
NOTE: Add 12 percent for 455 V-8.						
1975 Firebird, V-8, 108" wb						
2d Cpe	520	1,560	2,600	5,850	9,100	13,000
2d Esprit	540	1,620	2,700	6,080	9,450	13,500
2d Formula	580	1,740	2,900	6,530	10,150	14,500
Trans Am	980	2,940	4,900	11,030	17,150	24,500
NOTE: Add 20 percent for 455 HO V-8. Deduct 25 percent for 6-cyl. Add 10 percent for 4-speed. Add $150 for Honeycomb wheels.						
1976 Astre, 4-cyl.						
2d Cpe	184	552	920	2,070	3,220	4,600
2d HBk	188	564	940	2,120	3,290	4,700
2d Sta Wag	192	576	960	2,160	3,360	4,800
1976 Sunbird, 4-cyl.						
2d Cpe	232	696	1,160	2,610	4,060	5,800

	6	5	4	3	2	1
1976 Ventura, V-8						
4d Sed.	224	672	1,120	2,520	3,920	5,600
2d Cpe.	228	684	1,140	2,570	3,990	5,700
2d HBk	232	696	1,160	2,610	4,060	5,800
1976 Ventura SJ, V-8						
4d Sed.	228	684	1,140	2,570	3,990	5,700
2d Cpe.	232	696	1,160	2,610	4,060	5,800
2d HBk	236	708	1,180	2,660	4,130	5,900
1976 LeMans, V-8						
4d Sed.	232	696	1,160	2,610	4,060	5,800
2d Cpe.	236	708	1,180	2,660	4,130	5,900
4d 2S Safari Wag	224	672	1,120	2,520	3,920	5,600
4d 3S Safari Wag	228	684	1,140	2,570	3,990	5,700
1976 LeMans Sport Cpe, V-8						
2d Cpe.	248	744	1,240	2,790	4,340	6,200
1976 Grand LeMans, V-8						
4d Sed.	236	708	1,180	2,660	4,130	5,900
2d Sed.	240	720	1,200	2,700	4,200	6,000
4d 2S Safari Wag	232	696	1,160	2,610	4,060	5,800
4d 3S Safari Wag	236	708	1,180	2,660	4,130	5,900
1976 Catalina, V-8						
4d Sed.	228	684	1,140	2,570	3,990	5,700
2d Cpe.	232	696	1,160	2,610	4,060	5,800
4d 2S Safari Wag	244	732	1,220	2,750	4,270	6,100
4d 3S Safari Wag	228	684	1,140	2,570	3,990	5,700
1976 Bonneville, V-8						
4d Sed.	236	708	1,180	2,660	4,130	5,900
2d Cpe.	240	720	1,200	2,700	4,200	6,000
1976 Bonneville Brougham, V-8						
4d Sed.	244	732	1,220	2,750	4,270	6,100
2d Cpe.	252	756	1,260	2,840	4,410	6,300
1976 Grand Safari, V-8						
4d 2S Sta Wag	232	696	1,160	2,610	4,060	5,800
4d 3S Sta Wag	236	708	1,180	2,660	4,130	5,900
1976 Grand Prix, V-8						
2d Cpe.	340	1,020	1,700	3,830	5,950	8,500
2d Cpe SJ	348	1,044	1,740	3,920	6,090	8,700
2d Cpe LJ	368	1,104	1,840	4,140	6,440	9,200
NOTE: Add 10 percent for T-tops & Anniversary model.						
1976 Firebird, V-8						
2d Cpe.	480	1,440	2,400	5,400	8,400	12,000
2d Esprit Cpe	500	1,500	2,500	5,630	8,750	12,500
2d Formula Cpe	540	1,620	2,700	6,080	9,450	13,500
2d Trans Am Cpe	940	2,820	4,700	10,580	16,450	23,500
NOTE: Add 20 percent for 455 HO V-8. Deduct 25 percent for 6-cyl. Add 10 percent for 4-speed. Add $150 for Honeycomb wheels. Add 20 percent for Limited Edition.						
1977 Astre, 4-cyl.						
2d Cpe.	152	456	760	1,710	2,660	3,800
2d HBk	156	468	780	1,760	2,730	3,900
2d Sta Wag	160	480	800	1,800	2,800	4,000
1977 Sunbird, 4-cyl.						
2d Cpe.	200	600	1,000	2,250	3,500	5,000
2d HBk	204	612	1,020	2,300	3,570	5,100
1977 Phoenix, V-8						
4d Sed.	156	468	780	1,760	2,730	3,900
2d Cpe.	160	480	800	1,800	2,800	4,000
1977 Ventura, V-8						
4d Sed.	196	588	980	2,210	3,430	4,900
2d Cpe.	200	600	1,000	2,250	3,500	5,000
2d HBk	204	612	1,020	2,300	3,570	5,100
1977 Ventura SJ, V-8						
4d Sed.	200	600	1,000	2,250	3,500	5,000
2d Cpe.	204	612	1,020	2,300	3,570	5,100
2d HBk	208	624	1,040	2,340	3,640	5,200
1977 LeMans, V-8						
4d Sed.	200	600	1,000	2,250	3,500	5,000
2d Cpe.	204	612	1,020	2,300	3,570	5,100
4d 2S Sta Wag	196	588	980	2,210	3,430	4,900
4d 3S Sta Wag	200	600	1,000	2,250	3,500	5,000
1977 LeMans Sport Cpe, V-8						
2d Cpe.	248	744	1,240	2,790	4,340	6,200
NOTE: Add 100 percent for Can Am option.						
1977 Grand LeMans, V-8						
4d Sed.	204	612	1,020	2,300	3,570	5,100
2d Cpe.	208	624	1,040	2,340	3,640	5,200
4d 2S Sta Wag	200	600	1,000	2,250	3,500	5,000

	6	5	4	3	2	1
4d 3S Sta Wag	204	612	1,020	2,300	3,570	5,100
1977 Catalina, V-8						
4d Sed	156	468	780	1,760	2,730	3,900
2d Cpe	160	480	800	1,800	2,800	4,000
4d 2S Safari Wag	152	456	760	1,710	2,660	3,800
4d 3S Safari Wag	156	468	780	1,760	2,730	3,900
1977 Bonneville, V-8						
4d Sed	164	492	820	1,850	2,870	4,100
2d Cpe	168	504	840	1,890	2,940	4,200
1977 Bonneville Brougham, V-8						
4d Sed	172	516	860	1,940	3,010	4,300
2d Cpe	180	540	900	2,030	3,150	4,500
1977 Grand Safari						
4d 2S Sta Wag	168	504	840	1,890	2,940	4,200
4d 3S Sta Wag	172	516	860	1,940	3,010	4,300
1977 Grand Prix, V-8						
2d Cpe	308	924	1,540	3,470	5,390	7,700
2d Cpe LJ	320	960	1,600	3,600	5,600	8,000
2d Cpe SJ	360	1,080	1,800	4,050	6,300	9,000
1977 Firebird, V-8						
2d Cpe	440	1,320	2,200	4,950	7,700	11,000
2d Esprit Cpe	460	1,380	2,300	5,180	8,050	11,500
2d Formula Cpe	500	1,500	2,500	5,630	8,750	12,500
2d Trans Am Cpe	900	2,700	4,500	10,130	15,750	22,500
NOTE: Add 10 percent for 4-speed. Add 10 percent for L78 option.						
1978 Sunbird						
2d Cpe	116	348	580	1,310	2,030	2,900
2d Spt Cpe	120	360	600	1,350	2,100	3,000
2d Spt HBk	124	372	620	1,400	2,170	3,100
4d Spt Wag	120	360	600	1,350	2,100	3,000
1978 Phoenix						
4d Sed	120	360	600	1,350	2,100	3,000
2d Cpe	132	396	660	1,490	2,310	3,300
2d HBk	124	372	620	1,400	2,170	3,100
1978 Phoenix LJ						
4d Sed	124	372	620	1,400	2,170	3,100
2d Cpe	140	420	700	1,580	2,450	3,500
1978 LeMans						
4d Sed	180	540	900	2,030	3,150	4,500
2d Cpe	290	860	1,440	3,240	5,040	7,200
4d 2S Sta Wag	180	550	920	2,070	3,220	4,600
1978 Grand LeMans						
4d Sed	180	550	920	2,070	3,220	4,600
2d Cpe	290	880	1,460	3,290	5,110	7,300
4d 2S Sta Wag	190	560	940	2,120	3,290	4,700
1978 Grand Am						
4d Sed	210	620	1,040	2,340	3,640	5,200
2d Cpe	300	900	1,500	3,380	5,250	7,500
1978 Catalina						
4d Sed	190	560	940	2,120	3,290	4,700
2d Cpe	190	580	960	2,160	3,360	4,800
4d 2S Sta Wag	200	590	980	2,210	3,430	4,900
1978 Bonneville						
4d Sed	200	600	1,000	2,250	3,500	5,000
2d Cpe	210	620	1,040	2,340	3,640	5,200
4d 2S Sta Wag	200	610	1,020	2,300	3,570	5,100
1978 Bonneville Brougham						
4d Sed	200	610	1,020	2,300	3,570	5,100
2d Cpe	220	650	1,080	2,430	3,780	5,400
1978 Grand Prix						
2d Cpe	320	950	1,580	3,560	5,530	7,900
2d Cpe LJ	320	960	1,600	3,600	5,600	8,000
2d Cpe SJ	330	980	1,640	3,690	5,740	8,200
1978 Firebird, V-8, 108" wb						
2d Cpe	440	1,320	2,200	4,950	7,700	11,000
2d Esprit Cpe	460	1,380	2,300	5,180	8,050	11,500
2d Formula Cpe	500	1,500	2,500	5,630	8,750	12,500
2d Trans Am Cpe	900	2,700	4,500	10,130	15,750	22,500
NOTE: Add 10 percent for 4-speed. Add 10 percent for L78 option.						
1979 Sunbird						
2d Cpe	120	360	600	1,350	2,100	3,000
2d Spt Cpe	124	372	620	1,400	2,170	3,100
2d HBk	124	372	620	1,400	2,170	3,100
4d Sta Wag	128	384	640	1,440	2,240	3,200
1979 Phoenix						
2d Sed	124	372	620	1,400	2,170	3,100

	6	5	4	3	2	1
2d Cpe	132	396	660	1,490	2,310	3,300
2d HBk	128	384	640	1,440	2,240	3,200
1979 Phoenix LJ						
4d Sed	128	384	640	1,440	2,240	3,200
2d Cpe	136	408	680	1,530	2,380	3,400
1979 LeMans						
4d Sed	180	550	920	2,070	3,220	4,600
2d Cpe	290	880	1,460	3,290	5,110	7,300
4d Sta Wag	190	560	940	2,120	3,290	4,700
1979 Grand LeMans						
4d Sed	190	560	940	2,120	3,290	4,700
2d Cpe	300	900	1,500	3,380	5,250	7,500
4d Sta Wag	190	580	960	2,160	3,360	4,800
1979 Grand Am						
4d Sed	190	580	960	2,160	3,360	4,800
2d Cpe	310	920	1,540	3,470	5,390	7,700
1979 Catalina						
4d Sed	190	580	960	2,160	3,360	4,800
2d Cpe	200	600	1,000	2,250	3,500	5,000
4d Sta Wag	200	590	980	2,210	3,430	4,900
1979 Bonneville						
4d Sed	200	590	980	2,210	3,430	4,900
2d Cpe	210	620	1,040	2,340	3,640	5,200
4d Sta Wag	200	600	1,000	2,250	3,500	5,000
1979 Bonneville Brougham						
4d Sed	200	600	1,000	2,250	3,500	5,000
2d Cpe	220	660	1,100	2,480	3,850	5,500
1979 Grand Prix						
2d Cpe	280	840	1,400	3,150	4,900	7,000
2d LJ Cpe	290	860	1,440	3,240	5,040	7,200
2d SJ Cpe	300	890	1,480	3,330	5,180	7,400
1979 Firebird, V-8, 108" wb						
2d Cpe	440	1,320	2,200	4,950	7,700	11,000
2d Esprit Cpe	460	1,380	2,300	5,180	8,050	11,500
2d Formula Cpe	500	1,500	2,500	5,630	8,750	12,500
2d Trans Am Cpe	900	2,700	4,500	10,130	15,750	22,500
NOTE: Add 15 percent for 10th Anniversary Edition. Add 10 percent for 4-speed.						
1980 Sunbird, V-6						
2d Cpe	140	420	700	1,580	2,450	3,500
2d HBk	144	432	720	1,620	2,520	3,600
2d Spt Cpe	144	432	720	1,620	2,520	3,600
2d Cpe HBk	148	444	740	1,670	2,590	3,700
NOTE: Deduct 10 percent for 4-cyl.						
1980 Phoenix, V-6						
2d Cpe	148	444	740	1,670	2,590	3,700
4d Sed HBk	144	432	720	1,620	2,520	3,600
NOTE: Deduct 10 percent for 4-cyl.						
1980 Phoenix LJ, V-6						
2d Cpe	152	456	760	1,710	2,660	3,800
4d Sed HBk	148	444	740	1,670	2,590	3,700
NOTE: Deduct 10 percent for 4-cyl.						
1980 LeMans, V-8						
4d Sed	190	560	940	2,120	3,290	4,700
2d Cpe	280	830	1,380	3,110	4,830	6,900
4d Sta Wag	190	580	960	2,160	3,360	4,800
NOTE: Deduct 10 percent for V-6.						
1980 Grand LeMans, V-8						
4d Sed	190	580	960	2,160	3,360	4,800
2d Cpe	280	840	1,400	3,150	4,900	7,000
4d Sta Wag	200	590	980	2,210	3,430	4,900
NOTE: Deduct 10 percent for V-6.						
1980 Grand Am, V-8						
2d Cpe	280	850	1,420	3,200	4,970	7,100
1980 Firebird, V-8						
2d Cpe	440	1,320	2,200	4,950	7,700	11,000
2d Cpe Esprit	460	1,380	2,300	5,180	8,050	11,500
2d Cpe Formula	500	1,500	2,500	5,630	8,750	12,500
2d Cpe Trans Am	900	2,700	4,500	10,130	15,750	22,500
NOTE: Deduct 15 percent for V-6. Add 10 percent for Indy Pace Car.						
1980 Catalina, V-8						
4d Sed	200	590	980	2,210	3,430	4,900
2d Cpe	200	600	1,000	2,250	3,500	5,000
4d 2S Sta Wag	200	590	980	2,210	3,430	4,900
4d 3S Sta Wag	200	600	1,000	2,250	3,500	5,000
NOTE: Deduct 10 percent for V-6.						

	6	5	4	3	2	1
1980 Bonneville, V-8						
4d Sed	200	600	1,000	2,250	3,500	5,000
2d Cpe	200	610	1,020	2,300	3,570	5,100
4d 2S Sta Wag	200	600	1,000	2,250	3,500	5,000
4d 3S Sta Wag	200	610	1,020	2,300	3,570	5,100
NOTE: Deduct 10 percent for V-6.						
1980 Bonneville Brougham, V-8						
4d Sed	200	610	1,020	2,300	3,570	5,100
2d Cpe	210	620	1,040	2,340	3,640	5,200
NOTE: Deduct 10 percent for V-6.						
1980 Grand Prix, V-8						
2d Cpe	300	890	1,480	3,330	5,180	7,400
2d Cpe LJ	300	900	1,500	3,380	5,250	7,500
2d Cpe SJ	300	910	1,520	3,420	5,320	7,600
NOTE: Deduct 10 percent for V-6.						
1981 T1000, 4-cyl.						
2d Sed HBk	140	420	700	1,580	2,450	3,500
4d Sed HBk	144	432	720	1,620	2,520	3,600
1981 Phoenix, V-6						
2d Cpe	148	444	740	1,670	2,590	3,700
4d Sed HBk	144	432	720	1,620	2,520	3,600
NOTE: Deduct 10 percent for 4-cyl.						
1981 Phoenix LJ, V-6						
2d Cpe	152	456	760	1,710	2,660	3,800
4d Sed HBk	148	444	740	1,670	2,590	3,700
NOTE: Deduct 10 percent for 4-cyl.						
1981 LeMans, V-8						
4d Sed	200	590	980	2,210	3,430	4,900
4d Sed LJ	200	600	1,000	2,250	3,500	5,000
2d Cpe	280	840	1,400	3,150	4,900	7,000
4d Sta Wag	200	600	1,000	2,250	3,500	5,000
NOTE: Deduct 10 percent for V-6.						
1981 Grand LeMans, V-8						
4d Sed	200	600	1,000	2,250	3,500	5,000
2d Cpe	290	860	1,440	3,240	5,040	7,200
4d Sta Wag	200	610	1,020	2,300	3,570	5,100
NOTE: Deduct 10 percent for V-6.						
1981 Firebird, V-8						
2d Cpe	320	960	1,600	3,600	5,600	8,000
2d Cpe Esprit	320	970	1,620	3,650	5,670	8,100
2d Cpe Formula	370	1,100	1,840	4,140	6,440	9,200
2d Cpe Trans Am	620	1,860	3,100	6,980	10,850	15,500
2d Cpe Trans Am SE	630	1,900	3,160	7,110	11,060	15,800
NOTE: Deduct 15 percent for V-6.						
1981 Catalina, V-8						
4d Sed	200	610	1,020	2,300	3,570	5,100
2d Cpe	230	700	1,160	2,610	4,060	5,800
4d 2S Sta Wag	210	620	1,040	2,340	3,640	5,200
4d 3S Sta Wag	210	640	1,060	2,390	3,710	5,300
NOTE: Deduct 10 percent for V-6.						
1981 Bonneville, V-8						
4d Sed	210	620	1,040	2,340	3,640	5,200
2d Cpe	240	710	1,180	2,660	4,130	5,900
4d 2S Sta Wag	210	640	1,060	2,390	3,710	5,300
4d 3S Sta Wag	220	650	1,080	2,430	3,780	5,400
NOTE: Deduct 10 percent for V-6.						
1981 Bonneville Brougham, V-8						
4d Sed	210	640	1,060	2,390	3,710	5,300
2d Cpe	240	720	1,200	2,700	4,200	6,000
1981 Grand Prix, V-8						
2d Cpe	300	890	1,480	3,330	5,180	7,400
2d Cpe LJ	300	900	1,500	3,380	5,250	7,500
2d Cpe Brgm	300	910	1,520	3,420	5,320	7,600
NOTE: Deduct 10 percent for V-6.						
1982 T1000, 4-cyl.						
4d Sed HBk	148	444	740	1,670	2,590	3,700
2d Cpe HBk	144	432	720	1,620	2,520	3,600
1982 J2000 S, 4-cyl.						
4d Sed	156	468	780	1,760	2,730	3,900
2d Cpe	160	480	800	1,800	2,800	4,000
4d Sta Wag	160	480	800	1,800	2,800	4,000
1982 J2000, 4-cyl.						
4d Sed	160	480	800	1,800	2,800	4,000
2d Cpe	164	492	820	1,850	2,870	4,100
2d Cpe HBk	168	504	840	1,890	2,940	4,200
4d Sta Wag	168	504	840	1,890	2,940	4,200

	6	5	4	3	2	1
1982 J2000 LE, 4-cyl.						
4d Sed	164	492	820	1,850	2,870	4,100
2d Cpe	168	504	840	1,890	2,940	4,200
1982 J2000 SE, 4-cyl.						
2d Cpe HBk	176	528	880	1,980	3,080	4,400
1982 Phoenix, V-6						
4d Sed HBk	152	456	760	1,710	2,660	3,800
2d Cpe	156	468	780	1,760	2,730	3,900
NOTE: Deduct 10 percent for 4-cyl.						
1982 Phoenix LJ, V-6						
4d Sed HBk	156	468	780	1,760	2,730	3,900
2d Cpe	160	480	800	1,800	2,800	4,000
NOTE: Deduct 10 percent for 4-cyl.						
1982 Phoenix SJ, V-6						
4d Sed HBk	160	480	800	1,800	2,800	4,000
2d Cpe	164	492	820	1,850	2,870	4,100
1982 6000, V-6						
4d Sed	168	504	840	1,890	2,940	4,200
2d Cpe	172	516	860	1,940	3,010	4,300
NOTE: Deduct 10 percent for 4-cyl.						
1982 6000 LE, V-6						
4d Sed	172	516	860	1,940	3,010	4,300
2d Cpe	176	528	880	1,980	3,080	4,400
NOTE: Deduct 10 percent for 4-cyl.						
1982 Firebird, V-8						
2d Cpe	252	756	1,260	2,840	4,410	6,300
2d Cpe SE	264	792	1,320	2,970	4,620	6,600
2d Cpe Trans Am	276	828	1,380	3,110	4,830	6,900
NOTE: Deduct 15 percent for V-6.						
1982 Bonneville, V-6						
4d Sed	210	620	1,040	2,340	3,640	5,200
4d Sta Wag	210	640	1,060	2,390	3,710	5,300
1982 Bonneville Brougham						
4d Sed	210	640	1,060	2,390	3,710	5,300
1982 Grand Prix, V-6						
2d Cpe	280	830	1,380	3,110	4,830	6,900
2d Cpe LJ	280	840	1,400	3,150	4,900	7,000
2d Cpe Brgm	280	850	1,420	3,200	4,970	7,100
1983 1000, 4-cyl.						
4d Sed HBk	152	456	760	1,710	2,660	3,800
2d Cpe	148	444	740	1,670	2,590	3,700
1983 2000, 4-cyl.						
4d Sed	160	480	800	1,800	2,800	4,000
2d Cpe	164	492	820	1,850	2,870	4,100
2d Cpe HBk	168	504	840	1,890	2,940	4,200
4d Sta Wag	168	504	840	1,890	2,940	4,200
1983 2000 LE, 4-cyl.						
4d Sed	168	504	840	1,890	2,940	4,200
2d Cpe	172	516	860	1,940	3,010	4,300
4d Sta Wag	172	516	860	1,940	3,010	4,300
1983 2000 SE, 4-cyl.						
2d Cpe HBk	176	528	880	1,980	3,080	4,400
1983 Sunbird, 4-cyl.						
2d Conv	340	1,020	1,700	3,830	5,950	8,500
1983 Phoenix, V-6						
4d Sed HBk	156	468	780	1,760	2,730	3,900
2d Cpe	160	480	800	1,800	2,800	4,000
NOTE: Deduct 10 percent for 4-cyl.						
1983 Phoenix LJ, V-6						
4d Sed HBk	160	480	800	1,800	2,800	4,000
2d Cpe	164	492	820	1,850	2,870	4,100
NOTE: Deduct 10 percent for 4-cyl.						
1983 Phoenix SJ, V-6						
4d Sed HBk	164	492	820	1,850	2,870	4,100
2d Cpe	168	504	840	1,890	2,940	4,200
1983 6000, V-6						
4d Sed	172	516	860	1,940	3,010	4,300
2d Cpe	176	528	880	1,980	3,080	4,400
NOTE: Deduct 10 percent for 4-cyl.						
1983 6000 LE, V-6						
4d Sed	176	528	880	1,980	3,080	4,400
2d Cpe	180	540	900	2,030	3,150	4,500
NOTE: Deduct 10 percent for 4-cyl.						
1983 6000 STE, V-6						
4d Sed	188	564	940	2,120	3,290	4,700

	6	5	4	3	2	1
1983 Firebird, V-8						
2d Cpe	252	756	1,260	2,840	4,410	6,300
2d Cpe SE	256	768	1,280	2,880	4,480	6,400
2d Cpe Trans Am	264	792	1,320	2,970	4,620	6,600
NOTE: Deduct 15 percent for V-6. Add 25 percent for Daytona 500 Limited Ed. pkg. on Trans Am.						
1983 Bonneville, V-8						
4d Sed	210	640	1,060	2,390	3,710	5,300
4d Brgm	220	650	1,080	2,430	3,780	5,400
4d Sta Wag	220	660	1,100	2,480	3,850	5,500
NOTE: Deduct 10 percent for V-6.						
1983 Grand Prix, V-8						
2d Cpe	270	800	1,340	3,020	4,690	6,700
2d Cpe LJ	270	820	1,360	3,060	4,760	6,800
2d Cpe Brgm	280	830	1,380	3,110	4,830	6,900
1984 1000, 4-cyl.						
4d HBk	152	456	760	1,710	2,660	3,800
2d HBk	148	444	740	1,670	2,590	3,700
1984 Sunbird 2000, 4-cyl.						
4d Sed LE	164	492	820	1,850	2,870	4,100
2d Sed LE	160	480	800	1,800	2,800	4,000
2d Conv LE	340	1,020	1,700	3,830	5,950	8,500
4d Sta Wag LE	168	504	840	1,890	2,940	4,200
4d Sed SE	168	504	840	1,890	2,940	4,200
2d Sed SE	164	492	820	1,850	2,870	4,100
2d HBk SE	172	516	860	1,940	3,010	4,300
NOTE: Deduct 5 percent for lesser models. Add 10 percent for turbo where available.						
1984 Phoenix, 4-cyl.						
2d Sed	156	468	780	1,760	2,730	3,900
4d HBk	160	480	800	1,800	2,800	4,000
2d Sed LE	160	480	800	1,800	2,800	4,000
4d HBk LE	164	492	820	1,850	2,870	4,100
1984 Phoenix, V-6						
2d Sed	164	492	820	1,850	2,870	4,100
4d HBk	168	504	840	1,890	2,940	4,200
2d Sed LE	168	504	840	1,890	2,940	4,200
4d HBk LE	172	516	860	1,940	3,010	4,300
2d Sed SE	176	528	880	1,980	3,080	4,400
1984 6000, 4-cyl.						
4d Sed LE	180	540	900	2,030	3,150	4,500
2d Sed LE	184	552	920	2,070	3,220	4,600
4d Sta Wag LE	188	564	940	2,120	3,290	4,700
NOTE: Deduct 5 percent for lesser models.						
1984 6000, V-6						
4d Sed LE	184	552	920	2,070	3,220	4,600
2d Sed LE	188	564	940	2,120	3,290	4,700
4d Sta Wag LE	192	576	960	2,160	3,360	4,800
4d Sed STE	196	588	980	2,210	3,430	4,900
NOTE: Deduct 5 percent for lesser models.						
1984 Fiero, 4-cyl.						
2d Cpe	280	840	1,400	3,150	4,900	7,000
2d Cpe Spt	300	900	1,500	3,380	5,250	7,500
2d Cpe SE	320	960	1,600	3,600	5,600	8,000
NOTE: Add 40 percent for Indy Pace Car.						
1984 Firebird, V-6						
2d Cpe	244	732	1,220	2,750	4,270	6,100
2d Cpe SE	252	756	1,260	2,840	4,410	6,300
1984 Firebird, V-8						
2d Cpe	264	792	1,320	2,970	4,620	6,600
2d Cpe SE	268	804	1,340	3,020	4,690	6,700
2d Cpe TA	272	816	1,360	3,060	4,760	6,800
1984 Bonneville, V-6						
4d Sed	210	640	1,060	2,390	3,710	5,300
4d Sed LE	220	650	1,080	2,430	3,780	5,400
4d Sed Brgm	220	660	1,100	2,480	3,850	5,500
1984 Bonneville, V-8						
4d Sed	220	660	1,100	2,480	3,850	5,500
4d Sed LE	220	670	1,120	2,520	3,920	5,600
4d Sed Brgm	230	680	1,140	2,570	3,990	5,700
1984 Grand Prix, V-6						
2d Cpe	270	800	1,340	3,020	4,690	6,700
2d Cpe LE	270	820	1,360	3,060	4,760	6,800
2d Cpe Brgm	280	830	1,380	3,110	4,830	6,900
1984 Grand Prix, V-8						
2d Cpe	280	840	1,400	3,150	4,900	7,000
2d Cpe LE	280	850	1,420	3,200	4,970	7,100
2d Cpe Brgm	290	860	1,440	3,240	5,040	7,200

	6	5	4	3	2	1
1984 Parisienne, V-6						
4d Sed	210	620	1,040	2,340	3,640	5,200
4d Sed Brgm	210	640	1,060	2,390	3,710	5,300
1984 Parisienne, V-8						
4d Sed	220	650	1,080	2,430	3,780	5,400
4d Sed Brgm	220	660	1,100	2,480	3,850	5,500
4d Sta Wag	220	670	1,120	2,520	3,920	5,600
1985 1000, 4-cyl.						
4d Sed	152	456	760	1,710	2,660	3,800
2d Sed	148	444	740	1,670	2,590	3,700
2d HBk	156	468	780	1,760	2,730	3,900
4d Sta Wag	160	480	800	1,800	2,800	4,000
1985 Sunbird, 4-cyl.						
4d Sed	164	492	820	1,850	2,870	4,100
2d Cpe	160	480	800	1,800	2,800	4,000
Conv	340	1,020	1,700	3,830	5,950	8,500
4d Sta Wag	168	504	840	1,890	2,940	4,200
4d Sed SE	168	504	840	1,890	2,940	4,200
2d Cpe SE	164	492	820	1,850	2,870	4,100
2d HBk SE	172	516	860	1,940	3,010	4,300
NOTE: Add 20 percent for turbo.						
1985 Grand Am, V-6						
2d Cpe	180	540	900	2,030	3,150	4,500
2d Cpe LE	184	552	920	2,070	3,220	4,600
NOTE: Deduct 15 percent for 4-cyl.						
1985 6000, V-6						
4d Sed LE	184	552	920	2,070	3,220	4,600
2d Sed LE	188	564	940	2,120	3,290	4,700
4d Sta Wag LE	192	576	960	2,160	3,360	4,800
4d Sed STE	196	588	980	2,210	3,430	4,900
NOTE: Deduct 20 percent for 4-cyl. where available. Deduct 5 percent for lesser models.						
1985 Fiero, V-6						
2d Cpe	280	840	1,400	3,150	4,900	7,000
2d Cpe Spt	300	900	1,500	3,380	5,250	7,500
2d Cpe SE	320	960	1,600	3,600	5,600	8,000
2d Cpe GT	340	1,020	1,700	3,830	5,950	8,500
NOTE: Deduct 20 percent for 4-cyl. where available.						
1985 Firebird, V-8						
2d Cpe	264	792	1,320	2,970	4,620	6,600
2d Cpe SE	268	804	1,340	3,020	4,690	6,700
2d Cpe Trans Am	272	816	1,360	3,060	4,760	6,800
NOTE: Deduct 30 percent for V-6 where available.						
1985 Bonneville, V-8						
4d Sed	210	640	1,060	2,390	3,710	5,300
4d Sed LE	220	650	1,080	2,430	3,780	5,400
4d Sed Brgm	220	660	1,100	2,480	3,850	5,500
NOTE: Deduct 25 percent for V-6.						
1985 Grand Prix, V-8						
2d Cpe	270	800	1,340	3,020	4,690	6,700
2d Cpe LE	270	820	1,360	3,060	4,760	6,800
2d Cpe Brgm	280	830	1,380	3,110	4,830	6,900
NOTE: Deduct 25 percent for V-6.						
1985 Parisienne, V-8						
4d Sed	220	650	1,080	2,430	3,780	5,400
4d Sed Brgm	220	660	1,100	2,480	3,850	5,500
4d Sta Wag	220	670	1,120	2,520	3,920	5,600
NOTE: Deduct 20 percent for V-6 where available. Deduct 30 percent for diesel.						
1986 Fiero, V-6						
2d Cpe Spt	300	900	1,500	3,380	5,250	7,500
2d Cpe SE	320	960	1,600	3,600	5,600	8,000
2d Cpe GT	340	1,020	1,700	3,830	5,950	8,500
NOTE: Deduct 20 percent for 4-cyl. where available.						
1986 1000, 4-cyl.						
2d HBk	150	460	760	1,710	2,660	3,800
4d HBk	160	470	780	1,760	2,730	3,900
1986 Sunbird						
2d Cpe	160	480	800	1,800	2,800	4,000
2d HBk	164	492	820	1,850	2,870	4,100
2d Conv	344	1,032	1,720	3,870	6,020	8,600
4d GT Sed	164	492	820	1,850	2,870	4,100
2d GT Conv	352	1,056	1,760	3,960	6,160	8,800
1986 Grand Am						
2d Cpe	188	564	940	2,120	3,290	4,700
4d Sed	184	552	920	2,070	3,220	4,600
1986 Firebird						
2d Cpe	264	792	1,320	2,970	4,620	6,600

	6	5	4	3	2	1
2d SE V-8 Cpe	268	804	1,340	3,020	4,690	6,700
Trans Am Cpe	276	828	1,380	3,110	4,830	6,900
1986 6000						
2d Cpe	192	576	960	2,160	3,360	4,800
4d Sed	188	564	940	2,120	3,290	4,700
4d Sta Wag	192	576	960	2,160	3,360	4,800
4d STE Sed	200	600	1,000	2,250	3,500	5,000
1986 Grand Prix						
2d Cpe	280	830	1,380	3,110	4,830	6,900
1986 Bonneville						
4d Sed	220	660	1,100	2,480	3,850	5,500
1986 Parisienne						
4d Sed	220	670	1,120	2,520	3,920	5,600
4d Sta Wag	232	696	1,160	2,610	4,060	5,800
4d Brgm Sed	230	680	1,140	2,570	3,990	5,700
NOTE: Add 10 percent for deluxe models.						
1986-1/2 Grand Prix 2 plus 2						
2d Aero Cpe	840	2,520	4,200	9,450	14,700	21,000
NOTE: Deduct 5 percent for smaller engines.						
1987 1000, 4-cyl.						
2d HBk	152	456	760	1,710	2,660	3,800
4d HBk	156	468	780	1,760	2,730	3,900
1987 Sunbird, 4-cyl.						
4d Sed	156	468	780	1,760	2,730	3,900
4d Sta Wag	160	480	800	1,800	2,800	4,000
2d SE Cpe	164	492	820	1,850	2,870	4,100
2d SE HBk	168	504	840	1,890	2,940	4,200
2d SE Conv	520	1,560	2,600	5,850	9,100	13,000
4d GT Turbo Sed	172	516	860	1,940	3,010	4,300
2d GT Turbo Cpe	168	504	840	1,890	2,940	4,200
2d GT Turbo HBk	172	516	860	1,940	3,010	4,300
2d GT Turbo Conv	560	1,680	2,800	6,300	9,800	14,000
NOTE: Add 5 percent for Turbo on all models except GT.						
1987 Grand Am, 4-cyl.						
4d Sed	192	576	960	2,160	3,360	4,800
2d Cpe	196	588	980	2,210	3,430	4,900
4d LE Sed	196	588	980	2,210	3,430	4,900
2d LE Cpe	200	600	1,000	2,250	3,500	5,000
4d SE Sed	204	612	1,020	2,300	3,570	5,100
2d SE Cpe	208	624	1,040	2,340	3,640	5,200
1987 Grand Am, V-6						
4d Sed	196	588	980	2,210	3,430	4,900
2d Cpe	200	600	1,000	2,250	3,500	5,000
4d LE Sed	200	600	1,000	2,250	3,500	5,000
2d LE Cpe	204	612	1,020	2,300	3,570	5,100
4d SE Sed	212	636	1,060	2,390	3,710	5,300
2d SE Cpe	216	648	1,080	2,430	3,780	5,400
1987 6000, 4-cyl.						
4d Sed	200	600	1,000	2,250	3,500	5,000
2d Cpe	196	588	980	2,210	3,430	4,900
4d Sta Wag	204	612	1,020	2,300	3,570	5,100
4d LE Sed	204	612	1,020	2,300	3,570	5,100
4d LE Sta Wag	208	624	1,040	2,340	3,640	5,200
1987 6000, V-6						
4d Sed	204	612	1,020	2,300	3,570	5,100
2d Cpe	200	600	1,000	2,250	3,500	5,000
4d Sta Wag	208	624	1,040	2,340	3,640	5,200
4d LE Sed	208	624	1,040	2,340	3,640	5,200
4d LE Sta Wag	212	636	1,060	2,390	3,710	5,300
4d SE Sed	212	636	1,060	2,390	3,710	5,300
4d SE Sta Wag	216	648	1,080	2,430	3,780	5,400
4d STE Sed	216	648	1,080	2,430	3,780	5,400
1987 Fiero, V-6						
2d Cpe	320	960	1,600	3,600	5,600	8,000
2d Spt Cpe	340	1,020	1,700	3,830	5,950	8,500
2d SE Cpe	360	1,080	1,800	4,050	6,300	9,000
NOTE: Deduct 20 percent for 4-cyl.						
2d GT Cpe	380	1,140	1,900	4,280	6,650	9,500
1987 Firebird, V-6						
2d Cpe	268	804	1,340	3,020	4,690	6,700
1987 Firebird, V-8						
2d Cpe	276	828	1,380	3,110	4,830	6,900
2d Cpe Formula	280	840	1,400	3,150	4,900	7,000
2d Cpe Trans Am	288	864	1,440	3,240	5,040	7,200
2d Cpe GTA	296	888	1,480	3,330	5,180	7,400

NOTE: Add 10 percent for 5.7 liter V-8 where available.

	6	5	4	3	2	1
1987 Bonneville, V-6						
4d Sed	200	600	1,000	2,250	3,500	5,000
4d LE Sed	208	624	1,040	2,340	3,640	5,200
1987 Grand Prix, V-6						
2d Cpe	280	840	1,400	3,150	4,900	7,000
2d LE Cpe	280	850	1,420	3,200	4,970	7,100
2d Brgm Cpe	290	860	1,440	3,240	5,040	7,200
1987 Grand Prix, V-8						
2d Cpe	290	860	1,440	3,240	5,040	7,200
2d LE Cpe	290	880	1,460	3,290	5,110	7,300
2d Brgm Cpe	300	890	1,480	3,330	5,180	7,400
1987 Safari, V-8						
4d Sta Wag	220	660	1,100	2,480	3,850	5,500
1988 LeMans, 4-cyl.						
3d HBk	100	300	500	1,130	1,750	2,500
4d Sed	112	336	560	1,260	1,960	2,800
4d SE Sed	120	360	600	1,350	2,100	3,000
1988 Sunbird, 4-cyl.						
4d Sed	136	408	680	1,530	2,380	3,400
2d SE Cpe	144	432	720	1,620	2,520	3,600
4d SE Sed	148	444	740	1,670	2,590	3,700
4d Sta Wag	152	456	760	1,710	2,660	3,800
2d GT Cpe	200	600	1,000	2,250	3,500	5,000
2d GT Conv	340	1,020	1,700	3,830	5,950	8,500
1988 Grand Am, 4-cyl.						
2d Cpe	180	540	900	2,030	3,150	4,500
4d Sed	184	552	920	2,070	3,220	4,600
2d LE Cpe	192	576	960	2,160	3,360	4,800
4d Sed LE	196	588	980	2,210	3,430	4,900
2d SE Turbo Cpe	224	672	1,120	2,520	3,920	5,600
4d SE Turbo Sed	228	684	1,140	2,570	3,990	5,700
1988 6000, 4-cyl.						
4d Sed	156	468	780	1,760	2,730	3,900
4d Sta Wag	160	480	800	1,800	2,800	4,000
4d LE Sed	160	480	800	1,800	2,800	4,000
4d LE Sta Wag	168	504	840	1,890	2,940	4,200
1988 6000, V-6						
4d Sed	168	504	840	1,890	2,940	4,200
4d Sta Wag	180	540	900	2,030	3,150	4,500
4d Sed LE	200	600	1,000	2,250	3,500	5,000
4d LE Sta Wag	200	600	1,000	2,250	3,500	5,000
4d SE Sed	208	624	1,040	2,340	3,640	5,200
4d SE Sta Wag	220	660	1,100	2,480	3,850	5,500
4d STE Sed	288	864	1,440	3,240	5,040	7,200
1988 Fiero, V-6						
2d Cpe III	300	900	1,500	3,380	5,250	7,500
2d Formula Cpe	340	1,020	1,700	3,830	5,950	8,500
2d GT Cpe	360	1,080	1,800	4,050	6,300	9,000
1988 Firebird, V-6						
2d Cpe	240	720	1,200	2,700	4,200	6,000
1988 Firebird, V-8						
2d Cpe	280	840	1,400	3,150	4,900	7,000
2d Formula Cpe	320	960	1,600	3,600	5,600	8,000
2d Cpe Trans Am	520	1,560	2,600	5,850	9,100	13,000
2d Cpe GTA	600	1,800	3,000	6,750	10,500	15,000
1988 Bonneville, V-6						
4d LE Sed	240	720	1,200	2,700	4,200	6,000
4d SE Sed	300	900	1,500	3,380	5,250	7,500
4d SSE Sed	520	1,560	2,600	5,850	9,100	13,000
1988 Grand Prix, V-6						
2d Cpe	260	780	1,300	2,930	4,550	6,500
2d LE Cpe	280	840	1,400	3,150	4,900	7,000
2d SE Cpe	320	960	1,600	3,600	5,600	8,000
1989 LeMans, 4-cyl.						
2d HBk	108	324	540	1,220	1,890	2,700
2d LE HBk	116	348	580	1,310	2,030	2,900
2d GSE HBk	136	408	680	1,530	2,380	3,400
4d LE Sed	132	396	660	1,490	2,310	3,300
4d SE Sed	140	420	700	1,580	2,450	3,500
1989 Sunbird, 4-cyl.						
4d LE Sed	184	552	920	2,070	3,220	4,600
2d LE Cpe	180	540	900	2,030	3,150	4,500
2d SE Cpe	188	564	940	2,120	3,290	4,700
2d GT Turbo Cpe	268	804	1,340	3,020	4,690	6,700
2d GT Turbo Conv	540	1,620	2,700	6,080	9,450	13,500

	6	5	4	3	2	1
1989 Grand Am, 4-cyl.						
4d LE Sed	224	672	1,120	2,520	3,920	5,600
2d LE Cpe	220	660	1,100	2,480	3,850	5,500
4d SE Sed	252	756	1,260	2,840	4,410	6,300
2d SE Cpe	248	744	1,240	2,790	4,340	6,200
1989 6000, 4-cyl.						
4d Sed LE	228	684	1,140	2,570	3,990	5,700
1989 6000, V-6						
4d LE Sed	244	732	1,220	2,750	4,270	6,100
4d LE Sta Wag	256	768	1,280	2,880	4,480	6,400
4d STE Sed, AWD	300	950	1,600	3,600	5,600	8,000
1989 Firebird, V-6						
2d Cpe	260	780	1,300	2,930	4,550	6,500
1989 Firebird, V-8						
2d Cpe	280	840	1,400	3,150	4,900	7,000
2d Formula Cpe	300	900	1,500	3,380	5,250	7,500
2d Trans Am Cpe	560	1,680	2,800	6,300	9,800	14,000
2d GTA Cpe	600	1,800	3,000	6,750	10,500	15,000
1989 Firebird, V-6						
2d Trans Am Cpe	550	1,700	2,800	6,300	9,800	14,000
1989 Bonneville, V-6						
4d LE Sed	272	816	1,360	3,060	4,760	6,800
4d SE Sed	312	936	1,560	3,510	5,460	7,800
4d SSE Sed	352	1,056	1,760	3,960	6,160	8,800
1989 Grand Prix, V-6						
2d Cpe	280	840	1,400	3,150	4,900	7,000
2d LE Cpe	300	900	1,500	3,380	5,250	7,500
2d SE Cpe	320	960	1,600	3,600	5,600	8,000
NOTE: Add 40 percent for McLaren Turbo Cpe.						
1989 Safari, V-8						
4d Sta Wag	288	864	1,440	3,240	5,040	7,200
1989-1/2 Firebird Trans Am Pace Car, V-6 Turbo						
Cpe	750	2,300	3,800	8,550	13,300	19,000
1990 LeMans, 4-cyl.						
2d Cpe	112	336	560	1,260	1,960	2,800
2d LE Cpe	128	384	640	1,440	2,240	3,200
2d GSE Cpe	144	432	720	1,620	2,520	3,600
4d LE Sed	128	384	640	1,440	2,240	3,200
1990 Sunbird, 4-cyl.						
2d VL Cpe	160	480	800	1,800	2,800	4,000
4d VL Sed	164	492	820	1,850	2,870	4,100
2d LE Cpe	168	504	840	1,890	2,940	4,200
2d LE Conv	300	900	1,500	3,380	5,250	7,500
4d LE Sed	172	516	860	1,940	3,010	4,300
2d SE Cpe	200	600	1,000	2,250	3,500	5,000
2d GT Turbo Cpe	240	720	1,200	2,700	4,200	6,000
1990 Grand Am, 4-cyl.						
2d LE Cpe	228	684	1,140	2,570	3,990	5,700
4d LE Cpe	240	720	1,200	2,700	4,200	6,000
2d SE Quad Cpe	260	780	1,300	2,930	4,550	6,500
4d SE Quad Sed	264	792	1,320	2,970	4,620	6,600
1990 6000, 4-cyl.						
4d LE Sed	180	540	900	2,030	3,150	4,500
1990 6000, V-6						
4d LE Sed	200	600	1,000	2,250	3,500	5,000
4d LE Sta Wag	220	660	1,100	2,480	3,850	5,500
4d SE Sed	220	660	1,100	2,480	3,850	5,500
4d SE Sta Wag	240	720	1,200	2,700	4,200	6,000
NOTE: Add 35 percent for AWD.						
1990 Firebird, V-6						
2d Cpe	260	780	1,300	2,930	4,550	6,500
1990 Firebird, V-8						
2d Cpe	300	900	1,500	3,380	5,250	7,500
2d Formula Cpe	320	960	1,600	3,600	5,600	8,000
2d Trans Am Cpe	520	1,560	2,600	5,850	9,100	13,000
2d GTA Cpe	600	1,800	3,000	6,750	10,500	15,000
1990 Bonneville, V-6						
4d LE Sed	280	840	1,400	3,150	4,900	7,000
4d SE Sed	300	900	1,500	3,380	5,250	7,500
4d SSE Sed	340	1,020	1,700	3,830	5,950	8,500
1990 Grand Prix, 4-cyl.						
2d LE Cpe	240	720	1,200	2,700	4,200	6,000
4d LE Sed	244	732	1,220	2,750	4,270	6,100
1990 Grand Prix, V-6						
2d LE Cpe	252	756	1,260	2,840	4,410	6,300
4d LE Sed	256	768	1,280	2,880	4,480	6,400

	6	5	4	3	2	1
2d SE Cpe	320	960	1,600	3,600	5,600	8,000
4d STE Sed	340	1,020	1,700	3,830	5,950	8,500
1991 LeMans, 4-cyl.						
2d Aero Cpe	128	384	640	1,440	2,240	3,200
2d Aero LE Cpe	152	456	760	1,710	2,660	3,800
4d LE Sed	140	420	700	1,580	2,450	3,500
1991 Sunbird, 4-cyl.						
2d Cpe	152	456	760	1,710	2,660	3,800
4d Sed	152	456	760	1,710	2,660	3,800
2d LE Cpe	160	480	800	1,800	2,800	4,000
4d LE Cpe	160	480	800	1,800	2,800	4,000
2d LE Conv	320	960	1,600	3,600	5,600	8,000
2d SE Cpe	200	600	1,000	2,250	3,500	5,000
1991 Sunbird, V-6						
2d GT Cpe	260	780	1,300	2,930	4,550	6,500
1991 Grand Am, 4-cyl.						
2d Cpe	200	600	1,000	2,250	3,500	5,000
4d Sed	200	600	1,000	2,250	3,500	5,000
2d LE Cpe	208	624	1,040	2,340	3,640	5,200
4d LE Sed	208	624	1,040	2,340	3,640	5,200
2d SE Quad 4 Cpe	232	696	1,160	2,610	4,060	5,800
4d SE Quad 4 Sed	232	696	1,160	2,610	4,060	5,800
1991 6000, 4-cyl.						
4d LE Sed	180	540	900	2,030	3,150	4,500
1991 6000, V-6						
4d LE Sed	200	600	1,000	2,250	3,500	5,000
4d LE Sta Wag	220	660	1,100	2,480	3,850	5,500
4d SE Sed	216	648	1,080	2,430	3,780	5,400
1991 Firebird, V-6						
2d Cpe	260	780	1,300	2,930	4,550	6,500
2d Conv	560	1,680	2,800	6,300	9,800	14,000
1991 Firebird, V-8						
2d Cpe	300	900	1,500	3,380	5,250	7,500
2d Conv	600	1,800	3,000	6,750	10,500	15,000
2d Formula Cpe	320	960	1,600	3,600	5,600	8,000
2d Trans Am Cpe	520	1,560	2,600	5,850	9,100	13,000
2d Trans Am Conv	660	1,980	3,300	7,430	11,550	16,500
2d GTA Cpe	600	1,800	3,000	6,750	10,500	15,000
1991 Bonneville, V-6						
4d LE Sed	260	780	1,300	2,930	4,550	6,500
4d SE Sed	300	900	1,500	3,380	5,250	7,500
4d SSE Sed	320	960	1,600	3,600	5,600	8,000
1991 Grand Prix, Quad 4						
2d SE Cpe	220	660	1,100	2,480	3,850	5,500
4d LE Sed	220	660	1,100	2,480	3,850	5,500
4d SE Sed	232	696	1,160	2,610	4,060	5,800
1991 Grand Prix, V-6						
4d SE Cpe	240	720	1,200	2,700	4,200	6,000
2d GT Cpe	256	768	1,280	2,880	4,480	6,400
4d LE Sed	240	720	1,200	2,700	4,200	6,000
4d SE Sed	256	768	1,280	2,880	4,480	6,400
4d STE Sed	280	840	1,400	3,150	4,900	7,000
1992 LeMans, 4-cyl.						
2d Aero Cpe HBk	152	456	760	1,710	2,660	3,800
2d SE Aero Cpe HBk	156	468	780	1,760	2,730	3,900
4d SE Sed	160	480	800	1,800	2,800	4,000
1992 Sunbird, 4-cyl.						
4d LE Sed	160	480	800	1,800	2,800	4,000
2d LE Cpe	164	492	820	1,850	2,870	4,100
4d SE Sed	168	504	840	1,890	2,940	4,200
2d SE Cpe	172	516	860	1,940	3,010	4,300
2d SE Conv	260	780	1,300	2,930	4,550	6,500
2d GT Cpe V-6	180	540	900	2,030	3,150	4,500
1992 Grand Am, 4-cyl.						
4d SE Sed	200	600	1,000	2,250	3,500	5,000
2d SE Cpe	220	660	1,100	2,480	3,850	5,500
4d GT Sed	240	720	1,200	2,700	4,200	6,000
2d GT Cpe	260	780	1,300	2,930	4,550	6,500
NOTE: Add 10 percent for V-6.						
1992 Firebird, V-8						
2d Cpe	320	960	1,600	3,600	5,600	8,000
2d Conv	600	1,800	3,000	6,750	10,500	15,000
2d Formula Cpe	340	1,020	1,700	3,830	5,950	8,500
2d Trans Am Cpe	540	1,620	2,700	6,080	9,450	13,500
2d Trans Am Conv	620	1,860	3,100	6,980	10,850	15,500

	6	5	4	3	2	1
2d GTA Cpe	580	1,740	2,900	6,530	10,150	14,500
NOTE: Deduct 10 percent for V-6.						
1992 Bonneville, V-6						
4d SE Sed	260	780	1,300	2,930	4,550	6,500
4d SSE Sed	300	900	1,500	3,380	5,250	7,500
4d SSEi Sed	520	1,560	2,600	5,850	9,100	13,000
1992 Grand Prix, V-6						
4d LE Sed	220	660	1,100	2,480	3,850	5,500
4d SE Sed	240	720	1,200	2,700	4,200	6,000
2d SE Cpe	260	780	1,300	2,930	4,550	6,500
4d STE Sed	320	960	1,600	3,600	5,600	8,000
2d GT Cpe	340	1,020	1,700	3,830	5,950	8,500
1993 LeMans						
2d Aero Cpe	156	468	780	1,760	2,730	3,900
2d SE Aero Cpe	160	480	800	1,800	2,800	4,000
4d SE Sed	156	468	780	1,760	2,730	3,900
1993 Sunbird						
2d LE Cpe	168	504	840	1,890	2,940	4,200
4d LE Sed	170	510	850	1,910	2,975	4,250
2d SE Cpe	172	516	860	1,940	3,010	4,300
4d SE Sed	174	522	870	1,960	3,045	4,350
2d GT Cpe, V-6	180	540	900	2,030	3,150	4,500
2d SE Conv	188	564	940	2,120	3,290	4,700
1993 Grand Am, 4-cyl.						
2d SE Cpe	220	660	1,100	2,480	3,850	5,500
4d SE Sed	220	660	1,100	2,480	3,850	5,500
2d GT Cpe	224	672	1,120	2,520	3,920	5,600
4d GT Sed	224	672	1,120	2,520	3,920	5,600
1993 Grand Am, V-6						
2d SE Cpe	224	672	1,120	2,520	3,920	5,600
4d SE Sed	224	672	1,120	2,520	3,920	5,600
2d GT Cpe	228	684	1,140	2,570	3,990	5,700
4d GT Sed	228	684	1,140	2,570	3,990	5,700
1993 Firebird						
2d Cpe, V-6	320	960	1,600	3,600	5,600	8,000
2d Formula Cpe, V-8	520	1,560	2,600	5,850	9,100	13,000
2d Trans Am Cpe, V-8	540	1,620	2,700	6,080	9,450	13,500
1993 Bonneville, V-6						
4d SE Sed	320	960	1,600	3,600	5,600	8,000
4d SSE Sed	340	1,020	1,700	3,830	5,950	8,500
4d SSEi Sed	520	1,560	2,600	5,850	9,100	13,000
1993 Grand Prix						
2d SE Cpe	240	720	1,200	2,700	4,200	6,000
2d GT Cpe	248	744	1,240	2,790	4,340	6,200
4d LE Sed	240	720	1,200	2,700	4,200	6,000
4d SE Sed	248	744	1,240	2,790	4,340	6,200
4d STE Sed	256	768	1,280	2,880	4,480	6,400
1994 Sunbird						
2d LE Cpe, 4-cyl.	220	660	1,100	2,480	3,850	5,500
4d LE Sed, 4-cyl.	224	672	1,120	2,520	3,920	5,600
2d LE Conv, 4-cyl.	300	900	1,500	3,380	5,250	7,500
2d SE Cpe, V-6	260	780	1,300	2,930	4,550	6,500
1994 Grand Am						
2d SE Cpe, 4-cyl.	244	732	1,220	2,750	4,270	6,100
4d SE Sed, 4-cyl.	248	744	1,240	2,790	4,340	6,200
4d GT Sed, 4-cyl.	260	780	1,300	2,930	4,550	6,500
2d SE Cpe, V-6	252	756	1,260	2,840	4,410	6,300
2d GT Cpe, V-6	256	768	1,280	2,880	4,480	6,400
4d SE Sed, V-6	256	768	1,280	2,880	4,480	6,400
4d GT Sed, V-6	260	780	1,300	2,930	4,550	6,500
1994 Firebird						
2d Cpe, V-6	420	1,260	2,100	4,730	7,350	10,500
2d Conv, V-6	540	1,620	2,700	6,080	9,450	13,500
2d Formula Cpe, V-8	480	1,440	2,400	5,400	8,400	12,000
2d Formula Conv, V-8	580	1,740	2,900	6,530	10,150	14,500
2d Trans Am Cpe, V-8	540	1,620	2,700	6,080	9,450	13,500
2d Trans Am GT Cpe, V-8	580	1,740	2,900	6,530	10,150	14,500
2d Trans Am GT Conv, V-8	620	1,860	3,100	6,980	10,850	15,500
1994 Bonneville, V-6						
4d SE Sed	340	1,020	1,700	3,830	5,950	8,500
4d SSE Sed	440	1,320	2,200	4,950	7,700	11,000
1994 Grand Prix						
2d SE Cpe	340	1,020	1,700	3,830	5,950	8,500
4d SE Sed	344	1,032	1,720	3,870	6,020	8,600
1995 Sunbird, 4-cyl.						
2d SE Cpe	200	650	1,100	2,480	3,850	5,500

	6	5	4	3	2	1
4d SE Sed	200	650	1,100	2,520	3,900	5,600
2d SE Conv	300	900	1,500	3,380	5,250	7,500
2d GT Cpe	300	850	1,400	3,150	4,900	7,000
1995 Grand Am, 4-cyl. & V-6						
2d SE Cpe	250	750	1,200	2,750	4,250	6,100
4d SE Sed	250	750	1,250	2,790	4,350	6,200
2d GT Cpe	250	750	1,300	2,880	4,500	6,400
4d GT Sed	250	800	1,300	2,930	4,550	6,500
1995 Firebird, V-6 & V-8						
2d Cpe, V-6	400	1,250	2,100	4,730	7,350	10,500
2d Conv, V-6	550	1,600	2,700	6,080	9,450	13,500
2d Formula Cpe, V-8	480	1,440	2,400	5,400	8,400	12,000
2d Formula Conv, V-8	580	1,740	2,900	6,530	10,150	14,500
2d Trans Am Cpe, V-8	540	1,620	2,700	6,080	9,450	13,500
2d Trans Am Conv, V-8	620	1,860	3,100	6,980	10,850	15,500
1995 Bonneville, V-6						
4d SE Sed	350	1,000	1,700	3,830	5,950	8,500
4d SSE Sed	450	1,300	2,200	4,950	7,700	11,000
4d SSEi Sed	500	1,500	2,500	5,630	8,750	12,500
1995 Grand Prix, V-6						
2d SE Cpe	350	1,000	1,700	3,830	5,950	8,500
4d SE Sed	350	1,050	1,700	3,870	6,000	8,600
1996 Sunfire, 4-cyl.						
2d SE Cpe	200	650	1,100	2,480	3,850	5,500
4d SE Sed	200	650	1,100	2,520	3,900	5,600
2d SE Conv	300	900	1,500	3,380	5,250	7,500
2d GT Cpe	300	850	1,400	3,150	4,900	7,000
1996 Grand Am, 4-cyl. & V-6						
2d SE Cpe	250	750	1,250	2,790	4,350	6,200
4d SE Sed	250	750	1,200	2,750	4,250	6,100
2d GT Cpe	250	800	1,300	2,930	4,550	6,500
4d GT Sed	250	750	1,300	2,880	4,500	6,400
1996 Firebird, V-6 & V-8						
2d Cpe, V-6	400	1,250	2,100	4,730	7,350	10,500
2d Conv, V-6	550	1,600	2,700	6,080	9,450	13,500
2d Formula Cpe, V-8	480	1,440	2,400	5,400	8,400	12,000
2d Formula Conv, V-8	580	1,740	2,900	6,530	10,150	14,500
2d Trans Am Cpe, V-8	540	1,620	2,700	6,080	9,450	13,500
2d Trans Am Conv, V-8	620	1,860	3,100	6,980	10,850	15,500
1996 Bonneville, V-6						
4d SE Sed	350	1,000	1,700	3,830	5,950	8,500
4d SSE Sed	450	1,300	2,200	4,950	7,700	11,000
4d SSEi Sed	500	1,500	2,500	5,630	8,750	12,500
NOTE: For SE and SSE add 5 percent for supercharged V-6.						
1996 Grand Prix, V-6						
2d SE Cpe	350	1,000	1,700	3,830	5,950	8,500
4d SE Sed	350	1,050	1,700	3,870	6,000	8,600
NOTE: Add 5 percent for GT pkg. Add 10 percent for GTP pkg.						
1997 Sunfire, 4-cyl						
2d SE Cpe	220	660	1,100	2,480	3,850	5,500
4d SE Sed	224	672	1,120	2,520	3,920	5,600
2d SE Conv	300	900	1,500	3,380	5,250	7,500
2d GT Cpe	280	840	1,400	3,150	4,900	7,000
1997 Grand Am, 4-cyl. & V-6						
2d SE Cpe	248	744	1,240	2,790	4,340	6,200
4d SE Sed	244	732	1,220	2,750	4,270	6,100
2d GT Cpe	260	780	1,300	2,930	4,550	6,500
4d GT Sed	256	768	1,280	2,880	4,480	6,400
1997 Firebird, V-6 & V-8						
2d Cpe, V-6	420	1,260	2,100	4,730	7,350	10,500
2d Conv, V-6	540	1,620	2,700	6,080	9,450	13,500
2d Formula Cpe, V-8	480	1,440	2,400	5,400	8,400	12,000
2d Formula Conv, V-8	580	1,740	2,900	6,530	10,150	14,500
2d Trans Am Cpe, V-8	540	1,620	2,700	6,080	9,450	13,500
2d Trans Am Conv, V-8	620	1,860	3,100	6,980	10,850	15,500
NOTE: Add 5 percent for Sport Pkg on V-6 models. Add 5 percent for Ram Air Pkg on convertibles.						
1997 Bonneville, V-6						
4d SE Sed	340	1,020	1,700	3,830	5,950	8,500
4d SSE Sed	440	1,320	2,200	4,950	7,700	11,000
4d SSEi Sed	500	1,500	2,500	5,630	8,750	12,500
NOTE: Add 5 percent for supercharged V-6 on SE or SSE models. Add 5 percent for 40th Anv Pkg on SE or SSE.						
1997 Grand Prix, V-6						
4d SE Sed	344	1,032	1,720	3,870	6,020	8,600
2d GT Cpe	372	1,116	1,860	4,190	6,510	9,300
4d GT Sed	376	1,128	1,880	4,230	6,580	9,400
2d GTP Cpe (supercharged)	408	1,224	2,040	4,590	7,140	10,200

	6	5	4	3	2	1
4d GTP Sed (supercharged)	412	1,236	2,060	4,640	7,210	10,300
1998 Sunfire, 4-cyl.						
2d SE Cpe	220	660	1,100	2,480	3,850	5,500
4d SE Sed	220	670	1,120	2,520	3,920	5,600
2d SE Conv	300	900	1,500	3,380	5,250	7,500
2d GT Cpe	280	840	1,400	3,150	4,900	7,000
1998 Grand Am, 4-cyl. & V-6						
2d SE Cpe	250	740	1,240	2,790	4,340	6,200
4d SE Sed	240	730	1,220	2,750	4,270	6,100
2d GT Cpe	260	780	1,300	2,930	4,550	6,500
4d GT Sed	260	770	1,280	2,880	4,480	6,400
1998 Firebird, V-6 & V-8						
2d Cpe, V-6	420	1,260	2,100	4,730	7,350	10,500
2d Conv, V-6	540	1,620	2,700	6,080	9,450	13,500
2d Formula Cpe, V-8	480	1,440	2,400	5,400	8,400	12,000
2d Trans Am Cpe, V-8	540	1,620	2,700	6,080	9,450	13,500
2d Trans Am Conv, V-8	620	1,860	3,100	6,980	10,850	15,500
NOTE: Add 5 percent for Autocross Pkg. Add 10 percent for WS6 Pkg.						
1998 Bonneville, V-6						
4d SE Sed	340	1,020	1,700	3,830	5,950	8,500
4d SSE Sed	440	1,320	2,200	4,950	7,700	11,000
4d SSEi Sed	500	1,500	2,500	5,630	8,750	12,500
NOTE: Add 5 percent for supercharged V-6 on SSE Sed.						
1998 Grand Prix, V-6						
4d SE Sed	340	1,030	1,720	3,870	6,020	8,600
2d GT Cpe	370	1,120	1,860	4,190	6,510	9,300
4d GT Sed	380	1,130	1,880	4,230	6,580	9,400
2d GTP Cpe (supercharged)	410	1,220	2,040	4,590	7,140	10,200
4d GTP Sed (supercharged)	410	1,240	2,060	4,640	7,210	10,300
1999 Sunfire, 4-cyl.						
2d SE Cpe	230	680	1,140	2,570	3,990	5,700
4d SE Sed	220	670	1,120	2,520	3,920	5,600
2d GT Cpe	280	840	1,400	3,150	4,900	7,000
2d GT Conv	300	900	1,500	3,380	5,250	7,500
NOTE: Add 5 percent for Sun & Sound (SE Cpe), Sun & Storm (GT Cpe), or Special Ed (SE Sed) Pkgs.						
1999 Grand Am, 4-cyl. & V-6						
2d SE Cpe	250	760	1,260	2,840	4,410	6,300
4d SE Sed	250	740	1,240	2,790	4,340	6,200
2d GT Cpe (V-6 only)	260	790	1,320	2,970	4,620	6,600
4d GT Sed (V-6 only)	260	780	1,300	2,930	4,550	6,500
NOTE: Add 5 percent for Solid Sound or Solid Style Pkgs on SE models.						
1999 Firebird, V-6 & V-8						
2d Cpe, V-6	420	1,260	2,100	4,730	7,350	10,500
2d Conv, V-6	540	1,620	2,700	6,080	9,450	13,500
2d Formula Cpe, V-8	480	1,440	2,400	5,400	8,400	12,000
2d Trans Am Cpe, V-8	540	1,620	2,700	6,080	9,450	13,500
2d Trans Am Conv, V-8	620	1,860	3,100	6,980	10,850	15,500
NOTE: Add 10 percent for 30th Anv Pkg (Z4C) Trans Am. Add 5 percent for Autocross Pkg. Add 10 percent for WS6 Pkg.						
1999 Bonneville, V-6						
4d SE Sed	340	1,020	1,700	3,830	5,950	8,500
4d SSE Sed	440	1,320	2,200	4,950	7,700	11,000
4d SSEi Sed	500	1,500	2,500	5,630	8,750	12,500
NOTE: Add 5 percent for supercharged V-6 on SSE Sed.						
1999 Grand Prix, V-6						
4d SE Sed	340	1,030	1,720	3,870	6,020	8,600
2d GT Cpe	380	1,140	1,900	4,280	6,650	9,500
4d GT Sed	380	1,150	1,920	4,320	6,720	9,600
2d GTP Cpe (supercharged)	410	1,240	2,060	4,640	7,210	10,300
4d GTP Sed (supercharged)	420	1,250	2,080	4,680	7,280	10,400
2000 Sunfire, 4-cyl.						
2d SE Cpe	230	680	1,140	2,570	3,990	5,700
4d SE Sed	220	670	1,120	2,520	3,920	5,600
2d GT Cpe	280	840	1,400	3,150	4,900	7,000
2d GT Conv	300	900	1,500	3,380	5,250	7,500
2000 Grand Am, 4-cyl. & V-6						
2d SE Cpe	250	760	1,260	2,840	4,410	6,300
4d SE Sed	250	740	1,240	2,790	4,340	6,200
2d GT Cpe (V-6 only)	260	790	1,320	2,970	4,620	6,600
4d GT Sed (V-6 only)	260	780	1,300	2,930	4,550	6,500
2000 Firebird, V-6 & V-8						
2d Cpe, V-6	420	1,260	2,100	4,730	7,350	10,500
2d Conv, V-6	540	1,620	2,700	6,080	9,450	13,500
2d Formula Cpe, V-8	480	1,440	2,400	5,400	8,400	12,000
2d Trans Am Cpe, V-8	540	1,620	2,700	6,080	9,450	13,500
2d Trans Am Conv, V-8	620	1,860	3,100	6,980	10,850	15,500
NOTE: Add 5 percent for Formula Autocross pkg. Add 10 percent for V-8 WS6 pkg.						

	6	5	4	3	2	1
2000 Bonneville, V-6						
4d SE Sed	340	1,020	1,700	3,830	5,950	8,500
4d SLE Sed	380	1,140	1,900	4,280	6,650	9,500
4d SSEi Sed (supercharged)	500	1,500	2,500	5,630	8,750	12,500
2000 Grand Prix, V-6						
4d SE Sed	340	1,030	1,720	3,870	6,020	8,600
2d GT Cpe	380	1,140	1,900	4,280	6,650	9,500
4d GT Sed	380	1,150	1,920	4,320	6,720	9,600
2d GTP Cpe (supercharged)	410	1,240	2,060	4,640	7,210	10,300
4d GTP Sed (supercharged)	420	1,250	2,080	4,680	7,280	10,400
NOTE: Add 5 percent for Daytona Pace Car pkg.						
2001 Sunfire, 4-cyl.						
2d SE Cpe	230	680	1,140	2,850	3,990	5,700
4d SE Sed	220	670	1,120	2,800	3,920	5,600
2d GT Cpe	280	840	1,400	3,500	4,900	7,000
2001 Grand Am, 4-cyl. & V-6						
2d SE Cpe	250	760	1,260	3,150	4,410	6,300
4d SE Sed	250	740	1,240	3,100	4,340	6,200
2d GT Cpe (V-6 only)	260	790	1,320	3,300	4,620	6,600
4d GT Sed (V-6 only)	260	780	1,300	3,250	4,550	6,500
2001 Firebird, V-6 & V-8						
2d Cpe, V-6	420	1,260	2,100	5,250	7,350	10,500
2d Conv, V-6	540	1,620	2,700	6,750	9,450	13,500
2d Formula Cpe, V-8	480	1,440	2,400	6,000	8,400	12,000
2d Trans Am Cpe, V-8	540	1,620	2,700	6,750	9,450	13,500
2d Trans Am Conv, V-8	620	1,860	3,100	7,750	10,850	15,500
NOTE: Add 10 percent for V-8 WS6 pkg.						
2001 Bonneville, V-6						
4d SE Sed	340	1,030	1,720	4,300	6,020	8,600
4d SLE Sed	380	1,150	1,920	4,800	6,720	9,600
4d SSEi Sed (supercharged)	500	1,510	2,520	6,300	8,820	12,600
2001 Grand Prix, V-6						
4d SE Sed	340	1,030	1,720	4,300	6,020	8,600
2d GT Cpe	380	1,140	1,900	4,750	6,650	9,500
4d GT Sed	380	1,150	1,920	4,800	6,720	9,600
2d GTP Cpe (supercharged)	410	1,240	2,060	5,150	7,210	10,300
4d GTP Sed (supercharged)	420	1,250	2,080	5,200	7,280	10,400
2002 Sunfire, 4-cyl.						
2d SE Cpe	230	680	1,140	2,850	3,990	5,700
4d SE Sed	220	670	1,120	2,800	3,920	5,600
2d GT Cpe	280	840	1,400	3,500	4,900	7,000
NOTE: Add 5 percent for Driver Convenience pkg.						
2002 Grand Am, 4-cyl. & V-6						
2d SE Cpe	250	760	1,260	3,150	4,410	6,300
4d SE Sed	250	740	1,240	3,100	4,340	6,200
2d GT Cpe (V-6 only)	260	790	1,320	3,300	4,620	6,600
4d GT Sed (V-6 only)	260	780	1,300	3,250	4,550	6,500
2002 Firebird, V-6						
2d Cpe	420	1,260	2,100	5,250	7,350	10,500
2d Conv	540	1,620	2,700	6,750	9,450	13,500
2002 Firebird, V-8						
2d Formula Cpe	480	1,440	2,400	6,000	8,400	12,000
2d Trans Am Cpe	540	1,620	2,700	6,750	9,450	13,500
2d Trans Am Conv	620	1,860	3,100	7,750	10,850	15,500
NOTE: Add 20 percent for Trans Am Collector's Ed. Add 10 percent for V-8 WS6 pkg. Add $500 for T-tops (except Trans Am).						
2002 Bonneville, V-6						
4d SE Sed	340	1,030	1,720	4,300	6,020	8,600
4d SLE Sed	380	1,150	1,920	4,800	6,720	9,600
4d SSEi Sed (supercharged)	500	1,510	2,520	6,300	8,820	12,600
2002 Grand Prix, V-6						
4d SE Sed	340	1,030	1,720	4,300	6,020	8,600
2d GT Cpe	380	1,140	1,900	4,750	6,650	9,500
4d GT Sed	380	1,150	1,920	4,800	6,720	9,600
2d GTP Cpe (supercharged)	410	1,240	2,060	5,150	7,210	10,300
4d GTP Sed (supercharged)	420	1,250	2,080	5,200	7,280	10,400
NOTE: Add 5 percent for GT or GTP 40th Anv Ed.						
2003 Sunfire, 4-cyl.						
2d Cpe	230	680	1,140	2,850	3,990	5,700
2003 Vibe, 4-cyl.						
4d Sta Wag	320	960	1,600	4,000	5,600	8,000
4d GT Sta Wag	330	980	1,640	4,100	5,740	8,200
NOTE: Add 10 percent for AWD on base model.						
2003 Grand Am, 4-cyl. & V-6						
4d SE Sed	250	740	1,240	3,100	4,340	6,200
2d GT Cpe (V-6 only)	260	790	1,320	3,300	4,620	6,600

	6	5	4	3	2	1
4d GT Sed (V-6 only)	260	780	1,300	3,250	4,550	6,500
NOTE: Add 5 percent for SC/T Appearance pkg on GT models.						
2003 Bonneville, V-6						
4d SE Sed	340	1,030	1,720	4,300	6,020	8,600
4d SLE Sed	380	1,150	1,920	4,800	6,720	9,600
4d SSEi Sed (supercharged)	500	1,510	2,520	6,300	8,820	12,600
2003 Grand Prix, V-6						
4d SE Sed	340	1,030	1,720	4,300	6,020	8,600
4d GT Sed	380	1,150	1,920	4,800	6,720	9,600
4d GT Limited Sed	410	1,240	2,060	5,150	7,210	10,300
4d GTP Sed	420	1,250	2,080	5,200	7,280	10,400
4d GTP Limited Sed	460	1,370	2,280	5,700	7,980	11,400
2004 Sunfire, 4-cyl.						
2d Cpe	230	680	1,140	2,850	3,990	5,700
NOTE: Deduct 5 percent for manual transmission.						
2004 Vibe, 4-cyl.						
4d Sta Wag	320	960	1,600	4,000	5,600	8,000
4d GT Sta Wag	330	980	1,640	4,100	5,740	8,200
NOTE: Add 10 percent for AWD on base model. Deduct 5 percent for manual transmission, except GT.						
2004 Grand Am, 4-cyl. & V-6						
4d SE Sed	250	740	1,240	3,100	4,340	6,200
2d GT Cpe (V-6 only)	260	790	1,320	3,300	4,620	6,600
4d GT Sed (V-6 only)	260	780	1,300	3,250	4,550	6,500
NOTE: Add 5 percent for SC/T Appearance pkg on GT models. Deduct 5 percent for manual transmission.						
2004 Bonneville, V-6 & V-8						
4d SE Sed (V-6 only)	340	1,030	1,720	4,300	6,020	8,600
4d SLE Sed (V-6 only)	380	1,150	1,920	4,800	6,720	9,600
4d GXP Sed (V-8 only)	520	1,570	2,620	5,900	9,170	13,100
2004 Grand Prix, V-6						
4d GT1 Sed	410	1,240	2,060	5,150	7,210	10,300
4d GT2 Sed	430	1,280	2,140	5,350	7,490	10,700
4d GTP Sed	460	1,370	2,280	5,700	7,980	11,400
NOTE: Add 5 percent for Comp G pkg on GTP.						
2004 GTO, V-8						
2d Cpe	580	1,750	2,920	7,300	10,220	14,600
2005 Sunfire, 4-cyl.						
2d Cpe	230	680	1,140	2,850	3,990	5,700
NOTE: Deduct 5 percent for manual transmission.						
2005 Vibe, 4-cyl.						
4d Sta Wag	320	960	1,600	4,000	5,600	8,000
4d GT Sta Wag	330	980	1,640	4,100	5,740	8,200
NOTE: Add 10 percent for AWD on base model. Deduct 5 percent for manual transmission, except GT.						
2005 Grand Am, 4-cyl. & V-6						
4d SE Sed	250	740	1,240	3,100	4,340	6,200
2d GT Cpe (V-6 only)	260	790	1,320	3,300	4,620	6,600
NOTE: Add 5 percent for SC/T appearance pkg on GT Cpe.						
2005 G6, V-6						
4d Sed	280	840	1,400	3,500	4,900	7,000
4d GT Sed	300	890	1,480	3,700	5,180	7,400
2005 Bonneville, V-6						
4d SE Sed	340	1,030	1,720	4,300	6,020	8,600
4d SLE Sed	380	1,150	1,920	4,800	6,720	9,600
4d GXP Sed (V-8)	520	1,570	2,620	6,550	9,170	13,100
2005 Grand Prix, V-6						
4d Sed	370	1,100	1,840	4,140	6,440	9,200
4d GT Sed	400	1,200	2,000	5,000	7,000	10,000
4d GTP Sed	430	1,300	2,160	5,400	7,560	10,800
4d GXP Sed (V-8)	500	1,510	2,520	6,300	8,820	12,600
NOTE: Add 5 percent for Comp G/Sport pkg on GTP.						
2005 GTO, V-8						
2d Cpe	580	1,750	2,920	7,300	10,220	14,600
2006 Vibe, 1.8L 4-cyl.						
4d Spt Wag	320	970	1,620	4,050	5,670	8,100
4d GT Spt Wag	370	1,100	1,840	4,600	6,440	9,200
NOTE: Add 15 percent for AWD.						
2006 Solstice, 2.4L 4-cyl.						
2d Conv	460	1,380	2,300	5,750	8,050	11,500
2006 Grand Prix 3.8L V-6						
4d Sed	340	1,010	1,680	4,200	5,880	8,400
4d GT Sed	380	1,130	1,880	4,700	6,580	9,400
2006 Grand Prix 5.3L V-8						
4d GXP Sed	450	1,360	2,260	5,650	7,910	11,300
2006 C6, 2.4L 4-cyl.						
4d Sed	320	970	1,620	4,050	5,670	8,100
NOTE: Add 8 percent for 3.5L V-6.						
2006 C6, 3.5L/3.9L V-6						
4d GT Sed	380	1,130	1,880	4,700	6,580	9,400

	6	5	4	3	2	1
2d GT Cpe	400	1,190	1,980	4,950	6,930	9,900
2d GT HT Conv	500	1,510	2,520	6,300	8,820	12,600
4d GTP Sed	420	1,260	2,100	5,250	7,350	10,500
2d GTP Cpe	430	1,280	2,140	4,820	7,490	10,700
2006 G6, 3.5L/3.9L V-6						
2d GTP HT Conv	560	1,680	2,800	7,000	9,800	14,000
2006 GTO, V-8						
4d GT Sed	790	2,370	3,950	9,880	13,830	19,750

NOTE: Last year for 2004-2006 GTO.

OAKLAND

	6	5	4	3	2	1
1907 Model A, 4-cyl., 96" wb - 100" sb						
All Body Styles	1,400	4,200	7,000	15,750	24,500	35,000
1909 Model 20, 2-cyl., 112" wb						
All Body Styles	1,280	3,840	6,400	14,400	22,400	32,000
1909 Model 40, 4-cyl., 112" wb						
All Body Styles	1,200	3,600	6,000	13,500	21,000	30,000
1910-11 Model 24, 4-cyl., 96" wb						
Rds	960	2,880	4,800	10,800	16,800	24,000
1910-11 Model 25, 4-cyl., 100" wb						
Tr	880	2,640	4,400	9,900	15,400	22,000
1910-11 Model 33, 4-cyl., 106" wb						
Tr	1,040	3,120	5,200	11,700	18,200	26,000
NOTE: Model 33 - 1911 only						
1910-11 Model K, 4-cyl., 102" wb						
Tr	1,120	3,360	5,600	12,600	19,600	28,000
1910-11 Model M, 4-cyl., 112" wb						
Rds	1,160	3,480	5,800	13,050	20,300	29,000
1912 Model 30, 4-cyl., 106" wb						
5P Tr	680	2,040	3,400	7,650	11,900	17,000
Rbt	700	2,100	3,500	7,880	12,250	17,500
1912 Model 40, 4-cyl., 112" wb						
5P Tr	680	2,040	3,400	7,650	11,900	17,000
Cpe	520	1,560	2,600	5,850	9,100	13,000
Rds	720	2,160	3,600	8,100	12,600	18,000
1912 Model 45, 4-cyl., 120" wb						
7P Tr	920	2,760	4,600	10,350	16,100	23,000
4P Tr	960	2,880	4,800	10,800	16,800	24,000
Limo	880	2,640	4,400	9,900	15,400	22,000
1913 Greyhound 6-60, 6-cyl., 130" wb						
4P Tr	1,040	3,120	5,200	11,700	18,200	26,000
7P Tr	1,000	3,000	5,000	11,250	17,500	25,000
Rbt	840	2,520	4,200	9,450	14,700	21,000
1913 Model 42, 4-cyl., 116" wb						
5P Tr	800	2,400	4,000	9,000	14,000	20,000
3P Rds	760	2,280	3,800	8,550	13,300	19,000
4P Cpe	520	1,560	2,600	5,850	9,100	13,000
1913 Model 35, 4-cyl., 112" wb						
5P Tr	720	2,160	3,600	8,100	12,600	18,000
3P Rds	720	2,160	3,600	8,100	12,600	18,000
1913 Model 40, 4-cyl., 114" wb						
5P Tr	760	2,280	3,800	8,550	13,300	19,000
1913 Model 45, 4-cyl., 120" wb						
7P Limo	680	2,040	3,400	7,650	11,900	17,000
1914 Model 6-60, 6-cyl., 130" wb						
Rbt	760	2,280	3,800	8,550	13,300	19,000
Rds	920	2,760	4,600	10,350	16,100	23,000
Cl Cpl	720	2,160	3,600	8,100	12,600	18,000
Tr	1,000	3,000	5,000	11,250	17,500	25,000
1914 Model 6-48, 6-cyl., 130" wb						
Spt	560	1,680	2,800	6,300	9,800	14,000
Rds	840	2,520	4,200	9,450	14,700	21,000
Tr	880	2,640	4,400	9,900	15,400	22,000
1914 Model 43, 4-cyl., 116" wb						
5P Tr	720	2,160	3,600	8,100	12,600	18,000
Cpe	480	1,440	2,400	5,400	8,400	12,000
Sed	460	1,380	2,300	5,180	8,050	11,500
1914 Model 36, 4-cyl., 112" wb						
5P Tr	680	2,040	3,400	7,650	11,900	17,000
Cabr	660	1,980	3,300	7,430	11,550	16,500
1914 Model 35, 4-cyl., 112" wb						
Rds	640	1,920	3,200	7,200	11,200	16,000
5P Tr	660	1,980	3,300	7,430	11,550	16,500
1915-16 Model 37 - Model 38, 4-cyl., 112" wb						
Tr	640	1,920	3,200	7,200	11,200	16,000
Rds	600	1,800	3,000	6,750	10,500	15,000

	6	5	4	3	2	1
Spd	580	1,740	2,900	6,530	10,150	14,500
1915-16 Model 49 - Model 32, 6-cyl., 110"-123.5" wb						
Tr	720	2,160	3,600	8,100	12,600	18,000
Rds	700	2,100	3,500	7,880	12,250	17,500
1915-16 Model 50, 8-cyl., 127" wb						
7P Tr	840	2,520	4,200	9,450	14,700	21,000
NOTE: Model 37 and Model 49 are 1915 models.						
1917 Model 34, 6-cyl., 112" wb						
Rds	560	1,680	2,800	6,300	9,800	14,000
5P Tr	540	1,620	2,700	6,080	9,450	13,500
Cpe	460	1,380	2,300	5,180	8,050	11,500
Sed	440	1,320	2,200	4,950	7,700	11,000
1917 Model 50, 8-cyl., 127" wb						
7P Tr	840	2,520	4,200	9,450	14,700	21,000
1918 Model 34-B, 6-cyl., 112" wb						
5P Tr	560	1,680	2,800	6,300	9,800	14,000
Rds	540	1,620	2,700	6,080	9,450	13,500
Rds Cpe	460	1,380	2,300	5,180	8,050	11,500
Tr Sed	440	1,320	2,200	4,950	7,700	11,000
4P Cpe	320	960	1,600	3,600	5,600	8,000
Sed	300	900	1,500	3,380	5,250	7,500
1919 Model 34-B, 6-cyl., 112" wb						
5P Tr	560	1,680	2,800	6,300	9,800	14,000
Rds	540	1,620	2,700	6,080	9,450	13,500
Rds Cpe	460	1,380	2,300	5,180	8,050	11,500
Cpe	320	960	1,600	3,600	5,600	8,000
Sed	300	900	1,500	3,380	5,250	7,500
1920 Model 34-C, 6-cyl., 112" wb						
Tr	560	1,680	2,800	6,300	9,800	14,000
Rds	540	1,620	2,700	6,080	9,450	13,500
Sed	360	1,080	1,800	4,050	6,300	9,000
Cpe	440	1,320	2,200	4,950	7,700	11,000
1921-22 Model 34-C, 6-cyl., 115" wb						
Tr	600	1,800	3,000	6,750	10,500	15,000
Rds	580	1,740	2,900	6,530	10,150	14,500
Sed	360	1,080	1,800	4,050	6,300	9,000
Cpe	440	1,320	2,200	4,950	7,700	11,000
1923 Model 6-44, 6-cyl., 115" wb						
Rds	600	1,800	3,000	6,750	10,500	15,000
Tr	620	1,860	3,100	6,980	10,850	15,500
Spt Rds	620	1,860	3,100	6,980	10,850	15,500
Spt Tr	640	1,920	3,200	7,200	11,200	16,000
2P Cpe	320	960	1,600	3,600	5,600	8,000
4P Cpe	320	950	1,580	3,560	5,530	7,900
Sed	300	900	1,500	3,380	5,250	7,500
1924-25 Model 6-54, 6-cyl., 113" wb						
5P Tr	680	2,040	3,400	7,650	11,900	17,000
Spl Tr	700	2,100	3,500	7,880	12,250	17,500
Rds	660	1,980	3,300	7,430	11,550	16,500
Spl Rds	680	2,040	3,400	7,650	11,900	17,000
4P Cpe	460	1,380	2,300	5,180	8,050	11,500
Lan Cpe	460	1,380	2,300	5,180	8,050	11,500
Sed	340	1,020	1,700	3,830	5,950	8,500
Lan Sed	360	1,080	1,800	4,050	6,300	9,000
2d Sed	320	960	1,600	3,600	5,600	8,000
2d Lan Sed	340	1,020	1,700	3,830	5,950	8,500
1926-27 Greater Six, 6-cyl., 113" wb						
Tr	700	2,100	3,500	7,880	12,250	17,500
Spt Phae	720	2,160	3,600	8,100	12,600	18,000
Rds	680	2,040	3,400	7,650	11,900	17,000
Spt Rds	700	2,100	3,500	7,880	12,250	17,500
Lan Cpe	500	1,500	2,500	5,630	8,750	12,500
2d Sed	440	1,320	2,200	4,950	7,700	11,000
Sed	360	1,080	1,800	4,050	6,300	9,000
Lan Sed	440	1,320	2,200	4,950	7,700	11,000
1928 Model 212, All-American, 6-cyl., 117" wb						
Spt Rds	740	2,220	3,700	8,330	12,950	18,500
Phae	760	2,280	3,800	8,550	13,300	19,000
Lan Cpe	520	1,560	2,600	5,850	9,100	13,000
Cabr	680	2,040	3,400	7,650	11,900	17,000
2d Sed	480	1,440	2,400	5,400	8,400	12,000
Sed	460	1,380	2,300	5,180	8,050	11,500
Lan Sed	480	1,440	2,400	5,400	8,400	12,000
1929 Model 212, All-American, 6-cyl., 117" wb						
Spt Rds	1,040	3,120	5,200	11,700	18,200	26,000
Spt Phae	1,080	3,240	5,400	12,150	18,900	27,000

	6	5	4	3	2	1
Cpe	520	1,560	2,600	5,850	9,100	13,000
Conv	960	2,880	4,800	10,800	16,800	24,000
2d Sed	480	1,440	2,400	5,400	8,400	12,000
Brgm	520	1,560	2,600	5,850	9,100	13,000
Sed	460	1,380	2,300	5,180	8,050	11,500
Spl Sed	480	1,440	2,400	5,400	8,400	12,000
Lan Sed	500	1,500	2,500	5,630	8,750	12,500
1930 Model 101, V-8, 117" wb						
Spt Rds	1,040	3,120	5,200	11,700	18,200	26,000
Phae	1,080	3,240	5,400	12,150	18,900	27,000
Cpe	640	1,920	3,200	7,200	11,200	16,000
Spt Cpe	680	2,040	3,400	7,650	11,900	17,000
2d Sed	520	1,560	2,600	5,850	9,100	13,000
Sed	500	1,500	2,500	5,630	8,750	12,500
Cus Sed	510	1,540	2,560	5,760	8,960	12,800
1931 Model 301, V-8, 117" wb						
Cpe	680	2,040	3,400	7,650	11,900	17,000
Spt Cpe	720	2,160	3,600	8,100	12,600	18,000
Conv	1,080	3,240	5,400	12,150	18,900	27,000
2d Sed	500	1,500	2,500	5,630	8,750	12,500
Sed	510	1,540	2,560	5,760	8,960	12,800
Cus Sed	520	1,560	2,600	5,850	9,100	13,000

REO

1905 2-cyl., 16 hp, 88" wb						
5P Detachable Tonn	1,800	5,400	9,000	20,250	31,500	45,000
1905 1-cyl., 7-1/2" hp, 76" wb						
Rbt	1,760	5,280	8,800	19,800	30,800	44,000
1906 1-cyl., 8 hp, 76" wb						
2P Bus Rbt	1,760	5,280	8,800	19,800	30,800	44,000
1906 1-cyl., 8 hp, 78" wb						
4P Rbt	1,800	5,400	9,000	20,250	31,500	45,000
1906 2-cyl., 16 hp, 90" wb						
2P Physician's Vehicle	1,840	5,520	9,200	20,700	32,200	46,000
4P Cpe/Depot Wag	1,880	5,640	9,400	21,150	32,900	47,000
5P Tr	1,800	5,400	9,000	20,250	31,500	45,000
1906 Four - 24 hp, 100" wb						
5P Tr	1,840	5,520	9,200	20,700	32,200	46,000
1907 2-cyl., 16/20 hp, 94" wb						
5P Tr	1,840	5,520	9,200	20,700	32,200	46,000
7P Limo	1,880	5,640	9,400	21,150	32,900	47,000
1907 1-cyl., 8 hp, 78" wb						
2/4P Rbt	1,840	5,520	9,200	20,700	32,200	46,000
2P Rbt	1,800	5,400	9,000	20,250	31,500	45,000
1908 1-cyl., 8/10 hp, 78" wb						
Rbt	1,800	5,400	9,000	20,250	31,500	45,000
1908 2-cyl., 18/20 hp, 94" wb						
Tr	1,840	5,520	9,200	20,700	32,200	46,000
Rds	1,800	5,400	9,000	20,250	31,500	45,000
1909 1-cyl., 10/12 hp, 78" wb						
Rbt	1,280	3,840	6,400	14,400	22,400	32,000
1909 2-cyl., 20/22, 96" wb						
Tr	1,360	4,080	6,800	15,300	23,800	34,000
Semi-Racer	1,320	3,960	6,600	14,850	23,100	33,000
1910 1-cyl., 10/12 hp, 78" wb						
Rbt	1,280	3,840	6,400	14,400	22,400	32,000
1910 2-cyl., 20 hp, 96" wb						
Tr	1,320	3,960	6,600	14,850	23,100	33,000
1910 Four, 35 hp, 108" wb						
5P Tr	1,920	5,760	9,600	21,600	33,600	48,000
4P Demi-Tonn	2,000	6,000	10,000	22,500	35,000	50,000
1911 Twenty-Five, 4-cyl., 22.5 hp, 98" wb						
Rbt	1,360	4,080	6,800	15,300	23,800	34,000
1911 Thirty, 4-cyl., 30 hp, 108" wb						
2P Torp Rds	1,440	4,320	7,200	16,200	25,200	36,000
5P Tr	1,440	4,320	7,200	16,200	25,200	36,000
4P Rds	1,400	4,200	7,000	15,750	24,500	35,000
1911 Thirty-Five, 4-cyl., 35 hp, 108" wb						
5P Tr	1,520	4,560	7,600	17,100	26,600	38,000
4P Demi-Tonn	1,480	4,440	7,400	16,650	25,900	37,000
1912 The Fifth, 4-cyl., 30/35 hp, 112" wb						
5P Tr	1,920	5,760	9,600	21,600	33,600	48,000
4P Rds	2,000	6,000	10,000	22,500	35,000	50,000
2P Rbt	2,080	6,240	10,400	23,400	36,400	52,000
1913 The Fifth, 4-cyl., 30/35 hp, 112" wb						
5P Tr	1,920	5,760	9,600	21,600	33,600	48,000

	6	5	4	3	2	1
2P Rbt	2,080	6,240	10,400	23,400	36,400	52,000
1914 The Fifth, 4-cyl., 30/35 hp, 112" wb						
5P Tr	1,920	5,760	9,600	21,600	33,600	48,000
2P Rbt	2,080	6,240	10,400	23,400	36,400	52,000
1915 The Fifth, 4-cyl., 30/35 hp, 115" wb						
5P Tr	1,920	5,760	9,600	21,600	33,600	48,000
2P Rds	2,000	6,000	10,000	22,500	35,000	50,000
3P Cpe	1,520	4,560	7,600	17,100	26,600	38,000
1916 The Fifth, 4-cyl., 30/35 hp, 115" wb						
5P Tr	1,600	4,800	8,000	18,000	28,000	40,000
3P Rbt	1,560	4,680	7,800	17,550	27,300	39,000
1916 Model M, 6-cyl., 45 hp, 126" wb						
7P Tr	2,200	6,600	11,000	24,750	38,500	55,000
1917 The Fifth, 4-cyl., 30/35 hp, 115" wb						
5P Tr	1,600	4,800	8,000	18,000	28,000	40,000
3P Rds	1,560	4,680	7,800	17,550	27,300	39,000
1917 Model M, 6-cyl., 45 hp, 126" wb						
7P Tr	2,200	6,600	11,000	24,750	38,500	55,000
4P Rds	2,160	6,480	10,800	24,300	37,800	54,000
7P Sed	1,560	4,680	7,800	17,550	27,300	39,000
1918 The Fifth, 4-cyl., 30/35 hp, 120" wb						
5P Tr	1,560	4,680	7,800	17,550	27,300	39,000
3P Rds	1,520	4,560	7,600	17,100	26,600	38,000
1918 Model M, 6-cyl., 45 hp, 126" wb						
7P Tr	2,200	6,600	11,000	24,750	38,500	55,000
4P Rds	2,160	6,480	10,800	24,300	37,800	54,000
4P Encl Rds	2,200	6,600	11,000	24,750	38,500	55,000
7P Sed	1,520	4,560	7,600	17,100	26,600	38,000
1919 The Fifth, 4-cyl., 30/35 hp, 120" wb						
5P Tr	1,480	4,440	7,400	16,650	25,900	37,000
3P Rds	1,400	4,200	7,000	15,750	24,500	35,000
4P Cpe	960	2,880	4,800	10,800	16,800	24,000
5P Sed	920	2,760	4,600	10,350	16,100	23,000
1920 Model T-6, 6-cyl., 50 hp, 120" wb						
5P Tr	1,600	4,800	8,000	18,000	28,000	40,000
3P Rds	1,560	4,680	7,800	17,550	27,300	39,000
4P Cpe	1,200	3,600	6,000	13,500	21,000	30,000
5P Sed	1,200	3,600	6,000	13,500	21,000	30,000
1921 Model T-6, 6-cyl., 50 hp, 120" wb						
5P Tr	1,600	4,800	8,000	18,000	28,000	40,000
3P Rds	1,560	4,680	7,800	17,550	27,300	39,000
4P Cpe	1,200	3,600	6,000	13,500	21,000	30,000
5P Sed	1,200	3,600	6,000	13,500	21,000	30,000
1922 Model T-6, 6-cyl., 50 hp, 120" wb						
7P Tr	1,600	4,800	8,000	18,000	28,000	40,000
3P Rds	1,560	4,680	7,800	17,550	27,300	39,000
3P Bus Cpe	1,160	3,480	5,800	13,050	20,300	29,000
4P Cpe	1,200	3,600	6,000	13,500	21,000	30,000
5P Sed	1,200	3,600	6,000	13,500	21,000	30,000
1923 Model T-6, 6-cyl., 50 hp, 120" wb						
7P Tr	1,600	4,800	8,000	18,000	28,000	40,000
5P Phae	2,000	6,000	10,000	22,500	35,000	50,000
4P Cpe	1,200	3,600	6,000	13,500	21,000	30,000
5P Sed	1,200	3,600	6,000	13,500	21,000	30,000
1924 Model T-6, 6-cyl., 50 hp, 120" wb						
5P Tr	1,600	4,800	8,000	18,000	28,000	40,000
5P Phae	2,000	6,000	10,000	22,500	35,000	50,000
4P Cpe	1,200	3,600	6,000	13,500	21,000	30,000
5P Sed	1,200	3,600	6,000	13,500	21,000	30,000
5P Brgm	1,280	3,840	6,400	14,400	22,400	32,000
1925 Model T-6, 6-cyl., 50 hp, 120" wb						
5P Tr	1,600	4,800	8,000	18,000	28,000	40,000
5P Sed	1,200	3,600	6,000	13,500	21,000	30,000
4P Cpe	1,200	3,600	6,000	13,500	21,000	30,000
5P Brgm	1,280	3,840	6,400	14,400	22,400	32,000
1926 Model T-6, 6-cyl., 50 hp, 120" wb						
4P Rds	1,520	4,560	7,600	17,100	26,600	38,000
2P Cpe	1,200	3,600	6,000	13,500	21,000	30,000
5P Sed	1,200	3,600	6,000	13,500	21,000	30,000
5P Tr	1,600	4,800	8,000	18,000	28,000	40,000
1927 Flying Cloud, 6-cyl., 65 hp, 121" wb						
4P Spt Rds	2,000	6,000	10,000	22,500	35,000	50,000
4P Cpe	1,200	3,600	6,000	13,500	21,000	30,000
4P DeL Cpe	1,280	3,840	6,400	14,400	22,400	32,000
2d 5P Brgm	1,280	3,840	6,400	14,400	22,400	32,000
5P DeL Sed	1,200	3,600	6,000	13,500	21,000	30,000

	6	5	4	3	2	1
1928 Flying Cloud, 6-cyl., 65 hp, 121" wb						
4P Spt Rds	2,000	6,000	10,000	22,500	35,000	50,000
4P Cpe	1,200	3,600	6,000	13,500	21,000	30,000
4P DeL Cpe	1,280	3,840	6,400	14,400	22,400	32,000
2d 5P Brgm	1,280	3,840	6,400	14,400	22,400	32,000
5P DeL Sed	1,200	3,600	6,000	13,500	21,000	30,000
1929 Flying Cloud Mate, 6-cyl., 65 hp, 115" wb						
5P Sed	1,120	3,360	5,600	12,600	19,600	28,000
4P Cpe	1,160	3,480	5,800	13,050	20,300	29,000
1929 Flying Cloud Master, 6-cyl., 80 hp, 121" wb						
4P Rds	1,640	4,920	8,200	18,450	28,700	41,000
4P Cpe	1,200	3,600	6,000	13,500	21,000	30,000
5P Brgm	1,280	3,840	6,400	14,400	22,400	32,000
5P Sed	1,200	3,600	6,000	13,500	21,000	30,000
4P Vic	1,640	4,920	8,200	18,450	28,700	41,000
1930 Flying Cloud, Model 15, 6-cyl., 60 hp, 115" wb						
5P Sed	1,200	3,600	6,000	13,500	21,000	30,000
2P Cpe	1,280	3,840	6,400	14,400	22,400	32,000
4P Cpe	1,320	3,960	6,600	14,850	23,100	33,000
1930 Flying Cloud, Model 20, 6-cyl., 80 hp, 120" wb						
5P Sed	1,200	3,600	6,000	13,500	21,000	30,000
2P Cpe	1,240	3,720	6,200	13,950	21,700	31,000
4P Cpe	1,240	3,720	6,200	13,950	21,700	31,000
1930 Flying Cloud, Model 25, 6-cyl., 80 hp, 124" wb						
7P Sed	1,320	3,960	6,600	14,850	23,100	33,000
1931 Flying Cloud, Model 15, 6-cyl., 60 hp, 116" wb						
5P Phae	2,000	6,000	10,000	22,500	35,000	50,000
5P Sed	1,200	3,600	6,000	13,500	21,000	30,000
2P Cpe	1,240	3,720	6,200	13,950	21,700	31,000
4P Cpe	1,240	3,720	6,200	13,950	21,700	31,000
1931 Flying Cloud, Model 20, 6-cyl., 85 hp, 120" wb						
5P Sed	1,200	3,600	6,000	13,500	21,000	30,000
Spt Cpe	1,240	3,720	6,200	13,950	21,700	31,000
Spt Sed	1,280	3,840	6,400	14,400	22,400	32,000
4P Cpe	1,240	3,720	6,200	13,950	21,700	31,000
1931 Flying Cloud, Model 25, 6-cyl., 85 hp, 125" wb						
Sed	1,200	3,600	6,000	13,500	21,000	30,000
Vic	1,640	4,920	8,200	18,450	28,700	41,000
4P Cpe	1,240	3,720	6,200	13,950	21,700	31,000
Spt Sed	1,280	3,840	6,400	14,400	22,400	32,000
Spt Vic	1,960	5,880	9,800	22,050	34,300	49,000
Spt Cpe	1,320	3,960	6,600	14,850	23,100	33,000
1931 Flying Cloud, Model 30, 8-cyl., 125 hp, 130" wb						
Sed	1,200	3,600	6,000	13,500	21,000	30,000
Vic	2,000	6,000	10,000	22,500	35,000	50,000
4P Cpe	1,240	3,720	6,200	13,950	21,700	31,000
Spt Sed	1,280	3,840	6,400	14,400	22,400	32,000
Spt Vic	1,960	5,880	9,800	22,050	34,300	49,000
Spt Cpe	1,320	3,960	6,600	14,850	23,100	33,000
1931 Royale, Model 35, 8-cyl., 125 hp, 135" wb						
Sed	1,600	4,800	8,000	18,000	28,000	40,000
Vic	1,800	5,400	9,000	20,250	31,500	45,000
4P Cpe	1,640	4,920	8,200	18,450	28,700	41,000
1932 Flying Cloud, Model 6-21, 6-cyl., 85 hp, 121" wb						
Sed	1,200	3,600	6,000	13,500	21,000	30,000
Spt Sed	1,240	3,720	6,200	13,950	21,700	31,000
1932 Flying Cloud, Model 8-21, 8-cyl., 90 hp, 121" wb						
Sed	1,320	3,960	6,600	14,850	23,100	33,000
Spt Sed	1,400	4,200	7,000	15,750	24,500	35,000
1932 Flying Cloud, Model 6-25						
Vic	1,640	4,920	8,200	18,450	28,700	41,000
Sed	1,200	3,600	6,000	13,500	21,000	30,000
Cpe	1,240	3,720	6,200	13,950	21,700	31,000
1932 Flying Cloud, Model 8-25, 8-cyl., 90 hp, 125" wb						
Sed	1,320	3,960	6,600	14,850	23,100	33,000
Vic	1,760	5,280	8,800	19,800	30,800	44,000
Cpe	1,280	3,840	6,400	14,400	22,400	32,000
Spt Sed	1,400	4,200	7,000	15,750	24,500	35,000
Spt Vic	1,840	5,520	9,200	20,700	32,200	46,000
Spt Cpe	1,760	5,280	8,800	19,800	30,800	44,000
1932 Royale, Model 8-31, 8-cyl., 125 hp, 131" wb						
Sed	1,920	5,760	9,600	21,600	33,600	48,000
Vic	2,000	6,000	10,000	22,500	35,000	50,000
Cpe	2,000	6,000	10,000	22,500	35,000	50,000
Spt Sed	1,960	5,880	9,800	22,050	34,300	49,000
Spt Vic	2,040	6,120	10,200	22,950	35,700	51,000

	6	5	4	3	2	1
Spt Cpe	2,040	6,120	10,200	22,950	35,700	51,000
1932 Royale, Model 8-35, 8-cyl., 125 hp, 135" wb						
Sed	1,960	5,880	9,800	22,050	34,300	49,000
Vic	2,000	6,000	10,000	22,500	35,000	50,000
Cpe	2,040	6,120	10,200	22,950	35,700	51,000
Conv Cpe	6,000	18,000	30,000	67,500	105,000	150,000
1932 Flying Cloud, Model S						
Std Cpe	1,360	4,080	6,800	15,300	23,800	34,000
Std Conv Cpe	1,760	5,280	8,800	19,800	30,800	44,000
Std Sed	1,360	4,080	6,800	15,300	23,800	34,000
Spt Cpe	1,400	4,200	7,000	15,750	24,500	35,000
Spt Conv Cpe	1,840	5,520	9,200	20,700	32,200	46,000
Spt Sed	1,280	3,840	6,400	14,400	22,400	32,000
DeL Cpe	1,240	3,720	6,200	13,950	21,700	31,000
DeL Conv Cpe	1,840	5,520	9,200	20,700	32,200	46,000
DeL Sed	1,400	4,200	7,000	15,750	24,500	35,000
NOTE: Model 8-31 had been introduced April 1931, Model 8-21 May 1931.						
1933 Flying Cloud, 6-cyl., 85 hp, 117-1/2" wb						
5P Sed	1,320	3,960	6,600	14,850	23,100	33,000
4P Cpe	1,360	4,080	6,800	15,300	23,800	34,000
Vic	1,840	5,520	9,200	20,700	32,200	46,000
1933 Royale, 8-cyl., 125 hp, 131" wb						
5P Sed	1,400	4,200	7,000	15,750	24,500	35,000
5P Vic	1,880	5,640	9,400	21,150	32,900	47,000
4P Cpe	1,400	4,200	7,000	15,750	24,500	35,000
Conv Cpe	1,840	5,520	9,200	20,700	32,200	46,000
1934 Flying Cloud, 6-cyl., 95 hp, 118" wb						
Cpe	1,280	3,840	6,400	14,400	22,400	32,000
5P Sed	1,320	3,960	6,600	14,850	23,100	33,000
Cpe	1,280	3,840	6,400	14,400	22,400	32,000
5P Sed	1,240	3,720	6,200	13,950	21,700	31,000
Elite Sed	1,360	4,080	6,800	15,300	23,800	34,000
Elite Cpe	1,400	4,200	7,000	15,750	24,500	35,000
1934 Royale, 8-cyl., 95 hp, 131" wb						
5P Sed	2,000	6,000	10,000	22,500	35,000	50,000
Vic	2,080	6,240	10,400	23,400	36,400	52,000
Elite Sed	2,240	6,720	11,200	25,200	39,200	56,000
Elite Vic	2,320	6,960	11,600	26,100	40,600	58,000
Elite Cpe	2,360	7,080	11,800	26,550	41,300	59,000
1934 Royale, 8-cyl., 95 hp, 135" wb						
Cus Sed	1,940	5,820	9,700	21,830	33,950	48,500
Cus Vic	2,020	6,060	10,100	22,730	35,350	50,500
Cus Cpe	2,060	6,180	10,300	23,180	36,050	51,500
1935 Flying Cloud, 6-cyl., 85 hp, 115" wb						
Cpe	1,240	3,720	6,200	13,950	21,700	31,000
Sed	1,200	3,600	6,000	13,500	21,000	30,000
1935 Flying Cloud, 6-cyl., 85 hp, 118" wb						
Sed	1,200	3,600	6,000	13,500	21,000	30,000
Conv Cpe	1,800	5,400	9,000	20,250	31,500	45,000
2P Cpe	1,240	3,720	6,200	13,950	21,700	31,000
4P Cpe	1,280	3,840	6,400	14,400	22,400	32,000
1936 Flying Cloud, 6-cyl., 85 hp, 115" wb						
Coach	1,160	3,480	5,800	13,050	20,300	29,000
Sed	1,200	3,600	6,000	13,500	21,000	30,000
DeL Brgm	1,280	3,840	6,400	14,400	22,400	32,000
DeL Sed	1,240	3,720	6,200	13,950	21,700	31,000

SATURN

1991 4-cyl.						
SL 2d Cpe	240	720	1,200	2,700	4,200	6,000
SL 4d Sed	160	480	800	1,800	2,800	4,000
SL1 4d Sed	180	540	900	2,030	3,150	4,500
SL2 4d Trg Sed	220	660	1,100	2,480	3,850	5,500
1992 4-cyl.						
SL 4d Sed	180	540	900	2,030	3,150	4,500
SL1 4d Sed	220	660	1,100	2,480	3,850	5,500
SL2 4d Sed	260	780	1,300	2,930	4,550	6,500
SC 2d Cpe	280	840	1,400	3,150	4,900	7,000
1993 4-cyl.						
SC1 2d Cpe	290	860	1,440	3,240	5,040	7,200
SC2 2d Cpe	290	880	1,460	3,290	5,110	7,300
SL 4d Sed	280	850	1,420	3,200	4,970	7,100
SL1 4d Sed	290	860	1,440	3,240	5,040	7,200
SL2 4d Sed	290	880	1,460	3,290	5,110	7,300
SW1 4d Sta Wag	300	890	1,480	3,330	5,180	7,400
SW2 4d Sta Wag	300	900	1,500	3,380	5,250	7,500

	6	5	4	3	2	1
1994 4-cyl.						
SC1 2d Cpe.	250	740	1,240	2,790	4,340	6,200
SC2 2d Cpe.	270	800	1,340	3,020	4,690	6,700
4d Sed.	200	600	1,000	2,250	3,500	5,000
SL1 4d Sed	220	660	1,100	2,480	3,850	5,500
SL2 4d Sed	260	780	1,300	2,930	4,550	6,500
SW1 4d Sta Wag.	280	840	1,400	3,150	4,900	7,000
SW2 4d Sta Wag.	280	840	1,400	3,150	4,900	7,000
1995 4-cyl.						
4d SL Sed	200	600	1,000	2,250	3,500	5,000
4d SL1 Sed	220	660	1,100	2,480	3,850	5,500
4d SL2 Sed	260	780	1,300	2,930	4,550	6,500
2d SC1 Cpe.	250	740	1,240	2,790	4,340	6,200
2d SC2 Cpe.	270	800	1,340	3,020	4,690	6,700
4d SW1 Sta Wag.	280	840	1,400	3,150	4,900	7,000
4d SW2 Sta Wag.	320	960	1,600	3,600	5,600	8,000
1996 4-cyl.						
4d SL Sed	200	600	1,000	2,250	3,500	5,000
4d SL1 Sed	220	660	1,100	2,480	3,850	5,500
4d SL2 Sed	260	780	1,300	2,930	4,550	6,500
2d SC1 Cpe.	250	740	1,240	2,790	4,340	6,200
2d SC2 Cpe.	270	800	1,340	3,020	4,690	6,700
4d SW1 Sta Wag.	280	840	1,400	3,150	4,900	7,000
4d SW2 Sta Wag.	320	960	1,600	3,600	5,600	8,000
1997 4-cyl.						
4d SL Sed	200	600	1,000	2,250	3,500	5,000
4d SL1 Sed	220	660	1,100	2,480	3,850	5,500
4d SL2 Sed	260	780	1,300	2,930	4,550	6,500
2d SC1 Cpe.	250	740	1,240	2,790	4,340	6,200
2d SC2 Cpe.	270	800	1,340	3,020	4,690	6,700
4d SW1 Sta Wag.	280	840	1,400	3,150	4,900	7,000
4d SW2 Sta Wag.	320	960	1,600	3,600	5,600	8,000
1998 4-cyl.						
4d SL Sed	200	600	1,000	2,250	3,500	5,000
4d SL1 Sed	220	660	1,100	2,480	3,850	5,500
4d SL2 Sed	260	780	1,300	2,930	4,550	6,500
2d SC1 Cpe.	250	740	1,240	2,790	4,340	6,200
2d SC2 Cpe.	270	800	1,340	3,020	4,690	6,700
4d SW1 Sta Wag.	280	840	1,400	3,150	4,900	7,000
4d SW2 Sta Wag.	320	960	1,600	3,600	5,600	8,000
1999 4-cyl.						
4d SL Sed	200	600	1,000	2,250	3,500	5,000
4d SL1 Sed	220	660	1,100	2,480	3,850	5,500
4d SL2 Sed	260	780	1,300	2,930	4,550	6,500
3d SC1 Cpe.	250	760	1,260	2,840	4,410	6,300
3d SC2 Cpe.	270	820	1,360	3,060	4,760	6,800
4d SW1 Sta Wag.	280	840	1,400	3,150	4,900	7,000
4d SW2 Sta Wag.	320	960	1,600	3,600	5,600	8,000
NOTE: Add 5 percent for Homecoming Commemorative Ed.						
2000 S Series, 4-cyl.						
4d SL Sed	200	600	1,000	2,250	3,500	5,000
4d SL1 Sed	220	660	1,100	2,480	3,850	5,500
4d SL2 Sed	260	780	1,300	2,930	4,550	6,500
3d SC1 Cpe.	250	760	1,260	2,840	4,410	6,300
3d SC2 Cpe.	270	820	1,360	3,060	4,760	6,800
4d SW2 Sta Wag.	320	960	1,600	3,600	5,600	8,000
2000 L Series, 4-cyl.						
4d LS Sed	220	660	1,100	2,480	3,850	5,500
4d LS1 Sed	240	720	1,200	2,700	4,200	6,000
4d LS2 Sed (V-6 only)	280	840	1,400	3,150	4,900	7,000
4d LW1 Sta Wag.	280	830	1,380	3,110	4,830	6,900
4d LW2 Sta Wag (V-6 only)	340	1,020	1,700	3,830	5,950	8,500
2001 S, 4-cyl.						
4d SL Sed	200	600	1,000	2,250	3,500	5,000
4d SL1 Sed	220	660	1,100	2,480	3,850	5,500
4d SL2 Sed	260	780	1,300	2,930	4,550	6,500
3d SC1 Cpe.	250	760	1,260	2,840	4,410	6,300
3d SC2 Cpe.	270	820	1,360	3,060	4,760	6,800
4d SW2 Sta Wag.	320	960	1,600	3,600	5,600	8,000
2001 L, 4-cyl. & V-6						
4d L100 Sed (4-cyl. only)	240	720	1,200	2,700	4,200	6,000
4d L200 Sed (4-cyl. only)	280	840	1,400	3,150	4,900	7,000
4d L300 Sed (V-6 only)	280	850	1,420	3,200	4,970	7,100
4d LW200 Sta Wag (4-cyl. only)	280	830	1,380	3,110	4,830	6,900
4d LW300 Sta Wag (V-6 only)	290	860	1,440	3,240	5,040	7,200

	6	5	4	3	2	1
2002 S, 4-cyl.						
4d SL Sed	200	600	1,000	2,250	3,500	5,000
4d SL1 Sed	220	660	1,100	2,480	3,850	5,500
4d SL2 Sed	260	780	1,300	2,930	4,550	6,500
3d SC1 Cpe	250	760	1,260	2,840	4,410	6,300
3d SC2 Cpe	270	820	1,360	3,060	4,760	6,800
2002 L, 4-cyl.						
4d L100 Sed	240	720	1,200	2,700	4,200	6,000
4d L200 Sed	280	840	1,400	3,150	4,900	7,000
4d LW200 Sta Wag	280	830	1,380	3,110	4,830	6,900
2002 L, V-6						
4d L300 Sed	280	850	1,420	3,200	4,970	7,100
4d LW300 Sta Wag	290	860	1,440	3,240	5,040	7,200
2003 Ion, 4-cyl.						
4d Ion 2 Quad Cpe	270	820	1,360	3,400	4,760	6,800
4d Ion 3 Quad Cpe	300	910	1,520	3,800	5,320	7,600
4d Ion 1 Sed	220	670	1,120	2,800	3,920	5,600
4d Ion 2 Sed	250	760	1,260	3,150	4,410	6,300
4d Ion 3 Sed	280	830	1,380	3,110	4,830	6,900
2003 L, 4-cyl.						
4d L200 Sed	280	840	1,400	3,500	4,900	7,000
4d LW200 Sta Wag	280	830	1,380	3,450	4,830	6,900
2003 L, V-6						
4d L300 Sed	280	850	1,420	3,550	4,970	7,100
4d LW300 Sta Wag	290	860	1,440	3,600	5,040	7,200
2004 Ion, 4-cyl.						
4d Ion 2 Quad Cpe	270	820	1,360	3,060	4,760	6,800
4d Ion 3 Quad Cpe	300	910	1,520	3,420	5,320	7,600
4d Red Line Quad Cpe	350	1,060	1,760	4,400	6,160	8,800
4d Ion 1 Sed	220	670	1,120	2,800	3,920	5,600
4d Ion 2 Sed	250	760	1,260	3,150	4,410	6,300
4d Ion 3 Sed	280	830	1,380	3,450	4,830	6,900
NOTE: Deduct 5 percent for manual transmission, except Red Line.						
2004 L, 4-cyl.						
4d L300-1 Sed	290	860	1,440	3,240	5,040	7,200
4d L300-1 Sta Wag	280	850	1,420	3,200	4,970	7,100
2004 L, V-6						
4d L300-2 Sed	300	890	1,480	3,700	5,180	7,400
4d L300-3 Sed	310	920	1,540	3,850	5,390	7,700
4d L300-2 Sta Wag	290	880	1,460	3,290	5,110	7,300
4d L300-3 Sta Wag	300	910	1,520	3,800	5,320	7,600
2005 Ion, 4-cyl.						
4d Ion-2 Quad Cpe	270	820	1,360	3,400	4,760	6,800
4d Ion-3 Quad Cpe	300	910	1,520	3,800	5,320	7,600
4d Red Line Quad Cpe	350	1,060	1,760	4,400	6,160	8,800
4d Ion-1 Sed	220	670	1,120	2,800	3,920	5,600
4d Ion-2 Sed	250	760	1,260	3,150	4,410	6,300
4d Ion-3 Sed	280	830	1,380	3,450	4,830	6,900
NOTE: Deduct 5 percent for manual transmission, except Red Line Quad Cpe.						
2005 L, V-6						
4d L300 Sed	300	910	1,520	3,800	5,320	7,600
2006 Saturn Ion, 2.2L/2.4L 4-cyl.						
4d Sed Level 2	240	720	1,200	3,000	4,200	6,000
2006 Saturn Ion, 2.2L/2.4L 4-cyl						
4d Sed Level 3	210	640	1,060	2,650	3,710	5,300
2006 Saturn Ion, 2.2L/2.4L 4-cyl.						
2d Quad Level 2	250	760	1,260	3,150	4,410	6,300
2006 Saturn Ion, 2.2L/2.4L 4-cyl						
2d Quad Level 3	260	780	1,300	3,250	4,550	6,500
2006 Saturn Ion Red Line, Supercharged 2.0L 4-cyl.						
2d Quad Cpe	340	1,020	1,700	4,250	5,950	8,500

STUDEBAKER

	6	5	4	3	2	1
1903 Model A, 8 hp						
Tonn Tr.			value not estimable			
1904 Model A						
Tonn Tr.	1,600	4,800	8,000	18,000	28,000	40,000
1904 Model B						
Dely Wagon	1,560	4,680	7,800	17,550	27,300	39,000
1904 Model C						
Tonn Tr.	1,640	4,920	8,200	18,450	28,700	41,000
1905 Model 9502, 2-cyl.						
Rear Ent Tr.	1,680	5,040	8,400	18,900	29,400	42,000
Side Ent Tr	1,720	5,160	8,600	19,350	30,100	43,000
1905 Model 9503, 4-cyl.						
Side Ent Tr	1,800	5,400	9,000	20,250	31,500	45,000

	6	5	4	3	2	1
1906 Model E, 20 N.A.C.C.H.P.						
Side Ent Tr	1,640	4,920	8,200	18,450	28,700	41,000
Twn Car	1,600	4,800	8,000	18,000	28,000	40,000
1906 Model F, 28 N.A.C.C.H.P.						
Side Ent Tr	1,720	5,160	8,600	19,350	30,100	43,000
1906 Model G, 30 N.A.C.C.H.P.						
Side Ent Tr	1,840	5,520	9,200	20,700	32,200	46,000
1907 Model L, 4-cyl., 28 hp, 104" wb						
5P Rear Ent Tr	1,840	5,520	9,200	20,700	32,200	46,000
1907 Model G, 4-cyl., 30 hp, 104" wb						
5P Rear Ent Tr	1,880	5,640	9,400	21,150	32,900	47,000
1907 Model H, 4-cyl., 30 hp, 104" wb						
5P Rear Ent Tr	1,880	5,640	9,400	21,150	32,900	47,000
1908 Model H, 4-cyl., 30 hp, 104" wb						
5P Rear Ent Tr	1,880	5,640	9,400	21,150	32,900	47,000
1908 Model A, 4-cyl., 30 hp, 104" wb						
5P Tr	1,880	5,640	9,400	21,150	32,900	47,000
5P Twn Car	1,840	5,520	9,200	20,700	32,200	46,000
2P Rbt	1,800	5,400	9,000	20,250	31,500	45,000
5P Lan'let	1,880	5,640	9,400	21,150	32,900	47,000
1908 Model B, 4-cyl., 40 hp, 114" wb						
5P Tr	1,960	5,880	9,800	22,050	34,300	49,000
2P Rbt	1,880	5,640	9,400	21,150	32,900	47,000
7P Limo	1,920	5,760	9,600	21,600	33,600	48,000
5P Lan'let	1,960	5,880	9,800	22,050	34,300	49,000
4P Trabt	2,000	6,000	10,000	22,500	35,000	50,000
3P Speed Car	1,920	5,760	9,600	21,600	33,600	48,000
1909 Model A, 4-cyl., 30 hp, 104" wb						
5P Tr	1,880	5,640	9,400	21,150	32,900	47,000
5P Twn Car	1,840	5,520	9,200	20,700	32,200	46,000
Rbt	1,800	5,400	9,000	20,250	31,500	45,000
5P Lan'let	1,880	5,640	9,400	21,150	32,900	47,000
1909 Model B, 4-cyl., 40 hp, 114" wb						
5P Tr	1,960	5,880	9,800	22,050	34,300	49,000
7P Limo	1,920	5,760	9,600	21,600	33,600	48,000
5P Lan'let	1,960	5,880	9,800	22,050	34,300	49,000
1909 Model C, 4-cyl., 30 hp, 104" wb						
5P Tr	1,880	5,640	9,400	21,150	32,900	47,000
1909 Model D, 4-cyl., 40 hp, 117.5" wb						
5P Tr	2,000	6,000	10,000	22,500	35,000	50,000
1910 Model H, 4-cyl., 30 hp, 104" wb						
5P Tr	1,880	5,640	9,400	21,150	32,900	47,000
1910 Model M, 4-cyl., 28 hp, 104" wb						
5P Tr	1,840	5,520	9,200	20,700	32,200	46,000
1910 Model G-7, 4-cyl., 40 hp, 117.5" wb						
4/5P Tr	1,960	5,880	9,800	22,050	34,300	49,000
7P Tr	2,000	6,000	10,000	22,500	35,000	50,000
Limo (123" wb)	1,880	5,640	9,400	21,150	32,900	47,000
1911 Model G-8, 4-cyl., 40 hp, 117.5" wb						
4d 7P Limo	1,920	5,760	9,600	21,600	33,600	48,000
4d 5P Lan'let	1,960	5,880	9,800	22,050	34,300	49,000
4d 4/6/7P Tr	2,040	6,120	10,200	22,950	35,700	51,000
2d 2P Rds	1,840	5,520	9,200	20,700	32,200	46,000
1911 Model G-10, 4-cyl., 30 hp, 116" wb						
4d 5P Tr	1,960	5,880	9,800	22,050	34,300	49,000
NOTE: Studebaker-Garford association was discontinued after 1911 model year.						
1913 Model SA-25, 4-cyl., 101" wb						
2d Rds	1,480	4,440	7,400	16,650	25,900	37,000
4d Tr	1,520	4,560	7,600	17,100	26,600	38,000
1913 Model AA-35, 4-cyl., 115.5" wb						
4d Tr	1,680	5,040	8,400	18,900	29,400	42,000
2d Cpe	1,320	3,960	6,600	14,850	23,100	33,000
4d Sed	1,280	3,840	6,400	14,400	22,400	32,000
1913 Model E, 6-cyl., 121" wb						
4d Tr	1,720	5,160	8,600	19,350	30,100	43,000
4d Limo	1,400	4,200	7,000	15,750	24,500	35,000
1914 Series 14, Model 1 SC, 4-cyl., 108.3" wb						
4d Tr	1,400	4,200	7,000	15,750	24,500	35,000
2d Lan Rds	1,400	4,200	7,000	15,750	24,500	35,000
1914 Series 14, Model EB, 6-cyl., 121.3" wb						
4d Tr	1,640	4,920	8,200	18,450	28,700	41,000
4d Lan Rds	1,440	4,320	7,200	16,200	25,200	36,000
2d Sed	1,120	3,360	5,600	12,600	19,600	28,000
1915 Series 15, Model SD, 4-cyl., 108.3" wb						
2d Rds	1,400	4,200	7,000	15,750	24,500	35,000
4d Tr	1,480	4,440	7,400	16,650	25,900	37,000

	6	5	4	3	2	1
1915 Series 15, Model EC, 6-cyl., 121.3" wb						
4d 5P Tr	1,440	4,320	7,200	16,200	25,200	36,000
4d 7P Tr	1,480	4,440	7,400	16,650	25,900	37,000
1916 Model SF, 4-cyl., 112" wb						
2d Rds	1,320	3,960	6,600	14,850	23,100	33,000
2d Lan Rds	1,360	4,080	6,800	15,300	23,800	34,000
4d 7P Tr	1,480	4,440	7,400	16,650	25,900	37,000
4d A/W Sed	1,160	3,480	5,800	13,050	20,300	29,000
1916 Series 16 & 17, Model ED, 6-cyl., 121.8" wb						
2d Rds	1,360	4,080	6,800	15,300	23,800	34,000
2d Lan Rds	1,400	4,200	7,000	15,750	24,500	35,000
4d 7P Tr	1,440	4,320	7,200	16,200	25,200	36,000
2d Cpe	920	2,760	4,600	10,350	16,100	23,000
4d Sed	840	2,520	4,200	9,450	14,700	21,000
4d Limo	1,160	3,480	5,800	13,050	20,300	29,000
4d A/W Sed	1,160	3,480	5,800	13,050	20,300	29,000
NOTE: The All Weather sedan was available only in the Series 17.						
1917 Series 18, Model SF, 4-cyl., 112" wb						
2d Rds	1,180	3,540	5,900	13,280	20,650	29,500
2d Lan Rds	1,220	3,660	6,100	13,730	21,350	30,500
4d 7P Tr	1,260	3,780	6,300	14,180	22,050	31,500
4d A/W Sed	1,060	3,180	5,300	11,930	18,550	26,500
1917 Series 18, Model ED, 6-cyl., 121.8" wb						
2d Rds	1,220	3,660	6,100	13,730	21,350	30,500
2d Lan Rds	1,260	3,780	6,300	14,180	22,050	31,500
4d 7P Tr	1,300	3,900	6,500	14,630	22,750	32,500
2d Cpe	860	2,580	4,300	9,680	15,050	21,500
4d Sed	820	2,460	4,100	9,230	14,350	20,500
4d Limo	940	2,820	4,700	10,580	16,450	23,500
4d A/W Sed	1,140	3,420	5,700	12,830	19,950	28,500
1918-19 Series 19, Model SH, 4-cyl., 112" wb						
2d Rds	1,060	3,180	5,300	11,930	18,550	26,500
4d Tr	1,060	3,180	5,300	11,930	18,550	26,500
4d Sed	740	2,220	3,700	8,330	12,950	18,500
1918-19 Series 19, Model EH, 6-cyl., 119" wb						
4d Tr	1,100	3,300	5,500	12,380	19,250	27,500
2d Clb Rds	1,100	3,300	5,500	12,380	19,250	27,500
2d Rds	940	2,820	4,700	10,580	16,450	23,500
4d Sed	760	2,290	3,820	8,600	13,370	19,100
2d Cpe	780	2,340	3,900	8,780	13,650	19,500
1918-19 Series 19, Model EG, 6-cyl., 126" wb						
4d 7P Tr	1,180	3,540	5,900	13,280	20,650	29,500
1920-21 Model EJ, 6-cyl., 112" wb						
4d Tr	940	2,820	4,700	10,580	16,450	23,500
2d Lan Rds *	980	2,940	4,900	11,030	17,150	24,500
2d Rds	950	2,840	4,740	10,670	16,590	23,700
2d Cpe Rds **	1,000	3,000	5,000	11,250	17,500	25,000
4d Sed	740	2,220	3,700	8,330	12,950	18,500
1920-21 Model EH, 6-cyl., 119" wb						
4d Tr	1,020	3,060	5,100	11,480	17,850	25,500
2d Rds	1,030	3,080	5,140	11,570	17,990	25,700
4d Rds	1,040	3,120	5,200	11,700	18,200	26,000
2d Cpe	820	2,460	4,100	9,230	14,350	20,500
4d Sed	780	2,340	3,900	8,780	13,650	19,500
1920-21 Model EG, Big Six						
4d 7P Tr	1,100	3,300	5,500	12,380	19,250	27,500
2d Cpe **	860	2,580	4,300	9,680	15,050	21,500
4d 7P Sed	820	2,460	4,100	9,230	14,350	20,500
** 1920 Model only.* * 1921 Model only.*						
1922 Model EJ, Light Six, 6-cyl., 112" wb						
2d Rds	980	2,940	4,900	11,030	17,150	24,500
4d Tr	940	2,820	4,700	10,580	16,450	23,500
2d Cpe Rds	1,000	3,000	5,000	11,250	17,500	25,000
4d Sed	800	2,400	4,000	9,000	14,000	20,000
1922 Model EL, Special Six, 6-cyl., 119" wb						
2d Rds	1,000	3,000	5,000	11,250	17,500	25,000
4d Tr	980	2,940	4,900	11,030	17,150	24,500
4d Rds	1,020	3,060	5,100	11,480	17,850	25,500
2d Cpe	860	2,580	4,300	9,680	15,050	21,500
4d Sed	820	2,460	4,100	9,230	14,350	20,500
1922 Model EK, Big Six, 6-cyl., 126" wb						
4d Tr	1,020	3,060	5,100	11,480	17,850	25,500
2d Cpe	840	2,520	4,200	9,450	14,700	21,000
4d Sed	820	2,460	4,100	9,230	14,350	20,500
4d Spds	1,060	3,180	5,300	11,930	18,550	26,500

STUDEBAKER

	6	5	4	3	2	1
1923 Model EM, Light Six						
2d Rds	920	2,760	4,600	10,350	16,100	23,000
4d Tr	900	2,700	4,500	10,130	15,750	22,500
2d Cpe	760	2,280	3,800	8,550	13,300	19,000
4d Sed	740	2,220	3,700	8,330	12,950	18,500
1923 Model EL, Special Six						
4d Tr	920	2,760	4,600	10,350	16,100	23,000
2d 4P Cpe	780	2,340	3,900	8,780	13,650	19,500
2d Rds	940	2,830	4,720	10,620	16,520	23,600
2d 5P Cpe	800	2,400	4,000	9,000	14,000	20,000
4d Sed	760	2,280	3,800	8,550	13,300	19,000
1923 Model EK, Big Six						
4d Tr	980	2,940	4,900	11,030	17,150	24,500
2d Spds	1,080	3,240	5,400	12,150	18,900	27,000
2d 5P Cpe	820	2,460	4,100	9,230	14,350	20,500
2d 4P Cpe	820	2,450	4,080	9,180	14,280	20,400
4d Sed	780	2,340	3,900	8,780	13,650	19,500
1924 Model EM, Light Six, 6-cyl., 112" wb						
4d Tr	880	2,640	4,400	9,900	15,400	22,000
2d Rds	900	2,700	4,500	10,130	15,750	22,500
2d Cpe Rds	940	2,820	4,700	10,580	16,450	23,500
4d Cus Tr	920	2,760	4,600	10,350	16,100	23,000
4d Sed	680	2,040	3,400	7,650	11,900	17,000
2d Cpe	740	2,220	3,700	8,330	12,950	18,500
1924 Model EL, Special Six, 6-cyl., 119" wb						
4d Tr	920	2,760	4,600	10,350	16,100	23,000
2d Rds	940	2,820	4,700	10,580	16,450	23,500
2d Cpe	800	2,400	4,000	9,000	14,000	20,000
4d Sed	760	2,280	3,800	8,550	13,300	19,000
1924 Model EK, Big Six, 6-cyl., 126" wb						
4d 7P Tr	1,060	3,180	5,300	11,930	18,550	26,500
2d Spds	1,080	3,240	5,400	12,150	18,900	27,000
2d Cpe	820	2,460	4,100	9,230	14,350	20,500
4d Sed	760	2,280	3,800	8,550	13,300	19,000
1925-26 Model ER, Standard Six, 6-cyl., 113" wb						
4d Dplx Phae	1,140	3,420	5,700	12,830	19,950	28,500
2d Dplx Rds	1,020	3,060	5,100	11,480	17,850	25,500
2d Coach	660	1,980	3,300	7,430	11,550	16,500
2d Cty Clb Cpe	820	2,460	4,100	9,230	14,350	20,500
2d Spt Rds	960	2,880	4,800	10,800	16,800	24,000
4d Spt Phae	940	2,820	4,700	10,580	16,450	23,500
4d Sed	700	2,100	3,500	7,880	12,250	17,500
2d Cpe Rds	980	2,940	4,900	11,030	17,150	24,500
4d w/Sed	720	2,160	3,600	8,100	12,600	18,000
4d Sed	700	2,100	3,500	7,880	12,250	17,500
2d Cpe	780	2,340	3,900	8,780	13,650	19,500
4d Ber	760	2,280	3,800	8,550	13,300	19,000
1925-26 Model EQ, Special Six, 6-cyl., 120" - 127" wb						
4d Dplx Phae	1,220	3,660	6,100	13,730	21,350	30,500
2d Dplx Rds	1,120	3,360	5,600	12,600	19,600	28,000
2d Vic	770	2,320	3,860	8,690	13,510	19,300
4d Sed	760	2,280	3,800	8,550	13,300	19,000
4d Ber	800	2,400	4,000	9,000	14,000	20,000
2d Brgm	780	2,340	3,900	8,780	13,650	19,500
2d Spt Rds	1,100	3,300	5,500	12,380	19,250	27,500
2d Coach	740	2,220	3,700	8,330	12,950	18,500
1925-26 Model EP, Big Six, 6-cyl., 120" wb						
4d Dplx Phae	1,300	3,900	6,500	14,630	22,750	32,500
2d Cpe	820	2,460	4,100	9,230	14,350	20,500
2d Brgm	720	2,160	3,600	8,100	12,600	18,000
4d 7P Sed	720	2,150	3,580	8,060	12,530	17,900
2d Ber	780	2,340	3,900	8,780	13,650	19,500
4d Sed	720	2,160	3,600	8,100	12,600	18,000
4d Spt Phae	1,100	3,300	5,500	12,380	19,250	27,500
2d Clb Cpe	710	2,120	3,540	7,970	12,390	17,700
NOTE: Add 10 percent for 4-wheel brake option.						
1927 Dictator, Model EU, Standard, 6-cyl., 113" wb						
2d Spt Rds	1,360	4,080	6,800	15,300	23,800	34,000
4d Tr	1,220	3,660	6,100	13,730	21,350	30,500
4d Dplx Tr	1,320	3,960	6,600	14,850	23,100	33,000
4d 7P Tr	1,240	3,720	6,200	13,950	21,700	31,000
2d Bus Cpe	780	2,340	3,900	8,780	13,650	19,500
2d Spt Cpe	800	2,400	4,000	9,000	14,000	20,000
2d Vic	700	2,100	3,500	7,880	12,250	17,500
4d (P) Sed	680	2,040	3,400	7,650	11,900	17,000
4d (M) Sed	720	2,160	3,600	8,100	12,600	18,000

	6	5	4	3	2	1
1927 Special, Model EQ						
4d Dplx Phae	1,400	4,200	7,000	15,750	24,500	35,000
2d Coach	720	2,160	3,600	8,100	12,600	18,000
2d Brgm	760	2,280	3,800	8,550	13,300	19,000
2d Spt Rds	1,440	4,320	7,200	16,200	25,200	36,000
1927 Commander, Model EW						
2d Spt Rds	1,440	4,320	7,200	16,200	25,200	36,000
2d Bus Cpe	800	2,400	4,000	9,000	14,000	20,000
2d Spt Cpe	820	2,460	4,100	9,230	14,350	20,500
4d Sed	740	2,220	3,700	8,330	12,950	18,500
2d Cus Vic	780	2,340	3,900	8,780	13,650	19,500
2d Dplx Rds	1,400	4,200	7,000	15,750	24,500	35,000
4d Spt Phae	1,420	4,260	7,100	15,980	24,850	35,500
2d Cus Brgm	750	2,240	3,740	8,420	13,090	18,700
1927 President, Model ES						
4d Cus Sed	740	2,220	3,700	8,330	12,950	18,500
4d Limo	1,040	3,120	5,200	11,700	18,200	26,000
4d Dplx Phae	1,360	4,080	6,800	15,300	23,800	34,000
1928 Dictator, Model GE						
2d Roy Rds	1,820	5,460	9,100	20,480	31,850	45,500
4d Tr.	1,740	5,220	8,700	19,580	30,450	43,500
4d Dplx Tr.	1,780	5,340	8,900	20,030	31,150	44,500
4d 7P Roy Tr	1,820	5,460	9,100	20,480	31,850	45,500
2d Bus Cpe	780	2,340	3,900	8,780	13,650	19,500
2d Roy Cpe	800	2,400	4,000	9,000	14,000	20,000
2d Roy Vic	780	2,340	3,900	8,780	13,650	19,500
2d Clb Sed	750	2,240	3,740	8,420	13,090	18,700
4d Sed	730	2,180	3,640	8,190	12,740	18,200
4d Roy Sed	740	2,220	3,700	8,330	12,950	18,500
1928 Commander, Model GB						
2d Reg Rds	1,860	5,580	9,300	20,930	32,550	46,500
2d Cpe	820	2,460	4,100	9,230	14,350	20,500
2d Reg Cpe	840	2,520	4,200	9,450	14,700	21,000
2d Reg Cabr.	780	2,340	3,900	8,780	13,650	19,500
2d Vic	780	2,340	3,900	8,780	13,650	19,500
2d Reg Vic	800	2,400	4,000	9,000	14,000	20,000
4d Sed	780	2,340	3,900	8,780	13,650	19,500
2d Clb Sed	790	2,360	3,940	8,870	13,790	19,700
4d Reg Sed	760	2,280	3,800	8,550	13,300	19,000
1928 President Six, Model ES						
4d Cus Sed	780	2,340	3,900	8,780	13,650	19,500
4d Limo	1,000	3,000	5,000	11,250	17,500	25,000
4d Cus Tr	1,600	4,800	8,000	18,000	28,000	40,000
1928 President Eight, Model FA						
4d 7P Tr	1,600	4,800	8,000	18,000	28,000	40,000
2d Sta Cabr	1,640	4,920	8,200	18,450	28,700	41,000
4d Sed	810	2,420	4,040	9,090	14,140	20,200
4d Sta Sed	820	2,460	4,100	9,230	14,350	20,500
4d 7P Sed	820	2,460	4,100	9,230	14,350	20,500
4d 7P Sta Sed	840	2,520	4,200	9,450	14,700	21,000
4d Limo	1,040	3,120	5,200	11,700	18,200	26,000
4d Sta Ber	1,240	3,720	6,200	13,950	21,700	31,000
1928-1/2 Dictator, Model GE						
2d Tr.	1,400	4,200	7,000	15,750	24,500	35,000
2d 7P Tr	1,420	4,260	7,100	15,980	24,850	35,500
2d Bus Cpe	760	2,280	3,800	8,550	13,300	19,000
2d Roy Cabr.	1,640	4,920	8,200	18,450	28,700	41,000
2d Roy Vic	780	2,340	3,900	8,780	13,650	19,500
2d Clb Sed	750	2,240	3,740	8,420	13,090	18,700
4d Sed	740	2,210	3,680	8,280	12,880	18,400
4d Roy Sed	760	2,280	3,800	8,550	13,300	19,000
1928-1/2 Commander, Model GH						
2d Reg Vic	790	2,360	3,940	8,870	13,790	19,700
4d Sed	650	1,940	3,240	7,290	11,340	16,200
4d Reg Sed	820	2,450	4,080	9,180	14,280	20,400
1928-1/2 President, Model FB						
2d Sta Rds	1,620	4,860	8,100	18,230	28,350	40,500
2d Sta Cabr	1,600	4,800	8,000	18,000	28,000	40,000
2d Sta Vic.	790	2,380	3,960	8,910	13,860	19,800
4d Sed	820	2,450	4,080	9,180	14,280	20,400
4d Sta Sed	780	2,350	3,920	8,820	13,720	19,600
1928-1/2 President, Model FA						
4d Tr.	1,680	5,040	8,400	18,900	29,400	42,000
4d Sta Tr	1,720	5,160	8,600	19,350	30,100	43,000
2d Sta Cabr	1,760	5,280	8,800	19,800	30,800	44,000
4d Sta Sed	840	2,520	4,200	9,450	14,700	21,000

	6	5	4	3	2	1
4d Sed	830	2,500	4,160	9,360	14,560	20,800
4d 7P Sta Sed	860	2,580	4,300	9,680	15,050	21,500
4d Limo	1,080	3,240	5,400	12,150	18,900	27,000
1929 Dictator GE, 6-cyl., 113" wb						
4d 5P Tr	1,400	4,200	7,000	15,750	24,500	35,000
4d 7P Tr	1,400	4,200	7,000	15,750	24,500	35,000
2d Bus Cpe	780	2,340	3,900	8,780	13,650	19,500
2d Cabr	1,400	4,200	7,000	15,750	24,500	35,000
2d Vic Ryl	800	2,400	4,000	9,000	14,000	20,000
1929 Commander Six, Model GJ						
2d Rds	1,840	5,520	9,200	20,700	32,200	46,000
2d Reg Rds	1,880	5,640	9,400	21,150	32,900	47,000
4d Tr	1,640	4,920	8,200	18,450	28,700	41,000
4d Reg Tr	1,720	5,160	8,600	19,350	30,100	43,000
4d 7P Tr	1,640	4,920	8,200	18,450	28,700	41,000
4d 7P Reg Tr	1,720	5,160	8,600	19,350	30,100	43,000
2d Cpe	780	2,340	3,900	8,780	13,650	19,500
2d Spt Cpe	760	2,280	3,800	8,550	13,300	19,000
2d Cabr	1,600	4,800	8,000	18,000	28,000	40,000
2d Vic	740	2,220	3,700	8,330	12,950	18,500
4d Sed	720	2,160	3,600	8,100	12,600	18,000
4d Reg Sed	760	2,280	3,800	8,550	13,300	19,000
4d Reg Brgm	780	2,340	3,900	8,780	13,650	19,500
1929 Commander Eight, Model FD						
2d Reg Rds	1,960	5,880	9,800	22,050	34,300	49,000
4d Tr	1,760	5,280	8,800	19,800	30,800	44,000
4d Reg Tr	1,840	5,520	9,200	20,700	32,200	46,000
4d 7P Tr	1,760	5,280	8,800	19,800	30,800	44,000
4d 7P Reg Tr	1,840	5,520	9,200	20,700	32,200	46,000
2d Bus Cpe	860	2,580	4,300	9,680	15,050	21,500
2d Spt Cpe	880	2,640	4,400	9,900	15,400	22,000
2d Reg Conv	1,800	5,400	9,000	20,250	31,500	45,000
2d Vic	800	2,400	4,000	9,000	14,000	20,000
2d Reg Brgm	840	2,520	4,200	9,450	14,700	21,000
4d Sed	820	2,460	4,100	9,230	14,350	20,500
4d Reg Sed	840	2,520	4,200	9,450	14,700	21,000
1929 President Eight, Model FH, 125" wb						
2d Rds	2,000	6,000	10,000	22,500	35,000	50,000
2d Cabr	1,840	5,520	9,200	20,700	32,200	46,000
2d Sta Vic	920	2,760	4,600	10,350	16,100	23,000
4d Sed	880	2,640	4,400	9,900	15,400	22,000
4d Sta Sed	920	2,760	4,600	10,350	16,100	23,000
1929 President Eight, Model FE, 135" wb						
4d 7P Tr	1,840	5,520	9,200	20,700	32,200	46,000
4d 7P Sta Tr	920	2,760	4,600	10,350	16,100	23,000
2d Brgm	920	2,760	4,600	10,350	16,100	23,000
4d 7P Sed	920	2,760	4,600	10,350	16,100	23,000
4d 7P Sta Sed	960	2,880	4,800	10,800	16,800	24,000
4d 7P Limo	1,000	3,000	5,000	11,250	17,500	25,000
1930 Studebaker Model 53, 6-cyl., 114" wb						
4d Tr	1,640	4,920	8,200	18,450	28,700	41,000
4d Reg Tr	1,680	5,040	8,400	18,900	29,400	42,000
2d Bus Cpe	800	2,400	4,000	9,000	14,000	20,000
2d Reg Cpe	820	2,460	4,100	9,230	14,350	20,500
2d Clb Sed	760	2,280	3,800	8,550	13,300	19,000
4d Sed	720	2,160	3,600	8,100	12,600	18,000
4d Reg Sed	740	2,220	3,700	8,330	12,950	18,500
4d Lan Sed	730	2,180	3,640	8,190	12,740	18,200
1930 Dictator, 6 & 8-cyl., 115" wb						
4d Tr	1,680	5,040	8,400	18,900	29,400	42,000
4d Reg Tr	1,720	5,160	8,600	19,350	30,100	43,000
2d Cpe	820	2,460	4,100	9,230	14,350	20,500
2d Spt Cpe	860	2,580	4,300	9,680	15,050	21,500
2d Brgm	780	2,340	3,900	8,780	13,650	19,500
2d Clb Sed	760	2,280	3,800	8,550	13,300	19,000
4d Sed	760	2,280	3,800	8,550	13,300	19,000
4d Reg Sed	780	2,340	3,900	8,780	13,650	19,500
NOTE: Add $500 for Dictator 8-cyl.						
1930 Commander 6 & 8-cyl., 120" wb Commander FD						
2d Reg Rds	2,000	6,000	10,000	22,500	35,000	50,000
4d Tr	1,720	5,160	8,600	19,350	30,100	43,000
4d Reg Tr	1,760	5,280	8,800	19,800	30,800	44,000
4d 7P Tr	1,720	5,160	8,600	19,350	30,100	43,000
4d 7P Reg Tr	1,760	5,280	8,800	19,800	30,800	44,000
2d Cpe	880	2,640	4,400	9,900	15,400	22,000
2d Spt Cpe	920	2,760	4,600	10,350	16,100	23,000

	6	5	4	3	2	1
2d Conv Cabr	1,920	5,760	9,600	21,600	33,600	48,000
2d Vic	800	2,400	4,000	9,000	14,000	20,000
2d Brgm	820	2,460	4,100	9,230	14,350	20,500
4d Sed	800	2,400	4,000	9,000	14,000	20,000
4d Reg Sed	840	2,520	4,200	9,450	14,700	21,000
NOTE: Add $500 for Commander 8-cyl.						
1930 President FH Model						
2d Rds	2,340	7,020	11,700	26,330	40,950	58,500
2d Conv Cabr	2,100	6,300	10,500	23,630	36,750	52,500
2d Sta Vic	940	2,820	4,700	10,580	16,450	23,500
4d Sed	860	2,580	4,300	9,680	15,050	21,500
4d Sta Sed	900	2,700	4,500	10,130	15,750	22,500
1930 President FE Model						
4d Tr	2,020	6,060	10,100	22,730	35,350	50,500
4d Sta Tr	2,060	6,180	10,300	23,180	36,050	51,500
2d Sta Vic	1,420	4,260	7,100	15,980	24,850	35,500
2d Brgm	900	2,700	4,500	10,130	15,750	22,500
4d Sed	940	2,820	4,700	10,580	16,450	23,500
4d Sta Sed	980	2,940	4,900	11,030	17,150	24,500
4d Limo	1,100	3,300	5,500	12,380	19,250	27,500
4d Sta Limo	1,140	3,420	5,700	12,830	19,950	28,500
1931 Studebaker Six, Model 53, 114" wb						
2d Rds	1,720	5,160	8,600	19,350	30,100	43,000
2d Tr	1,560	4,680	7,800	17,550	27,300	39,000
2d Reg Tr	1,600	4,800	8,000	18,000	28,000	40,000
2d Bus Cpe	720	2,160	3,600	8,100	12,600	18,000
2d Spt Cpe	760	2,280	3,800	8,550	13,300	19,000
2d Clb Sed	680	2,040	3,400	7,650	11,900	17,000
4d Sed	680	2,040	3,400	7,650	11,900	17,000
1931 Model 61 Dictator, 8-cyl., 115" wb						
4d Reg Sed	700	2,090	3,480	7,830	12,180	17,400
4d Lan Sed	700	2,100	3,500	7,880	12,250	17,500
1931 Series 54						
2d Rds	2,080	6,240	10,400	23,400	36,400	52,000
4d Tr	1,800	5,400	9,000	20,250	31,500	45,000
4d Req Tr	1,840	5,520	9,200	20,700	32,200	46,000
2d Bus Cpe	780	2,340	3,900	8,780	13,650	19,500
2d Spt Cpe	800	2,400	4,000	9,000	14,000	20,000
4d Sed	720	2,160	3,600	8,100	12,600	18,000
4d Reg Sed	740	2,220	3,700	8,330	12,950	18,500
1931 Dictator Eight, Model FC						
4d Tr	1,760	5,280	8,800	19,800	30,800	44,000
4d Reg Tr	1,800	5,400	9,000	20,250	31,500	45,000
2d Cpe	800	2,400	4,000	9,000	14,000	20,000
2d Spt Cpe	820	2,460	4,100	9,230	14,350	20,500
2d Reg Brgm	760	2,280	3,800	8,550	13,300	19,000
2d Clb Sed	740	2,220	3,700	8,330	12,950	18,500
4d Sed	760	2,280	3,800	8,550	13,300	19,000
4d Reg Sed	770	2,300	3,840	8,640	13,440	19,200
1931 Model 61						
2d Cpe	840	2,520	4,200	9,450	14,700	21,000
2d Spt Cpe	880	2,640	4,400	9,900	15,400	22,000
4d Sed	780	2,340	3,900	8,780	13,650	19,500
4d Reg Sed	800	2,400	4,000	9,000	14,000	20,000
1931 Commander Eight, Model 70						
2d Cpe	860	2,580	4,300	9,680	15,050	21,500
2d Vic	840	2,520	4,200	9,450	14,700	21,000
2d Reg Brgm	860	2,580	4,300	9,680	15,050	21,500
4d Sed	860	2,580	4,300	9,680	15,050	21,500
4d Reg Sed	880	2,640	4,400	9,900	15,400	22,000
1931 President Eight, Model 80						
2d Sta Rds	2,600	7,800	13,000	29,250	45,500	65,000
2d Cpe	1,160	3,480	5,800	13,050	20,300	29,000
2d Sta Cpe	1,240	3,720	6,200	13,950	21,700	31,000
4d Sed	920	2,760	4,600	10,350	16,100	23,000
4d Sta Sed	960	2,880	4,800	10,800	16,800	24,000
1931 President Eight, Model 90						
4d Tr	2,120	6,360	10,600	23,850	37,100	53,000
4d Sta Tr	2,200	6,600	11,000	24,750	38,500	55,000
2d Sta Vic	1,160	3,480	5,800	13,050	20,300	29,000
2d Sta Brgm	1,160	3,480	5,800	13,050	20,300	29,000
4d Sed	1,080	3,240	5,400	12,150	18,900	27,000
4d Sta Sed	1,120	3,360	5,600	12,600	19,600	28,000
4d Sta Limo	1,200	3,600	6,000	13,500	21,000	30,000
1932 Model 55, 6-cyl., 117" wb						
2d Conv Rds	1,720	5,160	8,600	19,350	30,100	43,000

	6	5	4	3	2	1
2d Reg Conv Rds	1,880	5,640	9,400	21,150	32,900	47,000
2d Cpe	740	2,220	3,700	8,330	12,950	18,500
2d Reg Cpe	750	2,240	3,740	8,420	13,090	18,700
2d Spt Cpe	740	2,220	3,700	8,330	12,950	18,500
2d Reg Spt Cpe	760	2,280	3,800	8,550	13,300	19,000
2d St R Brgm	720	2,160	3,600	8,100	12,600	18,000
2d Reg St R Brgm	760	2,280	3,800	8,550	13,300	19,000
4d Conv Sed	1,880	5,640	9,400	21,150	32,900	47,000
4d Reg Conv Sed	1,920	5,760	9,600	21,600	33,600	48,000
4d Sed	680	2,040	3,400	7,650	11,900	17,000
4d Reg Sed	690	2,060	3,440	7,740	12,040	17,200
1932 Model 62 Dictator, 8-cyl., 117" wb						
2d Conv Rds	2,200	6,600	11,000	24,750	38,500	55,000
2d Reg Conv Rds	2,240	6,720	11,200	25,200	39,200	56,000
2d Cpe	1,000	3,000	5,000	11,250	17,500	25,000
2d Reg Cpe	1,040	3,120	5,200	11,700	18,200	26,000
2d Spt Cpe	1,280	3,840	6,400	14,400	22,400	32,000
2d Reg Spt Cpe	1,320	3,960	6,600	14,850	23,100	33,000
2d St R Brgm	1,160	3,480	5,800	13,050	20,300	29,000
2d Reg St R Brgm	1,200	3,600	6,000	13,500	21,000	30,000
4d Conv Sed	1,880	5,640	9,400	21,150	32,900	47,000
4d Reg Conv Sed	2,160	6,480	10,800	24,300	37,800	54,000
4d Sed	1,000	3,000	5,000	11,250	17,500	25,000
4d Reg Sed	1,040	3,120	5,200	11,700	18,200	26,000
1932 Model 65 Rockne, 6-cyl., 110" wb						
2d 2P Cpe	840	2,520	4,200	9,450	14,700	21,000
4d 5P Sed	800	2,400	4,000	9,000	14,000	20,000
2d Sed	780	2,340	3,900	8,780	13,650	19,500
4d 5P Conv Sed	1,880	5,640	9,400	21,150	32,900	47,000
2d Rds	2,080	6,240	10,400	23,400	36,400	52,000
1932 Model 71 Commander, 8-cyl.						
2d Rds Conv	2,320	6,960	11,600	26,100	40,600	58,000
2d Reg Rds Conv	2,360	7,080	11,800	26,550	41,300	59,000
2d Spt Cpe	1,240	3,720	6,200	13,950	21,700	31,000
2d Reg Spt Cpe	1,280	3,840	6,400	14,400	22,400	32,000
2d St R Brgm	1,240	3,720	6,200	13,950	21,700	31,000
2d Reg St R Brgm	1,280	3,840	6,400	14,400	22,400	32,000
4d Conv Sed	2,160	6,480	10,800	24,300	37,800	54,000
4d Reg Conv Sed	2,200	6,600	11,000	24,750	38,500	55,000
4d Sed	1,000	3,000	5,000	11,250	17,500	25,000
4d Reg Sed	1,020	3,060	5,100	11,480	17,850	25,500
1932 Model 75 Rockne, 6-cyl., 114" wb						
2d 2P Cpe	860	2,580	4,300	9,680	15,050	21,500
2d 4P Cpe	840	2,520	4,200	9,450	14,700	21,000
4d 5P Sed	800	2,400	4,000	9,000	14,000	20,000
2d 2P DeL Cpe	900	2,700	4,500	10,130	15,750	22,500
2d 4P DeL Cpe	880	2,640	4,400	9,900	15,400	22,000
4d 5P DeL Sed	840	2,520	4,200	9,450	14,700	21,000
2d Rds	2,160	6,480	10,800	24,300	37,800	54,000
4d Conv Sed	1,720	5,160	8,600	19,350	30,100	43,000
1932 Model 91 President, 8-cyl.						
2d Rds Conv	2,920	8,760	14,600	32,850	51,100	73,000
2d Sta Rds Conv	2,840	8,520	14,200	31,950	49,700	71,000
2d Cpe	1,400	4,200	7,000	15,750	24,500	35,000
2d Sta Cpe	1,440	4,320	7,200	16,200	25,200	36,000
2d Spt Cpe	1,480	4,440	7,400	16,650	25,900	37,000
2d Sta Spt Cpe	1,520	4,560	7,600	17,100	26,600	38,000
2d St R Brgm	1,280	3,840	6,400	14,400	22,400	32,000
2d Sta St R Brgm	1,320	3,960	6,600	14,850	23,100	33,000
4d Conv Sed	2,760	8,280	13,800	31,050	48,300	69,000
4d Sta Conv Sed	2,840	8,520	14,200	31,950	49,700	71,000
4d Sed	1,080	3,240	5,400	12,150	18,900	27,000
4d Sta Sed	1,120	3,360	5,600	12,600	19,600	28,000
4d Limo	1,200	3,600	6,000	13,500	21,000	30,000
4d Sta Limo	1,240	3,720	6,200	13,950	21,700	31,000
4d 7P Sed	1,040	3,120	5,200	11,700	18,200	26,000
4d 7P Sta Sed	1,000	3,000	5,000	11,250	17,500	25,000
1933 Model 10 Rockne, 6-cyl., 110" wb						
2d 4P Conv	1,840	5,520	9,200	20,700	32,200	46,000
2d 4P DeL Conv Rds	1,880	5,640	9,400	21,150	32,900	47,000
2d 2P Cpe	880	2,640	4,400	9,900	15,400	22,000
2d 5P Coach	720	2,160	3,600	8,100	12,600	18,000
2d 4P Cpe	840	2,520	4,200	9,450	14,700	21,000
2d 2P DeL Cpe	880	2,640	4,400	9,900	15,400	22,000
2d 5P Sed	720	2,160	3,600	8,100	12,600	18,000
2d 5P DeL Coach	740	2,220	3,700	8,330	12,950	18,500

	6	5	4	3	2	1
2d 4P DeL Cpe	840	2,520	4,200	9,450	14,700	21,000
4d 5P DeL Sed	720	2,160	3,600	8,100	12,600	18,000
4d 5P Conv Sed	2,000	6,000	10,000	22,500	35,000	50,000
4d 5P DeL Conv Sed	2,040	6,120	10,200	22,950	35,700	51,000
1933 Model 56 Studebaker, 6-cyl., 117" wb						
2d Conv	1,920	5,760	9,600	21,600	33,600	48,000
2d Reg Conv	1,960	5,880	9,800	22,050	34,300	49,000
2d Cpe	880	2,640	4,400	9,900	15,400	22,000
2d Reg Cpe	920	2,760	4,600	10,350	16,100	23,000
2d Spt Cpe	960	2,880	4,800	10,800	16,800	24,000
2d Reg Spt Cpe	1,000	3,000	5,000	11,250	17,500	25,000
2d St R Brgm	800	2,400	4,000	9,000	14,000	20,000
2d Reg St R Brgm	840	2,520	4,200	9,450	14,700	21,000
4d Conv Sed	1,880	5,640	9,400	21,150	32,900	47,000
4d Reg Conv Sed	1,920	5,760	9,600	21,600	33,600	48,000
4d Sed	720	2,160	3,600	8,100	12,600	18,000
4d Reg Sed	760	2,280	3,800	8,550	13,300	19,000
1933 Model 73 Commander, 8-cyl.						
2d Rds Conv	2,080	6,240	10,400	23,400	36,400	52,000
2d Reg Rds Conv	2,120	6,360	10,600	23,850	37,100	53,000
2d Cpe	920	2,760	4,600	10,350	16,100	23,000
2d Reg Cpe	960	2,880	4,800	10,800	16,800	24,000
2d Spt Cpe	1,000	3,000	5,000	11,250	17,500	25,000
2d Reg Spt Cpe	1,040	3,120	5,200	11,700	18,200	26,000
2d St R Brgm	840	2,520	4,200	9,450	14,700	21,000
2d Reg St R Brgm	880	2,640	4,400	9,900	15,400	22,000
4d Conv Sed	1,960	5,880	9,800	22,050	34,300	49,000
4d Reg Conv Sed	2,000	6,000	10,000	22,500	35,000	50,000
4d Sed	840	2,520	4,200	9,450	14,700	21,000
4d Reg Sed	880	2,640	4,400	9,900	15,400	22,000
1933 Model 82 President, 8-cyl.						
2d Sta Rds Conv	2,240	6,720	11,200	25,200	39,200	56,000
2d Cpe	960	2,880	4,800	10,800	16,800	24,000
2d Sta Cpe	1,080	3,240	5,400	12,150	18,900	27,000
2d St R Brgm	880	2,640	4,400	9,900	15,400	22,000
2d Sta St R Brgm	920	2,760	4,600	10,350	16,100	23,000
4d Sta Conv Sed	2,120	6,360	10,600	23,850	37,100	53,000
4d Sed	920	2,760	4,600	10,350	16,100	23,000
4d Sta Sed	960	2,880	4,800	10,800	16,800	24,000
1933 Model 92 President Speedway, 8-cyl.						
2d Sta Rds Conv	2,320	6,960	11,600	26,100	40,600	58,000
2d Sta Cpe	1,120	3,360	5,600	12,600	19,600	28,000
2d Sta St R Brgm	1,160	3,480	5,800	13,050	20,300	29,000
4d Sta Conv Sed	2,200	6,600	11,000	24,750	38,500	55,000
4d Sed	920	2,760	4,600	10,350	16,100	23,000
4d Sta Sed	960	2,880	4,800	10,800	16,800	24,000
4d 7P Sed	1,000	3,000	5,000	11,250	17,500	25,000
4d 7P Sta Sed	1,040	3,120	5,200	11,700	18,200	26,000
4d 7P Sta Limo	1,120	3,360	5,600	12,600	19,600	28,000
1934 Model Special A, Dictator						
2d Cpe	760	2,280	3,800	8,550	13,300	19,000
2d Reg Cpe	840	2,520	4,200	9,450	14,700	21,000
2d 4P Cpe	760	2,280	3,800	8,550	13,300	19,000
2d 4P Reg Cpe	800	2,400	4,000	9,000	14,000	20,000
2d St R Sed	640	1,920	3,200	7,200	11,200	16,000
2d Reg St R Sed	660	1,980	3,300	7,430	11,550	16,500
2d Sed	640	1,920	3,200	7,200	11,200	16,000
2d Reg Sed	660	1,980	3,300	7,430	11,550	16,500
4d Cus Reg St R	680	2,040	3,400	7,650	11,900	17,000
4d Cus Sed	700	2,100	3,500	7,880	12,250	17,500
1934 Model A, Dictator						
2d Rds	1,760	5,280	8,800	19,800	30,800	44,000
2d Rds Regal	1,800	5,400	9,000	20,250	31,500	45,000
2d Reg Cpe	920	2,760	4,600	10,350	16,100	23,000
2d St R Sed	760	2,280	3,800	8,550	13,300	19,000
2d Cus St R Sed	660	1,980	3,300	7,430	11,550	16,500
4d Sed	640	1,920	3,200	7,200	11,200	16,000
4d Reg Sed	660	1,980	3,300	7,430	11,550	16,500
1934 Model B, Commander						
2d Rds Conv	1,800	5,400	9,000	20,250	31,500	45,000
2d Reg Rds Conv	1,840	5,520	9,200	20,700	32,200	46,000
2d Cpe	920	2,760	4,600	10,350	16,100	23,000
2d Reg Cpe	960	2,880	4,800	10,800	16,800	24,000
2d 4P Cpe	880	2,640	4,400	9,900	15,400	22,000
2d 4P Reg Cpe	920	2,760	4,600	10,350	16,100	23,000
2d St R Sed	680	2,040	3,400	7,650	11,900	17,000

	6	5	4	3	2	1
2d Cus St R Sed	700	2,100	3,500	7,880	12,250	17,500
4d Sed	640	1,920	3,200	7,200	11,200	16,000
4d Reg Sed	660	1,980	3,300	7,430	11,550	16,500
4d Cus Sed	670	2,000	3,340	7,520	11,690	16,700
4d L Cruise	840	2,520	4,200	9,450	14,700	21,000
1934 Model C, President						
2d Rds Conv	1,920	5,760	9,600	21,600	33,600	48,000
2d Reg Rds Conv	1,960	5,880	9,800	22,050	34,300	49,000
2d Cpe	960	2,880	4,800	10,800	16,800	24,000
2d Reg Cpe	1,000	3,000	5,000	11,250	17,500	25,000
2d 4P Cpe	920	2,760	4,600	10,350	16,100	23,000
2d 4P Reg Cpe	960	2,880	4,800	10,800	16,800	24,000
2d Sed	700	2,100	3,500	7,880	12,250	17,500
2d Reg Sed	720	2,160	3,600	8,100	12,600	18,000
4d Cus Sed	720	2,160	3,600	8,100	12,600	18,000
4d Cus Berl	740	2,220	3,700	8,330	12,950	18,500
4d L Cruise	880	2,640	4,400	9,900	15,400	22,000
1935 Model 1A, Dictator Six						
2d Rds	1,680	5,040	8,400	18,900	29,400	42,000
2d Reg Rds	1,720	5,160	8,600	19,350	30,100	43,000
2d Cpe	680	2,040	3,400	7,650	11,900	17,000
2d Reg Cpe	720	2,160	3,600	8,100	12,600	18,000
2d R/S Cpe	740	2,220	3,700	8,330	12,950	18,500
2d Reg R/S Cpe	780	2,340	3,900	8,780	13,650	19,500
2d St Reg	540	1,620	2,700	6,080	9,450	13,500
2d Reg St Reg	580	1,740	2,900	6,530	10,150	14,500
2d Cus St Reg	600	1,800	3,000	6,750	10,500	15,000
4d Sed	530	1,600	2,660	5,990	9,310	13,300
2d Reg Sed	530	1,600	2,660	5,990	9,310	13,300
2d Cus Sed	560	1,690	2,820	6,350	9,870	14,100
4d L Cr	720	2,160	3,600	8,100	12,600	18,000
4d Reg L Cr	760	2,280	3,800	8,550	13,300	19,000
1935 Model 1B, Commander Eight						
2d Rds	1,800	5,400	9,000	20,250	31,500	45,000
2d Reg Rds	1,840	5,520	9,200	20,700	32,200	46,000
2d Cpe	720	2,160	3,600	8,100	12,600	18,000
2d Reg Cpe	760	2,280	3,800	8,550	13,300	19,000
2d R/S Cpe	780	2,340	3,900	8,780	13,650	19,500
2d Reg R/S Cpe	800	2,400	4,000	9,000	14,000	20,000
2d Reg St R	600	1,800	3,000	6,750	10,500	15,000
2d Cus St R	610	1,820	3,040	6,840	10,640	15,200
2d Reg Sed	610	1,840	3,060	6,890	10,710	15,300
2d Cus Sed	620	1,860	3,100	6,980	10,850	15,500
4d L Cr	760	2,280	3,800	8,550	13,300	19,000
4d Reg L Cr	800	2,400	4,000	9,000	14,000	20,000
1935 Model 1C, President Eight						
2d Rds	1,880	5,640	9,400	21,150	32,900	47,000
2d Reg Rds	1,920	5,760	9,600	21,600	33,600	48,000
2d Cpe	880	2,640	4,400	9,900	15,400	22,000
2d Reg Cpe	920	2,760	4,600	10,350	16,100	23,000
2d R/S Cpe	940	2,820	4,700	10,580	16,450	23,500
2d Reg R/S Cpe	960	2,880	4,800	10,800	16,800	24,000
2d Reg Sed	680	2,040	3,400	7,650	11,900	17,000
2d Cus Sed	720	2,160	3,600	8,100	12,600	18,000
4d L Cr	840	2,520	4,200	9,450	14,700	21,000
4d Reg L Cr	880	2,640	4,400	9,900	15,400	22,000
4d Cus Berl	840	2,520	4,200	9,450	14,700	21,000
4d Reg Berl	840	2,520	4,200	9,450	14,700	21,000
NOTE: Add 10 percent for 2A Dictator models.						
1936 Model 3A/4A, Dictator Six						
2d Bus Cpe	680	2,040	3,400	7,650	11,900	17,000
2d Cus Cpe	720	2,160	3,600	8,100	12,600	18,000
2d 5P Cus Cpe	760	2,280	3,800	8,550	13,300	19,000
2d Cus St R	610	1,820	3,040	6,840	10,640	15,200
4d Cr St R	620	1,860	3,100	6,980	10,850	15,500
2d Cus Sed	620	1,860	3,100	6,980	10,850	15,500
4d Cr Sed	630	1,900	3,160	7,110	11,060	15,800
1936 Model 2C, President Eight						
2d Cus Cpe	820	2,460	4,100	9,230	14,350	20,500
2d 5P Cus Cpe	860	2,580	4,300	9,680	15,050	21,500
2d Cus St R	710	2,120	3,540	7,970	12,390	17,700
4d Cr St R	720	2,160	3,600	8,100	12,600	18,000
4d Cus Sed	740	2,220	3,700	8,330	12,950	18,500
4d Cr Sed	780	2,340	3,900	8,780	13,650	19,500

NOTE: Add 10 percent for Model 4A Dictator Six.

	6	5	4	3	2	1
1937 Model 5A/6A, Dictator Six						
2d Cpe Express	1,660	4,980	8,300	18,680	29,050	41,500
2d Bus Cpe	720	2,160	3,600	8,100	12,600	18,000
2d Cus Cpe	760	2,280	3,800	8,550	13,300	19,000
2d 5P Cus Cpe	740	2,220	3,700	8,330	12,950	18,500
2d Cus St R	620	1,860	3,100	6,980	10,850	15,500
4d St R Cr	620	1,850	3,080	6,930	10,780	15,400
4d Cus Sed	620	1,850	3,080	6,930	10,780	15,400
4d Cr Sed	630	1,880	3,140	7,070	10,990	15,700
1937 Model 3C, President Eight						
2d Cus Cpe	820	2,460	4,100	9,230	14,350	20,500
2d 5P Cus Cpe	800	2,400	4,000	9,000	14,000	20,000
2d Cus St R	710	2,120	3,540	7,970	12,390	17,700
4d St R Cr	700	2,110	3,520	7,920	12,320	17,600
4d Cus Sed	700	2,110	3,520	7,920	12,320	17,600
4d Cr Sed	720	2,150	3,580	8,060	12,530	17,900
NOTE: Add 10 percent for Dictator 6A models.						
1938 Model 7A, Commander Six						
2d Cpe Exp	1,660	4,980	8,300	18,680	29,050	41,500
2d Bus Cpe	680	2,040	3,400	7,650	11,900	17,000
2d Cus Cpe	720	2,160	3,600	8,100	12,600	18,000
2d Clb Sed	620	1,870	3,120	7,020	10,920	15,600
4d Cr Sed	630	1,900	3,160	7,110	11,060	15,800
4d Conv Sed	1,420	4,260	7,100	15,980	24,850	35,500
1938 Model 8A, State Commander Six						
2d Cus Cpe	740	2,220	3,700	8,330	12,950	18,500
2d Clb Sed	620	1,870	3,120	7,020	10,920	15,600
4d Cr Sed	630	1,900	3,160	7,110	11,060	15,800
4d Conv Sed	1,460	4,380	7,300	16,430	25,550	36,500
1938 Model 4C, President Eight						
2d Cpe	780	2,340	3,900	8,780	13,650	19,500
2d Clb Sed	700	2,100	3,500	7,880	12,250	17,500
4d Cr Sed	720	2,160	3,600	8,100	12,600	18,000
1938 Model 4C, State President Eight						
2d Cpe	800	2,400	4,000	9,000	14,000	20,000
2d Clb Sed	690	2,080	3,460	7,790	12,110	17,300
4d Cr Sed	720	2,160	3,600	8,100	12,600	18,000
4d Conv Sed	1,580	4,740	7,900	17,780	27,650	39,500
1939 Model G, Custom Champion Six						
2d Cpe	680	2,040	3,400	7,650	11,900	17,000
2d Clb Sed	630	1,880	3,140	7,070	10,990	15,700
4d Cr Sed	630	1,900	3,160	7,110	11,060	15,800
1939 Model G, Deluxe Champion Six						
2d Cpe	760	2,280	3,800	8,550	13,300	19,000
2d Clb Sed	670	2,020	3,360	7,560	11,760	16,800
4d Cr Sed	680	2,040	3,400	7,650	11,900	17,000
1939 Model 9A, Commander Six						
2d Cpe Express	1,680	5,040	8,400	18,900	29,400	42,000
2d Bus Cpe	800	2,400	4,000	9,000	14,000	20,000
2d Cus Cpe	840	2,520	4,200	9,450	14,700	21,000
2d Clb Sed	740	2,230	3,720	8,370	13,020	18,600
4d Cr Sed	750	2,240	3,740	8,420	13,090	18,700
4d Conv Sed	1,640	4,920	8,200	18,450	28,700	41,000
1939 Model 5C, State President Eight						
2d Cus Cpe	920	2,760	4,600	10,350	16,100	23,000
2d Clb Sed	840	2,520	4,200	9,450	14,700	21,000
4d Cr Sed	860	2,580	4,300	9,680	15,050	21,500
4d Conv Sed	1,800	5,400	9,000	20,250	31,500	45,000
1940 Champion Custom						
2d Cpe	740	2,220	3,700	8,330	12,950	18,500
2d OS Cpe	780	2,340	3,900	8,780	13,650	19,500
2d Clb Sed	680	2,040	3,400	7,650	11,900	17,000
4d Cr Sed	680	2,050	3,420	7,700	11,970	17,100
1940 Champion Custom Deluxe						
2d Cpe	820	2,460	4,100	9,230	14,350	20,500
2d OS Cpe	840	2,520	4,200	9,450	14,700	21,000
2d Clb Sed	700	2,110	3,520	7,920	12,320	17,600
4d Cr Sed	710	2,120	3,540	7,970	12,390	17,700
1940 Champion Deluxe						
2d Cpe	840	2,520	4,200	9,450	14,700	21,000
2d OS Cpe	860	2,580	4,300	9,680	15,050	21,500
2d Clb Sed	710	2,120	3,540	7,970	12,390	17,700
4d Cr Sed	710	2,140	3,560	8,010	12,460	17,800
1940 Champion Deluxe-Tone						
2d Cpe	860	2,580	4,300	9,680	15,050	21,500
2d OS Cpe	880	2,640	4,400	9,900	15,400	22,000

	6	5	4	3	2	1
2d Clb Sed	710	2,140	3,560	8,010	12,460	17,800
4d Cr Sed	720	2,150	3,580	8,060	12,530	17,900
1940 Commander						
2d Cus Cpe	900	2,700	4,500	10,130	15,750	22,500
2d Clb Sed	720	2,170	3,620	8,150	12,670	18,100
4d Cr Sed	730	2,180	3,640	8,190	12,740	18,200
1940 Commander Deluxe-Tone						
2d Cus Cpe	940	2,820	4,700	10,580	16,450	23,500
2d Clb Sed	720	2,170	3,620	8,150	12,670	18,100
4d Cr Sed	730	2,180	3,640	8,190	12,740	18,200
1940 State President						
2d Cpe	1,000	3,000	5,000	11,250	17,500	25,000
2d Clb Sed	820	2,460	4,100	9,230	14,350	20,500
4d Cr Sed	860	2,580	4,300	9,680	15,050	21,500
1940 President Deluxe-Tone						
2d Cpe	1,060	3,180	5,300	11,930	18,550	26,500
2d Clb Sed	850	2,540	4,240	9,540	14,840	21,200
4d Cr Sed	880	2,640	4,400	9,900	15,400	22,000
1941 Champion Custom						
2d Cpe	800	2,400	4,000	9,000	14,000	20,000
2d D D Cpe	820	2,460	4,100	9,230	14,350	20,500
2d OS Cpe	840	2,520	4,200	9,450	14,700	21,000
2d Clb Sed	750	2,240	3,740	8,420	13,090	18,700
4d Cr Sed	750	2,260	3,760	8,460	13,160	18,800
1941 Champion Custom Deluxe						
2d Cpe	820	2,460	4,100	9,230	14,350	20,500
2d D D Cpe	840	2,520	4,200	9,450	14,700	21,000
2d OS Cpe	860	2,580	4,300	9,680	15,050	21,500
2d Clb Sed	750	2,260	3,760	8,460	13,160	18,800
4d Cr Sed	760	2,280	3,800	8,550	13,300	19,000
1941 Champion Deluxe-Tone						
2d Cpe	840	2,520	4,200	9,450	14,700	21,000
2d D D Cpe	800	2,400	4,000	9,000	14,000	20,000
2d OS Cpe	880	2,640	4,400	9,900	15,400	22,000
2d Clb Sed	750	2,260	3,760	8,460	13,160	18,800
4d Cr Sed	760	2,280	3,800	8,550	13,300	19,000
1941 Commander Custom						
4d Sed Cpe	840	2,520	4,200	9,450	14,700	21,000
2d Cr Cpe	900	2,700	4,500	10,130	15,750	22,500
4d L Cruise	840	2,520	4,200	9,450	14,700	21,000
1941 Commander Deluxe-Tone						
4d Cr Sed	850	2,560	4,260	9,590	14,910	21,300
4d L Cruise	860	2,580	4,300	9,680	15,050	21,500
1941 Commander Skyway						
4d Sed Cpe	920	2,760	4,600	10,350	16,100	23,000
4d Cr Sed	880	2,640	4,400	9,900	15,400	22,000
4d L Cruise	900	2,700	4,500	10,130	15,750	22,500
1941 President Custom						
4d Cr Sed	920	2,760	4,600	10,350	16,100	23,000
4d L Cruise	960	2,880	4,800	10,800	16,800	24,000
1941 President Deluxe-Tone						
4d Cr Sed	950	2,840	4,740	10,670	16,590	23,700
4d L Cruise	990	2,960	4,940	11,120	17,290	24,700
1941 President Skyway						
2d Sed Cpe	1,100	3,300	5,500	12,380	19,250	27,500
4d Cr Sed	1,020	3,060	5,100	11,480	17,850	25,500
4d L Cruise	1,040	3,120	5,200	11,700	18,200	26,000
1942 Champion Custom Series						
2d Cpe	280	840	1,400	3,150	4,900	7,000
2d D D Cpe	700	2,100	3,500	7,880	12,250	17,500
2d Clb Sed	620	1,860	3,100	6,980	10,850	15,500
4d Cr Sed	620	1,870	3,120	7,020	10,920	15,600
1942 Champion Deluxstyle Series						
2d Cpe	700	2,100	3,500	7,880	12,250	17,500
2d D D Cpe	720	2,160	3,600	8,100	12,600	18,000
2d Clb Sed	620	1,870	3,120	7,020	10,920	15,600
4d Cr Sed	630	1,880	3,140	7,070	10,990	15,700
1942 Commander Custom Series						
2d Sed Cpe	720	2,160	3,600	8,100	12,600	18,000
4d Cr Sed	650	1,940	3,240	7,290	11,340	16,200
4d L Cr	650	1,960	3,260	7,340	11,410	16,300
1942 Commander Deluxstyle Series						
2d Sed Cpe	760	2,280	3,800	8,550	13,300	19,000
4d Cr Sed	670	2,020	3,360	7,560	11,760	16,800
4d L Cr	690	2,080	3,460	7,790	12,110	17,300

	6	5	4	3	2	1
1942 Commander Skyway Series						
2d Sed Cpe	840	2,520	4,200	9,450	14,700	21,000
4d Cr Sed	730	2,200	3,660	8,240	12,810	18,300
4d L Cr	770	2,320	3,860	8,690	13,510	19,300
1942 President Custom Series						
2d Sed Cpe	880	2,640	4,400	9,900	15,400	22,000
4d Cr Sed	810	2,440	4,060	9,140	14,210	20,300
4d L Cr	810	2,440	4,060	9,140	14,210	20,300
1942 President Deluxstyle Series						
2d Sed Cpe	940	2,820	4,700	10,580	16,450	23,500
4d Cr Sed	830	2,500	4,160	9,360	14,560	20,800
4d L Cr	870	2,620	4,360	9,810	15,260	21,800
1942 President Skyway Series						
2d Sed Cpe	920	2,760	4,600	10,350	16,100	23,000
4d Cr Sed	850	2,560	4,260	9,590	14,910	21,300
4d L Cr	850	2,560	4,260	9,590	14,910	21,300
1946 Skyway Champion, 6-cyl., 109.5" wb						
2d 3P Cpe	680	2,040	3,400	7,650	11,900	17,000
2d 5P Cpe	700	2,100	3,500	7,880	12,250	17,500
2d Sed	608	1,824	3,040	6,840	10,640	15,200
4d Sed	616	1,848	3,080	6,930	10,780	15,400
1947-49 Champion, 6-cyl., 112" wb						
2d 3P Cpe	640	1,920	3,200	7,200	11,200	16,000
2d 5P Cpe Starlight	840	2,520	4,200	9,450	14,700	21,000
2d Sed	588	1,764	2,940	6,620	10,290	14,700
4d Sed	592	1,776	2,960	6,660	10,360	14,800
2d Conv	1,440	4,320	7,200	16,200	25,200	36,000
1947-49 Commander, 6-cyl., 119" wb						
2d 3P Cpe	660	1,980	3,300	7,430	11,550	16,500
2d 5P Cpe Starlight	880	2,640	4,400	9,900	15,400	22,000
2d Sed	604	1,812	3,020	6,800	10,570	15,100
4d Sed	612	1,836	3,060	6,890	10,710	15,300
2d Conv	1,480	4,440	7,400	16,650	25,900	37,000
1947-49 Land Cruiser, 6-cyl., 123" wb						
4d Ld Crs Sed	668	2,004	3,340	7,520	11,690	16,700
1950 Champion, 6-cyl., 113" wb						
2d 3P Cpe	700	2,100	3,500	7,880	12,250	17,500
2d 5P Cpe Starlight	920	2,760	4,600	10,350	16,100	23,000
2d Sed	720	2,160	3,600	8,100	12,600	18,000
4d Sed	720	2,160	3,600	8,100	12,600	18,000
2d Conv	1,440	4,320	7,200	16,200	25,200	36,000
1950 Commander, 6-cyl., 120" - 124" wb						
2d 3P Cpe	840	2,520	4,200	9,450	14,700	21,000
2d 5P Cpe Starlight	1,000	3,000	5,000	11,250	17,500	25,000
2d Sed	740	2,220	3,700	8,330	12,950	18,500
4d Sed	740	2,220	3,700	8,330	12,950	18,500
2d Conv	1,520	4,560	7,600	17,100	26,600	38,000
1950 Land Cruiser, 6-cyl., 124" wb						
4d Ld Crs Sed	760	2,280	3,800	8,550	13,300	19,000
1951 Champion Custom, 6-cyl., 115" wb						
4d Sed	760	2,280	3,800	8,550	13,300	19,000
2d Sed	760	2,280	3,800	8,550	13,300	19,000
2d 5P Cpe Starlight	920	2,760	4,600	10,350	16,100	23,000
2d 3P Cpe	780	2,340	3,900	8,780	13,650	19,500
1951 Champion DeLuxe, 6-cyl., 115" wb						
4d Sed	680	2,040	3,400	7,650	11,900	17,000
2d Sed	680	2,040	3,400	7,650	11,900	17,000
2d 5P Cpe Starlight	960	2,880	4,800	10,800	16,800	24,000
2d 3P Cpe	760	2,280	3,800	8,550	13,300	19,000
1951 Champion Regal, 6-cyl., 115" wb						
4d Sed	720	2,160	3,600	8,100	12,600	18,000
2d Sed	720	2,160	3,600	8,100	12,600	18,000
2d 5P Cpe Starlight	1,000	3,000	5,000	11,250	17,500	25,000
2d 3P Cpe	760	2,280	3,800	8,550	13,300	19,000
2d Conv	1,480	4,440	7,400	16,650	25,900	37,000
1951 Commander Regal, V-8, 115" wb						
4d Sed	720	2,160	3,600	8,100	12,600	18,000
2d Sed	720	2,160	3,600	8,100	12,600	18,000
2d 5P Cpe Starlight	1,040	3,120	5,200	11,700	18,200	26,000
1951 Commander State, V-8, 115" wb						
4d Sed	740	2,220	3,700	8,330	12,950	18,500
2d Sed	740	2,220	3,700	8,330	12,950	18,500
2d 5P Cpe Starlight	1,080	3,240	5,400	12,150	18,900	27,000
2d Conv	1,600	4,800	8,000	18,000	28,000	40,000
1951 Land Cruiser, V-8, 119" wb						
4d Sed	760	2,280	3,800	8,550	13,300	19,000

	6	5	4	3	2	1
1952 Champion Custom, 6-cyl., 115" wb						
4d Sed	680	2,040	3,400	7,650	11,900	17,000
2d Sed	680	2,040	3,400	7,650	11,900	17,000
2d 5P Cpe Starlight	840	2,520	4,200	9,450	14,700	21,000
1952 Champion DeLuxe, 6-cyl., 115" wb						
4d Sed	680	2,040	3,400	7,650	11,900	17,000
2d Sed	680	2,040	3,400	7,650	11,900	17,000
2d 5P Cpe Starlight	880	2,640	4,400	9,900	15,400	22,000
1952 Champion Regal, 6-cyl., 115" wb						
Sed	700	2,100	3,500	7,880	12,250	17,500
2d Sed	700	2,100	3,500	7,880	12,250	17,500
2d 5P Cpe Starlight	820	2,460	4,100	9,230	14,350	20,500
2d Star HT	840	2,520	4,200	9,450	14,700	21,000
2d Conv	1,480	4,440	7,400	16,650	25,900	37,000
1952 Commander Regal, V-8, 115" wb						
4d Sed	720	2,160	3,600	8,100	12,600	18,000
2d Sed	720	2,160	3,600	8,100	12,600	18,000
2d 5P Cpe Starlight	920	2,760	4,600	10,350	16,100	23,000
1952 Commander State, V-8, 115" wb						
4d Sed	740	2,220	3,700	8,330	12,950	18,500
2d Sed	740	2,220	3,700	8,330	12,950	18,500
2d Cpe Starlight	960	2,880	4,800	10,800	16,800	24,000
2d Star HT	1,040	3,120	5,200	11,700	18,200	26,000
2d Conv	1,560	4,680	7,800	17,550	27,300	39,000
1952 Land Cruiser, V-8, 119" wb						
4d Sed	760	2,280	3,800	8,550	13,300	19,000
1953-54 Champion Custom, 6-cyl., 116.5" wb						
4d Sed	640	1,920	3,200	7,200	11,200	16,000
2d Sed	648	1,944	3,240	7,290	11,340	16,200
1953-54 Champion DeLuxe, 6-cyl., 116.5" - 120.5" wb						
4d Sed	660	1,980	3,300	7,430	11,550	16,500
2d Sed	668	2,004	3,340	7,520	11,690	16,700
2d Cpe	840	2,520	4,200	9,450	14,700	21,000
2d Sta Wag	800	2,400	4,000	9,000	14,000	20,000
1953-54 Champion Regal, 6-cyl., 116.5" - 120.5" wb						
4d Sed	700	2,100	3,500	7,880	12,250	17,500
2d Sed	704	2,112	3,520	7,920	12,320	17,600
2d 5P Cpe	880	2,640	4,400	9,900	15,400	22,000
2d HT	1,000	3,000	5,000	11,250	17,500	25,000
2d Sta Wag (1954 only)	840	2,520	4,200	9,450	14,700	21,000
1953-54 Commander DeLuxe, V-8, 116.5" - 120.5" wb						
4d Sed	720	2,160	3,600	8,100	12,600	18,000
2d Sed	724	2,172	3,620	8,150	12,670	18,100
2d Cpe	920	2,760	4,600	10,350	16,100	23,000
Sta Wag (1954 only)	880	2,640	4,400	9,900	15,400	22,000
1953-54 Commander Regal, V-8, 116.5" - 120.5" wb						
4d Sed	740	2,220	3,700	8,330	12,950	18,500
2d Cpe	940	2,820	4,700	10,580	16,450	23,500
2d HT	1,120	3,360	5,600	12,600	19,600	28,000
2d Sta Wag (1954 only)	920	2,760	4,600	10,350	16,100	23,000
1953-54 Land Cruiser, V-8, 120.5" wb						
4d Sed	760	2,280	3,800	8,550	13,300	19,000
4d Reg Sed (1954 only)	780	2,340	3,900	8,780	13,650	19,500
1955 Champion Custom, 6-cyl., 116.5" wb						
4d Sed	640	1,920	3,200	7,200	11,200	16,000
2d Sed	644	1,932	3,220	7,250	11,270	16,100
1955 Champion DeLuxe, 6-cyl., 116.5" - 120.5" wb						
4d Sed	680	2,040	3,400	7,650	11,900	17,000
2d Sed	684	2,052	3,420	7,700	11,970	17,100
2d Cpe	960	2,880	4,800	10,800	16,800	24,000
1955 Champion Regal, 6-cyl., 116.5" - 120.5" wb						
4d Sed	700	2,100	3,500	7,880	12,250	17,500
2d Cpe	1,000	3,000	5,000	11,250	17,500	25,000
2d HT	1,080	3,240	5,400	12,150	18,900	27,000
2d Sta Wag	800	2,400	4,000	9,000	14,000	20,000
1955 Commander Custom, V-8, 116.5" wb						
4d Sed	720	2,160	3,600	8,100	12,600	18,000
2d Sed	724	2,172	3,620	8,150	12,670	18,100
1955 Commander DeLuxe, V-8, 116.5" - 120.5" wb						
4d Sed	740	2,220	3,700	8,330	12,950	18,500
2d Sed	744	2,232	3,720	8,370	13,020	18,600
2d Cpe	1,120	3,360	5,600	12,600	19,600	28,000
Sta Wag	840	2,520	4,200	9,450	14,700	21,000
1955 Commander Regal, V-8, 116.5" - 120.5" wb						
4d Sed	760	2,280	3,800	8,550	13,300	19,000
2d Cpe	1,140	3,420	5,700	12,830	19,950	28,500

	6	5	4	3	2	1
2d HT	1,180	3,540	5,900	13,280	20,650	29,500
2d Sta Wag	880	2,640	4,400	9,900	15,400	22,000
1955 President DeLuxe, V-8, 120.5" wb						
4d Sed	780	2,340	3,900	8,780	13,650	19,500
1955 President State, V-8, 120.5" wb						
4d Sed	800	2,400	4,000	9,000	14,000	20,000
2d Cpe	1,160	3,480	5,800	13,050	20,300	29,000
2d HT	1,200	3,600	6,000	13,500	21,000	30,000
2d Spds HT	1,440	4,320	7,200	16,200	25,200	36,000
NOTE: Deduct $200 for Champion models in all series.						
1956 Champion, 6-cyl., 116.5" wb						
4d Sed	600	1,800	3,000	6,750	10,500	15,000
2d Sed	604	1,812	3,020	6,800	10,570	15,100
1956 Flight Hawk, 6-cyl., 120.5" wb						
2d Cpe	840	2,520	4,200	9,450	14,700	21,000
1956 Champion Pelham, 6-cyl., 116.5" wb						
Sta Wag	860	2,580	4,300	9,680	15,050	21,500
1956 Commander, V-8, 116.5" wb						
4d Sed	620	1,860	3,100	6,980	10,850	15,500
2d Sed	624	1,872	3,120	7,020	10,920	15,600
1956 Power Hawk, V-8, 120.5" wb						
2d Cpe	900	2,700	4,500	10,130	15,750	22,500
1956 Commander Parkview, V-8, 116.5" wb						
2d Sta Wag	880	2,640	4,400	9,900	15,400	22,000
1956 President, V-8, 116.5" wb						
4d Sed	860	2,580	4,300	9,680	15,050	21,500
4d Classic	880	2,640	4,400	9,900	15,400	22,000
2d Sed	864	2,592	4,320	9,720	15,120	21,600
1956 Sky Hawk, V-8, 120.5" wb						
2d HT	1,000	3,000	5,000	11,250	17,500	25,000
1956 President Pinehurst, V-8, 116.5" wb						
4d Sta Wag	900	2,700	4,500	10,130	15,750	22,500
1956 Golden Hawk, V-8, 120.5" wb						
2d HT	1,920	5,760	9,600	21,600	33,600	48,000
1957 Champion Scotsman, 6-cyl., 116.5" wb						
4d Sed	560	1,680	2,800	6,300	9,800	14,000
2d Sed	564	1,692	2,820	6,350	9,870	14,100
2d Sta Wag	720	2,160	3,600	8,100	12,600	18,000
1957 Champion Custom, 6-cyl., 116.5" wb						
4d Sed	600	1,800	3,000	6,750	10,500	15,000
2d Clb Sed	604	1,812	3,020	6,800	10,570	15,100
1957 Champion DeLuxe, 6-cyl., 116.5" wb						
4d Sed	620	1,860	3,100	6,980	10,850	15,500
2d Clb Sed	624	1,872	3,120	7,020	10,920	15,600
1957 Silver Hawk, 6-cyl., 120.5" wb						
2d Cpe	1,000	3,000	5,000	11,250	17,500	25,000
1957 Champion Pelham, 6-cyl., 116.5" wb						
Sta Wag	860	2,580	4,300	9,680	15,050	21,500
1957 Commander Custom, V-8, 116.5" wb						
4d Sed	600	1,800	3,000	6,750	10,500	15,000
2d Clb Sed	604	1,812	3,020	6,800	10,570	15,100
1957 Commander DeLuxe, V-8, 116.5" wb						
4d Sed	620	1,860	3,100	6,980	10,850	15,500
2d Clb Sed	624	1,872	3,120	7,020	10,920	15,600
1957 Commander Station Wagons, V-8, 116.5" wb						
4d Park	880	2,640	4,400	9,900	15,400	22,000
4d Prov	900	2,700	4,500	10,130	15,750	22,500
1957 President, V-8, 116.5" wb						
4d Sed	680	2,040	3,400	7,650	11,900	17,000
4d Classic	700	2,100	3,500	7,880	12,250	17,500
2d Clb Sed	684	2,052	3,420	7,700	11,970	17,100
1957 Silver Hawk, V-8, 120.5" wb						
2d Cpe	1,120	3,360	5,600	12,600	19,600	28,000
1957 President Broadmoor, V-8, 116.5" wb						
4d Sta Wag	900	2,700	4,500	10,130	15,750	22,500
1957 Golden Hawk, V-8, 120.5" wb						
2d Spt HT	1,920	5,760	9,600	21,600	33,600	48,000
1958 Champion Scotsman, 6-cyl., 116.5" wb						
4d Sed	388	1,164	1,940	4,370	6,790	9,700
2d Sed	384	1,152	1,920	4,320	6,720	9,600
4d Sta Wag	420	1,260	2,100	4,730	7,350	10,500
1958 Champion, 6-cyl., 116.5" wb						
4d Sed	392	1,176	1,960	4,410	6,860	9,800
2d Sed	388	1,164	1,940	4,370	6,790	9,700
1958 Silver Hawk, 6-cyl., 120.5" wb						
2d Cpe	1,000	3,000	5,000	11,250	17,500	25,000

	6	5	4	3	2	1
1958 Commander, V-8, 116.5" wb						
4d Sed	520	1,560	2,600	5,850	9,100	13,000
2d HT	580	1,740	2,900	6,530	10,150	14,500
4d Sta Wag	540	1,620	2,700	6,080	9,450	13,500
1958 President, V-8, 120.5" & 116.5" wb						
4d Sed	528	1,584	2,640	5,940	9,240	13,200
2d HT	588	1,764	2,940	6,620	10,290	14,700
1958 Silver Hawk, V-8, 120.5" wb						
2d Cpe	1,080	3,240	5,400	12,150	18,900	27,000
1958 Golden Hawk, V-8, 120.5" wb						
2d Spt HT	1,880	5,640	9,400	21,150	32,900	47,000
1959-60 Lark DeLuxe, V-8, 108.5" wb						
4d Sed	400	1,200	2,000	4,500	7,000	10,000
2d Sed	400	1,200	2,000	4,500	7,000	10,000
4d Sta Wag (1960 only)	410	1,240	2,060	4,640	7,210	10,300
2d Sta Wag	416	1,248	2,080	4,680	7,280	10,400
1959-60 Lark Regal, V-8, 108.5" wb						
4d Sed	420	1,260	2,100	4,730	7,350	10,500
2d HT	580	1,740	2,900	6,530	10,150	14,500
2d Conv (1960 only)	780	2,340	3,900	8,780	13,650	19,500
4d Sta Wag	420	1,260	2,100	4,730	7,350	10,500
NOTE: Deduct 5 percent for 6-cyl. models.						
1959-60 Hawk, V-8, 120.5" wb						
2d Spt Cpe	920	2,760	4,600	10,350	16,100	23,000
1961 Lark DeLuxe, V-8, 108.5" wb						
4d Sed	392	1,176	1,960	4,410	6,860	9,800
2d Sed	396	1,188	1,980	4,460	6,930	9,900
1961 Lark Regal, V-8, 108.5" wb						
4d Sed	400	1,200	2,000	4,500	7,000	10,000
2d HT	560	1,680	2,800	6,300	9,800	14,000
2d Conv	760	2,280	3,800	8,550	13,300	19,000
1961 Lark Cruiser, V-8, 113" wb						
4d Sed	408	1,224	2,040	4,590	7,140	10,200
1961 Station Wagons, V-8, 113" wb						
4d DeL	392	1,176	1,960	4,410	6,860	9,800
2d	392	1,176	1,960	4,410	6,860	9,800
4d Reg	396	1,188	1,980	4,460	6,930	9,900
1961 Hawk, 8-cyl., 120.5" wb						
2d Spt Cpe	920	2,760	4,600	10,350	16,100	23,000
NOTE: Deduct 5 percent for 6-cyl. models. First year for 4-speed Hawks, add 5 percent.						
1962 Lark DeLuxe, V-8, 109" - 113" wb						
4d Sed	392	1,176	1,960	4,410	6,860	9,800
2d Sed	392	1,176	1,960	4,410	6,860	9,800
4d Sta Wag	412	1,236	2,060	4,640	7,210	10,300
1962 Lark Regal, V-8, 109" - 113" wb						
4d Sed	392	1,176	1,960	4,410	6,860	9,800
2d HT	580	1,740	2,900	6,530	10,150	14,500
2d Conv	700	2,100	3,500	7,880	12,250	17,500
4d Sta Wag	420	1,260	2,100	4,730	7,350	10,500
1962 Lark Daytona, V-8, 109" wb						
2d HT	580	1,740	2,900	6,530	10,150	14,500
2d Conv	1,080	3,240	5,400	12,150	18,900	27,000
1962 Lark Cruiser, V-8, 113" wb						
4d Sed	560	1,680	2,800	6,300	9,800	14,000
1962 Gran Turismo Hawk, V-8, 120.5" wb						
2d HT	1,280	3,840	6,400	14,400	22,400	32,000
NOTE: Deduct 5 percent for 6-cyl. models. Add 5 percent for 4-Speed.						
1963 Lark Standard, V-8, 109" - 113" wb						
4d Sed	392	1,176	1,960	4,410	6,860	9,800
2d Sed	392	1,176	1,960	4,410	6,860	9,800
4d Wagonaire Sta Wag	420	1,260	2,100	4,730	7,350	10,500
1963 Lark Regal, V-8, 109" - 113" wb						
4d Sed	392	1,176	1,960	4,410	6,860	9,800
2d Sed	392	1,176	1,960	4,410	6,860	9,800
4d Wagonaire Sta Wag	430	1,280	2,140	4,820	7,490	10,700
1963 Lark Custom, V-8, 109" - 113" wb						
4d Sed	392	1,176	1,960	4,410	6,860	9,800
2d Sed	396	1,188	1,980	4,460	6,930	9,900
1963 Lark Daytona, V-8, 109" - 113" wb						
2d HT	560	1,680	2,800	6,300	9,800	14,000
2d Conv	1,060	3,180	5,300	11,930	18,550	26,500
4d Wagonaire Sta Wag	600	1,800	3,000	6,750	10,500	15,000
1963 Cruiser, V-8, 113" wb						
4d Sed	564	1,692	2,820	6,350	9,870	14,100

	6	5	4	3	2	1
1963 Gran Turismo Hawk, V-8, 120.5" wb						
2d HT	1,280	3,840	6,400	14,400	22,400	32,000
NOTE: Deduct 5 percent for 6-cyl. Add 10 percent for R1 engine option. Add 20 percent for R2 engine option. Add 30 percent for R3 engine option. Add 10 percent for fully enclosed station wagon (introduced mid-model year).						
1964 Challenger, V-8, 109" - 113" wb						
4d Sed	396	1,188	1,980	4,460	6,930	9,900
2d Sed	400	1,200	2,000	4,500	7,000	10,000
4d Wagonaire Sta Wag	410	1,220	2,040	4,590	7,140	10,200
1964 Commander, V-8, 109" - 113" wb						
4d Sed	404	1,212	2,020	4,550	7,070	10,100
2d Sed	408	1,224	2,040	4,590	7,140	10,200
4d Wagonaire Sta Wag	420	1,260	2,100	4,730	7,350	10,500
1964 Daytona, V-8, 109" - 113" wb						
4d Sed	420	1,260	2,100	4,730	7,350	10,500
2d HT	620	1,860	3,100	6,980	10,850	15,500
2d Conv	1,060	3,180	5,300	11,930	18,550	26,500
4d Wagonaire Sta Wag	580	1,740	2,900	6,530	10,150	14,500
1964 Cruiser, V-8, 113" wb						
4d Sed	568	1,704	2,840	6,390	9,940	14,200
1964 Gran Turismo Hawk, V-8, 120.5" wb						
2d HT	1,280	3,840	6,400	14,400	22,400	32,000
NOTE: Deduct 5 percent for 6-cyl. models. Add 10 percent for R1 engine option. Add 20 percent for R2 engine option. Add 30 percent for R3 engine option.						
1965 Commander, V-8, 109" - 113" wb						
4d Sed	400	1,200	2,000	4,500	7,000	10,000
2d Sed	396	1,188	1,980	4,460	6,930	9,900
4d Wagonaire Sta Wag	410	1,240	2,060	4,640	7,210	10,300
1965 Daytona, V-8, 109" - 113" wb						
4d Spt Sed	408	1,224	2,040	4,590	7,140	10,200
4d Wagonaire Sta Wag	420	1,260	2,100	4,730	7,350	10,500
2d Spt Sed	420	1,260	2,100	4,730	7,350	10,500
1965 Cruiser, V-8, 113" wb						
4d Sed	428	1,284	2,140	4,820	7,490	10,700
NOTE: Deduct 10 percent for 6-cyl. models.						
1966 Commander, V-8, 109" wb						
4d Sed	400	1,200	2,000	4,500	7,000	10,000
2d Sed	396	1,188	1,980	4,460	6,930	9,900
1966 Daytona, V-8, 109" - 113" wb						
2d Spt Sed	420	1,260	2,100	4,730	7,350	10,500
1966 Cruiser, V-8, 113" wb						
4d Sed	412	1,236	2,060	4,640	7,210	10,300
1966 Wagonaire, V-8, 113" wb						
4d Sta Wag	420	1,260	2,100	4,730	7,350	10,500

AVANTI

1963 Avanti, V-8, 109" wb						
2d Spt Cpe	1,200	3,600	6,000	13,500	21,000	30,000
1964 Avanti, V-8, 109" wb						
2d Spt Cpe	1,200	3,600	6,000	13,500	21,000	30,000
NOTE: Add 40 percent for R2 engine option. Add 50 percent for R4 engine option. Add 60 percent for R3 engine option.						

AVANTI II

Avanti II, V-8, 109" wb						
1965 2d Spt Cpe	1,160	3,480	5,800	13,050	20,300	29,000
NOTE: 5 prototypes made.						
1966 2d Spt Cpe	1,120	3,360	5,600	12,600	19,600	28,000
1967 2d Spt Cpe	1,120	3,360	5,600	12,600	19,600	28,000
1968 2d Spt Cpe	960	2,880	4,800	10,800	16,800	24,000
1969 2d Spt Cpe	960	2,880	4,800	10,800	16,800	24,000
1970 2d Spt Cpe	880	2,640	4,400	9,900	15,400	22,000
1971 2d Spt Cpe	880	2,640	4,400	9,900	15,400	22,000
1972 2d Spt Cpe	880	2,640	4,400	9,900	15,400	22,000
1973 2d Spt Cpe	880	2,640	4,400	9,900	15,400	22,000
1974 2d Spt Cpe	880	2,640	4,400	9,900	15,400	22,000
1975 2d Spt Cpe	880	2,640	4,400	9,900	15,400	22,000
1976 2d Spt Cpe	840	2,520	4,200	9,450	14,700	21,000
NOTE: Add 5 percent for leather upholstery. Add 5 percent for sunroof. Add 6 percent for wire wheels.						
1977 2d Spt Cpe	840	2,520	4,200	9,450	14,700	21,000
1978 2d Spt Cpe	840	2,520	4,200	9,450	14,700	21,000
1979 2d Spt Cpe	920	2,760	4,600	10,350	16,100	23,000
1980 2d Spt Cpe	920	2,760	4,600	10,350	16,100	23,000
1981 2d Spt Cpe	960	2,880	4,800	10,800	16,800	24,000
1982 2d Spt Cpe	1,000	3,000	5,000	11,250	17,500	25,000
1983 2d Spt Cpe	1,000	3,000	5,000	11,250	17,500	25,000
1984 2d Spt Cpe	1,000	3,000	5,000	11,250	17,500	25,000

	6	5	4	3	2	1
1985 2d Spt Cpe	1,080	3,240	5,400	12,150	18,900	27,000
NOTE: No Avanti II models manufactured in 1986.						
1987 2d Spt Cpe	1,200	3,600	6,000	13,500	21,000	30,000
1987 2d Conv	1,320	3,960	6,600	14,850	23,100	33,000
1988 2d Spt Cpe	1,240	3,720	6,200	13,950	21,700	31,000
1988 2d Conv	1,360	4,080	6,800	15,300	23,800	34,000
1989 2d Spt Cpe	1,240	3,720	6,200	13,950	21,700	31,000
1989 2d Conv	1,360	4,080	6,800	15,300	23,800	34,000
1990 4d Sed	960	2,880	4,800	10,800	16,800	24,000
1991 2d Conv	1,400	4,200	7,000	15,750	24,500	35,000

STUTZ

	6	5	4	3	2	1
1912 Series A, 4-cyl., 50 hp, 120" wb						
2P Rds	2,880	8,640	14,400	32,400	50,400	72,000
4P Toy Tonn	2,800	8,400	14,000	31,500	49,000	70,000
5P Tr	2,800	8,400	14,000	31,500	49,000	70,000
2P Bearcat	6,200	18,600	31,000	69,750	108,500	155,000
4P Cpe	2,160	6,480	10,800	24,300	37,800	54,000
1912 Series A, 6-cyl., 60 hp, 124" wb Touring - 6P (130" wb)						
6P Tr	2,640	7,920	13,200	29,700	46,200	66,000
4P Toy Tonn	2,560	7,680	12,800	28,800	44,800	64,000
2P Bearcat	6,200	18,600	31,000	69,750	108,500	155,000
1913 Series B, 4-cyl., 50 hp, 120" wb						
2P Rds	2,880	8,640	14,400	32,400	50,400	72,000
4P Toy Tonn	2,800	8,400	14,000	31,500	49,000	70,000
4P Tr (124" wb)	2,800	8,400	14,000	31,500	49,000	70,000
2P Bearcat	5,280	15,840	26,400	59,400	92,400	132,000
6P Tr (124" wb)	2,960	8,880	14,800	33,300	51,800	74,000
1913 Series B, 6-cyl., 60 hp, 124" wb						
2P Bearcat	6,200	18,600	31,000	69,750	108,500	155,000
4P Toy Tonn	2,800	8,400	14,000	31,500	49,000	70,000
6P Tr (130" wb)	3,040	9,120	15,200	34,200	53,200	76,000
1914 Model 4E, 4-cyl., 50 hp, 120" wb						
2P Rds	2,800	8,400	14,000	31,500	49,000	70,000
Bearcat	5,680	17,040	28,400	63,900	99,400	142,000
5P Tr	2,800	8,400	14,000	31,500	49,000	70,000
1914 Model 6E, 6-cyl., 55 hp, 130" wb						
2P Rds	3,040	9,120	15,200	34,200	53,200	76,000
6P Tr	3,040	9,120	15,200	34,200	53,200	76,000
1915 Model H.C.S., 4-cyl., 23 hp, 108" wb						
2P Rds	2,160	6,480	10,800	24,300	37,800	54,000
1915 Model 4F, 4-cyl., 36.1 hp, 120" wb						
2P Rds	2,560	7,680	12,800	28,800	44,800	64,000
Bearcat	6,200	18,600	31,000	69,750	108,500	155,000
Cpe	1,840	5,520	9,200	20,700	32,200	46,000
Bulldog	2,800	8,400	14,000	31,500	49,000	70,000
5P Tr	2,480	7,440	12,400	27,900	43,400	62,000
5P Sed	1,760	5,280	8,800	19,800	30,800	44,000
1915 Model 6F, 6-cyl., 38.4 hp, 130" wb						
2P Rds	2,560	7,680	12,800	28,800	44,800	64,000
Bearcat	6,200	18,600	31,000	69,750	108,500	155,000
Cpe	1,920	5,760	9,600	21,600	33,600	48,000
5P Tr	2,640	7,920	13,200	29,700	46,200	66,000
6P Tr	2,640	7,920	13,200	29,700	46,200	66,000
5P Sed	1,780	5,340	8,900	20,030	31,150	44,500
1916 Model C, 4-cyl., 36.1 hp, 120" wb						
2P Rds	2,560	7,680	12,800	28,800	44,800	64,000
Bearcat	6,200	18,600	31,000	69,750	108,500	155,000
Bulldog	2,800	8,400	14,000	31,500	49,000	70,000
Sed	1,720	5,160	8,600	19,350	30,100	43,000
1916 Bulldog Special, 4-cyl., 36.1 hp, 130" wb						
4P Tr	2,800	8,400	14,000	31,500	49,000	70,000
5P Tr	2,880	8,640	14,400	32,400	50,400	72,000
1917 Series R, 4-cyl., 80 hp, 130" wb						
2P Rds	2,800	8,400	14,000	31,500	49,000	70,000
4P Bulldog Spl.	2,800	8,400	14,000	31,500	49,000	70,000
6P Bulldog Spl.	2,880	8,640	14,400	32,400	50,400	72,000
Bearcat (120" wb)	6,200	18,600	31,000	69,750	108,500	155,000
1918 Series S, 4-cyl., 80 hp, 130" wb						
2P Rds	2,800	8,400	14,000	31,500	49,000	70,000
4P Bulldog Spl.	2,800	8,400	14,000	31,500	49,000	70,000
6P Bulldog Spl.	2,880	8,640	14,400	32,400	50,400	72,000
Bearcat (120" wb)	6,200	18,600	31,000	69,750	108,500	155,000
1919 Series G, 4-cyl., 80 hp, 130" wb						
6P Tr	2,880	8,640	14,400	32,400	50,400	72,000
2P Rds	2,640	7,920	13,200	29,700	46,200	66,000

	6	5	4	3	2	1
4P C.C. Tr	2,880	8,640	14,400	32,400	50,400	72,000
Bearcat (120" wb)	6,200	18,600	31,000	69,750	108,500	155,000
1920 Series H, 4-cyl., 80 hp, 130" wb						
2P Bearcat (120" wb)	6,200	18,600	31,000	69,750	108,500	155,000
2P Rds	2,800	8,400	14,000	31,500	49,000	70,000
4P/5P Tr	2,880	8,640	14,400	32,400	50,400	72,000
6P/7P Tr	2,960	8,880	14,800	33,300	51,800	74,000
1921 Series K, 4-cyl., 80 hp, 130" wb						
2P Bearcat (120" wb)	6,200	18,600	31,000	69,750	108,500	155,000
2P Rds	3,600	10,800	18,000	40,500	63,000	90,000
4P Tr	2,880	8,640	14,400	32,400	50,400	72,000
6P Tr	2,880	8,640	14,400	32,400	50,400	72,000
4P Cpe	1,760	5,280	8,800	19,800	30,800	44,000
1922 Series K, 4-cyl., 80 hp, 130" wb						
3P Cpe	1,920	5,760	9,600	21,600	33,600	48,000
2P Rds	2,960	8,880	14,800	33,300	51,800	74,000
Bearcat (120" wb)	5,640	16,920	28,200	63,450	98,700	141,000
6P Tr	3,040	9,120	15,200	34,200	53,200	76,000
4P Spt	3,200	9,600	16,000	36,000	56,000	80,000
1923 Special Six, 70 hp, 120" wb						
5P Sed	1,560	4,680	7,800	17,550	27,300	39,000
5P Tr	2,880	8,640	14,400	32,400	50,400	72,000
Rds	2,880	8,640	14,400	32,400	50,400	72,000
1923 Speedway Four, 88 hp, 130" wb						
6P Tr	3,280	9,840	16,400	36,900	57,400	82,000
Sportster	3,440	10,320	17,200	38,700	60,200	86,000
4P Cpe	2,000	6,000	10,000	22,500	35,000	50,000
Sportsedan	1,960	5,880	9,800	22,050	34,300	49,000
Rds	3,040	9,120	15,200	34,200	53,200	76,000
Bearcat	6,200	18,600	31,000	69,750	108,500	155,000
Calif Tr	3,360	10,080	16,800	37,800	58,800	84,000
Calif Sptstr	3,360	10,080	16,800	37,800	58,800	84,000
1924 Special Six, 70 hp, 120" wb						
5P Phae	2,720	8,160	13,600	30,600	47,600	68,000
Tourabout	2,720	8,160	13,600	30,600	47,600	68,000
2P Rds	2,800	8,400	14,000	31,500	49,000	70,000
Palanquin	2,720	8,160	13,600	30,600	47,600	68,000
5P Sed	1,680	5,040	8,400	18,900	29,400	42,000
1924 Speedway Four, 4-cyl., 88 hp, 130" wb						
2P Rds	3,040	9,120	15,200	34,200	53,200	76,000
2P Bearcat	6,200	18,600	31,000	69,750	108,500	155,000
6P Tr	3,120	9,360	15,600	35,100	54,600	78,000
4P Cpe	2,000	6,000	10,000	22,500	35,000	50,000
1925 Models 693-694, 6-cyl., 70 hp, 120" wb						
5P Phae	2,800	8,400	14,000	31,500	49,000	70,000
5P Tourabout	2,840	8,520	14,200	31,950	49,700	71,000
2P Rds	2,640	7,920	13,200	29,700	46,200	66,000
4P Cpe	1,680	5,040	8,400	18,900	29,400	42,000
5P Sed	1,680	5,040	8,400	18,900	29,400	42,000
1925 Model 695, 6-cyl., 80 hp, 130" wb						
7P Tourster	3,000	9,000	15,000	33,750	52,500	75,000
5P Sportster	3,200	9,600	16,000	36,000	56,000	80,000
7P Sub	1,960	5,880	9,800	22,050	34,300	49,000
Sportbrohm	1,920	5,760	9,600	21,600	33,600	48,000
7P Berline	2,000	6,000	10,000	22,500	35,000	50,000
1926 Vertical Eight, AA, 92 hp, 131" wb						
4P Spds	7,200	21,600	36,000	81,000	126,000	180,000
5P Spds	7,200	21,600	36,000	81,000	126,000	180,000
4P Vic Cpe	2,360	7,080	11,800	26,550	41,300	59,000
5P Brgm	2,120	6,360	10,600	23,850	37,100	53,000
5P Sed	1,760	5,280	8,800	19,800	30,800	44,000
1927 Vertical Eight, AA, 92 hp, 131" wb						
4P Spds	5,600	16,800	28,000	63,000	98,000	140,000
5P Spds	5,600	16,800	28,000	63,000	98,000	140,000
2P Cpe	2,160	6,480	10,800	24,300	37,800	54,000
4P Cpe	2,160	6,480	10,800	24,300	37,800	54,000
5P Brgm	2,120	6,360	10,600	23,850	37,100	53,000
5P Sed	1,760	5,280	8,800	19,800	30,800	44,000
7P Berline	2,120	6,360	10,600	23,850	37,100	53,000
7P Sed	1,840	5,520	9,200	20,700	32,200	46,000
1928 Series BB, 8-cyl., 115 hp, 131 & 135" wb						
2P Spds	5,600	16,800	28,000	63,000	98,000	140,000
4P Spds	5,600	16,800	28,000	63,000	98,000	140,000
5P Spds	5,600	16,800	28,000	63,000	98,000	140,000
7P Spds	5,600	16,800	28,000	63,000	98,000	140,000
2P Black Hawk Spds	6,400	19,200	32,000	72,000	112,000	160,000

	6	5	4	3	2	1
4P Black Hawk Spds.	6,400	19,200	32,000	72,000	112,000	160,000
4P Vic Cpe	2,680	8,040	13,400	30,150	46,900	67,000
2P Cpe	2,560	7,680	12,800	28,800	44,800	64,000
5P Sed	2,080	6,240	10,400	23,400	36,400	52,000
5P Brgm	2,120	6,360	10,600	23,850	37,100	53,000
2P Cabr Cpe	3,920	11,760	19,600	44,100	68,600	98,000
7P Sed	2,160	6,480	10,800	24,300	37,800	54,000
7P Sed Limo	2,880	8,640	14,400	32,400	50,400	72,000
4P Deauville	2,800	8,400	14,000	31,500	49,000	70,000
5P Chantilly Sed	2,800	8,400	14,000	31,500	49,000	70,000
4P Monaco Cpe	2,960	8,880	14,800	33,300	51,800	74,000
5P Riv Sed	2,960	8,880	14,800	33,300	51,800	74,000
7P Biarritz Sed	2,960	8,880	14,800	33,300	51,800	74,000
5P Chamonix Sed	3,040	9,120	15,200	34,200	53,200	76,000
7P Fontainbleau	3,040	9,120	15,200	34,200	53,200	76,000
5P Aix Les Bains	3,040	9,120	15,200	34,200	53,200	76,000
7P Versailles	3,120	9,360	15,600	35,100	54,600	78,000
5P Prince of Wales	3,120	9,360	15,600	35,100	54,600	78,000
8P Prince of Wales	3,200	9,600	16,000	36,000	56,000	80,000
Transformable Twn Car	3,360	10,080	16,800	37,800	58,800	84,000
1929 Model M, 8-cyl., 115 hp, 134-1/2" wb						
4P Spds.	5,800	17,400	29,000	65,250	101,500	145,000
7P Spds.	5,900	17,700	29,500	66,380	103,250	147,500
2P Speed Car	5,600	16,800	28,000	63,000	98,000	140,000
5P Cpe	2,560	7,680	12,800	28,800	44,800	64,000
4P Cpe	2,560	7,680	12,800	28,800	44,800	64,000
2P Cabr.	4,160	12,480	20,800	46,800	72,800	104,000
5P Sed	2,160	6,480	10,800	24,300	37,800	54,000
7P Sed	2,200	6,600	11,000	24,750	38,500	55,000
5P Chantilly Sed	2,800	8,400	14,000	31,500	49,000	70,000
5P Monaco Cpe	2,960	8,880	14,800	33,300	51,800	74,000
5P Deauville	2,800	8,400	14,000	31,500	49,000	70,000
7P Limo.	2,800	8,400	14,000	31,500	49,000	70,000
5P Sed	2,480	7,440	12,400	27,900	43,400	62,000
2P Cabr.	4,400	13,200	22,000	49,500	77,000	110,000
5P Biarritz	2,960	8,880	14,800	33,300	51,800	74,000
7P Fontainbleau	3,040	9,120	15,200	34,200	53,200	76,000
7P Aix Les Baines	3,040	9,120	15,200	34,200	53,200	76,000
5P Sed	2,680	8,040	13,400	30,150	46,900	67,000
5P Limo.	2,960	8,880	14,800	33,300	51,800	74,000
6P Brgm	2,960	8,880	14,800	33,300	51,800	74,000
Brgm Limo.	3,040	9,120	15,200	34,200	53,200	76,000
6P Sed	2,640	7,920	13,200	29,700	46,200	66,000
6P Sed Limo	3,040	9,120	15,200	34,200	53,200	76,000
7P Sed Limo	3,040	9,120	15,200	34,200	53,200	76,000
5P Transformable Cabr.	3,760	11,280	18,800	42,300	65,800	94,000
7P Trans Twn Car.	3,760	11,280	18,800	42,300	65,800	94,000
5P Trans Twn Car.	3,840	11,520	19,200	43,200	67,200	96,000
1929 Model M, 8-cyl., 115 hp, 145" wb						
4P Spds.	6,000	18,000	30,000	67,500	105,000	150,000
7P Spds.	6,200	18,600	31,000	69,750	108,500	155,000
5P Sed	2,200	6,600	11,000	24,750	38,500	55,000
7P Sed	2,240	6,720	11,200	25,200	39,200	56,000
7P Limo.	2,480	7,440	12,400	27,900	43,400	62,000
5P Sed	2,320	6,960	11,600	26,100	40,600	58,000
Cabr	4,000	12,000	20,000	45,000	70,000	100,000
Chaumont	3,120	9,360	15,600	35,100	54,600	78,000
Monte Carlo.	3,120	9,360	15,600	35,100	54,600	78,000
5P Sed	2,880	8,640	14,400	32,400	50,400	72,000
5P Limo.	2,800	8,400	14,000	31,500	49,000	70,000
Brgm	2,880	8,640	14,400	32,400	50,400	72,000
Brgm Limo.	2,960	8,880	14,800	33,300	51,800	74,000
6P Sed	2,880	8,640	14,400	32,400	50,400	72,000
6P Sed Limo	2,960	8,880	14,800	33,300	51,800	74,000
7P Sed Limo	3,040	9,120	15,200	34,200	53,200	76,000
Transformable Cabr	3,760	11,280	18,800	42,300	65,800	94,000
Transformable Twn Car	3,760	11,280	18,800	42,300	65,800	94,000
Transformable Tr Cabr	3,920	11,760	19,600	44,100	68,600	98,000
1930 Model MA, 8-cyl., 115 hp, 134-1/2" wb						
2P Spds.	5,800	17,400	29,000	65,250	101,500	145,000
4P Spds.	5,900	17,700	29,500	66,380	103,250	147,500
2P Cpe	2,680	8,040	13,400	30,150	46,900	67,000
5P Cpe	2,680	8,040	13,400	30,150	46,900	67,000
Sed	2,080	6,240	10,400	23,400	36,400	52,000
Cabr	3,920	11,760	19,600	44,100	68,600	98,000
Longchamps	2,960	8,880	14,800	33,300	51,800	74,000

	6	5	4	3	2	1
Versailles	2,960	8,880	14,800	33,300	51,800	74,000
Torpedo	3,600	10,800	18,000	40,500	63,000	90,000
1930 Model MB, 8-cyl., 115 hp, 145" wb						
4P Spds	6,000	18,000	30,000	67,500	105,000	150,000
7P Spds	6,200	18,600	31,000	69,750	108,500	155,000
5P Sed	2,200	6,600	11,000	24,750	38,500	55,000
7P Sed	2,240	6,720	11,200	25,200	39,200	56,000
7P Limo	2,480	7,440	12,400	27,900	43,400	62,000
5P Sed	2,320	6,960	11,600	26,100	40,600	58,000
Cabr	4,000	12,000	20,000	45,000	70,000	100,000
Chaumont	3,120	9,360	15,600	35,100	54,600	78,000
Monte Carlo	3,120	9,360	15,600	35,100	54,600	78,000
5P Sed	2,880	8,640	14,400	32,400	50,400	72,000
5P Limo	2,800	8,400	14,000	31,500	49,000	70,000
Brgm	2,880	8,640	14,400	32,400	50,400	72,000
Brgm Limo	2,960	8,880	14,800	33,300	51,800	74,000
6P Sed	2,880	8,640	14,400	32,400	50,400	72,000
6P Sed Limo	2,960	8,880	14,800	33,300	51,800	74,000
7P Sed Limo	3,040	9,120	15,200	34,200	53,200	76,000
Transformable Cabr	3,760	11,280	18,800	42,300	65,800	94,000
Transformable Twn Car	3,760	11,280	18,800	42,300	65,800	94,000
Transformable Tr Cabr	3,920	11,760	19,600	44,100	68,600	98,000
1931 Model LA, 6-cyl., 85 hp, 127-1/2" wb						
4P Spds	6,200	18,600	31,000	69,750	108,500	155,000
5P Cpe	2,280	6,840	11,400	25,650	39,900	57,000
Sed	2,000	6,000	10,000	22,500	35,000	50,000
4P Cpe	2,320	6,960	11,600	26,100	40,600	58,000
Cabr Cpe	3,520	10,560	17,600	39,600	61,600	88,000
1931 Model MA, 8-cyl., 115 hp, 134-1/2" wb						
2P Spds	6,200	18,600	31,000	69,750	108,500	155,000
Torp	4,000	12,000	20,000	45,000	70,000	100,000
4P Spds	6,200	18,600	31,000	69,750	108,500	155,000
5P Cpe	5,800	17,400	29,000	65,250	101,500	145,000
4P Cpe	2,520	7,560	12,600	28,350	44,100	63,000
Cabr Cpe	3,520	10,560	17,600	39,600	61,600	88,000
Sed	2,160	6,480	10,800	24,300	37,800	54,000
Longchamps	2,640	7,920	13,200	29,700	46,200	66,000
Versailles	2,640	7,920	13,200	29,700	46,200	66,000
1931 Model MB, 8-cyl., 115 hp, 145" wb						
7P Spds	6,200	18,600	31,000	69,750	108,500	155,000
5P Sed	2,440	7,320	12,200	27,450	42,700	61,000
7P Sed	2,480	7,440	12,400	27,900	43,400	62,000
Limo	2,880	8,640	14,400	32,400	50,400	72,000
Cabr Cpe	4,160	12,480	20,800	46,800	72,800	104,000
Conv Sed	5,360	16,080	26,800	60,300	93,800	134,000
Chaumont	4,160	12,480	20,800	46,800	72,800	104,000
Monte Carlo	4,160	12,480	20,800	46,800	72,800	104,000
5P Sed	2,880	8,640	14,400	32,400	50,400	72,000
Brgm	2,800	8,400	14,000	31,500	49,000	70,000
7P Sed	2,960	8,880	14,800	33,300	51,800	74,000
Brgm Limo	3,040	9,120	15,200	34,200	53,200	76,000
6/7P Sed Limo	3,120	9,360	15,600	35,100	54,600	78,000
Transformable Cabr	3,920	11,760	19,600	44,100	68,600	98,000
Transformable Twn Car	3,760	11,280	18,800	42,300	65,800	94,000
Transformable Twn Cabr	3,920	11,760	19,600	44,100	68,600	98,000
1932 Model LAA, 6-cyl., 85 hp, 127-1/2" wb						
Sed	2,000	6,000	10,000	22,500	35,000	50,000
5P Cpe	2,600	7,800	13,000	29,250	45,500	65,000
4P Cpe	2,600	7,800	13,000	29,250	45,500	65,000
Clb Sed	2,200	6,600	11,000	24,750	38,500	55,000
1932 Model SV-16, 8-cyl., 115 hp, 134-1/2" wb						
4P Spds	6,200	18,600	31,000	69,750	108,500	155,000
Torp	3,760	11,280	18,800	42,300	65,800	94,000
5P Cpe	2,480	7,440	12,400	27,900	43,400	62,000
5P Sed	2,280	6,840	11,400	25,650	39,900	57,000
4P Cpe	2,680	8,040	13,400	30,150	46,900	67,000
Clb Sed	2,360	7,080	11,800	26,550	41,300	59,000
Cabr Cpe	3,760	11,280	18,800	42,300	65,800	94,000
Longchamps	2,680	8,040	13,400	30,150	46,900	67,000
Versailles	2,680	8,040	13,400	30,150	46,900	67,000
6P Sed	2,560	7,680	12,800	28,800	44,800	64,000
Cont Cpe	3,040	9,120	15,200	34,200	53,200	76,000
1932 Model SV-16, 8-cyl., 115 hp, 145" wb						
7P Spds	6,200	18,600	31,000	69,750	108,500	155,000
7P Sed	3,520	10,560	17,600	39,600	61,600	88,000
5P Sed	3,360	10,080	16,800	37,800	58,800	84,000

	6	5	4	3	2	1
Limo	3,760	11,280	18,800	42,300	65,800	94,000
Conv Sed	5,360	16,080	26,800	60,300	93,800	134,000
6P Sed	3,600	10,800	18,000	40,500	63,000	90,000
Chaumont	4,160	12,480	20,800	46,800	72,800	104,000
Brgm	3,760	11,280	18,800	42,300	65,800	94,000
Monte Carlo	3,840	11,520	19,200	43,200	67,200	96,000
Brgm Limo	3,920	11,760	19,600	44,100	68,600	98,000
7P Sed Limo	3,920	11,760	19,600	44,100	68,600	98,000
6P Sed Limo	3,920	11,760	19,600	44,100	68,600	98,000
Transformable Cabr	4,160	12,480	20,800	46,800	72,800	104,000
Monte Carlo	4,240	12,720	21,200	47,700	74,200	106,000
Prince of Wales	4,240	12,720	21,200	47,700	74,200	106,000
Conv Vic	4,720	14,160	23,600	53,100	82,600	118,000
Spt Sed	3,760	11,280	18,800	42,300	65,800	94,000
Tuxedo Cabr	5,760	17,280	28,800	64,800	100,800	144,000
Patrician Cpe	3,920	11,760	19,600	44,100	68,600	98,000
Transformable Twn Car	5,920	17,760	29,600	66,600	103,600	148,000
NOTE: All other models same as SV-16, with prices $1,000 more than SV-16.						
1932 Model DV-32, 8-cyl., 156 hp, 134-1/2" wb						
Bearcat	10,000	30,000	50,000	112,500	175,000	250,000
1932 Model DV-32, 8-cyl., 156 hp, 145" wb						
NOTE: All models same as SV-16, with prices $2,000 more than SV-16.						
1932 Model DV-32, 8-cyl., 156 hp, 116" wb						
Sup Bearcat	10,000	30,000	50,000	112,500	175,000	250,000
1933 Model LAA, 6-cyl., 85 hp, 127-1/2" wb						
5P Sed	2,120	6,360	10,600	23,850	37,100	53,000
5P Cpe	2,440	7,320	12,200	27,450	42,700	61,000
4P Cpe	2,480	7,440	12,400	27,900	43,400	62,000
5P Clb Sed	2,240	6,720	11,200	25,200	39,200	56,000
4P Cabr Cpe	3,320	9,960	16,600	37,350	58,100	83,000
1933 Model SV-16, 8-cyl., 115 hp, 134-1/2" wb						
2P Spds	5,600	16,800	28,000	63,000	98,000	140,000
2P Torp	3,520	10,560	17,600	39,600	61,600	88,000
4P Spds	6,000	18,000	30,000	67,500	105,000	150,000
5P Cpe	2,760	8,280	13,800	31,050	48,300	69,000
5P Sed	2,280	6,840	11,400	25,650	39,900	57,000
4P Cpe	2,800	8,400	14,000	31,500	49,000	70,000
5P Clb Sed	2,360	7,080	11,800	26,550	41,300	59,000
4P Cabr Cpe	3,520	10,560	17,600	39,600	61,600	88,000
5P Versailles	2,960	8,880	14,800	33,300	51,800	74,000
1933 Model SV-16, 8-cyl., 115 hp, 145" wb						
4P Spds	6,000	18,000	30,000	67,500	105,000	150,000
5P Sed	2,680	8,040	13,400	30,150	46,900	67,000
7P Sed	2,760	8,280	13,800	31,050	48,300	69,000
7P Limo	2,960	8,880	14,800	33,300	51,800	74,000
4P Cabr Cpe	4,160	12,480	20,800	46,800	72,800	104,000
5P Conv Sed	5,520	16,560	27,600	62,100	96,600	138,000
6P Sed	3,040	9,120	15,200	34,200	53,200	76,000
5P Chaumont	3,120	9,360	15,600	35,100	54,600	78,000
6P Brgm	3,120	9,360	15,600	35,100	54,600	78,000
6P Sed	3,040	9,120	15,200	34,200	53,200	76,000
5P Monte Carlo	3,200	9,600	16,000	36,000	56,000	80,000
6P Brgm Limo	3,760	11,280	18,800	42,300	65,800	94,000
6P Sed Limo	3,520	10,560	17,600	39,600	61,600	88,000
7P Twn Car	3,920	11,760	19,600	44,100	68,600	98,000
5P Monte Carlo	3,920	11,760	19,600	44,100	68,600	98,000
1933 Series DV-32, 8-cyl., 156" wb						
NOTE: Same models as the SV-16 on the two chassis, with prices $1,000 more. Bearcat and Super Bearcat continued from 1932.						
1934 Model SV-16, 8-cyl., 115 hp, 134-1/2" wb						
Spds	5,600	16,800	28,000	63,000	98,000	140,000
Torp	5,400	16,200	27,000	60,750	94,500	135,000
4P Cpe	2,480	7,440	12,400	27,900	43,400	62,000
Conv Cpe	3,760	11,280	18,800	42,300	65,800	94,000
Club Sed	2,880	8,640	14,400	32,400	50,400	72,000
5P Sed	2,680	8,040	13,400	30,150	46,900	67,000
5P Cpe	2,880	8,640	14,400	32,400	50,400	72,000
Versailles	2,880	8,640	14,400	32,400	50,400	72,000
1934 Model SV-16, 8-cyl., 115 hp, 145" wb						
Conv Cpe	3,920	11,760	19,600	44,100	68,600	98,000
7P Sed	2,840	8,520	14,200	31,950	49,700	71,000
Limo	2,800	8,400	14,000	31,500	49,000	70,000
Chaumont	2,800	8,400	14,000	31,500	49,000	70,000
Monte Carlo	2,880	8,640	14,400	32,400	50,400	72,000
1934 Model DV-32, 8-cyl., 156 hp, 134-1/2" wb						
Spds	6,200	18,600	31,000	69,750	108,500	155,000

	6	5	4	3	2	1
Torp	6,000	18,000	30,000	67,500	105,000	150,000
4P Cpe	2,880	8,640	14,400	32,400	50,400	72,000
Conv Cpe	5,360	16,080	26,800	60,300	93,800	134,000
Clb Sed	2,840	8,520	14,200	31,950	49,700	71,000
5P Sed	2,800	8,400	14,000	31,500	49,000	70,000
5P Cpe	2,800	8,400	14,000	31,500	49,000	70,000
Versailles	2,960	8,880	14,800	33,300	51,800	74,000
1934 Model DV-32, 8-cyl., 156 hp, 145" wb						
Conv Cpe	5,200	15,600	26,000	58,500	91,000	130,000
7P Sed	2,880	8,640	14,400	32,400	50,400	72,000
Limo	3,120	9,360	15,600	35,100	54,600	78,000
Chaumont	3,120	9,360	15,600	35,100	54,600	78,000
Monte Carlo	3,200	9,600	16,000	36,000	56,000	80,000
1935 Model SV-16, 8-cyl., 134 & 145" wb						
2P Spds	5,200	15,600	26,000	58,500	91,000	130,000
2P Cpe	2,620	7,860	13,100	29,480	45,850	65,500
5P Sed	2,620	7,860	13,100	29,480	45,850	65,500
7P Sed	2,460	7,380	12,300	27,680	43,050	61,500
1935 Model DV-32, 8-cyl., 134 & 145" wb						
2P Spds	5,200	15,600	26,000	58,500	91,000	130,000
2/4P Cpe	2,740	8,220	13,700	30,830	47,950	68,500
5P Sed	2,220	6,660	11,100	24,980	38,850	55,500
7P Limo	2,740	8,220	13,700	30,830	47,950	68,500

WHIPPET

1926 Model 96, 4-cyl.						
2d 2P Cpe	360	1,090	1,820	4,100	6,370	9,100
4d 5P Tr	840	2,520	4,200	9,450	14,700	21,000
4d 5P Sed	360	1,080	1,800	4,050	6,300	9,000
1927 Model 96, 4-cyl., 30 hp, 104-1/4" wb						
4d 5P Tr	840	2,520	4,200	9,450	14,700	21,000
2d 5P Coach	360	1,070	1,780	4,010	6,230	8,900
2d 5P Rds	800	2,400	4,000	9,000	14,000	20,000
2d 2P Cpe	460	1,380	2,300	5,180	8,050	11,500
4d 5P Sed	360	1,080	1,800	4,050	6,300	9,000
2d Cabr	640	1,920	3,200	7,200	11,200	16,000
4d 5P Lan Sed	350	1,060	1,760	3,960	6,160	8,800
1927 Model 93A, 6-cyl., 40 hp, 109-1/4" wb						
4d 5P Tr	880	2,640	4,400	9,900	15,400	22,000
2d 2/4P Rds	840	2,520	4,200	9,450	14,700	21,000
2d 2P Cpe	480	1,440	2,400	5,400	8,400	12,000
2d 5P Cpe	440	1,320	2,200	4,950	7,700	11,000
4d 5P Sed	450	1,340	2,240	5,040	7,840	11,200
2d Cabr	640	1,920	3,200	7,200	11,200	16,000
4d 5P Lan Sed	360	1,070	1,780	4,010	6,230	8,900
1928 Model 96, 4-cyl., 32 hp, 100-1/4" wb						
2d 2/4P Spt Rds	800	2,400	4,000	9,000	14,000	20,000
4d 5P Tr	840	2,520	4,200	9,450	14,700	21,000
2d 5P Coach	340	1,010	1,680	3,780	5,880	8,400
2d 2P Cpe	440	1,320	2,200	4,950	7,700	11,000
2d 2/4P Cabr	640	1,920	3,200	7,200	11,200	16,000
4d 5P Sed	330	980	1,640	3,690	5,740	8,200
1928 Model 98, 6-cyl.						
2d 2/4P Rds	840	2,520	4,200	9,450	14,700	21,000
4d 5P Tr	880	2,640	4,400	9,900	15,400	22,000
2d 2P Cpe	480	1,440	2,400	5,400	8,400	12,000
2d 5P Coach	440	1,320	2,200	4,950	7,700	11,000
4d 5P Sed	450	1,340	2,240	5,040	7,840	11,200
1929 Model 96A, 4-cyl., 103-1/2" wb						
2d 2P Rds	800	2,400	4,000	9,000	14,000	20,000
2d 2/4P Rds	840	2,520	4,200	9,450	14,700	21,000
2d 2/4P Rds College	840	2,520	4,200	9,450	14,700	21,000
4d 5P Tr	840	2,520	4,200	9,450	14,700	21,000
2d 2P Cpe	440	1,320	2,200	4,950	7,700	11,000
2d Cabr	640	1,920	3,200	7,200	11,200	16,000
2d 2/4P Cpe	640	1,920	3,200	7,200	11,200	16,000
2d 5P Coach	340	1,010	1,680	3,780	5,880	8,400
4d 5P Sed	340	1,030	1,720	3,870	6,020	8,600
4d DeL Sed	360	1,070	1,780	4,010	6,230	8,900
1929 Model 98A, 6-cyl.						
2d 2/4P Spt Rds	920	2,760	4,600	10,350	16,100	23,000
4d 5P Tr	880	2,640	4,400	9,900	15,400	22,000
2d 2P Cpe	460	1,380	2,300	5,180	8,050	11,500
2d 2/4P Cpe	480	1,440	2,400	5,400	8,400	12,000
2d 5P Coach	340	1,030	1,720	3,870	6,020	8,600
4d 5P Sed	360	1,070	1,780	4,010	6,230	8,900

	6	5	4	3	2	1
4d 5P DeL Sed	360	1,080	1,800	4,050	6,300	9,000
1930 Model 96A, 4-cyl.						
2d 2P Rds	920	2,760	4,600	10,350	16,100	23,000
2d 2/4P Rds College	1,000	3,000	5,000	11,250	17,500	25,000
4d 5P Tr	880	2,640	4,400	9,900	15,400	22,000
2d 2P Cpe	440	1,320	2,200	4,950	7,700	11,000
2d 2/4P Cpe	460	1,380	2,300	5,180	8,050	11,500
2d 5P Coach	320	960	1,600	3,600	5,600	8,000
4d 5P Sed	330	980	1,640	3,690	5,740	8,200
4d 5P DeL Sed	340	1,020	1,700	3,830	5,950	8,500
1930 Model 98A, 6-cyl.						
4d 5P Tr	880	2,640	4,400	9,900	15,400	22,000
2d 2/4P Spt Rds	920	2,760	4,600	10,350	16,100	23,000
2d 2P Cpe	450	1,340	2,240	5,040	7,840	11,200
2d 2/4P Cpe	460	1,390	2,320	5,220	8,120	11,600
2d 5P Coach	450	1,340	2,240	5,040	7,840	11,200
4d 5P Sed	450	1,360	2,260	5,090	7,910	11,300
4d 5P DeL Sed	470	1,420	2,360	5,310	8,260	11,800
1930 Model 96A, 4-cyl.						
2d 2P Cpe	440	1,320	2,200	4,950	7,700	11,000
2d 2/4P Cpe	460	1,380	2,300	5,180	8,050	11,500
4d 5P Sed	330	980	1,640	3,690	5,740	8,200
1930 Model 98A, 6-cyl.						
2d 5P Coach	330	980	1,640	3,690	5,740	8,200
4d 5P Sed	330	1,000	1,660	3,740	5,810	8,300
4d 5P DeL Sed	350	1,060	1,760	3,960	6,160	8,800

WILLYS

1902-03 Model 13, 1-cyl.						
2P Rbt	1,800	5,400	9,000	20,250	31,500	45,000
1904 Model 13, 1-cyl.						
2P Rbt	1,680	5,040	8,400	18,900	29,400	42,000
1905 Model 15, 2-cyl.						
2P Rbt	1,680	5,040	8,400	18,900	29,400	42,000
1905 Model 17, 2-cyl.						
2P Rbt	1,680	5,040	8,400	18,900	29,400	42,000
1905 Model 18, 4-cyl.						
5P Tr	1,720	5,160	8,600	19,350	30,100	43,000
1906 Model 16, 2-cyl.						
2P Rbt	1,640	4,920	8,200	18,450	28,700	41,000
1906 Model 18, 4-cyl.						
4P Tr	1,680	5,040	8,400	18,900	29,400	42,000
1907 Model 22, 4-cyl.						
2P Rbt	1,640	4,920	8,200	18,450	28,700	41,000
1908 Model 24, 4-cyl.						
2P Rds	1,680	5,040	8,400	18,900	29,400	42,000
1909 Model 30, 4-cyl.						
3P Rds	1,560	4,680	7,800	17,550	27,300	39,000
4P Rds	1,560	4,680	7,800	17,550	27,300	39,000
2P Cpe	1,480	4,440	7,400	16,650	25,900	37,000
1909 Model 31, 4-cyl.						
4P Toy Tonn	1,680	5,040	8,400	18,900	29,400	42,000
5P Tourist	1,600	4,800	8,000	18,000	28,000	40,000
5P Taxi	1,560	4,680	7,800	17,550	27,300	39,000
1909 Model 32, 4-cyl.						
3P Rds	1,520	4,560	7,600	17,100	26,600	38,000
4P Rds	1,560	4,680	7,800	17,550	27,300	39,000
4P Toy Tonn	1,680	5,040	8,400	18,900	29,400	42,000
5P Tr	1,600	4,800	8,000	18,000	28,000	40,000
1909 Willys, 6-cyl.						
3P Rds	1,600	4,800	8,000	18,000	28,000	40,000
4P Rds	1,600	4,800	8,000	18,000	28,000	40,000
Toy Tonn	1,680	5,040	8,400	18,900	29,400	42,000
5P Tr	1,640	4,920	8,200	18,450	28,700	41,000
1910 Model 38, 4-cyl., 102" wb, 25 hp						
2P Rds	1,560	4,680	7,800	17,550	27,300	39,000
3P Rds	1,560	4,680	7,800	17,550	27,300	39,000
4P Rds	1,580	4,740	7,900	17,780	27,650	39,500
Toy Tonn	1,680	5,040	8,400	18,900	29,400	42,000
1910 Model 40, 4-cyl., 112" wb, 40 hp						
3P Rds	1,600	4,800	8,000	18,000	28,000	40,000
4P Rds	1,600	4,800	8,000	18,000	28,000	40,000
1910 Model 41, 4-cyl.						
5P Tr	1,640	4,920	8,200	18,450	28,700	41,000
4P C.C. Tr	1,640	4,920	8,200	18,450	28,700	41,000

	6	5	4	3	2	1
1910 Model 42, 4-cyl.						
5P Tr	1,680	5,040	8,400	18,900	29,400	42,000
4P C.C. Tr	1,680	5,040	8,400	18,900	29,400	42,000
1911 Model 38, 4-cyl.						
4P Tr	1,480	4,440	7,400	16,650	25,900	37,000
2P Cpe	1,280	3,840	6,400	14,400	22,400	32,000
1911 Model 45, 4-cyl.						
2P Rds	1,520	4,560	7,600	17,100	26,600	38,000
1911 Model 46, 4-cyl.						
2P Torp	1,520	4,560	7,600	17,100	26,600	38,000
1911 Model 47, 4-cyl.						
Tr	1,560	4,680	7,800	17,550	27,300	39,000
1911 Model 49, 4-cyl.						
5P Tr	1,520	4,560	7,600	17,100	26,600	38,000
4P Tr	1,560	4,680	7,800	17,550	27,300	39,000
1911 Model 50, 4-cyl.						
2P Torp	1,680	5,040	8,400	18,900	29,400	42,000
1911 Model 51, 4-cyl.						
4d 5P Tr	1,640	4,920	8,200	18,450	28,700	41,000
5P Tr	1,640	4,920	8,200	18,450	28,700	41,000
1911 Model 52, 4-cyl.						
4d 5P Tr	1,680	5,040	8,400	18,900	29,400	42,000
5P Tr	1,680	5,040	8,400	18,900	29,400	42,000
1911 Model 53, 4-cyl.						
2P Rds	1,720	5,160	8,600	19,350	30,100	43,000
1911 Model 54, 4-cyl.						
5P Tr	1,720	5,160	8,600	19,350	30,100	43,000
1911 Model 55, 4-cyl.						
4d 5P Tr	1,720	5,160	8,600	19,350	30,100	43,000
5P Tr	1,720	5,160	8,600	19,350	30,100	43,000
1911 Model 56, 4-cyl.						
5P Tr	1,760	5,280	8,800	19,800	30,800	44,000
1912 Model 58R, 4-cyl., 25 hp						
Torp Rds	1,520	4,560	7,600	17,100	26,600	38,000
1912 Model 59R-T, 4-cyl., 30 hp						
Rds	1,560	4,680	7,800	17,550	27,300	39,000
Tr	1,600	4,800	8,000	18,000	28,000	40,000
1912 Model 59C, 4-cyl., 30 hp						
Cpe	1,280	3,840	6,400	14,400	22,400	32,000
1912 Model 60, 4-cyl., 35 hp						
Tr	1,640	4,920	8,200	18,450	28,700	41,000
1912 Model 61, 4-cyl., 45 hp						
Rds	1,840	5,520	9,200	20,700	32,200	46,000
4d Tr	1,880	5,640	9,400	21,150	32,900	47,000
Tr	1,880	5,640	9,400	21,150	32,900	47,000
Cpe	1,400	4,200	7,000	15,750	24,500	35,000
1913 Model 69, 4-cyl., 30 hp						
Cpe	1,240	3,720	6,200	13,950	21,700	31,000
Tr	1,600	4,800	8,000	18,000	28,000	40,000
Rds	1,560	4,680	7,800	17,550	27,300	39,000
4d Tr	1,640	4,920	8,200	18,450	28,700	41,000
1913 Model 71, 4-cyl., 45 hp						
Rds	1,840	5,520	9,200	20,700	32,200	46,000
Tr	1,880	5,640	9,400	21,150	32,900	47,000
5P Tr	1,920	5,760	9,600	21,600	33,600	48,000
1914 Model 79, 4-cyl., 35 hp						
Rds	1,560	4,680	7,800	17,550	27,300	39,000
Tr	1,600	4,800	8,000	18,000	28,000	40,000
Cpe	1,280	3,840	6,400	14,400	22,400	32,000
1914 Model 46, 4-cyl., 35 hp						
Tr	1,640	4,920	8,200	18,450	28,700	41,000
1915 Model 81, 4-cyl., 30 hp						
Rds	1,600	4,800	8,000	18,000	28,000	40,000
Tr	1,640	4,920	8,200	18,450	28,700	41,000
1915 Willys-Knight K-19, 4-cyl., 45 hp						
Rds	1,640	4,920	8,200	18,450	28,700	41,000
Tr	1,680	5,040	8,400	18,900	29,400	42,000
1915 Willys-Knight K-17, 4-cyl., 45 hp						
Rds	1,680	5,040	8,400	18,900	29,400	42,000
Tr	1,720	5,160	8,600	19,350	30,100	43,000
1915 Model 80, 4-cyl., 35 hp						
Rds	1,480	4,440	7,400	16,650	25,900	37,000
Tr	1,440	4,320	7,200	16,200	25,200	36,000
Cpe	1,280	3,840	6,400	14,400	22,400	32,000
1915 Model 82, 6-cyl., 45-50 hp						
7P Tr	2,000	6,000	10,000	22,500	35,000	50,000

	6	5	4	3	2	1
1916 Model 75, 4-cyl., 20-25 hp						
Rds	1,160	3,480	5,800	13,050	20,300	29,000
Tr.	1,200	3,600	6,000	13,500	21,000	30,000
1916 Model 83, 4-cyl., 35 hp						
Rds	1,200	3,600	6,000	13,500	21,000	30,000
Tr.	1,240	3,720	6,200	13,950	21,700	31,000
1916 Model 83-B, 4-cyl., 35 hp						
Rds	1,240	3,720	6,200	13,950	21,700	31,000
Tr.	1,280	3,840	6,400	14,400	22,400	32,000
1916 Willys-Knight, 4-cyl., 40 hp (also Model 84)						
Rds	1,440	4,320	7,200	16,200	25,200	36,000
Tr.	1,480	4,440	7,400	16,650	25,900	37,000
Cpe	1,120	3,360	5,600	12,600	19,600	28,000
Limo	1,200	3,600	6,000	13,500	21,000	30,000
1916 Willys-Knight, 6-cyl., 45 hp (also Model 86)						
7P Tr	1,800	5,400	9,000	20,250	31,500	45,000
1917-18 Light Four 90, 4-cyl., 32 hp						
2P Rds	1,080	3,240	5,400	12,150	18,900	27,000
5P Tr	1,120	3,360	5,600	12,600	19,600	28,000
4P Ctry Clb	1,040	3,120	5,200	11,700	18,200	26,000
5P Sed*	880	2,640	4,400	9,900	15,400	22,000
*NOTE: (*1917 only).*						
1917-18 Big Four 85, 4-cyl., 35 hp						
3P Rds	1,160	3,480	5,800	13,050	20,300	29,000
5P Tr	1,160	3,480	5,800	13,050	20,300	29,000
3P Tr Cpe	1,000	3,000	5,000	11,250	17,500	25,000
5P Tr Sed	920	2,760	4,600	10,350	16,100	23,000
1917-18 Light Six 85, 6-cyl., 35-40 hp						
3P Rds	1,160	3,480	5,800	13,050	20,300	29,000
5P Tr	1,200	3,600	6,000	13,500	21,000	30,000
3P Tr Cpe	1,040	3,120	5,200	11,700	18,200	26,000
5P Tr Sed	960	2,880	4,800	10,800	16,800	24,000
1917-18 Willys 89, 6-cyl., 45 hp						
7P Tr	1,360	4,080	6,800	15,300	23,800	34,000
4P Clb Rds	1,400	4,200	7,000	15,750	24,500	35,000
6P Sed	1,000	3,000	5,000	11,250	17,500	25,000
1917-18 Willys-Knight 88-4, 4-cyl., 40 hp						
7P Tr	1,560	4,680	7,800	17,550	27,300	39,000
4P Cpe	1,080	3,240	5,400	12,150	18,900	27,000
7P Tr Sed	920	2,760	4,600	10,350	16,100	23,000
7P Limo	1,120	3,360	5,600	12,600	19,600	28,000
1917-18 Willys-Knight 88-8, 8-cyl., 65 hp						
7P Tr	1,960	5,880	9,800	22,050	34,300	49,000
7P Sed	1,160	3,480	5,800	13,050	20,300	29,000
7P Limo	1,320	3,960	6,600	14,850	23,100	33,000
7P Twn Car	1,480	4,440	7,400	16,650	25,900	37,000
**This model offered 1917 only.*						
1919 Light Four 90, 4-cyl., 32 hp						
Rds	960	2,880	4,800	10,800	16,800	24,000
5P Tr	1,000	3,000	5,000	11,250	17,500	25,000
Clb Rds	1,000	3,000	5,000	11,250	17,500	25,000
5P Sed	880	2,640	4,400	9,900	15,400	22,000
1919 Willys 89, 6-cyl., 45 hp						
7P Tr	1,440	4,320	7,200	16,200	25,200	36,000
4P Clb Rds	1,400	4,200	7,000	15,750	24,500	35,000
6P Sed	880	2,640	4,400	9,900	15,400	22,000
1919 Willys-Knight 88-4, 4-cyl., 40 hp						
7P Tr	1,360	4,080	6,800	15,300	23,800	34,000
4P Cpe	800	2,400	4,000	9,000	14,000	20,000
7P Sed	780	2,340	3,900	8,780	13,650	19,500
7P Limo	920	2,760	4,600	10,350	16,100	23,000
1919 Willys-Knight 88-8, 8-cyl., 65 hp						
7P Tr	1,680	5,040	8,400	18,900	29,400	42,000
4P Cpe	1,020	3,060	5,100	11,480	17,850	25,500
7P Tr Sed	1,000	3,000	5,000	11,250	17,500	25,000
7P Limo	1,120	3,360	5,600	12,600	19,600	28,000
1920 Model 4, 4-cyl., 100" wb, 27 hp						
2P Rds	1,060	3,180	5,300	11,930	18,550	26,500
5P Tr	1,100	3,300	5,500	12,380	19,250	27,500
Clb Rds	900	2,700	4,500	10,130	15,750	22,500
5P Sed	740	2,220	3,700	8,330	12,950	18,500
1920 Model 89-6, Willys Six, 6-cyl.						
Clb Rds	1,100	3,300	5,500	12,380	19,250	27,500
7P Tr	1,140	3,420	5,700	12,830	19,950	28,500
6P Sed	1,120	3,360	5,600	12,600	19,600	28,000

	6	5	4	3	2	1
1920 Model 20 Willys-Knight, 4-cyl., 118" wb, 48 hp						
3P Rds	1,100	3,300	5,500	12,380	19,250	27,500
5P Tr	1,140	3,420	5,700	12,830	19,950	28,500
4P Cpe	760	2,280	3,800	8,550	13,300	19,000
5P Sed	740	2,220	3,700	8,330	12,950	18,500
1921 Model 4, 4-cyl., 100" wb, 27 hp						
5P Tr	1,060	3,180	5,300	11,930	18,550	26,500
2P Rds	1,100	3,300	5,500	12,380	19,250	27,500
5P Sed	760	2,280	3,800	8,550	13,300	19,000
2P Cpe	770	2,320	3,860	8,690	13,510	19,300
1921 Model 20 Willys-Knight, 4-cyl., 118" wb						
3P Rds	1,020	3,070	5,120	11,520	17,920	25,600
5P Tr	1,060	3,180	5,300	11,930	18,550	26,500
4P Cpe	800	2,400	4,000	9,000	14,000	20,000
5P Sed	780	2,340	3,900	8,780	13,650	19,500
1922 Model 4, 4-cyl., 100" wb, 27 hp						
2P Rds	1,020	3,060	5,100	11,480	17,850	25,500
5P Tr	1,060	3,180	5,300	11,930	18,550	26,500
5P Sed	760	2,280	3,800	8,550	13,300	19,000
2P Cpe	770	2,320	3,860	8,690	13,510	19,300
1922 Model 20 Willys-Knight, 4-cyl., 118" wb, 40 hp						
3P Rds	1,100	3,300	5,500	12,380	19,250	27,500
5P Tr	1,140	3,420	5,700	12,830	19,950	28,500
4P Cpe	780	2,340	3,900	8,780	13,650	19,500
5P Sed	760	2,280	3,800	8,550	13,300	19,000
1922 Model 27 Willys-Knight, 4-cyl., 118" wb						
7P Tr	1,180	3,540	5,900	13,280	20,650	29,500
7P Sed	760	2,280	3,800	8,550	13,300	19,000
1923-24 Model 91, 4-cyl., 100" wb, 27 hp						
2P Rds	900	2,700	4,500	10,130	15,750	22,500
5P Tr	900	2,700	4,500	10,130	15,750	22,500
3P Cpe	760	2,280	3,800	8,550	13,300	19,000
5P Sed	740	2,220	3,700	8,330	12,950	18,500
1923-24 Model 92, 4-cyl., 106" wb, 30 hp						
Redbird	1,760	5,280	8,800	19,800	30,800	44,000
Blackbird*	1,760	5,280	8,800	19,800	30,800	44,000
Bluebird*	1,760	5,280	8,800	19,800	30,800	44,000
*NOTE: (*1924 only).*						
1923-24 Model 64 Willys-Knight, 4-cyl., 118" wb, 40 hp						
3P Rds	1,100	3,300	5,500	12,380	19,250	27,500
5P Tr	1,140	3,420	5,700	12,830	19,950	28,500
Ctry Clb	860	2,580	4,300	9,680	15,050	21,500
4P Cpe	760	2,280	3,800	8,550	13,300	19,000
5P Sed	740	2,220	3,700	8,330	12,950	18,500
1923-24 Model 67 Willys-Knight, 4-cyl., 124" wb, 40 hp						
7P Tr	1,140	3,420	5,700	12,830	19,950	28,500
7P Sed	780	2,340	3,900	8,780	13,650	19,500
**Model offered 1924 only.*						
1925 Model 91, 4-cyl., 100" wb, 27 hp						
5P Tr	1,000	3,000	5,000	11,250	17,500	25,000
2P Cpe	780	2,340	3,900	8,780	13,650	19,500
5P Tr Sed	720	2,160	3,600	8,100	12,600	18,000
5P Cpe Sed	730	2,200	3,660	8,240	12,810	18,300
5P DeL Sed	740	2,220	3,700	8,330	12,950	18,500
1925 Model 92, 4-cyl., 106" wb, 30 hp						
Bluebird	1,640	4,920	8,200	18,450	28,700	41,000
1925 Model 93, 6-cyl., 113" wb, 38 hp						
5P Sed	950	2,860	4,760	10,710	16,660	23,800
DeL Sed	960	2,880	4,800	10,800	16,800	24,000
1925 Model 65 Willys-Knight, 4-cyl., 124" wb, 40 hp						
5P Tr	1,080	3,240	5,400	12,150	18,900	27,000
2P Cpe	800	2,400	4,000	9,000	14,000	20,000
Cpe Sed	780	2,340	3,900	8,780	13,650	19,500
Sed	720	2,160	3,600	8,100	12,600	18,000
Brgm	760	2,280	3,800	8,550	13,300	19,000
1925 Model 66 Willys-Knight, 6-cyl., 126" wb, 60 hp						
Rds	1,520	4,560	7,600	17,100	26,600	38,000
5P Tr	1,560	4,680	7,800	17,550	27,300	39,000
Cpe Sed	1,200	3,600	6,000	13,500	21,000	30,000
Brgm	1,220	3,660	6,100	13,730	21,350	30,500
Cpe	1,220	3,660	6,100	13,730	21,350	30,500
Sed	1,180	3,540	5,900	13,280	20,650	29,500
1926 Model 91, 4-cyl., 100" wb, 27 hp						
5P Tr	1,040	3,120	5,200	11,700	18,200	26,000
2P Cpe	780	2,340	3,900	8,780	13,650	19,500
5P Sed	710	2,140	3,560	8,010	12,460	17,800

	6	5	4	3	2	1
2d Sed.	700	2,110	3,520	7,920	12,320	17,600
4P Cpe	710	2,120	3,540	7,970	12,390	17,700
1926 Model 92, 4-cyl., 100" wb, 30 hp						
5P Tr	1,280	3,840	6,400	14,400	22,400	32,000
1926 Model 93, 6-cyl., 113" wb, 38 hp						
5P Tr	1,320	3,960	6,600	14,850	23,100	33,000
5P Sed	920	2,760	4,600	10,350	16,100	23,000
DeL Sed	940	2,820	4,700	10,580	16,450	23,500
2P Cpe	920	2,760	4,600	10,350	16,100	23,000
1926 Model 66 Willys-Knight, 6-cyl., 126" wb, 60 hp						
Rds	1,840	5,520	9,200	20,700	32,200	46,000
7P Tr	1,680	5,040	8,400	18,900	29,400	42,000
5P Tr	1,640	4,920	8,200	18,450	28,700	41,000
4P Cpe	1,180	3,540	5,900	13,280	20,650	29,500
Sed	1,160	3,480	5,800	13,050	20,300	29,000
1926 Model 70 Willys-Knight, 6-cyl., 113" wb, 53 hp						
5P Tr	1,620	4,860	8,100	18,230	28,350	40,500
Sed	1,040	3,120	5,200	11,700	18,200	26,000
2d Sed.	1,020	3,060	5,100	11,480	17,850	25,500
Cpe	1,080	3,240	5,400	12,150	18,900	27,000
Rds	1,820	5,460	9,100	20,480	31,850	45,500
1927 Model 70A Willys-Knight, 6-cyl., 113" wb, 52 hp						
Rds	1,640	4,920	8,200	18,450	28,700	41,000
Tr.	1,480	4,440	7,400	16,650	25,900	37,000
Cpe	1,080	3,240	5,400	12,150	18,900	27,000
Cabr	1,400	4,200	7,000	15,750	24,500	35,000
Sed	1,020	3,060	5,100	11,480	17,850	25,500
2d Sed.	1,000	3,000	5,000	11,250	17,500	25,000
1927 Model 66A Willys-Knight, 6-cyl., 126" wb, 65 hp						
Rds	1,900	5,700	9,500	21,380	33,250	47,500
Tr.	1,900	5,700	9,500	21,380	33,250	47,500
Foursome	1,900	5,700	9,500	21,380	33,250	47,500
Cabr	1,780	5,340	8,900	20,030	31,150	44,500
5P Sed	1,160	3,480	5,800	13,050	20,300	29,000
7P Sed	1,200	3,600	6,000	13,500	21,000	30,000
Limo	1,260	3,780	6,300	14,180	22,050	31,500
1928 Model 56 Willys-Knight, 6-cyl., 109.5" wb, 45 hp						
Rds	1,500	4,500	7,500	16,880	26,250	37,500
Tr.	1,340	4,020	6,700	15,080	23,450	33,500
Cpe	1,000	3,000	5,000	11,250	17,500	25,000
2d Sed.	900	2,700	4,500	10,130	15,750	22,500
Sed	900	2,710	4,520	10,170	15,820	22,600
1928 Model 70A Willys-Knight, 6-cyl., 113.5" wb, 53 hp						
Rds	1,680	5,040	8,400	18,900	29,400	42,000
Tr.	1,520	4,560	7,600	17,100	26,600	38,000
Cpe	1,160	3,480	5,800	13,050	20,300	29,000
5P Cpe	1,180	3,540	5,900	13,280	20,650	29,500
Cabr	1,240	3,720	6,200	13,950	21,700	31,000
2d Sed.	1,060	3,180	5,300	11,930	18,550	26,500
Sed	1,760	5,280	8,800	19,800	30,800	44,000
1928 Model 66A Willys-Knight, 6-cyl., 126" wb, 70 hp						
Rds	1,820	5,460	9,100	20,480	31,850	45,500
Tr.	1,660	4,980	8,300	18,680	29,050	41,500
Cabr	1,700	5,100	8,500	19,130	29,750	42,500
Fml Sed.	1,160	3,480	5,800	13,050	20,300	29,000
Sed	1,100	3,300	5,500	12,380	19,250	27,500
1928 Model 66A Willys-Knight, 6-cyl., 135" wb, 70 hp						
7P Tr	1,700	5,100	8,500	19,130	29,750	42,500
Cpe	1,300	3,900	6,500	14,630	22,750	32,500
7P Sed	1,240	3,720	6,200	13,950	21,700	31,000
Limo	1,260	3,780	6,300	14,180	22,050	31,500
1929 Series 56, 6-cyl., 109.5" wb, 45 hp						
(All Willys-Knight)						
Rds	1,700	5,100	8,500	19,130	29,750	42,500
Tr.	1,300	3,900	6,500	14,630	22,750	32,500
Cpe	1,020	3,060	5,100	11,480	17,850	25,500
2d Sed.	960	2,880	4,800	10,800	16,800	24,000
Sed	980	2,940	4,900	11,030	17,150	24,500
1929 Series 70A, 6-cyl., 113.2" wb, 53 hp						
Rds	1,840	5,520	9,200	20,700	32,200	46,000
Tr.	1,680	5,040	8,400	18,900	29,400	42,000
Cpe	1,240	3,720	6,200	13,950	21,700	31,000
Cabr	1,720	5,160	8,600	19,350	30,100	43,000
2d Sed.	1,080	3,240	5,400	12,150	18,900	27,000
Sed	1,100	3,300	5,500	12,380	19,250	27,500

	6	5	4	3	2	1
1929 Series 66A, 6-cyl., 126" wb, 70 hp						
Rds	1,940	5,820	9,700	21,830	33,950	48,500
Tr	1,780	5,340	8,900	20,030	31,150	44,500
Cabr	1,820	5,460	9,100	20,480	31,850	45,500
Fml Sed	1,300	3,900	6,500	14,630	22,750	32,500
DeL Fml Sed	1,320	3,960	6,600	14,850	23,100	33,000
Sed	1,220	3,660	6,100	13,730	21,350	30,500
1929 Series 66A, 6-cyl., 135" wb, 70 hp						
7P Tr	1,900	5,700	9,500	21,380	33,250	47,500
5P Cpe	1,420	4,260	7,100	15,980	24,850	35,500
7P Sed	1,300	3,900	6,500	14,630	22,750	32,500
Limo	1,340	4,020	6,700	15,080	23,450	33,500
1929 Series 70B, 6-cyl., 112.5" - 115" wb, 53 hp						
Rds	1,800	5,400	9,000	20,250	31,500	45,000
Tr	1,640	4,920	8,200	18,450	28,700	41,000
2P Cpe	1,200	3,600	6,000	13,500	21,000	30,000
4P Cpe	1,160	3,480	5,800	13,050	20,300	29,000
2d Sed	1,060	3,180	5,300	11,930	18,550	26,500
Sed	1,060	3,190	5,320	11,970	18,620	26,600
DeL Sed	1,080	3,240	5,400	12,150	18,900	27,000
1930 Series 98B, 6-cyl., 110" wb, 65 hp						
Willys Models						
Rds	1,900	5,700	9,500	21,380	33,250	47,500
4P Rds	1,940	5,820	9,700	21,830	33,950	48,500
5P Tr	1,780	5,340	8,900	20,030	31,150	44,500
2P Cpe	1,260	3,780	6,300	14,180	22,050	31,500
4P Cpe	1,220	3,660	6,100	13,730	21,350	30,500
2d Sed	1,140	3,420	5,700	12,830	19,950	28,500
Sed	1,160	3,480	5,800	13,050	20,300	29,000
DeL Sed	1,180	3,540	5,900	13,280	20,650	29,500
1930 Series 66B, 6-cyl., 120" wb, 87 hp						
Willys-Knight Models						
Rds	3,200	9,600	16,000	36,000	56,000	80,000
Tr	2,400	7,200	12,000	27,000	42,000	60,000
2P Cpe	1,920	5,760	9,600	21,600	33,600	48,000
5P Cpe	2,000	6,000	10,000	22,500	35,000	50,000
Sed	1,800	5,400	9,000	20,250	31,500	45,000
1930						
Series 70B, "See 1929 Series 70B"						
Series 6-87, "See 1929 Series 56"						
1931						
Willys 98B, "See 1930 98B Series"						
1931 Willys 97, 6-cyl., 110" wb, 65 hp						
Rds	1,820	5,460	9,100	20,480	31,850	45,500
Tr	1,660	4,980	8,300	18,680	29,050	41,500
Cpe	1,260	3,780	6,300	14,180	22,050	31,500
2d Sed	1,160	3,480	5,800	13,050	20,300	29,000
Clb Sed	1,180	3,540	5,900	13,280	20,650	29,500
Sed	1,160	3,480	5,800	13,050	20,300	29,000
1931 Willys 98D, 6-cyl., 113" wb, 65 hp						
Vic Cpe	1,220	3,660	6,100	13,730	21,350	30,500
Sed	1,180	3,540	5,900	13,280	20,650	29,500
NOTE: Add 10 percent for DeLuxe Willys models.						
1931						
Willys-Knight 66B, "See 1930 W-K 66B"						
Willys-Knight 87, "See 1930 Series 6-87"						
1931 Willys-Knight 66D, 6-cyl., 121" wb, 87 hp						
Vic Cpe	1,920	5,760	9,600	21,600	33,600	48,000
Sed	1,800	5,400	9,000	20,250	31,500	45,000
Cus Sed	1,840	5,520	9,200	20,700	32,200	46,000
NOTE: Add 10 percent for DeLuxe Willys-Knight models.						
1931 Willys 8-80, 8-cyl., 120" wb, 80 hp						
Cpe	1,320	3,960	6,600	14,850	23,100	33,000
DeL Cpe	1,360	4,080	6,800	15,300	23,800	34,000
Sed	1,280	3,840	6,400	14,400	22,400	32,000
DeL Sed	1,320	3,960	6,600	14,850	23,100	33,000
1931 Willys 8-80D, 8-cyl., 120" wb, 80 hp						
Vic Cpe	1,360	4,080	6,800	15,300	23,800	34,000
DeL Vic Cpe	1,380	4,140	6,900	15,530	24,150	34,500
Sed	1,320	3,960	6,600	14,850	23,100	33,000
DeL Sed	1,340	4,020	6,700	15,080	23,450	33,500
Cus Sed	1,360	4,080	6,800	15,300	23,800	34,000
1932						
Willys 97, "See 1931 Willys 97 Series"						
Willys 98D, "See 1931 Willys 98D Series"						
1932 Willys 90 (Silver Streak), 6-cyl., 113" wb, 65 hp						
2P Rds	1,780	5,340	8,900	20,030	31,150	44,500

	6	5	4	3	2	1
4P Rds	1,820	5,460	9,100	20,480	31,850	45,500
Spt Rds	1,860	5,580	9,300	20,930	32,550	46,500
5P Tr	1,660	4,980	8,300	18,680	29,050	41,500
2P Cpe	1,260	3,780	6,300	14,180	22,050	31,500
4P Cpe	1,300	3,900	6,500	14,630	22,750	32,500
Vic Cus	1,220	3,660	6,100	13,730	21,350	30,500
5P Sed	980	2,940	4,900	11,030	17,150	24,500
2d Sed	1,080	3,240	5,400	12,150	18,900	27,000
Spl Sed	1,140	3,420	5,700	12,830	19,950	28,500
Cus Sed	1,160	3,480	5,800	13,050	20,300	29,000
1932						
Willys 8-88D, "See 1931 Willys 8-80D"						
1932 Willys 8-88 (Silver Streak), 8-cyl., 121" wb, 80 hp						
Rds	1,820	5,460	9,100	20,480	31,850	45,500
Spt Rds	1,860	5,580	9,300	20,930	32,550	46,500
2P Cpe	1,300	3,900	6,500	14,630	22,750	32,500
4P Cpe	1,340	4,020	6,700	15,080	23,450	33,500
Vic Cus	1,260	3,780	6,300	14,180	22,050	31,500
Sed	1,100	3,300	5,500	12,380	19,250	27,500
Spl Sed	1,580	4,740	7,900	17,780	27,650	39,500
Cus Sed	1,220	3,660	6,100	13,730	21,350	30,500
1932 Willys-Knight 95 DeLuxe, 6-cyl., 113" wb, 60 hp						
2P Cpe	1,160	3,480	5,800	13,050	20,300	29,000
4P Cpe	1,140	3,420	5,700	12,830	19,950	28,500
Vic	1,140	3,420	5,700	12,830	19,950	28,500
2d Sed	1,100	3,300	5,500	12,380	19,250	27,500
Sed	1,120	3,360	5,600	12,600	19,600	28,000
1932 Willys-Knight 66D, 6-cyl., 121" wb, 87 hp						
1st Series (start Oct. 1931)						
Vic	1,260	3,780	6,300	14,180	22,050	31,500
DeL Vic	1,280	3,840	6,400	14,400	22,400	32,000
Sed	1,220	3,660	6,100	13,730	21,350	30,500
DeL Sed	1,240	3,720	6,200	13,950	21,700	31,000
Cus Sed	1,340	4,020	6,700	15,080	23,450	33,500
2nd Series (start Jan. 1932)						
Vic Cus	1,260	3,780	6,300	14,180	22,050	31,500
Cus Sed	1,280	3,840	6,400	14,400	22,400	32,000
1933 Willys 77, 4-cyl., 100" wb, 48 hp						
Cpe	2,580	7,740	12,900	29,030	45,150	64,500
Cus Cpe	2,620	7,860	13,100	29,480	45,850	65,500
4P Cpe	2,640	7,920	13,200	29,700	46,200	66,000
4P Cus Cpe	2,660	7,980	13,300	29,930	46,550	66,500
Sed	2,100	6,300	10,500	23,630	36,750	52,500
Cus Sed	2,140	6,420	10,700	24,080	37,450	53,500
1933 Willys 6-90A (Silver Streak), 6-cyl., 113" wb, 65 hp						
Rds	1,460	4,380	7,300	16,430	25,550	36,500
4P Rds	1,500	4,500	7,500	16,880	26,250	37,500
Spt Rds	1,540	4,620	7,700	17,330	26,950	38,500
Cpe	1,540	4,620	7,700	17,330	26,950	38,500
Cus Cpe	1,580	4,740	7,900	17,780	27,650	39,500
2d Sed	1,180	3,540	5,900	13,280	20,650	29,500
Sed	1,100	3,300	5,500	12,380	19,250	27,500
Cus Sed	1,140	3,420	5,700	12,830	19,950	28,500
1933 Willys 8-88A (Streamline), 8-cyl., 121" wb, 80 hp						
2P Cpe	1,320	3,960	6,600	14,850	23,100	33,000
Cus Cpe	1,360	4,080	6,800	15,300	23,800	34,000
Sed	1,200	3,600	6,000	13,500	21,000	30,000
Cus Sed	1,240	3,720	6,200	13,950	21,700	31,000
1933 Willys-Knight 66E, 6-cyl., 121" wb, 87 hp						
Cus Sed	1,220	3,660	6,100	13,730	21,350	30,500
1934 Willys 77, 4-cyl., 100" wb, 48 hp						
Cpe	2,540	7,620	12,700	28,580	44,450	63,500
Cus Cpe	2,580	7,740	12,900	29,030	45,150	64,500
4P Cpe	2,600	7,800	13,000	29,250	45,500	65,000
4P Cus Cpe	2,620	7,860	13,100	29,480	45,850	65,500
Sed	2,060	6,180	10,300	23,180	36,050	51,500
Cus Sed	2,100	6,300	10,500	23,630	36,750	52,500
Pan Dely	2,900	8,700	14,500	32,630	50,750	72,500
1935 Willys 77, 4-cyl., 100" wb, 48 hp						
Cpe	2,540	7,620	12,700	28,580	44,450	63,500
Sed	2,060	6,180	10,300	23,180	36,050	51,500
1936 Willys 77, 4-cyl., 100" wb, 48 hp						
Cpe	2,540	7,620	12,700	28,580	44,450	63,500
Sed	2,060	6,180	10,300	23,180	36,050	51,500
DeL Sed	2,460	7,380	12,300	27,680	43,050	61,500

	6	5	4	3	2	1
1937 Willys 37, 4-cyl., 100" wb, 48 hp						
Cpe.	3,340	10,020	16,700	37,580	58,450	83,500
DeL Cpe	3,380	10,140	16,900	38,030	59,150	84,500
Sed.	2,420	7,260	12,100	27,230	42,350	60,500
DeL Sed	2,460	7,380	12,300	27,680	43,050	61,500
1938 Willys 38, 4-cyl., 100" wb, 48 hp						
Std Cpe	3,300	9,900	16,500	37,130	57,750	82,500
DeL Cpe	3,340	10,020	16,700	37,580	58,450	83,500
2d Clipper Sed	2,900	8,700	14,500	32,630	50,750	72,500
Std Sed	2,300	6,900	11,500	25,880	40,250	57,500
2d DeL Clipper Sed	2,940	8,820	14,700	33,080	51,450	73,500
DeL Sed	2,340	7,020	11,700	26,330	40,950	58,500
Cus Sed	2,360	7,080	11,800	26,550	41,300	59,000
1939 Willys Std Speedway, 4-cyl., 102" wb, 48 hp						
Cpe.	3,440	10,320	17,200	38,700	60,200	86,000
2d Sed	3,120	9,360	15,600	35,100	54,600	78,000
Sed.	2,440	7,320	12,200	27,450	42,700	61,000
DeLCpe	3,480	10,440	17,400	39,150	60,900	87,000
DeL 2d Sed	3,160	9,480	15,800	35,550	55,300	79,000
DeL 4d Sed	2,480	7,440	12,400	27,900	43,400	62,000
Spl Speedway Cpe.	3,480	10,440	17,400	39,150	60,900	87,000
Spl Speedway 2d Sed	3,200	9,600	16,000	36,000	56,000	80,000
Spl Speedway 4d Sed	2,520	7,560	12,600	28,350	44,100	63,000
1939 Model 48, 100" wb						
Cpe.	3,260	9,780	16,300	36,680	57,050	81,500
2d Sed	2,960	8,880	14,800	33,300	51,800	74,000
4d Sed	2,400	7,200	12,000	27,000	42,000	60,000
1939 Model 38, 100" wb						
Std Cpe	3,280	9,840	16,400	36,900	57,400	82,000
Std 2d Sed	2,960	8,880	14,800	33,300	51,800	74,000
Std 4d Sed	2,300	6,900	11,500	25,880	40,250	57,500
DeL Cpe	3,360	10,080	16,800	37,800	58,800	84,000
DeL 2d Sed	3,040	9,120	15,200	34,200	53,200	76,000
DeL 4d Sed	2,360	7,080	11,800	26,550	41,300	59,000
1940 Willys Speedway, 4-cyl., 102" wb, 48 hp						
Willys (Americar)						
Cpe.	5,440	16,320	27,200	61,200	95,200	136,000
Sed.	2,360	7,080	11,800	26,550	41,300	59,000
Sta Wag	3,520	10,560	17,600	39,600	61,600	88,000
1940 DeLuxe, 4-cyl., 102" wb						
Cpe.	5,400	16,200	27,000	60,750	94,500	135,000
Sed.	2,320	6,960	11,600	26,100	40,600	58,000
Sta Wag	3,480	10,440	17,400	39,150	60,900	87,000
1941 Speedway Series, 4-cyl., 104" wb, 63 hp						
Cpe.	5,400	16,200	27,000	60,750	94,500	135,000
Sed.	2,400	7,200	12,000	27,000	42,000	60,000
1941 DeLuxe, 4-cyl., 104" wb, 63 hp						
Cpe.	5,360	16,080	26,800	60,300	93,800	134,000
Sed.	2,360	7,080	11,800	26,550	41,300	59,000
Sta Wag	3,520	10,560	17,600	39,600	61,600	88,000
1941 Plainsman, 4-cyl., 104" wb, 63 hp						
Cpe.	5,360	16,080	26,800	60,300	93,800	134,000
Sed.	2,360	7,080	11,800	26,550	41,300	59,000
1942 Speedway Series, 4-cyl., 104" wb, 63 hp						
Cpe.	5,400	16,200	27,000	60,750	94,500	135,000
Sed.	2,400	7,200	12,000	27,000	42,000	60,000
1942 DeLuxe, 4-cyl., 104" wb, 63 hp						
Cpe.	5,360	16,080	26,800	60,300	93,800	134,000
Sed.	2,360	7,080	11,800	26,550	41,300	59,000
Sta Wag	3,520	10,560	17,600	39,600	61,600	88,000
1942 Plainsman, 4-cyl., 104" wb, 63 hp						
Cpe.	5,360	16,080	26,800	60,300	93,800	134,000
Sed.	2,360	7,080	11,800	26,550	41,300	59,000
1946-47 Willys 4-63, 4-cyl., 104" wb, 63 hp						
2d Sta Wag	760	2,280	3,800	8,550	13,300	19,000
1948 Willys 4-63, 4-cyl., 104" wb, 63 hp						
2d Sta Wag	760	2,280	3,800	8,550	13,300	19,000
2d Jeepster	1,080	3,240	5,400	12,150	18,900	27,000
1948 Willys 6-63, 6-cyl., 104" wb, 75 hp						
2d Sta Sed	800	2,400	4,000	9,000	14,000	20,000
2d Jeepster	1,120	3,360	5,600	12,600	19,600	28,000
1949 Willys 4X463, 4-cyl., 104.5" wb, 63 hp						
2d FWD Sta Wag	720	2,160	3,600	8,100	12,600	18,000
1949 Willys VJ3, 4-cyl., 104" wb, 63 hp						
2d Phae	1,040	3,120	5,200	11,700	18,200	26,000

	6	5	4	3	2	1
1949 Willys 463, 4-cyl., 104" wb, 63 hp						
2d Sta Wag	760	2,280	3,800	8,550	13,300	19,000
1949 Willys Six, 6-cyl., 104" wb, 75 hp						
2d Phae	1,160	3,480	5,800	13,050	20,300	29,000
2d Sta Sed	860	2,580	4,300	9,680	15,050	21,500
2d Sta Wag	840	2,520	4,200	9,450	14,700	21,000
1950-51 Willys 473SW, 4-cyl., 104" wb, 63 hp						
2d Sta Wag	760	2,280	3,800	8,550	13,300	19,000
1950-51 Willys 4X473SW, 4-cyl., 104.5" wb, 63 hp						
2d FWD Sta Wag	720	2,160	3,600	8,100	12,600	18,000
1950-51 Willys 473VJ, 4-cyl., 104" wb, 63 hp						
2d Phae	1,160	3,480	5,800	13,050	20,300	29,000
NOTE: Add 10 percent for six cylinder models.						
1952 Willys Aero, 6-cyl., 108" wb, 75 hp						
2d Lark	600	1,800	3,000	6,750	10,500	15,000
2d Wing	600	1,800	3,050	6,840	10,600	15,200
2d Ace	600	1,850	3,100	7,020	10,900	15,600
2d HT Eagle	700	2,100	3,500	7,880	12,300	17,500
1952 Willys Four, 4-cyl., 104"-104.5" wb, 63 hp						
2d FWD Sta Wag	720	2,160	3,600	8,100	12,600	18,000
2d Sta Wag	800	2,400	4,000	9,000	14,000	20,000
1952 Willys Six, 6-cyl., 104" wb, 75 hp						
2d Sta Wag	840	2,520	4,200	9,450	14,700	21,000
NOTE: Deduct 10 percent for standard models.						
1953 Willys Aero, 6-cyl., 108" wb, 90 hp						
4d H.D. Aero	600	1,800	3,000	6,800	10,600	15,100
4d DeL Lark	600	1,850	3,100	6,930	10,800	15,400
2d DeL Lark	600	1,850	3,100	6,980	10,900	15,500
4d Falcon	600	1,850	3,100	7,020	10,900	15,600
2d Falcon	650	1,900	3,150	7,070	11,000	15,700
4d Ace	650	1,900	3,150	7,110	11,100	15,800
2d Ace	650	1,900	3,200	7,200	11,200	16,000
2d HT Eagle	750	2,300	3,800	8,550	13,300	19,000
1953 Willys Four, 4-cyl., 104"-104.5" wb, 72 hp						
2d FWD Sta Wag	720	2,160	3,600	8,100	12,600	18,000
2d Sta Wag	800	2,400	4,000	9,000	14,000	20,000
1953 Willys Six, 6-cyl., 104" wb, 90 hp						
2d Sta Wag	840	2,520	4,200	9,450	14,700	21,000
1954 Willys, 6-cyl., 108" wb, 90 hp						
4d DeL Ace	600	1,850	3,100	6,980	10,900	15,500
2d DeL Ace	600	1,850	3,100	7,020	10,900	15,600
2d HT DeL Eagle	750	2,300	3,800	8,550	13,300	19,000
2d HT Cus Eagle	800	2,350	3,900	8,780	13,700	19,500
4d Lark	600	1,850	3,100	7,020	10,900	15,600
2d Lark	650	1,900	3,150	7,070	11,000	15,700
4d Ace	650	1,900	3,150	7,070	11,000	15,700
2d Ace	650	1,900	3,150	7,110	11,100	15,800
2d HT Eagle	800	2,350	3,900	8,780	13,700	19,500
1954 Willys Four, 4-cyl., 104"-104.5" wb, 72 hp						
2d Sta Wag	800	2,400	4,000	9,000	14,000	20,000
1954 Willys Six, 6-cyl., 104" wb, 90 hp						
2d FWD Sta Wag	720	2,160	3,600	8,100	12,600	18,000
2d Sta Wag	840	2,520	4,200	9,450	14,700	21,000
1955 Willys Six, 6-cyl., 108" wb, 90 hp						
4d Cus Sed	650	1,900	3,200	7,200	11,200	16,000
2d Cus	650	1,950	3,200	7,250	11,300	16,100
2d HT Bermuda	850	2,500	4,200	9,450	14,700	21,000
1955 Willys Six, 6-cyl., 104"-104.5" wb, 90 hp						
2d FWD Sta Wag	720	2,160	3,600	8,100	12,600	18,000
2d Sta Wag	840	2,520	4,200	9,450	14,700	21,000

IMPORT CARS

AC

	6	5	4	3	2	1
1947-52 Two-Litre, 6-cyl., 117" wb, various bodies						
2d DHC	1,480	4,440	7,400	16,650	25,900	37,000
4d Saloon	880	2,640	4,400	9,900	15,400	22,000
1953-54 Ace, 6-cyl., 90" wb						
2d Rds	7,920	23,760	39,600	89,100	138,600	198,000
1955-56 Ace, 6-cyl., 90" wb						
2d Rds	7,920	23,760	39,600	89,100	138,600	198,000
1955-56 Aceca, 6-cyl., 90" wb						
2d FBk Cpe	4,200	12,600	21,000	47,250	73,500	105,000
1957 Ace, 6-cyl., 90" wb						
2d Rds	7,920	23,760	39,600	89,100	138,600	198,000

	6	5	4	3	2	1
1957 Aceca, 6-cyl., 90" wb						
2d FBk Cpe	4,200	12,600	21,000	47,250	73,500	105,000
1958 Ace, 6-cyl., 90" wb						
2d Rds	7,920	23,760	39,600	89,100	138,600	198,000
1958 Aceca, 6-cyl., 90" wb						
2d FBk Cpe	4,200	12,600	21,000	47,250	73,500	105,000
1959 Ace, 6-cyl., 90" wb						
2d Rds	7,920	23,760	39,600	89,100	138,600	198,000
1959 Aceca, 6-cyl., 90" wb						
2d FBk Cpe	4,200	12,600	21,000	47,250	73,500	105,000
1960 Ace, 6-cyl., 90" wb						
2d Rds	7,920	23,760	39,600	89,100	138,600	198,000
1960 Aceca, 6-cyl., 90" wb						
2d FBk Cpe	4,200	12,600	21,000	47,250	73,500	105,000
1961 Ace, 6-cyl., 90" wb						
2d Rds	7,920	23,760	39,600	89,100	138,600	198,000
1961 Aceca, 6-cyl., 90" wb						
2d FBk Cpe	4,200	12,600	21,000	47,250	73,500	105,000
1962 Ace, 6-cyl., 90" wb						
2d Rds	7,920	23,760	39,600	89,100	138,600	198,000
1962 Aceca, 6-cyl., 90" wb						
2d FBk Cpe	4,200	12,600	21,000	47,250	73,500	105,000
1962 Ford/AC Shelby Cobra, 260/289 V-8, 90" wb						
2d Rds	26,500	79,500	132,500	298,130	463,750	662,500
1963 Ace, 6-cyl., 90" wb						
2d Rds	7,920	23,760	39,600	89,100	138,600	198,000
1963 Aceca, 6-cyl., 90" wb						
2d FBk Cpe	4,200	12,600	21,000	47,250	73,500	105,000
1963 Ford/AC Shelby Cobra Mk II, 289 V-8, 90" wb						
2d Rds	26,800	80,400	134,000	301,500	469,000	670,000
NOTE: Add 40 percent for 1956-63 Ace or Aceca with Bristol engine.						
1964 Ace, 6-cyl., 90" wb						
2d Rds	7,920	23,760	39,600	89,100	138,600	198,000
1964 Aceca, 6-cyl., 90" wb						
2d FBk Cpe	4,200	12,600	21,000	47,250	73,500	105,000
1964 Ford/AC Shelby Cobra Mk II, 289 V-8, 90" wb						
2d Rds	26,800	80,400	134,000	301,500	469,000	670,000
1965 Ford/AC Shelby Cobra Mk II, 289 V-8, 90" wb						
2d Rds	26,800	80,400	134,000	301,500	469,000	670,000
1965 Ford/AC Shelby Cobra Mk III, 427/428, V-8, 90" wb						
2d Rds	value not estimable					
1965 Ford/AC 428, 428 V-8, 96" wb						
2d Conv	4,700	14,100	23,500	52,880	82,250	117,500
2d Cpe	3,220	9,660	16,100	36,230	56,350	80,500
1965 Shelby Cobra Mk III, 427 SC V-8, 90" wb						
2d Rds	value not estimable					
NOTE: Approximately 26 made.						
1965 Shelby Cobra Daytona						
2d Cpe	value not estimable					
NOTE: 6 made.						
1966 Ford/AC Shelby Cobra Mk III, 427/428 V-8, 90" wb						
2d Rds	value not estimable					
1966 Ford/AC 289, 289 V-8, 90" wb						
2d Rds	26,800	80,400	134,000	301,500	469,000	670,000
1966 Ford/AC 428, 428 V-8, 96" wb						
2d Conv	4,700	14,100	23,500	52,880	82,250	117,500
2d Cpe	3,220	9,660	16,100	36,230	56,350	80,500
1967 Ford/AC Shelby Cobra Mk III 427/428 V-8, 90" wb						
2d Rds	value not estimable					
1967 Ford/AC 289, 289 V-8, 90" wb						
2d Rds	26,800	80,400	134,000	301,500	469,000	670,000
1967 Ford/AC 428, 428 V-8, 96" wb						
2d Conv	4,700	14,100	23,500	52,880	82,250	117,500
2d Cpe	3,220	9,660	16,100	36,230	56,350	80,500
1968 Ford/AC 289, 289 V-8, 90" wb						
2d Rds	26,800	80,400	134,000	301,500	469,000	670,000
1968 Ford/AC 428, 428 V-8, 96" wb						
2d Conv	4,700	14,100	23,500	52,880	82,250	117,500
2d Cpe	3,220	9,660	16,100	36,230	56,350	80,500
1969-73 Ford/AC 428, 428 V-8, 96" wb						
2d Conv	4,700	14,100	23,500	52,880	82,250	117,500
2d Cpe	3,220	9,660	16,100	36,230	56,350	80,500

ACURA

1986 Integra						
3d HBk RS	240	720	1,200	2,700	4,200	6,000

	6	5	4	3	2	1
5d HBk RS	260	770	1,280	2,880	4,480	6,400
3d HBk LS	260	780	1,300	2,930	4,550	6,500
5d HBk LS	280	840	1,400	3,150	4,900	7,000
1986 Legend						
4d Sed	300	900	1,500	3,380	5,250	7,500
1987 Integra						
3d HBk RS	260	780	1,300	2,930	4,550	6,500
5d HBk RS	270	800	1,340	3,020	4,690	6,700
3d HBk LS	280	840	1,400	3,150	4,900	7,000
5d HBk LS	300	900	1,500	3,380	5,250	7,500
1987 Legend						
4d Sed	320	960	1,600	3,600	5,600	8,000
2d Cpe	340	1,020	1,700	3,830	5,950	8,500
1988 Integra						
3d HBk RS	260	780	1,300	2,930	4,550	6,500
5d HBk RS	280	840	1,400	3,150	4,900	7,000
3d HBk LS	300	900	1,500	3,380	5,250	7,500
5d HBk LS	320	960	1,600	3,600	5,600	8,000
3d HBk SE	340	1,020	1,700	3,830	5,950	8,500
1988 Legend						
4d Sed	360	1,080	1,800	4,050	6,300	9,000
2d Cpe	380	1,140	1,900	4,280	6,650	9,500
1989 Integra						
3d HBk RS	320	960	1,600	3,600	5,600	8,000
5d HBk RS	340	1,020	1,700	3,830	5,950	8,500
3d HBk LS	340	1,020	1,700	3,830	5,950	8,500
5d HBk LS	360	1,080	1,800	4,050	6,300	9,000
1989 Legend						
4d Sed	680	2,040	3,400	7,650	11,900	17,000
2d Cpe	720	2,160	3,600	8,100	12,600	18,000
1990 Integra, 4-cyl.						
2d HBk RS	340	1,020	1,700	3,830	5,950	8,500
4d Sed RS	360	1,080	1,800	4,050	6,300	9,000
2d HBk LS	360	1,080	1,800	4,050	6,300	9,000
4d Sed LS	380	1,140	1,900	4,280	6,650	9,500
2d HBk GS	380	1,140	1,900	4,280	6,650	9,500
4d Sed GS	560	1,680	2,800	6,300	9,800	14,000
1990 Legend, V-6						
4d Sed	600	1,800	3,000	6,750	10,500	15,000
2d Cpe	680	2,040	3,400	7,650	11,900	17,000
4d Sed L	660	1,980	3,300	7,430	11,550	16,500
2d Cpe L	720	2,160	3,600	8,100	12,600	18,000
4d Sed LS	700	2,100	3,500	7,880	12,250	17,500
2d Cpe LS	760	2,280	3,800	8,550	13,300	19,000
1991 Integra						
2d HBk RS	310	940	1,560	3,510	5,460	7,800
4d Sed RS	320	960	1,600	3,600	5,600	8,000
2d HBk LS	320	960	1,600	3,600	5,600	8,000
4d Sed LS	330	980	1,640	3,690	5,740	8,200
2d HBk GS	340	1,020	1,700	3,830	5,950	8,500
4d Sed GS	350	1,040	1,740	3,920	6,090	8,700
1991 Legend						
2d Cpe L	680	2,040	3,400	7,650	11,900	17,000
2d Cpe LS	720	2,160	3,600	8,100	12,600	18,000
4d Sed	600	1,800	3,000	6,750	10,500	15,000
4d Sed L	700	2,100	3,500	7,880	12,250	17,500
4d Sed LS	740	2,220	3,700	8,330	12,950	18,500
1991 NSX, V-6						
2d Cpe	1,400	4,200	7,000	15,750	24,500	35,000
1992 Integra, 4-cyl.						
2d HBk RS	340	1,020	1,700	3,830	5,950	8,500
4d Sed RS	350	1,040	1,740	3,920	6,090	8,700
2d HBk LS	350	1,040	1,740	3,920	6,090	8,700
4d Sed LS	360	1,070	1,780	4,010	6,230	8,900
2d HBk GS	360	1,080	1,800	4,050	6,300	9,000
4d Sed GS	560	1,680	2,800	6,300	9,800	14,000
4d Sed GS-R	580	1,740	2,900	6,530	10,150	14,500
1992 Vigor, 5-cyl.						
4d Sed LS	580	1,740	2,900	6,530	10,150	14,500
4d Sed GS	600	1,800	3,000	6,750	10,500	15,000
1992 Legend, V-6						
4d Sed	740	2,220	3,700	8,330	12,950	18,500
4d Sed L	760	2,280	3,800	8,550	13,300	19,000
2d Cpe L	800	2,400	4,000	9,000	14,000	20,000
4d Sed LS	800	2,400	4,000	9,000	14,000	20,000
2d Cpe LS	880	2,640	4,400	9,900	15,400	22,000

	6	5	4	3	2	1
1992 NSX, V-6						
2d Cpe	1,800	5,400	9,000	20,250	31,500	45,000
1993 Integra, 4-cyl.						
2d Sed RS	340	1,030	1,720	3,870	6,020	8,600
4d Sed RS	350	1,040	1,740	3,920	6,090	8,700
2d Sed LS	350	1,040	1,740	3,920	6,090	8,700
4d Sed LS	360	1,070	1,780	4,010	6,230	8,900
2d Sed GS	360	1,070	1,780	4,010	6,230	8,900
4d Sed GS	600	1,800	3,000	6,750	10,500	15,000
1993 Legend, V-6						
4d Sed	760	2,280	3,800	8,550	13,300	19,000
4d Sed L	780	2,340	3,900	8,780	13,650	19,500
2d Cpe L	820	2,460	4,100	9,230	14,350	20,500
4d Sed LS	820	2,460	4,100	9,230	14,350	20,500
2d Cpe LS	900	2,700	4,500	10,130	15,750	22,500
1993 NSX, V-6						
2d Cpe	1,840	5,520	9,200	20,700	32,200	46,000
1994 Integra, 4-cyl.						
2d Cpe RS	400	1,200	2,000	4,500	7,000	10,000
2d Cpe LS	420	1,260	2,100	4,730	7,350	10,500
2d Cpe GS-R	480	1,440	2,400	5,400	8,400	12,000
4d Sed RS	410	1,220	2,040	4,590	7,140	10,200
4d Sed LS	430	1,280	2,140	4,820	7,490	10,700
4d Sed GS-R	490	1,460	2,440	5,490	8,540	12,200
1994 Vigor, 5-cyl.						
4d Sed LS	520	1,560	2,600	5,850	9,100	13,000
4d Sed GS	540	1,620	2,700	6,080	9,450	13,500
1994 Legend, V-6						
2d Cpe L	760	2,280	3,800	8,550	13,300	19,000
2d Cpe LS	800	2,400	4,000	9,000	14,000	20,000
4d Sed L	680	2,040	3,400	7,650	11,900	17,000
4d Sed LS	720	2,160	3,600	8,100	12,600	18,000
4d Sed GS	760	2,280	3,800	8,550	13,300	19,000
1994 NSX, V-6						
2d Cpe	1,760	5,280	8,800	19,800	30,800	44,000
1995 Integra, 4-cyl						
2d Cpe RS	400	1,200	2,000	4,500	7,000	10,000
2d Cpe LS	420	1,260	2,100	4,730	7,350	10,500
2d Cpe SE	440	1,320	2,200	4,950	7,700	11,000
2d Cpe GS-R	480	1,440	2,400	5,400	8,400	12,000
4d Sed RS	410	1,220	2,040	4,590	7,140	10,200
4d Sed LS	430	1,280	2,140	4,820	7,490	10,700
4d Sed SE	460	1,380	2,300	5,180	8,050	11,500
4d Sed GS-R	490	1,460	2,440	5,490	8,540	12,200
1995 TL, 5-cyl.						
4d Sed 2.5	500	1,500	2,500	5,630	8,750	12,500
4d Sed 2.5 Prem	540	1,620	2,700	6,080	9,450	13,500
1995 Legend, V-6						
2d Cpe L	760	2,280	3,800	8,550	13,300	19,000
2d Cpe LS	800	2,400	4,000	9,000	14,000	20,000
4d Sed L	680	2,040	3,400	7,650	11,900	17,000
4d Sed SE	700	2,100	3,500	7,880	12,250	17,500
4d Sed LS	720	2,160	3,600	8,100	12,600	18,000
4d Sed GS	760	2,280	3,800	8,550	13,300	19,000
1995 NSX, V-6						
2d Cpe	1,760	5,280	8,800	19,800	30,800	44,000
1996 Integra, 4-cyl.						
2d Cpe RS	400	1,200	2,000	4,500	7,000	10,000
2d Cpe LS	420	1,260	2,100	4,730	7,350	10,500
2d Cpe SE	440	1,320	2,200	4,950	7,700	11,000
2d Cpe GS-R	480	1,440	2,400	5,400	8,400	12,000
4d Sed RS	410	1,220	2,040	4,590	7,140	10,200
4d Sed LS	430	1,280	2,140	4,820	7,490	10,700
4d Sed SE	460	1,380	2,300	5,180	8,050	11,500
4d Sed GS-R	490	1,460	2,440	5,490	8,540	12,200
1996 TL, 5-cyl.						
4d Sed 2.5	500	1,500	2,500	5,630	8,750	12,500
4d Sed 2.5 Prem	540	1,620	2,700	6,080	9,450	13,500
1996 TL, V-6						
4d Sed 3.2	660	1,980	3,300	7,430	11,550	16,500
4d Sed 3.2 Prem	680	2,040	3,400	7,650	11,900	17,000
1996 RL, V-6						
4d Sed 3.5	700	2,100	3,500	7,880	12,250	17,500
4d Sed 3.5 Prem	740	2,220	3,700	8,330	12,950	18,500
1996 NSX, V-6						
2d Cpe	1,740	5,220	8,700	19,580	30,450	43,500

	6	5	4	3	2	1
2d Targa Cpe	1,800	5,400	9,000	20,250	31,500	45,000
1997 Integra, 4-cyl.						
2d Cpe RS	400	1,200	2,000	4,500	7,000	10,000
2d Cpe LS	420	1,260	2,100	4,730	7,350	10,500
2d Cpe GS	440	1,320	2,200	4,950	7,700	11,000
2d Cpe GS-R	480	1,440	2,400	5,400	8,400	12,000
2d Cpe R	530	1,580	2,640	5,940	9,240	13,200
4d Sed LS	430	1,280	2,140	4,820	7,490	10,700
4d Sed GS	460	1,380	2,300	5,180	8,050	11,500
4d Sed GS-R	490	1,460	2,440	5,490	8,540	12,200
1997 CL, 4-cyl.						
2d Cpe 2.2	410	1,220	2,040	4,590	7,140	10,200
2d Cpe 2.2 Prem	420	1,260	2,100	4,730	7,350	10,500
1997 CL, V-6						
2d Cpe 3.0 Prem	460	1,380	2,300	5,180	8,050	11,500
2d Cpe 3.0	440	1,320	2,200	4,950	7,700	11,000
1997 TL, 5-cyl.						
4d Sed 2.5	500	1,500	2,500	5,630	8,750	12,500
4d Sed 2.5 Prem	540	1,620	2,700	6,080	9,450	13,500
1997 TL, V-6						
4d Sed 3.2	660	1,980	3,300	7,430	11,550	16,500
4d Sed 3.2 Prem	680	2,040	3,400	7,650	11,900	17,000
1997 RL, V-6						
4d Sed 3.5	700	2,100	3,500	7,880	12,250	17,500
4d Sed 3.5 Prem	740	2,220	3,700	8,330	12,950	18,500
1997 NSX, V-6						
2d Cpe	1,740	5,220	8,700	19,580	30,450	43,500
2d Targa Cpe	1,800	5,400	9,000	20,250	31,500	45,000
1998 Integra, 4-cyl.						
2d Cpe RS	400	1,200	2,000	4,500	7,000	10,000
2d Cpe LS	420	1,260	2,100	4,730	7,350	10,500
2d Cpe GS	440	1,320	2,200	4,950	7,700	11,000
2d Cpe GS-R	480	1,440	2,400	5,400	8,400	12,000
2d Cpe R	530	1,580	2,640	5,940	9,240	13,200
4d Sed LS	430	1,280	2,140	4,820	7,490	10,700
4d Sed GS	460	1,380	2,300	5,180	8,050	11,500
4d Sed GS-R	490	1,460	2,440	5,490	8,540	12,200
1998 CL, 4-cyl.						
2d Cpe 2.3	410	1,220	2,040	4,590	7,140	10,200
2d Cpe 2.3 Prem	420	1,260	2,100	4,730	7,350	10,500
1998 CL, V-6						
2d Cpe 3.0	440	1,320	2,200	4,950	7,700	11,000
2d Cpe 3.0 Prem	460	1,380	2,300	5,180	8,050	11,500
1998 TL, 5-cyl.						
4d Sed 2.5	500	1,500	2,500	5,630	8,750	12,500
1998 TL, V-6						
4d Sed 3.2	660	1,980	3,300	7,430	11,550	16,500
1998 RL, V-6						
4d Sed 3.5	700	2,100	3,500	7,880	12,250	17,500
4d Sed 3.5 Prem	740	2,220	3,700	8,330	12,950	18,500
1998 NSX, V-6						
2d Cpe	1,820	5,460	9,100	20,480	31,850	45,500
2d Targa Cpe	1,880	5,640	9,400	21,150	32,900	47,000
1999 Integra, 4-cyl.						
2d Cpe LS	420	1,260	2,100	4,730	7,350	10,500
2d Cpe GS	440	1,320	2,200	4,950	7,700	11,000
2d Cpe GS-R	480	1,440	2,400	5,400	8,400	12,000
4d Sed LS	430	1,280	2,140	4,820	7,490	10,700
4d Sed GS	460	1,380	2,300	5,180	8,050	11,500
1999 CL, 4-cyl.						
2d Cpe 2.3	420	1,260	2,100	4,730	7,350	10,500
1999 CL, V-6						
2d Cpe 3.0	460	1,380	2,300	5,180	8,050	11,500
1999 TL, V-6						
4d Sed 3.2	660	1,980	3,300	7,430	11,550	16,500
1999 RL, V-6						
4d Sed 3.5	740	2,220	3,700	8,330	12,950	18,500
1999 NSX, V-6						
2d Cpe	1,820	5,460	9,100	20,480	31,850	45,500
2d Targa Cpe	1,880	5,640	9,400	21,150	32,900	47,000
NOTE: Add 10 percent for Zanardi Ed NSX.						
2000 Integra, 4-cyl.						
2d Cpe LS	420	1,260	2,100	4,730	7,350	10,500
2d Cpe GS	440	1,320	2,200	4,950	7,700	11,000
2d Cpe GS-R	480	1,440	2,400	5,400	8,400	12,000
2d Cpe R	540	1,620	2,700	6,080	9,450	13,500

	6	5	4	3	2	1
4d Sed LS	430	1,280	2,140	4,820	7,490	10,700
4d Sed GS	460	1,380	2,300	5,180	8,050	11,500
4d Sed GS-R	480	1,440	2,400	5,400	8,400	12,000
2000 CL, V-6						
2d Cpe 3.2	460	1,380	2,300	5,180	8,050	11,500
2000 TL, V-6						
4d Sed 3.2	680	2,040	3,400	7,650	11,900	17,000
2000 RL, V-6						
4d Sed 3.5	740	2,220	3,700	8,330	12,950	18,500
2000 NSX, V-6						
2d Cpe	1,740	5,220	8,700	19,580	30,450	43,500
2d Targa Cpe	1,800	5,400	9,000	20,250	31,500	45,000
2001 Integra, 4-cyl.						
2d Cpe LS	420	1,260	2,100	4,730	7,350	10,500
2d Cpe GS	440	1,320	2,200	4,950	7,700	11,000
2d Cpe GS-R	480	1,440	2,400	5,400	8,400	12,000
2d Cpe R	540	1,620	2,700	6,080	9,450	13,500
4d Sed LS	430	1,280	2,140	4,820	7,490	10,700
4d Sed GS	460	1,380	2,300	5,180	8,050	11,500
4d Sed GS-R	480	1,440	2,400	5,400	8,400	12,000
2001 CL, V-6						
2d Cpe 3.2	470	1,410	2,350	5,290	8,230	11,750
2001 TL, V-6						
4d Sed 3.2	680	2,040	3,400	7,650	11,900	17,000
2001 RL, V-6						
4d Sed 3.5	740	2,220	3,700	8,330	12,950	18,500
2001 NSX, V-6						
2d Cpe	1,740	5,220	8,700	19,580	30,450	43,500
2d Targa Cpe	1,800	5,400	9,000	20,250	31,500	45,000
2002 RSX, 4-cyl.						
2d Cpe	420	1,260	2,100	5,250	7,350	10,500
2d Cpe Type S	440	1,320	2,200	5,500	7,700	11,000
2002 CL, V-6						
2d Cpe 3.2	470	1,410	2,350	5,880	8,230	11,750
2d Cpe 3.2 Type S	480	1,440	2,400	6,000	8,400	12,000
2002 TL, V-6						
4d Sed 3.2	680	2,040	3,400	8,500	11,900	17,000
4d Sed 3.2 Type S	690	2,070	3,450	8,630	12,080	17,250
2002 RL, V-6						
4d Sed 3.5	740	2,220	3,700	9,250	12,950	18,500
2002 NSX, V-6						
2d Cpe	1,800	5,400	9,000	22,500	31,500	45,000
2003 RSX, 4-cyl.						
2d Cpe	420	1,260	2,100	5,250	7,350	10,500
2d Cpe Type S	440	1,320	2,200	5,500	7,700	11,000
2003 CL, V-6						
2d Cpe 3.2	470	1,410	2,350	5,880	8,230	11,750
2d Cpe 3.2 Type S	480	1,440	2,400	6,000	8,400	12,000
2003 TL, V-6						
4d Sed 3.2	680	2,040	3,400	8,500	11,900	17,000
4d Sed 3.2 Type S	690	2,070	3,450	8,630	12,080	17,250
2003 RL, V-6						
4d Sed 3.5	740	2,220	3,700	9,250	12,950	18,500
2003 NSX, V-6						
2d Cpe	1,800	5,400	9,000	22,500	31,500	45,000
NOTE: Choice of V-6 in NSX as either 3.2L with manual transmission or 3.0L with automatic.						
2004 RSX, 4-cyl.						
2d Cpe	420	1,260	2,100	5,250	7,350	10,500
Type S 2d Cpe	440	1,320	2,200	5,500	7,700	11,000
2004 TSX, 4-cyl.						
4d Sed	500	1,500	2,500	6,250	8,750	12,500
NOTE: Deduct 5 percent for manual transmission.						
2004 TL, V-6						
3.2 4d Sed	680	2,040	3,400	8,500	11,900	17,000
NOTE: Deduct 5 percent for manual transmission.						
2004 RL, V-6						
3.5 4d Sed	740	2,220	3,700	9,250	12,950	18,500
2004 NSX, V-6						
2d Cpe	1,800	5,400	9,000	22,500	31,500	45,000
NOTE: Choice of V-6 in NSX as either 3.2L with manual transmission or 3.0L with automatic.						
2005 RSX, 4-cyl.						
2d Cpe	420	1,260	2,100	5,250	7,350	10,500
2d Type S Cpe (6-Spd only)	440	1,320	2,200	5,500	7,700	11,000

NOTE: Deduct 5 percent for manual transmission on base model.

	6	5	4	3	2	1
2005 TSX, 4-cyl.						
4d Sed	500	1,500	2,500	6,250	8,750	12,500
NOTE: Deduct 5 percent for manual transmission.						
2005 TL, V-6						
4d 3.2 Sed	680	2,040	3,400	8,500	11,900	17,000
2005 RL, V-6, AWD						
4d Sed	740	2,220	3,700	9,250	12,950	18,500
2005 NSX, V-6						
2d Cpe	2,040	6,120	10,200	22,950	35,700	51,000
NOTE: Choice of V-6 in NSX as either 3.2L w/manual transmission or 3.0L w/automatic.						
2006 RSX, 2.0L 4-cyl.						
2d Spt Cpe	470	1,400	2,340	5,850	8,190	11,700
2d Type S Spt Cpe	540	1,610	2,680	6,700	9,380	13,400
2006 TSX, 2.4L 4-cyl						
4d Sed	620	1,860	3,100	7,750	10,850	15,500
2006 TL, 3.2L V-6						
4d Sed	660	1,980	3,300	8,250	11,550	16,500
2006 RL SH AWD, 3.5L V-6						
4d Sed	720	2,160	3,600	9,000	12,600	18,000

ALFA ROMEO

1946-53 6-cyl., 2443cc, 118" wb (106" SS) 6C-2500 Series						
3P Spt Cpe	3,500	10,500	17,500	39,380	61,250	87,500
Spt Cabr	5,180	15,540	25,900	58,280	90,650	129,500
3P Sup Spt Cpe	14,430	43,290	72,150	162,340	252,530	360,750
Sup Spt Cabr	15,100	45,300	75,500	169,880	264,250	377,500
Freccia d'Oro Cpe	3,700	11,100	18,500	41,630	64,750	92,500
Spt Sed	2,290	6,870	11,450	25,760	40,080	57,250
1950 4-cyl., 1884cc, 98.5" wb						
1900 Berlina 4d Sed	1,120	3,360	5,600	12,600	19,600	28,000
1951 4-cyl., 1884cc, 98.5" wb						
1900 Berlina 4d Sed	1,120	3,360	5,600	12,600	19,600	28,000
1900 Sprint Cpe	3,500	10,500	17,500	39,380	61,250	87,500
1952 4-cyl., 1884cc, 98.5" wb						
1900 Berlina 4d Sed	1,120	3,360	5,600	12,600	19,600	28,000
1900 TI 4d Sed	1,420	4,260	7,100	15,980	24,850	35,500
1900 Sprint Cpe	3,500	10,500	17,500	39,380	61,250	87,500
1900 Sup Sprint Cpe	14,430	43,290	72,150	162,340	252,530	360,750
1900 Cabr	15,100	45,300	75,500	169,880	264,250	377,500
1953 4-cyl., 1884cc, 98.5" wb						
1900 Berlina 4d Sed	1,120	3,360	5,600	12,600	19,600	28,000
1953 4-cyl., 1975cc, 98.5" wb						
1900 TI Sup 4d Sed	1,420	4,260	7,100	15,980	24,850	35,500
1900 Sup Sprint Cpe	3,500	10,500	17,500	39,380	61,250	87,500
1954 4-cyl., 1884cc, 98.5" wb						
1900 Berlina 4d Sed	1,120	3,360	5,600	12,600	19,600	28,000
1954 4-cyl., 1975cc, 98.5" wb						
1900 TI Sup 4d Sed	1,420	4,260	7,100	15,980	24,850	35,500
1900 Sup Sprint Cpe	3,500	10,500	17,500	39,380	61,250	87,500
1954 4-cyl., 1290cc, 93.7" wb						
Giulietta Sprint Cpe	1,230	3,690	6,150	13,840	21,530	30,750
1955 4-cyl., 1975cc, 98.5" wb						
1900 TI Sup 4d Sed	1,420	4,260	7,100	15,980	24,850	35,500
1900 Sup Sprint Cpe	3,500	10,500	17,500	39,380	61,250	87,500
1955 Giulietta 4-cyl., 1290cc, 93.7" wb (88.6" Spider)						
Berlina 4d Sed	720	2,160	3,600	8,100	12,600	18,000
Sprint Cpe	1,420	4,260	7,100	15,980	24,850	35,500
Spider Conv	1,280	3,840	6,400	14,400	22,400	32,000
1956 4-cyl., 1975cc, 98.5" wb						
1900 Sup Sprint Cpe	3,500	10,500	17,500	39,380	61,250	87,500
1956 Giulietta 4-cyl., 1290cc, 93.7" wb (88.6" Spider)						
Berlina 4d Sed	720	2,160	3,600	8,100	12,600	18,000
Sprint Cpe	1,420	4,260	7,100	15,980	24,850	35,500
Sp Veloce Cpe	1,920	5,760	9,600	21,600	33,600	48,000
Spider Conv	1,280	3,840	6,400	14,400	22,400	32,000
Spr Veloce Conv	2,100	6,300	10,500	23,630	36,750	52,500
1957 1900, 4-cyl., 1975cc, 98.5" wb						
Sup Sprint Cpe	3,260	9,780	16,300	36,680	57,050	81,500
1957 Giulietta 4-cyl., 1290cc, 93.7" wb (88.6" Spider & SS)						
Berlina 4d Sed	720	2,160	3,600	8,100	12,600	18,000
Sprint Cpe	1,420	4,260	7,100	15,980	24,850	35,500
Veloce Cpe	1,920	5,760	9,600	21,600	33,600	48,000
Spider Conv	1,280	3,840	6,400	14,400	22,400	32,000
Spr Veloce Conv	2,100	6,300	10,500	23,630	36,750	52,500
Sprint Speciale	1,400	4,200	7,000	15,750	24,500	35,000

	6	5	4	3	2	1
1958 1900, 4-cyl., 1975cc, 98.5" wb						
Sup Sprint Cpe	2,940	8,820	14,700	33,080	51,450	73,500
1958 Giulietta 4-cyl., 1290cc, 93.7" wb (88.6" Spider & SS)						
Berlina 4d Sed	720	2,160	3,600	8,100	12,600	18,000
Sprint Cpe	1,420	4,260	7,100	15,980	24,850	35,500
Veloce Cpe	1,920	5,760	9,600	21,600	33,600	48,000
Spider Conv	1,280	3,840	6,400	14,400	22,400	32,000
Spider Veloce Conv	2,100	6,300	10,500	23,630	36,750	52,500
Sprint Speciale	1,400	4,200	7,000	15,750	24,500	35,000
1958 2000, 4-cyl., 1975cc, 107.1" wb (98.4" Spider)						
Berlina 4d Sed	760	2,280	3,800	8,550	13,300	19,000
Spider Conv	1,820	5,460	9,100	20,480	31,850	45,500
1959 4-cyl., 1290cc, 93.7" wb (88.6" Spider, SS, SZ) Giulietta - 750 Series						
Berlina 4d Sed	720	2,160	3,600	8,100	12,600	18,000
Sprint Cpe	1,420	4,260	7,100	15,980	24,850	35,500
Veloce Cpe	1,920	5,760	9,600	21,600	33,600	48,000
Spider Conv	1,280	3,840	6,400	14,400	22,400	32,000
Spr Veloce Conv	2,100	6,300	10,500	23,630	36,750	52,500
1959 Giulietta - 101 Series						
Sprint Cpe	1,420	4,260	7,100	15,980	24,850	35,500
Sp Veloce Cpe	1,920	5,760	9,600	21,600	33,600	48,000
Spider Conv	1,280	3,840	6,400	14,400	22,400	32,000
Spr Veloce Conv	2,100	6,300	10,500	23,630	36,750	52,500
Sprint Speciale Cpe	2,640	7,920	13,200	29,700	46,200	66,000
Sprint Zagato	4,600	13,800	23,000	51,750	80,500	115,000
1959 2000, 4-cyl., 1975cc, 107.1" wb (98.4" Spider)						
Berlina 4d Sed	720	2,160	3,600	8,100	12,600	18,000
Spider Conv	1,820	5,460	9,100	20,480	31,850	45,500
1960 4-cyl., 1290cc, 93.7" wb (88.6" Spider, SS, SZ) Giulietta - 750 Series						
Berlina 4d Sed	720	2,160	3,600	8,100	12,600	18,000
1960 Giulietta - 101 Series						
Sprint Cpe	1,420	4,260	7,100	15,980	24,850	35,500
Sp Veloce Cpe	1,920	5,760	9,600	21,600	33,600	48,000
Spider Conv	1,280	3,840	6,400	14,400	22,400	32,000
Spr Veloce Conv	2,100	6,300	10,500	23,630	36,750	52,500
Sprint Speciale	2,640	7,920	13,200	29,700	46,200	66,000
Sprint Zagato	4,600	13,800	23,000	51,750	80,500	115,000
1960 2000, 4-cyl., 1975cc, 107.1" wb (101.6" Sprint, 98.4" Spider)						
Berlina 4d Sed	720	2,160	3,600	8,100	12,600	18,000
Sprint Cpe	1,100	3,300	5,500	12,380	19,250	27,500
Spider Conv	1,820	5,460	9,100	20,480	31,850	45,500
1961 Giulietta, 4-cyl., 1290cc, 93.7" wb (88.6" Spider, SS, SZ)						
Sprint Cpe	1,420	4,260	7,100	15,980	24,850	35,500
Sp Veloce Cpe	1,920	5,760	9,600	21,600	33,600	48,000
Spider Conv	1,280	3,840	6,400	14,400	22,400	32,000
Spr Veloce Conv	2,100	6,300	10,500	23,630	36,750	52,500
Sprint Speciale	2,640	7,920	13,200	29,700	46,200	66,000
Sprint Zagato	4,600	13,800	23,000	51,750	80,500	115,000
1961 2000, 4-cyl., 1975cc, 107" wb (101.6" Sprint, 98.4" Spider)						
Berlina 4d Sed	720	2,160	3,600	8,100	12,600	18,000
Sprint Cpe	1,100	3,300	5,500	12,380	19,250	27,500
Spider Conv	1,820	5,460	9,100	20,480	31,850	45,500
1962 Giulietta, 4-cyl., 1290cc, 93.7" wb (88.6" Spider, SS)						
Sprint Cpe	1,420	4,260	7,100	15,980	24,850	35,500
Sp Veloce Cpe	1,920	5,760	9,600	21,600	33,600	48,000
Spider Conv	1,280	3,840	6,400	14,400	22,400	32,000
Spr Veloce Conv	2,100	6,300	10,500	23,630	36,750	52,500
Sprint Speciale	2,640	7,920	13,200	29,700	46,200	66,000
1962 4-cyl., 1570cc, 93.7" wb (88.6" Spider) Giulia - 101 Series						
Sprint Cpe	1,520	4,560	7,600	17,100	26,600	38,000
Spider Conv	1,740	5,220	8,700	19,580	30,450	43,500
1962 4-cyl., 1570cc, 98.8" wb Giulia - 105 Series						
TI 4d Sed	640	1,920	3,200	7,200	11,200	16,000
1962 2000, 4-cyl., 1975cc, 107" wb (101.6" Sprint)						
Berlina 4d Sed	720	2,160	3,600	8,100	12,600	18,000
Sprint Cpe	1,100	3,300	5,500	12,380	19,250	27,500
1962 2600, 6-cyl., 2584cc, 106.7" wb (101.6" Sprint, 98.4" Spider, SZ)						
Berlina 4d Sed	800	2,400	4,000	9,000	14,000	20,000
Sprint Cpe	1,680	5,040	8,400	18,900	29,400	42,000
Spider Conv	2,220	6,660	11,100	24,980	38,850	55,500
1963 Giulietta, 4-cyl., 1290cc, 93.7" wb						
Sprint 1300 Cpe	600	1,800	3,000	6,750	10,500	15,000
1963 4-cyl., 1570cc, 93.7" wb (88.6" Spider) Giulia - 101 Series						
Sprint Cpe	1,520	4,560	7,600	17,100	26,600	38,000
Spider Conv	1,740	5,220	8,700	19,580	30,450	43,500
Sprint Spl	2,640	7,920	13,200	29,700	46,200	66,000

	6	5	4	3	2	1
1963 4-cyl., 1570cc, 98.8" wb (92.5" Sprint) Giulia - 105 Series						
TI 4d Sed	540	1,620	2,700	6,080	9,450	13,500
TI Sup 4d Sed	560	1,680	2,800	6,300	9,800	14,000
Sprint GT Cpe	1,620	4,860	8,100	18,230	28,350	40,500
GTZ	2,480	7,440	12,400	27,900	43,400	62,000
1963 2600, 6-cyl., 2584cc, 106.7" wb (101.6" Sprint, 98.4" Spider)						
Berlina 4d Sed	580	1,740	2,900	6,530	10,150	14,500
Sprint Cpe	680	2,040	3,400	7,650	11,900	17,000
Spider Conv	1,000	3,000	5,000	11,250	17,500	25,000
1964 Giulietta, 4-cyl., 1290cc, 93.7" wb						
Sprint 1300 Cpe	600	1,800	3,000	6,750	10,500	15,000
1964 4-cyl., 1570cc, 93.7" wb (88.6" Spider) Giulia - 101 Series						
Sprint Cpe	680	2,040	3,400	7,650	11,900	17,000
Spider Conv	920	2,760	4,600	10,350	16,100	23,000
Spider Veloce Conv	840	2,520	4,200	9,450	14,700	21,000
Sprint Speciale	1,360	4,080	6,800	15,300	23,800	34,000
1964 4-cyl., 1570cc, 98.8" wb (92.5" Sprint) Giulia - 105 Series						
TI 4d Sed	540	1,620	2,700	6,080	9,450	13,500
TI Sup 4d Sed	560	1,680	2,800	6,300	9,800	14,000
Sprint GT Cpe	720	2,160	3,600	8,100	12,600	18,000
GTZ	2,480	7,440	12,400	27,900	43,400	62,000
GTC Conv	1,000	3,000	5,000	11,250	17,500	25,000
1964 2600, 6-cyl., 2584cc, 106.7" wb (101.6" Sprint, 98.4" Spider)						
Berlina 4d Sed	580	1,740	2,900	6,530	10,150	14,500
Sprint Cpe	680	2,040	3,400	7,650	11,900	17,000
Spider Conv	880	2,640	4,400	9,900	15,400	22,000
1965 4-cyl., 1570cc, 93.7" wb (88.6" Spider) Giulia - 101 Series						
Spider Conv	960	2,880	4,800	10,800	16,800	24,000
Spider Veloce Conv	1,000	3,000	5,000	11,250	17,500	25,000
Sprint Spl Cpe	1,320	3,960	6,600	14,850	23,100	33,000
1965 4-cyl., 1570cc, 98.8" wb (92.5" Sprint) Giulia - 105 Series						
TI 4d Sed	250	740	1,240	2,790	4,340	6,200
Sup 4d Sed	560	1,680	2,800	6,300	9,800	14,000
Sprint GT Cpe	720	2,160	3,600	8,100	12,600	18,000
GTV Cpe	800	2,400	4,000	9,000	14,000	20,000
GTZ Cpe	2,480	7,440	12,400	27,900	43,400	62,000
GTA Cpe	1,320	3,960	6,600	14,850	23,100	33,000
GTC Conv	1,000	3,000	5,000	11,250	17,500	25,000
TZ 2	value not estimable					
1965 2600, 6-cyl., 2584cc, 106.7" wb (101.6" Sprint, 98.4" Spider)						
Berlina 4d Sed	560	1,680	2,800	6,300	9,800	14,000
Sprint Cpe	680	2,040	3,400	7,650	11,900	17,000
Spider Conv	1,320	3,960	6,600	14,850	23,100	33,000
SZ	1,120	3,360	5,600	12,600	19,600	28,000
1966 Giulia, 4-cyl., 1570cc, 98.8" wb (92.5" Sprint)						
T.I. 4d Sed	250	740	1,240	2,790	4,340	6,200
Sprint GT Cpe	720	2,160	3,600	8,100	12,600	18,000
GTV Cpe	1,360	4,080	6,800	15,300	23,800	34,000
Spider Conv	960	2,880	4,800	10,800	16,800	24,000
Spider Veloce	1,000	3,000	5,000	11,250	17,500	25,000
GTZ	2,480	7,440	12,400	27,900	43,400	62,000
GTA Cpe	1,080	3,240	5,400	12,150	18,900	27,000
GTC Conv	1,000	3,000	5,000	11,250	17,500	25,000
TZ 2 Cpe	value not estimable					
1966 4-cyl., 1570cc, 88.6" wb						
Duetto Conv	680	2,040	3,400	7,650	11,900	17,000
1966 2600, 6-cyl., 2584cc, 106.7" wb (101.6" Sprint, 98.4" Spider)						
Berlina 4d Sed	640	1,920	3,200	7,200	11,200	16,000
Sprint Cpe	880	2,640	4,400	9,900	15,400	22,000
SZ	1,120	3,360	5,600	12,600	19,600	28,000
1967 Giulia, 4-cyl., 1570cc, 98.8" wb (92.5" Sprint)						
T.I. 4d Sed	250	740	1,240	2,790	4,340	6,200
GTV Cpe	800	2,400	4,000	9,000	14,000	20,000
GTZ Cpe	2,480	7,440	12,400	27,900	43,400	62,000
GTA Cpe	1,080	3,240	5,400	12,150	18,900	27,000
TZ 2	value not estimable					
1967 4-cyl., 1570cc, 88.6" wb						
Duetto Conv	680	2,040	3,400	7,650	11,900	17,000
1967 1750, 4-cyl., 1779cc, 101.2" wb (92.5" Cpe, 88.6" Spider)						
Berlina 4d Sed	250	740	1,240	2,790	4,340	6,200
GTV Cpe	840	2,520	4,200	9,450	14,700	21,000
Spider	880	2,640	4,400	9,900	15,400	22,000
1967 2600, 6-cyl., 2584cc, 106.7" wb						
Berlina 4d Sed	580	1,740	2,900	6,530	10,150	14,500
SZ	1,120	3,360	5,600	12,600	19,600	28,000

	6	5	4	3	2	1
1968 4-cyl., 1290/1570cc, 92.5" wb						
Giulia GTV Cpe	800	2,400	4,000	9,000	14,000	20,000
1968 1750, 4-cyl., 1779cc, 101.2" wb (92.5" Sprint, 88.6" Spider)						
Berlina 4d Sed	250	740	1,240	2,790	4,340	6,200
GTV Cpe	840	2,520	4,200	9,450	14,700	21,000
Spider Conv	880	2,640	4,400	9,900	15,400	22,000
1968 2600, 6-cyl., 2584cc, 106.7" wb						
Berlina 4d Sed	300	900	1,500	3,380	5,250	7,500
1969 Giulia, 4-cyl., 1290cc, 92.5" wb						
GTA 1300 Jr Cpe	1,000	3,000	5,000	11,250	17,500	25,000
1969 1750, 4-cyl., 1779cc, 101.2" wb (92.5" Cpe, 88.6" Spider)						
Berlina 4d Sed	260	780	1,300	2,930	4,550	6,500
GTV Cpe	840	2,520	4,200	9,450	14,700	21,000
Spider Conv	880	2,640	4,400	9,900	15,400	22,000
1970 Giulia, 4-cyl., 1290cc, 92.5" wb						
GTA 1300 Jr Cpe	1,000	3,000	5,000	11,250	17,500	25,000
Jr Z 1300 Cpe	800	2,400	4,000	9,000	14,000	20,000
1970 1750, 4-cyl., 1779cc, 101.2" wb (92.5" Cpe, 88.6" Spider)						
Berlina 4d Sed	260	780	1,300	2,930	4,550	6,500
GTV Cpe	520	1,560	2,600	5,850	9,100	13,000
Spider	640	1,920	3,200	7,200	11,200	16,000
1971 Giulia, 4-cyl., 1290cc, 92.5" wb						
GTA 1300 Jr Cpe	1,000	3,000	5,000	11,250	17,500	25,000
Jr Z 1300 Cpe	800	2,400	4,000	9,000	14,000	20,000
1971 1750, 4-cyl., 1779cc, 101.2" wb (92.5" Cpe, 88.6" Spider)						
Berlina 4d Sed	250	740	1,240	2,790	4,340	6,200
GTV Cpe	520	1,560	2,600	5,850	9,100	13,000
Spider	580	1,740	2,900	6,530	10,150	14,500
1971 2000, 4-cyl., 1962cc, 101.8" wb (92.5" Cpe, 88.6" Spider)						
Berlina 4d Sed	260	780	1,300	2,930	4,550	6,500
GTV Cpe	560	1,680	2,800	6,300	9,800	14,000
Spider Veloce	640	1,920	3,200	7,200	11,200	16,000
1971 V-8, 2953cc, 92.5" wb						
Montreal Cpe	1,800	5,400	9,000	20,250	31,500	45,000
1972 Giulia, 4-cyl., 1290cc, 92.5" wb						
GTA 1300 Jr Cpe	1,000	3,000	5,000	11,250	17,500	25,000
Jr Z 1300 Cpe	800	2,400	4,000	9,000	14,000	20,000
Jr Z 1600 Cpe	840	2,520	4,200	9,450	14,700	21,000
1972 1750, 4-cyl., 1779cc, 101.2" wb (92.5" Cpe, 88.6" Spider)						
Berlina 4d Sed	250	740	1,240	2,790	4,340	6,200
GTV Cpe	520	1,560	2,600	5,850	9,100	13,000
Spider	580	1,740	2,900	6,530	10,150	14,500
1972 2000, 4-cyl., 1962cc, 101.8" wb (92.5" Cpe, 88.6" Spider)						
Berlina 4d Sed	260	780	1,300	2,930	4,550	6,500
GTV Cpe	520	1,560	2,600	5,850	9,100	13,000
Spider Veloce	640	1,920	3,200	7,200	11,200	16,000
1972 V-8, 2593cc, 92.5" wb						
Montreal Cpe	1,800	5,400	9,000	20,250	31,500	45,000
1973 4-cyl., 1570cc, 92.5" wb						
Giulia Jr Z 1600	800	2,400	4,000	9,000	14,000	20,000
1973 2000, 4-cyl., 1992cc, 101.8" wb (92.5" Cpe, 88.6" Spider)						
Berlina 4d Sed	260	780	1,300	2,930	4,550	6,500
GTV Cpe	540	1,620	2,700	6,080	9,450	13,500
Spider Veloce	640	1,920	3,200	7,200	11,200	16,000
1973 V-8, 2593cc, 92.5" wb						
Montreal Cpe	1,800	5,400	9,000	20,250	31,500	45,000
1974 4-cyl., 1570 cc, 92.5" wb						
Giulia Jr Z 1600 Cpe	800	2,400	4,000	9,000	14,000	20,000
1974 2000, 4-cyl., 1962cc, 101.8" wb (92.5" Cpe, 88.6" Spider)						
Berlina 4d Sed	260	780	1,300	2,930	4,550	6,500
GTV Cpe	540	1,620	2,700	6,080	9,450	13,500
Spider Veloce	640	1,920	3,200	7,200	11,200	16,000
1974 V-8, 2953cc, 92.5" wb						
Montreal Cpe	1,800	5,400	9,000	20,250	31,500	45,000
1975 Giulia, 4-cyl., 1570cc, 92.5" wb						
Jr Z 1600 Cpe	800	2,400	4,000	9,000	14,000	20,000
1975 2000, 4-cyl., 1962cc, 88.6" wb						
Spr Veloce Conv	640	1,920	3,200	7,200	11,200	16,000
1975 V-8, 2593cc, 92.5" wb						
Montreal Cpe	1,800	5,400	9,000	20,250	31,500	45,000
1975 Alfetta, 4-cyl., 1779cc, 98.8" wb						
4d Sed	240	720	1,200	2,700	4,200	6,000
1975 Alfetta, 4-cyl., 1962cc, 94.5" wb						
GT Cpe	520	1,560	2,600	5,850	9,100	13,000
1976 2000, 4-cyl., 1962cc, 88.6" wb						
Spr Veloce Conv	640	1,920	3,200	7,200	11,200	16,000

	6	5	4	3	2	1
1976 Alfetta, 4-cyl., 1779cc, 98.8" wb						
4d Sed	260	780	1,300	2,930	4,550	6,500
1976 4-cyl., 1962cc, 94.5" wb						
GTV Cpe	520	1,560	2,600	5,850	9,100	13,000
1977 2000, 4-cyl., 1962cc, 88.6" wb						
Spr Veloce Conv	640	1,920	3,200	7,200	11,200	16,000
1977 Alfetta, 4-cyl., 1779cc, 98.8" wb						
4d Sed	260	780	1,300	2,930	4,550	6,500
1977 4-cyl., 1962cc, 94.5" wb						
GTV Cpe	540	1,620	2,700	6,080	9,450	13,500
1978 2000, 4-cyl., 1962cc, 88.6" wb						
Spr Veloce Conv	640	1,920	3,200	7,200	11,200	16,000
1978 4-cyl., 1962cc, 98.8" wb (94.5" Cpe)						
4d Spt Sed	260	780	1,300	2,930	4,550	6,500
Sprint Veloce Cpe	540	1,620	2,700	6,080	9,450	13,500
1980 4-cyl., 1962cc, 98.8" wb (94.5" Cpe)						
2d Spider Conv	620	1,860	3,100	6,980	10,850	15,500
1981 4-cyl., 1962cc, 98.8" wb (94.5" Cpe)						
2d Spt Cpe 2 plus 2	280	840	1,400	3,150	4,900	7,000
2d Spider Conv	620	1,860	3,100	6,980	10,850	15,500
1982 4-cyl., 1962cc, 98.8" wb (94.5" Cpe)						
2d Spt Cpe	270	800	1,340	3,020	4,690	6,700
2d Spider	620	1,860	3,100	6,980	10,850	15,500
1983 4-cyl., 1962cc, 98.8" wb (94.5" Cpe)						
2d Cpe	280	840	1,400	3,150	4,900	7,000
2d Spider	620	1,860	3,100	6,980	10,850	15,500
1984 4-cyl., 1962cc, 98.8" wb (94.5" Cpe)						
GTV6 Cpe	320	960	1,600	3,600	5,600	8,000
Spider Veloce	620	1,860	3,100	6,980	10,850	15,500
1985 4-cyl., 1962cc, 98.8" wb (94.5" Cpe)						
GTV6 2d Cpe	520	1,560	2,600	5,850	9,100	13,000
Graduate 2d Conv	640	1,920	3,200	7,200	11,200	16,000
Spider Veloce 2d Conv	680	2,040	3,400	7,650	11,900	17,000
1986 4-cyl., 1962cc, 98.8" wb (94.5" Cpe)						
GTV6 2d Cpe	520	1,560	2,600	5,850	9,100	13,000
Graduate 2d Conv	680	2,040	3,400	7,650	11,900	17,000
Spider Veloce 2d Conv	720	2,160	3,600	8,100	12,600	18,000
Quadrifoglio 2d Conv	680	2,040	3,400	7,650	11,900	17,000
1987 4-cyl., 1962cc, 98.8" wb (94.5" Cpe)						
4d Sed Milano Silver	320	960	1,600	3,600	5,600	8,000
2d Spider Veloce	720	2,160	3,600	8,100	12,600	18,000
4d Quadrifoglio	640	1,920	3,200	7,200	11,200	16,000
2d Conv Graduate	680	2,040	3,400	7,650	11,900	17,000
1988 4-cyl., 1962cc, 98.8" wb (94.5" Cpe)						
4d Sed Milano Gold	520	1,560	2,600	5,850	9,100	13,000
4d Sed Milano Platinum	540	1,620	2,700	6,080	9,450	13,500
4d Sed Milano Verde 3.0	560	1,680	2,800	6,300	9,800	14,000
2d Spider Veloce	680	2,040	3,400	7,650	11,900	17,000
4d Quadrifoglio	680	2,040	3,400	7,650	11,900	17,000
2d Conv Graduate	660	1,980	3,300	7,430	11,550	16,500
1989 4-cyl., 1962cc, 98.8" wb (94.5" Cpe)						
4d Sed Milano Gold	520	1,560	2,600	5,850	9,100	13,000
4d Sed Milano Platinum	540	1,620	2,700	6,080	9,450	13,500
4d Sed Milano 3.0	560	1,680	2,800	6,300	9,800	14,000
2d Spider Veloce	680	2,040	3,400	7,650	11,900	17,000
4d Quadrifoglio	720	2,160	3,600	8,100	12,600	18,000
2d Conv Graduate	600	1,800	3,000	6,750	10,500	15,000
1990 4-cyl., 1962cc, 98.8" wb (94.5" Cpe)						
2d Conv Spider	560	1,680	2,800	6,300	9,800	14,000
2d Conv Graduate	520	1,560	2,600	5,850	9,100	13,000
2d Conv Quadrifoglio	600	1,800	3,000	6,750	10,500	15,000
1991 Alfa Romeo						
4d	220	660	1,100	2,480	3,850	5,500
4d L	260	780	1,300	2,930	4,550	6,500
4d S	320	960	1,600	3,600	5,600	8,000
1991 Spider						
2d Conv	520	1,560	2,600	5,850	9,100	13,000
2d Conv Veloce	560	1,680	2,800	6,300	9,800	14,000
1992 Spider, 4-cyl.						
2d Conv	620	1,860	3,100	6,980	10,850	15,500
2d Conv Veloce	680	2,040	3,400	7,650	11,900	17,000
1992 164, V-6						
4d Sed L	540	1,620	2,700	6,080	9,450	13,500
4d Sed S	620	1,860	3,100	6,980	10,850	15,500
1993 Spider, 4-cyl.						
2d Conv	640	1,920	3,200	7,200	11,200	16,000

	6	5	4	3	2	1
2d Veloce Conv	680	2,040	3,400	7,650	11,900	17,000
1993 164, V-6						
4d Sed L	540	1,630	2,720	6,120	9,520	13,600
4d Sed S	550	1,660	2,760	6,210	9,660	13,800
1994 Spider, 4-cyl.						
2d Conv	520	1,560	2,600	5,850	9,100	13,000
2d Conv Veloce	580	1,740	2,900	6,530	10,150	14,500
1994 164, V-6						
4d Sed LS	560	1,680	2,800	6,300	9,800	14,000
4d Sed Quadrifoglio	680	2,040	3,400	7,650	11,900	17,000

ALLARD

1946-49 J1, V-8, 100" wb						
2d Rds	3,920	11,760	19,600	44,100	68,600	98,000
1946-49 K1, V-8, 106" wb						
2d Rds	4,800	14,400	24,000	54,000	84,000	120,000
1946-49 L, V-8, 112" wb						
2d Tr	3,200	9,600	16,000	36,000	56,000	80,000
1946-49 M, V-8, 112" wb						
2d DHC	3,360	10,080	16,800	37,800	58,800	84,000
1950-51 J2, V-8, 100" wb						
2d Rds	11,600	34,800	58,000	130,500	203,000	290,000
1950-51 K2, V-8, 106" wb						
2d Rds	8,400	25,200	42,000	94,500	147,000	210,000
2d Spt Sed	2,400	7,200	12,000	27,000	42,000	60,000
1950-51 L, V-8, 112" wb						
2d Tr	2,400	7,200	12,000	27,000	42,000	60,000
1950-51 M, V-8, 112" wb						
2d DHC	3,400	10,200	17,000	38,250	59,500	85,000
1952-54 K3, V-8, 100" wb						
2d Rds	6,800	20,400	34,000	76,500	119,000	170,000
1952-54 J2X, V-8, 100" wb						
2d Rds	13,600	40,800	68,000	153,000	238,000	340,000
2d LeMans Rds	21,000	63,000	105,000	236,250	367,500	525,000
1952-54 JR, V-8, 96" wb						
2d Rds	8,800	26,400	44,000	99,000	154,000	220,000
1952-54 Monte Carlo/Safari, V-8, 112" wb						
2d M.C. Sed	3,400	10,200	17,000	38,250	59,500	85,000
2d Safari Wag	3,920	11,760	19,600	44,100	68,600	98,000
1952-54 Palm Beach, 4-cyl., 96" wb						
2d Rds	2,120	6,360	10,600	23,850	37,100	53,000
1952-54 Palm Beach, 6-cyl., 96" wb						
2d Rds	2,240	6,720	11,200	25,200	39,200	56,000
1955-59 Palm Beach, 4-cyl., 96" wb						
2d Rds	2,120	6,360	10,600	23,850	37,100	53,000
1955-59 Palm Beach, 6-cyl., 96" wb						
2d Rds	2,240	6,720	11,200	25,200	39,200	56,000

AMPHICAR

1961 4-cyl., 43 hp, 83" wb						
2d Conv	2,640	7,920	13,200	29,700	46,200	66,000
1962 4-cyl., 43 hp, 83" wb						
2d Conv	2,640	7,920	13,200	29,700	46,200	66,000
1963 4-cyl., 43 hp, 83" wb						
2d Conv	2,640	7,920	13,200	29,700	46,200	66,000
1964 4-cyl., 43 hp, 83" wb						
2d Conv	2,640	7,920	13,200	29,700	46,200	66,000
1965 4-cyl., 43 hp, 83" wb						
2d Conv	2,640	7,920	13,200	29,700	46,200	66,000
1966 4-cyl., 43 hp, 83" wb						
2d Conv	2,640	7,920	13,200	29,700	46,200	66,000
1967-68 4-cyl., 43 hp, 83" wb						
2d Conv	2,640	7,920	13,200	29,700	46,200	66,000

ASTON MARTIN

1948-50 DBI, 4-cyl., 1970cc, 108" wb						
2S Rds (14 made)	value not estimable					
1950-53 DB2, 6-cyl., 2580cc, 99" wb						
Saloon	3,040	9,120	15,200	34,200	53,200	76,000
DHC	14,000	42,000	70,000	157,500	245,000	350,000
Graber DHC (3 made)	value not estimable					
1951-53 DB3, 6-cyl., 2580/2922cc, 93" wb						
Racer (10 made)	value not estimable					
1953-55 DB2/4, 6-cyl., 292cc, 99" wb						
Saloon	6,400	19,200	32,000	72,000	112,000	160,000
DHC	14,000	42,000	70,000	157,500	245,000	350,000

ALFA ROMEO

	6	5	4	3	2	1
DHC by Graber	15,200	45,600	76,000	171,000	266,000	380,000
Rds by Touring (2 made)	value not estimable					
1953-56 DB3S, 6-cyl., 2922cc, 87" wb						
Racer	value not estimable					
Cpe	8,000	24,000	40,000	90,000	140,000	200,000
1955-57 DB2/4, 6-cyl., 2922cc, 99" wb						
Mk II Saloon	3,600	10,800	18,000	40,500	63,000	90,000
Mk II DHC	14,000	42,000	70,000	157,500	245,000	350,000
Mk II FHC	5,600	16,800	28,000	63,000	98,000	140,000
Mk II Spider by Touring (2 made)	value not estimable					
1956-60 DBR, 6-cyl., 2493/2992/4164cc, 90" wb						
Racer (14 made)	value not estimable					
1957-59 DB, 6-cyl., 2922cc, 99" wb						
Mk III Saloon	3,600	10,800	18,000	40,500	63,000	90,000
Mk III DHC	14,000	42,000	70,000	157,500	245,000	350,000
Mk III FHC	5,600	16,800	28,000	63,000	98,000	140,000
1958-60 DB4, 6-cyl., 3670cc, 98" wb, Series 1						
Saloon	3,600	10,800	18,000	40,500	63,000	90,000
1959-63 DB4GT, 6-cyl., 3670cc, 93" wb						
Saloon	7,200	21,600	36,000	81,000	126,000	180,000
Cpe by Zagato	value not estimable					
Bertone (1 made)	value not estimable					
1960-61 DB4, 6-cyl., 3670cc, 98" wb, Series 2						
Saloon	3,600	10,800	18,000	40,500	63,000	90,000
1961 DB4, 6-cyl., 3670cc, 98" wb, Series 3						
Saloon	3,600	10,800	18,000	40,500	63,000	90,000
1961-62 DB4, 6-cyl., 3670cc, 98" wb, Series 4						
Saloon	3,600	10,800	18,000	40,500	63,000	90,000
DHC	14,000	42,000	70,000	157,500	245,000	350,000
1962-63 DB4, 6-cyl., 3670cc, 98" wb, Series 5						
Saloon	3,600	10,800	18,000	40,500	63,000	90,000
DHC	14,000	42,000	70,000	157,500	245,000	350,000
1963-65 DB5, 6-cyl., 3995cc, 98" wb						
Saloon	3,600	10,800	18,000	40,500	63,000	90,000
DHC	14,000	42,000	70,000	157,500	245,000	350,000
Radford Shooting Brake (12 made)	value not estimable					
Volante (37 made)	value not estimable					
1965-69 DB6, 6-cyl., 3995cc, 102" wb						
Saloon	3,600	10,800	18,000	40,500	63,000	90,000
Radford Shooting Brake (6 made)	value not estimable					
Volante	6,000	18,000	30,000	67,500	105,000	150,000
1967-72 6-cyl., 3995cc, 103" wb						
DBS Saloon	3,600	10,800	18,000	40,500	63,000	90,000
DBSC Saloon (2 made)	value not estimable					
1969-70 DB6, 6-cyl., 3995cc, 102" wb						
Mk II Saloon	3,600	10,800	18,000	40,500	63,000	90,000
Mk II Volante	6,000	18,000	30,000	67,500	105,000	150,000
1970-72 DBSV8, V-8, 5340cc, 103" wb						
Saloon	3,600	10,800	18,000	40,500	63,000	90,000
Saloon by Ogle (2 built)	value not estimable					
1972-73 AM, 6-cyl., 3995cc, 103" wb						
Vantage Saloon (70 made)	value not estimable					
1972-73 AMV8, 5340cc, V-8, 103" wb, Series II						
Saloon	3,200	9,600	16,000	36,000	56,000	80,000
1973-78 AMV8, V-8, 5340cc, 103" wb, Series III						
Saloon	3,640	10,920	18,200	40,950	63,700	91,000
1977-78 AMV8, V-8, 5340cc, 103" wb						
Vantage Saloon	3,640	10,920	18,200	40,950	63,700	91,000
1979 AMV8, V-8, 5340cc, 103" wb						
2d Vantage Cpe	3,960	11,880	19,800	44,550	69,300	99,000
2d Volante Conv	5,240	15,720	26,200	58,950	91,700	131,000
4d Lagonda	2,960	8,880	14,800	33,300	51,800	74,000
1980 AMV8, V-8, 5340cc, 103" wb						
2d Vantage Cpe	3,960	11,880	19,800	44,550	69,300	99,000
2d Volante Conv	5,240	15,720	26,200	58,950	91,700	131,000
4d Lagonda	3,600	10,800	18,000	40,500	63,000	90,000
1981 AMV8, V-8, 5340cc, 103" wb						
2d Vantage Cpe	3,960	11,880	19,800	44,550	69,300	99,000
2d Volante Conv	5,240	15,720	26,200	58,950	91,700	131,000
4d Lagonda	3,600	10,800	18,000	40,500	63,000	90,000
1982 AMV8, V-8, 5340cc, 103" wb						
2d Vantage Cpe	3,960	11,880	19,800	44,550	69,300	99,000
2d Volante Conv	5,240	15,720	26,200	58,950	91,700	131,000
4d Lagonda	3,600	10,800	18,000	40,500	63,000	90,000
1983 AMV8, V-8, 5340cc, 103" wb						
2d Vantage Cpe	3,960	11,880	19,800	44,550	69,300	99,000

	6	5	4	3	2	1
2d Volante Conv.	5,240	15,720	26,200	58,950	91,700	131,000
4d Lagonda	3,600	10,800	18,000	40,500	63,000	90,000
1984 AMV8, V-8, 5340cc, 103" wb						
2d Vantage Cpe	3,960	11,880	19,800	44,550	69,300	99,000
2d Volante Conv.	5,240	15,720	26,200	58,950	91,700	131,000
4d Lagonda	3,600	10,800	18,000	40,500	63,000	90,000
1985 V-8						
2d Vantage Cpe	3,960	11,880	19,800	44,550	69,300	99,000
2d Volante Conv.	5,240	15,720	26,200	58,950	91,700	131,000
4d Lagonda	3,040	9,120	15,200	34,200	53,200	76,000
1986 V-8						
2d Vantage Cpe	3,960	11,880	19,800	44,550	69,300	99,000
2d Volante Conv.	5,240	15,720	26,200	58,950	91,700	131,000
4d Lagonda Saloon	3,040	9,120	15,200	34,200	53,200	76,000
1987 V-8						
2d Vantage Cpe	3,960	11,880	19,800	44,550	69,300	99,000
2d Volante Conv.	5,240	15,720	26,200	58,950	91,700	131,000
4d Lagonda Saloon	3,120	9,360	15,600	35,100	54,600	78,000
1988 V-8						
2d Vantage Cpe	3,960	11,880	19,800	44,550	69,300	99,000
2d Volante Conv.	5,240	15,720	26,200	58,950	91,700	131,000
4d Lagonda Saloon	3,120	9,360	15,600	35,100	54,600	78,000
1989 V-8						
2d Vantage Cpe	4,000	12,000	20,000	45,000	70,000	100,000
2d Volante Conv.	5,240	15,720	26,200	58,950	91,700	131,000
4d Lagonda Saloon	3,280	9,840	16,400	36,900	57,400	82,000
1990 V-8						
2d Virage Cpe	5,440	16,320	27,200	61,200	95,200	136,000
1991 Virage						
2d Cpe	4,400	13,200	22,000	49,500	77,000	110,000
1992 Virage						
2d Cpe	4,600	13,800	23,000	51,750	80,500	115,000
1993 Virage						
2d Cpe	4,000	12,000	20,000	45,000	70,000	100,000
1993 Volante						
2d Conv	6,400	19,200	32,000	72,000	112,000	160,000
1994 Virage						
2d Cpe	4,400	13,200	22,000	49,500	77,000	110,000
1994 Volante						
2d Conv	6,600	19,800	33,000	74,250	115,500	165,000
2006 DB9 Base Coupe, 5.9L V-12						
2d Spt Cpe	2,280	6,840	11,400	28,500	39,900	57,000
2006 DB9 Volante, 5.9L V-12						
2d Conv	2,880	8,640	14,400	36,000	50,400	72,000

AUDI

1970 Super 90						
2d Sed	260	790	1,320	2,970	4,620	6,600
4d Sed	270	800	1,340	3,020	4,690	6,700
4d Sta Wag	270	820	1,360	3,060	4,760	6,800
1970 100 LS						
2d Sed	270	820	1,360	3,060	4,760	6,800
4d Sed	280	830	1,380	3,110	4,830	6,900
1971 Super 90						
2d Sed	260	790	1,320	2,970	4,620	6,600
4d Sed	270	800	1,340	3,020	4,690	6,700
4d Sta Wag	270	800	1,340	3,020	4,690	6,700
1971 100 LS						
2d Sed	270	820	1,360	3,060	4,760	6,800
4d Sed	280	830	1,380	3,110	4,830	6,900
1972 Super 90						
2d Sed	260	790	1,320	2,970	4,620	6,600
4d Sed	270	800	1,340	3,020	4,690	6,700
4d Sta Wag	270	820	1,360	3,060	4,760	6,800
1972 100						
2d Sed	270	800	1,340	3,020	4,690	6,700
4d Sed	270	820	1,360	3,060	4,760	6,800
1972 100 LS						
2d Sed	270	820	1,360	3,060	4,760	6,800
4d Sed	280	830	1,380	3,110	4,830	6,900
1972 100 GL						
2d Sed	280	830	1,380	3,110	4,830	6,900
4d Sed	280	840	1,400	3,150	4,900	7,000
1973 100						
2d Sed	260	790	1,320	2,970	4,620	6,600
4d Sed	270	800	1,340	3,020	4,690	6,700

	6	5	4	3	2	1
1973 100 LS						
2d Sed	270	800	1,340	3,020	4,690	6,700
4d Sed	270	820	1,360	3,060	4,760	6,800
1973 100 GL						
2d Sed	270	820	1,360	3,060	4,760	6,800
4d Sed	280	830	1,380	3,110	4,830	6,900
1973 Fox						
2d Sed	200	600	1,000	2,250	3,500	5,000
4d Sed	200	610	1,020	2,300	3,570	5,100
1974 100 LS						
2d Sed	260	790	1,320	2,970	4,620	6,600
4d Sed	270	800	1,340	3,020	4,690	6,700
1974 Fox						
2d Sed	200	600	1,000	2,250	3,500	5,000
4d Sed	200	600	1,000	2,250	3,500	5,000
1975 100 LS						
2d Sed	260	780	1,300	2,930	4,550	6,500
4d Sed	260	790	1,320	2,970	4,620	6,600
1975 Fox						
2d Sed	200	600	1,000	2,250	3,500	5,000
4d Sed	200	600	1,000	2,250	3,500	5,000
4d Sta Wag	210	620	1,040	2,340	3,640	5,200
1976 100 LS						
2d Sed	260	770	1,280	2,880	4,480	6,400
4d Sed	260	780	1,300	2,930	4,550	6,500
1976 Fox						
2d Sed	200	600	1,000	2,250	3,500	5,000
4d Sed	200	600	1,000	2,250	3,500	5,000
4d Sta Wag	210	620	1,040	2,340	3,640	5,200
1977 Sedan						
2d	250	760	1,260	2,840	4,410	6,300
4d	260	770	1,280	2,880	4,480	6,400
1977 Fox						
2d Sed	200	600	1,000	2,250	3,500	5,000
4d Sed	200	600	1,000	2,250	3,500	5,000
4d Sta Wag	210	620	1,040	2,340	3,640	5,200
1978 5000						
4d Sed	260	770	1,280	2,880	4,480	6,400
1978 Fox						
2d Sed	200	600	1,000	2,250	3,500	5,000
4d Sed	200	600	1,000	2,250	3,500	5,000
4d Sta Wag	210	620	1,040	2,340	3,640	5,200
1979 5000						
4d Sed	250	760	1,260	2,840	4,410	6,300
4d Sed S	260	790	1,320	2,970	4,620	6,600
1979 Fox						
2d Sed	200	600	1,000	2,250	3,500	5,000
4d Sed	200	600	1,000	2,250	3,500	5,000
4d Sta Wag	210	620	1,040	2,340	3,640	5,200
1980 5000						
4d Sed	250	740	1,240	2,790	4,340	6,200
4d Sed S	260	780	1,300	2,930	4,550	6,500
4d Sed (Turbo)	280	840	1,400	3,150	4,900	7,000
1980 4000						
2d Sed	240	710	1,180	2,660	4,130	5,900
4d Sed	240	720	1,200	2,700	4,200	6,000
1981 5000						
4d Sed	240	720	1,200	2,700	4,200	6,000
4d Sed S	250	740	1,240	2,790	4,340	6,200
4d Sed (Turbo)	260	780	1,300	2,930	4,550	6,500
1981 4000						
2d Sed 4E	220	650	1,080	2,430	3,780	5,400
4d Sed 4E	220	660	1,100	2,480	3,850	5,500
2d Sed (5 plus 5)	240	710	1,180	2,660	4,130	5,900
2d Cpe	240	720	1,200	2,700	4,200	6,000
1982 5000						
4d Sed S	240	720	1,200	2,700	4,200	6,000
4d Sed (Turbo)	260	780	1,300	2,930	4,550	6,500
1982 4000						
2d Sed	220	660	1,100	2,480	3,850	5,500
4d Sed (Diesel)	200	600	1,000	2,250	3,500	5,000
4d Sed S	230	700	1,160	2,610	4,060	5,800
2d Cpe	240	710	1,180	2,660	4,130	5,900
1983 5000						
4d Sed S	240	720	1,200	2,700	4,200	6,000
4d Sed (Turbo)	260	780	1,300	2,930	4,550	6,500

	6	5	4	3	2	1
4d Sed (Turbo Diesel)	230	700	1,160	2,610	4,060	5,800
1983 4000						
2d Sed	220	660	1,100	2,480	3,850	5,500
4d Sed S	230	700	1,160	2,610	4,060	5,800
4d Sed S (Diesel)	200	600	1,000	2,250	3,500	5,000
2d Cpe	240	710	1,180	2,660	4,130	5,900
2d Quattro Cpe (4x4)	340	1,020	1,700	3,830	5,950	8,500
1984 5000						
4d Sed S	240	720	1,200	2,700	4,200	6,000
4d Sed (Turbo)	260	780	1,300	2,930	4,550	6,500
4d Sta Wag S	250	760	1,260	2,840	4,410	6,300
1984 4000						
2d Sed S	220	660	1,100	2,480	3,850	5,500
4d Sed S	230	680	1,140	2,570	3,990	5,700
2d GT Cpe	250	760	1,260	2,840	4,410	6,300
4d Sed S Quattro (4x4)	260	780	1,300	2,930	4,550	6,500
2d Quattro Cpe (4x4)	360	1,080	1,800	4,050	6,300	9,000
1985 5000						
4d Sed S	240	720	1,200	2,700	4,200	6,000
4d Sed (Turbo)	260	780	1,300	2,930	4,550	6,500
4d Sta Wag S	250	760	1,260	2,840	4,410	6,300
1985 4000						
4d Sed S	230	680	1,140	2,570	3,990	5,700
2d GT Cpe	250	760	1,260	2,840	4,410	6,300
4d Sed S Quattro (4x4)	260	780	1,300	2,930	4,550	6,500
2d Quattro Cpe (4x4)	360	1,080	1,800	4,050	6,300	9,000
1986 5000						
4d Sed S	280	840	1,400	3,150	4,900	7,000
4d Sed CS (Turbo)	320	960	1,600	3,600	5,600	8,000
4d Sed CS Quattro (Turbo - 4x4)	560	1,680	2,800	6,300	9,800	14,000
4d Sta Wag S	300	900	1,500	3,380	5,250	7,500
4d Sta Wag CS Quattro (Turbo - 4x4)	580	1,740	2,900	6,530	10,150	14,500
1986 4000						
4d Sed S	260	780	1,300	2,930	4,550	6,500
2d GT Cpe	320	960	1,600	3,600	5,600	8,000
4d Sed CS Quattro (4x4)	360	1,080	1,800	4,050	6,300	9,000
1987 5000						
4d Sed S	300	900	1,500	3,380	5,250	7,500
4d Sed CS (Turbo)	340	1,020	1,700	3,830	5,950	8,500
4d Sed CS Quattro (Turbo - 4x4)	560	1,680	2,800	6,300	9,800	14,000
4d Sta Wag S	300	900	1,500	3,380	5,250	7,500
4d Sta Wag CS Quattro (Turbo - 4x4)	580	1,740	2,900	6,530	10,150	14,500
1987 4000						
4d Sed S	280	840	1,400	3,150	4,900	7,000
2d GT Cpe	340	1,020	1,700	3,830	5,950	8,500
4d Sed CS Quattro (4x4)	380	1,140	1,900	4,280	6,650	9,500
1988 5000						
4d Sed S	340	1,020	1,700	3,830	5,950	8,500
4d Sed CS (Turbo)	380	1,140	1,900	4,280	6,650	9,500
4d Sed S Quattro (4x4)	560	1,680	2,800	6,300	9,800	14,000
4d Sed CS Quattro (Turbo - 4x4)	580	1,740	2,900	6,530	10,150	14,500
4d Sta Wag S	340	1,020	1,700	3,830	5,950	8,500
4d Sta Wag CS Quattro (Turbo - 4x4)	600	1,800	3,000	6,750	10,500	15,000
1988 80 and 90						
4d Sed 80	740	2,220	3,700	8,330	12,950	18,500
4d Sed 90	560	1,680	2,800	6,300	9,800	14,000
4d Sed 80 Quattro (4x4)	580	1,740	2,900	6,530	10,150	14,500
4d Sed 90 Quattro (4x4)	740	2,220	3,700	8,330	12,950	18,500
1989 80 and 90						
4d Sed 80	700	2,100	3,500	7,880	12,250	17,500
4d Sed 90	740	2,220	3,700	8,330	12,950	18,500
4d Sed 80 (4x4)	760	2,280	3,800	8,550	13,300	19,000
4d Sed 90 (4x4)	820	2,460	4,100	9,230	14,350	20,500
1989 100						
4d Sed E	740	2,220	3,700	8,330	12,950	18,500
4d Sed	820	2,460	4,100	9,230	14,350	20,500
4d Sed Quattro (4x4)	860	2,580	4,300	9,680	15,050	21,500
4d Sta Wag	820	2,460	4,100	9,230	14,350	20,500
1989 200						
4d Sed (Turbo)	860	2,580	4,300	9,680	15,050	21,500
4d Sed Quattro (Turbo - 4x4)	900	2,700	4,500	10,130	15,750	22,500
4d Sta Wag Quattro (Turbo - 4x4)	980	2,940	4,900	11,030	17,150	24,500
1990 80 and 90, 4 & 5-cyl.						
4d Sed 80	300	900	1,500	3,380	5,250	7,500
4d Sed 90	560	1,680	2,800	6,300	9,800	14,000
4d Sed 80 Quattro	560	1,670	2,780	6,260	9,730	13,900

	6	5	4	3	2	1
4d Sed 90 Quattro	660	1,980	3,300	7,430	11,550	16,500
2d Cpe	680	2,040	3,400	7,650	11,900	17,000
1990 100						
4d Sed	540	1,620	2,700	6,080	9,450	13,500
4d Sed Quattro	620	1,860	3,100	6,980	10,850	15,500
1990 200						
4d Sed Turbo	640	1,920	3,200	7,200	11,200	16,000
4d Sed 200T Quattro	720	2,160	3,600	8,100	12,600	18,000
4d Sta Wag 200T Quattro	740	2,220	3,700	8,330	12,950	18,500
4d Sed Quattro V-8	820	2,460	4,100	9,230	14,350	20,500
1991 80 and 90						
2d Cpe Quattro	620	1,860	3,100	6,980	10,850	15,500
4d Sed 80	320	960	1,600	3,600	5,600	8,000
4d Sed 90	560	1,680	2,800	6,300	9,800	14,000
4d Sed 80 Quattro	560	1,670	2,780	6,260	9,730	13,900
4d Sed 90 Quattro	600	1,800	3,000	6,750	10,500	15,000
1991 100						
4d Sed	340	1,020	1,700	3,830	5,950	8,500
4d Sed Quattro	560	1,680	2,800	6,300	9,800	14,000
1991 200						
4d Sed Turbo	620	1,860	3,100	6,980	10,850	15,500
4d Sed Turbo Quattro	660	1,980	3,300	7,430	11,550	16,500
4d Sta Wag Turbo Quattro	740	2,220	3,700	8,330	12,950	18,500
4d Sed Quattro V-8	780	2,340	3,900	8,780	13,650	19,500
1992 80, 5-cyl.						
4d Sed	300	900	1,500	3,380	5,250	7,500
4d Sed Quattro	540	1,620	2,700	6,080	9,450	13,500
1992 100, V-6						
4d Sed	540	1,620	2,700	6,080	9,450	13,500
4d Sed S	580	1,740	2,900	6,530	10,150	14,500
4d Sed CS	620	1,860	3,100	6,980	10,850	15,500
4d Sed CS Quattro	660	1,980	3,300	7,430	11,550	16,500
4d Sed S4 (Turbo - 4x4)	900	2,700	4,500	10,130	15,750	22,500
4d Sed Quattro V-8	900	2,700	4,500	10,130	15,750	22,500
4d Sta Wag CS	700	2,100	3,500	7,880	12,250	17,500
1993 90, V-6						
4d Sed S	330	1,000	1,660	3,740	5,810	8,300
4d Sed CS	340	1,010	1,680	3,780	5,880	8,400
4d Quattro Sed	350	1,040	1,740	3,920	6,090	8,700
1993 100, V-6						
4d Sed	550	1,640	2,740	6,170	9,590	13,700
4d Sed S	560	1,680	2,800	6,300	9,800	14,000
4d Sed CS	560	1,690	2,820	6,350	9,870	14,100
4d Sed CS Quattro	570	1,720	2,860	6,440	10,010	14,300
4d Sta Wag CS Quattro	580	1,740	2,900	6,530	10,150	14,500
4d Sed (4x4)	600	1,810	3,020	6,800	10,570	15,100
4d Quattro Sed V-8	620	1,860	3,100	6,980	10,850	15,500
1994 90, V-6						
4d Sed S	540	1,620	2,700	6,080	9,450	13,500
4d Sed CS	560	1,680	2,800	6,300	9,800	14,000
4d Sed Quattro Spt	620	1,860	3,100	6,980	10,850	15,500
1994 Cabriolet, V-6						
2d Conv	740	2,220	3,700	8,330	12,950	18,500
1994 100, V-6						
4d Sed S	590	1,760	2,940	6,620	10,290	14,700
4d Sed CS	600	1,800	3,000	6,750	10,500	15,000
4d Sed CS Quattro	610	1,840	3,060	6,890	10,710	15,300
4d Sta Wag S	600	1,800	3,000	6,750	10,500	15,000
4d Sta Wag CS Quattro	640	1,920	3,200	7,200	11,200	16,000
1994 S4, 5-cyl.						
4d Sed (4x4)	800	2,400	4,000	9,000	14,000	20,000
1994 Quattro, V-8						
4d Sed	920	2,760	4,600	10,350	16,100	23,000
1995 90, V-6						
4d Sed	540	1,620	2,700	6,080	9,450	13,500
4d Sed Spt	560	1,680	2,800	6,300	9,800	14,000
4d Sed Quattro	600	1,800	3,000	6,750	10,500	15,000
4d Sed Quattro Spt	620	1,860	3,100	6,980	10,850	15,500
1995 Cabriolet, V-6						
2d Conv	740	2,220	3,700	8,330	12,950	18,500
1995 A6, V-6						
4d Sed	620	1,860	3,100	6,980	10,850	15,500
4d Sed Quattro	700	2,100	3,500	7,880	12,250	17,500
4d Sta Wag	720	2,160	3,600	8,100	12,600	18,000
4d Sta Wag Quattro	760	2,280	3,800	8,550	13,300	19,000

	6	5	4	3	2	1
1995 S6, 5-cyl. Turbo						
4d Sed (AWD)	920	2,760	4,600	10,350	16,100	23,000
4d Sta Wag (AWD)	1,020	3,060	5,100	11,480	17,850	25,500
1996 A4, V-6						
4d Sed 2.8	540	1,620	2,700	6,080	9,450	13,500
4d Sed 2.8 Quattro	600	1,800	3,000	6,750	10,500	15,000
1996 Cabriolet, V-6						
2d Conv	740	2,220	3,700	8,330	12,950	18,500
1996 A6, V-6						
4d Sed	620	1,860	3,100	6,980	10,850	15,500
4d Sed Quattro	700	2,100	3,500	7,880	12,250	17,500
4d Sta Wag	720	2,160	3,600	8,100	12,600	18,000
4d Sta Wag Quattro	760	2,280	3,800	8,550	13,300	19,000
1997 A4, Turbo 4-cyl.						
4d Sed 1.8	500	1,500	2,500	5,630	8,750	12,500
4d Sed 1.8 Quattro	560	1,680	2,800	6,300	9,800	14,000
1997 A4, V-6						
4d Sed 2.8	540	1,620	2,700	6,080	9,450	13,500
4d Sed 2.8 Quattro	600	1,800	3,000	6,750	10,500	15,000
1997 Cabriolet, V-6						
2d Conv	740	2,220	3,700	8,330	12,950	18,500
1997 A6, V-6						
4d Sed	620	1,860	3,100	6,980	10,850	15,500
4d Sed Quattro	700	2,100	3,500	7,880	12,250	17,500
4d Sta Wag	720	2,160	3,600	8,100	12,600	18,000
4d Sta Wag Quattro	760	2,280	3,800	8,550	13,300	19,000
1997 A8, V-8						
4d Sed 3.7	900	2,700	4,500	10,130	15,750	22,500
4d Sed 4.2 Quattro	1,000	3,000	5,000	11,250	17,500	25,000
1998 A4, Turbo, 4-cyl.						
4d Sed 1.8	500	1,500	2,500	5,630	8,750	12,500
4d Sed 1.8 Quattro	560	1,680	2,800	6,300	9,800	14,000
1998 A4, V-6						
4d Sed 2.8	540	1,620	2,700	6,080	9,450	13,500
4d Sed 2.8 Quattro	600	1,800	3,000	6,750	10,500	15,000
4d Sta Wag 2.8	600	1,800	3,000	6,750	10,500	15,000
4d Sta Wag 2.8 Quattro	680	2,040	3,400	7,650	11,900	17,000
1998 Cabriolet, V-6						
2d Conv	740	2,220	3,700	8,330	12,950	18,500
1998 A6, V-6						
4d Sed	620	1,860	3,100	6,980	10,850	15,500
4d Sed Quattro	700	2,100	3,500	7,880	12,250	17,500
4d Sta Wag	720	2,160	3,600	8,100	12,600	18,000
4d Sta Wag Quattro	760	2,280	3,800	8,550	13,300	19,000
1998 A8, V-8						
4d Sed 3.7	900	2,700	4,500	10,130	15,750	22,500
4d Sed 4.2 Quattro	1,000	3,000	5,000	11,250	17,500	25,000
1999 A4, Turbo 4-cyl.						
4d Sed 1.8	500	1,500	2,500	5,630	8,750	12,500
4d Sed 1.8 Quattro	560	1,680	2,800	6,300	9,800	14,000
4d Avant 1.8 Sta Wag Quattro	600	1,800	3,000	6,750	10,500	15,000
1999 A4, V-6						
4d Sed 2.8	540	1,620	2,700	6,080	9,450	13,500
4d Sed 2.8 Quattro	600	1,800	3,000	6,750	10,500	15,000
4d Avant 2.8 Sta Wag Quattro	680	2,040	3,400	7,650	11,900	17,000
1999 A6, V-6						
4d Sed	620	1,860	3,100	6,980	10,850	15,500
4d Sed Quattro	700	2,100	3,500	7,880	12,250	17,500
4d Avant Sta Wag Quattro	760	2,280	3,800	8,550	13,300	19,000
1999 A8, V-8						
4d Sed 3.7	900	2,700	4,500	10,130	15,750	22,500
4d Sed 4.2 Quattro	1,000	3,000	5,000	11,250	17,500	25,000
2000 A4, Turbo 4-cyl.						
4d Sed 1.8	500	1,500	2,500	5,630	8,750	12,500
4d Sed 1.8 Quattro	560	1,680	2,800	6,300	9,800	14,000
4d Avant 1.8 Sta Wag Quattro	600	1,800	3,000	6,750	10,500	15,000
2000 A4, V-6						
4d Sed 2.8	540	1,620	2,700	6,080	9,450	13,500
4d Sed 2.8 Quattro	600	1,800	3,000	6,750	10,500	15,000
4d Avant 2.8 Sta Wag Quattro	680	2,040	3,400	7,650	11,900	17,000
2000 S4, Turbo V-6						
4d Sed	740	2,220	3,700	8,330	12,950	18,500
2000 TT, 4-cyl.						
2d Cpe	520	1,560	2,600	5,850	9,100	13,000
2d Cpe Quattro	580	1,740	2,900	6,530	10,150	14,500

	6	5	4	3	2	1
2000 A6, V-6						
4d Sed	620	1,860	3,100	6,980	10,850	15,500
4d Sed Quattro	700	2,100	3,500	7,880	12,250	17,500
4d Avant Sta Wag Quattro	760	2,280	3,800	8,550	13,300	19,000
NOTE: Add 5 percent for optional turbo V-6. Add 10 percent for optional V-8.						
2000 A8, V-8						
4d Sed 4.2 Quattro	1,000	3,000	5,000	11,250	17,500	25,000
2001 A4, Turbo 4-cyl.						
4d Sed 1.8	500	1,500	2,500	6,250	8,750	12,500
4d Sed 1.8 Quattro	560	1,680	2,800	7,000	9,800	14,000
4d Avant 1.8 Sta Wag Quattro	600	1,800	3,000	7,500	10,500	15,000
2001 A4, V-6						
4d Sed 2.8	540	1,620	2,700	6,750	9,450	13,500
4d Sed 2.8 Quattro	600	1,800	3,000	7,500	10,500	15,000
4d Avant 2.8 Sta Wag Quattro	680	2,040	3,400	8,500	11,900	17,000
2001 S4, Turbo V-6						
4d Sed T Quattro	740	2,220	3,700	9,250	12,950	18,500
4d Avant Sta Wag T Quattro	760	2,280	3,800	8,550	13,300	19,000
2001 TT, Turbo 4-cyl.						
2d 180 Cpe	520	1,560	2,600	6,500	9,100	13,000
2d 180 Cpe Quattro	580	1,740	2,900	7,250	10,150	14,500
2d 225 Cpe Quattro	620	1,860	3,100	7,750	10,850	15,500
2d 180 Rds	600	1,800	3,000	7,500	10,500	15,000
2d 225 Rds Quattro	640	1,920	3,200	8,000	11,200	16,000
2001 A6, V-6						
4d 2.8 Sed	620	1,860	3,100	7,750	10,850	15,500
4d 2.8 Sed Quattro	700	2,100	3,500	8,750	12,250	17,500
4d 2.8 T Sed Quattro	740	2,220	3,700	9,250	12,950	18,500
4d Avant 2.8 Sta Wag Quattro	760	2,280	3,800	9,500	13,300	19,000
NOTE: Add 5 percent for optional turbo V-6. Add 10 percent for optional V-8.						
2001 AllRoad, Turbo V-6						
4d Sta Wag Quattro	800	2,400	4,000	10,000	14,000	20,000
2001 A8, V-8						
4d Sed 4.2 Quattro	1,000	3,000	5,000	12,500	17,500	25,000
4d Sed L 4.2 Quattro	1,040	3,120	5,200	13,000	18,200	26,000
2001 S8, V-8						
4d Sed 4.2 Quattro	1,160	3,480	5,800	14,500	20,300	29,000
2002 A4, Turbo 4-cyl.						
4d Sed 1.8	500	1,500	2,500	6,250	8,750	12,500
4d Sed 1.8 Quattro	560	1,680	2,800	7,000	9,800	14,000
4d Avant Sta Wag 1.8 Quattro	600	1,800	3,000	7,500	10,500	15,000
2002 A4, V-6						
4d Sed 3.0	540	1,620	2,700	6,750	9,450	13,500
4d Sed 3.0 Quattro	600	1,800	3,000	7,500	10,500	15,000
4d Sed S4-T Quattro	720	2,160	3,600	9,000	12,600	18,000
4d Avant Sta Wag 3.0 Quattro	680	2,040	3,400	8,500	11,900	17,000
4d Sta Wag S4-T Quattro	760	2,280	3,800	9,500	13,300	19,000
2002 TT, Turbo, 4-cyl.						
2d 180 Cpe	520	1,560	2,600	6,500	9,100	13,000
2d 180 Cpe Quattro	580	1,740	2,900	7,250	10,150	14,500
2d 225 Cpe Quattro	620	1,860	3,100	7,750	10,850	15,500
2d 180 Rds	600	1,800	3,000	7,500	10,500	15,000
2d 225 Rds Quattro	640	1,920	3,200	8,000	11,200	16,000
NOTE: Add 5 percent for Sport pkg.						
2002 A6, V-6						
4d 3.0 Sed	620	1,860	3,100	7,750	10,850	15,500
4d 3.0 Sed Quattro	700	2,100	3,500	8,750	12,250	17,500
4d 2.7T Sed Quattro	740	2,220	3,700	9,250	12,950	18,500
4d Avant Sta Wag 3.0 Quattro	760	2,280	3,800	9,500	13,300	19,000
4d Allroad Sta Wag Quattro	800	2,400	4,000	10,000	14,000	20,000
2002 A6, V-8						
4d 4.2 Sed Quattro	760	2,280	3,800	9,500	13,300	19,000
4d Avant Sta Wag S6 Quattro	920	2,760	4,600	11,500	16,100	23,000
NOTE: Add 5 percent for Sport pkg.						
2002 A8, V-8						
4d 4.2 Sed Quattro	1,000	3,000	5,000	12,500	17,500	25,000
4d 4.2 L Sed Quattro	1,040	3,120	5,200	13,000	18,200	26,000
4d Sed S8 Quattro	1,120	3,360	5,600	14,000	19,600	28,000
NOTE: Add 5 percent for Sport pkg.						
2003 A4, Turbo 4-cyl.						
4d Sed 1.8	500	1,500	2,500	6,250	8,750	12,500
4d Sed 1.8 Quattro	560	1,680	2,800	7,000	9,800	14,000
4d Avant Sta Wag 1.8 Quattro	600	1,800	3,000	7,500	10,500	15,000
2d Cabr 1.8	760	2,280	3,800	9,500	13,300	19,000
2003 A4, V-6						
4d Sed 3.0	540	1,620	2,700	6,750	9,450	13,500

	6	5	4	3	2	1
4d Sed 3.0 Quattro	600	1,800	3,000	7,500	10,500	15,000
4d Avant Sta Wag 3.0 Quattro	680	2,040	3,400	8,500	11,900	17,000
2d Cabr 3.0	840	2,520	4,200	10,500	14,700	21,000
NOTE: Add 5 percent for Sport pkg.						
2003 TT, Turbo 4-cyl.						
2d 180 Cpe	520	1,560	2,600	6,500	9,100	13,000
2d 225 Cpe Quattro	620	1,860	3,100	7,750	10,850	15,500
2d 180 Rds	600	1,800	3,000	7,500	10,500	15,000
2d 225 Rds Quattro	640	1,920	3,200	8,000	11,200	16,000
2003 A6, V-6						
4d 3.0 Sed	620	1,860	3,100	7,750	10,850	15,500
4d 3.0 Sed Quattro	700	2,100	3,500	8,750	12,250	17,500
4d 2.7T Sed Quattro	740	2,220	3,700	9,250	12,950	18,500
4d Avant Sta Wag 3.0 Quattro	760	2,280	3,800	8,550	13,300	19,000
4d Allroad Sta Wag Quattro	800	2,400	4,000	9,000	14,000	20,000
2003 A6, V-8						
4d 4.2 Sed Quattro	760	2,280	3,800	9,500	13,300	19,000
4d RS6 Sed Quattro	1,760	5,280	8,800	22,000	30,800	44,000
4d Avant Sta Wag S6 Quattro	920	2,760	4,600	11,500	16,100	23,000
2003 A8, V-8						
4d 4.2 Sed Quattro	1,000	3,000	5,000	12,500	17,500	25,000
4d 4.2 L Sed Quattro	1,040	3,120	5,200	13,000	18,200	26,000
4d Sed S8 Quattro	1,120	3,360	5,600	14,000	19,600	28,000
NOTE: Add 5 percent for Sport pkg.						
2004 A4, Turbo 4-cyl.						
1.8T 4d Sed	500	1,500	2,500	6,250	8,750	12,500
1.8T Quattro 4d Sed	560	1,680	2,800	7,000	9,800	14,000
1.8T Avant Quattro 4d Sta Wag	600	1,800	3,000	7,500	10,500	15,000
1.8T 2d Cabr	760	2,280	3,800	9,500	13,300	19,000
2004 A4, V-6						
3.0 4d Sed	540	1,620	2,700	6,750	9,450	13,500
3.0 Quattro 4d Sed	600	1,800	3,000	7,500	10,500	15,000
3.0 Avant Quattro 4d Sta Wag	680	2,040	3,400	8,500	11,900	17,000
3.0 2d Cabr	840	2,520	4,200	10,500	14,700	21,000
3.0 Quattro 2d Cabr	910	2,740	4,560	11,400	15,960	22,800
NOTE: Add 5 percent for Sport pkg. Deduct 5 percent for manual transmission.						
2004 S4, V-8						
Quattro 4d Sed	930	2,780	4,640	11,600	16,240	23,200
Avant Quattro 4d Sta Wag	960	2,870	4,780	11,950	16,730	23,900
Quattro 2d Cabr	1,080	3,240	5,400	13,500	18,900	27,000
2004 TT, Turbo 4-cyl.						
180 2d Cpe	520	1,560	2,600	6,500	9,100	13,000
225 Quattro 2d Cpe	620	1,860	3,100	7,750	10,850	15,500
180 2d Rds	600	1,800	3,000	7,500	10,500	15,000
225 Quattro 2d Rds	640	1,920	3,200	8,000	11,200	16,000
2004 TT, V-6						
250 Quattro 2d Cpe	680	2,040	3,400	8,500	11,900	17,000
250 Quattro 2d Rds	740	2,220	3,700	9,250	12,950	18,500
2004 A6, V-6						
3.0 4d Sed	620	1,860	3,100	7,750	10,850	15,500
3.0 Quattro 4d Sed	700	2,100	3,500	8,750	12,250	17,500
2.7T Quattro 4d Sed	740	2,220	3,700	9,250	12,950	18,500
2.7T S-Line Quattro 4d Sed	850	2,540	4,240	10,600	14,840	21,200
3.0 Avant Quattro 4d Sta Wag	760	2,280	3,800	9,500	13,300	19,000
Allroad Quattro 4d Sta Wag	800	2,400	4,000	10,000	14,000	20,000
2004 A6, V-8						
4.2 Quattro 4d Sed	840	2,520	4,200	10,500	14,700	21,000
4.2 Allroad Quattro 4d Sta Wag	890	2,660	4,440	11,100	15,540	22,200
NOTE: Add 5 percent for Sport pkg on 4.2 Sed.						
2004 A8, V-8						
4.2 Quattro L 4d Sed	1,040	3,120	5,200	13,000	18,200	26,000
2005 A4, Turbo 4-cyl.						
4d 1.8T Sed	500	1,500	2,500	5,630	8,750	12,500
4d 1.8T Quattro Sed	560	1,680	2,800	6,300	9,800	14,000
4d 1.8T Avant Quattro Sta Wag	600	1,800	3,000	6,750	10,500	15,000
2d 1.8T Cabr	760	2,280	3,800	9,500	13,300	19,000
4d 2.0T Sed	510	1,520	2,540	6,350	8,890	12,700
4d 2.0T Quattro Sed	570	1,700	2,840	7,100	9,940	14,200
4d 2.0T Avant Quattro Sta Wag	610	1,820	3,040	6,840	10,640	15,200
2005 A4, V-6						
4d 3.0 Sed	540	1,620	2,700	6,750	9,450	13,500
4d 3.0 Quattro Sed	600	1,800	3,000	7,500	10,500	15,000
4d 3.0 Avant Quattro Sta Wag	680	2,040	3,400	7,650	11,900	17,000
2d 3.0 Cabr	840	2,520	4,200	10,500	14,700	21,000
2d 3.0 Quattro Cabr	910	2,740	4,560	11,400	15,960	22,800
4d 3.2 Quattro Sed	610	1,820	3,040	7,600	10,640	15,200

	6	5	4	3	2	1
4d 3.2 Avant Quattro Sta Wag	690	2,060	3,440	8,600	12,040	17,200
NOTE: Add 5 percent for Sport pkg. Deduct 5 percent for manual transmission.						
2005 S4, V-8						
4d Quattro Sed	930	2,780	4,640	11,600	16,240	23,200
4d Avant Quattro Sta Wag	960	2,870	4,780	11,950	16,730	23,900
2d Quattro Cabr	1,080	3,240	5,400	13,500	18,900	27,000
2005 TT, Turbo 4-cyl.						
2d 180 Cpe	520	1,560	2,600	6,500	9,100	13,000
2d 225 Quattro Cpe (6-Spd only)	620	1,860	3,100	7,750	10,850	15,500
2d 180 Rds	600	1,800	3,000	7,500	10,500	15,000
2d 225 Quattro Rds (6-Spd only)	640	1,920	3,200	8,000	11,200	16,000
2005 TT, V-6						
2d 250 Quattro Cpe	680	2,040	3,400	8,500	11,900	17,000
2d 250 Quattro Rds	740	2,220	3,700	9,250	12,950	18,500
2005 A6, V-6						
4d 3.2 Quattro Sed	720	2,160	3,600	8,100	12,600	18,000
4d 3.2 Allroad Quattro Sta Wag	760	2,280	3,800	8,550	13,300	19,000
2005 A6, V-8						
4d 4.2 Quattro Sed	840	2,520	4,200	9,450	14,700	21,000
4d 4.2 Allroad Quattro Sta Wag	890	2,660	4,440	11,100	15,540	22,200
NOTE: Add 5 percent for Sport pkg on A6 sedan models. Deduct 5 percent for manual transmission.						
2005 A8, V-8						
4d 4.2 Quattro Sed	860	2,580	4,300	10,750	15,050	21,500
4d 4.2 Quattro L Sed	880	2,640	4,400	11,000	15,400	22,000
2005 A8, W-12						
4d 6.0 Quattro L Sed	1,380	4,140	6,900	17,250	24,150	34,500
NOTE: Deduct 5 percent for manual transmission.						
2006 A3 2.0L 4-cyl. Turbo						
4d 2.0T Wagon	540	1,610	2,680	6,700	9,380	13,400
2006 A3 Quattro AWD 3.2L V-6						
4d 3.2L S Wagon	720	2,160	3,600	9,000	12,600	18,000
2006 A4 1.8L/2.0L 4-cyl. Turbo						
4d 2.0T Sed	520	1,560	2,600	6,500	9,100	13,000
2d 1.8T Cabrio	620	1,860	3,100	7,750	10,850	15,500
2006 A4 Quattro AWD 1.8L 4-cyl. Turbo						
4d 2.0T Sed	700	2,100	3,500	8,750	12,250	17,500
2006 A4 3.2L V-6						
4d 3.2 Sed	580	1,740	2,900	7,250	10,150	14,500
2006 A4 Quattro AWD 3.2L V-6						
4d 3.2 Sed	640	1,920	3,200	8,000	11,200	16,000
2006 A4 Quattro AWD 3.0L V-6						
2d 3.0 Cabrio	720	2,160	3,600	9,000	12,600	18,000
2006 Avant Quattro AWD 2.0L 4-cyl. Turbo						
2d 2.0 Wagon	600	1,800	3,000	7,500	10,500	15,000
2006 Avant Quattro AWD 3.2L V-6						
2d 3.2 Wagon	660	1,990	3,320	8,300	11,620	16,600
2006 S4 Quattro AWD 4.2L V-8						
4d Sed	900	2,700	4,500	11,250	15,750	22,500
4d SE Sed	1,020	3,060	5,100	12,750	17,850	25,500
2d Cabrio	980	2,940	4,900	12,250	17,150	24,500
2006 Avant Quattro AWD 4.2L V-8						
2d Wagon	920	2,760	4,600	11,500	16,100	23,000
2006 A6 3.2L V-6						
4d 3.2 Sed	580	1,750	2,920	7,300	10,220	14,600
2006 A6 Quattro AWD 3.2L V-6						
4d 3.2 Sed	660	1,990	3,320	8,300	11,620	16,600
2006 A6 Avant Quattro AWD 3.2L V-6						
4d 3.2 Wagon	740	2,230	3,720	9,300	13,020	18,600
2006 A8 Quattro AWD 4.2L V-8						
4d 4.2 Sed	760	2,280	3,800	9,500	13,300	19,000
4d Sed	900	2,700	4,500	11,250	15,750	22,500
4d L Sed	980	2,940	4,900	12,250	17,150	24,500
2006 A8 Quattro AWD 6.0L W12						
4d L Sed	1,720	5,160	8,600	21,500	30,100	43,000
2006 TT 1.8L 4-cyl						
2d Cpe	540	1,610	2,680	6,700	9,380	13,400
2006 TT 1.8L 4-cyl.						
2d Rds	620	1,860	3,100	7,750	10,850	15,500
2006 TT Quattro AWD 3.2L V-6						
2d Cpe	660	1,980	3,300	8,250	11,550	16,500
2d SE Cpe	760	2,280	3,800	9,500	13,300	19,000
2d Rds	690	2,080	3,460	8,650	12,110	17,300
2d SE Rds	800	2,400	4,000	10,000	14,000	20,000

AUSTIN

	6	5	4	3	2	1
1947-48 A40, 4-cyl., 40 hp, 92.5" wb						
2d Dorset Sed	550	1,700	2,800	6,300	9,800	14,000
2d Devon Sed	550	1,700	2,800	6,300	9,800	14,000
1949 A40, 4-cyl., 40 hp, 92.5" wb						
2d Dorset Sed	550	1,700	2,800	6,300	9,800	14,000
2d Devon Sed	550	1,700	2,800	6,300	9,800	14,000
2d Countryman Wag	580	1,740	2,900	6,530	10,150	14,500
1949 A90 Atlantic, 4-cyl., 88 hp, 96" wb						
2d Conv	800	2,450	4,100	9,230	14,300	20,500
1949 A125 Sheerline, 6-cyl., 125 hp, 119" wb						
4d Sed	600	1,850	3,100	6,980	10,900	15,500
1950 A40 Devon, 4-cyl., 40 hp, 92.5" wb						
4d Mk II Sed	550	1,700	2,800	6,300	9,800	14,000
4d DeL Sed	550	1,700	2,800	6,300	9,800	14,000
1950 A40 Countryman, 4-cyl., 40 hp, 92.5" wb						
2d Sta Wag	650	2,000	3,300	7,430	11,600	16,500
1950 A90 Atlantic, 4-cyl., 88 hp, 96" wb						
2d Conv	800	2,450	4,100	9,230	14,300	20,500
1950 A125 Sheerline, 6-cyl., 125 hp, 119" wb						
4d Sed	650	1,900	3,200	7,200	11,200	16,000
1951 A40 Devon, 4-cyl., 40 hp, 92.5" wb						
4d Mk II Sed	550	1,600	2,700	6,080	9,450	13,500
4d DeL Sed	550	1,700	2,800	6,300	9,800	14,000
1951 A40 Countryman, 4-cyl., 40 hp, 92.5" wb						
2d Sta Wag	650	2,000	3,300	7,430	11,600	16,500
1951 A90 Atlantic, 4-cyl., 88 hp, 96" wb						
2d Conv	800	2,450	4,100	9,230	14,300	20,500
2d Spt Sed	600	1,850	3,100	6,980	10,900	15,500
1951 A125 Sheerline, 6-cyl., 125 hp, 119" wb						
4d Sed	650	1,900	3,200	7,200	11,200	16,000
1952 A40 Somerset, 4-cyl., 42/50 hp, 92.5" wb						
2d Conv	800	2,350	3,900	8,780	13,700	19,500
2d Spt Conv	800	2,400	4,000	9,000	14,000	20,000
4d Sed	550	1,600	2,700	6,080	9,450	13,500
1952 A40 Countryman, 4-cyl., 42 hp, 92.5" wb						
2d Sta Wag	650	2,000	3,300	7,430	11,600	16,500
1952 A90 Atlantic, 4-cyl., 88 hp, 96" wb						
2d Spt Sed	600	1,750	2,900	6,530	10,200	14,500
1952 A125 Sheerline, 6-cyl., 125 hp, 119" wb						
4d Sed	650	1,900	3,200	7,200	11,200	16,000
1953 A30 "Seven", 4-cyl., 30 hp, 79.5" wb						
4d Sed	550	1,600	2,700	6,080	9,450	13,500
1953 A40 Somerset, 4-cyl., 42/50 hp, 92.5" wb						
2d Conv	800	2,350	3,900	8,780	13,700	19,500
2d Spt Conv	800	2,400	4,000	9,000	14,000	20,000
4d Sed	550	1,700	2,800	6,300	9,800	14,000
1953 A40 Countryman, 4-cyl., 42 hp, 92.5" wb						
2d Sta Wag	650	2,000	3,300	7,430	11,600	16,500
1954 A30 "Seven", 4-cyl., 30 hp, 79.5" wb						
2d Sed	550	1,600	2,700	6,080	9,450	13,500
4d Sed	350	1,000	1,700	3,830	5,950	8,500
1954 A40 Somerset, 4-cyl., 42/50 hp, 92.5" wb						
2d Conv	750	2,200	3,700	8,330	13,000	18,500
4d Sed	550	1,600	2,700	6,080	9,450	13,500
1954 A40 Countryman, 4-cyl., 42 hp, 92.5" wb						
2d Sta Wag	650	2,000	3,300	7,430	11,600	16,500
1955 A50 Cambridge, 4-cyl., 50 hp, 99" wb						
4d Sed	350	1,100	1,800	4,050	6,300	9,000
1955 A90 Westminster, 6-cyl., 85 hp, 103" wb						
4d Sed	550	1,600	2,700	6,080	9,450	13,500
1956 A50 Cambridge, 4-cyl., 50 hp, 99" wb						
4d Sed	350	1,100	1,800	4,050	6,300	9,000
1956 A90 Westminster, 6-cyl., 85 hp, 103" wb						
4d Sed	550	1,600	2,700	6,080	9,450	13,500
1957 A35, 4-cyl., 34 hp, 79" wb						
2d Sed	300	950	1,600	3,560	5,550	7,900
1957 A55 Cambridge, 4-cyl., 51 hp, 99" wb						
4d Sed	350	1,000	1,650	3,690	5,750	8,200
1957 A95 Westminster, 6-cyl., 92 hp, 106" wb						
4d Sed	550	1,600	2,700	6,080	9,450	13,500
1958 A35, 4-cyl., 34 hp, 79" wb						
2d Sed	300	950	1,600	3,560	5,550	7,900
1958 A55 Cambridge, 4-cyl., 51 hp, 99" wb						
4d Sed	350	1,000	1,650	3,690	5,750	8,200

	6	5	4	3	2	1
1959 A35, 4-cyl., 34 hp, 79" wb						
2d Sed	300	950	1,600	3,560	5,550	7,900
1959 A40, 4-cyl., 34 hp, 83" wb						
2d Std Sed	300	950	1,600	3,600	5,600	8,000
2d DeL Sed	300	950	1,600	3,650	5,650	8,100
1959 A55 Cambridge, 4-cyl., 51 hp, 99" wb						
4d Sed	350	1,000	1,650	3,690	5,750	8,200
1959 A55 Mk II, 4-cyl., 51 hp, 99" wb						
4d Sed	350	1,000	1,650	3,740	5,800	8,300
1960 850 Mini, 4-cyl., 37 hp, 80" wb						
2d Sed	650	2,000	3,300	7,430	11,600	16,500
1960 A40, 4-cyl., 34 hp, 83" wb						
2d Std Sed	300	950	1,600	3,600	5,600	8,000
2d DeL Sed	300	950	1,600	3,650	5,650	8,100
1960 A55 Mk II, 4-cyl., 51 hp, 99" wb						
4d Sed	350	1,000	1,650	3,740	5,800	8,300
1960 A99 Westminster, 6-cyl., 112 hp, 108" wb						
4d Sed	350	1,000	1,700	3,780	5,900	8,400
1961 850 Mini, 4-cyl., 37 hp, 80" wb						
2d Sed	650	2,000	3,300	7,430	11,600	16,500
1961 Mini Cooper, 4-cyl., 55 hp, 80" wb						
2d Sed	750	2,200	3,700	8,330	13,000	18,500
1961 A40, 4-cyl., 34 hp, 83" wb						
2d Std Sed	300	950	1,600	3,600	5,600	8,000
2d DeL Sed	300	950	1,600	3,650	5,650	8,100
2d Std Sta Wag	350	1,000	1,700	3,830	5,950	8,500
2d DeL Sta Wag	350	1,100	1,800	4,050	6,300	9,000
1961 A55 Mk II, 4-cyl., 51 hp, 99" wb						
4d Sed	350	1,000	1,650	3,740	5,800	8,300
1961 A99 Westminster, 6-cyl., 112 hp, 108" wb						
4d Sed	350	1,000	1,700	3,830	5,950	8,500
1962 850 Mini, 4-cyl., 37 hp, 80" wb						
2d Sed	650	2,000	3,300	7,430	11,600	16,500
1962 Mini Cooper, 4-cyl., 55 hp, 80" wb						
2d Sed	750	2,200	3,700	8,330	13,000	18,500
1962 A40, 4-cyl., 34 hp, 83" wb						
2d Sed	300	950	1,600	3,600	5,600	8,000
1962 A55 Mk II, 4-cyl., 51 hp, 99" wb						
4d Sed	300	950	1,600	3,650	5,650	8,100
1963 850 Mini, 4-cyl., 37 hp, 80" wb						
2d Sed	650	2,000	3,300	7,430	11,600	16,500
2d Sta Wag	700	2,100	3,500	7,880	12,300	17,500
1963 850 Mini Cooper, 4-cyl., 56 hp, 80" wb						
2d Sed	750	2,300	3,800	8,550	13,300	19,000
1963 850 Mini Cooper "S", 4-cyl., 75 hp, 80" wb						
2d Sed	800	2,450	4,100	9,230	14,300	20,500
1963 A60, 4-cyl., 68 hp, 100" wb						
4d Sed	300	950	1,600	3,600	5,600	8,000
4d Countryman	350	1,000	1,650	3,690	5,750	8,200
1964 850 Mini, 4-cyl., 37 hp, 80" wb						
2d Sed	650	2,000	3,300	7,430	11,600	16,500
2d Sta Wag	700	2,100	3,500	7,880	12,300	17,500
1964 850 Mini Cooper, 4-cyl., 56 hp, 80" wb						
2d Sed	750	2,300	3,800	8,550	13,300	19,000
1964 850 Mini Cooper "S", 4-cyl., 75 hp, 80" wb						
2d Sed	800	2,450	4,100	9,230	14,300	20,500
1964 A60, 4-cyl., 68 hp, 100" wb						
4d Sed	300	950	1,600	3,600	5,600	8,000
4d Countryman	350	1,000	1,650	3,690	5,750	8,200
1964 Mk II Princess, 6-cyl., 175 hp, 110" wb						
4d Sed	700	2,100	3,500	7,880	12,300	17,500
1965 850 Mini, 4-cyl., 34 hp, 80" wb						
2d Sed	650	2,000	3,300	7,430	11,600	16,500
1965 850 Mini Cooper "S", 4-cyl., 75 hp, 80" wb						
2d Sed	800	2,450	4,100	9,230	14,300	20,500
1965 Mk II Princess, 6-cyl., 175 hp, 110" wb						
4d Sed	550	1,600	2,700	6,080	9,450	13,500
1966 850 Mini, 4-cyl., 34 hp, 80" wb						
2d Sed	650	2,000	3,300	7,430	11,600	16,500
1966 850 Mini Cooper "S", 4-cyl., 75 hp, 80" wb						
2d Sed	800	2,450	4,100	9,230	14,300	20,500
1966 Mk II Princess "R", 6-cyl., 175 hp, 110" wb						
4d Sed	550	1,600	2,700	6,080	9,450	13,500
1967 850 Mini Cooper "S", 4-cyl., 75 hp, 80" wb						
2d Sed	850	2,500	4,200	9,450	14,700	21,000

	6	5	4	3	2	1
1968 850 Mini Cooper "S", 4-cyl., 75 hp, 80" wb						
2d Sed	850	2,500	4,200	9,450	14,700	21,000
1968 America, 4-cyl., 58 hp, 93" wb						
2d Sed	200	650	1,100	2,480	3,850	5,500
1969 America, 4-cyl., 58 hp, 93" wb						
2d Sed	200	650	1,100	2,480	3,850	5,500
1970 America, 4-cyl., 58 hp, 93" wb						
2d Sed	200	650	1,100	2,480	3,850	5,500
1971 America, 4-cyl., 58 hp, 93" wb						
2d Sed	200	650	1,100	2,480	3,850	5,500
1972						
NOTE: No Austins imported in 1972.						
1973 Marina, 4-cyl., 68 hp, 96" wb						
2d GT Sed	200	650	1,100	2,480	3,850	5,500
4d Sed	200	650	1,050	2,390	3,700	5,300
1974 Marina, 4-cyl., 68 hp, 96" wb						
2d GT Sed	200	650	1,100	2,480	3,850	5,500
4d Sed	200	650	1,050	2,390	3,700	5,300
1975 Marina, 4-cyl., 68 hp, 96" wb						
2d GT Sed	200	650	1,100	2,480	3,850	5,500
4d Sed	200	650	1,050	2,390	3,700	5,300

AUSTIN-HEALEY

	6	5	4	3	2	1
1953-56 "100", 4-cyl., 90 hp, 90" wb						
Rds	4,200	12,600	21,000	47,250	73,500	105,000
1956 "100-6", 6-cyl., 102 hp, 92" wb						
Rds	3,640	10,920	18,200	40,950	63,700	91,000
1957 "100-6", 6-cyl., 102 hp, 92" wb						
Rds	3,640	10,920	18,200	40,950	63,700	91,000
1958 "100-6", 6-cyl., 117 hp, 92" wb						
Rds	3,640	10,920	18,200	40,950	63,700	91,000
1958 Sprite Mk I, 4-cyl., 43 hp, 80" wb						
Rds	1,140	3,420	5,700	12,830	19,950	28,500
1959 "100-6", 6-cyl., 117 hp, 92" wb						
Rds	3,640	10,920	18,200	40,950	63,700	91,000
1959 Sprite Mk I, 4-cyl., 43 hp, 80" wb						
Rds	1,140	3,420	5,700	12,830	19,950	28,500
1960 "3000" Mk I, 6-cyl., 124 hp, 92" wb						
Rds	3,360	10,080	16,800	37,800	58,800	84,000
1960 Sprite Mk I, 4-cyl., 43 hp, 80" wb						
Rds	1,140	3,420	5,700	12,830	19,950	28,500
1961 "3000" Mk I, 6-cyl., 124 hp, 92" wb						
Rds	3,360	10,080	16,800	37,800	58,800	84,000
1961 "3000" Mk II, 6-cyl., 132 hp, 92" wb						
Rds	3,600	10,800	18,000	40,500	63,000	90,000
1961 Sprite Mk I, 4-cyl., 43 hp, 80" wb						
Rds	1,140	3,420	5,700	12,830	19,950	28,500
1961 Sprite Mk II, 4-cyl., 46 hp, 80" wb						
Rds	600	1,800	3,000	6,750	10,500	15,000
1962 "3000" Mk II, 6-cyl., 132 hp, 92" wb						
Rds	3,600	10,800	18,000	40,500	63,000	90,000
1962 Sprite Mk II, 4-cyl., 46 hp, 80" wb						
Conv	600	1,800	3,000	6,750	10,500	15,000
1963 "3000 Mk II, 6-cyl., 132 hp, 92" wb						
Conv	3,600	10,800	18,000	40,500	63,000	90,000
1963 Sprite Mk II, 4-cyl., 56 hp, 80" wb						
Rds	600	1,800	3,000	6,750	10,500	15,000
1964 "3000" Mk II, 6-cyl., 132 hp, 92" wb						
Conv	3,600	10,800	18,000	40,500	63,000	90,000
1964 "3000" Mk III, 6-cyl., 150 hp, 92" wb						
Conv	3,800	11,400	19,000	42,750	66,500	95,000
1964 Sprite Mk II, 4-cyl., 56 hp, 80" wb						
Rds	600	1,800	3,000	6,750	10,500	15,000
1964 Sprite Mk III, 4-cyl., 59 hp, 80" wb						
Conv	620	1,860	3,100	6,980	10,850	15,500
1965 "3000" Mk III, 6-cyl., 150 hp, 92" wb						
Conv	3,800	11,400	19,000	42,750	66,500	95,000
1965 Sprite Mk III, 4-cyl., 59 hp, 80" wb						
Conv	620	1,860	3,100	6,980	10,850	15,500
1966 "3000" Mk III, 6-cyl., 150 hp, 92" wb						
Conv	3,800	11,400	19,000	42,750	66,500	95,000
1966 Sprite Mk III, 4-cyl., 59 hp, 80" wb						
Conv	620	1,860	3,100	6,980	10,850	15,500
1967 "3000" Mk III, 6-cyl., 150 hp, 92" wb						
Conv	3,800	11,400	19,000	42,750	66,500	95,000

	6	5	4	3	2	1
1967 Sprite Mk III, 4-cyl., 59 hp, 80" wb						
Conv	620	1,860	3,100	6,980	10,850	15,500
1968 Sprite Mk III, 4-cyl., 59 hp, 80" wb						
2d Rds	600	1,800	3,000	6,750	10,500	15,000
1968 Sprite Mk IV, 4-cyl., 62 hp, 80" wb						
2d Rds	640	1,920	3,200	7,200	11,200	16,000
1969 Sprite Mk IV, 4-cyl., 62 hp, 80" wb						
2d Rds	640	1,920	3,200	7,200	11,200	16,000
1970 Sprite MK IV, 4-cyl., 62 hp, 80" wb						
2d Rds	640	1,920	3,200	7,200	11,200	16,000

BENTLEY

	6	5	4	3	2	1
1951-52 Mk VI, 6-cyl., 4566cc, 120" wb						
Std Steel Saloon	1,480	4,440	7,400	16,650	25,900	37,000
1951-52 Abbott						
DHC	3,440	10,320	17,200	38,700	60,200	86,000
FHC	2,240	6,720	11,200	25,200	39,200	56,000
1951-52 Facel						
FHC	2,680	8,040	13,400	30,150	46,900	67,000
1951-52 Franay						
Sedanca Cpe	2,720	8,160	13,600	30,600	47,600	68,000
DHC	3,520	10,560	17,600	39,600	61,600	88,000
1951-52 Freestone & Webb						
Cpe	2,440	7,320	12,200	27,450	42,700	61,000
Saloon	1,640	4,920	8,200	18,450	28,700	41,000
1951-52 Graber						
Cpe	2,760	8,280	13,800	31,050	48,300	69,000
1951-52 Gurney Nutting						
Sedanca Cpe	2,760	8,280	13,800	31,050	48,300	69,000
1951-52 Hooper						
Cpe	2,800	8,400	14,000	31,500	49,000	70,000
Saloon	2,080	6,240	10,400	23,400	36,400	52,000
Sedanca Cpe	2,880	8,640	14,400	32,400	50,400	72,000
1951-52 H.J. Mulliner						
DHC	4,560	13,680	22,800	51,300	79,800	114,000
4d Saloon	1,640	4,920	8,200	18,450	28,700	41,000
2d Saloon	1,800	5,400	9,000	20,250	31,500	45,000
1951-52 Park Ward						
DHC	4,560	13,680	22,800	51,300	79,800	114,000
Cpe	2,480	7,440	12,400	27,900	43,400	62,000
Saloon	1,840	5,520	9,200	20,700	32,200	46,000
1951-52 Radford						
Countryman	1,880	5,640	9,400	21,150	32,900	47,000
1951-52 Windovers						
2d Saloon	1,840	5,520	9,200	20,700	32,200	46,000
1951-52 Worlaufen						
DHC	3,280	9,840	16,400	36,900	57,400	82,000
1951-52 James Young						
Clubman Cpe	1,840	5,520	9,200	20,700	32,200	46,000
Saloon	1,680	5,040	8,400	18,900	29,400	42,000
Spt Saloon	1,880	5,640	9,400	21,150	32,900	47,000
NOTE: Deduct 30 percent for RHD.						
1952-55 R Type, 6-cyl., 4566cc, 120" wb						
NOTE: Numbers produced in ( ).						
Std Steel Saloon	1,480	4,440	7,400	16,650	25,900	37,000
1952-55 Abbott (16)						
Continental	3,760	11,280	18,800	42,300	65,800	94,000
DHC	3,920	11,760	19,600	44,100	68,600	98,000
1952-55 Frankdale						
Saloon	1,720	5,160	8,600	19,350	30,100	43,000
1952-55 Freestone & Webb (29)						
Saloon	1,840	5,520	9,200	20,700	32,200	46,000
1952-55 Franay (2)						
Cpe	3,360	10,080	16,800	37,800	58,800	84,000
1952-55 Hooper (41)						
4d Saloon	1,800	5,400	9,000	20,250	31,500	45,000
2d Saloon	1,880	5,640	9,400	21,150	32,900	47,000
Sedanca Cpe	2,600	7,800	13,000	29,250	45,500	65,000
1952-55 Graber (7) H.J. Mulliner (67)						
DHC	3,760	11,280	18,800	42,300	65,800	94,000
Saloon	1,720	5,160	8,600	19,350	30,100	43,000
1952-55 Radford (20)						
Countryman	2,040	6,120	10,200	22,950	35,700	51,000
1952-55 Park Ward (50)						
FHC	2,680	8,040	13,400	30,150	46,900	67,000
DHC	3,520	10,560	17,600	39,600	61,600	88,000

	6	5	4	3	2	1
Saloon	1,640	4,920	8,200	18,450	28,700	41,000
1952-55 James Young (69)						
Cpe	2,320	6,960	11,600	26,100	40,600	58,000
Saloon	1,520	4,560	7,600	17,100	26,600	38,000
Sedanca Cpe	2,360	7,080	11,800	26,550	41,300	59,000
1952-55 R Type Continental 6-cyl., 4566cc (A-C series), 4887cc (D-E series) Bertone, 120" wb						
Saloon	2,080	6,240	10,400	23,400	36,400	52,000
1952-55 Farina						
Cpe (1)			value not estimable			
Franay (5)			value not estimable			
Graber (3)			value not estimable			
1952-55 J.H. Mulliner						
Cpe (193)	2,680	8,040	13,400	30,150	46,900	67,000
Park Ward (6)			value not estimable			
Cpe (2)			value not estimable			
DHC (4)			value not estimable			
NOTE: Deduct 30 percent for RHD.						
1955-59 S1 Type, 6-cyl., 4887cc, 123" wb, 127" wb						
Std Steel Saloon	1,840	5,520	9,200	20,700	32,200	46,000
LWB Saloon (after 1957)	1,960	5,880	9,800	22,050	34,300	49,000
1955-59 Freestone & Webb						
Saloon	2,000	6,000	10,000	22,500	35,000	50,000
1955-59 Graber						
DHC	3,360	10,080	16,800	37,800	58,800	84,000
1955-59 Hooper						
Saloon	2,000	6,000	10,000	22,500	35,000	50,000
1955-59 H.J. Mulliner						
Saloon	2,240	6,720	11,200	25,200	39,200	56,000
Limo (5)	2,280	6,840	11,400	25,650	39,900	57,000
1955-59 Park Ward						
FHC	3,120	9,360	15,600	35,100	54,600	78,000
1955-59 James Young						
Saloon	2,040	6,120	10,200	22,950	35,700	51,000
1955-59 S1 Type Continental, 6-cyl., 4887cc Franay, 123" wb						
Cpe	6,000	18,000	30,000	67,500	105,000	150,000
1955-59 Graber						
DHC	4,560	13,680	22,800	51,300	79,800	114,000
1955-59 Hooper						
Saloon (6)	1,880	5,640	9,400	21,150	32,900	47,000
1955-59 H.J. Mulliner						
Cpe	2,560	7,680	12,800	28,800	44,800	64,000
DHC	3,280	9,840	16,400	36,900	57,400	82,000
Spt Saloon	2,280	6,840	11,400	25,650	39,900	57,000
Flying Spur (after 1957)	4,000	12,000	20,000	45,000	70,000	100,000
1955-59 Park Ward						
DHC	3,440	10,320	17,200	38,700	60,200	86,000
Spt Saloon	2,480	7,440	12,400	27,900	43,400	62,000
1955-59 James Young						
Saloon	1,760	5,280	8,800	19,800	30,800	44,000
NOTE: Deduct 30 percent for RHD.						
1959-62 S2 Type V-8, 6230cc, 123" wb, 127" wb						
Std Steel Saloon	1,840	5,520	9,200	20,700	32,200	46,000
LWB Saloon	2,000	6,000	10,000	22,500	35,000	50,000
Franay	2,360	7,080	11,800	26,550	41,300	59,000
Graber	2,400	7,200	12,000	27,000	42,000	60,000
Hooper	2,440	7,320	12,200	27,450	42,700	61,000
1959-62 H.J. Mulliner						
DHC (15)	4,320	12,960	21,600	48,600	75,600	108,000
1959-62 Park Ward						
DHC	3,280	9,840	16,400	36,900	57,400	82,000
1959-62 Radford						
Countryman	2,280	6,840	11,400	25,650	39,900	57,000
1959-62 James Young						
Limo (5)	2,320	6,960	11,600	26,100	40,600	58,000
1959-62 S2 Type Continental, V-8, 6230cc H.J. Mulliner, 123" wb						
Flying Spur	3,280	9,840	16,400	36,900	57,400	82,000
1959-62 Park Ward						
DHC	3,240	9,720	16,200	36,450	56,700	81,000
1959-62 James Young						
Saloon	1,880	5,640	9,400	21,150	32,900	47,000
NOTE: Deduct 30 percent for RHD.						
1962-65 S3 Type V-8, 6230cc, 123" wb, 127" wb						
Std Steel Saloon	1,960	5,880	9,800	22,050	34,300	49,000
LWB Saloon	2,120	6,360	10,600	23,850	37,100	53,000
1962-65 H.J. Mulliner						
Cpe	2,640	7,920	13,200	29,700	46,200	66,000

	6	5	4	3	2	1
DHC	3,320	9,960	16,600	37,350	58,100	83,000
1962-65 Park Ward						
Cpe	3,240	9,720	16,200	36,450	56,700	81,000
DHC	3,920	11,760	19,600	44,100	68,600	98,000
1962-65 James Young						
LWB Limo	2,640	7,920	13,200	29,700	46,200	66,000
1962-65 S3 Continental, V-8, 6230cc H.J. Mulliner-Park Ward, 123" wb						
Cpe	2,960	8,880	14,800	33,300	51,800	74,000
DHC	3,520	10,560	17,600	39,600	61,600	88,000
Flying Spur	3,280	9,840	16,400	36,900	57,400	82,000
1962-65 James Young						
Cpe	2,640	7,920	13,200	29,700	46,200	66,000
Saloon	2,240	6,720	11,200	25,200	39,200	56,000
NOTE: Add 10 percent for factory sunroof. Deduct 30 percent for RHD.						
1966 James Young						
James Young 2d	2,240	6,720	11,200	25,200	39,200	56,000
Park Ward 2d	4,080	12,240	20,400	45,900	71,400	102,000
1967 James Young						
James Young 2d	2,200	6,600	11,000	24,750	38,500	55,000
Park Ward 2d	3,360	10,080	16,800	37,800	58,800	84,000
Park Ward 2d Conv	4,080	12,240	20,400	45,900	71,400	102,000
T 4d	1,600	4,800	8,000	18,000	28,000	40,000
1968 James Young						
Park Ward 2d	3,360	10,080	16,800	37,800	58,800	84,000
Park Ward 2d Conv	4,080	12,240	20,400	45,900	71,400	102,000
T 4d	1,600	4,800	8,000	18,000	28,000	40,000
1969 James Young						
Park Ward 2d	3,360	10,080	16,800	37,800	58,800	84,000
Park Ward 2d Conv	4,320	12,960	21,600	48,600	75,600	108,000
T 4d	1,640	4,920	8,200	18,450	28,700	41,000
1970 James Young						
Park Ward 2d	3,280	9,840	16,400	36,900	57,400	82,000
Park Ward 2d Conv	4,320	12,960	21,600	48,600	75,600	108,000
T 4d	1,680	5,040	8,400	18,900	29,400	42,000
1971 James Young						
T 4d	1,640	4,920	8,200	18,450	28,700	41,000
1972 James Young						
T 4d	1,640	4,920	8,200	18,450	28,700	41,000
1973 James Young						
T 4d	1,640	4,920	8,200	18,450	28,700	41,000
1974 James Young						
T 4d	1,680	5,040	8,400	18,900	29,400	42,000
1975 James Young						
T 4d	1,680	5,040	8,400	18,900	29,400	42,000
1976 James Young						
T 4d	1,720	5,160	8,600	19,350	30,100	43,000
1977 James Young						
T2 4d	1,520	4,560	7,600	17,100	26,600	38,000
Corniche 2d	1,840	5,520	9,200	20,700	32,200	46,000
Corniche 2d Conv	2,720	8,160	13,600	30,600	47,600	68,000
1978 James Young						
T2 4d	1,600	4,800	8,000	18,000	28,000	40,000
Corniche 2d	1,840	5,520	9,200	20,700	32,200	46,000
Corniche 2d Conv	2,720	8,160	13,600	30,600	47,600	68,000
1979 James Young						
T2 4d	1,720	5,160	8,600	19,350	30,100	43,000
Corniche 2d	1,920	5,760	9,600	21,600	33,600	48,000
Corniche 2d Conv	2,800	8,400	14,000	31,500	49,000	70,000
1980 James Young						
T2 4d	1,800	5,400	9,000	20,250	31,500	45,000
Mulsanne 4d	2,000	6,000	10,000	22,500	35,000	50,000
Corniche 2d	2,100	6,250	10,400	23,400	36,400	52,000
Corniche 2d Conv	2,850	8,500	14,200	31,950	49,700	71,000
1981 James Young						
Mulsanne 4d	2,100	6,250	10,400	23,400	36,400	52,000
Corniche 2d Conv	2,900	8,750	14,600	32,850	51,100	73,000
1982 James Young						
Mulsanne 4d	2,200	6,600	11,000	24,750	38,500	55,000
Corniche 2d Conv	3,100	9,250	15,400	34,650	53,900	77,000
1983 James Young						
Mulsanne 4d	2,300	6,850	11,400	25,650	39,900	57,000
Corniche 2d Conv	3,150	9,500	15,800	35,550	55,300	79,000
1984 Mulsanne						
4d Sed	2,350	7,100	11,800	26,550	41,300	59,000
Turbo 4d Sed	2,450	7,300	12,200	27,450	42,700	61,000

	6	5	4	3	2	1
1984 Corniche						
2d Conv	3,250	9,700	16,200	36,450	56,700	81,000
1985 Eight						
4d Sed	2,600	7,800	13,000	29,250	45,500	65,000
1985 Mulsanne-S						
4d Sed	2,500	7,550	12,600	28,350	44,100	63,000
Turbo 4d Sed	2,600	7,800	13,000	29,250	45,500	65,000
1985 Continental						
2d Conv	3,550	10,700	17,800	40,050	62,500	89,000
1986 Eight						
4d Sed	2,700	8,050	13,400	30,150	46,900	67,000
1986 Mulsanne-S						
4d Sed	2,750	8,300	13,800	31,050	48,300	69,000
Turbo 4d Sed	2,850	8,500	14,200	31,950	49,700	71,000
1986 Continental						
2d Conv	3,800	11,400	19,000	42,750	66,500	95,000
1987 Eight						
4d Sed	1,900	5,750	9,600	21,600	33,600	48,000
1987 Mulsanne-S						
4d Sed	2,050	6,100	10,200	22,950	35,700	51,000
1987 Continental						
2d Conv	5,250	15,700	26,200	58,950	91,500	131,000
1988 Eight						
4d Sed	2,100	6,250	10,400	23,400	36,400	52,000
1988 Mulsanne-S						
4d Sed	2,200	6,600	11,000	24,750	38,500	55,000
1988 Continental						
2d Conv	5,500	16,400	27,400	61,650	96,000	137,000
1989 Eight						
4d Sed	2,200	6,600	11,000	24,750	38,500	55,000
1989 Mulsanne-S						
4d Sed	2,300	6,850	11,400	25,650	39,900	57,000
Turbo 4d Sed	2,400	7,200	12,000	27,000	42,000	60,000
1989 Continental						
2d Conv	5,550	16,700	27,800	62,550	97,500	139,000
1990 Eight						
4d Sed	2,500	7,550	12,600	28,350	44,100	63,000
1990 Mulsanne-S						
4d Sed	2,600	7,800	13,000	29,250	45,500	65,000
Turbo 4d Sed	2,600	7,800	13,000	29,250	45,500	65,000
1990 Continental						
2d Conv	5,650	16,900	28,200	63,450	98,500	141,000
1991 Eight						
4d Sed	2,600	7,800	13,000	29,250	45,500	65,000
1991 Mulsanne-S						
4d Sed	2,850	8,500	14,200	31,950	49,700	71,000
1991 Turbo R						
4d Sed	3,250	9,700	16,200	36,450	56,700	81,000
1991 Continental						
2d Conv	5,850	17,500	29,200	65,700	102,000	146,000
1992 Mulsanne-S, V-8						
4d Sed	2,850	8,500	14,200	31,950	49,700	71,000
1992 Turbo R, V-8						
4d Sed	3,400	10,200	17,000	38,250	59,500	85,000
4d Sed LWB	5,100	15,200	25,400	57,150	89,000	127,000
1992 Continental, V-8						
2d Conv	5,650	16,900	28,200	63,450	98,500	141,000
1993 Brooklands						
4d Sed	2,600	7,800	13,000	29,250	45,500	65,000
1993 Brooklands LWB						
4d Limo	2,850	8,500	14,200	31,950	49,700	71,000
1993 Turbo R						
4d Sed	3,250	9,700	16,200	36,450	56,700	81,000
1993 Turbo RL LWB						
4d Limo	3,450	10,300	17,200	38,700	60,000	86,000
1993 Continental R						
2d Cpe	5,250	15,700	26,200	58,950	91,500	131,000
1993 Continental						
2d Conv	5,650	16,900	28,200	63,450	98,500	141,000
1994 Continental						
2d Conv	7,650	22,900	38,200	85,950	134,000	191,000
2d Cpe R	6,850	20,500	34,200	76,950	120,000	171,000
1994 Turbo						
4d Sed R	4,050	12,100	20,200	45,450	70,500	101,000
4d Sed R L LWB	4,650	13,900	23,200	52,200	81,000	116,000

	6	5	4	3	2	1
1994 Brooklands						
4d Sed	3,450	10,300	17,200	38,700	60,000	86,000
4d Sed LWB	3,500	10,400	17,400	39,150	61,000	87,000
1995 Continental						
2d Conv	7,650	22,900	38,200	85,950	134,000	191,000
2d Cpe R	6,850	20,500	34,200	76,950	120,000	171,000
1995 Turbo						
4d Sed R	4,050	12,100	20,200	45,450	70,500	101,000
4d Sed RL, LWB	4,650	13,900	23,200	52,200	81,000	116,000
1995 Brooklands						
4d Sed	3,450	10,300	17,200	38,700	60,000	86,000
4d Sed, LWB	3,500	10,400	17,400	39,150	61,000	87,000
1995 Azure						
2d Conv	7,050	21,100	35,200	79,200	123,000	176,000
1996 Continental						
2d Cpe R	6,800	20,400	34,000	76,500	119,000	170,000
1996 Turbo						
4d Sed R	4,000	12,000	20,000	45,000	70,000	100,000
4d Sed RL, LWB	4,600	13,800	23,000	51,750	80,500	115,000
1996 Brooklands						
4d Sed	3,400	10,200	17,000	38,250	59,500	85,000
4d Sed, LWB	3,450	10,300	17,200	38,700	60,000	86,000
1996 Azure						
2d Conv	7,000	21,000	35,000	78,750	122,000	175,000
1997 Continental R						
2d Cpe	6,800	20,400	34,000	76,500	119,000	170,000
1997 Turbo RT						
4d Sed	4,000	12,000	20,000	45,000	70,000	100,000
1997 Brooklands R						
4d Sed	3,400	10,200	17,000	38,250	59,500	85,000
1997 Arnage						
4d Sed	3,800	11,400	19,000	42,750	66,500	95,000
1997 Azure						
2d Conv	7,000	21,000	35,000	78,750	122,500	175,000
1998 Continental R						
2d Cpe	6,800	20,400	34,000	76,500	119,000	170,000
1998 Turbo RT						
4d Sed	4,000	12,000	20,000	45,000	70,000	100,000
1998 Brooklands R						
4d Sed	3,400	10,200	17,000	38,250	59,500	85,000
1998 Arnage						
4d Sed	3,800	11,400	19,000	42,750	66,500	95,000
1998 Azure						
2d Conv	7,000	21,000	35,000	78,750	122,500	175,000
1999 Continental R						
2d Cpe	6,800	20,400	34,000	76,500	119,000	170,000
1999 Continental T						
4d Sed	7,200	21,600	36,000	81,000	126,000	180,000
1999 Continental SC						
4d Sed	7,600	22,800	38,000	85,500	133,000	190,000
1999 Arnage						
Green Label 4d Sed	3,600	10,800	18,000	40,500	63,000	90,000
Red Label 4d Sed	3,800	11,400	19,000	42,750	66,500	95,000
1999 Azure						
2d Conv	7,000	21,000	35,000	78,750	122,500	175,000
2000 Continental R						
2d Cpe	6,800	20,400	34,000	76,500	119,000	170,000
2000 Continental T						
4d Sed	7,200	21,600	36,000	81,000	126,000	180,000
2000 Continental SC						
4d Sed	7,600	22,800	38,000	85,500	133,000	190,000
2000 Arnage						
Green Label 4d Sed	3,600	10,800	18,000	40,500	63,000	90,000
Red Label 4d Sed	3,800	11,400	19,000	42,750	66,500	95,000
2000 Azure						
2d Conv	7,000	21,000	35,000	78,750	122,500	175,000
2001 Continental R, V-8						
2d Cpe	6,800	20,400	34,000	85,000	119,000	170,000
NOTE: Add 5 percent for Mulliner Ed.						
2001 Continental T, V-8						
2d Cpe	7,200	21,600	36,000	90,000	126,000	180,000
2001 Arnage, V-8						
Green Label 4d Sed	3,600	10,800	18,000	45,000	63,000	90,000
Red Label 4d Sed	3,800	11,400	19,000	47,500	66,500	95,000

	6	5	4	3	2	1
2001 Azure, V-8						
2d Conv	7,000	21,000	35,000	87,500	122,500	175,000
NOTE: Add 5 percent for Mulliner Ed.						
2002 Continental R, V-8						
2d Cpe	6,800	20,400	34,000	85,000	119,000	170,000
2002 Continental T, V-8						
2d Cpe	7,200	21,600	36,000	90,000	126,000	180,000
2002 Continental SC, V-8						
2d Cpe	7,600	22,800	38,000	95,000	133,000	190,000
2002 Arnage, V-8						
R 4d Sed	3,800	11,400	19,000	47,500	66,500	95,000
T 4d Sed	3,800	11,400	19,000	47,500	66,500	95,000
2002 Azure, V-8						
2d Conv	7,000	21,000	35,000	87,500	122,500	175,000
2003 Continental R, V-8						
2d Mulliner Cpe	6,800	20,400	34,000	85,000	119,000	170,000
2003 Arnage, V-8						
R 4d Sed	3,800	11,400	19,000	47,500	66,500	95,000
T 4d Sed	3,800	11,400	19,000	47,500	66,500	95,000
RL 4d Sed	4,200	12,600	21,000	52,500	73,500	105,000
2003 Azure, V-8						
2d Mulliner Cpe	6,600	19,800	33,000	82,500	115,500	165,000
2d Mulliner Conv	7,000	21,000	35,000	87,500	122,500	175,000
2004 Continental GT, 12-cyl., AWD						
2d Cpe	5,000	15,000	25,000	62,500	87,500	125,000
2004 Arnage, V-8						
R 4d Sed	3,800	11,400	19,000	47,500	66,500	95,000
T 4d Sed	3,800	11,400	19,000	47,500	66,500	95,000
RL Mulliner 4d Sed	4,200	12,600	21,000	52,500	73,500	105,000
2004 Azure, V-8						
2d Mulliner Cpe	6,600	19,800	33,000	82,500	115,500	165,000
2d Mulliner Conv	7,000	21,000	35,000	87,500	122,500	175,000
2005 Continental, 12-cyl., AWD						
2d GT Cpe	5,000	15,000	25,000	62,500	87,500	125,000
4d Flying Spur Sed	4,600	13,800	23,000	57,500	80,500	115,000
2005 Arnage, V-8						
4d R Sed	3,800	11,400	19,000	47,500	66,500	95,000
4d T Sed	3,800	11,400	19,000	47,500	66,500	95,000
4d RL Mulliner Sed	4,200	12,600	21,000	52,500	73,500	105,000
2005 Azure, V-8						
2d Cabr Conv	7,000	21,000	35,000	87,500	122,500	175,000

BMW

	6	5	4	3	2	1
1955 6-cyl., 1971cc, 111.6" wb						
501A 4d Sed	1,100	3,300	5,500	12,380	19,250	27,500
501B 4d Sed	1,100	3,300	5,500	12,380	19,250	27,500
501/6 4d Sed, 2077cc	1,160	3,480	5,800	13,050	20,300	29,000
501 V-8 4d Sed, 2580cc	1,200	3,600	6,000	13,500	21,000	30,000
502/2.6 4d Sed	1,240	3,720	6,200	13,950	21,700	31,000
502/3.2 4d Sed	1,160	3,480	5,800	13,050	20,300	29,000
NOTE: Add 75 percent for coach-built cpe. Add 100 percent for coach-built 2d and 4d convertibles.						
1956 Isetta 250						
1d Std Sed	1,100	3,300	5,500	12,380	19,250	27,500
1d DeL Sed	1,140	3,420	5,700	12,830	19,950	28,500
501/6 4d Sed	1,100	3,300	5,500	12,380	19,250	27,500
501 V-8 4d Sed	1,180	3,540	5,900	13,280	20,650	29,500
502/2.6 4d Sed	1,220	3,660	6,100	13,730	21,350	30,500
502/3.2 4d Sed	1,300	3,900	6,500	14,630	22,750	32,500
NOTE: Add 25 percent for coach-built cpe. Add 100 percent for coach-built 2d and 4d convertibles.						
1956 V-8, 3168cc, 111.6" wb						
503 Cpe	1,900	5,700	9,500	21,380	33,250	47,500
503 Conv	2,650	7,940	13,240	29,790	46,340	66,200
507 Rds			value not estimable			
1957 Isetta 300						
1d Std Sed	1,130	3,380	5,640	12,690	19,740	28,200
1d DeL Sed	1,100	3,300	5,500	12,380	19,250	27,500
1957 2-cyl., 582cc, 66.9" wb						
600 2d Sed	1,080	3,240	5,400	12,150	18,900	27,000
501/6 4d Sed	1,100	3,300	5,500	12,380	19,250	27,500
501 V-8 4d Sed	1,180	3,540	5,900	13,280	20,650	29,500
502/2.6 4d Sed	1,240	3,720	6,200	13,950	21,700	31,000
502/3.2 4d Sed	1,300	3,900	6,500	14,630	22,750	32,500
502/3.2 Sup 4d Sed	1,340	4,020	6,700	15,080	23,450	33,500
503 Cpe	1,900	5,700	9,500	21,380	33,250	47,500
503 Conv	2,650	7,940	13,240	29,790	46,340	66,200
507 Rds			value not estimable			

	6	5	4	3	2	1
1958 Isetta 300						
1d Std Sed	1,140	3,420	5,700	12,830	19,950	28,500
1d DeL Sed	1,150	3,460	5,760	12,960	20,160	28,800
1958 2-cyl., 582cc, 66.9" wb						
600 2d Sed	1,080	3,240	5,400	12,150	18,900	27,000
501/3 4d Sed	1,100	3,300	5,500	12,380	19,250	27,500
501 V-8 4d Sed	1,180	3,540	5,900	13,280	20,650	29,500
502/2.6 4d Sed	1,240	3,720	6,200	13,950	21,700	31,000
502/3.2 4d Sed	1,300	3,900	6,500	14,630	22,750	32,500
502/3.2 Sup 4d Sed	1,340	4,020	6,700	15,080	23,450	33,500
NOTE: Add 75 percent for coach-built cpe. Add 100 percent for coach-built 2d and 4d convertibles.						
503 Cpe	1,900	5,700	9,500	21,380	33,250	47,500
503 Conv	2,650	7,940	13,240	29,790	46,340	66,200
507 Rds	value not estimable					
1959 Isetta 300						
1d Std Sed	1,140	3,420	5,700	12,830	19,950	28,500
1d DeL Sed	1,150	3,460	5,760	12,960	20,160	28,800
600 2d Sed	1,080	3,240	5,400	12,150	18,900	27,000
1959 2-cyl., 697cc, 83.5" wb						
Cpe	740	2,220	3,700	8,330	12,950	18,500
2d Sed	690	2,060	3,440	7,740	12,040	17,200
501 V-8 4d Sed	1,020	3,060	5,100	11,480	17,850	25,500
502/2.6 4d Sed	1,060	3,180	5,300	11,930	18,550	26,500
502/3.2 4d Sed	1,140	3,420	5,700	12,830	19,950	28,500
502/3.2 Sup 4d Sed	1,180	3,540	5,900	13,280	20,650	29,500
503 Cpe	1,900	5,700	9,500	21,380	33,250	47,500
503 Conv	2,650	7,940	13,240	29,790	46,340	66,200
507 Rds	value not estimable					
1960 Isetta 300						
1d Std Sed	1,140	3,420	5,700	12,830	19,950	28,500
1d DeL Sed	1,150	3,460	5,760	12,960	20,160	28,800
600 2d Sed	1,080	3,240	5,400	12,150	18,900	27,000
700 Cpe	520	1,560	2,600	5,850	9,100	13,000
700 2d Sed	510	1,520	2,540	5,720	8,890	12,700
700 Spt Cpe	530	1,600	2,660	5,990	9,310	13,300
501 V-8 4d Sed	1,180	3,540	5,900	13,280	20,650	29,500
502/2.6 4d Sed	1,240	3,720	6,200	13,950	21,700	31,000
502/3.2 4d Sed	1,300	3,900	6,500	14,630	22,750	32,500
502/3.2 Sup 4d Sed	1,340	4,020	6,700	15,080	23,450	33,500
1961 Isetta 300						
1d Std Sed	1,140	3,420	5,700	12,830	19,950	28,500
1d DeL Sed	1,150	3,460	5,760	12,960	20,160	28,800
700 Cpe	520	1,560	2,600	5,850	9,100	13,000
700 2d Sed	510	1,520	2,540	5,720	8,890	12,700
700 Spt Cpe	530	1,600	2,660	5,990	9,310	13,300
700 2d Luxus Sed	470	1,400	2,340	5,270	8,190	11,700
700 Conv	1,020	3,060	5,100	11,480	17,850	25,500
501 V-8 4d Sed	1,180	3,540	5,900	13,280	20,650	29,500
502/2.6 4d Sed	1,220	3,660	6,100	13,730	21,350	30,500
2600 4d Sed	460	1,380	2,300	5,180	8,050	11,500
2600L 4d Sed	530	1,580	2,640	5,940	9,240	13,200
502/3.2 4d Sed	1,220	3,660	6,100	13,730	21,350	30,500
502/3.2 4d Sup Sed	1,260	3,780	6,300	14,180	22,050	31,500
3200L 4d Sed	1,300	3,900	6,500	14,630	22,750	32,500
3200S 4d Sed	1,340	4,020	6,700	15,080	23,450	33,500
1962 Isetta 300						
1d Std Sed	1,140	3,420	5,700	12,830	19,950	28,500
1d DeL Sed	1,150	3,460	5,760	12,960	20,160	28,800
700 Cpe	520	1,560	2,600	5,850	9,100	13,000
700CS Cpe	530	1,580	2,640	5,940	9,240	13,200
700 Spt Cpe	530	1,600	2,660	5,990	9,310	13,300
700 2d Sed	510	1,520	2,540	5,720	8,890	12,700
700 Conv	1,020	3,060	5,100	11,480	17,850	25,500
700LS 2d Sed	440	1,320	2,200	4,950	7,700	11,000
700LS Luxus 2d Sed	470	1,400	2,340	5,270	8,190	11,700
1962 4-cyl., 1499cc, 100.4" wb						
1500 4d Sed	340	1,020	1,700	3,830	5,950	8,500
2600 4d Sed	460	1,380	2,300	5,180	8,050	11,500
2600L 4d Sed	530	1,580	2,640	5,940	9,240	13,200
3200L 4d Sed	1,300	3,900	6,500	14,630	22,750	32,500
3200S 4d Sed	1,340	4,020	6,700	15,080	23,450	33,500
3200CS Cpe	1,540	4,620	7,700	17,330	26,950	38,500
1963 4-cyl., 1499cc, 100.4" wb						
700 Cpe	510	1,520	2,540	5,720	8,890	12,700
700 Spt Cpe	520	1,560	2,600	5,850	9,100	13,000
700CS Cpe	520	1,550	2,580	5,810	9,030	12,900

	6	5	4	3	2	1
700 Conv	940	2,820	4,700	10,580	16,450	23,500
700LS 2d Sed	432	1,296	2,160	4,860	7,560	10,800
700LS Luxus 2d Sed	460	1,380	2,300	5,180	8,050	11,500
1500 4d Sed	340	1,020	1,700	3,830	5,950	8,500
1800 4d Sed	460	1,380	2,300	5,180	8,050	11,500
2600L 4d Sed	530	1,580	2,640	5,940	9,240	13,200
3200S 4d Sed	1,220	3,660	6,100	13,730	21,350	30,500
3200CS Cpe	1,540	4,620	7,700	17,330	26,950	38,500
1964 4-cyl., 1499cc, 100.4" wb						
700 C Cpe	480	1,440	2,400	5,400	8,400	12,000
700CS Cpe	500	1,500	2,500	5,630	8,750	12,500
700 Conv	930	2,800	4,660	10,490	16,310	23,300
700LS Cpe	450	1,360	2,260	5,090	7,910	11,300
700 Luxus 2d Sed	530	1,600	2,660	5,990	9,310	13,300
1500 4d Sed	340	1,020	1,700	3,830	5,950	8,500
1600 4d Sed	440	1,320	2,200	4,950	7,700	11,000
1800 4d Sed	460	1,380	2,300	5,180	8,050	11,500
1800TI 4d Sed	480	1,440	2,400	5,400	8,400	12,000
1800TI/SA 4d Sed	660	1,980	3,300	7,430	11,550	16,500
2600L 4d Sed	530	1,580	2,640	5,940	9,240	13,200
3200CS Cpe	1,540	4,620	7,700	17,330	26,950	38,500
1965 4-cyl., 1499cc, 100.4" wb						
700LS Cpe	428	1,284	2,140	4,820	7,490	10,700
700 Luxus 2d Sed	420	1,260	2,100	4,730	7,350	10,500
1600 4d Sed	440	1,320	2,200	4,950	7,700	11,000
1800 4d Sed	580	1,740	2,900	6,530	10,150	14,500
1800TI 4d Sed	600	1,800	3,000	6,750	10,500	15,000
1800TI/SA 4d Sed	700	2,100	3,500	7,880	12,250	17,500
1965 4-cyl., 100.4" wb						
2000C Cpe	740	2,220	3,700	8,330	12,950	18,500
2000CS Cpe	772	2,316	3,860	8,690	13,510	19,300
1965 V-8, 111.4" wb						
3200CS Cpe	1,540	4,620	7,700	17,330	26,950	38,500
1966 4-cyl., 98.4" wb						
1600-2 2d Sed	460	1,380	2,300	5,180	8,050	11,500
1600 4d Sed	440	1,320	2,200	4,950	7,700	11,000
1800 4d Sed	460	1,380	2,300	5,180	8,050	11,500
1800TI 4d Sed	488	1,464	2,440	5,490	8,540	12,200
2000 4d Sed	468	1,404	2,340	5,270	8,190	11,700
2000TI 4d Sed	488	1,464	2,440	5,490	8,540	12,200
2000TI Lux 4d Sed	588	1,764	2,940	6,620	10,290	14,700
2000C Cpe	740	2,220	3,700	8,330	12,950	18,500
2000CA Cpe	772	2,316	3,860	8,690	13,510	19,300
2000CS Cpe	772	2,316	3,860	8,690	13,510	19,300
1967 4-cyl., 98.4" wb						
1602 2d Sed	420	1,260	2,100	4,730	7,350	10,500
1600TI 2d Sed	580	1,740	2,900	6,530	10,150	14,500
Glas 1600GT Cpe	600	1,800	3,000	6,750	10,500	15,000
1800 4d Sed	420	1,260	2,100	4,730	7,350	10,500
2000 4d Sed	428	1,284	2,140	4,820	7,490	10,700
2000TI 4d Sed	448	1,344	2,240	5,040	7,840	11,200
2000TI Lux 4d Sed	480	1,440	2,400	5,400	8,400	12,000
2000C Cpe	752	2,256	3,760	8,460	13,160	18,800
2000CA Cpe	752	2,256	3,760	8,460	13,160	18,800
2000CS Cpe	752	2,256	3,760	8,460	13,160	18,800
Glas 3000 V-8 Cpe	800	2,400	4,000	9,000	14,000	20,000
1968 4-cyl., 98.4" wb						
1600 2d Sed	580	1,740	2,900	6,530	10,150	14,500
1600 Cabr	820	2,460	4,100	9,230	14,350	20,500
Glas 1600GT Cpe	600	1,800	3,000	6,750	10,500	15,000
1800 4d Sed	420	1,260	2,100	4,730	7,350	10,500
2002 2d Sed	600	1,800	3,000	6,750	10,500	15,000
2002TI 2d Sed, Non-USA	660	1,980	3,300	7,430	11,550	16,500
2000 4d Sed	420	1,260	2,100	4,730	7,350	10,500
2000TI 4d Sed	440	1,320	2,200	4,950	7,700	11,000
2000TI Lux 4d Sed	480	1,440	2,400	5,400	8,400	12,000
2000C Cpe	736	2,208	3,680	8,280	12,880	18,400
2000CA Cpe	740	2,220	3,700	8,330	12,950	18,500
2000CS Cpe	760	2,280	3,800	8,550	13,300	19,000
2500 4d Sed, E-3	440	1,320	2,200	4,950	7,700	11,000
2800 4d Sed, E-3	480	1,440	2,400	5,400	8,400	12,000
2800CS Cpe, E-9	940	2,820	4,700	10,580	16,450	23,500
Glas 3000 V-8 Cpe	780	2,340	3,900	8,780	13,650	19,500
1969 4-cyl., 98.4" wb						
1600 2d Sed	460	1,380	2,300	5,180	8,050	11,500
1600 Cabr	860	2,580	4,300	9,680	15,050	21,500

	6	5	4	3	2	1
1800 4d Sed	420	1,260	2,100	4,730	7,350	10,500
2002 2d Sed	600	1,800	3,000	6,750	10,500	15,000
2002TI 2d Sed, Non-USA	660	1,980	3,300	7,430	11,550	16,500
2000TI Lux 4d Sed	440	1,320	2,200	4,950	7,700	11,000
2000CA Cpe	736	2,208	3,680	8,280	12,880	18,400
2000CS Cpe	760	2,280	3,800	8,550	13,300	19,000
2500 4d Sed	460	1,380	2,300	5,180	8,050	11,500
2800 4d Sed	440	1,320	2,200	4,950	7,700	11,000
2800CSA Cpe	812	2,436	4,060	9,140	14,210	20,300
2800CS Cpe	904	2,712	4,520	10,170	15,820	22,600
1970 4-cyl., 98.4" wb						
1600 2d Sed	480	1,440	2,400	5,400	8,400	12,000
1600 Cabr	860	2,580	4,300	9,680	15,050	21,500
1800 4d Sed	420	1,260	2,100	4,730	7,350	10,500
2002 2d Sed	580	1,740	2,900	6,530	10,150	14,500
2000TI Lux 4d Sed	480	1,440	2,400	5,400	8,400	12,000
2000TII 4d Sed	580	1,740	2,900	6,530	10,150	14,500
2500 4d Sed	440	1,320	2,200	4,950	7,700	11,000
2800 4d Sed	480	1,440	2,400	5,400	8,400	12,000
2800CSA	812	2,436	4,060	9,140	14,210	20,300
2800CS Cpe	900	2,700	4,500	10,130	15,750	22,500
1971 4-cyl., 98.4" wb						
1600 2d Sed	450	1,400	2,300	5,180	8,050	11,500
1600 Tr, E-10, Non-USA	460	1,380	2,300	5,180	8,050	11,500
1600 Cabr	900	2,650	4,400	9,900	15,400	22,000
1800 4d Sed	400	1,200	2,000	4,500	7,000	10,000
2002 2d Sed	550	1,700	2,800	6,300	9,800	14,000
2002 Cabr	1,000	3,000	5,000	11,250	17,500	25,000
2002 Targa	700	2,050	3,400	7,650	11,900	17,000
2000 Tr, E-10, Non-USA	620	1,860	3,100	6,980	10,850	15,500
2002TI 2d Sed, Non-USA	580	1,740	2,900	6,530	10,150	14,500
2000TII 4d Sed	550	1,700	2,800	6,300	9,800	14,000
2500 4d Sed	400	1,200	2,000	4,500	7,000	10,000
2800 4d Sed	400	1,250	2,100	4,730	7,350	10,500
Bavaria 4d Sed	400	1,250	2,100	4,730	7,350	10,500
3.0S 4d Sed	450	1,400	2,300	5,180	8,050	11,500
Bavaria 4d Sed	450	1,400	2,300	5,180	8,050	11,500
2800CSA Cpe	800	2,400	3,950	8,910	13,900	19,800
2800CS Cpe	900	2,700	4,550	10,220	15,900	22,700
3.0CSA Cpe	850	2,600	4,350	9,810	15,300	21,800
3.0CS Cpe	900	2,750	4,600	10,350	16,100	23,000
3.0CSi Cpe	1,100	3,250	5,400	12,150	18,900	27,000
3.0CSL Cpe, Non-USA	1,260	3,780	6,300	14,180	22,050	31,500
1972 4-cyl., 98.4" wb						
1800 4d Sed	400	1,200	2,000	4,500	7,000	10,000
2000TII 4d Sed	550	1,700	2,800	6,300	9,800	14,000
2002 2d Sed	550	1,700	2,800	6,300	9,800	14,000
2002 Targa	700	2,050	3,400	7,650	11,900	17,000
2000 Tr, Non-USA	600	1,850	3,100	6,980	10,900	15,500
2002TII 2d Sed	600	1,800	3,000	6,750	10,500	15,000
2000TII Tr, Non-USA	640	1,920	3,200	7,200	11,200	16,000
2800 4d Sed	400	1,250	2,100	4,730	7,350	10,500
Bavaria 4d Sed, 2788cc	420	1,260	2,100	4,730	7,350	10,500
3.0S 4d Sed	450	1,400	2,300	5,180	8,050	11,500
Bavaria 4d Sed, 2985cc	460	1,380	2,300	5,180	8,050	11,500
3.0CS Cpe	900	2,750	4,550	10,260	16,000	22,800
3.0CSA Cpe	750	2,300	3,800	8,550	13,300	19,000
3.0CSi Cpe	1,050	3,100	5,200	11,700	18,200	26,000
3.0CSL Cpe, Non-USA	1,260	3,780	6,300	14,180	22,050	31,500
1973 4-cyl., 98.4" wb						
2002 2d Sed	550	1,700	2,800	6,300	9,800	14,000
2000 Targa	700	2,050	3,400	7,650	11,900	17,000
2000 Tr, Non-USA	620	1,860	3,100	6,980	10,850	15,500
2002TII 2d Sed	600	1,800	3,000	6,750	10,500	15,000
2000TII Tr, Non-USA	640	1,920	3,200	7,200	11,200	16,000
2002 Turbo, Non-USA	920	2,760	4,600	10,350	16,100	23,000
2800 4d Sed	400	1,250	2,100	4,730	7,350	10,500
Bavaria 4d Sed, 2788cc	420	1,260	2,100	4,730	7,350	10,500
3.0S 4d Sed	450	1,400	2,300	5,180	8,050	11,500
Bavaria 4d Sed, 2985cc	460	1,380	2,300	5,180	8,050	11,500
3.0CSA Cpe	800	2,400	4,000	9,000	14,000	20,000
3.0CS Cpe	900	2,650	4,400	9,900	15,400	22,000
3.0CSi Cpe	1,000	3,000	5,000	11,250	17,500	25,000
3.0CSL Cpe, Non-USA	1,260	3,780	6,300	14,180	22,050	31,500
1973 3153cc						
3.0CSL Cpe	1,350	4,000	6,700	15,080	23,500	33,500

	6	5	4	3	2	1
1974 3153cc						
2002 2d Sed	550	1,700	2,800	6,300	9,800	14,000
2002 Targa	700	2,050	3,400	7,650	11,900	17,000
2000 Tr, Non-USA	610	1,840	3,060	6,890	10,710	15,300
2002TII 2d Sed	600	1,800	3,000	6,750	10,500	15,000
2000TII Tr, Non-USA	640	1,920	3,200	7,200	11,200	16,000
2002 Turbo, Non-USA	880	2,630	4,380	9,860	15,330	21,900
2800 4d Sed	400	1,250	2,100	4,730	7,350	10,500
Bavaria 4d Sed, 2788cc	420	1,260	2,100	4,730	7,350	10,500
3.0S 4d Sed	450	1,400	2,300	5,180	8,050	11,500
Bavaria 4d Sed, 2985cc	460	1,380	2,300	5,180	8,050	11,500
3.0CSA Cpe	800	2,400	4,000	9,000	14,000	20,000
3.0CS Cpe	900	2,650	4,400	9,900	15,400	22,000
3.0CSi Cpe	1,000	3,000	5,000	11,250	17,500	25,000
3.0CSL Cpe, Non-USA	1,340	4,020	6,700	15,080	23,450	33,500
530i 4d Sed, E-12	450	1,400	2,300	5,180	8,050	11,500
1975 3153cc						
2002 2d Sed	550	1,700	2,800	6,300	9,800	14,000
2002TII 2d Sed	600	1,800	3,000	6,750	10,500	15,000
2002 Targa	700	2,150	3,600	8,100	12,600	18,000
320i 2d Sed, E-21	400	1,200	2,000	4,500	7,000	10,000
2800 4d Sed	400	1,250	2,100	4,730	7,350	10,500
Bavaria, 2788cc	400	1,250	2,100	4,730	7,350	10,500
3.0S 4d Sed	550	1,700	2,800	6,300	9,800	14,000
Bavaria, 2985cc	550	1,700	2,800	6,300	9,800	14,000
3.0CSA Cpe	800	2,400	4,000	9,000	14,000	20,000
3.0CS Cpe	900	2,650	4,400	9,900	15,400	22,000
3.0CSi Cpe	1,000	3,000	5,000	11,250	17,500	25,000
3.0CSL Cpe, Non-USA	1,340	4,020	6,700	15,080	23,450	33,500
530i 4d Sed	360	1,080	1,800	4,050	6,300	9,000
1976 3153cc						
2002 2d Sed	550	1,700	2,800	6,300	9,800	14,000
320i 2d Sed	400	1,200	2,000	4,500	7,000	10,000
2800 4d Sed	420	1,260	2,100	4,730	7,350	10,500
Bavaria, 2788cc	420	1,260	2,100	4,730	7,350	10,500
3.0Si 4d Sed	560	1,680	2,800	6,300	9,800	14,000
Bavaria, 2985cc	560	1,680	2,800	6,300	9,800	14,000
530i 4d Sed	360	1,080	1,800	4,050	6,300	9,000
630CS Cpe, E-24	400	1,200	2,000	4,500	7,000	10,000
1977 3153cc						
320i 2d Sed	400	1,200	2,000	4,500	7,000	10,000
2800 4d Sed	420	1,260	2,100	4,730	7,350	10,500
Bavaria, 2788cc	420	1,260	2,100	4,730	7,350	10,500
3.0S 4d Sed	560	1,680	2,800	6,300	9,800	14,000
Bavaria, 2985cc	560	1,680	2,800	6,300	9,800	14,000
530i 4d Sed	360	1,080	1,800	4,050	6,300	9,000
630CS Cpe	400	1,200	2,000	4,500	7,000	10,000
630CSi Cpe	440	1,320	2,200	4,950	7,700	11,000
633CSi Cpe	460	1,380	2,300	5,180	8,050	11,500
1978 3153cc						
320i 2d Sed	460	1,380	2,300	5,180	8,050	11,500
528i 4d Sed	340	1,020	1,700	3,830	5,950	8,500
530i 4d Sed	360	1,080	1,800	4,050	6,300	9,000
630CS Cpe	400	1,200	2,000	4,500	7,000	10,000
630CSi Cpe	440	1,320	2,200	4,950	7,700	11,000
633CSi Cpe	460	1,380	2,300	5,180	8,050	11,500
733i 4d Sed, E-23	340	1,020	1,700	3,830	5,950	8,500
1979 3153cc						
320i 2d Sed	400	1,200	2,000	4,500	7,000	10,000
528i 4d Sed	340	1,020	1,700	3,830	5,950	8,500
M535i 4d Sed, Non-USA	1,000	3,000	4,950	11,160	17,400	24,800
733i 4d Sed	340	1,020	1,700	3,830	5,950	8,500
633CSi 2d Cpe	460	1,380	2,300	5,180	8,050	11,500
M1 Cpe, E-26, Non-USA	5,850	17,500	29,200	65,700	102,000	146,000
1980 3153cc						
320i 2d Sed	400	1,200	2,000	4,500	7,000	10,000
528i 4d Sed	340	1,020	1,700	3,830	5,950	8,500
M535i 4d Sed, Non-USA	1,000	3,000	4,950	11,160	17,400	24,800
733i 4d Sed	340	1,020	1,700	3,830	5,950	8,500
633CSi 2d Cpe	460	1,380	2,300	5,180	8,050	11,500
M1 Cpe, Non-USA	6,440	19,320	32,200	72,450	112,700	161,000
1981 3153cc						
320i 2d Sed	400	1,200	2,000	4,500	7,000	10,000
528i 4d Sed	340	1,020	1,700	3,830	5,950	8,500
733i 4d Sed	340	1,020	1,700	3,830	5,950	8,500
633CSi 2d Cpe	460	1,380	2,300	5,180	8,050	11,500

	6	5	4	3	2	1
1982 3153cc						
320i 2d Sed	400	1,200	2,000	4,500	7,000	10,000
528E 4d Sed	360	1,080	1,800	4,050	6,300	9,000
733i 4d Sed	340	1,020	1,700	3,830	5,950	8,500
633CSi 2d Cpe	460	1,380	2,300	5,180	8,050	11,500
1983 3153cc						
320i 2d Sed	400	1,200	2,000	4,500	7,000	10,000
528E 4d Sed	360	1,080	1,800	4,050	6,300	9,000
533i 4d Sed	380	1,140	1,900	4,280	6,650	9,500
733i 4d Sed	340	1,020	1,700	3,830	5,950	8,500
633CSi 2d Cpe	460	1,380	2,300	5,180	8,050	11,500
1984 3153cc						
318i 2d Sed	420	1,260	2,100	4,730	7,350	10,500
325E 2d Sed	440	1,320	2,200	4,950	7,700	11,000
528E 4d Sed	360	1,080	1,800	4,050	6,300	9,000
533i 4d Sed	380	1,140	1,900	4,280	6,650	9,500
733i 4d Sed	340	1,020	1,700	3,830	5,950	8,500
633CSi Cpe	460	1,380	2,300	5,180	8,050	11,500
1985 3153cc						
318i 2d Sed	420	1,260	2,100	4,730	7,350	10,500
318i 4d Sed	400	1,200	2,000	4,500	7,000	10,000
325E 2d Sed	440	1,320	2,200	4,950	7,700	11,000
325E 4d Sed	420	1,260	2,100	4,730	7,350	10,500
528E 4d Sed	360	1,080	1,800	4,050	6,300	9,000
535i 4d Sed	440	1,320	2,200	4,950	7,700	11,000
524TD 4d Sed	440	1,320	2,200	4,950	7,700	11,000
735i 4d Sed	460	1,380	2,300	5,180	8,050	11,500
635CSi 2d Cpe	480	1,440	2,400	5,400	8,400	12,000
1986 3153cc						
325 2d Sed	400	1,200	2,000	4,500	7,000	10,000
325 4d Sed	380	1,140	1,900	4,280	6,650	9,500
325ES 4d Sed	440	1,320	2,200	4,950	7,700	11,000
325E 4d Sed	420	1,260	2,100	4,730	7,350	10,500
524TD 4d Sed	440	1,320	2,200	4,950	7,700	11,000
528E 4d Sed	360	1,080	1,800	4,050	6,300	9,000
535i 4d Sed	440	1,320	2,200	4,950	7,700	11,000
735i 4d Sed	460	1,380	2,300	5,180	8,050	11,500
L7 4d Sed	360	1,080	1,800	4,050	6,300	9,000
635CSi 2d Cpe	480	1,440	2,400	5,400	8,400	12,000
1987 3153cc						
325 2d Sed	400	1,200	2,000	4,500	7,000	10,000
325 4d Sed	380	1,140	1,900	4,280	6,650	9,500
325ES 2d Sed	440	1,320	2,200	4,950	7,700	11,000
325E 4d Sed	420	1,260	2,100	4,730	7,350	10,500
325is 2d Sed	440	1,320	2,200	4,950	7,700	11,000
325i 4d Sed	420	1,260	2,100	4,730	7,350	10,500
325i 2d Conv	480	1,440	2,400	5,400	8,400	12,000
528E 4d Sed	360	1,080	1,800	4,050	6,300	9,000
528i 4d Sed	380	1,140	1,900	4,280	6,650	9,500
528is 4d Sed	400	1,200	2,000	4,500	7,000	10,000
735i 4d Sed	460	1,380	2,300	5,180	8,050	11,500
L7 4d Sed	360	1,080	1,800	4,050	6,300	9,000
635CSi 2d Cpe	480	1,440	2,400	5,400	8,400	12,000
L6 2d Cpe	500	1,500	2,500	5,630	8,750	12,500
M6 2d Cpe	1,170	3,500	5,840	13,140	20,440	29,200
1988 3153cc						
325 2d	400	1,200	2,000	4,500	7,000	10,000
325 4d	380	1,140	1,900	4,280	6,650	9,500
325i 2d	440	1,320	2,200	4,950	7,700	11,000
325i 4d	420	1,260	2,100	4,730	7,350	10,500
325i 2d Conv	480	1,440	2,400	5,400	8,400	12,000
325iX 2d	460	1,380	2,300	5,180	8,050	11,500
M3 2d Sed	560	1,680	2,800	6,300	9,800	14,000
528E 4d	360	1,080	1,800	4,050	6,300	9,000
535i 4d	440	1,320	2,200	4,950	7,700	11,000
535is 4d	480	1,440	2,400	5,400	8,400	12,000
M5 4d	720	2,160	3,600	8,100	12,600	18,000
735i 4d	460	1,380	2,300	5,180	8,050	11,500
735iL 4d	480	1,440	2,400	5,400	8,400	12,000
750iL 4d	900	2,700	4,500	10,130	15,750	22,500
635CSi 2d	480	1,440	2,400	5,400	8,400	12,000
M6 2d	1,170	3,500	5,840	13,140	20,440	29,200
1989 3153cc						
325i 2d Sed	440	1,320	2,200	4,950	7,700	11,000
325i 4d Sed	420	1,260	2,100	4,730	7,350	10,500
325is 2d Sed	440	1,320	2,200	4,950	7,700	11,000

	6	5	4	3	2	1
325i Conv	480	1,440	2,400	5,400	8,400	12,000
325ix 2d Sed (4x4)	560	1,680	2,800	6,300	9,800	14,000
325ix 4d Sed (4x4)	560	1,680	2,800	6,300	9,800	14,000
M3 2d Sed	760	2,280	3,800	8,550	13,300	19,000
525i 4d Sed	420	1,260	2,100	4,730	7,350	10,500
535i 4d Sed	440	1,320	2,200	4,950	7,700	11,000
735i 4d Sed	460	1,380	2,300	5,180	8,050	11,500
735iL 4d Sed	480	1,440	2,400	5,400	8,400	12,000
750iL 4d Sed	900	2,700	4,500	10,130	15,750	22,500
635CSi Cpe	480	1,440	2,400	5,400	8,400	12,000
1990 3153cc						
325i 2d Sed	440	1,320	2,200	4,950	7,700	11,000
325i 4d Sed	420	1,260	2,100	4,730	7,350	10,500
325is 2d Sed	440	1,320	2,200	4,950	7,700	11,000
325i 2d Conv	480	1,440	2,400	5,400	8,400	12,000
325i 2d Sed (4x4)	520	1,560	2,600	5,850	9,100	13,000
325i 4d Sed (4x4)	520	1,560	2,600	5,850	9,100	13,000
M3 2d Sed	760	2,280	3,800	8,550	13,300	19,000
525i 4d Sed	420	1,260	2,100	4,730	7,350	10,500
535i 4d Sed	440	1,320	2,200	4,950	7,700	11,000
735i 4d Sed	460	1,380	2,300	5,180	8,050	11,500
735iL 4d Sed	480	1,440	2,400	5,400	8,400	12,000
750iL 4d Sed	900	2,700	4,500	10,130	15,750	22,500
1991 3153cc						
318i 2d Sed	400	1,250	2,100	4,730	7,350	10,500
318i 4d Sed	400	1,200	2,000	4,500	7,000	10,000
318i 2d Conv	520	1,560	2,600	5,850	9,100	13,000
325i 2d Sed	440	1,320	2,200	4,950	7,700	11,000
325i 4d Sed	420	1,260	2,100	4,730	7,350	10,500
325i 2d Conv	480	1,440	2,400	5,400	8,400	12,000
325i 2d Sed (4x4)	520	1,560	2,600	5,850	9,100	13,000
325i 4d Sed (4x4)	520	1,560	2,600	5,850	9,100	13,000
M3 2d Sed	850	2,600	4,300	9,680	15,000	21,500
525i 4d Sed	420	1,260	2,100	4,730	7,350	10,500
535i 4d Sed	440	1,320	2,200	4,950	7,700	11,000
M5 4d Sed	760	2,280	3,800	8,550	13,300	19,000
735i 4d Sed	460	1,380	2,300	5,180	8,050	11,500
735iL 4d Sed	480	1,440	2,400	5,400	8,400	12,000
750iL 4d Sed	900	2,700	4,500	10,130	15,750	22,500
850i 2d Cpe	1,120	3,360	5,600	12,600	19,600	28,000
1992 3153cc						
318is 2d Cpe	420	1,260	2,100	4,730	7,350	10,500
318i 4d Sed	400	1,200	2,000	4,500	7,000	10,000
318i 2d Conv	520	1,560	2,600	5,850	9,100	13,000
325is 2d Cpe	440	1,320	2,200	4,950	7,700	11,000
325i 4d Sed	420	1,260	2,100	4,730	7,350	10,500
325i 2d Conv	520	1,560	2,600	5,850	9,100	13,000
525i 4d Sed	420	1,260	2,100	4,730	7,350	10,500
535i 4d Sed	440	1,320	2,200	4,950	7,700	11,000
525i 4d Sta Wag.	520	1,560	2,600	5,850	9,100	13,000
M5 4d Sed	760	2,280	3,800	8,550	13,300	19,000
735i 4d Sed	460	1,380	2,300	5,180	8,050	11,500
735L 4d Sed.	480	1,440	2,400	5,400	8,400	12,000
750L 4d Sed.	900	2,700	4,500	10,130	15,750	22,500
850i 2d Cpe	1,120	3,360	5,600	12,600	19,600	28,000
1993 3 Series						
318is 2d Cpe	700	2,150	3,600	8,100	12,600	18,000
318i 4d Sed	750	2,200	3,650	8,190	12,700	18,200
325 is 2d Cpe	750	2,200	3,700	8,330	13,000	18,500
325i 4d Sed	750	2,250	3,750	8,420	13,100	18,700
318i 2d Conv	700	2,050	3,400	7,650	11,900	17,000
325i 2d Conv	850	2,500	4,200	9,450	14,700	21,000
1993 5 Series						
525i 4d Sed	900	2,700	4,500	10,130	15,700	22,500
530i 4d Sed	700	2,150	3,600	8,100	12,600	18,000
540i 4d Sed	850	2,500	4,200	9,450	14,700	21,000
525i 4d Sta Wag.	950	2,800	4,700	10,580	16,500	23,500
530i 4d Sta Wag.	750	2,300	3,800	8,550	13,300	19,000
1993 7 Series						
740i 4d Sed	1,100	3,250	5,400	12,150	18,900	27,000
740iL 4d Sed	1,100	3,350	5,600	12,600	19,600	28,000
750iL 4d Sed	1,150	3,500	5,800	13,050	20,300	29,000
1993 8 Series						
850ci 2d Cpe	1,150	3,500	5,800	13,050	20,300	29,000
850ci 2d Cpe	1,400	4,200	7,000	15,750	24,500	35,000
850csi 2d Cpe	1,750	5,300	8,800	19,800	30,800	44,000

	6	5	4	3	2	1
1994 3 Series						
318is 2d Cpe	600	1,850	3,100	6,980	10,900	15,500
325is 2d Cpe	800	2,350	3,900	8,780	13,700	19,500
318i 4d Sed	600	1,800	3,000	6,750	10,500	15,000
325i 4d Sed	750	2,300	3,800	8,550	13,300	19,000
318i 2d Conv	800	2,400	4,000	9,000	14,000	20,000
325i 2d Conv	1,000	3,000	5,000	11,250	17,500	25,000
1994 5 Series						
525i 4d Sed	800	2,350	3,900	8,780	13,700	19,500
530i 4d Sed	850	2,500	4,200	9,450	14,700	21,000
540i 4d Sed	950	2,900	4,800	10,800	16,800	24,000
525i 4d Sta Wag	850	2,500	4,200	9,450	14,700	21,000
530i 4d Sta Wag	900	2,750	4,600	10,350	16,100	23,000
1994 7 Series						
740i 4d Sed	900	2,750	4,600	10,350	16,100	23,000
740il 4d Sed	1,000	3,000	5,000	11,250	17,500	25,000
750il 4d Sed	1,150	3,500	5,800	13,050	20,300	29,000
1994 8 Series						
840ci 2d Cpe	1,350	4,100	6,800	15,300	23,800	34,000
850ci 2d Cpe	1,650	4,900	8,200	18,450	28,700	41,000
850csi 2d Cpe	2,050	6,100	10,200	22,950	35,700	51,000
1995 3 Series						
318ti 2d Cpe	500	1,550	2,600	5,850	9,100	13,000
318is 2d Cpe	600	1,850	3,100	6,980	10,900	15,500
325is 2d Cpe	800	2,350	3,900	8,780	13,700	19,500
M3 2d Cpe	1,000	2,950	4,900	11,030	17,200	24,500
318i 4d Sed	600	1,800	3,000	6,750	10,500	15,000
325i 4d Sed	750	2,300	3,800	8,550	13,300	19,000
318i 2d Conv	800	2,400	4,000	9,000	14,000	20,000
325i 2d Conv	1,000	3,000	5,000	11,250	17,500	25,000
1995 5 Series						
525i 4d Sed	800	2,350	3,900	8,780	13,700	19,500
530i 4d Sed	850	2,500	4,200	9,450	14,700	21,000
540i 4d Sed	950	2,900	4,800	10,800	16,800	24,000
525i 4d Sta Wag	850	2,500	4,200	9,450	14,700	21,000
530i 4d Sta Wag	900	2,750	4,600	10,350	16,100	23,000
1995 7 Series						
740i 4d Sed	900	2,750	4,600	10,350	16,100	23,000
740iL 4d Sed	1,000	3,000	5,000	11,250	17,500	25,000
750iL 4d Sed	1,150	3,500	5,800	13,050	20,300	29,000
1995 8 Series						
840ci 2d Cpe	1,350	4,100	6,800	15,300	23,800	34,000
850ci 2d Cpe	1,650	4,900	8,200	18,450	28,700	41,000
850csi 2d Cpe	2,050	6,100	10,200	22,950	35,700	51,000
1996 3 Series						
318ti 2d Cpe	500	1,450	2,400	5,400	8,400	12,000
318is 2d Cpe	600	1,750	2,900	6,530	10,200	14,500
328is 2d Cpe	750	2,200	3,700	8,330	13,000	18,500
M3 2d Cpe	950	2,800	4,700	10,580	16,500	23,500
318i 4d Sed	550	1,700	2,800	6,300	9,800	14,000
328i 4d Sed	700	2,150	3,600	8,100	12,600	18,000
318i 2d Conv	750	2,300	3,800	8,550	13,300	19,000
328i 2d Conv	950	2,900	4,800	10,800	16,800	24,000
1996 Z Series						
Z3 2d Rds	750	2,300	3,800	8,550	13,300	19,000
1996 7 Series						
740iL 4d Sed	950	2,900	4,800	10,800	16,800	24,000
750iL 4d Sed	1,100	3,350	5,600	12,600	19,600	28,000
1996 8 Series						
840Ci 2d Cpe	1,300	3,950	6,600	14,850	23,100	33,000
850Ci 2d Cpe	1,600	4,800	8,000	18,000	28,000	40,000
NOTE: Add 5 percent for detachable hardtop.						
1997 3 Series						
318ti 2d Cpe	480	1,440	2,400	5,400	8,400	12,000
318is 2d Cpe	580	1,740	2,900	6,530	10,150	14,500
328is 2d Cpe	740	2,220	3,700	8,330	12,950	18,500
M3 2d Cpe	940	2,820	4,700	10,580	16,450	23,500
M3 4d Sed	920	2,760	4,600	10,350	16,100	23,000
318i 4d Sed	560	1,680	2,800	6,300	9,800	14,000
328i 4d Sed	720	2,160	3,600	8,100	12,600	18,000
318i 2d Conv	760	2,280	3,800	8,550	13,300	19,000
328i 2d Conv	960	2,880	4,800	10,800	16,800	24,000
1997 Z Series, 6-cyl.						
Z3 2d Rds	760	2,280	3,800	8,550	13,300	19,000
M 2d Rds	920	2,760	4,600	10,350	16,100	23,000
NOTE: Deduct 5 percent for 4-cyl. on Z3 Rds.						

	6	5	4	3	2	1
1997 5 Series						
528i 4d Sed	740	2,220	3,700	8,330	12,950	18,500
540i 4d Sed	900	2,700	4,500	10,130	15,750	22,500
1997 7 Series						
740i 4d Sed	920	2,760	4,600	10,350	16,100	23,000
740iL 4d Sed	960	2,880	4,800	10,800	16,800	24,000
750iL 4d Sed	1,120	3,360	5,600	12,600	19,600	28,000
1997 8 Series						
840Ci 2d Cpe	1,320	3,960	6,600	14,850	23,100	33,000
850Ci 2d Cpe	1,600	4,800	8,000	18,000	28,000	40,000
NOTE: Add 5 percent for detachable hardtop.						
1998 3 Series						
318ti 2d Cpe	480	1,440	2,400	5,400	8,400	12,000
323is 2d Cpe	580	1,740	2,900	6,530	10,150	14,500
328is 2d Cpe	740	2,220	3,700	8,330	12,950	18,500
M3 2d Cpe	940	2,820	4,700	10,580	16,450	23,500
M3 4d Sed	920	2,760	4,600	10,350	16,100	23,000
318i 4d Sed	560	1,680	2,800	6,300	9,800	14,000
328i 4d Sed	720	2,160	3,600	8,100	12,600	18,000
323i 2d Conv	760	2,280	3,800	8,550	13,300	19,000
328i 2d Conv	880	2,640	4,400	9,900	15,400	22,000
M3 2d Conv	1,060	3,180	5,300	11,930	18,550	26,500
1998 Z Series, 6-cyl.						
Z3 1.9 2d Rds (4-cyl.)	760	2,280	3,800	8,550	13,300	19,000
Z3 2.8 2d Rds	800	2,400	4,000	9,000	14,000	20,000
M 2d Rds	920	2,760	4,600	10,350	16,100	23,000
NOTE: Add 5 percent for detachable HT.						
1998 5 Series						
528i 4d Sed	740	2,220	3,700	8,330	12,950	18,500
540i 4d Sed	900	2,700	4,500	10,130	15,750	22,500
1998 7 Series						
740i 4d Sed	920	2,760	4,600	10,350	16,100	23,000
740iL 4d Sed	960	2,880	4,800	10,800	16,800	24,000
750iL 4d Sed	1,120	3,360	5,600	12,600	19,600	28,000
1999 E36 3 Series, 6-cyl.						
318ti 2d Cpe (4-cyl.)	480	1,440	2,400	5,400	8,400	12,000
323is 2d Cpe	580	1,740	2,900	6,530	10,150	14,500
328is 2d Cpe	740	2,220	3,700	8,330	12,950	18,500
M3 2d Cpe	940	2,820	4,700	10,580	16,450	23,500
323i 2d Conv	760	2,280	3,800	8,550	13,300	19,000
328i 2d Conv	880	2,640	4,400	9,900	15,400	22,000
M3 2d Conv	1,060	3,180	5,300	11,930	18,550	26,500
1999 E46 3 Series, 6-cyl.						
323i 4d Sed	560	1,680	2,800	6,300	9,800	14,000
328i 4d Sed	720	2,160	3,600	8,100	12,600	18,000
1999 Z Series, 6-cyl.						
Z3 2.3 2d Rds	780	2,340	3,900	8,780	13,650	19,500
Z3 2.8 2d Rds	800	2,400	4,000	9,000	14,000	20,000
Z3 2.8 2d Cpe	780	2,340	3,900	8,780	13,650	19,500
M 2d Rds	920	2,760	4,600	10,350	16,100	23,000
M 2d Cpe	900	2,700	4,500	10,130	15,750	22,500
NOTE: Add 5 percent for detachable HT.						
1999 5 Series, 6-cyl.						
528i 4d Sed	740	2,220	3,700	8,330	12,950	18,500
528i 4d Sta Wag	760	2,280	3,800	8,550	13,300	19,000
540i 4d Sed (V-8)	900	2,700	4,500	10,130	15,750	22,500
540i 4d Sta Wag (V-8)	920	2,760	4,600	10,350	16,100	23,000
1999 7 Series, V-8						
740i 4d Sed	920	2,760	4,600	10,350	16,100	23,000
740iL 4d Sed	960	2,880	4,800	10,800	16,800	24,000
750iL 4d Sed (V-12)	1,120	3,360	5,600	12,600	19,600	28,000
2000 3 Series, 6-cyl.						
323Ci 2d Cpe	580	1,740	2,900	6,530	10,150	14,500
328Ci 2d Cpe	660	1,980	3,300	7,430	11,550	16,500
323Ci 4d Sed	540	1,620	2,700	6,080	9,450	13,500
328Ci 4d Sed	620	1,860	3,100	6,980	10,850	15,500
323i 2d Conv	720	2,160	3,600	8,100	12,600	18,000
328i 2d Conv	760	2,280	3,800	8,550	13,300	19,000
323i 4d Sta Wag	640	1,920	3,200	7,200	11,200	16,000
2000 Z Series, 6-cyl.						
Z3 2.3 2d Rds	780	2,340	3,900	8,780	13,650	19,500
Z3 2.8 2d Rds	800	2,400	4,000	9,000	14,000	20,000
Z3 2.8 2d Cpe	780	2,340	3,900	8,780	13,650	19,500
M 2d Rds	920	2,760	4,600	10,350	16,100	23,000
M 2d Cpe	900	2,700	4,500	10,130	15,750	22,500
NOTE: Add 5 percent for detachable HT.						

	6	5	4	3	2	1
2000 5 Series, 6-cyl.						
528i 4d Sed	750	2,240	3,740	8,420	13,090	18,700
528i 4d Sta Wag	770	2,300	3,840	8,640	13,440	19,200
540i 4d Sed (V-8)	910	2,720	4,540	10,220	15,890	22,700
540i 4d Sta Wag (V-8)	930	2,780	4,640	10,440	16,240	23,200
M5 4d Sed (V-8)	1,520	4,560	7,600	17,100	26,600	38,000
2000 7 Series, V-8						
740i 4d Sed	930	2,780	4,640	10,440	16,240	23,200
740iL 4d Sed	970	2,900	4,840	10,890	16,940	24,200
750iL 4d Sed (V-12)	1,130	3,380	5,640	12,690	19,740	28,200
2001 3 Series, 6-cyl.						
325Ci 2d Cpe	580	1,750	2,920	7,300	10,220	14,600
330Ci 2d Cpe	660	1,990	3,320	8,300	11,620	16,600
325i 4d Sed	540	1,630	2,720	6,800	9,520	13,600
325xi 4d Sed (AWD)	620	1,860	3,100	7,750	10,850	15,500
330i 4d Sed	600	1,810	3,020	7,550	10,570	15,100
325Ci 2d Conv	720	2,170	3,620	9,050	12,670	18,100
330Ci 2d Conv	760	2,290	3,820	9,550	13,370	19,100
325i 4d Sta Wag	640	1,930	3,220	8,050	11,270	16,100
325xi 4d Sta Wag (AWD)	660	1,980	3,300	8,250	11,550	16,500
M3 2d Cpe	860	2,580	4,300	10,750	15,050	21,500
2001 Z Series, 6-cyl.						
Z3 2.5 2d Rds	780	2,350	3,920	9,800	13,720	19,600
Z3 3.0 2d Rds	800	2,410	4,020	10,050	14,070	20,100
Z3 3.0 2d Cpe	780	2,350	3,920	9,800	13,720	19,600
M 2d Rds	920	2,770	4,620	11,550	16,170	23,100
M 2d Cpe	900	2,710	4,520	11,300	15,820	22,600
NOTE: Add 5 percent for detachable HT.						
2001 5 Series, 6-cyl.						
525i 4d Sed	740	2,230	3,720	9,300	13,020	18,600
525i 4d Sta Wag	760	2,290	3,820	9,550	13,370	19,100
530i 4d Sed	810	2,420	4,040	10,100	14,140	20,200
540i 4d Sed (V-8)	910	2,720	4,540	11,350	15,890	22,700
540i 4d Sta Wag (V-8)	930	2,780	4,640	11,600	16,240	23,200
M5 4d Sed (V-8)	1,520	4,570	7,620	19,050	26,670	38,100
2001 7 Series, V-8						
740i 4d Sed	930	2,780	4,640	11,600	16,240	23,200
740iL 4d Sed	970	2,900	4,840	12,100	16,940	24,200
750iL 4d Sed (V-12)	1,130	3,380	5,640	14,100	19,740	28,200
NOTE: Add 20 percent for 740iL and 750iL Protection (armor body panels/bullet-proof glass/run-flat tires) pkg.						
2001 Z8, V-8						
Conv	1,650	4,940	8,240	18,540	28,840	41,200
2002 3 Series, 6-cyl.						
325Ci 2d Cpe	580	1,750	2,920	7,300	10,220	14,600
330Ci 2d Cpe	660	1,990	3,320	8,300	11,620	16,600
325i 4d Sed	540	1,630	2,720	6,800	9,520	13,600
325xi 4d Sed (AWD)	620	1,860	3,100	7,750	10,850	15,500
330i 4d Sed	600	1,810	3,020	7,550	10,570	15,100
330xi 4d Sed (AWD)	700	2,100	3,500	8,750	12,250	17,500
325Ci 2d Conv	720	2,170	3,620	9,050	12,670	18,100
330Ci 2d Conv	760	2,290	3,820	9,550	13,370	19,100
325i 4d Sta Wag	640	1,930	3,220	8,050	11,270	16,100
325xi 4d Sta Wag (AWD)	660	1,980	3,300	8,250	11,550	16,500
M3 2d Cpe	860	2,580	4,300	10,750	15,050	21,500
2002 Z Series, 6-cyl.						
Z3 2.5 2d Rds	780	2,350	3,920	9,800	13,720	19,600
Z3 3.0 2d Rds	800	2,410	4,020	10,050	14,070	20,100
Z3 3.0 2d Cpe	780	2,350	3,920	9,800	13,720	19,600
M 2d Rds	920	2,770	4,620	11,550	16,170	23,100
M 2d Cpe	900	2,710	4,520	11,300	15,820	22,600
NOTE: Add 5 percent for detachable HT.						
2002 5 Series, 6-cyl.						
525i 4d Sed	740	2,230	3,720	9,300	13,020	18,600
525i 4d Sta Wag	760	2,290	3,820	9,550	13,370	19,100
530i 4d Sed	810	2,420	4,040	10,100	14,140	20,200
540i 4d Sed (V-8)	910	2,720	4,540	11,350	15,890	22,700
540i 4d Sta Wag (V-8)	930	2,780	4,640	11,600	16,240	23,200
2002 M5, V-8						
4d Sed	1,480	4,440	7,400	18,500	25,900	37,000
2002 7 Series, V-8						
745i 4d Sed	930	2,780	4,640	11,600	16,240	23,200
745Li 4d Sed	970	2,900	4,840	12,100	16,940	24,200
2002 Z8, V-8						
2d Conv	1,650	4,940	8,240	20,600	28,840	41,200
2003 3 Series, 6-cyl.						
325Ci 2d Cpe	580	1,750	2,920	7,300	10,220	14,600

	6	5	4	3	2	1
330Ci 2d Cpe	660	1,990	3,320	8,300	11,620	16,600
325i 4d Sed	540	1,630	2,720	6,800	9,520	13,600
325xi 4d Sed (AWD)	620	1,860	3,100	7,750	10,850	15,500
330i 4d Sed	600	1,810	3,020	7,550	10,570	15,100
330xi 4d Sed (AWD)	700	2,100	3,500	8,750	12,250	17,500
325Ci 2d Conv	720	2,170	3,620	9,050	12,670	18,100
330Ci 2d Conv	760	2,290	3,820	9,550	13,370	19,100
325i 4d Sta Wag.	640	1,930	3,220	8,050	11,270	16,100
325xi 4d Sta Wag (AWD)	660	1,980	3,300	8,250	11,550	16,500
M3 2d Cpe	860	2,580	4,300	10,750	15,050	21,500
M3 2d Conv	1,060	3,180	5,300	13,250	18,550	26,500
2003 Z Series, 6-cyl.						
Z4 2.5i 2d Rds	780	2,350	3,920	9,800	13,720	19,600
Z4 3.0i 2d Rds	800	2,410	4,020	10,050	14,070	20,100
NOTE: Add 5 percent for detachable HT.						
2003 5 Series, 6-cyl.						
525i 4d Sed	740	2,230	3,720	9,300	13,020	18,600
525i 4d Sta Wag.	760	2,290	3,820	9,550	13,370	19,100
530i 4d Sed	810	2,420	4,040	10,100	14,140	20,200
540i 4d Sed (V-8)	910	2,720	4,540	11,350	15,890	22,700
540i 4d Sta Wag (V-8)	930	2,780	4,640	11,600	16,240	23,200
2003 M5, V-8						
4d Sed	1,480	4,440	7,400	18,500	25,900	37,000
2003 7 Series, V-8						
745i 4d Sed	930	2,780	4,640	11,600	16,240	23,200
745Li 4d Sed	970	2,900	4,840	12,100	16,940	24,200
760Li 4d Sed	1,480	4,450	7,420	18,550	25,970	37,100
2003 Z8, V-8						
2d Conv	1,650	4,940	8,240	20,600	28,840	41,200
2d Alpina Conv.	3,400	10,200	17,000	42,500	59,500	85,000
2004 3 Series, 6-cyl.						
325Ci 2d Cpe	580	1,750	2,920	7,300	10,220	14,600
330Ci 2d Cpe	660	1,990	3,320	8,300	11,620	16,600
325i 4d Sed	540	1,630	2,720	6,800	9,520	13,600
325i 4d Sed (AWD)	620	1,860	3,100	7,750	10,850	15,500
330i 4d Sed	600	1,810	3,020	7,550	10,570	15,100
330xi 4d Sed (AWD)	700	2,100	3,500	8,750	12,250	17,500
325Ci 2d Conv	720	2,170	3,620	9,050	12,670	18,100
330Ci 2d Conv	760	2,290	3,820	9,550	13,370	19,100
325Ci 4d Sta Wag	640	1,930	3,220	8,050	11,270	16,100
325Ci 4d Sta Wag (AWD)	690	2,080	3,460	7,790	12,110	17,300
M3 2d Cpe	860	2,580	4,300	10,750	15,050	21,500
M3 2d Conv	1,060	3,180	5,300	13,250	18,550	26,500
NOTE: Add 10 percent for Performance pkg on 330 class models.						
2004 Z Series, 6-cyl.						
Z4 2.5i 2d Rds	780	2,350	3,920	9,800	13,720	19,600
Z4 3.0i 2d Rds	800	2,410	4,020	10,050	14,070	20,100
NOTE: Add 5 percent for detachable HT.						
2004 5 Series, 6-cyl.						
525i 4d Sed	740	2,230	3,720	9,300	13,020	18,600
530i 4d Sed	810	2,420	4,040	10,100	14,140	20,200
545i 4d Sed (V-8 only)	910	2,720	4,540	11,350	15,890	22,700
2004 6 Series, V-8						
645Ci 2d Cpe	1,370	4,120	6,860	17,150	24,010	34,300
645Ci 2d Conv	1,460	4,380	7,300	18,250	25,550	36,500
2004 7 Series, V-8						
745i 4d Sed	930	2,780	4,640	11,600	16,240	23,200
745Li 4d Sed	970	2,900	4,840	12,100	16,940	24,200
760i 4d Sed (V-12 only)	1,340	4,020	6,700	15,080	23,450	33,500
760Li 4d Sed (V-12 only)	1,480	4,450	7,420	18,550	25,970	37,100
2005 3 Series, 6-cyl.						
2d 325 Ci Cpe	580	1,750	2,920	6,570	10,220	14,600
2d 330Ci Cpe	660	1,990	3,320	8,300	11,620	16,600
4d 325i Sed	540	1,630	2,720	6,120	9,520	13,600
4d 325xi Sed (AWD)	620	1,860	3,100	7,750	10,850	15,500
4d 330i Sed	600	1,810	3,020	7,550	10,570	15,100
4d 330xi Sed (AWD)	700	2,100	3,500	8,750	12,250	17,500
4d 325i Sta Wag.	640	1,930	3,220	8,050	11,270	16,100
4d 325xi Sta Wag (AWD)	690	2,080	3,460	8,650	12,110	17,300
2d 325Ci Conv	720	2,170	3,620	9,050	12,670	18,100
2d 330Ci Conv	760	2,290	3,820	9,550	13,370	19,100
2d M3 Cpe	860	2,580	4,300	9,680	15,050	21,500
2d M3 Conv	1,060	3,180	5,300	11,930	18,550	26,500

NOTE: Add 20 percent for Competition pkg on M3 coupe. Add 10 percent for Sport Suspension pkg, when optional. Add 20 percent for Performance pkg on 330 models. Add 5 percent for detachable HT. Deduct 5 percent for manual transmission.

	6	5	4	3	2	1
2005 Z Series, 6-cyl.						
2d Z4 2.5i Rds	780	2,350	3,920	8,820	13,720	19,600
2d Z4 3.0i Rds	800	2,410	4,020	10,050	14,070	20,100
NOTE: Add 10 percent for Sport Suspension pkg, when optional. Add 5 percent for detachable HT. Deduct 5 percent for manual transmission.						
2005 5 Series, 6-cyl.						
4d 525i Sed	740	2,230	3,720	9,300	13,020	18,600
4d 530i Sed	810	2,420	4,040	10,100	14,140	20,200
4d 545i Sed (V-8 only)	910	2,720	4,540	11,350	15,890	22,700
NOTE: Add 10 percent for Sport Suspension pkg, when optional. Deduct 5 percent for manual transmission, except 545i sedan.						
2005 6 Series, V-8						
2d 645Ci Cpe	1,370	4,120	6,860	17,150	24,010	34,300
2d 645Ci Conv	1,460	4,380	7,300	16,430	25,550	36,500
NOTE: Add 5 percent for detachable HT. Deduct 5 percent for manual transmission.						
2005 7 Series, V-8						
4d 745i Sed	930	2,780	4,640	11,600	16,240	23,200
4d 745Li Sed	970	2,900	4,840	12,100	16,940	24,200
4d 760i Sed (V-12 only)	1,340	4,020	6,700	16,750	23,450	33,500
4d 760Li Sed (V-12 only)	1,480	4,450	7,420	18,550	25,970	37,100
NOTE: Add 10 percent for Sport Suspension pkg, when optional. Deduct 5 percent for manual transmission.						
2006 3 Series 6-cyl. 2.5L/3.0L						
4d 325i Sed	620	1,860	3,100	7,750	10,850	15,500
4d 325xi Sed AWD	660	1,980	3,300	7,430	11,550	16,500
2006 3 Series 6-cyl. 2.5L/3.0L						
2d 325Ci Cpe	620	1,860	3,100	7,750	10,850	15,500
2006 3 Series 6-cyl. 2.5L/3.0L						
2d 325Ci Conv	700	2,100	3,500	8,750	12,250	17,500
4d 325xi Wag AWD	730	2,200	3,660	9,150	12,810	18,300
4d 330i Sed	690	2,080	3,460	8,650	12,110	17,300
4d 330xi Sed AWD	730	2,180	3,640	9,100	12,740	18,200
2d 330Ci Cpe	720	2,160	3,600	9,000	12,600	18,000
2d 330Ci Conv	800	2,400	4,000	10,000	14,000	20,000
NOTE: Add 10 percent for performance package.						
2006 M3 6-cyl. 3.2L						
2d Cpe	980	2,940	4,900	12,250	17,150	24,500
2d Conv	1,040	3,120	5,200	13,000	18,200	26,000
2006 Z4 6-cyl. 3.0L						
2d 3.0i Rds	660	1,980	3,300	8,250	11,550	16,500
2d 3.0si Cpe	690	2,080	3,460	8,650	12,110	17,300
2d 3.0si Rds	730	2,180	3,640	9,100	12,740	18,200
2006 Z4 6-cyl. 3.2L						
2d 3.2 Cpe	880	2,640	4,400	11,000	15,400	22,000
2d 3.2 Rds	920	2,760	4,600	11,500	16,100	23,000
2006 5 Series 6-cyl. 3.0L						
4d 525i Sed	660	1,980	3,300	8,250	11,550	16,500
4d 525xi Sed AWD	700	2,100	3,500	8,750	12,250	17,500
4d 530i Sed	740	2,230	3,720	9,300	13,020	18,600
4d 530xi Sed AWD	790	2,370	3,950	9,880	13,830	19,750
4d 530xi Wag AWD	840	2,530	4,220	10,550	14,770	21,100
NOTE: Add 5 percent for premium package.						
2006 5 Series V-8 4.8L						
4d 550i Sed	880	2,640	4,400	11,000	15,400	22,000
2006 M5 V-10 5.0L						
4d Sed	1,240	3,720	6,200	15,500	21,700	31,000
2006 6 Series 4.8L V-8						
2d 650i Cpe	1,040	3,120	5,200	13,000	18,200	26,000
2d 650i Conv	1,200	3,600	6,000	15,000	21,000	30,000
2006 M6 V-10 5.0L						
2d Cpe	1,240	3,720	6,200	15,500	21,700	31,000
2006 7 Series 4.8L V-8						
4d 750i Sed	920	2,760	4,600	11,500	16,100	23,000
4d 750Li Sed	1,040	3,120	5,200	13,000	18,200	26,000
2006 7 Series 6.6L V-12						
4d 760i Sed	1,260	3,780	6,300	15,750	22,050	31,500
4d 760Li Sed	1,280	3,840	6,400	16,000	22,400	32,000

BORGWARD

1949-53 Hansa 1500, 4-cyl., 96" wb						
2d Sed	300	850	1,400	3,150	4,900	7,000
2d Conv	550	1,600	2,700	6,080	9,450	13,500
1949-53 Hansa 1800, 4-cyl., 102" wb						
4d Sed	300	850	1,400	3,200	4,950	7,100
1949-53 Hansa 2400, 4-cyl., 102" wb or 111" wb						
4d Sed	300	850	1,450	3,240	5,050	7,200

	6	5	4	3	2	1
1954-55 Isabella, 4-cyl., 102" wb						
2d Sed	300	950	1,600	3,600	5,600	8,000
1954-55 Hansa 1500, 4-cyl., 96" wb						
2d Sed	300	850	1,400	3,200	4,950	7,100
2d Conv	550	1,600	2,700	6,080	9,450	13,500
1954-55 Hansa 1800, 4-cyl., 102" wb						
4d Sed	300	850	1,400	3,200	4,950	7,100
1954-55 Hansa 2400, 4-cyl., 102" or 111" wb						
4d Sed	300	850	1,450	3,240	5,050	7,200
1956 Isabella, 4-cyl., 102" wb						
2d Sed	350	1,000	1,650	3,690	5,750	8,200
2d TS Sed	350	1,000	1,650	3,740	5,800	8,300
2d Sta Wag	350	1,000	1,650	3,690	5,750	8,200
2d Cabr	600	1,850	3,100	6,980	10,900	15,500
1957 Isabella, 4-cyl., 102" wb						
2d Sed	350	1,000	1,650	3,740	5,800	8,300
2d Sta Wag	350	1,000	1,650	3,740	5,800	8,300
2d TS Sed	350	1,000	1,700	3,830	5,950	8,500
2d TS Conv Cpe	600	1,850	3,100	6,980	10,900	15,500
2d TS Spt Cpe	550	1,600	2,700	6,080	9,450	13,500
1958 Isabella, 4-cyl., 102" wb						
2d Sed	350	1,000	1,650	3,690	5,750	8,200
2d Sta Wag	350	1,000	1,650	3,740	5,800	8,300
2d TS Sed	350	1,000	1,700	3,780	5,900	8,400
2d TS Spt Cpe	550	1,600	2,700	6,080	9,450	13,500
1959 Isabella, 4-cyl., 102" wb						
2d Sed	350	1,000	1,650	3,690	5,750	8,200
2d SR Sed	350	1,000	1,650	3,740	5,800	8,300
2d Combi Wag	350	1,000	1,700	3,780	5,900	8,400
2d TS Spt Sed	350	1,000	1,700	3,780	5,900	8,400
2d TS DeL Sed	350	1,000	1,700	3,830	5,950	8,500
2d TS Spt Cpe	550	1,600	2,700	6,080	9,450	13,500
1960 Isabella, 4-cyl., 102" wb						
2d Sed	350	1,000	1,650	3,690	5,750	8,200
2d SR Sed	350	1,000	1,650	3,740	5,800	8,300
2d Combi Wag	350	1,000	1,650	3,740	5,800	8,300
2d TS Spt Sed	350	1,000	1,700	3,780	5,900	8,400
2d TS DeL Sed	350	1,000	1,700	3,830	5,950	8,500
2d TS Spt Cpe	550	1,600	2,700	6,080	9,450	13,500
1961 Isabella, 4-cyl., 102" wb						
2d Sed	350	1,000	1,700	3,780	5,900	8,400

CITROEN

	6	5	4	3	2	1
1945-48 11 Legere, 4-cyl., 1911cc, 114.5" wb						
4d Sed	700	2,050	3,400	7,650	11,900	17,000
1945-48 11 Normale, 4-cyl., 1911cc, 119" wb						
4d Sed	1,000	3,000	5,000	11,250	17,500	25,000
1945-48 15, 6-cyl., 2867cc, 119" wb						
4d Sed	1,000	3,000	5,000	11,250	17,500	25,000
1949-54 2CV, 2-cyl., 375cc, 94.4" wb						
4d Sed	350	1,000	1,700	3,830	5,950	8,500
1949-54 11 Legere, 4-cyl., 1911cc, 114.5" wb						
4d Sed	700	2,050	3,400	7,650	11,900	17,000
1949-54 11 Normale, 4-cyl., 1911cc, 119" wb						
4d Sed	750	2,300	3,800	8,550	13,300	19,000
1949-54 15, 6-cyl., 2867cc, 119" wb						
4d Sed	1,100	3,300	5,500	12,380	19,300	27,500
1955-56 2CV, 2-cyl., 425cc, 94.4" wb						
4d Sed	350	1,050	1,750	3,960	6,150	8,800
1955-56 DS19, 4-cyl., 1911cc, 123" wb						
4d Sed	400	1,200	2,000	4,500	7,000	10,000
1955-56 11, 4-cyl., 1911cc, 114.5" wb						
4d Sed	800	2,400	4,000	9,000	14,000	20,000
1955-56 15, 6-cyl., 2867cc, 121.5" wb						
4d Sed	1,200	3,600	6,000	13,500	21,000	30,000
1957 2CV, 2-cyl., 425cc, 94.4" wb						
4d Sed	350	1,050	1,750	3,960	6,150	8,800
1957 ID19, 4-cyl., 1911cc, 123" wb						
4d Sed	400	1,150	1,900	4,280	6,650	9,500
1957 DS19, 4-cyl., 1911cc, 123" wb						
4d DeL Sed	400	1,200	2,000	4,500	7,000	10,000
1958 2CV, 2-cyl., 425cc, 94.4" wb						
4d DeL Sed	350	1,050	1,750	3,960	6,150	8,800
1958 ID19, 4-cyl., 1911cc, 123" wb						
4d Sed	400	1,150	1,900	4,280	6,650	9,500

	6	5	4	3	2	1
1958 DS19, 4-cyl., 1911cc, 123" wb						
4d DeL Sed	400	1,200	2,000	4,500	7,000	10,000
1959 2CV, 2-cyl., 425cc, 94.4" wb						
2d Sed	350	1,050	1,750	3,960	6,150	8,800
1959 ID19, 4-cyl., 1911cc, 123" wb						
4d Sed	400	1,150	1,900	4,320	6,700	9,600
1959 DS19, 4-cyl., 1911cc, 123" wb						
4d DeL Sed	400	1,200	2,050	4,590	7,150	10,200
1960 AMI-6, 2-cyl., 602cc, 94.5" wb						
4d Sed	400	1,150	1,900	4,280	6,650	9,500
1960 ID19, 4-cyl., 1911cc, 123" wb						
4d Luxe Sed	400	1,200	2,000	4,460	6,950	9,900
4d Confort Sed	400	1,250	2,050	4,640	7,200	10,300
4d Sta Wag	400	1,200	2,000	4,500	7,000	10,000
1960 DS19, 4-cyl., 1911cc, 123" wb						
4d DeL Sed	400	1,200	1,950	4,410	6,850	9,800
1961 AMI-6, 2-cyl., 602cc, 94.5" wb						
4d Sed	400	1,150	1,900	4,280	6,650	9,500
1961 ID19, 4-cyl., 1911cc, 123" wb						
4d Luxe Sed	400	1,200	2,000	4,500	7,000	10,000
4d Luxe Sta Wag	400	1,200	2,000	4,500	7,000	10,000
4d Confort Sed	400	1,200	2,050	4,590	7,150	10,200
4d Confort Sta Wag	400	1,200	2,050	4,590	7,150	10,200
1961 DS19, 4-cyl., 1911cc, 123" wb						
4d DeL Sed	400	1,200	2,000	4,500	7,000	10,000
2d Chapron Sed	1,200	3,600	6,000	13,500	21,000	30,000
4d Prestige Limo	700	2,050	3,400	7,650	11,900	17,000
1962 AMI-6, 2-cyl., 602cc, 94.5" wb						
4d Sed	400	1,150	1,900	4,280	6,650	9,500
1962 ID19, 4-cyl., 1911cc, 123" wb						
4d Normale Sed	400	1,200	1,950	4,410	6,850	9,800
4d Luxe Sed	400	1,200	2,000	4,500	7,000	10,000
4d Luxe Sta Wag	400	1,200	2,000	4,500	7,000	10,000
4d Confort Sed	400	1,200	2,050	4,590	7,150	10,200
4d Confort Sta Wag	400	1,200	2,050	4,590	7,150	10,200
1962 DS19, 4-cyl., 1911cc, 123" wb						
4d Sup 83 Sed	400	1,250	2,100	4,730	7,350	10,500
1963 AMI-6, 2-cyl., 602cc, 94.5" wb						
4d Sed	400	1,150	1,900	4,280	6,650	9,500
1963 ID19, 4-cyl., 1911cc, 123" wb						
4d Normale Sed	400	1,200	1,950	4,410	6,850	9,800
4d Luxe Sed	400	1,200	2,000	4,500	7,000	10,000
4d Luxe Sta Wag	400	1,200	2,000	4,500	7,000	10,000
4d Confort Sed	400	1,200	2,050	4,590	7,150	10,200
4d Confort Sta Wag	400	1,200	2,050	4,590	7,150	10,200
2d Confort Conv	1,200	3,600	6,000	13,500	21,000	30,000
1963 DS19, 4-cyl., 1911cc, 123" wb						
4d Sup 83 Sed	400	1,250	2,100	4,730	7,350	10,500
2d Sup 83 Conv	1,250	3,800	6,300	14,180	22,100	31,500
4d Aero Sup Sed	600	1,800	3,000	6,750	10,500	15,000
2d Aero Sup Conv	1,350	4,000	6,700	15,080	23,500	33,500
1964 AMI-6, 2-cyl., 602cc, 94.5" wb						
4d Sed	400	1,150	1,900	4,280	6,650	9,500
1964 ID19, 4-cyl., 1911cc, 123" wb						
4d Sup Sed	400	1,200	2,000	4,500	7,000	10,000
2d Sup Conv	1,200	3,600	6,000	13,500	21,000	30,000
4d DeL Sta Wag	400	1,200	2,000	4,500	7,000	10,000
4d Confort Sta Wag	400	1,200	2,050	4,590	7,150	10,200
1964 DS19, Grande Route, 4-cyl., 1911cc, 94.5" wb						
4d Sed	400	1,250	2,100	4,730	7,350	10,500
2d Conv	1,250	3,800	6,300	14,180	22,100	31,500
1964 DS19, Aero Super, 4-cyl., 1911cc, 94.5" wb						
4d Sed	600	1,800	3,000	6,750	10,500	15,000
2d Conv	1,350	4,000	6,700	15,080	23,500	33,500
1965 AMI-6, 2-cyl., 602cc, 94.5" wb						
4d Sed	400	1,150	1,900	4,280	6,650	9,500
1965 ID19, 4-cyl., 1911cc, 123" wb						
4d Luxe Sed	400	1,200	2,000	4,500	7,000	10,000
4d Luxe Sta Wag	400	1,200	2,000	4,500	7,000	10,000
4d Sup Sed	400	1,200	2,000	4,500	7,000	10,000
4d Confort Sta Wag	400	1,200	2,050	4,590	7,150	10,200
1965 DS19, Grande Route, 4-cyl., 1911cc, 123" wb						
4d Sed	400	1,250	2,100	4,730	7,350	10,500
4d Pallas Sed	400	1,250	2,100	4,770	7,400	10,600
1965 DS19, Aero Super, 4-cyl., 1911cc, 123" wb						
4d Sed	600	1,800	3,000	6,750	10,500	15,000

	6	5	4	3	2	1
4d Pallas Sed	600	1,800	2,950	6,660	10,400	14,800
1966-67 AMI-6, 2-cyl., 602cc, 94.5" wb						
4d Sed	400	1,150	1,900	4,280	6,650	9,500
4d Sta Wag	400	1,150	1,900	4,280	6,650	9,500
1966-67 ID19, 4-cyl., 1911cc, 123" wb						
4d Luxe Sed	400	1,200	2,000	4,500	7,000	10,000
4d Sup Sed	400	1,200	2,000	4,500	7,000	10,000
1966-67 DS19, Grand Route, 4-cyl., 1985cc, 123" wb						
4d Sed	400	1,250	2,100	4,730	7,350	10,500
4d Pallas Sed	700	2,100	3,500	7,880	12,300	17,500
1966-67 DS19, Aero Super, 4-cyl., 1985cc, 123" wb						
4d Sed	400	1,250	2,100	4,730	7,350	10,500
4d Pallas Sed	700	2,100	3,500	7,880	12,300	17,500
1966-67 DS21, Grande Route, 4-cyl., 2175cc, 123" wb						
4d Sed	450	1,300	2,150	4,860	7,550	10,800
4d Pallas Sed	600	1,800	3,000	6,750	10,500	15,000
1966-67 DS21, Aero Super, 4-cyl., 2175cc, 123" wb						
4d Sed	750	2,200	3,700	8,330	13,000	18,500
4d Pallas Sed	800	2,400	4,000	9,000	14,000	20,000
1966-67 DS21, Chapron, 4-cyl., 2175cc, 123" wb						
2d Conv Cpe	1,400	4,200	7,000	15,750	24,500	35,000
1966-67 D21, 4-cyl., 2175cc, 123" wb						
4d Luxe Sta Wag	600	1,800	3,000	6,750	10,500	15,000
4d Confort Sta Wag	650	2,000	3,300	7,430	11,600	16,500
1968 ID19, 4-cyl., 1985cc, 123" wb						
4d Luxe Sed	400	1,200	2,000	4,500	7,000	10,000
4d Grande Rte Sed	400	1,250	2,100	4,730	7,350	10,500
1968 DS21, Grande Route, 4-cyl., 2175cc, 123" wb						
4d Sed	450	1,300	2,150	4,860	7,550	10,800
4d Pallas Sed	600	1,800	3,000	6,750	10,500	15,000
1968 DS21, Aero Super, 4-cyl., 2175cc, 123" wb						
4d Sed	750	2,200	3,700	8,330	13,000	18,500
4d Pallas Sed	800	2,400	4,000	9,000	14,000	20,000
1968 D21, 4-cyl., 2175cc, 123" wb						
4d Luxe Sta Wag	600	1,800	3,000	6,750	10,500	15,000
4d Confort Sta Wag	650	2,000	3,300	7,430	11,600	16,500
1969 ID19, 4-cyl., 1985cc, 123" wb						
4d Luxe Sed	400	1,150	1,900	4,280	6,650	9,500
4d Grande Rte Sed	400	1,200	2,000	4,500	7,000	10,000
1969 DS21, Grande Route, 4-cyl., 2175cc, 123" wb						
4d Sed	400	1,250	2,050	4,640	7,200	10,300
4d Pallas Sed	600	1,750	2,900	6,530	10,200	14,500
1969 DS21, Aero Super, 4-cyl., 2175cc, 123" wb						
4d Sed	400	1,250	2,050	4,640	7,200	10,300
4d Pallas Sed	600	1,750	2,900	6,530	10,200	14,500
1969 Luxe, 4-cyl., 2175cc, 123" wb						
4d D19 Sta Wag	600	1,750	2,900	6,530	10,200	14,500
4d D21 Sta Wag	600	1,750	2,900	6,530	10,200	14,500
1970 ID19/D Special, 4-cyl., 1985cc, 123" wb						
4d Grande Rte Sed	400	1,250	2,050	4,640	7,200	10,300
1970 DS21, Aero Super, 4-cyl., 2175cc, 123" wb						
4d Sed	400	1,200	2,050	4,590	7,150	10,200
4d Pallas Sed	600	1,750	2,900	6,530	10,200	14,500
4d Grande Rte Sed	400	1,200	2,000	4,500	7,000	10,000
1970 D21, 4-cyl., 2175cc, 123" wb						
4d Luxe Sta Wag	550	1,700	2,800	6,300	9,800	14,000
4d Confort Sta Wag	600	1,850	3,100	6,980	10,900	15,500
1971-72 D Special, 4-cyl., 1985cc, 123" wb						
4d DS20 Sed	550	1,700	2,800	6,300	9,800	14,000
1971-72 DS21, Aero Super, 4-cyl., 2175cc, 123" wb						
4d Sed	400	1,200	2,050	4,590	7,150	10,200
4d Pallas Sed	600	1,750	2,900	6,530	10,200	14,500
1971-72 DS21, Grande Route, 4-cyl., 2175cc, 123" wb						
4d Sed	400	1,200	2,000	4,500	7,000	10,000
1971-72 D21, 4-cyl., 2175cc, 123" wb						
4d Sta Wag	550	1,700	2,800	6,300	9,800	14,000
1971-72 SM Maserati, V-6, 2670cc, 116.1" wb						
2d Cpe (2 plus 2)	1,100	3,350	5,600	12,600	19,600	28,000
1973-75 SM-Maserati, V-6, 2670-2695cc, 116.1" wb						
2d Cpe	1,000	3,000	5,000	11,250	17,500	25,000
1973-75 SM-Maserati, V-6, 2670-2965cc, 116.1" wb						

NOTE: Although still in production in the '80s and '90s, cars were not exported to U.S. after mid-'70s.

DAIHATSU

	6	5	4	3	2	1
1988						
2d HBk CLS	200	550	900	2,030	3,150	4,500

	6	5	4	3	2	1
2d HBk CLX	200	600	1,000	2,210	3,450	4,900
2d HBk CSX	200	650	1,100	2,480	3,850	5,500
1989						
2d HBk CES	200	650	1,100	2,480	3,850	5,500
2d HBk CLS	250	700	1,200	2,660	4,150	5,900
2d HBk CLX	250	800	1,300	2,930	4,550	6,500
1990 Charade						
2d HBk SE	250	750	1,250	2,790	4,350	6,200
2d HBk SX	250	750	1,250	2,840	4,400	6,300
4d Sed SE	250	750	1,250	2,790	4,350	6,200
4d Sed SX	250	750	1,250	2,840	4,400	6,300
1990 Rocky 4x4						
2d Conv SE	300	950	1,600	3,600	5,600	8,000
2d Conv SX	350	1,000	1,650	3,690	5,750	8,200
2d Utly SE	300	850	1,400	3,150	4,900	7,000
2d Utly SX	300	850	1,450	3,240	5,050	7,200
1991 Charade						
2d HBk SE	100	350	600	1,350	2,100	3,000
4d Sed SE	150	400	650	1,440	2,250	3,200
4d Sed SX	150	450	700	1,620	2,500	3,600
1992 Charade						
2d HBk SE	150	400	650	1,440	2,250	3,200
4d Sed SE	150	400	700	1,530	2,400	3,400
4d Sed SX	150	400	700	1,580	2,450	3,500

DATSUN

1960 4-cyl., 1189cc, 87.4" wb						
Fairlady Rds SPL 212	1,140	3,420	5,700	12,830	19,950	28,500
1961-62 4-cyl., 1189cc, 86.6" wb						
Fairlady Rds SPL 213	1,140	3,420	5,700	12,830	19,950	28,500
1963-65 4-cyl., 1488cc, 89.8" wb						
1500 Rds SPL 310	1,080	3,240	5,400	12,150	18,900	27,000
1966 4-cyl., 1595cc, 89.8" wb						
1600 Rds SPL 311	1,080	3,240	5,400	12,150	18,900	27,000
1967 4-cyl., 1595cc, 89.8" wb						
1600 Rds SPL 311, (Early)	1,080	3,240	5,400	12,150	18,900	27,000
2000 Rds SRL 311, (Late)	1,200	3,600	6,000	13,500	21,000	30,000
1968 4-cyl., 1595cc, 89.8" wb						
4d Sed 510	410	1,240	2,060	4,640	7,210	10,300
1600 Rds SPL 311	1,040	3,120	5,200	11,700	18,200	26,000
1968 4-cyl., 1982cc, 89.8" wb						
2000 Rds SRL 311	1,200	3,600	6,000	13,500	21,000	30,000
1969 4-cyl., 1595cc, 95.3" wb						
2d 510 Sed	520	1,560	2,600	5,850	9,100	13,000
4d 510 Sed	410	1,240	2,060	4,640	7,210	10,300
1969 4-cyl., 1595cc, 89.8" wb						
1600 Rds SPL 311	1,040	3,120	5,200	11,700	18,200	26,000
1969 4-cyl., 1982cc, 89.8" wb						
2000 Rds SRL 311	1,200	3,600	6,000	13,500	21,000	30,000
1970 4-cyl., 1595cc, 95.3" wb						
2d 510 Sed	520	1,560	2,600	5,850	9,100	13,000
4d 510 Sed	410	1,240	2,060	4,640	7,210	10,300
1970 4-cyl., 1595cc, 89.8" wb						
1600 Rds SPL 311	1,040	3,120	5,200	11,700	18,200	26,000
1970 4-cyl., 1982cc, 89.8" wb						
2000 Rds SRL 311	1,200	3,600	6,000	13,500	21,000	30,000
1970 6-cyl., 2393cc, 90.7" wb						
240Z 2d Cpe	1,360	4,080	6,800	15,300	23,800	34,000
1971 4-cyl., 1595cc, 95.3" wb						
2d 510 Sed	520	1,560	2,600	5,850	9,100	13,000
4d 510 Sed	410	1,240	2,060	4,640	7,210	10,300
1971 6-cyl., 2393cc, 90.7" wb						
240Z 2d Cpe	1,200	3,600	6,000	13,500	21,000	30,000
1972 4-cyl., 1595cc, 95.3" wb						
2d 510 Sed	520	1,560	2,600	5,850	9,100	13,000
4d 510 Sed	410	1,240	2,060	4,640	7,210	10,300
1972 6-cyl., 2393cc, 90.7" wb						
240Z 2d Cpe	1,200	3,600	6,000	13,500	21,000	30,000
1973 4-cyl., 1595cc, 95.3" wb						
2d 510 Sed	520	1,560	2,600	5,850	9,100	13,000
1973 6-cyl., 2393cc, 90.7" wb						
240Z 2d Cpe	1,200	3,600	6,000	13,500	21,000	30,000
1974 6-cyl., 2565cc, 90.7" wb						
260Z 2d Cpe	720	2,160	3,600	8,100	12,600	18,000
1974 6-cyl., 2565cc, 102.6" wb						
260Z 2d Cpe 2 plus 2	600	1,800	3,000	6,750	10,500	15,000

	6	5	4	3	2	1
1975 6-cyl., 2565cc, 90.7" wb						
260Z 2d Cpe	720	2,160	3,600	8,100	12,600	18,000
1975 6-cyl., 2565cc, 102.6" wb						
260Z 2d Cpe 2 plus 2	600	1,800	3,000	6,750	10,500	15,000
1975 6-cyl., 2753cc, 90.7" wb						
280Z 2d Cpe	680	2,040	3,400	7,650	11,900	17,000
1975 6-cyl., 2753cc, 102.6" wb						
280Z 2d Cpe 2 plus 2	580	1,740	2,900	6,530	10,150	14,500
1976 6-cyl., 2753cc, 90.7" wb						
280Z 2d Cpe	680	2,040	3,400	7,650	11,900	17,000
1976 6-cyl., 2753cc, 102.6" wb						
280Z 2d Cpe 2 plus 2	580	1,740	2,900	6,530	10,150	14,500
1977 6-cyl., 2393cc, 104.3" wb						
4d 810 Sed	240	720	1,200	2,700	4,200	6,000
1977 6-cyl., 2753cc, 90.7" wb						
280Z 2d Cpe	680	2,040	3,400	7,650	11,900	17,000
1977 6-cyl., 2753cc, 102.6" wb						
280Z 2d Cpe 2 plus 2	580	1,740	2,900	6,530	10,150	14,500

DATSUN/NISSAN

1978 6-cyl., 149 hp, 90.7" wb						
280Z Cpe	640	1,920	3,200	7,200	11,200	16,000
280Z Cpe 2 plus 2	520	1,560	2,600	5,850	9,100	13,000
1978-79 4-cyl., 1952cc, 92.1" wb						
200SX Cpe	312	936	1,560	3,510	5,460	7,800
1979 6-cyl., L28E/L28ET, 2753cc, 90.7" wb						
280ZX Cpe	600	1,800	3,000	6,750	10,500	15,000
280ZX Cpe 2 plus 2	390	1,180	1,960	4,410	6,860	9,800
1980 6-cyl., L28E/L28ET, 2753cc, 90.7" wb						
280ZX Cpe	600	1,800	3,000	6,750	10,500	15,000
280ZX Cpe 2 plus 2	380	1,130	1,880	4,230	6,580	9,400
NOTE: Add 10 percent for 10th Anniv. Ed. (Black Gold).						
1981 6-cyl., L28E/L28ET, 2753cc, 90.7" wb						
280ZX Cpe	600	1,800	3,000	6,750	10,500	15,000
280ZX Cpe 2 plus 2 GL	600	1,800	3,000	6,750	10,500	15,000
280ZX Cpe Turbo GL	600	1,800	3,000	6,750	10,500	15,000
1982 6-cyl., L28E/L28ET, 2753cc, 90.7" wb						
280ZX Cpe	600	1,800	3,000	6,750	10,500	15,000
280ZX Cpe 2 plus 2	600	1,800	3,000	6,750	10,500	15,000
280ZX Cpe Turbo	620	1,860	3,100	6,980	10,850	15,500
280ZX Cpe 2 plus 2 Turbo	600	1,800	3,000	6,750	10,500	15,000
1983 6-cyl., L28E/L28ET, 2753cc, 90.7" wb						
280ZX Cpe	600	1,800	3,000	6,750	10,500	15,000
280ZX Cpe 2 plus 2	600	1,800	3,000	6,750	10,500	15,000
280ZX Cpe Turbo	620	1,860	3,100	6,980	10,850	15,500
280ZX Cpe 2 plus 2 Turbo	600	1,800	3,000	6,750	10,500	15,000
1984 Sentra (FWD)						
2d Sed	200	600	1,000	2,300	3,550	5,100
2d DeL Sed	200	600	1,050	2,340	3,650	5,200
4d DeL Sed	200	600	1,000	2,250	3,500	5,000
4d DeL Wag	200	650	1,050	2,390	3,700	5,300
2d HBk XE	200	650	1,100	2,430	3,800	5,400
1984 300ZX						
Cpe GL	720	2,160	3,600	8,100	12,600	18,000
2d 2 plus 2 GL	520	1,560	2,600	5,850	9,100	13,000
2d Turbo GL	560	1,680	2,800	6,300	9,800	14,000
1985 Sentra						
2d Std Sed	200	600	1,000	2,300	3,550	5,100
2d DeL Sed	200	600	1,050	2,340	3,650	5,200
4d DeL Sed	200	650	1,050	2,390	3,700	5,300
4d DeL Sta Wag	200	650	1,100	2,430	3,800	5,400
2d Diesel Sed	200	600	1,000	2,300	3,550	5,100
XE 2d Sed	200	650	1,050	2,390	3,700	5,300
XE 4d Sed	200	650	1,100	2,430	3,800	5,400
XE 4d Sta Wag	200	650	1,100	2,480	3,850	5,500
XE 2d HBk	200	650	1,100	2,430	3,800	5,400
SE 2d HBk	200	650	1,100	2,520	3,900	5,600
1985 Pulsar						
2d Cpe	250	700	1,150	2,610	4,050	5,800
1985 Stanza						
4d HBk	200	650	1,100	2,520	3,900	5,600
4d Sed	250	700	1,150	2,570	4,000	5,700
1985 200SX						
2d DeL Sed	250	700	1,200	2,700	4,200	6,000
2d DeL HBk	250	750	1,250	2,840	4,400	6,300
XE 2d Sed	250	750	1,250	2,790	4,350	6,200

	6	5	4	3	2	1
XE 2d HBk	250	800	1,300	2,930	4,550	6,500
Turbo 2d HBk	250	800	1,350	3,020	4,700	6,700
1985 Maxima						
SE 4d Sed	350	1,000	1,650	3,690	5,750	8,200
GL 4d Sed	350	1,000	1,700	3,780	5,900	8,400
GL 4d Sta Wag	350	1,050	1,700	3,870	6,000	8,600
1985 300ZX						
2d Cpe	680	2,040	3,400	7,650	11,900	17,000
2d Cpe 2 plus 2	680	2,040	3,400	7,650	11,900	17,000
Turbo 2d Cpe	720	2,160	3,600	8,100	12,600	18,000
1986 Sentra						
2d Sed	250	700	1,150	2,570	4,000	5,700
2d DeL Sed	250	700	1,150	2,610	4,050	5,800
4d DeL Sed	250	700	1,200	2,660	4,150	5,900
4d Sta Wag	200	650	1,100	2,480	3,850	5,500
2d Diesel Sed	250	700	1,150	2,570	4,000	5,700
XE 2d Sed	200	650	1,100	2,480	3,850	5,500
XE 4d Sed	200	650	1,100	2,520	3,900	5,600
XE 4d Sta Wag	200	650	1,050	2,390	3,700	5,300
XE 2d HBk	200	600	1,000	2,300	3,550	5,100
SE 2d HBk	200	650	1,100	2,430	3,800	5,400
1986 Pulsar						
2d Cpe	200	650	1,100	2,480	3,850	5,500
1986 Stanza						
GL 4d Sed	250	750	1,250	2,790	4,350	6,200
XE 4d Sta Wag	250	750	1,250	2,840	4,400	6,300
XE 4d Sta Wag 4WD	280	830	1,380	3,110	4,830	6,900
1986 200SX						
E 2d Sed	250	800	1,350	3,060	4,750	6,800
E 2d HBk	300	850	1,450	3,240	5,050	7,200
XE 2d Sed	300	850	1,400	3,110	4,850	6,900
XE 2d HBk	300	900	1,450	3,290	5,100	7,300
Turbo 2d HBk	300	900	1,500	3,420	5,300	7,600
1986 Maxima						
SE 4d Sed	350	1,050	1,750	3,960	6,150	8,800
GL 4d Sed	350	1,100	1,800	4,100	6,350	9,100
GL 4d Sta Wag	350	1,100	1,850	4,190	6,500	9,300
1986 300ZX						
2d Cpe	520	1,560	2,600	5,850	9,100	13,000
2d Cpe 2 plus 2	520	1,560	2,600	5,850	9,100	13,000
2d Turbo Cpe	560	1,680	2,800	6,300	9,800	14,000
1987 Sentra						
2d Sed	200	600	1,050	2,340	3,650	5,200
E 2d Sed	250	700	1,200	2,700	4,200	6,000
E 4d Sed	250	750	1,200	2,750	4,250	6,100
E 2d HBk	250	700	1,200	2,700	4,200	6,000
E 4d Sta Wag	250	750	1,250	2,840	4,400	6,300
XE 2d Sed	250	750	1,250	2,840	4,400	6,300
XE 4d Sed	250	750	1,300	2,880	4,500	6,400
XE 4d Sta Wag	250	750	1,250	2,840	4,400	6,300
XE 4d Sta Wag 4WD	270	800	1,340	3,020	4,690	6,700
GXE 4d Sed	300	900	1,450	3,290	5,100	7,300
XE 2d Cpe	250	800	1,350	3,060	4,750	6,800
SE 2d Cpe	300	850	1,450	3,240	5,050	7,200
1987 Pulsar						
XE 2d Cpe	350	1,000	1,650	3,690	5,750	8,200
SE 2d Cpe 16V	350	1,050	1,750	3,920	6,100	8,700
1987 Stanza						
E 4d NBk	300	950	1,600	3,560	5,550	7,900
GXE 4d NBk	300	900	1,500	3,330	5,200	7,400
4d HBk	300	850	1,450	3,240	5,050	7,200
XE 4d Sta Wag	300	900	1,500	3,330	5,200	7,400
XE 4d Sta Wag 4WD	320	960	1,600	3,600	5,600	8,000
1987 200SX						
XE 2d NBk	300	850	1,400	3,200	4,950	7,100
XE 2d HBk	300	850	1,450	3,240	5,050	7,200
SE 2d HBk V-6	350	1,000	1,650	3,740	5,800	8,300
1987 Maxima						
SE 4d Sed	350	1,050	1,750	3,960	6,150	8,800
GXE 4d Sed	350	1,050	1,750	3,920	6,100	8,700
GXE 4d Sta Wag	400	1,150	1,900	4,280	6,650	9,500
1987 300ZX						
GS 2d Cpe	520	1,560	2,600	5,850	9,100	13,000
GS 2d Cpe 2 plus 2	520	1,560	2,600	5,850	9,100	13,000
2d Turbo Cpe	560	1,680	2,800	6,300	9,800	14,000

	6	5	4	3	2	1
1988 Sentra						
2d Sed	250	700	1,150	2,570	4,000	5,700
E 2d Sed	250	800	1,350	3,020	4,700	6,700
E 4d Sed	300	850	1,400	3,150	4,900	7,000
E 2d HBk	250	800	1,350	3,020	4,700	6,700
E 4d Sta Wag	300	900	1,450	3,290	5,100	7,300
XE 2d Sed	300	850	1,400	3,200	4,950	7,100
XE 4d Sed	300	900	1,500	3,330	5,200	7,400
XE 4d Sta Wag	300	900	1,550	3,470	5,400	7,700
XE 4d Sta Wag 4x4	350	1,000	1,700	3,780	5,900	8,400
XE 2d Cpe	300	900	1,550	3,470	5,400	7,700
SE 2d Cpe	350	1,000	1,650	3,690	5,750	8,200
GXE 4d Sed	300	950	1,550	3,510	5,450	7,800
1988 Pulsar						
XE 2d Cpe	350	1,050	1,750	3,960	6,150	8,800
SE 2d Cpe	350	1,100	1,850	4,140	6,450	9,200
1988 Stanza						
E 4d Sed	350	1,000	1,650	3,690	5,750	8,200
GXE 4d Sed	350	1,100	1,800	4,050	6,300	9,000
XE 4d Sta Wag	350	1,050	1,750	3,920	6,100	8,700
XE 4d Sta Wag 4x4	400	1,150	1,900	4,230	6,600	9,400
1988 200 SX						
XE 2d Cpe	350	1,050	1,750	3,920	6,100	8,700
XE 2d HBk	350	1,050	1,800	4,010	6,250	8,900
SE 2d HBk V-6	400	1,200	2,000	4,500	7,000	10,000
1988 Maxima						
SE 4d Sed	400	1,200	2,000	4,500	7,000	10,000
GXE 4d Sed	400	1,250	2,100	4,730	7,350	10,500
GXE 4d Sta Wag	450	1,300	2,200	4,950	7,700	11,000
1988 300ZX						
GS 2d Cpe	560	1,680	2,800	6,300	9,800	14,000
GS 2d Cpe 2 plus 2	560	1,680	2,800	6,300	9,800	14,000
2d Turbo Cpe	580	1,740	2,900	6,530	10,150	14,500
1989 Sentra						
2d Sed	300	850	1,400	3,150	4,900	7,000
E 2d Sed	300	950	1,600	3,600	5,600	8,000
E 4d Sed	350	1,000	1,700	3,780	5,900	8,400
E 4d Sta Wag	350	1,050	1,750	3,920	6,100	8,700
XE 2d Sed	350	1,050	1,700	3,870	6,000	8,600
XE 4d Sed	350	1,050	1,800	4,010	6,250	8,900
XE 4d Sta Wag	350	1,100	1,850	4,140	6,450	9,200
XE 4d Sta Wag 4x4	400	1,200	2,000	4,460	6,950	9,900
XE Cpe	400	1,150	1,900	4,280	6,650	9,500
SE Cpe	400	1,200	2,000	4,460	6,950	9,900
1989 Pulsar						
XE Cpe	400	1,200	2,050	4,590	7,150	10,200
SE Cpe (16V)	450	1,300	2,150	4,860	7,550	10,800
1989 Stanza						
E 4d Sed	400	1,200	2,050	4,590	7,150	10,200
GXE 4d Sed	450	1,300	2,200	4,950	7,700	11,000
1989 240 SX						
XE 2d Sed	500	1,500	2,450	5,540	8,600	12,300
SE 2d HBk	500	1,500	2,500	5,580	8,700	12,400
1989 Maxima						
SE 4d Sed	600	1,800	2,950	6,660	10,400	14,800
GXE 4d Sed	600	1,750	2,900	6,480	10,100	14,400
1989 300 ZX						
GS Cpe	680	2,040	3,400	7,650	11,900	17,000
GS 2d Cpe 2 plus 2	680	2,040	3,400	7,650	11,900	17,000
Cpe Turbo	720	2,160	3,600	8,100	12,600	18,000
1990 Sentra, 4-cyl.						
2d Sed	200	550	900	2,070	3,200	4,600
XE 2d Sed	200	650	1,100	2,480	3,850	5,500
XE 4d Sed	200	650	1,100	2,520	3,900	5,600
XE 4d Sta Wag	250	700	1,150	2,570	4,000	5,700
XE 2d Cpe	250	700	1,200	2,700	4,200	6,000
SE 2d Cpe	250	800	1,300	2,930	4,550	6,500
1990 Pulsar, 4-cyl.						
XE 2d Cpe	300	900	1,500	3,380	5,250	7,500
1990 Stanza, 4-cyl.						
XE 4d Sed	300	850	1,450	3,240	5,050	7,200
GXE 4d Sed	300	900	1,550	3,470	5,400	7,700
1990 240 SX, 4-cyl.						
XE 2d Cpe	300	950	1,600	3,600	5,600	8,000
SE 2d FBk	350	1,000	1,700	3,830	5,950	8,500

	6	5	4	3	2	1
1990 Maxima, V-6						
SE 4d Sed	450	1,300	2,150	4,820	7,500	10,700
GXE 4d Sed	400	1,200	2,000	4,500	7,000	10,000
1990 300ZX, V-6						
GS 2d Cpe	550	1,700	2,800	6,300	9,800	14,000
GS 2d Cpe 2 plus 2	580	1,740	2,900	6,530	10,150	14,500
2d Turbo Cpe	650	1,900	3,200	7,200	11,200	16,000
1990 Axxess, 4-cyl.						
XE 4d Sta Wag	300	850	1,400	3,150	4,900	7,000
XE 4d Sta Wag 4x4	300	950	1,600	3,600	5,600	8,000
1991 Sentra						
E 2d Sed	200	600	1,050	2,340	3,650	5,200
XE 2d Sed	200	650	1,100	2,430	3,800	5,400
SE 2d Sed	200	650	1,100	2,520	3,900	5,600
SE-R 2d Sed	250	700	1,150	2,610	4,050	5,800
E 4d Sed	200	600	1,050	2,340	3,650	5,200
XE 4d Sed	200	650	1,100	2,430	3,800	5,400
GXE 4d Sed	250	700	1,200	2,660	4,150	5,900
1991 Stanza						
XE 4d Sed	250	800	1,350	3,020	4,700	6,700
GXE 4d Sed	300	900	1,500	3,330	5,200	7,400
1991 NX						
2d Cpe 1600	250	800	1,300	2,930	4,550	6,500
2d Cpe 2000	300	850	1,400	3,150	4,900	7,000
1991 240SX						
2d Cpe	300	950	1,600	3,600	5,600	8,000
SE 2d Cpe	350	1,100	1,800	4,050	6,300	9,000
2d FBk	350	1,100	1,800	4,050	6,300	9,000
SE 2d FBk	400	1,150	1,900	4,280	6,650	9,500
LE 2d FBk	400	1,150	1,950	4,370	6,800	9,700
1991 Maxima, V-6						
SE 4d Sed	400	1,250	2,100	4,730	7,350	10,500
GXE 4d Sed	400	1,200	2,000	4,500	7,000	10,000
1991 300ZX, V-6						
2d Cpe	640	1,920	3,200	7,200	11,200	16,000
2d Cpe 2 plus 2	640	1,920	3,200	7,200	11,200	16,000
2d Turbo Cpe	680	2,040	3,400	7,650	11,900	17,000
1992 Sentra, 4-cyl.						
E 2d Sed	200	650	1,100	2,520	3,900	5,600
E 4d Sed	250	700	1,150	2,610	4,050	5,800
XE 2d Sed	250	700	1,200	2,660	4,150	5,900
XE 4d Sed	250	700	1,200	2,700	4,200	6,000
SE 2d Sed	250	700	1,200	2,700	4,200	6,000
SE-R 4d Sed	250	750	1,250	2,790	4,350	6,200
GXE 4d Sed	250	800	1,300	2,930	4,550	6,500
1992 NX, 4-cyl.						
2d Cpe 1600	300	900	1,500	3,380	5,250	7,500
2d Cpe 2000	300	950	1,600	3,600	5,600	8,000
1992 Stanza, 4-cyl.						
XE 4d Sed	250	800	1,300	2,930	4,550	6,500
SE 4d Sed	300	850	1,400	3,150	4,900	7,000
GXE 4d Sed	300	900	1,500	3,380	5,250	7,500
1992 240SX, 4-cyl.						
2d Cpe	300	850	1,400	3,150	4,900	7,000
2d FBk	300	900	1,500	3,380	5,250	7,500
SE 2d Cpe	300	950	1,600	3,600	5,600	8,000
SE 2d FBk	350	1,000	1,700	3,830	5,950	8,500
LE 2d FBk	400	1,150	1,900	4,280	6,650	9,500
SE 2d Conv	600	1,850	3,100	6,980	10,900	15,500
1992 Maxima, V-6						
GXE 4d Sed	400	1,250	2,100	4,730	7,350	10,500
SE 4d Sed	450	1,400	2,300	5,180	8,050	11,500
1992 300ZX, V-6						
2d Cpe	640	1,920	3,200	7,200	11,200	16,000
2d Cpe 2 plus 2	650	1,900	3,200	7,200	11,200	16,000
2d Cpe Turbo	700	2,150	3,600	8,100	12,600	18,000
1993 Sentra, 4-cyl.						
E 2d Sed	200	650	1,100	2,480	3,850	5,500
E 4d Sed	200	650	1,100	2,520	3,900	5,600
XE 2d Sed	250	700	1,150	2,570	4,000	5,700
XE 4d Sed	250	700	1,150	2,610	4,050	5,800
SE 2d Sed	250	700	1,150	2,610	4,050	5,800
SE-R 2d Sed	250	700	1,200	2,660	4,150	5,900
GXE 4d Sed	250	700	1,200	2,700	4,200	6,000
1993 NX, 4-cyl.						
2d Cpe 1600	250	750	1,250	2,790	4,350	6,200

	6	5	4	3	2	1
2d Cpe 2000	250	800	1,300	2,930	4,550	6,500
1993 Altima, 4-cyl.						
XE 4d Sed	250	700	1,150	2,610	4,050	5,800
GXE 4d Sed	250	700	1,200	2,660	4,150	5,900
SE 4d Sed	250	750	1,200	2,750	4,250	6,100
GLE 4d Sed	250	750	1,250	2,790	4,350	6,200
1993 240SX, 4-cyl.						
2d Cpe	350	1,000	1,700	3,830	5,950	8,500
2d FBk	350	1,000	1,700	3,830	5,950	8,500
SE 2d Cpe	350	1,050	1,700	3,870	6,000	8,600
SE 2d FBk	350	1,050	1,700	3,870	6,000	8,600
SE 2d Conv	500	1,550	2,600	5,850	9,100	13,000
1993 Maxima, V-6						
GXE 4d Sed	250	700	1,200	2,700	4,200	6,000
SE 4d Sed	250	750	1,250	2,790	4,350	6,200
1993 300ZX, V-6						
2d Cpe	400	1,250	2,100	4,730	7,350	10,500
2d Cpe 2 plus 2	450	1,300	2,200	4,950	7,700	11,000
2d Cpe Turbo	500	1,450	2,400	5,400	8,400	12,000
2d Conv	550	1,700	2,800	6,300	9,800	14,000
1994 Sentra, 4-cyl.						
E 2d Sed	250	700	1,200	2,700	4,200	6,000
XE 2d Sed	250	750	1,250	2,790	4,350	6,200
LE 2d Sed	250	750	1,300	2,880	4,500	6,400
SE 2d Sed	250	800	1,300	2,930	4,550	6,500
SE-R 2d Sed	250	800	1,350	3,020	4,700	6,700
E 4d Sed	250	750	1,200	2,750	4,250	6,100
XE 4d Sed	250	800	1,300	2,930	4,550	6,500
LE 4d Sed	300	850	1,400	3,150	4,900	7,000
GXE 4d Sed	300	900	1,500	3,380	5,250	7,500
1994 Altima, 4-cyl.						
XE 4d Sed	300	950	1,600	3,600	5,600	8,000
GXE 4d Sed	350	1,000	1,700	3,830	5,950	8,500
SE 4d Sed	350	1,100	1,800	4,050	6,300	9,000
GLE 4d Sed	400	1,200	2,000	4,500	7,000	10,000
1994 240SX, 4-cyl.						
SE 2d Conv	500	1,450	2,400	5,400	8,400	12,000
1994 Maxima, V-6						
GXE 4d Sed	350	1,100	1,800	4,050	6,300	9,000
SE 4d Sed	400	1,200	2,000	4,500	7,000	10,000
1994 300ZX, V-6						
2d Cpe	700	2,050	3,400	7,650	11,900	17,000
2d Cpe 2 plus 2	700	2,150	3,600	8,100	12,600	18,000
2d Cpe Turbo	800	2,400	4,000	9,000	14,000	20,000
2d Conv	850	2,500	4,200	9,450	14,700	21,000
1995 Sentra, 4-cyl.						
E 4d Sed	250	750	1,200	2,750	4,250	6,100
XE 4d Sed	250	800	1,300	2,930	4,550	6,500
GXE 4d Sed	300	900	1,500	3,380	5,250	7,500
GLE 4d Sed	300	950	1,600	3,600	5,600	8,000
1995 200SX, 4-cyl.						
2d Cpe	250	800	1,350	3,060	4,750	6,800
SE 2d Cpe	300	900	1,500	3,330	5,200	7,400
SER 2d Cpe	350	1,000	1,650	3,690	5,750	8,200
1995 Altima, 4-cyl.						
XE 4d Sed	300	950	1,600	3,600	5,600	8,000
GXE 4d Sed	350	1,000	1,700	3,830	5,950	8,500
SE 4d Sed	350	1,100	1,800	4,050	6,300	9,000
GLE 4d Sed	400	1,200	2,000	4,500	7,000	10,000
1995 240SX, 4-cyl.						
2d Cpe	350	1,000	1,650	3,690	5,750	8,200
SE 2d Cpe	400	1,150	1,900	4,230	6,600	9,400
1995 Maxima, V-6						
GXE 4d Sed	350	1,100	1,800	4,050	6,300	9,000
SE 4d Sed	400	1,200	2,000	4,500	7,000	10,000
GLE 4d Sed	400	1,250	2,100	4,730	7,350	10,500
1995 300ZX, V-6						
2d Cpe	700	2,050	3,400	7,650	11,900	17,000
2d Cpe 2 plus 2	700	2,150	3,600	8,100	12,600	18,000
2d Turbo Cpe	800	2,400	4,000	9,000	14,000	20,000
2d Conv	850	2,500	4,200	9,450	14,700	21,000
1996 Sentra, 4-cyl.						
4d Sed	200	600	1,000	2,300	3,550	5,100
XE 4d Sed	200	650	1,100	2,480	3,850	5,500
GXE 4d Sed	250	800	1,300	2,930	4,550	6,500
GLE 4d Sed	300	850	1,400	3,150	4,900	7,000

	6	5	4	3	2	1
1996 200SX, 4-cyl.						
2d Cpe	250	700	1,150	2,610	4,050	5,800
SE 2d Cpe	250	750	1,300	2,880	4,500	6,400
SER 2d Cpe	300	850	1,450	3,240	5,050	7,200
1996 Altima, 4-cyl.						
XE 4d Sed	300	850	1,400	3,150	4,900	7,000
GXE 4d Sed	300	900	1,500	3,380	5,250	7,500
SE 4d Sed	300	950	1,600	3,600	5,600	8,000
GLE 4d Sed	350	1,100	1,800	4,050	6,300	9,000
1996 240SX, 4-cyl.						
2d Cpe	300	850	1,450	3,240	5,050	7,200
SE 2d Cpe	350	1,000	1,700	3,780	5,900	8,400
1996 Maxima, V-6						
GXE 4d Sed	300	950	1,600	3,600	5,600	8,000
SE 4d Sed	350	1,100	1,800	4,050	6,300	9,000
GLE 4d Sed	400	1,150	1,900	4,280	6,650	9,500
1996 300ZX, V-6						
2d Cpe	650	1,900	3,200	7,200	11,200	16,000
2d Cpe 2 plus 2	700	2,050	3,400	7,650	11,900	17,000
Turbo Cpe	750	2,300	3,800	8,550	13,300	19,000
2d Conv	800	2,400	4,000	9,000	14,000	20,000
1997 Sentra, 4-cyl.						
4d Sed	204	612	1,020	2,300	3,570	5,100
XE 4d Sed	220	660	1,100	2,480	3,850	5,500
GXE 4d Sed	260	780	1,300	2,930	4,550	6,500
GLE 4d Sed	280	840	1,400	3,150	4,900	7,000
1997 200SX, 4-cyl.						
2d Cpe	232	696	1,160	2,610	4,060	5,800
SE 2d Cpe	256	768	1,280	2,880	4,480	6,400
SER 2d Cpe	288	864	1,440	3,240	5,040	7,200
1997 Altima, 4-cyl.						
XE 4d Sed	280	840	1,400	3,150	4,900	7,000
GXE 4d Sed	300	900	1,500	3,380	5,250	7,500
SE 4d Sed	320	960	1,600	3,600	5,600	8,000
GLE 4d Sed	360	1,080	1,800	4,050	6,300	9,000
NOTE: Add 5 percent for Limited Ed Pkg on GXE.						
1997 240SX, 4-cyl.						
2d Cpe	288	864	1,440	3,240	5,040	7,200
SE 2d Cpe	336	1,008	1,680	3,780	5,880	8,400
LE 2d Cpe	400	1,200	2,000	4,500	7,000	10,000
1997 Maxima, V-6						
GXE 4d Sed	320	960	1,600	3,600	5,600	8,000
SE 4d Sed	360	1,080	1,800	4,050	6,300	9,000
GLE 4d Sed	380	1,140	1,900	4,280	6,650	9,500
1998 Sentra, 4-cyl.						
4d Sed	210	620	1,040	2,340	3,640	5,200
XE 4d Sed	220	670	1,120	2,520	3,920	5,600
GXE 4d Sed	260	790	1,320	2,970	4,620	6,600
GLE 4d Sed	280	850	1,420	3,200	4,970	7,100
SE 4d Sed	290	860	1,440	3,240	5,040	7,200
1998 200SX, 4-cyl.						
2d Cpe	230	700	1,160	2,610	4,060	5,800
SE 2d Cpe	260	770	1,280	2,880	4,480	6,400
SER 2d Cpe	290	860	1,440	3,240	5,040	7,200
1998 Altima, 4-cyl.						
XE 4d Sed	280	850	1,420	3,200	4,970	7,100
GXE 4d Sed	300	910	1,520	3,420	5,320	7,600
SE 4d Sed	320	970	1,620	3,650	5,670	8,100
GLE 4d Sed	360	1,090	1,820	4,100	6,370	9,100
1998 240SX, 4-cyl.						
2d Cpe	290	860	1,440	3,240	5,040	7,200
SE 2d Cpe	340	1,010	1,680	3,780	5,880	8,400
LE 2d Cpe	400	1,200	2,000	4,500	7,000	10,000
1998 Maxima, V-6						
GXE 4d Sed	320	960	1,600	3,600	5,600	8,000
SE 4d Sed	360	1,080	1,800	4,050	6,300	9,000
GLE 4d Sed	380	1,140	1,900	4,280	6,650	9,500
1999 Sentra, 4-cyl.						
4d Sed	210	620	1,040	2,340	3,640	5,200
XE 4d Sed	220	670	1,120	2,520	3,920	5,600
GXE 4d Sed	260	790	1,320	2,970	4,620	6,600
GLE 4d Sed	280	850	1,420	3,200	4,970	7,100
SE 4d Sed	290	860	1,440	3,240	5,040	7,200
1999 Altima, 4-cyl.						
XE 4d Sed	280	850	1,420	3,200	4,970	7,100
GXE 4d Sed	300	910	1,520	3,420	5,320	7,600

DATSUN/NISSAN

	6	5	4	3	2	1
SE 4d Sed	320	970	1,620	3,650	5,670	8,100
GLE 4d Sed	360	1,090	1,820	4,100	6,370	9,100
1999 Maxima, V-6						
GXE 4d Sed	320	960	1,600	3,600	5,600	8,000
SE 4d Sed	360	1,080	1,800	4,050	6,300	9,000
GLE 4d Sed	380	1,140	1,900	4,280	6,650	9,500
2000 Sentra, 4-cyl.						
CA 4d Sed (low emissions)	280	840	1,400	3,150	4,900	7,000
XE 4d Sed	220	670	1,120	2,520	3,920	5,600
GXE 4d Sed	260	790	1,320	2,970	4,620	6,600
SE 4d Sed	290	860	1,440	3,240	5,040	7,200
2000 Altima, 4-cyl.						
XE 4d Sed	290	860	1,440	3,240	5,040	7,200
GXE 4d Sed	310	920	1,540	3,470	5,390	7,700
SE 4d Sed	330	980	1,640	3,690	5,740	8,200
GLE 4d Sed	370	1,100	1,840	4,140	6,440	9,200
2000 Maxima, V-6						
GXE 4d Sed	320	970	1,620	3,650	5,670	8,100
SE 4d Sed	360	1,090	1,820	4,100	6,370	9,100
GLE 4d Sed	380	1,150	1,920	4,320	6,720	9,600
2001 Sentra, 4-cyl.						
CA 4d Sed (low emissions)	280	840	1,400	3,500	4,900	7,000
XE 4d Sed	220	670	1,120	2,800	3,920	5,600
GXE 4d Sed	260	790	1,320	3,300	4,620	6,600
SE 4d Sed	290	860	1,440	3,600	5,040	7,200
2001 Altima, 4-cyl.						
XE 4d Sed	290	860	1,440	3,600	5,040	7,200
GXE 4d Sed	310	920	1,540	3,850	5,390	7,700
SE 4d Sed	330	980	1,640	4,100	5,740	8,200
GLE 4d Sed	370	1,100	1,840	4,600	6,440	9,200
NOTE: Add 5 percent for GXE Limited Ed. pkg.						
2001 Maxima, V-6						
GXE 4d Sed	320	970	1,620	4,050	5,670	8,100
SE 4d Sed	360	1,090	1,820	4,550	6,370	9,100
GLE 4d Sed	380	1,150	1,920	4,800	6,720	9,600
NOTE: Add 5 percent for Maxima SE 20th Anv. E.						
2002 Sentra, 4-cyl.						
XE 4d Sed	220	670	1,120	2,800	3,920	5,600
GXE 4d Sed	260	790	1,320	3,300	4,620	6,600
SE-R 4d Sed	290	860	1,440	3,600	5,040	7,200
SE-R Spec V 4d Sed	300	900	1,500	3,750	5,250	7,500
2002 Altima, 4-cyl.						
4d Sed	330	980	1,640	4,100	5,740	8,200
S 4d Sed	350	1,040	1,740	4,350	6,090	8,700
SL 4d Sed	370	1,120	1,860	4,650	6,510	9,300
SE 4d Sed (V-6 only)	380	1,140	1,900	4,750	6,650	9,500
2002 Maxima, V-6						
GXE 4d Sed	320	970	1,620	4,050	5,670	8,100
SE 4d Sed	360	1,090	1,820	4,550	6,370	9,100
GLE 4d Sed	380	1,150	1,920	4,800	6,720	9,600
2003 Sentra, 4-cyl.						
XE 4d Sed	220	670	1,120	2,800	3,920	5,600
GXE 4d Sed	260	790	1,320	3,300	4,620	6,600
Limited Ed 4d Sed	280	830	1,380	3,450	4,830	6,900
SE-R 4d Sed	290	860	1,440	3,600	5,040	7,200
SE-R Spec V 4d Sed	300	900	1,500	3,750	5,250	7,500
2003 Altima, 4-cyl.						
4d Sed	330	980	1,640	4,100	5,740	8,200
S 4d Sed	350	1,040	1,740	4,350	6,090	8,700
SL 4d Sed	370	1,120	1,860	4,650	6,510	9,300
SE 4d Sed (V-6 only)	380	1,140	1,900	4,750	6,650	9,500
2003 Maxima, V-6						
GXE 4d Sed	320	970	1,620	4,050	5,670	8,100
SE 4d Sed	360	1,090	1,820	4,550	6,370	9,100
GLE 4d Sed	380	1,150	1,920	4,800	6,720	9,600
2003 350Z, V-6						
2d Cpe	470	1,410	2,350	5,290	8,230	11,750
NOTE: Four variations of the 350Z: Enthusiast, Performance, Touring and Track were also offered.						
2004 Sentra, 4-cyl.						
1.8 4d Sed	230	700	1,160	2,900	4,060	5,800
1.8 S 4d Sed	270	820	1,360	3,400	4,760	6,800
2.5 4d Sed	280	850	1,420	3,550	4,970	7,100
SE-R 4d Sed	290	880	1,460	3,650	5,110	7,300
SE-R Spec V 4d Sed	310	920	1,540	3,850	5,390	7,700
NOTE: Deduct 5 percent for manual transmission, except Spec V.						

	6	5	4	3	2	1
2004 Altima, 4-cyl.						
4d Sed	330	980	1,640	4,100	5,740	8,200
S 4d Sed	350	1,040	1,740	4,350	6,090	8,700
SL 4d Sed	370	1,120	1,860	4,650	6,510	9,300
SE 4d Sed (V-6 only)	380	1,140	1,900	4,750	6,650	9,500
NOTE: Deduct 5 percent for manual transmission.						
2004 Maxima, V-6						
SE 4d Sed	380	1,150	1,920	4,800	6,720	9,600
SL 4d Sed	400	1,210	2,020	5,050	7,070	10,100
NOTE: Deduct 5 percent for manual transmission.						
2004 350Z, V-6						
2d Cpe	600	1,810	3,020	7,550	10,570	15,100
Enthusiast 2d Cpe	610	1,840	3,060	7,650	10,710	15,300
Performance 2d Cpe	620	1,860	3,100	7,750	10,850	15,500
Touring 2d Cpe	630	1,900	3,160	7,900	11,060	15,800
Track 2d Cpe	640	1,930	3,220	8,050	11,270	16,100
Enthusiast 2d Rds	690	2,080	3,460	8,650	12,110	17,300
Touring 2d Rds	730	2,200	3,660	9,150	12,810	18,300
2005 Sentra, 4-cyl.						
4d 1.8 Sed	230	700	1,160	2,900	4,060	5,800
4d 1.8S Sed	270	820	1,360	3,400	4,760	6,800
4d SE-R Sed	290	880	1,460	3,650	5,110	7,300
4d SE-R Spec V Sed (6-Spd)	310	920	1,540	3,850	5,390	7,700
NOTE: Deduct 5 percent for manual transmission, except Spec V sedan.						
2005 Altima, 4-cyl.						
4d Sed (5-Spd)	330	980	1,640	4,100	5,740	8,200
4d S Sed	350	1,040	1,740	4,350	6,090	8,700
4d SL Sed	370	1,120	1,860	4,650	6,510	9,300
4d SE Sed (V-6 only)	380	1,140	1,900	4,750	6,650	9,500
4d SE-R Sed (V-6 only)	390	1,180	1,960	4,900	6,860	9,800
NOTE: Add 10 percent on SL sedan when equipped w/V-6. Deduct 5 percent for manual transmission, except base sedan and SE-R sedan.						
2005 Maxima, V-6						
4d SE Sed	380	1,150	1,920	4,320	6,720	9,600
4d SL Sed	400	1,210	2,020	5,050	7,070	10,100
NOTE: Deduct 5 percent for manual transmission.						
2005 350Z, V-6						
2d Cpe	600	1,810	3,020	6,800	10,570	15,100
2d Enthusiast Cpe	610	1,840	3,060	7,650	10,710	15,300
2d Performance Cpe	620	1,860	3,100	7,750	10,850	15,500
2d Touring Cpe	630	1,900	3,160	7,900	11,060	15,800
2d Track Cpe	640	1,930	3,220	8,050	11,270	16,100
2d Anniversary Cpe	700	2,100	3,500	8,750	12,250	17,500
2d Enthusiast Rds	690	2,080	3,460	8,650	12,110	17,300
2d Touring Rds	730	2,200	3,660	9,150	12,810	18,300
2d GT Rds	740	2,220	3,700	9,250	12,950	18,500
2006 Sentra, 1.8L/2.5L 4-cyl.						
4d Sedan	310	920	1,530	3,830	5,360	7,650
4d S Sedan	310	940	1,570	3,930	5,500	7,850
4d SE-R Sedan	350	1,040	1,730	4,330	6,060	8,650
4d SE-R Spl V Sedan	350	1,060	1,770	4,430	6,200	8,850
2006 Altima, 2.5L 4-cyl.						
4d 2.5 Sedan	410	1,230	2,050	5,130	7,180	10,250
4d 2.5 S Sedan	410	1,240	2,070	5,180	7,250	10,350
2006 Altima, 2.5L 4-cyl						
NOTE: Add 10 percent for SL option.						
2006 Altima, 3.5L V-6						
4d 3.5 SE Sedan	460	1,380	2,300	5,750	8,050	11,500
4d 3.5 SL Sedan	490	1,480	2,460	6,150	8,610	12,300
4d 3.5 SE-R Sedan	530	1,580	2,630	6,580	9,210	13,150
2006 Maxima, 3.5L V-6						
4d SE Sedan	500	1,490	2,490	6,230	8,720	12,450
4d SL Sedan	530	1,580	2,630	6,580	9,210	13,150
2006 350Za, 3.5L V-6						
2d Cpe	560	1,690	2,820	7,050	9,870	14,100
2d Enthusiast Cpe	580	1,730	2,880	7,200	10,080	14,400
2d Enthusiast Rds	620	1,850	3,080	7,700	10,780	15,400
2d Touring Cpe	590	1,760	2,940	7,350	10,290	14,700
2d Touring Rds	640	1,910	3,180	7,950	11,130	15,900
2d Track Cpe	620	1,860	3,100	7,750	10,850	15,500
2d Grand Touring Cpe	650	1,960	3,260	8,150	11,410	16,300
2d Grand Touring Rds	660	1,990	3,320	8,300	11,620	16,600

DE TOMASO

	6	5	4	3	2	1
1967-71 V-8, 302 cid, 98.4" wb						
Mangusta 2d Cpe	5,600	16,800	28,000	63,000	98,000	140,000

	6	5	4	3	2	1
1971-74 V-8, 351 cid, 99" wb						
Pantera 2d Cpe	2,600	7,800	13,000	29,250	45,500	65,000
1975-78 V-8, 351 cid, 99" wb						
Pantera 2d Cpe	2,840	8,520	14,200	31,950	49,700	71,000

NOTE: After 1974 the Pantera was not officially available in the U.S. Add 5 percent for GTS models.

FACEL VEGA

	6	5	4	3	2	1
1954 FV, V-8, 103" wb						
2d HT Cpe	6,000	18,000	30,000	67,500	105,000	150,000
1955 FV, V-8, 103" wb						
2d HT Cpe	6,000	18,000	30,000	67,500	105,000	150,000
1956 FV2, V-8, 103" wb						
2d HT Cpe	6,000	18,000	30,000	67,500	105,000	150,000
1956 Excellence, V-8, 122" wb						
4d HT Sed	4,800	14,400	24,000	54,000	84,000	120,000
1957 FV2, V-8, 103" wb						
2d HT Cpe	6,000	18,000	30,000	67,500	105,000	150,000
1957 Excellence, V-8, 122" wb						
4d HT Sed	4,800	14,400	24,000	54,000	84,000	120,000
1958 FV2, V-8, 105" wb						
2d HT Cpe	6,000	18,000	30,000	67,500	105,000	150,000
1958 Excellence, V-8, 122" wb						
4d HT Sed	4,800	14,400	24,000	54,000	84,000	120,000
1959 HK500, V-8, 105" wb						
2d HT Cpe	5,200	15,600	26,000	58,500	91,000	130,000
1959 Excellence, V-8, 125" wb						
4d HT Sed	4,800	14,400	24,000	54,000	84,000	120,000
1960 Facellia, 4-cyl., 96" wb						
2d Cpe	1,640	4,920	8,200	18,450	28,700	41,000
2d Conv	2,040	6,120	10,200	22,950	35,700	51,000
1960 HK500, V-8, 105" wb						
2d HT Cpe	5,400	16,200	27,000	60,750	94,500	135,000
1960 Excellence, V-8, 125" wb						
4d HT Sed	4,800	14,400	24,000	54,000	84,000	120,000
1961 Facellia, 4-cyl., 96" wb						
2d Cpe	1,640	4,920	8,200	18,450	28,700	41,000
2d Conv	2,040	6,120	10,200	22,950	35,700	51,000
1961 HK500, V-8, 105" wb						
2d HT Cpe	5,600	16,800	28,000	63,000	98,000	140,000
1961 Excellence, V-8, 125" wb						
4d HT Sed	4,800	14,400	24,000	54,000	84,000	120,000
1962 Facellia, 4-cyl., 96" wb						
2d Cpe	1,640	4,920	8,200	18,450	28,700	41,000
2d Conv	2,040	6,120	10,200	22,950	35,700	51,000
1962 Facel II, V-8, 105" wb						
2d HT Cpe	9,200	27,600	46,000	103,500	161,000	230,000
1962 Excellence, V-8, 125" wb						
4d HT Sed	4,800	14,400	24,000	54,000	84,000	120,000
1963 Facellia, 4-cyl., 96" wb						
2d Cpe	1,640	4,920	8,200	18,450	28,700	41,000
2d Conv	2,040	6,120	10,200	22,950	35,700	51,000
1963 Facel II, V-8, 105" wb						
2d HT Cpe	9,200	27,600	46,000	103,500	161,000	230,000
1963 Facel III, 4-cyl., 97" wb						
2d HT Cpe	2,720	8,160	13,600	30,600	47,600	68,000
1963 Facel 6, 6-cyl., 97" wb						
2d HT Cpe	2,800	8,400	14,000	31,500	49,000	70,000
1963 Excellence, V-8, 125" wb						
4d HT Sed	5,000	15,000	25,000	56,250	87,500	125,000
1964-65 Facellia, 4-cyl., 96" wb						
2d Cpe	1,640	4,920	8,200	18,450	28,700	41,000
2d Conv	2,040	6,120	10,200	22,950	35,700	51,000
1964-65 Facel II, V-8, 105" wb						
2d HT Cpe	9,200	27,600	46,000	103,500	161,000	230,000
1964-65 Facel III, 4-cyl., 97" wb						
2d HT Cpe	2,720	8,160	13,600	30,600	47,600	68,000
1964-65 Facel 6, 6-cyl., 97" wb						
2d HT Cpe	2,800	8,400	14,000	31,500	49,000	70,000

FIAT

	6	5	4	3	2	1
1947-52 4-cyl., 570cc, 78.75" wb						
500 2d Sed	360	1,080	1,800	4,050	6,300	9,000
1947-52 4-cyl., 1089cc, 95.4" wb						
1100B 4d Sed	240	720	1,200	2,700	4,200	6,000
1100BL 4d Sed	240	720	1,200	2,700	4,200	6,000

	6	5	4	3	2	1
1947-52 4-cyl., 1089cc, 95.25" wb						
1100E 4d Sed	280	840	1,400	3,150	4,900	7,000
1947-52 4-cyl., 1089cc, 106" wb						
1100EL 4d Sed	280	840	1,400	3,150	4,900	7,000
1100S 2d Spt Cpe	440	1,320	2,200	4,950	7,700	11,000
1100ES 2d Spt Cpe	440	1,320	2,200	4,950	7,700	11,000
1947-52 4-cyl., 1395cc, 104.2" wb						
1400 4d Sed	260	780	1,300	2,930	4,550	6,500
1400 2d Cabr	520	1,560	2,600	5,850	9,100	13,000
1947-52 6-cyl., 1493cc, 110" wb						
1500 4d Sed	260	780	1,300	2,930	4,550	6,500
2d Conv Cpe	520	1,560	2,600	5,850	9,100	13,000
1953-56 500, 4-cyl., 570cc, 78.75" wb						
2d Sed	360	1,080	1,800	4,050	6,300	9,000
2d Sta Wag	400	1,200	2,000	4,500	7,000	10,000
1953-56 600, 4-cyl., 633cc, 78.75" wb						
2d Sed	240	720	1,200	2,700	4,200	6,000
2d Conv (S/R)	260	780	1,300	2,930	4,550	6,500
1953-56 600 Multipla, 4-cyl., 633cc, 78.75" wb						
4d Sta Wag	280	840	1,400	3,150	4,900	7,000
1953-56 1100, 4-cyl., 1089cc, 92.1" wb						
103 4d Sed	240	720	1,200	2,700	4,200	6,000
103E 4d Sed	244	732	1,220	2,750	4,270	6,100
103E TV 4d Sed	248	744	1,240	2,790	4,340	6,200
103E 4d Sta Wag	260	780	1,300	2,930	4,550	6,500
103F TV 2d Spt Rds	640	1,920	3,200	7,200	11,200	16,000
1953-56 1400, 4-cyl., 1395cc, 104.2" wb						
4d Sed	260	780	1,300	2,930	4,550	6,500
2d Cabr	520	1,560	2,600	5,850	9,100	13,000
1953-56 1900, 4-cyl., 1901cc, 104" wb						
4d Sed	260	780	1,300	2,930	4,550	6,500
1953-56 8V, V-8, 1996cc, 94.5" wb						
2d Cpe			value not estimable			
1957 500, 2-cyl., 479cc, 72.4" wb						
2d Sed	320	960	1,600	3,600	5,600	8,000
1957 600, 4-cyl., 633cc, 78.75" wb						
2d Sed	240	720	1,200	2,700	4,200	6,000
2d Conv (S/R)	280	840	1,400	3,150	4,900	7,000
1957 600 Multipla, 4-cyl., 633cc, 78.75" wb						
4d Sta Wag (4/5P)	280	840	1,400	3,150	4,900	7,000
4d Sta Wag (6P)	280	840	1,400	3,150	4,900	7,000
1957 1100, 4-cyl., 1089cc, 92.1" wb						
4d Sed	240	720	1,200	2,700	4,200	6,000
4d Sta Wag	260	780	1,300	2,930	4,550	6,500
1957 1100 TV, 4-cyl., 1089cc, 92.1" wb						
4d Sed	272	816	1,360	3,060	4,760	6,800
2d Conv	520	1,560	2,600	5,850	9,100	13,000
1958 500, 2-cyl., 479cc, 72.4" wb						
2d Sed	320	960	1,600	3,600	5,600	8,000
1958 600, 4-cyl., 633cc, 78.75" wb						
2d Sed	240	720	1,200	2,700	4,200	6,000
2d Conv (S/R)	260	780	1,300	2,930	4,550	6,500
1958 600 Multipla, 4-cyl., 633cc, 78.75" wb						
4d Sta Wag (4/5P)	280	840	1,400	3,150	4,900	7,000
4d Sta Wag (6P)	280	840	1,400	3,150	4,900	7,000
1958 1100, 4-cyl., 1089cc, 92.1" wb						
4d Sed	260	780	1,300	2,930	4,550	6,500
4d Familiare Sta Wag	270	820	1,360	3,060	4,760	6,800
1958 1100 TV, 4-cyl., 1089cc, 92.1" wb						
4d Sed	260	780	1,300	2,930	4,550	6,500
2d Conv	520	1,560	2,600	5,850	9,100	13,000
1958 1200 Gran Luce, 4-cyl., 1221cc, 92.1" wb						
4d Sed	240	720	1,200	2,700	4,200	6,000
TV, 2d Conv	520	1,560	2,600	5,850	9,100	13,000
1959 500, 2-cyl., 479cc, 72.4" wb						
2d Sed	240	720	1,200	2,700	4,200	6,000
2d Bianchina Cpe	260	780	1,300	2,930	4,550	6,500
2d Jolly Sed	440	1,320	2,200	4,950	7,700	11,000
1959 500 Sport, 2-cyl., 499cc, 72.4" wb						
2d Sed	240	720	1,200	2,700	4,200	6,000
2d Bianchina Cpe	260	780	1,300	2,930	4,550	6,500
1959 600, 4-cyl., 633cc, 78.75" wb						
2d Sed	240	720	1,200	2,700	4,200	6,000
2d Sed (S/R)	260	780	1,300	2,930	4,550	6,500
1959 600 Multipla, 4-cyl., 633cc, 78.75" wb						
4d Sta Wag (4/5P)	280	840	1,400	3,150	4,900	7,000

	6	5	4	3	2	1
4d Sta Wag (6P)	280	840	1,400	3,150	4,900	7,000
1959 1100, 4-cyl., 1089cc, 92.1" wb						
4d Sed	240	720	1,200	2,700	4,200	6,000
4d Sta Wag	260	780	1,300	2,930	4,550	6,500
1959 1200, 4-cyl., 1221cc, 92.1" wb						
4d Sed	240	720	1,200	2,700	4,200	6,000
2d Spider Conv	480	1,440	2,400	5,400	8,400	12,000
1959 1500, 1500S, 4-cyl., 1491cc, 92.1" wb						
2d Spider Conv	540	1,620	2,700	6,080	9,450	13,500
1960 500, 2-cyl., 479cc, 72.4" wb						
2d Sed	248	744	1,240	2,790	4,340	6,200
2d Bianchina Cpe	268	804	1,340	3,020	4,690	6,700
2d Jolly Sed	440	1,320	2,200	4,950	7,700	11,000
1960 500 Sport, 2-cyl., 499cc, 72.4" wb						
2d Sed	252	756	1,260	2,840	4,410	6,300
2d Bianchina Cpe	272	816	1,360	3,060	4,760	6,800
1960 600, 4-cyl., 633cc, 78.75" wb						
2d Sed	240	720	1,200	2,700	4,200	6,000
2d Sed (S/R)	260	780	1,300	2,930	4,550	6,500
2d Jolly Sed	440	1,320	2,200	4,950	7,700	11,000
1960 600 Multipla, 4-cyl., 633cc, 78.75" wb						
4d Sta Wag (4/5P)	280	840	1,400	3,150	4,900	7,000
4d Sta Wag (6P)	280	840	1,400	3,150	4,900	7,000
1960 1100, 4-cyl., 1089cc, 92.1" wb						
4d Sed	240	720	1,200	2,700	4,200	6,000
4d DeL Sed	248	744	1,240	2,790	4,340	6,200
4d Sta Wag	260	780	1,300	2,930	4,550	6,500
1960 1200, 4-cyl., 1221cc, 92.1" wb						
4d Sed	240	720	1,200	2,700	4,200	6,000
2d Spider Conv	540	1,620	2,700	6,080	9,450	13,500
1960 1500, 1500S, 4-cyl., 1491cc, 92.1" wb						
2d Spider Conv	580	1,740	2,900	6,530	10,150	14,500
1960 2100, 6-cyl., 2054cc, 104.3" wb						
4d Sed	260	780	1,300	2,930	4,550	6,500
4d Sta Wag	260	780	1,300	2,930	4,550	6,500
1961 500, 2-cyl., 479cc, 72.4" wb						
Bianchina DeL Cpe	264	792	1,320	2,970	4,620	6,600
2d Jolly Sed	440	1,320	2,200	4,950	7,700	11,000
1961 500 Sport, 2-cyl., 499cc, 72.4" wb						
2d Sed	320	960	1,600	3,600	5,600	8,000
2d Bianchina Cpe	268	804	1,340	3,020	4,690	6,700
1961 600, 4-cyl., 633cc, 78.75" wb						
2d Sed	240	720	1,200	2,700	4,200	6,000
2d Sed (S/R)	260	780	1,300	2,930	4,550	6,500
2d Jolly Sed	440	1,320	2,200	4,950	7,700	11,000
1961 600 Multipla, 4-cyl., 633cc, 78.75" wb						
4d Sta Wag (4/5P)	280	840	1,400	3,150	4,900	7,000
4d Sta Wag (6P)	280	840	1,400	3,150	4,900	7,000
1961 1100, 4-cyl., 1089cc, 92.1" wb						
4d Sed	240	720	1,200	2,700	4,200	6,000
4d DeL Sed	248	744	1,240	2,790	4,340	6,200
4d Sta Wag	260	780	1,300	2,930	4,550	6,500
1961 1200, 4-cyl., 1225cc, 92.1" wb						
4d Sed	240	720	1,200	2,700	4,200	6,000
2d Spider Conv	480	1,440	2,400	5,400	8,400	12,000
1961 1500, 1500S, 4-cyl., 1491cc, 92.1" wb						
Spider Conv	540	1,620	2,700	6,080	9,450	13,500
1961 2100, 6-cyl., 2054cc, 104.3" wb						
4d Sed	240	720	1,200	2,700	4,200	6,000
4d Sta Wag	260	780	1,300	2,930	4,550	6,500
1962 600D, 4-cyl., 767cc, 78.75" wb						
2d Sed	240	720	1,200	2,700	4,200	6,000
1962 1100, 4-cyl., 1089cc, 92.1" wb						
4d Export Sed	240	720	1,200	2,700	4,200	6,000
4d Spl Sed	248	744	1,240	2,790	4,340	6,200
1962 1200 Spider, 4-cyl., 1221cc, 92.1" wb						
2d Conv	480	1,440	2,400	5,400	8,400	12,000
1963 600D, 4-cyl., 767cc, 78.5" wb						
2d Sed	240	720	1,200	2,700	4,200	6,000
1963 1100 Special, 4-cyl., 1089cc, 92.1" wb						
4d Sed	240	720	1,200	2,700	4,200	6,000
1963 1100D, 4-cyl., 1221cc, 92.1" wb						
4d Sed	240	720	1,200	2,700	4,200	6,000
1963 1200 Spider, 4-cyl., 1221cc, 92.1" wb						
2d Conv	480	1,440	2,400	5,400	8,400	12,000

	6	5	4	3	2	1
1964 600D, 4-cyl., 767cc, 78.5" wb						
2d Sed.	240	720	1,200	2,700	4,200	6,000
1964 1100D, 4-cyl., 1221cc, 92.1" wb						
4d Sed.	260	780	1,300	2,930	4,550	6,500
1964 1500 Spider, 4-cyl., 1481cc, 92.1" wb						
2d Conv.	500	1,500	2,500	5,630	8,750	12,500
1965 600D, 4-cyl., 767cc, 78.5" wb						
2d Sed.	240	720	1,200	2,700	4,200	6,000
1965 1100D, 4-cyl., 1221cc, 92.1" wb						
4d Sed.	240	720	1,200	2,700	4,200	6,000
4d Sta Wag	260	780	1,300	2,930	4,550	6,500
1965 1500 Spider, 4-cyl., 1481cc, 92." wb						
2d Conv.	500	1,500	2,500	5,630	8,750	12,500
1966 600D, 4-cyl., 767cc, 78.5" wb						
2d Sed.	240	720	1,200	2,700	4,200	6,000
1966 1100D, 4-cyl., 1221cc, 92.1" wb						
4d Sed.	240	720	1,200	2,700	4,200	6,000
4d Sta Wag	260	780	1,300	2,930	4,550	6,500
1966 1500 Spider, 4-cyl., 1481cc, 92.1" wb						
2d Conv.	500	1,500	2,500	5,630	8,750	12,500
1967 600D, 4-cyl., 767cc, 78.7" wb						
2d Sed.	240	720	1,200	2,700	4,200	6,000
1967 850, 4-cyl., 843cc, 79.8" wb						
FBk Cpe 2 plus 2	240	720	1,200	2,700	4,200	6,000
2d Spider Conv	420	1,260	2,100	4,730	7,350	10,500
1967 124, 4-cyl., 1197cc, 95.3" wb						
4d Sed.	200	600	1,000	2,250	3,500	5,000
4d Sta Wag	212	636	1,060	2,390	3,710	5,300
1967 1100R, 4-cyl., 1089cc, 92.2" wb						
4d Sed.	240	720	1,200	2,700	4,200	6,000
4d Sta Wag	260	780	1,300	2,930	4,550	6,500
1967 1500 Spider, 4-cyl., 1481cc, 92.1" wb						
2d Conv.	500	1,500	2,500	5,630	8,750	12,500
1968 850, 4-cyl., 817cc, 79.8" wb						
2d Sed.	200	600	1,000	2,250	3,500	5,000
2d FBk Cpe	240	720	1,200	2,700	4,200	6,000
2d Spider Conv	460	1,380	2,300	5,180	8,050	11,500
1968 124, 4-cyl., 1197cc, 95.3" wb						
4d Sed.	200	600	1,000	2,250	3,500	5,000
4d Sta Wag	200	600	1,000	2,250	3,500	5,000
1968 124, 4-cyl., 1438cc, 95.3" wb						
2d Spt Cpe	320	960	1,600	3,600	5,600	8,000
1968 124 Spider, 4-cyl., 1438cc, 89.8" wb						
2d Conv.	500	1,500	2,500	5,630	8,750	12,500
1969 850, 4-cyl., 817cc, 79.8" wb						
2d Sed.	200	600	1,000	2,250	3,500	5,000
2d FBk Cpe 2 plus 2	240	720	1,200	2,700	4,200	6,000
2d Spider Conv	460	1,380	2,300	5,180	8,050	11,500
1969 124, 4-cyl., 1197cc, 95.3" wb						
4d Sed.	200	600	1,000	2,250	3,500	5,000
4d Sta Wag	200	600	1,000	2,250	3,500	5,000
1969 124, 4-cyl., 1438cc, 95.3" wb						
2d Spt Cpe	320	960	1,600	3,600	5,600	8,000
1969 124 Spider, 4-cyl., 1438cc, 89.8" wb						
2d Conv.	500	1,500	2,500	5,630	8,750	12,500
1970 850, 4-cyl., 817cc, 79.8" wb						
2d Sed.	200	600	1,000	2,250	3,500	5,000
1970 850, 4-cyl., 903cc, 79.8" wb						
Spt FBk Cpe 2 plus 2	260	780	1,300	2,930	4,550	6,500
Racer 2d HT Cpe	272	816	1,360	3,060	4,760	6,800
1970 850 Spider, 4-cyl., 903cc, 79.8" wb						
2d Conv.	400	1,200	2,000	4,500	7,000	10,000
1970 124, 4-cyl., 1438cc, 95.3" wb						
4d Spl Sed.	240	720	1,200	2,700	4,200	6,000
4d Spl Sta Wag	240	720	1,200	2,700	4,200	6,000
2d Spt Cpe	360	1,080	1,800	4,050	6,300	9,000
1970 124 Spider, 4-cyl., 1438cc, 89.8" wb						
2d Conv.	500	1,500	2,500	5,630	8,750	12,500
1971 850, 4-cyl., 817cc, 79.8" wb						
2d Sed.	240	720	1,200	2,700	4,200	6,000
1971 850, 4-cyl., 903cc, 79.8" wb						
2d FBk Cpe, 2 plus 2	280	840	1,400	3,150	4,900	7,000
Racer, 2d HT Cpe	312	936	1,560	3,510	5,460	7,800
1971 850 Spider, 4-cyl., 903cc, 79.8" wb						
2d Conv.	380	1,140	1,900	4,280	6,650	9,500

	6	5	4	3	2	1
1971 124, 4-cyl., 1438cc, 95.3" wb						
4d Spl Sed	240	720	1,200	2,700	4,200	6,000
4d Spl Sta Wag	240	720	1,200	2,700	4,200	6,000
2d Spt Cpe	360	1,080	1,800	4,050	6,300	9,000
1971 124 Spider, 4-cyl., 1438cc, 89.8" wb						
2d Conv	500	1,500	2,500	5,630	8,750	12,500
NOTE: The 124 coupe and convertible could be ordered with the larger 1.6-liter engine (1608cc).						
1972 850 Spider, 4-cyl., 903cc, 79.8" wb						
2d Conv	380	1,140	1,900	4,280	6,650	9,500
1972 128, 4-cyl., 1116cc, 96.4" wb						
2d Sed	220	660	1,100	2,480	3,850	5,500
4d Sed	220	660	1,100	2,480	3,850	5,500
2d Sta Wag	220	660	1,100	2,480	3,850	5,500
1972 124, 4-cyl., 1438cc, 95.3" wb						
4d Spl Sed	240	720	1,200	2,700	4,200	6,000
4d Sta Wag	240	720	1,200	2,700	4,200	6,000
1972 124, 4-cyl., 1608cc, 95.3" wb						
2d Spt Cpe	360	1,080	1,800	4,050	6,300	9,000
1972 124 Spider, 4-cyl., 1608cc, 89.8" wb						
2d Conv	480	1,440	2,400	5,400	8,400	12,000
1973 850 Spider, 4-cyl., 903cc, 79.8" wb						
2d Conv	380	1,140	1,900	4,280	6,650	9,500
1973 128, 4-cyl., 1116cc, 96.4" wb						
2d Sed	240	720	1,200	2,700	4,200	6,000
4d Sed	240	720	1,200	2,700	4,200	6,000
2d Sta Wag	244	732	1,220	2,750	4,270	6,100
SL 1300 2d Cpe	252	756	1,260	2,840	4,410	6,300
1973 124, 4-cyl., 1438cc, 95.3" wb						
4d Spl Sed	260	780	1,300	2,930	4,550	6,500
4d Sta Wag	260	780	1,300	2,930	4,550	6,500
1973 124, 4-cyl., 1608cc, 95.3" wb						
2d Spt Cpe	380	1,140	1,900	4,280	6,650	9,500
1973 124 Spider, 4-cyl., 1608cc, 89.8" wb						
2d Conv	480	1,440	2,400	5,400	8,400	12,000
1974 128, 4-cyl., 1290cc, 96.4" wb						
2d Sed	240	720	1,200	2,700	4,200	6,000
4d Sed	240	720	1,200	2,700	4,200	6,000
2d Sta Wag	244	732	1,220	2,750	4,270	6,100
1974 128, 4-cyl., 1290cc, 87.5" wb						
SL 2d Cpe	252	756	1,260	2,840	4,410	6,300
1974 X1/9, 4-cyl., 1290cc, 86.7" wb						
2d Targa Cpe	300	900	1,500	3,380	5,250	7,500
1974 124, 4-cyl., 1593cc, 95.3" wb						
4d Spl Sed	260	780	1,300	2,930	4,550	6,500
4d Sta Wag	260	780	1,300	2,930	4,550	6,500
1974 124, 4-cyl., 1756cc, 95.3" wb						
2d Spt Cpe	260	780	1,300	2,930	4,550	6,500
1974 124 Spider, 4-cyl., 1756cc, 89.8" wb						
2d Conv	480	1,440	2,400	5,400	8,400	12,000
1975 128, 4-cyl., 1290cc, 96.4" wb						
2d Sed	240	720	1,200	2,700	4,200	6,000
4d Sed	240	720	1,200	2,700	4,200	6,000
2d Sta Wag	244	732	1,220	2,750	4,270	6,100
1975 128, 4-cyl., 1290cc, 87.5" wb						
SL 2d Cpe	252	756	1,260	2,840	4,410	6,300
1975 X1/9, 4-cyl., 1290cc, 86.7" wb						
2d Targa Cpe	300	900	1,500	3,380	5,250	7,500
1975 131, 4-cyl., 1756cc, 98" wb						
2d Sed	240	720	1,200	2,700	4,200	6,000
4d Sed	240	720	1,200	2,700	4,200	6,000
4d Sta Wag	252	756	1,260	2,840	4,410	6,300
1975 124, 4-cyl., 1756cc, 95.3" wb						
2d Spt Cpe	380	1,140	1,900	4,280	6,650	9,500
1975 124 Spider, 4-cyl., 1756cc, 89.7" wb						
2d Conv	480	1,440	2,400	5,400	8,400	12,000
1976 128, 4-cyl., 1290cc, 96.4" wb						
2d Sed	240	720	1,200	2,700	4,200	6,000
2d Cus Sed	240	720	1,200	2,700	4,200	6,000
4d Cus Sed	240	720	1,200	2,700	4,200	6,000
2d Sta Wag	244	732	1,220	2,750	4,270	6,100
1976 128 Sport, 4-cyl., 1290cc, 87.5" wb						
3P HBk Cpe	252	756	1,260	2,840	4,410	6,300
1976 X1/9, 4-cyl., 1290cc, 86.7" wb						
AS Targa Cpe	300	900	1,500	3,380	5,250	7,500
1976 131, 4-cyl., 1756cc, 98" wb						
A3 2d Sed	240	720	1,200	2,700	4,200	6,000

	6	5	4	3	2	1
A3 4d Sed	240	720	1,200	2,700	4,200	6,000
AF2 4d Sta Wag	240	720	1,200	2,700	4,200	6,000
1976 124 Sport Spider, 4-cyl., 1756cc, 89.7" wb						
CS 2d Conv	480	1,440	2,400	5,400	8,400	12,000
1977 128, 4-cyl., 1290cc, 96.4" wb						
2d Sed	240	720	1,200	2,700	4,200	6,000
2d Cus Sed	240	720	1,200	2,700	4,200	6,000
4d Cus Sed	240	720	1,200	2,700	4,200	6,000
2d Sta Wag	244	732	1,220	2,750	4,270	6,100
1977 128, 4-cyl., 1290cc, 87.5" wb						
3P Cus HBk Cpe	252	756	1,260	2,840	4,410	6,300
1977 X1/9, 4-cyl., 1290cc, 86.7" wb						
AS Targa Cpe	300	900	1,500	3,380	5,250	7,500
1977 131, 4-cyl., 1756cc, 98" wb						
A3 2d Sed	240	720	1,200	2,700	4,200	6,000
A3 4d Sed	240	720	1,200	2,700	4,200	6,000
AF2 4d Sta Wag	244	732	1,220	2,750	4,270	6,100
1977 124 Sport Spider, 4-cyl., 1756cc, 89.7" wb						
CS 2d Conv	480	1,440	2,400	5,400	8,400	12,000
1978 128, 4-cyl., 1290cc, 96.4" wb						
A1 2d Sed	240	720	1,200	2,700	4,200	6,000
A1 4d Sed	240	720	1,200	2,700	4,200	6,000
1978 128, 4-cyl., 1290cc, 87.5" wb						
AC Spt HBk	252	756	1,260	2,840	4,410	6,300
1978 X1/9, 4-cyl., 1290cc, 86.7" wb						
AS Targa Cpe	300	900	1,500	3,380	5,250	7,500
1978 131, 4-cyl., 1756cc, 98" wb						
A 2d Sed	244	732	1,220	2,750	4,270	6,100
A 4d Sed	244	732	1,220	2,750	4,270	6,100
AF 4d Sta Wag	248	744	1,240	2,790	4,340	6,200
1978 Brava, 4-cyl., 1756cc, 98" wb						
2d Sed	208	624	1,040	2,340	3,640	5,200
2d Sup Sed	208	624	1,040	2,340	3,640	5,200
4d Sup Sed	208	624	1,040	2,340	3,640	5,200
4d Sup Sta Wag	212	636	1,060	2,390	3,710	5,300
1978 Spider 124, 4-cyl., 1756cc, 89.7" wb						
2d Conv	480	1,440	2,400	5,400	8,400	12,000
1978 X1/9						
NOTE: At mid-year the Brava series and Spider contained the new twin-cam 2.0-liter four (1995cc).						
1979 128A1, 4-cyl., 1290cc, 96.4" wb						
2d Sed	200	600	1,000	2,250	3,500	5,000
4d Sed	200	600	1,000	2,250	3,500	5,000
1979 128AC, 4-cyl., 1290cc, 87.5" wb						
2d Spt HBk	212	636	1,060	2,390	3,710	5,300
1979 X1/9, 4-cyl., 1498cc, 86.7" wb						
AS Targa Cpe	260	780	1,300	2,930	4,550	6,500
1979 Strada 138A, 1498cc, 96.4" wb						
2d HBk	204	612	1,020	2,300	3,570	5,100
2d Cus HBk	204	612	1,020	2,300	3,570	5,100
4d Cus HBk	204	612	1,020	2,300	3,570	5,100
1979 Brava 131, 4-cyl., 1995cc, 98" wb						
A4 2d Sed	208	624	1,040	2,340	3,640	5,200
A4 4d Sed	208	624	1,040	2,340	3,640	5,200
AF 4d Sta Wag	212	636	1,060	2,390	3,710	5,300
1979 Spider 2000, 4-cyl., 1995cc, 89.7" wb						
2d Conv	500	1,500	2,500	5,630	8,750	12,500
1980 Strada 138, 4-cyl., 1498cc, 96.4" wb						
2d HBk	200	600	1,000	2,250	3,500	5,000
2d Cus HBk	200	600	1,000	2,250	3,500	5,000
4d Cus HBk	200	600	1,000	2,250	3,500	5,000
1980 X1/9, 4-cyl., 1498cc, 86.7" wb						
128 Targa Cpe	260	780	1,300	2,930	4,550	6,500
1980 Brava 131, 4-cyl., 1995cc, 98" wb						
2d Sed	204	612	1,020	2,300	3,570	5,100
4d Sed	204	612	1,020	2,300	3,570	5,100
1980 Spider 2000, 4-cyl., 1995cc, 89.7" wb						
124 2d Conv	500	1,500	2,500	5,630	8,750	12,500
NOTE The Brava series and the Spider 2000 were also available with fuel injection in 1980.						
1981 Strada 138, 4-cyl., 1498cc, 96.4" wb						
2d HBk	200	600	1,000	2,250	3,500	5,000
2d Cus HBk	200	600	1,000	2,250	3,500	5,000
4d Cus HBk	200	600	1,000	2,250	3,500	5,000
1981 X1/9, 4-cyl., 1498cc, 86.7" wb						
128 Targa Cpe	260	780	1,300	2,930	4,550	6,500
1981 Brava 131, 4-cyl., 1995cc, 98" wb						
2d Sed	204	612	1,020	2,300	3,570	5,100

	6	5	4	3	2	1
4d Sed	204	612	1,020	2,300	3,570	5,100
1981 Spider 2000, 4-cyl., 1995cc, 89.7" wb						
124 2d Conv	420	1,260	2,100	4,730	7,350	10,500
124 2d Turbo Conv	440	1,320	2,200	4,950	7,700	11,000
1982 Strada, 4-cyl., 1498cc, 96.4" wb						
DD 2d HBk	200	600	1,000	2,250	3,500	5,000
DD 2d Cus HBk	200	600	1,000	2,250	3,500	5,000
DE Cus 4d HBk	200	600	1,000	2,250	3,500	5,000
1982 X1/9, 4-cyl., 1498cc, 86.7" wb						
BS Targa Cpe	260	780	1,300	2,930	4,550	6,500
1982 Spider 2000, 4-cyl., 1995cc, 89.7" wb						
AS 2d Conv	420	1,260	2,100	4,730	7,350	10,500
2d Turbo Conv	440	1,320	2,200	4,950	7,700	11,000
1983 X1/9, 4-cyl., 1498cc, 86.7" wb						
BS Targa Cpe	260	780	1,300	2,930	4,550	6,500
1983 Spider 2000, 4-cyl., 1995cc, 89.7" wb						
AS 2d Conv	420	1,260	2,100	4,730	7,350	10,500
2d Turbo Conv	440	1,320	2,200	4,950	7,700	11,000

NOTE: The Spider 2000 convertible was produced under the Pininfarina nameplate during 1984-85. The X1/9 Targa Coupe was produced under the Bertone nameplate during 1984-90.

FORD - BRITISH

	6	5	4	3	2	1
1948 Anglia, 4-cyl., 90" wb						
2d Sed	400	1,200	2,000	4,500	7,000	10,000
1948 Prefect, 4-cyl., 94" wb						
4d Sed	400	1,150	1,900	4,280	6,650	9,500
1949 Anglia, 4-cyl., 90" wb						
2d Sed	400	1,200	2,000	4,500	7,000	10,000
1949 Prefect, 4-cyl., 94" wb						
4d Sed	400	1,150	1,900	4,280	6,650	9,500
1950 Anglia, 4-cyl., 90" wb						
2d Sed	400	1,200	2,000	4,500	7,000	10,000
1950 Prefect, 4-cyl., 94" wb						
4d Sed	400	1,150	1,900	4,280	6,650	9,500
1951 Anglia, 4-cyl., 90" wb						
2d Sed	350	1,000	1,650	3,690	5,750	8,200
1951 Prefect, 4-cyl., 90" wb						
4d Sed	300	950	1,600	3,650	5,650	8,100
1951 Consul, 4-cyl., 100" wb						
4d Sed	350	1,000	1,650	3,690	5,750	8,200
1952 Anglia, 4-cyl., 90" wb						
2d Sed	350	1,000	1,650	3,690	5,750	8,200
1952 Prefect, 4-cyl., 94" wb						
4d Sed	300	950	1,600	3,650	5,650	8,100
1952 Consul, 4-cyl., 100" wb						
4d Sed	350	1,000	1,650	3,690	5,750	8,200
1952 Zephyr, 6-cyl., 104" wb						
4d Sed	350	1,000	1,700	3,830	5,950	8,500
1953 Anglia, 4-cyl., 90" wb						
2d Sed	350	1,000	1,650	3,690	5,750	8,200
1953 Prefect, 4-cyl., 94" wb						
4d Sed	300	950	1,600	3,650	5,650	8,100
1953 Consul, 4-cyl., 100" wb						
4d Sed	350	1,000	1,650	3,690	5,750	8,200
1953 Zephyr, 6-cyl., 104" wb						
4d Sed	350	1,000	1,700	3,830	5,950	8,500
1954 Anglia, 4-cyl., 87" wb						
2d Sed	350	1,000	1,650	3,690	5,750	8,200
1954 Prefect, 4-cyl., 87" wb						
4d Sed	300	950	1,600	3,650	5,650	8,100
1954 Consul, 4-cyl., 100" wb						
4d Sed	350	1,000	1,650	3,690	5,750	8,200
1954 Zephyr, 6-cyl., 104" wb						
4d Sed	350	1,000	1,700	3,830	5,950	8,500
1955 Anglia, 4-cyl., 87" wb						
2d Sed	350	1,000	1,650	3,690	5,750	8,200
1955 Prefect, 4-cyl., 87" wb						
4d Sed	300	950	1,600	3,650	5,650	8,100
1955 Consul, 4-cyl., 100" wb						
4d Sed	350	1,000	1,700	3,780	5,900	8,400
2d Conv	400	1,200	2,000	4,500	7,000	10,000
1955 Zephyr, 6-cyl., 104" wb						
4d Sed	350	1,000	1,700	3,830	5,950	8,500
1955 Zodiac, 6-cyl., 104" wb						
4d Sed	350	1,050	1,700	3,870	6,000	8,600
2d Conv	400	1,200	2,000	4,500	7,000	10,000

	6	5	4	3	2	1
1956 Anglia, 4-cyl., 87" wb						
2d Sed	350	1,000	1,650	3,690	5,750	8,200
1956 Prefect, 4-cyl., 87" wb						
4d Sed	300	950	1,600	3,650	5,650	8,100
1956 Escort/Squire, 4-cyl., 87" wb						
2d Sta Wag	350	1,000	1,700	3,780	5,900	8,400
1956 Consul, 4-cyl., 100" wb						
4d Sed	350	1,000	1,700	3,780	5,900	8,400
2d Conv	400	1,200	2,000	4,500	7,000	10,000
1956 Zephyr, 6-cyl., 104" wb						
4d Sed	350	1,000	1,700	3,830	5,950	8,500
2d Conv	400	1,200	2,000	4,500	7,000	10,000
1956 Zodiac, 6-cyl., 104" wb						
4d Sed	350	1,050	1,700	3,870	6,000	8,600
1957 Anglia, 4-cyl., 87" wb						
2d Sed	350	1,000	1,650	3,690	5,750	8,200
1957 Prefect, 4-cyl., 87" wb						
4d Sed	300	950	1,600	3,650	5,650	8,100
1957 Escort/Squire, 4-cyl., 87" wb						
2d Sta Wag	350	1,000	1,700	3,780	5,900	8,400
1957 Consul, 4-cyl., 104" wb						
4d Sed	350	1,000	1,700	3,780	5,900	8,400
2d Conv	400	1,200	2,000	4,500	7,000	10,000
1957 Zephyr, 6-cyl., 107" wb						
4d Sed	350	1,000	1,700	3,830	5,950	8,500
2d Conv	400	1,200	2,000	4,500	7,000	10,000
1957 Zodiac, 6-cyl., 107" wb						
4d Sed	350	1,050	1,700	3,870	6,000	8,600
2d Conv	600	1,750	2,900	6,530	10,200	14,500
1958 Anglia, 4-cyl., 87" wb						
2d Sed	350	1,000	1,650	3,690	5,750	8,200
2d DeL Sed	350	1,000	1,650	3,740	5,800	8,300
1958 Prefect, 4-cyl., 87" wb						
4d Sed	350	1,000	1,650	3,690	5,750	8,200
1958 Escort/Squire, 4-cyl., 87" wb						
2d Sta Wag	350	1,000	1,700	3,780	5,900	8,400
1958 Consul, 4-cyl., 104" wb						
4d Sed	350	1,000	1,700	3,780	5,900	8,400
2d Conv	400	1,200	2,000	4,500	7,000	10,000
1958 Zephyr, 6-cyl., 107" wb						
4d Sed	350	1,000	1,700	3,830	5,950	8,500
2d Conv	400	1,200	2,000	4,500	7,000	10,000
1958 Zodiac, 6-cyl., 107" wb						
4d Sed	350	1,050	1,700	3,870	6,000	8,600
2d Conv	600	1,750	2,900	6,530	10,200	14,500
1959 Anglia, 4-cyl., 87" wb						
2d DeL Sed	350	1,000	1,650	3,690	5,750	8,200
1959 Prefect, 4-cyl., 87" wb						
4d Sed	300	950	1,600	3,650	5,650	8,100
1959 Escort/Squire, 4-cyl., 87" wb						
2d Sta Wag	350	1,000	1,700	3,780	5,900	8,400
1959 Consul, 4-cyl., 104" wb						
4d Sed	350	1,000	1,700	3,780	5,900	8,400
2d Conv	400	1,200	2,000	4,500	7,000	10,000
4d Sta Wag	350	1,000	1,700	3,830	5,950	8,500
1959 Zephyr, 6-cyl., 107" wb						
4d Sed	350	1,000	1,700	3,830	5,950	8,500
2d Conv	400	1,200	2,000	4,500	7,000	10,000
4d Sta Wag	350	1,050	1,700	3,870	6,000	8,600
1959 Zodiac, 6-cyl., 107" wb						
4d Sed	350	1,050	1,700	3,870	6,000	8,600
2d Conv	400	1,200	2,000	4,550	7,050	10,100
4d Sta Wag	350	1,050	1,750	3,920	6,100	8,700
1960 Anglia, 4-cyl., 90" wb						
2d Sed	300	950	1,600	3,650	5,650	8,100
1960 Prefect, 4-cyl., 90" wb						
4d Sed	300	850	1,400	3,150	4,900	7,000
1960 Escort/Squire, 4-cyl., 87" wb						
2d Sta Wag	350	1,000	1,700	3,780	5,900	8,400
1960 Consul, 4-cyl., 104" wb						
4d Sed	350	1,000	1,700	3,780	5,900	8,400
2d Conv	400	1,150	1,900	4,280	6,650	9,500
1960 Zephyr, 6-cyl., 107" wb						
4d Sed	350	1,000	1,700	3,830	5,950	8,500
2d Conv	400	1,150	1,950	4,370	6,800	9,700

	6	5	4	3	2	1
1960 Zodiac, 6-cyl., 107" wb						
4d Sed	350	1,050	1,700	3,870	6,000	8,600
2d Conv	400	1,200	2,000	4,500	7,000	10,000
1961 Anglia, 4-cyl., 90" wb						
2d Sed	300	850	1,400	3,200	4,950	7,100
1961 Prefect, 4-cyl., 90" wb						
4d Sed	300	850	1,400	3,150	4,900	7,000
1961 Escort, 4-cyl., 87" wb						
2d Sta Wag	350	1,000	1,700	3,780	5,900	8,400
1961 Consul, 4-cyl., 104" wb						
4d Sed	350	1,000	1,700	3,780	5,900	8,400
2d Conv	600	1,800	3,000	6,750	10,500	15,000
1961 Zephyr, 6-cyl., 107" wb						
4d Sed	350	1,000	1,700	3,830	5,950	8,500
2d Conv	600	1,850	3,100	6,980	10,900	15,500
1961 Zodiac, 6-cyl., 107" wb						
4d Sed	350	1,050	1,700	3,870	6,000	8,600
2d Conv	650	1,900	3,150	7,070	11,000	15,700
1962 Anglia, 4-cyl., 90" wb						
2d Sed	300	850	1,400	3,200	4,950	7,100
2d DeL Sed	300	850	1,450	3,240	5,050	7,200
2d Sta Wag	300	850	1,450	3,240	5,050	7,200
1962 Consul 315, 4-cyl., 99" wb						
2d Sed	300	900	1,450	3,290	5,100	7,300
4d DeL Sed	300	900	1,500	3,330	5,200	7,400
1962 Consul Capri, 4-cyl., 99" wb						
2d HT Cpe	350	1,000	1,700	3,830	5,950	8,500
1963 Anglia, 4-cyl., 90" wb						
2d Sed	300	850	1,400	3,200	4,950	7,100
2d DeL Sed	300	850	1,450	3,240	5,050	7,200
2d Sta Wag	300	850	1,450	3,240	5,050	7,200
1963 Consul 315, 4-cyl., 99" wb						
2d Sed	300	900	1,450	3,290	5,100	7,300
4d DeL Sed	300	900	1,500	3,330	5,200	7,400
1963 Capri, 4-cyl., 99" wb						
2d HT Cpe	350	1,000	1,700	3,830	5,950	8,500
1963 Cortina, 4-cyl., 98" wb						
2d DeL Sed	300	850	1,450	3,240	5,050	7,200
4d DeL Sed	300	900	1,450	3,290	5,100	7,300
4d Sta Wag	300	900	1,450	3,290	5,100	7,300
1963 Zephyr, 6-cyl., 107" wb						
4d Sed	300	900	1,500	3,330	5,200	7,400
1963 Zodiac, 6-cyl., 107" wb						
4d Sed	300	900	1,500	3,380	5,250	7,500
1964 Anglia, 4-cyl., 90" wb						
2d Sed	300	850	1,400	3,200	4,950	7,100
2d DeL Sed	300	850	1,450	3,240	5,050	7,200
2d Sta Wag	300	850	1,450	3,240	5,050	7,200
1964 Consul 315, 4-cyl., 99" wb						
2d Sed	300	900	1,450	3,290	5,100	7,300
4d DeL Sed	300	900	1,500	3,330	5,200	7,400
1964 Consul Capri, 4-cyl., 99" wb						
2d Cpe	350	1,000	1,700	3,830	5,950	8,500
2d GT Cpe	350	1,050	1,750	3,920	6,100	8,700
1964 Cortina, 4-cyl., 98" wb						
2d GT Sed	300	900	1,500	3,420	5,300	7,600
2d DeL Sed	300	900	1,500	3,380	5,250	7,500
4d DeL Sed	300	900	1,500	3,330	5,200	7,400
4d Sta Wag	300	900	1,500	3,330	5,200	7,400
1964 Zodiac, 6-cyl., 107" wb						
4d Sed	300	900	1,500	3,380	5,250	7,500
1965 Anglia, 4-cyl., 90" wb						
2d DeL Sed	300	850	1,450	3,240	5,050	7,200
1965 Capri, 4-cyl., 99" wb						
2d Cpe	300	900	1,450	3,290	5,100	7,300
2d GT Cpe	300	900	1,500	3,330	5,200	7,400
1965 Cortina, 4-cyl., 98" wb						
2d GT Sed	300	950	1,600	3,600	5,600	8,000
2d Sed	300	850	1,450	3,240	5,050	7,200
4d Sed	300	850	1,400	3,200	4,950	7,100
4d Sta Wag	300	850	1,400	3,200	4,950	7,100
1966 Anglia 1200, 4-cyl., 90" wb						
2d DeL Sed	300	850	1,450	3,240	5,050	7,200
1966 Cortina 1500, 4-cyl., 98" wb						
2d GT Sed	300	950	1,600	3,600	5,600	8,000
2d Sed	300	850	1,450	3,240	5,050	7,200

	6	5	4	3	2	1
4d Sed	300	900	1,450	3,290	5,100	7,300
4d Sta Wag	300	900	1,500	3,330	5,200	7,400
1966 Cortina Lotus, 4-cyl., 98" wb						
2d Sed	650	2,000	3,300	7,430	11,600	16,500
1967 Anglia 113E, 4-cyl., 90" wb						
2d DeL Sed	300	850	1,450	3,240	5,050	7,200
1967 Cortina 116E, 4-cyl., 98" wb						
2d GT Sed	300	900	1,450	3,290	5,100	7,300
2d Sed	300	850	1,400	3,200	4,950	7,100
4d Sed	300	850	1,450	3,240	5,050	7,200
4d Sta Wag	300	900	1,500	3,380	5,250	7,500
1968 Cortina, 4-cyl., 98" wb						
2d Sed	300	900	1,450	3,290	5,100	7,300
4d Sed	300	900	1,500	3,330	5,200	7,400
2d GT Sed	300	900	1,500	3,380	5,250	7,500
4d GT Sed	300	900	1,500	3,380	5,250	7,500
4d Sta Wag	300	900	1,500	3,380	5,250	7,500
1969 Cortina, 4-cyl., 98" wb						
2d Sed	300	900	1,450	3,290	5,100	7,300
4d Sed	300	900	1,500	3,330	5,200	7,400
2d GT Sed	300	900	1,500	3,420	5,300	7,600
4d GT Sed	300	900	1,500	3,420	5,300	7,600
2d DeL Sed	300	900	1,500	3,380	5,250	7,500
4d DeL Sed	300	900	1,500	3,380	5,250	7,500
4d Sta Wag	300	900	1,500	3,420	5,300	7,600
1970 Cortina, 4-cyl., 98" wb						
2d Sed	300	900	1,450	3,290	5,100	7,300
4d Sed	300	900	1,500	3,330	5,200	7,400
2d GT Sed	300	900	1,500	3,420	5,300	7,600
4d GT Sed	300	900	1,500	3,420	5,300	7,600
2d DeL Sed	300	900	1,500	3,380	5,250	7,500
4d DeL Sed	300	900	1,500	3,380	5,250	7,500
4d Sta Wag	300	900	1,500	3,420	5,300	7,600

FORD-CAPRI

1969-70 1600, 4-cyl., 1599cc, 100.8" wb						
2d Spt Cpe	370	1,100	1,840	4,140	6,440	9,200
1971 1600, 4-cyl., 1599cc, 100.8" wb						
2d Spt Cpe	390	1,160	1,940	4,370	6,790	9,700
1971 2000, 4-cyl., 1993cc. 100.8" wb						
2d Spt Cpe	410	1,220	2,040	4,590	7,140	10,200
1972 1600, 4-cyl., 1599cc. 100.8" wb						
2d Spt Cpe	370	1,100	1,840	4,140	6,440	9,200
1972 2000, 4-cyl., 1993cc, 100.8" wb						
2d Spt Cpe	390	1,160	1,940	4,370	6,790	9,700
1972 2600, V-6, 2548cc, 100.8" wb						
2d Spt Cpe	410	1,220	2,040	4,590	7,140	10,200
1973 2000, 4-cyl., 1993cc, 100.8" wb						
2d Spt Cpe	390	1,160	1,940	4,370	6,790	9,700
1973 2600, V-6, 2548cc, 100.8" wb						
2d Spt Cpe	410	1,220	2,040	4,590	7,140	10,200
1974 2000, 4-cyl., 1993cc, 100.8" wb						
2d Spt Cpe	390	1,160	1,940	4,370	6,790	9,700
1974 2800, V-6, 2792cc, 100.8" wb						
2d Spt Cpe	410	1,220	2,040	4,590	7,140	10,200
1975-76 2300, 4-cyl., 2300cc, 100.9" wb						
2d HBk Cpe	390	1,160	1,940	4,370	6,790	9,700
2d Ghia Cpe	410	1,220	2,040	4,590	7,140	10,200
2d "S" Cpe	410	1,220	2,040	4,590	7,140	10,200
1975-76 2800, V-6, 2795cc, 100.9" wb						
2d HBk Cpe	390	1,160	1,940	4,370	6,790	9,700
NOTE: No Capris were imported for the 1975 model year. Late in the year came the Capri II (intended as a '76 model).						
1977-78 2300, 4-cyl., 2300cc, 100.9" wb						
2d HBk Cpe	390	1,160	1,940	4,370	6,790	9,700
2d Ghia Cpe	410	1,220	2,040	4,590	7,140	10,200
1977-78 2800, V-6, 2795cc, 100.9" wb						
2d HBk Cpe	410	1,220	2,040	4,590	7,140	10,200
NOTE: 1977 was the final model year for Capri II. They were not imported after 1977.						

GEO

1989 Metro						
2d HBk	184	552	920	2,070	3,220	4,600
2d HBk LSi	204	612	1,020	2,300	3,570	5,100
4d Sed LSi	208	624	1,040	2,340	3,640	5,200
1989 Prizm						
4d Sed	264	792	1,320	2,970	4,620	6,600

	6	5	4	3	2	1
5d HBk	268	804	1,340	3,020	4,690	6,700
1989 Spectrum						
2d HBk	224	672	1,120	2,520	3,920	5,600
4d Sed	232	696	1,160	2,610	4,060	5,800
1989 Tracker (4x4)						
Wag HT	340	1,020	1,700	3,830	5,950	8,500
Wag Soft-top	320	960	1,600	3,600	5,600	8,000
1990 Metro, 3-cyl.						
2d HBk XFi	112	336	560	1,260	1,960	2,800
2d HBk	116	348	580	1,310	2,030	2,900
2d HBk LSi	124	372	620	1,400	2,170	3,100
4d HBk	116	348	580	1,310	2,030	2,900
4d HBk LSi	132	396	660	1,490	2,310	3,300
2d Conv LSi	200	600	1,000	2,250	3,500	5,000
1990 Prizm, 4-cyl.						
4d Sed	240	720	1,200	2,700	4,200	6,000
4d Sed GSi	260	780	1,300	2,930	4,550	6,500
4d HBk	256	768	1,280	2,880	4,480	6,400
4d HBk GSi	276	828	1,380	3,110	4,830	6,900
1990 Storm, 4-cyl.						
2d HBk (2 plus 2)	220	660	1,100	2,480	3,850	5,500
2d HBk (2 plus 2) GSi	240	720	1,200	2,700	4,200	6,000
1991 Metro						
2d HBk	100	300	500	1,130	1,750	2,500
2d HBk XFi	104	312	520	1,170	1,820	2,600
2d HBk LSi	112	336	560	1,260	1,960	2,800
4d HBk	104	312	520	1,170	1,820	2,600
4d HBk LSi	112	336	560	1,260	1,960	2,800
2d Conv LSi	156	468	780	1,760	2,730	3,900
1991 Prizm						
4d NBk	200	600	1,000	2,250	3,500	5,000
4d NBk GSi	220	660	1,100	2,480	3,850	5,500
4d HBk	204	612	1,020	2,300	3,570	5,100
4d HBk GSi	224	672	1,120	2,520	3,920	5,600
1991 Storm						
2d Cpe	180	540	900	2,030	3,150	4,500
2d Cpe GSi	200	600	1,000	2,250	3,500	5,000
2d HBk	180	540	900	2,030	3,150	4,500
1992 Metro, 3-cyl.						
2d HBk XFi	120	360	600	1,350	2,100	3,000
2d HBk	128	384	640	1,440	2,240	3,200
2d HBk LSi	140	420	700	1,580	2,450	3,500
4d HBk	128	384	640	1,440	2,240	3,200
4d HBk LSi	140	420	700	1,580	2,450	3,500
2d Conv LSi	180	540	900	2,030	3,150	4,500
1992 Prizm, 4-cyl.						
4d Sed	200	600	1,000	2,250	3,500	5,000
4d Sed GSi	240	720	1,200	2,700	4,200	6,000
1992 Storm, 4-cyl.						
2d Cpe	168	504	840	1,890	2,940	4,200
2d HBk	180	540	900	2,030	3,150	4,500
2d Cpe GSi	220	660	1,100	2,480	3,850	5,500
1993 Metro, 3-cyl.						
2d XFi HBk	152	456	760	1,710	2,660	3,800
2d HBk	156	468	780	1,760	2,730	3,900
2d LSi HBk	156	468	780	1,760	2,730	3,900
4d HBk	160	480	800	1,800	2,800	4,000
4d LSi HBk	160	480	800	1,800	2,800	4,000
2d LSi Conv	260	780	1,300	2,930	4,550	6,500
1993 Prizm						
4d Sed	220	660	1,100	2,480	3,850	5,500
4d LSi Sed	224	672	1,120	2,520	3,920	5,600
1993 Storm						
2d Cpe	228	684	1,140	2,570	3,990	5,700
2d GSi Cpe	232	696	1,160	2,610	4,060	5,800
1994 Metro, 3-cyl.						
2d HBk XFi	128	384	640	1,440	2,240	3,200
2d HBk	136	408	680	1,530	2,380	3,400
4d HBk	140	420	700	1,580	2,450	3,500
1994 Prizm, 4-cyl.						
4d Sed	220	660	1,100	2,480	3,850	5,500
4d Sed LSi	224	672	1,120	2,520	3,920	5,600
1995 Metro, 4-cyl.						
2d HBk (3-cyl.)	150	400	650	1,440	2,250	3,200
2d HBk LSi (3-cyl.)	150	400	700	1,530	2,400	3,400
2d HBk LSi	150	400	700	1,580	2,450	3,500

	6	5	4	3	2	1
4d Sed.	150	400	700	1,530	2,400	3,400
4d Sed LSi.	150	450	700	1,620	2,500	3,600
1995 Prizm, 4-cyl.						
4d Sed.	200	650	1,100	2,480	3,850	5,500
4d Sed LSi.	200	650	1,100	2,520	3,900	5,600
1996 Metro, 4-cyl.						
2d HBk (3-cyl.)	150	400	650	1,440	2,250	3,200
2d HBk	150	400	650	1,490	2,300	3,300
2d HBk LSi (3-cyl.)	150	400	700	1,530	2,400	3,400
2d HBk LSi	150	400	700	1,580	2,450	3,500
4d Sed.	150	400	700	1,530	2,400	3,400
4d Sed LSi.	150	450	700	1,620	2,500	3,600
1996 Prizm, 4-cyl.						
4d Sed.	200	650	1,100	2,480	3,850	5,500
4d Sed LSi.	200	650	1,100	2,520	3,900	5,600
1997 Metro, 4-cyl.						
2d HBk (3-cyl.)	128	384	640	1,440	2,240	3,200
2d HBk LSi	136	408	680	1,530	2,380	3,400
4d Sed LSi.	144	432	720	1,620	2,520	3,600
1997 Prizm, 4-cyl.						
4d Sed.	220	660	1,100	2,480	3,850	5,500
4d Sed LSi.	224	672	1,120	2,520	3,920	5,600

HILLMAN

1948 Minx, 4-cyl., 92" wb						
4d Sed.	300	850	1,400	3,150	4,900	7,000
2d Conv.	540	1,620	2,700	6,080	9,450	13,500
4d Est Wag	300	950	1,600	3,600	5,600	8,000
1949 Minx, 4-cyl., 93" wb						
4d Sed.	300	850	1,400	3,150	4,900	7,000
2d Conv.	540	1,620	2,700	6,080	9,450	13,500
4d Est Wag	300	950	1,600	3,600	5,600	8,000
1950 Minx, 4-cyl., 93" wb						
4d Sed.	300	850	1,400	3,150	4,900	7,000
2d Conv.	540	1,620	2,700	6,080	9,450	13,500
4d Est Wag	300	950	1,600	3,600	5,600	8,000
1951 Minx Mk IV, 4-cyl., 93" wb						
4d Sed.	300	850	1,400	3,150	4,900	7,000
2d Conv.	540	1,620	2,700	6,080	9,450	13,500
4d Est Wag	300	950	1,600	3,600	5,600	8,000
1952 Minx Mk IV, 4-cyl., 93" wb						
4d Sed.	300	850	1,400	3,150	4,900	7,000
2d Conv.	540	1,620	2,700	6,080	9,450	13,500
4d Est Wag	300	900	1,500	3,380	5,250	7,500
1952 Minx Mk V, 4-cyl., 93" wb						
4d Sed.	300	850	1,400	3,150	4,900	7,000
2d Conv.	544	1,632	2,720	6,120	9,520	13,600
4d Est Wag	300	950	1,600	3,600	5,600	8,000
1953 Minx Mk VI, 4-cyl., 93" wb						
4d Sed.	300	850	1,400	3,150	4,900	7,000
2d HT	350	1,100	1,800	4,050	6,300	9,000
2d Conv.	548	1,644	2,740	6,170	9,590	13,700
4d Est Wag	300	950	1,600	3,600	5,600	8,000
1954 Minx Mk VII, 4-cyl., 93" wb						
4d Sed.	300	850	1,400	3,150	4,900	7,000
2d HT	350	1,100	1,800	4,050	6,300	9,000
2d Conv.	548	1,644	2,740	6,170	9,590	13,700
4d Est Wag	300	950	1,600	3,600	5,600	8,000
1955 Husky, 4-cyl., 84" wb						
2d Sta Wag	300	950	1,600	3,600	5,600	8,000
1955 Minx Mk VIII, 4-cyl., 93" wb						
4d Sed.	300	850	1,400	3,150	4,900	7,000
2d HT Cpe.	350	1,100	1,800	4,050	6,300	9,000
2d Conv.	548	1,644	2,740	6,170	9,590	13,700
4d Est Wag	300	950	1,600	3,600	5,600	8,000
1956 Husky, 4-cyl., 84" wb						
2d Sta Wag	300	900	1,500	3,380	5,250	7,500
1956 Minx Mk VIII, 4-cyl., 93" wb						
4d Sed.	300	900	1,500	3,380	5,250	7,500
2d HT Cpe.	350	1,100	1,800	4,050	6,300	9,000
2d Conv.	548	1,644	2,740	6,170	9,590	13,700
4d Est Wag	300	950	1,600	3,600	5,600	8,000
1957 Husky, 4-cyl., 84" wb						
2d Sta Wag	300	950	1,600	3,600	5,600	8,000
1957 New Minx, 4-cyl., 96" wb						
4d Sed.	300	850	1,400	3,150	4,900	7,000

HILLMAN

	6	5	4	3	2	1
2d Conv	536	1,608	2,680	6,030	9,380	13,400
4d Est Wag	350	1,000	1,650	3,690	5,750	8,200
1958 Husky, 4-cyl., 84" wb						
2d Sta Wag	300	950	1,600	3,600	5,600	8,000
1958 Husky, 2nd Series, 4-cyl., 86" wb						
2d Sta Wag	300	900	1,500	3,420	5,300	7,600
1958 Minx, 4-cyl., 96" wb						
4d Spl Sed	300	850	1,400	3,150	4,900	7,000
4d DeL Sed	300	900	1,500	3,380	5,250	7,500
2d Conv	536	1,608	2,680	6,030	9,380	13,400
4d Est Wag	350	1,000	1,700	3,780	5,900	8,400
1959 Husky, 4-cyl., 86" wb						
2d Sta Wag	300	900	1,500	3,380	5,250	7,500
1959 Minx Series II, 4-cyl., 96" wb						
4d Spl Sed	300	900	1,500	3,380	5,250	7,500
4d DeL Sed	300	900	1,500	3,380	5,250	7,500
2d Conv	400	1,150	1,900	4,230	6,600	9,400
4d Est Wag	300	900	1,550	3,470	5,400	7,700
1960 Husky, 4-cyl., 86" wb						
2d Sta Wag	300	900	1,500	3,380	5,250	7,500
1960 Minx Series IIIA, 4-cyl., 96" wb						
4d Spl Sed	300	900	1,500	3,380	5,250	7,500
4d DeL Sed	300	900	1,500	3,380	5,250	7,500
2d Conv	400	1,150	1,900	4,280	6,650	9,500
4d Est Wag	300	900	1,550	3,470	5,400	7,700
1961 Husky, 4-cyl., 86" wb						
2d Sta Wag	300	900	1,500	3,380	5,250	7,500
1961 Minx Series IIIA, 4-cyl., 96" wb						
4d Spl Sed	300	900	1,500	3,380	5,250	7,500
4d DeL Sed	300	900	1,500	3,380	5,250	7,500
2d Conv	540	1,620	2,700	6,080	9,450	13,500
4d Est Wag	300	900	1,550	3,470	5,400	7,700
1962 Husky, 4-cyl., 86" wb						
2d Sta Wag	300	900	1,500	3,380	5,250	7,500
1962 Minx Series 1600, 4-cyl., 96" wb						
4d Sed	300	850	1,400	3,150	4,900	7,000
2d Conv	500	1,550	2,600	5,850	9,100	13,000
4d Est Wag	300	900	1,550	3,470	5,400	7,700
1962 Super Minx, 4-cyl., 101" wb						
4d Sed	300	900	1,500	3,380	5,250	7,500
1963 Husky II, 4-cyl., 86" wb						
2d Sta Wag	300	900	1,500	3,380	5,250	7,500
1963 Minx Series 1600, 4-cyl., 96" wb						
4d Sed	300	850	1,400	3,150	4,900	7,000
1963 Super Minx Mk I, 4-cyl., 101" wb						
4d Sed	300	850	1,400	3,150	4,900	7,000
2d Conv	520	1,560	2,600	5,850	9,100	13,000
4d Est Wag	300	900	1,550	3,470	5,400	7,700
1963 Super Minx Mk II, 4-cyl., 101" wb						
4d Sed	520	1,560	2,600	5,850	9,100	13,000
2d Conv	528	1,584	2,640	5,940	9,240	13,200
4d Est Wag	300	950	1,550	3,510	5,450	7,800
1964 Husky, 4-cyl., 86" wb						
2d Sta Wag	300	900	1,500	3,380	5,250	7,500
1964 Minx Series 1600 Mk V, 4-cyl., 96" wb						
4d Sed	300	850	1,400	3,150	4,900	7,000
1964 Super Minx Mk II, 4-cyl., 101" wb						
4d Sed	300	850	1,400	3,150	4,900	7,000
2d Conv	524	1,572	2,620	5,900	9,170	13,100
4d Est Wag	300	900	1,500	3,420	5,300	7,600
1965 Husky, 4-cyl., 86" wb						
2d Sta Wag	300	900	1,500	3,380	5,250	7,500
1965 Super Minx Mk II, 4-cyl., 101" wb						
4d Sed	300	850	1,400	3,150	4,900	7,000
4d Est Wag	300	900	1,550	3,470	5,400	7,700
1966 Husky, 4-cyl., 86" wb						
2d Sta Wag	300	900	1,500	3,380	5,250	7,500
1966 Super Minx Mk III, 4-cyl., 101" wb						
4d Sed	300	850	1,400	3,150	4,900	7,000
4d Est Wag	300	900	1,550	3,470	5,400	7,700
1967 Husky, 4-cyl., 86" wb						
2d Sta Wag	300	900	1,550	3,470	5,400	7,700

HONDA

	6	5	4	3	2	1
1967-70 S 800						
2d	700	2,100	3,500	7,880	12,250	17,500

	6	5	4	3	2	1
1970-72 N 600						
2d	560	1,680	2,800	6,300	9,800	14,000
2d AZ600	640	1,920	3,200	7,200	11,200	16,000
1973-78 Civic						
2d	250	700	1,200	2,700	4,200	6,000
4d Sta Wag	250	750	1,200	2,750	4,250	6,100
1976-79 Accord						
HBk	220	660	1,100	2,480	3,850	5,500
LX HBx (1978-79 only)	240	720	1,200	2,700	4,200	6,000
4 Sed (1979 only)	240	720	1,200	2,700	4,200	6,000
1979 Civic						
2d	250	750	1,200	2,750	4,250	6,100
4d Sta Wag	250	750	1,250	2,790	4,350	6,200
1980 Civic 1300						
3d HBk	200	600	1,000	2,250	3,500	5,000
3d DX	200	600	1,000	2,250	3,500	5,000
1980 Civic 1500						
3d HBk	200	600	1,000	2,250	3,500	5,000
3d HBk DX	200	600	1,000	2,300	3,550	5,100
3d HBk GL	200	600	1,050	2,340	3,650	5,200
5d Sta Wag	200	600	1,000	2,300	3,550	5,100
1980 Accord						
3d HBk	200	650	1,100	2,480	3,850	5,500
4d Sed	250	700	1,200	2,700	4,200	6,000
3d HBk LX	250	700	1,200	2,700	4,200	6,000
1980 Prelude						
2d Cpe	250	800	1,350	3,020	4,700	6,700
1981 Civic 1300						
3d HBk	200	600	1,000	2,250	3,500	5,000
3d HBk DX	200	600	1,000	2,300	3,550	5,100
1981 Civic 1500						
3d HBk DX	200	600	1,000	2,250	3,500	5,000
3d HBk GL	200	600	1,000	2,250	3,500	5,000
4d Sed	200	600	1,000	2,300	3,550	5,100
4d Sta Wag	200	600	1,000	2,300	3,550	5,100
1981 Accord						
3d HBk	250	700	1,200	2,700	4,200	6,000
4d Sed	250	700	1,200	2,700	4,200	6,000
3d HBk LX	250	750	1,200	2,750	4,250	6,100
4d Sed SE	250	750	1,200	2,750	4,250	6,100
1981 Prelude						
2d Cpe	300	850	1,400	3,150	4,900	7,000
1982 Civic 1300						
3d HBk	200	600	1,000	2,250	3,500	5,000
3d HBk FE	200	600	1,000	2,250	3,500	5,000
1982 Civic 1500						
3d HBk DX	200	600	1,000	2,300	3,550	5,100
3d HBk GL	200	600	1,050	2,340	3,650	5,200
4d Sed	200	650	1,050	2,390	3,700	5,300
4d Sta Wag	250	750	1,200	2,750	4,250	6,100
1982 Accord						
3d HBk	250	700	1,200	2,700	4,200	6,000
4d Sed	250	750	1,200	2,750	4,250	6,100
3d HBk LX	250	750	1,250	2,790	4,350	6,200
1982 Prelude						
2d Cpe	300	850	1,450	3,240	5,050	7,200
1983 Civic 1300						
3d HBk	200	600	1,000	2,250	3,500	5,000
3d HBk FE	200	600	1,000	2,250	3,500	5,000
1983 Civic 1500						
3d HBk DX	200	600	1,000	2,300	3,550	5,100
3d HBk S	200	600	1,050	2,340	3,650	5,200
4d Sed	200	650	1,050	2,390	3,700	5,300
4d Sta Wag	200	600	1,000	2,300	3,550	5,100
1983 Accord						
3d HBk	250	700	1,200	2,700	4,200	6,000
3d HBk LX	250	750	1,200	2,750	4,250	6,100
4d Sed	250	750	1,250	2,790	4,350	6,200
1983 Prelude						
2d Cpe	300	900	1,450	3,290	5,100	7,300
1984 Civic 1300						
2d Cpe CRX	200	600	1,000	2,250	3,500	5,000
3d HBk	200	600	1,000	2,250	3,500	5,000
1984 Civic 1500						
2d Cpe CRX	250	700	1,200	2,700	4,200	6,000
3d HBk DX	200	600	1,000	2,250	3,500	5,000

	6	5	4	3	2	1
3d HBk S	200	600	1,000	2,250	3,500	5,000
4d Sed	200	600	1,050	2,340	3,650	5,200
4d Sta Wag	200	600	1,050	2,340	3,650	5,200
1984 Accord						
3d HBk	200	650	1,100	2,520	3,900	5,600
3d HBk LX	250	700	1,150	2,570	4,000	5,700
4d Sed	250	700	1,150	2,610	4,050	5,800
4d Sed LX	250	700	1,200	2,700	4,200	6,000
1984 Prelude						
2d Cpe	300	850	1,400	3,150	4,900	7,000
1985 Civic 1300						
3d HBk	200	600	1,000	2,250	3,500	5,000
1985 Civic 1500						
2d Cpe CRX HF	250	700	1,200	2,700	4,200	6,000
2d Cpe CRX	250	750	1,250	2,790	4,350	6,200
2d Cpe CRX Si	250	800	1,300	2,930	4,550	6,500
3d HBk DX	200	650	1,100	2,480	3,850	5,500
3d HBk S	200	550	900	2,030	3,150	4,500
4d Sed	200	550	900	2,070	3,200	4,600
4d Sta Wag	200	550	900	2,030	3,150	4,500
4d Sta Wag (4x4)	200	600	1,000	2,250	3,500	5,000
1985 Accord						
3d HBk	250	800	1,300	2,930	4,550	6,500
3d HBk LX	300	850	1,400	3,150	4,900	7,000
4d Sed	300	850	1,400	3,200	4,950	7,100
4d Sed LX	300	900	1,450	3,290	5,100	7,300
4d Sed SEi	300	950	1,600	3,600	5,600	8,000
1985 Prelude						
2d Cpe	300	950	1,600	3,600	5,600	8,000
2d Cpe Si	350	1,050	1,750	3,960	6,150	8,800
1986 Civic						
3d HBk	200	550	950	2,120	3,300	4,700
3d HBk DX	200	600	1,050	2,340	3,650	5,200
3d HBk Si	250	700	1,200	2,660	4,150	5,900
4d Sed	250	700	1,200	2,700	4,200	6,000
4d Sta Wag	200	650	1,100	2,480	3,850	5,500
4d Sta Wag (4x4)	250	750	1,200	2,750	4,250	6,100
1986 Civic CRX						
2d Cpe HF	250	700	1,150	2,570	4,000	5,700
2d Cpe Si	250	800	1,300	2,930	4,550	6,500
2d Cpe	250	700	1,200	2,700	4,200	6,000
1986 Accord						
3d HBk DX	300	850	1,400	3,200	4,950	7,100
3d HBk LXi	350	1,000	1,700	3,830	5,950	8,500
4d Sed DX	300	950	1,600	3,600	5,600	8,000
4d Sed LX	350	1,000	1,700	3,830	5,950	8,500
4d Sed LXi	400	1,150	1,900	4,230	6,600	9,400
1986 Prelude						
2d Cpe	350	1,100	1,850	4,190	6,500	9,300
2d Cpe Si	400	1,200	2,050	4,590	7,150	10,200
1987 Civic						
3d HBk	200	600	1,000	2,250	3,500	5,000
3d HBk DX	200	650	1,100	2,520	3,900	5,600
3d HBk Si	250	750	1,250	2,840	4,400	6,300
4d Sed	250	800	1,300	2,930	4,550	6,500
4d Sta Wag	250	700	1,200	2,660	4,150	5,900
4d Sta Wag (4x4)	250	800	1,300	2,970	4,600	6,600
1987 Civic CRX						
2d Cpe HF	250	750	1,200	2,750	4,250	6,100
2d Cpe	250	750	1,300	2,880	4,500	6,400
2d Cpe Si	300	850	1,400	3,150	4,900	7,000
1987 Accord						
3d HBk DX	300	900	1,500	3,380	5,250	7,500
3d HBk LXi	300	950	1,600	3,560	5,550	7,900
4d Sed DX	350	1,000	1,650	3,690	5,750	8,200
4d Sed LX	300	950	1,600	3,600	5,600	8,000
4d Sed LXi	400	1,200	2,000	4,500	7,000	10,000
1987 Prelude						
2d Cpe	400	1,200	2,000	4,500	7,000	10,000
2d Cpe Si	450	1,400	2,300	5,180	8,050	11,500
1988 Civic						
3d HBk	200	650	1,100	2,480	3,850	5,500
3d HBk DX	250	800	1,300	2,930	4,550	6,500
4d Sed DX	250	800	1,350	3,020	4,700	6,700
4d Sed LX	300	900	1,450	3,290	5,100	7,300
4d Sta Wag	250	750	1,250	2,840	4,400	6,300

	6	5	4	3	2	1
4d Sta Wag (4x4)	250	700	1,200	2,700	4,200	6,000
1988 Civic CRX						
2d Cpe HF	300	850	1,400	3,150	4,900	7,000
2d Cpe Si	300	950	1,600	3,600	5,600	8,000
2d Cpe	300	900	1,450	3,290	5,100	7,300
1988 Accord						
3d HBk DX	300	950	1,600	3,650	5,650	8,100
3d HBk LXi	400	1,150	1,900	4,280	6,650	9,500
2d Cpe DX	350	1,000	1,650	3,740	5,800	8,300
2d Cpe LXi	350	1,100	1,800	4,050	6,300	9,000
4d Sed DX	350	1,000	1,700	3,830	5,950	8,500
4d Sed LX	350	1,050	1,750	3,920	6,100	8,700
4d Sed LXi	400	1,200	2,000	4,500	7,000	10,000
1988 Prelude						
2d Cpe S	400	1,250	2,100	4,730	7,350	10,500
2d Cpe Si	500	1,450	2,400	5,400	8,400	12,000
2d Cpe Si (4x4)	500	1,500	2,500	5,630	8,750	12,500
1989 Civic						
3d HBk	250	800	1,350	3,060	4,750	6,800
3d HBk DX	300	950	1,550	3,510	5,450	7,800
3d HBk Si	350	1,050	1,700	3,870	6,000	8,600
4d Sed DX	350	1,050	1,750	3,960	6,150	8,800
4d Sed LX	400	1,150	1,900	4,230	6,600	9,400
4d Sta Wag	350	1,000	1,700	3,830	5,950	8,500
4d Sta Wag (4x4)	400	1,150	1,900	4,230	6,600	9,400
1989 Civic CRX						
2d Cpe HF	350	1,000	1,700	3,830	5,950	8,500
2d Cpe	350	1,100	1,800	4,050	6,300	9,000
2d Cpe Si	450	1,300	2,200	4,950	7,700	11,000
1989 Accord						
3d HBk DX	400	1,200	2,050	4,590	7,150	10,200
3d HBk LXi	500	1,500	2,450	5,540	8,600	12,300
2d Cpe DX	450	1,350	2,200	5,000	7,750	11,100
2d Cpe LXi	550	1,600	2,650	5,990	9,300	13,300
4d Sed DX	450	1,350	2,250	5,090	7,900	11,300
4d Sed LX	450	1,400	2,300	5,180	8,050	11,500
4d Sed LXi	550	1,600	2,650	5,990	9,300	13,300
2d Cpe SEi	550	1,600	2,650	5,990	9,300	13,300
4d Sed SEi	550	1,700	2,800	6,300	9,800	14,000
1989 Prelude						
2d Cpe S	400	1,250	2,100	4,730	7,350	10,500
2d Cpe Si	500	1,550	2,550	5,760	8,950	12,800
2d Cpe Si (4x4)	550	1,600	2,650	5,990	9,300	13,300
1990 Civic, 4-cyl.						
2d HBk	200	600	1,000	2,250	3,500	5,000
2d HBk DX	200	650	1,100	2,480	3,850	5,500
2d HBk Si	250	700	1,200	2,700	4,200	6,000
4d Sed DX	250	800	1,300	2,930	4,550	6,500
4d Sed LX	300	850	1,400	3,150	4,900	7,000
4d Sed EX	300	900	1,450	3,290	5,100	7,300
4d Sta Wag	250	800	1,300	2,930	4,550	6,500
4d Sta Wag 4x4	300	850	1,400	3,150	4,900	7,000
1990 Civic CRX, 4-cyl.						
2d Cpe HF	250	700	1,200	2,700	4,200	6,000
2d Cpe	250	800	1,300	2,930	4,550	6,500
2d Cpe Si	300	850	1,400	3,150	4,900	7,000
1990 Accord, 4-cyl.						
2d Cpe DX	300	900	1,500	3,380	5,250	7,500
2d Cpe LX	300	950	1,600	3,600	5,600	8,000
2d Cpe EX	350	1,000	1,700	3,830	5,950	8,500
4d Sed DX	300	950	1,600	3,600	5,600	8,000
4d Sed LX	350	1,000	1,700	3,830	5,950	8,500
4d Sed EX	400	1,150	1,900	4,280	6,650	9,500
1990 Prelude, 4-cyl.						
2d 2.0 Cpe S	350	1,000	1,700	3,830	5,950	8,500
2d 2.0 Cpe Si	350	1,100	1,800	4,050	6,300	9,000
2d Cpe Si	400	1,150	1,900	4,280	6,650	9,500
2d Cpe Si 4WS	400	1,200	2,000	4,500	7,000	10,000
1991 Civic						
2d HBk	200	550	950	2,120	3,300	4,700
2d HBk DX	200	600	1,000	2,250	3,500	5,000
2d HBk Si	200	650	1,100	2,480	3,850	5,500
4d Sed DX	250	700	1,200	2,700	4,200	6,000
4d Sed LX	250	750	1,250	2,840	4,400	6,300
4d Sed EX	250	800	1,350	3,020	4,700	6,700
4d Sta Wag	250	700	1,200	2,700	4,200	6,000

	6	5	4	3	2	1
4d Sta Wag 4x4	250	800	1,350	3,020	4,700	6,700
2d Cpe CRX HF	200	650	1,100	2,480	3,850	5,500
2d Cpe CRX	250	700	1,200	2,700	4,200	6,000
2d Cpe CRX Si	250	800	1,300	2,930	4,550	6,500
1991 Accord						
2d Cpe DX	250	800	1,300	2,930	4,550	6,500
2d Cpe LX	300	900	1,500	3,380	5,250	7,500
2d Cpe EX	350	1,000	1,700	3,830	5,950	8,500
4d Sed DX	250	800	1,300	2,930	4,550	6,500
4d Sed LX	300	900	1,500	3,380	5,250	7,500
4d Sed EX	350	1,000	1,700	3,830	5,950	8,500
4d Sed SE	350	1,100	1,800	4,050	6,300	9,000
4d Sta Wag LX	350	1,100	1,850	4,190	6,500	9,300
4d Sta Wag EX	400	1,150	1,900	4,280	6,650	9,500
1991 Prelude						
2d 2.0 Si Cpe	350	1,000	1,700	3,830	5,950	8,500
2d Si Cpe	350	1,100	1,800	4,050	6,300	9,000
2d Si Cpe 4WS	400	1,150	1,900	4,280	6,650	9,500
1992 Civic, 4-cyl.						
2d Cpe CX	200	650	1,100	2,480	3,850	5,500
2d HBk DX	250	700	1,200	2,700	4,200	6,000
2d HBk VX	250	700	1,200	2,700	4,200	6,000
2d HBk Si	250	800	1,350	3,020	4,700	6,700
4d Sed DX	250	800	1,350	3,020	4,700	6,700
4d Sed LX	300	850	1,400	3,150	4,900	7,000
4d Sed EX	350	1,000	1,650	3,740	5,800	8,300
4d Sta Wag	300	850	1,400	3,150	4,900	7,000
1992 Accord, 4-cyl.						
2d Cpe DX	300	900	1,500	3,380	5,250	7,500
2d Cpe LX	300	950	1,600	3,600	5,600	8,000
2d Cpe EX	300	950	1,600	3,600	5,600	8,000
4d Sed DX	300	950	1,600	3,600	5,600	8,000
4d Sed LX	350	1,000	1,700	3,830	5,950	8,500
4d Sed EX	400	1,200	2,000	4,500	7,000	10,000
4d Sta Wag LX	400	1,200	2,000	4,500	7,000	10,000
4d Sta Wag EX	400	1,250	2,100	4,730	7,350	10,500
1992 Prelude, 4-cyl.						
2d S Cpe	400	1,200	2,000	4,500	7,000	10,000
2d Si Cpe	400	1,250	2,100	4,730	7,350	10,500
2d Si Cpe 4WS	450	1,400	2,300	5,180	8,050	11,500
1993 Civic, 4-cyl.						
2d HBk CX	200	600	1,000	2,250	3,500	5,000
2d HBk DX	200	600	1,000	2,300	3,550	5,100
2d HBk VX	200	600	1,050	2,340	3,650	5,200
2d HBk Si	200	650	1,050	2,390	3,700	5,300
2d Cpe DX	200	600	1,050	2,340	3,650	5,200
2d Cpe EX	200	650	1,050	2,390	3,700	5,300
4d Sed DX	200	650	1,050	2,390	3,700	5,300
4d Sed LX	200	650	1,100	2,430	3,800	5,400
4d Sed EX	200	650	1,100	2,480	3,850	5,500
2d Cpe S	200	650	1,100	2,430	3,800	5,400
2d Cpe Si	200	650	1,100	2,520	3,900	5,600
1993 Accord, 4-cyl.						
2d Cpe DX	250	700	1,200	2,700	4,200	6,000
2d Cpe LX	250	750	1,200	2,750	4,250	6,100
2d Cpe EX	250	750	1,250	2,790	4,350	6,200
2d Cpe SE	250	750	1,200	2,750	4,250	6,100
4d Sed DX	250	750	1,250	2,790	4,350	6,200
4d Sed LX	250	750	1,250	2,840	4,400	6,300
4d Sed Anniversary	260	770	1,280	2,880	4,480	6,400
4d Sed EX	250	800	1,300	2,930	4,550	6,500
4d Sed SE	250	800	1,300	2,970	4,600	6,600
4d Sta Wag LX	300	850	1,400	3,150	4,900	7,000
4d Sta Wag EX	300	850	1,450	3,240	5,050	7,200
1993 Prelude, 4-cyl.						
2d Cpe S	250	700	1,200	2,700	4,200	6,000
2d Cpe Si	250	750	1,200	2,750	4,250	6,100
2d Cpe 4WS	250	750	1,250	2,840	4,400	6,300
2d Cpe VTEC	250	800	1,300	2,930	4,550	6,500
1994 Civic, 4-cyl.						
2d HBk CX	200	550	950	2,120	3,300	4,700
2d HBk DX	200	600	1,000	2,250	3,500	5,000
2d HBk VX	200	600	1,000	2,250	3,500	5,000
2d HBk Si	250	700	1,200	2,700	4,200	6,000
2d Cpe DX	250	700	1,200	2,700	4,200	6,000
2d Cpe EX	300	850	1,450	3,240	5,050	7,200

	6	5	4	3	2	1
4d Sed DX	250	700	1,200	2,700	4,200	6,000
4d Sed LX	300	850	1,400	3,150	4,900	7,000
4d Sed EX	300	900	1,500	3,380	5,250	7,500
1994 Civic Del Sol, 4-cyl.						
2d Cpe S	300	850	1,400	3,150	4,900	7,000
2d Cpe Si	300	900	1,500	3,380	5,250	7,500
2d Cpe VTEC	300	950	1,600	3,600	5,600	8,000
1994 Accord, 4-cyl.						
2d Cpe DX	300	850	1,400	3,150	4,900	7,000
2d Cpe LX	300	900	1,500	3,380	5,250	7,500
2d Cpe EX	350	1,000	1,700	3,830	5,950	8,500
4d Sed DX	300	850	1,400	3,150	4,900	7,000
4d Sed LX	300	950	1,600	3,600	5,600	8,000
4d Sed EX	350	1,100	1,800	4,050	6,300	9,000
4d Sta Wag LX	350	1,000	1,700	3,830	5,950	8,500
4d Sta Wag EX	400	1,150	1,900	4,280	6,650	9,500
1994 Prelude, 4-cyl.						
2d S	300	950	1,600	3,600	5,600	8,000
2d Si	350	1,100	1,800	4,050	6,300	9,000
2d Si 4WS	400	1,200	2,000	4,500	7,000	10,000
2d VTEC	400	1,250	2,100	4,730	7,350	10,500
1995 Civic, 4-cyl.						
2d HBk CX	200	550	950	2,120	3,300	4,700
2d HBk DX	200	600	1,000	2,250	3,500	5,000
2d HBk VX	200	650	1,050	2,390	3,700	5,300
2d HBk Si	250	700	1,200	2,700	4,200	6,000
2d Cpe DX	250	800	1,300	2,930	4,550	6,500
2d Cpe EX	300	850	1,450	3,240	5,050	7,200
4d Sed DX	250	700	1,200	2,700	4,200	6,000
4d Sed LX	300	850	1,400	3,150	4,900	7,000
4d Sed EX	300	900	1,500	3,380	5,250	7,500
1995 Civic Del Sol, 4-cyl.						
2d Cpe S	300	850	1,400	3,150	4,900	7,000
2d Cpe Si	300	900	1,500	3,380	5,250	7,500
2d Cpe VTEC	300	950	1,600	3,600	5,600	8,000
1995 Accord, 4-cyl. & V-6						
2d Cpe LX	300	900	1,500	3,380	5,250	7,500
2d Cpe EX	350	1,000	1,700	3,830	5,950	8,500
4d Sed DX	300	850	1,400	3,150	4,900	7,000
4d Sed LX, 4-cyl.	350	1,100	1,800	4,050	6,300	9,000
4d Sed LX, V-6	400	1,150	1,900	4,280	6,650	9,500
4d Sed EX, 4-cyl.	400	1,250	2,100	4,730	7,350	10,500
4d Sed EX, V-6	450	1,300	2,200	4,950	7,700	11,000
4d Sta Wag LX	350	1,000	1,700	3,830	5,950	8,500
4d Sta Wag EX	400	1,150	1,900	4,280	6,650	9,500
1995 Prelude, 4-cyl.						
2d Cpe S	300	950	1,600	3,600	5,600	8,000
2d Cpe Si	350	1,100	1,800	4,050	6,300	9,000
2d Cpe SE	400	1,200	2,000	4,500	7,000	10,000
2d Cpe VTEC	400	1,250	2,100	4,730	7,350	10,500
1996 Civic, 4-cyl.						
2d HBk CX	150	500	850	1,890	2,950	4,200
2d HBk DX	200	550	900	2,030	3,150	4,500
2d Cpe DX	250	700	1,200	2,700	4,200	6,000
2d Cpe HX	250	750	1,250	2,840	4,400	6,300
2d Cpe EX	250	800	1,350	3,020	4,700	6,700
4d Sed DX	200	650	1,100	2,480	3,850	5,500
4d Sed LX	250	800	1,300	2,930	4,550	6,500
4d Sed EX	300	850	1,400	3,150	4,900	7,000
1996 Civic Del Sol, 4-cyl.						
2d Cpe S	250	800	1,300	2,930	4,550	6,500
2d Cpe Si	300	850	1,400	3,150	4,900	7,000
2d Cpe VTEC	300	900	1,500	3,380	5,250	7,500
1996 Accord, 4-cyl.						
2d Cpe LX	300	850	1,400	3,150	4,900	7,000
2d Cpe EX	300	950	1,600	3,600	5,600	8,000
4d Sed DX	250	800	1,300	2,930	4,550	6,500
4d Sed LX	350	1,000	1,700	3,830	5,950	8,500
4d Sed EX	400	1,200	2,000	4,500	7,000	10,000
4d Sta Wag LX	300	950	1,600	3,600	5,600	8,000
4d Sta Wag EX	350	1,100	1,800	4,050	6,300	9,000
NOTE: Add 10 percent for Anv. Pkg.						
1996 Accord, V-6.						
4d Sed LX	350	1,100	1,800	4,050	6,300	9,000
4d Sed EX	400	1,250	2,100	4,730	7,350	10,500

	6	5	4	3	2	1
1996 Prelude, 4-cyl.						
2d Cpe S	300	900	1,500	3,380	5,250	7,500
2d Cpe Si	350	1,000	1,700	3,830	5,950	8,500
2d Cpe VTEC	400	1,200	2,000	4,500	7,000	10,000
1997 Civic, 4-cyl.						
2d HBk CX	168	504	840	1,890	2,940	4,200
2d HBk DX	180	540	900	2,030	3,150	4,500
2d Cpe DX	240	720	1,200	2,700	4,200	6,000
2d Cpe HX	252	756	1,260	2,840	4,410	6,300
2d Cpe EX	268	804	1,340	3,020	4,690	6,700
4d Sed DX	220	660	1,100	2,480	3,850	5,500
4d Sed LX	260	780	1,300	2,930	4,550	6,500
4d Sed EX	280	840	1,400	3,150	4,900	7,000
1997 Civic Del Sol, 4-cyl.						
2d Cpe S	260	780	1,300	2,930	4,550	6,500
2d Cpe Si	280	840	1,400	3,150	4,900	7,000
2d Cpe VTEC	300	900	1,500	3,380	5,250	7,500
1997 Accord, 4-cyl.						
2d Cpe LX	280	840	1,400	3,150	4,900	7,000
2d Cpe SE	300	900	1,500	3,380	5,250	7,500
2d Cpe EX	320	960	1,600	3,600	5,600	8,000
4d Sed DX	260	780	1,300	2,930	4,550	6,500
4d Sed LX	320	960	1,600	3,600	5,600	8,000
4d Sed SE	360	1,080	1,800	4,050	6,300	9,000
4d Sed EX	400	1,200	2,000	4,500	7,000	10,000
4d Sta Wag LX	320	960	1,600	3,600	5,600	8,000
4d Sta Wag EX	360	1,080	1,800	4,050	6,300	9,000
1997 Accord, V-6						
4d Sed LX	360	1,080	1,800	4,050	6,300	9,000
4d Sed EX	420	1,260	2,100	4,730	7,350	10,500
1997 Prelude, 4-cyl.						
2d Cpe	340	1,020	1,700	3,830	5,950	8,500
2d Cpe SH	400	1,200	2,000	4,500	7,000	10,000
1998 Civic, 4-cyl.						
2d HBk CX	170	500	840	1,890	2,940	4,200
2d HBk DX	180	540	900	2,030	3,150	4,500
2d Cpe DX	240	720	1,200	2,700	4,200	6,000
2d Cpe HX	260	780	1,300	2,930	4,550	6,500
2d Cpe EX	270	800	1,340	3,020	4,690	6,700
4d Sed DX	220	660	1,100	2,480	3,850	5,500
4d Sed LX	260	780	1,300	2,930	4,550	6,500
4d Sed EX	280	840	1,400	3,150	4,900	7,000
1998 Accord, 4-cyl. & V-6						
2d Cpe LX	290	860	1,440	3,240	5,040	7,200
2d Cpe EX	330	980	1,640	3,690	5,740	8,200
4d Sed DX (4-cyl. only)	270	800	1,340	3,020	4,690	6,700
4d Sed LX	330	980	1,640	3,690	5,740	8,200
4d Sed EX	410	1,220	2,040	4,590	7,140	10,200
1998 Prelude, 4-cyl.						
2d Cpe	340	1,020	1,700	3,830	5,950	8,500
2d Cpe SH	400	1,200	2,000	4,500	7,000	10,000
1999 Civic, 4-cyl.						
2d HBk CX	170	500	840	1,890	2,940	4,200
2d HBk DX	180	540	900	2,030	3,150	4,500
2d Cpe DX	240	720	1,200	2,700	4,200	6,000
2d Cpe HX	260	780	1,300	2,930	4,550	6,500
2d Cpe EX	270	800	1,340	3,020	4,690	6,700
4d Sed DX	220	660	1,100	2,480	3,850	5,500
4d Sed LX	260	780	1,300	2,930	4,550	6,500
4d Sed EX	280	840	1,400	3,150	4,900	7,000
1999 Accord, 4-cyl. & V-6						
2d Cpe LX	290	860	1,440	3,240	5,040	7,200
2d Cpe EX	330	980	1,640	3,690	5,740	8,200
4d Sed DX (4-cyl. only)	270	800	1,340	3,020	4,690	6,700
4d Sed LX	330	980	1,640	3,690	5,740	8,200
4d Sed EX	410	1,220	2,040	4,590	7,140	10,200
1999 Prelude, 4-cyl.						
2d Cpe	340	1,020	1,700	3,830	5,950	8,500
2d Cpe SH	400	1,200	2,000	4,500	7,000	10,000
2000 Civic, 4-cyl.						
2d HBk CX	170	500	840	1,890	2,940	4,200
2d HBk DX	180	540	900	2,030	3,150	4,500
2d Cpe DX	240	720	1,200	2,700	4,200	6,000
2d Cpe HX	260	780	1,300	2,930	4,550	6,500
2d Cpe EX	270	800	1,340	3,020	4,690	6,700
4d Sed DX	220	660	1,100	2,480	3,850	5,500

	6	5	4	3	2	1
4d Sed LX	260	780	1,300	2,930	4,550	6,500
4d Sed EX	280	840	1,400	3,150	4,900	7,000
2000 Accord, 4-cyl. & V-6						
2d Cpe LX	290	860	1,440	3,240	5,040	7,200
2d Cpe EX	330	980	1,640	3,690	5,740	8,200
4d Sed DX (4-cyl. only)	270	800	1,340	3,020	4,690	6,700
4d Sed LX	330	980	1,640	3,690	5,740	8,200
4d Sed EX	410	1,220	2,040	4,590	7,140	10,200
2000 Prelude, 4-cyl.						
2d Cpe	340	1,020	1,700	3,830	5,950	8,500
2d Cpe SH	400	1,200	2,000	4,500	7,000	10,000
2000 Insight Hybrid, 3-cyl.						
2d HBk (gas/elect)	480	1,440	2,400	5,400	8,400	12,000
2000 S2000, 4-cyl.						
2d Rds	880	2,640	4,400	9,900	15,400	22,000
NOTE: Add 5 percent for detachable HT.						
2001 Civic, 4-cyl.						
2d Cpe DX	240	720	1,200	3,000	4,200	6,000
2d Cpe LX	250	740	1,240	3,100	4,340	6,200
2d Cpe HX	260	780	1,300	3,250	4,550	6,500
2d Cpe EX	270	800	1,340	3,350	4,690	6,700
4d Sed DX	220	660	1,100	2,750	3,850	5,500
4d Sed LX	260	780	1,300	3,250	4,550	6,500
4d Sed EX	280	840	1,400	3,500	4,900	7,000
2001 Accord, 4-cyl. & V-6						
2d Cpe LX	290	860	1,440	3,600	5,040	7,200
2d Cpe EX	330	980	1,640	4,100	5,740	8,200
4d Sed DX (4-cyl. only)	270	800	1,340	3,350	4,690	6,700
4d Sed LX	330	980	1,640	4,100	5,740	8,200
4d Sed EX	410	1,220	2,040	5,100	7,140	10,200
2001 Prelude, 4-cyl.						
2d Cpe	340	1,020	1,700	4,250	5,950	8,500
2d Cpe SH	400	1,200	2,000	5,000	7,000	10,000
2001 Insight Hybrid, 3-cyl.						
2d HBk (gas/elect)	480	1,440	2,400	5,400	8,400	12,000
2001 S2000, 4-cyl.						
2d Rds	880	2,640	4,400	11,000	15,400	22,000
NOTE: Add 5 percent for detachable HT.						
2002 Civic, 4-cyl.						
2d HBk Si	360	1,070	1,780	4,450	6,230	8,900
2d Cpe DX	240	720	1,200	3,000	4,200	6,000
2d Cpe HX	250	740	1,240	3,100	4,340	6,200
2d Cpe LX	260	780	1,300	3,250	4,550	6,500
2d Cpe EX	270	800	1,340	3,350	4,690	6,700
2d Sed DX	220	660	1,100	2,750	3,850	5,500
2d Sed LX	260	780	1,300	3,250	4,550	6,500
2d Sed EX	280	840	1,400	3,500	4,900	7,000
2002 Accord, 4-cyl. & V-6						
2d Cpe LX	290	860	1,440	3,600	5,040	7,200
2d Cpe SE (4-cyl. only)	320	950	1,580	3,950	5,530	7,900
2d Cpe EX	330	980	1,640	4,100	5,740	8,200
4d Sed DX (4-cyl. only)	270	800	1,340	3,350	4,690	6,700
4d Sed Value (4-cyl. only)	280	830	1,380	3,450	4,830	6,900
4d Sed LX	330	980	1,640	4,100	5,740	8,200
4d Sed SE (4-cyl. only)	360	1,070	1,780	4,450	6,230	8,900
4d Sed EX	410	1,220	2,040	5,100	7,140	10,200
2002 Insight Hybrid, 3-cyl.						
2d HBk (gas/elect)	480	1,440	2,400	5,400	8,400	12,000
2002 S2000, 4-cyl.						
2d Rds	880	2,640	4,400	11,000	15,400	22,000
NOTE: Add 5 percent for detachable HT.						
2003 Civic, 4-cyl.						
2d Cpe DX	240	720	1,200	3,000	4,200	6,000
2d Cpe HX	250	740	1,240	3,100	4,340	6,200
2d Cpe LX	260	780	1,300	3,250	4,550	6,500
2d Cpe EX	270	800	1,340	3,350	4,690	6,700
4d Sed DX	220	660	1,100	2,750	3,850	5,500
4d Sed LX	260	780	1,300	3,250	4,550	6,500
4d Sed EX	280	840	1,400	3,500	4,900	7,000
4d Hybrid Sed	500	1,500	2,500	6,250	8,750	12,500
2003 Accord, 4-cyl. & V-6						
2d Cpe LX	290	860	1,440	3,600	5,040	7,200
2d Cpe EX	330	980	1,640	4,100	5,740	8,200
4d Sed DX (4-cyl. only)	270	800	1,340	3,350	4,690	6,700
4d Sed LX	330	980	1,640	4,100	5,740	8,200
4d Sed EX	410	1,220	2,040	5,100	7,140	10,200

	6	5	4	3	2	1
2003 Insight Hybrid, 3-cyl.						
2d HBk (gas/elect)	480	1,440	2,400	5,400	8,400	12,000
2003 S2000, 4-cyl.						
2d Rds	880	2,640	4,400	11,000	15,400	22,000
NOTE: Add 5 percent for detachable HT.						
2004 Civic, 4-cyl.						
DX 2d Cpe	240	720	1,200	3,000	4,200	6,000
HX 2d Cpe	250	740	1,240	3,100	4,340	6,200
LX 2d Cpe	260	780	1,300	3,250	4,550	6,500
EX 2d Cpe	270	800	1,340	3,350	4,690	6,700
DX 4d Sed	220	660	1,100	2,750	3,850	5,500
LX 4d Sed	260	780	1,300	3,250	4,550	6,500
EX 4d Sed	280	840	1,400	3,500	4,900	7,000
Hybrid 4d Sed (gas/elect)	500	1,500	2,500	6,250	8,750	12,500
Si 2d HBk	430	1,280	2,140	5,350	7,490	10,700
NOTE: Deduct 5 percent for manual transmission, except Si.						
2004 Accord, 4-cyl. & V-6						
LX 2d Cpe	290	860	1,440	3,600	5,040	7,200
EX 2d Cpe	330	980	1,640	4,100	5,740	8,200
DX 4d Sed (4-cyl. only)	270	800	1,340	3,350	4,690	6,700
LX 4d Sed	330	980	1,640	4,100	5,740	8,200
EX 4d Sed	410	1,220	2,040	5,100	7,140	10,200
NOTE: Deduct 5 percent for manual transmission.						
2004 Insight Hybrid, 3-cyl.						
2d HBk (gas/elect)	480	1,440	2,400	5,400	8,400	12,000
2004 S2000, 4-cyl.						
2d Rds	880	2,640	4,400	11,000	15,400	22,000
NOTE: Add 5 percent for detachable HT.						
2005 Civic, 4-cyl.						
2d Value Cpe	240	720	1,200	3,000	4,200	6,000
2d HX Cpe	250	740	1,240	3,100	4,340	6,200
2d LX Cpe	260	780	1,300	3,250	4,550	6,500
2d EX Cpe	270	800	1,340	3,350	4,690	6,700
4d DX Sed (5-Spd)	220	660	1,100	2,750	3,850	5,500
4d Value Sed	240	720	1,200	3,000	4,200	6,000
4d LX Sed	260	780	1,300	3,250	4,550	6,500
4d EX Sed	280	840	1,400	3,500	4,900	7,000
4d Hybrid Sed (gas/elect)	500	1,500	2,500	6,250	8,750	12,500
2d Si HBk (5-Spd)	430	1,280	2,140	5,350	7,490	10,700
NOTE: Deduct 5 percent for manual transmission, except DX sedan and Si hatchback.						
2005 Accord, 4-cyl. & V-6						
2d LX Cpe	290	860	1,440	3,600	5,040	7,200
2d SE Cpe	310	920	1,540	3,850	5,390	7,700
2d EX Cpe	330	980	1,640	4,100	5,740	8,200
4d DX Sed	270	800	1,340	3,350	4,690	6,700
4d LX Sed	330	980	1,640	4,100	5,740	8,200
4d EX Sed	410	1,220	2,040	4,590	7,140	10,200
4d Hybrid Sed (gas/elect, V-6 only)	550	1,640	2,740	6,850	9,590	13,700
NOTE: Deduct 5 percent for manual transmission. Add 10 percent for V-6, exept Hybrid model.						
2005 Insight Hybrid, 3-cyl.						
2d HBk (gas/elect)	480	1,440	2,400	6,000	8,400	12,000
2005 S2000, 4-cyl., 6-Spd.						
2d Rds	880	2,640	4,400	11,000	15,400	22,000
NOTE: Add 5 percent for detachable HT.						
2006 Insight Hybrid, 1.0L 3-cyl.						
2d Hbk	480	1,430	2,380	5,950	8,330	11,900
2006 Civic, 2.0L 4-cyl.						
4d DX Sed	370	1,120	1,860	4,650	6,510	9,300
2d DX Cpe	360	1,090	1,810	4,530	6,340	9,050
4d LX Sed	410	1,240	2,070	5,180	7,250	10,350
2d LX Cpe	400	1,210	2,020	5,050	7,070	10,100
4d EX Sed	450	1,350	2,250	5,630	7,880	11,250
2d EX Cpe	440	1,310	2,180	5,450	7,630	10,900
2d Si Cpe	520	1,550	2,580	6,450	9,030	12,900
4d GX Sed	520	1,570	2,620	6,550	9,170	13,100
2006 Civic, 1.3L Hybrid 4-cyl.						
4d Sed	440	1,330	2,210	5,530	7,740	11,050
2006 Accord, 2.4L 4-cyl.						
4d VP Sed	430	1,280	2,140	5,350	7,490	10,700
4d LX Sed	470	1,420	2,360	5,900	8,260	11,800
2d LX Cpe	420	1,260	2,100	5,250	7,350	10,500
4d SE Sed	480	1,430	2,390	5,980	8,370	11,950
4d EX Sed	510	1,540	2,560	6,400	8,960	12,800
2d EX Cpe	440	1,310	2,180	5,450	7,630	10,900
NOTE: Add 5 percent for 3.0L VTEC V-6.						

	6	5	4	3	2	1
2006 Accord, 3.0L V-6 Hybrid						
4d Sed	570	1,720	2,870	7,180	10,050	14,350
2006 S2000, 2.2L 4-cyl.						
2d Conv	700	2,090	3,490	8,730	12,220	17,450

NOTE: Add 5 percent for hardtop.

HYUNDAI

	6	5	4	3	2	1
1993 Excel, 4-cyl.						
2d HBk	150	450	750	1,710	2,650	3,800
4d Sed	150	450	800	1,760	2,750	3,900
2d GS HBk	150	450	800	1,760	2,750	3,900
4d GL Sed	150	500	800	1,800	2,800	4,000
1993 Scoupe, 4-cyl.						
2d Cpe	150	500	850	1,890	2,950	4,200
2d LS Cpe	150	500	850	1,940	3,000	4,300
2d Turbo Cpe	200	550	900	2,030	3,150	4,500
1993 Elantra, 4-cyl.						
4d Sed	200	550	900	2,030	3,150	4,500
4d GLS Sed	200	550	900	2,070	3,200	4,600
1993 Sonata, 4-cyl.						
4d Sed	200	550	900	2,070	3,200	4,600
4d GLS Sed	200	550	950	2,120	3,300	4,700
4d Sed, V-6	200	550	950	2,120	3,300	4,700
4d GLS Sed V-6	200	600	950	2,160	3,350	4,800
1994 Excel, 4-cyl.						
2d HBk	150	450	750	1,710	2,650	3,800
2d GS HBk	150	450	800	1,760	2,750	3,900
4d GL Sed	150	500	800	1,800	2,800	4,000
1994 Scoupe, 4-cyl.						
2d Cpe	150	500	850	1,890	2,950	4,200
2d LS Cpe	150	500	850	1,940	3,000	4,300
2d Turbo Cpe	200	550	900	2,030	3,150	4,500
1994 Elantra, 4-cyl.						
4d Sed	200	550	900	2,030	3,150	4,500
4d GLS Sed	200	550	900	2,070	3,200	4,600
1994 Sonata, 4-cyl.						
4d Sed	200	550	900	2,070	3,200	4,600
4d GLS Sed	200	550	950	2,120	3,300	4,700
4d Sed (V-6)	200	550	950	2,120	3,300	4,700
4d GLS Sed (V-6)	200	600	950	2,160	3,350	4,800
1995 Accent, 4-cyl.						
2d L HBk	150	400	700	1,580	2,450	3,500
2d HBk	150	450	750	1,710	2,650	3,800
4d Sed	150	500	800	1,800	2,800	4,000
1995 Scoupe, 4-cyl.						
2d Cpe	150	500	850	1,890	2,950	4,200
2d LS Cpe	150	500	850	1,940	3,000	4,300
2d Turbo Cpe	200	550	900	2,030	3,150	4,500
1995 Elantra, 4-cyl.						
4d Sed	200	550	900	2,030	3,150	4,500
4d GLS Sed	200	550	900	2,070	3,200	4,600
1995 Sonata, 4-cyl.						
4d Sed	200	550	900	2,070	3,200	4,600
4d GL Sed	200	550	950	2,120	3,300	4,700
4d GL Sed (V-6)	200	600	950	2,160	3,350	4,800
4d GLS Sed (V-6)	200	600	1,000	2,210	3,450	4,900
1996 Accent, 4-cyl.						
2d L HBk	150	400	700	1,580	2,450	3,500
2d HBk	150	450	750	1,710	2,650	3,800
2d GT HBk	150	500	800	1,850	2,850	4,100
4d Sed	150	500	800	1,800	2,800	4,000
1996 Elantra, 4-cyl.						
4d Sed	200	550	900	2,030	3,150	4,500
4d GLS Sed	200	550	900	2,070	3,200	4,600
4d Sta Wag	200	600	1,000	2,210	3,450	4,900
4d GLS Sta Wag	200	600	1,000	2,250	3,500	5,000
1996 Sonata, 4-cyl.						
4d Sed	200	550	900	2,070	3,200	4,600
4d GL Sed	200	550	950	2,120	3,300	4,700
4d GL Sed (V-6)	200	600	950	2,160	3,350	4,800
4d GLS Sed (V-6)	200	600	1,000	2,210	3,450	4,900
1997 Accent, 4-cyl.						
2d L HBk	140	420	700	1,580	2,450	3,500
2d GS HBk	152	456	760	1,710	2,660	3,800
2d GT HBk	164	492	820	1,850	2,870	4,100
4d GL Sed	160	480	800	1,800	2,800	4,000

	6	5	4	3	2	1
1997 Elantra, 4-cyl.						
4d Sed	180	540	900	2,030	3,150	4,500
4d GLS Sed	184	552	920	2,070	3,220	4,600
4d Sta Wag	196	588	980	2,210	3,430	4,900
4d GLS Sta Wag	200	600	1,000	2,250	3,500	5,000
1997 Tiburon, 4-cyl.						
2d Cpe	180	540	900	2,030	3,150	4,500
2d FX Cpe	192	576	960	2,160	3,360	4,800
1997 Sonata, 4-cyl.						
4d Sed	184	552	920	2,070	3,220	4,600
4d GL Sed	188	564	940	2,120	3,290	4,700
4d GL Sed (V-6)	192	576	960	2,160	3,360	4,800
4d GLS Sed (V-6)	196	588	980	2,210	3,430	4,900
1998 Accent, 4-cyl.						
2d L HBk	140	420	700	1,580	2,450	3,500
2d GS HBk	150	460	760	1,710	2,660	3,800
2d GSi HBk	160	490	820	1,850	2,870	4,100
4d GL Sed	160	480	800	1,800	2,800	4,000
1998 Elantra, 4-cyl.						
4d Sed	180	540	900	2,030	3,150	4,500
4d GLS Sed	180	550	920	2,070	3,220	4,600
4d Sta Wag	200	590	980	2,210	3,430	4,900
4d GLS Sta Wag	200	600	1,000	2,250	3,500	5,000
1998 Tiburon, 4-cyl.						
2d Cpe	180	540	900	2,030	3,150	4,500
2d FX Cpe	190	580	960	2,160	3,360	4,800
1998 Sonata, 4-cyl.						
4d Sed	180	550	920	2,070	3,220	4,600
4d GL Sed	190	560	940	2,120	3,290	4,700
4d GL Sed (V-6)	190	580	960	2,160	3,360	4,800
4d GLS Sed (V-6)	200	590	980	2,210	3,430	4,900
1999 Accent, 4-cyl.						
2d L HBk	140	420	700	1,580	2,450	3,500
2d GS HBk	150	460	760	1,710	2,660	3,800
4d GL Sed	160	480	800	1,800	2,800	4,000
1999 Elantra, 4-cyl.						
4d Sed	180	540	900	2,030	3,150	4,500
4d GLS Sed	180	550	920	2,070	3,220	4,600
4d Sta Wag	200	590	980	2,210	3,430	4,900
4d GLS Sta Wag	200	600	1,000	2,250	3,500	5,000
1999 Triburon, 4-cyl.						
2d Cpe	180	540	900	2,030	3,150	4,500
2d FX Cpe	190	580	960	2,160	3,360	4,800
1999 Sonata, V-6						
4d Sed (4-cyl)	180	550	920	2,070	3,220	4,600
4d GL Sed	190	580	960	2,160	3,360	4,800
4d GLS Sed	200	590	980	2,210	3,430	4,900
2000 Accent, 4-cyl.						
2d L HBk	140	420	700	1,580	2,450	3,500
2d GS HBk	150	460	760	1,710	2,660	3,800
4d GL Sed	160	480	800	1,800	2,800	4,000
2000 Elantra, 4-cyl.						
4d GLS Sed	180	550	920	2,070	3,220	4,600
4d GLS Sta Wag	200	600	1,000	2,250	3,500	5,000
2000 Tiburon, 4-cyl.						
2d Cpe	180	540	900	2,030	3,150	4,500
2000 Sonata, V-6						
4d Sed (4-cyl.)	180	550	920	2,070	3,220	4,600
4d GL Sed	190	580	960	2,160	3,360	4,800
4d GLS Sed	200	590	980	2,210	3,430	4,900
2001 Accent, 4-cyl.						
2d L HBk	140	420	700	1,750	2,450	3,500
2d GS HBk	150	460	760	1,900	2,660	3,800
4d GL Sed	160	480	800	2,000	2,800	4,000
2001 Elantra, 4-cyl.						
4d GLS Sed	180	550	920	2,300	3,220	4,600
4d GT HBk	200	600	1,000	2,500	3,500	5,000
2001 Tiburon, 4-cyl.						
2d Cpe	180	540	900	2,250	3,150	4,500
2001 Sonata, V-6						
4d Sed (4-cyl.)	180	550	920	2,300	3,220	4,600
4d GLS Sed	200	590	980	2,450	3,430	4,900
2001 XG300, V-6						
4d Sed	200	600	1,000	2,500	3,500	5,000
4d L Sed	220	660	1,100	2,750	3,850	5,500

	6	5	4	3	2	1
2002 Accent, 4-cyl.						
2d L HBk	140	420	700	1,750	2,450	3,500
2d GS HBk	150	460	760	1,900	2,660	3,800
4d GL Sed	160	480	800	2,000	2,800	4,000
2002 Elantra, 4-cyl.						
4d GLS Sed	180	550	920	2,300	3,220	4,600
4d GT HBk	200	600	1,000	2,500	3,500	5,000
2002 Tiburon, 4-cyl.						
NOTE: Tiburon was not offered in 2002, but returned mid-year as a 2003 model.						
2002 Sonata, V-6						
4d Sed	180	550	920	2,300	3,220	4,600
4d GLS Sed	200	590	980	2,450	3,430	4,900
4d LX Sed	210	620	1,040	2,600	3,640	5,200
NOTE: Deduct 5 percent on base sed if equipped with 4-cyl.						
2002 XG350, V-6						
4d Sed	200	600	1,000	2,500	3,500	5,000
4d L Sed	220	660	1,100	2,750	3,850	5,500
2003 Accent, 4-cyl.						
2d HBk	140	420	700	1,750	2,450	3,500
2d GL HBk	150	460	760	1,900	2,660	3,800
4d GL Sed	160	480	800	2,000	2,800	4,000
2003 Elantra, 4-cyl.						
4d GLS Sed	180	550	920	2,300	3,220	4,600
4d GT Sed	190	580	960	2,400	3,360	4,800
4d GT HBk	200	600	1,000	2,500	3,500	5,000
2003 Tiburon, 4-cyl.						
2d Cpe	200	610	1,020	2,550	3,570	5,100
2d GT Cpe (V-6)	290	860	1,440	3,600	5,040	7,200
2003 Sonata, 4-cyl. & V-6						
4d Sed	180	550	920	2,300	3,220	4,600
4d GLS Sed (V-6 only)	200	590	980	2,450	3,430	4,900
4d LX Sed (V-6 only)	210	620	1,040	2,600	3,640	5,200
2003 XG350, V-6						
4d Sed	200	600	1,000	2,500	3,500	5,000
4d L Sed	220	660	1,100	2,750	3,850	5,500
2004 Accent, 4-cyl.						
2d HBk	140	420	700	1,750	2,450	3,500
GL 2d HBk	150	460	760	1,900	2,660	3,800
GT 2d HBk	160	470	780	1,950	2,730	3,900
GL 4d Sed	160	480	800	2,000	2,800	4,000
2004 Elantra, 4-cyl.						
GLS 4d Sed	180	550	920	2,300	3,220	4,600
GT 4d Sed	190	580	960	2,400	3,360	4,800
GT 4d HBk	180	530	880	1,980	3,080	4,400
2004 Tiburon, 4-cyl.						
2d Cpe	200	610	1,020	2,550	3,570	5,100
GT 2d Cpe (V-6 only)	290	860	1,440	3,600	5,040	7,200
2004 Sonata, 4-cyl. & V-6						
4d Sed	180	550	920	2,300	3,220	4,600
GLS 4d Sed (V-6 only)	200	590	980	2,450	3,430	4,900
LX 4d Sed (V-6 only)	210	620	1,040	2,600	3,640	5,200
2004 XG350, V-6						
4d Sed	200	600	1,000	2,500	3,500	5,000
L 4d Sed	220	660	1,100	2,750	3,850	5,500
NOTE: Deduct 5 percent for manual transmission on all models, except base Accent HBk.						
2005 Accent, 4-cyl.						
2d GLS HBk	150	460	760	1,900	2,660	3,800
2d GT HBk	160	470	780	1,950	2,730	3,900
4d GLS Sed	160	490	820	2,050	2,870	4,100
NOTE: Deduct 5 percent for manual transmission.						
2005 Elantra, 4-cyl.						
4d GLS HBk	170	520	860	2,150	3,010	4,300
4d GT HBk	180	530	880	2,200	3,080	4,400
4d GLS Sed	180	550	920	2,300	3,220	4,600
4d GT Sed	190	580	960	2,400	3,360	4,800
NOTE: Deduct 5 percent for manual transmission.						
2005 Tiburon, V-6						
2d GS Cpe (4-cyl. only)	260	780	1,300	3,250	4,550	6,500
2d GT Cpe	290	860	1,440	3,600	5,040	7,200
2d SE Cpe (6-Spd)	300	890	1,480	3,700	5,180	7,400
NOTE: Deduct 5 percent for manual transmission, except SE coupe.						
2005 Sonata, V-6						
4d GL Sed	190	560	940	2,350	3,290	4,700
4d GLS Sed	200	590	980	2,450	3,430	4,900
4d LX Sed	210	620	1,040	2,600	3,640	5,200
NOTE: Deduct 5 percent for GL sedan equipped w/4-cyl. Deduct 5 percent for manual transmisison.						

	6	5	4	3	2	1
2005 XG350, V-6						
4d Sed	200	600	1,000	2,250	3,500	5,000
4d L Sed	220	660	1,100	2,750	3,850	5,500
2006 Accent, 1.6L 4-cyl						
4d GLS Sed	220	670	1,120	2,790	3,900	5,575
2006 Elantra, 2.7L V-6						
4d GLS Sed	260	790	1,320	3,300	4,620	6,600
4d GLS Hbk	260	780	1,300	3,250	4,550	6,500
4d Ltd Sed	270	800	1,340	3,350	4,690	6,700
4d GT Hbk	290	870	1,450	3,630	5,080	7,250
2006 Tiburon, 2.0L 4-cyl.						
2d GS Cpe	310	920	1,530	3,830	5,360	7,650
2006 Tiburon, 2.7L V-6						
2d GT Cpe	330	990	1,650	4,130	5,780	8,250
2d Ltd Cpe	370	1,110	1,860	4,640	6,490	9,275
2d SE Cpe	370	1,100	1,840	4,600	6,440	9,200
2006 Sonata, 2.4L 4-cyl.						
4d GL Sed	330	980	1,630	4,080	5,710	8,150
2006 Sonata, 2.4L 4-cyl						
4d GLS Sed	340	1,020	1,710	4,260	5,970	8,525
2006 Sonata, 2.4L 4-cyl.						
NOTE: Add 5 percent for 3.3L V-6.						
2006 Sonata, 3.3L V-6						
4d LX Sed	360	1,080	1,800	4,490	6,280	8,975
2006 Azera, 3.8L V-6						
4d SE Sed	380	1,130	1,890	4,730	6,620	9,450
4d Ltd Sed	430	1,300	2,170	5,430	7,600	10,850

INFINITI

	6	5	4	3	2	1
1990 Infiniti						
4d Sed Q45	680	2,040	3,400	7,650	11,900	17,000
2d Cpe M30	640	1,920	3,200	7,200	11,200	16,000
1991 Infiniti						
4d Sed G20	400	1,200	2,000	4,500	7,000	10,000
4d Sed Q45	720	2,160	3,600	8,100	12,600	18,000
4d Sed Q45A	740	2,220	3,700	8,330	12,950	18,500
2d Cpe M30	660	1,980	3,300	7,430	11,550	16,500
2d Conv M30	840	2,520	4,200	9,450	14,700	21,000
1992 G20, 4-cyl.						
4d Sed	400	1,200	2,000	4,500	7,000	10,000
1992 M30, V-6						
2d Cpe	640	1,920	3,200	7,200	11,200	16,000
2d Conv	800	2,400	4,000	9,000	14,000	20,000
1992 Q45, V-8						
4d Sed	770	2,300	3,840	8,640	13,440	19,200
4d Sed Active	780	2,340	3,900	8,780	13,650	19,500
1993 G20, 4-cyl.						
4d Sed	680	2,040	3,400	7,650	11,900	17,000
1993 J30, V-6						
4d Sed	760	2,280	3,800	8,550	13,300	19,000
1993 Q45, V-8						
4d Sed	880	2,640	4,400	9,900	15,400	22,000
4d Sed Active	960	2,880	4,800	10,800	16,800	24,000
1994 G20, 4-cyl.						
4d Sed	380	1,140	1,900	4,280	6,650	9,500
1994 J30, V-6						
4d Sed	560	1,680	2,800	6,300	9,800	14,000
1994 Q45, V-8						
4d Sed	680	2,040	3,400	7,650	11,900	17,000
4d Sed Active	700	2,100	3,500	7,880	12,250	17,500
1995 G20, 4-cyl.						
4d Sed	380	1,140	1,900	4,280	6,650	9,500
1995 J30, V-6						
4d Sed	560	1,680	2,800	6,300	9,800	14,000
1995 Q45, V-8						
4d Sed	680	2,040	3,400	7,650	11,900	17,000
4d Sed Active	700	2,100	3,500	7,880	12,250	17,500
1996 G20, 4-cyl.						
4d Sed	380	1,140	1,900	4,280	6,650	9,500
1996 I30, V-6						
4d Sed	480	1,440	2,400	5,400	8,400	12,000
1996 J30, V-6						
4d Sed	560	1,680	2,800	6,300	9,800	14,000
1996 Q45, V-8						
4d Sed	680	2,040	3,400	7,650	11,900	17,000

	6	5	4	3	2	1
1997 I30, V-6						
4d Sed	480	1,440	2,400	5,400	8,400	12,000
1997 J30, V-6						
4d Sed	560	1,680	2,800	6,300	9,800	14,000
1997 Q45, V-8						
4d Sed	700	2,100	3,500	7,880	12,250	17,500
1998 I30, V-8						
4d Sed	480	1,440	2,400	5,400	8,400	12,000
NOTE: Add 5 percent for Touring Pkg.						
1998 Q45, V-8						
4d Sed	700	2,100	3,500	7,880	12,250	17,500
NOTE: Add 5 percent for Touring Pkg.						
1999 G20, 4-cyl.						
4d Sed	360	1,080	1,800	4,050	6,300	9,000
NOTE: Add 5 percent for Touring Pkg.						
1999 I30, V-6						
4d Sed	480	1,440	2,400	5,400	8,400	12,000
NOTE: Add 5 percent for Touring Pkg.						
1999 Q45, V-8						
4d Sed	700	2,100	3,500	7,880	12,250	17,500
NOTE: Add 5 percent for Touring Pkg.						
2000 G20, 4-cyl.						
4d Sed	360	1,080	1,800	4,050	6,300	9,000
NOTE: Add 5 percent for Touring pkg.						
2000 I30, V-6						
4d Sed	500	1,500	2,500	5,630	8,750	12,500
NOTE: Add 5 percent for Touring pkg.						
2000 Q45, V-8						
4d Sed	700	2,100	3,500	7,880	12,250	17,500
NOTE: Add 5 percent for Touring pkg. Add 5 percent for Anniversary Ed.						
2001 G20, 4-cyl.						
4d Sed	360	1,080	1,800	4,050	6,300	9,000
NOTE: Add 5 percent for Touring pkg.						
2001 I30, V-6						
4d Sed	500	1,500	2,500	5,630	8,750	12,500
NOTE: Add 5 percent for Touring pkg.						
2001 Q45, V-8						
4d Sed	700	2,100	3,500	7,880	12,250	17,500
NOTE: Add 5 percent for Touring pkg. Add 5 percent for Luxury Ed.						
2002 G20, 4-cyl.						
4d Sed	360	1,080	1,800	4,500	6,300	9,000
NOTE: Add 5 percent for Sport pkg.						
2002 I35, V-6						
4d Sed	500	1,500	2,500	6,250	8,750	12,500
NOTE: Add 5 percent for Sport pkg.						
2002 Q45, V-8						
4d Sed	700	2,100	3,500	8,750	12,250	17,500
4d Premium Sed	740	2,220	3,700	9,250	12,950	18,500
NOTE: Add 5 percent for Sport pkg. except Premium model.						
2003 G35, V-6						
2d Cpe	670	2,020	3,360	8,400	11,760	16,800
4d Sed	520	1,560	2,600	6,500	9,100	13,000
2003 I35, V-6						
4d Sed	500	1,500	2,500	6,250	8,750	12,500
NOTE: Add 5 percent for Sport pkg.						
2003 M45, V-8						
4d Sed	600	1,790	2,980	7,450	10,430	14,900
2003 Q45, V-8						
4d Sed	700	2,100	3,500	8,750	12,250	17,500
4d Premium Sed	740	2,220	3,700	9,250	12,950	18,500
2004 G35, V-6						
2d Cpe	670	2,020	3,360	8,400	11,760	16,800
4d Sed	520	1,560	2,600	6,500	9,100	13,000
NOTE: Add 10 percent for AWD on sed. Deduct 5 percent for manual transmission on sed.						
2004 I35, V-6						
4d Sed	500	1,500	2,500	6,250	8,750	12,500
NOTE: Deduct 5 percent for manual transmission.						
2004 M45, V-8						
4d Sed	600	1,790	2,980	7,450	10,430	14,900
2004 Q45, V-8						
4d Sed	700	2,100	3,500	8,750	12,250	17,500
Premium 4d Sed	740	2,220	3,700	9,250	12,950	18,500
2005 G35, V-6						
2d Cpe	670	2,020	3,360	8,400	11,760	16,800
4d Sed	520	1,560	2,600	6,500	9,100	13,000
4d x Sed (AWD)	580	1,740	2,900	7,250	10,150	14,500
NOTE: Add 5 percent for Sport pkg, except models equipped w/6-Spd. Deduct 5 percent for manual transmission.						

	6	5	4	3	2	1
2005 Q45, V-8						
4d Sed	700	2,100	3,500	8,750	12,250	17,500
4d Premium Sed	740	2,220	3,700	9,250	12,950	18,500
2006 G35, 3.5L V-6						
4d Sed	610	1,820	3,030	7,580	10,610	15,150
4d X AWD Sed	630	1,890	3,150	7,880	11,030	15,750
2d Cpe	690	2,080	3,460	8,650	12,110	17,300
2006 M35, 3.5L V-6						
4d Sed	700	2,110	3,520	8,800	12,320	17,600
4d X AWD Sed	730	2,190	3,650	9,130	12,780	18,250
4d Spt Sed	720	2,170	3,610	9,030	12,640	18,050
NOTE: Add 5 percent for Premium package.						
2006 M45, 4.5L V-8						
4d Sed	740	2,220	3,700	9,250	12,950	18,500
4d Spt Sed	800	2,410	4,020	10,050	14,070	20,100
NOTE: Add 5 percent for Premium package.						
2006 Q45, 4.5L V-8						
4d Spt Sed	960	2,870	4,790	11,980	16,770	23,950
NOTE: Add 10 percent for Premium package.						

ISUZU

	6	5	4	3	2	1
1961-65 Bellel 2000, 4-cyl., 1991cc, 99.6" wb						
Diesel 4d Sed	200	600	1,000	2,250	3,500	5,000
Diesel 4d Sta Wag	208	624	1,040	2,340	3,640	5,200
NOTE: An optional diesel engine DL200 was available.						
1966-80 Bellel 2000, 4-cyl., 1991cc, 99.6" wb						
NOTE: See detailed listings.						
1981-82 I-Mark, Gasoline, 4-cyl., 1817cc, 94.3" wb						
AT77B 2d DeL Cpe	180	540	900	2,030	3,150	4,500
AT69B 4d DeL Sed	180	540	900	2,030	3,150	4,500
AT77B 2d LS Cpe	192	576	960	2,160	3,360	4,800
1981-82 I-Mark, Diesel, 4-cyl., 1817cc, 94.3" wb						
AT77P 2d Cpe	160	480	800	1,800	2,800	4,000
AT77P 2d DeL Cpe	168	504	840	1,890	2,940	4,200
AT69P 4d DeL Sed	164	492	820	1,850	2,870	4,100
AT77P 2d LS Cpe	184	552	920	2,070	3,220	4,600
1983-85 I-Mark, Gasoline, 4-cyl., 1817cc, 94.3" wb						
T77 2d DeL Cpe	200	600	1,000	2,250	3,500	5,000
T69 4d DeL Sed	200	600	1,000	2,250	3,500	5,000
T77 2d LS Cpe	204	612	1,020	2,300	3,570	5,100
T69 4d LS Sed	204	612	1,020	2,300	3,570	5,100
1983-85 I-Mark, Diesel, 4-cyl., 1817cc, 94.3" wb						
T77 2d Cpe	212	636	1,060	2,390	3,710	5,300
1983-85 Impulse, 4-cyl., 1949cc, 96" wb						
2d Spt Cpe	280	840	1,400	3,150	4,900	7,000
1986 I-Mark, 4x4						
4d Sed	220	660	1,100	2,480	3,850	5,500
2d HBk	228	684	1,140	2,570	3,990	5,700
1986 Impulse						
2d Cpe	300	900	1,500	3,380	5,250	7,500
2d Turbo Cpe	320	960	1,600	3,600	5,600	8,000
1987 I-Mark, 4x4						
2d S HBk	224	672	1,120	2,520	3,920	5,600
2d HBk	232	696	1,160	2,610	4,060	5,800
2d RS Turbo HBk	248	744	1,240	2,790	4,340	6,200
4d S Sed	232	696	1,160	2,610	4,060	5,800
4d Sed	240	720	1,200	2,700	4,200	6,000
4d RS Turbo Sed	256	768	1,280	2,880	4,480	6,400
1987 Impulse						
2d RS Turbo Cpe	340	1,020	1,700	3,830	5,950	8,500
1988 I-Mark, 4x4						
2d S HBk	228	684	1,140	2,570	3,990	5,700
2d XS HBk	236	708	1,180	2,660	4,130	5,900
2d Turbo HBk	252	756	1,260	2,840	4,410	6,300
2d RS Turbo HBk	260	780	1,300	2,930	4,550	6,500
4d S Sed	232	696	1,160	2,610	4,060	5,800
4d XS Sed	240	720	1,200	2,700	4,200	6,000
4d Turbo Sed	256	768	1,280	2,880	4,480	6,400
4d LS Turbo Sed	264	792	1,320	2,970	4,620	6,600
1988 Impulse						
2d Cpe	340	1,020	1,700	3,830	5,950	8,500
2d Turbo Cpe	348	1,044	1,740	3,920	6,090	8,700
2d S Sta Wag	600	1,800	3,000	6,750	10,500	15,000
4d S Sta Wag	620	1,860	3,100	6,980	10,850	15,500
4d Ltd Sta Wag	640	1,920	3,200	7,200	11,200	16,000

	6	5	4	3	2	1
1989 I-Mark						
2d S HBk	228	684	1,140	2,570	3,990	5,700
2d XS HBk	236	708	1,180	2,660	4,130	5,900
2d RS HBk 16V	256	768	1,280	2,880	4,480	6,400
4d S Sed	232	696	1,160	2,610	4,060	5,800
4d XS Sed	236	708	1,180	2,660	4,130	5,900
4d RS Sed 16V	260	780	1,300	2,930	4,550	6,500
4d LS Turbo Sed	264	792	1,320	2,970	4,620	6,600
1989 Impulse						
2d Cpe	340	1,020	1,700	3,830	5,950	8,500
2d Turbo Cpe	352	1,056	1,760	3,960	6,160	8,800
1990 Impulse, 4x4						
2d XS 2 plus 2 Cpe	356	1,068	1,780	4,010	6,230	8,900
1990 Amigo						
2d S SUV	352	1,056	1,760	3,960	6,160	8,800
2d XS SUV	356	1,068	1,780	4,010	6,230	8,900
2d S SUV 4x4	552	1,656	2,760	6,210	9,660	13,800
2d XS SUV 4x4	556	1,668	2,780	6,260	9,730	13,900
1990 Trooper						
2d RS Sta Wag	600	1,800	3,000	6,750	10,500	15,000
4d S Sta Wag	620	1,860	3,100	6,980	10,850	15,500
1991 Stylus						
4d S Sed	144	432	720	1,620	2,520	3,600
4d XS Sed	160	480	800	1,800	2,800	4,000
1991 Impulse						
2d XS Cpe	200	600	1,000	2,250	3,500	5,000
2d RS Turbo Cpe	240	720	1,200	2,700	4,200	6,000
1992 Stylus, 4-cyl.						
4d S Sed	180	540	900	2,030	3,150	4,500
4d RS Sed	200	600	1,000	2,250	3,500	5,000
1992 Impulse, 4-cyl.						
2d XS HBk	220	660	1,100	2,480	3,850	5,500
2d XS Cpe	220	660	1,100	2,480	3,850	5,500
2d RS Cpe 4x4	300	900	1,500	3,380	5,250	7,500
1993 Stylus, 4-cyl.						
4d S Sed	140	420	700	1,580	2,450	3,500

JAGUAR

	6	5	4	3	2	1
1946-48 3.5 Litre, 6-cyl., 125 hp, 120" wb						
Conv Cpe	5,400	16,200	27,000	60,750	94,500	135,000
Saloon	3,020	9,060	15,100	33,980	52,850	75,500
1949 Mk V, 6-cyl., 125 hp, 120" wb						
Conv Cpe	3,880	11,640	19,400	43,650	67,900	97,000
Saloon	2,260	6,780	11,300	25,430	39,550	56,500
1950 Mk V, 6-cyl., 160 hp, 120" wb						
Saloon	2,260	6,780	11,300	25,430	39,550	56,500
Conv Cpe	3,720	11,160	18,600	41,850	65,100	93,000
1950 XK-120, 6-cyl., 160 hp, 102" wb						
Rds	6,500	19,500	32,500	73,130	113,750	162,500
NOTE: Some XK-120 models delivered as early as 1949 models, use 1950 prices.						
1951 Mk VII, 6-cyl., 160 hp, 120" wb						
Saloon	1,660	4,980	8,300	18,680	29,050	41,500
1951 XK-120, 6-cyl., 160 hp, 102" wb						
Rds	5,800	17,400	29,000	65,250	101,500	145,000
Cpe	3,480	10,440	17,400	39,150	60,900	87,000
1952 Mk VII, 6-cyl., 160 hp, 120" wb, (twin-cam)						
Std Sed	1,580	4,740	7,900	17,780	27,650	39,500
DeL Sed	1,620	4,860	8,100	18,230	28,350	40,500
1952 XK-120S (modified), 160 hp, 102" wb						
Rds	5,800	17,400	29,000	65,250	101,500	145,000
Cpe	3,480	10,440	17,400	39,150	60,900	87,000
1952 XK-120, 6-cyl., 160 hp, 102" wb						
Rds	5,600	16,800	28,000	63,000	98,000	140,000
Cpe	3,280	9,840	16,400	36,900	57,400	82,000
1953 Mk VII, 6-cyl., 160 hp, 120" wb						
Std Sed	1,580	4,740	7,900	17,780	27,650	39,500
1953 XK-120S (modified), 6-cyl., 160 hp, 102" wb						
Rds	5,800	17,400	29,000	65,250	101,500	145,000
Cpe	3,480	10,440	17,400	39,150	60,900	87,000
Conv	3,740	11,220	18,700	42,080	65,450	93,500
1953 XK-120, 6-cyl., 160 hp, 102" wb						
Rds	5,600	16,800	28,000	63,000	98,000	140,000
Cpe	3,280	9,840	16,400	36,900	57,400	82,000
Conv	3,540	10,620	17,700	39,830	61,950	88,500
1954 Mk VII, 6-cyl., 160 hp, 120" wb						
Sed	1,580	4,740	7,900	17,780	27,650	39,500

	6	5	4	3	2	1
1954 XK-120S (modified), 6-cyl., 102" wb						
Rds	5,800	17,400	29,000	65,250	101,500	145,000
Cpe	3,480	10,440	17,400	39,150	60,900	87,000
Conv	3,740	11,220	18,700	42,080	65,450	93,500
1954 XK-120, 6-cyl., 160 hp, 102" wb						
Rds	5,600	16,800	28,000	63,000	98,000	140,000
Cpe	3,280	9,840	16,400	36,900	57,400	82,000
Conv	3,540	10,620	17,700	39,830	61,950	88,500
1955 Mk VII M, 6-cyl., 190 hp, 120" wb						
Saloon	1,580	4,740	7,900	17,780	27,650	39,500
1955 XK-140, 6-cyl., 190 hp, 102" wb						
Cpe	2,300	6,900	11,500	25,880	40,250	57,500
Rds	4,840	14,520	24,200	54,450	84,700	121,000
Conv	3,500	10,500	17,500	39,380	61,250	87,500
1955 XK-140M, 6-cyl., 190 hp, 102" wb						
Cpe	3,100	9,300	15,500	34,880	54,250	77,500
Rds	5,280	15,840	26,400	59,400	92,400	132,000
Conv	3,700	11,100	18,500	41,630	64,750	92,500
1955 XK-140MC, 6-cyl., 210 hp, 102" wb						
Cpe	3,900	11,700	19,500	43,880	68,250	97,500
Rds	7,480	22,440	37,400	84,150	130,900	187,000
Conv	5,580	16,740	27,900	62,780	97,650	139,500
1956 Mk VII M, 6-cyl., 190 hp, 120" wb						
Saloon	1,580	4,740	7,900	17,780	27,650	39,500
1956 XK-140, 6-cyl., 190 hp, 102" wb						
Cpe	2,300	6,900	11,500	25,880	40,250	57,500
Rds	4,840	14,520	24,200	54,450	84,700	121,000
Conv	3,500	10,500	17,500	39,380	61,250	87,500
1956 XK-140M, 6-cyl., 190 hp, 102" wb						
Cpe	3,100	9,300	15,500	34,880	54,250	77,500
Rds	5,280	15,840	26,400	59,400	92,400	132,000
Conv	3,700	11,100	18,500	41,630	64,750	92,500
1956 XK-140MC, 6-cyl., 210 hp, 102" wb						
Cpe	3,900	11,700	19,500	43,880	68,250	97,500
Rds	7,480	22,440	37,400	84,150	130,900	187,000
Conv	5,580	16,740	27,900	62,780	97,650	139,500
1956 2.4 Litre, 6-cyl., 112 hp, 108" wb						
Sed	1,500	4,500	7,500	16,880	26,250	37,500
1956 3.4 Litre, 6-cyl., 210 hp, 108" wb						
Sed	1,540	4,620	7,700	17,330	26,950	38,500
1956 Mk VIII, 6-cyl., 210 hp, 120" wb						
Lux Sed	1,620	4,860	8,100	18,230	28,350	40,500
NOTE: 3.4 Litre available 1957 only. Mk VIII luxury sedan available 1957.						
1957 Mk VIII, 6-cyl., 210 hp, 102" wb						
Saloon	1,360	4,080	6,800	15,300	23,800	34,000
1957 XK-140, 6-cyl., 190 hp, 102" wb						
Cpe	2,300	6,900	11,500	25,880	40,250	57,500
Rds	4,840	14,520	24,200	54,450	84,700	121,000
Conv	3,500	10,500	17,500	39,380	61,250	87,500
1957 XK-150, 6-cyl., 190 hp, 102" wb						
Cpe	3,200	9,600	16,000	36,000	56,000	80,000
Rds	4,200	12,600	21,000	47,250	73,500	105,000
Conv	3,780	11,340	18,900	47,250	66,150	94,500
1957 2.4 Litre, 6-cyl., 112 hp, 108" wb						
Sed	1,500	4,500	7,500	16,880	26,250	37,500
1957 3.4 Litre, 6-cyl., 210 hp, 108" wb						
Sed	1,540	4,620	7,700	17,330	26,950	38,500
1958 3.4 Litre, 6-cyl., 210 hp, 108" wb						
Sed	1,540	4,620	7,700	17,330	26,950	38,500
1958 XK-150, 6-cyl., 190 hp, 120" wb						
Cpe	3,200	9,600	16,000	36,000	56,000	80,000
Rds	4,200	12,600	21,000	47,250	73,500	105,000
Conv	3,780	11,340	18,900	42,530	66,150	94,500
1958 XK-150S, 6-cyl., 250 hp, 102" wb						
Rds	7,020	21,060	35,100	78,980	122,850	175,500
1958 Mk VIII, 6-cyl., 210 hp, 120" wb						
Saloon	1,660	4,980	8,300	18,680	29,050	41,500
1959-60 XK-150, 6-cyl., 210 hp, 102" wb						
Cpe	3,200	9,600	16,000	36,000	56,000	80,000
Rds	4,200	12,600	21,000	47,250	73,500	105,000
Conv	3,780	11,340	18,900	42,530	66,150	94,500
1959-60 XK-150SE, 6-cyl., 210 hp, 102" wb						
Cpe	3,400	10,200	17,000	38,250	59,500	85,000
Rds	4,400	13,200	22,000	49,500	77,000	110,000
Conv	3,980	11,940	19,900	44,780	69,650	99,500

	6	5	4	3	2	1
1959-60 XK-150S, 6-cyl., 250 hp, 102" wb						
Rds	7,000	21,000	35,000	78,750	122,500	175,000
1959-60 3.4 Litre, 6-cyl., 210 hp, 108" wb						
Sed	1,540	4,620	7,700	17,330	26,950	38,500
1959-60 Mk IX, 6-cyl., 220 hp, 120" wb						
Sed	1,700	5,100	8,500	19,130	29,750	42,500
NOTE: Some factory prices increase for 1960.						
1961 XK-150, 6-cyl., 210 hp, 102" wb						
Cpe	3,200	9,600	16,000	36,000	56,000	80,000
Conv	3,780	11,340	18,900	42,530	66,150	94,500
1961 XKE, 6-cyl., 265 hp, 96" wb						
Rds	3,660	10,980	18,300	41,180	64,050	91,500
Cpe	2,540	7,620	12,700	28,580	44,450	63,500
1961 3.8 Litre Mk II, 6-cyl., 265 hp, 108" wb						
Sed	2,740	8,220	13,700	30,830	47,950	68,500
1961 Mk IX, 6-cyl., 265 hp, 120" wb						
Sed	1,700	5,100	8,500	19,130	29,750	42,500
1962 XKE, 6-cyl., 265 hp, 96" wb						
Rds	3,660	10,980	18,300	41,180	64,050	91,500
Cpe	2,540	7,620	12,700	28,580	44,450	63,500
1962 3.8 Litre Mk II, 6-cyl., 265 hp, 108" wb						
Sed	2,740	8,220	13,700	30,830	47,950	68,500
1962 Mk X, 6-cyl., 265 hp, 120" wb						
Sed	1,100	3,300	5,500	12,380	19,250	27,500
1963 XKE, 6-cyl., 265 hp, 96" wb						
Rds	3,660	10,980	18,300	41,180	64,050	91,500
Cpe	2,540	7,620	12,700	28,580	44,450	63,500
1963 3.8 Litre Mk II, 6-cyl., 265 hp, 108" wb						
Sed	2,740	8,220	13,700	30,830	47,950	68,500
1963 Mk X, 6-cyl., 265 hp, 120" wb						
Sed	1,100	3,300	5,500	12,380	19,250	27,500
1964 XKE, 6-cyl., 265 hp, 96" wb						
Rds	3,660	10,980	18,300	41,180	64,050	91,500
Cpe	2,540	7,620	12,700	28,580	44,450	63,500
1964 Model 3.8 Liter Mk II, 6-cyl., 108" wb						
4d Sed	2,740	8,220	13,700	30,830	47,950	68,500
1964 Model Mk X, 6-cyl., 265 hp, 120" wb						
4d Sed	1,100	3,300	5,500	12,380	19,250	27,500
1965 XKE 4.2, 6-cyl., 265 hp, 96" wb						
Rds	3,660	10,980	18,300	41,180	64,050	91,500
Cpe	2,540	7,620	12,700	28,580	44,450	63,500
1965 Model Mk X 4.2						
4d Sed	1,000	3,000	5,000	11,250	17,500	25,000
1965 Model 3.8 Mk II						
4d Sed	2,740	8,220	13,700	30,830	47,950	68,500
S Sed	1,200	3,600	6,000	13,500	21,000	30,000
1966 XKE 4.2, 6-cyl., 265 hp, 96" wb						
Rds	3,660	10,980	18,300	41,180	64,050	91,500
Cpe	2,540	7,620	12,700	28,580	44,450	63,500
1966 Model Mk X 4.2						
4d Sed	1,000	3,000	5,000	11,250	17,500	25,000
1966 Model 3.8 Mk II						
4d Sed	2,740	8,220	13,700	30,830	47,950	68,500
S 4d Sed	1,200	3,600	6,000	13,500	21,000	30,000
1967 XKE 4.2, 6-cyl., 265 hp, 96" wb						
Rds	3,660	10,980	18,300	41,180	64,050	91,500
Cpe	2,540	7,620	12,700	28,580	44,450	63,500
2 plus 2 Cpe	1,440	4,320	7,200	16,200	25,200	36,000
1967 420, 6-cyl., 255 hp, 108" wb						
4d Sed	1,540	4,620	7,700	17,330	26,950	38,500
1967 340, 6-cyl., 225 hp, 108" wb						
4d Sed	1,340	4,020	6,700	15,080	23,450	33,500
1967 420 G, 6-cyl., 245 hp, 107" wb						
4d Sed	1,420	4,260	7,100	15,980	24,850	35,500
1968 Model XKE 4.2, 245 hp, 96" wb						
Rds	3,220	9,660	16,100	36,230	56,350	80,500
Cpe	2,100	6,300	10,500	23,630	36,750	52,500
2 plus 2 Cpe	1,120	3,360	5,600	12,600	19,600	28,000
1969 Model XKE, 246 hp, 96" wb						
Rds	2,160	6,480	10,800	24,300	37,800	54,000
Cpe	1,440	4,320	7,200	16,200	25,200	36,000
2 plus 2 Cpe	1,080	3,240	5,400	12,150	18,900	27,000
1969 Model XJ, 246 hp, 96" wb						
4d Sed	800	2,400	4,000	9,000	14,000	20,000
1970 Model XKE, 246 hp, 96" wb						
Rds	2,160	6,480	10,800	24,300	37,800	54,000

	6	5	4	3	2	1
Cpe	1,440	4,320	7,200	16,200	25,200	36,000
2 plus 2 Cpe	1,080	3,240	5,400	12,150	18,900	27,000
1970 Model XJ, 246 hp, 96" wb						
4d Sed	800	2,400	4,000	9,000	14,000	20,000
1971 Model XKE, 246 hp, 96" wb						
Rds	2,160	6,480	10,800	24,300	37,800	54,000
Cpe	1,440	4,320	7,200	16,200	25,200	36,000
V-12 2 plus 2 Cpe	1,480	4,440	7,400	16,650	25,900	37,000
V-12 Conv	2,520	7,560	12,600	28,350	44,100	63,000
1971 Model XJ, 246 hp, 96" wb						
4d Sed	800	2,400	4,000	9,000	14,000	20,000
1972 Model XKE V-12, 272 hp, 105" wb						
Rds	2,520	7,560	12,600	28,350	44,100	63,000
2 plus 2 Cpe	1,480	4,440	7,400	16,650	25,900	37,000
1972 Model XJ6, 186 hp, 108.9" wb						
4d Sed	720	2,160	3,600	8,100	12,600	18,000
1973 Model XKE V-12, 272 hp, 105" wb						
Rds	2,520	7,560	12,600	28,350	44,100	63,000
2 plus 2 Cpe	1,480	4,440	7,400	16,650	25,900	37,000
1973 Model XJ, 186 hp, 108.9" wb						
4d XJ6	680	2,040	3,400	7,650	11,900	17,000
4d XJ12	840	2,520	4,200	9,450	14,700	21,000
1974 Model XKE V-12, 272 hp, 105" wb						
Rds	2,400	7,200	12,000	27,000	42,000	60,000
1974 Model XJ						
4d XJ6	640	1,920	3,200	7,200	11,200	16,000
4d XJ6 LWB	680	2,040	3,400	7,650	11,900	17,000
4d XJ12L	800	2,400	4,000	9,000	14,000	20,000
1975 Model XJ6						
C Cpe	800	2,400	4,000	9,000	14,000	20,000
4d L Sed	640	1,920	3,200	7,200	11,200	16,000
1975 Model XJ12						
C Cpe	880	2,640	4,400	9,900	15,400	22,000
4d L Sed	720	2,160	3,600	8,100	12,600	18,000
1976 Model XJ6						
C Cpe	800	2,400	4,000	9,000	14,000	20,000
4d L Sed	640	1,920	3,200	7,200	11,200	16,000
1976 Model XJ12						
C Cpe	880	2,640	4,400	9,900	15,400	22,000
4d L Sed	720	2,160	3,600	8,100	12,600	18,000
1976 Model XJS						
2 plus 2 Cpe	800	2,400	4,000	9,000	14,000	20,000
1977 Model XJ6						
C Cpe	800	2,400	4,000	9,000	14,000	20,000
4d L Sed	640	1,920	3,200	7,200	11,200	16,000
1977 Model XJ12L						
4d Sed	720	2,160	3,600	8,100	12,600	18,000
1977 Model XJS						
GT 2 plus 2 Cpe	800	2,400	4,000	9,000	14,000	20,000
1978 Model XJ6L						
4d Sed	640	1,920	3,200	7,200	11,200	16,000
1978 Model XJ12L						
4d Sed	720	2,160	3,600	8,100	12,600	18,000
1978 Model XJS						
Cpe	800	2,400	4,000	9,000	14,000	20,000
1979 Model XJ6						
4d Sed	600	1,800	3,000	6,750	10,500	15,000
4d Sed Series III	640	1,920	3,200	7,200	11,200	16,000
1979 Model XJ12						
4d Sed	720	2,160	3,600	8,100	12,600	18,000
1979 Model XJS						
Cpe	800	2,400	4,000	9,000	14,000	20,000
1980 Model XJS						
4d Sed XJ6	600	1,800	3,000	6,750	10,500	15,000
2d XJS 2 plus 2 Cpe	840	2,520	4,200	9,450	14,700	21,000
1981 Model XJS						
4d XJ6 Sed	600	1,800	3,000	6,750	10,500	15,000
2d XJS Cpe	840	2,520	4,200	9,450	14,700	21,000
1982 Model XJS						
4d XJ6 Sed	600	1,800	3,000	6,750	10,500	15,000
Vanden Plas 4d XJ6 Sed	760	2,280	3,800	8,550	13,300	19,000
2d XJS Cpe	840	2,520	4,200	9,450	14,700	21,000
1983 Model XJS						
4d XJ6 Sed	600	1,800	3,000	6,750	10,500	15,000
Vanden Plas 4d XJ6 Sed	760	2,280	3,800	8,550	13,300	19,000
2d XJS Cpe	840	2,520	4,200	9,450	14,700	21,000

	6	5	4	3	2	1
1984 Model XJS						
4d XJ6 Sed	600	1,800	3,000	6,750	10,500	15,000
Vanden Plas 4d XJ6 Sed	760	2,280	3,800	8,550	13,300	19,000
2d XJS Cpe	840	2,520	4,200	9,450	14,700	21,000
1985 Model XJ6						
4d Sed	600	1,800	3,000	6,750	10,500	15,000
Vanden Plas 4d Sed	760	2,280	3,800	8,550	13,300	19,000
1985 Model XJS						
2d Cpe	840	2,520	4,200	9,450	14,700	21,000
1986 Model XJ6						
4d Sed	600	1,800	3,000	6,750	10,500	15,000
Vanden Plas 4d Sed	760	2,280	3,800	8,550	13,300	19,000
1986 Model XJS						
2d Cpe	840	2,520	4,200	9,450	14,700	21,000
1987 Model XJ6						
4d Sed	600	1,800	3,000	6,750	10,500	15,000
Vanden Plas 4d Sed	760	2,280	3,800	8,550	13,300	19,000
1987 Model XJS						
2d Cpe	880	2,640	4,400	9,900	15,400	22,000
2d Cpe Cabr	1,000	3,000	5,000	11,250	17,500	25,000
1988 Model XJ6						
4d Sed	680	2,040	3,400	7,650	11,900	17,000
1988 Model XJS						
2d Cpe	880	2,640	4,400	9,900	15,400	22,000
2d Cpe Cabr	1,000	3,000	5,000	11,250	17,500	25,000
2d Conv	1,080	3,240	5,400	12,150	18,900	27,000
1989 Model XJ6						
4d Sed	720	2,160	3,600	8,100	12,600	18,000
1989 Model XJS						
2d Cpe	920	2,760	4,600	10,350	16,100	23,000
2d Conv	1,120	3,360	5,600	12,600	19,600	28,000
1990 Model XJ6						
4d Sed	760	2,280	3,800	8,550	13,300	19,000
4d Sovereign Sed	800	2,400	4,000	9,000	14,000	20,000
Vanden Plas 4d Sed	840	2,520	4,200	9,450	14,700	21,000
4d Majestic Sed	880	2,640	4,400	9,900	15,400	22,000
1990 Model XJS						
2d Cpe	920	2,760	4,600	10,350	16,100	23,000
2d Conv	1,120	3,360	5,600	12,600	19,600	28,000
NOTE: Add 10 percent for Collection Rouge Ed.						
1991 Model XJ6						
4d Sed	760	2,280	3,800	8,550	13,300	19,000
4d Sovereign Sed	800	2,400	4,000	9,000	14,000	20,000
Vanden Plas 4d Sed	840	2,520	4,200	9,450	14,700	21,000
1991 Model XJS						
2d Cpe	900	2,750	4,600	10,350	16,100	23,000
2d Conv	1,120	3,360	5,600	12,600	19,600	28,000
1992 Model XJ6						
4d Sed	800	2,400	4,000	9,000	14,000	20,000
4d Sovereign Sed	850	2,500	4,200	9,450	14,700	21,000
Vanden Plas 4d Sed	880	2,640	4,400	9,900	15,400	22,000
4d Majestic Sed	900	2,750	4,600	10,350	16,100	23,000
1992 Model XJS						
2d Cpe	960	2,880	4,800	10,800	16,800	24,000
2d Conv	1,160	3,480	5,800	13,050	20,300	29,000
1993 Model XJ6						
4d Sed	840	2,520	4,200	9,450	14,700	21,000
Vanden Plas 4d Sed	880	2,640	4,400	9,900	15,400	22,000
1993 Model XJS, V-12						
2d Cpe	960	2,880	4,800	10,800	16,800	24,000
2d Conv	1,160	3,480	5,800	13,050	20,300	29,000
NOTE: Deduct 10 percent for 6-cyl.						
1994 XJ6, 6-cyl.						
4d Sed	840	2,520	4,200	9,450	14,700	21,000
Vanden Plas 4d Sed	880	2,640	4,400	9,900	15,400	22,000
4d Sed XJ12	1,000	3,000	5,000	11,250	17,500	25,000
1994 XJS						
2d Cpe, 6-cyl.	860	2,580	4,300	9,680	15,050	21,500
2d Cpe, V-12	960	2,880	4,800	10,800	16,800	24,000
2d Conv, 6-cyl.	1,040	3,120	5,200	11,700	18,200	26,000
2d Conv, V-12	1,160	3,480	5,800	13,050	20,300	29,000
1995 XJ6, 6-cyl. & V-12						
4d Sed	840	2,520	4,200	9,450	14,700	21,000
Vanden Plas 4d Sed	880	2,640	4,400	9,900	15,400	22,000
4d XJR Sed (supercharged)	940	2,820	4,700	10,580	16,450	23,500
4d XJ12 Sed	1,000	3,000	5,000	11,250	17,500	25,000

	6	5	4	3	2	1
1995 XJS, 6-cyl. & V-12						
2d Cpe, 6-cyl.	900	2,700	4,500	10,130	15,750	22,500
2d Cpe, V-12	1,000	3,000	5,000	11,250	17,500	25,000
2d Conv, 6-cyl.	1,080	3,240	5,400	12,150	18,900	27,000
2d Conv, V-12	1,200	3,600	6,000	13,500	21,000	30,000
1996 XJ6, 6-cyl.						
4d Sed	840	2,520	4,200	9,450	14,700	21,000
Vanden Plas 4d Sed	880	2,640	4,400	9,900	15,400	22,000
XJR 4d Sed (supercharged)	940	2,820	4,700	10,580	16,450	23,500
1996 XJ12, V-12						
XJ12 4d Sed	1,000	3,000	5,000	11,250	17,500	25,000
1996 XJS, 6-cyl.						
2d Conv	1,080	3,240	5,400	12,150	18,900	27,000
1997 XJ6, 6-cyl.						
4d Sed	840	2,520	4,200	9,450	14,700	21,000
L 4d Sed	860	2,580	4,300	9,680	15,050	21,500
Vanden Plas 4d Sed	880	2,640	4,400	9,900	15,400	22,000
XJR 4d Sed (supercharged)	940	2,820	4,700	10,580	16,450	23,500
1997 XK8, V-8						
2d Cpe	980	2,940	4,900	11,030	17,150	24,500
2d Conv	1,160	3,480	5,800	13,050	20,300	29,000
1998 XJ8, V-8						
4d Sed	880	2,640	4,400	9,900	15,400	22,000
L 4d Sed	900	2,700	4,500	10,130	15,750	22,500
Vanden Plas 4d Sed	920	2,760	4,600	10,350	16,100	23,000
XJR 4d Sed (supercharged)	960	2,880	4,800	10,800	16,800	24,000
1998 XK8, V-8						
2d Cpe	1,020	3,060	5,100	11,480	17,850	25,500
2d Conv	1,200	3,600	6,000	13,500	21,000	30,000
1999 XJ8, V-8						
4d Sed	760	2,280	3,800	8,550	13,300	19,000
L 4d Sed	800	2,400	4,000	9,000	14,000	20,000
Vanden Plas 4d Sed	840	2,520	4,200	9,450	14,700	21,000
XJR 4d Sed (supercharged)	1,040	3,120	5,200	11,700	18,200	26,000
1999 XK8, V-8						
2d Cpe	1,020	3,060	5,100	11,480	17,850	25,500
2d Conv	1,200	3,600	6,000	13,500	21,000	30,000
2000 S-type, V-8						
4d Sed 3.0 (V-6)	760	2,280	3,800	8,550	13,300	19,000
4d Sed 4.0	800	2,400	4,000	9,000	14,000	20,000
2000 XJ8, V-8						
4d Sed	820	2,460	4,100	9,230	14,350	20,500
L 4d Sed	860	2,580	4,300	9,680	15,050	21,500
Vanden Plas 4d Sed	900	2,700	4,500	10,130	15,750	22,500
XJR 4d Sed (supercharged)	1,100	3,300	5,500	12,380	19,250	27,500
2000 XK8, V-8						
2d Cpe	1,060	3,180	5,300	11,930	18,550	26,500
2d Conv	1,200	3,600	6,000	13,500	21,000	30,000
2d XKR Cpe (supercharged)	1,300	3,900	6,500	14,630	22,750	32,500
2d XKR Conv (supercharged)	1,380	4,140	6,900	15,530	24,150	34,500
2001 S-type, V-8						
4d Sed 3.0 (V-6)	760	2,280	3,800	9,500	13,300	19,000
4d Sed 4.0	800	2,400	4,000	10,000	14,000	20,000
2001 XJ8, V-8						
4d Sed	820	2,460	4,100	10,250	14,350	20,500
L 4d Sed	860	2,580	4,300	10,750	15,050	21,500
Vanden Plas 4d Sed	900	2,700	4,500	11,250	15,750	22,500
XJR 4d Sed (supercharged)	1,100	3,300	5,500	13,750	19,250	27,500
NOTE: Add 10 percent for supercharged Vanden Plas model.						
2001 XK8, V-8						
2d Cpe	1,060	3,180	5,300	13,250	18,550	26,500
2d Conv	1,200	3,600	6,000	15,000	21,000	30,000
2d XKR Cpe (supercharged)	1,300	3,900	6,500	16,250	22,750	32,500
2d XKR Conv (supercharged)	1,380	4,140	6,900	17,250	24,150	34,500
NOTE: Add 10 percent for XKR Silverstone Ed.						
2002 X-type, V-6, AWD						
4d Sed 2.5	480	1,440	2,400	6,000	8,400	12,000
4d Sed 2.5 Sport	500	1,500	2,500	6,250	8,750	12,500
4d Sed 3.0	540	1,620	2,700	6,750	9,450	13,500
4d Sed 3.0 Sport	560	1,680	2,800	7,000	9,800	14,000
2002 S-type, V-6 & V-8						
4d Sed 3.0	600	1,800	3,000	7,500	10,500	15,000
4d Sed 3.0 Sport	620	1,860	3,100	7,750	10,850	15,500
4d Sed 4.0	640	1,920	3,200	8,000	11,200	16,000
4d Sed 4.0 Sport	660	1,980	3,300	8,250	11,550	16,500

	6	5	4	3	2	1
2002 XJ8, V-8						
4d Sed	820	2,460	4,100	10,250	14,350	20,500
Sport 4d Sed	860	2,580	4,300	10,750	15,050	21,500
Vanden Plas 4d Sed	900	2,700	4,500	11,250	15,750	22,500
XJR 4d Sed (supercharged)	1,100	3,300	5,500	13,750	19,250	27,500
Super V8 4d Sed	1,140	3,420	5,700	14,250	19,950	28,500
2002 XK8, V-8						
2d Cpe	1,060	3,180	5,300	13,250	18,550	26,500
2d Conv	1,200	3,600	6,000	15,000	21,000	30,000
2d XKR Cpe (supercharged)	1,300	3,900	6,500	16,250	22,750	32,500
2d XKR Conv (supercharged)	1,380	4,140	6,900	17,250	24,150	34,500
2003 X-type, V-6, AWD						
4d Sed 2.5	480	1,440	2,400	6,000	8,400	12,000
4d Sed 2.5 Sport	500	1,500	2,500	6,250	8,750	12,500
4d Sed 3.0	540	1,620	2,700	6,750	9,450	13,500
4d Sed 3.0 Sport	560	1,680	2,800	7,000	9,800	14,000
2003 S-type, V-6 & V-8						
4d Sed 3.0	600	1,800	3,000	7,500	10,500	15,000
4d Sed 3.0 Sport	620	1,860	3,100	7,750	10,850	15,500
4d Sed 4.2	640	1,920	3,200	8,000	11,200	16,000
4d Sed 4.2 Sport	660	1,980	3,300	8,250	11,550	16,500
4d Sed 4.2 R	790	2,380	3,960	9,900	13,860	19,800
2003 XJ8, V-8						
4d Sed	820	2,460	4,100	10,250	14,350	20,500
Sport 4d Sed	860	2,580	4,300	10,750	15,050	21,500
Vanden Plas 4d Sed	900	2,700	4,500	11,250	15,750	22,500
XJR 4d Sed (supercharged)	1,100	3,300	5,500	13,750	19,250	27,500
Super V8 4d Sed	1,140	3,420	5,700	14,250	19,950	28,500
2003 XK8, V-8						
2d Cpe	1,060	3,180	5,300	13,250	18,550	26,500
2d Conv	1,200	3,600	6,000	15,000	21,000	30,000
2d XKR Cpe (supercharged)	1,300	3,900	6,500	16,250	22,750	32,500
2d XKR Conv (supercharged)	1,380	4,140	6,900	17,250	24,150	34,500
2004 X-type, V-6, AWD						
2.5 4d Sed	480	1,440	2,400	6,000	8,400	12,000
3.0 4d Sed	540	1,620	2,700	6,750	9,450	13,500
3.0 Sport 4d Sed	560	1,680	2,800	7,000	9,800	14,000
2004 S-type, V-6 & V-8						
3.0 4d Sed	600	1,800	3,000	7,500	10,500	15,000
3.0 Sport 4d Sed	620	1,860	3,100	7,750	10,850	15,500
4.2 4d Sed	640	1,920	3,200	8,000	11,200	16,000
4.2 Sport 4d Sed	660	1,980	3,300	8,250	11,550	16,500
4.2 R 4d Sed	790	2,380	3,960	9,900	13,860	19,800
2004 XJ8, V-8						
4d Sed	820	2,460	4,100	10,250	14,350	20,500
Vanden Plas 4d Sed	900	2,700	4,500	11,250	15,750	22,500
XJR 4d Sed (supercharged)	1,100	3,300	5,500	13,750	19,250	27,500
2004 XK8, V-8						
2d Cpe	1,060	3,180	5,300	13,250	18,550	26,500
2d Conv	1,200	3,600	6,000	15,000	21,000	30,000
XKR 2d Cpe (supercharged)	1,300	3,900	6,500	16,250	22,750	32,500
XKR 2d Conv (supercharged)	1,380	4,140	6,900	17,250	24,150	34,500
NOTE: Add 5 percent for Handling pkg on XKR cpe. Deduct 5 percent for manual transmission on all Jaguars.						
2005 X-type, V-6, AWD						
4d 2.5 Sed	480	1,440	2,400	5,400	8,400	12,000
4d 3.0 Sed	540	1,620	2,700	6,080	9,450	13,500
4d 3.0 Sport Sed	560	1,680	2,800	6,300	9,800	14,000
4d 3.0 VDP Sed	590	1,760	2,940	6,620	10,290	14,700
4d 3.0 Sta Wag	570	1,720	2,860	7,150	10,010	14,300
NOTE: Deduct 5 percent for manual transmission.						
2005 S-type, V-6 & V-8						
4d 3.0 Sed (V-6)	600	1,800	3,000	7,500	10,500	15,000
4d 3.0 Sport Sed (V-6)	620	1,860	3,100	7,750	10,850	15,500
4d 4.2 Sed (V-8)	640	1,920	3,200	8,000	11,200	16,000
4d 4.2 Sport Sed (V-8)	660	1,980	3,300	8,250	11,550	16,500
4d 4.2 VDP Sed (V-8)	680	2,040	3,400	8,500	11,900	17,000
4d 4.2 R Sed (V-8)	790	2,380	3,960	9,900	13,860	19,800
NOTE: Deduct 5 percent for manual transmission.						
2005 XJ8, V-8						
4d Sed	820	2,460	4,100	10,250	14,350	20,500
4d L Sed	830	2,500	4,160	10,400	14,560	20,800
4d Vanden Plas Sed	900	2,700	4,500	11,250	15,750	22,500
4d XJR Sed (supercharged)	1,100	3,300	5,500	13,750	19,250	27,500
4d Super V-8 Sed	1,230	3,680	6,140	15,350	21,490	30,700
NOTE: Deduct 5 percent for manual transmission.						

	6	5	4	3	2	1
2005 XK8, V-8						
2d Cpe	1,060	3,180	5,300	13,250	18,550	26,500
2d XKR Cpe (supercharged)	1,300	3,900	6,500	16,250	22,750	32,500
2d Conv	1,200	3,600	6,000	15,000	21,000	30,000
2d XKR Conv (supercharged)	1,380	4,140	6,900	17,250	24,150	34,500
NOTE: Add 10 percent for Handling pkg on XKR coupe. Deduct 5 percent for manual transmission.						
2006 X Type, AWD 3.0L V-6						
4d 3.0L Sed	480	1,430	2,380	5,950	8,330	11,900
4d 3.0L Wag	540	1,610	2,690	6,730	9,420	13,450
2006 2 Type, AWD 3.0L V-6						
NOTE: Add 10 percent for Sport package. Add 20 percent for VDP Edition.						
2006 S Type, 3.0L V-6						
4d Sed	540	1,630	2,710	6,100	9,490	13,550
NOTE: Add 10 percent for VDP Edition. Add 7 percent for 4.2L V-8.						
2006 S Type R, 4.2L Supercharged V-8						
4d Sed	720	2,160	3,600	9,000	12,600	18,000
2006 XJ8, 4.2L V-8						
4d Sed	620	1,850	3,080	7,700	10,780	15,400
4d I Sed	690	2,060	3,440	7,740	12,040	17,200
2006 Vanden Plas, 4.2L V-8						
4d Sed	730	2,200	3,660	9,150	12,810	18,300
2006 XJR, 4.2L Supercharged V-8						
4d Sed	820	2,450	4,080	10,200	14,280	20,400
2006 XJ Super, 4.2L Supercharged V-8						
4d Sed	1,190	3,560	5,940	14,850	20,790	29,700
4d Portfolio Sed	1,650	4,940	8,240	20,600	28,840	41,200
2006 XK8, 4.2L V-8						
2d Cpe	880	2,650	4,420	11,050	15,470	22,100
2d Conv	810	2,420	4,040	10,100	14,140	20,200
2006 XKR, Supercharged 4.2L V-8						
2d Cpe	990	2,960	4,940	12,350	17,290	24,700
2d Conv	970	2,900	4,840	12,100	16,940	24,200
NOTE: Add 10 percent for handling package.						

LAMBORGHINI

	6	5	4	3	2	1
1964-66 V-12, 3464/3929cc, 350/400 GT, 99.5" wb						
Cpe	13,600	40,800	68,000	153,000	238,000	340,000
1966-68 V-12, 3929cc, 99.5" wb, 400 GT 2 plus 2						
2 plus 2 Cpe	8,400	25,200	42,000	94,500	147,000	210,000
1966-69 V-12, 3929cc, 97.5" wb, P400 Miura						
Cpe	18,000	54,000	90,000	202,500	315,000	450,000
1968-69 V-12, 3929cc, 99.5" wb, 400 GT Islero, Islero S						
2 plus 2 Cpe	4,400	13,200	22,000	49,500	77,000	110,000
1968-78 V-12, 3929cc, 99.5" wb, Espada						
2 plus 2 Cpe	2,000	6,000	10,000	22,500	35,000	50,000
1969-71 V-12, 3929cc, 97.7" wb, P400 Miura S						
Cpe	23,600	70,800	118,000	265,500	413,000	590,000
1970-73 V-12, 3929cc, 92.8" wb, 400 GT Jarama						
2 plus 2 Cpe	1,960	5,880	9,800	22,050	34,300	49,000
1971-72 V-12, 3929cc, 97.7" wb, P400 Miura SV						
Cpe	31,000	93,000	155,000	348,750	542,500	775,000
1972-76 V-8, 2462cc, 95.5" wb, P 250 Urraco						
2 plus 2 Cpe	1,200	3,600	6,000	13,500	21,000	30,000
1973-76 V-12, 3929cc, 92.8" wb, 400 GTS Jarama						
2 plus 2 Cpe	3,120	9,360	15,600	35,100	54,600	78,000
1973-78 V-12, 3929cc, 95.5" wb, LP 400 Countach						
Cpe	16,200	48,600	81,000	182,250	283,500	405,000
1975-77 V-8, 1994cc, 95.5" wb, P 200 Urraco						
2 plus 2 Cpe	1,200	3,600	6,000	13,500	21,000	30,000
1975-79 V-8, 2995.8cc, 95.5" wb, P 300 Urraco						
2 plus 2 Cpe	1,400	4,200	7,000	15,750	24,500	35,000
1976-78 V-8, 2995.8cc, 95.5" wb, Silhouette						
Targa Conv	3,360	10,080	16,800	37,800	58,800	84,000
1978-82 V-12, 3929cc, 95.5" wb, LP 400S Countach						
Cpe	3,920	11,760	19,600	44,100	68,600	98,000
1982-88 V-12, 4754cc, 95.5" wb, LP 5000 Countach						
Cpe	4,440	13,320	22,200	49,950	77,700	111,000
1982-88 V-8, 3485cc, 95.5" wb, P 350 Jalpa						
Targa Conv	1,340	4,020	6,700	15,080	23,450	33,500
1990-91 Diablo						
2d Cpe	4,200	12,600	21,000	47,250	73,500	105,000
1992 Diablo						
2d Cpe	4,400	13,200	22,000	49,500	77,000	110,000
1993 Diablo						
2d Cpe	4,800	14,400	24,000	54,000	84,000	120,000

	6	5	4	3	2	1
1994 Diablo						
VT	4,800	14,400	24,000	54,000	84,000	120,000
1995 Diablo						
VT	4,800	14,400	24,000	54,000	84,000	120,000
1996 Diablo, V-12						
VT 2d Cpe	5,600	16,800	28,000	63,000	98,000	140,000
VT 2d Rds (w/removable HT)	6,600	19,800	33,000	74,250	115,000	165,000
1997 Diablo, V-12						
VT 2d Cpe	5,800	17,400	29,000	65,250	101,500	145,000
VT 2d Rds (w/removable HT)	6,800	20,400	34,000	76,500	119,000	170,000
1998 Diablo, V-12						
SV 2d Cpe	5,740	17,220	28,700	64,580	100,450	143,500
VT 2d Cpe	6,000	18,000	30,000	67,500	105,000	150,000
VT 2d Rds (w/removable HT)	7,000	21,000	35,000	78,750	122,500	175,000
1999 Diablo, V-12						
SV 2d Cpe	6,100	18,300	30,500	68,630	106,750	152,500
VT 2d Cpe	6,200	18,600	31,000	69,750	108,500	155,000
VT 2d Rds (w/removable HT)	7,200	21,600	36,000	81,000	126,000	180,000
2000 Diablo, V-12						
SV 2d Cpe	6,100	18,300	30,500	68,630	106,750	152,500
VT 2d Cpe	6,200	18,600	31,000	69,750	108,500	155,000
VT 2d Rds (w/removable HT)	7,200	21,600	36,000	81,000	126,000	180,000
2001 Diablo, V-12						
VT 6.2 2d Cpe	7,400	22,200	37,000	83,250	129,500	185,000
2002 Murcielago, V-12, AWD						
2d Cpe	7,520	22,560	37,600	94,000	131,600	188,000
2003 Murcielago, V-12, AWD						
2d Cpe	7,520	22,560	37,600	94,000	131,600	188,000
NOTE: Add 25 percent for 40th Anv Ed.						
2004 Gallardo, V-10, AWD						
LP560-4 2d Cpe	6,720	20,160	33,600	84,000	117,600	168,000
NOTE: A limited-production rear-wheel-drive only LP550-2 cpe was also produced.						
2004 Murcielago, V-12, AWD						
2d Cpe	7,520	22,560	37,600	84,600	131,600	188,000
2005 Gallardo, V-10, AWD						
2d LP560-4 Cpe	6,720	20,160	33,600	84,000	117,600	168,000
NOTE: A llimited-production rear-wheel-drive only LP550-2 coupe was also produced.						
2005 Murcielago, V-12, AWD						
2d Cpe	7,520	22,560	37,600	94,000	131,600	188,000
2006 Galardo, 5.0L V-10						
2d Spyder Conv	5,280	15,840	26,400	66,000	92,400	132,000
2006 Gallardo, 5.0L V-10						
2d Cpe	5,480	16,440	27,400	68,500	95,900	137,000
2006 Murcielago, 6.2L V-12						
2d Spyder Conv	7,000	21,000	35,000	87,500	122,500	175,000
2d Cpe	7,200	21,600	36,000	90,000	126,000	180,000

LEXUS

	6	5	4	3	2	1
1990 Lexus						
4d ES250 Sed	380	1,140	1,900	4,280	6,650	9,500
4d LS400 Sed	700	2,100	3,500	7,880	12,250	17,500
1991 Lexus						
4d ES250 Sed	420	1,260	2,100	4,730	7,350	10,500
4d LS400 Sed	740	2,220	3,700	8,330	12,950	18,500
1992 Lexus						
4d ES300 Sed	800	2,400	4,000	9,000	14,000	20,000
2d SC300 Cpe	1,000	3,000	5,000	11,250	17,500	25,000
2d SC400 Cpe	1,080	3,240	5,400	12,150	18,900	27,000
4d LS400 Sed	1,040	3,120	5,200	11,700	18,200	26,000
1993 ES						
4d ES300 Sed	760	2,280	3,800	8,550	13,300	19,000
1993 GS						
4d GS300 Sed	840	2,520	4,200	9,450	14,700	21,000
1993 SC						
2d SC300 Cpe	960	2,880	4,800	10,800	16,800	24,000
2d SC400 Cpe	980	2,940	4,900	11,030	17,150	24,500
1993 LS						
4d LS400 Sed, V-8	1,080	3,240	5,400	12,150	18,900	27,000
1994 ES, V-6						
4d ES300 Sed	560	1,680	2,800	6,300	9,800	14,000
1994 GS						
4d GS300 Sed	740	2,220	3,700	8,330	12,950	18,500
1994 SC, V-8						
2d SC300 Cpe	760	2,280	3,800	8,550	13,300	19,000
2d SC400 Cpe	840	2,520	4,200	9,450	14,700	21,000

	6	5	4	3	2	1
1994 LS						
4d LS400 Sed	840	2,520	4,200	9,450	14,700	21,000
1995 ES, V-6						
4d ES300 Sed	560	1,680	2,800	6,300	9,800	14,000
1995 GS, 6-cyl.						
4d GS300 Sed	740	2,220	3,700	8,330	12,950	18,500
1995 SC, 6-cyl. & V-8						
2d SC300 Cpe	760	2,280	3,800	8,550	13,300	19,000
2d SC400 Cpe	840	2,520	4,200	9,450	14,700	21,000
1995 LS, V-8						
4d LS400 Sed	880	2,640	4,400	9,900	15,400	22,000
1996 ES, V-6						
4d ES300 Sed	520	1,560	2,600	5,850	9,100	13,000
1996 GS, 6-cyl.						
4d GS300 Sed	700	2,100	3,500	7,880	12,250	17,500
1996 SC, 6-cyl. & V-8						
2d SC300 Cpe	720	2,160	3,600	8,100	12,600	18,000
2d SC400 Cpe	800	2,400	4,000	9,000	14,000	20,000
1996 LS, V-8						
4d LS400 Sed	840	2,520	4,200	9,450	14,700	21,000
1997 ES, V-6						
ES300 4d Sed	520	1,560	2,600	5,850	9,100	13,000
1997 GS, 6-cyl.						
GS300 4d Sed	700	2,100	3,500	7,880	12,250	17,500
1997 SC, 6-cyl. & V-8						
SC300 2d Cpe	720	2,160	3,600	8,100	12,600	18,000
SC400 2d Cpe	800	2,400	4,000	9,000	14,000	20,000
1997 LS, V-8						
LS400 4d Sed	840	2,520	4,200	9,450	14,700	21,000
1998 ES, V-6						
ES300 4d Sed	520	1,560	2,600	5,850	9,100	13,000
1998 GS, 6-cyl. & V-8						
GS300 4d Sed	700	2,100	3,500	7,880	12,250	17,500
GS400 4d Sed	740	2,220	3,700	8,330	12,950	18,500
1998 SC, 6-cyl. & V-8						
SC300 2d Cpe	760	2,280	3,800	8,550	13,300	19,000
SC400 2d Cpe	840	2,520	4,200	9,450	14,700	21,000
1998 LS, V-8						
LS400 4d Sed	880	2,640	4,400	9,900	15,400	22,000
1999 ES, V-6						
ES300 4d Sed	540	1,620	2,700	6,080	9,450	13,500
1999 GS, 6-cyl.						
GS300 4d Sed	700	2,100	3,500	7,880	12,250	17,500
GS400 4d Sed (V-8)	740	2,220	3,700	8,330	12,950	18,500
1999 SC, 6-cyl.						
SC300 2d Cpe	760	2,280	3,800	8,550	13,300	19,000
SC400 2d Cpe (V-8)	840	2,520	4,200	9,450	14,700	21,000
1999 LS, V-8						
LS400 4d Sed	880	2,640	4,400	9,900	15,400	22,000
2000 ES, V-6						
ES300 4d Sed	540	1,620	2,700	6,080	9,450	13,500
2000 GS, 6-cyl.						
GS300 4d Sed	700	2,100	3,500	7,880	12,250	17,500
GS400 4d Sed (V-8)	740	2,220	3,700	8,330	12,950	18,500
2000 SC, 6-cyl.						
SC300 2d Cpe	760	2,280	3,800	8,550	13,300	19,000
SC400 2d Cpe (V-8)	840	2,520	4,200	9,450	14,700	21,000
2000 LS, V-8						
LS400 4d Sed	880	2,640	4,400	9,900	15,400	22,000
2001 ES, V-6						
ES300 4d Sed	540	1,620	2,700	6,080	9,450	13,500
2001 IS, 6-cyl.						
IS300 4d Sed	620	1,860	3,100	6,980	10,850	15,500
2001 GS, 6-cyl.						
GS300 4d Sed	700	2,100	3,500	7,880	12,250	17,500
GS430 4d Sed (V-8)	740	2,220	3,700	8,330	12,950	18,500
2001 SC, V-8						
SC430 2d Conv	840	2,520	4,200	9,450	14,700	21,000
2001 LS, V-8						
LS430 4d Sed	880	2,640	4,400	9,900	15,400	22,000
2002 ES, V-6						
ES300 4d Sed	540	1,620	2,700	6,750	9,450	13,500
2002 IS, 6-cyl.						
IS300 4d Sed	620	1,860	3,100	7,750	10,850	15,500
2002 GS, 6-cyl.						
GS300 4d Sed	700	2,100	3,500	8,750	12,250	17,500

	6	5	4	3	2	1
GS430 4d Sed (V-8)	740	2,220	3,700	9,250	12,950	18,500
2002 SC, V-8						
SC430 2d Conv	840	2,520	4,200	10,500	14,700	21,000
2002 LS, V-8						
LS430 4d Sed	880	2,640	4,400	11,000	15,400	22,000
2003 ES, V-6						
ES300 4d Sed	540	1,620	2,700	6,750	9,450	13,500
2003 IS, 6-cyl.						
IS300 4d Sed	620	1,860	3,100	6,980	10,850	15,500
IS300 Sport 4d Sta Wag	600	1,800	3,000	7,500	10,500	15,000
2003 GS, 6-cyl.						
GS300 4d Sed	700	2,100	3,500	8,750	12,250	17,500
GS430 4d Sed (V-8)	740	2,220	3,700	9,250	12,950	18,500
2003 SC, V-8						
SC430 2d Conv	840	2,520	4,200	10,500	14,700	21,000
2003 LS, V-8						
LS430 4d Sed	880	2,640	4,400	11,000	15,400	22,000
2004 ES, V-6						
ES330 4d Sed	540	1,620	2,700	6,750	9,450	13,500
2004 IS, 6-cyl.						
IS300 4d Sed	620	1,860	3,100	7,750	10,850	15,500
IS300 Sport 4d Sta Wag	600	1,800	3,000	7,500	10,500	15,000
2004 GS, 6-cyl.						
GS300 4d Sed	700	2,100	3,500	8,750	12,250	17,500
GS430 4d Sed (V-8)	740	2,220	3,700	9,250	12,950	18,500
2004 SC, V-8						
SC430 2d Conv	840	2,520	4,200	10,500	14,700	21,000
2004 LS, V-8						
LS430 4d Sed	880	2,640	4,400	11,000	15,400	22,000
NOTE: Deduct 5 percent for manual transmission on all models.						
2005 ES, V-6						
4d ES330 Sed	540	1,620	2,700	6,750	9,450	13,500
2005 IS, 6-cyl.						
4d IS300 Sed	620	1,860	3,100	7,750	10,850	15,500
4d IS300 Sport Sta Wag	600	1,800	3,000	7,500	10,500	15,000
2005 GS, V-6 & V-8						
4d GS300 Sed (V-6)	700	2,100	3,500	8,750	12,250	17,500
4d GS430 Sed (V-8)	740	2,220	3,700	9,250	12,950	18,500
2005 SC, V-8						
2d SC430 Conv	840	2,520	4,200	10,500	14,700	21,000
2005 LS, V-8						
4d LS430 Sed	880	2,640	4,400	11,000	15,400	22,000
NOTE: Deduct 5 percent for manual transmission on all Lexus models.						
2006 ES 330, 3.3L V-6						
4d Sed	650	1,960	3,270	8,180	11,450	16,350
2006 IS 250, 2.5L V-6						
4d Sed	690	2,060	3,440	8,600	12,040	17,200
NOTE: Add 5 percent for AWD.						
2006 IS 350, 3.5L V-6						
4d Sed	790	2,370	3,950	9,880	13,830	19,750
2006 GS 300, 3.0L V-6						
4d Sed	820	2,460	4,100	10,250	14,350	20,500
NOTE: Add 5 percent for AWD.						
2006 GS 430, 4.3L V-8						
4d Sed	910	2,740	4,560	11,400	15,960	22,800
2006 LS 430, 4.3L V-8						
4d Sed	920	2,770	4,620	11,550	16,170	23,100
NOTE: Add 12 percent for Ultra Luxury package.						
2006 SC 430, 4.3L V-8						
2d Conv	960	2,870	4,780	11,950	16,730	23,900
NOTE: Add 10 percent for Pebble Beach package.						

MASERATI

1946-50 A6/1500, 6-cyl., 1488cc, 100.4" wb						
2d Cpe (2 plus 2)	4,400	13,200	22,000	49,500	77,000	110,000
2d Cabr	8,400	25,200	42,000	94,500	147,000	210,000
1951-53 A6G, 6-cyl., 1954cc, 100.4" wb						
2d Cpe (2 plus 2)	6,400	19,200	32,000	72,000	112,000	160,000
2d Cabr (2 plus 2)	12,400	37,200	62,000	139,500	217,000	310,000
1954-56 A6G, 6-cyl., 1954cc, 100.4" wb						
2d Cpe (2 plus 2)	6,400	19,200	32,000	72,000	112,000	160,000
2d Cabr (2 plus 2)	12,400	37,200	62,000	139,500	217,000	310,000
1954-56 A6G/2000, 6-cyl., 1985cc, 100.4" wb						
2d Cpe (2 plus 2)	6,400	19,200	32,000	72,000	112,000	160,000
2d Cabr (2 plus 2)	12,400	37,200	62,000	139,500	217,000	310,000

	6	5	4	3	2	1
1957-61 A6G/2000/C, 6-cyl., 1985cc, 100.4" wb						
Allemano Cpe (2 plus 2)	6,400	19,200	32,000	72,000	112,000	160,000
Frua Cabr (2 plus 2)	12,400	37,200	62,000	139,500	217,000	310,000
Frua 2d Cpe	10,400	31,200	52,000	117,000	182,000	260,000
Zagato Cpe (2 plus 2)	12,400	37,200	62,000	139,500	217,000	310,000
1957-61 3500 GT, 6-cyl., 3485cc, 102.3" wb						
2d Cpe	2,120	6,360	10,600	23,850	37,100	53,000
1957-61 3500 GT Spider 6-cyl., 3485cc, 98.4" wb						
2d Rds	4,000	12,000	20,000	45,000	70,000	100,000
1962 3500 GTI, 6-cyl., 3485cc, 102.3" wb						
2d Cpe (2 plus 2)	2,120	6,360	10,600	23,850	37,100	53,000
1962 3500 GTI, 6-cyl., 3485cc, 98.4" wb						
Spider 2d Rds	4,000	12,000	20,000	45,000	70,000	100,000
1962 Sebring, 6-cyl., 3485cc, 98.4" wb						
2d Cpe (2 plus 2)	2,000	6,000	10,000	22,500	35,000	50,000
1963-64 3500 GTI, 6-cyl., 3485cc, 102.3" wb						
2d Cpe (2 plus 2)	1,960	5,880	9,800	22,050	34,300	49,000
Spider 2d Conv	4,000	12,000	20,000	45,000	70,000	100,000
1963-64 Sebring, 6-cyl, 102.3" wb Early 3485cc, Later 3694cc						
2d Cpe (2 plus 2)	2,080	6,240	10,400	23,400	36,400	52,000
1963-64 Mistral, 6-cyl., 94.5" wb Early 3485cc, Later 3694cc						
2d Cpe	1,800	5,400	9,000	20,250	31,500	45,000
Spider 2d Conv	4,000	12,000	20,000	45,000	70,000	100,000
1963-64 Quattroporte, V-8, 4136cc, 108.3" wb						
4d Sed	800	2,400	4,000	9,000	14,000	20,000
1965-66 Sebring II, 6-cyl., 3694cc, 102.3" wb						
2d Cpe (2 plus 2)	1,720	5,160	8,600	19,350	30,100	43,000
1965-66 Mistral, 6-cyl., 3694cc, 94.5" wb						
2d Cpe	1,800	5,400	9,000	20,250	31,500	45,000
Spider 2d Conv	4,000	12,000	20,000	45,000	70,000	100,000
NOTE: Optional Six engine 4014cc available in Sebring Mistral models.						
1965-66 Mexico, V-8, 4136cc, 103.9" wb						
2d Cpe	1,000	3,000	5,000	11,250	17,500	25,000
1965-66 Quattroporte, V-8, 4136cc, 108.3" wb						
4200 4d Sed.	540	1,620	2,700	6,080	9,450	13,500
1967-68 Mistral, 6-cyl., 3694cc, 94.5" wb						
2d Cpe	1,800	5,400	9,000	20,250	31,500	45,000
Spider 2d Conv	4,000	12,000	20,000	45,000	70,000	100,000
1967-68 Ghibli, V-8, 4719cc, 100.4" wb						
4700 2d Cpe.	2,360	7,080	11,800	26,550	41,300	59,000
1967-68 Mexico, V-8, 4136cc-4719cc, 103.9" wb						
4200 2d Cpe.	1,000	3,000	5,000	11,250	17,500	25,000
4700 2d Cpe.	1,040	3,120	5,200	11,700	18,200	26,000
1967-68 Quattroporte, V-8, 4136cc-4719cc, 108.3" wb						
4200 4d Sed.	540	1,620	2,700	6,080	9,450	13,500
4700 4d Sed.	560	1,680	2,800	6,300	9,800	14,000
1969-70 Mistral, 6-cyl., 3694cc, 94.5" wb						
2d Cpe	1,800	5,400	9,000	20,250	31,500	45,000
Spider 2d Conv	4,000	12,000	20,000	45,000	70,000	100,000
1969-70 Ghibli, V-8, 4719cc, 100.4" wb						
2d Cpe	2,360	7,080	11,800	26,550	41,300	59,000
Spider 2d Conv	5,000	15,000	25,000	56,250	87,500	125,000
1969-70 Indy, V-8, 4136cc, 102.5" wb						
2d Cpe (2 plus 2)	1,160	3,480	5,800	13,050	20,300	29,000
1969-70 Quattroporte, V-8, 4719cc, 108.3" wb						
4d Sed	540	1,620	2,700	6,080	9,450	13,500
1971-73 Merak, V-6, 2965cc, 102.3" wb						
2d Cpe (2 plus 2)	920	2,760	4,600	10,350	16,100	23,000
1971-73 Bora, V-8, 4719cc, 102.3" wb						
2d Cpe	2,840	8,520	14,200	31,950	49,700	71,000
1971-73 Ghibli, V-8, 4930cc, 100.4" wb						
2d Cpe	2,360	7,080	11,800	26,550	41,300	59,000
Spider 2d Conv	5,000	15,000	25,000	56,250	87,500	125,000
1971-73 Indy, V-8, 4136cc, 102.5" wb						
2d Cpe (2 plus 2)	1,160	3,480	5,800	13,050	20,300	29,000
1974-76 Merak, V-6, 2965cc, 102.3" wb						
2d Cpe (2 plus 2)	920	2,760	4,600	10,350	16,100	23,000
1974-76 Bora, V-8, 4930cc, 102.3" wb						
2d Cpe	2,840	8,520	14,200	31,950	49,700	71,000
1974-76 Indy, V-8, 4930cc, 102.5" wb						
2d Cpe	1,160	3,480	5,800	13,050	20,300	29,000
1977-83 Merak SS, 2965cc, 102.3" wb						
2d Cpe (2 plus 2)	1,120	3,360	5,600	12,600	19,600	28,000
1977-83 Bora, V-8, 4930cc, 102.3" wb						
2d Cpe	2,840	8,520	14,200	31,950	49,700	71,000

	6	5	4	3	2	1
1977-83 Khamsin, V-8, 4930cc, 100.3" wb						
2d Cpe (2 plus 2)	1,320	3,960	6,600	14,850	23,100	33,000
1977-83 Kyalami, V-8, 4930cc, 102.4" wb						
2d Cpe (2 plus 2)	1,200	3,600	6,000	13,500	21,000	30,000
1984-88 Biturbo, V-6, 1996cc, 99" wb						
2d Cpe	400	1,200	2,000	4,500	7,000	10,000
E 2d Cpe	440	1,320	2,200	4,950	7,700	11,000
1984-88 Biturbo, V-6, 2491cc, 94.5" wb						
Spider 2d Conv	600	1,800	3,000	6,750	10,500	15,000
425 4d Sed	400	1,200	2,000	4,500	7,000	10,000
1984-88 Quattroporte, V-8, 4930cc, 110.2" wb						
4d Sed	600	1,800	3,000	6,750	10,500	15,000

MAZDA

	6	5	4	3	2	1
1970-71 Conventional Engine 1200, 4-cyl., 1169cc, 88.9" wb						
2d Sed	190	580	960	2,160	3,360	4,800
2d Cpe	200	600	1,000	2,250	3,500	5,000
2d Sta Wag	190	580	960	2,160	3,360	4,800
1970-71 616, 4-cyl., 1587cc, 97" wb						
2d Cpe	200	600	1,000	2,250	3,500	5,000
4d Sed	190	580	960	2,160	3,360	4,800
1970-71 1800, 4-cyl., 1769cc, 98.4" wb						
4d Sed	200	590	980	2,210	3,430	4,900
4d Sta Wag	200	610	1,020	2,300	3,570	5,100
1970-71 Wankel Rotary Engine R100, 1146cc, 88.9" wb						
2d Spt Cpe (2 plus 2)	280	840	1,400	3,150	4,900	7,000
1970-71 RX-2, 1146cc, 97" wb						
2d Cpe	210	620	1,040	2,340	3,640	5,200
4d Sed	200	600	1,000	2,250	3,500	5,000
1972 Conventional Engine 808, 4-cyl., 1587cc, 91" wb						
2d Cpe	180	550	920	2,070	3,220	4,600
4d Sed	180	540	900	2,030	3,150	4,500
4d Sta Wag	190	560	940	2,120	3,290	4,700
1972 618, 4-cyl., 1796cc, 97" wb						
2d Cpe	190	560	940	2,120	3,290	4,700
4d Sed	180	550	920	2,070	3,220	4,600
1972 Wankel Rotary Engine R100, 1146cc, 88.9" wb						
2d Cpe (2 plus 2)	280	840	1,400	3,150	4,900	7,000
1972 RX-2, 1146cc, 97" wb						
2d Cpe	200	600	1,000	2,250	3,500	5,000
4d Sed	190	560	940	2,120	3,290	4,700
1972 RX-3, 1146cc, 91" wb						
2d Cpe	200	600	1,000	2,250	3,500	5,000
4d Sed	180	550	920	2,070	3,220	4,600
4d Sta Wag	190	560	940	2,120	3,290	4,700
1973 Conventional Engine 808, 4-cyl., 1587cc, 91" wb						
2d Cpe	180	550	920	2,070	3,220	4,600
4d Sed	180	540	900	2,030	3,150	4,500
4d Sta Wag	190	560	940	2,120	3,290	4,700
1973 Wankel Rotary Engine RX-2, 1146cc, 97" wb						
2d Cpe	200	600	1,000	2,250	3,500	5,000
4d Sed	180	550	920	2,070	3,220	4,600
1973 RX-3, 1146cc, 162" wb						
2d Cpe	200	590	980	2,210	3,430	4,900
4d Sed	180	540	900	2,030	3,150	4,500
4d Sta Wag	190	560	940	2,120	3,290	4,700
1974 Conventional Engine 808, 4-cyl., 1587cc, 91" wb						
2d Cpe	200	600	1,000	2,250	3,500	5,000
4d Sta Wag	190	580	960	2,160	3,360	4,800
1974 Wankel Rotary Engine RX-2, 1146cc, 97" wb						
2d Cpe	200	610	1,020	2,300	3,570	5,100
4d Sed	200	590	980	2,210	3,430	4,900
1974 RX-3, 1146cc, 91" wb						
2d Cpe	200	590	980	2,210	3,430	4,900
4d Sta Wag	190	560	940	2,120	3,290	4,700
1974 RX-4, 1308cc, 99" wb						
2d HT Cpe	200	610	1,020	2,300	3,570	5,100
4d Sed	190	580	960	2,160	3,360	4,800
4d Sta Wag	200	590	980	2,210	3,430	4,900
1975 Conventional Engine 808, 4-cyl., 1587cc, 91" wb						
2d Cpe	180	550	920	2,070	3,220	4,600
4d Sta Wag	190	560	940	2,120	3,290	4,700
1975 Wankel Rotary Engine RX-3, 1146cc, 91" wb						
2d Cpe	200	600	1,000	2,250	3,500	5,000
4d Sta Wag	190	580	960	2,160	3,360	4,800

	6	5	4	3	2	1
1975 RX-4, 1308cc, 99" wb						
2d HT Cpe	200	610	1,020	2,300	3,570	5,100
4d Sed	190	560	940	2,120	3,290	4,700
4d Sta Wag	190	580	960	2,160	3,360	4,800
1976 Conventional Engine Mizer 808-1300, 4-cyl., 1272cc, 91" wb						
2d Cpe	180	540	900	2,030	3,150	4,500
4d Sed	180	550	920	2,070	3,220	4,600
4d Sta Wag	190	560	940	2,120	3,290	4,700
1976 808-1600, 4-cyl., 1587cc, 91" wb						
2d Cpe	180	550	920	2,070	3,220	4,600
4d Sed	190	560	940	2,120	3,290	4,700
4d Sta Wag	190	580	960	2,160	3,360	4,800
1976 Wankel Rotary Engine RX-3, 1146cc, 91" wb						
2d Cpe	200	600	1,000	2,250	3,500	5,000
4d Sta Wag	190	580	960	2,160	3,360	4,800
1976 RX-4, 1308cc, 99" wb						
2d HT Cpe	200	600	1,000	2,250	3,500	5,000
4d Sed	190	580	960	2,160	3,360	4,800
4d Sta Wag	200	590	980	2,210	3,430	4,900
Cosmo 2d HdTp Cpe	260	780	1,300	2,930	4,550	6,500
1977 Mizer, 4-cyl., 1272cc						
2d Cpe	180	540	900	2,030	3,150	4,500
4d Sed	180	540	900	2,030	3,150	4,500
4d Sta Wag	180	550	920	2,070	3,220	4,600
1977 GLC, 4-cyl., 1272cc, 91.1" wb						
2d HBk	180	540	900	2,030	3,150	4,500
2d DeL HBk	180	550	920	2,070	3,220	4,600
1977 808, 4-cyl., 1587cc, 91" wb						
2d Cpe	180	550	920	2,070	3,220	4,600
4d Sed	180	540	900	2,030	3,150	4,500
4d Sta Wag	190	560	940	2,120	3,290	4,700
1977 Wankel Rotary Engine RX-3SP, 1146cc, 91" wb						
2d Cpe	200	610	1,020	2,300	3,570	5,100
1977 RX-4, 1308cc, 99" wb						
4d Sed	180	550	920	2,070	3,220	4,600
4d Sta Wag	190	560	940	2,120	3,290	4,700
Cosmo 2d HT Cpe	260	780	1,300	2,930	4,550	6,500
1978 GLC, 4-cyl., 1272cc, 91.1" wb						
2d HBk	170	520	860	1,940	3,010	4,300
2d DeL HBk	180	530	880	1,980	3,080	4,400
2d Spt HBk	180	540	900	2,030	3,150	4,500
4d DeL HBk	180	540	900	2,030	3,150	4,500
1978 Wankel Rotary Engine RX-3SP, 1146cc, 91" wb						
2d Cpe	200	600	1,000	2,250	3,500	5,000
1978 RX-4, 1308cc, 99" wb						
4d Sed	180	540	900	2,030	3,150	4,500
4d Sta Wag	180	550	920	2,070	3,220	4,600
Cosmo 2d Cpe	260	780	1,300	2,930	4,550	6,500
1979 GLC, 4-cyl., 1415cc, 91" wb						
2d HBk	170	520	860	1,940	3,010	4,300
2d DeL HBk	180	530	880	1,980	3,080	4,400
2d Spt HBk	180	540	900	2,030	3,150	4,500
4d DeL HBk	180	540	900	2,030	3,150	4,500
4d Sta Wag	180	550	920	2,070	3,220	4,600
4d DeL Sta Wag	190	560	940	2,120	3,290	4,700
1979 626, 4-cyl., 1970cc, 98.8" wb						
2d Spt Cpe	200	600	1,000	2,250	3,500	5,000
4d Spt Sed	190	580	960	2,160	3,360	4,800
1979 Wankel Rotary Engine RX-7, 1146cc, 95.3" wb						
S 2d Cpe	260	780	1,300	2,930	4,550	6,500
GS 2d Cpe	270	800	1,340	3,020	4,690	6,700
1980 GLC, 4-cyl., 1415cc, 91" wb						
2d HBk	200	600	1,000	2,250	3,500	5,000
2d Cus HBk	200	610	1,020	2,300	3,570	5,100
2d Spt HBk	210	620	1,040	2,340	3,640	5,200
4d Cus HBk	210	620	1,040	2,340	3,640	5,200
4d Cus Sta Wag	210	640	1,060	2,390	3,710	5,300
1980 626, 4-cyl., 1970cc, 98.8" wb						
2d Spt Cpe	220	660	1,100	2,480	3,850	5,500
4d Spt Sed	220	650	1,080	2,430	3,780	5,400
1980 Wankel Rotary Engine RX-7, 1146cc, 95.3" wb						
S 2d Cpe	280	840	1,400	3,150	4,900	7,000
GS 2d Cpe	290	880	1,460	3,290	5,110	7,300
1981 GLC, 4-cyl., 1490cc, 93.1" wb						
2d HBk	200	600	1,000	2,250	3,500	5,000
2d Cus HBk	200	610	1,020	2,300	3,570	5,100

	6	5	4	3	2	1
4d Cus HBk	200	600	1,000	2,250	3,500	5,000
4d Cus Sed	200	610	1,020	2,300	3,570	5,100
2d Cus L HBk	210	620	1,040	2,340	3,640	5,200
4d Cus L Sed	210	620	1,040	2,340	3,640	5,200
2d Spt HBk	210	640	1,060	2,390	3,710	5,300
4d Sta Wag	220	650	1,080	2,430	3,780	5,400
1981 626, 4-cyl., 1970cc, 98.8" wb						
2d Spt Cpe	220	660	1,100	2,480	3,850	5,500
4d Spt Sed	220	650	1,080	2,430	3,780	5,400
2d Lux Spt Cpe	230	680	1,140	2,570	3,990	5,700
4d Lux Spt Sed	220	670	1,120	2,520	3,920	5,600
1981 Wankel Rotary Engine RX-7, 1146cc, 95.3" wb						
S 2d Cpe	300	900	1,500	3,380	5,250	7,500
GS 2d Cpe	320	960	1,600	3,600	5,600	8,000
GSL 2d Cpe	340	1,020	1,700	3,830	5,950	8,500
1982 GLC, 4-cyl., 1490cc, 93.1" wb						
2d HBk	220	660	1,100	2,480	3,850	5,500
2d Cus HBk	220	670	1,120	2,520	3,920	5,600
4d Cus Sed	220	670	1,120	2,520	3,920	5,600
2d Cus L HBk	230	680	1,140	2,570	3,990	5,700
4d Cus L Sed	230	680	1,140	2,570	3,990	5,700
2d Spt HBk	230	700	1,160	2,610	4,060	5,800
4d Cus Sta Wag	220	660	1,100	2,480	3,850	5,500
1982 626, 4-cyl., 1970cc, 98.8" wb						
2d Spt Cpe	220	670	1,120	2,520	3,920	5,600
4d Spt Sed	220	660	1,100	2,480	3,850	5,500
2d Lux Spt Cpe	230	680	1,140	2,570	3,990	5,700
4d Lux Spt Sed	220	670	1,120	2,520	3,920	5,600
1982 Wankel Rotary Engine RX-7, 1146cc, 95.3" wb						
S 2d Cpe	320	960	1,600	3,600	5,600	8,000
GS 2d Cpe	340	1,020	1,700	3,830	5,950	8,500
GSL 2d Cpe	350	1,060	1,760	3,960	6,160	8,800
1983 GLC, 4-cyl., 1490cc, 93.1" wb						
2d HBk	220	660	1,100	2,480	3,850	5,500
2d Cus HBk	220	670	1,120	2,520	3,920	5,600
4d Cus Sed	220	670	1,120	2,520	3,920	5,600
2d Cus L HBk	230	680	1,140	2,570	3,990	5,700
4d Cus L Sed	230	680	1,140	2,570	3,990	5,700
2d Spt HBk	230	700	1,160	2,610	4,060	5,800
4d Sed	220	670	1,120	2,520	3,920	5,600
4d Cus Sta Wag	220	670	1,120	2,520	3,920	5,600
1983 626, 4-cyl., 1998cc, 98.8" wb						
2d Spt Cpe	230	680	1,140	2,570	3,990	5,700
4d Spt Sed	230	680	1,140	2,570	3,990	5,700
2d Lux Spt Cpe	230	700	1,160	2,610	4,060	5,800
4d Lux Spt Sed	230	700	1,160	2,610	4,060	5,800
4d Lux HBk	240	720	1,200	2,700	4,200	6,000
1983 Wankel Rotary Engine RX-7, 1146cc, 95.3" wb						
S 2d Cpe	320	960	1,600	3,600	5,600	8,000
GS 2d Cpe	340	1,020	1,700	3,830	5,950	8,500
1984-85 GLC, 4-cyl., 1490cc, 93.1" wb						
2d HBk	240	710	1,180	2,660	4,130	5,900
2d DeL HBk	240	720	1,200	2,700	4,200	6,000
4d DeL Sed	240	720	1,200	2,700	4,200	6,000
2d Lux HBk	240	730	1,220	2,750	4,270	6,100
4d Lux Sed	240	730	1,220	2,750	4,270	6,100
1984-85 626, 4-cyl., 1998cc, 98.8" wb						
2d DeL Cpe	260	780	1,300	2,930	4,550	6,500
4d DeL Sed	260	780	1,300	2,930	4,550	6,500
2d Lux Cpe	270	800	1,340	3,020	4,690	6,700
4d Lux Sed	270	800	1,340	3,020	4,690	6,700
4d Tr HBk	270	820	1,360	3,060	4,760	6,800
1984-85 Wankel Rotary Engine RX-7, 1146cc, 95.3" wb						
S 2d Cpe	340	1,020	1,700	3,830	5,950	8,500
GS 2d Cpe	360	1,080	1,800	4,050	6,300	9,000
GSL 2d Cpe	380	1,140	1,900	4,280	6,650	9,500
1984-85 RX-7, 1308cc, 95.3" wb						
GSL-SE 2d Cpe	360	1,080	1,800	4,050	6,300	9,000
1986 323						
2d HBk	140	430	720	1,620	2,520	3,600
DX 2d HBk	150	440	740	1,670	2,590	3,700
LX 2d HBk	150	460	760	1,710	2,660	3,800
DX 4d Sed	160	470	780	1,760	2,730	3,900
LX 4d Sed	160	480	800	1,800	2,800	4,000
1986 626, 4-cyl.						
DX 4d Sed	170	520	860	1,940	3,010	4,300

	6	5	4	3	2	1
DX 2d Cpe	180	530	880	1,980	3,080	4,400
LX 4d Sed	180	540	900	2,030	3,150	4,500
LX 2d Cpe	190	560	940	2,120	3,290	4,700
LX 4d HBk	190	580	960	2,160	3,360	4,800
GT 4d Sed (Turbo)	200	600	1,000	2,250	3,500	5,000
GT 2d Cpe (Turbo)	200	610	1,020	2,300	3,570	5,100
GT 4d HBk (Turbo)	210	620	1,040	2,340	3,640	5,200
1986 RX-7, 4-cyl.						
2d Cpe	220	660	1,100	2,480	3,850	5,500
GXL 2d Cpe	240	720	1,200	2,700	4,200	6,000
1987 323, 4-cyl.						
2d HBk	150	460	760	1,710	2,660	3,800
SE 2d HBk	160	470	780	1,760	2,730	3,900
DX 2d HBk	170	500	840	1,890	2,940	4,200
DX 4d Sed	180	550	920	2,070	3,220	4,600
LX 4d Sed	190	580	960	2,160	3,360	4,800
DX 4d Sta Wag	180	540	900	2,030	3,150	4,500
1987 626, 4-cyl.						
DX 4d Sed	200	600	1,000	2,250	3,500	5,000
DX 2d Cpe	200	610	1,020	2,300	3,570	5,100
LX 4d Sed	210	620	1,040	2,340	3,640	5,200
LX 2d Cpe	220	650	1,080	2,430	3,780	5,400
LX 4d HBk	220	660	1,100	2,480	3,850	5,500
GT 4d Sed	210	620	1,040	2,340	3,640	5,200
GT 2d Cpe	210	640	1,060	2,390	3,710	5,300
GT 4d HBk	220	660	1,100	2,480	3,850	5,500
1987 RX-7, 4-cyl.						
2d Cpe	240	720	1,200	2,700	4,200	6,000
GXL 2d Cpe	280	840	1,400	3,150	4,900	7,000
2d Cpe Turbo	300	900	1,500	3,380	5,250	7,500
1988 323, 4-cyl.						
2d HBk	160	480	800	1,800	2,800	4,000
SE 2d HBk	170	500	840	1,890	2,940	4,200
GTX 2d HBk (4x4)	260	780	1,300	2,930	4,550	6,500
4d Sed	170	520	860	1,940	3,010	4,300
SE 4d Sed	180	540	900	2,030	3,150	4,500
LX 4d Sed	200	600	1,000	2,250	3,500	5,000
GT 4d Sed	220	660	1,100	2,480	3,850	5,500
4d Sta Wag	190	580	960	2,160	3,360	4,800
1988 626, 4-cyl.						
DX 4d Sed	200	600	1,000	2,250	3,500	5,000
LX 4d Sed	220	660	1,100	2,480	3,850	5,500
LX 4d HBk	240	720	1,200	2,700	4,200	6,000
4d Sed (Turbo)	260	780	1,300	2,930	4,550	6,500
4d HBk (Turbo)	270	820	1,360	3,060	4,760	6,800
4d Sed, (Turbo) 4WS	280	830	1,380	3,110	4,830	6,900
1988 MX-6, 4-cyl.						
DX 2d Cpe	240	710	1,180	2,660	4,130	5,900
LX 2d Cpe	260	780	1,300	2,930	4,550	6,500
GT 2d Cpe	270	820	1,360	3,060	4,760	6,800
1988 RX-7, 4-cyl.						
SE 2d Cpe	300	890	1,480	3,330	5,180	7,400
GTV 2d Cpe	300	900	1,500	3,380	5,250	7,500
GXL 2d Cpe	330	980	1,640	3,690	5,740	8,200
2d Cpe (Turbo)	340	1,020	1,700	3,830	5,950	8,500
2d Conv	600	1,800	3,000	6,750	10,500	15,000
1988 929						
LX 4d Sed	310	920	1,540	3,470	5,390	7,700
1989 323, 4-cyl.						
2d HBk	190	580	960	2,160	3,360	4,800
SE 2d HBk	200	590	980	2,210	3,430	4,900
GTX 2d HBk (4x4)	260	780	1,300	2,930	4,550	6,500
SE 4d Sed	240	720	1,200	2,700	4,200	6,000
LX 4d Sed	260	780	1,300	2,930	4,550	6,500
1989 626, 4-cyl.						
DX 4d Sed	260	780	1,300	2,930	4,550	6,500
LX 4d Sed	280	840	1,400	3,150	4,900	7,000
LX 4d HBk	300	900	1,500	3,380	5,250	7,500
4d HBk (Turbo)	320	960	1,600	3,600	5,600	8,000
1989 MX-6, 4-cyl.						
DX 2d Cpe	270	800	1,340	3,020	4,690	6,700
LX 2d Cpe	280	840	1,400	3,150	4,900	7,000
GT 2d Cpe	320	960	1,600	3,600	5,600	8,000
GT 2d Cpe 4WS	320	960	1,600	3,600	5,600	8,000
1989 RX-7, 4-cyl.						
GTV 2d Cpe	340	1,020	1,700	3,830	5,950	8,500

	6	5	4	3	2	1
GXL 2d Cpe	380	1,140	1,900	4,280	6,650	9,500
2d Cpe (Turbo)	560	1,680	2,800	6,300	9,800	14,000
2d Conv.	680	2,040	3,400	7,650	11,900	17,000
1989 929, V-6						
LX 4d Sed	340	1,020	1,700	3,830	5,950	8,500
1990 323, 4-cyl.						
2d HBk	200	600	1,000	2,250	3,500	5,000
2d HBk SE	220	660	1,100	2,480	3,850	5,500
1990 Protege, 4-cyl.						
SE 4d Sed	240	720	1,200	2,700	4,200	6,000
LX 4d Sed	260	780	1,300	2,930	4,550	6,500
4d Sed (4x4)	280	840	1,400	3,150	4,900	7,000
1990 626, 4-cyl.						
DX 4d Sed	300	900	1,500	3,380	5,250	7,500
LX 4d Sed	320	960	1,600	3,600	5,600	8,000
LX 4d HBk	320	960	1,600	3,600	5,600	8,000
GT 4d HBk	360	1,080	1,800	4,050	6,300	9,000
1990 MX-6, 4-cyl.						
DX 2d Cpe	320	960	1,600	3,600	5,600	8,000
LX 2d Cpe	340	1,020	1,700	3,830	5,950	8,500
GT 2d Cpe	360	1,070	1,780	4,010	6,230	8,900
GT 2d Cpe 4WS	360	1,080	1,800	4,050	6,300	9,000
1990 MX-5 Miata, 4-cyl.						
2d Conv.	440	1,320	2,200	4,950	7,700	11,000
1990 RX-7						
GTV 2d Cpe	560	1,680	2,800	6,300	9,800	14,000
GXL 2d Cpe	580	1,740	2,900	6,530	10,150	14,500
2d Cpe (Turbo)	600	1,800	3,000	6,750	10,500	15,000
2d Conv.	720	2,160	3,600	8,100	12,600	18,000
1990 926, V-6						
4d Sed.	580	1,740	2,900	6,530	10,150	14,500
S 4d Sed	600	1,800	3,000	6,750	10,500	15,000
1991 323						
2d HBk	200	600	1,000	2,250	3,500	5,000
2d HBk SE.	220	660	1,100	2,480	3,850	5,500
1991 Protege						
4d Sed DX.	220	660	1,100	2,480	3,850	5,500
4d Sed LX	240	720	1,200	2,700	4,200	6,000
4d Sed (4x4)	280	840	1,400	3,150	4,900	7,000
1991 626						
4d Sed DX.	280	840	1,400	3,150	4,900	7,000
4d Sed LX	300	900	1,500	3,380	5,250	7,500
4d HBk LX.	310	940	1,560	3,510	5,460	7,800
4d HBk GT	320	960	1,600	3,600	5,600	8,000
1991 Miata						
2d Conv.	400	1,200	2,000	4,500	7,000	10,000
1991 RX-7						
2d Cpe.	560	1,680	2,800	6,300	9,800	14,000
2d Cpe (Turbo)	600	1,800	3,000	6,750	10,500	15,000
2d Conv.	700	2,100	3,500	7,880	12,250	17,500
1991 929, V-6						
4d Sed.	380	1,140	1,900	4,280	6,650	9,500
4d Sed S	560	1,680	2,800	6,300	9,800	14,000
1992 323, 4-cyl.						
2d HBk	200	600	1,000	2,250	3,500	5,000
2d HBk SE.	220	660	1,100	2,480	3,850	5,500
1992 Protege, 4-cyl.						
4d Sed DX.	240	720	1,200	2,700	4,200	6,000
4d Sed LX	260	780	1,300	2,930	4,550	6,500
1992 MX-3, 4-cyl.						
2d Cpe.	240	720	1,200	2,700	4,200	6,000
2d Cpe GS, V-6.	260	780	1,300	2,930	4,550	6,500
1992 626, 4-cyl.						
4d Sed DX.	280	840	1,400	3,150	4,900	7,000
4d Sed LX	300	900	1,500	3,380	5,250	7,500
1992 MX-6, 4-cyl.						
2d Cpe DX.	300	900	1,500	3,380	5,250	7,500
2d Cpe LX	320	960	1,600	3,600	5,600	8,000
2d Cpe GT.	360	1,080	1,800	4,050	6,300	9,000
1992 MX-5, 4-cyl.						
2d Miata Conv.	440	1,320	2,200	4,950	7,700	11,000
1992 929, V-6						
4d Sed.	620	1,860	3,100	6,980	10,850	15,500
1993 323, 4-cyl.						
2d HBk	220	660	1,100	2,480	3,850	5,500
2d SE HBk.	220	670	1,120	2,520	3,920	5,600

	6	5	4	3	2	1
1993 Protege, 4-cyl.						
4d DX Sed	260	780	1,300	2,930	4,550	6,500
4d LX Sed	270	800	1,340	3,020	4,690	6,700
1993 MX-3						
2d Cpe, 4-cyl.	300	900	1,500	3,380	5,250	7,500
2d Cpe, V-6	310	920	1,540	3,470	5,390	7,700
1993 626						
4d DX Sed, 4-cyl.	270	820	1,360	3,060	4,760	6,800
4d LX Sed, 4-cyl.	280	830	1,380	3,110	4,830	6,900
4d ES Sed, V-6	280	840	1,400	3,150	4,900	7,000
1993 MX-6						
2d Cpe, 4-cyl.	340	1,020	1,700	3,830	5,950	8,500
2d LS Cpe, V-6	350	1,040	1,740	3,920	6,090	8,700
1993 MX-5 Miata, 4-cyl.						
2d Conv	440	1,320	2,200	4,950	7,700	11,000
1993 RX7						
2d Turbo Cpe	800	2,400	4,000	9,000	14,000	20,000
1994 323, 4-cyl.						
2d HBk	220	660	1,100	2,480	3,850	5,500
1994 Protege, 4-cyl.						
4d Sed	240	720	1,200	2,700	4,200	6,000
4d DX Sed	260	780	1,300	2,930	4,550	6,500
4d LX Sed	280	840	1,400	3,150	4,900	7,000
1994 MX-3						
2d Cpe, 4-cyl.	320	960	1,600	3,600	5,600	8,000
2d GS Cpe, V-6	360	1,080	1,800	4,050	6,300	9,000
1994 626						
4d DX Sed, 4-cyl.	320	960	1,600	3,600	5,600	8,000
4d LX Sed, 4-cyl.	340	1,020	1,700	3,830	5,950	8,500
4d LX Sed, V-6	360	1,080	1,800	4,050	6,300	9,000
4d ES Sed, V-6	380	1,140	1,900	4,280	6,650	9,500
1994 MX-6						
2d Cpe, 4-cyl.	360	1,080	1,800	4,050	6,300	9,000
2d Cpe, V-6	400	1,200	2,000	4,500	7,000	10,000
1994 MX-5 Miata, 4-cyl.						
2d Conv	440	1,320	2,200	4,950	7,700	11,000
2d Conv M	440	1,320	2,200	4,950	7,700	11,000
1994 RX-7 Rotary Turbo						
2d Cpe	800	2,400	4,000	9,000	14,000	20,000
1994 926						
4d Sed, V-6	480	1,440	2,400	5,400	8,400	12,000
1995 Protege, 4-cyl.						
4d DX Sed	260	780	1,300	2,930	4,550	6,500
4d LX Sed	280	840	1,400	3,150	4,900	7,000
4d ES Sed	300	900	1,500	3,380	5,250	7,500
1995 MX-3, 4-cyl.						
2d Cpe	320	960	1,600	3,600	5,600	8,000
1995 626, 4-cyl.						
4d DX Sed	320	960	1,600	3,600	5,600	8,000
4d LX Sed	340	1,020	1,700	3,830	5,950	8,500
4d LX Sed (V-6)	360	1,080	1,800	4,050	6,300	9,000
4d ES Sed (V-6)	400	1,200	2,000	4,500	7,000	10,000
1995 MX-6, 4-cyl.						
2d Cpe	360	1,080	1,800	4,050	6,300	9,000
2d LS Cpe (V-6)	400	1,200	2,000	4,500	7,000	10,000
1995 MX-5 Miata, 4-cyl.						
2d Conv	440	1,320	2,200	4,950	7,700	11,000
2d MConv	440	1,320	2,200	4,950	7,700	11,000
NOTE: Add 5 percent for detachable HT.						
1995 RX-7 Rotary Turbo						
2d Cpe	800	2,400	4,000	9,000	14,000	20,000
1995 Millenia, V-6						
4d Sed	400	1,200	2,000	4,500	7,000	10,000
4d L Sed	420	1,260	2,100	4,730	7,350	10,500
4d S Sed	440	1,320	2,200	4,950	7,700	11,000
1995 929, V-6						
4d Sed	480	1,440	2,400	5,400	8,400	12,000
1996 Protege, 4-cyl.						
4d DX Sed	260	780	1,300	2,930	4,550	6,500
4d LX Sed	280	840	1,400	3,150	4,900	7,000
4d ES Sed	300	900	1,500	3,380	5,250	7,500
1996 626, 4-cyl.						
4d DX Sed	320	960	1,600	3,600	5,600	8,000
4d LX Sed	340	1,020	1,700	3,830	5,950	8,500
4d LX Sed (V-6)	360	1,080	1,800	4,050	6,300	9,000
4d ES Sed (V-6)	400	1,200	2,000	4,500	7,000	10,000

	6	5	4	3	2	1
1996 MX-6, 4-cyl.						
2d Cpe.	360	1,080	1,800	4,050	6,300	9,000
2d LS Cpe (V-6)	400	1,200	2,000	4,500	7,000	10,000
1996 MX-5 Miata, 4-cyl.						
2d Conv.	440	1,320	2,200	4,950	7,700	11,000
2d M Conv.	460	1,380	2,300	5,180	8,050	11,500
NOTE: Add 5 percent for detachable HT.						
1996 Milenia, V-6						
4d Sed.	400	1,200	2,000	4,500	7,000	10,000
4d L Sed	420	1,260	2,100	4,730	7,350	10,500
4d S Sed	440	1,320	2,200	4,950	7,700	11,000
1997 Protege, 4-cyl.						
4d DX Sed.	260	780	1,300	2,930	4,550	6,500
4d LX Sed	280	840	1,400	3,150	4,900	7,000
4d ES Sed.	300	900	1,500	3,380	5,250	7,500
1997 626, 4-cyl.						
4d DX Sed.	320	960	1,600	3,600	5,600	8,000
4d LX Sed	340	1,020	1,700	3,830	5,950	8,500
4d LX Sed (V-6)	360	1,080	1,800	4,050	6,300	9,000
4d ES Sed (V-6)	400	1,200	2,000	4,500	7,000	10,000
1997 MX-6, 4-cyl.						
2d Cpe.	360	1,080	1,800	4,050	6,300	9,000
2d LS Cpe (V-6)	400	1,200	2,000	4,500	7,000	10,000
1997 MX-5 Miata, 4-cyl.						
2d Conv.	440	1,320	2,200	4,950	7,700	11,000
2d M Conv.	440	1,320	2,200	4,950	7,700	11,000
NOTE: Add 5 percent for detachable HT.						
1997 Millenia, V-6						
4d Sed.	400	1,200	2,000	4,500	7,000	10,000
4d L Sed	420	1,260	2,100	4,730	7,350	10,500
4d S Sed (supercharged)	440	1,320	2,200	4,950	7,700	11,000
1998 Protege, 4-cyl.						
4d DX Sed.	260	780	1,300	2,930	4,550	6,500
4d LX Sed	280	840	1,400	3,150	4,900	7,000
4d ES Sed.	300	900	1,500	3,380	5,250	7,500
1998 626, 4-cyl.						
4d DX Sed.	320	960	1,600	3,600	5,600	8,000
4d LX Sed	340	1,020	1,700	3,830	5,950	8,500
4d LX Sed (V-6)	360	1,080	1,800	4,050	6,300	9,000
4d ES Sed (V-6)	400	1,200	2,000	4,500	7,000	10,000
1998 Miata MX-5, 4-cyl.						
2d Conv.	440	1,320	2,200	4,950	7,700	11,000
2d M Conv.	460	1,380	2,300	5,180	8,050	11,500
NOTE: Add 5 percent for detachable HT.						
1998 Millenia, V-6						
4d Sed.	400	1,200	2,000	4,500	7,000	10,000
4d Premium Sed	420	1,260	2,100	4,730	7,350	10,500
4d S Sed (supercharged)	440	1,320	2,200	4,950	7,700	11,000
1999 Protege, 4-cyl.						
4d DX Sed.	260	780	1,300	2,930	4,550	6,500
4d LX Sed	280	840	1,400	3,150	4,900	7,000
4d ES Sed.	300	900	1,500	3,380	5,250	7,500
1999 626, 4-cyl. & V-6						
4d LX Sed	320	960	1,600	3,600	5,600	8,000
4d ES Sed.	360	1,080	1,800	4,050	6,300	9,000
1999 Miata MX-5, 4-cyl.						
2d Conv.	440	1,320	2,200	4,950	7,700	11,000
NOTE: Add 5 percent for Anv Pkg. Add 5 percent for detachable HT.						
1999 Millenia, V-6						
4d Sed.	400	1,200	2,000	4,500	7,000	10,000
4d Premium Sed	420	1,260	2,100	4,730	7,350	10,500
4d S Sed (supercharged)	440	1,320	2,200	4,950	7,700	11,000
2000 Protege, 4-cyl.						
4d DX Sed.	260	780	1,300	2,930	4,550	6,500
4d LX Sed	280	840	1,400	3,150	4,900	7,000
4d ES Sed.	300	900	1,500	3,380	5,250	7,500
2000 626, 4-cyl. & V-6						
4d LX Sed	320	960	1,600	3,600	5,600	8,000
4d ES Sed.	360	1,080	1,800	4,050	6,300	9,000
2000 Miata MX5, 4-cyl.						
2d Conv.	440	1,320	2,200	4,950	7,700	11,000
2d LS Conv	460	1,380	2,300	5,180	8,050	11,500
NOTE: Add 5 percent for detachable HT.						
2000 Millenia, V-6						
4d Sed.	400	1,200	2,000	4,500	7,000	10,000
4d Premium Sed	420	1,260	2,100	4,730	7,350	10,500

	6	5	4	3	2	1
4d S Sed (supercharged)	440	1,320	2,200	4,950	7,700	11,000
NOTE: Add 5 percent for Millennium Ed.						
2001 Protege, 4-cyl.						
4d DX Sed	260	780	1,300	3,250	4,550	6,500
4d LX Sed	280	840	1,400	3,500	4,900	7,000
4d LX 2.0 Sed	290	860	1,440	3,600	5,040	7,200
4d ES 2.0 Sed	300	900	1,500	3,750	5,250	7,500
4d MP3 Sed	320	950	1,580	3,950	5,530	7,900
2001 626, 4-cyl. & V-6						
4d LX Sed	320	960	1,600	4,000	5,600	8,000
4d ES Sed	360	1,080	1,800	4,500	6,300	9,000
2001 Miata MX-5, 4-cyl.						
2d Conv	480	1,440	2,400	5,400	8,400	12,000
2d LS Conv	520	1,560	2,600	5,850	9,100	13,000
2d SE Conv	520	1,560	2,600	5,850	9,100	13,000
NOTE: Add 5 percent for detachable HT.						
2001 Millenia, V-6						
4d Premium Sed	420	1,270	2,120	5,300	7,420	10,600
4d S Sed (supercharged)	440	1,330	2,220	5,550	7,770	11,100
2002 Protege, 4-cyl.						
4d DX Sed	260	780	1,300	3,250	4,550	6,500
4d LX Sed	280	840	1,400	3,500	4,900	7,000
4d ES Sed	300	900	1,500	3,750	5,250	7,500
4d 5 Sta Wag	320	950	1,580	3,950	5,530	7,900
2002 626, V-6						
4d LX Sed	320	960	1,600	4,000	5,600	8,000
4d ES Sed	360	1,080	1,800	4,500	6,300	9,000
NOTE: Deduct 5 percent for LX model equipped with 4-cyl.						
2002 Miata MX-5, 4-cyl.						
2d Conv	480	1,440	2,400	5,400	8,400	12,000
2d LS Conv	520	1,560	2,600	5,850	9,100	13,000
2d SE Conv	520	1,560	2,600	5,850	9,100	13,000
NOTE: Add 5 percent for detachable HT.						
2002 Millenia, V-6						
4d Premium Sed	420	1,270	2,120	5,300	7,420	10,600
4d S Sed (supercharged)	440	1,330	2,220	5,550	7,770	11,100
2003 Protege, 4-cyl.						
4d DX Sed	260	780	1,300	3,250	4,550	6,500
4d LX Sed	280	840	1,400	3,500	4,900	7,000
4d ES Sed	300	900	1,500	3,750	5,250	7,500
4d Mazda Speed Sed	410	1,220	2,040	4,590	7,140	10,200
4d 5 Sta Wag	320	950	1,580	3,950	5,530	7,900
2003 Mazda 6, V-6						
4d i Sed (4-cyl.)	410	1,240	2,060	4,640	7,210	10,300
4d s Sed	510	1,520	2,540	5,720	8,890	12,700
2003 Miata MX-5, 4-cyl.						
2d Conv	490	1,460	2,440	5,490	8,540	12,200
2d LS Conv	530	1,580	2,640	6,600	9,240	13,200
2d SE Conv	550	1,640	2,740	6,850	9,590	13,700
NOTE: Add 5 percent for detachable HT.						
2004 Mazda 3, 4-cyl.						
i 4d Sed	310	940	1,560	3,510	5,460	7,800
s 4d Sed	320	960	1,600	3,600	5,600	8,000
s 4d Sta Wag	320	970	1,620	3,650	5,670	8,100
NOTE: Deduct 5 percent for manual transmission.						
2004 Mazda 6, V-6						
i 4d HBk (4-cyl.)	360	1,090	1,820	4,100	6,370	9,100
s 4d HBk	410	1,240	2,060	4,640	7,210	10,300
i 4d (4-cyl.)	350	1,060	1,760	3,960	6,160	8,800
s 4d Sed	400	1,200	2,000	4,500	7,000	10,000
s Sport 4d Sta Wag	370	1,100	1,840	4,140	6,440	9,200
NOTE: Deduct 5 percent for manual transmission.						
2004 Miata MX-5, 4-cyl.						
2d Conv	490	1,460	2,440	6,100	8,540	12,200
LS 2d Conv	530	1,580	2,640	6,600	9,240	13,200
Speed 2d Conv	550	1,640	2,740	6,850	9,590	13,700
NOTE: Add 5 percent for detachable HT. Add 5 percent for automatic transmission.						
2004 RX-8, rotary engine						
2d Cpe	490	1,480	2,460	6,150	8,610	12,300
Touring 2d Cpe	510	1,540	2,560	6,400	8,960	12,800
GT 2d Cpe	520	1,570	2,620	6,550	9,170	13,100
NOTE: Add 5 percent for Sport pkg on base cpe.						
2005 Mazda 3, 4-cyl.						
4d i Sed	310	940	1,560	3,900	5,460	7,800
4d s Sed	320	960	1,600	4,000	5,600	8,000
4d s Sta Wag	320	970	1,620	3,650	5,670	8,100
NOTE: Deduct 5 percent for manual transmission.						

	6	5	4	3	2	1
2005 Mazda 6, V-6						
4d i HBk (4-cyl.)	360	1,090	1,820	4,100	6,370	9,100
4d s HBk	410	1,240	2,060	5,150	7,210	10,300
4d i Sed (4-cyl.)	350	1,060	1,760	3,960	6,160	8,800
4d i GT Sed (4-cyl.)	370	1,120	1,860	4,650	6,510	9,300
4d s Sed	400	1,200	2,000	5,000	7,000	10,000
4d s GT Sed	420	1,260	2,100	5,250	7,350	10,500
4d s Sport Sta Wag	370	1,100	1,840	4,600	6,440	9,200
4d s GT Sport Sta Wag	390	1,160	1,940	4,850	6,790	9,700
NOTE: Deduct 5 percent for manual transmisison.						
2005 Miata MX-5, 4-cyl.						
2d Conv	490	1,460	2,440	6,100	8,540	12,200
2d LS Conv	530	1,580	2,640	6,600	9,240	13,200
2d Mazda Speed Conv	550	1,640	2,740	6,850	9,590	13,700
2d Mazda Speed GT Conv	560	1,670	2,780	6,950	9,730	13,900
NOTE: Add 5 percent for detachable HT. Add 5 percent for automatic transmission.						
2005 RX-8, rotary engine						
2d Cpe	490	1,480	2,460	6,150	8,610	12,300
2d Touring Cpe	510	1,540	2,560	6,400	8,960	12,800
2d GT Cpe	520	1,570	2,620	6,550	9,170	13,100
2d Shinka Cpe	540	1,620	2,700	6,080	9,450	13,500
NOTE: Add 5 percent for Sport pkg on base coupe. Add 5 percent for 6-Spd transmission.						
2006 Mazda 3, 2.0L/2.3L 4-cyl.						
4d i Sed	340	1,030	1,710	4,280	5,990	8,550
4d I Trg Sed	350	1,050	1,750	4,380	6,130	8,750
2006 Mazda 3, 2.0L/s.3L 4-cyl.						
4d s Sed	360	1,090	1,820	4,080	6,350	9,075
4d s HBk	370	1,100	1,840	4,130	6,420	9,175
2006 Mazda 3, 2.0L/2.3L 4-cyl.						
4d s Trg Sed	380	1,130	1,880	4,220	6,560	9,375
4d s Trg HBk	380	1,140	1,900	4,260	6,630	9,475
4d s Grand Trg Sed	390	1,170	1,960	4,400	6,840	9,775
4d s Grand Trg HBk	400	1,190	1,980	4,440	6,910	9,875
2006 Mazda 6, 2.3L 4-cyl.						
4d i Sed	380	1,130	1,890	4,730	6,620	9,450
4d I Spt Sed	400	1,210	2,010	5,030	7,040	10,050
4d i Spt HBk	410	1,240	2,070	5,180	7,250	10,350
4d i Grand Trg Sed	420	1,270	2,120	5,300	7,420	10,600
4d i Grand Spt Sed	440	1,320	2,200	5,500	7,700	11,000
2006 Mazda 6, 3.0L V-6						
4d s Sed	400	1,200	2,000	5,000	7,000	10,000
4d s Wagon	420	1,250	2,080	5,200	7,280	10,400
4d s Spt Sed	420	1,250	2,090	5,230	7,320	10,450
4d s Spt HBk	430	1,280	2,130	5,330	7,460	10,650
4d s Spt Wagon	430	1,300	2,170	5,430	7,600	10,850
4d s Grand Trg Sed	450	1,340	2,240	5,600	7,840	11,200
4d s Grand Trg Wagon	450	1,350	2,250	5,630	7,880	11,250
4d s Grand Spt Sed	450	1,350	2,250	5,630	7,880	11,250
4d s Grand Spt HBk	450	1,360	2,270	5,680	7,950	11,350
4d s Grand Spt Wagon	470	1,410	2,350	5,880	8,230	11,750
2006 Mazda Speed 6, AWD 2.3L 4-cyl. Turbo						
4d Spt Sed	530	1,600	2,660	6,650	9,310	13,300
4d Grand Trg Sed	560	1,680	2,800	7,000	9,800	14,000
2006 Miata 2.0L 4-cyl.						
2d Clb Spl Conv	440	1,320	2,200	5,500	7,700	11,000
2006 Miata 2.0L 4-cyl.						
2d Conv	460	1,370	2,280	5,700	7,980	11,400
2006 Miata 2.0L 4-cyl.						
2d Trg Conv	470	1,420	2,370	5,930	8,300	11,850
2d Spt Conv	490	1,460	2,430	6,080	8,510	12,150
2d Grand Trg Conv	510	1,530	2,550	6,380	8,930	12,750
2d Gen III Ltd Conv	580	1,740	2,900	7,250	10,150	14,500
NOTE: Add 5 percent for hardtop.						
2006 RX-8 1.3L Rotary						
4d Cpe	450	1,340	2,230	5,580	7,810	11,150
4d Shinka Spl Edition	480	1,430	2,380	5,950	8,330	11,900
NOTE: Add 5 percent for Sport or Touring packages. Add 10 percent for Grand Touring package.						

MERCEDES-BENZ

	6	5	4	3	2	1
1951-53 Model 170S						
4d Sed	1,240	3,720	6,200	13,950	21,700	31,000
NOTE: Deduct 8 percent for lesser models. Deduct 10 percent for diesel.						
1951-53 Model 180						
4d Sed	1,200	3,600	6,000	13,500	21,000	30,000
1951-53 Model 220						
4d Sed	1,280	3,840	6,400	14,400	22,400	32,000

	6	5	4	3	2	1
2d Conv	2,400	7,200	12,000	27,000	42,000	60,000
2d Cpe	1,600	4,800	8,000	18,000	28,000	40,000
1951-53 Model 300						
4d Sed	1,400	4,200	7,000	15,750	24,500	35,000
4d Conv Sed	5,020	15,060	25,100	56,480	87,850	125,500
2d Cpe	3,680	11,040	18,400	41,400	64,400	92,000
1951-53 Model 300S						
4d Conv Sed	5,800	17,400	29,000	65,250	101,500	145,000
2d Conv	10,680	32,040	53,400	120,150	186,900	267,000
2d Cpe	5,500	16,500	27,500	61,880	96,250	137,500
2d Rds	12,280	36,840	61,400	138,150	214,900	307,000
1954 Model 170						
4d Sed	1,000	3,000	5,000	11,250	17,500	25,000
NOTE: Deduct 10 percent for diesel.						
1954 Model 180						
4d Sed	1,050	3,100	5,200	11,700	18,200	26,000
NOTE: Deduct 10 percent for diesel.						
1954 Model 220A						
4d Sed	1,320	3,960	6,600	14,850	23,100	33,000
2d Conv	2,360	7,080	11,800	26,550	41,300	59,000
2d Cpe	1,960	5,880	9,800	22,050	34,300	49,000
1954 Model 300						
4d Sed	1,400	4,200	7,000	15,750	24,500	35,000
4d Conv Sed	5,020	15,060	25,100	56,480	87,850	125,500
2d Cpe	3,680	11,040	18,400	41,400	64,400	92,000
1954 Model 300B						
4d Sed	1,600	4,800	8,000	18,000	28,000	40,000
4d Conv Sed	5,260	15,780	26,300	59,180	92,050	131,500
2d Cpe	3,600	10,800	18,000	40,500	63,000	90,000
1954 Model 300S						
4d Sed	1,960	5,880	9,800	22,050	34,300	49,000
2d Conv	10,680	32,040	53,400	120,150	186,900	267,000
2d Cpe	6,300	18,900	31,500	70,880	110,250	157,500
2d Rds	12,280	36,840	61,400	138,150	214,900	307,000
1954 Model 300SL						
2d GW Cpe	25,420	76,260	127,100	285,980	444,850	635,500
1955 Model 170						
4d Sed	1,040	3,120	5,200	11,700	18,200	26,000
NOTE: Deduct 10 percent for diesel.						
1955 Model 180						
4d Sed	1,100	3,250	5,400	12,150	18,900	27,000
NOTE: Deduct 10 percent for diesel.						
1955 Model 190						
2d Rds	2,600	7,800	13,000	29,250	45,500	65,000
1955 Model 220A						
4d Sed	1,320	3,960	6,600	14,850	23,100	33,000
2d Conv	2,360	7,080	11,800	26,550	41,300	59,000
2d Cpe	1,960	5,880	9,800	22,050	34,300	49,000
1955 Model 300B						
4d Sed	1,600	4,800	8,000	18,000	28,000	40,000
4d Conv Sed	5,260	15,780	26,300	59,180	92,050	131,500
2d Cpe	3,600	10,800	18,000	40,500	63,000	90,000
1955 Model 300S						
4d Sed	1,960	5,880	9,800	22,050	34,300	49,000
2d Conv	10,680	32,040	53,400	120,150	186,900	267,000
2d Cpe	6,300	18,900	31,500	70,880	110,250	157,500
2d Rds	12,280	36,840	61,400	138,150	214,900	307,000
1955 Model 300SL						
2d GW Cpe	25,420	76,260	127,100	285,980	444,850	635,500
1956-57 Model 180						
4d Sed	760	2,280	3,800	8,550	13,300	19,000
NOTE: Deduct 10 percent for diesel.						
1956-57 Model 190						
4d Sed	800	2,400	4,000	9,000	14,000	20,000
SL Rds	2,740	8,220	13,700	30,830	47,950	68,500
NOTE: Add 10 percent for removable hardtop.						
1956-57 Model 219						
4d Sed	880	2,640	4,400	9,900	15,400	22,000
1956-57 Model 220S						
4d Sed	1,000	3,000	5,000	11,250	17,500	25,000
Cpe	1,340	4,020	6,700	15,080	23,450	33,500
Cabr	3,100	9,300	15,500	34,880	54,250	77,500
1956-57 Model 300C						
4d Sed	1,560	4,680	7,800	17,550	27,300	39,000
4d Limo	2,260	6,780	11,300	25,430	39,550	56,500
4d Conv Sed	5,380	16,140	26,900	60,530	94,150	134,500

	6	5	4	3	2	1
2d Cpe.	4,320	12,960	21,600	48,600	75,600	108,000
1956-57 Model 300S						
4d Sed.	1,920	5,760	9,600	21,600	33,600	48,000
2d Conv.	11,500	34,500	57,500	129,380	201,250	287,500
2d Cpe.	6,260	18,780	31,300	70,430	109,550	156,500
2d Rds.	12,720	38,160	63,600	143,100	222,600	318,000
1956-57 Model 300SC						
4d Sed.	2,080	6,240	10,400	23,400	36,400	52,000
2d Conv.	13,520	40,560	67,600	152,100	236,600	338,000
2d Rds.	13,940	41,820	69,700	156,830	243,950	348,500
1956-57 Model 300SL						
2d GW Cpe	25,420	76,260	127,100	285,980	444,850	635,500
1958-60 Model 180a						
4d Sed.	720	2,160	3,600	8,100	12,600	18,000
NOTE: Deduct 10 percent for diesel.						
1958-60 Model 190						
4d Sed.	720	2,160	3,600	8,100	12,600	18,000
SL Rds	2,580	7,740	12,900	29,030	45,150	64,500
SL Cpe	2,580	7,740	12,900	29,030	45,150	64,500
NOTE: Add 10 percent for removable hardtop. Deduct 10 percent for diesel.						
1958-60 Model 219						
4d Sed.	760	2,280	3,800	8,550	13,300	19,000
1958-60 Model 220S						
2d Cpe.	1,180	3,540	5,900	13,280	20,650	29,500
4d Sed.	980	2,940	4,900	11,030	17,150	24,500
2d Conv.	2,980	8,940	14,900	33,530	52,150	74,500
NOTE: Add 15 percent for steel sunroof. Add 10 percent for Wabesto (canvas) sunroof.						
1958-60 Model 220SE						
4d Sed.	1,000	3,000	5,000	11,250	17,500	25,000
2d Cpe.	1,300	3,900	6,500	14,630	22,750	32,500
2d Conv.	3,280	9,840	16,400	36,900	57,400	82,000
1958-60 Model 300D						
4d HT	1,200	3,600	6,000	13,500	21,000	30,000
4d Conv.	4,560	13,680	22,800	51,300	79,800	114,000
1958-60 Model 300SL						
2d Rds.	20,100	60,300	100,500	226,130	351,750	502,500
NOTE: Add 10 percent for removable hardtop.						
1961-62						
180 4d Sed	600	1,800	3,000	6,750	10,500	15,000
180D 4d Sed	640	1,920	3,200	7,200	11,200	16,000
190 4d Sed	620	1,860	3,100	6,980	10,850	15,500
190D 4d Sed	660	1,980	3,300	7,430	11,550	16,500
190SL Cpe/Rds	2,580	7,740	12,900	29,030	45,150	64,500
220 4d Sed	760	2,280	3,800	8,550	13,300	19,000
220S 4d Sed	800	2,400	4,000	9,000	14,000	20,000
220SE 4d Sed	840	2,520	4,200	9,450	14,700	21,000
220SE Cpe	1,120	3,360	5,600	12,600	19,600	28,000
220SE Cabr.	2,320	6,960	11,600	26,100	40,600	58,000
220SEb Cpe	1,280	3,840	6,400	14,400	22,400	32,000
220SEb Cabr.	2,640	7,920	13,200	29,700	46,200	66,000
220SEb 4d Sed	880	2,640	4,400	9,900	15,400	22,000
300 4d HT	2,000	6,000	10,000	22,500	35,000	50,000
300 4d Cabr	4,560	13,680	22,800	51,300	79,800	114,000
300SE 4d Sed	1,000	3,000	5,000	11,250	17,500	25,000
300SE 2d Cpe	1,480	4,440	7,400	16,650	25,900	37,000
300SE 2d Cabr	3,480	10,440	17,400	39,150	60,900	87,000
300SL Rds	20,100	60,300	100,500	226,130	351,750	502,500
NOTE: Add 5 percent for removable hardtop.						
1963						
180Dc 4d Sed	550	1,700	2,800	6,300	9,800	14,000
190c 4d Sed	450	1,400	2,300	5,180	8,050	11,500
190Dc 4d Sed	600	1,750	2,900	6,530	10,200	14,500
190SL Rds	2,500	7,500	12,500	28,130	43,750	62,500
NOTE: Add 10 percent for removable hardtop.						
220 4d Sed	650	1,900	3,200	7,200	11,200	16,000
220S 4d Sed	700	2,050	3,400	7,650	11,900	17,000
220SE 4d Sed	700	2,150	3,600	8,100	12,600	18,000
220SEb Cpe	1,080	3,240	5,400	12,150	18,900	27,000
220SEb Cabr.	2,560	7,680	12,800	28,800	44,800	64,000
300SE 4d Sed	1,050	3,100	5,200	11,700	18,200	26,000
300SE Cpe	1,320	3,960	6,600	14,850	23,100	33,000
300SE Cabr.	3,400	10,200	17,000	38,250	59,500	85,000
300 4d HT	1,300	3,850	6,400	14,400	22,400	32,000
300SL Rds	20,020	60,060	100,100	225,230	350,350	500,500
NOTE: Add 5 percent for removable hardtop.						

	6	5	4	3	2	1
1964						
190c 4d Sed	440	1,320	2,200	4,950	7,700	11,000
190Dc 4d Sed	550	1,700	2,800	6,300	9,800	14,000
220 4d Sed	650	1,900	3,200	7,200	11,200	16,000
220S 4d Sed	700	2,050	3,400	7,650	11,900	17,000
220SE 4d Sed	700	2,150	3,600	8,100	12,600	18,000
220SEb Cpe	1,040	3,120	5,200	11,700	18,200	26,000
220SEb Cabr	2,100	6,300	10,500	23,630	36,750	52,500
230SL Cpe/Rds	2,240	6,720	11,200	25,200	39,200	56,000
300SE 4d Sed	900	2,650	4,400	9,900	15,400	22,000
300SE 4d Sed (112)	920	2,760	4,600	10,350	16,100	23,000
300SE Cpe	1,300	3,850	6,400	14,400	22,400	32,000
300SE Cabr	3,320	9,960	16,600	37,350	58,100	83,000
1965						
190c 4d Sed	450	1,300	2,200	4,950	7,700	11,000
190Dc 4d Sed	550	1,700	2,800	6,300	9,800	14,000
220b 4d Sed	650	1,900	3,200	7,200	11,200	16,000
220Sb 4d Sed	650	2,000	3,300	7,430	11,600	16,500
220SEb 4d Sed	700	2,050	3,400	7,650	11,900	17,000
220SEb Cpe	1,000	3,000	5,000	11,250	17,500	25,000
220SEb Cabr	2,060	6,180	10,300	23,180	36,050	51,500
230SL Cpe/Rds	2,200	6,600	11,000	24,750	38,500	55,000
250SE Cpe	1,080	3,240	5,400	12,150	18,900	27,000
250SE Cabr	1,880	5,640	9,400	21,150	32,900	47,000
300SE 4d Sed	750	2,300	3,800	8,550	13,300	19,000
300SEL 4d Sed	850	2,500	4,200	9,450	14,700	21,000
300SE Cpe	1,240	3,720	6,200	13,950	21,700	31,000
300SE Cabr	3,280	9,840	16,400	36,900	57,400	82,000
600 4d Sed	5,400	16,200	27,000	60,750	94,500	135,000
600 Limo	6,200	18,600	31,000	69,750	108,500	155,000
1966						
200 4d Sed	450	1,300	2,200	4,950	7,700	11,000
200D 4d Sed	550	1,700	2,800	6,300	9,800	14,000
230 4d Sed	450	1,400	2,300	5,180	8,050	11,500
230S 4d Sed	450	1,400	2,350	5,270	8,200	11,700
230SL Cpe/Rds	2,200	6,600	11,000	24,750	38,500	55,000
250SE Cpe	1,080	3,240	5,400	12,150	18,900	27,000
250SE Cabr	1,880	5,640	9,400	21,150	32,900	47,000
250S 4d Sed	650	1,900	3,200	7,200	11,200	16,000
250SE 4d Sed	650	2,000	3,300	7,430	11,600	16,500
300SE Cpe	1,240	3,720	6,200	13,950	21,700	31,000
300SE Cabr	3,280	9,840	16,400	36,900	57,400	82,000
600 4d Sed	5,400	16,200	27,000	60,750	94,500	135,000
600 Limo	6,600	19,800	33,000	74,250	115,500	165,000
1967						
200 4d Sed	450	1,400	2,300	5,180	8,050	11,500
200D 4d Sed	600	1,750	2,900	6,530	10,200	14,500
230 4d Sed	550	1,700	2,800	6,300	9,800	14,000
230S 4d Sed	550	1,700	2,850	6,390	9,950	14,200
230SL Cpe/Rds	2,160	6,480	10,800	24,300	37,800	54,000
250S 4d Sed	650	1,900	3,200	7,200	11,200	16,000
250SE 4d Sed	650	2,000	3,300	7,430	11,600	16,500
250SE Cpe	1,080	3,240	5,400	12,150	18,900	27,000
250SE Cabr	1,880	5,640	9,400	21,150	32,900	47,000
250SL Cpe/Rds	2,240	6,720	11,200	25,200	39,200	56,000
280SE Cpe	1,020	3,060	5,100	11,480	17,850	25,500
280SE Cabr	2,360	7,080	11,800	26,550	41,300	59,000
300SE Cpe	1,050	3,100	5,200	11,700	18,200	26,000
300SE Cabr	3,280	9,840	16,400	36,900	57,400	82,000
300SE 4d Sed	950	2,900	4,800	10,800	16,800	24,000
300SEL 4d Sed	1,000	3,000	5,000	11,250	17,500	25,000
600 4d Sed	5,400	16,200	27,000	60,750	94,500	135,000
600 Limo	6,200	18,600	31,000	69,750	108,500	155,000
1968						
220 4d Sed	450	1,400	2,300	5,180	8,050	11,500
220D 4d Sed	600	1,750	2,900	6,530	10,200	14,500
230 4d Sed	560	1,680	2,800	6,300	9,800	14,000
250 4d Sed	600	1,750	2,900	6,570	10,200	14,600
280 4d Sed	600	1,800	2,950	6,660	10,400	14,800
280SE 4d Sed	650	1,900	3,200	7,200	11,200	16,000
280SEL 4d Sed	700	2,050	3,400	7,650	11,900	17,000
280SE Cpe	1,020	3,060	5,100	11,480	17,850	25,500
280SE Cabr	2,360	7,080	11,800	26,550	41,300	59,000
280SL Cpe/Rds	2,520	7,560	12,600	28,350	44,100	63,000
300SEL 4d Sed	1,000	3,000	5,000	11,250	17,500	25,000
600 4d Sed	5,400	16,200	27,000	60,750	94,500	135,000

	6	5	4	3	2	1
600 Limo	6,200	18,600	31,000	69,750	108,500	155,000
1969						
220 4d Sed	600	1,850	3,100	6,980	10,900	15,500
220D 4d Sed	650	2,000	3,300	7,430	11,600	16,500
230 4d Sed	650	1,900	3,150	7,110	11,100	15,800
250 4d Sed	650	1,900	3,200	7,200	11,200	16,000
280S 4d Sed	650	1,950	3,200	7,250	11,300	16,100
280SE 4d Sed	650	1,900	3,200	7,200	11,200	16,000
280SEL 4d Sed	650	2,000	3,300	7,430	11,600	16,500
280SE Cpe	1,020	3,060	5,100	11,480	17,850	25,500
280SE Cabr.	2,360	7,080	11,800	26,550	41,300	59,000
280SL Cpe/Rds	2,520	7,560	12,600	28,350	44,100	63,000
300SEL 4d Sed	950	2,900	4,800	10,800	16,800	24,000
300SEL 6.3 4d Sed	1,460	4,380	7,300	16,430	25,550	36,500
600 4d Sed	5,400	16,200	27,000	60,750	94,500	135,000
600 Limo	6,200	18,600	31,000	69,750	108,500	155,000
1970						
220 4d Sed	550	1,700	2,800	6,300	9,800	14,000
220D 4d Sed	600	1,750	2,900	6,530	10,200	14,500
250 4d Sed	550	1,700	2,850	6,390	9,950	14,200
250C Cpe	700	2,050	3,400	7,650	11,900	17,000
280S 4d Sed	600	1,850	3,100	6,980	10,900	15,500
280SE 4d Sed	650	1,900	3,200	7,200	11,200	16,000
280SEL 4d Sed	650	2,000	3,300	7,430	11,600	16,500
280SE Cpe	1,100	3,300	5,500	12,380	19,250	27,500
280SE Cpe 3.5	1,700	5,150	8,600	19,350	30,100	43,000
280SE Cabr.	2,440	7,320	12,200	27,450	42,700	61,000
280SE Cabr 3.5	2,600	7,800	13,000	29,250	45,500	65,000
280SL Cpe/Rds	2,520	7,560	12,600	28,350	44,100	63,000
300SEL 4d Sed	900	2,750	4,600	10,350	16,100	23,000
300SEL 6.3 4d Sed	1,460	4,380	7,300	16,430	25,550	36,500
600 4d Sed	5,800	17,400	29,000	65,250	101,500	145,000
600 Limo	6,600	19,800	33,000	74,250	115,500	165,000
1971						
220 4d Sed	550	1,700	2,800	6,300	9,800	14,000
220D 4d Sed	600	1,750	2,900	6,530	10,200	14,500
250 4d Sed	550	1,700	2,800	6,300	9,800	14,000
250C Cpe	650	1,900	3,200	7,200	11,200	16,000
280S 4 Sed	600	1,850	3,100	6,980	10,900	15,500
280SE 4d Sed	650	1,900	3,200	7,200	11,200	16,000
280SE 4.5 4d Sed	800	2,400	4,000	9,000	14,000	20,000
280SEL 4d Sed	650	2,000	3,300	7,430	11,600	16,500
280SE 3.5 Cpe	1,200	3,600	6,000	13,500	21,000	30,000
280SE 3.5 Cabr.	3,900	11,700	19,500	43,880	68,250	97,500
280SL Cpe/Rds	2,520	7,560	12,600	28,350	44,100	63,000
300SEL 4d Sed	950	2,900	4,800	10,800	16,800	24,000
300SEL 6.3 4d Sed	1,460	4,380	7,300	16,430	25,550	36,500
600 4d Sed	5,800	17,400	29,000	65,250	101,500	145,000
600 4d Limo	6,600	19,800	33,000	74,250	115,500	165,000
1972						
220 4d Sed	550	1,700	2,800	6,300	9,800	14,000
220D 4d Sed	600	1,750	2,900	6,530	10,200	14,500
250 4d Sed	600	1,800	3,000	6,750	10,500	15,000
250C Cpe	700	2,050	3,400	7,650	11,900	17,000
280SE 4d Sed	650	1,900	3,200	7,200	11,200	16,000
280SE 4.5 4d Sed	800	2,400	4,000	9,000	14,000	20,000
280SE 3.5 Cpe	900	2,650	4,400	9,900	15,400	22,000
280SE 3.5 Cabr.	1,550	4,700	7,800	17,550	27,300	39,000
280SEL 4d Sed	700	2,050	3,400	7,650	11,900	17,000
300SEL 4d Sed	900	2,750	4,600	10,350	16,100	23,000
350SL Cpe/Rds	1,450	4,300	7,200	16,200	25,200	36,000
600 4d Sed	5,800	17,400	29,000	65,250	101,500	145,000
600 Limo	6,600	19,800	33,000	74,250	115,500	165,000
1973						
220 4d Sed	550	1,700	2,800	6,300	9,800	14,000
220D 4d Sed	600	1,800	3,000	6,750	10,500	15,000
280 4d Sed	600	1,850	3,100	6,980	10,900	15,500
280C Cpe	700	2,150	3,600	8,100	12,600	18,000
280SE 4d Sed	700	2,050	3,400	7,650	11,900	17,000
280SE 4.5 4d Sed	850	2,500	4,200	9,450	14,700	21,000
280SEL 4d Sed	700	2,100	3,500	7,880	12,300	17,500
280SEL 4.5 4d Sed	880	2,640	4,400	9,900	15,400	22,000
300SEL 4d Sed	900	2,750	4,600	10,350	16,100	23,000
450SE 4d Sed	700	2,100	3,500	7,880	12,300	17,500
450SEL 4d Sed	750	2,200	3,700	8,330	13,000	18,500
450SL Cpe/Rds	1,350	4,100	6,800	15,300	23,800	34,000

	6	5	4	3	2	1
450SLC Cpe.	1,100	3,350	5,600	12,600	19,600	28,000
1974						
230 4d Sed.	600	1,750	2,900	6,530	10,200	14,500
240D 4d Sed	600	1,800	3,000	6,750	10,500	15,000
280 4d Sed.	650	1,900	3,200	7,200	11,200	16,000
280C Cpe	700	2,150	3,600	8,100	12,600	18,000
450SE 4d Sed	750	2,300	3,800	8,550	13,300	19,000
450SEL 4d Sed	850	2,500	4,200	9,450	14,700	21,000
450SL Cpe/Rds	1,300	3,950	6,600	14,850	23,100	33,000
450SLC Cpe.	1,100	3,350	5,600	12,600	19,600	28,000
1975						
230 4d Sed.	600	1,800	3,000	6,750	10,500	15,000
240D 4d Sed	650	1,900	3,200	7,200	11,200	16,000
300D 4d Sed	700	2,050	3,400	7,650	11,900	17,000
280 4d Sed.	700	2,150	3,600	8,100	12,600	18,000
280C Cpe	750	2,300	3,800	8,550	13,300	19,000
280S 4d Sed	700	2,150	3,600	8,100	12,600	18,000
450SE 4d Sed	800	2,400	4,000	9,000	14,000	20,000
450SEL 4d Sed	850	2,500	4,200	9,450	14,700	21,000
450SL Cpe/Rds	1,400	4,200	7,000	15,750	24,500	35,000
450SLC Cpe.	1,100	3,350	5,600	12,600	19,600	28,000
1976						
230 4d Sed.	700	2,050	3,400	7,650	11,900	17,000
240D 4d Sed	700	2,050	3,400	7,650	11,900	17,000
300D 4d Sed	700	2,100	3,500	7,880	12,300	17,500
280 4d Sed.	700	2,150	3,600	8,100	12,600	18,000
280C Cpe	850	2,500	4,200	9,450	14,700	21,000
280S 4d Sed	750	2,200	3,700	8,330	13,000	18,500
450SE 4d Sed	900	2,650	4,400	9,900	15,400	22,000
450SEL 4d Sed	900	2,750	4,600	10,350	16,100	23,000
450SL Cpe/Rds	1,400	4,200	7,000	15,750	24,500	35,000
450SLC Cpe.	1,100	3,250	5,400	12,150	18,900	27,000
1977						
230 4d Sed.	650	1,900	3,200	7,200	11,200	16,000
240D 4d Sed	700	2,100	3,500	7,880	12,300	17,500
300D 4d Sed	700	2,150	3,600	8,100	12,600	18,000
280E 4d Sed	750	2,200	3,700	8,330	13,000	18,500
280SE 4d Sed	750	2,300	3,800	8,550	13,300	19,000
450SEL 4d Sed	900	2,750	4,600	10,350	16,100	23,000
450SL Cpe/Rds	1,400	4,200	7,000	15,750	24,500	35,000
450SLC Cpe.	1,100	3,250	5,400	12,150	18,900	27,000
1978						
230 4d Sed.	650	1,900	3,200	7,200	11,200	16,000
240D 4d Sed	650	2,000	3,300	7,430	11,600	16,500
300D 4d Sed	700	2,050	3,400	7,650	11,900	17,000
300CD Cpe	700	2,150	3,600	8,100	12,600	18,000
300SD 4d Sed	800	2,350	3,900	8,780	13,700	19,500
280E 4d Sed	700	2,100	3,500	7,880	12,300	17,500
280CE Cpe.	800	2,350	3,900	8,780	13,700	19,500
280SE 4d Sed	800	2,400	4,000	9,000	14,000	20,000
450SEL 4d Sed	950	2,900	4,800	10,800	16,800	24,000
450SL Cpe/Rds	1,350	4,100	6,800	15,300	23,800	34,000
450SLC Cpe.	1,150	3,500	5,800	13,050	20,300	29,000
6.9L 4d Sed	1,100	3,350	5,600	12,600	19,600	28,000
1979						
240D 4d Sed	550	1,700	2,800	6,300	9,800	14,000
300D 4d Sed	600	1,800	3,000	6,750	10,500	15,000
300CD Cpe	700	2,050	3,400	7,650	11,900	17,000
300TD Sta Wag	900	2,750	4,600	10,350	16,100	23,000
300SD 4d Sed	750	2,300	3,800	8,550	13,300	19,000
280E 4d Sed	650	1,900	3,200	7,200	11,200	16,000
280CE Cpe.	700	2,150	3,600	8,100	12,600	18,000
280SE 4d Sed	750	2,300	3,800	8,550	13,300	19,000
450SEL 4d Sed	900	2,650	4,400	9,900	15,400	22,000
450SL Cpe/Rds	1,300	3,850	6,400	14,400	22,400	32,000
450SLC Cpe.	1,100	3,350	5,600	12,600	19,600	28,000
6.9L 4d Sed	1,050	3,100	5,200	11,700	18,200	26,000
1980						
240D 4d Sed	600	1,800	3,000	6,750	10,500	15,000
300D 4d Sed	650	1,900	3,200	7,200	11,200	16,000
300CD 2d Cpe	700	2,150	3,600	8,100	12,600	18,000
300TD 4d Sta Wag.	900	2,750	4,600	10,350	16,100	23,000
300SD 4d Sed	800	2,400	4,000	9,000	14,000	20,000
280E 4d Sed	750	2,300	3,800	8,550	13,300	19,000
280CE 2d Cpe	800	2,400	4,000	9,000	14,000	20,000
280SE 4d Sed	750	2,300	3,800	8,550	13,300	19,000

	6	5	4	3	2	1
450SEL 4d Sed	800	2,400	4,000	9,000	14,000	20,000
450SL 2d Conv	1,350	4,100	6,800	15,300	23,800	34,000
450SLC 2d Cpe	1,050	3,100	5,200	11,700	18,200	26,000
1981						
240D 4d Sed	600	1,800	3,000	6,750	10,500	15,000
300D 4d Sed	650	1,900	3,200	7,200	11,200	16,000
300CD 2d Cpe	700	2,150	3,600	8,100	12,600	18,000
300TD-T 4d Turbo Sta Wag	1,020	3,060	5,100	11,480	17,850	25,500
300SD 4d Sed	750	2,300	3,800	8,550	13,300	19,000
280E 4d Sed	700	2,150	3,600	8,100	12,600	18,000
280CE 2d Cpe	750	2,300	3,800	8,550	13,300	19,000
280SEL 4d Sed	950	2,900	4,800	10,800	16,800	24,000
380SL 2d Conv	1,200	3,600	6,000	13,500	21,000	30,000
380SLC 2d Cpe	1,100	3,250	5,400	12,150	18,900	27,000
1982						
240D 4d Sed	650	1,900	3,200	7,200	11,200	16,000
300D-T 4d Sed	700	2,050	3,400	7,650	11,900	17,000
300CD-T 2d Cpe	750	2,300	3,800	8,550	13,300	19,000
300TD-T 4d Turbo Sta Wag	1,020	3,060	5,100	11,480	17,850	25,500
300SD 4d Sed	800	2,400	4,000	9,000	14,000	20,000
380SEL 4d Sed	1,000	3,000	5,000	11,250	17,500	25,000
380SL 2d Conv	1,200	3,600	6,000	13,500	21,000	30,000
380SEC 2d Cpe	1,120	3,360	5,600	12,600	19,600	28,000
1983						
240D 4d Sed	650	1,900	3,200	7,200	11,200	16,000
300D-T 4d Sed	700	2,050	3,400	7,650	11,900	17,000
300CD-T 2d Cpe	750	2,300	3,800	8,550	13,300	19,000
300TD-T 4d Turbo Sta Wag	1,020	3,060	5,100	11,480	17,850	25,500
300SD 4d Sed	800	2,400	4,000	9,000	14,000	20,000
300SEL 4d Sed	1,000	3,000	5,000	11,250	17,500	25,000
380SL 2d Conv	1,200	3,600	6,000	13,500	21,000	30,000
380SEC 2d Cpe	1,120	3,360	5,600	12,600	19,600	28,000
1984						
190E 4d Sed	650	1,900	3,200	7,200	11,200	16,000
190D 4d Sed	600	1,800	3,000	6,750	10,500	15,000
300D-T 4d Sed	650	2,000	3,300	7,430	11,600	16,500
300CD-T 2d Cpe	700	2,050	3,400	7,650	11,900	17,000
300TD-T 4d Turbo Sta Wag	1,020	3,060	5,100	11,480	17,850	25,500
300SD 4d Sed	900	2,750	4,600	10,350	16,100	23,000
500SEL 4d Sed	1,040	3,120	5,200	11,700	18,200	26,000
500SEC 2d Cpe	1,160	3,480	5,800	13,050	20,300	29,000
380SE 4d Sed	880	2,640	4,400	9,900	15,400	22,000
380SL 2d Conv	1,200	3,600	6,000	13,500	21,000	30,000
1985						
190E 4d Sed	650	1,900	3,200	7,200	11,200	16,000
190D 4d Sed	600	1,850	3,100	6,980	10,900	15,500
300D-T 4d Sed	700	2,100	3,500	7,880	12,300	17,500
300CD-T 2d Cpe	700	2,150	3,600	8,100	12,600	18,000
300TD-T 4d Turbo Sta Wag	1,020	3,060	5,100	11,480	17,850	25,500
300SD 4d Sed	800	2,400	4,000	9,000	14,000	20,000
500SEL 4d Sed	1,040	3,120	5,200	11,700	18,200	26,000
500SEC 2d Cpe	1,160	3,480	5,800	13,050	20,300	29,000
380SE 4d Sed	880	2,640	4,400	9,900	15,400	22,000
380SL 2d Conv	1,200	3,600	6,000	13,500	21,000	30,000
1986						
190E 4d Sed	650	2,000	3,300	7,430	11,600	16,500
190D 4d Sed	650	1,900	3,200	7,200	11,200	16,000
190D 1.6 4d Sed	700	2,050	3,400	7,650	11,900	17,000
300E 4d Sed	750	2,200	3,700	8,330	13,000	18,500
300SDL 4d Sed	1,000	3,000	5,000	11,250	17,500	25,000
420SEL 4d Sed	1,080	3,240	5,400	12,150	18,900	27,000
560SEL 4d Sed	1,120	3,360	5,600	12,600	19,600	28,000
560SEC 2d Cpe	1,160	3,480	5,800	13,050	20,300	29,000
560SL 2d Conv	1,240	3,720	6,200	13,950	21,700	31,000
1987						
190D 4d Sed	700	2,150	3,600	8,100	12,600	18,000
190D-T 4d Sed	750	2,200	3,700	8,330	13,000	18,500
190E 4d Sed	800	2,350	3,900	8,780	13,700	19,500
190 2.6 4d Sed	800	2,450	4,100	9,230	14,300	20,500
190E-16V 4d Sed	980	2,940	4,900	11,030	17,150	24,500
260E 4d Sed	880	2,640	4,400	9,900	15,400	22,000
300E 4d Sed	900	2,700	4,500	10,130	15,750	22,500
300DT 4d Sed	950	2,800	4,700	10,580	16,500	23,500
300TD-T 4d Sta Wag	1,020	3,060	5,100	11,480	17,850	25,500
300SDL-T 4d Sed	1,040	3,120	5,200	11,700	18,200	26,000
420SEL 4d Sed	1,080	3,240	5,400	12,150	18,900	27,000

	6	5	4	3	2	1
560SEL 4d Sed	1,120	3,360	5,600	12,600	19,600	28,000
560SEC 2d Cpe	1,160	3,480	5,800	13,050	20,300	29,000
560SL 2d Conv	1,240	3,720	6,200	13,950	21,700	31,000
1988						
190D 4d Sed	720	2,160	3,600	8,100	12,600	18,000
190E 4d Sed	780	2,340	3,900	8,780	13,650	19,500
190E 2.6 4d Sed	800	2,400	4,000	9,000	14,000	20,000
260E 4d Sed	880	2,640	4,400	9,900	15,400	22,000
300E 4d Sed	900	2,700	4,500	10,130	15,750	22,500
300CE 2d Cpe	1,000	3,000	5,000	11,250	17,500	25,000
300TE 4d Sta Wag	1,040	3,120	5,200	11,700	18,200	26,000
300SE 4d Sed	920	2,760	4,600	10,350	16,100	23,000
300SEL 4d Sed	940	2,820	4,700	10,580	16,450	23,500
420SEL 4d Sed	1,080	3,240	5,400	12,150	18,900	27,000
560SEL 4d Sed	1,120	3,360	5,600	12,600	19,600	28,000
560SEC 2d Cpe	1,160	3,480	5,800	13,050	20,300	29,000
560SL 2d Conv	1,240	3,720	6,200	13,950	21,700	31,000
1989						
190D 4d Sed	720	2,160	3,600	8,100	12,600	18,000
190E 4d 2.6 Sed	800	2,400	4,000	9,000	14,000	20,000
260E 4d Sed	880	2,640	4,400	9,900	15,400	22,000
300E 4d Sed	900	2,700	4,500	10,130	15,750	22,500
300CE 2d Cpe	1,000	3,000	5,000	11,250	17,500	25,000
300TE 4d Sta Wag	1,040	3,120	5,200	11,700	18,200	26,000
300SE 4d Sed	920	2,760	4,600	10,350	16,100	23,000
300SEC 4d Sed	940	2,820	4,700	10,580	16,450	23,500
420SEL 4d Sed	1,080	3,240	5,400	12,150	18,900	27,000
560SEL 4d Sed	1,120	3,360	5,600	12,600	19,600	28,000
560SEC 2d Cpe	1,160	3,480	5,800	13,050	20,300	29,000
560SL 2d Conv	1,240	3,720	6,200	13,950	21,700	31,000
1990						
190E 4d 2.6 Sed	900	2,650	4,400	9,900	15,400	22,000
300E 4d 2.6 Sed	900	2,700	4,500	10,130	15,750	22,500
300D 4d 2.5 Turbo Sed	1,000	3,000	5,000	11,250	17,500	25,000
300E 4d Sed	920	2,760	4,600	10,350	16,100	23,000
300E Matic 4d Sed	940	2,820	4,700	10,580	16,450	23,500
300CE 2d Cpe	1,000	3,000	5,000	11,250	17,500	25,000
300TE 4d Sta Wag	1,040	3,120	5,200	11,700	18,200	26,000
300TE Matic 4d Sta Wag	1,060	3,180	5,300	11,930	18,550	26,500
300SE 4d Sed	920	2,760	4,600	10,350	16,100	23,000
300SEL 4d Sed	960	2,880	4,800	10,800	16,800	24,000
350SDL 4d Turbo Sed	1,000	3,000	5,000	11,250	17,500	25,000
420SEL 4d Sed	1,080	3,240	5,400	12,150	18,900	27,000
560SEL 4d Sed	1,120	3,360	5,600	12,600	19,600	28,000
560SEC 2d Cpe	1,160	3,480	5,800	13,050	20,300	29,000
300SL 2d Conv	1,180	3,540	5,900	13,280	20,650	29,500
500SL 2d Conv	1,220	3,660	6,100	13,730	21,350	30,500
1991						
190 4d 2.3 Sed	680	2,040	3,400	7,650	11,900	17,000
190 4d 2.6 Sed	760	2,280	3,800	8,550	13,300	19,000
300TD 4d Turbo Sed	880	2,640	4,400	9,900	15,400	22,000
300E 4d Sed	920	2,760	4,600	10,350	16,100	23,000
300E Matic 4x4 4d Sed	960	2,880	4,800	10,800	16,800	24,000
300CE 2d Cpe	1,000	3,000	5,000	11,250	17,500	25,000
300TE 4d Sta Wag	1,040	3,120	5,200	11,700	18,200	26,000
300TE Matic 4x4 4d Sta Wag	1,060	3,180	5,300	11,930	18,550	26,500
300SE 4d Sed	920	2,760	4,600	10,350	16,100	23,000
300SEL 4d Sed	960	2,880	4,800	10,800	16,800	24,000
350SD 4d Sed	980	2,940	4,900	11,030	17,150	24,500
350SDL 4d Turbo Sed	1,000	3,000	5,000	11,250	17,500	25,000
420SEL 4d Sed	1,080	3,240	5,400	12,150	18,900	27,000
560SEL 4d Sed	1,120	3,360	5,600	12,600	19,600	28,000
560SEC 2d Cpe	1,160	3,480	5,800	13,050	20,300	29,000
300SL 2d Conv	1,180	3,540	5,900	13,280	20,650	29,500
500SL 2d Conv	1,220	3,660	6,100	13,730	21,350	30,500
1992						
190 4d 2.3 Sed	680	2,040	3,400	7,650	11,900	17,000
190 4d 2.6 Sed	750	2,300	3,800	8,550	13,300	19,000
300E 4d 2.6 Sed	800	2,400	4,000	9,000	14,000	20,000
300DT 4d 2.5 Sed	900	2,700	4,500	10,130	15,700	22,500
300E 4d Sed	920	2,760	4,600	10,350	16,100	23,000
300E 4d Sed 4 Matic	960	2,880	4,800	10,800	16,800	24,000
300CE 2d Cpe	1,000	3,000	5,000	11,250	17,500	25,000
300TE 4d Sta Wag	1,040	3,120	5,200	11,700	18,200	26,000
300TE 4d Sta Wag 4 Matic	1,060	3,180	5,300	11,930	18,550	26,500
300SDT 4d Sed	960	2,880	4,800	10,800	16,800	24,000

	6	5	4	3	2	1
300SE 4d Sed	920	2,760	4,600	10,350	16,100	23,000
400E 4d Sed	1,040	3,120	5,200	11,700	18,200	26,000
400SE 4d Sed	1,060	3,180	5,300	11,930	18,550	26,500
500E 4d Sed	1,080	3,240	5,400	12,150	18,900	27,000
500SEL 4d Sed	1,120	3,360	5,600	12,600	19,600	28,000
600SEL 4d Sed	1,160	3,480	5,800	13,050	20,300	29,000
300SL 2d Conv	1,180	3,540	5,900	13,280	20,650	29,500
500SL 2d Conv	1,220	3,660	6,100	13,730	21,350	30,500
1993						
190E 4d 2.3 Sed	680	2,040	3,400	7,650	11,900	17,000
190E 4d 2.6 Sed	760	2,280	3,800	8,550	13,300	19,000
300E 4d 2.8 Sed	780	2,340	3,900	8,780	13,650	19,500
300DT 4d 2.5 Sed	900	2,700	4,500	10,130	15,750	22,500
300E 4d Sed	920	2,760	4,600	10,350	16,100	23,000
300E Matic 4d Sed	960	2,880	4,800	10,800	16,800	24,000
300CE 2d Cpe	1,000	3,000	5,000	11,250	17,500	25,000
300CE 2d Conv	1,160	3,480	5,800	13,050	20,300	29,000
300TE 4d Sta Wag	1,040	3,120	5,200	11,700	18,200	26,000
300TE Matic 4d Sta Wag	1,060	3,180	5,300	11,930	18,550	26,500
300SDT 4d Sed	960	2,880	4,800	10,800	16,800	24,000
300SE 4d Sed	920	2,760	4,600	10,350	16,100	23,000
400E 4d Sed	1,040	3,120	5,200	11,700	18,200	26,000
400SEL 4d Sed	1,060	3,180	5,300	11,930	18,550	26,500
500E 4d Sed	1,080	3,240	5,400	12,150	18,900	27,000
500SEL 4d Sed	1,120	3,360	5,600	12,600	19,600	28,000
500SEL 2d Cpe	1,160	3,480	5,800	13,050	20,300	29,000
600SEL 4d Sed	1,160	3,480	5,800	13,050	20,300	29,000
600SEL 2d Cpe	1,200	3,600	6,000	13,500	21,000	30,000
300SL 2d Rds	1,180	3,540	5,900	13,280	20,650	29,500
500SL 2d Rds	1,220	3,660	6,100	13,730	21,350	30,500
600SL 2d Rds	1,240	3,720	6,200	13,950	21,700	31,000
1994 C Class						
220C 4d Sed	320	960	1,600	3,600	5,600	8,000
280C 4d Sed	360	1,080	1,800	4,050	6,300	9,000
1994 E Class						
320E 2d Cpe	440	1,320	2,200	4,950	7,700	11,000
320E 2d Conv	740	2,220	3,700	8,330	12,950	18,500
320E 4d Sed	400	1,200	2,000	4,500	7,000	10,000
420E 4d Sed	480	1,440	2,400	5,400	8,400	12,000
500E 4d Sed	520	1,560	2,600	5,850	9,100	13,000
320E 4d Sta Wag	500	1,500	2,500	5,630	8,750	12,500
1994 S Class						
500S 2d Cpe	560	1,680	2,800	6,300	9,800	14,000
600S 2d Cpe	580	1,740	2,900	6,530	10,150	14,500
320S 4d Sed	440	1,320	2,200	4,950	7,700	11,000
350S 4d Sed Diesel Turbo	420	1,260	2,100	4,730	7,350	10,500
420S 4d Sed	480	1,440	2,400	5,400	8,400	12,000
500S 4d Sed	540	1,620	2,700	6,080	9,450	13,500
600S 4d Sed	560	1,680	2,800	6,300	9,800	14,000
1994 SL Class						
320SL 2d Rds	760	2,280	3,800	8,550	13,300	19,000
500SL 2d Rds	800	2,400	4,000	9,000	14,000	20,000
600SL 2d Rds	840	2,520	4,200	9,450	14,700	21,000
1995 C Class						
220C 4d Sed	320	960	1,600	3,600	5,600	8,000
280C 4d Sed	360	1,080	1,800	4,050	6,300	9,000
36C 4d Sed	500	1,500	2,500	5,630	8,750	12,500
1995 E Class						
300E 4d Sed Diesel Turbo	380	1,140	1,900	4,280	6,650	9,500
320E 2d Cpe	440	1,320	2,200	4,950	7,700	11,000
320E 2d Conv	740	2,220	3,700	8,330	12,950	18,500
320E 4d Sed	400	1,200	2,000	4,500	7,000	10,000
320E 4d Sta Wag	500	1,500	2,500	5,630	8,750	12,500
420E 4d Sed	480	1,440	2,400	5,400	8,400	12,000
1995 S Class						
320SW 4d Sed	440	1,320	2,200	4,950	7,700	11,000
320SV 4d Sed	460	1,380	2,300	5,180	8,050	11,500
350S 4d Sed Diesel Turbo	420	1,260	2,100	4,730	7,350	10,500
420S 4d Sed	480	1,440	2,400	5,400	8,400	12,000
500S 2d Cpe	560	1,680	2,800	6,300	9,800	14,000
500S 4d Sed	540	1,620	2,700	6,080	9,450	13,500
600S 2d Cpe	600	1,800	3,000	6,750	10,500	15,000
600S 4d Sed	560	1,680	2,800	6,300	9,800	14,000
1995 SL Class						
320SL 2d Rds	760	2,280	3,800	8,550	13,300	19,000
500SL 2d Rds	800	2,400	4,000	9,000	14,000	20,000

	6	5	4	3	2	1
600SL 2d Rds	840	2,520	4,200	9,450	14,700	21,000
1996 C Class						
C220 4d Sed	320	960	1,600	3,600	5,600	8,000
C280 4d Sed	360	1,080	1,800	4,050	6,300	9,000
C36 4d Sed	500	1,500	2,500	5,630	8,750	12,500
1996 E Class						
E300 4d Sed, Diesel	380	1,140	1,900	4,280	6,650	9,500
E320 4d Sed	400	1,200	2,000	4,500	7,000	10,000
1996 S Class						
S320W 4d Sed	440	1,320	2,200	4,950	7,700	11,000
S320V 4d Sed	460	1,380	2,300	5,180	8,050	11,500
S420 4d Sed	480	1,440	2,400	5,400	8,400	12,000
S500 2d Cpe	560	1,680	2,800	6,300	9,800	14,000
S500 4d Sed	540	1,620	2,700	6,080	9,450	13,500
S600 2d Cpe	600	1,800	3,000	6,750	10,500	15,000
S600 4d Sed	560	1,680	2,800	6,300	9,800	14,000
1996 SL Class						
SL320 2d Rds	760	2,280	3,800	8,550	13,300	19,000
SL500 2d Rds	800	2,400	4,000	9,000	14,000	20,000
SL600 2d Rds	840	2,520	4,200	9,450	14,700	21,000
NOTE: Add 5 percent for Spt Pkg.						
1997 C Class						
C230 4d Sed	340	1,020	1,700	3,830	5,950	8,500
C280 4d Sed	360	1,080	1,800	4,050	6,300	9,000
C36 4d Sed	500	1,500	2,500	5,630	8,750	12,500
1997 E Class						
E300D 4d Sed, Diesel	380	1,140	1,900	4,280	6,650	9,500
E320 4d Sed	400	1,200	2,000	4,500	7,000	10,000
E420 4d Sed	420	1,260	2,100	4,730	7,350	10,500
1997 S Class						
S320W 4d Sed	440	1,320	2,200	4,950	7,700	11,000
S320V 4d Sed	460	1,380	2,300	5,180	8,050	11,500
S420 4d Sed	480	1,440	2,400	5,400	8,400	12,000
S500 2d Cpe	560	1,680	2,800	6,300	9,800	14,000
S500 4d Sed	540	1,620	2,700	6,080	9,450	13,500
S600 2d Cpe	600	1,800	3,000	6,750	10,500	15,000
S600 4d Sed	560	1,680	2,800	6,300	9,800	14,000
1997 SL Class						
SL320 2d Rds	760	2,280	3,800	8,550	13,300	19,000
SL500 2d Rds	800	2,400	4,000	9,000	14,000	20,000
SL600 2d Rds	840	2,520	4,200	9,450	14,700	21,000
NOTE: Add 5 percent for Spt Pkg.						
1998 C Class, 4-cyl. & V-6						
C230 4d Sed	340	1,020	1,700	3,830	5,950	8,500
C280 4d Sed	360	1,080	1,800	4,050	6,300	9,000
1998 CLK Class, V-6						
CLK320 2d Cpe	460	1,380	2,300	5,180	8,050	11,500
1998 E Class, 6-cyl. & V-6						
E300TD 4d Sed, turbo diesel	420	1,260	2,100	4,730	7,350	10,500
E320 4d Sed	400	1,200	2,000	4,500	7,000	10,000
E320 4d Sed AWD	440	1,320	2,200	4,950	7,700	11,000
E320 4d Sta Wag	420	1,260	2,100	4,730	7,350	10,500
E320 4d Sta Wag AWD	460	1,380	2,300	5,180	8,050	11,500
E320 4d Sed (V-8 only)	480	1,440	2,400	5,400	8,400	12,000
1998 S Class, 6-cyl. & V-8						
S320W 4d Sed	440	1,320	2,200	4,950	7,700	11,000
S320V 4d Sed	460	1,380	2,300	5,180	8,050	11,500
S420 4d Sed	480	1,440	2,400	5,400	8,400	12,000
S500 4d Sed	540	1,620	2,700	6,080	9,450	13,500
S600 4d Sed (V-12 only)	560	1,680	2,800	6,300	9,800	14,000
1998 CL Class						
CL500 2d Cpe (V-8 only)	580	1,740	2,900	6,530	10,150	14,500
CL600 2d Cpe (V-12 only)	620	1,860	3,100	6,980	10,850	15,500
1998 SLK Class, Supercharged 4-cyl.						
SLK320 "Kompressor" 2d Rds	540	1,620	2,700	6,080	9,450	13,500
1998 SL Class						
SL500 2d Rds (V-8 only)	800	2,400	4,000	9,000	14,000	20,000
SL600 2d Rds (V-12 only)	840	2,520	4,200	9,450	14,700	21,000
NOTE: Add 5 percent for Spt Pkg.						
1999 C Class						
C230K 4d Sed (supercharged 4-cyl.)	340	1,020	1,700	3,830	5,950	8,500
C280 4d Sed (V-6)	360	1,080	1,800	4,050	6,300	9,000
C43 4d Sed (AMG V-8)	700	2,100	3,500	7,880	12,250	17,500
1999 CLK Class						
CLK320 2d Cpe (V-6)	460	1,380	2,300	5,180	8,050	11,500
CLK320 2d Conv (6-cyl.)	500	1,500	2,500	5,630	8,750	12,500

	6	5	4	3	2	1
CLK430 2d Cpe (V-8)	480	1,440	2,400	5,400	8,400	12,000
1999 E Class, 6-cyl. & V-6						
E300TD 4d Sed, turbo diesel	420	1,260	2,100	4,730	7,350	10,500
E320 4d Sed	400	1,200	2,000	4,500	7,000	10,000
E320 4d Sed AWD	440	1,320	2,200	4,950	7,700	11,000
E320 4d Sta Wag	420	1,260	2,100	4,730	7,350	10,500
E320 4d Sta Wag AWD	460	1,380	2,300	5,180	8,050	11,500
E430 4d Sed (V-8 only)	500	1,500	2,500	5,630	8,750	12,500
1999 S Class, 6-cyl. & V-8						
S320W 4d Sed	440	1,320	2,200	4,950	7,700	11,000
S320V 4d Sed	460	1,380	2,300	5,180	8,050	11,500
S420 4d Sed	480	1,440	2,400	5,400	8,400	12,000
S500 4d Sed	540	1,620	2,700	6,080	9,450	13,500
S600 4d Sed (V-12 only)	560	1,680	2,800	6,300	9,800	14,000
1999 CL Class						
CL500 2d Cpe (V-8 only)	580	1,740	2,900	6,530	10,150	14,500
CL600 2d Cpe (V-12 only)	620	1,860	3,100	6,980	10,850	15,500
1999 SLK Class, Supercharged 4-cyl.						
SLK230 "Kompressor" 2d Rds	540	1,620	2,700	6,080	9,450	13,500
NOTE: Add 5 percent for Sport Pkg.						
1999 SL Class						
SL500 2d Rds (V-8 only)	800	2,400	4,000	9,000	14,000	20,000
SL600 2d Rds (V-12 only)	840	2,520	4,200	9,450	14,700	21,000
NOTE: Add 5 percent for Sport Pkg.						
2000 C Class						
C230K 4d Sed (supercharged 4-cyl.)	340	1,020	1,700	3,830	5,950	8,500
C280 4d Sed (V-6)	360	1,080	1,800	4,050	6,300	9,000
C43 4d Sed (AMG V-8)	700	2,100	3,500	7,880	12,250	17,500
2000 CLK Class						
CLK320 2d Cpe (V-6)	460	1,380	2,300	5,180	8,050	11,500
CLK320 2d Conv (6-cyl.)	500	1,500	2,500	5,630	8,750	12,500
CLK430 2d Cpe (V-8)	480	1,440	2,400	5,400	8,400	12,000
CLK430 2d Conv (V-8)	520	1,560	2,600	5,850	9,100	13,000
2000 E Class, 6-cyl. & V-6						
E320 4d Sed	400	1,200	2,000	4,500	7,000	10,000
E320 4d Sed AWD	440	1,320	2,200	4,950	7,700	11,000
E320 4d Sta Wag	420	1,260	2,100	4,730	7,350	10,500
E320 4d Sta Wag AWD	460	1,380	2,300	5,180	8,050	11,500
E430 4d Sed (V-8 only)	500	1,500	2,500	5,630	8,750	12,500
E430 4d Sed AWD (V-8 only)	520	1,560	2,600	5,850	9,100	13,000
E55 4d Sed (V-8 only)	580	1,740	2,900	6,530	10,150	14,500
2000 S Class, V-8						
S430 4d Sed	540	1,620	2,700	6,080	9,450	13,500
S500 4d Sed	560	1,680	2,800	6,300	9,800	14,000
2000 CL Class, V-8						
CL500 2d Cpe	580	1,740	2,900	6,530	10,150	14,500
2000 SLK Class, Supercharged 4-cyl.						
SLK230 "Kompressor" 2d Rds	540	1,620	2,700	6,080	9,450	13,500
NOTE: Add 5 percent for Sport pkg.						
2000 SL Class						
SL500 2d Rds (V-8 only)	800	2,400	4,000	9,000	14,000	20,000
SL600 2d Rds (V-12 only)	840	2,520	4,200	9,450	14,700	21,000
NOTE: Add 5 percent for Sport pkg.						
2001 C Class, V-6						
C240K 4d Sed	400	1,200	2,000	4,500	7,000	10,000
C320 4d Sed	420	1,260	2,100	4,730	7,350	10,500
2001 CLK Class, V-6 & V-8						
CLK320 2d Cpe (V-6)	460	1,380	2,300	5,180	8,050	11,500
CLK320 2d Conv (V-6)	500	1,500	2,500	5,630	8,750	12,500
CLK430 2d Cpe (V-8)	480	1,440	2,400	5,400	8,400	12,000
CLK430 2d Conv (V-8)	520	1,560	2,600	5,850	9,100	13,000
CLK55 AMG 2d Cpe (V-8)	600	1,800	3,000	6,750	10,500	15,000
2001 E Class, V-6 & V-8						
E320 4d Sed (V-6)	400	1,200	2,000	4,500	7,000	10,000
E320 4d Sed AWD (V-6)	440	1,320	2,200	4,950	7,700	11,000
E320 4d Sta Wag (V-6)	420	1,260	2,100	4,730	7,350	10,500
E320 4d Sta Wag AWD (V-6)	460	1,380	2,300	5,180	8,050	11,500
E430 4d Sed (V-8)	500	1,500	2,500	5,630	8,750	12,500
E430 4d Sed AWD (V-8)	520	1,560	2,600	5,850	9,100	13,000
E55 AMG 4d Sed (V-8)	580	1,740	2,900	6,530	10,150	14,500
NOTE: Add 5 percent for Sport pkg. (excluding E55 Sed).						
2001 S Class, V-8						
S430 4d Sed	540	1,620	2,700	6,080	9,450	13,500
S500 4d Sed	560	1,680	2,800	6,300	9,800	14,000
S55 AMG 4d Sed	640	1,920	3,200	7,200	11,200	16,000
S600 4d Sed (V-12)	600	1,800	3,000	6,750	10,500	15,000

	6	5	4	3	2	1
2001 CL Class, V-8						
CL500 2d Cpe	580	1,740	2,900	6,530	10,150	14,500
CL55 AMG 2d Cpe	660	1,980	3,300	7,430	11,550	16,500
CL600 2d Cpe (V-12)	600	1,800	3,000	6,750	10,500	15,000
2001 SLK Class, Supercharged 4-cyl.						
SLK230 "Kompressor" 2d Rds	540	1,620	2,700	6,080	9,450	13,500
SLK230 2d Rds (V-6)	560	1,680	2,800	6,300	9,800	14,000
NOTE: Add 5 percent for detachable HT. Add 5 percent for Sport pkg.						
2001 SL Class, V-8						
SL500 2d Rds	800	2,400	4,000	9,000	14,000	20,000
SL600 2d Rds (V-12)	840	2,520	4,200	9,450	14,700	21,000
NOTE: Add 5 percent for detachable HT. Add 5 percent for Sport pkg. AMG wheels on SL600 and body cladding on both models are standard equipment.						
2002 C Class, V-6						
C230 2d Sport Cpe (supercharged)	440	1,320	2,200	4,950	7,700	11,000
C240 4d Sed	400	1,200	2,000	4,500	7,000	10,000
C320 4d Sed	420	1,260	2,100	4,730	7,350	10,500
C320 4d Sta Wag	440	1,320	2,200	4,950	7,700	11,000
C32/AMG 4d Sed (supercharged)	520	1,560	2,600	5,850	9,100	13,000
2002 CLK Class, V-6 & V-8						
CLK320 2d Cpe	460	1,380	2,300	5,180	8,050	11,500
CLK320 2d Conv	500	1,500	2,500	5,630	8,750	12,500
CLK430 2d Cpe	480	1,440	2,400	5,400	8,400	12,000
CLK430 2d Conv	520	1,560	2,600	5,850	9,100	13,000
CLK55/AMG 2d Cpe	600	1,800	3,000	6,750	10,500	15,000
2002 E Class, V-6 & V-8						
E320 4d Sed	400	1,200	2,000	4,500	7,000	10,000
E320 4d Sta Wag	420	1,260	2,100	4,730	7,350	10,500
E430 4d Sed (V-8)	500	1,500	2,500	5,630	8,750	12,500
E55/AMG 4d Sed	580	1,740	2,900	6,530	10,150	14,500
NOTE: Add 5 percent for AWD. Add 5 percent for Sport pkg. excluding E55 sed.						
2002 S Class, V-8						
S430 4d Sed	540	1,620	2,700	6,080	9,450	13,500
S500 4d Sed	560	1,680	2,800	6,300	9,800	14,000
S55/AMG 4d Sed	640	1,920	3,200	7,200	11,200	16,000
S600 4d Sed (V-12)	600	1,800	3,000	6,750	10,500	15,000
NOTE: Add 5 percent for Sport pkg. excluding S55 sed.						
2002 CL Class, V-8						
CL500 2d Cpe	580	1,740	2,900	6,530	10,150	14,500
CL55/AMG 2d Cpe	660	1,980	3,300	7,430	11,550	16,500
CL600 2d Cpe (V-12)	600	1,800	3,000	6,750	10,500	15,000
NOTE: Add 5 percent for Sport pkg. excluding CL55 model.						
2002 SLK Class, Supercharged 4-cyl.						
SLK230 "Kompressor" 2d Rds	540	1,620	2,700	6,080	9,450	13,500
SLK320 2d Rds	560	1,680	2,800	6,300	9,800	14,000
SLK32/AMG 2d Rds	700	2,100	3,500	7,880	12,250	17,500
NOTE: Add 5 percent for detachable HT. Add 5 percent for Sport pkg. excluding SLK32 model.						
2002 SL Class, V-8						
SL500 2d Rds	800	2,400	4,000	9,000	14,000	20,000
SL600 2d Rds (V-12)	840	2,520	4,200	9,450	14,700	21,000
NOTE: Add 5 percent for detachable HT. Add 5 percent for Sport pkg.						
2003 C Class, V-6						
C230 2d Sport Cpe (supercharged)	440	1,320	2,200	4,950	7,700	11,000
C230 4d Sport Sed (supercharged)	420	1,260	2,100	4,730	7,350	10,500
C240 4d Sed	400	1,200	2,000	4,500	7,000	10,000
C320 2d Sport Cpe	440	1,320	2,200	4,950	7,700	11,000
C320 4d Sed	420	1,260	2,100	4,730	7,350	10,500
C320 4d Sport Sed	440	1,320	2,200	4,950	7,700	11,000
C32/AMG 4d Sport Sed (supercharged)	500	1,500	2,500	5,630	8,750	12,500
C240 4d Sta Wag	420	1,260	2,100	4,730	7,350	10,500
C320 4d Sta Wag	440	1,320	2,200	4,950	7,700	11,000
NOTE: Add 5 percent for AWD on C240 sed or sta wag and C320 sed or sta wag.						
2003 CLK Class, V-6 & V-8						
CLK320 2d Cpe	460	1,380	2,300	5,180	8,050	11,500
CLK320 2d Conv	500	1,500	2,500	5,630	8,750	12,500
CLK500 2d Cpe	500	1,500	2,500	5,630	8,750	12,500
CLK430 2d Conv	520	1,560	2,600	5,850	9,100	13,000
CLK55/AMG 2d Cpe	600	1,800	3,000	6,750	10,500	15,000
2003 E Class, V-6 & V-8						
E320 4d Sed	400	1,200	2,000	4,500	7,000	10,000
E320 4d Sta Wag	420	1,260	2,100	4,730	7,350	10,500
E500 4d Sed	520	1,560	2,600	5,850	9,100	13,000
E55/AMG 4d Sed	580	1,740	2,900	6,530	10,150	14,500
NOTE: Add 5 percent for AWD on E320 Sta Wag. Add 5 percent for Sport pkg excluding E500 or E55 sed.						
2003 S Class, V-8						
S430 4d Sed	540	1,620	2,700	6,080	9,450	13,500
S500 4d Sed	560	1,680	2,800	6,300	9,800	14,000

	6	5	4	3	2	1
S55/AMG 4d Sed	640	1,920	3,200	7,200	11,200	16,000
S600 4d Sed (V-12)	600	1,800	3,000	6,750	10,500	15,000
NOTE: Add 5 percent for Sport pkg excluding S55 sed. Add 5 percent for AWD on S430 or S500 sed.						
2003 CL Class, V-8						
CL500 2d Cpe	580	1,740	2,900	6,530	10,150	14,500
CL55/AMG 2d Cpe	660	1,980	3,300	7,430	11,550	16,500
CL600 2d Cpe (V-12)	600	1,800	3,000	6,750	10,500	15,000
NOTE: Add 5 percent for Sport pkg excluding CL55 model.						
2003 SLK Class, Supercharged 4-cyl.						
SLK230 "Kompressor" 2d Rds	540	1,620	2,700	6,080	9,450	13,500
SLK320 2d Rds	560	1,680	2,800	6,300	9,800	14,000
SLK32/AMG 2d Rds	700	2,100	3,500	7,880	12,250	17,500
NOTE: Add 5 percent for Sport pkg excluding SLK32 model.						
2003 SL Class, V-8						
SL500 2d Rds	800	2,400	4,000	9,000	14,000	20,000
SL55/AMG 2d Rds	920	2,760	4,600	10,350	16,100	23,000
NOTE: Add 5 percent for Sport pkg.						
2004 C Class, V-6						
C230 2d Sport Cpe (supercharged)	440	1,320	2,200	4,950	7,700	11,000
C230 4d Sport Sed (supercharged)	420	1,260	2,100	4,730	7,350	10,500
C240 4d Sed	400	1,200	2,000	4,500	7,000	10,000
C320 2d Sport Cpe	440	1,320	2,200	4,950	7,700	11,000
C320 2d Sed	420	1,260	2,100	4,730	7,350	10,500
C320 2d Sport Sed	440	1,320	2,200	4,950	7,700	11,000
C32/AMG 4d Sport Sed (supercharged)	500	1,500	2,500	5,630	8,750	12,500
C240 4d Sta Wag	420	1,260	2,100	4,730	7,350	10,500
C320 4d Sta Wag	440	1,320	2,200	4,950	7,700	11,000
NOTE: Add 5 percent for AWD on C240 sed or sta wag and C320 sed or sta wag. Add 5 percent for AMG Sport pkg, except C32 sed.						
2004 CLK Class, V-6 & V-8						
CLK320 2d Cpe	460	1,380	2,300	5,180	8,050	11,500
CLK320 2d Conv	500	1,500	2,500	5,630	8,750	12,500
CLK500 2d Cpe	500	1,500	2,500	5,630	8,750	12,500
CLK500 2d Conv	520	1,560	2,600	5,850	9,100	13,000
CLK55/AMG 2d Cpe	600	1,800	3,000	6,750	10,500	15,000
CLK55/AMG 2d Conv	680	2,040	3,400	7,650	11,900	17,000
NOTE: Add 5 percent for AMG Sport pkg, except CLK55 models.						
2004 E Class, V-6 & V-8						
E320 4d Sed	400	1,200	2,000	4,500	7,000	10,000
E320 4d Sta Wag	420	1,260	2,100	4,730	7,350	10,500
E500 4d Sed	520	1,560	2,600	5,850	9,100	13,000
E500 4d Sta Wag	540	1,620	2,700	6,080	9,450	13,500
E55/AMG 4d Sed	580	1,740	2,900	6,530	10,150	14,500
NOTE: Add 5 percent for AWD on E320 sed and sta wag and E500 sed. Add 5 percent for AMG Sport pkg, except E55 sed. Add 5 percent for Appearance pkg on E320 models.						
2004 S Class, V-8						
S430 4d Sed	540	1,620	2,700	6,080	9,450	13,500
S500 4d Sed	560	1,680	2,800	6,300	9,800	14,000
S55/AMG 4d Sed	640	1,920	3,200	7,200	11,200	16,000
S600 4d Sed (V-12)	600	1,800	3,000	6,750	10,500	15,000
NOTE: Add 5 percent for AWD on S430 or S500 sed. Add 5 percent for Sport pkg, except S55 sed.						
2004 CL Class, V-8						
CL500 2d Cpe	580	1,740	2,900	6,530	10,150	14,500
CL55/AMG 2d Cpe	660	1,980	3,300	7,430	11,550	16,500
CL600 2d Cpe (V-12)	600	1,800	3,000	6,750	10,500	15,000
NOTE: Add 5 percent for Sport pkg, except CL55 cpe.						
2004 SLK Class, 4-cyl.						
SLK230 "Kompressor" 2d Rds (supercharged)	540	1,620	2,700	6,080	9,450	13,500
SLK320 2d Rds	560	1,680	2,800	6,300	9,800	14,000
SLK32/AMG 2d Rds (supercharged)	700	2,100	3,500	7,880	12,250	17,500
NOTE: Add 5 percent for Sport pkg, except SLK32 rds.						
2004 SL Class, V-8						
SL500 2d Rds	800	2,400	4,000	9,000	14,000	20,000
SL55/AMG 2d Rds	920	2,760	4,600	10,350	16,100	23,000
SL600 2d Rds	900	2,700	4,500	10,130	15,750	22,500
NOTE: Add 5 percent for Sport pkg, except SL55 rds. Deduct 5 percent for manual transmission on all Mercedes-Benz.						
2005 C Class, V-6						
2d C230 Sport Cpe (supercharged)	560	1,680	2,800	6,300	9,800	14,000
4d C230 Sport Sed (supercharged)	670	2,020	3,360	8,400	11,760	16,800
4d C240 Sed	630	1,900	3,160	7,900	11,060	15,800
4d C240 Sta Wag	630	1,880	3,140	7,070	10,990	15,700
2d C320 Sport Cpe	620	1,860	3,100	7,750	10,850	15,500
4d C320 Sed	800	2,400	4,000	10,000	14,000	20,000
4d C320 Sport Sed	740	2,220	3,700	9,250	12,950	18,500
4d C55 AMG Sport Sed	1,040	3,120	5,200	13,000	18,200	26,000

NOTE: Add 5 percent for AWD on C240 sedan or station wagon and C320 sedan. Add 5 percent for AMG pkg, except C55 Sport sedan. Deduct 5 percent for manual transmission.

	6	5	4	3	2	1
2005 E Class, V-6 & V-8						
4d E320 Sed	680	2,040	3,400	8,500	11,900	17,000
4d E320 CDI Sed	790	2,360	3,940	9,850	13,790	19,700
4d E320 Sta Wag	760	2,280	3,800	9,500	13,300	19,000
4d E500 Sed	780	2,340	3,900	9,750	13,650	19,500
4d E500 Sta Wag	870	2,620	4,360	10,900	15,260	21,800
4d E55 AMG Sed	1,140	3,420	5,700	14,250	19,950	28,500
4d E55 AMG Sta Wag	1,170	3,520	5,860	14,650	20,510	29,300
NOTE: Add 5 percent for Appearance pkg on E320 models. Add 5 percent for AMG pkg, except E55 models. Add 5 percent for AWD on E320 sedan or station wagon and E500 sedan and station wagon. Deduct 5 percent for manual transmission.						
2005 S Class, V-8						
4d S430 Sed	1,320	3,960	6,600	16,500	23,100	33,000
4d S500 sed	1,720	5,160	8,600	21,500	30,100	43,000
4d S55 AMG Sed	1,800	5,400	9,000	22,500	31,500	45,000
4d S600 Sed (V-12)	1,980	5,940	9,900	24,750	34,650	49,500
NOTE: Add 5 percent for AMG pkg, except on S55 sedan. Deduct 5 percent for manual transmission.						
2005 CLK Class, V-6 & V-8						
2d CLK320 Cpe	860	2,580	4,300	10,750	15,050	21,500
2d CLK500 Cpe	990	2,980	4,960	11,160	17,360	24,800
2d CLK55 AMG Cpe	1,040	3,120	5,200	11,700	18,200	26,000
2d CLK320 Conv	1,000	3,000	5,000	11,250	17,500	25,000
2d CLK500 Conv	1,100	3,300	5,500	13,750	19,250	27,500
2d CLK55 AMG Conv.	1,220	3,660	6,100	15,250	21,350	30,500
NOTE: Add 5 percent for AMG pkg, except CLK55 models. Deduct 5 percent for manual transmission.						
2005 CL Class, V-8						
2d CL500 Cpe	1,800	5,400	9,000	22,500	31,500	45,000
2d CL55 AMG Cpe.	1,860	5,580	9,300	23,250	32,550	46,500
2d CL600 Cpe (V-12)	2,020	6,060	10,100	25,250	35,350	50,500
NOTE: Add 5 percent for AMG pkg, except on CL55 coupe. Deduct 5 percent for manual transmission.						
2005 SLK Class						
2d SLK350 Rds	950	2,860	4,760	10,710	16,660	23,800
2d SLK55 AMG Rds	1,300	3,910	6,520	16,300	22,820	32,600
NOTE: Add 5 percent for AMG pkg, except on SLK55 roadster. Deduct 5 percent for rmanual transmission.						
2005 SL Class						
2d SL500 Rds	1,800	5,400	9,000	22,500	31,500	45,000
2d SL55 AMG Rds	2,280	6,840	11,400	28,500	39,900	57,000
2d SL600 Rds (V-12)	2,260	6,780	11,300	28,250	39,550	56,500
NOTE: Add 5 percent for AMG pkg, except SL55 roadster. Deduct 5 percent for manual transmission.						
2006 SLK Class 3.0L/3.5L V-6						
2d SLK 280 Rds	740	2,220	3,700	9,250	12,950	18,500
2d SLK 350 Rds	810	2,440	4,060	10,150	14,210	20,300
NOTE: Add 5 percent for Sport or Designer Edition packages.						
2006 SLK Class 5.5L V-8						
2d SLK 55 Rds	980	2,940	4,900	11,030	17,150	24,500
NOTE: Add 5 percent for Designer Edition package.						
2006 C Class 2.5L/3.0L/3.5L V-6						
4d C230 Spt Sed	580	1,750	2,920	7,300	10,220	14,600
4d C280 Sed	580	1,740	2,900	7,250	10,150	14,500
4d C280 4Matic Sed.	620	1,860	3,100	7,750	10,850	15,500
4d C350 Sed	640	1,930	3,220	8,050	11,270	16,100
4d C350 4Matic Sed.	690	2,060	3,430	8,580	12,010	17,150
2006 C Class 5.5L V-8						
4d C55 Sed	800	2,390	3,980	9,950	13,930	19,900
2006 CLK Class 3.5L V-6						
2d CLK350 Cpe	680	2,040	3,400	8,500	11,900	17,000
2d CLK350 Cabrio	850	2,540	4,240	10,600	14,840	21,200
2006 CLK Class 5.0L/5.5L V-8						
2d CLK500 Cpe	750	2,240	3,740	9,350	13,090	18,700
2d CLK500 Cabrio	900	2,700	4,500	11,250	15,750	22,499
2d CLK55 Cabrio	950	2,860	4,760	11,900	16,660	23,800
NOTE: Add 5 percent for Designer Edition package.						
2006 E Class 3.2L 6-cyl. Turbo Diesel						
4d E320 CDI Sed	870	2,600	4,340	10,850	15,190	21,700
NOTE: Add 5 percent for Designer Edition package.						
2006 E Class 3.5L V-6						
4d E350 Sed	690	2,060	3,440	8,600	12,040	17,200
4d E350 4Matic Sed.	750	2,240	3,740	9,350	13,090	18,700
4d E350 Wag	740	2,230	3,720	9,300	13,020	18,600
4d E350 4Matic Wag	800	2,390	3,980	9,950	13,930	19,900
NOTE: Add 5 percent for Sport or Designer Edition packages.						
2006 E Class 5.0L V-8						
4d E500 Sed	770	2,300	3,840	9,600	13,440	19,200
4d E500 4Matic Sed.	800	2,410	4,020	10,050	14,070	20,100
4d E500 4Matic Wag	870	2,620	4,360	10,900	15,260	21,800
NOTE: Add 5 percent for Sport or Designer Edition packages.						

	6	5	4	3	2	1
2006 E Class 5.5L Supercharged V-8						
4d E55 Sed	1,030	3,080	5,140	12,850	17,990	25,700
4d E55 Wag	1,140	3,410	5,680	14,200	19,880	28,400
2006 CL Class 5.0L V-8						
2d CL500 Cpe	920	2,750	4,580	11,450	16,030	22,900
NOTE: Add 5 percent for Designer Edition package.						
2006 CL Class 5.5L Supercharged V-8						
2d CL55 Cpe	1,230	3,680	6,140	15,350	21,490	30,700
2006 CL Class 5.5L/6.0L Twin Turbo V-12						
2d CL600 Cpe	1,170	3,500	5,840	14,600	20,440	29,200
2d CL65 Cpe	1,800	5,400	9,000	22,500	31,500	45,000
NOTE: Add 3 percent for Designer Edition package.						
2006 CLS Class 5.0L V-8						
4d CLS500 Cpe	1,020	3,060	5,100	12,750	17,850	25,500
NOTE: Add 6 percent for Sport package; add 3 percent for Designer Edition package.						
2006 CLS Class 5.5L Supercharged V-8						
4d CLS55 Cpe	1,300	3,910	6,520	14,670	22,820	32,600
NOTE: Add 3 percent for Designer Edition package.						
2006 S Class 2.7L V-6						
4d S350 Sed	750	2,250	3,750	9,380	13,130	18,750
2006 S Class 4.3L/5.0L V-8						
4d S430 Sed	800	2,390	3,990	9,980	13,970	19,950
4d S430 4Matic Sed	860	2,580	4,300	10,750	15,050	21,500
4d S500 Sed	860	2,570	4,280	10,700	14,980	21,400
4d S500 4Matic Sed	920	2,750	4,580	11,450	16,030	22,900
NOTE: Add 10 percent for Sport package; add 5 percent for Designer Edition package.						
2006 S Class 5.5L Supercharged V-8						
4d S55 Sed	1,090	3,280	5,460	13,650	19,110	27,300
NOTE: Add 3 percent for Designer Edition package.						
2006 S Class 5.5L/6.0L Twin Turbo V-12						
4d S600 Sed	960	2,880	4,800	12,000	16,800	24,000
4d S65 Sed	1,500	4,490	7,480	18,700	26,180	37,400
2006 SL Class 5.0L V-8						
2d SL500 Rds	1,180	3,540	5,900	14,750	20,650	29,500
NOTE: Add 6 percent for Sport package; add 3 percent for Designer Edition package.						
2006 SL Class 5.5L Supercharged V-8						
2d SLL55 Rds	1,350	4,040	6,740	16,850	23,590	33,700
NOTE: Add 3 percent for Designer Edition package.						
2006 SL Class 5.5L/6.0L Twin Turbo V-12						
2d SL600 Rds	1,330	3,980	6,640	16,600	23,240	33,200
2d SL65 Rds	1,970	5,920	9,860	24,650	34,510	49,300
NOTE: Add 3 percent for Designer Edition package.						
2006 SLR Class 5.5L Supercharged V-8						
2d McLaren Cpe	900	2,700	4,500	10,130	15,750	22,500

MERKUR

	6	5	4	3	2	1
1985						
HBk XR4Ti	240	720	1,200	2,700	4,200	6,000
1986						
HBk XR4Ti	280	840	1,400	3,150	4,900	7,000
1987						
HBk XR4Ti	360	1,080	1,800	4,050	6,300	9,000
1988						
HBk XR4Ti	380	1,140	1,900	4,280	6,650	9,500
HBk Scorpio	380	1,140	1,900	4,280	6,650	9,500
1989						
HBk XR4Ti	600	1,800	3,000	6,750	10,500	15,000
HBk Scorpio	600	1,800	3,000	6,750	10,500	15,000

MG

	6	5	4	3	2	1
1945-49 MG-TC, 4-cyl., 94" wb						
Rds	1,600	4,800	8,000	18,000	28,000	40,000
1950 MG-TD, 4-cyl., 54.4 hp, 94" wb						
Rds	1,440	4,320	7,200	16,200	25,200	36,000
1951 MG-TD, 4-cyl., 54.4 hp, 94" wb						
Rds	1,440	4,320	7,200	16,200	25,200	36,000
1951 Mk II, 4-cyl., 54.4 hp, 94" wb						
Rds	1,400	4,200	7,000	15,750	24,500	35,000
1952 MG-TD, 4-cyl., 54.4 hp, 94" wb						
Rds	1,440	4,320	7,200	16,200	25,200	36,000
1952 Mk II, 4-cyl., 62 hp, 94" wb						
Rds	1,400	4,200	7,000	15,750	24,500	35,000
NOTE: Add 20 percent for Inskip 4 place Roadster.						
1953 MG-TD, 4-cyl., 54.4 hp, 94" wb						
Rds	1,440	4,320	7,200	16,200	25,200	36,000

	6	5	4	3	2	1
1953 MG-TDC, 4-cyl., 62 hp, 94" wb						
Rds	1,480	4,440	7,400	16,650	25,900	37,000
1953 MG-TF, 4-cyl., 57 hp, 94" wb						
Rds	1,760	5,280	8,800	19,800	30,800	44,000
1954 MG-TF, 4-cyl., 57 hp, 94" wb						
Rds	1,760	5,280	8,800	19,800	30,800	44,000
1955 MG-TF, 4-cyl., 68 hp, 94" wb						
Rds	1,840	5,520	9,200	20,700	32,200	46,000
1956 MG-"A", 4-cyl., 68 hp, 94" wb						
1500 Rds	1,840	5,520	9,200	20,700	32,200	46,000
1957 MG-"A", 4-cyl., 68 hp, 94" wb						
1500 Rds	1,840	5,520	9,200	20,700	32,200	46,000
1958 MG-"A", 4-cyl., 72 hp, 94" wb						
1500 Cpe	1,440	4,320	7,200	16,200	25,200	36,000
1500 Rds	1,840	5,520	9,200	20,700	32,200	46,000
1959-60 MG-"A", 4-cyl., 72 hp, 94" wb						
1600 Rds	1,840	5,520	9,200	20,700	32,200	46,000
1600 Cpe	1,440	4,320	7,200	16,200	25,200	36,000
1959-60 MG-"A", Twin-Cam, 4-cyl., 107 hp, 94" wb						
Rds	2,080	6,240	10,400	23,400	36,400	52,000
Cpe	1,880	5,640	9,400	21,150	32,900	47,000
1961 MG-"A", 4-cyl., 79 hp, 94" wb						
1600 Rds	1,840	5,520	9,200	20,700	32,200	46,000
1600 Cpe	1,400	4,200	7,000	15,750	24,500	35,000
1600 Mk II Rds	1,840	5,520	9,200	20,700	32,200	46,000
1600 Mk II Cpe	1,400	4,200	7,000	15,750	24,500	35,000
1962 MG Midget, 4-cyl., 50 hp, 80" wb						
Rds	560	1,680	2,800	6,300	9,800	14,000
1962 MG-"A", 4-cyl., 90 hp, 94" wb						
1600 Mk II Rds	1,840	5,520	9,200	20,700	32,200	46,000
1600 Mk II Cpe	1,400	4,200	7,000	15,750	24,500	35,000
NOTE: Add 40 percent for 1600 Mk II Deluxe.						
1963 MG Midget, 4-cyl., 56 hp, 80" wb						
Rds	560	1,680	2,800	6,300	9,800	14,000
1963 MG-B, 4-cyl., 95 hp, 91" wb						
Rds	700	2,100	3,500	7,880	12,250	17,500
1964 MG Midget, 4-cyl., 56 hp, 80" wb						
Rds	560	1,680	2,800	6,300	9,800	14,000
1964 MG-B, 4-cyl., 95 hp, 91" wb						
Rds	700	2,100	3,500	7,880	12,250	17,500
1965 MG Midget Mk II, 4-cyl., 59 hp, 80" wb						
Rds	560	1,680	2,800	6,300	9,800	14,000
1965 MG-B, 4-cyl., 95 hp, 91" wb						
Rds	700	2,100	3,500	7,880	12,250	17,500
1966 MG Midget Mk III, 4-cyl., 59 hp, 80" wb						
Rds	600	1,800	3,000	6,750	10,500	15,000
1966 MG-B, 4-cyl., 95 hp, 91" wb						
Rds	700	2,050	3,400	7,650	11,900	17,000
1966 1100 Sport, 4-cyl., 58 hp, 93.5" wb						
2d Sed	300	850	1,400	3,150	4,900	7,000
4d Sed	300	850	1,450	3,240	5,050	7,200
1967 MG Midget Mk III, 4-cyl., 59 hp, 80" wb						
Rds	560	1,680	2,800	6,300	9,800	14,000
1967 MG-B, 4-cyl., 98 hp, 91" wb						
Rds	700	2,050	3,400	7,650	11,900	17,000
GT Cpe	650	1,900	3,200	7,200	11,200	16,000
1967 1100 Sport, 4-cyl., 58 hp, 93.5" wb						
2d Sed	300	850	1,400	3,150	4,900	7,000
4d Sed	300	850	1,450	3,240	5,050	7,200
1968 MG Midget, 4-cyl., 65 hp, 80" wb						
Rds	560	1,680	2,800	6,300	9,800	14,000
1968 MG-B, 4-cyl., 98 hp, 91" wb						
Conv	600	1,750	2,900	6,570	10,200	14,600
GT Cpe	600	1,750	2,900	6,530	10,200	14,500
1969 MG Midget Mk III, 4-cyl., 65 hp, 80" wb						
Rds	560	1,680	2,800	6,300	9,800	14,000
1969 MG-B/GT, Mk II, 4-cyl., 98 hp, 91" wb						
Cpe	550	1,700	2,850	6,390	9,950	14,200
"B" Rds	650	1,900	3,200	7,200	11,200	16,000
1969 MG-C, 6-cyl., 145 hp, 91" wb						
Rds	1,280	3,840	6,400	14,400	22,400	32,000
GT Cpe	1,080	3,240	5,400	12,150	18,900	27,000
1970 MG Midget, 4-cyl., 65 hp, 80" wb						
Rds	560	1,680	2,800	6,300	9,800	14,000
1970 MG-B/GT, 4-cyl., 78.5 hp, 91" wb						
Rds	650	2,000	3,300	7,430	11,600	16,500

	6	5	4	3	2	1
GT Cpe	600	1,850	3,100	6,980	10,900	15,500
NOTE: Add 10 percent for wire wheels. Add 5 percent for overdrive.						
1971 MG Midget, 4-cyl., 65 hp, 80" wb						
Rds	560	1,680	2,800	6,300	9,800	14,000
1971 MG-B/GT, 4-cyl., 78.5 hp, 91" wb						
Rds	650	2,000	3,300	7,430	11,600	16,500
GT Cpe	600	1,850	3,100	6,980	10,900	15,500
NOTE: Add 10 percent for wire wheels. Add 5 percent for overdrive.						
1972 MG Midget, 4-cyl., 54.5 hp, 80" wb						
Conv	560	1,680	2,800	6,300	9,800	14,000
1972 MG-B/GT, 4-cyl., 78.5 hp, 91" wb						
Conv	600	1,850	3,100	6,980	10,900	15,500
Cpe GT	550	1,700	2,800	6,300	9,800	14,000
NOTE: Add 10 percent for wire wheels. Add 5 percent for overdrive.						
1973 MG Midget, 4-cyl., 54.5 hp, 80" wb						
Conv	400	1,200	2,000	4,500	7,000	10,000
1973 MG-B/GT, 4-cyl., 78.5 hp, 91" wb						
Conv	600	1,850	3,100	6,980	10,900	15,500
GT Cpe	550	1,700	2,800	6,300	9,800	14,000
NOTE: Add 10 percent for wire wheels. Add 5 percent for overdrive.						
1974 MG Midget, 4-cyl., 54.5 hp, 80" wb						
Conv	400	1,200	2,000	4,500	7,000	10,000
1974 MG-B, 4-cyl., 78.5 hp, 91" wb						
Conv	600	1,850	3,100	6,980	10,900	15,500
GT Cpe	550	1,700	2,800	6,300	9,800	14,000
1974 Interim MG-B, 4-cyl., 62.9 hp, 91.125" wb						
Conv	600	1,750	2,900	6,530	10,200	14,500
GT Cpe	350	1,100	1,800	4,100	6,350	9,100
NOTE: Add 10 percent for wire wheels. Add 5 percent for overdrive.						
1975 MG Midget, 4-cyl., 50 hp, 80" wb						
Conv	400	1,200	2,000	4,500	7,000	10,000
1975 MG-B, 4-cyl., 62.9 hp, 91.125" wb						
Conv	560	1,680	2,800	6,300	9,800	14,000
NOTE: Add 10 percent for wire wheels. Add 5 percent for overdrive.						
1976 MG Midget, 4-cyl., 50 hp, 80" wb						
Conv	400	1,200	2,000	4,500	7,000	10,000
1976 MG-B, 4-cyl., 62.5 hp, 91.13" wb						
Conv	560	1,680	2,800	6,300	9,800	14,000
NOTE: Add 10 percent for wire wheels. Add 5 percent for overdrive.						
1977 MG Midget, 4-cyl., 50 hp, 80" wb						
Conv	400	1,200	2,000	4,500	7,000	10,000
1977 MG-B, 4-cyl., 62.5 hp, 91.13" wb						
Conv	560	1,680	2,800	6,300	9,800	14,000
NOTE: Add 10 percent for wire wheels. Add 5 percent for overdrive.						
1978 MG-B, 4-cyl., 62.5 hp, 91.13" wb						
Midget Conv	400	1,200	2,000	4,500	7,000	10,000
B Conv	560	1,680	2,800	6,300	9,800	14,000
1979 MG-B, 4-cyl., 62.5 hp, 91.13" wb						
Midget Conv	400	1,200	2,000	4,500	7,000	10,000
B Conv	560	1,680	2,800	6,300	9,800	14,000
1980 MG-B, 4-cyl., 62.5 hp, 91.13" wb						
B Conv	560	1,680	2,800	6,300	9,800	14,000

MINI

	6	5	4	3	2	1
2002 Mini Cooper, 1.6L 4-cyl						
2d HBk	250	760	1,260	2,840	4,410	6,300
NOTE: Add 5 percent for Sport Equipment package.						
2002 Mini CooperS, 1.6L Supercharged 4-cyl.						
2d Hbk	300	900	1,500	3,750	5,250	7,500
NOTE: Add 5 percent for Sport Equipment package; add 20 percent for John Cooper Works package.						
2003 Mini Cooper, 1.6L 4-cyl						
2d Hbk	300	890	1,480	3,700	5,180	7,400
NOTE: Add 5 percent for Sport Equipment package.						
2003 Mini CooperS, 1.6L Supercharged 4-cyl.						
2d Hbk	340	1,030	1,720	4,300	6,020	8,600
NOTE: Add 5 percent for Sport Equipment; add 20 percent for John Cooper Works.						
2004 Mini Cooper, 1.6L 4-cyl.						
2d Hbk	340	1,010	1,680	4,200	5,880	8,400
NOTE: Add 5 percent for Sport Equipment package.						
2004 Mini CooperS, 1.6L Supercharged 4-cyl.						
2d Hbk	390	1,160	1,940	4,850	6,790	9,700
NOTE: Add 5 percent for Sport Equipment; add 20 percent for John Cooper Works; add 30 percent for MC40.						
2005 Mini Cooper, 1.6L 4-cyl.						
2d Hbk	380	1,130	1,880	4,700	6,580	9,400
2d Conv	440	1,310	2,180	5,450	7,630	10,900
2005 Mini Cooper, 1.6L 4-cyl						
NOTE: Add 5 percent for Sport Equipment package.						

	6	5	4	3	2	1
2005 Mini CooperS, 1.6L Supercharged 4-cyl.						
2d HBk	430	1,280	2,140	5,350	7,490	10,700
2d Conv	490	1,460	2,440	6,100	8,540	12,200
NOTE: Add 5 percent for Sport Equipment; add 20 percent for John Cooper Works; add 30 percent for MC40.						
2006 Mini Cooper, 1.6L 4-cyl.						
2d HBk	480	1,440	2,400	6,000	8,400	12,000
2006 Mini Cooper, 1.6L 4-cyl						
2d Conv	550	1,660	2,770	6,930	9,700	13,850
2006 Mini Cooper, 1.6L 4-cyl.						
NOTE: Add 5 percent for Sport Equipment or Checkmate package.						
2006 Mini CooperS, 1.6L Supercharged 4-cyl.						
2d HBk	580	1,740	2,900	7,250	10,150	14,500
2d Conv	640	1,910	3,180	7,950	11,130	15,900
NOTE: Add 5 percent for Sport Equipment or Checkmate; add 20 percent for John Cooper or GT packages.						

MITSUBISHI

	6	5	4	3	2	1
1982-83 Cordia, 4-cyl., 1795cc, FWD, 96.3" wb						
2d HBk	150	460	760	1,710	2,660	3,800
L 2d HBk	160	470	780	1,760	2,730	3,900
LS 2d HBk	180	540	900	2,030	3,150	4,500
1982-83 Tredia, 4-cyl., 1795cc, FWD, 96.3" wb						
4d Sed	140	420	700	1,580	2,450	3,500
L 4d Sed	150	460	760	1,710	2,660	3,800
LS 4d Sed	160	480	800	1,800	2,800	4,000
1982-83 Starion, 4-cyl., 2555cc, 95.9" wb						
2d Cpe (2 plus 2)	190	560	940	2,120	3,290	4,700
LS 2d Cpe (2 plus 2)	220	660	1,100	2,480	3,850	5,500
1984 Cordia, 4-cyl., 1997cc, FWD, 96.3" wb						
2d HBk	190	560	940	2,120	3,290	4,700
L 2d HBk	200	610	1,020	2,300	3,570	5,100
LS 2d HBk	210	620	1,040	2,340	3,640	5,200
2d HBk Turbo	220	660	1,100	2,480	3,850	5,500
1984 Tredia, 4-cyl., 1997cc, FWD, 96.3" wb						
4d Sed	170	500	840	1,890	2,940	4,200
L 4d Sed	170	520	860	1,940	3,010	4,300
LS 4d Sed	180	540	900	2,030	3,150	4,500
1984 Tredia, 4-cyl., 1795cc, FWD, 96.3" wb						
4d Sed Turbo	190	560	940	2,120	3,290	4,700
1984 Starion, 4-cyl., 2555cc, 95.9" wb						
LS Cpe (2 plus 2)	260	780	1,300	2,930	4,550	6,500
LE Cpe (2 plus 2)	280	840	1,400	3,150	4,900	7,000
ES Cpe (2 plus 2)	290	860	1,440	3,240	5,040	7,200
1985-86 Mirage, 4-cyl., 1468cc, FWD, 93.7" wb						
2d HBk	180	540	900	2,030	3,150	4,500
L 2d HBk	190	560	940	2,120	3,290	4,700
LS 2d HBk	200	600	1,000	2,250	3,500	5,000
1985-86 Mirage, 4-cyl., 1597cc, FWD, 93.7" wb						
2d HBk Turbo	220	660	1,100	2,480	3,850	5,500
1985-86 Cordia, 4-cyl., 1997cc, FWD, 96.3" wb						
L 2d HBk	240	720	1,200	2,700	4,200	6,000
1985-86 Cordia, 4-cyl., 1795cc, FWD, 96.3" wb						
2d HBk Turbo	250	740	1,240	2,790	4,340	6,200
1985-86 Tredia, 4-cyl., 1997cc, FWD, 96.3" wb						
4d Sed	180	540	900	2,030	3,150	4,500
L 4d Sed	200	600	1,000	2,250	3,500	5,000
4d Sed Turbo	200	600	1,000	2,250	3,500	5,000
1985-86 Galant, 4-cyl., 2350cc, FWD, 102.4" wb						
4d Sed	220	660	1,100	2,480	3,850	5,500
1985-86 Starion (2 plus 2), 4-cyl., 2555cc, 95.9" wb						
LS 2d Cpe	220	660	1,100	2,480	3,850	5,500
LE 2d Cpe	220	660	1,100	2,480	3,850	5,500
ES 2d Cpe	230	700	1,160	2,610	4,060	5,800
ESI 2d Cpe	240	710	1,180	2,660	4,130	5,900
ESI-R 2d Cpe	240	720	1,200	2,700	4,200	6,000
1987 Precis						
2d HBk	180	530	880	1,980	3,080	4,400
LS 2d HBk	180	550	920	2,070	3,220	4,600
LS 4d HBk	180	550	920	2,070	3,220	4,600
1987 Mirage						
2d HBk	200	600	1,000	2,250	3,500	5,000
L 2d HBk	200	610	1,020	2,300	3,570	5,100
2d HBk Turbo	210	620	1,040	2,340	3,640	5,200
4d Sed	200	610	1,020	2,300	3,570	5,100
1987 Cordia						
L 2d HBk	240	710	1,180	2,660	4,130	5,900
2d HBk Turbo	240	730	1,220	2,750	4,270	6,100

	6	5	4	3	2	1
1987 Tredia						
L 4d Sed	180	550	920	2,070	3,220	4,600
4d Sed Turbo	190	580	960	2,160	3,360	4,800
1987 Galant						
LUX 4d Sed	220	650	1,080	2,430	3,780	5,400
1987 Starion						
LE 2d Cpe	230	680	1,140	2,570	3,990	5,700
ESi-R 2d Cpe	240	710	1,180	2,660	4,130	5,900
1988 Precis						
2d HBk	180	540	900	2,030	3,150	4,500
RS 2d HBk	180	550	920	2,070	3,220	4,600
LS 2d HBk	190	580	960	2,160	3,360	4,800
LS 4d HBk	200	590	980	2,210	3,430	4,900
1988 Mirage						
2d HBk Turbo	210	640	1,060	2,390	3,710	5,300
L 4d Sed	200	600	1,000	2,250	3,500	5,000
1988 Cordia						
L 2d HBk	240	720	1,200	2,700	4,200	6,000
2d HBk Turbo	250	740	1,240	2,790	4,340	6,200
1988 Galant						
Sigma 4d Sed	220	670	1,120	2,520	3,920	5,600
1988 Starion						
ESi 2d Cpe	230	700	1,160	2,610	4,060	5,800
ESi-R 2d Cpe	240	720	1,200	2,700	4,200	6,000
1989 Precis						
2d HBk	180	550	920	2,070	3,220	4,600
RS 2d HBk	190	560	940	2,120	3,290	4,700
LS 2d HBk	200	590	980	2,210	3,430	4,900
LS 4d HBk	200	600	1,000	2,250	3,500	5,000
1989 Mirage						
2d HBk	200	610	1,020	2,300	3,570	5,100
2d HBk Turbo	220	650	1,080	2,430	3,780	5,400
4d Sed	200	600	1,000	2,250	3,500	5,000
LS 4d Sed	200	610	1,020	2,300	3,570	5,100
1989 Galant						
4d Sed	230	680	1,140	2,570	3,990	5,700
LS 4d Sed	230	700	1,160	2,610	4,060	5,800
GS 4d Sed	240	710	1,180	2,660	4,130	5,900
1989 Sigma						
4d Sed	240	730	1,220	2,750	4,270	6,100
1989 Starion						
ESi-R 2d Cpe	240	730	1,220	2,750	4,270	6,100
1990 Precis						
2d HBk	190	560	940	2,120	3,290	4,700
RS 2d HBk	190	580	960	2,160	3,360	4,800
1990 Mirage						
VL 2d HBk	210	620	1,040	2,340	3,640	5,200
2d HBk	210	640	1,060	2,390	3,710	5,300
RS 2d HBk	210	640	1,060	2,390	3,710	5,300
4d Sed	220	650	1,080	2,430	3,780	5,400
RS 4d Sed	220	660	1,100	2,480	3,850	5,500
1990 Galant						
4d Sed	230	700	1,160	2,610	4,060	5,800
LS 4d Sed	240	710	1,180	2,660	4,130	5,900
GS 4d Sed	240	720	1,200	2,700	4,200	6,000
GSX 4d Sed 4x4	280	840	1,400	3,150	4,900	7,000
1990 Sigma						
4d Sed	250	740	1,240	2,790	4,340	6,200
1990 Eclipse						
2d Cpe	250	760	1,260	2,840	4,410	6,300
GS 2d Cpe	260	770	1,280	2,880	4,480	6,400
2d Cpe Turbo	260	780	1,300	2,930	4,550	6,500
2d Cpe Turbo 4x4	300	900	1,500	3,380	5,250	7,500
1990 Van						
Cargo Van	230	680	1,140	2,570	3,990	5,700
Mini Van	240	710	1,180	2,660	4,130	5,900
1991 Precis						
2d HBk	160	480	800	1,800	2,800	4,000
RS 2d HBk	160	490	820	1,850	2,870	4,100
1991 Mirage						
VL 2d HBk	170	500	840	1,890	2,940	4,200
2d HBk	180	540	900	2,030	3,150	4,500
4d Sed	180	540	900	2,030	3,150	4,500
LS 4d Sed	190	560	940	2,120	3,290	4,700
GS 4d Sed	200	590	980	2,210	3,430	4,900

	6	5	4	3	2	1
1991 Galant						
4d Sed	240	720	1,200	2,700	4,200	6,000
LS 4d Sed	260	780	1,300	2,930	4,550	6,500
GS 4d Sed	280	840	1,400	3,150	4,900	7,000
GSR 4d Sed	300	900	1,500	3,380	5,250	7,500
GSX 4d Sed 4x4	360	1,080	1,800	4,050	6,300	9,000
VR-4 4d Turbo Sed 4x4	580	1,740	2,900	6,530	10,150	14,500
1991 Eclipse						
2d Cpe	240	720	1,200	2,700	4,200	6,000
GS 2d Cpe	260	780	1,300	2,930	4,550	6,500
GS 2d Cpe 16V	280	840	1,400	3,150	4,900	7,000
GS 2d Cpe 16V Turbo	320	960	1,600	3,600	5,600	8,000
GSX 2d Cpe 16V Turbo 4x4	360	1,080	1,800	4,050	6,300	9,000
1991 3000 GT						
2d Cpe	560	1,680	2,800	6,300	9,800	14,000
SL 2d Cpe	660	1,980	3,300	7,430	11,550	16,500
VR-4 2d Turbo Cpe 4x4	780	2,340	3,900	8,780	13,650	19,500
1992 Precis, 4-cyl.						
2d HBk	160	470	780	1,760	2,730	3,900
1992 Mirage, 4-cyl.						
2d VL HBk	180	540	900	2,030	3,150	4,500
2d HBk	200	600	1,000	2,250	3,500	5,000
4d Sed	200	600	1,000	2,250	3,500	5,000
4d LS Sed	220	660	1,100	2,480	3,850	5,500
4d GS Sed	240	720	1,200	2,700	4,200	6,000
1992 Expo, 4-cyl.						
2d LRV Sta Wag	280	840	1,400	3,150	4,900	7,000
2d LRV Spt Sta Wag	300	900	1,500	3,380	5,250	7,500
2d LRV Spt Sta Wag 4x4	320	960	1,600	3,600	5,600	8,000
4d Sta Wag	300	900	1,500	3,380	5,250	7,500
4d SP Sta Wag	320	960	1,600	3,600	5,600	8,000
4d SP Sta Wag 4x4	360	1,080	1,800	4,050	6,300	9,000
1992 Galant, 4-cyl.						
4d Sed	200	600	1,000	2,250	3,500	5,000
4d LS Sed	220	660	1,100	2,480	3,850	5,500
4d GS Sed	240	720	1,200	2,700	4,200	6,000
4d GSR Sed	260	780	1,300	2,930	4,550	6,500
4d GSX Sed 4x4	320	960	1,600	3,600	5,600	8,000
4d VR4 Sed 4x4	360	1,080	1,800	4,050	6,300	9,000
1992 Eclipse, 4-cyl.						
2d Cpe	240	720	1,200	2,700	4,200	6,000
2d GS Cpe	260	780	1,300	2,930	4,550	6,500
1992 Eclipse, GS, 16V, 4-cyl.						
2d Cpe	300	900	1,500	3,380	5,250	7,500
2d Turbo Cpe	320	960	1,600	3,600	5,600	8,000
2d GSX Turbo Cpe 4x4	540	1,620	2,700	6,080	9,450	13,500
1992 Diamante, V-6						
4d Sed	360	1,080	1,800	4,050	6,300	9,000
4d LS Sed	560	1,680	2,800	6,300	9,800	14,000
1992 3000 GT, V-6						
2d Cpe	600	1,800	3,000	6,750	10,500	15,000
2d SL Cpe	700	2,100	3,500	7,880	12,250	17,500
2d VR-4 Turbo Cpe 4x4	820	2,460	4,100	9,230	14,350	20,500
1993 Precis, 4-cyl.						
2d HBk	200	600	1,000	2,250	3,500	5,000
1993 Mirage, 4-cyl.						
2d S Cpe	220	660	1,100	2,480	3,850	5,500
2d ES Cpe	230	680	1,140	2,570	3,990	5,700
2d LS Cpe	240	720	1,200	2,700	4,200	6,000
4d S Sed	230	680	1,140	2,570	3,990	5,700
4d ES Sed	230	700	1,160	2,610	4,060	5,800
4d LS Sed	240	710	1,180	2,660	4,130	5,900
1993 Expo, 4-cyl.						
3d LRV Sta Wag	270	800	1,340	3,020	4,690	6,700
3d LRV Sta Wag 4x4	310	920	1,540	3,470	5,390	7,700
3d Spt Sta Wag	280	840	1,400	3,150	4,900	7,000
4d Sta Wag	300	900	1,500	3,380	5,250	7,500
4d Sta Wag 4x4	340	1,020	1,700	3,830	5,950	8,500
4d SP Sta Wag	320	960	1,600	3,600	5,600	8,000
4d SP Sta Wag 4x4	360	1,080	1,800	4,050	6,300	9,000
1993 Galant, 4-cyl.						
4d S Sed	280	840	1,400	3,150	4,900	7,000
4d ES Sed	280	850	1,420	3,200	4,970	7,100
4d LS Sed	290	860	1,440	3,240	5,040	7,200
1993 Eclipse, 4-cyl.						
2d Cpe	280	850	1,420	3,200	4,970	7,100

	6	5	4	3	2	1
2d GS Cpe	290	860	1,440	3,240	5,040	7,200
2d GS Cpe 16V	300	890	1,480	3,330	5,180	7,400
2d GS Turbo Cpe	300	900	1,500	3,380	5,250	7,500
2d GSX Cpe 4x4	340	1,020	1,700	3,830	5,950	8,500
1993 Diamante, V-6						
4d ES Sed	320	960	1,600	3,600	5,600	8,000
4d LS Sed	320	970	1,620	3,650	5,670	8,100
4d ES Sta Wag	330	1,000	1,660	3,740	5,810	8,300
1993 3000 GT, V-6						
2d Cpe	540	1,620	2,700	6,080	9,450	13,500
2d SL Cpe	580	1,740	2,900	6,530	10,150	14,500
2d Turbo Cpe, 4x4	760	2,280	3,800	8,550	13,300	19,000
1994 Precis, 4-cyl.						
2d HBk	160	480	800	1,800	2,800	4,000
1994 Mirage, 4-cyl.						
2d S Cpe	180	540	900	2,030	3,150	4,500
2d ES Cpe	200	600	1,000	2,250	3,500	5,000
2d LS Cpe	220	660	1,100	2,480	3,850	5,500
4d S Sed	200	600	1,000	2,250	3,500	5,000
4d ES Sed	220	660	1,100	2,480	3,850	5,500
4d LS Sed	240	720	1,200	2,700	4,200	6,000
1994 Expo, 4-cyl.						
4d LRV Sta Wag	290	880	1,460	3,290	5,110	7,300
4d Spt LRV Sta Wag	300	900	1,500	3,380	5,250	7,500
4d Sta Wag	320	960	1,600	3,600	5,600	8,000
4d Sta Wag 4x4	340	1,020	1,700	3,830	5,950	8,500
1994 Galant, 4-cyl.						
4d S Sed	280	840	1,400	3,150	4,900	7,000
4d ES Sed	300	900	1,500	3,380	5,250	7,500
4d LS Sed	340	1,020	1,700	3,830	5,950	8,500
4d GS Sed	380	1,140	1,900	4,280	6,650	9,500
1994 Eclipse, 4-cyl.						
2d Cpe	260	780	1,300	2,930	4,550	6,500
2d GS Cpe	280	840	1,400	3,150	4,900	7,000
2d GS Cpe 16V	300	900	1,500	3,380	5,250	7,500
2d GSi Cpe Turbo 16V	340	1,020	1,700	3,830	5,950	8,500
2d GSX Cpe Turbo 4x4 16V	460	1,380	2,300	5,180	8,050	11,500
1994 Diamante, V-6						
4d ES Sed	380	1,140	1,900	4,280	6,650	9,500
4d LS Sed	500	1,500	2,500	5,630	8,750	12,500
4d ES Sta Wag	380	1,140	1,900	4,280	6,650	9,500
1994 3000 GT, V-6						
2d Cpe	540	1,620	2,700	6,080	9,450	13,500
2d SL Cpe	620	1,860	3,100	6,980	10,850	15,500
2d Cpe Turbo 4x4	860	2,580	4,300	9,680	15,050	21,500
1995 Mirage, 4-cyl.						
2d S Cpe	180	540	900	2,030	3,150	4,500
2d ES Cpe	200	600	1,000	2,250	3,500	5,000
2d LS Cpe	220	660	1,100	2,480	3,850	5,500
4d S Sed	200	600	1,000	2,250	3,500	5,000
4d ES Sed	220	660	1,100	2,480	3,850	5,500
1995 Expo, 4-cyl.						
4d Sta Wag	320	960	1,600	3,600	5,600	8,000
4d Sta Wag 4x4	340	1,020	1,700	3,830	5,950	8,500
1995 Galant, 4-cyl.						
4d S Sed	280	840	1,400	3,150	4,900	7,000
4d ES Sed	300	900	1,500	3,380	5,250	7,500
4d LS Sed	340	1,020	1,700	3,830	5,950	8,500
1995 Eclipse, 4-cyl.						
2d RS Cpe	260	780	1,300	2,930	4,550	6,500
2d GS Cpe	280	840	1,400	3,150	4,900	7,000
2d GS Cpe Turbo	340	1,020	1,700	3,830	5,950	8,500
2d GSX Cpe Turbo 4x4	460	1,380	2,300	5,180	8,050	11,500
1995 Diamante, V-6						
4d ES Sed	380	1,140	1,900	4,280	6,650	9,500
4d LS Sed	500	1,500	2,500	5,630	8,750	12,500
4d ES Sta Wag	380	1,140	1,900	4,280	6,650	9,500
1995 3000GT, V-6						
2d Cpe	540	1,620	2,700	6,080	9,450	13,500
2d SL Cpe	620	1,860	3,100	6,980	10,850	15,500
2d VR-4 Cpe Turbo 4x4	780	2,340	3,900	8,780	13,650	19,500
2d Spyder SL Cpe	960	2,880	4,800	10,800	16,800	24,000
2d Spyder VR-4 Cpe Turbo 4x4	1,140	3,420	5,700	12,830	19,950	28,500
1996 Mirage, 4-cyl.						
2d S Cpe	180	540	900	2,030	3,150	4,500
2d LS Cpe	220	660	1,100	2,480	3,850	5,500

MITSUBISHI

	6	5	4	3	2	1
4d S Sed	200	600	1,000	2,250	3,500	5,000
1996 Galant, 4-cyl.						
4d S Sed	280	840	1,400	3,150	4,900	7,000
4d ES Sed	300	900	1,500	3,380	5,250	7,500
4d LS Sed	340	1,020	1,700	3,830	5,950	8,500
1996 Eclipse, 4-cyl.						
2d RS Cpe	260	780	1,300	2,930	4,550	6,500
2d GS Cpe	280	840	1,400	3,150	4,900	7,000
2d GS Cpe Turbo	340	1,020	1,700	3,830	5,950	8,500
2d GSX Cpe Turbo 4x4	460	1,380	2,300	5,180	8,050	11,500
2d GS Spyder Conv	440	1,320	2,200	4,950	7,700	11,000
2d GS Spyder Conv Turbo	500	1,500	2,500	5,630	8,750	12,500
NOTE: The GS convertible debuted late in the 1996 model year.						
1996 Diamante, V-6						
4d ES Sed	380	1,140	1,900	4,280	6,650	9,500
4d LS Sed	500	1,500	2,500	5,630	8,750	12,500
1996 3000GT, V-6						
2d Cpe	540	1,620	2,700	6,080	9,450	13,500
2d SL Cpe	620	1,860	3,100	6,980	10,850	15,500
2d VR-4 Cpe Turbo 4x4	780	2,340	3,900	8,780	13,650	19,500
2d Spyder SL Cpe	960	2,880	4,800	10,800	16,800	24,000
2d Spyder VR-4 Cpe Turbo 4x4	1,140	3,420	5,700	12,830	19,950	28,500
1997 Mirage, 4-cyl.						
2d DE Cpe	180	540	900	2,030	3,150	4,500
2d LS Cpe	220	660	1,100	2,480	3,850	5,500
4d DE Sed	200	600	1,000	2,250	3,500	5,000
4d LS Sed	240	720	1,200	2,700	4,200	6,000
1997 Galant, 4-cyl.						
4d DE Sed	280	840	1,400	3,150	4,900	7,000
4d ES Sed	300	900	1,500	3,380	5,250	7,500
4d LS Sed	340	1,020	1,700	3,830	5,950	8,500
1997 Eclipse, 4-cyl.						
2d Cpe	240	720	1,200	2,700	4,200	6,000
2d RS Cpe	260	780	1,300	2,930	4,550	6,500
2d GS Cpe	280	840	1,400	3,150	4,900	7,000
2d GS Cpe Turbo	340	1,020	1,700	3,830	5,950	8,500
2d GSX Cpe Turbo AWD	460	1,380	2,300	5,180	8,050	11,500
2d GS Spyder Conv	440	1,320	2,200	4,950	7,700	11,000
2d GS Spyder Conv Turbo	500	1,500	2,500	5,630	8,750	12,500
1997 Diamante, V-6						
4d ES Sed	380	1,140	1,900	4,280	6,650	9,500
4d LS Sed	500	1,500	2,500	5,630	8,750	12,500
1997 3000GT, V-6						
2d Cpe	540	1,620	2,700	6,080	9,450	13,500
2d SL Cpe	620	1,860	3,100	6,980	10,850	15,500
2d VR-4 Cpe Turbo AWD	780	2,340	3,900	8,780	13,650	19,500
1998 Mirage, 4-cyl.						
2d DE Cpe	180	540	900	2,030	3,150	4,500
2d LS Cpe	220	660	1,100	2,480	3,850	5,500
4d DE Sed	200	600	1,000	2,250	3,500	5,000
4d LS Sed	240	720	1,200	2,700	4,200	6,000
1998 Galant, 4-cyl.						
4d DE Sed	280	840	1,400	3,150	4,900	7,000
4d ES Sed	300	900	1,500	3,380	5,250	7,500
4d LS Sed	340	1,020	1,700	3,830	5,950	8,500
1998 Eclipse, 4-cyl.						
2d RS Cpe	260	780	1,300	2,930	4,550	6,500
2d GS Cpe	280	840	1,400	3,150	4,900	7,000
2d GS Cpe Turbo	340	1,020	1,700	3,830	5,950	8,500
2d GSX Cpe Turbo AWD	460	1,380	2,300	5,180	8,050	11,500
2d GS Spyder Conv	440	1,320	2,200	4,950	7,700	11,000
2d GS Spyder Conv Turbo	500	1,500	2,500	5,630	8,750	12,500
1998 Diamante, V-6						
4d ES Sed	380	1,140	1,900	4,280	6,650	9,500
4d LS Sed	500	1,500	2,500	5,630	8,750	12,500
1998 3000GT, V-6						
2d Cpe	540	1,620	2,700	6,080	9,450	13,500
2d SL Cpe	620	1,860	3,100	6,980	10,850	15,500
2d VR-4 Cpe Turbo AWD	780	2,340	3,900	8,780	13,650	19,500
1999 Mirage, 4-cyl.						
2d DE Cpe	180	540	900	2,030	3,150	4,500
2d LS Cpe	220	660	1,100	2,480	3,850	5,500
4d DE Sed	200	600	1,000	2,250	3,500	5,000
4d LS Sed	240	720	1,200	2,700	4,200	6,000
1999 Galant, 4-cyl. & V-6						
4d DE Sed	280	840	1,400	3,150	4,900	7,000

	6	5	4	3	2	1
4d ES Sed	300	900	1,500	3,380	5,250	7,500
4d LS Sed (V-6 only)	340	1,020	1,700	3,830	5,950	8,500
4d GTZ Sed (V-6 only)	350	1,060	1,760	3,960	6,160	8,800
1999 Eclipse, 4-cyl.						
2d RS Cpe	260	780	1,300	2,930	4,550	6,500
2d GS Cpe	280	840	1,400	3,150	4,900	7,000
2d GS Cpe Turbo	340	1,020	1,700	3,830	5,950	8,500
2d GSX Cpe Turbo AWD	460	1,380	2,300	5,180	8,050	11,500
2d GSX Spyder Conv	440	1,320	2,200	4,950	7,700	11,000
2d GSX Spyder Conv Turbo	500	1,500	2,500	5,630	8,750	12,500
NOTE: Add 5 percent for Sport Value Pkg.						
1999 Diamante, V-6						
4d Sed	460	1,380	2,300	5,180	8,050	11,500
NOTE: Add 5 percent for Cold Weather Pkg.						
1999 3000GT, V-6						
2d Cpe	540	1,620	2,700	6,080	9,450	13,500
2d SL Cpe	620	1,860	3,100	6,980	10,850	15,500
2d VR-4 Cpe Turbo AWD	780	2,340	3,900	8,780	13,650	19,500
2000 Mirage, 4-cyl.						
2d DE Cpe	190	560	940	2,120	3,290	4,700
2d LS Cpe	230	680	1,140	2,570	3,990	5,700
4d DE Sed	210	620	1,040	2,340	3,640	5,200
4d LS Sed	250	740	1,240	2,790	4,340	6,200
2000 Galant, 4-cyl. & V-6						
4d DE Sed (4-cyl. only)	280	840	1,400	3,150	4,900	7,000
4d ES Sed	300	900	1,500	3,380	5,250	7,500
4d LS Sed (V-6 only)	340	1,020	1,700	3,830	5,950	8,500
4d GTZ Sed (V-6 only)	350	1,060	1,760	3,960	6,160	8,800
2000 Eclipse, 4-cyl.						
2d RS Cpe	270	800	1,340	3,020	4,690	6,700
2d GS Cpe	290	860	1,440	3,240	5,040	7,200
2d GT Cpe (V-6)	350	1,040	1,740	3,920	6,090	8,700
2000 Diamante, V-6						
4d ES Sed	440	1,320	2,200	4,950	7,700	11,000
4d LS Sed	460	1,380	2,300	5,180	8,050	11,500
NOTE: Add 5 percent for Cold Weather Pkg.						
2001 Mirage, 4-cyl.						
2d DE Cpe	190	560	940	2,350	3,290	4,700
2d LS Cpe	230	680	1,140	2,850	3,990	5,700
4d ES Sed	210	620	1,040	2,600	3,640	5,200
4d LS Sed	250	740	1,240	3,100	4,340	6,200
2001 Galant, 4-cyl. & V-6						
4d DE Sed (4-cyl. only)	280	840	1,400	3,500	4,900	7,000
4d ES Sed	300	900	1,500	3,750	5,250	7,500
4d LS Sed (V-6 only)	340	1,020	1,700	4,250	5,950	8,500
4d GTZ Sed (V-6 only)	350	1,060	1,760	4,400	6,160	8,800
2001 Eclipse, 4-cyl.						
2d RS Cpe	270	800	1,340	3,350	4,690	6,700
2d GS Cpe	290	860	1,440	3,600	5,040	7,200
2d GT Cpe (V-6)	350	1,040	1,740	4,350	6,090	8,700
2d GS Spyder Conv	360	1,080	1,800	4,500	6,300	9,000
2d GS Spyder Conv (V-6)	400	1,200	2,000	5,000	7,000	10,000
2001 Diamante, V-6						
4d ES Sed	440	1,320	2,200	5,500	7,700	11,000
4d LS Sed	460	1,380	2,300	5,750	8,050	11,500
2002 Mirage, 4-cyl.						
2d DE Cpe	190	560	940	2,350	3,290	4,700
2d LS Cpe	230	680	1,140	2,850	3,990	5,700
2002 Lancer, 4-cyl.						
4d ES Sed	220	660	1,100	2,750	3,850	5,500
4d LS Sed	250	740	1,240	3,100	4,340	6,200
4d O-Z Rally Sed	280	850	1,420	3,550	4,970	7,100
2002 Galant, 4-cyl. & V-6						
4d DE Sed (4-cyl. only)	280	840	1,400	3,500	4,900	7,000
4d ES Sed	300	900	1,500	3,750	5,250	7,500
4d LS Sed	340	1,020	1,700	4,250	5,950	8,500
4d GTZ Sed (V-6 only)	350	1,060	1,760	4,400	6,160	8,800
2002 Eclipse, 4-cyl.						
2d RS Cpe	270	800	1,340	3,350	4,690	6,700
2d GS Cpe	290	860	1,440	3,600	5,040	7,200
2d GT Cpe (V-6 only)	350	1,040	1,740	4,350	6,090	8,700
2d GS Spyder Conv	360	1,080	1,800	4,500	6,300	9,000
2d GT Spyder Conv (V-6 only)	400	1,200	2,000	5,000	7,000	10,000
2002 Diamante, V-6						
4d ES Sed	440	1,320	2,200	5,500	7,700	11,000
4d VR-X Sed	460	1,370	2,280	5,700	7,980	11,400

	6	5	4	3	2	1
4d LS Sed	460	1,380	2,300	5,750	8,050	11,500
2003 Lancer, 4-cyl.						
4d ES Sed	220	660	1,100	2,750	3,850	5,500
4d LS Sed	250	740	1,240	3,100	4,340	6,200
4d O-Z Rally Sed	280	850	1,420	3,550	4,970	7,100
4d Evolution Sed (AWD)	740	2,230	3,720	9,300	13,020	18,600
2003 Galant, 4-cyl. & V-6						
4d DE Sed (4-cyl. only)	280	840	1,400	3,500	4,900	7,000
4d ES Sed	300	900	1,500	3,750	5,250	7,500
4d LS Sed	340	1,020	1,700	4,250	5,950	8,500
4d GTZ Sed (V-6 only)	350	1,060	1,760	4,400	6,160	8,800
2003 Eclipse, 4-cyl.						
2d RS Cpe	270	800	1,340	3,350	4,690	6,700
2d GS Cpe	290	860	1,440	3,600	5,040	7,200
2d GT Cpe (V-6 only)	350	1,040	1,740	4,350	6,090	8,700
2d GTS Cpe (V-6 only)	390	1,180	1,960	4,900	6,860	9,800
2d GS Spyder Conv	360	1,080	1,800	4,500	6,300	9,000
2d GT Spyder Conv (V-6 only)	400	1,200	2,000	5,000	7,000	10,000
2d GTS Spyder Conv (V-6 only)	430	1,280	2,140	5,350	7,490	10,700
2003 Diamante, V-6						
4d ES Sed	440	1,320	2,200	5,500	7,700	11,000
4d VR-X Sed	460	1,370	2,280	5,700	7,980	11,400
4d LS Sed	460	1,380	2,300	5,750	8,050	11,500
2004 Lancer, 4-cyl.						
ES 4d Sed	220	660	1,100	2,750	3,850	5,500
LS 4d Sed	250	740	1,240	3,100	4,340	6,200
O-Z Rally 4d Sed	280	850	1,420	3,550	4,970	7,100
Ralliart 4d Sed	300	900	1,500	3,750	5,250	7,500
Evolution RS 4d Sed (AWD)	720	2,150	3,580	8,950	12,530	17,900
Evolution 4d Sed (AWD)	740	2,230	3,720	9,300	13,020	18,600
LS Sportback 4d Sta Wag	250	760	1,260	3,150	4,410	6,300
Ralliart Sportback 4d Sta Wag	290	860	1,440	3,600	5,040	7,200
NOTE: Deduct 5 percent for manual transmission, except Evolution models.						
2004 Galant, 4-cyl.						
DE 4d Sed	280	840	1,400	3,500	4,900	7,000
ES 4d Sed	300	900	1,500	3,750	5,250	7,500
LS 4d Sed (V-6 only)	340	1,020	1,700	4,250	5,950	8,500
GTS 4d Sed (V-6 only)	350	1,060	1,760	3,960	6,160	8,800
NOTE: Deduct 5 percent for manual transmission.						
2004 Eclipse, 4-cyl.						
RS 2d Cpe	270	800	1,340	3,350	4,690	6,700
GS 2d Cpe	290	860	1,440	3,600	5,040	7,200
GT 2d Cpe (V-6 only)	350	1,040	1,740	4,350	6,090	8,700
GTS 2d Cpe (V-6 only)	390	1,180	1,960	4,900	6,860	9,800
GS Spyder 2d Conv	360	1,080	1,800	4,500	6,300	9,000
GT Spyder 2d Conv (V-6 only)	400	1,200	2,000	5,000	7,000	10,000
GTS Spyder 2d Conv (V-6 only)	430	1,280	2,140	5,350	7,490	10,700
NOTE: Deduct 5 percent for manual transmission.						
2004 Diamante, V-6						
ES 4d Sed	440	1,320	2,200	5,500	7,700	11,000
VR-X 4d Sed	460	1,370	2,280	5,700	7,980	11,400
LS 4d Sed	460	1,380	2,300	5,750	8,050	11,500
2005 Lancer, 4-cyl.						
4d ES Sed	220	660	1,100	2,750	3,850	5,500
4d O-Z Rally Sed	280	850	1,420	3,550	4,970	7,100
4d Ralliart Sed	300	900	1,500	3,750	5,250	7,500
4d Evolution RS Sed (AWD)	720	2,150	3,580	8,950	12,530	17,900
4d Evolution Sed (AWD)	740	2,230	3,720	9,300	13,020	18,600
4d Evolution MR Sed (AWD)	770	2,320	3,860	9,650	13,510	19,300
NOTE: Deduct 5 percent for manual transmission, except Evolution models.						
2005 Galant, 4-cyl.						
4d DE Sed	280	840	1,400	3,500	4,900	7,000
4d ES Sed	300	900	1,500	3,750	5,250	7,500
4d LS Sed (V-6 only)	340	1,020	1,700	4,250	5,950	8,500
4d GT Sed (V-6 only)	350	1,060	1,760	4,400	6,160	8,800
NOTE: Deduct 5 percent for manual transmission.						
2005 Eclipse, V-6						
2d GS Cpe (4-cyl. only)	290	860	1,440	3,600	5,040	7,200
2d GT Cpe	350	1,040	1,740	3,920	6,090	8,700
2d GTS Cpe	390	1,180	1,960	4,900	6,860	9,800
2d GS Spyder Conv (4-cyl. only)	360	1,080	1,800	4,500	6,300	9,000
2d GT Spyder Conv	400	1,200	2,000	5,000	7,000	10,000
2d GTS Spyder Conv	430	1,280	2,140	4,820	7,490	10,700
NOTE: Deduct 5 percent for manual transmission.						
2006 Lancer, 2.0L/2.4L 4-cyl.						
4d ES Sed	260	790	1,320	3,300	4,620	6,600

	6	5	4	3	2	1
4d SE Sed	270	810	1,350	3,360	4,710	6,725
4d OZ Rally Sed	300	910	1,520	3,790	5,300	7,575
4d Ralliart Sed	330	990	1,650	4,130	5,780	8,250
2006 Lancer AWD, 2.0L 4-cyl.						
4d Evolution RS Sed	680	2,050	3,410	8,530	11,940	17,050
4d Evolution LX Sed	740	2,220	3,700	9,250	12,950	18,500
4d Evolution MB Sed	800	2,390	3,990	9,980	13,970	19,950
2006 Eclipse, 2.4L 4-cyl.						
2d GS Cpe	390	1,170	1,950	4,860	6,810	9,725
2006 Eclipse, 3.8L V-6						
2d GT Cpe	430	1,300	2,160	5,400	7,560	10,800
NOTE: Add 10 percent for Special Edition option.						
2006 Gallant, 2.4L 4-cyl.						
4d DE Sed	300	890	1,490	3,350	5,220	7,450
4d ES Sed	310	940	1,570	3,930	5,500	7,850
4d SE Sed	330	1,000	1,670	3,760	5,850	8,350
2006 Gallant, 3.8L V-6						
4d GTS Sed	380	1,130	1,890	4,710	6,600	9,426
4d Ralliart Sed	390	1,160	1,930	4,810	6,740	9,625

MORGAN

1945-50 4/4, Series I, 4-cyl., 1267cc, 92" wb						
2d Rds	1,600	4,800	8,000	18,000	28,000	40,000
2d Rds (2 plus 2)	1,560	4,680	7,800	17,550	27,300	39,000
2d DHC	1,640	4,920	8,200	18,450	28,700	41,000
1951-54 Plus Four I, 4-cyl., 2088cc, 96" wb						
2d Rds	1,400	4,200	7,000	15,750	24,500	35,000
2d Rds (2 plus 2)	1,320	3,960	6,600	14,850	23,100	33,000
2d DHC	1,600	4,800	8,000	18,000	28,000	40,000
2d DHC (2 plus 2)	1,480	4,440	7,400	16,650	25,900	37,000
1955-62 Plus Four I (1954-1962) 4-cyl., 1991cc, 96" wb						
2d Rds	1,360	4,080	6,800	15,300	23,800	34,000
2d Rds (2 plus 2)	1,280	3,840	6,400	14,400	22,400	32,000
2d DHC	1,560	4,680	7,800	17,550	27,300	39,000
1955-62 Plus Four Super Sports 4-cyl., 2138cc, 96" wb						
2d Rds	2,600	7,800	13,000	29,250	45,500	65,000
1955-62 4/4 II (1955-59) L-head, 4-cyl., 1172cc, 96" wb						
2d Rds	1,000	3,000	5,000	11,250	17,500	25,000
1955-62 4/4 III (1960-61) 4-cyl., 997cc, 96" wb						
2d Rds	1,080	3,240	5,400	12,150	18,900	27,000
1955-62 4/4 IV (1961-63) 4-cyl., 1340cc, 96" wb						
2d Rds	1,120	3,360	5,600	12,600	19,600	28,000
1963-67 Plus Four (1962-68) 4-cyl., 2138cc, 96" wb						
2d Rds	1,400	4,200	7,000	15,750	24,500	35,000
2d Rds (2 plus 2)	1,320	3,960	6,600	14,850	23,100	33,000
2d DHC	1,600	4,800	8,000	18,000	28,000	40,000
2d Sup Spt Rds	2,600	7,800	13,000	29,250	45,500	65,000
1963-67 Plus Four Plus (1963-66) 4-cyl., 2138cc, 96" wb						
2d Cpe	1,520	4,560	7,600	17,100	26,600	38,000
1963-67 4/4 Series IV (1962-63) 4-cyl., 1340cc, 96" wb						
2d Rds	1,120	3,360	5,600	12,600	19,600	28,000
1963-67 4/4 Series V (1963-68) 4-cyl., 1498cc, 96" wb						
2d Rds	960	2,880	4,800	10,800	16,800	24,000
1968-69 Plus Four (1962-68) 4-cyl., 2138cc, 96" wb						
2d Rds	1,440	4,320	7,200	16,200	25,200	36,000
2d Rds (2 plus 2)	1,360	4,080	6,800	15,300	23,800	34,000
2d DHC	1,640	4,920	8,200	18,450	28,700	41,000
2d Sup Spt Rds	2,640	7,920	13,200	29,700	46,200	66,000
1968-69 Plus 8, V-8, 3528cc, 98" wb						
2d Rds	1,800	5,400	9,000	20,250	31,500	45,000
1968-69 4/4 Series V (1963-68) 4-cyl., 1498cc, 96" wb						
2d Rds	960	2,880	4,800	10,800	16,800	24,000
1968-69 4/4 1600, 4-cyl., 1599cc, 96" wb						
2d Rds	1,040	3,120	5,200	11,700	18,200	26,000
2d Rds (2 plus 2)	1,000	3,000	5,000	11,250	17,500	25,000
1970-90 Plus 8 (1972-90) V-8, 3528cc, 98" wb						
2d Rds	1,720	5,160	8,600	19,350	30,100	43,000
1970-90 4/4 1600 (1970-81) 4-cyl., 1599cc, 96" wb						
2d Rds	1,160	3,480	5,800	13,050	20,300	29,000
2d Rds (2 plus 2)	1,120	3,360	5,600	12,600	19,600	28,000
1970-90 4/4 1600 (1982-87) 4-cyl., 1596cc, 96" wb						
2d Rds	1,200	3,600	6,000	13,500	21,000	30,000
2d Rds (2 plus 2)	1,160	3,480	5,800	13,050	20,300	29,000

MORRIS

	6	5	4	3	2	1
1946-48 Eight Series, 4-cyl., 918cc, 89" wb						
2d Sed	550	1,700	2,800	6,300	9,800	14,000
4d Sed	400	1,200	2,000	4,500	7,000	10,000
2d Rds	600	1,850	3,100	6,980	10,900	15,500
1946-48 Ten Series, 4-cyl., 1140cc						
4d Sed	400	1,200	2,000	4,500	7,000	10,000
1949 Minor MM, 4-cyl., 918.6cc, 86" wb						
2d Sed	400	1,250	2,100	4,730	7,350	10,500
2d Conv	600	1,850	3,100	6,980	10,900	15,500
1949 Oxford MO, 4-cyl., 1476cc, 97" wb						
4d Sed	400	1,200	2,000	4,500	7,000	10,000
1950 Minor MM, 4-cyl., 918.6cc, 86" wb						
2d Sed	400	1,250	2,100	4,730	7,350	10,500
2d Conv	600	1,850	3,100	6,980	10,900	15,500
1950 Oxford MO, 4-cyl., 1476cc, 97" wb						
4d Sed	400	1,200	2,000	4,500	7,000	10,000
1951 Minor MM, 4-cyl., 918.6cc, 86" wb						
2d Sed	400	1,250	2,100	4,730	7,350	10,500
2d Conv	600	1,850	3,100	6,980	10,900	15,500
4d Sed	400	1,200	2,000	4,500	7,000	10,000
1951 Oxford MO, 4-cyl., 1476cc, 97" wb						
4d Sed	400	1,200	2,000	4,500	7,000	10,000
1952 Minor MM, 4-cyl., 918.6cc, 86" wb						
2d Sed	400	1,250	2,100	4,730	7,350	10,500
2d Conv	650	2,000	3,300	7,430	11,600	16,500
4d Sed	400	1,200	2,000	4,500	7,000	10,000
1952 Oxford MO, 4-cyl., 1476cc, 97" wb						
4d Sed	400	1,200	2,000	4,500	7,000	10,000
1953 Minor II, 4-cyl., 803cc, 86" wb						
2d Sed	400	1,250	2,100	4,730	7,350	10,500
4d Sed	400	1,200	2,000	4,500	7,000	10,000
2d Conv	650	2,000	3,300	7,430	11,600	16,500
1953 Oxford MO, 4-cyl., 1476cc, 97" wb						
4d Sed	400	1,200	2,000	4,500	7,000	10,000
4d Sta Wag	650	2,000	3,300	7,430	11,600	16,500
1954 Minor II, 4-cyl., 803cc, 86" wb						
2d Sed	400	1,250	2,100	4,730	7,350	10,500
4d Sed	400	1,200	2,000	4,500	7,000	10,000
2d Tr Conv	650	2,000	3,300	7,430	11,600	16,500
2d Sta Wag	650	2,000	3,300	7,430	11,600	16,500
1954 Oxford MO, 4-cyl., 1476cc, 97" wb						
4d Sed	400	1,200	2,000	4,500	7,000	10,000
4d Sta Wag	700	2,050	3,400	7,650	11,900	17,000
1955-56 Minor II, 4-cyl., 803cc, 86" wb						
2d Sed	400	1,250	2,100	4,730	7,350	10,500
4d Sed	400	1,200	2,000	4,500	7,000	10,000
2d Conv	650	2,000	3,300	7,430	11,600	16,500
2d Sta Wag	650	2,000	3,300	7,430	11,600	16,500
1957-59 Minor 1000, 4-cyl., 948cc, 86" wb						
2d Sed	400	1,250	2,100	4,730	7,350	10,500
4d Sed	400	1,200	2,000	4,500	7,000	10,000
2d Conv	650	2,000	3,300	7,430	11,600	16,500
2d Sta Wag	650	2,000	3,300	7,430	11,600	16,500
1960-62 Minor 1000, 4-cyl., 997cc, 86" wb						
2d Sed	400	1,250	2,100	4,730	7,350	10,500
2d DeL Sed	550	1,600	2,700	6,080	9,450	13,500
4d Sed	400	1,200	2,000	4,500	7,000	10,000
4d DeL Sed	550	1,600	2,700	6,080	9,450	13,500
2d Conv	700	2,050	3,400	7,650	11,900	17,000
2d DeL Conv	700	2,100	3,500	7,880	12,300	17,500
2d Sta Wag	650	2,000	3,300	7,430	11,600	16,500
2d DeL Sta Wag	700	2,050	3,400	7,650	11,900	17,000
1960-62 Mini-Minor, 4-cyl., 997cc, FWD, 80" wb						
850 2d Sed	400	1,250	2,100	4,730	7,350	10,500
850 2d Sta Wag	650	2,000	3,300	7,430	11,600	16,500
1960-62 Oxford V, 4-cyl., 1489cc, 99.2" wb						
4d Sed	400	1,200	2,000	4,500	7,000	10,000
1963-71 Minor 1000, 4-cyl., 1098cc, 86" wb						
2d Sed	400	1,250	2,100	4,730	7,350	10,500
2d Conv	700	2,050	3,400	7,650	11,900	17,000
2d Sta Wag	650	2,000	3,300	7,430	11,600	16,500
2d DeL Wag	700	2,050	3,400	7,650	11,900	17,000
1963-71 Mini-Minor 850 Cooper 4-cyl., 848cc, FWD, 80" wb						
2d Sed	550	1,700	2,800	6,300	9,800	14,000

	6	5	4	3	2	1
2d Sta Wag	650	2,000	3,300	7,430	11,600	16,500

NOTE: The Mini-Minor Mark II 1000 1967-69 contained a 998cc engine. The Mini-Minor Cooper a 997cc until 1964 998cc thru 1964-65. The 1071 S a 1071cc the 970 S a 970cc the 1275 S a 1275cc. Add 50 percent for Mini-Minor Coopers.

OPEL

	6	5	4	3	2	1
1947-52 Olympia, 4-cyl., 1488cc, 94.3" wb						
2d Sed	300	900	1,500	3,380	5,250	7,500
1947-52 Kapitan, 6-cyl., 2473cc, 106.1" wb						
4d Sed	300	900	1,500	3,380	5,250	7,500
1953-57 Olympia Rekord, 4-cyl., 1488cc, 97.9" wb						
2d Sed	280	840	1,400	3,150	4,900	7,000
1953-57 Caravan, 4-cyl.						
2d Sta Wag	290	860	1,440	3,240	5,040	7,200
1953-57 Kapitan, 6-cyl., 2473cc, 108.3" wb						
4d Sed	300	900	1,500	3,380	5,250	7,500
1958-59 Olympia Rekord 28, 4-cyl., 1488cc, 100.4" wb						
2d Sed	280	840	1,400	3,150	4,900	7,000
1958-59 Caravan 29, 4-cyl., 100.4" wb						
2d Sta Wag	300	900	1,500	3,380	5,250	7,500
1960 Olympia Rekord 28, 4-cyl., 1488cc, 100.4" wb						
2d Sed	280	840	1,400	3,150	4,900	7,000
1960 Caravan 29, 4-cyl., 100.4" wb						
2d Sta Wag	300	900	1,500	3,380	5,250	7,500
1961-62 Olympia Rekord 11, 4-cyl., 1680cc, 100" wb						
2d Sed	280	840	1,400	3,150	4,900	7,000
1961-62 Caravan 14, 4-cyl., 1680cc						
2d Sta Wag	290	860	1,440	3,240	5,040	7,200
1964-65 Kadett, 4-cyl., 987cc, 91.5" wb						
31 2d Sed	280	840	1,400	3,150	4,900	7,000
32 2d Spt Cpe	300	900	1,500	3,380	5,250	7,500
34 2d Sta Wag	320	960	1,600	3,600	5,600	8,000
1966-67 Kadett, 4-cyl., 1077cc, 95.1" wb						
31 2d Sed	280	840	1,400	3,150	4,900	7,000
32 2d Spt Cpe	300	900	1,500	3,380	5,250	7,500
38 2d DeL Sed	290	860	1,440	3,240	5,040	7,200
37 4d DeL Sed	300	910	1,520	3,420	5,320	7,600
39 2d DeL Sta Wag	320	960	1,600	3,600	5,600	8,000
1966-67 Rallye, 4-cyl., 1077cc, 95.1" wb						
32 2d Spt Cpe	310	940	1,560	3,510	5,460	7,800
1968 Kadett, 4-cyl., 1077cc, 95.1" wb						
31 2d Sed	280	840	1,400	3,150	4,900	7,000
39 2d Sta Wag	290	860	1,440	3,240	5,040	7,200
1968 Rallye, 4-cyl., 1491cc, 95.1" wb						
92 2d Spt Cpe	300	910	1,520	3,420	5,320	7,600
1968 Sport Series, 4-cyl., 1491cc, 95.1" wb						
91 2d Spt Sed	290	860	1,440	3,240	5,040	7,200
99 2d LS Cpe	300	900	1,500	3,380	5,250	7,500
95 2d DeL Spt Cpe	310	940	1,560	3,510	5,460	7,800

NOTE: Two larger engines were optional in 1968. The 4-cyl. 149cc engine that was standard in the Rallye Cpe and the even larger 4-cyl. 1897cc.

	6	5	4	3	2	1
1969 Kadett, 4-cyl., 1077cc, 95.1" wb						
31 2d Sed	280	850	1,420	3,200	4,970	7,100
39 2d Sta Wag	290	860	1,440	3,240	5,040	7,200
1969 Rallye/Sport Series, 4-cyl., 1077cc, 95.1" wb						
92 Rallye Spe Cpe	300	910	1,520	3,420	5,320	7,600
91 2d Spt Sed	290	880	1,460	3,290	5,110	7,300
95 DeL Spt Cpe	300	900	1,500	3,380	5,250	7,500
1969 GT, 4-cyl., 1077cc, 95.7" wb						
2d Cpe	490	1,460	2,440	5,490	8,540	12,200

NOTE: Optional 4-cyl. 1897cc engine.

	6	5	4	3	2	1
1970 Kadett, 4-cyl., 1077cc, 95.1" wb						
31 2d Sed	280	850	1,420	3,200	4,970	7,100
39 2d Sta Wag	290	860	1,440	3,240	5,040	7,200
1970 Rallye/Sport (FB) Series, 4-cyl., 1077cc, 95.1" wb						
92 Rallye Spt Cpe	300	910	1,520	3,420	5,320	7,600
91 2d Spt Sed	290	880	1,460	3,290	5,110	7,300
95 DeL Spt Cpe	300	890	1,480	3,330	5,180	7,400
1970 GT, 4-cyl., 1077cc, 95.7" wb						
93 2d Cpe	490	1,460	2,440	5,490	8,540	12,200
1971-72 Kadett, 4-cyl., 1077cc, 95.1" wb						
31 2d Sed	290	860	1,440	3,240	5,040	7,200
31D DeL 2d Sed	290	880	1,460	3,290	5,110	7,300
36 4d Sed	280	850	1,420	3,200	4,970	7,100
36D DeL 4d Sed	290	860	1,440	3,240	5,040	7,200
39 DeL 2d Sta Wag	300	900	1,500	3,380	5,250	7,500

	6	5	4	3	2	1
1971-72 1900 Series, 4-cyl., 1897cc, 95.7" wb						
51 2d Sed	300	900	1,500	3,380	5,250	7,500
53 4d Sed	300	890	1,480	3,330	5,180	7,400
54 2d Sta Wag	300	910	1,520	3,420	5,320	7,600
57 2d Spt Cpe	300	910	1,520	3,420	5,320	7,600
57R 2d Rallye Cpe	320	960	1,600	3,600	5,600	8,000
1971-72 GT, 4-cyl., 1897cc, 95.7" wb						
77 2d Cpe	490	1,460	2,440	5,490	8,540	12,200
1973 1900 Series, 4-cyl., 1897cc, 95.7" wb						
51 2d Sed	300	900	1,500	3,380	5,250	7,500
53 4d Sed	300	890	1,480	3,330	5,180	7,400
54 2d Sta Wag	300	910	1,520	3,420	5,320	7,600
1973 Manta 57, 4-cyl., 1897cc, 95.7" wb						
2d Spt Cpe	310	920	1,540	3,470	5,390	7,700
Luxus 2d Spt Cpe	490	1,460	2,440	5,490	8,540	12,200
R 2d Rallye Cpe	340	1,010	1,680	3,780	5,880	8,400
1973 GT, 4-cyl., 1897cc, 95.7" wb						
77 2d Cpe	330	980	1,640	3,690	5,740	8,200
1974-75 1900, 4-cyl., 1897cc, 95.7" wb						
51 2d Sed	290	860	1,440	3,240	5,040	7,200
54 2d Sta Wag	300	900	1,500	3,380	5,250	7,500
1974-75 Manta 57, 1897cc, 95.7" wb						
2d Spt Cpe	300	910	1,520	3,420	5,320	7,600
Luxus Spt Cpe	330	980	1,640	3,690	5,740	8,200
R 2d Rallye Cpe	340	1,010	1,680	3,780	5,880	8,400
NOTE: FI was available in 1975.						
1976-79 Opel Isuzu, 1976 models 4-cyl., 1817cc, 94.3" wb						
77 2d Cpe	230	700	1,160	2,610	4,060	5,800
2d DeL Cpe	240	710	1,180	2,660	4,130	5,900
T77 2d Cpe	230	700	1,160	2,610	4,060	5,800
Y77 2d DeL Cpe	240	710	1,180	2,660	4,130	5,900
Y69 4d DeL Sed	240	710	1,180	2,660	4,130	5,900
W77 2d Spt Cpe	240	720	1,200	2,700	4,200	6,000

PEUGEOT

	6	5	4	3	2	1
1945-48 202, 4-cyl., 1133cc						
Sed	300	900	1,500	3,380	5,250	7,500
1949-54 203, 4-cyl., 1290cc, 102 or 110" wb						
4d Sed	300	900	1,500	3,380	5,250	7,500
4d Family Limo	280	840	1,400	3,150	4,900	7,000
2d Cabr	660	1,980	3,300	7,430	11,550	16,500
4d Conv	700	2,100	3,500	7,880	12,250	17,500
1955-57 203, minimal changes 403, 4-cyl., 1468cc, 105" wb						
4d Sed	300	900	1,500	3,380	5,250	7,500
4d Sta Wag	280	850	1,420	3,200	4,970	7,100
2d Conv Cpe	700	2,100	3,500	7,880	12,250	17,500
1955-57 403L, 4-cyl., 1468cc, 114" wb						
4d Family Sed	260	780	1,300	2,930	4,550	6,500
1958-59 403, 4-cyl., 1468cc, 105" wb						
4d Sed	260	780	1,300	2,930	4,550	6,500
L 4d Family Sed	300	900	1,500	3,380	5,250	7,500
4d Sta Wag	540	1,620	2,700	6,080	9,450	13,500
2d Conv Cpe	700	2,100	3,500	7,880	12,250	17,500
1960 403, 4-cyl., 1468cc, 105" wb						
4d Sed	280	840	1,400	3,150	4,900	7,000
1960 403, 4-cyl., 1468cc, 116" wb						
4d Sta Wag	300	900	1,500	3,380	5,250	7,500
1961-62 403, 4-cyl., 1468cc, 105" wb						
4d Sed	280	840	1,400	3,150	4,900	7,000
1961-62 403, 4-cyl., 1468cc, 116" wb						
4d Sta Wag	280	840	1,400	3,150	4,900	7,000
1961-62 404, 4-cyl., 1618cc, 104.3" wb						
4d Sed	280	840	1,400	3,150	4,900	7,000
1963-64 403, 4-cyl., 1468cc, 105" wb						
4d Sed	280	840	1,400	3,150	4,900	7,000
1963-64 404, 4-cyl., 1618cc, 104.3" wb						
4d Sed	280	840	1,400	3,150	4,900	7,000
4d Sta Wag	300	900	1,500	3,380	5,250	7,500
1965-67 403, 4-cyl., 1468cc, 105" wb						
4d Sed	280	840	1,400	3,150	4,900	7,000
1965-67 404, 4-cyl., 1618cc, 104.3" wb						
4d Sed	260	780	1,300	2,930	4,550	6,500
1965-67 404, 4-cyl., 1618cc, 111.8" wb						
4d Sta Wag	280	840	1,400	3,150	4,900	7,000
1968-69 404, 4-cyl., 1618cc, 104.3" wb						
4d Sed	260	780	1,300	2,930	4,550	6,500

	6	5	4	3	2	1
1968-69 404, 4-cyl., 1618cc, 111.8" wb						
4d Sta Wag	280	840	1,400	3,150	4,900	7,000
NOTE: Convertibles were available on a special order basis.						
1970 404, 4-cyl., 1796cc, 111.8" wb						
4d Sta Wag	240	720	1,200	2,700	4,200	6,000
1970 504, 4-cyl., 1796cc, 108" wb						
4d Sed	240	720	1,200	2,700	4,200	6,000
1971-72 304, 4-cyl., 1288cc, 101.9" wb						
4d Sed	240	720	1,200	2,700	4,200	6,000
4d Sta Wag	260	780	1,300	2,930	4,550	6,500
1971-72 504, 4-cyl., 1971cc, 108" wb						
4d Sed	240	720	1,200	2,700	4,200	6,000
4d Sta Wag	260	780	1,300	2,930	4,550	6,500
1973-76 504, 1973 models 4-cyl., 1971cc						
4d Sed	240	720	1,200	2,700	4,200	6,000
4d Sta Wag	260	780	1,300	2,930	4,550	6,500
1973-76 504, 1974 models 4-cyl., 1971cc						
4d Sed	240	720	1,200	2,700	4,200	6,000
4d Sta Wag	240	720	1,200	2,700	4,200	6,000
1973-76 Diesel, 2111cc						
4d Sed	240	720	1,200	2,700	4,200	6,000
4d Sta Wag	260	780	1,300	2,930	4,550	6,500
1973-76 504, 1975 models 4-cyl., 1971cc						
4d Sed	240	720	1,200	2,700	4,200	6,000
4d Sta Wag	260	780	1,300	2,930	4,550	6,500
1973-76 Diesel, 2111cc						
4d Sed	240	720	1,200	2,700	4,200	6,000
4d Sta Wag	260	780	1,300	2,930	4,550	6,500
1973-76 504, 1976 models 4-cyl., 1971cc						
GL 4d Sed	240	720	1,200	2,700	4,200	6,000
SL 4d Sed	260	780	1,300	2,930	4,550	6,500
4d Sta Wag	260	780	1,300	2,930	4,550	6,500
1973-76 Diesel, 2111cc						
4d Sed	240	720	1,200	2,700	4,200	6,000
4d Sta Wag	260	780	1,300	2,930	4,550	6,500
NOTE: The sedans had a 108" wb. The station wagons had a 114" wb.						
1977-79 504, 1977 models 4-cyl., 1971cc						
SL 4d Sed	240	720	1,200	2,700	4,200	6,000
4d Sta Wag	260	780	1,300	2,930	4,550	6,500
1977-79 Diesel, 2304cc						
4d Sed	240	720	1,200	2,700	4,200	6,000
4d Sta Wag	260	780	1,300	2,930	4,550	6,500
1977-79 604, 1977 models V-6, 2664cc, 110.2" wb						
4d Sed	240	720	1,200	2,700	4,200	6,000
NOTE: 504 sedans - 108" wb, 504 wagons - 114" wb.						
1980-81 505/504, 1980 models, 4-cyl., 1971cc, 107.9" wb						
4d Sed	240	720	1,200	2,700	4,200	6,000
1980-81 Diesel, 2304cc						
505 4d Sed	240	720	1,200	2,700	4,200	6,000
504 4d Sta Wag	260	780	1,300	2,930	4,550	6,500
1980-81 505 Turbodiesel, 1981 models						
D 4d Sed	240	720	1,200	2,700	4,200	6,000
1980-81 604, 1980 models V-6, 2849cc, 110.2" wb						
SL 4d Sed	240	720	1,200	2,700	4,200	6,000
1982 505, 4-cyl., 1971cc, 107.9" wb						
4d Sed	260	780	1,300	2,930	4,550	6,500
S 4d Sed	260	780	1,300	2,930	4,550	6,500
STI 4d Sed	270	820	1,360	3,060	4,760	6,800
1982 Diesel, 2304cc						
505 4d Sed	220	660	1,100	2,480	3,850	5,500
504 4d Sta Wag	230	700	1,160	2,610	4,060	5,800
1982 505/604 Turbodiesel, 2304cc						
505 4d Sed	230	700	1,160	2,610	4,060	5,800
505S 4d Sed	230	700	1,160	2,610	4,060	5,800
604TD 4d Sed	240	720	1,200	2,700	4,200	6,000
1983 505/504						
505 4d Sed	260	780	1,300	2,930	4,550	6,500
505S 4d Sed	260	780	1,300	2,930	4,550	6,500
505 STI 4d Sed	260	780	1,300	2,930	4,550	6,500
505 Dsl 4d Sed	220	660	1,100	2,480	3,850	5,500
504 Dsl Sta Wag	240	720	1,200	2,700	4,200	6,000
1983 505/604 Turbodiesel						
505 4d Sed	260	780	1,300	2,930	4,550	6,500
505 S 4d Sed	260	780	1,300	2,930	4,550	6,500
604 4d Sed	260	780	1,300	2,930	4,550	6,500

	6	5	4	3	2	1
1984 505 Series						
GL 4d Sed	280	840	1,400	3,150	4,900	7,000
S 4d Sed	280	840	1,400	3,150	4,900	7,000
STI 4d Sed	280	840	1,400	3,150	4,900	7,000
GL 4d Sta Wag	300	900	1,500	3,380	5,250	7,500
S 4d Sta Wag	300	900	1,500	3,380	5,250	7,500
1984 505/604 Turbodiesel						
GL 4d Sed	260	780	1,300	2,930	4,550	6,500
S 4d Sed	260	780	1,300	2,930	4,550	6,500
STI 4d Sed	260	780	1,300	2,930	4,550	6,500
GL 4d Sta Wag	280	840	1,400	3,150	4,900	7,000
S 4d Sta Wag	280	840	1,400	3,150	4,900	7,000
604 4d Sed	280	840	1,400	3,150	4,900	7,000
1985 505						
GL 4d Sed	300	900	1,500	3,380	5,250	7,500
S 4d Sed	300	900	1,500	3,380	5,250	7,500
STI 4d Sed	300	900	1,500	3,380	5,250	7,500
Turbo 4d Sed	310	940	1,560	3,510	5,460	7,800
GL 4d Sta Wag	310	940	1,560	3,510	5,460	7,800
S 4d Sta Wag	310	940	1,560	3,510	5,460	7,800
1985 505 Turbodiesel						
GL 4d Sed	280	840	1,400	3,150	4,900	7,000
S 4d Sed	280	840	1,400	3,150	4,900	7,000
STI 4d Sed	260	780	1,300	2,930	4,550	6,500
GL 4d Sta Wag	300	900	1,500	3,380	5,250	7,500
S 4d Sta Wag	300	900	1,500	3,380	5,250	7,500
1986 505						
GL 4d Sed	310	920	1,540	3,470	5,390	7,700
S 4d Sed	310	920	1,540	3,470	5,390	7,700
S 4d Sed Turbodiesel	300	910	1,520	3,420	5,320	7,600
STI 4d Sed	310	940	1,560	3,510	5,460	7,800
GL 4d Sed Turbo	320	960	1,600	3,600	5,600	8,000
4d Sed Turbo	310	940	1,560	3,510	5,460	7,800
GL 4d Sta Wag	310	940	1,560	3,510	5,460	7,800
S 4d Sta Wag	320	950	1,580	3,560	5,530	7,900
S 4d Sta Wag Turbodiesel	310	920	1,540	3,470	5,390	7,700
4d Sta Wag Turbo	320	960	1,600	3,600	5,600	8,000
1987 505						
GL 4d Sed	300	910	1,520	3,420	5,320	7,600
GLS 4d Sed	310	940	1,560	3,510	5,460	7,800
4d Sed Turbo	310	940	1,560	3,510	5,460	7,800
S 4d Sed Turbo	320	960	1,600	3,600	5,600	8,000
STI 4d Sed	320	970	1,620	3,650	5,670	8,100
STI 4d Sed V-6	320	950	1,580	3,560	5,530	7,900
STX 4d Sed V-6	320	960	1,600	3,600	5,600	8,000
Lib. 4d Sed	320	970	1,620	3,650	5,670	8,100
Lib. 4d Sta Wag	320	950	1,580	3,560	5,530	7,900
4d Sta Wag Turbo	320	960	1,600	3,600	5,600	8,000
S 4d Sta Wag Turbo	320	970	1,620	3,650	5,670	8,100
1988 505						
DL 4d Sed	320	950	1,580	3,560	5,530	7,900
GLS 4d Sed	320	960	1,600	3,600	5,600	8,000
S 4d Sed Turbo	320	970	1,620	3,650	5,670	8,100
STI 4d Sed	320	950	1,580	3,560	5,530	7,900
GLX 4d Sed V-6	330	980	1,640	3,690	5,740	8,200
STX 4d Sed V-6	330	980	1,640	3,690	5,740	8,200
DL 4d Sta Wag	320	960	1,600	3,600	5,600	8,000
GLS 4d Sta Wag	320	970	1,620	3,650	5,670	8,100
SW8 4d Sta Wag	330	980	1,640	3,690	5,740	8,200
S 4d Sta Wag Turbo	330	1,000	1,660	3,740	5,810	8,300
1989 405						
DL 4d Sed	320	960	1,600	3,600	5,600	8,000
S 4d Sed	320	970	1,620	3,650	5,670	8,100
Mk 4d Sed	330	980	1,640	3,690	5,740	8,200
1989 505						
S 4d Sed	320	970	1,620	3,650	5,670	8,100
S 4d Sed V-6	330	1,000	1,660	3,740	5,810	8,300
STX 4d Sed V-6	340	1,010	1,680	3,780	5,880	8,400
4d Sed Turbo	340	1,020	1,700	3,830	5,950	8,500
DL 4d Sta Wag	340	1,010	1,680	3,780	5,880	8,400
SW8 4d Sta Wag	340	1,020	1,700	3,830	5,950	8,500
4d Sta Wag Turbo	350	1,040	1,740	3,920	6,090	8,700
SW8 4d Sta Wag Turbo	360	1,080	1,800	4,050	6,300	9,000
1990 405						
DL 4d Sed	340	1,010	1,680	3,780	5,880	8,400
DL 4d Sta Wag	350	1,040	1,740	3,920	6,090	8,700

	6	5	4	3	2	1
S 4d Sta Wag	360	1,080	1,800	4,050	6,300	9,000
1991 405						
DL 4d Sed	220	660	1,100	2,480	3,850	5,500
S 4d Sed	240	720	1,200	2,700	4,200	6,000
Mi 4d Sed 16V	260	780	1,300	2,930	4,550	6,500
DL 4d Sta Wag	330	980	1,640	3,690	5,740	8,200
S 4d Sta Wag	260	780	1,300	2,930	4,550	6,500
1991 505						
DL 4d Sta Wag	240	720	1,200	2,700	4,200	6,000
SW8 4d 2.2 Sta Wag	260	780	1,300	2,930	4,550	6,500
SW8 4d Turbo Sta Wag	300	900	1,500	3,380	5,250	7,500

PORSCHE

1950 Model 356, 40 hp, 1100cc						
Cpe	1,800	5,400	9,000	20,250	31,500	45,000
1951 Model 356, 40 hp, 1100cc						
Cpe	1,800	5,400	9,000	20,250	31,500	45,000
Cabr	2,520	7,560	12,600	28,350	44,100	63,000
1952 Model 356, 40 hp, 1100cc						
Cpe	1,960	5,880	9,800	22,050	34,300	49,000
Cabr	2,720	8,160	13,600	30,600	47,600	68,000
1953 Model 356, 40 hp						
Cpe	1,960	5,880	9,800	22,050	34,300	49,000
Cabr	2,720	8,160	13,600	30,600	47,600	68,000
1954 Model 356, 1.5 liter, 55 hp						
Spds	6,720	20,160	33,600	75,600	117,600	168,000
Cpe	1,960	5,880	9,800	22,050	34,300	49,000
Cabr	2,720	8,160	13,600	30,600	47,600	68,000
1954 Model 356, 1.5 liter, Super						
Spds	7,320	21,960	36,600	82,350	128,100	183,000
Cpe	1,960	5,880	9,800	22,050	34,300	49,000
Cabr	2,720	8,160	13,600	30,600	47,600	68,000
1955 Model 356, 4-cyl., 55 hp						
Spds	6,720	20,160	33,600	75,600	117,600	168,000
Cpe	1,840	5,520	9,200	20,700	32,200	46,000
Cabr	2,600	7,800	13,000	29,250	45,500	65,000
1955 Model 356, Super, 1.5 liter, 70 hp						
Spds	7,320	21,960	36,600	82,350	128,100	183,000
Cpe	1,960	5,880	9,800	22,050	34,300	49,000
Cabr	2,720	8,160	13,600	30,600	47,600	68,000
1956 Model 356A, Normal, 1.6 liter, 60 hp						
Spds	7,000	21,000	35,000	78,750	122,500	175,000
Cpe	2,040	6,120	10,200	22,950	35,700	51,000
Cabr	3,200	9,600	16,000	36,000	56,000	80,000
1956 Model 356A, Super, 1.6 liter, 75 hp						
Spds	6,800	20,400	34,000	76,500	119,000	170,000
Cpe	2,200	6,600	11,000	24,750	38,500	55,000
Cabr	3,480	10,440	17,400	39,150	60,900	87,000
1956 Model 356A, Carrera, 1.5 liter, 100 hp						
Spds	12,620	37,860	63,100	141,980	220,850	315,500
Cpe	2,480	7,440	12,400	27,900	43,400	62,000
Cabr	3,600	10,800	18,000	40,500	63,000	90,000
1957 Model 356A, Normal, 1.6 liter, 60 hp						
Spds	7,000	21,000	35,000	78,750	122,500	175,000
Cpe	2,040	6,120	10,200	22,950	35,700	51,000
Cabr	3,200	9,600	16,000	36,000	56,000	80,000
1957 Model 356A, Super, 1.6 liter, 75 hp						
Spds	7,600	22,800	38,000	85,500	133,000	190,000
Cpe	2,200	6,600	11,000	24,750	38,500	55,000
Cabr	3,480	10,440	17,400	39,150	60,900	87,000
1957 Model 356A, Carrera, 1.5 liter, 100 hp						
Spds	12,620	37,860	63,100	141,980	220,850	315,500
Cpe	2,480	7,440	12,400	27,900	43,400	62,000
Cabr	3,600	10,800	18,000	40,500	63,000	90,000
1958 Model 356A, Normal, 1.6 liter, 60 hp						
Spds	7,080	21,240	35,400	79,650	123,900	177,000
Cpe	2,040	6,120	10,200	22,950	35,700	51,000
Cabr	3,200	9,600	16,000	36,000	56,000	80,000
HT	1,620	4,860	8,100	18,230	28,350	40,500
1958 Model 356A, Super, 1.6 liter, 75 hp						
Spds	7,920	23,760	39,600	89,100	138,600	198,000
Cpe	2,200	6,600	11,000	24,750	38,500	55,000
HT	1,780	5,340	8,900	20,030	31,150	44,500
Cabr	3,480	10,440	17,400	39,150	60,900	87,000
1958 Model 356A, Carrera, 1.5 liter, 100 hp						
Spds	12,620	37,860	63,100	141,980	220,850	315,500

	6	5	4	3	2	1
Cpe	2,480	7,440	12,400	27,900	43,400	62,000
HT	2,340	7,020	11,700	26,330	40,950	58,500
Cabr	3,600	10,800	18,000	40,500	63,000	90,000
1959 Model 356A, Normal, 60 hp						
Cpe	2,000	6,000	10,000	22,500	35,000	50,000
Cpe/HT	1,600	4,800	8,000	18,000	28,000	40,000
Conv D	5,800	17,400	29,000	65,250	101,500	145,000
Cabr	2,280	6,840	11,400	25,650	39,900	57,000
1959 Model 356A, Super, 75 hp						
Cpe	2,120	6,360	10,600	23,850	37,100	53,000
Cpe/HT	1,720	5,160	8,600	19,350	30,100	43,000
Conv D	5,940	17,820	29,700	66,830	103,950	148,500
Cabr	2,400	7,200	12,000	27,000	42,000	60,000
1959 Model 356A, Carrera, 1.6 liter, 105 hp						
Cpe	2,800	8,400	14,000	31,500	49,000	70,000
Cpe/HT	2,440	7,320	12,200	27,450	42,700	61,000
Cabr	3,080	9,240	15,400	34,650	53,900	77,000
1960 Model 356B, Normal, 1.6 liter, 60 hp						
Cpe	1,520	4,560	7,600	17,100	26,600	38,000
HT	1,400	4,200	7,000	15,750	24,500	35,000
Rds	2,400	7,200	12,000	27,000	42,000	60,000
Cabr	2,200	6,600	11,000	24,750	38,500	55,000
1960 Model 356B, Super, 1.6 liter, 75 hp						
Cpe	1,640	4,920	8,200	18,450	28,700	41,000
HT	1,520	4,560	7,600	17,100	26,600	38,000
Rds	2,520	7,560	12,600	28,350	44,100	63,000
Cabr	2,320	6,960	11,600	26,100	40,600	58,000
1960 Model 356B, Super 90, 1.6 liter, 90 hp						
Cpe	1,760	5,280	8,800	19,800	30,800	44,000
HT	1,640	4,920	8,200	18,450	28,700	41,000
Rds	2,640	7,920	13,200	29,700	46,200	66,000
Cabr	2,440	7,320	12,200	27,450	42,700	61,000
1961 Model 356B, Normal, 1.6 liter, 60 hp						
Cpe	1,520	4,560	7,600	17,100	26,600	38,000
HT	1,400	4,200	7,000	15,750	24,500	35,000
Rds	2,400	7,200	12,000	27,000	42,000	60,000
Cabr	2,200	6,600	11,000	24,750	38,500	55,000
1961 Model 356B, Super 90, 1.6 liter, 90 hp						
Cpe	1,760	5,280	8,800	19,800	30,800	44,000
HT	1,640	4,920	8,200	18,450	28,700	41,000
Rds	2,640	7,920	13,200	29,700	46,200	66,000
Cabr	2,440	7,320	12,200	27,450	42,700	61,000
1961 Model 356B, Carrera, 2.0 liter, 130 hp						
Cpe	7,600	22,800	38,000	85,500	133,000	190,000
Rds	9,560	28,680	47,800	107,550	167,300	239,000
Cabr	11,500	34,500	57,500	129,380	201,250	287,500
1962 Model 356B, Normal, 1.6 liter, 60 hp						
Cpe	1,520	4,560	7,600	17,100	26,600	38,000
HT	1,400	4,200	7,000	15,750	24,500	35,000
1962 Model 356B, Super 90, 1.6 liter, 90 hp						
Cpe	1,760	5,280	8,800	19,800	30,800	44,000
HT	1,640	4,920	8,200	18,450	28,700	41,000
Rds	2,640	7,920	13,200	29,700	46,200	66,000
Cabr	2,440	7,320	12,200	27,450	42,700	61,000
1962 Model 356B, Carrera 2, 2.0 liter, 130 hp						
Cpe	7,600	22,800	38,000	85,500	133,000	190,000
Rds	9,560	28,680	47,800	107,550	167,300	239,000
Cabr	11,500	34,500	57,500	129,380	201,250	287,500
1963 Model 356C, Standard, 1.6 liter, 75 hp						
Cpe	1,600	4,800	8,000	18,000	28,000	40,000
Cabr	2,400	7,200	12,000	27,000	42,000	60,000
1963 Model 356C, SC, 1.6 liter, 95 hp						
Cpe	1,680	5,040	8,400	18,900	29,400	42,000
Cabr	2,480	7,440	12,400	27,900	43,400	62,000
1963 Model 356C, Carrera 2, 2.0 liter, 130 hp						
Cpe	7,600	22,800	38,000	85,500	133,000	190,000
Cabr	11,500	34,500	57,500	129,380	201,250	287,500
1964 Model 356C, Normal, 1.6 liter, 75 hp						
Cpe	1,600	4,800	8,000	18,000	28,000	40,000
Cabr	2,400	7,200	12,000	27,000	42,000	60,000
1964 Model 356C, SC, 1.6 liter, 95 hp						
Cpe	1,680	5,040	8,400	18,900	29,400	42,000
Cabr	2,480	7,440	12,400	27,900	43,400	62,000
1964 Model 356C, Carrera 2, 2.0 liter, 130 hp						
Cpe	7,600	22,800	38,000	85,500	133,000	190,000
Cabr	11,500	34,500	57,500	129,380	201,250	287,500

	6	5	4	3	2	1
1965 Model 356C, 1.6 liter, 75 hp						
Cpe	1,600	4,800	8,000	18,000	28,000	40,000
Cabr	2,400	7,200	12,000	27,000	42,000	60,000
1965 Model 356SC, 1.6 liter, 95 hp						
Cpe	1,680	5,040	8,400	18,900	29,400	42,000
Cabr	2,480	7,440	12,400	27,900	43,400	62,000
1966 Model 912, 4-cyl., 90 hp						
Cpe	900	2,750	4,600	10,350	16,100	23,000
1966 Model 911, 6-cyl., 130 hp						
Cpe	1,400	4,200	7,000	15,750	24,500	35,000
1967 Model 912, 4-cyl., 90 hp						
Cpe	900	2,750	4,600	10,350	16,100	23,000
Targa	1,000	3,000	5,000	11,250	17,500	25,000
1967 Model 911, 6-cyl., 110 hp						
Cpe	1,400	4,200	7,000	15,750	24,500	35,000
Targa	1,480	4,440	7,400	16,650	25,900	37,000
1967 Model 911S, 6-cyl., 160 hp						
Cpe	1,560	4,680	7,800	17,550	27,300	39,000
Targa	1,600	4,800	8,000	18,000	28,000	40,000
1968 Model 912, 4-cyl., 90 hp						
Cpe	950	2,900	4,800	10,800	16,800	24,000
Targa	1,050	3,100	5,200	11,700	18,200	26,000
1968 Model 911, 6-cyl., 130 hp						
Cpe	1,480	4,440	7,400	16,650	25,900	37,000
Targa	1,520	4,560	7,600	17,100	26,600	38,000
1968 Model 911L, 6-cyl., 130 hp						
Cpe	1,520	4,560	7,600	17,100	26,600	38,000
Targa	1,560	4,680	7,800	17,550	27,300	39,000
1968 Model 911S, 6-cyl., 160 hp						
Cpe	1,600	4,800	8,000	18,000	28,000	40,000
Targa	1,680	5,040	8,400	18,900	29,400	42,000
1969 Model 912, 4-cyl., 90 hp						
Cpe	950	2,900	4,800	10,800	16,800	24,000
Targa	1,000	3,000	5,000	11,250	17,500	25,000
1969 Model 911T, 6-cyl., 110 hp						
Cpe	1,100	3,250	5,400	12,150	18,900	27,000
Targa	1,150	3,500	5,800	13,050	20,300	29,000
1969 Model 911E, 6-cyl., 140 hp						
Cpe	1,100	3,250	5,400	12,150	18,900	27,000
Targa	1,150	3,500	5,800	13,050	20,300	29,000
1969 Model 911S, 6-cyl., 170 hp						
Cpe	1,200	3,600	6,000	13,500	21,000	30,000
Targa	1,300	3,850	6,400	14,400	22,400	32,000
1970 Model 914, 4-cyl., 1.7 liter, 80 hp						
Cpe/Targa	900	2,650	4,400	9,900	15,400	22,000
1970 Model 914/6, 6-cyl., 2.0 liter, 110 hp						
Cpe/Targa	950	2,900	4,800	10,800	16,800	24,000
1970 Model 911T, 6-cyl., 125 hp						
Cpe	1,000	3,000	5,000	11,250	17,500	25,000
Targa	1,100	3,250	5,400	12,150	18,900	27,000
1970 Model 911E, 6-cyl., 155 hp						
Cpe	1,050	3,100	5,200	11,700	18,200	26,000
Targa	1,100	3,350	5,600	12,600	19,600	28,000
1970 Model 911S, 6-cyl., 180 hp						
Cpe	1,200	3,600	6,000	13,500	21,000	30,000
Targa	1,300	3,950	6,600	14,850	23,100	33,000
1971 Model 914, 4-cyl., 1.7 liter, 80 hp						
Cpe/Targa	900	2,650	4,400	9,900	15,400	22,000
1971 Model 914/6, 6-cyl., 2.0 liter, 110 hp						
Cpe/Targa	950	2,900	4,800	10,800	16,800	24,000
1971 Model 911T, 6-cyl., 125 hp						
Cpe	1,000	3,000	5,000	11,250	17,500	25,000
Targa	1,100	3,250	5,400	12,150	18,900	27,000
1971 Model 911E, 6-cyl., 155 hp						
Cpe	1,050	3,100	5,200	11,700	18,200	26,000
Targa	1,100	3,350	5,600	12,600	19,600	28,000
1971 Model 911S, 6-cyl., 180 hp						
Cpe	1,300	3,850	6,400	14,400	22,400	32,000
Targa	1,400	4,200	7,000	15,750	24,500	35,000
1972 Model 914, 4-cyl., 1.7 liter, 80 hp						
Cpe/Targa	900	2,650	4,400	9,900	15,400	22,000
1972 Model 911T, 6-cyl., 130 hp						
Cpe	1,000	3,000	5,000	11,250	17,500	25,000
Targa	1,100	3,250	5,400	12,150	18,900	27,000
1972 Model 911E, 6-cyl., 165 hp						
Cpe	950	2,900	4,800	10,800	16,800	24,000

	6	5	4	3	2	1
Targa	1,100	3,250	5,400	12,150	18,900	27,000
1972 Model 911S, 6-cyl., 190 hp						
Cpe.	1,200	3,600	6,000	13,500	21,000	30,000
Targa	1,300	3,950	6,600	14,850	23,100	33,000
1973 Model 914, 4-cyl., 1.8 liter, 76 hp						
Cpe/Targa	900	2,650	4,400	9,900	15,400	22,000
1973 Model 914, 4-cyl., 2.0 liter, 95 hp						
Cpe/Targa	950	2,900	4,800	10,800	16,800	24,000
1973 Model 911T, 6-cyl., 140 hp						
Cpe.	1,050	3,100	5,200	11,700	18,200	26,000
Targa	1,100	3,350	5,600	12,600	19,600	28,000
1973 Model 911E, 6-cyl., 165 hp						
Cpe.	1,050	3,100	5,200	11,700	18,200	26,000
Targa	1,100	3,350	5,600	12,600	19,600	28,000
1973 Model 911S, 6-cyl., 190 hp						
Cpe.	1,200	3,600	6,000	13,500	21,000	30,000
Targa	1,300	3,950	6,600	14,850	23,100	33,000
1974 Model 914, 4-cyl., 1.8 liter, 76 hp						
Cpe/Targa	900	2,650	4,400	9,900	15,400	22,000
1974 Model 914, 4-cyl., 2 liter, 95 hp						
Cpe/Targa	950	2,900	4,800	10,800	16,800	24,000
1974 Model 911, 6-cyl., 150 hp						
Cpe.	1,100	3,250	5,400	12,150	18,900	27,000
Targa	1,150	3,500	5,800	13,050	20,300	29,000
1974 Model 911S, 6-cyl., 175 hp						
Cpe.	1,150	3,500	5,800	13,050	20,300	29,000
Targa	1,250	3,700	6,200	13,950	21,700	31,000
1974 Model 911 Carrera, 6-cyl., 175 hp						
Cpe.	1,350	4,100	6,800	15,300	23,800	34,000
Targa	1,450	4,300	7,200	16,200	25,200	36,000
NOTE: Add 10 percent for RS. Add 20 percent for RSR.						
1975 Model 914, 4-cyl., 1.8 liter, 76 hp						
Cpe/Targa	750	2,300	3,800	8,550	13,300	19,000
1975 Model 914, 4-cyl., 2 liter, 95 hp						
Cpe/Targa	800	2,400	4,000	9,000	14,000	20,000
1975 Model 911S, 6-cyl., 175 hp						
Cpe.	1,100	3,350	5,600	12,600	19,600	28,000
Targa	1,150	3,500	5,800	13,050	20,300	29,000
1975 Model 911 Carrera, 6-cyl., 210 hp						
Cpe.	1,300	3,950	6,600	14,850	23,100	33,000
Targa	1,400	4,200	7,000	15,750	24,500	35,000
1976 Model 914, 4-cyl., 2 liter, 95 hp						
Cpe/Targa	800	2,400	4,000	9,000	14,000	20,000
1976 Model 912E, 4-cyl., 90 hp						
Cpe.	1,000	3,000	5,000	11,250	17,500	25,000
1976 Model 911S, 6-cyl., 165 hp						
Cpe.	1,100	3,350	5,600	12,600	19,600	28,000
Cpe 3.0.	1,750	5,200	8,700	19,580	30,400	43,500
Targa	1,200	3,600	6,000	13,500	21,000	30,000
1976 Model 930, Turbo & T. Carrera						
Cpe.	1,700	5,050	8,400	18,900	29,400	42,000
1977 Model 924, 4-cyl., 95 hp						
Cpe.	800	2,400	4,000	9,000	14,000	20,000
1977 Model 911S, 6-cyl., 165 hp						
Cpe.	1,050	3,100	5,200	11,700	18,200	26,000
Targa	1,100	3,350	5,600	12,600	19,600	28,000
Targa 3.0 (200 hp)	1,750	5,200	8,700	19,580	30,400	43,500
1977 Model 930 Turbo, 6-cyl., 245 hp						
Cpe.	1,700	5,050	8,400	18,900	29,400	42,000
1978 Model 924						
Cpe.	800	2,400	4,000	9,000	14,000	20,000
1978 Model 911SC						
Cpe.	1,100	3,250	5,400	12,150	18,900	27,000
Cpe Targa	1,100	3,350	5,600	12,600	19,600	28,000
1978 Model 928						
Cpe.	1,200	3,600	6,000	13,500	21,000	30,000
1978 Model 930						
Cpe.	1,700	5,050	8,400	18,900	29,400	42,000
1979 Model 924						
Cpe.	750	2,300	3,800	8,550	13,300	19,000
1979 Model 911SC						
Cpe.	1,050	3,100	5,200	11,700	18,200	26,000
Targa	1,100	3,350	5,600	12,600	19,600	28,000
1979 Model 930						
Cpe.	1,650	4,900	8,200	18,450	28,700	41,000

	6	5	4	3	2	1
1979 Model 928						
Cpe	1,700	5,050	8,400	18,900	29,400	42,000
1980 Model 924						
Cpe	750	2,300	3,800	8,550	13,300	19,000
Cpe Turbo	900	2,650	4,400	9,900	15,400	22,000
1980 Model 911SC						
Cpe	1,100	3,350	5,600	12,600	19,600	28,000
Cpe Targa	1,150	3,500	5,800	13,050	20,300	29,000
1980 Model 928						
Cpe	1,250	3,700	6,200	13,950	21,700	31,000
1981 Model 924						
Cpe	700	2,150	3,600	8,100	12,600	18,000
Cpe Turbo	800	2,400	4,000	9,000	14,000	20,000
1981 Model 911SC						
Cpe	1,100	3,250	5,400	12,150	18,900	27,000
Cpe Targa	1,100	3,350	5,600	12,600	19,600	28,000
1981 Model 928						
Cpe	1,300	3,850	6,400	14,400	22,400	32,000
1982 Model 924						
Cpe	700	2,050	3,400	7,650	11,900	17,000
Cpe Turbo	750	2,300	3,800	8,550	13,300	19,000
1982 Model 911SC						
Cpe	1,000	3,000	5,000	11,250	17,500	25,000
Cpe Targa	1,050	3,100	5,200	11,700	18,200	26,000
1982 Model 928						
Cpe	1,300	3,850	6,400	14,400	22,400	32,000
1983 Model 944						
Cpe	700	2,050	3,400	7,650	11,900	17,000
1983 Model 911SC						
Cpe	1,000	3,000	5,000	11,250	17,500	25,000
Cpe Targa	1,050	3,100	5,200	11,700	18,200	26,000
Conv	1,100	3,350	5,600	12,600	19,600	28,000
1983 Model 928						
Cpe	1,350	4,100	6,800	15,300	23,800	34,000
1984 Model 944						
2d Cpe	700	2,050	3,400	7,650	11,900	17,000
1984 Model 911						
2d Cpe	1,000	3,000	5,000	11,250	17,500	25,000
2d Cpe Targa	1,100	3,350	5,600	12,600	19,600	28,000
2d Conv	1,250	3,700	6,200	13,950	21,700	31,000
1984 Model 928S						
Cpe	1,350	4,100	6,800	15,300	23,800	34,000
1985 Model 944						
2d Cpe	700	2,150	3,600	8,100	12,600	18,000
1985 Model 911						
Carrera 2d Cpe	1,100	3,250	5,400	12,150	18,900	27,000
Carrera 2d Conv	1,300	3,950	6,600	14,850	23,100	33,000
Targa 2d Cpe	1,200	3,600	6,000	13,500	21,000	30,000
1985 Model 928S						
2d Cpe	1,400	4,200	7,000	15,750	24,500	35,000
1986 Model 944						
2d Cpe	750	2,300	3,800	8,550	13,300	19,000
Turbo 2d Cpe	800	2,400	4,000	9,000	14,000	20,000
1986 Model 911 Carrera						
2d Cpe	1,450	4,300	7,200	16,200	25,200	36,000
2d Conv	1,700	5,050	8,400	18,900	29,400	42,000
2d Cpe Targa	1,500	4,550	7,600	17,100	26,600	38,000
2d Cpe Turbo	2,050	6,100	10,200	22,950	35,700	51,000
1986 Model 928S						
2d Cpe	1,400	4,200	7,000	15,750	24,500	35,000
1987 Model 924S						
2d Cpe	750	2,300	3,800	8,550	13,300	19,000
1987 Model 928S4						
2d Cpe	2,000	6,000	10,000	22,500	35,000	50,000
1987 Model 944						
2d Cpe	900	2,650	4,400	9,900	15,400	22,000
2d Cpe Turbo	950	2,900	4,800	10,800	16,800	24,000
1987 Model 944S						
2d Cpe	900	2,750	4,600	10,350	16,100	23,000
1987 Model 911 Carrera						
2d Cpe	1,450	4,300	7,200	16,200	25,200	36,000
2d Cpe Targa	1,500	4,550	7,600	17,100	26,600	38,000
2d Conv	1,700	5,050	8,400	18,900	29,400	42,000
2d Turbo	2,050	6,100	10,200	22,950	35,700	51,000
1988 Porsche						
2d 924S Cpe	900	2,650	4,400	9,900	15,400	22,000

	6	5	4	3	2	1
2d 944 Cpe	950	2,900	4,800	10,800	16,800	24,000
2d 944S Cpe	1,000	3,000	5,000	11,250	17,500	25,000
2d 944 Cpe Turbo	1,050	3,100	5,200	11,700	18,200	26,000
2d 911 Cpe Carrera	1,720	5,160	8,600	19,350	30,100	43,000
2d 911 Cpe Targa	1,750	5,300	8,800	19,800	30,800	44,000
2d 911 Conv	1,900	5,650	9,400	21,150	32,900	47,000
2d 928S4 Cpe	1,300	3,950	6,600	14,850	23,100	33,000
2d 911 Turbo Conv	2,440	7,320	12,200	27,450	42,700	61,000
1989 Model 944						
2d Cpe	1,000	3,000	5,000	11,250	17,500	25,000
2d Cpe (Turbo)	1,100	3,250	5,400	12,150	18,900	27,000
2d S2 Cpe	1,150	3,500	5,800	13,050	20,300	29,000
2d S2 Conv	1,400	4,200	7,000	15,750	24,500	35,000
1989 Model 911						
2d Carrera	1,600	4,800	8,000	18,000	28,000	40,000
2d Targa	1,650	4,900	8,200	18,450	28,700	41,000
2d Conv	1,900	5,750	9,600	21,600	33,600	48,000
2d Conv Turbo	2,450	7,300	12,200	27,450	42,700	61,000
1989 Model 928						
2d Cpe	1,300	3,950	6,600	14,850	23,100	33,000
1990 Model 944S						
2d Cpe	950	2,900	4,800	10,800	16,800	24,000
2d Conv	1,100	3,250	5,400	12,150	18,900	27,000
1990 Model 911						
2d Carrera Cpe 2P	1,500	4,550	7,600	17,100	26,600	38,000
2d Targa Cpe 2P	1,550	4,700	7,800	17,550	27,300	39,000
2d Carrera Conv 2P	1,840	5,520	9,200	20,700	32,200	46,000
2d Carrera Cpe 4P	1,700	5,050	8,400	18,900	29,400	42,000
2d Targa Cpe 4P	1,700	5,150	8,600	19,350	30,100	43,000
2d Carrera Conv 4P	1,920	5,760	9,600	21,600	33,600	48,000
1990 Model 928S						
2d Cpe	1,300	3,850	6,400	14,400	22,400	32,000
1991 Model 944S						
2d Cpe 2P	1,000	3,000	5,000	11,250	17,500	25,000
2d Conv 2P	1,100	3,350	5,600	12,600	19,600	28,000
1991 Model 911						
2d Carrera 2P	1,650	4,900	8,200	18,450	28,700	41,000
2d Carrera Targa 2P	1,680	5,040	8,400	18,900	29,400	42,000
2d Carrera Conv 2P	1,920	5,760	9,600	21,600	33,600	48,000
2d Carrera 4P	1,800	5,400	9,000	20,250	31,500	45,000
2d Carrera Targa 4P	1,840	5,520	9,200	20,700	32,200	46,000
2d Carrera Conv 4P	2,040	6,120	10,200	22,950	35,700	51,000
2d Turbo Cpe	2,150	6,500	10,800	24,300	37,800	54,000
1991 Model 928S						
2d Cpe 4P	1,250	3,700	6,200	13,950	21,700	31,000
1992 968, 4-cyl.						
2d Cpe	1,200	3,600	6,000	13,500	21,000	30,000
2d Conv	1,400	4,200	7,000	15,750	24,500	35,000
1992 911, 6-cyl.						
2d Cpe 2P	1,850	5,500	9,200	20,700	32,200	46,000
2d Targa Cpe 2P	1,900	5,650	9,400	21,150	32,900	47,000
2d Conv 2P	2,050	6,100	10,200	22,950	35,700	51,000
2d Cpe 4P	1,900	5,750	9,600	21,600	33,600	48,000
2d Targa Cpe 4P	1,950	5,900	9,800	22,050	34,300	49,000
2d Conv 4P	2,150	6,500	10,800	24,300	37,800	54,000
2d Turbo Cpe	2,450	7,300	12,200	27,450	42,700	61,000
1993 968, 4-cyl.						
2d Cpe	1,250	3,700	6,200	13,950	21,700	31,000
2d Conv	1,450	4,300	7,200	16,200	25,200	36,000
1993 911, 6-cyl.						
2d Carrera	1,900	5,750	9,600	21,600	33,600	48,000
2d Carrera Targa	2,100	6,250	10,400	23,400	36,400	52,000
2d Carrera Cabrio	2,150	6,500	10,800	24,300	37,800	54,000
2d Carrera	2,250	6,700	11,200	25,200	39,200	56,000
2d Carrera Turbo	2,700	8,050	13,400	30,150	46,900	67,000
1993 928 GTS, V-8						
2d Cpe	2,100	6,250	10,400	23,400	36,400	52,000
1994 968, 4-cyl.						
2d Cpe	900	2,650	4,400	9,900	15,400	22,000
2d Conv	1,100	3,250	5,400	12,150	18,900	27,000
1994 911, 6-cyl.						
2d Cpe Carrera	1,600	4,800	8,000	18,000	28,000	40,000
2d Cpe Carrera Targa	1,680	5,040	8,400	18,900	29,400	42,000
2d Cpe Carrera Conv	1,760	5,280	8,800	19,800	30,800	44,000
2d Cpe Carrera	1,700	5,050	8,400	18,900	29,400	42,000
2d Cpe Carrera Targa	1,720	5,160	8,600	19,350	30,100	43,000

	6	5	4	3	2	1
2d Cpe Carrera Conv	1,880	5,640	9,400	21,150	32,900	47,000
1994 928 GTS, V-8						
2d Cpe	1,500	4,450	7,400	16,650	25,900	37,000
1995 968, 4-cyl.						
2d Cpe	900	2,650	4,400	9,900	15,400	22,000
2d Conv	1,100	3,250	5,400	12,150	18,900	27,000
1995 911, 6-cyl.						
2d Cpe Carrera 2	1,600	4,800	8,000	18,000	28,000	40,000
2d Cpe Carrera 2 Conv	1,760	5,280	8,800	19,800	30,800	44,000
2d Cpe Carrera 4	1,700	5,050	8,400	18,900	29,400	42,000
2d Cpe Carrera 4 Conv	1,880	5,640	9,400	21,150	32,900	47,000
1995 928GTS, V-8						
2d Cpe	1,500	4,450	7,400	16,650	25,900	37,000
1996 911, 6-cyl.						
2d Cpe Carrera 2	1,500	4,550	7,600	17,100	26,600	38,000
2d Cpe Carrera 2 Conv	1,680	5,040	8,400	18,900	29,400	42,000
2d Cpe Carrera 4	1,600	4,800	8,000	18,000	28,000	40,000
2d Cpe Carrera 4S	1,700	5,150	8,600	19,350	30,100	43,000
2d Cpe Carrera 4 Conv	1,800	5,400	9,000	20,250	31,500	45,000
2d Targa Cpe	1,650	4,900	8,200	18,450	28,700	41,000
2d Turbo Cpe 4x4	3,000	9,000	15,000	33,750	52,500	75,000
1997 911, 6-cyl.						
2d Cpe Carrera 2	1,520	4,560	7,600	17,100	26,600	38,000
2d Cpe Carrera 2 Conv	1,680	5,040	8,400	18,900	29,400	42,000
2d Cpe Carrera 4	1,600	4,800	8,000	18,000	28,000	40,000
2d Cpe Carrera 4S	1,720	5,160	8,600	19,350	30,100	43,000
2d Cpe Carrera 4 Conv	1,800	5,400	9,000	20,250	31,500	45,000
2d Targa Cpe	1,640	4,920	8,200	18,450	28,700	41,000
2d Turbo Cpe 4x4	3,000	9,000	15,000	33,750	52,500	75,000
1997 Boxster, 6-cyl.						
2d Conv	880	2,640	4,400	9,900	15,400	22,000
NOTE: Add 5 percent for detachable HT.						
1998 911, 6-cyl.						
2d Cpe Carrera S	1,500	4,500	7,500	16,880	26,250	37,500
2d Conv Cpe Carrera 2	1,680	5,040	8,400	18,900	29,400	42,000
2d Cpe Carrera 4	1,600	4,800	8,000	18,000	28,000	40,000
2d Cpe Carrera 4S	1,720	5,160	8,600	19,350	30,100	43,000
2d Conv Cpe Carrera 4	1,800	5,400	9,000	20,250	31,500	45,000
2d Targa Cpe	1,640	4,920	8,200	18,450	28,700	41,000
1998 Boxster, 6-cyl.						
2d Conv	880	2,640	4,400	9,900	15,400	22,000
NOTE: Add 5 percent for detachable HT.						
1999 911, 6-cyl.						
2d Cpe Carrera S	1,500	4,500	7,500	16,880	26,250	37,500
2d Conv Cpe Carrera 2	1,680	5,040	8,400	18,900	29,400	42,000
2d Cpe Carrera 4	1,600	4,800	8,000	18,000	28,000	40,000
2d Conv Cpe Carrera 4	1,800	5,400	9,000	20,250	31,500	45,000
1999 Boxster, 6-cyl.						
2d Conv	880	2,640	4,400	9,900	15,400	22,000
NOTE: Add 5 percent for detachable HT.						
2000 911, 6-cyl.						
2d Cpe Carrera 2	1,500	4,500	7,500	16,880	26,250	37,500
2d Conv Cpe Carrera 2	1,680	5,040	8,400	18,900	29,400	42,000
2d Cpe Carrera 4	1,600	4,800	8,000	18,000	28,000	40,000
2d Conv Cpe Carrera 4	1,800	5,400	9,000	20,250	31,500	45,000
2000 Boxster, 6-cyl.						
2d Conv	880	2,640	4,400	9,900	15,400	22,000
2d S Conv	1,060	3,180	5,300	11,930	18,550	26,500
NOTE: Add 5 percent for detachable HT.						
2001 911, 6-cyl.						
2d Cpe Carrera 2	1,500	4,500	7,500	18,750	26,250	37,500
2d Conv Cpe Carrera 2	1,680	5,040	8,400	21,000	29,400	42,000
2d Cpe Carrera 4	1,600	4,800	8,000	20,000	28,000	40,000
2d Conv Cpe Carrera 4	1,800	5,400	9,000	22,500	31,500	45,000
2d Cpe Turbo AWD	2,540	7,620	12,700	31,750	44,450	63,500
2001 Boxster, 6-cyl.						
2d Conv	880	2,640	4,400	11,000	15,400	22,000
2d S Conv	1,060	3,180	5,300	13,250	18,550	26,500
NOTE: Add 5 percent for detachable HT.						
2002 911, 6-cyl.						
2d Cpe Carrera	1,420	4,260	7,100	17,750	24,850	35,500
2d Targa Cpe Carrera	1,470	4,400	7,340	18,350	25,690	36,700
2d Cabr Cpe Carrera	1,600	4,800	8,000	20,000	28,000	40,000
2d 4S Cpe Carrera	1,640	4,920	8,200	20,500	28,700	41,000
2d 4 Cabr Cpe Carrera	1,720	5,160	8,600	21,500	30,100	43,000
2d Turbo Cpe, AWD	2,540	7,620	12,700	31,750	44,450	63,500

	6	5	4	3	2	1
2002 Boxster, 6-cyl.						
2d Conv	880	2,640	4,400	11,000	15,400	22,000
2d S Conv	1,060	3,180	5,300	13,250	18,550	26,500
NOTE: Add 5 percent for detachable HT.						
2003 911, 6-cyl.						
2d Cpe Carrera	1,420	4,260	7,100	17,750	24,850	35,500
2d Targa Cpe Carrera	1,470	4,400	7,340	18,350	25,690	36,700
2d Cabr Cpe Carrera	1,600	4,800	8,000	20,000	28,000	40,000
2d 4S Cpe Carrera	1,640	4,920	8,200	20,500	28,700	41,000
2d 4 Cabr Cpe Carrera	1,720	5,160	8,600	21,500	30,100	43,000
2d Turbo Cpe, AWD	2,540	7,620	12,700	28,580	44,450	63,500
2003 Boxster, 6-cyl.						
2d Conv	880	2,640	4,400	11,000	15,400	22,000
2d S Conv	1,060	3,180	5,300	13,250	18,550	26,500
NOTE: Add 5 percent for detachable HT.						
2004 911, 6-cyl.						
Carrera 2d Cpe	1,420	4,260	7,100	17,750	24,850	35,500
Carrera Targa 2d Cpe	1,470	4,400	7,340	18,350	25,690	36,700
Carrera 4S 2d Cpe	1,640	4,920	8,200	20,500	28,700	41,000
Carrera 40th Anv 2d Cpe	1,710	5,140	8,560	21,400	29,960	42,800
Turbo 2d Cpe, AWD	2,540	7,620	12,700	31,750	44,450	63,500
Carrera 2d Cabr	1,600	4,800	8,000	20,000	28,000	40,000
Carrera 4 2d Cabr	1,720	5,160	8,600	21,500	30,100	43,000
Carrera 4S 2d Cabr	1,760	5,270	8,780	21,950	30,730	43,900
Turbo 2d Cabr, AWD	2,670	8,000	13,340	33,350	46,690	66,700
2004 Boxster, 6-cyl.						
2d Conv	880	2,640	4,400	11,000	15,400	22,000
S 2d Conv	1,060	3,180	5,300	13,250	18,550	26,500
S 50th Anv 2d Conv	1,090	3,280	5,460	13,650	19,110	27,300
NOTE: Add 5 percent for detachable HT. Add 5 percent for traction control when optional. Add 10 percent for Tiptronic transmission.						
2005 996 911, 6-cyl.						
2d Carrera Targa Cpe	1,590	4,760	7,940	19,850	27,790	39,700
2d Carrera Cabriolet Cpe	1,680	5,050	8,420	21,050	29,470	42,100
2d Carrera 4S Cpe	1,760	5,280	8,800	22,000	30,800	44,000
2d Carrera 4S Cabriolet Cpe	1,920	5,750	9,580	21,560	33,530	47,900
2d Turbo Cpe (AWD)	2,700	8,100	13,500	30,380	47,250	67,500
2d Turbo Cabriolet Cpe (AWD)	2,790	8,360	13,940	34,850	48,790	69,700
2d Turbo S Cpe (AWD)	2,800	8,400	14,000	35,000	49,000	70,000
2d Turbo S Cabriolet Cpe (AWD)	2,980	8,940	14,900	37,250	52,150	74,500
NOTE: Add 10 percent for Tiptronic transmission. Add 5 percent for traction control, when optional.						
2005 997 911, 6-cyl.						
2d Carrera Cpe	1,590	4,780	7,960	19,900	27,860	39,800
2d Carrera Cabriolet Cpe	1,810	5,420	9,040	22,600	31,640	45,200
2d Carrera S Cpe	1,750	5,260	8,760	21,900	30,660	43,800
2d Carrera S Cabriolet Cpe	1,920	5,760	9,600	24,000	33,600	48,000
NOTE: Add 10 percent for Tiptronic transmission.						
2005 Boxster, 6-cyl.						
2d Conv	880	2,640	4,400	11,000	15,400	22,000
2d S Conv	1,060	3,180	5,300	13,250	18,550	26,500
NOTE: Add 5 percent for detachable HT. Add 10 pecent for Tiptronic transmission.						
2006 Boxster, 2.7L/3.2L 6-cyl.						
2d Cabrio	980	2,930	4,880	12,200	17,080	24,400
2d S Cabrio	1,130	3,400	5,660	14,150	19,810	28,300
NOTE: Add 10 percent for Aero kit.						
2006 Cayman, 3.4L 6-cyl.						
2d Cpe	1,040	3,120	5,200	13,000	18,200	26,000
2d S Cpe	1,270	3,820	6,360	15,900	22,260	31,800
2006 911 Carerra, 3.6L/3.8L 6-cyl.						
2d Cpe	1,600	4,800	8,000	20,000	28,000	40,000
2d Cabrio	1,780	5,350	8,920	22,300	31,220	44,600
2d S Cpe	1,800	5,410	9,020	22,550	31,570	45,100
2d S Cabrio	1,930	5,780	9,640	24,100	33,740	48,200
NOTE: Add 5 percent for Aero kit.						
2006 911 Carerra 4 AWD, 3.6L/3.8L 6-cyl.						
2d Cpe	1,650	4,960	8,260	20,650	28,910	41,300
2d Cabrio	1,850	5,540	9,240	23,100	32,340	46,200
2d 4S Cpe	1,860	5,570	9,280	23,200	32,480	46,400
2d 4S Cabrio	2,060	6,170	10,280	25,700	35,980	51,400
NOTE: Add 5 percent for Aero kit.						
2006 911 Targa AWD, 3.8L 6-cyl.						
2d 4 Cpe	1,810	5,420	9,040	20,340	31,640	45,200
2d 4S Cpe	1,950	5,840	9,740	21,920	34,090	48,700
2006 911 GT, 3.6L/3.8L 6-cyl.						
2d Cpe	2,750	8,240	13,740	34,350	48,090	68,700
2006 911 Turbo T, 3.6L 6-cyl.						
2d Cpe	2,630	7,880	13,140	32,850	45,990	65,700

RENAULT

	6	5	4	3	2	1
1946-48 Juvaquatre, 4-cyl., 760cc 4CV, 4-cyl., 760cc. 83" wb						
4d Sed	300	850	1,400	3,150	4,900	7,000
1949 4CV, 4-cyl., 760cc, 83" wb						
Std 4d Sed	300	850	1,400	3,150	4,900	7,000
Grande Luxe 4d Sed	280	840	1,400	3,150	4,900	7,000
1950 4CV, 4-cyl., 760cc, 83" wb						
Grande Luxe 4d Sed	280	840	1,400	3,150	4,900	7,000
1951 4CV, Sliding Windows 4-cyl., 747cc, 83" wb						
R-1060 4d Sed	300	850	1,400	3,150	4,900	7,000
1951 4CV Luxe, Rolldown Windows						
R-1062 4d Sed	300	850	1,400	3,150	4,900	7,000
1951 4CV Super Grande Luxe, Rolldown Windows						
R-1062 4d Sed	300	850	1,400	3,150	4,900	7,000
R-1062 4d Conv	300	900	1,500	3,380	5,250	7,500
1952 4CV Luxe, 4-cyl., 747cc, 83" wb						
R-1062 4d Sed	300	850	1,400	3,150	4,900	7,000
1952 4CV Super Grande Luxe						
R-1062 4d Sed	300	850	1,400	3,150	4,900	7,000
R-1062 4d Conv	300	900	1,500	3,380	5,250	7,500
NOTE: All models had rollup windows.						
1953-54 4CV Luxe, Sport Line 4-cyl., 747cc, 83" wb						
R-1062 4d Sed	300	850	1,400	3,150	4,900	7,000
1953-54 4CV Super Grande Luxe, Sport Line 4-cyl., 747cc, 83" wb						
R-1062 4d Conv	300	900	1,500	3,380	5,250	7,500
1953-54 Fregate, 4-cyl., 1997cc, 110.25" wb						
R-1100 4d Sed	200	650	1,100	2,480	3,850	5,500
1955-56 4CV Luxe, Sport Line 4-cyl., 747cc, 82.7" wb						
R-1062 4d Sed	300	850	1,400	3,150	4,900	7,000
1955-56 4CV Super Grande Luxe 4-cyl., 747cc, 82.7" wb						
R-1062 4d Conv	300	900	1,500	3,380	5,250	7,500
1957-59 4CV, Sport Line 4-cyl., 747cc, 82.7" wb						
R-1062 4d Sed	300	850	1,400	3,150	4,900	7,000
1957-59 Dauphine, 4-cyl., 845cc, 89" wb						
R-1090 4d Sed	250	700	1,200	2,700	4,200	6,000
1960-62 4CV, 1960-61 4-cyl., 747cc, 83" wb						
R-1062 4d Sed	300	850	1,400	3,150	4,900	7,000
4d Sed S/R	300	850	1,400	3,150	4,900	7,000
1960-62 Dauphine, 4-cyl., 845cc, 89" wb						
R-1090 4d Sed	250	700	1,200	2,700	4,200	6,000
4d Sed S/R	250	700	1,200	2,700	4,200	6,000
1960-62 Gordini, 1961-62 4-cyl., 845cc, 89" wb						
R-1091A 4d Spt Sed	220	660	1,100	2,480	3,850	5,500
1960-62 Caravella R-1092, 4-cyl., 845cc, 89" wb						
2d Conv	350	1,000	1,700	3,830	5,950	8,500
2d Cpe	300	950	1,600	3,600	5,600	8,000
2d HdTp Conv	350	1,000	1,700	3,830	5,950	8,500
1963-66 Dauphine, 4-cyl., 845cc, 89" wb						
R-1090 4d Sed	250	700	1,200	2,700	4,200	6,000
1963-66 Caravella S, 1963, 4-cyl., 956cc, 89" wb						
R-1133 2d Conv	350	1,000	1,700	3,830	5,950	8,500
R-1131 2d Cpe	300	950	1,600	3,600	5,600	8,000
2d HT Cpe	350	1,000	1,700	3,830	5,950	8,500
1963-66 Caravella 1964-66, 4-cyl., 89" wb						
R-1133 2d Conv	350	1,000	1,700	3,830	5,950	8,500
R-1131 2d Cpe	300	950	1,600	3,600	5,600	8,000
1963-66 R8, 4-cyl., 956cc, 89" wb						
R-1130 4d Sed	200	650	1,100	2,480	3,850	5,500
1963-66 R8 1100, 1964-66, 4-cyl., 1108cc, 89" wb						
R-1132 4d Sed	200	650	1,100	2,480	3,850	5,500
1963-66 R8 Gordini, 1965-66, 4-cyl., 89" wb						
R-1134 4d Sed	250	700	1,200	2,700	4,200	6,000
1967-68 10, R-10, 4-cyl., 1108cc, 89" wb						
R-1190 4d Sed	200	650	1,100	2,480	3,850	5,500
1969-70 10, 1969 R-10, 4-cyl., 1108cc, 89" wb						
R-1190 4d Sed	200	650	1,100	2,480	3,850	5,500
1969-70 10, 1970 R-10, 4-cyl., 1289cc, 89" wb						
4d Sed	250	700	1,200	2,700	4,200	6,000
1969-70 16, 1970 R-16, 4-cyl., 1565cc, FWD, 105.8" wb						
R-1152 4d Sed Wag	260	780	1,300	2,930	4,550	6,500
1971-75 R-10, 1971 only, 4-cyl., 1289cc, 89" wb						
4d Sed	250	700	1,200	2,700	4,200	6,000
1971-75 R-12, 1972-up, 4-cyl., 1565cc, FWD, 96" wb						
4d Sed	250	800	1,300	2,930	4,550	6,500
4d Sta Wag	250	700	1,200	2,700	4,200	6,000

	6	5	4	3	2	1
1971-75 R-15, 1972-up, 4-cyl., 1647cc, FWD, 96" wb						
2d Cpe	250	800	1,300	2,930	4,550	6,500
1971-75 R-16, 1971-72 only, 4-cyl., 1565cc, FWD, 105.8" wb						
4d Sed	200	650	1,100	2,480	3,850	5,500
1971-75 R-17, 1972-up, 4-cyl., 1565cc-1647cc, FWD, 96" wb						
2d Spt Cpe	300	850	1,400	3,150	4,900	7,000
1976-80 R-5, 1976, 4-cyl., 1289cc, FWD, 94.6-95.8" wb						
R-5TL 2d HBk	200	650	1,100	2,480	3,850	5,500
R-5GTL 2d HBk	200	650	1,100	2,480	3,850	5,500
1976-80 LeCar, 1977-up, 4-cyl., 1289cc-1397cc, FWD						
TL 2d HBk	200	650	1,100	2,480	3,850	5,500
GTL 2d HBk	200	650	1,100	2,480	3,850	5,500
1976-80 R-12, 1976-77 only, 4-cyl., 1647cc, FWD, 96" wb						
TL 4d Sed	200	600	1,000	2,250	3,500	5,000
GTL 4d Sed	200	600	1,000	2,250	3,500	5,000
R-12 4d Sta Wag	200	650	1,050	2,390	3,700	5,300
1976-80 R-15, 1976 only, 4-cyl., 1647cc, FWD, 96" wb						
TL 2d Cpe	200	600	1,000	2,250	3,500	5,000
1976-80 R-17, 4-cyl., 1647cc, FWD, 96" wb						
TL 2d Cpe/Conv	250	800	1,300	2,930	4,550	6,500
Gordini 2d Cpe/Conv	280	840	1,400	3,150	4,900	7,000
1981 LeCar, 4-cyl., 1397cc, FWD, 95.2" wb						
2d HBk	200	650	1,100	2,480	3,850	5,500
1981 LeCar, 4-cyl, 95.2" wb, 1397cc, FWD						
DeL 2d HBk	200	650	1,100	2,480	3,850	5,500
DeL 4d HBk	200	650	1,100	2,480	3,850	5,500
1981 18i, 4-cyl., 1647cc, FWD, 96.1" wb						
4d Sed	200	650	1,100	2,480	3,850	5,500
4d Sta Wag	250	700	1,150	2,570	4,000	5,700
DeL 4d Sed	250	700	1,150	2,570	4,000	5,700
DeL 4d Sta Wag	250	700	1,200	2,660	4,150	5,900
1982 LeCar, 4-cyl., 1397cc, FWD, 95.2" wb						
2d HBk	200	650	1,100	2,480	3,850	5,500
DeL 2d HBk	250	700	1,150	2,570	4,000	5,700
DeL 4d HBk	250	700	1,150	2,570	4,000	5,700
1982 Fuego, 4-cyl., 1647cc, FWD, 96.1" wb						
2d Cpe	250	800	1,300	2,930	4,550	6,500
1982 18i, 4-cyl., 1647cc, FWD, 96.1" wb						
4d Sed	200	650	1,100	2,480	3,850	5,500
4d Sta Wag	250	700	1,150	2,570	4,000	5,700
DeL 4d Sed	250	700	1,150	2,570	4,000	5,700
DeL 4d Sta Wag	250	700	1,200	2,660	4,150	5,900
1983 LeCar, 4-cyl., 1397cc, FWD, 95.2" wb						
2d HBk	200	650	1,100	2,480	3,850	5,500
DeL 2d HBk	250	700	1,150	2,570	4,000	5,700
DeL 4d HBk	250	700	1,200	2,660	4,150	5,900
1983 Fuego, 4-cyl., 1647cc, FWD, 96.1" wb						
2d Cpe	250	800	1,300	2,930	4,550	6,500
1983 Fuego Turbo, 4-cyl., 1565cc, FWD, 96.1" wb						
2d Cpe	300	850	1,400	3,150	4,900	7,000
1983 18i, 4-cyl., 1647cc, FWD, 96.1" wb						
DeL 4d Sed	200	650	1,100	2,480	3,850	5,500
DeL 4d Sta Wag	250	700	1,150	2,570	4,000	5,700
1984 Fuego, 4-cyl., 2165cc, FWD, 96.1" wb						
2d Cpe	250	800	1,300	2,930	4,550	6,500
1984 Fuego Turbo, 4-cyl., 1565cc, FWD, 96.1" wb						
2d Cpe	300	850	1,400	3,150	4,900	7,000
1984 Sportwagon, 4-cyl., 2165cc, FWD, 96.1" wb						
4d Sta Wag	250	700	1,150	2,570	4,000	5,700
1985 Fuego, 4-cyl., 2165cc, FWD, 96.1" wb						
2d Cpe	300	850	1,400	3,150	4,900	7,000
1985 Sportwagon, 4-cyl., 2165cc, FWD, 96.1" wb						
4d Sta Wag	250	700	1,150	2,570	4,000	5,700

ROLLS-ROYCE

1947-51 6-cyl., 4257cc, 127" wb, 133" wb (1951), Silver Wraith Freestone & Webb						
Cpe	3,320	9,960	16,600	37,350	58,100	83,000
Limo	2,200	6,600	11,000	24,750	38,500	55,000
Saloon	1,960	5,880	9,800	22,050	34,300	49,000
Spt Saloon	2,040	6,120	10,200	22,950	35,700	51,000
1947-51 Hooper						
DHC	4,320	12,960	21,600	48,600	75,600	108,000
Treviot	2,200	6,600	11,000	24,750	38,500	55,000
Treviot II	2,240	6,720	11,200	25,200	39,200	56,000
Treviot III	2,280	6,840	11,400	25,650	39,900	57,000

	6	5	4	3	2	1
1947-51 H.J. Mulliner						
Sedanca de Ville	3,320	9,960	16,600	37,350	58,100	83,000
Tr Limo	2,280	6,840	11,400	25,650	39,900	57,000
1947-51 Park Ward						
Saloon	2,120	6,360	10,600	23,850	37,100	53,000
1947-51 James Young						
Limo	2,280	6,840	11,400	25,650	39,900	57,000
Saloon	2,200	6,600	11,000	24,750	38,500	55,000
1949-51 6-cyl., 4257cc, 120" wb, Silver Dawn						
Std Steel Saloon	2,200	6,600	11,000	24,750	38,500	55,000
1949-51 Farina						
Spl Saloon	2,800	8,400	14,000	31,500	49,000	70,000
1949-51 Freestone & Webb						
Saloon	2,280	6,840	11,400	25,650	39,900	57,000
1949-51 Park Ward						
DHC	3,440	10,320	17,200	38,700	60,200	86,000
FHC	3,000	9,000	15,000	33,750	52,500	75,000
1950-56 8-cyl., 5675cc, 145" wb, Phantom IV						
Park Ward Limo	6,360	19,080	31,800	71,550	111,300	159,000
1951-52 6-cyl., 4566cc, 127" wb, Silver Wraith Freestone & Webb						
Cpe	2,880	8,640	14,400	32,400	50,400	72,000
1951-55 6-cyl., 4566cc, 127" wb, Silver Wraith Freestone & Webb						
Spt Saloon	2,280	6,840	11,400	25,650	39,900	57,000
1951-55 Hooper						
Tr Limo	2,120	6,360	10,600	23,850	37,100	53,000
1951-55 H.J. Mulliner						
Tr Limo	2,280	6,840	11,400	25,650	39,900	57,000
1951-55 Park Ward						
Limo	2,240	6,720	11,200	25,200	39,200	56,000
1951-55 6-cyl., 4566cc, 120" wb, Silver Dawn						
Std Steel Saloon	2,200	6,600	11,000	24,750	38,500	55,000
1951-55 Park Ward						
DHC	3,520	10,560	17,600	39,600	61,600	88,000
1955-59 6-cyl., 4887cc, 123" wb, 127" wb (after 1957), Silver Cloud						
Std Steel Saloon	2,120	6,360	10,600	23,850	37,100	53,000
1955-59 H.J. Mulliner						
DHC	4,400	13,200	22,000	49,500	77,000	110,000
1955-59 Park Ward						
Saloon, LWB	2,160	6,480	10,800	24,300	37,800	54,000
1955-59 James Young						
Saloon	2,600	7,800	13,000	29,250	45,500	65,000
NOTE: Deduct 30 percent for RHD.						
1955-59 6-cyl., 4887cc, 133" wb, Silver Wraith Hooper						
Limo, LWB	2,280	6,840	11,400	25,650	39,900	57,000
Saloon	2,200	6,600	11,000	24,750	38,500	55,000
1955-59 H.J. Mulliner						
Tr Limo	2,360	7,080	11,800	26,550	41,300	59,000
1955-59 Park Ward						
Limo	2,120	6,360	10,600	23,850	37,100	53,000
Saloon	2,080	6,240	10,400	23,400	36,400	52,000
NOTE: Deduct 30 percent for RHD.						
1959-62 V-8, 6230cc, 123" wb, 127" wb (after 1960), Silver Cloud II						
Std Steel Saloon	1,960	5,880	9,800	22,050	34,300	49,000
1959-62 H.J. Mulliner						
DHC	4,240	12,720	21,200	47,700	74,200	106,000
1959-62 Radford						
Countryman	2,200	6,600	11,000	24,750	38,500	55,000
1959-62 James Young						
Limo, LWB	2,640	7,920	13,200	29,700	46,200	66,000
NOTE: Deduct 30 percent for RHD.						
1960-68 V-8, 6230cc, 144" wb, Phantom V H.J. Mulliner-Park Ward						
Landaulette	6,360	19,080	31,800	71,550	111,300	159,000
Limo	2,960	8,880	14,800	33,300	51,800	74,000
1960-68 Park Ward						
Limo	2,400	7,200	12,000	27,000	42,000	60,000
1960-68 James Young						
Limo	3,360	10,080	16,800	37,800	58,800	84,000
Sedanca de Ville	6,360	19,080	31,800	71,550	111,300	159,000
NOTE: Deduct 30 percent for RHD.						
1962-66 V-8, 6230cc, 123" wb, 127" wb, Silver Cloud III						
Std Steel Saloon	3,120	9,360	15,600	35,100	54,600	78,000
1962-66 H.J. Mulliner						
2d Saloon	2,360	7,080	11,800	26,550	41,300	59,000
DHC	5,280	15,840	26,400	59,400	92,400	132,000
Flying Spur	3,600	10,800	18,000	40,500	63,000	90,000
NOTE: Deduct 30 percent for RHD.						

	6	5	4	3	2	1
1962-66 James Young						
4d Spt Saloon	1,960	5,880	9,800	22,050	34,300	49,000
Cpe	2,400	7,200	12,000	27,000	42,000	60,000
Tr Limo, SWB	2,720	8,160	13,600	30,600	47,600	68,000
Tr Limo, LWB	3,200	9,600	16,000	36,000	56,000	80,000
1962-66 Park Ward						
DHC	2,600	7,800	13,000	29,250	45,500	65,000
Limo, LWB	2,720	8,160	13,600	30,600	47,600	68,000
NOTE: Deduct 30 percent for RHD.						
1965-69 V-8, 6230cc, 119.5" wb, 123.5" wb, Silver Shadow						
Std Steel Saloon	1,920	5,760	9,600	21,600	33,600	48,000
LWB Saloon	2,040	6,120	10,200	22,950	35,700	51,000
1965-69 Mulliner-Park Ward						
2d Saloon	2,160	6,480	10,800	24,300	37,800	54,000
DHC	2,280	6,840	11,400	25,650	39,900	57,000
1965-69 James Young						
2d Saloon	2,160	6,480	10,800	24,300	37,800	54,000
NOTE: Deduct 30 percent for RHD.						
1968-77 V-8, 6230cc, 145" wb, Phantom VI						
Landau	4,000	12,000	20,000	45,000	70,000	100,000
Limo	3,600	10,800	18,000	40,500	63,000	90,000
1968-77 Mulliner-Park Ward						
Laudaulette	7,360	22,080	36,800	82,800	128,800	184,000
NOTE: Deduct 30 percent for RHD.						
1970-76 V-8, 6750cc, 119.5" wb, 123.5" wb, Silver Shadow						
Std Steel Saloon	2,040	6,120	10,200	22,950	35,700	51,000
1970-76 V-8, 6750cc, 119.5" wb, 123.5" wb Silver Shadow						
LWB Saloon	2,240	6,720	11,200	25,200	39,200	56,000
1970-76 Mulliner-Park Ward						
2d Saloon	2,480	7,440	12,400	27,900	43,400	62,000
DHC	2,880	8,640	14,400	32,400	50,400	72,000
NOTE: Deduct 30 percent for RHD.						
1971-77 V-8, 6750cc, 119" wb, Corniche						
2d Saloon	2,640	7,920	13,200	29,700	46,200	66,000
Conv	3,280	9,840	16,400	36,900	57,400	82,000
NOTE: Deduct 30 percent for RHD.						
1975-78 V-8, 6750cc, 108.5" wb						
Camarque	2,240	6,720	11,200	25,200	39,200	56,000
NOTE: Deduct 30 percent for RHD.						
1977-78 V-8, 6750cc, 120" wb						
Silver Shadow II	2,040	6,120	10,200	22,950	35,700	51,000
1977-78 V-8, 6750cc, 123.5" wb						
Silver Wraith II	2,240	6,720	11,200	25,200	39,200	56,000
NOTE: Add 10 percent for factory sunroof. Deduct 30 percent for RHD.						
1979 V-8, 6750cc, 123.5" wb						
4d Silver Spirit	2,550	7,700	12,800	28,800	44,800	64,000
4d Silver Spur	2,650	7,900	13,200	29,700	46,200	66,000
2d Conv Corniche	3,500	10,600	17,600	39,600	61,500	88,000
2d Camargue	2,600	7,800	13,000	29,250	45,500	65,000
4d Phantom VI	6,700	20,000	33,400	75,150	117,000	167,000
4d Silver Shadow	2,450	7,300	12,200	27,450	42,700	61,000
4d Silver Wraith	2,550	7,700	12,800	28,800	44,800	64,000
1980 V-8, 6750cc, 123.5" wb						
4d Silver Spirit	2,550	7,700	12,800	28,800	44,800	64,000
4d Silver Spur	2,650	7,900	13,200	29,700	46,200	66,000
2d Conv Corniche	3,500	10,600	17,600	39,600	61,500	88,000
2d Camarque	2,650	7,900	13,200	29,700	46,200	66,000
4d Phantom VI	6,700	20,000	33,400	75,150	117,000	167,000
4d Silver Shadow	2,450	7,300	12,200	27,450	42,700	61,000
4d Silver Wraith	2,550	7,700	12,800	28,800	44,800	64,000
1981 V-8, 6750cc, 123.5" wb						
4d Silver Spirit	2,550	7,700	12,800	28,800	44,800	64,000
4d Silver Spur	2,650	7,900	13,200	29,700	46,200	66,000
2d Conv Corniche	3,500	10,600	17,600	39,600	61,500	88,000
2d Camarque	2,600	7,800	13,000	29,250	45,500	65,000
4d Phantom VI	6,700	20,000	33,400	75,150	117,000	167,000
1982 V-8, 6750cc, 123.5" wb						
4d Silver Spirit	2,500	7,550	12,600	28,350	44,100	63,000
4d Silver Spur	2,650	7,900	13,200	29,700	46,200	66,000
2d Conv Corniche	3,600	10,800	18,000	40,500	63,000	90,000
2d Camarque	2,550	7,700	12,800	28,800	44,800	64,000
4d Phantom VI	6,700	20,000	33,400	75,150	117,000	167,000
1983 V-8, 6750cc, 123.5" wb						
4d Silver Spirit	2,500	7,550	12,600	28,350	44,100	63,000
4d Silver Spur	2,650	7,900	13,200	29,700	46,200	66,000
2d Conv Corniche	3,600	10,800	18,000	40,500	63,000	90,000

	6	5	4	3	2	1
2d Camarque	2,550	7,700	12,800	28,800	44,800	64,000
4d Phantom VI	6,700	20,000	33,400	75,150	117,000	167,000
1984 V-8, 6750cc, 123.5" wb						
4d Silver Spirit Sed	2,600	7,800	13,000	29,250	45,500	65,000
4d Silver Spur Sed	2,720	8,160	13,600	30,600	47,600	68,000
2d Camarque Cpe	2,700	8,150	13,600	30,600	47,600	68,000
2d Corniche Conv	3,750	11,300	18,800	42,300	66,000	94,000
1985 V-8, 6750cc, 123.5" wb						
4d Silver Spirit Sed	2,720	8,160	13,600	30,600	47,600	68,000
4d Silver Spur Sed	2,960	8,880	14,800	33,300	51,800	74,000
2d Camarque Cpe	3,000	9,000	15,000	33,750	52,500	75,000
2d Corniche Conv	4,000	12,000	20,000	45,000	70,000	100,000
1986 V-8, 6750cc, 123.5" wb						
4d Silver Spirit Sed	2,960	8,880	14,800	33,300	51,800	74,000
4d Silver Spur Sed	3,160	9,480	15,800	35,550	55,300	79,000
2d Camarque Cpe	3,200	9,600	16,000	36,000	56,000	80,000
2d Corniche Conv	4,100	12,200	20,400	45,900	71,500	102,000
1987 V-8, 6750cc, 123.5" wb						
4d Silver Spirit Sed	2,320	6,960	11,600	26,100	40,600	58,000
4d Silver Spur Sed	2,440	7,320	12,200	27,450	42,700	61,000
2d Camarque Cpe	3,400	10,200	17,000	38,250	59,500	85,000
2d Corniche Conv	5,300	15,800	26,400	59,400	92,500	132,000
4d Silver Spur Limo	4,880	14,640	24,400	54,900	85,400	122,000
1988 V-8, 6750cc, 123.5" wb						
4d Silver Spirit Sed	2,320	6,960	11,600	26,100	40,600	58,000
4d Silver Spur Sed	2,440	7,320	12,200	27,450	42,700	61,000
2d Corniche Conv	5,500	16,600	27,600	62,100	96,500	138,000
1989 V-8, 6750cc, 123.5" wb						
4d Silver Spirit Sed	2,520	7,560	12,600	28,350	44,100	63,000
4d Silver Spur Sed	2,640	7,920	13,200	29,700	46,200	66,000
2d Corniche Conv	5,600	16,800	28,000	63,000	98,000	140,000
1990 V-8, 6750cc, 123.5" wb						
4d Silver Spirit Sed	2,720	8,160	13,600	30,600	47,600	68,000
4d Silver Spur Sed	2,800	8,400	14,000	31,500	49,000	70,000
2d Corniche Conv	5,600	16,800	28,000	63,000	98,000	140,000
1991 Silver Spirit II						
4d Sed, SWB	2,900	8,650	14,400	32,400	50,400	72,000
4d Sed, LWB	3,100	9,350	15,600	35,100	54,600	78,000
1991 Corniche III						
2d Conv	5,700	17,000	28,400	63,900	99,500	142,000
1992 Silver Spirit, V-8						
4d Sed	3,100	9,350	15,600	35,100	54,600	78,000
1992 Silver Spur, V-8						
4d Sed	3,500	10,600	17,600	39,600	61,500	88,000
4d Limo	5,500	16,600	27,600	62,100	96,500	138,000
1992 Corniche IV, V-8						
2d Conv	5,900	17,600	29,400	66,150	103,000	147,000
1993 Silver Spur IV						
4d Sed	3,900	11,600	19,400	43,650	68,000	97,000
1993 Silver Spur						
4d Limo	5,700	17,000	28,400	63,900	99,500	142,000
1993 Corniche IV						
2d Conv	6,500	19,400	32,400	72,900	113,000	162,000
1994 Corniche IV, V-8						
2d Conv	7,500	22,400	37,400	84,150	131,000	187,000
1994 Silver Spirit II, V-8						
4d Sed	3,950	11,900	19,800	44,550	69,500	99,000
1994 Silver Spur III, V-8						
4d Sed, LWB	4,050	12,100	20,200	45,450	70,500	101,000
4d Limo	7,300	21,800	36,400	81,900	127,000	182,000
1995 Corniche IV, V-8						
2d Conv	7,300	22,000	36,600	82,350	128,000	183,000
2d Conv, Turbo	10,200	30,600	51,000	114,750	179,000	255,000
1995 Silver Dawn, V-8						
4d Sed	2,900	8,750	14,600	32,850	51,100	73,000
1995 Silver Spur III, V-8						
4d Sed, LWB	3,900	11,600	19,400	43,650	68,000	97,000
4d Limo	7,100	21,400	35,600	80,100	125,000	178,000
1996 Silver Dawn, V-8						
4d Sed	3,000	9,000	15,000	33,750	52,500	75,000
1996 Silver Spur III, V-8						
4d Sed, LWB	3,950	11,900	19,800	44,550	69,500	99,000
4d Limo	7,200	21,600	36,000	81,000	126,000	180,000
1997 Silver Dawn, V-8						
4d Sed	3,000	9,000	15,000	33,750	52,500	75,000

	6	5	4	3	2	1
1997 Silver Spur III, V-8						
4d Sed, LWB	3,960	11,880	19,800	44,550	69,300	99,000
4d Limo	7,200	21,600	36,000	81,000	126,000	180,000
1997 Corniche IV, V-8						
2d Conv	6,000	18,000	30,000	67,500	105,000	150,000
1998 Silver Spur III, V-8						
4d Sed, LWB	3,960	11,880	19,800	44,550	69,300	99,000
4d Limo	7,200	21,600	36,000	81,000	126,000	180,000
1999 Silver Seraph, V-12						
4d Sed	4,400	13,200	22,000	49,500	77,000	110,000
2000 Silver Seraph, V-12						
4d Sed	4,600	13,800	23,000	51,750	80,500	115,000
2000 Corniche IV, V-8						
2d Conv Cpe	8,400	25,200	42,000	94,500	147,000	210,000
2001 Silver Seraph, V-12						
4d Sed	4,600	13,800	23,000	57,500	80,500	115,000
2001 Park Ward, V-12						
4d Sed	5,000	15,000	25,000	62,500	87,500	125,000
2001 Corniche IV, V-8						
2d Conv Cpe	8,400	25,200	42,000	105,000	147,000	210,000
2002 Silver Seraph, V-12						
4d Sed	4,600	13,800	23,000	57,500	80,500	115,000
2002 Park Ward, V-12						
4d Sed	5,000	15,000	25,000	62,500	87,500	125,000
2002 Corniche IV, V-8						
2d Conv	8,400	25,200	42,000	105,000	147,000	210,000
2003 Phantom VI, V-12						
4d Sed	5,400	16,200	27,000	67,500	94,500	135,000
2004 Phantom VI, V-12						
4d Sed	5,400	16,200	27,000	67,500	94,500	135,000
2005 Phantom VI, V-12						
4d Sed	5,400	16,200	27,000	67,500	94,500	135,000
2006 Rolls-Royce Phantom, 6.7L V-12						
4d Saloon	7,200	21,600	36,000	90,000	126,000	180,000
4d Drophead	10,000	30,000	50,000	125,000	175,000	250,000

SAAB

	6	5	4	3	2	1
1950-52 2-cyl., 764cc, 97.2" wb						
92 2d Sed	350	1,060	1,760	3,960	6,160	8,800
1953-55 2-cyl., 764cc, 97.2" wb						
92B 2d Sed	330	1,000	1,660	3,740	5,810	8,300
1956-57 3-cyl., 748cc, 98" wb						
93 2d Sed	310	940	1,560	3,510	5,460	7,800
1958 3-cyl., 748cc, 98" wb						
93B 2d Sed	290	880	1,460	3,290	5,110	7,300
GT 750 2d Sed	310	940	1,560	3,510	5,460	7,800
1959 3-cyl., 748cc, 98" wb						
93B 2d Sed	290	880	1,460	3,290	5,110	7,300
GT 750 2d Sed	310	940	1,560	3,510	5,460	7,800
1959 3-cyl., 841cc, 98" wb						
95 2d Sta Wag	300	910	1,520	3,420	5,320	7,600
1960 3-cyl., 748cc, 98" wb						
93F 2d Sed	290	880	1,460	3,290	5,110	7,300
GT 750 2d Sed	310	940	1,560	3,510	5,460	7,800
1960 3-cyl., 841cc, 98" wb						
96 2d Sed	290	880	1,460	3,290	5,110	7,300
95 2d Sta Wag	300	910	1,520	3,420	5,320	7,600
1961 3-cyl., 748cc, 98" wb						
GT 750 2d Sed	310	940	1,560	3,510	5,460	7,800
1961 3-cyl., 841cc, 98" wb						
96 2d Sed	280	840	1,400	3,150	4,900	7,000
95 2d Sta Wag	280	850	1,420	3,200	4,970	7,100
1962 3-cyl., 748cc, 98" wb						
GT 750 2d Sed	310	940	1,560	3,510	5,460	7,800
1962 3-cyl., 841cc, 98" wb						
96 2d Sed	280	840	1,400	3,150	4,900	7,000
95 2d Sta Wag	280	850	1,420	3,200	4,970	7,100
2d Spt Sed	290	880	1,460	3,290	5,110	7,300
1963 3-cyl., 841cc, 98" wb						
96 2d Sed	280	840	1,400	3,150	4,900	7,000
95 2d Sta Wag	280	850	1,420	3,200	4,970	7,100
Spt/GT 850 2d Sed	290	880	1,460	3,290	5,110	7,300
1964 3-cyl., 841cc, 98" wb						
96 2d Sed	280	840	1,400	3,150	4,900	7,000
95 2d Sta Wag	290	880	1,460	3,290	5,110	7,300
Spt/Monte Carlo 850 2d Sed	330	1,000	1,660	3,740	5,810	8,300

	6	5	4	3	2	1
1965 3-cyl., 841cc, 98" wb						
96 2d Sed	280	840	1,400	3,150	4,900	7,000
95 2d Sta Wag	280	850	1,420	3,200	4,970	7,100
Spt/Monte Carlo 850 2d Sed	330	1,000	1,660	3,740	5,810	8,300
1966 3-cyl., 841cc, 98" wb						
96 2d Sed	280	840	1,400	3,150	4,900	7,000
96 Spl 2d Sed	280	850	1,420	3,200	4,970	7,100
95 2d Sta Wag	290	860	1,440	3,240	5,040	7,200
Monte Carlo 850 2d Sed	330	1,000	1,660	3,740	5,810	8,300
1966 3-cyl., 841cc, 84.6" wb						
Sonett II	330	1,000	1,660	3,740	5,810	8,300
1967 3-cyl., 841cc, 98" wb						
96 Shrike 2d Sed	240	720	1,200	2,700	4,200	6,000
95 2d Sta Wag	240	730	1,220	2,750	4,270	6,100
Monte Carlo 850 2d Sed	330	1,000	1,660	3,740	5,810	8,300
1967 3-cyl., 841cc, 84.6" wb						
Sonett II	330	1,000	1,660	3,740	5,810	8,300
1967 V-4, 1498cc, 98" wb						
96 V4 2d Sed	240	720	1,200	2,700	4,200	6,000
95 V4 2d Sta Wag	240	730	1,220	2,750	4,270	6,100
Monte Carlo V4 2d Sed	340	1,020	1,700	3,830	5,950	8,500
1967 V-4, 1498cc, 84.6" wb						
Sonett V4	330	1,000	1,660	3,740	5,810	8,300
1968 3-cyl., 841cc (816cc Shrike), 98" wb						
96 Shrike 2d Sed	270	820	1,360	3,060	4,760	6,800
96 2d Sed	280	830	1,380	3,110	4,830	6,900
95 Shrike 2d Sta Wag	270	820	1,360	3,060	4,760	6,800
95 2d Sta Wag	280	830	1,380	3,110	4,830	6,900
1968 V-4, 1498cc, 98" wb						
96 V4 2d Sed	290	880	1,460	3,290	5,110	7,300
96 V4 2d DeL Sed	300	890	1,480	3,330	5,180	7,400
95 V4 2d Sta Wag	300	900	1,500	3,380	5,250	7,500
95 V4C 2d Sta Wag	300	910	1,520	3,420	5,320	7,600
Monte Carlo V4 2d Sed	340	1,010	1,680	3,780	5,880	8,400
1968 V-4, 1498cc, 84.6" wb						
Sonett V4	320	960	1,600	3,600	5,600	8,000
1969 V-4, 1498cc, 98" wb						
96 V4 2d Sed	290	880	1,460	3,290	5,110	7,300
96 V4 2d DeL Sed	300	890	1,480	3,330	5,180	7,400
95 V4 2d Sta Wag	290	880	1,460	3,290	5,110	7,300
1969 V-4, 1498cc, 84.6" wb						
Sonett V4	320	960	1,600	3,600	5,600	8,000
1969 4-cyl., 1709cc, 97.4" wb						
99 2d Sed	290	880	1,460	3,290	5,110	7,300
1970 V-4, 1498cc, 98" wb						
96 V4 2d Sed	290	880	1,460	3,290	5,110	7,300
95 V4 2d Sta Wag	300	910	1,520	3,420	5,320	7,600
1970 V-4, 84.6" wb						
Sonett III	340	1,020	1,700	3,830	5,950	8,500
1970 4-cyl., 1709cc, 97.4" wb						
99 2d Sed	290	860	1,440	3,240	5,040	7,200
99 4d Sed	280	850	1,420	3,200	4,970	7,100
1971 V-4, 1698cc, 98" wb						
96 V4 2d Sed	250	760	1,260	2,840	4,410	6,300
95 V4 2d Sta Wag	260	790	1,320	2,970	4,620	6,600
1971 V-4, 1698cc, 84.6" wb						
Sonett III	320	960	1,600	3,600	5,600	8,000
1971 4-cyl., 1709cc, 97.4" wb						
99 2d Sed	250	760	1,260	2,840	4,410	6,300
99 4d Sed	250	740	1,240	2,790	4,340	6,200
1972 V-4, 1698cc, 98" wb						
96 V4 2d Sed	250	760	1,260	2,840	4,410	6,300
95 V4 2d Sta Wag	260	790	1,320	2,970	4,620	6,600
1972 V-4, 1698cc, 84.6" wb						
Sonett III	320	960	1,600	3,600	5,600	8,000
1972 4-cyl., 1850/1985cc, 97.4" wb						
99 2d Sed	250	760	1,260	2,840	4,410	6,300
99EMS 2d Sed	270	820	1,360	3,060	4,760	6,800
99 4d Sed	250	760	1,260	2,840	4,410	6,300
1973 V-4, 1698cc, 98" wb						
96 V4	250	760	1,260	2,840	4,410	6,300
95 V4 2d Sta Wag	260	790	1,320	2,970	4,620	6,600
1973 V-4, 1698cc, 84.6" wb						
Sonett III	320	960	1,600	3,600	5,600	8,000
1973 4-cyl., 1850/1985cc, 97.4" wb						
99X7 2d Sed	250	740	1,240	2,790	4,340	6,200

	6	5	4	3	2	1
99L 2d Sed	250	740	1,240	2,790	4,340	6,200
99L 4d Sed	240	730	1,220	2,750	4,270	6,100
99EMS 2d Sed	270	820	1,360	3,060	4,760	6,800
1974 V-4, 1698cc, 98" wb						
96 V4 2d Sed	250	760	1,260	2,840	4,410	6,300
95 V4 2d Sta Wag	260	780	1,300	2,930	4,550	6,500
1974 V-4, 1698cc, 84.6" wb						
Sonett III	320	960	1,600	3,600	5,600	8,000
1974 4-cyl., 1985cc, 97.4" wb						
99X7 2d Sed	250	760	1,260	2,840	4,410	6,300
99L 2d Sed	260	770	1,280	2,880	4,480	6,400
99L 4d Sed	250	760	1,260	2,840	4,410	6,300
99L 3d Combi Cpe	260	780	1,300	2,930	4,550	6,500
99EMS 2d Sed	270	820	1,360	3,060	4,760	6,800
1975 V-4, 1498cc, 98" wb						
96 V4 2d Sed	230	700	1,160	2,610	4,060	5,800
95 V4 2d Sta Wag	240	720	1,200	2,700	4,200	6,000
1975 4-cyl., 1985cc, 97.4" wb						
99 2d Sed	210	620	1,040	2,340	3,640	5,200
99L 2d Sed	220	660	1,100	2,480	3,850	5,500
99L 4d Sed	220	660	1,100	2,480	3,850	5,500
99L 3d Combi Cpe	220	670	1,120	2,520	3,920	5,600
99EMS 2d Sed	240	720	1,200	2,700	4,200	6,000
1976 4-cyl., 1985cc, 97.4" wb						
99L 2d Sed	210	640	1,060	2,390	3,710	5,300
99GL 2d Sed	220	650	1,080	2,430	3,780	5,400
99GL 4d Sed	210	640	1,060	2,390	3,710	5,300
99GL 3d Combi Cpe	220	660	1,100	2,480	3,850	5,500
99GL 5d Combi Cpe	220	670	1,120	2,520	3,920	5,600
99EMS 2d Sed	250	740	1,240	2,790	4,340	6,200
99GLE 4d Sed	240	730	1,220	2,750	4,270	6,100
1977 4-cyl., 1985cc, 97.4" wb						
99L 2d Sed	200	600	1,000	2,250	3,500	5,000
99GL 2d Sed	210	640	1,060	2,390	3,710	5,300
99GL 4d Sed	210	640	1,060	2,390	3,710	5,300
99GL 3d Combi Cpe	220	660	1,100	2,480	3,850	5,500
99GL 5d Combi Cpe	220	670	1,120	2,520	3,920	5,600
99EMS 2d Sed	230	700	1,160	2,610	4,060	5,800
99GLE 4d Sed	230	680	1,140	2,570	3,990	5,700
1978 4-cyl., 1985cc, 97.4" wb						
99L 2d Sed	200	600	1,000	2,250	3,500	5,000
99L 4d Sed	200	600	1,000	2,250	3,500	5,000
99L 3d Combi Cpe	210	640	1,060	2,390	3,710	5,300
99GL 2d Sed	200	610	1,020	2,300	3,570	5,100
99GL 4d Sed	210	620	1,040	2,340	3,640	5,200
99GL 3d Combi Cpe	220	650	1,080	2,430	3,780	5,400
99GL 5d Combi Cpe	220	650	1,080	2,430	3,780	5,400
99EMS 2d Sed	220	660	1,100	2,480	3,850	5,500
99EMS 3d Combi Cpe	220	670	1,120	2,520	3,920	5,600
99GLE 5d Combi Cpe	220	670	1,120	2,520	3,920	5,600
99 Turbo 3d Combi Cpe	250	760	1,260	2,840	4,410	6,300
1979 4-cyl., 1985cc, 97.4" wb						
99GL 2d Sed	220	660	1,100	2,480	3,850	5,500
900GL 2d HBk	220	670	1,120	2,520	3,920	5,600
900GLE 4d HBk	240	710	1,180	2,660	4,130	5,900
900EMS 2d HBk	240	720	1,200	2,700	4,200	6,000
900 Turbo 2d HBk	250	740	1,240	2,790	4,340	6,200
900 Turbo 4d HBk	250	740	1,240	2,790	4,340	6,200
1980 4-cyl., 1985cc, 97.4" wb						
99GL 2d Sed	230	680	1,140	2,570	3,990	5,700
900GLI 2d HBk	230	700	1,160	2,610	4,060	5,800
900GLE 4d HBk	240	710	1,180	2,660	4,130	5,900
900EMS 2d HBk	240	720	1,200	2,700	4,200	6,000
900 Turbo 2d HBk	250	740	1,240	2,790	4,340	6,200
900 Turbo 4d HBk	250	740	1,240	2,790	4,340	6,200
1981 4-cyl., 1985cc, 97.4" wb						
900 2d HBk	240	730	1,220	2,750	4,270	6,100
900S 2d HBk	250	740	1,240	2,790	4,340	6,200
900S 4d Sed	250	740	1,240	2,790	4,340	6,200
900 Turbo 2d HBk	250	760	1,260	2,840	4,410	6,300
900 Turbo 4d HBk	250	760	1,260	2,840	4,410	6,300
1982 4-cyl., 1985cc, 97.4" wb						
900 2d HBk	240	720	1,200	2,700	4,200	6,000
900 4d Sed	240	730	1,220	2,750	4,270	6,100
900S 2d HBk	240	730	1,220	2,750	4,270	6,100
900S 4d Sed	250	740	1,240	2,790	4,340	6,200

	6	5	4	3	2	1
900 Turbo 2d HBk	260	770	1,280	2,880	4,480	6,400
900 Turbo 4d Sed	260	770	1,280	2,880	4,480	6,400
1983 4-cyl., 1985cc, 97.4" wb						
900 2d HBk	240	720	1,200	2,700	4,200	6,000
900 4d Sed	240	730	1,220	2,750	4,270	6,100
900S 2d HBk	240	730	1,220	2,750	4,270	6,100
900S 4d Sed	250	740	1,240	2,790	4,340	6,200
900 Turbo 2d HBk	260	770	1,280	2,880	4,480	6,400
900 Turbo 4d Sed	260	770	1,280	2,880	4,480	6,400
1984 4-cyl., 1985cc, 97.4" wb						
900 2d HBk	240	720	1,200	2,700	4,200	6,000
900 4d Sed	240	730	1,220	2,750	4,270	6,100
900S 2d HBk	240	730	1,220	2,750	4,270	6,100
900S 4d Sed	250	740	1,240	2,790	4,340	6,200
900 Turbo 2d HBk	260	780	1,300	2,930	4,550	6,500
900 Turbo 4d Sed	260	780	1,300	2,930	4,550	6,500
1985 4-cyl., 1985cc, 97.4" wb						
900 2d HBk	260	780	1,300	2,930	4,550	6,500
900 4d Sed	270	800	1,340	3,020	4,690	6,700
900S 2d HBk	290	880	1,460	3,290	5,110	7,300
900S 4d Sed	290	880	1,460	3,290	5,110	7,300
NOTE: Add 10 percent for Turbo.						
1986 4-cyl., 1985cc, 97.4" wb						
900 2d HBk	260	780	1,300	2,930	4,550	6,500
900 4d Sed	270	800	1,340	3,020	4,690	6,700
900S 2d Sed	300	890	1,480	3,330	5,180	7,400
900S 2d HBk	300	890	1,480	3,330	5,180	7,400
900S 4d Sed	300	900	1,500	3,380	5,250	7,500
NOTE: Add 10 percent for Turbo.						
1987 4-cyl., 1985cc, 97.4" wb						
900 2d HBk	300	900	1,500	3,380	5,250	7,500
900 4d Sed	310	920	1,540	3,470	5,390	7,700
900S 2d HBk	320	960	1,600	3,600	5,600	8,000
900S 4d Sed	320	960	1,600	3,600	5,600	8,000
900 2d HBk Turbo	360	1,080	1,800	4,050	6,300	9,000
900 2d Conv Turbo	700	2,100	3,500	7,880	12,250	17,500
9000S 4d HBk	360	1,080	1,800	4,050	6,300	9,000
9000 4d HBk Turbo	380	1,140	1,900	4,280	6,650	9,500
1988 4-cyl., 1985cc, 97.4" wb						
900 2d HBk	340	1,020	1,700	3,830	5,950	8,500
900 4d Sed	340	1,020	1,700	3,830	5,950	8,500
900S 2d HBk	380	1,130	1,880	4,230	6,580	9,400
900S 4d Sed	380	1,140	1,900	4,280	6,650	9,500
900 2d HBk Turbo	460	1,380	2,300	5,180	8,050	11,500
900 2d Conv Turbo	780	2,340	3,900	8,780	13,650	19,500
9000 4d HBk	380	1,140	1,900	4,280	6,650	9,500
9000 4d HBk Turbo	420	1,260	2,100	4,730	7,350	10,500
1989 4-cyl., 1985cc, 97.4" wb						
900 2d HBk	340	1,020	1,700	3,830	5,950	8,500
900 4d Sed	340	1,020	1,700	3,830	5,950	8,500
900S 2d HBk	380	1,140	1,900	4,280	6,650	9,500
900S 4d Sed	380	1,140	1,900	4,280	6,650	9,500
900 2d HBk Turbo	420	1,260	2,100	4,730	7,350	10,500
900 4d Sed Turbo	420	1,260	2,100	4,730	7,350	10,500
900 2d Conv Turbo	900	2,700	4,500	10,130	15,750	22,500
9000S 4d HBk	460	1,380	2,300	5,180	8,050	11,500
9000 4d HBk Turbo	500	1,500	2,500	5,630	8,750	12,500
9000 4d Sed Turbo	540	1,620	2,700	6,080	9,450	13,500
1990 4-cyl., 1985 cc, 97.4" wb						
900 2d Sed	360	1,080	1,800	4,050	6,300	9,000
1990 4-cyl., 1985cc, 97.4" wb						
900 4d Sed	360	1,090	1,820	4,100	6,370	9,100
900S 2d Sed	380	1,140	1,900	4,280	6,650	9,500
900S 4d Sed	380	1,150	1,920	4,320	6,720	9,600
900 2d Sed Turbo	460	1,380	2,300	5,180	8,050	11,500
900 4d Sed Turbo	460	1,390	2,320	5,220	8,120	11,600
900 2d Conv Turbo	660	1,980	3,300	7,430	11,550	16,500
9000S 4d Sed	460	1,380	2,300	5,180	8,050	11,500
9000S 4d HBk Sed	460	1,390	2,320	5,220	8,120	11,600
9000 4d HBk Sed Turbo	540	1,620	2,700	6,080	9,450	13,500
9000 4d Sed Turbo	580	1,740	2,900	6,530	10,150	14,500
1991 4-cyl., 1985cc, 97.4" wb						
900 2d Sed	320	960	1,600	3,600	5,600	8,000
900S 2d Sed	360	1,080	1,800	4,050	6,300	9,000
900S 2d Conv	540	1,620	2,700	6,080	9,450	13,500
900 2d Sed Turbo	460	1,380	2,300	5,180	8,050	11,500

	6	5	4	3	2	1
900 2d Conv Turbo	620	1,860	3,100	6,980	10,850	15,500
900 4d Sed	320	960	1,600	3,600	5,600	8,000
900S 4d Sed	360	1,080	1,800	4,050	6,300	9,000
9000 HBk	380	1,140	1,900	4,280	6,650	9,500
9000S 4d HBk	400	1,200	2,000	4,500	7,000	10,000
9000S 4d Turbo HBk	460	1,380	2,300	5,180	8,050	11,500
9000CD 4d Sed	420	1,260	2,100	4,730	7,350	10,500
9000CD 4d Turbo Sed	460	1,380	2,300	5,180	8,050	11,500
1992 900, 4-cyl.						
2d HBk	360	1,080	1,800	4,050	6,300	9,000
4d Sed	360	1,080	1,800	4,050	6,300	9,000
2d S HBk	400	1,200	2,000	4,500	7,000	10,000
4d S Sed	400	1,200	2,000	4,500	7,000	10,000
2d S Conv	500	1,500	2,500	5,630	8,750	12,500
2d Turbo HBk	420	1,260	2,100	4,730	7,350	10,500
2d Turbo Conv	620	1,860	3,100	6,980	10,850	15,500
1992 9000, 4-cyl.						
4d HBk	440	1,320	2,200	4,950	7,700	11,000
4d S HBk	460	1,380	2,300	5,180	8,050	11,500
4d CD Sed	460	1,380	2,300	5,180	8,050	11,500
4d Turbo HBk	500	1,500	2,500	5,630	8,750	12,500
4d CD Turbo Sed	500	1,500	2,500	5,630	8,750	12,500
1993 900, 4-cyl.						
2d S Sed	380	1,130	1,880	4,230	6,580	9,400
4d S Sed	380	1,140	1,900	4,280	6,650	9,500
2d S Conv	520	1,560	2,600	5,850	9,100	13,000
2d Sed Turbo	400	1,200	2,000	4,500	7,000	10,000
2d Conv Turbo	560	1,680	2,800	6,300	9,800	14,000
1993 9000, 4-cyl.						
4d CD Sed	390	1,160	1,940	4,370	6,790	9,700
4d CD Turbo Sed	400	1,210	2,020	4,550	7,070	10,100
CS 4d HBk	420	1,260	2,100	4,730	7,350	10,500
CS 4d HBk, Turbo	440	1,320	2,200	4,950	7,700	11,000
4d CDE Sed	410	1,240	2,060	4,640	7,210	10,300
4d CDE Turbo Sed	430	1,280	2,140	4,820	7,490	10,700
CSE 4d HBk	400	1,200	2,000	4,500	7,000	10,000
CSE 4d Turbo HBk	420	1,260	2,100	4,730	7,350	10,500
4d Aero Turbo Sed	460	1,380	2,300	5,180	8,050	11,500
1994 900, 4-cyl.						
2d S Cpe HBk	460	1,380	2,300	5,180	8,050	11,500
2d SE Cpe HBk Turbo	480	1,440	2,400	5,400	8,400	12,000
4d S Sed HBk	480	1,440	2,400	5,400	8,400	12,000
4d S Sed HBk, V-6	500	1,500	2,500	5,630	8,750	12,500
4d SE Sed HBk, V-6	560	1,680	2,800	6,300	9,800	14,000
2d S Conv	580	1,740	2,900	6,530	10,150	14,500
2d Conv, Turbo	660	1,980	3,300	7,430	11,550	16,500
1994 9000, 4-cyl.						
4d Sed Cpe, Turbo	580	1,740	2,900	6,530	10,150	14,500
CS 4d Sed HBk	500	1,500	2,500	5,630	8,750	12,500
CS 4d Sed HBk, Turbo	540	1,620	2,700	6,080	9,450	13,500
CSE 4d Sed HBk	540	1,620	2,700	6,080	9,450	13,500
CSE 4d Sed Hbk, Turbo	580	1,740	2,900	6,530	10,150	14,500
4d Sed HBk Aero, Turbo	700	2,100	3,500	7,880	12,250	17,500
1995 900, 4-cyl. & V-6						
2d S Cpe	460	1,380	2,300	5,180	8,050	11,500
2d S Conv	580	1,740	2,900	6,530	10,150	14,500
4d S Sed	480	1,440	2,400	5,400	8,400	12,000
2d SE Cpe, Turbo	480	1,440	2,400	5,400	8,400	12,000
4d SE Sed, V-6	560	1,680	2,800	6,300	9,800	14,000
2d SE Conv, Turbo	660	1,980	3,300	7,430	11,550	16,500
2d SE Conv, V-6	650	1,960	3,260	7,340	11,410	16,300
1995 9000, 4-cyl. & V-6						
4d CDE Sed, V-6	540	1,620	2,700	6,080	9,450	13,500
CS 4d Sed, Turbo	500	1,500	2,500	5,630	8,750	12,500
CS 4d Sup Sed, Turbo	540	1,620	2,700	6,080	9,450	13,500
CSE 4d Sed, Turbo	580	1,740	2,900	6,530	10,150	14,500
CSE 4d Sed, V-6	560	1,680	2,800	6,300	9,800	14,000
4d Aero Sed, Turbo	700	2,100	3,500	7,880	12,250	17,500
1996 900, 4-cyl.						
2d S Cpe	440	1,320	2,200	4,950	7,700	11,000
2d S Conv	560	1,680	2,800	6,300	9,800	14,000
4d S Sed	460	1,380	2,300	5,180	8,050	11,500
2d SE Cpe, Turbo	460	1,380	2,300	5,180	8,050	11,500
2d SE Conv, Turbo	640	1,920	3,200	7,200	11,200	16,000
4d SE Sed, Turbo	470	1,400	2,340	5,270	8,190	11,700

	6	5	4	3	2	1
1996 900, V-6						
2d SE Conv	630	1,900	3,160	7,110	11,060	15,800
4d SE Sed	540	1,620	2,700	6,080	9,450	13,500
1996 9000, 4-cyl.						
CS 4d Sed, Turbo	480	1,440	2,400	5,400	8,400	12,000
CSE 4d Sed, Turbo	560	1,680	2,800	6,300	9,800	14,000
4d Aero Sed, Turbo	680	2,040	3,400	7,650	11,900	17,000
1996 9000, V-6.						
CSE 4d Sed	540	1,620	2,700	6,080	9,450	13,500
1997 900, 4-cyl.						
2d S Cpe	440	1,320	2,200	4,950	7,700	11,000
2d S Conv	560	1,680	2,800	6,300	9,800	14,000
4d S Sed	460	1,380	2,300	5,180	8,050	11,500
2d SE Cpe, Turbo	460	1,380	2,300	5,180	8,050	11,500
2d SE Conv, Turbo	640	1,920	3,200	7,200	11,200	16,000
4d SE Sed, Turbo	470	1,400	2,340	5,270	8,190	11,700
1997 900, V-6						
2d SE Conv	630	1,890	3,150	7,090	11,030	15,750
4d SE Sed	540	1,620	2,700	6,080	9,450	13,500
1997 9000, 4-cyl.						
CS 4d Sed, Turbo	480	1,440	2,400	5,400	8,400	12,000
CSE 4d Sed, Turbo	560	1,680	2,800	6,300	9,800	14,000
4d Aero Sed, Turbo	680	2,040	3,400	7,650	11,900	17,000
1997 9000, V-6						
CSE 4d Sed	540	1,620	2,700	6,080	9,450	13,500
1998 900, 4-cyl.						
2d S Cpe Turbo	440	1,320	2,200	4,950	7,700	11,000
2d S Conv	560	1,680	2,800	6,300	9,800	14,000
4d S Sed	460	1,380	2,300	5,180	8,050	11,500
2d SE Cpe Turbo	460	1,380	2,300	5,180	8,050	11,500
2d SE Conv Turbo	640	1,920	3,200	7,200	11,200	16,000
4d SE Sed Turbo	470	1,400	2,340	5,270	8,190	11,700
1998 9000, Turbo 4-cyl.						
CS 4d Sed	520	1,560	2,600	5,850	9,100	13,000
CSE 4d Sed	600	1,800	3,000	6,750	10,500	15,000
1999 9-3, Turbo 4-cyl.						
2d Cpe	320	960	1,600	3,600	5,600	8,000
2d Conv	400	1,200	2,000	4,500	7,000	10,000
2d Viggen Cpe	440	1,320	2,200	4,950	7,700	11,000
4d Sed	340	1,020	1,700	3,830	5,950	8,500
4d SE Sed	360	1,080	1,800	4,050	6,300	9,000
2d SE Conv	480	1,440	2,400	5,400	8,400	12,000
1999 9-5, Turbo 4-cyl.						
4d Sed	380	1,140	1,900	4,280	6,650	9,500
4d SE Sed	400	1,200	2,000	4,500	7,000	10,000
4d SE Sed (Turbo V-6)	440	1,320	2,200	4,950	7,700	11,000
2000 9-3, Turbo 4-cyl.						
2d Cpe	320	960	1,600	3,600	5,600	8,000
4d Sed	340	1,020	1,700	3,830	5,950	8,500
2d Conv	400	1,200	2,000	4,500	7,000	10,000
4d SE Sed	360	1,080	1,800	4,050	6,300	9,000
2d SE Conv	480	1,440	2,400	5,400	8,400	12,000
2d Viggen Cpe	440	1,320	2,200	4,950	7,700	11,000
4d Viggen Sed	450	1,340	2,240	5,040	7,840	11,200
2d Viggen Conv	580	1,740	2,900	6,530	10,150	14,500
2000 9-5, Turbo 4-cyl.						
4d Sed	380	1,140	1,900	4,280	6,650	9,500
4d SE Sed	400	1,200	2,000	4,500	7,000	10,000
4d SE Sed (Turbo V-6)	440	1,320	2,200	4,950	7,700	11,000
4d Aero Sed	460	1,380	2,300	5,180	8,050	11,500
4d Sta Wag	470	1,400	2,340	5,270	8,190	11,700
4d SE Sta Wag (Turbo V-6)	510	1,520	2,540	5,720	8,890	12,700
4d Aero Sta Wag	560	1,680	2,800	6,300	9,800	14,000
2001 9-3, Turbo 4-cyl.						
2d Cpe	320	960	1,600	3,600	5,600	8,000
4d Sed	340	1,020	1,700	3,830	5,950	8,500
4d SE Sed	360	1,080	1,800	4,050	6,300	9,000
2d SE Conv	480	1,440	2,400	5,400	8,400	12,000
2d Viggen Cpe	440	1,320	2,200	4,950	7,700	11,000
4d Viggen Sed	450	1,340	2,240	5,040	7,840	11,200
2d Viggen Conv	580	1,740	2,900	6,530	10,150	14,500
2001 9-5, Turbo 4-cyl.						
4d Sed	380	1,140	1,900	4,280	6,650	9,500
4d SE Sed	400	1,200	2,000	4,500	7,000	10,000
4d SE Sed (Turbo V-6)	440	1,320	2,200	4,950	7,700	11,000
4d Aero Sed	460	1,380	2,300	5,180	8,050	11,500

	6	5	4	3	2	1
4d Sta Wag	470	1,400	2,340	5,270	8,190	11,700
4d SE Sta Wag (Turbo V-6)	510	1,520	2,540	5,720	8,890	12,700
4d Aero Sta Wag	560	1,680	2,800	6,300	9,800	14,000
2002 9-3, Turbo, 4-cyl.						
4d SE Sed	360	1,080	1,800	4,050	6,300	9,000
2d SE Conv	480	1,440	2,400	5,400	8,400	12,000
2d Viggen Cpe	440	1,320	2,200	4,950	7,700	11,000
2d Viggen Sed	450	1,340	2,240	5,040	7,840	11,200
2d Viggen Conv	580	1,740	2,900	6,530	10,150	14,500
2002 9-5, Turbo, 4-cyl.						
4d Linear Sed	380	1,140	1,900	4,280	6,650	9,500
4d Arc Sed (V-6)	400	1,200	2,000	4,500	7,000	10,000
4d Aero Sed	460	1,380	2,300	5,180	8,050	11,500
4d Linear Sta Wag	470	1,400	2,340	5,270	8,190	11,700
4d Arc Sta Wag (V-6)	490	1,460	2,440	5,490	8,540	12,200
4d Aero Sta Wag	520	1,560	2,600	5,850	9,100	13,000
2003 9-3, Turbo 4-cyl.						
4d Linear Sed	380	1,130	1,880	4,230	6,580	9,400
4d Arc Sed	400	1,190	1,980	4,460	6,930	9,900
4d Vector Sed	440	1,310	2,180	4,910	7,630	10,900
2d SE Conv	570	1,720	2,860	6,440	10,010	14,300
2003 9-5, Turbo 4-cyl.						
4d Linear Sed	380	1,140	1,900	4,280	6,650	9,500
4d Arc Sed (V-6)	400	1,200	2,000	4,500	7,000	10,000
4d Aero Sed	460	1,380	2,300	5,180	8,050	11,500
4d Linear Sta Wag	470	1,400	2,340	5,270	8,190	11,700
4d Arc Sta Wag (V-6)	490	1,460	2,440	5,490	8,540	12,200
4d Aero Sta Wag	520	1,560	2,600	5,850	9,100	13,000
2004 9-3, Turbo 4-cyl.						
Linear 4d Sed	380	1,140	1,900	4,280	6,650	9,500
Arc 4d Sed	400	1,200	2,000	4,500	7,000	10,000
Aero 4d Sed	440	1,310	2,180	4,910	7,630	10,900
Arc 2d Conv	570	1,720	2,860	6,440	10,010	14,300
Aero 2d Conv	610	1,820	3,040	6,840	10,640	15,200
2004 9-5, Turbo 4-cyl.						
Arc 4d Sed	400	1,200	2,000	4,500	7,000	10,000
Aero 4d Sed	460	1,380	2,300	5,180	8,050	11,500
Linear 4d Sta Wag	470	1,400	2,340	5,270	8,190	11,700
Arc 4d Sta Wag	490	1,460	2,440	5,490	8,540	12,200
Aero 4d Sta Wag	520	1,560	2,600	5,850	9,100	13,000
NOTE: Deduct 5 percent for manual transmission on all Saabs.						
2005 9-2X, 4-cyl., AWD						
4d Linear Sta Wag	320	950	1,580	3,950	5,530	7,900
4d Aero Turbo Sta Wag	390	1,180	1,960	4,900	6,860	9,800
NOTE: Deduct 5 percent for manual transmission.						
2005 9-3, Turbo 4-cyl.						
4d Linear Sed	380	1,140	1,900	4,750	6,650	9,500
4d Arc Sed	400	1,200	2,000	5,000	7,000	10,000
4d Aero Sed	440	1,310	2,180	5,450	7,630	10,900
2d Linear Conv	510	1,540	2,560	6,400	8,960	12,800
2d Arc Conv	570	1,720	2,860	7,150	10,010	14,300
2d Aero Conv	610	1,820	3,040	6,840	10,640	15,200
NOTE: Deduct 5 percent for manual transmission.						
2005 9-5, Turbo 4-cyl.						
4d Arc Sed	400	1,200	2,000	5,000	7,000	10,000
4d Aero Sed	460	1,380	2,300	5,750	8,050	11,500
4d Linear Sta Wag	470	1,400	2,340	5,850	8,190	11,700
4d Arc Sta Wag	490	1,460	2,440	5,490	8,540	12,200
4d Aero Sta Wag	520	1,560	2,600	6,500	9,100	13,000
NOTE: Deduct 5 percent for manual transmission.						
2006 9-2X AWD, 2.5L 4-cyl.						
4d 2.5i Wagon	400	1,190	1,980	4,950	6,930	9,900
4d Aero Wagon	460	1,370	2,290	5,730	8,020	11,450
2006 9-3, 2.0L 4-cyl. Turbo						
4d 2.0T Sed	320	970	1,620	4,050	5,670	8,100
2d 2.0T Conv	460	1,380	2,300	5,750	8,050	11,500
4d 2.0T Spt Combi Wagon	380	1,140	1,900	4,750	6,650	9,500
2006 9-3, 2.8L 6-cyl. Turbo						
4d Aero Sed	380	1,150	1,920	4,800	6,720	9,600
2d Aero Conv	550	1,660	2,760	6,900	9,660	13,800
4d Aero Spt Combi Wagon	480	1,430	2,380	5,950	8,330	11,900
NOTE: Add 10 percent for 20th Anniversary option.						
2006 9-5, 2.3L 4-cyl. Turbo						
4d 2.3T Sed	390	1,160	1,940	4,850	6,790	9,700
4d 2.3T Spt Combi Wagon	790	2,360	3,930	9,830	13,760	19,650
NOTE: Add 10 percent for 20th Anniversary option.						

	6	5	4	3	2	1
SCION						
2004 xA, 4-cyl.						
4d HBk	230	680	1,140	2,850	3,990	5,700
2004 xA, 1.5L 4-cyl.						
4d HBk	250	740	1,240	2,790	4,340	6,200
2004 xB, 4-cyl.						
4d Sta Wag	240	730	1,220	3,050	4,270	6,100
NOTE: Deduct 5 percent for manual transmission on all Scions.						
2004 xB, 1.5L 4-cyl.						
4d Spt Wag	260	790	1,320	3,300	4,620	6,600
2005 xA, 4-cyl.						
4d HBk	230	680	1,140	2,850	3,990	5,700
2005 xA, 1.5L 4-cyl.						
4d HBk	280	830	1,380	3,450	4,830	6,900
2005 xB, 4-cly.						
4d Sta Wag	240	730	1,220	3,050	4,270	6,100
2005 xB, 1.5L 4-cyl.						
4d Spt Wag	320	970	1,620	4,050	5,670	8,100
2005 +C, 4-cyl.						
2d LBk	260	790	1,320	2,970	4,620	6,600
NOTE: Deduct 5 percent for manual transmission on all Scion models.						
2005 tC, 2.4L 4-cyl.						
2d HBk Cpe	390	1,180	1,960	4,900	6,860	9,800
2006 xA, 1.5L 4-cyl.						
4d HBk	360	1,070	1,780	4,450	6,230	8,900
2006 xB, 1.5L 4-cyl.						
4d Spt Wag	380	1,140	1,900	4,750	6,650	9,500
2006 tC, 2.4L 4-cyl.						
2d HBk Cpe	500	1,500	2,500	6,250	8,750	12,500
SIMCA						
1946-50 Series 5, 4-cyl., 570cc, 79" wb						
2d Cpe	350	1,000	1,700	3,830	5,950	8,500
1946-50 Series 6, 4-cyl., 570cc, 79" wb						
2d Cpe	350	1,000	1,700	3,830	5,950	8,500
1946-50 Series 8, 1000, 4-cyl., 1089cc, 95" wb						
4d Sed	300	950	1,600	3,600	5,600	8,000
2d Bus Cpe	350	1,000	1,700	3,830	5,950	8,500
2d Conv Cpe	600	1,750	2,900	6,530	10,200	14,500
1946-50 Series 8, 1200, 4-cyl., 1221cc, 95" wb						
4d Sed	300	950	1,600	3,600	5,600	8,000
2d Bus Cpe	350	1,000	1,700	3,830	5,950	8,500
2d Conv Cpe	600	1,750	2,900	6,530	10,200	14,500
1946-50 Series 8, 4-cyl., 1221cc, 95" wb						
2d Spt Rds	700	2,050	3,400	7,650	11,900	17,000
1951-55 Series 8, 4-cyl., 1221cc, 95" wb						
2d Spt Rds	700	2,050	3,400	7,650	11,900	17,000
2d Spt Cpe	600	1,750	2,900	6,530	10,200	14,500
2d Sed	300	950	1,600	3,600	5,600	8,000
1951-55 Aronde 9, 4-cyl., 1221cc, 96" wb						
4d Sed	200	600	1,000	2,250	3,500	5,000
2d Sta Wag	200	650	1,100	2,480	3,850	5,500
2d HT Cpe	250	800	1,300	2,930	4,550	6,500
1956-58 Aronde 1300, 4-cyl., 1290cc, 96.2" wb						
4d DeL Sed	200	550	900	2,030	3,150	4,500
4d Elysee Sed	200	600	950	2,160	3,350	4,800
2d Plein Ciel Sed	200	600	1,000	2,250	3,500	5,000
Grand Large HT Cpe	260	780	1,300	2,930	4,550	6,500
Chatelaine Sta Wag	200	650	1,100	2,480	3,850	5,500
Oceane 2d Conv	600	1,750	2,900	6,530	10,200	14,500
1956-58 Vedette, V-8, 2351cc, 106" wb						
Versailles Sed	200	650	1,100	2,480	3,850	5,500
1959-61 Aronde, 4-cyl., 1290cc, 96.3" wb						
4d DeL Sed	200	550	900	2,030	3,150	4,500
Sup DeL Sed	200	600	950	2,160	3,350	4,800
4d Elysee Sed	200	600	1,000	2,250	3,500	5,000
Montlhery Sed	200	600	1,050	2,340	3,650	5,200
Grand Large HT Cpe	260	780	1,300	2,930	4,550	6,500
Plain Ciel HT Cpe	250	800	1,300	2,930	4,550	6,500
Chatelaine Sta Wag	200	650	1,100	2,480	3,850	5,500
Oceane 2d Conv	600	1,750	2,900	6,530	10,200	14,500
1959-61 Aronde (Second Series 1959) 4-cyl., 1290cc, 96.3" wb						
Elysee 4d Sed	200	550	900	2,030	3,150	4,500
Montlhery Sed	200	600	950	2,160	3,350	4,800
Grand Large HT Cpe	260	780	1,300	2,930	4,550	6,500

	6	5	4	3	2	1
Monaco HT Cpe	250	800	1,300	2,930	4,550	6,500
Etoile 4d Sed	200	600	950	2,160	3,350	4,800
1959-61 Vedette Beaulieu, V-8, 2351cc, 106" wb						
4d Sed	200	650	1,100	2,480	3,850	5,500
1959-61 Ariane, 235cc, 106" wb						
Four 4d Sed	200	550	900	2,030	3,150	4,500
1959-61 Ariane, 2351cc, 106" wb						
V-8 4d Sed	200	650	1,100	2,480	3,850	5,500
1962-68 Series 5, 4-cyl., 1290cc, 96.3" wb						
4d Sed	200	550	900	2,030	3,150	4,500
1962-68 Series 1000, 4-cyl., 944cc, 87.3" wb						
4d Sed	200	550	900	2,030	3,150	4,500
1962-68 Bertone 1000, 4-cyl., 944cc, 87.7" wb						
2d Cpe	200	650	1,100	2,480	3,850	5,500
1969-71 Series 1118, 4-cyl., 1118cc, 87.4" wb						
GL 4d Sed	200	550	900	2,030	3,150	4,500
GLS 4d Sed	200	550	900	2,030	3,150	4,500
1969-71 Series 1204, 4-cyl., 1204cc, 99.2" wb						
LS 2d Sed	200	550	900	2,030	3,150	4,500
GLS 2d Sed	200	550	900	2,070	3,200	4,600
GLS 4d Sed	200	550	900	2,030	3,150	4,500
GLS 2d Sta Wag	200	600	950	2,160	3,350	4,800
GLS 4d Sta Wag	200	600	950	2,160	3,350	4,800

SUBARU

	6	5	4	3	2	1
1958-70 360, 2-cyl., 356cc, 70.9" wb						
2d Cpe	220	660	1,100	2,480	3,850	5,500
2d Cus Cpe	230	680	1,140	2,570	3,990	5,700
NOTE: Imports began in the late 1960s.						
1971 FF-1 Star, 4-cyl., 1088cc, 95.2" wb						
1100 2d Sed	220	670	1,120	2,520	3,920	5,600
1100 4d Sed	220	660	1,100	2,480	3,850	5,500
1100 4d Sta Wag	230	680	1,140	2,570	3,990	5,700
1972 1300, 4-cyl., 1267cc, 95.3" wb						
A15L 2d Sed	220	670	1,120	2,520	3,920	5,600
A15L 4d Sed	220	660	1,100	2,480	3,850	5,500
A44L 4d Sta Wag	230	680	1,140	2,570	3,990	5,700
GL 2d Cpe	240	720	1,200	2,700	4,200	6,000
1973-76 1400, 4-cyl., 1361cc, 96.7" wb						
DL 2d Sed	220	670	1,120	2,520	3,920	5,600
DL 4d Sed	220	660	1,100	2,480	3,850	5,500
DL 4d Sta Wag	220	660	1,100	2,480	3,850	5,500
GL 2d Cpe	240	720	1,200	2,700	4,200	6,000
NOTE: A 4WD Station Wagon was available in 1975 with a 96.1" wb.						
1977-79 1600, 4-cyl., 1595cc, 96.7" wb						
STD 2d Sed	220	660	1,100	2,480	3,850	5,500
DL 2d Sed	220	670	1,120	2,520	3,920	5,600
DL 4d Sed	220	660	1,100	2,480	3,850	5,500
DL 2d Cpe	230	680	1,140	2,570	3,990	5,700
GF 2d HT Cpe	240	720	1,200	2,700	4,200	6,000
DL 4d Sta Wag	230	680	1,140	2,570	3,990	5,700
DL 4x4 Sta Wag	260	780	1,300	2,930	4,550	6,500
1980-84 1600						
STD 2d HBk	220	660	1,100	2,480	3,850	5,500
STD 2d HBk, 4x4	240	720	1,200	2,700	4,200	6,000
DL 2d HBk	220	660	1,100	2,480	3,850	5,500
DL 2d HBk, 4x4	240	720	1,200	2,700	4,200	6,000
DL 4d Sed	220	660	1,100	2,480	3,850	5,500
DL 2d HT Cpe	240	720	1,200	2,700	4,200	6,000
DL 4d Sta Wag	220	660	1,100	2,480	3,850	5,500
DL Sta Wag, 4x4	260	780	1,300	2,930	4,550	6,500
GL 4d Sed	220	660	1,100	2,480	3,850	5,500
GL 4d Sta Wag	240	720	1,200	2,700	4,200	6,000
GL Sta Wag, 4x4	260	780	1,300	2,930	4,550	6,500
GLF HT Cpe	240	720	1,200	2,700	4,200	6,000
NOTE: Optional 4-cyl 1781cc engine also available.						
1985-86 STD						
STD 2d HBk	240	720	1,200	2,700	4,200	6,000
DL 4d Sed	260	780	1,300	2,930	4,550	6,500
DL 4d Sta Wag	280	840	1,400	3,150	4,900	7,000
GL 2d HBk	290	860	1,440	3,240	5,040	7,200
GL HBk, 4x4	310	920	1,540	3,470	5,390	7,700
GL 4d Sed	250	740	1,240	2,790	4,340	6,200
GL 4d Sed, 4x4	280	840	1,400	3,150	4,900	7,000
GL 4d Sta Wag	260	780	1,300	2,930	4,550	6,500
GL Sta Wag, 4x4	300	900	1,500	3,380	5,250	7,500

	6	5	4	3	2	1
1985-86 Turbo RX						
RX 4d Sed, 4x4	300	900	1,500	3,380	5,250	7,500
GL 4d Sed, 4x4	300	900	1,500	3,380	5,250	7,500
1985-86 XT						
DL 2d Cpe	280	840	1,400	3,150	4,900	7,000
GL 2d Cpe	290	860	1,440	3,240	5,040	7,200
Turbo 2d Cpe, 4x4	300	900	1,500	3,380	5,250	7,500
1987 STD						
2d HBk	190	580	960	2,160	3,360	4,800
1987 Justy						
DL 2d HBk	210	620	1,040	2,340	3,640	5,200
GL 2d HBk	220	650	1,080	2,430	3,780	5,400
1987 DL						
2d Cpe	220	670	1,120	2,520	3,920	5,600
4d Sed	220	660	1,100	2,480	3,850	5,500
4d Sta Wag	230	680	1,140	2,570	3,990	5,700
4d Sta Wag, 4x4	270	800	1,340	3,020	4,690	6,700
1987 GL						
2d HBk	230	680	1,140	2,570	3,990	5,700
2d HBk, 4x4	270	800	1,340	3,020	4,690	6,700
2d Cpe	220	670	1,120	2,520	3,920	5,600
2d Cpe, 4x4	260	790	1,320	2,970	4,620	6,600
4d Sed	220	660	1,100	2,480	3,850	5,500
4d Sed, 4x4	260	780	1,300	2,930	4,550	6,500
4d Sta Wag	230	700	1,160	2,610	4,060	5,800
4d Sta Wag, 4x4	270	820	1,360	3,060	4,760	6,800
4d Sed RX Turbo, 4x4	300	910	1,520	3,420	5,320	7,600
1987 XT						
DL 2d Cpe	270	820	1,360	3,060	4,760	6,800
GL 2d Cpe	280	830	1,380	3,110	4,830	6,900
GL 2d Cpe, 4x4	310	940	1,560	3,510	5,460	7,800
1988 Justy						
DL 2d HBk	220	650	1,080	2,430	3,780	5,400
GL 2d HBk	220	660	1,100	2,480	3,850	5,500
GL 2d HBk, 4x4	260	770	1,280	2,880	4,480	6,400
RS 2d HBk, 4x4	260	780	1,300	2,930	4,550	6,500
1988 DL						
2d Cpe	230	680	1,140	2,570	3,990	5,700
4d Sed	220	670	1,120	2,520	3,920	5,600
4d Sta Wag	230	700	1,160	2,610	4,060	5,800
4d Sta Wag, 4x4	270	820	1,360	3,060	4,760	6,800
1988 GL						
2d HBk	230	680	1,140	2,570	3,990	5,700
2d HBk, 4x4	270	800	1,340	3,020	4,690	6,700
2d Cpe	240	710	1,180	2,660	4,130	5,900
2d Cpe, 4x4	270	820	1,360	3,060	4,760	6,800
2d Cpe RX Turbo, 4x4	300	900	1,500	3,380	5,250	7,500
4d Sed	230	700	1,160	2,610	4,060	5,800
4d Sed, 4x4	280	830	1,380	3,110	4,830	6,900
4d Sed RX Turbo, 4x4	300	910	1,520	3,420	5,320	7,600
4d Sta Wag	240	730	1,220	2,750	4,270	6,100
4d Sta Wag, 4x4	280	850	1,420	3,200	4,970	7,100
1988 XT						
DL 2d Cpe	280	830	1,380	3,110	4,830	6,900
GL 2d Cpe	280	840	1,400	3,150	4,900	7,000
GL 2d Cpe, 4x4	320	960	1,600	3,600	5,600	8,000
2d Cpe XT6	300	900	1,500	3,380	5,250	7,500
2d Cpe XT6, 4x4	340	1,020	1,700	3,830	5,950	8,500
1989 Justy						
DL 2d HBk	220	660	1,100	2,480	3,850	5,500
GL 2d HBk	220	670	1,120	2,520	3,920	5,600
DL 2d HBk, 4x4	260	780	1,300	2,930	4,550	6,500
GL 2d HBk, 4x4	260	790	1,320	2,970	4,620	6,600
1989 DL						
2d Cpe	230	700	1,160	2,610	4,060	5,800
4d Sed	230	680	1,140	2,570	3,990	5,700
4d Sta Wag	240	710	1,180	2,660	4,130	5,900
4d Sta Wag, 4x4	280	830	1,380	3,110	4,830	6,900
1989 GL						
2d HBk	230	700	1,160	2,610	4,060	5,800
2d HBk, 4x4	270	820	1,360	3,060	4,760	6,800
2d Cpe	240	720	1,200	2,700	4,200	6,000
2d Cpe, 4x4	280	830	1,380	3,110	4,830	6,900
2d Cpe RX Turbo, 4x4	310	940	1,560	3,510	5,460	7,800
4d Sed	240	710	1,180	2,660	4,130	5,900
4d Sed, 4x4	280	840	1,400	3,150	4,900	7,000

	6	5	4	3	2	1
4d Sta Wag	250	740	1,240	2,790	4,340	6,200
4d Sta Wag, 4x4	290	860	1,440	3,240	5,040	7,200
1989 XT						
GL 2d Cpe	280	840	1,400	3,150	4,900	7,000
GL 2d Cpe, 4x4	320	960	1,600	3,600	5,600	8,000
2d Cpe XT6	310	940	1,560	3,510	5,460	7,800
2d Cpe XT6, 4x4	350	1,060	1,760	3,960	6,160	8,800
1990 Justy						
2d DL HBk	220	670	1,120	2,520	3,920	5,600
2d GL HBk	230	680	1,140	2,570	3,990	5,700
2d GL HBk 4x4	270	800	1,340	3,020	4,690	6,700
4d GL HBk 4x4	260	790	1,320	2,970	4,620	6,600
1990 Loyale						
2d Cpe	220	650	1,080	2,430	3,780	5,400
2d RS Cpe 4x4	270	820	1,360	3,060	4,760	6,800
2d RS Cpe Turbo 4x4	280	840	1,400	3,150	4,900	7,000
4d Sed	230	700	1,160	2,610	4,060	5,800
4d Sed 4x4	280	830	1,380	3,110	4,830	6,900
4d Sta Wag	240	720	1,200	2,700	4,200	6,000
4d Sta Wag 4x4	280	840	1,400	3,150	4,900	7,000
1990 Legacy						
4d Sed	240	720	1,200	2,700	4,200	6,000
4d L Sed	240	730	1,220	2,750	4,270	6,100
4d L Sed 4x4	280	850	1,420	3,200	4,970	7,100
4d Sta Wag	240	730	1,220	2,750	4,270	6,100
4d L Sta Wag	250	740	1,240	2,790	4,340	6,200
4d L Sta Wag 4x4	290	860	1,440	3,240	5,040	7,200
1991 Justy						
2d DL HBk	160	480	800	1,800	2,800	4,000
2d GL HBk	170	500	840	1,890	2,940	4,200
2d GL HBk 4x4	240	720	1,200	2,700	4,200	6,000
4d GL HBk 4x4	240	710	1,180	2,660	4,130	5,900
1991 Loyale						
4d Sed	230	680	1,140	2,570	3,990	5,700
4d Sed 4x4	260	780	1,300	2,930	4,550	6,500
4d Sta Wag	240	720	1,200	2,700	4,200	6,000
4d Sta Wag 4x4	280	840	1,400	3,150	4,900	7,000
1991 Legacy						
4d L Sed	280	840	1,400	3,150	4,900	7,000
4d L Sed 4x4	340	1,020	1,700	3,830	5,950	8,500
4d LS Sed	300	900	1,500	3,380	5,250	7,500
4d LS Sed 4x4	360	1,080	1,800	4,050	6,300	9,000
4d Sed Spt Turbo 4x4	560	1,680	2,800	6,300	9,800	14,000
4d L Sta Wag	320	960	1,600	3,600	5,600	8,000
4d L Sta Wag 4x4	360	1,080	1,800	4,050	6,300	9,000
4d LS Sta Wag	340	1,020	1,700	3,830	5,950	8,500
4d LS Sta Wag 4x4	380	1,140	1,900	4,280	6,650	9,500
1991 XT						
2d GL HBk	280	840	1,400	3,150	4,900	7,000
2d XT6 HBk	300	900	1,500	3,380	5,250	7,500
2d XT6 HBk 4x4	320	960	1,600	3,600	5,600	8,000
1992 Justy, 3-cyl.						
2d DL HBk	170	500	840	1,890	2,940	4,200
2d GL HBk	180	540	900	2,030	3,150	4,500
2d GL HBk, 4x4	220	670	1,120	2,520	3,920	5,600
4d GL HBk, 4x4	220	660	1,100	2,480	3,850	5,500
1992 Loyale, 4-cyl.						
4d Sed	240	720	1,200	2,700	4,200	6,000
4d Sed 4x4	280	840	1,400	3,150	4,900	7,000
4d Sta Wag	250	740	1,240	2,790	4,340	6,200
4d Sta Wag 4x4	300	900	1,500	3,380	5,250	7,500
1992 Legacy, 4-cyl.						
4d L Sed	290	860	1,440	3,240	5,040	7,200
4d L Sed 4x4	320	960	1,600	3,600	5,600	8,000
4d LS Sed	320	960	1,600	3,600	5,600	8,000
4d LS Sed 4x4	360	1,080	1,800	4,050	6,300	9,000
4d LSi Sed	340	1,020	1,700	3,830	5,950	8,500
4d LSi Sed 4x4	580	1,740	2,900	6,530	10,150	14,500
4d Turbo Sed 4x4	600	1,800	3,000	6,750	10,500	15,000
4d L Sta Wag	340	1,020	1,700	3,830	5,950	8,500
4d L Sta Wag 4x4	580	1,740	2,900	6,530	10,150	14,500
4d LS Sta Wag	560	1,680	2,800	6,300	9,800	14,000
4d LS Sta Wag 4x4	600	1,800	3,000	6,750	10,500	15,000
4d Turbo Sta Wag 4x4	620	1,860	3,100	6,980	10,850	15,500
1992 SVX, 6-cyl.						
2d LS Cpe	640	1,920	3,200	7,200	11,200	16,000

	6	5	4	3	2	1
2d LSL Cpe	680	2,040	3,400	7,650	11,900	17,000
1993 Justy, 3-cyl.						
2d HBk	220	660	1,100	2,480	3,850	5,500
2d GL HBk	220	670	1,120	2,520	3,920	5,600
2d GL HBk 4x4	260	790	1,320	2,970	4,620	6,600
4d GL HBk 4x4	260	780	1,300	2,930	4,550	6,500
1993 Loyale, 4-cyl.						
4d Sed	240	710	1,180	2,660	4,130	5,900
4d Sed, 4x4	280	830	1,380	3,110	4,830	6,900
4d Sta Wag	240	730	1,220	2,750	4,270	6,100
4d Sta Wag 4x4	280	850	1,420	3,200	4,970	7,100
1993 Impreza, 4-cyl.						
4d Sed	290	860	1,440	3,240	5,040	7,200
4d Sed L	300	900	1,500	3,380	5,250	7,500
4d Sed L 4x4	340	1,020	1,700	3,830	5,950	8,500
4d Sed LS	300	910	1,520	3,420	5,320	7,600
4d Sed LS 4x4	340	1,030	1,720	3,870	6,020	8,600
4d Sta Wag L	320	960	1,600	3,600	5,600	8,000
4d Sta Wag L 4x4	360	1,080	1,800	4,050	6,300	9,000
4d Sta Wag LS	330	980	1,640	3,690	5,740	8,200
4d Sta Wag LS 4x4	370	1,100	1,840	4,140	6,440	9,200
1993 Legacy, 4-cyl.						
4d Sed L	380	1,140	1,900	4,280	6,650	9,500
4d Sed L 4x4	580	1,740	2,900	6,530	10,150	14,500
4d Sed LS	380	1,150	1,920	4,320	6,720	9,600
4d Sed LS 4x4	580	1,750	2,920	6,570	10,220	14,600
4d Sed LSi 4x4	590	1,780	2,960	6,660	10,360	14,800
4d Turbo Sed 4x4	600	1,800	3,000	6,750	10,500	15,000
4d Sta Wag L	580	1,740	2,900	6,530	10,150	14,500
4d Sta Wag L 4x4	620	1,860	3,100	6,980	10,850	15,500
4d Sta Wag LS	580	1,750	2,920	6,570	10,220	14,600
4d Sta Wag LS 4x4	620	1,870	3,120	7,020	10,920	15,600
4d Sta Wag LSi 4x4	640	1,920	3,200	7,200	11,200	16,000
4d Turbo Sta Wag 4x4	680	2,040	3,400	7,650	11,900	17,000
1993 SVX, 6-cyl.						
2d Cpe LSL	590	1,780	2,960	6,660	10,360	14,800
1994 Justy, 3-cyl.						
2d HBk	170	500	840	1,890	2,940	4,200
4d HBk GL 4x4	180	540	900	2,030	3,150	4,500
1994 Loyale, 4-cyl.						
4d Sta Wag 4x4	340	1,020	1,700	3,830	5,950	8,500
1994 Impreza, 4-cyl.						
4d Sed	260	780	1,300	2,930	4,550	6,500
4d Sed L	280	840	1,400	3,150	4,900	7,000
4d Sed L 4x4	340	1,020	1,700	3,830	5,950	8,500
4d Sed LS 4x4	380	1,140	1,900	4,280	6,650	9,500
4d Sta Wag L	360	1,080	1,800	4,050	6,300	9,000
4d Sta Wag L 4x4	420	1,260	2,100	4,730	7,350	10,500
4d Sta Wag LS 4x4	440	1,320	2,200	4,950	7,700	11,000
1994 Legacy, 4-cyl.						
4d Sed L	320	960	1,600	3,600	5,600	8,000
4d Sed L 4x4	380	1,140	1,900	4,280	6,650	9,500
4d Sed LS	360	1,080	1,800	4,050	6,300	9,000
4d Sed LS 4x4	420	1,260	2,100	4,730	7,350	10,500
4d Sed LSi 4x4	440	1,320	2,200	4,950	7,700	11,000
4d Sed Spt Turbo 4x4	480	1,440	2,400	5,400	8,400	12,000
4d Sta Wag L	360	1,080	1,800	4,050	6,300	9,000
4d Sta Wag L 4x4	400	1,200	2,000	4,500	7,000	10,000
4d Sta Wag LS	400	1,200	2,000	4,500	7,000	10,000
4d Sta Wag LS 4x4	460	1,380	2,300	5,180	8,050	11,500
4d Sta Wag LSi 4x4	480	1,440	2,400	5,400	8,400	12,000
4d Sta Wag Spt Turbo 4x4	520	1,560	2,600	5,850	9,100	13,000
1994 SVX, 6-cyl.						
2d Cpe L	340	1,020	1,700	3,830	5,950	8,500
2d Cpe LS	380	1,140	1,900	4,280	6,650	9,500
2d Cpe LSi 4x4	440	1,320	2,200	4,950	7,700	11,000
1995 Impreza, 4-cyl.						
2d Cpe	180	550	920	2,070	3,220	4,600
2d Cpe 4x4	200	600	1,000	2,250	3,500	5,000
2d L Cpe	210	640	1,060	2,390	3,710	5,300
2d L Cpe 4x4	240	710	1,180	2,660	4,130	5,900
2d LX Cpe 4x4	280	840	1,400	3,150	4,900	7,000
4d Sed	260	780	1,300	2,930	4,550	6,500
4d Sed 4x4	270	820	1,360	3,060	4,760	6,800
4d L Sed	280	840	1,400	3,150	4,900	7,000
4d L Sed 4x4	340	1,020	1,700	3,830	5,950	8,500

	6	5	4	3	2	1
4d LX Sed 4x4	380	1,140	1,900	4,280	6,650	9,500
4d L Sta Wag 4x4	420	1,260	2,100	4,730	7,350	10,500
4d LX Sta Wag 4x4	440	1,320	2,200	4,950	7,700	11,000
1995 Legacy, 4-cyl.						
4d Sed	290	880	1,460	3,290	5,110	7,300
4d L Sed	320	960	1,600	3,600	5,600	8,000
4d L Sed 4x4	380	1,140	1,900	4,280	6,650	9,500
4d LS Sed 4x4	420	1,260	2,100	4,730	7,350	10,500
4d LSi Sed 4x4	440	1,320	2,200	4,950	7,700	11,000
4d Brighton Sta Wag 4x4	380	1,140	1,900	4,280	6,650	9,500
4d L Sta Wag	360	1,080	1,800	4,050	6,300	9,000
4d L Sta Wag 4x4	400	1,200	2,000	4,500	7,000	10,000
4d Outback Sta Wag 4x4	420	1,260	2,100	4,730	7,350	10,500
4d LS Sta Wag 4x4	460	1,380	2,300	5,180	8,050	11,500
4d LSi Sta Wag 4x4	480	1,440	2,400	5,400	8,400	12,000
1995 SVX, 6-cyl.						
2d L Cpe	340	1,020	1,700	3,830	5,950	8,500
2d L Cpe 4x4	380	1,140	1,900	4,280	6,650	9,500
2d LSi Cpe 4x4	440	1,320	2,200	4,950	7,700	11,000
1996 Impreza, 4-cyl.						
2d Brighton Cpe 4x4	180	550	920	2,070	3,220	4,600
2d L Cpe	210	640	1,060	2,390	3,710	5,300
2d L Cpe 4x4	240	710	1,180	2,660	4,130	5,900
2d LX Cpe 4x4	280	840	1,400	3,150	4,900	7,000
4d L Sed	280	840	1,400	3,150	4,900	7,000
4d L Sed 4x4	340	1,020	1,700	3,830	5,950	8,500
4d LX Sed 4x4	380	1,140	1,900	4,280	6,650	9,500
4d L Sta Wag 4x4	420	1,260	2,100	4,730	7,350	10,500
4d LX Sta Wag 4x4	440	1,320	2,200	4,950	7,700	11,000
4d Outback Sta Wag 4x4	460	1,380	2,300	5,180	8,050	11,500
1996 Legacy, 4-cyl.						
4d L Sed	320	960	1,600	3,600	5,600	8,000
4d L Sed 4x4	380	1,140	1,900	4,280	6,650	9,500
4d LS Sed 4x4	420	1,260	2,100	4,730	7,350	10,500
4d LSi Sed 4x4	440	1,320	2,200	4,950	7,700	11,000
4d Brighton Sta Wag 4x4	380	1,140	1,900	4,280	6,650	9,500
4d L Sta Wag 4x4	400	1,200	2,000	4,500	7,000	10,000
4d Outback Sta Wag 4x4	420	1,260	2,100	4,730	7,350	10,500
4d LS Sta Wag 4x4	460	1,380	2,300	5,180	8,050	11,500
4d LSi Sta Wag 4x4	480	1,440	2,400	5,400	8,400	12,000
4d 2.5 GT Sed	440	1,320	2,200	4,950	7,700	11,000
4d 2.5 GT Sta Wag	460	1,380	2,300	5,180	8,050	11,500
1996 SVX, 6-cyl.						
2d L Cpe 4x4	380	1,140	1,900	4,280	6,650	9,500
2d LSi Cpe 4x4	440	1,320	2,200	4,950	7,700	11,000
1997 Impreza, 4-cyl.						
2d Brighton Cpe AWD	180	550	920	2,070	3,220	4,600
2d L Cpe AWD	240	710	1,180	2,660	4,130	5,900
4d L Sed AWD	340	1,020	1,700	3,830	5,950	8,500
4d L Sta Wag AWD	420	1,260	2,100	4,730	7,350	10,500
4d Outback Sta Wag AWD	460	1,380	2,300	5,180	8,050	11,500
1997 Legacy, 4-cyl.						
4d L Sed AWD	380	1,140	1,900	4,280	6,650	9,500
4d GT Sed AWD	420	1,260	2,100	4,730	7,350	10,500
4d LSi Sed AWD	440	1,320	2,200	4,950	7,700	11,000
4d Brighton Sta Wag AWD	380	1,140	1,900	4,280	6,650	9,500
4d L Sta Wag AWD	400	1,200	2,000	4,500	7,000	10,000
4d GT Sta Wag AWD	440	1,320	2,200	4,950	7,700	11,000
4d Outback Sta Wag AWD	460	1,380	2,300	5,180	8,050	11,500
4d Outback Ltd Sta Wag AWD	480	1,440	2,400	5,400	8,400	12,000
4d LSi Sta Wag AWD	500	1,500	2,500	5,630	8,750	12,500
1997 SVX, 6-cyl.						
2d L Cpe AWD	380	1,140	1,900	4,280	6,650	9,500
2d LSi Cpe AWD	520	1,560	2,600	5,850	9,100	13,000
1998 Impreza, 4-cyl.						
2d L Cpe AWD	240	710	1,180	2,660	4,130	5,900
4d L Sed AWD	340	1,020	1,700	3,830	5,950	8,500
4d L Sta Wag AWD	420	1,260	2,100	4,730	7,350	10,500
4d Outback Sta Wag AWD	460	1,380	2,300	5,180	8,050	11,500
2d 2.5 RS Cpe AWD	500	1,500	2,500	5,630	8,750	12,500
1998 Legacy, 4-cyl.						
4d L Sed AWD	380	1,140	1,900	4,280	6,650	9,500
4d Spt Utly Sed AWD	400	1,200	2,000	4,500	7,000	10,000
4d GT Sed AWD	420	1,260	2,100	4,730	7,350	10,500
4d Brighton Sta Wag AWD	380	1,140	1,900	4,280	6,650	9,500
4d L Sta Wag AWD	400	1,200	2,000	4,500	7,000	10,000

	6	5	4	3	2	1
4d GT Sta Wag AWD	440	1,320	2,200	4,950	7,700	11,000
4d Outback Sta Wag AWD	460	1,380	2,300	5,180	8,050	11,500
NOTE: Add 5 percent for Limited Pkg.						
1998 Forester, 4-cyl.						
4d Sta Wag AWD	440	1,320	2,200	4,950	7,700	11,000
4d L Sta Wag AWD	480	1,440	2,400	5,400	8,400	12,000
4d S Sta Wag AWD	520	1,560	2,600	5,850	9,100	13,000
1999 Impreza, 4-cyl.						
2d L Cpe AWD	240	710	1,180	2,660	4,130	5,900
4d L Sed AWD	340	1,020	1,700	3,830	5,950	8,500
4d L Sta Wag AWD	420	1,260	2,100	4,730	7,350	10,500
4d Outback Sta Wag AWD	460	1,380	2,300	5,180	8,050	11,500
2d 2.5 RS Cpe AWD	500	1,500	2,500	5,630	8,750	12,500
1999 Legacy, 4-cyl.						
4d L Sed AWD	380	1,140	1,900	4,280	6,650	9,500
4d Spt Utly Sed AWD	400	1,200	2,000	4,500	7,000	10,000
4d GT Sed AWD	420	1,260	2,100	4,730	7,350	10,500
4d Brighton Sta Wag AWD	380	1,140	1,900	4,280	6,650	9,500
4d L Sta Wag AWD	400	1,200	2,000	4,500	7,000	10,000
4d GT Sta Wag AWD	440	1,320	2,200	4,950	7,700	11,000
4d Outback Sta Wag AWD	460	1,380	2,300	5,180	8,050	11,500
NOTE: Add 5 percent for Limited Pkg. Add 5 percent for 30th Anv Pkg.						
1999 Forester, 4-cyl.						
4d Sta Wag AWD	440	1,320	2,200	4,950	7,700	11,000
4d L Sta Wag AWD	480	1,440	2,400	5,400	8,400	12,000
4d S Sta Wag AWD	520	1,560	2,600	5,850	9,100	13,000
2000 Impreza, 4-cyl., AWD						
2d L Cpe	240	710	1,180	2,660	4,130	5,900
4d L Sed	340	1,020	1,700	3,830	5,950	8,500
4d L Sta Wag	420	1,260	2,100	4,730	7,350	10,500
4d Outback Sta Wag	460	1,380	2,300	5,180	8,050	11,500
2d 2.5 RS Cpe	500	1,500	2,500	5,630	8,750	12,500
4d 2.5 RS Sed	520	1,560	2,600	5,850	9,100	13,000
2000 Legacy, 4-cyl., AWD						
4d L Sed	380	1,140	1,900	4,280	6,650	9,500
4d GT Sed	420	1,260	2,100	4,730	7,350	10,500
4d GT Ltd Sed	440	1,320	2,200	4,950	7,700	11,000
4d Outback Ltd Sed	460	1,380	2,300	5,180	8,050	11,500
4d Brighton Sta Wag	390	1,160	1,940	4,370	6,790	9,700
4d L Sta Wag	400	1,200	2,000	4,500	7,000	10,000
4d GT Sta Wag	450	1,340	2,240	5,040	7,840	11,200
4d Outback Sta Wag	470	1,400	2,340	5,270	8,190	11,700
4d Outback Ltd Sta Wag	500	1,500	2,500	5,630	8,750	12,500
2000 Forester, 4-cyl., AWD						
4d L Sta Wag	480	1,440	2,400	5,400	8,400	12,000
4d S Sta Wag	520	1,560	2,600	5,850	9,100	13,000
2001 Impreza, 4-cyl., AWD						
2d L Cpe	240	710	1,180	2,950	4,130	5,900
4d L Sed	340	1,020	1,700	4,250	5,950	8,500
4d L Sta Wag	420	1,260	2,100	5,250	7,350	10,500
4d Outback Sta Wag	460	1,380	2,300	5,750	8,050	11,500
2d 2.5 RS Cpe	500	1,500	2,500	6,250	8,750	12,500
4d 2.5 RS Sed	520	1,560	2,600	6,500	9,100	13,000
2001 Legacy, 4-cyl., AWD						
4d L Sed	380	1,140	1,900	4,750	6,650	9,500
4d GT Sed	420	1,260	2,100	5,250	7,350	10,500
4d GT Ltd Sed	440	1,320	2,200	5,500	7,700	11,000
4d L Sta Wag	400	1,200	2,000	5,000	7,000	10,000
4d GT Sta Wag	450	1,340	2,240	5,600	7,840	11,200
4d Sport Sta Wag	400	1,200	2,000	5,000	7,000	10,000
4d Outback Ltd Sed	460	1,380	2,300	5,750	8,050	11,500
4d Outback Sta Wag	470	1,400	2,340	5,850	8,190	11,700
4d Outback Ltd Sta Wag	500	1,500	2,500	6,250	8,750	12,500
4d Outback LL Bean Sta Wag (6-cyl).	560	1,680	2,800	7,000	9,800	14,000
4d Outback VDC Sta Wag (6-cyl).	460	1,380	2,300	5,750	8,050	11,500
2001 Forester, 4-cyl., AWD						
4d L Sta Wag	480	1,440	2,400	6,000	8,400	12,000
4d S Sta Wag	520	1,560	2,600	6,500	9,100	13,000
2002 Impreza, 4-cyl., AWD						
4d RS Sed	380	1,140	1,900	4,750	6,650	9,500
4d WRX Sed	490	1,480	2,460	6,150	8,610	12,300
4d TS Sta Wag	390	1,180	1,960	4,900	6,860	9,800
4d Outback Sta Wag	460	1,380	2,300	5,750	8,050	11,500
4d WRX Sta Wag	500	1,500	2,500	6,250	8,750	12,500
2002 Legacy, 4-cyl., AWD						
4d L Sed	380	1,140	1,900	4,750	6,650	9,500

	6	5	4	3	2	1
4d GT Sed	420	1,260	2,100	5,250	7,350	10,500
4d GT Ltd Sed	440	1,320	2,200	5,500	7,700	11,000
4d L Sta Wag	400	1,200	2,000	5,000	7,000	10,000
4d GT Sta Wag	450	1,340	2,240	5,600	7,840	11,200
4d Outback Ltd Sed	460	1,380	2,300	5,750	8,050	11,500
4d Outback 3.0 Sed (6-cyl.)	480	1,430	2,380	5,950	8,330	11,900
4d Outback VDC Sed (6-cyl.)	530	1,580	2,640	6,600	9,240	13,200
4d Outback Sta Wag	470	1,400	2,340	5,850	8,190	11,700
4d Outback Ltd Sta Wag	500	1,500	2,500	6,250	8,750	12,500
4d Outback LL Bean Sta Wag (6-cyl.)	560	1,680	2,800	7,000	9,800	14,000
4d Outback VDC Sta Wag (6-cyl.)	580	1,740	2,900	7,250	10,150	14,500
2002 Forester, 4-cyl., AWD						
4d L Sta Wag	480	1,440	2,400	6,000	8,400	12,000
4d S Sta Wag	520	1,560	2,600	6,500	9,100	13,000
2003 Impreza, 4-cyl., AWD						
4d RS Sed	380	1,140	1,900	4,750	6,650	9,500
4d WRX Sed	490	1,480	2,460	6,150	8,610	12,300
4d TS Sta Wag	390	1,180	1,960	4,900	6,860	9,800
4d Outback Sta Wag	460	1,380	2,300	5,750	8,050	11,500
4d WRX Sta Wag	500	1,500	2,500	6,250	8,750	12,500
2003 Legacy, 4-cyl., AWD						
4d L Sed	380	1,140	1,900	4,750	6,650	9,500
4d GT Sed	420	1,260	2,100	5,250	7,350	10,500
4d L Sta Wag	400	1,200	2,000	5,000	7,000	10,000
4d GT Sta Wag	450	1,340	2,240	5,600	7,840	11,200
4d Outback Ltd Sed	460	1,380	2,300	5,750	8,050	11,500
4d Outback 3.0 Sed (6-cyl.)	480	1,430	2,380	5,950	8,330	11,900
4d Outback VDC Sed (6-cyl.)	530	1,580	2,640	6,600	9,240	13,200
4d Outback Sta Wag	470	1,400	2,340	5,850	8,190	11,700
4d Outback Ltd Sta Wag	500	1,500	2,500	6,250	8,750	12,500
4d Outback LL Bean Sta Wag (6-cyl.)	560	1,680	2,800	7,000	9,800	14,000
4d Outback VDC Sta Wag (6-cyl.)	580	1,740	2,900	7,250	10,150	14,500
2003 Forester, 4-cyl., AWD						
4d X Sta Wag	440	1,330	2,220	5,550	7,770	11,100
4d XS Sta Wag	500	1,510	2,520	6,300	8,820	12,600
2003 Baja, 4-cyl., AWD						
4d Spt Utly	480	1,450	2,420	6,050	8,470	12,100
4d Utly	510	1,540	2,560	6,400	8,960	12,800
2004 Impreza, 4-cyl., AWD						
RS 4d Sed	380	1,140	1,900	4,750	6,650	9,500
WRX 4d Sed	490	1,480	2,460	6,150	8,610	12,300
WRX STi 4d Sed	620	1,850	3,080	7,700	10,780	15,400
TS 4d Sta Wag	390	1,180	1,960	4,900	6,860	9,800
Outback 4d Sta Wag	460	1,380	2,300	5,750	8,050	11,500
WRX 4d Sta Wag	500	1,500	2,500	6,250	8,750	12,500
2004 Legacy, 4-cyl., AWD						
L 4d Sed	380	1,140	1,900	4,750	6,650	9,500
GT 4d Sed	420	1,260	2,100	5,250	7,350	10,500
Outback Ltd 4d Sed	460	1,380	2,300	5,750	8,050	11,500
Outback 3.0 4d Sed (6-cyl.)	480	1,430	2,380	5,950	8,330	11,900
Outback VDC 4d Sed (6-cyl.)	530	1,580	2,640	6,600	9,240	13,200
L 4d Sta Wag	400	1,200	2,000	5,000	7,000	10,000
GT 4d Sta Wag	450	1,340	2,240	5,600	7,840	11,200
Outback 4d Sta Wag	470	1,400	2,340	5,850	8,190	11,700
Outback Ltd 4d Sta Wag	500	1,500	2,500	6,250	8,750	12,500
Outback LL Bean 4d Sta Wag (6-cyl.)	560	1,680	2,800	7,000	9,800	14,000
Outback VDC 4d Sta Wag (6-cyl.)	580	1,740	2,900	7,250	10,150	14,500
NOTE: Add 5 percent for Anniversary Ed L and base Outback models.						
2004 Forester, 4-cyl., AWD						
X 4d Sta Wag	440	1,330	2,220	5,550	7,770	11,100
XS 4d Sta Wag	500	1,510	2,520	6,300	8,820	12,600
XT 4d Sta Wag	530	1,580	2,640	6,600	9,240	13,200
2004 Baja, 4-cyl., AWD						
Sport 4d Utly	480	1,450	2,420	6,050	8,470	12,100
Turbo 4d Utly	510	1,540	2,560	6,400	8,960	12,800
NOTE: Deduct 5 percent for manual transmission on all Subarus, except Impreza WRX models.						
2005 Impreza, 4-cyl., AWD						
4d RS Sed	380	1,140	1,900	4,750	6,650	9,500
4d RS Sport Sed	380	1,150	1,920	4,800	6,720	9,600
4d WRX Sed	490	1,480	2,460	5,540	8,610	12,300
4d WRX STi Sed	620	1,850	3,080	7,700	10,780	15,400
4d RS Sta Wag	400	1,190	1,980	4,950	6,930	9,900
4d Outback Sta Wag	460	1,380	2,300	5,750	8,050	11,500
4d WRX Sta Wag	500	1,500	2,500	6,250	8,750	12,500
NOTE: Deduct 5 percent for manual transmission, except WRX models.						

	6	5	4	3	2	1
2005 Legacy, 4-cyl., AWD						
4d i Sed	390	1,160	1,940	4,850	6,790	9,700
4d i Ltd Sed	400	1,190	1,980	4,950	6,930	9,900
4d GT Sed	420	1,260	2,100	5,250	7,350	10,500
4d GT Ltd Sed	450	1,340	2,240	5,600	7,840	11,200
4d Outback 3.0 Sed (6-cyl. only)	480	1,430	2,380	5,950	8,330	11,900
4d i Sta Wag	390	1,180	1,960	4,900	6,860	9,800
4d i Ltd Sta Wag	430	1,300	2,160	5,400	7,560	10,800
4d GT Sta Wag	450	1,340	2,240	5,600	7,840	11,200
4d GT Ltd Sta Wag	460	1,390	2,320	5,800	8,120	11,600
4d Outback i Sta Wag	420	1,270	2,120	5,300	7,420	10,600
4d Outback i Ltd Sta Wag	450	1,340	2,240	5,600	7,840	11,200
4d Outback XT Sta Wag	480	1,430	2,380	5,950	8,330	11,900
4d Outback XT Ltd Sta Wag	530	1,580	2,640	6,600	9,240	13,200
4d Outback L.L. Bean Sta Wag (6-cyl. only)	560	1,680	2,800	7,000	9,800	14,000
4d Outback VDC Sta Wag (6-cyl. only)	580	1,740	2,900	7,250	10,150	14,500
NOTE: Deduct 5 percent for manual transmission.						
2005 Forester, 4-cyl., AWD						
4d X Sta Wag	440	1,330	2,220	5,000	7,770	11,100
4d XS Sta Wag	500	1,510	2,520	5,670	8,820	12,600
4d XS L.L. Bean Sta Wag	520	1,560	2,600	5,850	9,100	13,000
4d XT Sta Wag	530	1,580	2,640	5,940	9,240	13,200
NOTE: Deduct 5 percent for manual transmission.						
2005 Baja, 4-cyl., AWD						
4d Sport Utility	480	1,450	2,420	6,050	8,470	12,100
4d Turbo Utility	510	1,540	2,560	6,400	8,960	12,800
NOTE: Deduct 5 percent for manual transmission.						
2006 Impreza AWD, 2.5L 4-cyl.						
4d 2.5i Spt Wag	250	740	1,240	3,100	4,340	6,200
4d 2.5i Sed	250	740	1,240	3,100	4,340	6,200
4d Outback Spt Wag	250	740	1,240	3,100	4,340	6,200
2006 Impreza AWD, 2.5L Turbo 4-cyl.						
4d WRX Trg Sed	500	1,510	2,520	6,300	8,820	12,600
4d WRX Sed	550	1,640	2,740	6,850	9,590	13,700
4d WRX Spt Wag	530	1,600	2,660	6,650	9,310	13,300
4d WRX Ltd Sed	600	1,790	2,980	6,710	10,430	14,900
4d WRX Ltd Spt Wag	580	1,750	2,920	7,300	10,220	14,600
2006 Impreza AWD, 2.5L HO Turbo 4-cyl.						
4d WRX Sti Sed	740	2,230	3,720	9,300	13,020	18,600
2006 Legacy AWD, 2.5L 4-cyl.						
4d Sed	410	1,220	2,040	5,100	7,140	10,200
4d Wag	440	1,310	2,180	5,450	7,630	10,900
4d WRX Ltd Sed	460	1,370	2,280	5,700	7,980	11,400
4d WRX Ltd Wag	460	1,390	2,320	5,800	8,120	11,600
2006 Legacy AWD, 2.5L Turbo 4-cyl.						
4d GT Ltd Sed	580	1,750	2,920	7,300	10,220	14,600
4d GT Ltd Wag	600	1,800	3,000	7,500	10,500	15,000
2006 Outback AWD, 2.5L 4-cyl.						
4d 2.5L Wag	530	1,600	2,660	6,650	9,310	13,300
4d 2.5L Ltd Sed	550	1,660	2,760	6,900	9,660	13,800
4d 2.5L Ltd Wag	560	1,690	2,820	7,050	9,870	14,100
2006 Outback AWD, 2.5L Turbo 4-cyl.						
4d 2.5LXT Wag	580	1,740	2,900	7,250	10,150	14,500
4d 2.5LXT Ltd Wag	600	1,790	2,980	7,450	10,430	14,900
2006 Outback AWD, 3.0 H6						
4d 3.0R Wag	590	1,780	2,960	7,400	10,360	14,800
4d 3.0R LL Bean Sed	640	1,930	3,220	8,050	11,270	16,100
4d 3.0R LL Bean WAg	660	1,990	3,320	8,300	11,620	16,600
4d 3.0R VDC Ltd WAg	710	2,140	3,560	8,900	12,460	17,800

SUNBEAM

1948-51 4-cyl., 1944cc, 97.5" wb, Sunbeam-Talbot 90						
4d Sed	400	1,200	2,000	4,500	7,000	10,000
DHC	880	2,640	4,400	9,900	15,400	22,000
1948-57 4-cyl., 2267cc, 97.5" wb, Sunbeam-Talbot 90						
4d Sed	420	1,260	2,100	4,730	7,350	10,500
DHC	940	2,820	4,700	10,580	16,450	23,500
1953-55 4-cyl., 2267cc, 97.5" wb, Sunbeam Alpine						
Rds	1,020	3,060	5,100	11,480	17,850	25,500
1956-58 4-cyl., 1390cc, 96" wb, Sunbeam Rapier Series I						
2d HT	320	960	1,600	3,600	5,600	8,000
Conv	600	1,800	3,000	6,750	10,500	15,000
1959-61 4-cyl., 1494cc, 96" wb, Sunbeam Rapier Series II/III						
2d HT	320	960	1,600	3,600	5,600	8,000
Conv	600	1,800	3,000	6,750	10,500	15,000

	6	5	4	3	2	1
1960 4-cyl., 1494cc, 86" wb, Sunbeam Alpine Series I						
Conv	1,180	3,540	5,900	13,280	20,650	29,500
1961 4-cyl., 1592cc, 86" wb, Sunbeam Alpine Series II/III						
Conv	1,180	3,540	5,900	13,280	20,650	29,500
1962 4-cyl., 1592cc, 86" wb, Sunbeam Alpine Series II/III						
Conv	1,180	3,540	5,900	13,280	20,650	29,500
1962 Sunbeam Herrington LeMans						
Cpe	1,060	3,180	5,300	11,930	18,550	26,500
1962-65 4-cyl., 1592cc, 96" wb, Sunbeam Rapier Series III/IV						
2d HT	300	900	1,500	3,380	5,250	7,500
Conv	580	1,740	2,900	6,530	10,150	14,500
1963 4-cyl., 1592cc, 86" wb, Sunbeam Alpine Series II/III						
Conv	1,160	3,480	5,800	13,050	20,300	29,000
Conv GT	1,200	3,600	6,000	13,500	21,000	30,000
1963 Sunbeam Herrington LeMans						
Cpe	1,060	3,180	5,300	11,930	18,550	26,500
1964 4-cyl., 1592cc, 86" wb, Sunbeam Alpine Series III/IV						
Conv	1,160	3,480	5,800	13,050	20,300	29,000
Conv GT	1,200	3,600	6,000	13,500	21,000	30,000
1964 Sunbeam Venezia by Superleggera						
Cpe	940	2,820	4,700	10,580	16,450	23,500
1964 V-8, 260 cid, 86" wb, Sunbeam Tiger Series I						
Conv	2,440	7,320	12,200	27,450	42,700	61,000
1965 4-cyl., 1592cc, 86" wb, Sunbeam Alpine Series IV						
Conv	1,200	3,600	6,000	13,500	21,000	30,000
1965 Sunbeam Venezia by Superleggera						
Cpe	780	2,340	3,900	8,780	13,650	19,500
1965 V-8, 260 cid, 86" wb, Sunbeam Tiger Series I						
Conv	2,440	7,320	12,200	27,450	42,700	61,000
1966 V-8, 260 cid, 86" wb, Sunbeam Tiger Series I/IA						
Conv	2,560	7,680	12,800	28,800	44,800	64,000
1966-67 4-cyl., 1725cc, 96" wb, Sunbeam Rapier Series V						
2d HT	320	960	1,600	3,600	5,600	8,000
Conv	600	1,800	3,000	6,750	10,500	15,000
1967-68 4-cyl., 1725cc, 86" wb, Sunbeam Alpine Series V						
Conv	1,200	3,600	6,000	13,500	21,000	30,000
1967-68 V-8, 289cc, 86" wb, Sunbeam Tiger Series II						
Conv	3,600	10,800	18,000	40,500	63,000	90,000
1969-70 4-cyl., 1725cc, 98.5" wb, Sunbeam Alpine						
HT FBk	1,280	3,840	6,400	14,400	22,400	32,000
GT HT FBk	1,280	3,840	6,400	14,400	22,400	32,000

SUZUKI

1989 Swift FWD						
2d GTi HBk	200	650	1,100	2,480	3,850	5,500
4d GLX HBk	200	600	1,000	2,250	3,500	5,000
1990 Swift, 4-cyl.						
2d GA HBk	150	400	700	1,580	2,450	3,500
2d GT HBk	150	500	850	1,940	3,000	4,300
4d GA Sed	150	450	750	1,710	2,650	3,800
4d GS Sed	150	500	800	1,850	2,850	4,100
1991 Swift						
2d GA HBk	150	400	700	1,580	2,450	3,500
2d GT HBk	150	500	850	1,940	3,000	4,300
4d GA Sed	150	450	750	1,710	2,650	3,800
4d GT Sed	150	500	800	1,850	2,850	4,100
1992 Swift, 4-cyl.						
2d GA HBk	150	400	700	1,580	2,450	3,500
2d GT HBk	150	500	850	1,940	3,000	4,300
4d GA Sed	150	450	750	1,710	2,650	3,800
4d GS Sed	150	500	800	1,850	2,850	4,100
1993 Swift, 4-cyl.						
2d GA HBk	150	400	700	1,580	2,450	3,500
2d GT HBk	150	500	850	1,940	3,000	4,300
4d GA Sed	150	450	750	1,710	2,650	3,800
4d GS Sed	150	500	800	1,850	2,850	4,100
1994 Swift, 4-cyl.						
2d GA HBk	150	400	700	1,580	2,450	3,500
2d GT HBk	150	500	850	1,940	3,000	4,300
4d GA Sed	150	450	750	1,710	2,650	3,800
4d GS Sed	150	500	800	1,850	2,850	4,100
1995 Swift, 4-cyl.						
2d HBk	150	450	800	1,760	2,750	3,900
1995 Esteem, 4-cyl.						
4d GL Sed	200	600	950	2,160	3,350	4,800
4d GLX Sed	200	600	1,000	2,250	3,500	5,000

	6	5	4	3	2	1
1996 Swift, 4-cyl.						
2d HBk	150	450	800	1,760	2,750	3,900
1996 Esteem, 4-cyl.						
4d GL Sed	200	600	950	2,160	3,350	4,800
4d GLX Sed	200	600	1,000	2,250	3,500	5,000
1997 Swift, 4-cyl.						
2d HBk	156	468	780	1,760	2,730	3,900
1997 Esteem, 4-cyl.						
4d GL Sed	192	576	960	2,160	3,360	4,800
4d GLi Sed	200	600	1,000	2,250	3,500	5,000
4d GLX Sed	208	624	1,040	2,340	3,640	5,200
1998 Swift, 4-cyl.						
2d HBk	160	470	780	1,760	2,730	3,900
1998 Esteem, 4-cyl.						
4d GL Sed	190	580	960	2,160	3,360	4,800
4d GLX Sed	210	620	1,040	2,340	3,640	5,200
4d GL Sta Wag	210	640	1,060	2,390	3,710	5,300
4d GLX Sta Wag	220	660	1,100	2,480	3,850	5,500
1999 Swift, 4-cyl.						
2d HBk	160	470	780	1,760	2,730	3,900
1999 Esteem, 4-cyl.						
4d GL Sed	190	580	960	2,160	3,360	4,800
4d GLX Sed	210	620	1,040	2,340	3,640	5,200
4d GL Sta Wag	210	640	1,060	2,390	3,710	5,300
4d GLX Sta Wag	220	660	1,100	2,480	3,850	5,500
2000 Swift, 4-cyl.						
2d GA HBk	160	470	780	1,760	2,730	3,900
2d GL HBk	180	530	880	1,980	3,080	4,400
2000 Esteem, 4-cyl.						
4d GL Sed	190	580	960	2,160	3,360	4,800
4d GLX Sed	210	620	1,040	2,340	3,640	5,200
4d GL Sta Wag	210	640	1,060	2,390	3,710	5,300
4d GLX Sta Wag	220	660	1,100	2,480	3,850	5,500
2001 Swift, 4-cyl.						
2d GA HBk	160	470	780	1,950	2,730	3,900
2d GL HBk	180	530	880	2,200	3,080	4,400
2001 Esteem, 4-cyl.						
4d GL Sed	190	580	960	2,400	3,360	4,800
4d GLX Sed	210	620	1,040	2,600	3,640	5,200
4d GL Sta Wag	210	640	1,060	2,650	3,710	5,300
4d GLX Sta Wag	220	660	1,100	2,750	3,850	5,500
2002 Esteem, 4-cyl.						
4d GL Sed	160	490	820	2,050	2,870	4,100
4d GLX Sed	180	540	900	2,250	3,150	4,500
4d GL Sta Wag	180	530	880	2,200	3,080	4,400
4d GLX Sta Wag	190	580	960	2,400	3,360	4,800
2002 Aerio, 4-cyl.						
4d S Sed	190	560	940	2,350	3,290	4,700
4d GS Sed	200	590	980	2,450	3,430	4,900
4d SX Sta Wag	220	660	1,100	2,750	3,850	5,500
2003 Aerio, 4-cyl.						
4d S Sed	190	560	940	2,350	3,290	4,700
4d GS Sed	200	590	980	2,450	3,430	4,900
4d SX Sta Wag	220	660	1,100	2,750	3,850	5,500
NOTE: Add 5 percent for AWD (excluding S sed.).						
2004 Forenza, 4-cyl.						
S 4d Sed	140	420	700	1,750	2,450	3,500
LX 4d Sed	160	470	780	1,950	2,730	3,900
EX 4d Sed	160	490	820	2,050	2,870	4,100
2004 Aerio, 4-cyl.						
S 4d Sed	190	560	940	2,350	3,290	4,700
LX 4d Sed	200	590	980	2,450	3,430	4,900
SX 4d Sta Wag	220	660	1,100	2,750	3,850	5,500
NOTE: Add 5 percent for AWD, except S sed.						
2004 Verona, 6-cyl.						
S 4d Sed	230	680	1,140	2,850	3,990	5,700
LX 4d Sed	240	710	1,180	2,950	4,130	5,900
EX 4d Sed	260	780	1,300	3,250	4,550	6,500
NOTE: Deduct 5 percent for manual transmission on all Suzukis.						
2005 Reno, 4-cyl.						
4d S HBk	140	410	680	1,700	2,380	3,400
4d LX HBk	150	460	760	1,900	2,660	3,800
4d EX HBk	160	480	800	2,000	2,800	4,000
NOTE: Deduct 5 percent for manual transmission.						
2005 Forenza, 4-cyl.						
4d S Sed	140	420	700	1,750	2,450	3,500

	6	5	4	3	2	1
4d LX Sed	160	470	780	1,950	2,730	3,900
4d EX Sed	160	490	820	2,050	2,870	4,100
4d S Sta Wag	150	460	760	1,900	2,660	3,800
4d LX Sta Wag	160	480	800	2,000	2,800	4,000
4d EX Sta Wag	170	500	840	2,100	2,940	4,200
NOTE: Deduct 5 percent for manual transmission.						
2005 Aerio, 4-cyl.						
4d Sed	190	560	940	2,350	3,290	4,700
4d LX Sed	200	590	980	2,450	3,430	4,900
4d SX Sta Wag	220	660	1,100	2,750	3,850	5,500
NOTE: Add 5 percent for AWD, except S sedan. Deduct 5 percent for manual transmission.						
2005 Verona, 6-cyl.						
4d S Sed	230	680	1,140	2,850	3,990	5,700
4d LX Sed	240	710	1,180	2,950	4,130	5,900
4d EX Sed	260	780	1,300	3,250	4,550	6,500
NOTE: Deduct 5 percent for manual transmission						
2006 Aerio, 2.3L 4-cyl.						
4d Sed	220	670	1,120	2,800	3,920	5,600
4d SX Wag	250	760	1,260	3,150	4,410	6,300
NOTE: Add 8 percent for AWD.						
2006 Forenza, 2.0L 4-cyl.						
4d Sed	230	700	1,160	2,900	4,060	5,800
4d Wag	240	710	1,180	2,950	4,130	5,900
2006 Reno, 2.0L 4-cyl.						
4d HBk	240	720	1,200	3,000	4,200	6,000
2006 Verona, 2.5L 4-cyl.						
4d Sed	190	560	940	2,350	3,290	4,700
4d Luxury Sed	200	610	1,020	2,550	3,570	5,100

TOYOTA (TOYOPET)

1958-60 Crown, 4-cyl., 1453cc, 99.6" wb						
RSL 4d Sed	260	780	1,300	2,930	4,550	6,500
1961-66 Tiara, 4-cyl., 1453cc, 94.5" wb						
4d Sed	240	720	1,200	2,700	4,200	6,000
1961-66 Crown, 4-cyl., 1879cc, 99.6" wb						
4d Cus Sed	268	804	1,340	3,020	4,690	6,700
4d Cus Sta Wag	272	816	1,360	3,060	4,760	6,800

TOYOTA

1967-68 Corona, 4-cyl., 1879cc, 95.3" wb						
4d Sed	240	720	1,200	2,700	4,200	6,000
2d HT Cpe	280	840	1,400	3,150	4,900	7,000
1967-68 Crown, 6-cyl., 2254cc, 105.9" wb						
4d Sed	240	720	1,200	2,700	4,200	6,000
4d Sta Wag	248	744	1,240	2,790	4,340	6,200
1967-68 2000 GT, 6-cyl., 1988cc, 91.7" wb						
2d FBk Cpe	12,700	38,100	63,500	142,880	222,250	317,500
1969-70 1969 - Corolla, 4-cyl., 1079cc, 90" wb; 1970 - Corolla, 4-cyl., 1166cc, 90" wb						
2d Sed	220	660	1,100	2,480	3,850	5,500
2d FBk Cpe	240	720	1,200	2,700	4,200	6,000
2d Sta Wag	232	696	1,160	2,610	4,060	5,800
1969-70 Corona, 4-cyl., 1879cc, 95.3" wb						
4d Sed	220	660	1,100	2,480	3,850	5,500
2d HT Cpe	260	780	1,300	2,930	4,550	6,500
1969-70 Corona Mk II, 4-cyl., 1859cc, 98.8" wb						
4d Sed	240	720	1,200	2,700	4,200	6,000
2d HT Cpe	268	804	1,340	3,020	4,690	6,700
4d Sta Wag	252	756	1,260	2,840	4,410	6,300
1969-70 Crown, 6-cyl., 2254cc, 105.9" wb						
4d Sed	240	720	1,200	2,700	4,200	6,000
4d Sta Wag	260	780	1,300	2,930	4,550	6,500
1971-77 Corolla 1200, 4-cyl., 1166cc, 91.9" wb						
2d Sed	220	660	1,100	2,480	3,850	5,500
2d Cpe	220	660	1,100	2,480	3,850	5,500
2d Sta Wag	232	696	1,160	2,610	4,060	5,800
1971-77 Corolla 1600, 4-cyl., 1588cc, 91.9" wb						
2d Sed	220	660	1,100	2,480	3,850	5,500
4d Sed	220	660	1,100	2,480	3,850	5,500
2d Cpe	232	696	1,160	2,610	4,060	5,800
2d Sta Wag	236	708	1,180	2,660	4,130	5,900
1971-77 1971-74 - Celica, 4-cyl., 1967cc; 1975-77 - 2189cc						
2d Cpe	300	900	1,500	3,380	5,250	7,500
1971-77 Corona, 4-cyl., 1859cc, 95.7" wb						
4d Sed	240	720	1,200	2,700	4,200	6,000
2d HT Cpe	268	804	1,340	3,020	4,690	6,700

	6	5	4	3	2	1
1971-77 Corona Mk II, 4-cyl., 1859cc, 98.8" wb						
4d Sed	240	720	1,200	2,700	4,200	6,000
2d HT Cpe	268	804	1,340	3,020	4,690	6,700
4d Sta Wag	260	780	1,300	2,930	4,550	6,500
1971-77 Crown, 1971 only, 6-cyl., 2254cc, 105.9" wb						
4d Sed	240	720	1,200	2,700	4,200	6,000
4d Sta Wag	260	780	1,300	2,930	4,550	6,500
1978-83 Corolla, 4-cyl., 1770cc, 94.5" wb						
2d Sed	200	600	1,000	2,250	3,500	5,000
DeL 2d Sed	200	600	1,000	2,250	3,500	5,000
DeL 4d Sed	200	600	1,000	2,250	3,500	5,000
DeL Sta Wag	200	600	1,000	2,300	3,550	5,100
DeL HT Cpe	200	650	1,100	2,480	3,850	5,500
SR5 2d HT Cpe	250	700	1,150	2,570	4,000	5,700
DeL 3d LBk	200	600	1,000	2,250	3,500	5,000
DeL 2d Spt Cpe	200	650	1,050	2,390	3,700	5,300
SR5 3d LBk	200	650	1,100	2,480	3,850	5,500
SR5 2d Spt Cpe	200	650	1,100	2,480	3,850	5,500
1978-83 Tercel, 4-cyl., 1452cc, 98.4" wb						
2d Sed	200	650	1,100	2,480	3,850	5,500
DeL 2d Sed	200	650	1,100	2,480	3,850	5,500
4d Sed	200	650	1,100	2,480	3,850	5,500
DeL 3d LBk	200	650	1,100	2,480	3,850	5,500
SR5 3d LBk	250	700	1,150	2,570	4,000	5,700
1978-83 Starlet, 4-cyl., 1290cc, 90.6" wb						
3d LBk	200	650	1,100	2,480	3,850	5,500
1978-83 Celica, 4-cyl., 2366cc, 98.4" wb						
ST 2d Spt Cpe	250	800	1,300	2,930	4,550	6,500
GT 2d Spt Cpe	250	800	1,300	2,970	4,600	6,600
GT 3d LBk	250	800	1,350	3,020	4,700	6,700
1978-83 Celica Supra, 6-cyl., 2759cc, 103.5" wb						
GT 2d Spt Cpe	300	900	1,500	3,380	5,250	7,500
1978-83 Corona, 4-cyl., 2366cc, 99.4" wb						
DeL 4d Sed	200	650	1,100	2,480	3,850	5,500
DeL 5d Sta Wag	250	700	1,200	2,700	4,200	6,000
LE 4d Sed	200	650	1,100	2,480	3,850	5,500
LE 5d LBk	250	700	1,200	2,700	4,200	6,000
1978-83 Cressida, 6-cyl., 2759cc, 104.1" wb						
Lux 4d Sed	250	700	1,150	2,570	4,000	5,700
Lux 4d Sta Wag	250	740	1,240	2,790	4,340	6,200
1978-83 Cressida, 6-cyl., 2759cc, 103.5" wb						
NOTE: Specifications in this section are for 1981 models only. Prices are averages for the 1980-1981 model years.						
1984 Starlet						
2d LBk	200	600	1,000	2,300	3,550	5,100
1984 Tercel						
2d LBk	200	600	1,050	2,340	3,650	5,200
4d Sta Wag	200	650	1,050	2,390	3,700	5,300
NOTE: Add 20 percent for 4x4 option where available.						
1984 Corolla						
4d Sed	200	600	1,050	2,340	3,650	5,200
4d LBk	200	650	1,050	2,390	3,700	5,300
2d HT	200	650	1,100	2,480	3,850	5,500
1984 Celica						
2d Cpe	250	700	1,150	2,610	4,050	5,800
2d LBk	250	700	1,200	2,700	4,200	6,000
2d Supra	250	750	1,250	2,840	4,400	6,300
1984 Camry						
4d Sed	250	700	1,200	2,660	4,150	5,900
4d LBk	250	700	1,200	2,700	4,200	6,000
1984 Cressida						
4d Sed	250	700	1,200	2,700	4,200	6,000
4d Sta Wag	250	750	1,200	2,750	4,250	6,100
1985 Tercel						
2d LBk	200	650	1,050	2,390	3,700	5,300
4d LBk	200	650	1,100	2,430	3,800	5,400
4d Sta Wag	200	650	1,100	2,480	3,850	5,500
NOTE: Add 20 percent for 4x4 option where available.						
1985 Corolla						
4d Sed	200	650	1,100	2,430	3,800	5,400
4d LBk	200	650	1,100	2,480	3,850	5,500
2d Cpe	200	650	1,100	2,520	3,900	5,600
2d LBk	200	650	1,100	2,480	3,850	5,500
1985 Celica						
2d Cpe	250	700	1,150	2,610	4,050	5,800
2d LBk	250	700	1,200	2,700	4,200	6,000
2d Conv	300	850	1,400	3,150	4,900	7,000

	6	5	4	3	2	1
2d Supra	250	750	1,250	2,840	4,400	6,300
1985 Camry						
4d Sed	250	700	1,200	2,660	4,150	5,900
4d LBk	250	750	1,200	2,750	4,250	6,100
1985 MR2						
2d Cpe	250	750	1,300	2,880	4,500	6,400
1985 Cressida						
4d Sed	250	750	1,250	2,840	4,400	6,300
4d Sta Wag	250	750	1,300	2,880	4,500	6,400
1986 Tercel						
2d LBk	200	600	1,000	2,210	3,450	4,900
4d Sta Wag	200	600	1,000	2,250	3,500	5,000
NOTE: Add 20 percent for 4x4 option where available.						
1986 Corolla						
4d Sed	200	600	950	2,160	3,350	4,800
4d LBk	200	600	1,000	2,210	3,450	4,900
2d Cpe	200	550	950	2,120	3,300	4,700
1986 Celica						
2d Cpe	250	700	1,200	2,660	4,150	5,900
2d LBk	250	750	1,200	2,750	4,250	6,100
1986 Supra						
2d LBk	250	750	1,300	2,880	4,500	6,400
1986 Camry						
4d Sed	200	600	950	2,160	3,350	4,800
4d LBk	200	600	1,000	2,210	3,450	4,900
1986 MR2						
2d Cpe	250	700	1,200	2,700	4,200	6,000
1986 Cressida						
4d Sed	250	700	1,200	2,660	4,150	5,900
4d Sta Wag	250	750	1,250	2,790	4,350	6,200
1987 Tercel						
2d LBk	200	600	1,000	2,250	3,500	5,000
4d LBk	200	600	1,000	2,300	3,550	5,100
2d Cpe	200	600	1,000	2,210	3,450	4,900
4d Sta Wag	200	600	1,000	2,300	3,550	5,100
NOTE: Add 20 percent for 4x4 option where available.						
1987 Corolla						
4d Sed	200	600	1,000	2,210	3,450	4,900
4d LBk	200	600	1,000	2,250	3,500	5,000
2d Cpe	200	600	1,000	2,210	3,450	4,900
2d LBk	200	600	950	2,160	3,350	4,800
1987 Celica						
2d Cpe	250	700	1,200	2,700	4,200	6,000
2d LBk	250	750	1,200	2,750	4,250	6,100
2d Conv	300	900	1,450	3,290	5,100	7,300
1987 Supra						
2d LBk	250	800	1,300	2,930	4,550	6,500
1987 Camry						
4d Sed	200	600	1,000	2,210	3,450	4,900
4d Sta Wag	200	600	1,000	2,250	3,500	5,000
1987 MR2						
2d Cpe	250	750	1,200	2,750	4,250	6,100
1987 Cressida						
4d Sed	250	700	1,200	2,700	4,200	6,000
4d Sta Wag	250	750	1,250	2,840	4,400	6,300
1988 Tercel						
2d LBk	200	550	900	2,070	3,200	4,600
4d LBk	200	550	950	2,120	3,300	4,700
2d Cpe	200	550	900	2,030	3,150	4,500
4d Sta Wag	200	550	950	2,120	3,300	4,700
NOTE: Add 20 percent for 4x4 option where available.						
1988 Corolla						
4d Sed	200	550	900	2,030	3,150	4,500
4d Sta Wag	200	550	900	2,030	3,150	4,500
2d Cpe	200	550	900	2,070	3,200	4,600
2d LBk	200	550	900	2,030	3,150	4,500
NOTE: Add 20 percent for 4x4 option where available.						
1988 Celica						
2d Cpe	250	750	1,200	2,750	4,250	6,100
2d LBk	250	750	1,250	2,790	4,350	6,200
2d Conv	300	900	1,500	3,380	5,250	7,500
1988 Supra						
2d LBk	250	800	1,300	2,930	4,550	6,500
1988 Camry						
4d Sed	200	600	1,000	2,250	3,500	5,000

	6	5	4	3	2	1
4d Sta Wag	200	600	1,000	2,300	3,550	5,100
NOTE: Add 20 percent for 4x4 option where available.						
1988 MR2						
2d Cpe.	250	750	1,250	2,790	4,350	6,200
1988 Cressida						
4d Sed.	250	750	1,200	2,750	4,250	6,100
1989 Tercel						
2d LBk.	200	550	950	2,120	3,300	4,700
4d LBk.	200	600	950	2,160	3,350	4,800
2d Cpe.	200	550	900	2,070	3,200	4,600
1989 Corolla						
4d Sed.	200	550	900	2,070	3,200	4,600
4d Sta Wag	200	550	900	2,070	3,200	4,600
2d Cpe.	200	550	950	2,120	3,300	4,700
NOTE: Add 20 percent for 4x4 option.						
1989 Celica						
2d Cpe.	250	750	1,250	2,790	4,350	6,200
2d LBk.	250	750	1,250	2,840	4,400	6,300
2d Conv.	300	900	1,550	3,470	5,400	7,700
1989 Supra						
2d LBk.	250	800	1,300	2,970	4,600	6,600
1989 Camry						
4d Sed.	200	600	1,000	2,300	3,550	5,100
4d Sta Wag	200	600	1,050	2,340	3,650	5,200
1989 MR2						
2d Cpe.	250	750	1,250	2,840	4,400	6,300
1989 Cressida						
4d Sed.	250	750	1,250	2,790	4,350	6,200
1990 Tercel, 4-cyl.						
2d EZ HBk.	200	550	900	2,030	3,150	4,500
2d HBk	200	600	1,000	2,250	3,500	5,000
2d Cpe.	200	600	1,000	2,300	3,550	5,100
2d DLX Cpe.	200	650	1,100	2,480	3,850	5,500
1990 Corolla, 4-cyl.						
4d Sed.	200	600	1,000	2,250	3,500	5,000
DLX 4d Sed.	220	660	1,100	2,480	3,850	5,500
LE 4d Sed	240	720	1,200	2,700	4,200	6,000
DLX 4d Sta Wag	228	684	1,140	2,570	3,990	5,700
DLX 4d Sed 4x4	260	780	1,300	2,930	4,550	6,500
DLX 4d Sta Wag 4x4.	260	780	1,300	2,930	4,550	6,500
SR5 4d Sta Wag 4x4.	290	860	1,440	3,240	5,040	7,200
SR5 2d Cpe.	280	840	1,400	3,150	4,900	7,000
GT-S 2d Cpe.	300	900	1,450	3,290	5,100	7,300
1990 Celica, 4-cyl.						
ST 2d Cpe.	300	950	1,600	3,600	5,600	8,000
GT 2d Cpe.	350	1,000	1,700	3,830	5,950	8,500
GT 2d HBk	350	1,050	1,750	3,920	6,100	8,700
GT-S 2d HBk.	400	1,150	1,900	4,280	6,650	9,500
2d HBk 4x4, Turbo	450	1,400	2,300	5,180	8,050	11,500
1990 Supra, 6-cyl.						
2d HBk	450	1,400	2,300	5,180	8,050	11,500
2d HBk, Turbo.	500	1,500	2,500	5,630	8,750	12,500
1990 Camry 4-cyl.						
4d Sed.	300	900	1,500	3,380	5,250	7,500
DLX 4d Sed.	300	950	1,600	3,560	5,550	7,900
LE 4d Sed	300	950	1,600	3,650	5,650	8,100
DLX 4d Sed 4x4	350	1,000	1,700	3,830	5,950	8,500
LE 4d Sed 4x4.	350	1,050	1,800	4,010	6,250	8,900
DLX 4d Sta Wag	350	1,050	1,750	3,960	6,150	8,800
1990 V-6						
DLX 4d Sed.	300	950	1,600	3,600	5,600	8,000
LE 4d Sed	350	1,000	1,650	3,740	5,800	8,300
DLX 4d Sta Wag	350	1,100	1,800	4,100	6,350	9,100
LE 4d Sta Wag	400	1,150	1,900	4,280	6,650	9,500
1990 Cressida, 6-cyl.						
LUX 4d Sed.	400	1,200	2,000	4,500	7,000	10,000
1991 Tercel						
2d Sed.	150	500	800	1,800	2,800	4,000
DX 2d Sed.	150	500	850	1,940	3,000	4,300
DX 4d Sed.	150	500	800	1,850	2,850	4,100
LE 4d Sed	200	550	900	1,980	3,100	4,400
1991 Corolla						
4d Sed.	200	600	1,000	2,250	3,500	5,000
DX 4d Sed.	200	650	1,100	2,480	3,850	5,500
LE 4d Sed	250	700	1,200	2,700	4,200	6,000
DX 4d Sta Wag	250	750	1,250	2,790	4,350	6,200

	6	5	4	3	2	1
DX 4d Sta Wag 4x4	250	800	1,300	2,930	4,550	6,500
SR5 2d Cpe	300	850	1,400	3,150	4,900	7,000
GT-S 2d Cpe	300	900	1,450	3,290	5,100	7,300
1991 Celica						
ST 2d Cpe	300	900	1,500	3,380	5,250	7,500
GT 2d Cpe	300	950	1,600	3,600	5,600	8,000
GT 2d Conv	500	1,500	2,500	5,630	8,750	12,500
GT 2d HBk	400	1,150	1,900	4,280	6,650	9,500
GT-S 2d HBk	400	1,250	2,100	4,730	7,350	10,500
2d HBk 4x4, Turbo	450	1,300	2,200	4,950	7,700	11,000
1991 Supra						
2d HBk	450	1,400	2,300	5,180	8,050	11,500
2d HBk, Turbo	500	1,500	2,500	5,630	8,750	12,500
1991 Camry						
4d Sed	300	850	1,400	3,150	4,900	7,000
DX 4d Sed	300	900	1,500	3,380	5,250	7,500
LE 4d Sed	300	900	1,500	3,380	5,250	7,500
DX 4d Sed 4x4	350	1,000	1,700	3,830	5,950	8,500
LE 4d Sed 4x4	350	1,100	1,800	4,050	6,300	9,000
DX 4d Sta Wag	300	950	1,600	3,600	5,600	8,000
LE 4d Sta Wag V-6	400	1,150	1,900	4,280	6,650	9,500
NOTE: Add 5 percent for V-6 on LE and DX 2x4 sedans.						
1991 MR2						
2d Cpe	350	1,100	1,800	4,050	6,300	9,000
2d Cpe, Turbo	400	1,150	1,900	4,280	6,650	9,500
1991 Cressida						
4d Sed	450	1,400	2,300	5,180	8,050	11,500
1992 & 1993 Tercel, 4-cyl.						
2d Sed	200	550	900	2,030	3,150	4,500
DX 2d Sed	200	550	950	2,120	3,300	4,700
DX 4d Sed	200	600	1,000	2,250	3,500	5,000
LE 4d Sed	200	650	1,050	2,390	3,700	5,300
1992 & 1993 Corolla, 4-cyl.						
4d Sed	300	950	1,600	3,600	5,600	8,000
DX 4d Sed	350	1,000	1,650	3,740	5,800	8,300
LE 4d Sed	350	1,000	1,700	3,830	5,950	8,500
DX 4d Sta Wag	400	1,200	2,000	4,500	7,000	10,000
1992 & 1993 Paseo, 4-cyl.						
2d Cpe	550	1,600	2,700	6,080	9,450	13,500
1992 & 1993 Celica, 4-cyl.						
ST 2d Cpe	350	1,000	1,700	3,830	5,950	8,500
GT 2d Cpe	350	1,100	1,800	4,050	6,300	9,000
GT 2d HBk	450	1,300	2,200	4,950	7,700	11,000
GT-S 2d HBk	450	1,350	2,250	5,090	7,900	11,300
2d HBk, Turbo	450	1,400	2,300	5,180	8,050	11,500
GT 2d Conv	500	1,500	2,500	5,630	8,750	12,500
1992 & 1993 Camry, 4-cyl.						
DX 4d Sed	250	800	1,350	3,060	4,750	6,800
LE 4d Sed	300	850	1,400	3,150	4,900	7,000
XLE 4d Sed	300	900	1,500	3,380	5,250	7,500
DX 4d Sta Wag	300	950	1,600	3,600	5,600	8,000
LE 4d Sta Wag	350	1,000	1,700	3,830	5,950	8,500
1992 & 1993 Camry, V-6						
DX 4d Sed	300	900	1,500	3,380	5,250	7,500
LE 4d Sed	300	900	1,500	3,420	5,300	7,600
SE 4d Sed	300	900	1,550	3,470	5,400	7,700
XLE 4d Sed	350	1,000	1,650	3,740	5,800	8,300
LE 4d Sta Wag	400	1,200	2,000	4,500	7,000	10,000
1992 & 1993 MR2, 4-cyl.						
2d Cpe	400	1,150	1,900	4,280	6,650	9,500
2d Cpe, Turbo	400	1,200	2,000	4,500	7,000	10,000
1992 & 1993 Supra						
2d HBk	600	1,800	3,000	6,750	10,500	15,000
2d HBk, Turbo	720	2,160	3,600	8,100	12,600	18,000
1994 Tercel, 4-cyl.						
2d Sed	200	600	1,000	2,250	3,500	5,000
DX 2d Sed	200	650	1,100	2,480	3,850	5,500
DX 4d Sed	250	700	1,150	2,570	4,000	5,700
1994 Corolla, 4-cyl.						
4d Sed	300	850	1,400	3,150	4,900	7,000
DX 4d Sed	300	900	1,500	3,380	5,250	7,500
LE 4d Sed	300	950	1,600	3,600	5,600	8,000
DX 4d Sta Wag	350	1,000	1,650	3,740	5,800	8,300
1994 Paseo, 4-cyl.						
2d Cpe	300	900	1,500	3,380	5,250	7,500

	6	5	4	3	2	1
1994 Celica, 4-cyl.						
ST 2d Cpe	400	1,200	2,000	4,500	7,000	10,000
GT 2d Cpe	400	1,250	2,100	4,730	7,350	10,500
ST 2d HBk	400	1,150	1,900	4,280	6,650	9,500
GT 2d HBk	450	1,300	2,200	4,950	7,700	11,000
1994 Camry						
DX 2d Cpe, 4-cyl.	400	1,200	2,000	4,500	7,000	10,000
LE 2d Cpe, 4-cyl.	400	1,250	2,100	4,730	7,350	10,500
LE 2d Cpe, V-6	450	1,300	2,200	4,950	7,700	11,000
SE 2d Cpe, V-6	450	1,400	2,300	5,180	8,050	11,500
DX 4d Sed, 4-cyl.	400	1,200	2,000	4,460	6,950	9,900
LE 4d Sed, 4-cyl.	400	1,200	2,000	4,500	7,000	10,000
LE 4d Sed, V-6	450	1,300	2,200	4,950	7,700	11,000
SE 4d Sed, V-6	450	1,400	2,300	5,180	8,050	11,500
XLE 4d Sed, 4-cyl.	450	1,400	2,300	5,180	8,050	11,500
XLE 4d Sed, V-6	500	1,450	2,400	5,400	8,400	12,000
DX 4d Sta Wag, 4-cyl.	420	1,260	2,100	4,730	7,350	10,500
LE 4d Sta Wag, 4-cyl.	440	1,320	2,200	4,950	7,700	11,000
LE 4d Sta Wag, V-6	480	1,440	2,400	5,400	8,400	12,000
1994 MR2, 4-cyl.						
2d Cpe	500	1,500	2,500	5,630	8,750	12,500
2d Cpe, Turbo	600	1,750	2,900	6,530	10,200	14,500
1994 Supra						
2d HBk	800	2,400	4,000	9,000	14,000	20,000
2d HBk, Turbo	960	2,880	4,800	10,800	16,800	24,000
1995 Tercel, 4-cyl.						
2d Sed	200	600	1,000	2,250	3,500	5,000
DX 2d Sed	200	650	1,100	2,480	3,850	5,500
DX 4d Sed	250	700	1,150	2,570	4,000	5,700
1995 Corolla, 4-cyl.						
4d Sed	300	850	1,400	3,150	4,900	7,000
DX 4d Sed	300	900	1,500	3,380	5,250	7,500
DX 4d Sta Wag	350	1,000	1,650	3,740	5,800	8,300
LE 4d Sed	300	950	1,600	3,600	5,600	8,000
1995 Paseo, 4-cyl.						
2d Cpe	300	900	1,500	3,380	5,250	7,500
1995 Celica, 4-cyl.						
ST 2d Cpe	400	1,200	2,000	4,500	7,000	10,000
ST 2d HBk	400	1,150	1,900	4,280	6,650	9,500
GT 2d Cpe	400	1,250	2,100	4,730	7,350	10,500
GT 2d HBk	450	1,300	2,200	4,950	7,700	11,000
GT 2d Conv	500	1,550	2,600	5,850	9,100	13,000
1995 Camry, 4-cyl. & V-6						
DX 2d Cpe	400	1,200	2,000	4,500	7,000	10,000
DX 4d Sed	400	1,200	2,000	4,460	6,950	9,900
LE 2d Cpe	400	1,250	2,100	4,730	7,350	10,500
LE 2d Cpe, V-6	450	1,300	2,200	4,950	7,700	11,000
LE 4d Sed	400	1,200	2,000	4,500	7,000	10,000
LE 4d Sed, V-6	450	1,300	2,200	4,950	7,700	11,000
LE 4d Sta Wag	450	1,300	2,200	4,950	7,700	11,000
LE 4d Sta Wag, V-6	480	1,440	2,400	5,400	8,400	12,000
SE 2d Cpe, V-6	450	1,400	2,300	5,180	8,050	11,500
SE 4d Sed, V-6	450	1,400	2,300	5,180	8,050	11,500
XLE 4d Sed	450	1,400	2,300	5,180	8,050	11,500
XLE 4d Sed, V-6	500	1,450	2,400	5,400	8,400	12,000
1995 MR2, 4-cyl.						
2d Cpe	500	1,500	2,500	5,630	8,750	12,500
2d Cpe, Turbo	600	1,750	2,900	6,530	10,200	14,500
1995 Avalon, V-6						
XL 4d Sed	400	1,250	2,100	4,730	7,350	10,500
XLS 4d Sed	450	1,400	2,300	5,180	8,050	11,500
1995 Supra, 6-cyl.						
2d HBk	800	2,400	4,000	9,000	14,000	20,000
2d HBk, Turbo	960	2,880	4,800	10,800	16,800	24,000
1996 Tercel, 4-cyl.						
2d Sed	200	550	900	2,030	3,150	4,500
DX 2d Sed	200	600	1,000	2,250	3,500	5,000
DX 4d Sed	200	600	1,050	2,340	3,650	5,200
1996 Corolla, 4-cyl.						
4d Sed	250	800	1,300	2,930	4,550	6,500
DX 4d Sed	300	850	1,400	3,150	4,900	7,000
DX 4d Sta Wag	300	950	1,550	3,510	5,450	7,800
1996 Paseo, 4-cyl.						
2d Cpe	300	850	1,400	3,150	4,900	7,000
1996 Celica, 4-cyl.						
ST 2d Cpe	400	1,150	1,900	4,280	6,650	9,500

	6	5	4	3	2	1
ST 2d HBk	350	1,100	1,800	4,050	6,300	9,000
GT 2d Cpe	400	1,200	2,000	4,500	7,000	10,000
GT 2d HBk	400	1,250	2,100	4,730	7,350	10,500
GT 2d Conv	500	1,500	2,500	5,630	8,750	12,500
1996 Camry, 4-cyl.						
DX 2d Cpe	400	1,150	1,900	4,280	6,650	9,500
DX 4d Sed	400	1,150	1,900	4,230	6,600	9,400
LE 2d Cpe	400	1,200	2,000	4,500	7,000	10,000
LE 4d Sed	400	1,150	1,900	4,280	6,650	9,500
LE 4d Sta Wag	400	1,250	2,100	4,730	7,350	10,500
XLE 4d Sed	450	1,300	2,200	4,950	7,700	11,000
1996 Camry, V-6.						
LE 2d Cpe	400	1,250	2,100	4,730	7,350	10,500
LE 4d Sed	400	1,250	2,100	4,730	7,350	10,500
LE 4d Sta Wag	450	1,400	2,300	5,180	8,050	11,500
SE 2d Cpe	450	1,300	2,200	4,950	7,700	11,000
SE 4d Sed	450	1,300	2,200	4,950	7,700	11,000
XLE 4d Sed	450	1,400	2,300	5,180	8,050	11,500
1996 Avalon, V-6.						
XL 4d Sed	400	1,200	2,000	4,500	7,000	10,000
XLS 4d Sed	450	1,300	2,200	4,950	7,700	11,000
1996 Supra, 6-cyl.						
2d HBk	780	2,340	3,900	8,780	13,650	19,500
2d HBk, Turbo	940	2,820	4,700	10,580	16,450	23,500
1997 Tercel, 4-cyl.						
CE 2d Sed	200	600	1,000	2,250	3,500	5,000
CE 4d Sed	208	624	1,040	2,340	3,640	5,200
1997 Corolla, 4-cyl.						
VE 4d Sed	260	780	1,300	2,930	4,550	6,500
CE 4d Sed	280	840	1,400	3,150	4,900	7,000
LE 4d Sed	300	900	1,500	3,380	5,250	7,500
1997 Paseo, 4-cyl.						
2d Cpe	280	840	1,400	3,150	4,900	7,000
2d Conv	348	1,044	1,740	3,920	6,090	8,700
1997 Celica, 4-cyl.						
ST 2d Cpe	380	1,140	1,900	4,280	6,650	9,500
ST 2d HBk	360	1,080	1,800	4,050	6,300	9,000
GT 2d HBk	420	1,260	2,100	4,730	7,350	10,500
GT 2d Conv	500	1,500	2,500	5,630	8,750	12,500
1997 Camry, 4-cyl.						
CE 4d Sed	380	1,140	1,900	4,280	6,650	9,500
LE 4d Sed	388	1,164	1,940	4,370	6,790	9,700
XLE 4d Sed	400	1,200	2,000	4,500	7,000	10,000
1997 Camry, V-6						
CE 4d Sed	400	1,200	2,000	4,500	7,000	10,000
LE 4d Sed	420	1,260	2,100	4,730	7,350	10,500
XLE 4d Sed	440	1,320	2,200	4,950	7,700	11,000
1997 Avalon, V-6						
XL 4d Sed	408	1,224	2,040	4,590	7,140	10,200
XLS 4d Sed	460	1,380	2,300	5,180	8,050	11,500
1997 Supra, 6-cyl.						
2d HBk	800	2,400	4,000	9,000	14,000	20,000
2d HBk, Turbo	960	2,880	4,800	10,800	16,800	24,000
NOTE: 15th Anv. Ed.						
1998 Tercel, 4-cyl.						
CE 2d Sed	200	600	1,000	2,250	3,500	5,000
CE 4d Sed	210	620	1,040	2,340	3,640	5,200
1998 Corolla, 4-cyl.						
VE 4d Sed	260	780	1,300	2,930	4,550	6,500
CE 4d Sed	280	840	1,400	3,150	4,900	7,000
LE 4d Sed	300	900	1,500	3,380	5,250	7,500
1998 Paseo, 4-cyl.						
2d Cpe	280	840	1,400	3,150	4,900	7,000
2d Conv	350	1,040	1,740	3,920	6,090	8,700
1998 Celica GT, 4-cyl.						
2d Cpe	380	1,140	1,900	4,280	6,650	9,500
2d HBk	420	1,260	2,100	4,730	7,350	10,500
2d Conv	500	1,500	2,500	5,630	8,750	12,500
1998 Camry, 4-cyl.						
CE 4d Sed	380	1,140	1,900	4,280	6,650	9,500
LE 4d Sed	390	1,160	1,940	4,370	6,790	9,700
XLE 4d Sed	400	1,200	2,000	4,500	7,000	10,000
1998 Camry, V-6						
CE 4d Sed	400	1,200	2,000	4,500	7,000	10,000
LE 4d Sed	420	1,260	2,100	4,730	7,350	10,500
XLE 4d Sed	440	1,320	2,200	4,950	7,700	11,000

	6	5	4	3	2	1
1998 Avalon, V-6						
XL 4d Sed	430	1,280	2,140	4,820	7,490	10,700
XLS 4d Sed	490	1,460	2,440	5,490	8,540	12,200
1998 Supra, 6-cyl.						
2d HBk	840	2,520	4,200	9,450	14,700	21,000
2d HBk, Turbo	1,000	3,000	5,000	11,250	17,500	25,000
1999 Echo, 4-cyl.						
2d Sed	160	480	800	1,800	2,800	4,000
4d Sed	170	500	840	1,890	2,940	4,200
1999 Corolla, 4-cyl.						
VE 4d Sed	260	780	1,300	2,930	4,550	6,500
CE 4d Sed	280	840	1,400	3,150	4,900	7,000
LE 4d Sed	300	900	1,500	3,380	5,250	7,500
1999 Celica GT, 4-cyl.						
2d HBk	420	1,260	2,100	4,730	7,350	10,500
2d Conv	500	1,500	2,500	5,630	8,750	12,500
1999 Camry, 4-cyl. & V-6						
CE 4d Sed (4-cyl. only)	400	1,200	2,000	4,500	7,000	10,000
LE 4d Sed	420	1,260	2,100	4,730	7,350	10,500
XLE 4d Sed	440	1,320	2,200	4,950	7,700	11,000
1999 Camry Solara, 4-cyl. & V-6						
SE 2d Cpe	420	1,260	2,100	4,730	7,350	10,500
SLE 2d Cpe (V-6 only)	440	1,320	2,200	4,950	7,700	11,000
1999 Avalon, V-6						
XL 4d Sed	430	1,280	2,140	4,820	7,490	10,700
XLS 4d Sed	490	1,460	2,440	5,490	8,540	12,200
2000 Echo, 4-cyl.						
2d Sed	160	480	800	1,800	2,800	4,000
4d Sed	170	500	840	1,890	2,940	4,200
2000 Corolla, 4-cyl.						
VE 4d Sed	260	780	1,300	2,930	4,550	6,500
CE 4d Sed	280	840	1,400	3,150	4,900	7,000
LE 4d Sed	300	900	1,500	3,380	5,250	7,500
2000 Celica, 4-cyl.						
2d GT Cpe	430	1,280	2,140	4,820	7,490	10,700
2d GT-S Cpe	510	1,520	2,540	5,720	8,890	12,700
2000 Camry, 4-cyl. & V-6						
CE 4d Sed (4-cyl. only)	400	1,200	2,000	4,500	7,000	10,000
LE 4d Sed	420	1,260	2,100	4,730	7,350	10,500
XLE 4d Sed	440	1,320	2,200	4,950	7,700	11,000
2000 Camry Solara, 4-cyl. & V-6						
SE 2d Cpe	420	1,260	2,100	4,730	7,350	10,500
SLE 2d Cpe (V-6 only)	440	1,320	2,200	4,950	7,700	11,000
SE 2d Conv	500	1,500	2,500	5,630	8,750	12,500
SLE 2d Conv (V-6 only)	540	1,620	2,700	6,080	9,450	13,500
2000 Avalon, V-6						
XL 4d Sed	430	1,280	2,140	4,820	7,490	10,700
XLS 4d Sed	490	1,460	2,440	5,490	8,540	12,200
2000 Prius, 4-cyl. hybrid						
4d Sed (gas/elect)	800	2,400	4,000	9,000	14,000	20,000
2001 Echo, 4-cyl.						
2d Sed	160	480	800	2,000	2,800	4,000
4d Sed	170	500	840	2,100	2,940	4,200
2001 Corolla, 4-cyl.						
CE 4d Sed	280	840	1,400	3,500	4,900	7,000
S 4d Sed	290	860	1,440	3,600	5,040	7,200
LE 4d Sed	300	900	1,500	3,750	5,250	7,500
2001 Celica, 4-cyl.						
2d GT Cpe	430	1,280	2,140	5,350	7,490	10,700
2d GT-S Cpe	510	1,520	2,540	6,350	8,890	12,700
2001 Camry, 4-cyl. & V-6						
CE 4d Sed (4-cyl. only)	400	1,200	2,000	5,000	7,000	10,000
LE 4d Sed	420	1,260	2,100	5,250	7,350	10,500
XLE 4d Sed	440	1,320	2,200	5,500	7,700	11,000
NOTE: Add 5 percent for LE Gallery Series Ed.						
2001 Camry Solara, 4-cyl. & V-6						
SE 2d Cpe	420	1,260	2,100	5,250	7,350	10,500
SLE 2d Cpe (V-6 only)	440	1,320	2,200	5,500	7,700	11,000
SE 2d Conv	500	1,500	2,500	6,250	8,750	12,500
SLE 2d Conv (V-6 only)	540	1,620	2,700	6,750	9,450	13,500
2001 Avalon, V-6						
XL 4d Sed	430	1,280	2,140	5,350	7,490	10,700
XLS 4d Sed	490	1,460	2,440	6,100	8,540	12,200
2001 Prius, 4-cyl. hybrid						
4d Sed (gas/elect)	840	2,520	4,200	9,450	14,700	21,000

	6	5	4	3	2	1
2001 MR2, 4-cyl.						
2d Spyder Conv	510	1,540	2,560	6,400	8,960	12,800
2002 Echo, 4-cyl.						
2d Sed	160	480	800	2,000	2,800	4,000
4d Sed	170	500	840	2,100	2,940	4,200
2002 Corolla, 4-cyl.						
CE 4d Sed	280	840	1,400	3,500	4,900	7,000
S 4d Sed	290	860	1,440	3,600	5,040	7,200
LE 4d Sed	300	900	1,500	3,750	5,250	7,500
2002 Celica, 4-cyl.						
2d GT Cpe	430	1,280	2,140	5,350	7,490	10,700
2d GT-S Cpe	510	1,520	2,540	6,350	8,890	12,700
2002 Camry, 4-cyl.						
LE 4d Sed	400	1,200	2,000	5,000	7,000	10,000
SE 4d Sed	420	1,260	2,100	5,250	7,350	10,500
XLE 4d Sed	440	1,320	2,200	5,500	7,700	11,000
NOTE: Add 5 percent for V-6.						
2002 Camry Solara, 4-cyl.						
SE 2d Cpe	420	1,260	2,100	5,250	7,350	10,500
SLE 2d Cpe	440	1,320	2,200	5,500	7,700	11,000
SE 2d Conv	500	1,500	2,500	6,250	8,750	12,500
SLE 2d Conv	540	1,620	2,700	6,750	9,450	13,500
NOTE: Deduct 5 percent for 4-cyl.						
2002 Avalon, V-6						
XL 4d Sed	430	1,280	2,140	5,350	7,490	10,700
XLS 4d Sed	490	1,460	2,440	6,100	8,540	12,200
2002 Prius, 4-cyl. hybrid						
4d Sed (gas/elect)	540	1,620	2,700	6,080	9,450	13,500
2002 MR2, 4-cyl.						
2d Spyder Conv	510	1,540	2,560	6,400	8,960	12,800
2003 Echo, 4-cyl.						
2d Sed	160	480	800	2,000	2,800	4,000
4d Sed	170	500	840	2,100	2,940	4,200
2003 Corolla, 4-cyl.						
CE 4d Sed	280	840	1,400	3,500	4,900	7,000
S 4d Sed	290	860	1,440	3,600	5,040	7,200
LE 4d Sed	300	900	1,500	3,750	5,250	7,500
2003 Matrix, 4-cyl.						
4d Sta Wag	320	960	1,600	4,000	5,600	8,000
XR 4d Sta Wag	340	1,020	1,700	4,250	5,950	8,500
XRS 4d Sta Wag	360	1,080	1,800	4,500	6,300	9,000
NOTE: Add 5 percent for AWD (excluding XRS sta wag.).						
2003 Celica, 4-cyl.						
2d GT Cpe	430	1,280	2,140	5,350	7,490	10,700
2d GT-S Cpe	510	1,520	2,540	6,350	8,890	12,700
2003 Camry, 4-cyl.						
LE 4d Sed	400	1,200	2,000	5,000	7,000	10,000
SE 4d Sed	420	1,260	2,100	5,250	7,350	10,500
XLE 4d Sed	440	1,320	2,200	5,500	7,700	11,000
NOTE: Add 5 percent for V-6.						
2003 Camry Solara, V-6						
SE 2d Cpe	420	1,260	2,100	5,250	7,350	10,500
SLE 2d Cpe	440	1,320	2,200	5,500	7,700	11,000
SE 2d Conv	500	1,500	2,500	6,250	8,750	12,500
SLE 2d Conv	540	1,620	2,700	6,750	9,450	13,500
NOTE: Deduct 5 percent for 4-cyl. on SE models.						
2003 Avalon, V-6						
XL 4d Sed	430	1,280	2,140	5,350	7,490	10,700
XLS 4d Sed	490	1,460	2,440	6,100	8,540	12,200
2003 Prius, 4-cyl. hybrid						
4d Sed (gas/elect)	420	1,260	2,100	5,250	7,350	10,500
2003 MR2, 4-cyl.						
2d Spyder Conv.	510	1,540	2,560	6,400	8,960	12,800
2004 Echo, 4-cyl.						
2d Sed	160	480	800	2,000	2,800	4,000
4d Sed	170	500	840	2,100	2,940	4,200
NOTE: Deduct 5 percent for manual transmission.						
2004 Corolla, 4-cyl.						
CE 4d Sed	280	840	1,400	3,500	4,900	7,000
S 4d Sed	290	860	1,440	3,600	5,040	7,200
LE 4d Sed	300	900	1,500	3,750	5,250	7,500
NOTE: Deduct 5 percent for manual transmission.						
2004 Matrix, 4-cyl.						
4d Sta Wag	320	960	1,600	4,000	5,600	8,000
XR 4d Sta Wag	340	1,020	1,700	4,250	5,950	8,500

	6	5	4	3	2	1
XRS 4d Sta Wag	360	1,080	1,800	4,500	6,300	9,000
NOTE: Add 5 percent for AWD. Deduct 5 percent for manual transmission.						
2004 Celica, 4-cyl.						
GT 2d Cpe	430	1,280	2,140	5,350	7,490	10,700
GT-S 2d Cpe	510	1,520	2,540	6,350	8,890	12,700
NOTE: Deduct 5 percent for manual transmission.						
2004 Camry, 4-cyl.						
Standard 4d Sed	370	1,120	1,860	4,650	6,510	9,300
LE 4d Sed	400	1,200	2,000	5,000	7,000	10,000
SE 4d Sed	420	1,260	2,100	5,250	7,350	10,500
XLE 4d Sed	440	1,320	2,200	5,500	7,700	11,000
NOTE: Add 5 percent for V-6, except Standard sed. Deduct 5 percent for manual transmission.						
2004 Camry Solara, V-6						
SE 2d Cpe	420	1,260	2,100	5,250	7,350	10,500
SE Sport 2d Cpe	460	1,380	2,300	5,750	8,050	11,500
SLE 2d Cpe	440	1,320	2,200	5,500	7,700	11,000
SE 2d Conv	500	1,500	2,500	6,250	8,750	12,500
SLE 2d Conv	540	1,620	2,700	6,750	9,450	13,500
NOTE: Deduct 5 percent for 4-cyl. Deduct 5 percent for manual transmission.						
2004 Avalon, V-6						
XL 4d Sed	430	1,280	2,140	5,350	7,490	10,700
XLS 4d Sed	490	1,460	2,440	6,100	8,540	12,200
2004 Prius, 4-cyl. hybrid						
4d Sed (gas/elect)	460	1,380	2,300	5,750	8,050	11,500
NOTE: Deduct 5 percent for manual transmission.						
2004 MR2, 4-cyl.						
Spyder 2d Conv	510	1,540	2,560	6,400	8,960	12,800
NOTE: Add 5 percent for sequential manual transmission.						
2005 Echo, 4-cyl.						
2d Cpe	160	480	800	2,000	2,800	4,000
4d Sed	170	500	840	2,100	2,940	4,200
NOTE: Deduct 5 percent for manual transmission.						
2005 Corolla, 4-cyl.						
4d CE Sed	280	840	1,400	3,150	4,900	7,000
4d S Sed	290	860	1,440	3,600	5,040	7,200
4d LE Sed	300	900	1,500	3,750	5,250	7,500
4d XRS Sed	320	970	1,620	4,050	5,670	8,100
NOTE: Deduct 5 percent for manual transmission, except XRS sedan.						
2005 Matrix, 4-cyl.						
4d Sta Wag	320	960	1,600	4,000	5,600	8,000
4d XR Sta Wag	340	1,020	1,700	4,250	5,950	8,500
4d XRS Sta Wag	360	1,080	1,800	4,500	6,300	9,000
NOTE: Add 5 percent for AWD. Deduct 5 percent for manual transmission, except XRS station wagon.						
2005 Celica, 4-cyl.						
2d GT Cpe	430	1,280	2,140	5,350	7,490	10,700
2d GT-S Cpe	510	1,520	2,540	6,350	8,890	12,700
NOTE: Deduct 5 percent for manual transmission.						
2005 Camry, 4-cyl. & V-6						
4d Standard Sed	370	1,120	1,860	4,650	6,510	9,300
4d LE Sed	400	1,200	2,000	5,000	7,000	10,000
4d SE Sed	420	1,260	2,100	5,250	7,350	10,500
4d XLE Sed	440	1,320	2,200	5,500	7,700	11,000
NOTE: Add 5 percent for V-6, except Standard sedan. Deduct 5 percent for manual transmission.						
2005 Camry Solara, 4-cyl. & V-6						
2d SE Cpe	420	1,260	2,100	5,250	7,350	10,500
2d SE Sport Cpe	460	1,380	2,300	5,750	8,050	11,500
2d SLE Cpe	440	1,320	2,200	5,500	7,700	11,000
2d SE Conv (V-6 only)	500	1,500	2,500	6,250	8,750	12,500
2d SLE Conv (V-6 only)	540	1,620	2,700	6,750	9,450	13,500
2005 Camary Solara, 4-cyl. & V-6						
NOTE: Deduct 5 percent for manual transmission.						
2005 Avalon, V-6						
4d XL Sed	420	1,270	2,120	5,300	7,420	10,600
4d Touring Sed	440	1,330	2,220	5,550	7,770	11,100
4d XLS Sed	490	1,460	2,440	6,100	8,540	12,200
4d Limited Sed	510	1,520	2,540	6,350	8,890	12,700
2005 Prius, Hybrid 4-cyl.						
4d Sed (gal/elect)	460	1,380	2,300	5,750	8,050	11,500
NOTE: Deduct 5 percent for manual transmission.						
2005 MR2, 4-cyl.						
2d Spyder Conv	510	1,540	2,560	6,400	8,960	12,800
NOTE: Add 5 percent for sequential manual transmission.						
2006 Corolla, 1.8L 4-cyl.						
4d CE Sed	220	670	1,120	2,800	3,920	5,600
4d S Sed	250	760	1,260	3,150	4,410	6,300
4d LX Sed	220	670	1,120	2,800	3,920	5,600
4d XRS Sed	220	670	1,120	2,800	3,920	5,600

	6	5	4	3	2	1
2006 Prius, 1.5L 4-cyl. Hybrid						
4d HBk Sed	220	670	1,120	2,800	3,920	5,600
2006 Matrixa, 1.8L 4-cyl.						
4d Spt Wag	220	670	1,120	2,800	3,920	5,600
4d XR Spt Wag	220	670	1,120	2,800	3,920	5,600
4d XRS Spt Wag	220	670	1,120	2,800	3,920	5,600
NOTE: Add 12 percent for AWD.						
2006 Camry, 2.4L 4-cyl.						
4d Sed	220	670	1,120	2,800	3,920	5,600
4d LE Sed	250	760	1,260	3,150	4,410	6,300
4d SE Sed	220	670	1,120	2,800	3,920	5,600
4d XLR Sed	220	670	1,120	2,800	3,920	5,600
NOTE: Add 5 percent for 3.0L V-6.						
2006 Solara, 2.4L 4-cyl.						
2d SE Cpe	220	670	1,120	2,800	3,920	5,600
2d SE Spt Cpe	250	760	1,260	3,150	4,410	6,300
2d SLE Cpe	220	670	1,120	2,800	3,920	5,600
NOTE: Add 5 percent for 3.3L V-6.						
2006 Solara, 3.34L 4-cyl.						
2d SE Conv	250	760	1,260	3,150	4,410	6,300
2d SLE Conv	220	670	1,120	2,800	3,920	5,600
NOTE: Add 5 percent for 3.3L V-6.						
2006 Avalon, 3.5L V-6						
4d XL Sed	220	670	1,120	2,800	3,920	5,600
4d Trg Sed	250	760	1,260	3,150	4,410	6,300
4d XLE Sed	220	670	1,120	2,800	3,920	5,600
4d Ltd Sed	220	670	1,120	2,800	3,920	5,600

TRIUMPH

	6	5	4	3	2	1
1946-48 1800, 4-cyl., 63 hp, 108" wb						
T&C Saloon	420	1,260	2,100	4,730	7,350	10,500
1946-48 1800, 4-cyl., 63 hp, 100" wb						
Rds.	1,440	4,320	7,200	16,200	25,200	36,000
1949 1800, 4-cyl., 63 hp, 108" wb						
T&C Saloon	380	1,140	1,900	4,280	6,650	9,500
1949 2000, 4-cyl., 68 hp, 108" wb						
Saloon	380	1,150	1,920	4,320	6,720	9,600
1949 2000 Renown, 4-cyl., 68 hp, 108" wb						
Saloon	420	1,260	2,100	4,730	7,350	10,500
1949 Mayflower, 4-cyl., 38 hp, 84" wb						
Saloon	360	1,080	1,800	4,050	6,300	9,000
1949 2000, 4-cyl., 68 hp, 100" wb						
Rds.	1,480	4,440	7,400	16,650	25,900	37,000
1950 2000 Renown, 4-cyl., 68 hp, 108" wb						
Saloon	380	1,140	1,900	4,280	6,650	9,500
1950 Mayflower, 4-cyl., 38 hp, 84" wb						
Saloon	360	1,080	1,800	4,050	6,300	9,000
Conv.	460	1,380	2,300	5,180	8,050	11,500
1950 TRX (New Roadster Prototype) 4-cyl., 71 hp, 94" wb						
Rds.	value not estimable					
NOTE: Car was offered but none were ever delivered.						
1951 2000 Renown, 4-cyl., 68 hp, 108" wb						
Saloon	380	1,140	1,900	4,280	6,650	9,500
1951 2000, 4-cyl., 68 hp, 111" wb						
Limo	390	1,180	1,960	4,410	6,860	9,800
1951 Mayflower, 4-cyl., 38 hp, 84" wb						
Saloon	360	1,080	1,800	4,050	6,300	9,000
1952 2000, 4-cyl., 68 hp, 111" wb						
Limo	390	1,180	1,960	4,410	6,860	9,800
1952 Mayflower, 4-cyl., 38 hp, 84" wb						
Saloon	360	1,080	1,800	4,050	6,300	9,000
1952 20TS (prototype), 4-cyl., 75 hp, 130" wb						
TR-1 Rds	value not estimable					
NOTE: Only one prototype built.						
1952 2000 Renown, 4-cyl., 68 hp, 111" wb						
Saloon	380	1,140	1,900	4,280	6,650	9,500
1953 2000 Renown, 4-cyl., 68 hp, 108" wb						
Saloon	380	1,140	1,900	4,280	6,650	9,500
1953 2000, 4-cyl., 68 hp, 111" wb						
Limo	380	1,150	1,920	4,320	6,720	9,600
1953 Mayflower, 4-cyl., 38 hp, 84" wb						
Saloon	360	1,080	1,800	4,050	6,300	9,000
1953 TR-2, 4-cyl., 90 hp, 88" wb						
Rds.	1,440	4,320	7,200	16,200	25,200	36,000
1954 2000 Renown, 4-cyl., 68 hp, 108" wb						
Saloon	380	1,140	1,900	4,280	6,650	9,500

	6	5	4	3	2	1
1954 TR-2, 4-cyl., 90 hp, 88" wb						
Rds	1,400	4,200	7,000	15,750	24,500	35,000
1955 TR-2, 4-cyl., 90 hp, 88" wb						
Rds	1,400	4,200	7,000	15,750	24,500	35,000
1955 TR-3, 4-cyl., 95 hp, 88" wb						
Rds	1,440	4,320	7,200	16,200	25,200	36,000
1956 TR-3, 4-cyl., 95 hp, 88" wb						
Rds	1,440	4,320	7,200	16,200	25,200	36,000
HT Rds	1,480	4,440	7,400	16,650	25,900	37,000
1957 TR-3, 4-cyl., 100 hp, 88" wb						
Rds	1,520	4,560	7,600	17,100	26,600	38,000
HT Rds	1,560	4,680	7,800	17,550	27,300	39,000
1957 TR-10, 4-cyl., 40 hp, 84" wb						
Saloon	620	1,860	3,100	6,980	10,850	15,500
1958 TR-3, 4-cyl., 100 hp, 88" wb						
Rds	1,520	4,560	7,600	17,100	26,600	38,000
HT Rds	1,560	4,680	7,800	17,550	27,300	39,000
1958 TR-10, 4-cyl., 40 hp, 84" wb						
Saloon	620	1,860	3,100	6,980	10,850	15,500
Sta Wag	630	1,880	3,140	7,070	10,990	15,700
NOTE: All cars registered after 9-15-58 are 1959 models.						
1959 TR-3, 4-cyl., 100 hp, 88" wb						
Rds	1,520	4,560	7,600	17,100	26,600	38,000
HT Rds	1,560	4,680	7,800	17,550	27,300	39,000
1959 TR-10, 4-cyl., 40 hp, 84" wb						
Saloon	620	1,860	3,100	6,980	10,850	15,500
Sta Wag	630	1,880	3,140	7,070	10,990	15,700
1960 Herald, 4-cyl., 40 hp, 84" wb						
Sed	250	750	1,200	2,750	4,250	6,100
Cpe	250	750	1,250	2,790	4,350	6,200
Conv	450	1,300	2,200	4,950	7,700	11,000
Sta Wag	250	800	1,300	2,930	4,550	6,500
1960 TR-3, 4-cyl., 100 hp, 88" wb						
Rds	1,520	4,560	7,600	17,100	26,600	38,000
HT Rds	1,560	4,680	7,800	17,550	27,300	39,000
NOTE: All cars registered after 9-15-60 are 1961 models.						
1961 Herald, 4-cyl., 40 hp, 91.5" wb						
Sed	250	750	1,250	2,790	4,350	6,200
Cpe	250	750	1,250	2,840	4,400	6,300
Conv	450	1,300	2,200	4,950	7,700	11,000
Sta Wag	250	750	1,250	2,790	4,350	6,200
1961 TR-3, 4-cyl., 100 hp, 88" wb						
Rds	1,520	4,560	7,600	17,100	26,600	38,000
HT Rds	1,560	4,680	7,800	17,550	27,300	39,000
1962 Herald, 4-cyl., 40 hp, 91.5" wb						
Sed	250	750	1,200	2,750	4,250	6,100
Cpe	250	750	1,250	2,790	4,350	6,200
Conv	450	1,300	2,200	4,950	7,700	11,000
1962 TR-3, 4-cyl., 100 hp, 88" wb						
Rds	1,520	4,560	7,600	17,100	26,600	38,000
HT Rds	1,560	4,680	7,800	17,550	27,300	39,000
1962 TR-4, 4-cyl., 105 hp, 88" wb						
Rds	1,040	3,120	5,200	11,700	18,200	26,000
HT Rds	1,060	3,180	5,300	11,930	18,550	26,500
1962 Spitfire, 4-cyl., 57 hp, 83" wb						
Conv	680	2,040	3,400	7,650	11,900	17,000
1963 TR-3B, 4-cyl., 100 hp, 88" wb						
Rds	1,440	4,320	7,200	16,200	25,200	36,000
HT Rds	1,520	4,560	7,600	17,100	26,600	38,000
1963 TR-4, 4-cyl., 105 hp, 88" wb						
Conv	1,040	3,120	5,200	11,700	18,200	26,000
HT	1,060	3,180	5,300	11,930	18,550	26,500
1963 Four, 4-cyl., 40 hp, 91.5" wb						
Sed	250	800	1,300	2,930	4,550	6,500
Conv	300	950	1,600	3,600	5,600	8,000
1963 Spitfire, 4-cyl., 57 hp, 83" wb						
Spt Conv	600	1,800	3,000	6,750	10,500	15,000
1963 Six, 6-cyl., 70 hp, 91.5" wb						
Spt Conv	600	1,750	2,900	6,530	10,200	14,500
1964 TR-4, 4-cyl., 105 hp, 88" wb						
Conv	880	2,640	4,400	9,900	15,400	22,000
HT Cpe	800	2,400	4,000	9,000	14,000	20,000
1965 TR-4 and TR-4A, 4-cyl., 105 hp, 88" wb						
Conv	1,080	3,240	5,400	12,150	18,900	27,000
HT Cpe	1,100	3,300	5,500	12,380	19,250	27,500

	6	5	4	3	2	1
1965 Spitfire Mk II, 4-cyl., 57 hp, 83" wb						
Conv	560	1,680	2,800	6,300	9,800	14,000
1966 TR-4A, 4-cyl., 105 hp, 88" wb						
Conv	1,080	3,240	5,400	12,150	18,900	27,000
HT Cpe	1,100	3,300	5,500	12,380	19,250	27,500
1966 2000, 6-cyl., 90 hp, 106" wb						
Sed	300	900	1,500	3,380	5,250	7,500
1966 Spitfire Mk II, 4-cyl., 57 hp, 83" wb						
Conv	560	1,680	2,800	6,300	9,800	14,000
1967 TR-4A, 4-cyl., 105 hp, 88" wb						
Conv	1,080	3,240	5,400	12,150	18,900	27,000
HT Cpe	1,100	3,300	5,500	12,380	19,250	27,500
1967 2000						
Sed	250	700	1,200	2,700	4,200	6,000
1967 Spitfire Mk II, 4-cyl., 68 hp, 83" wb						
Conv	600	1,750	2,900	6,530	10,200	14,500
HT Cpe	400	1,150	1,900	4,280	6,650	9,500
1967 1200 Sport						
Sed	250	700	1,150	2,570	4,000	5,700
Conv	450	1,400	2,300	5,180	8,050	11,500
1968 TR-250, 6-cyl., 104 hp, 88" wb						
Conv	1,040	3,120	5,200	11,700	18,200	26,000
1968 Spitfire Mk III, 4-cyl., 68 hp, 83" wb						
Conv	600	1,750	2,900	6,530	10,200	14,500
1968 GT-6 Plus, 6-cyl., 95 hp, 83" wb						
Cpe	420	1,260	2,100	4,730	7,350	10,500
NOTE: Add 10 percent for wire wheels. Add 10 percent for factory hardtop. Add 5 percent for overdrive.						
1969 TR-6, 6-cyl., 104 hp, 88" wb						
Conv	920	2,760	4,600	10,350	16,100	23,000
1969 Spitfire Mk III, 4-cyl., 68 hp, 83" wb						
Conv	600	1,750	2,900	6,530	10,200	14,500
1969 GT-6 Plus, 6-cyl., 95 hp, 83" wb						
Cpe	420	1,260	2,100	4,730	7,350	10,500
NOTE: Add 10 percent for wire wheels. Add 10 percent for factory hardtop. Add 5 percent for overdrive.						
1970 TR-6, 6-cyl., 104 hp, 88" wb						
Conv	920	2,760	4,600	10,350	16,100	23,000
1970 Spitfire Mk III, 4-cyl., 68 hp, 83" wb						
Conv	600	1,750	2,900	6,530	10,200	14,500
1970 GT-6 Plus, 6-cyl., 95 hp, 83" wb						
Cpe	420	1,260	2,100	4,730	7,350	10,500
1970 Stag, 8-cyl., 145 hp, 100" wb						
Conv	860	2,580	4,300	9,680	15,050	21,500
NOTE: Add 10 percent for wire wheels. Add 10 percent for factory hardtop. Add 5 percent for overdrive.						
1971 TR-6, 6-cyl., 104 hp, 88" wb						
Conv	920	2,760	4,600	10,350	16,100	23,000
1971 Spitfire Mk IV, 4-cyl., 58 hp, 83" wb						
Conv	600	1,750	2,900	6,530	10,200	14,500
1971 GT-6 Mk III, 6-cyl., 90 hp, 83" wb						
Cpe	420	1,260	2,100	4,730	7,350	10,500
1971 Stag, 8-cyl., 145 hp, 100" wb						
Conv	840	2,520	4,200	9,450	14,700	21,000
NOTE: Add 10 percent for wire wheels. Add 10 percent for factory hardtop. Add 5 percent for overdrive.						
1972 TR-6, 6-cyl., 106 hp, 88" wb						
Conv	920	2,760	4,600	10,350	16,100	23,000
1972 Spitfire Mk IV, 4-cyl., 48 hp, 83" wb						
Conv	600	1,750	2,900	6,530	10,200	14,500
1972 GT-6 Mk III, 6-cyl., 79 hp, 83" wb						
Cpe	420	1,260	2,100	4,730	7,350	10,500
1972 Stag, 8-cyl., 127 hp, 100" wb						
Conv	840	2,520	4,200	9,450	14,700	21,000
NOTE: Add 10 percent for wire wheels. Add 10 percent for factory hardtop. Add 5 percent for overdrive.						
1973 TR-6, 6-cyl., 106 hp, 88" wb						
Conv	880	2,640	4,400	9,900	15,400	22,000
1973 Spitfire Mk IV, 4-cyl., 57 hp, 83" wb						
Conv	450	1,400	2,300	5,180	8,050	11,500
1973 GT-6 Mk III, 6-cyl., 79 hp, 83" wb						
Cpe	420	1,260	2,100	4,730	7,350	10,500
1973 Stag, 8-cyl., 127 hp, 100" wb						
Conv	820	2,460	4,100	9,230	14,350	20,500
NOTE: Add 10 percent for wire wheels. Add 10 percent for factory hardtop. Add 5 percent for overdrive.						
1974 TR-6, 6-cyl., 106 hp, 88" wb						
Conv	880	2,640	4,400	9,900	15,400	22,000
1974 Spitfire Mk IV, 4-cyl., 57 hp, 83" wb						
Conv	450	1,400	2,300	5,180	8,050	11,500

NOTE: Add 10 percent for factory hardtop. Add 5 percent for overdrive.

	6	5	4	3	2	1
1975 TR-6, 6-cyl., 106 hp, 88" wb						
Conv	880	2,640	4,400	9,900	15,400	22,000
1975 TR-7, 4-cyl., 92 hp, 85" wb						
Cpe	450	1,300	2,200	4,950	7,700	11,000
1975 Spitfire 1500, 4-cyl., 57 hp, 83" wb						
Conv	450	1,400	2,300	5,180	8,050	11,500
NOTE: Add 10 percent for factory hardtop. Add 5 percent for overdrive.						
1976 TR-6, 6-cyl., 106 hp, 88" wb						
Conv	880	2,640	4,400	9,900	15,400	22,000
1976 TR-7, 4-cyl., 92 hp, 85" wb						
Cpe	450	1,300	2,200	4,950	7,700	11,000
1976 Spitfire 1500, 4-cyl., 57 hp, 83" wb						
Conv	450	1,400	2,300	5,180	8,050	11,500
NOTE: Add 10 percent for factory hardtop. Add 5 percent for overdrive.						
1977 TR-7, 4-cyl., 92 hp, 85" wb						
Cpe	350	1,000	1,700	3,830	5,950	8,500
1977 Spitfire 1500, 4-cyl., 57 hp, 83" wb						
Conv	450	1,400	2,300	5,180	8,050	11,500
NOTE: Add 10 percent for factory hardtop. Add 5 percent for overdrive.						
1978 TR-7, 4-cyl., 92 hp, 85" wb						
Cpe	350	1,000	1,700	3,830	5,950	8,500
1978 TR-8, 8-cyl., 133 hp, 85" wb(About 150 prototypes in USA)						
Cpe	650	2,000	3,300	7,430	11,600	16,500
1978 Spitfire 1500, 4-cyl., 57 hp, 83" wb						
Conv	450	1,300	2,200	4,950	7,700	11,000
NOTE: Add 10 percent for factory hardtop. Add 5 percent for overdrive.						
1979 TR-7, 4-cyl., 86 hp, 85" wb						
Conv	450	1,300	2,200	4,950	7,700	11,000
Cpe	300	950	1,600	3,600	5,600	8,000
1979 Spitfire 1500, 4-cyl., 53 hp, 83" wb						
Conv	350	1,000	1,700	3,830	5,950	8,500
NOTE: Add 10 percent for factory hardtop. Add 5 percent for overdrive.						
1980 TR-7, 4-cyl., 86 hp, 85" wb						
Conv	450	1,350	2,250	5,040	7,850	11,200
Spider Conv	450	1,400	2,300	5,220	8,100	11,600
Cpe	350	1,000	1,650	3,740	5,800	8,300
1980 TR-8, 8-cyl., 133 hp, 85" wb						
Conv	700	2,050	3,450	7,740	12,000	17,200
Cpe	600	1,850	3,100	6,980	10,900	15,500
1980 Spitfire 1500, 4-cyl., 57 hp, 83" wb						
Conv	450	1,350	2,300	5,130	8,000	11,400
NOTE: Add 10 percent for factory hardtop. Add 5 percent for overdrive.						
1981 TR-7, 4-cyl., 89 hp, 85" wb						
Conv	500	1,450	2,400	5,360	8,350	11,900
1981 TR-8, 8-cyl., 148 hp, 85" wb						
Conv	750	2,200	3,700	8,330	13,000	18,500

VAUXHALL

	6	5	4	3	2	1
1946-56 Ten, 4-cyl., 1203cc. 97.8" wb						
Saloon	248	744	1,240	2,790	4,340	6,200
1946-56 Twelve, 4-cyl., 1442cc, 97.8" wb						
Saloon	280	840	1,400	3,150	4,900	7,000
1946-56 Fourteen, 6-cyl., 1781cc, 105" wb						
Saloon	320	960	1,600	3,600	5,600	8,000
1946-56 Wyvern, 1948, 1442cc, 97.8" wb; 1951, 103" wb						
Saloon	320	960	1,600	3,600	5,600	8,000
1946-56 Velox, 1948, 6-cyl., 97.8" wb, 2275cc 1951, 103" wb						
Saloon	340	1,020	1,700	3,830	5,950	8,500
1957-59 Victor Super, 4-cyl., 1507cc, 98" wb						
FD 4d Sed	300	850	1,450	3,240	5,050	7,200
FW 4d Sta Wag	300	950	1,550	3,510	5,450	7,800
1960-61 Victor Super, 4-cyl., 1507cc Series 2, 98" wb						
FD 4d Sed	300	850	1,450	3,240	5,050	7,200
FW 4d Sta Wag	300	950	1,550	3,510	5,450	7,800
1962 Victor FB Super, 4-cyl., 1507cc, 100" wb						
FBD 4d Sed	300	850	1,450	3,240	5,050	7,200
FBW 4d Sta Wag	300	950	1,550	3,510	5,450	7,800

VOLKSWAGEN

	6	5	4	3	2	1
1945 Standard, 4-cyl., 25 hp, 94.5" wb						
2d Sed	1,280	3,840	6,400	14,400	22,400	32,000
1946 Standard, 4-cyl., 25 hp, 94.5" wb						
2d Sed	1,240	3,720	6,200	13,950	21,700	31,000
1947-48 4-cyl., 25 hp, 94.5" wb						
Std	1,100	3,300	5,500	12,380	19,250	27,500
Export	1,200	3,600	6,000	13,500	21,000	30,000

	6	5	4	3	2	1
1949 Standard, 4-cyl., 25 hp, 94.5" wb						
2d Sed	1,100	3,300	5,500	12,380	19,250	27,500
1949 DeLuxe, 4-cyl., 10 hp, 94.5" wb						
2d Sed	1,160	3,480	5,800	13,050	20,300	29,000
Conv	1,320	3,950	6,580	14,810	23,030	32,900
Heb Conv	1,360	4,070	6,780	15,260	23,730	33,900
NOTE: Only 700 Hebmuller Cabr convertibles were built during 1949-1950. Add 10 percent for sunroof.						
1950 DeLuxe, 4-cyl., 25 hp, 94.5" wb						
2d Sed	1,140	3,420	5,700	12,830	19,950	28,500
Conv	1,220	3,660	6,100	13,730	21,350	30,500
Heb Conv	1,360	4,080	6,800	15,300	23,800	34,000
NOTE: Add 10 percent for sunroof.						
1950 Transporter, 4-cyl., 25 hp, 94.5" wb						
DeL Van	1,240	3,720	6,200	13,950	21,700	31,000
Kombi	1,140	3,420	5,700	12,830	19,950	28,500
1951-52 (Serial Nos. 170000-Up) DeLuxe, 4-cyl., 25 hp, 94.5" wb						
2d Sed	1,100	3,300	5,500	12,380	19,250	27,500
Conv	1,160	3,480	5,800	13,050	20,300	29,000
NOTE: Add 10 percent for sunroof.						
1951-52 Transporter, 4-cyl., 25 hp, 94.5" wb						
DeL Van	1,240	3,720	6,200	13,950	21,700	31,000
Kombi	1,140	3,420	5,700	12,830	19,950	28,500
NOTE: Overdrive is standard equipment.						
1952-53 (Serial Nos. 1-0264198-Up) DeLuxe 4-cyl., 25 hp, 94.5" wb						
2d Sed	1,100	3,300	5,500	12,380	19,250	27,500
Conv	1,220	3,660	6,100	13,730	21,350	30,500
NOTE: Add 10 percent for sunroof.						
1952-53 Transporter, 4-cyl., 25 hp, 94.5" wb						
DeL Van	1,240	3,720	6,200	13,950	21,700	31,000
Kombi	1,140	3,420	5,700	12,830	19,950	28,500
1953 (Serial Nos. later than March 1953) DeLuxe, 4-cyl., 94.5" wb, 25 hp						
2d Sed	700	2,100	3,500	7,880	12,250	17,500
Conv	1,220	3,660	6,100	13,730	21,350	30,500
NOTE: Add 10 percent for sunroof.						
1953 Transporter, 4-cyl., 25 hp, 94.5" wb						
DeL Van	1,140	3,420	5,700	12,830	19,950	28,500
Kombi	1,240	3,720	6,200	13,950	21,700	31,000
1954 DeLuxe, 4-cyl., 36 hp, 94.5" wb						
2d Sed	700	2,100	3,500	7,880	12,250	17,500
Conv	1,220	3,660	6,100	13,730	21,350	30,500
NOTE: Add 10 percent for sunroof.						
1954 Station Wagons, 4-cyl., 30 hp, 94.5" wb						
Microbus	1,220	3,660	6,100	13,730	21,350	30,500
DeL Microbus	1,240	3,720	6,200	13,950	21,700	31,000
NOTE: Microbus 165" overall; DeLuxe Microbus 166.1" overall; Beetle 160.3" overall.						
1955 DeLuxe, 4-cyl., 36 hp, 94.5" wb						
2d Sed	700	2,100	3,500	7,880	12,250	17,500
Conv	1,220	3,660	6,100	13,730	21,350	30,500
NOTE: Add 10 percent for sunroof.						
1955 Station Wagons, 4-cyl., 36 hp, 94.5" wb						
Kombi	1,140	3,420	5,700	12,830	19,950	28,500
Microbus	1,220	3,660	6,100	13,730	21,350	30,500
Microbus DeL	1,240	3,720	6,200	13,950	21,700	31,000
1956 DeLuxe, 4-cyl., 36 hp, 94.5" wb						
2d Sed	700	2,100	3,500	7,880	12,250	17,500
Conv	1,220	3,660	6,100	13,730	21,350	30,500
NOTE: Add 10 percent for sunroof.						
1956 Karmann-Ghia, 4-cyl., 36 hp, 94.5" wb						
Cpe	740	2,220	3,700	8,330	12,950	18,500
1956 Station Wagons, 4-cyl., 36 hp, 94.5" wb						
Kombi	1,140	3,420	5,700	12,830	19,950	28,500
Microbus	1,260	3,780	6,300	14,180	22,050	31,500
Microbus DeL	1,280	3,840	6,400	14,400	22,400	32,000
1957 Beetle, 4-cyl., 36 hp, 94.5" wb						
2d Sed	700	2,100	3,500	7,880	12,250	17,500
Conv	1,220	3,660	6,100	13,730	21,350	30,500
NOTE: Add 10 percent for sunroof.						
1957 Karmann-Ghia, 4-cyl., 36 hp, 94.5" wb						
Cpe	700	2,100	3,500	7,880	12,250	17,500
1957 Station Wagons, 4-cyl., 36 hp, 94.5" wb						
Kombi	1,180	3,540	5,900	13,280	20,650	29,500
Microbus	1,320	3,960	6,600	14,850	23,100	33,000
Microbus SR	1,340	4,020	6,700	15,080	23,450	33,500
Camper	1,380	4,140	6,900	15,530	24,150	34,500
NOTE: Add 10 percent for sunroof.						
1958 Beetle, 4-cyl., 36 hp, 94.5" wb						
2d DeL Sed	700	2,100	3,500	7,880	12,250	17,500

	6	5	4	3	2	1
Conv	1,220	3,660	6,100	13,730	21,350	30,500
1958 Karmann-Ghia, 4-cyl., 36 hp, 94.5" wb						
Cpe	780	2,340	3,900	8,780	13,650	19,500
Conv	1,220	3,660	6,100	13,730	21,350	30,500
1958 Station Wagons, 4-cyl., 36 hp, 94.5" wb						
Kombi	1,180	3,540	5,900	13,280	20,650	29,500
Microbus	1,360	4,080	6,800	15,300	23,800	34,000
Microbus DeL SR	1,380	4,140	6,900	15,530	24,150	34,500
Camper	1,420	4,260	7,100	15,980	24,850	35,500
1959 Beetle, 4-cyl., 36 hp, 94.5" wb						
2d Sed	680	2,040	3,400	7,650	11,900	17,000
Conv	1,200	3,600	6,000	13,500	21,000	30,000
NOTE: Add 10 percent for sunroof.						
1959 Karmann-Ghia, 4-cyl., 36 hp, 94.5" wb						
Cpe	740	2,220	3,700	8,330	12,950	18,500
Conv	1,180	3,540	5,900	13,280	20,650	29,500
1959 Station Wagons, 4-cyl., 36 hp, 94.5" wb						
Kombi	1,180	3,540	5,900	13,280	20,650	29,500
Microbus	1,380	4,140	6,900	15,530	24,150	34,500
Microbus DeL SR	1,500	4,500	7,500	16,880	26,250	37,500
Camper	1,440	4,320	7,200	16,200	25,200	36,000
1960 Beetle, 4-cyl., 36 hp, 94.5" wb						
2d DeL Sed	680	2,040	3,400	7,650	11,900	17,000
Conv	1,200	3,600	6,000	13,500	21,000	30,000
1960 Karmann-Ghia, 4-cyl., 36 hp, 94.5" wb						
Cpe	740	2,220	3,700	8,330	12,950	18,500
Conv	1,180	3,540	5,900	13,280	20,650	29,500
1960 Station Wagons, 4-cyl., 36 hp, 94.5" wb						
Kombi	1,180	3,540	5,900	13,280	20,650	29,500
Microbus	1,380	4,140	6,900	15,530	24,150	34,500
Microbus DeL SR	1,500	4,500	7,500	16,880	26,250	37,500
Camper	1,440	4,320	7,200	16,200	25,200	36,000
NOTE: Add 10 percent for sunroof.						
1961 Beetle, 4-cyl., 40 hp, 94.5" wb						
2d DeL Sed	680	2,040	3,400	7,650	11,900	17,000
Conv	1,160	3,480	5,800	13,050	20,300	29,000
1961 Karmann-Ghia, 4-cyl., 40 hp, 94.5" wb						
Cpe	780	2,340	3,900	8,780	13,650	19,500
Conv	1,220	3,660	6,100	13,730	21,350	30,500
1961 Station Wagons, 4-cyl., 40 hp, 94.5" wb						
Kombi	1,180	3,540	5,900	13,280	20,650	29,500
Sta Wag	1,420	4,260	7,100	15,980	24,850	35,500
Sta Wag DeL/SR	1,540	4,620	7,700	17,330	26,950	38,500
Camper	1,480	4,440	7,400	16,650	25,900	37,000
NOTE: Add 5 percent for extra seats (sta. wag.).						
1962 Beetle, 4-cyl., 40 hp, 94.5" wb						
2d DeL Sed	680	2,040	3,400	7,650	11,900	17,000
Conv	1,160	3,480	5,800	13,050	20,300	29,000
NOTE: Add 10 percent for sunroof.						
1962 Karmann-Ghia, 4-cyl., 40 hp, 94.5" wb						
Cpe	780	2,340	3,900	8,780	13,650	19,500
Conv	1,220	3,660	6,100	13,730	21,350	30,500
1962 Station Wagons, 4-cyl., 40 hp, 94.5" wb						
Kombi	1,180	3,540	5,900	13,280	20,650	29,500
Sta Wag	1,440	4,320	7,200	16,200	25,200	36,000
DeL Sta Wag	1,540	4,620	7,700	17,330	26,950	38,500
Camper	1,500	4,500	7,500	16,880	26,250	37,500
1963 Beetle, 4-cyl., 40 hp, 94.5" wb						
2d DeL Sed	660	1,980	3,300	7,430	11,550	16,500
Conv	1,140	3,420	5,700	12,830	19,950	28,500
NOTE: Add 10 percent for sunroof.						
1963 Karmann-Ghia, 4-cyl., 40 hp, 94.5" wb						
Cpe	740	2,220	3,700	8,330	12,950	18,500
Conv	1,180	3,540	5,900	13,280	20,650	29,500
1963 Station Wagons, 4-cyl., 40 hp, 94.5" wb						
Kombi	1,180	3,540	5,900	13,280	20,650	29,500
Sta Wag	1,440	4,320	7,200	16,200	25,200	36,000
DeL Sta Wag	1,540	4,620	7,700	17,330	26,950	38,500
Camper	1,500	4,500	7,500	16,880	26,250	37,500
1964 Beetle, 4-cyl., 40 hp, 94.5" wb						
2d DeL Sed	660	1,980	3,300	7,430	11,550	16,500
Conv	1,140	3,420	5,700	12,830	19,950	28,500
NOTE: Add 10 percent for sunroof.						
1964 Karmann-Ghia, 4-cyl., 40 hp, 94.5" wb						
Cpe	740	2,220	3,700	8,330	12,950	18,500
Conv	980	2,940	4,900	11,030	17,150	24,500

	6	5	4	3	2	1
1964 Station Wagons (1200 Series), 4-cyl., 40 hp, 94.5" wb						
Kombi	1,180	3,540	5,900	13,280	20,650	29,500
Sta Wag	1,440	4,320	7,200	16,200	25,200	36,000
DeL Sta Wag	1,480	4,440	7,400	16,650	25,900	37,000
1964 Station Wagons (1500 Series), 4-cyl., 50 hp, 94.5" wb						
Kombi	820	2,460	4,100	9,230	14,350	20,500
Sta Wag	1,060	3,180	5,300	11,930	18,550	26,500
DeL Sta Wag	1,140	3,420	5,700	12,830	19,950	28,500
Camper	1,140	3,420	5,700	12,830	19,950	28,500
1965 Beetle, 4-cyl., 40 hp, 94.5" wb						
2d DeL Sed	660	1,980	3,300	7,430	11,550	16,500
Conv	940	2,820	4,700	10,580	16,450	23,500
NOTE: Add 10 percent for sunroof.						
1965 Karmann-Ghia, 4-cyl., 40 hp, 94.5" wb						
Cpe	740	2,220	3,700	8,330	12,950	18,500
Conv	980	2,940	4,900	11,030	17,150	24,500
1965 Station Wagons (1500 Series), 4-cyl., 40 hp, 94.5" wb						
Kombi	780	2,340	3,900	8,780	13,650	19,500
Sta Wag	1,040	3,120	5,200	11,700	18,200	26,000
DeL Sta Wag	1,140	3,420	5,700	12,830	19,950	28,500
Camper	1,100	3,300	5,500	12,380	19,250	27,500
1965 Commercial, (1500 Series), 4-cyl., 40 hp, 94.5" wb						
Panel	660	1,980	3,300	7,430	11,550	16,500
PU	680	2,040	3,400	7,650	11,900	17,000
Dbl Cab PU	684	2,052	3,420	7,700	11,970	17,100
1966 Beetle, 50 hp						
2d DeL Sed	660	1,980	3,300	7,430	11,550	16,500
Conv	740	2,220	3,700	8,330	12,950	18,500
NOTE: Add 10 percent for sunroof.						
1966 Karmann-Ghia, 53 hp						
Cpe	740	2,220	3,700	8,330	12,950	18,500
Conv	780	2,340	3,900	8,780	13,650	19,500
1966 Station Wagons, 57 hp						
Kombi	780	2,340	3,900	8,780	13,650	19,500
Sta Wag	1,040	3,120	5,200	11,700	18,200	26,000
DeL Sta Wag	1,140	3,420	5,700	12,830	19,950	28,500
Camper	1,100	3,300	5,500	12,380	19,250	27,500
1966 1600 Series, 65 hp						
2d FBk Sed	304	912	1,520	3,420	5,320	7,600
2d SqBk Sed	308	924	1,540	3,470	5,390	7,700
NOTE: Add 10 percent for sunroof.						
1966 Commercial						
Panel	660	1,980	3,300	7,430	11,550	16,500
PU	680	2,040	3,400	7,650	11,900	17,000
Dbl Cab PU	684	2,052	3,420	7,700	11,970	17,100
1967 Beetle, 53 hp						
2d DeL Sed	680	2,040	3,400	7,650	11,900	17,000
Conv	760	2,280	3,800	8,550	13,300	19,000
NOTE: Add 10 percent for sunroof.						
1967 Karmann-Ghia, 53 hp						
Cpe	740	2,220	3,700	8,330	12,950	18,500
Conv	780	2,340	3,900	8,780	13,650	19,500
1967 Station Wagon, 57 hp						
Kombi	780	2,340	3,900	8,780	13,650	19,500
Sta Wag	1,040	3,120	5,200	11,700	18,200	26,000
DeL Sta Wag	1,140	3,420	5,700	12,830	19,950	28,500
Camper	1,100	3,300	5,500	12,380	19,250	27,500
1967 1600 Series, 65 hp						
2d FBk Sed	316	948	1,580	3,560	5,530	7,900
2d SqBk Sed	324	972	1,620	3,650	5,670	8,100
NOTE: Add 10 percent for sunroof.						
1967 Commercial						
Panel	660	1,980	3,300	7,430	11,550	16,500
PU	680	2,040	3,400	7,650	11,900	17,000
Dbl Cab PU	684	2,052	3,420	7,700	11,970	17,100
1968 Beetle, 53 hp						
2d Sed	660	1,980	3,300	7,430	11,550	16,500
Conv	740	2,220	3,700	8,330	12,950	18,500
NOTE: Add 10 percent for sunroof.						
1968 Karmann-Ghia, 53 hp						
Cpe	740	2,220	3,700	8,330	12,950	18,500
Conv	780	2,340	3,900	8,780	13,650	19,500
1968 1600 Series, 65 hp						
2d FBk Sed	316	948	1,580	3,560	5,530	7,900
2d SqBk Sed	324	972	1,620	3,650	5,670	8,100
NOTE: Add 10 percent for sunroof.						

	6	5	4	3	2	1
1968 Station Wagons, 57 hp						
Kombi	780	2,340	3,900	8,780	13,650	19,500
Sta Wag	980	2,940	4,900	11,030	17,150	24,500
Camper	1,020	3,060	5,100	11,480	17,850	25,500
1968 Commercial						
Panel	620	1,860	3,100	6,980	10,850	15,500
PU	640	1,920	3,200	7,200	11,200	16,000
Dbl Cab PU	644	1,932	3,220	7,250	11,270	16,100
1969 Beetle, 53 hp						
2d Sed	660	1,980	3,300	7,430	11,550	16,500
Conv	740	2,220	3,700	8,330	12,950	18,500
NOTE: Add 10 percent for sunroof.						
1969 Karmann-Ghia, 53 hp						
Cpe	740	2,220	3,700	8,330	12,950	18,500
Conv	780	2,340	3,900	8,780	13,650	19,500
1969 1600 Series, 65 hp						
2d FBk Sed	324	972	1,620	3,650	5,670	8,100
2d SqBk Sed	328	984	1,640	3,690	5,740	8,200
NOTE: Add 10 percent for sunroof.						
1969 Station Wagons, 57 hp						
Kombi	740	2,220	3,700	8,330	12,950	18,500
Sta Wag	980	2,940	4,900	11,030	17,150	24,500
Camper	1,000	3,000	5,000	11,250	17,500	25,000
1969 Commercial						
Panel	620	1,860	3,100	6,980	10,850	15,500
PU	640	1,920	3,200	7,200	11,200	16,000
Dbl Cab PU	644	1,932	3,220	7,250	11,270	16,100
1970 Beetle, 60 hp						
2d Sed	660	1,980	3,300	7,430	11,550	16,500
Conv	740	2,220	3,700	8,330	12,950	18,500
NOTE: Add 10 percent for sunroof.						
1970 Karmann-Ghia, 60 hp						
Cpe	740	2,220	3,700	8,330	12,950	18,500
Conv	780	2,340	3,900	8,780	13,650	19,500
1970 1600 Series, 65 hp						
2d FBk Sed	320	960	1,600	3,600	5,600	8,000
2d SqBk Sed	324	972	1,620	3,650	5,670	8,100
NOTE: Add 10 percent for sunroof.						
1970 Station Wagons, 60 hp						
Kombi	740	2,220	3,700	8,330	12,950	18,500
Sta Wag	980	2,940	4,900	11,030	17,150	24,500
Camper	1,000	3,000	5,000	11,250	17,500	25,000
1970 Commercial						
Panel	620	1,860	3,100	6,980	10,850	15,500
PU	640	1,920	3,200	7,200	11,200	16,000
Dbl Cab PU	644	1,932	3,220	7,250	11,270	16,100
1971 Beetle, 60 hp						
2d Sed	650	1,900	3,200	7,200	11,200	16,000
2d Sup Sed	650	2,000	3,300	7,430	11,600	16,500
Conv	700	2,150	3,600	8,100	12,600	18,000
NOTE: Add 10 percent for sunroof.						
1971 Karmann-Ghia						
Cpe	700	2,050	3,400	7,650	11,900	17,000
Conv	750	2,200	3,700	8,330	13,000	18,500
1971 Thing						
4d Conv	440	1,320	2,200	4,950	7,700	11,000
1971 Type 3, Sq. Back 411						
2d SqBk Sed	300	900	1,500	3,380	5,250	7,500
3d 411 Sed	304	912	1,520	3,420	5,320	7,600
4d 411 Sed	304	912	1,520	3,420	5,320	7,600
2d Type 3 Sed	300	900	1,500	3,380	5,250	7,500
1971 Transporter						
Kombi	700	2,050	3,400	7,650	11,900	17,000
Sta Wag	800	2,400	4,000	9,000	14,000	20,000
Sta Wag SR	800	2,400	4,050	9,090	14,100	20,200
Campmobile	800	2,450	4,100	9,230	14,300	20,500
1971 Commercial						
Panel	550	1,700	2,800	6,300	9,800	14,000
PU	600	1,750	2,900	6,530	10,200	14,500
Dbl Cab PU	600	1,750	2,900	6,570	10,200	14,600
1972 Beetle, 60 hp						
2d Sed	650	1,900	3,200	7,200	11,200	16,000
2d Sup Sed	650	2,000	3,300	7,430	11,600	16,500
Conv	700	2,150	3,600	8,100	12,600	18,000
NOTE: Add 10 percent for sunroof.						

	6	5	4	3	2	1
1972 Karmann-Ghia						
Cpe	700	2,050	3,400	7,650	11,900	17,000
Conv	750	2,200	3,700	8,330	13,000	18,500
1972 Thing						
4d Conv	440	1,320	2,200	4,950	7,700	11,000
1972 Type 3, Sq. Back 411						
2d Sed	300	900	1,500	3,380	5,250	7,500
2d Sed Type 3	300	900	1,500	3,380	5,250	7,500
2d Sed 411	304	912	1,520	3,420	5,320	7,600
4d Sed AT 411	304	912	1,520	3,420	5,320	7,600
3d Wagon 411	308	924	1,540	3,470	5,390	7,700
NOTE: Add 10 percent for sunroof.						
1972 Transporter						
Kombi	700	2,050	3,400	7,650	11,900	17,000
Sta Wag	800	2,400	4,000	9,000	14,000	20,000
Campmobile	800	2,450	4,100	9,230	14,300	20,500
1972 Commercial						
Panel	550	1,700	2,800	6,300	9,800	14,000
PU	600	1,750	2,900	6,530	10,200	14,500
Dbl Cab PU	600	1,750	2,900	6,570	10,200	14,600
1973 Beetle, 46 hp						
2d Sed	650	1,900	3,200	7,200	11,200	16,000
2d Sup Sed	650	2,000	3,300	7,430	11,600	16,500
Conv	700	2,150	3,600	8,100	12,600	18,000
1973 Karmann-Ghia						
Cpe	650	1,900	3,200	7,200	11,200	16,000
Conv	700	2,150	3,600	8,100	12,600	18,000
1973 Type 3, Sq. Back 412						
2d Sed SqBk	300	900	1,500	3,380	5,250	7,500
2d Sed Type 3	300	900	1,500	3,380	5,250	7,500
2d Sed 412	304	912	1,520	3,420	5,320	7,600
4d Sed 412	304	912	1,520	3,420	5,320	7,600
3d Sed 412	304	912	1,520	3,420	5,320	7,600
1973 Thing						
4d Conv	440	1,320	2,200	4,950	7,700	11,000
1973 Transporter						
Kombi	650	1,900	3,200	7,200	11,200	16,000
Sta Wag	750	2,300	3,800	8,550	13,300	19,000
Campmobile	800	2,350	3,900	8,780	13,700	19,500
Panel	600	1,850	3,100	6,980	10,900	15,500
1974 Beetle						
2d Sed	650	1,900	3,200	7,200	11,200	16,000
2d Sup Sed	650	2,000	3,300	7,430	11,600	16,500
2d Sun Bug Sed	650	2,000	3,300	7,470	11,600	16,600
Conv	700	2,100	3,500	7,880	12,300	17,500
1974 Karmann-Ghia						
Cpe	600	1,850	3,100	6,980	10,900	15,500
Conv	700	2,100	3,500	7,880	12,300	17,500
1974 Thing						
4d Conv	440	1,320	2,200	4,950	7,700	11,000
NOTE: Add 5 percent for Acupulco pkg.						
1974 Dasher						
2d Sed	300	950	1,550	3,510	5,450	7,800
4d Sed	300	950	1,600	3,560	5,550	7,900
4d Wag	300	950	1,600	3,600	5,600	8,000
1974 412						
2d Sed	300	950	1,550	3,510	5,450	7,800
4d Sed	300	950	1,600	3,560	5,550	7,900
3d Sed	300	950	1,600	3,560	5,550	7,900
1974 Transporter						
Kombi	650	1,900	3,200	7,200	11,200	16,000
Sta Wag	700	2,150	3,600	8,100	12,600	18,000
Campmobile	750	2,200	3,700	8,330	13,000	18,500
Panel	600	1,800	3,000	6,750	10,500	15,000
1975 Beetle						
2d Sed	600	1,800	3,000	6,750	10,500	15,000
2d Sup Sed	600	1,850	3,100	6,980	10,900	15,500
Conv	700	2,050	3,400	7,650	11,900	17,000
1975 Rabbit						
2d Cus Sed	300	900	1,500	3,420	5,300	7,600
4d Cus Sed	300	900	1,550	3,470	5,400	7,700
NOTE: Add 5 percent for DeLuxe.						
1975 Dasher						
2d Sed	300	900	1,500	3,420	5,300	7,600
4d Sed	300	950	1,550	3,510	5,450	7,800
HBk	300	950	1,600	3,560	5,550	7,900

	6	5	4	3	2	1
4d Wag	300	950	1,600	3,600	5,600	8,000
1975 Scirocco						
Cpe	350	1,000	1,700	3,780	5,900	8,400
1975 Transporter						
Kombi	600	1,850	3,100	6,980	10,900	15,500
Sta Wag	700	2,050	3,400	7,650	11,900	17,000
Campmobile	700	2,100	3,500	7,880	12,300	17,500
Panel	600	1,750	2,900	6,530	10,200	14,500
1976 Beetle						
2d Sed	600	1,800	3,000	6,750	10,500	15,000
Conv	600	1,850	3,100	6,980	10,900	15,500
1976 Rabbit						
2d Sed	250	800	1,300	2,970	4,600	6,600
2d Cus Sed	250	800	1,350	3,020	4,700	6,700
4d Cus Sed	250	800	1,350	3,020	4,700	6,700
NOTE: Add 10 percent for DeLuxe.						
1976 Dasher						
2d Sed	250	800	1,350	3,020	4,700	6,700
4d Sed	300	850	1,400	3,110	4,850	6,900
4d Wag	300	850	1,450	3,240	5,050	7,200
1976 Scirocco						
Cpe	300	950	1,550	3,510	5,450	7,800
1976 Transporter						
Kombi	600	1,850	3,100	6,980	10,900	15,500
Sta Wag	700	2,050	3,400	7,650	11,900	17,000
Campmobile	700	2,100	3,500	7,880	12,300	17,500
1977 Beetle						
2d Sed	600	1,800	3,000	6,750	10,500	15,000
Conv	700	2,050	3,400	7,650	11,900	17,000
1977 Rabbit						
2d Sed	250	800	1,300	2,970	4,600	6,600
2d Cus Sed	250	800	1,350	3,020	4,700	6,700
4d Cus Sed	250	800	1,350	3,020	4,700	6,700
NOTE: Add 10 percent for DeLuxe. Add 15 percent for Champagne Ed.						
1977 Dasher						
2d Sed	250	800	1,350	3,020	4,700	6,700
4d Sed	300	850	1,400	3,110	4,850	6,900
4d Wag	300	850	1,450	3,240	5,050	7,200
1977 Scirocco						
Cpe	300	950	1,600	3,560	5,550	7,900
1977 Transporter						
Kombi	600	1,800	3,000	6,750	10,500	15,000
Sta Wag	680	2,040	3,400	7,650	11,900	17,000
Campmobile	700	2,100	3,500	7,880	12,300	17,500
1978 Beetle						
2d Conv	650	1,900	3,200	7,200	11,200	16,000
1978 Rabbit						
2d	250	800	1,300	2,930	4,550	6,500
2d Cus	250	800	1,300	2,970	4,600	6,600
4d Cus	250	800	1,300	2,970	4,600	6,600
2d DeL	250	800	1,350	3,020	4,700	6,700
4d DeL	250	800	1,350	3,020	4,700	6,700
1978 Dasher						
2d	300	850	1,400	3,150	4,900	7,000
4d	300	850	1,400	3,150	4,900	7,000
4d Sta Wag	300	850	1,400	3,200	4,950	7,100
1978 Scirocco						
2d Cpe	300	900	1,500	3,380	5,250	7,500
1978 Transporter						
Kombi	600	1,800	3,000	6,750	10,500	15,000
Sta Wag	700	2,050	3,400	7,650	11,900	17,000
Campmobile	700	2,100	3,500	7,880	12,300	17,500
1979 Beetle						
2d Conv	650	2,000	3,300	7,430	11,600	16,500
1979 Rabbit						
2d	250	800	1,300	2,930	4,550	6,500
2d Cus	250	800	1,300	2,970	4,600	6,600
4d Cus	250	800	1,300	2,970	4,600	6,600
2d DeL	250	800	1,350	3,020	4,700	6,700
4d DeL	250	800	1,350	3,020	4,700	6,700
1979 Dasher						
2d HBk	300	850	1,400	3,150	4,900	7,000
4d HBk	300	850	1,400	3,150	4,900	7,000
4d Sta Wag	300	850	1,400	3,200	4,950	7,100
1979 Scirocco						
2d Cpe	300	900	1,500	3,380	5,250	7,500

	6	5	4	3	2	1
1979 Transporter						
Kombi	600	1,800	3,000	6,750	10,500	15,000
Sta Wag	700	2,050	3,400	7,650	11,900	17,000
Campmobile	700	2,100	3,500	7,880	12,300	17,500
1980 Rabbit						
2d Conv	350	1,000	1,700	3,780	5,900	8,400
2d Cus	250	700	1,200	2,700	4,200	6,000
4d Cus	250	700	1,200	2,700	4,200	6,000
2d DeL	250	750	1,200	2,750	4,250	6,100
4d DeL	250	750	1,200	2,750	4,250	6,100
1980 Jetta						
2d	250	750	1,300	2,880	4,500	6,400
4d	250	750	1,300	2,880	4,500	6,400
1980 Dasher						
2d	250	750	1,250	2,840	4,400	6,300
4d	250	750	1,250	2,840	4,400	6,300
4d Sta Wag	250	750	1,300	2,880	4,500	6,400
1980 Scirocco						
2d Cpe	250	800	1,300	2,970	4,600	6,600
2d Cpe S	250	800	1,350	3,060	4,750	6,800
1980 Pickup						
Cus	250	800	1,300	2,970	4,600	6,600
LX	250	800	1,350	3,020	4,700	6,700
Spt	250	800	1,350	3,060	4,750	6,800
1980 Vanagon Transporter						
Kombi	400	1,150	1,900	4,280	6,650	9,500
Sta Wag	400	1,250	2,100	4,730	7,350	10,500
Campmobile	600	1,800	3,000	6,750	10,500	15,000
1981 Rabbit						
2d Conv	300	900	1,450	3,290	5,100	7,300
2d	200	600	1,000	2,250	3,500	5,000
2d L	200	600	1,000	2,250	3,500	5,000
4d L	200	600	1,000	2,250	3,500	5,000
2d LS	200	600	1,000	2,300	3,550	5,100
4d LS	200	600	1,000	2,300	3,550	5,100
2d S	200	600	1,050	2,340	3,650	5,200
1981 Jetta						
2d	200	650	1,100	2,430	3,800	5,400
4d	200	650	1,100	2,430	3,800	5,400
1981 Dasher						
4d	200	600	1,050	2,340	3,650	5,200
1981 Scirocco						
2d Cpe	200	650	1,100	2,520	3,900	5,600
2d Cpe S	250	700	1,150	2,570	4,000	5,700
1981 Pickup						
PU	200	650	1,100	2,520	3,900	5,600
LX	250	700	1,150	2,570	4,000	5,700
Spt	250	700	1,150	2,610	4,050	5,800
1981 Vanagon Transporter						
Kombi	350	1,000	1,700	3,830	5,950	8,500
Sta Wag	400	1,150	1,900	4,280	6,650	9,500
Campmobile	450	1,300	2,200	4,950	7,700	11,000
1982 Rabbit						
2d Conv	300	850	1,400	3,200	4,950	7,100
2d	200	600	1,000	2,250	3,500	5,000
2d L	200	600	1,000	2,300	3,550	5,100
4d L	200	600	1,000	2,250	3,500	5,000
2d LS	200	600	1,000	2,300	3,550	5,100
4d LS	200	600	1,000	2,300	3,550	5,100
2d S	200	600	1,050	2,340	3,650	5,200
1982 Jetta						
2d	200	650	1,050	2,390	3,700	5,300
4d	200	650	1,050	2,390	3,700	5,300
1982 Scirocco						
2d Cpe	250	700	1,150	2,570	4,000	5,700
1982 Quantum						
2d Cpe	250	700	1,200	2,700	4,200	6,000
4d	250	700	1,200	2,700	4,200	6,000
4d Sta Wag	250	750	1,200	2,750	4,250	6,100
1982 Pickup						
PU	200	650	1,100	2,520	3,900	5,600
LX	250	700	1,150	2,570	4,000	5,700
Spt	250	700	1,150	2,610	4,050	5,800
1982 Vanagon						
Sta Wag	350	1,000	1,700	3,830	5,950	8,500
Campmobile	450	1,300	2,200	4,950	7,700	11,000

	6	5	4	3	2	1
1983 Rabbit						
2d Conv.	300	850	1,450	3,240	5,050	7,200
2d L	200	600	1,000	2,250	3,500	5,000
4d L	200	600	1,000	2,250	3,500	5,000
2d LS	200	600	1,000	2,250	3,500	5,000
4d LS	200	600	1,000	2,250	3,500	5,000
GL 2d	200	600	1,000	2,300	3,550	5,100
GL 4d	200	600	1,000	2,300	3,550	5,100
GTI 2d	200	650	1,100	2,480	3,850	5,500
1983 Jetta						
2d	200	650	1,100	2,430	3,800	5,400
4d	200	650	1,100	2,430	3,800	5,400
1983 Scirocco						
2d Cpe.	250	750	1,200	2,750	4,250	6,100
1983 Quantum						
2d Cpe.	250	750	1,200	2,750	4,250	6,100
4d	250	750	1,200	2,750	4,250	6,100
4d Sta Wag	250	750	1,250	2,790	4,350	6,200
1983 Pickup						
PU	200	650	1,100	2,520	3,900	5,600
LX	250	700	1,150	2,570	4,000	5,700
Spt.	250	700	1,150	2,610	4,050	5,800
1983 Vanagon						
Sta Wag	350	1,000	1,700	3,830	5,950	8,500
Campmobile	450	1,300	2,200	4,950	7,700	11,000
1984 Rabbit						
2d Conv.	300	950	1,550	3,510	5,450	7,800
2d L HBk	200	600	1,000	2,250	3,500	5,000
4d L HBk	200	600	1,000	2,300	3,550	5,100
GL 4d HBk.	200	650	1,100	2,480	3,850	5,500
GTI 2d HBk	250	700	1,200	2,700	4,200	6,000
1984 Jetta						
2d Sed.	250	700	1,150	2,610	4,050	5,800
4d Sed.	250	700	1,200	2,660	4,150	5,900
GL 4d Sed.	250	700	1,200	2,700	4,200	6,000
GLi 4d Sed	250	750	1,250	2,790	4,350	6,200
1984 Scirocco						
2d Cpe.	250	700	1,200	2,700	4,200	6,000
1984 Quantum						
GL 4d Sed.	250	700	1,150	2,610	4,050	5,800
GL 4d Sta Wag	250	700	1,150	2,570	4,000	5,700
1984 Vanagon						
Sta Wag	300	950	1,600	3,600	5,600	8,000
Campmobile	450	1,300	2,200	4,950	7,700	11,000
1985 Golf						
2d HBk	200	600	1,000	2,300	3,550	5,100
GTI 2d HBk	200	650	1,100	2,480	3,850	5,500
4d HBk	200	600	1,050	2,340	3,650	5,200
1985 Jetta						
2d Sed.	200	600	1,050	2,340	3,650	5,200
4d Sed.	200	650	1,050	2,390	3,700	5,300
NOTE: Add 5 percent for GL and GLi option.						
1985 Cabriolet						
2d Conv.	350	1,000	1,700	3,830	5,950	8,500
1985 Scirocco						
2d Cpe.	200	650	1,100	2,480	3,850	5,500
1985 Quantum						
4d Sed.	200	650	1,050	2,390	3,700	5,300
4d Sta Wag	200	650	1,100	2,430	3,800	5,400
1985 Vanagon						
Sta Wag	300	950	1,600	3,600	5,600	8,000
Camper	450	1,300	2,200	4,950	7,700	11,000
1986 Golf						
2d HBk	250	800	1,300	2,970	4,600	6,600
GTI 2d HBk	300	850	1,400	3,150	4,900	7,000
4d HBk	250	800	1,350	3,020	4,700	6,700
1986 Jetta						
2d Sed.	250	800	1,350	3,020	4,700	6,700
4d Sed.	250	800	1,350	3,060	4,750	6,800
NOTE: Add 5 percent for GL and GLi option.						
1986 Cabriolet						
2d Conv.	400	1,250	2,100	4,730	7,350	10,500
1986 Scirocco						
2d Cpe.	300	850	1,400	3,150	4,900	7,000
1986 Quantum						
GL 4d Sed.	250	800	1,350	3,060	4,750	6,800

	6	5	4	3	2	1
1986 Vanagon						
Sta Wag	350	1,100	1,800	4,050	6,300	9,000
Camper	600	1,800	3,000	6,750	10,500	15,000
1987 Fox						
2d Sed	250	800	1,350	3,020	4,700	6,700
GL 4d Sed	250	800	1,350	3,060	4,750	6,800
GL 2d Sta Wag	300	850	1,400	3,110	4,850	6,900
1987 Cabriolet						
2d Conv	450	1,300	2,150	4,860	7,550	10,800
1987 Golf						
2d HBk GL	250	800	1,350	3,060	4,750	6,800
GL 4d HBk	300	850	1,400	3,110	4,850	6,900
GT 2d HBk	300	850	1,400	3,110	4,850	6,900
GT 4d HBk	300	850	1,400	3,150	4,900	7,000
GTI 2d HBk	300	950	1,550	3,510	5,450	7,800
GTI 2d HBk 16V	350	1,050	1,750	3,960	6,150	8,800
1987 Jetta						
2d Sed	300	850	1,400	3,110	4,850	6,900
4d Sed	300	850	1,400	3,150	4,900	7,000
GL 4d Sed	300	850	1,450	3,240	5,050	7,200
GLi 4d Sed	300	950	1,600	3,560	5,550	7,900
GLi 4d Sed 16V	350	1,050	1,800	4,010	6,250	8,900
1987 Scirocco						
2d Cpe	300	850	1,450	3,240	5,050	7,200
2d Cpe 16V	350	1,000	1,650	3,690	5,750	8,200
1987 Quantum						
GL 4d Sed	300	850	1,400	3,150	4,900	7,000
4d Sta Wag	300	850	1,400	3,200	4,950	7,100
GL 4d Sta Wag	300	900	1,450	3,290	5,100	7,300
1987 Vanagon						
Sta Wag	350	1,100	1,800	4,050	6,300	9,000
GL Sta Wag	400	1,150	1,900	4,280	6,650	9,500
Camper	400	1,200	2,000	4,500	7,000	10,000
GL Camper	400	1,200	2,050	4,590	7,150	10,200
1988 Fox						
2d Sed	250	700	1,200	2,700	4,200	6,000
GL 4d Sed	250	750	1,250	2,790	4,350	6,200
GL 2d Sta Wag	250	800	1,300	2,930	4,550	6,500
1988 Cabriolet						
2d Conv	500	1,450	2,400	5,400	8,400	12,000
1988 Golf						
2d HBk	250	800	1,300	2,930	4,550	6,500
GL 2d HBk	300	850	1,400	3,150	4,900	7,000
GL 4d HBk	300	850	1,450	3,240	5,050	7,200
GT 2d HBk	300	900	1,500	3,420	5,300	7,600
GT 4d HBk	300	950	1,550	3,510	5,450	7,800
GTI 2d HBk	300	950	1,600	3,560	5,550	7,900
1988 Jetta						
2d Sed	300	950	1,550	3,510	5,450	7,800
4d Sed	300	950	1,600	3,650	5,650	8,100
GL 4d Sed	350	1,000	1,700	3,780	5,900	8,400
4d Sed Carat	350	1,000	1,700	3,830	5,950	8,500
GLi 4d Sed	400	1,150	1,900	4,280	6,650	9,500
1988 Scirocco						
2d Cpe	300	950	1,550	3,510	5,450	7,800
1988 Quantum						
GL 4d Sed	300	850	1,450	3,240	5,050	7,200
GL 4d Sta Wag	300	850	1,450	3,240	5,050	7,200
1988 Vanagon						
GL Sta Wag	400	1,250	2,100	4,730	7,350	10,500
GL Camper	500	1,550	2,600	5,850	9,100	13,000
1989 Fox						
2d Sed	250	750	1,250	2,790	4,350	6,200
GL 2d Sed	250	800	1,300	2,930	4,550	6,500
GL 4d Sed	250	800	1,350	3,020	4,700	6,700
GL 4d Sta Wag	300	850	1,400	3,110	4,850	6,900
1989 Cabriolet						
2d Conv	500	1,500	2,500	5,630	8,750	12,500
1989 Golf						
2d HBk	250	800	1,350	3,020	4,700	6,700
GL 2d HBk	300	850	1,400	3,200	4,950	7,100
GL 4d HBk	300	850	1,450	3,240	5,050	7,200
GTI 2d HBk	300	950	1,600	3,600	5,600	8,000
1989 Jetta						
2d Sed	300	950	1,600	3,600	5,600	8,000
4d Sed	350	1,000	1,650	3,690	5,750	8,200

	6	5	4	3	2	1
GL 4d Sed	350	1,000	1,700	3,830	5,950	8,500
4d Sed Carat	350	1,050	1,700	3,870	6,000	8,600
GLi 4d Sed	400	1,150	1,950	4,370	6,800	9,700
1989 Vanagon						
GL Sta Wag	500	1,450	2,400	5,400	8,400	12,000
GL Camper	550	1,600	2,700	6,080	9,450	13,500
Carat Sta Wag	550	1,600	2,700	6,080	9,450	13,500
1990 Fox, 4-cyl.						
2d Sed	250	700	1,200	2,700	4,200	6,000
4d Sed	250	800	1,300	2,930	4,550	6,500
2d Sta Wag	250	800	1,350	3,060	4,750	6,800
4d Spt Sed	250	800	1,300	2,970	4,600	6,600
1990 Cabriolet, 4-cyl.						
2d Conv	500	1,450	2,400	5,400	8,400	12,000
1990 Golf, 4-cyl.						
GL 2d HBk	300	850	1,400	3,150	4,900	7,000
GL 4d HBk	300	850	1,400	3,200	4,950	7,100
GTI 2d HBk	300	950	1,600	3,560	5,550	7,900
1990 Jetta, 4-cyl.						
GL 2d Sed	350	1,000	1,650	3,740	5,800	8,300
GL 4d Sed	350	1,000	1,700	3,780	5,900	8,400
GL 4d Sed Diesel	300	950	1,550	3,510	5,450	7,800
4d Carat Sed	350	1,000	1,700	3,830	5,950	8,500
GLi 4d Sed	400	1,150	1,900	4,280	6,650	9,500
1990 Passat, 4-cyl.						
4d Sed	400	1,150	1,900	4,280	6,650	9,500
4d Sta Wag	400	1,200	2,000	4,500	7,000	10,000
1990 Corrado, 4-cyl.						
2d Cpe	400	1,250	2,100	4,730	7,350	10,500
1991 Fox						
2d Sed	150	500	850	1,890	2,950	4,200
GL 4d Sed	200	550	900	2,030	3,150	4,500
1991 Cabriolet						
2d Conv	400	1,150	1,900	4,280	6,650	9,500
1991 Golf						
GL 2d HBk	250	700	1,200	2,700	4,200	6,000
GTI 2d HBk	300	900	1,500	3,380	5,250	7,500
GTI 2d HBk 16V	300	950	1,600	3,600	5,600	8,000
GL 4d HBk	250	800	1,350	3,020	4,700	6,700
1991 Jetta						
GL 2d Sed	250	800	1,300	2,930	4,550	6,500
GL 4d Sed	250	800	1,350	3,020	4,700	6,700
GL 4d Sed Diesel	200	650	1,100	2,480	3,850	5,500
4d Carat Sed	300	850	1,450	3,240	5,050	7,200
GLi 4d Sed 16V	300	950	1,600	3,600	5,600	8,000
1991 Passat						
GL 4d Sed	300	900	1,500	3,380	5,250	7,500
GL 4d Sta Wag	300	950	1,600	3,600	5,600	8,000
1991 Corrado						
2d Cpe	400	1,150	1,900	4,280	6,650	9,500
1992 Fox, 4-cyl.						
2d Sed	200	600	1,000	2,250	3,500	5,000
GL 4d Sed	200	650	1,100	2,480	3,850	5,500
1992 Golf, 4-cyl.						
GL 2d HBk	300	850	1,400	3,150	4,900	7,000
GL 4d HBk	300	900	1,500	3,380	5,250	7,500
GTI 2d HBk	300	950	1,600	3,600	5,600	8,000
GTI 2d HBk 16V	350	1,000	1,700	3,830	5,950	8,500
1992 Cabriolet, 4-cyl.						
2d Conv	400	1,150	1,900	4,280	6,650	9,500
1992 Jetta, 4-cyl.						
GL 4d Sed	300	900	1,500	3,380	5,250	7,500
GL 4d Sed Diesel	300	850	1,400	3,150	4,900	7,000
4d Carat Sed	350	1,000	1,700	3,830	5,950	8,500
GLi 4d Sed 16V	400	1,150	1,900	4,280	6,650	9,500
1992 Passat, 4-cyl.						
CL 4d Sed	300	900	1,500	3,380	5,250	7,500
GL 4d Sed	350	1,000	1,700	3,830	5,950	8,500
GL 4d Sta Wag	400	1,150	1,900	4,280	6,650	9,500
1992 Corrado, 4-cyl.						
2d G60 Cpe	450	1,300	2,200	4,950	7,700	11,000
SLC 2d Cpe	500	1,550	2,600	5,850	9,100	13,000
1993 Fox, 4-cyl.						
2d Sed	200	550	900	2,070	3,200	4,600
GL 4d Sed	200	600	950	2,160	3,350	4,800

	6	5	4	3	2	1
1993 Golf						
GL 4d HBk	300	950	1,600	3,600	5,600	8,000
1993 Cabriolet, 4-cyl.						
2d Conv	400	1,150	1,950	4,370	6,800	9,700
1993 Jetta, 4-cyl.						
GL 4d Sed	300	950	1,550	3,510	5,450	7,800
1993 Passat, 4-cyl.						
GL 4d Sed	350	1,100	1,800	4,050	6,300	9,000
GLX 4d Sed	400	1,150	1,900	4,280	6,650	9,500
GLX 4d Sta Wag	400	1,200	2,000	4,500	7,000	10,000
1993 Corrado, V-6						
SLC 2d Cpe	500	1,450	2,400	5,400	8,400	12,000
1994 Golf, 4-cyl.						
GL 2d HBk	300	900	1,500	3,380	5,250	7,500
GL 4d HBk	300	950	1,550	3,510	5,450	7,800
1994 Jetta, 4-cyl.						
GL 4d Sed	350	1,000	1,700	3,830	5,950	8,500
GLS 4d Sed	350	1,100	1,800	4,050	6,300	9,000
GLX 4d Sed, V-6	400	1,250	2,100	4,730	7,350	10,500
1994 Passat, V-6						
GLX 4d Sed	450	1,300	2,200	4,950	7,700	11,000
GLX 4d Sta Wag	500	1,450	2,400	5,400	8,400	12,000
1994 Corrado, V-6						
SLC 2d Cpe	550	1,700	2,800	6,300	9,800	14,000
1995 Golf III, 4-cyl. & V-6						
4d HBk	300	900	1,450	3,290	5,100	7,300
GL 2d HBk	300	900	1,500	3,380	5,250	7,500
GL 4d HBk	300	950	1,550	3,510	5,450	7,800
2d Spt HBk	300	950	1,600	3,600	5,600	8,000
GTI 2d HBk, V-6	400	1,250	2,100	4,730	7,350	10,500
1995 Jetta III, 4-cyl. & V-6						
4d Sed	300	950	1,600	3,600	5,600	8,000
GL 4d Sed	350	1,000	1,700	3,830	5,950	8,500
GLS 4d Sed	350	1,100	1,800	4,050	6,300	9,000
GLX 4d Sed, V-6	400	1,250	2,100	4,730	7,350	10,500
1995 Cabrio, 4-cyl.						
2d Conv	450	1,300	2,200	4,950	7,700	11,000
1995 Passat, 4-cyl.						
GLS 4d Sed	350	1,000	1,700	3,830	5,950	8,500
GLX 4d Sed, V-6	450	1,300	2,200	4,950	7,700	11,000
GLX 4d Sta Wag, V-6	480	1,440	2,400	5,400	8,400	12,000
1996 Golf, 4-cyl.						
GL 4d HBk	250	800	1,350	3,060	4,750	6,800
GTI 2d HBk	300	950	1,550	3,510	5,450	7,800
GTI VR6 2d HBk (V-6 only)	400	1,150	1,900	4,280	6,650	9,500
1996 Jetta, 4-cyl.						
GL 4d Sed	300	900	1,500	3,380	5,250	7,500
GLS 4d Sed	300	950	1,600	3,600	5,600	8,000
GLX VR6 4d Sed (V-6 only)	400	1,150	1,900	4,280	6,650	9,500
1996 Cabrio, 4-cyl.						
2d Conv	400	1,200	2,000	4,500	7,000	10,000
1996 Passat, 4-cyl.						
GLS 4d Sed	300	900	1,500	3,380	5,250	7,500
TDI 4d Sed	350	1,100	1,800	4,050	6,300	9,000
TDI 4d Sta Wag	400	1,150	1,900	4,280	6,650	9,500
1996 Passat, V-6.						
GLX VR6 4d Sed	400	1,200	2,000	4,500	7,000	10,000
GLX VR6 4d Sta Wag	440	1,320	2,200	4,950	7,700	11,000
1997 Golf, 4-cyl.						
GL 4d HBk	272	816	1,360	3,060	4,760	6,800
GTI 2d HBk	312	936	1,560	3,510	5,460	7,800
GTI VR6 2d HBk (V-6 only)	380	1,140	1,900	4,280	6,650	9,500
1997 Jetta, 4-cyl.						
GL 4d Sed	300	900	1,500	3,380	5,250	7,500
GT 4d Sed	320	960	1,600	3,600	5,600	8,000
GLS 4d Sed	340	1,020	1,700	3,830	5,950	8,500
GLX VR6 4d Sed (V-6 only)	380	1,140	1,900	4,280	6,650	9,500
NOTE: Add 5 percent for TDI (diesel) engine.						
1997 Cabrio, 4-cyl.						
2d Conv	400	1,200	2,000	4,500	7,000	10,000
2d Highline Conv	420	1,260	2,100	4,730	7,350	10,500
1997 Passat, TDI 4-cyl.						
4d Sed	360	1,080	1,800	4,050	6,300	9,000
4d Sta Wag	380	1,140	1,900	4,280	6,650	9,500
1997 Passat, V-6						
GLX VR6 4d Sed	400	1,200	2,000	4,500	7,000	10,000

	6	5	4	3	2	1
GLX VR6 4d Sta Wag	440	1,320	2,200	4,950	7,700	11,000
1998 Golf, 4-cyl.						
GL 4d HBk	270	820	1,360	3,060	4,760	6,800
GTI 2d HBk	310	940	1,560	3,510	5,460	7,800
GTI VR6 2d HBk (V-6 only)	380	1,140	1,900	4,280	6,650	9,500
1998 Jetta, 4-cyl.						
GL 4d Sed	300	900	1,500	3,380	5,250	7,500
GT 4d Sed	320	960	1,600	3,600	5,600	8,000
GLS 4d Sed	340	1,020	1,700	3,830	5,950	8,500
GLX VR6 4d Sed (V-6 only)	380	1,140	1,900	4,280	6,650	9,500
TDI 4d Sed	360	1,080	1,800	4,050	6,300	9,000
1998 Cabrio, 4-cyl.						
2d Conv	400	1,200	2,000	4,500	7,000	10,000
2d GLS Conv	440	1,320	2,200	4,950	7,700	11,000
1998 Passat, Turbo 4-cyl.						
GLS 4d Sed	400	1,200	2,000	4,500	7,000	10,000
GLX 4d Sed	440	1,320	2,200	4,950	7,700	11,000
1998 New Beetle, 4-cyl.						
2d Cpe	320	960	1,600	3,600	5,600	8,000
TDI 2d Cpe	340	1,020	1,700	3,830	5,950	8,500
1999 Golf, 4-cyl.						
GL 2d HBk	270	820	1,360	3,060	4,760	6,800
GLS 2d HBk	270	820	1,360	3,060	4,760	6,800
GTI GLS 2d HBk	310	940	1,560	3,510	5,460	7,800
GTI GLX VR6 2d HBk (V-6 only)	380	1,140	1,900	4,280	6,650	9,500
NOTE: Add 10 percent for TDI 4-cyl.						
1999 Jetta, 4-cyl. & V-6						
GL 4d Sed (4-cyl. only)	300	900	1,500	3,380	5,250	7,500
GLS 4d Sed	340	1,020	1,700	3,830	5,950	8,500
GLX VR6 4d Sed (V-6 only)	380	1,140	1,900	4,280	6,650	9,500
NOTE: Add 10 percent for TDI 4-cyl.						
1999 Cabrio, 4-cyl.						
2d GL Conv	400	1,200	2,000	4,500	7,000	10,000
2d GLS Conv	440	1,320	2,200	4,950	7,700	11,000
1999 Passat, Turbo 4-cyl. & V-6						
GLS 4d Sed	400	1,200	2,000	4,500	7,000	10,000
GLS 4d Sta Wag	420	1,260	2,100	4,730	7,350	10,500
GLX 4d Sed (V-6 only)	440	1,320	2,200	4,950	7,700	11,000
1999 New Beetle, 4-cyl.						
GL 2d Cpe	320	960	1,600	3,600	5,600	8,000
GLS 2d Cpe	330	980	1,640	3,690	5,740	8,200
GLS TDI 2d Cpe	340	1,020	1,700	3,830	5,950	8,500
GLS 1.8T 2d Cpe	330	1,000	1,660	3,740	5,810	8,300
GLX 1.8T 2d Cpe	360	1,080	1,800	4,050	6,300	9,000
2000 Golf, 4-cyl.						
GL 2d HBk	270	820	1,360	3,060	4,760	6,800
GLS 2d HBk	270	820	1,360	3,060	4,760	6,800
GTI GLS 2d HBk	310	940	1,560	3,510	5,460	7,800
GTI GLX VR6 2d HBk (V-6 only)	380	1,140	1,900	4,280	6,650	9,500
GLS 4d HBk	360	1,080	1,800	4,050	6,300	9,000
NOTE: Add 10 percent for TDI 4-cyl.						
2000 Jetta, 4-cyl. & V-6						
GL 4d Sed (4-cyl. only)	300	900	1,500	3,380	5,250	7,500
GLS 4d Sed	340	1,020	1,700	3,830	5,950	8,500
GLX VR6 4d Sed (V-6 only)	380	1,140	1,900	4,280	6,650	9,500
NOTE: Add 10 percent for TDI 4-cyl.						
2000 Cabrio, 4-cyl.						
2d GL Conv	400	1,200	2,000	4,500	7,000	10,000
2d GLS Conv	440	1,320	2,200	4,950	7,700	11,000
2000 Passat, 4-cyl. & V-6						
GLS 4d Sed	400	1,200	2,000	4,500	7,000	10,000
GLS 4d Sta Wag	420	1,260	2,100	4,730	7,350	10,500
GLX 4d Sed (V-6 only)	440	1,320	2,200	4,950	7,700	11,000
GLX 4d Sta Wag (V-6 only)	460	1,380	2,300	5,180	8,050	11,500
2000 New Beetle, 4-cyl.						
GL 2d Cpe	320	960	1,600	3,600	5,600	8,000
GLS 2d Cpe	330	980	1,640	3,690	5,740	8,200
TDI 2d Cpe	340	1,020	1,700	3,830	5,950	8,500
GLS 1.8T 2d Cpe	330	1,000	1,660	3,740	5,810	8,300
GLX 1.8T 2d Cpe	360	1,080	1,800	4,050	6,300	9,000
2001 Golf, 4-cyl.						
GL 2d HBk	270	820	1,360	3,400	4,760	6,800
GLS 4d HBk	270	820	1,360	3,400	4,760	6,800
GLS Turbo 4d HBk (diesel)	360	1,080	1,800	4,500	6,300	9,000
GTI GLS 2d HBk	370	1,100	1,840	4,600	6,440	9,200

	6	5	4	3	2	1
GTI GLX 2d HBk	380	1,140	1,900	4,750	6,650	9,500
NOTE: Add 10 percent for TDI 4-cyl.						
2001 Jetta, 4-cyl.						
GL 2d Sed	300	900	1,500	3,750	5,250	7,500
GLS 2d Sed	340	1,020	1,700	4,250	5,950	8,500
GLS Turbo 4d Sed	360	1,080	1,800	4,500	6,300	9,000
GLX VR6 4d Sed (V-6)	380	1,140	1,900	4,750	6,650	9,500
Wolfsburg 4d Sed	390	1,160	1,940	4,850	6,790	9,700
GLS 4d Sta Wag	370	1,100	1,840	4,600	6,440	9,200
GLX 4d Sta Wag (V-6)	410	1,220	2,040	5,100	7,140	10,200
NOTE: Add 10 percent for TDI 4-cyl. Add 5 percent for Sport pkg.						
2001 Cabrio, 4-cyl.						
2d GL Conv	400	1,200	2,000	5,000	7,000	10,000
2d GLS Conv	440	1,320	2,200	5,500	7,700	11,000
2d GLX Conv	450	1,340	2,240	5,600	7,840	11,200
2001 Passat, 4-cyl. & V-6						
GLS 4d Sed	400	1,200	2,000	5,000	7,000	10,000
GLS 4d Sta Wag	420	1,260	2,100	5,250	7,350	10,500
GLX 4d Sed (V-6 only)	440	1,320	2,200	5,500	7,700	11,000
GLX 4d Sta Wag (V-6 only)	460	1,380	2,300	5,750	8,050	11,500
NOTE: Add 5 percent for 4Motion option.						
2001 New Beetle, 4-cyl.						
GL 2d Cpe	320	960	1,600	4,000	5,600	8,000
GLS 2d Cpe	330	980	1,640	4,100	5,740	8,200
GLS Turbo 2d Cpe	330	1,000	1,660	4,150	5,810	8,300
GLX Turbo 2d Cpe	360	1,080	1,800	4,500	6,300	9,000
Sport 2d Cpe	380	1,140	1,900	4,750	6,650	9,500
NOTE: Add 10 percent for TDI 4-cyl.						
2002 Golf, 4-cyl.						
GL 2d HBk	270	820	1,360	3,400	4,760	6,800
GL TDi 2d HBk	350	1,060	1,760	4,400	6,160	8,800
GTi 1.8 2d HBk	410	1,220	2,040	5,100	7,140	10,200
GTi 337 2d HBk	470	1,400	2,340	5,850	8,190	11,700
GTi VR6 2d HBk	450	1,360	2,260	5,650	7,910	11,300
GTi VR6 2d HBk (24V)	470	1,420	2,360	5,900	8,260	11,800
GL 4d HBk	300	900	1,500	3,750	5,250	7,500
GL TDi 4d HBk	400	1,210	2,020	5,050	7,070	10,100
GLS 4d HBk	350	1,040	1,740	4,350	6,090	8,700
GLS TDi 4d HBk	400	1,190	1,980	4,950	6,930	9,900
2002 Jetta, 4-cyl.						
GL 4d Sed	320	950	1,580	3,950	5,530	7,900
GL TDi 4d Sed	330	1,000	1,660	4,150	5,810	8,300
GLS 4d Sed	340	1,020	1,700	4,250	5,950	8,500
GLS TDi 4d Sed	360	1,080	1,800	4,500	6,300	9,000
GLS 1.8T 4d Sed	390	1,160	1,940	4,850	6,790	9,700
GLS VR6 4d Sed	400	1,190	1,980	4,950	6,930	9,900
GLi VR6 4d Sed	410	1,220	2,040	5,100	7,140	10,200
GLX VR6 4d Sed	440	1,320	2,200	5,500	7,700	11,000
GLX VR6 4d Sed (24V)	450	1,360	2,260	5,650	7,910	11,300
GL 4d Sta Wag	330	980	1,640	4,100	5,740	8,200
GL TDi 4d Sta Wag	340	1,020	1,700	4,250	5,950	8,500
GLS 4d Sta Wag	370	1,100	1,840	4,600	6,440	9,200
GLS TDi 4d Sta Wag	400	1,200	2,000	5,000	7,000	10,000
GLS 1.8T 4d Sta Wag	400	1,190	1,980	4,950	6,930	9,900
GLS VR6 4d Sta Wag	430	1,280	2,140	5,350	7,490	10,700
GLX VR6 4d Sta Wag	450	1,340	2,240	5,600	7,840	11,200
NOTE: Add 5 percent for V-6.						
2002 Cabrio, 4-cyl.						
2d GL Conv	400	1,200	2,000	5,000	7,000	10,000
2d GLS Conv	440	1,320	2,200	5,500	7,700	11,000
2d GLX Conv	450	1,340	2,240	5,600	7,840	11,200
2002 Passat, 4-cyl. & V-6						
GLS 4d Sed	400	1,200	2,000	5,000	7,000	10,000
GLS 4d Sta Wag	420	1,260	2,100	5,250	7,350	10,500
GLX 4d Sed (V-6 only)	440	1,320	2,200	5,500	7,700	11,000
GLX 4d Sta Wag (V-6 only)	460	1,380	2,300	5,750	8,050	11,500
W8 4Motion 4d Sed (V-6 only)	580	1,740	2,900	7,250	10,150	14,500
W8 4Motion 4d Sta Wag (V-6 only)	600	1,800	3,000	7,500	10,500	15,000
NOTE: Add 5 percent for 4Motion option excluding W8 models.						
2002 New Beetle, 4-cyl.						
GL 2d Cpe	320	960	1,600	4,000	5,600	8,000
GLS 2d Cpe	330	980	1,640	4,100	5,740	8,200
GLS TDi 2d Cpe	330	1,000	1,660	4,150	5,810	8,300
GLS Turbo 2d Cpe	360	1,080	1,800	4,500	6,300	9,000
Sport 2d Cpe	380	1,140	1,900	4,750	6,650	9,500
GLX Turbo 2d Cpe	390	1,160	1,940	4,850	6,790	9,700

	6	5	4	3	2	1
Turbo S 2d Cpe	400	1,210	2,020	5,050	7,070	10,100
2003 Golf, 4-cyl.						
GL 2d HBk	270	820	1,360	3,400	4,760	6,800
GL TDi 2d HBk	350	1,060	1,760	4,400	6,160	8,800
GTi 1.8T 2d HBk	410	1,220	2,040	5,100	7,140	10,200
GTi VR6 2d HBk	450	1,360	2,260	5,650	7,910	11,300
GTi VR6 2d HBk (24V)	470	1,420	2,360	5,900	8,260	11,800
GL 4d HBk	300	900	1,500	3,750	5,250	7,500
GL TDi 4d HBk	400	1,210	2,020	5,050	7,070	10,100
GLS 4d HBk	350	1,040	1,740	4,350	6,090	8,700
GLS TDi 4d HBk	400	1,190	1,980	4,950	6,930	9,900
NOTE: Add 10 percent for GTi HBk 20th Anv Ed. Add 5 percent for automatic transmission.						
2003 Jetta, 4-cyl.						
GL 4d Sed	320	950	1,580	3,950	5,530	7,900
GL TDi 4d Sed	330	1,000	1,660	4,150	5,810	8,300
GL 1.8T 4d Sed	320	970	1,620	4,050	5,670	8,100
GLS 4d Sed	340	1,020	1,700	4,250	5,950	8,500
GLS TDi 4d Sed	360	1,080	1,800	4,500	6,300	9,000
GLS 1.8T 4d Sed	390	1,160	1,940	4,850	6,790	9,700
Wolfsburg 4d Sed	380	1,140	1,900	4,750	6,650	9,500
GLi VR6 4d Sed	410	1,220	2,040	5,100	7,140	10,200
GLX VR6 4d Sed	440	1,320	2,200	5,500	7,700	11,000
GL 4d Sta Wag	330	980	1,640	4,100	5,740	8,200
GL TDi 4d Sta Wag	340	1,020	1,700	4,250	5,950	8,500
GL 1.8T 4d Sta Wag	340	1,010	1,680	4,200	5,880	8,400
GLS 4d Sta Wag	370	1,100	1,840	4,600	6,440	9,200
GLS TDi 4d Sta Wag	400	1,200	2,000	5,000	7,000	10,000
GLS 1.8T 4d Sta Wag	400	1,190	1,980	4,950	6,930	9,900
GLS 1.8T Premium 4d Sta Wag	430	1,300	2,160	5,400	7,560	10,800
NOTE: Add 5 percent for Sport pkg (excluding GLS 1.8T model).						
2003 Passat, Turbo 4-cyl.						
GL 4d Sed	360	1,090	1,820	4,550	6,370	9,100
GLS 4d Sed	400	1,200	2,000	5,000	7,000	10,000
GL 4d Sta Wag	400	1,190	1,980	4,950	6,930	9,900
GLS 4d Sta Wag	430	1,300	2,160	5,400	7,560	10,800
2003 Passat, V-6						
GLS 4d Sed	440	1,310	2,180	5,450	7,630	10,900
GLX 4d Sed	450	1,340	2,240	5,600	7,840	11,200
W8 4Motion 4d Sed	580	1,740	2,900	7,250	10,150	14,500
GLS 4d Sta Wag	440	1,320	2,200	5,500	7,700	11,000
GLX 4d Sta Wag	460	1,380	2,300	5,750	8,050	11,500
W8 4Motion 4d Sta Wag	600	1,800	3,000	7,500	10,500	15,000
NOTE: Add 5 percent for 4Motion option excluding W8 models.						
2003 New Beetle, 4-cyl.						
GL 2d Cpe	320	960	1,600	4,000	5,600	8,000
GL TDi 2d Cpe	320	970	1,620	4,050	5,670	8,100
GL Turbo 2d Cpe	320	960	1,600	4,000	5,600	8,000
GLS 2d Cpe	330	980	1,640	4,100	5,740	8,200
GLS TDi 2d Cpe	330	1,000	1,660	4,150	5,810	8,300
GLS Turbo 2d Cpe	360	1,080	1,800	4,500	6,300	9,000
GLX Turbo 2d Cpe	390	1,160	1,940	4,850	6,790	9,700
Turbo S 2d Cpe	400	1,210	2,020	5,050	7,070	10,100
GL 2d Conv	420	1,260	2,100	5,250	7,350	10,500
GLS 2d Conv	440	1,330	2,220	5,550	7,770	11,100
GLS Turbo 2d Conv	490	1,460	2,440	6,100	8,540	12,200
GLX Turbo 2d Conv	510	1,520	2,540	6,350	8,890	12,700
2004 Golf, 4-cyl.						
GL 2d HBk	270	820	1,360	3,400	4,760	6,800
GTi 1.8T 2d HBk	410	1,220	2,040	5,100	7,140	10,200
GTi VR6 2d HBk	450	1,360	2,260	5,650	7,910	11,300
R32 4Motion 2d HBk (AWD)	700	2,110	3,520	8,800	12,320	17,600
GL 4d HBk	300	900	1,500	3,750	5,250	7,500
GL TDi 4d HBk	400	1,210	2,020	5,050	7,070	10,100
GLS 4d HBk	350	1,040	1,740	4,350	6,090	8,700
GLS TDi 4d HBk	400	1,190	1,980	4,950	6,930	9,900
NOTE: Add 5 percent for automatic transmission.						
2004 Jetta, 4-cyl.						
GL 4d Sed	320	950	1,580	3,950	5,530	7,900
GL TDi 4d Sed	330	1,000	1,660	4,150	5,810	8,300
GL 1.8T 4d Sed	320	970	1,620	4,050	5,670	8,100
GLS 4d Sed	340	1,020	1,700	4,250	5,950	8,500
GLS TDi 4d Sed	360	1,080	1,800	4,500	6,300	9,000
GLS 1.8T 4d Sed	390	1,160	1,940	4,850	6,790	9,700
GLi 1.8T 4d Sed	400	1,190	1,980	4,950	6,930	9,900
GLi VR6 4d Sed	410	1,220	2,040	5,100	7,140	10,200
GL 4d Sta Wag	330	980	1,640	4,100	5,740	8,200

	6	5	4	3	2	1
GL TDi 4d Sta Wag	340	1,020	1,700	4,250	5,950	8,500
GLS 4d Sta Wag	370	1,100	1,840	4,600	6,440	9,200
GLS TDi 4d Sta Wag	400	1,200	2,000	5,000	7,000	10,000
GLS 1.8T 4d Sta Wag	400	1,190	1,980	4,950	6,930	9,900
NOTE: Add 5 percent for Sport pkg on GLS 1.8T models. Add 5 percent for automatic transmission.						
2004 Passat, Turbo 4-cyl.						
GL 4d Sed	360	1,090	1,820	4,550	6,370	9,100
GL TDi 4d Sed	450	1,360	2,260	5,650	7,910	11,300
GLS 4d Sed	40	120	200	500	700	1,000
GLS 4Motion 4d Sed	460	1,370	2,280	5,700	7,980	11,400
GLS TDi 4d Sed	460	1,390	2,320	5,800	8,120	11,600
GL 4d Sta Wag	400	1,190	1,980	4,950	6,930	9,900
GL TDi 4d Sta Wag	460	1,370	2,280	5,700	7,980	11,400
GLS 4d Sta Wag	430	1,300	2,160	5,400	7,560	10,800
GLS 4Motion 4d Sta Wag	470	1,400	2,340	5,850	8,190	11,700
GLS TDi 4d Sta Wag	480	1,440	2,400	6,000	8,400	12,000
2004 Passat, V-6						
GLX 4d Sed	440	1,310	2,180	5,450	7,630	10,900
GLX 4Motion 4d Sed	460	1,380	2,300	5,750	8,050	11,500
W8 4Motion 4d Sed	580	1,750	2,920	7,300	10,220	14,600
GLX 4d Sta Wag	440	1,320	2,200	5,500	7,700	11,000
GLX 4Motion 4d Sta Wag	470	1,400	2,340	5,850	8,190	11,700
W8 4Motion 4d Sta Wag	610	1,820	3,040	7,600	10,640	15,200
NOTE: Add 5 percent for Sport pkg. Deduct 5 percent for manual transmission.						
2004 New Beetle, 4-cyl.						
GL 2d Cpe	320	960	1,600	4,000	5,600	8,000
GL TDi 2d Cpe	320	970	1,620	4,050	5,670	8,100
GLS 2d Cpe	330	980	1,640	4,100	5,740	8,200
GLS TDi 2d Cpe	330	1,000	1,660	4,150	5,810	8,300
GLS Turbo 2d Cpe	360	1,080	1,800	4,500	6,300	9,000
Turbo S 2d Cpe	400	1,210	2,020	5,050	7,070	10,100
GL 2d Conv	420	1,260	2,100	5,250	7,350	10,500
GLS 2d Conv	440	1,330	2,220	5,550	7,770	11,100
GLS Turbo 2d Conv	490	1,460	2,440	6,100	8,540	12,200
NOTE: Add 5 percent for automatic transmission.						
2004 Phaeton 4Motion						
V-8 4d Sed	950	2,860	4,760	11,900	16,660	23,800
W12 4Motion 4d Sed	1,260	3,790	6,320	15,800	22,120	31,600
NOTE: Add 10 percent for Comfort/Four Seat pkg.						
2005 Golf, 4-cyl.						
2d GL HBk	270	820	1,360	3,060	4,760	6,800
2d GTi 1.8T HBk	410	1,220	2,040	5,100	7,140	10,200
2d GTi VR6 HBk	450	1,360	2,260	5,650	7,910	11,300
4d GL HBk	300	900	1,500	3,750	5,250	7,500
4d GL TDi HBk	400	1,210	2,020	4,550	7,070	10,100
4d GLS HBk	350	1,040	1,740	4,350	6,090	8,700
4d GLS TDi HBk	400	1,190	1,980	4,460	6,930	9,900
NOTE: Add 5 percent for automatic transmission, except VR6 model.						
2005 Jetta, 4-cyl.						
4d GL Sed	320	950	1,580	3,560	5,530	7,900
4d GLS Sed	340	1,020	1,700	4,250	5,950	8,500
4d GLS TDi Sed	360	1,080	1,800	4,500	6,300	9,000
4d GLi 1.8T Sed	400	1,190	1,980	4,950	6,930	9,900
4d GL Sta Wag	330	980	1,640	3,690	5,740	8,200
4d GL TDi Sta Wag	340	1,020	1,700	3,830	5,950	8,500
4d GLS Sta Wag	370	1,100	1,840	4,600	6,440	9,200
4d GLS TDi Sta Wag	400	1,200	2,000	5,000	7,000	10,000
4d GLS 1.8T Sta Wag	400	1,190	1,980	4,950	6,930	9,900
2005 Jetta, 5-cyl.						
4d Value Sed	340	1,030	1,720	3,870	6,020	8,600
4d 2.5 Sed	400	1,200	2,000	5,000	7,000	10,000
4d TDi Sed (4-cyl. only)	400	1,210	2,020	5,050	7,070	10,100
NOTE: Add 5 percent for Sport pkg on GLS 1.8T model. Add 5 percent for automatic transmission.						
2005 Passat, Turbo 4-cyl.						
4d GL Sed	360	1,090	1,820	4,100	6,370	9,100
4d GL TDi Sed	450	1,360	2,260	5,650	7,910	11,300
4d GLS Sed	400	1,200	2,000	5,000	7,000	10,000
4d GLS 4Motion Sed	460	1,370	2,280	5,700	7,980	11,400
4d GLS TDi Sed	460	1,390	2,320	5,220	8,120	11,600
4d GL Sta Wag	400	1,190	1,980	4,950	6,930	9,900
4d GL TDi Sta Wag	460	1,370	2,280	5,700	7,980	11,400
4d GLS Sta Wag	430	1,300	2,160	5,400	7,560	10,800
4d GLS 4Motion Sta Wag	470	1,400	2,340	5,850	8,190	11,700
4d GLS TDi Sta Wag	480	1,440	2,400	6,000	8,400	12,000
2005 Passat, V-6						
4d GLX Sed	440	1,310	2,180	5,450	7,630	10,900

	6	5	4	3	2	1
4d GLX 4Motion Sed	460	1,380	2,300	5,750	8,050	11,500
4d GLX Sta Wag	440	1,320	2,200	5,500	7,700	11,000
4d GLX 4Motion Sta Wag	470	1,400	2,340	5,850	8,190	11,700
NOTE: Deduct 5 percent for manual transmission.						
2005 New Beetle, 4-cyl.						
2d GL Cpe	320	960	1,600	4,000	5,600	8,000
2d GLS Cpe	330	980	1,640	4,100	5,740	8,200
2d GLS TDi Cpe	330	1,000	1,660	4,150	5,810	8,300
2d GLS Turbo Cpe	360	1,080	1,800	4,050	6,300	9,000
2d GL Conv	420	1,260	2,100	5,250	7,350	10,500
2d GLS Conv	440	1,330	2,220	5,550	7,770	11,100
2d GLS Turbo Conv	490	1,460	2,440	6,100	8,540	12,200
NOTE: Add 5 percent for automatic transmission.						
2005 Phaeton 4Motion						
4d V8 Sed	950	2,860	4,760	11,900	16,660	23,800
4d W12 Sed	1,260	3,790	6,320	15,800	22,120	31,600
2006 Rabbit, 2.5L 5-cyl.						
2d HBk	350	1,040	1,740	4,350	6,090	8,700
4d HBk	360	1,090	1,820	4,550	6,370	9,100
2006 Golf, 2.0L 4-cyl.						
4d GL HBk	280	850	1,420	3,550	4,970	7,100
4d GLS HBk	300	900	1,500	3,750	5,250	7,500
2006 Golf, 1.9L 4-cyl. Turbo Diesel						
4d GLS TDI HBk	500	1,500	2,500	6,250	8,750	12,500
2006 GTI, 1.8L/2.0L 4-cyl. Turbo						
2d 1.8T HBk	380	1,130	1,880	4,700	6,580	9,400
2d 2.0T HBk	460	1,380	2,300	5,750	8,050	11,500
2006 New Beetle, 2.5L 5-cyl.						
2d 2.5 HBk	340	1,010	1,680	4,200	5,880	8,400
2d 2.5 Conv	420	1,260	2,100	5,250	7,350	10,500
2006 New Beetle, 1.9L 4-cyl. Turbo Diesel						
2d TDI HBk	440	1,310	2,180	5,450	7,630	10,900
2006 Jetta, 2.5L 5-cyl.						
4d 2.5 Value Ed Sed	360	1,080	1,800	4,500	6,300	9,000
4d 2.5 Sed	390	1,160	1,940	4,850	6,790	9,700
2006 Jetta, 2.0L 4-cyl. Turbo						
4d 2.0T Sed	400	1,200	2,000	5,000	7,000	10,000
4d GLI Sed	420	1,260	2,100	5,250	7,350	10,500
2006 Jetta, 1.9L 4-cyl. Turbo Diesel						
4d TDI Sed	530	1,580	2,640	6,600	9,240	13,200
4d TDI Spl Ed Sed	540	1,610	2,680	6,700	9,380	13,400
2006 Passat, 2.0L 4-cyl. Turbo						
4d 2.0T Value Ed Sed	400	1,210	2,020	5,050	7,070	10,100
4d 2.0T Sed	410	1,220	2,040	5,100	7,140	10,200
NOTE: Add 10 percent for Luxury package.						
2006 Passat, 3.6L V-6						
4d 3.6 Sed	500	1,510	2,520	6,300	8,820	12,600
NOTE: Add 8 percent for Luxury package.						
2006 Passat 4Motion AWD, 3.6L V-6						
4d 3.6 Sed	530	1,600	2,670	6,680	9,350	13,350
NOTE: Add 8 percent for Luxury package.						
2006 Phaeton, 4.2L V-8						
4d Sed	820	2,450	4,080	9,180	14,280	20,400
NOTE: Add 5 percent for 4-passenger seating; add 30 percent for 6.0L W12 engine.						

VOLVO

	6	5	4	3	2	1
1944-50 4-cyl., 1414cc, 102.4" wb						
PV444 2d Sed	568	1,704	2,840	6,390	9,940	14,200
1951 4-cyl., 1414cc, 102.4" wb						
PV444 2d Sed	550	1,700	2,800	6,300	9,800	14,000
1952 4-cyl., 1414cc, 102.4" wb						
PV444 2d Sed	550	1,700	2,800	6,300	9,800	14,000
1953 4-cyl., 1414cc, 102.4" wb						
PV444 2d Sed	550	1,700	2,800	6,300	9,800	14,000
1954 4-cyl., 1414cc, 102.4" wb						
PV444 2d Sed	550	1,700	2,800	6,300	9,800	14,000
PV445 2d Sta Wag	550	1,700	2,800	6,350	9,850	14,100
1955 4-cyl., 1414cc, 102.4" wb						
PV444 2d Sed	550	1,700	2,800	6,300	9,800	14,000
PV445 2d Sta Wag	550	1,700	2,800	6,350	9,850	14,100
1956 4-cyl., 1414cc, 102.4" wb						
PV444 2d Sed	550	1,700	2,800	6,300	9,800	14,000
PV445 2d Sta Wag	550	1,700	2,800	6,350	9,850	14,100
1957 4-cyl., 1414cc, 102.4" wb						
PV444 2d Sed	550	1,700	2,800	6,300	9,800	14,000
PV445 2d Sta Wag	550	1,700	2,800	6,350	9,850	14,100

	6	5	4	3	2	1
1957 4-cyl., 104.4" wb, 1583cc, 4-cyl., 94.5" wb, 1414cc						
P1900 Conv	1,320	3,960	6,600	14,850	23,100	33,000
1958 4-cyl., 1583cc, 102.4" wb						
PV544 2d Sed	550	1,700	2,800	6,300	9,800	14,000
PV445 2d Sta Wag	550	1,700	2,800	6,350	9,850	14,100
1959 4-cyl., 1583cc, 102.4" wb						
PV544 2d Sed	550	1,700	2,800	6,300	9,800	14,000
PV445 2d Sta Wag	550	1,700	2,800	6,350	9,850	14,100
122S 4d Sed	600	1,750	2,900	6,530	10,200	14,500
1960 4-cyl., 1583cc, 102.4" wb						
PV544 2d Sed	550	1,700	2,800	6,300	9,800	14,000
PV445 2d Sta Wag	550	1,700	2,850	6,440	10,000	14,300
122S 4d Sed	600	1,750	2,900	6,530	10,200	14,500
1961 4-cyl., 1583cc, 102.4" wb						
PV544 2d Sed	450	1,400	2,300	5,180	8,050	11,500
P210 2d Sta Wag	450	1,400	2,350	5,310	8,250	11,800
122 4d Sed	550	1,700	2,800	6,300	9,800	14,000
1961 4-cyl., 1778cc, 96.5" wb						
P1800 Cpe	550	1,700	2,800	6,300	9,800	14,000
1962 4-cyl., 1583cc, 102.4" wb						
P210 2d Sta Wag	450	1,400	2,350	5,270	8,200	11,700
1962 4-cyl., 1778cc, 102.4" wb						
PV544 2d Sed	450	1,300	2,200	4,950	7,700	11,000
122S 4d Sed	350	1,000	1,700	3,830	5,950	8,500
122S 2d Sed	350	1,050	1,750	3,920	6,100	8,700
122S 4d Sta Wag	450	1,300	2,200	4,950	7,700	11,000
1962 4-cyl., 1778cc, 96.5" wb						
P1800 Cpe	550	1,700	2,800	6,300	9,800	14,000
1963 4-cyl., 1778cc, 102.4" wb						
PV544 2d Sed	450	1,400	2,350	5,270	8,200	11,700
210 2d Sta Wag	450	1,400	2,350	5,310	8,250	11,800
P122S 4d Sed	450	1,300	2,200	4,950	7,700	11,000
P122S 2d Sed	450	1,350	2,250	5,040	7,850	11,200
P122S 4d Sta Wag	450	1,400	2,300	5,180	8,050	11,500
1963 4-cyl., 1778cc, 96.5" wb						
1800S Cpe	550	1,700	2,800	6,300	9,800	14,000
1964 4-cyl., 1778cc, 102.4" wb						
PV544 2d Sed	450	1,400	2,350	5,270	8,200	11,700
P210 2d Sta Wag	600	1,750	2,900	6,530	10,200	14,500
122S 4d Sed	450	1,300	2,200	4,950	7,700	11,000
122S 2d Sed	450	1,350	2,250	5,040	7,850	11,200
122S 4d Sta Wag	450	1,400	2,300	5,180	8,050	11,500
1964 4-cyl., 1778cc, 96.5" wb						
1800S Cpe	600	1,750	2,900	6,530	10,200	14,500
1965 4-cyl., 1778cc, 102.4" wb						
PV544 2d Sed	450	1,400	2,300	5,180	8,050	11,500
P210 Sta Wag	550	1,700	2,800	6,300	9,800	14,000
122S 4d Sed	450	1,350	2,250	5,040	7,850	11,200
122S 2d Sed	450	1,300	2,200	4,950	7,700	11,000
122S 4d Sta Wag	450	1,400	2,300	5,180	8,050	11,500
1965 4-cyl., 1778cc, 96.5" wb						
1800S Cpe	600	1,800	3,000	6,750	10,500	15,000
1966 4-cyl., 1778cc, 102.4" wb						
210S 2d Sta Wag	550	1,700	2,800	6,300	9,800	14,000
122S 4d Sed	450	1,300	2,200	4,950	7,700	11,000
122S 2d Sed	450	1,350	2,250	5,040	7,850	11,200
122S 4d Sta Wag	450	1,400	2,300	5,180	8,050	11,500
1966 4-cyl., 1778cc, 96.5" wb						
1800S Cpe	550	1,700	2,800	6,300	9,800	14,000
1967 4-cyl., 1778cc, 102.4" wb						
P210 2d Sta Wag	600	1,750	2,900	6,530	10,200	14,500
122S 2d Sed	450	1,350	2,250	5,040	7,850	11,200
122S 4d Sed	450	1,300	2,200	4,950	7,700	11,000
122S 4d Sta Wag	450	1,400	2,300	5,180	8,050	11,500
1967 4-cyl., 1778cc, 96.5" wb						
123 GT	550	1,700	2,800	6,300	9,800	14,000
1800S Cpe	600	1,850	3,100	6,980	10,900	15,500
1968 4-cyl., 1778cc, 102.4" wb						
122S 2d Sed	450	1,350	2,250	5,040	7,850	11,200
122S 4d Sta Wag	450	1,400	2,300	5,180	8,050	11,500
123 GT	550	1,700	2,800	6,300	9,800	14,000
142S 2d Sed	350	1,000	1,700	3,830	5,950	8,500
144 4d Sed	350	1,000	1,650	3,740	5,800	8,300
1968 4-cyl., 1778cc, 96.5" wb						
1800S Cpe	600	1,800	3,000	6,750	10,500	15,000

VOLVO

	6	5	4	3	2	1
1969 4-cyl., 1986cc, 102.4" wb						
142S 2d Sed	450	1,350	2,200	5,000	7,750	11,100
144S 4d Sed	450	1,300	2,200	4,950	7,700	11,000
145S 4d Sta Wag	450	1,350	2,250	5,040	7,850	11,200
1969 4-cyl., 1986cc, 96.5" wb						
1800S Cpe	600	1,850	3,100	6,980	10,900	15,500
1970 4-cyl., 1986cc, 102.4" wb						
142 2d Sed	450	1,350	2,250	5,040	7,850	11,200
144 4d Sed	450	1,350	2,200	5,000	7,750	11,100
145 4d Sta Wag	450	1,350	2,200	5,000	7,750	11,100
1970 4-cyl., 1986cc, 96.5" wb						
1800E Cpe	600	1,850	3,100	6,980	10,900	15,500
1970 6-cyl., 2978cc, 106.3" wb						
164 4d Sed	350	1,000	1,700	3,830	5,950	8,500
1971 4-cyl., 1986cc, 103.2" wb						
142 2d Sed	350	1,050	1,750	3,920	6,100	8,700
144 4d Sed	350	1,000	1,700	3,830	5,950	8,500
145 4d Sta Wag	350	1,050	1,800	4,010	6,250	8,900
1971 4-cyl., 1986cc, 96.5" wb						
1800E Cpe	650	1,900	3,200	7,200	11,200	16,000
1971 6-cyl., 2978cc, 107" wb						
164 4d Sed	350	1,050	1,700	3,870	6,000	8,600
1972 4-cyl., 1986cc, 103.2" wb						
142 2d Sed	350	1,050	1,750	3,960	6,150	8,800
144 4d Sed	350	1,050	1,750	3,920	6,100	8,700
145 4d Sta Wag	450	1,300	2,200	4,950	7,700	11,000
1972 4-cyl., 1986cc, 96.5" wb						
1800E Cpe	650	1,900	3,200	7,200	11,200	16,000
1800ES Spt Wag	650	2,000	3,300	7,430	11,600	16,500
1972 6-cyl., 2978cc, 107" wb						
164 4d Sed	350	1,050	1,700	3,870	6,000	8,600
1973 4-cyl., 1986cc, 103.2" wb						
142 2d Sed	350	1,000	1,700	3,830	5,950	8,500
144 4d Sed	350	1,000	1,700	3,780	5,900	8,400
145 4d Sta Wag	350	1,050	1,750	3,920	6,100	8,700
1973 4-cyl., 1986cc, 96.5" wb						
1800ES Spt Wag	700	2,050	3,400	7,650	11,900	17,000
1973 6-cyl., 2978cc, 107" wb						
164E 4d Sed	350	1,000	1,700	3,830	5,950	8,500
1974 4-cyl., 1986cc, 103.2" wb						
142 2d Sed	300	950	1,600	3,650	5,650	8,100
144 4d Sed	300	950	1,600	3,650	5,650	8,100
145 4d Sta Wag	350	1,000	1,650	3,740	5,800	8,300
142GL 2d Sed	350	1,000	1,650	3,690	5,750	8,200
144GL 4d Sed	350	1,000	1,650	3,690	5,750	8,200
1974 6-cyl., 2978cc, 107" wb						
164E 4d Sed	350	1,000	1,700	3,780	5,900	8,400
1975 4-cyl., 2127cc, 103.9" wb						
242 2d Sed	300	850	1,450	3,240	5,050	7,200
244 4d Sed	300	850	1,450	3,240	5,050	7,200
245 4d Sta Wag	300	900	1,500	3,380	5,250	7,500
242GL 2d Sed	300	900	1,500	3,330	5,200	7,400
244GL 4d Sed	300	900	1,500	3,330	5,200	7,400
1975 6-cyl., 2978cc, 107" wb						
164 4d Sed	300	900	1,500	3,380	5,250	7,500
1976 4-cyl., 2127cc, 103.9" wb						
242 2d Sed	300	900	1,500	3,380	5,250	7,500
244 4d Sed	300	900	1,500	3,380	5,250	7,500
245 4d Sta Wag	300	950	1,550	3,510	5,450	7,800
1976 6-cyl., 2664cc, 103.9" wb						
262GL 2d Sed	300	950	1,550	3,510	5,450	7,800
264 4d Sed	300	950	1,600	3,560	5,550	7,900
265 4d Sta Wag	300	950	1,600	3,650	5,650	8,100
264GL 4d Sed	300	950	1,600	3,600	5,600	8,000
1977 4-cyl., 2127cc, 103.9" wb						
242 2d Sed	300	950	1,550	3,510	5,450	7,800
244 4d Sed	300	950	1,550	3,510	5,450	7,800
245 4d Sta Wag	350	1,000	1,650	3,690	5,750	8,200
1977 6-cyl., 2664cc, 103.9" wb						
264GL 4d Sed	300	950	1,600	3,650	5,650	8,100
265GL 4d Sta Wag	350	1,000	1,650	3,740	5,800	8,300
262C 2d Cpe	600	1,800	3,000	6,750	10,500	15,000
1978 6-cyl., 2664cc, 103.9" wb						
244 4d	300	850	1,400	3,150	4,900	7,000
242GT 2d	300	850	1,400	3,200	4,950	7,100
242 2d	300	850	1,450	3,240	5,050	7,200

	6	5	4	3	2	1
245 4d Sta Wag	300	900	1,450	3,290	5,100	7,300
264GL 4d	300	850	1,450	3,240	5,050	7,200
265GL 4d Sta Wag	300	900	1,500	3,330	5,200	7,400
262C 2d	600	1,800	3,000	6,750	10,500	15,000
1979 6-cyl., 2664cc, 103.9" wb						
242DL 2d	250	800	1,350	3,060	4,750	6,800
242GT 2d	300	850	1,400	3,110	4,850	6,900
244DL 4d	300	850	1,400	3,110	4,850	6,900
245DL 4d Sta Wag	300	850	1,400	3,150	4,900	7,000
245GL 4d	300	850	1,400	3,150	4,900	7,000
265GL 4d Sta Wag	300	850	1,400	3,200	4,950	7,100
262C 2d Cpe	600	1,850	3,100	6,980	10,900	15,500
1980 6-cyl., 2664cc, 103.9" wb						
DL 2d	250	750	1,250	2,790	4,350	6,200
DL GT 2d	250	750	1,300	2,880	4,500	6,400
DL 4d	250	750	1,300	2,880	4,500	6,400
DL 4d Sta Wag	250	800	1,350	3,020	4,700	6,700
GL 4d	250	800	1,350	3,020	4,700	6,700
GLE 4d	250	800	1,350	3,060	4,750	6,800
GLE 4d Sta Wag	300	850	1,400	3,110	4,850	6,900
GLE 2d Cpe Bertone	600	1,810	3,020	6,800	10,570	15,100
1981 6-cyl., 2664cc, 103.9" wb						
DL 2d	250	750	1,250	2,790	4,350	6,200
DL 4d	250	750	1,300	2,880	4,500	6,400
DL 4d Sta Wag	250	800	1,350	3,020	4,700	6,700
GL 2d	250	800	1,300	2,930	4,550	6,500
GL 4d	250	800	1,300	2,930	4,550	6,500
GLT 2d	250	800	1,300	2,930	4,550	6,500
GLT 4d Sta Wag	250	800	1,350	3,060	4,750	6,800
GLT 2d, Turbo	300	850	1,400	3,150	4,900	7,000
GLT 4d, Turbo	300	850	1,400	3,150	4,900	7,000
GLE 4d	300	850	1,400	3,150	4,900	7,000
2d Bertone Cpe	600	1,850	3,100	6,980	10,900	15,500
1982 6-cyl., 2664cc, 103.9" wb						
DL 2d	250	750	1,250	2,790	4,350	6,200
DL 4d	250	750	1,250	2,790	4,350	6,200
DL 4d Sta Wag	250	750	1,250	2,840	4,400	6,300
GL 4d	250	750	1,250	2,840	4,400	6,300
GL 4d Sta Wag	250	750	1,250	2,840	4,400	6,300
GLT 2d	250	750	1,300	2,880	4,500	6,400
GLT 2d, Turbo	250	750	1,250	2,840	4,400	6,300
GLT 4d, Turbo	250	800	1,350	3,020	4,700	6,700
GLT 4d Sta Wag	250	800	1,350	3,020	4,700	6,700
GLT 4d Sta Wag, Turbo	270	800	1,340	3,020	4,690	6,700
GLE 4d	250	800	1,350	3,020	4,700	6,700
1983 4-cyl., 2316cc						
DL 2d	250	750	1,250	2,790	4,350	6,200
DL 4d	250	750	1,250	2,790	4,350	6,200
DL 4d Sta Wag	250	750	1,250	2,840	4,400	6,300
GL 4d	250	750	1,250	2,840	4,400	6,300
GL 4d Sta Wag	250	750	1,250	2,840	4,400	6,300
GLT 2d, Turbo	250	750	1,300	2,880	4,500	6,400
GLT 4d, Turbo	250	750	1,250	2,840	4,400	6,300
GLT 4d Sta Wag, Turbo	250	800	1,300	2,970	4,600	6,600
GLT 4d Sta Wag, Turbo	270	800	1,340	3,020	4,690	6,700
760 GLE 4d	250	800	1,350	3,020	4,700	6,700
760 GLE 4d, Turbo Diesel	270	820	1,360	3,060	4,760	6,800
NOTE: Add 5 percent for 6-cyl.						
1984 4-cyl., 2316cc						
DL 2d	350	1,000	1,700	3,830	5,950	8,500
DL 4d	450	1,300	2,200	4,950	7,700	11,000
DL 4d Sta Wag	450	1,400	2,300	5,180	8,050	11,500
GL 4d	550	1,700	2,800	6,300	9,800	14,000
GL 4d Sta Wag	600	1,750	2,900	6,530	10,200	14,500
GLT 2d, Turbo	600	1,800	3,000	6,750	10,500	15,000
GLT 4d, Turbo	600	1,850	3,100	6,980	10,900	15,500
GLT 4d Sta Wag, Turbo	620	1,860	3,100	6,980	10,850	15,500
760 GLE 4d	600	1,850	3,100	6,980	10,900	15,500
760 GLE 4d, Turbo	650	1,900	3,200	7,200	11,200	16,000
760 GLE 4d, Turbo Diesel	600	1,800	3,000	6,750	10,500	15,000
NOTE: Add 5 percent for 6-cyl.						
1985 4-cyl., 2316cc						
DL 4d Sed	350	1,000	1,700	3,830	5,950	8,500
DL 4d Sta Wag	350	1,050	1,700	3,870	6,000	8,600
GL 4d Sed	450	1,400	2,300	5,180	8,050	11,500
GL 4d Sta Wag	450	1,400	2,300	5,220	8,100	11,600
NOTE: Add 10 percent for Turbo.						
740 4d Sed	600	1,850	3,100	6,980	10,900	15,500

	6	5	4	3	2	1
740 4d Sta Wag	650	1,900	3,200	7,200	11,200	16,000
NOTE: Deduct 10 percent for Diesel. Add 10 percent for Turbo. Add 5 percent for 6-cyl.						
760 4d Sed	700	2,050	3,400	7,650	11,900	17,000
760 4d Sta Wag	700	2,100	3,500	7,880	12,300	17,500
NOTE: Deduct 10 percent for Diesel. Add 10 percent for Turbo. Add 5 percent for 6-cyl.						
1986 4-cyl., 2316cc						
DL 4d Sed	550	1,700	2,800	6,300	9,800	14,000
DL 4d Sta Wag	550	1,700	2,800	6,350	9,850	14,100
GL 4d Sed	600	1,850	3,100	6,980	10,900	15,500
GL 4d Sta Wag	600	1,850	3,100	7,020	10,900	15,600
740 4d Sed	700	2,100	3,500	7,880	12,300	17,500
740 4d Sta Wag	700	2,150	3,600	8,100	12,600	18,000
NOTE: Deduct 10 percent for Diesel. Add 10 percent for Turbo.						
760 4d Sed	750	2,300	3,800	8,550	13,300	19,000
760 4d Sta Wag	800	2,400	4,000	9,000	14,000	20,000
NOTE: Add 5 percent for 6-cyl.						
1987 240						
DL 4d Sed	600	1,800	3,000	6,750	10,500	15,000
DL 4d Sta Wag	650	1,900	3,200	7,200	11,200	16,000
GL 4d Sed	650	1,900	3,200	7,200	11,200	16,000
GL 4d Sta Wag	700	2,050	3,400	7,650	11,900	17,000
1987 740						
GLE 4d Sed	700	2,100	3,500	7,880	12,300	17,500
GLE 4d Sed, Turbo	750	2,300	3,800	8,550	13,300	19,000
GLE 4d Sta Wag	700	2,150	3,600	8,100	12,600	18,000
GLE 4d Sta Wag, Turbo	800	2,400	4,000	9,000	14,000	20,000
1987 760						
GLE 4d Sed, Turbo	850	2,500	4,200	9,450	14,700	21,000
GLE 4d Sta Wag, Turbo	880	2,640	4,400	9,900	15,400	22,000
1987 780						
GLE 2d Cpe	1,100	3,250	5,400	12,150	18,900	27,000
1987 240						
DL 4d Sed	600	1,750	2,900	6,530	10,200	14,500
DL 4d Sta Wag	600	1,850	3,100	6,980	10,900	15,500
GL 4d Sed	600	1,850	3,100	7,020	10,900	15,600
GL 4d Sta Wag	600	1,850	3,100	6,980	10,900	15,500
1987 740						
GLE 4d Sed	700	2,100	3,500	7,880	12,300	17,500
GLE 4d Sta Wag	700	2,150	3,600	8,100	12,600	18,000
GLE 4d Sed, Turbo	750	2,300	3,800	8,550	13,300	19,000
GLE Sta Wag	800	2,400	4,000	9,000	14,000	20,000
1987 760						
4d Sed	750	2,300	3,800	8,550	13,300	19,000
4d Sed, Turbo	850	2,500	4,200	9,450	14,700	21,000
4d Sta Wag, Turbo	900	2,650	4,400	9,900	15,400	22,000
1987 780						
GLE 2d Cpe	1,100	3,250	5,400	12,150	18,900	27,000
NOTE: Deduct 5 percent for 4-cyl.						
1988 240						
DL 4d Sed	700	2,050	3,400	7,650	11,900	17,000
DL 4d Sta Wag	700	2,150	3,600	8,100	12,600	18,000
GL 4d Sed	750	2,300	3,800	8,550	13,300	19,000
GL 4d Sta Wag	800	2,400	4,000	9,000	14,000	20,000
1988 740						
GLE 4d Sed	800	2,400	4,000	9,000	14,000	20,000
GLE 4d Sta Wag	850	2,500	4,200	9,450	14,700	21,000
GLE 4d Sed, Turbo	1,000	3,000	5,000	11,250	17,500	25,000
GLE 4d Sta Wag, Turbo	1,040	3,120	5,200	11,700	18,200	26,000
1988 760						
4d Sed	1,100	3,250	5,400	12,150	18,900	27,000
GLE 4d Sed, Turbo	1,100	3,350	5,600	12,600	19,600	28,000
GLE 4d Sta Wag, Turbo	1,160	3,480	5,800	13,050	20,300	29,000
1988 780						
GLE 2d Cpe	1,250	3,700	6,200	13,950	21,700	31,000
NOTE: Deduct 5 percent for 4-cyl.						
1989 DL						
4d Sed	650	1,900	3,200	7,200	11,200	16,000
4d Sta Wag	700	2,050	3,400	7,650	11,900	17,000
1989 GL						
4d Sed	700	2,050	3,400	7,650	11,900	17,000
4d Sta Wag	700	2,150	3,600	8,100	12,600	18,000
1989 740 GL						
4d	750	2,300	3,800	8,550	13,300	19,000
4d Sta Wag	800	2,400	4,000	9,000	14,000	20,000
1989 740 GLE						
4d Sed (16V)	900	2,650	4,400	9,900	15,400	22,000

	6	5	4	3	2	1
4d Sta Wag (16V)	900	2,750	4,600	10,350	16,100	23,000
1989 740 (Turbo)						
4d Sed	950	2,900	4,800	10,800	16,800	24,000
4d Sta Wag	1,000	3,000	5,000	11,250	17,500	25,000
1989 760 GLE						
4d Sed	1,100	3,350	5,600	12,600	19,600	28,000
4d Sed, Turbo	1,150	3,500	5,800	13,050	20,300	29,000
4d Sta Wag, Turbo	1,200	3,600	6,000	13,500	21,000	30,000
1989 780						
2d Cpe	1,200	3,600	6,000	13,500	21,000	30,000
2d Cpe, Turbo	1,250	3,700	6,200	13,950	21,700	31,000
NOTE: Deduct 5 percent for 4-cyl.						
1990 240, 4-cyl.						
4d Sed	600	1,800	3,000	6,750	10,500	15,000
4d Sta Wag	650	1,900	3,200	7,200	11,200	16,000
DL 4d Sed	650	1,900	3,200	7,200	11,200	16,000
DL 4d Sta Wag	700	2,050	3,400	7,650	11,900	17,000
1990 740, 4-cyl.						
4d Sed	650	1,900	3,200	7,200	11,200	16,000
4d Sta Wag	700	2,050	3,400	7,650	11,900	17,000
GL 4d Sed	700	2,150	3,600	8,100	12,600	18,000
GL 4d Sta Wag	750	2,300	3,800	8,550	13,300	19,000
GLE 4d Sed	800	2,400	4,000	9,000	14,000	20,000
GLE 4d Sta Wag	850	2,500	4,200	9,450	14,700	21,000
4d Sed, Turbo	900	2,650	4,400	9,900	15,400	22,000
4d Sta Wag, Turbo	900	2,750	4,600	10,350	16,100	23,000
1990 760, 6-cyl.						
GLE 4d Sed	950	2,900	4,800	10,800	16,800	24,000
GLE 4d Sed, Turbo	1,000	3,000	5,000	11,250	17,500	25,000
GLE 4d Sta Wag, Turbo	1,040	3,120	5,200	11,700	18,200	26,000
1990 780, 6-cyl.						
2d Cpe	1,050	3,100	5,200	11,700	18,200	26,000
2d Cpe, Turbo	1,100	3,250	5,400	12,150	18,900	27,000
NOTE: Deduct 5 percent for 4-cyl.						
1991 240						
4d Sed	600	1,750	2,900	6,530	10,200	14,500
4d Sta Wag	600	1,800	2,950	6,660	10,400	14,800
4d SE Sta Wag	650	1,900	3,200	7,200	11,200	16,000
1991 740						
4d Sed	650	1,900	3,150	7,070	11,000	15,700
4d Sed, Turbo	700	2,150	3,600	8,100	12,600	18,000
4d SE Sed, Turbo	700	2,100	3,500	7,880	12,300	17,500
4d Sta Wag	700	2,150	3,600	8,100	12,600	18,000
4d Sta Wag, Turbo	750	2,300	3,800	8,550	13,300	19,000
4d SE Sta Wag, Turbo	800	2,400	4,000	9,000	14,000	20,000
1991 940						
GLE 4d Sed (16V)	700	2,150	3,600	8,100	12,600	18,000
4d Sed, Turbo	750	2,300	3,800	8,550	13,300	19,000
4d SE Sed, Turbo	800	2,400	4,000	9,000	14,000	20,000
GLE 4d Sta Wag (16V)	760	2,280	3,800	8,550	13,300	19,000
4d Sta Wag, Turbo	800	2,400	4,000	9,000	14,000	20,000
4d SE Sta Wag, Turbo	800	2,400	4,000	9,000	14,000	20,000
1991 780						
2d Cpe, Turbo	900	2,750	4,600	10,350	16,100	23,000
1992 240, 4-cyl.						
4d Sed	600	1,850	3,100	6,980	10,900	15,500
4d Sta Wag	650	2,000	3,300	7,430	11,600	16,500
GL 4d Sed	650	1,900	3,200	7,200	11,200	16,000
1992 740, 4-cyl.						
4d Sed	650	1,900	3,200	7,200	11,200	16,000
4d Sta Wag	700	2,050	3,400	7,650	11,900	17,000
4d Sta Wag, Turbo	750	2,300	3,800	8,550	13,300	19,000
1992 940, 4-cyl.						
CL 4d Sed	650	1,900	3,200	7,200	11,200	16,000
4d Sed, Turbo	750	2,200	3,650	8,190	12,700	18,200
4d Sta Wag, Turbo	750	2,300	3,850	8,640	13,400	19,200
1992 960, 4-cyl.						
4d Sed (16V)	750	2,200	3,650	8,240	12,800	18,300
4d Sta Wag (16V)	750	2,300	3,850	8,690	13,500	19,300
1993 240, 4-cyl.						
4d Sed	600	1,800	3,000	6,750	10,500	15,000
4d Sta Wag	650	1,900	3,200	7,200	11,200	16,000
1993 850, 5-cyl.						
GLT 4d Sed	650	1,900	3,200	7,200	11,200	16,000
1993 940, 4-cyl.						
4d Sed	650	2,000	3,300	7,430	11,600	16,500

	6	5	4	3	2	1
4d Sta Wag	650	2,000	3,300	7,430	11,600	16,500
4d Sed, Turbo	700	2,050	3,400	7,650	11,900	17,000
4d Sta Wag, Turbo	700	2,100	3,500	7,880	12,300	17,500
1993 960, 4-cyl.						
4d Sed	700	2,150	3,600	8,100	12,600	18,000
4d Sta Wag	800	2,350	3,900	8,780	13,700	19,500
1994 850, 4-cyl.						
4d Sed	650	1,900	3,200	7,200	11,200	16,000
4d Sed, Turbo	700	2,150	3,600	8,100	12,600	18,000
4d Sta Wag	700	2,050	3,400	7,650	11,900	17,000
4d Sta Wag, Turbo	750	2,300	3,800	8,550	13,300	19,000
1994 940, 4-cyl.						
4d Sed	500	1,550	2,600	5,850	9,100	13,000
4d Sed, Turbo	600	1,800	3,000	6,750	10,500	15,000
4d Sta Wag	550	1,700	2,800	6,300	9,800	14,000
4d Sta Wag, Turbo	650	1,900	3,200	7,200	11,200	16,000
1994 960, 4-cyl.						
4d Sed	650	1,900	3,200	7,200	11,200	16,000
4d Sta Wag	700	2,050	3,400	7,650	11,900	17,000
1995 850, 4-cyl.						
4d Sed	650	1,900	3,200	7,200	11,200	16,000
4d Sed, Turbo	700	2,150	3,600	8,100	12,600	18,000
4d Sta Wag	700	2,050	3,400	7,650	11,900	17,000
4d Sta Wag, Turbo	750	2,300	3,800	8,550	13,300	19,000
GLT 4d Sed	700	2,100	3,500	7,880	12,300	17,500
GLT 4d Sta Wag	750	2,200	3,700	8,330	13,000	18,500
T-5R 4d Sed, Turbo	780	2,340	3,900	8,780	13,650	19,500
T-5R 4d Sta Wag, Turbo	840	2,520	4,200	9,450	14,700	21,000
1995 940, 4-cyl.						
4d Sed	500	1,550	2,600	5,850	9,100	13,000
4d Sta Wag	550	1,700	2,800	6,300	9,800	14,000
4d Sed, Turbo	600	1,800	3,000	6,750	10,500	15,000
4d Sta Wag, Turbo	650	1,900	3,200	7,200	11,200	16,000
1995 960, 6-cyl.						
4d Sed	650	1,900	3,200	7,200	11,200	16,000
4d Sta Wag	700	2,050	3,400	7,650	11,900	17,000
1996 850, 5-cyl.						
4d Sed	600	1,800	3,000	6,750	10,500	15,000
4d Sed, Turbo	700	2,050	3,400	7,650	11,900	17,000
4d Sta Wag	650	1,900	3,200	7,200	11,200	16,000
4d Sta Wag, Turbo	700	2,150	3,600	8,100	12,600	18,000
GLT 4d Sed	650	2,000	3,300	7,430	11,600	16,500
GLT 4d Sta Wag	700	2,100	3,500	7,880	12,300	17,500
T-5R 4d Sed, Turbo	740	2,220	3,700	8,330	12,950	18,500
T-5R 4d Sta Wag, Turbo	800	2,400	4,000	9,000	14,000	20,000
1996 960, 6-cyl.						
4d Sed	600	1,800	3,000	6,750	10,500	15,000
4d Sta Wag	650	1,900	3,200	7,200	11,200	16,000
1997 850, 5-cyl.						
4d Sed	600	1,800	3,000	6,750	10,500	15,000
GLT 4d Sed, Turbo	640	1,920	3,200	7,200	11,200	16,000
T5 4d Sed, Turbo	660	1,980	3,300	7,430	11,550	16,500
R 4d Sed, Turbo	700	2,100	3,500	7,880	12,250	17,500
4d Sta Wag	640	1,920	3,200	7,200	11,200	16,000
GLT 4d Sta Wag, Turbo	700	2,100	3,500	7,880	12,250	17,500
T5 4d Sta Wag, Turbo	720	2,160	3,600	8,100	12,600	18,000
R 4d Sta Wag, Turbo	740	2,220	3,700	8,330	12,950	18,500
1997 960, 6-cyl.						
4d Sed	600	1,800	3,000	6,750	10,500	15,000
4d Sta Wag	640	1,920	3,200	7,200	11,200	16,000
1998 70 Series, 5-cyl.						
C70 2d Cpe	800	2,400	4,000	9,000	14,000	20,000
S70 4d Sed	600	1,800	3,000	6,750	10,500	15,000
S70 GLT 4d Sed Turbo	640	1,920	3,200	7,200	11,200	16,000
S70 T5 4d Sed Turbo	660	1,980	3,300	7,430	11,550	16,500
V70 4d Sta Wag	640	1,920	3,200	7,200	11,200	16,000
V70 GLT 4d Sta Wag Turbo	700	2,100	3,500	7,880	12,250	17,500
V70 T5 4d Sta Wag Turbo	720	2,160	3,600	8,100	12,600	18,000
V70 4d Sta Wag AWD	720	2,160	3,600	8,100	12,600	18,000
V70 R 4d Sta Wag AWD	740	2,220	3,700	8,330	12,950	18,500
V70 XC 4d Sta Wag AWD	800	2,400	4,000	9,000	14,000	20,000
1998 90 Series, 6-cyl.						
S90 4d Sed	600	1,800	3,000	6,750	10,500	15,000
V90 4d Sta Wag	640	1,920	3,200	7,200	11,200	16,000
1999 70 Series, 5-cyl.						
C70 2d Cpe	720	2,160	3,600	8,100	12,600	18,000

	6	5	4	3	2	1
C70 2d Conv	840	2,520	4,200	9,450	14,700	21,000
S70 4d Sed	600	1,800	3,000	6,750	10,500	15,000
S70 GLT 4d Sed Turbo	640	1,920	3,200	7,200	11,200	16,000
S70 T5 4d Sed Turbo	660	1,980	3,300	7,430	11,550	16,500
S70 4d Sed AWD Turbo	680	2,040	3,400	7,650	11,900	17,000
V70 4d Sta Wag	640	1,920	3,200	7,200	11,200	16,000
V70 GLT 4d Sta Wag Turbo	700	2,100	3,500	7,880	12,250	17,500
V70 T5 4d Sta Wag Turbo	720	2,160	3,600	8,100	12,600	18,000
V70 4d Sta Wag AWD Turbo	720	2,160	3,600	8,100	12,600	18,000
V70 R 4d Sta Wag AWD Turbo	740	2,220	3,700	8,330	12,950	18,500
V70 XC 4d Sta Wag AWD Turbo	800	2,400	4,000	9,000	14,000	20,000
1999 80 Series, 6-cyl.						
2.9 4d Sed	630	1,880	3,140	7,070	10,990	15,700
2.8 T-6 4d Sed	660	1,980	3,300	7,430	11,550	16,500
2000 40 Series, 4-cyl.						
S40 4d Sed	400	1,200	2,000	4,500	7,000	10,000
V40 4d Sta Wag	420	1,260	2,100	4,730	7,350	10,500
2000 70 Series, 5-cyl.						
C70 LT 2d Cpe	520	1,560	2,600	5,850	9,100	13,000
C70 HT 2d Cpe	600	1,800	3,000	6,750	10,500	15,000
C70 LT 2d Conv	680	2,040	3,400	7,650	11,900	17,000
C70 HT 2d Conv	720	2,160	3,600	8,100	12,600	18,000
S70 4d Sed	600	1,800	3,000	6,750	10,500	15,000
S70 GLT 4d Sed Turbo	640	1,920	3,200	7,200	11,200	16,000
S70 T5 4d Sed Turbo	660	1,980	3,300	7,430	11,550	16,500
S70 4d Sed AWD Turbo	680	2,040	3,400	7,650	11,900	17,000
V70 4d Sta Wag	640	1,920	3,200	7,200	11,200	16,000
V70 GLT 4d Sta Wag Turbo	700	2,100	3,500	7,880	12,250	17,500
V70 XC 4d Sta Wag AWD Turbo	740	2,220	3,700	8,330	12,950	18,500
V70 R 4d Sta Wag AWD Turbo	800	2,400	4,000	9,000	14,000	20,000
2000 80 Series, 6-cyl.						
2.9 4d Sed	630	1,880	3,140	7,070	10,990	15,700
2.8 T-6 4d Sed	660	1,980	3,300	7,430	11,550	16,500
2001 40 Series, 4-cyl.						
S40 4d Sed	400	1,210	2,020	5,050	7,070	10,100
V40 4d Sta Wag	420	1,270	2,120	5,300	7,420	10,600
2001 60 Series, Turbo 5-cyl.						
S60 4d Sed	410	1,220	2,040	5,100	7,140	10,200
S60 2.4T 4d Sed	430	1,280	2,140	5,350	7,490	10,700
S60 T5 4d Sed	440	1,320	2,200	5,500	7,700	11,000
2001 70 Series, Turbo 5-cyl.						
C70 HT 2d Cpe	600	1,800	3,000	7,500	10,500	15,000
C70 LT 2d Conv	680	2,040	3,400	8,500	11,900	17,000
C70 HT 2d Conv	720	2,160	3,600	9,000	12,600	18,000
V70 2.4 4d Sta Wag (non-turbocharged)	500	1,500	2,500	6,250	8,750	12,500
V70 2.4T 4d Sta Wag	520	1,560	2,600	6,500	9,100	13,000
V70 T5 4d Sta Wag	560	1,680	2,800	7,000	9,800	14,000
2001 80 Series, 6-cyl.						
2.9 4d Sed	630	1,880	3,140	7,850	10,990	15,700
2.8 T-6 4d Sed	660	1,980	3,300	8,250	11,550	16,500
NOTE: Add 5 percent for Executive Ed.						
2001 Cross Country, Turbo 5-cyl.						
XC 4d Sta Wag	620	1,860	3,100	7,750	10,850	15,500
2002 40 Series, Turbo 4-cyl.						
S40 4d Sed	400	1,210	2,020	5,050	7,070	10,100
V40 4d Sta Wag	420	1,270	2,120	5,300	7,420	10,600
2002 S60 Series, Turbo 5-cyl.						
4d Sed (non-turbocharged)	410	1,220	2,040	5,100	7,140	10,200
2.4T 4d Sed	430	1,280	2,140	5,350	7,490	10,700
T5 4d Sed	440	1,320	2,200	5,500	7,700	11,000
NOTE: Add 5 percent for AWD on 2.4T model.						
2002 C70 Series, Turbo 5-cyl.						
HT 2d Cpe	530	1,580	2,640	6,600	9,240	13,200
LT 2d Conv	620	1,860	3,100	7,750	10,850	15,500
HT 2d Conv	640	1,920	3,200	8,000	11,200	16,000
2002 V70 Series, Turbo 5-cyl.						
4d Sta Wag (non-turbocharged)	500	1,500	2,500	6,250	8,750	12,500
2.4T 4d Sta Wag	520	1,560	2,600	6,500	9,100	13,000
T5 4d Sta Wag	560	1,680	2,800	7,000	9,800	14,000
XC 4d Sta Wag, AWD	620	1,860	3,100	7,750	10,850	15,500
NOTE: Add 5 percent for AWD on 2.4T model.						
2002 S80 Series, 6-cyl.						
4d Sed	630	1,880	3,140	7,850	10,990	15,700
T-6 4d Sed	660	1,980	3,300	8,250	11,550	16,500
2003 40 Series, Turbo 4-cyl.						
S40 4d Sed	400	1,210	2,020	5,050	7,070	10,100

	6	5	4	3	2	1
V40 4d Sta Wag	420	1,270	2,120	5,300	7,420	10,600
2003 S60 Series, Turbo 5-cyl.						
4d Sed (non-turbocharged)	410	1,220	2,040	5,100	7,140	10,200
2.4T 4d Sed	430	1,280	2,140	5,350	7,490	10,700
T5 4d Sed	440	1,320	2,200	5,500	7,700	11,000
NOTE: Add 5 percent for AWD on 2.4T model.						
2003 C70 Series, Turbo 5-cyl.						
LT 2d Conv	620	1,860	3,100	7,750	10,850	15,500
HT 2d Conv	640	1,920	3,200	8,000	11,200	16,000
2003 V70 Series, Turbo 5-cyl.						
4d Sta Wag (non-turbocharged)	500	1,500	2,500	6,250	8,750	12,500
2.4T 4d Sta Wag	520	1,560	2,600	6,500	9,100	13,000
2.5T 4d Sta Wag, AWD	590	1,780	2,960	7,400	10,360	14,800
T5 4d Sta Wag	560	1,680	2,800	7,000	9,800	14,000
XC 4d Sta Wag, AWD	620	1,860	3,100	7,750	10,850	15,500
2003 S80 Series, 6-cyl.						
4d Sed	630	1,880	3,140	7,850	10,990	15,700
T-6 4d Sed	660	1,980	3,300	8,250	11,550	16,500
2004 40 Series, Turbo 4-cyl.						
S40 4d Sed	400	1,210	2,020	5,050	7,070	10,100
V40 4d Sta Wag	420	1,270	2,120	5,300	7,420	10,600
NOTE: Deduct 5 percent for manual transmission.						
2004 S40 Series, 5-cyl.						
2.4i 4d Sed	440	1,330	2,220	5,550	7,770	11,100
Turbo T5 4d Sed	490	1,480	2,460	6,150	8,610	12,300
NOTE: Introduced mid-model year. Add 5 percent for Sport pkg. Deduct 5 percent for manual transmission.						
2004 S60 Series, Turbo 5-cyl.						
4d Sed (non-turbocharged)	450	1,340	2,240	5,600	7,840	11,200
2.5T 4d Sed	470	1,400	2,340	5,850	8,190	11,700
T5 4d Sed	510	1,540	2,560	6,400	8,960	12,800
R 4d Sed	550	1,640	2,740	6,850	9,590	13,700
NOTE: Add 5 percent for AWD on 2.5T and R sed. Add 5 percent for Sport pkg on T5 sed. Deduct 5 percent for manual transmission, except R sed.						
2004 C70 Series, Turbo 5-cyl.						
LT 2d Conv	620	1,860	3,100	7,750	10,850	15,500
HT 2d Conv	640	1,920	3,200	8,000	11,200	16,000
2004 V70 Series, Turbo 5-cyl.						
4d Sta Wag (non-turbocharged)	500	1,500	2,500	6,250	8,750	12,500
2.5T 4d Sta Wag	520	1,560	2,600	6,500	9,100	13,000
2.5T 4d Sta Wag, AWD	590	1,780	2,960	7,400	10,360	14,800
T5 4d Sta Wag	560	1,680	2,800	7,000	9,800	14,000
XC 4d Sta Wag, AWD	620	1,860	3,100	7,750	10,850	15,500
R 4d Sta Wag, AWD	640	1,910	3,180	7,950	11,130	15,900
NOTE: Deduct 5 percent for manual transmission, except R wag.						
2004 S80 Series, 5-cyl. & 6-cyl.						
4d Sed	630	1,880	3,140	7,850	10,990	15,700
2.5T 4d Sed	630	1,900	3,160	7,900	11,060	15,800
T-6 4d Sed	660	1,980	3,300	8,250	11,550	16,500
NOTE: Add 5 percent for AWD on 2.5T sed. Deduct 5 percent for manual transmission.						
2005 S40, 5-cyl.						
4d 2.4i Sed	440	1,330	2,220	5,550	7,770	11,100
4d Turbo T5 Sed	490	1,480	2,460	6,150	8,610	12,300
NOTE: Add 5 percent for AWD on Turbo T5 Sedan. Add 5 percent for Sport pkg. Deduct 5 percent for manual transmission.						
2005 V50, 5-cyl.						
4d 2.4i Sta Wag	450	1,360	2,260	5,650	7,910	11,300
4d Turbo T5 Sta Wag	500	1,500	2,500	6,250	8,750	12,500
NOTE: Add 5 percent for AWD on Turbo T5 station wagon. Add 5 percent for Sport pkg. Deduct 5 percent for manual transmission.						
2005 S60, 5-cyl.						
4d Sed	450	1,340	2,240	5,600	7,840	11,200
4d Turbo 2.5T Sed	470	1,400	2,340	5,850	8,190	11,700
4d Turbo T5 Sed	500	1,500	2,500	6,250	8,750	12,500
4d R Sed (AWD)	550	1,640	2,740	6,850	9,590	13,700
NOTE: Add 5 percent for AWD on Turbo 2.5T sedan. Deduct 5 percent for manual transmission.						
2005 V70, 5-cyl.						
4d Sta Wag	500	1,500	2,500	6,250	8,750	12,500
4d Turbo 2.5T Sta Wag	590	1,780	2,960	7,400	10,360	14,800
4d Turbo T5 Sta Wag	560	1,680	2,800	7,000	9,800	14,000
4d XC Turbo Sta Wag (AWD)	620	1,860	3,100	7,750	10,850	15,500
4d R Sta Wag (AWD)	640	1,910	3,180	7,950	11,130	15,900
NOTE: Deduct 5 percent for manual transmission, except R station wagon.						
2005 S80, 5-cyl.						
4d 2.5T Sed	630	1,900	3,160	7,900	11,060	15,800
4d T-6 Sed (Turbo 6-cyl. only)	660	1,980	3,300	8,250	11,550	16,500
NOTE: Add 5 percent for AWD on 2.5T sedan.						
2006 40 Series, 2.4L 5-cyl.						
4d S40 2.4i Sed	440	1,310	2,180	5,450	7,630	10,900

	6	5	4	3	2	1
2006 40 Series, 2.5L 5-cyl. Turbo						
4d S40 T5 Sed	470	1,420	2,360	5,900	8,260	11,800
NOTE: Add 5 percent for AWD.						
2006 50 Series, 2.4L 5-cyl.						
4d V50 2.4i Spt Wag	480	1,450	2,420	6,050	8,470	12,100
2006 50 Series, 2.4L 5-cyl. Turbo						
4d V50 T5 Spt Wag	540	1,630	2,720	6,800	9,520	13,600
2006 60 Series, 2.4L/2.5L 5-cyl. Turbo						
4d S60 2.5T Sed	440	1,310	2,180	5,450	7,630	10,900
4d S60 T5 Sed	480	1,450	2,420	5,450	8,470	12,100
4d S60 R AWD Sed	540	1,630	2,720	6,800	9,520	13,600
NOTE: Add 10 percent for 2.5T AWD.						
2006 70 Series, 2.4L 5-cyl.						
4d V70 2.4i Wag	530	1,580	2,640	6,600	9,240	13,200
2006 70 Series, 2.5L 5-cyl. Turbo						
2d C70 T5 Conv	690	2,060	3,440	8,600	12,040	17,200
4d V70 2.5T Wag	560	1,670	2,780	6,950	9,730	13,900
4d V70 R AWD Wag	660	1,980	3,300	8,250	11,550	16,500
4d XC70 AWD Wag	610	1,840	3,060	7,650	10,710	15,300
4d XC70 Ocean Race Wag	680	2,030	3,380	8,450	11,830	16,900
2006 80 Series, 2.5L 5-cyl. Turbo						
4d S80 2.5T Sed	480	1,430	2,380	5,950	8,330	11,900
NOTE: Add 8 percent for AWD.						

YUGO

1986						
2d HBk GV	150	400	650	1,490	2,300	3,300
1987						
2d HBk GV	150	400	650	1,490	2,300	3,300
1988						
2d HBk GV	150	400	650	1,490	2,300	3,300
2d HBk GVL	150	400	700	1,530	2,400	3,400

DOMESTIC TRUCKS

AMERICAN AUSTIN-BANTAM TRUCKS

1931 Austin Series A						
Cpe Dly	1,100	3,300	5,500	12,380	19,250	27,500
Panel Dly	1,200	3,600	6,000	13,500	21,000	30,000
1932 Austin Series A						
Cpe Dly	1,100	3,300	5,500	12,380	19,250	27,500
Panel Dly	1,200	3,600	6,000	13,500	21,000	30,000
1933 Austin 275						
Cpe Dly	1,060	3,180	5,300	11,930	18,550	26,500
Panel Dly	1,160	3,480	5,800	13,050	20,300	29,000
Bantam Van	1,100	3,300	5,500	12,380	19,250	27,500
1933 Austin 375						
Panel Dly	1,360	4,080	6,800	15,300	23,800	34,000
PU	1,400	4,200	7,000	15,750	24,500	35,000
Pony Exp	1,360	4,080	6,800	15,300	23,800	34,000
Cpe Dly	1,480	4,440	7,400	16,650	25,900	37,000
1934 Austin 375						
PU	1,280	3,840	6,400	14,400	22,400	32,000
Panel Dly	1,400	4,200	7,000	15,750	24,500	35,000
1935 Austin 475						
PU	960	2,880	4,800	10,800	16,800	24,000
Panel Dly	1,360	4,080	6,800	15,300	23,800	34,000
1936 Austin 475						
No vehicles manufactured.						
1937 American Bantam 575						
PU	1,440	4,320	7,200	16,200	25,200	36,000
Panel Dly	1,520	4,560	7,600	17,100	26,600	38,000
1938 American Bantam 60						
Bus Cpe	1,360	4,080	6,800	15,300	23,800	34,000
PU Exp	1,440	4,320	7,200	16,200	25,200	36,000
Panel Exp	1,520	4,560	7,600	17,100	26,600	38,000
Boulevard Dly	2,160	6,480	10,800	24,300	37,800	54,000
1939 American Bantam 60						
PU Exp	1,600	4,800	8,000	18,000	28,000	40,000
Panel Exp	1,680	5,040	8,400	18,900	29,400	42,000
Boulevard Dly	2,160	6,480	10,800	24,300	37,800	54,000
1940 American Bantam 65						
PU	1,400	4,200	7,000	15,750	24,500	35,000
Panel	1,440	4,320	7,200	16,200	25,200	36,000
Boulevard Dly	2,160	6,480	10,800	24,300	37,800	54,000

	6	5	4	3	2	1
1941 American Bantam 65						
PU	1,400	4,200	7,000	15,750	24,500	35,000
Panel	1,480	4,440	7,400	16,650	25,900	37,000

BUICK TRUCKS

	6	5	4	3	2	1
2002 Rendezvous, V-6						
CX 4d SUV	400	1,200	2,000	4,500	7,000	10,000
CX 4d SUV, 4x4	440	1,320	2,200	4,950	7,700	11,000
CXL 4d SUV, 4x4	480	1,440	2,400	5,400	8,400	12,000
2003 Rendezvous, V-6						
CX 4d SUV	400	1,200	2,000	5,000	7,000	10,000
CXL 4d SUV	480	1,440	2,400	6,000	8,400	12,000
NOTE: Add 5 percent for AWD and 5 percent for V-8.						
2004 Rendezvous, V-6						
CX 4d SUV	400	1,200	2,000	5,000	7,000	10,000
CXL 4d SUV	480	1,440	2,400	6,000	8,400	12,000
Ultra AWD 4d SUV	580	1,740	2,900	7,250	10,150	14,500
NOTE: Add 5 percent for AWD on CX and CXL. Add 5 percent for 3.6L V-6, except Ultra.						
2004 Rainer, 6-cyl.						
CXL 4d SUV	550	1,650	2,750	6,880	9,630	13,750
CXL AWD 4d SUV	600	1,800	3,000	7,500	10,500	15,000
NOTE: Add 10 percent for V-8.						
2005 Rendezvous, V-6						
4d CX SUV	400	1,200	2,000	5,000	7,000	10,000
4d CXL SUV	480	1,440	2,400	6,000	8,400	12,000
4d Ultra SUV	580	1,740	2,900	7,250	10,150	14,500
NOTE: Add 5 percent for AWD. Add 5 percent for 3.6L V-6, except Ultra.						
2005 Ranier, 6-cyl. & 8-cyl.						
4d CXL SUV (6-cyl.)	550	1,650	2,750	6,880	9,630	13,750
4d CXL SUV (V-8)	660	1,980	3,300	8,250	11,550	16,500
NOTE: Add 5 percent for AWD.						
2005 Terraza, V-6						
4d CX Van	450	1,360	2,260	5,650	7,910	11,300
4d CXL Van	470	1,400	2,340	5,270	8,190	11,700
NOTE: Add 10 percent for AWD.						
2006 Terrazar, V-6						
4d CX Minivan	270	800	1,340	3,350	4,690	6,700
4d CXL Minivan	280	840	1,400	3,500	4,900	7,000
NOTE: Add 10 percent for AWD.						
2006 Rendezvouse, V-6						
4d CX Sed	270	800	1,340	3,350	4,690	6,700
4d CXL Sed	280	840	1,400	3,500	4,900	7,000
NOTE: Add 12 percent for AWD; add 5 percent for 3.8L V-6.						
2006 Rainier AWD, V-6						
4d CXL SUV	270	800	1,340	3,350	4,690	6,700
NOTE: Deduct 20 percent for 2WD; add 5 percent for 3.8L V-6.						

CADILLAC TRUCKS

	6	5	4	3	2	1
1999 Escalade, V-8, 4x4						
4d SUV	520	1,560	2,600	5,850	9,100	13,000
2000 Escalade, V-8, 4x4						
4d SUV	540	1,620	2,700	6,080	9,450	13,500
2001 Escalade, V-8, 4x4						
NOTE: Cadillac did not offer Escalade in 2001, but it returned in 2002.						
2002 Escalade, V-8						
EXT 4d SUV, 4x4	640	1,920	3,200	7,200	11,200	16,000
4d SUV	520	1,560	2,600	5,850	9,100	13,000
4d SUV, 4x4	580	1,740	2,900	6,530	10,150	14,500
2003 Escalade, V-8, AWD						
4d SUV	520	1,560	2,600	5,850	9,100	13,000
ESV 4d SUV	580	1,740	2,900	6,530	10,150	14,500
EXT 4d SUV	640	1,920	3,200	7,200	11,200	16,000
NOTE: Deduct 5 percent on base model when equipped with 2WD.						
2004 SRX, V-6 & V-8						
3.6L 4d SUV (V-6)	310	940	1,560	3,900	5,460	7,800
3.6L Luxury 4d SUV (V-6)	330	980	1,640	4,100	5,740	8,200
4.6L Luxury 4d SUV (V-8)	420	1,260	2,100	5,250	7,350	10,500
NOTE: Add 5 percent for AWD.						
2004 Escalade, V-8, AWD						
4d SUV	520	1,560	2,600	6,500	9,100	13,000
ESV 4d SUV	580	1,740	2,900	7,250	10,150	14,500
EXT 4d SUV	640	1,920	3,200	8,000	11,200	16,000
ESV Platinum 4d SUV	720	2,150	3,580	8,950	12,530	17,900
NOTE: Deduct 5 percent on base model when equipped with 2WD.						
2005 SRX, V-6 & V-8						
4d 3.6L SUV (V-6)	310	940	1,560	3,900	5,460	7,800
4d 3.6L, Luxury SUV (V-6)	330	980	1,640	4,100	5,740	8,200

	6	5	4	3	2	1
4d 4.6L Luxury SUV (V-8)	420	1,260	2,100	5,250	7,350	10,500
Add 5 percent for AWD, except 3.6L base model.						
2005 Escalade, V-8, AWD						
4d SUV	520	1,560	2,600	6,500	9,100	13,000
4d ESV SUV	580	1,740	2,900	7,250	10,150	14,500
4d ESV Platinum SUV	720	2,150	3,580	8,950	12,530	17,900
Deduct 5 percent for 2WD on base model.						
4d EXT SUV	640	1,920	3,200	8,000	11,200	16,000
2006 SRX, V-8						
4d SUV	580	1,730	2,890	7,230	10,120	14,450
2006 Escalade, V-8, AWD						
4d SUV	730	2,200	3,660	8,240	12,810	18,300
2006 Escalade EXT, V-8, AWD						
4d Pickup	720	2,160	3,600	9,000	12,600	18,000
2006 Escalade ESV, V-8, AWD						
4d SUV	720	2,160	3,600	9,000	12,600	18,000
4d Platinum SUV	920	2,770	4,620	11,550	16,170	23,100

CHEVROLET TRUCKS

	6	5	4	3	2	1
1918 Series "490"						
1/2-Ton Light Dly	800	2,400	4,000	9,000	14,000	20,000
1918 Series "T"						
1-Ton Flare Exp	620	1,860	3,100	6,980	10,850	15,500
1-Ton Covered Flare	640	1,920	3,200	7,200	11,200	16,000
1919 Series "490"						
1/2-Ton Light Dly	760	2,280	3,800	8,550	13,300	19,000
1919 Series "T"						
1-Ton Flare Exp	640	1,920	3,200	7,200	11,200	16,000
1-Ton Covered Flare	680	2,040	3,400	7,650	11,900	17,000
1920 Series "490"						
Light Dly Wag 1-Seat	720	2,160	3,600	8,100	12,600	18,000
Light Dly Wag 2-Seat	740	2,220	3,700	8,330	12,950	18,500
1920 Model T						
Flareboard Exp	660	1,980	3,300	7,430	11,550	16,500
Covered Flare	700	2,100	3,500	7,880	12,250	17,500
1921 Series "490"						
Open Exp	680	2,040	3,400	7,650	11,900	17,000
Canopy Exp 3 Seat	740	2,220	3,700	8,330	12,950	18,500
1921 Series G						
Open Exp	640	1,920	3,200	7,200	11,200	16,000
Canopy Exp	730	2,180	3,640	8,190	12,740	18,200
1921 Series T						
Open Exp	640	1,920	3,200	7,200	11,200	16,000
Canopy Exp	690	2,060	3,440	7,740	12,040	17,200
1922 Series "490"						
Dly Wag	700	2,100	3,500	7,880	12,250	17,500
Panel Dly	740	2,220	3,700	8,330	12,950	18,500
Sta Wag	860	2,580	4,300	9,680	15,050	21,500
1922 Series G						
Exp	640	1,920	3,200	7,200	11,200	16,000
Canopy Exp	690	2,060	3,440	7,740	12,040	17,200
1922 Series T						
Open Exp	640	1,920	3,200	7,200	11,200	16,000
Canopy Exp	650	1,940	3,240	7,290	11,340	16,200
Canopy Exp w/curtains	700	2,100	3,500	7,880	12,250	17,500
1923 Series B Superior						
Canopy Exp	720	2,160	3,600	8,100	12,600	18,000
Panel Dly	720	2,160	3,600	8,100	12,600	18,000
Sta Wag	840	2,520	4,200	9,450	14,700	21,000
1923 Series D Superior						
Utl Dly (Exp)	640	1,920	3,200	7,200	11,200	16,000
Cattle Body (Stake)	610	1,840	3,060	6,890	10,710	15,300
Dly Wag	660	1,980	3,300	7,430	11,550	16,500
Panel Body	680	2,040	3,400	7,650	11,900	17,000
Gravity Dump	630	1,880	3,140	7,070	10,990	15,700
Petroleum Tanker	640	1,920	3,200	7,200	11,200	16,000
1924 Series F						
Open Exp	660	1,980	3,300	7,430	11,550	16,500
Canopy Exp	700	2,100	3,500	7,880	12,250	17,500
Panel Dly	720	2,160	3,600	8,100	12,600	18,000
Sta Wag	840	2,520	4,200	9,450	14,700	21,000
1924 Series H						
Open Cab Grain/Stock Body	540	1,630	2,720	6,120	9,520	13,600
Closed Cab Grain/Stock Body	550	1,640	2,740	6,170	9,590	13,700
Flareboard Exp	580	1,730	2,880	6,480	10,080	14,400
Panel Body	630	1,900	3,160	7,110	11,060	15,800

	6	5	4	3	2	1
Dump/Coal Body	570	1,720	2,860	6,440	10,010	14,300
Tanker (3 compartment)	600	1,790	2,980	6,710	10,430	14,900
1925 Series M, 1924-25, 1-Ton						
Flareboard Exp	600	1,790	2,980	6,710	10,430	14,900
Panel Body	560	1,670	2,780	6,260	9,730	13,900
1925 Series K, 1/2-Ton						
Flareboard Exp	620	1,850	3,080	6,930	10,780	15,400
Panel Body	600	1,800	3,000	6,750	10,500	15,000
Sta Wag	740	2,210	3,680	8,280	12,880	18,400
1925 Series R, 1-Ton						
Flareboard Exp	610	1,840	3,070	6,910	10,750	15,350
Panel Body	590	1,780	2,970	6,680	10,400	14,850
Grain Body	520	1,570	2,610	5,870	9,140	13,050
Stake-Platform	520	1,550	2,590	5,830	9,070	12,950
Tanker (3 compartment)	550	1,660	2,770	6,230	9,700	13,850
Dump Body	530	1,590	2,650	5,960	9,280	13,250
Wrecker	590	1,780	2,970	6,680	10,400	14,850
1926 Series V						
Rds PU (Factory)	840	2,520	4,200	9,450	14,700	21,000
Commercial Rds (Factory)	640	1,920	3,200	7,200	11,200	16,000
Hercules Panel Dly	620	1,860	3,100	6,980	10,850	15,500
Springfield Ctry Clb Sub	800	2,400	4,000	9,000	14,000	20,000
Springfield Panel Dly	720	2,160	3,600	8,100	12,600	18,000
1926 Series X, 1926-27						
Flareboard Exp (Factory)	600	1,800	3,000	6,750	10,500	15,000
Canopy Exp (Factory)	620	1,860	3,100	6,980	10,850	15,500
Screenside Exp (Factory)	620	1,860	3,100	6,980	10,850	15,500
Peddler's Wag (Factory)	620	1,870	3,120	7,020	10,920	15,600
Mifflinburg Depot Hack	720	2,160	3,600	8,100	12,600	18,000
Springfield 12P Sub	720	2,160	3,600	8,100	12,600	18,000
Proctor-Keefe Dump	630	1,880	3,140	7,070	10,990	15,700
Mifflinburg Jitney/Exp	620	1,860	3,100	6,980	10,850	15,500
Platform Stake	610	1,840	3,060	6,890	10,710	15,300
Rack Body w/Coach Front	610	1,840	3,060	6,890	10,710	15,300
1927-28						
Rds PU	890	2,670	4,450	10,010	15,580	22,250
Commercial Rds	850	2,550	4,250	9,560	14,880	21,250
Open Exp	770	2,310	3,850	8,660	13,480	19,250
Sta Wag	930	2,790	4,650	10,460	16,280	23,250
Panel Dly	810	2,430	4,050	9,110	14,180	20,250
1929-30						
Rds w/Slip-in Cargo Box	1,120	3,350	5,580	12,560	19,530	27,900
Rds w/Panel Carrier	1,120	3,350	5,580	12,560	19,530	27,900
Open Exp	980	2,930	4,880	10,980	17,080	24,400
Canopy Exp	1,020	3,050	5,080	11,430	17,780	25,400
Sed Dly	1,100	3,290	5,480	12,330	19,180	27,400
Screenside Exp	1,060	3,170	5,280	11,880	18,480	26,400
Panel Dly	1,060	3,170	5,280	11,880	18,480	26,400
Ambassador Panel Dly	1,100	3,290	5,480	12,330	19,180	27,400
1931-32						
Open Cab PU	1,130	3,400	5,660	12,740	19,810	28,300
Closed Cab PU	1,050	3,160	5,260	11,840	18,410	26,300
Panel Dly	1,090	3,280	5,460	12,290	19,110	27,300
Canopy Dly (curtains)	1,130	3,400	5,660	12,740	19,810	28,300
Canopy Dly (screens)	1,130	3,400	5,660	12,740	19,810	28,300
Sed Dly	1,210	3,640	6,060	13,640	21,210	30,300
DeL Sta Wag	1,290	3,880	6,460	14,540	22,610	32,300
NOTE: Add 5 percent for Deluxe 1/2-Ton models. Add 5 percent for Special Equipment on models other than those noted as "Specials" above. Add 2 percent for Canopy Tops on both pickups.						
1933-36						
Sed Dly	1,050	3,160	5,270	11,860	18,450	26,350
Spl Sed Dly	1,090	3,280	5,470	12,310	19,150	27,350
Closed Cab PU	1,010	3,040	5,070	11,410	17,750	25,350
Panel Dly	970	2,920	4,870	10,960	17,050	24,350
Spl Panel Dly	1,010	3,040	5,070	11,410	17,750	25,350
Canopy Exp	1,050	3,160	5,270	11,860	18,450	26,350
Spl Canopy Exp	1,050	3,160	5,270	11,860	18,450	26,350
Screenside Exp	1,010	3,040	5,070	11,410	17,750	25,350
NOTE: Add 2 percent for canopied pickups.						
1937-40						
Sed Dly	1,100	3,290	5,480	12,330	19,180	27,400
PU	1,440	4,320	7,200	16,200	25,200	36,000
Panel	1,060	3,170	5,280	11,880	18,480	26,400
Canopy Exp	1,120	3,350	5,580	12,560	19,530	27,900
Carryall Suburban	1,230	3,690	6,150	13,840	21,530	30,750

	6	5	4	3	2	1
1937-40 1/2-Ton						
PU	1,400	4,200	7,000	15,750	24,500	35,000
Stake	980	2,940	4,900	11,030	17,150	24,500
1937-40 3/4-Ton						
PU	1,400	4,200	7,000	15,750	24,500	35,000
Stake	980	2,940	4,900	11,030	17,150	24,500
1941-47 1/2-Ton						
PU	1,520	4,560	7,600	17,100	26,600	38,000
Panel Dly	1,140	3,420	5,700	12,830	19,950	28,500
Canopy	1,180	3,540	5,900	13,280	20,650	29,500
Suburban	1,190	3,570	5,950	13,390	20,830	29,750
1941-47 3/4-Ton						
Cpe PU	1,320	3,960	6,600	14,850	23,100	33,000
Sed Dly	1,220	3,660	6,100	13,730	21,350	30,500
1948-53 1/2-Ton						
Sed Dly	1,160	3,480	5,800	13,050	20,300	29,000
PU	1,240	3,720	6,200	13,950	21,700	31,000
Panel	1,040	3,120	5,200	11,700	18,200	26,000
Canopy Exp	1,080	3,240	5,400	12,150	18,900	27,000
Suburban	1,080	3,240	5,400	12,150	18,900	27,000
1948-53 3/4-Ton						
PU	1,120	3,360	5,600	12,600	19,600	28,000
Platform	1,000	3,000	5,000	11,250	17,500	25,000
Stake	1,000	3,000	5,000	11,250	17,500	25,000
1948-53 1-Ton						
PU	1,020	3,060	5,100	11,480	17,850	25,500
Panel	950	2,860	4,760	10,710	16,660	23,800
Canopy Exp	960	2,880	4,800	10,800	16,800	24,000
Platform	910	2,740	4,560	10,260	15,960	22,800
Stake	920	2,760	4,600	10,350	16,100	23,000
1954						
Sed Dly	1,160	3,480	5,800	13,050	20,300	29,000
1954 - First Series 1955 1/2-Ton						
PU	1,120	3,360	5,600	12,600	19,600	28,000
Panel	1,000	3,000	5,000	11,250	17,500	25,000
Canopy	980	2,940	4,900	11,030	17,150	24,500
Suburban	1,020	3,060	5,100	11,480	17,850	25,500
1954 - First Series 1955 3/4-Ton						
PU	1,040	3,120	5,200	11,700	18,200	26,000
Platform	920	2,770	4,620	10,400	16,170	23,100
Stake	930	2,800	4,660	10,490	16,310	23,300
1954 - First Series 1955 1-Ton						
PU	1,040	3,120	5,200	11,700	18,200	26,000
Panel	960	2,880	4,800	10,800	16,800	24,000
Canopy	960	2,880	4,800	10,800	16,800	24,000
Platform	920	2,760	4,600	10,350	16,100	23,000
Stake	920	2,770	4,620	10,400	16,170	23,100
1955-57 - Second Series 1/2-Ton, V-8						
Sed Dly	1,640	4,920	8,200	18,450	28,700	41,000
PU	1,120	3,360	5,600	12,600	19,600	28,000
Cus Cab PU	1,140	3,420	5,700	12,830	19,950	28,500
Panel Dly	1,040	3,120	5,200	11,700	18,200	26,000
Suburban	1,080	3,240	5,400	12,150	18,900	27,000
Cameo Carrier	1,640	4,920	8,200	18,450	28,700	41,000
Cantrell Sta Wag	1,700	5,100	8,500	19,130	29,750	42,500
NOTE: 1955 and up prices based on top of the line models. Deduct 20 percent for 6-cyl., except Cameo deduct 10 percent.						
1958-59 1/2-Ton, V-8						
Sed Dly	1,380	4,140	6,900	15,530	24,150	34,500
El Camino - 1959 only	1,460	4,380	7,300	16,430	25,550	36,500
Stepside PU	1,000	3,000	5,000	11,250	17,500	25,000
Fleetside PU	1,040	3,120	5,200	11,700	18,200	26,000
Cameo PU - 1958 only	1,240	3,720	6,200	13,950	21,700	31,000
Panel	960	2,880	4,800	10,800	16,800	24,000
Suburban	960	2,880	4,800	10,800	16,800	24,000
Fleetside (LBx)	960	2,880	4,800	10,800	16,800	24,000
NOTE: 1955-up prices based on top of the line models. Deduct 20 percent for 6-cyl., except Cameo deduct 10 percent.						
1960-66 1/2-Ton, V-8						
Sed Dly (1960 only)	1,320	3,960	6,600	14,850	23,100	33,000
El Camino	1,280	3,840	6,400	14,400	22,400	32,000
Stepside PU	760	2,280	3,800	8,550	13,300	19,000
Fleetside PU	820	2,460	4,100	9,230	14,350	20,500
Panel	740	2,210	3,680	8,280	12,880	18,400
Suburban	750	2,240	3,740	8,420	13,090	18,700
1960-66 "Long Box", 1/2-Ton, V-8						
Stepside PU	740	2,210	3,680	8,280	12,880	18,400
Fleetside PU	760	2,280	3,800	8,550	13,300	19,000

	6	5	4	3	2	1
1960-66 3/4-Ton, V-8						
Stepside PU	740	2,210	3,680	8,280	12,880	18,400
Fleetside PU	760	2,280	3,800	8,550	13,300	19,000
8-ft. Stake	680	2,040	3,400	7,650	11,900	17,000
NOTE: Deduct 20 percent for 6-cyl.						
1961-65 Corvair Series 95, 61-64						
Loadside	800	2,400	4,000	9,000	14,000	20,000
Rampside	820	2,460	4,100	9,230	14,350	20,500
1961-65 Corvan Series, 61-64						
Corvan Panel	820	2,460	4,100	9,230	14,350	20,500
Greenbriar Spt Van	840	2,520	4,200	9,450	14,700	21,000
1967 El Camino Series, V-8						
Spt PU	920	2,760	4,600	10,350	16,100	23,000
Cus Spt PU	940	2,820	4,700	10,580	16,450	23,500
1967-68 Fleetside Pickups, V-8						
C10 PU (SBx)	800	2,400	4,000	9,000	14,000	20,000
C10 PU (LBx)	760	2,280	3,800	8,550	13,300	19,000
K10 PU (SBx)	840	2,520	4,200	9,450	14,700	21,000
K10 PU (LBx)	800	2,400	4,000	9,000	14,000	20,000
C20 PU (LBx)	712	2,136	3,560	8,010	12,460	17,800
C20 PU (8-1/2 ft. bed)	710	2,120	3,540	7,970	12,390	17,700
K20 PU (LBx)	800	2,400	4,000	9,000	14,000	20,000
K20 PU (8-1/2 ft. bed)	760	2,280	3,800	8,550	13,300	19,000
1967-68 Stepside Pickups, V-8						
C10 PU (SBx)	760	2,280	3,800	8,550	13,300	19,000
C10 PU (LBx)	744	2,232	3,720	8,370	13,020	18,600
C20 PU (LBx)	708	2,124	3,540	7,970	12,390	17,700
K10 PU (SBx)	760	2,280	3,800	8,550	13,300	19,000
K20 PU (LBx)	740	2,220	3,700	8,330	12,950	18,500
1967-68 Panel/Suburbans, Stakes, V-8						
C10 Panel	640	1,920	3,200	7,200	11,200	16,000
C10 Suburban	760	2,280	3,800	8,550	13,300	19,000
C20 Panel	600	1,800	3,000	6,750	10,500	15,000
C20 Suburban	660	1,980	3,300	7,430	11,550	16,500
NOTE: 1955-up prices based on top of the line models. Add 5 percent for 4x4. C is conventional drive model. K is 4-wheel drive (4x4) model. 10 is 1/2-Ton series. 20 is 3/4-Ton series. 30 is 1-Ton series. Short box has 6-1/2 ft. bed. Long box has 8-ft. bed. Deduct 20 percent for 6-cyl.						
1968-70 El Camino Series, V-8						
Spt PU	920	2,760	4,600	10,350	16,100	23,000
Cus Spt PU	960	2,880	4,800	10,800	16,800	24,000
NOTE: Add 25 percent for SS-396 option. Add 45 percent for 454 engine option.						
1969-70 Blazer Series, 4x4						
Blazer, V-8	800	2,400	4,000	9,000	14,000	20,000
1969-70 Fleetside Series, V-8						
C10 PU (SBx)	840	2,520	4,200	9,450	14,700	21,000
C10 PU (LBx)	820	2,460	4,100	9,230	14,350	20,500
K10 PU (SBx)	860	2,580	4,300	9,680	15,050	21,500
K10 PU (LBx)	840	2,520	4,200	9,450	14,700	21,000
C20 PU (LBx)	712	2,136	3,560	8,010	12,460	17,800
C20 PU (long horn)	704	2,112	3,520	7,920	12,320	17,600
K20 PU (LBx)	744	2,232	3,720	8,370	13,020	18,600
K20 PU (long horn)	748	2,244	3,740	8,420	13,090	18,700
1969-70 Stepside Series, V-8						
C10 PU (SBx)	760	2,280	3,800	8,550	13,300	19,000
C10 PU (LBx)	740	2,220	3,700	8,330	12,950	18,500
K10 PU (SBx)	760	2,280	3,800	8,550	13,300	19,000
K10 PU (LBx)	780	2,340	3,900	8,780	13,650	19,500
C20 PU (LBx)	752	2,256	3,760	8,460	13,160	18,800
C20 PU (long horn)	724	2,172	3,620	8,150	12,670	18,100
K20 PU (LBx)	764	2,292	3,820	8,600	13,370	19,100
K20 PU (long horn)	764	2,292	3,820	8,600	13,370	19,100
1969-70 Panel/Suburban Series C10/K10, V-8, 115" wb						
C10 Suburban	800	2,400	4,000	9,000	14,000	20,000
K10 Suburban	820	2,460	4,100	9,230	14,350	20,500
1969-70 Panel/Suburban Series C20/K20, V-8, 127" wb						
C20 Suburban	760	2,280	3,800	8,550	13,300	19,000
K20 Suburban	780	2,340	3,900	8,780	13,650	19,500
NOTE: 1955-up prices based on top of the line models. C is conventional drive model. K is 4-wheel drive (4x4) model. 10 is 1/2-Ton series. 20 is 3/4-Ton series. 30 is 1-Ton series. Short box has 6-1/2 ft. bed and 115" wb. Long box pickup has 8-ft. bed and 127" wb. Long horn pickup has 8-1/2 to 9-ft. bed and 133" wb. Deduct 20 percent for 6-cyl.						
1971-72 Vega, 1/2-Ton, V-8						
Panel Exp	380	1,140	1,900	4,280	6,650	9,500
1971-72 LUV Pickup, 1/2-Ton, 1972 only						
PU	352	1,056	1,760	3,960	6,160	8,800
1971-72 El Camino, V-8						
Spt PU	840	2,520	4,200	9,450	14,700	21,000

	6	5	4	3	2	1
Cus Spt PU	880	2,640	4,400	9,900	15,400	22,000
SS PU	1,120	3,360	5,600	12,600	19,600	28,000
NOTE: Add 30 percent for 350, 40 percent for 402, 45 percent for 454 engine options. Deduct 20 percent for 6-cyl.						
1971-72 Blazer, 4x4						
C10 Blazer, V-8 (1972 only)	800	2,400	4,000	9,000	14,000	20,000
K10 Blazer, V-8	800	2,400	4,000	9,000	14,000	20,000
1971-72 Fleetside Pickups, V-8						
C10 PU (SBx)	860	2,580	4,300	9,680	15,050	21,500
C10 PU (LBx)	840	2,520	4,200	9,450	14,700	21,000
K10 PU (SBx)	880	2,640	4,400	9,900	15,400	22,000
K10 PU (LBx)	860	2,580	4,300	9,680	15,050	21,500
C20 PU (SBx)	752	2,256	3,760	8,460	13,160	18,800
C20 PU (LBx)	760	2,280	3,800	8,550	13,300	19,000
K20 PU (SBx)	800	2,400	4,000	9,000	14,000	20,000
K20 PU (LBx)	780	2,340	3,900	8,780	13,650	19,500
1971-72 Stepside Pickups, V-8						
C10 PU (SBx)	800	2,400	4,000	9,000	14,000	20,000
C10 PU (LBx)	780	2,340	3,900	8,780	13,650	19,500
K10 PU (SBx)	820	2,460	4,100	9,230	14,350	20,500
K10 PU (LBx)	800	2,400	4,000	9,000	14,000	20,000
K20 PU (LBx)	780	2,340	3,900	8,780	13,650	19,500
1971-72 Suburban, V-8						
C10 Suburban	800	2,400	4,000	9,000	14,000	20,000
K10 Suburban	780	2,340	3,900	8,780	13,650	19,500
C20 Suburban	780	2,340	3,900	8,780	13,650	19,500
K20 Suburban	760	2,280	3,800	8,550	13,300	19,000
NOTE: 1955-up prices based on top of the line models. Deduct 20 percent for 6-cyl. Add 15 percent for 4x4.						
1973-77 El Camino, V-8						
PU	600	1,800	3,000	6,750	10,500	15,000
Cus PU	620	1,860	3,100	6,980	10,850	15,500
NOTE: Add 25 percent for 454 engine option.						
1973-80 Vega						
Panel	360	1,080	1,800	4,050	6,300	9,000
1973-80 LUV						
PU	312	936	1,560	3,510	5,460	7,800
1973-80 Blazer K10, V-8						
Blazer 2WD	620	1,860	3,100	6,980	10,850	15,500
Blazer (4x4)	700	2,100	3,500	7,880	12,250	17,500
1973-80 C10, 1/2-Ton, V-8						
Stepside (SBx)	660	1,980	3,300	7,430	11,550	16,500
Stepside (LBx)	620	1,860	3,100	6,980	10,850	15,500
Fleetside (SBx)	620	1,860	3,100	6,980	10,850	15,500
Fleetside (LBx)	600	1,800	3,000	6,750	10,500	15,000
Suburban	620	1,860	3,100	6,980	10,850	15,500
1973-80 K10, 4x4, 1/2-Ton, V-8						
Stepside (SBx)	680	2,040	3,400	7,650	11,900	17,000
Stepside (LBx)	660	1,980	3,300	7,430	11,550	16,500
Fleetside (SBx)	640	1,920	3,200	7,200	11,200	16,000
Fleetside (LBx)	620	1,860	3,100	6,980	10,850	15,500
Suburban	640	1,920	3,200	7,200	11,200	16,000
1973-80 C20, 3/4-Ton						
Stepside (LBx)	360	1,080	1,800	4,050	6,300	9,000
Fleetside (LBx)	368	1,104	1,840	4,140	6,440	9,200
6P (LBx)	352	1,056	1,760	3,960	6,160	8,800
Suburban	460	1,380	2,300	5,180	8,050	11,500
1973-80 K20, 4x4, 3/4-Ton, V-8						
Stepside (LBx)	420	1,260	2,100	4,730	7,350	10,500
Fleetside (LBx)	420	1,260	2,100	4,730	7,350	10,500
6P (LBx)	376	1,128	1,880	4,230	6,580	9,400
Suburban	480	1,440	2,400	5,400	8,400	12,000
NOTE: Deduct 20 percent for 6-cyl.						
1978-80 El Camino, V-8						
PU	520	1,560	2,600	5,850	9,100	13,000
Cus PU	540	1,620	2,700	6,080	9,450	13,500
NOTE: Deduct 20 percent for V-6.						
1981-82 Luv, 1/2-Ton, 104.3" or 117.9" wb						
PU (SBx)	264	792	1,320	2,970	4,620	6,600
PU (LBx)	268	804	1,340	3,020	4,690	6,700
1981-82 El Camino, 1/2-Ton, V-8, 117" wb						
PU	460	1,380	2,300	5,180	8,050	11,500
SS PU	560	1,680	2,800	6,300	9,800	14,000
1981-82 Blazer K10, 1/2-Ton, V-8, 106.5" wb						
Blazer (4x4), V-8	620	1,860	3,100	6,980	10,850	15,500
1981-82 C10, 1/2-Ton, V-8, 117" or 131" wb						
Stepside PU (SBx)	452	1,356	2,260	5,090	7,910	11,300
Stepside PU (LBx)	448	1,344	2,240	5,040	7,840	11,200

	6	5	4	3	2	1
Fleetside PU (SBx)	480	1,440	2,400	5,400	8,400	12,000
Fleetside PU (LBx)	580	1,740	2,900	6,530	10,150	14,500
Suburban	480	1,440	2,400	5,400	8,400	12,000
1981-82 C20, 3/4-Ton, V-8, 131" or 164" wb						
Stepside PU (LBx)	448	1,344	2,240	5,040	7,840	11,200
Fleetside PU (LBx)	452	1,356	2,260	5,090	7,910	11,300
Fleetside PU Bonus Cab (LBx)	460	1,380	2,300	5,180	8,050	11,500
Fleetside PU Crew Cab (LBx)	456	1,368	2,280	5,130	7,980	11,400
Suburban	468	1,404	2,340	5,270	8,190	11,700
NOTE: Add 15 percent for 4x4. Deduct 20 percent for 6-cyl.						
1983-87 El Camino, 1/2-Ton, 117" wb						
PU	420	1,260	2,100	4,730	7,350	10,500
SS PU	520	1,560	2,600	5,850	9,100	13,000
NOTE: Deduct 20 percent for V-6. Add 30 percent for ChooChoo model where available.						
1983-87 S10, 1/2-Ton, 100.5" wb						
Blazer 2WD	320	960	1,600	3,600	5,600	8,000
Blazer (4x4)	340	1,020	1,700	3,830	5,950	8,500
1983-87 Blazer K10, 1/2-Ton, 106.5" wb						
Blazer (4x4)	480	1,440	2,400	5,400	8,400	12,000
1983-87 S10, 1/2-Ton, 108" or 122" wb						
Fleetside PU (SBx)	288	864	1,440	3,240	5,040	7,200
Fleetside PU (LBx)	292	876	1,460	3,290	5,110	7,300
Fleetside PU Ext Cab	300	900	1,500	3,380	5,250	7,500
1983-87 C10, 1/2-Ton, 117" or 131" wb						
Stepside PU (SBx)	372	1,116	1,860	4,190	6,510	9,300
Fleetside PU (SBx)	376	1,128	1,880	4,230	6,580	9,400
Fleetside PU (LBx)	364	1,092	1,820	4,100	6,370	9,100
Suburban	432	1,296	2,160	4,860	7,560	10,800
1983-87 C20, 3/4-Ton, 131" or 164" wb						
Stepside PU (LBx)	368	1,104	1,840	4,140	6,440	9,200
Fleetside PU (LBx)	372	1,116	1,860	4,190	6,510	9,300
Fleetside PU Bonus Cab (LBx)	424	1,272	2,120	4,770	7,420	10,600
Fleetside PU Crew Cab (LBx)	364	1,092	1,820	4,100	6,370	9,100
Suburban	432	1,296	2,160	4,860	7,560	10,800
NOTE: Add 15 percent for 4x4. Deduct 20 percent for 6-cyl. on full-size vehicles.						
1988-91 Blazer, 106.5" wb						
V10 (4x4)	520	1,560	2,600	5,850	9,100	13,000
S10 2WD	320	960	1,600	3,600	5,600	8,000
S10 (4x4)	400	1,200	2,000	4,500	7,000	10,000
1988-91 S10 Pickup, 108.3" or 122.9" wb						
Fleetside (SBx)	280	840	1,400	3,150	4,900	7,000
Fleetside (LBx)	288	864	1,440	3,240	5,040	7,200
Fleetside Ext Cab	300	900	1,500	3,380	5,250	7,500
1988-91 C1500, 1/2-Ton, 117.5" or 131" wb						
Sportside PU (SBx)	400	1,200	2,000	4,500	7,000	10,000
SS 454 PU (SBx), 1990 & 1991 only	760	2,280	3,800	8,550	13,300	19,000
Fleetside PU (SBx)	400	1,200	2,000	4,500	7,000	10,000
Fleetside PU (LBx)	420	1,260	2,100	4,730	7,350	10,500
Fleetside PU Ext Cab (LBx)	460	1,380	2,300	5,180	8,050	11,500
Suburban	560	1,680	2,800	6,300	9,800	14,000
1988-91 C2500, 3/4-Ton, 129.5" or 164.5" wb						
Stepside PU (LBx)	520	1,560	2,600	5,850	9,100	13,000
Fleetside PU (LBx)	520	1,560	2,600	5,850	9,100	13,000
Bonus Cab PU (LBx)	460	1,380	2,300	5,180	8,050	11,500
Crew Cab PU (LBx)	472	1,416	2,360	5,310	8,260	11,800
Suburban	600	1,800	3,000	6,750	10,500	15,000
1992 K1500 Blazer, V-8						
2d SUV (4x4)	640	1,920	3,200	7,200	11,200	16,000
1992 S10 Blazer, V-6						
2d SUV	320	960	1,600	3,600	5,600	8,000
2d SUV (4x4)	360	1,080	1,800	4,050	6,300	9,000
4d SUV	500	1,500	2,500	5,630	8,750	12,500
4d SUV (4x4)	540	1,620	2,700	6,080	9,450	13,500
1992 Astro Van, V-6						
3d Van	250	800	1,350	3,020	4,700	6,700
1992 Lumina, V-6						
3d Van	250	800	1,300	2,930	4,550	6,500
1992 Suburban 1500, V-8						
4d Sta Wag	680	2,040	3,400	7,650	11,900	17,000
4d Sta Wag (4x4)	720	2,160	3,600	8,100	12,600	18,000
1992 Suburban 2500, V-8						
4d Sta Wag	720	2,160	3,600	8,100	12,600	18,000
4d Sta Wag (4x4)	760	2,280	3,800	8,550	13,300	19,000
1992 S10, 1/2-Ton, V-6						
2d PU (SBx)	400	1,200	2,000	4,500	7,000	10,000

	6	5	4	3	2	1
2d PU (LBx)	400	1,200	2,000	4,500	7,000	10,000
NOTE: Add $1,500 for 4x4.						
1992 C1500, 1/2-Ton, V-8						
2d Sportside PU (SBx)	480	1,440	2,400	5,400	8,400	12,000
2d Fleetside PU (SBx)	480	1,440	2,400	5,400	8,400	12,000
2d Fleetside PU (LBx)	500	1,500	2,500	5,630	8,750	12,500
NOTE: Add $2,000 for 4x4. Add 25 percent for 454 SS pkg.						
1992 C2500, 3/4-Ton, V-8						
2d Fleetside PU (LBx)	520	1,560	2,600	5,850	9,100	13,000
1993 K1500 Blazer, V-8						
2d SUV 4x4	680	2,040	3,400	7,650	11,900	17,000
1993 S10 Blazer, V-6						
2d SUV 2WD	350	1,000	1,700	3,830	5,950	8,500
4d SUV 2WD	350	1,050	1,750	3,960	6,150	8,800
2d SUV 4x4	500	1,500	2,500	5,630	8,750	12,500
4d SUV 4x4	520	1,560	2,600	5,850	9,100	13,000
1993 Astro, V-6						
Van	250	700	1,200	2,700	4,200	6,000
1993 Lumina, V-6, FWD						
Van	250	700	1,200	2,700	4,200	6,000
1993 G Van, V-8						
Spt Van	250	800	1,300	2,930	4,550	6,500
1993 Suburban C1500/C2500, V-8						
4d Sta Wag 1500	720	2,160	3,600	8,100	12,600	18,000
4d Sta Wag 2500	720	2,160	3,600	8,100	12,600	18,000
1993 S10, V-6						
2d PU (SBx)	350	1,100	1,850	4,140	6,450	9,200
2d PU (LBx)	400	1,150	1,900	4,280	6,650	9,500
1993 C1500/C2500, V-8						
2d PU 1500 (SBx)	490	1,460	2,440	5,490	8,540	12,200
2d PU 1500 (LBx)	500	1,500	2,500	5,630	8,750	12,500
2d PU 2500 (SBx)	500	1,500	2,500	5,630	8,750	12,500
2d PU 2500 (LBx)	510	1,520	2,540	5,720	8,890	12,700
1994 K1500 Blazer, V-8						
2d SUV 4x4	640	1,920	3,200	7,200	11,200	16,000
1994 S10 Blazer, V-6						
2d SUV	320	960	1,600	3,600	5,600	8,000
4d SUV	330	980	1,640	3,690	5,740	8,200
2d SUV 4x4	400	1,200	2,000	4,500	7,000	10,000
4d SUV 4x4	440	1,320	2,200	4,950	7,700	11,000
1994 Astro, V-6						
Cargo Van	350	1,000	1,700	3,830	5,950	8,500
Cargo Van LWB	350	1,100	1,800	4,050	6,300	9,000
CS Van	400	1,150	1,900	4,280	6,650	9,500
CS Van LWB	380	1,140	1,900	4,280	6,650	9,500
1994 Lumina, V-6						
Cargo Van	280	840	1,400	3,150	4,900	7,000
Window Van	340	1,020	1,700	3,830	5,950	8,500
1994 G10, V-8						
Van	380	1,140	1,900	4,280	6,650	9,500
1994 G20, V-8						
Van	440	1,320	2,200	4,950	7,700	11,000
Van Spt	480	1,440	2,400	5,400	8,400	12,000
1994 Suburban, V-8						
4d C1500	680	2,040	3,400	7,650	11,900	17,000
4d C2500	720	2,160	3,600	8,100	12,600	18,000
1994 S10, V-6						
2d PU 6 ft.	300	900	1,500	3,380	5,250	7,500
2d PU 7-1/2 ft.	300	900	1,500	3,420	5,300	7,600
2d PU 6 ft. Ext Cab	400	1,150	1,900	4,280	6,650	9,500
1994 C1500, V-8						
2d PU 6-1/2 ft.	320	960	1,600	3,600	5,600	8,000
2d PU 8 ft.	340	1,020	1,700	3,830	5,950	8,500
2d PU 6-1/2 ft. Ext Cab	460	1,380	2,300	5,180	8,050	11,500
2d PU 8 ft. Ext Cab	480	1,440	2,400	5,400	8,400	12,000
NOTE: Deduct 10 percent for V-6.						
1994 C2500, V-8						
2d PU 8 ft.	360	1,080	1,800	4,050	6,300	9,000
2d PU 6 ft. Ext Cab	480	1,440	2,400	5,400	8,400	12,000
2d PU 8 ft. Ext Cab	520	1,560	2,600	5,850	9,100	13,000
1995 Tahoe, V-8						
LS 4d SUV	480	1,440	2,400	5,400	8,400	12,000
2d SUV, 4x4	500	1,500	2,500	5,630	8,750	12,500
LS 2d SUV, 4x4	520	1,560	2,600	5,850	9,100	13,000
LS 4d SUV, 4x4	560	1,680	2,800	6,300	9,800	14,000

	6	5	4	3	2	1
1995 Blazer, V-6						
2d SUV	280	840	1,400	3,150	4,900	7,000
4d SUV	320	960	1,600	3,600	5,600	8,000
2d SUV, 4x4	330	1,000	1,660	3,740	5,810	8,300
4d SUV, 4x4	370	1,120	1,860	4,190	6,510	9,300
1995 Astro, V-6						
Cargo Van	350	1,000	1,700	3,830	5,950	8,500
CS Van	400	1,150	1,900	4,280	6,650	9,500
1995 Lumina, V-6						
Cargo Van	300	850	1,400	3,150	4,900	7,000
Window Van	350	1,000	1,700	3,830	5,950	8,500
1995 G-10, V-8						
Van	380	1,140	1,900	4,280	6,650	9,500
1995 G-20, V-8						
Van	440	1,320	2,200	4,950	7,700	11,000
Van Spt	480	1,440	2,400	5,400	8,400	12,000
1995 Suburban, V-8						
4d C1500	640	1,920	3,200	7,200	11,200	16,000
4d C1500 LS	660	1,980	3,300	7,430	11,550	16,500
4d C1500 LT	680	2,040	3,400	7,650	11,900	17,000
4d C2500	680	2,040	3,400	7,650	11,900	17,000
4d C2500 LS	700	2,100	3,500	7,880	12,250	17,500
4d C2500 LT	720	2,160	3,600	8,100	12,600	18,000
1995 S-10, V-6						
2d PU, 6 ft.	300	900	1,500	3,380	5,250	7,500
2d PU, 7-1/2 ft.	300	900	1,500	3,420	5,300	7,600
2d PU, 6 ft. Ext Cab	340	1,020	1,700	3,830	5,950	8,500
NOTE: Deduct 10 percent for 4-cyl. Add $2,000 for 4x4.						
1995 C1500, V-8						
2d Fleetside WT PU, 6-1/2 ft.	320	960	1,600	3,600	5,600	8,000
2d Fleetside WT PU, 8 ft.	340	1,020	1,700	3,830	5,950	8,500
2d Sportside PU, 6-1/2 ft.	360	1,080	1,800	4,050	6,300	9,000
2d Fleetside PU, 6-1/2 ft.	380	1,140	1,900	4,280	6,650	9,500
2d Fleetside PU, 8 ft.	400	1,200	2,000	4,500	7,000	10,000
2d Fleetside PU, 6-1/2 ft. Ext Cab	460	1,380	2,300	5,180	8,050	11,500
2d Fleetside PU, 8 ft. Ext Cab	480	1,440	2,400	5,400	8,400	12,000
2d Sportside PU, 6-1/2 ft. Ext Cab	480	1,440	2,400	5,400	8,400	12,000
NOTE: Deduct 10 percent for V-6.						
1995 C2500, V-8						
2d Fleetside PU, 8 ft.	360	1,080	1,800	4,050	6,300	9,000
2d Fleetside PU, 6-1/2 ft. Ext Cab	480	1,440	2,400	5,400	8,400	12,000
2d Fleetside PU, 8 ft. Ext Cab	520	1,560	2,600	5,850	9,100	13,000
1996 Tahoe, V-8						
2d SUV	390	1,180	1,960	4,410	6,860	9,800
LS 2d SUV	420	1,260	2,100	4,730	7,350	10,500
LS 4d SUV	440	1,320	2,200	4,950	7,700	11,000
2d SUV, 4x4	460	1,380	2,300	5,180	8,050	11,500
LS 2d SUV, 4x4	480	1,440	2,400	5,400	8,400	12,000
LS 4d SUV, 4x4	520	1,560	2,600	5,850	9,100	13,000
NOTE: Add 10 percent for turbo diesel V-8.						
1996 Blazer, V-6						
2d SUV	300	850	1,400	3,150	4,900	7,000
4d SUV	300	950	1,600	3,600	5,600	8,000
2d SUV, 4x4	350	1,000	1,650	3,740	5,800	8,300
4d SUV, 4x4	350	1,100	1,850	4,190	6,500	9,300
1996 Astro, V-6						
Cargo Van	300	900	1,500	3,380	5,250	7,500
Van	340	1,020	1,700	3,830	5,950	8,500
NOTE: Add 15 percent for 4x4.						
1996 Lumina, V-6						
Cargo Van	250	700	1,200	2,700	4,200	6,000
Window Van	300	900	1,500	3,380	5,250	7,500
1996 G10, V-8						
Van	340	1,020	1,700	3,830	5,950	8,500
Express Van	380	1,140	1,900	4,280	6,650	9,500
1996 G20, V-8						
Van	400	1,200	2,000	4,500	7,000	10,000
Express Van	440	1,320	2,200	4,950	7,700	11,000
1996 Suburban, V-8						
4d C1500	600	1,800	3,000	6,750	10,500	15,000
4d C1500 LS	620	1,860	3,100	6,980	10,850	15,500
4d C1500 LT	640	1,920	3,200	7,200	11,200	16,000
4d C2500	640	1,920	3,200	7,200	11,200	16,000
4d C2500 LS	660	1,980	3,300	7,430	11,550	16,500
4d C2500 LT	680	2,040	3,400	7,650	11,900	17,000
NOTE: Add 10 percent for turbo diesel V-8. Add 10 percent for 4x4.						

	6	5	4	3	2	1
1996 S10, V-6						
2d PU, 6 ft.	250	800	1,300	2,930	4,550	6,500
2d PU, 7-1/2 ft.	250	800	1,300	2,970	4,600	6,600
2d PU, 6 ft. Ext Cab	340	1,020	1,700	3,830	5,950	8,500
NOTE: Deduct 10 percent for 4-cyl. Add $2,000 for 4x4.						
1996 C1500, V-8						
2d Fleetside WT PU, 6-1/2 ft.	300	950	1,600	3,600	5,600	8,000
2d Fleetside WT PU, 8 ft.	340	1,020	1,700	3,830	5,950	8,500
2d Sportside PU, 6-1/2 ft.	360	1,080	1,800	4,050	6,300	9,000
2d Fleetside PU, 6-1/2 ft.	380	1,140	1,900	4,280	6,650	9,500
2d Fleetside PU, 8 ft.	400	1,200	2,000	4,500	7,000	10,000
2d Fleetside PU, 6-1/2 ft. Ext Cab	460	1,380	2,300	5,180	8,050	11,500
2d Fleetside PU, 8 ft. Ext. Cab	480	1,440	2,400	5,400	8,400	12,000
2d Sportside PU, 6-1/2 ft. Ext Cab	480	1,440	2,400	5,400	8,400	12,000
1996 C2500, V-8						
2d Fleetside PU, 8 ft.	360	1,080	1,800	4,050	6,300	9,000
2d Fleetside PU, 6-1/2 ft. Ext Cab	480	1,440	2,400	5,400	8,400	12,000
2d Fleetside PU, 8 ft. Ext Cab	520	1,560	2,600	5,850	9,100	13,000
NOTE: Add $2,000 for 4x4. Add 10 percent for turbo diesel V-8.						
1997 Tahoe, V-8						
2d SUV	390	1,180	1,960	4,410	6,860	9,800
LS 2d SUV	420	1,260	2,100	4,730	7,350	10,500
LS 4d SUV	440	1,320	2,200	4,950	7,700	11,000
2d SUV, 4x4	460	1,380	2,300	5,180	8,050	11,500
LS 2d SUV, 4x4	480	1,440	2,400	5,400	8,400	12,000
LS 4d SUV, 4x4	520	1,560	2,600	5,850	9,100	13,000
NOTE: Add 10 percent for turbo diesel V-8.						
1997 Blazer, V-6						
2d SUV	280	840	1,400	3,150	4,900	7,000
4d SUV	320	960	1,600	3,600	5,600	8,000
2d SUV, 4x4	332	996	1,660	3,740	5,810	8,300
4d SUV, 4x4	372	1,116	1,860	4,190	6,510	9,300
1997 Astro, V-6						
Cargo Van	300	900	1,500	3,380	5,250	7,500
Van	340	1,020	1,700	3,830	5,950	8,500
NOTE: Add 15 percent for 4x4.						
1997 Venture, V-6						
2d Van	240	720	1,200	2,700	4,200	6,000
4d Van	300	900	1,500	3,380	5,250	7,500
NOTE: Add 5 percent for extended model.						
1997 G Series, V-8						
G10 Van	340	1,020	1,700	3,830	5,950	8,500
G10 Express Van	380	1,140	1,900	4,280	6,650	9,500
G20 Van	400	1,200	2,000	4,500	7,000	10,000
G20 Express Van	440	1,320	2,200	4,950	7,700	11,000
NOTE: Add 10 percent for turbo diesel V-8. Add 5 percent for 7.4L V-8.						
1997 Suburban, V-8						
4d C1500	600	1,800	3,000	6,750	10,500	15,000
4d C1500 LS	620	1,860	3,100	6,980	10,850	15,500
4d C1500 LT	640	1,920	3,200	7,200	11,200	16,000
4d C2500	640	1,920	3,200	7,200	11,200	16,000
4d C2500 LS	660	1,980	3,300	7,430	11,550	16,500
4d C2500 LT	680	2,040	3,400	7,650	11,900	17,000
4d K1500	620	1,860	3,100	6,980	10,850	15,500
4d K1500 LS	640	1,920	3,200	7,200	11,200	16,000
4d K1500 LT	680	2,040	3,400	7,650	11,900	17,000
4d K2500	660	1,980	3,300	7,430	11,550	16,500
4d K2500 LS	700	2,100	3,500	7,880	12,250	17,500
4d K2500 LT	720	2,160	3,600	8,100	12,600	18,000
NOTE: Add 10 percent for turbo diesel V-8. Add 10 percent for 4x4.						
1997 S10, V-6						
2d PU, 6 ft.	260	780	1,300	2,930	4,550	6,500
2d PU, 7-1/2 ft.	264	792	1,320	2,970	4,620	6,600
2d PU, 6 ft. Ext Cab	340	1,020	1,700	3,830	5,950	8,500
NOTE: Deduct 10 percent for 4-cyl. Add $2,000 for 4x4.						
1997 C1500, V-8						
2d Fleetside WT PU, 6-1/2 ft.	320	960	1,600	3,600	5,600	8,000
2d Fleetside WT PU, 8 ft.	340	1,020	1,700	3,830	5,950	8,500
2d Sportside PU, 6-1/2 ft.	360	1,080	1,800	4,050	6,300	9,000
2d Fleetside PU, 6-1/2 ft.	380	1,140	1,900	4,280	6,650	9,500
2d Fleetside PU, 8 ft.	400	1,200	2,000	4,500	7,000	10,000
2d Fleetside PU, 6-1/2 ft. Ext Cab	460	1,380	2,300	5,180	8,050	11,500
2d Fleetside PU, 8 ft. Ext Cab	480	1,440	2,400	5,400	8,400	12,000
2d Sportside PU, 6-1/2 ft. Ext Cab	480	1,440	2,400	5,400	8,400	12,000
NOTE: Add $2,000 for 4x4. Add 10 percent for turbo diesel V-8.						

	6	5	4	3	2	1
1997 C2500, V-8						
2d Fleetside PU, 8 ft.	360	1,080	1,800	4,050	6,300	9,000
2d Fleetside PU, 6-1/2 ft. Ext Cab	480	1,440	2,400	5,400	8,400	12,000
2d Fleetside PU, 8 ft. Ext Cab	520	1,560	2,600	5,850	9,100	13,000
NOTE: Add $2,000 for 4x4. Add 10 percent for turbo diesel V-8.						
1998 Tracker, 4-cyl.						
2d Utly Conv	210	620	1,040	2,340	3,640	5,200
4d SUV	230	680	1,140	2,570	3,990	5,700
2d Utly Conv, 4x4	250	740	1,240	2,790	4,340	6,200
4d SUV, 4x4	270	800	1,340	3,020	4,690	6,700
1998 Tahoe, V-8						
2d SUV	390	1,180	1,960	4,410	6,860	9,800
LS 2d SUV	420	1,260	2,100	4,730	7,350	10,500
LS 4d SUV	440	1,320	2,200	4,950	7,700	11,000
2d SUV, 4x4	460	1,380	2,300	5,180	8,050	11,500
LS 2d SUV, 4x4	480	1,440	2,400	5,400	8,400	12,000
LS 4d SUV, 4x4	520	1,560	2,600	5,850	9,100	13,000
NOTE: Add 10 percent for turbo diesel V-8.						
1998 Blazer, V-6						
2d SUV	280	840	1,400	3,150	4,900	7,000
4d SUV	320	960	1,600	3,600	5,600	8,000
2d SUV, 4x4	330	1,000	1,660	3,740	5,810	8,300
4d SUV, 4x4	370	1,120	1,860	4,190	6,510	9,300
1998 Astro, V-6						
Cargo Van	300	900	1,500	3,380	5,250	7,500
Van	340	1,020	1,700	3,830	5,950	8,500
NOTE: Add 15 percent for 4x4.						
1998 Venture, V-6						
2d Van	240	720	1,200	2,700	4,200	6,000
4d Van	300	900	1,500	3,380	5,250	7,500
NOTE: Add 5 percent for extended model.						
1998 G Series, V-8						
G15 Van	340	1,020	1,700	3,830	5,950	8,500
G15 Express Van	380	1,140	1,900	4,280	6,650	9,500
G20 Van	400	1,200	2,000	4,500	7,000	10,000
G20 Express Van	440	1,320	2,200	4,950	7,700	11,000
NOTE: Add 5 percent for extended model. Add 10 percent for turbo diesel V-8. Add 5 percent for 7.4L V-8.						
1998 Suburban, V-8						
4d C1500	600	1,800	3,000	6,750	10,500	15,000
4d C1500 LS	620	1,860	3,100	6,980	10,850	15,500
4d C1500 LT	640	1,920	3,200	7,200	11,200	16,000
4d C2500	640	1,920	3,200	7,200	11,200	16,000
4d C2500 LS	660	1,980	3,300	7,430	11,550	16,500
4d C2500 LT	680	2,040	3,400	7,650	11,900	17,000
4d K1500	620	1,860	3,100	6,980	10,850	15,500
4d K1500 LS	640	1,920	3,200	7,200	11,200	16,000
4d K1500 LT	680	2,040	3,400	7,650	11,900	17,000
4d K2500	660	1,980	3,300	7,430	11,550	16,500
4d K2500 LS	700	2,100	3,500	7,880	12,250	17,500
4d K2500 LT	720	2,160	3,600	8,100	12,600	18,000
NOTE: Add 10 percent for turbo diesel V-8. Add 10 percent for 4x4.						
1998 S10, V-6						
2d PU, 6 ft.	260	780	1,300	2,930	4,550	6,500
2d PU, 7-1/2 ft.	260	790	1,320	2,970	4,620	6,600
2d PU, 6 ft. Ext Cab	340	1,020	1,700	3,830	5,950	8,500
2d PU, 7-1/2 ft. Ext Cab	340	1,030	1,720	3,870	6,020	8,600
NOTE: Deduct 10 percent for 4-cyl. Add $2,000 for 4x4.						
1998 C1500, V-8						
2d Fleetside WT PU (V-6)	320	960	1,600	3,600	5,600	8,000
2d Fleetside PU	360	1,080	1,800	4,050	6,300	9,000
2d Sportside PU	400	1,200	2,000	4,500	7,000	10,000
NOTE: Add 5 percent for extended cab. Add $2,000 for 4x4. Add 10 percent for turbo diesel V-8. Add 5 percent for 7.4L V-8.						
1998 C2500, V-8						
2d Fleetside PU	400	1,200	2,000	4,500	7,000	10,000
2d HD Fleetside PU	440	1,320	2,200	4,950	7,700	11,000
NOTE: Add 5 percent for extended cab. Add $2,000 for 4x4. Add 10 percent for turbo diesel V-8. Add 5 percent for 7.4L V-8.						
1999 Tracker, 4-cyl.						
2d Utly Conv	210	620	1,040	2,340	3,640	5,200
4d SUV	230	680	1,140	2,570	3,990	5,700
2d Utly Conv, 4x4	250	740	1,240	2,790	4,340	6,200
4d SUV, 4x4	270	800	1,340	3,020	4,690	6,700
1999 Tahoe, V-8						
2d SUV	390	1,180	1,960	4,410	6,860	9,800
LS 2d SUV	420	1,260	2,100	4,730	7,350	10,500
LS 4d SUV	440	1,320	2,200	4,950	7,700	11,000

	6	5	4	3	2	1
LT 2d SUV	460	1,380	2,300	5,180	8,050	11,500
LT4d SUV	480	1,440	2,400	5,400	8,400	12,000
2d SUV, 4x4	460	1,380	2,300	5,180	8,050	11,500
LS 2d SUV, 4x4	480	1,440	2,400	5,400	8,400	12,000
LS 4d SUV, 4x4	520	1,560	2,600	5,850	9,100	13,000
LT 2d SUV, 4x4	520	1,560	2,600	5,850	9,100	13,000
LT 4d SUV, 4x4	540	1,620	2,700	6,080	9,450	13,500
NOTE: Add 10 percent for turbo diesel V-8.						
1999 Blazer, V-6						
2d SUV	280	840	1,400	3,150	4,900	7,000
4d SUV	320	960	1,600	3,600	5,600	8,000
2d SUV, 4x4	330	1,000	1,660	3,740	5,810	8,300
4d SUV, 4x4	370	1,120	1,860	4,190	6,510	9,300
NOTE: Add 5 percent for LS, LT, Trailblazer, or ZR2 Pkgs.						
1999 Astro, V-6						
Cargo Van	300	900	1,500	3,380	5,250	7,500
Van	340	1,020	1,700	3,830	5,950	8,500
NOTE: Add 15 percent for 4x4. Add 5 percent for LS or LT Pkgs.						
1999 Venture, V-6						
2d Van	240	720	1,200	2,700	4,200	6,000
4d Van	300	900	1,500	3,380	5,250	7,500
NOTE: Add 5 percent for extended model. Add 5 percent for LS or LT Pkgs.						
1999 G Series, V-8						
G15 Van	340	1,020	1,700	3,830	5,950	8,500
G15 Express Van	380	1,140	1,900	4,280	6,650	9,500
G25 Van	400	1,200	2,000	4,500	7,000	10,000
G25 Express Van	440	1,320	2,200	4,950	7,700	11,000
NOTE: Add 5 percent for extended model. Add 5 percent for LS Pkg. Add 10 percent for turbo diesel V-8. Add 5 percent for 7.4L V-8. Deduct 5 percent for V-6.						
1999 Suburban, V-8						
4d C1500	600	1,800	3,000	6,750	10,500	15,000
4d C1500 LS	620	1,860	3,100	6,980	10,850	15,500
4d C1500 LT	640	1,920	3,200	7,200	11,200	16,000
4d C2500	640	1,920	3,200	7,200	11,200	16,000
4d C2500 LS	660	1,980	3,300	7,430	11,550	16,500
4d C2500 LT	680	2,040	3,400	7,650	11,900	17,000
4d K1500	620	1,860	3,100	6,980	10,850	15,500
4d K1500 LS	640	1,920	3,200	7,200	11,200	16,000
4d K1500 LT	680	2,040	3,400	7,650	11,900	17,000
4d K2500	660	1,980	3,300	7,430	11,550	16,500
4d K2500 LS	700	2,100	3,500	7,880	12,250	17,500
4d K2500 LT	720	2,160	3,600	8,100	12,600	18,000
NOTE: Add 10 percent for turbo diesel V-8. Add 10 percent for 4x4. Add 5 percent for 7.4L V-8.						
1999 S10, V-6						
2d Fleetside PU	260	780	1,300	2,930	4,550	6,500
2d Sportside PU	260	790	1,320	2,970	4,620	6,600
2d Fleetside Ext Cab PU	340	1,020	1,700	3,830	5,950	8,500
2d Sportside Ext Cab PU	340	1,030	1,720	3,870	6,020	8,600
NOTE: Add 5 percent for LS, Extreme, or ZR2 Pkgs. Deduct 10 percent for 4-cyl. Add $2,000 for 4x4.						
1999 C1500, V-8						
2d LS Ext Cab PU	400	1,200	2,000	4,500	7,000	10,000
2d Silverado Fleetside PU	360	1,080	1,800	4,050	6,300	9,000
2d Silverado Sportside PU	400	1,200	2,000	4,500	7,000	10,000
NOTE: Add 5 percent for Silverado extended cab. Add 5 percent for LS or LT Pkgs. Add $2,000 for 4x4. Add 10 percent for turbo diesel V-8. Add 5 percent for 7.4L V-8. Deduct 5 percent for V-6.						
1999 C2500, V-8						
2d Fleetside PU	400	1,200	2,000	4,500	7,000	10,000
2d HD Fleetside PU (6.0L V-8)	420	1,260	2,100	4,730	7,350	10,500
4d Fleetside Crew Cab PU	440	1,320	2,200	4,950	7,700	11,000
NOTE: Add 5 percent for extended cab. Add 5 percent for LS or LT Pkgs. Add $2,000 for 4x4. Add 10 percent for turbo diesel V-8. Add 5 percent for 7.4L V-8.						
2000 Tracker, 4-cyl.						
2d Utly Conv	210	640	1,060	2,390	3,710	5,300
4d SUV	230	700	1,160	2,610	4,060	5,800
2d Utly Conv, 4x4	250	760	1,260	2,840	4,410	6,300
4d SUV, 4x4	270	820	1,360	3,060	4,760	6,800
NOTE: Add 5 percent for Hang Ten Ed.						
2000 Tahoe, V-8						
Limited 4d SUV	400	1,190	1,980	4,460	6,930	9,900
Z71 4d SUV, 4x4	460	1,380	2,300	5,180	8,050	11,500
2000 New Tahoe, V-8						
4d SUV	390	1,180	1,960	4,410	6,860	9,800
LS 4d SUV	440	1,320	2,200	4,950	7,700	11,000
4d SUV, 4x4	480	1,440	2,400	5,400	8,400	12,000
LS 4d SUV, 4x4	520	1,560	2,600	5,850	9,100	13,000

NOTE: Add 5 percent for LT pkg on LS.

	6	5	4	3	2	1
2000 Blazer, V-6						
LS 2d SUV	280	840	1,400	3,150	4,900	7,000
LS 4d SUV	320	960	1,600	3,600	5,600	8,000
LS 2d SUV, 4x4	330	1,000	1,660	3,740	5,810	8,300
LS 4d SUV, 4x4	370	1,120	1,860	4,190	6,510	9,300
NOTE: Add 5 percent for LT, Trailblazer, or ZR2 pkgs.						
2000 Astro, V-6						
Cargo Van	300	900	1,500	3,380	5,250	7,500
Van	340	1,020	1,700	3,830	5,950	8,500
NOTE: Add 15 percent for 4x4. Add 5 percent for LS or LT pkg.						
2000 Venture, V-6						
4d Van	300	900	1,500	3,380	5,250	7,500
NOTE: Add 5 percent for extended model. Add 5 percent for LS or LT pkgs. Add 5 percent for Warner Bros. Ed.						
2000 G Series, V-8						
G1500 Van	340	1,020	1,700	3,830	5,950	8,500
G1500 Express Van	380	1,140	1,900	4,280	6,650	9,500
G2500 Van	400	1,200	2,000	4,500	7,000	10,000
G2500 Express Van	440	1,320	2,200	4,950	7,700	11,000
NOTE: Add 5 percent for extended model. Add 5 percent for LS pkg. Add 10 percent for turbo diesel V-8. Add 5 percent for 7.4L V-8. Deduct 5 percent for V-6.						
2000 Suburban, V-8						
4d C1500	600	1,800	3,000	6,750	10,500	15,000
4d C1500 LS	620	1,860	3,100	6,980	10,850	15,500
4d C1500 LT	640	1,920	3,200	7,200	11,200	16,000
4d C2500	640	1,920	3,200	7,200	11,200	16,000
4d C2500 LS	660	1,980	3,300	7,430	11,550	16,500
4d C2500 LT	680	2,040	3,400	7,650	11,900	17,000
4d K1500	620	1,860	3,100	6,980	10,850	15,500
4d K1500 LS	640	1,920	3,200	7,200	11,200	16,000
4d K1500 LT	680	2,040	3,400	7,650	11,900	17,000
4d K2500	660	1,980	3,300	7,430	11,550	16,500
4d K2500 LS	700	2,100	3,500	7,880	12,250	17,500
4d K2500 LT	720	2,160	3,600	8,100	12,600	18,000
NOTE: Add 10 percent for 4x4.						
2000 S10, V-6						
2d Fleetside PU	260	780	1,300	2,930	4,550	6,500
2d Sportside PU	260	790	1,320	2,970	4,620	6,600
2d Fleetside Ext Cab PU	340	1,020	1,700	3,830	5,950	8,500
2d Sportside Ext Cab PU	340	1,030	1,720	3,870	6,020	8,600
NOTE: Add 5 percent for LS, Extreme, or ZR2 pkgs. Deduct 10 percent for 4-cyl. Add $2,000 for 4x4.						
2000 C1500, V-8						
2d Silverado Fleetside PU	360	1,080	1,800	4,050	6,300	9,000
2d Silverado Sportside PU	400	1,200	2,000	4,500	7,000	10,000
NOTE: Add 5 percent for Silverado extended cab. Add 5 percent for Z71, LS or LT pkgs. Add $2,000 for 4x4. Add 10 percent for turbo diesel V-8. Add 5 percent for 7.4L V-8. Deduct 5 percent for V-6.						
2000 C2500, V-8						
2d Fleetside PU	380	1,140	1,900	4,280	6,650	9,500
2d HD Fleetside PU	400	1,200	2,000	4,500	7,000	10,000
4d Fleetside Crew Cab PU	460	1,380	2,300	5,180	8,050	11,500
NOTE: Add 5 percent for dual rear wheels. Add 5 percent for Z71, LS or LT pkgs. Add $2,000 for 4x4. Add 10 percent for turbo diesel V-8. Add 5 percent for 7.4L V-8.						
2001 Tracker, 4-cyl.						
2d Utly Conv	210	640	1,060	2,650	3,710	5,300
ZR2 2d Utly Conv	240	730	1,220	3,050	4,270	6,100
2d Utly Conv, 4x4	250	760	1,260	3,150	4,410	6,300
4d SUV	230	700	1,160	2,900	4,060	5,800
4d SUV, 4x4	270	820	1,360	3,400	4,760	6,800
LT 4d SUV (V-6)	260	770	1,280	3,200	4,480	6,400
LT 4d SUV, 4x4 (V-6)	260	790	1,320	3,300	4,620	6,600
ZR2 4d SUV (V-6)	270	820	1,360	3,400	4,760	6,800
2001 Tahoe, V-8						
4d SUV	300	900	1,500	3,380	5,250	7,500
LS 4d SUV	330	1,000	1,660	3,740	5,810	8,300
LT 4d SUV	400	1,190	1,980	4,460	6,930	9,900
4d SUV, 4x4	460	1,380	2,300	5,180	8,050	11,500
LS 4d SUV, 4x4	480	1,430	2,380	5,360	8,330	11,900
LT 4d SUV, 4x4	500	1,500	2,500	5,630	8,750	12,500
NOTE: Add 10 percent for Z72 pkg.						
2001 Blazer, V-6						
LS 2d SUV	280	840	1,400	3,500	4,900	7,000
Extreme 2d SUV	380	1,140	1,900	4,750	6,650	9,500
LS 4d SUV	320	960	1,600	4,000	5,600	8,000
LS 2d SUV, 4x4	330	1,000	1,660	4,150	5,810	8,300
LS 4d SUV, 4x4	370	1,120	1,860	4,650	6,510	9,300
NOTE: Add 5 percent for LT, Trailblazer, or ZR2 pkgs.						
2001 Astro, V-6						
Cargo Van	300	900	1,500	3,750	5,250	7,500

	6	5	4	3	2	1
Van	340	1,020	1,700	4,250	5,950	8,500

NOTE: Add 15 percent for 4x4. Add 5 percent for LS or LT pkgs.

2001 Venture, V-6

	6	5	4	3	2	1
4d Van	300	900	1,500	3,750	5,250	7,500

NOTE: Add 5 percent for extended model. Add 5 percent for LS or LT pkgs. Add 5 percent for Warner Bros. Ed.

2001 G Series, V-8

	6	5	4	3	2	1
G1500 Van	340	1,020	1,700	3,830	5,950	8,500
G1500 Express Van	380	1,140	1,900	4,280	6,650	9,500
G2500 Van	400	1,200	2,000	4,500	7,000	10,000
G2500 Express Van	440	1,320	2,200	4,950	7,700	11,000

NOTE: Add 5 percent for extended model. Add 5 percent for LS pkg. Add 10 percent for turbo diesel V-8. Add 5 percent for 8.1L V-8. Deduct 5 percent for V-6.

2001 Suburban, V-8

	6	5	4	3	2	1
4d C1500	600	1,800	3,000	6,750	10,500	15,000
4d C1500 LS	620	1,860	3,100	6,980	10,850	15,500
4d C1500 LT	640	1,920	3,200	7,200	11,200	16,000
4d C2500	640	1,920	3,200	7,200	11,200	16,000
4d C2500 LS	660	1,980	3,300	7,430	11,550	16,500
4d C2500 LT	680	2,040	3,400	7,650	11,900	17,000
4d K1500	620	1,860	3,100	6,980	10,850	15,500
4d K1500 LS	640	1,920	3,200	7,200	11,200	16,000
4d K1500 LT	680	2,040	3,400	7,650	11,900	17,000
4d K2500	660	1,980	3,300	7,430	11,550	16,500
4d K2500 LS	700	2,100	3,500	7,880	12,250	17,500
4d K2500 LT	720	2,160	3,600	8,100	12,600	18,000

NOTE: Add 10 percent for 4x4. Add 10 percent for Z71 pkg. Add 5 percent for 8.1L V-8.

2001 S10, V-6

	6	5	4	3	2	1
2d Fleetside PU	260	780	1,300	3,250	4,550	6,500
2d Sportside PU	260	790	1,320	3,300	4,620	6,600
2d Fleetide Ext Cab PU	340	1,020	1,700	4,250	5,950	8,500
2d Sportside Ext Cab PU	340	1,030	1,720	4,300	6,020	8,600
4d LS Crew Cab PU	380	1,140	1,900	4,280	6,650	9,500

NOTE: Add 5 percent for LS, Extreme, or ZR2 pkgs. Deduct 10 percent for 4-cyl. Add $2,000 for 4x4.

2001 C1500, V-8

	6	5	4	3	2	1
2d Silverado Fleetside PU	360	1,080	1,800	4,050	6,300	9,000
2d Silverado Sportside PU	400	1,200	2,000	4,500	7,000	10,000

NOTE: Add 5 percent for Silverado extended cab. Add 5 percent for Z71, LS or LT pkgs. Add $2,000 for 4x4. Add 10 percent for turbo diesel V-8. Add 5 percent for 8.1L V-8. Deduct 5 percent for V-6.

2001 C2500, V-8

	6	5	4	3	2	1
2d Fleetside PU	380	1,140	1,900	4,280	6,650	9,500
2d HD Fleetside PU	400	1,200	2,000	4,500	7,000	10,000
4d Fleetside Crew Cab PU	460	1,380	2,300	5,180	8,050	11,500

NOTE: Add 5 percent for dual rear wheels. Add 5 percent for Z71, LS or LT pkgs. Add $2,000 for 4x4. Add 10 percent for turbo diesel V-8. Add 5 percent for 7.4L V-8.

2002 Tracker, 4-cyl.

	6	5	4	3	2	1
2d Utly Conv	210	640	1,060	2,650	3,710	5,300
ZR2 2d Utly Conv	240	730	1,220	2,750	4,270	6,100
2d Utly Conv, 4x4	250	760	1,260	3,150	4,410	6,300
4d SUV	230	700	1,160	2,900	4,060	5,800
4d SUV, 4x4	270	820	1,360	3,400	4,760	6,800
LT 4d SUV (V-6)	260	770	1,280	3,200	4,480	6,400
LT 4d SUV, 4x4 (V-6)	260	790	1,320	3,300	4,620	6,600
ZR2 4d SUV (V-6)	270	820	1,360	3,400	4,760	6,800

2002 Tahoe, V-8

	6	5	4	3	2	1
LS 4d SUV	410	1,240	2,060	5,150	7,210	10,300
LT 4d SUV	480	1,430	2,380	5,950	8,330	11,900
LS 4d SUV, 4x4	560	1,670	2,780	6,950	9,730	13,900
LT 4d SUV, 4x4	580	1,740	2,900	7,250	10,150	14,500

NOTE: Add 10 percent for Z71 pkg.

2002 Blazer, V-6

	6	5	4	3	2	1
LS 2d SUV	280	840	1,400	3,500	4,900	7,000
Xtreme 2d SUV	380	1,140	1,900	4,750	6,650	9,500
LS 4d SUV	320	960	1,600	4,000	5,600	8,000
LS 2d SUV, 4x4	330	1,000	1,660	4,150	5,810	8,300
LS 4d SUV, 4x4	370	1,120	1,860	4,650	6,510	9,300

NOTE: Add 5 percent for ZR2 pkg.

2002 Trailblazer, 6-cyl.

	6	5	4	3	2	1
LS 4d SUV	400	1,200	2,000	5,000	7,000	10,000
LS 4d SUV, 4x4	460	1,380	2,300	5,750	8,050	11,500
LT 4d SUV	440	1,320	2,200	5,500	7,700	11,000
LT 4d SUV, 4x4	500	1,500	2,500	6,250	8,750	12,500
EXT LT 4d SUV	480	1,440	2,400	6,000	8,400	12,000
EXT LT 4d SUV, 4x4	520	1,560	2,600	6,500	9,100	13,000
LTZ 4d SUV	480	1,440	2,400	6,000	8,400	12,000
LTZ 4d SUV, 4x4	520	1,560	2,600	6,500	9,100	13,000

2002 Astro, V-6

	6	5	4	3	2	1
Cargo Van	300	900	1,500	3,750	5,250	7,500

	6	5	4	3	2	1
LS Van	340	1,020	1,700	4,250	5,950	8,500
LT Van	380	1,140	1,900	4,750	6,650	9,500
NOTE: Add 15 percent for 4x4.						
2002 Venture, V-6						
4d Van	300	900	1,500	3,750	5,250	7,500
NOTE: Add 5 percent for extended model. Add 5 percent for LS or LT pkgs. Add 5 percent for Warner Bros. Ed.						
2002 Avalanche, V-8						
1500 PU	580	1,740	2,900	7,250	10,150	14,500
1500 PU, 4x4	640	1,920	3,200	8,000	11,200	16,000
2500 PU	620	1,860	3,100	7,750	10,850	15,500
2500 PU, 4x4	660	1,980	3,300	8,250	11,550	16,500
NOTE: Add 5 percent for Z71 pkg.						
2002 G Series, V-8						
G1500 Van	380	1,140	1,900	4,750	6,650	9,500
G1500 Express Van	420	1,260	2,100	5,250	7,350	10,500
G2500 Van	440	1,320	2,200	5,500	7,700	11,000
G2500 Express Van	480	1,440	2,400	6,000	8,400	12,000
NOTE: Add 5 percent for extended model. Add 5 percent for LS pkg. Add 10 percent for turbo diesel V-8. Add 5 percent for 8.1L V-8. Deduct 5 percent for V-6.						
2002 Suburban, V-8						
4d C1500 LS	700	2,100	3,500	8,750	12,250	17,500
4d C1500 LT	720	2,160	3,600	9,000	12,600	18,000
4d C2500 LS	740	2,220	3,700	9,250	12,950	18,500
4d C2500 LT	760	2,280	3,800	9,500	13,300	19,000
4d K1500 LS	720	2,160	3,600	9,000	12,600	18,000
4d K1500 LT	760	2,280	3,800	9,500	13,300	19,000
4d K2500 LS	780	2,340	3,900	9,750	13,650	19,500
4d K2500 LT	800	2,400	4,000	10,000	14,000	20,000
NOTE: Add 10 percent for 4x4. Add 10 percent for Z71 pkg. Add 5 percent for 8.1L V-8.						
2002 S10, V-6						
2d Fleetside PU	260	780	1,300	3,250	4,550	6,500
2d Sportside PU	260	790	1,320	3,300	4,620	6,600
2d Fleetside Ext Cab PU	340	1,020	1,700	4,250	5,950	8,500
2d Sportside Ext Cab PU	340	1,030	1,720	4,300	6,020	8,600
4d LS Crew Cab PU	420	1,260	2,100	5,250	7,350	10,500
NOTE: Add 5 percent for LS, Extreme, ZR2 or ZR5 pkgs. Deduct 10 percent for 4-cyl. Add $2,000 for 4x4.						
2002 Silverado 1500, V-8						
2d Fleetside PU	400	1,200	2,000	5,000	7,000	10,000
2d Sportside PU	440	1,320	2,200	5,500	7,700	11,000
NOTE: Add 5 percent for extended cab. Add 5 percent for Z71, LS or LT pkgs. Add $2,000 for 4x4. Add 10 percent for turbo diesel V-8. Add 5 percent for 8.1L V-8. Deduct 5 percent for V-6.						
2002 Silverado 1500 HD, V-8						
2d LS Fleetside Crew Cab PU	560	1,680	2,800	7,000	9,800	14,000
2d LT Fleetside Crew Cab PU	600	1,800	3,000	7,500	10,500	15,000
NOTE: Add 5 percent for Z71 pkg. Add $2,000 for 4x4. Add 10 percent for turbo diesel V-8. Add 5 percent for 8.1L V-8. Deduct 5 percent for V-6.						
2002 Silverado LD 2500, V-8						
2d Fleetside PU	500	1,500	2,500	6,250	8,750	12,500
4d Fleetside Extended Cab PU	640	1,920	3,200	8,000	11,200	16,000
NOTE: Add 5 percent for Z71, LS or LT pkgs. Add $2,000 for 4x4. Add 10 percent for turbo diesel V-8. Add 5 percent for 7.4L V-8.						
2002 Silverado HD 2500, V-8						
2d Fleetside PU	520	1,560	2,600	6,500	9,100	13,000
4d Fleetside Extended Cab PU	600	1,800	3,000	7,500	10,500	15,000
4d Fleetside Crew Cab PU	640	1,920	3,200	8,000	11,200	16,000
NOTE: Add 5 percent for Z71, LS or LT pkgs. Add $2,000 for 4x4. Add 10 percent for turbo diesel V-8. Add 5 percent for 7.4L V-8.						
2003 Tracker, 4-cyl., FWD						
2d Conv	210	640	1,060	2,650	3,710	5,300
ZR2 2d Conv	240	730	1,220	3,050	4,270	6,100
4d SUV	230	700	1,160	2,900	4,060	5,800
LT 4d SUV (V-6)	260	770	1,280	3,200	4,480	6,400
XR2 4d SUV (V-6)	270	820	1,360	3,400	4,760	6,800
NOTE: Deduct 5 percent when equipped with 2WD. Add 5 percent when equipped with V-6 other than LT and ZR2 SUV models.						
2003 Tahoe, V-8						
LS 4d SUV	410	1,240	2,060	5,150	7,210	10,300
LT 4d SUV	480	1,430	2,380	5,950	8,330	11,900
NOTE: Add 10 percent for Z71 pkg. Add 5 percent for 4x4.						
2003 Blazer, V-6						
LS 2d SUV	280	840	1,400	3,500	4,900	7,000
Extreme 2d SUV	380	1,140	1,900	4,750	6,650	9,500
LS 4d SUV	320	960	1,600	4,000	5,600	8,000
NOTE: Add 5 percent for ZR2 pkg. Add 5 percent for 4x4.						
2003 Trailblazer, 6-cyl.						
LS 4d SUV	500	1,500	2,500	5,630	8,750	12,500
LT 4d SUV	520	1,560	2,600	5,850	9,100	13,000

	6	5	4	3	2	1
LTZ 4d SUV	480	1,440	2,400	6,000	8,400	12,000
NOTE: Add 5 percent for 4x4.						
2003 Trailblazer EXT, 6-cyl.						
LS 4d SUV	400	1,200	2,000	5,000	7,000	10,000
LT 4d SUV	440	1,320	2,200	5,500	7,700	11,000
NOTE: Add 5 percent for V-8. Add 5 percent for 4x4.						
2003 SSR, V-8						
Conv PU	740	2,230	3,720	9,300	13,020	18,600
2003 Astro, V-6						
Cargo Van	300	900	1,500	3,750	5,250	7,500
Van	310	940	1,560	3,900	5,460	7,800
LS Van	340	1,020	1,700	4,250	5,950	8,500
LT Van	380	1,140	1,900	4,750	6,650	9,500
NOTE: Add 5 percent for AWD.						
2003 Venture, V-6						
4d Van	300	900	1,500	3,750	5,250	7,500
NOTE: Add 5 percent for extended model. Add 5 percent for LS or LT pkgs. Add 5 percent for Warner Bros. Ed.						
2003 Avalache, V-8						
1500 PU	580	1,740	2,900	7,250	10,150	14,500
2500 PU	620	1,860	3,100	7,750	10,850	15,500
NOTE: Add 5 percent for Z71 pkg. Add 5 percent for 4x4.						
2003 G Series, V-8						
G1500 Van	380	1,140	1,900	4,750	6,650	9,500
G1500 Express Van	420	1,260	2,100	5,250	7,350	10,500
G2500 Van	440	1,320	2,200	5,500	7,700	11,000
G2500 Express Van	480	1,440	2,400	6,000	8,400	12,000
NOTE: Add 5 percent for extended model. Add 5 percent for LS pkg. Add 10 percent for 6.0L V-8. Add 5 percent for AWD. Deduct 5 percent for V-6.						
2003 Suburban, V-8						
4d C1500 LS	700	2,100	3,500	8,750	12,250	17,500
4d C1500 LT	720	2,160	3,600	9,000	12,600	18,000
4d C2500 LS	740	2,220	3,700	9,250	12,950	18,500
4d C2500 LT	760	2,280	3,800	9,500	13,300	19,000
4d K1500 LS	720	2,160	3,600	9,000	12,600	18,000
4d K1500 LT	760	2,280	3,800	9,500	13,300	19,000
4d K2500 LS	780	2,340	3,900	8,780	13,650	19,500
4d K2500 LT	800	2,400	4,000	10,000	14,000	20,000
NOTE: Add 10 percent for 4x4. Add 10 percent for Z71 pkg. Add 5 percent for 8.1L V-8.						
2003 S10, V-6						
2d Fleetside PU	260	780	1,300	3,250	4,550	6,500
2d Sportside PU	260	790	1,320	3,300	4,620	6,600
2d Fleetside Ext Cab PU	340	1,020	1,700	4,250	5,950	8,500
2d Sportside Ext Cab PU	340	1,030	1,720	4,300	6,020	8,600
4d LS Crew Cab PU	420	1,260	2,100	5,250	7,350	10,500
NOTE: Add 5 percent for LS, Extreme, ZR2 or ZR5 pkgs. Deduct 10 percent for 4-cyl. Add $2,000 for 4x4.						
2003 Silverado 1500, V-8						
2d Fleetside PU	400	1,200	2,000	5,000	7,000	10,000
2d Sportside PU	440	1,320	2,200	5,500	7,700	11,000
2d Ext Cab SS, AWD	730	2,200	3,660	9,150	12,810	18,300
NOTE: Add 5 percent for extended cab (excluding SS). Add 5 percent for Z71, LS or LT pkgs. Add $2,000 for 4x4. Add 10 percent for turbo diesel V-8. Add 5 percent for 8.1L V-8. Deduct 5 percent for V-6.						
2003 Silverado 1500 HD, V-8						
4d LS Fleetside Crew Cab PU	560	1,680	2,800	6,300	9,800	14,000
4d LT Fleetside Crew Cab PU	600	1,800	3,000	6,750	10,500	15,000
NOTE: Add 5 percent for Z71 pkg. Add $2,000 for 4x4. Add 10 percent for turbo diesel V-8. Add 5 percent for 8.1L V-8. Deduct 5 percent for V-6.						
2003 Silverado LD 2500, V-8						
2d Fleetside PU	500	1,500	2,500	6,250	8,750	12,500
4d Fleetside Extended Cab PU, 4x4	640	1,920	3,200	8,000	11,200	16,000
NOTE: Add 5 percent for Z71, LS or LT pkgs. Add $2,000 for 4x4. Add 10 percent for turbo diesel V-8. Add 5 percent for 8.1L V-8.						
2003 Silverado HD 2500, V-8						
2d Fleetside PU	520	1,560	2,600	6,500	9,100	13,000
4d Fleetside Extended Cab PU	600	1,800	3,000	7,500	10,500	15,000
4d Fleetside Crew Cab PU	640	1,920	3,200	8,000	11,200	16,000
NOTE: Add 5 percent for Z71, LS or LT pkgs. Add $2,000 for 4x4. Add 10 percent for turbo diesel V-8. Add 5 percent for 8.1L V-8.						
2004 Tracker, V-6, 4WD						
4d SUV	230	700	1,160	2,900	4,060	5,800
LT 4d SUV	260	770	1,280	3,200	4,480	6,400
ZR2 4d SUV	270	820	1,360	3,400	4,760	6,800
NOTE: Deduct 5 percent when base and LT models equipped with 2WD.						
2004 Tahoe, V-8						
LS 4d SUV	410	1,240	2,060	5,150	7,210	10,300
LT 4d SUV	480	1,430	2,380	5,950	8,330	11,900
NOTE: Add 10 percent for Z71 pkg. Add 5 percent for 4WD.						

	6	5	4	3	2	1
2004 Blazer, V-6						
LS 2d SUV	280	840	1,400	3,500	4,900	7,000
Xtreme 2d SUV	380	1,140	1,900	4,280	6,650	9,500
LS 4d SUV	320	960	1,600	4,000	5,600	8,000
NOTE: Add 5 percent for ZR2 pkg. Add 5 percent on LS for 4WD. Deduct 5 percent for manual transmission.						
2004 Trailblazer, 6-cyl.						
LS 4d SUV	400	1,200	2,000	5,000	7,000	10,000
LT 4d SUV	440	1,320	2,200	5,500	7,700	11,000
NOTE: Add 5 percent for 4WD.						
2004 Trailblazer EXT, 6-cyl.						
LS 4d SUV	500	1,500	2,500	5,630	8,750	12,500
LT 4d SUV	520	1,560	2,600	5,850	9,100	13,000
NOTE: Add 5 percent for V-8. Add 5 percent for 4WD.						
2004 SSR, V-8						
Conv PU	740	2,230	3,720	9,300	13,020	18,600
2004 Astro, V-6						
Cargo Van	300	900	1,500	3,750	5,250	7,500
Van	310	940	1,560	3,900	5,460	7,800
LS Van	340	1,020	1,700	4,250	5,950	8,500
LT Van	350	1,060	1,760	3,960	6,160	8,800
NOTE: Add 5 percent for AWD.						
2004 Venture, V-6						
4d Van	300	900	1,500	3,750	5,250	7,500
NOTE: Add 5 percent for extended model. Add 5 percent for LS or LT pkgs. Add 5 percent for AWD.						
2004 Avalanche, V-8						
1500 PU	580	1,740	2,900	7,250	10,150	14,500
2500 PU	620	1,860	3,100	7,750	10,850	15,500
NOTE: Add 5 percent for Z71 pkg. Add 5 percent for AWD.						
2004 G Series, V-8						
G1500 Van	380	1,140	1,900	4,750	6,650	9,500
G1500 Express Van	420	1,260	2,100	5,250	7,350	10,500
G2500 Van	440	1,320	2,200	5,500	7,700	11,000
G2500 Express Van	480	1,440	2,400	6,000	8,400	12,000
NOTE: Add 5 percent for extended model. Add 5 percent for LS pkg. Add 5 percent for 6.0L V-8. Add 5 percent for AWD. Deduct 5 percent for V-6.						
2004 Suburban, V-8						
4d C1500 LS	700	2,100	3,500	8,750	12,250	17,500
4d C1500 LT	720	2,160	3,600	9,000	12,600	18,000
4d C2500 LS	740	2,220	3,700	9,250	12,950	18,500
4d C2500 LT	760	2,280	3,800	9,500	13,300	19,000
4d K1500 LS	720	2,160	3,600	9,000	12,600	18,000
4d K1500 LT	760	2,280	3,800	9,500	13,300	19,000
4d K2500 LS	780	2,340	3,900	9,750	13,650	19,500
4d K2500 LT	800	2,400	4,000	10,000	14,000	20,000
NOTE: Add 10 percent for 4WD. Add 10 percent for Z71 pkg., except LS 4WD. Add 5 percent for 8.1L V-8. Add 5 percent for Quadrasteer.						
2004 S10, V-6, 4WD						
4d LS Crew Cab PU	420	1,260	2,100	5,250	7,350	10,500
NOTE: Add 5 percent for ZR5 pkg.						
2004 Colorado, 5-cyl.						
2d Z85 PU	280	840	1,400	3,500	4,900	7,000
2d Sport PU	330	1,000	1,660	4,150	5,810	8,300
2d Z71 PU	340	1,010	1,680	4,200	5,880	8,400
4d Z85 LS PU	410	1,240	2,060	5,150	7,210	10,300
4d Sport LS PU	450	1,340	2,240	5,600	7,840	11,200
4d Z71 LS PU	450	1,360	2,260	5,650	7,910	11,300
NOTE: Add 5 percent for ext cab or LS pkg on base models. Add 10 percent for 4WD. Deduct 5 percent for 4-cyl. Deduct 5 percent for manual transmission.						
2004 Silverado 1500, V-8						
2d Fleetside PU	400	1,200	2,000	5,000	7,000	10,000
2d Sportside PU	440	1,320	2,200	5,500	7,700	11,000
2d Ext Cab SS, 4WD	730	2,200	3,660	9,150	12,810	18,300
4d LS Fleetside Crew Cab PU	560	1,680	2,800	7,000	9,800	14,000
4d LT Fleetside Crew Cab PU	640	1,920	3,200	8,000	11,200	16,000
NOTE: Add 5 percent for extended cab, except SS. Add 5 percent for Z71, LS or LT pkgs. Add 10 percent for 4WD, when optional. Add 5 percent for Quadrasteer. Add 5 percent for Limited Ed pkg. Add 10 percent for Performance pkg. Add 10 percent for turbo diesel V-8. Add 5 percent for 8.1L V-8. Deduct 5 percent for V-6. Deduct 5 percent for manual transmission.						
2004 Silverado 2500 LD, V-8						
2d Fleetside PU	500	1,500	2,500	6,250	8,750	12,500
2d Fleetside Ext Cab PU, 4WD	640	1,920	3,200	8,000	11,200	16,000
4d Fleetside Crew Cab LS PU	630	1,890	3,150	7,880	11,030	15,750
4d Fleetside Crew Cab LT PU	660	1,980	3,300	8,250	11,550	16,500

	6	5	4	3	2	1
2004 Silverado 2500 HD, V-8						
2d Fleetside PU	600	1,800	3,000	6,750	10,500	15,000
2d Fleetside Ext Cab PU	660	1,980	3,300	8,250	11,550	16,500
4d Fleetside Crew Cab PU	680	2,040	3,400	8,500	11,900	17,000
NOTE: Add 5 percent for Z71, LS or LT pkgs. Add 10 for 4WD, when optional. Add 5 percent for Quadrasteer. Add 10 percent for turbo diesel V-8. Add 5 percent for 8.1L V-8. Deduct 5 percent for V-6. Deduct 5 percent for manual transmission.						
2005 Equinox, V-6						
4d LS Utility	390	1,160	1,940	4,850	6,790	9,700
4d LT Utility	400	1,190	1,980	4,460	6,930	9,900
NOTE: Add 5 percent for AWD.						
2005 Tahoe, V-8						
4d LS SUV	410	1,240	2,060	5,150	7,210	10,300
4d LT SUV	480	1,430	2,380	5,950	8,330	11,900
NOTE: Add 5 percent for 4x4. Add 10 percent for Z71 Off-Road pkg on LS model.						
2005 Blazer, V-6						
2d LS SUV	280	840	1,400	3,500	4,900	7,000
4d LS SUV	320	960	1,600	4,000	5,600	8,000
NOTE: Add 5 percent for ZR2 pkg. Add 5 percent for 4x4. Deduct 5 percent for manual transmission.						
2005 Trailblazer, 6-cyl.						
4d LS SUV	400	1,200	2,000	5,000	7,000	10,000
4d LT SUV	440	1,320	2,200	5,500	7,700	11,000
NOTE: Add 5 percent for 4x4.						
2005 Trailblazer EXT, 6-cyl.						
4d LS EXT SUV	440	1,320	2,200	5,500	7,700	11,000
4d LT EXT SUV	480	1,440	2,400	6,000	8,400	12,000
NOTE: Add 5 percent for V-8. Add 5 percent for 4x4.						
2005 SSR, V-8						
2d Conv PU	740	2,230	3,720	9,300	13,020	18,600
NOTE: Add 5 percent for automatic transmission.						
2005 Uplander, V-6						
4d Cargo Van	290	860	1,440	3,600	5,040	7,200
4d Van	300	900	1,500	3,750	5,250	7,500
4d LS Van	310	940	1,560	3,900	5,460	7,800
4d LT Van	320	960	1,600	4,000	5,600	8,000
NOTE: Add 10 percent for AWD.						
2005 Astro, V-6						
Cargo Van	300	900	1,500	3,750	5,250	7,500
Van	310	940	1,560	3,900	5,460	7,800
LS Van	340	1,020	1,700	3,830	5,950	8,500
LT Van	350	1,060	1,760	4,400	6,160	8,800
2005 Venture, V-6						
4d Extended Cargo Van	280	850	1,420	3,550	4,970	7,100
4d Extended Van	300	890	1,480	3,700	5,180	7,400
NOTE: Add 5 percent for LS pkg. Add 10 percent for LT pkg.						
2005 Avalanche, V-8, 4x4						
1500 LS PU	580	1,740	2,900	7,250	10,150	14,500
2500 LS PU	620	1,860	3,100	7,750	10,850	15,500
NOTE: Add 5 percent for Z71 Off-Road pkg. Add 10 percent for LT pkg. Deduct 5 percent for 2WD on 1500 LS model.						
2005 G Series, V-8						
G1500 Cargo Van	380	1,140	1,900	4,750	6,650	9,500
G1500 Express Van	420	1,260	2,100	5,250	7,350	10,500
G2500 Cargo Van	440	1,320	2,200	5,500	7,700	11,000
G2500 Extended Cargo Van	460	1,380	2,300	5,750	8,050	11,500
NOTE: Add 10 percent for AWD. Add 5 percent for LS pkg. Add 5 percent for 6.0L V-8 on 2500 models. Deduct 5 percent for V-6.						
G2500 Express Van	480	1,440	2,400	6,000	8,400	12,000
2005 Suburban, V-8						
4d C1500 LS SUV	700	2,100	3,500	8,750	12,250	17,500
4d C1500 LT SUV	720	2,160	3,600	9,000	12,600	18,000
4d C2500 LS SUV	740	2,220	3,700	9,250	12,950	18,500
4d C2500 LT SUV	760	2,280	3,800	9,500	13,300	19,000
4d K1500 LS SUV	720	2,160	3,600	9,000	12,600	18,000
4d K1500 LT SUV	760	2,280	3,800	9,500	13,300	19,000
4d K2500 LS SUV	780	2,340	3,900	9,750	13,650	19,500
4d K2500 LT SUV	800	2,400	4,000	10,000	14,000	20,000
NOTE: Add 10 percent for 4x4. Add 10 percent for Z71 Off-Road pkg, except LS models. Add 5 percent for 8.1L V-8. Add 5 percent for Quadrasteer.						
2005 Colorado, 5-cyl.						
2d Z85 PU	280	840	1,400	3,150	4,900	7,000
2d Sport PU	330	1,000	1,660	4,150	5,810	8,300
2d Z71 PU	340	1,010	1,680	4,200	5,880	8,400
4d Crew Cab Xtreme LS PU	460	1,380	2,300	5,750	8,050	11,500
2d Xtreme LS PU	340	1,030	1,720	4,300	6,020	8,600

	6	5	4	3	2	1
4d Crew Cab Z85 LS PU	410	1,240	2,060	5,150	7,210	10,300
4d Crew Cab Sport LS PU	450	1,340	2,240	5,600	7,840	11,200
4d Crew Cab Z71 LS PU	450	1,360	2,260	5,650	7,910	11,300
4d Crew Cab Xtreme LS PU	460	1,380	2,300	5,750	8,050	11,500
4d Crew Cab Xtreme LS PU	460	1,380	2,300	5,750	8,050	11,500
NOTE: Add 5 percent for extended cab models. Add 5 percent for LS pkg, except Xtreme or Crew Cab models. Add 10 percent for 4x4. Deduct 5 percent for 4-cyl. Deduct 5 percent for manual transmission.						
2005 Silverado 1500, V-8						
2d Fleetside PU	400	1,200	2,000	4,500	7,000	10,000
2d Sportside PU	440	1,320	2,200	5,500	7,700	11,000
2d Fleetside Extended Cab PU	480	1,440	2,400	6,000	8,400	12,000
2d Sportside Extended Cab PU	520	1,560	2,600	6,500	9,100	13,000
2d Hybrid LS Extended Cab PU	560	1,670	2,780	6,950	9,730	13,900
2d SS Extended Cab PU	730	2,200	3,660	9,150	12,810	18,300
4d Fleetside LS Crew Cab PU	560	1,680	2,800	7,000	9,800	14,000
4d Fleetside LT Crew Cab PU	640	1,920	3,200	8,000	11,200	16,000
2005 Silverado 1500 HD, V-8						
4d Fleetside LS Crew Cab PU	640	1,920	3,200	8,000	11,200	16,000
4d Fleetside LT Crew Cab PU	660	1,980	3,300	8,250	11,550	16,500
2005 Silverado 2500 HD, V-8						
2d Fleetside PU	600	1,800	3,000	7,500	10,500	15,000
2d Fleetside Extended Cab PU	660	1,980	3,300	8,250	11,550	16,500
4d Fleetside Crew Cab PU	680	2,040	3,400	7,650	11,900	17,000
NOTE: Add 10 percent for Limited Ed pkg or LT pkg, when optional. Add 5 percent for LS pkg or Z71 Off-Road pkg, when optional. Add 10 percent for 6.6L Turbo Diesel V-8. Add 10 percent for 4x4. Add 5 percent for Quadrasteer. Deduct 5 percent for Work Truck pkg. Deduct 5 percent for V-6. Deduct 5 percent for manual transmission.						
2006 Equinox, V-6						
4d LS SUV	360	1,080	1,800	4,500	6,300	9,000
4d LT SUV	340	1,030	1,720	4,300	6,020	8,600
NOTE: Add 8 percent for 4WD.						
2006 Trailblazer, 6-cyl., 4WD						
4d LS SUV	380	1,150	1,920	4,800	6,720	9,600
4d LT SUV	400	1,200	2,000	4,500	7,000	10,000
4d LS Ext SUV	440	1,310	2,180	5,450	7,630	10,900
4d LT Ext SUV	450	1,360	2,260	5,650	7,910	11,300
NOTE: Add 8 percent for 4WD						
2006 Trailblazer, V-8, 4WD						
4d SS SUV	580	1,740	2,900	7,250	10,150	14,500
2006 Tahoe, V-8, 4WD						
4d LS SUV	610	1,840	3,060	7,650	10,710	15,300
4d LT SUV	650	1,960	3,260	8,150	11,410	16,300
2006 Suburban, V-8, 4WD						
4d K1500 LS Wag	520	1,570	2,620	6,550	9,170	13,100
4d K1500 LT Wag	570	1,700	2,840	7,100	9,940	14,200
4d K1500 LTZ Wag	630	1,900	3,160	7,900	11,060	15,800
4d K2500 LS Wag	580	1,740	2,900	7,250	10,150	14,500
4d K2500 LT Wag	620	1,850	3,080	7,700	10,780	15,400
NOTE: Deduct 10 percent for 2WD.						
2006 Uplander, V-6						
4d Cargo Minivan	200	590	980	2,450	3,430	4,900
4d LS Minivan	260	790	1,320	3,300	4,620	6,600
4d LS Ext Minivan	290	880	1,460	3,650	5,110	7,300
4d LT Ext Minivan	320	970	1,620	4,050	5,670	8,100
2006 Express Passenger Van, V-8						
1500 LS Van	380	1,130	1,880	4,700	6,580	9,400
1500 LT Van	390	1,160	1,940	4,850	6,790	9,700
2500 LS Van	380	1,150	1,920	4,800	6,720	9,600
2500 LT Van	400	1,190	1,980	4,950	6,930	9,900
3500 LS Van	400	1,200	2,000	5,000	7,000	10,000
3500 LS Ext Van	410	1,220	2,040	5,100	7,140	10,200
3500 LT Van	410	1,240	2,060	5,150	7,210	10,300
3500 LT Ext Van	420	1,270	2,120	5,300	7,420	10,600
2006 Express Cargo Van, V-8						
1500 Van	360	1,090	1,820	4,550	6,370	9,100
2500 Van	380	1,130	1,880	4,700	6,580	9,400
2500 Ext Van	380	1,140	1,900	4,750	6,650	9,500
3500 Van	380	1,150	1,920	4,800	6,720	9,600
3500 Ext Van	390	1,160	1,940	4,850	6,790	9,700
2006 Colorado, 4-cyl.						
2d LS/SL Mini Pickup 6'	280	830	1,380	3,450	4,830	6,900
2d LT/SLE Mini Pickup 6'	300	900	1,500	3,750	5,250	7,500
NOTE: Add 20 percent for 4WD.						
4d Work Truck Ext Cab Mini Pickup 6'	310	940	1,560	3,900	5,460	7,800
4d LS/SL Ext Cab Mini Pickup 6'	330	1,000	1,660	4,150	5,810	8,300
4d LT/SLE Ext Cab Mini Pickup 6'	350	1,060	1,760	4,400	6,160	8,800
NOTE: Add 20 percent for 4WD.						

	6	5	4	3	2	1
4d LT/SLE Crew Cab Mini Pickup 5.25'	400	1,190	1,980	4,950	6,930	9,900
NOTE: Add 20 percent for 4WD.						
2006 SSR Regular Cab Pickup, V-8						
2d Conv	860	2,570	4,280	10,700	14,980	21,400
2006 Avalanche, V-8, 4WD						
1500 LS Utility Pickup	660	1,990	3,320	8,300	11,620	16,600
1500 LT Utility Pickup	680	2,030	3,380	8,450	11,830	16,900
2500 LS Utility Pickup	730	2,180	3,640	8,190	12,740	18,200
2500 LT Utility Pickup	740	2,220	3,700	9,250	12,950	18,500
NOTE: Deduct 30 percent for 2WD.						
2006 Silverado Regular Cab Pickup, V-8, 2WD						
2D 1500 WT 6.5'	300	900	1,500	3,750	5,250	7,500
2D 1500 WT 8'	280	850	1,420	3,550	4,970	7,100
2D 1500 LS/SL 6.5'	360	1,090	1,820	4,550	6,370	9,100
2D 1500 LS/SL 8'	350	1,040	1,740	4,350	6,090	8,700
2D 1500 LT/SLE 6.5'	370	1,120	1,860	4,650	6,510	9,300
2D 1500 LT/SLE 8'	360	1,070	1,780	4,450	6,230	8,900
2D 2500 H-D WT 8'	390	1,180	1,960	4,900	6,860	9,800
2D 2500 H-D LS/SL 8'	460	1,370	2,280	5,700	7,980	11,400
2D 2500 H-D LT/SLE 8'	470	1,400	2,340	5,270	8,190	11,700
2D 3500 WT 8'	400	1,210	2,020	5,050	7,070	10,100
2D 3500 LS/SL 8'	460	1,390	2,320	5,800	8,120	11,600
2D 3500 LT/SLE 8'	480	1,430	2,380	5,950	8,330	11,900
NOTE: Add 30 percent for 4WD; add 50 percent for 6.6L Turbo Diesel.						
2006 Silverado Extended Cab Pickup, V-8, 2WD, Hybrid						
1500 LT/SLE 6.5'	650	1,940	3,240	7,290	11,340	16,200
NOTE: Add 25 percent for 4WD.						
2006 Silverado Extended Cab Pickup, V-8, 2WD						
4d 1500 LT/SLE 8'	450	1,360	2,260	5,650	7,910	11,300
4d 1500 SLT 6.5'	500	1,490	2,480	6,200	8,680	12,400
NOTE: Add 25 percent for 4WD.						
1500 WT 6.5'	400	1,200	2,000	5,000	7,000	10,000
1500 WT 8'	380	1,140	1,900	4,750	6,650	9,500
4d 1500 LS/SL 6.5'	460	1,390	2,320	5,800	8,120	11,600
4d 1500 LS/SL 8'	450	1,340	2,240	5,600	7,840	11,200
4d 1500 LT 5.75'	480	1,450	2,420	6,050	8,470	12,100
4D 1500 LT/SLE 6.5'	470	1,420	2,360	5,900	8,260	11,800
4D 1500 SLT 5.75'	520	1,550	2,580	6,450	9,030	12,900
4D 1500 SLT 8'	460	1,370	2,280	5,700	7,980	11,400
4D 2500 H-D WT 6.5'	530	1,600	2,660	6,650	9,310	13,300
4D 2500 H-D WT 8'	520	1,570	2,620	6,550	9,170	13,100
4D 2500 H-D LS/SL 6.5'	590	1,760	2,940	7,350	10,290	14,700
4D 2500 H-D LS/SL 8'	580	1,750	2,920	7,300	10,220	14,600
4D 2500 H-D LT/SLE 6.5'	590	1,780	2,960	7,400	10,360	14,800
4D 2500 H-D LT/SLE 8'	590	1,760	2,940	7,350	10,290	14,700
4D 2500 H-D SLT 6.5'	620	1,870	3,120	7,800	10,920	15,600
4D 2500 H-D SLT 8'	620	1,850	3,080	7,700	10,780	15,400
4D 3500 WT 8'	530	1,600	2,660	6,650	9,310	13,300
4D 3500 LS/SL 8'	600	1,790	2,980	7,450	10,430	14,900
4D 3500 LT/SLE 8'	660	1,980	3,300	8,250	11,550	16,500
NOTE: Add 30 percent for 4WD; add 50 percent for 6.6L Turbo Diesel.						
2006 Silverado SS Extended Cab Pickup, V-8						
4D 1500 6.5'	720	2,150	3,580	8,950	12,530	17,900
2006 Silverado Crew Cab Pickup, V-8, 2WD						
4d 1500 WT 6.5'	400	1,200	2,000	5,000	7,000	10,000
4d 1500 WT 8'	380	1,140	1,900	4,750	6,650	9,500
4d 1500 LS/SL 5.75'	520	1,560	2,600	6,500	9,100	13,000
4d 1500 LT/SLE 5.75'	540	1,610	2,680	6,700	9,380	13,400
4d 1500 SLT 5.75'	550	1,660	2,760	6,900	9,660	13,800
4d 1500 H-D LT/SLE 6.5'	560	1,680	2,800	7,000	9,800	14,000
4d 1500 H-D SLT 6.5'	590	1,780	2,960	7,400	10,360	14,800
4D 2500 H-D WT 6.5'	590	1,760	2,940	7,350	10,290	14,700
4D 2500 H-D WT 8'	580	1,750	2,920	7,300	10,220	14,600
4D 2500 H-D LS/SL 6.5'	660	1,970	3,280	8,200	11,480	16,400
4D 2500 H-D LS/SL 8'	650	1,960	3,260	8,150	11,410	16,300
4D 2500 H-D LT/SLE 6.5'	660	1,980	3,300	8,250	11,550	16,500
4D 2500 H-D LT/SLE 8'	650	1,960	3,260	8,150	11,410	16,300
4D 2500 H-D SLT 6.5'	680	2,050	3,420	8,550	11,970	17,100
4D 2500 H-D SLT 8'	680	2,040	3,400	8,500	11,900	17,000
4D 3500 LS/SL 8'	660	1,980	3,300	8,250	11,550	16,500
4D 3500 LT/SLE 8'	660	1,990	3,320	8,300	11,620	16,600
4D 3500 SLT 8'	690	2,080	3,460	8,650	12,110	17,300
NOTE: Add 30 percent for 4WD; add 50 percent for 6.6L Turbo Diesel.						

CHRYSLER TRUCKS

	6	5	4	3	2	1
1990 Town & Country						
Window Van	230	680	1,140	2,570	3,990	5,700
1991 Town & Country						
Window Van	250	740	1,240	2,790	4,340	6,200
1992 Town & Country						
Window Van	290	860	1,440	3,240	5,040	7,200
NOTE: Add 5 percent for 4x4.						
1993 Town & Country						
Window Van	320	950	1,580	3,560	5,530	7,900
NOTE: Add 5 percent for 4x4.						
1994 Town & Country						
Window Van	390	1,160	1,940	4,370	6,790	9,700
NOTE: Add 5 percent for 4x4.						
1995 Town & Country						
Window Van	390	1,160	1,940	4,370	6,790	9,700
NOTE: Add 5 percent for 4x4.						
1996 Town & Country, V-6						
Window Van LX	370	1,100	1,840	4,140	6,440	9,200
Window Van LXi	410	1,240	2,060	4,640	7,210	10,300
NOTE: Add 5 percent for 4x4.						
1997 Town & Country, V-6						
Window Van SX	320	960	1,600	3,600	5,600	8,000
Window Van LX	360	1,080	1,800	4,050	6,300	9,000
Window Van LXi	410	1,240	2,060	4,640	7,210	10,300
NOTE: Add 5 percent for 4x4.						
1998 Town & Country, V-6						
Window Van SX	320	960	1,600	3,600	5,600	8,000
Window Van LX	360	1,080	1,800	4,050	6,300	9,000
Window Van LXi	410	1,240	2,060	4,640	7,210	10,300
NOTE: Add 5 percent for 4x4.						
1999 Town & Country, V-6						
Window Van SX	320	960	1,600	3,600	5,600	8,000
Window Van LX	360	1,080	1,800	4,050	6,300	9,000
Window Van LXi	410	1,240	2,060	4,640	7,210	10,300
NOTE: Add 5 percent for 4x4.						
2000 Voyager, V-6						
Voyager (4-cyl.)	240	720	1,200	2,700	4,200	6,000
Voyager SE (4-cyl.)	250	740	1,240	2,790	4,340	6,200
Grand Voyager	290	860	1,440	3,240	5,040	7,200
Grand Voyager SE	300	890	1,480	3,330	5,180	7,400
2000 Town & Country, V-6						
SX	320	960	1,600	3,600	5,600	8,000
LX	330	980	1,640	3,690	5,740	8,200
LXi	370	1,100	1,840	4,140	6,440	9,200
Limited	410	1,220	2,040	4,590	7,140	10,200
NOTE: Add 5 percent for 4x4.						
2001 Voyager, V-6						
Voyager	250	740	1,240	2,790	4,340	6,200
Voyager LX	260	780	1,300	2,930	4,550	6,500
NOTE: Deduct 5 percent for 4-cy.						
2001 Town & Country, V-6						
LX	330	980	1,640	3,690	5,740	8,200
EX	340	1,020	1,700	3,830	5,950	8,500
LXi	370	1,100	1,840	4,140	6,440	9,200
Limited	410	1,220	2,040	4,590	7,140	10,200
NOTE: Add 5 percent for 4x4.						
2002 Voyager, V-6						
Voyager eC (4-cyl.)	240	710	1,180	2,660	4,130	5,900
Voyager	250	740	1,240	2,790	4,340	6,200
Voyager LX	260	780	1,300	2,930	4,550	6,500
NOTE: Deduct 5 percent for 4-cyl. except eC model.						
2002 Town & Country, V-6						
eL	330	1,000	1,660	3,740	5,810	8,300
LX	330	980	1,640	3,690	5,740	8,200
EX	340	1,020	1,700	3,830	5,950	8,500
LXi	370	1,100	1,840	4,140	6,440	9,200
Limited	410	1,220	2,040	4,590	7,140	10,200
NOTE: Add 5 percent for 4x4.						
2003 Voyager, V-6						
LX Base	250	740	1,240	3,100	4,340	6,200
LX	260	780	1,300	3,250	4,550	6,500
NOTE: Deduct 5 percent for 4-cyl.						
2003 Town & Country, V-6						
Van	320	970	1,620	4,050	5,670	8,100
eL	330	1,000	1,660	4,150	5,810	8,300

	6	5	4	3	2	1
LX	330	980	1,640	4,100	5,740	8,200
EX	340	1,020	1,700	4,250	5,950	8,500
LXi	370	1,100	1,840	4,600	6,440	9,200
Limited	410	1,220	2,040	5,100	7,140	10,200
NOTE: Add 5 percent for AWD.						
2004 Pacifica, V-6						
4d Wag	380	1,140	1,900	4,750	6,650	9,500
NOTE: Add 5 percent for AWD.						
2004 Town & Country, V-6						
Van	320	970	1,620	4,050	5,670	8,100
LX	330	980	1,640	4,100	5,740	8,200
EX	340	1,020	1,700	4,250	5,950	8,500
Touring	370	1,100	1,840	4,600	6,440	9,200
Touring Platinum	390	1,160	1,940	4,850	6,790	9,700
Limited	410	1,220	2,040	5,100	7,140	10,200
NOTE: Add 5 percent for AWD.						
2005 Pacifica, V-6						
4d Utility	380	1,140	1,900	4,750	6,650	9,500
4d Touring Utility	390	1,160	1,940	4,850	6,790	9,700
4d Limited Utility	400	1,190	1,980	4,950	6,930	9,900
NOTE: Add 5 percent for AWD.						
2005 Town & Country, V-6						
Van	320	970	1,620	4,050	5,670	8,100
LX Van	330	980	1,640	4,100	5,740	8,200
Touring Van	370	1,100	1,840	4,600	6,440	9,200
Limited Van	410	1,220	2,040	5,100	7,140	10,200
2006 Town & Country, V-6						
Minivan	300	910	1,520	3,800	5,320	7,600
LX Minivan	350	1,060	1,760	4,400	6,160	8,800
Trg Minivan	410	1,240	2,060	5,150	7,210	10,300
Ltd Minivan	500	1,510	2,520	6,300	8,820	12,600
2006 Pacifica, V-6						
Minivan	360	1,080	1,800	4,500	6,300	9,000
Trg Minivan	440	1,320	2,200	5,500	7,700	11,000
Ltd Minivan	510	1,520	2,540	6,350	8,890	12,700

CROFTON TRUCKS

1959-62 Crofton Bug Series						
Bug Utl	430	1,300	2,160	4,860	7,560	10,800
Brawny Bug Utl	440	1,330	2,220	5,000	7,770	11,100

CROSLEY TRUCKS

1940 Crosley Commercial						
Panel Dly	520	1,560	2,600	5,850	9,100	13,000
1941 Crosley Commercial						
PU Dly	520	1,550	2,580	5,810	9,030	12,900
Parkway Dly	520	1,570	2,620	5,900	9,170	13,100
Panel Dly	520	1,560	2,600	5,850	9,100	13,000
1942 Crosley Commercial						
PU Dly	520	1,550	2,580	5,810	9,030	12,900
Parkway Dly	520	1,570	2,620	5,900	9,170	13,100
Panel Dly	520	1,560	2,600	5,850	9,100	13,000
1947 Crosley Commercial						
PU	450	1,340	2,240	5,040	7,840	11,200
1948 Crosley Commercial						
PU	450	1,340	2,240	5,040	7,840	11,200
Panel	460	1,370	2,280	5,130	7,980	11,400
1949 Crosley Commercial Series CD						
PU	450	1,360	2,260	5,090	7,910	11,300
Panel	460	1,370	2,280	5,130	7,980	11,400
1950 Crosley Commercial Series CD						
PU	450	1,360	2,260	5,090	7,910	11,300
Panel	460	1,370	2,280	5,130	7,980	11,400
Farm-O-Road	460	1,380	2,300	5,180	8,050	11,500
1951 Crosley Commercial Series CD						
PU	450	1,360	2,260	5,090	7,910	11,300
Panel	460	1,370	2,280	5,130	7,980	11,400
Farm-O-Road	460	1,380	2,300	5,180	8,050	11,500
1952 Crosley Commercial Series CD						
PU	450	1,360	2,260	5,090	7,910	11,300
Panel	460	1,370	2,280	5,130	7,980	11,400
Farm-O-Road	460	1,380	2,300	5,180	8,050	11,500

DODGE TRUCKS

1917 Commercial Car, 1/2-Ton						
Screenside	640	1,930	3,220	7,250	11,270	16,100

	6	5	4	3	2	1
1918 Commercial/Business Car, 1/2-Ton						
Screenside	640	1,930	3,220	7,250	11,270	16,100
Panel	630	1,900	3,160	7,110	11,060	15,800
1919 Commercial/Business Car, 1/2-Ton						
Screenside	640	1,920	3,200	7,200	11,200	16,000
Panel	630	1,880	3,140	7,070	10,990	15,700
1920 Commercial/Business Car, 1/2-Ton						
Screenside	630	1,900	3,160	7,110	11,060	15,800
Panel	620	1,860	3,100	6,980	10,850	15,500
1921 Commercial/Business Car, 1/2-Ton						
Screenside	640	1,910	3,180	7,160	11,130	15,900
Panel	620	1,870	3,120	7,020	10,920	15,600
1922 Commercial/Business Car, 1/2-Ton						
Screenside	640	1,910	3,180	7,160	11,130	15,900
Panel	620	1,870	3,120	7,020	10,920	15,600
1923 Commercial/Business Car, 3/4-Ton						
Screenside	640	1,920	3,200	7,200	11,200	16,000
Panel	630	1,880	3,140	7,070	10,990	15,700
1924 Commercial/Business Car, 3/4-Ton						
Screenside	640	1,920	3,200	7,200	11,200	16,000
Panel	630	1,880	3,140	7,070	10,990	15,700
1925 Commercial/Business Car, 3/4-Ton						
Screenside	640	1,920	3,200	7,200	11,200	16,000
Panel	630	1,880	3,140	7,070	10,990	15,700
1926 Commercial/Business Car, 3/4-Ton, 116" wb						
Screenside	640	1,910	3,180	7,160	11,130	15,900
Panel (72" wb)	620	1,860	3,100	6,980	10,850	15,500
1926 Business Car, 3/4-Ton, 140" wb						
Panel (96" wb)	620	1,850	3,080	6,930	10,780	15,400
1927 Series DC, 3/4-Ton, 116" wb						
Exp	630	1,880	3,140	7,070	10,990	15,700
Canopy	660	1,980	3,300	7,430	11,550	16,500
Screen	640	1,910	3,180	7,160	11,130	15,900
Panel	610	1,840	3,060	6,890	10,710	15,300
1927 Series BD, 1-Ton, 126" wb						
Exp	600	1,800	3,000	6,750	10,500	15,000
Farm Box	580	1,750	2,920	6,570	10,220	14,600
Canopy	640	1,910	3,180	7,160	11,130	15,900
Panel	590	1,780	2,960	6,660	10,360	14,800
Stake	580	1,750	2,920	6,570	10,220	14,600
1927 Series ID, 1-Ton,137" wb						
Exp	600	1,790	2,980	6,710	10,430	14,900
Canopy	630	1,900	3,160	7,110	11,060	15,800
Panel	590	1,760	2,940	6,620	10,290	14,700
1928-29 Series SE, 1/2-Ton						
Panel	620	1,850	3,080	6,930	10,780	15,400
1928-29 Series DA-120, 3/4-Ton						
PU Exp	620	1,860	3,100	6,980	10,850	15,500
Canopy Dly	650	1,960	3,260	7,340	11,410	16,300
Screen Dly	620	1,870	3,120	7,020	10,920	15,600
Panel Dly	610	1,820	3,040	6,840	10,640	15,200
Platform	600	1,800	3,000	6,750	10,500	15,000
Stake	600	1,790	2,980	6,710	10,430	14,900
1928-29 Series DA-130, 1-Ton						
PU Exp	600	1,800	3,000	6,750	10,500	15,000
Farm	580	1,740	2,900	6,530	10,150	14,500
Canopy Dly	630	1,900	3,160	7,110	11,060	15,800
Screen Dly	600	1,810	3,020	6,800	10,570	15,100
Panel Dly	590	1,760	2,940	6,620	10,290	14,700
Platform	580	1,740	2,900	6,530	10,150	14,500
Stake	580	1,740	2,900	6,530	10,150	14,500
1928-29 Series DA-140, 1-Ton						
PU Exp	600	1,800	3,000	6,750	10,500	15,000
Canopy Dly	630	1,880	3,140	7,070	10,990	15,700
Screen Dly	600	1,800	3,000	6,750	10,500	15,000
Panel Dly	580	1,750	2,920	6,570	10,220	14,600
Side Door Panel	580	1,740	2,900	6,530	10,150	14,500
Carryall	580	1,750	2,920	6,570	10,220	14,600
Platform	580	1,730	2,880	6,480	10,080	14,400
Stake	580	1,730	2,880	6,480	10,080	14,400
1929 Merchant's Exp, 1/2-Ton, 109" wb						
Panel	620	1,860	3,100	6,980	10,850	15,500
1930 Series UI-A-109, 1/2-Ton						
PU	710	2,140	3,560	8,010	12,460	17,800
Canopy	730	2,200	3,660	8,240	12,810	18,300
Screen	700	2,090	3,480	7,830	12,180	17,400

	6	5	4	3	2	1
Panel	690	2,060	3,440	7,740	12,040	17,200
1930 Series UI-B-124, 3/4-Ton, 4-cyl.						
PU	720	2,160	3,600	8,100	12,600	18,000
Canopy	710	2,140	3,560	8,010	12,460	17,800
Screen	680	2,030	3,380	7,610	11,830	16,900
Panel	670	2,000	3,340	7,520	11,690	16,700
Platform	640	1,920	3,200	7,200	11,200	16,000
Stake	650	1,940	3,240	7,290	11,340	16,200
1930 Series DA1-B-124, 3/4-Ton, 6-cyl., Note 1Series UI-C-133, 1-Ton, 4-cyl.						
Farm	640	1,930	3,220	7,250	11,270	16,100
Exp	680	2,030	3,380	7,610	11,830	16,900
Canopy	710	2,120	3,540	7,970	12,390	17,700
Screen	670	2,020	3,360	7,560	11,760	16,800
Panel	660	1,990	3,320	7,470	11,620	16,600
Platform	640	1,910	3,180	7,160	11,130	15,900
Stake	640	1,930	3,220	7,250	11,270	16,100
1930 Series DA1-C-133, 1-Ton, 6-cyl., Note 2Series DA1-C-140, 1-Ton, 140" wb						
Exp	640	1,930	3,220	7,250	11,270	16,100
Canopy	710	2,120	3,540	7,970	12,390	17,700
Screen	670	2,020	3,360	7,560	11,760	16,800
Panel	660	1,990	3,320	7,470	11,620	16,600
Side Door Panel	660	1,980	3,300	7,430	11,550	16,500
Carryall	720	2,160	3,600	8,100	12,600	18,000
Platform	640	1,910	3,180	7,160	11,130	15,900
Stake	640	1,930	3,220	7,250	11,270	16,100

NOTE 1: For 6-cyl. models, add 5 percent from figure given for equivalent 4-cyl. (UI-B-124).NOTE 2: For 6-cyl. models, add 5 percent from figure given for equivalent 4-cyl. (UI-C-133).

	6	5	4	3	2	1
1931 Series UF-10, 1/2-Ton, 4-cyl.						
PU	760	2,280	3,800	8,550	13,300	19,000
Canopy	640	1,930	3,220	7,250	11,270	16,100
Screen	650	1,940	3,240	7,290	11,340	16,200
Panel	640	1,920	3,200	7,200	11,200	16,000
1931 Series F-10, 1/2-Ton, 6-cyl., Note 1Series UI-B-124, 3/4-Ton, 4-cyl.						
PU	720	2,160	3,600	8,100	12,600	18,000
Canopy	610	1,840	3,060	6,890	10,710	15,300
Screen	620	1,850	3,080	6,930	10,780	15,400
Panel	610	1,820	3,040	6,840	10,640	15,200
Platform	580	1,740	2,900	6,530	10,150	14,500
Stake	590	1,760	2,940	6,620	10,290	14,700
Exp	620	1,850	3,080	6,930	10,780	15,400
Farm	580	1,750	2,920	6,570	10,220	14,600
Canopy	610	1,820	3,040	6,840	10,640	15,200
Screen	610	1,840	3,060	6,890	10,710	15,300
1931 Series DA1-B-124, 3/4-Ton, 6-cyl., Note 2Series UI-C-133, 1-Ton, 4-cyl.						
Panel	600	1,810	3,020	6,800	10,570	15,100
Platform	580	1,730	2,880	6,480	10,080	14,400
Stake	580	1,750	2,920	6,570	10,220	14,600
1931 Series DA1-C-133, 1-Ton, 6-cyl., Note 3						

NOTE 1: For 6-cyl. model F-10, add 5 percent from figure given for equivalent 4-cyl. (UF-10).NOTE 2: For 6-cyl. model DA1-B-124, add 5 percent from figure given for equivalent 4-cyl. (UI-B-124).NOTE 3: For 6-cyl. model DA1-C-133, add 5 percent from figure given for equivalent 4-cyl. (UI-C-133).

	6	5	4	3	2	1
1932 Series UF-10, 1/2-Ton, 4-cyl.						
PU	760	2,280	3,800	8,550	13,300	19,000
Canopy	640	1,930	3,220	7,250	11,270	16,100
Screen	650	1,940	3,240	7,290	11,340	16,200
Panel	640	1,920	3,200	7,200	11,200	16,000
1932 Series F-10, 1/2-Ton, 6-cyl., Note 1Series UI-B-124, 3/4-Ton, 4-cyl.						
PU	720	2,160	3,600	8,100	12,600	18,000
Canopy	610	1,840	3,060	6,890	10,710	15,300
Screen	620	1,850	3,080	6,930	10,780	15,400
Panel	610	1,820	3,040	6,840	10,640	15,200
Platform	580	1,740	2,900	6,530	10,150	14,500
Stake	590	1,760	2,940	6,620	10,290	14,700
1932 Series DA1-B-124, 3/4-Ton, 6-cyl., Note 2Series UI-C-133, 1-Ton, 4-cyl.						
Exp	620	1,850	3,080	6,930	10,780	15,400
Farm	580	1,750	2,920	6,570	10,220	14,600
Canopy	610	1,820	3,040	6,840	10,640	15,200
Screen	610	1,840	3,060	6,890	10,710	15,300
Panel	600	1,810	3,020	6,800	10,570	15,100
Platform	580	1,730	2,880	6,480	10,080	14,400
Stake	580	1,750	2,920	6,570	10,220	14,600
1932 Series DA1-C-133, 1-Ton, 6-cyl., Note 3						

NOTE 1: For 6-cyl. model F-10, add 5 percent from figure given for equivalent 4-cyl. (UF-10).NOTE 2: For 6-cyl. model DA1-B-124, add 5 percent from figure given for equivalent 4-cyl. (UI-B-124).NOTE 3: For 6-cyl. model DA1-C-133, add 5 percent from figure given for equivalent 4-cyl. (UI-C-133).

	6	5	4	3	2	1
1933-35 1/2-Ton, 111.25" wb						
PU	920	2,760	4,600	10,350	16,100	23,000
Canopy	860	2,590	4,320	9,720	15,120	21,600
Comm Sed	770	2,320	3,860	8,690	13,510	19,300
Panel	760	2,290	3,820	8,600	13,370	19,100
1933-35 1/2-Ton, 119" wb						
Panel	760	2,280	3,800	8,550	13,300	19,000
1933-35 1/2-Ton, 109" wb						
PU	920	2,760	4,600	10,350	16,100	23,000
Canopy	840	2,520	4,200	9,450	14,700	21,000
Screen	780	2,330	3,880	8,730	13,580	19,400
Panel	770	2,300	3,840	8,640	13,440	19,200
1933-35 3/4-Ton, 131" wb						
Panel	760	2,280	3,800	8,550	13,300	19,000
1936-38 1/2-Ton						
PU	860	2,580	4,300	9,680	15,050	21,500
Canopy	760	2,290	3,820	8,600	13,370	19,100
Screen	770	2,300	3,840	8,640	13,440	19,200
Comm Sed	770	2,320	3,860	8,690	13,510	19,300
Panel	760	2,280	3,800	8,550	13,300	19,000
Westchester Suburban	1,920	5,760	9,600	21,600	33,600	48,000
1936-38 3/4-Ton, 136" wb						
PU	880	2,640	4,400	9,900	15,400	22,000
Canopy	820	2,460	4,100	9,230	14,350	20,500
Screen	780	2,330	3,880	8,730	13,580	19,400
Panel	760	2,270	3,780	8,510	13,230	18,900
Platform	690	2,060	3,440	7,740	12,040	17,200
Stake	700	2,090	3,480	7,830	12,180	17,400
1939-42, 1946-47 1/2-Ton, 116" wb						
PU	900	2,700	4,500	10,130	15,750	22,500
Canopy	830	2,490	4,150	9,340	14,530	20,750
Screen	800	2,390	3,980	8,960	13,930	19,900
Panel	800	2,410	4,020	9,050	14,070	20,100
1939-42, 1946-47 3/4-Ton, 120" wb						
PU	880	2,640	4,400	9,900	15,400	22,000
Platform	750	2,240	3,740	8,420	13,090	18,700
Stake	750	2,240	3,740	8,420	13,090	18,700
1948-49 1/2-Ton, 108" wb						
PU	820	2,460	4,100	9,230	14,350	20,500
Panel	740	2,220	3,700	8,330	12,950	18,500
1948-49 3/4-Ton, 116" wb						
PU	810	2,420	4,040	9,090	14,140	20,200
Platform	720	2,160	3,600	8,100	12,600	18,000
Stake	700	2,110	3,520	7,920	12,320	17,600
1948-49 Power Wagon, 1-Ton, 126" wb						
PU	900	2,700	4,500	10,130	15,750	22,500
1950-52 1/2-Ton, 108" wb						
PU	840	2,520	4,200	9,450	14,700	21,000
Panel	760	2,280	3,800	8,550	13,300	19,000
1950-52 3/4-Ton, 116" wb						
PU	830	2,480	4,140	9,320	14,490	20,700
Platform	740	2,220	3,700	8,330	12,950	18,500
Stake	740	2,230	3,720	8,370	13,020	18,600
1950-52 Power-Wagon, 1-Ton, 126" wb						
PU	900	2,700	4,500	10,130	15,750	22,500
NOTE: Add 3 percent for Fluid Drive.						
1953-54 1/2-Ton, 108" wb						
PU	840	2,520	4,200	9,450	14,700	21,000
Panel	760	2,280	3,800	8,550	13,300	19,000
1953-54 1/2-Ton, 116" wb						
PU	830	2,500	4,160	9,360	14,560	20,800
1953-54 3/4-Ton, 116" wb						
PU	820	2,470	4,120	9,270	14,420	20,600
Platform	740	2,220	3,700	8,330	12,950	18,500
Stake	740	2,220	3,700	8,330	12,950	18,500
NOTE: Add 3 percent for Fluid Drive. Add 10 percent for V-8. Add 5 percent for automatic transmission.						
1953-54 Power-Wagon, 1-Ton, 126" wb						
PU	900	2,700	4,500	10,130	15,750	22,500
1955-57 1/2-Ton, 108" wb						
Lowside PU	850	2,560	4,260	9,590	14,910	21,300
Highside PU	860	2,570	4,280	9,630	14,980	21,400
Panel	790	2,360	3,940	8,870	13,790	19,700
1955-57 1/2-Ton, 116" wb						
Lowside PU	840	2,520	4,200	9,450	14,700	21,000
Highside PU	840	2,530	4,220	9,500	14,770	21,100
Sweptside PU, 1957 only	1,500	4,500	7,500	16,880	26,250	37,500

	6	5	4	3	2	1
Platform	760	2,280	3,800	8,550	13,300	19,000
Stake	760	2,290	3,820	8,600	13,370	19,100
1955-57 3/4-Ton, 116" wb						
PU	820	2,450	4,080	9,180	14,280	20,400
Platform	740	2,220	3,700	8,330	12,950	18,500
Stake	740	2,220	3,700	8,330	12,950	18,500
NOTE: Add 15 percent for V-8 engine. Add 5 percent for automatic transmission.						
1955-57 Power-Wagon, 1-Ton, 126" wb						
PU	880	2,640	4,400	9,900	15,400	22,000
1958-60 1/2-Ton, 108" wb						
PU	740	2,230	3,720	8,370	13,020	18,600
Twn Panel	700	2,100	3,500	7,880	12,250	17,500
6P Wag	710	2,120	3,540	7,970	12,390	17,700
8P Wag	680	2,040	3,400	7,650	11,900	17,000
1958-60 1/2-Ton, 116" wb						
PU	820	2,460	4,100	9,230	14,350	20,500
Sweptside PU (1958-1959)	1,400	4,200	7,000	15,750	24,500	35,000
Platform	490	1,460	2,440	5,490	8,540	12,200
Stake	490	1,480	2,460	5,540	8,610	12,300
1958-60 3/4-Ton, 116" wb						
PU	700	2,100	3,500	7,880	12,250	17,500
Platform	460	1,390	2,320	5,220	8,120	11,600
Stake	470	1,400	2,340	5,270	8,190	11,700
NOTE: Add 10 percent for V-8 engine. Add 5 percent for automatic transmission.						
1958-60 Power-Wagon, 1-Ton, 126" wb						
PU	880	2,640	4,400	9,900	15,400	22,000
1961-71 1/2-Ton, 114" wb						
Utiline PU	380	1,140	1,900	4,280	6,650	9,500
Sweptline PU	380	1,130	1,880	4,230	6,580	9,400
Twn Panel	330	1,000	1,660	3,740	5,810	8,300
6P Wag	340	1,010	1,680	3,780	5,880	8,400
8P Wag	340	1,010	1,680	3,780	5,880	8,400
1961-71 1/2-Ton, 122" wb Power-Wagon, 1-Ton, 126" wb						
PU	800	2,400	4,000	9,000	14,000	20,000
Utiline PU	380	1,130	1,880	4,230	6,580	9,400
Sweptline PU	370	1,120	1,860	4,190	6,510	9,300
Platform	300	900	1,500	3,380	5,250	7,500
Stake	300	910	1,520	3,420	5,320	7,600
1961-71 3/4-Ton, 122" wb						
Utiline PU	360	1,090	1,820	4,100	6,370	9,100
Sweptline PU	360	1,080	1,800	4,050	6,300	9,000
Platform	300	890	1,480	3,330	5,180	7,400
Stake	300	900	1,500	3,380	5,250	7,500
NOTE: Add 10 percent for V-8 engine. Add 5 percent for automatic transmission.						
1964-71 A100, 90" wb						
PU	460	1,380	2,300	5,180	8,050	11,500
Van	430	1,280	2,140	4,820	7,490	10,700
Wag	400	1,210	2,020	4,550	7,070	10,100
NOTE: Add 10 percent for Sportsman models.						
1972-80 1/2-Ton						
Van (109" wb)	184	552	920	2,070	3,220	4,600
Van (127" wb)	192	576	960	2,160	3,360	4,800
1972-80 3/4-Ton						
Van (109" wb)	176	528	880	1,980	3,080	4,400
Van (127" wb)	184	552	920	2,070	3,220	4,600
Maxivan	192	576	960	2,160	3,360	4,800
1972-80 1-Ton						
Van (109" wb)	168	504	840	1,890	2,940	4,200
Van (127" wb)	176	528	880	1,980	3,080	4,400
Maxivan	184	552	920	2,070	3,220	4,600
1972-80 1/2-Ton						
Utiline PU (115" wb)	290	880	1,460	3,290	5,110	7,300
Sweptline PU (115" wb)	290	860	1,440	3,240	5,040	7,200
Utiline PU (131" wb)	290	860	1,440	3,240	5,040	7,200
Sweptline PU (131" wb)	290	880	1,460	3,290	5,110	7,300
NOTE: Add 20 percent for Macho Power Wagon Package.						
1972-80 3/4-Ton, 131" wb						
Utiline PU	280	840	1,400	3,150	4,900	7,000
Sweptline PU	284	852	1,420	3,200	4,970	7,100
1972-80 Crew Cab, 3/4-Ton						
Utiline PU (149" wb)	230	700	1,160	2,610	4,060	5,800
Sweptline PU (149" wb)	240	710	1,180	2,660	4,130	5,900
Utiline PU (165" wb)	230	680	1,140	2,570	3,990	5,700
Sweptline PU (165" wb)	230	700	1,160	2,610	4,060	5,800
1978 Little Red Express PU	800	2,400	4,000	9,000	14,000	20,000

	6	5	4	3	2	1
1979 Little Red Express PU	760	2,280	3,800	8,550	13,300	19,000
NOTE: Add 10 percent for V-8 engine. Add 20 percent for Warlock Package. (1977).						
1981-91 Rampage						
PU	168	504	840	1,890	2,940	4,200
1981-91 Ram 50						
Cus PU	180	540	900	2,030	3,150	4,500
Royal PU	184	552	920	2,070	3,220	4,600
Spt PU	188	564	940	2,120	3,290	4,700
1981-91 Ramcharger						
2WD	240	720	1,200	2,700	4,200	6,000
4x4	280	840	1,400	3,150	4,900	7,000
1981-91 B150						
Van	220	660	1,100	2,480	3,850	5,500
Long Range Van	212	636	1,060	2,390	3,710	5,300
Wag	256	768	1,280	2,880	4,480	6,400
Mini-Ram Wag	252	756	1,260	2,840	4,410	6,300
1981-91 B250						
Van	216	648	1,080	2,430	3,780	5,400
Wag	256	768	1,280	2,880	4,480	6,400
Mini-Ram Wag	252	756	1,260	2,840	4,410	6,300
1981-91 B350						
Van	216	648	1,080	2,430	3,780	5,400
Wag	256	768	1,280	2,880	4,480	6,400
1981-91 D150						
Utiline PU (SBx)	176	528	880	1,980	3,080	4,400
Sweptline PU (SBx)	180	540	900	2,030	3,150	4,500
Clb Cab PU (SBx)	196	588	980	2,210	3,430	4,900
Utiline PU (LBx)	180	540	900	2,030	3,150	4,500
Sweptline PU (LBx)	184	552	920	2,070	3,220	4,600
Clb Cab PU (LBx)	200	600	1,000	2,250	3,500	5,000
1981-91 D250						
Utiline PU (LBx)	172	516	860	1,940	3,010	4,300
Sweptline PU (LBx)	176	528	880	1,980	3,080	4,400
Clb Cab PU (LBx)	196	588	980	2,210	3,430	4,900
Crew Cab PU (SBx)	192	576	960	2,160	3,360	4,800
Crew Cab PU (LBx)	196	588	980	2,210	3,430	4,900
NOTE: Add 15 percent for 4x4.						
1981-91 Dakota, 1/2-Ton, V-6, 1987-91						
PU (SBx)	180	540	900	2,030	3,150	4,500
PU (LBx)	176	528	880	1,980	3,080	4,400
PU Spt Conv (1989-91)	340	1,020	1,700	3,830	5,950	8,500
NOTE: Deduct 10 percent for 4-cyl. Add 30 percent for V-8, 1991.NOTE: Add 5 percent for 2.2 Turbo. Add 15 percent for Shelby package (1987, 1988 & 1989 only).						
1984-91						
Caravan	192	576	960	2,160	3,360	4,800
Caravan SE	204	612	1,020	2,300	3,570	5,100
Caravan LE	212	636	1,060	2,390	3,710	5,300
1984-91 Caravan, V-6						
Sta Wag	232	696	1,160	2,610	4,060	5,800
Sta Wag SE	236	708	1,180	2,660	4,130	5,900
Sta Wag LE	240	720	1,200	2,700	4,200	6,000
NOTE: Add 5 percent for 4x4.						
1992 Ram 50, 1/2-Ton, 4-cyl.						
2d PU	200	600	1,000	2,250	3,500	5,000
2d LB PU	208	624	1,040	2,340	3,640	5,200
2d SE PU	220	660	1,100	2,480	3,850	5,500
1992 Ramcharger, V-8						
2d 150S SUV	272	816	1,360	3,060	4,760	6,800
2d 150S SUV (4x4)	288	864	1,440	3,240	5,040	7,200
2d 150 SUV	280	840	1,400	3,150	4,900	7,000
2d 150 SUV (4x4)	300	900	1,500	3,380	5,250	7,500
1992 Caravan, V-6						
3d CV Van	228	684	1,140	2,570	3,990	5,700
3d SE Van	232	696	1,160	2,610	4,060	5,800
3d LE Van	236	708	1,180	2,660	4,130	5,900
3d ES Van	240	720	1,200	2,700	4,200	6,000
NOTE: Add 10 percent for Grand models. Add 5 percent for 4x4.						
1992 B Series Van, V-8						
B150 Van	280	840	1,400	3,150	4,900	7,000
B150 Wag	300	900	1,500	3,380	5,250	7,500
B250 Van	300	900	1,500	3,380	5,250	7,500
B250 Sta Wag	320	960	1,600	3,600	5,600	8,000
B250 Maxi Van	320	960	1,600	3,600	5,600	8,000
B250 Maxi Wag	340	1,020	1,700	3,830	5,950	8,500
1992 Dakota, 1/2-Ton						
2d PU (SBx)	220	660	1,100	2,480	3,850	5,500

	6	5	4	3	2	1
2d PU (LBx)	240	720	1,200	2,700	4,200	6,000
NOTE: Add 10 percent for V-8. Add 5 percent for 4x4.						
1992 D Series, V-8						
2d D150 PU	260	780	1,300	2,930	4,550	6,500
2d D250 PU	300	900	1,500	3,380	5,250	7,500
1993 Ram 50, 4-cyl.						
2d PU SBx	208	624	1,040	2,340	3,640	5,200
2d PU LBx	212	636	1,060	2,390	3,710	5,300
1993 Ramcharger, V-8						
2d SUV 2WD	280	840	1,400	3,150	4,900	7,000
2d SUV 4x4	320	960	1,600	3,600	5,600	8,000
1993 Caravan, V-6						
Sta Wag	272	816	1,360	3,060	4,760	6,800
1993 B150/250						
Window Van	276	828	1,380	3,110	4,830	6,900
1993 Dakota, V-8						
2d PU SBx	260	780	1,300	2,930	4,550	6,500
2d PU LBx	264	792	1,320	2,970	4,620	6,600
1993 D150/250, V-8						
2d PU SBx D150	280	840	1,400	3,150	4,900	7,000
2d PU LBx D150	284	852	1,420	3,200	4,970	7,100
2d PU SBx D250	284	852	1,420	3,200	4,970	7,100
2d PU LBx D250	288	864	1,440	3,240	5,040	7,200
1994						
Caravan	200	550	900	2,030	3,150	4,500
Caravan LWB	250	700	1,200	2,700	4,200	6,000
Caravan SE	300	850	1,400	3,150	4,900	7,000
Caravan LE	300	900	1,500	3,380	5,250	7,500
Caravan ES	300	950	1,600	3,600	5,600	8,000
Caravan Grand SE	300	900	1,500	3,380	5,250	7,500
Caravan Grand LE	300	950	1,600	3,600	5,600	8,000
Caravan Grand ES	350	1,000	1,700	3,830	5,950	8,500
1994 B150 & B250, V-8						
Window Van	400	1,200	2,000	4,500	7,000	10,000
Van	360	1,080	1,800	4,050	6,300	9,000
Maxi Van	440	1,320	2,200	4,950	7,700	11,000
1994 Dakota, V-6						
2d PU 6 ft.	250	800	1,300	2,930	4,550	6,500
2d PU 8 ft.	250	800	1,350	3,020	4,700	6,700
2d PU Spt 6 ft.	300	900	1,500	3,380	5,250	7,500
2d PU Spt 8 ft.	300	950	1,600	3,600	5,600	8,000
1994 Ram 1500 & 2500, V-8						
2d Pu 6-1/2 ft.	360	1,080	1,800	4,050	6,300	9,000
2d PU 8 ft.	380	1,140	1,900	4,280	6,650	9,500
1995						
Caravan C/V	150	400	700	1,580	2,450	3,500
Caravan C/V, LWB	150	500	850	1,940	3,000	4,300
Caravan	200	550	900	2,030	3,150	4,500
Caravan SE	300	850	1,400	3,150	4,900	7,000
Caravan LE	300	900	1,500	3,380	5,250	7,500
Caravan ES	300	950	1,600	3,600	5,600	8,000
Grand Caravan	300	850	1,400	3,150	4,900	7,000
Grand Caravan SE	300	900	1,500	3,380	5,250	7,500
Grand Caravan LE	300	950	1,600	3,600	5,600	8,000
Grand Caravan ES	350	1,000	1,700	3,830	5,950	8,500
NOTE: Deduct 5 percent for 4-cyl. Add 5 percent for 4x4.						
1995 Ram Van 1500 & 2500, V-8						
Window Van	400	1,200	2,000	4,500	7,000	10,000
Van	360	1,080	1,800	4,050	6,300	9,000
Maxi Van	440	1,320	2,200	4,950	7,700	11,000
1995 Dakota, V-6						
2d PU, 6-1/2 ft.	250	800	1,300	2,930	4,550	6,500
2d PU, 8 ft.	250	800	1,350	3,020	4,700	6,700
2d PU Spt, 6-1/2 ft.	300	900	1,500	3,380	5,250	7,500
Club Cab PU, 6-1/2 ft.	320	960	1,600	3,600	5,600	8,000
Club Cab Spt PU, 6-1/2 ft.	300	950	1,600	3,650	5,650	8,100
1995 Ram 1500 & 2500, V-8						
2d PU, 6-1/2 ft.	360	1,080	1,800	4,050	6,300	9,000
2d PU, 8 ft.	380	1,140	1,900	4,280	6,650	9,500
Club Cab PU, 6-1/2 ft.	440	1,320	2,200	4,950	7,700	11,000
Club Cab PU, 8 ft.	450	1,340	2,240	5,040	7,840	11,200
1996 Caravan, V-6						
Caravan	200	550	900	2,030	3,150	4,500
Caravan SE	300	850	1,400	3,150	4,900	7,000
Caravan LE	300	900	1,500	3,380	5,250	7,500
Caravan ES	300	950	1,600	3,600	5,600	8,000

	6	5	4	3	2	1
Grand Caravan	300	850	1,400	3,150	4,900	7,000
Grand Caravan SE	300	900	1,500	3,380	5,250	7,500
Grand Caravan LE	300	950	1,600	3,600	5,600	8,000
Grand Caravan ES	350	1,000	1,700	3,830	5,950	8,500
NOTE: Deduct 5 percent for 4-cyl. Add 5 percent for 4x4.						
1996 Ram Van 1500 & 2500, V-8						
Window Van	400	1,200	2,000	4,500	7,000	10,000
Van	360	1,080	1,800	4,050	6,300	9,000
Maxi Van	440	1,320	2,200	4,950	7,700	11,000
1996 Dakota, V-6						
2d PU, 6-1/2 ft.	250	800	1,300	2,930	4,550	6,500
2d PU, 8 ft.	250	800	1,350	3,020	4,700	6,700
2d PU Spt, 6-1/2 ft.	300	900	1,500	3,380	5,250	7,500
Club Cab PU, 6-1/2 ft.	320	960	1,600	3,600	5,600	8,000
Club Cab Spt PU, 6-1/2 ft.	300	950	1,600	3,650	5,650	8,100
NOTE: Add $2,000 for 4x4. Add 5 percent for V-8.						
1996 Ram 1500 & 2500, V-8						
2d PU, 6-1/2 ft.	360	1,080	1,800	4,050	6,300	9,000
2d PU, 8 ft.	380	1,140	1,900	4,280	6,650	9,500
Club Cab PU, 6-1/2 ft.	440	1,320	2,200	4,950	7,700	11,000
Club Cab PU, 8 ft.	450	1,340	2,240	5,040	7,840	11,200
NOTE: Add $2,000 for 4x4. Add 5 percent for V-10.						
1997 Caravan, V-6						
Caravan	180	540	900	2,030	3,150	4,500
Caravan SE	280	840	1,400	3,150	4,900	7,000
Caravan LE	300	900	1,500	3,380	5,250	7,500
Caravan ES	320	960	1,600	3,600	5,600	8,000
Grand Caravan	280	840	1,400	3,150	4,900	7,000
Grand Caravan SE	300	900	1,500	3,380	5,250	7,500
Grand Caravan LE	320	960	1,600	3,600	5,600	8,000
Grand Caravan ES	340	1,020	1,700	3,830	5,950	8,500
NOTE: Deduct 5 percent for 4-cyl. Add 5 percent for 4x4.						
1997 Ram Van 1500 & 2500, V-8						
Window Van	400	1,200	2,000	4,500	7,000	10,000
Van	360	1,080	1,800	4,050	6,300	9,000
Maxi Van	440	1,320	2,200	4,950	7,700	11,000
NOTE: Deduct 5 percent for V-6.						
1997 Dakota, V-6						
2d PU, 6-1/2 ft.	260	780	1,300	2,930	4,550	6,500
2d PU, 8 ft.	268	804	1,340	3,020	4,690	6,700
Club Cab 2d PU, 6-1/2 ft.	320	960	1,600	3,600	5,600	8,000
NOTE: Add $2,000 for 4x4. Add 5 percent for V-8. Deduct 5 percent for 4-cyl.						
1997 Ram 1500 & 2500, V-8						
2d PU, 6-1/2 ft.	360	1,080	1,800	4,050	6,300	9,000
2d PU, 8 ft.	380	1,140	1,900	4,280	6,650	9,500
Club Cab PU, 6-1/2 ft.	440	1,320	2,200	4,950	7,700	11,000
Club Cab PU, 8 ft.	450	1,340	2,240	5,040	7,840	11,200
NOTE: Add $2,000 for 4x4. Add 5 percent for V-10. Add 25 percent for turbo diesel V-8.						
1998 Caravan, V-6						
Caravan	180	540	900	2,030	3,150	4,500
Caravan SE	280	840	1,400	3,150	4,900	7,000
Caravan LE	300	900	1,500	3,380	5,250	7,500
Grand Caravan	280	840	1,400	3,150	4,900	7,000
Grand Caravan SE	300	900	1,500	3,380	5,250	7,500
Grand Caravan LE	320	960	1,600	3,600	5,600	8,000
Grand Caravan ES	340	1,020	1,700	3,830	5,950	8,500
NOTE: Deduct 5 percent for 4-cyl. Add 5 percent for 4x4.						
1998 Durango, V-8, 4x4						
SLT 4d SUV	340	1,020	1,700	3,830	5,950	8,500
1998 Ram Van 1500 & 2500, V-8						
Window Van	400	1,200	2,000	4,500	7,000	10,000
Van	360	1,080	1,800	4,050	6,300	9,000
Maxi Van	440	1,320	2,200	4,950	7,700	11,000
NOTE: Deduct 5 percent for V-6.						
1998 Dakota, V-6						
2d PU	260	780	1,300	2,930	4,550	6,500
R/T Spt 2d PU	330	980	1,640	3,690	5,740	8,200
Club Cab 2d PU	320	960	1,600	3,600	5,600	8,000
R/T Spt Club Cab 2d PU	400	1,200	2,000	4,500	7,000	10,000
NOTE: Add $2,000 for 4x4. Add 5 percent for V-8. Deduct 5 percent for 4-cyl.						
1998 Ram 1500 & 2500, V-8						
2d PU WS (V-6)	280	840	1,400	3,150	4,900	7,000
2d PU	320	960	1,600	3,600	5,600	8,000
2d PU HD	360	1,080	1,800	4,050	6,300	9,000
Club Cab PU	400	1,200	2,000	4,500	7,000	10,000
Club Cab PU HD	420	1,260	2,100	4,730	7,350	10,500
Quad Cab PU	400	1,200	2,000	4,500	7,000	10,000

	6	5	4	3	2	1
Quad Cab PU HD	440	1,320	2,200	4,950	7,700	11,000

NOTE: Add $2,000 for 4x4. Add 5 percent for V-10. Add 25 percent for turbo diesel 6-cyl. Add 5 percent for SST pkg.

1999 Caravan, V-6

	6	5	4	3	2	1
Caravan	180	540	900	2,030	3,150	4,500
Caravan SE	280	840	1,400	3,150	4,900	7,000
Caravan LE	300	900	1,500	3,380	5,250	7,500
Grand Caravan	280	840	1,400	3,150	4,900	7,000
Grand Caravan SE	300	900	1,500	3,380	5,250	7,500
Grand Caravan LE	320	960	1,600	3,600	5,600	8,000
Grand Caravan ES	340	1,020	1,700	3,830	5,950	8,500

NOTE: Add 5 percent for Sport Pkg. Deduct 5 percent for 4-cyl. Add 5 percent for 4x4.

1999 Durango, V-8

	6	5	4	3	2	1
SLT 4d SUV	340	1,020	1,700	3,830	5,950	8,500

NOTE: Add 5 percent for 4x4.

1999 Ram Van 1500 & 2500, V-8

	6	5	4	3	2	1
Window Van	400	1,200	2,000	4,500	7,000	10,000
Van	360	1,080	1,800	4,050	6,300	9,000
Maxi Van	440	1,320	2,200	4,950	7,700	11,000

NOTE: Add 5 percent for Premium Pkg. Deduct 5 percent for V-6.

1999 Dakota, V-6

	6	5	4	3	2	1
2d Sweptline PU	260	780	1,300	2,930	4,550	6,500
2d Sweptline R/T Spt PU	330	980	1,640	3,690	5,740	8,200
2d Club Cab PU	320	960	1,600	3,600	5,600	8,000
2d Club Cab R/T Spt PU	400	1,200	2,000	4,500	7,000	10,000

NOTE: Add $2,000 for 4x4. Add 5 percent for V-8. Add 5 percent for SLT Pkg. Deduct 5 percent for 4-cyl.

1999 Ram 1500 & 2500, V-8

	6	5	4	3	2	1
2d Sweptline PU	320	960	1,600	3,600	5,600	8,000
2d Sweptline HD PU	360	1,080	1,800	4,050	6,300	9,000
Club Cab PU	400	1,200	2,000	4,500	7,000	10,000
HD Club Cab PU	420	1,260	2,100	4,730	7,350	10,500
Quad Cab PU	400	1,200	2,000	4,500	7,000	10,000
HQ Quad Cab PU	440	1,320	2,200	4,950	7,700	11,000

NOTE: Add $2,000 for 4x4. Add 5 percent for V-10. Add 25 percent for turbo diesel 6-cyl. Add 5 percent for Sport or Laramie SLT Pkgs.

2000 Caravan, V-6

	6	5	4	3	2	1
Caravan	180	540	900	2,030	3,150	4,500
Caravan SE	280	840	1,400	3,150	4,900	7,000
Grand Caravan	280	840	1,400	3,150	4,900	7,000
Grand Caravan SE	300	900	1,500	3,380	5,250	7,500
Grand Caravan LE	320	960	1,600	3,600	5,600	8,000
Grand Caravan ES	340	1,020	1,700	3,830	5,950	8,500

NOTE: Add 5 percent for Sport pkg. Deduct 5 percent for 4-cyl. Add 5 percent for 4x4.

2000 Durango, V-8

	6	5	4	3	2	1
Sport 4d SUV	320	960	1,600	3,600	5,600	8,000
SLT 4d SUV	340	1,020	1,700	3,830	5,950	8,500
SLT Plus 4d SUV	360	1,080	1,800	4,050	6,300	9,000
R/T Sport 4d SUV	440	1,320	2,200	4,950	7,700	11,000

NOTE: Add 5 percent for 4x4.

2000 Ram Van 1500 & 2500, V-8

	6	5	4	3	2	1
Window Van	400	1,200	2,000	4,500	7,000	10,000
Van	360	1,080	1,800	4,050	6,300	9,000
Maxi Van	440	1,320	2,200	4,950	7,700	11,000

NOTE: Add 5 percent for Premium pkg. Deduct 5 percent for V-6.

2000 Dakota, V-6

	6	5	4	3	2	1
2d Sweptline PU	260	780	1,300	2,930	4,550	6,500
2d Sweptline PU R/T Spt PU	330	980	1,640	3,690	5,740	8,200
2d Club Cab PU	320	960	1,600	3,600	5,600	8,000
2d Club Cab R/T Spt PU	400	1,200	2,000	4,500	7,000	10,000
Quad Cab Sport SLT PU	380	1,140	1,900	4,280	6,650	9,500

NOTE: Add $2,000 for 4x4. Add 5 percent for V-8. Add 5 percent for SLT or Sport pkgs. Deduct 5 percent for 4-cyl.

2000 Ram 1500 & 2500, V-8

	6	5	4	3	2	1
2d Sweptline PU	320	960	1,600	3,600	5,600	8,000
2d Sweptline HD PU	360	1,080	1,800	4,050	6,300	9,000
Club Cab PU	400	1,200	2,000	4,500	7,000	10,000
Quad Cab PU	400	1,200	2,000	4,500	7,000	10,000
HD Quad Cab PU	440	1,320	2,200	4,950	7,700	11,000

NOTE: Add $2,000 for 4x4. Add 5 percent for V-10. Add 25 percent for turbo diesel V-8. Add 5 percent for Sport, SLT Plus or Laramie SLT pkgs. Deduct 5 percent for V-6.

2001 Caravan, V-6

	6	5	4	3	2	1
Caravan SE	280	840	1,400	3,500	4,900	7,000
Caravan Sport	290	860	1,440	3,600	5,040	7,200
Grand Caravan SE	300	900	1,500	3,750	5,250	7,500
Grand Caravan Sport	320	960	1,600	4,000	5,600	8,000
Grand Caravan EX	330	980	1,640	4,100	5,740	8,200
Grand Caravan ES	340	1,020	1,700	4,250	5,950	8,500

NOTE: Deduct 5 percent for 4-cyl. Add 5 percent for 4x4.

	6	5	4	3	2	1
2001 Durango, V-8						
Sport 4d SUV	320	960	1,600	3,600	5,600	8,000
SLT 4d SUV	340	1,020	1,700	3,830	5,950	8,500
SLT Plus 4d SUV	360	1,080	1,800	4,050	6,300	9,000
R/T Sport 4d SUV	440	1,320	2,200	4,950	7,700	11,000
NOTE: Add 5 percent for 4x4.						
2001 Ram Van 1500 & 2500, V-8						
Window Van	400	1,200	2,000	4,500	7,000	10,000
Van	360	1,080	1,800	4,050	6,300	9,000
Maxi Van	440	1,320	2,200	4,950	7,700	11,000
NOTE: Add 5 percent for Premium pkg. Deduct 5 percent for V-6.						
2001 Dakota, V-6						
2d Sweptline PU	260	780	1,300	3,250	4,550	6,500
2d Sweptline R/T Spt PU	330	980	1,640	4,100	5,740	8,200
2d Club Cab PU	320	960	1,600	4,000	5,600	8,000
2d Club Cab R/T Sport PU	400	1,200	2,000	5,000	7,000	10,000
Quad Cab Sport SLT PU	380	1,140	1,900	4,750	6,650	9,500
NOTE: Add $2,000 for 4x4. Add 5 percent for V-8. Add 5 percent for SLT or Sport pkgs. Deduct 5 percent for 4-cyl.						
2001 Ram 1500 & 2500, V-8						
2d Sweptline PU	320	960	1,600	3,600	5,600	8,000
2d Sweptline HD PU	360	1,080	1,800	4,050	6,300	9,000
Club Cab PU	400	1,200	2,000	4,500	7,000	10,000
Quad Cab PU	400	1,200	2,000	4,500	7,000	10,000
HD Quad Cab PU	440	1,320	2,200	4,950	7,700	11,000
NOTE: Add $2,000 for 4x4. Add 5 percent for V-10. Add 25 percent for turbo diesel V-8. Add 5 percent for Sport, SLT or SLT Plus or pkgs. Deduct 5 percent for V-6.						
2002 Caravan, V-6						
Caravan eC (4-cyl.)	240	720	1,200	3,000	4,200	6,000
Caravan SE	280	840	1,400	3,500	4,900	7,000
Caravan Sport	290	860	1,440	3,600	5,040	7,200
Grand Caravan SE	300	900	1,500	3,750	5,250	7,500
Grand Caravan eL	320	970	1,620	4,050	5,670	8,100
Grand Caravan Sport	320	960	1,600	4,000	5,600	8,000
Grand Caravan EX	330	980	1,640	4,100	5,740	8,200
Grand Caravan ES	340	1,020	1,700	4,250	5,950	8,500
NOTE: Deduct 5 percent for 4-cyl. except eC model. Add 5 percent for 4x4.						
2002 Durango, V-8						
Sport 4d SUV	360	1,080	1,800	4,500	6,300	9,000
SXT 4d SUV	370	1,120	1,860	4,650	6,510	9,300
SLT 4d SUV	380	1,140	1,900	4,750	6,650	9,500
SLT Plus 4d SUV	400	1,200	2,000	5,000	7,000	10,000
R/T Sport 4d SUV	480	1,440	2,400	6,000	8,400	12,000
NOTE: Add 5 percent for 4x4.						
2002 Ram Van 1500 & 2500, V-8						
Window Van	440	1,320	2,200	5,500	7,700	11,000
Van	400	1,200	2,000	5,000	7,000	10,000
Maxi Van	480	1,440	2,400	6,000	8,400	12,000
NOTE: Add 5 percent for Premium pkg. Deduct 5 percent for V-6.						
2002 Dakota, V-6						
2d Sweptline PU	260	780	1,300	3,250	4,550	6,500
2d Sweptline SXT PU	280	840	1,400	3,500	4,900	7,000
2d Sweptline Sport PU	300	900	1,500	3,750	5,250	7,500
2d Sweptline SLT PU	320	960	1,600	4,000	5,600	8,000
2d Sweptline R/T Sport PU	330	980	1,640	4,100	5,740	8,200
2d Club Cab PU	320	960	1,600	4,000	5,600	8,000
2d Club Cab SXT PU	340	1,020	1,700	4,250	5,950	8,500
2d Club Cab Sport PU	360	1,080	1,800	4,500	6,300	9,000
2d Club Cab SLT PU	380	1,140	1,900	4,750	6,650	9,500
2d Club Cab R/T Sport PU	400	1,200	2,000	5,000	7,000	10,000
Quad Cab Sport PU	380	1,140	1,900	4,750	6,650	9,500
Quad Cab SLT PU	400	1,200	2,000	5,000	7,000	10,000
NOTE: Add $2,000 for 4x4. Add 5 percent for V-8 except R/T Sport. Deduct 5 percent for 4-cyl.						
2002 Ram 1500 & 2500, V-8						
2d Sweptline PU	360	1,080	1,800	4,500	6,300	9,000
Quad Cab PU	440	1,320	2,200	5,500	7,700	11,000
NOTE: Add $2,000 for 4x4. Add 5 percent for V-10. Add 25 percent for turbo diesel V-8. Add 5 percent for Sport, SLT or SLT Plus pkgs. Deduct 5 percent for V-6.						
2003 Caravan, V-6						
Caravan C/V	250	740	1,240	3,100	4,340	6,200
Caravan SE	280	840	1,400	3,500	4,900	7,000
Caravan SXT	280	850	1,420	3,550	4,970	7,100
Caravan Sport	290	860	1,440	3,600	5,040	7,200
Grand Caravan C/V	300	890	1,480	3,700	5,180	7,400
Grand Caravan SE	300	900	1,500	3,750	5,250	7,500
Grand Caravan eL	320	970	1,620	4,050	5,670	8,100
Grand Caravan Sport	320	960	1,600	4,000	5,600	8,000
Grand Caravan EX	330	980	1,640	4,100	5,740	8,200

	6	5	4	3	2	1
Grand Caravan ES	340	1,020	1,700	4,250	5,950	8,500
NOTE: Deduct 5 percent for 4-cyl. Add 5 percent for AWD.						
2003 Durango, V-8						
Sport 4d SUV	360	1,080	1,800	4,500	6,300	9,000
SXT 4d SUV	370	1,120	1,860	4,650	6,510	9,300
SLT 4d SUV	380	1,140	1,900	4,750	6,650	9,500
SLT Plus 4d SUV	400	1,200	2,000	5,000	7,000	10,000
R/T Sport 4d SUV	480	1,440	2,400	6,000	8,400	12,000
NOTE: Add 5 percent for 4x4.						
2003 Ram Van 1500 & 2500, V-8						
Van	400	1,200	2,000	5,000	7,000	10,000
Maxi Van	480	1,440	2,400	6,000	8,400	12,000
NOTE: Deduct 5 percent for V-6.						
2003 Dakota, V-6						
2d Sweptline PU	260	780	1,300	3,250	4,550	6,500
2d Sweptline SXT PU	280	840	1,400	3,500	4,900	7,000
2d Sweptline Sport PU	300	900	1,500	3,750	5,250	7,500
2d Sweptline SLT PU	320	960	1,600	4,000	5,600	8,000
2d Sweptline R/T Sport PU	330	980	1,640	4,100	5,740	8,200
2d Club Cab PU	320	960	1,600	4,000	5,600	8,000
2d Club Cab SXT PU	340	1,020	1,700	4,250	5,950	8,500
2d Club Cab Sport PU	360	1,080	1,800	4,500	6,300	9,000
2d Club Cab SLT PU	380	1,140	1,900	4,750	6,650	9,500
2d Club Cab R/T Sport PU	400	1,200	2,000	5,000	7,000	10,000
Quad Cab Sport PU	380	1,140	1,900	4,750	6,650	9,500
Quad Cab SLT PU	400	1,200	2,000	5,000	7,000	10,000
NOTE: Add $2,000 for 4x4. Add 5 percent for V-8 except R/T Sport.						
2003 Ram 1500 & 2500, V-8						
2d Sweptline PU	360	1,080	1,800	4,500	6,300	9,000
Quad Cab PU	440	1,320	2,200	5,500	7,700	11,000
NOTE: Add $2,000 for 4x4. Add 5 percent for V-10. Add 5 percent for Hemi V-8. Add 25 percent for turbo diesel V-8. Add 5 percent for Off Road, Sport or SLT pkgs. Add 10 percent for Laramie pkg. Deduct 5 percent for V-6.						
2004 Caravan, V-6						
Caravan C/V	250	740	1,240	3,100	4,340	6,200
Caravan SE	280	840	1,400	3,500	4,900	7,000
Caravan SXT	280	850	1,420	3,550	4,970	7,100
Grand Caravan C/V	300	890	1,480	3,700	5,180	7,400
Grand Caravan SE	300	900	1,500	3,750	5,250	7,500
Grand Caravan EX	330	980	1,640	4,100	5,740	8,200
Grand Caravan SXT	380	1,140	1,900	4,750	6,650	9,500
NOTE: Add 5 percent for Anniversary Ed. Dedut 5 percent for 4-cyl. Add 5 percent for AWD.						
2004 Durango, V-8						
ST 4d SUV	360	1,080	1,800	4,500	6,300	9,000
SLT 4d SUV	380	1,140	1,900	4,750	6,650	9,500
SLT Hemi 4d SUV	400	1,200	2,000	5,000	7,000	10,000
Limited 4d SUV	480	1,440	2,400	6,000	8,400	12,000
Limited Hemi 4d SUV	520	1,560	2,600	6,500	9,100	13,000
NOTE: Add 5 percent for 4x4. Deduct 5 percent for V-6.						
2004 Dakota, V-6						
2d Sweptline PU	260	780	1,300	3,250	4,550	6,500
2d Sweptline SXT PU	280	840	1,400	3,500	4,900	7,000
2d Sweptline Sport PU	300	900	1,500	3,750	5,250	7,500
2d Sweptline SLT PU	320	960	1,600	4,000	5,600	8,000
2d Club Cab PU	320	960	1,600	4,000	5,600	8,000
2d Club Cab SXT PU	340	1,020	1,700	4,250	5,950	8,500
2d Club Cab Sport PU	360	1,080	1,800	4,500	6,300	9,000
2d Club Cab SLT PU	380	1,140	1,900	4,750	6,650	9,500
Quad Cab SXT PU	380	1,150	1,920	4,800	6,720	9,600
Quad Cab Sport PU	390	1,180	1,960	4,900	6,860	9,800
Quad Cab SLT PU	400	1,200	2,000	5,000	7,000	10,000
NOTE: Add $2,000 for 4x4. Add 5 percent for V-8. Deduct 5 percent for manual transmission.						
2004 Ram 1500, V-8						
2d Sweptline PU	360	1,080	1,800	4,500	6,300	9,000
Quad Cab PU	440	1,320	2,200	5,500	7,700	11,000
2d Sweptline SRT-10 PU(V-10, 6-Spd only)	740	2,220	3,700	9,250	12,950	18,500
2004 Ram 2500, V-8						
2d Sweptline PU	420	1,260	2,100	5,250	7,350	10,500
Quad Cab PU	480	1,440	2,400	6,000	8,400	12,000
NOTE: Add $2,000 for 4x4. Add 5 percent for Hemi V-8. Add 25 percent for turbo diesel V-8. Add 10 percent for Laramie pkg. Add 5 percent for Off Road, Sport or SLT pkgs. Deduct 5 percent for V-6. Deduct 5 percent for manual transmission.						
2005 Caravan, V-6						
Caravan C/V	250	740	1,240	2,790	4,340	6,200
Grand Caravan C/V	260	770	1,280	2,880	4,480	6,400
Caravan SE	280	840	1,400	3,500	4,900	7,000
Caravan SXT	280	850	1,420	3,550	4,970	7,100
Grand Caravan SE	300	900	1,500	3,750	5,250	7,500

	6	5	4	3	2	1
Grand Caravan SXT	380	1,140	1,900	4,750	6,650	9,500
NOTE: Deduct 5 percent for 4-cyl.						
2005 Durango, V-8						
4d ST SUV	360	1,080	1,800	4,500	6,300	9,000
4d SXT SUV	370	1,120	1,860	4,650	6,510	9,300
4d SLT SUV	380	1,140	1,900	4,750	6,650	9,500
4d SLT Hemi SUV	400	1,200	2,000	5,000	7,000	10,000
4d Adventurer SUV	390	1,180	1,960	4,900	6,860	9,800
4d Adventurer Hemi SUV	430	1,300	2,160	5,400	7,560	10,800
4d Limited SUV	480	1,440	2,400	6,000	8,400	12,000
4d Limited Hemi SUV	520	1,560	2,600	6,500	9,100	13,000
NOTE: Add 5 percent for 4x4. Deduct 5 percent for V-6.						
2005 Dakota, V-6						
2d ST Club Cab PU	280	830	1,380	3,450	4,830	6,900
2d SLT Club Cab PU	300	910	1,520	3,800	5,320	7,600
2d Laramie Club Cab PU	330	1,000	1,660	4,150	5,810	8,300
4d ST Quad Cab PU	360	1,080	1,800	4,500	6,300	9,000
4d SLT Quad Cab PU	400	1,200	2,000	5,000	7,000	10,000
4d Laramie Quad Cab PU	420	1,270	2,120	5,300	7,420	10,600
NOTE: Add 10 percent for 4x4. Add 5 percent for 4.7L V-8 or 4.7L High Output V-8. Deduct 5 percent for manual transmission.						
2005 Ram 1500, V-8						
2d Sweptline PU	360	1,080	1,800	4,500	6,300	9,000
2d Sweptline SRT-10 PU (V-10, 6-Spd only)	740	2,220	3,700	9,250	12,950	18,500
4d Quad Cab PU	440	1,320	2,200	5,500	7,700	11,000
4d Quad Cab SRT-10 PU (V-10 only)	780	2,340	3,900	9,750	13,650	19,500
2005 Ram 2500, V-8						
2d Sweptline PU	420	1,260	2,100	5,250	7,350	10,500
2d Sweptline Power Wagon PU (4x4)	520	1,560	2,600	6,500	9,100	13,000
4d Quad Cab PU	480	1,440	2,400	6,000	8,400	12,000
4d Power Wagon Quad Cab PU (4x4)	640	1,920	3,200	8,000	11,200	16,000
NOTE: Add 10 percent for Daytona pkg or Laramie pkg. Add 10 percent for 4x4, except Power Wagon models. Add 5 percent for SLT pkg or Off-Road pkg. Add 5 percent for Sport pkg, except w/Daytona pkg. Add 5 percent for 5.7L Hemi V-8, when optional. Add 25 percent for 5.9L High Output Turbo Diesel, when optional. Deduct 5 percent for Work Truck pkg. Deduct 5 percent for V-6. Deduct 5 percent for manual transmission.						
2006 Durango 4WD, V-8						
4d SXT SUV	370	1,120	1,860	4,650	6,510	9,300
4d SLT SUV	390	1,160	1,940	4,850	6,790	9,700
4d Ltd SUV	480	1,450	2,420	6,050	8,470	12,100
2006 Caravan Cargo, V-6						
Minivan	200	600	1,000	2,500	3,500	5,000
Grand Minivan	220	650	1,080	2,700	3,780	5,400
2006 Caravan Passenger, V-6						
4d SE Minivan	280	850	1,420	3,550	4,970	7,100
4d SXT Minivan	290	860	1,440	3,600	5,040	7,200
4d Grand Minivan	300	890	1,480	3,700	5,180	7,400
4d EXT Grand Minivan	300	910	1,520	3,800	5,320	7,600
2006 Dakota Club Cab Pickup, V-6						
2d ST 6.5'	340	1,020	1,700	4,250	5,950	8,500
2d SLT 6.5'	360	1,090	1,820	4,550	6,370	9,100
2d Laramie 6.5'	380	1,130	1,880	4,700	6,580	9,400
NOTE: Add 5 percent for V-8s; add 20 percent for 4WD.						
2006 Dakota Quad Cab Pickup, V-6						
4d ST 5.5'	390	1,160	1,940	4,850	6,790	9,700
4d SLT 5.5'	400	1,200	2,000	5,000	7,000	10,000
4d Laramie 5.5'	410	1,240	2,060	5,150	7,210	10,300
NOTE: Add 5 percent for V-8s; add 20 percent for 4WD.						
2006 Ram Pickup, V-8						
2d 1500 ST 6.25'	320	950	1,580	3,950	5,530	7,900
2d 1500 ST 8'	300	900	1,500	3,750	5,250	7,500
2d 1500 SLT 6.5'	320	970	1,620	4,050	5,670	8,100
2d 1500 SLT 8'	310	920	1,540	3,850	5,390	7,700
2d 1500 Laramie 6.5'	340	1,010	1,680	4,200	5,880	8,400
2d 1500 Laramie 8'	320	950	1,580	3,950	5,530	7,900
NOTE: Add 10 percent for HEMI; add 30 percent for 4WD.						
2006 Ram Pickup, HEMI V-8						
2d 2500 ST 8'	420	1,260	2,100	5,250	7,350	10,500
2d 2500 SLT 8'	430	1,280	2,140	5,350	7,490	10,700
2d 2500 Laramie 8'	450	1,360	2,260	5,650	7,910	11,300
2d 3500 ST 8'	480	1,450	2,420	6,050	8,470	12,100
2d 3500 SLT 8'	490	1,480	2,460	6,150	8,610	12,300
2d 3500 Laramie 8'	510	1,540	2,560	6,400	8,960	12,800
NOTE: Add 30 percent for 4WD; add 50 percent for Power Wagon or HO Turbo Diesel.						
2006 Ram Pickup, V-10						
2d 1500 SRT-10 6.25'	730	2,180	3,640	9,100	12,740	18,200

	6	5	4	3	2	1
2006 Ram Quad Cab Pickup, V-8						
4d 1500 ST 6.25'	420	1,270	2,120	5,300	7,420	10,600
4d 1500 ST 8'	410	1,220	2,040	5,100	7,140	10,200
4d 1500 SLT 6.25'	430	1,300	2,160	5,400	7,560	10,800
4d 1500 SLT 8'	420	1,260	2,100	5,250	7,350	10,500
4d 1500 Laramie 6.25'	440	1,330	2,220	5,550	7,770	11,100
4d 1500 Laramie 8'	430	1,280	2,140	5,350	7,490	10,700
NOTE: Add 10 percent for HEMI; add 30 percent for 4WD.						
2006 Ram Quad Cab Pickup, V-10						
4d 1500 SRT-10 6.25'	830	2,480	4,140	10,350	14,490	20,700
2006 Ram Quad Cab Pickup, HEMI V-8						
4d 2500 ST 6.25'	550	1,640	2,740	6,850	9,590	13,700
4d 2500 ST 8'	530	1,600	2,660	6,650	9,310	13,300
4d 2500 SLT 6.25'	560	1,680	2,800	7,000	9,800	14,000
4d 2500 SLT 8'	550	1,660	2,760	6,900	9,660	13,800
4d 2500 Laramie 6.25'	580	1,740	2,900	7,250	10,150	14,500
4d 2500 Laramie 8'	570	1,720	2,860	7,150	10,010	14,300
4d 3500 ST 8'	550	1,640	2,740	6,850	9,590	13,700
4d 3500 SLT 8'	560	1,690	2,820	7,050	9,870	14,100
4d 3500 Laramie 8'	580	1,750	2,920	7,300	10,220	14,600
NOTE: Add 30 percent for 4WD; add 50 percent for Power Wagon or HO Turbo Diesel.						
2006 Ram Quad Cab Pickup, 6-cyl. HO Turbo Diesel						
4d 3500 ST 6.25'	760	2,280	3,800	9,500	13,300	19,000
4d 3500 SLT 6.25'	770	2,300	3,840	9,600	13,440	19,200
4d 3500 Laramie 6.25'	790	2,380	3,960	9,900	13,860	19,800
NOTE: Add 30 percent for 4WD.						
2006 Ram Mega Cab Pickup, HEMI V-8						
4d 1500 ST 6.25'	540	1,630	2,720	6,800	9,520	13,600
4d 1500 Laramie 6.25'	560	1,670	2,780	6,950	9,730	13,900
4d 2500 SLT 6.25'	700	2,090	3,480	8,700	12,180	17,400
4d 2500 Laramie 6.25'	720	2,150	3,580	8,950	12,530	17,900
NOTE: Add 30 percent for 4WD; add 50 percent for HO Turbo Diesel.						
2006 Ram Mega Cab Pickup, 6-cyl. HO Turbo Diesel						
4d 3500 SLT 6.25'	880	2,640	4,400	11,000	15,400	22,000
4d 3500 Laramie 6.25'	910	2,740	4,560	11,400	15,960	22,800
NOTE: Add 30 percent for 4WD.						

FORD TRUCKS

	6	5	4	3	2	1
1905 Model E, 78" wb						
Dly Car	1,400	4,200	7,000	15,750	24,500	35,000
1906 Model T, 84" wb						
PU	1,360	4,080	6,800	15,300	23,800	34,000
Dly Van	1,400	4,200	7,000	15,750	24,500	35,000
1907 Model T, 84" wb						
PU	1,360	4,080	6,800	15,300	23,800	34,000
Dly Van	1,400	4,200	7,000	15,750	24,500	35,000
1908 Model T, 84" wb						
PU	1,360	4,080	6,800	15,300	23,800	34,000
Dly Van	1,400	4,200	7,000	15,750	24,500	35,000
1909 Model T, 100" wb						
PU	1,360	4,080	6,800	15,300	23,800	34,000
Dly Van	1,400	4,200	7,000	15,750	24,500	35,000
1910 Model T, 100" wb						
PU	1,360	4,080	6,800	15,300	23,800	34,000
Dly Van	1,400	4,200	7,000	15,750	24,500	35,000
1911 Model T, 100" wb						
PU	1,360	4,080	6,800	15,300	23,800	34,000
Dly Van	1,400	4,200	7,000	15,750	24,500	35,000
NOTE: The 1906-1911 Ford trucks were commercial adaptations of passenger car chassis. As there were no factory truck bodies, the above prices should be used as a general guide only.						
1912 Model T, 84" wb						
Commercial Rds	1,480	4,440	7,400	16,650	25,900	37,000
Dly Van	1,360	4,080	6,800	15,300	23,800	34,000
NOTE: In 1912 the company marketed a true commercial roadster and also buillt Delivery Car (Van) prototypes that were listed by firms such as Bell Telephone, John Wanamaker and Milwaukee Novelty Dye Works.						
1913 Model T, 84" wb						
Dly Van	1,400	4,200	7,000	15,750	24,500	35,000
Panel truck	1,320	3,960	6,600	14,850	23,100	33,000
NOTE: Ford again stopped making factory truck bodies. Trucks built on the 1913-1916 Model T chassis have aftermarket bodies. Therefore, prices given here should be considered only a general guide to typical body styles that exist.						
1914 Model T, 84" wb						
C-Cab Dly	800	2,400	4,000	9,000	14,000	20,000
Panel truck	640	1,920	3,200	7,200	11,200	16,000
Fire truck (TT)	720	2,160	3,600	8,100	12,600	18,000
1915 Model T, 84" wb						
C-Cab Dly	680	2,040	3,400	7,650	11,900	17,000
Panel truck	640	1,920	3,200	7,200	11,200	16,000

	6	5	4	3	2	1
Express	640	1,920	3,200	7,200	11,200	16,000
1916 Model T, 100" wb						
Panel truck	640	1,920	3,200	7,200	11,200	16,000
Swellside Panel	640	1,920	3,200	7,200	11,200	16,000
Fire truck	720	2,160	3,600	8,100	12,600	18,000
1917 Model T, 100" wb						
Box Body Dly	640	1,920	3,200	7,200	11,200	16,000
Open Front Panel	640	1,920	3,200	7,200	11,200	16,000
Enclosed Panel	640	1,920	3,200	7,200	11,200	16,000
Huckster	760	2,280	3,800	8,550	13,300	19,000
1917 Model TT, 124" wb						
Exp	560	1,680	2,800	6,300	9,800	14,000
Stake	560	1,680	2,800	6,300	9,800	14,000
Open Front Panel	600	1,800	3,000	6,750	10,500	15,000
Enclosed Panel	560	1,680	2,800	6,300	9,800	14,000
1918-20 Model T, 100" wb						
Rds PU	1,080	3,240	5,400	12,150	18,900	27,000
Box Body Dly	700	2,100	3,500	7,880	12,250	17,500
Open Front Panel	720	2,160	3,600	8,100	12,600	18,000
Enclosed Panel	680	2,040	3,400	7,650	11,900	17,000
Huckster	880	2,640	4,400	9,900	15,400	22,000
1918-20 Model TT, 124" wb						
Exp	620	1,860	3,100	6,980	10,850	15,500
Stake	600	1,800	3,000	6,750	10,500	15,000
Open Front Panel	660	1,980	3,300	7,430	11,550	16,500
Enclosed Panel	620	1,860	3,100	6,980	10,850	15,500
Huckster	1,000	3,000	5,000	11,250	17,500	25,000
1921-27 Model T, 100" wb						
Rds PU	1,080	3,240	5,400	12,150	18,900	27,000
Box Body Dly	620	1,860	3,100	6,980	10,850	15,500
Open Front Panel	720	2,160	3,600	8,100	12,600	18,000
Enclosed Panel	680	2,040	3,400	7,650	11,900	17,000
Huckster	1,000	3,000	5,000	11,250	17,500	25,000
1921-27 Model TT, 124" wb						
Exp	640	1,920	3,200	7,200	11,200	16,000
Stake	620	1,860	3,100	6,980	10,850	15,500
Open Front Panel	700	2,100	3,500	7,880	12,250	17,500
Enclosed Panel	660	1,980	3,300	7,430	11,550	16,500
Huckster	1,000	3,000	5,000	11,250	17,500	25,000
1928-29 Model A, 103" wb						
Sed Dly	1,160	3,480	5,800	13,050	20,300	29,000
Open Cab PU	1,350	4,040	6,740	15,170	23,590	33,700
Closed Cab PU	1,320	3,960	6,600	14,850	23,100	33,000
Canopy Exp	1,360	4,080	6,800	15,300	23,800	34,000
Screenside Exp	1,360	4,080	6,800	15,300	23,800	34,000
Panel	1,120	3,360	5,600	12,600	19,600	28,000
1930-31 Model A, 103" wb						
Sed Dly	1,160	3,480	5,800	13,050	20,300	29,000
Twn Car Dly	1,350	4,040	6,740	15,170	23,590	33,700
Open Cab PU	2,200	6,600	11,000	24,750	38,500	55,000
Closed Cab PU	1,240	3,720	6,200	13,950	21,700	31,000
Panel	1,120	3,360	5,600	12,600	19,600	28,000
NOTE: Sedan Delivery officially called "Deluxe Delivery".						
1932 Model B, 4-cyl., 106" wb						
Sed Dly	2,300	6,900	11,500	25,880	40,250	57,500
Open Cab PU	1,720	5,160	8,600	19,350	30,100	43,000
Closed Cab PU	1,320	3,960	6,600	14,850	23,100	33,000
Std Panel	1,120	3,360	5,600	12,600	19,600	28,000
DeL Panel	1,140	3,420	5,700	12,830	19,950	28,500
1932 Model B-18, V-8, 106" wb						
Sed Dly	2,340	7,020	11,700	26,330	40,950	58,500
Open Cab PU	1,760	5,280	8,800	19,800	30,800	44,000
Closed Cab PU	1,360	4,080	6,800	15,300	23,800	34,000
Std Panel	1,160	3,480	5,800	13,050	20,300	29,000
DeL Panel	1,180	3,540	5,900	13,280	20,650	29,500
1933-34 Model 46, 4-cyl., 112" wb						
Sed Dly	2,220	6,660	11,100	24,980	38,850	55,500
Panel	1,170	3,510	5,850	13,160	20,480	29,250
DeL Panel	1,190	3,570	5,950	13,390	20,830	29,750
PU	1,150	3,450	5,750	12,940	20,130	28,750
1933-34 Model 46, V-8, 112" wb						
Sed Dly	2,160	6,480	10,800	24,300	37,800	54,000
Panel	1,180	3,540	5,900	13,280	20,650	29,500
DeL Panel	1,200	3,600	6,000	13,500	21,000	30,000
PU	1,160	3,480	5,800	13,050	20,300	29,000

	6	5	4	3	2	1
1935 Model 48, V-8, 112" wb						
Sed Dly	1,420	4,260	7,100	15,980	24,850	35,500
1935 Model 50, V-8, 112" wb						
Panel	1,060	3,180	5,300	11,930	18,550	26,500
DeL Panel	1,080	3,240	5,400	12,150	18,900	27,000
PU	1,120	3,360	5,600	12,600	19,600	28,000
1936 Model 68, V-8, 112" wb						
Sed Dly	1,400	4,200	7,000	15,750	24,500	35,000
1936 Model 67, V-8, 112" wb						
Panel	1,040	3,120	5,200	11,700	18,200	26,000
DeL Panel	1,060	3,180	5,300	11,930	18,550	26,500
PU	1,020	3,060	5,100	11,480	17,850	25,500
1937-39 V-8, 60 hp, 112" wb						
Cpe PU	1,760	5,280	8,800	19,800	30,800	44,000
Sed Dly	1,360	4,080	6,800	15,300	23,800	34,000
1937-39 V-8, 60 hp, 142" wb						
PU	940	2,820	4,700	10,580	16,450	23,500
Platform	760	2,280	3,800	8,550	13,300	19,000
Stake	760	2,280	3,800	8,550	13,300	19,000
Panel	890	2,680	4,460	10,040	15,610	22,300
DeL Panel	900	2,700	4,500	10,130	15,750	22,500
1937-39 V-8, 85 hp, 112" wb						
Cpe PU	1,740	5,220	8,700	19,580	30,450	43,500
DeL Cpe PU	1,760	5,280	8,800	19,800	30,800	44,000
Sed Dly	1,380	4,140	6,900	15,530	24,150	34,500
PU	1,000	3,000	5,000	11,250	17,500	25,000
Platform	740	2,230	3,720	8,370	13,020	18,600
Stake	740	2,230	3,720	8,370	13,020	18,600
Panel	1,400	4,200	7,000	15,750	24,500	35,000
DeL Panel	930	2,800	4,660	10,490	16,310	23,300
1937-39 3/4-Ton, 85 hp, 122" wb (1939)						
PU Exp	900	2,690	4,480	10,080	15,680	22,400
NOTE: Deduct 10 percent for 60 hp V-8.						
1940-41 1/2-Ton, 112" wb						
PU	1,600	4,800	8,000	18,000	28,000	40,000
Platform	720	2,160	3,600	8,100	12,600	18,000
Stake	720	2,160	3,600	8,100	12,600	18,000
Panel	960	2,880	4,800	10,800	16,800	24,000
Sed Dly	1,640	4,920	8,200	18,450	28,700	41,000
1940-41 3/4-Ton, 122" wb						
Platform	720	2,160	3,600	8,100	12,600	18,000
PU Exp	920	2,760	4,600	10,350	16,100	23,000
Stake	720	2,160	3,600	8,100	12,600	18,000
Panel	960	2,880	4,800	10,800	16,800	24,000
NOTE: Deduct 5 percent for 60 hp V-8 where available. Deduct 10 percent for 4-cyl. (1941 only) where available.						
1942-47 1/2-Ton, 6-cyl., 114" wb						
Sed Dly	1,440	4,320	7,200	16,200	25,200	36,000
1942-47 1/2-Ton, 114" wb						
PU	900	2,700	4,500	10,130	15,750	22,500
Platform	650	1,960	3,260	7,340	11,410	16,300
Stake	660	1,990	3,320	7,470	11,620	16,600
Panel	820	2,460	4,100	9,230	14,350	20,500
1942-47 3/4-Ton, 122" wb						
Platform	670	2,020	3,360	7,560	11,760	16,800
PU Exp	900	2,700	4,500	10,130	15,750	22,500
Stake	680	2,050	3,420	7,700	11,970	17,100
Panel	840	2,520	4,200	9,450	14,700	21,000
NOTE: Deduct 10 percent for 4-cyl. (1942 only) where available.						
1948-50 F-1 Model 8HC, 1/2-Ton, V-8, 114" wb						
DeL Sed Dly	920	2,760	4,600	10,350	16,100	23,000
PU	800	2,400	4,000	9,000	14,000	20,000
Platform	660	1,980	3,300	7,430	11,550	16,500
Stake	628	1,884	3,140	7,070	10,990	15,700
Panel	700	2,100	3,500	7,880	12,250	17,500
1948-50 F-2 Model 8HD, 3/4-Ton, V-8, 112" wb						
PU	780	2,340	3,900	8,780	13,650	19,500
Platform	600	1,800	3,000	6,750	10,500	15,000
Stake	608	1,824	3,040	6,840	10,640	15,200
1948-50 F-3 Model 8HY, HD 3/4-Ton, V-8, 122" wb						
PU	788	2,364	3,940	8,870	13,790	19,700
Platform	604	1,812	3,020	6,800	10,570	15,100
Stake	612	1,836	3,060	6,890	10,710	15,300
NOTE: Deduct 10 percent for 6-cyl.						
1951-52 Courier Sed Dly 6-cyl., 115" wb						
1952 only	1,230	3,680	6,140	13,820	21,490	30,700

	6	5	4	3	2	1
1951-52 F-1 Model 1HC, 1/2-Ton, V-8, 114" wb						
PU	960	2,880	4,800	10,800	16,800	24,000
Platform	620	1,860	3,100	6,980	10,850	15,500
Stake	628	1,884	3,140	7,070	10,990	15,700
Panel	940	2,820	4,700	10,580	16,450	23,500
1951-52 F-2 Model 1HD, 3/4-Ton, V-8, 122" wb						
PU	980	2,940	4,900	11,030	17,150	24,500
Platform	600	1,800	3,000	6,750	10,500	15,000
Stake	608	1,824	3,040	6,840	10,640	15,200
1951-52 F-3 Model 1HY, Heavy 3/4-Ton, 6-cyl., 112" wb						
PU	1,000	3,000	5,000	11,250	17,500	25,000
Platform	604	1,812	3,020	6,800	10,570	15,100
Stake	612	1,836	3,060	6,890	10,710	15,300
1951-52 F-3 Model 1HJ, 104" wb; Model 1H2J, 122" wb 3/4-Ton, 6-cyl.						
Parcel Dly	780	2,340	3,900	8,780	13,650	19,500
NOTE: Add 10 percent for V-8.						
1953-55 Courier Series, 1/2-Ton, 6-cyl., 115" wb						
Sed Dly	1,240	3,720	6,200	13,950	21,700	31,000
1953-55 F-100 Series, 1/2-Ton, 6-cyl., 110" wb						
PU	1,320	3,960	6,600	14,850	23,100	33,000
Platform	640	1,920	3,200	7,200	11,200	16,000
Stake	648	1,944	3,240	7,290	11,340	16,200
Panel	980	2,940	4,900	11,030	17,150	24,500
1953-55 F-250 Series, 3/4-Ton, 6-cyl., 118" wb						
PU	1,020	3,060	5,100	11,480	17,850	25,500
Platform	600	1,800	3,000	6,750	10,500	15,000
Stake	608	1,824	3,040	6,840	10,640	15,200
NOTE: Add 10 percent for V-8.						
1956 Courier Series, 1/2-Ton, 6-cyl., 115.5" wb						
Sed Dly	1,280	3,840	6,400	14,400	22,400	32,000
1956 F-100 Series, 1/2-Ton, 6-cyl., 110" wb						
PU	1,340	4,020	6,700	15,080	23,450	33,500
PU (118" wb)	950	2,860	4,760	10,710	16,660	23,800
Platform	620	1,860	3,100	6,980	10,850	15,500
Stake	628	1,884	3,140	7,070	10,990	15,700
Panel	1,060	3,180	5,300	11,930	18,550	26,500
Cus Panel	1,080	3,240	5,400	12,150	18,900	27,000
1956 F-250 Series, 3/4-Ton, 6-cyl., 118" wb						
PU	800	2,400	4,000	9,000	14,000	20,000
Platform	620	1,870	3,120	7,020	10,920	15,600
Stake	630	1,900	3,160	7,110	11,060	15,800
NOTE: Add 10 percent for V-8.						
1957-59 Ranchero Series, 1/2-Ton, 6-cyl., 116" wb						
PU	1,080	3,240	5,400	12,150	18,900	27,000
Cus PU	1,320	3,960	6,600	14,850	23,100	33,000
1957-60 Courier Series, 1/2-Ton, 6-cyl., 116" wb						
Sed Dly	1,060	3,180	5,300	11,930	18,550	26,500
1957-60 F-100 Series, 1/2-Ton, 6-cyl., 110" wb						
Flareside PU	880	2,640	4,400	9,900	15,400	22,000
Styleside PU (118" wb)	860	2,580	4,300	9,680	15,050	21,500
Styleside PU	870	2,600	4,340	9,770	15,190	21,700
Platform	580	1,740	2,900	6,530	10,150	14,500
Stake	588	1,764	2,940	6,620	10,290	14,700
Panel	1,080	3,240	5,400	12,150	18,900	27,000
1957-60 F-250 Series, 3/4-Ton, 6-cyl., 118" wb						
Flareside PU	760	2,280	3,800	8,550	13,300	19,000
Styleside PU	780	2,340	3,900	8,780	13,650	19,500
Platform	520	1,560	2,600	5,850	9,100	13,000
Stake	530	1,580	2,640	5,940	9,240	13,200
NOTE: Add 10 percent for V-8.						
1960-66 Falcon Series, 1/2-Ton, 6-cyl., 109.5" wb						
Ranchero PU (to 1965)	820	2,460	4,100	9,230	14,350	20,500
Sed Dly (1961 to 1965)	660	1,980	3,300	7,430	11,550	16,500
1961-66 Econoline, Series E-100 1/2-Ton, 6-cyl., 90" wb						
PU	560	1,680	2,800	6,300	9,800	14,000
Van	540	1,620	2,700	6,080	9,450	13,500
Station Bus	550	1,640	2,740	6,170	9,590	13,700
1961-66 F-100 Series, 1/2-Ton, 6-cyl., 110" wb						
Styleside PU, 6-1/2 ft.	710	2,120	3,540	7,970	12,390	17,700
Flareside PU, 6-1/2 ft.	700	2,100	3,500	7,880	12,250	17,500
Platform	580	1,740	2,900	6,530	10,150	14,500
Stake	588	1,764	2,940	6,620	10,290	14,700
Panel	650	1,960	3,260	7,340	11,410	16,300
Styleside PU, 8 ft.	700	2,100	3,500	7,880	12,250	17,500
Flareside PU, 8 ft.	690	2,080	3,460	7,790	12,110	17,300

NOTE: Add 10 percent for Intergal Body PU 1961-1964. Deduct 5 percent for F-250.

	6	5	4	3	2	1
1966 Bronco U-100, 1/2-Ton, 4x4, 6-cyl., 90" wb						
Rds	780	2,340	3,900	8,780	13,650	19,500
Spt Utl	760	2,280	3,800	8,550	13,300	19,000
Wag	760	2,280	3,800	8,550	13,300	19,000
1966 Fairlane Ranchero, 1/2-Ton, 113" wb						
PU	700	2,100	3,500	7,880	12,250	17,500
Cus PU	740	2,220	3,700	8,330	12,950	18,500
NOTE: Add 10 percent for V-8.						
1967-72 Bronco U-100, 1/2-Ton, 113" wb						
Rds	780	2,340	3,900	8,780	13,650	19,500
Spt Utl	760	2,280	3,800	8,550	13,300	19,000
Wag	760	2,280	3,800	8,550	13,300	19,000
1967-72 Econoline E-100, 1/2-Ton, 6-cyl.						
PU	560	1,680	2,800	6,300	9,800	14,000
Van	540	1,620	2,700	6,080	9,450	13,500
Sup Van	550	1,640	2,740	6,170	9,590	13,700
Panel Van	520	1,560	2,600	5,850	9,100	13,000
Sup Panel Van	530	1,580	2,640	5,940	9,240	13,200
1967-72 Ranchero, 1/2-Ton, 6-cyl.						
PU (1967-1971)	680	2,040	3,400	7,650	11,900	17,000
500 PU	740	2,220	3,700	8,330	12,950	18,500
500 XL PU (1967 only)	760	2,280	3,800	8,550	13,300	19,000
500 GT PU (1968-1972)	800	2,400	4,000	9,000	14,000	20,000
500 Squire PU (1970-1972)	780	2,340	3,900	8,780	13,650	19,500
NOTE: Add 10 percent for V-8.						
1967-72 F-100/ Model F-101, 1/2-Ton, 6-cyl.						
Flareside PU, 6-1/2 ft.	700	2,100	3,500	7,880	12,250	17,500
Styleside PU, 6-1/2 ft.	710	2,120	3,540	7,970	12,390	17,700
Platform	460	1,380	2,300	5,180	8,050	11,500
Stake	460	1,380	2,300	5,180	8,050	11,500
Flareside, 8 ft.	730	2,200	3,660	8,240	12,810	18,300
Styleside, 8 ft.	740	2,220	3,700	8,330	12,950	18,500
1967-72 F-250, 3/4-Ton, 6-cyl.						
Flareside PU, 8 ft.	710	2,120	3,540	7,970	12,390	17,700
Styleside PU, 8 ft.	720	2,160	3,600	8,100	12,600	18,000
Platform	420	1,260	2,100	4,730	7,350	10,500
Stake	420	1,260	2,100	4,730	7,350	10,500
NOTE: Add 10 percent for V-8. Add 5 percent for 4x4.						
1973-79 Courier, 1/2-Ton, 4-cyl.						
PU	360	1,080	1,800	4,050	6,300	9,000
1973-79 Fairlane/Torino, 1/2-Ton, V-8						
Ranchero 500 PU	580	1,740	2,900	6,530	10,150	14,500
Ranchero Squire PU	600	1,800	3,000	6,750	10,500	15,000
Ranchero GT PU	620	1,860	3,100	6,980	10,850	15,500
NOTE: Deduct 5 percent for 6-cyl.						
1973-79 Club Wagon E-100, 1/2-Ton, 6-cyl.						
Clb Wag	348	1,044	1,740	3,920	6,090	8,700
Cus Clb Wag	360	1,080	1,800	4,050	6,300	9,000
Chateau Wag	400	1,200	2,000	4,500	7,000	10,000
1973-79 Bronco U-100, 1/2-Ton, 6-cyl.						
Wag	560	1,680	2,800	6,300	9,800	14,000
1973-79 Econoline E-100, 1/2-Ton, 6-cyl.						
Cargo Van	280	840	1,400	3,150	4,900	7,000
Window Van	300	900	1,500	3,380	5,250	7,500
Display Van	292	876	1,460	3,290	5,110	7,300
1973-79 Econoline E-200, 3/4-Ton, 6-cyl.						
Cargo Van	276	828	1,380	3,110	4,830	6,900
Window Van	296	888	1,480	3,330	5,180	7,400
Display Van	288	864	1,440	3,240	5,040	7,200
1973-79 Econoline E-300, HD 3/4-Ton, 6-cyl.						
Cargo Van	272	816	1,360	3,060	4,760	6,800
Window Van	292	876	1,460	3,290	5,110	7,300
Display Van	284	852	1,420	3,200	4,970	7,100
1973-79 F-100, 1/2-Ton, 6-cyl.						
Flareside PU, 6-1/2 ft.	540	1,620	2,700	6,080	9,450	13,500
Styleside PU, 6-1/2 ft.	540	1,630	2,720	6,120	9,520	13,600
Flareside PU, 8 ft.	540	1,610	2,680	6,030	9,380	13,400
Styleside PU, 8 ft.	540	1,620	2,700	6,080	9,450	13,500
1973-79 F-250, 3/4-Ton, 6-cyl.						
Flareside PU	440	1,310	2,180	4,910	7,630	10,900
Styleside PU	430	1,300	2,160	4,860	7,560	10,800
Platform	300	900	1,500	3,380	5,250	7,500
Stake	308	924	1,540	3,470	5,390	7,700
1973-79 F-350, HD 3/4-Ton, 6-cyl.						
Flareside PU	430	1,280	2,140	4,820	7,490	10,700
Styleside PU	420	1,270	2,120	4,770	7,420	10,600

	6	5	4	3	2	1
Platform	292	876	1,460	3,290	5,110	7,300
Stake	300	900	1,500	3,380	5,250	7,500
NOTE: Add 5 percent for base V-8. Add 10 percent for optional V-8. Add 5 percent for 4x4 on F-250 and F-350 models only.						
1975-82 F-150, 1/2-Ton						
Flareside PU (SBx)	460	1,380	2,300	5,180	8,050	11,500
Styleside PU (SBx)	480	1,440	2,400	5,400	8,400	12,000
Styleside PU (LBx)	500	1,500	2,500	5,630	8,750	12,500
Styleside PU Sup Cab (SBx)	520	1,560	2,600	5,850	9,100	13,000
Styleside PU Sup Cab (LBx)	560	1,680	2,800	6,300	9,800	14,000
1980-83 F-100, 1/2-Ton						
Flareside PU	280	840	1,400	3,150	4,900	7,000
Styleside PU	284	852	1,420	3,200	4,970	7,100
Sup Cab	284	852	1,420	3,200	4,970	7,100
NOTE: F-100 was discontinued after 1983.						
1980-86 Courier to 1982, replaced by Ranger 1983-1986						
PU	280	840	1,400	3,150	4,900	7,000
1980-86 Bronco						
Wag	340	1,020	1,700	3,830	5,950	8,500
1980-86 Econoline E-100						
Cargo Van	240	720	1,200	2,700	4,200	6,000
Window Van	248	744	1,240	2,790	4,340	6,200
Display Van	256	768	1,280	2,880	4,480	6,400
Clb Wag	276	828	1,380	3,110	4,830	6,900
Cus Clb Wag	284	852	1,420	3,200	4,970	7,100
Chateau Clb Wag	292	876	1,460	3,290	5,110	7,300
1980-86 Econoline E-200						
Cargo Van	240	720	1,200	2,700	4,200	6,000
Window Van	244	732	1,220	2,750	4,270	6,100
Display Van	248	744	1,240	2,790	4,340	6,200
1980-86 Econoline E-300						
Cargo Van	236	708	1,180	2,660	4,130	5,900
Window Van	240	720	1,200	2,700	4,200	6,000
Display Van	244	732	1,220	2,750	4,270	6,100
1980-86 F-250, 3/4-Ton						
Flareside PU	280	840	1,400	3,150	4,900	7,000
Styleside PU	284	852	1,420	3,200	4,970	7,100
Sup Cab	288	864	1,440	3,240	5,040	7,200
1980-86 F-350, 1-Ton						
PU	272	816	1,360	3,060	4,760	6,800
Crew Cab PU	276	828	1,380	3,110	4,830	6,900
Stake	260	780	1,300	2,930	4,550	6,500
NOTE: Add 10 percent for 4x4.						
1983-86 F-150, 1/2-Ton						
Flareside PU (SBx)	260	780	1,300	2,930	4,550	6,500
Styleside PU (SBx)	280	840	1,400	3,150	4,900	7,000
Styleside PU (LBx)	300	900	1,500	3,380	5,250	7,500
Styleside PU Sup Cab (SBx)	320	960	1,600	3,600	5,600	8,000
Styleside PU Sup Cab (LBx)	360	1,080	1,800	4,050	6,300	9,000
1987-91 Bronco II, 1/2-Ton, 94" wb						
Wag	220	660	1,100	2,480	3,850	5,500
Wag (4x4)	280	840	1,400	3,150	4,900	7,000
1987-91 Bronco, 1/2-Ton, 105" wb						
Wag (4x4)	380	1,140	1,900	4,280	6,650	9,500
1987-91 Aerostar, 1/2-Ton, 119" wb						
Cargo Van	200	600	1,000	2,250	3,500	5,000
Wag	260	780	1,300	2,930	4,550	6,500
Window Van	200	600	1,000	2,250	3,500	5,000
1987-91 Club Wagon, 138" wb						
E-150 Wag	300	900	1,500	3,380	5,250	7,500
E-250 Wag	320	960	1,600	3,600	5,600	8,000
E-350 Sup Clb Wag	340	1,020	1,700	3,830	5,950	8,500
1987-91 Econoline E-150, 1/2-Ton, 124" or 138" wb						
Cargo Van	240	720	1,200	2,700	4,200	6,000
Sup Cargo Van	260	780	1,300	2,930	4,550	6,500
1987-91 Econoline E-250, 3/4-Ton, 138" wb						
Cargo Van	260	780	1,300	2,930	4,550	6,500
Sup Cargo Van	280	840	1,400	3,150	4,900	7,000
1987-91 Econoline E-350, 1-Ton , 138" or 176" wb						
Cargo Van	280	840	1,400	3,150	4,900	7,000
Sup Cargo Van	300	900	1,500	3,380	5,250	7,500
1987-91 Ranger, 1/2-Ton, 108" or 125" wb						
Styleside PU (SBx)	196	588	980	2,210	3,430	4,900
Styleside PU (LBx)	200	600	1,000	2,250	3,500	5,000
Styleside PU Sup Cab	220	660	1,100	2,480	3,850	5,500

	6	5	4	3	2	1
1987-91 F-150, 1/2-Ton, 116" or 155" wb						
Flareside PU (SBx)	220	660	1,100	2,480	3,850	5,500
Styleside PU (SBx)	240	720	1,200	2,700	4,200	6,000
Styleside PU (LBx)	260	780	1,300	2,930	4,550	6,500
Styleside PU Sup Cab (SBx)	280	840	1,400	3,150	4,900	7,000
Styleside PU Sup Cab (LBx)	320	960	1,600	3,600	5,600	8,000
1987-91 F-250, 3/4-Ton, 133" or 155" wb						
Styleside PU (LBx)	300	900	1,500	3,380	5,250	7,500
Styleside PU Sup Cab (LBx)	320	960	1,600	3,600	5,600	8,000
1987-91 F-350, 1-Ton , 133" or 168.4" wb						
Styleside PU (LBx)	320	960	1,600	3,600	5,600	8,000
Styleside PU Crew Cab	340	1,020	1,700	3,830	5,950	8,500
NOTE: Add 15 percent for 4x4.						
1992 Explorer, V-6						
2d SUV	520	1,560	2,600	5,850	9,100	13,000
4d SUV	540	1,620	2,700	6,080	9,450	13,500
2d SUV, 4x4	540	1,620	2,700	6,080	9,450	13,500
4d SUV, 4x4	560	1,680	2,800	6,300	9,800	14,000
1992 Bronco, V-8						
2d SUV	600	1,800	3,000	6,750	10,500	15,000
1992 Aerostar, V-6						
Van	350	1,000	1,700	3,830	5,950	8,500
Window Van	350	1,100	1,800	4,050	6,300	9,000
Ext Van	350	1,100	1,800	4,050	6,300	9,000
Ext Window Van	400	1,150	1,900	4,280	6,650	9,500
NOTE: Add 5 percent for 4x4.						
1992 E Series, V-8						
Cargo Van	500	1,500	2,500	5,630	8,750	12,500
1992 Club Wagon, V-8						
E-150 Wag	520	1,560	2,600	5,850	9,100	13,000
1992 Ranger, 1/2-Ton, V-6						
2d PU (SBx)	250	800	1,300	2,930	4,550	6,500
2d PU (LBx)	300	850	1,400	3,150	4,900	7,000
NOTE: Add 5 percent for 4x4.						
1992 F-150, F-250, V-8						
2d PU 1/2-Ton (SBx)	520	1,560	2,600	5,850	9,100	13,000
2d PU 1/2-Ton (LBx)	540	1,620	2,700	6,080	9,450	13,500
2d PU 3/4-Ton (SBx)	540	1,620	2,700	6,080	9,450	13,500
2d PU 3/4-Ton (LBx)	560	1,680	2,800	6,300	9,800	14,000
NOTE: Add 5 percent for 4x4.						
1993 Explorer, V-6						
2d SUV 2WD	520	1,560	2,600	5,850	9,100	13,000
4d SUV 2WD	520	1,560	2,600	5,850	9,100	13,000
2d SUV, 4x4	560	1,680	2,800	6,300	9,800	14,000
4d SUV, 4x4	560	1,680	2,800	6,300	9,800	14,000
1993 Bronco, V-8						
2d SUV	620	1,860	3,100	6,980	10,850	15,500
1993 Aerostar, V-6						
Window Van	400	1,150	1,900	4,280	6,650	9,500
1993 E150/250 Van, V-8						
Window Van	500	1,500	2,500	5,630	8,750	12,500
1993 Ranger, V-6						
2d PU SBx	250	800	1,300	2,930	4,550	6,500
2d PU LBx	250	800	1,350	3,020	4,700	6,700
1993 F150/F250, V-8						
2d PU SBx F150	520	1,560	2,600	5,850	9,100	13,000
2d PU LBx F150	520	1,560	2,600	5,850	9,100	13,000
2d PU SBx F250	560	1,680	2,800	6,300	9,800	14,000
2d PU LBx F250	560	1,680	2,800	6,300	9,800	14,000
NOTE: Add 25 percent for F150 Lightning option.						
1994 Explorer, V-6						
2d SUV	300	900	1,500	3,380	5,250	7,500
4d SUV	320	960	1,600	3,600	5,600	8,000
2d SUV, 4x4	400	1,200	2,000	4,500	7,000	10,000
4d SUV, 4x4	440	1,320	2,200	4,950	7,700	11,000
1994 Bronco, V-8						
2d SUV	520	1,560	2,600	5,850	9,100	13,000
1994 Aerostar, V-6						
Cargo Van	300	850	1,400	3,150	4,900	7,000
Window Van	300	900	1,500	3,380	5,250	7,500
Cargo Van LWB	300	950	1,600	3,560	5,550	7,900
Window Van LWB	300	950	1,600	3,600	5,600	8,000
1994 E150/250, V-8						
Cargo Van	340	1,020	1,700	3,830	5,950	8,500
Window Van	400	1,200	2,000	4,500	7,000	10,000
Club Wag	480	1,440	2,400	5,400	8,400	12,000

	6	5	4	3	2	1
1994 Ranger, V-6						
2d PU	300	900	1,500	3,380	5,250	7,500
2d PU 4x4	380	1,140	1,900	4,280	6,650	9,500
2d PU Sup Cab 4x4	400	1,200	2,000	4,500	7,000	10,000
1994 F150/250, V-8						
2d PU XL 6 ft.	380	1,140	1,900	4,280	6,650	9,500
2d PU XL 8 ft.	400	1,200	2,000	4,500	7,000	10,000
2d PU Sup Cab XL 6 ft.	440	1,320	2,200	4,950	7,700	11,000
2d PU Sup Cab XL 8 ft.	480	1,440	2,400	5,400	8,400	12,000
NOTE: Add 10 percent for 4x4. Add 25 percent for F150 Lightning option.						
1995 Explorer, V-6						
2d SUV	300	900	1,500	3,380	5,250	7,500
4d SUV	320	960	1,600	3,600	5,600	8,000
2d SUV, 4x4	400	1,200	2,000	4,500	7,000	10,000
4d SUV, 4x4	440	1,320	2,200	4,950	7,700	11,000
NOTE: Add 5 percent for Spt, XLT, Eddie Bauer, Ltd, or Expedition trim package.						
1995 Bronco, V-8						
2d SUV	520	1,560	2,600	5,850	9,100	13,000
NOTE: Add 5 percent for XL or, Eddie Bauer trim package.						
1995 Aerostar, V-6						
Cargo Van	300	850	1,400	3,150	4,900	7,000
XLT Van	300	900	1,500	3,380	5,250	7,500
XLT Van, LWB	300	950	1,600	3,600	5,600	8,000
NOTE: Add 10 percent for 4x4.						
1995 Windstar, V-6						
Cargo Van	250	800	1,300	2,930	4,550	6,500
GL Van	300	950	1,600	3,600	5,600	8,000
LX Van	400	1,150	1,900	4,280	6,650	9,500
1995 E150 & E250, V-8						
Cargo Van	380	1,140	1,900	4,280	6,650	9,500
Window Van	400	1,200	2,000	4,500	7,000	10,000
Club Wag	480	1,440	2,400	5,400	8,400	12,000
1995 Ranger, 4-cyl. & V-6						
2d PU	300	900	1,500	3,380	5,250	7,500
2d LB PU	300	900	1,550	3,470	5,400	7,700
2d Splash	350	1,000	1,700	3,830	5,950	8,500
2d Sup Cab PU	400	1,200	2,000	4,500	7,000	10,000
2d Splash Sup Cab PU	440	1,320	2,200	4,950	7,700	11,000
NOTE: Add 5 percent for XLT, Spt, or STX trim package. Add 10 percent for 4x4. Deduct 5 percent for 4-cyl.						
1995 F150 & F250, V-8						
2d XL PU, 6-3/4 ft.	380	1,140	1,900	4,280	6,650	9,500
2d XL PU, 8 ft.	400	1,200	2,000	4,500	7,000	10,000
2d Lightning PU, 6-3/4 ft.	400	1,200	2,000	4,500	7,000	10,000
2d Sup Cab XL PU, 6-3/4 ft.	440	1,320	2,200	4,950	7,700	11,000
2d Sup Cab XL PU, 8 ft.	520	1,560	2,600	5,850	9,100	13,000
NOTE: Add 10 percent for 4x4.						
1996 Explorer, V-6						
2d SUV	300	900	1,500	3,380	5,250	7,500
4d SUV	320	960	1,600	3,600	5,600	8,000
2d SUV, 4x4	400	1,200	2,000	4,500	7,000	10,000
4d SUV, 4x4	440	1,320	2,200	4,950	7,700	11,000
NOTE: Add 5 percent for Sport, XLT, Eddie Bauer, or Limited Pkg.						
1996 Bronco, V-8						
2d SUV	480	1,440	2,400	5,400	8,400	12,000
NOTE: Add 5 percent for XLT or Eddie Bauer Pkg.						
1996 Aerostar, V-6						
Cargo Van	250	700	1,200	2,700	4,200	6,000
XLT Van	250	800	1,300	2,930	4,550	6,500
XLT Van, LWB	300	850	1,400	3,150	4,900	7,000
NOTE: Add 10 percent for 4x4.						
1996 Windstar, V-6						
Cargo Van	200	650	1,100	2,480	3,850	5,500
GL Van	300	850	1,400	3,150	4,900	7,000
LX Van	350	1,000	1,700	3,830	5,950	8,500
1996 E150 & E250, V-8						
Cargo Van	340	1,020	1,700	3,830	5,950	8,500
Sup Cargo Van	360	1,080	1,800	4,050	6,300	9,000
Club Wag	440	1,320	2,200	4,950	7,700	11,000
1996 Ranger, 4-cyl. & V-6						
2d PU	250	800	1,300	2,930	4,550	6,500
2d LB PU	250	800	1,350	3,020	4,700	6,700
2d Splash	300	900	1,500	3,380	5,250	7,500
2d Sup Cab PU	350	1,100	1,800	4,050	6,300	9,000
2d Splash Sup Cab PU	400	1,200	2,000	4,500	7,000	10,000
NOTE: Add 5 percent for XLT, Sport, or STX Pkg. Add 10 percent for 4x4. Deduct 5 percent for 4-cyl.						
1996 F150 & F250, V-8						
2d PU, 6-3/4 ft.	300	850	1,400	3,150	4,900	7,000

	6	5	4	3	2	1
2d PU, 8 ft.	300	900	1,500	3,380	5,250	7,500
2d XL PU, 6-3/4 ft.	340	1,020	1,700	3,830	5,950	8,500
2d XL PU, 8 ft.	360	1,080	1,800	4,050	6,300	9,000
2d Sup Cab XL PU, 6-3/4 ft.	400	1,200	2,000	4,500	7,000	10,000
2d Sup Cab XL PU, 8 ft.	440	1,320	2,200	4,950	7,700	11,000
2d Heavy-Duty Sup Cab XL PU, 6-3/4 ft.	480	1,440	2,400	5,400	8,400	12,000
2d Heavy-Duty Sup Cab XL PU, 8 ft.	520	1,560	2,600	5,850	9,100	13,000
NOTE: Add 10 percent for 4x4. Add 15 percent for turbo diesel V-8.						
1997 Explorer, V-6						
2d SUV	300	900	1,500	3,380	5,250	7,500
4d SUV	320	960	1,600	3,600	5,600	8,000
2d SUV, 4x4	400	1,200	2,000	4,500	7,000	10,000
4d SUV, 4x4	440	1,320	2,200	4,950	7,700	11,000
NOTE: Add 5 percent for Sport, XLT, Eddie Bauer, or Limited Pkg. Add 5 percent for V-8.						
1997 Expedition, V-8						
XLT SUV	520	1,560	2,600	5,850	9,100	13,000
Eddie Bauer SUV	540	1,620	2,700	6,080	9,450	13,500
XLT SUV, 4x4	560	1,680	2,800	6,300	9,800	14,000
Eddie Bauer, 4x4	580	1,740	2,900	6,530	10,150	14,500
NOTE: Deduct 5 percent for 4.6L V-8.						
1997 Aerostar, V-6						
Cargo Van	240	720	1,200	2,700	4,200	6,000
XLT Van	260	780	1,300	2,930	4,550	6,500
XLT Van, LWB	280	840	1,400	3,150	4,900	7,000
NOTE: Add 10 percent for 4x4.						
1997 Windstar, V-6						
Cargo Van	220	660	1,100	2,480	3,850	5,500
GL Van	280	840	1,400	3,150	4,900	7,000
LX Van	340	1,020	1,700	3,830	5,950	8,500
1997 E150 & E250, V-8						
Cargo Van	340	1,020	1,700	3,830	5,950	8,500
Sup Cargo Van	400	1,200	2,000	4,500	7,000	10,000
Club Wag	480	1,440	2,400	5,400	8,400	12,000
1997 Ranger, V-6						
2d PU	260	780	1,300	2,930	4,550	6,500
2d LBx PU	268	804	1,340	3,020	4,690	6,700
2d Splash	300	900	1,500	3,380	5,250	7,500
2d Sup Cab PU	360	1,080	1,800	4,050	6,300	9,000
2d Splash Sup Cab PU	400	1,200	2,000	4,500	7,000	10,000
NOTE: Add 5 percent for XLT or STX Pkg. Add 10 percent for 4x4. Deduct 5 percent for 4-cyl.						
1997 F150 & F250, V-6						
2d PU, 6-3/4 ft.	280	840	1,400	3,150	4,900	7,000
2d PU, 8 ft.	300	900	1,500	3,380	5,250	7,500
2d XL PU, 6-3/4 ft.	340	1,020	1,700	3,830	5,950	8,500
2d XL PU, 8 ft.	360	1,080	1,800	4,050	6,300	9,000
2d Sup Cab XL PU, 6-3/4 ft.	400	1,200	2,000	4,500	7,000	10,000
2d Sup Cab XL PU, 8 ft.	440	1,320	2,200	4,950	7,700	11,000
2d Heavy-Duty Sup Cab XL PU, 6-3/4 ft.	480	1,440	2,400	5,400	8,400	12,000
2d Heavy-Duty Sup Cab XL PU, 8 ft.	560	1,680	2,800	6,300	9,800	14,000
NOTE: Add 10 percent for 4x4. Add 15 percent for turbo diesel V-8. Add 5 percent for 7.5L V-8.						
1998 Explorer, V-6						
2d Spt SUV	300	900	1,500	3,380	5,250	7,500
4d SUV	320	960	1,600	3,600	5,600	8,000
2d Spt SUV, 4x4	400	1,200	2,000	4,500	7,000	10,000
4d SUV, 4x4	440	1,320	2,200	4,950	7,700	11,000
NOTE: Add 5 percent for XLT, Eddie Bauer, or Limited Pkg. Add 5 percent for V-8.						
1998 Expedition, V-8						
XLT SUV	520	1,560	2,600	5,850	9,100	13,000
Eddie Bauer SUV	540	1,620	2,700	6,080	9,450	13,500
XLT SUV, 4x4	560	1,680	2,800	6,300	9,800	14,000
Eddie Bauer, 4x4	580	1,740	2,900	6,530	10,150	14,500
NOTE: Deduct 5 percent for 4.6L V-8.						
1998 Windstar, V-6						
Cargo Van	240	720	1,200	2,700	4,200	6,000
GL Van	280	840	1,400	3,150	4,900	7,000
LX Van	300	900	1,500	3,380	5,250	7,500
Ltd Van	320	960	1,600	3,600	5,600	8,000
1998 E150 & E250, V-8						
Cargo Van	340	1,020	1,700	3,830	5,950	8,500
Sup Cargo Van	400	1,200	2,000	4,500	7,000	10,000
Club Wag	480	1,440	2,400	5,400	8,400	12,000
NOTE: Add 5 percent for Chateau or XLT Pkg. Add 5 percent for V-10. Add 10 percent for turbo diesel V-8. Deduct 5 percent for V-6.						
1998 Ranger, V-6						
2d PU	260	780	1,300	2,930	4,550	6,500
2d Splash PU	300	900	1,500	3,380	5,250	7,500
2d Sup Cab PU	360	1,080	1,800	4,050	6,300	9,000

	6	5	4	3	2	1
2d Splash Sup Cab PU	400	1,200	2,000	4,500	7,000	10,000

NOTE: Add 5 percent for XLT Pkg. Add 10 percent for 4x4. Deduct 5 percent for 4-cyl.

1998 F150 & F250, V-8

	6	5	4	3	2	1
S 2d PU	300	900	1,500	3,380	5,250	7,500
XL 2d PU	320	960	1,600	3,600	5,600	8,000
S 2d Sup Cab PU	360	1,080	1,800	4,050	6,300	9,000
XL 2d Sup Cab PU	400	1,200	2,000	4,500	7,000	10,000

NOTE: Add 5 percent for Lariat, STX, or XLT Pkg. Add 10 percent for 4x4. Deduct 5 percent for V-6.

1999 Explorer, V-6

	6	5	4	3	2	1
2d Spt SUV	300	900	1,500	3,380	5,250	7,500
4d SUV	320	960	1,600	3,600	5,600	8,000
2d Spt SUV, 4x4	400	1,200	2,000	4,500	7,000	10,000
4d SUV, 4x4	440	1,320	2,200	4,950	7,700	11,000

NOTE: Add 5 percent for XLS, XLT, Eddie Bauer, or Limited Pkgs. Add 5 percent for V-8.

1999 Expedition, V-8

	6	5	4	3	2	1
XLT SUV	520	1,560	2,600	5,850	9,100	13,000
Eddie Bauer SUV	540	1,620	2,700	6,080	9,450	13,500
XLT SUV, 4x4	560	1,680	2,800	6,300	9,800	14,000
Eddie Bauer, 4x4	580	1,740	2,900	6,530	10,150	14,500

NOTE: Deduct 5 percent for 4.6L V-8.

1999 Windstar, V-6

	6	5	4	3	2	1
Cargo Van	240	720	1,200	2,700	4,200	6,000
LX Van	300	900	1,500	3,380	5,250	7,500
SE Van	320	960	1,600	3,600	5,600	8,000
SEL Van	340	1,020	1,700	3,830	5,950	8,500

1999 E150 & E250, V-8

	6	5	4	3	2	1
Cargo Van	340	1,020	1,700	3,830	5,950	8,500
Ext Cargo Van	400	1,200	2,000	4,500	7,000	10,000
Club Wag	480	1,440	2,400	5,400	8,400	12,000

NOTE: Add 5 percent for Chateau or XLT Pkg. Add 5 percent for V-10. Add 20 percent for turbo diesel V-8. Deduct 5 percent for V-6.

1999 Ranger, V-6

	6	5	4	3	2	1
2d Styleside PU	240	720	1,200	2,700	4,200	6,000
2d Flareside PU	260	780	1,300	2,930	4,550	6,500
2d Styleside Sup Cab PU	280	840	1,400	3,150	4,900	7,000
2d Flareside Sup Cab PU	300	900	1,500	3,380	5,250	7,500
4d Styleside Sup Cab PU	320	960	1,600	3,600	5,600	8,000
4d Flareside Sup Cab PU	340	1,020	1,700	3,830	5,950	8,500

NOTE: Add 5 percent for XLT Pkg. Add 10 percent for 4x4. Deduct 5 percent for 4-cyl.

1999 F150 & F250, V-8

	6	5	4	3	2	1
2d Styleside XL PU	280	840	1,400	3,150	4,900	7,000
2d Flareside XL PU	300	900	1,500	3,380	5,250	7,500
Styleside XL Sup Cab PU	360	1,080	1,800	4,050	6,300	9,000
Flareside XL Sup Cab PU	380	1,140	1,900	4,280	6,650	9,500
2d Flareside Lightning PU	620	1,860	3,100	6,980	10,850	15,500
4d XL Crew Cab PU (F250 only)	540	1,620	2,700	6,080	9,450	13,500

NOTE: Add 5 percent for Lariat or XLT Pkg. Add 10 percent for 4x4. Add 5 percent for V-10. Add 25 percent for turbo diesel V-8. Add 5 percent for dually version. Deduct 5 percent for V-6.

2000 Explorer, V-6

	6	5	4	3	2	1
2d Spt SUV	300	900	1,500	3,380	5,250	7,500
4d XL SUV	320	960	1,600	3,600	5,600	8,000
2d Spt SUV, 4x4	400	1,200	2,000	4,500	7,000	10,000
4d XL SUV, 4x4	440	1,320	2,200	4,950	7,700	11,000

NOTE: Add 5 percent for XLS, XLT, Eddie Bauer or Limited pkgs. Add 5 percent for V-8.

2000 Expedition, V-8

	6	5	4	3	2	1
XLT SUV	520	1,560	2,600	5,850	9,100	13,000
Eddie Bauer SUV	540	1,620	2,700	6,080	9,450	13,500
XLT SUV, 4x4	560	1,680	2,800	6,300	9,800	14,000
Eddie Bauer, 4x4	580	1,740	2,900	6,530	10,150	14,500

NOTE: Deduct 5 percent for 4.6L V-8.

2000 Excursion, V-10

	6	5	4	3	2	1
XLT SUV	550	1,640	2,740	6,170	9,590	13,700
Limited SUV	560	1,670	2,780	6,260	9,730	13,900
XLT SUV (turbo diesel)	620	1,860	3,100	6,980	10,850	15,500
Limited SUV (turbo diesel)	660	1,980	3,300	7,430	11,550	16,500

NOTE: Add 10 percent for 4x4. Deduct 5 percent for 4.6L V-8.

2000 Windstar, V-6

	6	5	4	3	2	1
Cargo Van	240	720	1,200	2,700	4,200	6,000
Window Van	250	740	1,240	2,790	4,340	6,200
LX Van	300	900	1,500	3,380	5,250	7,500
SE Van	320	960	1,600	3,600	5,600	8,000
SEL Van	340	1,020	1,700	3,830	5,950	8,500
Limited Van	360	1,080	1,800	4,050	6,300	9,000

2000 E150 & E250, V-8

	6	5	4	3	2	1
Cargo Van	340	1,020	1,700	3,830	5,950	8,500
Ext Cargo Van	400	1,200	2,000	4,500	7,000	10,000

	6	5	4	3	2	1
Club Wag	480	1,440	2,400	5,400	8,400	12,000
NOTE: Add 5 percent for Chateau or XLT pkgs. Add 5 percent for V-10. Add 20 percent for turbo diesel V-8. Deduct 5 percent for V-6.						
2000 Ranger, V-6						
2d Styleside PU	240	720	1,200	2,700	4,200	6,000
2d Flareside PU	260	780	1,300	2,930	4,550	6,500
2d Styleside Sup Cab PU	280	840	1,400	3,150	4,900	7,000
2d Flareside Sup Cab PU	300	900	1,500	3,380	5,250	7,500
4d Styleside Sup Cab PU	320	960	1,600	3,600	5,600	8,000
4d Flareside Sup Cab PU	340	1,020	1,700	3,830	5,950	8,500
NOTE: Add 5 percent for XLT pkg. Add 10 percent for 4x4. Deduct 5 percent for 4-cyl.						
2000 F150 & F250, V-8						
2d Styleside XL PU	280	840	1,400	3,150	4,900	7,000
2d Flareside XL PU	300	900	1,500	3,380	5,250	7,500
Styleside XL Sup Cab PU	360	1,080	1,800	4,050	6,300	9,000
Flareside XL Sup Cab PU	380	1,140	1,900	4,280	6,650	9,500
2d Flareside Lightning PU	620	1,860	3,100	6,980	10,850	15,500
4d XL Crew Cab PU (F250 only)	540	1,620	2,700	6,080	9,450	13,500
Flareside XL Sup Cab Harley PU (F150 only)	690	2,060	3,440	7,740	12,040	17,200
NOTE: Add 5 percent for Lariat or XLT pkgs. Add 10 percent for 4x4. Add 5 percent for V-10. Add 25 percent for turbo diesel V-8. Add 5 percent for dually version. Deduct 5 percent for V-6.						
2001 Escape, V-6						
4d XLS SUV	300	900	1,500	3,750	5,250	7,500
4d XLT SUV	320	960	1,600	4,000	5,600	8,000
4d XLS SUV, 4x4	340	1,020	1,700	4,250	5,950	8,500
4d XLT SUV, 4x4	360	1,080	1,800	4,500	6,300	9,000
NOTE: Deduct 5 percent for 4-cyl.						
2001 Explorer Sport Trac, V-6						
4d SUV	360	1,080	1,800	4,050	6,300	9,000
4d SUV, 4x4	380	1,140	1,900	4,280	6,650	9,500
NOTE: Add 5 percent for Eddie Bauer or Limited pkgs. Add 5 percent for V-8.						
2001 Explorer, V-6						
2d Spt SUV	300	900	1,500	3,380	5,250	7,500
4d XLS SUV	320	960	1,600	3,600	5,600	8,000
4d XLT SUV	340	1,020	1,700	3,830	5,950	8,500
2d Spt SUV, 4x4	400	1,200	2,000	4,500	7,000	10,000
4d XLS SUV, 4x4	440	1,320	2,200	4,950	7,700	11,000
4d XLT SUV, 4x4	460	1,380	2,300	5,180	8,050	11,500
NOTE: Add 5 percent for Eddie Bauer or Limited pkgs. Add 5 percent for V-8.						
2001 Expedition, V-8						
XLT SUV	520	1,560	2,600	5,850	9,100	13,000
Eddie Bauer SUV	540	1,620	2,700	6,080	9,450	13,500
XLT SUV, 4x4	560	1,680	2,800	6,300	9,800	14,000
Eddie Bauer SUV, 4x4	580	1,740	2,900	6,530	10,150	14,500
NOTE: Deduct 5 percent for 4.6L V-8.						
2001 Excursion, V-10						
XLT SUV	550	1,640	2,740	6,170	9,590	13,700
Limited SUV	560	1,670	2,780	6,260	9,730	13,900
XLT SUV (turbo diesel)	620	1,860	3,100	6,980	10,850	15,500
Limited SUV (turbo diesel)	660	1,980	3,300	7,430	11,550	16,500
NOTE: Add 10 percent for 4x4. Deduct 5 percent for 5.4L V-8.						
2001 Windstar, V-6						
Cargo Van	240	720	1,200	3,000	4,200	6,000
Window Van	250	740	1,240	3,100	4,340	6,200
LX Van	300	900	1,500	3,750	5,250	7,500
SE Van	320	960	1,600	4,000	5,600	8,000
SEL Van	340	1,020	1,700	4,250	5,950	8,500
Limited Van	360	1,080	1,800	4,500	6,300	9,000
NOTE: Add 5 percent for SE Sport pkg.						
2001 Econoline E150 & E250, V-8						
Cargo Van	340	1,020	1,700	3,830	5,950	8,500
Ext Cargo Van	400	1,200	2,000	4,500	7,000	10,000
Club Wag	480	1,440	2,400	5,400	8,400	12,000
NOTE: Add 5 percent for Chateau or XLT pkgs. Add 5 percent for V-10. Add 20 percent for turbo diesel V-8. Deduct 5 percent for V-6.						
2001 Ranger, V-6						
2d Styleside PU	240	720	1,200	3,000	4,200	6,000
2d Flareside PU	260	780	1,300	3,250	4,550	6,500
2d Styleside Sup Cab PU	280	840	1,400	3,500	4,900	7,000
2d Flareside Sup Cab PU	300	900	1,500	3,750	5,250	7,500
4d Styleside Sup Cab PU	320	960	1,600	4,000	5,600	8,000
4d Flareside Sup Cab PU	340	1,020	1,700	4,250	5,950	8,500
NOTE: Add 5 percent for Edge or XLT pkgs. Add 10 percent for 4x4. Deduct 5 percent for 4-cyl.						
2001 F150 & F250, V-8						
2d Styleside XL PU	280	840	1,400	3,150	4,900	7,000
2d Flareside XL PU	300	900	1,500	3,380	5,250	7,500
Styleside XL Sup Cab PU	360	1,080	1,800	4,050	6,300	9,000

	6	5	4	3	2	1
Flareside XL Sup Cab PU	380	1,140	1,900	4,280	6,650	9,500
2d Flareside Lightning PU	620	1,860	3,100	6,980	10,850	15,500
4d XL Crew Cab PU (F250 only)	540	1,620	2,700	6,080	9,450	13,500
Flareside XL Sup Cab Harley PU (F150 only)	690	2,060	3,440	7,740	12,040	17,200

NOTE: Add 5 percent for F150 King Ranch pkg. Add 5 percent for Lariat or XLT pkgs. Add 10 percent for 4x4. Add 5 percent for V-10. Add 25 percent for turbo diesel V-8. Add 5 percent for dually version. Deduct 5 percent for V-6.

2002 Escape, V-6

4d XLS SUV	300	900	1,500	3,750	5,250	7,500
4d XLT SUV	320	960	1,600	4,000	5,600	8,000
4d XLS SUV, 4x4	340	1,020	1,700	4,250	5,950	8,500
4d XLT SUV, 4x4	360	1,080	1,800	4,500	6,300	9,000

NOTE: Deduct 5 percent for 4-cyl.

2002 Explorer Sport Trac, V-6

4d SUV	400	1,200	2,000	5,000	7,000	10,000
4d SUV, 4x4	420	1,260	2,100	5,250	7,350	10,500

NOTE: Add 5 percent for V-8.

2002 Explorer, V-6

2d Spt SUV	340	1,020	1,700	4,250	5,950	8,500
4d XLS SUV	360	1,080	1,800	4,500	6,300	9,000
4d XLT SUV	380	1,140	1,900	4,750	6,650	9,500
4d Eddie Bauer SUV	400	1,200	2,000	5,000	7,000	10,000
4d Limited SUV	420	1,260	2,100	5,250	7,350	10,500
2d Spt SUV, 4x4	440	1,320	2,200	5,500	7,700	11,000
4d XLS SUV, 4x4	480	1,440	2,400	6,000	8,400	12,000
4d XLT SUV, 4x4	500	1,500	2,500	6,250	8,750	12,500
4d Eddie Bauer SUV, 4x4	520	1,560	2,600	6,500	9,100	13,000
4d Limited SUV, 4x4	540	1,620	2,700	6,750	9,450	13,500

NOTE: Add 5 percent for V-8.

2002 Expedition, V-8

XLT SUV	600	1,800	3,000	7,500	10,500	15,000
Eddie Bauer SUV	620	1,860	3,100	7,750	10,850	15,500
XLT SUV, 4x4	640	1,920	3,200	8,000	11,200	16,000
Eddie Bauer SUV, 4x4	660	1,980	3,300	8,250	11,550	16,500

NOTE: Deduct 5 percent for 4.6L V-8.

2002 Excursion, V-10

XLT SUV	630	1,880	3,140	7,850	10,990	15,700
Limited SUV	640	1,910	3,180	7,950	11,130	15,900
XLT SUV (turbo diesel)	700	2,100	3,500	8,750	12,250	17,500
Limited SUV (turbo diesel)	740	2,220	3,700	9,250	12,950	18,500

NOTE: Add 10 percent for 4x4. Deduct 5 percent for 5.4L V-8.

2002 Windstar, V-6

Cargo Van	240	720	1,200	3,000	4,200	6,000
LX Van	300	900	1,500	3,750	5,250	7,500
SE Van	320	960	1,600	4,000	5,600	8,000
SEL Van	340	1,020	1,700	4,250	5,950	8,500
Limited Van	360	1,080	1,800	4,500	6,300	9,000

2002 Econoline E150 & E250, V-8

Cargo Van	380	1,140	1,900	4,750	6,650	9,500
Ext Cargo Van	440	1,320	2,200	5,500	7,700	11,000
Club Wag	520	1,560	2,600	6,500	9,100	13,000

NOTE: Add 5 percent for Chateau or XLT pkgs. Add 5 percent for V-10. Add 20 percent for turbo diesel V-8. Deduct 5 percent for V-6.

2002 Ranger, V-6

2d Styleside PU	240	720	1,200	3,000	4,200	6,000
2d Flareside PU	260	780	1,300	3,250	4,550	6,500
2d Styleside Sup Cab PU	280	840	1,400	3,500	4,900	7,000
2d Flareside Sup Cab PU	300	900	1,500	3,750	5,250	7,500
4d Styleside Sup Cab PU	320	960	1,600	4,000	5,600	8,000
4d Flareside Sup Cab PU	340	1,020	1,700	4,250	5,950	8,500

NOTE: Add 5 percent for Edge, FX4, XLT or Tremor pkgs. Add 10 percent for 4x4. Deduct 5 percent for 4-cyl.

2002 F150 & F250, V-8

F150 2d Styleside XL PU	320	960	1,600	4,000	5,600	8,000
F150 2d Flareside XL PU	340	1,020	1,700	4,250	5,950	8,500
F150 Styleside XL Sup Cab PU	400	1,200	2,000	5,000	7,000	10,000
F150 Flareside XL Sup Cab PU	420	1,260	2,100	5,250	7,350	10,500
F150 2d Flareside Lightning PU	660	1,980	3,300	8,250	11,550	16,500
F150 Supercab King Ranch PU	520	1,560	2,600	6,500	9,100	13,000
F150 Supercrew XLT PU	500	1,500	2,500	5,630	8,750	12,500
F150 Supercrew Lariat	540	1,620	2,700	6,080	9,450	13,500
F150 Supercrew King Ranch PU	580	1,740	2,900	6,530	10,150	14,500
F150 Supercrew Harley-Davidson PU	780	2,340	3,900	8,780	13,650	19,500
F250 Superduty Styleside XL PU	560	1,680	2,800	7,000	9,800	14,000
F250 Superduty Styleside XL Sup Cab PU	600	1,800	3,000	7,500	10,500	15,000
F250 Superduty Styleside XL Crew Cab PU	640	1,920	3,200	8,000	11,200	16,000

NOTE: Add 5 percent for FX4 pkg. Add 10 percent for 4x4. Add 5 percent for V-10. Add 25 percent for turbo diesel V-8. Add 5 percent for dually version. Deduct 5 percent for V-6.

	6	5	4	3	2	1
2003 Escape, V-6						
4d XLS SUV	300	900	1,500	3,380	5,250	7,500
4d XLT SUV	320	960	1,600	4,000	5,600	8,000
4d Limited SUV	340	1,020	1,700	4,250	5,950	8,500
NOTE: Add 5 percent for 4x4. Deduct 5 percent for 4-cyl.						
2003 Explorer Sport Trac, V-6						
4d XLS SUV	400	1,200	2,000	5,000	7,000	10,000
4d XLT SUV	420	1,260	2,100	5,250	7,350	10,500
NOTE: Add 5 percent for V-8. Add 5 percent for 4x4.						
2003 Explorer, V-6						
2d XLS Sport SUV	340	1,020	1,700	4,250	5,950	8,500
2d XLT Sport SUV	360	1,080	1,800	4,500	6,300	9,000
4d XLS SUV	360	1,080	1,800	4,500	6,300	9,000
4d XLT SUV	380	1,140	1,900	4,750	6,650	9,500
4d Eddie Bauer SUV	400	1,200	2,000	5,000	7,000	10,000
4d Limited SUV	420	1,260	2,100	5,250	7,350	10,500
NOTE: Add 5 percent for V-8. Add 5 percent for 4x4. Add 5 percent for NBX pkg on XLT models.						
2003 Expedition, V-8						
XLT SUV	600	1,800	3,000	7,500	10,500	15,000
Eddie Bauer SUV	620	1,860	3,100	7,750	10,850	15,500
NOTE: Add 5 percent for 4x4. Add 5 percent for FX4 Off Road pkg on XLT. Deduct 5 percent for 4.6L V-8.						
2003 Expedition, V-10						
XLT SUV	630	1,880	3,140	7,850	10,990	15,700
Eddie Bauer SUV	630	1,900	3,160	7,900	11,060	15,800
Limited SUV	640	1,910	3,180	7,950	11,130	15,900
NOTE: Add 5 percent for 4x4. Add 10 percent for turbo diesel V-8. Deduct 5 percent for 5.4L V-8.						
2003 Windstar, V-6						
Cargo Van	240	720	1,200	3,000	4,200	6,000
Van	270	800	1,340	3,350	4,690	6,700
LX Van	300	900	1,500	3,750	5,250	7,500
SE Van	320	960	1,600	4,000	5,600	8,000
SEL Van	340	1,020	1,700	4,250	5,950	8,500
Limited Van	360	1,080	1,800	4,500	6,300	9,000
2003 Econoline E150 & E250, V-8						
Cargo Van	380	1,140	1,900	4,750	6,650	9,500
Ext Cargo Van (E250 only)	440	1,320	2,200	4,950	7,700	11,000
Club Wag	520	1,560	2,600	6,500	9,100	13,000
NOTE: Add 5 percent for Chateau or XLT pkgs. Add 5 percent for V-10. Add 20 percent for turbo diesel V-8. Deduct 5 percent for V-6.						
2003 Ranger, V-6						
2d Styleside PU	240	720	1,200	2,700	4,200	6,000
2d Flareside PU	260	780	1,300	2,930	4,550	6,500
2d Styleside Sup Cab PU	280	840	1,400	3,500	4,900	7,000
2d Flareside Sup Cab PU	300	900	1,500	3,750	5,250	7,500
4d Styleside Sup Cab PU	320	960	1,600	3,600	5,600	8,000
4d Flareside Sup Cab PU	340	1,020	1,700	3,830	5,950	8,500
NOTE: Add 5 percent for Edge, FX4, XLT or Tremor pkgs. Add 10 percent for 4x4. Deduct 5 percent for 4-cyl.						
2003 F150 & F250, V-8						
F150 2d Styleside XL PU	320	960	1,600	4,000	5,600	8,000
F150 2d Flareside XL PU	340	1,020	1,700	4,250	5,950	8,500
F150 Styleside XL Sup Cab PU	400	1,200	2,000	5,000	7,000	10,000
F150 Flareside XL Sup Cab PU	420	1,260	2,100	5,250	7,350	10,500
F150 2d Flareside Lightning PU	660	1,980	3,300	8,250	11,550	16,500
F150 Flareside Supercab King Ranch PU	520	1,560	2,600	6,500	9,100	13,000
F150 Supercrew XLT PU	500	1,500	2,500	6,250	8,750	12,500
F150 Supercrew Lariat PU	540	1,620	2,700	6,750	9,450	13,500
F150 Supercrew King Ranch PU	580	1,740	2,900	7,250	10,150	14,500
F150 Supercrew Harley-Davidson PU	780	2,340	3,900	9,750	13,650	19,500
F250 Superduty Styleside XL PU	560	1,680	2,800	7,000	9,800	14,000
F250 Superduty Styleside XL Sup Cab PU	600	1,800	3,000	7,500	10,500	15,000
F250 Superduty Styleside XL Crew Cab PU	640	1,920	3,200	8,000	11,200	16,000
NOTE: Add 5 percent for FX4, STX or XLT pkgs. Add $1,000 for Heritage pkg. (excluding XLT). Add $2,000 for Lariat pkg. on XL or King Ranch pkg. on Super Duty PUs. Add 10 percent for 4x4. Add 5 percent for V-10. Add 25 percent for turbo diesel V-8. Add 5 percent for dually version. Deduct 5 percent for V-6.						
2004 Escape, V-6						
4d XLS SUV	300	900	1,500	3,750	5,250	7,500
4d XLT SUV	320	960	1,600	4,000	5,600	8,000
4d Limited SUV	340	1,020	1,700	4,250	5,950	8,500
NOTE: Add 5 percent for 4x4. Deduct 5 percent for 4-cyl. Deduct 5 percent for manual transmission.						
2004 Explorer Sport Trac, V-6						
4d XLS SUV	400	1,200	2,000	5,000	7,000	10,000
4d XLT SUV	420	1,260	2,100	5,250	7,350	10,500
NOTE: Add 5 percent for V-8. Add 5 percent for 4x4.						
2004 Explorer, V-6						
4d XLS SUV	360	1,080	1,800	4,500	6,300	9,000
4d XLT SUV	380	1,140	1,900	4,750	6,650	9,500
4d Eddie Bauer SUV	400	1,200	2,000	5,000	7,000	10,000

	6	5	4	3	2	1
4d Limited SUV	420	1,260	2,100	5,250	7,350	10,500

NOTE: Add 5 percent for V-8. Add 5 percent for AWD/4x4. Add 5 percent for Adrenalin pkg on Sport Trac XLT. Add 5 percent for NBX pkg on XLT models.

2004 Expedition, V-8

XLS SUV	580	1,740	2,900	7,250	10,150	14,500
XLT SUV	600	1,800	3,000	7,500	10,500	15,000
Eddie Bauer SUV	620	1,860	3,100	7,750	10,850	15,500

NOTE: Add 5 percent for 4x4. Add 5 percent for NBX pkg on XLT. Deduct 5 percent for 4.6L V-8 except XLS.

2004 Excursion, V-10

XLS SUV	600	1,810	3,020	7,550	10,570	15,100
XLT SUV	630	1,880	3,140	7,850	10,990	15,700
Eddie Bauer SUV	630	1,900	3,160	7,900	11,060	15,800
Limited SUV	640	1,910	3,180	7,950	11,130	15,900

NOTE: Add 5 percent for 4x4. Add 10 percent for turbo diesel V-8. Deduct 5 percent for 5.4L V-8.

2004 Freestar, V-6

Cargo Van	240	720	1,200	3,000	4,200	6,000
S Van	270	800	1,340	3,350	4,690	6,700
SE Van	320	960	1,600	4,000	5,600	8,000
SES Van	330	990	1,650	4,130	5,780	8,250
SEL Van	340	1,020	1,700	4,250	5,950	8,500
Limited Van	360	1,080	1,800	4,500	6,300	9,000

2004 Econoline E150 & E250, V-8

Cargo Van	380	1,140	1,900	4,750	6,650	9,500
Ext Cargo Van (E250 only)	440	1,320	2,200	5,500	7,700	11,000
Club Wag	520	1,560	2,600	6,500	9,100	13,000

NOTE: Add 5 percent for Chateau or XLT pkgs. Add 5 percent for V-10. Add 20 percent for turbo diesel V-8.

2004 Ranger, V-6

2d Styleside PU	240	720	1,200	3,000	4,200	6,000
2d Flareside PU	260	780	1,300	3,250	4,550	6,500
2d Styleside Sup Cab PU	280	840	1,400	3,500	4,900	7,000
2d Flareside Sup Cab PU	300	900	1,500	3,750	5,250	7,500
4d Styleside Sup Cab PU	320	960	1,600	4,000	5,600	8,000
4d Flareside Sup Cab PU	340	1,020	1,700	4,250	5,950	8,500

NOTE: Add 5 percent for Edge, FX4, XLT or Tremor pkgs. Add 10 percent for 4x4. Deduct 5 percent for 4-cyl. Deduct 5 percent for manual transmission.

2004 F150 & F250, V-8

F150 Heritage 2d Styleside XL PU	300	890	1,480	3,700	5,180	7,400
F150 Heritage 2d Flareside XL PU	300	900	1,500	3,750	5,250	7,500
F150 Heritage 2d Styleside XL Sup Cab PU	340	1,020	1,700	4,250	5,950	8,500
F150 Heritage 2d Flareside Lightning PU	700	2,100	3,500	8,750	12,250	17,500
F150 2d Styleside XL PU	320	960	1,600	4,000	5,600	8,000
F150 2d Styleside SXT PU	330	980	1,640	4,100	5,740	8,200
F150 2d Styleside XLT PU	350	1,040	1,740	4,350	6,090	8,700
F150 2d Styleside FX4 PU (AWD)	410	1,230	2,050	5,130	7,180	10,250
F150 2d Flareside STX PU	350	1,060	1,760	4,400	6,160	8,800
F150 2d Flareside XLT PU	360	1,080	1,800	4,500	6,300	9,000
F150 2d Flareside FX4 PU (AWD)	440	1,320	2,200	5,500	7,700	11,000
F150 Styleside XL Sup Cab PU	400	1,200	2,000	4,500	7,000	10,000
F150 Styleside STX Sup Cab PU	410	1,230	2,050	5,130	7,180	10,250
F150 Styleside XLT Sup Cab PU	420	1,260	2,100	5,250	7,350	10,500
F150 Styleside FX4 Sup Cab PU (AWD)	520	1,560	2,600	6,500	9,100	13,000
F150 Styleside Lariat Sup Cab PU	460	1,380	2,300	5,750	8,050	11,500
F150 Flareside STX Sup Cab PU	430	1,290	2,150	5,380	7,530	10,750
F150 Flareside XLT Sup Cab PU	440	1,320	2,200	5,500	7,700	11,000
F150 Flareside FX4 Sup Cab PU (AWD)	560	1,680	2,800	7,000	9,800	14,000
F150 Supercrew XLT PU	480	1,440	2,400	6,000	8,400	12,000
F150 Supercrew Lariat PU	540	1,620	2,700	6,750	9,450	13,500
F150 Supercrew FX4 PU (AWD)	580	1,740	2,900	7,250	10,150	14,500
F250 Superduty Styleside XL PU	560	1,680	2,800	7,000	9,800	14,000
F250 Superduty Styleside XL Sup Cab PU	600	1,800	3,000	7,500	10,500	15,000
F250 Superduty Styleside XL Crew Cab PU	640	1,920	3,200	8,000	11,200	16,000

NOTE: Add 10 percent for 4x4. Add 5 percent for FX4 or XLT pkg on Super Duty. Add 5 percent for XLT pkg on Heritage Ed. Add 20 percent for Harley-Davidson, King Ranch or Lariat pkg on Super Duty. Add 5 percent for V-10. Add 25 percent for turbo diesel V-8. Add 5 percent for dually version. Deduct 5 percent for V-6. Deduct 5 percent for manual transmission.

2005 Escape, V-6

4d XLS SUV (4-cyl.)	280	840	1,400	3,150	4,900	7,000
4d Limited SUV	340	1,020	1,700	4,250	5,950	8,500
4d XLT SUV	320	960	1,600	3,600	5,600	8,000
4d Hybrid SUV (4-cyl.)	300	900	1,500	3,750	5,250	7,500

NOTE: Add 5 percent for 4x4. Deduct 5 percent for manual transmission.

2005 Explorer Sport Trac, V-6

4d XLS SUV	400	1,200	2,000	5,000	7,000	10,000
4d XLT SUV	420	1,260	2,100	5,250	7,350	10,500

2005 Explorer, V-6

4d XLS SUV	360	1,080	1,800	4,500	6,300	9,000
4d XLT SUV	380	1,140	1,900	4,750	6,650	9,500
4d Eddie Bauer SUV	400	1,200	2,000	5,000	7,000	10,000

	6	5	4	3	2	1
4d Limited SUV	420	1,260	2,100	5,250	7,350	10,500

NOTE: Add 5 percent for 4.6L V-8. Add 5 percent for Adrenalin pkg on Sport Trac XLT model. Add 5 percent for 4x4.

2005 Expedition, V-8

	6	5	4	3	2	1
XLS SUV	580	1,740	2,900	7,250	10,150	14,500
XLT SUV	600	1,800	3,000	7,500	10,500	15,000
Eddie Bauer SUV	620	1,860	3,100	7,750	10,850	15,500
Limited SUV	640	1,920	3,200	8,000	11,200	16,000
King Ranch SUV	650	1,940	3,240	8,100	11,340	16,200

NOTE: Add 5 percent for 4x4. Add 5 percent for NBX pkg on XLT model.

2005 Excursion, V-10

	6	5	4	3	2	1
XLS SUV	600	1,810	3,020	7,550	10,570	15,100
XLT SUV	630	1,880	3,140	7,850	10,990	15,700
Eddie Bauer SUV	630	1,900	3,160	7,900	11,060	15,800
Limited SUV	640	1,910	3,180	7,950	11,130	15,900

NOTE: Add 5 percent for 4x4. Add 10 percent for Turbo Diesel V-8. Deduct 5 percent for 5.4L V-8.

2005 Freestar, V-6

	6	5	4	3	2	1
4d Cargo Van	240	720	1,200	3,000	4,200	6,000
4d S Van	270	800	1,340	3,350	4,690	6,700
4d SE Van	320	960	1,600	4,000	5,600	8,000
4d SES Van	330	990	1,650	4,130	5,780	8,250
4d SEL Van	340	1,020	1,700	4,250	5,950	8,500
4d Limited Van	360	1,080	1,800	4,500	6,300	9,000

2005 Freestyle, V-6

	6	5	4	3	2	1
4d SE Utility	350	1,040	1,740	3,920	6,090	8,700
4d SEL Utility	370	1,100	1,840	4,600	6,440	9,200
4d Limited Utility	400	1,190	1,980	4,950	6,930	9,900

NOTE: Add 5 percent for AWD.

2005 Econoline E150 & E250, V-8

	6	5	4	3	2	1
Cargo Van	380	1,140	1,900	4,750	6,650	9,500
Club Wagon (E150 only)	520	1,560	2,600	6,500	9,100	13,000
Extended Cargo Van (E250 only)	440	1,320	2,200	5,500	7,700	11,000

NOTE: Add 5 percent for Chateau pkg or XLT pkg. Add 5 percent for 6.8L V-10. Add 20 percent for 6.0L Turbo Diesel V-8.

2005 Ranger, V-6

	6	5	4	3	2	1
2d Styleside PU	240	720	1,200	3,000	4,200	6,000
2d Styleside Supercab PU	280	840	1,400	3,500	4,900	7,000
4d Styleside Supercab PU	320	960	1,600	4,000	5,600	8,000

NOTE: Add 10 percent for 4x4. Add 5 percent for Edge pkg or STX pkg or XLT pkg. Add 10 percent for FX4 Off-Road pkg or Tremor pkg. Deduct 5 percent for 4-cyl. Deduct 5 percent for manual transmission.

2005 F150, V-8

	6	5	4	3	2	1
XL Styleside PU	320	960	1,600	4,000	5,600	8,000
STX Styleside PU	330	980	1,640	4,100	5,740	8,200
XLT Styleside PU	350	1,040	1,740	4,350	6,090	8,700
FX4 Styleside PU (4x4)	410	1,230	2,050	5,130	7,180	10,250
STX Flareside PU	350	1,060	1,760	4,400	6,160	8,800
XLT Flareside PU	360	1,080	1,800	4,500	6,300	9,000
FX4 Flareside PU (4x4)	440	1,320	2,200	5,500	7,700	11,000

2005 F150 Supercab, V-8

	6	5	4	3	2	1
XL Styleside PU	400	1,200	2,000	5,000	7,000	10,000
STX Styleside PU	410	1,230	2,050	5,130	7,180	10,250
XLT Styleside PU	420	1,260	2,100	4,730	7,350	10,500
FX4 Styleside PU (4x4)	520	1,560	2,600	6,500	9,100	13,000
Lariat Styleside PU	460	1,380	2,300	5,750	8,050	11,500
STX Flareside PU	430	1,290	2,150	5,380	7,530	10,750
XLT Flareside PU	440	1,320	2,200	5,500	7,700	11,000
FX4 Flareside PU (4x4)	560	1,680	2,800	7,000	9,800	14,000

2005 F150 Supercrew, V-8

	6	5	4	3	2	1
XLT PU	480	1,440	2,400	6,000	8,400	12,000
Lariat PU	540	1,620	2,700	6,750	9,450	13,500
FX4 PU (4x4)	580	1,740	2,900	7,250	10,150	14,500
King Ranch PU	560	1,680	2,800	7,000	9,800	14,000

2005 F250 Super Duty, V-8

	6	5	4	3	2	1
XL Styleside PU	560	1,680	2,800	7,000	9,800	14,000
XL Styleside Supercab PU	600	1,800	3,000	7,500	10,500	15,000
XL Styleside Crew Cab PU	640	1,920	3,200	8,000	11,200	16,000

NOTE: Add 10 percent for 4x4, when optional. Add 5 percent for FX4 Off-Road pkg or XLT pkg on F250 Super Duty models. Add 20 percent for Harley-Davidson pkg or King Ranch pkg or Lariat pkg on F250 Super Duty models. Add 25 percent for 6.0L Turbo Diesel V-8. Add 5 percent for 6.8L V-10. Add 5 percent for dually version. Add 5 percent for Heavy-Duty Payload pkg on F150 models. Deduct 5 percent for Work Truck pkg. Deduct 5 percent for V-6. Deduct 5 percent for manual transmission.

2006 Escape, 4-cyl. Hybrid

	6	5	4	3	2	1
4d SUV	440	1,330	2,220	5,000	7,770	11,100

NOTE: Deduct 10 percent for 2WD.

2006 Escape, V-6, 4WD

	6	5	4	3	2	1
4d XLS SUV	350	1,040	1,740	4,350	6,090	8,700
4d XLT Spt SUV	400	1,210	2,020	5,050	7,070	10,100
4d XLT SUV	380	1,140	1,900	4,750	6,650	9,500

	6	5	4	3	2	1
4d Ltd SUV	420	1,250	2,080	5,200	7,280	10,400
NOTE: Deduct 10 percent for 2WD.						
2006 Freestyle, V-6, AWD						
4d SE SUV	350	1,060	1,760	4,400	6,160	8,800
4d SEL SUV	380	1,140	1,900	4,750	6,650	9,500
4d Ltd SUV	410	1,220	2,040	5,100	7,140	10,200
NOTE: Deduct 10 percent for 2WD.						
2006 Explorer, V-6, AWD						
4d XLS SUV	390	1,160	1,940	4,850	6,790	9,700
4d XLT SUV	420	1,250	2,080	5,200	7,280	10,400
4d Eddie Bauer SUV	480	1,430	2,380	5,950	8,330	11,900
4d Ltd SUV	500	1,490	2,480	6,200	8,680	12,400
NOTE: Deduct 15 percent for 2WD.						
2006 Expedition, V-8, AWD						
4d XLS SUV	440	1,320	2,200	5,500	7,700	11,000
4d XLT SUV	470	1,400	2,340	5,850	8,190	11,700
4d XLT Spt SUV	490	1,480	2,460	6,150	8,610	12,300
4d Eddie Bauer SUV	580	1,750	2,920	7,300	10,220	14,600
4d Ltd SUV	630	1,900	3,160	7,900	11,060	15,800
4d King Ranch SUV	650	1,960	3,260	8,150	11,410	16,300
NOTE: Deduct 10 percent for 2WD.						
2006 Freestar, V-6						
Cargo Minivan	220	660	1,100	2,750	3,850	5,500
SE Minivan	280	830	1,380	3,450	4,830	6,900
SEL Minivan	300	890	1,480	3,700	5,180	7,400
Ltd Minivan	240	730	1,220	3,050	4,270	6,100
2006 Econoline, V-8						
E150 XL S-D Wag	360	1,080	1,800	4,500	6,300	9,000
E150 XLT S-D Wag	380	1,150	1,920	4,800	6,720	9,600
E150 Chateu S-D Wag	410	1,240	2,060	4,640	7,210	10,300
E350 XL S-D Wag	380	1,130	1,880	4,690	6,560	9,375
E350 XLT S-D Wag	420	1,270	2,120	5,300	7,420	10,600
E350 Chateu S-D Wag	490	1,480	2,460	6,150	8,610	12,300
E350 XL S-D Ext Wag	410	1,240	2,060	5,150	7,210	10,300
E350 XLT S-D Ext Wag	440	1,310	2,180	5,450	7,630	10,900
NOTE: Deduct 30 percent for 6.0L Turbo Diesel.						
E150 Super Cargo Van	340	1,020	1,700	4,250	5,950	8,500
E250 Super Cargo Van	360	1,070	1,780	4,450	6,230	8,900
E250 Ext Van	390	1,180	1,960	4,900	6,860	9,800
E350 Super Cargo Van	370	1,120	1,860	4,650	6,510	9,300
E350 Ext Van	410	1,240	2,060	5,150	7,210	10,300
NOTE: Deduct 30 percent for 6.0L Turbo Diesel.						
2006 Ranger Regular Cab Pickup, 4-cyl.						
2d XL 6'	260	780	1,300	3,250	4,550	6,500
2d XL 7'	240	720	1,200	3,000	4,200	6,000
2d STX 6'	270	800	1,340	3,350	4,690	6,700
2d XLT 6'	280	830	1,380	3,450	4,830	6,900
NOTE: Add 25 percent for 4WD.						
2006 Ranger Regular Cab Pickup, V-6						
2d Spt 6'	280	850	1,420	3,550	4,970	7,100
2d XLT 7'	280	830	1,380	3,450	4,830	6,900
NOTE: Add 25 percent for 4WD.						
2006 Ranger Super Cab Pickup, 4-cyl.						
2d XL 6'	330	980	1,640	4,100	5,740	8,200
2d XLT 6'	340	1,030	1,720	4,300	6,020	8,600
NOTE: Add 25 percent for 4WD.						
2006 Ranger Super Cab Pickup, V-6						
2d STX 6'	350	1,040	1,740	4,350	6,090	8,700
4d STX 6'	390	1,160	1,940	4,850	6,790	9,700
2d Spt 6'	360	1,080	1,800	4,500	6,300	9,000
4d Spt 6'	390	1,180	1,960	4,900	6,860	9,800
4d XLT 6'	400	1,190	1,980	4,950	6,930	9,900
NOTE: Add 25 percent for 4WD.						
2006 Ranger Super Cab Pickup, V-6, 4WD						
2d XLT FX4 Off-Road	460	1,370	2,280	5,700	7,980	11,400
4d XLT FX4 Off-Road	490	1,460	2,440	6,100	8,540	12,200
XLT FX4 Level IT 6'	500	1,490	2,480	6,200	8,680	12,400
2006 Pickup, V-8						
2d F150 XL 6.5'	360	1,080	1,800	4,500	6,300	9,000
2d F150 XL 8'	340	1,020	1,700	4,250	5,950	8,500
2d F150 STX 6.5'	370	1,100	1,840	4,600	6,440	9,200
2d F150 XLT 6.5'	380	1,140	1,900	4,750	6,650	9,500
2d F150 XLT 8'	360	1,070	1,780	4,450	6,230	8,900
NOTE: Add 30 percent for 4WD.						
2006 Pickup, V-8, 4WD						
4d FX4 6.5'	510	1,540	2,560	6,400	8,960	12,800

	6	5	4	3	2	1
2006 Super Cab Pickup, V-8						
4d F150 XL 6.5'	440	1,330	2,220	5,550	7,770	11,100
4d F150 XL 8'	430	1,300	2,160	5,400	7,560	10,800
4d F150 STX 5.5'	450	1,340	2,240	5,600	7,840	11,200
4d F150 STX 6.5'	450	1,360	2,260	5,650	7,910	11,300
4d F150 XLT 5.5'	460	1,370	2,280	5,700	7,980	11,400
4d F150 XLT 6.5'	460	1,380	2,300	5,750	8,050	11,500
4d F150 Lariat 6.5'	490	1,460	2,440	6,100	8,540	12,200
NOTE: Add 30 percent for 4WD.						
4d F150 XLT 8'	460	1,390	2,320	5,800	8,120	11,600
4d F150 Lariat 5.5'	480	1,440	2,400	6,000	8,400	12,000
4d F150 Harley 6.5'	640	1,920	3,200	7,200	11,200	16,000
NOTE: Add 30 percent for 4WD.						
2006 Super Cab Pickup, V-8, 4WD						
4d FX4 5.5'	580	1,750	2,920	7,300	10,220	14,600
4d FX4 6.5'	590	1,780	2,960	7,400	10,360	14,800
2006 Supercrew Pickup, V-8						
4d F150 XLT 5.5'	540	1,610	2,680	6,700	9,380	13,400
4d F150 XLT 6.5'	530	1,580	2,640	6,600	9,240	13,200
4d F150 Lariat 5.5'	600	1,800	3,000	7,500	10,500	15,000
4d F150 Lariat 6.5'	590	1,780	2,960	7,400	10,360	14,800
4d F150 King Ranch 5.5'	660	1,990	3,320	8,300	11,620	16,600
4d F150 King Ranch 6.75'	660	1,970	3,280	8,200	11,480	16,400
NOTE: Add 25 percent for 4WD.						
2006 Supercrew Pickup, V-8, 4WD						
4d FX4 5.5'	670	2,000	3,340	8,350	11,690	16,700
4d FX4 6.5'	660	1,980	3,300	8,250	11,550	16,500
2006 Super Duty Pickup, V-8						
2d F250 XL 6.75'	420	1,260	2,100	5,250	7,350	10,500
2d F250 XLT 8'	440	1,310	2,180	5,450	7,630	10,900
2d F350 XL 8'	430	1,300	2,160	5,400	7,560	10,800
2d F350 XLT 8'	450	1,340	2,240	5,600	7,840	11,200
NOTE: Add 25 percent for 4WD; add 45 percent for 6.0L Turbo Diesel.						
2006 Super Duty Super Cab Pickup, V-8						
4d F250 XL 6.75'	520	1,560	2,600	6,500	9,100	13,000
4d F250 XL 8'	500	1,510	2,520	6,300	8,820	12,600
4d F250 XLT 6.75'	540	1,610	2,680	6,700	9,380	13,400
4d F250 XLT 8'	530	1,580	2,640	6,600	9,240	13,200
4d F250 Lariat 6.75'	540	1,630	2,720	6,800	9,520	13,600
4d F250 Lariat 8'	530	1,600	2,660	6,650	9,310	13,300
4d F350 XL 6.75'	530	1,580	2,640	6,600	9,240	13,200
4d F350 XL 8'	520	1,570	2,620	6,550	9,170	13,100
4d F350 XLT 6.75'	550	1,640	2,740	6,850	9,590	13,700
4d F350 XLT 8'	540	1,620	2,700	6,750	9,450	13,500
4d F350 Lariat 6.75'	560	1,670	2,780	6,950	9,730	13,900
4d F350 Lariat 8.5'	550	1,640	2,740	6,850	9,590	13,700
NOTE: Add 25 percent for 4WD; add 45 percent for 6.0L Turbo Diesel.						
2006 Super Duty Crew Cab Pickup, V-8						
4d F250 XL 6.75'	570	1,720	2,860	7,150	10,010	14,300
4d F250 XL 8'	560	1,670	2,780	6,950	9,730	13,900
4d F250 XLT 6.75'	590	1,760	2,940	7,350	10,290	14,700
4d F250 XLT 8'	580	1,730	2,880	7,200	10,080	14,400
4d F250 Lariat 6.75'	600	1,800	3,000	7,500	10,500	15,000
4d F250 Lariat 8'	590	1,780	2,960	7,400	10,360	14,800
4d F250 King Ranch 6.75'	620	1,870	3,120	7,800	10,920	15,600
4d F250 King Ranch 8'	600	1,810	3,020	7,550	10,570	15,100
4d F350 XL 6.75'	580	1,750	2,920	7,300	10,220	14,600
4d F350 XL 8'	570	1,700	2,840	7,100	9,940	14,200
4d F350 XLT 6.75'	610	1,820	3,040	7,600	10,640	15,200
4d F350 XLT 8'	600	1,790	2,980	7,450	10,430	14,900
4d F350 Lariat 6.75'	620	1,860	3,100	7,750	10,850	15,500
4d F350 Lariat 8.5'	610	1,840	3,060	7,650	10,710	15,300
4d F350 King Ranch 6.75'	640	1,920	3,200	8,000	11,200	16,000
4d F350 King Ranch 8'	620	1,870	3,120	7,800	10,920	15,600
NOTE: Add 25 percent for 4WD; add 45 percent for 6.0L Turbo Diesel.						
2006 Super Duty Crew Cab Pickup, V-8, 4WD						
4d F250 Harley 6.75'	940	2,830	4,720	11,800	16,520	23,600
4d F250 Harley 8'	940	2,810	4,680	11,700	16,380	23,400
4d F350 Harley 6.75'	960	2,880	4,800	12,000	16,800	24,000
4d F350 Harley 8'	950	2,860	4,760	11,900	16,660	23,800

GMC TRUCKS

	6	5	4	3	2	1
1920-26						
Canopy	660	1,980	3,300	7,430	11,550	16,500
1927-29 Light Duty						
PU	660	1,980	3,300	7,430	11,550	16,500

	6	5	4	3	2	1
Panel	610	1,840	3,060	6,890	10,710	15,300
1930-33 Light Duty						
PU	670	2,000	3,340	7,520	11,690	16,700
Panel	620	1,860	3,100	6,980	10,850	15,500
Stake	580	1,740	2,900	6,530	10,150	14,500
1934-35 Light Duty						
PU	720	2,160	3,600	8,100	12,600	18,000
Panel	640	1,920	3,200	7,200	11,200	16,000
1936-40 Light Duty						
PU	760	2,280	3,800	8,550	13,300	19,000
Panel	680	2,040	3,400	7,650	11,900	17,000
1940 Light Duty, 1/2-Ton, 113.5" wb						
Canopy Dly	760	2,280	3,800	8,550	13,300	19,000
Screenside Dly	720	2,160	3,600	8,100	12,600	18,000
Suburban	780	2,340	3,900	8,780	13,650	19,500
1941-42, 1946-47 Light Duty, 1/2-Ton, 115" wb						
PU	880	2,640	4,400	9,900	15,400	22,000
Panel	788	2,364	3,940	8,870	13,790	19,700
Canopy Dly	820	2,460	4,100	9,230	14,350	20,500
Screenside Dly	820	2,460	4,100	9,230	14,350	20,500
Suburban	840	2,520	4,200	9,450	14,700	21,000
Stake	660	1,980	3,300	7,430	11,550	16,500
1941-42, 1946-47 Light Duty, 1/2-Ton, 125" wb						
PU	880	2,640	4,400	9,900	15,400	22,000
Panel	780	2,340	3,900	8,780	13,650	19,500
Stake	672	2,016	3,360	7,560	11,760	16,800
1941-42, 1946-47 Medium Duty, 3/4-Ton, 125" wb						
PU	760	2,280	3,800	8,550	13,300	19,000
Panel	680	2,040	3,400	7,650	11,900	17,000
Stake	656	1,968	3,280	7,380	11,480	16,400
1948-53 Light Duty, 1/2-Ton						
PU	920	2,760	4,600	10,350	16,100	23,000
Panel	808	2,424	4,040	9,090	14,140	20,200
Canopy Exp.	748	2,244	3,740	8,420	13,090	18,700
Suburban	820	2,460	4,100	9,230	14,350	20,500
1948-53 Medium Duty, 3/4-Ton						
PU	780	2,340	3,900	8,780	13,650	19,500
Stake	680	2,040	3,400	7,650	11,900	17,000
1948-53 Heavy Duty, 1-Ton						
PU	760	2,280	3,800	8,550	13,300	19,000
Stake	724	2,172	3,620	8,150	12,670	18,100
1954-55 First Series Light Duty, 1/2-Ton						
PU	860	2,580	4,300	9,680	15,050	21,500
Panel	760	2,280	3,800	8,550	13,300	19,000
Canopy Dly	800	2,400	4,000	9,000	14,000	20,000
Suburban	800	2,400	4,000	9,000	14,000	20,000
PU (LWB)	780	2,340	3,900	8,780	13,650	19,500
Stake Rack	640	1,920	3,200	7,200	11,200	16,000
1954-55 First Series Medium Duty, 3/4-Ton						
PU	800	2,400	4,000	9,000	14,000	20,000
Stake Rack	640	1,920	3,200	7,200	11,200	16,000
1954-55 First Series Heavy Duty, 1-Ton						
PU	760	2,280	3,800	8,550	13,300	19,000
Panel	680	2,040	3,400	7,650	11,900	17,000
Canopy Exp.	740	2,220	3,700	8,330	12,950	18,500
Stake Rack	640	1,920	3,200	7,200	11,200	16,000
Platform	640	1,920	3,200	7,200	11,200	16,000
1955-57 Second Series Light Duty, 1/2-Ton, V-8						
PU	840	2,520	4,200	9,450	14,700	21,000
Panel	720	2,160	3,600	8,100	12,600	18,000
DeL Panel	728	2,184	3,640	8,190	12,740	18,200
Suburban PU	1,430	4,280	7,140	16,070	24,990	35,700
Suburban	728	2,184	3,640	8,190	12,740	18,200
1955-57 Second Series Medium Duty, 3/4-Ton, V-8						
PU	760	2,280	3,800	8,550	13,300	19,000
Stake Rack	640	1,920	3,200	7,200	11,200	16,000
1955-57 Second Series Heavy Duty, 1-Ton, V-8						
PU	700	2,100	3,500	7,880	12,250	17,500
Panel	720	2,160	3,600	8,100	12,600	18,000
DeL Panel	740	2,220	3,700	8,330	12,950	18,500
Stake Rack	640	1,920	3,200	7,200	11,200	16,000
Platform	640	1,920	3,200	7,200	11,200	16,000
NOTE: Deduct 20 percent for 6-cyl.						
1958-59 Light Duty, 1/2-Ton, V-8						
PU	760	2,280	3,800	8,550	13,300	19,000
Wide-Side PU	752	2,256	3,760	8,460	13,160	18,800

	6	5	4	3	2	1
PU (LWB)	748	2,244	3,740	8,420	13,090	18,700
Wide-Side PU (LWB)	740	2,220	3,700	8,330	12,950	18,500
Panel	720	2,160	3,600	8,100	12,600	18,000
Panel DeL	728	2,184	3,640	8,190	12,740	18,200
Suburban	740	2,220	3,700	8,330	12,950	18,500
1958-59 Medium Duty, 3/4-Ton, V-8						
PU	680	2,040	3,400	7,650	11,900	17,000
Wide-Side PU	688	2,064	3,440	7,740	12,040	17,200
Stake Rack	600	1,800	3,000	6,750	10,500	15,000
1958-59 V-8						
Panel, 8 ft.	660	1,980	3,300	7,430	11,550	16,500
Panel, 10 ft.	660	1,980	3,300	7,430	11,550	16,500
Panel, 12 ft.	668	2,004	3,340	7,520	11,690	16,700
1958-59 Heavy Duty, 1-Ton, V-8						
PU	660	1,980	3,300	7,430	11,550	16,500
Panel	660	1,980	3,300	7,430	11,550	16,500
Panel DeL	668	2,004	3,340	7,520	11,690	16,700
Stake Rack	512	1,536	2,560	5,760	8,960	12,800
NOTE: Deduct 20 percent for 6-cyl.						
1960-66 95" wb						
Dly Van	620	1,860	3,100	6,980	10,850	15,500
1960-66 1/2-Ton, 6-cyl., 115" wb						
Fender-Side PU	730	2,180	3,640	8,190	12,740	18,200
Wide-Side PU	720	2,160	3,600	8,100	12,600	18,000
1960-66 1/2-Ton, 6-cyl., 127" wb						
Fender-Side PU	700	2,100	3,500	7,880	12,250	17,500
Wide-Side PU	720	2,160	3,600	8,100	12,600	18,000
Panel	660	1,990	3,320	7,470	11,620	16,600
Suburban	680	2,040	3,400	7,650	11,900	17,000
1960-66 3/4-Ton, 6-cyl., 127" wb						
Fender-Side PU	500	1,510	2,520	5,670	8,820	12,600
Wide-Side PU	510	1,520	2,540	5,720	8,890	12,700
Stake	600	1,800	3,000	6,750	10,500	15,000
1960-66 1-Ton, 6-cyl., 121" or 133" wb						
PU	500	1,490	2,480	5,580	8,680	12,400
Panel	490	1,460	2,440	5,490	8,540	12,200
Stake	480	1,450	2,420	5,450	8,470	12,100
NOTE: Add 10 percent for V-6, when used instead of inline 6.						
1967-68 1/2-Ton, 90" wb						
Handi Van	460	1,380	2,300	5,180	8,050	11,500
Handi Bus	436	1,308	2,180	4,910	7,630	10,900
1967-68 1/2-Ton, 102" wb						
Van	440	1,320	2,200	4,950	7,700	11,000
1967-68 1/2-Ton, V-8, 115" wb						
Fender-Side PU	760	2,280	3,800	8,550	13,300	19,000
Wide-Side PU	780	2,340	3,900	8,780	13,650	19,500
1967-68 1/2-Ton, V-8, 127" wb						
Fender-Side PU	744	2,232	3,720	8,370	13,020	18,600
Wide-Side PU	748	2,244	3,740	8,420	13,090	18,700
Panel	672	2,016	3,360	7,560	11,760	16,800
Suburban	740	2,220	3,700	8,330	12,950	18,500
1967-68 3/4-Ton, V-8, 127" wb						
Fender-Side PU	660	1,980	3,300	7,430	11,550	16,500
Wide-Side PU	680	2,040	3,400	7,650	11,900	17,000
Panel	420	1,260	2,100	4,730	7,350	10,500
Suburban	700	2,100	3,500	7,880	12,250	17,500
Stake	416	1,248	2,080	4,680	7,280	10,400
1967-68 1-Ton, V-8, 133" wb						
PU	620	1,860	3,100	6,980	10,850	15,500
Stake Rack	500	1,500	2,500	5,630	8,750	12,500
NOTE: Deduct 20 percent for 6-cyl. Add 5 percent for 4x4 where available.						
1969-70 1/2-Ton, 90" wb						
Handi Van	460	1,380	2,300	5,180	8,050	11,500
Handi Bus DeL	356	1,068	1,780	4,010	6,230	8,900
1969-70 1/2-Ton, 102" wb						
Van	440	1,320	2,200	4,950	7,700	11,000
1969-70 1/2-Ton, V-8, 115" wb						
Fender-Side PU	760	2,280	3,800	8,550	13,300	19,000
Wide-Side PU	768	2,304	3,840	8,640	13,440	19,200
1969-70 1/2-Ton, V-8, 127" wb						
Fender-Side PU	744	2,232	3,720	8,370	13,020	18,600
Wide-Side PU	748	2,244	3,740	8,420	13,090	18,700
Panel	672	2,016	3,360	7,560	11,760	16,800
Suburban	740	2,220	3,700	8,330	12,950	18,500
1969-70 3/4-Ton, V-8, 127" wb						
Fender-Side PU	700	2,100	3,500	7,880	12,250	17,500

	6	5	4	3	2	1
Wide-Side PU	720	2,160	3,600	8,100	12,600	18,000
Panel	460	1,380	2,300	5,180	8,050	11,500
Suburban	620	1,860	3,100	6,980	10,850	15,500
Stake	460	1,380	2,300	5,180	8,050	11,500
1969-70 1-Ton, V-8, 133" wb						
PU	624	1,872	3,120	7,020	10,920	15,600
Stake Rack	504	1,512	2,520	5,670	8,820	12,600
NOTE: Deduct 20 percent for 6-cyl. Add 5 percent for 4x4 where available.						
1971-72 Sprint, 1/2-Ton, V-8						
PU	840	2,520	4,200	9,450	14,700	21,000
Cus PU	880	2,640	4,400	9,900	15,400	22,000
NOTE: Add 30 percent for 350, 40 percent for 402, 45 percent for 454 engine options.						
1971-72 1/2-Ton, 90" wb						
Handi Van	400	1,200	2,000	4,500	7,000	10,000
Handi Bus DeL	400	1,200	2,000	4,500	7,000	10,000
1971-72 1/2-Ton, 102" wb						
Van	420	1,260	2,100	4,730	7,350	10,500
1971-72 1/2-Ton, V-8, 115" wb						
Fender-Side PU	800	2,400	4,000	9,000	14,000	20,000
Wide-Side PU	820	2,460	4,100	9,230	14,350	20,500
1971-72 1/2-Ton, V-8, 127" wb						
Fender-Side PU	780	2,340	3,900	8,780	13,650	19,500
Wide-Side PU	800	2,400	4,000	9,000	14,000	20,000
Suburban	700	2,100	3,500	7,880	12,250	17,500
1971-72 3/4-Ton, V-8, 127" wb						
Fender-Side PU	720	2,160	3,600	8,100	12,600	18,000
Wide-Side PU	740	2,220	3,700	8,330	12,950	18,500
Suburban	640	1,920	3,200	7,200	11,200	16,000
Stake	420	1,270	2,120	4,770	7,420	10,600
1971-72 1-Ton, V-8, 133" wb						
PU	630	1,900	3,160	7,110	11,060	15,800
Stake Rack	580	1,740	2,900	6,530	10,150	14,500
1971-72 Jimmy, V-8, 104" wb						
Jimmy (2WD)	680	2,040	3,400	7,650	11,900	17,000
Jimmy (4x4)	760	2,280	3,800	8,550	13,300	19,000
NOTE: Deduct 20 percent for 6-cyl. Add 5 percent for 4x4 where available.						
1973-77 Sprint 1/2-Ton, V-8, 116" wb						
Sprint Cus	580	1,740	2,900	6,530	10,150	14,500
1973-80 Jimmy, 1/2-Ton, V-8, 106" wb						
Jimmy (2WD)	600	1,800	3,000	6,750	10,500	15,000
Jimmy (4x4)	640	1,920	3,200	7,200	11,200	16,000
1973-80 1/2-Ton, V-8, 110" wb						
Rally Van	370	1,100	1,840	4,140	6,440	9,200
1973-80 1/2-Ton, V-8, 117" wb						
Fender-Side PU	580	1,740	2,900	6,530	10,150	14,500
Wide-Side PU	580	1,740	2,900	6,530	10,150	14,500
1973-80 1/2-Ton, V-8, 125" wb						
Fender-Side PU	600	1,800	3,000	6,750	10,500	15,000
Wide-Side PU	600	1,800	3,000	6,750	10,500	15,000
Suburban	520	1,560	2,600	5,850	9,100	13,000
1973-80 3/4-Ton, V-8, 125" wb						
Fender-Side PU	400	1,200	2,000	4,500	7,000	10,000
Wide-Side PU	410	1,220	2,040	4,590	7,140	10,200
Suburban	520	1,560	2,600	5,850	9,100	13,000
Rally Van	360	1,080	1,800	4,050	6,300	9,000
1973-80 1-Ton, V-8, 125" or 135" wb						
PU	360	1,080	1,800	4,050	6,300	9,000
Crew Cab PU	270	800	1,340	3,020	4,690	6,700
NOTE: Deduct 20 percent for 6-cyl. Add 5 percent for 4x4 where available.						
1978-80 Caballero, V-8						
PU	500	1,500	2,500	5,630	8,750	12,500
Cus PU	520	1,560	2,600	5,850	9,100	13,000
NOTE: Deduct 20 percent for V-6.						
1981-82 Caballero, 1/2-Ton, 117" wb						
Caballero PU	460	1,380	2,300	5,180	8,050	11,500
Diablo PU	480	1,440	2,400	5,400	8,400	12,000
1981-82 K1500, 1/2-Ton, 106.5" wb						
Jimmy (4x4)	540	1,620	2,700	6,080	9,450	13,500
Jimmy Conv. Top (4x4)	580	1,740	2,900	6,530	10,150	14,500
1981-82 G1500 Van, 1/2-Ton, 110" or 125" wb						
Vandura	252	756	1,260	2,840	4,410	6,300
Rally	288	864	1,440	3,240	5,040	7,200
Rally Cus	296	888	1,480	3,330	5,180	7,400
Rally STX	304	912	1,520	3,420	5,320	7,600
1981-82 G2500 Van, 3/4-Ton, 110" or 125" wb						
Vandura	248	744	1,240	2,790	4,340	6,200

	6	5	4	3	2	1
Rally	284	852	1,420	3,200	4,970	7,100
Rally Cus	292	876	1,460	3,290	5,110	7,300
Rally STX	300	900	1,500	3,380	5,250	7,500
Gaucho	300	900	1,500	3,380	5,250	7,500
1981-82 G3500 Van, 1-Ton, 125" or 146" wb						
Vandura	244	732	1,220	2,750	4,270	6,100
Vandura Spl	280	840	1,400	3,150	4,900	7,000
Rally Camper Spl	288	864	1,440	3,240	5,040	7,200
Rally	296	888	1,480	3,330	5,180	7,400
Rally Cus	304	912	1,520	3,420	5,320	7,600
Rally STX	312	936	1,560	3,510	5,460	7,800
Magna Van 10 ft.	280	840	1,400	3,150	4,900	7,000
Magna Van 12 ft.	280	840	1,400	3,150	4,900	7,000
1981-82 C1500, 1/2-Ton, 117.5" or 131.5" wb						
Fender-Side PU (SBx)	310	940	1,560	3,510	5,460	7,800
Wide-Side PU (SBx)	320	950	1,580	3,560	5,530	7,900
Wide-Side PU (LBx)	310	920	1,540	3,470	5,390	7,700
Suburban 4d	370	1,100	1,840	4,140	6,440	9,200
1981-82 C2500, 3/4-Ton, 131" wb						
Fender-Side PU (LBx)	310	920	1,540	3,470	5,390	7,700
Wide-Side PU (LBx)	310	940	1,560	3,510	5,460	7,800
Bonus Cab 2d PU (LBx)	320	960	1,600	3,600	5,600	8,000
Crew Cab 4d PU (LBx)	320	950	1,580	3,560	5,530	7,900
Suburban 4d	370	1,120	1,860	4,190	6,510	9,300
1981-82 C3500, 1-Ton, 131.5" or 164.5" wb						
Fender-Side PU (LBx)	300	910	1,520	3,420	5,320	7,600
Wide-Side PU (LBx)	310	920	1,540	3,470	5,390	7,700
Bonus Cab 2d PU (LBx)	310	940	1,560	3,510	5,460	7,800
Crew Cab 4d PU (LBx)	310	920	1,540	3,470	5,390	7,700
NOTE: Add 5 percent for 4x4. Deduct 20 percent for 6-cyl.						
1983-87 Caballero, V-8						
PU	460	1,380	2,300	5,180	8,050	11,500
Cus PU	480	1,440	2,400	5,400	8,400	12,000
NOTE: Deduct 20 percent for V-6. Add 30 percent for Choo Choo model where available.						
1983-87 S15, 1/2-Ton, 100.5" wb						
Jimmy (2WD)	260	780	1,300	2,930	4,550	6,500
Jimmy (4x4)	320	960	1,600	3,600	5,600	8,000
1983-87 K1500, 1/2-Ton, 106.5" wb						
Jimmy (4x4)	360	1,080	1,800	4,050	6,300	9,000
1983-87 G1500 Van, 1/2-Ton, 110" or 125" wb						
Vandura	240	720	1,200	2,700	4,200	6,000
Rally	252	756	1,260	2,840	4,410	6,300
Rally Cus	260	780	1,300	2,930	4,550	6,500
Rally STX	268	804	1,340	3,020	4,690	6,700
1983-87 G2500 Van, 3/4-Ton, 110" or 125" wb						
Vandura	240	720	1,200	2,700	4,200	6,000
Rally	248	744	1,240	2,790	4,340	6,200
Rally Cus	256	768	1,280	2,880	4,480	6,400
Rally STX	264	792	1,320	2,970	4,620	6,600
1983-87 G3500 Van, 1-Ton, 125" or 146" wb						
Vandura	240	720	1,200	2,700	4,200	6,000
Rally	244	732	1,220	2,750	4,270	6,100
Rally Cus	252	756	1,260	2,840	4,410	6,300
Rally STX	260	780	1,300	2,930	4,550	6,500
Magna Van 10 ft.	240	720	1,200	2,700	4,200	6,000
Magna Van 12 ft.	240	720	1,200	2,700	4,200	6,000
1983-87 S15, 1/2-Ton, 108.3" or 122.9" wb						
Wide-Side PU (SBx)	210	640	1,060	2,390	3,710	5,300
Wide-Side PU (LBx)	220	650	1,080	2,430	3,780	5,400
Wide-Side Ext Cab PU	220	670	1,120	2,520	3,920	5,600
1983-87 C1500, 1/2-Ton, 117.5" or 131.5" wb						
Fender-Side PU (SBx)	280	830	1,380	3,110	4,830	6,900
Wide-Side PU (SBx)	280	840	1,400	3,150	4,900	7,000
Wide-Side PU (LBx)	270	800	1,340	3,020	4,690	6,700
Suburban 4d	376	1,128	1,880	4,230	6,580	9,400
1983-87 C2500, 3/4-Ton, 131" wb						
Fender-Side PU (LBx)	270	820	1,360	3,060	4,760	6,800
Wide-Side PU (LBx)	280	830	1,380	3,110	4,830	6,900
Bonus Cab 2d PU (LBx)	290	860	1,440	3,240	5,040	7,200
Crew Cab 4d PU (LBx)	310	920	1,540	3,470	5,390	7,700
Suburban 4d	380	1,140	1,900	4,280	6,650	9,500
1983-87 C3500, 1-Ton, 131.5" or 164.5" wb						
Fender-Side PU (LBx)	260	790	1,320	2,970	4,620	6,600
Wide-Side PU (LBx)	270	800	1,340	3,020	4,690	6,700
Bonus Cab 2d PU (LBx)	280	830	1,380	3,110	4,830	6,900

	6	5	4	3	2	1
Crew Cab 4d PU (LBx)	270	820	1,360	3,060	4,760	6,800
NOTE: Add 5 percent for 4x4.						
1988-91 V1500 Jimmy, 1/2-Ton, 106.5" wb						
Wag (4x4)	550	1,640	2,740	6,170	9,590	13,700
1988-91 S15, 1/2-Ton, 100.5" wb						
Wag	308	924	1,540	3,470	5,390	7,700
Wag (4x4)	390	1,160	1,940	4,370	6,790	9,700
1988-91 Safari, 1/2-Ton, 111" wb						
Cargo Van	260	780	1,300	2,930	4,550	6,500
SLX Van	380	1,140	1,900	4,280	6,650	9,500
SLE Van	420	1,260	2,100	4,730	7,350	10,500
SLT Van	500	1,500	2,500	5,630	8,750	12,500
1988-91 G1500 Van, 1/2-Ton, 110" or 125" wb						
Vandura	288	864	1,440	3,240	5,040	7,200
Rally	350	1,040	1,740	3,920	6,090	8,700
Rally Cus.	390	1,160	1,940	4,370	6,790	9,700
Rally STX	510	1,520	2,540	5,720	8,890	12,700
1988-91 G2500 Van, 3/4-Ton, 110" or 125" wb						
Vandura	320	960	1,600	3,600	5,600	8,000
Rally	380	1,140	1,900	4,280	6,650	9,500
Rally Cus.	490	1,460	2,440	5,490	8,540	12,200
Rally STX	530	1,580	2,640	5,940	9,240	13,200
1988-91 G3500, 1-Ton, 125" or 146" wb						
Vandura	390	1,160	1,940	4,370	6,790	9,700
Rally	450	1,340	2,240	5,040	7,840	11,200
Rally Cus.	530	1,580	2,640	5,940	9,240	13,200
Rally STX	550	1,640	2,740	6,170	9,590	13,700
Magna Van 10 ft.	480	1,440	2,400	5,400	8,400	12,000
Magna Van 12 ft.	520	1,560	2,600	5,850	9,100	13,000
1988-91 S15, 1/2-Ton, 108.3" or 122.9" wb						
Wide-Side PU (SBx)	240	710	1,180	2,660	4,130	5,900
Wide-Side PU (LBx)	240	720	1,200	2,700	4,200	6,000
Wide-Side Ext Cab PU (SBx)	244	732	1,220	2,750	4,270	6,100
1988-91 C1500, 1/2-Ton, 117.5" or 131.5" wb						
Fender-Side PU (SBx)	310	920	1,540	3,470	5,390	7,700
Wide-Side PU (SBx)	310	920	1,540	3,470	5,390	7,700
Wide-Side PU (LBx)	320	960	1,600	3,600	5,600	8,000
Wide-Side Clb Cab PU (LBx)	360	1,080	1,800	4,050	6,300	9,000
Suburban	600	1,800	3,000	6,750	10,500	15,000
1988-91 C2500, 3/4-Ton, 117.5" or 131.5" wb						
Fender-Side PU (LBx)	350	1,040	1,740	3,920	6,090	8,700
Wide-Side PU (LBx)	350	1,040	1,740	3,920	6,090	8,700
Wide-Side Bonus Cab (LBx)	368	1,104	1,840	4,140	6,440	9,200
Wide-Side Crew Cab (LBx)	380	1,140	1,900	4,280	6,650	9,500
Suburban	640	1,920	3,200	7,200	11,200	16,000
Wide-Side PU (LBx)	370	1,100	1,840	4,140	6,440	9,200
1988-91 C2500, 1-Ton, 131.5" or 164.5" wb						
Wide-Side Clb Cpe PU (LBx)	330	980	1,640	3,690	5,740	8,200
Wide-Side Bonus Cab (LBx)	490	1,460	2,440	5,490	8,540	12,200
Wide-Side Crew Cab (LBx)	500	1,500	2,500	5,630	8,750	12,500
NOTE: Add 5 percent for 4x4.						
1992 Yukon, V-8						
2d SUV	600	1,800	3,000	6,750	10,500	15,000
1992 Jimmy, V-6						
2d SUV	280	840	1,400	3,150	4,900	7,000
4d SUV	320	960	1,600	3,600	5,600	8,000
2d SUV (4x4)	500	1,500	2,500	5,630	8,750	12,500
4d SUV (4x4)	540	1,620	2,700	6,080	9,450	13,500
2d Typhoon SUV (4x4)	640	1,920	3,200	7,200	11,200	16,000
1992 Safari, V-6						
3d Van	300	900	1,500	3,380	5,250	7,500
3d SLX Van	350	1,000	1,700	3,830	5,950	8,500
1992 G Series, V-8						
G150 Van	300	900	1,500	3,380	5,250	7,500
G250 Van	300	950	1,600	3,600	5,600	8,000
1992 Suburban 1500, V-8						
4d	640	1,920	3,200	7,200	11,200	16,000
4d (4x4)	680	2,040	3,400	7,650	11,900	17,000
1992 Suburban 2500, V-8						
4d	680	2,040	3,400	7,650	11,900	17,000
4d (4x4)	720	2,160	3,600	8,100	12,600	18,000
1992 Sonoma, 1/2-Ton, V-6						
2d PU (SBx)	350	1,100	1,800	4,050	6,300	9,000
2d PU (LBx)	350	1,100	1,800	4,050	6,300	9,000
2d Syclone PU (AWD) (1991-1992 only)	900	2,700	4,500	10,130	15,700	22,500
NOTE: Add 5 percent for 4x4.						

	6	5	4	3	2	1
1992 Sierra 1500, 1/2-Ton, V-8						
2d Sportside PU (SBx)	440	1,320	2,200	4,950	7,700	11,000
2d Fleetside PU (SBx)	440	1,320	2,200	4,950	7,700	11,000
2d Fleetside PU (LBx)	480	1,440	2,400	5,400	8,400	12,000
NOTE: Add 5 percent for 4x4.						
1992 Sierra 2500, 3/4-Ton, V-8						
2d Fleetside PU (SBx)	480	1,440	2,400	5,400	8,400	12,000
2d Fleetside PU (LBx)	520	1,560	2,600	5,850	9,100	13,000
NOTE: Add 5 percent for 4x4.						
1993 Yukon, V-8						
2d SUV (4x4)	600	1,800	3,000	6,750	10,500	15,000
1993 Jimmy, V-6						
2d SUV 2WD	300	900	1,500	3,380	5,250	7,500
4d SUV 2WD	310	940	1,560	3,510	5,460	7,800
2d SUV (4x4)	500	1,500	2,500	5,630	8,750	12,500
4d SUV (4x4)	520	1,560	2,600	5,850	9,100	13,000
1993 Safari, V-6						
Window Van	250	700	1,200	2,700	4,200	6,000
1993 G Van, V-8						
Window Van	250	800	1,300	2,930	4,550	6,500
1993 Suburban C1500/C2500						
4d Sta Wag 1500	640	1,920	3,200	7,200	11,200	16,000
4d Sta Wag 2500	680	2,040	3,400	7,650	11,900	17,000
1993 Sonoma, V-6						
2d PU (SBx)	350	1,100	1,850	4,140	6,450	9,200
2d PU (LBx)	400	1,150	1,900	4,280	6,650	9,500
1993 Sierra 1500/2500, V-8						
2d PU 1500 (SBx)	490	1,460	2,440	5,490	8,540	12,200
2d PU 1500 (LBx)	500	1,500	2,500	5,630	8,750	12,500
2d PU 2500 (SBx)	500	1,500	2,500	5,630	8,750	12,500
2d PU 2500 (LBx)	510	1,520	2,540	5,720	8,890	12,700
1994 Yukon, V-8						
2d SUV 4x4	600	1,800	3,000	6,750	10,500	15,000
1994 Jimmy, V-6						
2d SUV	320	960	1,600	3,600	5,600	8,000
2d SUV 4x4	330	980	1,640	3,690	5,740	8,200
4d SUV	400	1,200	2,000	4,500	7,000	10,000
4d SUV 4x4	440	1,320	2,200	4,950	7,700	11,000
1994 Safari, V-6						
Van Cargo	300	900	1,500	3,380	5,250	7,500
Van Cargo XT	320	960	1,600	3,600	5,600	8,000
Van SLX	340	1,020	1,700	3,830	5,950	8,500
Van SLX XT	380	1,140	1,900	4,280	6,650	9,500
1994 G1500/G2500, V-8						
Van	380	1,140	1,900	4,280	6,650	9,500
Rally (G2500 only)	440	1,320	2,200	4,950	7,700	11,000
1994 Suburban, V-8						
4d C1500	600	1,800	3,000	6,750	10,500	15,000
4d C2500	680	2,040	3,400	7,650	11,900	17,000
1994 Sonoma, V-6						
2d PU 6 ft.	300	900	1,500	3,380	5,250	7,500
2d PU 7 ft.	300	900	1,500	3,420	5,300	7,600
2d PU Club Cab 6 ft.	380	1,140	1,900	4,280	6,650	9,500
1994 Sierra 1500/2500, V-8						
2d PU 6 ft.	320	960	1,600	3,600	5,600	8,000
2d PU 8 ft.	440	1,320	2,200	4,950	7,700	11,000
2d PU Club Cab 6 ft.	480	1,440	2,400	5,400	8,400	12,000
2d PU Club Cab 8 ft.	520	1,560	2,600	5,850	9,100	13,000
1995 Yukon, V-8						
2d SUV, 4x4	600	1,800	3,000	6,750	10,500	15,000
4d SUV, 4x4	620	1,860	3,100	6,980	10,850	15,500
NOTE: Add 10 percent for turbo diesel.						
1995 Jimmy, V-6						
2d SUV	320	960	1,600	3,600	5,600	8,000
4d SUV	400	1,200	2,000	4,500	7,000	10,000
2d SUV, 4x4	330	980	1,640	3,690	5,740	8,200
4d SUV, 4x4	440	1,320	2,200	4,950	7,700	11,000
NOTE: Add 5 percent for SLS, SLE, or SLT trim package.						
1995 Safari, V-6						
Cargo Van XT	320	960	1,600	3,600	5,600	8,000
Van SLX XT	380	1,140	1,900	4,280	6,650	9,500
NOTE: Add 5 percent for SLE or SLT trim package. Add 10 percent for 4x4.						
1995 G1500 & G2500, V-8						
Van	380	1,140	1,900	4,280	6,650	9,500
Rally (G2500 only)	440	1,320	2,200	4,950	7,700	11,000

	6	5	4	3	2	1
1995 Suburban, V-8						
C1500	600	1,800	3,000	6,750	10,500	15,000
C2500	680	2,040	3,400	7,650	11,900	17,000
NOTE: Add 10 percent for 4x4. Add 10 percent for turbo diesel.						
1995 Sonoma, 4-cyl. & V-6						
2d PU, 6 ft.	300	900	1,500	3,380	5,250	7,500
2d PU, 7-1/2 ft.	300	900	1,500	3,420	5,300	7,600
Club Cab PU, 6 ft.	400	1,150	1,900	4,280	6,650	9,500
NOTE: Add 5 percent SLS or SLE trim package. Add 10 percent for 4x4. Deduct 5 percent for 4-cyl.						
1995 Sierra 1500 & 2500, V-6 & V-8						
2d PU, 6-1/2 ft.	360	1,080	1,800	4,050	6,300	9,000
2d PU, 8 ft.	440	1,320	2,200	4,950	7,700	11,000
Club Cab PU, 6-1/2 ft.	480	1,440	2,400	5,400	8,400	12,000
Club Cab PU, 8 ft.	520	1,560	2,600	5,850	9,100	13,000
NOTE: Add 5 percent for SLE or SLT trim package. Add 10 percent for 4x4. Add 10 percent for turbo diesel. Deduct 5 percent for V-6.						
1996 Yukon, V-8						
2d SUV	520	1,560	2,600	5,850	9,100	13,000
SLE 2d SUV	540	1,620	2,700	6,080	9,450	13,500
SLE 4d SUV	560	1,680	2,800	6,300	9,800	14,000
NOTE: Add 10 percent for turbo diesel V-8. Add 10 percent for 4x4.						
1996 Jimmy, V-6						
2d SUV	280	840	1,400	3,150	4,900	7,000
4d SUV	360	1,080	1,800	4,050	6,300	9,000
NOTE: Add 5 percent for SLS, SLE, or SLT Pkg. Add 10 percent for 4x4.						
1996 Safari, V-6						
Cargo Van	280	840	1,400	3,150	4,900	7,000
SLX Van	340	1,020	1,700	3,830	5,950	8,500
NOTE: Add 5 percent for SLE or SLT Pkg. Add 10 percent for 4x4.						
1996 G1500 & G2500, V-8						
Cargo Van	340	1,020	1,700	3,830	5,950	8,500
Savana Van	400	1,200	2,000	4,500	7,000	10,000
1996 Suburban, V-8						
C1500	560	1,680	2,800	6,300	9,800	14,000
C2500	640	1,920	3,200	7,200	11,200	16,000
NOTE: Add 5 percent for SLE or SLT Pkg. Add 10 percent for 4x4. Add 10 percent for turbo diesel V-8.						
1996 Sonoma, 4-cyl. & V-6						
2d PU, 6 ft.	250	800	1,300	2,930	4,550	6,500
2d PU, 7-1/2 ft.	250	800	1,300	2,970	4,600	6,600
Club Cab PU, 6 ft.	350	1,000	1,700	3,830	5,950	8,500
NOTE: Add 5 percent SLS or SLE trim pkg. Add 10 percent for 4x4. Deduct 5 percent for 4-cyl.						
1996 Sierra 1500 & 2500, V-6 & V-8						
2d PU, 6-1/2 ft.	320	960	1,600	3,600	5,600	8,000
2d PU, 8 ft.	400	1,200	2,000	4,500	7,000	10,000
Club Cab PU, 6-1/2 ft.	440	1,320	2,200	4,950	7,700	11,000
Club Cab PU, 8 ft.	480	1,440	2,400	5,400	8,400	12,000
NOTE: Add 5 percent for SLE or SLT Pkg. Add 10 percent for 4x4. Add 10 percent for turbo diesel V-8. Deduct 5 percent for V-6.						
1997 Yukon, V-8						
2d SUV	520	1,560	2,600	5,850	9,100	13,000
SLE 2d SUV	540	1,620	2,700	6,080	9,450	13,500
SLE 4d SUV	560	1,680	2,800	6,300	9,800	14,000
NOTE: Add 10 percent for turbo diesel V-8. Add 10 percent for 4x4.						
1997 Jimmy, V-6						
2d SUV	280	840	1,400	3,150	4,900	7,000
4d SUV	360	1,080	1,800	4,050	6,300	9,000
NOTE: Add 5 percent for SLS, SLE, or SLT Pkg. Add 10 percent for 4x4.						
1997 Safari, V-6						
Cargo Van	280	840	1,400	3,150	4,900	7,000
SLX Van	340	1,020	1,700	3,830	5,950	8,500
NOTE: Add 5 percent for SLE or SLT Pkg. Add 10 percent for 4x4.						
1997 G1500 & G2500, V-8						
Cargo Van	340	1,020	1,700	3,830	5,950	8,500
Savana Van	400	1,200	2,000	4,500	7,000	10,000
NOTE: Add 5 percent for extended model. Add 10 percent for turbo diesel V-8. Add 5 percent for 7.4L V-8. Deduct 5 percent for V-6.						
1997 Suburban, V-8						
C1500	560	1,680	2,800	6,300	9,800	14,000
C2500	600	1,800	3,000	6,750	10,500	15,000
K1500	620	1,860	3,100	6,980	10,850	15,500
K2500	640	1,920	3,200	7,200	11,200	16,000
NOTE: Add 5 percent for SLE or SLT Pkg. Add 10 percent for 4x4. Add 10 percent for turbo diesel V-8. Add 5 percent for 7.4L V-8.						
1997 Sonoma, V-6						
2d PU, 6 ft.	260	780	1,300	2,930	4,550	6,500
2d PU, 7-1/2 ft.	264	792	1,320	2,970	4,620	6,600

	6	5	4	3	2	1
Club Cab PU, 6 ft.	340	1,020	1,700	3,830	5,950	8,500

NOTE: Add 5 percent SLS or SLE Pkg. Add 10 percent for 4x4. Deduct 5 percent for 4-cyl.

1997 Sierra 1500 & 2500, V-8

2d PU, 6-1/2 ft.	320	960	1,600	3,600	5,600	8,000
2d PU, 8 ft.	400	1,200	2,000	4,500	7,000	10,000
Club Cab PU, 6-1/2 ft.	440	1,320	2,200	4,950	7,700	11,000
Club Cab PU, 8 ft.	480	1,440	2,400	5,400	8,400	12,000

NOTE: Add 5 percent for SLE or SLT Pkg. Add 10 percent for 4x4. Add 10 percent for turbo diesel V-8. Add 5 percent for 7.4L V-8. Deduct 5 percent for V-6.

1998 Yukon, V-8

SLE 4d SUV	560	1,680	2,800	6,300	9,800	14,000

NOTE: Add 10 percent for 4x4.

1998 Jimmy, V-6

2d SUV	280	840	1,400	3,150	4,900	7,000
4d SUV	360	1,080	1,800	4,050	6,300	9,000

NOTE: Add 5 percent for SLS, SLE, or SLT Pkg. Add 10 percent for 4x4.

1998 Envoy, V-6, 4x4

4d SUV	360	1,080	1,800	4,050	6,300	9,000

1998 Safari, V-6

Cargo Van	280	840	1,400	3,150	4,900	7,000
SLX Van	340	1,020	1,700	3,830	5,950	8,500

NOTE: Add 5 percent for SLE or SLT Pkg. Add 10 percent for 4x4.

1998 G1500 & G2500, V-8

Cargo Van	340	1,020	1,700	3,830	5,950	8,500
Savana Van	400	1,200	2,000	4,500	7,000	10,000

NOTE: Add 5 percent for extended model. Add 10 percent for turbo diesel V-8. Add 5 percent for 7.4L V-8. Deduct 5 percent for V-6.

1998 Suburban, V-8

C1500	560	1,680	2,800	6,300	9,800	14,000
C2500	600	1,800	3,000	6,750	10,500	15,000
K1500	620	1,860	3,100	6,980	10,850	15,500
K2500	640	1,920	3,200	7,200	11,200	16,000

NOTE: Add 5 percent for SLE or SLT Pkg. Add 10 percent for 4x4. Add 10 percent for turbo diesel V-8. Add 5 percent for 7.4L V-8.

1998 Sonoma, V-6

2d Wideside PU	260	780	1,300	2,930	4,550	6,500
2d Sportside PU	260	790	1,320	2,970	4,620	6,600

NOTE: Add 5 percent for extended cab. Add 5 percent for SLE, SLS, or ZR2 Highrider Pkg. Add 10 percent for 4x4. Deduct 5 percent for 4-cyl.

1998 Sierra 1500 & 2500, V-8

WS 2d PU (V-6)	240	720	1,200	2,700	4,200	6,000
2d Wideside PU	320	960	1,600	3,600	5,600	8,000
2d Sportside PU	400	1,200	2,000	4,500	7,000	10,000

NOTE: Add 5 percent for SLE or SLT Pkg. Add 5 percent for extended cab. Add 10 percent for 4x4. Add 10 percent for Heavy Duty Pkg. Add 10 percent for turbo diesel V-8. Add 5 percent for 7.4L V-8. Add 5 percent for dual rear wheels. Deduct 5 percent for V-6.

1999 Yukon, V-8

SLE 4d SUV	480	1,440	2,400	5,400	8,400	12,000
SLT 4d SUV	500	1,500	2,500	5,630	8,750	12,500

NOTE: Add 10 percent for 4x4.

1999 Jimmy, V-6

2d SUV	240	720	1,200	2,700	4,200	6,000
4d SUV	320	960	1,600	3,600	5,600	8,000
4d Envoy SUV 4x4	360	1,080	1,800	4,050	6,300	9,000

NOTE: Add 5 percent for SLE or SLT Pkgs. Add 10 percent for 4x4.

1999 Denali, V-8, 4x4

4d SUV	460	1,380	2,300	5,180	8,050	11,500

1999 Safari, V-6

Cargo Van	280	840	1,400	3,150	4,900	7,000
SL Van	340	1,020	1,700	3,830	5,950	8,500

NOTE: Add 5 percent for SLE or SLT Pkgs. Add 10 percent for 4x4.

1999 G1500 & G2500, V-8

Cargo Van	340	1,020	1,700	3,830	5,950	8,500
Savana Van	400	1,200	2,000	4,500	7,000	10,000

NOTE: Add 5 percent for SLE Pkg. Add 5 percent for extended model. Add 10 percent for turbo diesel V-8. Add 5 percent for 7.4L V-8. Deduct 5 percent for V-6.

1999 Suburban, V-8

C1500	560	1,680	2,800	6,300	9,800	14,000
C2500	600	1,800	3,000	6,750	10,500	15,000
K1500	620	1,860	3,100	6,980	10,850	15,500
K2500	640	1,920	3,200	7,200	11,200	16,000

NOTE: Add 5 percent for SLE or SLT Pkgs. Add 10 percent for 4x4. Add 10 percent for turbo diesel V-8. Add 5 percent for 7.4L V-8.

1999 Sonoma, V-6

2d Wideside PU	260	780	1,300	2,930	4,550	6,500

	6	5	4	3	2	1
2d Sportside PU	260	790	1,320	2,970	4,620	6,600
NOTE: Add 5 percent for extended cab. Add 5 percent SLE or ZR2 Pkgs. Add 10 percent for 4x4. Deduct 5 percent for 4-cyl.						
1999 Sierra 1500 & 2500, V-8						
2d Wideside PU	320	960	1,600	3,600	5,600	8,000
2d Sportside PU	400	1,200	2,000	4,500	7,000	10,000
4d Crew Cab PU (2500 only)	440	1,320	2,200	4,950	7,700	11,000
NOTE: Add 5 percent for SLE or SLT Pkgs. Add 5 percent for extended cab. Add 10 percent for 4x4. Add 10 percent for Heavy Duty Pkg. Add 10 percent for turbo diesel V-8. Add 5 percent for 7.4L V-8. Add 5 percent for dually version. Deduct 5 percent for V-6.						
2000 Yukon, V-8						
SLE 4d SUV	480	1,440	2,400	5,400	8,400	12,000
NOTE: Add 5 percent for SLT pkg. Add 10 percent for 4x4.						
2000 Jimmy, V-6						
2d SLS SUV	240	720	1,200	2,700	4,200	6,000
4d SLE SUV	320	960	1,600	3,600	5,600	8,000
4d Diamond SUV	330	980	1,640	3,690	5,740	8,200
4d Envoy SUV (4x4 only)	360	1,080	1,800	4,050	6,300	9,000
NOTE: Add 5 percent for SLT pkg. Add 10 percent for 4x4.						
2000 Denali, V-8, 4x4						
4d SUV	460	1,380	2,300	5,180	8,050	11,500
2000 Safari, V-6						
Cargo Van	280	840	1,400	3,150	4,900	7,000
SL Van	340	1,020	1,700	3,830	5,950	8,500
NOTE: Add 5 percent for SLE or SLT pkgs. Add 10 percent for 4x4.						
2000 G1500 & G2500, V-8						
Cargo Van	340	1,020	1,700	3,830	5,950	8,500
Savana Van	400	1,200	2,000	4,500	7,000	10,000
NOTE: Add 5 percent for SLE pkg. Add 5 percent for extended model. Add 10 percent for turbo diesel V-8. Add 5 percent for 7.4L V-8. Deduct 5 percent for V-6.						
2000 Yukon XL, V-8						
C1500 SLE SUV	480	1,440	2,400	5,400	8,400	12,000
C1500 SLT SUV	500	1,500	2,500	5,630	8,750	12,500
C2500 SLE SUV	500	1,510	2,520	5,670	8,820	12,600
C2500 SLT SUV	520	1,560	2,600	5,850	9,100	13,000
K1500 SLE SUV, 4x4	540	1,620	2,700	6,080	9,450	13,500
K1500 SLT SUV, 4x4	560	1,680	2,800	6,300	9,800	14,000
K2500 SLE SUV, 4x4	580	1,740	2,900	6,530	10,150	14,500
K2500 SLT SUV, 4x4	600	1,800	3,000	6,750	10,500	15,000
NOTE: Add 10 percent for C Series 4x4.						
2000 Sonoma, V-6						
2d Wideside PU	260	780	1,300	2,930	4,550	6,500
2d Sportside PU	260	790	1,320	2,970	4,620	6,600
NOTE: Add 5 percent for extended cab. Add 5 percent SLE, SLS or ZR2 pkgs. Add 10 percent for 4x4. Deduct 5 percent for 4-cyl.						
2000 New Sierra 1500, V-8						
2d Wideside PU	320	960	1,600	3,600	5,600	8,000
2d Sportside PU	400	1,200	2,000	4,500	7,000	10,000
2000 Classic Seirra 2500, V-8						
2d Wideside PU	360	1,080	1,800	4,050	6,300	9,000
2d Wideside Crew Cab PU	440	1,320	2,200	4,950	7,700	11,000
2000 New Seirra 2500, V-8						
2d Wideside PU	410	1,220	2,040	4,590	7,140	10,200
NOTE (all Sierra): Add 5 percent for Z71, SLE or SLT pkgs. Add 5 percent for extended cab. Add 10 percent for 4x4. Add 10 percent for Heavy Duty pkg. Add 10 percent for turbo diesel V-8. Add 5 percent for 7.4L V-8. Add 5 percent for dually version. Deduct 5 percent for V-6.						
2001 Yukon, V-8						
SLE 4d SUV	480	1,440	2,400	5,400	8,400	12,000
SLT 4d SUV	520	1,560	2,600	5,850	9,100	13,000
NOTE: Add 10 percent for 4x4.						
2001 Jimmy, V-6						
2d SLS SUV	240	720	1,200	2,700	4,200	6,000
4d SL SUV	230	680	1,140	2,570	3,990	5,700
4d SLE SUV	320	960	1,600	3,600	5,600	8,000
4d Diamond SUV	330	980	1,640	3,690	5,740	8,200
NOTE: Add 5 percent for SLT pkg on SLE. Add 10 percent for 4x4.						
2001 Denali, V-8, 4x4						
4d SUV	480	1,440	2,400	5,400	8,400	12,000
4d XL SUV	490	1,470	2,450	5,510	8,580	12,250
2001 Safari, V-6						
Cargo Van	280	840	1,400	3,150	4,900	7,000
SLE Van	340	1,020	1,700	3,830	5,950	8,500
SLT Van	350	1,040	1,740	3,920	6,090	8,700
NOTE: Add 10 percent for 4x4.						
2001 G1500 & G2500, V-8						
Cargo Van	340	1,020	1,700	3,830	5,950	8,500

	6	5	4	3	2	1
Savana Van	400	1,200	2,000	4,500	7,000	10,000

NOTE: Add 5 percent for SLE pkg. Add 5 percent for extended model. Add 10 percent for turbo diesel V-8. Add 5 percent for 8.1L V-8. Deduct 5 percent for V-6.

2001 Yukon XL, V-8

	6	5	4	3	2	1
C1500 SLE SUV	520	1,560	2,600	5,850	9,100	13,000
C1500 SLT SUV	540	1,620	2,700	6,080	9,450	13,500
C2500 SLE SUV	540	1,630	2,720	6,120	9,520	13,600
C2500 SLT SUV	560	1,680	2,800	6,300	9,800	14,000
K1500 SLE SUV, 4x4	580	1,740	2,900	6,530	10,150	14,500
K1500 SLT SUV, 4x4	600	1,800	3,000	6,750	10,500	15,000
K2500 SLE SUV, 4x4	620	1,860	3,100	6,980	10,850	15,500
K2500 SLT SUV, 4x4	640	1,920	3,200	7,200	11,200	16,000

NOTE: Add 10 percent for C Series 4x4. Add 5 percent for 8.1L V-8.

2001 Sonoma, V-6

	6	5	4	3	2	1
2d Wideside PU	260	780	1,300	3,250	4,550	6,500
2d Sportside PU	260	790	1,320	3,300	4,620	6,600
4d SLS Crew Cab PU, 4x4	370	1,100	1,840	4,140	6,440	9,200

NOTE: Add 5 percent for extended cab. Add 5 percent for SLE, SLS or ZR2 pkgs. Add 10 percent for 4x4. Deduct 5 percent for 4-cyl.

2001 Sierra 1500 & 2500, V-8

	6	5	4	3	2	1
2d Wideside PU	320	960	1,600	3,600	5,600	8,000
2d Sportside PU	400	1,200	2,000	4,500	7,000	10,000

NOTE: Add 5 percent for Z71, SLE or SLT pkgs. Add 5 percent for extended cab. Add 10 percent for 4x4. Add 10 percent for Heavy Duty pkg. Add 10 percent for turbo diesel V-8. Add 5 percent for 8.1L V-8. Add 5 percent for dually version. Deduct 5 percent for V-6.

2002 Yukon, V-8

	6	5	4	3	2	1
SLE 4d SUV	560	1,680	2,800	7,000	9,800	14,000
SLT 4d SUV	600	1,800	3,000	7,500	10,500	15,000

NOTE: Add 10 percent for 4x4.

2002 Envoy, 6-cyl.

	6	5	4	3	2	1
4d SLE SUV	440	1,320	2,200	5,500	7,700	11,000
4d SLT SUV	480	1,440	2,400	6,000	8,400	12,000

NOTE: Add 10 percent for 4x4.

2002 Envoy XL, 6-cyl.

	6	5	4	3	2	1
4d XL SLE SUV	500	1,500	2,500	6,250	8,750	12,500
4d XL SLT SUV	520	1,560	2,600	6,500	9,100	13,000

NOTE: Add 10 percent for 4x4.

2002 Denali, V-8, 4x4

	6	5	4	3	2	1
4d SUV	560	1,680	2,800	7,000	9,800	14,000
4d XL SUV	570	1,710	2,850	7,130	9,980	14,250
4d Sierra SUV	640	1,920	3,200	8,000	11,200	16,000

2002 Safari, V-6

	6	5	4	3	2	1
Cargo Van	320	960	1,600	4,000	5,600	8,000
SLE Van	380	1,140	1,900	4,750	6,650	9,500
SLT Van	390	1,160	1,940	4,850	6,790	9,700

NOTE: Add 10 percent for 4x4.

2002 G1500 & G2500, V-8

	6	5	4	3	2	1
Cargo Van	380	1,140	1,900	4,750	6,650	9,500
Savana Van	480	1,440	2,400	6,000	8,400	12,000

NOTE: Add 5 percent for SLT or SLE pkgs. Add 5 percent for extended model. Add 10 percent for turbo diesel V-8. Add 5 percent for 8.1L V-8. Deduct 5 percent for V-6.

2002 Yukon XL, V-8

	6	5	4	3	2	1
C1500 SLE SUV	600	1,800	3,000	7,500	10,500	15,000
C1500 SLT SUV	620	1,860	3,100	7,750	10,850	15,500
C2500 SLE SUV	620	1,870	3,120	7,800	10,920	15,600
C2500 SLT SUV	640	1,920	3,200	8,000	11,200	16,000
K1500 SLE SUV, 4x4	660	1,980	3,300	8,250	11,550	16,500
K1500 SLT SUV, 4x4	680	2,040	3,400	8,500	11,900	17,000
K2500 SLE SUV, 4x4	700	2,100	3,500	8,750	12,250	17,500
K2500 SLT SUV, 4x4	720	2,160	3,600	9,000	12,600	18,000

NOTE: Add 5 percent for 8.1L V-8.

2002 Sonoma, V-6

	6	5	4	3	2	1
2d Wideside PU	260	780	1,300	3,250	4,550	6,500
2d Sportside PU	260	790	1,320	3,300	4,620	6,600
4d SLS Crew Cab PU, 4x4	410	1,220	2,040	5,100	7,140	10,200

NOTE: Add 5 percent for extended cab. Add 5 percent SLS, ZR2 or ZR5 pkgs. Add 10 percent for 4x4. Deduct 5 percent for 4-cyl.

2002 Sierra 1500 & 2500, V-8

	6	5	4	3	2	1
1500 2d Wideside PU	360	1,080	1,800	4,500	6,300	9,000
1500 2d Sportside PU	480	1,440	2,400	6,000	8,400	12,000
1500 HD Wideside Crew Cab SLE PU	560	1,680	2,800	7,000	9,800	14,000
1500 HD Wideside Crew Cab SLT PU	600	1,800	3,000	7,500	10,500	15,000
2500 LD Wideside PU	440	1,320	2,200	5,500	7,700	11,000
2500 HD Wideside PU	480	1,440	2,400	6,000	8,400	12,000
2500 HD Crew Cab PU	640	1,920	3,200	8,000	11,200	16,000

NOTE: Add 5 percent for Z71 pkg. Add 5 percent for extended cab. Add 10 percent for 4x4. Add 10 percent for turbo diesel V-8. Add 5 percent for 8.1L V-8. Add 5 percent for dually version. Deduct 5 percent for V-6.

	6	5	4	3	2	1
2003 Yukon, V-8						
SLE 4d SUV	560	1,680	2,800	7,000	9,800	14,000
SLT 4d SUV	600	1,800	3,000	7,500	10,500	15,000
NOTE: Add 5 percent for 4x4. Deduct 5 percent for Z71 pkg.						
2003 Envoy, 6-cyl.						
4d SLE SUV	440	1,320	2,200	5,500	7,700	11,000
4d SLT SUV	480	1,440	2,400	6,000	8,400	12,000
NOTE: Add 5 percent for 4x4.						
2003 Envoy XL, 6-cyl.						
4d SLE SUV	500	1,500	2,500	6,250	8,750	12,500
4d SLT SUV	520	1,560	2,600	6,500	9,100	13,000
NOTE: Add 5 percent for 4x4. Add 5 percent for V-8.						
2003 Denali, V-8, 4x4						
4d SUV	560	1,680	2,800	7,000	9,800	14,000
4d XL SUV	570	1,710	2,850	7,130	9,980	14,250
4d Sierra SUV	640	1,920	3,200	8,000	11,200	16,000
2003 Safari, V-6						
Cargo Van	320	960	1,600	4,000	5,600	8,000
Van	340	1,020	1,700	4,250	5,950	8,500
SLE Van	380	1,140	1,900	4,750	6,650	9,500
SLT Van	390	1,160	1,940	4,850	6,790	9,700
NOTE: Add 5 percent for 4x4.						
2003 G1500 & G2500, V-8						
Cargo Van	380	1,140	1,900	4,750	6,650	9,500
Savana Van	480	1,440	2,400	6,000	8,400	12,000
NOTE: Add 5 percent for SLE pkg. Add 5 percent for AWD. Add 5 percent for extended model. Add 5 percent for 6.0L V-8. Deduct 5 percent for V-6.						
2003 Yukon XL, V-8						
C1500 SLE SUV	600	1,800	3,000	7,500	10,500	15,000
C1500 SLT SUV	620	1,860	3,100	7,750	10,850	15,500
C2500 SLE SUV	620	1,870	3,120	7,800	10,920	15,600
C2500 SLT SUV	640	1,920	3,200	8,000	11,200	16,000
K1500 SLE SUV, 4x4	660	1,980	3,300	8,250	11,550	16,500
K1500 SLT SUV, 4x4	680	2,040	3,400	8,500	11,900	17,000
K2500 SLE SUV, 4x4	700	2,100	3,500	8,750	12,250	17,500
K2500 SLT SUV, 4x4	720	2,160	3,600	9,000	12,600	18,000
NOTE: Add 5 percent for 8.1L V-8.						
2003 Sonoma, V-6						
2d Wideside PU	260	780	1,300	3,250	4,550	6,500
2d Sportside PU	260	790	1,320	3,300	4,620	6,600
4d SLS Crew Cab PU, 4x4	410	1,220	2,040	5,100	7,140	10,200
NOTE: Add 5 percent for extended cab. Add 5 percent SLS, ZR2, ZR5 or ZRX pkgs. Add 10 percent for 4x4 when not so equipped. Deduct 5 percent for 4-cyl.						
2003 Sierra 1500 & 2500, V-8						
1500 2d Wideside PU	360	1,080	1,800	4,500	6,300	9,000
1500 2d Sportside PU	480	1,440	2,400	6,000	8,400	12,000
1500 HD Wideside Crew Cab SLE PU	560	1,680	2,800	7,000	9,800	14,000
1500 HD Wideside Crew Cab SLT PU	600	1,800	3,000	7,500	10,500	15,000
2500 LD Wideside PU	440	1,320	2,200	5,500	7,700	11,000
2500 HD Wideside PU	480	1,440	2,400	6,000	8,400	12,000
2500 HD Crew Cab PU	640	1,920	3,200	8,000	11,200	16,000
NOTE: Add 5 percent for SLE or Z71 pkg. Add 10 percent for SLT pkg. Add 5 percent for extended cab. Add 10 percent for 4x4. Add 10 percent for turbo diesel V-8. Add 5 percent for 8.1L V-8. Add 5 percent for dually version. Deduct 5 percent for V-6.						
2004 Yukon, V-8						
SLE 4d SUV	560	1,680	2,800	7,000	9,800	14,000
SLT 4d SUV	600	1,800	3,000	6,750	10,500	15,000
NOTE: Add 5 percent for 4x4. Add 5 percent for Z71 pkg.						
2004 Envoy, 6-cyl.						
4d SLE SUV	440	1,320	2,200	5,500	7,700	11,000
4d SLT SUV	480	1,440	2,400	6,000	8,400	12,000
NOTE: Add 5 percent for 4x4.						
2004 Envoy XL, 6-cyl.						
4d SLE SUV	500	1,500	2,500	6,250	8,750	12,500
4d SLT SUV	520	1,560	2,600	6,500	9,100	13,000
NOTE: Add 5 percent for 4x4. Add 5 percent for V-8.						
2004 Envoy XUV, 6-cyl.						
4d SLE SUV	540	1,620	2,700	6,750	9,450	13,500
4d SLT SUV	560	1,680	2,800	7,000	9,800	14,000
NOTE: Add 5 percent for 4x4. Add 5 percent for V-8.						
2004 Denali, V-8, 4x4						
4d SUV	560	1,680	2,800	7,000	9,800	14,000
4d XL SUV	570	1,710	2,850	7,130	9,980	14,250
4d Sierra SUV	640	1,920	3,200	8,000	11,200	16,000
2004 Safari, V-6						
Cargo Van	320	960	1,600	4,000	5,600	8,000
Van	340	1,020	1,700	4,250	5,950	8,500

	6	5	4	3	2	1
SLE Van	380	1,140	1,900	4,750	6,650	9,500
SLT Van	390	1,160	1,940	4,850	6,790	9,700
NOTE: Add 5 percent for AWD.						
2004 G1500 & G2500, V-8						
Cargo Van	380	1,140	1,900	4,750	6,650	9,500
Savana Van	480	1,440	2,400	6,000	8,400	12,000
NOTE: Add 5 percent for SLE pkg. Add 5 percent for AWD. Add 5 percent for extended model. Add 5 percent for 6.0L V-8. Deduct 5 percent for V-6.						
2004 Yukon XL, V-8						
C1500 SLE SUV	600	1,800	3,000	7,500	10,500	15,000
C1500 SLT SUV	620	1,860	3,100	7,750	10,850	15,500
C2500 SLE SUV	620	1,870	3,120	7,800	10,920	15,600
C2500 SLT SUV	640	1,920	3,200	8,000	11,200	16,000
K1500 SLE SUV, 4x4	660	1,980	3,300	8,250	11,550	16,500
K1500 SLT SUV, 4x4	680	2,040	3,400	8,500	11,900	17,000
K2500 SLE SUV, 4x4	700	2,100	3,500	8,750	12,250	17,500
K2500 SLT SUV, 4x4	720	2,160	3,600	9,000	12,600	18,000
NOTE: Add 5 percent for 8.1L V-8. Add 5 percent for Quadrasteer.						
2004 Sonoma, V-6, 4x4						
SLS Crew Cab PU	410	1,220	2,040	5,100	7,140	10,200
NOTE: Add 5 percent for ZR5 pkg.						
2004 Canyon, 5-cyl.						
Z85 PU	290	860	1,440	3,600	5,040	7,200
Z71 PU	300	900	1,500	3,750	5,250	7,500
NOTE: Add 5 percent for ext cab. Add 5 percent for crew cab. Add 10 percent for 4x4. Add 5 percent for SLE pkg except crew cab. Deduct 5 percent for 4-cyl. Deduct 5 percent for manual transmission.						
2004 Sierra 1500 & 2500, V-8						
1500 2d Wideside PU	460	1,380	2,300	5,180	8,050	11,500
1500 2d Sportside PU	480	1,440	2,400	6,000	8,400	12,000
1500 2d Wideside Ext Cab PU	520	1,560	2,600	6,500	9,100	13,000
1500 2d Sportside Ext Cab PU	540	1,620	2,700	6,750	9,450	13,500
1500 Wideside Crew Cab SLE PU	560	1,680	2,800	7,000	9,800	14,000
1500 Wideside Crew Cab SLT PU	600	1,800	3,000	7,500	10,500	15,000
2500 LD Wideside PU	480	1,440	2,400	6,000	8,400	12,000
2500 LD Wideside Ext Cab PU (AWD)	600	1,800	3,000	7,500	10,500	15,000
2500 LD Wideside Crew Cab SLE PU	580	1,740	2,900	7,250	10,150	14,500
2500 LD Wideside Crew Cab SLT PU	620	1,860	3,100	7,750	10,850	15,500
2500 HD Wideside PU	500	1,500	2,500	6,250	8,750	12,500
2500 HD Wideside Ext Cab PU	570	1,710	2,850	7,130	9,980	14,250
2500 HD Wideside Crew Cab PU	580	1,740	2,900	7,250	10,150	14,500
NOTE: Add 5 percent for SLE, SLT or Z71 pkg when available. Add 10 percent for Limited Ed or Performance Ed pkg when available. Add 10 percent for 4x4 when optional. Add 10 percent for turbo diesel V-8. Add 5 percent for 8.1L V-8. Deduct 5 percent for V-6. Deduct 5 percent for manual transmission.						
2005 Yukon, V-8						
4d SLE SUV	580	1,740	2,900	7,250	10,150	14,500
4d SLT SUV	600	1,800	3,000	7,500	10,500	15,000
NOTE: Add 5 percent for 4x4. Add 5 percent for Z71 pkg.						
2005 Envoy, 6-cyl.						
4d SLE SUV	440	1,320	2,200	5,500	7,700	11,000
4d SLT SUV	480	1,440	2,400	6,000	8,400	12,000
2005 Envoy XL, 6-cyl.						
4d SLE SUV	500	1,500	2,500	6,250	8,750	12,500
4d SLT SUV	520	1,560	2,600	6,500	9,100	13,000
2005 Envoy XUV, 6-cyl.						
4d SLE SUV	540	1,620	2,700	6,080	9,450	13,500
4d SLT SUV	560	1,680	2,800	7,000	9,800	14,000
NOTE: Add 5 percent for 4x4. Add 5 percent for V-8.						
2005 Envoy Denali, V-8						
4d SUV	560	1,680	2,800	7,000	9,800	14,000
4d XL SUV	570	1,710	2,850	7,130	9,980	14,250
NOTE: Add 5 percent for 4x4.						
2005 Denali, V-8, 4x4						
4d SUV	560	1,680	2,800	7,000	9,800	14,000
4d XL SUV	570	1,710	2,850	7,130	9,980	14,250
4d Sierra SUV	640	1,920	3,200	8,000	11,200	16,000
2005 Safari, V-6						
Cargo Van	320	960	1,600	4,000	5,600	8,000
Van	340	1,020	1,700	4,250	5,950	8,500
SLE Van	380	1,140	1,900	4,750	6,650	9,500
SLT Van	390	1,160	1,940	4,850	6,790	9,700
NOTE: Add 10 percent for AWD.						
2005 G1500 & G2500, V-8						
Cargo Van	380	1,140	1,900	4,750	6,650	9,500
Savana Van	480	1,440	2,400	6,000	8,400	12,000
Extended Cargo Van (G2500 only)	400	1,200	2,000	5,000	7,000	10,000
NOTE: Add 10 percent for AWD. Add 5 percent for SLE pkg. Add 5 percent for 6.0L V-8 on G2500 models. Deduct 5 percent for V-6.						

	6	5	4	3	2	1
2005 Yukon XL, V-8						
C1500 SLE SUV	600	1,800	3,000	7,500	10,500	15,000
C1500 SLT SUV	620	1,860	3,100	7,750	10,850	15,500
C2500 SLE SUV	620	1,870	3,120	7,800	10,920	15,600
C2500 SLT SUV	640	1,920	3,200	8,000	11,200	16,000
K1500 SLE SUV (4x4)	660	1,980	3,300	8,250	11,550	16,500
K1500 SLT SUV (4x4)	680	2,040	3,400	8,500	11,900	17,000
K2500 SLE SUV	700	2,100	3,500	8,750	12,250	17,500
K2500 SLT SUV (4x4)	720	2,160	3,600	9,000	12,600	18,000
NOTE: Add 5 percent for 8.1L V-8. Add 5 percent for Quadrasteer.						
2005 Canyon, 5-cyl.						
2d Z85 PU	290	860	1,440	3,600	5,040	7,200
2d Z71 PU	300	900	1,500	3,750	5,250	7,500
4d Z85 SLE Crew Cab PU	340	1,030	1,720	4,300	6,020	8,600
4d Z71 SLE Crew Cab PU	360	1,070	1,780	4,450	6,230	8,900
NOTE: Add 10 percent for 4x4. Add 5 percent for extended cab models. Add 5 percent for SLE pkg, except Crew Cab models. Deduct 5 percent for 4-cyl. Deduct 5 percent for manual transmission.						
2005 Sierra 1500, V-8						
2d Wideside PU	460	1,380	2,300	5,750	8,050	11,500
2d Sportside PU	480	1,440	2,400	6,000	8,400	12,000
2d Wideside Extended Cab PU	520	1,560	2,600	6,500	9,100	13,000
2d Sportside Extended Cab PU	540	1,620	2,700	6,750	9,450	13,500
2d Hybrid SLE Extended Cab PU	560	1,690	2,820	7,050	9,870	14,100
4d SLE Wideside Crew Cab PU	560	1,680	2,800	7,000	9,800	14,000
4d SLT Wideside Crew Cab PU	600	1,800	3,000	7,500	10,500	15,000
2005 Sierra 1500 HD, V-8						
4d SLE Wideside Crew Cab PU	580	1,740	2,900	7,250	10,150	14,500
4d SLT Wideside Crew Cab PU	620	1,860	3,100	7,750	10,850	15,500
2005 Sierra 2500 HD, V-8						
2d Wideside PU	550	1,660	2,760	6,900	9,660	13,800
2d Wideside Extended Cab PU	630	1,880	3,140	7,850	10,990	15,700
4d Wideside Crew Cab PU	670	2,020	3,360	8,400	11,760	16,800
NOTE: Add 10 percent for 4x4. Add 5 percent for SLE pkg or Z71 Off-Road pkg, when optional. Add 10 percent for Limited Ed pkg or Performance pkg, when optional. Add 15 percent for SLT pkg, when optional. Add 25 percent for 6.6L Turbo Diesel V-8. Add 10 percent for 8.1L V-8. Add 5 percent for Quadrasteer. Deduct 5 percent for Work Truck pkg. Deduct 5 percent for V-6. Deduct 5 percent for manual transmission.						
2006 Envoy, 6-cyl., 4WD						
4d SLE SUV	420	1,260	2,100	5,250	7,350	10,500
4d SLT SUV	430	1,300	2,160	5,400	7,560	10,800
2006 Envoy Danali, V-8, 4WD						
4d SLE SUV	600	1,810	3,020	7,550	10,570	15,100
2006 Envoy XL, 6-cyl., 4WD						
4d SLE SUV	490	1,460	2,440	6,100	8,540	12,200
4d SLT SUV	520	1,550	2,580	6,450	9,030	12,900
2006 Envoy XL Denali, V-8, 4WD						
4d SUV	680	2,030	3,380	8,450	11,830	16,900
2006 Yukon, V-8, 4WD						
4d SL SUV	600	1,800	3,000	7,500	10,500	15,000
4d SLE SUV	630	1,880	3,140	7,070	10,990	15,700
4d SLT SUV	680	2,030	3,380	8,450	11,830	16,900
2006 Yukon Denali, V-8, AWD						
4d SUV	840	2,530	4,220	10,550	14,770	21,100
2006 Yukon XL, V-8, 4WD						
4d K1500 SL Wag	520	1,570	2,620	6,550	9,170	13,100
4d K1500 SLE Wag	540	1,630	2,720	6,800	9,520	13,600
4d K1500 SLT Wag	600	1,810	3,020	7,550	10,570	15,100
4d K2500 SLE Wag	550	1,660	2,760	6,210	9,660	13,800
4d K2500 SLT Wag	610	1,840	3,060	7,650	10,710	15,300
NOTE: Add 10 percent for 2WD.						
2006 Yukon XL Denali, V-8, AWD						
4d Wag	780	2,340	3,900	9,750	13,650	19,500
2006 Savana Passenger Van, V-8						
1500 LS Van	380	1,130	1,880	4,230	6,580	9,400
1500 LT Van	390	1,160	1,940	4,850	6,790	9,700
2500 LS Van	380	1,150	1,920	4,800	6,720	9,600
2500 LT Van	400	1,190	1,980	4,950	6,930	9,900
3500 LS Van	400	1,200	2,000	5,000	7,000	10,000
3500 LS Ext Van	410	1,220	2,040	5,100	7,140	10,200
3500 LT Van	410	1,240	2,060	5,150	7,210	10,300
3500 LT Ext Van	420	1,270	2,120	5,300	7,420	10,600
2006 Savana Cargo Van, V-8						
1500 Van	360	1,090	1,820	4,550	6,370	9,100
2500 Van	380	1,130	1,880	4,700	6,580	9,400
2500 Ext Van	380	1,140	1,900	4,750	6,650	9,500
3500 Van	380	1,150	1,920	4,800	6,720	9,600
3500 Ext Van	390	1,160	1,940	4,850	6,790	9,700

	6	5	4	3	2	1
2006 Canyon, 4-cyl.						
2d LS/SL Mini Pickup 6'	280	830	1,380	3,450	4,830	6,900
2d LT/SLE Mini Pickup 6'	300	900	1,500	3,750	5,250	7,500
NOTE: Add 20 percent for 4WD.						
4d Work Truck Ext Cab Mini Pickup 6'	310	940	1,560	3,900	5,460	7,800
4d LS/SL Ext Cab Mini Pickup 6'	330	1,000	1,660	4,150	5,810	8,300
4d LT/SLE Ext Cab Mini Pickup 6'	350	1,060	1,760	3,960	6,160	8,800
NOTE: Add 20 percent for 4WD.						
4d LT/SLE Crew Cab Mini Pickup 5.25'	400	1,190	1,980	4,460	6,930	9,900
NOTE: Add 20 percent for 4WD.						
2006 Canyon, 5-cyl.						
4d SLT Crew Cab Mini Pickup 5'	410	1,220	2,040	5,100	7,140	10,200
NOTE: Add 20 percent for 4WD.						
2006 Sierra Regular Cab Pickup, V-8, 2WD						
2D 1500 WT 6.5'	300	900	1,500	3,750	5,250	7,500
2D 1500 WT 8'	280	850	1,420	3,550	4,970	7,100
2D 1500 LS/SL 6.5'	360	1,090	1,820	4,550	6,370	9,100
2D 1500 LS/SL 8'	350	1,040	1,740	4,350	6,090	8,700
2D 1500 LT/SLE 6.5'	370	1,120	1,860	4,650	6,510	9,300
2D 1500 LT/SLE 8'	360	1,070	1,780	4,450	6,230	8,900
2D 2500 H-D WT 8'	390	1,180	1,960	4,900	6,860	9,800
2D 2500 H-D LS/SL 8'	460	1,370	2,280	5,700	7,980	11,400
2D 2500 H-D LT/SLE 8'	470	1,400	2,340	5,850	8,190	11,700
2D 3500 WT 8'	400	1,210	2,020	5,050	7,070	10,100
2D 3500 LS/SL 8'	460	1,390	2,320	5,800	8,120	11,600
2D 3500 LT/SLE 8'	480	1,430	2,380	5,950	8,330	11,900
NOTE: Add 30 percent for 4WD; add 50 percent for 6.6L Turbo Diesel.						
2006 Sierra Extended Cab Pickup, V-8, 2WD, Hybrid						
1500 LT/SLE 6.5'	650	1,940	3,240	8,100	11,340	16,200
NOTE: Add 25 percent for 4WD.						
2006 Sierra Extended Cab Pickup, V-8, 2WD						
4d 1500 LT/SLE 8'	450	1,360	2,260	5,650	7,910	11,300
4d 1500 SLT 6.5'	500	1,490	2,480	6,200	8,680	12,400
NOTE: Add 25 percent for 4WD.						
1500 WT 6.5'	400	1,200	2,000	5,000	7,000	10,000
1500 WT 8'	380	1,140	1,900	4,750	6,650	9,500
4d 1500 LS/SL 6.5'	460	1,390	2,320	5,800	8,120	11,600
4d 1500 LS/SL 8'	450	1,340	2,240	5,600	7,840	11,200
4d 1500 LT 5.75'	480	1,450	2,420	6,050	8,470	12,100
4D 1500 LT/SLE 6.5'	470	1,420	2,360	5,900	8,260	11,800
4D 1500 SLT 5.75'	520	1,550	2,580	6,450	9,030	12,900
4D 1500 SLT 8'	460	1,370	2,280	5,700	7,980	11,400
4D 2500 H-D WT 6.5'	530	1,600	2,660	6,650	9,310	13,300
4D 2500 H-D WT 8'	520	1,570	2,620	6,550	9,170	13,100
4D 2500 H-D LS/SL 6.5'	590	1,760	2,940	7,350	10,290	14,700
4D 2500 H-D LS/SL 8'	580	1,750	2,920	7,300	10,220	14,600
4D 2500 H-D LT/SLE 6.5'	590	1,780	2,960	7,400	10,360	14,800
4D 2500 H-D LT/SLE 8'	590	1,760	2,940	7,350	10,290	14,700
4D 2500 H-D SLT 6.5'	620	1,870	3,120	7,800	10,920	15,600
4D 2500 H-D SLT 8'	620	1,850	3,080	7,700	10,780	15,400
4D 3500 WT 8'	530	1,600	2,660	6,650	9,310	13,300
4D 3500 LS/SL 8'	600	1,790	2,980	7,450	10,430	14,900
4D 3500 LT/SLE 8'	660	1,980	3,300	8,250	11,550	16,500
NOTE: Add 30 percent for 4WD; add 50 percent for 6.6L Turbo Diesel.						
2006 Sierra Crew Cap Pickup, V-8, 2WD						
4d 1500 WT 6.5'	400	1,200	2,000	5,000	7,000	10,000
2006 Sierra Crew Cab Pickup, V-8, 2WD						
4d 1500 WT 8'	380	1,140	1,900	4,750	6,650	9,500
4d 1500 LS/SL 5.75'	520	1,560	2,600	6,500	9,100	13,000
4d 1500 LT/SLE 5.75'	540	1,610	2,680	6,700	9,380	13,400
4d 1500 SLT 5.75'	550	1,660	2,760	6,900	9,660	13,800
4d 1500 H-D LT/SLE 6.5'	560	1,680	2,800	7,000	9,800	14,000
4d 1500 H-D SLT 6.5'	590	1,780	2,960	7,400	10,360	14,800
4D 2500 H-D WT 6.5'	590	1,760	2,940	7,350	10,290	14,700
4D 2500 H-D WT 8'	580	1,750	2,920	7,300	10,220	14,600
4D 2500 H-D LS/SL 6.5'	660	1,970	3,280	8,200	11,480	16,400
4D 2500 H-D LS/SL 8'	650	1,960	3,260	8,150	11,410	16,300
4D 2500 H-D LT/SLE 6.5	660	1,980	3,300	8,250	11,550	16,500
4D 2500 H-D LT/SLE 8'	650	1,960	3,260	8,150	11,410	16,300
4D 2500 H-D SLT 6.5	680	2,050	3,420	8,550	11,970	17,100
4D 2500 H-D SLT 8'	680	2,040	3,400	8,500	11,900	17,000
4D 3500 LS/SL 8'	660	1,980	3,300	8,250	11,550	16,500
4D 3500 LT/SLE 8'	660	1,990	3,320	8,300	11,620	16,600
4D 3500 SLT 8'	690	2,080	3,460	8,650	12,110	17,300

NOTE: Add 30 percent for 4WD; add 50 percent for 6.6L Turbo Diesel.

HUDSON TRUCKS

	6	5	4	3	2	1
1929 Dover Series						
Canopy Exp.	680	2,040	3,400	7,650	11,900	17,000
Screenside Dly	680	2,040	3,400	7,650	11,900	17,000
Panel Dly.	680	2,040	3,400	7,650	11,900	17,000
Flareboard PU.	720	2,160	3,600	8,100	12,600	18,000
Bed Rail PU.	800	2,400	4,000	9,000	14,000	20,000
Sed Dly	720	2,160	3,600	8,100	12,600	18,000
Mail Truck w/sl doors	960	2,880	4,800	10,800	16,800	24,000
1930-31 Essex Commercial Car Series						
PU	1,010	3,040	5,060	11,390	17,710	25,300
Canopy Exp.	960	2,880	4,800	10,800	16,800	24,000
Screenside Exp.	970	2,920	4,860	10,940	17,010	24,300
Panel Exp	990	2,980	4,960	11,160	17,360	24,800
Sed Dly	1,030	3,100	5,160	11,610	18,060	25,800
1933 Essex-Terraplane Series						
PU Exp	960	2,880	4,800	10,800	16,800	24,000
Canopy Dly	940	2,820	4,700	10,580	16,450	23,500
Screenside Dly	950	2,860	4,760	10,710	16,660	23,800
Panel Dly.	960	2,890	4,820	10,850	16,870	24,100
DeL Panel Dly.	970	2,920	4,860	10,940	17,010	24,300
Sed Dly	990	2,980	4,960	11,160	17,360	24,800
Mail Dly Van	1,150	3,460	5,760	12,960	20,160	28,800
1934 Terraplane Series						
Cab PU	1,040	3,120	5,200	11,700	18,200	26,000
Sed Dly	990	2,980	4,960	11,160	17,360	24,800
Cantrell Sta Wag.	2,320	6,960	11,600	26,100	40,600	58,000
Cotton Sta Wag.	1,440	4,320	7,200	16,200	25,200	36,000
1935-36 Terraplane Series GU						
Cab PU	1,060	3,190	5,310	11,950	18,590	26,550
Sed Dly	1,000	3,010	5,010	11,270	17,540	25,050
1937 Terraplane Series 70, 1/2-Ton						
Utl Cpe PU	990	2,970	4,950	11,140	17,330	24,750
1937 Terraplane Series 70, 3/4-Ton						
Cab PU	1,060	3,190	5,310	11,950	18,590	26,550
Panel Dly.	990	2,980	4,970	11,180	17,400	24,850
1937 "Big Boy" Series 78, 3/4-Ton						
Cab PU	960	2,880	4,800	10,800	16,800	24,000
Cus Panel Dly	980	2,940	4,900	11,030	17,150	24,500
1938 Hudson-Terraplane Series 80						
Cab PU	1,020	3,070	5,110	11,500	17,890	25,550
Cus Panel Dly	960	2,890	4,810	10,820	16,840	24,050
1938 Hudson "Big Boy" Series 88						
Cab PU	980	2,940	4,900	11,030	17,150	24,500
Cus Panel Dly	1,000	3,000	5,000	11,250	17,500	25,000
1938 Hudson 112 Series 89						
Cab PU	940	2,830	4,710	10,600	16,490	23,550
Panel Dly.	960	2,890	4,810	10,820	16,840	24,050
1939 Hudson 112 Series						
PU	860	2,590	4,310	9,700	15,090	21,550
Cus Panel	880	2,650	4,410	9,920	15,440	22,050
1939 Hudson "Big Boy" Series						
PU	920	2,760	4,600	10,350	16,100	23,000
Cus Panel	940	2,820	4,700	10,580	16,450	23,500
1939 Hudson Pacemaker Series						
Cus Panel	990	2,980	4,970	11,180	17,400	24,850
1940 Hudson Six Series						
PU	1,090	3,280	5,460	12,290	19,110	27,300
Panel Dly.	1,070	3,220	5,360	12,060	18,760	26,800
1940 "Big Boy" Series						
PU	1,110	3,340	5,560	12,510	19,460	27,800
Panel Dly.	1,090	3,280	5,460	12,290	19,110	27,300
1941 Hudson Six Series						
PU	1,070	3,220	5,360	12,060	18,760	26,800
All-Purpose Dly	1,080	3,230	5,380	12,110	18,830	26,900
1941 "Big Boy" Series						
PU	1,090	3,280	5,460	12,290	19,110	27,300
1942 Hudson Six Series						
PU	1,070	3,220	5,360	12,060	18,760	26,800
1942 Hudson "Big Boy" Series						
PU	1,090	3,280	5,460	12,290	19,110	27,300
1946-47 Cab Pickup Series 178						
Cab PU	1,420	4,260	7,100	15,980	24,850	35,500

IHC TRUCKS

NOTE: Add 15% for MAX or MWX (x = widetrack) versions through 1915. IHC designated their trucks through 1915 as "Auto Wagons."

	6	5	4	3	2	1
1909-11 Model A Series						
Auto Wag	1,600	4,800	8,000	18,000	28,000	40,000
1912 Series AA						
Dly Wag	1,580	4,740	7,900	17,780	27,650	39,500
1912 Series MW						
Dly Wag	1,540	4,620	7,700	17,330	26,950	38,500
Panel Exp	1,500	4,500	7,500	16,880	26,250	37,500
1912 Series AW						
Panel Exp	1,500	4,500	7,500	16,880	26,250	37,500
1913-14 Series AA						
Panel Exp	1,580	4,740	7,900	17,780	27,650	39,500
1913-14 Series AW						
Panel Exp	1,500	4,500	7,500	16,880	26,250	37,500
1913-14 Series MA						
Panel Exp	1,560	4,680	7,800	17,550	27,300	39,000
1913-14 Series MW						
Panel Exp	1,500	4,500	7,500	16,880	26,250	37,500
1915 Model M						
1/2-Ton Chassis	1,560	4,680	7,800	17,550	27,300	39,000
1915 Model E						
3/4-Ton Chassis	1,480	4,440	7,400	16,650	25,900	37,000
1915 Model F						
1-Ton Chassis	1,360	4,080	6,800	15,300	23,800	34,000
1916-20 Model F						
1-Ton Chassis	1,360	4,080	6,800	15,300	23,800	34,000
1916-20 Model H						
3/4-Ton Chassis	1,460	4,380	7,300	16,430	25,550	36,500
1921 Model S Series, 3/4-Ton						
Chassis	660	1,980	3,300	7,430	11,550	16,500
PU	760	2,280	3,800	8,550	13,300	19,000
Exp	740	2,220	3,700	8,330	12,950	18,500
Stake	740	2,220	3,700	8,330	12,950	18,500
Ambulance	760	2,280	3,800	8,550	13,300	19,000
Panel	760	2,280	3,800	8,550	13,300	19,000
1921 Model 21 Series, 1-Ton						
Chassis	640	1,920	3,200	7,200	11,200	16,000
Exp	700	2,100	3,500	7,880	12,250	17,500
Panel	680	2,040	3,400	7,650	11,900	17,000
Stake	700	2,100	3,500	7,880	12,250	17,500
Dump	720	2,160	3,600	8,100	12,600	18,000
Tank	740	2,220	3,700	8,330	12,950	18,500
1922 Model S Series, 3/4-Ton						
Chassis	660	1,980	3,300	7,430	11,550	16,500
PU	760	2,280	3,800	8,550	13,300	19,000
Exp	740	2,220	3,700	8,330	12,950	18,500
Panel	760	2,280	3,800	8,550	13,300	19,000
Stake	740	2,220	3,700	8,330	12,950	18,500
Ambulance	760	2,280	3,800	8,550	13,300	19,000
1922 Model 21 Series, 1-Ton						
Chassis	640	1,920	3,200	7,200	11,200	16,000
Exp	700	2,100	3,500	7,880	12,250	17,500
Panel	720	2,160	3,600	8,100	12,600	18,000
Stake	700	2,100	3,500	7,880	12,250	17,500
Dump	720	2,160	3,600	8,100	12,600	18,000
Tank	740	2,220	3,700	8,330	12,950	18,500
1923 Model S Series, 3/4-Ton						
Chassis	660	1,980	3,300	7,430	11,550	16,500
PU	760	2,280	3,800	8,550	13,300	19,000
Exp	740	2,220	3,700	8,330	12,950	18,500
Panel	760	2,280	3,800	8,550	13,300	19,000
Stake	740	2,220	3,700	8,330	12,950	18,500
Ambulance	760	2,280	3,800	8,550	13,300	19,000
1923 Model 21 Series, 1-Ton						
Chassis	640	1,920	3,200	7,200	11,200	16,000
Exp	700	2,100	3,500	7,880	12,250	17,500
Panel	720	2,160	3,600	8,100	12,600	18,000
Stake	700	2,100	3,500	7,880	12,250	17,500
Dump	720	2,160	3,600	8,100	12,600	18,000
Tank	740	2,220	3,700	8,330	12,950	18,500
1925 Special Delivery Series, 3/4-Ton						
Chassis	700	2,100	3,500	7,880	12,250	17,500
Panel Dly	740	2,220	3,700	8,330	12,950	18,500

	6	5	4	3	2	1
1925 Model S Series, 1-Ton						
Chassis	660	1,980	3,300	7,430	11,550	16,500
PU	740	2,220	3,700	8,330	12,950	18,500
Exp	720	2,160	3,600	8,100	12,600	18,000
Panel	660	1,980	3,300	7,430	11,550	16,500
Stake	720	2,160	3,600	8,100	12,600	18,000
Ambulance	740	2,220	3,700	8,330	12,950	18,500
Lang Bus	640	1,920	3,200	7,200	11,200	16,000
1925 Model SD Series, 1-Ton						
Chassis	640	1,920	3,200	7,200	11,200	16,000
1925 Model SL Series, 1-Ton						
Chassis	640	1,920	3,200	7,200	11,200	16,000
1927-28 Series S, 3/4-Ton						
PU	720	2,160	3,600	8,100	12,600	18,000
Canopy Dly	700	2,110	3,520	7,920	12,320	17,600
Screen Dly	690	2,060	3,440	7,740	12,040	17,200
Panel Dly	740	2,210	3,680	8,280	12,880	18,400
Sed Dly	760	2,270	3,780	8,510	13,230	18,900
1929 Series S, 3/4-Ton						
PU	720	2,150	3,580	8,060	12,530	17,900
Canopy Dly	700	2,110	3,520	7,920	12,320	17,600
Screen Dly	690	2,060	3,440	7,740	12,040	17,200
Panel Dly	740	2,210	3,680	8,280	12,880	18,400
Sed Dly	760	2,270	3,780	8,510	13,230	18,900
1930 Series AW-1, 3/4-Ton, 134" wb						
Chassis	680	2,040	3,400	7,650	11,900	17,000
PU	710	2,140	3,560	8,010	12,460	17,800
Canopy Dly	710	2,140	3,560	8,010	12,460	17,800
Screen Dly	700	2,100	3,500	7,880	12,250	17,500
Panel Dly	740	2,220	3,700	8,330	12,950	18,500
Sed Dly	760	2,280	3,800	8,550	13,300	19,000
1930 Series AW-1, 3/4-Ton, 136" wb						
Chassis	640	1,920	3,200	7,200	11,200	16,000
PU	700	2,110	3,520	7,920	12,320	17,600
Canopy Dly	690	2,060	3,440	7,740	12,040	17,200
Screen Dly	670	2,020	3,360	7,560	11,760	16,800
Panel Dly	720	2,160	3,600	8,100	12,600	18,000
Sed Dly	740	2,220	3,700	8,330	12,950	18,500
1931 Series AW-1, 3/4-Ton						
Chassis	680	2,040	3,400	7,650	11,900	17,000
PU	740	2,220	3,700	8,330	12,950	18,500
Canopy Dly	740	2,210	3,680	8,280	12,880	18,400
Screen Dly	710	2,140	3,560	8,010	12,460	17,800
Panel	700	2,100	3,500	7,880	12,250	17,500
Sed Dly	760	2,280	3,800	8,550	13,300	19,000
1931 Series A-1, 3/4-Ton						
Chassis	660	1,980	3,300	7,430	11,550	16,500
1932 Series AW-1, 3/4-Ton						
Chassis	680	2,040	3,400	7,650	11,900	17,000
PU	740	2,220	3,700	8,330	12,950	18,500
Canopy Dly	740	2,210	3,680	8,280	12,880	18,400
Screen Dly	710	2,140	3,560	8,010	12,460	17,800
Panel	700	2,100	3,500	7,880	12,250	17,500
Sed Dly	760	2,280	3,800	8,550	13,300	19,000
1932 Series A-1, 3/4-Ton						
Chassis	680	2,040	3,400	7,650	11,900	17,000
PU	700	2,100	3,500	7,880	12,250	17,500
Canopy Dly	700	2,090	3,480	7,830	12,180	17,400
Screen Dly	670	2,020	3,360	7,560	11,760	16,800
Panel	660	1,980	3,300	7,430	11,550	16,500
Sed Dly	720	2,160	3,600	8,100	12,600	18,000
1932 Series M-2, 1-Ton						
Chassis	650	1,960	3,260	7,340	11,410	16,300
1933 Series D-1, 1/2-Ton						
Chassis	660	1,990	3,320	7,470	11,620	16,600
PU	680	2,050	3,420	7,700	11,970	17,100
Canopy Dly	680	2,040	3,400	7,650	11,900	17,000
Screen Dly	660	1,970	3,280	7,380	11,480	16,400
Panel	640	1,930	3,220	7,250	11,270	16,100
Sed Dly	700	2,110	3,520	7,920	12,320	17,600
1933 Series A-1, 3/4-Ton						
Chassis	820	2,460	4,100	9,230	14,350	20,500
PU	840	2,520	4,200	9,450	14,700	21,000
Canopy Dly	840	2,510	4,180	9,410	14,630	20,900
Screen Dly	810	2,440	4,060	9,140	14,210	20,300
Panel	800	2,400	4,000	9,000	14,000	20,000

	6	5	4	3	2	1
Sed Dly	860	2,580	4,300	9,680	15,050	21,500
1933 Series M-2, 1-Ton						
Chassis	830	2,500	4,160	9,360	14,560	20,800
1934-36 Series D-1, 1/2-Ton						
PU	720	2,170	3,620	8,150	12,670	18,100
Canopy Dly	720	2,160	3,600	8,100	12,600	18,000
Screen Dly	740	2,220	3,700	8,330	12,950	18,500
Panel	720	2,160	3,600	8,100	12,600	18,000
Sed Dly	740	2,230	3,720	8,370	13,020	18,600
1934-36 Series C-1, 1/2-Ton						
PU (113" wb)	740	2,220	3,700	8,330	12,950	18,500
1934-36 Series A-1, 3/4-Ton						
PU	720	2,160	3,600	8,100	12,600	18,000
Canopy Dly	700	2,100	3,500	7,880	12,250	17,500
Screen Dly	730	2,180	3,640	8,190	12,740	18,200
Panel	720	2,160	3,600	8,100	12,600	18,000
Sed Dly	740	2,220	3,700	8,330	12,950	18,500
1937-40 Series D-2, 6-cyl., 1/2-Ton, 113" wb						
Exp	710	2,140	3,560	8,010	12,460	17,800
Canopy Exp	720	2,150	3,580	8,060	12,530	17,900
Panel	720	2,160	3,600	8,100	12,600	18,000
DM Body	700	2,100	3,500	7,880	12,250	17,500
DB Body	700	2,100	3,500	7,880	12,250	17,500
Sta Wag	2,400	7,200	12,000	27,000	42,000	60,000
Metro	620	1,860	3,100	6,980	10,850	15,500
1937-40 Series D-2, 6-cyl., 1-Ton, 125" wb						
Exp	700	2,110	3,520	7,920	12,320	17,600
Canopy Exp	960	2,880	4,800	10,800	16,800	24,000
Panel	710	2,140	3,560	8,010	12,460	17,800
Stake	690	2,060	3,440	7,740	12,040	17,200
1941-42, 1946-49 Series K-1, 1/2-Ton, 113" wb						
PU	860	2,580	4,300	9,680	15,050	21,500
1941-42, 1946-49 Series K-1, 1/2-Ton, 125" wb						
Canopy	870	2,600	4,340	9,770	15,190	21,700
Panel	860	2,590	4,320	9,720	15,120	21,600
Milk Dly	760	2,280	3,800	8,550	13,300	19,000
Sta Wag	2,400	7,200	12,000	27,000	42,000	60,000
PU	860	2,580	4,300	9,680	15,050	21,500
Canopy	860	2,580	4,300	9,680	15,050	21,500
Panel	840	2,520	4,200	9,450	14,700	21,000
Stake	780	2,340	3,900	8,780	13,650	19,500
Bakery Dly	750	2,260	3,760	8,460	13,160	18,800
1941-42, 1946-49 Series K-2, 3/4-Ton, 125" wb						
PU	790	2,370	3,950	8,890	13,830	19,750
Canopy	800	2,390	3,990	8,980	13,970	19,950
Panel	790	2,380	3,970	8,930	13,900	19,850
Stake	770	2,310	3,850	8,660	13,480	19,250
Bakery Dly	740	2,210	3,690	8,300	12,920	18,450
1950-52 Series L-110/L-111, 1/2-Ton						
PU (6-1/2 ft.)	800	2,400	4,000	9,000	14,000	20,000
PU (8 ft.)	780	2,340	3,900	8,780	13,650	19,500
Sta Wag	920	2,760	4,600	10,350	16,100	23,000
Panel (7-1/2 ft.)	760	2,280	3,800	8,550	13,300	19,000
1950-52 Series L-112, 3/4-Ton						
PU (6-1/2 ft.)	740	2,220	3,700	8,330	12,950	18,500
PU (8 ft.)	740	2,220	3,700	8,330	12,950	18,500
Sta Wag	940	2,820	4,700	10,580	16,450	23,500
PU (8 ft.)	684	2,052	3,420	7,700	11,970	17,100
1950-52 Series L-120, 3/4-Ton						
PU (6-1/2 ft.)	700	2,100	3,500	7,880	12,250	17,500
PU (8 ft.)	704	2,112	3,520	7,920	12,320	17,600
Panel (7-1/2 ft.)	680	2,040	3,400	7,650	11,900	17,000
1953-55 Series R-100 Light Duty, 1/2-Ton, 115" wb						
PU (6-1/2 ft.)	720	2,160	3,600	8,100	12,600	18,000
1953-55 Series R-110 Heavy Duty, 1/2-Ton, 115" or 127" wb						
PU (6-1/2 ft.)	716	2,148	3,580	8,060	12,530	17,900
Panel (7-1/2 ft.)	700	2,100	3,500	7,880	12,250	17,500
PU (8 ft.)	700	2,100	3,500	7,880	12,250	17,500
Stake	580	1,740	2,900	6,530	10,150	14,500
1953-55 Series R-120, 3/4-Ton, 115" or 127" wb						
PU (6-1/2 ft.)	668	2,004	3,340	7,520	11,690	16,700
Panel (7-1/2 ft.)	660	1,980	3,300	7,430	11,550	16,500
PU (8 ft.)	640	1,920	3,200	7,200	11,200	16,000
Stake	632	1,896	3,160	7,110	11,060	15,800
1956-57 Series S-100, 1/2-Ton, 115" wb						
PU (6-1/2 ft.)	720	2,160	3,600	8,100	12,600	18,000

	6	5	4	3	2	1
1956-57 Series S-110, Heavy Duty 1/2-Ton, 115" or 127" wb						
PU (6-1/2 ft.)	720	2,160	3,600	8,100	12,600	18,000
Panel	668	2,004	3,340	7,520	11,690	16,700
Travelall	672	2,016	3,360	7,560	11,760	16,800
PU (8 ft.)	700	2,100	3,500	7,880	12,250	17,500
Stake	580	1,740	2,900	6,530	10,150	14,500
Platform	580	1,740	2,900	6,530	10,150	14,500
1956-57 Series S-120, 3/4-Ton, 115" or 127" wb						
PU (6-1/2 ft.)	720	2,160	3,600	8,100	12,600	18,000
Panel	560	1,680	2,800	6,300	9,800	14,000
Travelall	564	1,692	2,820	6,350	9,870	14,100
PU (8 ft.)	620	1,860	3,100	6,980	10,850	15,500
Stake	580	1,740	2,900	6,530	10,150	14,500
1957-1/2 - 1958 Series A-100, 1/2-Ton, 7 ft.						
PU	700	2,150	3,600	8,100	12,600	18,000
Cus PU	800	2,450	4,100	9,230	14,300	20,500
Panel	600	1,800	3,000	6,800	10,600	15,100
Travelall	600	1,850	3,100	7,020	10,900	15,600
1957-1/2 - 1958 Series A-110, Heavy Duty, 1/2-Ton						
PU (7 ft.)	750	2,200	3,700	8,330	13,000	18,500
Cus PU (7 ft.)	800	2,350	3,900	8,780	13,700	19,500
Panel (7 ft.)	600	1,800	3,000	6,750	10,500	15,000
Travelall	600	1,850	3,100	6,980	10,900	15,500
PU (8-1/2 ft.)	600	1,850	3,100	6,980	10,900	15,500
Utl PU (6 ft.)	600	1,750	2,900	6,530	10,200	14,500
Cus Utl PU (6 ft.)	650	2,000	3,300	7,430	11,600	16,500
1957-1/2 - 1958 Series A-120, 3/4-Ton						
PU (7 ft.)	600	1,750	2,900	6,530	10,200	14,500
Cus PU (7 ft.)	650	2,000	3,300	7,430	11,600	16,500
Panel (7 ft.)	450	1,300	2,150	4,860	7,550	10,800
Travelall (7 ft.)	550	1,700	2,850	6,440	10,000	14,300
PU (8-1/2 ft.)	550	1,700	2,850	6,440	10,000	14,300
Utl PU (6 ft.)	550	1,700	2,800	6,350	9,850	14,100
Cus Utl PU (6 ft.)	650	1,900	3,200	7,200	11,200	16,000
1959-60 Series B-100/B-102, 3/4-Ton						
PU (7 ft.)	428	1,284	2,140	4,820	7,490	10,700
Panel (7 ft.)	388	1,164	1,940	4,370	6,790	9,700
Travelall	416	1,248	2,080	4,680	7,280	10,400
1959-60 Series B-110/B-112, Heavy Duty, 1/2-Ton						
PU (7 ft.)	428	1,284	2,140	4,820	7,490	10,700
Panel	388	1,164	1,940	4,370	6,790	9,700
Travelall	416	1,248	2,080	4,680	7,280	10,400
PU (8-1/2 ft.)	408	1,224	2,040	4,590	7,140	10,200
Travelette	396	1,188	1,980	4,460	6,930	9,900
NOTE: Add 10 percent for Custom trim package.						
1959-60 Series B-120/B-122, 3/4-Ton						
PU (7 ft.)	408	1,224	2,040	4,590	7,140	10,200
Panel (7 ft.)	404	1,212	2,020	4,550	7,070	10,100
Travelall	408	1,224	2,040	4,590	7,140	10,200
PU (8-1/2 ft.)	392	1,176	1,960	4,410	6,860	9,800
Travelette (6 ft.)	388	1,164	1,940	4,370	6,790	9,700
NOTE: Add 5 percent for 4x4 trucks.						
1959-60 Series B-130/B-132, 1-Ton						
PU (8-1/2 ft.)	388	1,164	1,940	4,370	6,790	9,700
Travelette	392	1,176	1,960	4,410	6,860	9,800
NOTE: Add 5 percent for V-8 engines.						
1961-64 Series 80 Scout, 1/4-Ton, 5 ft.						
PU	276	828	1,380	3,110	4,830	6,900
PU (4x4)	396	1,188	1,980	4,460	6,930	9,900
NOTE: Add 5 percent for vinyl Sport-Top (full enclosure). Add 4 percent for steel Travel-Top.						
1961-68 Series C-100/C-1000 (1963-'68), 1/2-Ton						
PU (7 ft.)	290	860	1,440	3,240	5,040	7,200
Panel (7 ft.)	270	800	1,340	3,020	4,690	6,700
Travelall	390	1,160	1,940	4,370	6,790	9,700
Cus Travelall	410	1,220	2,040	4,590	7,140	10,200
1961-68 Series C-110/C-1100 (1963-'68), Heavy Duty, 1/2-Ton						
PU (7 ft.)	290	880	1,460	3,290	5,110	7,300
Panel (7 ft.)	270	820	1,360	3,060	4,760	6,800
Travelall	390	1,180	1,960	4,410	6,860	9,800
Cus Travelall	410	1,240	2,060	4,640	7,210	10,300
PU (8-1/2 ft.)	290	860	1,440	3,240	5,040	7,200
Travelette PU	270	800	1,340	3,020	4,690	6,700
1961-68 Series C-120/C-1200 (1963-'68), 3/4-Ton						
PU (7 ft.)	270	820	1,360	3,060	4,760	6,800
Panel (7 ft.)	260	790	1,320	2,970	4,620	6,600
Travelall	290	860	1,440	3,240	5,040	7,200

	6	5	4	3	2	1
Cus Travelall	300	910	1,520	3,420	5,320	7,600
PU (8-1/2 ft.)	270	800	1,340	3,020	4,690	6,700
Travelette PU	280	840	1,400	3,150	4,900	7,000
NOTE: Add 5 percent for vinyl Sport-Top (full enclosure). Add 4 percent for steel Travel-Top.						
1965-69 Series 80 Scout, 1/4-Ton, 5 ft.						
PU	276	828	1,380	3,110	4,830	6,900
PU (4x4)	396	1,188	1,980	4,460	6,930	9,900
NOTE: Add 10 percent for 1966-on Sport-Top.						
1969-70 Scout 800A and 1971 800B Series						
PU	268	804	1,340	3,020	4,690	6,700
Rds	248	744	1,240	2,790	4,340	6,200
Travel-Top	272	816	1,360	3,060	4,760	6,800
Aristocrat	372	1,116	1,860	4,190	6,510	9,300
NOTE: Add 45 percent for 4x4.						
1969-75 Metro Series						
M-1100 Panel	260	780	1,300	2,930	4,550	6,500
M-1200 Panel	260	780	1,300	2,930	4,550	6,500
MA-1200 Panel	264	792	1,320	2,970	4,620	6,600
1969-75 Series 1000D						
PU (6-1/2 ft.)	252	756	1,260	2,840	4,410	6,300
Bonus Load PU (6-1/2 ft.)	256	768	1,280	2,880	4,480	6,400
PU (8 ft.)	248	744	1,240	2,790	4,340	6,200
Bonus Load PU (8 ft.)	250	760	1,260	2,840	4,410	6,300
Panel	228	684	1,140	2,570	3,990	5,700
1969-75 Series 1100D						
PU (6-1/2 ft.)	260	780	1,300	2,930	4,550	6,500
Bonus Load PU (6-1/2 ft.)	264	792	1,320	2,970	4,620	6,600
PU (8 ft.)	240	720	1,200	2,700	4,200	6,000
Bonus Load PU (8 ft.)	240	730	1,220	2,750	4,270	6,100
Panel	232	696	1,160	2,610	4,060	5,800
1969-75 Series 1200D						
PU (6-1/2 ft.)	256	768	1,280	2,880	4,480	6,400
Bonus Load PU (6-1/2 ft.)	260	780	1,300	2,930	4,550	6,500
PU (8 ft.)	248	744	1,240	2,790	4,340	6,200
Bonus Load PU (8 ft.)	250	760	1,260	2,840	4,410	6,300
Panel	228	684	1,140	2,570	3,990	5,700
Travelette (6-1/2 ft.)	248	744	1,240	2,790	4,340	6,200
BL Travelette (8 ft.)	252	756	1,260	2,840	4,410	6,300
1969-75 Series 1300D						
PU (9 ft.)	264	792	1,320	2,970	4,620	6,600
Travelette	248	744	1,240	2,790	4,340	6,200
B.L. Travelette (6-1/2 ft.)	240	730	1,220	2,750	4,270	6,100
NOTE: See 1967 for percent additions for special equipment, optional engines and 4x4 models (all series).						
1971-75 Scout II						
Travel-Top (2WD)	340	1,020	1,700	3,830	5,950	8,500
Travel-Top (4x4)	348	1,044	1,740	3,920	6,090	8,700
PU (2WD)	320	960	1,600	3,600	5,600	8,000
PU (4x4)	328	984	1,640	3,690	5,740	8,200
1976-80 Scout II						
Travel-Top (2WD)	340	1,020	1,700	3,830	5,950	8,500
Travel-Top (4x4)	348	1,044	1,740	3,920	6,090	8,700
1976-80 Scout II Diesel						
Travel-Top (2WD)	328	984	1,640	3,690	5,740	8,200
Travel-Top (4x4)	336	1,008	1,680	3,780	5,880	8,400
1976-80 Terra						
PU (2WD)	252	756	1,260	2,840	4,410	6,300
PU (4x4)	260	780	1,300	2,930	4,550	6,500
1976-80 Terra Diesel						
PU (2WD)	240	720	1,200	2,700	4,200	6,000
PU (4x4)	248	744	1,240	2,790	4,340	6,200
1976-80 Traveler						
Sta Wag (2WD)	268	804	1,340	3,020	4,690	6,700
Sta Wag (4x4)	276	828	1,380	3,110	4,830	6,900
1976-80 Traveler Diesel						
Sta Wag (2WD)	256	768	1,280	2,880	4,480	6,400
Sta Wag (4x4)	264	792	1,320	2,970	4,620	6,600
NOTE: Add 3 percent for V-8 engines. Add 3 percent for 4-speed transmission. Add 6 percent for Rally package. Add 4 percent for Custom trim. Add 2 percent for Deluxe trim.						
1977-79 Scout SS-II, 4x4 only						
Rds	420	1,260	2,100	4,730	7,350	10,500

WILLYS OVERLAND JEEP/TRUCKS (1945-1962)

1945 Jeep Series, 4x4

NOTE: All Jeep prices in this catalog are for civilian models unless noted otherwise. Military Jeeps may sell for higher prices.

	6	5	4	3	2	1
CJ-2 Jeep (1,824 produced)	1,300	3,900	6,500	14,630	22,750	32,500

	6	5	4	3	2	1
1946 Jeep Series, 4x4						
CJ-2 Jeep	1,010	3,040	5,060	11,390	17,710	25,300
1947 Willys Jeep, 4x4						
CJ-2 Jeep	1,010	3,040	5,060	11,390	17,710	25,300
1947 Willys Jeep, 2WD						
Panel	670	2,020	3,360	7,560	11,760	16,800
1947 Willys Truck, 4x4						
PU	580	1,740	2,900	6,530	10,150	14,500
1948 Jeep Series, 4x4						
CJ-2 Jeep	1,010	3,040	5,060	11,390	17,710	25,300
1948 Willys Jeep, 2WD						
PU	540	1,620	2,700	6,080	9,450	13,500
Panel	670	2,020	3,360	7,560	11,760	16,800
1948 Willys Truck, 4x4						
PU	580	1,740	2,900	6,530	10,150	14,500
1949 Jeep Series, 4x4						
CJ-2 Jeep	930	2,800	4,660	10,490	16,310	23,300
CJ-3 Jeep	660	1,980	3,300	7,430	11,550	16,500
1949 Willys Truck, 2WD						
PU	540	1,620	2,700	6,080	9,450	13,500
Panel	670	2,020	3,360	7,560	11,760	16,800
1949 Willys Truck, 4x4						
PU	580	1,740	2,900	6,530	10,150	14,500
1950 Jeep Series, 4x4						
CJ-3 Jeep	628	1,884	3,140	7,070	10,990	15,700
1950 Willys Truck, 2WD						
PU	580	1,740	2,900	6,530	10,150	14,500
Panel	592	1,776	2,960	6,660	10,360	14,800
1950 Jeep Truck, 4x4						
PU	580	1,740	2,900	6,530	10,150	14,500
Utl Wag	592	1,776	2,960	6,660	10,360	14,800
1951 Jeep Series, 4x4						
Farm Jeep	612	1,836	3,060	6,890	10,710	15,300
CJ-3 Jeep	628	1,884	3,140	7,070	10,990	15,700
1951 Jeep Trucks, 2WD						
PU	572	1,716	2,860	6,440	10,010	14,300
Sed Dly	596	1,788	2,980	6,710	10,430	14,900
1951 Jeep Trucks, 4x4						
PU	580	1,740	2,900	6,530	10,150	14,500
Utl Wag	592	1,776	2,960	6,660	10,360	14,800
1952 Jeep Series, 4x4						
CJ-3 Open	628	1,884	3,140	7,070	10,990	15,700
1952 Jeep Trucks, 2WD						
Sed Dly	596	1,788	2,980	6,710	10,430	14,900
1952 Jeep Trucks, 4x4						
PU	584	1,752	2,920	6,570	10,220	14,600
Utl Wag	596	1,788	2,980	6,710	10,430	14,900
1953 Jeep Series, 4x4						
CJ-3B Jeep	632	1,896	3,160	7,110	11,060	15,800
CJ-3B Farm Jeep	628	1,884	3,140	7,070	10,990	15,700
CJ-3A Jeep	628	1,884	3,140	7,070	10,990	15,700
1953 Jeep Trucks, 2WD						
Sed Dly	596	1,788	2,980	6,710	10,430	14,900
1953 Jeep Trucks, 4x4						
Sed Dly	572	1,716	2,860	6,440	10,010	14,300
PU	588	1,764	2,940	6,620	10,290	14,700
Utl Wag	560	1,680	2,800	6,300	9,800	14,000
1954 Jeep Series, 4x4						
Open Jeep	632	1,896	3,160	7,110	11,060	15,800
Farm Jeep	628	1,884	3,140	7,070	10,990	15,700
1954 Jeep Trucks, 2WD						
Sed Dly	596	1,788	2,980	6,710	10,430	14,900
1954 Jeep Trucks, 4x4						
PU	616	1,848	3,080	6,930	10,780	15,400
Sed Dly	616	1,848	3,080	6,930	10,780	15,400
Utl Wag	628	1,884	3,140	7,070	10,990	15,700
1955 Jeep Series, 4x4						
CJ-3B	628	1,884	3,140	7,070	10,990	15,700
CJ-5	628	1,884	3,140	7,070	10,990	15,700
1955 Jeep Trucks, 2WD						
Sed Dly	568	1,704	2,840	6,390	9,940	14,200
Utl Wag	580	1,740	2,900	6,530	10,150	14,500
1955 Jeep Trucks, 4x4						
Sed Dly	580	1,740	2,900	6,530	10,150	14,500
Utl Wag	592	1,776	2,960	6,660	10,360	14,800

	6	5	4	3	2	1
1956 Jeep Series, 4x4						
CJ-3B	628	1,884	3,140	7,070	10,990	15,700
CJ-5	628	1,884	3,140	7,070	10,990	15,700
CJ-6	624	1,872	3,120	7,020	10,920	15,600
1956 Dispatcher Series, 2WD						
Open Jeep	572	1,716	2,860	6,440	10,010	14,300
Canvas Top	580	1,740	2,900	6,530	10,150	14,500
HT	588	1,764	2,940	6,620	10,290	14,700
1956 Jeep Trucks, 2WD						
Utl Wag	580	1,740	2,900	6,530	10,150	14,500
Sed Dly	568	1,704	2,840	6,390	9,940	14,200
1956 Jeep Trucks, 4x4						
Sed Dly	584	1,752	2,920	6,570	10,220	14,600
Sta Wag	592	1,776	2,960	6,660	10,360	14,800
PU	560	1,680	2,800	6,300	9,800	14,000
1957 Jeep Series, 4x4						
CJ-3B	628	1,884	3,140	7,070	10,990	15,700
CJ-5	628	1,884	3,140	7,070	10,990	15,700
CJ-6	624	1,872	3,120	7,020	10,920	15,600
1957 Dispatcher Series, 2WD						
Open Jeep	572	1,716	2,860	6,440	10,010	14,300
Soft Top	580	1,740	2,900	6,530	10,150	14,500
HT	588	1,764	2,940	6,620	10,290	14,700
1957 Jeep Trucks, 2WD						
Dly	568	1,704	2,840	6,390	9,940	14,200
Utl Wag	580	1,740	2,900	6,530	10,150	14,500
1957 Jeep Trucks, 4x4						
Dly	584	1,752	2,920	6,570	10,220	14,600
PU	560	1,680	2,800	6,300	9,800	14,000
Utl Wag	592	1,776	2,960	6,660	10,360	14,800
1957 Forward Control, 4x4						
1/2-Ton PU	680	2,040	3,400	7,650	11,900	17,000
3/4-Ton PU	650	1,940	3,240	7,290	11,340	16,200
1958 Jeep Series, 4x4						
CJ-3B	628	1,884	3,140	7,070	10,990	15,700
CJ-5	632	1,896	3,160	7,110	11,060	15,800
CJ-6	624	1,872	3,120	7,020	10,920	15,600
1958 Dispatcher Series, 2WD						
Open Jeep	572	1,716	2,860	6,440	10,010	14,300
Soft Top	580	1,740	2,900	6,530	10,150	14,500
HT	588	1,764	2,940	6,620	10,290	14,700
1958 Jeep Trucks, 2WD						
Dly	528	1,584	2,640	5,940	9,240	13,200
Utl Wag	532	1,596	2,660	5,990	9,310	13,300
1958 Jeep Trucks, 4x4						
Dly	544	1,632	2,720	6,120	9,520	13,600
Utl Wag	548	1,644	2,740	6,170	9,590	13,700
1958 Forward Control, 4x4						
1/2-Ton PU	680	2,040	3,400	7,650	11,900	17,000
3/4-Ton PU	650	1,940	3,240	7,290	11,340	16,200
NOTE: Add 3 percent for 6-cyl. trucks, not available in Jeeps.						
1959 Jeep Series, 4x4						
CJ-3	628	1,884	3,140	7,070	10,990	15,700
CJ-5	632	1,896	3,160	7,110	11,060	15,800
CJ-6	624	1,872	3,120	7,020	10,920	15,600
1959 Dispatcher Series, 2WD						
Soft Top	576	1,728	2,880	6,480	10,080	14,400
HT	592	1,776	2,960	6,660	10,360	14,800
1959 Jeep Trucks, 2WD						
Utl Wag	536	1,608	2,680	6,030	9,380	13,400
Dly	532	1,596	2,660	5,990	9,310	13,300
1959 Jeep Trucks, 4x4						
Utl Dly	548	1,644	2,740	6,170	9,590	13,700
PU	520	1,560	2,600	5,850	9,100	13,000
Utl Wag	556	1,668	2,780	6,260	9,730	13,900
1959 Forward Control, 4x4						
1/2-Ton PU	680	2,040	3,400	7,650	11,900	17,000
3/4-Ton PU	650	1,940	3,240	7,290	11,340	16,200
NOTE: Add 3 percent for 6-cyl. trucks, not available for Jeeps. Add 5 percent for Maverick.						
1960 Jeep Series, 4x4						
CJ-3	628	1,884	3,140	7,070	10,990	15,700
CJ-5	632	1,896	3,160	7,110	11,060	15,800
CJ-6	624	1,872	3,120	7,020	10,920	15,600
1960 Dispatcher Series, 2WD						
Soft Top	576	1,728	2,880	6,480	10,080	14,400
HT	592	1,776	2,960	6,660	10,360	14,800

	6	5	4	3	2	1
Surrey	1,300	3,900	6,500	14,630	22,750	32,500
1960 Jeep Trucks, 2WD						
Economy Dly	508	1,524	2,540	5,720	8,890	12,700
Sta Wag	548	1,644	2,740	6,170	9,590	13,700
Utl Wag	536	1,608	2,680	6,030	9,380	13,400
Utl Dly	528	1,584	2,640	5,940	9,240	13,200
1960 Jeep Trucks, 4x4						
Utl Wag	548	1,644	2,740	6,170	9,590	13,700
Utl Dly	540	1,620	2,700	6,080	9,450	13,500
1960 Forward Control, 4x4						
1/2-Ton PU	680	2,040	3,400	7,650	11,900	17,000
3/4-Ton PU	650	1,940	3,240	7,290	11,340	16,200
NOTE: Add 3 percent for 6-cyl. trucks. Add 5 percent for custom two-tone trim.						
1961 Jeep Series, 4x4						
CJ-3	628	1,884	3,140	7,070	10,990	15,700
CJ-5	632	1,896	3,160	7,110	11,060	15,800
CJ-6	624	1,872	3,120	7,020	10,920	15,600
1961 Dispatcher Series, 2WD						
Jeep (Open)	580	1,740	2,900	6,530	10,150	14,500
Soft Top	584	1,752	2,920	6,570	10,220	14,600
HT	592	1,776	2,960	6,660	10,360	14,800
Surrey	1,300	3,900	6,500	14,630	22,750	32,500
1961 Jeep Trucks, 2WD						
Fleetvan	512	1,536	2,560	5,760	8,960	12,800
Economy Dly	508	1,524	2,540	5,720	8,890	12,700
Sta Wag	540	1,620	2,700	6,080	9,450	13,500
Utl Wag	528	1,584	2,640	5,940	9,240	13,200
Utl Dly	524	1,572	2,620	5,900	9,170	13,100
1961 Jeep Trucks, 4x4						
Utl Wag	540	1,620	2,700	6,080	9,450	13,500
Utl Dly	520	1,560	2,600	5,850	9,100	13,000
1-Ton PU	512	1,536	2,560	5,760	8,960	12,800
1961 Forward Control, 4x4						
1/2-Ton PU	680	2,040	3,400	7,650	11,900	17,000
3/4-Ton PU	650	1,940	3,240	7,290	11,340	16,200
NOTE: Add 3 percent for 6-cyl. trucks.						
1962 Jeep Series, 4x4						
CJ-3	628	1,884	3,140	7,070	10,990	15,700
CJ-5	632	1,896	3,160	7,110	11,060	15,800
CJ-6	624	1,872	3,120	7,020	10,920	15,600
1962 Dispatcher Series, 2WD						
Basic Jeep	540	1,620	2,700	6,080	9,450	13,500
Jeep w/Soft Top	544	1,632	2,720	6,120	9,520	13,600
Jeep w/HT	548	1,644	2,740	6,170	9,590	13,700
Surrey	1,300	3,900	6,500	14,630	22,750	32,500
1962 Jeep Trucks, 2WD						
Fleetvan	472	1,416	2,360	5,310	8,260	11,800
Economy Dly	468	1,404	2,340	5,270	8,190	11,700
Sta Wag	500	1,500	2,500	5,630	8,750	12,500
Utl Wag	488	1,464	2,440	5,490	8,540	12,200
Utl Dly	484	1,452	2,420	5,450	8,470	12,100
1962 Jeep Trucks, 4x4						
Utl Wag	500	1,500	2,500	5,630	8,750	12,500
Utl Dly	480	1,440	2,400	5,400	8,400	12,000
1962 Forward Control, 4x4						
1/2-Ton PU	680	2,040	3,400	7,650	11,900	17,000
3/4-Ton PU	650	1,940	3,240	7,290	11,340	16,200

NOTE: Add 3 percent for 6-cyl. trucks.

KAISER JEEP

1963 Jeep Universal, 4x4						
CJ-3B Jeep	560	1,680	2,800	6,300	9,800	14,000
CJ-5 Jeep	600	1,800	3,000	6,750	10,500	15,000
CJ-6 Jeep	580	1,740	2,900	6,530	10,150	14,500
1963 Dispatcher, 2WD						
Jeep	500	1,510	2,520	5,670	8,820	12,600
HT	510	1,520	2,540	5,720	8,890	12,700
Soft Top	510	1,540	2,560	5,760	8,960	12,800
1963 Dispatcher Series, 2WD						
Surrey	1,300	3,900	6,500	14,630	22,750	32,500
1963 "Jeep" Wagons and Trucks, 1/2-Ton						
Sta Wag	480	1,440	2,400	5,400	8,400	12,000
Traveller	490	1,460	2,440	5,490	8,540	12,200
Utl (2WD)	460	1,380	2,300	5,180	8,050	11,500
Utl (4x4)	480	1,440	2,400	5,400	8,400	12,000
Panel (2WD)	450	1,340	2,240	5,040	7,840	11,200

	6	5	4	3	2	1
Panel (4x4)	470	1,420	2,360	5,310	8,260	11,800
1963 "Jeep" Wagons and Truck, 1-Ton						
PU (4WD)	430	1,300	2,160	4,860	7,560	10,800
NOTE: Add 3 percent for L-Head 6-cyl. Add 4 percent for OHC 6-cyl.						
1963 Forward-Control, 4x4, 1/2-Ton						
PU	640	1,920	3,200	7,200	11,200	16,000
1963 Forward-Control, 4x4, 3/4-Ton						
PU	610	1,820	3,040	6,840	10,640	15,200
1963 Forward-Control, 1-Ton						
PU	600	1,810	3,020	6,800	10,570	15,100
Stake	600	1,800	3,000	6,750	10,500	15,000
HD PU	610	1,820	3,040	6,840	10,640	15,200
1963 Gladiator/Wagoneer, 1/2-Ton						
2d Wag	480	1,430	2,380	5,360	8,330	11,900
4d Wag	520	1,560	2,600	5,850	9,100	13,000
2d Cus Wag	520	1,560	2,600	5,850	9,100	13,000
4d Cus Wag	520	1,570	2,620	5,900	9,170	13,100
Panel Dly	410	1,240	2,060	4,640	7,210	10,300
1963 Gladiator, 1/2-Ton, 120" wb						
Thriftside PU	460	1,380	2,300	5,180	8,050	11,500
Townside PU	470	1,400	2,340	5,270	8,190	11,700
1963 Gladiator, 1/2-Ton, 126" wb						
Thriftside PU	450	1,360	2,260	5,090	7,910	11,300
Townside PU	460	1,380	2,300	5,180	8,050	11,500
1963 Gladiator, 3/4-Ton, 120" wb						
Thriftside PU	440	1,330	2,220	5,000	7,770	11,100
Townside PU	450	1,360	2,260	5,090	7,910	11,300
1963 Gladiator, 1-Ton, 126" wb						
PU	450	1,360	2,260	5,090	7,910	11,300
NOTE: Add 5 percent for 4x4.						
1964 Jeep Universal, 4x4						
CJ-3B Jeep	560	1,680	2,800	6,300	9,800	14,000
CJ-5 Jeep	600	1,800	3,000	6,750	10,500	15,000
CJ-5A Tuxedo Park	620	1,860	3,100	6,980	10,850	15,500
CJ-6 Jeep	610	1,820	3,040	6,840	10,640	15,200
CJ-6A Jeep Park	620	1,850	3,080	6,930	10,780	15,400
1964 Dispatcher, 2WD						
Jeep	540	1,630	2,720	6,120	9,520	13,600
HT	550	1,640	2,740	6,170	9,590	13,700
Soft Top	550	1,660	2,760	6,210	9,660	13,800
Surrey	1,220	3,660	6,100	13,730	21,350	30,500
1964 "Jeep" Wagons and Trucks, 1/2-Ton						
Sta Wag	460	1,380	2,300	5,180	8,050	11,500
Utl (2WD)	450	1,360	2,260	5,090	7,910	11,300
Utl (4x4)	470	1,420	2,360	5,310	8,260	11,800
Traveler (2WD)	470	1,400	2,340	5,270	8,190	11,700
Traveler (4x4)	530	1,580	2,640	5,940	9,240	13,200
Panel (2WD)	440	1,330	2,220	5,000	7,770	11,100
Panel (4x4)	460	1,390	2,320	5,220	8,120	11,600
1964 "Jeep" Wagons and Trucks, 1-Ton, 4x4						
PU	450	1,360	2,260	5,090	7,910	11,300
NOTE: Add 3 percent for L-Head 6-cyl. Add 4 percent for OHC 6-cyl.						
1964 Forward-Control, 1/2-Ton, 4x4						
PU	600	1,800	3,000	6,750	10,500	15,000
1964 Forward-Control, 3/4-Ton, 4x4						
Stake	560	1,680	2,800	6,300	9,800	14,000
PU	560	1,690	2,820	6,350	9,870	14,100
HD PU	570	1,700	2,840	6,390	9,940	14,200
1964 Gladiator/Wagoneer, 1/2-Ton						
2d Wag	480	1,430	2,380	5,360	8,330	11,900
4d Wag	520	1,560	2,600	5,850	9,100	13,000
2d Cus Wag	520	1,560	2,600	5,850	9,100	13,000
4d Cus Wag	520	1,570	2,620	5,900	9,170	13,100
Panel Dly	450	1,360	2,260	5,090	7,910	11,300
1964 Gladiator Pickup Truck, 1/2-Ton, 120" wb						
Thriftside PU	440	1,320	2,200	4,950	7,700	11,000
Townside PU	450	1,340	2,240	5,040	7,840	11,200
1964 Gladiator Pickup Truck, 1/2-Ton, 126" wb						
Thriftside PU	430	1,300	2,160	4,860	7,560	10,800
Townside PU	440	1,320	2,200	4,950	7,700	11,000
1964 Gladiator Pickup Truck, 3/4-Ton, 120" wb						
Thriftside PU	420	1,270	2,120	4,770	7,420	10,600
Townside PU	430	1,300	2,160	4,860	7,560	10,800
1964 Gladiator Pickup Truck, 3/4-Ton, 126" wb						
Thriftside PU	420	1,260	2,100	4,730	7,350	10,500
Townside PU	430	1,280	2,140	4,820	7,490	10,700

	6	5	4	3	2	1
1965 Jeep Universal, 4x4						
CJ-3B Jeep	560	1,680	2,800	6,300	9,800	14,000
CJ-5 Jeep	580	1,740	2,900	6,530	10,150	14,500
CJ-5A Tuxedo Park	600	1,800	3,000	6,750	10,500	15,000
CJ-6 Jeep	580	1,750	2,920	6,570	10,220	14,600
CJ-6A Tuxedo Park	590	1,780	2,960	6,660	10,360	14,800
1965 Dispatcher, 2WD						
DJ-5 Courier	460	1,380	2,300	5,180	8,050	11,500
DJ-6 Courier	460	1,390	2,320	5,220	8,120	11,600
DJ-3A Jeep	430	1,280	2,140	4,820	7,490	10,700
DJ-3A HT	520	1,560	2,600	5,850	9,100	13,000
1965 "Jeep" Wagons and Trucks, 1/2-Ton						
Sta Wag	460	1,380	2,300	5,180	8,050	11,500
Utl Wag (4x4)	470	1,420	2,360	5,310	8,260	11,800
Traveler (4x4)	530	1,580	2,640	5,940	9,240	13,200
Panel (2WD)	440	1,330	2,220	5,000	7,770	11,100
Panel (4x4)	460	1,390	2,320	5,220	8,120	11,600
1965 "Jeep" Wagons and Trucks, 1-Ton, 4x4						
PU	450	1,360	2,260	5,090	7,910	11,300
NOTE: Add 3 percent for L-Head 6-cyl. engine.						
1965 Forward-Control, 4x4, 1/2-Ton						
PU	600	1,800	3,000	6,750	10,500	15,000
1965 Forward-Control, 4x4, 3/4-Ton						
PU	560	1,690	2,820	6,350	9,870	14,100
1965 Gladiator/Wagoneer, 1/2-Ton						
2d Wag	480	1,430	2,380	5,360	8,330	11,900
4d Wag	520	1,560	2,600	5,850	9,100	13,000
2d Cus Wag	520	1,560	2,600	5,850	9,100	13,000
4d Cus Wag	520	1,570	2,620	5,900	9,170	13,100
Panel Dly	450	1,360	2,260	5,090	7,910	11,300
1965 Gladiator Pickup Truck, 1/2-Ton, 120" wb						
Thriftside PU	440	1,320	2,200	4,950	7,700	11,000
Townside PU	450	1,340	2,240	5,040	7,840	11,200
1965 Gladiator Pickup Truck, 1/2-Ton, 126" wb						
Thriftside PU	430	1,300	2,160	4,860	7,560	10,800
Townside PU	440	1,320	2,200	4,950	7,700	11,000
1965 Gladiator Pickup Truck, 3/4-Ton, 120" wb						
Thriftside PU	420	1,270	2,120	4,770	7,420	10,600
Townside PU	430	1,300	2,160	4,860	7,560	10,800
1965 Gladiator Pickup Truck, 3/4-Ton, 126" wb						
Thriftside PU	420	1,260	2,100	4,730	7,350	10,500
Townside PU	430	1,280	2,140	4,820	7,490	10,700
1965 Gladiator Pickup Truck, 3/4-Ton, 120" wb						
Thriftside PU	440	1,320	2,200	4,950	7,700	11,000
Townside PU	530	1,580	2,640	5,940	9,240	13,200
NOTE: Add 5 percent for 4x4. Add 5 percent for V-8. For "First Series" 1965 Gladiators, refer to 1964 prices.						
1966 Jeep Universal, 4x4						
CJ-3B Jeep	560	1,680	2,800	6,300	9,800	14,000
CJ-5 Jeep	580	1,740	2,900	6,530	10,150	14,500
CJ-5A Tuxedo Park	600	1,800	3,000	6,750	10,500	15,000
CJ-6 Jeep	580	1,750	2,920	6,570	10,220	14,600
CJ-6A Tuxedo Park	590	1,780	2,960	6,660	10,360	14,800
1966 Dispatcher, 2WD						
DJ-5 Courier	460	1,380	2,300	5,180	8,050	11,500
DJ-6 Courier	460	1,390	2,320	5,220	8,120	11,600
DJ-3A Jeep	470	1,400	2,340	5,270	8,190	11,700
DJ-3A HT	520	1,560	2,600	5,850	9,100	13,000
1966 Forward-Control, 4x4, 1/2-Ton						
PU	560	1,680	2,800	6,300	9,800	14,000
1966 Forward-Control, 4x4, 3/4-Ton						
PU	520	1,570	2,620	5,900	9,170	13,100
1966 Wagoneer, 1/2-Ton						
2d Wag	460	1,370	2,280	5,130	7,980	11,400
4d Wag	460	1,380	2,300	5,180	8,050	11,500
2d Cus Sta Wag	460	1,380	2,300	5,180	8,050	11,500
4d Cus Sta Wag	460	1,390	2,320	5,220	8,120	11,600
Panel Dly	430	1,300	2,160	4,860	7,560	10,800
4d Super Wag	530	1,600	2,660	5,990	9,310	13,300
1966 Gladiator, 1/2-Ton, 120" wb						
Thriftside PU	450	1,340	2,240	5,040	7,840	11,200
Townside PU	460	1,380	2,300	5,180	8,050	11,500
1966 Gladiator, 1/2-Ton, 126" wb						
Thriftside PU	430	1,300	2,160	4,860	7,560	10,800
Townside PU	440	1,320	2,200	4,950	7,700	11,000
1966 Gladiator, 3/4-Ton, 120" wb						
Thriftside PU	420	1,270	2,120	4,770	7,420	10,600

	6	5	4	3	2	1
Townside PU	430	1,300	2,160	4,860	7,560	10,800
1966 Gladiator, 3/4-Ton, 126" wb						
Thriftside PU	420	1,260	2,100	4,730	7,350	10,500
Townside PU	430	1,280	2,140	4,820	7,490	10,700
NOTE: Add 5 percent for 4x4. Add 5 percent for V-8.						
1967 Jeep Universal, 4x4						
CJ-5 Jeep	560	1,680	2,800	6,300	9,800	14,000
CJ-5A Jeep	580	1,740	2,900	6,530	10,150	14,500
CJ-6 Jeep	600	1,800	3,000	6,750	10,500	15,000
CJ-6A Jeep	620	1,860	3,100	6,980	10,850	15,500
1967 Dispatcher, 2WD						
DJ-5 Courier	460	1,380	2,300	5,180	8,050	11,500
DJ-6 Courier	470	1,400	2,340	5,270	8,190	11,700
1967 Jeepster Commando, 4x4						
Conv	640	1,920	3,200	7,200	11,200	16,000
Sta Wag	480	1,430	2,380	5,360	8,330	11,900
Cpe-Rds	600	1,800	3,000	6,750	10,500	15,000
PU	460	1,380	2,300	5,180	8,050	11,500
1967 Wagoneer						
2d Wag	460	1,370	2,280	5,130	7,980	11,400
4d Wag	460	1,380	2,300	5,180	8,050	11,500
2d Cus Sta Wag	460	1,380	2,300	5,180	8,050	11,500
4d Cus Sta Wag	460	1,390	2,320	5,220	8,120	11,600
Panel Dly	430	1,300	2,160	4,860	7,560	10,800
4d Sup Wag	470	1,420	2,360	5,310	8,260	11,800
1967 Gladiator, 4x4, 1/2-Ton, 120" wb						
Thriftside PU	440	1,330	2,220	5,000	7,770	11,100
Townside PU	450	1,340	2,240	5,040	7,840	11,200
1967 Gladiator, 3/4-Ton, 120" wb						
Thriftside PU	420	1,270	2,120	4,770	7,420	10,600
Townside PU	430	1,280	2,140	4,820	7,490	10,700
1967 Gladiator, 1/2-Ton, 126" wb						
Thriftside PU	430	1,300	2,160	4,860	7,560	10,800
Townside PU	440	1,310	2,180	4,910	7,630	10,900
1967 Gladiator, 3/4-Ton, 126" wb						
Thriftside PU	420	1,270	2,120	4,770	7,420	10,600
Townside PU	430	1,280	2,140	4,820	7,490	10,700
NOTE: Add 5 percent for V-8 (except Super V-8). Add 5 percent for 2WD (Series 2500 only). Add 4 percent for V-6 engine. Add 5 percent for 4x4.						
1968 Jeep Universal, 4x4						
CJ-5 Jeep	560	1,680	2,800	6,300	9,800	14,000
CJ-5A Jeep	580	1,740	2,900	6,530	10,150	14,500
CJ-6 Jeep	600	1,800	3,000	6,750	10,500	15,000
CJ-6A Jeep	620	1,860	3,100	6,980	10,850	15,500
1968 Dispatcher, 2WD						
DJ-5 Courier	450	1,340	2,240	5,040	7,840	11,200
DJ-6 Courier	450	1,360	2,260	5,090	7,910	11,300
NOTE: Add 4 percent for V-6 engine. Add 5 percent for diesel engine.						
1968 Wagoneer, V-8, 4x4						
4d Sta Wag	470	1,400	2,340	5,270	8,190	11,700
4d Sta Wag Cus	470	1,420	2,360	5,310	8,260	11,800
4d Sta Wag Sup	480	1,430	2,380	5,360	8,330	11,900
1968 Jeepster Commando, 4x4						
Conv	640	1,920	3,200	7,200	11,200	16,000
Sta Wag	480	1,430	2,380	5,360	8,330	11,900
Cpe-Rds	600	1,800	3,000	6,750	10,500	15,000
PU	460	1,380	2,300	5,180	8,050	11,500
NOTE: Add 4 percent for V-6 engine.						
1969 Jeep						
CJ-5 Jeep	560	1,680	2,800	6,300	9,800	14,000
CJ-6 Jeep	580	1,740	2,900	6,530	10,150	14,500
DJ-5 Courier	420	1,260	2,100	4,730	7,350	10,500
1969 Jeepster Commando, 4x4						
Conv	640	1,920	3,200	7,200	11,200	16,000
Sta Wag	440	1,310	2,180	4,910	7,630	10,900
Cpe-Rds	600	1,800	3,000	6,750	10,500	15,000
PU	420	1,260	2,100	4,730	7,350	10,500
1969 Wagoneer						
4d Wag	430	1,300	2,160	4,860	7,560	10,800
4d Cus Wag	440	1,310	2,180	4,910	7,630	10,900
1969 Gladiator, 1/2-Ton, 120" wb						
Thriftside PU	420	1,260	2,100	4,730	7,350	10,500
Townside PU	420	1,270	2,120	4,770	7,420	10,600
1969 Gladiator, 3/4-Ton, 120" wb						
Thriftside PU	400	1,190	1,980	4,460	6,930	9,900
Townside PU	400	1,200	2,000	4,500	7,000	10,000

	6	5	4	3	2	1
1969 Gladiator, 1/2-Ton, 126" wb						
Townside	400	1,190	1,980	4,460	6,930	9,900
1969 Gladiator, 3/4-Ton, 126" wb						
Townside	390	1,160	1,940	4,370	6,790	9,700

NOTE: Add 4 percent for V-6 engine. Add 5 percent for V-8 engine. Add 10 percent for factory Camper Package.

AMC JEEP

	6	5	4	3	2	1
1970-76 Model J-100, 110" wb						
PU	340	1,020	1,700	3,830	5,950	8,500
4d Cus Sta Wag	336	1,008	1,680	3,780	5,880	8,400
1970-76 Model J-100, 101" wb						
4d Cust Sta Wag	324	972	1,620	3,650	5,670	8,100
1970-76 Jeepster Commando, 101" wb						
Sta Wag	336	1,008	1,680	3,780	5,880	8,400
Rds	408	1,224	2,040	4,590	7,140	10,200
1970-76 Jeepster						
Conv	600	1,800	3,000	6,750	10,500	15,000
Conv Commando	620	1,860	3,100	6,980	10,850	15,500
1970-76 CJ-5, 1/4-Ton, 81" wb						
Jeep	620	1,860	3,100	6,980	10,850	15,500
1970-76 CJ-6, 101" wb						
Jeep	600	1,800	3,000	6,750	10,500	15,000
1970-76 CJ-7, 94" wb						
Jeep	600	1,800	3,000	6,750	10,500	15,000
1970-76 DJ-5, 1/4-Ton, 81" wb						
Jeep	340	1,020	1,700	3,830	5,950	8,500
1970-76 Jeepster, 1/4-Ton, 101" wb						
PU	380	1,140	1,900	4,280	6,650	9,500
1970-76 Wagoneer, V-8						
4d Cus Sta Wag	390	1,160	1,940	4,370	6,790	9,700
NOTE: Deduct 10 percent for 6-cyl.						
1970-76 Series J-2500						
Thriftside PU	296	888	1,480	3,330	5,180	7,400
Townside PU	300	900	1,500	3,380	5,250	7,500
1970-76 Series J-2600						
Thriftside PU	288	864	1,440	3,240	5,040	7,200
Townside PU	292	876	1,460	3,290	5,110	7,300
1970-76 Series J-2700, 3/4-Ton						
Thriftside PU	268	804	1,340	3,020	4,690	6,700
Townside PU	272	816	1,360	3,060	4,760	6,800
1970-76 Series J-3500, 1/2-Ton						
Townside PU	272	816	1,360	3,060	4,760	6,800
1970-76 Series J-3600, 1/2-Ton						
Townside PU	268	804	1,340	3,020	4,690	6,700
1970-76 Series J-3700, 3/4-Ton						
Townside PU	264	792	1,320	2,970	4,620	6,600
1977-80 Wagoneer, V-8						
4d Sta Wag	380	1,150	1,920	4,320	6,720	9,600
1977-80 Cherokee, 6-cyl.						
2d Sta Wag	332	996	1,660	3,740	5,810	8,300
2d "S" Sta Wag	336	1,008	1,680	3,780	5,880	8,400
4d Sta Wag	332	996	1,660	3,740	5,810	8,300
1977-80 CJ-5, 1/4-Ton, 84" wb						
Jeep	588	1,764	2,940	6,620	10,290	14,700
1977-80 CJ-7, 1/4-Ton, 94" wb						
Jeep	580	1,740	2,900	6,530	10,150	14,500
1977-80 Series J-10, 1/2-Ton, 119" or 131" wb						
Townside PU, SWB	284	852	1,420	3,200	4,970	7,100
Townside PU, LWB	280	840	1,400	3,150	4,900	7,000
1977-80 Series J-20, 3/4-Ton, 131" wb						
Townside PU	276	828	1,380	3,110	4,830	6,900
1981-83 Wagoneer, 108.7" wb						
4d Sta Wag	380	1,140	1,900	4,280	6,650	9,500
4d Brgm Sta Wag	390	1,160	1,940	4,370	6,790	9,700
4d Ltd Sta Wag	400	1,190	1,980	4,460	6,930	9,900
1981-83 Cherokee						
2d Sta Wag	296	888	1,480	3,330	5,180	7,400
2d Sta Wag, Wide Wheels	300	900	1,500	3,380	5,250	7,500
4d Sta Wag	304	912	1,520	3,420	5,320	7,600
1981-83 Scrambler, 1/2-Ton, 104" wb						
PU	240	720	1,200	2,700	4,200	6,000
1981-83 CJ-5, 1/4-Ton, 84" wb						
Jeep	260	780	1,300	2,930	4,550	6,500
1981-83 CJ-7, 1/4-Ton, 94" wb						
Jeep	268	804	1,340	3,020	4,690	6,700

	6	5	4	3	2	1
1981-83 Series J-10, 1/2-Ton, 119" or 131" wb						
Townside PU, SWB	280	840	1,400	3,150	4,900	7,000
Townside PU, LWB	276	828	1,380	3,110	4,830	6,900
1981-83 Series J-20, 3/4-Ton, 131" wb						
Townside PU	272	816	1,360	3,060	4,760	6,800
1983-85 Wagoneer, 4-cyl.						
4d Sta Wag	430	1,280	2,140	4,820	7,490	10,700
4d Ltd Sta Wag	440	1,320	2,200	4,950	7,700	11,000
1983-85 Wagoneer, 6-cyl.						
4d Sta Wag	440	1,310	2,180	4,910	7,630	10,900
4d Ltd Sta Wag	450	1,340	2,240	5,040	7,840	11,200
1983-85 Grand Wagoneer, V-8						
4d Sta Wag	450	1,360	2,260	5,090	7,910	11,300
1983-85 Cherokee, 4-cyl.						
2d Sta Wag	384	1,152	1,920	4,320	6,720	9,600
4d Sta Wag	380	1,140	1,900	4,280	6,650	9,500
1983-85 Cherokee, 6-cyl.						
2d Sta Wag	392	1,176	1,960	4,410	6,860	9,800
4d Sta Wag	388	1,164	1,940	4,370	6,790	9,700
1983-85 Scrambler, 1/2-Ton, 103.4" wb						
PU	276	828	1,380	3,110	4,830	6,900
1983-85 CJ-7, 1/4-Ton, 93.4" wb						
Jeep	412	1,236	2,060	4,640	7,210	10,300
1983-85 Series J-10, 1/2-Ton, 119" or 131" wb						
Townside PU	308	924	1,540	3,470	5,390	7,700
1983-85 Series J-20, 3/4-Ton, 131" wb						
Townside PU	312	936	1,560	3,510	5,460	7,800
1986-87 Wagoneer, 1/2-Ton, 4x4						
4d Sta Wag	480	1,440	2,400	5,400	8,400	12,000
4d Ltd Sta Wag	490	1,480	2,460	5,540	8,610	12,300
4d Grand Sta Wag	520	1,560	2,600	5,850	9,100	13,000
1986-87 Cherokee, V-6						
2d Sta Wag 2WD	380	1,140	1,900	4,280	6,650	9,500
4d Sta Wag 2WD	400	1,200	2,000	4,500	7,000	10,000
2d Sta Wag (4x4)	400	1,200	2,000	4,500	7,000	10,000
4d Sta Wag (4x4)	420	1,260	2,100	4,730	7,350	10,500
1986-87 Wrangler, 1/4-Ton, 93.4" wb						
Jeep 2WD	400	1,200	2,000	4,500	7,000	10,000
1986-87 Comanche, 120" wb, 4x2						
PU	360	1,070	1,780	4,010	6,230	8,900
1986-87 CJ-7, 1/4-Ton, 93.5" wb, 4x4						
Jeep	440	1,320	2,200	4,950	7,700	11,000
1986-87 Series J-10, 1/2-Ton, 131" wb, 4x4						
Townside PU	380	1,140	1,900	4,280	6,650	9,500
1986-87 Series J-20, 3/4-Ton, 131" wb, 4x4						
Townside PU	400	1,200	2,000	4,500	7,000	10,000

CHRYSLER JEEP

1988 Jeep Wagoneer						
4d Limited Sta Wag, 6-cyl.	500	1,450	2,400	5,400	8,400	12,000
4d Grand Wagoneer, V-8	540	1,620	2,700	6,080	9,450	13,500
1988 Jeep Cherokee, 6-cyl.						
2d Sta Wag 2WD	280	840	1,400	3,150	4,900	7,000
4d Sta Wag 2WD	300	900	1,500	3,380	5,250	7,500
2d Sta Wag, 4x4	350	1,100	1,800	4,050	6,300	9,000
4d Sta Wag, 4x4	400	1,150	1,900	4,280	6,650	9,500
2d Limited Sta Wag, 4x4	480	1,440	2,400	5,400	8,400	12,000
4d Limited Sta Wag, 4x4	540	1,620	2,700	6,080	9,450	13,500
NOTE: Deduct 7 percent for 4-cyl. models.						
1988 Wrangler, 4x4, 93.5" wb						
Jeep	548	1,644	2,740	6,170	9,590	13,700
Jeep S	400	1,200	2,000	4,500	7,000	10,000
1988 Comanche, 113" or 120" wb						
PU (SBx)	352	1,056	1,760	3,960	6,160	8,800
PU (LBx)	368	1,104	1,840	4,140	6,440	9,200
1988 J10, 131" wb						
PU	520	1,560	2,600	5,850	9,100	13,000
1988 J20, 131" wb						
PU	540	1,620	2,700	6,080	9,450	13,500
1989 Jeep Wagoneer						
4d Sta Wag, V-6	600	1,800	3,000	6,750	10,500	15,000
4d Grand Wagoneer, V-8	560	1,680	2,800	6,300	9,800	14,000
1989 Jeep Cherokee, 4-cyl.						
2d Sta Wag 2WD	400	1,200	2,000	4,500	7,000	10,000
4d Sta Wag 2WD	408	1,224	2,040	4,590	7,140	10,200
2d Sta Wag, 4x4	550	1,600	2,700	6,080	9,450	13,500

	6	5	4	3	2	1
4d Sta Wag, 4x4	550	1,650	2,700	6,120	9,500	13,600
1989 Jeep Cherokee, 6-cyl.						
2d Sta Wag 2WD	420	1,260	2,100	4,730	7,350	10,500
4d Sta Wag 2WD	424	1,272	2,120	4,770	7,420	10,600
2d Sta Wag, 4x4	510	1,540	2,560	5,760	8,960	12,800
4d Sta Wag, 4x4	520	1,560	2,600	5,850	9,100	13,000
2d Limited Sta Wag, 4x4	580	1,740	2,900	6,530	10,150	14,500
4d Limited Sta Wag, 4x4	590	1,760	2,940	6,620	10,290	14,700
1989 Jeep						
2d Wrangler, 4x4	500	1,500	2,500	5,630	8,750	12,500
2d Laredo Sta Wag, 4x4	540	1,620	2,700	6,080	9,450	13,500
4d Laredo Sta Wag, 4x4	550	1,640	2,740	6,170	9,590	13,700
1990 Wrangler, 6-cyl., 4x4						
Jeep	548	1,644	2,740	6,170	9,590	13,700
Jeep S	564	1,692	2,820	6,350	9,870	14,100
1990 Comanche, 6-cyl.						
PU	428	1,284	2,140	4,820	7,490	10,700
PU (LBx)	432	1,296	2,160	4,860	7,560	10,800
1990 Wagoneer, 6-cyl., 4x4						
4d Sta Wag	620	1,860	3,100	6,980	10,850	15,500
1990 Grand Wagoneer, V-8, 4x4						
4d Sta Wag	660	1,980	3,300	7,430	11,550	16,500
1990 Cherokee, 4-cyl.						
4d Sta Wag, 2x4	580	1,740	2,900	6,530	10,150	14,500
2d Sta Wag, 2x4	560	1,680	2,800	6,300	9,800	14,000
4d Sta Wag, 4x4	640	1,920	3,200	7,200	11,200	16,000
2d Sta Wag, 4x4	620	1,860	3,100	6,980	10,850	15,500
1990 Cherokee, 6-cyl.						
4d Sta Wag, 2x4	640	1,920	3,200	7,200	11,200	16,000
2d Sta Wag, 2x4	620	1,860	3,100	6,980	10,850	15,500
4d Sta Wag, 4x4	660	1,980	3,300	7,430	11,550	16,500
2d Sta Wag, 4x4	640	1,920	3,200	7,200	11,200	16,000
4d Limited Sta Wag, 4x4	700	2,100	3,500	7,880	12,250	17,500
2d Limited Sta Wag, 4x4	680	2,040	3,400	7,650	11,900	17,000
1991 Wrangler Jeep, 6-cyl.						
2d Jeep	520	1,560	2,600	5,850	9,100	13,000
2d Sahara	560	1,680	2,800	6,300	9,800	14,000
2d Renegade	580	1,740	2,900	6,530	10,150	14,500
NOTE: Deduct 5 percent for 4-cyl.						
1991 Comanche, 6-cyl.						
2d PU	340	1,020	1,700	3,830	5,950	8,500
2d PU (LBx)	352	1,056	1,760	3,960	6,160	8,800
NOTE: Deduct 5 percent for 4-cyl.						
1991 Wagoneer, V-6, 4x4						
4d Limited Sta Wag	580	1,740	2,900	6,530	10,150	14,500
1991 Grand Wagoneer, V-8, 4x4						
4d Sta Wag	640	1,920	3,200	7,200	11,200	16,000
1991 Cherokee, 4-cyl.						
2d Sta Wag 2WD	320	960	1,600	3,600	5,600	8,000
4d Sta Wag 2WD	320	960	1,600	3,600	5,600	8,000
2d Sta Wag, 4x4	400	1,200	2,000	4,500	7,000	10,000
4d Sta Wag, 4x4	400	1,200	2,000	4,500	7,000	10,000
1991 Cherokee, 6-cyl.						
2d Sta Wag, 2x4	350	1,000	1,700	3,830	5,950	8,500
4d Sta Wag, 4x4	350	1,000	1,700	3,830	5,950	8,500
1991 Cherokee, 4x4						
2d Sta Wag	420	1,260	2,100	4,730	7,350	10,500
4d Sta Wag	420	1,260	2,100	4,730	7,350	10,500
4d Limited Sta Wag	600	1,800	3,000	6,750	10,500	15,000
4d Briarwood Sta Wag	620	1,860	3,100	6,980	10,850	15,500
1992 Wrangler, 4-cyl.						
Jeep S	520	1,560	2,600	5,850	9,100	13,000
Jeep	540	1,620	2,700	6,080	9,450	13,500
Jeep, 6-cyl.	600	1,800	3,000	6,750	10,500	15,000
1992 Cherokee, 4-cyl.						
2d SUV	260	780	1,300	2,930	4,550	6,500
4d SUV	280	840	1,400	3,150	4,900	7,000
2d SUV, 4x4	350	1,000	1,700	3,830	5,950	8,500
4d SUV, 4x4	350	1,100	1,800	4,050	6,300	9,000
NOTE: Add 10 percent for 6-cyl. Add 5 percent for Deluxe models.						
1992 Comanche, 6-cyl.						
2d PU (SBx)	360	1,080	1,800	4,050	6,300	9,000
2d PU (LBx)	380	1,140	1,900	4,280	6,650	9,500
NOTE: Add 5 percent for 4x4.						
1993 Wrangler, 6-cyl.						
Jeep	540	1,620	2,700	6,080	9,450	13,500

	6	5	4	3	2	1
1993 Cherokee, 6-cyl.						
2d SUV 2WD	272	816	1,360	3,060	4,760	6,800
4d SUV 2WD	276	828	1,380	3,110	4,830	6,900
2d SUV, 4x4	350	1,050	1,750	3,960	6,150	8,800
4d SUV, 4x4	350	1,050	1,800	4,010	6,250	8,900
1993 Grand Cherokee, V-8						
4d Sta Wag, 4x4	600	1,800	3,000	6,750	10,500	15,000
4d Sta Wag 2WD 6-cyl.	540	1,620	2,700	6,080	9,450	13,500
1994 Wrangler 4x4						
2d Jeep S	400	1,200	2,000	4,500	7,000	10,000
2d Jeep Sahara	440	1,320	2,200	4,950	7,700	11,000
2d Jeep Renegade	460	1,380	2,300	5,180	8,050	11,500
1994 Cherokee, 6-cyl.						
2d Sta Wag	320	960	1,600	3,600	5,600	8,000
4d Sta Wag	332	996	1,660	3,740	5,810	8,300
2d Sta Wag, 4x4	400	1,150	1,900	4,280	6,650	9,500
4d Sta Wag, 4x4	400	1,200	1,950	4,410	6,850	9,800
1994 Grand Cherokee 4x4, V-8						
4d Sta Wag Laredo	560	1,680	2,800	6,300	9,800	14,000
4d Limited Sta Wag	600	1,800	3,000	6,750	10,500	15,000
1995 Wrangler 4x4						
2d Jeep S, 4-cyl.	400	1,200	2,000	4,500	7,000	10,000
2d Jeep SE, 6-cyl.	400	1,250	2,100	4,730	7,350	10,500
2d Jeep Sahara, 6-cyl.	440	1,320	2,200	4,950	7,700	11,000
NOTE: Add 5 percent for Spt or Rio Grande trim package.						
1995 Cherokee, 4-cyl. & 6-cyl.						
2d Sta Wag	300	950	1,600	3,600	5,600	8,000
4d Sta Wag	350	1,000	1,650	3,740	5,800	8,300
2d Sta Wag, 4x4	400	1,150	1,900	4,280	6,650	9,500
4d Sta Wag, 4x4	400	1,200	1,950	4,410	6,850	9,800
NOTE: Deduct 5 percent for 4-cyl.						
1995 Grand Cherokee, 6-cyl. & V-8						
4d SE Sta Wag	400	1,200	2,000	4,500	7,000	10,000
4d SE Sta Wag, 4x4	480	1,440	2,400	5,400	8,400	12,000
4d Laredo Sta Wag	500	1,450	2,400	5,400	8,400	12,000
4d Laredo Sta Wag, 4x4	560	1,680	2,800	6,300	9,800	14,000
4d Limited Sta Wag	500	1,550	2,600	5,850	9,100	13,000
4d Limited Sta Wag, 4x4	600	1,800	3,000	6,750	10,500	15,000
NOTE: Deduct 5 percent for 6-cyl.						
1996 Cherokee, 4-cyl. & 6-cyl.						
2d Sta Wag	300	950	1,600	3,600	5,600	8,000
4d Sta Wag	350	1,000	1,650	3,740	5,800	8,300
2d Sta Wag, 4x4	400	1,150	1,900	4,280	6,650	9,500
4d Sta Wag, 4x4	400	1,200	1,950	4,410	6,850	9,800
1996 Grand Cherokee, 6-cyl. & V-8						
4d Laredo Sta Wag	400	1,200	2,000	4,500	7,000	10,000
4d Laredo Sta Wag, 4x4	480	1,440	2,400	5,400	8,400	12,000
4d Limited Sta Wag	520	1,560	2,600	5,850	9,100	13,000
4d Limited Sta Wag, 4x4	600	1,800	3,000	6,750	10,500	15,000
NOTE: Deduct 5 percent for 6-cyl.						
1997 Wrangler, 6-cyl.						
SE Utly (4-cyl. only)	280	840	1,400	3,150	4,900	7,000
Sport Utly	320	960	1,600	3,600	5,600	8,000
Sahara Utly	440	1,320	2,200	4,950	7,700	11,000
NOTE: Add 5 percent for detachable HT.						
1997 Cherokee, 6-cyl.						
2d SE Sta Wag	320	960	1,600	3,600	5,600	8,000
4d SE Sta Wag	332	996	1,660	3,740	5,810	8,300
2d Sport Sta Wag	380	1,140	1,900	4,280	6,650	9,500
4d Sport Sta Wag	392	1,176	1,960	4,410	6,860	9,800
4d Country Sta Wag	420	1,260	2,100	4,730	7,350	10,500
NOTE: Add 10 percent for 4x4. Deduct 5 percent for 4-cyl.						
1997 Grand Cherokee, 6-cyl.						
4d Laredo Sta Wag	400	1,200	2,000	4,500	7,000	10,000
4d TSi Sta Wag	400	1,200	2,000	4,500	7,000	10,000
4d Limited Sta Wag	520	1,560	2,600	5,850	9,100	13,000
NOTE: Add 10 percent for 4x4. Add 5 percent for V-8.						
1998 Wrangler, 6-cyl., 4x4						
SE Utly (4-cyl. only)	280	840	1,400	3,150	4,900	7,000
Sport Utly	320	960	1,600	3,600	5,600	8,000
Sahara Utly	440	1,320	2,200	4,950	7,700	11,000
NOTE: Add 5 percent for detachable HT.						
1998 Cherokee, 6-cyl.						
2d SE Sta Wag	320	960	1,600	3,600	5,600	8,000
4d SE Sta Wag	330	1,000	1,660	3,740	5,810	8,300
2d Sport Sta Wag	380	1,140	1,900	4,280	6,650	9,500

	6	5	4	3	2	1
4d Sport Sta Wag	390	1,180	1,960	4,410	6,860	9,800
4d Classic Sta Wag	420	1,260	2,100	4,730	7,350	10,500
4d Classic Sta Wag	440	1,320	2,200	4,950	7,700	11,000
NOTE: Add 10 percent for 4x4. Deduct 5 percent for 4-cyl.						
1998 Grand Cherokee, V-8						
4d Laredo Sta Wag	400	1,200	2,000	4,500	7,000	10,000
4d TSi Sta Wag	480	1,440	2,400	5,400	8,400	12,000
4d SE Sta Wag	520	1,560	2,600	5,850	9,100	13,000
4d Limited Sta Wag	600	1,800	3,000	6,750	10,500	15,000
NOTE: Add 10 percent for 4x4. Deduct 5 percent for 6-cyl.						
1999 Wrangler, 6-cyl., 4x4						
SE Utly (4-cyl. only)	280	840	1,400	3,150	4,900	7,000
Sport Utly	320	960	1,600	3,600	5,600	8,000
Sahara Utly	440	1,320	2,200	4,950	7,700	11,000
NOTE: Add 5 percent for detachable HT.						
1999 Cherokee, 6-cyl.						
2d SE Sta Wag	320	960	1,600	3,600	5,600	8,000
4d SE Sta Wag	330	1,000	1,660	3,740	5,810	8,300
2d Sport Sta Wag	380	1,140	1,900	4,280	6,650	9,500
4d Sport Sta Wag	390	1,180	1,960	4,410	6,860	9,800
4d Classic Sta Wag	420	1,260	2,100	4,730	7,350	10,500
4d Limited Sta Wag	440	1,320	2,200	4,950	7,700	11,000
NOTE: Add 10 percent for 4x4. Deduct 5 percent for 4-cyl.						
1999 Grand Cherokee, 6-cyl.						
4d Laredo Sta Wag	400	1,200	2,000	4,500	7,000	10,000
4d Limited Sta Wag	440	1,320	2,200	4,950	7,700	11,000
NOTE: Add 10 percent for 4x4. Add 10 percent for V-8.						
2000 Wrangler, 6-cyl., 4x4						
SE Utly (4-cyl. only)	290	860	1,440	3,240	5,040	7,200
Sport Utly	330	980	1,640	3,690	5,740	8,200
Sahara Utly	450	1,340	2,240	5,040	7,840	11,200
NOTE: Add 5 percent for automatic transmission. Add 5 percent for detachable HT.						
2000 Cherokee, 6-cyl.						
2d SE Sta Wag	320	960	1,600	3,600	5,600	8,000
4d SE Sta Wag	330	1,000	1,660	3,740	5,810	8,300
2d Sport Sta Wag	380	1,140	1,900	4,280	6,650	9,500
4d Sport Sta Wag	390	1,180	1,960	4,410	6,860	9,800
4d Classic Sta Wag	420	1,260	2,100	4,730	7,350	10,500
4d Limited Sta Wag	440	1,320	2,200	4,950	7,700	11,000
NOTE: Add 10 percent for 4x4. Deduct 5 percent for 4-cyl.						
2000 Grand Cherokee, 6-cyl.						
4d Laredo Sta Wag	400	1,200	2,000	4,500	7,000	10,000
4d Limited Sta Wag	440	1,320	2,200	4,950	7,700	11,000
NOTE: Add 10 percent for 4x4. Add 10 percent for V-8.						
2001 Wrangler, 6-cyl., 4x4						
SE Utly (4-cyl. only)	290	860	1,440	3,600	5,040	7,200
Sport Utly	330	980	1,640	4,100	5,740	8,200
Sahara Utly	450	1,340	2,240	5,600	7,840	11,200
NOTE: Add 5 percent for detachable HT.						
2001 Cherokee, 6-cyl.						
2d SE Sta Wag	320	960	1,600	4,000	5,600	8,000
4d SE Sta Wag	330	1,000	1,660	4,150	5,810	8,300
2d Sport Sta Wag	380	1,140	1,900	4,750	6,650	9,500
4d Sport Sta Wag	390	1,180	1,960	4,900	6,860	9,800
4d Classic Sta Wag	420	1,260	2,100	5,250	7,350	10,500
4d Limited Sta Wag	440	1,320	2,200	5,500	7,700	11,000
NOTE: Add 10 percent for 4x4.						
2001 Grand Cherokee, 6-cyl.						
4d Laredo Sta Wag	400	1,200	2,000	5,000	7,000	10,000
4d Limited Sta Wag	440	1,320	2,200	5,500	7,700	11,000
NOTE: Add 10 percent for 4x4. Add 10 percent for V-8.						
2002 Wrangler, 6-cyl., 4x4						
SE Utly (4-cyl. only)	290	860	1,440	3,600	5,040	7,200
X Utly	320	960	1,600	4,000	5,600	8,000
Sport Utly	330	980	1,640	4,100	5,740	8,200
Sahara Utly	450	1,340	2,240	5,600	7,840	11,200
NOTE: Add 5 percent for detachable HT.						
2002 Liberty, V-6						
4d Sport SUV	380	1,140	1,900	4,750	6,650	9,500
4d Renegade SUV	440	1,320	2,200	5,500	7,700	11,000
4d Limited SUV	480	1,440	2,400	6,000	8,400	12,000
NOTE: Add 10 percent for 4x4. Deduct 5 percent for 4-cyl.						
2002 Grand Cherokee, 6-cyl.						
4d Sport SUV	380	1,140	1,900	4,750	6,650	9,500
4d Laredo SUV	400	1,200	2,000	5,000	7,000	10,000
4d Limited SUV	440	1,320	2,200	5,500	7,700	11,000
4d Limited HO SUV	500	1,500	2,500	6,250	8,750	12,500

	6	5	4	3	2	1
4d Overland HO SUV	540	1,620	2,700	6,750	9,450	13,500
NOTE: Add 10 percent for 4x4. Add 10 percent for V-8 except HO models.						
2003 Wrangler, 6-cyl., 4x4						
SE Utly (4-cyl. only)	290	860	1,440	3,600	5,040	7,200
X Utly	320	960	1,600	4,000	5,600	8,000
Sport Utly	330	980	1,640	4,100	5,740	8,200
Sahara Utly	450	1,340	2,240	5,600	7,840	11,200
Rubicon Utly	470	1,400	2,340	5,850	8,190	11,700
NOTE: Add 5 percent for detachable HT. Add 5 percent for Freedom pkg on X model.						
2003 Liberty, V-6						
4d Sport SUV	380	1,140	1,900	4,750	6,650	9,500
4d Renegade SUV	440	1,320	2,200	5,500	7,700	11,000
4d Limited SUV	480	1,440	2,400	6,000	8,400	12,000
NOTE: Add 10 percent for 4x4. Add 5 percent for Freedom pkg on Sport model. Deduct 5 percent for 4-cyl.						
2003 Grand Cherokee, 6-cyl.						
4d Laredo SUV	400	1,200	2,000	5,000	7,000	10,000
4d Limited SUV	440	1,320	2,200	5,500	7,700	11,000
4d Limited HO SUV	500	1,500	2,500	6,250	8,750	12,500
4d Overland HO SUV	540	1,620	2,700	6,750	9,450	13,500
NOTE: Add 10 percent for 4x4 (excluding Overland HO model). Add 10 percent for V-8 (excluding HO models).						
2004 Wrangler, 6-cyl., 4x4						
SE Utly (4-cyl. only)	290	860	1,440	3,600	5,040	7,200
X Utly	320	960	1,600	4,000	5,600	8,000
Sport Utly	330	980	1,640	4,100	5,740	8,200
Unlimited Utly	360	1,070	1,780	4,450	6,230	8,900
Sahara Utly	450	1,340	2,240	5,600	7,840	11,200
Rubicon Utly	470	1,400	2,340	5,850	8,190	11,700
NOTE: Add 5 percent for detachable HT. Add 5 percent for Columbia or Rocky Mountain pkg on X-model. Add 5 percent for automatic transmission except Unlimited.						
2004 Liberty, V-6						
4d Sport SUV	380	1,140	1,900	4,750	6,650	9,500
4d Renegade SUV	440	1,320	2,200	5,500	7,700	11,000
4d Limited SUV	480	1,440	2,400	6,000	8,400	12,000
NOTE: Add 10 percent for 4x4. Add 5 percent for Columbia or Rocky Mountain pkg on Sport model. Deduct 5 percent for 4-cyl. Deduct 5 percent for manual transmission.						
2004 Grand Cherokee, 6-cyl.						
4d Laredo SUV	400	1,200	2,000	5,000	7,000	10,000
4d Limited SUV	440	1,320	2,200	5,500	7,700	11,000
4d Limited HO SUV	500	1,500	2,500	6,250	8,750	12,500
4d Overland HO SUV	540	1,620	2,700	6,750	9,450	13,500
NOTE: Add 10 percent for 4x4. Add 5 percent for 4.7L V-8 (excluding HO models). Add 5 percent for Columbia, Freedom, Rocky Mountain or Special Ed pkg on Laredo.						
2005 Wrangler, 6-cyl., 4x4						
SE Utility (4-cyl. only)	290	860	1,440	3,600	5,040	7,200
X Utility	320	960	1,600	4,000	5,600	8,000
Sport Utility	330	980	1,640	4,100	5,740	8,200
Unlimited Utility	360	1,070	1,780	4,450	6,230	8,900
Rubicon Utility	470	1,400	2,340	5,850	8,190	11,700
Unlimited Rubicon Utility	480	1,440	2,400	6,000	8,400	12,000
NOTE: Add 5 percent for detachable HT. Add 5 percent for Rocky Mountain pkg on X model. Add 5 percent for 4.0L 6-cyl. on SE model. Add 5 percent for automatic transmission.						
2005 Liberty, V-6						
4d Sport SUV	380	1,140	1,900	4,750	6,650	9,500
4d Sport CRD SUV (4-cyl. only)	440	1,320	2,200	5,500	7,700	11,000
4d Renegade SUV	440	1,320	2,200	5,500	7,700	11,000
4d Limited SUV	480	1,440	2,400	6,000	8,400	12,000
4d Limited CRD SUV (4-cyl. only)	540	1,620	2,700	6,750	9,450	13,500
NOTE: Add 10 percent for 4x4. Add 5 percent for Rocky Mountain pkg on Renegade model. Deduct 5 percent for 4-cyl., except CRD models. Deduct 5 percent for manual transmission.						
2005 Grand Cherokee, V-6						
4d Laredo SUV	400	1,200	2,000	5,000	7,000	10,000
2005 Grand Cherokee, V-8						
4d Laredo SUV	440	1,320	2,200	5,500	7,700	11,000
4d Limited SUV	520	1,560	2,600	6,500	9,100	13,000
4d Limited Hemi SUV	620	1,860	3,100	7,750	10,850	15,500
NOTE: Add 10 percent for 4x4. Add 5 percent for Rocky Mountain pkg on Laredo models.						
2006 Wrangler, 4-cyl., 4WD						
2d SE SUV	460	1,390	2,320	5,220	8,120	11,600
NOTE: Add 8 percent for 4.0-L 6-cyl.						
2006 Wrangler, 6-cyl., 4WD						
2d X SUV	520	1,560	2,600	6,500	9,100	13,000
2d Sport SUV	530	1,600	2,660	6,650	9,310	13,300
2d Unlimited SUV LWB	560	1,690	2,820	7,050	9,870	14,100
2d Rubicon SUV	620	1,860	3,100	7,750	10,850	15,500
2d Unlimited Rubicon SUV LWB	620	1,870	3,120	7,800	10,920	15,600
2006 Liberty, V-6, 4WD						
4d SUV	380	1,140	1,900	4,750	6,650	9,500

	6	5	4	3	2	1
4d Renegade SUV	420	1,260	2,100	5,250	7,350	10,500
4d Limited SUV	430	1,280	2,140	5,350	7,490	10,700
NOTE: Add 25 percent for 2.8L 4-cyl. Turbo Diesel.						
2006 Commander, V-8, 4WD						
4d SUV	420	1,270	2,120	5,300	7,420	10,600
4d Limited SUV	510	1,540	2,560	6,400	8,960	12,800
NOTE: Add 5 percent for 5.7L HEMI V-8.						
2006 Grand Cherokee, V-6, 4WD						
4d Laredo SUV	420	1,260	2,100	5,250	7,350	10,500
2006 Grand Cherokee, V-8, 4WD						
4d Limited SUV	550	1,660	2,760	6,900	9,660	13,800
NOTE: Add 5 percent for 5.7L HEMI V-8.						
2006 Grand Cherokee, 5.7L HEMI V-8, 4WD						
4d SRT-8 SUV	880	2,640	4,400	11,000	15,400	22,000
4d Overland SUV	620	1,850	3,080	7,700	10,780	15,400

LINCOLN TRUCKS

1998 Navigator, V-8						
4d SUV	500	1,500	2,500	5,630	8,750	12,500
NOTE: Add 10 percent for 4x4.						
1999 Navigator, V-8, 4x4						
4d SUV	500	1,500	2,500	5,630	8,750	12,500
NOTE: Add 10 percent for 4x4.						
2000 Navigator, V-8, 4x4						
4d SUV	500	1,500	2,500	5,630	8,750	12,500
NOTE: Add 10 percent for 4x4.						
2001 Navigator, V-8						
4d SUV	500	1,500	2,500	5,630	8,750	12,500
NOTE: Add 10 percent for 4x4.						
2002 Navigator, V-8						
4d SUV	580	1,740	2,900	6,530	10,150	14,500
NOTE: Add 10 percent for 4x4.						
2002 Blackwood, V-8						
4d PU	800	2,400	4,000	9,000	14,000	20,000
2003 Aviator, V-8						
4d Luxury SUV	400	1,210	2,020	5,050	7,070	10,100
4d Premium SUV	530	1,600	2,660	6,650	9,310	13,300
NOTE: Add 10 percent for AWD.						
2003 Navigator, V-8						
4d SUV	580	1,740	2,900	7,250	10,150	14,500
4d Ultimate SUV	660	1,970	3,280	8,200	11,480	16,400
NOTE: Add 10 percent for 4x4.						
2004 Aviator, V-8						
4d Luxury SUV	400	1,210	2,020	5,050	7,070	10,100
4d Ultimate SUV	530	1,600	2,660	6,650	9,310	13,300
NOTE: Add 10 percent for AWD.						
2004 Navigator, V-8						
4d SUV	580	1,740	2,900	7,250	10,150	14,500
4d Ultimate SUV	660	1,970	3,280	8,200	11,480	16,400
NOTE: Add 10 percent for 4x4.						
2005 Aviator, V-8						
4d Luxury SUV	400	1,210	2,020	5,050	7,070	10,100
4d Elite SUV	530	1,600	2,660	6,650	9,310	13,300
NOTE: Add 10 percent for 4x4.						
2005 Navigator, V-8						
4d SUV	580	1,740	2,900	7,250	10,150	14,500
4d Ultimate SUV	660	1,970	3,280	8,200	11,480	16,400
NOTE: Add 10 percent for 4x4.						
2006 MARK LT, V-8						
4d Super Crew Pickup	720	2,170	3,620	9,050	12,670	18,100
NOTE: Add 15 percent for 4WD.						
2006 Navigator, V-8, 4WD						
4d SUV	690	2,080	3,460	7,790	12,110	17,300

MERCURY TRUCKS

1993 Villager FWD, V-6						
GS Sta Wag	320	960	1,600	3,600	5,600	8,000
LS Sta Wag	360	1,080	1,800	4,050	6,300	9,000
1994 Villager, V-6						
GS Window Van	360	1,080	1,800	4,050	6,300	9,000
LS Window Van	430	1,300	2,160	4,860	7,560	10,800
Nautica Window Van	440	1,320	2,200	4,950	7,700	11,000
1995 Villager, V-6						
GS Window Van	360	1,080	1,800	4,050	6,300	9,000
LS Window Van	430	1,300	2,160	4,860	7,560	10,800
Nautica Window Van	440	1,320	2,200	4,950	7,700	11,000

	6	5	4	3	2	1
1996 Villager, V-6						
GS Window Van	360	1,080	1,800	4,050	6,300	9,000
LS Window Van	430	1,300	2,160	4,860	7,560	10,800
Nautica Window Van	440	1,320	2,200	4,950	7,700	11,000
1997 Villager, V-6						
GS Window Van	360	1,080	1,800	4,050	6,300	9,000
LS Window Van	430	1,300	2,160	4,860	7,560	10,800
Nautica Window Van	440	1,320	2,200	4,950	7,700	11,000
1997 Mountaineer, V-8						
4d Wag	280	840	1,400	3,150	4,900	7,000
NOTE: Add 10 percent for AWD.						
1998 Villager, V-6						
GS Window Van	360	1,080	1,800	4,050	6,300	9,000
LS Window Van	430	1,300	2,160	4,860	7,560	10,800
Nautica Window Van	440	1,320	2,200	4,950	7,700	11,000
1998 Mountaineer, V-6						
4d Wag	280	840	1,400	3,150	4,900	7,000
NOTE: Add 10 percent for AWD. Add 5 percent for V-8.						
1999 Villager, V-6						
Van	280	840	1,400	3,150	4,900	7,000
Sport Van	320	960	1,600	3,600	5,600	8,000
Estate Van	340	1,020	1,700	3,830	5,950	8,500
1999 Mountaineer, V-6						
4d SUV	280	840	1,400	3,150	4,900	7,000
NOTE: Add 10 percent for 4x4. Add 5 percent for V-8.						
2000 Villager, V-6						
Van	280	840	1,400	3,150	4,900	7,000
Sport Van	320	960	1,600	3,600	5,600	8,000
Estate Van	340	1,020	1,700	3,830	5,950	8,500
2000 Mountaineer, V-6						
4d SUV	280	840	1,400	3,150	4,900	7,000
NOTE: Add 10 percent for 4x4. Add 5 percent for V-8.						
2001 Villager, V-6						
Van	280	840	1,400	3,150	4,900	7,000
Sport Van	320	960	1,600	3,600	5,600	8,000
Estate Van	340	1,020	1,700	3,830	5,950	8,500
2001 Mountaineer, V-6						
4d SUV	280	840	1,400	3,150	4,900	7,000
NOTE: Add 10 percent for 4x4. Add 5 percent for V-8.						
2002 Villager, V-6						
Van	280	840	1,400	3,150	4,900	7,000
Sport Van	320	960	1,600	3,600	5,600	8,000
Estate Van	340	1,020	1,700	3,830	5,950	8,500
2002 Mountaineer, V-6						
4d SUV	320	960	1,600	3,600	5,600	8,000
4d Luxury SUV	360	1,080	1,800	4,050	6,300	9,000
NOTE: Add 10 percent for 4x4. Add 5 percent for V-8.						
2003 Mountaineer, V-6						
4d SUV	320	960	1,600	4,000	5,600	8,000
4d Luxury SUV	360	1,080	1,800	4,500	6,300	9,000
4d Premier SUV	410	1,220	2,040	5,100	7,140	10,200
NOTE: Add 10 percent for AWD. Add 5 percent for V-8.						
2004 Mountaineer, V-6						
4d SUV	320	960	1,600	4,000	5,600	8,000
4d Luxury SUV	360	1,080	1,800	4,500	6,300	9,000
4d Premier SUV	410	1,220	2,040	5,100	7,140	10,200
NOTE: Add 10 percent for AWD. Add 5 percent for V-8.						
2004 Monterey, V-6						
4d Wag	280	840	1,400	3,500	4,900	7,000
4d Luxury Wag	300	900	1,500	3,750	5,250	7,500
4d Premier Wag	330	980	1,640	4,100	5,740	8,200
2005 Mountaineer, V-6						
4d SUV	320	960	1,600	4,000	5,600	8,000
4d Luxury SUV	360	1,080	1,800	4,500	6,300	9,000
4d Premier SUV	410	1,220	2,040	5,100	7,140	10,200
NOTE: Add 10 percent for AWD. Add 5 percent for 4.6L V-8.						
2005 Monterey, V-6						
4d Van	280	840	1,400	3,500	4,900	7,000
4d Luxury Van	300	900	1,500	3,750	5,250	7,500
4d Premier Van	330	980	1,640	4,100	5,740	8,200
2005 Mariner, V-6						
4d Utility (4-cyl. only)	270	800	1,340	3,350	4,690	6,700
4d Luxury Utility	290	860	1,440	3,600	5,040	7,200
4d Premier Utility	310	920	1,540	3,850	5,390	7,700
NOTE: Add 10 percent for 4x4.						

	6	5	4	3	2	1
2006 Monterey, V-6						
Minivan	320	950	1,580	3,950	5,530	7,900
2006 Mariner, 4-cyl., 4WD, Hybrid						
4d SUV	440	1,320	2,200	5,500	7,700	11,000
2006 Mariner, V-6, 4WD						
4d SUV	390	1,180	1,960	4,900	6,860	9,800
4d Premier SUV	400	1,210	2,020	5,050	7,070	10,100
2006 Mountaineer, V-8, AWD						
4d SUV	450	1,360	2,260	5,650	7,910	11,300
2006 Mountaineer, V-6, AWD						
4d Premier SUV	480	1,440	2,400	6,000	8,400	12,000

OLDSMOBILE TRUCKS

	6	5	4	3	2	1
1990 Silhouette FWD, V-6						
Sta Wag	280	840	1,400	3,150	4,900	7,000
1991 Bravada 4x4, V-6						
Sta Wag	340	1,020	1,700	3,830	5,950	8,500
1991 Silhouette FWD, V-6						
Sta Wag	300	900	1,500	3,380	5,250	7,500
1992 Bravada 4x4, V-6						
Sta Wag	360	1,080	1,800	4,050	6,300	9,000
1992 Silhouette FWD, V-6						
Sta Wag	320	960	1,600	3,600	5,600	8,000
1993 Bravada 4x4, V-6						
Sta Wag	400	1,200	2,000	4,500	7,000	10,000
1993 Silhouette FWD, V-6						
Sta Wag	340	1,020	1,700	3,830	5,950	8,500
1994 Bravada, V-6						
4d Utility	420	1,260	2,100	4,730	7,350	10,500
1994 Silhouette, V-6						
Window Van	380	1,140	1,900	4,280	6,650	9,500
1995 Silhouette, V-6						
Window Van	380	1,140	1,900	4,280	6,650	9,500
1996 Silhouette, V-6						
Window Van	380	1,140	1,900	4,280	6,650	9,500
1996 Bravada, V-6						
4d SUV	420	1,260	2,100	4,730	7,350	10,500
1997 Silhouette, V-6						
Window Van	340	1,020	1,700	3,830	5,950	8,500
GL Window Van	380	1,140	1,900	4,280	6,650	9,500
GLS Window Van	440	1,320	2,200	4,950	7,700	11,000
1997 Bravada, V-6						
4d SUV	420	1,260	2,100	4,730	7,350	10,500
1998 Silhouette, V-6						
GS Window Van	320	960	1,600	3,600	5,600	8,000
GL Window Van	360	1,080	1,800	4,050	6,300	9,000
GLS Window Van	420	1,260	2,100	4,730	7,350	10,500
1998 Bravada, V-6, 4x4						
4d SUV	400	1,200	2,000	4,500	7,000	10,000
1999 Silhouette, V-6						
GS Van	320	960	1,600	3,600	5,600	8,000
GL Van	360	1,080	1,800	4,050	6,300	9,000
GLS Van	380	1,140	1,900	4,280	6,650	9,500
Premiere Van	400	1,200	2,000	4,500	7,000	10,000
1999 Bravada, V-6, 4x4						
4d SUV	320	960	1,600	3,600	5,600	8,000
2000 Silhouette, V-6						
GL Van	360	1,080	1,800	4,050	6,300	9,000
GLS Van	380	1,140	1,900	4,280	6,650	9,500
Premiere Van	400	1,200	2,000	4,500	7,000	10,000
2000 Bravada, V-6, 4x4						
4d SUV	320	960	1,600	3,600	5,600	8,000
2001 Silhouette, V-6						
GL Van	360	1,080	1,800	4,050	6,300	9,000
GLS Van	380	1,140	1,900	4,280	6,650	9,500
Premiere Van	400	1,200	2,000	4,500	7,000	10,000
2001 Bravada, V-6, 4x4						
4d SUV	320	960	1,600	3,600	5,600	8,000
2002 Silhouette, V-6						
GL Van	360	1,080	1,800	4,050	6,300	9,000
GLS Van	380	1,140	1,900	4,280	6,650	9,500
Premiere Van	400	1,200	2,000	4,500	7,000	10,000
NOTE: Add 10 percent for 4x4.						
2002 Bravada, 6-cyl.						
4d SUV	360	1,080	1,800	4,050	6,300	9,000
NOTE: Add 10 percent for 4x4.						

	6	5	4	3	2	1
2003 Silhouette, V-6						
GL Van	360	1,080	1,800	4,500	6,300	9,000
GLS Van	380	1,140	1,900	4,750	6,650	9,500
Premiere Van	400	1,200	2,000	5,000	7,000	10,000
NOTE: Add 10 percent for AWD.						
2003 Bravada, 6-cyl.						
4d SUV	360	1,080	1,800	4,500	6,300	9,000
NOTE: Add 10 percent for AWD.						
2004 Silhouette, V-6						
GL Van	360	1,080	1,800	4,500	6,300	9,000
GLS Van	380	1,140	1,900	4,750	6,650	9,500
Premiere Van	400	1,200	2,000	5,000	7,000	10,000
NOTE: Add 10 percent for AWD.						
2004 Bravada, 6-cyl.						
4d SUV	360	1,080	1,800	4,500	6,300	9,000

NOTE: Add 10 percent for AWD. Production of all Oldsmobiles was ended after the 2004 model year.

PLYMOUTH TRUCKS

	6	5	4	3	2	1
1930-31 Series 30U						
Commercial Sed	1,120	3,360	5,600	12,600	19,600	28,000
1935 Series PJ						
Sed Dly	1,270	3,800	6,340	14,270	22,190	31,700
1936 Series P-1						
Sed Dly	1,230	3,680	6,140	13,820	21,490	30,700
1937 Series PT-50						
PU	1,020	3,070	5,120	11,520	17,920	25,600
Sed Dly	1,240	3,730	6,210	13,970	21,740	31,050
1938 Series PT-57						
PU	1,080	3,250	5,420	12,200	18,970	27,100
Sed Dly	1,240	3,730	6,210	13,970	21,740	31,050
1939 Series PT-81						
PU	1,020	3,070	5,120	11,520	17,920	25,600
Sed Dly	1,250	3,760	6,270	14,110	21,950	31,350
1940 Series PT-105						
PU	1,020	3,070	5,120	11,520	17,920	25,600
Sed Dly	1,240	3,720	6,200	13,950	21,700	31,000
1941 Series PT-125						
Sed Dly	1,260	3,770	6,280	14,130	21,980	31,400
PU	1,020	3,070	5,120	11,520	17,920	25,600
1974-91 Scamp (1983 only)						
PU	188	564	940	2,120	3,290	4,700
1974-91 Trail Duster, (4x4), 1/2-Ton						
Utl	420	1,260	2,100	4,730	7,350	10,500
1974-91 PB-100 Voyager Van, 1/2-Ton, 109" wb						
Wag	260	780	1,300	2,930	4,550	6,500
1984-91 Voyager, V-6						
Sta Wag	252	756	1,260	2,840	4,410	6,300
SE Sta Wag	256	768	1,280	2,880	4,480	6,400
LE Sta Wag	260	780	1,300	2,930	4,550	6,500
NOTE: Add 5 percent for 4x4.						
1992 Voyager, V-6						
3d Van	248	744	1,240	2,790	4,340	6,200
SE 3d Van	252	756	1,260	2,840	4,410	6,300
LE 3d Van	256	768	1,280	2,880	4,480	6,400
NOTE: Add 5 percent for Grand package. Add 5 percent for 4x4.						
1993 Voyager, V-6						
Window Van	292	876	1,460	3,290	5,110	7,300
NOTE: Add 5 percent for 4x4.						
1994 Voyager, V-6						
Window Van Voyager	280	840	1,400	3,150	4,900	7,000
SE Window Van Voyager	300	900	1,500	3,380	5,250	7,500
LE Window Van Voyager	320	960	1,600	3,600	5,600	8,000
Window Van Grand Voyager	320	960	1,600	3,600	5,600	8,000
SE Window Van Grand Voyager	340	1,020	1,700	3,830	5,950	8,500
LE Window Van Grand Voyager	360	1,080	1,800	4,050	6,300	9,000
Window Van Grand Voyager 4x4	420	1,260	2,100	4,730	7,350	10,500
NOTE: Add 5 percent for 4x4.						
1995 Voyager, 4-cyl. & V-6						
Window Van	280	840	1,400	3,150	4,900	7,000
SE Window Van	300	900	1,500	3,380	5,250	7,500
LE Window Van	320	960	1,600	3,600	5,600	8,000
Grand Voyager Window Van	320	960	1,600	3,600	5,600	8,000
SE Grand Voyager Window Van	340	1,020	1,700	3,830	5,950	8,500
LE Grand Voyager Window Van	360	1,080	1,800	4,050	6,300	9,000

NOTE: Add 10 percent for 4x4. Deduct 5 percent for 4-cyl.

	6	5	4	3	2	1
1996 Voyager, 4-cyl. & V-6						
Window Van	280	840	1,400	3,150	4,900	7,000
SE Window Van	300	900	1,500	3,380	5,250	7,500
Grand Voyager Window Van	320	960	1,600	3,600	5,600	8,000
Grand Voyager SE Window Van	340	1,020	1,700	3,830	5,950	8,500
NOTE: Deduct 5 percent for 4-cyl.						
1997 Voyager, V-6						
Window Van	280	840	1,400	3,150	4,900	7,000
SE Window Van	300	900	1,500	3,380	5,250	7,500
Grand Voyager Window Van	320	960	1,600	3,600	5,600	8,000
Grand Voyager SE Window Van	340	1,020	1,700	3,830	5,950	8,500
NOTE: Deduct 5 percent for 4-cyl.						
1998 Voyager, V-6						
Window Van	260	780	1,300	2,930	4,550	6,500
SE Window Van	280	840	1,400	3,150	4,900	7,000
Expresso Window Van	290	870	1,450	3,260	5,080	7,250
Grand Voyager Window Van	300	900	1,500	3,380	5,250	7,500
Grand Voyager SE Window Van	320	960	1,600	3,600	5,600	8,000
Grand Voyager Expresso Window Van	330	990	1,650	3,710	5,780	8,250
NOTE: Deduct 5 percent for 4-cyl.						
1999 Voyager, V-6						
Van	260	780	1,300	2,930	4,550	6,500
SE Van	280	840	1,400	3,150	4,900	7,000
Expresso Van	290	870	1,450	3,260	5,080	7,250
Grand Voyager Van	300	900	1,500	3,380	5,250	7,500
Grand Voyager SE Van	320	960	1,600	3,600	5,600	8,000
Grand Voyager Expresso Van	330	990	1,650	3,710	5,780	8,250

NOTE: Deduct 5 percent for 4-cyl.
NOTE: Plymouth Voyager vans were produced only to December 1999, and then were badged as Chryslers, as Plymouth ceased truck production.

PONTIAC TRUCKS

	6	5	4	3	2	1
1949-51 Streamliner Series 6						
Sed Dly	820	2,460	4,100	9,230	14,350	20,500
1949-51 Streamliner Series 8						
Sed Dly	860	2,580	4,300	9,680	15,050	21,500
1952-53 Chieftain Series 6						
Sed Dly	840	2,520	4,200	9,450	14,700	21,000
1952-53 Chieftain Series 8						
Sed Dly	880	2,640	4,400	9,900	15,400	22,000
1990 Trans Sport FWD, V-6						
Sta Wag	260	780	1,300	2,930	4,550	6,500
SE Sta Wag	280	840	1,400	3,150	4,900	7,000
1991 Trans Sport FWD, V-6						
Sta Wag	300	900	1,500	3,380	5,250	7,500
SE Sta Wag	320	960	1,600	3,600	5,600	8,000
1992 Trans Sport FWD, V-6						
SE Sta Wag	352	1,056	1,760	3,960	6,160	8,800
GS Sta Wag	360	1,080	1,800	4,050	6,300	9,000
1993 Trans Sport FWD, V-6						
SE Sta Wag	372	1,116	1,860	4,190	6,510	9,300
1994 Trans Sport, V-6						
SE Window Van	380	1,140	1,900	4,280	6,650	9,500
1995 Trans Sport, V-6						
SE Window Van	380	1,140	1,900	4,280	6,650	9,500
1996 Trans Sport, V-6						
SE Window Van	380	1,140	1,900	4,280	6,650	9,500
1997 Trans Sport, V-6						
SE Window Van	380	1,140	1,900	4,280	6,650	9,500
NOTE: Add 5 percent for extended model.						
1998 Trans Sport, V-6						
SE Window Van	360	1,080	1,800	4,050	6,300	9,000
NOTE: Add 5 percent for extended model. Add 5 percent for Montana Pkg.						
1999 Montana, V-6						
Van	280	840	1,400	3,150	4,900	7,000
NOTE: Add 5 percent for extended model.						
2000 Montana, V-6						
Van	280	840	1,400	3,150	4,900	7,000
NOTE: Add 5 percent for extended model. Add 5 percent for Luxury pkg.						
2001 Aztek, V-6						
4d SUV	280	840	1,400	3,500	4,900	7,000
4d GT SUV	290	860	1,440	3,600	5,040	7,200
NOTE: Add 5 percent for AWD.						
2001 Montana, V-6						
Van	280	840	1,400	3,500	4,900	7,000

NOTE: Add 5 percent for extended model. Add 5 percent for Luxury pkg.

	6	5	4	3	2	1
2002 Aztek, V-6						
4d SUV	280	840	1,400	3,500	4,900	7,000
NOTE: Add 5 percent for AWD.						
2002 Montana, V-6						
Van	280	840	1,400	3,500	4,900	7,000
NOTE: Add 10 percent for AWD. Add 5 percent for extended model. Add 5 percent for Thunder or Luxury pkgs.						
2003 Aztek, V-6						
4d SUV	280	840	1,400	3,500	4,900	7,000
NOTE: Add 5 percent for AWD.						
2003 Montana, V-6						
4d Van	280	840	1,400	3,500	4,900	7,000
4d Luxury Van	330	980	1,640	4,100	5,740	8,200
NOTE: Add 10 percent for AWD. Add 5 percent for extended base model. Add 5 percent for Thunder pkg.						
2004 Aztec, V-6						
4d SUV	280	840	1,400	3,500	4,900	7,000
NOTE: Add 5 percent for AWD.						
2004 Montana, V-6						
4d Van	280	840	1,400	3,500	4,900	7,000
4d Luxury Van	330	980	1,640	4,100	5,740	8,200
NOTE: Add 10 percent for AWD. Add 5 percent for extended base model.						
2005 Aztek, V-6						
4d SUV	290	860	1,440	3,600	5,040	7,200
NOTE: Add 5 percent for AWD.						
2005 Montana, V-6						
4d Extended Van	280	840	1,400	3,500	4,900	7,000
4d Luxury Extended Van	330	980	1,640	4,100	5,740	8,200
2005 Montana SV6, V-6						
4d (Base) Extended Van	300	890	1,480	3,700	5,180	7,400
4d Extended Van	330	1,000	1,660	4,150	5,810	8,300
NOTE: Add 10 percent for AWD.						
2006 Torrent, V-6						
4d SUV	360	1,080	1,800	4,500	6,300	9,000
NOTE: Add 8 percent for 4WD.						
2006 Montana SV6, V-6						
4d Minivan	290	880	1,460	3,650	5,110	7,300
NOTE: Add 8 percent for 4WD.						

SATURN TRUCKS

2002 Vue, V-6						
4d SUV	300	900	1,500	3,380	5,250	7,500
NOTE: Add 10 percent for AWD. Deduct 5 percent for 4-cyl.						
2003 Vue, V-6						
4d SUV	300	900	1,500	3,750	5,250	7,500
NOTE: Add 10 percent for AWD. Deduct 5 percent for 4-cyl.						
2004 Vue, V-6						
4d SUV	300	900	1,500	3,750	5,250	7,500
Red Line 4d SUV	320	960	1,600	4,000	5,600	8,000
NOTE: Add 10 percent for AWD. Deduct 5 percent for 4-cyl. Deduct 5 percent for manual transmission.						
2005 Vue, V-6						
4d SUV	300	900	1,500	3,750	5,250	7,500
4d Red Line SUV	320	960	1,600	4,000	5,600	8,000
NOTE: 10 percent for AWD. Deduct 5 percent for 4-cyl. Deduct 5 percent for manual transmission.						
2005 Relay, V-6						
4d Relay-2 Van	290	880	1,460	3,650	5,110	7,300
4d Relay-3 Van	310	940	1,560	3,900	5,460	7,800
NOTE: Add 10 percent for AWD.						
2006 Vue, V-6						
4d SUV	290	880	1,460	3,650	5,110	7,300
NOTE: Add 8 percent for 4WD						
2006 Relay, V-6						
4d Relay-2 Minivan	380	1,140	1,900	4,280	6,650	9,500
4d Relay-3 Minivan	410	1,240	2,060	5,150	7,210	10,300
NOTE: Add 8 percent for 4WD.						

STUDEBAKER TRUCKS

1937 Model 5A/6A, Dictator Six						
Cpe Exp	1,630	4,890	8,150	18,340	28,530	40,750
1938 Model 7A, Commander Six						
Cpe Exp	1,630	4,890	8,150	18,340	28,530	40,750
1939 Model 9A, Commander Six						
Cpe Exp	1,650	4,950	8,250	18,560	28,880	41,250
1941-42, 1946-48 Six-cyl., 113" wb						
1/2-Ton	770	2,310	3,850	8,660	13,480	19,250
1949-53 Pickup, 1/2-Ton, 6-cyl.						
2R5	770	2,320	3,860	8,690	13,510	19,300
2R6	780	2,330	3,880	8,730	13,580	19,400

	6	5	4	3	2	1
1949-53 Pickup, 3/4-Ton, 6-cyl.						
2R10	750	2,260	3,760	8,460	13,160	18,800
2R11	760	2,270	3,780	8,510	13,230	18,900
1954 Pickup, 1/2-Ton, 6-cyl.						
3R5	770	2,320	3,860	8,690	13,510	19,300
3R6	780	2,330	3,880	8,730	13,580	19,400
1954 Pickup, 3/4-Ton, 6-cyl.						
3R10	750	2,260	3,760	8,460	13,160	18,800
3R11	760	2,270	3,780	8,510	13,230	18,900
1955 Pickup, 1/2-Ton, 6-cyl.						
E5	780	2,340	3,900	8,780	13,650	19,500
E7	780	2,350	3,920	8,820	13,720	19,600
1955 Pickup, 3/4-Ton, 6-cyl.						
E10	760	2,290	3,820	8,600	13,370	19,100
E12	770	2,300	3,840	8,640	13,440	19,200
NOTE: Add 20 percent for V-8.						
1956-58 Pickup, 1/2-Ton, 6-cyl.						
2E5 (SWB)	750	2,240	3,740	8,420	13,090	18,700
2E5 (LWB)	740	2,220	3,700	8,330	12,950	18,500
2E7 (SWB)	760	2,280	3,800	8,550	13,300	19,000
2E7 (LWB)	750	2,260	3,760	8,460	13,160	18,800
1956-58 Pickup, 3/4-Ton, 6-cyl.						
2E12	740	2,220	3,700	8,330	12,950	18,500
NOTE: Add 20 percent for V-8.						
1959-64 Pickup, 1/2-Ton, 6-cyl.						
4E1 (SWB)	720	2,160	3,600	8,100	12,600	18,000
4E1 (LWB)	720	2,160	3,600	8,100	12,600	18,000
4E5 (SWB)	730	2,180	3,640	8,190	12,740	18,200
4E5 (LWB)	730	2,180	3,640	8,190	12,740	18,200
4E6 (SWB)	730	2,200	3,660	8,240	12,810	18,300
4E6 (LWB)	730	2,200	3,660	8,240	12,810	18,300
4E7 (SWB)	760	2,280	3,800	8,550	13,300	19,000
4E7 (LWB)	760	2,280	3,800	8,550	13,300	19,000
1959-64 Pickup, 3/4-Ton, 6-cyl.						
4E11	710	2,140	3,560	8,010	12,460	17,800
4E12	730	2,200	3,660	8,240	12,810	18,300
NOTE: Add 20 percent for V-8.						

WILLYS OVERLAND TRUCKS(1911-1942)

1911-12 Overland "37"						
Dly	780	2,340	3,900	8,780	13,650	19,500
Spl Dly	820	2,460	4,100	9,230	14,350	20,500
1911-12 Overland						
1-Ton Truck	700	2,100	3,500	7,880	12,250	17,500
1911-12 Gramm						
1-Ton Truck	720	2,160	3,600	8,100	12,600	18,000
1913 Overland						
Open Exp	740	2,220	3,700	8,330	12,950	18,500
Full Panel	760	2,280	3,800	8,550	13,300	19,000
1913 Gramm						
Chassis (1-Ton)	720	2,160	3,600	8,100	12,600	18,000
1913 Willys						
Chassis (3/4-Ton)	720	2,160	3,600	8,100	12,600	18,000
1914 Overland "79"						
Exp	740	2,220	3,700	8,330	12,950	18,500
Panel	760	2,280	3,800	8,550	13,300	19,000
1914 Willys Utility "65"						
Exp	760	2,280	3,800	8,550	13,300	19,000
Panel	770	2,310	3,850	8,660	13,480	19,250
1915 Willys Utility						
3/4-Ton Exp	760	2,280	3,800	8,550	13,300	19,000
1916 Overland "83"						
Exp Dly	660	1,980	3,300	7,430	11,550	16,500
Spl Dly	700	2,100	3,500	7,880	12,250	17,500
Open Exp	640	1,920	3,200	7,200	11,200	16,000
1916 Overland "75"						
Screen	700	2,110	3,520	7,920	12,320	17,600
Panel	710	2,120	3,540	7,970	12,390	17,700
1917 Overland "90"						
Panel	680	2,040	3,400	7,650	11,900	17,000
1918 Overland "90"						
Exp (800 lbs.)	660	1,990	3,320	7,470	11,620	16,600
Panel (800 lbs.)	680	2,040	3,400	7,650	11,900	17,000
Exp (1200 lbs.)	640	1,920	3,200	7,200	11,200	16,000
1919 Overland Light Four						
Exp (800 lbs.)	660	1,990	3,320	7,470	11,620	16,600

	6	5	4	3	2	1
Panel (800 lbs.)	680	2,040	3,400	7,650	11,900	17,000
Exp (1200 lbs.)	640	1,920	3,200	7,200	11,200	16,000
1920 Overland Model 5 - ("Light Four")						
Exp (800 lbs.)	670	2,000	3,340	7,520	11,690	16,700
Panel (800 lbs.)	690	2,060	3,440	7,740	12,040	17,200
Exp (1000 lbs.)	640	1,930	3,220	7,250	11,270	16,100
1921 Overland Model Four						
Exp (800 lbs.)	590	1,760	2,940	6,620	10,290	14,700
Panel (800 lbs.)	610	1,820	3,040	6,840	10,640	15,200
Exp (1000 lbs.)	560	1,690	2,820	6,350	9,870	14,100
1922 Overland Model Four						
Exp (800 lbs.)	670	2,000	3,340	7,520	11,690	16,700
Panel (800 lbs.)	690	2,060	3,440	7,740	12,040	17,200
Exp (1000 lbs.)	640	1,930	3,220	7,250	11,270	16,100
1923 Overland "91CE"						
Exp	670	2,000	3,340	7,520	11,690	16,700
Canopy	710	2,120	3,540	7,970	12,390	17,700
Screen	680	2,040	3,400	7,650	11,900	17,000
Panel	690	2,060	3,440	7,740	12,040	17,200
1924 Overland "91CE"						
Exp	670	2,000	3,340	7,520	11,690	16,700
Canopy	680	2,040	3,400	7,650	11,900	17,000
Screen	680	2,030	3,380	7,610	11,830	16,900
Panel	690	2,060	3,440	7,740	12,040	17,200
1925 Overland "91CE"						
Open Exp	670	2,000	3,340	7,520	11,690	16,700
Canopy	680	2,040	3,400	7,650	11,900	17,000
Screen	680	2,030	3,380	7,610	11,830	16,900
Panel	690	2,060	3,440	7,740	12,040	17,200
NOTE: With aftermarket bodies.						
1926 Overland Model 91						
Open Exp	670	2,000	3,340	7,520	11,690	16,700
Canopy	680	2,040	3,400	7,650	11,900	17,000
Screen	680	2,030	3,380	7,610	11,830	16,900
Panel	690	2,060	3,440	7,740	12,040	17,200
NOTE: With aftermarket bodies.						
1927 Whippet Model 96						
PU	560	1,680	2,800	6,300	9,800	14,000
Canopy	580	1,740	2,900	6,530	10,150	14,500
Screen	570	1,720	2,860	6,440	10,010	14,300
Panel	580	1,740	2,900	6,530	10,150	14,500
Sed Dly	600	1,790	2,980	6,710	10,430	14,900
NOTE: Add 12 percent for 6-cyl. engine.						
1928 Whippet Series 96						
PU	560	1,680	2,800	6,300	9,800	14,000
Canopy	580	1,740	2,900	6,530	10,150	14,500
Screen	570	1,720	2,860	6,440	10,010	14,300
Panel	580	1,740	2,900	6,530	10,150	14,500
Sed Dly	600	1,790	2,980	6,710	10,430	14,900
NOTE: Add 12 percent for 6-cyl. engine.						
1929 Whippet Series 96, 100" wb						
PU	560	1,680	2,800	6,300	9,800	14,000
Screen	570	1,700	2,840	6,390	9,940	14,200
Canopy	580	1,740	2,900	6,530	10,150	14,500
Panel	580	1,740	2,900	6,530	10,150	14,500
Sed Dly	600	1,790	2,980	6,710	10,430	14,900
1929 Whippet Series 96A, 103" wb						
PU	560	1,680	2,800	6,300	9,800	14,000
Canopy	580	1,740	2,900	6,530	10,150	14,500
Screen	580	1,740	2,900	6,530	10,150	14,500
Panel	590	1,760	2,940	6,620	10,290	14,700
Sed Dly	600	1,810	3,020	6,800	10,570	15,100
NOTE: Add 12 percent for Whippet Six.						
1929 Willys Series 98B						
PU	620	1,850	3,080	6,930	10,780	15,400
Canopy	620	1,860	3,100	6,980	10,850	15,500
Screenside	630	1,880	3,140	7,070	10,990	15,700
Panel	640	1,910	3,180	7,160	11,130	15,900
Sed Dly	660	1,980	3,300	7,430	11,550	16,500
1930 Whippet Series 96A						
PU	560	1,680	2,800	6,300	9,800	14,000
Canopy	580	1,740	2,900	6,530	10,150	14,500
Screenside	580	1,740	2,900	6,530	10,150	14,500
Panel	590	1,760	2,940	6,620	10,290	14,700
Screen Dly	600	1,810	3,020	6,800	10,570	15,100

	6	5	4	3	2	1
1931 Whippet Series 96						
PU	560	1,680	2,800	6,300	9,800	14,000
Canopy	580	1,740	2,900	6,530	10,150	14,500
Screenside	580	1,740	2,900	6,530	10,150	14,500
Panel	590	1,760	2,940	6,620	10,290	14,700
Sed Dly	600	1,810	3,020	6,800	10,570	15,100
NOTE: Add 12 percent for Whippet Six.						
1931 Willys Series 98B						
PU	610	1,840	3,060	6,890	10,710	15,300
Canopy	620	1,850	3,080	6,930	10,780	15,400
Screenside	620	1,870	3,120	7,020	10,920	15,600
Panel	630	1,900	3,160	7,110	11,060	15,800
Sed Dly	660	1,970	3,280	7,380	11,480	16,400
1931 Willys Series C-113						
PU	550	1,660	2,760	6,210	9,660	13,800
Canopy	560	1,670	2,780	6,260	9,730	13,900
Screenside	560	1,680	2,800	6,300	9,800	14,000
Panel	570	1,700	2,840	6,390	9,940	14,200
Sed Dly	580	1,740	2,900	6,530	10,150	14,500
1932 Willys Series C-113						
PU	630	1,900	3,160	7,110	11,060	15,800
Canopy	640	1,910	3,180	7,160	11,130	15,900
Screenside	640	1,920	3,200	7,200	11,200	16,000
Panel	650	1,940	3,240	7,290	11,340	16,200
Sed Dly	660	1,980	3,300	7,430	11,550	16,500
1933 Willys "77"						
Panel	1,450	4,360	7,260	16,340	25,410	36,300
1934 Willys Model 77						
Panel	1,450	4,360	7,260	16,340	25,410	36,300
1935 Willys Model 77						
PU	1,410	4,240	7,060	15,890	24,710	35,300
Panel	1,450	4,360	7,260	16,340	25,410	36,300
1936 Willys Model 77						
PU	1,410	4,240	7,060	15,890	24,710	35,300
Panel	1,450	4,360	7,260	16,340	25,410	36,300
1937 Willys Model 77						
PU	1,620	4,850	8,080	18,180	28,280	40,400
Panel	1,640	4,910	8,180	18,410	28,630	40,900
1938 Willys Model 38						
PU	1,620	4,850	8,080	18,180	28,280	40,400
Stake	1,180	3,530	5,880	13,230	20,580	29,400
Panel	1,240	3,710	6,180	13,910	21,630	30,900
1939 Willys Model 38						
PU	1,620	4,850	8,080	18,180	28,280	40,400
Stake	1,180	3,530	5,880	13,230	20,580	29,400
Panel	1,240	3,710	6,180	13,910	21,630	30,900
1939 Willys Model 48						
PU	1,640	4,910	8,180	18,410	28,630	40,900
Stake	1,180	3,530	5,880	13,230	20,580	29,400
Panel	1,240	3,710	6,180	13,910	21,630	30,900
1940 Willys Model 440						
PU	1,660	4,970	8,280	18,630	28,980	41,400
Panel Dly	1,260	3,770	6,280	14,130	21,980	31,400
1941 Willys Model 441						
PU	1,740	5,210	8,680	19,530	30,380	43,400
Panel Dly	1,340	4,010	6,680	15,030	23,380	33,400
1942 Willys Model 442						
PU	1,740	5,210	8,680	19,530	30,380	43,400
Panel Dly	1,340	4,010	6,680	15,030	23,380	33,400

IMPORT TRUCKS

ACURA TRUCKS

1998 SLX, V-6, 4x4						
4d Utility	400	1,200	2,000	4,500	7,000	10,000
1999 SLX, V-6, 4x4						
4d Utility	400	1,200	2,000	4,500	7,000	10,000
2000						
NOTE: The SLX SUV was not continued in 2000, and its replacement, the MDX was released as a 2001 model.						
2001 MDX, V-6, 4x4						
4d SUV	600	1,800	3,000	7,500	10,500	15,000
2002 MDX, V-6, 4x4						
4d SUV	600	1,800	3,000	7,500	10,500	15,000
2003 MDX, V-6, 4x4						
4d SUV	600	1,800	3,000	7,500	10,500	15,000
4d Touring SUV	680	2,040	3,400	8,500	11,900	17,000

	6	5	4	3	2	1
2004 MDX, V-6, 4x4						
4d SUV	600	1,800	3,000	7,500	10,500	15,000
4d Touring SUV	680	2,040	3,400	8,500	11,900	17,000
2005 MDX, V-6, 4x4						
4d SUV	600	1,800	3,000	7,500	10,500	15,000
4d Tourng SUV	700	2,100	3,500	8,750	12,250	17,500
2006 MDX, V-6, AWD						
4d SUV	650	1,960	3,260	8,150	11,410	16,300
4d Trg SUV	710	2,120	3,540	8,850	12,390	17,700

BMW TRUCKS

	6	5	4	3	2	1
2000 X5, V-8, 4x4						
4.4i SUV	1,000	3,000	5,000	11,250	17,500	25,000
NOTE: Add 5 percent for Spt pkg.						
2001 X5, 6-cyl. & V-8, 4x4						
3.0i SUV (6-cyl.)	860	2,580	4,300	10,750	15,050	21,500
4.4i SUV (V-8)	1,000	3,000	5,000	12,500	17,500	25,000
NOTE: Add 5 percent for Sport pkg.						
2002 X5, 6-cyl. & V-8, 4x4						
3.0i SUV	860	2,580	4,300	10,750	15,050	21,500
4.4i SUV	1,000	3,000	5,000	12,500	17,500	25,000
4.6is SUV (V-8 only)	1,200	3,600	6,000	15,000	21,000	30,000
NOTE: Add 5 percent for Sport pkg.						
2003 X5, 6-cyl. & V-8, 4x4						
3.0i SUV	860	2,580	4,300	10,750	15,050	21,500
4.4i SUV	1,000	3,000	5,000	12,500	17,500	25,000
4.6is SUV (V-8 only)	1,200	3,600	6,000	15,000	21,000	30,000
NOTE: Add 5 percent for Sport pkg.						
2004 X3, 6-cyl., 4x4						
2.5i 4d SUV	750	2,250	3,750	9,380	13,130	18,750
3.0i 4d SUV	820	2,460	4,100	10,250	14,350	20,500
2004 X5, 6-cyl. & V-8, 4x4						
3.0i 4d SUV	860	2,580	4,300	10,750	15,050	21,500
4.4i 4d SUV	1,000	3,000	5,000	12,500	17,500	25,000
4.8is 4d SUV (V-8 only)	1,200	3,600	6,000	15,000	21,000	30,000
NOTE: Add 5 percent for Sport pkg except 4.8is. Deduct 5 percent for manual transmission.						
2005 X3, 6-cyl., 4x4						
4d 2.5i SUV	750	2,250	3,750	9,380	13,130	18,750
4d 3.0i SUV	820	2,460	4,100	10,250	14,350	20,500
2005 X5, 6-cyl. & V-8, 4x4						
4d 3.0i SUV	860	2,580	4,300	10,750	15,050	21,500
4d 4.8i SUV (V-8 only)	1,200	3,600	6,000	15,000	21,000	30,000
4d 4.4i SUV	1,000	3,000	5,000	12,500	17,500	25,000
NOTE: Add 5 percent for Sport pkg, except 4.8i. Deduct 5 percent for manual transmission.						
2006 X3, 6-cyl. AWD						
4d 3.0i SUV	660	1,970	3,280	8,200	11,480	16,400
2006 X5, 6-cyl. AWD						
4d 3.0i SUV	760	2,280	3,800	9,500	13,300	19,000
2006 X5, V-8 AWD						
4d 4.4i SUV	800	2,400	4,000	10,000	14,000	20,000
4d 4.8i SUV	950	2,860	4,760	11,900	16,660	23,800

DAIHATSU TRUCKS

	6	5	4	3	2	1
1991 Rocky						
SE 2d Utly Conv	200	650	1,100	2,480	3,850	5,500
SE 2d Utly	250	700	1,150	2,610	4,050	5,800
SX 2d Utly	250	700	1,200	2,700	4,200	6,000
1992 Rocky, 4-cyl.						
SE 2d Utly Conv	200	650	1,100	2,480	3,850	5,500
SE 2d Utly HT	250	700	1,200	2,660	4,150	5,900
SX 2d Utly HT	250	750	1,200	2,750	4,250	6,100

GEO TRUCKS

	6	5	4	3	2	1
1991						
2d Utility 4x4	200	550	950	2,120	3,300	4,700
2d Conv 2x4	250	700	1,150	2,570	4,000	5,700
2d Conv 4x4	250	700	1,200	2,660	4,150	5,900
1992 Tracker, 4-cyl.						
2d Utility Conv 2x4	150	500	850	1,890	2,950	4,200
2d Utility HT 4x4	200	600	1,050	2,340	3,650	5,200
2d Utility Conv 4x4	250	700	1,150	2,570	4,000	5,700
1993 Tracker, 4-cyl.						
2d Utility Conv 2x4	150	500	850	1,940	3,000	4,300
2d Utility HT 4x4	200	650	1,100	2,430	3,800	5,400
2d Utility Conv 4x4	250	700	1,200	2,660	4,150	5,900

	6	5	4	3	2	1
1994 Tracker						
2d Utility Conv	200	600	1,050	2,340	3,650	5,200
2d Utility HT 4x4	250	750	1,250	2,790	4,350	6,200
2d Utility Conv 4x4	250	800	1,350	3,020	4,700	6,700
1995 Tracker, 4-cyl.						
2d Utility Conv	200	600	1,050	2,340	3,650	5,200
2d Utility HT 4x4	250	750	1,250	2,790	4,350	6,200
2d Utility Conv 4x4	250	800	1,350	3,020	4,700	6,700
1996 Tracker, 4-cyl.						
2d Utility Conv	200	600	1,050	2,340	3,650	5,200
2d Utility HT	250	700	1,150	2,570	4,000	5,700
2d Utility Conv 4x4	250	750	1,250	2,790	4,350	6,200
2d Utility HT 4x4	250	800	1,350	3,020	4,700	6,700
1997 Tracker, 4-cyl.						
2d Utility Conv	208	624	1,040	2,340	3,640	5,200
2d Utility HT	228	684	1,140	2,570	3,990	5,700
2d Utility Conv 4x4	248	744	1,240	2,790	4,340	6,200
2d Utility HT 4x4	268	804	1,340	3,020	4,690	6,700

HONDA TRUCKS

1997 CR-V, 4-cyl.						
4d Utility	560	1,680	2,800	6,300	9,800	14,000
1997 Passport, V-6						
4d LX Utility	320	960	1,600	3,600	5,600	8,000
4d EX Utility	360	1,080	1,800	4,050	6,300	9,000
4d LX Utility 4x4	380	1,140	1,900	4,280	6,650	9,500
4d EX Utility 4x4	400	1,200	2,000	4,500	7,000	10,000
1997 Odyssey, 4-cyl.						
4d LX Window Van	408	1,224	2,040	4,590	7,140	10,200
4d EX Window Van	420	1,260	2,100	4,730	7,350	10,500
1998 CR-V, 4-cyl.						
LX 4d Utility	480	1,440	2,400	5,400	8,400	12,000
EX 4d Utility	520	1,560	2,600	5,850	9,100	13,000
NOTE: Add 5 percent for 4x4.						
1998 Passport, V-6						
4d LX Utility	320	960	1,600	3,600	5,600	8,000
4d EX Utility	360	1,080	1,800	4,050	6,300	9,000
NOTE: Add 5 percent for 4x4.						
1998 Odyssey, 4-cyl.						
4d LX Window Van	410	1,220	2,040	4,590	7,140	10,200
4d EX Window Van	420	1,260	2,100	4,730	7,350	10,500
1999 CR-V, 4-cyl.						
LX 4d Utility	480	1,440	2,400	5,400	8,400	12,000
EX 4d Utility	520	1,560	2,600	5,850	9,100	13,000
NOTE: Add 5 percent for 4x4.						
1999 Passport, V-6						
4d LX Utility	320	960	1,600	3,600	5,600	8,000
4d EX Utility	360	1,080	1,800	4,050	6,300	9,000
NOTE: Add 5 percent for 4x4.						
1999 Odyssey, 4-cyl.						
4d LX Van	410	1,220	2,040	4,590	7,140	10,200
4d EX Van	420	1,260	2,100	4,730	7,350	10,500
2000 CR-V, 4-cyl.						
LX 4d Utility	480	1,440	2,400	5,400	8,400	12,000
EX 4d Utility	520	1,560	2,600	5,850	9,100	13,000
SE 4d Utility	540	1,620	2,700	6,080	9,450	13,500
NOTE: Add 5 percent for 4x4.						
2000 Passport, V-6						
4d LX Utility	320	960	1,600	3,600	5,600	8,000
4d EX Utility	360	1,080	1,800	4,050	6,300	9,000
NOTE: Add 5 percent for 4x4.						
2000 Odyssey, V-6						
4d LX Van	410	1,220	2,040	4,590	7,140	10,200
4d EX Van	420	1,260	2,100	4,730	7,350	10,500
2001 CR-V, 4-cyl.						
LX 4d Utility	480	1,440	2,400	6,000	8,400	12,000
EX 4d Utility	520	1,560	2,600	6,500	9,100	13,000
SE 4d Utility	540	1,620	2,700	6,750	9,450	13,500
NOTE: Add 5 percent for 4x4.						
2001 Passport, V-6						
4d LX Utility	320	960	1,600	4,000	5,600	8,000
4d EX Utility	360	1,080	1,800	4,500	6,300	9,000
NOTE: Add 5 percent for 4x4.						
2001 Odyssey, V-6						
4d LX Van	410	1,220	2,040	5,100	7,140	10,200
4d EX Van	420	1,260	2,100	5,250	7,350	10,500

	6	5	4	3	2	1
2002 CR-V, 4-cyl.						
LX 4d Utility	480	1,440	2,400	6,000	8,400	12,000
EX 4d Utility	520	1,560	2,600	6,500	9,100	13,000
NOTE: Add 5 percent for 4x4.						
2002 Passport, V-6						
4d LX Utility	320	960	1,600	4,000	5,600	8,000
4d EX Utility	360	1,080	1,800	4,500	6,300	9,000
NOTE: Add 5 percent for 4x4.						
2002 Odyssey, V-6						
4d LX Van	410	1,220	2,040	5,100	7,140	10,200
4d EX Van	420	1,260	2,100	5,250	7,350	10,500
4d EX-L Van	460	1,380	2,300	5,750	8,050	11,500
2003 CR-V, 4-cyl.						
LX 4d Utility	480	1,440	2,400	6,000	8,400	12,000
EX 4d Utility	520	1,560	2,600	6,500	9,100	13,000
NOTE: Add 5 percent for 4x4.						
2003 Pilot, V-6, 4x4						
4d LX Utility	510	1,520	2,540	6,350	8,890	12,700
4d EX Utility	550	1,640	2,740	6,850	9,590	13,700
4d EX-L Utility	570	1,700	2,840	7,100	9,940	14,200
NOTE: Add 5 percent for 4x4.						
2003 Odyssey, V-6						
4d LX Van	410	1,220	2,040	5,100	7,140	10,200
4d EX Van	420	1,260	2,100	5,250	7,350	10,500
4d EX-L Van	460	1,380	2,300	5,750	8,050	11,500
2003 Element, 4-cyl.						
4d DX Van	400	1,210	2,020	5,050	7,070	10,100
4d EX Van	420	1,250	2,080	5,200	7,280	10,400
NOTE: Add 5 percent for 4x4.						
2004 CR-V, 4-cyl.						
LX 4d Utility	480	1,440	2,400	6,000	8,400	12,000
EX 4d Utility	520	1,560	2,600	6,500	9,100	13,000
NOTE: Add 5 percent for 4x4. Deduct 5 percent for manual transmission.						
2004 Pilot, V-6, 4x4						
4d LX Utility	510	1,520	2,540	6,350	8,890	12,700
4d EX Utility	550	1,640	2,740	6,850	9,590	13,700
4d EX-L Utility	570	1,700	2,840	7,100	9,940	14,200
NOTE: Add 5 percent for 4x4.						
2004 Odyssey, V-6						
4d LX Van	410	1,220	2,040	5,100	7,140	10,200
4d EX Van	420	1,260	2,100	5,250	7,350	10,500
4d EX-L Van	460	1,380	2,300	5,750	8,050	11,500
2004 Element, 4-cyl.						
4d LX Van	400	1,210	2,020	5,050	7,070	10,100
4d EX Van	420	1,250	2,080	5,200	7,280	10,400
NOTE: Add 5 percent for 4x4. Deduct 5 percent for manual transmission.						
2005 CR-V, 4-cyl.						
4d LX Utility	480	1,440	2,400	6,000	8,400	12,000
4d EX Utility	520	1,560	2,600	6,500	9,100	13,000
4d SE Utility	560	1,680	2,800	7,000	9,800	14,000
NOTE: Add 5 percent for 4x4. Deduct 5 percent for manual transmission.						
2005 Pilot, V-6, 4x4						
4d LX Utility	510	1,520	2,540	6,350	8,890	12,700
4d EX Utility	550	1,640	2,740	6,850	9,590	13,700
4d EX-L Utility	570	1,700	2,840	7,100	9,940	14,200
2005 Odyssey, V-6						
4d LX Van	410	1,220	2,040	5,100	7,140	10,200
4d EX Van	420	1,260	2,100	5,250	7,350	10,500
4d EX-L Van	460	1,380	2,300	5,750	8,050	11,500
4d Touring Van	480	1,430	2,380	5,950	8,330	11,900
2005 Element, 4-cyl.						
4d LX Van	400	1,210	2,020	5,050	7,070	10,100
4d EX Van	420	1,250	2,080	5,200	7,280	10,400
NOTE: Add 5 percent for 4x4. Deduct 5 percent for manual transmission.						
2006 Element, 4-cyl., 4WD						
4d LX SUV	430	1,280	2,140	5,350	7,490	10,700
4d EX SUV	460	1,380	2,300	5,750	8,050	11,500
4d EX-P SUV	470	1,400	2,340	5,850	8,190	11,700
2006 CR-V, 4-cyl., 4WD						
4d LX SUV	470	1,420	2,360	5,900	8,260	11,800
4d EX SUV	520	1,550	2,580	6,450	9,030	12,900
4d SE SUV	550	1,640	2,740	6,850	9,590	13,700
2006 Pilot, V-6, 4WD						
4d LX SUV	450	1,360	2,260	5,650	7,910	11,300
4d EX SUV	530	1,600	2,660	6,650	9,310	13,300

	6	5	4	3	2	1
2006 Odyssey, V-6						
4d LX Minivan	440	1,310	2,180	5,450	7,630	10,900
4d EX Minivan	500	1,490	2,480	6,200	8,680	12,400
4d Trg Minivan	580	1,750	2,920	7,300	10,220	14,600
2006 Ridgeline, V-6						
4d RT Short Bed	530	1,600	2,660	6,650	9,310	13,300
4d RTS Short Bed	580	1,730	2,880	7,200	10,080	14,400
4d RTL Short Bed	660	1,990	3,320	8,300	11,620	16,600

INFINITI TRUCKS

	6	5	4	3	2	1
1998 QX4, V-6, 4x4						
4d Utility	480	1,440	2,400	5,400	8,400	12,000
1999 QX4, V-6, 4x4						
4d Utility	480	1,440	2,400	5,400	8,400	12,000
2000 QX4, V-6, 4x4						
4d Utility	520	1,560	2,600	5,850	9,100	13,000
2001 QX4, V-6						
4d Utility	520	1,560	2,600	6,500	9,100	13,000
NOTE: Add 10 percent for 4x4.						
2002 QX4, V-6						
4d Utility	520	1,560	2,600	6,500	9,100	13,000
NOTE: Add 10 percent for 4x4.						
2003 QX4, V-6						
4d Utility	520	1,560	2,600	6,500	9,100	13,000
NOTE: Add 10 percent for 4x4.						
2003 FX, V-6 & V-8, AWD						
4d FX35 Utility	760	2,280	3,800	9,500	13,300	19,000
4d FX35 Premium Utility	810	2,440	4,060	10,150	14,210	20,300
4d FX45 Utility	900	2,700	4,500	11,250	15,750	22,500
4d FX45 Premium Utility	940	2,820	4,700	11,750	16,450	23,500
NOTE: Deduct 10 percent for 2WD.						
2004 FX, V-6 & V-8, AWD						
4d FX35 Utility	760	2,280	3,800	9,500	13,300	19,000
4d FX35 Touring Utility	810	2,440	4,060	10,150	14,210	20,300
4d FX45 Utility	900	2,700	4,500	11,250	15,750	22,500
4d FX45 Premium Utility	940	2,820	4,700	11,750	16,450	23,500
NOTE: Deduct 10 percent for FX35 w/o AWD. Add 5 percent for Sport pkg on FX35 Touring. Add 10 pecent for Technology pkg on Touring/Premium models.						
2004 QX56, V-8, AWD						
4d Utility	1,020	3,060	5,100	12,750	17,850	25,500
NOTE: Deduct 10 percent w/o AWD.						
2005 FX, V-6 & V-8, AWD						
4d FX 35 Utility	760	2,280	3,800	8,550	13,300	19,000
4d FX 35 Touring Utility	810	2,440	4,060	10,150	14,210	20,300
4d FX 45 Utility	900	2,700	4,500	11,250	15,750	22,500
4d FX 45 Premium Utility	940	2,820	4,700	11,750	16,450	23,500
NOTE: Deduct 10 percent for FX 35 models w/o AWD. Add 5 percent for Sport pkg on FX 35 Touring model. Add 10 percent for Technology pkg on Touring/Premium models.						
2005 QX 56, V-8, AWD						
4d Utility	1,020	3,060	5,100	11,480	17,850	25,500
NOTE: Deduct 10 percent w/o AWD.						
2006 FX35, V-6 AWD						
4d SUV	820	2,470	4,120	10,300	14,420	20,600
2006 FX45, V-8 AWD						
4d SUV	880	2,650	4,420	11,050	15,470	22,100
NOTE: Add 5 percent for Sport package.						
2006 QX56, V-8 AWD						
4d SUV	840	2,530	4,220	10,550	14,770	21,100

ISUZU TRUCKS

	6	5	4	3	2	1
1981 1/2-Ton						
PU SBx	88	264	440	990	1,540	2,200
PU LBx	96	288	480	1,080	1,680	2,400
NOTE: Add 10 percent for 4x4. Prices based on deluxe model.						
1982 1/2-Ton						
PU SBx	88	264	440	990	1,540	2,200
PU LBx	96	288	480	1,080	1,680	2,400
NOTE: Add 10 percent for 4x4. Prices based on deluxe model.						
1983 1/2-Ton						
PU SBx	92	276	460	1,040	1,610	2,300
PU LBx	100	300	500	1,130	1,750	2,500
NOTE: Add 10 percent for 4x4. Prices based on deluxe model.						
1984 1/2-Ton						
PU SBx	112	336	560	1,260	1,960	2,800
PU LBx	120	360	600	1,350	2,100	3,000
NOTE: Add 10 percent for 4x4. Deduct 5 percent for diesel.						

	6	5	4	3	2	1
1984 Trooper II 4x4						
Wag	180	540	900	2,030	3,150	4,500
NOTE: Prices based on deluxe model.						
1985 1/2-Ton						
PU SBx	128	384	640	1,440	2,240	3,200
PU LBx	180	540	900	2,030	3,150	4,500
NOTE: Add 10 percent for 4x4. Deduct 5 percent for diesel.						
1985 Trooper II 4x4						
Wag	212	636	1,060	2,390	3,710	5,300
NOTE: Prices based on deluxe model.						
1986 1/2-Ton						
PU SBx	160	480	800	1,800	2,800	4,000
PU LBx	168	504	840	1,890	2,940	4,200
PU Space Cab	180	540	900	2,030	3,150	4,500
NOTE: Add 10 percent for 4x4. Deduct 5 percent for diesel.						
1986 Trooper II 4x4						
Wag	260	780	1,300	2,930	4,550	6,500
NOTE: Prices based on deluxe model.						
1987 Pickup						
PU	120	360	600	1,350	2,100	3,000
PU LBx	140	420	700	1,580	2,450	3,500
PU LS	152	456	760	1,710	2,660	3,800
PU MPG (Diesel)	116	348	580	1,310	2,030	2,900
PU LBx (Diesel)	120	360	600	1,350	2,100	3,000
PU Space Cab	140	420	700	1,580	2,450	3,500
PU Space Cab DeL	160	480	800	1,800	2,800	4,000
PU LS Space Cab	180	540	900	2,030	3,150	4,500
PU 4x4	176	528	880	1,980	3,080	4,400
PU LS 4x4	188	564	940	2,120	3,290	4,700
PU LS Space Cab 4x4	188	564	940	2,120	3,290	4,700
PU LBx (4WD)	200	600	1,000	2,250	3,500	5,000
1987 Trooper II 4x4						
2d DeL	260	780	1,300	2,930	4,550	6,500
4d DeL	280	840	1,400	3,150	4,900	7,000
1988 Pickup						
PU S	164	492	820	1,850	2,870	4,100
PU S LBx	172	516	860	1,940	3,010	4,300
1-Ton PU S LBx	180	540	900	2,030	3,150	4,500
PU LS	192	576	960	2,160	3,360	4,800
PU LS Space Cab	212	636	1,060	2,390	3,710	5,300
PU S 4x4	232	696	1,160	2,610	4,060	5,800
PU LS Space Cab 4x4	272	816	1,360	3,060	4,760	6,800
1988 Trooper II 4x4						
2d S	320	960	1,600	3,600	5,600	8,000
4d S	340	1,020	1,700	3,830	5,950	8,500
4d Ltd	540	1,620	2,700	6,080	9,450	13,500
1989 Amigo						
Utly S	260	780	1,300	2,930	4,550	6,500
Utly XS	280	840	1,400	3,150	4,900	7,000
Utly S 4x4	520	1,560	2,600	5,850	9,100	13,000
Utly XS 4x4	520	1,560	2,600	5,850	9,100	13,000
1989 Pickup						
PU S	180	540	900	2,030	3,150	4,500
PU S LBx	200	600	1,000	2,250	3,500	5,000
1-Ton PU S LBx	220	660	1,100	2,480	3,850	5,500
PU LS	220	660	1,100	2,480	3,850	5,500
PU LS Space Cab	240	720	1,200	2,700	4,200	6,000
PU S 4x4	260	780	1,300	2,930	4,550	6,500
PU LS Space Cab 4x4	280	840	1,400	3,150	4,900	7,000
1989 Trooper II 4x4						
2d S	560	1,680	2,800	6,300	9,800	14,000
4d S	540	1,620	2,700	6,080	9,450	13,500
1990 Amigo						
2d S SUV	350	1,050	1,750	3,960	6,150	8,800
2d XS SUV	350	1,050	1,800	4,010	6,250	8,900
2d S SUV 4x4	550	1,650	2,750	6,210	9,650	13,800
2d XS SUV 4x4	550	1,650	2,800	6,260	9,750	13,900
1990 Trooper						
2d RS Sta Wag	600	1,800	3,000	6,750	10,500	15,000
4d S Sta Wag	600	1,850	3,100	6,980	10,900	15,500
1991 Amigo						
S 2d Utly	260	780	1,300	2,930	4,550	6,500
XS 2d Utly	276	828	1,380	3,110	4,830	6,900
S 2d Utly 4x4	300	900	1,500	3,380	5,250	7,500
XS 2d Utly 4x4	320	960	1,600	3,600	5,600	8,000

	6	5	4	3	2	1
1991 Rodeo						
S 4d Utly	320	960	1,600	3,600	5,600	8,000
XS 4d Utly V-6	520	1,560	2,600	5,850	9,100	13,000
LS 4d Utly 2x4	520	1,560	2,600	5,850	9,100	13,000
S 4d Utly 4x4	560	1,680	2,800	6,300	9,800	14,000
XS 4d Utly 4x4	580	1,740	2,900	6,530	10,150	14,500
LS 4d Utly 4x4	600	1,800	3,000	6,750	10,500	15,000
1991 Pickup						
S 2d PU	180	540	900	2,030	3,150	4,500
SLB 2d PU	184	552	920	2,070	3,220	4,600
S 2d PU Space Cab	188	564	940	2,120	3,290	4,700
S 2d PU 4x4	260	780	1,300	2,930	4,550	6,500
LS 2d PU Space Cab 4x4	300	900	1,500	3,380	5,250	7,500
1991 Trooper						
4d Utly 4x4	320	960	1,600	3,600	5,600	8,000
XS 4d Utly V-6 4x4	520	1,560	2,600	5,850	9,100	13,000
SE 4d Utly V-6 4x4	520	1,560	2,600	5,850	9,100	13,000
LS 4d Utly V-6 4x4	528	1,584	2,640	5,940	9,240	13,200
1992 Amigo, 4-cyl.						
S 2d Utly 2x4	260	780	1,300	2,930	4,550	6,500
XS 2d Utly 2x4	272	816	1,360	3,060	4,760	6,800
S 2d Utly 4x4	320	960	1,600	3,600	5,600	8,000
XS 2d Utly 4x4	340	1,020	1,700	3,830	5,950	8,500
1992 Rodeo						
S 4d Utly 4-cyl. 2x4	280	840	1,400	3,150	4,900	7,000
XS 4d Utly 2x4	288	864	1,440	3,240	5,040	7,200
LS 4d Utly 2x4	300	900	1,500	3,380	5,250	7,500
S 4d Utly 4x4	340	1,020	1,700	3,830	5,950	8,500
XS 4d Utly 4x4	348	1,044	1,740	3,920	6,090	8,700
LS 4d Utly 4x4	520	1,560	2,600	5,850	9,100	13,000
1992 Trooper, V-6						
S 4d Utly 4x4	540	1,620	2,700	6,080	9,450	13,500
LS 4d Utly 4x4	580	1,740	2,900	6,530	10,150	14,500
1992 Pickups, V-6						
S PU	200	600	1,000	2,250	3,500	5,000
S PU LBx	200	600	1,050	2,340	3,650	5,200
S PU LS	260	780	1,300	2,930	4,550	6,500
PU LS 4x4	540	1,620	2,700	6,080	9,450	13,500
S PU 4x4	520	1,560	2,600	5,850	9,100	13,000
1993 Amigo 4-cyl.						
2d SUV 2WD	220	660	1,100	2,480	3,850	5,500
2d SUV 4x4	260	780	1,300	2,930	4,550	6,500
1993 Rodeo V-6						
4d SUV 2WD	228	684	1,140	2,570	3,990	5,700
4d SUV 4x4	268	804	1,340	3,020	4,690	6,700
1993 Trooper V-6						
2d SUV 4x4	540	1,620	2,700	6,080	9,450	13,500
4d SUV 4x4	548	1,644	2,740	6,170	9,590	13,700
1993 Pickup 4-cyl.						
2d PU SBx	192	576	960	2,160	3,360	4,800
2d PU LBx	196	588	980	2,210	3,430	4,900
2d PU 4x4	236	708	1,180	2,660	4,130	5,900
1994 Amigo						
2d SUV	280	840	1,400	3,150	4,900	7,000
2d SUV 4x4	440	1,320	2,200	4,950	7,700	11,000
1994 Rodeo, V-6						
4d SUV	440	1,320	2,200	4,950	7,700	11,000
4d SUV 4x4	520	1,560	2,600	5,850	9,100	13,000
1994 Trooper, V-6						
2d SUV 4x4	560	1,680	2,800	6,300	9,800	14,000
4d SUV 4x4	552	1,656	2,760	6,210	9,660	13,800
1994 Pickup, 4-cyl.						
2d PU S	200	650	1,100	2,480	3,850	5,500
2d PU LBx	200	650	1,100	2,520	3,900	5,600
2d PU Space Cab	300	850	1,400	3,150	4,900	7,000
2d PU 4x4	300	950	1,600	3,600	5,600	8,000
1995 Rodeo, V-6						
4d SUV	450	1,300	2,200	4,950	7,700	11,000
4d SUV 4x4	500	1,550	2,600	5,850	9,100	13,000
1995 Trooper, V-6						
4d SUV 4x4	550	1,650	2,750	6,210	9,650	13,800
1995 Pickup, 4-cyl.						
2d S PU	200	650	1,100	2,480	3,850	5,500
2d S PU LBx	200	650	1,100	2,520	3,900	5,600
2d S PU 4x4	300	950	1,600	3,600	5,600	8,000

	6	5	4	3	2	1
1996 Oasis, 4-cyl.						
4d S Sta Wag	400	1,200	2,000	4,500	7,000	10,000
4d LS Sta Wag	450	1,300	2,200	4,950	7,700	11,000
1996 Rodeo, V-6						
4d S SUV (4-cyl.)	300	900	1,500	3,380	5,250	7,500
4d S SUV	300	950	1,600	3,600	5,600	8,000
4d LS SUV	350	1,100	1,800	4,050	6,300	9,000
4d S SUV 4x4	450	1,300	2,200	4,950	7,700	11,000
4d LS SUV 4x4	500	1,450	2,400	5,400	8,400	12,000
1996 Trooper, V-6						
4d S SUV 4x4	400	1,250	2,100	4,730	7,350	10,500
4d LS SUV 4x4	450	1,300	2,200	4,950	7,700	11,000
4d Ltd SUV 4x4	550	1,600	2,700	6,080	9,450	13,500
4d SE SUV 4x4	550	1,700	2,800	6,300	9,800	14,000
1996 Hombre, 4-cyl.						
2d S PU	200	650	1,100	2,480	3,850	5,500
2d XS PU	250	700	1,150	2,570	4,000	5,700
1997 Oasis, 4-cyl.						
4d S Sta Wag	400	1,200	2,000	4,500	7,000	10,000
4d LS Sta Wag	440	1,320	2,200	4,950	7,700	11,000
1997 Rodeo, V-6						
4d S SUV (4-cyl.)	300	900	1,500	3,380	5,250	7,500
4d S SUV	320	960	1,600	3,600	5,600	8,000
4d LS SUV	360	1,080	1,800	4,050	6,300	9,000
4d S SUV 4x4	440	1,320	2,200	4,950	7,700	11,000
4d LS SUV 4x4	480	1,440	2,400	5,400	8,400	12,000
1997 Trooper, V-6						
4d S SUV 4x4	420	1,260	2,100	4,730	7,350	10,500
4d LS SUV 4x4	440	1,320	2,200	4,950	7,700	11,000
4d Ltd SUV 4x4	540	1,620	2,700	6,080	9,450	13,500
1997 Hombre, 4-cyl.						
2d S PU	220	660	1,100	2,480	3,850	5,500
2d XS PU	228	684	1,140	2,570	3,990	5,700
NOTE: Add 10 percent for ext cab XS. Add 10 percent for V-6.						
1998 Amigo, 4-cyl.						
2d Utility	200	600	1,000	2,250	3,500	5,000
NOTE: Add 10 percent for V-6. Add 5 percent for 4x4.						
1998 Oasis, 4-cyl.						
4d S Sta Wag	400	1,200	2,000	4,500	7,000	10,000
4d LS Sta Wag	440	1,320	2,200	4,950	7,700	11,000
1998 Rodeo, V-6						
4d S SUV	320	960	1,600	3,600	5,600	8,000
4d LS SUV	360	1,080	1,800	4,050	6,300	9,000
NOTE: Add 5 percent for 4x4. Deduct 5 percent for 4-cyl.						
1998 Trooper, V-6, 4x4						
4d S SUV	420	1,260	2,100	4,730	7,350	10,500
4d Performance SUV	440	1,320	2,200	4,950	7,700	11,000
4d Luxury SUV	540	1,620	2,700	6,080	9,450	13,500
1998 Hombre, 4-cyl.						
2d S PU	220	660	1,100	2,480	3,850	5,500
2d XS PU	230	680	1,140	2,570	3,990	5,700
NOTE: Add 10 percent for extended cab. Add 10 percent for V-6. Add 5 percent for 4x4.						
1999 Amigo, 4-cyl.						
2d Utility	200	600	1,000	2,250	3,500	5,000
NOTE: Add 10 percent for V-6. Add 5 percent for 4x4.						
1999 Oasis, 4-cyl.						
4d S Sta Wag	400	1,200	2,000	4,500	7,000	10,000
1999 Rodeo, V-6						
4d S SUV	320	960	1,600	3,600	5,600	8,000
4d LS SUV	360	1,080	1,800	4,050	6,300	9,000
4d LSE SUV	400	1,200	2,000	4,500	7,000	10,000
NOTE: Add 5 percent for 4x4. Deduct 5 percent for 4-cyl.						
1999 Trooper, V-6, 4x4						
4d S SUV	420	1,260	2,100	4,730	7,350	10,500
4d Performance SUV	440	1,320	2,200	4,950	7,700	11,000
4d Luxury SUV	500	1,500	2,500	5,630	8,750	12,500
1999 Hombre, 4-cyl.						
2d S PU	220	660	1,100	2,480	3,850	5,500
2d XS PU	230	680	1,140	2,570	3,990	5,700
NOTE: Add 10 percent for extended cab. Add 5 percent for V-6. Add 10 percent for 4x4.						
1999 Vehicross, V-6, 4x4						
2d Utility	480	1,440	2,400	5,400	8,400	12,000
2000 Amigo, 4-cyl.						
2d Utility	200	600	1,000	2,250	3,500	5,000
NOTE: Add 10 percent for V-6. Add 5 percent for 4x4. Add 10 percent for automatic transmission.						

	6	5	4	3	2	1
2000 Rodeo, V-6						
4d S SUV	320	960	1,600	3,600	5,600	8,000
4d LS SUV	360	1,080	1,800	4,050	6,300	9,000
4d LSE SUV	400	1,200	2,000	4,500	7,000	10,000
NOTE: Add 5 percent for 4x4. Deduct 5 percent for 4-cyl.						
2000 Trooper, V-6						
4d S SUV	420	1,260	2,100	4,730	7,350	10,500
4d LS SUV	440	1,320	2,200	4,950	7,700	11,000
4d Limited SUV	500	1,500	2,500	5,630	8,750	12,500
NOTE: Add 5 percent for 4x4.						
2000 Hombre, 4-cyl.						
2d S PU	220	660	1,100	2,480	3,850	5,500
2d XS PU	230	680	1,140	2,570	3,990	5,700
NOTE: Add 10 percent for extended cab. Add 5 percent for V-6. Add 10 percent for 4x4. Add 5 percent for automatic transmission.						
2000 Vehicross, V-6, 4x4						
2d Utility	490	1,480	2,460	5,540	8,610	12,300
2001 Rodeo Sport, 4-cyl.						
2d Soft Top Utility	210	620	1,040	2,600	3,640	5,200
2d Hard Top Utility	230	680	1,140	2,850	3,990	5,700
NOTE: Add 10 percent for V-6. Add 5 percent for 4x4. Add 10 percent for automatic transmission.						
2001 Rodeo, V-6						
4d S SUV	320	960	1,600	4,000	5,600	8,000
4d LS SUV	360	1,080	1,800	4,500	6,300	9,000
4d Anniversary SUV	380	1,140	1,900	4,750	6,650	9,500
4d LSE SUV	400	1,200	2,000	5,000	7,000	10,000
NOTE: Add 5 percent for 4x4. Deduct 5 percent for 4-cyl.						
2001 Trooper, V-6						
4d S SUV	420	1,260	2,100	5,250	7,350	10,500
4d LS SUV	440	1,320	2,200	5,500	7,700	11,000
4d Anniversary SUV	460	1,380	2,300	5,750	8,050	11,500
4d Limited SUV	500	1,500	2,500	6,250	8,750	12,500
2001 Vehicross, V-6, 4x4						
2d Utility	490	1,480	2,460	6,150	8,610	12,300
2002 Rodeo Sport, 4-cyl.						
2d Soft Top Utility	210	620	1,040	2,600	3,640	5,200
2d Hard Top Utility	230	680	1,140	2,850	3,990	5,700
NOTE: Add 10 percent for V-6. Add 5 percent for 4x4. Add 10 percent for automatic transmission.						
2002 Rodeo, V-6						
4d S SUV	320	960	1,600	4,000	5,600	8,000
4d SE SUV	340	1,020	1,700	4,250	5,950	8,500
4d LS SUV	360	1,080	1,800	4,500	6,300	9,000
4d LSE SUV	400	1,200	2,000	5,000	7,000	10,000
NOTE: Add 5 percent for 4x4. Deduct 5 percent for 4-cyl.						
2002 Trooper, V-6						
4d S SUV	420	1,260	2,100	5,250	7,350	10,500
4d LS SUV	440	1,320	2,200	5,500	7,700	11,000
4d Limited SUV	500	1,500	2,500	6,250	8,750	12,500
NOTE: Add 5 percent for 4x4.						
2002 Axiom, V-6, 4x4						
2d Utility	380	1,140	1,900	4,750	6,650	9,500
2d XS Utility	400	1,200	2,000	5,000	7,000	10,000
NOTE: Add 5 percent for 4x4.						
2003 Rodeo Sport, 4-cyl.						
2d Sport Top Utility	210	620	1,040	2,600	3,640	5,200
2d Hard Top Utility	230	680	1,140	2,850	3,990	5,700
NOTE: Add 10 percent for V-6. Add 5 percent for 4x4.						
2003 Rodeo, V-6						
4d S SUV	320	960	1,600	4,000	5,600	8,000
NOTE: Add 5 percent for 4x4. Deduct 5 percent for 4-cyl.						
2003 Axiom, V-6						
4d S Utility	380	1,140	1,900	4,750	6,650	9,500
4d XS Utility	400	1,200	2,000	5,000	7,000	10,000
NOTE: Add 5 percent for 4x4.						
2003 Ascender, 6-cyl.						
4d S Utility	420	1,260	2,100	5,250	7,350	10,500
4d LS Utility	440	1,320	2,200	5,500	7,700	11,000
4d Limited Utility	480	1,440	2,400	6,000	8,400	12,000
NOTE: Add 10 percent for V-8. Add 5 percent for 4x4.						
2004 Rodeo, V-6						
S 3.2 4d S SUV	350	1,040	1,740	4,350	6,090	8,700
S 3.5 4d S SUV	360	1,070	1,780	4,450	6,230	8,900
NOTE: Add 5 percent for 4x4. Deduct 5 percent for manual transmission.						
2004 Axiom, V-6						
S 4d Utility	380	1,140	1,900	4,750	6,650	9,500
XS 4d Utility	400	1,200	2,000	5,000	7,000	10,000
NOTE: Add 5 percent for 4x4.						

	6	5	4	3	2	1
2004 Ascender (5-pass.), 6-cyl.						
S 4d Utility	400	1,190	1,980	4,950	6,930	9,900
LS 4d Utility	410	1,240	2,060	5,150	7,210	10,300
Luxury 4d Utility	450	1,360	2,260	5,650	7,910	11,300
2004 Ascender (7-pass.), 6-cyl.						
S 4d Utility	410	1,220	2,040	5,100	7,140	10,200
LS 4d Utility	440	1,310	2,180	5,450	7,630	10,900
Limited 4d Utility	480	1,430	2,380	5,950	8,330	11,900
NOTE: Add 10 percent for V-8. Add 5 percent for 4x4.						
2005 Ascender (5-pass.), 6-cyl.						
4d S Utility	400	1,190	1,980	4,950	6,930	9,900
4d LS Utility	410	1,240	2,060	4,640	7,210	10,300
4d Luxury Utility	450	1,360	2,260	5,650	7,910	11,300
2005 Ascender (7-pass.), 6-cyl.						
4d S Utility	410	1,220	2,040	5,100	7,140	10,200
4d LS Utility	440	1,310	2,180	5,450	7,630	10,900
4d Limited Utility	480	1,430	2,380	5,950	8,330	11,900
NOTE: Add 10 percent for V-8. Add 5 percent for 4x4.						
2006 i280 Extended Cab Pickup, 4-cyl.						
2d S Short Bed	320	950	1,580	3,950	5,530	7,900
2d LS Short Bed	320	960	1,600	4,000	5,600	8,000
2006 i350 Crew Cab Pickup, 5-cyl, 4WD						
4d LS Short Bed	380	1,140	1,900	4,750	6,650	9,500
2006 Ascender, 6-cyl., 4WD						
4d S SUV	290	880	1,460	3,650	5,110	7,300

LEXUS TRUCKS

	6	5	4	3	2	1
1998 LX470, V-8, 4x4						
4d SUV	1,000	3,000	5,000	11,250	17,500	25,000
1999 RX300, V-6						
4d SUV	640	1,920	3,200	7,200	11,200	16,000
NOTE: Add 5 percent for 4x4.						
1999 LX470, V-8, 4x4						
4d SUV	1,000	3,000	5,000	11,250	17,500	25,000
2000 RX300, V-6						
4d SUV	650	1,940	3,240	7,290	11,340	16,200
NOTE: Add 5 percent for 4x4.						
2000 LX470, V-8, 4x4						
4d SUV	1,010	3,020	5,040	11,340	17,640	25,200
2001 RX300, V-6						
4d SUV	650	1,940	3,240	8,100	11,340	16,200
NOTE: Add 5 percent for 4x4.						
2001 LX470, V-8, 4x4						
4d SUV	1,010	3,020	5,040	12,600	17,640	25,200
2002 RX300, V-6						
4d SUV	650	1,940	3,240	8,100	11,340	16,200
NOTE: Add 5 percent for 4x4.						
2002 LX470, V-8, 4x4						
4d SUV	1,010	3,020	5,040	12,600	17,640	25,200
2003 RX300, V-6						
4d SUV	650	1,940	3,240	8,100	11,340	16,200
NOTE: Add 5 percent for 4x4.						
2003 GX470, V-8, 4x4						
4d SUV	850	2,540	4,240	10,600	14,840	21,200
2003 LX470, V-8, 4x4						
4d SUV	1,010	3,020	5,040	12,600	17,640	25,200
2004 RX330, V-6						
4d SUV	650	1,940	3,240	8,100	11,340	16,200
NOTE: Add 5 percent for 4x4. Add 10 percent for Performance pkg.						
2004 GX470, V-8, 4x4						
4d SUV	850	2,540	4,240	10,600	14,840	21,200
2004 LX470, V-8, 4x4						
4d SUV	1,010	3,020	5,040	12,600	17,640	25,200
2005 RX330, V-6						
4d SUV	650	1,940	3,240	8,100	11,340	16,200
NOTE: Add 5 percent for AWD. Add 10 percent for Performance pkg.						
2005 GX470, V-8, 4x4						
4d SUV	850	2,540	4,240	10,600	14,840	21,200
2005 LX470, V-8, 4x4						
4d SUV	1,010	3,020	5,040	12,600	17,640	25,200
2006 RX 330, V-6, 4WD						
4d S SUV	810	2,440	4,060	10,150	14,210	20,300
NOTE: Add 15 percent for Performance package.						
2006 RX 400h, V-6, 4WD, Hybrid						
4d S SUV	850	2,540	4,240	10,600	14,840	21,200

	6	5	4	3	2	1
2006 GX 470, V-8, 4WD						
4d S SUV	1,010	3,020	5,040	12,600	17,640	25,200
2006 LX 470, V-9, 4WD						
4d S SUV	1,400	4,200	7,000	17,500	24,500	35,000

MAZDA TRUCKS

	6	5	4	3	2	1
1972-76 B1600, 1/2-Ton						
PU	140	410	680	1,530	2,380	3,400
NOTE: Deduct 10 percent for rotary engine. Prices based on deluxe model.						
1977 B1800, 1/2-Ton						
PU	150	400	700	1,530	2,400	3,400
NOTE: Deduct 10 percent for rotary engine. Prices based on deluxe model.						
1978 B1800, 1/2-Ton						
PU SBx	150	400	650	1,490	2,300	3,300
PU LBx	150	400	700	1,530	2,400	3,400
NOTE: Prices based on deluxe model.						
1979 B2000, 1/2-Ton						
PU SBx	150	400	650	1,490	2,300	3,300
PU LBx	150	400	700	1,530	2,400	3,400
NOTE: Prices based on deluxe model.						
1980 B2000, 1/2-Ton						
PU	150	400	650	1,440	2,250	3,200
Sundowner PU SBx	150	400	700	1,530	2,400	3,400
Sundowner PU LBx	150	400	700	1,580	2,450	3,500
NOTE: Prices based on deluxe model.						
1981 B2000, 1/2-Ton						
PU	150	400	650	1,440	2,250	3,200
Sundowner PU SBx	150	400	700	1,530	2,400	3,400
Sundowner PU LBx	150	400	700	1,580	2,450	3,500
NOTE: Prices based on deluxe model.						
1982 B2000 Sundowner, 1/2-Ton						
PU SBx	150	400	650	1,490	2,300	3,300
PU LBx	150	400	700	1,530	2,400	3,400
NOTE: Deduct 20 percent for diesel. Prices based on deluxe model.						
1983 B2000 Sundowner, 1/2-Ton						
PU SBx	150	400	650	1,490	2,300	3,300
PU LBx	150	400	700	1,530	2,400	3,400
NOTE: Deduct 20 percent for diesel. Prices based on deluxe model.						
1984 B2000 Sundowner, 1/2-Ton						
PU SBx	150	400	650	1,490	2,300	3,300
PU LBx	150	400	700	1,530	2,400	3,400
NOTE: Deduct 20 percent for diesel. Prices based on deluxe model.						
1986 B2000, 1/2-Ton						
PU SBx	150	400	700	1,530	2,400	3,400
PU LBx	150	400	700	1,580	2,450	3,500
PU Cab Plus	150	450	750	1,710	2,650	3,800
NOTE: Prices based on deluxe model.						
1987 Light Trucks						
PU	150	400	700	1,580	2,450	3,500
PU LBx	150	450	700	1,620	2,500	3,600
PU Cab Plus	150	450	750	1,710	2,650	3,800
1987 LX						
PU	150	500	800	1,800	2,800	4,000
PU LBx	150	500	850	1,890	2,950	4,200
PU Cab Plus	200	550	900	1,980	3,100	4,400
1987 Light Trucks 4x4						
PU	200	600	1,000	2,250	3,500	5,000
PU LBx	200	650	1,100	2,480	3,850	5,500
PU Cab Plus	250	700	1,200	2,700	4,200	6,000
1987 LX 4x4						
PU	250	700	1,200	2,700	4,200	6,000
PU LBx	250	750	1,200	2,750	4,250	6,100
PU Cab Plus	250	750	1,250	2,790	4,350	6,200
1988 Light Trucks						
PU	200	550	900	2,030	3,150	4,500
PU LBx	200	550	900	2,070	3,200	4,600
PU Cab Plus	200	600	1,000	2,250	3,500	5,000
1988 LX						
PU	200	600	1,000	2,250	3,500	5,000
PU LBx	200	600	1,050	2,340	3,650	5,200
PU Cab Plus	200	650	1,100	2,430	3,800	5,400
1988 Light Trucks 4x4						
PU	250	700	1,200	2,700	4,200	6,000
PU LBx	250	800	1,300	2,930	4,550	6,500
PU Cab Plus	300	850	1,400	3,150	4,900	7,000

	6	5	4	3	2	1
1988 LX, 4x4						
PU	300	900	1,500	3,380	5,250	7,500
PU LBx	300	900	1,500	3,420	5,300	7,600
PU Cab Plus	300	900	1,550	3,470	5,400	7,700
1989 Light Trucks						
PU	200	650	1,100	2,480	3,850	5,500
PU LBx	250	700	1,200	2,700	4,200	6,000
PU 4x4	300	850	1,400	3,150	4,900	7,000
1989 LX						
PU Cab Plus	250	800	1,300	2,930	4,550	6,500
PU Cab Plus 4x4	350	1,000	1,700	3,830	5,950	8,500
1990 Light Trucks						
2d PU	200	650	1,100	2,480	3,850	5,500
2d PU LBx	250	700	1,150	2,570	4,000	5,700
2d PU Clb Cab	250	700	1,200	2,660	4,150	5,900
2d PU 4x4	300	850	1,400	3,110	4,850	6,900
2d PU CLB Cab 4x4	300	900	1,500	3,380	5,250	7,500
1990 MPV						
Cargo Van	300	900	1,500	3,380	5,250	7,500
Mini Van	300	950	1,550	3,510	5,450	7,800
Mini Van V-6 4x4	350	1,050	1,750	3,960	6,150	8,800
1991 MPV						
3d Cargo Van	300	850	1,400	3,150	4,900	7,000
3d Sta Wag	400	1,150	1,900	4,280	6,650	9,500
3d Sta Wag V-6 4x4	680	2,040	3,400	7,650	11,900	17,000
1991 Pickup						
2d PU	300	850	1,400	3,150	4,900	7,000
LB 2d PU	300	900	1,500	3,380	5,250	7,500
2d PU Crew Cab	300	950	1,600	3,600	5,600	8,000
2d PU 4x4	350	1,100	1,800	4,050	6,300	9,000
2d PU Crew Cab 4x4	380	1,140	1,900	4,280	6,650	9,500
1991 Navajo						
2d Utly 4x4	650	2,000	3,300	7,430	11,600	16,500
1992 Navajo, V-6						
2d Utly DX 2x4	300	850	1,400	3,150	4,900	7,000
4d Utly LX 2x4	300	950	1,600	3,600	5,600	8,000
2d Utly DX 4x4	350	1,000	1,700	3,830	5,950	8,500
4d Utly LX 4x4	400	1,150	1,900	4,280	6,650	9,500
1992 MPV, 4-cyl.						
Van 2x4	300	850	1,400	3,150	4,900	7,000
Sta Wag 2x4	350	1,100	1,800	4,050	6,300	9,000
Sta Wag V-6 4x4	600	1,800	3,000	6,750	10,500	15,000
1992 Pickups, 4-cyl.						
PU 2x4	250	800	1,300	2,930	4,550	6,500
PU LB 2x4	250	800	1,350	3,020	4,700	6,700
PU 4x4	300	900	1,500	3,380	5,250	7,500
PU LB 4x4	300	950	1,600	3,600	5,600	8,000
1993 Navajo, V-6						
4d SUV 2WD	200	650	1,100	2,480	3,850	5,500
4d SUV 4x4	250	800	1,300	2,930	4,550	6,500
1993 MPV, 4-cyl.						
4d Sta Wag	300	850	1,400	3,150	4,900	7,000
4d Sta Wag V-6 4x4	320	960	1,600	3,600	5,600	8,000
1993 Pickup						
2d PU SBx	250	800	1,300	2,930	4,550	6,500
2d PU LBx	250	800	1,300	2,970	4,600	6,600
2d PU 4x4	300	900	1,500	3,420	5,300	7,600
1994 Navajo, V-6						
2d Utly DX	300	900	1,500	3,380	5,250	7,500
2d Utly LX	300	950	1,600	3,600	5,600	8,000
2d Utly DX 4x4	450	1,300	2,200	4,950	7,700	11,000
2d Utly LX 4x4	450	1,350	2,250	5,040	7,850	11,200
1994 MPV, 4-cyl.						
Van	350	1,100	1,800	4,050	6,300	9,000
Wag	400	1,150	1,900	4,280	6,650	9,500
Wag 4x4	500	1,450	2,400	5,400	8,400	12,000
1994 Pickup						
2d PU B2300, 4-cyl.	280	840	1,400	3,150	4,900	7,000
2d PU SE B2300, 4-cyl.	300	900	1,500	3,380	5,250	7,500
2d PU Club Cab B2300, 4-cyl.	320	960	1,600	3,600	5,600	8,000
2d PU SE B3000, V-6	340	1,020	1,700	3,830	5,950	8,500
2d PU Club Cab B3000, V-6	360	1,080	1,800	4,050	6,300	9,000
2d PU Club Cab 4x4 B3000, V-6	380	1,140	1,900	4,280	6,650	9,500
2d PU SE LB, V-6	350	1,100	1,800	4,050	6,300	9,000
2d PU SE Club Cab, V-6	400	1,200	2,000	4,500	7,000	10,000
2d PU LE Club Cab 4x4, V-6	480	1,440	2,400	5,400	8,400	12,000

	6	5	4	3	2	1
1995 MPV, V-6						
4d Sta Wag	400	1,150	1,900	4,280	6,650	9,500
4d Sta Wag 4x4	500	1,450	2,400	5,400	8,400	12,000
1995 Pickup						
2d PU B2300, 4-cyl.	280	840	1,400	3,150	4,900	7,000
2d PU B2300 4x4, 4-cyl.	340	1,020	1,700	3,830	5,950	8,500
2d PU B2300 SE, 4-cyl.	300	900	1,500	3,380	5,250	7,500
2d PU B2300 Club Cab, 4-cyl.	320	960	1,600	3,600	5,600	8,000
2d PU B3000 SE, V-6	340	1,020	1,700	3,830	5,950	8,500
2d PU B3000 Club Cab, V-6	360	1,080	1,800	4,050	6,300	9,000
2d PU B3000 Club Cab 4x4, V-6	380	1,140	1,900	4,280	6,650	9,500
2d PU B4000 SE Club Cab, V-6	360	1,080	1,800	4,050	6,300	9,000
2d PU B4000 SE Club Cab 4x4, V-6	400	1,200	2,000	4,500	7,000	10,000
2d PU B4000 LE Club Cab, V-6	380	1,140	1,900	4,280	6,650	9,500
2d PU B4000 LE Club Cab 4x4, V-6	480	1,440	2,400	5,400	8,400	12,000
1996 MPV, V-6						
4d DX Sta Wag	400	1,150	1,900	4,280	6,650	9,500
4d LX Sta Wag	400	1,200	2,000	4,500	7,000	10,000
4d ES Sta Wag	400	1,250	2,100	4,730	7,350	10,500
4d LX Sta Wag 4x4	500	1,450	2,400	5,400	8,400	12,000
4d ES Sta Wag 4x4	500	1,550	2,600	5,850	9,100	13,000
1996 B2300 Pickup, 4-cyl.						
2d PU	250	700	1,200	2,700	4,200	6,000
2d PU 4x4	300	900	1,500	3,380	5,250	7,500
2d Cab Plus PU	300	950	1,600	3,600	5,600	8,000
2d SE PU	300	900	1,500	3,380	5,250	7,500
2d SE Cab Plus PU	350	1,000	1,700	3,830	5,950	8,500
1996 B3000 Pickup, V-6						
2d SE Cab Plus PU	350	1,000	1,700	3,830	5,950	8,500
2d Cab Plus 4x4	400	1,150	1,900	4,280	6,650	9,500
1996 B4000 Pickup, V-6						
2d SE PU 4x4	350	1,100	1,800	4,050	6,300	9,000
2d SE Cab Plus PU 4x4	400	1,200	2,000	4,500	7,000	10,000
2d LE Cab Plus PU	400	1,150	1,900	4,280	6,650	9,500
2d LE Cab Plus PU 4x4	440	1,320	2,200	4,950	7,700	11,000
1997 MPV, V-6						
LX Sta Wag	360	1,080	1,800	4,050	6,300	9,000
4d ES Sta Wag	380	1,140	1,900	4,280	6,650	9,500
4d LX Sta Wag 4x4	400	1,200	2,000	4,500	7,000	10,000
4d ES Sta Wag 4x4	420	1,260	2,100	4,730	7,350	10,500
1997 B2300 Pickup, 4-cyl.						
2d PU	240	720	1,200	2,700	4,200	6,000
2d SE PU	300	900	1,500	3,380	5,250	7,500
2d SE Cab Plus PU	340	1,020	1,700	3,830	5,950	8,500
1997 B4000 Pickup, V-6						
2d SE Cab Plus PU	340	1,020	1,700	3,830	5,950	8,500
2d PU 4x4	360	1,080	1,800	4,050	6,300	9,000
2d Cab Plus PU 4x4	380	1,140	1,900	4,280	6,650	9,500
2d SE Cab Plus PU 4x4	400	1,200	2,000	4,500	7,000	10,000
1998 MPV, V-6						
4d LX Sta Wag	360	1,080	1,800	4,050	6,300	9,000
4d ES Sta Wag	380	1,140	1,900	4,280	6,650	9,500
NOTE: Add 5 percent for 4x4.						
1998 B2500, 4-cyl.						
2d SX PU	240	720	1,200	2,700	4,200	6,000
2d SE PU	300	900	1,500	3,380	5,250	7,500
NOTE: Add 10 percent for extended cab.						
1998 B3000, V-6						
2d SX PU	260	780	1,300	2,930	4,550	6,500
2d SE PU	320	960	1,600	3,600	5,600	8,000
NOTE: Add 10 percent for extended cab. Add 5 percent for 4x4.						
1998 B4000, V-6						
2d SE Cab Plus PU	340	1,020	1,700	3,830	5,950	8,500
NOTE: Add 5 percent for 4x4.						
1999 B2500, 4-cyl.						
2d SX PU	240	720	1,200	2,700	4,200	6,000
2d SE PU	300	900	1,500	3,380	5,250	7,500
NOTE: Add 10 percent for extended cab.						
1999 B3000, V-6						
2d SE PU	320	960	1,600	3,600	5,600	8,000
NOTE: Add 10 percent for extended cab. Add 5 percent for 4x4.						
1999 B4000, V-6						
2d SE PU	340	1,020	1,700	3,830	5,950	8,500
NOTE: Add 10 percent for extended cab. Add 5 percent for 4x4.						
2000 MPV, V-6						
4d DX SUV	270	800	1,340	3,020	4,690	6,700

	6	5	4	3	2	1
4d LX SUV	290	860	1,440	3,240	5,040	7,200
4d EX SUV	310	920	1,540	3,470	5,390	7,700
2000 B2500, 4-cyl.						
2d SX PU	240	720	1,200	2,700	4,200	6,000
2d SE PU	300	900	1,500	3,380	5,250	7,500
NOTE: Add 10 percent for extended cab.						
2000 B3000, V-6						
2d SX PU	300	900	1,500	3,380	5,250	7,500
2d SE PU	320	960	1,600	3,600	5,600	8,000
NOTE: Add 10 percent for extended cab. Add 5 percent for 4x4.						
2000 B4000, V-6						
2d SE PU	340	1,020	1,700	3,830	5,950	8,500
NOTE: Add 10 percent for extended cab. Add 5 percent for 4x4.						
2001 Tribute, V-6						
4d DX SUV	320	960	1,600	4,000	5,600	8,000
4d LX SUV	340	1,020	1,700	4,250	5,950	8,500
4d ES SUV	370	1,100	1,840	4,600	6,440	9,200
NOTE: Add 5 percent for 4x4. Deduct 5 percent for 4-cyl.						
2001 MPV, V-6						
4d DX SUV	270	800	1,340	3,350	4,690	6,700
4d LX SUV	290	860	1,440	3,600	5,040	7,200
4d EX SUV	310	920	1,540	3,850	5,390	7,700
2001 B2300/B2500, 4-cyl.						
2d SX PU	240	720	1,200	3,000	4,200	6,000
2d SE PU	300	900	1,500	3,750	5,250	7,500
2001 B3000, V-6						
2d SX PU	300	900	1,500	3,750	5,250	7,500
2d SE PU	320	960	1,600	4,000	5,600	8,000
NOTE: Add 10 percent for extended cab. Add 5 percent for 4x4.						
2001 B4000, V-6						
4d DS Cab Plus PU	360	1,080	1,800	4,500	6,300	9,000
4d SE Cab Plus PU	420	1,260	2,100	5,250	7,350	10,500
NOTE: Add 5 percent for 4x4.						
2002 Tribute, V-6						
4d DX SUV	320	960	1,600	4,000	5,600	8,000
4d LX SUV	340	1,020	1,700	4,250	5,950	8,500
4d ES SUV	370	1,100	1,840	4,600	6,440	9,200
NOTE: Add 5 percent for 4x4. Deduct 5 percent for 4-cyl.						
2002 MPV, V-6						
4d LX SUV	290	860	1,440	3,600	5,040	7,200
4d ES SUV	310	920	1,540	3,850	5,390	7,700
2002 B2300, 4-cyl.						
2d PU	240	720	1,200	3,000	4,200	6,000
2d SE-5 PU	300	900	1,500	3,750	5,250	7,500
2d SE Cab Plus PU	330	1,000	1,660	4,150	5,810	8,300
2002 B3000, V-6						
2d DS PU	300	900	1,500	3,750	5,250	7,500
2d DS Cab Plus PU	320	960	1,600	4,000	5,600	8,000
NOTE: Add 5 percent for 4x4.						
2002 B4000, V-6						
4d DS Cab Plus PU	360	1,080	1,800	4,500	6,300	9,000
NOTE: Add 5 percent for 4x4.						
2003 Tribute, V-6						
4d DX SUV	320	960	1,600	4,000	5,600	8,000
4d LX SUV	340	1,020	1,700	4,250	5,950	8,500
4d ES SUV	370	1,100	1,840	4,600	6,440	9,200
NOTE: Add 5 percent for 4x4. Deduct 5 percent for 4-cyl.						
2003 MPV, V-6						
4d LX SV van	280	840	1,400	3,150	4,900	7,000
4d LX Van	290	860	1,440	3,240	5,040	7,200
4d ES Van	310	920	1,540	3,470	5,390	7,700
NOTE: Add 5 percent for All Sport pkg.						
2003 B2300, 4-cyl.						
2d PU	240	720	1,200	3,000	4,200	6,000
2d SE-5 PU	300	900	1,500	3,750	5,250	7,500
2d SE Cab Plus PU	330	1,000	1,660	4,150	5,810	8,300
2003 B3000, V-6						
2d DS PU	300	900	1,500	3,750	5,250	7,500
2d DS Cab Plus PU	320	960	1,600	4,000	5,600	8,000
4d SE Cab Plus PU	330	980	1,640	4,100	5,740	8,200
2003 B4000, V-6, 4x4						
4d DS Cab Plus PU (2WD)	360	1,080	1,800	4,500	6,300	9,000
2d Cab Plus PU	390	1,180	1,960	4,900	6,860	9,800
2d SE Cab Plus PU	420	1,250	2,080	5,200	7,280	10,400
4d SE Cab Plus PU	470	1,400	2,340	5,850	8,190	11,700
2004 Tribute, V-6						
DX 4d SUV (4-cyl. only)	320	960	1,600	4,000	5,600	8,000

	6	5	4	3	2	1
LX 4d SUV	340	1,020	1,700	4,250	5,950	8,500
ES 4d SUV	370	1,100	1,840	4,600	6,440	9,200
NOTE: Add 5 percent for 4x4.						
2004 MPV, V-6						
LX 4d Van	310	920	1,540	3,470	5,390	7,700
ES 4d Van	340	1,010	1,680	3,780	5,880	8,400
2004 B2300, 4-cyl.						
2d PU	240	720	1,200	3,000	4,200	6,000
SE-5 2d PU	300	900	1,500	3,750	5,250	7,500
SE Cab Plus 2d PU	330	1,000	1,660	4,150	5,810	8,300
2004 B3000, V-6						
DS 2d PU	300	900	1,500	3,750	5,250	7,500
DS Cab Plus 2 PU	320	960	1,600	4,000	5,600	8,000
SE Cab Plus 4d PU	340	1,020	1,700	4,250	5,950	8,500
2004 B4000, V-6, 4x4						
DS Cab Plus 4d PU (2WD)	360	1,080	1,800	4,500	6,300	9,000
Cab Plus 2d PU	390	1,180	1,960	4,900	6,860	9,800
SE Cab Plus 2d PU	420	1,250	2,080	5,200	7,280	10,400
SE Cab Plus 4d PU	470	1,400	2,340	5,850	8,190	11,700
NOTE: Add 5 percent for Off-Road pkg. Add 5 percent for automatic transmission.						
2005 Tribute, V-6						
4d i SUV (4-cyl. only)	330	980	1,640	4,100	5,740	8,200
4d s SUV	380	1,150	1,920	4,800	6,720	9,600
NOTE: Add 5 percent for 4x4. Deduct 5 percent for manual transmission.						
2005 MPV, V-6						
4d LX SV Van	300	900	1,500	3,750	5,250	7,500
4d LX Van	310	920	1,540	3,850	5,390	7,700
4d ES Van	340	1,010	1,680	4,200	5,880	8,400
NOTE: Add 5 percent for All Sport pkg.						
2005 B2300, 4-cyl.						
2d PU	240	720	1,200	3,000	4,200	6,000
2d SE-5 PU	300	900	1,500	3,750	5,250	7,500
NOTE: Add 5 percent for automatic transmission.						
2005 B3000, V-6						
2d DS PU	300	910	1,520	3,800	5,320	7,600
4d Cab Plus PU	320	960	1,600	4,000	5,600	8,000
4d DS Cab Plus PU	340	1,020	1,700	3,830	5,950	8,500
NOTE: Add 5 percent for automatic transmission.						
2005 B4000, V-6, 4x4						
4d Cab Plus PU	420	1,270	2,120	5,300	7,420	10,600
4d SE Cab Plus PU	470	1,400	2,340	5,850	8,190	11,700
NOTE: Add 5 percent for automatic transmission, except SE model.						
2006 Mazda 5, 4-cyl.						
4d Spt Minivan	360	1,070	1,780	4,450	6,230	8,900
4d Trg Minivan	370	1,100	1,840	4,600	6,440	9,200
2006 Tribute, 4-cyl., 4WD						
4d SUV	320	950	1,580	3,950	5,530	7,900
2006 Tribute, V-6, 4WD						
4d SUV	360	1,080	1,800	4,500	6,300	9,000
2006 MPV, V-6						
4d LX-SV Minivan	270	800	1,340	3,350	4,690	6,700
2006 MPV, V-6						
4d LX Minivan	300	890	1,480	3,700	5,180	7,400
2006 MPV, V-6						
4d ES Minivan	320	960	1,600	4,000	5,600	8,000
2006 B2300 Pickup, 4-cyl.						
2d Short Bed	280	830	1,380	3,450	4,830	6,900
2006 B3000 Pickup, V-6						
4d Extended Cab	330	1,000	1,660	4,150	5,810	8,300
2d Dual Sport 6'	310	920	1,540	3,850	5,390	7,700
4d Dual Spt Extended Cab	370	1,120	1,860	4,650	6,510	9,300
2006 B4000 Pickup, V-6, 4WD						
4d Extended Cab	390	1,160	1,940	4,850	6,790	9,700
4d SE Extended Cab	430	1,280	2,140	5,350	7,490	10,700

MERCEDES-BENZ TRUCKS

	6	5	4	3	2	1
1998 ML320, V-6, 4x4						
4d Utility	640	1,920	3,200	7,200	11,200	16,000
1999 M Class, V-6/V-8, 4x4						
ML320 4d Utility	560	1,680	2,800	6,300	9,800	14,000
ML430 4d Utility	640	1,920	3,200	7,200	11,200	16,000
2000 M Class, V-6/V-8, 4x4						
ML320 4d Utility	580	1,740	2,900	6,530	10,150	14,500
ML430 4d Utility	660	1,980	3,300	7,430	11,550	16,500
ML55/AMG 4d Utility (V-8 only)	960	2,880	4,800	10,800	16,800	24,000

	6	5	4	3	2	1
2001 M Class, V-8, 4x4						
ML320 4d Utility (V-6 only)	580	1,740	2,900	7,250	10,150	14,500
ML430 4d Utility	660	1,980	3,300	8,250	11,550	16,500
ML55/AMG 4d Utility	960	2,880	4,800	12,000	16,800	24,000
NOTE: Add 5 percent for Sport pkg.						
2002 M Class, V-6 & V-8, 4x4						
ML320 4d Utility	580	1,740	2,900	6,530	10,150	14,500
ML500 4d Utility	660	1,980	3,300	7,430	11,550	16,500
ML55/AMG 4d Utility (V-8 only)	960	2,880	4,800	12,000	16,800	24,000
NOTE: Add 5 percent for Sport pkg. except ML55 model.						
2003 M Class, V-6 & V-8, 4x4						
ML320 4d Utility	580	1,740	2,900	7,250	10,150	14,500
ML350 4d Utility	620	1,860	3,100	7,750	10,850	15,500
ML500 4d Utility	660	1,980	3,300	8,250	11,550	16,500
ML55/AMG 4d Utility (V-8 only)	960	2,880	4,800	12,000	16,800	24,000
NOTE: Add 5 percent for Sport pkg. except ML55 model.						
2004 M Class, V-6 & V-8, 4x4						
ML350 4d Utility	620	1,860	3,100	7,750	10,850	15,500
ML500 4d Utility	660	1,980	3,300	8,250	11,550	16,500
NOTE: Add 5 percent for Sport pkg.						
2005 M Class, V-6 & V-8, 4x4						
4d ML350 Utility	620	1,860	3,100	7,750	10,850	15,500
4d ML500 Utility	660	1,980	3,300	7,430	11,550	16,500
NOTE: Add 5 percent for Special Ed pkg or Sport Appearance pkg. Deduct 5 percent for V-6.						
2006 ML Class, V-6 Turbo Diesel, 4WD						
4d ML320 CDI SUV	1,210	3,640	6,060	15,150	21,210	30,300
2006 ML Class, V-6, 4WD						
4d ML350 SUV	1,010	3,020	5,040	12,600	17,640	25,200
2006 ML Class, V-8, 4WD						
4d ML500 SUV	1,050	3,140	5,240	13,100	18,340	26,200
4d ML63 SUV	1,800	5,390	8,980	22,450	31,430	44,900
2006 G Class, V-8, 4WD						
4d G500 SUV	2,000	5,990	9,980	24,950	34,930	49,900
2006 G Class, Supercharged V-8, 4WD						
4d G55 SUV	2,410	7,220	12,040	30,100	42,140	60,200
2006 GL Class, V-6, Turbo Diesel, 4WD						
4d GL320 CDI SUV	1,580	4,730	7,880	19,700	27,580	39,400
2006 GL Class, V-8, 4WD						
4d GL450 SUV	1,330	3,980	6,640	14,940	23,240	33,200
2006 R Class, V-6 Turbo Diesel, 4WD						
R320 CDI Spt Wag	1,050	3,160	5,260	13,150	18,410	26,300
2006 R Class, V-6, 4WD						
4d R350 Spt Wag	940	2,810	4,680	11,700	16,380	23,400
2006 R Class, V-8, 4WD						
R500 Spt Wag	1,040	3,110	5,180	12,950	18,130	25,900
R63 Spt Wag	1,570	4,700	7,840	19,600	27,440	39,200

MITSUBISHI TRUCKS

1983-85 Montero 4x4						
Wag	140	420	700	1,580	2,450	3,500
NOTE: Prices based on deluxe model.						
1983-86 1/2-Ton						
PU	120	360	600	1,350	2,100	3,000
NOTE: Add 15 percent for 4x4. Prices based on deluxe model.						
1986 Montero, 4x4						
Wag	220	660	1,100	2,480	3,850	5,500
NOTE: Prices based on deluxe model.						
1987 Mighty Max						
PU	100	300	500	1,130	1,750	2,500
1-Ton LBx	108	324	540	1,220	1,890	2,700
Spt	116	348	580	1,310	2,030	2,900
Spt LBx	120	360	600	1,350	2,100	3,000
PU, 4x4	128	384	640	1,440	2,240	3,200
PU LBx 4x4	132	396	660	1,490	2,310	3,300
1987 SPX						
PU	124	372	620	1,400	2,170	3,100
PU 4WD	136	408	680	1,530	2,380	3,400
1987 Montero						
4x4	160	480	800	1,800	2,800	4,000
1988 Mighty Max						
PU	160	480	800	1,800	2,800	4,000
1-Ton LBx	176	528	880	1,980	3,080	4,400
Spt	180	540	900	2,030	3,150	4,500
Spt LBx	184	552	920	2,070	3,220	4,600
Macrocab	180	540	900	2,030	3,150	4,500
PU 4x4	228	684	1,140	2,570	3,990	5,700

	6	5	4	3	2	1
Spt LBx 4x4	252	756	1,260	2,840	4,410	6,300
1988 SPX						
Macrocab	208	624	1,040	2,340	3,640	5,200
Macrocab 4x4	276	828	1,380	3,110	4,830	6,900
4x4	256	768	1,280	2,880	4,480	6,400
1988 Montero - Van - Wagon						
SP 4x4	300	900	1,500	3,380	5,250	7,500
Spt 4x4	340	1,020	1,700	3,830	5,950	8,500
Cargo Van	228	684	1,140	2,570	3,990	5,700
Wag.	300	900	1,500	3,380	5,250	7,500
1989 Mighty Max						
PU	200	600	1,000	2,250	3,500	5,000
1-Ton LBx	208	624	1,040	2,340	3,640	5,200
Spt.	216	648	1,080	2,430	3,780	5,400
Spt LBx	228	684	1,140	2,570	3,990	5,700
Macrocab	224	672	1,120	2,520	3,920	5,600
PU 4x4	240	720	1,200	2,700	4,200	6,000
Spt LBx 4x4	260	780	1,300	2,930	4,550	6,500
1989 SPX						
PU 4x4	280	840	1,400	3,150	4,900	7,000
Macrocab 4x4	292	876	1,460	3,290	5,110	7,300
1989 Montero - Van - Wagon						
SP 4x4	520	1,560	2,600	5,850	9,100	13,000
Spt 4x4	540	1,620	2,700	6,080	9,450	13,500
4d 4x4	560	1,680	2,800	6,300	9,800	14,000
Cargo Van	280	840	1,400	3,150	4,900	7,000
Wag.	540	1,620	2,700	6,080	9,450	13,500
1990 Light Trucks						
2d Mighty Max	192	576	960	2,160	3,360	4,800
2d Mighty Max 4x4	232	696	1,160	2,610	4,060	5,800
1990 Montero, 4x4						
2d Std Utly.	300	900	1,500	3,380	5,250	7,500
2d Spt Utly.	304	912	1,520	3,420	5,320	7,600
4d Std Utly.	304	912	1,520	3,420	5,320	7,600
RS 4d Utly.	308	924	1,540	3,470	5,390	7,700
1991 Light Trucks						
2d PU	220	660	1,100	2,480	3,850	5,500
2d PU Crew Cab	260	780	1,300	2,930	4,550	6,500
1-Ton 2d PU LBx.	228	684	1,140	2,570	3,990	5,700
2d PU V-6 4x4	340	1,020	1,700	3,830	5,950	8,500
1991 Montero						
4d Utly 4x4	520	1,560	2,600	5,850	9,100	13,000
RS 4d Utly 4x4	540	1,620	2,700	6,080	9,450	13,500
LS 4d Utly 4x4	560	1,680	2,800	6,300	9,800	14,000
1992 Montero, V-6						
4d Utly 4x4	600	1,800	3,000	6,750	10,500	15,000
4d Utly RS 4x4	620	1,860	3,100	6,980	10,850	15,500
4d Utly LS 4x4	660	1,980	3,300	7,430	11,550	16,500
4d Utly SR 4x4	680	2,040	3,400	7,650	11,900	17,000
1992 Pickups, 4-cyl.						
PU Mighty Max	200	600	1,000	2,250	3,500	5,000
PU Mighty Max LB	220	660	1,100	2,480	3,850	5,500
PU Mighty Max 4x4 V-6	300	900	1,500	3,380	5,250	7,500
1993 Montero, V-6						
4d SUV 4x4	600	1,800	3,000	6,750	10,500	15,000
1993 Pickup						
2d PU SBx.	228	684	1,140	2,570	3,990	5,700
2d PU LBx.	232	696	1,160	2,610	4,060	5,800
2d PU 4x4	272	816	1,360	3,060	4,760	6,800
1994 Montero, V-6						
4d Utly LS 4x4	560	1,680	2,800	6,300	9,800	14,000
4d Utly SR 4x4	640	1,920	3,200	7,200	11,200	16,000
1994 Pickups						
2d PU Mighty Max, 4-cyl.	200	600	1,000	2,250	3,500	5,000
2d PU Mighty Max Club Cab, 4-cyl.	300	900	1,500	3,380	5,250	7,500
2d PU Mighty Max 4x4, V-6	340	1,020	1,700	3,830	5,950	8,500
1995 Montero, V-6						
4d Utly LS 4x4	550	1,700	2,800	6,300	9,800	14,000
4d Utly SR 4x4	650	1,900	3,200	7,200	11,200	16,000
1995 Pickup, 4-cyl.						
2d PU Mighty Max.	200	600	1,000	2,250	3,500	5,000
1996 Montero, V-6						
4d LS SUV 4x4	550	1,700	2,800	6,300	9,800	14,000
4d SR SUV 4x4	650	1,900	3,200	7,200	11,200	16,000
1996 Pickup, 4-cyl.						
2d Mighty Max PU	200	600	1,000	2,250	3,500	5,000

	6	5	4	3	2	1
1997 Montero Sport, V-6						
4d ES SUV (4-cyl.)	248	744	1,240	2,790	4,340	6,200
4d LS SUV	300	900	1,500	3,380	5,250	7,500
4d LS SUV 4x4	360	1,080	1,800	4,050	6,300	9,000
4d XLS SUV 4x4	400	1,200	2,000	4,500	7,000	10,000
1997 Montero, V-6						
4d LS SUV 4x4	420	1,260	2,100	4,730	7,350	10,500
4d SR SUV 4x4	460	1,380	2,300	5,180	8,050	11,500
1998 Montero Sport, V-6						
ES SUV (4-cyl.)	250	740	1,240	2,790	4,340	6,200
LS SUV	300	900	1,500	3,380	5,250	7,500
XLS SUV	400	1,200	2,000	4,500	7,000	10,000
NOTE: Add 5 percent for 4x4.						
1998 Montero, V-6, 4x4						
4d Utility	420	1,260	2,100	4,730	7,350	10,500
1999 Montero Sport, V-6						
ES SUV (4-cyl.)	250	740	1,240	2,790	4,340	6,200
LS SUV	300	900	1,500	3,380	5,250	7,500
XLS SUV	400	1,200	2,000	4,500	7,000	10,000
Limited	410	1,230	2,050	4,610	7,180	10,250
NOTE: Add 5 percent for 4x4.						
1999 Montero, V-6, 4x4						
4d Utility	420	1,260	2,100	4,730	7,350	10,500
2000 Montero Sport, V-6						
ES SUV	250	740	1,240	2,790	4,340	6,200
LS SUV	300	900	1,500	3,380	5,250	7,500
XLS SUV	400	1,200	2,000	4,500	7,000	10,000
Limited SUV	410	1,230	2,050	4,610	7,180	10,250
NOTE: Add 5 percent for 4x4.						
2000 Montero, V-6, 4x4						
4d Utility	430	1,280	2,140	4,820	7,490	10,700
4d Endeavor Utility	460	1,380	2,300	5,180	8,050	11,500
2001 Montero Sport, V-6						
ES SUV	250	740	1,240	3,100	4,340	6,200
LS SUV	300	900	1,500	3,750	5,250	7,500
XLS SUV	400	1,200	2,000	5,000	7,000	10,000
3.5 XS SUV	400	1,210	2,020	5,050	7,070	10,100
Limited SUV	410	1,230	2,050	5,130	7,180	10,250
NOTE: Add 5 percent for 4x4.						
2001 Montero, V-6, 4x4						
4d XLS Utility	430	1,300	2,160	5,400	7,560	10,800
4d Limited Utility	470	1,420	2,360	5,900	8,260	11,800
2002 Montero Sport, V-6						
ES SUV	250	740	1,240	3,100	4,340	6,200
LS SUV	300	900	1,500	3,750	5,250	7,500
XLS SUV	400	1,200	2,000	5,000	7,000	10,000
Limited SUV	410	1,230	2,050	5,130	7,180	10,250
NOTE: Add 5 percent for 4x4.						
2002 Montero, V-6, 4x4						
4d XLS Utility	430	1,300	2,160	5,400	7,560	10,800
4d Limited Utility	470	1,420	2,360	5,900	8,260	11,800
2003 Outlander, 4-cyl.						
4d LS Utility	280	840	1,400	3,500	4,900	7,000
4d XLS Utility	320	960	1,600	4,000	5,600	8,000
NOTE: Add 5 percent for AWD.						
2003 Montero Sport, V-6						
ES SUV	250	740	1,240	3,100	4,340	6,200
LS SUV	300	900	1,500	3,750	5,250	7,500
XLS SUV	400	1,200	2,000	5,000	7,000	10,000
Limited SUV	410	1,230	2,050	5,130	7,180	10,250
NOTE: Add 5 percent for 4x4.						
2003 Montero, V-6, 4x4						
4d XLS Utility	430	1,300	2,160	5,400	7,560	10,800
4d Limited Utility	470	1,420	2,360	5,900	8,260	11,800
4d 20th Anv Utility	490	1,480	2,460	6,150	8,610	12,300
2004 Outlander, 4-cyl.						
LS 4d Utility	280	840	1,400	3,500	4,900	7,000
XLS 4d Utility	320	960	1,600	4,000	5,600	8,000
NOTE: Add 5 percent for AWD.						
2004 Endeavor, V-6						
LS 4d SUV	290	860	1,440	3,600	5,040	7,200
XLS 4d SUV	330	980	1,640	4,100	5,740	8,200
Limited 4d SUV	380	1,140	1,900	4,750	6,650	9,500
NOTE: Add 5 percent for AWD.						
2004 Montero Sport, V-6						
LS 4d SUV	340	1,020	1,700	4,250	5,950	8,500

	6	5	4	3	2	1
XLS 4d SUV	400	1,200	2,000	5,000	7,000	10,000
NOTE: Add 5 percent for 4x4.						
2004 Montero, V-6, 4x4						
Limited 4d Utility	520	1,550	2,580	6,450	9,030	12,900
2005 Outlander, 4-cyl.						
4d LS Utility	280	840	1,400	3,500	4,900	7,000
4d XLS Utility	320	960	1,600	4,000	5,600	8,000
4d Limited Utility	370	1,120	1,860	4,650	6,510	9,300
NOTE: Add 5 percent for AWD. Deduct 5 percent for manual transmission.						
2005 Endeavor, V-6						
4d LS SUV	290	860	1,440	3,600	5,040	7,200
4d XLS SUV	330	980	1,640	4,100	5,740	8,200
4d Limited SUV	380	1,140	1,900	4,750	6,650	9,500
NOTE: Add 5 percent for AWD.						
2005 Montero, V-6, 4x4						
4d Limited Utility	520	1,550	2,580	6,450	9,030	12,900
2006 Outlander, 4-cyl., 4WD						
4d LS SUV	370	1,100	1,840	4,600	6,440	9,200
4d SE SUV	400	1,190	1,980	4,950	6,930	9,900
Limited SUV	420	1,270	2,120	5,300	7,420	10,600
2006 Endeavor, V-6, 4WD						
4d LS SUV	360	1,080	1,800	4,500	6,300	9,000
Limited SUV	430	1,280	2,140	5,350	7,490	10,700
2006 Montero, V-6, 4WD						
Limited SUV	560	1,670	2,780	6,950	9,730	13,900
2006 Raider Extended Cab, V-6, 4WD						
LS Short Bed	300	890	1,480	3,700	5,180	7,400
Duro Cross Short	340	1,030	1,720	4,300	6,020	8,600
2006 Raider Double Cab, V-6, 4WD						
LS Short Bed	360	1,090	1,820	4,550	6,370	9,100
Duro Cross Short	370	1,100	1,840	4,600	6,440	9,200
NOTE: Add 15 percent for 4WD; add 5 percent for 4.7L V-8.						
2006 Raider Double Cab, V-8						
SE Short Bed	420	1,250	2,080	5,200	7,280	10,400

NISSAN TRUCKS

	6	5	4	3	2	1
1967-74						
1/2-Ton PU	110	320	540	1,220	1,890	2,700
1975 1/2-Ton						
PU SBx	100	300	550	1,220	1,900	2,700
PU LBx	100	350	550	1,260	1,950	2,800
1976 1/2-Ton						
PU SBx	100	350	550	1,260	1,950	2,800
PU LBx	100	350	600	1,310	2,050	2,900
1977 1/2-Ton						
PU SBx	100	350	550	1,260	1,950	2,800
PU LBx	100	350	600	1,310	2,050	2,900
PU King Cab	100	350	600	1,350	2,100	3,000
1978 1/2-Ton						
PU SBx	100	350	550	1,260	1,950	2,800
PU LBx	100	350	600	1,310	2,050	2,900
PU King Cab	100	350	600	1,350	2,100	3,000
1979 1/2-Ton						
PU SBx	100	350	600	1,310	2,050	2,900
PU LBx	100	350	600	1,350	2,100	3,000
PU King Cab	100	350	600	1,400	2,150	3,100
1980 1/2-Ton						
PU SBx	100	350	600	1,310	2,050	2,900
PU LBx	100	350	600	1,350	2,100	3,000
PU King Cab	100	350	600	1,400	2,150	3,100
NOTE: Add 10 percent for 4x4.						
1981 1/2-Ton						
PU SBx	100	300	500	1,130	1,750	2,500
PU LBx	100	300	500	1,170	1,800	2,600
PU King Cab	150	400	700	1,530	2,400	3,400
NOTE: Add 10 percent for 4x4. Prices based on deluxe model.						
1982 1/2-Ton						
PU SBx	100	300	550	1,220	1,900	2,700
PU LBx	100	350	600	1,310	2,050	2,900
PU King Cab	150	450	750	1,670	2,600	3,700
NOTE: Add 10 percent for 4x4. Prices based on deluxe model.						
1983 1/2-Ton						
PU SBx	100	350	600	1,350	2,100	3,000
PU LBx	150	400	650	1,440	2,250	3,200
PU King Cab	150	500	850	1,890	2,950	4,200
NOTE: Add 10 percent for 4x4. Prices based on deluxe model.						

	6	5	4	3	2	1
1984 1/2-Ton						
PU SBx	150	400	650	1,440	2,250	3,200
PU LBx	150	450	750	1,670	2,600	3,700
PU King Cab	200	550	950	2,120	3,300	4,700
NOTE: Add 10 percent for 4x4. Prices based on deluxe model.						
1985 1/2-Ton						
PU SBx	150	450	750	1,670	2,600	3,700
PU LBx	150	500	800	1,800	2,800	4,000
PU King Cab	200	600	1,000	2,210	3,450	4,900
NOTE: Add 10 percent for 4x4. Prices based on deluxe model.						
1986 1/2-Ton						
PU SBx	200	550	900	2,030	3,150	4,500
PU LBx	200	600	1,000	2,210	3,450	4,900
PU King Cab	250	750	1,300	2,880	4,500	6,400
NOTE: Add 10 percent for 4x4. Deduct 10 percent for diesel where applied. Prices based on deluxe model.						
1987 Light Trucks						
PU Std	180	540	900	2,030	3,150	4,500
PU E	188	564	940	2,120	3,290	4,700
PU SE (6-cyl.)	200	650	1,100	2,480	3,850	5,500
PU E LBx	212	636	1,060	2,390	3,710	5,300
PU XE LBx	220	660	1,100	2,480	3,850	5,500
PU E King Cab	220	660	1,100	2,480	3,850	5,500
PU XE King Cab	240	720	1,200	2,700	4,200	6,000
PU SE King Cab (6-cyl.)	240	720	1,200	2,700	4,200	6,000
PU E	260	780	1,300	2,930	4,550	6,500
PU SE (6-cyl.)	300	850	1,400	3,150	4,900	7,000
PU XE LBx	272	816	1,360	3,060	4,760	6,800
PU XE King Cab	288	864	1,440	3,240	5,040	7,200
PU SE King Cab (6-cyl.)	280	840	1,400	3,150	4,900	7,000
1987 Van						
XE	260	780	1,300	2,930	4,550	6,500
1987 Pathfinder 4x4						
E	340	1,020	1,700	3,830	5,950	8,500
XE	520	1,560	2,600	5,850	9,100	13,000
SE (6-cyl.)	600	1,800	3,000	6,750	10,500	15,000
1988 Light Trucks						
PU Std	180	540	900	2,030	3,150	4,500
PU E	188	564	940	2,120	3,290	4,700
PU E LBx	192	576	960	2,160	3,360	4,800
PU E King Cab	208	624	1,040	2,340	3,640	5,200
PU XE King Cab	236	708	1,180	2,660	4,130	5,900
PU SE King Cab (6-cyl.)	260	780	1,300	2,930	4,550	6,500
PU E	300	900	1,500	3,380	5,250	7,500
PU E (6-cyl.)	300	950	1,600	3,600	5,600	8,000
PU SE (6-cyl.)	300	850	1,400	3,150	4,900	7,000
PU E King Cab	340	1,020	1,700	3,830	5,950	8,500
PU XE King Cab	520	1,560	2,600	5,850	9,100	13,000
PU SE King Cab (6-cyl.)	540	1,620	2,700	6,080	9,450	13,500
1988 Van						
XE	300	900	1,500	3,380	5,250	7,500
1988 Pathfinder 4x4						
XE	600	1,800	3,000	6,750	10,500	15,000
SE	640	1,920	3,200	7,200	11,200	16,000
1989 Light Trucks						
PU Std	220	660	1,100	2,480	3,850	5,500
PU Spl	228	684	1,140	2,570	3,990	5,700
PU LBx (6-cyl.)	250	700	1,150	2,570	4,000	5,700
PU Spl LBx (6-cyl.)	250	700	1,150	2,610	4,050	5,800
PU King Cab	240	720	1,200	2,700	4,200	6,000
PU Spl King Cab	260	780	1,300	2,930	4,550	6,500
PU SE King Cab (6-cyl.)	300	900	1,500	3,380	5,250	7,500
1989 Light Trucks 4x4						
PU	280	840	1,400	3,150	4,900	7,000
PU Spl	340	1,020	1,700	3,830	5,950	8,500
PU (6-cyl.)	300	900	1,500	3,380	5,250	7,500
PU Spl (6-cyl.)	350	1,050	1,750	3,960	6,150	8,800
PU King Cab	320	960	1,600	3,600	5,600	8,000
PU Spl King Cab	340	1,020	1,700	3,830	5,950	8,500
PU SE King Cab	520	1,560	2,600	5,850	9,100	13,000
1989 Pathfinder						
XE 2x4	600	1,800	3,000	6,750	10,500	15,000
XE 4x4	680	2,040	3,400	7,650	11,900	17,000
SE 4x4	720	2,160	3,600	8,100	12,600	18,000
1990 Light Trucks						
2d PU	228	684	1,140	2,570	3,990	5,700
2d PU LBx V-6	236	708	1,180	2,660	4,130	5,900

	6	5	4	3	2	1
2d PU Clb Cab	232	696	1,160	2,610	4,060	5,800
2d PU Clb Cab SE V-6	240	720	1,200	2,700	4,200	6,000
2d PU 4x4	280	840	1,400	3,150	4,900	7,000
2d PU 4x4 V-6	288	864	1,440	3,240	5,040	7,200
2d PU Clb Cab 4x4	296	888	1,480	3,330	5,180	7,400
2d PU Clb Cab 4x4 V-6	304	912	1,520	3,420	5,320	7,600
1990 Van						
Mini Van XE	264	792	1,320	2,970	4,620	6,600
Mini Van GXE	268	804	1,340	3,020	4,690	6,700
1990 Pathfinder						
4d Spt Utly XE 2WD	620	1,860	3,100	6,980	10,850	15,500
4d Spt Utly XE 4x4	680	2,040	3,400	7,650	11,900	17,000
4d Spt Utly SE 4x4	720	2,160	3,600	8,100	12,600	18,000
2d Spt Utly SE 4x4	700	2,100	3,500	7,880	12,250	17,500
1991 Pathfinder						
XE 4d Utly 2x4	560	1,680	2,800	6,300	9,800	14,000
XE 4d Utly 4x4	680	2,040	3,400	7,650	11,900	17,000
SE 4d Utly 4x4	720	2,160	3,600	8,100	12,600	18,000
1991 Light Trucks						
2d PU	240	720	1,200	2,700	4,200	6,000
LBx 2d PU V-6	300	850	1,400	3,150	4,900	7,000
2d PU Crew Cab	300	900	1,500	3,380	5,250	7,500
SE 2d PU Crew Cab V-6	320	960	1,600	3,600	5,600	8,000
2d PU 4x4	520	1,560	2,600	5,850	9,100	13,000
2d PU Crew Cab 4x4	540	1,620	2,700	6,080	9,450	13,500
2d PU Crew Cab V-6 4x4	560	1,680	2,800	6,300	9,800	14,000
1992 Pathfinder, V-6						
XE 4d Utly 2x4	540	1,620	2,700	6,080	9,450	13,500
XE 4d Utly 4x4	600	1,800	3,000	6,750	10,500	15,000
SE 4d Utly 4x4	660	1,980	3,300	7,430	11,550	16,500
1992 Pickups						
PU Std 4x4	340	1,020	1,700	3,830	5,950	8,500
PU LBx 4x4	550	1,600	2,700	6,080	9,450	13,500
SE PU 4x4	580	1,740	2,900	6,530	10,150	14,500
NOTE: Add 10 percent for V-6. Deduct 10 percent for 2x4.						
1993 Pathfinder, V-6						
4d SUV 2WD	272	816	1,360	3,060	4,760	6,800
4d SUV 4x4	312	936	1,560	3,510	5,460	7,800
1993 Quest, V-6						
Van	228	684	1,140	2,570	3,990	5,700
1993 Pickup, V-6						
2d PU SBx	216	648	1,080	2,430	3,780	5,400
2d PU LBx	220	660	1,100	2,480	3,850	5,500
2d PU 4x4	260	780	1,300	2,930	4,550	6,500
1994 Pathfinder, V-6						
4d Utly XE	400	1,200	2,000	4,500	7,000	10,000
4d Utly XE 4x4	480	1,440	2,400	5,400	8,400	12,000
1994 Quest, V-6						
Window Van XE	400	1,200	2,000	4,500	7,000	10,000
Window Van GXE	440	1,320	2,200	4,950	7,700	11,000
1994 Pickups						
2d PU XE	280	840	1,400	3,150	4,900	7,000
2d PU LBx, V-6	300	950	1,600	3,600	5,600	8,000
2d PU Club Cab	320	960	1,600	3,600	5,600	8,000
2d PU Club Cab, V-6	360	1,080	1,800	4,050	6,300	9,000
2d PU Club Cab 4x4, V-6	480	1,440	2,400	5,400	8,400	12,000
1995 Pathfinder, V-6						
4d Utly XE	400	1,200	2,000	4,500	7,000	10,000
4d Utly XE 4x4	500	1,450	2,400	5,400	8,400	12,000
4d Utly LE	450	1,300	2,200	4,950	7,700	11,000
4d Utly SE 4x4	500	1,550	2,600	5,850	9,100	13,000
4d Utly LE 4x4	550	1,600	2,700	6,080	9,450	13,500
1995 Quest, V-6						
Window Van XE	400	1,200	2,000	4,500	7,000	10,000
Window Van GXE	450	1,300	2,200	4,950	7,700	11,000
1995 Pickup						
PU XE, 4-cyl.	300	850	1,400	3,150	4,900	7,000
PU LBx, V-6	300	950	1,600	3,600	5,600	8,000
PU Club Cab, 4-cyl.	300	950	1,600	3,600	5,600	8,000
PU Club Cav, V-6	350	1,100	1,800	4,050	6,300	9,000
PU Club Cab 4x4, V-6	480	1,440	2,400	5,400	8,400	12,000
1996 Pathfinder, V-6						
4d XE SUV	400	1,200	2,000	4,500	7,000	10,000
4d XE SUV 4x4	500	1,450	2,400	5,400	8,400	12,000
4d LE SUV	450	1,300	2,200	4,950	7,700	11,000
4d SE SUV 4x4	500	1,550	2,600	5,850	9,100	13,000

	6	5	4	3	2	1
4d LE SUV 4x4	550	1,600	2,700	6,080	9,450	13,500
1996 Quest, V-6						
XE Window Van	400	1,200	2,000	4,500	7,000	10,000
GXE Window Van	450	1,300	2,200	4,950	7,700	11,000
1996 Pickup, 4-cyl.						
PU	200	650	1,100	2,480	3,850	5,500
XE PU	300	850	1,400	3,150	4,900	7,000
XE King Cab PU	300	950	1,600	3,600	5,600	8,000
SE King Cab PU	350	1,000	1,700	3,830	5,950	8,500
XE PU 4x4	400	1,150	1,900	4,280	6,650	9,500
XE King Cab PU 4x4	460	1,380	2,300	5,180	8,050	11,500
SE King Cab PU 4x4	480	1,440	2,400	5,400	8,400	12,000
1997 Pathfinder, V-6						
4d XE SUV	400	1,200	2,000	4,500	7,000	10,000
4d LE SUV	440	1,320	2,200	4,950	7,700	11,000
4d XE SUV 4x4	480	1,440	2,400	5,400	8,400	12,000
4d SE SUV 4x4	520	1,560	2,600	5,850	9,100	13,000
4d LE SUV 4x4	540	1,620	2,700	6,080	9,450	13,500
1997 Quest, V-6						
XE Window Van	400	1,200	2,000	4,500	7,000	10,000
GXE Window Van	420	1,260	2,100	4,730	7,350	10,500
1997 Pickup, 4-cyl.						
PU	220	660	1,100	2,480	3,850	5,500
XE PU	280	840	1,400	3,150	4,900	7,000
XE King Cab PU	320	960	1,600	3,600	5,600	8,000
SE King Cab PU	340	1,020	1,700	3,830	5,950	8,500
XE PU 4x4	380	1,140	1,900	4,280	6,650	9,500
XE King Cab PU 4x4	460	1,380	2,300	5,180	8,050	11,500
SE King Cab PU 4x4	480	1,440	2,400	5,400	8,400	12,000
1998 Pathfinder, V-6						
XE 4d SUV	400	1,200	2,000	4,500	7,000	10,000
SE 4d SUV	420	1,260	2,100	4,730	7,350	10,500
LE 4d SUV	440	1,320	2,200	4,950	7,700	11,000
NOTE: Add 5 percent for 4x4.						
1998 Quest, V-6						
XE Window Van	400	1,200	2,000	4,500	7,000	10,000
GXE Window Van	420	1,260	2,100	4,730	7,350	10,500
GLE Window Van	440	1,320	2,200	4,950	7,700	11,000
1998 Frontier, 4-cyl.						
PU	220	660	1,100	2,480	3,850	5,500
XE PU	280	840	1,400	3,150	4,900	7,000
SE King Cab PU	340	1,020	1,700	3,830	5,950	8,500
NOTE: Add 10 percent for extended cab (XE only). Add 5 percent for 4x4.						
1999 Pathfinder, V-6						
XE 4d SUV	400	1,200	2,000	4,500	7,000	10,000
SE 4d SUV	420	1,260	2,100	4,730	7,350	10,500
LE 4d SUV	440	1,320	2,200	4,950	7,700	11,000
NOTE: Add 5 percent for 4x4.						
1999 Quest, V-6						
GXE Van	360	1,080	1,800	4,050	6,300	9,000
SE Van	380	1,140	1,900	4,280	6,650	9,500
GLE Van	400	1,200	2,000	4,500	7,000	10,000
1999 Frontier, 4-cyl.						
XE PU	280	840	1,400	3,150	4,900	7,000
SE King Cab PU	340	1,020	1,700	3,830	5,950	8,500
NOTE: Add 10 percent for extended cab (XE only). Add 5 percent for V-6. Add 5 percent for 4x4.						
2000 Pathfinder, V-6						
XE 4d SUV	400	1,200	2,000	4,500	7,000	10,000
SE 4d SUV	420	1,260	2,100	4,730	7,350	10,500
LE 4d SUV	440	1,320	2,200	4,950	7,700	11,000
NOTE: Add 5 percent for 4x4.						
2000 Quest, V-6						
GXE Van	360	1,080	1,800	4,050	6,300	9,000
SE Van	380	1,140	1,900	4,280	6,650	9,500
GLE Van	400	1,200	2,000	4,500	7,000	10,000
2000 Frontier, V-6						
XE PU	280	840	1,400	3,150	4,900	7,000
XE King Cab PU	320	960	1,600	3,600	5,600	8,000
SE King Cab PU	340	1,020	1,700	3,830	5,950	8,500
XE Crew Cab PU	400	1,200	2,000	4,500	7,000	10,000
SE Crew Cab PU	420	1,260	2,100	4,730	7,350	10,500
NOTE: Add 5 percent for 4x4. Deduct 5 percent for 4-cyl.						
2000 Xterra, V-6						
XE Utility	360	1,080	1,800	4,050	6,300	9,000
SE Utility	380	1,140	1,900	4,280	6,650	9,500
NOTE: Add 5 percent for 4x4. Deduct 5 percent for 4-cyl.						

	6	5	4	3	2	1
2001 Pathfinder, V-6						
XE 4d SUV	400	1,200	2,000	5,000	7,000	10,000
SE 4d SUV	420	1,260	2,100	5,250	7,350	10,500
LE 4d SUV	440	1,320	2,200	5,500	7,700	11,000
NOTE: Add 5 percent for 4x4.						
2001 Quest, V-6						
GXE Van	360	1,080	1,800	4,500	6,300	9,000
SE Van	380	1,140	1,900	4,750	6,650	9,500
GLE Van	400	1,200	2,000	5,000	7,000	10,000
2001 Frontier, V-6						
XE PU	280	840	1,400	3,500	4,900	7,000
XE King Cab PU	320	960	1,600	4,000	5,600	8,000
SE King Cab PU	340	1,020	1,700	4,250	5,950	8,500
SC King Cab PU	390	1,160	1,940	4,850	6,790	9,700
XE Crew Cab PU	400	1,200	2,000	5,000	7,000	10,000
SE Crew Cab PU	420	1,260	2,100	5,250	7,350	10,500
SC Crew Cab PU	440	1,320	2,200	5,500	7,700	11,000
NOTE: Add 5 percent for 4x4. Deduct 5 percent for 4-cyl.						
2001 Xterra, V-6						
XE Utility	360	1,080	1,800	4,500	6,300	9,000
SE Utility	380	1,140	1,900	4,750	6,650	9,500
NOTE: Add 5 percent for 4x4. Deduct 5 percent for 4-cyl.						
2002 Pathfinder, V-6						
SE 4d SUV	420	1,260	2,100	5,250	7,350	10,500
LE 4d SUV	440	1,320	2,200	5,500	7,700	11,000
NOTE: Add 5 percent for 4x4.						
2002 Quest, V-6						
GXE Van	360	1,080	1,800	4,500	6,300	9,000
SE Van	380	1,140	1,900	4,750	6,650	9,500
GLE Van	400	1,200	2,000	5,000	7,000	10,000
2002 Frontier, V-6						
King Cab PU	300	900	1,500	3,750	5,250	7,500
XE King Cab PU	320	960	1,600	4,000	5,600	8,000
SE King Cab PU	340	1,020	1,700	4,250	5,950	8,500
SC King Cab PU	390	1,160	1,940	4,850	6,790	9,700
XE Crew Cab PU	400	1,200	2,000	5,000	7,000	10,000
SE Crew Cab PU	420	1,260	2,100	5,250	7,350	10,500
SC Crew Cab PU	440	1,320	2,200	5,500	7,700	11,000
NOTE: Add 5 percent for 4x4. Deduct 5 percent for 4-cyl.						
2002 Xterra, V-6						
XE Utility	360	1,080	1,800	4,500	6,300	9,000
XE/SC Utility	400	1,200	2,000	5,000	7,000	10,000
SE Utility	380	1,140	1,900	4,750	6,650	9,500
SE/SC Utility	420	1,260	2,100	5,250	7,350	10,500
NOTE: Add 5 percent for 4x4. Deduct 5 percent for 4-cyl.						
2003 Pathfinder, V-8						
SE 4d SUV	420	1,260	2,100	5,250	7,350	10,500
LE 4d SUV	440	1,320	2,200	5,500	7,700	11,000
NOTE: Add 5 percent for 4x4.						
2003 Murano, V-6						
SL Utility	480	1,440	2,400	6,000	8,400	12,000
SE Utility	500	1,500	2,500	6,250	8,750	12,500
NOTE: Add 10 percent for AWD.						
2003 Frontier, V-6						
King Cab PU	300	900	1,500	3,750	5,250	7,500
XE King Cab PU	320	960	1,600	4,000	5,600	8,000
SE King Cab PU	340	1,020	1,700	4,250	5,950	8,500
SC King Cab PU	390	1,160	1,940	4,850	6,790	9,700
SVE King Cab PU (4x4 only)	420	1,260	2,100	5,250	7,350	10,500
XE Crew Cab PU	400	1,200	2,000	5,000	7,000	10,000
SE Crew Cab PU	420	1,260	2,100	5,250	7,350	10,500
SC Crew Cab PU	440	1,320	2,200	5,500	7,700	11,000
SVE Crew Cab PU (4x4 only)	460	1,380	2,300	5,750	8,050	11,500
NOTE: Add 5 percent for 4x4. Deduct 5 percent for 4-cyl.						
2003 Xterra, V-6						
XE Utility	360	1,080	1,800	4,500	6,300	9,000
SE Utility	380	1,140	1,900	4,750	6,650	9,500
SE/SC Utility	420	1,260	2,100	5,250	7,350	10,500
NOTE: Add 5 percent for 4x4. Deduct 5 percent for 4-cyl.						
2004 Pathfinder, V-6						
SE 4d SUV	420	1,260	2,100	5,250	7,350	10,500
LE 4d SUV	440	1,320	2,200	5,500	7,700	11,000
NOTE: Add 5 percent for 4x4.						
2004 Murano, V-6						
SL Utility	480	1,440	2,400	6,000	8,400	12,000
SE Utility	500	1,500	2,500	6,250	8,750	12,500
NOTE: Add 10 percent for AWD. Add 10 percent for Touring pkg.						

	6	5	4	3	2	1
2004 Armada, V-8						
SE Utility	500	1,510	2,520	6,300	8,820	12,600
LE Utility	520	1,550	2,580	6,450	9,030	12,900
NOTE: Add 10 percent for AWD. Add 10 percent for Off-Road Ed.						
2004 Quest, V-6						
3.5 S Van	320	970	1,620	4,050	5,670	8,100
3.5 SL Van	350	1,060	1,760	4,400	6,160	8,800
3.5 SE Van	380	1,150	1,920	4,800	6,720	9,600
NOTE: Add 10 percent for Skyview Roof pkg.						
2004 Frontier, V-6						
King Cab PU	300	900	1,500	3,750	5,250	7,500
XE King Cab PU	320	960	1,600	4,000	5,600	8,000
SVE King Cab PU (4x4 only)	420	1,260	2,100	5,250	7,350	10,500
SC King Cab PU (4x4 only)	430	1,280	2,140	5,350	7,490	10,700
XE Crew Cab PU	400	1,200	2,000	5,000	7,000	10,000
LE Crew Cab PU	420	1,260	2,100	5,250	7,350	10,500
SC Crew Cab PU	440	1,320	2,200	5,500	7,700	11,000
SVE Crew Cab PU (4x4 only)	460	1,380	2,300	5,750	8,050	11,500
NOTE: Add 5 percent for 4x4 except SVE and King Cab SC. Add 5 percent for automatic transmission when optional. Deduct 5 percent for 4-cyl.						
2004 Titan, V-8						
XE King Cab PU	350	1,040	1,740	4,350	6,090	8,700
SE King Cab PU	420	1,270	2,120	5,300	7,420	10,600
LE King Cab PU	430	1,300	2,160	5,400	7,560	10,800
XE Crew Cab PU	430	1,280	2,140	5,350	7,490	10,700
SE Crew Cab PU	460	1,380	2,300	5,750	8,050	11,500
LE Crew Cab PU	470	1,400	2,340	5,850	8,190	11,700
NOTE: Add 5 percent for 4x4. Add 5 percent for Off-Road pkg.						
2004 Xterra, V-6						
XE Utility	360	1,080	1,800	4,500	6,300	9,000
SE Utility	380	1,140	1,900	4,750	6,650	9,500
SE/SC Utility	420	1,260	2,100	5,250	7,350	10,500
NOTE: Add 5 percent for 4x4. Deduct 5 percent for 4-cyl. Deduct 5 percent for manual transmission except w/4-cyl.						
2005 Pathfinder, V-6						
4d XE SUV	410	1,220	2,040	5,100	7,140	10,200
4d SE SUV	420	1,260	2,100	5,250	7,350	10,500
4d SE Off-Road SUV	430	1,280	2,140	5,350	7,490	10,700
4d LE SUV	440	1,320	2,200	5,500	7,700	11,000
NOTE: Add 5 percent for 4x4.						
2005 Murano, V-6						
S Utility	460	1,380	2,300	5,750	8,050	11,500
SL Utility	480	1,440	2,400	6,000	8,400	12,000
SE Utility	500	1,500	2,500	6,250	8,750	12,500
NOTE: Add 10 percent for AWD. Add 10 percent for Touring pkg.						
2005 Armada, V-8						
4d SE Utility	500	1,510	2,520	6,300	8,820	12,600
4d SE Off-Road Utility	510	1,520	2,540	6,350	8,890	12,700
4d LE Utility	520	1,550	2,580	6,450	9,030	12,900
NOTE: Add 10 percent for 4x4.						
2005 Quest, V-6						
3.5 Van	310	940	1,560	3,900	5,460	7,800
3.5 S Van	320	970	1,620	4,050	5,670	8,100
3.5 SL Van	350	1,060	1,760	4,400	6,160	8,800
3.5 SE Van	380	1,150	1,920	4,800	6,720	9,600
NOTE: Add 10 percent for Skyview Roof pkg.						
2005 Frontier, V-6						
XE King Cab PU (4-cyl.)	320	960	1,600	4,000	5,600	8,000
SE King Cab PU	330	1,000	1,660	4,150	5,810	8,300
NISMO King Cab PU	340	1,030	1,720	4,300	6,020	8,600
LE King Cab PU	380	1,140	1,900	4,750	6,650	9,500
SE Crew Cab PU	400	1,200	2,000	5,000	7,000	10,000
NISMO Crew Cab PU	410	1,220	2,040	5,100	7,140	10,200
LE Crew Cab PU	420	1,260	2,100	4,730	7,350	10,500
NOTE: Add 5 percent for 4x4. Deduct 5 percent for manual transmission.						
2005 Titan, V-8						
XE King Cab PU	390	1,160	1,940	4,850	6,790	9,700
SE King Cab PU	420	1,270	2,120	5,300	7,420	10,600
LE King Cab PU	430	1,300	2,160	5,400	7,560	10,800
XE Crew Cab PU	430	1,280	2,140	5,350	7,490	10,700
SE Crew Cab PU	460	1,380	2,300	5,750	8,050	11,500
LE Crew Cab PU	470	1,400	2,340	5,850	8,190	11,700
NOTE: Add 5 percent for 4x4. Add 5 percent for Off-Road pkg.						
2005 Xterra, V-6						
4d S Utility	360	1,090	1,820	4,550	6,370	9,100
4d Off-Road Utility	370	1,120	1,860	4,190	6,510	9,300
4d SE Utility	380	1,140	1,900	4,280	6,650	9,500
NOTE: Add 5 percent for 4x4. Deduct 5 percent for manual transmission.						

	6	5	4	3	2	1
2006 Xterra, V-6, 4WD						
4d X SUV	460	1,370	2,280	5,700	7,980	11,400
4d S SUV	460	1,390	2,320	5,800	8,120	11,600
Off-Road SUV	480	1,450	2,420	6,050	8,470	12,100
4d SE SUV	490	1,460	2,440	6,100	8,540	12,200
2006 Murano, V-6, 4WD						
4d S SUV	540	1,620	2,700	6,750	9,450	13,500
4d ST SUV	560	1,680	2,800	7,000	9,800	14,000
4d SE SUV	570	1,720	2,860	7,150	10,010	14,300
2006 Quest, V-6						
Minivan	360	1,080	1,800	4,500	6,300	9,000
S Spl Edition	400	1,190	1,980	4,950	6,930	9,900
SL Minivan	440	1,310	2,180	5,450	7,630	10,900
SE Minivan	400	1,190	1,980	4,950	6,930	9,900
2006 Pathfinder, V-6, 4WD						
4d S SUV	480	1,440	2,400	6,000	8,400	12,000
4d SE SUV	520	1,550	2,580	6,450	9,030	12,900
SE Off-Road SUV	520	1,570	2,620	6,550	9,170	13,100
4d LE SUV	540	1,620	2,700	6,750	9,450	13,500
2006 Armada, V-8, 4WD						
4d SE SUV	580	1,730	2,880	7,200	10,080	14,400
SE Off-Road SUV	600	1,800	3,000	7,500	10,500	15,000
4d LE SUV	640	1,910	3,180	7,950	11,130	15,900
2006 Frontier King Cab, 4-cyl.						
XE Short Bed	380	1,140	1,900	4,750	6,650	9,500
2006 Frontier King Cab, V-6						
SE Short Bed	400	1,200	2,000	5,000	7,000	10,000
LE Short Bed	450	1,350	2,250	5,630	7,880	11,250
Nismo Short Bed	460	1,390	2,320	5,800	8,120	11,600
2006 Frontier Crew Cab, V-6						
SE Short Bed	470	1,400	2,340	5,850	8,190	11,700
LE Short Bed	480	1,430	2,380	5,950	8,330	11,900
Nismo Short Bed	510	1,540	2,560	6,400	8,960	12,800
2006 Titan King Cab, V-8						
XE Short Bed	380	1,140	1,900	4,750	6,650	9,500
SE Short Bed	420	1,250	2,080	5,200	7,280	10,400
LE Short Bed	430	1,280	2,140	5,350	7,490	10,700
2006 Titan Crew Cab, V-8						
XE Short Bed	460	1,370	2,280	5,700	7,980	11,400
SE Short Bed	500	1,490	2,480	6,200	8,670	12,390
LE Short Bed	520	1,560	2,600	6,500	9,100	13,000

PORSCHE TRUCKS

	6	5	4	3	2	1
2003 Cayenne, V-8, 4x4						
S Utility	1,080	3,240	5,400	13,500	18,900	27,000
Turbo Utility	1,580	4,740	7,900	19,750	27,650	39,500

NOTE: Add 5 percent for self-leveling suspension pkg. on S model.

	6	5	4	3	2	1
2004 Cayenne, V-8, 4x4						
4d Utility (V-6 only)	900	2,700	4,500	11,250	15,750	22,500
S 4d Utility	1,160	3,480	5,800	14,500	20,300	29,000
Turbo 4d Utility	1,660	4,980	8,300	20,750	29,050	41,500

NOTE: Add 10 percent for Off-Road pkg. Add 5 percent for self-leveling suspension pkg, except Turbo model.

	6	5	4	3	2	1
2005 Cayenne, V-8, 4x4						
4d Utility (V-6 only)	900	2,700	4,500	11,250	15,750	22,500
4d S Utility	1,160	3,480	5,800	14,500	20,300	29,000
4d Turbo Utility	1,660	4,980	8,300	20,750	29,050	41,500

NOTE: Add 10 percent for Off-Road pkg. Add 5 percent for Self-Leveling Suspension pkg except Turbo model. Deduct 5 percent for manual transmission.

	6	5	4	3	2	1
2006 Cayenne, V-6, AWD						
4d SUV	860	2,570	4,280	10,700	14,980	21,400
2006 Cayenne, V-8, AWD						
4d S SUV	980	2,950	4,920	12,300	17,220	24,600
4d S Titanium SUV	1,230	3,700	6,160	15,400	21,560	30,800
2006 Cayenne, V-8 Twin Turbo, 4WD						
4d SUV	1,340	4,020	6,700	16,750	23,450	33,500
4d S SUV	1,640	4,920	8,200	20,500	28,700	41,000

NOTE: All models add 5 percent for Sport Design, Off-Road Tech or Off-Road Design options.

SAAB TRUCKS

	6	5	4	3	2	1
2005 9-7X, 6-cyl., AWD						
4d Linear Utility	610	1,840	3,060	7,650	10,710	15,300
4d Arc Utility (V-8 only)	640	1,930	3,220	8,050	11,270	16,100

SUBARU TRUCKS

	6	5	4	3	2	1
1978 1/4-Ton 4x4						
Brat PU	150	400	700	1,580	2,450	3,500
NOTE: Prices based on deluxe model.						
1979 1/4-Ton 4x4						
Brat PU	150	400	700	1,580	2,450	3,500
NOTE: Prices based on deluxe model.						
1980 1/4-Ton 4x4						
Brat PU	150	400	700	1,580	2,450	3,500
NOTE: Prices based on deluxe model.						
1981 1/4-Ton 4x4						
Brat PU	150	400	700	1,580	2,450	3,500
NOTE: Prices based on deluxe model.						
1982 1/4-Ton 4x4						
Brat PU	150	400	700	1,580	2,450	3,500
NOTE: Prices based on deluxe model.						
1983 1/4-Ton 4x4						
Brat PU	150	400	700	1,580	2,450	3,500
1984 1/4-Ton 4x4						
Brat PU	150	500	800	1,800	2,800	4,000
1985 1/4-Ton 4x4						
Brat PU	200	600	1,000	2,250	3,500	5,000
1986 1/4-Ton 4x4						
Brat PU	250	700	1,200	2,700	4,200	6,000
NOTE: Prices based on deluxe model.						
1987 1/4-Ton 4x4						
Brat GL	250	700	1,150	2,570	4,000	5,700

SUZUKI TRUCKS

	6	5	4	3	2	1
1986-89 Samurai (4x4)						
Utl HT	190	580	960	2,160	3,360	4,800
Utl Conv	210	640	1,060	2,390	3,710	5,300
1989 Sidekick (4x4)						
JA Utl Conv	300	850	1,400	3,150	4,900	7,000
JX Utl HT	500	1,550	2,600	5,850	9,100	13,000
JX Utl Conv	300	950	1,600	3,600	5,600	8,000
1991 Samurai						
JA 2d Utly Conv 2x4	120	360	600	1,350	2,100	3,000
JS 2d Utly Conv 2x4	128	384	640	1,440	2,240	3,200
JA 2d Utly Conv 4x4	200	550	900	2,030	3,150	4,500
1991 Sidekick						
JS 2d Utly Conv 2x4	160	480	800	1,800	2,800	4,000
JL 2d Utly Conv 4x4	200	600	1,000	2,250	3,500	5,000
JX 2d Utly Conv 4x4	260	780	1,300	2,930	4,550	6,500
JX 4d Utly 4x4	240	720	1,200	2,700	4,200	6,000
JLX 4d Utly 4x4	250	800	1,300	2,930	4,550	6,500
1992 Samurai, 4-cyl.						
JA 2d Utly Conv 2x4	100	350	600	1,350	2,100	3,000
JL 2d Utly Conv 4x4	180	540	900	2,030	3,150	4,500
1992 Sidekick, 4-cyl.						
JS 2d Utly Conv 2x4	150	500	800	1,800	2,800	4,000
JX 2d Utly Conv 4x4	250	800	1,300	2,930	4,550	6,500
JX 4d Utly HT 4x4	250	700	1,200	2,700	4,200	6,000
JLX 4d Utly HT 4x4	250	800	1,300	2,930	4,550	6,500
1993 Samurai, 4-cyl.						
SUV 2WD	192	576	960	2,160	3,360	4,800
SUV 4x4	232	696	1,160	2,610	4,060	5,800
1993 Sidekick, 4-cyl.						
2d SUV 2WD	192	576	960	2,160	3,360	4,800
4d SUV 2WD	196	588	980	2,210	3,430	4,900
2d SUV 4x4	240	720	1,200	2,700	4,200	6,000
4d SUV 4x4	248	744	1,240	2,790	4,340	6,200
1994 Samurai, 4-cyl.						
2d Utly	200	550	900	2,030	3,150	4,500
1994 Sidekick, 4-cyl.						
2d Utly JS Conv	200	550	900	2,030	3,150	4,500
2d Utly JX Conv 4x4	200	600	1,000	2,250	3,500	5,000
4d Utly JS HT 4x4	200	650	1,100	2,480	3,850	5,500
4d Utly JX HT 4x4	250	700	1,200	2,700	4,200	6,000
4d Utly JLX HT 4x4	280	840	1,400	3,150	4,900	7,000
1995 Samurai, 4-cyl.						
JL 2d Utly Conv 4x4	200	550	900	2,030	3,150	4,500
1995 Sidekick, 4-cyl.						
JS 2d Utly Conv 2x4	200	550	900	2,030	3,150	4,500
JS 4d Utly HT 2x4	200	600	1,000	2,250	3,500	5,000

	6	5	4	3	2	1
JX 2d Utly Conv 4x4	220	660	1,100	2,480	3,850	5,500
JX 4d Utly HT 4x4	250	700	1,200	2,700	4,200	6,000
JLX 4d Utly HT 4x4	280	840	1,400	3,150	4,900	7,000
1996 X-90, 4-cyl.						
2d Utly	200	550	900	2,030	3,150	4,500
2d Utly 4x4	200	650	1,100	2,480	3,850	5,500
1996 Sidekick, 4-cyl.						
2d JS Utly Conv	200	550	900	2,030	3,150	4,500
4d JS Utly HT	200	600	1,000	2,250	3,500	5,000
4d JS Spt Utly HT	200	650	1,100	2,480	3,850	5,500
2d JX Utly Conv 4x4	220	660	1,100	2,480	3,850	5,500
4d JX Utly HT 4x4	250	700	1,200	2,700	4,200	6,000
4d JX Spt Utly HT 4x4	260	780	1,300	2,930	4,550	6,500
4d JLX Spt Utly HT 4x4	280	840	1,400	3,150	4,900	7,000
1997 X-90, 4-cyl.						
2d Utly	180	540	900	2,030	3,150	4,500
2d Utly 4x4	220	660	1,100	2,480	3,850	5,500
1997 Sidekick, 4-cyl.						
2d JS Utly Conv	180	540	900	2,030	3,150	4,500
4d JS Utly HT	200	600	1,000	2,250	3,500	5,000
4d JS Spt Utly HT	220	660	1,100	2,480	3,850	5,500
2d JX Utly Conv 4x4	220	660	1,100	2,480	3,850	5,500
4d JX Utly HT 4x4	240	720	1,200	2,700	4,200	6,000
4d JX Spt Utly HT 4x4	260	780	1,300	2,930	4,550	6,500
4d JLX Spt Utly HT 4x4	280	840	1,400	3,150	4,900	7,000
1998 X-90, 4-cyl.						
2d Utility	180	540	900	2,030	3,150	4,500
NOTE: Add 5 percent for 4x4.						
1998 Sidekick, 4-cyl.						
2d JS Utly Conv	180	540	900	2,030	3,150	4,500
4d JS Utly HT	200	600	1,000	2,250	3,500	5,000
4d JS Spt Utly HT	220	660	1,100	2,480	3,850	5,500
2d JX Utly Conv	220	660	1,100	2,480	3,850	5,500
4d JX Utly HT	240	720	1,200	2,700	4,200	6,000
4d JX Spt Utly HT	260	780	1,300	2,930	4,550	6,500
4d JLX Spt Utly HT	280	840	1,400	3,150	4,900	7,000
NOTE: Add 5 percent for 4x4.						
1999 Vitara, 4-cyl.						
JS 1.6 Utility	160	480	800	1,800	2,800	4,000
JS 2.0 Utility	180	540	900	2,030	3,150	4,500
JX 1.6 Utility	200	600	1,000	2,250	3,500	5,000
JX 2.0 Utility	220	660	1,100	2,480	3,850	5,500
NOTE: Add 5 percent for 4x4.						
1999 Grand Vitara, V-6						
4d JS Utility	180	540	900	2,030	3,150	4,500
4d JLX Utility	280	840	1,400	3,150	4,900	7,000
NOTE: Add 5 percent for Plus model. Add 5 percent for 4x4.						
2000 Vitara, 4-cyl.						
2d JS Utility	160	480	800	1,800	2,800	4,000
2d JLS Utility	180	540	900	2,030	3,150	4,500
2d JX Utility	200	600	1,000	2,250	3,500	5,000
4d JS Utility	220	660	1,100	2,480	3,850	5,500
4d JLS Utility	240	720	1,200	2,700	4,200	6,000
4d JX Utility	260	780	1,300	2,930	4,550	6,500
4d JLX Utility	280	840	1,400	3,150	4,900	7,000
NOTE: Add 5 percent for 4x4.						
2000 Grand Vitara, V-6						
4d JLS Utility	300	900	1,500	3,380	5,250	7,500
4d JLX Utility	320	960	1,600	3,600	5,600	8,000
4d Limited Utility	360	1,080	1,800	4,050	6,300	9,000
NOTE: Add 5 percent for Plus model. Add 5 percent for 4x4.						
2001 Vitara, 4-cyl.						
2d JS Utility	160	480	800	2,000	2,800	4,000
2d JLS Utility	180	540	900	2,250	3,150	4,500
2d JLX Utility	200	600	1,000	2,500	3,500	5,000
4d JS Utility	220	660	1,100	2,750	3,850	5,500
4d JLS Utility	240	720	1,200	3,000	4,200	6,000
4d JX Utility	260	780	1,300	3,250	4,550	6,500
4d JLX Utility	280	840	1,400	3,500	4,900	7,000
NOTE: Add 5 percent for 4x4.						
2001 Grand Vitara, V-6						
4d JLS Utility	300	900	1,500	3,750	5,250	7,500
4d JLX Utility	320	960	1,600	4,000	5,600	8,000
4d Limited Utility	360	1,080	1,800	4,500	6,300	9,000
NOTE: Add 5 percent for Plus model. Add 5 percent for 4x4.						

	6	5	4	3	2	1
2001 XL-7, V-6						
4d Standard Utility	300	900	1,500	3,750	5,250	7,500
4d Plus Utility	320	960	1,600	4,000	5,600	8,000
4d Touring Utility	340	1,020	1,700	4,250	5,950	8,500
4d Limited Utility	350	1,040	1,740	4,350	6,090	8,700
NOTE: Add 5 percent for 4x4.						
2002 Vitara, 4-cyl.						
2d JLS Soft Top Utility	180	540	900	2,250	3,150	4,500
4d JLS Hard Top Utility	220	660	1,100	2,750	3,850	5,500
2d JLX Soft Top Utility	260	780	1,300	3,250	4,550	6,500
4d JLX Hard Top Utility	280	840	1,400	3,500	4,900	7,000
NOTE: Add 5 percent for 4x4.						
2002 Grand Vitara, V-6						
4d JLS Utility	300	900	1,500	3,750	5,250	7,500
4d JLX Utility	320	960	1,600	4,000	5,600	8,000
4d Limited Utility	360	1,080	1,800	4,500	6,300	9,000
NOTE: Add 5 percent for 4x4.						
2002 XL-7 Hard Top, V-6						
4d Standard Utility	300	900	1,500	3,750	5,250	7,500
4d Plus Utility	320	960	1,600	4,000	5,600	8,000
4d Touring Utility	340	1,020	1,700	4,250	5,950	8,500
4d Limited Utility	350	1,040	1,740	4,350	6,090	8,700
NOTE: Add 5 percent for 4x4.						
2003 Vitara, 4-cyl.						
2d Soft Top Utility	260	780	1,300	3,250	4,550	6,500
4d HardTop Utility	280	840	1,400	3,500	4,900	7,000
NOTE: Add 5 percent for 4x4.						
2003 Grand Vitara, V-6						
4d Utility	300	900	1,500	3,750	5,250	7,500
NOTE: Add 5 percent for 4x4.						
2003 XL-7, Hard Top, V-6						
4d Touring Utility	340	1,020	1,700	4,250	5,950	8,500
4d Limited Utility	350	1,040	1,740	4,350	6,090	8,700
NOTE: Add 5 percent for 4x4.						
2004 Vitara, V-6						
LX Hard Top 4d Utility	320	960	1,600	4,000	5,600	8,000
2004 Grand Vitara, V-6						
LX Hard Top 4d Utility	330	1,000	1,660	4,150	5,810	8,300
EX Hard Top 4d Utility	340	1,020	1,700	4,250	5,950	8,500
NOTE: Add 5 percent for 4x4. Deduct 5 percent for manual transmission.						
2004 XL-7, V-6						
LX Hard Top 4d Utility	340	1,020	1,700	4,250	5,950	8,500
EX Hard Top 4d Utility	350	1,040	1,740	4,350	6,090	8,700
NOTE: Add 5 percent for 4x4. Deduct 5 percent for manual transmission.						
2005 Grand Vitara, V-6						
4d LX Hard Top Utility	330	1,000	1,660	4,150	5,810	8,300
4d EX Hard Top Utility	340	1,020	1,700	4,250	5,950	8,500
NOTE: Add 5 percent for 4x4. Deduct 5 percent for manual transmission.						
2005 XL-7, V-6						
4d EX Hard Top Utility	350	1,040	1,740	4,350	6,090	8,700
4d LX Hard Top Utility	340	1,020	1,700	4,250	5,950	8,500
NOTE: Add 5 percent for 4x4. Deduct 5 percent for manual transmission.						
2006 Grand Vitar, V-6, AWD						
4d SUV	500	1,490	2,480	6,200	8,680	12,400
2006 XL-7, V-6, 4WD						
4d SUV	430	1,300	2,160	5,400	7,560	10,800

TOYOTA TRUCKS

	6	5	4	3	2	1
1967 Landcruiser, 4x4						
No Top	350	1,000	1,700	3,830	5,950	8,500
Soft-Top	350	1,000	1,650	3,690	5,750	8,200
HdTp	350	1,050	1,800	4,010	6,250	8,900
NOTE: Prices based on deluxe model.						
1968 1/2-Ton						
PU	150	400	700	1,580	2,450	3,500
1968 Landcruiser, 4x4						
No Top	350	1,000	1,700	3,830	5,950	8,500
Soft-Top	350	1,050	1,750	3,920	6,100	8,700
HT	350	1,050	1,800	4,010	6,250	8,900
NOTE: Prices based on deluxe model.						
1969 1/2-Ton						
PU	150	400	700	1,580	2,450	3,500
1969 Landcruiser, 4x4						
No Top	350	1,050	1,700	3,870	6,000	8,600
Soft-Top	350	1,050	1,750	3,960	6,150	8,800
HT	350	1,100	1,800	4,050	6,300	9,000
NOTE: Prices based on deluxe model.						

	6	5	4	3	2	1
1970 1/2-Ton						
PU	150	400	700	1,580	2,450	3,500
1970 Landcruiser, 4x4						
No Top	350	1,050	1,700	3,870	6,000	8,600
Soft-Top	350	1,050	1,750	3,960	6,150	8,800
HT	350	1,100	1,800	4,050	6,300	9,000
NOTE: Prices based on deluxe model.						
1971 1/2-Ton						
PU	150	400	700	1,580	2,450	3,500
1971 Landcruiser, 4x4						
Soft-Top	350	1,050	1,750	3,920	6,100	8,700
HT	350	1,050	1,800	4,010	6,250	8,900
Wag.	350	1,100	1,800	4,050	6,300	9,000
NOTE: Prices based on deluxe model.						
1972 1/2-Ton						
PU	150	400	700	1,580	2,450	3,500
1972 Landcruiser, 4x4						
Soft-Top	350	1,050	1,800	4,010	6,250	8,900
HT	350	1,100	1,800	4,050	6,300	9,000
Wag.	350	1,100	1,850	4,140	6,450	9,200
NOTE: Prices based on deluxe model.						
1973 1/2-Ton						
PU	150	400	700	1,580	2,450	3,500
1973 Landcruiser, 4x4						
Soft-Top	350	1,050	1,800	4,010	6,250	8,900
HT	350	1,100	1,800	4,100	6,350	9,100
Wag.	350	1,100	1,850	4,140	6,450	9,200
NOTE: Prices based on deluxe model.						
1974 1/2-Ton						
PU SBx	150	450	700	1,620	2,500	3,600
PU LBx	150	450	750	1,670	2,600	3,700
1974 Landcruiser, 4x4						
Soft-Top	350	1,100	1,800	4,050	6,300	9,000
HT	350	1,100	1,850	4,190	6,500	9,300
Wag.	400	1,150	1,900	4,230	6,600	9,400
NOTE: Prices based on deluxe model.						
1975 1/2-Ton						
PU SBx	150	450	750	1,670	2,600	3,700
PU LBx	150	450	750	1,710	2,650	3,800
1975 Landcruiser, 4x4						
Soft-Top	350	1,100	1,800	4,100	6,350	9,100
HT	400	1,150	1,900	4,280	6,650	9,500
Wag.	400	1,150	1,900	4,320	6,700	9,600
1976 1/2-Ton						
PU SBx	150	450	800	1,760	2,750	3,900
PU LBx	150	500	800	1,850	2,850	4,100
1976 Landcruiser - (4WD)						
HT	400	1,150	1,900	4,230	6,600	9,400
Wag.	400	1,150	1,900	4,280	6,650	9,500
NOTE: Prices based on deluxe model.						
1977 1/2-Ton						
PU SBx	200	550	900	2,030	3,150	4,500
PU LBx	200	550	900	2,070	3,200	4,600
NOTE: Add 15 percent for 4x4.						
NOTE: Add 15 percent for 4x4.						
1978 Landcruiser, 4x4						
HT	350	1,100	1,850	4,140	6,450	9,200
Wag.	400	1,150	1,900	4,230	6,600	9,400
NOTE: Prices based on deluxe model.						
NOTE: Prices based on deluxe model.						
1979 1/2-Ton						
PU SBx	200	550	900	2,030	3,150	4,500
PU LBx	200	550	900	2,070	3,200	4,600
NOTE: Add 15 percent for 4x4.						
1979 Landcruiser, 4x4						
HT	350	1,100	1,850	4,140	6,450	9,200
Wag.	400	1,150	1,900	4,230	6,600	9,400
NOTE: Prices based on deluxe model.						
1980 1/2-Ton						
PU SBx	200	550	900	2,070	3,200	4,600
PU LBx	200	600	950	2,160	3,350	4,800
NOTE: Add 15 percent for 4x4.						
1980 Landcruiser, 4x4						
HT	400	1,150	1,900	4,280	6,650	9,500
Wag.	400	1,150	1,950	4,370	6,800	9,700
NOTE: Prices based on deluxe model.						

	6	5	4	3	2	1
1981 1/2-Ton						
PU SBx	200	600	950	2,160	3,350	4,800
PU LBx	200	600	1,000	2,210	3,450	4,900
NOTE: Add 15 percent for 4x4.						
1981 Landcruiser, 4x4						
HT	400	1,150	1,950	4,370	6,800	9,700
Wag	400	1,200	2,000	4,460	6,950	9,900
NOTE: Prices based on deluxe model.						
1982 1/2-Ton						
PU SBx	200	600	1,000	2,210	3,450	4,900
PU LBx	200	600	1,000	2,250	3,500	5,000
NOTE: Add 15 percent for 4x4.						
1982 Landcruiser, 4x4						
HT	400	1,250	2,050	4,640	7,200	10,300
Wag	400	1,250	2,100	4,730	7,350	10,500
NOTE: Prices based on deluxe model.						
1983 1/2-Ton						
PU SBx	200	550	950	2,120	3,300	4,700
PU LBx	200	600	1,000	2,210	3,450	4,900
NOTE: Add 15 percent for 4x4.						
1983 Landcruiser, 4x4						
HT	450	1,300	2,200	4,950	7,700	11,000
Wag	450	1,350	2,250	5,040	7,850	11,200
NOTE: Prices based on deluxe model.						
1984 1/2-Ton						
PU SBx	200	600	1,000	2,210	3,450	4,900
PU LBx	200	600	1,000	2,300	3,550	5,100
PU Xcab	200	650	1,050	2,390	3,700	5,300
NOTE: Add 15 percent for 4x4.						
1984 4Runner, 4x4						
Wag	300	850	1,400	3,150	4,900	7,000
1984 Vans						
Cargo	120	360	600	1,350	2,100	3,000
DeL	160	480	800	1,800	2,800	4,000
LE	180	540	900	2,030	3,150	4,500
NOTE: Add 15 percent for 4x4.						
1984 Landcruiser, 4x4						
Wag	500	1,500	2,500	5,630	8,750	12,500
NOTE: Prices based on deluxe model.						
1985 1/2-Ton						
PU SBx	180	540	900	2,030	3,150	4,500
PU LBx	188	564	940	2,120	3,290	4,700
PU Xcab	192	576	960	2,160	3,360	4,800
NOTE: Add 15 percent for 4x4.						
1985 4Runner, 4x4						
Wag	300	950	1,600	3,600	5,600	8,000
1985 Vans						
Cargo	160	480	800	1,800	2,800	4,000
DeL	168	504	840	1,890	2,940	4,200
LE	172	516	860	1,940	3,010	4,300
1985 Landcruiser, 4x4						
Wag	500	1,500	2,500	5,630	8,750	12,500
NOTE: Prices based on deluxe model.						
1986 1/2-Ton						
PU SBx	160	480	800	1,800	2,800	4,000
PU LBx	168	504	840	1,890	2,940	4,200
PU Xcab	172	516	860	1,940	3,010	4,300
NOTE: Add 15 percent for 4x4.						
1986 4Runner						
Wag	300	950	1,600	3,600	5,600	8,000
1986 Vans						
Cargo	160	480	800	1,800	2,800	4,000
DeL	180	540	900	2,030	3,150	4,500
LE	200	600	1,000	2,250	3,500	5,000
1986 Landcruiser, 4x4						
Wag	520	1,560	2,600	5,850	9,100	13,000
NOTE: Prices based on deluxe model.						
1987 Light Trucks						
PU	144	432	720	1,620	2,520	3,600
PU LBx	152	456	760	1,710	2,660	3,800
PU DeL LBx	160	480	800	1,800	2,800	4,000
PU Xcab LBx	164	492	820	1,850	2,870	4,100
PU DeL Xcab LBx	184	552	920	2,070	3,220	4,600
PU SR5 Xcab	192	576	960	2,160	3,360	4,800
PU SR5 Xcab (Turbo)	200	600	1,000	2,250	3,500	5,000
PU 1-Ton LBx	180	540	900	2,030	3,150	4,500

	6	5	4	3	2	1
1987 Light Trucks 4x4						
PU Std.	200	600	1,000	2,250	3,500	5,000
PU (Turbo)	220	660	1,100	2,480	3,850	5,500
PU DeL LBx	224	672	1,120	2,520	3,920	5,600
PU DeL Xcab	240	720	1,200	2,700	4,200	6,000
PU SR5	248	744	1,240	2,790	4,340	6,200
PU SR5 Xcab	260	780	1,300	2,930	4,550	6,500
PU SR5 Xcab (Turbo)	280	840	1,400	3,150	4,900	7,000
1987 4Runner, 4x4						
DeL	300	950	1,600	3,600	5,600	8,000
SR5	500	1,550	2,600	5,850	9,100	13,000
SR5 Wag.	550	1,600	2,700	6,080	9,450	13,500
SR5 Wag (Turbo)	550	1,700	2,800	6,300	9,800	14,000
1987 Vans						
Window	140	420	700	1,580	2,450	3,500
Panel	156	468	780	1,760	2,730	3,900
DeL	160	480	800	1,800	2,800	4,000
LE	200	600	1,000	2,250	3,500	5,000
Panel 4x4	180	540	900	2,030	3,150	4,500
LE 4x4	220	660	1,100	2,480	3,850	5,500
1987 Landcruiser 4x4						
Wag.	520	1,560	2,600	5,850	9,100	13,000
1988 Light Trucks						
PU	180	540	900	2,030	3,150	4,500
PU LBx	200	600	1,000	2,250	3,500	5,000
PU DeL LBx	220	660	1,100	2,480	3,850	5,500
PU Xcab LBx	236	708	1,180	2,660	4,130	5,900
PU DeL Xcab LBx	248	744	1,240	2,790	4,340	6,200
PU SR5 Xcab	260	780	1,300	2,930	4,550	6,500
PU SR5 Xcab (Turbo)	268	804	1,340	3,020	4,690	6,700
PU 1-Ton LBx	180	540	900	2,030	3,150	4,500
1988 Light Trucks 4x4						
PU Std.	240	720	1,200	2,700	4,200	6,000
PU DeL LBx	268	804	1,340	3,020	4,690	6,700
PU DeL Xcab	280	840	1,400	3,150	4,900	7,000
PU SR5	300	900	1,500	3,380	5,250	7,500
PU SR5 Xcab	320	960	1,600	3,600	5,600	8,000
1988 4Runner 4x4						
DeL	550	1,700	2,800	6,300	9,800	14,000
SR5	600	1,800	3,000	6,750	10,500	15,000
DeL Wag.	600	1,800	3,050	6,840	10,600	15,200
SR5 Wag (6-cyl.)	650	1,900	3,200	7,200	11,200	16,000
1988 Vans						
Window	208	624	1,040	2,340	3,640	5,200
Panel	200	600	1,000	2,250	3,500	5,000
DeL	240	720	1,200	2,700	4,200	6,000
LE	268	804	1,340	3,020	4,690	6,700
Panel 4x4	272	816	1,360	3,060	4,760	6,800
Panel LE 4x4	320	960	1,600	3,600	5,600	8,000
1988 Landcruiser 4x4						
Wag.	620	1,860	3,100	6,980	10,850	15,500
1989 Light Trucks						
PU	220	660	1,100	2,480	3,850	5,500
PU DeL	240	720	1,200	2,700	4,200	6,000
PU DeL LBx	260	780	1,300	2,930	4,550	6,500
PU SR5 LBx	272	816	1,360	3,060	4,760	6,800
PU DeL Xcab	280	840	1,400	3,150	4,900	7,000
PU SR5 Xcab	300	900	1,500	3,380	5,250	7,500
PU DeL 1-Ton LBx (6-cyl.)	280	840	1,400	3,150	4,900	7,000
1989 Light Trucks 4x4						
PU DeL	300	900	1,500	3,380	5,250	7,500
PU DeL LBx	320	960	1,600	3,600	5,600	8,000
PU SR5	344	1,032	1,720	3,870	6,020	8,600
PU DeL Xcab	340	1,020	1,700	3,830	5,950	8,500
PU SR5 Xcab	520	1,560	2,600	5,850	9,100	13,000
1989 4Runner 4x4						
DeL	600	1,850	3,100	6,980	10,900	15,500
DeL Wag.	650	2,000	3,300	7,430	11,600	16,500
SR5 Wag.	700	2,050	3,400	7,650	11,900	17,000
1989 Vans						
Window	264	792	1,320	2,970	4,620	6,600
Panel	260	780	1,300	2,930	4,550	6,500
DeL	340	1,020	1,700	3,830	5,950	8,500
LE	520	1,560	2,600	5,850	9,100	13,000
Panel 4x4	320	960	1,600	3,600	5,600	8,000
DeL 4x4	520	1,560	2,600	5,850	9,100	13,000

	6	5	4	3	2	1
LE 4x4	560	1,680	2,800	6,300	9,800	14,000
1989 Landcruiser 4x4						
Wag	720	2,160	3,600	8,100	12,600	18,000
1990 Light Trucks						
2d PU	224	672	1,120	2,520	3,920	5,600
2d PU Dlx	228	684	1,140	2,570	3,990	5,700
2d PU SR5	232	696	1,160	2,610	4,060	5,800
2d PU SR5 Clb Cab	236	708	1,180	2,660	4,130	5,900
2d PU Dlx 4x4	264	792	1,320	2,970	4,620	6,600
2d PU Dlx Clb Cab 4x4	272	816	1,360	3,060	4,760	6,800
2d PU SR5 Clb Cab 4x4	276	828	1,380	3,110	4,830	6,900
1990 4Runner SR5						
2d Spt Utly 4x4	650	2,000	3,300	7,430	11,600	16,500
4d Spt Utly 4x4	700	2,050	3,400	7,650	11,900	17,000
4d Spt Utly 2x4	600	1,850	3,100	6,980	10,900	15,500
1990 Landcruiser						
4d Spt Utly 4x4	760	2,280	3,800	8,550	13,300	19,000
1991 Previa						
DX 3d Van	540	1,620	2,700	6,080	9,450	13,500
LE 3d Van	560	1,680	2,800	6,300	9,800	14,000
DX 3d Van 4x4	600	1,800	3,000	6,750	10,500	15,000
LE 3d Van 4x4	620	1,860	3,100	6,980	10,850	15,500
1991 Light Trucks						
2d PU	260	780	1,300	2,930	4,550	6,500
DX 2d PU	280	840	1,400	3,150	4,900	7,000
DX 2d PU LBx	288	864	1,440	3,240	5,040	7,200
DX 2d PU Crew Cab	300	900	1,500	3,380	5,250	7,500
SR5 2d PU Crew Cab V-6	340	1,020	1,700	3,830	5,950	8,500
1991 Pickup 4x4						
DX 2d PU	320	960	1,600	3,600	5,600	8,000
DX-LB 2d PU	340	1,020	1,700	3,830	5,950	8,500
DX 2d PU Crew Cab	520	1,560	2,600	5,850	9,100	13,000
SR5 2d PU Crew Cab	560	1,680	2,800	6,300	9,800	14,000
1991 4Runner						
SR5 2d Sta Wag 4x4	720	2,160	3,600	8,100	12,600	18,000
SR5 4d Sta Wag 2x4	560	1,680	2,800	6,300	9,800	14,000
SR5 4d Sta Wag 4x4	728	2,184	3,640	8,190	12,740	18,200
1991 Land Cruiser						
4d Sta Wag 4x4	920	2,760	4,600	10,350	16,100	23,000
1992 4Runner, V-6						
SR5 2d Sta Wag 4x4	676	2,028	3,380	7,610	11,830	16,900
SR5 4d Sta Wag 2x4	652	1,956	3,260	7,340	11,410	16,300
SR5 4d Sta Wag 4x4	696	2,088	3,480	7,830	12,180	17,400
1992 Land Cruiser, 6-cyl.						
4d Sta Wag 4x4	908	2,724	4,540	10,220	15,890	22,700
1992 Previa						
DX Van	558	1,674	2,790	6,280	9,765	13,950
LE Van	628	1,884	3,140	7,070	10,990	15,700
DX Van 4x4	620	1,860	3,100	6,980	10,850	15,500
LE Van 4x4	692	2,076	3,460	7,790	12,110	17,300
1992 Pickups, 4-cyl.						
DX PU	280	840	1,400	3,150	4,900	7,000
DX PU LB	320	960	1,600	3,600	5,600	8,000
DX PU LB 1-Ton	520	1,560	2,600	5,850	9,100	13,000
SR5 PU	640	1,920	3,200	7,200	11,200	16,000
NOTE: Add 10 percent for 4x4. Add 10 percent for V-6.						
1993 4Runner, V-6						
4d Sta Wag 2WD	300	850	1,400	3,110	4,850	6,900
4d Sta Wag 4x4	300	950	1,600	3,560	5,550	7,900
1993 Land Cruiser, 6-cyl.						
4d Sta Wag 4x4	580	1,740	2,900	6,530	10,150	14,500
1993 Previa, 4-cyl.						
Window Van	240	720	1,200	2,700	4,200	6,000
1993 Pickup						
2d PU SBx	180	540	900	2,030	3,150	4,500
2d PU LBx	184	552	920	2,070	3,220	4,600
T-100 2d PU V-6 2WD	184	552	920	2,070	3,220	4,600
T-100 2d PU V-6 4x4	224	672	1,120	2,520	3,920	5,600
1994 4Runner						
4d Utly SR5 2x4, V-6	520	1,560	2,600	5,850	9,100	13,000
4d Utly SR5 4x4, 4-cyl.	560	1,680	2,800	6,300	9,800	14,000
4d Utly SR5 4x4, V-6	600	1,800	3,000	6,750	10,500	15,000
1994 Land Cruiser, 6-cyl.						
4d Utly	960	2,880	4,800	10,800	16,800	24,000
1994 Previa, 4-cyl.						
Window Van DX	480	1,440	2,400	5,400	8,400	12,000

	6	5	4	3	2	1
Window Van LE	500	1,500	2,500	5,630	8,750	12,500
Window Van DX 4x4	540	1,620	2,700	6,080	9,450	13,500
Window Van LE 4x4	560	1,680	2,800	6,300	9,800	14,000
1994 Pickups, 4-cyl.						
2d PU	260	780	1,300	2,930	4,550	6,500
2d PU DX	280	840	1,400	3,150	4,900	7,000
2d PU DX Club Cab	360	1,080	1,800	4,050	6,300	9,000
2d PU SR5 Club Cab, V-6	400	1,200	2,000	4,500	7,000	10,000
2d PU DX 4x4	420	1,260	2,100	4,730	7,350	10,500
2d PU SR5 Club Cab 4x4, V-6	500	1,500	2,500	5,630	8,750	12,500
1994 T100 Pickups						
2d PU, 4-cyl.	280	840	1,400	3,150	4,900	7,000
2d PU DX, V-6	340	1,020	1,700	3,830	5,950	8,500
2d PU SR5, V-6	360	1,080	1,800	4,050	6,300	9,000
2d PU DX 4x4, V-6	440	1,320	2,200	4,950	7,700	11,000
2d PU SR5 4x4, V-6	520	1,560	2,600	5,850	9,100	13,000
1995 4Runner, V-6						
4d Utly SR5 2x4, V-6	520	1,560	2,600	5,850	9,100	13,000
4d Utly SR5 4x4, 4-cyl.	560	1,680	2,800	6,300	9,800	14,000
4d Utly SR5 4x4, V-6	600	1,800	3,000	6,750	10,500	15,000
1995 Land Cruiser, 6-cyl.						
4d Utly 4x4	950	2,900	4,800	10,800	16,800	24,000
1995 Previa, 4-cyl.						
Window Van DX	500	1,450	2,400	5,400	8,400	12,000
Window Van LE	500	1,500	2,500	5,630	8,750	12,500
Window Van DX 4x4	540	1,620	2,700	6,080	9,450	13,500
Window Van LE 4x4	560	1,680	2,800	6,300	9,800	14,000
1995 Pickup						
PU DX	300	850	1,400	3,150	4,900	7,000
PU DX Club Cab	350	1,100	1,800	4,050	6,300	9,000
PU DX Club Cab 4x4	420	1,260	2,100	4,730	7,350	10,500
PU SR5 Club Cab, V-6	400	1,200	2,000	4,500	7,000	10,000
PU SR5 Club Cab 4x4, V-6	500	1,500	2,500	5,630	8,750	12,500
1995 Tacoma Pickup, 4-cyl.						
PU 4x4	350	1,100	1,800	4,050	6,300	9,000
PU Club Cab 4x4	400	1,250	2,050	4,640	7,200	10,300
PU SR5 Club Cab 4x4, V-6	480	1,440	2,400	5,400	8,400	12,000
1995 T100 Pickup, V-6						
PU, 4-cyl.	300	850	1,400	3,150	4,900	7,000
PU DX	350	1,000	1,700	3,830	5,950	8,500
PU DX Club Cab	400	1,200	2,000	4,500	7,000	10,000
PU DX Club Cab 4x4	420	1,260	2,100	4,730	7,350	10,500
PU SR5 Club Cab	450	1,300	2,200	4,950	7,700	11,000
PU SR5 Club Cab 4x4	520	1,560	2,600	5,850	9,100	13,000
1996 4Runner, V-6						
4d Utly, 4-cyl.	350	1,100	1,800	4,050	6,300	9,000
4d Utly 4x4, 4-cyl.	400	1,200	2,000	4,500	7,000	10,000
4d Utly SR5	500	1,550	2,600	5,850	9,100	13,000
4d Utly SR5 4x4	550	1,700	2,800	6,300	9,800	14,000
4d Utly Ltd 4x4	600	1,800	3,000	6,750	10,500	15,000
1996 Land Cruiser, 6-cyl.						
4d Utly 4x4	950	2,900	4,800	10,800	16,800	24,000
1996 Previa, 4-cyl.						
DX Window Van	500	1,450	2,400	5,400	8,400	12,000
LE Window Van	500	1,500	2,500	5,630	8,750	12,500
DX Window Van 4x4	540	1,620	2,700	6,080	9,450	13,500
LE Window Van 4x4	560	1,680	2,800	6,300	9,800	14,000
1996 RAV4, 4-cyl.						
2d Utly	250	700	1,200	2,700	4,200	6,000
2d Utly 4x4	300	850	1,400	3,150	4,900	7,000
4d Utly	250	800	1,300	2,930	4,550	6,500
4d Utly 4x4	300	900	1,500	3,380	5,250	7,500
1996 Tacoma Pickup, 4-cyl.						
PU	300	900	1,500	3,380	5,250	7,500
PU X Cab	350	1,000	1,700	3,830	5,950	8,500
PU 4x4	350	1,100	1,800	4,050	6,300	9,000
PU X Cab 4x4	450	1,300	2,200	4,950	7,700	11,000
SR5 PU X Cab 4x4, V-6	520	1,560	2,600	5,850	9,100	13,000
NOTE: Add 5 percent for V-6, exc. SR5.						
1996 T100 Pickup, V-6						
PU, 4-cyl.	300	850	1,400	3,150	4,900	7,000
PU X Cab PU	400	1,150	1,900	4,280	6,650	9,500
SR5 PU X Cab	400	1,250	2,100	4,730	7,350	10,500
PU X Cab PU 4x4	450	1,400	2,300	5,180	8,050	11,500
SR5 PU X Cab 4x4	500	1,550	2,600	5,850	9,100	13,000

	6	5	4	3	2	1
1997 4Runner, V-6						
4d Utly, 4-cyl.	360	1,080	1,800	4,050	6,300	9,000
4d Utly 4x4, 4-cyl.	400	1,200	2,000	4,500	7,000	10,000
4d Utly SR5	520	1,560	2,600	5,850	9,100	13,000
4d Utly SR5 4x4	560	1,680	2,800	6,300	9,800	14,000
4d Utly Ltd	580	1,740	2,900	6,530	10,150	14,500
4d Utly Ltd 4x4	600	1,800	3,000	6,750	10,500	15,000
1997 Land Cruiser, 6-cyl.						
4d Utly 4x4	960	2,880	4,800	10,800	16,800	24,000
1997 Previa, 4-cyl.						
DX Window Van	480	1,440	2,400	5,400	8,400	12,000
LE Window Van	500	1,500	2,500	5,630	8,750	12,500
DX Window Van AWD	540	1,620	2,700	6,080	9,450	13,500
LE Window Van AWD	560	1,680	2,800	6,300	9,800	14,000
1997 RAV4, 4-cyl.						
2d Utly	240	720	1,200	2,700	4,200	6,000
2d Utly 4x4	280	840	1,400	3,150	4,900	7,000
4d Utly	260	780	1,300	2,930	4,550	6,500
4d Utly 4x4	300	900	1,500	3,380	5,250	7,500
1997 Tacoma Pickup, 4-cyl.						
PU	300	900	1,500	3,380	5,250	7,500
PU X Cab	340	1,020	1,700	3,830	5,950	8,500
PU 4x4	360	1,080	1,800	4,050	6,300	9,000
PU X Cab 4x4	440	1,320	2,200	4,950	7,700	11,000
SR5 PU X Cab 4x4, V-6	520	1,560	2,600	5,850	9,100	13,000
NOTE: Add 5 percent for V-6, exc. SR5.						
1997 T100 Pickup, V-6						
PU, 4-cyl.	280	840	1,400	3,150	4,900	7,000
PU X Cab PU	380	1,140	1,900	4,280	6,650	9,500
SR5 PU X Cab	420	1,260	2,100	4,730	7,350	10,500
PU X Cab PU 4x4	460	1,380	2,300	5,180	8,050	11,500
SR5 PU X Cab 4x4	520	1,560	2,600	5,850	9,100	13,000
1998 4Runner, V-6						
4d Utility (4-cyl.)	360	1,080	1,800	4,050	6,300	9,000
SR5 4d Utility	520	1,560	2,600	5,850	9,100	13,000
Limited 4d Utility	580	1,740	2,900	6,530	10,150	14,500
NOTE: Add 5 percent for 4x4.						
1998 Land Cruiser, V-8, 4x4						
4d Utility	960	2,880	4,800	10,800	16,800	24,000
1998 Sienna, V-6						
CE Window Van	480	1,440	2,400	5,400	8,400	12,000
LE Window Van	500	1,500	2,500	5,630	8,750	12,500
XLE Window Van	520	1,560	2,600	5,850	9,100	13,000
1998 RAV4, 4-cyl.						
2d Utility	240	720	1,200	2,700	4,200	6,000
4d Utility	260	780	1,300	2,930	4,550	6,500
NOTE: Add 5 percent for 4x4.						
1998 Tacoma, 4-cyl.						
PU	300	900	1,500	3,380	5,250	7,500
PreRunner X Cab PU	340	1,020	1,700	3,830	5,950	8,500
Limited X Cab PU	520	1,560	2,600	5,850	9,100	13,000
NOTE: Add 5 percent for SR5 or TRD Pkg. Add 10 percent for extended cab (base PU only). Add 5 percent for 4x4. Add 5 percent for V-6, exc. Limited.						
1998 T100, V-6						
PU (4-cyl.)	280	840	1,400	3,150	4,900	7,000
X Cab PU	380	1,140	1,900	4,280	6,650	9,500
SR5 X Cab PU	420	1,260	2,100	4,730	7,350	10,500
NOTE: Add 5 percent for 4x4.						
1999 4Runner, V-6						
4d Utility (4-cyl.)	360	1,080	1,800	4,050	6,300	9,000
SR5 4d Utility	520	1,560	2,600	5,850	9,100	13,000
Limited 4d Utility	580	1,740	2,900	6,530	10,150	14,500
NOTE: Add 5 percent for 4x4.						
1999 Land Cruiser, V-8, 4x4						
4d Utility	880	2,640	4,400	9,900	15,400	22,000
1999 Sienna, V-6						
CE Van	440	1,320	2,200	4,950	7,700	11,000
LE Van	460	1,380	2,300	5,180	8,050	11,500
XLE Van	480	1,440	2,400	5,400	8,400	12,000
1999 RAV4, 4-cyl.						
2d Utility	240	720	1,200	2,700	4,200	6,000
4d Utility	260	780	1,300	2,930	4,550	6,500
NOTE: Add 5 percent for L Pkg. Add 5 percent for 4x4.						
1999 Tacoma, 4-cyl.						
PU	300	900	1,500	3,380	5,250	7,500
PreRunner X Cab PU	340	1,020	1,700	3,830	5,950	8,500

	6	5	4	3	2	1
Limited X Cab PU	520	1,560	2,600	5,850	9,100	13,000
NOTE: Add 5 percent for SR5 or TRD Pkgs. Add 10 percent for extended cab. Add 5 percent for 4x4. Add 5 percent for V-6, excl Limited.						
2000 4Runner, V-6						
4d Utility (4-cyl.)	360	1,080	1,800	4,050	6,300	9,000
SR5 4d Utility	520	1,560	2,600	5,850	9,100	13,000
Limited 4d Utility	580	1,740	2,900	6,530	10,150	14,500
NOTE: Add 5 percent for 4x4.						
2000 Land Cruiser, V-8, 4x4						
4d Utility	900	2,700	4,500	10,130	15,750	22,500
2000 Sienna, V-6						
CE Van	440	1,320	2,200	4,950	7,700	11,000
LE Van	460	1,380	2,300	5,180	8,050	11,500
XLE Van	480	1,440	2,400	5,400	8,400	12,000
2000 RAV4, 4-cyl.						
4d Utility	260	780	1,300	2,930	4,550	6,500
NOTE: Add 5 percent for L Pkg. Add 5 percent for 4x4.						
2000 Tacoma, 4-cyl.						
PU	300	900	1,500	3,380	5,250	7,500
PreRunner X Cab PU	340	1,020	1,700	3,830	5,950	8,500
Limited X Cab PU (V-6 only)	520	1,560	2,600	5,850	9,100	13,000
NOTE: Add 5 percent for SR5 or TRD pkgs. Add 10 percent for extended cab. Add 5 percent for 4x4.						
2000 Tundra, V-8						
PU	320	960	1,600	3,600	5,600	8,000
SR5 PU	500	1,500	2,500	5,630	8,750	12,500
Limited X Cab PU	600	1,800	3,000	6,750	10,500	15,000
NOTE: Add 5 percent for TRD pkg. Add 5 percent for 4x4. Deduct 5 percent for V-6.						
2001 4Runner, V-6						
SR5 4d Utility	520	1,560	2,600	6,500	9,100	13,000
Limited 4d Utility	580	1,740	2,900	7,250	10,150	14,500
NOTE: Add 5 percent for 4x4.						
2001 Land Cruiser, V-8, 4x4						
4d Utility	900	2,700	4,500	11,250	15,750	22,500
2001 Sequoia, V-8						
SR5 4d Utility	540	1,620	2,700	6,750	9,450	13,500
Limited 4d Utility	590	1,760	2,940	7,350	10,290	14,700
NOTE: Add 5 percent for 4x4.						
2001 Sienna, V-6						
CE Van	440	1,320	2,200	5,500	7,700	11,000
LE Van	460	1,380	2,300	5,750	8,050	11,500
XLE Van	480	1,440	2,400	6,000	8,400	12,000
2001 RAV4, 4-cyl.						
4d Utility	260	780	1,300	3,250	4,550	6,500
NOTE: Add 5 percent for L Pkg. Add 5 percent for 4x4.						
2001 Highlander, V-6						
4d Utility	540	1,620	2,700	6,750	9,450	13,500
Limited 4d Utility	580	1,740	2,900	7,250	10,150	14,500
NOTE: Add 5 percent for 4x4. Deduct 5 percent for 4-cyl.						
2001 Tacoma, 4-cyl.						
PU	300	900	1,500	3,750	5,250	7,500
PreRunner PU	320	960	1,600	4,000	5,600	8,000
PreRunner X Cab PU	340	1,020	1,700	4,250	5,950	8,500
S-Runner X Cab PU	440	1,320	2,200	5,500	7,700	11,000
Limited X Cab PU (V-6 only)	520	1,560	2,600	6,500	9,100	13,000
NOTE: Add 5 percent for SR5 or TRD pkgs. Add 5 percent for 4x4. Deduct 5 percent for 4-cyl.						
2001 Tundra, V-8						
PU	320	960	1,600	4,000	5,600	8,000
SR5 PU	500	1,500	2,500	6,250	8,750	12,500
Limited PU	600	1,800	3,000	7,500	10,500	15,000
NOTE: Add 5 percent for TRD pkg. Add 5 percent for 4x4. Deduct 5 percent for V-6.						
2002 4Runner, V-6						
SR5 4d Utility	520	1,560	2,600	6,500	9,100	13,000
Limited 4d Utility	580	1,740	2,900	7,250	10,150	14,500
NOTE: Add 5 percent for 4x4.						
2002 Land Cruiser, V-8, 4x4						
4d Utility	900	2,700	4,500	11,250	15,750	22,500
2002 Sequoia, V-8						
SR5 4d Utility	540	1,620	2,700	6,750	9,450	13,500
Limited 4d Utility	590	1,760	2,940	7,350	10,290	14,700
NOTE: Add 5 percent for 4x4.						
2002 Sienna, V-6						
CE Van	440	1,320	2,200	5,500	7,700	11,000
LE Van	460	1,380	2,300	5,750	8,050	11,500
Symphony Van	470	1,420	2,360	5,900	8,260	11,800
XLE Van	480	1,440	2,400	6,000	8,400	12,000

	6	5	4	3	2	1
2002 RAV4, 4-cyl.						
4d Utility	260	780	1,300	3,250	4,550	6,500
NOTE: Add 5 percent for L Pkg. Add 5 percent for 4x4.						
2002 Highlander, V-6						
4d Utility	540	1,620	2,700	6,750	9,450	13,500
Limited 4d Utility	580	1,740	2,900	7,250	10,150	14,500
NOTE: Add 5 percent for 4x4. Deduct 5 percent for 4-cyl.						
2002 Tacoma, 4-cyl.						
PU	300	900	1,500	3,750	5,250	7,500
PreRunner PU	320	960	1,600	4,000	5,600	8,000
X Cab PU	330	980	1,640	4,100	5,740	8,200
PreRunner X Cab PU	340	1,020	1,700	4,250	5,950	8,500
S-Runner X Cab PU	440	1,320	2,200	5,500	7,700	11,000
Limited X Cab PU (V-6 only)	520	1,560	2,600	6,500	9,100	13,000
NOTE: Add 5 percent for SR5 or TRD pkgs. Add 10 percent for Double Cab models. Add 5 percent for 4x4. Add 5 percent for V-6 except Limited model.						
2002 Tundra, V-8						
PU	320	960	1,600	4,000	5,600	8,000
SR5 PU	500	1,500	2,500	6,250	8,750	12,500
Limited PU	600	1,800	3,000	7,500	10,500	15,000
NOTE: Add 5 percent for TRD pkg. Add 5 percent for Access Cab models. Add 5 percent for 4x4. Deduct 5 percent for V-6.						
2003 4Runner, V-6 & V-8						
SR5 4d Utility	520	1,560	2,600	6,500	9,100	13,000
Sport 4d Utility	560	1,680	2,800	7,000	9,800	14,000
Limited 4d Utility	580	1,740	2,900	7,250	10,150	14,500
NOTE: Add 5 percent for 4x4.						
2003 Land Cruiser, V-8, 4x4						
4d Utility	900	2,700	4,500	11,250	15,750	22,500
2003 Sequoia, V-8						
SR5 4d Utility	540	1,620	2,700	6,750	9,450	13,500
Limited 4d Utility	590	1,760	2,940	7,350	10,290	14,700
NOTE: Add 5 percent for 4x4.						
2003 Sienna, V-6						
CE Van	440	1,320	2,200	5,500	7,700	11,000
LE Van	460	1,380	2,300	5,750	8,050	11,500
Symphony Van	470	1,420	2,360	5,900	8,260	11,800
XLE Van	480	1,440	2,400	6,000	8,400	12,000
2003 RAV4, 4-cyl.						
4d Utility	260	780	1,300	3,250	4,550	6,500
NOTE: Add 5 percent for L or Sport pkg. Add 5 percent for 4x4.						
2003 Highlander, V-6						
4d Utility	540	1,620	2,700	6,750	9,450	13,500
Limited 4d Utility	580	1,740	2,900	7,250	10,150	14,500
NOTE: Add 5 percent for 4x4. Deduct 5 percent for 4-cyl.						
2003 Tacoma, 4-cyl.						
PU	300	900	1,500	3,750	5,250	7,500
PreRunner PU	320	960	1,600	4,000	5,600	8,000
X Cab PU	330	980	1,640	4,100	5,740	8,200
PreRunner X Cab PU	340	1,020	1,700	4,250	5,950	8,500
PreRunner Ltd Double Cab PU (V-6 only)	440	1,320	2,200	5,500	7,700	11,000
Limited Double Cab PU (V-6 only)	520	1,560	2,600	6,500	9,100	13,000
NOTE: Add 5 percent for SR5 or TRD pkg. Add 10 percent for Double Cab when not standard. Add 5 percent for 4x4. Add 5 percent for V-6 when not standard.						
2003 Tundra, V-8						
PU	320	960	1,600	4,000	5,600	8,000
SR5 PU	500	1,500	2,500	6,250	8,750	12,500
Limited PU	600	1,800	3,000	7,500	10,500	15,000
NOTE: Add 5 percent for TRD pkg. Add 5 percent for Access Cab models. Add 5 percent for 4x4. Deduct 5 percent for V-6.						
2004 4Runner, V-6 & V-8						
SR5 4d Utility	520	1,560	2,600	6,500	9,100	13,000
Sport 4d Utility	560	1,680	2,800	7,000	9,800	14,000
Limited 4d Utility	580	1,740	2,900	7,250	10,150	14,500
NOTE: Add 5 percent for 4x4.						
2004 Land Cruiser, V-8, 4x4						
4d Utility	900	2,700	4,500	11,250	15,750	22,500
2004 Sequoia, V-8						
SR5 4d Utility	540	1,620	2,700	6,750	9,450	13,500
Limited 4d Utility	590	1,760	2,940	7,350	10,290	14,700
NOTE: Add 5 percent for 4x4.						
2004 Sienna, V-6						
CE Van	440	1,320	2,200	5,500	7,700	11,000
LE Van	460	1,380	2,300	5,750	8,050	11,500
XLE Van	480	1,440	2,400	6,000	8,400	12,000
Limited Van	550	1,660	2,760	6,900	9,660	13,800
NOTE: Add 5 percent for AWD.						

	6	5	4	3	2	1
2004 RAV4, 4-cyl.						
4d Utility	260	780	1,300	3,250	4,550	6,500
NOTE: Add 5 percent for L or Sport pkg. Add 5 percent for 4x4. Deduct 5 percent for manual transmission.						
2004 Highlander, V-6						
4d Utility	540	1,620	2,700	6,750	9,450	13,500
Limited 4d Utility	580	1,740	2,900	7,250	10,150	14,500
NOTE: Add 5 percent for 4x4. Deduct 5 percent for 4-cyl.						
2004 Tacoma, 4-cyl.						
PU	300	900	1,500	3,750	5,250	7,500
PreRunner PU	320	960	1,600	4,000	5,600	8,000
X Cab PU	330	980	1,640	4,100	5,740	8,200
PreRunner X Cab PU	340	1,020	1,700	4,250	5,950	8,500
Limited X Cab PU	430	1,280	2,140	5,350	7,490	10,700
PreRunner Ltd Double Cab PU (V-6 only)	440	1,320	2,200	4,950	7,700	11,000
Limited Double Cab PU (V-6 only)	520	1,560	2,600	6,500	9,100	13,000
NOTE: Add 5 percent for SR5 or TRD pkg. Add 10 percent for Double Cab when not standard. Add 5 percent for 4x4. Add 5 percent for V-6 when not standard. Add 5 percent for automatic transmission when not standard.						
2004 Tundra, V-8						
PU	320	960	1,600	4,000	5,600	8,000
SR5 PU	500	1,500	2,500	6,250	8,750	12,500
Limited PU	600	1,800	3,000	7,500	10,500	15,000
NOTE: Add 5 percent for TRD pkg. Add 5 percent for Access Cab or Double Cab models. Add 5 percent for 4x4. Add 5 percent for Stepside bed. Deduct 5 percent for V-6. Deduct 5 percent for manual transmission.						
2005 4Runner, V-6 & V-8						
4d SR5 Utility	520	1,560	2,600	6,500	9,100	13,000
4d Sport Utility	560	1,680	2,800	7,000	9,800	14,000
4d Limited Utility	580	1,740	2,900	7,250	10,150	14,500
NOTE: Add 5 percent for 4x4. Deduct 10 percent for V-6.						
2005 Land Cruiser, V-8, 4x4						
4d Utility	900	2,700	4,500	11,250	15,750	22,500
2005 Sequoia, V-8						
4d SR5 Utility	540	1,620	2,700	6,750	9,450	13,500
4d Limited Utility	590	1,760	2,940	7,350	10,290	14,700
NOTE: Add 5 percent for 4x4.						
2005 Sienna, V-6						
4d CE Van	440	1,320	2,200	5,500	7,700	11,000
4d LE Van	460	1,380	2,300	5,750	8,050	11,500
4d XLE Van	480	1,440	2,400	6,000	8,400	12,000
4d Limited Van	550	1,660	2,760	6,900	9,660	13,800
NOTE: Add 10 percent for AWD.						
2005 RAV4, 4-cyl.						
4d Utility	260	780	1,300	3,250	4,550	6,500
NOTE: Add 5 percent for L or Sport pkg. Add 5 percent for 4x4. Deduct 5 percent for manual transmission.						
2005 Highlander, V-6						
4d Utility	540	1,620	2,700	6,750	9,450	13,500
4d Limited Utility	580	1,740	2,900	7,250	10,150	14,500
NOTE: Add 5 percent for 4x4. Deduct 5 percent for 4-cyl. on base model.						
2005 Tacoma, 4-cyl.						
PU	300	900	1,500	3,750	5,250	7,500
PreRunner PU	320	960	1,600	4,000	5,600	8,000
X-Runner PU	400	1,200	2,000	5,000	7,000	10,000
PreRunner Double Cab PU (V-6 only)	440	1,320	2,200	4,950	7,700	11,000
Double Cab PU (V-6 & 4x4 only)	520	1,560	2,600	6,500	9,100	13,000
NOTE: Add 5 percent for SR5 pkg, except X-Runner PU. Add 10 percent for TRD Sport or TRD Off-Road pkg except X-Runner. Add 5 percent for Access Cab. Add 5 percent for 4x4. Add 5 percent for V-6, when not standard. Add 5 percent for automatic transmission, when not standard.						
2005 Tundra, V-6 & V-8						
PU	360	1,080	1,800	4,500	6,300	9,000
SR5 PU	500	1,500	2,500	6,250	8,750	12,500
SR5 Double Cab PU	580	1,740	2,900	6,530	10,150	14,500
Limited PU	600	1,800	3,000	7,500	10,500	15,000
Limited Double Cab PU	640	1,920	3,200	8,000	11,200	16,000
NOTE: Add 5 percent for TRD Off-Road pkg, except SR5 PU. Add 5 percent for Access Cab. Add 5 percent for 4x4. Deduct 5 percent for V-6. Deduct 5 percent for manual transmission.						
2006 RAV4, 4-cyl., 4WD						
4d SUV	540	1,610	2,680	6,700	9,380	13,400
4d Spt SUV	570	1,720	2,860	7,150	10,010	14,300
4d Ltd SUV	590	1,760	2,940	7,350	10,290	14,700
2006 Highlander, V-6, 4WD, Hybrid						
4d SUV	520	1,560	2,600	6,500	9,100	13,000
4d Ltd SUV	580	1,740	2,900	7,250	10,150	14,500
2006 Highlander, V-6, 4WD						
4d SUV	580	1,740	2,900	7,250	10,150	14,500
4d Spt SUV	610	1,840	3,060	7,650	10,710	15,300
4d Ltd SUV	640	1,920	3,200	8,000	11,200	16,000
2006 4Runner, V-6, 4WD						
4d SR5 SUV	660	1,970	3,280	7,380	11,480	16,400

	6	5	4	3	2	1
4d Spt SUV	680	2,040	3,400	8,500	11,900	17,000
4d Ltd SUV	740	2,230	3,720	9,300	13,020	18,600
2006 Sequoia, V-8, 4WD						
4d SR5 SUV	720	2,150	3,580	8,950	12,530	17,900
4d Ltd SUV	830	2,500	4,160	10,400	14,560	20,800
2006 Land Cruiser, V-8, AWD						
4d SUV	1,200	3,590	5,980	14,950	20,930	29,900
2006 Sienna, V-6						
CE Minivan	470	1,400	2,340	5,850	8,190	11,700
LE Minivan	500	1,490	2,480	6,200	8,680	12,400
XLE Minivan	610	1,820	3,040	7,600	10,640	15,200
XLE Ltd Minivan	640	1,910	3,180	7,950	11,130	15,900
2006 Tacoma, 4-cyl.						
Short Bed	360	1,090	1,820	4,550	6,370	9,100
Access Cab	460	1,370	2,280	5,700	7,980	11,400
Prerunner Spt	400	1,200	2,000	5,000	7,000	10,000
Prerunner Access	480	1,440	2,400	6,000	8,400	12,000
2006 Tacoma, V-6						
X-Runner Access	540	1,610	2,680	6,700	9,380	13,400
Prerunner Dbl 5'	620	1,860	3,100	7,750	10,850	15,500
Prerunner Dbl 6'	620	1,850	3,080	7,700	10,780	15,400
2006 Tacoma, V-6, 4WD						
Prerunner Dbl 5'	730	2,200	3,660	9,150	12,810	18,300
Prerunner Dbl 6'	730	2,180	3,640	9,100	12,740	18,200
2006 Tundra, V-6						
Long Bed	320	970	1,610	4,030	5,640	8,050
2006 Tundra, V-8						
Work Truck Long	360	1,070	1,780	4,450	6,230	8,900
4d SR5 Access Cab	470	1,400	2,340	5,850	8,190	11,700
4d Ltd Access Cab	480	1,450	2,420	6,050	8,470	12,100
4d SR5 Double Cab	540	1,630	2,720	6,800	9,520	13,600
Waltrip Edition	550	1,660	2,760	6,900	9,660	13,800
4d Ltd Double Cab	580	1,730	2,880	7,200	10,080	14,400

NOTE: Add 30 percent for 4WD.

VOLKSWAGEN TRUCKS

	6	5	4	3	2	1
1950 Transporter, 4-cyl., 94.5" wb, 25 hp						
DeL Van	500	1,550	2,600	5,810	9,050	12,900
Kombi	500	1,500	2,500	5,580	8,700	12,400
1951-52 Transporter, 4-cyl., 94.5" wb, 25 hp						
DeL Van	516	1,548	2,580	5,810	9,030	12,900
Kombi	496	1,488	2,480	5,580	8,680	12,400
NOTE: Overdrive is standard equipment.						
1952-53 Transporter, 4-cyl., 94.5" wb, 25 hp						
DeL Van	508	1,524	2,540	5,720	8,890	12,700
Kombi	488	1,464	2,440	5,490	8,540	12,200
1953 (Serial Nos. later than March 1953.) Transporter, 4-cyl., 94.5" wb, 25 hp						
DeL Van	500	1,500	2,500	5,630	8,750	12,500
Kombi	500	1,500	2,500	5,580	8,700	12,400
1954 Station Wagons, 4-cyl., 94.5" wb, 30 hp						
Microbus	400	1,200	2,050	4,590	7,150	10,200
Micro DeL	400	1,250	2,100	4,680	7,300	10,400
NOTE: Microbus 165" overall. DeLuxe Microbus 166.1" overall.						
1955 Station Wagons, 4-cyl., 94.5" wb, 36 hp						
Kombi	400	1,200	2,000	4,500	7,000	10,000
Microbus	400	1,200	2,050	4,590	7,150	10,200
Micro DeL	400	1,250	2,100	4,680	7,300	10,400
1956 Station Wagons, 4-cyl., 94.5" wb, 36 hp						
Kombi	400	1,200	1,950	4,410	6,850	9,800
Microbus	400	1,200	2,000	4,500	7,000	10,000
Micro DeL	400	1,200	2,050	4,590	7,150	10,200
1957 Station Wagons, 4-cyl., 94.5" wb, 36 hp						
Kombi	400	1,150	1,900	4,280	6,650	9,500
Microbus	400	1,200	1,950	4,410	6,850	9,800
Micro SR DeL	400	1,200	2,000	4,460	6,950	9,900
Camper	400	1,250	2,100	4,680	7,300	10,400
1958 Station Wagons, 4-cyl., 94.5" wb, 36 hp						
Kombi	400	1,150	1,900	4,230	6,600	9,400
Microbus	400	1,150	1,950	4,370	6,800	9,700
Micro SR DeL	400	1,200	2,000	4,460	6,950	9,900
Camper	400	1,250	2,100	4,680	7,300	10,400
1959 Station Wagons, 4-cyl., 94.5" wb, 36 hp						
Kombi	400	1,150	1,900	4,230	6,600	9,400
Micro	400	1,150	1,950	4,370	6,800	9,700
Micro SR DeL	400	1,200	2,000	4,460	6,950	9,900
Camper	400	1,250	2,100	4,680	7,300	10,400

	6	5	4	3	2	1
1960 Station Wagons, 4-cyl., 94.5" wb, 36 hp						
Kombi	350	1,100	1,850	4,190	6,500	9,300
Micro	400	1,150	1,900	4,320	6,700	9,600
Micro SR DeL	400	1,200	1,950	4,410	6,850	9,800
Camper	400	1,250	2,050	4,640	7,200	10,300
1961 Station Wagons, 4-cyl., 94.5" wb, 40 hp						
Sta Wag	350	1,100	1,850	4,190	6,500	9,300
Kombi	400	1,150	1,900	4,320	6,700	9,600
Sta Wag DeL	400	1,200	1,950	4,410	6,850	9,800
Camper	400	1,250	2,050	4,640	7,200	10,300
NOTE: Add 5 percent for extra seats sta wag.						
1962 Station Wagons, 4-cyl., 94.5" wb, 40 hp						
Sta Wag	400	1,150	1,900	4,320	6,700	9,600
Kombi	350	1,100	1,850	4,190	6,500	9,300
Sta Wag DeL	400	1,200	1,950	4,410	6,850	9,800
Camper	400	1,250	2,050	4,640	7,200	10,300
1963 Station Wagons, 4-cyl., 94.5" wb, 40 hp						
Sta Wag	400	1,150	1,900	4,320	6,700	9,600
Kombi	350	1,100	1,850	4,190	6,500	9,300
Sta Wag DeL	400	1,200	1,950	4,410	6,850	9,800
1964 Station Wagons, 1200 Series, 4-cyl., 94.5" wb, 40 hp						
Wag	400	1,150	1,900	4,320	6,700	9,600
Kombi w/Seats	350	1,100	1,850	4,190	6,500	9,300
Sta Wag DeL	400	1,200	1,950	4,410	6,850	9,800
1964 Station Wagons, 1500 Series, 4-cyl., 94.5" wb, 50 hp						
Wag	400	1,150	1,950	4,370	6,800	9,700
Kombi w/Seats	400	1,150	1,900	4,230	6,600	9,400
Sta Wag DeL	400	1,200	2,000	4,460	6,950	9,900
1965 Station Wagons, 1500 Series, 4-cyl., 94.5" wb, 40 hp						
Sta Wag	400	1,150	1,950	4,370	6,800	9,700
Kombi w/Seats	400	1,150	1,900	4,230	6,600	9,400
Sta Wag DeL	400	1,200	2,000	4,460	6,950	9,900
1965 Commercial, 1500 Series, 4-cyl., 94.5" wb, 40 hp						
Panel	400	1,150	1,900	4,320	6,700	9,600
PU	400	1,200	1,950	4,410	6,850	9,800
Dbl Cab PU	400	1,200	2,000	4,460	6,950	9,900
1966 Station Wagons, 57 hp						
Sta Wag	400	1,150	1,950	4,370	6,800	9,700
Kombi w/Seats	400	1,150	1,900	4,230	6,600	9,400
DeL Sta Wag	400	1,200	2,000	4,460	6,950	9,900
1966 Commercial						
Panel	400	1,150	1,900	4,320	6,700	9,600
PU	400	1,200	1,950	4,410	6,850	9,800
Dbl Cab PU	400	1,150	1,950	4,370	6,800	9,700
1967 Station Wagons, 57 hp						
Sta Wag	400	1,150	1,950	4,370	6,800	9,700
Kombi w/Seats	400	1,150	1,900	4,230	6,600	9,400
Sta Wag DeL	400	1,200	2,000	4,460	6,950	9,900
1967 Commercial						
Panel	400	1,150	1,900	4,320	6,700	9,600
PU	400	1,200	1,950	4,410	6,850	9,800
Dbl Cab PU	400	1,200	2,000	4,460	6,950	9,900
1968 Station Wagons, 57 hp						
Sta Wag	400	1,200	1,950	4,410	6,850	9,800
Kombi w/Seats	400	1,150	1,900	4,280	6,650	9,500
1968 Commercial						
Panel	400	1,150	1,950	4,370	6,800	9,700
PU	400	1,200	2,000	4,460	6,950	9,900
Dbl Cab PU	400	1,200	2,000	4,500	7,000	10,000
1969 Station Wagons, 57 hp						
Sta Wag	400	1,200	1,950	4,410	6,850	9,800
Kombi w/Seats	400	1,150	1,900	4,280	6,650	9,500
Camper	450	1,300	2,200	4,950	7,700	11,000
1969 Commercial						
Panel	400	1,150	1,950	4,370	6,800	9,700
PU	400	1,200	2,000	4,460	6,950	9,900
Dbl Cab PU	400	1,200	2,000	4,500	7,000	10,000
1970 Station Wagons, 60 hp						
Sta Wag	400	1,200	1,950	4,410	6,850	9,800
Kombi w/Seats	400	1,150	1,900	4,280	6,650	9,500
Camper	450	1,300	2,200	4,950	7,700	11,000
1970 Commercial						
Panel	400	1,150	1,950	4,370	6,800	9,700
PU	400	1,200	2,000	4,460	6,950	9,900
Dbl Cab PU	400	1,200	2,000	4,500	7,000	10,000

	6	5	4	3	2	1
1971 Transporter						
Sta Wag	400	1,200	1,950	4,410	6,850	9,800
Kombi w/Seats	400	1,150	1,900	4,280	6,650	9,500
Sta Wag SR	400	1,200	2,000	4,500	7,000	10,000
Campmobile	500	1,450	2,400	5,400	8,400	12,000
1971 Commercial						
Panel	400	1,150	1,950	4,370	6,800	9,700
PU	400	1,200	2,000	4,460	6,950	9,900
Dbl Cab PU	400	1,200	2,000	4,500	7,000	10,000
1972 Transporter						
Sta Wag	400	1,200	1,950	4,410	6,850	9,800
Kombi	400	1,150	1,900	4,280	6,650	9,500
Campmobile	500	1,450	2,400	5,400	8,400	12,000
1972 Commercial						
Panel	400	1,150	1,950	4,370	6,800	9,700
PU	400	1,200	2,000	4,460	6,950	9,900
Dbl Cab PU	400	1,200	2,000	4,500	7,000	10,000
1973 Transporter						
Sta Wag	400	1,200	1,950	4,410	6,850	9,800
Kombi	400	1,150	1,900	4,280	6,650	9,500
Campmobile	500	1,450	2,400	5,400	8,400	12,000
1973 Commercial						
Panel	400	1,150	1,950	4,370	6,800	9,700
1974 Transporter						
Sta Wag	400	1,200	2,000	4,460	6,950	9,900
Kombi	400	1,150	1,900	4,320	6,700	9,600
Campmobile	500	1,500	2,500	5,630	8,750	12,500
1974 Commercial						
Panel	400	1,150	1,950	4,370	6,800	9,700
1975 Transporter - Type II						
Sta Wag	400	1,150	1,950	4,370	6,800	9,700
Kombi	400	1,150	1,900	4,280	6,650	9,500
Campmobile	400	1,250	2,100	4,730	7,350	10,500
1975 Commercial						
Panel	400	1,150	1,900	4,280	6,650	9,500
1976 Transporter						
Sta Wag	400	1,150	1,950	4,370	6,800	9,700
Kombi	400	1,150	1,900	4,280	6,650	9,500
Campmobile	400	1,250	2,100	4,730	7,350	10,500
1977 Transporter						
Sta Wag	400	1,150	1,950	4,370	6,800	9,700
Kombi	400	1,150	1,900	4,280	6,650	9,500
Campmobile	400	1,250	2,100	4,730	7,350	10,500
1978 Transporter - Type II						
5P Sta Wag	400	1,150	1,950	4,370	6,800	9,700
Kombi	400	1,150	1,900	4,280	6,650	9,500
7P Sta Wag	400	1,200	1,950	4,410	6,850	9,800
Campmobile	400	1,250	2,100	4,730	7,350	10,500
NOTE: Prices based on deluxe model.						
1979 Transporter - Type II						
5P Sta Wag	400	1,150	1,950	4,370	6,800	9,700
Kombi	400	1,150	1,900	4,280	6,650	9,500
7P Sta Wag	400	1,200	1,950	4,410	6,850	9,800
Campmobile	400	1,250	2,100	4,730	7,350	10,500
NOTE: Prices based on deluxe model.						
1980 Pickup (FWD)						
Cus PU	150	500	800	1,850	2,850	4,100
LX PU	150	500	850	1,890	2,950	4,200
Spt PU	150	500	850	1,940	3,000	4,300
1980 Vanagon Transporter Type II						
5P Sta Wag	400	1,150	1,950	4,370	6,800	9,700
Kombi	400	1,150	1,900	4,280	6,650	9,500
7P Sta Wag	400	1,200	1,950	4,410	6,850	9,800
Campmobile	400	1,250	2,100	4,730	7,350	10,500
NOTE: Prices based on deluxe model.						
1981 Pickup						
PU	150	500	800	1,850	2,850	4,100
LX PU	150	500	850	1,890	2,950	4,200
Spt PU	150	500	850	1,940	3,000	4,300
1981 Vanagon Transporter Type II						
5P Sta Wag	400	1,150	1,950	4,370	6,800	9,700
Kombi	400	1,150	1,900	4,280	6,650	9,500
7P Sta Wag	400	1,200	1,950	4,410	6,850	9,800
Campmobile	400	1,250	2,100	4,730	7,350	10,500

NOTE: Deduct 5 percent for diesel. Prices based on deluxe model.

	6	5	4	3	2	1
1982 Pickup, FWD						
PU	150	500	800	1,850	2,850	4,100
LX PU	150	500	850	1,890	2,950	4,200
Spt PU	150	500	850	1,940	3,000	4,300
1982 Vanagon						
5P Sta Wag	400	1,150	1,950	4,370	6,800	9,700
7P Sta Wag	400	1,200	1,950	4,410	6,850	9,800
Campmobile	400	1,250	2,100	4,730	7,350	10,500
NOTE: Deduct 5 percent for diesel. Prices based on deluxe model.						
1983 Pickup, FWD						
PU	150	500	800	1,850	2,850	4,100
LX PU	150	500	850	1,890	2,950	4,200
Spt PU	150	500	850	1,940	3,000	4,300
1983 Vanagon						
5P Sta Wag	400	1,200	1,950	4,410	6,850	9,800
7P Sta Wag	400	1,200	2,000	4,460	6,950	9,900
Campmobile	400	1,250	2,100	4,770	7,400	10,600
NOTE: Deduct 5 percent for diesel. Prices based on deluxe model.						
1984 Vanagon						
Sta Wag	400	1,200	2,000	4,500	7,000	10,000
Campmobile	500	1,450	2,400	5,400	8,400	12,000
NOTE: Deduct 5 percent for diesel. Prices based on deluxe model.						
1985 Vanagon						
Sta Wag	400	1,250	2,100	4,730	7,350	10,500
Campmobile	500	1,500	2,500	5,630	8,750	12,500
NOTE: Deduct 5 percent for diesel. Prices based on deluxe model.						
1986 Vanagon						
Sta Wag	400	1,250	2,100	4,730	7,350	10,500
Campmobile	500	1,500	2,500	5,630	8,750	12,500
NOTE: Deduct 5 percent for diesel. Prices based on deluxe model.						
1987 Vanagon						
Sta Wag	350	1,100	1,800	4,050	6,300	9,000
Sta Wag GL	400	1,150	1,900	4,280	6,650	9,500
Camper	400	1,200	2,000	4,500	7,000	10,000
Camper GL	500	1,450	2,400	5,400	8,400	12,000
1987 Vanagon (4WD)						
Sta Wag GL	400	1,250	2,100	4,730	7,350	10,500
Camper	500	1,450	2,400	5,400	8,400	12,000
Camper GL	650	1,900	3,200	7,200	11,200	16,000
1988 Vanagon						
Sta Wag GL	400	1,250	2,100	4,730	7,350	10,500
Camper GL	650	1,900	3,200	7,200	11,200	16,000
1989 Vanagon						
Sta Wag GL	650	2,000	3,300	7,430	11,600	16,500
Camper GL	800	2,350	3,900	8,780	13,700	19,500
Sta Wag Carat	700	2,100	3,500	7,880	12,300	17,500
1989 Vanagon (4WD)						
Sta Wag GL	700	2,150	3,600	8,100	12,600	18,000
Camper GL	850	2,500	4,200	9,450	14,700	21,000
1990 Vanagon						
Sta Wag	700	2,050	3,400	7,650	11,900	17,000
Sta Wag Syncro	800	2,350	3,900	8,780	13,700	19,500
Sta Wag GL	800	2,400	4,000	9,000	14,000	20,000
Sta Wag Carat	800	2,450	4,100	9,230	14,300	20,500
Camper GL	900	2,650	4,400	9,900	15,400	22,000
Camper GL Syncro	900	2,750	4,600	10,350	16,100	23,000
1991 Vanagon						
3d Van	350	1,000	1,700	3,830	5,950	8,500
3d Syncro Van	550	1,700	2,800	6,300	9,800	14,000
GL 3d Van	600	1,800	3,000	6,750	10,500	15,000
Carat 3d Van	700	2,050	3,400	7,650	11,900	17,000
GL 3d Camper Van	750	2,300	3,800	8,550	13,300	19,000
GL 3d Syncro Van	650	1,900	3,200	7,200	11,200	16,000
1993 Eurovan, 5-cyl.						
Window Van	300	950	1,550	3,510	5,450	7,800
2004 Touareg, AWD						
4d Utility (V-6)	620	1,870	3,120	7,800	10,920	15,600
4d Utility (V-8)	680	2,050	3,420	8,550	11,970	17,100
TDI 4d Utility (V-10)	1,270	3,800	6,340	15,850	22,190	31,700
NOTE: Add 5 percent for adjustable air suspension, except TDI.						
2005 Touareg, V-6 & V-8, AWD						
4d Utility (V-6)	620	1,870	3,120	7,800	10,920	15,600
4d Utility (V-8)	680	2,050	3,420	8,550	11,970	17,100
NOTE: Add 5 percent for Adjustable Air Suspension pkg.						

	6	5	4	3	2	1
2006 Touareg, V-6, AWD						
4d SUV	580	1,750	2,920	7,300	10,220	14,600
NOTE: Add 10 percent for 4-corber suspension or 4.2L V-8.						
2006 Touareg, V-10, AWD						
4d TDI SUV	1,010	3,020	5,040	12,600	17,640	25,200

VOLVO TRUCKS

	6	5	4	3	2	1
2003 XC90-5, Turbo 6-cyl., AWD						
2.5T Utility	600	1,810	3,020	7,550	10,570	15,100
T6 Utility	690	2,080	3,460	8,650	12,110	17,300
NOTE: Deduct 5 percent for 2.5T front-drive-only model.						
2004 XC90-5, Turbo 6-cyl., AWD						
2.5T Utility	660	1,980	3,300	8,250	11,550	16,500
T6 Utility	730	2,180	3,640	9,100	12,740	18,200
NOTE: Deduct 5 percent for 2.5T front-drive-only model.						
2005 XC90, Turbo 6-cyl., AWD						
2.5T Utility	680	2,050	3,420	8,550	11,970	17,100
T6 Utililty	750	2,260	3,760	9,400	13,160	18,800
Utility (V-8 only)	790	2,360	3,940	9,850	13,790	19,700
NOTE: Deduct 5 percent for 2.5T FWD model.						
2006 XC90, 5-cyl. Turbo						
4d 2.5T SUV	560	1,690	2,820	7,050	9,870	14,100
NOTE: Add 10 percent for AWD.						
2006 XC90, V-8, AWD						
4d SUV	680	2,040	3,400	8,500	11,900	17,000
4d Sport SUV	740	2,210	3,680	9,200	12,880	18,400
NOTE: Add 10 percent for AWD.						